**MICHELIN**

KU-064-710

# Espana

&

# Portugal

🏠 🍴 **la guía**
**MICHELIN**
2014

HOTELES & RESTAURANTES

# Sumario    Sumário

## Contents

# España
## Espanha
## Spain

# Portugal
## Portugal
## Portugal

# Modo de empleo

## INFORMACIÓN TURÍSTICA

Distancias desde las poblaciones principales,
oficinas de turismo, puntos de interés turístico
locales, medios de transporte,
campos de golf y ocio...

**AGUILAR DE CAMPÓO – 575** D17 – **7 594 h. – alt.**

📍 Madrid 323 – Palencia 97 – Santander 104
🛈 pl. de España 30, ℰ 979 12 36 41, www.turismagui
🚆 Torremirona, Suroeste : 3 km, ℰ 979 12 34 12
◉ Plaza central ★ – Castillo de Santa Maria ★★

🏨 **Mikasa**
av. de Ronda 23 – ℰ 979 12 21 25 – www.mikasa
**48 hab** – ⌂ 4€ – ♦33/42 € – ♦♦48/55 € – 6 ap
**Rest** – Menú 11€ – Carta 38/45 €
Buena organización familiar en sus amplias inst
algo recargadas en distintos estilos decorat
abundante luz natural, muy orientado a los h

✗ **La Villa** con hab
Puente 39 – ℰ 979 12 50 80 – www.lavilla.c
**11 hab** – ⌂ 4,50€ – ♦ 24/30 € – ♦♦36 €
Negocio familiar llevado con dedicación
menta con otro salón en la parte trasera

## HOTELES

De 🏨🏨🏨 a 🏠:
categorías de confort.
🏠 : otros tipos de alojamiento.
En rojo : los más agradables.

## RESTAURANTES

De ✗✗✗✗✗ a ✗ : categorías
de confort.
໑/ : bar de tapas
En rojo: los más agradables.

**ARENYS DE MAR** 🅿 – **574** H37 – **12 345**
📍 Madrid 672 – Barcelona 39 – Girona/Ge

**en la carretera N II** Suroeste : 2 km

✗✗✗ **Cortés**
⬡ Real 54 – ⬚ 08350 – ℰ 937 91 04 57
noche y martes.
**Rest** – Carta 60/75 €
Afamado negocio que ofrece un
completa bodega con extenso a
→ Langosta guisada con patat
de Arenys de Mar.

## LAS ESTRELLAS DE BUENA MESA

🌸🌸🌸 Justifica el viaje.
🌸🌸 Vale la pena desviarse.
🌸 Muy buena cocina.

✗✗ **Las Cancelas**
⬡ km : 12,5 – ℰ 93 793 85 55 – ww
domingo noche y lunes
**Rest** – Carta aprox. 35 €
En una antigua masía de an
abovedado y tres privados

## ໑ BIB GOURMAND

Buenas comidas a precios moderados.

**ARENYS DE MUNT – 574** H3
📍 Madrid 648 – Barcelona 41 –

## NUEVO ESTABLECIMIENTO RECOMENDADO

🏨 **Santamarta** ⓝ
Martí 13 – ℰ 973 62 62 4
**17 hab** – ⌂ 7,80€ – ♦€
**Rest** – Menú 11€ – Car
Casa de cálido ambien
gancia, ofreciendo ta
en tres salas, con un k

🏠 **Rincón de Pepe**
Sant Vicent 53 – ℰ
**Rest** – Tapa 8€ – E

4

**MAPA MICHEL..**

Referencia del mapa Michelin
en el que se encuentra la localidad.

**12** C1

**LOCALIZAR LA LOCALIDAD**

Emplazamiento de la localidad en el mapa
regional situado al final de la guía
(número del mapa y coordenadas).

**LOCALIZAR
EL ESTABLECIMIENTO**

Localización en el plano de la ciudad
(coordenadas e índice).

**DESCRIPCIÓN DEL
ESTABLECIMIENTO**

Ambiente, estilo,
carácter y especialidades.

**INSTALACIONES
Y SERVICIOS**

**HOTELES
TRANQUILOS**

🌸 Hotel tranquilo.
🌸 Hotel muy tranquilo.

**PRECIOS**

BS**e**

*do Semana Santa*
*s*

*a habitaciones resultan completas, aunque*
*ad de servicios. Comedor acogedor y con*

CU**d**

*ta aprox. 35 €*
*: un bar a un comedor actual, que se comple-*
*pitaciones de adecuado confort.*

**13** A3

*es.com – cerrado Semana Santa, octubre, domingo*

*arta de tendencia regional. Salas de estilo clásico y*
*vinos franceses.*
*s de Llavaneres (febrero-mayo). Pescados de la lonja*

*es.com – cerrado febrero, del 6 al 16 de noviembre,*

*co-actual. Dispone de un comedor principal con el techo*
*merada elaboración casera.*

**17** B2

BS**e**

*. – alt. 120 m*
*erona 60*

*atamarta.com – cerrado Semana Santa*
*80/86 € – 4 apartamentos*
*n medio de un valle. Posee un agogedor salón decorado con ele-*
*aciones y apartamentos de distinto confort. Restaurant distribuido*
*tradicional.*

CS**e**

*– www.rincondepepe.com*
*x. 21 € (productos de El Bierso)*
*edicación. Acceso por un bar a un comedor actual, que se complementa*
*de adecuado confort.*

AU**d**

*lor actual, que se com-*

ESPAÑA

# os compromisos de La guía MICHELIN

## La experiencia al servicio de la calidad

Ya sea Japón, Estados Unidos, China o Europa, el inspector de La guía MICHELIN respeta exactamente los mismos criterios para evaluar la calidad de una mesa o de un establecimiento hotelero y aplica las mismas reglas en sus visitas. Porque si la guía goza hoy de un reconocimiento mundial, se debe, principalmente, a la constancia de su compromiso con respecto a sus lectores. Un compromiso del que queremos reafirmar aquí los principios fundamentales:

**La visita anónima** – Primera regla de oro. Los inspectores testan de manera anónima y habitual mesas y habitaciones, para apreciar plenamente el nivel de prestaciones ofrecidas a todos los clientes. Pagan la cuenta y, después, pueden revelar su identidad si quieren obtener algún tipo de información complementaria. El correo de los lectores nos proporciona, por otra parte, valiosos testimonios y toda una serie de información que se tendrá en cuenta para la elaboración de nuestros itinerarios de visitas.

**La independencia** – Para poder mantener un punto de vista totalmente objetivo – siempre buscando el interés del lector – la selección de establecimientos se realiza con total independencia, y la inscripción de los establecimientos en la guía es totalmente gratuita. Los inspectores y el redactor jefe adoptan las decisiones de manera colegiada y las distinciones más altas se debaten a escala europea.

**La elección de lo mejor** – La guía, lejos de ser un listín de direcciones, se concentra en una selección de los mejores hoteles y restaurantes, en todas las categorías de confort y precio. Una elección que es el resultado de la aplicación rigurosa de un mismo método por parte de todos los inspectores, independientemente del país en el que actúen.

**La actualización anual** – Cada año se revisa y actualiza toda la información práctica, todas las clasificaciones y distinciones para poder ofrecer la información más fiable.

**La homogeneidad de la selección** – Los criterios de clasificación son idénticos para todos los países que cubre La guía MICHELIN. A cada cultura, su cocina, pero la calidad tiene que seguir siendo un principio universal...

Porque nuestro único objetivo es poner todo lo posible de nuestra parte para ayudarle en cada uno de sus viajes, para que siempre sean placenteros y seguros. "La ayuda a la movilidad": es la misión que se ha propuesto Michelin.

# Editorial

**Estimado lector,**

La guía MICHELIN, siempre al día de la actualidad en materia de buena mesa y de alojamientos de calidad, le propone su nueva edición, enriquecida y actualizada.

Año tras año, usted sabe mejor que nadie que su vocación sigue inmutable desde su creación: acompañarle en todos sus viajes, seleccionando lo mejor, en todas las categorías de confort y precio.

Para ello, La guía MICHELIN se apoya en un "cuaderno de ruta" bien rodado, cuyo primer criterio, indefectiblemente, es la inspección sobre el terreno: nuestros inspectores profesionales verifican todas las direcciones seleccionadas, inspectores que no han cejado en su tarea de descubrir nuevos establecimientos y verificar el nivel de prestaciones de los que ya figuran en nuestras páginas.

Dentro de esta selección, la guía rinde homenaje, cada año, a los restaurantes más sabrosos, concediéndoles nuestras estrellas ⁛: una, dos o tres, que distinguen a los establecimientos que poseen la mejor calidad de cocina – de todos los estilos -, teniendo en cuenta la calidad de los productos, la creatividad, el control de los tiempos de cocción y de los sabores, la relación calidad/precio, así como la regularidad en la prestación. Cada año, la guía va engrosando el número de restaurantes excepcionales por la evolución de su cocina, que podrá descubrir a lo largo de sus páginas... y de sus viajes.
Otra simbología a tener en cuenta: los Bib Gourmand ⊛, que revelan direcciones interesantes a precios moderados.

Porque nuestro objetivo sigue siendo el de estar atentos a las evoluciones del mundo... y responder a las exigencias de todos nuestros lectores, tanto en términos de calidad como de presupuesto. Huelga decir, por tanto, que nos interesa mucho recibir su opinión y comentarios sobre los establecimientos seleccionados. No dude en hacernos llegar sus comentarios por escrito; su participación nos es de gran utilidad para orientar nuestras visitas y mejorar constantemente la calidad de la información que proporcionamos.

Para siempre acompañarle mejor...

Gracias por su fidelidad, y ¡buen viaje con La guía MICHELIN 2014!

Consulte la guía MICHELIN en :
**www.ViaMichelin.es**
y escríbanos a :
**laguiamichelin-esport@es.michelin.com**

# Categorías
# y Distinciones

## LAS CATEGORÍAS DE CONFORT

La guía MICHELIN incluye en su selección los mejores establecimientos en cada categoría de confort y de precio. Los establecimientos están clasificados según su confort y se citan por orden de preferencia dentro de cada categoría.

| | | |
|---|---|---|
| 🏨🏨🏨🏨 | XXXXX | Gran lujo y tradición |
| 🏨🏨🏨 | XXXX | Gran confort |
| 🏨🏨 | XXX | Muy confortable |
| 🏨 | XX | Confortable |
| 🏠 | X | Sencillo pero confortable |
| | 𝄫/ | Bar de tapas |
| ↑ | | Otros tipos de alojamiento recomendados (Turismo Rural, Turismo de Habitação, Agroturismo) |
| sin rest. sem rest. | | El hotel no dispone de restaurante |
| con hab com qto | | El restaurante tiene habitaciones |

## LAS DISTINCIONES

Para ayudarle a hacer la mejor selección, algunos establecimientos especialmente interesantes han recibido este año una distinción. Éstos se identifican por llevar al margen ✿ o ⊛.

### LAS ESTRELLAS: LAS MEJORES MESAS

Las estrellas distinguen a los establecimientos, cualquiera que sea el tipo de cocina, que ofrecen la mejor calidad culinaria de acuerdo con los siguientes criterios: selección de los productos, creatividad, dominio del punto de cocción y de los sabores, relación calidad/precio y regularidad.

Cada restaurante con estrellas va acompañado de tres especialidades representativas de su cocina. A veces, no están disponibles: suelen sustituirse por otras sabrosas recetas inspiradas en los productos de temporada. ¡No dude en descubrirlas!

| | |
|---|---|
| ✿✿✿ | **Cocina de nivel excepcional, esta mesa justifica el viaje** Establecimiento donde siempre se come bien y, en ocasiones, maravillosamente. |
| ✿✿ | **Excelente cocina, vale la pena desviarse** |
| ✿ | **Muy buena cocina en su categoría** |

## LAS MEJORES DIRECCIONES A PRECIOS MODERADOS

⊛ **Bib Gourmand**

Establecimiento que ofrece una cocina de calidad, generalmente de tipo regional, a menos de 35 € (España y Andorra) y a menos de 30 € (Portugal). Precio de una comida sin la bebida.

## LAS DIRECCIONES MÁS AGRADABLES

El rojo indica los establecimientos especialmente agradables tanto por las características del edificio, la decoración original, el emplazamiento, el trato y los servicios que ofrece.

⋔, 🏠 o 🏫🏫 **Alojamientos agradables**

🍴, 🍴 o 🍴🍴🍴 **Restaurantes agradables**

## LAS MENCIONES PARTICULARES

Además de las distinciones concedidas a los establecimientos, los inspectores de Michelin también tienen en cuenta otros criterios con frecuencia importantes cuando se elige un establecimiento.

## LA SITUACIÓN

Los establecimientos tranquilos o con vistas aparecen señalados con los símbolos:

🦢 🦢 **Hotel tranquilo / Hotel muy tranquilo**

≼ **Vista interesante / Vista excepcional**

## LA CARTA DE VINOS

Los restaurantes con una carta de vinos especialmente interesante aparecen señalados con el símbolo:

🍇 **Carta de vinos particularmente atractiva**

Pero no compare la carta que presenta el sumiller de un restaurante de lujo y tradición con la de un establecimiento más sencillo cuyo propietario sienta predilección por los vinos de la zona.

**N** **Nuevo establecimiento recomendado**

# Instalaciones y servicios

| | |
|---|---|
| 🛗 | Ascensor |
| A/C | Aire acondicionado (en todo o en parte del establecimiento) |
| 📞 📶 | Conexión a Internet en la habitación, con sistema de alta velocidad (ADSL - WI-FI) |
| ♿ | Instalaciones adaptadas para personas con movilidad reducida |
| 🍽 | Comidas servidas en el jardín o en la terraza |
| 🏋 | Gimnasio |
| 🏊 ⬛ | Piscina al aire libre o cubierta |
| 🌿 | Jardín |
| 🎾 | Cancha de tenis |
| ⛳18 | Golf y número de hoyos |
| 🏛 | Salas de reuniones |
| 🍴 | Salones privados en los restaurantes |
| 🐕 | No se admiten perros (en todo o en parte del establecimiento) |
| P | Aparcamiento reservado a los clientes |
| 🚗 | Garaje (generalmente de pago) |
| 🚫 | No se aceptan tarjetas de crédito |
| ✉ 28012 | Código postal |
| ✉ 7800-430 Beja | Código postal y oficina de correos distribuidora |
| M | Estación de metro más próxima |
| *mayo-octubre* *maio-outubro* | Periodo de apertura comunicado por el hotelero |
| **30 hab / 30 qto** | Número de habitaciones |

# Precios

Los precios que indicamos en esta guía nos fueron proporcionados en el verano de 2013 y pueden producirse modificaciones debidas a variaciones de los precios de bienes y servicios. El servicio está incluido. En España el I.V.A. se añadirá al total de la factura (10 %), salvo en Canarias (7 % I.G.I.C.), Ceuta (4 % I.P.S.I.) y Melilla (2 % I.P.S.I.). En Andorra se añadirá el I.S.I. (4 %). En Portugal (23 % restaurante, 6 % habitación) ya está incluido.

En algunas ciudades y con motivo de ciertas manifestaciones comerciales o turísticas (ferias, fiestas religiosas o patronales…), los precios indicados por los hoteleros pueden sufrir importantes aumentos. Los hoteleros nos han señalado todos sus precios comprometiéndose, bajo su responsabilidad, a respetarlos ante los turistas de paso portadores de nuestra guía.

En temporada baja, algunos establecimientos ofrecen condiciones ventajosas, infórmese al reservar.

## LAS ARRAS

Algunos hoteleros piden una señal al hacer la reserva. Se trata de un depósito-garantía que compromete tanto al hotelero como al cliente. Pida al hotelero confirmación escrita de las condiciones de estancia así como de todos los detalles útiles.

## HABITACIONES

| | | |
|---|---|---|
| 🛏 – 🛉 40/70 € | Precio de una habitación individual mínimo/máximo, desayuno incluido |
| 🛉🛉 70/100 € | Precio de una habitación doble mínimo/máximo |
| 🛏 9 € | Precio del desayuno |

## RESTAURANTE Y BAR DE TAPAS

**Menú a precio fijo**

| | |
|---|---|
| Menú 20/38 € | Precio mínimo/máximo del menú, en almuerzo o cena servido |
| Menu 15/27 € | a las horas habituales |

**Comida a la carta**

| | |
|---|---|
| Carta 20/60 € | El primer precio corresponde a una comida normal que |
| Lista 15/40 € | comprende: entrada, plato fuerte del día y postre. El 2° precio se refiere a una comida más completa (con especialidad de la casa) que comprende: dos platos y postre |
| **Tapa** 4 € | Precio de una tapa |
| **Ración** aprox. 10 € | Precio de una ración |

# Informaciones sobre las localidades

## GENERALIDADES

| | |
|---|---|
| **P** | Capital de Provincia |
| **577** M27 | Mapa Michelin y coordenadas |
| **24 000 h.** | Población |
| **alt. 175** | Altitud de la localidad |
| ⛷ 3 | Número de teleféricos o telecabinas |
| ⛷ 7 | Número de telesquíes o telesillas |
| BX a | Letras para localizar un emplazamiento en el plano |
| 🏌18 | Golf y número de hoyos |
| ☀ ≪ | Panorama, vista |
| ✈ | Aeropuerto |
| ⛴ | Transportes marítimos |
| ⛴ | Transportes marítimos, pasajeros solamente |
| 🛈 | Información turística |

## INFORMACIONES TURÍSTICAS

### INTERÉS TURÍSTICO

| | |
|---|---|
| ★★★ | Justifica el viaje |
| ★★ | Vale la pena desviarse |
| ★ | Interesante |

### SITUACIÓN

| | |
|---|---|
| 👁 | En la localidad |
| 👁 | En los alrededores de la localidad |
| Norte, Sur-Sul, Este, Oeste | El lugar de interés está situado: al norte, al sur, al este, al oeste |
| ①, ④ | Salga por la salida ①, ④ identificada por el mismo signo en el plano de la guía y en el mapa Michelin |
| 6 km | Distancia en kilómetros |

# Leyenda de los planos

□ ● **Hoteles**
■ ● **Restaurantes - bares de tapas**

## CURIOSIDADES

Edificio interesante
Edificio religioso interesante

## VÍAS DE CIRCULACIÓN

Autopista, autovía
**❹ ❹** número del acceso : completo-parcial
Vía importante de circulación
Sentido único – Calle impracticable, de uso restringido
Calle peatonal – Tranvía
Colón **P** Calle comercial – Aparcamiento
Puerta – Pasaje cubierto – Túnel
Estación y línea férrea
Funicular – Teleférico, telecabina
△ **B** Puente móvil – Barcaza para coches

## SIGNOS DIVERSOS

**🛈** Oficina de Información de Turismo
Mezquita – Sinagoga
Torre – Ruinas – Molino de viento – Depósito de agua
Jardín, parque, bosque –Cementerio –Crucero
Golf – Hipódromo – Plaza de toros
Estadio – Piscina al aire libre, cubierta
Vista – Panorama
Monumento – Fuente – Fábrica – Centro comercial
Puerto deportivo – Faro
Aeropuerto – Boca de metro – Estación de autobuses
Transporte por barco : pasajeros y vehículos, pasajeros solamente
③ Referencia común a los planos y a los mapas detallados Michelin
Oficina central de lista de correos – Teléfonos
Hospital – Mercado cubierto
Edificio público localizado con letra :
D H J Diputación – Ayuntamiento – Palacio de Justicia
G Delegación del Gobierno (España), Gobierno del distrito (Portugal)
M T U Museo – Teatro – Universidad, Escuela superior
POL Policía (en las grandes ciudades: Jefatura)
🛡 Guardia Civil (España)
**GNR** Guarda Nacional Republicana (Portugal)

13

# Modo d'emprego

## INFORMAÇÕES TURÍSTICAS

Distâncias desde as cidades principais, postos de turismo,
pontos de interesse turístico local,
meios de transporte,
campos de golfe e ócio…

## OS HOTÉIS

De ⌂⌂⌂⌂⌂ a ⌂ :
categoria de conforto.
↑ : outros tipos de
alojamento recomendados.
Os mais agradáveis: a vermelho.

## OS RESTAURANTES

De ℵℵℵℵℵ a ℵ : categoria
de conforto.
𝖄/ : bar de tapas.
Os mais agradáveis: a vermelho.

## AS MESAS
## COM ESTRELLAS

❀❀❀ Esta mesa justifica a viagem.
❀❀ Vale a pena fazer um desvio.
❀ Muito boa cozinha.

## ⊛ BIB GOURMAND

Refeições cuidadas a preços moderados.

## NOVO ESTABELECIMENTO
## RECOMENDADO

14

---

**AGUILAR DE CAMPÓO** – 575 D17 – 7 594 h. – alt. 885 r

▶ Madrid 323 – Palencia 97– Santander 104

ℹ pl. de España 30, ℰ 979 12 36 41, www.turismaguilar.cc
979 12 34 12

🔞 Torremirona, Suroeste : 3 km, ℰ979 12 34 12

◎ Plaza central★ – Castillo de Santa María★★

**Mikasa**
av. de Ronda 23 – ℰ 979 12 21 25 – www.mikasa.com
48 hab – □4€– ♦33/42€ – ♦♦48/55€ – 6 appart
Rest – Menú 11€ – Carta 38/45€
Buena organización familiar en sus amplias instalac
algo recargadas en distintos estilos decorativos
abundante luz natural, muy orientado a los ban

**La Villa** con hab
Puente 39 – ℰ 979 12 50 80 – www.lavilla.com
11 hab – □4,50€ – ♦24/30€ – ♦♦36€     R
Negocio familiar llevado con dedicación. Ac
menta con otro salón en la parte trasera. P

**ARENYS DE MAR** ℙ – 574 H37 – 12 345 h.

▶ Madrid 672 – Barcelona 39 – Girona/Gero

**en la carretera N II** Suroeste : 2 km

**Cortés**
Real 54 – ⊠ 08350 – ℰ 937 91 04 57 –
noche y martes.
Rest – Carta 60/75€
Afamado negocio que ofrece una
completa bodega con extenso ap
➤ Langosta guisada con patatas
de Arenys de Mar.

**Las Cancelas**
km : 12,5 – ℰ 93 793 85 55 – ww
domingo noche y lunes
Rest – Carta aprox. 35€
En una antigua masía de am
abovedado y tres privados.

**ARENYS DE MUNT** – 574 H3
▶ Madrid 648 – Barcelona 41 –

**Santamarta** Ⓝ
Martí 13 – ℰ 97362 62 4
17 hab – □7,80€ – ♦
Rest – Menú 11€ – Ca
Casa de cálido ambien
gancia, ofreciendo ta
en tres salas, con un

**Rincón de Pep**
Sant Vicent 53 – ℰ
– Tapa 8€ –

12 C1

**LOCALIZAÇÃO
DA LOCALIDADE**

Situação da localidade
no mapa regional situado ao final do guia
(nº do mapa e coordenadas).

🛗 🏧 ⊕ 🚗 🎿
BS**e**

Semana Santa

abitaciones resultan completas, aunque
de servicios. Comedor acogedor y con

**LOCALIZAÇÃO
DO ESTABELECIMENTO**

Localização na planta da cidade
(coordenadas e índice).

🍴 ♻ 🎿
CU**d**

aprox. 35 €
n bar a un comedor actual, que se comple-
aciones de adecuado confort.

**DESCRIÇÃO DO
ESTABELECIMENTO**

Atmosfera, estilo,
carácter e especialidades.

13 A3

🏧 **P**

s.com – cerrado Semana Santa, octubre, domingo

rta de tendencia regional. Salas de estilo clásico y
vinos franceses.
s de Llavaneres (febrero-mayo). Pescados de la lonja

**INSTALAÇÕES
E SERVIÇOS**

🍴 🏧 ♻ 🎿 **P** 📶

les.com – cerrado febrero, del 6 al 16 de noviembre,

ico-actual. Dispone de un comedor principal con el techo
smerada elaboración casera.

**OS HOTÉIS
TRANQUILOS**

🕊 Hotel tranquilo.
🕊 Hotel muito
tranquilo.

17 B2

🕊 ≤ 🏧 📶 🎿
BS**e**

**PREÇOS**

n. – alt. 120 m
Gerona 60

antamarta.com – cerrado Semana Santa
80/86 € – 4 apartamentos
en medio de un valle. Posee un agogedor salón decorado con ele-
itaciones y apartamentos de distinto confort. Restaurant distribuido
a tradicional.

CS**e**

21 – www.rincondepepe.com
rox. 21 € (productos de El Bierso)
n dedicación. Acceso por un bar a un comedor actual, que se complementa
es de adecuado confort.

🍴 🎿
AU**d**

aprox. 35 €
un comedor actual, que se com-
ado confort.

ESPAÑA

15

# Os compromissos do guia MICHELIN

## A experiência ao serviço da qualidade

Quer seja no Japão, nos Estados Unidos, na China ou na Europa, o inspector do guia MICHELIN respeita exactamente os mesmos critérios para avaliar a qualidade de uma mesa ou de um estabelecimento hoteleiro e aplica as mesmas regras durante as suas visitas. Se o guia goza hoje de reconhecimento mundial, é graças à constância do seu compromisso para com os seus leitores. Um compromisso cujos princípios ratificamos a seguir:

**A visita anónima** – Primeira regra de ouro. Os inspectores testam de forma anónima e regular mesas e quartos, com o intuito de apreciar plenamente o nível dos serviços oferecidos aos clientes. Também pagam as suas contas, podendo depois revelar a sua identidade para obterem informações adicionais. O correio dos leitores fornece-nos, por outra parte, preciosos testemunhos e muitas informações que são tidas em conta no momento da elaboração dos nossos itinerários de visitas.

**A independência** – Para manter um ponto de vista perfeitamente objectivo, para interesse exclusivo do leitor, a selecção dos estabelecimentos realiza-se com total independência e a inscrição dos estabelecimentos no guia é totalmente gratuita. As decisões são discutidas de forma colegial pelos inspectores e o redactor-chefe, e as distinções mais altas são objecto de um debate a nível europeu.

**A escolha do melhor** – Longe de ser uma lista de endereços, o Guia concentra-se numa selecção dos melhores hotéis e restaurantes, em todas as categorias de conforto e preços. Uma escolha que resulta da aplicação rigorosa de um mesmo método por parte de todos os inspectores, seja qual for o país onde actuam.

**A actualização anual** – Todas as informações práticas, todas as classificações e distinções são revistas e actualizadas anualmente, com o objectivo de oferecermos uma informação confiável.

**A homogeneidade da selecção** – Os critérios de classificação são idênticos para todos os países cobertos pelo guia MICHELIN. A cada cultura, sua cozinha, mas a qualidade deve permanecer como um princípio universal …

O nosso único desejo é disponibilizar todos os meios possíveis para o ajudar em cada um dos seus deslocamentos, para que todos se realizem sob o signo do prazer e da segurança. "A ajuda a mobilidade": é a missão à qual se dedica a Michelin.

# Editorial

## Caro leitor,

Sempre a propósito da actualidade em matéria de boas mesas e alojamentos de qualidade, o guia MICHELIN apresenta-lhe a sua nova edição, melhorada e actualizada.

Ano após ano, você sabe que a sua vocação permanece imutável desde a sua criação: acompanhá-lo em todos os seus deslocamentos, seleccionando o melhor em todas as categorias de conforto e preços.

Para isto, o guia MICHELIN apoia-se numa "caderneta de itinerário" provada, cujo primeiro e indefectível critério é a inspecção sobre o terreno: todos os endereços seleccionados são rigorosamente testados pelos nossos inspectores profissionais, os quais não cessam até encontrar os novos estabelecimentos e verificar o nível de serviços dos que já aparecem nas nossas páginas.

Nesta selecção, o guia reconhece assim, cada ano, as mesas mais saborosas, concedendo-lhes as nossas estrelas ✿ : uma, duas ou três. Estas servem para distinguir os estabelecimentos que apresentam a melhor qualidade no âmbito da cozinha – em todos os estilos –, considerando a escolha dos produtos, a criatividade, o domínio das cozeduras e dos sabores, a relação qualidade/preço, bem como a regularidade na prestação. Cada ano, o guia acrescenta numerosas mesas que se destacam pela evolução da sua cozinha e que irá descobrir ao longo das suas páginas… e das suas viagens.

Outro símbolo a se ter em conta: os Bib Gourmand ⊕, que apresentam bons endereços a preços moderados.

Pois o nosso compromisso é estar bem atentos às evoluções do mundo… e às exigências de todos os nossos leitores, tanto em termos de qualidade como de orçamento. Podemos dizer que estamos verdadeiramente interessados em conhecer a sua própria opinião sobre os endereços que nós seleccionamos. Não hesite em nos escrever, pois a sua participação é muito útil para orientar as nossas visitas e melhorar permanentemente a qualidade da nossa informação.

Para que sempre o acompanhemos melhor…

Obrigado pela sua fidelidade, e boa viagem com o guia MICHELIN 2014 !

Consulte o guia MICHELIN em :
**www.ViaMichelin.es**
e escreve-nos para :
**laguiamichelin-esport@es.michelin.com**

# Categorias
# e Distinções

## AS CATEGORIAS DE CONFORTO

O guia MICHELIN inclui na sua selecção os melhores estabelecimentos em cada categoria de conforto e de preço. Os estabelecimentos estão classificados de acordo com o seu conforto e apresentam-se por ordem de preferência dentro de cada categoria.

| | | |
|---|---|---|
| 🏨🏨🏨 | XXXXX | Grande luxo e tradição |
| 🏨🏨🏨 | XXXX | Grande conforto |
| 🏨🏨 | XXX | Muito confortável |
| 🏨 | XX | Confortável |
| 🏠 | X | Simples mas confortável |
| | ♉/ | Bar de tapas |
| ↑ | | Outros tipos de alojamento recomendados (Turismo Rural, Turismo de Habitação, Agroturismo) |
| sin rest. sem rest. | | Hotel sem restaurante |
| con hab com qto | | Restaurante com quartos |

## AS DISTINÇÕES

Para o ajudar a fazer a melhor selecção, alguns estabelecimentos especialmente interessantes receberam este ano uma distinção marcada com ✿ o ⊛ na margem.

### AS ESTRELAS: AS MELHORES MESAS

As estrelas distinguem os estabelecimentos que, com qualquer tipo de cozinha, oferecem a melhor qualidade culinária de acordo com os seguintes critérios: selecção dos produtos, criatividade, domínio do ponto de cozedura e dos sabores, relação qualidade/preço e regularidade.

Cada restaurante com estrelas aparece acompanhado de três especialidades representativas da sua cozinha. Às vezes acontece que estas não podem ser servidas: são substituídas frequentemente em favor de outras receitas muito saborosas inspiradas pela estação. Não hesite, descubra-as!

| | |
|---|---|
| ✿✿✿ | **Cozinha de nível excepcional; esta mesa justifica a viagem** Estabelecimento onde se come sempre bem e, por vezes, muitíssimo bem. |
| ✿✿ | **Excelente cozinha, vale a pena fazer um desvio** |
| ✿ | **Muito boa cozinha na sua categoria** |

## AS MELHORES DIRECÇÕES A PREÇOS MODERADOS

**Bib Gourmand**
Estabelecimento que oferece uma cozinha de qualidade, geralmente de tipo regional, por menos de 35 € (Espanha e Andorra) e menos de 30 € (Portugal). Preço de uma refeição sem a bebida.

## AS DIRECÇÕES MAIS AGRADÁVEIS

A cor vermelha indica os estabelecimentos especialmente agradáveis tanto pelas características do edifício, como pela decoração original, localização, trato e pelos serviços que oferece.

⌂, 🏠 o 🏨🏨🏨    **Alojamentos agradáveis**

♈, ⅄ o ⅄⅄⅄⅄⅄    **Restaurantes agradáveis**

## AS MENÇÕES PARTICULARES

Para além das distinções concedidas aos estabelecimentos, os inspectores da Michelin também têm em conta outros critérios frequentemente importantes quando se escolhe um estabelecimento.

### A SITUAÇÃO[4]
Os estabelecimentos tranquilos ou com vistas aparecem assinalados com os símbolos:

🏖 🏖    **Hotel tranquilo / Hotel muito tranquilo**

🡸 🡸    **Vista interessante / Vista excepcional**

### A CARTA DE VINHOS
Os restaurantes com uma carta de vinhos especialmente interessante aparecem assinalados com o símbolo:

🍷    **Carta de vinhos particularmente atractiva**
Mas não compare a carta apresentada pelo escanção de um restaurante de luxo e tradição com a de um estabelecimento mais simples cujo proprietário sinta predilecção pelos vinhos da região.

Ⓝ    **Novo estabelecimento recomendado**

# Instalações e serviços

| | |
|---|---|
| 🛗 | Elevador |
| **A/C** | Ar condicionado (em todo ou em parte do estabelecimento) |
| 📶 📶 | Ligação à Internet no quarto com sistema de alta velocidade (ADSL - WI-FI) |
| ♿ | Instalações adaptadas para pessoas com mobilidade reduzida |
| 🍽 | Refeições servidas no jardim ou na esplanada |
| 🏋 | Ginásio |
| 🏊 🏊 | Piscina ao ar livre ou coberta |
| 🛋 | Jardim |
| 🎾 | Campo de ténis |
| **18** | Golfe e número de buracos |
| 🏛 | Salas de reuniões |
| 🍴 | Salões privados nos restaurantes |
| 🐕 | Não se admitem cães (em todo ou em parte do estabelecimento) |
| 🚗 | Garagem (normalmente deve ser paga) |
| **P** | Estacionamento reservado aos clientes |
| 🚫 | Não são aceites cartões de crédito |
| ✉ 28012 | Código postal |
| ✉ 7800-430 Beja | Código postal e nome do centro de distribuição postal |
| **Ⓜ** | Estação de metro mais próxima |
| *mayo-octubre* *maio-outubro* | Período de abertura indicado pelo hoteleiro |
| **30 hab / 30 qto** | Número de quartos |

Os preços indicados neste guia foram estabelecidos no verão de 2013. Podem portanto ser modificados, nomeadamente se se verificarem alterações no custo de vida ou nos preços dos bens e serviços. O serviço está incluido. Em Espanha o I.V.A. será aplicado à totalidade da factura (10%), salvo em Canarias (7% I.G.I.C.), Ceuta (4% I.P.S.I.) e Melilla (2% I.P.S.I.). Em Andorra será aplicado o I.S.I. (4 %). Em Portugal (23% restaurante, 6% quarto) já está incluído.

Em algumas cidades, por ocasião de manifestações comerciais ou turísticas os preços pedidos pelos hotéis poderão sofrer aumentos consideráveis.

Os hoteleiros nos deram todos os seus preços e se comprometeram sob a sua própria responsabilidade, a aplicá-los aos turistas de passagem, portadores do nosso guia.

Em época baixa alguns estabelecimentos oferecem condições vantajosas, informe-se ao fazer a reserva.

## O SINAL

Alguns hoteleiros pedem um sinal ao fazer a reserva. Trata-se de um depósito-garantia que compromete tanto o hoteleiro como o cliente. Peça ao hoteleiro confirmação escrita das condições da estádia, assim como de todos os detalhes úteis.

## QUARTOS

| | |
|---|---|
| 🛏–👤 40/70 € | Preço do quarto individual mínimo/máximo, pequeno almoço incluido |
| 👫 70/100 € | Preço do quarto duplo mínimo/máximo |
| 🛏 9 € | Preço do pequeno almoço |

## RESTAURANTE E BAR DE TAPAS

**Preço fixo**

| | |
|---|---|
| Menú 20/38 € | Preço mínimo/máximo, do menú, ao almoço ou ao jantar servido |
| Menu 15/27 € | às horas normais. |

**Refeições à lista**

| | |
|---|---|
| Carta 20/60 € | O primeiro preço corresponde a uma refeição simples, mas |
| Lista 15/40 € | esmerada, compreendendo : entrada, prato do dia guarnecido e sobremesa. O segundo preço, refere-se a uma refeição mais completa (com especialidade), compreendendo : dois pratos e sobremesa. |
| **Tapa** 4 € | Preço de uma tapa |
| **Ración** aprox. 10 € | Preço de uma porção |

# Informações
# sobre as localidades

## GENERALIDADES

| | |
|---|---|
| **P** | Capital de distrito |
| **577** M27 | Mapa Michelin e coordenada |
| **24 000 h.** | População |
| **alt. 175** | Altitude da localidade |
| 🚠 3 | Número de teleféricos ou telecabinas |
| ⛷ 7 | Número de teleskis ou telecadeiras |
| BX a | Letras determinando um local na planta |
| 🏌18 | Golfe e número de buracos |
| ☀ ≤ | Panorama, vista |
| ✈ | Aeroporto |
| ⛴ | Transportes marítimos |
| ⛴ | Transportes marítimos só de passageiros |
| 🛈 | Informação turística |

## INFORMAÇÕES TURÍSTICAS

### INTERESSE TURÍSTICO

| | |
|---|---|
| ★★★ | Justifica a viagem |
| ★★ | Vale a pena fazer um desvio |
| ★ | Interessante |

### SITUAÇÃO

| | |
|---|---|
| ⊙ | Na localidade |
| 🖝 | Nos arredores da localidade |
| Norte, Sur-Sul, | O local de interesse está situado: |
| Este, Oeste | a Norte, a Sul, a Este, a Oeste |
| ①, ④ | Dirija-se à saída ①, ④ identificada pelo mesmo sinal na planta do guia e no mapa Michelin |
| 6 km | Distância em quilómetros |

# Legenda das plantas

□ ● Hotéis
■ ● Restaurantes- bares de tapas

## CURIOSIDADES

Edifício interessante
Edifício religioso interessante

## VIAS DE CIRCULAÇÃO

Auto-estrada, estrada com faixas de rodagem separadas –
❹ ❹ número do nó de acesso : completo-parcial
Grande via de circulação
← ◄ ══════ Sentido único – Rua impraticável, regulamentada
═══ ▬▬ ─── Via reservada aos peões – Eléctrico
Colón 🅿 Rua comercial – Parque de estacionamento
╪ ╪╞ ╪╞ Porta – Passagem sob arco – Túnel
Estação e via férrea
◦─┼┼┼┼─◦ ◦─▪─◦ Funicular – Teleférico, telecabine
△ Ⓑ Ponte móvel – Barcaça para automóveis

## SIGNOS DIVERSOS

🛈 Posto de Turismo
☪ ✡ Mesquita – Sinagoga
● ◎ ⁂ 𝕏 ⵔ Torre – Ruínas – Moinho de vento – Mãe d'água
▢ t† t 𝕀 Jardim, parque, bosque – Cemitério – Cruzeiro
🏌 🏇 ⛉ Golfe – Hipódromo – Praça de touros
◯ ⚓ ▦ Estádio – Piscina ao ar livre, coberta
≼ �▓ Vista – Panorama
■ ◦ ✿ 🛒 Monumento – Fonte – Fábrica – Centro Comercial
⚓ 🗼 Porto desportivo – Farol
✈ ● 🚌 Aeroporto – Estação de metro – Estação de autocarros
Transporte por barco :
🚢 ⛴ ─ passageiros e automóveis, só de passageiros
③ Referência comum às plantas e aos mapas Michelin detalhados
🏤 ◉ 🄿 ☎ Correio principal com posta-restante – Telefone
▣ ▤ Hospital – Mercado coberto
▨ ▧ Edifício público indicado por letra :
D  H  J Conselho provincial – Câmara municipal - Tribunal
G Delegação do Governo (Espanha), Governo civil (Portugal)
M  T  U Museu – Teatro – Universidade, Grande Escola
POL. Polícia (nas cidades principais : esquadra central)
🔵 Guardia Civil (Espanha)
GNR Guarda Nacional Republicana (Portugal)

23

# How to use this guide

## TOURIST INFORMATION

Distances from the main towns, tourist offices, local tourist attractions, means of transport, golf courses and leisure activities...

## HOTELS

From 🏨🏨🏨 to 🏠:
categories of comfort.
⬆ : other types
of accommodation.
The most pleasant: in red.

## RESTAURANTS

From 🍴🍴🍴🍴 to 🍴:
categories of comfort.
🍴 : Tapas bar
The most pleasant: in red.

## STARS

❀❀❀ Worth a special journey.
❀❀ Worth a detour.
❀ A very good restaurant.

## 🍴 BIB GOURMAND

Good food at moderate prices.

## NEW ESTABLISHMENT IN THE GUIDE

**AGUILAR DE CAMPÓO** – 575 D17 – **7 594 h.** – alt. 885 m
▸ Madrid 323 – Palencia 97 – Santander 104
🛈 pl. de España 30, ℰ 979 12 36 41, www.turismaguilar.co
🛈 Torremirona, Suroeste : 3 km, ℰ 979 12 34 12
◉ Plaza central ★ – Castillo de Santa Maria ★★

**Mikasa**
av. de Ronda 23 – ℰ 979 12 21 25 – www.mikasa.com
48 hab – ♦ 4€ – ♦♦33/42€ – ♦♦48/55€ – 6 appart
Rest – Menú 11€ – Carta 38/45€
Buena organización familiar en sus amplias instalac
algo recargadas en distintos estilos decorativos
abundante luz natural, muy orientado a los banc

**La Villa** con hab
Puente 39 – ℰ 979 12 50 80 – www.lavilla.com
11 hab – ☐ 4,50€ – ♦ 24/30€ – ♦♦ 36€    Re
Negocio familiar llevado con dedicación. Ac
menta con otro salón en la parte trasera. Pe

**ARENYS DE MAR** 🅿 – 574 H37 – **12 345 h.**
▸ Madrid 672 – Barcelona 39 – Girona/Gero

**en la carretera N II** Suroeste : 2 km

**Cortés**
Real 54 – ✉ 08350 – ℰ 937 91 04 57 –
noche y martes.
Rest – Carta 60/75€
Afamado negocio que ofrece una
completa bodega con extenso ap
→ Langosta guisada con patatas
de Arenys de Mar.

**Las Cancelas**
km : 12,5 – ℰ 93 793 85 55 – www
domingo noche y lunes
Rest – Carta aprox. 35€
En una antigua masía de am
abovedado y tres privados.

**ARENYS DE MUNT** – 574 H3
▸ Madrid 648 – Barcelona 41 –

**Santamarta**
Martí 13 – ℰ 93 62 62 4
17 hab – ☐ 7,80€ – ♦
Rest – Menú 11€ – Ca
Casa de cálido ambie
gancia, ofreciendo ta
en tres salas, con un

**Rincón de Pep**
Sant Vicent 53 – ℰ
Rest – Tapa 8€ –
gocio familiar

24

**MICHELIN MAP**

References for the Michelin map
which cover the area.

12 C1

**LOCATING THE TOWN**

Location of the town on the regional map
at the end of the guide
(map number and coordinates).

🛏 🎥 🛗 🚗 🏊 👍 💆
BSe

*Semana Santa*

**LOCATING
THE ESTABLISHMENT**

Located on the town plan (coordinates
and letters giving the location).

abitaciones resultan completas, aunque
de servicios. Comedor acogedor y con

🍴 🎥 🍴 💆
CUd

aprox. 35 €
n bar a un comedor actual, que se comple-
aciones de adecuado confort.

13 A3

**DESCRIPTION OF THE
ESTABLISHMENT**

Atmosphere, style,
character and specialities.

🎥 📍

s.com – *cerrado Semana Santa, octubre, domingo*

**FACILITIES AND
SERVICES**

ta de tendencia regional. Salas de estilo clásico y
vinos franceses.
s de Llavaneres (febrero-mayo). Pescados de la lonja

🍴 🎥 🍴 💆 📍 🚭

**QUIET HOTELS**

🦢 quiet hotel.
🦢 very quiet hotel.

es.com – *cerrado febrero, del 6 al 16 de noviembre,*
co-actual. Dispone de un comedor principal con el techo
smerada elaboración casera.

17 B2

🦢 < 🎥 🛜 💆
BSe

**PRICES**

n. – alt. 120 m
erona 60

antamarta.com – *cerrado Semana Santa*
80/86 € – 4 apartamentos
en medio de un valle. Posee un agogedor salón decorado con ele-
itaciones y apartamentos de distinto confort. Restaurant distribuido
a tradicional.

CSe

21 – www.rincondepepe.com
rox. 21 € (productos de El Bierso)
dedicación. Acceso por un bar a un comedor actual, que se complementa
es de adecuado confort.

🍴 💆
AUd

illa.com  · · Carta aprox. 35 €
un bar a un comedor actual, que se com-
de adecuado confort.

ESPAÑA

25

# The MICHELIN guide's commitments

## Experienced in quality

Whether it is in Japan, the USA, China or Europe our inspectors use the same criteria to judge the quality of the hotels and restaurants and use the same methods of visiting. The guide can only boast this worldwide reputation thanks to its commitment to the readers and we would like to stress these here:

**Anonymous inspections** – our inspectors make regular and anonymous visits to hotels and restaurants to gauge the quality of products and services offered to an ordinary customer. They settle their own bill and may then introduce themselves and ask for more information about the establishment. Our readers' comments are also a valuable source of information, which we can then follow up with another visit of our own.

**Independence** – To remain totally objective for our readers, the selection is made with complete independence. Entry into the guide is free. All decisions are discussed with the Editor and our highest awards are considered at a European level.

**Selection and choice** – The guide offers a selection of the best hotels and restaurants in every category of comfort and price. This is only possible because all the inspectors rigorously apply the same methods.

**Annual updates** – All the practical information, the classifications and awards are revised and updated every single year to give the most reliable information possible.

**Consistency** – The criteria for the classifications are the same in every country covered by the MICHELIN guide.

**The sole intention of Michelin is to make your travels both safe and enjoyable.**

# Dear reader

**Dear reader,**

Having kept up-to-date with the latest developments in the hotel and restaurant scenes, we are pleased to present this new, improved and updated edition of the Michelin Guide.

Since the very beginning, our ambition has remained the same each year: to accompany you on all of your journeys and to help you choose the best establishments to both stay and eat in, across all categories of comfort and price; whether that's a friendly guesthouse or luxury hotel, a lively gastropub or fine dining restaurant.

To this end, the Michelin Guide is a tried-and-tested travel planner, its primary objective being to provide first-hand experience for you, our readers. All of the establishments selected have been rigorously tested by our team of professional inspectors, who are constantly seeking out new places and continually assessing those already listed.

Every year the guide recognises the best places to eat, by awarding them one ✿, two ✿✿ or three ✿✿✿ stars. These lie at the heart of the selection and highlight the establishments producing the best quality cuisine – in all styles – taking into account the quality of ingredients, creativity, mastery of techniques and flavours, value for money and consistency.

Other symbol to look out for is the Bib Gourmand ⊛, which point out establishments that represent particularly good value at moderate prices.

We are committed to remaining at the forefront of the culinary world and to meeting the demands of our readers. As such, we are very interested to hear your opinions on the establishments listed in our guide. Please don't hesitate to contact us, as your contributions are invaluable in directing our work and improving the quality of our information.

We continually strive to help you on your journeys.

Thank you for your loyalty and happy travelling with the 2014 edition of the Michelin Guide.

Consult the MICHELIN Guide at:
**www.ViaMichelin.es**
and write to us at:
**laguiamichelin-esport@es.michelin.com**

# Classification and awards

## CATEGORIES OF COMFORT

The MICHELIN guide selection lists the best hotels and restaurants in each category of comfort and price. The establishments we choose are classified according to their levels of comfort and, within each category, are listed in order of preference.

| | | |
|---|---|---|
| 🏨🏨🏨🏨 | XXXXX | Luxury in the traditional style |
| 🏨🏨🏨 | XXXX | Top class comfort |
| 🏨🏨 | XXX | Very comfortable |
| 🏨 | XX | Comfortable |
| 🏠 | X | Quite comfortable |
| | ৭/ | Tapas bar |
| ↑ | | Other recommended accommodation (Turismo Rural, Turismo de Habitação, Agroturismo) |
| sin rest. sem rest. | | This hotel has no restaurant |
| con hab com qto | | This restaurant also offers accommodation |

## THE AWARDS

To help you make the best choice, some exceptional establishments have been given an award in this year's guide. They are marked ❀ or ⊕.

### THE BEST CUISINE

Michelin stars are awarded to establishments serving cuisine, of whatever style, which is of the highest quality. The cuisine is judged on the quality of ingredients, the skill in their preparation, the combination of flavours, the levels of creativity, the value for money and the consistency of culinary standards.

For every restaurant awarded a star we include 3 specialities that are typical of their cooking style. These specific dishes may not always be available.

| | |
|---|---|
| ❀❀❀ | **Exceptional cuisine, worth a special journey** <br> One always eats extremely well here, sometimes superbly. |
| ❀❀ | **Excellent cooking, worth a detour** |
| ❀ | **A very good restaurant in its category** |

## GOOD FOOD AT MODERATE PRICES

     **Bib Gourmand**
Establishment offering good quality cuisine, often with a regional flavour, for under €35 (Spain and Andorra) or under €30 (Portugal). Price of a meal, not including drinks.

## PLEASANT HOTELS AND RESTAURANTS

Symbols shown in red indicate particularly pleasant or restful establishments: the character of the building, its décor, the setting, the welcome and services offered may all contribute to this special appeal.

↑, 🏠 to 🏠🏠🏠     **Pleasant accomodations**

⅍, ⅍ to ⅍⅍⅍⅍⅍     **Pleasant restaurants**

## OTHER SPECIAL FEATURES

As well as the categories and awards given to the establishment, Michelin inspectors also make special note of other criteria which can be important when choosing an establishment.

### LOCATION

If you are looking for a particularly restful establishment, or one with a special view, look out for the following symbols:

    🌺 🌺     **Quiet hotel / Very quiet hotel**

    ≤ ≤     **Interesting view / Exceptional view**

### WINE LIST

If you are looking for an establishment with a particularly interesting wine list, look out for the following symbol:

    🍇     **Particularly interesting wine list**
This symbol might cover the list presented by a sommelier in a luxury restaurant or that of a simple inn where the owner has a passion for wine. The two lists will offer something exceptional but very different, so beware of comparing them by each other's standards.

    **N**     **New establishment in the guide**

# Facilities
# & services

|  |  |
|---|---|
| 🛗 | Lift (elevator) |
| AC | Air conditioning (in all or part of the establishment) |
| ℡ 🛜 | High speed Internet connection (ADSL - WI-FI) |
| ♿ | Establishment adapted for persons with restricted mobility |
| 🍽 | Meals served in garden or on terrace |
| 🏋 | Gym |
| 🏊 🏊 | Swimming pool: outdoor or indoor |
| 🌳 | Garden |
| 🎾 | Tennis court |
| 🏌18 | Golf course and number of holes |
| 🏛 | Equipped conference hall |
| 🍴 | Private dining rooms |
| 🐕 | Dogs are excluded from all or part of the establishment |
| 🚗 | Garage (additional charge in most cases) |
| P | Car park for customers only |
| 🚫 | Credit cards not accepted |
| ✉ 28012 | Postal number |
| ✉ 7800-430 Beja | Postal number and name of the post office serving the town |
| Ⓜ | Nearest metro station |
| *mayo-octubre* *maio-outubro* | Dates when open, as indicated by the hotelier – precise dates not available. |
| **30 hab / 30 qto** | Number of rooms |

Prices quoted in this guide are for summer 2013. Changes may arise if goods and service costs are revised. The rates include service charge. In Spain the VAT (IVA) will be added to the bill (10%), Canary Islands (7%), Ceuta (4% I.P.S.I.) and Melilla (2% I.P.S.I.), Andorra (4%). In Portugal, the VAT (23% restaurant, 6% room) is already included.
In some towns, when commercial, cultural or sporting events are taking place the hotel rates are likely to be considerably higher. Hotels and restaurants have supplied details of all their rates and have assumed responsibility for maintaining them for all travellers in possession of this guide.
Out of season, certain establishments offer special rates. Ask when booking.

## DEPOSITS

Some hotels will require a deposit, which confirms the commitment of customer and hotelier alike. Make sure the terms of the agreement are clear.

## ROOMS

| | |
|---|---|
| 40/70 € | Lowest/highest price for a single room, Price includes breakfast |
| 70/100 € | Lowest/highest price for a double room |
| 9 € | Price of breakfast |

## RESTAURANT AND TAPAS BAR

**Set meals**

Menú 20/38 €
Menu 15/27 €   Lowest/highest price for set meal served at normal hours

**A la carte meals**

Carta 20/60 €
Lista 15/40€   The first figure is for a plain meal and includes hors d'œuvre, main dish of the day with vegetables and dessert. The second figure is for a fuller meal (with speciality) and includes 2 main courses and dessert.

**Tapa** 4 €   Price for a tapa

**Ración** aprox. 10 €   Price for a portion

# Information on localities

## GENERAL INFORMATION

| | |
|---|---|
| **P** | Provincial capital |
| **577** M27 | Michelin map and co-ordinates |
| **24 000 h.** | Population |
| **alt. 175** | Altitude (in metres) |
| ⛷ 3 | Number of cable cars |
| ⛷ 7 | Number of ski and chair lifts |
| BX a | Letters giving the location of a place on the town plan |
| 📍18 | Golf course and number of holes |
| ☀ ≤ | Panoramic view, viewpoint |
| ✈ | Airport |
| ⛴ | Shipping line |
| ⛴ | Passenger transport only |
| 🛈 | Tourist Information Centre |

## TOURIST INFORMATION

SIGHTS

| | |
|---|---|
| ★★★ | Highly recommended |
| ★★ | Recommended |
| ★ | Interesting |

LOCATION

| | |
|---|---|
| ◑ | Sights in town |
| ◓ | On the outskirts |
| Norte, Sur-Sul, Este, Oeste | In the surrounding area: to the north, south, east or west of the town |
| ①, ④ | Sign on town plan and on the Michelin road map indicating the road leading to a place of interest |
| 6 km | Distance in kilometres. |

# Plan key

Hotels
Restaurants – tapas bars

## SIGHTS

Place of interest
Interesting place of worship

## ROADS

Motorway, Dual carriageway
Junction complete, limited, number
Major thoroughfare
One-way street – Unsuitable for traffic, street subject to restrictions
Pedestrian street – Tramway
Colón Shopping street –Car park
Gateway – Street passing under arch – Tunnel
Station and railway
Funicular – Cablecar
Lever bridge – Car ferry

## VARIOUS SIGNS

Tourist Information Centre
Mosque – Synagogue
Tower – Ruins – Windmill – Water tower
Garden, park, wood – Cemetery – Cross
Golf course – Racecourse – Bullring
Stadium – Outdoor or indoor swimming pool
View – Panorama
Monument – Fountain – Factory – Shopping centre
Pleasure boat harbour – Lighthouse
Airport – Underground station – Coach station
Ferry services:
Passengers and cars, passengers only
(3) Reference numbers common to town plans and Michelin maps
Main post office – Telephones
Hospital – Covered market
Public buildings located by letter:
D H J Provincial Government Office – Town Hall – Law Courts
G Central Government Representation (Spain), District Government Office (Portugal)
M T U Museum – Theatre – University, College
POL. Police (in large towns police headquarters)
Guardia Civil (Spain)
GNR Guarda Nacional Republicana (Portugal)

33

# España

# España, miscelánea de sabores

**La guía MICHELIN** desea acompañarle, como viene haciendo desde hace más de 100 años, en un viaje gastronómico y sensorial que le ayudará a descubrir una de las cocinas más interesantes, sorprendentes y atractivas del mundo. Si la actual cocina española está reconocida internacionalmente por la creatividad y la pericia técnica de sus chefs, algunos de ellos considerados auténticos iconos a nivel mundial, no menos importante es el valor de la tradición familiar, el prolífico mestizaje cultural acaecido durante siglos y, por fortuna, la existencia de unas materias primas autóctonas de extraordinaria calidad; a este respecto, debemos destacar que España es uno de los países con mayor litoral pesquero de Europa, poseyendo además numerosas carnes avaladas por los sellos de calidad de las Denominaciones de Origen y una huerta que, año tras año, sigue tomando un papel protagonista a la hora de valorar el pulso económico de nuestras exportaciones.

Guy Bouchet/Photononstop

**La española** es una cocina de mar y montaña, cinegética, isleña, rica en cereales, verduras, hortalizas, frutas... una de las mayores defensoras de la ya universal Dieta Mediterránea, la cuna de la internacional Paella y, tal vez, la máxima difusora de conceptos culinarios como el "KM. 0", que valora especialmente la utilización de los

productos autócto-
nos de proximidad,
o de la cada vez más
valorada "Cocina en
miniatura", una maravi-
llosa propuesta gastronómica
que está conquistando el mundo
a través de nuestras tapas y raciones.

FoodCollection/Photononstop

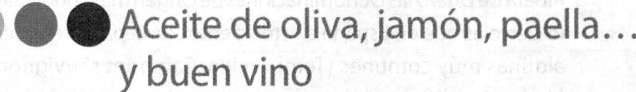 ## Aceite de oliva, jamón, paella… y buen vino

**P**odemos decir, sin ánimo a equivocarnos, que estos platos o productos son los que mejor definen nuestra gastronomía a nivel internacional. España es el máximo productor mundial de aceite de oliva, por lo que esta será la indiscutible base tanto de nuestro recetario tradicional como de la saludable Dieta Mediterránea; de hecho, la historia, variedad y calidad de este producto, cultivado aquí desde hace 3000 años y hasta con 24 Denominaciones de Origen Protegidas (D.O.P), ha hecho que en nuestro país sea conocido popularmente como el "oro líquido". En cuanto al jamón, serrano o ibérico, debemos aceptar que siendo tal vez la máxima expresión de nuestra tradición culinaria representa, sin duda, una de las sorpresas gastronómicas más relevantes para todo aquél que nos visita.

**E**l **jamón español** por antonomasia es el "jamón ibérico" y la calidad del mismo siempre va a ir intrínsecamente asociada a una serie de valores como la pureza del cerdo (de raza ibérica), las características de su cría en libertad por extensas dehesas arboladas, la proporción de bellotas que toman en su alimentación y, finalmente, el proceso de curación del mismo. Si echamos un vistazo a nuestros platos más internacionales parece claro que el puesto de honor se lo llevaría la "Paella"… eso sí, en un constante mano a mano con la popular, cotidiana y sabrosa Tortilla de patata (Tortilla española), que a lo largo y ancho de nuestra geografía se puede ver presentada con múltiples variantes (con cebolla o sin ella, con chorizo, con pimientos, paisana…). En lo que se refiere al vino debemos señalar que este es un sector de extraordinaria relevancia social y económica para nuestro país, pues el reconocido crédito internacional está siendo acompañado por un momento de gran creatividad, notable expansión y una sorprendente modernización de las bodegas; de hecho, ya son muchas las que por sí mismas se presentan como un foco de atracción turística (enoturismo) gracias tanto al planteamiento de un nuevo diálogo cultural, mediante la cata, como al maravillosos reclamo de un diseño arquitectónico diferenciador. Siendo La Rioja y Ribera de Duero las Denominaciones de Origen más conocidas, lo cierto es que en España existen cientos de cepas diferentes: algunas muy comunes (Tempranillo, Cabernet sauvignon, Merlot, Chardonnay…) y otras solo plantadas en regiones muy concretas, como es el caso de las uvas Verdejo (de Rueda), Airén (de La Mancha) o Albariño en Las Rías Bajas.

## ¿Carne o pescado?

**La valía gastronómica** de la cocina española se debe, en gran medida, a la extraordinaria riqueza culinaria de sus regiones, normalmente muy protectoras con el recetario heredado de sus ancestros. Teniendo en cuenta esta pluralidad de gustos e interpretaciones debemos indicar que aquí nos servirán unos pescados y carnes de contrastada calidad. Un dato muy significativo sobre España, con casi 8000 km de costas entre la península y las islas, es el hecho de ser uno de los países con mayor litoral pesquero de Europa, lo que va a redundar en una variedad

Alfredo Tessi/Tips/Photononstop

Muriot/SoFood/Photononstop

impresionante de pescados y mariscos; en este apartado debemos resaltar la extraordinaria calidad de los mariscos gallegos (vieiras, mejillones, percebes, almejas, navajas, gambas, cigalas, centollos…), pues esa región se presenta como un auténtico paraíso para el gastrónomo gracias a su peculiar orografía, la temperatura de sus aguas y, porque no decirlo, a la riqueza de sus zonas marisqueras. En lo que concierne a las carnes la oferta es igualmente espectacular, pues entre ternera, cordero y pollo se suman hasta 17 Denominaciones de Origen de producto controlado. Dos grandes clásicos de la cabaña española son la Ternera gallega y el Lechazo de Castilla y León.

## ●●● Postres y quesos

**La variedad de los postres** españoles es un fiel reflejo de su idiosincrasia regional, no sujeta a fronteras por el amor al dulce y salvaguardada de los tiempos gracias, en muchos casos, a la labor de la repostería monacal. Crema catalana, Arroz con leche, Torrijas… las especialidades son innumerables, sin embargo en España estos dulces pueden verse postergados ante dos frutas muy representativas de nuestro país, la omnipresente Naranja y el sabrosísimo Plátano de Canarias. Mención aparte merecen nuestros quesos, pues reconociendo que el queso español más internacional es el Manchego debemos reseñar que disfrutamos de hasta 25 Denominaciones de Origen Protegidas y una comunidad, el Principado de Asturias, con 42 variedades diferentes dentro de su territorio, lo que la convierten en la mayor "mancha quesera de Europa". Si tiene oportunidad no deje de probar el universal queso Manchego, los sorprendentes quesos azules de Cabrales o Gamonedo, el típico queso gallego de Tetilla, la cremosa Torta del Casar, alguno de los quesos isleños (Mahón, Flor de Guía, Majorero, Palmero), el inconfundible Idiazábal…

# Espanha,
# mistura de sabores

A guia MICHELIN deseja acompanhar-lhe, como tem feito desde há mais de 100 anos, numa viagem gastronómica e sensorial, onde ajudar-lhe-á a descobrir uma das cozinhas mais interessantes, surpreendentes e atractivas do mundo. Se a actual cozinha espanhola está internacionalmente reconhecida pela sua criatividade e pela perícia técnica dos seus chefs, alguns deles considerados autênticos ícones a nível mundial. Não menos importante é o valor da tradição familiar, a prolífica mestiçagem cultural que ocorreu durante séculos e, por fortuna, a existência dumas matérias-primas autóctones de extraordinária qualidade. A este respeito, devemos ressaltar que Espanha é um dos países com maior litoral pesqueiro da Europa, possuindo além disso numerosas carnes avaladas pelos selos de qualidade das Denominações de Origem e uma horta que, ano após ano, continua a ter um papel protagonista na valorização do pulso económico das nossas exportações.

A espanhola é uma cozinha de mar e montanha, cinegética, islenha, rica em cereais, legumes, hortaliças, frutas…, uma das maiores defensoras da universal Dieta Mediterrânea, o berço da internacional Paella e, tal vez, a máxima difusora de conceitos culinários como o "KM. 0" que valoriza especialmente a utilização dos produtos autóctones de proximidade, ou da cada vez mais valorizada "Cozinha em miniatura", uma maravilhosa proposta gastronómica que está a conquistar o mundo a través das nossas tapas e raciones.

## Azeite, presunto, paella…
## e bom vinho

Podemos dizer, sem perigo de enganar-nos, que estes pratos ou produtos são os que melhor definem a nossa gastronomia a nível internacional. Espanha é o máximo produtor mundial de azeite, pelo que será a indiscutível base tanto da nossa culinária tradicional como da saudável Dieta Mediterrânea; de facto, a história, variedade e qualidade deste produto, cultivado aqui desde há 3000 anos e com 24 Denominações de Origem

AGE/Photononstop

Protegidas (D.OU.P), faz que no nosso país seja conhecido popularmente como o "ouro líquido". Enquanto ao presunto, serrano ou ibérico, devemos aceitar que sendo tal vez a máxima expressão da nossa tradição culinária representa, sem dúvida, uma das surpresas gastronómicas mais relevantes para todo aquele que nos visita.

O presunto espanhol por antonomásia é o "presunto ibérico" e a qualidade do mesmo sempre irá intrinsecamente associada a uma série de valores como a pureza do porco (de raça ibérica), as características do seu crescimento em liberdade por extensas pastagens arborizadas, a proporção das bolotas que tomam na sua alimentação e, finalmente, o processo de cura do mesmo. Se damos uma vista de olhos aos nossos pratos mais internacionais parece claro que o posto de honra é para a "Paella"… embora de mão dada com a popular, cotidiana e saborosa Tortilha de batata (Tortilha espanhola), que por toda a nossa geografia pode ver-se apresentada com diversas variantes (com cebola ou sem ela, com chouriço, com pimentos, saloia…). No referente ao vinho devemos ressaltar que é um sector de extraordinária relevância social e económica para o nosso país, o reconhecido crédito internacional está a ser acompanhado por um momento de grande criatividade, notável expansão e uma surpreendente modernização das adegas. De facto, já são muitas as que por si mesmas se apresentam como um foco de atracção turística (enoturismo) em parte, tanto à planificação de um novo diálogo cultural mediante a cata, como ao maravilhoso reclame de um desenho arquitectónico diferenciador. Sendo "La Rioja" e "Ribera de Duero" as Denominações de Origem mais conhecidas, o que é certo é que em Espanha existem centos de cepas diferentes: algumas muito comuns (Tempranillo, Cabernet sauvignon, Merlot, Chardonnay…) e outras só plantadas em regiões muito concretas, como são as uvas Verdejo (de Rueda), Airén (da Mancha) ou Albariño nas Rias Bajas.

FoodCollection/Photononstop

# Carne ou peixe?

A valia gastronómica da cozinha espanhola deve-se, em grande medida, à extraordinária riqueza culinária das suas regiões, normalmente muito protectoras com a culinária herdada de tempos ancestrais. Tendo em conta esta pluralidade de gostos e interpretações devemos indicar que aqui servir-nos-ão um peixe e uma carne de contrastada qualidade. Um dado muito significativo sobre Espanha, com quase 8000 km de costas entre a península e as ilhas, é de facto um dos países com maior litoral pesqueiro da Europa, o que redunda numa variedade impressionante de peixe e mariscos; neste ponto devemos ressaltar a extraordinária qualidade dos mariscos galegos (vieiras, mexilhões, percebes, ameijoas, navalhas, camarões, lagostim, santolas…), essa região apresenta-se como um autêntico paraíso para o gastrónomo em parte; à sua peculiar orografia, a temperatura das suas águas e porque não, à riqueza das suas zonas marisqueiras. No referente às carnes a oferta é igualmente espectacular, pois entre a vitela, o cordeiro e o frango acrescentam-se até 17 Denominações de Origem de produto controlado. Dois grandes clássicos do gado espanhol são a Vitela galega e o Leitão de Castilla e León.

 ## Sobremesas e queijos

A variedade das sobremesas espanholas é um fiel reflexo da sua idiossincrasia regional, não sujeita a fronteiras pelo amor ao doce e salvaguardada dos tempos, graças, em muitas ocasiões, à pastelaria conventual. Crema catalana, Arroz doce, Rabanadas…, as especialidades são inumeráveis, porem em Espanha estes doces podem ser relegados para um segundo plano por duas frutas muito representativas do nosso país, a omnipresente Laranja e a saborosíssima Banana de Canarias. Menção aparte merecem os nossos queijos, reconhecendo que o queijo espanhol mais internacional é o Manchego devemos ressaltar que disfrutamos de 25 Denominações de Origem Protegidas e uma comunidade, o Principado de Astúrias, com 42 variedades diferentes dentro do seu território, o que o converte no maior "lugar queijeiro da Europa". Se tem oportunidade não deixe de experimentar o universal queijo Manchego, os surpreendentes queijos azuis de Cabrales ou Gamonedo, o típico queijo galego de Tetilla, a cremosa Torta do Casar, algum dos queijos islenhos (Mahón, Flor de Guia, Majorero, Palmero), ou o inconfundível Idiazábal…

ESPAÑA

# Spain, a feast of flavours

As it has been for over 100 years, the MICHELIN guide is your perfect companion on a sensorial gastronomic voyage of discovery that will help you discover one of the world's most interesting, surprising and attractive cuisines. While contemporary Spanish cooking is internationally recognised for the creativity and technical skill of its chefs, some of whom are considered true culinary icons worldwide, no less important is the value of family traditions, the prolific cultural mix developed over many centuries and, as fortune would have it, the existence of native ingredients of a truly extraordinary quality. In this respect it is well worth noting that Spain has one of the longest coastlines for fishing in Europe, boasts numerous meat products bearing the Denominación de Origen quality label, and is home to soil that year after year produces fresh produce which acts as barometer for and plays a vital role in the country's exports.

Spanish cooking is influenced by the sea, the mountains and its islands, and is based around an abundance of cereals, vegetables, fruit and garden produce… which combine to help create the health-inducing and universally respected Mediterranean diet. The country is also famous as the birthplace of the internationally renowned paella and is, perhaps, one of the prime movers in culinary concepts such as "KM. 0", which promotes the use of locally sourced native products, and the increasingly respected "cocina en miniatura" ("cooking in miniature"), a wonderful gastronomic movement that is conquering the world through its extraordinary array of tapas and raciones.

## Olive oil, ham, paella… and good wine

It can be said, without fear of contradiction, that it is these dishes and products which best define Spain's gastronomy internationally. The country is the world's largest olive oil producer, hence its indisputable role as the base for traditional recipes, many of which make up the renowned Mediterranean diet. In fact, the history, variety and quality of this product, which has been grown here for 3,000 years, and which has been awarded 24 "Denominación de Origen Protegida (D.O.P)" labels, has resulted in the country being popularly known as the land of "liquid gold". In terms of ham, both serrano and ibérico, it is generally accepted that these products, perhaps the best possible expression of the country's culinary traditions, represent without doubt one of the most pleasant gastronomic surprises for tourists visiting the country.

The Spanish ham par excellence is "jamón ibérico" and its quality will always be intrinsically associated with a precise set of values such as the pure breeding of the pig (the "ibérico" breed), the manner in which it is reared on extensive wooded pastureland, the proportion of acorns in its feed and, lastly, its curing process. If we take a closer look at internationally renowned Spanish dishes, the place of honour is generally taken by paella, although this a close run thing with the popular and delicious daily dish tortilla española ,a potato omelette which comes in many different guises across the country (with or without onion, chorizo, peppers etc). The wine sector is one which has enormous social and economic importance for Spain given that the great renown it already enjoys abroad is being increasingly enhanced by the even greater creativity, expansion and incredible modernisation of the country's wine cellars. This is happening to such an extent now that cellars are now becoming a focus of attention for tourists (hence the development of wine tourism or "enoturismo"), thanks to new cultural awareness via wine tastings, as well a desire for distinct architectural designs which set their facilities apart. Rioja and Ribera de Duero are the two best-known "Denominación de Origen" wines, although Spain is home to hundreds of different grape varieties, some more commonly found (such as Tempranillo, Cabernet Sauvignon, Merlot and Chardonnay), alongside others which are only planted in specific regions, as is the case with the Verdejo grape (in Rueda), Airén (in La Mancha) and Albariño (in the Rías Bajas).

Irène Alastruey/Author's Image/Photononstop

## ● ● ● Meat or fish?

**The gastronomic value** of Spanish cuisine is, to a great extent, the result of the extraordinary culinary wealth of its regions, which are very protective of the recipes handed down by their ancestors. Given the numerous products available and the myriad ways in which they are prepared around the country, it is no surprise that huge contrasts exist in the way fish and meat are served nationwide. One highly significant fact about Spain, a country with almost 8 000km of coastline when combining the mainland and its islands, is that it has one of the longest coastlines for fishing in Europe, hence the impressive variety of fish and seafood available. As an example, it is worth highlighting the extraordinary quality of Galicia's seafood (scallops, mussels, barnacles, clams, razor shell, different varieties of prawns, spider crab etc), a region considered a paradise for food-lovers thanks to its unique relief, the temperature of its coastal waters, as well as the wealth of its shellfish production areas. Meat options are equally impressive, given that veal, lamb and chicken account for no fewer than 17 "Denominación de Origen" quality labels between them. Two classic Spanish meat dishes are Galician veal and suckling lamb from Castilla y León.

## ● Desserts and cheeses

**The variety of desserts** in Spain is a true reflection of the idiosyncrasies of each region; having said this, Spaniards' love of sweet things goes beyond regional borders and is perpetuated, in many cases, by the continued production of confectionery in the country's convents. Specialities such as crema catalana, arroz con leche and torrijas abound, although in Spain these famous desserts compete with two of the country's most emblematic fruits, oranges and delicious bananas from the Canary Islands. Spanish cheeses also merit a special mention; while the country's most recognised cheese overseas is Manchego, it is worth noting that Spain boasts 25 cheeses with the Denominación de Origen Protegida label, and one autonomous community, the Principality of Asturias, with no fewer than 42 different varieties, making it one of the "cheese capitals of Europe". If you have the chance, make sure you try the universally recognised Manchego, the wonderful Cabrales and Gamonedo blue cheeses, the typical Galician cheese Tetilla, the creamy Torta del Casar, some of the cheeses produced on Spain's islands (Mahón, Flor de Guía, Majorero, Palmero), as well as the unmistakable Idiazábal.

# Vinos...

→ Vinhos  → Wines

① y ②    Rías Baixas, Ribeiro

③ al ⑤   Valdeorras, Monterrei,
          Ribeira Sacra

⑥ al ⑬   Bierzo, Tierra de León, Arribes,
          Tierra del Vino de Zamora,
          Rueda, Toro, Cigales, Arlanza

⑭        Ribera del Duero

⑮        Rioja

⑯        Txakolí de Álava, de Bizkaia
          y de Getaria

⑰        Navarra

⑱ al ㉑  Campo de Borja, Calatayud,
          Cariñena, Somontano

㉒ al ㉘  Terra Alta, Montsant, Costers
          del Segre,  Priorato, Conca de
          Barberá, Tarragona, Penedès

㉙ y ㉛  Alella, Pla i Vages, Cataluña

㉜        Empordá

③③ al ③⑤   Méntrida, Vinos de Madrid, Mondéjar

③⑥ al ④⓪   Valdepeñas, La Mancha, Ribera
            del Júcar, Uclés, Manchuela

④①        Ribera del Guadiana

④② al ④⑧   Utiel - Requena, Almansa, Jumilla,
            Valencia, Yecla, Alicante, Bullas

④⑨        Banissalem, Pla i Llevant

⑤⓪ al ⑤④   Condado de Huelva, Málaga,
            Sierras de Málaga, Jerez - Xérès
            - Sherry, Montilla - Moriles,
            Manzanilla - Sanlúcar de Barrameda

⑤⑤        Tacoronte - Acentejo, Valle de la
            Orotava, Ycoden - Daute - Isora,
            Abona, Valle de Güimar

⑤⑥ al ⑥⓪   Lanzarote, La Palma, El Hierro,
            La Gomera, Gran Canaria

CAVA  ⑮, ⑱, ⑳, ㉗ al ㉜, ④②

# ... y especialidades regionales

En el mapa indicamos las Denominaciones de Origen que la legislación española controla y protege.

| Regiones y localización en el mapa | Características de los vinos | Especialidades regionales |
|---|---|---|
| ANDALUCÍA ⑤⓪ al ⑤④ | **Blancos** *afrutados* <br> **Amontillados** *secos, avellanados* <br> **Finos** *secos, punzantes* <br> **Olorosos** *abocados, aromáticos* | Jamón, Gazpacho, Fritura de pescados |
| ARAGÓN ⑱ al ㉑ | **Tintos** *robustos* <br> **Blancos** *afrutados* <br> **Rosados** *afrutados, sabrosos* <br> **Cava** *espumoso (método champenoise)* | Jamón de Teruel, Ternasco, Magras |
| MADRID, CASTILLA Y LEÓN, CASTILLA-LA MANCHA, EXTREMADURA ⑥ al ⑭ y ㉝ al ㊶ | **Tintos** *aromáticos, muy afrutados* <br> **Blancos** *aromáticos, equilibrados* <br> **Rosados** *refrescantes* | Asados, Embutidos, Queso Manchego, Migas, Cocido madrileño, Pisto |
| CATALUÑA ㉒ al ㉜ | **Tintos** *francos, robustos, redondos, equilibrados* <br> **Blancos** *recios, amplios, afrutados, de aguja* <br> **Rosados** *finos, elegantes* <br> **Dulces y mistelas** *(postres)* <br> **Cava** *espumoso (método champenoise)* | Butifarra, Embutidos, Romesco (salsa), Escudella, Escalivada, Esqueixada, Crema catalana |
| GALICIA, ASTURIAS, CANTABRIA ① al ⑤ | **Tintos** *de mucha capa, elevada acidez* <br> **Blancos** *muy aromáticos, amplios, persistentes (Albariño)* | Pescados, Mariscos, Fabada, Queso Tetilla, Queso Cabrales, Empanada, Lacón con grelos, Filloas, Olla podrida, Sidra, Orujo |
| ISLAS BALEARES ㊾ | **Tintos** *jugosos, elegantes* <br> **Blancos y rosados** *ligeros* | Sobrasada, Queso de Mahón, Caldereta de langosta |
| ISLAS CANARIAS ㊺ al ⑥⓪ | **Tintos** *jóvenes, aromáticos* <br> **Blancos y rosados** *ligeros* | Pescados, Papas arrugadas |
| VALENCIA, MURCIA ㊷ al ㊽ | **Tintos** *robustos, de gran extracto* <br> **Blancos** *aromáticos, frescos, afrutados* | Arroces, Turrón, Verduras, Hortalizas, Horchata |
| NAVARRA ⑰ | **Tintos** *sabrosos, con plenitud, muy aromáticos* <br> **Rosados** *suaves, afrutados* <br> **Cava** *espumoso (método champenoise)* | Verduras, Hortalizas, Pochas, Espárragos, Queso Roncal |
| PAÍS VASCO ⑯ | **Blancos** *frescos, aromáticos, ácidos* <br> **Tintos** *fragantes* | Changurro, Cocochas, Porrusalda, Marmitako, Pantxineta, Queso Idiazábal |
| LA RIOJA (ALTA, BAJA, ALAVESA) ⑮ | **Tintos** *de gran nivel, equilibrados, francos, aromáticos, poco ácidos* <br> **Blancos** *secos* <br> **Cava** *esp umoso (método champenoise)* | Pimientos, Chilindrón |

ESPAÑA

# → Vinhos e especialidades regionais

*Indicamos no mapa as Denominações de Origem (Denominaciones de Origen) que são controladas e protegidas pela legislação.*

**ESPAÑA**

| Regiões e localização no mapa | Características dos vinhos | Especialidades regionais |
|---|---|---|
| ANDALUCÍA **50** a **54** | **Brancos** *frutados* <br> **Amontillados** *secos, avelanados* <br> **Finos** *secos, pungentes* <br> **Olorosos** *com bouquet, aromáticos* | Presunto, Gazpacho (Sopa fria de tomate), Fritada de peixe |
| ARAGÓN **18** a **21** | **Tintos** *robustos* <br> **Brancos** *frutados* <br> **Rosés** *frutados, saborosos* <br> **Cava** *espumante (método champenoise)* | Presunto de Teruel, Ternasco (Borrego), Magras (Fatias de fiambre) |
| MADRID, CASTILLA Y LEÓN, CASTILLA-LA MANCHA, EXTREMADURA **6** a **14** e **33** a **41** | **Tintos** *aromáticos, muito frutados* <br> **Brancos** *aromáticos, equilibrados* <br> **Rosés** *refrescantes* | Assados, Enchidos, Queijo Manchego, Migas, Cozido madrilense, Pisto (Caldeirada de legumes) |
| CATALUÑA **22** a **32** | **Tintos** *francos, robustos, redondos, equilibrados* <br> **Brancos** *secos, amplos, frutados, « perlants »* <br> **Rosés** *finos, elegantes* <br> **Doces** e **« mistelas «** *(sobremesas)* <br> **Cava** *espumante (método champenoise)* | Butifarra (Linguiça catalana), Enchidos, Romesco (molho), Escudella (Cozido), Escalivada (Pimentos e beringelas no forno), Esqueixada (Salada de bacalhau cru), Crema catalana (Leite creme) |
| GALICIA, ASTURIAS, CANTABRIA **1** a **5** | **Tintos** *espessos, elevada acidêz* <br> **Brancos** *muito aromáticos, amplos, persistentes (Albariño)* | Peixes, Mariscos, Fabada (Feijoada), Queijo Tetilla, Queijo Cabrales, Empanada (Empada), Lacón con grelos (Pernil de porco com grelos), Filloas (Crêpes), Olla podrida (Cozido), Sidra, Aguardente |
| ISLAS BALEARES **49** | **Tintos** *com bouquet, elegantes* <br> **Brancos e rosés** *ligeiros* | Sobrasada (Embuchado de porco), Queijo de Mahón, Caldeirada de lagosta |
| ISLAS CANARIAS **55** a **60** | **Tintos** *novos, aromáticos* <br> **Brancos e rosés** *ligeiros* | Peixes, Papas arrugadas (Batatas) |
| VALENCIA, MURCIA **42** a **48** | **Tintos** *robustos, de grande extracto* <br> **Brancos** *aromáticos, frescos, frutados* | Arroz, Nogado, Legumes, Hortaliças, Horchata (Orchata) |
| NAVARRA **17** | **Tintos** *saborosos, encorpados, muito aromáticos* <br> **Rosés** *suaves, frutados* <br> **Cava** *Espumante (método champenoise)* | Legumes, Hortaliças, Pochas (Feijão branco), Espargos, Queijo Roncal |
| PAÍS VASCO **16** | **Brancos** *frescos, aromáticos, acídulos* <br> **Tintos** *perfumados* | Changurro (Santola), Cocochas (Glândulas de peixe), Porrusalda (Sopa de bacalhau), Marmitako (Guisado de atum), Pantxineta (Folhado de amêndoas), Queijo Idiazábal |
| LA RIOJA (ALTA, BAJA, ALAVESA) **15** | **Tintos** *de grande nível, equilibrados, francos, aromáticos, de pouca acidêz* <br> **Brancos** *secos* <br> **Cava** *espumante (método champenoise)* | Pimentos, Chilindrón (Guisado de galinha ou borrego) |

# → Wines and regional specialities

*The map shows the official wine regions (Denominaciones de Origen) which are controlled and protected by Spanish law.*

| Regions and location on the map | Wine's characteristics | Regional Specialities |
|---|---|---|
| ANDALUCÍA **50** to **54** | *Fruity* **whites** <br> **Amontillados** *medium dry and nutty* <br> **Finos** *very dry and piquant* <br> **Olorosos** *smooth and aromatic* | *Gazpacho (Cold tomato soup), Fritura de pescados (Fried Fish)* |
| ARAGÓN **18** to **21** | *Robust* **reds** <br> *Fruity* **whites** <br> *Pleasant, fruity* **rosés** <br> **Sparkling wines** *(méthode champenoise)* | *Teruel ham, Ternasco (Roast Lamb), Magras (Aragonese Ham Platter)* |
| MADRID, CASTILLA Y LEÓN, CASTILLA-LA MANCHA, EXTREMADURA **6** to **14** and **33** to **41** | *Aromatic and very fruity* **reds** <br> *Aromatic and well balanced* **whites** <br> *Refreshing* **rosés** | *Roast, Sausages, Manchego Cheese, Migas (fried breadcrumbs), Madrid stew, Pisto (Ratatouille)* |
| Cataluña **22** to **32** | *Open, robust, rounded and well balanced* **reds** <br> *Strong, full bodied and fruity* **whites** <br> *Fine, elegant* **rosés** <br> **Sweet, subtle** *dessert wines* <br> **Sparking wines** *(méthode champenoise)* | *Butifarra (Catalan sausage), « Romesco » (sauce),» Escudella (Stew), Escalivada (Mixed boiled vegetables), Esqueixada (Raw Cod Salad), Crema catalana (Crème brûlée)* |
| GALICIA, ASTURIAS, CANTABRIA **1** to **5** | *Complex, highly acidic* **reds** <br> *Very aromatic and full bodied* **whites** *(Albariño)* | *Fish and seafood, Fabada (pork and bean stew), Tetilla Cheese, Cabrales Cheese, Empanada (Savoury tart), Lacón con grelos (Salted shoulder of Pork with sprouting turnip tops), Filloas (Crêpes), Olla podrida (Hot Pot), Cider, Orujo (distilled grape skins and pips)* |
| ISLAS BALEARES **49** | *Meaty, elegant* **reds** <br> *Light* **whites and rosés** | *Sobrasada (Sausage spiced with pimento), Mahón Cheese, Lobster ragout* |
| ISLAS CANARIAS **55** to **60** | *Young, aromatic* **reds** <br> *Light* **whites and rosés** | *Fish, Papas arrugadas (Potatoes)* |
| VALENCIA, MURCIA **42** to **48** | *Robust reds* <br> *Fresh, fruity and aromatic* **whites** | *Rice dishes, Nougat, Market garden produce, Horchata (Tiger Nut Summer Drink)* |
| NAVARRA **17** | *Pleasant, full bodied and highly aromatic* **reds** <br> *Smooth and fruity* **rosés** <br> **Sparkling wines** *(méthode champenoise)* | *Green vegetables, Market garden produce, Pochas (Haricot Beans), Asparagus, Roncal Cheese Changurro (Spider Crab),* |
| PAÍS VASCO **16** | *Fresh, aromatic and acidic* **whites** <br> *Fragrant* **reds** | *Cocochas (Hake jaws), Porrusalda (Cod soup), Marmitako (Tuna & Potato stew), Pantxineta (Almond Pastry), Idiazábal Cheese* |
| LA RIOJA (ALTA, BAJA, ALAVESA) **15** | *High quality, well balanced, open and aromatic* **reds** *with little acidity* <br> *Dry* **whites** <br> **Sparkling wines** *(méthode champenoise)* | *Peppers, Chilindrón (Chicken/Lamb in a spicy tomato & pepper sauce)* |

ESPAÑA

# Distinciones 2014

ESPAÑA

53

Las estrellas
de buena mesa 2014

El color está de acuerdo con el establecimiento de mayor número de estrellas de la localidad.

**LASARTE** La localidad posee como mínimo ✳✳✳ un restaurante 3 estrellas.

**Barcelona** La localidad posee como mínimo ✳✳ un restaurante 2 estrellas.

Sevilla La localidad posee como mínimo ✳ un restaurante 1 estrella.

**LASARTE**

**ARRABETZU**

**DONOSTIA-SAN SEBASTIÁN**

**Errenteria o Rentería**

Ibao

Boroa
● Axpe
Vitoria-Gasteiz
● Elciego
Galdakao
Daroca de Rioja

Hondarribia
Oiartzun
Urdaitz o Urdániz
Iruña/Pamplona

Huesca ●

Zaragoza ●

Gimenells ●

La Vall de Bianya
**ANDORRA**
Sort ●
Gombrèn ●
Cercs
Sagàs ─ ● Olost
Calldetenes ─
Sant Fruitós de Bages ●
Terrassa o Tarrasa
Arbúcies ●

**Olot** Anglès

Figueres ─
Castelló d'Empúries ─
**Llançà**
Platja de Canyelles Petites
Banyoles ●
● Corçà
**GIRONA**
Llafranc
Llagostera
Tossa de Mar
**SANT POL DE MAR**

**Barcelona**

Santa Coloma de Gramenet

Cambrils ●

Xerta ●
Ulldecona ●

Tramacastilla ●

Cuenca ●

Vall d'Alba ●

Mallorca

Menorca

Deiá
es Capdellà ●
Palmanova ●

Port d'Alcúdia o Puerto de Alcudia

Sa Coma

Las Pedroñeras

Almansa ●

Valencia ●

Ondara
**DÉNIA**
Xàbia o Jávea
Cocentaina ●

Ibiza

**Illes Balears o Islas Baleares**

Fontanars dels Alforins ●

Formentera

Elx o Elche ●
El Palmar ●

Alacant o Alicante ●

● Dehesa de Campoamor

Isla de La Palma

Isla de La Gomera

Isla de Tenerife

**Guía de Isora**

Isla de Lanzarote

Isla de El Hierro

Isla de Gran Canaria

Isla de Fuerteventura

**ISLAS CANARIAS**

# Las estrellas de buena mesa

→ Estabelecimentos com estrelas

→ Starred restaurants

## ✿✿✿ 2014

N → Nuevo establecimiento con distinción → Novo estabelecimento com distinção
→ Newly awarded distinction

| | | | |
|---|---|---|---|
| **Dénia** | Quique Dacosta | **Larrabetzu** | Azurmendi |
| **Donostia-San Sebastián** | Akelaŕe | **Lasarte-Oria** | Martín Berasategui |
| **Donostia-San Sebastián** | Arzak | **Madrid** | Diverxo **N** |
| **Girona** | El Celler de Can Roca | **Sant Pol de Mar** | Sant Pau |

## ✿✿ 2014

N → Nuevo establecimiento con distinción → Novo estabelecimento com distinção
→ Newly awarded distinction

ESPAÑA

| | | | |
|---|---|---|---|
| **Arriondas** | Casa Marcial | **Llançà** | Miramar |
| **Barcelona** | ABaC | **Madrid** | El Club Allard |
| **Barcelona** | Enoteca | **Madrid** | Ramón Freixa Madrid |
| **Barcelona** | Lasarte | **Madrid** | Santceloni |
| **Barcelona** | Moments | **Madrid** | Sergi Arola |
| **Cáceres** | Atrio | **Madrid** | La Terraza del Casino |
| **Errenteria** | Mugaritz | **Marbella** | Calima |
| **Ezcaray** | El Portal **N** | **Olot** | Les Cols |
| **Guía de Isora** | M.B. **N** | | |

## ✿ 2014

N → Nuevo establecimiento con distinción → Novo estabelecimento com distinção
→ Newly awarded distinction

| | | | |
|---|---|---|---|
| **Alacant** | Monastrell **N** | **Barcelona** | Comerç 24 |
| **Almansa** | Maralba | **Barcelona** | 41º **N** |
| **Amorebieta / Boroa** | Boroa | **Barcelona** | Dos Cielos |
| **Ampuero / La Bien Aparecida** | Solana | **Barcelona** | Dos Palillos |
| **Anglès** | L'Aliança d'Anglès | **Barcelona** | Gaig **N** |
| **Aranjuez** | Casa José | **Barcelona** | Hisop |
| **Aranjuez** | Delacalle | **Barcelona** | Hofmann |
| **Arbúcies** | Les Magnòlies | **Barcelona** | Koy Shunka |
| **Arriondas** | El Corral del Indianu | **Barcelona / Santa Coloma** | |
| **Axpe** | Etxebarri | **de Gramenet** | Lluerna |
| **Banyoles** | Ca l'Arpa | **Barcelona** | Manairó |
| **Barcelona** | Alkimia | **Barcelona** | Nectari |
| **Barcelona** | L'Angle **N** | **Barcelona** | Neichel |
| **Barcelona** | Caelis | **Barcelona** | Roca Moo |
| **Barcelona** | Cinc Sentits | **Barcelona** | Saüc |

56

| | |
|---|---|
| **Barcelona** | Tickets **N** |
| **Barcelona** | Via Veneto |
| **Bilbao** | Etxanobe |
| **Bilbao** | Mina |
| **Bilbao** | Nerua |
| **Bilbao** | Zortziko |
| **Calldetenes** | Can Jubany |
| **Cambados** | Yayo Daporta |
| **Cambre** | A Estación |
| **Cambrils** | Can Bosch |
| **Cambrils** | Rincón de Diego |
| **es Capdellà** | Zaranda **N** |
| **Castelló d'Empúries** | La Llar |
| **Cercs** | Estany Clar |
| **Cocentaina** | L'Escaleta |
| **Sa Coma** | Es Molí d'En Bou |
| **Corçà** | Bo.Tic |
| **Córdoba** | Choco |
| **A Coruña** | Alborada |
| **A Coruña** | Árbore da Veira **N** |
| **Cuenca** | Ars Natura |
| **Daroca de Rioja** | Venta Moncalvillo |
| **Dehesa de Campoamor** | Casa Alfonso |
| **Deià** | Es Racó d'Es Teix |
| **Donostia-San Sebastián** | Kokotxa |
| **Donostia-San Sebastián** | Mirador de Ulía |
| **Donostia-San Sebastián** | Miramón Arbelaitz |
| **El Ejido** | La Costa |
| **Elciego** | Marqués de Riscal |
| **Elx** | La Finca |
| **Figueres** | Mas Pau |
| **Fontanars dels Alforins** | Julio |
| **Galdakao** | Andra Mari |
| **Gijón** | Auga |
| **Gijón** | La Salgar **N** |
| **Gimenells** | Malena **N** |
| **Girona** | Massana |
| **Gombrèn** | La Fonda Xesc |
| **O Grove / Reboredo** | Culler de Pau |
| **Guía de Isora** | Kabuki |
| **Hondarribia** | Alameda |
| **Huesca** | Lillas Pastia |
| **Huesca** | Las Torres |
| **Humanes de Madrid** | Coque |
| **Illescas** | El Bohío |
| **Iruña / Pamplona** | Europa |
| **Iruña / Pamplona** | Rodero |
| **León** | Cocinandos |
| **Llafranc** | Casamar |
| **Llagostera** | Els Tinars |
| **Madrid** | Kabuki |
| **Madrid** | Kabuki Wellington |
| **Madrid** | Zalacain |
| **Málaga** | José Carlos García |
| **Malpica de Bergantiños / Porto Barizo** | As Garzas |
| **Marbella** | El Lago |
| **Marbella** | Skina |
| **Matapozuelos** | La Botica **N** |
| **Murcia / El Palmar** | La Cabaña de la Finca Buenavista |
| **Oiartzun** | Zuberoa |
| **Olías del Rey** | La Casa del Carmen **N** |
| **Olost** | Sala |
| **Ondara** | Casa Pepa |
| **Palmanova** | Es Fum |
| **Las Pedroñeras** | Las Rejas |
| **Pontevedra / San Salvador de Poio** | Solla |
| **Port d'Alcudia** | Jardín |
| **Prendes** | Casa Gerardo |
| **Puente Arce** | El Nuevo Molino |
| **El Puerto de Santa María** | Aponiente |
| **Raxo** | Pepe Vieira |
| **Ribadesella** | Arbidel **N** |
| **Roquetas de Mar** | Alejandro **N** |
| **Roses / Playa de Canyelles Petites** | Els Brancs |
| **Sagàs** | Els Casals |
| **Salamanca** | Víctor Gutiérrez |
| **Salinas** | Real Balneario |
| **San Vicente de la Barquera** | Annua |
| **Sant Fruitós de Bages** | L'Ó **N** |
| **Santa Comba** | Retiro da Costiña |
| **Santander** | El Serbal |
| **Sevilla** | Abantal |
| **Sort** | Fogony |
| **Terrassa** | Capritx |
| **Torrico / Valdepalacios** | Tierra **N** |
| **Tossa de Mar** | La Cuina de Can Simon |
| **Tramacastilla** | Hospedería El Batán **N** |
| **Tui** | Silabario |
| **Ulldecona** | Les Moles **N** |
| **Urdaitz** | El Molino de Urdániz |
| **Valdemoro** | Chirón |
| **València** | El Poblet **N** |
| **València** | Ricard Camarena |
| **València** | Riff |
| **València** | La Sucursal |
| **València** | Vertical |
| **Vall d'Alba** | Cal Paradís **N** |
| **La Vall de Bianya** | Ca l'Enric |
| **Vigo** | Maruja Limón |
| **Villaverde de Pontones** | Cenador de Amós |
| **Vitoria-Gasteiz** | Zaldiarán |
| **Xàbia** | BonAmb **N** |
| **Xerta** | Torreo de l'Índia |
| **Zaragoza** | Bal d'Onsera |
| **Zaragoza** | La Prensa |

Celeiro
Fene
A Coruña
Vilaframil
Cánduas
Oleiros
Malleza
Posada
de Llanera
Puente Arce
Santand
Puente
Caldebarcos
Negreira
San Miguel
No
Esteiro
Santiago de
Compostela
Ruente
Borleña
Cambados
Padrón
Canedo
Cobres
Ponte Ulla o
Puente Ulla
Quintanadueñas
Hío
Arcade
Astorga
Villanueva
Baiona
Redondela
Monforte
Valencia de
de Argaño
Covarrubias
A Guarda
Vigo
de Lemos
Don Juan
Puebla de Sanabria
Morales de Rey
Palencia
Porto
El Perdigón
Valladolid
Tudela
Navalen
de Duero
Puente
Boceguil
Duero
Vecinos
San Miguel
Guadarrama
Moralzarzal
de Valero
San Lorenzo
Madrid
Coimbra
Hervás
Jerte
de El Escorial
Titulcia
Arroyomolinos de la Vera
PORTUGAL
Pedroso de Acim
Ocaña
Cáceres
LISBOA
Mérida
Badajoz
Cazalla
de la Sierra
Linares
Córdoba
Úbeda
Linares
de la Sierra
Almodóvar
Carmona
del Río
Priego
Faro
Sevilla
Puente-
de Córdoba
Isla
Los Palacios
Genil
Castillo de Tajarja
Cristina
y Villafranca
Monachil
Sanlúcar de Barrameda
Antequera
Yeger
Jerez de la Frontera
Málaga
Almuñécar
Cádiz
Benalauría
Medina-Sidonia
Torremolinos
Estepona
Ceuta

Melilla

● Localidades que poseen como mínimo un establecimiento Bib Gourmand.

# Los Bib Gourmand 2014

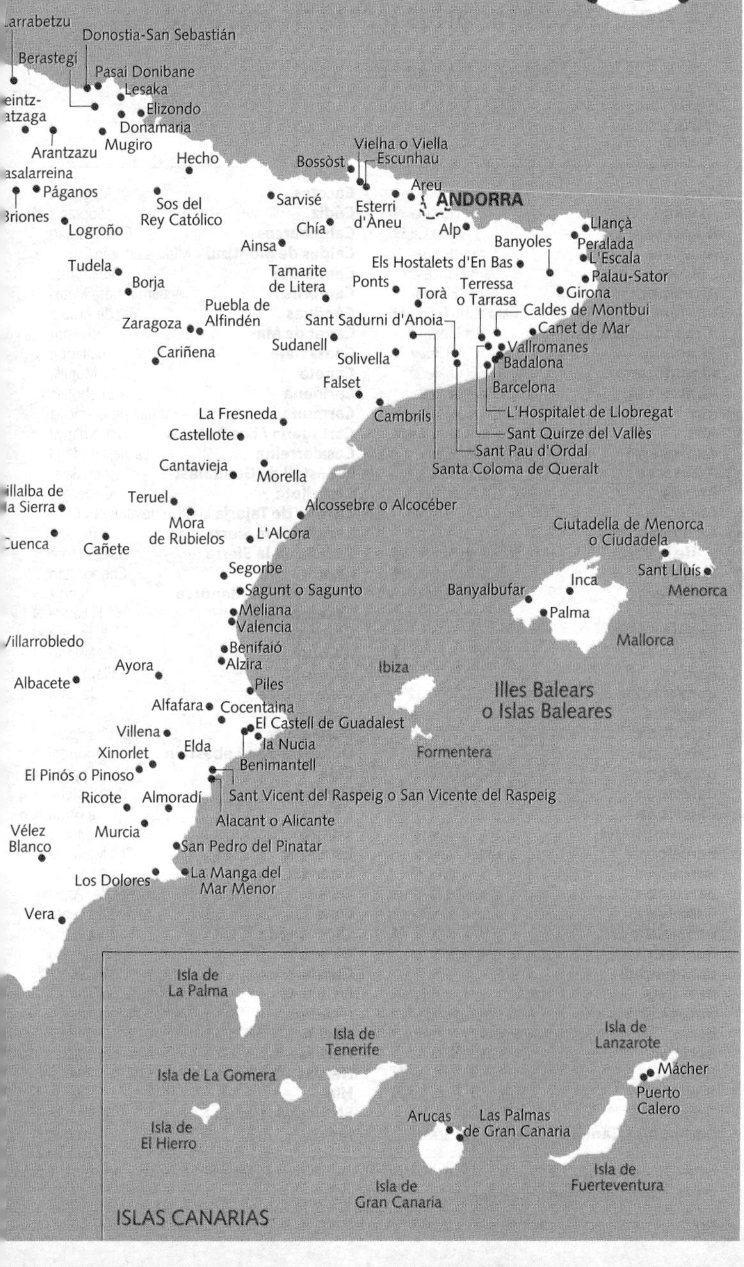

Larrabetzu
Donostia-San Sebastián
Berastegi
Pasai Donibane
eintz-
atzaga
Lesaka
Elizondo
Donamaria
Arantzazu
Mugiro
Hecho
asalarreina
Páganos
Sos del
Rey Católico
Sarvisé
Bossòst
Vielha o Viella
Escunhau
Areu
ANDORRA
Briones
Logroño
Chía
Esterri
d'Àneu
Alp
Banyoles
Llançà
Peralada
Ainsa
Els Hostalets d'En Bas
L'Escala
Tudela
Borja
Tamarite
de Litera
Ponts
Torà
Terressa
o Tarrasa
Girona
Palau-Sator
Caldes de Montbui
Puebla de
Alfindén
Sant Sadurni d'Anoia
Canet de Mar
Zaragoza
Cariñena
Sudanell
Solivella
Vallromanes
Badalona
Barcelona
Falset
Cambrils
L'Hospitalet de Llobregat
Sant Quirze del Vallès
La Fresneda
Castellote
Sant Pau d'Ordal
Santa Coloma de Queralt
Cantavieja
Morella
illalba de
la Sierra
Teruel
Alcossebre o Alcocéber
Ciutadella de Menorca
o Ciudadela
Cuenca
Cañete
Mora
de Rubielos
L'Alcora
Inca
Sant Lluís
Menorca
Segorbe
Banyalbufar
Sagunt o Sagunto
Palma
illarrobledo
Meliana
Valencia
Mallorca
Benifaió
Ibiza
Illes Balears
o Islas Baleares
Albacete
Ayora
Alzira
Villarrobledo
Alfafara
Cocentaina
Piles
El Castell de Guadalest
Villena
la Nucia
Formentera
Xinorlet
Elda
Benimantell
El Pinós o Pinoso
Ricote
Almoradí
Sant Vicent del Raspeig o San Vicente del Raspeig
Vélez
Blanco
Murcia
Alacant o Alicante
San Pedro del Pinatar
Los Dolores
La Manga del
Mar Menor
Vera

Isla de
La Palma
Isla de
Tenerife
Isla de
Lanzarote
Mácher
Isla de La Gomera
Puerto
Calero
Isla de
El Hierro
Arucas
Las Palmas
de Gran Canaria
Isla de
Gran Canaria
Isla de
Fuerteventura
ISLAS CANARIAS

# Bib Gourmand

→ Buenas comidas a precios moderados
→ Refeições cuidadas a preços moderados
→ Good food at moderate prices

| | | | |
|---|---|---|---|
| **Ainsa** | Callizo | **Cáceres** | Madruelo |
| **Alacant** | Govana N | **Cádiz** | Sopranis N |
| **Albacete** | Don Gil N | **Caldebarcos** | Casa Manolo |
| **Albacete** | Nuestro Bar | **Caldes de Montbui** | Mirko Carturan Cuiner |
| **L'Alcora** | Sant Francesc | **Cambados** | Ribadomar |
| **Alcossebre** | El Pinar | **Cambrils** | Acuamar-Casa Matas |
| **Alfafara** | Casa el Tio David N | **Cánduas** | Mar de Ardora |
| **Almodóvar del Río** | La Taberna | **Canet de Mar** | La Font |
| **Almoradí** | El Buey N | **Cantavieja** | Balfagón |
| **Almuñécar** | El Chaleco | **Cañete** | La Muralla |
| **Almuñécar** | Mar de Plata | **Cariñena** | La Rebotica |
| **Alp** | Casa Patxi | **Carmona** | La Almazara de Carmona |
| **Alzira** | Cami Vell N | **Cartagena / Los Dolores** | La Cerdanya |
| **Antequera** | Caserío de San Benito | **Casalarreina** | La Vieja Bodega |
| **Arantzazu** | Zelai Zabal | **El Castell de Guadalest** | Nou Salat |
| **Arcade** | Arcadia | **Castellote** | Castellote |
| **Areu** | Vall Ferrera | **Castillo de Tajarja** | El Olivo de Miguel y Celia |
| **Arroyomolinos** | | **Cazalla de la Sierra** | Agustina |
| **de la Vera** | La Era de mi Abuelo N | **Cazalla de la Sierra** | Posada del Moro |
| **Arucas** | Casa Brito N | **Chía** | Chongastán |
| **Astorga** | Las Termas | **Ciutadella de Menorca** | Smoix |
| **Ayora** | 77 | **Cocentaina** | El Laurel N |
| **Badajoz** | El Sigar | **Córdoba** | El Envero N |
| **Badalona** | Olmosgourmet N | **A Coruña** | El de Alberto N |
| **Baiona** | Paco Durán | **A Coruña** | Playa Club |
| **Banyalbufar** | Son Tomás | **Covarrubias** | De Galo |
| **Banyoles** | Quatre Estacions | **Cuenca** | Raff |
| **Barcelona** | Ávalon | **Donamaria** | Donamaria'ko Benta |
| **Barcelona** | Etapes | **Donostia-San Sebastián** | Agorregi N |
| **Barcelona** | Freixa Tradició | **Elda** | Fayago |
| **Barcelona** | Mandarina | **Elizondo** | Santxotena |
| **Barcelona /** | | **L'Escala** | La Gruta N |
| **L'Hospitalet** | El Racó del Cargol | **Esteiro** | Muiño |
| **Barcelona** | Senyor Parellada | **Estepona** | La Menorah |
| **Barcelona** | Silvestre | **Esterri d'Àneu** | Els Puis |
| **Barcelona** | La Taula | **Falset** | El Celler de L'Aspic |
| **Barcelona** | Vivanda | **Fene** | Muiño do Vento |
| **Benalauría** | La Molienda N | **La Fresneda** | Matarraña |
| **Benifaió** | Juan Veintitrés | **Girona** | Nu |
| **Benimantell** | L'Obrer | **Guadarrama** | La Calleja N |
| **Berastegi** | Arregi | **A Guarda** | Marusia |
| **Boceguillas** | Área de Boceguillas | **A Guarda** | Trasmallo |
| **Borja** | La Bóveda del Mercado | **Hecho** | Canteré |
| **Borleña** | Mesón de Borleña | **Hervás** | El Almirez |
| **Bossòst** | Er Occitan N | **Hervás** | Nardi |
| **Bossòst** | El Portalet N | **Hío** | Doade |
| **Briones** | Los Calaos de Briones | **Els Hostalets d'En Bas** | L'Hostalet |
| **Cacabelos / Canedo** | Palacio de Canedo | **Inca** | Joan Marc |

**N** → Nuevo establecimiento con distinción → Novo estabelecimento com distinção
→ Newly awarded distinction

ESPAÑA

| | |
|---|---|
| **Isla Cristina** | Casa Cacherón |
| **Jerez de la Frontera** | El Cachirulo **N** |
| **Jerez de la Frontera** | La Carboná |
| **Jerte** | Valle del Jerte la Sotorriza |
| **Larrabetzu** | Prêt à Porter **N** |
| **Leintz-Gatzaga** | Gure Ametsa |
| **Lesaka** | Kasino |
| **Linares** | Canela en Rama |
| **Linares** | Los Sentidos |
| **Linares de la Sierra** | Arrieros |
| **Llançà** | El Vaixell **N** |
| **Logroño** | La Cocina de Ramón **N** |
| **Mácher** | La Tegala |
| **Madrid** | Bolívar |
| **Madrid** | Quintana 30 |
| **Madrid** | Las Tortillas de Gabino |
| **Málaga** | Café de París **N** |
| **Málaga** | Figón de Juan **N** |
| **Malleza** | Al Son del Indiano |
| **La Manga del Mar Menor /** | |
| **Playa Honda** | Malvasía **N** |
| **Medina-Sidonia** | El Duque |
| **Medina-Sidonia** | Venta La Duquesa |
| **Meliana** | Ca' Pepico **N** |
| **Mérida** | Rex Numitor **N** |
| **Monachil** | La Cantina de Diego **N** |
| **Monforte de Lemos** | O Grelo |
| **Monforte de Lemos** | Manuel Bistró |
| **Mora de Rubielos** | El Rinconcico |
| **Morales de Rey** | Brigecio |
| **Moralzarzal** | Zalea |
| **Morella** | Daluan |
| **Morella** | Mesón del Pastor |
| **Morella** | Vinatea |
| **Mugiro** | Venta Muguiro |
| **Murcia** | Alborada |
| **Navaleno** | La Lobita |
| **Navaleno** | El Maño |
| **Negreira** | Casa Barqueiro |
| **Noja** | Sambal |
| **la Nucia** | El Xato **N** |
| **Ocaña** | Palio |
| **Oleiros** | Comei Bebei |
| **Padrón** | A Casa dos Martínez |
| **Páganos** | Héctor Oribe |
| **Los Palacios y Villafranca** | Manolo Mayo **N** |
| **Palau-Sator** | Mas Pou |
| **Palencia** | Isabel |
| **Palma** | Béns d'Avall Club de Mar |
| **Las Palmas de Gran Canaria** | |
| | Deliciosamarta |
| **Pasai Donibane** | Txulotxo |
| **Pedroso de Acim** | El Palancar **N** |
| **Peralada** | Cal Sagristà |
| **El Perdigón** | Bodega Pámpano |
| **Piles** | GloriaMar |
| **El Pinós** | El Racó de Pere i Pepa **N** |
| **Ponte Ulla** | Villa Verde |
| **Ponts** | Ponts |
| **Posada de Llanera** | La Corriquera |
| **Priego de Córdoba** | Balcón del Adarve |
| **Puebla de Alfindén** | Galatea |
| **Puebla de Sanabria** | Posada de las Misas |
| **Puente Arce** | El Redoble |

| | |
|---|---|
| **Puente Duero** | Dámaso **N** |
| **Puente-Genil** | Casa Pedro |
| **Puente San Miguel** | Hostería Calvo |
| **Puerto Calero** | Amura |
| **Quintanadueñas** | La Galería |
| **Redondela** | O Xantar de Otelo |
| **Ribadeo / Vilaframil** | La Villa |
| **Ricote** | El Sordo |
| **Ruente** | Casa Nacho González |
| **Sagunt** | Negresca **N** |
| **San Lorenzo de El Escorial** | Montia **N** |
| **San Miguel de Valero** | Sierra Quil'ama **N** |
| **San Pedro del Pinatar** | Juan Mari **N** |
| **Sanlúcar de Barrameda** | Casa Bigote |
| **Sant Lluís** | Pan y Vino |
| **Sant Pau d'Ordal** | Cal Xim |
| **Sant Quirze del Vallès** | Can Ferran |
| **Sant Sadurní d'Anoia** | La Cava d'en Sergi |
| **Sant Vicent del Raspeig** | Murri **N** |
| **Santa Coloma de Queralt** | Hostal Colomí **N** |
| **Santander** | Casona del Judío |
| **Santander** | Machinero |
| **Santander** | Puerta 23 |
| **Santiago de Compostela** | Acio |
| **Santiago de Compostela** | Mar de Esteiro |
| **Sarvisé** | Casa Frauca |
| **Segorbe** | María de Luna **N** |
| **Sevilla** | Az-Zait |
| **Solivella** | Cal Travé |
| **Sos del Rey Católico** | La Cocina del Principal |
| **Sudanell** | La Lluna |
| **Tamarite de Litera** | Carmen |
| **Terrassa** | El Cel de les Oques **N** |
| **Terrassa** | Sara |
| **Teruel** | Yain |
| **Titulcia** | El Rincón de Luis y H. La Barataria |
| **Torà** | Hostal Jaumet |
| **Torremolinos** | Juan |
| **Tudela** | Pichorradicas - Casa Ignacio |
| **Tudela de Duero** | Mesón 2,39 |
| **Úbeda** | Amaranto |
| **Úbeda** | Cantina La Estación **N** |
| **València** | Kaymus **N** |
| **València** | Kaymus Centro **N** |
| **València** | Montes |
| **Valencia de Don Juan** | Casa Alcón |
| **Valladolid** | Don Bacalao |
| **Vallromanes** | Can Poal |
| **Vecinos** | Casa Pacheco **N** |
| **Vélez Blanco** | El Molino |
| **Vera** | Terraza Carmona |
| **Vielha** | Era Lucana |
| **Vielha / Escunhau** | El Niu |
| **Vigo** | Casa Marco |
| **Vilaboa / Cobres** | Laurel |
| **Villalba de la Sierra** | Mesón Nelia |
| **Villanueva de Argaño** | |
| | Las Postas de Argaño |
| **Villarrobledo** | Azafrán **N** |
| **Villena** | Salvadora |
| **Viveiro / Celeiro** | Boa Vista |
| **Xinorlet** | Elías **N** |
| **Yegen** | El Rincón de Yegen |
| **Zaragoza** | Txalupa |

**N** ➡ Nuevo establecimiento con distinción ➡ Novo estabelecimento com distinção
➡ Newly awarded distinction

# Alojamientos agradables

→ Alojamentos agradáveis
→ Particularly pleasant accommodations

| | |
|---|---|
| **Barcelona** | Arts |
| **Donostia-San Sebastián** | María Cristina |
| **Guía de Isora** | Abama |
| **Loja / Finca La Bobadilla** | La Bobadilla |
| **Palma** | Castillo H. Son Vida |
| **Santiago de Compostela** | Parador Hostal dos Reis Católicos |
| **València** | The Westin València |

| | | | | |
|---|---|---|---|---|
| **Baiona** | Parador de Baiona | **Maspalomas** | Grand H. Residencia |
| **Barcelona** | G.H. La Florida | **Plasencia** | Parador de Plasencia |
| **Barcelona** | Mandarin Oriental Barcelona | **Playa de las Américas** | G.H. Bahía del Duque |
| **Barcelona** | El Palace | **Pollença** | Son Brull |
| **Bolvir de Cerdanya** | Torre del Remei | **Puigpunyent** | G.H. Son Net |
| **Burgos** | Landa | **Sant Miquel** | |
| **Cáceres** | Atrio | **de Balansat** | Hacienda Na Xamena |
| **Corralejo** | Gran Hotel Atlantis Bahía Real | **Santander / El Sardinero** | Real |
| **Deià** | La Residencia | **Sardón de Duero** | Abadía Retuerta |
| **Granada / La Alhambra** | Alhambra Palace | | LeDomaine |
| **Luíntra** | Parador de Santo Estevo | **Torrent** | Mas de Torrent |
| **Manacor** | La Reserva Rotana | **Torrico / Valdepalacios** | Valdepalacios |
| **Marbella** | Marbella Club | **Trujillo** | Parador de Trujillo |
| **Marbella** | Puente Romano | | |

| | |
|---|---|
| **Ablitas** | Pago de Cirsus |
| **Alarcón** | Parador de Alarcón |
| **Almagro** | Parador de Almagro |
| **Arrecife** | Villa Vik |
| **Artà** | Sant Salvador |
| **Ballesteros de Calatrava** | |
| | Palacio de la Serna |
| **Barcelona** | ABaC |
| **Benalup-Casas Viejas** | Utopía |
| **Bidegoian** | Iriarte Jauregia |
| **Boadilla del Monte** | El Antiguo Convento |
| | de Boadilla del Monte |
| **Cáceres** | Parador de Cáceres |
| **Capdepera** | Predi Son Jaumell |
| **Cardona** | Parador de Cardona |
| **Chinchón** | Parador de Chinchón |
| **Córdoba** | Las Casas de la Judería |
| **Cuenca** | Parador de Cuenca |
| **Fuentespalda** | La Torre del Visco |
| **Gautegiz-Arteaga** | Castillo de Arteaga |
| **Granada /** | |
| **La Alhambra** | Parador de Granada |
| **Iruña / Pamplona** | Palacio Guendulain |
| **Jerez de la Frontera** | Villa Jerez |
| **Laguardia** | Hospedería de los Parajes |
| **Lloret de Mar** | Rigat Park |

| | |
|---|---|
| **Osuna** | La Casona de Calderón |
| **Oviedo** | Castillo del Bosque la Zoreda |
| **Palamós** | La Malcontenta |
| **Palma** | Can Cera |
| **Palma** | Palacio Ca Sa Galesa |
| **Porto Cristo** | Son Mas |
| **Ronda** | San Gabriel |
| **Salamanca** | G.H. Don Gregorio |
| **Salamanca** | Rector |
| **San Sebastián de la Gomera** | |
| | Parador de San Sebastián de La Gomera |
| **Sant Vicenç de Montalt** | Castell de l'Oliver |
| **Santa Margalida** | Casal Santa Eulàlia |
| **Santiago de Compostela** | |
| | A Quinta da Auga |
| **Santillana del Mar** | Casa del Marqués |
| **Topas** | Castillo del Buen Amor |
| **Tudela** | Aire de Bardenas |
| **Valldemossa** | Valldemossa |
| **La Vila Joiosa** | El Montíboli |
| **Villabuena de Álava** | Viura |
| **Villacarriedo** | Palacio de Soñanes |
| **Xerta** | Villa Retiro |
| **Zafra** | Casa Palacio Conde de la Corte |
| **Zamora** | Parador de Zamora |

**ESPAÑA**

| | |
|---|---|
| **Ajo** | Palacio de la Peña |
| **Almagro** | La Casa del Rector |
| **Arroyomolinos de la Vera** | Peña del Alba |
| **Azofra** | Real Casona de las Amas |
| **Benahavís** | Amanhavis |
| **Bendinat** | Bendinat |
| **Bera** | Churrut |
| **Cabrils** | Mas de Baix |
| **Cadavedo** | Torre de Villademoros |
| **Calatayud** | Hospedería Mesón de la Dolores |
| **Casalarreina** | Hospedería Señorío |
| | de Casalarreina |
| **Córdoba** | Balcón de Córdoba |
| **Cudillero** | Casona de la Paca |
| **La Fresneda** | El Convent |
| **Garachico** | San Roque |
| **Granada** | Casa Morisca |
| **Hoyos del Espino** | El Milano Real |
| **Huétor-Vega** | Villa Sur |

| | |
|---|---|
| **Laguardia** | Castillo El Collado |
| **Lugo** | Orbán e Sangro |
| **Madremanya** | La Plaça |
| **Madrid** | Globales Acis y Galatea |
| **Meaño** | Quinta de San Amaro |
| **Monroyo** | Consolación |
| **Olot** | Les Cols Pavellons |
| **Palma** | San Lorenzo |
| **San Vicente de la Barquera** | Valle de Arco |
| **Sant Julià de Vilatorta** | Torre Martí |
| **Sant Marçal** | Sant Marçal |
| **Sant Miquel de Balansat** | Cas'Pla |
| **Santa Eulalia del Río** | Can Curreu |
| **Sóller** | Ca N'ai |
| **Valle de Cabuerniga** | Camino Real |
| | de Selores |
| **Vilaboa / Cobres** | Rectoral de Cobres |
| **Villamayor** | Palacio de Cutre |
| **Zeanuri** | Etxegana |

| | |
|---|---|
| **Albarracín** | Casa de Santiago |
| **Albarracín** | La Casona del Ajimez |
| **Alcoi** | Masía la Mota |
| **Allariz** | O Portelo |
| **Begur** | Aiguaclara |
| **Botarell** | Cal Barber |
| **Buera** | La Posada de Lalola |
| **Burgos** | La Puebla |
| **Calaceite** | Hotel del Sitjar |
| **Cretas** | Villa de Cretas |
| **Cuenca** | Posada de San José |
| **Granada / La Alhambra** | América |
| **Madrid** | Posada del Dragón |
| **Marbella** | La Villa Marbella |
| **Navacerrada** | Nava Real |
| **Nerja** | Carabeo |
| **Ojén** | La Posada del Ángel |
| **La Parra** | Hospedería Convento de la Parra |
| **Pravia** | Antiguo Casino |
| **Reinosa** | Villa Rosa |
| **Sallent de Gállego** | Almud |
| **Santiago de Compostela** | Costa Vella |
| **Sevilla** | Alcoba del Rey de Sevilla |
| **Sevilla** | La Casa del Maestro |
| **Toledo** | Casa de Cisneros |
| **Villafranca del Bierzo** | Las Doñas del Portazgo |

**ESPAÑA**

| | |
|---|---|
| **Alcanar** | Tancat de Codorniu |
| **Artà** | Can Moragues |
| **Baza** | Cuevas Al Jatib |
| **Bentraces** | Palacio de Bentraces |
| **El Burgo de Osma** | Posada del Canónigo |
| **Calaceite** | Cresol |
| **Calatañazor** | Casa del Cura |
| **Caldas de Reis** | Torre do Río |
| **Cambados** | Pazo A Capitana |
| **Camuño** | Quintana del Caleyo |
| **Cardona / Coromina** | La Premsa |
| **Castelladral** | Masia La Garriga |
| **Es Castell** | Sant Joan de Binissaida |
| **Es Castell** | Son Granot |
| **Collado Hermoso** | Posada Fuenteplateada |
| **La Coma i La Pedra** | Cal Joan del Batlle |
| **Comillas / El Tejo** | Los Trastolillos |
| **Cuacos de Yuste** | La Casona de Valfrío |
| **Deià** | Sa Pedrissa |
| **Fontibre** | Posada Rural Fontibre |
| **Gandia** | La Falconera |
| **Imón** | La Botica |
| **Imón** | Salinas de Imón |
| **Jábaga** | La Casita de Cabrejas |
| **Joanetes** | Mas Les Comelles |
| **Lloseta** | Cas Comte |
| **Molinos de Duero** | Real Posada de la Mesta |
| **Monachil** | La Almunia del Valle |
| **Navafría** | Posada Mingaseda |
| **Oreña** | Posada Caborredondo |
| **Panes / Allés** | La Tahona de Besnes |
| **El Perelló** | La Panavera |
| **Pontedeume / Castelo de Andrade** | Casa do Castelo de Andrade |
| **Pratdip** | Mas Mariassa |
| **Puebla de Sanabria** | La Cartería |
| **Quintanilla del Agua** | El Batán del Molino |
| **Sallent de Gállego / Lanuza** | La Cotueña |
| **San Esteban del Valle** | Posada de Esquiladores |
| **San Pantaleón de Aras** | La Casona de San Pantaleón de Aras |
| **Sanlúcar de Guadiana** | Casa La Alberca |
| **Sant Lluís** | Alcaufar Vell |
| **Sant Lluís** | Biniarroca |
| **Sant Miquel de Balansat** | Can Pardal |
| **Santa Gertrudis** | Cas Gasi |
| **Santoña** | Posada Las Garzas |
| **Sena de Luna** | Días de Luna |
| **Sóller** | Ca's Xorc |
| **Son Servera** | Finca Son Gener |
| **Sos del Rey Católico** | El Sueño de Virila |
| **El Toboso** | Casa de la Torre |
| **Trujillo** | Casa de Orellana |
| **Valverde del Majano** | Caserío de Lobones |
| **Vilafamés** | El Jardín Vertical |
| **Vilches** | El Añadío |

# Restaurantes agradables

→ Restaurantes agradáveis
→ Particularly pleasant restaurants

| Guía de Isora | M.B. |
|---|---|

| Barcelona | Caelis | Larrabetzu | Azurmendi |
|---|---|---|---|
| **Barcelona** | Moments | **Madrid** | La Terraza del Casino |
| **Bolvir de Cerdanya** | Torre del Remei | **Marbella** | Calima |
| **Cáceres** | Atrio | **Palmanova** | Es Fum |
| **Donostia-San Sebastián** | Akelaŕe | **Pollença** | 365 |
| **Errenteria** | Mugaritz | **Santa Cruz** | La Seda |
| **Girona** | El Celler de Can Roca | **Sardón de Duero** | Refectorio |

| Barcelona | Enoteca | Puente Arce | El Nuevo Molino |
|---|---|---|---|
| **Cocentaina** | L'Escaleta | **Puigpunyent** | Oleum |
| **Deià** | El Olivo | **Santa Baia** | Galileo |
| **Dénia** | Quique Dacosta | **Santa Comba** | Retiro da Costiña |
| **Figueres** | Mas Pau | **Sevilla** | Taberna del Alabardero |
| **Marbella** | Villa Tiberio | **Torrico / Valdepalacios** | Tierra |
| **Oiartzun** | Zuberoa | **La Vall de Bianya** | Ca l'Enric |
| **Olot** | Les Cols | **Villaverde de Pontones** | Cenador de Amós |
| **Pals** | Sa Punta | **Vitoria-Gasteiz** | El Portalón |

## ✗✗

| | | | |
|---|---|---|---|
| **Almagro** | El Corregidor | **Montseny** | Can Barrina |
| **Anglès** | L'Aliança d'Anglès | **Palma** | Simply Fosh |
| **Arnedo** | Sopitas | **Romanyà de la Selva** | Can Roquet |
| **Arroyomolinos de la Vera** | La Era de mi Abuelo | **Roses** | Flor de Lis |
| **Benissa** | Casa Cantó | **Santa Eulalia del Río** | Can Curreu |
| **Betancuria** | Casa Santa María | **Santa María del Camí** | Molí des Torrent |
| **Cabanas** | O Muiño de Trigo | **Santa Pola** | María Picola |
| **Cacabelos / Canedo** | Palacio de Canedo | **Sóller** | Béns d'Avall |
| **Cercs** | Estany Clar | **Toledo** | El Palacete |
| **Deià** | Es Racó d'Es Teix | **Úbeda** | Zeitúm |
| **Eivissa** | La Masía d'en Sort | **Valladolid / Pinar de Antequera** | Llantén |
| **Hondarribia** | Sebastián | **Vejer de la Frontera / Santa Lucía** | Castilleria |
| **Hoyo de Manzanares** | El Vagón de Beni | **Villoldo** | Estrella del Bajo Carrión |
| **Llívia** | Can Ventura | **Xàbia** | BonAmb |
| **Madremanya** | La Plaça | **Zafra** | Barbacana |
| **Madrid** | Ramses | | |

ESPAÑA

## ✗

| | | | |
|---|---|---|---|
| **Allariz** | Portovello | **Donamaria** | Donamaria'ko Benta |
| **Benalauría** | La Molienda | **Guardamar de la Safor** | Arnadí |
| **Buera** | Lalola | **Linares de la Sierra** | Arrieros |
| **Cacabelos** | La Moncloa de San Lázaro | **Meranges** | Can Borrell |
| **Cambados** | Posta do Sol | **Monroyo** | Consolación |

## 🍴

| | |
|---|---|
| **Jerez de la Frontera** | Reinodeleón |
| **Madrid** | Tasca La Farmacia |
| **València** | Casa Montaña |
| **Zafra** | Lacasabar |

# Turismo Rural

**ESPAÑA**

67

ESPAÑA

68

ESPAÑA

# Alojamientos con SPA

→ Alojamentos com SPA
→ Accommodations with SPA

| | | |
|---|---|---|
| **Agua Amarga** | Mikasa | 🏠 |
| **Alacant** | SPA Porta Maris y Suites del Mar | 🏠 |
| **Alcalá de Henares** | | |
| | Parador de Alcalá de Henares | 🏠 |
| **Aldeyuso** | LaVida | 🏠 |
| **Allariz** | AC Vila de Allariz | 🏠 |
| **Almagro** | La Casa del Rector | 🏠 |
| **Almonacid de Toledo** | Villa Nazules | 🏠 |
| **Altea** | SH Villa Gadea | 🏠 |
| **Ampudia** | Posada de la Casa del Abad de Ampudia | 🏠 |
| **Antequera** | La Magdalena | 🏠 |
| **Os Anxeles** | Balneario de Compostela | 🏠 |
| **Aranjuez** | Barceló Aranjuez | 🏠 |
| **Artzentales** | Amalurra | 🏠 |
| **Ávila** | Fontecruz Avila | 🏠 |
| **Avilés** | Zen Balagares | 🏠 |
| **Baiona** | Talaso Atlántico | 🏠 |
| **Barcelona** | ABaC | 🏠 |
| **Barcelona** | Arts | 🏠 |
| **Barcelona** | G.H. La Florida | 🏠 |
| **Barcelona** | H1898 | 🏠 |
| **Barcelona** | Majestic | 🏠 |
| **Barcelona** | Mandarin Oriental Barcelona | 🏠 |
| **Barcelona** | Omm | 🏠 |
| **Barcelona** | El Palace | 🏠 |
| **Barcelona** | W Barcelona | 🏠 |
| **Bendinat** | Lindner | 🏠 |
| **Benicasim** | El Palasiet | 🏠 |
| **Benidorm** | Barceló Asia Gardens | 🏠 |
| **Boltaña** | Monasterio de Boltaña | 🏠 |
| **Brihuega** | Niwa | 🏠 |
| **Buenavista del Norte** | | |
| | Vincci Buenavista | 🏠 |
| **El Burgo de Osma** | Burgo de Osma | 🏠 |
| **Cádiz** | Cádiz Plaza | 🏠 |
| **Cádiz** | Parador H. Atlántico | 🏠 |
| **Calatayud** | Castillo de Ayud | 🏠 |
| **Las Caldas** | Enclave | 🏠 |
| **Las Caldas** | G.H. Las Caldas | 🏠 |
| **Calders** | Urbisol | 🏠 |
| **Caldes d'Estrac** | Colón | 🏠 |
| **Caldes de Montbui** | | |
| | Balneario Broquetas | 🏠 |
| **Calp** | G.H. Sol y Mar | 🏠 |
| **es Capdellà** | Castell Son Claret | 🏠 |
| **Carranque** | Comendador | 🏠 |
| **Casares** | Finca Cortesin | 🏠 |
| **Chinchón** | La Casa del Convento | 🏠 |
| **Coreses** | Convento I | 🏠 |
| **Corralejo** | Gran Hotel Atlantis Bahía Real | 🏠 |
| **Cruz de Tejeda** | Parador Cruz de Tejeda | 🏠 |
| **Donostia-San Sebastián** | | |
| | Barceló Costa Vasca | 🏠 |
| **El Ejido / Almerimar** | Golf Almerimar | 🏠 |
| **Elciego** | Marqués de Riscal | 🏠 |
| **L'Escala** | Empúries | 🏠 |
| **Fuengirola** | IPV Palace | 🏠 |
| **Granada** | Fontecruz Granada | 🏠 |
| **Granada** | M.A. Nazaríes | 🏠 |
| **La Granja (San Ildefonso)** | | |
| | Isabel de Farnesio | 🏠 |
| **La Granja (San Ildefonso)** | | |
| | Parador de La Granja | 🏠 |
| **O Grove / San Vicente do Mar** | | |
| | Mar Atlántico | 🏠 |
| **Gualta** | Double Tree by Hilton Empordà | 🏠 |
| **Guía de Isora** | Abama | 🏠 |
| **Hoyos del Espino** | El Milano Real | 🏠 |
| **Hoznayo** | Villa Pasiega | 🏠 |
| **Ses Illetes** | Bonsol | 🏠 |
| **Iruña / Pamplona / Urbanización Castillo de Gorraiz** | | |
| | Castillo de Gorraiz | 🏠 |
| **Jarandilla de la Vera** | | |
| | Don Juan de Austria | 🏠 |
| **Jerez de la Frontera** | | |
| | Los Jándalos Jerez | 🏠 |
| **Jerez de la Frontera** | Jerez | 🏠 |
| **Jesús Pobre** | Dénia Marriott La Sella | 🏠 |

ESPAÑA

ESPAÑA

# La aventura Michelin

Todo empezó con pelotas de caucho. Eso era lo que fabricaba allá por 1880 la pequeña empresa de Clermont-Ferrand que André y Édouard Michelin recibieron en herencia.
Los dos hermanos no tardaron en comprender el enorme potencial de los nuevos medios de transporte: la invención del neumático desmontable para bicicletas fue su primer logro, aunque fue el automóvil el que les permitió dar cumplida muestra de su creatividad. El trabajo de innovación de Michelin a lo largo del siglo XX fue continuo, siempre con las miras puestas en crear neumáticos cada vez más fiables y eficientes ya fueran para camiones, vehículos de competición, metros o aviones.

Muy pronto también, Michelin empezó a ofrecer a sus clientes herramientas y servicios destinados a facilitar sus desplazamientos, a hacerlos más agradables... y más frecuentes. Ya en 1900, la guía MICHELIN proporcionaba a los conductores todo tipo de información sobre cómo mantener sus coches en buen estado o encontrar dónde comer o alojarse. La Guía habría de convertirse así en la referencia en materia de gastronomía. Paralelamente, la Oficina de Itinerarios empezó a ofrecer a los viajeros consejos e itinerarios personalizados.

En 1910 se publicó el primer mapa MICHELIN, el éxito fue inmediato. En 1926, la primera guía turística invitaba a descubrir los rincones más bellos de Bretaña. Poco después, cada región de Francia tenía su propia Guía Verde y años más tarde la Guía ponía rumbo a puertos más lejanos: de Nueva York en 1968 a Islandia en 2012.

En el siglo XXI, el desafío para los mapas, guías y los servicios digitales Michelin como complemento de los neumáticos sigue siendo el mismo, marcado ahora por el advenimiento de la era digital. Hoy como ayer, la misión de Michelin sigue siendo la ayuda a la movilidad al servicio de los viajeros.

## MICHELIN HOY

- 69 plantas de producción en 18 países
- 113.400 empleados de todas las culturas y en todos los continentes
- 6.000 personas en el centro Tecnológico Michelin
- Una presencia comercial en más de 170 países

# Avanzar juntos
## donde la movilidad

Avanzar mejor significa en primer lugar innovar para diseñar neumáticos que disminuyen la distancia de frenado y que ofrecen una mejor adherencia, cualquiera que sea el estado de la carretera.

## LA PRESIÓN JUSTA

**PRESIÓN ADECUADA**

- Seguridad
- Longevidad
- Consumo óptimo de carburante

-0,5 bar

- Reducción de la vida de los neumáticos en un 20% (-8.000 km)

-1 bar

- Riesgo de reventón
- Aumento del consumo de carburante
- Mayor distancia de frenado sobre suelo mojado

# hacia un mundo
## sea más segura

Es también ayudar al automovilista a tomar conciencia de su seguridad y a cuidar de sus neumáticos. Para ello, Michelin organiza en todo el mundo operaciones de control de presiones que nos recuerdan a todos lo vital que es la adecuada presión de los neumáticos.

## EL DESGASTE

### CÓMO DETECTAR EL DESGASTE

La profundidad mínima de dibujo por ley es de 1,6 mm.

Los fabricantes ponen en sus neumáticos testigos de degaste: se trata de pequeños tacos de goma de 1,6 mm de altura situados en el fondo de los canales.

Los neumáticos son el único punto de contacto entre vehículo y el suelo.

**En la imagen, la zona de contacto real fotografiada**

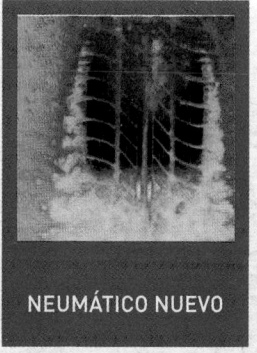

NEUMÁTICO NUEVO

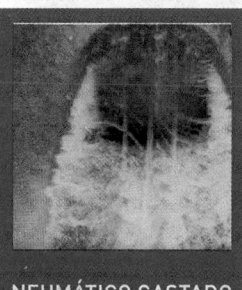

NEUMÁTICO GASTADO
(1,6 mm de dibujo)

*Por debajo de esta cifra los neumáticos están considerados lisos y peligrosos sobre suelo mojado.*

# Avanzar mejor
## es desarrollar una movilidad sostenible

**INNOVACIÓN Y MEDIO AMBIENTE**

Cada día, Michelin desarrolla en sus plantas energías renovables e innova con un objetivo claro de aquí a 2050: dividir por dos la cantidad de materias primas utilizadas en la fabricación de sus neumáticos y el 99,8% de los neumáticos producidos en el grupo lo son en fábricas con certificados ISO 14001. Gracias al diseño de los neumáticos MICHELIN, hoy ya es posible ahorrar miles de millones de carburante y, por consiguiente, millones de toneladas de $CO_2$.

De la misma manera, Michelin opta por imprimir sus mapas y guías en "papel procedente de bosques de gestión sostenible". La obtención del certificado ISO 14001 es una muestra más de su pleno compromiso con una eco-concepción vivida día a día.

Un compromiso que Michelin consolida diversificando el soporte de sus publicaciones y proponiendo soluciones digitales que facilitan la búsqueda de itinerarios, ayudan a consumir menos carburante y permiten sencillamente disfrutar más y mejor de los viajes.

# Chatee con Bibendum

Venga a: www.michelin.com
y descubra tanto la actualidad de
los productos y servicios como la
historia de Michelin.

Michelin desarrolla neumáticos para todo tipo de vehículos.
Entreténgase encontrando las parejas...

A

B

C

D

E

F

G

1

2

3

4

5

6

7

Solución : A-6 / B-4 / C-2 / D-1 / E-3 / F-7 / G-5

**ESPAÑA**

**ÁBALOS** – La Rioja – **573** E21 – 357 h. – alt. 589 m                   **21** A2
▶ Madrid 342 – Logroño 31 – Bilbao 106 – Iruña/Pamplona 119

🏨 **Villa de Ábalos**                      ⚜ 🏢 AC rest, 🍴 📶 P
*pl. Fermín Gurbindo 2* ✉ *26339* – ☎ *941 33 43 02* – *www.hotelvilladeabalos.com*
**12 hab** – ✝65/85 € ✝✝85/115 €  **Rest** – *(solo cena) (solo clientes)* Menú 28/35 €
Casa señorial de finales del s. XVI dotada con gruesos muros en piedra y confortables
habitaciones de línea neorrústica, todas dispuestas en torno a un patio con lucernario.

**ABLITAS** – Navarra – **573** G25 – 2 663 h. – alt. 386 m                   **24** A3
▶ Madrid 396 – Iruña/Pamplona 108 – Logroño 106 – Zaragoza 92

**en la carretera de Ribaforada** Este : 5,5 km

🏨🏨 **Pago de Cirsus**                      ⚜ ⇆ 🗖 🏢 AC 🍴 📶 🛁 P
✉ *31523* – ☎ *948 38 62 12* – *www.pagodecirsus.com*
**12 hab** – ✝✝95/145 €, ☕ 16 €
**Rest** – *(cerrado domingo noche y lunes)* Menú 46/59 € – Carta 43/61 €
Reproduce la estructura de un torreón medieval, con buenas vistas al Moncayo y a los
viñedos de la bodega de la que toma su nombre. Confort, enoturismo y ambiente rústico.
El comedor ofrece un ventanal a la sala de barricas y una carta tradicional actualizada.

**ADAL TRETO** – Cantabria – **572** B19 – Playa                              **8** C1
▶ Madrid 378 – Santander 41 – Bilbao 63

🏨 **Las Ruedas**                      🏢 AC 🍴 rest, 📶 P
*barrio La Maza, (carret. N 634)* ✉ *39760* – ☎ *942 67 44 22*
*– www.hotel-lasruedas.com – cerrado 20 diciembre-8 enero*
**19 hab** ☕ – ✝43/67 € ✝✝51/77 €  **Rest** – *(cerrado lunes noche)* Menú 11 € – Carta 34/45 €
Un negocio cuya fachada conjuga la tradición montañesa con el modernismo de principios del s. XX. Presenta un reducido hall-recepción y unas habitaciones algo pequeñas pero bien equipadas en su categoría. Acogedor restaurante a modo de mesón,
con columnas en ladrillo visto y la viguería en madera.

**El ADELANTADO** – Córdoba – ver Iznájar

**AGE** – Girona – **574** E35 – 113 h.                                        **14** C1
▶ Madrid 641 – Andorra la Vella 66 – Lleida/Lérida 183

🏠 **Cal Marrufès** sin rest                      ⚜ 🍴 📶 P
*Ripoll 3* ✉ *17529* – ☎ *972 14 11 74* – *www.calmarrufes.com*
**14 hab** ☕ – ✝✝65/80 €
Masía familiar del s. XVIII emplazada en un pueblo con encanto. Tras sus altos muros en
piedra sorprende encontrar un gran patio con pajar, carro, guarda esquís... Ofrecen
habitaciones de ambiente rústico, las superiores algo más amplias.

**AGOITZ (AOIZ)** – Navarra – **573** D25 – 2 640 h. – alt. 504 m             **24** B2
▶ Madrid 486 – Iruña/Pamplona 28 – Donostia/San Sebastián 119

✗✗ **Beti Jai** con hab                      🏢 ઠ hab, AC 📶
*Santa Águeda 2* ✉ *31430* – ☎ *948 33 60 52* – *www.beti-jai.com*
**17 hab** – ✝28/39 € ✝✝50/61 €, ☕ 5 €
**Rest** – *(cerrado domingo noche)* Menú 12/45 € – Carta 34/52 €
Negocio instalado en dos casas típicas del centro del pueblo. Dispone de un bar público,
dos salas en la 1ª planta y una completa carta de cocina tradicional navarra. También
posee habitaciones, las nuevas de línea actual y las antiguas algo más modestas.

**AGRES** – Alicante – **577** P28 – 598 h. – alt. 722 m                       **16** A2
▶ Madrid 394 – València 103 – Alacant/Alicante 74

✗ **Mariola** con hab                      AC 🍴 📶
*San Antonio 4* ✉ *03837* – ☎ *965 51 00 17* – *www.restaurant-mariola.es*
*– cerrado 16 junio-10 julio y del 1 al 9 de octubre*
**12 hab** ☕ – ✝26/28 € ✝✝42/45 € – 6 apartamentos
**Rest** – *(cerrado domingo noche y lunes salvo verano y festivos)* Carta 25/30 €
Este restaurante, distribuido en dos plantas, disfruta de un cuidado estilo rústico, con aperos agrícolas en la decoración y chimenea. Carta amplia de comida casera. Como complemento también posee unas sencillas habitaciones y amplios apartamentos en un anexo.

**AGUA AMARGA** – Almería – **578** V24 – 318 h. – Playa       2 D2
▶ Madrid 568 – Almería 62 – Mojácar 33 – Níjar 32
◪ Parque Natural de Cabo de Gata-Níjar★★

🏠 **Mikasa La Joya**                         ⌨ 🄰🄲 ⚡ rest, 🛜 **P**
*carret. de Carboneras, Oeste : 1,5 Km* ⌧ 04149 – ℰ 950 13 80 73
– *www.mikasasuites.com* – *Semana Santa-septiembre*
**12 hab** ⌑ – †110/230 € ††120/265 €   **Rest** – *(en el Hotel Mikasa)*
Hotelito con encanto ubicado sobre un pequeño cerro. Ofrece habitaciones tipo suite
de gran nivel, todas con una decoración rústica-actual, salón, jacuzzi y terraza-solárium.

🏠 **Mikasa**                         ⌨ 🕭 ♨ 🄺 🄰🄲 hab, ⚡ rest, 🛁 **P**
*carret. de Carboneras 22* ⌧ 04149 – ℰ 950 13 80 73 – *www.mikasasuites.com*
**18 hab** ⌑ – †70/135 € ††100/195 €
**Rest** – *(cerrado 6 enero-15 marzo)* Menú 25/40 € – Carta 29/46 €
Villa mediterránea formada por tres edificios. Presenta unas agradables zonas comunes, habitaciones bien personalizadas de ambiente colonial y un pequeño SPA
anexo. El comedor basa su oferta en un menú diario de tinte casero.

🏠 **El Tío Kiko** sin rest                ⚆ ⇦ ⌨ ♨ 🄺 🄰🄲 ⚡ 🛜 **P**
*Sureste 12* ⌧ 04149 – ℰ 950 10 62 01 – *www.eltiokiko.com* – *cerrado Navidades*
**27 hab** ⌑ – †80/150 € ††90/200 €
Hotel escalonado y emplazado en la parte alta del pueblo, con vistas al mar. Tiene la
zona asomada a la piscina y habitaciones de estética colonial, todas con terraza.

🏠 **Senderos** Ⓝ sin rest                🄽 🕭 🛡 🄰🄲 🛜
*Pueblecico 1* ⌧ 04149 – ℰ 950 13 80 87 – *www.hotelsenderos.com*
**10 hab** ⌑ – †50/75 € ††60/105 €
Conjunto de línea moderna y equipamiento actual dominado por los tonos blancos. Aquí
lo más atractivo es el entorno, pues se halla en el Parque Natural del Cabo de Gata-Níjar.

**por la carretera de Fernán Pérez** Oeste : 5,3 km y desvío a la izquierda 0,5 km

🏠 **La Almendra y El Gitano** sin rest          ⚆ ⇦ ♨ ⌨ 🄰🄲 **P**
*camino Cala del Plomo* ⌧ 04149 Agua Amarga – ℰ 678 50 29 11
– *www.laalmendrayelgitano.com*
**6 hab** ⌑ – †100 € ††100/120 €
Casa rural de gran tipismo emplazada en un entorno solitario y aislado. Todas sus habitaciones ofrecen una decoración personalizada, con su propia terraza y vistas al campo.

**AGUADULCE** – Almería – **578** V22 – 9 558 h.       2 D2
▶ Madrid 562 – Sevilla 404 – Almería 18 – Granada 158

🍴 **Bacus**                              ♨ 🄰🄲 ⚡
*camino de los Parrales 330* ⌧ 04720 – ℰ 950 34 13 54 – *www.bacus.eu* – *cerrado*
*sábado mediodía, domingo mediodía y lunes mediodía en verano y domingo noche*
*resto del año*
**Rest** – Tapa 4 € – Ración aprox. 14 €
Ubicado en una nueva zona residencial. Este gastrobar de estética moderna se presenta con una barra a la entrada, una zona de mesas al fondo y un reservado. Tapas
creativas.

**AGUILAR DE CAMPÓO** – Palencia – **575** D17 – 7 203 h. – alt. 895 m       12 C1
▶ Madrid 323 – Palencia 97 – Santander 104
🛈 paseo Cascajera 10 (Edificio Cultural Cine Amor), ⌧ 34800, ℰ 979 12 36 41,
www.aguilardecampoo.com

🏠 **Valentín**                          🕭 🄰🄲 rest, ⚡ 🛜 🛁 🚗
*av. de Ronda 23* ⌧ 34800 – ℰ 979 12 21 25 – *www.hotelvalentin.com*
**48 hab** ⌑ – †43/60 € ††60/85 €   **Rest** – Menú 11/40 € – Carta 30/45 €
Hotel céntrico y de amplias instalaciones. Ofrece un salón social polivalente, un pequeño
jardín y unas habitaciones decoradas con distintos muebles de línea clásica. El comedor,
que resulta acogedor y bastante luminoso, está muy orientado a los banquetes.

**AGÜIMES** – Las Palmas – ver Canarias (Gran Canaria)

**AIGUABLAVA** – Girona – ver Begur

**AIGUADOLÇ (Puerto de)** – Barcelona – ver Sitges

ESPAÑA

**AINSA** – Huesca – **574** E30 – **2 242 h.** – alt. 589 m  
4 C1

▶ Madrid 510 – Huesca 120 – Lleida/Lérida 136 – Iruña/Pamplona 204  
**i** av. Pirenaica 1 , ✉ 22330, 𝒞 974 50 07 67, www.villadeainsa.com  
● Localidad★★ – Museo de Oficios y Artes Tradicionales★

🏠 **Los Arcos** sin rest      ≤ 🏧 📶  
    *pl. Mayor 23* ✉ 22330 – 𝒞 974 50 00 16 – www.hotellosarcosainsa.com  
    **6 hab** ☟ – ♦60/90 € ♦♦80/118 €  
    Se encuentra en pleno casco antiguo, instalado en una casa de piedra bien rehabilitada y con el acceso por unos soportales. Aquí encontrará unas habitaciones de buen confort, con los suelos en madera e hidromasaje en los baños.

✕✕ **Callizo**      ≤ 🍴 🏧 ⅍  
    *pl. Mayor* ✉ 22330 – 𝒞 974 50 03 85 – www.restaurantecallizo.es  
    – *cerrado 9 diciembre-20 marzo, domingo noche y lunes salvo agosto*  
    **Rest** – *(solo almuerzo salvo viernes y sábado en invierno)* (solo menú) Menú 28/35 €  
    Acogedor restaurante instalado en una bella casona de piedra. Su cuidada decoración rústica se complementa con una interesante cocina creativa y una buena presentación.

✕ **Bodegón de Mallacán y Posada Real** con hab    🍴 🏧 rest, ⅍ rest, 📶  
    *pl. Mayor 6* ✉ 22330 – 𝒞 974 50 09 77 – www.posadareal.com  
    **6 hab** ☟ – ♦40/50 € ♦♦60/90 €   **Rest** – Menú 18 € – Carta 20/36 €  
    Dispone de un pequeño bar y varias salas de entrañable calidez distribuidas en distintos pisos, algunas con bellos murales de azulejos en las mesas. Frente al restaurante encontrará un hotelito con cierto encanto y habitaciones de aire rústico. Cocina tradicional y pirenaica, rica en carnes, setas y caza.

**AJO** – Cantabria – **572** B19 – **Playa**  
8 C1

▶ Madrid 416 – Bilbao 86 – Santander 34

🏠 **Palacio de la Peña**      🦢 🍴 🏧 ⅍ 📶 🅿  
    *De la Peña 26* ✉ 39170 – 𝒞 942 67 05 67 – www.hotelpalacio.es  
    **7 hab** – ♦♦260/290 €, ☟ 32 €  
    **Rest** – *(cerrado Navidades, domingo noche y lunes)* (es necesario reservar)  
    Carta 61/83 €  
    Resulta íntimo y rezuma nobleza por los cuatro costados, ya que ocupa una casa-palacio del s. XVII bien restaurada. Ofrece exquisitas habitaciones, todas con mobiliario de época, un bello entorno ajardinado y un restaurante de excelente montaje, este último instalado en lo que fueron las caballerizas.

**ALACANT** (ALICANTE) 🅿 – **577** Q28 – **334 678 h.** – **Playa**  
16 A3

▶ Madrid 417 – Albacete 168 – Cartagena 110 – Murcia 81  
🛬 de Alicante por ② : 12 km 𝒞 902 40 47 04  
**Iberia :** aeropuerto 𝒞 902 40 05 00  
**i** Rambla de Méndez Núñez 41, ✉ 03002, 𝒞 965 20 00 00,  
    www.comunitatvalenciana.com  
**i** Portugal 17 , ✉ 03003, 𝒞 965 92 98 02, www.alicanteturismo.com  
**R.A.C.E.** Pintor Lorenzo Casanova 66 𝒞 965 22 93 49  
🚗 MARQ (Museo Arqueológico Provincial de Alicante)★★ EYM3 - Castillo de Santa Bárbara★ EY - Basílica de Santa María (fachada★) EY - Explanada de España★ DEZ - Museo de Arte Contemporáneo (MACA) / Museo de La Asegurada★ EYM1 - Concatedral de San Nicolás de Bari★ EY - Ayuntamiento★ EYH - Museo de Bellas Artes Gravina (MUBAG)★ EYM

Planos páginas siguientes

🏨 **Meliá Alicante**      ≤ 🍴 🏊 🎰 🛗 ⅍ 📶 🛎  
    *pl. del Puerto 3* ✉ 03001 – 𝒞 965 20 50 00 – www.meliaalicante.com    EZ**c**  
    **544 hab** – ♦99/240 € ♦♦119/240 €, ☟ 18 €   **Rest** – Menú 25 € – Carta 34/48 €  
    Resulta emblemático en la ciudad y goza de una situación privilegiada, entre el puerto deportivo y la playa. Todas las habitaciones disfrutan de terraza con vistas al mar, aunque destacan las de la 5ª planta por sus servicios exclusivos. Acogedor restaurante a la carta de estilo castellano-medieval.

ESPAÑA

### Amérigo 🗔 ⒣ 🖩 ⒜ 🎧 🏋 🕮
*Rafael Altamira 7 ⊠ 03002 – 𝒞 965 14 65 70 – www.hospes.es* **EZv**
**81 hab** ⊑ – ⸙125/600 €
**Rest** *Monastrell* ⸙ – ver selección restaurantes
Ocupa un antiguo convento distribuido en dos edificios y presenta un interior de estética actual, con varias obras de arte y unas espaciosas habitaciones definidas por su
diseño. ¡Agradable terraza de verano en la azotea!

### SPA Porta Maris & Suites del Mar ⬅ 🏊 🗔 ⊛ 🖩 ⒣ ⒜ hab, 🖩 ⒳
*pl. Puerta del Mar 3 ⊠ 03002 – 𝒞 965 14 70 21* 🎧 🏋
*– www.hotelspaportamaris.com* **EZd**
**180 hab** ⊑ – ⸙80/176 € ⸙⸙80/220 € **Rest** – Menú 25 € – Carta 32/48 €
Destaca por su excelente situación frente al mar, lo que permite disfrutar de unas
magníficas vistas. Este establecimiento posee dos unidades bien diferenciadas: por
un lado las suites, con instalaciones y servicios exclusivos, y por otro las habitaciones,
de línea actual, funcionales y bien equipadas.

### AC Alicante 🏊 ⒣ ⒧ 🖩 ⒳ 🎧 🏋 🕮
*av. de Elche 3 ⊠ 03008 – 𝒞 965 12 01 78 – www.ac-hotels.com* **CZa**
**187 hab** – ⸙60/80 € ⸙⸙60/130 €, ⊑ 12 € **Rest** – Menú 18/35 € – Carta 27/37 €
Está bien situado y enfocado al hombre de negocios, con las características de confort
y modernidad habituales en esta cadena. Habitaciones vestidas con detalles de
diseño. El restaurante, actual y polivalente, tiene la cafetería ubicada en el mismo
espacio.

### Les Monges Palace sin rest ⒣ 🖩 ⒳ 🎧 🕮
*San Agustín 4 ⊠ 03002 – 𝒞 965 21 50 46 – www.lesmonges.es* **EYc**
**22 hab** – ⸙43/45 € ⸙⸙57/60 €, ⊑ 6 €
Se encuentra en el centro de la ciudad y atesora cierto encanto, pues data de 1912 y
en algunas habitaciones, todas personalizadas en su decoración, conserva tanto el
mobiliario de época como los atractivos suelos originales de la casa.

### XXX Monastrell (María José San Román ) – Hotel Amérigo 🍴 🖩 ⒳ ⒪
⸙ *Rafael Altamira 7 ⊠ 03002 – 𝒞 965 20 03 63 – www.monastrell.com – cerrado*
*domingo y lunes* **EZv**
**Rest** – Menú 38/60 € – Carta 48/66 €
Goza de cierto prestigio y personalidad propia respecto al hotel. Aquí encontrará una
acogedor interior de línea moderna-minimalista y una carta actual de buen nivel, bien
compensada por sus menús y con los arroces como gran especialidad.
➜ Tartar de atún a modo de ceviche con hierbas, algas marinas, crujiente de trigo y
piñones. Cochinillo crujiente con reducción de vino tinto y zanahoria encurtida con
menta. Torrija de brioche con helado de naranja y chocolate.

### XX La Ereta ⬅ 🍴 ⒧ 🖩 ⒳ 🄿
*parque de la Ereta ⊠ 03001 – 𝒞 965 14 32 50 – www.laereta.es – cerrado 15 días en*
*enero, Semana Santa, martes noche y miércoles noche en invierno, martes y*
*miércoles mediodía en verano, domingo y lunes* **EYd**
**Rest** – *(solo menú)* Menú 35/59 €
Original construcción de línea moderna ubicada en el parque de la Ereta, en la subida
al castillo de Santa Bárbara, por lo que disfruta de unas magníficas vistas al mar y a la
ciudad. Proponen unos menús degustación bastante creativos.

### XX Nou Manolín ⒧ 🖩 ⒪
*Villegas 3 ⊠ 03001 – 𝒞 965 20 03 68 – www.noumanolin.com* **DYm**
**Rest** – Menú 37/65 € – Carta 34/51 €
Restaurante de larga trayectoria y prestigio en la ciudad. Posee varios privados y un
gran comedor rústico-actual que sorprende por su precioso techo de diseño en
madera. Completa carta tradicional con arroces, pescados, mariscos...

### XX Els Vents ⬅ 🍴 ⒧ 🖩
*Muelle de Levante, planta 1ª - local 1 ⊠ 03001 – 𝒞 965 21 52 26 – www.elsvents.es*
*– cerrado 10 días en enero, del 17 al 31 de agosto, domingo noche, lunes y martes*
*noche* **EZg**
**Rest** – Menú 25/70 € – Carta 39/54 € ⸙
Destaca por su emplazamiento en el puerto deportivo, con buenas vistas y una agradable terraza. En su sala, de línea actual, le ofrecerán una cocina creativa de base
regional.

**ESPAÑA**

## ALACANT/ ALICANTE

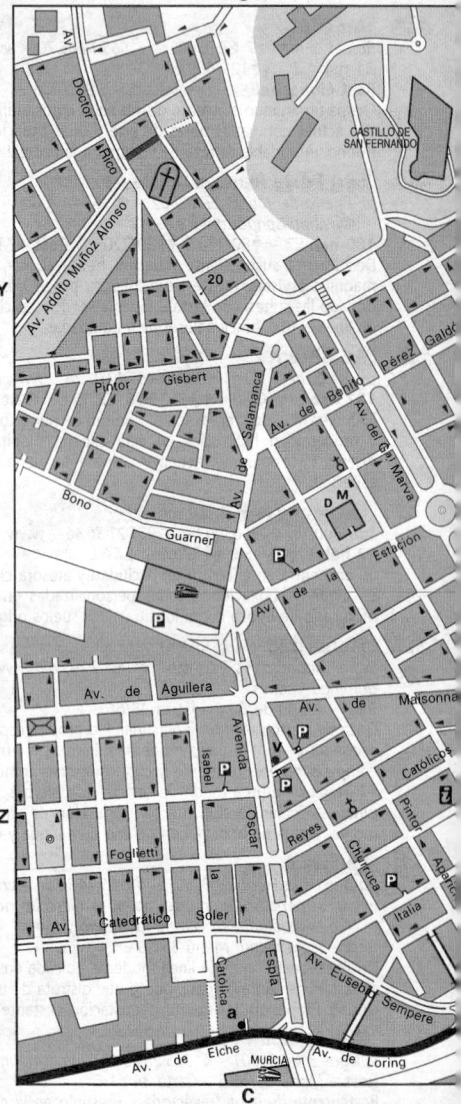

## ✗✗ **Piripi**       🤖 ⚠️ ⚡️

*Oscar Esplá 30 ⊠ 03003 – 𝒞 965 22 79 40 – www.piripi.com*    **CZv**

**Rest** – Menú 37/65 € – Carta 35/52 €

Se halla en una zona comercial, con un bar de tapas en la planta baja y las salas en el piso superior. Proponen una completa carta con mariscos, pescados y carnes, aunque la especialidad de la casa, con hasta 15 variantes, son los arroces.

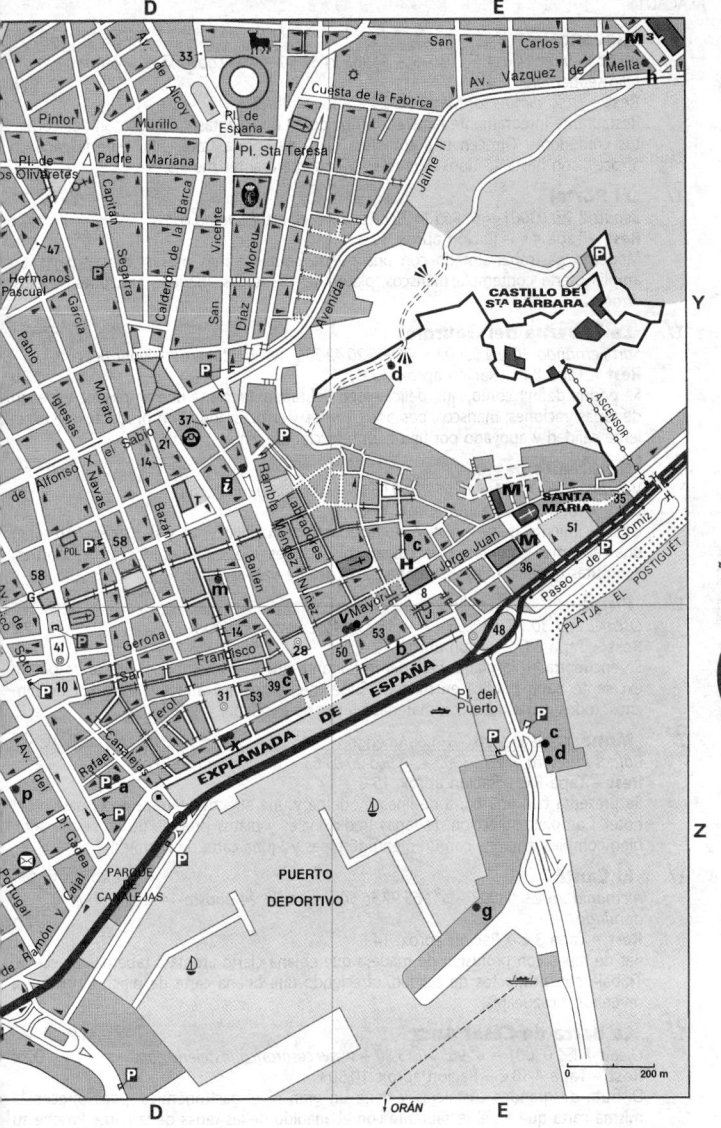

✗✗ **César Anca** 🛱 AC 🕸

*Ojeda 1 ⊠ 03001 – ℰ 965 20 15 80 – www.cesarancahosteleria.com – cerrado domingo y lunes noche* DZ**x**

**Rest** – Carta 28/46 €

Negocio de línea actual dotado con dos salas muy luminosas, ambas con ventanales a la Explanada de España. Aquí apuestan por una cocina mediterránea con toques actuales.

ESPAÑA

### Govana
⊛
*pl. Dr. Gómez Ulla 4 ⊠ 03013 – 𝒞 965 21 82 50 – www.govana.es – cerrado julio-septiembre*
AC
EY**h**

**Rest** – *(solo almuerzo)* Menú 20/25 € – Carta 25/38 €

Restaurante íntegramente familiar distribuido en dos plantas y dotado con dos coquetos comedores. Ofrecen una completa carta de cocina tradicional especializada en arroces, con hasta 15 tipos diferentes, y dos interesantes menús.

### El Portal
*Bilbao 2 ⊠ 03001 – 𝒞 965 14 32 69 – www.elportaltaberna.com*
& AC
DZ**c**

**Rest** – Tapa 4 € – Ración aprox. 12 €

Moderno gastrobar dotado con una buena barra y varias mesas, altas y bajas. Su amplia oferta contempla mariscos, platos del día, tapas, ibéricos, salazones, quesos, arroces...

### La Taberna del Gourmet
*San Fernando 10 ⊠ 03002 – 𝒞 965 20 42 33 – www.latabernadelgourmet.com*
AC
EZ**b**

**Rest** – Tapa 8 € – Ración aprox. 15 €

Se podría definir como... ¡un delicatessen del tapeo! Presenta una amplísima variedad de tapas, raciones, mariscos, pescados, carnes y arroces, todo con productos de excelente calidad y apoyado por una gran selección de vinos.

### Nou Manolín
*Villegas 3 ⊠ 03001 – 𝒞 965 20 03 68 – www.noumanolin.com*
AC
DY**m**

**Rest** – Tapa 3 € – Ración aprox. 12 €

Establecimiento de aire rústico dominado por el ladrillo visto y la madera. Atesoran una carta muy completa para tapear, con raciones, tapas, montaditos, arroces, ostras, exquisitas gambas rojas... ¡Su barra es un deleite para la vista!

### Piripi
*Oscar Esplá 30 ⊠ 03003 – 𝒞 965 22 79 40 – www.piripi.com*
AC
CZ**v**

**Rest** – Tapa 3 € – Ración aprox. 12 €

Se encuentra en la planta baja del restaurante que le da nombre, destacando por su excelente barra pública en madera. Sugerente, extensa y atractiva variedad de pinchos, todos elaborados con materias primas de excelente calidad.

### Monastrell Barra – Hotel Amérigo
*Rafael Altamira 7 ⊠ 03002 – 𝒞 965 20 03 63 – www.monastrell.com*
AC
EZ**v**

**Rest** – Tapa 8 € – Ración aprox. 15 €

Se presenta con una barra de línea moderna y una atractiva terraza en el pasaje del hotel. Completa selección de tapas tradicionales y platos propios de un restaurante, bien complementados con un menú de tapas y... ¡una carta de cócteles!

### El Cantó
*Alemania 26 ⊠ 03003 – 𝒞 965 92 56 50 – cerrado 24 agosto-14 septiembre y domingo*
AC
DZ**p**

**Rest** – Tapa 3 € – Ración aprox. 14 €

Bar de tapas con profusión de madera que emana cierto aroma a taberna-cervecería. Trabaja con productos de calidad, ofreciendo una buena carta de pinchos, raciones, revueltos y cazuelitas.

### La Barra de César Anca
*Ojeda 1 ⊠ 03001 – 𝒞 965 20 15 80 – www.cesarancahosteleria.com*
AC
DZ**x**

**Rest** – Tapa 4,50 € – Ración aprox. 10,50 €

Disfruta de grandes cristaleras y tiene un gran nivel gastronómico, pues ofrecen la misma carta que en el restaurante con el añadido de las tapas de la barra. Pruebe su Milhojas de manzana ácida con foie, bacalao ahumado y queso de cabra.

## por la carretera de València

### Maestral
AC P
*Andalucía 18 (Vistahermosa) ⊠ 03016 – 𝒞 965 26 25 85 – www.maestral.es – cerrado domingo noche*

**Rest** – Menú 30/50 € – Carta 35/47 €

Ubicado en una bonita villa de una zona residencial, rodeada de jardines y con terraza. En su elegante interior, dotado de privados, le ofrecerán una completa carta de cocina tradicional actualizada, con un apartado de arroces y mariscos.

**ALAQUÁS** – Valencia – **577** N28 – **30 202 h.** 16 A2

▶ Madrid 352 – Alacant/Alicante 184 – Castelló de la Plana/Castellón de la Plana 96 – València 7

✗ **La Sequieta** 🏠 ⅙ 𝔸�ℂ ⌘
*av. Camí Vell de Torrent 28 ✉ 46970 – 𝒞 961 50 00 27 – www.lasequieta.com – cerrado del 9 al 28 de agosto, domingo, lunes noche y martes noche*
**Rest** – Menú 14/32 € – Carta 23/45 €
Llevado por su chef-propietario. Posee un gastrobar, donde hay tapas frías y calientes, y un pequeño comedor en el que sirven una carta mediterránea con varios menús. ¡No deje de probar la Paella de fideos finos o su Paella del Senyoret!

**ALARCÓN** – Cuenca – **576** N23 – **186 h.** – **alt. 845 m** 10 C2

▶ Madrid 189 – Albacete 94 – Cuenca 85 – València 163

ℹ Posadas 6 , ✉ 16214, 𝒞 969 33 03 01, www.aytoalarcon.org

◉ Emplazamiento ★★★

🏨 **Parador de Alarcón** sin rest ⌘ ⟨ 🛗 𝔸ℂ ⌘ 📞
*av. Amigos de los Castillos 3 ✉ 16214 – 𝒞 969 33 03 15 – www.parador.es*
**14 hab** – ♦116/165 € ♦♦145/210 €, 🖵 18 €
Fortaleza árabe-medieval del s. VIII emplazada sobre un peñón rocoso, dominando el río Júcar. Sus habitaciones combinan con acierto el estilo actual y los detalles rústicos.

**ALARÓ** – Balears – ver Balears (Mallorca)

**ALBACETE** ℗ – **576** O24/ P24 – **172 472 h.** – **alt. 686 m** 10 D3

▶ Madrid 249 – Córdoba 358 – Granada 350 – Murcia 147

◉ Museo (Muñecas romanas articuladas★) BZ**M1**

Plano página siguiente

🏨 **Gran Hotel** sin rest, con cafetería 🛗 ⅙ 𝔸ℂ ⌘ 🛜 🛁 🚗
*Marqués de Molins 1 ✉ 02001 – 𝒞 967 19 33 33 – www.abgranhotel.com*
**48 hab** – ♦70/161 € ♦♦85/201 €, 🖵 8 € – 1 suite BY**r**
Tras su bella fachada de aire ecléctico se esconde un hotel emblemático, no en vano está abierto desde 1908. Ofrece un buen hall con salón social, una concurrida cafetería y habitaciones bien equipadas, todas de línea clásica-actual.

🏨 **Santa Isabel** 🛗 ⅙ 𝔸ℂ ⌘ 🛜 🚗
*av. Quinta Norte, por ⑥ : 2,5 km ✉ 02007 – 𝒞 967 26 46 80 – www.hotelsantaisabelalbacete.com*
**36 hab** – ♦61/72 € ♦♦61/83 €, 🖵 11 € – 3 suites
**Rest** – Menú 20 € – Carta 30/40 €
Gran edificio estilo Luis XV construido a las afueras de la ciudad. Presenta una organización de carácter familiar, numerosos salones y unas espaciosas habitaciones. Su restaurante trabaja con unos precios bastante ajustados y una carta de gusto regional.

🏨 **Los Llanos** sin rest 🛗 ⅙ 𝔸ℂ ⌘ 🛜 🚗
*av. de España 9 ✉ 02002 – 𝒞 967 22 37 50 – www.hotellosllanos.es* BZ**c**
**79 hab** – ♦62/185 € ♦♦101/225 €, 🖵 10 €
Bien ubicado frente al parque de Abelardo Sánchez. Se presenta con una línea clásica-actual y habitaciones de adecuado equipamiento, todas con los suelos en tarima y, prácticamente, la mitad con balcón.

🏨 **San José** sin rest 🛗 ⅙ 𝔸ℂ 🛜 🚗
*San José de Calasanz 12 ✉ 02002 – 𝒞 967 50 74 02 – www.hotelsanjose-albacete.es*
**45 hab** – ♦50/110 € ♦♦50/142 €, 🖵 7 € BZ**u**
Disfrute de una estancia céntrica y tranquila en un hotel de atenta gestión familiar. Ofrece habitaciones con cocina, en general de buen equipamiento y mobiliario funcional. Clientela comercial y de empresa.

🏨 **Castilla** sin rest 🛗 𝔸ℂ 🛜 🚗
*paseo de la Cuba 3 ✉ 02001 – 𝒞 967 21 42 88 – www.hotel-castilla.es*
**60 hab** – ♦30/36 € ♦♦38/50 €, 🖵 3 € BY**n**
Resulta cálido y confortable dentro de su sencillez, con habitaciones muy funcionales, el mobiliario en pino y unos aseos más que correctos. Poco a poco están actualizando sus instalaciones.

ESPAÑA

87

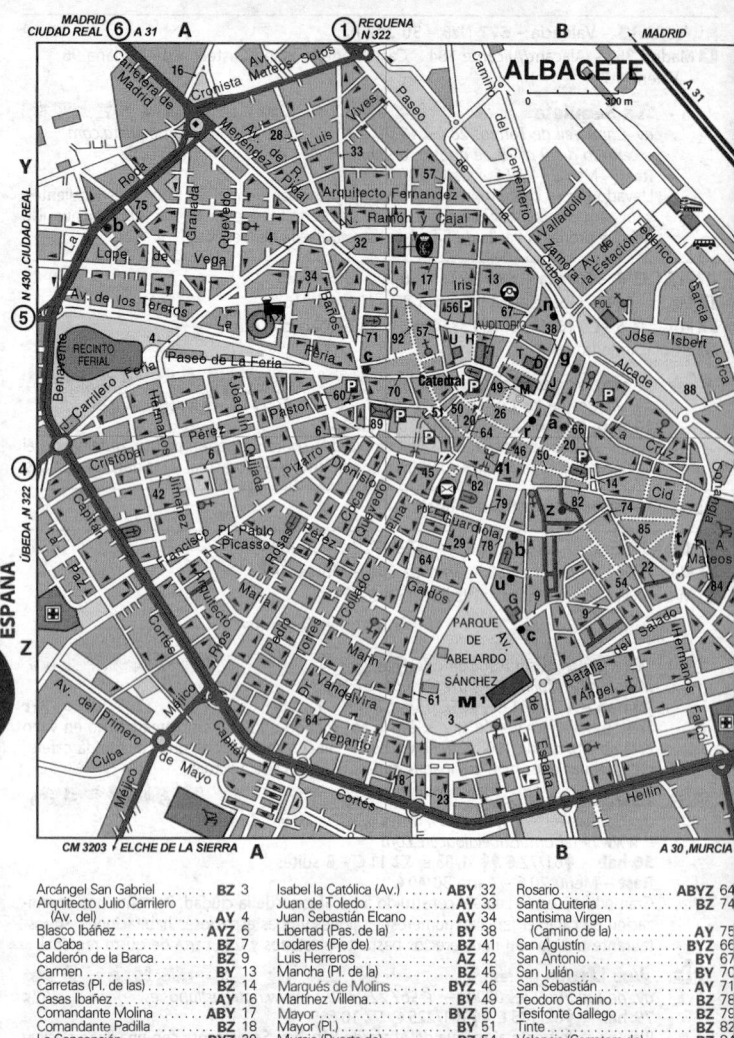

CM 3203 / ELCHE DE LA SIERRA

## ✗✗ Don Gil
🕮 🗚 🛜 ❄

Baños 2 ⊠ 02004 – 𝒞 967 23 97 85 – www.restaurantedongil.com – cerrado 15 días en agosto, domingo noche y lunes                                             AYc

**Rest** – Menú 25/46 € – Carta 32/40 €

¡Cuidan los detalles! Posee tres salas de aire regional, un comedor de banquetes y un moderno lounge-bar para los grandes ágapes. Cocina tradicional actualizada y arroces.

## XX El Callejón      AC ✑ ✿

*Guzmán el Bueno 18 ⊠ 02002 – ✆ 967 21 11 38 – www.restauranteelcallejon.com*
*– cerrado 21 julio-21 agosto, domingo noche y lunes*      BZz
**Rest** – Menú 32/40 € – Carta 35/48 €

Restaurante típico donde un enorme portalón le da la bienvenida a un entorno taurino repleto de viejas fotografías y carteles. Seriedad, cocina tradicional y clientela fiel.

## XX Nuestro Bar      AC ✑ P

☺ *Alcalde Conangla 102 ⊠ 02002 – ✆ 967 24 33 73 – www.nuestrobar.es – cerrado*
*julio y domingo noche*      BZt
**Rest** – Menú 16/22 € – Carta 22/35 €

Su sabrosa cocina de corte local lo mantiene en la cima del éxito. Presenta un marco
con cierto tipismo, un buen servicio de mesa y una carta de tinte regional que se
completa, acertadamente, con varios menús. ¡Concurrido bar de tapas!

## X Caldereros ⓝ      🍴 AC ✑

*Caldereros 13 ⊠ 02002 – ✆ 967 61 02 17 – www.caldereros.es – cerrado agosto y*
*domingo*      BYa
**Rest** – Menú 25/55 € – Carta 34/41 €

En una animada calle peatonal. Posee un bar de tapas y dos pequeños comedores,
ambos con preciosos suelos hidráulicos. Aquí encontrará una cocina tradicional con
platos de gran aceptación, como el Arroz con garbanzos y manitas de cerdo.

## X Casa Paco      AC ✑ ✿

*La Roda 26 ⊠ 02005 – ✆ 967 22 00 41 – www.grupocasapaco.com – cerrado agosto*
*y lunes*      AYb
**Rest** – *(solo almuerzo salvo viernes y sábado)* Menú 18/40 € – Carta 30/42 €

Un restaurante con solera y oficio a los fogones. Ofrece un cuidado montaje,
una decoración acogedora y una cocina regional que se enriquece con varios platos
tradicionales.

## X Álvarez      AC ✑

*Salamanca 12 ⊠ 02001 – ✆ 967 21 82 69 – www.restaurantealvarez.com – cerrado*
*Semana Santa, agosto, domingo noche, lunes y festivos noche*      BYg
**Rest** – Menú 20/25 € – Carta 30/44 €

Céntrico establecimiento de organización familiar dotado con una barra de tapas y
raciones a la entrada, un comedor clásico y un privado. Apuestan por una cocina tradicional bastante variada, con originales tapas, platos típicos y arroces.

## ℉/ De Pintxos ⓝ      AC ✑

*Dionisio Guardiola 5 ⊠ 02002 – ✆ 967 23 56 11 – www.depintxosgastrobar.com*
*– cerrado miércoles*      BZb
**Rest** – Tapa 3 € – Ración aprox. 9 €

Este local de línea moderna se presenta con un bar a la entrada, donde sirven tapas y
raciones creativas elaboradas al momento, así como dos pequeños comedores.
Pruebe un pintxo singular, la Esfera de txipirón en su tinta y all i oli.

**al Sureste** 5 km por ② o ③

## 🏨 Parador de Albacete      🏊 🎾 ✕ ⑭ 🌡 hab. AC ✑ 🛜 🛁 P

⊠ *02080 Albacete – ✆ 967 01 05 00 – www.parador.es – marzo-noviembre*
**68 hab** – ♥52/108 € ♥♥65/135 €, ⊇ 15 €      **Rest** – Menú 27/33 € – Carta 36/49 €

Construcción que imita lo que fueron las quintas manchegas. Posee unas espaciosas
instalaciones de ambiente regional, un patio interior ajardinado y confortables habitaciones. En su comedor podrá descubrir los platos más representativos de esta tierra.

---

## ALBAL – Valencia – 577 N28 – 15 721 h.      16 B2

▶ Madrid 362 – Valencia 10 – Castelló de la Plana/Castellón de la Plana 92

## XX Mediterráneo      AC ✑ P

*carret. Real de Madrid ⊠ 46470 – ✆ 961 27 49 01 – www.mediterraneoeventos.com*
*– cerrado Semana Santa, agosto y domingo*
**Rest** – *(solo almuerzo salvo viernes y sábado)* Menú 18/25 € – Carta aprox. 35 €

Consta de dos partes bien diferenciadas, por un lado el restaurante y por otro la zona
de banquetes. En su elegante comedor ofrecen una carta tradicional con algunos
arroces.

## ALBARRACÍN – Teruel – **574** K25 – 1 102 h. – alt. 1 200 m

▶ Madrid 268 – Cuenca 105 – Teruel 38 – Zaragoza 191

🏢 San Antonio 2, ✉ 44100, ☏ 978 71 02 62, www.comarcadelasierradealbarracin.es

◉ Pueblo típico ★★ Emplazamiento ★ Catedral (tapices ★)

### Caserón de la Fuente sin rest ⬙ 🕭 ☎

*Carrerahuertos* ✉ 44100 – ☏ 978 71 03 30 – www.caserondelafuente.es – cerrado del 12 al 18 de septiembre

**14 hab** ⬡ – ♦45/62 € ♦♦62/77 €

Ocupa un edificio que en otro tiempo funcionó como molino y fábrica de lanas. Hoy ofrece un interior rústico-regional, con amplias habitaciones y una coqueta cafetería que sorprende por su suelo, acristalado para ver pasar el agua del río.

### Casa de Santiago ⬙ ≤ 🕭 rest, ☎

*Subida a las Torres 11* ✉ 44100 – ☏ 978 70 03 16 – www.casadesantiago.es – cerrado 21 días en febrero y del 13 al 17 de septiembre

**9 hab** – ♦48/54 € ♦♦64/70 €, ⬡ 6 € **Rest** – Menú 18 € – Carta 20/32 €

Está en el casco viejo y aloja recuerdos de un pasado exquisito, pues ocupa una antigua casona que invita al reposo. Disfruta de agradables salones sociales y pequeñas habitaciones... eso sí, todas con un estilo rústico sumamente detallista. En su comedor le propondrán una carta de corte casero-tradicional.

### La Casona del Ajimez sin rest ⬙ ≤ 🚗 🕭 ☎

*San Juan 2* ✉ 44100 – ☏ 978 71 03 21 – www.casonadelajimez.com

**6 hab** – ♦60 € ♦♦76 €, ⬡ 5 €

¡Al pie de la Alcazaba! Con su nombre ensalza una curiosa parte de su fachada, pues el término Ajimez se refiere a los antiguos balcones volados de inspiración musulmana. Ofrece unas habitaciones muy acogedoras, todas bien personalizadas.

### Doña Blanca sin rest ▤ 🕭 ☎ 🅿

*Llano del Arrabal 10* ✉ 44100 – ☏ 978 71 00 01 – www.albarracindonablanca.com – cerrado 19 diciembre-9 enero

**20 hab** – ♦45/65 € ♦♦55/90 €, ⬡ 9 €

No dispone de zona social, pequeño detalle que compensan con buenas atenciones y unas habitaciones muy bien reformadas, todas con terraza. ¡El desayuno se sirve siempre en las habitaciones!

### Arabia sin rest ≤ 🎿 ▤ ⬙ ☎

*Bernardo Zapater 2* ✉ 44100 – ☏ 978 71 02 12 – www.hotelarabia.es

**24 hab** – ♦45/54 € ♦♦55/80 €, ⬡ 4,50 € – 15 apartamentos

Recio edificio en piedra vista ubicado en un antiguo convento-seminario del s. XVII. Ofrece una distribución algo compleja, con habitaciones y apartamentos de gran amplitud. La cafetería, donde sirven los desayunos, centra la zona social.

### ✗✗ Tiempo de Ensueño ≤ 🆎 🕭

*Palacios 1 B* ✉ 44100 – ☏ 978 70 60 70 – www.tiempodeensuenyo.com – cerrado enero, febrero, del 13 al 17 de septiembre, lunes y martes

**Rest** – Menú 25/41 € – Carta 29/40 €

Está emplazado en una casa de piedra del casco antiguo y sorprende por su interior, pues sabe combinar los detalles estructurales de línea rústica con un mobiliario bastante actual. Cocina tradicional actualizada con detalles creativos.

---

## ALCALÁ DE GUADAIRA – Sevilla – **578** T12 – 73 675 h. – alt. 92 m

▶ Madrid 529 – Cádiz 117 – Córdoba 131 – Málaga 193

### ℣ La Cochera 🕭 🆎 🕭

*Profesora Francisca Laguna 6* ✉ 41500 – ☏ 955 33 48 92 – cerrado del 10 al 31 agosto, domingo noche y lunes

**Rest** – Tapa 3 € – Ración aprox. 18 €

Negocio de ambiente neorrústico y taurino. Presenta una carta de tapas amplia e interesante, con sabrosos guisos caseros y unas deliciosas carnes de vacuno a la plancha.

▶ Madrid 34 – Toledo 106 – Guadalajara 30 – Segovia 130

🛈 Callejón de Santa María 1, ✉ 28801, 𝒞 918 89 26 94, www.turismoalcala.es

🛈 pl. de los Santos Niños, ✉ 28801, 𝒞 918 81 06 34, www.turismoalcala.es

🔟 Valdeláguila El Robledal, por la carret. de Arganda : 8 km, 𝒞 918 85 96 59

👁 Casco histórico★ – Antigua Universidad o Colegio de San Ildefonso★ (fachada plateresca★, Paraninfo★, artesonado mudéjar★★) Z – Capilla de San Ildefonso★ (sepulcro★★ del Cardenal Cisneros) Z – Corral de Comedias★★ Z – Palacio Laredo★ Y

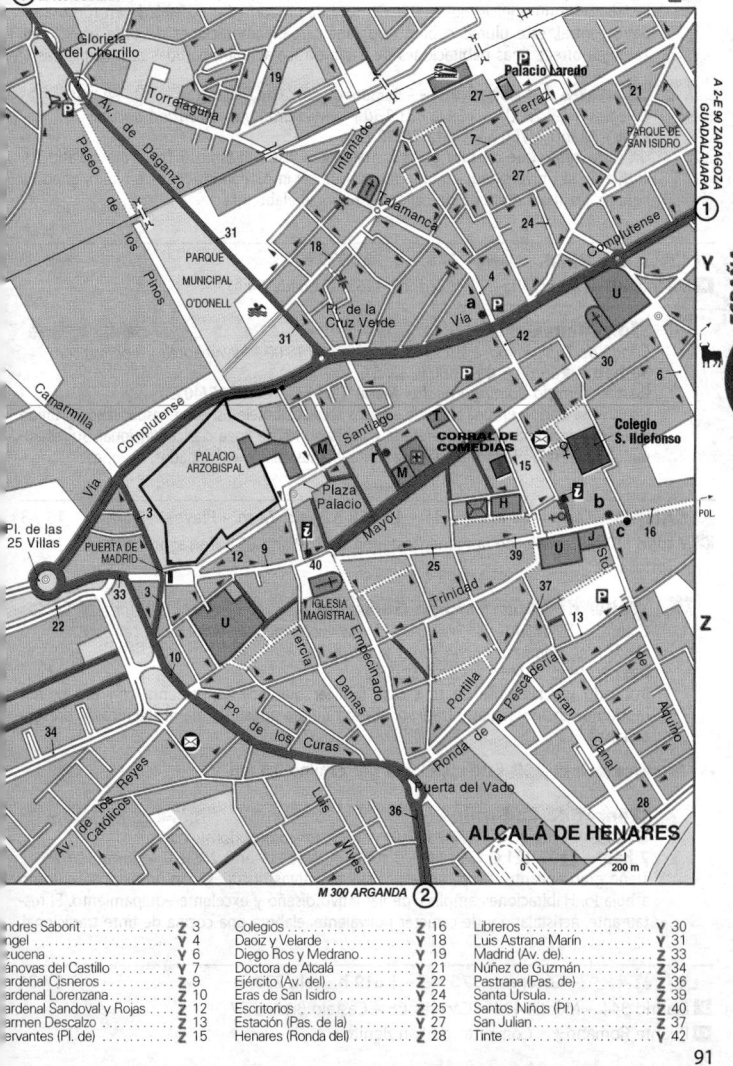

**Parador de Alcalá de Henares** 🔲 ⛴ ⊛ 🍴 ⅙ hab. 📶 ℅ 🛜 ⅔ 🚗
*Colegios 8* ⊠ *28801 –* ℰ *918 88 03 30 – www.parador.es* Z**c**
**128 hab** – ♥84/176 € ♥♥105/220 €, ☲ 18 € – 1 suite
**Rest** *Hostería del Estudiante* – ver selección restaurantes
**Rest** – Menú 30/45 € – Carta 37/52 €
Conjuga diversas partes de lo que fue el histórico colegio-convento de Santo Tomás
(s. XVII) con varios elementos de equilibrado diseño actual y vanguardista. Amplia
zona social, habitaciones modernas y buen confort general. En el comedor, de montaje actual, encontrará la típica carta regional de Paradores.

XX **Miguel de Cervantes** con hab 📶 📶 ℅ 🛜
*Imagen 12* ⊠ *28801 –* ℰ *918 83 12 77 – www.hcervantes.es* Z**r**
**13 hab** – ♥45/50 € ♥♥60 €, ☲ 6 € **Rest** – Menú 25/35 € – Carta 35/52 €
Instalado en un edificio del s. XVII. Disfruta de un comedor acristalado en torno a un
patio central, este último cubierto por una carpa. Elaboraciones de tinte tradicional.
También ofrece unas habitaciones de estilo clásico-actual repartidas en dos plantas.

XX **Hostería del Estudiante** – Parador de Alcalá de Henares 📶 ℅ ⇆ 🚗
*Colegios 3* ⊠ *28801 –* ℰ *918 88 03 30 – www.parador.es – cerrado agosto*
**Rest** – Menú 35/60 € – Carta 35/52 € Z**b**
Un restaurante que destaca por sus magníficas vistas al famoso Triángulo o Patio Tri-
lingüe de la Universidad, llamado así porque allí impartían las clases en latín, griego y
hebreo. Cocina autóctona de calidad y regional elaborada.

**ALCALÁ LA REAL** – Jaén – **578** T18 – 22 870 h. 2 C2
▶ Madrid 401 – Antequera 97 – Córdoba 115 – Granada 54

🔟 **Torrepalma** 📶 📶 ℅ 🛜 ⅔
*Conde de Torrepalma 2* ⊠ *23680 –* ℰ *953 58 18 00 – www.hoteltorrepalma.com*
**38 hab** – ♥46/60 € ♥♥60/80 €, ☲ 6 €
**Rest** – *(cerrado domingo noche)* Menú 10/16 € – Carta 25/40 €
Una buena opción en una zona de escasos recursos hoteleros, con el espacio social unido
a la recepción, una coqueta cafetería y habitaciones de línea clásica-funcional. Su restaurante tienen una oferta muy variada: carta, menús, platos combinados, raciones...

**ALCANAR** – Tarragona – **574** K31 – 10 658 h. – alt. 72 m – Playa 13 A3
▶ Madrid 507 – Castelló de la Plana/Castellón de la Plana 85 – Tarragona 101
– Tortosa 37

XX **Taller de Cuina Carmen Guillemot** 🛜 📶 ⇆
*Colón 26* ⊠ *43530 –* ℰ *977 73 03 23 – www.carmenguillemot.net – cerrado*
*Navidades, domingo noche, lunes y martes*
**Rest** – Menú 23/48 € – Carta 30/53 €
Instalado parcialmente en una casa familiar que hoy se presenta con un interior
moderno. Cocina actual y tradicional, esta última puesta al día en técnicas y presen-
taciones.

**en la carretera N 340** Este : 3,5 km y por camino 0,5 km

⟑ **Tancat de Codorniu** ⅋ 🔲 ⛴ 📶 ℅ hab, 🅿
⊠ *43530 Alcanar –* ℰ *977 73 71 94 – www.tancatdecodorniu.com*
**7 hab** – ♥♥99/121 €, ☲ 14 € – 5 suites **Rest** – Menú 28/36 € – Carta 34/62 €
Tiene gran encanto y sorprende por sus atractivos rincones, con un extenso entorno
arbolado. Habitaciones amplias, de llamativo diseño y excelente equipamiento. El restaurante, acristalado y de carácter polivalente, elabora una cocina de tinte tradicional.

**ALCÁNTARA** – Cáceres – **576** M9 – 1 619 h. – alt. 232 m 17 B1
▶ Madrid 344 – Mérida 130 – Cáceres 66 – Castelo Branco 77
👁 Puente Romano★ - Convento de San Benito★

### Hospedería Conventual de Alcántara ⚐ 🚗 ♨ 🕮 ♿ 🕮 ⚘ ⓦ 🛁 P
*carret. del Poblado de Iberdrola* ✉ 10980 – ✆ 927 39 06 38
– *www.hospederiasdeextremadura.es*
**30 hab** – ♦60/79 € ♦♦67/105 €, � 9 €
**Rest** *Kántara* – ver selección restaurantes
Ocupa un convento franciscano del s. XV que se transformó primero en fábrica de harinas y luego en hotel, presentándose hoy con un interior rústico-actual en el que conviven, acertadamente, los detalles de diseño y la curiosa maquinaria industrial de 1905. El salón de eventos recupera lo que fue la capilla.

### XX Kántara – Hotel Hospedería Conventual de Alcántara 🚗 ♨ ⚘ P
*carret. del Poblado de Iberdrola* ✉ 10980 – ✆ 927 39 06 38
– *www.hospederiasdeextremadura.es*
**Rest** – Menú 12/25 € – Carta 25/41 €
Está dentro de la hospedería y es una de las mejores opciones para comer por estas tierras. Ofrecen un montaje actual dominado por los tonos verdes y una cocina tradicional actualizada. ¡Descubra la espectacular Perdiz al modo de Alcántara!

---

## ALCAÑIZ – Teruel – **574** I29 – **16 424 h.** – alt. 338 m   4 C2
▶ Madrid 397 – Teruel 156 – Tortosa 102 – Zaragoza 103
🅸 Mayor 1 , ✉ 44600, ✆ 978 83 12 13, www.alcaniz.es
◎ Colegiata (portada ★) – Plaza de España ★

### Parador de Alcañiz ⚐ ≼ 🛏 🕮 ♿ hab, 🕮 ⚘ 🛜 🛁 P
*Castillo de Calatravos* ✉ 44600 – ✆ 978 83 04 00 – *www.parador.es* – cerrado 7 enero-15 febrero
**37 hab** – ♦72/136 € ♦♦90/170 €, ⊑ 16 €   **Rest** – Menú 27/37 € – Carta 36/53 €
Ocupa un castillo-convento medieval que destaca por sus fantásticas vistas, tanto al valle como a las colinas. Acogedora zona noble y cálidas estancias donde reina la decoración castellana. En su amplio restaurante podrá descubrir platos regionales tan típicos como las Migas de Teruel.

### X Empeltre 🛋 🕮 ⚘
*Ramón J. Sender 8* ✉ 44600 – ✆ 978 83 88 84 – *www.empeltrerestaurante.com* – cerrado del 1 al 5 de enero y lunes
**Rest** – Menú 12/46 € – Carta 26/37 €
Se encuentra en una zona residencial, resulta actual y está bien llevado entre dos jóvenes socios, uno en la sala y el otro atento a los fogones. Cocina de base tradicional puesta al día con técnicas actuales y cuidadas presentaciones.

---

## ALCÁZAR DE SAN JUAN – Ciudad Real – **576** N20 – **31 992 h.**   9 B2
– alt. 651 m
▶ Madrid 149 – Albacete 147 – Aranjuez 102 – Ciudad Real 87

### Intur Alcázar de San Juan 🛋 ♨ 🕮 🛏 🕮 🕮 ⚘ 🛜 🛁 P
*av. Herencia* ✉ 13600 – ✆ 926 58 82 00 – *www.intur.com*
**66 hab** – ♦♦55/250 €, ⊑ 11 € – 6 suites   **Rest** – Menú 25 € – Carta 25/60 €
Está frente a un parque, orientado al hombre de negocios. Dispone de un atractivo patio interior y espaciosas habitaciones, la mayoría con mobiliario neorrústico y terraza. El restaurante resulta luminoso y ofrece una carta tradicional con detalles de autor.

### X Casa Vicente 🛋 🕮 ⚘ ⌂
*Juan Carlos I 5* ✉ 13600 – ✆ 926 54 10 13 – *www.restaurantecasavicente.es* – cerrado del 10 al 24 de septiembre y lunes
**Rest** – Menú 25 € – Carta 22/48 €
El propietario se muestra muy pendiente de los detalles, algo que se nota tanto en la sala, de aire clásico-marinero, como en el privado, este último a modo de camarote. Carta tradicional completa, con la especialidad en arroces y asados.

---

## Los ALCÁZARES – Murcia – **577** S27 – **16 251 h.** – Playa   23 B2
▶ Madrid 444 – Alacant/Alicante 85 – Cartagena 25 – Murcia 54
🅸 Fuster 45, ✉ 30710, ✆ 968 57 57 56, www.losalcazares.es

ESPAÑA

🏨 **525** sin rest     🔊 ⚅ 🔐 🅰 ⚒ 🛜 🛁 🚗
*Río Borines 58 - Los Narejos* ✉ 30710 – 𝒞 968 57 47 60 – www.525.es – cerrado 10 diciembre-10 enero
**105 hab** – 🛏65/150 € 🛏🛏75/200 €, ⛛ 14 € – 2 suites
Algo alejado de la playa pero con unas magníficas instalaciones de estilo clásico-actual. Ofrece completísimas habitaciones, una piscina de chorros y un solárium en la azotea.

🏨 **Cristina** sin rest     🔊 🔐 🛜
*La Base 4* ✉ 30710 – 𝒞 968 17 11 10 – www.cristinahotel.net
– cerrado 18 diciembre-11 enero
**36 hab** – 🛏43/70 € 🛏🛏57/100 €, ⛛ 6 €
¡A unos 100 metros del puerto y de la playa! He aquí un hotelito familiar que en general cuida mucho los detalles, presentando unas habitaciones de línea funcional-actual.

---

## ALCOCÉBER – Castellón – ver Alcossebre

---

## ALCOI – Alicante – 577 P28 – 60 837 h. – alt. 545 m     16 A3
🚗 Madrid 405 – Albacete 156 – Alacant/Alicante 55 – Murcia 136
🛈 pl. Espanya 14, ✉ 03801, 𝒞 965 53 71 55, www.alcoyturismo.com
◎ Localidad ★
🔘 Puerto de la Carrasqueta ★ Sur : 15 km

🏨 **AC Ciutat d'Alcoi** sin rest     🔊 🔊 ⚅ 🔐 🛜 🛁 🅿 🚗
*Colón 1* ✉ 03802 – 𝒞 965 33 36 06 – www.ac-hotels.com
**84 hab** – 🛏🛏60/175 €, ⛛ 10 € – 2 suites
Se encuentra junto a un centro comercial y está formado por tres edificios, donde se combinan el diseño y el confort. Disfruta de una atractiva zona social y varios tipos de habitaciones.

**por la carretera de la Font Roja** Suroeste : 8 km y desvío a la derecha 1 km

🏨 **Masía la Mota**     ⚘ ≼ 🍴 ⚒ 🛜 🅿
*carret. de la Font Roja* ✉ 03800 Alcoi – 𝒞 966 54 03 70 – www.masialamota.com
– cerrado 15 diciembre-2 enero y del 7 al 22 de agosto
**12 hab** ⛛ – 🛏87/109 € 🛏🛏116/130 €    **Rest** – Menú 30/35 € – Carta 30/40 €
Hotel rural emplazado en un entorno privilegiado, con terrazas, piscinas y habitaciones bien personalizadas, en su mayoría con mobiliario de época de cierta calidad. El restaurante resulta muy coqueto y acogedor.

---

## L'ALCORA – Castellón – 577 L29 – 10 821 h. – alt. 279 m     16 B1
🚗 Madrid 407 – Castelló de la Plana/Castellón de la Plana 19 – Teruel 130 – València 94

🍴🍴 **Sant Francesc**     🔐 ⚒ ⟷
*av. Castelló 19* ✉ 12110 – 𝒞 964 36 09 24 – cerrado del 4 al 29 de agosto y sábado
**Rest** – (solo almuerzo) Menú 22/32 € – Carta 25/35 €
Este negocio familiar debe su nombre al barrio donde se ubica. Dispone de un amplio salón clásico, con profusión de madera, así como tres privados panelables. Cocina tradicional, de corte casero, rica en guisos y pescados del Mediterráneo.

---

## ALCOSSEBRE (ALCOCÉBER) – Castellón – 577 L30 – 934 h. – Playa     16 B1
🚗 Madrid 471 – Castelló de la Plana/Castellón de la Plana 49 – Tarragona 139
🛈 pl. Vistalegre , ✉ 12579, 𝒞 964 41 22 05, www.alcossebre.org

**en la playa**

🍴 **Can Roig**     🌿 ⚒ 🅿
*Playa Manyetes, Sur : 3 km* ✉ 12579 – 𝒞 964 41 25 15 – www.canroig.es
– 10 marzo-14 octubre
**Rest** – (cerrado domingo noche y lunes salvo verano) (es necesario reservar para cenar) Menú 25/33 € – Carta 40/55 €
Frente al mar, disfrutando de una coqueta terraza arbolada y un comedor clásico. Amplia carta de platos tradicionales y marineros, siempre con producto fresco de la zona.

ESPAÑA

**en la urbanización El Pinar** Norte : 4 km

ⅩⅩ **El Pinar** ⟨ 🏠 ⅏ **P**

ⓐ *Islas Mancolibre 4-A* ✉ *12579 Alcossebre –* 𝒞 *964 41 22 66*
*– www.restaurantemontemar.com – cerrado enero, febrero y lunes salvo verano*
**Rest** *– Carta 25/35 €*
En lo alto de una montaña y con excelentes vistas al mar. Ofrece una cocina tradicional y un buen apartado de arroces, así como una carta de tapas en temporada baja.

---

**ALCÚDIA** – Balears – ver Balears (Mallorca)

---

**ALCUNEZA** – Guadalajara – ver Sigüenza

---

**ALDAIA** – Valencia – **577** N28 – **30 874 h.** **16** B2

▶ Madrid 349 – Valencia 9 – Castelló de la Plana / Castellón de la Plana 91

Ⅹ **Venere** 🅐🅒 ⅏

*Iglesia 45* ✉ *46960 –* 𝒞 *961 29 18 18 – www.restaurantevenere.es – cerrado 14 días en agosto, domingo en verano y lunes resto del año*
**Rest** *– (solo almuerzo salvo jueves, viernes y sábado)* Menú 15/30 € – Carta 19/43 €
Este sencillo restaurante está instalado en lo que fue un antiguo bar, del que aún conservan su barra. Carta tradicional algo corta pero con platos sabrosos y a un buen precio.

---

**ALDEAYUSO** – Valladolid – **575** H17 – **20 h.** **12** C2

▶ Madrid 180 – Valladolid 61 – Segovia 84 – Palencia 112

🏠 **LaVida** 🕙🅟 🅖 ᵫ 🅐🅒 ⅏ 🛜 🔱

*pl. Mayor 1* ✉ *47313 –* 𝒞 *983 88 15 59 – www.lavida.es – cerrado 15 días en enero*
**17 hab** – †65/99 € ††72/113 €, ⌷ 11 €
**Rest** *– (cerrado domingo noche, lunes y martes) (solo cena) (es necesario reservar)*
Menú 35 € – Carta 28/41 €
Hotel rural estrechamente vinculado al enoturismo. Posee un lagar que data de 1768, una sala de catas, un SPA especializado en tratamientos con vino y amplias habitaciones, todas de ambiente rústico-actual. El restaurante, de línea actual y con un horno de leña, propone una carta tradicional de temporada.

---

**ALESANCO** – La Rioja – **573** E21 – **541 h.** – **alt. 568 m** **21** A2

▶ Madrid 327 – Logroño 37 – Vitoria-Gasteiz 65 – Burgos 86

🄖 Nájera (Monasterio de Santa María la Real★) Este : 10 km - San Millán de la Cogolla (Monasterio de Suso★) Sur : 12 km - Santo Domingo de la Calzada★ (Catedral★) Sureste : 13 km

ⅩⅩ **D.Ó** 🔘 con hab 🐚 🏠 🛜

*San Luis 22* ✉ *26324 –* 𝒞 *941 37 91 10 – www.hoteldoalesanco.com – cerrado domingo noche y lunes salvo junio-septiembre*
**8 hab** – †35 € ††50 €, ⌷ 10 € **Rest** – Menú 25 € – Carta 28/40 €
Instalado en una antigua casa de piedra. Presenta un acogedor bar público, donde la especialidad son las ostras abiertas al momento, y un comedor de línea actual que atesora gran personalidad. Cocina tradicional y coloristas habitaciones como complemento.

---

**ALEVIA** – Asturias – ver Panes

---

**ALFAFARA** – Alicante – **577** P28 – **419 h.** **16** A2

▶ Madrid 393 – Valencia 97 – Alacant / Alicante 86 – Murcia 146

🄖 Alcoi★ Sureste : 24 km

Ⅹ **Casa el Tio David** 🔘 🅐🅒 ⅏ ♻

ⓐ *Bancal del Clot 2* ✉ *03838 –* 𝒞 *965 51 01 42 – www.casaeltiodavid.com – cerrado 1ª quincena de julio y martes*
**Rest** *– (solo almuerzo salvo viernes y sábado)* Menú 33/40 € – Carta 32/42 € ᚼ
Llevado con acierto entre el propietario y su esposa. En el comedor, de ambiente rústico-regional, le propondrán una carta de tinte regional bien complementada por dos menús.

---

**ALGAIDA** – Balears – ver Balears (Mallorca)

ESPAÑA

**ALGAR** – Cádiz – **578** W13 – **1 467 h.** – **alt. 204 m**                    **1** B2

▶ Madrid 664 – Sevilla 141 – Cádiz 90 – Gibraltar 163

🏠   **Villa de Algar**                                   ⇐ ⏚ 📶 🕍 ⅍ 🛜 Ⓟ
   camino Arroyo Vinateros ✉ 11639 – ℰ 956 71 02 75 – www.tugasa.com
   **20 hab** � – ♦35/39 € ♦♦60/66 €
   **Rest** – (cerrado martes) Menú 10/20 € – Carta 20/30 €
   Ideal para los amantes de la naturaleza, pués está en plena serranía gaditana. En sus
   sencillas habitaciones, todas con terraza, disfrutará de la tranquilidad que ansía. En el
   restaurante, rústico y con chimenea, elaboran platos de sabor tradicional.

**ALGECIRAS** – Cádiz – **578** X13 – **116 917 h.** – **Playas en El Rinconcillo y**     **1** B3
**Getares**

▶ Madrid 681 – Cádiz 124 – Jerez de la Frontera 141 – Málaga 133

🚢 para Tánger y Ceuta : Cía Trasmediterránea, Recinto del Puerto, ℰ 902 45 46 45

🛈 av. Villanueva, ✉ 11201, ℰ 956 78 41 31

📷 carretera de Tarifa ⇐ ★★★

🏨   **AC Algeciras** sin rest, con cafetería por la noche        ⅙ 🕍 ☕ 🅼 ⅍ 🛜 🎱 🚗
   carret. del Rinconcillo ✉ 11200 – ℰ 956 63 50 60 – www.ac-hotels.com
   **108 hab** – ♦55/99 € ♦♦61/132 €, ⊒ 10 €
   Ofrece las características habituales de la cadena AC, combinando el diseño y el confort. Habitaciones de completo equipamiento, en las últimas plantas con buenas vistas.

### en la autovía A 7

🏠   **Alborán**                              📶 ⅙ hab, 🅼 ⅍ rest, 🛜 🎱 Ⓟ
   Los Álamos, Norte : 4 km ✉ 11205 Algeciras – ℰ 956 63 28 70
   – www.hotelesalboran.com
   **79 hab** ⊒ – ♦51/77 € ♦♦51/98 €   **Rest** – Menú 13/20 € – Carta 20/47 €
   Agradable establecimiento orientado al cliente de negocios. Dispone de una completa
   zona social, con un bonito patio andaluz, y unas habitaciones de correcto confort.
   Restaurante sencillo y funcional.

**ALHAMA DE MURCIA** – Murcia – **577** S25 – **20 915 h.** – **alt. 180 m**           **23** B2

▶ Madrid 426 – Murcia 38

### en El Berro Noroeste : 14 km

🏠   **Bajo el Cejo** Ⓝ                          ⧈ ⇐ 🍴 ⏚ ⅙ hab, 🅼 🛜 Ⓟ
   El Paso ✉ 30848 El Berro – ℰ 968 66 80 32 – www.bajoelcejo.com
   **10 hab** ⊒ – ♦88/116 € ♦♦99/165 €
   **Rest** – (solo cena) (solo clientes, solo menú) Menú 30 €
   Instalado en un pueblo de montaña de acusada pendiente, por los que ofrece unas
   instalaciones escalonadas y magníficas vistas al Parque Regional de Sierra Espuña.
   Agradable zona social, comedor privado bajo reserva, muy buenas terrazas y cuidadas
   habitaciones.

**La ALHAMBRA** – Granada – ver Granada

**ALICANTE** – Alicante – ver Alacant

**ALJARAQUE** – Huelva – **578** U8 – **19 245 h.**                                 **1** A2

▶ Madrid 652 – Faro 77 – Huelva 10

🏌 Bellavista, Noreste : 3 km, ℰ 959 31 90 17

✕✕   **La Plazuela**                                       🅼 ⅍ ⇔
   La Fuente 40 ✉ 21110 – ℰ 959 31 88 31 – www.restaurantelaplazuela.es – cerrado
   domingo
   **Rest** – Menú 34/65 € – Carta 24/55 €
   Un restaurante bastante conocido en la zona por su cocina de corte actual... aunque
   mantiene un completo apartado dedicado a los platos tradicionales. Tienen una
   pequeña bodega en el sótano reservada para aperitivos y comidas privadas.

**ALLARIZ** – Ourense – **571** F6 – **6 059 h.** – **alt. 470 m**                   **20** C3

▶ Madrid 484 – Santiago de Compostela 124 – Ourense 24 – Viana do Castelo 181

🛈 paseo da Alameda, ✉ 32660, ℰ 988 44 20 08, www.allariz.com

**AC Vila de Allariz** sin rest
*paseo do Arnado 1 ✉ 32660 – ✆ 988 55 40 40 – www.ac-hotels.com*
**38 hab** – ††70/110 €, ☕ 12 € – 1 suite
Hotel con encanto situado en una idílica zona verde, junto al río Arnoia. Posee tres edificios: el principal con las habitaciones, todas de estética actual, otro para eventos y el último reservado al SPA y sus servicios complementarios.

**O Portelo** sin rest
*Portelo 20 ✉ 32660 – ✆ 988 44 07 40 – www.hoteloportelorural.com*
**12 hab** – †43/47 € ††52/55 €, ☕ 5 € – 1 suite
¡En el casco histórico! Presenta una acogedora zona social, con obras de Agustín Ibarrola, y coquetas habitaciones, la mayoría con las paredes en piedra y las vigas de madera.

**Casa Tino Fandiño**
*Carcere 7 ✉ 32660 – ✆ 988 44 22 16 – www.tinofandinho.com – cerrado martes noche y miércoles*
**Rest** – Menú 10/20 € – Carta 25/42 €
Instalado en un viejo horno de pan, donde ofrecen un bar público y varias salas de línea rústica-actual. Cocina gallega tradicional, con muchas empanadas y caza en temporada.

**Portovello**
*Parque Portovello ✉ 32660 – ✆ 988 44 23 29 – cerrado martes noche, miercoles noche y jueves noche en invierno*
**Rest** – Menú 16/25 € – Carta 22/34 €
La belleza del entorno, en un parque junto al río, define esta antigua fábrica de curtidos de aire rústico. Balcón-terraza con hermosas vistas y cocina de sabor tradicional.

**en Vilaboa** Este : 1,2 km y desvío a la derecha

**Vilaboa**
rest, rest,
*Vilaboa 101 ✉ 32667 Vilaboa – ✆ 988 44 24 24 – www.casaruralvilaboa.com – cerrado 22 diciembre-22 de enero*
**7 hab** ☕ – †50/65 € ††55/85 €
**Rest** – *(cerrado lunes)* Menú 19 € – Carta 25/38 €
Ocupa una vieja fábrica de curtidos que ha sido recuperada como casa rural, con los muros en piedra y un interior actual. Decoración sobria y mobiliario restaurado. Espacioso restaurante de cocina tradicional, con las paredes en piedra y los techos en madera.

---

**ALLES** – Asturias – ver Panes

---

**La ALMADRABA (Playa de)** – Girona – ver Roses

---

**ALMAGRO** – Ciudad Real – **576** P18 – **9 132 h.** – **alt. 643 m** **9** B3

Madrid 189 – Albacete 204 – Ciudad Real 23 – Córdoba 230
pl. Mayor 1 , ✉ 13270, ✆ 926 86 07 17, www.ciudad-almagro.com
Pueblo típico★★ - Plaza Mayor★★ (Corral de Comedias★)

**Parador de Almagro**
*Ronda de San Francisco 31 ✉ 13270 – ✆ 926 86 01 00 – www.parador.es*
**54 hab** – †60/132 € ††75/165 €, ☕ 15 € – 3 suites
**Rest** – Menú 27/33 € – Carta 35/47 €
Instalado parcialmente en un convento franciscano del s. XVI. Ofrece unos patios de extraordinaria tranquilidad, varios espacios sociales y habitaciones de buen confort, sorprendiendo todas por sus detalles regionales. El elegante comedor se complementa con un salón de desayunos en el refectorio.

**La Casa del Rector** sin rest
*Pedro Oviedo 8 ✉ 13270 – ✆ 926 26 12 59 – www.lacasadelrector.com*
**29 hab** – †75/99 € ††80/130 €, ☕ 11 € – 2 suites
En esta preciosa casa solariega encontrará unas habitaciones totalmente personalizadas, unas de atractivo ambiente rústico, otras modernas y, finalmente, las de diseño. ¡Hermoso patio regional y pequeño SPA con tratamientos de cromoterapia!

ESPAÑA

ESPAÑA

### 🔠 Retiro del Maestre sin rest      🌭 ⌷ ⅃ & 🅰 ⅍ 🛜 🛁 🚗

*San Bartolomé 5 ⊠ 13270 – 𝒞 926 26 11 85 – www.retirodelmaestre.com*
**26 hab** ⊐ – ♦55/90 € ♦♦70/130 €
Ocupa una céntrica casa-palacio del s. XVI dotada con dos patios, una coqueta zona noble de aire regional y habitaciones de línea funcional. En general combinan con gusto el mobiliario en madera y forja.

### 🏠 Casa Grande Almagro sin rest, con cafetería      🌭 ⌷ & 🅰 ⅍

*Federico Relimpio 10 ⊠ 13270 – 𝒞 671 49 62 88 – www.casagrandealmagro.com
– cerrado 24 diciembre-20 enero*
**18 hab** ⊐ – ♦40/75 € ♦♦75/106 €
¡Un recurso apetecible! Esta casa solariega se presenta con un bello patio central, donde ofrecen los desayunos, varios espacios sociales y habitaciones de buen confort, todas muy bien personalizadas y con ducha de hidromasaje en los baños.

### 🏠 Hostería de Almagro Valdeolivo      🌭 🍴 ⅃ & rest, 🅰 ⅍ rest, 🛜

*Dominicas 17 ⊠ 13270 – 𝒞 926 26 13 66 – www.valdeolivo.com – cerrado febrero*
**8 hab** ⊐ – ♦75/90 € ♦♦95/115 €
**Rest** – *(cerrado domingo noche y lunes salvo festivos) (solo almuerzo salvo fines de semana)* Menú 25 € – Carta 30/45 €
Hotelito de organización plenamente familiar. Ofrece un salón social con chimenea, dos patios y confortables habitaciones, la mayoría de ellas con ducha de obra en los baños. En el restaurante, de línea clásica-actual, le propondrán una cocina tradicional.

### ✕✕ El Corregidor      🍴 🅰 ⅍ ⇄

*Jerónimo Cevallos 2 ⊠ 13270 – 𝒞 926 86 06 48 – www.elcorregidor.com
– cerrado del 25 al 31 de julio y lunes*
**Rest** – Menú 25/50 € – Carta 36/52 € 🍷
Está formado por varias casas antiguas que comparten un patio central, donde montan la terraza, así como un curioso bar con el suelo empedrado (s. XI) y distintas salas de ambiente rústico-regional. Cocina regional y tradicional elaborada.

### ✕ Abrasador de Almagro 🆕      & 🅰 ⅍ ⇄

*San Agustín 18 ⊠ 13270 – 𝒞 926 88 26 56 – www.abrasador.com*
**Rest** – Menú 12/45 € – Carta 23/42 €
Restaurante de ambiente rústico ubicado en la zona monumental. Elaboran platos propios de la cocina manchega y unas buenas carnes a la brasa, su especialidad, no en vano la ternera y el cerdo ibérico proceden de un suministrador exclusivo.

---

**ALMANSA** – Albacete – **576** P26 – 25 374 h. – alt. 685 m      **10** D3
▶ Madrid 325 – Albacete 76 – Alacant/Alicante 96 – Murcia 131

### 🔠 Blu sin rest, con cafetería      ⌷ & 🅰 ⅍ 🛜 🛁 🅿 🚗

*av. de Ayora 35 ⊠ 02640 – 𝒞 967 34 00 09 – www.hotelblu.es*
**69 hab** ⊐ – ♦88/110 € ♦♦88/138 € – 1 suite
Hotel de línea moderna que sorprende por sus detalles de diseño, en tonos negros. Posee unas habitaciones bastante completas, una pequeña zona SPA y una cafetería, donde le servirán tanto el menú del día como una carta tradicional.

### ✕✕ Maralba (Fran Martínez)      & 🅰 ⇄
ಇಞ
*Violeta Parra 5 ⊠ 02640 – 𝒞 967 31 23 26 – www.maralbarestaurante.es
– cerrado 10 días en noviembre, domingo noche, lunes noche y martes*
**Rest** – Menú 44/63 € – Carta 40/55 € 🍷
Una casa familiar, de estética actual, que no le dejará indiferente. Su cocina creativa, plasmada en una pequeña carta y dos menús degustación, toma como base los ingredientes propios de la gastronomía manchega. ¡Interesante bodega!
→ Conejo de monte escabechado con hortalizas, infusión de su jugo y aromáticos de la zona. Manitas de cerdo crujientes con pisto manchego, caracoles e hierbas frescas. Esponja de cítricos, gelé de miel, sorbete de calabaza y sopa de semillas con eneldo.

### ✕✕ Mesón de Pincelín      & 🅰 ⅍ ⇄

*Las Norias 10 ⊠ 02640 – 𝒞 967 34 00 07 – www.pincelin.com – cerrado 7 días en enero, 15 días en agosto, domingo noche y lunes*
**Rest** – Menú 36/42 € – Carta 30/45 €
Disfruta de un bar, con mesas altas para tapear, varias salas y tres privados, siendo unos espacios actuales y otros de línea clásica-regional. Su extensa carta tradicional se enriquece con un apartado de guisos y arroces. Completa bodega.

ⅩⅩ **Bodegón Almansa**
*Corredera 118 ☒ 02640 – ℰ 967 34 03 00 – www.bodegonalmansa.com – cerrado domingo noche y martes*
**Rest** – Menú 18/35 € – Carta 35/44 €
Presenta un bar de raciones a la entrada, un privado y un comedor principal con las paredes en ladrillo visto. Carta tradicional completa, con un buen apartado de guisos y arroces por encargo.

---

**ALMENDRALEJO** – Badajoz – **576** P10 – **34 694 h.** – alt. 336 m                    **17** B3
▶ Madrid 368 – Badajoz 56 – Mérida 25 – Sevilla 172

🏠 **Acosta Centro**
*pl. Extremadura ☒ 06200 – ℰ 924 66 61 11 – www.hotelacostacentro.com*
**110 hab** – ♦♦60/100 €, ☑ 8 € – 5 suites    **Rest** – Menú 10/48 € – Carta 20/39 €
Hotel de línea actual e interior funcional. Dispone de un gran hall circular y unas habitaciones bastante cómodas, con sencillo mobiliario y modernos aseos. El restaurante, amplio y con una carta tradicional actualizada, se complementa con una agradable terraza y una buena cafetería pública.

---

**ALMERÍA** Ⓟ – **578** V22 – **191 443 h.** – Playa                    **2** D2
▶ Madrid 550 – Cartagena 240 – Granada 171 – Jaén 232
✈ de Almería por ② : 8 km ℰ 902 40 47 04
🚢 para Melilla : Cía. Trasmediterránea, Muelle de Ribera ℰ902 45 46 45
🛈 Parque de Nicolás Salmerón (esquina Martínez Campos) , ☒ 04002, ℰ950 17 52 20, www.andalucia.org
🛈 pl. de la Constitución 1, ☒ 04003, ℰ950 21 05 38, www.turismodealmeria.org
◉ Alcazaba★ ≤★ AY – Catedral★ ABZ
🖼 Parque Natural de Cabo de Gata - Níjar★★ (playas de los Genoveses y Monsul★) Este : 29 km por ②

*Planos páginas siguientes*

🏠 **Elba Almería** sin rest, con cafetería
*prolongación av. del Mediterráneo, por carret. Níjar-Los Molinos ☒ 04009 – ℰ 950 14 53 90 – www.hoteleselba.com*
**98 hab** – ♦55/165 € ♦♦55/180 €, ☑ 7 € – 2 suites
La amplitud y la luminosidad son sus notas dominantes. Ofrece habitaciones bien equipadas y modernas, todas con moqueta. Cafetería polivalente dotada con un pequeño comedor.

🏠 **AC Almería**
*pl. Flores 5 ☒ 04001 – ℰ 950 23 49 99 – www.ac-hotels.com*                    BY**e**
**96 hab** – ♦50/140 € ♦♦55/140 €, ☑ 11 € – 1 suite
**Rest** *El Asador* – ver selección restaurantes
Ocupa dos edificios unidos interiormente y que han sido totalmente reformados para presentarse con una estética más moderna. Sus habitaciones poseen un buen confort. Cuenta con dos restaurantes, uno polivalente y otro, El Asador, con cierta fama en la ciudad.

🏠 **Husa Gran Fama** sin rest, con cafetería
*av. del Mediterráneo, por carret. Níjar-Los Molinos ☒ 04006 – ℰ 950 14 50 39 – www.hotelhusagranfama.com*
**88 hab** – ♦44/170 € ♦♦49/170 €, ☑ 10 €
Conjunto de línea funcional-actual ubicado junto a un Centro Comercial. Posee salones panelables y espaciosas habitaciones, todas bien equipadas y con los suelos en tarima.

🏠 **Plaza Vieja**
*pl. de la Constitución 4 ☒ 04003 – ℰ 950 28 20 96 – www.plazaviejahl.com*
**10 hab** – ♦75/85 € ♦♦75/119 €, ☑ 12 €                    BY**a**
**Rest** – Menú 30 € – Carta 30/45 €
Se encuentra en la plaza del Ayuntamiento, con una agradable terracita en sus soportales y una decoración de contrastes, pues combina detalles árabes con otros muchos más actuales. Las habitaciones, bastante modernas, tienen murales alusivos a distintos puntos turísticos de la ciudad. Cafetería y gastrobar.

ESPAÑA

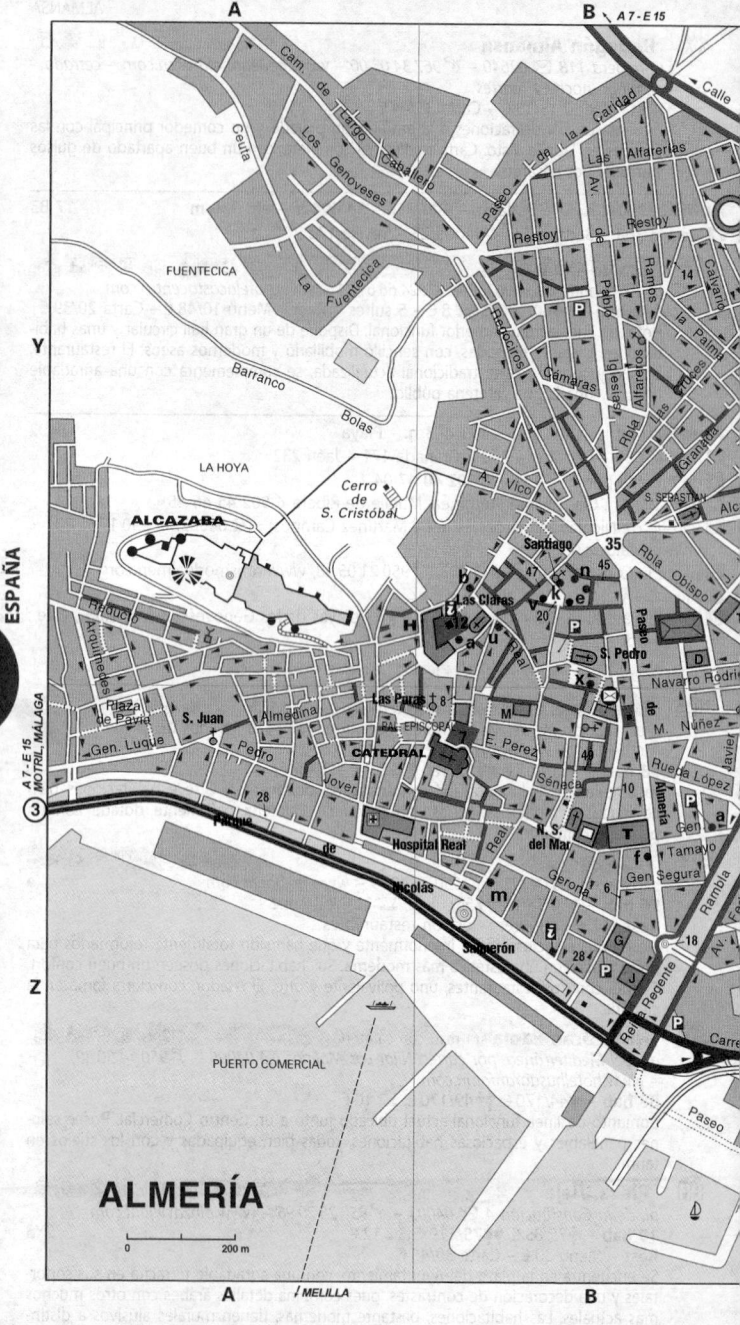

ALMERÍA

0  200 m

MELILLA

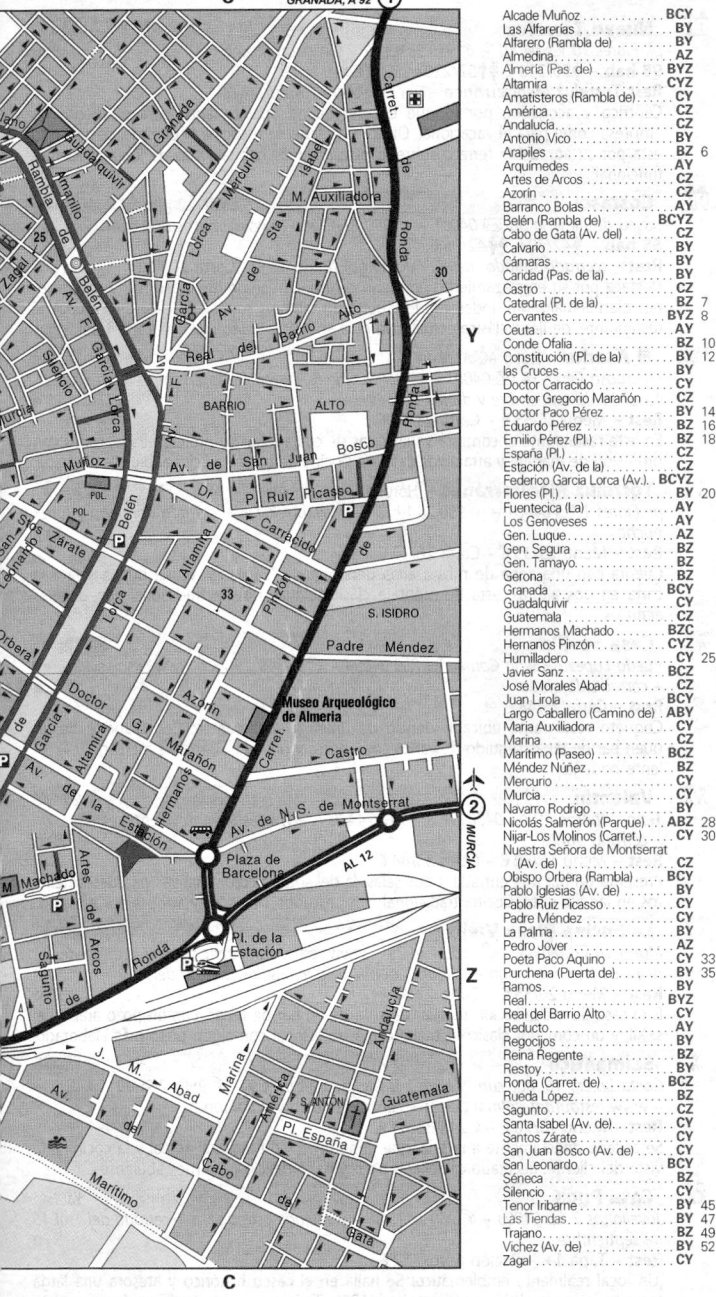

ESPAÑA

**ESPAÑA**

### 🏨 Nuevo Torreluz 🖼 ⬆ 🅰🄲 ⚒ 🛜 ⛟ 🚌
*pl. Flores 10* ✉ *04001* – ☎ *950 23 43 99* – *www.torreluz.es*    BY**v**
**98 hab** – 🛏50/220 € 🛏🛏57/220 €, ⬓ 9 €
**Rest** *Torreluz Mediterráneo* – ver selección restaurantes
Céntrico y acogedor, por lo que es una buena opción tanto para el cliente de empresa como para el vacacional. Ofrece una taberna rústica a la entrada, destacando esta por su agradable terraza sobre la plaza, y unas habitaciones de línea moderna-funcional.

### 🏨 Costasol 🖼 🅰🄲 hab, ⚒ rest, 🛜 ⛟
*paseo de Almería 58* ✉ *04001* – ☎ *950 23 40 11* – *www.hotelcostasol.com*
**55 hab** – 🛏42/70 € 🛏🛏42/96 €, ⬓ 7 €    BZ**f**
**Rest** – *(cerrado sábado noche y domingo)* Menú 13 € – Carta 20/46 €
Destaca por su emplazamiento en pleno centro. Ofrece un luminoso hall y habitaciones bien actualizadas, todas con los suelos en tarima y mobiliario clásico-funcional. El restaurante, de línea clásica-actual, combina su menú diario con una carta tradicional.

### 🟫🟫🟫 El Asador – Hotel AC Almería ⚒ ⇔
*Fructuoso Pérez 14* ✉ *04001* – ☎ *950 23 45 45* – *www.ac-hotels.com* – *cerrado del 15 al 30 de septiembre y domingo*    BY**e**
**Rest** – Menú 25/55 € – Carta 23/67 €
En este restaurante encontrará varias salas de cuidado ambiente castellano, todas con profusión de madera y atractivos detalles. Cocina de base tradicional bien actualizada.

### 🟫🟫 Torreluz Mediterráneo – Hotel Nuevo Torreluz ⬆ 🅰🄲 ⚒
*pl. Flores 1* ✉ *04001* – ☎ *950 28 14 25* – *www.torreluz.es* – *cerrado domingo y lunes noche*    BY**e**
**Rest** – Menú 25/35 € – Carta 26/42 €
Cuenta con una zona de mesas altas denominada "La Barra" y una buena sala a la carta en dos alturas, esta de montaje clásico-actual. Cocina tradicional con detalles actuales.

### 🟫🟫 Casa Sevilla 🅰🄲 ⚒ ⇔
*Rueda López (Galería Comercial)* ✉ *04004* – ☎ *950 27 29 12* – *www.casa-sevilla.com* – *cerrado domingo*    BZ**a**
**Rest** – Carta 25/48 € 𝄢
Coqueto restaurante ubicado dentro de unas galerías comerciales. Dispone de un buen bar de tapas seguido de varios comedores y privados. Carta de mercado y excelente bodega.

### 🟫🟫 Valentín 🍴 ⬆ 🅰🄲 ⚒
*Tenor Iribarne 19* ✉ *04001* – ☎ *950 26 44 75* – *www.restaurantevalentin.es* – *cerrado lunes*    BY**n**
**Rest** – Menú 35/50 € – Carta 33/44 €
Presenta un bar a la entrada y dos salas, la del sótano con atractivas paredes-botelleros en ladrillo visto. Cocina tradicional con pescados, mariscos y arroces por encargo.

### 🟫🟫 La Encina Plaza Vieja 🅰🄲 ⚒
*Marín 16* ✉ *04003* – ☎ *950 27 34 29* – *www.restaurantelaencina.es* – *cerrado del 1 al 17 de julio, domingo en verano, domingo noche y lunes resto del año*
**Rest** – Menú 20/35 € – Carta 27/48 €    BY**b**
Esta casa de organización familiar disfruta de un bar de tapas, con un pozo árabe del s. XII, y un comedor clásico-actual. Cocina tradicional con algún plato más elaborado.

### 🟫 Salmantice 🅰🄲 ⚒
*Costa Balear 16, por carret. Níjar-Los Molinos* ✉ *04009* – ☎ *950 62 55 00* – *www.restaurantesalmantice.es* – *cerrado agosto y domingo*
**Rest** – Menú 25/70 € – Carta 33/63 €
Se accede directamente a la sala, que tiene un estilo funcional-actual y la cocina a la vista del cliente. Recetario castellano tradicional y deliciosas carnes abulenses.

### 🍴 Casa Puga 🅰🄲 ⚒
*Jovellanos 7* ✉ *04003* – ☎ *950 23 15 30* – *www.barcasapuga.es* – *cerrado del 1 al 15 de septiembre*    BY**u**
**Rest** – Tapa 1 € – Ración aprox. 12 €
¡Un local realmente emblemático! Se halla en el casco histórico y atesora una larga trayectoria, pues abrió sus puertas en 1870. Tipismo, cocina tradicional y completa bodega.

℣/ **Añorga** ⌖ ⒶⒸ ✧
*Padre Alfonso Torres 4 ⊠ 04001 – ℰ 950 26 86 23 – www.tabernavasca.es – cerrado*
*domingo y lunes* BY**x**
**Rest** – Tapa 3 € – Ración aprox. 12 €
Céntrica taberna dotada con una terracita a la entrada, una pequeña barra y un salón
para el tapeo, todo decorado con fotos del País Vasco, recortes de prensa y pizarras.

℣/ **Casa Joaquín** ⒶⒸ ✧
*Real 111 ⊠ 04002 – ℰ 950 26 43 59 – cerrado septiembre, sábado noche y domingo*
**Rest** – Tapa 2 € – Ración aprox. 15 € BZ**m**
Casi un siglo de historia avala el buen hacer de esta casa, singular por su fisonomía a
modo de bodega-almacén. Carta de palabra, productos de calidad y una fiel clientela.

---

**ALMERIMAR** – Almería – ver El Ejido

---

**ALMODÓVAR DEL RÍO** – Córdoba – **578** S14 – **8 000 h.** – alt. 123 m    **1** B2
▶ Madrid 418 – Córdoba 27 – Sevilla 115
◎ Castillo★★

✗ **La Taberna** ⒶⒸ ✧
☺ *Antonio Machado 24 ⊠ 14720 – ℰ 957 71 36 84*
*– www.latabernadealmodovardelrio.com – cerrado agosto, domingo noche*
*en octubre-abril y lunes*
**Rest** – Menú 15 € – Carta 21/39 €
Croquetas de "Almodóvar", Rabo de toro, Mazamorra (Salmorejo blanco de almendras), caza en temporada... Disfrute de la auténtica cocina regional y casera en
esta casa de tradición familiar, dotada con un bar y varias salas de línea clásica.

---

**ALMONACID DE TOLEDO** – Toledo – **576** M18 – **881 h.**    **9** B2
▶ Madrid 94 – Toledo 25 – Ciudad Real 101

**en la carretera de Chueca** Oeste : 4 km

🏠 **Villa Nazules** ⌗ ⪡ ☂ ⌖ Ⓕ ✗ ⌸ ⒶⒸ ✧ rest, ⌘ ⊿ Ⓟ
⊠ 45190 Nambroca – ℰ 925 59 03 80 – www.villanazules.com
**30 hab** ☵ – †68/136 € ††100/166 €    **Rest** – Menú 19/80 € – Carta 27/46 €
¡Con encanto y en pleno campo! Presenta un interior muy detallista, con un buen SPA
y habitaciones actuales de excelente nivel, la mayoría con terraza o balcón. Su restaurante propone una carta actual. La propiedad disfruta de una yeguada, por lo que
muchos clientes acuden para recibir clases de equitación.

---

**ALMORADÍ** – Alicante – **577** R27 – **19 601 h.** – alt. 9 m    **16** A3
▶ Madrid 436 – València 199 – Alacant/Alicante 52 – Murcia 56

✗ **El Buey** ⒶⒸ ✧
☺ *La Reina 94 ⊠ 03160 – ℰ 966 78 15 93 – cerrado 1ª quincena de agosto y lunes*
**Rest** – (solo almuerzo salvo viernes y sábado) Carta 28/36 €
Este honesto negocio familiar presenta un bar y un coqueto comedor, clásico pero
con detalles rústicos. Cocina de mercado atenta a los productos de la huerta y de
temporada.

---

**La ALMUNIA DE DOÑA GODINA** – Zaragoza – **574** H25 – **7 792 h.**    **3** B2
**– alt. 366 m**
▶ Madrid 270 – Tudela 87 – Zaragoza 52

🏠 **El Patio** ⌸ ⪢ hab, ⒶⒸ ✧ ⌘ Ⓟ
*av. de Madrid 6 ⊠ 50100 – ℰ 976 60 10 37 – www.hotelelpatio.es*
**41 hab** – †40/48 € ††55/64 €, ☵ 6 €
**Rest** *El Patio de Goya* – ver selección restaurantes
**Rest** – (cerrado domingo noche) Menú 14 € – Carta 16/40 €
Este céntrico hotel se presenta, tras su discreta fachada, con una pequeña zona social
y unas habitaciones renovadas de adecuado confort, más de la mitad con la ducha
bastante amplia.

ESPAÑA

**ESPAÑA**

🏠 **La Yesería**      🍴 ⟨🔥 hab, 🆎 hab, 🍽 rest, 🛜 ⟨🅰 🅿
*carret. N II, km 269 (Urb. El Vergel de la Planilla)* ⊠ 50100 – 𝒞 976 60 62 62
– *www.hotellayeseria.com*
**17 hab** ⊡ – ∲42 € ∲∲56 €    **Rest** – Menú 11/45 € – Carta 30/45 €
No tiene un nombre baladí, pues ocupa lo que realmente fue una yesería. Ofrece unas habitaciones algo pequeñas pero confortables, todas con una misma línea rústica y detalles actuales. El restaurante, que ofrece una carta tradicional, posee dos curiosos reservados en lo que fueron las chimeneas de la fábrica.

🍴🍴 **El Patio de Goya** – Hotel El Patio      🆎 🍽 🅿
*av. de Madrid 6* ⊠ 50100 – 𝒞 976 60 10 37 – *www.hotelelpatio.es*
**Rest** – *(solo almuerzo salvo viernes y sábado)* Menú 30 € – Carta 20/52 €
Bajando unas escaleras se accede a un comedor de ambiente rústico-actual, con las paredes en ladrillo visto y una cuidada iluminación. Su chef propone una carta actual y dos sugerentes menús, el denominado "goyesco" y otro de degustación.

## ALMUÑA – Asturias – ver Luarca

## ALMUÑÉCAR – Granada – 578 V18 – 27 703 h. – alt. 24 m – Playa     2 C2
▶ Madrid 516 – Almería 136 – Granada 85 – Málaga 85
🛈 av. Europa-Palacete de La Najarra, Palacete de La Najarra, ⊠ 18690, 𝒞 958 63 11 25, www.almunecar.info

🏠 **Casablanca**      🍴 🛗 ⟨🔥 hab, 🆎 🍽 🛜 🚗
*pl. San Cristóbal 4* ⊠ 18690 – 𝒞 958 63 55 75
– *www.hotelcasablancaalmunecar.com*
**39 hab** – ∲35/70 € ∲∲42/80 €, ⊑ 4 €    **Rest** – *(cerrado miércoles)* Carta 22/33 €
Con su nombre evoca el edificio de estilo árabe en el que se emplaza. Ofrece habitaciones acogedoras y bien equipadas, destacando las que poseen terraza. En su comedor, que fue el origen del negocio, podrá degustar sabrosas carnes y pescados a la brasa.

🍴 **El Chaleco**      🆎
☺ *av. Costa del Sol 37* ⊠ 18690 – 𝒞 958 63 24 02 – *www.elchaleco.com* – *cerrado del 2 al 31 de enero, domingo noche y lunes salvo verano*
**Rest** – *(solo cena en julio-agosto)* Menú 22/27 € – Carta aprox. 27 €
Bien llevado por sus propietarios, con ella en la sala y él a los fogones. En su comedor, repartido en dos espacios, le propondrán una cocina francesa con sugerencias diarias.

🍴 **Mar de Plata**      🍴 🆎 🍽
☺ *av. Mar de Plata 3* ⊠ 18690 – 𝒞 958 63 30 79 – *www.restaurantemardeplata.es* – *cerrado mayo y martes*
**Rest** – Menú 22 € – Carta 20/38 €
Casa bien llevada entre varios hermanos. En su sala, de línea clásica, podrá degustar una carta bastante variada, con sabrosos pescados a la sal y arroces los fines de semana.

## ALMUSSAFES – Valencia – 577 O28 – 8 523 h. – alt. 30 m     16 B2
▶ Madrid 402 – Albacete 172 – Alacant/Alicante 146 – València 21

🏨 **Tryp Almussafes**      🏊 ⟨𝄞 🛗 ⟨🔥 hab, 🆎 hab, 🍽 🛜 ⟨🅰 🅿
*av. de la Foia - Parque Empresarial Juan Carlos I* ⊠ 46440 – 𝒞 961 74 43 00
– *www.tryphotels.com* – *cerrado 25 diciembre-8 enero*
**133 hab** – ∲∲40/120 €, ⊑ 11 €    **Rest** – Menú 10/40 € – Carta 20/30 €
Ubicado en un polígono industrial y con un claro enfoque empresarial. Tiene el bar integrado en el hall, unas habitaciones de línea actual-funcional y la piscina bien acondicionada. El restaurante, algo sencillo en el montaje pero económicamente interesante, combina su carta con varios menús.

## ALP – Girona – 574 E35 – 1 745 h. – alt. 1 158 m –     14 C1
Deportes de invierno en Masella, Sureste : 7 km : ✦18
▶ Madrid 633 – Barcelona 148 – Girona 144

X **Casa Patxi** 🏠

*Orient 23 ⊠ 17538 – ℰ 972 89 01 82 – www.casapatxi.com – cerrado 15 días en primavera, 15 días en otoño, martes noche y miércoles*
**Rest** – Menú 22/28 € – Carta 24/35 €
Antigua casa de payés construida en piedra. Presenta un buen comedor rústico, donde ofrecen guisos regionales y carnes de caza, así como l'Era Casa Patxi, un espacio más informal para tomar raciones y tostas fieles a la filosofía "Km 0".

---

**ALQUÉZAR** – Huesca – **574** F30 – 301 h. – alt. 660 m    **4** C1

🚗 Madrid 434 – Huesca 48 – Lleida/Lérida 105
👁 Paraje★★ – Colegiata★
🅖 Cañón de río Vero★

🏠 **Villa de Alquézar** sin rest    ⅗ ≤ 🚗 🛗 🎇 🅰 ♫ ╤ 🅟

*Pedro Arnal Cavero 12 ⊠ 22145 – ℰ 974 31 84 16 – www.villadealquezar.com
– cerrado 24 diciembre-21 enero*
**31 hab** ⊡ – †59/63 € ††69/85 €
Instalado parcialmente en una casa de la Edad Media que sirvió como residencia al rey Sancho Ramírez durante la Reconquista. Todas las habitaciones son confortables, aunque debemos destacar las superiores y las especiales por sus vistas.

🏠 **Santa María de Alquézar** sin rest    ⅗ ≤ 🛗 🅰 ╤

*paseo San Hipólito ⊠ 22145 – ℰ 974 31 84 36 – www.hotel-santamaria.com*
**21 hab** ⊡ – †55/89 € ††65/99 €
Una buena opción para alojarse si desea hacer barranquismo, pues Alquézar es un referente europeo para practicarlo. Ofrece unas estancias actuales, con profusión de madera y ducha de obra en los baños. ¡Pida las habitaciones con vistas!

**ESPAÑA**

---

**ALTAFULLA** – Tarragona – **574** I34 – **4 835** h.    **13** B3

🚗 Madrid 581 – Barcelona 88 – Tarragona 15
🅖 Vila romana de Els Munts★(emplazamiento★★,termas★) Este : 3,5 Km

🏨 **Gran Claustre**    ⅗ 🏊 🛗 🅰 🎇 🅰 ╤ 🅰 🅟

*Cup 2 ⊠ 43893 – ℰ 977 65 15 57 – www.granclaustre.com*
**39 hab** – †70/110 € ††105/169 €
**Rest** *Bruixes de Burriac* – ver selección restaurantes
Debe acceder por un pasadizo, pues forma parte de un bellísimo casco histórico. El hotel se reparte entre dos edificios, el más antiguo recuperado tras servir como residencia de monjas. Confort y modernidad se conjugan para su descanso.

XX **Bruixes de Burriac** – Hotel Gran Claustre    🅰 🅰 🎇

*Cup 2 ⊠ 43893 – ℰ 977 65 15 57 – www.granclaustre.com*
**Rest** – (cerrado domingo noche y lunes) Menú 27/39 € – Carta 29/47 €
En contraste con el entorno, este restaurante emana elegancia y modernidad. Ofrece dos salas muy cuidadas, la principal con la cocina a la vista. Su carta de tinte actual se completa con dos menús, uno de temporada y otro de degustación.

---

**ALTEA** – Alicante – **577** Q29 – **24 298** h. – Playa    **16** B3

🚗 Madrid 469 – València 133 – Alacant / Alicante 53
ℹ pl. José María Planelles, ⊠ 03590, ℰ 965 84 41 14, www.visitaltea.es
🅖 Don Cayo, Norte : 4 km, ℰ 965 84 80 46

🏠 **Tossal d'Altea**    ⅗ ≤ 🏠 🏊 🛗 🅰 🎇 🅰 ╤ 🅰 🅟

*Partida Plà del Castell 96, Norte: 1 km ⊠ 03590 – ℰ 966 88 31 83
– www.hoteltossalaltea.com*
**21 hab** – †55/80 € ††85/110 € – 1 suite
**Rest** *Almàssera de Guillem* – Menú 20 € – Carta 25/39 €
¡Ideal para quien busque tranquilidad! Posee habitaciones de buen confort, unas con el mobiliario en madera, otras en forja y varias abuhardilladas con terraza. El restaurante, decorado con objetos de la antigua almazara, ofrece una carta de cocina clásica-regional.

XX **Oustau de Altea** 🏠

*Mayor 5 (casco antiguo)* ✉ *03590 –* ☏ *965 84 20 78 – www.oustau.com*
*– cerrado 15 enero-15 marzo y lunes salvo julio-septiembre*
**Rest** *– (solo cena)* Carta 24/32 €

En la parte más bonita del casco viejo. Este restaurante presenta una refrescante terraza y una distribución interior en tres espacios, con un ambiente de elegante aire rústico y detalles de diseño. Cocina internacional a precios reducidos.

X **La Capella** 🟢 🏠 AC 🚭

*San Pablo 1* ✉ *03590 –* ☏ *966 88 04 84 – www.lacapella-altea.com – cerrado 2ª quincena de febrero, 1ª quincena de noviembre y miércoles*
**Rest** – Carta 33/51 €

Un negocio de contrastes que no le dejará indiferente. Esta casa familiar, en pleno casco viejo y con más de tres siglos de historia, disfruta de una coqueta terraza y dos salas de aire rústico. Cocina tradicional mediterránea y de arroces.

## por la carretera de València

🏨 **SH Villa Gadea** ≤ 🏠 ⅃ 💆 AC 🛎 🚫 AC 🚫 🤵 🅿 🚗

*partida de Villa Gadea, Noreste : 3,5 km* ✉ *03599 Altea –* ☏ *966 81 71 00*
*– www.sh-hoteles.com*
**202 hab** 🖵 – ♦110/200 € ♦♦120/250 € – 15 suites
**Rest** – Menú 25 € – Carta 40/55 €

Frente a la playa y con terraza en todas las habitaciones. Destaca tanto por los exteriores como por su SPA, con un centro de talasoterapia. Atesora tres restaurantes, el de la planta baja dedicado al buffet y los otros a la cocina tradicional e internacional.

---

**ALTO DE MEAGAS** – Guipúzcoa – ver Getaria

**ALZIRA** – Valencia – **577** O28 – **44 941 h.** – alt. 24 m    **16** B2
🚗 Madrid 386 – Valencia 44 – Alacant / Alicante 155

XX **Cami Vell** AC 🚭 ✛
🌀 *Colón 51* ✉ *46600 –* ☏ *962 41 25 21 – www.camivell.com – cerrado Semana Santa y domingo*
**Rest** – Menú 25/60 € – Carta 27/38 €

Casa de gestión familiar y ambiente rústico que ha tomado impulso con la incorporación al negocio de las nuevas generaciones. De sus fogones surge una cocina muy interesante, pues combina en su justa medida la tradición con la vanguardia.

Y/ **Cami Vell** AC

*Colón 51* ✉ *46600 –* ☏ *962 41 25 21 – www.camivell.com – cerrado Semana Santa y domingo*
**Rest** – Tapa 3 € – Ración aprox. 8 €

Aunque funciona como la zona de acceso al restaurante Cami Vell merece una mención independiente, pues muestra su propia carta de tapas y aperitivos... ¡incluso menús!

---

**L'AMETLLA DE MAR** – Tarragona – **574** J32 – **7 688 h.** – alt. 20 m    **13** A3
– Playa
🚗 Madrid 509 – Castelló de la Plana/Castellón de la Plana 132 – Tarragona 50
– Tortosa 33
🅻 av. Amistat, ✉ 43860, ☏ 977 45 64 77, www.ametllamar.cat

🏨 **L'Alguer** sin rest 🔲 AC 🚭 🛜

*Mar 20* ✉ *43860 –* ☏ *977 49 33 72 – www.hotelalguer.net – 20 mayo-septiembre*
**37 hab** 🖵 – ♦34/42 € ♦♦56/80 €

Hotel de línea clásica-funcional situado en el centro de la localidad. Dispone de unas correctas zonas sociales y habitaciones de suficiente confort, con los baños completos.

X **L'Alguer** ≤ 🏠 AC 🚭

*Trafalgar 21* ✉ *43860 –* ☏ *977 45 61 24 – www.restaurantalguer.com – cerrado 15 diciembre-15 enero y lunes*
**Rest** – Menú 17 € – Carta 24/45 €

¡En 1ª línea de playa! Presenta una sencilla terraza y un interior clásico, con dos salas acristaladas. Cocina marinera rica en arroces, pescados y mariscos de la zona.

X **La Llotja**
*Sant Roc 23 ⊠ 43860 – ℰ 977 45 73 61 – www.lallotjarestaurant.cat – cerrado 7 días en diciembre, 7 días en abril, del 15 al 30 de septiembre, martes (octubre-mayo) y lunes*
**Rest** – Menú 22 € – Carta 32/58 €
Pequeño, acogedor y de aire rústico, aunque complementan la sala interior con una atractiva terraza techada a la entrada. De sus fogones surge una cocina tradicional de base marinera, con detalles actuales y cuidadas presentaciones.

# L'AMETLLA DEL VALLÈS – Barcelona – 574 G36 – 8 190 h. – alt. 312 m     15 B2
▶ Madrid 648 – Barcelona 38 – Girona/Gerona 83

XX **Buganvilia**                      🍽 🎬 ⇔ 🅿
*carret. Sant Feliu de Codines 75 ⊠ 08480 – ℰ 938 43 18 00*
*– www.restaurantbuganvilia.com – cerrado del 13 al 22 de agosto y lunes*
**Rest** – *(solo almuerzo salvo viernes, sábado y festivos)* Menú 18/40 €
– Carta 32/45 €
Este negocio familiar ofrece diversas salas de aspecto actual, destacando una a modo de porche acristalado. Su cocina regional y de temporada se presenta a través de un amplio menú tipo carta, pues en algunos platos se paga un suplemento.

X **La Masía**                        🎬 🛠 ⇔ 🅿
*passeig Torregassa 77 ⊠ 08480 – ℰ 938 43 00 02 – www.lamasiadelametlla.com*
*– cerrado domingo noche*
**Rest** – Menú 16/38 € – Carta 25/48 €
Goza de gran tradición familiar y ocupa una masía de principios del s. XX. Posee un luminoso comedor, dos salas de banquetes y un privado, todo de aire clásico-antiguo. ¡Una de sus especialidades es el "Filet de vedella a l'estil roca"!

# AMOREBIETA-ETXANO – Vizcaya – 573 C21 – 18 513 h. – alt. 70 m     25 A3
▶ Madrid 415 – Bilbao 21 – Donostia-San Sebastián 79 – Vitoria-Gasteiz 51

🏠 **Konbenio** sin rest                🛠 🛜 🅿
*Konbenio 7 ⊠ 48340 – ℰ 946 30 01 87 – www.hotelkonbenio.com – cerrado del 1 al 7 de enero*
**9 hab** ⊿ – ♦43/50 € ♦♦60 €
Ocupa una casa señorial de interesante pasado histórico, pues aquí se firmó el Convenio de Amorebieta en 1872. Sus cálidas habitaciones combinan el mobiliario antiguo y el moderno, con los techos en madera y baños de plato ducha.

## en Boroa Noroeste : 3,6 km

XX **Boroa**                          🎬 🛠 🅿
ॐ *Caserío Garai 11 ⊠ 48340 Amorebieta-Etxano – ℰ 946 73 47 47 – www.boroa.com*
*– cerrado del 1 al 15 de enero y domingo noche*
**Rest** – Menú 33/70 € – Carta 40/67 €
Cocina de corte actual y alto valor gastronómico... salvo las noches de lunes a jueves, cuando su carta es más sencilla y tradicional. Caserío vasco del s. XV ubicado en pleno campo, con una taberna típica y varias salas de aire rústico.
➡ Vieira marinada sobre velouté de crustáceos y patata acidulada en crema de coliflor. Bogavante del Cantábrico sin trabajo, juliana de vainas con patatas y salsa tártara. Esponjoso de praliné sobre crema de chocolate y helado de leche de caserío.

# AMPUDIA – Palencia – 575 G15 – 628 h. – alt. 790 m     11 B2
▶ Madrid 243 – León 115 – Palencia 25 – Valladolid 35

🏨 **Posada de la Casa del Abad de Ampudia**    🛠 🍴 🛠 ⛱
*pl. Francisco Martín Gromaz 12 ⊠ 34191*           🛠 rest, 🛜 🛠 🚗
*– ℰ 979 76 80 08 – www.casadelabad.com – abril-octubre y fines de semana resto del año*
**24 hab** – ♦50/200 € ♦♦50/240 €, ⊿ 12 €
**Rest** *El Arambol* – Menú 25 € – Carta 31/55 €
Ocupa un edificio del s. XVII que, entre otros usos, sirvió como casa al abad. La mayoría de habitaciones son de estilo rústico-antiguo... sin embargo, también posee algunas modernas. El restaurante, ubicado en el lagar, ofrece una cocina tradicional actualizada.

**AMPUERO** – Cantabria – **572** B19 – 4 281 h. – alt. 11 m                8 C1

▶ Madrid 457 – Santander 51 – Vitoria/Gasteiz 127 – Bilbao 69

## en La Bien Aparecida Suroeste : 5 km

XX    **Solana** (Ignacio Solana)                                    ≤ 🗚 ⅔
❀  *La Bien Aparecida 11 ⊠ 39849 Ampuero – ℰ 942 67 67 18*
*– www.restaurantesolana.com – cerrado 24 noviembre-1 diciembre,*
*13 enero-3 febrero, lunes noche en verano y lunes resto del año*
**Rest** – *(solo almuerzo salvo fines de semana y verano)* Menú 58 €
*– Carta 39/59 € ⅍*
Se encuentra junto al Santuario de la Bien Aparecida, patrona de Cantabria, y destaca
por las amplias vistas que ofrece su comedor. Encontrará una cocina actual de buen
nivel, con platos tradicionales, y una atractiva bodega visitable.
→ Tartar de salmón rojo de Alaska con helado de pepino e hinojo. Ventresca de
bonito del Cantábrico a la piedra de sal, rocas de aceite y aliño. Tarta de queso
deconstruida.

---

**AMURRIO** – Álava – **573** C21 – 10 114 h. – alt. 219 m              25 A2

▶ Madrid 372 – Bilbao 37 – Burgos 138 – Vitoria-Gasteiz 45

## al Oeste 2 km

XX    **El Refor**                                                  🗚 ⅔
*Maskuribai 21 ⊠ 01470 Amurrio – ℰ 945 39 33 14 – www.elrefor.com – cerrado del*
*16 al 31 de agosto*
**Rest** – *(solo almuerzo salvo viernes y sábado)* Menú 23/44 € – Carta 31/48 €
Ocupa parte de un antiguo edificio en piedra, con una terraza, un bar y una sala en la
que separan, mediante biombos, la zona a la carta de la del menú. Cocina tradicional.

---

**Los ÁNGELES** – A Coruña – ver Os Ánxeles

---

**ANGLÈS** – Girona – **574** G37 – 5 719 h. – alt. 181 m              15 A1

▶ Madrid 676 – Barcelona 96 – Girona/Gerona 18 – Vic 51

XX    **L'Aliança d'Anglès** (Lluis Feliu Martí)                    🍴 🗚 ⇔ 🅿
❀  *Jacint Verdaguer 3 ⊠ 17160 – ℰ 972 42 01 56 – www.restaurantalianca.com*
*– cerrado Navidades, 15 días en agosto, domingo noche, lunes, martes noche y*
*miércoles noche*
**Rest** – Menú 44/60 € – Carta 40/74 €
Está instalado en un elegante edificio de 1919 que en su día funcionó como casino y
club social. La sala principal se presenta hoy a modo de café antiguo, conservando los
bellísimos suelos de la época. Cocina creativa bien elaborada.
→ Almejas y espárragos con consomé de hinojo y sobrasada. Arroz, azafrán y "espardenyes". Piña colada con compota de frutos tropicales.

---

**ANSERALL** – Lleida – **574** E34 – 948 h.                          13 B1

▶ Madrid 602 – Lleida/Lérida 142 – Andorra la Vella 18 – Barcelona 171

## al Norte 2,5 km

XX    **Masia d'en Valentí** con hab                      🗚 ⅔ rest, 🛜 🅿
*carret. N 145 ⊠ 25798 Anserall – ℰ 973 35 31 40 – www.masvalenti.com – cerrado*
*del 1 al 15 de julio y miércoles*
**8 hab** � – †55/70 € ††90/98 €    **Rest** – Menú 15/30 € – Carta 23/35 €
¡Muy próximo a la frontera con Andorra! Ofrece un interior de ambiente rústico y una
completa carta de cocina regional. Suelen trabajar con productos locales y carnes
rojas de la zona. Como complemento al negocio ofrecen habitaciones, las más modernas de aire rústico-actual y con hidromasaje en los baños.

108

ESPAÑA

## ANTEQUERA – Málaga – 578 U16 – 41 827 h. – alt. 512 m

▶ Madrid 521 – Córdoba 125 – Granada 99 – Jaén 185

**ℹ** pl. de San Sebastián 7 , ✉ 29200, ✆ 952 70 25 05, www.turismo.antequera.es

**🏌** urb. Antequera Golf, camino Gandía, ✆ 951 06 03 54

**◉** Localidad★ – Museo Municipal (Efebo de Antequera★) – Colegiata de Santa María★

**✦** Noreste : Los dólmenes★ (cuevas) – El Parque Natural El Torcal★★ Sur : 16 km
– Carretera★ de Antequera a Málaga ≤★★ - Desfiladero de Los Gaitanes★★ - Álora
(pueblo★ ) Suroeste : 37 km

### 🏨 Parador de Antequera  ⚓ ≤ 🚗 ⌁ 🖥 🗄 & hab, 🏧 ⚙ 🛜 ⚙ P

*paseo García del Olmo 2 ✉ 29200 – ✆ 952 84 02 61 – www.parador.es*
**57 hab** – ❖60/116 € ❖❖75/145 €, ⌂ 15 €   **Rest** – Menú 27/48 € – Carta 31/50 €
Se presenta completamente renovado y actualizado, con un interior de ambiente
moderno y predominio de los tonos blancos. Confortables habitaciones de línea
actual-funcional. Su luminoso restaurante ofrece una cocina de tinte regional y buenas vistas.

### 🏨 Finca Eslava  🗄 🏋 🖥 & hab, 🏧 ⚙ 🛜 ⚙ P

*carret. A-7281 - km 4, Norte : 2 km ✉ 29200 – ✆ 952 84 49 34*
*– www.hotelfincaeslava.com*
**30 hab** ⌂ – ❖55/70 € ❖❖60/100 €   **Rest** – Menú 15 € – Carta 25/50 €
Emplazado en un atractivo cortijo del s. XVIII. Disfruta de un bonito patio central,
espaciosas habitaciones, todas de línea actual, y un centro deportivo bastante completo. El restaurante se complementa con una cafetería rústica y un gran salón de
banquetes.

### al Suroeste 6 km

### 🏨 La Magdalena  ⚓ 🗄 ⊙ 🏋 🖥 🏧 hab, ⚙ rest, 🛜 ⚙ P 🚗

*urb. Antequera Golf ✉ 29200 – ✆ 902 54 15 40 – www.hotellamagdalena.com*
**21 hab** ⌂ – ❖❖90/120 €   **Rest** – Menú 25/95 € – Carta 24/47 €
Instalado junto al paraje natural de El Torcal, en un hermoso convento del s. XVI. Zona
para eventos en la antigua iglesia, habitaciones de buen confort y un SPA. El comedor
se reparte en dos partes, una en el invernadero y la otra en lo que fue el refectorio.

### en la antigua carretera de Málaga Este : 2,5 km

### 🏨 Lozano  🏋 🖥 & hab, 🏧 ⚙ 🛜 ⚙ P

*av. Principal 2 ✉ 29200 Antequera – ✆ 952 84 27 12 – www.hotel-lozano.com*
**52 hab** – ❖38 € ❖❖47 €, ⌂ 4,50 €   **Rest** – Menú 11/40 € – Carta 20/34 €
A la entrada de la localidad. Este negocio compensa su reducida zona social con unas
habitaciones de línea clásica-actual, repartidas en dos plantas y de buen equipamiento. Comedor de montaje funcional donde se trabaja tanto el menú como la
carta.

### por la carretera N 331 Norte : 18 km

### ✕ Caserío de San Benito  🏋 ⚙ P

🙂 *cruce carret. de Alameda (salida 86) ✉ 29200 Antequera – ✆ 952 11 11 03*
*– www.caseriodesanbenito.com*
**Rest** – *(solo almuerzo salvo viernes, sábado y verano)* Menú 14 € – Carta 22/45 €
Se halla en el campo y ocupa un edificio de eminente aire andaluz, con una ermita
anexa que hoy sirve como Museo Etnográfico. Cocina tradicional y casera, con platos copiosos.

## ANTIGUA – Las Palmas – ver Canarias (Fuerteventura)

## Os ÁNGELES (Los ÁNGELES) – A Coruña – 571 D3   19 B2

▶ Madrid 613 – Santiago de Compostela 14 – A Coruña 92 – Pontevedra 59

### 🏨 Balneario de Compostela  ⊙ 🏋 🖥 & 🏧 ⚙ 🛜 ⚙ 🚗

*carret. C-543, km 8,5 ✉ 15280 – ✆ 981 55 90 00 – www.hbcompostela.com*
**55 hab** ⌂ – ❖50/83 € ❖❖60/139 € – 4 suites
**Rest** – Menú 16/25 € – Carta 22/34 €
Confortables habitaciones y mobiliario funcional. El balneario anexo, que data de
1813, ofrece unas completísimas instalaciones, con aguas minero-medicinales, gimnasio y un circuito termal. En su restaurante encontrará platos fieles a la tradición
gallega.

ESPAÑA

### Casa Rosalía  🚗 ⚒ 🌣 🤝 📶 ♿ P

*Soigrexa 19* ✉ *15280* – ☏ *981 88 75 80* – *www.hotelcasarosalia.com*
– *cerrado 9 diciembre-marzo*
**29 hab** 🖵 – ✝40/60 € ✝✝50/85 €
**Rest** – *(cerrado domingo noche y lunes)* Menú 14/30 € – Carta 23/36 €
¡Casa típica construida en piedra! Ofrece correctas habitaciones: unas clásicas y otras, en el anexo, de línea actual-funcional. El restaurante, de ambiente rústico, combina su carta regional con diversas jornadas dedicadas a la caza, el bacalao, la lamprea...

---

**AOIZ** – Navarra – ver Agoitz

---

**ARACENA** – Huelva – **578** S10 – 7 814 h. – alt. 682 m  1 A2
▶ Madrid 514 – Beja 132 – Cáceres 243 – Huelva 108
🅩 Pozo de la Nieve, ✉ 21200, ☏ 663 93 78 77, www.aracena.es
◀ Localidad★ – Gruta de las Maravillas★★★
◀ Sur : Parque Natural, Sierra de Aracena y Picos de Aroche★★

### La Casa Noble sin rest  🌢 ♿ 🏧 🌣 📶

*Campito 35* ✉ *21200* – ☏ *959 12 77 78* – *www.lacasanoble.net* – *cerrado 15 diciembre-enero*
**6 hab** 🖵 – ✝175/225 € ✝✝195/250 €
Una casa señorial que, resultando algo sencilla en su funcionamiento, sorprende por cómo mima a los clientes. Encontrará unas estancias muy bien personalizadas y de ambiente clásico-actual, todas cuidadas hasta los más nimios detalles.

### Montecruz de Aracena  🍽 🏧 🌣

*pl. San Pedro 36* ✉ *21200* – ☏ *959 12 60 13* – *www.restaurantemontecruz.com*
– *cerrado del 1 al 15 de julio y miércoles*
**Rest** – Menú 12/45 € – Carta 17/41 €
Un restaurante rústico-local muy conocido en la zona. Su carta, tradicional y serrana, se enriquece con un apartado de sugerencias, un menú del día, jornadas micológicas...

### José Vicente  🏧 🌣

*av. Andalucía 53* ✉ *21200* – ☏ *959 12 84 55* – *cerrado del 1 al 15 de julio y martes*
**Rest** – *(solo almuerzo salvo viernes, sábado y verano)* Menú 25/50 € – Carta 23/44 €
Está repartido en dos partes, pues posee un bar de tapas decorado con objetos antiguos y luego el restaurante. Sencilla carta de tinte casero, rica en setas e ibéricos.

---

**ARANDA DE DUERO** – Burgos – **575** G18 – 33 459 h. – alt. 798 m  12 C2
▶ Madrid 156 – Burgos 83 – Segovia 115 – Soria 114
🅩 pl. Mayor , ✉ 09400, ☏ 947 51 04 76, www.arandadeduero.es
◀ Peñaranda de Duero (plaza Mayor★) – Palacio de Avellaneda★ : artesonados★ Este :
18 km

### Villa de Aranda sin rest  🛗 ♿ 🏧 🌣 📶 🚗

*San Francisco 1* ✉ *09400* – ☏ *947 54 66 74* – *www.hotelvilladearanda.com*
**27 hab** – ✝75/290 € ✝✝85/300 €, 🖵 8 €
Instalado en un edificio de principios del s. XX que ha sido rehabilitado. Ofrece una reducida zona social y habitaciones bien equipadas, todas de línea actual-funcional.

### Alisi sin rest  🛗 🏧 🌣 📶 🤝 🚗

*av. Castilla 25* ✉ *09400* – ☏ *947 04 80 58* – *www.hotel-alisi.com*
**37 hab** – ✝47/52 € ✝✝65 €, 🖵 7 €
Se encuentra a la entrada de la ciudad y destaca por su impecable mantenimiento, con habitaciones clásicas de buen confort general, suelos en tarima y los baños en mármol.

### Julia sin rest  🛗 🌣 📶 🤝

*pl. de la Virgencilla* ✉ *09400* – ☏ *947 50 12 50* – *www.hoteljulia.es*
**60 hab** – ✝36/47 € ✝✝60/68 €, 🖵 4 €
Este hotel de ambiente clásico viste sus estancias con esculturas, maderas y piezas de anticuario. Las habitaciones, algo reducidas, están personalizadas en distintos estilos.

XX **Mesón de la Villa** [AC]
*La Sal 3 ⊠ 09400 – ℰ 947 50 10 25 – cerrado del 13 al 30 de octubre, domingo noche y lunes*
**Rest** – Carta 35/44 €
Todo un clásico que sigue apostando por su recetario tradicional. Cuenta con dos salas, la principal de marcado ambiente castellano, y una curiosa bodega en cuevas naturales.

X **Casa José María** [AC] 🍴 ⇔
*Carrequemada 3 ⊠ 09400 – ℰ 947 50 80 43 – cerrado 25 junio-3 julio y miércoles*
**Rest** – Carta 28/42 €
Repartido en varias plantas y de amable organización familiar. Ofrece unos comedores de estilo rústico y la carta típica de la zona... eso sí, con la opción de algún pescado.

X **El Lagar de Isilla** [AC] 🍴
*Isilla 18 ⊠ 09400 – ℰ 947 51 06 83 – www.lagarisilla.es – cerrado domingo noche*
**Rest** – Menú 35/45 € – Carta 28/44 € 🍷
Ofrece un buen bar de tapas, dos salas de aire castellano, con el horno de leña a la vista, y una bodega visitable que data del s. XV. Asados, pescados y carnes a la brasa.

X **Casa Florencio** [AC] 🍴 ⇔
*Isilla 14 ⊠ 09400 – ℰ 947 50 02 30 – www.casaflorencio.com*
**Rest** – *(solo almuerzo salvo viernes y sábado)* Menú 28/48 € – Carta 25/46 €
Presenta una tienda de embutidos en la entrada, un horno de leña a la vista y varios comedores de aire rústico, destacando por su confort y decoración el del piso superior.

### en la antigua carretera N I

 **Tudanca Aranda** ⩽ 🛗 🛗 🛗 hab, [AC] 🍴 🛜 🛁 [P] 🚗
*salida 152 ó 153 autovía, Sur : 6,5 km ⊠ 09400 Aranda de Duero – ℰ 947 50 60 11*
*– www.tudanca-aranda.com*
**38 hab** – ✝60/140 € ✝✝60/200 €, � 10 € – 2 suites
**Rest** – Menú 18 € – Carta 34/45 €
Hotel de carretera rodeado de viñedos, con un gran hall y cómodas habitaciones dotadas de mobiliario clásico-castellano. También ofrece estancias más sencillas, tipo motel. Buen restaurante de estética tradicional castellana ubicado en un edificio anexo.

### por la carretera N 122 Oeste : 5,5 km y desvío a la izquierda 2 km

 **Torremilanos** 🍷 🛗 🛗 hab, 🍴 🛜 🛁 [P]
*Finca Torremilanos ⊠ 09400 Aranda de Duero – ℰ 947 51 28 52*
*– www.torremilanos.com – cerrado 24 diciembre-1 enero*
**37 hab** � – ✝83/143 € ✝✝99/160 €
**Rest** – *(cerrado domingo noche)* Menú 28/55 €
Edificio en piedra ubicado en una extensa finca de viñedos. Ofrece unas zonas nobles polivalentes y habitaciones de buen confort general, las más nuevas de línea moderna. El restaurante disfruta de un estilo clásico y cuenta con varias salas para banquetes.

**ESPAÑA**

---

**ARANJUEZ** – Madrid – **576** – **575** L19 – 56 877 h. – alt. 489 m   22 B3
▶ Madrid 47 – Albacete 202 – Ciudad Real 156 – Cuenca 147
🛈 pl. de San Antonio 9 , ⊠ 28300, ℰ 918 91 04 27, www.aranjuezturismo.es
◉ Reales Sitios★★ : Palacio Real★ (salón de porcelana★★), parterre y Jardín de la Isla★ AX – Jardín del Príncipe★ (Casa del Labrador★★, Casa de Marinos : falúas reales★★) BX

Plano página siguiente

# ARANJUEZ

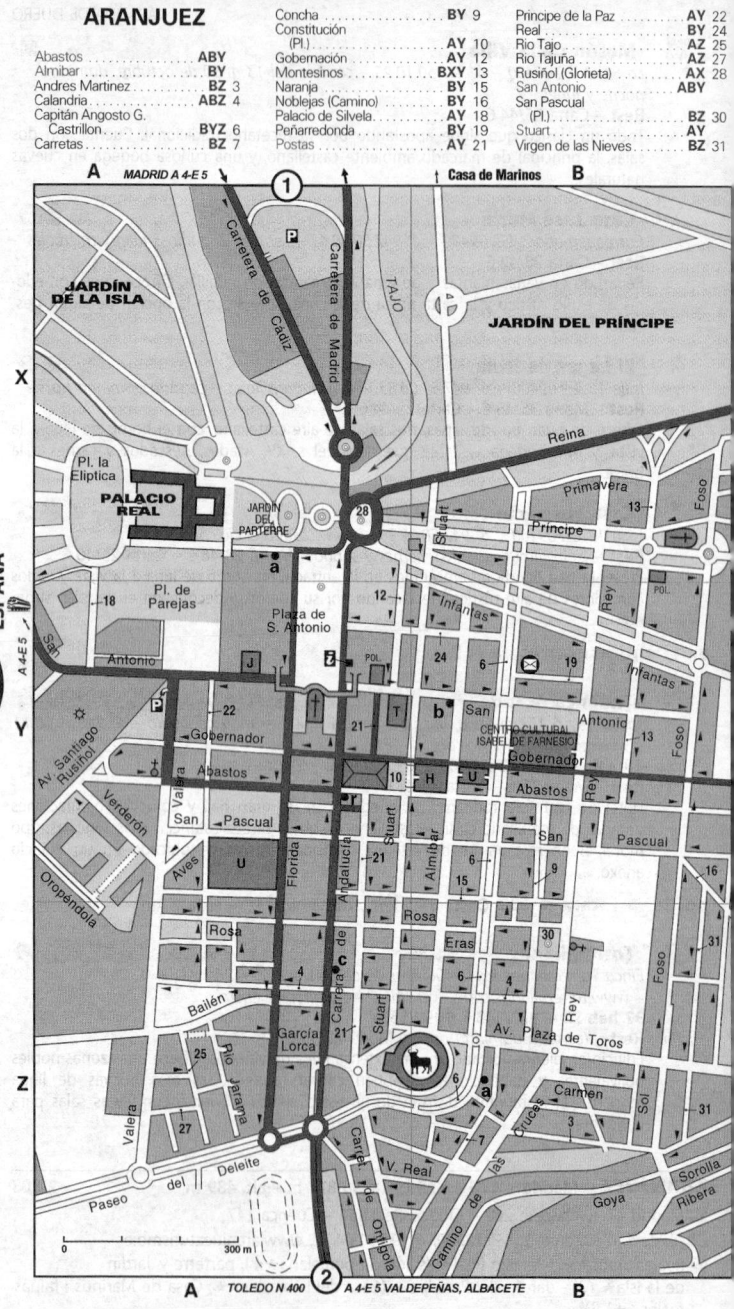

ESPAÑA

🏨 **Doña Francisca** sin rest      🛗 🕭 🕭 🎇 🛜 🚗

*Capitán Angosto Gómez Castrillón 147h* ✉ *28300 –* 𝒞 *918 09 02 60*
*– www.hoteldonafrancisca.com –*        **BZa**
**60 hab** 🖵 – ♦45/50 € ♦♦60/70 €

Bien situado frente a la bicentenaria plaza de toros. Disfruta de suficientes zonas sociales y unas habitaciones actuales de adecuado confort, destacando las de la última planta por tener terraza y vistas al coso.

XXX **Casa José** (Fernando del Cerro)      🌳 🕭 🎇 ⟷
🏵 *carrera de Andalucía 17 (esq. Abastos 32)* ✉ *28300 –* 𝒞 *918 91 14 88*
*– www.casajose.es – cerrado del 3 al 9 de enero y domingo noche*    **AYr**
**Rest** *– (solo menú)* Menú 55/75 €

Casa familiar de larga trayectoria. La sala principal se encuentra en el 1$^{er}$ piso y destaca por su hermoso techo en madera. Su chef propone una cocina tradicional actualizada, trabajando mucho con las verduras y hortalizas de la zona.

→ Guisantes a la parisienne con tocino translúcido. Lomo de buey a la sal negra. Fresón en wok e infusión helada de vainilla.

XX **Delacalle**      🕭 🎇
🏵 *carrera de Andalucía 85* ✉ *28300 –* 𝒞 *918 91 08 07 – www.restaurantedelacalle.com*
*– cerrado julio, agosto, lunes y martes*      **AZc**
**Rest** – Menú 50 € – Carta 52/63 €

¡Aquí hay talento tras los fogones! Presenta un bar de tapas, una sala de aire minimalista y una carta de autor en constante evolución, pues toma los vegetales como la base de su cocina y pone en práctica interesantes maridajes.

→ Cebolla, quinoa roja y yema. Arroz con bogavante. Tarta de queso.

XX **El Castillo de 1806**      🌳 🕭 🎇 ⟷ 🅿
*Jardín del Príncipe, Norte : 1 km por carret. de Madrid* ✉ *28300 –* 𝒞 *918 91 30 00*
*– www.elcastillo1806.com – cerrado lunes*
**Rest** *– (solo almuerzo salvo viernes y sábado)* Menú 40/58 € – Carta 53/69 €

Instalado en un edificio regio del s. XVIII que está protegido por Patrimonio. Cuenta con una agradable terraza, una carpa, un bar de espera y varios comedores con los techos abovedados. Carta de cocina tradicional con toques actuales.

XX **Carême**      🌳 🕭 🎇 🅿
*av. de Palacio 2* ✉ *28300 –* 𝒞 *918 92 64 86 – www.caremejesusdelcerro.com*
*– cerrado 7 días en septiembre y domingo noche*      **AXa**
**Rest** – Menú 45 € – Carta 37/54 €

Negocio de línea actual situado junto al Palacio Real. Posee una cafetería a la entrada, un comedor en la 1ª planta y una terraza cubierta con vistas a los jardines reales. Aquí la carta de tinte actual se ve completada por varios menús.

XX **Casa Pablo**      🌳 🕭 🎇
*Almíbar 42* ✉ *28300 –* 𝒞 *918 91 14 51 – www.restaurantecasapablo.com – cerrado del 1 al 16 de agosto*      **BYb**
**Rest** – Carta 25/56 €

Acogedor, tanto por la profusión de madera como por su decoración con detalles taurinos. Posee un bar público muy popular y tres salas de buen montaje, donde podrá descubrir las elaboraciones tradicionales y los grandes clásicos de la casa.

**por la salida** ① **: Norte : 3,5 km**

🏨 **Barceló Aranjuez**    🌊 ⟷ 🛋 ⊕ 🖇 🖼 🛗 🕭 hab. 🕭 🎇 🛜 💪 🚗
*pl. de la Unesco 2 (Barrio de la Montaña)* ✉ *28300 Aranjuez –* 𝒞 *918 09 93 99*
*– www.barceloaranjuez.com*
**168 hab** – ♦♦65/199 €, 🖵 13 €    **Rest** – Carta 28/45 €

Frente al Gran Casino de Aranjuez y junto a un campo de golf. Aquí encontrará amplias zonas nobles de línea moderna, una buena oferta en salas de reuniones y habitaciones de completo equipamiento. El restaurante propone una carta tradicional bien elaborada. ¡Está muy orientado a las convenciones de empresa!

---

**ARANTZAZU** – Guipúzcoa – **573** D22 – alt. 800 m      **25** B2
▶ Madrid 410 – Donostia-San Sebastián 83 – Vitoria-Gasteiz 54
◎ Paraje ★ – Carretera ★ de Aránzazu a Oñate

ESPAÑA

ARANTZAZU

XX **Zelai Zabal** 🖂 🕏 P
☺ *carret. de Oñate, Noroeste : 1 km* ⊠ 20567 – 𝒞 943 78 13 06 – www.zelaizabal.com
– *cerrado 23 diciembre-15 febrero, domingo noche y lunes*
**Rest** – *(solo almuerzo en invierno salvo fines de semana)* Menú 40 € – Carta 32/50 €
Un restaurante de tradición familiar con solera y prestigio, no en vano abrió sus puertas en 1898 como hostal y casa de comidas. Cocina clásica vasca con detalles actuales.

## ARBÚCIES – Girona – 574 G37 – 6 741 h. – alt. 291 m          15 A1
▶ Madrid 672 – Girona/Gerona 47 – Barcelona 74 – Vic 34

XX **Les Magnòlies** 🖾 🕏
☼ *Mossèn Anton Serres 7* ⊠ 17401 – 𝒞 972 86 08 79 – www.lesmagnolies.com
– *cerrado enero, lunes y martes*
**Rest** – *(solo almuerzo salvo viernes y sábado)* Menú 42/68 € 🕸
Casa señorial del s. XIX dotada de elegantes instalaciones. Basan su oferta en dos menús degustación, donde se alían la creatividad, la técnica y una gran puesta en escena.
➜ Mar y montaña de sepietas con jugo de erizos, butifarra negra, mollejas e hinojo. Pescado de lonja con tirabeques y fresitas del bosque. Parfait de chocolate con leche y cerezas.

## ARCADE – Pontevedra – 571 E4 – 3 723 h.          19 B3
▶ Madrid 612 – Ourense 113 – Pontevedra 12 – Vigo 22

X **Arcadia** 🖾 🕏 ⇔
☺ *av. Castelao 25-A* ⊠ 36690 – 𝒞 986 70 00 37 – www.restaurantearcadia.com
– *cerrado octubre, noviembre, domingo noche y lunes*
**Rest** – Menú 12 € – Carta 22/35 €
Casa familiar dotada con una amplia sala de línea clásica-funcional, otra más actual junto a la cafetería y un privado. Carta tradicional especializada en pescados y mariscos. ¡Pruebe la Empanada de zamburiñas o su Rape con almejas!

## ARCHENA – Murcia – 577 R26 – 18 496 h. – alt. 100 m – Balneario          23 B2
▶ Madrid 374 – Albacete 127 – Lorca 76 – Murcia 24

🏨 **Hyltor** sin rest, con cafetería 🖾 🕏 🛜
*carret. del Balneario 12-14* ⊠ 30600 – 𝒞 968 68 82 05 – www.hotelhyltor.com
**30 hab** – †32/88 € ††44/121 €, ⊊ 6 €
Presenta una estética urbana y actual definida por el dominio de las líneas rectas, con unas habitaciones modernas y detalles de diseño. También ofrecen algunos servicios propios de SPA y sirven comidas en su cafetería.

## ARCOS DE LA FRONTERA – Cádiz – 578 V12 – 31 417 h. – alt. 187 m          1 B2
▶ Madrid 586 – Sevilla 94 – Cádiz 66 – Gibraltar 117
🛈 cuesta de Belén 5, ⊠ 11630, 𝒞 956 70 22 64, www.turismoarcos.es
👁 Localidad★★, emplazamiento★★ – Plaza del Cabildo ≤★ – Iglesia de Santa María★

🏨 **Parador de Arcos de la Frontera** 🛝 ≤ 🖾 🕏 🛜
*pl. del Cabildo* ⊠ 11630 – 𝒞 956 70 05 00 – www.parador.es
**24 hab** – †68/136 € ††85/170 €, ⊊ 16 €   **Rest** – Menú 25 € – Carta 25/40 €
En pleno casco histórico y en un enclave elevado, por lo que disfruta de unas magníficas vistas. Ofrece un precioso patio típico y habitaciones de completo equipamiento. Su restaurante supone una gran oportunidad para conocer los sabores de la cocina gaditana.

🏨 **Los Olivos** sin rest 🖾 🕏 🛜
*paseo de Boliches 30* ⊠ 11630 – 𝒞 956 70 08 11 – www.hotel-losolivos.es
**19 hab** ⊊ – †45/51 € ††70/87 €
Está bien situado y refleja las características estéticas más representativas de la arquitectura andaluza. Posee un salón social bastante hogareño, un agradable patio con plantas y unas espaciosas habitaciones, todas de línea clásica.

114

**El Convento** sin rest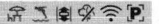
*Maldonado 2 ⊠ 11630 –* 𝒞 *956 70 23 33 – www.hotelelconvento.es – marzo-octubre*
**13 hab** – †45/62 € ††65/97 €, ⊊ 6 €
Instalado parcialmente en el convento de las monjas Mercedarias. El mobiliario regional y la sobriedad decorativa evocan su pasado histórico... aunque el confort es actual.

**AREA (Playa de)** – Lugo – ver Viveiro

**ARENAS DE CABRALES** – Asturias – **572** C15 – **2 249 h.**   5 C2
▶ Madrid 458 – Oviedo 100 – Santander 106
◙ Desfiladero del Cares★ (Garganta Divina★★ 2h30 a pie, ida) - Gargantas del Cares★★

 **Picos de Europa**
*Mayor ⊠ 33554 –* 𝒞 *985 84 64 91 – www.hotelpicosdeuropa.com – Semana Santa-13 octubre*
**35 hab** – †48/80 € ††59/99 €, ⊊ 8,50 €
**Rest** – (es necesario reservar) *(solo clientes, solo cena)* Menú 15 € – Carta 26/57 €
Presenta unas habitaciones de buen confort que destacan por la profusión de madera. Piscina con solárium, salón social con chimenea y una terraza ubicada bajo un hórreo, al borde del río. El cálido restaurante, equipado con mobiliario de mimbre, propone un menú y una reducida carta tradicional.

 **Villa de Cabrales** sin rest
*carret. General ⊠ 33554 –* 𝒞 *985 84 67 19 – www.hotelcabrales.com*
**24 apartamentos** – ††60/100 €, ⊊ 4 € – 23 hab
Antigua casona de aire rústico-actual. Sus confortables habitaciones, con los suelos en losetas de barro, alternan el mobiliario en madera con el hierro forjado. En un anexo también ofrecen unos apartamentos, con dormitorio y salón-cocina.

**Les ARENES** – Valencia – ver València (playa de Levante)

**AREU** – Lleida – **574** E33 – **alt. 920 m**   13 B1
▶ Madrid 613 – Lleida/Lérida 157 – La Seu d'Urgell/Seo de Urgel 83

 **Vall Ferrera**
*Martí 1 ⊠ 25575 –* 𝒞 *973 62 43 43 – www.hotelvallferrera.com*
**17 hab** – †38/47 € ††57/62 €, ⊊ 8 € – 6 apartamentos
**Rest Vall Ferrera**⊛ – ver selección restaurantes
Casa de cálido ambiente familiar emplazada en medio de un valle, del que toma su nombre. Ofrece un acogedor salón social, abuhardillado y decorado con elegancia, así como habitaciones y apartamentos de distinto confort.

✗ **Vall Ferrera** – Hotel Vall Ferrera
⊛ *Martí 1 ⊠ 25575 –* 𝒞 *973 62 43 43 – www.hotelvallferrera.com*
**Rest** – Menú 16 € – Carta 22/31 €
Ensalza los sabores de siempre, pues ofrece una cocina catalana sencilla pero que cuida las materias primas, normalmente autóctonas. Aquí la especialidad son los guisos y los embutidos, la mayoría de estos últimos de elaboración propia.

**ARÉVALO** – Ávila – **575** I15 – **8 118 h.** – **alt. 827 m**   11 B2
▶ Madrid 121 – Ávila 55 – Salamanca 95 – Valladolid 78
◙ Plaza de la Villa★

**Posada los V Linajes**
*pl. del Tello 5 ⊠ 05200 –* 𝒞 *920 30 25 70 – www.loscincolinajes.com*
**14 hab** ⊊ – †70/100 € ††75/110 €
**Rest** – *(cerrado domingo noche)* Menú 11/28 € – Carta 25/45 €
Instalado en un céntrico edificio señorial. Tras su elegante fachada hallará un patio interior porticado y unas cuidadas habitaciones, las del 1er piso de marcado carácter palaciego. El restaurante, especializado en el típico Tostón asado, ocupa la antigua bodega de la casa con una estética rústica-actual.

**ESPAÑA**

### ✗ Las Cubas                                           AC ✗

*Figones 11 ⊠ 05200 – ☏ 920 30 01 25 – www.asadorlascubas.com – cerrado*
*23 diciembre-2 enero*
**Rest** – *(solo almuerzo)* Carta 25/42 €

Ofrece un salón principal de sencillo montaje rústico y en otro edificio, cruzando la
calle, dos comedores más de superior montaje. Carta regional especializada en asados.

---

## ARGENTONA – Barcelona – **574** H37 – 11 914 h. – alt. 75 m          15 B3
▶ Madrid 657 – Barcelona 29 – Mataró 4

### ✗ El Celler d'Argentona                               AC ✗

*Bernat de Riudemeya 6 ⊠ 08310 – ☏ 937 97 02 69 – www.cellerargentona.com*
*– cerrado 2ª quincena de agosto, domingo noche, lunes y martes noche*
**Rest** – Menú 25 € – Carta 34/50 €

¡Rusticidad y autenticidad! Esta antigua masía destaca por su atmósfera, pues atesora
recio mobiliario catalán, vigas centenarias, dos prensas originales, azulejos cerámicos...
Cocina tradicional especializada en platos de caza y bacalao.

---

## ARGÓMANIZ – Álava – **573** D22 – 25 h. – alt. 614 m                25 B2
▶ Madrid 374 – Vitoria-Gasteiz 17 – Logroño 110 – Iruña/Pamplona 87

### 🏠 Parador de Argómaniz          ⤴ ← 🚗 ≢ & hab. AC ✗ 🛜 ⚙ P

*Parador 14 ⊠ 01192 – ☏ 945 29 32 00 – www.parador.es*
**52 hab** – †60/136 € ††75/170 €, ☌ 15 € – 1 suite
**Rest** – Menú 27/33 € – Carta 34/49 €

Edificio en piedra de sobria construcción. Presenta un interior clásico-actual, con
varios salones polivalentes y habitaciones de línea moderna, todas muy luminosas. El
restaurante, ubicado en la última planta, propone una cocina fiel al recetario regional.

---

## ARGÜELLES – Asturias – **572** B12                                  5 B1
▶ Madrid 455 – Oviedo 14 – León 137

### ✗✗ El Asador de Abel                                  🚗 AC ✗ P

*La Revuelta del Coche ⊠ 33188 – ☏ 985 74 09 13 – www.elasadordeabel.com*
*– cerrado 20 días en agosto y noches de domingo a miércoles*
**Rest** – Menú 20/70 € – Carta 34/55 €

¡Con el propietario al frente! Dispone de un amplio bar que utilizan cada vez más
como comedor, una sala para la carta de línea actual y un gran salón de banquetes.
Cocina tradicional con platos de cuchara, carnes y pescados a la parrilla.

---

## ARGUINEGUÍN – Las Palmas – ver Canarias (Gran Canaria)

---

## ARLABÁN (Puerto de) – Guipúzcoa – ver Leintz-Gatzaga

---

## ARNEDO – La Rioja – **573** F23 – 14 548 h. – alt. 550 m            21 B2
▶ Madrid 306 – Calahorra 14 – Logroño 49 – Soria 80
ℹ paseo de la Constitución 62, ⊠ 26580, ☏ 941 38 39 88, www.arnedo.com

### ✗✗ Sopitas                                            ✗ ⟷

*Carrera 4 ⊠ 26580 – ☏ 941 38 02 66 – www.sopitas.es – cerrado 15 días en junio,*
*15 días en noviembre, domingo noche y martes*
**Rest** – Menú 20/35 € – Carta 25/50 €

Ocupa una antigua bodega actualizada con mucho acierto. Podrá degustar su sabrosa
cocina regional tanto en la coqueta sala central como en los lagares laterales, usados
como privados. ¡La gran especialidad de la casa es el Cabrito asado!

ESPAÑA

**ARNUERO** – Cantabria – **572** B19 – **2 115 h.** – **alt. 45 m**  8 C1

▶ Madrid 451 – Bilbao 81 – Burgos 179 – Santander 37

🏠 **Hostería de Arnuero**  🍽 rest, 🍴 rest, 🤶 **P.**
*barrio Palacio 17 ⊠ 39195 – 𝒞 942 67 71 21 – www.hosteriadearnuero.es*
*– abril-octubre*
**12 hab** – ♦38/72 € ♦♦45/89 €, � 5 €
**Rest** – *(cerrado lunes salvo verano) (solo almuerzo salvo viernes, sábado, julio y agosto)* Menú 20 €
Casona colonial en la que conviven la piedra y la madera. Ofrece unas coquetas habitaciones de aire rústico, algunas abuhardilladas y en general bastante espaciosas. El restaurante, repartido en dos salas, basa su oferta en un único menú, aunque en verano este se completa con una pequeña carta de raciones.

**ARONA** – Santa Cruz de Tenerife – ver Canarias (Tenerife)

**La ARQUERA** – Asturias – ver Llanes

**ARRASATE/MONDRAGÓN** – Guipúzcoa – **573** C22 – **22 027 h.**  25 B2
**– alt. 211 m**

▶ Madrid 390 – Bilbao 54 – Donostia-San Sebastián 79 – Bergara 9

🏠 **Mondragón** sin rest, con cafetería  📶 ♿ 🍽 🍴 🤶 🚗
*av. Biteri 16 ⊠ 20500 – 𝒞 943 71 24 33 – www.hotelmondragon.com*
**46 hab** – ♦55/87 € ♦♦55/111 €, � 10 € – 3 suites
Instalado en un edificio bastante típico del centro de la ciudad. Ofrece habitaciones funcionales de confort actual y una cafetería, donde sirven platos combinados y tapas.

**ARRECIFE** – Las Palmas – ver Canarias (Lanzarote)

**ARRIONDAS** – Asturias – **572** B14 – **5 699 h.** – **alt. 39 m**  5 C1
▶ Madrid 426 – Gijón 62 – Oviedo 66 – Ribadesella 18
◉ Mirador del Fito★★★ Norte : 10,5 km

XX **El Corral del Indianu** (José A. Campoviejo)  🌿 📶 🍴
£3 *av. de Europa 14 ⊠ 33540 – 𝒞 985 84 10 72 – www.elcorraldelindianu.com*
*– cerrado Navidades, 10 días en enero, domingo noche, miércoles noche y jueves salvo julio-agosto*
**Rest** – Menú 50/77 € – Carta 40/54 €
Disfruta de una sala interior rústica-actual y otra acristalada, más luminosa y moderna, con vistas a un patio-jardín. Reducida carta y completo menú degustación, con platos creativos que toman como base el recetario asturiano tradicional
➜ Arroz meloso de vegetales, tuétanos bio-astur y algas. Ternera ecológica glaseada al whisky, hierbas y setas. Salmorejo de fresas ecológicas y natas de pueblo cítricas.

**en la carretera AS 342**

🏠 **Posada del Valle**  🌿 ⬅ 📶 rest, 🍴 🤶 **P.**
*Collía, Norte : 2,5 km ⊠ 33549 Collía – 𝒞 985 84 11 57 – www.posadadelvalle.com*
*– abril-octubre*
**12 hab** – ♦53/64 € ♦♦66/79 €, � 9 €  **Rest** – *(solo cena)* Menú 26 €
Casona de piedra situada en pleno campo. Encontrará diversos productos ecológicos, atractivas vistas al valle y dos tipos de habitaciones, unas rústicas y otras más actuales.

XX **Casa Marcial** (Nacho Manzano)  📶 🍴 **P.**
£3£3 *La Salgar 10, Norte : 4 km ⊠ 33549 La Salgar – 𝒞 985 84 09 91*
*– www.casamarcial.com – cerrado 9 enero-9 abril, domingo noche, lunes y martes noche*
**Rest** – Menú 44/90 € – Carta 41/70 €
Edificio tradicional algo aislado, aunque en perfecta simbiosis con el monte asturiano. La modesta fachada contrasta con un interior más actual y en agradables tonos claros. Cocina regional y creativa con productos de excepcional calidad.
➜ Nécora que se come entera. Pato azulón de la zona a la brasa en su jugo (octubre-marzo). Panacota de apio con granizado de hinojo, jugo de pepino y manzana.

117

**ARROYOMOLINOS DE LA VERA** – Cáceres – **576** L12 – 490 h.     **18** C1
– alt. 617 m

▶ Madrid 238 – Ávila 151 – Cáceres 111 – Plasencia 26

🏠 **Peña del Alba**     🌿 🚗 🏊 ✂ & 🎬 ⚿ 🛜 **P**
*Camino de la Gargüera, Suroeste : 1,8 km* ✉ *10410 –* ☎ *927 17 75 16*
*– www.pdelalba.com – cerrado 7 enero-11 febrero*
**18 hab** ☄ – ♦65 € ♦♦78/86 €
**Rest** *La Era de mi Abuelo* 🍴 – ver selección restaurantes
¡Construcción en piedra de atractivos exteriores! La zona social está presidida por una
chimenea circular, en ladrillo visto, y ofrece unas habitaciones rústicas repletas de
detalles, alguna tipo duplex y otras en casitas independientes.

✕✕ **La Era de mi Abuelo** – Hotel Peña del Alba     🚗 🏠 & 🎬 ⚿ **P**
🍴 *Camino de la Gargüera, Suroeste : 1,8 km* ✉ *10410 –* ☎ *927 17 75 16*
*– www.pdelalba.com – cerrado 7 enero-11 febrero*
**Rest** – Menú 20/42 € – Carta 28/38 €
Un restaurante cálido y acogedor. Su chef apuesta por una cocina tradicional de calidad, sin dejar de lado su capacidad de evolución pero respetando también los platos
típicos y los productos autóctonos, en muchos casos de su propia huerta.

---

**ARSÈGUEL** – Lleida – **574** E34 – 91 h.     **13** B1

▶ Madrid 605 – Barcelona 169 – Lleida/Lérida 147

🏠 **Font del Genil** Ⓝ     🌿 🖥 ⚿ 🛜
*Doctor Llangort 5* ✉ *25722 –* ☎ *973 38 40 70 – www.fontdelgenil.com*
**6 hab** ☄ – ♦50/70 € ♦♦70/90 €
**Rest** – *(cerrado lunes) (solo menú)* Menú 22/35 €
Se halla en un pintoresco pueblo de montaña, famoso por su tradicional encuentro
de acordeonistas a finales de Julio. Encontrará un coqueto patio a la entrada, recios
muros de piedra y unas habitaciones de ambiente rústico-actual, cada una con el
nombre de una ruta de la zona. Cocina tradicional actualizada.

---

**ARTÀ** – Balears – ver Balears (Mallorca)

---

**ARTEIXO** – A Coruña – **571** C4 – 26 272 h. – alt. 32 m     **19** B1

▶ Madrid 615 – A Coruña 12 – Santiago de Compostela 78

🏠 **Florida**     🖥 & 🎬 ⚿ 🛜 🚿 **P**
*av. de Finisterre 19, Noreste : 1,7 km* ✉ *15142 –* ☎ *981 63 30 84*
*– www.hotelfloridaarteixo.com*
**29 hab** – ♦39/53 € ♦♦49/63 €, ☄ 6 € – 1 apartamento
**Rest** – Menú 15 € – Carta 30/50 €
Hotel de línea actual-funcional enfocado al cliente de empresa del polígono industrial
de Arteixo. Presenta una moderna cafetería, correctas habitaciones y un restaurante
con cierto nombre en la zona, siendo la especialidad de la casa las carnes a la piedra.

🏠 **Europa** sin rest     🖥 ⚿ 🛜
*av. de Finisterre 31, Noreste : 1,5 km* ✉ *15142 –* ☎ *981 64 04 44*
*– www.hoteleuropaarteixo.com*
**31 hab** – ♦30/40 € ♦♦40/65 €, ☄ 5 €
Negocio familiar ubicado a las afueras del pueblo y habituado a trabajar con clientes
del polígono. Ofrece habitaciones de aspecto actual, la mayoría con dos camas.

---

**ARTIES** – Lleida – **574** D32 – alt. 1 143 m –     **13** B1
Deportes de invierno en Baqueira-Beret : ❄32 ❅1 ❅1

▶ Madrid 603 – Lleida/Lérida 169 – Vielha/Viella 6

◉ Localidad ★

🏠 **Parador de Arties**     ≤ 🏠 🏊 🏖 ⛷ 🖥 & hab, 🎬 rest, ⚿ 🚿 **P** 🅿
*carret. de Baqueira Beret* ✉ *25599 –* ☎ *973 64 08 01 – www.parador.es*
**54 hab** – ♦64/132 € ♦♦80/165 €, ☄ 18 € – 3 suites
**Rest** – Menú 27/34 € – Carta 21/40 €
Sólido edificio, con curiosas raíces historias, donde la piedra y la madera conviven
para reivindicar los valores de la arquitectura pirenaica. Posee cálidas zonas sociales,
piscinas comunicadas y habitaciones bien equipadas, ocho tipo dúplex. Su restaurante
se complementa en verano con una agradable terraza.

🏨 **Casa Irene**    ⚡ ⪪ 🚗 🖬 ♿ 🆔 ✂ 🛜 Ⓟ
*Major 22 ⊠ 25599 – ℰ 973 64 43 64 – www.hotelcasairene.com – cerrado mayo, junio, octubre y noviembre*
**22 hab** ⊊ – **♦**95/220 € **♦♦**110/220 €
**Rest** *Casa Irene* – ver selección restaurantes
Se encuentra en el centro del pueblo y toma su nombre del restaurante, donde se originó el negocio. Posee una cálida zona social con chimenea y cálidas habitaciones de ambiente montañés, destacando las abuhardilladas y las dos tipo dúplex.

🏠 **Besiberri** sin rest    🖬 ✂ 🛜
*Deth Fort 4 ⊠ 25599 – ℰ 973 64 08 29 – www.hotelbesiberri.com – cerrado mayo, junio y 15 octubre-noviembre*
**17 hab** ⊊ – **♦**60/72 € **♦♦**75/90 €
Con su nombre rinde un homenaje a la montaña más alta del valle. Ocupa una casa que data de 1897, donde hay una acogedora zona social con chimenea, una sala de desayunos y habitaciones de correcto confort, todas con profusión de madera.

XX **Urtau**    ✂
*pl. Urtau 2 ⊠ 25599 – ℰ 973 64 09 26 – www.urtau.com*
**Rest** – *(cerrado miércoles)* Carta 17/35 €
¡En pleno casco antiguo! Sorprende con dos entradas, una para el bar, donde encontrará una barra repleta de pinchos vascos, y la otra para el comedor, que solo funciona por las noches. Cocina actual bien elaborada y de base tradicional.

XX **Casa Irene** – Hotel Casa Irene    🆔 ✂ Ⓟ
*Major 22 ⊠ 25599 – ℰ 973 64 43 64 – www.hotelcasairene.com – cerrado mayo, junio, octubre y noviembre*
**Rest** – *(cerrado lunes salvo festivos) (solo cena salvo fines de semana, Navidades, Semana Santa y agosto)* Menú 57 € – Carta 37/60 €
Tiene cierto prestigio en la zona y presenta un comedor principal de acogedor estilo montañés, con profusión de madera. Su completa carta internacional se enriquece con algunos platos catalanes y dos buenos menús degustación.

**ESPAÑA**

---

**ARTZENTALES** – Vizcaya – **573** C20 – 760 h. – alt. 400 m    **25** A2
▶ Madrid 406 – Bilbao 34 – Santander 80 – Vitoria-Gasteiz 78

🏠 **Amalurra**    ⚡ ⪪ 🚗 ⛲ 🛁 🆔 rest, ✂ 🛜 ⚓ Ⓟ
*La Reneja 35 ⊠ 48879 – ℰ 946 10 95 40 – www.amalurra.com – cerrado 21 diciembre-21 enero*
**17 hab** – **♦**46/49 € **♦♦**58/68 €, ⊊ 8 €   **Rest** – Menú 20/35 € – Carta 33/43 €
Se encuentra en plena naturaleza y resulta ideal para ir en grupo o con niños. Presenta unas habitaciones luminosas y funcionales, cada una con un color diferente pero todas con los muebles en blanco. El restaurante, alegre, actual y con una carta de tinte tradicional, está ubicado en un edificio anexo.

---

**ARUCAS** – Las Palmas – ver Canarias (Gran Canaria)

---

**ARZÚA** – A Coruña – **571** D5 – 6 315 h. – alt. 385 m    **19** B2
▶ Madrid 585 – Santiago de Compostela 39 – A Coruña 69 – Lugo 70

**al Suroeste** 10 km

🏠 **Casa Brandariz**    ⚡ 🚗 🛜 Ⓟ
*Dombodán ⊠ 15819 Dombodán – ℰ 981 50 80 90 – www.casabrandariz.net*
**8 hab** – **♦**42/46 € **♦♦**45/50 €, ⊊ 5 €
**Rest** *Casa Brandariz* – ver selección restaurantes
Antigua casa de labranza construida en piedra. Ofrece un interior rústico de gran tipismo, un bello pórtico y habitaciones de correcto confort, con los baños sencillos.

X **Casa Brandariz** – Hotel Casa Brandariz    🚗 🆔 Ⓟ
*Dombodán ⊠ 15819 Dombodán – cerrado domingo noche*
**Rest** – Carta 20/30 €
Queso de Arzúa, ternera gallega, miel... son solo algunos de los productos autóctonos gallegos potenciados en este restaurante, definido tanto por su rusticidad como por su evidente encanto, pues ocupa las antiguas cuadras de la casa.

## ASTORGA – León – 575 E11 – 11 826 h. – alt. 869 m

▶ Madrid 320 – León 47 – Lugo 184 – Ourense 232

ℹ pl. Eduardo de Castro 5 , ⊠ 24700, ℰ 987 61 82 22, www.ayuntamientodeastorga.com

◐ Catedral★ (retablo mayor★, pórtico★) - Palacio Episcopal★

### 🏠🏠🏠 Ciudad de Astorga 🅝     🛇 🚗 🛜 🛗 ⚹ 🅰 🛜 🏋 🚗
*Los Sitios 7 ⊠ 24700 – ℰ 987 60 30 01 – www.hotelciudaddeastorga.com*
**33 hab** – ♥45/70 € ♥♥50/98 €, ⊊ 9 €
**Rest** *Chalet de Josele* – Menú 12/25 € – Carta 20/35 €

¡Próximo a la Catedral y al genial palacio de Gaudí! Se accede por un patio-terraza interior y se presenta con dos edificios adosados, uno para el hotel y otro para el cuidadísimo restaurante. Habitaciones de línea actual-elegante, todas orientadas al jardín.

### 🏠🏠 Casa de Tepa sin rest     🛜 🅿
*Santiago 2 ⊠ 24700 – ℰ 987 60 32 99 – www.casadetepa.com*
**10 hab** – ♥72/85 € ♥♥82/108 €, ⊊ 11 €

Casa señorial dotada con varias zonas nobles de gusto clásico-elegante, una luminosa galería y habitaciones amplias personalizadas en su decoración. Encantador patio-jardín.

### ✗✗ Serrano     ⚹ 🅰 ⚻ ⇔
*Portería 2 ⊠ 24700 – ℰ 987 61 78 66 – www.restauranteserrano.es – cerrado del 20 al 31 de enero, 23 junio-3 julio y lunes salvo festivos o vísperas*
**Rest** – Menú 14/80 € – Carta 22/52 €

Los primeros pasos los dieron como parrilla, sin embargo en este negocio familiar hoy veremos una carta de buen nivel, con guisos, setas, carnes, caza en temporada... Presenta un interior neorrústico y un privado a modo de aula de cocina.

### ✗ Las Termas     🅰
*Santiago 1 ⊠ 24700 – ℰ 987 60 22 12 – cerrado del 15 al 28 de febrero, del 15 al 30 de junio y lunes*
**Rest** – *(solo almuerzo)* Menú 12/20 € – Carta 22/30 €

Una parada obligada para los peregrinos que van camino de Santiago, ya que ofrece platos típicos de la región y especialidades, como el Cocido Maragato, a buen precio.

---

## ÁVILA 🅿 – 575 K15 – 58 915 h. – alt. 1 131 m

▶ Madrid 107 – Cáceres 235 – Salamanca 98 – Segovia 67

ℹ San Segundo 17 , ⊠ 05001, ℰ 920 21 13 87, www.turismocastillayleon.com

🔗 El Fresnillo, antigua carretera de Cebreros, Sureste : 4 Km, ℰ 920 35 32 76

◐ Murallas★★ – Catedral★★ B(obras de arte★★, sepulcro del Tostado★★, sacristía★★) Y – Basílica de San Vicente★★ (portada occidental★★, sepulcro de los Santos Titulares★★, cimborrio★) B – Monasterio de Santo Tomás★ (mausoleo★, Claustro del Silencio★, retablo de Santo Tomás★★) B

### 🏠🏠🏠 Parador de Ávila     🛇 🚗 🖥 🅰 ⚻ 🛜 🏋 🅿 🚗
*Marqués Canales de Chozas 2 ⊠ 05001 – ℰ 920 21 13 40 – www.parador.es*
**59 hab** – ♥60/120 € ♥♥75/150 €, ⊊ 15 € – 2 suites     **Ax**
**Rest** – Menú 27 € – Carta 35/45 €

En el casco antiguo y al pie de las murallas. Este bello palacio del s. XVI ofrece unas dependencias muy cuidadas pero algo sobrias en su decoración. El comedor, de ambiente castellano y con vistas al jardín, es una gran opción para descubrir la cocina típica y regional. ¡Pruebe el famoso Chuletón de Ávila!

### 🏠🏠🏠 Reina Isabel sin rest, con cafetería     🖥 🅰 ⚻ 🛜 🏋 🚗
*paseo de la Estación 17, por ① ⊠ 05001 – ℰ 920 25 10 22 – www.reinaisabel.com*
**60 hab** – ♥♥50/60 €, ⊊ 9 €

El elegante hall-recepción, que define un poco el estilo de todo el hotel, da paso a unas confortables habitaciones de línea clásica, destacando las cinco abuhardilladas por tener terraza privada. Amplio salón para banquetes y reuniones.

### 🏠🏠 El Rastro sin rest, con cafetería     🖥 ⚹ 🅰
*Cepedas ⊠ 05001 – ℰ 920 35 22 25 – www.elrastroavila.com*
**26 hab** ⊊ – ♥30/45 € ♥♥39/60 €     **Ab**

Ubicado en el antiguo Palacio del Duque de Tamames, que hunde sus raíces hasta el s. XVI. Posee habitaciones de ambiente rústico-actual, destacando las de la 4ª planta por sus vistas. La cafetería enriquece su oferta con platos italianos.

ESPAÑA

# ÁVILA

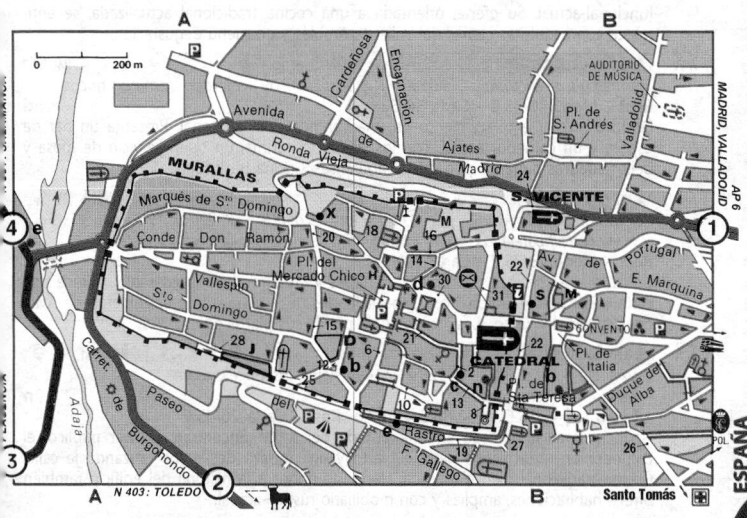

## 🏠 **Las Moradas** sin rest
📶 ♿ 🅰🅲 ⚡ 📶 ♨
*Alemania 5 ⊠ 05001 – 𝓒 920 22 24 88 – www.hotellasmoradas.com*
**Bc**
**53 hab** – 📱60/76 € 📱📱79/99 €, ⊇ 6 €
El hotel, que ocupa dos edificios comunicados entre sí, se presenta con una correcta zona social, dos salones y habitaciones funcionales de buena amplitud. Solicite las estancias con vistas a la Catedral, ubicada a escasos metros.

## 🏠 **Las Leyendas**
📶 📶 ♿ hab, 🅰🅲 ⚡ 📶
*Francisco Gallego 3 ⊠ 05002 – 𝓒 920 35 20 42 – www.lasleyendas.es*
**Be**
**19 hab** – 📱30/69 € 📱📱45/89 €, ⊇ 6 €
**Rest** *La Bruja* –Paseo del Rastro 1 – Menú 15/20 € – Carta 26/44 €
Ocupa una casa del s. XVI, rehabilitada en un estilo rústico-actual, y compensa su falta de zona social con unas correctas habitaciones, todas de aire rústico. En su restaurante encontrará una carta tradicional actualizada y las famosas carnes de esta tierra.

## 🏠 **Puerta del Alcázar**
📶 ♿ 🅰🅲 ⚡ 📶 ♨
*San Segundo 38 ⊠ 05001 – 𝓒 920 21 10 74 – www.puertadelalcazar.com
– cerrado 23 diciembre-enero*
**Bs**
**27 hab** ⊇ – 📱30/43 € 📱📱40/55 €
**Rest** – *(cerrado domingo noche)* Menú 16/26 € – Carta 31/48 €
Edificio situado frente a la puerta del Peso de la Harina, el acceso a la zona amurallada ubicado junto a la Catedral. Posee habitaciones funcionales con los suelos en tarima. El restaurante, que atesora varias columnas antiguas y una concurrida terraza, completa su carta tradicional con diferentes menús.

## XXX **El Almacén**
≤ 📶 🅰🅲 ⚡
*carret. de Salamanca 6 ⊠ 05002 – 𝓒 920 25 44 55 – cerrado septiembre, domingo noche y lunes*
**Ae**
**Rest** – Carta 42/52 € 🍸
Negocio de línea moderna emplazado en un antiguo almacén, a orillas del río. Ofrece una cocina de gusto tradicional y una gran bodega acristalada. Solicite las mesas ubicadas junto a las ventanas, pues tienen buenas vistas a las murallas.

XX **Barbacana** ⬛ ✗

*pl. Santa Teresa 8 ⊠ 05001 – ℰ 920 22 00 11 – www.restaurantebarbacana.com*
*– cerrado 7 enero-10 febrero, domingo noche y lunes* **Bb**
**Rest** – Menú 36 € – Carta 30/50 €

Este céntrico restaurante presenta un bar de pinchos y un moderno comedor de línea funcional-actual. Su oferta, orientada a una cocina tradicional actualizada, se enriquece con exquisitas carnes del Valle de Amblés y un menú degustación.

XX **Doña Guiomar** ⬛ ✗

*Tomás Luis de Victoria 3 ⊠ 05001 – ℰ 920 25 37 09 – cerrado domingo noche*
**Rest** – Menú 40/45 € – Carta 36/50 € **Bd**

Destaca por su emplazamiento en una céntrica calle peatonal. Presenta un bar de espera y un comedor actual, con los suelos en tarima, un buen servicio de mesa y bellos cuadros pintados por artistas abulenses. Cocina tradicional.

XX **Corral** 🎋 ⴷ ⬛ ✗

*Rejero Lorenzo de Ávila 2, por ① : 1,5 km ⊠ 05004 – ℰ 920 21 19 51*
*– www.corralhosteleria.com – cerrado 15 días en enero-febrero y martes*
**Rest** – Menú 13/35 € – Carta 30/49 €

Ubicado a las afueras, con un bar de tapas y un comedor rústico-actual. Ofrece una carta tradicional y regional con especialidades de la zona, como el Chuletón de Ávila o las Judías del Barco. ¡Los jueves no se pierda sus platos de cuchara!

XX **Las Cancelas** con hab ⌔ 🎋 ⬛ rest, ✗ 🛜

*Cruz Vieja 6 ⊠ 05001 – ℰ 920 21 22 49 – www.lascancelas.com*
*– cerrado 7 enero-4 febrero* **Bn**
**14 hab** – ♦45/55 € ♦♦60/80 €, ⊡ 6 € **Rest** – Carta 26/45 €

Negocio familiar ubicado en una posada del s. XV. Encontrará un bar público, el comedor en un atractivo patio cubierto y una terraza de verano cruzando la calle. Cocina tradicional bien elaborada. Haciendo honor a la historia del edificio también ofrece habitaciones, amplias y con mobiliario rústico-actual.

**por la carretera CL 505** por ① : 3,6 km y desvío a la derecha 1,4 km

🏨🏨🏨 **Fontecruz Avila** ⌔ 🚗 ⵙ ⊛ 🌀 🎞 🉐 ⴷ hab, ⬛ ✗ 🛜 ♨ P 🚗

*carret. antigua de Cebreros ⊠ 05196 Tornadizos de Ávila – ℰ 920 35 92 00*
*– www.fontecruzhoteles.com*
**64 hab** – ♦69/139 € ♦♦79/149 €, ⊡ 16 € – 10 suites
**Rest Zelai** – *(cerrado lunes y martes)* Menú 25/35 € – Carta 28/38 €

Resulta excelente, se halla junto a un campo de golf y presenta unas instalaciones bastante espaciosas, con varias zonas sociales y elegantes habitaciones, en el piso superior abuhardilladas. El restaurante Zelai, que procura conjugar tradición y actualidad, enriquece su carta con un menú de temporada.

**AVILÉS** – Asturias – **572** B12 – 83 107 h. – alt. 13 m **5** B1
🔺 Madrid 466 – Ferrol 280 – Gijón 25 – Oviedo 33
ℹ️ Ruiz Gómez 21, ⊠ 33402, ℰ 985 54 43 25, www.avilescomarca.info
🔵 Localidad ★
📷 Salinas ≤ ★ Noroeste : 5 km

🏨🏨🏨 **NH Palacio de Ferrera** 🚗 🉐 ⊟ ⴷ ⬛ ✗ 🛜 ♨ 🚗

*pl. de España 9 ⊠ 33400 – ℰ 985 12 90 80 – www.nh-hotels.com* **BZb**
**74 hab** – ♦♦67/260 €, ⊡ 14 € – 4 suites
**Rest La Capilla** – *(cerrado domingo)* Menú 13/116 €

Se reparte entre un palacio del s. XVII y un anexo moderno, por eso las dependencias, dependiendo de su ubicación, pueden reflejar una estética antigua o actual. El restaurante, de elegante montaje, propone una cocina tradicional actualizada con toques creativos. ¡No se pierda su precioso jardín francés!

🏨 **Villa de Avilés** ⊟ ⬛ ✗ 🛜 ♨ 🚗

*Prado 3 ⊠ 33403 – ℰ 985 52 61 16 – www.hotelvilladeaviles.com* **AYv**
**71 hab** – ♦♦45/165 €, ⊡ 13 €
**Rest** – *(cerrado domingo)* Menú 15/70 € – Carta 27/67 €

Resulta funcional, con una reducida zona social y una pequeña cafetería, esta última unida a un restaurante de sencillo montaje donde se trabaja, más que nada, el menú. Las habitaciones, de correcto equipamiento, se van actualizando poco a poco.

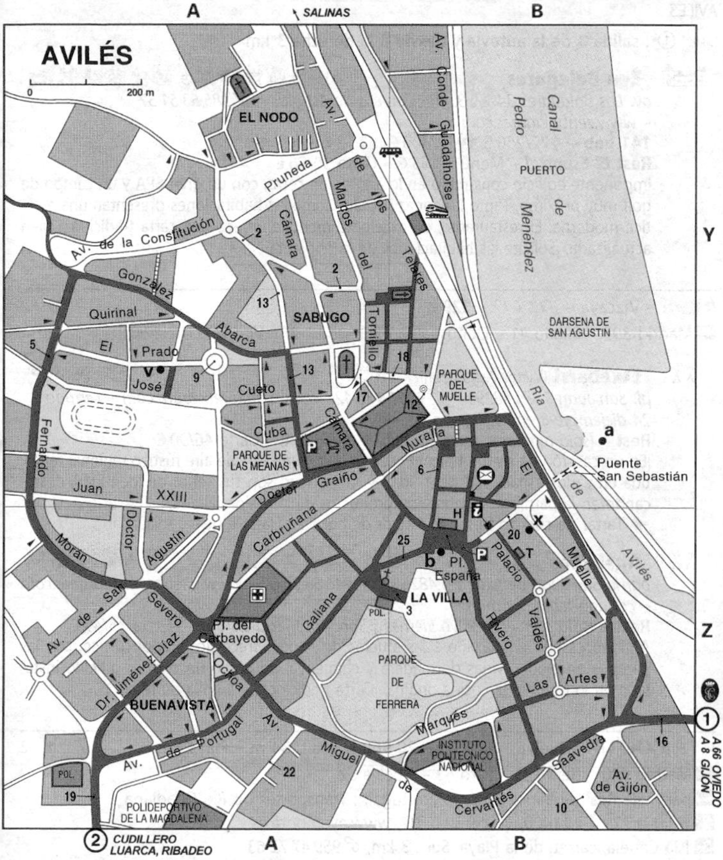
AVILÉS
0
200 m
A
B
SALINAS
EL NODO
SABUGO
LA VILLA
BUENAVISTA
Av. Conde Guadalhorse
Canal de Pedro Menéndez
PUERTO
DARSENA DE SAN AGUSTIN
PARQUE DEL MUELLE
Ría de Avilés
Puente San Sebastián
Av. de los Telares
Av. de Marqués
Av. de la Constitución
Pruneda
Cámara
Torniello
González Abarca
Quirinal
El Prado
José
Cueto
Cuba
Muralla
PARQUE DE LAS MEANAS
Doctor Graiño
Carbruñana
Fernando
Juan XXIII
Doctor Agustín
Morán
Av. de San
Severo
Pl. del Carbayedo
Galiana
Pl. España
Palacio
Valdés
Rivero
El Muelle
Las Artes
PARQUE DE FERRERA
Marqués
INSTITUTO POLITECNICO NACIONAL
Saavedra
Av. de Gijón
Miguel de Cervantes
Dr. Jiménez Díaz
Ochoa
Av. de Portugal
POL.
POLIDEPORTIVO DE LA MAGDALENA
Y
Z
A 66 OVIEDO
A 8 GIJÓN
CUDILLERO
LUARCA, RIBADEO

Alemania (Av. de) . . . . . . . . . . . . **AY** 2
Domingo Álvarez Acebal (Pl. de) . . . . . . . . . . . . **ABZ** 3
Eduardo Carreño Valdés . . . . . . . **AY** 5
Fruta . . . . . . . . . . . . . . . . . . . . **BY** 6
Guitarra (Pl. de la) . . . . . . . . . . . . **AY** 9
Gutiérrez Herrero . . . . . . . . . . . . . **BZ** 10
Hermanos Orbón (Pl.) . . . . . . . . . **BY** 12
José Manuel Pedregal . . . . . . . . . **AY** 13
Marqués de Suances (Av.) . . . . . . . . . . . . . . . **BZ** 16
Merced (Pl. de la) . . . . . . . . . . . . **AY** 17
Pedro Menéndez . . . . . . . . . . . . **BY** 18
Rio San Martín . . . . . . . . . . . . . . **AZ** 19
Ruiz Gómez . . . . . . . . . . . . . . . . **BZ** 20
Sabino Álvarez Gendín . . . . . . . . . . . . . . . **AZ** 22
San Francisco . . . . . . . . . . . . . . **BZ** 25

## El Magristal de Avilés sin rest

*Llano Ponte 4 ✉ 33402 – ✆ 985 56 11 00 – www.magistralhoteles.com*
**26 hab** – 🛉34/115 € 🛉🛉39/143 €, ☕ 8,50 € BZ**x**
En líneas generales ofrece unas habitaciones de ambiente actual, algunas con balcón, sin embargo debemos destacar las de la última planta por ser abuhardilladas y de superior confort.

## D' Miranda

*Centro Niemeyer ✉ 33403 – ✆ 984 15 82 98 – www.koldomiranda360.com – cerrado domingo noche* BY**a**
**Rest** – *(solo menú)* Menú 25/50 €
Disfruta de un emplazamiento único y vistas a la ría, no en vano se halla en la llamativa torre del Centro Cultural Niemeyer. Su chef propone una cocina de autor con muchos guiños a la naturaleza y al entorno. ¡Clientela variada y viajera!

**por** ① : salida 3 de la autovía y desvío a la derecha 3 km

🏨 **Zen Balagares**     🦢 ⇐ 🕃 🛂 📼 🎬 ⅃ 🗚 🛇 🛜 🛁 P 🚗
*av. Los Balagares 34* ✉ *33404 Corvera de Asturias* – 𝒞 985 53 51 57
*– www.zenbalagares.com*
**141 hab** – ♥72/250 € ♥♥72/300 €, ⌷ 12 € – 6 suites
**Rest** *El Espartal* – Menú 18/55 € – Carta 30/56 €
Imponente edificio construido en lo alto de un cerro, con un gran SPA y un campo de golf muy próximo. Tanto las zonas sociales como las habitaciones presentan una estética moderna. El restaurante, de excelente montaje, ofrece una carta tradicional bien actualizada. ¡Solicite las habitaciones de la 3ª planta!

---

**AXPE** – Vizcaya – **573** C22 – 229 h.      **25** A2
▶ Madrid 399 – Bilbao 41 – Donostia-San Sebastián 80 – Vitoria-Gasteiz 50

🍽️🍽️    **Etxebarri** (Víctor Arguinzoniz)    🍴 📼 🛇 P
✿   *pl. San Juan 1* ✉ *48291* – 𝒞 946 58 30 42 – www.asadoretxebarri.com – cerrado
*24 diciembre-8 enero, agosto y lunes*
**Rest** – *(solo almuerzo salvo sábado)* Menú 125 € – Carta 46/90 €
¡En un caserón de piedra típico! Posee un bar y una sala de aire rústico-regional repartida en varios espacios. Autenticidad y simplicidad son sus señas de identidad, destacando en la parrilla y siempre con productos de la mejor calidad.
➜ Tartar de chorizo fresco. Kokotxas de bacalao. Flan de queso Idiazabal.

🍽️🍽️    **Akebaso**    ⅃ 📼 🛇 ⇔ P
*barrio San Juan de Axpe* ✉ *48292* – 𝒞 946 58 20 60 – www.akebasorestaurante.com
*– cerrado febrero y martes*
**Rest** – *(solo almuerzo salvo viernes y sábado)* Menú 28/80 € – Carta 35/49 €
Antiguo caserío emplazado a las afueras de Axpe. Ofrece un interior rústico, con las paredes en piedra, vigas de madera y chimenea, así como un curioso privado instalado en lo que fue la cocina original. Carta tradicional y amplia bodega.

---

**AYAMONTE** – Huelva – **578** U7 – 20 968 h. – alt. 84 m – Playa    **1** A2
▶ Madrid 680 – Beja 125 – Faro 53 – Huelva 52
⛴ para Vila Real de Santo António (Portugal) : Transportes do Rio Guadiana
🛈 Huelva 27 , ✉ 21400, 𝒞 959 32 07 37, www.ayamonte.es
⛳ Isla Canela, carret. de la Playa, Sur : 3 km, 𝒞 959 47 72 63
◉ Localidad ★

🍽️    **Casa Luciano**    🍴 📼 🛇
*La Palma del Condado 1* ✉ *21400* – 𝒞 959 47 10 71 – www.casaluciano.com
*– cerrado domingo salvo verano*
**Rest** – Carta 28/51 €
Casa familiar que ha pasado de padres a hijos. Tras su fachada de aire rústico encontrará un bar de tapas, con sugerentes expositores, y dos confortables salas. ¡Aquí la especialidad es la cocina regional y, sobre todo, el pescado fresco!

---

**AYORA** – Valencia – **577** O26 – 5 441 h. – alt. 552 m    **16** A2
▶ Madrid 341 – Albacete 94 – Alacant/Alicante 117 – València 132

🍽️    **77** con hab    📼 🛇 🛜
😊   *Virgen del Rosario 64 (carret. N 330)* ✉ *46620* – 𝒞 962 19 13 15
*– www.restaurante77.com – cerrado 30 agosto-13 septiembre, domingo noche y martes*
**4 apartamentos** – ♥♥65/70 €, ⌷ 4 €    **Rest** – Menú 15 € – Carta 24/37 €
Su discreta fachada esconde un restaurante de estilo clásico-regional, con detalles antiguos y un cuidado servicio de mesa. Cocina tradicional y de temporada, con platos de caza. Como complemento al negocio posee varios apartamentos y casas rurales.

**AZKOITIA** – Guipúzcoa – **573** C23 – **11 492 h.** – **alt. 113 m**  25 B2

▶ Madrid 417 – Bilbao 67 – Iruña/Pamplona 94 – Donostia-San Sebastián 46

🍴 **Joseba**  🕮 � ⇔
*Aizkibel 10 ✉ 20720 – 𝒞 943 85 34 12 – www.josebajatetxea.com – cerrado
24 diciembre-5 enero, Semana Santa, 19 agosto-1 septiembre, domingo noche, lunes
y martes noche*
**Rest** – Menú 17/25 € – Carta 24/47 €
Instalado en el antiguo palacio Floreaga, que data del s. XVI. En su rehabilitación se
apostó por la sobriedad decorativa, dejando las paredes en piedra. Cocina tradicional
con platos como el Panaché de verduras o el Bacalao club ranero.

---

**AZOFRA** – La Rioja – **573** E21 – **248 h.** – **alt. 559 m**  21 A2

▶ Madrid 348 – Logroño 37 – Vitoria-Gasteiz 75 – Burgos 111

🏨 **Real Casona de las Amas** sin rest  ⅄ 🖂 � 🛜 🅿
*Mayor 5 ✉ 26323 – 𝒞 941 41 61 03 – www.realcasonadelasamas.com – cerrado del
1 al 15 enero*
**15 hab** – ♦59/119 € ♦♦79/139 €, � 10 € – 3 suites
Instalado en un palacete del s. XVII. Posee acogedoras estancias de aire rústico, habitaciones de gran confort y una pequeña pero agradable piscina con solárium. ¡Ideal si
lo que busca es tranquilidad, paseos por el campo o jugar al golf!

---

**BADAJOZ** 🅿 – **576** P9 – **152 270 h.** – **alt. 183 m**  17 A2

▶ Madrid 409 – Cáceres 91 – Córdoba 278 – Lisboa 247

🛈 pasaje de San Juan , ✉ 06002, 𝒞 924 22 49 81, www.turismobadajoz.es

🏧 Guadiana, por la carret. de Merida : 8 km, 𝒞 924 44 81 88

*Planos páginas siguientes*

🏨 **NH G.H. Casino Extremadura**  🗚🖃 ⅍ 🕮 � 🛜 🚼 🚗
*Adolfo Díaz Ambrona 11 ✉ 06006 – 𝒞 924 28 44 02 – www.nh-hotels.com*
**52 hab** – ♦♦70/275 €, ⊠ 17 € – 6 suites  AY**b**
**Rest** – Menú 21/55 € – Carta 32/44 €
Disfruta de un espacioso y moderno hall, ya que el edificio destina una planta para
Casino y otra para Bingo. Habitaciones actuales equipadas con todo tipo de detalles.
En su restaurante-mirador, con hermosas vistas a la ciudad, elaboran una carta crea-
tiva.

🏨 **Badajoz Center**  🏠 ⅄ 🖃 ⅍ hab, 🕮 � 🛜 🚼 🚗
*av. Damián Téllez Lafuente 15, por av. Damián Téllez Lafuente ✉ 06010
– 𝒞 924 21 20 00 – www.hotelescenter.com*
**88 hab** – ♦♦46/260 €, ⊠ 10 €  **Rest** – Carta 24/45 €
Hotel de línea actual que destaca por la gran capacidad de sus salones, repartidos en
dos plantas y panelables. Habitaciones espaciosas, modernas y bien equipadas. El restaurante, que disfruta de un cuidado montaje, está parcialmente unido a la cafetería.

🏨 **San Marcos**  🖃 🕮 � 📞
*Meléndez Valdés 53 ✉ 06002 – 𝒞 924 22 95 18 – www.hotelsanmarcos.es*
**26 hab** – ♦♦44/100 €, ⊠ 8 €  BY**x**
**Rest** – Menú 12/45 € – Carta 19/55 €
Este pequeño hotel de organización familiar ofrece unas instalaciones actuales y habitaciones bastante bien equipadas en su categoría. El restaurante, dotado con dos
salas a modo de privados, destaca tanto por su montaje como por la calidad de sus
productos.

🍴🍴🍴 **Aldebarán**  🏠 🕮 ✀ ⇔
*av. de Elvas (urb. Guadiana), por ④ ✉ 06006 – 𝒞 924 27 42 61
– www.restaurantealdebaran.com – cerrado 15 días en agosto, domingo y lunes
noche*
**Rest** – Menú 22/55 € – Carta 34/59 €
Un restaurante clásico-elegante donde conviven el lujo y el confort. De sus fogones
surge una cocina actual de bases tradicionales, siempre realzada por una completa
bodega. ¡Buenas jornadas gastronómicas de caza y menú degustación!

ESPAÑA

# BADAJOZ

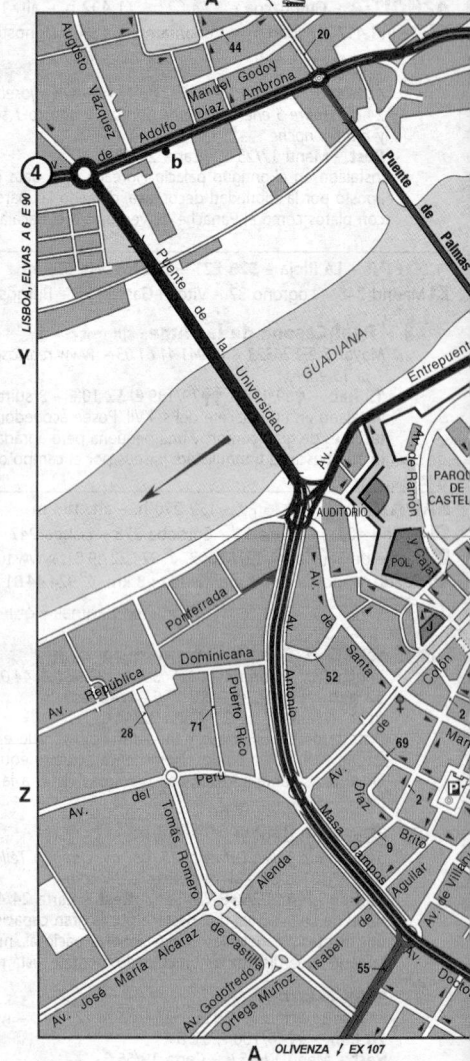

OLIVENZA / EX 107

## ⚒ El Sigar 🛜 ⅋ 🅚 ✧

*av. Luis Movilla Montero 12 (C.C. Huerta Rosales), por av. María Auxiliadora*
✉ 06011 – ✆ 924 25 64 68 – www.elsigar.com – cerrado 7 días en febrero, 7 días en
*septiembre, domingo en julio-agosto y domingo noche resto del año*
**Rest** – Menú 25/33 € – Carta 33/43 €
Se halla en un centro comercial y tiene un destacable montaje, con una barra a la
entrada, una sala de línea actual, un privado y una terraza en el piso superior, esta
acondicionada para verano e invierno. Cocina actual de base tradicional.

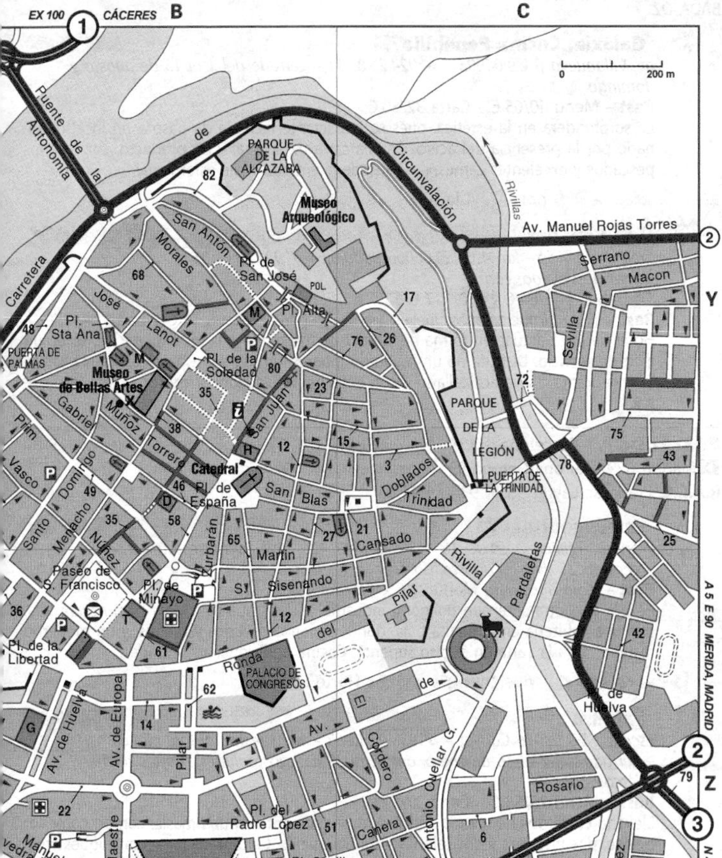


ESPAÑA

XX **Lugaris**

*av. Adolfo Díaz Ambrona 44, por ④ ✉ 06006 – ✆ 924 27 45 40 – www.restaurantelugaris.com – cerrado Semana Santa, 15 días en agosto, domingo en verano y domingo noche resto del año*

**Rest** – Menú 38 € – Carta 30/41 €

Tras la pequeña terraza-jardín de la entrada esta casita se presenta con dos salas de línea actual y cuidado montaje. Su chef propone una cocina tradicional bien actualizada, sincera y de precios ajustados.

X **Galaxia. Cocina Pepehillo** Ⓝ

*av. Villanueva 6 ✉ 06005 – ✆ 924 25 82 11 – cerrado del 1 al 15 de agosto y domingo* BZa

**Rest** – Menú 40/65 € – Carta 32/50 €

Le sorprenderá en la estética, pues su impactante fachada da paso a un local dominado por la presencia del acero. Amplia carta tradicional y de producto, con buenos pescados y excelentes carnes. ¡La barra de la entrada suele estar llena!

**en la autovía A 5** por ④ : 4 km

**Las Bóvedas**

*área de servicio - km 405 ✉ 06006 Badajoz – ✆ 924 28 60 35 – www.lasbovedas.com*

**54 hab** – †45/64 € ††50/117 €, ☕ 7 €

**Rest** – *(solo almuerzo salvo jueves, viernes y sábado)* Menú 18 € – Carta 34/46 €

Hotel de línea actual, en forma de cubo, que sorprende por su emplazamiento en un área de servicio. Disfruta de un moderno interior, un patio y espaciosas habitaciones. El restaurante, clásico-castellano y con el techo abovedado, ofrece una carta tradicional.

---

**BADALONA** – Barcelona – **574** H36 – **220 977 h.** – **Playa** **15** B3

Madrid 629 – Girona/Gerona 93

**R.A.C.C.** Francesc Layret 96 ✆ 934 64 44 08

XX **Olmosgourmet** Ⓝ

*Francesc Teixidó 7 ✉ 08918 – ✆ 933 20 55 42 – www.olmosrestaurant.com – cerrado 21 días en agosto, domingo y festivos*

**Rest** – *(solo almuerzo)* Menú 24 € – Carta 30/39 €

Pese a encontrarse en un polígono industrial esta es una casa muy bien organizada, con una cafetería en la planta baja, donde sirven desayunos y menús, y un moderno restaurante a la carta en el piso superior. Cocina tradicional actualizada.

**en la carretera de Montcada i Reixac** Norte : 3 km

XX **Palmira**

*Escala 2 ✉ 08916 Canyet – ✆ 933 95 12 62 – www.restaurantpalmira.com – cerrado del 7 al 15 de enero, del 21 al 29 de agosto, lunes, martes noche y miércoles noche*

**Rest** – Menú 25/59 € – Carta 37/52 €

Llevado entre dos hermanos e instalado parcialmente en una masía, con un comedor clásico, dos privados y dos salones para banquetes. Carta tradicional con toques creativos.

---

**BAEZA** – Jaén – **578** S19 – **16 535 h.** – **alt. 760 m** **2** C2

Madrid 321 – Sevilla 277 – Jaén 48 – Granada 138

pl. del Pópulo , ✉ 23440, ✆ 953 77 99 82, www.andalucia.org

Localidad★★ – Centro monumental★★★ : plaza del Pópulo★ - Catedral★ (interior★★) - Palacio de Jabalquinto★ (fachada★★) - Ayuntamiento★ – Iglesia de San Andrés (tablas góticas★)

**Puerta de la Luna** hab,

*Canónigo Melgares Raya 7 ✉ 23440 – ✆ 953 74 70 19 – www.hotelpuertadelaluna.com – cerrado del 7 al 31 de enero*

**44 hab** – ††66/195 €, ☕ 15 € **Rest** – Menú 20 € – Carta 24/42 €

Instalado parcialmente en un hermoso edificio del s. XVI. Posee un patio central, las zonas sociales repartidas en varios rincones y unas habitaciones de completo equipamiento. El restaurante, asomado al jardín y apoyado por una agradable terraza de verano junto a la piscina, propone una carta tradicional.

**La Casona del Arco** sin rest

*Sacramento 3 ✉ 23440 – ✆ 953 74 72 08 – www.lacasonadelarco.com*

**18 hab** ☕ – †42/120 € ††48/150 €

En una antigua casa señorial del casco antiguo. Presenta suficientes zonas nobles, una cafetería para los desayunos, un patio abierto y confortables habitaciones, algunas abuhardilladas. ¡Tranquilo patio-piscina con porche!

ESPAÑA

## BAGÀ – Barcelona – **574** F35 – 2 396 h. – alt. 785 m     **14** C1

▶ Madrid 639 – Andorra La Vella 68 – Barcelona 121 – Girona/Gerona 115

🏠 **Ca L'Amagat**     AK rest. ⚒
*Clota 4 ✉ 08695 – 𝒞 938 24 40 32 – www.hotelcalamagat.com – cerrado 24 diciembre-8 enero*
**18 hab** ⊊ – ✝41/49 € ✝✝61/68 €
**Rest** – *(cerrado domingo noche y lunes salvo verano)* Menú 18/35 €
Algo pequeño pero de amable organización familiar. Posee un salón social con chimenea y sencillas habitaciones, todas en general con el mobiliario en pino. En el espacioso comedor, de techos altos y con la viguería de madera a la vista, ofrecen una carta tradicional y de temporada.

---

## BAGERGUE – Lleida – ver Salardú

---

## BAILÉN – Jaén – **578** R18 – 18 725 h. – alt. 349 m     **2** C2

▶ Madrid 294 – Córdoba 104 – Jaén 37 – Úbeda 40

🏨 **Gran Batalla**     🛗 AK ⚒ 🛜 🏋
*av. de Sevilla 90-92 ✉ 23710 – 𝒞 953 04 43 80 – www.hotelgranbatalla.com – cerrado del 15 al 30 de agosto*
**22 hab** – ✝39/59 € ✝✝49/79 €, ⊊ 5 €
**Rest** *Casandrés* – ver selección restaurantes
Hotel de amable organización familiar emplazado en el centro de la localidad. Presenta unas cuidadas habitaciones de línea actual, en líneas generales con buen confort y equipamiento, destacando las que tienen terraza en la última planta.

✂ **Casandrés** – Hotel Gran Batalla     AK ⚒
*av. de Sevilla 90-92 ✉ 23710 – 𝒞 633 49 02 19 – www.restaurantecasandres.com – cerrado del 15 al 30 de agosto y domingo noche*
**Rest** – Menú 23/33 € – Carta 19/45 €
Solomillo de ibérico al Pedro Ximénez, Canelones de rabo de toro, Taco de bacalao confitado a baja temperatura... Aquí proponen una cocina tradicional actualizada, presentando los platos por grupos y precios a modo de tapas o raciones.

---

## BAIONA – Pontevedra – **571** F3 – 12 063 h. – Playa     **19** A3

▶ Madrid 616 – Ourense 117 – Pontevedra 44 – Vigo 21
ℹ paseo Ribeira, ✉ 36300, 𝒞 986 68 70 67, www.turismodebaiona.com
◉ Monterreal (murallas★ : ≤★★)
🅖 Carretera★ de Baiona a A Guarda

🏰 **Parador de Baiona**     🛎 ≤ 🚗 🏠 ⛲ 🐾 ⚒ 🛗 🚻 hab. AK ⚒ 📞 🏋 ℗
*Castelo Monterreal ✉ 36300 – 𝒞 986 35 50 00 – www.parador.es*
**117 hab** – ✝56/168 € ✝✝70/210 €, ⊊ – 5 suites   **Rest** – Menú 30 €
Pazo gallego reconstruido en un entorno amurallado que destaca tanto por sus exteriores como por sus vistas al mar. Amplia zona noble y habitaciones con mobiliario antiguo. El restaurante, que tiene un elegante montaje y la carta clásica de Paradores, se complementa con una buena terraza.

### al Sur 2,5 km

🍴🍴 **Paco Durán**     ≤ 🏠 AK ⚒ ℗
😊 *Iglesia Louzans 60 ✉ 36308 Baiña – 𝒞 986 35 50 17 – www.pacoduran.com – cerrado lunes de octubre a mayo y domingo noche*
**Rest** – Carta 25/35 €
Está en pleno monte y ofrece unas vistas increíbles, tanto a Baiona como a las rías. En su sala, totalmente acristalada, podrá degustar una cocina tradicional variada y bien elaborada, con pescados, mariscos y carnes a la parrilla.

ESPAÑA

129

## en la carretera PO 552 Suroeste : 6 km

 **Talaso Atlántico**    ≤ 斎 ⅏ 🖵 ⊛ 🏊 闸 ⅙ hab. 🔟 🏊 🛜 🛜 **P**

*Faro Silleiro* ⊠ *36309 Santa María de Oia –* 𝒞 *986 38 50 90*
*– www.talasoatlantico.com*
**70 hab** – †87/110 € ††114/150 €, ⊆ 13 € – 4 suites
**Rest** – Menú 30/70 € – Carta 26/45 €

Disfruta de una situación privilegiada frente al mar y en sus instalaciones cuenta con un moderno complejo de talasoterapia. Tanto el restaurante como su terraza gozan de excelentes vistas. Carta tradicional con arroces. ¡El aporte continuo de agua marina les permite mantener unos enormes viveros de marisco!

---

## BAKIO – Vizcaya – 573 B21 – 2 604 h. – Playa    25 A3

▶ Madrid 425 – Bilbao 28

🄸 Basigoko Bide Nagusia 3, ⊠ 48130, 𝒞 946 19 33 95, www.bakio.org

🄶 Recorrido en cornisa★ de Baquio a Arminza ≤★ – Carretera de Baquio a Bermeo
≤★

⌂ **Basarte** sin rest    ⇘ ≤ 🏊 🛜 **P**

*Urkitzaurrealde 4* ⊠ *48130 –* 𝒞 *605 02 61 15 – www.basarte.net – marzo-noviembre*
**5 hab** – †60/80 € ††80/100 €, ⊆ 6 €

Caserío típico rodeado por una amplia finca repleta de viñedos. Ofrece un salón social con cocina y unas habitaciones bastante coloristas, todas confortables y bien equipadas.

✂ **Gotzon Jatetxea**    斎 ⅚ 🔟

*Luzarragako Bidea 2* ⊠ *48130 –* 𝒞 *946 19 40 43 – www.gotzonjatetxea.com*
*– cerrado 15 noviembre-15 diciembre, 15 enero-febrero y lunes salvo julio-agosto*
**Rest** – *(solo almuerzo salvo junio-octubre)* Menú 15/55 € – Carta 42/59 €

Situado frente a la playa, llevado en familia y avalado por una larga trayectoria. Cocina vasca elaborada con productos de temporada, buenos pescados y carnes de confianza.

---

## BALAGUER – Lleida – 574 G32 – 16 952 h. – alt. 233 m    13 A2

▶ Madrid 496 – Barcelona 149 – Huesca 125 – Lleida/Lérida 27

🄸 pl. Comtes d'Urgell 5, ⊠ 25600, 𝒞 973 44 51 94, www.balaguer.cat

🄾 Iglesia de Santa María★

✂✂ **Cal Xirricló**    🔟 🏊

*Doctor Fleming 53* ⊠ *25600 –* 𝒞 *973 44 50 11 – www.calxirriclo.com – cerrado
domingo y martes noche*
**Rest** – Menú 15/49 € – Carta 31/55 €

Llevado por la tercera generación de la misma familia. Ofrece un bar de tapas, donde también sirven el menú, y una sala de línea actual. Cocina elaborada de base tradicional.

---

## BALEA – ver O GROVE

# Illes BALEARS
## *Islas BALEARES*

**– 745 944 h. –** 579

La belleza de su naturaleza y sus privilegiadas playas han convertido el archipiélago en un destino turístico muy apreciado.

El archipiélago balear se extiende sobre una superficie de 5.000 km². Está formado por cinco islas (Mallorca, Menorca, Eivissa, Formentera y Cabrera) y numerosos islotes. Sus habitantes hablan el balear, lengua derivada del catalán.

**Transportes marítimos**

⛴ para Baleares ver : Barcelona, Valencia. En Baleares ver : Palma, Maó y Eivissa.

**Aeropuerto**

✈ ver : Palma, Maó y Eivissa

# MALLORCA

Es la mayor isla de las Baleares y está considerada como uno de los centros turísticos más importantes de Europa. La industria del calzado y las fábricas de perlas artificiales de Manacor encuentran un amplio mercado en el extranjero. En ella se encuentra Palma, capital administrativa de la Comunidad Autónoma.

**ALARÓ** – 579 K5 – 5 508 h. – alt. 240 m        6 B1
▶ Palma 24

**en la carretera de Orient** Noroeste : 3,5 km

🏠 **S'Olivaret**    🐾 🚗 � 🏊 🗖 🕍 📠 🎿 ⚗ 🅿
⊠ 07340 Alaró – 𝒞 971 51 08 89 – www.solivaret.com – marzo-octubre
**25 hab** – †150/160 € ††175/195 € – 2 suites
**Rest** – Menú 30/50 € – Carta 42/60 €
Antigua casa de campo instalada entre las montañas de s'Aucadena y Castell. Está decorada con mimo, combinando el mobiliario de época con el confort más actual. El restaurante, de elegante ambiente rústico, propone una sencilla carta tipo snack al mediodía y otra internacional más elaborada por las noches.

**ALCÚDIA** – 579 M4 – 19 586 h. – alt. 20 m        6 B1
▶ Palma 56

🏠 **Sant Jaume** sin rest    🐾 🕍 🎿 📶
Sant Jaume 6 ⊠ 07400 – 𝒞 971 54 94 19 – www.hotelsantjaume.com – cerrado diciembre-enero
**6 hab** ⊡ – †80/85 € ††95/110 €
Instalado en una casa señorial del s. XIX que ha sido restaurada con acierto. Atesora unas atractivas habitaciones, todas bien personalizadas, con carácter y baños modernos.

**ALGAIDA** – 579 L6 – 5 367 h.        6 B1
▶ Palma 22

🍴 **Es 4 Vents**    🚗 🕍 🎿 🅿
carret. de Manacor ⊠ 07210 – 𝒞 971 66 51 73 – www.es4vents.es – cerrado martes
**Rest** – Carta 25/36 €
Restaurante de ambiente clásico-mallorquín situado en un cruce de carreteras. Dispone de una amplia terraza y varias salitas, con la parrilla a la vista. Cocina típica y tradicional mallorquina, con buenos guisos y embutidos a la parrilla.

🍴 **Hostal Algaida**    🚗 🕍 🎿 🅿
carret. de Manacor ⊠ 07210 – 𝒞 971 66 51 09
**Rest** – Carta 25/35 €
¡Casa familiar con cierto tipismo! Tiene un bar en el que exponen sus productos, un modesto comedor de aire neorrústico y un privado. Platos mallorquines del interior, con sabrosos guisos de carne, cordero y el popular Frito mallorquín.

**ARTÀ** – 579 O6        6 B1
▶ Palma 78
🞂 Coves d'Artà ★★★

🏠 **Sant Salvador**    🚗 🏊 🕍 📶
Castellet 7 ⊠ 07570 – 𝒞 971 82 95 55 – www.santsalvador.com
**8 hab** ⊡ – †85/160 € ††99/199 €
**Rest Zezo** – (cerrado martes) (solo cena) Menú 49 € – Carta 40/66 €
**Rest Gaudí** – Menú 33 € – Carta 32/54 €
Se encuentra en un hermoso edificio señorial. La decoración es personalizada, colorista e imaginativa, combinando detalles clásicos y de diseño. Excelente equipamiento. El restaurante Zezo ofrece un menú degustación elaborado y un magnífico servicio de mesa.

🏠 **Can Moragues** sin rest    🏊 🕍 🎿 📶
Pou Nou 12 ⊠ 07570 – 𝒞 971 82 95 09 – www.canmoragues.com
**8 hab** ⊡ – †99/119 € ††137/172 €
¡Una elegante casa señorial del s. XIX! Posee un acogedor salón social con chimenea y habitaciones de dos tipos según su tamaño, todas encantadoras y con mobiliario de época.

**BANYALBUFAR** – **579** I5 – **560 h.** – **alt. 100 m**  **6** B1

▶ Palma 25

◨ Mirador de Ses Ànimes★★ Suroeste : 2 km

⌂ **Sa Coma**  ⅌ ≤ ⌱ 🈺 🝔 🕉 rest, 🛜 P

*Camí d'es Molí 3* ✉ *07191* – ☎ *971 61 80 34* – *www.hotelsacoma.com*
– *marzo-octubre*
**32 hab** – ✝80/102 € ✝✝115/157 €, ⌷ 5 €
**Rest** – *(solo cena) (solo menú)* Menú 15 €
Este hotel familiar se encuentra en la parte baja del pueblo, disfrutando de unas excelentes vistas al mar. Presenta varias zonas sociales y unas sencillas habitaciones de línea funcional. El restaurante complementa su actividad con el servicio del buffet de desayunos.

✕ **Son Tomás**  ≤ 🝔 🕉
⊛ *Baronía 17* ✉ *07191* – ☎ *971 61 81 49* – *cerrado diciembre-enero y martes*
**Rest** – *(solo almuerzo en noviembre-febrero)* Menú 13/20 € – Carta 21/35 €
Negocio familiar llevado con dedicación y buen hacer. Dispone de un correcto comedor, de aspecto actual, y una agradable terraza con vistas tanto al mar como a los bancales del pueblo. Cocina tradicional, arroces y platos mallorquines.

**BENDINAT** – **579** J6  **6** B1

▶ Palma 11

🏨 **Lindner**  ⛴ ⌱ 🔲 ⓦ ♨ 🈺 ᴋ rest, ⓦ 🕉 rest, 🛜 🆚 P
*Arquitecto Francisco Casas 18* ✉ *07181* – ☎ *971 70 77 77* – *www.lindnerhotels.com*
**99 hab** ⌷ – ✝119/259 € ✝✝129/350 € – 19 suites
**Rest** – *(cerrado 14 días en agosto, lunes y martes)* Carta 25/43 €
Se encuentra junto a un campo de golf y disfruta de una estética africana muy marcada, con numerosos trofeos de caza mayor, mobiliario colonial y detalles decorativos propios del continente negro. Completo SPA y correcto restaurante, donde sirven una carta tradicional e internacional con toques creativos.

🏨 **Bendinat**  ⅌ ≤ ⛴ 🝔 ⌱ 🈺 ᴋ hab, ⓦ 🕉 🛜 🆚 P
*Andrés Ferret Sobral 1* ✉ *07181* – ☎ *971 67 57 25* – *www.hotelbendinat.es*
– *marzo-9 noviembre*
**54 hab** – ✝120/184 € ✝✝198/318 € – 12 suites  **Rest** – Carta 40/68 €
¡Tranquilo y al borde del mar! Ofrece confortables bungalows, habitaciones de línea clásica-funcional y un cuidado entorno ajardinado, con frondosos árboles e idílicas terrazas que también sirven para montar las mesas del restaurante cuando el tiempo lo permite. Cocina tradicional e internacional.

**CAIMARI** – **579** L5  **6** B1

▶ Palma 38

**en Binibona** Noreste : 4 km

🏨 **Binibona Parc Natural**  ⅌ ≤ ⛴ 🝔 ⌱ 🔲 ♨ 🍴 ⓦ 🕉 🛜 P
*Finca Binibona* ✉ *07314 Caimari* – ☎ *971 87 35 65* – *www.binibona.es*
– *febrero-octubre*
**11 hab** ⌷ – ✝138 € ✝✝187 €
**Rest** – *(cerrado martes) (solo cena menu)* Menú 27 €
Atractivo edificio en piedra dotado con vistas al campo y a las montañas. Cuenta con unas espaciosas habitaciones, todas con jacuzzi y mobiliario de aire rústico. Sencillo restaurante con una agradable terraza para disfrutar de sus cenas.

⌂ **Albellons Parc Natural**  ⅌ ≤ 🝔 ⌱ ⓦ 🕉 🛜 P
*desvío 1,5 km* ✉ *07314 Caimari* – ☎ *971 87 50 69* – *www.albellons.es*
– *15 febrero-15 noviembre*
**12 hab** ⌷ – ✝132 € ✝✝176 € – 6 suites
**Rest** – *(cerrado miércoles) (solo cena menú)* Menú 27 €
Conjunto rústico lleno de encanto, ubicado en pleno campo y con espléndidas vistas tanto al valle como a las montañas. Comedor privado y habitaciones muy bien equipadas.

**CALA D'OR** – **579** N7 – **2 706 h.** – **Playa**  **6** B2

▶ Palma 64

🛈 av. Perico Pomar 10 , ✉ 07660, ☎ 971 65 74 63, www.ajsananyi.net

🛥 Es Turó, Norte : 7 km, ☎ 971 83 70 01

**Meliá Cala d'Or** ⬚⬚⬚ ⬚ ⬚ ⬚ ⬚ ⬚ ⬚ ⬚ rest. ⬚

*Portinatx 16 ⊠ 07660 – 𝒞 971 64 81 81 – www.melia-calador.com – mayo-octubre*
**31 suites** ⬚ – †255/315 € – 18 hab    **Rest** – Menú 35/50 € – Carta 38/50 €
Está distribuido en cuatro edificios independientes, todos singulares, y confirma los
niveles de confort habituales en esta cadena. Presenta unas habitaciones de línea clásica, en general con mobiliario de estilo mallorquín e hidromasaje en los baños. El restaurante ofrece una cocina de gusto tradicional.

**Cala d'Or** sin rest ⬚ ⬚ ⬚ ⬚ ⬚ ⬚ ⬚ P

*av. de Bélgica 49 ⊠ 07660 – 𝒞 971 65 72 49 – www.hotelcalador.com*
*– abril-octubre*
**95 hab** ⬚ – †60/120 € ††100/160 €
Hotel de larguísima trayectoria que ahora se presenta con una imagen más actual y
renovada. Sin duda, su mayor atractivo está en su emplazamiento, con agradables
terrazas bajo los pinos y salida directa a una pequeña cala. El restaurante cuenta con
grandes ventanales para disfrutar de las vistas a la bahía.

**Port Petit** ⬚ ⬚ ⬚

*av. Cala Llonga ⊠ 07660 – 𝒞 971 64 30 39 – www.portpetit.com*
*– cerrado 29 octubre-12 abril y martes salvo junio-agosto*
**Rest** – Menú 20/60 € – Carta 36/57 €
¡Buenas vistas a la marina de Cala D'Or! Este coqueto local alberga un pequeño comedor y una bella terraza, con una parte acristalada. Su carta de cocina actual se enriquece con algún que otro plato internacional y varios menús.

**CALA MURADA** – 579 N7 – 389 h.                                              6 B1
▶ Palma 67

**Sol y Vida** ⬚ ⬚ ⬚ P

*Aragó 32 ⊠ 07688 – 𝒞 971 83 31 70 – www.restaurante-solyvida.com – cerrado
15 noviembre-15 diciembre y 15 enero-15 febrero*
**Rest** – Menú 18/39 € – Carta 34/50 €
Resulta muy agradable y se encuentra en una zona alta, con vistas a la cala. En sus
salas, una interior con chimenea y la otra tipo galería, podrá degustar una cocina
internacional con alguna que otra influencia asiática.

**CALA RATJADA** – 579 O5 – 3 860 h. – Playa                                   6 C1
▶ Palma 79

⬚ para Ciutadella de Menorca : Interilles 𝒞 902 100 444
🅸 av. Cala Agulla 50 (Centre Cap Vermell), ⊠ 07590, 𝒞 971 81 94 67,
www.visitcapdepera.com
🅶 Capdepera (murallas y su entorno★) Oeste : 2,5 km

**Ses Rotges** ⬚ ⬚ ⬚

*Rafael Blanes 21 ⊠ 07590 – 𝒞 971 56 31 08 – www.sesrotges.com*
*– 15 marzo-18 octubre*
**23 hab** – †85/120 € ††95/145 €, ⬚ 16 €
**Rest** – *(cerrado domingo) (solo cena)* Menú 49/68 € – Carta 46/82 €
Instalado en un edificio centenario que mima con acierto cada detalle. Dispone de
una bella terraza y cálidas habitaciones, algunas con las típicas camas mallorquinas.
El restaurante, de estilo actual, propone una carta internacional con platos centroeuropeos.

**CAMPANET** – 579 L5 – 2 590 h. – alt. 167 m                                  6 B1
▶ Palma 39

**al Noroeste** 4 km

**Monnaber Nou** ⬚ ⬚ ⬚ ⬚ ⬚ ⬚ ⬚ ⬚ ⬚ rest. ⬚ ⬚ P

*Finca Monnaber Nou ⊠ 07310 Campanet – 𝒞 971 87 71 76 – www.monnaber.com*
**25 hab** ⬚ – †84/120 € ††118/175 € – 11 apartamentos
**Rest** *Es Mirador* – Menú 32/42 € – Carta 31/48 €
Antigua casa de campo emplazada en una finca de gran belleza. Presenta unas acogedoras estancias en las que se combinan rusticidad y clasicismo. En el restaurante
elaboran una cocina regional y tradicional actualizada. ¡Aquí hacen su propio aceite y
crían tanto corderos como las famosas lechonas autóctonas!

ESPAÑA

**CAMPOS** – 579 M7 – **9 964 h.**                    6 B1
 Palma 38
**en la carretera de Porreres** Norte : 4 km y desvío a la izquierda 1 km

 **Son Bernadinet**                    ⟋ ⟍ ⟎ ⚡ ⛾ 🅿
✉ 07630 Campos – 𝒞 971 65 06 94 – www.sonbernadinet.com – 20 marzo-octubre
**11 hab** � – †170/210 € ††210/260 €
**Rest** – (solo cena menú) (es necesario reservar) Menú 45 €
¡Edificio tradicional mallorquín ubicado en pleno campo! Combina sus líneas puras con una agradable rusticidad, todo para recrear una atmósfera marcada por el sosiego. Zona social con chimenea, amplias habitaciones y cuidados exteriores. Su restaurante solo ofrece un menú de tinte actual y base tradicional.

**ES CAPDELLÀ** – 579 I6                    6 B1
 Palma 24
◪ Mirador Ricardo Roca★★ Noroeste : 16 km - Palma★★ Este : 25 km

🏚 **Castell Son Claret** Ⓝ        ⟋ ⟍ ⟎ ⟐ ⟑ ⟒ ⊛ 🅵 ⛾ 🅶 🅺 ⚡ 🛜 🅿
carret. Ma 1032, km 1,7 ✉ 07196 – 𝒞 971 13 86 20
– www.castellsonclaret.com – cerrado diciembre y enero
**38 hab** – ††266/1695 €
**Rest Zaranda** ❀ – ver selección restaurantes
**Rest Olivera** – Carta 40/65 €
Llamativo edificio del s. XVIII construida en piedra a modo de hacienda-castillo, en una enorme finca arbolada y con el acceso por un paseo de palmeras. Posee elegantes habitaciones, todas con destacable demótica. Su oferta culinaria contempla un restaurante gastronómico y otro de cocina tradicional-mediterránea.

🍽 **Zaranda** Ⓝ (Fernando Pérez) – Hotel Castell Son Claret        ⛾ 🅶 🅺 ⚡
❀ carret. Ma 1032, km 1,7 ✉ 07196 – 𝒞 971 13 86 27 – www.castellsonclaret.com
– cerrado diciembre y enero
**Rest** – (cerrado diciembre, enero, domingo salvo julio-agosto y lunes) (solo cena) (solo menú) Menú 100/125 €
Presenta un único comedor, con el techo abovedado y vistas al quehacer en la cocina. Ofrece dos menús gastronómicos de tinte actual, ambos con guiños al producto autóctono.
➔ Huevo negro con caviar de sepia. Morena con piel crujiente, raifort, salsa de sardinas y vino tinto. Burrata dulce de cabra, fresas y albahaca.

**CAPDEPERA** – 579 O5 – **11 421 h.** – alt. 102 m                    6 B1
 Palma 82
◉ Murallas y su entorno★

**por la carretera de Cala Mesquida** Norte : 1,5 km y desvío a la derecha 1,5 km

 **Predi Son Jaumell** Ⓝ        ⟐ ⟑ 🅶 🅺 ⚡ 🛜 🅿
carret. Cala Mesquida, camí de Son Moltó ✉ 07580 Capdepera – 𝒞 971 89 70 08
– www.hotelsonjaumell.com – 15 febrero-15 noviembre
**24 hab** ⊆ – †195/255 € ††266/365 €
**Rest Andreu Genestra** – ver selección restaurantes
Bello edificio en piedra del s. XVII emplazado en mitad del campo, en una finca cultivada que cuenta con varias cuevas naturales. Ofrece unas habitaciones sobrias, elegantes y bien equipadas, con partes en piedra vista e hidromasaje en la mayoría de los baños.

 **Cases de Son Barbassa**        ⟋ ⟐ ⟑ ⟒ 🅶 🅺 ⚡ 🛜 🅿
carret. Cala Mesquida, camí de Son Barbassa ✉ 07580 Capdepera – 𝒞 971 56 57 76
– www.sonbarbassa.com – cerrado 16 noviembre-9 febrero
**12 hab** ⊆ – †125/169 € ††168/270 €
**Rest** – (cerrado lunes) Menú 30/43 € – Carta 30/57 €
Casa rural emplazada en plena naturaleza. Ofrece una pequeña torre defensiva que tiene más de 500 años, un interior rústico-actual y amplias habitaciones de línea funcional. El restaurante está instalado en una terraza acristalada y ofrece una cocina actual.

XXX **Andreu Genestra** ⑩ – Hotel Predi Son Jaumell 🔲 🕭 🅰🅲
*carret. Cala Mesquida, camí de Son Moltó* ⊠ *07580 Capdepera –* 𝒞 *971 56 59 10*
*– www.andreugenestra.com – 15 febrero-15 noviembre*
**Rest** – Menú 35/50 € – Carta 34/42 €
Destaca por su terraza bajo porche y su agradable comedor, sobrio a la par que elegante. Carta de tinte actual con producto local y ecológico. ¡Sugerentes menús gastronómicos!

**SA COMA** – 579 O6 – **Playa** 6 B1
▶ Palma 69

XXX **Es Molí d'En Bou** (Bartomeu Caldentey) 🕭 🅰🅲 ❀ ✿ 🄿
❀ *Liles* ⊠ *07560 –* 𝒞 *971 56 96 63 – www.esmolidenbou.es – cerrado*
*diciembre-febrero, domingo noche y lunes*
**Rest** – *(solo cena salvo sábado y domingo)* (es necesario reservar) *(solo menú)*
Menú 90 €
Se presenta con una espaciosa sala de estética actual, una coqueta terraza y una zona lounge-bar donde sirven copas o café. Descubra una cocina creativa que toma como principal base para sus elaboraciones la calidad de las materias primas.
➜ Cigalas flambeadas con licor de hierbas mallorquinas. Canelón 2001. Quesos en performance.

**DEIÀ** – 579 J5 – 747 h. – alt. 184 m 6 B1
▶ Palma 28

🄷🄷🄷 **La Residencia** ❀ ❮ 🚗 🎿 🎿 🕭 🍴 🗗 🅰🅲 ❀ 🛜 🄿
*Finca Son Canals* ⊠ *07179 –* 𝒞 *971 63 90 11 – www.laresidencia.com – cerrado*
*diciembre- febrero*
**67 hab** ⊠ – ♦250/350 € ♦♦330/665 € – 4 suites
**Rest** *El Olivo* – ver selección restaurantes
**Rest** – Carta 37/65 €
Antigua casa señorial, restaurada con maestría, que recoge la herencia arquitectónica de la isla. Posee unas dependencias de cálido confort decoradas con sumo gusto. Amplia oferta gastronómica, proponiendo su restaurante Son Moragues buenas tapas y platos mediterráneos.

🄷🄷 **Es Molí** sin rest ❀ ❮ 🚗 🎿 🕭 🍴 🗗 🅰🅲 ❀ 🛜 🄿
*carret. de Valldemossa, Suroeste : 1 km* ⊠ *07179 –* 𝒞 *971 63 90 00*
*– www.esmoli.com – 17 abril-27 octubre*
**87 hab** ⊠ – ♦140/240 € ♦♦230/365 €
Atesora un espléndido jardín escalonado, una hermosa piscina llenada con agua de manantial y unas acogedoras habitaciones, dominando desde ellas tanto el mar como la montaña.

XXX **El Olivo** – Hotel La Residencia 🔲 🅰🅲 ❀ 🄿
*Finca Son Canals* ⊠ *07179 –* 𝒞 *971 63 90 11 – www.laresidencia.com*
*– cerrado diciembre-febrero, lunes y martes (salvo mayo-septiembre)*
**Rest** – Menú 95/105 € – Carta 44/74 €
Se accede por el hotel y presenta una sala principal de elegante ambiente rústico, con los techos altos en madera, algunos detalles nobiliarios y un excelente servicio de mesa. Cocina internacional actualizada con detalles originales.

XX **Es Racó d'Es Teix** (Josef Sauerschell) 🔲 🅰🅲 ❀
❀ *Sa Vinya Vella 6* ⊠ *07179 –* 𝒞 *971 63 95 01 – www.esracodesteix.es – cerrado*
*15 noviembre-6 febrero, lunes y martes*
**Rest** – Menú 35/100 € – Carta 60/85 €
Negocio familiar ubicado en una acogedora casa de piedra. Ofrece una agradable terraza, con vistas a las montañas, y una sala de ambiente rústico dispuesta en dos niveles. Su chef elabora una cocina creativa que cuida todos los detalles.
➜ Raviolis de bogavante con melocotón blanco. Lechona mallorquina, salsa de sobrasada y miel. Tarta de limón con frutos rojos y helado de vainilla.

## en la carretera de Valldemossa Noroeste : 2,5 km

⌂ **Sa Pedrissa** ⟡ ≤ 🚗 🏠 🏊 🅰 🛎 rest, 🛜 **P**
*carret. Valldemossa-Deià, km 64,5* ⊠ *07179 Deià –* 𝒞 *971 63 91 11*
*– www.sapedrissa.com – cerrado 15 diciembre-15 enero*
**5 hab** ⌐ – ♦♦175/375 € – 3 suites    **Rest** – Menú 35 € – Carta 41/63 €
Casa del s. XVI situada en un enclave privilegiado, con vistas a la bahía de Deià y la piscina sobre el acantilado. La mayoría de sus habitaciones son tipo suite. El restaurante ocupa un antiguo molino de aceite, con los suelos en piedra y chimenea. ¡Disfrute de sus preciosas terrazas, entre pinos y olivos!

**FORNALUTX** – 579 K5 – 692 h. – alt. 160 m    6 B1
▶ Palma 36

🏠 **Ca'n Verdera** sin rest    🚗 🏊 🅰 🛎 🛜
*des Toros 1* ⊠ *07109 –* 𝒞 *971 63 82 03 – www.canverdera.com – 15 marzo-octubre*
**11 hab** ⌐ – ♦130/180 € ♦♦160/230 € – 2 suites
Tiene su encanto, pues ocupa tres casitas del centro de la localidad bien comunicadas entre sí... la principal del s. XIX y marcado carácter mallorquín. Preciosas terrazas con árboles, piscina panorámica y habitaciones de buen confort.

**SES ILLETES** – 579 J6 – **Playa**    6 B1
▶ Palma 8

🏠🏠 **Bonsol** ⟡ ≤ 🚗 🏠 🏊 ♨ 🍴 🛎 🅰 🛎 rest, 🛜 🅰 **P**
*passeig d'Illetes 30* ⊠ *07181 –* 𝒞 *971 40 21 11 – www.hotelbonsol.es*
*– cerrado 6 noviembre-enero*
**90 hab** ⌐ – ♦90/130 € ♦♦120/172 € – 2 suites
**Rest** – (solo menú) Menú 22/37 €
Acogedor hotel de ambiente castellano y amplias instalaciones construido en la ladera de un monte, sobre tres bloques escalonados que, con atractivas terrazas, llegan al mismo borde del mar. Ofrece unas habitaciones de correcto confort, un restaurante de aire rústico y otro algo más informal frente al mar.

**INCA** – 579 L5 – 30 066 h. – alt. 120 m    6 B1
▶ Palma 32

🍴 **Joan Marc**    🅰 🛎 ⟳
(🍽) *pl. del Blanquer 10* ⊠ *07300 –* 𝒞 *971 50 08 04 – www.joanmarcrestaurant.com*
*– cerrado del 13 al 31 de enero, domingo noche y lunes*
**Rest** – Carta 20/30 €
Restaurante de estética actual que sorprende por su oferta cambiante, pues permite probar platos actuales de base tradicional y local. Plantean una carta de medias raciones para que así el comensal pueda crear su propio menú degustación.

**LLORET DE VISTALEGRE** – 579 L6 – 1 346 h. – alt. 250 m    6 B1
▶ Palma 33

## por la carretera de Montuïri Sureste : 1 km y desvío a la izquierda 2,5 km

⌂ **Sa Rota d'en Palerm** sin rest    ⟡ ≤ 🏊 🅰 🛜 **P**
⊠ *07518 Lloret de Vistalegre –* 𝒞 *971 52 11 00 – www.sa-rota.com*
**5 apartamentos** ⌐ – ♦♦126/156 € – 2 hab
Casa de campo aislada en una finca, donde atesora agradables terrazas e impresionantes vistas. Ofrece habitaciones y apartamentos de ambiente rústico en las antiguas cuadras.

**LLOSETA** – 579 L5 – 5 674 h. – alt. 180 m    6 B1
▶ Palma 31

⌂ **Cas Comte** ⟡ 🏠 🛎 🅰 🛎 🛜
*Comte d'Aiamans 11* ⊠ *07360 –* 𝒞 *971 87 30 77 – www.hotelcascomte.com*
*– cerrado del 1 al 15 de septiembre*
**14 hab** ⌐ – ♦110 € ♦♦143 €    **Rest** – (solo clientes, solo cena) Menú 28 €
Casa señorial en piedra que remonta sus orígenes al s. XVIII. Sus dependencias, espaciosas, coquetas y con detalles, conservan en cierto modo la sobriedad de antaño. En el comedor, de carácter polivalente y uso exclusivo, encontrará una cocina de tinte casero.

ESPAÑA

**LLUBÍ** – **579** M5 – 2 294 h.                                                                          6 B1

▶ Palma 42

X   **Daica** con hab                                                        🍴 🕅 � 🤿 📶

*Nou 8 ⊠ 07430 – ℰ 971 52 25 67 – www.daica.es – cerrado del 13 al 29 de enero,*
*del 3 al 19 de noviembre, miércoles salvo verano y martes*
**3 hab** – ♦70/90 € ♦♦80/100 €, ☑ 9 €
**Rest** – *(solo cena en verano salvo fines de semana)* Menú 30 € – Carta 33/45 €
¡Se puede acceder por dos calles opuestas! Casa rústica de sencillo montaje, aunque
con un buen espacio entre mesas, dotada con un agradable patio interior en el que
montan la terraza de verano. Descubra una cocina de raíces mallorquinas basada en
los productos locales. También poseen correctas habitaciones.

**LLUCMAJOR** – **579** L7 – 36 994 h.                                                                 6 B1

▶ Palma 24

🏨 **Son Julia Country House H.**              🌿 🚗 🛋 ⚓ 🎾 🕅 🤿 rest, 📶

*carret. de s'Arenal, Suroeste : 1 km ⊠ 07620 – ℰ 971 66 97 00*                      🚲 🅿
*– www.sonjulia.com – 7 marzo-15 noviembre*
**25 hab** ☑ – ♦215/290 € ♦♦260/390 € – 2 suites
**Rest** – Menú 42 € – Carta 50/60 €
Mansión mallorquina del s. XV donde se dan cita el lujo y la elegancia. Ofrece un
espectacular salón oriental, habitaciones de gran confort y un hermoso entorno ajardinado. En el restaurante, sencillo en su montaje y con el techo abovedado, elaboran
una cocina de fusión mediterránea con toques asiáticos.

**MANACOR** – **579** N6 – 40 831 h. – alt. 110 m                                                       6 B1

▶ Palma 49

**al Norte 4 km**

🏨 **La Reserva Rotana**                            🌿 🚗 🍴 🛋 🎾 🕅 🗔 🕅 🅿

*camí de s'Avall ⊠ 07500 Manacor – ℰ 971 84 56 85 – www.reservarotana.com*
*– cerrado 15 noviembre-20 febrero*
**24 hab** ☑ – ♦150/250 € ♦♦220/420 €
**Rest Sa Rotana** – *(cerrado martes en verano y viernes)* Menú 25/60 €
*–* Carta 42/64 €
¡Finca señorial situada en una reserva natural! La decoración de sus elegantes dependencias revela el gusto por los detalles. Presenta un anexo algo más sencillo y, como
la propiedad tiene 300 ha, cuenta con su propio campo de golf. En su cuidado restaurante cambian diariamente el menú degustación.

**PALMA** 🅿 – **579** J6 – 407 648 h. – Playas : Portixol DV, Can Pastilla por ④ :   6 B1
10 km y s'Arenal por ④ : 14 km.

▶ Alcúdia 52 – Peguera/Paguera 22 – Sóller 30 – Son Servera 64

🛬 de Palma por ④ : 11 km ℰ 902 40 47 04

**Iberia** : aeropuerto ℰ 902 40 05 00

🚢 para Barcelona, Valencia, Menorca y Eivissa : Cía. Trasmediterránea, Estación Marítima 2
(Muelle de Peraires), ℰ 902 45 46 45 BV

🛈 pl. de la Reina 2 , ⊠ 07012, ℰ 971 17 39 90, www.infomallorca.net

🛈 passeig del Borne 27, ⊠ 07012, ℰ 902 10 23 65, www.palmavirtual.es

🛈 aeropuerto, ⊠ 07071, ℰ 971 78 95 56, www.infomallorca.net

⛳ Son Vida, Noroeste : 5 km, ℰ 971 79 12 10

⛳ Bendinat, carret. de Bendinat, Oeste : 15 km, ℰ 971 40 52 00

◉ Catedral/La Seu★★ GZ • Iglesia de Sant Francesc (claustro★) HZ • Museo de Mallorca
(San Jorge★) GZ**M1** • Museo Diocesano (San Jorge★) GZ**M2**. **Otras curiosidades :** La
Lonja/Sa Llotja★ FZ • Palacio Solleric (patio★) GY**Z** • Pueblo Español★ BU**A** • Castillo
de Bellver★ (panorama★★) BU • Museu d'Art Espanyol Contemporani (Fundació Joan
March)★ HY**M3**

Planos páginas siguientes

**Palacio Ca Sa Galesa** sin rest
*Miramar 8 ✉ 07001 – ☎ 971 71 54 00 – www.palaciocasagalesa.com* GZ**a**
**12 hab** – 🚹189/295 € 🚹🚹210/375 €, ☕ 25 €
Elegantísimo palacete del s. XVI, vestido con mobiliario de época y próximo a la Catedral. Combina sus lujosas zonas nobles con unas habitaciones de excelente equipamiento. ¡Atractiva terraza panorámica con pequeñas "haimas" en la azotea!

**Convent de la Missió**
*Missió 7-A ✉ 07003 – ☎ 971 22 73 47 – www.conventdelamissio.com* HXY**a**
**14 hab** ☕ – 🚹150/220 € 🚹🚹185/275 €
**Rest *Simply Fosh*** – ver selección restaurantes
¡Sumamente relajante y seductor! Ocupa un seminario del s. XVII que ahora, tras su remodelación, presenta una estética vanguardista, con espacios diáfanos, detalles de diseño y una decoración minimalista donde imperan los tonos blancos.

**Santa Clara** sin rest
*Sant Alonso 16 ✉ 07001 – ☎ 971 72 92 31 – www.santaclarahotel.es* HZ**a**
**20 hab** – 🚹100/160 € 🚹🚹130/220 €, ☕ 15 €
Casa señorial con cierto encanto. Lo mejor son sus habitaciones, pues en general combinan la piedra vista de sus paredes con una estética interior muy moderna. Posee algunos servicios SPA y una terraza-solárium dotada de magníficas vistas.

**Can Cera**
*San Francisco 8 ✉ 07001 – ☎ 971 71 50 12 – www.cancerahotel.com* HZ**b**
**11 hab** – 🚹🚹190/278 €, ☕ 16 € – 1 suite
**Rest** – *(cerrado domingo y lunes noche)* Menú 28/35 € – Carta 30/44 €
Está en pleno casco antiguo, recuperando un edificio señorial del s. XVII. Tras el patio de la entrada descubrirá una zona social de aire palaciego y unas habitaciones de gran confort, todas con algún detalle de época. El restaurante propone una cocina actual con platos de origen tradicional e internacional.

**Saratoga** hab,
*passeig Mallorca 6 ✉ 07012 – ☎ 971 72 72 40 – www.hotelsaratoga.es*
**187 hab** – 🚹🚹110/250 €, ☕ 17 € – 7 suites **Rest** – Carta 34/55 € FY**s**
Ofrece una línea decorativa entre clásica y actual, ya que se ha renovado poco a poco. Amplia zona social, habitaciones muy diversas de buen confort y atractiva piscina, con terrazas y vistas en la azotea. Cafetería con restaurante panorámico en la 7ª planta, donde suelen organizar conciertos de jazz en vivo.

**Palau Sa Font** sin rest
*Apuntadors 38 ✉ 07012 – ☎ 971 71 22 77 – www.palausafont.com – cerrado del 6 al 31 de enero* FZ**b**
**19 hab** ☕ – 🚹85/112 € 🚹🚹140/179 €
Casa señorial del s. XVI dotada con un mirador en la azotea. Presenta una decoración actual-minimalista bastante desenfadada, una cafetería que funciona como zona social y habitaciones de buen confort, todas con los baños en tonos blancos.

**San Lorenzo** sin rest
*San Lorenzo 14 ✉ 07012 – ☎ 971 72 82 00 – www.hotelsanlorenzo.com – cerrado 4 noviembre-9 diciembre* FY**v**
**9 hab** – 🚹80/160 € 🚹🚹120/172 €, ☕ 12 €
Atractiva casa señorial del s. XVII a la que se accede por una puerta enrejada. Ofrece un interior muy acogedor y unas habitaciones bastante detallistas, destacando las cuatro que poseen terraza. ¡Coqueto patio interior con piscina!

XX **Simply Fosh** – Hotel Convent de la Missió
*Missió 7-A ✉ 07003 – ☎ 971 72 01 14 – www.simplyfosh.com – cerrado domingo*
**Rest** – Menú 20/65 € – Carta 45/65 € HXY**a**
Restaurante de estética moderna dotado con un bar y una sala acristalada, esta asomada a un sorprendente patio-terraza. Cuidan mucho los detalles y elaboran una cocina actual, con menús muy recomendables al almuerzo por su buen precio.

XX **La Bodeguilla**
*Sant Jaume 3 ✉ 07012 – ☎ 971 71 82 74 – www.la-bodeguilla.com* GY**t**
**Rest** – Carta 35/57 €
Céntrico negocio de línea actual dotado con una sala-tienda de vinos a la entrada, donde se puede tapear. Ofrece dos comedores de cuidado montaje en tonos oscuros y propone una cocina tradicional actualizada. ¡Magnífica carta de vinos!

ESPAÑA

# PALMA

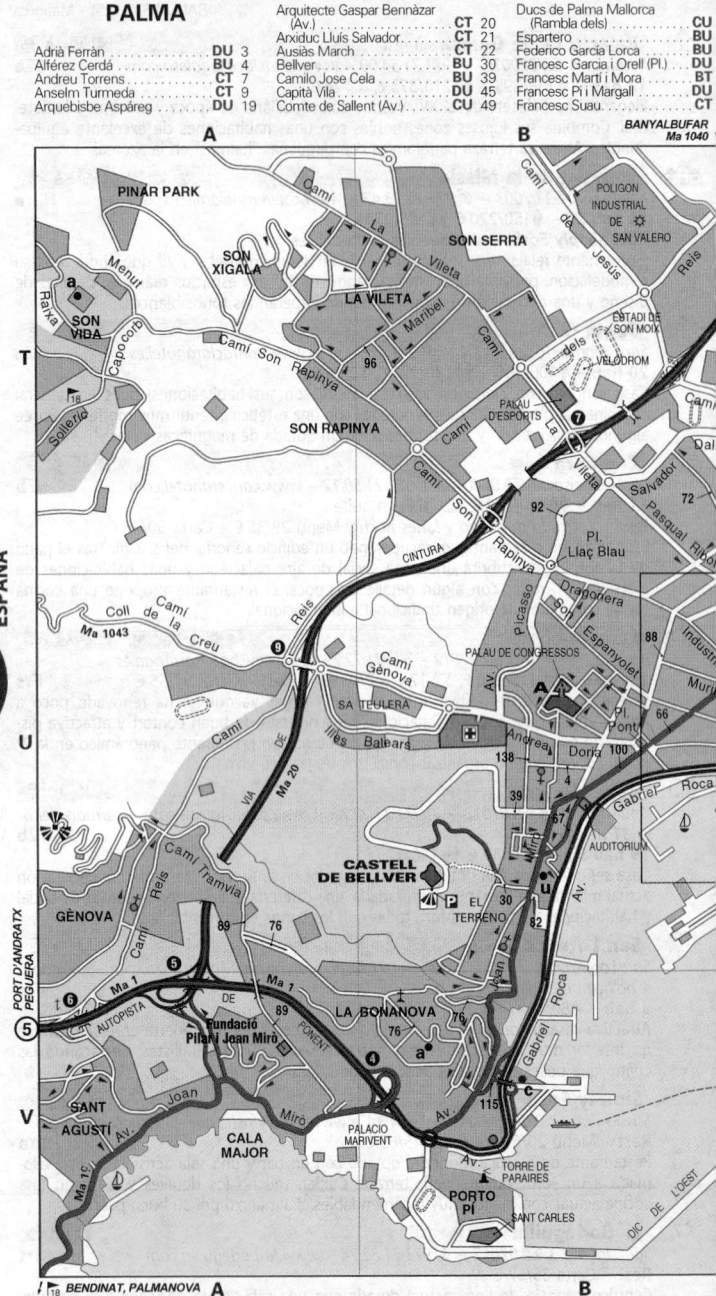

BANYALBUFAR
Ma 1040

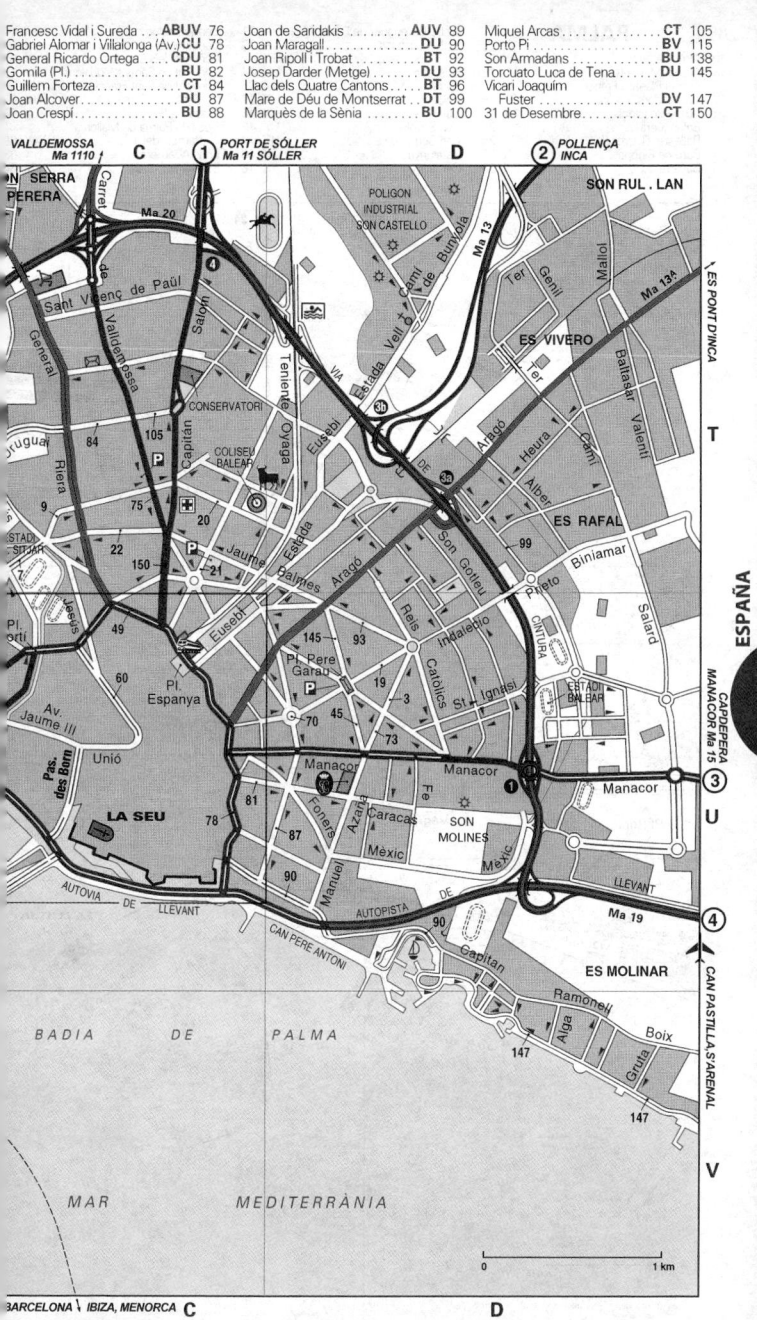

# PALMA

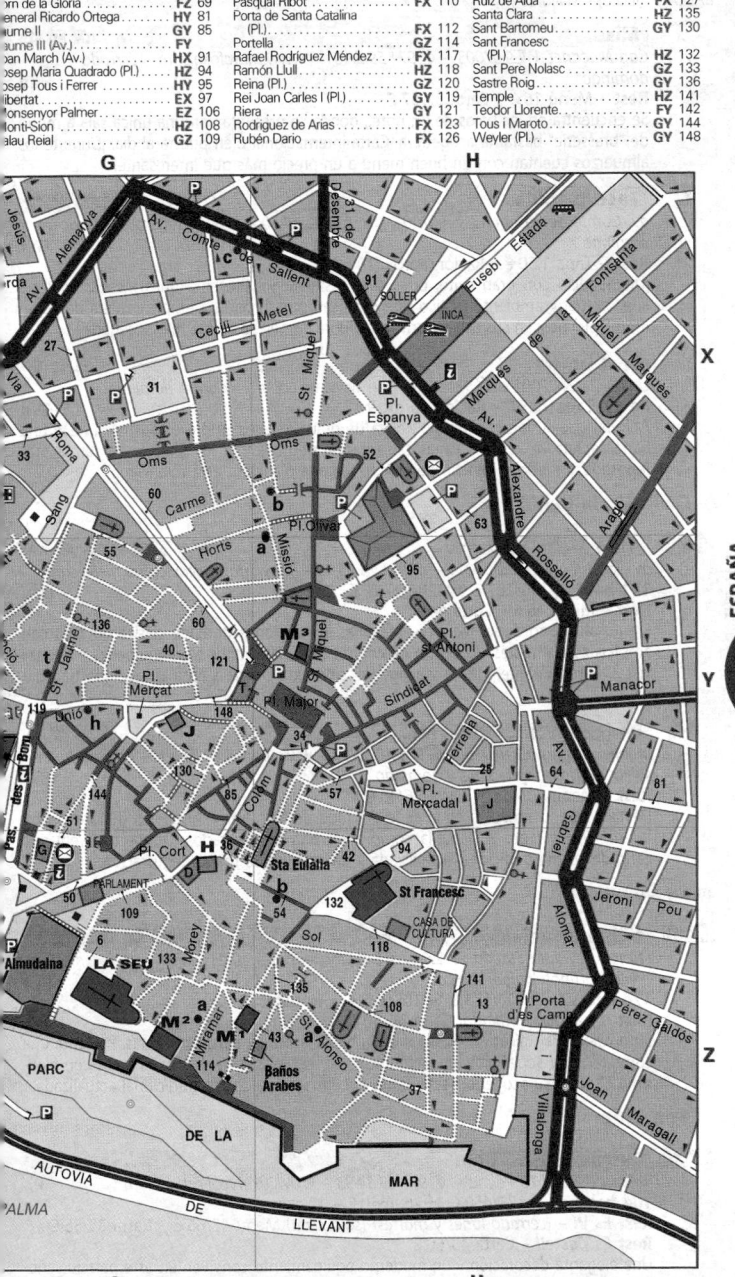

## Misa
*Can Maçanet 1* ✉ 07003 – ✆ 971 59 53 01 – www.marcfosh.com – *cerrado domingo*  HX**b**
**Rest** – Menú 16 € – Carta 37/57 €

Se encuentra en los bajos de un hotel, donde se presenta con una única sala a modo de "brasserie" bastante acogedora. Carta internacional bien puesta al día. ¡Durante los almuerzos cuentan con un buen menú a un precio más que interesante!

## Tast Avenidas
*av. Comte de Sallent 13* ✉ 07003 – ✆ 971 10 15 40 – www.tast.com – *cerrado domingo*  GX**c**
**Rest** – Tapa 1,50 € – Ración aprox. 10 €

¡Un negocio con gran éxito, pues suele estar lleno! Presenta unas instalaciones de línea actual y ambiente rústico que destacan por su barra, siempre repleta de sugerentes pinchos. En sus salas y privados podrá comer de forma más sosegada.

## Tast Unión
*Unión 2* ✉ 07001 – ✆ 971 72 98 78 – www.tast.com – *cerrado domingo*
**Rest** – Tapa 2,35 € – Ración aprox. 9 €  GY**h**

Al igual que su local "hermano", goza de gran éxito y siempre está lleno. Ofrece una barra repleta de tapas y varias salas donde podrá tomar los pinchos de forma más reposada. ¡Pruebe su pincho de Foie fresco a la plancha... está buenísimo!

### Al Oeste de la Bahía :

## Gran Meliá Victoria
*av. Joan Miró 21* ✉ 07014 – ✆ 971 73 25 42 – www.granmeliavictoria.melia.com
**171 hab** – ♦190/287 € ♦♦220/317 €, ☑ 29 € – 6 suites  BU**u**
**Rest** – Menú 45 € – Carta 44/72 €

Frente al puerto deportivo. Presenta unas instalaciones de línea clásica dotadas con amplias zonas nobles, un centro de congresos, habitaciones bien equipadas y buenas vistas. El restaurante, íntimo y acogedor, sirve una cocina atenta al recetario tradicional.

## Béns d'Avall Club de Mar
*muelle Pelaires* ✉ 07015 – ✆ 971 40 57 68 – www.bensdavall.com – *cerrado lunes salvo 15 junio-septiembre y domingo*  BV**c**
**Rest** – Menú 40/45 € – Carta 26/46 €

Destaca por su situación en la sede del Club de Mar, frente al puerto deportivo, con buenas vistas tanto a la bahía como a los barcos amarrados. Ofrece una reducida carta de cocina tradicional actualizada y un equilibrado menú degustación.

### en La Bonanova

## Valparaíso Palace
*Francisco Vidal i Sureda 23* ✉ 07015 Palma – ✆ 971 40 03 00
– www.grupotelvalparaiso.com  BV**a**
**174 hab** ☑ – ♦106/173 € ♦♦108/125 € – 10 suites
**Rest** – *(cerrado domingo)* Carta 36/50 €

Su privilegiada ubicación dominando la bahía le brinda hermosas vistas. Presenta una correcta zona social, con un magnífico hall, equipadas habitaciones y un completísimo SPA. En su acogedor restaurante encontrará una cocina tradicional actualizada.

### en Son Vida

## Castillo H. Son Vida
*Raixa 2* ✉ 07013 Palma – ✆ 971 49 34 93 – www.luxurycollection.com
**164 hab** ☑ – ♦175/450 € ♦♦260/650 € – 12 suites  AT**a**
**Rest Es Ví** – *(cerrado lunes y martes) (solo cena)* Menú 45/65 € – Carta 35/55 €
**Rest Es Castell** – Carta 43/60 €

Una elegante decoración y un moderno equipamiento conviven en este palacio señorial, ubicado entre pinos y dotado con espléndidas vistas a la ciudad, la bahía y las montañas. El restaurante Es Ví ofrece una refinada atmósfera y una cocina a base de menús degustación.

## Al Este de la Bahía :

### en Es Coll d'en Rabassa por ④ : 6 km

🏠 **Ciutat Jardí** sin rest ⬛ 🍴 ♿ 🆒 🚭 📶 🏋️
*Illa de Malta 14, por Vicari Joaquím Fuster* ✉ *07007 Palma* – ☎ *971 74 60 70*
*– www.hciutatj.com – cerrado 30 noviembre-enero*
**20 hab** ☕ – ♦95/123 € ♦♦112/180 €
Singular, de larga trayectoria familiar y emplazado frente al mar, en un edificio de
aspecto señorial que data de1921. Posee una agradable piscina con terrazas e instalaciones de línea clásica. ¡Habitaciones reducidas pero confortables!

🍴 **Mares** ♿ 🆒 🚭
*Illa de Xipre 12, por Vicari Joaquím Fuster* ✉ *07007 Palma* – ☎ *971 49 19 78*
**Rest** – Menú 55/80 € – Carta 50/70 €
Restaurante de ambiente clásico dotado con un sugerente vivero. Su especialidad son
los pescados y mariscos, siempre de excelente calidad y solo a la plancha. ¡No ofrece
carta, pues es usted el que selecciona las piezas en el mostrador!

🍴 **Bonsol** ♿ 🆒
*Illa de Xipre 12, por Vicari Joaquím Fuster* ✉ *07007 Palma* – ☎ *971 26 62 70*
*– www.marisqueriabonsol.com*
**Rest** – Menú 40 € – Carta aprox. 55 €
En este negocio de aire marinero encontrará una sala dividida en varios espacios, con
un vivero y una buena barra-expositor de pescados y mariscos. Productos de calidad,
personal amable y clientela fiel.

**PALMANOVA** – **579** J6 – **3 902 h.** – Playa      6 B1
▶ Palma 17
🛈 passeig del Mar 13 , ✉ 07181, ☎ 971 68 23 65, www.visitcalvia.com

🏨🏨🏨 **St. Regis Mardavall** 🌿 ⬅ 🚗 🍴 📺 🛁 🍴 ♿ 🆒 🚭 📶 🏋️ 🅿 🚗
*Passeig Calvià* ✉ *07181* – ☎ *971 62 96 29 – www.stregis.com – cerrado*
*diciembre-15 enero*
**124 hab** ☕ – ♦240/750 € ♦♦420/1250 € – 9 suites
**Rest** *Es Fum* 🏵 – ver selección restaurantes
**Rest** *Aqua* – Carta 55/64 €
Este lujoso hotel está repartido en varios edificios, con un bello jardín y vistas al mar.
Presenta un elegante hall octogonal, excelentes habitaciones y un completo SPA. Para
poder almorzar o cenar cuenta con un restaurante gastronómico y el denominado
Aqua, que ofrece una carta actual de gran nivel, con platos mediterráneos y ciertas
dosis de creatividad.

🍴🍴🍴 **Es Fum** – Hotel St. Regis Mardavall ⬅ 🚗 ♿ 🆒 🚭 🅿 🚗
🏵 *Passeig Calvià* ✉ *07181* – ☎ *971 62 96 29 – www.stregis.com – Semana*
*Santa-noviembre*
**Rest** – *(cerrado martes y miércoles) (solo cena) (solo menú)* Menú 128/153 € 🏵
Resulta impecable y está considerado como una de las joyas del hotel St. Regis Mar-
davall. Ofrece una elegante sala de línea clásica-actual y una magnífica terraza
techada de estética mediterránea. Cocina creativa de bases internacionales.
➜ Lechugas crujientes con hojaldre de especias y vinagre de piñones. Filetes de cor-
dero glaseados. Tiramisú de melocotón blanco con cítricos.

**POLLENÇA** – **579** M4 – **16 191 h.** – alt. 200 m – Playa      6 B1
▶ Palma 55
🛈 Guillem Cifre de Colonya, ✉ 07460, ☎ 971 53 50 77, www.pollensa.com
🛈 Pollença, carret. de Palma de Mallorca km 49,3, ☎ 971 53 32 16

🏠 **Juma** sin rest, con cafetería 🍴 🆒 🚭 📶
*pl. Major 9* ✉ *07460* – ☎ *971 53 50 02 – www.pollensahotels.com – cerrado*
*15 noviembre-15 marzo*
**7 hab** ☕ – ♦70/115 € ♦♦85/135 €
Un establecimiento con historia y cierto encanto, pues es el hotel más antiguo de la
isla. Posee una cafetería y confortables habitaciones, todas con buen mobiliario de
época.

### L'Hostal sin rest 🖫 🎩 🛜

*Mercat 18* ⊠ *07460 –* ℰ *971 53 52 81 – www.pollensahotels.com*
**6 hab** � – 🛉70/115 € 🛉🛉85/125 €

Casa típica presentada hoy con una estética muy actual... no en vano, todas las estancias se visten con coloristas cuadros abstractos. Habitaciones de línea moderna-funcional.

### Posada de Lluc sin rest 🕭 ⅃ 🖫 🕭 🎩 🛜

*Roser Vell 11* ⊠ *07460 –* ℰ *971 53 52 20 – www.posadalluc.com*
**8 hab** ⊧ – 🛉75/134 € 🛉🛉85/210 €

Instalado en un edificio religioso del s. XV. Ofrece acogedoras habitaciones de estilo mallorquín, la mayoría con una pared en piedra, mobiliario antiguo y vigas de madera.

### ✗✗ Clivia 🕭 🎩 🕭

*av. Pollentia 5* ⊠ *07460 –* ℰ *971 53 36 35 – cerrado 15 noviembre-17 diciembre, febrero, marzo y miércoles*
**Rest** – Carta 35/50 €

Atesora unas salas de elegante ambiente mediterráneo y un patio interior. Aquí ofrecen una carta tradicional rica en pescados de la zona y arroces. ¡Pruebe su Lubina a la sal!

**por la carretera Ma 2200** Sur : 3 km y desvío a la izquierda 0,5 km

### Son Brull 🕭 ≤ 🖛 ⅃ 🗔 🎇 🖫 🕭 🎩 🕭 🛜 🕭 🅿

*carret. Palma-Pollença* ⊠ *07460 Pollença –* ℰ *971 53 53 53 – www.sonbrull.com*
**23 hab** ⊧ – 🛉210/346 € 🛉🛉248/408 €
**Rest 365** – ver selección restaurantes

Este imponente edificio, rodeado por una extensa finca, ocupa un convento jesuita del s. XVIII. Combina el encanto antiguo con las características del confort más moderno.

### ✗✗✗✗ 365 – Hotel Son Brull ≤ 🖛 🎩 🕭 🅿

*carret. Palma-Pollença* ⊠ *07460 Pollença –* ℰ *971 53 53 53 – www.sonbrull.com*
**Rest** – *(cerrado martes salvo agosto) (solo cena)* Menú 65/80 € – Carta 50/70 €

Una propuesta sumamente interesante, tanto por el entorno como por el nivel gastronómico y el cuidado servicio de mesa. Encontrará una carta de carácter creativo, elaborada con materias primas de calidad y en un ambiente vanguardista.

## PORT D'ALCÚDIA – **579** M5 – Playa 6 B1

▶ Palma 54

⛴ para Ciutadella de Menorca : Iscomar Ferris, Muelle Comercial, ℰ 871 70 72 00

🛈 paseo Marítimo , ⊠ 07400, ℰ 971 54 72 57, www.alcudia.net

🛈 carret. de Artà 68, ⊠ 07400, ℰ 971 89 26 15, www.alcudia.net

### ✗✗✗ Jardín (Macarena de Castro) 🕭 🎩 🕭

🕭 *dels Tritons* ⊠ *07400 –* ℰ *971 89 23 91 – www.restaurantejardin.com – abril- octubre*
**Rest** – *(cerrado lunes y martes salvo verano) (solo cena en julio-agosto) (solo menú)* Menú 85 €

¡Un restaurante gastronómico en clara progresión! Ocupa la 1ª planta de una casa tipo villa, donde cuenta con una sala de buen confort y diseño moderno. Ofrece un único menú degustación con platos de autor que denotan gran nivel técnico.
→ Caldereta de langosta. Cochinillo de cerdo negro con especias. Ensaimada con membrillo, sobrasada y crema.

### ✗ Bistró del Jardín 🕭 🕭 🎩 🕭

*dels Tritons* ⊠ *07400 –* ℰ *971 89 23 91 – www.restaurantejardin.com – cerrado noviembre-febrero y lunes salvo agosto*
**Rest** – *(solo almuerzo en invierno salvo viernes y sábado)* Menú 25/25 € – Carta 33/49 €

Este coqueto negocio se encuentra en la planta baja de la villa donde también se haya el restaurante Jardín, de la misma propiedad. Posee un hall, una sala tipo porche y una atractiva terraza ajardinada. Cocina tradicional a buen precio.

¶/ **Casa Gallega**  🐟 🗚 ✗
*Hostelería 11* ⊠ *07400 –* 𝒞 *971 54 51 79 – www.casagallegaalcudia.com*
**Rest** – Tapa 5 € – Ración aprox. 10 €
Este local, tipo mesón gallego, posee una terraza, una barra con algunas mesas y un comedor rústico-actual. Carta tradicional con raciones, medias raciones y un económico menú del día. ¡Por cada consumición dan una magnífica tapa gratuita!

**PORT D'ANDRATX – 579** I6     **6** B1
▶ Palma 34
ⓒ Recorrido en cornisa★★★ de Port d'Andratx a Sóller

🏠 **Villa Italia**  ≤ 🐟 ⅃ 🗚 📶
*camino San Carlos 13* ⊠ *07157 –* 𝒞 *971 67 40 11 – www.hotelvillaitalia.com*
*– cerrado 7 enero-18 febrero*
**21 hab** ⊑ – ♦170/264 € ♦♦200/310 €    **Rest** – Menú 29/49 € – Carta 48/85 €
¡Un hotel cautivador! Posee una estética a modo de villa toscana y está construido en una ladera, lo que le otorga unas fantásticas vistas sobre el puerto de Andratx. También es llamativo su restaurante, pues se reparte entre dos terrazas cubiertas con los techos retráctiles y ofrece una carta internacional.

✗✗ **El Patio**  🐟 ➻ 🗚 ✗ ⟷ Ⓟ
*carret. d'es Port 26, carret. Ma 1 Noreste : 1,5 km* ⊠ *07157 –* 𝒞 *971 67 17 03*
*– www.restaurante-elpatio.com – cerrado diciembre, enero y martes salvo verano*
**Rest** – *(solo cena 15 junio -15 septiembre)* Menú 48/78 € – Carta 45/70 €
Casa de planta baja dotada con dos salas de línea mediterránea-actual y un patio, este usado como terraza. Su carta internacional, con platos mediterráneos y detalles creativos, se complementa con un menú del día y otro tipo degustación.

**PORT DE POLLENÇA – 579** M4 – **Playa**     **6** B1
▶ Palma 58
ℹ passeig Saralegui , ⊠ 07870, 𝒞 971 86 54 67, www.ajpollenca.net
◎ Bahía★
ⓒ Carretera de Port de Pollença al Cabo Formentor★★ (Mirador de Es Colomer★★★)

🏠 **Illa d'Or**  ➻ ≤ 🐟 ⅃ 🖾 ℔ ✗ 🍴 🗚 ✗ 📶 ⅍
*passeig Colom 265* ⊠ *07470 –* 𝒞 *971 86 51 00 – www.hotelillador.com*
*– febrero-12 noviembre*
**118 hab** ⊑ – ♦88/140 € ♦♦155/286 € – 2 suites
**Rest** – Menú 28 € – Carta 24/55 €
Se trata de un clásico en la zona y se encuentra frente al mar. Posee un pequeño embarcadero privado, cuidados espacios comunes y habitaciones dotadas de un elevado confort. El restaurante se complementa con una agradable terraza a la sombra de los árboles.

🏠 **Miramar**  ≤ 🐟 ℔ 🍴 🗚 ✗ 📶
*passeig Anglada Camarasa 39* ⊠ *07470 –* 𝒞 *971 86 64 00 – www.hotel-miramar.net*
*– abril-octubre*
**84 hab** ⊑ – ♦62/87 € ♦♦95/178 €    **Rest** – Menú 23 € – Carta 40/60 €
Hotel familiar bien situado y de ambiente decimonónico. Ofrece una acogedora zona social y correctas habitaciones, algo justas de espacio y de sencillo mobiliario clásico. El restaurante disfruta de terraza y elabora una carta propia del recetario tradicional.

🏠 **Mar Calma H.** sin rest  🍴 🗚 ✗ 📶
*carret Formentor 17* ⊠ *07470 –* 𝒞 *971 86 80 00 – www.marcalmahotel.com*
**20 hab** ⊑ – ♦42/77 € ♦♦76/138 €
Su estilo urbano choca algo con la estética general de la zona, sin embargo esto no deja de suponer solo una propuesta diferente. Pequeña cafetería, correcta zona social, solárium con jacuzzi y habitaciones funcionales de adecuado confort.

✗✗ **Stay**  ≤ 🐟 ﹠ 🗚
*Muelle Nuevo* ⊠ *07470 –* 𝒞 *971 86 40 13 – www.stayrestaurant.com*
**Rest** – Menú 35/42 € – Carta 30/65 €
Aunque posee un agradable comedor panorámico destaca por su enorme terraza, perfecta para disfrutar con las vistas a la bahía, a la playa y a los muelles de atraque del Port de Pollença. Amplia carta internacional ideada para el turista.

ESPAÑA

**en la carretera de Alcúdia** Sur : 3 km

XX **Ca'n Cuarassa** ← 🛱 ✧
✉ 07470 Port de Pollença – 𝒞 971 86 42 66 – www.cancuarassa.com
– marzo-5 noviembre
**Rest** – Menú 30/65 € – Carta 30/54 €
Atractivo marco de estilo rústico mallorquín. Ofrece una terraza acristalada y varias
salas, decoradas con lámparas de cristal y litografías abstractas. Cocina tradicional.

**PORT DE SÓLLER** – **579** K5 – alt. 160 m – Playa          6 B1
▶ Palma 32
🛈 Canonge Oliver 10, ✉ 07108, 𝒞 971 63 30 42, www.soller.es

🏨 **Aimia** ← 🛱 ⅃ ♨ 🖫 ⅄ 🕸 ⅃ 🅿
Santa María del Camí 1 ✉ 07108 – 𝒞 971 63 12 00 – www.aimiahotel.com
– marzo-octubre
**43 hab** � – ♦165/185 € ♦♦205/240 €   **Rest** – Menú 23 € – Carta 31/49 €
¡Refleja una línea moderna y actual! Aquí encontrará unas habitaciones muy luminosas, la mayoría con terraza, siendo mucho más atractivas las de la 3ª y 4ª planta por
sus vistas. Agradable entorno de piscina con solárium y restaurante de correcto montaje, elaborando una cocina tradicional e internacional.

X **Es Canyis** 🛱 🅰 🕸 🅿
passeig de la platja de'n Repic 21 ✉ 07108 – 𝒞 971 63 14 06 – www.escanyis.es
– cerrado diciembre- febrero y lunes
**Rest** – Menú 18/30 € – Carta 30/46 €
Negocio de arraigada tradición familiar que destaca por su emplazamiento en el
paseo marítimo, con una terraza y vistas al mar. Ofrece un luminoso comedor clásico
y una carta tradicional, con varios platos actualizados y algunos arroces.

**PORTO CRISTO** – **579** O6 – Playa          6 B1
▶ Palma 62
🛈 Moll , ✉ 07680, 𝒞 971 84 91 26, www.visitmanacor.com
🖸 Cuevas del Drach★★★ Sur : 1 km • Cuevas dels Hams★ Oeste : 1,5 km

**por la carretera de Portocolom** Suroeste : 4,5 km y desvío a la derecha 1 km

🏨 **Son Mas** 🛥 ← 🚗 🛱 ⅃ 🔲 🅰 ⅃ hab, 🅰 🕸 rest, 🕸 ⅃ 🅿
carret. Porto Cristo-Portocolom, (camí de Son Mas) ✉ 07680 Porto Cristo
– 𝒞 971 55 87 55 – www.sonmas.com – marzo-octubre
**16 hab** ⊟ – ♦225/273 € ♦♦260/320 €   **Rest** – (solo cena) Menú 40 €
Esta hermosa casa señorial pertenece a una de las estirpes más influyentes de la isla,
pues la familia Servera también es la propietaria de las famosas Cuevas del Drach.
Tanto las zonas sociales como las habitaciones son muy amplias e invitan al relax.
¡Espectacular piscina y torre original del s. XVII!

**PORTOCOLOM** – **579** N7 – Playa          6 B1
▶ Palma 63

XX **Sa Llotja** ← 🛱 🅰 🅰
Cristobal Colón 2, edif portuario. ✉ 07670 – 𝒞 971 82 51 65
– www.restaurantsallotjaportocolom.com – cerrado noviembre-24 diciembre y lunes
**Rest** – Menú 36 € – Carta 39/50 €
¡Asomado a la cala y a los amarres del pueblo! Ocupa el primer piso del edificio portuario, con la sala acristalada y una espectacular terraza. Su carta de cocina actual
contempla algún plato asturiano y pescados frescos de gran calidad.

X **Celler Sa Sinia** 🛱 🅰 🕸
Pescadors 25 ✉ 07670 – 𝒞 971 82 43 23 – febrero- 26 octubre
**Rest** – (cerrado lunes) Carta 27/58 €
Negocio familiar de gran tradición. Posee dos salas, una dotada de chimenea y la otra
con un gran ventanal. Son famosos por la calidad de sus pescados, detalle que se
entiende mejor al saber que... ¡tienen un puesto propio en la lonja!

**PUIGPUNYENT** – 579 J6 – 1 886 h. – alt. 240 m                     6 B1
▶ Palma 36

**G.H. Son Net**                     🕭 ⇐ 🚗 🏊 🖼 🖥 🖊 🖼 🎾 🛜 🏋 🅿
*Castillo Son Net ⊠ 07194 – 𝒞 971 14 70 00 – www.sonnet.es*
**31 hab** 🖵 – �♦♦165/595 € – 5 suites
**Rest** *Oleum* – ver selección restaurantes
Mansión mallorquina del s. XVII que realza con exquisito gusto todos sus rincones.
Posee unas maravillosas estancias, habitaciones en distintos estilos y cinco villas que
destacan por su gran privacidad, una con su propia piscina privada.

**Oleum** – Hotel G.H. Son Net                     ⇐ 🚗 🏊 🖼 🅿
*Castillo Son Net ⊠ 07194 – 𝒞 971 14 70 00 – www.sonnet.es*
**Rest** – Menú 29 € – Carta 48/61 €
No luce el nombre latino "Oleum" de forma banal, pues ocupa una antigua almazara
de aceite decorada con las piezas y muelas del molino original. Ofrece una sala de
excelente montaje y una carta actual, bien complementada por dos menús.

**RANDA** – 579 L6                     6 B1
▶ Palma 26

▪ Monestir de Cura★ (panorama)★★

**Es Recó de Randa** con hab                     🕭 🚗 🏊 🖼 🖊 rest, 🖼 🎾 🛜 🅿
*Font 21 ⊠ 07629 – 𝒞 971 66 09 97 – www.esrecoderanda.com*
**25 hab** – ♦70/109 € ♦♦87/120 €, 🖵 16 €   **Rest** – Menú 18/38 € – Carta 27/46 €
Acogedora casa señorial en piedra donde encontrará varios comedores, luminosos y
con mobiliario de calidad, así como una bonita terraza. Carta amplia de gusto tradicional. También disfruta de unas confortables habitaciones, todas espaciosas y bien equipadas.

**SANTA EUGÈNIA** – 579 L6 – 1 702 h.                     6 B1
▶ Palma 22

**Sa Torre de Santa Eugènia**                     🕭 🚗 🏊 🖼 🎾 🅿
*Norte : 2 km - Alqueries ⊠ 07142 – 𝒞 971 14 40 11 – www.sa-torre.com*
**5 hab** 🖵 – ♦125 € ♦♦155 € – 5 apartamentos
**Rest** – *(cerrado noviembre-febrero y lunes) (solo cena salvo fines de semana) (solo
menú)* Menú 44 €
Masía mallorquina del s. XV instalada en una finca llena de árboles frutales, viñas y
cultivos. Posee apartamentos tanto en el edificio principal como en un anexo, todos
con terraza. El restaurante, que ocupa la antigua bodega, centra su oferta en un
menú tradicional e internacional de carácter mediterráneo.

**SANTA MARGALIDA** – 579 M5 – 11 922 h. – alt. 100 m                     6 B1
▶ Palma 43

**en la carretera de Alcúdia Ma 3410** Norte : 4 km

**Casal Santa Eulàlia**                     🕭 🚗 🏊 🖼 🎾 ✕ hab, 🖼 🎾 🛜 🅿
*⊠ 07458 Ca'n Picafort – 𝒞 971 85 27 32 – www.casal-santaeulalia.com
– 20 marzo-octubre*
**25 hab** 🖵 – ♦150/250 € ♦♦184/285 €
**Rest** – *(solo cena)* Menú 35/65 € – Carta 36/52 €
Mansión del s. XIII y estilo mallorquín que ha respetado la nobleza de los antiguos
señoríos. Ofrece unas habitaciones amplias y serenas, todas de elevado confort. El restaurante, que ocupa un típico "celler" o bodega, propone una cocina mediterránea-
creativa.

**SANTA MARÍA DEL CAMÍ** – 579 K6 – 6 473 h. – alt. 150 m                     6 B1
▶ Palma 16

**Molí des Torrent**                     🚗 🖼 ⇔ 🅿
*carret. de Bunyola 75, Noroeste : 1,8 km ⊠ 07320 – 𝒞 971 14 05 03
– www.molidestorrent.de – cerrado diciembre-enero, miércoles y jueves*
**Rest** – *(solo cena en julio y agosto)* Menú 50/56 € – Carta 43/60 €
Antiguo molino de viento dotado con varios comedores de aire rústico y una agradable terraza-patio, esta última con porche. El personal, que es muy amable, le propon-
drá una cocina mediterránea con claras influencias galas y germanas.

ESPAÑA

**SENCELLES** – **579** L6      **6** B1

▶ Palma 30

✗ **Sa Cuina de N'Aina**      🛜 🗚 ⟷
*Rafal 31 ⊠ 07140 – ℰ 971 87 29 92 – www.sacuinadenaina.com – cerrado lunes y martes*
**Rest** – Menú 18/36 € – Carta 22/37 €
Este restaurante, llevado en familia, ofrece una cocina de mercado basada tanto en los platos tradicionales como en los de elaboración propia. Interior rústico-actual.

**SÓLLER** – **579** K5 – **14 150 h.** – **alt. 54 m** – **Playa en Port de Sóller**      **6** B1

▶ Palma 27

🛈 pl. d'Espanya , ⊠ 07100, ℰ 971 63 80 08, www.soller.es

🏠🏠🏠 **G.H. Sóller**      🛜 🗓 🗓 🛗 🕮 🔥 🗚 🛠 rest, 🤶 🛠 🅿 🚗
*Romaguera 18 ⊠ 07100 – ℰ 971 63 86 86 – www.granhotelsoller.com*
**38 hab** 🖙 – †175/245 € ††245/350 € – 5 suites
**Rest** – Menú 13/35 € – Carta 33/46 €
Este céntrico hotel ocupa un antiguo edificio de carácter señorial, con el exterior ajardinado. Disfruta de una correcta zona noble y habitaciones de muy buen confort. En su luminoso restaurante encontrará una carta tradicional y una atractiva terraza de verano. ¡Agradable sala de desayunos en el ático!

🏠 **S'Ardeviu** sin rest      🕮 🗚 🤶
*Vives 14 ⊠ 07100 – ℰ 971 63 83 26 – 9 febrero-octubre*
**7 hab** 🖙 – †85/95 € ††110/120 € – 1 suite
Hotel familiar con encanto instalado en una casa mallorquina del s. XIX. Presenta una acogedora zona social, una coqueta sala de desayunos y un precioso patio interior ajardinado. ¡Todas las habitaciones poseen mobiliario de época!

🏠 **Ca'n Abril** sin rest      🕮 🗚 🤶
*Pastor 26 ⊠ 07100 – ℰ 971 63 35 79 – www.hotelcanabril.com*
*– 15 marzo-noviembre*
**10 hab** 🖙 – †115/120 € ††131/148 €
¡Emana un encanto muy particular! Este hotelito familiar destaca tanto por su emplazamiento en el casco antiguo como por el hecho de ocupar una casona mallorquina de principios del s. XX. Agradable patio-terraza y espaciosas habitaciones.

**en el camino de Son Puça** Noroeste : 2 km

🏠🏠 **Ca N'ai**      🛎 ≼ 🛜 🗓 🕮 🗚 🅿
*⊠ 07100 Sóller – ℰ 971 63 24 94 – www.canai.com – cerrado 15 noviembre-15 febrero*
**17 hab** 🖙 – †100/237 € ††150/350 €
**Rest** – (cerrado lunes y martes mediodía) Carta 29/48 €
Espectacular casa de campo arropada por la paz y el silencio de los naranjos. Su decoración de ambiente tradicional-mallorquín transforma las estancias en un microcosmos del ideal estético mediterráneo. En su restaurante, de línea rústica-elegante, encontrará una carta de cocina tradicional e internacional.

**por la carretera de Deià**

🏠 **Ca's Xorc**      🛎 ≼ 🚗 🛜 🗓 🕮 🗚 🤶 🅿
*Noroeste : 4 km y desvío a la izquierda 0,5 km ⊠ 07100 Sóller – ℰ 971 63 82 80*
*– www.casxorc.com – 11 abril-26 octubre*
**12 hab** 🖙 – †195/235 € ††195/375 €
**Rest** – (cerrado martes) Menú 34 € – Carta 41/61 €
Encantadora finca agrícola del s. XIX emplazada en la ladera de la montaña, rodeada de frutales, olivos, terrazas... y una atractiva piscina panorámica. Atesora unas habitaciones de gran confort y un coqueto restaurante, este último instalado en el viejo molino de aceite y con una carta de tintes creativos.

## XX  Béns d'Avall  ⩽ 🍴 AC P

*urb. Costa de Deià, Noroeste : 5 km y desvío a la derecha 2,3 km* ✉ *07100 Sóller*
*– ✆ 971 63 23 81 – www.bensdavall.com – cerrado noviembre-marzo, domingo*
*noche salvo verano y lunes*
**Rest** *– (solo cena en verano salvo sábado y domingo)* (reserva aconsejable) 75 €
*– Carta 54/80 €*
Está ubicado en una urbanización rodeada de monte y destaca por su fantástica
terraza, con vistas a la costa y al mar. La cocina, basada en un recetario regional
actualizado, sorprende por sus detalles y su buen nivel.

**SON SERVERA** – **579** O6 – 12 165 h. – alt. 92 m – Playa                    **6** B1

▶ Palma 65

🇮 av. Joan Servera Camps (paseo Marítimo), ✉ 07560, ✆ 971 58 58 64,
www.sonservera.cat

⛳ Son Servera, Noreste : 7,5 km, ✆ 971 84 00 96

### por la antigua carretera de Artà

## 🏠  Ses Cases de Fetget  ⌇ 🚗 🍴 🏊 📺 AC 🛇 🛜 P

*Norte : 1,5 km* ✉ *07550 Son Servera – ✆ 971 81 73 63 – www.sescasesdefetget.com*
*– cerrado 15 noviembre-15 febrero*
**11 hab** ⊇ – 🛏100/150 € 🛏🛏135/155 €
**Rest** *Ses Cases de Fetget* *– ver selección restaurantes*
Buen conjunto rural con el entorno ajardinado. Su decoración combina la madera, la
piedra y cálidas fibras vegetales. Agradable zona de estar con chimenea y habitaciones actuales, muchas de ellas con hidromasaje en los baños.

## 🏠  Finca Son Gener  ⌇ ⩽ 🚗 🍴 🏊 📺 AC 🛇 🛜 P

*Norte : 3 km y desvío a la derecha 0,5 km* ✉ *07550 Son Servera – ✆ 971 18 36 12*
*– www.songener.com – marzo-15 noviembre*
**10 hab** ⊇ – 🛏210/270 € 🛏🛏300/330 €
**Rest** *– (solo cena menú) (solo clientes)* Menú 48 €
Si busca un agroturismo especial venga a esta hotel, pues ocupa una casa del s. XVII
restaurada con mimo. Ofrece unos bellísimos jardines, varios salones que invitan al
sosiego, relajantes patios y unas habitaciones cuidadas al detalle. El restaurante, de
uso privado, se nutre de su propia huerta ecológica.

## XX  Ses Cases de Fetget – Ses Cases de Fetget  🚗 🍴 🏊 AC P

*carret. vieja Son Servera-Artà, Norte : 1,5 km* ✉ *07550 Son Servera*
*– cerrado 15 noviembre-15 febrero y lunes en invierno*
**Rest** *– Carta 40/50 €*
Tiene personalidad y disfruta de un acceso independiente respecto al agroturismo. En
su sala, íntima y con las paredes en piedra, le ofrecerán una cocina tradicional con
algunas sugerencias fuera de carta. ¡El servicio es muy amable!

**VALLDEMOSSA** – **579** J5 – 2 027 h. – alt. 427 m                    **6** B1

▶ Palma 18

🇮 carret. de Palma, ✆ 971 61 20 19, www.visitvalldemossa.com

## 🏠🏠  Valldemossa  ⌇ ⩽ 🍴 🏊 🛗 ⅱ hab, AC 🛇 🛜 P

*carret. vieja de Valldemossa* ✉ *07170 – ✆ 971 61 26 26*
*– www.valldemossahotel.com*
**12 hab** ⊇ – 🛏310/530 € 🛏🛏330/550 €
**Rest** *– (cerrado 11 noviembre-27 febrero)* Menú 46/110 € – Carta 52/60 €
Lujosa casa ubicada en lo alto de un cerro, con varias escalinatas, terrazas y una hermosa panorámica a la sierra de Tramontana. Sus habitaciones gozan de un confort
actual. El restaurante, que presenta un cuidado montaje, ofrece bellísimas vistas al
pueblo.

## 🏠  Es Petit Hotel de Valldemossa sin rest  ⩽ 🛗 AC 🛇 🛜

*Uetam 1* ✉ *07170 – ✆ 971 61 24 79 – www.espetithotel-valldemossa.com*
*– cerrado 10 noviembre-4 diciembre*
**8 hab** ⊇ – 🛏94/117 € 🛏🛏104/130 €
Céntrica casa de piedra llevada directamente por sus propietarios. Cuenta con una
coqueta terraza panorámica, donde se puede desayunar, y unas habitaciones de
buen confort, destacando las cinco que tienen vistas a las montañas.

ESPAÑA

**en la carretera de Andratx** Oeste : 2,7 km y desvío a la derecha 0,6 km

⌂ **Cases de Ca's Garriguer**  ⌔ ⌤ 🅺 hab, 🍴 rest, 📶 🆂🆇 🅿
*Finca Son Olesa* ✉ *07170 Valldemossa –* 𝒞 *971 61 23 00 – www.vistamarhotel.es – marzo-octubre*
**10 hab** 🛏 – **†**120/140 € **††**155/200 €  **Rest** *– (solo cena)* Carta 31/43 €
Casa rural con encanto que recupera unas antiguas dependencias agrícolas. Sus espaciosas habitaciones están decoradas con detalles originales y mobiliario restaurado. El sencillo restaurante, que sirve también como zona de recepción, ofrece una pequeña carta tradicional.

# MENORCA

Es la segunda isla por su superficie. Gran parte de sus costas han sido protegidas de la construcción masificada y ha permanecido al margen de las grandes corrientes turísticas.
**Es Castell** – **579** T4  **6** C1

▶ Maó 3

⌂ **Son Granot**  ⌔ ⌤ ♿ hab, 🅺 🍴 rest, 📶 🅿
*carret. Sant Felip, Sureste : 1 km* ✉ *07720 –* 𝒞 *971 35 55 55 – www.songranot.com – cerrado del 23 al 27 de diciembre*
**11 hab** 🛏 – **†**97/228 € **††**124/255 € – 2 suites
**Rest** *– (cerrado lunes) (solo cena)* Carta 39/59 €
Tiene su encanto, pues ocupa una antigua casa de estilo georgiano y ambiente colonial. La mayoría de las habitaciones, de línea clásica-actual, se encuentran en el edificio principal y han sido personalizadas con el nombre de un viento de la isla. En su comedor le ofrecerán un menú y una carta actual.

**por la carretera de Sant Lluis** Sur : 2 km y desvío a la izquierda 1 km

⌂ **Sant Joan de Binissaida**  ⌔ ⌔ 🚗 🏠 ⌤ 🅺 📶 🅿
*Camí de Binissaida 108* ✉ *07720 Es Castell –* 𝒞 *971 35 55 98 – www.binissaida.com – abril-octubre*
**12 hab** 🛏 – **†**76/130 € **††**143/308 €
**Rest** *– (cerrado lunes salvo julio y agosto)* Menú 34 € – Carta 29/45 €
¡Aquí el descanso está asegurado! Esta hermosa casa señorial se encuentra en pleno campo y sorprende por la personalización de sus cuidadas habitaciones, cada una de ellas dedicada a un compositor clásico. El restaurante ofrece una cocina actual y presume de utilizar productos ecológicos de su propia finca.

**Ciutadella de Menorca** – **579** R3 – 29 580 h. – alt. 25 m  **6** C1

▶ Maó 44
🚢 para Cala Ratjada : Interilles, 𝒞 902 100 444
🚢 para Port d'Alcúdia : Iscomar Ferris, Son Blanc, 𝒞 971 48 42 16
ℹ pl. d'es Born 15, ✉ 07760, 𝒞 971 48 41 55, www.menorca.es
◎ Localidad ★

✗ **Smoix**  🏠 🅺 🍴
🙂 *Sant Isidre 33* ✉ *07760 –* 𝒞 *971 48 05 16 – www.smoix.com – cerrado 10 días en mayo y lunes*
**Rest** *– (solo almuerzo salvo viernes y sábado)* Menú 17 € – Carta 28/44 €
Llevado por una amable pareja. Tras el patio ajardinado de la entrada presenta una terraza-porche y el comedor, que está acristalado. Cocina mediterránea con detalles actuales, siempre basándose en los productos autóctonos de mercado.

**por la carretera de Cala Morell**

🏠 **Sant Ignasi**  ⌔ ⌔ 🏠 ⌤ ♿ hab, 🅺 🍴 📶 🅿
*Noreste : 3 km y desvío a la izquierda 1,6 km* ✉ *07760 Ciutadella de Menorca –* 𝒞 *971 38 55 75 – www.santignasi.com – mayo-octubre*
**20 hab** 🛏 – **†**82/166 € **††**114/265 € – 5 suites
**Rest** – Menú 24 € – Carta 27/50 €
¡Un oasis de paz! Alójese en una finca señorial de 1777, rodeada de jardines y encinas centenarias. Ofrece un elegante salón social y habitaciones bien personalizadas, las mejores en la antigua vaquería. Su restaurante propone una cocina de tinte tradicional.

**en el camino de Macarella** Sureste : 7,5 km

🏠 **Morvedra Nou** ⊗ ☎ 🏊 ↕ & hab. Ⓜ ⅏ 🛜 🅿

✉ 07760 Ciutadella de Menorca – ☏ 971 35 95 21 – www.morvedranou.es
– Semana Santa-octubre

**19 hab** ⌐ – ♦87/185 € ♦♦108/226 € **Rest** – Carta 31/41 €

Antigua casa de campo rehabilitada según criterios actuales, con un bonito porche y un cuidadísimo jardín. En el comedor, de carácter polivalente, sirven una carta bastante sugerente. ¡A escasos kilómetros de aquí están las dos calas más famosas de la isla!

**FERRERIES** – 579 S4 – **4 670 h.** 6 C1

▶ Maó 27

🏠 **Ses Sucreres** sin rest 🛜

Sant Joan 15 ✉ 07750 – ☏ 971 37 41 92 – www.hotelsessucreres.com

**6 hab** ⌐ – ♦77/122 € ♦♦85/135 €

¡Ideal si busca tranquilidad! Casa de pueblo bien restaurada y de agradable decoración, con mobiliario antiguo restaurado. Presenta una zona social con chimenea, espaciosas habitaciones y un pequeño solárium, con vistas, en la azotea.

**FORNELLS** – 579 S3 – **602 h. – alt. 12 m** 6 C1

▶ Maó 30

✗ **Es Cranc** Ⓜ ⅏

Escoles 31 ✉ 07748 – ☏ 971 37 64 42 – cerrado diciembre-febrero y miércoles salvo agosto

**Rest** – Menú 15 € – Carta 39/55 €

En su interior, de sencillo montaje y estilo rústico, podrá degustar unos pescados y mariscos famosos en toda la isla, pues se los traen directamente los pescadores de la zona. ¡Pruebe sus santiaguiños o su popular Caldereta de langosta!

**MAÓ** – 579 T4 – **28 972 h. – alt. 57 m** 6 C1

🛬 de Menorca, Sant Climent, Suroeste : 5 km ☏ 902 40 47 04

**Iberia :** aeropuerto ☏ 902 40 05 00

🚢 para Barcelona, Valencia y Mallorca : Cía Trasmediterránea, Muelle Comercial, ☏ 902 45 46 45

🎫 pl. Esplanada 5, ✉ 07701, ☏ 902 92 90 15, www.menorca.es

ℹ Moll de Llevant 2, ✉ 07701, ☏ 971 35 59 52

◎ Localidad ★ • La Rada ★

Planos páginas siguientes

🏨 **Port Mahón** ≼ ☎ 🏊 🎿 & hab. Ⓜ ⅏ 🛜 ⅏

av. Fort de l'Eau 13 ✉ 07701 – ☏ 971 36 26 00 – www.sethotels.com CYa

**82 hab** ⌐ – ♦70/150 € ♦♦88/200 € – 2 suites **Rest** – Carta 30/53 €

Edificio de estilo colonial-inglés emplazado en una tranquila zona residencial. Disfruta de un piano-bar y unas habitaciones actualizadas de línea funcional, destacando las de la 2ª planta por sus vistas. Su luminoso restaurante, asomado tanto a la piscina como al mar, ofrece una carta internacional.

✗ **S'Espigó** ☎ Ⓜ ⅏

Moll de Llevant 267 (puerto) ✉ 07701 – ☏ 971 36 99 09 – www.sespigo.com
– cerrado diciembre, enero, domingo mediodía y lunes mediodía en verano,
domingo noche y lunes resto del año CYa

**Rest** – Carta 42/55 €

¡Ubicado en la zona del puerto! Presenta una terraza a la entrada, uno de sus puntos fuertes, y un único comedor de adecuado montaje. Cocina especializada en pescados, mariscos y platos marineros... como su sabrosa Caldereta de langosta.

✗ **Jàgaro** ≼ ☎ Ⓜ ⅏

Moll de Llevant 334 (puerto) ✉ 07701 – ☏ 971 36 23 90 – cerrado domingo noche y
lunes noche salvo verano CZg

**Rest** – Menú 15/50 € – Carta 40/60 €

Casa familiar de larga trayectoria instalada en un extremo del puerto. Cuenta con una terraza y dos comedores, el principal de ambiente clásico y el otro a modo de bodega. Carta regional con especialidades como la Langosta frita al huevo.

ESPAÑA

ESPAÑA

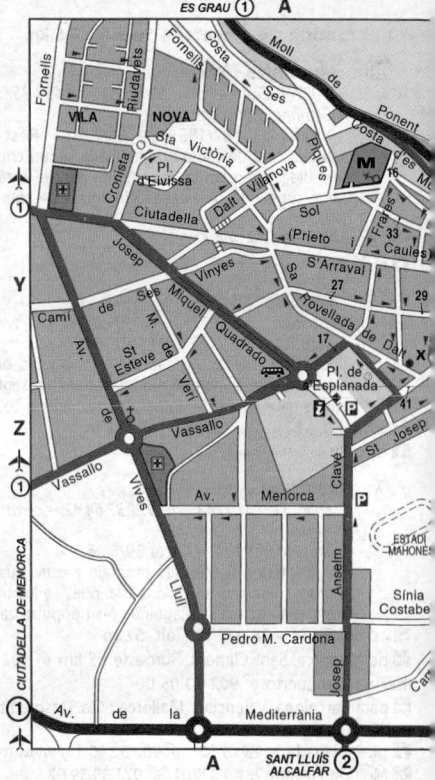

Ɏ/ **Ses Forquilles**   🔤 ⌘

*Rovellada de Dalt 20 ⊠ 07703 – ℰ 971 35 27 11 – www.sesforquilles.com – cerrado Navidades y domingo*   AYx

**Rest** – Tapa 4 € – Ración aprox. 15 €

Este bar disfruta de una amplia barra, con varias mesas para el tapeo, y un coqueto comedor en el piso superior. El secreto de su éxito está en el uso de buenas materias primas, unas dosis de creatividad y cierto mimo en las presentaciones.

**SANT CLIMENT** – 579 T4 – 545 h. – alt. 91 m   6 C1

▶ Maó 6

ⅩⅩ **Es Molí de Foc**   🍴 🔤 ⌘ ⟡

*Sant Llorenç 65 ⊠ 07712 – ℰ 971 15 32 22 – www.molidefoc.es – cerrado enero, domingo noche y lunes*

**Rest** – Carta 35/46 € 🎜

Muy conocido, pues ocupa un molino de fuego del s. XIX y tiene contigua una fábrica de cerveza artesanal. En su comedor, de aire rústico, le ofrecerán una carta de cocina actual y otra de arroces, uno de los puntos fuertes de esta casa.

**SANT LLUÍS** – 579 T4 – 7 449 h. – alt. 50 m   6 C1

▶ Maó 4

ⅩⅩⅩ **Sa Pedrera d'es Pujol**   🍴 🔤 Ⓟ

*Camí d'es Pujol 14, Torret - Sur : 1,5 km ⊠ 07710 – ℰ 971 15 07 17 – www.sapedreradespujol.com – cerrado miércoles en invierno*

**Rest** – Menú 25/45 € – Carta 37/55 € 🎜

Interesante, pues su chef-propietario recupera viejas recetas de antaño para ponerlas al día en técnica y presentación. Ofrece varias salas de ambiente rústico, otra acristalada y una bodega-cueva en la que el cliente puede escoger su vino.

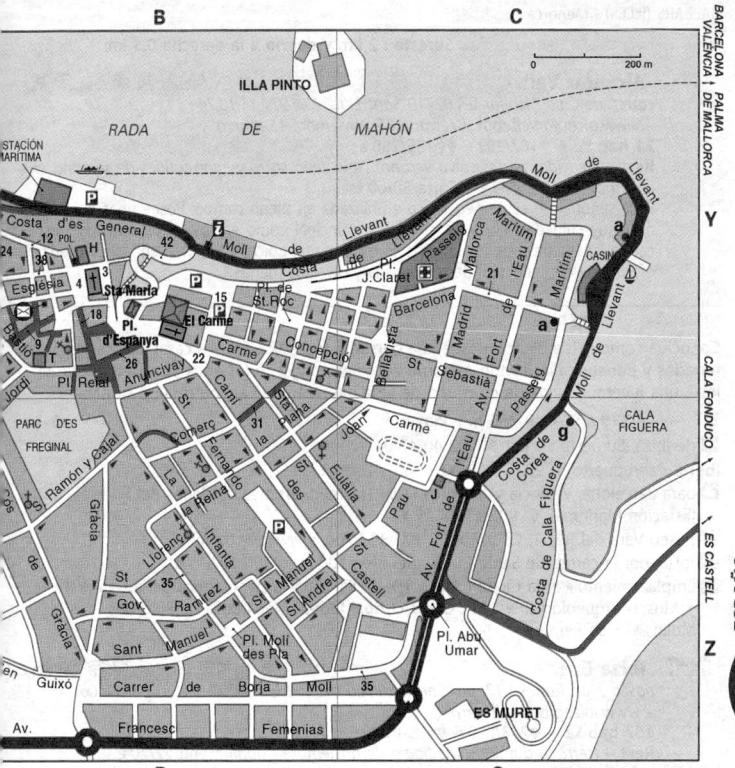

XX **Pan y Vino** 🗓 🗓 🏠 📶 🍴

*camí de la Coixa 3, Torret - Sur : 1 km ⊠ 07710 – 𝒞 971 15 02 01*
– *www.panyvinomenorca.com* – *cerrado 22 diciembre-30 enero y martes*
**Rest** – *(solo cena)* Menú 30/50 € – Carta 34/44 €
Instalado en una casa encalada típica de la zona. Su interior descubre un espacio lleno de rincones a modo de saloncitos, todos de cálida rusticidad y en tonos blancos. Cocina internacional actualizada basada en los productos de temporada.

**por la carretera de Binibèquer** Suroeste : 2,5 km y desvío a la derecha 1 km

XX **Sa Parereta d'en Doro** 🏠 🍴 🅿

*Camí de Binissafullet ⊠ 07710 Sant Lluís – 𝒞 971 15 03 53 – www.sapareretadendoro.com*
– *cerrado 2ª quincena de enero, lunes y martes mediodía salvo verano*
**Rest** – *(solo almuerzo en invierno salvo viernes y sábado)* Menú 18/45 € – Carta 33/46 €
Ubicado en pleno campo. Tras su fachada encalada encontrará un agradable patio-terraza y un comedor neorrústico muy luminoso. Ofrece una cocina mediterránea con toques actuales y un menú degustación, siempre con platos bien presentados.

**por la carretera de Es Castell** Noreste : 1,5 km y desvío a la izquierda 0,5 km

⛫ **Biniarroca** 🌿 🚗 🏠 🔟 🛁 hab, 📶 🍴 rest, 🛜 🅿

*Camí Vell 57 ⊠ 07710 Sant Lluís – 𝒞 971 15 00 59 – www.biniarroca.com – abril-octubre*
**18 hab** ⊑ – †100/195 € ††130/230 €
**Rest** – *(cerrado domingo noche)* Menú 30 € – Carta 30/55 €
Precioso conjunto rural que remonta sus orígenes al s. XVII. Su coqueto interior esconde una boutique, un salón social muy hogareño y unas encantadoras habitaciones de estética rústica, algunas con terraza. El comedor, también rústico y decorado con cuadros impresionistas, ofrece una cocina internacional.

155

**por la carretera de Alcalfar** Sureste : 2 km y desvío a la derecha 0,5 km

⬆️ **Alcaufar Vell** 🍴 🚗 ⌛ ⚐ hab, Ⓜ️ ⚠️ rest, 🛜 **P.**
*carret. de Cala Alcalfar* ✉️ *07710 Sant Lluís –* 𝒞 *971 15 18 74*
*– www.alcaufarvell.com – cerrado 15 noviembre-15 marzo*
**21 hab** ⌛ **–** 🛏️107/252 € 🛏️🛏️135/280 €
**Rest** *– (cerrado martes salvo verano) (solo cena salvo verano y fines de semana en invierno)* Menú 38/68 € *– Carta 30/60 €
Casa señorial de estilo neoclásico emplazada en pleno campo. Posee unas habitaciones muy cuidadas, tanto en el edificio principal como en los viejos establos, destacando las últimas por sus terrazas. El restaurante, ubicado también en las caballerizas, oferta una cocina actual de temporada y diversos menús.

## EIVISSA o IBIZA

Conocida como la Isla Blanca, posee una personalidad única por sus casas blancas, por sus terrados y por sus calles tortuosas como zocos africanos. En los años 60 se estableció en Ibiza una juventud ávida de un modo de vida diferente que encontró aquí su hábitat.

**EIVISSA** *– 579* C10 *– 49 768 h. – Playa*     **6** A2
🛫 *de Ibiza, Suroeste : 9 km* 𝒞 *902 40 47 04*
**Iberia :** aeropuerto 𝒞 902 40 05 00
🚢 para Barcelona, Valencia y Mallorca : Cía. Trasmediterránea, Andenes del Puerto (Estación Marítima), 𝒞 902 45 46 45 Y
ℹ️ paseo Vara del Rey 1, ✉️ 07800, 𝒞 971 30 19 00, www.ibiza.travel
🏌️ Ibiza, por la carret. de Santa Eulalia del Río : 10 km, 𝒞 971 19 61 18
◉ Emplazamiento★ • La Ciudad Alta★ (Dalt Vila) Z, Vista panorámica de la Catedral★ • Museo Arqueológico★ ZM¹. **Otras curiosidades :** Necrópolis de Puig des Molins★ • Sa Penya★ Y

🏨 **Ibiza G.H.** ⮜ 🍴 ⌛ 🛗 🎬 ⚐ hab, Ⓜ️ ⚠️ 🛜 🏊 🚗
*paseo Juan Carlos I-17, por Santa Eulàlia des Riu* ✉️ *07800 –* 𝒞 *971 80 68 06*
*– www.ibizagranhotel.com*
**157 hab** ⌛ **–** 🛏️233/850 € 🛏️🛏️294/850 €
**Rest** *– (cerrado domingo mediodía de noviembre - abril)* Menú 22/70 €
*– Carta 29/71 €*
Dotado de grandes espacios, luz natural, un patio interior con lucernario y una elegante decoración a base de obras de arte. Habitaciones amplias y de línea actual. El restaurante del hotel se ve complementado por otro en el área del Casino.

🏛️ **Mirador de Dalt Vila** 📧 Ⓜ️ ⚠️ 🛜
*pl. de España 4* ✉️ *07800 –* 𝒞 *971 30 30 45 – www.hotelmiradoribiza.com – Semana Santa-octubre*     **Z**b
**10 hab –** 🛏️200/325 € 🛏️🛏️340/590 €, ⌛ 21 € *– 2 suites*
**Rest** *Mirador de Dalt Vila –* ver selección restaurantes
Esta preciosa casa señorial data de 1905 y destaca por su emplazamiento, pues se encuentra dentro del recinto amurallado. Compensa su escueta zona social con unas magníficas habitaciones, todas con mobiliario clásico-actual de calidad.

XX **El Cigarral** Ⓜ️ ⚠️
*Fray Vicente Nicolás 9, por av. d'Ignasi Wallis* ✉️ *07800 –* 𝒞 *971 31 12 46*
*– www.elcigarralrestaurante.com – cerrado 25 agosto - 15 septiembre y domingo*
**Rest** *–* Menú 30/45 € *– Carta 33/45 €*
Llevado con acierto por el chef-propietario y su familia. En su comedor, de ambiente castellano, ofrecen una cocina de base tradicional donde nunca falta algún plato de caza.

XX **Sa Nansa** 🍴 Ⓜ️ ⚠️
*av. 8 de Agosto 27, por Santa Eulàlia des Riu* ✉️ *07800 –* 𝒞 *971 31 87 50*
*– www.restaurantesanansa.com – cerrado del 15 al 31 de octubre, domingo noche y lunes salvo verano*
**Rest** *–* Carta 45/65 €
¡Alejado del bullicioso centro! Ocupa los bajos de un edificio de apartamentos y se presenta con dos salas, una a modo de terraza acristalada y la otra interior. Platos marineros y especialidades, como los arroces o los pescados frescos.

ESPAÑA

## EIVISSA / IBIZA

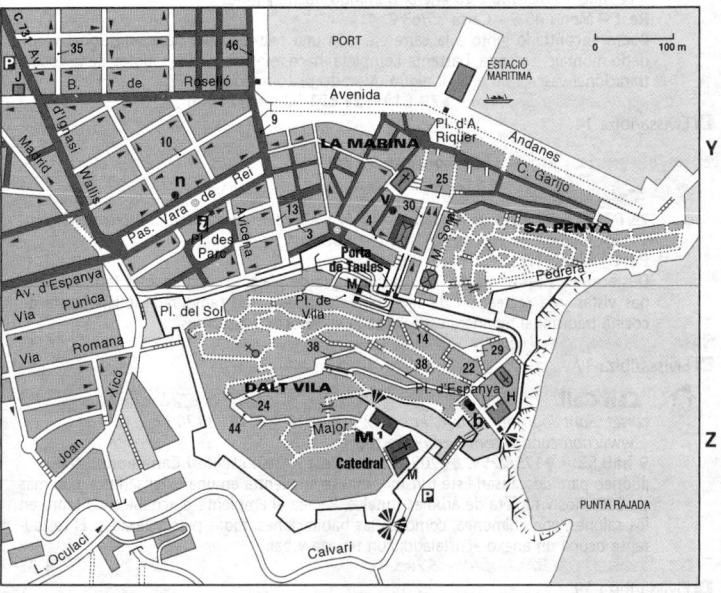

ESPAÑA

XX   **Mirador de Dalt Vila** – Hotel Mirador de Dalt Vila   🔼 ⛵
*pl. de España 4* ⊠ *07800 –* 𝒞 *971 30 30 45 – www.hotelmiradoribiza.com
– Semana Santa-Octubre*   **Zb**
**Rest** – Menú 80 € – Carta 66/79 €
Disfruta de un acceso independiente respecto al hotel y cuenta con un bar de estilo
clásico-actual. La sala es pequeña pero agradable, con el techo pintado al fresco y
varios óleos decorando sus paredes. Cocina actual muy bien elaborada.

X   **Ca n'Alfredo**   🔲 🔼 ⛵
*passeig Vara de Rei 16* ⊠ *07800 –* 𝒞 *971 31 12 74 – www.canalfredo.com
– cerrado del 16 al 30 de noviembre, domingo noche y lunes salvo festivos*   **Yn**
**Rest** – Menú 30 € – Carta 38/65 €
Céntrico, familiar y de larga trayectoria en la ciudad. Viste sus paredes con curiosas
fotografías de clientes famosos y ofrece una cocina tradicional de abundantes raciones, enriquecida con algunos platos ibicencos y catalanes.

X   **Nanking**   🔼 ⛵
*de Mar 8-1°* ⊠ *07800 –* 𝒞 *971 19 09 51 – cerrado 27 enero-27 febrero,
del 9 al 27 de junio, miércoles y jueves mediodía*   **Yv**
**Rest** – Carta 16/32 €
Este restaurante chino disfruta de un correcto comedor adornado con motivos orientales, aunque sorprendentemente no resulta recargado. Atractiva localización, seria
organización y una cocina cantonesa de calidad a precios contenidos.

### en la carretera de Sant Miquel de Balansat

XX   **La Masía d'en Sort**   🔼 🅿
*Norte : 6,5 km* ⊠ *07800 Eivissa –* 𝒞 *971 31 02 28 – www.lamasiaibiza.com – abril-octubre*
**Rest** – *(cerrado lunes salvo agosto) (solo cena)* Menú 45 € – Carta 39/61 €
Ocupa una hermosa masía, donde se conjuga el encanto de la arquitectura tradicional
isleña con un interior rústico-ibicenco muy detallista y acogedor. Encontrará una agra-
dable terraza y una cocina de base tradicional con platos marineros.

157

### en Sant Jordi

%% **S'Oficina** 🔥 🗚 ⊗ 🅿

*Begonias 20 (edif. Cantábrico), Suroeste : 3 km* ⊠ *07817 Sant Jordi –* ☎ *971 39 00 81*
*– cerrado 20 diciembre-20 enero, domingo noche y lunes*
**Rest** – Menú 45 € – Carta 35/63 €
Podrá encontrarlo junto a la carretera, con una sala de línea clásica-funcional y cuidado montaje. Su carta, bastante completa, hace referencia a los sabores de la cocina tradicional vasca... sin olvidar algún que otro plato más isleño.

**SANT JOSEP DE SA TALAIA** – **579** B10 – 24 691 h. – alt. 216 m     **6** A2
▶ Eivissa/Ibiza 14

### en la playa de Cala Tarida Noroeste : 7 km

% **Ca's Milà** ⪦ 🔥 🅿

⊠ *07830 Sant Josep de Sa Talaia –* ☎ *971 80 61 93 – www.restaurantecasmila.com*
*– mayo-octubre y fines de semana resto del año*
**Rest** – Menú 17/35 € – Carta 38/61 €
Destaca por su privilegiada localización a pie de playa, con agradables terrazas, serenas vistas y la recreación de un ambiente chill-out en temporada. Buena carta de cocina tradicional marinera especializada en arroces y pescados.

**SANT LLORENÇ DE BALAFIA** – **579** C9     **6** A2
▶ Eivissa/Ibiza 17

⌂ **Can Gall** ⊗ 🗲 ᴕ hab, 🗚 ⊗ 🛜 🅿

*carret. Sant Joan de Labritja, km. 17,2* ⊠ *07812 –* ☎ *971 33 70 31*
*– www.agrocangall.com – abril - octubre*
**9 hab** ⊑ – ♦175/225 € ♦♦205/265 €    **Rest** – *(solo clientes)* Carta aprox. 40 €
¡Idóneo para descansar! Este turismo rural se encuentra en una extensa finca, con más de 200 años y repleta de árboles frutales. Recrea el ambiente típico ibicenco tanto en los salones, con chimenea, como en las habitaciones, todas personalizadas. El restaurante ocupa un anexo acristalado, con terraza y bar.

**SANT MIQUEL DE BALANSAT** – **579** C9     **6** A2
▶ Eivissa/Ibiza 19

⌂ **Can Pardal** ⪦ 🗲 🗚 hab, ⊗ hab, 🛜

*Missa 3* ⊠ *07815 –* ☎ *971 33 45 75 – www.canpardalibiza.com*
**5 hab** ⊑ – ♦118/180 € ♦♦168/258 €
**Rest** – (es necesario reservar) *(solo clientes, solo cena)* Menú 30 €
Paredes encaladas, muros anchos, agradables patios, una elegante estética rústica-ibicenca, piscina con vistas al valle... ¡perfecto para una escapada en pareja! Presenta dos comedores, uno con chimenea, y unas habitaciones muy confortables, estas repartidas entre el edificio principal y sus anexos.

### por la carretera de Port de Sant Miquel
Norte : 2,5 km y desvío a la izquierda 1 km

🏨 **Cas'Pla** sin rest ⊗ ⪦ 🚗 🗲 🖐 🗚 🛜 🅿

⊠ *07811 Sant Miquel de Balansat –* ☎ *971 33 45 87 – www.caspla-ibiza.com*
*– marzo-noviembre*
**16 hab** – ♦125/193 € ♦♦143/220 €, ⊑ 14 €
Encantador conjunto hotelero emplazado en plena naturaleza. Disfruta de unas buenas zonas sociales, que combinan clasicismo y rusticidad, así como unas elegantes habitaciones, destacando las que tienen terraza privada y vistas al valle.

### en la urbanización Na Xamena Noroeste : 6 km

🏨 **Hacienda Na Xamena** ⊗ ⪦ 🔥 🗲 🗔 ⊗ 🍽 🖐 ᴕ hab, 🗚 ⊗ rest, 🛜

⊠ *07815 Sant Miquel de Balansat –* ☎ *971 33 45 00*     🏔 🅿
*– www.hotelhacienda-ibiza.com – 27 abril-28 octubre*
**77 hab** – ♦195/469 € ♦♦245/904 €, ⊑ 25 € – 5 suites
**Rest** – Menú 49/85 € – Carta 50/75 €
Le cautivará por su privilegiado emplazamiento en una reserva natural, asomado a una cala. Lujo, SPA y servicios terapéuticos en un edificio ibicenco de exquisita decoración. El restaurante destaca por sus terrazas, pues se encuentran a distintas alturas y ofrecen unas fantásticas vistas panorámicas al mar.

**SANTA EULALIA DEL RÍO** – 579 D10 – 34 946 h. – **Playa**                6 A2
▶ Eivissa/Ibiza 15
🛈 De Marià Riquer Wallis 4 , ✉ 07840, 𝒞 971 33 07 28, www.santaeulalia.net
📷 Puig de Missa ★

🏨🏨🏨  **Aguas de Ibiza**         🍴 ⅃✿ 🛗 ⅃ hab, 🅠 hab, 🍽 rest, 🛜 🕍 🚗
*Salvador Camacho 9* ✉ 07840 – 𝒞 971 31 99 91 – www.aguasdeibiza.com
– marzo-diciembre
**112 hab** ⌷ – ♦♦190/670 € – 1 suite
**Rest** *La Sal* – Carta 38/70 €
¡Orientado a parejas y de carácter ecológico! Presenta unas instalaciones actuales y luminosas, con la zona social asomada a la piscina, un SPA y habitaciones de gran confort, todas con terraza y buenas vistas. Entre sus restaurantes destaca La Sal, que ofrece una cocina tradicional con detalles actuales.

**por la carretera de Cala Llonga** Sur : 4 km

🍴  **La Casita**                              🚗 🅠 🄿
*urb. Valverde* ✉ 07849 Cala Llonga – 𝒞 971 33 02 93 – www.ibizalacasita.com
– cerrado 10 enero-10 febrero y martes
**Rest** – (solo cena salvo sábado, domingo y festivos) Menú 21/45 € – Carta 31/62 €
Como su propio nombre indica ocupa un edificio que destaca por su entorno, repleto de árboles, con una coqueta terraza y una zona chill-out. Ofrece un comedor acristalado, tres salas, una carpa para banquetes y una cocina internacional.

**por la carretera de Sant Carles** Noreste : 5 km y desvío a la izquierda 0,5 km

🏨  **Can Curreu**                        ✿ ⅃ ✿ ⅃ 🅠 🛜 🄿
✉ 07840 Santa Eulalia del Río – 𝒞 971 33 52 80 – www.cancurreu.com
**15 hab** ⌷ – ♦♦195/275 € – 3 suites
**Rest** *Can Curreu* – ver selección restaurantes
Se encuentra en una finca arbolada, distribuido entre varias casas encaladas de ambiente ibicenco. Encontrará unas habitaciones de aire rústico-actual y gran nivel, con los techos en madera, terraza y en muchos casos chimenea. Pequeño SPA.

🍴🍴  **Can Curreu** – Hotel Can Curreu         🚗 🅠 🍽 🄿
✉ 07840 Santa Eulalia del Río – 𝒞 971 33 52 80 – www.cancurreu.com
**Rest** – Menú 35/52 € – Carta 44/71 €
¡Uno de los mejores restaurantes de la isla! Disfruta de un acogedor comedor de estilo mediterráneo-ibicenco y una atractiva terraza techada junto a un olivo milenario. Carta de corte tradicional con toques actuales.

**SANTA GERTRUDIS DE FRUITERA** – 579 C10          6 A2
▶ Eivissa/Ibiza 11

**al Oeste** 6,5 km

🏠  **Cas Gasi**                       ✿ 🚗 🚗 ⅃ ✿ 🅠 🛜 🄿
*Camí Vell de Sant Mateu* ✉ 07814 Santa Gertrudis de Fruitera – 𝒞 971 19 77 00
– www.casgasi.com
**10 hab** ⌷ – ♦240/335 € ♦♦290/399 €   **Rest** – Carta aprox. 55 €
Finca rústica de aire ibicenco ubicada en pleno campo, con un precioso entorno ajardinado. Posee un buen salón y cálidas habitaciones, todas con mobiliario antiguo y los techos en madera. También hay un pequeño SPA y un comedor de uso exclusivo para el cliente alojado, donde ofrecen una carta internacional.

# FORMENTERA
Esta isla está formada por dos islotes unidos por un istmo llano y arenoso. Las playas de arena blanca y agua cristalina son el principal atractivo de esta pequeña isla. En la costa alternan los acantilados rocosos y las dunas salpicadas de arbustos.

**ES PUJOLS** – 579 C11 – 555 h. – **Playa**          6 A2
▶ Sant Francesc de Formentera 5
🛈 Port de la Savina (Edif. Servicios del Puerto), ✉ 07870, 𝒞 971 32 20 57,
www.formentera.es

### Sa Volta
🔟 🕯 🖾 🛇 🛜

*av. Miramar 94 ⊠ 07860 Sant Francesc – € 971 32 81 25 – www.savolta.com*
*– 15 marzo - 26 octubre*

**25 hab** 🖵 – ♦75/115 € ♦♦100/225 € **Rest** – Menú 15 € – Carta 22/45 €
Un hotelito familiar en constante evolución, pues poco a poco va actualizando sus instalaciones. Compensa su reducida zona social con unas confortables habitaciones, siendo las de la 3ª planta algo más actuales. Elegante bar-restaurante y coqueta azotea.

### Voramar sin rest, con cafetería
🔟 🖽 🕯 🛇 🖾 🛇 🛜 🅿

*av. Miramar 33 ⊠ 07871 Sant Ferran – € 971 32 81 19 – www.hostalvoramar.com*
*– mayo-octubre*

**41 hab** 🖵 – ♦68/132 € ♦♦92/174 €
De línea funcional-actual y próximo a la playa. Ofrece unas cuidadas habitaciones, la mayoría justas de espacio y con baños de plato ducha... eso sí, todas con terraza.

### Pinatar
🛜 🖾 🛇

*av. Miramar 25 ⊠ 07871 Sant Ferran – € 971 32 81 37*
*– www.restaurantpinatar.com – mayo-15 octubre*

**Rest** – *(solo cena)* Carta 39/65 €
Tras su portalón de madera se nos presenta con un interior de montaje actual y un agradable patio-terraza, donde podrá relajarse y desconectar del bullicio turístico. Amplia carta con cocina típica, campesina y marinera a partes iguales.

**SANT FERRAN DE SES ROQUES** – **579** C11      6 A2
🖸 Sant Francesc de Formentera 3

## en la carretera del Far de la Mola Sureste : 2,5 km

### Can Dani 🔞
🛜 🛆 🛇

*carret. de la Mola ⊠ 07871 Sant Ferran de ses Roques – € 971 32 85 05*
*– www.candaniformentera.com – mayo-octubre y resto del año como bistro*

**Rest** – *(cerrado lunes, martes y miércoles en invierno) (solo cena)* Menú 35/55 €
– Carta 30/45 €
Un restaurante donde hacen mucho con relativamente poco, pues proponen una cocina creativa de temporada que evoluciona según su clientela. ¡Ensalzan los productos autóctonos!

**BALLESTEROS** – Cuenca – **576** L/M 23      10 C2
🖸 Madrid 181 – Toledo 195 – Cuenca 14 – Guadalajara 147

### Hospedería Ballesteros
🕭 🛜 🖾 🛜

*⊠ 16196 – € 628 32 58 96 – www.hospederiaballesteros.com*

**10 hab** – ♦♦50/77 €, 🖵 6 €
**Rest** – *(es necesario reservar)* Menú 15 € – Carta 25/36 €
¡Una buena opción para desconectar! Conjunto formado por dos casas resguardadas tras un muro de piedra. Posee un salón social con chimenea, habitaciones muy detallistas e hidromasaje en la mayoría de los baños. En su comedor ofrecen una pequeña carta de cocina casera-tradicional.

**BALLESTEROS DE CALATRAVA** – Ciudad Real – **576** P18 – 455 h.      9 B3
– alt. 659 m
🖸 Madrid 198 – Alcázar de San Juan 82 – Ciudad Real 21 – Puertollano 34

### Palacio de la Serna
🕭 🛜 🔟 🕭 rest, 🖾 🛇 rest, 🛜 🛆 🅿

*Cervantes 18 ⊠ 13432 – € 926 84 22 08 – www.hotelpalaciodelaserna.es*

**27 hab** – ♦100/160 €, 🖵 9 € **Rest** – Carta 27/42 €
Este palacio del s. XVIII combina, con acierto, los detalles de época y la decoración más vanguardista... no en vano, el propietario es un artista polifacético que muestra aquí muchas de sus obras. Comedor de buen montaje y cocina tradicional. ¡Visite sus museos, uno de coches clásicos y otro al aire libre!

**BALNEARIO** – ver el nombre propio del balneario

**BANYALBUFAR** – Balears – ver Balears (Mallorca)

**BANYOLES** – Girona – **574** F38 – 19 341 h. – alt. 172 m    14 C3

▶ Madrid 729 – Figueres 29 – Girona/Gerona 19

🅹 passeig Darder-pesquera 10, ✉ 17820, 𝒞 972 57 34 70, www.banyoles.cat/turisme

🅶 Lago★ – Iglesia de Santa María de Porqueres★

XXX    **Ca l'Arpa** (Pere Arpa) con hab    🅸 & 🅰🅲 ⅀ rest, 🛜

☸    *passeig Indústria 5 ✉ 17820 – 𝒞 972 57 23 53 – www.calarpa.com*
    **8 hab** – ♦85 € ♦♦100 €, ⅀ 8 €
    **Rest** – *(cerrado domingo noche y lunes)* Menú 50/70 € – Carta 49/77 €
    Atesora dos espacios a la entrada, uno para comidas en formato pequeño y otro para
    la exposición-venta de repostería, así como una sala para la sobremesa en el sótano y
    un cuidado comedor principal. Proponen una cocina tradicional con detalles creativos
    y, como complemento, unas habitaciones de línea actual.
    → Ventresca de atún toro en escabeche ligero. Royal de pichón y muslos rellenos.
    Tarta de manzana con helado de regaliz.

XX    **Quatre Estacions**    🅰🅲

☺    *av. de La Farga 5 ✉ 17820 – 𝒞 972 57 33 00 – cerrado del 16 al 31 de agosto,*
    *domingo noche, festivos noche y lunes*
    **Rest** – *(solo almuerzo salvo fines de semana)* (es necesario reservar) Menú 18/30 €
    – Carta 27/42 €
    Este negocio, bien llevado entre dos matrimonios, disfruta de un cuidado comedor
    con profusión de madera y un semiprivado circular. Su carta presenta una cocina tra-
    dicional. ¡Pruebe su especialidad, los Erizos de mar rellenos y gratinados!

---

**BAQUEIRA-BERET** – Lleida – **574** D32 – alt. 1 500 m – Deportes de    13 B1
invierno : ⚡32 ⛷1 ⚡1

▶ Madrid 581 – Lleida/Lérida 174 – Vielha/Viella 14

🏨🏨🏨    **Tuc Blanc**    🗔 🅸 ⅀ 🛜 ♨ 🚗

    *carret de Bonaigua ✉ 25598 – 𝒞 973 64 43 50 – www.hoteltucblanc.com*
    *– 3 diciembre-20 abril*
    **160 hab** ⅀ – ♦52/118 € ♦♦104/233 €
    **Rest** – *(solo cena)* Menú 23 € – Carta 24/43 €
    Establecimiento de montaña ubicado a pie de pistas y dotado con una amplia varie-
    dad de servicios. Ofrece unas habitaciones funcionales pero bien renovadas, todas
    con mobiliario clásico en madera. El comedor, espacioso, sencillo y con servicio
    "show cooking", se ve complementado por una buena cafetería.

---

**BARBASTRO** – Huesca – **574** F30 – 17 304 h. – alt. 215 m    4 C1

▶ Madrid 442 – Huesca 52 – Lleida/Lérida 68

🅹 av. de la Merced 64, ✉ 22300, 𝒞 974 30 83 50, www.barbastro.org

🅶 Catedral★ - Centro de Interpretación del Somontano★ - Cañón del río Vero★

🅶 Torreciudad : ≤★★ (Noreste : 24 km)

🏨🏨🏨    **G.H. Ciudad de Barbastro**    🅸 & hab, 🅰🅲 ⅀ 🛜 ♨ 🚗

    *pl. del Mercado 4 ✉ 22300 – 𝒞 974 30 89 00 – www.ghbarbastro.com*
    **41 hab** ⅀ – ♦55/65 € ♦♦67/80 €
    **Rest** – *(cerrado domingo noche y lunes)* Menú 15/20 €
    Resulta céntrico y a él acuden tanto clientes de empresa como los turistas que viajan
    por la Ruta del Vino Somontano. La zona noble, algo reducida, se compensa con unas
    habitaciones amplias y bien equipadas. El restaurante, que ofrece una carta tradicio-
    nal y varios menús, se completa con un bar de tapas.

🏨🏨🏨    **San Ramón del Somontano**    🅸 & hab, 🅰🅲 ⅀ 🛜 🚗

    *Academia Cerbuna 2 ✉ 22300 – 𝒞 974 31 28 25*
    *– www.hotelsanramonsomontano.com*
    **17 hab** ⅀ – ♦88 € ♦♦109 € – 1 suite    **Rest** – Menú 20/35 € – Carta 37/47 €
    Ocupa un hermoso edificio que funcionó durante años como hostal. Compensa su
    reducida zona social con una cafetería y unas habitaciones de muy buen confort,
    todas de estética moderna. En su restaurante, elegante y de esmerado montaje,
    encontrará una carta tradicional actualizada y dos menús.

### Clemente
🖼 ᚴ hab, 🅰 🎇 🛜

*Corona de Aragón 5* ⊠ *22300 –* 𝒞 *974 31 01 86 – www.hotelclemente.com*
**32 hab –** †43/49 € ††60/66 €, �), 8 €   **Rest –** Menú 12/35 € – Carta 20/36 €
Céntrico y con unas calidades que lo asemejan a un hotel de ciudad. Ofrece habitaciones funcionales de buen confort, con los suelos en tarima y los baños completos.
El restaurante, en el sótano y de montaje clásico, elabora una cocina de tinte tradicional y dos menús, el del día y el especial.

### Mi Casa en Barbastro
🖼 ᚴ hab, 🅰 🎇 🛜

*av. de los Pirineos 12* ⊠ *22300 –* 𝒞 *974 30 88 84*
*– www.hotelmicasaenbarbastro.com*
**36 hab** �), **–** †44/55 € ††66/85 €   **Rest –** *(solo menú)* Menú 11/25 €
Un hotel de sencilla pero amable organización familiar. Dispone de un salón polivalente y completas habitaciones de estilo funcional-actual, con los suelos en tarima. El comedor, que resulta bastante modesto, solo ofrece un menú del día de sabor casero... aunque trabajan mucho con él.

### ❌ Flor
🅰 🎇 ⇔

*Goya 3* ⊠ *22300 –* 𝒞 *974 31 10 56 – www.restauranteflor.com – cerrado del 6 al 28
de enero, domingo noche y lunes*
**Rest –** Menú 21/30 € – Carta 32/52 €
Restaurante de gran capacidad dotado con varios comedores y un espacioso salón para banquetes. Ofrece una carta de gusto actual, con detalles de autor y buenas ejecuciones.

**BARBATE** – Cádiz – **578** X12 – **22 885 h.** – alt. 16 m                    1 B3
▶ Madrid 697 – Sevilla 170 – Cádiz 66 – Gibraltar 92

### ❌❌ El Campero ⓝ
🕊 🅰 🎇

*av. de la Constitución 5* ⊠ *11160 –* 𝒞 *956 43 23 00 – www.restauranteelcampero.es
– cerrado 15 días en enero, 15 días en febrero y lunes salvo agosto*
**Rest –** Menú 40/60 € – Carta 32/58 €
Toda una referencia, pues aquí el producto estrella es el emblemático Atún rojo de almadraba. Posee un amplio bar de tapas y dos salas, donde podrá descubrir unas elaboraciones de tinte tradicional... con buenos detalles actuales y nipones.

ESPAÑA

# BARCELONA

Planos de la ciudad en páginas siguientes

© Patrick Escudero / Hemis.fr

ESPAÑA

**– 1 620 943 h. – 574** H36

▶ Madrid 627 – Bilbao 607 – Lleida/Lérida 169 – Perpignan 187

### 🛈 Oficinas de Turismo

pl. de Catalunya 17-S, ✉ 08002, ☏ 932 85 38 34, , www.barcelonaturisme.com
passeig de Gràcia 107 (Palau Robert), ✉ 08008, ☏ 933 85 38 34, ,
www.barcelonaturisme.com
aeropuerto (Terminal 1), ✉ 08820, ☏ 936 85 38 34, , www.barcelonaturisme.com

### Transportes marítimos

⛴ para Baleares : Cia. Trasmediterránea, Moll de Sant Beltrà (Estació Marítima), ☏ 902 45 46 45 CT

### Aeropuerto

✈ de El Prat-Barcelona por ⑤ : 18 km ☏ 902 40 47 04
**Iberia** : aeropuerto ☏ 902 40 05 00

### Automóvil Club

**R.A.C.E.** Muntaner 107 ☏ 934 51 15 51
**R.A.C.C.** Galileu 293 ☏ 934 95 51 47

### ◎ VER

**Barrio Gótico :** Casa de l'Ardiaca★ 7MX**A** • Catedral★ (vista desde el tejado★★) 7MX • Carrer Paradis 10 (columnas romanas★) 7MX**133** • Plaça del Rei★★ 7MX**150** • Museu d'Història de la Ciutat★★ 7MX**M¹** • Capilla de Santa Ágata★★ (retablo★★) 7MX**F** • Mirador del Rei Martí★★ 7MX**K** • Museu Frederic Marès★ 7MX**M².**
**La Rambla :** Museu d'Art Contemporani de Barcelona★★4M¹⁰ • Centre de Cultura Contemporània de Barcelona (patio★) 4**R** • Antiguo Hospital de la Santa Creu (patio gótico★) 6LY • Iglesia de Santa María del Pi★ 6LX • Palau de la Virreina★ 6LX • Palau Güell★★ 6LY • Plaça Reial★★ 7MY.
**La Fachada Marítima :** Atarazanas★★ y Museo Marítimo★ 7 • Port Vell★ (Aquàrium★) 7NY • Basílica de la Mercé★ 7NY • La Llotja★ (sala gótica★★) 7NX • Estació de França★ 7NVX • Parque de la Ciutadella★ 7NV (Cascada★, Castell dels Tres Dragons★★, Museo de Zoología★ 7NV**M⁷**, Parque Zoológico★ 5KX) • La Barceloneta★ 5KXY • Museu d'Història de Catalunya★ 5KY**M⁹** • Vila Olímpica★ (puerto deportivo★★, vista desde las torres gemelas★★★) 2DT.

BARCELONA

**Carrer de Montcada :** Museo Picasso* 7NV • Iglesia de Santa María del Mar** 7NX.

**Montjuïc :** Entorno★ 2CT • Pavelló Mies van der Rohe** 1BT**Z** • Museu Nacional d'Art de Catalunya*** 2CT**M⁴** • Pueblo Español (Poble Espanyol)★ 1BT**E** • Anella Olímpica★ (Estadi Olimpic★ 2CT, Palau Sant Jordi** 1BT**P¹**) • Fundació Joan Miró*** 2CT**W** • Teatre Grec★ 2**T¹** • Museu Arqueològic★ 2**M⁵·**

**L'Eixample :** Sagrada Familia*** (fachada y vista) 5JU • Hospital Sant Pau* 2CS • Passeig de Gràcia★★ 4HV (Casa Lleó Morera★ 4Y, Casa Amatller★ 4HVY, Casa Batlló★★★ 4HVY, La Pedrera o Casa Milà★★ 4HV**P**) • Casa Terrades o Les Punxes★ 4HV**Q** • Park Güell★★ 1BS (banco ondulado★ y Casa-Museo Gaudí★) • Palau de la Música Catalana★★7 (fachada y cúpula invertida) • Fundació Antoni Tàpies★★ 4HV**S**.

**Otras Curiosidades :** Monasterio de Santa María de Pedralbes** (capilla de Sant Miquel***) 3EX • Palacio de Pedralbes (Museu de les Arts Decoratives★) 3EX • Pabellones Güell★ 3EX • Iglesia de Sant Pau del Camp (claustro★) 6LY.

# Lista alfabética de los hoteles
# Lista alfabética dos hotéis
## Index of hotels

# Lista alfabética de los restaurantes
# Lista alfabética dos restaurantes
# Index of restaurants

ESPAÑA

ESPAÑA

## Establecimientos con estrellas
## Estabelecimentos com estrelas
## Starred restaurants

## Bib Gourmand

→Buenas comidas a precios moderados
→Refeiçöes cuidadas a preços moderados
→Good food at moderate prices

ESPAÑA

## Restaurantes especializados
## Restaurantes especializados
## Restaurants by cuisine

## Restaurantes abiertos sábado y domingo
## Restaurantes abertos sábado e domingo
## Restaurants open on saturday and sunday

ESPAÑA

# BARCELONA

ESPAÑA

C
D
GIRONA
PUIGCERDÀ
VIC
TARRASA
MATARÓ
N 150
C 58
C 33
N 152
B 20
C 31
B 10
Can Cuias
VALLBONA
Ciutat Meridiana
Torre Baró Vallbona
Trinitat Vella
Trinitat-Nova
NOU BARRIS
Roquetes
Canyelles
Via Júlia
STA COLOMA DE GRAMENET
Sta Coloma
Torras i Bages
Sant Andreu
S. ANDREU
Fabra i Puig
Valldaura
HORTA
Llucmajor
Vilapicina
Virrel Amat
Horta
El Carmel
Maragall
Congrés
Sagrera
Guinardó
SANT PAU
Camp de l'Arpa
Navas
Clot
Bac de Roda
Hospital St Pau
Encants
Alfons X
EUROPOLIS
SAGRADA FAMILIA
Pl. de les Glòries Catalanes
Pl. de Joan Carles I
Diagonal
CASA MILÀ
PAS. DE GRÀCIA
Pl. de Tetuan
PARC ZOOLÒGIC
França
Pl. de Catalunya
CATEDRAL
BARRI GÒTIC
Av. del Paral.lel
LA BARCELONETA
ESTACIÓ MARÍTIMO
WORLD TRADE CENTER
PLATJA
ESTADI OLIMPIC
Castell de Montjuïc
RONDA DEL LITORAL
BALEARES
GENOVA
MAR MEDITERRÀNIA
MAR MEDITERRÁNEO
VILA OLÍMPICA
Llacuna
Poblenou
Selva de Mar
Maresme Fòrum
FORUM
Besòs Mar
Besòs
Sant Martí
La Pau
Verneda
S. ADRIÀ DE BESÒS
Joan XXIII
Sant Roc
BADALONA
Pep Ventura
Gorg
Liszt
S
T
ESPAÑA
E POBLE ESPANYOL
M⁴ MUSEU D'ART DE CATALUNYA
M⁵ MUSEU ARQUEOLÒGIC
P¹ PALAU SANT JORDI
T¹ TEATRE GREC
W FUNDACIÓ JOAN MIRÓ
Z PAVELLÓ MIES VAN DER ROHE

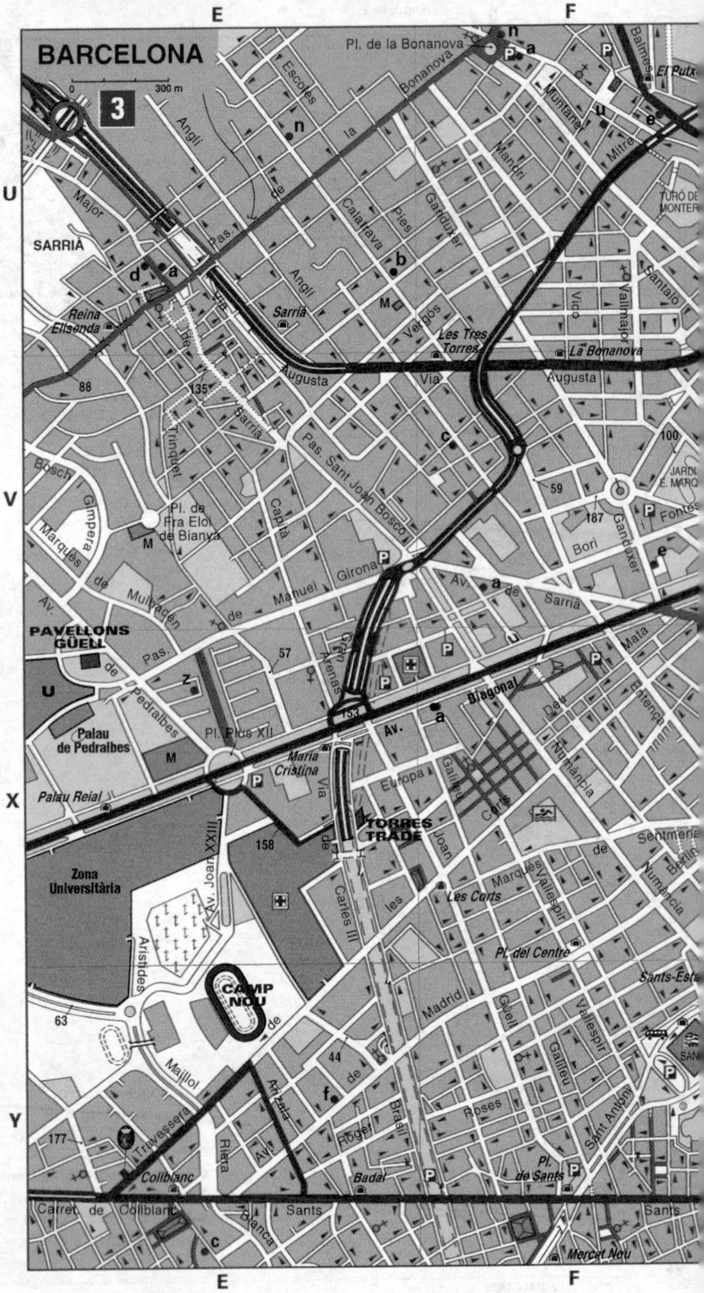

BARCELONA
3
0
300 m
E
F
U
V
X
Y
Pl. de la Bonanova
Escoles
Bonanova
la
Pas. de
Anglí
Major
SARRIÀ
Reina Elisenda
Via
Augusta
Calatrava
Pies
Ganduxer
Muntaner
Mandri
Mitre
Balmes
El Putxet
TURÓ DEL MONTEROLS
Santaló
Vico
Vallmajor
Sarrià
Vergós
Les Tres Torres
La Bonanova
88
135
Sarrià
Trinquet
Pas. Sant Joan Bosco
100
59
187
JARDÍ E. MARQ
Fontes
Bori
Bosch i Gimpera
Pl. de Fra Eloi de Bianya
Marquès de Mulhacén
Capità
Girona
Manuel
Av. de Sarrià
Mata
Av. de Pedralbes
PAVELLONS GÜELL
Pas. de Manuel Girona
57
Gran
Arenas
Diagonal
Deu i Mata
Entença
Numància
153
Av.
Pl. Pius XII
Palau de Pedralbes
Maria Cristina
Europa
Galileu
Palau Reial
Via de Carles III
TORRES TRADE
Joan
Corts
Sentmenat
Berlín
Zona Universitària
158
Av. Joan XXIII
Marquès de les Corts
Les Corts
Vallespir
Pl. del Centre
Arístides Maillol
CAMP NOU
63
Madrid
Sants-Esta
Travessera de
44
Guell
Galileu
Vallespir
Arizala
Roger de
Brasil
Roses
Sant Antoni
177
Riera Blanca
Collblanc
Badal
Pl. de Sants
Carret. de Collblanc
Sants
Blanca
Mercat Nou
U
M
P

ESPAÑA

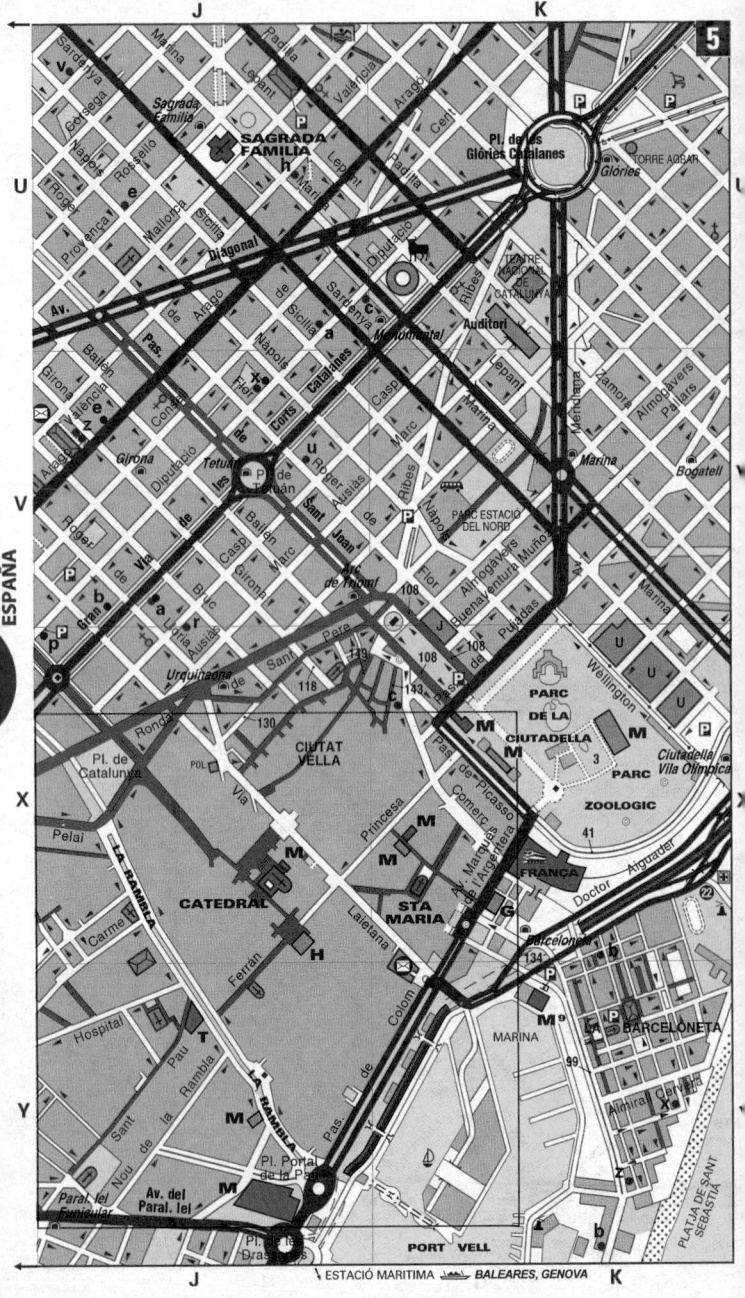

# ÍNDICE DE CALLES DE BARCELONA

175

## Ciutat Vella y La Barceloneta

### ⊞⊞⊞ W Barcelona ⟨ ⤢ ☎ ⽊ ⊟ ⟨ ⧠ ✗ rest, 🛜 ⥷ ⛵
*pl. de la Rosa dels Vents 1 (Moll De Llevant)* ⊠ 08039 – ☎ 932 95 28 00
*– www.w-barcelona.com* **2CTa**
**473 hab** – ♥♥245/695 €, ⊑ 30 € – 67 suites
**Rest** *Bravo 24* – ver selección restaurantes
**Rest** – Carta 56/85 €
El hotel, diseñado por Ricardo Bofill, se encuentra en la zona del puerto y presenta dos edificios de cristal, uno en forma de cubo y el otro a modo de vela abierta al mar. Completo SPA, excelentes habitaciones, amplias salas de reuniones y sorprendente lounge-bar en la planta 26.

### ⊞⊞⊞ H1898 ⛲ ⊞ ☎ ⽊ ⊟ ⟨ hab, ⧠ ✗ 🛜 ⥷ ⛵
*La Rambla 109* ⊠ 08002 Ⓜ *Catalunya* – ☎ 935 52 95 52 – *www.hotel1898.com*
**166 hab** – ♥195/450 € ♥♥195/510 €, ⊑ 24 € – 3 suites **6LXf**
**Rest** – Menú 35/55 € – Carta 27/40 €
Ocupa lo que fue la sede de Tabacos de Filipinas y presenta una estética clásica-actual. Zona SPA, habitaciones equipadas al más alto nivel y azotea-solárium con vistas. En el restaurante, de estilo colonia-actual, encontrará una carta de cocina mediterránea con un buen apartado de tapas.

### ⊞⊟⊞ Mercer H. Barcelona Ⓝ ⛲ ⊟ ⟨ ⧠ ✗ 🛜
*Lledó 7* ⊠ 08002 Ⓜ *Jaume I* – ☎ 933 10 74 80 – *www.mercerbarcelona.com*
**27 hab** – ♥♥320/350 €, ⊑ 30 € – 1 suite **7MXa**
**Rest** *Mercer* – *(cerrado domingo y lunes)* Menú 45/120 €
Un hotel con mucha historia, pues ocupa un palacio remodelado por Rafael Moneo que aún atesora maravillosos vestigios... como la muralla romana de Barcino. Jardín vertical, habitaciones de buen confort y hermoso restaurante, donde sirven una cocina de autor.

### ⊞⊟⊞ Montecarlo sin rest ⊟ ⟨ ⧠ ✗ 🛜 ⥷ ⛵
*La Rambla 124* ⊠ 08002 Ⓜ *Catalunya* – ☎ 934 12 04 04 – *www.montecarlobcn.com*
**50 hab** – ♥102/165 € ♥♥153/337 €, ⊑ 14 € **6LXr**
Ubicado en un palacio del s. XIX, donde se combinan armónicamente los detalles de época y el confort actual. Ofrece habitaciones clásicas y otras renovadas más actuales.

### ⊞⊟⊞ Ohla ⽊ ⊟ ⟨ ⧠ 🛜 ⥷ ⛵
*Vía Laietana 49* ⊠ 08003 Ⓜ *Urquinaona* – ☎ 933 41 50 50 – *www.ohlahotel.com*
**74 hab** – ♥♥199/347 €, ⊑ 26 € **6LVb**
**Rest** *Saüc* ✿ – ver selección restaurantes
Tras su hermosa fachada encontrará un hotel moderno, con buenos detalles de diseño. Todas las habitaciones son actuales y la mitad sorprende con una ducha acristalada en medio de la misma. ¡También tiene una terraza chill out en la azotea!

### ⊞⊟⊞ DO: Plaça Reial Ⓝ ⊞ ⧠ rest, ✗ 🛜
*pl. Reial 1* ⊠ 08002 Ⓜ *Liceu* – ☎ 934 81 36 66 – *www.hoteldoreial.com*
**18 hab** ⊑ – ♥230/245 € ♥♥260/300 € **7MYa**
**Rest** *La Cuina del Do* – ☎ 932 22 27 07 *(cerrado domingo noche y lunes)*
Menú 28/55 € – Carta 38/64 €
Ocupa un edificio que data de 1856 y destaca por su emplazamiento, pues se halla en una de las plazas más bellas de Barcelona. Entre sus habitaciones de línea clásica-actual brilla con luz propia El Terrat, en la azotea, con terraza y piscina privadas. Buen restaurante con los techos abovedados en el sótano.

### ⊞⊟⊞ Neri ⊟ ⧠ ✗ rest, 🛜
*Sant Sever 5* ⊠ 08002 Ⓜ *Liceu* – ☎ 933 04 06 55 – *www.hotelneri.com*
**21 hab** – ♥♥200/460 €, ⊑ 19 € – 1 suite **7MXc**
**Rest** – Menú 22/37 € – Carta 44/65 €
Instalado en un palacete del s. XVIII que sorprende por su moderna estética interior. Sala-biblioteca, habitaciones donde prima el diseño y una terraza en el ático. En el comedor, que tiene dos arcos de piedra del s. XII, ofrecen una carta mediterránea-actual.

ESPAÑA

### España 🏨

*Sant Pau 9* ✉ 08001 Ⓜ *Liceu* – 𝒞 *935 50 00 00 – www.hotelesespanya.com*
**82 hab** – †††135/315 €, ☑ 13 € **6LYf**
**Rest** *Fonda España* – ver selección restaurantes
Está en pleno casco antiguo y resulta fácil de localizar, pues ocupa un edificio del s. XIX contiguo al Liceu. Ofrece una correcta zona social con detalles históricos y habitaciones no muy amplias pero confortables, todas de línea moderna.

### Grand H. Central 🏨

*Via Laietana 30* ✉ 08003 Ⓜ *Jaume I* – 𝒞 *932 95 79 00*
*– www.grandhotelcentral.com* **7MVa**
**141 hab** – †††230/350 €, ☑ 24 € – 6 suites
**Rest** *Ávalon* – ver selección restaurantes
Hotel de línea actual y acogedoras instalaciones. Aquí encontrará unas habitaciones equipadas al detalle y espacios sumamente interesantes, como el Sky Bar de la azotea, con zona chill out y piscina panorámica, el moderno City Bar o la multifuncional The Gallery.

### Duquesa de Cardona 🏨

*passeig de Colom 12* ✉ 08002 Ⓜ *Drassanes* – 𝒞 *932 68 90 90*
*– www.hduquesadecardona.com* **7NYb**
**40 hab** – †150/265 € †††170/265 €, ☑ 17 € **Rest** – Carta 25/55 €
Tiene cierto encanto, pues se trata de una casa señorial del s. XIX donde se cuidan mucho los detalles. Excelentes habitaciones y atractiva terraza-solárium en la azotea. El restaurante combina su predominante estilo clásico con algunos elementos modernos.

### Barcelona Catedral 🏨

*Dels Capellans 4* ✉ 08002 Ⓜ *Catalunya* – 𝒞 *933 04 22 55*
*– www.barcelonacatedral.com* **7MVc**
**80 hab** – †††99/323 €, ☑ 19 €
**Rest** – *(cerrado agosto, sábado, domingo y festivos)* Menú 20 € – Carta 21/50 €
Tras su moderna fachada encontrará unas instalaciones actuales que destacan por su gusto decorativo, con habitaciones muy completas y una excelente terraza en un patio interior. El restaurante, ubicado junto al bar, combina su carta tradicional con un buen menú. ¡Ofrece paseos guiados por el Barrio Gótico!

### Barcelona Universal 🏨

*av. del Paral.lel 80* ✉ 08001 Ⓜ *Paral.lel* – 𝒞 *935 67 74 47*
*– www.hotelbarcelonauniversal.com* **6LYa**
**165 hab** – †100/500 €, ☑ 15 € – 2 suites **Rest** – *(solo cena)* Menú 23 €
Hotel de línea actual dotado con habitaciones espaciosas y bien equipadas. Posee un bar integrado en la zona social y una piscina panorámica con solárium en el ático. Restaurante de sencillo montaje en el que solo se sirve buffet con carnes a la brasa.

### Jazz sin rest 🏨

*Pelai 3* ✉ 08001 Ⓜ *Universitat* – 𝒞 *935 52 96 96 – www.hoteljazz.com*
**108 hab** – †105/275 € †††105/336 €, ☑ 16 € **4HXb**
Disfruta de una estética moderna y una decoración que desvela su gusto por las líneas puras. Habitaciones de buen equipamiento y terraza en el ático, con piscina y solárium.

### Lleó sin rest, con cafetería 🏨

*Pelai 22* ✉ 08001 Ⓜ *Universitat* – 𝒞 *933 18 13 12 – www.hotel-lleo.com*
**92 hab** – †99/160 € †††120/195 €, ☑ 14 € **4HXa**
Una buena opción, pues posee una elegante fachada y poco a poco se va renovando. Habitaciones de línea actual-funcional, espaciosa área social y pequeña piscina en la azotea.

### K+K Picasso sin rest 🏨

*passeig de Picasso 26* ✉ 08003 Ⓜ *Barceloneta* – 𝒞 *935 47 86 00*
*– www.kkhotels.com* **7NVc**
**92 hab** ☑ – †160/250 € †††175/300 €
Hotel de fachada clásica emplazado frente al Parc de la Ciutadella. Posee una recepción muy colorista, un bar de tapas, varias salas de reuniones y unas habitaciones de línea actual-funcional. El solárium de la azotea brinda buenas vistas.

ESPAÑA

ESPAÑA

### Onix Liceo sin rest 🏊 📶 🕭 🔲 🛠 📶 🛄 🚗
*Nou de la Rambla 36* ✉ *08001* Ⓜ *Liceu –* 𝒞 *934 81 64 41 – www.onixhotels.com*
**45 hab –** ♦80/120 € ♦♦90/130 €, ⌕ 9 €                                    **6LYx**
Ocupa un edificio rehabilitado del s. XIX que conserva su fachada, el patio de luces y la escalera original en mármol. Zona social moderna y habitaciones de línea funcional.

### Park H. sin rest 📶 🕭 🔲 🛠 📶
*av. Marqués de l'Argentera 11* ✉ *08003* Ⓜ *Barceloneta –* 𝒞 *933 19 60 00*
*– www.parkhotelbarcelona.com*                                              **7NXe**
**91 hab** ⌕ – ♦94/228 € ♦♦105/239 €
Instalado en un edificio protegido que data de 1953. Tiene una preciosa escalera de caracol y la mayoría de las habitaciones bien actualizadas. ¡Visite su gastrobar Ten's!

### Reding 📶 🕭 hab, 🔲 🛠 📶
*Gravina 5-7* ✉ *08001* Ⓜ *Universitat –* 𝒞 *934 12 10 97 – www.hotelreding.com*
**44 hab –** ♦135/428 € ♦♦146/455 €, ⌕ 16 €                                 **4HXd**
**Rest** – *(cerrado agosto, sábado noche, domingo y festivos)* Menú 12/24 €
– Carta 20/31 €
Hotel de fachada clásica ubicado cerca de la plaça de Catalunya. Presenta una recepción actual, un salón social y habitaciones bien renovadas, estas con mobiliario funcional. Su sencillo comedor ofrece una carta que combina la cocina tradicional y la catalana.

### Banys Orientals 📶 🕭 🔲 📶
*L'Argenteria 37* ✉ *08003* Ⓜ *Jaume I –* 𝒞 *932 68 84 60*
*– www.hotelbanysorientals.com*                                            **7NXt**
**43 hab –** ♦97 € ♦♦116 €, ⌕ 10 €
**Rest** *Senyor Parellada* 🕸 – ver selección restaurantes
Ofrece unas habitaciones muy confortables y de estética minimalista, con diseño a raudales, suelos en madera, estructura de dosel en las camas... sin embargo, no dispone de zona social.

### Continental Barcelona sin rest 📶 🔲 📶
*La Rambla 138-1º* ✉ *08002* Ⓜ *Catalunya –* 𝒞 *933 01 25 70*
*– www.hotelcontinental.com*                                               **6LVc**
**35 hab** ⌕ – ♦98/128 € ♦♦108/128 €
Hotel de fachada clásica y carácter centenario emplazado en plenas Ramblas. La recepción se completa con un espacio polivalente y unas habitaciones bastante bien renovadas.

### 🍴🍴🍴 Torre d'Alta Mar < 🔲 🛠
*passeig Joan de Borbó 88* ✉ *08039* Ⓜ *Barceloneta –* 𝒞 *932 21 00 07*
*– www.torredealtamar.com – cerrado del 23 al 27 de diciembre, domingo y lunes mediodía*                                                                   **5KYb**
**Rest** – Menú 48/66 € – Carta 64/83 €
Destaca por su original emplazamiento en lo alto de una torre metálica, a 75 metros de altura. Sala circular, actual y totalmente acristalada, con magníficas vistas al mar, al puerto y a la ciudad. Carta tradicional con detalles actuales.

### 🍴🍴🍴 Bravo 24 – Hotel W Barcelona 🍴 🕭 🔲 🛠
*pl. de la Rosa dels Vents 1 (Moll De Llevant)* ✉ *08039 –* 𝒞 *932 95 26 36*
*– www.carlesabellan.com*                                                  **2CTa**
**Rest** – 85 € – Carta 45/75 € 🕸
En la entreplanta del hotel W Barcelona, donde se presenta con una estética actual que da gran protagonismo a la madera y una coqueta terraza de verano. Cocina de base tradicional con toques actuales. ¡Las raciones suelen ser contundentes!

### 🍴🍴🍴 Saüc (Xavier Franco) – Hotel Ohla 🔲 🛠 🚗
✿ *Vía Laietana 49* ✉ *08003* Ⓜ *Urquinaona –* 𝒞 *933 21 01 89*
*– www.saucrestaurant.com*                                                 **6LVb**
**Rest** – Menú 40/105 € – Carta 60/76 €
Un restaurante de referencia. Disfruta de un moderno gastrobar y una sala actual, casi minimalista, en el piso superior. Su chef propone una carta de autor, con varios menús degustación, en la que conviven platos tradicionales y actuales.
➜ Canelón de pato asado con emulsión de su hígado, pera y piñones. Fricassée de habitas, mollejas y pulpitos. Soufflé caliente de cerezas y vainilla de Tahití.

ESPAÑA

## XX Comerç 24 (Carles Abellán)    AC ✷
*Comerç 24* ⊠ *08003* Ⓜ *Arc de Triomf – ℰ 933 19 21 02 – www.carlesabellan.com*
*– cerrado Navidades, domingo y lunes*    **5KXc**
**Rest** – Menú 84/106 € – Carta 52/74 € ⌂
De estética moderna y con la cocina a la vista del cliente. Propone dos menús degustación y una carta creativa a base de tapas, tostas, raciones... todo con sabores bien definidos, una técnica muy depurada y materias primas de 1ª calidad.
→ Migas de gallinero. Bacalao con acelgas, garbanzos y miso. Chocolate, cabra y moras.

## XX Senyor Parellada – Hotel Banys Orientals    AC ✷
*L'Argenteria 37* ⊠ *08003* Ⓜ *Jaume I – ℰ 933 10 50 94 – www.senyorparellada.com*
**Rest** – Carta 20/35 €    **7NXt**
Coqueto restaurante, de estilo clásico-colonial, dotado con varias salas en las que parece que el tiempo se hubiese detenido. Destaca tanto por su pequeño patio, con el techo acristalado, como por la autenticidad de su cocina catalana.

## XX Elx    ≤ 🏠 AC ✷
*Moll d'Espanya 5-Maremagnum, Local 9* ⊠ *08039* Ⓜ *Drassanes – ℰ 932 25 81 17*
*– www.elxrestaurant.com*    **7NYm**
**Rest** – Menú 34 € – Carta 28/45 €
Establecimiento agraciado con vistas al puerto de pescadores. Presenta un comedor moderno y una agradable terraza, ofreciendo pescados y una buena selección de arroces.

## XX Koy Shunka (Hideki Matsuhisa)    AC ✷
*Copons 7* ⊠ *08002* Ⓜ *Urquinaona – ℰ 934 12 79 39 – www.koyshunka.com*
*– cerrado 10 días en Navidades, Semana Santa, 21 días en agosto, domingo noche y lunes*    **7MVx**
**Rest** – Menú 74/110 € – Carta 45/85 €
¿Quiere comer mientras preparan fantásticos Nigiris o Sushi ante sus ojos? Aquí puede hacerlo, pues una de sus salas, ambas actuales, tiene la cocina a la vista en el centro de la misma. Gastronomía japonesa con productos mediterráneos.
→ Nigiri de anguila del Delta del Ebro. Tataki de wagyu. Mochi de nata y fresa.

## XX Fonda España – Hotel España    AC ✷
*Sant Pau 9* ⊠ *08001* Ⓜ *Liceu – ℰ 935 50 00 10 – www.hotelespanya.com*
**Rest** – *(cerrado 21 días en agosto y domingo noche)* Menú 26/32 €    **6LYf**
– Carta 26/54 €
Destaca por su emplazamiento en un espacio protegido, ya que ocupa una sala modernista que fue decorada, con mosaicos, por Domènech i Montaner. Cocina tradicional actualizada.

## X Ávalon – Hotel Grand H. Central    AC ✷
*Pare Galifa 3* ⊠ *08003* Ⓜ *Jaume I – ℰ 932 95 79 05 – www.avalonrestaurant.es*
**Rest** – *(solo cena en agosto)* Carta 22/35 €    **7MVa**
Un restaurante con personalidad propia. Disfruta de unas instalaciones de línea moderna, con mucho diseño, así como de un personal joven y amable. Cocina sabrosa, ligera y bien presentada, de carácter desenfadado y tinte actual.

## X Pitarra    AC ✷
*Avinyó 56* ⊠ *08002* Ⓜ *Liceu – ℰ 933 01 16 47 – www.restaurantpitarra.cat*
*– cerrado del 16 al 31 de agosto, domingo y festivos noche*    **7NYe**
**Rest** – Menú 20/40 € – Carta 22/49 €
En este local tuvo su relojería Frederic Soler, una figura del teatro catalán. Ofrece salas de ambiente antiguo, dos privados y un comedor de tertulias. Cocina tradicional.

## X Suquet de l'Almirall    🏠 AC
*passeig Joan de Borbó 65* ⊠ *08003 – ℰ 932 21 62 33 – www.suquetdelalmirall.com*
*– cerrado domingo noche y lunes*    **5KYz**
**Rest** – Menú 38 € – Carta 23/51 €
Establecimiento salpicado con detalles marineros y una terraza muy bien acondicionada a la entrada. Completa carta marinera y de temporada, con dos menús degustación.

X **Can Majó** ⌂ AC
*Almirall Aixada 23 ⊠ 08003* Ⓜ *Barceloneta – 𝒞 932 21 54 55 – www.canmajo.es*
*– cerrado domingo noche y lunes* **5KYx**
**Rest** – Carta 28/44 €
Afamado restaurante de organización familiar, donde sirven una esmerada carta especializada en productos del mar y arroces. Terraza y atractivo expositor de mariscos.

X **Dos Palillos** (Albert Raurich) AC 🛇
ⵣ *Elisabets 9 ⊠ 08001* Ⓜ *Catalunya – 𝒞 933 04 05 13 – www.dospalillos.com*
*– cerrado 24 diciembre-2 enero, del 4 al 26 de agosto, domingo, lunes, martes*
*mediodía y miércoles mediodía* **6LXc**
**Rest** – Menú 75/90 €
¡Los cocineros trabajan ante usted! Resulta sorprendente, tanto por la filosofía culinaria como por su oferta gastronómica, centrada en la fusión de la cocina oriental con los productos españoles. Carta de tapas e interesantes menús.
→ Jurel curado en sal y vinagre de arroz. Tataki de buey gallego. Ningyo yaki con chocolate.

𝒴 **Ten's** Ⓝ – Hotel Park H. ⌂ AC 🛇
*av. Marqués de l'Argentera 11 ⊠ 08003* Ⓜ *Barceloneta – 𝒞 933 19 22 22*
*– www.tensbarcelona.com – cerrado lunes* **7NXe**
**Rest** – Tapa 5 € – Ración aprox. 12 €
¡Un moderno gastrobar! Su carta, asesorada por el chef Jordi Cruz, presenta tapas y medios platos donde se combinan, con acierto, la cocina tradicional y la de vanguardia.

𝒴 **Irati** AC 🛇
*Cardenal Casanyes 17 ⊠ 08002* Ⓜ *Liceu – 𝒞 902 52 05 22*
*– www.iratitavernabasca.com* **6LXz**
**Rest** – Tapa 2 € – Ración aprox. 15 €
Típica taberna vasca, cercana al Gran Teatre del Liceu. Posee una sala tipo asador donde sirven una cocina vasca con toques de autor y una barra repleta de pinchos.

𝒴 **El Xampanyet**
*Montcada 22 ⊠ 08003* Ⓜ *Jaume I – 𝒞 933 19 70 03 – cerrado 15 días en enero,*
*agosto, domingo noche y lunes* **7NXf**
**Rest** – Tapa 3 € – Ración aprox. 9 €
Taberna de larga tradición familiar y decoración típica, a base de zócalos de azulejos. Ofrece una variada selección de tapas especializadas en conservas y salazones.

𝒴 **Segons Mercat** ⌂ AC
*Balboa 16 ⊠ 08003* Ⓜ *Barceloneta – 𝒞 933 10 78 80 – www.segonsmercat.com*
**Rest** – Tapa 5 € – Ración aprox. 9 € **5KXb**
Dispone de una barra en cuyo expositor encontrará productos frescos, sobre todo pescados y mariscos, así como una sala separada para tomar tapas, raciones y el plato del día.

𝒴 **Orio** AC 🛇
*Ferran 38 ⊠ 08002* Ⓜ *Jaume I – 𝒞 933 17 94 07 – www.oriogastronomiavasca.com*
**Rest** – Tapa 2 € – Ración aprox. 12 € **7MXc**
Local bien situado en una calle peatonal. Presenta una sugerente barra repleta de pinchos, un espacio donde abren ostras al momento y un comedor con mesas altas en el sótano.

## Sur Diagonal

🏛️ **Arts** 🛇 ← 🍸 ⊙ 🛗 🎰 ಈ AC 🛜 🏋 🏖️
*Marina 19 ⊠ 08005* Ⓜ *Ciutadella-Vila Olímpica – 𝒞 932 21 10 00*
*– www.hotelartsbarcelona.com* **2DTr**
**397 hab** – ♦♦250/485 €, � 34 € – 86 suites – 28 apartamentos
**Rest** *Enoteca* ✿✿ **Rest** *Arola* – ver selección restaurantes
¡Excelente en todos los sentidos! Ocupa una torre acristalada del Puerto Olímpico y destaca tanto por sus vistas como por su interior, con esplendidas zonas nobles, un SPA de altura y unas habitaciones que, al igual que las suites, combinan el lujo con un diseño ultramoderno. Exquisita oferta gastronómica.

### Hilton Diagonal Mar Barcelona
hab,

*passeig del Taulat 262-264 ✉ 08019 Ⓜ El Maresme Fòrum – ✆ 935 07 07 07 – www.hiltondiagonalmarbarcelonahotel.es* **2DSc**

**413 hab** – 🚹209/482 € 🚹🚹232/505 €, ☕ 25 € – 20 suites **Rest** – Carta 40/60 €

Cerca del Fórum y orientado a la organización de congresos. Sus habitaciones presentan un diseño muy limpio, con mobiliario actual de excelente calidad y confort. El restaurante, de montaje funcional, combina el buffet de desayunos con una carta internacional.

### El Palace

*Gran Via de les Corts Catalanes 668 ✉ 08010 Ⓜ Urquinaona – ✆ 935 10 11 30 – www.hotelpalacebarcelona.com* **5JVa**

**119 hab** – 🚹🚹530/575 €, ☕ 28 € – 6 suites

**Rest *Caelis*** ✿ – ver selección restaurantes

¡Emblemático! Ocupa un antiguo edificio que ha sido totalmente restaurado para recuperar la esencia que tuvo en los dorados años 20. Distinguidas zonas nobles, íntimo SPA y habitaciones de excelente equipamiento, la gran mayoría de elegante línea clásica y todas con las paredes enteladas.

### Mandarin Oriental Barcelona
hab, rest,

*passeig de Gràcia 38-40 ✉ 08007 Ⓜ Passeig de Gràcia – ✆ 931 51 87 81 – www.mandarinoriental.com/barcelona* **4HVy**

**98 hab** – 🚹🚹358/611 €, ☕ 39 € – 10 suites

**Rest *Moments*** ✿✿ – ver selección restaurantes

**Rest** – Menú 33/60 € – Carta 36/55 €

En su día sirvió como banco... sin embargo, hoy se presenta con un interior muy elegante, de diseño innovador y carácter cosmopolita. No se pierda su original bar, decorado con las antiguas cajas de seguridad, ni su restaurante, donde encontrará una cocina mediterránea aderezada con detalles orientales.

### Majestic
hab,

*passeig de Gràcia 68 ✉ 08007 Ⓜ Passeig de Gràcia – ✆ 934 88 17 17 – www.hotelmajestic.es* **4HVf**

**275 hab** – 🚹🚹220/499 €, ☕ 29 € – 32 suites **Rest** – Menú 25 € – Carta 40/80 €

Bien renovado, en una de las mejores zonas de la ciudad y con un apetecible SPA en el ático. Combina la excelencia en el servicio con unas habitaciones clásicas de magnífico equipamiento y confort. El comedor, situado en el sótano y de montaje funcional, propone una carta de tinte tradicional.

### Fira Palace
hab,

*av. Rius i Taulet 1 ✉ 08004 Ⓜ Espanya – ✆ 934 26 22 23 – www.fira-palace.com*

**258 hab** – 🚹🚹100/395 €, ☕ 18 € – 18 suites **2CTs**

**Rest *El Mall*** – Menú 20 € – Carta 40/58 €

¡Emplazado frente al recinto ferial! Hotel de línea clásica-actual que destaca por su magnífico mantenimiento y por la calidad de los materiales empleados, con numerosas salas de reuniones y unas habitaciones bastante amplias. El restaurante presenta una decoración rústica y propone una carta internacional.

### Alma Barcelona
hab, hab,

*Mallorca 271 ✉ 08008 Ⓜ Passeig de Gràcia – ✆ 932 16 44 90 – www.almahotels.com* **4HVh**

**72 hab** – 🚹🚹209/444 €, ☕ 25 € – 2 suites **Rest** – Carta 30/60 €

Conjunto de instalaciones actuales y líneas depuradas que sorprende por la conciliación del diseño y el confort, siempre buscando la máxima confortabilidad tanto en el lobby, de uso polivalente, como en las habitaciones. Su restaurante propone una cocina de base tradicional con toques actuales.

### Condes de Barcelona – (Monument i Center)

*passeig de Gràcia 73-75 ✉ 08008 Ⓜ Passeig de Gràcia – ✆ 934 45 00 00 – www.condesdebarcelona.com* **4HVm**

**232 hab** – 🚹🚹135/315 €, ☕ 19 € – 3 suites

**Rest *Lasarte*** ✿✿ **Rest *Loidi*** – ver selección restaurantes

Hotel-monumento instalado en dos emblemáticos edificios, la Casa Batlló y la Casa Daurella. Su atractiva terraza-solárium se transforma por la noche en una zona de copas.

ESPAÑA

### Pullman Barcelona Skipper sin rest, con cafetería

av. del Litoral 10 ⊠ 08005 Ⓜ Ciutadella-Vila Olímpica
– 𝒞 932 21 65 65 – www.pullman-barcelona-skipper.com
2DT**c**
**241 hab** ☑ – ✝145/350 € ✝✝155/375 € – 6 suites

¡Próximo al puerto deportivo! Aquí se combinan el diseño y la tecnología con unos entornos de marcada calidez. Ofrece una variada zona social, habitaciones modernas de buen confort y una bonita azotea con piscina.

### Meliá Barcelona Sky

Pere IV-272 ⊠ 08005 Ⓜ Poblenou – 𝒞 933 67 20 50 – www.melia.com
**258 hab** ☑ – ✝150/425 € ✝✝165/425 € – 9 suites
2DST**c**
**Rest Dos Cielos** ✿ – ver selección restaurantes
**Rest Dos** – Menú 20 € – Carta 33/59 €

Instalado en un edificio acristalado de 30 plantas. Disfruta de un moderno hall con detalles de diseño, un lounge-bar y unas habitaciones actuales, todas con buenas vistas. En el restaurante Dos, ubicado junto al bar del lobby, encontrará una cocina tradicional a precios contenidos.

### Claris

Pau Claris 150 ⊠ 08009 Ⓜ Passeig de Gràcia – 𝒞 934 87 62 62
– www.derbyhotels.com
4HV**w**
**124 hab** – ✝178/480 € ✝✝178/590 €, ☑ 23 € – 40 suites
**Rest** – Menú 25/45 € – Carta 40/63 €

Resulta señorial, ya que está ubicado en el antiguo palacio Vedruna, donde clasicismo y vanguardia se alían en armonía. Sorprende con una importante colección arqueológica repartida, mediante vitrinas, por la mayoría de las habitaciones. Cuenta con un restaurante completamente acristalado en la azotea.

### Barcelona Center

Balmes 103 ⊠ 08008 Ⓜ Diagonal – 𝒞 932 73 00 00 – www.hotelescenter.com
**132 hab** – ✝✝80/920 €, ☑ 13 € – 3 suites   **Rest** – Carta 25/43 €   4HV**v**

Cobijado tras una llamativa y cuidada fachada. Ofrece una zona social con empaque, habitaciones de línea clásica con detalles actuales y una enorme terraza-solárium en la azotea. Cuenta con dos cartas, una tipo cafetería y otra, mucho más trabajada y extensa, propia de un restaurante tradicional.

### Hilton Barcelona Ⓝ

av. Diagonal 589 ⊠ 08014 Ⓜ Maria Cristina – 𝒞 934 95 77 77
– www.barcelona.hilton.com
3FX**a**
**277 hab** ☑ – ✝154/474 € ✝✝179/499 € – 13 suites
**Rest Mosaic** – ver selección restaurantes

Disfruta de una línea moderna y se halla en una de las principales arterias de Barcelona, con un interior bien actualizado para presentar ahora una estética minimalista. Posee habitaciones de completo equipamiento y una planta ejecutiva.

### Omm

Rosselló 265 ⊠ 08008 Ⓜ Diagonal – 𝒞 934 45 40 00 – www.hotelomm.es
**87 hab** – ✝✝210/450 €, ☑ 26 € – 4 suites
4HV**x**
**Rest Roca Moo** ✿ – ver selección restaurantes

Tras su original fachada encontrará un hotel vanguardista y urbano, con una amplia zona social, modernas habitaciones, un buen SPA y una sala polivalente abierta al passeig de Gràcia a través de grandes ventanales. ¡Si desea bailar baje al sótano, pues allí hay un concurrido club DJ llamado OmmSession!

### Cram

Aribau 54 ⊠ 08011 Ⓜ Universitat – 𝒞 932 16 77 00 – www.hotelcram.com
**67 hab** ☑ – ✝120/247 € ✝✝139/266 €
4HX**b**
**Rest L'Angle** ✿ – ver selección restaurantes

Las habitaciones resultan algo reducidas... un detalle que compensan con los diseños, las tecnologías y las dosis de creatividad demostradas aquí por afamados interioristas. ¡Si busca originalidad no se pierda sus aseos, todos circulares!

### Murmuri ⮐ 🛗 ⟡ 🅰🅲 ✂ rest, 📶

*Rambla de Catalunya 104* ✉ 08008 Ⓜ *Diagonal* – ☏ *935 50 06 00*
*– www.murmuri.com*  **4HVb**
**53 hab** – 🛉🛉149/449 €, 🍽 16 € – 5 apartamentos
**Rest** – Menú 17/50 € – Carta 25/45 €
Edificio de fachada clásica emplazado en plenas Ramblas. Se presenta con un hall de
línea actual, al igual que sus sobrias habitaciones, y una atractiva terraza solárium. En
su restaurante podrá degustar una cocina asiática de fusión bien elaborada.

### Ako Suites sin rest 🛗 ⟡ 🅰🅲 ✂ 📶 🏊

*Diputació 195* ✉ 08011 Ⓜ *Hospital Clinic* – ☏ *934 53 34 19* – *www.akosuite.com*
**28 apartamentos** – 🛉🛉105/280 €, 🍽 12 €  **4HXk**
Una buena opción para familias y parejas. Se encuentra en la zona de L'Eixample y
ofrece apartamentos de gran calidad, todos de línea moderna y con la cocina completamente equipada. ¡La mitad de los aseos poseen relajantes duchas de lluvia!

### Indigo Ⓝ 🍴 🛉 ⟡ 🅰🅲 ✂ 📶 🏊

*Gran Vía de les Corts Catalanes 629* ✉ 08002 Ⓜ *Passeig de Gràcia* – ☏ *936 02 66 90*
*– www.indigobarcelona.com*  **5JVb**
**77 hab** – 🛉🛉109/209 €, 🍽 15 €   **Rest** – Menú 15/35 € – Carta 30/45 €
Su fachada clásica, tipo edificio de viviendas, da paso a un hotel de estética moderna
con múltiples guiños a la obra de Gaudí. Atractiva zona social y habitaciones de carácter temático, todas personalizadas, actuales y con gusto por las líneas curvas. Menú
del día tradicional y sencilla carta internacional.

### Europark sin rest 🏊 🛗 🛉 ⟡ 🅰🅲 ✂ 📶 🏊

*Aragó 325* ✉ 08009 Ⓜ *Girona* – ☏ *934 57 92 05* – *www.hoteleuropark.com*
**103 hab** – 🛉🛉80/330 €, 🍽 13 € – 2 suites  **5JVe**
Actual y en pleno centro. Su reducida zona social se ve compensada con habitaciones
de buen equipamiento. En la última planta tiene dos suites con terrazas y buenas vistas.

### The Mirror Barcelona 🛗 🛉 ⟡ 🅰🅲 ✂ 📶

*Còrsega 255* ✉ 08036 Ⓜ *Provença* – ☏ *932 02 86 86*
*– www.themirrorbarcelona.com*  **4HVl**
**63 hab** 🍽 – 🛉120/247 € 🛉🛉139/266 €
**Rest** *The Mirror Barcelona* – ver selección restaurantes
Lo más llamativo de este hotel es su diseño... de hecho, podemos decir que está
orientado a un público que gusta de él. Aquí todo está dominado por el color blanco,
los espejos y el uso de unas líneas depuradas de carácter minimalista.

### St. Moritz 🍴 🛗 ⟡ hab, 🅰🅲 ✂ 📶 🏊 🚗

*Diputació 264* ✉ 08007 Ⓜ *Passeig de Gràcia* – ☏ *934 12 15 00* – *www.hcchotels.es*
**91 hab** – 🛉143/260 € 🛉🛉143/318 €, 🍽 22 €  **5JVXp**
**Rest** – *(cerrado agosto y fines de semana) (solo menú)* Menú 31/88 €
Está en el centro de la ciudad, instalado en un edificio protegido que data de 1883 y
respira clasicismo por todos sus poros. Presenta un correcto hall-recepción, con una
monumental escalera, y unas habitaciones bien reformadas, todas con mobiliario funcional-actual. Su comedor ofrece una carta tradicional.

### Soho sin rest 🛗 ⟡ 🅰🅲 ✂ 📶 🚗

*Gran Via de les Corts Catalanes 543-545* ✉ 08011 Ⓜ *Urgell* – ☏ *935 52 96 00*
*– www.hotelsohobarcelona.com*  **4HXr**
**51 hab** – 🛉🛉88/220 €, 🍽 14 €
Combina la estética vanguardista con los detalles de diseño, el uso decorativo de las
luces y un interesante juego de espacios. Buen maridaje entre confort y tecnología.

### Sixtytwo sin rest 🛗 ⟡ 🅰🅲 ✂ 📶

*Passeig de Gràcia 62* ✉ 08007 Ⓜ *Passeig de Gràcia* – ☏ *932 72 41 80*
*– www.sixtytwohotel.com*  **4HVn**
**45 hab** – 🛉🛉121/319 €, 🍽 20 €
Este pequeño hotel se encuentra en pleno paseo de Gràcia, con una fachada bastante
cuidada y un moderno interior. Ofrece habitaciones algo reducidas pero muy bien
equipadas.

ESPAÑA

ESPAÑA

### 🏠 **Open** sin rest
🛗 ⚔ 🅰️ 🛁 ⚓ 🛜 🛏️ ⚓

*Diputació 100* ✉ *08015* Ⓜ *Rocafort –* ☎ *932 89 35 00 –* www.hcchotels.es
**100 hab** – 🛏️110/208 € 🛏️🛏️110/255 €, ⚟ 18 €　　　　4HYx

Conjunto céntrico y de carácter funcional. Resulta práctico por su buen confort general, con habitaciones de completo equipamiento para su categoría y baños en mármol.

### 🏠 **Splendom Suites** sin rest y sin ⚟
🛗 🅰️ ⚔ 🛜

*Valencia 194* ✉ *08011* Ⓜ *Universitat –* ☎ *934 52 10 30 –* www.splendomsuites.com
**11 hab** – 🛏️🛏️99/480 € – 11 apartamentos – 🛏️🛏️110/400 €　　4HXs

Ocupa un edificio catalogado y de fachada clásica-modernista que se encuentra en pleno Ensanche. Distribuye sus apartamentos en seis plantas, la mayoría de ellos con la cocina bien equipada, salón con sofá-cama y confortables dormitorios.

### 🏠 **Regente** sin rest
🛗 ⚔ 🅰️ ⚔ 🛜 🛏️

*Rambla de Catalunya 76* ✉ *08008* Ⓜ *Passeig de Gràcia –* ☎ *934 87 59 89*
*–* www.hcchotels.es　　　　4HVt
**79 hab** – 🛏️132/246 € 🛏️🛏️132/297 €, ⚟ 21 €

¡En un céntrico edificio de fachada modernista! Posee un bar con hermosas vidrieras, una pequeña zona noble y habitaciones actuales de suficiente confort.

### 🏠 **Continental Palacete** sin rest
🛗 🅰️ ⚔ 🛜

*Rambla de Catalunya 30* ✉ *08007* Ⓜ *Catalunya –* ☎ *934 45 76 57*
*–* www.hotelcontinental.com　　　　4HXe
**19 hab** ⚟ – 🛏️108/230 € 🛏️🛏️145/230 €

Instalado en un palacete restaurado, con una decoración de aire inglés definida por el uso de ricas telas. Acogedoras habitaciones y bellos salones de inspiración versallesca.

### 🍴🍴🍴🍴 **Caelis** (Romain Fornell) – Hotel El Palace
🅰️ ⚔ ✧ ⚓

🏵️ *Gran Via de les Corts Catalanes 668* ✉ *08010* Ⓜ *Urquinaona –* ☎ *935 10 12 05*
*–* www.caelis.com *– cerrado domingo, lunes y martes mediodía*　　5JVa
**Rest** – Menú 39/130 € – Carta 78/119 €

Resulta sorprendente, tanto por su elegancia decimonónica como por la amplitud de sus espacios. Posee un acceso independiente respecto al hotel, un privado y una sala clásica-actual. Cocina creativa de alto nivel y cuidadas presentaciones.

→ Lata de caviar, aguacate y buey de mar condimentado al yuzu. Canetón a la presse, crujiente de patata ratte al queso Comté y piña ácida. Explosión "blanc manger" de chocolate negro y frambuesa.

### 🍴🍴🍴🍴 **La Dama**
🅰️ ✧

*av. Diagonal 423* ✉ *08036* Ⓜ *Diagonal –* ☎ *932 02 06 86*
*–* www.restaurantladama.com　　　　4HVa
**Rest** – Carta 60/99 € ⅋

¡Toda una referencia de la hostelería clásica barcelonesa! Presenta un marco de elegante clasicismo donde perdura la belleza modernista en los detalles decorativos. Excelente montaje y elaboraciones de gusto tradicional e internacional.

### 🍴🍴🍴🍴 **Moments** – Hotel Mandarin Oriental Barcelona
🅰️ ⚔

🏵️🏵️ *passeig de Gràcia 38-40* ✉ *08007* Ⓜ *Passeig de Gràcia –* ☎ *931 51 87 81*
*–* www.mandarinoriental.com *– cerrado agosto, domingo y lunes*　　4HVy
**Rest** – Menú 42/127 € – Carta 91/112 € ⅋

Se accede desde la recepción del hotel y destaca por su originalidad, con los fogones a la vista. Su chef propone una cocina creativa bien entendida, pues respeta los sabores, ensalza las texturas y atesora unas delicadas presentaciones.

→ Pez loro, vermut, olivas y alcaparras (temporada). Pichón al punto y aromas de hojas de sakura. Postre inspirado en Patricia Urquiola.

### 🍴🍴🍴🍴 **Lasarte** – Hotel Condes de Barcelona
🅰️ ⚔ ⚓

🏵️🏵️ *Mallorca 259* ✉ *08008* Ⓜ *Passeig de Gràcia –* ☎ *934 45 32 42*
*–* www.restaurantlasarte.com *– cerrado del 1 al 7 de enero, Semana*
*Santa, 15 agosto-7 septiembre, domingo, lunes y festivos*　　4HVm
**Rest** – Menú 115/135 € – Carta 77/119 € ⅋

Tiene el sello personal de Martín Berasategui y su grupo, con un buen hall y dos salas de excelente montaje, ambas en un estilo bastante actual. La carta es muy creativa, con elaboraciones de autor y algún que otro plato tradicional vasco.

→ Tartar de trucha y naranja con cuajada de pepino y caviar. Pichón asado con ragú de cochinillo, tomate y limón con crema de manzana. Borracho de fruta de la pasión, sorbete de mango y crema montada de vainilla.

### Gaig ⑪ (Carles Gaig)
                ⅋ 𝐀𝐂 ⅍ ⇆

*Còrsega 200 ⊠ 08036 ⓜ Hospital Clínic – ℰ 934 29 10 17*
*– www.restaurantgaig.com – cerrado 7 días en Semana Santa, 15 días en agosto,*
*domingo noche y lunes* **4GVX c**
**Rest** – Menú 25/95 € – Carta 50/85 €

Diáfano local en dos alturas donde se aúnan elegancia y actualidad. El chef propone una carta dividida en dos partes, la de los platos tradicionales y la de cocina actual. Interesantes menús, productos escogidos y excelentes presentaciones.
→ Tartar de lubina y gambas, caviar de trucha, endivias y rábanos. Pulpitos con alcachofas. La innovación de la crema catalana.

### L'Angle ⑪ – Hotel Cram
                𝐀𝐂 ⅍ ⇆ ⇘

*Aragó 214 ⊠ 08011 ⓜ Universitat – ℰ 932 16 77 77 – www.restaurantangle.com*
*– cerrado domingo y lunes* **4HX b**
**Rest** – Menú 80 € – Carta 65/85 €

Se halla en el 1er piso del hotel, con un buen espacio de estética minimalista donde imperan los tonos blancos. Aquí encontrará una cocina creativa de gran nivel técnico, siempre inspirada por los productos de mercado y de temporada.
→ Ensalada de gamba roja, texturas de pan con tomate, aguacate y albahaca. Salmonete con cebolla roja de Figueres. Coco, yogur, yuzu y manzana verde.

### Enoteca – Hotel Arts
                ⌂ 𝐀𝐂 ⅍ ⇘

*Marina 19 ⊠ 08005 ⓜ Ciutadella-Vila Olímpica – ℰ 934 83 81 08*
*– www.hotelartsbarcelona.com – cerrado del 5 al 16 de febrero y domingo*
**Rest** – *(solo cena salvo lunes y martes)* Menú 130 € – Carta 79/128 € **2DT r**
舘

Disfruta de una sala muy luminosa, dominada por los tonos blancos y con atractivos botelleros decorativos. Proponen una cocina actual de perfecta elaboración y base tradicional, con productos de gran calidad y detalles de excelente nivel.
→ "Espardenyes" al pil-pil, trufa y habitas. Arroz meloso ligeramente ahumado, azafrán y gambas. Selva Negra.

### Casa Calvet
                𝐀𝐂 ⅍ ⇆

*Casp 48 ⊠ 08010 ⓜ Urquinaona – ℰ 934 12 40 12 – www.casacalvet.es – cerrado 7*
*días en agosto, domingo y festivos* **5JVX r**
**Rest** – Menú 34/68 € – Carta 37/62 €

Instalado en un edificio modernista diseñado por Gaudí que data de 1899. Ofrece una carta actualizada de base tradicional, con muy buenas presentaciones y excelentes productos. ¡Si lo prefiere, también tienen varios menús interesantes!

### Windsor
                𝐀𝐂 ⅍ ⇆

*Còrsega 286 ⊠ 08008 ⓜ Diagonal – ℰ 932 37 75 88 – www.restaurantwindsor.com*
*– cerrado del 1 al 7 de enero, Semana Santa, agosto, domingo y festivos*
**Rest** – Menú 30/75 € – Carta 42/66 € 舘 **4HV b**

Conjunto clásico de cuidadas instalaciones, con una sala principal acristalada al jardín y varios privados. Amplia carta de cocina catalana actualizada y una nutrida bodega.

### Jaume de Provença
                𝐀𝐂 ⅍ ⇆

*Provença 88 ⊠ 08029 ⓜ Entença – ℰ 934 30 00 29 – www.jaumeprovenza.com*
*– cerrado agosto, domingo noche y lunes* **4GX h**
**Rest** – Menú 25/60 € – Carta 40/73 €

Restaurante de línea clásica llevado directamente por su amable propietario. Posee una barra de espera, varias cavas y un buen comedor, este con las paredes forradas en madera. Su carta tradicional se enriquece con platos internacionales.

### Racó d'en Cesc
                𝐀𝐂 ⅍ ⇆

*Diputació 201 ⊠ 08011 ⓜ Universitat – ℰ 934 51 60 02 – www.elracodencesc.com*
*– cerrado Semana Santa, agosto, domingo y festivos* **4HX k**
**Rest** – Menú 35/62 € – Carta 35/48 € 舘

Casa de larga trayectoria familiar dotada con un recibidor, un comedor principal de marcado clasicismo y varios privados. Ofrecen una carta creativa basada en sugerencias y platos catalanes puestos al día. ¡Completa selección de vinos!

ESPAÑA

### XXX &#9881; Dos Cielos (Sergio y Javier Torres) – Hotel Meliá Barcelona Sky  ≤ ⇔ ⚠

*Pere IV-272 ⊠ 08005 **Ⓜ** Poblenou – 𝒞 933 67 20 50 – www.melia.com*  ⇔
**Rest** – *(cerrado 15 días en enero, 15 días en agosto, domingo y lunes)*  **2DSTc**
Menú 107 € – Carta 80/106 € &#8507;
Se halla en la planta 24 del hotel Meliá Barcelona Sky y sorprende por integrar
su cocina en el comedor, con una barra de acero donde también se puede comer y
una terraza. Cocina de autor en busca de nuevos sabores y... ¡excelentes vistas!
→ Tomate, ostras, salazones de Jávea y Jerez. Jarrete glaseado de ternera con "espar-
denyes". Café XXL.

### XXX &#9881; Roca Moo – Hotel Omm  &#9410; ⚠

*Rosselló 265 ⊠ 08008 **Ⓜ** Diagonal – 𝒞 934 45 40 00 – www.hotelomm.es*
*– cerrado 10 días en enero, 21 días en agosto, domingo y lunes*  **4HVx**
**Rest** – Menú 45/79 € – Carta 45/60 € &#8507;
¡De ambiente cosmopolita! Muestra un gran espacio de carácter urbano e informal, una cocina vista donde vemos terminar los platos y un luminoso comedor con detalles de diseño. Cocina creativa de marcados sabores y originales
presentaciones.
→ Cigala con curry, rosas y regaliz. Carpaccio de pichón ahumado con enebro. Pera,
marialuisa y estragón.

### XXX Rias de Galicia &#9411;  &#9410; ⚠

*Lleida 7 ⊠ 08004 **Ⓜ** Espanya – 𝒞 934 24 81 52 – www.riasdegalicia.com – cerrado
15 días en agosto*  **4HYb**
**Rest** – Carta 70/90 € &#8507;
Llevado entre hermanos y próximo al recinto ferial. Presenta un atractivo expositor a
la entrada, un vivero y una cuidada sala de línea clásica-actual. Amplia carta especializada en pescados y mariscos gallegos, siempre de altísima calidad.

### XXX The Mirror Barcelona – Hotel The Mirror Barcelona  &#9410; ⚠

*Còrsega 255 ⊠ 08036 **Ⓜ** Provença – 𝒞 932 02 86 85*
*– www.themirrorbarcelona.com*  **4HVl**
**Rest** – *(cerrado domingo noche y lunes)* Menú 45/70 € – Carta 50/80 €
Al igual que el hotel en el que se encuentra, este restaurante presenta unas instalaciones de línea moderna definidas por los tonos blancos y la presencia de muchos espejos. Cocina de corte marinero puesta al día con técnicas actuales.

### XX L'Olivé  &#9410; ⚠ ⇔

*Balmes 47 ⊠ 08007 **Ⓜ** Passeig de Gràcia – 𝒞 934 52 19 90*
*– www.restaurantlolive.com – cerrado domingo noche*  **4HXh**
**Rest** – Carta 30/50 €
Este restaurante posee un hall-recepción, con la cocina vista a lo largo de la entrada,
un comedor dividido en dos ambientes y varios privados en el sótano. Cocina catalana.

### XX Montjuïc el Xalet  ≤ ⇔ &#9410; ⚠ ⇔

*av. Miramar 31 ⊠ 08038 – 𝒞 933 24 92 70 – www.gruptravi.com*  **2CTb**
**Rest** – Carta 47/70 €
¡En la ladera del Montjuïc, con espectaculares vistas sobre la ciudad! Está distribuido en tres plantas, destacando por la sala que posee en el piso superior y por sus agradables terrazas. Cocina de base tradicional con toques actuales.

### XX &#9881; Cinc Sentits (Jordi Artal)  &#9410; ⚠

*Aribau 58 ⊠ 08011 **Ⓜ** Universitat – 𝒞 933 23 94 90 – www.cincsentits.com*
*– cerrado 15 días en agosto, domingo, lunes y festivos*  **4HXa**
**Rest** – *(solo menú)* Menú 49/109 €
Enriquece su cuidado montaje con una estética original, dominada por los tonos
oscuros. Su oferta gastronómica se centra en tres menús: Sensaciones, Esencia y
Degustación. Elaboraciones inventivas a raíz de productos catalanes escogidos.
→ Cigala a la plancha, papada ibérica, erizo de mar, ajo negro y flor de ajo. Raya del
Mediterráneo, escabeche, aire de "suquet" y tirabeques. Plátano, helado de cerveza
negra, caramelo caliente, crujiente de avellana y levadura.

XX **El Yantar de la Ribera** 　　　　　　　　　AC ⌘ ⇔
*Roger de Flor 114 ⌐ 08013 ⓜ Tetuan – ☏ 932 65 63 09*
*– www.elyantardelaribera.com – cerrado domingo noche* 　　　**5JVu**
**Rest** – Carta 25/42 €
Establecimiento sobrio y elegante ubicado en un marco de aire castellano. Tiene un comedor y dos hornos a la vista del cliente, uno para lechazos y el otro para cochinillos.

XX **El Asador de Aranda** 　　　　　　　　　AC ⌘ ⇔
*Londres 94 ⌐ 08036 ⓜ Hospital Clínic – ☏ 934 14 67 90*
*– www.asadordearanda.com – cerrado domingo noche* 　　　**4GVn**
**Rest** – Menú 35/51 € – Carta 30/42 €
Disfruta de amplias instalaciones y una estética de ambiente castellano, dejando el horno de asar a la vista del cliente. Cocina tradicional especializada en asados.

XX **Gorría** 　　　　　　　　　　　　　　AC ⌘ ⇔
*Diputació 421 ⌐ 08013 ⓜ Monumental – ☏ 932 45 11 64*
*– www.restaurantegorria.com – cerrado Semana Santa, agosto, domingo, lunes*
*noche y festivos noche* 　　　　　　　　　　　　**5JUa**
**Rest** – Carta 40/55 €
Restaurante vasco de larga trayectoria dotado con un correcto montaje y una decoración de aire rústico. Su oferta gastronómica se complementa con una buena carta de vinos.

XX **Pakta** ⓝ 　　　　　　　　　　　　　　& AC
*Lleida 5 ⌐ 08002 ⓜ Espanya – www.pakta.es – cerrado 29 diciembre-7 enero, del 4 al 25 de agosto, domingo y lunes* 　　　　　　　**4HYb**
**Rest** – *(solo cena salvo sábado)* (es necesario reservar) *(solo menú)* Menú 90/140 €
Un local de ambiente urbano-informal donde conviven el diseño más actual y algunos detalles peruanos. Cocina nikkei con toques de autor. ¡Las reservas se hacen desde su Web!

XX **Nectari** (Jordi Esteve) 　　　　　　　　AC ⌘ ⇔
☺3 *València 28 ⌐ 08015 ⓜ Tarragona – ☏ 932 26 87 18 – www.nectari.es – cerrado 15 días en agosto y domingo* 　　　　　　　**4GYx**
**Rest** – Menú 35/70 € – Carta 50/65 €
Negocio de organización familiar y discreta fachada en cuyo interior encontraremos dos salas actuales y un privado. Su chef-propietario elabora una carta mediterránea con toques de autor.
→ Raviolis de gambas con duxelle de setas y salsa de crustáceos. Pichón con cebollitas caramelizadas y parmentier de boniato. Postre Nectari, flor compuesta por distintas mousses de chocolate de distintos sabores.

XX **Casa Darío** 　　　　　　　　　　　　AC ⌘ ⇔
*Consell de Cent 256 ⌐ 08011 ⓜ Universitat – ☏ 934 53 31 35 – www.casadario.com*
*– cerrado 21 días en agosto y domingo noche* 　　　　**4HXp**
**Rest** – Menú 40/110 € – Carta 45/70 €
Casa de larga trayectoria y buen nombre gracias a la calidad de sus materias primas. Posee un bar privado, tres salas y tres reservados, todo en general de ambiente clásico. Especialidades gallegas, frutos del mar y sugerencias del día.

XX **Monvínic** 　　　　　　　　　　　　AC ⌘ ⇔
*Diputació 249 ⌐ 08007 ⓜ Catalunya – ☏ 932 72 61 87 – www.monvinic.com*
*– cerrado 12 agosto-2 septiembre, sábado, domingo y festivos* 　　　**4HXg**
**Rest** – Carta 40/72 € ⚜
¡Muy original, vanguardista y con el mundo del vino como leitmotiv! Presenta un bar de tapas de ambiente, una única sala con dos grandes mesas y un espacio reservado para catas. Cocina actualizada de base tradicional e impresionante bodega.

XX **Els Pescadors** 　　　　　　　　　　　⌂ AC
*pl. Prim 1 ⌐ 08005 ⓜ Poblenou – ☏ 932 25 20 18 – www.elspescadors.com*
*– cerrado 22 diciembre-4 enero* 　　　　　　　　**2DTe**
**Rest** – Carta 45/70 €
Posee una sala a modo de café de principios del s. XX y otras dos con una decoración más moderna. Generosa carta arraigada en la cocina marinera, con arroces y bacalao.

ESPAÑA

XX **Loidi** – Hotel Condes de Barcelona                    🅰🅲 ℅ 🚗
*Mallorca 248* ✉ *08008* Ⓜ *Passeig de Gràcia –* ✆ *934 92 92 92 – www.loidi.com*
**Rest** – *(cerrado agosto y domingo noche) (solo menú)* Menú 28/48 €        **4HVm**
Podemos ver este restaurante como la propuesta en sala de una cocina de autor eco-
nómica, ligera y rápida. Ofrece varios menús, aunque destaca el que llaman Martín
Berasategui, dedicado a los orígenes culinarios de este portentoso chef.

XX **Mosaic** Ⓝ – Hotel Hilton Barcelona                    🍴 🅰🅲 ℅ 🚗
*av. Diagonal 589* ✉ *08014* Ⓜ *María Cristina –* ✆ *934 95 77 77*
*– www.barcelona.hilton.com*                                **3FXa**
**Rest** – Menú 16/35 € – Carta 35/55 €
Un restaurante de línea moderna y carácter polivalente, pues a través de un buffet
aquí sirven también los desayunos del hotel. Se presenta con una agradable terraza
exterior y una sala muy luminosa. Cocina tradicional con toques actuales.

XX **Arola** – Hotel Arts                    ≤ 🍴 ⏳ 🅰🅲 ℅ ⇆ 🚗
*Marina 19* ✉ *08005 –* ✆ *934 83 80 90 – www.hotelartsbarcelona.com*        **2DTr**
**Rest** – *(cerrado 2 enero-4 febrero, lunes y martes)* Menú 75 € – Carta 52/84 € 🕸
¡Moderno, urbano y juvenil! Aquí encontrará una sala acristalada, una terraza que
hace de zona chill out y una única mesa, tipo reservado, en la cocina. Ofrecen una
carta creativa y dos menús, siendo estos últimos con los que más trabajan.

XX **Manairó** (Jordi Herrera)                    🅰🅲 ℅
✿ *Diputació 424* ✉ *08013* Ⓜ *Monumental –* ✆ *932 31 00 57 – www.manairo.com*
*– cerrado del 1 al 7 de enero, domingo y festivos.*                **5JKUc**
**Rest** – Menú 64/78 € – Carta 50/73 €
Puede resultar algo pequeño... sin embargo, tiene fama en la zona. En su sala, alargada, de línea actual y con obras de varios artistas en sus paredes, encontrará una
cocina creativa de base tradicional con sorprendentes detalles de autor.
→ Calamares de huevo frito con patatas engrasadas. Solomillo de ternera a la parrilla
de clavos. Torrija con helado de queso fresco y crema de limón.

X **Gresca**                    🅰🅲
*Provença 230* ✉ *08036* Ⓜ *Diagonal –* ✆ *934 51 61 93 – www.gresca.net – cerrado 7*
*días en Navidades, Semana Santa, 15 días en agosto, sábado mediodía y domingo*
**Rest** – Menú 19/70 € – Carta 31/54 €                        **4HVz**
¡Se habla mucho de él en la ciudad! Su discreta fachada da paso a una sala alargada
de estética minimalista, con un suelo muy original a base de láminas de hierro. El
chef, que tiene inquietudes, propone una cocina tradicional actualizada.

X **Etapes**                    🍴 🅰🅲 ℅
☺ *Enrique Granados 10* ✉ *08007 –* ✆ *933 23 69 14 – www.restaurantetapes.com*
*– cerrado domingo*                                **4HXh**
**Rest** – Menú 16/50 € – Carta 35/45 €
¡Una dirección a tener en cuenta! Este pequeño restaurante se presenta con una estética actual-informal y una sala alargada, donde combinan el hierro, la madera y el cristal. Cocina actual de cuidadas presentaciones y productos escogidos.

X **Spai Kru** Ⓝ                    🅰🅲 ℅ ⇆
*Lleida 7* ✉ *08002* Ⓜ *Espanya –* ✆ *934 23 45 70 – www.spaikru.com – cerrado 15*
*días en agosto, domingo noche y lunes*                        **4HYb**
**Rest** – Carta 30/50 € 🕸
Se halla en la 1ª planta del restaurante Rías de Galicia y resulta singular, pues presenta un espacio único. Carta internacional y de fusión, con productos crudos y coci-
nados.

X **41°** Ⓝ                    ㅤ 🅰🅲 ℅
✿ *Paral.lel 164* ✉ *08015* Ⓜ *Espanya – www.41grados.es – cerrado Navidades, Semana*
*Santa, del 4 al 24 de agosto, domingo y lunes*                **4HYa**
**Rest** – *(solo cena)* (es necesario reservar) *(único menú sorpresa)* Menú 200 €
Moderno restaurante y pub de copas, todo en uno según el horario. Proponen un
menú degustación a base de tapas, de la antigua cocina de El Bulli y de diferentes
especialidades del mundo. ¡Debe reservar y solo puede hacerse desde su Web!
→ Falsa "espardenya" con alga nori. Ravioli de maiz dulce con cilantro. Huesos de
melocotón con canela, naranja, chocolate con leche y avellanas.

X **Tickets** 🔟     🗧 🕸 🛠

☃ *av. del Paral.lel 164 ⊠ 08015 ⓜ Espanya – www.ticketsbar.es – cerrado*
*22 diciembre-7 enero, 23 marzo-1 abril, del 3 al 25 de agosto, domingo y lunes*
**Rest** – *(solo cena salvo sábado)* (es necesario reservar)     **4HYa**
Menú 80/90 €

Singular, coloristas y con varias barras. Su cocina de autor, a base de tapas y elabo-
rada ante los clientes, homenajea los míticos platos que un día vieron la luz en El
Bulli. ¡Las reservas se hacen exclusivamente a través de su Web!
➜ Olivas esféricas. Viaje nórdico. El cornete Tickets.

X **Da Paolo**     🔲 🕸 ⟷

*av. de Madrid 63 ⊠ 08028 ⓜ Badal – ☎ 934 90 48 91 – www.dapaolo.es – cerrado*
*3 semanas en agosto y domingo*     **3EYf**
**Rest** – Menú 11/20 € – Carta 22/35 €

Restaurante italiano ubicado en las proximidades del estadio Nou Camp. Conjunto
sencillo y cuidado, dotado con una sala bastante agradable y una carta bien elaborada.

X **Lázaro**     🔲 🕸

*Aribau 146 bis ⊠ 08036 ⓜ Diagonal – ☎ 932 18 74 18*
*– www.restaurantelazaro.com – cerrado agosto, domingo y festivos*     **4HVr**
**Rest** – Menú 17/45 € – Carta 23/43 €

Llevado entre dos hermanas. Posee una barra a la entrada y un correcto comedor,
con una cálida iluminación y parte de las paredes en piedra. Cocina tradicional catalana.

X **La Lubina**     🗧 🔲 🕸

*Viladomat 257 ⊠ 08029 ⓜ Hospital Clinic – ☎ 934 10 80 07*
*– www.lalubinarestaurant.com – cerrado agosto, domingo noche y lunes*
**Rest** – Menú 18/37 € – Carta 35/56 €     **4GXc**

Bien montado y con el propietario al frente del negocio. Dispone de una barra de
espera, un vivero, cava de vinos y un correcto comedor. Especializado en productos
del mar.

X **Can Ravell**     🔲 🚗

*Aragó 313 ⊠ 08009 ⓜ Girona – ☎ 934 57 51 14 – www.ravell.com*     **5JVz**
**Rest** – *(cerrado lunes) (solo almuerzo)* Carta 32/52 € ⌂

Resulta muy curioso, pues posee una charcutería a la entrada y una pequeña cocina
que hay que atravesar para subir tanto al comedor como a los privados. Cocina tradicional.

Y/ **Rosal 34**     🔲 🕸

*Roser 34 ⊠ 08004 ⓜ Paral.lel – ☎ 933 24 90 46 – www.rosal34.com – cerrado*
*domingo noche y lunes*     **2CTc**
**Rest** – Tapa 5 € – Ración aprox. 12 €

En una antigua bodega familiar, donde se combina la rusticidad de la piedra vista con
una decoración actual. Ofrece platos elaborados al momento e interesantes tapas de
autor.

Y/ **3 Food People & Music**     🗧 🔲 🕸

*Còrcega 231-233 ⊠ 08002 – ☎ 671 09 55 99 – www.3fpm.com – cerrado sábado*
*mediodía, domingo, lunes*     **4HVe**
**Rest** – Tapa 3 € – Ración aprox. 9 €

¡Gastrobar de ambiente joven y desenfadado! El negocio disfruta de dos plantas, la
del nivel calle con una barra dedicada a raciones actuales y cócteles mientras la
sala, con la cocina abierta y mesas bajas, ocupa el piso superior.

Y/ **Cervecería Catalana**     🗧 🔲 🕸

*Mallorca 236 ⊠ 08008 ⓜ Diagonal – ☎ 932 16 03 68*     **4HVq**
**Rest** – Tapa 3 € – Ración aprox. 12 €

Bar-cervecería muy popular en la zona. Está decorado con estanterías llenas de botellas y ofrece una nutrida selección de tapas elaboradas con productos escogidos.

**ESPAÑA**

ESPAÑA

¶∕ **Paco Meralgo** ⬛ ⌀ ⬄
*Muntaner 171 ⊠ 08036 Ⓜ Hospital Clínic –* ☎ *934 30 90 27*
*– www.restaurantpacomeralgo.com* 4GHV**c**
**Rest** – Tapa 4 € – Ración aprox. 15 €
Ofrece dos barras y dos accesos independientes, pero sobre todo unos sugerentes
expositores de marisco, con productos de calidad frescos y variados. También posee
un privado.

¶∕ **Segons Mercat**
*Gran Via de les Corts Catalanes 552 ⊠ 08010 Ⓜ Urgell –* ☎ *934 51 16 98*
*– www.segonsmercat.com* 4HX**t**
**Rest** – Tapa 5 € – Ración aprox. 12 €
Establecimiento de ambiente rústico-actual dotado con un bar y una sala alargada,
vistiendo esta sus paredes con fotos en blanco y negro, paneles estampados y algunos
listados de sus platos. Cocina tradicional de raíces marineras.

¶∕ **Cañota** Ⓝ 🍴 ⬛ ⌀
*Lleida 7 ⊠ 08002 Ⓜ Plaza España –* ☎ *933 25 91 71 – www.casadetapas.com*
*– cerrado domingo noche y lunes* 4HY**b**
**Rest** – Tapa 4 € – Ración aprox. 8 €
Resulta simpático y tiene el apoyo de famosos cocineros. El local, que se presenta con
dos salas de línea clásica-regional y una terraza, propone una cocina tradicional a
base de tapas y raciones. ¡Casi todo se ha pensado para compartir!

¶∕ **Tapas 24** ⬛ ⌀
*Diputació 269 ⊠ 08007 Ⓜ Passeig de Gràcia –* ☎ *934 88 09 77*
*– www.carlesabellan.es – cerrado domingo* 4HVX**o**
**Rest** – Tapa 6 € – Ración aprox. 13 €
Está situado en un semisótano y recrea una atmósfera actual, con dos barras y las
paredes vestidas de mosaicos. En su pequeña carta encontrará deliciosas tapas y
raciones.

¶∕ **Lolita** ⬛ ⌀
*Tamarit 104 ⊠ 08015 Ⓜ Poble Sec –* ☎ *934 24 52 31 – www.lolitataperia.com*
*– cerrado 10 días en Navidades, Semana Santa, agosto, domingo y lunes*
**Rest** – *(solo cena salvo viernes y sábado)* Tapa 7 € 4HY**c**
Cerca del Recinto Ferial. Este local destaca por su decoración, pues resulta, en cierto
modo, personalizada. Tapas de cocina tradicional elaboradas con productos de calidad.

## Norte Diagonal

🏨 **Casa Fuster** 🛋 💈 ♿ hab. ⬛ ⌀ 🛰 ♨
*passeig de Gràcia 132 ⊠ 08008 Ⓜ Diagonal –* ☎ *932 55 30 00*
*– www.hotelcasafuster.com* 4HV**s**
**96 hab** – ††160/1200 €, ⊇ 25 € – 20 suites
**Rest** *Galaxó* – Carta 46/86 €
Magnífico hotel instalado en un bello edificio modernista. Ofrece un atractivo salón-
café, habitaciones al más alto nivel y un bar panorámico en la terraza-azotea. En su
elegante restaurante encontrará unas elaboraciones tradicionales catalanas actualizadas.

🏨 **G.H. La Florida** 🏊 ≤ 🚗 🍴 ⌯ 🔲 ☯ 🛋 💈 ♿ hab. ⬛ ⌀ 🛰 ♨ 🅿 🔭
*carret. Vallvidrera al Tibidabo 83-93 ⊠ 08035 –* ☎ *932 59 30 00*
*– www.hotellaflorida.com* 1BS**c**
**53 hab** – ††200/400 €, ⊇ 28 € – 17 suites
**Rest** *L'Orangerie* – Carta aprox. 65 € 🌸
Se encuentra en la cima del monte Tibidabo y posee dependencias diseñadas por
famosos interioristas. Aquí hallará elegancia, vanguardismo, confort y un SPA con completos servicios terapéuticos. El restaurante, con una carta tradicional, destaca tanto
por el montaje como por sus vistas sobre la ciudad.

## ABaC

*av. del Tibidabo 1 ⊠ 08022 Ⓜ Av. Tibidabo – ℰ 933 19 66 00*
*– www.abacbarcelona.com*                    1BSc
**15 hab** – ♦234/550 € ♦♦295/713 €, ☲ 31 €
**Rest** *ABaC* ✿✿ – ver selección restaurantes
Aquí encontrará unas habitaciones espectaculares, todas de estética actual, con materiales de gran calidad, tecnología domótica y hasta cromoterapia en los baños. Moderno SPA.

## Hesperia Presidente

*av. Diagonal 570 ⊠ 08021 Ⓜ Hospital Clínic – ℰ 932 00 21 11*
*– www.nh-hoteles.com*                    4GVc
**139 hab** – ♦♦99/209 €, ☲ 19 € – 12 suites    **Rest** – Menú 20/35 €
Con el sello organizativo propio de la cadena. Presenta una completa zona social y elegantes habitaciones, con los suelos en moqueta, buena iluminación y unos baños modernos. El restaurante, de carácter polivalente, ofrece una carta de tinte tradicional.

## Primero Primera sin rest

*Doctor Carulla 25-29 ⊠ 08017 Ⓜ Tres Torres – ℰ 934 17 56 00*
*– www.primeroprimera.com*                    3EUb
**25 hab** ☲ – ♦150/350 € ♦♦200/400 € – 5 suites
Su origen está en unos apartamentos que fueron restaurados y adaptados. Se accede tras atravesar un pasadizo que recuerda las antiguas entradas de carruajes y ofrece habitaciones de estética actual, algunas de ellas con una buena terraza.

## Guillermo Tell sin rest

*Guillem Tell 49 ⊠ 08006 Ⓜ Pl. Molina – ℰ 934 15 40 00*
*– www.hotelguillermotell.com*                    4GUk
**60 hab** – ♦75/142 € ♦♦84/158 €, ☲ 15 € – 1 suite
Se encuentra en la parte alta de la ciudad, tras una fachada discreta aunque de líneas depuradas. Aquí encontrará unas habitaciones amplias y cuidadas, con mobiliario clásico de calidad y los suelos en madera.

## Aparthotel Silver sin rest

*Bretón de los Herreros 26 ⊠ 08012 Ⓜ Fontana – ℰ 932 18 91 00*
*– www.hotelsilver.com*                    4GUa
**49 apartamentos** – ♦♦80/145 €, ☲ 9 €
¡Lo más destacado es la pulcritud y el agradable trato familiar! Presenta unas habitaciones no muy amplias pero de buen equipamiento general, todas bien actualizadas y con una pequeña cocina integrada.

## Via Veneto

*Ganduxer 10 ⊠ 08021 Ⓜ Hospital Clínic – ℰ 932 00 72 44*
*– www.viavenetorestaurant.com – cerrado del 1 al 20 de agosto, sábado mediodía y domingo*                    3FVe
**Rest** – Menú 80/110 € – Carta 65/105 € ⅊
Esta emblemática casa recrea un hermoso marco al estilo Belle Époque, con la sala distribuida en varios niveles y un impecable servicio de mesa. Su cocina tradicional actualizada se elabora tomando como base unos productos de gran calidad.
→ Tagliolini con huevo de Calaf a baja temperatura y trufa negra. Cochinillo asado y lacado con su rabo crujiente y dos milhojas. Sopa de manzana fresca, membrillo, manzana asada, sobao y sorbete de Moscovado.

## ABaC – Hotel Àbac

*av. del Tibidabo 1 ⊠ 08022 Ⓜ Av. Tibidabo – ℰ 933 19 66 00*
*– www.abacbarcelona.com*                    1BSc
**Rest** – (cerrado domingo y lunes) Menú 135/155 € – Carta 96/121 € ⅊
¡Una experiencia culinaria excepcional! Se encuentra en una villa de la parte alta de la ciudad, con una terraza, un bar de diseño y una sala de elegante línea clásica. Cocina creativa con texturas, sabores y presentaciones de gran nivel.
→ Ensalada de gambas, aguacate, texturas de tomate helado de albahaca y jugo de corales. Cochinillo ibérico con jugo de orejones, mango, aceituna negra y almendra al curry. Las texturas de chocolate con café, regaliz, cacao, aceitunas negras y toffe.

ESPAÑA

## XXXX **Neichel** (Jean Louis Neichel) 🔳 🔁

*Beltran i Rózpide 1* ✉ *08034* Ⓜ *Maria Cristina –* ℰ *932 03 84 08 – www.neichel.es – cerrado 7 días en enero, Semana Santa, del 4 al 31 de agosto, domingo, lunes y festivos* **3EXz**

**Rest** – Menú 43/90 € – Carta 57/78 € ⅜

Elegante restaurante de ambiente clásico. Desde sus fogones, padre e hijo siguen apostando por una cocina de corte internacional... eso sí, cada vez más apegada a los productos autóctonos. ¡Sugerentes carros de quesos y postres caseros!

→ Bogavante, gambas e higos con un gazpacho de tomate y fresones. Escórpora de roca y pulpo rustidos, acelgas, jamón de bellota y erizos de mar. Papillote transparente y templado de mango, vainilla, flor de tomillo y sorbete de maracuyá.

## XXX **Hofmann** (Mey Hofmann) 🔳 ⁒ 🔁

*La Granada del Penedès 14-16* ✉ *08006* Ⓜ *Diagonal –* ℰ *932 18 71 65 – www.hofmann-bcn.com – cerrado Navidades, Semana Santa, agosto, sábado, domingo y festivos* **4HVn**

**Rest** – Menú 57/70 € – Carta 46/75 €

Refleja la filosofía gastronómica contemporánea, con varias salitas semiprivadas y un buen comedor principal asomado a la cocina a través de un amplio ventanal. Ofrece elaboraciones de carácter creativo y unos postres realmente exquisitos.

→ Cigala envuelta en ceps con parmentier de patatas. Foie con salsa de Oporto y manzana en tres texturas. Bola sorpresa de chocolate, praliné con helado de coñac y salsa de chocolate caliente.

## XXX **Freixa Tradició** 🔳 ⁒

*Sant Elíes 22* ✉ *08006* Ⓜ *Plaça Molina –* ℰ *932 09 75 59 – www.freixatradicio.com – cerrado Semana Santa, 21 días en agosto, domingo y lunes* **4GUh**

**Rest** – Menú 25/35 € – Carta 29/55 €

Está llevado por el matrimonio propietario y, con el paso de los años, se ha convertido en toda una institución para la ciudad. En su sala, de línea minimalista, podrá descubrir una cocina tradicional catalana bien elaborada y de calidad.

## XXX **Roig Robí** 🍴 🔳 🔁 🚗

*Sèneca 20* ✉ *08006* Ⓜ *Diagonal –* ℰ *932 18 92 22 – www.roigrobi.com – cerrado 7 días en enero, 21 días en agosto, sábado mediodía y domingo* **4HVc**

**Rest** – Menú 30/60 € – Carta 45/74 € ⅜

Este negocio de línea clásica recrea un entorno muy agradable, con una sala tipo invernadero alrededor de un patio-jardín. Cocina tradicional catalana de excelente calidad. Disfrute de su bodega, pues atesora... ¡más de 500 referencias!

## XXX **Tram-Tram** 🍴 🔳 ⁒ 🔁

*Major de Sarrià 121* ✉ *08017* Ⓜ *Reina Elisenda –* ℰ *932 04 85 18 – www.tram-tram.com – cerrado Navidades, Semana Santa, 15 días en agosto, domingo, lunes y festivos* **3EUd**

**Rest** – Menú 21/70 € – Carta 42/70 €

Esta casa de organización familiar se presenta con una sala de ambiente clásico repartida en varios espacios, dos privados y un patio-terraza con galería acristalada. Su carta de cocina catalana actualizada se ve enriquecida con dos menús.

## XXX **Botafumeiro** Ⓝ 🔳 🔁

*Gran de Gràcia 81* ✉ *08012* Ⓜ *Fontana –* ℰ *932 18 42 30 – www.botafumeiro.es* **4HUv**

**Rest** – Menú 50/65 € – Carta 55/102 €

Posee un hall con viveros, una buena barra y varias salas de línea clásica. Trabajan con pescados y mariscos de gran calidad, siendo especialistas en ofrecer piezas grandes.

## XX **El Asador de Aranda** 🍴 🔳 ⁒ 🔁 🅿

*av. del Tibidabo 31* ✉ *08022 –* ℰ *934 17 01 15 – www.asadordearanda.com – cerrado domingo noche* **1BSb**

**Rest** – Menú 35/51 € – Carta 28/42 €

En el marco incomparable de la Casa Roviralta, edificio de estilo modernista también conocido como El Frare Blanc. Cocina típica castellana, donde el lechazo es la estrella.

## XX   **Alkimia** (Jordi Vilá)     ఈ ఈఈ

*Indústria 79 ✉ 08025 Ⓜ Sagrada Familia – ℰ 932 07 61 15 – www.alkimia.cat – cerrado Semana Santa, 15 días en agosto, sábado, domingo y festivos.*
**Rest** – Menú 39/94 € – Carta 47/77 €       **5JUv**
En una zona tranquila del Eixample, donde se presenta con una sala de estética minimalista. Ofrecen una pequeña carta y dos menús degustación, uno de carácter innovador y el otro más tradicional, pudiendo también extraer platos desde ambos.
→ Mar y montaña de ostra y careta glaseada. Canelón de pollo de payés rustido. Fondant de chocolate con sorbete de yuzu.

## XX   **Hisop** (Oriol Ivern)     ☒

*passatge de Marimon 9 ✉ 08021 Ⓜ Hospital Clínic – ℰ 932 41 32 33 – www.hisop.com – cerrado del 1 al 7 de enero, 21 días en agosto, sábado mediodía, domingo y festivos*       **4GVb**
**Rest** – Menú 31/92 € – Carta 53/63 €
Dado su tamaño este es un restaurante que resulta, a la vez, íntimo y moderno. En su sala, donde abunda la madera, descubrirá unas elaboraciones creativas de bases tradicionales, siempre con productos de la zona o de temporada.
→ Foie "after eight". San Pedro a la brasa con berberechos y vainilla. Pistachos con lima.

## XX   **St. Rémy**     ☒ ☼ ⬭

*Iradier 12 ✉ 08017 – ℰ 934 18 75 04 – www.stremyrestaurant.com – cerrado domingo noche*       **3EUn**
**Rest** – Menú 24/43 € – Carta 27/43 €
Se encuentra en la parte alta de la ciudad, en un edificio a modo de palacete dotado con dos espaciosas salas de línea clásica-actual y tres privados. Ofrecen platos propios del recetario tradicional catalán. ¡Buen apartado de sugerencias!

## XX   **Le Quattro Stagioni**     ⏰ ☒ ☼ ⬭

*Dr. Roux 37 ✉ 08017 Ⓜ Tres Torres – ℰ 932 05 22 79 – www.4stagioni.com – cerrado Semana Santa, domingo y lunes mediodía en julio-agosto, domingo noche y lunes resto del año*       **3FVc**
**Rest** – Menú 24 € – Carta 29/40 €
Tiene las salas distribuidas en dos pisos, con una zona acristalada y un patio-terraza. En este restaurante proponen una cocina que ensalza la gastronomía italiana y, fieles a su propio nombre, varían la carta con cada cambio de estación.

## XX   **Silvestre**     ☒ ☼ ⬭

*Santaló 101 ✉ 08021 Ⓜ Muntaner – ℰ 932 41 40 31 – www.restaurantesilvestre.com – cerrado Semana Santa, 21 días en agosto, sábado en julio-agosto, sábado mediodía, domingo y festivos resto del año*       **4GVe**
**Rest** – Menú 21/39 € – Carta 31/42 €
La pareja propietaria ha creado un entorno clásico con varios espacios independientes, proporcionando al conjunto cierta intimidad. Cocina tradicional y de mercado. ¡Pruebe sus Pies de cerdo rellenos de setas y butifarra al Oporto!

## XX   **Mil921**     ⏰ ☒ ☼

*Casanova 211 ✉ 08021 Ⓜ Hospital Clinic – ℰ 934 14 34 94 – www.mil921.com – cerrado domingo y lunes noche*       **4GVv**
**Rest** – Menú 21/60 € – Carta 35/48 €
Resulta íntimo y está bien llevado por su chef-propietario. Ofrece dos salas, ambas actuales, donde podrá degustar una cocina actual con productos de la zona y de mercado... eso sí, siempre presentando los platos de una forma muy creativa.

## X   **Vivanda**     ⏰ ☒ ⬭

*Major de Sarrià 134 ✉ 08017 Ⓜ Sarrià – ℰ 932 03 19 18 – www.vivanda.cat – cerrado domingo noche y lunes*       **3EUa**
**Rest** – Menú 17 € – Carta 19/34 €
Disfruta de una sala de montaje moderno, joven e informal, así como un patio-terraza arbolado con gran éxito en la zona. Su chef apuesta por una cocina tradicional catalana que, usando técnicas actuales, recuerda los sabores de antaño.

ESPAÑA

ESPAÑA

### ✗ Caldeni ⚿ ⚿
*València 452 ⊠ 08013 Ⓜ Sagrada Familia – ℰ 932 32 58 11 – www.caldeni.com*
*– cerrado 7 días en enero, 21 días en agosto, domingo y lunes* **5JUh**
**Rest** – Menú 24/56 € – Carta 31/64 €
Establecimiento reducido pero de impecable mantenimiento. Ofrece una carta especializada en carnes, sobre todo de buey, así como tapitas y degustaciones de carácter creativo.

### ✗ Bonanova ⚿ ⚿
*Sant Gervasi de Cassoles 103 ⊠ 08022 – ℰ 934 17 10 33*
*– www.restaurantebonanova.com – cerrado Semana Santa, 21 días en agosto,*
*domingo noche y lunes* **3FUa**
**Rest** – Carta aprox. 62 €
Curioso, pues este restaurante de tradición familiar ocupa un antiguo "casinet" modernista en Sant Gervasi. En su interior, con estética de café antiguo, encontrará una cocina tradicional sencilla pero sabrosa, variada y bien elaborada.

### ✗ La Taula ⚿ ⚿
*Sant Màrius 8-12 ⊠ 08022 Ⓜ El Putxet – ℰ 934 17 28 48 – www.lataula.com*
*– cerrado Semana Santa, agosto, sábado mediodía, domingo y festivos*
**Rest** – Menú 15/40 € – Carta 25/45 € **3FUu**
Pequeño, acogedor y con detalles. Un concurrido y animado ambiente define esta casa, donde elaboran una cocina de tinte internacional. Aquí trabajan, básicamente, con tres menús bien diferenciados y una serie de recomendaciones.

### ✗ L'Encís ⚿ ⚿
*Provença 379 ⊠ 08025 Ⓜ Sagrada Familia – ℰ 934 57 68 74 – www.lencis.es*
*– cerrado Semana Santa, del 4 al 24 de agosto y domingo* **5JUe**
**Rest** – (solo almuerzo) Menú 15/24 € – Carta 26/38 €
Un restaurante íntimo y de carácter familiar, con un correcto servicio de mesa y mobiliario de línea clásica-actual. La mayoría de sus platos proceden del recetario catalán.

### ✗ Mandarina ⚿ ⚿
*Caravel.la "La Niña" ⊠ 08017 – ℰ 932 05 60 04 – www.mandarinarestaurant.com*
*– cerrado del 4 al 29 de agosto, sábado y domingo* **3FVa**
**Rest** – (solo almuerzo) Menú 15/26 € – Carta 22/42 €
Ofrece un aire fresco y juvenil, dejando en el cliente la sensación de comer sano y ligero. Se distribuye en dos plantas, con la cocina semivista y una tienda "delicatessen". Elaboraciones actuales-creativas con productos bien tratados.

### ⵠ⁄ Casa Pepe ⚿ ⚿
*pl. de la Bonanova 4 ⊠ 08022 – ℰ 934 18 00 87 – www.casapepe.es – cerrado 21*
*días en agosto, domingo noche y lunes salvo festivos* **3FUn**
**Rest** – Tapa 8 € – Ración aprox. 15 €
Casa de organización familiar bastante curiosa, ya que en ella se combina el servicio de comidas con una tienda gourmet. También preparan platos al momento para llevar.

### ⵠ⁄ Casa Pepe ⚿ ⚿
*Balmes 377 ⊠ 08022 Ⓜ El Putxet – ℰ 934 17 11 76 – www.casapepe.es – cerrado 7*
*días en agosto y lunes salvo festivos* **3FUe**
**Rest** – Tapa 8 € – Ración aprox. 15 €
Este atípico bar de tapas es, más bien, una tienda "delicatessen" de organización familiar, muy profesional y con horario continuado de cocina. ¡Tienen platos para llevar!

## Alrededores

### en Santa Coloma de Gramenet

### ✗✗ Ca n'Armengol ⚿ ⚿ ⚿
*Prat de La Riba 1 ⊠ 08921 Santa Coloma de Gramenet Ⓜ Santa Coloma*
*– ℰ 933 91 68 55 – www.canarmengol.net – cerrado Semana Santa, del 9 al 18 de*
*agosto, domingo noche, lunes y martes noche* **2DSa**
**Rest** – Menú 11/40 € – Carta 37/45 €
Establecimiento de amable organización familiar con prestigio en la zona. Posee una sencilla sala para el menú del día a la entrada, dos comedores a la carta de superior montaje y un privado. Cocina tradicional actualizada y buena bodega.

XX **Lluerna** (Víctor Quintillà)  🕸 ⌖ ⇔
𝄞 *Rafael Casanovas 31 ⊠ 08921 Santa Coloma de Gramenet 🚇 Santa Coloma*
*– 𝄞 933 91 08 20 – www.lluernarestaurant.com – cerrado Semana Santa, del 11 al*
*25 de agosto, domingo y lunes* **2DSn**
**Rest** – Menú 32/49 € – Carta 43/61 €
Muy bien llevado por el matrimonio propietario. En su pequeño comedor de aire
minimalista podrá descubrir una cocina actualizada de bases tradicionales y dos
menús degustación. ¡Buenos puntos de cocción, detalles y cuidadas presentaciones!
➜ Mollejas de ternera crujientes con sepietas. Lomo de buey sobre parmentier de
mostaza y jugo de pimientos asados. Pera picante, cacao y toffe.

## en L'Hospitalet de Llobregat

🏨 **Hesperia Tower**  ← ⌧ ⅙ 🕸 ⅙ hab. 🕸 ⌖ ⇔ ⅙ ⇔
*Gran Via 144 ⊠ 08907 L'Hospitalet de Llobregat 🚇 Hospital de Bellvitge*
*– 𝄞 934 13 50 00 – www.hesperia-tower.com* **1BTa**
**280 hab** – ♥♥89/499 €, ⊇ 24 € – 42 suites
**Rest** *Bouquet* – *(cerrado agosto, sábado mediodía, domingo mediodía y festivos)*
Menú 25/40 € – Carta 48/64 €
Hotel de línea moderna instalado en una torre diseñada por el prestigioso arquitecto
Richard Rogers. Posee amplias zonas nobles, un centro de convenciones y habitacio-
nes de muy buen confort, todas actuales. En el restaurante, también moderno, ofrecen
una carta de cocina tradicional con productos de temporada.

X **El Racó del Cargol**  🕸 ⌖
 *Dr. Martí Julià 54 ⊠ 08903 L'Hospitalet de Llobregat 🚇 Collblanc – 𝄞 934 49 77 18*
*– www.rocxi.es – cerrado del 2 al 10 de enero, 15 días en agosto y domingo*
**Rest** – Menú 15/53 € – Carta 28/45 € **3EYc**
Cuenta con una barra de apoyo, un comedor principal de ambiente clásico y dos salas
más secundarias en el piso superior. Amplia carta de cocina tradicional con platos
catalanes, diferentes menús y sugerencias diarias.

## en Sant Joan Despí

XXX **Follia**  🕸 ⇔ 🅿
*Creu de Muntaner 17, por carrer Major ⊠ 08970 Sant Joan Despí – 𝄞 934 77 10 50*
*– www.follia.com – cerrado Semana Santa, 7 días en agosto y domingo*
**Rest** – Menú 37/60 € – Carta 39/53 € **1AT**
Casa en piedra de moderna decoración dotada con un huerto propio. Escoja entre
su cocina creativa a base de medias raciones o el menú degustación, este con maridaje de vinos. También puede tapear o comer de forma más informal en el sótano.

## en Sant Just Desvern

🏨 **Hesperia Sant Just**  ⅙ 🕸 ⅙ 🕸 ⌖ 🛜 ⅙ ⇔
*Frederic Mompou 1 ⊠ 08960 Sant Just Desvern – 𝄞 934 73 25 17*
*– www.hesperia-santjust.com – cerrado agosto* **1ATa**
**138 hab** ⊇ – ♥50/120 € ♥♥120/150 € – 12 suites
**Rest** – *(cerrado viernes noche, sábado y domingo noche)* Menú 30 € – Carta 36/45 €
¡En un entorno de oficinas a las afueras de la ciudad! Presenta un amplio hall-recepción, varios salones de conferencias y habitaciones funcionales de completo equipamiento. El restaurante, clásico pero con toques castellanos, propone una carta tradicional especializada en asados y carnes a la parrilla.

## en Esplugues de Llobregat

🏨 **Abba Garden**  ⅃ ⅙ 🕸 ⅙ hab. 🕸 ⌖ 🛜 ⅙ ⇔
*Santa Rosa 33 ⊠ 08950 Esplugues de Llobregat – 𝄞 935 03 54 54*
*– www.abbagardenhotel.com* **1ATw**
**138 hab** – ♥70/350 € ♥♥70/360 €, ⊇ 16 €
**Rest** – *(cerrado agosto, sábado y domingo) (solo almuerzo) (solo menú)* Menú 26 €
Se encuentra en una tranquila zona hospitalaria rodeada de jardines. Sus habitaciones
son amplias y funcionales, unas con vistas a Barcelona y otras con terraza a la piscina.
El comedor, luminoso y actual, cubre sus paredes con grandes paneles de madera.

**BARCENILLA** – Cantabria – **572** B18 – **349 h.** 8 B1

▶ Madrid 414 – Santander 21 – Bilbao 116

⌂ **Los Nogales** sin rest ⚒ 🛜 **P**
*barrio La Portilla 7* ⊠ *39477* – *𝒞 942 58 92 22* – *www.posadalosnogales.com*
*– cerrado 10 diciembre-30 marzo y del 4 al 30 de noviembre*
**10 hab** – †55/77 € ††77/110 €, � 8 €
Posada de cuidado exterior, al estilo cántabro tradicional, que contrasta con la estética contemporánea del interior. Las habitaciones combinan diseño y calidad, destacando las cuatro abuhardilladas de la última planta, tres con saloncito.

**El BARCO DE ÁVILA** – Ávila – **575** K13 – **2 715 h.** – alt. 1 009 m 11 B3

▶ Madrid 193 – Valladolid 215 – Ávila 82 – Salamanca 92

🏨 **Bellavista** 📶 🄰🄲 ⚒ 🛜 ⚙
*carret. de Ávila 15* ⊠ *05600* – *𝒞 920 34 07 53* – *www.bellavista-hotel.es*
**28 hab** ⊡ – †33 € ††61 € **Rest** – *(cerrado domingo noche)* Carta aprox. 35 €
Hotel de línea clásica-actual situado junto a la carretera. Presenta una correcta zona
social y habitaciones clásicas, las traseras asomadas al campo. En el restaurante, bien
complementado por un salón de banquetes, encontrará una carta regional y un buen
menú diario. ¡Pruebe las famosas Alubias de El Barco!

**en la carretera de los Llanos de Tormes** Sur : 2 km

🏨 **Puerta de Gredos** ⚒ 📺 🄸🄶 ⚒ ⚙ & hab, 🄰🄲 ⚒ 🛜 ⚙ **P**
⊠ *05600 El Barco de Ávila* – *𝒞 920 34 51 71* – *www.izanhoteles.es*
**46 hab** – ††50/140 €, ⊡ 13 € – 4 suites **Rest** – Menú 20/45 € – Carta 30/42 €
¡En un aislado paraje! El hotel, formado por cinco edificios, recupera un conjunto del
s. XVIII que en su día funcionó como lavadero de lana. Ofrece un hall polivalente y
modernas habitaciones, unas abuhardilladas y otras de tipo dúplex. Desde los fogones apuestan por una cocina tradicional y de temporada.

**BARIZO** – A Coruña – ver Malpica de Bergantiños

**BARÓS** – Huesca – ver Jaca

**Los BARRIOS** – Cádiz – **578** X13 – **23 141 h.** – alt. 23 m 1 B3

▶ Madrid 666 – Algeciras 10 – Cádiz 127 – Gibraltar 28

**junto a la autovía A 7** Este : 6,5 km

🏨 **Guadacorte Park** ⚒ 🛖 ⚒ ⚒ 🄸 & hab, 🄰🄲 ⚒ 🛜 ⚙ **P** ⛾
*salida 113 b* ⊠ *11370 Los Barrios* – *𝒞 956 67 75 00*
*– www.hotelguadacortepark.com*
**109 hab** – †58/120 € ††60/120 €, ⊡ 10 € – 7 suites
**Rest** – Menú 20 € – Carta 30/45 €
Cercano a un centro comercial y rodeado de espacios verdes. Posee un elegante hall
y habitaciones de ambiente clásico-actual, algunas de ellas con terraza directa al jardín. Su luminoso restaurante se complementa con una preciosa terraza asomada a la
piscina.

**BARRO** – Asturias – ver Llanes

**BAZA** – Granada – **578** T21 – **21 407 h.** – alt. 872 m 2 D2

▶ Madrid 425 – Granada 105 – Murcia 178

◎ Colegiata de Santa María de la Encarnación★ – Baños árabes★

**por la carretera de Murcia** Noreste : 3,5 km y desvío a la derecha 4 km

⌂ **Cuevas Al Jatib** ⚒ 🛖 ⚒ & hab, ⚒ 🛜 **P**
*Arroyo Cúrcal* ⊠ *18800 Baza* – *𝒞 958 34 22 48* – *www.aljatib.com*
**6 apartamentos** ⊡ – ††84/110 € – 4 hab
**Rest** – *(sólo fines de semana y verano)* (es necesario reservar) Carta 15/45 €
En un paraje aislado. Estas encantadoras casas-cueva, típicas de la arquitectura popular, se presentan con unos relajantes baños árabes y acogedoras habitaciones. En su
coqueto comedor podrá degustar platos propios de la gastronomía árabe, francesa y
local.

**BEASAIN** – Guipúzcoa – **573** C23 – **13 850 h.**                                      **25** B2

▶ Madrid 427 – Vitoria-Gasteiz 69 – Donostia-San Sebastián 44 – Iruña / Pamplona 76

**🏨**   **Dolarea ⓝ**          🍴 🛎 🚭 hab. 🄺 ⁂ 🛜 🛁 🚗
*Nafarroa etorbidea 57* ✉ *20200* – 🅰 *943 88 98 88* – *www.dolareahotela.com*
**20 hab** ⌣ – ♦93/125 € ♦♦125/150 €    **Rest** – Menú 21/65 € – Carta 32/44 €
¡Ocupa un enorme caserío del s. XVII! Tanto la zona social como las habitaciones
lucen una línea sorprendentemente actual, destacando las estancias de la 2ª planta
por ser abuhardilladas y tener los techos en madera. En el restaurante, también
moderno, apuestan por una cocina tradicional con toques actuales.

---

**BECEITE** – Teruel – **574** J30 – **607 h.**                                      **4** C3

▶ Madrid 471 – Zaragoza 157 – Teruel 195 – Tarragona 134

**⌂**   **La Fábrica de Solfa**                 🛎 🄺 ⁂ 🛜
*Arrabal del Puente 16* ✉ *44588* – 🅰 *978 85 07 56* – *www.fabricadesolfa.com*
**8 hab** ⌣ – ♦60/70 € ♦♦80/90 €
**Rest** – *(cerrado domingo noche y lunes mediodía)* Menú 45 € – Carta 16/32 €
Hotel rural, de sencilla organización familiar, instalado en un molino papelero construido a finales del s. XVIII. Ofrece un buen salón social y cálidas habitaciones de aire
rústico instaladas en lo que fueron los secaderos. En su coqueto restaurante elaboran
una carta de tinte tradicional y un buen menú.

---

**BECERRIL DE LA SIERRA** – Madrid – **576** – **575** J18 – **5 355 h.**          **22** A2
**– alt. 1 080 m**

▶ Madrid 50 – Segovia 42 – Ávila 83

**🍴**   **El Zaguán**                        🍴 🄺 ⁂
*Peña Lisa 2* ✉ *28490* – 🅰 *918 55 60 64* – cerrado 21 junio-7 julio, 14 días en
*noviembre, lunes y martes salvo festivos*
**Rest** – Menú 15 € – Carta 34/46 €
Sorprende por su emplazamiento en un viejo pajar de aire rústico, donde encontrará una carta tradicional enriquecida con algunos platos catalanes y creativas sugerencias.

---

**BEGUR** – Girona – **574** G39 – **4 221 h.**                                      **15** B1

▶ Madrid 739 – Girona/Gerona 45 – Palamós 17

**🛈** av. Onze de Setembre 5 , ✉ 17255, 🅰 972 62 45 20, www.visitbegur.cat

**🏨**   **El Convent**       ⋙ ≤ 🍴 🍴 🏊 🍴 🄺 ⁂ 🛜 🛁 🅿
*Racò 2, (Sa Riera), Sureste : 1,5 km* ✉ *17255* – 🅰 *972 62 30 91*
– *www.conventbegur.com* – *cerrado enero y febrero*
**25 hab** ⌣ – ♦60/175 € ♦♦80/245 €    **Rest** – Menú 20/65 € – Carta 23/55 €
Instalado en un convento del s. XVIII que perteneció a la Orden de los Padres Míni-
mos. Aquí encontrará unas habitaciones sobrias pero confortables, la mayor parte de
ellas con los techos abovedados. En el antiguo refectorio, que hoy da cobijo al comedor, podrá descubrir una cocina de bases tradicionales.

**🏨**   **Rosa**                         🛎 🄺 ⁂ 🛜
*Pi i Ralló 19* ✉ *17255* – 🅰 *972 62 30 15* – *www.hotel-rosa.com* – *abril-octubre*
**21 hab** ⌣ – ♦58/89 € ♦♦80/120 €
**Rest** *Fonda Caner* – ver selección restaurantes
Está en pleno casco antiguo, ocupando dos casas que se comunican por un patio y
ofrecen buenas vistas desde sus azoteas. Habitaciones con mobiliario moderno y
baños actuales.

**🏠**   **Aiguaclara**                  🍴 🄺 🛜 🅿
*Sant Miquel 2* ✉ *17255* – 🅰 *972 62 29 05* – *www.hotelaiguaclara.com*
– *cerrado 9 diciembre-9 febrero*
**10 hab** ⌣ – ♦65/140 € ♦♦80/165 €
**Rest** – *(cerrado martes en invierno, domingo y lunes) (solo cena)* Carta 29/38 €
Ocupa una casa de indiano que data de 1866, con un pequeño salón social, un
patio y coquetas habitaciones, todas personalizadas. El restaurante, repartido en
dos zonas y con una carta tradicional, tiene un espacio chill out para picar y un
sencillo comedor.

**ESPAÑA**

199

✕ **Fonda Caner** – Hotel Rosa    🕿 🎴 ✕
*Pi i Ralló 10* ⊠ *17255* – ✆ *972 62 23 91* – *www.fondacaner.com* – *abril-octubre*
**Rest** – *(solo cena salvo Semana Santa, agosto y fines de semana)* Menú 23/45 €
– Carta 30/47 €
Restaurante de funcionamiento independiente aunque centrado en dar servicio a los
clientes del hotel. Su carta regional, bastante completa, se ve enriquecida con varios
menús.

### en Aiguablava Sureste : 3,5 km

🏠 **Aigua Blava**    🐾 ≤ 🛋 ⤫ ✕ 🎴 ✕ rest, 🛜 🕸 🅿
*platja de Fornells* ⊠ *17255 Begur* – ✆ *972 62 45 62* – *www.aiguablava.com*
– *15 marzo-15 octubre*
**84 hab** ⊒ – †142/209 € ††185/282 € – 1 suite
**Rest** – Menú 40/70 € – Carta 40/65 €
Destaca por su privilegiado emplazamiento, pues se encuentra sobre una cala
rodeada de zonas verdes. Ofrecen habitaciones de distintos estilos, la mayoría con
terraza y vistas al mar. El restaurante, enfocado al cliente vacacional y también asomado al Mediterráneo, elabora una carta de tinte tradicional.

🏠 **Parador de Aiguablava**    🐾 ≤ 🛋 🖾 🗍 & hab, 🎴 🕸 🛜 🅿
*platja d'Aigua Blava* ⊠ *17255* – ✆ *972 62 21 62* – *www.parador.es* – *cerrado*
*7 enero-15 febrero*
**78 hab** – †60/152 € ††75/190 €, ⊒ 18 €     **Rest** – Menú 30/45 € – Carta 34/59 €
Construido en lo alto de una cala, donde su blanca arquitectura se perfila contra al
azul del mar y el verde de los pinos. ¡Todas sus habitaciones se asoman al Mediterráneo! El comedor combina sus hermosas vistas con una cocina fiel al recetario catalán.

### por la carretera GIP 6531 Sur : 4 km y desvío a la izquierda 1 km

🏠 **Mas Ses Vinyes**    🐾 🎴 🛋 & 🎴 🕸 🛜 🅿
⊠ *17255 Begur* – ✆ *972 30 15 70* – *www.massesvinyes.com* – *Semana
Santa-4 noviembre*
**25 hab** ⊒ – †95/180 € ††110/205 €
**Rest** – *(solo fines de semana salvo junio- septiembre)* Menú 22 € – Carta 30/50 €
Se distribuye entre una bonita masía restaurada y cuatro anexos que rodean la piscina panorámica. Pequeño SPA, habitaciones clásicas y otras de línea más actual. El
restaurante tiene un uso polivalente, ya que ofrece los desayunos y una carta mediterránea.

---

**BÉJAR** – Salamanca – **575** K12 – **14 408 h.** – alt. 938 m – **Deportes de**     11 A3
**invierno en La Covatilla** : 🎿 4
▶ Madrid 211 – Ávila 105 – Plasencia 63 – Salamanca 72
🔢 carret. de Salamanca, ⊠ 37700, ✆ 923 40 30 05, www.bejar.es

🏠 **Hospedería Real de Béjar**    🎴 🎴 🕸 🛜 🛋
*pl. de la Piedad 34* ⊠ *37700* – ✆ *923 40 84 94* – *www.hospederiarealdebejar.com*
**7 hab** ⊒ – †45/65 € ††55/85 € – 7 suites     **Rest** – Menú 10/15 € – Carta 25/46 €
Ideal tanto para visitar Bejar como para practicar el esquí en La Covatilla. Tras su magnífica fachada en granito encontrará un hotel de elegantes habitaciones, todas clásicas y la mitad con salón. El restaurante, decorado con fotos y cuadros de toros bravos, completa su carta tradicional con varios menús.

✕ **La Plata**    🎴 🎴 🕸
*Recreo 93* ⊠ *37700* – ✆ *923 40 02 82* – *www.restaurantelaplata.com* – *cerrado 2ª
quincena de enero*
**Rest** – Menú 10/36 € – Carta 25/40 €
Llevado entre hermanos. Posee un bar tipo mesón y dos comedores, orientando el
pequeño a raciones y tapeo. Carta tradicional especializada en productos ibéricos, carnes de ternera Morucha y platos de la comarca, como el Calderillo bejarano.

**BELATE (Puerto de) (VELATE)** – Navarra – **573** C25 – alt. 847 m                24 B2

▶ Madrid 432 – Bayonne 85 – Iruña/Pamplona 33 – Donostia-San Sebastián 72

### en la carretera NA 1210 Sur : 2 km

🏠 **Venta de Ulzama**                                              ⌂ ≤ ⚑ **P** 🚗
✉ 31797 Arraitz – ☎ 948 30 51 38 – www.ventadeulzama.com – cerrado
20 diciembre-20 enero
**14 hab** – ♦55 € ♦♦65 €, ☲ 10 €
**Rest** *Venta de Ulzama* – ver selección restaurantes
Esta venta se encuentra en un puerto de montaña y depende de la misma familia
desde hace más de 100 años. Salón social con chimenea y habitaciones de estilo clásico-actual.

✗ **Venta de Ulzama** – Hotel Venta de Ulzama                      ≤ 🔲 **P** 🚗
✉ 31797 Arraitz – ☎ 948 30 51 38 – www.ventadeulzama.com – cerrado enero
**Rest** – (cerrado lunes) Menú 19/48 € – Carta 30/44 €
El comedor, muy luminoso, se reparte en dos salas de montaje clásico-regional, con
varios cuadros costumbristas decorando sus paredes. Cocina tradicional y platos
regionales.

---

**BELLCAIRE D'EMPORDÀ** – Girona – **574** F39 – 661 h. – alt. 35 m         14 D2

▶ Madrid 723 – Barcelona 131 – Girona/Gerona 33 – Perpignan 88

✗✗ **L'Horta**                                                     🔲 ⚘ ✿ **P**
Major 41 ✉ 17141 – ☎ 972 78 85 91 – www.hortabellcaire.com – cerrado
noviembre, domingo noche y lunes
**Rest** – Menú 16/36 € – Carta 30/53 €
Este negocio tiene un aire rústico, techos altos y un correcto montaje, con dos grandes arcos en ladrillo y chimenea. Elabora una carta de base regional con toques
actuales.

---

**BELLVER DE CERDANYA** – Lleida – **574** E35 – 2 300 h. – alt. 1 061 m     14 C1

▶ Madrid 634 – Lleida/Lérida 165 – La Seu d'Urgell/Seo de Urgel 32

ℹ pl. de Sant Roc 9 , ✉ 25720, ☎ 973 51 02 29

◉ Localidad ★

🅖 Parque natural Cadí-Moixeró ★★

🏠 **Bellavista**                                          ≤ 🗲 ⚘ 🛏 ⚘ 🎋 **P**
carret. de Puigcerdà 43 ✉ 25720 – ☎ 973 51 00 00 – www.bellavistabellver.cat
– cerrado 3 noviembre-4 diciembre
**50 hab** ☲ – ♦40/45 € ♦♦60/68 €
**Rest** – (cerrado domingo noche en invierno) Menú 12/16 € – Carta 21/47 €
¡Llevado ya por la 3ª generación familiar! Aquí encontrará unas habitaciones sencillas pero de impecable limpieza y mantenimiento, las de la 1ª planta con terraza y
las de la 2ª con balcón. El comedor, de ambiente rústico, propone una cocina regional
catalana y algún que otro plato de caza... como el Civet.

---

**BEMBRIVE** – Pontevedra – ver Vigo

---

**BENAHAVÍS** – Málaga – **578** W14 – 5 980 h. – alt. 185 m                1 A3

▶ Madrid 610 – Algeciras 78 – Málaga 79 – Marbella 17

🏠🏠 **Amanhavis**                                        ⌂ ⚑ 🗲 🔲 hab, ⚘
del Pilar 3 ✉ 29679 – ☎ 952 85 60 26 – www.amanhavis.com
– cerrado 6 enero-12 febrero
**9 hab** – ♦♦99/139 €, ☲ 11 €
**Rest** – (solo cena salvo domingos en invierno) Menú 31 €
Una casa con encanto, pues aquí cuidan la decoración hasta el último detalle. Ofrece
habitaciones temáticas y un tranquilo patio central, con plantas y una pequeña piscina. Su restaurante propone una carta-menú que toma como base el recetario internacional.

ESPAÑA

XX **Los Abanicos**

*Málaga 6 ⊠ 29679 – 𝒞 952 85 50 22 – cerrado del 1 al 25 de diciembre y martes*
**Rest** – Menú 30/45 € – Carta 30/45 €

Un restaurante céntrico y de larga tradición familiar. Presenta una terraza, un bar público, con un acceso independiente, y dos salas de líneas clásicas. Cocina tradicional.

**BENALAURÍA** – Málaga – **578** W14 – 511 h. – alt. 667 m                    **1** A3
▶ Madrid 583 – Sevilla 154 – Málaga 139 – Cádiz 175

X **La Molienda**

*Moraleda 59 ⊠ 29491 – 𝒞 952 15 25 48 – www.molienda.com – cerrado julio y lunes*
**Rest** – *(solo almuerzo salvo viernes, sábado y verano)* Carta 20/30 €

Resulta original, pues ocupa una antigua almazara que hoy se presenta con un patio, un bar y dos salas de ambiente rústico, una de ellas decorada con la piedra de la molienda. Cocina regional a la antigua usanza y carnes de la zona.

**BENALMÁDENA** – Málaga – **578** W16 – 25 747 h.                    **1** B3
▶ Madrid 549 – Sevilla 237 – Málaga 22

🏠 **La Fonda** sin rest

*Santo Domingo de Guzmán 7 ⊠ 29639 – 𝒞 952 56 90 47*
*– www.lafondabenalmadena.es*
**28 hab** ☲ – †80/130 € ††90/160 €

¡Instalado en una céntrica casa diseñada por Cesar Manrique! Presenta un bello patio típico y tres tipos de habitaciones, unas con detalles andaluces, otras árabes y por último las que llaman griegas, que combinan los colores blanco y azul.

**BENALÚA DE GUADIX** – Granada – **578** T20 – 3 351 h. – alt. 903 m          **2** C2
▶ Madrid 443 – Sevilla 317 – Granada 71 – Jaén 115

🏠 **Cuevas La Granja**

*camino de la Granja, Norte : 0,5 km ⊠ 18510 – 𝒞 958 67 60 00 – www.cuevas.org*
**19 hab** – †60/70 € ††75/80 €, ☲ 5 € – 2 suites – 11 apartamentos
**Rest** – *(cerrado lunes)* Menú 10/30 € – Carta 20/38 €

Está a las afueras del pueblo, pues se trata de las típicas cuevas de la zona transformadas en apartamentos, unos de aire antiguo y otros más rústicos. El restaurante, que también tiene el comedor montado en una gruta, ofrece una carta tradicional andaluza.

**BENALUP-CASAS VIEJAS** – Cádiz – **578** W12 – 7 205 h.                    **1** B3
▶ Madrid 682 – Sevilla 154 – Cádiz 92 – Gibraltar 62

🏠 **Utopía**

*Dr. Rafael Bernal 32 ⊠ 11190 – 𝒞 956 41 95 32 – www.hotelutopia.es*
**16 hab** ☲ – ††97/139 €   **Rest** – Menú 39/48 € – Carta 26/47 €

Singular y original, ya que todas sus habitaciones están personalizadas siguiendo una temática diferente y cuenta con un pequeño museo dedicado a los años 30. El restaurante es como un café-teatro, por eso durante las cenas de los fines de semana suele amenizar las veladas con música en vivo.

**BENAOJÁN** – Málaga – **578** V14 – 1 543 h. – alt. 565 m                    **1** A3
▶ Madrid 567 – Algeciras 95 – Cádiz 138 – Marbella 81

**por la carretera de Ronda**

🏠 **Molino del Santo**

*barriada Estación, Suroeste : 2 km ⊠ 29370 Benaoján – 𝒞 952 16 71 51*
*– www.molinodelsanto.com – marzo-octubre*
**18 hab** ☲ – †64/110 € ††99/175 €   **Rest** – Menú 24/59 € – Carta 35/47 €

Atractivo hotel de estilo regional ubicado en el nacimiento de un río, en un antiguo molino de aceite. Ofrece habitaciones amplias y bien decoradas, con mobiliario provenzal. El comedor, también de ambiente rústico, se complementa con una agradable terraza.

**BENASQUE** – Huesca – *574* E31 – 2 217 h. – alt. 1 138 m – **Deportes de**   4 D1
**invierno en Cerler :** *⚡19* – **Balneario**

▶ Madrid 538 – Huesca 148 – Lleida/Lérida 148

🄸 San Sebastián 5 , ✉ 22440, ℰ 974 55 12 89, www.turismobenasque.com

🄶 Sur : Valle de Benasque★ – Congosto de Ventamillo★★ Sur : 16 km

🏠 **Aneto**   🍴 🗓 🌣 🏢 🕭 hab, 🔟 🌣 🛜 🕭 🚗
av. de Francia 4 ✉ 22440 – ℰ 974 55 10 61 – www.hotelesvalero.com
– cerrado mayo-15 junio y septiembre-noviembre
**75 hab** � – ♦70/130 € ♦♦90/180 €
**Rest** *Sotobosque* – Menú 25/35 € – Carta 30/66 €
Céntrico, de nueva factura y con algún elemento de diseño... ¡como la escultura de 12 m. que recibe al visitante! Posee unas habitaciones amplias y de línea actual, todas con detalles rústicos, cuatro con chimenea y las del piso superior abuhardilladas. El restaurante combina la cocina actual y la regional.

🏠 **Ciria**   🏢 🔟 🌣 🛜 🅿 🚗
av. de Los Tilos ✉ 22440 – ℰ 974 55 16 12 – www.hotelciria.com
– cerrado 15 días en primavera y 15 días en otoño
**38 hab** ⊆ – ♦82 € ♦♦103 € – 2 suites
**Rest** *El Fogaril* – ver selección restaurantes
En la calle principal de la localidad. Reparte sus habitaciones en tres plantas, en las dos primeras de línea actual-funcional y en el último piso, donde tienen alguna tipo dúplex para familias, más rústicas y abuhardilladas.

🏠 **Aragüells** sin rest, con cafetería   🌣 🛜 🚗
av. de Los Tilos 1 ✉ 22440 – ℰ 974 55 16 19 – www.hotelaraguells.com
– cerrado noviembre y mayo
**19 hab** ⊆ – ♦30/50 € ♦♦50/75 €
Destaca por su exterior de carácter montañés y por su nombre, pues hace referencia a un pico cercano con 3037 m. de altura. Ofrece habitaciones de línea funcional-actual salvo en la 3ª planta, ya que esas son rústicas y abuhardilladas.

🍴🍴 **El Fogaril** – Hotel Ciria   🔟 🌣 🅿 🚗
av. de Los Tilos ✉ 22440 – ℰ 974 55 16 12 – www.hotelciria.com
– cerrado 15 días en primavera y 15 días en otoño
**Rest** – Menú 25/60 € – Carta 24/66 €
Con su nombre rememoran una cocina, en forma de círculo, típica de esta tierra. En su comedor, de aire rústico y con detalles cinegéticos, le ofrecerán una carta regional basada en guisos, platos de caza y deliciosas setas en temporada.

 ¿Buenas comidas a precios moderados? Elija un Bib Gourmand 🅐.

---

**BENAVENTE** – Zamora – *575* F12 – 19 259 h. – alt. 724 m   11 B2

▶ Madrid 259 – León 71 – Ourense 242 – Palencia 108

🄸 pl. Mayor 1 , ✉ 49600, ℰ 980 63 42 11, www.turismobenavente.es

🏠 **Parador de Benavente**   🌣 ≤ 🍴 🏢 🕭 hab, 🔟 🌣 🛜 🕭 🅿
paseos de la Mota ✉ 49600 – ℰ 980 63 03 00 – www.parador.es
**38 hab** – ♦52/140 € ♦♦65/175 €, ⊆ 15 €
**Rest** – Menú 27/33 € – Carta 34/47 €
¡Castillo-palacio renancentista que le cautivará por su sobrio espíritu medieval! Posee habitaciones de marcado ambiente castellano y un magnífico salón, con artesonado mudéjar, en la monumental Torre del Caracol. En su diáfano comedor podrá descubrir los platos más representativos de la gastronomía regional.

🏠 **Santiago** sin rest   🏢 🔟 🌣 🛜 🚗
av. Maragatos 34 ✉ 49600 – ℰ 902 10 10 21 – www.grupohlt.com
**29 hab** – ♦48/70 € ♦♦59/90 €, ⊆ 6 € – 1 suite
Cuenta con un diáfano hall y destaca por el buen equipamiento de sus acogedoras habitaciones, no muy amplias pero todas personalizadas con mobiliario de inspiración colonial, detalles de buen gusto e hidromasaje en los baños.

ESPAÑA

**por la carretera de León** Noreste : 2,5 km y desvío a la derecha 0,5 km

XX **El Ermitaño** 🔟 ⌦ ⇔ **P.**
✉ 49600 Benavente – ☎ 980 63 67 95 – www.elermitano.com – cerrado del 1 al 15 enero, domingo noche y lunes salvo festivos
**Rest** – Menú 18/75 € – Carta 32/48 €
Elegante casa de campo dotada con unos recios muros en piedra, varias salas de ambiente rústico-regional y unos cuidados exteriores. Ofrecen una cocina tradicional con detalles actuales, siempre muy atenta a las especialidades de temporada.

**BENDINAT** – Balears – ver Balears (Mallorca)

**BENICARLÓ** – Castellón – 577 K31 – 26 677 h. – alt. 27 m – Playa      16 B1
▶ Madrid 492 – Castelló de la Plana/Castellón de la Plana 69 – Tarragona 116 – Tortosa 55
ℹ pl. de la Constitución, ✉ 12580, ☎ 964 47 31 80, www.ajuntamentdebenicarlo.org

🏛 **Parador de Benicarló**   ⌦ ⇔ 🏠 ⌲ ⌧ ✕ 🅿 & 🔟 ⍈ 🛜 ⌖ **P.**
av. del Papa Luna 5 ✉ 12580 – ☎ 964 47 01 00 – www.parador.es
**104 hab** – ♦60/136 €, ♦♦75/170 €, ⌲ 15 €    **Rest** – Menú 27/33 € – Carta 36/50 €
Edificio de planta horizontal y aire mediterráneo emplazado frente al mar. Posee una extensa zona ajardinada y amplias habitaciones, todas con terraza. El restaurante, que ofrece una carta regional, tiene como especialidad el Suquet de rape y langostinos.

XX **El Cortijo Hnos. Rico** 🔟 ⍈ ⇔
av. Méndez Núñez 85 ✉ 12580 – ☎ 964 47 00 75 – www.elcortijobenicarlo.com – cerrado domingo noche y lunes noche
**Rest** – Menú 40 € – Carta 32/50 €
¡Todo un clásico en la zona! Completa su oferta con dos enormes salones de banquetes. Carta tradicional y local, con varios platos dedicados a las alcachofas y a los arroces.

XX **Chuanet** ⍖ 🏠 🔟 ⇔
av. Papa Luna ✉ 12580 – ☎ 964 47 17 72 – www.rincondechuanet.com – cerrado domingo noche y lunes salvo agosto y festivos
**Rest** – Menú 17/40 € – Carta 27/40 €
Chalet de línea moderna emplazado frente al mar. Posee dos comedores y un privado, donde podrá descubrir tanto su carta marinera, con arroces, como sus jornadas gastronómicas.

XX **Pau** 🔟 ⍈
av. Marqués de Benicarló 11 ✉ 12580 – ☎ 964 47 05 46 – www.paurestaurant.com – cerrado 7 días en marzo, 7 días en junio, 15 días en noviembre, martes salvo verano, domingo noche y lunes
**Rest** – Menú 15/36 € – Carta 25/50 €
De estilo urbano y ubicado frente al puerto deportivo. Posee dos comedores, un salón de banquetes y una carta actual de base tradicional, con arroces, mariscos y varios menús.

**BENICÀSSIM** – Castellón – 577 L30 – 18 753 h. – Playa      16 B1
▶ Madrid 436 – Castelló de la Plana/Castellón de la Plana 14 – Tarragona 165 – València 88
ℹ Santo Tomás 74 (Casa Abadía) , ✉ 12560, ☎ 964 30 01 02, www.turismobenicassim.com

**en la zona de la playa**

🏛 **El Palasiet** ⌦ ⍖ ⌦ ⌲ ⌧ ⊙ 🛁 🕮 & hab, 🔟 ⍈ rest, 🛜 ⌖ ⌲
Pontazgo 11 ✉ 12560 Benicàssim – ☎ 964 30 02 50 – www.palasiet.com – cerrado enero y febrero
**68 hab** ⌲ – ♦63/178 €, ♦♦98/258 € – 6 suites    **Rest** – Menú 30 € – Carta 31/43 €
Fue pionero por sus servicios de talasoterapia, con su propio centro de salud y belleza. Entorno ajardinado, habitaciones con terraza y buenas vistas. Su coqueto restaurante, tipo jardín de invierno, está especializado en cocina saludable y baja en calorías.

ESPAÑA

### 🏨 Voramar    ≤ ※ 🐾 🛗 ⚕ 🎦 ※ rest, 🛜 🕍 🚗

*paseo Pilar Coloma 1 ⊠ 12560 Benicàssim –* 🖀 *964 30 01 50 – www.voramar.net*
**58 hab** ⊊ – †51/145 € ††66/145 €    **Rest** – Menú 18/30 € – Carta 30/53 €
A pie de playa, de corte clásico y con muchos años de historia... no obstante, ha sido debidamente actualizado. Posee habitaciones de diferentes tamaños, casi todas con terraza, así como un comedor de carácter panorámico, donde ofrecen una completa carta tradicional rica en pescados y arroces.

### 🏨 Vista Alegre    🗓 🎦 🎦 rest, ⚕ rest, 🛜 🅿

*av. de Barcelona 71 ⊠ 12560 Benicàssim –* 🖀 *964 30 04 00*
*– www.hotelvistalegre.com – marzo-octubre*
**68 hab** – †34/40 € ††55/71 €, ⊊6 €    **Rest** – Menú 17/21 €
En segunda línea de playa y con las características propias de un hotel vacacional. Posee dos tipos de habitaciones, las de mobiliario castellano y las renovadas, de línea más funcional-actual... eso sí, todas con terraza. El restaurante, bastante sencillo, centra su oferta en un correcto menú del día.

**en el Desierto de las Palmas** Noroeste : 8 km

### ※ Desierto de las Palmas    ≤ 🎦 ⚕ 🅿

*carret. CV-147,km 9 ⊠ 12560 Benicàssim –* 🖀 *964 30 09 47*
*– www.restaurantedesierto.com – cerrado 14 enero-20 febrero y martes salvo julio-agosto*
**Rest** – *(solo almuerzo salvo julio-15 septiembre)* Menú 20 € – Carta 24/48 €
Se halla en un paraje natural privilegiado y destaca por su comedor panorámico, asomado a las montañas, al valle y a la localidad... con el mar de fondo. Carta tradicional con un buen apartado de arroces, pues ofrecen hasta 10 variantes.

---

**BENIDORM** – Alicante – **577** Q29 – **72 991 h.** – Playa    **16** B3
▶ Madrid 463 – València 140 – Alacant / Alicante 46
🅳 pl. Canalejas 1, ⊠ 03501, 🖀 965 85 13 11, www.benidorm.es
🖸 Promontorio del Castillo ≤ ★

### 🏨 Villa Venecia    🗺 ≤ 🎦 🛁 🎦 🎦 🛜

*pl. Sant Jaume 1 ⊠ 03501 –* 🖀 *965 85 54 66 – www.hotelvillavenecia.com*
**25 hab** ⊊ – †120/250 € ††218/530 €    **Rest** – Carta 40/60 €
Elegante hotel emplazado en la zona alta de la ciudad, con unas excelentes vistas sobre el mar. Aquí todo es algo reducido... sin embargo, resulta muy acogedor. El restaurante, de marcado carácter panorámico y con una atractiva terraza exterior, ofrece una cocina tradicional actualizada y sabrosos arroces.

### 🏨 Bilbaino    ≤ 🎦 🎦 ⚕ 🛜

*av. Virgen del Sufragio 1 ⊠ 03501 –* 🖀 *965 85 08 05 – www.hotelbilbaino.com*
*– 9 marzo-17 noviembre*
**38 hab** – †25/90 € ††40/150 €, ⊊7 €    **Rest** – *(solo menú)* Menú 10 €
Todo un clásico de Benidorm... ¡desde 1926! Se encuentra en pleno casco antiguo, ofreciendo correctas habitaciones con terraza sobre el mar, ambiente tranquilo y trato familiar. El comedor, sencillo en su montaje y orientado al cliente alojado, propone una cocina de tinte casero.

**al Noroeste** 7 km

### 🏨 Barceló Asia Gardens    🗺 ≤ 🎦 🎦 🗓 ⊕ 🛁 🎦 🛗 🎦 ⚕ 🛜 🕍 🅿 🚗

*av. Alcalde Eduardo Zaplana Hernandez (Terra Mítica) ⊠ 03502 Benidorm*
*–* 🖀 *966 81 84 00 – www.asiagardens.es*
**292 hab** ⊊ – †190/340 € ††200/500 € – 20 suites
**Rest** *In Black* – *(solo cena)* (es necesario reservar) Carta 50/65 €
**Rest** *Koh Samui* – *(solo cena)* (es necesario reservar) Carta 41/56 €
**Rest** *Palapa* – *(solo almuerzo)* Carta 44/55 €
Complejo hotelero de ambiente asiático ubicado junto a Terra Mítica. Reparte sus magníficas dependencias entre ocho edificios, con unos deslumbrantes jardines, un SPA exclusivo y varias piscinas de singular belleza. Amplia oferta gastronómica con restaurantes de cocina internacional, mediterránea y oriental.

ESPAÑA

**BENIFAIÓ** – Valencia – **577** O28 – **11 965 h.** – alt. 30 m — 16 B2

▶ Madrid 367 – València 26

X **Juan Veintitrés**     点 ℻ ※

(❀) *Papa Juan XXIII-8 ⊠ 46450 – ℰ 961 78 45 75 – www.restaurantejuanxxiii.com*
*– cerrado del 8 al 31 de agosto y lunes*
**Rest** – Carta 33/42 €

Está bien llevado entre tres hermanos, con uno atento a los fogones y los otros a la sala. La carta, tradicional con toques creativos, se recita de palabra y vuelca todo el protagonismo tanto en los pescados frescos como en sus arroces.

---

**BENIMANTELL** – Alicante – **577** P29 – **518 h.** – alt. 527 m — 16 B3

▶ Madrid 437 – Alcoi 32 – Alacant/Alicante 68 – Gandía 85

X **L'Obrer**     ℻ ※ P

(❀) *carret. de Alcoy 27 ⊠ 03516 – ℰ 965 88 50 88*
*– cerrado 30 junio-3 agosto y domingo*
**Rest** – *(solo almuerzo salvo viernes, sábado y agosto)* Menú 19/30 € – Carta 25/39 €

Tras su discreta fachada encontrará un restaurante de amable organización familiar. Aquí ofrecen cocina casera de verdad, siempre con productos bien tratados y presentados.

---

**BENIMAURELL** – Alicante – **577** P29 – **280 h.** — 16 B3

▶ Madrid 445 – Alacant/Alicante 93 – Alcoi 59 – València 106

🏨 **Alahuar**     ⤢ ≤ ⤢ ℻ ※ 👪 P

*Partida El Tossalet ⊠ 03791 – ℰ 965 58 33 97 – www.hotelalahuar.com*
**20 hab** ⊆ – †41/63 € ††51/95 € **Rest** – Menú 12/20 € – Carta 26/35 €

Está en la zona alta de Benimaurell, brindando magníficas vistas a las montañas, al valle y al mar. Ofrece unas habitaciones muy confortables, la mayoría tipo dúplex. El restaurante, con los techos abovedados, propone una carta regional con buenos guisos. ¡Agradable piscina en un jardín seco-mediterráneo!

---

**BENISANÓ** – Valencia – **577** N28 – **2 305 h.** – alt. 70 m — 16 A2

▶ Madrid 344 – Teruel 129 – València 24

🏠 **Rioja**     🖥 ℻ ※ 🛜 👪 🚗

*av. Verge del Fonament 37 ⊠ 46181 – ℰ 962 79 21 58 – www.hotel-rioja.es*
**46 hab** ⊆ – †44/87 € ††55/100 €
**Rest** *Rioja* – ver selección restaurantes

Negocio de tradición familiar que ya va por la 4ª generación. Posee un acogedor salón social y habitaciones funcionales de aspecto actual, la mayoría con baños completos.

XX **Rioja** – Hotel Rioja     🍴 点 ℻ ※ ⇔ 🚗

*av. Verge del Fonament 37 ⊠ 46181 – ℰ 962 79 21 58 – www.hotel-rioja.es*
*– cerrado domingo noche y festivos noche*
**Rest** – Menú 15/50 € – Carta 23/44 €

Ofrece varias salas y salones actuales, un reservado y una bodega de ambiente rústico. Junto a sus platos tradicionales y mediterráneos encontrará una buena carta de arroces.

---

**BENISSA** – Alicante – **577** P30 – **13 808 h.** – alt. 274 m — 16 B3

▶ Madrid 458 – Alacant/Alicante 71 – València 110

🛈 av. País Valencià 97 b, ⊠ 03720, ℰ 965 73 22 25, www.benissa.es

XX **Casa Cantó**     ≤ 点 ℻ ※ ⇔ 🚗

*av. País Valencià 237 ⊠ 03720 – ℰ 965 73 06 29 – www.casacanto.com – cerrado noviembre y domingo*
**Rest** – Menú 27/70 € – Carta 30/52 €

Presenta varias salas, la principal con una bodega acristalada y vistas al peñón de Ifach. Su carta tradicional se enriquece con un apartado de arroces, pescados y mariscos.

**BENTRACES** – Ourense – **571** F6                                   **20** C3
▶ Madrid 495 – Ourense 10 – Pontevedra 104

⌂ **Palacio de Bentraces** sin rest          ⌖ ⊲ 🚗 🎐 🏢 🛇 🛜 🛁 **P**
*Barbadás* ⊠ 32890 – ℰ *988 38 33 81* – *www.pazodebentraces.com* – *cerrado*
*22 diciembre-22 febrero*
**6 hab** – ♦85/105 € ♦♦95/110 €, � 8 €
Ocupa un bello pazo señorial que en su origen, allá por el s. XV, sirvió como residencia episcopal. Posee un hermoso jardín, una zona social repleta de objetos de anticuario y encantadoras habitaciones, todas de línea clásica-elegante.

---

**BERA (VERA DE BIDASOA)** – Navarra – **573** C24 – **3 798 h.** – **alt. 56 m**    **24** A1
▶ Madrid 494 – Iruña/Pamplona 65 – Bilbao 133 – Donostia-San Sebastián 33

🏠 **Churrut**                              📶 ⧫ rest, 🛇 **P**
*pl. de los Fueros 2* ⊠ 31780 – ℰ *948 62 55 40* – *www.hotelchurrut.com* – *cerrado*
*5 enero-5 febrero*
**18 hab** � – ♦60/75 € ♦♦99/135 € – 1 suite
**Rest** *Lenkonea* – Menú 15/45 € – Carta 30/47 €
Hotel de cuidados exteriores instalado en una casa señorial del s. XVII. Elegante zona social de carácter rústico y amplias habitaciones con mobiliario de época. El restaurante, dotado de un acceso independiente y montado parcialmente en el porche, ofrece una carta tradicional con toques actuales.

---

**BERANTEVILLA** – Álava – **573** D21 – **480 h.** – **alt. 501 m**    **25** A2
▶ Madrid 338 – Vitoria-Gasteiz 38 – Logroño 64 – Bilbao 81

XXX **Lola**                              📶 🛇 **P**
*Mayor 26* ⊠ 01211 – ℰ *945 33 70 62* – *www.restaurantelola.net* – *cerrado*
*enero, lunes y martes*
**Rest** – *(solo almuerzo salvo viernes y sábado)* Menú 42/101 € – Carta 32/53 €
Restaurante de corte moderno y diseño actual que sorprende en esta localidad. Disfruta de una bodega acristalada y un espacio para la sobremesa. Elaboraciones de tinte actual.

---

**BERASTEGI** – Guipúzcoa – **573** C24 – **1 062 h.** – **alt. 430 m**    **25** B2
▶ Madrid 459 – Vitoria-Gasteiz 108 – Donostia-San Sebastián 34 – Iruña/Pamplona 53

XX **Arregi**                              🌲 📶 🛇 ⟲
☺ *Herriko enparantza 7* ⊠ 20492 – ℰ *943 68 30 59* – *cerrado*
*23 diciembre-8 enero, martes, miércoles noche y jueves noche*
**Rest** – Menú 15 € – Carta 25/49 €
Restaurante familiar ubicado en una casona de piedra. Posee un buen bar, una gran sala de estilo rústico-elegante y una terraza. Cocina tradicional vasca y platos caseros.

---

**BERGA** – Barcelona – **574** F35 – **16 845 h.** – **alt. 715 m**    **14** C2
▶ Madrid 627 – Barcelona 117 – Lleida/Lérida 158
🛈 Àngels 7 , ⊠ 08600, ℰ 938 21 13 84, www.turismeberga.cat

XX **Sala**                              📶 🛇 ⟲
*passeig de la Pau 27* ⊠ 08600 – ℰ *938 21 11 85* – *www.restaurantsala.com*
– *cerrado del 16 al 28 de agosto, domingo noche y lunes*
**Rest** – Menú 22/65 € – Carta 34/47 €
Negocio de larga trayectoria familiar. Posee salas en dos niveles de línea clásica actual, un privado y una bodega acristalada. Cocina de temporada y un menú degustación.

---

**BERGARA** – Guipúzcoa – **573** C22 – **14 708 h.** – **alt. 155 m**    **25** B2
▶ Madrid 399 – Bilbao 61 – Donostia-San Sebastián 62 – Vitoria-Gasteiz 44
🗻 Santuario de San Ignacio de Loyola★ Noreste : 21 km

## XX Lasa ⌂ 🖩 ⌂ ⌂ 🅿

*Zubiaurre 35 ✉ 20570 – ℰ 943 76 10 55 – www.restaurantelasa.es – cerrado
24 diciembre-3 enero, Semana Santa, del 4 al 21 de agosto, domingo noche y lunes*
**Rest** – *(solo almuerzo salvo viernes y sábado)* Menú 28/47 € – Carta 47/73 €
¡En el histórico Palacio de Ozaeta, declarado Monumento Nacional! Posee varios salones, alguno polivalente, ya que trabaja tanto la carta como el banquete. Cocina tradicional con toques actuales, destacando especialmente por sus ahumados.

---

# BERMEO – Vizcaya – 573 B21 – 17 144 h. – Playa                    25 A3
▶ Madrid 432 – Bilbao 34 – Donostia-San Sebastián 98
🛈 Lamera , ✉ 48370, ℰ 946 17 91 54, www.bermeokoudala.net
🅖 Alto del Sollube★ Suroeste : 5 km

## X Almiketxu ⌂ ⌂ ⌂ ⌂ 🅿

*Almike Auzoa 8, Sur : 1,5 km ✉ 48370 – ℰ 946 88 09 25 – www.almiketxu.com
– cerrado noviembre y lunes*
**Rest** – *(solo almuerzo salvo viernes, sábado y domingo)* Menú 15 € – Carta 25/49 €
Caserío típico ubicado a las afueras de la localidad, con dos salas de aire regional y una, más rústica, a la que llaman popularmente el "Txoco". Carnes y pescados a la brasa.

**al Sur** por la carretera BI 631 : 4,5 km y desvío a la izquierda por la carretera BI 4207
- 1,8 km

## ⌂ Atxurra 🔟 sin rest ⌂ ⌂ 🖩 ⌂ ⌂ 🛜 ⌂ 🅿

*Arronategi Auzoa ✉ 48370 – ℰ 944 65 44 04 – www.hotelatxurra.com – cerrado
febrero*
**12 hab** ⌂ – †49/78 € ††69/98 € – 4 apartamentos
Un tranquilo caserío, bien rehabilitado y situado en plena naturaleza. Ofrece habitaciones y apartamentos de línea rústica-actual, todos coloristas y con profusión de madera.

---

# BERRIA (Playa de) – Cantabria – ver Santoña

# El BERRO – Murcia – ver Alhama de Murcia

---

# BESALÚ – Girona – 574 F38 – 2 427 h. – alt. 151 m                    14 C3
▶ Madrid 743 – Figueres 24 – Girona/Gerona 32
🛈 pl. de la Llibertat 1 , ✉ 17850, ℰ 972 59 12 40, www.besalu.cat
🔴 Localidad★ – Puente fortificado★, núcleo antiguo★★, Iglesia de Sant Pere★

## ⌂ Els Jardins de la Martana sin rest ⌂ ⌀ 🖩 🛜

*Pont 2 ✉ 17850 – ℰ 972 59 00 09 – www.lamartana.com*
**10 hab** – †68/75 € ††94/108 €, ⌂ 10 €
Antigua casa señorial emplazada junto a un precioso puente medieval. Ofrece habitaciones espaciosas, la mayoría con suelos originales, techos altos y mobiliario funcional.

## XX Cúria Reial ⌂ 🖩 ⌂ ⌂

*pl. de la Llibertat 8 ✉ 17850 – ℰ 972 59 02 63 – www.curiareial.com – cerrado
febrero, lunes noche y martes*
**Rest** – Menú 19/26 € – Carta 26/46 €
Ocupa un edificio de pasado conventual que destaca por su estilo rústico y su terraza, con vistas tanto al río como al puente medieval. Sus especialidades son: la Sopa de cebolla, las Manitas de cerdo, la caza en temporada...

## X Pont Vell ⌀ ⌂ ⌂

*Pont Vell 24 ✉ 17850 – ℰ 972 59 10 27 – www.restaurantpontvell.com – cerrado
20 diciembre-20 enero, domingo noche salvo julio-agosto, lunes noche y martes*
**Rest** – Menú 18/48 € – Carta 26/49 €
¡En pleno casco antiguo! Ofrece dos salas de aire rústico y una idílica terraza a la sombra de un níspero, todo con magníficas vistas al río. Cocina tradicional y regional, con especialidades como el Conejo agridulce o el Rabo de buey.

---

# BETANCURIA – Las Palmas – ver Canarias (Fuerteventura)

**BÉTERA** – Valencia – **577** N28 – 21 868 h. – alt. 125 m   16 B2
► Madrid 355 – València 19 – Teruel 137

## por la carretera de San Antonio de Benagéber Suroeste : 3,5 km

**🏠** **Ad Hoc Parque**   ⓢ 🛜 🏊 🐉 🖾 ⚡ 🛜 ♿ **P**
*Botxi 6-8 (urb. Torre en Conill)* ✉ 46117 Bétera – 🕾 961 69 83 93
*– www.adhochoteles.com*
**41 hab** – ♦51/166 € ♦♦51/198 €, 🖙 12 €   **Rest** – Menú 18/89 € – Carta 23/42 €
Una buena opción para la celebración de eventos, pues se halla cerca de València y está
rodeada de jardines. Ofrece habitaciones de correcto confort, algunas asomadas a un club
de golf, y un acogedor restaurante de cocina tradicional con guiños creativos.

**BIDEGOIAN** – Guipúzcoa – **573** C23 – 537 h.   25 B2
► Madrid 451 – Vitoria-Gasteiz 94 – Donostia-San Sebastián 37 – Iruña/Pamplona 86

**🏠** **Iriarte Jauregia**   ⓢ ← 🚗 🏢 ♿ 🖾 ⚡ rest, 🛜 **P**
*Eliz Bailara 8* ✉ 20496 – 🕾 943 68 12 34 – www.iriartejauregia.com
*– cerrado 21 diciembre-enero*
**19 hab** 🖙 – ♦86/120 € ♦♦136/156 €   **Rest** – *(cerrado lunes)* Carta 45/56 €
Casa palaciega del s. XVII construida en piedra y rodeada por un jardín con árboles
centenarios. Sus confortables habitaciones combinan elementos antiguos y modernos. En
el comedor, que destaca por su precioso techo, encontrará una carta de tinte tradicional.

**BIEDES** – Asturias – ver Santullano

**BIELSA** – Huesca – **574** E30 – 503 h. – alt. 1 053 m   4 C1
► Madrid 544 – Huesca 154 – Lleida/Lérida 170
🔘 Parque Nacional de Ordesa y Monte Perdido★★★

## en el valle de Pineta Noroeste : 14 km

**🏠** **Parador de Bielsa**   ⓢ ← 🏢 ♿ hab, ⚡ 🛜 ♿ **P**
*alt. 1350* ✉ 22350 Bielsa – 🕾 974 50 10 11 – www.parador.es – cerrado febrero
**33 hab** – ♦64/140 € ♦♦80/175 €, 🖙 16 € – 6 suites
**Rest** – Menú 27/33 € – Carta 32/55 €
¡En un bello paraje natural! Disfruta de un emplazamiento privilegiado, pues ocupa un
sólido edificio a modo de refugio montañés, con gran presencia de la madera y un
buen nivel de confort. El restaurante, que tiene bonitas lámparas en forja, elabora platos típicos de la cocina belsetana y del Alto Aragón.

**La BIEN APARECIDA** – Cantabria – ver Ampuero

**BIESCAS** – Huesca – **574** E29 – 1 589 h. – alt. 860 m   4 C1
► Madrid 458 – Huesca 68 – Jaca 30
🚹 pl. del Ayuntamineto 2, ✉ 22630, 🕾 974 48 52 22

**🏠** **Tierra de Biescas**   ⓢ 🛜 🏊 🛝 🏢 ♿ hab, 🖾 ⚡ 🛜 ♿ **P**
*paseo del Canal* ✉ 22630 – 🕾 974 48 54 83 – www.hoteltierradebiescas.com
**42 hab** – ♦59/87 € ♦♦91/135 €, 🖙 9 €
**Rest** – *(solo cena)* Menú 27 € – Carta 18/38 €
Hotel de línea actual formado por cuatro bloques, todos unidos entre sí pero personalizados en su decoración. Zona social con chimenea y correctas habitaciones. Dispone
de dos restaurantes, uno funcional para la media pensión y otro tipo sidrería que solo
funciona los fines de semana y durante el verano.

**🏠** **Casa Ruba**   🏢 ♿ hab, 🖾 rest, ⚡ 🛜
*Esperanza 18* ✉ 22630 – 🕾 974 48 50 01 – www.hotelcasaruba.com – cerrado 7 días
*en mayo y 15 octubre-noviembre*
**29 hab** – ♦35/39 € ♦♦56/68 €, 🖙 4,50 €
**Rest** – *(cerrado domingo noche salvo festivos) (solo menú)* Menú 15 €
Goza de una atractiva fachada en piedra, gran tradición y un marcado carácter familiar. La mayoría de sus habitaciones han sido bien renovadas, con suelos en tarima y
aseos de plato ducha. Concurrido bar de tapas y sencillo comedor, donde solo ofrecen un correcto menú del día.

▶ Madrid 395 – Barcelona 613 – A Coruña 567 – Lisboa 899

✈ de Bilbao, Sondika, Noreste : 11 km por autovia BI 631 ℰ 902 40 47 04

**Iberia :** aeropuerto ℰ 902 40 05 00

⛴ para Portsmouth : Brittany Ferries, Espigón 3, Muelle Vizcaya (Puerto de Bilbao-Santurtzi) EY ℰ 902 10 81 47.

🛈 Alameda Mazarredo 66 (Museo Guggenheim Bilbao), ✉ 48001, ℰ 944 79 57 60, , www.bilbao.net/bilbaoturismo

🛈 pl. del Ensanche 11, ℰ 944 79 57 60, www.bilbao.net/bilbaoturismo

**R.A.C.V.N.** Rodriguez Arias 59 bis ℰ944 42 58 08

⛳ Laukariz, urb. Monte Berriaga - carret. de Mungia, Noreste por BI 631, ℰ946 74 08 58

◎ Localidad★★ - Casco Viejo★ – Museo Guggenheim Bilbao★★★ DX – Museo de Bellas Artes (sección de arte antiguo★★) DY**M** - Museo Marítimo de la ría de Bilbao★★

Planos páginas siguientes

ESPAÑA

🏨🏨🏨 **G.H. Domine Bilbao** 🎏 🖬 🗐 ⚅ hab, 🕲 🗱 rest, 🛜 🏃 🚗
*Alameda Mazarredo 61* ✉ *48009* Ⓜ *Moyúa* – ℰ *944 25 33 00*
– *www.granhoteldominebilbao.com* DX**a**
**139 hab** ☲ – ♥♥150/420 € – 6 suites
**Rest *Doma*** – Menú 75/95 € – Carta 58/71 €
Muestra el inconfundible sello del diseñador Javier Mariscal, con detalles modernos por doquier y vistas al Museo Guggenheim desde muchas de sus habitaciones. El restaurante de la última planta, moderno y con grandes cristaleras, ofrece una carta en la que conviven los platos tradicionales y los de autor.

🏨🏨🏨 **Meliá Bilbao** 🏊 🖬 🗐 ⚅ 🕲 🗱 🛜 🏃 🚗
*Lehendakari Leizaola 29* ✉ *48001* Ⓜ *San Mamés* – ℰ *944 28 00 00*
– *www.melia-bilbao.com* CX**b**
**211 hab** – ♥♥99/270 €, ☲ 21 € – 10 suites
**Rest *Aizian*** – ver selección restaurantes
Construcción moderna y escalonada emplazada al lado de la ría. Posee un gran hall dotado con ascensores panorámicos, varios salones y unas habitaciones muy bien equipadas, algunas de ellas con terraza y todas con baños de gran calidad.

🏨🏨🏨 **Carlton** 🖬 🗐 🕲 🗱 🛜 🏃 🚗
*pl. de Federico Moyúa 2* ✉ *48009* Ⓜ *Moyúa* – ℰ *944 16 22 00* – *www.hotelcarlton.es*
**141 hab** – ♥92/329 € ♥♥103/329 €, ☲ 22 € – 6 suites DY**x**
**Rest** – Menú 29/40 € – Carta 45/65 €
Este hotel-monumento atesora historia, elegancia y cierto abolengo. Ofrece atractivas zonas nobles y habitaciones bastante espaciosas, la mayoría de ellas de estilo clásico. En su restaurante, también clásico, encontrará una cocina de carácter internacional.

🏨🏨🏨 **López de Haro** 🗐 🕲 🗱 rest, 🛜 🏃 🚗
*Obispo Orueta 2* ✉ *48009* – ℰ *944 23 55 00* – *www.hotellopezdeharo.com*
**53 hab** – ♥107/175 € ♥♥122/190 €, ☲ 16 € – 4 suites EY**r**
**Rest** – Menú 20/65 € – Carta 40/50 €
¡Alójese en una calle tranquila del centro de la ciudad! Encontrará un ambiente selecto, una moderna zona social y dos tipos de habitaciones, unas de línea urbana y otras de estilo clásico-elegante. El restaurante, ubicado en la zona del bar y con mesas de cristal, combina su carta tradicional con un menú.

🏨🏨 **Abando** 🖬 🗐 ⚅ hab, 🕲 🗱 🛜 🏃 🚗
*Colón de Larreátegui 9* ✉ *48001* Ⓜ *Abando* – ℰ *944 23 62 00*
– *www.hotelabando.com* EY**b**
**141 hab** – ♥75/134 € ♥♥85/215 €, ☲ 16 € – 3 suites
**Rest *Epaia*** – (solo almuerzo salvo fines de semana) Menú 30/40 € – Carta 42/77 €
Se presenta con diferentes estilos, por lo que podrá elegir entre sus confortables habitaciones de línea clásica y otras de estética más actual. Organización amable y eficaz. El restaurante ofrece un montaje moderno y una carta tradicional bien elaborada.

### 🏨 **NH Villa de Bilbao**　　　　　　　　🛋 🅼 ⚘ 🛜 🏋 🚗

*Gran Vía de Don Diego López de Haro 87* ⊠ *48011* Ⓜ *San Mamés –* ℰ *944 41 60 00*
*– www.nh-hotels.com*　　　　　　　　　　　　　　　　　　　　　CY**n**
**139 hab –** ♦♦59/242 €, ⌷ 16 € – 3 suites　**Rest –** Menú 17 € – Carta 30/65 €
Hotel de negocios que destaca tanto por su situación como por su buena oferta en
salones de trabajo. Habitaciones de gran amplitud, con suelos en madera y equipamiento NH. Aunque posee una pequeña carta, su restaurante está más enfocado al
menú de empresas.

### 🏨 **Miró** sin rest　　　　　　　　　　　🛋 🛜 🅼 ⚘ 🛜 🏋

*Alameda Mazarredo 77* ⊠ *48009* Ⓜ *Moyúa –* ℰ *946 61 18 80*
*– www.mirohotelbilbao.com*　　　　　　　　　　　　　　　　DX**b**
**50 hab –** ♦80/155 € ♦♦90/180 €, ⌷ 18 €
Se halla junto al Guggenheim y sorprende por su interior, ya que responde a la
creatividad del diseñador Antonio Miró. Buen confort y soluciones prácticas en el
mobiliario.

### 🏨 **Tryp Arenal**　　　　　　　　　　　🛋 🅼 ⚘ 🛜 🏋

*Fueros 2* ⊠ *48005* Ⓜ *Casco Viejo –* ℰ *944 15 31 00 – www.tryphotels.com*
**40 hab –** ♦60/245 € ♦♦60/255 €, ⌷ 9 €　**Rest –** Menú 14 €　　EYZ**m**
Emplazado en pleno casco viejo. La falta de zona social se compensa con unas confortables habitaciones de aire clásico, todas de correcto mobiliario y con baños actuales. El restaurante, que suele trabajar mucho con menús, se apoya en una concurrida
cafetería.

### 🏨 **Bilbao Jardines** sin rest　　　　　　　🛋 🅼 ⚘ 🛜

*Jardines 9* ⊠ *48005* Ⓜ *Casco Viejo –* ℰ *944 79 42 10 – www.hotelbilbaojardines.com*
**32 hab –** ♦42/60 € ♦♦55/75 €, ⌷ 6 €　　　　　　　　　　EZ**x**
De sencilla organización pero bastante bien situado en el casco antiguo. Posee
habitaciones funcionales con mobiliario estándar actual y baños pequeños aunque modernos.

### 🏨 **Iturrienea** sin rest　　　　　　　　　　　　⚘ 🛜

*Santa María 14* ⊠ *48005* Ⓜ *Casco Viejo –* ℰ *944 16 15 00*
*– www.iturrieneaostatua.com*　　　　　　　　　　　　　　EZ**e**
**9 hab** ⌷ – ♦45/55 € ♦♦55/55 €
En una calle peatonal del casco viejo y con la amable propietaria al frente del negocio. Las habitaciones están personalizadas, algunas con parte de sus paredes en piedra y todas con detalles rústicos o regionales en la decoración.

### 🏨 **Sirimiri** sin rest　　　　　　　　　　🛋 🛜 🅼 ⚘ 🛜

*pl. de la Encarnación 3* ⊠ *48006 –* ℰ *944 33 07 59 – www.hotelsirimiri.es*
**56 hab –** ♦50/120 € ♦♦60/180 €, ⌷ 5 €　　　　　　　　　FZ**e**
Bastante céntrico, pues se encuentra junto al Museo de Arte Sacro. Disfrute de su
estancia en un entorno familiar, con habitaciones correctas pero sin lujos, muy cuidadas y con baños actuales. ¡Ha vivido una importante ampliación!

### 🟍🟍🟍 **Zortziko** (Daniel García)　　　　　　🅼 ⚘ ⟷
❀
*Alameda de Mazarredo 17* ⊠ *48001* Ⓜ *Abando –* ℰ *944 23 97 43 – www.zortziko.es*
*– cerrado 25 agosto-8 septiembre, domingo y lunes*　　　　EY**e**
**Rest –** Menú 39/120 € – Carta 51/88 € ⅌
¡Destaca por su gran nivel gastronómico! Presenta un comedor principal de elegante
ambiente clásico, un pequeño privado y una sala de uso polivalente que, entre otras
funciones, suele utilizarse como aula de cocina. Elaboraciones de autor.
➜ Begi haundi en tagliatelli, velo de cebolla y caviar de foie. Bacalao negro, emulsión
de carabinero, Módena y helado de piña. Lingote de pistacho, helado de vainilla y
canela.

### 🟍🟍🟍 **Etxanobe** (Fernando Canales)　　　　⟨ 🎋 🅼 ⚘ ⟷
❀
*av. de Abandoibarra 4-3º* ⊠ *48011* Ⓜ *San Mamés –* ℰ *944 42 10 71*
*– www.etxanobe.com – cerrado domingo*　　　　　　　　CXY**u**
**Rest –** Menú 58/120 € – Carta 54/91 €
En dependencias del palacio Euskalduna, ubicado junto a la ría. Ofrece una sala de
elegante montaje, parcialmente panelable y de estética moderna, así como un privado y una terraza. Cocina creativa y platos de autor de excelente factura.
➜ Lasaña fría de anchoas en sopa de tomate natural. Merluza langostada. Milhojas
de manzana.

211

# BILBAO

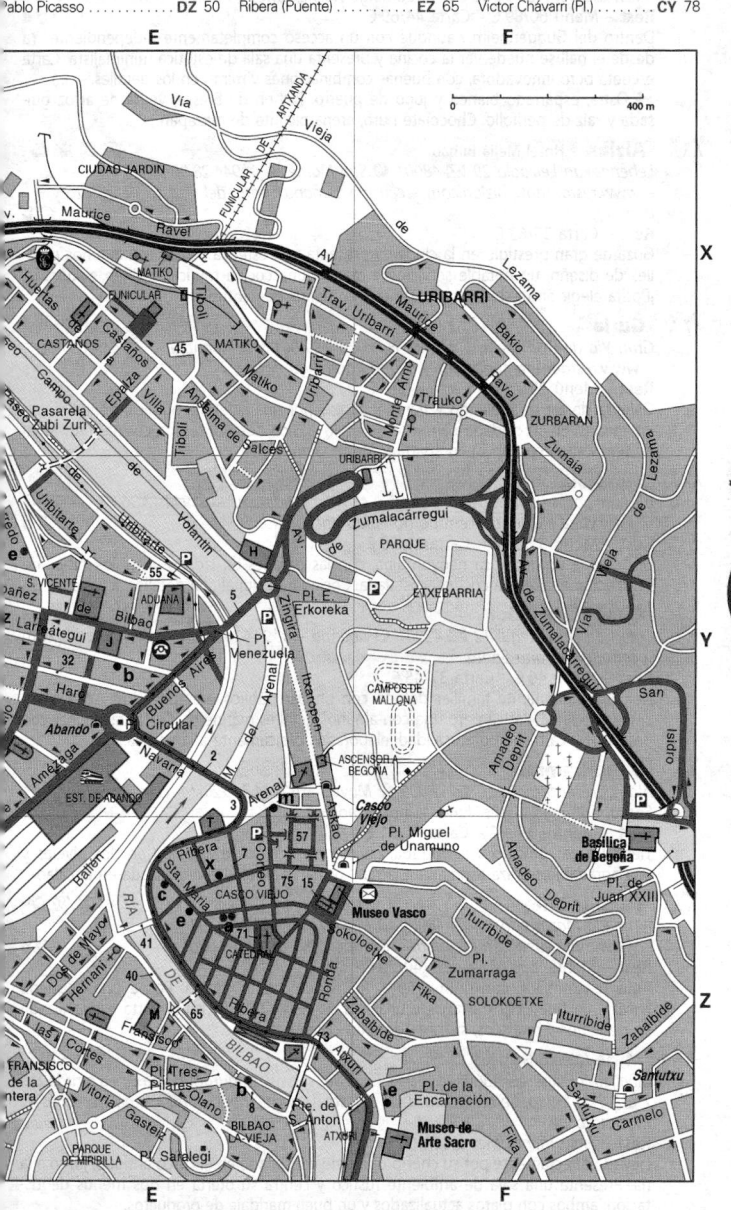

ESPAÑA

213

XXX **Nerua** (Josean Alija)　　　　　　　　　　　　　　　　　AC

❀ *av. de Abandoibarra 2 ⊠ 48001 ⓜ Moyúa – ☏ 944 00 04 30 – www.nerua.com*
*– cerrado del 7 al 14 de enero, domingo noche, lunes y martes noche*
**Rest** – Menú 60/89 € – Carta 44/69 €　　　　　　　　　　DXd

Dentro del Guggenheim... aunque con un acceso completamente independiente. Ya desde el hall se puede ver la cocina y presenta una sala de estética minimalista. Carta escueta pero innovadora, con buenas combinaciones y mimo en los detalles.

➜ Ostra, espárrago blanco y jugo de puerro. Pichón de Bresse, yema de arroz guisada y raíz de perifollo. Chocolate puro, arena picante de mazapán.

XXX **Aizian** – Hotel Meliá Bilbao　　　　　　　　　　🍴 AC ❀ ◇

*Lehendakari Leizaola 29 ⊠ 48001 ⓜ San Mamés – ☏ 944 28 00 39*
*– www.restaurante-aizian.com – cerrado Semana Santa, del 1 al 15 de agosto y domingo*　　　　　　　　　　　　　　　　　　　　CXb
**Rest** – Carta 35/63 €

Goza de gran prestigio en la ciudad y presenta una estética actual, con algunos detalles de diseño, un notable servicio de mesa y una cocina tradicional bien elaborada. ¡Podrá elegir entre su carta y hasta cuatro menús diferentes!

XXX **Guria**　　　　　　　　　　　　　　　　　　AC ❀ ◇

*Gran Vía de Don Diego López de Haro 66 ⊠ 48011 ⓜ Indautxu – ☏ 944 41 57 80*
*– www.restauranteguria.com – cerrado domingo noche*　　CYs
**Rest** – Menú 25/78 € – Carta 44/79 €

Ostenta de cierto abolengo y tiene el acceso por una cafetería pública, donde sirven los menús. En su cuidado comedor de estilo clásico descubrirá una cocina tradicional de temporada con un buen apartado de bacalaos.

XXX **Yandiola**　　　　　　　　　　　　　　　　　AC ❀

*pl. Arrikibar 4 (Edificio Alhóndiga) ⊠ 48010 ⓜ Indautxu – ☏ 944 13 36 36*
*– www.yandiola.com – cerrado domingo noche y lunes*　　DYZb
**Rest** – Menú 39/87 € – Carta 41/60 €

Disfruta de una estética neoyorquina, con las paredes en ladrillo visto, los tubos de ventilación al aire y la cocina acristalada. Cocina tradicional con detalles actuales.

XX **Guetaria Asador**　　　　　　　　　　　　　　AC ❀ ◇

*Colón de Larreátegui 12 ⊠ 48001 ⓜ Abando – ☏ 944 24 39 23 – www.guetaria.com*
*– cerrado Semana Santa*　　　　　　　　　　　　　EYz
**Rest** – Menú 46 € – Carta 37/45 €

Negocio plenamente familiar dotado con un bar público, tres privados y dos salas, ambas de línea clásica pero una con algunos detalles marineros. Carta tradicional con pescados y carnes de gran calidad, elaboradas básicamente a la parrilla.

XX **Baita Gaminiz**　　　　　　　　　　　　　　　🍴 AC

*Alameda Mazarredo 20 ⊠ 48009 ⓜ Moyúa – ☏ 944 24 22 67 – cerrado Semana Santa, domingo noche, lunes y martes noche*　　　　　DXc
**Rest** – Menú 50/65 € – Carta 41/61 €

Tiene un bar privado a la entrada, un comedor clásico distribuido en dos niveles y una agradable terraza asomada a la ría. Cocina tradicional especializada en bacalao.

XX **Serantes III**　　　　　　　　　　　　　　　🍴 AC ❀

*Alameda Mazarredo 75 ⊠ 48009 ⓜ Moyúa – ☏ 944 24 80 04*
*– www.marisqueriaserantes.com – cerrado del 1 al 10 de julio*　　DXb
**Rest** – Menú 16/80 € – Carta 40/78 €

Aquí se combina, con gran acierto, lo moderno y lo clásico. Posee una pequeña terraza, un buen bar de tapas y una sala de elegante clasicismo. Carta especializada en pescados y mariscos, siempre de gran calidad.

XX **Mina** (Álvaro Garrido)　　　　　　　　　　　　　AC ❀

❀ *Muelle Marzana ⊠ 48003 – ☏ 944 79 59 38 – www.restaurantemina.es – cerrado del 7 al 14 de enero, Semana Santa, 25 agosto-15 septiembre, domingo noche, lunes y martes noche*　　　　　　　　　　　　　　　　EZb
**Rest** – (solo menú) Menú 55/100 €

Llevado directamente por su chef-propietario e instalado en el casco antiguo, junto a la ría. Presenta una sala de ambiente rústico y centra su oferta en dos menús degustación, ambos con platos actualizados y un buen maridaje de productos.

➜ Txangurro en emulsión de yema y soja. Liebre a la royal. Limón helado, bizcocho de yogur y crujiente de leche.

X **Serantes**
*Licenciado Poza 16* ⊠ *48011* Ⓜ *Indautxu –* ℰ *944 21 21 29*
*– www.marisqueriaserantes.com – cerrado 27 agosto-6 septiembre*  DY**z**
**Rest** – Menú 16/80 € – Carta 46/78 €
De céntrica localización y acceso por un concurrido bar público. En el 1er piso dispone de dos salones de montaje clásico-actual. Elaboraciones basadas en productos del mar.

X **Serantes II**
*Alameda de Urquijo 51* ⊠ *48011* Ⓜ *Indautxu –* ℰ *944 10 26 99*
*– www.marisqueriaserantes.com – cerrado 27 julio-6 agosto*  DY**u**
**Rest** – Menú 16/80 € – Carta 36/78 €
Su fachada supone toda una invitación, pues tiene un sugerente expositor y un vivero. Buen bar de tapas y dos salas de aire clásico-marinero. La especialidad son los pescados y mariscos, aunque su carta posee un buen apartado de carnes.

Ŷ/ **Colmado Ibérico**
*Alameda de Urquijo 20* ⊠ *48008* Ⓜ *Moyúa –* ℰ *944 43 60 01*
*– www.colmadoiberico.com – cerrado domingo*  DY**Zc**
**Rest** – Tapa 1,60 € – Ración aprox. 13 €
Este espacioso local se presenta con tres zonas muy bien diferenciadas, por eso encontrará un buen bar de tapas con algunas mesas, una charcutería y una tienda delicatessen. ¡Magníficos ibéricos, tanto en carnes como en embutidos!

Ŷ/ **Gatz**
*Santa María 10* ⊠ *48005* Ⓜ *Casco Viejo –* ℰ *944 15 48 61 – www.bargatz.com*
*– cerrado del 15 al 30 de septiembre y domingo noche*  EZ**c**
**Rest** – Tapa 1,60 €
Pequeño bar de tapas que se desmarca un poco de la estética habitual en la zona. Posee un interior actual y centra su oferta en unos pintxos bien presentados y elaborados. ¡Pruebe su Bacalao al pil-pil y el Steak tartar!

Ŷ/ **Xukela**
*El Perro 2* ⊠ *48005* Ⓜ *Casco Viejo –* ℰ *944 15 97 72 – www.xukela.com – cerrado del 25 al 31 de agosto*  EZ**a**
**Rest** – Tapa 2 € – Ración aprox. 10 €
Quesos, patés, embutidos, ensaladas... Este establecimiento del casco antiguo resulta perfecto, dentro de su sencillez, para descubrir los múltiples sabores asociados al mundo del tapeo.

Ŷ/ **Rio-Oja**
*El Perro 4* ⊠ *48005* Ⓜ *Casco Viejo –* ℰ *944 15 08 71 – cerrado 7 días en abril, 21 días en septiembre y lunes salvo festivos o vísperas*  EZ**a**
**Rest** – Tapa 4 € – Ración aprox. 9 €
Un negocio familiar ideal tanto para tapear como para recuperar los sabores de la auténtica cocina casera. Sugerente expositor con cazuelas que muestran los guisos del día.

---

**BINIBONA** – Balears – ver Balears (Mallorca) : Caimari

---

**La BISBAL D'EMPORDÀ** – Girona – 574 G39 – 10 679 h. – alt. 39 m  15 B1
◗ Madrid 723 – Girona/Gerona 33 – Barcelona 123 – Perpignan 99
🖪 L' Aigüeta 17, ⊠ 17100, ℰ 972 64 51 66, www.visitlabisbal.cat

🏠 **Castell d'Empordà**
*carret. del Castell, Norte : 1,5 km* ⊠ *17115 –* ℰ *972 64 62 54*
*– www.castelldemporda.com – (solo fines de semana en invierno) cerrado diciembre y enero*
**38 hab** ⊡ – †132/170 € ††200/236 €  **Rest** – Menú 20/55 € – Carta 45/65 €
Castillo medieval rodeado por un hermoso bosque de 10 Ha. Ofrece unas dependencias decoradas con sumo gusto y cuenta con una singular maqueta, donde se reproduce una batalla napoleónica con soldaditos de plomo. En el restaurante, de línea rústica y con chimenea, apuestan por la cocina local y de producto.

**ESPAÑA**

## ⑨/ **Babo Tapas**                                    ⌂ AC ⌘ ⟷

*Cavallers 22 ⊠ 17100 – ✆ 972 64 36 69 – www.babotapas.com – solo fines de semana de enero-Semana Santa*

**Rest** – *(cerrado domingo noche)* Tapa 5 €

Físicamente resulta alargado y algo pequeño, sin embargo sorprende por tener una salita con chimenea y una terraza exterior al fondo. Su chef-propietario apuesta por las tapas tradicionales, en general elaboradas al momento.

---

# BLANCA – Murcia – 577 R25 – 6 493 h. – alt. 233 m                23 B2
▶ Madrid 372 – Murcia 40 – Albacete 121 – Alacant/Alicante 105

## 🏠 **Conde La Vallesa**                               ⚑ ⬚ AC 🛜 P

*Gran Vía ⊠ 30540 – ✆ 968 77 50 30 – www.condevallesa.com – cerrado 2ª quincena de enero y 1ª quincena de julio*

**12 hab** ⌣ – †50 € ††65 €

**Rest *Gurea*** – ver selección restaurantes

Esta hermosa casa señorial del s. XIX disfruta de unas cálidas habitaciones, todas vestidas con mobiliario en madera o forja, y techos altos, la mitad de ellos abuhardillados.

## ✕✕ **Gurea** – Hotel Conde La Vallesa                  ⚑ ⌂ AC ⌘ P

*Gran Vía ⊠ 30540 – ✆ 968 77 50 30 – www.restaurantegurea.com – cerrado 2ª quincena de enero, 1ª quincena de julio, domingo noche y lunes*

**Rest** – Menú 12/40 € – Carta 33/39 €

Dotado con una sala de elegante estilo clásico, dando así continuidad a la estética del edificio. Cocina tradicional de raíces vascas e interesantes jornadas gastronómicas.

---

# BLANES – Girona – 574 G38 – 39 785 h. – Playa                15 A2
▶ Madrid 691 – Barcelona 61 – Girona/Gerona 46
🛈 pl. Catalunya ⊠ 17300, ✆ 972 33 03 48, www.visitblanes.net
◉ Jardín Botánico Marimurtra ★

## 🏠 **Horitzó**                                    ⟷ ☕ ⬚ ⎈ AC ⌘ 🛜 ⌂

*passeig Marítim S'Abanell 11 ⊠ 17300 – ✆ 972 33 04 00 – www.hotelhoritzo.com – abril-octubre*

**110 hab** ⌣ – †46/75 € ††59/115 €

**Rest** – *(junio-septiembre)* Menú 20/24 € – Carta 30/44 €

¡Frente al mar! Presenta una zona social de ambiente moderno y habitaciones actuales de buen nivel, muchas asomadas al Mediterráneo y todas con balcón. El restaurante, de línea funcional y con una terraza frente a la playa, propone una cocina tradicional.

## ✕✕ **El Ventall**                                  ⌂ ⎈ AC ⟷ P

*carret. de Blanes a Lloret, Noreste : 2 km ⊠ 17300 – ✆ 972 33 29 81 – www.elventall.com*

**Rest** – *(solo almuerzo salvo viernes, sábado y verano)* Menú 19/44 € – Carta 46/64 €

Antigua masía emplazada a las afueras de Blanes, con agradables exteriores y terrazas. Proponen una cocina tradicional con toques actuales, dando la opción a medias raciones.

---

# BOADELLA D'EMPORDÀ – Girona – 574 F38 – 256 h. – alt. 150 m      14 C3
▶ Madrid 766 – Girona/Gerona 56

## ✕ **El Trull d'en Francesc**                         AC ⟷

*Placeta de L'Oli 1 ⊠ 17723 – ✆ 972 56 90 27 – www.trull-boadella.com – cerrado 7 enero-7 febrero, lunes y martes salvo festivos*

**Rest** – Menú 20/30 € – Carta 19/44 €

Ocupa una casa de piedra que antiguamente funcionó como molino de aceite. Encontrará un comedor de aire rústico en dos niveles y una amplia terraza acristalada, con vistas al río. Su carta regional y casera se completa con sugerencias.

---

# BOADILLA DEL MONTE – Madrid – 576 – 575 K18 – 47 037 h.      22 A2
– alt. 689 m
▶ Madrid 26 – Toledo 85 – Segovia 86 – Ávila 108
🏳 Lomas-Bosque, urb. El Bosque, ✆ 916 16 75 00
🏳 Las Encinas de Boadilla, carret. de Boadilla-Pozuelo km 1,4, ✆ 916 32 27 46

🏠 **El Antiguo Convento de Boadilla del Monte** sin rest ⊛ 📧 🕼
*de las Monjas* ⊠ 28660 – ✆ 916 32 22 20 ⬚ 🎨 ✿ 📶 🛁 🚗
– www.elconvento.net
**16 hab** 🖙 – 🛏140/180 € 🛏🛏158/220 € – 1 suite
Convento del s. XVII dotado con un hermoso claustro y refectorio. Sorprende por sus
magníficas instalaciones, vestidas con detalles antiguos, valiosos arcones, bellas alfom-
bras, espléndidas tapicerías... y hasta doseles sobre algunas camas.

**BOBORÁS** – Ourense – **571** E5 – 2 862 h. – alt. 42 m ⬚⬚⬚⬚⬚⬚⬚⬚⬚⬚⬚ 19 B2
▶ Madrid 529 – Ourense 34 – Pontevedra 61 – Santiago de Compostela 79

⌂ **Pazo Almuzara** 🛋 ⼛ ⅋ hab, 🕌 hab, 📶 📎
*Almuzara, Este : 1 km* ⊠ 32514 – ✆ 988 40 21 75 – www.pazoalmuzara.com
– cerrado 8 enero-7 febrero
**19 hab** – 🛏40/61 € 🛏🛏50/76 €, ⊑ 6 € **Rest** – (solo clientes) Menú 14 €
Tradición y distinción se dan cita en este pazo, que remonta sus orígenes al s. XIX.
Disfruta de un bello jardín arbolado, una acogedora zona social y dos tipos de habi-
taciones: las de estilo antiguo, vestidas con mobiliario de época, y las de línea actual.
Comedor de carácter polivalente.

**BOCAIRENT** – Valencia – **577** P28 – 4 456 h. – alt. 680 m ⬚⬚⬚⬚⬚⬚⬚ 16 A3
▶ Madrid 383 – Albacete 134 – Alacant/Alicante 84 – València 93
🈘 pl. del Ayuntamiento 2, ⊠ 46880, ✆ 962 90 50 62, www.bocairent.org

🏠 **L'Estació** ⊛ 🍴 ⼛ 📧 ⅋ 📶 📎
*Parc de l'Estació* ⊠ 46880 – ✆ 962 35 00 00 – www.hotelestacio.com
**14 hab** – 🛏81/99 € 🛏🛏91/129 €, ⊑ 9 € **Rest** – Menú 11/32 € – Carta 16/36 €
Hotel con encanto instalado en la antigua estación de tren. Ofrece un salón social-
cafetería y habitaciones detallistas. El restaurante, dotado con un correcto comedor y
una sala algo más grande tipo invernadero, está especializado en hacer carnes a la
piedra.

🏠 **L'Àgora** sin rest ⊛ 📧 📧 ⅋ 📶
*Sor Piedad de la Cruz 3* ⊠ 46880 – ✆ 962 35 50 39 – www.lagorahotel.com
**8 hab** – 🛏60/99 € 🛏🛏66/116 €
Ocupa un edificio clásico-modernista, construido en 1921, donde se ha procurado
conservar tanto los suelos como las barandillas, las maderas... Ofrece espaciosas habitaciones, todas muy bien personalizadas y cuatro de carácter temático.

**BOCEGUILLAS** – Segovia – **575** H19 – 805 h. – alt. 957 m ⬚⬚⬚⬚⬚⬚ 12 C2
▶ Madrid 119 – Burgos 124 – Segovia 73 – Soria 154

XX **Área de Boceguillas** ⪡ ⼛ ⼛ 📧 ⅋ 📎
🈂 *autovía A 1, salidas 115 y 118* ⊠ 40560 – ✆ 921 54 37 03 – cerrado del 2 al 17 de
agosto
**Rest** – Menú 25/28 € – Carta 30/37 €
Muy bien llevado por la propietaria, siempre atenta a los detalles. Su amplia cafetería
da paso a una sala circular con vistas a Somosierra. Carta regional y bodega visitable.

**BOÍ** – Lleida – **574** E32 – 199 h. – alt. 1 250 m – Balneario en Caldes de Boí ⬚ 13 B1
▶ Madrid 575 – Lleida/Lérida 143 – Viella 56
◉ Valle ★★
🈘 Este : Parque Nacional de Aigües Tortes y Lago San Mauricio ★★ – Caldes de Boí ★

X **La Cabana** ⅋
*carret. de Taüll 16* ⊠ 25528 – ✆ 973 69 62 13 – www.lacabanadeboi.com
– cerrado mayo, junio, octubre, noviembre y lunes salvo verano
**Rest** – (es necesario reservar) Menú 17/32 € – Carta 31/45 €
Encontrará una sala de correcto montaje, con profusión de madera, y la cocina a la
vista del cliente. Elaboraciones de tinte casero donde se da gran protagonismo a
las carnes.

**BOLTAÑA** – Huesca – **574** E30 – 1 092 h. – alt. 643 m ⬚⬚⬚⬚⬚⬚⬚⬚⬚⬚ 4 C1
▶ Madrid 473 – Huesca 90 – Lleida/Lérida 143 – Sabiñánigo 72
🈘 av. de Ordesa 47, ⊠ 22340, ✆ 974 50 20 43, www.turismoboltana.es

ESPAÑA

### 🏚🏚🏚 Monasterio de Boltaña   ⬱ ⌿ 🅿 ♨ ⚑ 🚶 hab. 🄰🄲 ⚘ 🛜 🏋 🅿
*Afueras, Sur : 1 km* ✉ 22340 – ☏ 974 50 80 00
– *www.barcelomonasteriodeboltana.com*
**134 hab** 🍽 – ♦♦80/250 € – 2 suites   **Rest** – Menú 25/58 € – Carta 29/55 €
Conjunto formado por un monasterio del s. XVII, un anexo en piedra y una serie de
villas, todas con salón. Atractiva zona social y habitaciones de estética colonial. En su
restaurante, que tiene un uso polivalente, podrá degustar elaboraciones creativas.

---

## BOLVIR DE CERDANYA – Girona – **574** E35 – 400 h. – alt. 1 145 m    14 C1
▶ Madrid 657 – Barcelona 172 – Girona/Gerona 156 – Lleida/Lérida 188

### 🏚🏚🏚 Torre del Remei   ⬱ ⌿ 🖘 ⌿ 🅿 🍽 🄰🄲 🛜 🅿
*Camí del Remei 3, Noreste : 1 km* ✉ 17539 – ☏ 972 14 01 82
– *www.torredelremei.com* – *cerrado 15 días en noviembre*
**7 suites** 🍽 – ♦♦225/320 € – 4 hab
**Rest** *Torre del Remei* – ver selección restaurantes
Magnífico palacete modernista dotado con vistas a la sierra del Cadí y a los Pirineos.
La elegancia arquitectónica encuentra su réplica en unas estancias de sumo confort.

### ✕✕✕✕ Torre del Remei – Hotel Torre del Remei   ⌿ 🖘 🅿 🄰🄲 ⚘ 🅿
*Camí del Remei 3, Noreste : 1 km* ✉ 17539 – ☏ 972 14 01 82
– *www.torredelremei.com* – *cerrado 15 días en noviembre, martes y miércoles de
enero a marzo*
**Rest** – Menú 50/89 € – Carta 65/82 € ❀
Restaurante de gran nivel gastronómico, acorde al hotel en el que se encuentra y con
un montaje de impecable clasicismo. Su carta combina el recetario clásico con el catalán, siempre apostando por los productos autóctonos de temporada.

---

## La BONANOVA – Balears – ver Balears (Mallorca) : Palma

---

## Les BORGES BLANQUES – Lleida – **574** H32 – 6 060 h. – alt. 310 m    13 B2
▶ Madrid 478 – Barcelona 148 – Lleida/Lérida 25 – Tarragona 69

### 🏠 Hostal Benet   🄰🄲 🛜
*pl. Constitució 21-23* ✉ 25400 – ☏ 973 14 23 18 – *www.hostalbenet.cat*
**17 hab** – ♦42 € ♦♦55 €, 🍽 6 €
**Rest** *Hostal Benet* – ver selección restaurantes
Instalado en una céntrica casa del s. XV que, en su día, sirvió primero como ayuntamiento y después como molino de aceite. Ofrece unas habitaciones de línea funcional, todas personalizadas con multitud de cuadros y detalles cerámicos.

### ✕ Hostal Benet – Hostal Benet   🄰🄲
*pl. Constitució 21-23* ✉ 25400 – ☏ 973 14 23 18 – *www.hostalbenet.cat*
**Rest** – *(cerrado del 1 al 6 de enero, del 21 al 29 de junio, del 22 al 28 de septiembre
y lunes) (solo almuerzo salvo viernes y sábado)* Menú 17 € – Carta 23/41 €
Esta localidad es famosa mundialmente por su aceite de arbequina y, lógicamente,
eso se refleja en su gastronomía. Su joven chef propone una cocina regional con
detalles actuales en la que veremos platos como los Caracoles a la lata.

---

## BORJA – Zaragoza – **574** G25 – 5 057 h. – alt. 448 m    3 B2
▶ Madrid 309 – Logroño 135 – Iruña/Pamplona 138 – Soria 96
🛈 pl. de España 1 , ✉ 50540, ☏ 976 85 20 01, www.borja.es

### ✕✕ La Bóveda del Mercado   🄰🄲 ⚘
🏵   *pl. del Mercado 4* ✉ 50540 – ☏ 976 86 82 51 – *cerrado del 7 al 31 de enero,
domingo noche y lunes*
**Rest** – Menú 14/35 € – Carta 29/35 €
Instalado en una casa del centro de la localidad. Sorprende por su comedor, distribuido en tres espacios en lo que fue una antigua bodega. Cocina tradicional y de
mercado.

**BORLEÑA** – Cantabria – **572** C18          **8** B1

▶ Madrid 360 – Bilbao 111 – Burgos 117 – Santander 33

 **De Borleña**      ✗ 🛜

carret. N 623 ✉ 39699 – 𝒞 942 59 76 22 – www.hoteldeborlena.com – cerrado noviembre

**10 hab** ⬓ – ♦45/50 € ♦♦50/70 €

**Rest Mesón de Borleña** 🙂 – ver selección restaurantes

La zona social es algo reducida... sin embargo, sus habitaciones, abuhardilladas en la planta superior, resultan confortables y poseen un estilo clásico muy cuidado. ¡Ambiente familiar y buenas opciones de turismo activo en el entorno!

✗ **Mesón de Borleña** – Hotel De Borleña      🏡 ✗

🙂 carret. N 623 ✉ 39699 – 𝒞 942 59 76 43 – www.hoteldeborlena.com – cerrado 3 noviembre-3 diciembre y lunes salvo verano

**Rest** – (solo almuerzo salvo sábado y verano) Menú 12/22 € – Carta 29/35 €

Emplazado frente al hotel. Cuenta con un pequeño bar y un comedor clásico, algo recargado pero de impecable mantenimiento. Ofrecen un trato muy familiar y una carta tradicional rica en guisos, como sus sabrosas Alubias blancas con chorizo.

---

**BOROA** – Vizcaya – ver Amorebieta-Etxano

---

**BOSSÒST** – Lleida – **574** D32 – **1 179 h.** – **alt. 710 m**      **13** A1

▶ Madrid 632 – Barcelona 333 – Lleida/Lérida 179

◉ Iglesia de la Purificació★★

✗✗ **El Portalet**      🆎 ✗ 🅿

🙂 Sant Jaume 32 ✉ 25550 – 𝒞 973 64 82 00 – cerrado 15 días en junio, domingo noche y lunes

**Rest** – (solo menú) Menú 26/41 €

Restaurante familiar instalado en una casa de piedra que, en otro tiempo, sirvió como cuadra para la diligencia que viajaba a Francia. En su sala de ambiente rústico le darán a elegir entre dos menús, ambos interesantes y de cocina actual.

✗✗ **Er Occitan**      🆎 ✗

🙂 Major 66 ✉ 25550 – 𝒞 973 64 73 66 – www.eroccitan.com – cerrado 24 junio-7 julio y lunes salvo festivos

**Rest** – (solo almuerzo salvo Navidades, Semana Santa, agosto, viernes y sabado) (solo menú) Menú 29/40 €

¡Ojo, pues se accede por una calle trasera! El negocio, muy conocido en el valle y con una única sala actual, ofrece un menú-carta a precio fijo y un curioso menú degustación, este último reservado a mesas completas compartiendo los platos.

---

**BOT** – Tarragona – **574** I31 – **678 h.** – **alt. 290 m**      **13** A3

▶ Madrid 474 – Lleida/Lérida 100 – Tarragona 102 – Tortosa 53

 **Can Josep**      🛗 🆎 ✗ 🛜 🚗

av. Catalunya 34 ✉ 43785 – 𝒞 977 42 82 40 – www.canjosep.com – cerrado Navidades

**9 hab** – ♦39/58 € ♦♦60/90 €, ⬓ 6 €    **Rest** – Menú 16 € – Carta 26/45 €

Hotelito de organización familiar emplazado en el corazón de la Terra Alta. Ofrece una zona social de línea rústica-actual, habitaciones funcionales y un restaurante de cocina regional que sorprende por su amplia cristalera, con vistas a la sierra de Pàndols.

---

**BOTARELL** – Tarragona – **574** I32 – **1 126 h.**      **13** B3

▶ Madrid 560 – Barcelona 120 – Tarragona 28

◉ Cambrils★ Sur : 10 km - Reus★ Este : 16 km - Salou★ (Port Aventura★★★) Sureste : 19 km

 **Cal Barber** 🆕 sin rest      🛗 🆎 🛜

pl. de la Iglesia 2 ✉ 43772 – 𝒞 977 82 69 50 – www.calbarber.net

**10 hab** ⬓ – ♦95 € ♦♦130 €

Coqueto hotelito instalado en una casa antigua, donde se fusionan con acierto diseño y rusticidad. Ofrece unas habitaciones de buen confort y un completísimo SPA para parejas.

**BREDA** – Girona – **574** G37 – **3 767 h.** – **alt. 169 m** 15 A1
🚩 Madrid 658 – Barcelona 56 – Girona/Gerona 53 – Vic 48

XX **Fonda Montseny** con hab 🔲 AC 🕸 rest, 📶 🅿
pl. Trunas 1 ⊠ 17400 – 🕾 972 16 02 94 – www.fondamontsenybreda.es
**11 apartamentos** ⊊ – ♥♥75 €
**Rest** – (cerrado martes salvo festivos) Menú 15/55 € – Carta 38/49 €
Presenta una terraza a la entrada, un buen bar, donde sirven el menú, y un comedor
a la carta de notable montaje. Cocina clásica de corte tradicional e internacional, trabajando mucho la caza en temporada ¡También ofrecen varios apartamentos de línea
actual!

**BRIHUEGA** – Guadalajara – **576** – **575** J21 – **2 798 h.** – **alt. 897 m** 10 C1
🚩 Madrid 92 – Toledo 162 – Guadalajara 36 – Soria 153

🏠 **Niwa** sin rest 🔲 ⊛ 🌿 🔲 & AC 🕸 📶 🅿
paseo Jesús Ruiz Pastor 16 ⊠ 19400 – 🕾 949 28 12 99 – www.hotelspaniwa.com
**10 hab** ⊊ – ♥115/155 € ♥♥135/175 €
Moderno, exclusivo y con la propietaria volcada en el negocio, por lo que garantiza
un trato personalizado. Presenta unas habitaciones de completo equipamiento y un
coqueto SPA, especializado en tratamientos estéticos y masajes orientales.

🏠 **Hospedería Princesa Elima** 🏠 🔲 & AC 🕸 📶 🏯
paseo de la Fábrica 15 ⊠ 19400 – 🕾 949 34 00 05
– www.hospederiaprincesaelima.com
**20 hab** ⊊ – ♥45 € ♥♥68 € **Rest** – Menú 11/30 € – Carta 21/35 €
Su nombre ensalza a la princesa árabe Elima, pues según la leyenda se la apareció
la Virgen en una cueva de la localidad. Hall con armaduras, espacios de inspiración morisca y cuidadas habitaciones, casi todas clásicas. El restaurante, de ambiente
castellano, está especializado en asados y carnes a la brasa.

**BRIÑAS** – La Rioja – **573** E21 – **242 h.** – **alt. 454 m** 21 A2
🚩 Madrid 328 – Bilbao 99 – Burgos 96 – Logroño 49

🏠 **Hospedería Señorío de Briñas** sin rest 🕸 🔲 & AC 📶 🚗
travesía de la calle Real 3 ⊠ 26290 – 🕾 941 30 42 24
– www.hotelesconencantodelarioja.com
**20 hab** ⊊ – ♥68/85 € ♥♥85/95 €
Bello palacete del s. XVIII decorado con mobiliario de época. Todas las habitaciones
son acogedoras... sin embargo, recomendamos las de la última planta por ser abuhardilladas y tener las vigas de madera a la vista.

**BRIONES** – La Rioja – **573** E21 – **856 h.** – **alt. 501 m** 21 A2
🚩 Madrid 333 – Burgos 99 – Logroño 34 – Vitoria-Gasteiz 54
🈯 Museo de la Cultura del Vino-Dinastía Vivanco★ Sureste : 1 km

🏠 **Casa El Mesón** sin rest 🕸 🕸 📶 🅿
travesía de la Estación 3 ⊠ 26330 – 🕾 941 32 21 78 – www.elmesonbriones.es
**8 hab** – ♥35/37 € ♥♥45/50 €, ⊊ 4 €
Agradable casa rural en piedra y ladrillo. Dispone de unas cálidas habitaciones con los
techos en madera, mobiliario rústico y baños modernos. Amable organización familiar.

XX **Los Calaos de Briones** con hab AC rest, 🕸 📶
San Juan 13 ⊠ 26330 – 🕾 941 32 21 31 – www.loscalaosdebriones.com
– cerrado 24 diciembre-15 de enero
**4 hab** – ♥40/45 € ♥♥50/60 €, ⊊ 5 €
**Rest** – (cerrado lunes salvo festivos) (solo almuerzo salvo viernes, sábado y verano)
Menú 28/30 € – Carta aprox. 26 €
Está llevado en familia y posee dos salas abovedadas, ya que estas ocupan las antiguas bodegas de la casa. Aquí encontrará una carta tradicional con buenas sugerencias
diarias, sin embargo la especialidad son los asados y los productos de temporada. ¡Las
coquetas habitaciones sorprenden por sus detalles!

**BRIVIESCA** – Burgos – **575** E20 – **7 627 h.** – **alt. 725 m** 12 C1
🚩 Madrid 285 – Burgos 42 – Vitoria-Gasteiz 78
🈯 Santa María Encimera 1, ⊠ 09240, 🕾 947 59 39 39, www.turismo.briviesca.es

### 🏨 El Valles   📶 🅰🅲 📶 ♨ 🅿
*carret. Madrid-Irún, km 280* ✉ *09240 –* ✆ *947 59 00 25 – www.hotelelvalles.com*
– *abril-diciembre*
**47 hab** 🛏 – 🛏50/60 € 🛏🛏62/75 €
**Rest** *El Valles* – ver selección restaurantes
Lo encontrará junto a la carretera. Tras su frontal acristalado dispone de una correcta recepción con zona social, ascensores panorámicos y habitaciones de estilo actual.

### 🏠 Isabel sin rest y sin 🛏   📶 🅰🅲 📶
*Santa María Encimera 21* ✉ *09240 –* ✆ *947 59 29 59 – www.hotel-isabel.com*
**21 hab** – 🛏37/40 € 🛏🛏47/55 €
Sencillo pero bien situado en el mismo centro de la localidad. Ofrece una correcta zona social y cuidadas habitaciones, todas con mobiliario funcional y baños actuales.

### ✗✗ El Valles – Hotel El Valles   🅰🅲 🅿
*carret. Madrid-Irún, km 280* ✉ *09240 –* ✆ *947 59 00 25 – www.hotelelvalles.com*
– *abril-diciembre*
**Rest** – *(cerrado domingo noche y lunes)* Menú 20/25 € – Carta 35/50 €
Restaurante de montaje clásico dotado con dos salas, unas de ellas acristalada, y un buen salón de banquetes. De sus fogones surge una cocina tradicional actualizada.

### ✗ El Concejo   🅰🅲 🅿 ⇔
*pl. Mayor 14* ✉ *09240 –* ✆ *947 59 16 86*
**Rest** – Menú 14/20 € – Carta 25/36 €
Céntrico y atractivo restaurante dotado con dos salas rústicas, una con chimenea y otra, en el piso superior, con el techo abuhardillado. Amplia carta de sabor tradicional.

**BROTO** – Huesca – **574** E29 – 542 h. – alt. 905 m                4 C1
▶ Madrid 481 – Huesca 96 – Zaragoza 165

### 🏨 Pradas   📶 🅰🅲 rest. 🅿 📶 🚗
*av. de Ordesa 7* ✉ *22370 –* ✆ *974 48 60 04 – www.hotelpradasordesa.com*
– *marzo-octubre*
**24 hab** – 🛏35/50 € 🛏🛏45/69 €, 🛏 5 € – 8 suites
**Rest** – Menú 14/25 € – Carta 20/37 €
Construcción pirenaica con la fachada en piedra. Cálida zona social con chimenea y habitaciones personalizadas, destacando ocho con salón y tres abuhardilladas. Su restaurante ofrece una carta regional. ¡Si viaja en moto alójese aquí, pues el propietario es un gran aficionado y aplica descuentos especiales!

**El BRULL** – Barcelona – **574** G36 – 261 h. – alt. 843 m                14 C2
▶ Madrid 668 – Barcelona 65 – Burgos 652
⛳ Montanyà, Oeste : 3 km, ✆ 938 84 01 70

### ✗ El Castell   ≤ 🅰🅲 🅿 ⇔ 🅿
✉ *08559 –* ✆ *938 84 00 63 – www.elcastelldelbrull.com – cerrado 21 días en septiembre y miércoles*
**Rest** – *(solo almuerzo salvo fines de semana y festivos)* Menú 14/25 €
– Carta 25/34 €
Emplazado en un promontorio. Ofrece un bar, donde montan mesas para el menú, el salón principal y una sala más rústica en el piso superior. Carta regional con especialidades catalanas y guisos de carne. ¡Pruebe sus Berenjenas rellenas!

**en el Club de Golf** Oeste : 3 km

### ✗✗ L'Estanyol   ≤ 🅰🅲 🅿 ⇔ 🅿
✉ *08559 El Brull –* ✆ *938 84 03 54 – www.restaurantestanyol.com – cerrado domingo noche y lunes en julio-agosto*
**Rest** – *(solo almuerzo de septiembre a junio salvo viernes y sábado)* Menú 19/60 €
– Carta 40/51 €
Antigua masía ubicada junto a un campo de golf. Posee un bar, donde sirven el menú, y varios comedores de línea rústica-elegante. Cocina tradicional, regional e internacional.

**BUENAVISTA DEL NORTE** – Santa Cruz de Tenerife – ver Canarias (Tenerife)

**BUENDÍA** – Cuenca – **576** K21 – 484 h. – alt. 741 m                    **10** C1

▶ Madrid 131 – Toledo 203 – Cuenca 101 – Guadalajara 74

🏠  **La Casa de las Médicas**                    ♨ 🍴 🛎 ⚫ 🅰🅲 ⚫ 📶
*San Pedro 2 ✉ 16512 – ☎ 969 37 31 45 – www.lacasadelasmedicas.com – cerrado 7 enero-15 febrero*
**10 hab** ⌧ – ♟♟59/65 € – 2 suites
**Rest** – *(sólo fines de semana y festivos)* Carta 34/46 €
¡En la antigua casa del médico! Sus coquetas habitaciones están personalizadas en un estilo rústico, con los suelos en tarima y originales pinturas al fresco en las paredes. El restaurante, también rústico, ofrece una carta tradicional especializada en asados.

**BUERA** – Huesca – **574** F30 – 100 h. – alt. 522 m                    **4** C1

▶ Madrid 432 – Huesca 49 – Lleida/Lérida 95

🏠  **La Posada de Lalola**                    ♨ ⚫
*La Fuente 14 ✉ 22146 – ☎ 974 31 84 37 – www.laposadadelalola.com – cerrado del 7 al 31 de enero*
**7 hab** ⌧ – ♟59/69 € ♟♟79/89 €
**Rest Lalola** – ver selección restaurantes
Algo pequeño pero con muchísimo encanto... no en vano, ocupa una casa muy bien restaurada. Tiene la recepción en el restaurante y ofrece unas habitaciones de estilo rústico-actual en las que se aúnan confort y calidez.

🍴  **Lalola** – Hotel La Posada de Lalola                    🅰🅲 ⚫ ✪
*pl. Mayor ✉ 22146 – ☎ 974 31 84 37 – www.laposadadelalola.com – cerrado del 7 al 31 de enero*
**Rest** – *(cerrado lunes no festivos y del 7 al 31 de enero)* (es necesario reservar)
Menú 22/27 €
Se presenta a modo de casa particular y resulta original, recreando un entorno íntimo, realmente encantador y con cierto aire bohemio. Cocina tradicional de tinte casero.

**BUEU** – Pontevedra – **571** F3 – 12 373 h. – Playa                    **19** A3

▶ Madrid 621 – Pontevedra 19 – Vigo 32

🍴  **Loureiro** con hab                    ≤ 🛎 🅰🅲 rest, ⚫ 📶 🅿
*playa de Loureiro, 13, Noreste : 1 km ✉ 36930 – ☎ 986 32 07 19*
*– www.restauranteloureiro.com – cerrado del 7 al 31 de enero*
**26 hab** ⌧ – ♟40/95 € ♟♟60/105 €
**Rest** – *(cerrado domingo noche salvo verano)* Menú 15/25 € – Carta 17/35 €
Negocio familiar ubicado en 1ª línea de playa. Ofrece dos salas de buen montaje, un comedor para banquetes en el piso inferior y una carpa para celebrar eventos al otro lado de la calle. Carta marinera con un apartado de mariscos. También dispone de habitaciones, la mitad con vistas a la ría de Pontevedra.

**BURELA** – Lugo – **571** B7 – 9 631 h.                    **20** D1

▶ Madrid 612 – A Coruña 157 – Lugo 108

🏠  **Palacio de Cristal**                    🛎 ⚫ 📶 🔧 🅿 🍽
*av. Arcadio Pardiñas 154 ✉ 27880 – ☎ 982 58 58 03 – www.hotelpalaciodecristal.es*
*– cerrado 24 diciembre-7 enero*
**29 hab** ⌧ – ♟40/60 € ♟♟50/80 €
**Rest Palacio de Cristal** – ver selección restaurantes
¡Céntrico, funcional y con una clientela habitual de comerciales! Las habitaciones pueden resultar algo sencillas, sin embargo todas poseen baños completos.

🍴  **Palacio de Cristal** – Hotel Palacio de Cristal                    🅰🅲 ⚫ 🅿 🍽
*av. Arcadio Pardiñas 154 ✉ 27880 – ☎ 982 58 58 03 – www.hotelpalaciodecristal.es*
*– cerrado 24 diciembre-7 enero*
**Rest** – Menú 20 € – Carta 20/45 €
Con varios comedores de sencillo ambiente rústico. Lo mejor de este restaurante es que ofrece mariscos de su propia cetárea, sin embargo aquí también encontrará una parrilla para las carnes a la brasa y una zona que funciona como pulpería.

222

ESPAÑA

# El BURGO DE OSMA – Soria – 575 H20 – 5 228 h. – alt. 895 m     12 C2

▶ Madrid 183 – Aranda de Duero 56 – Soria 56

**ℹ** pl. Mayor 9, ☒ 42300, *𝒞* 975 36 01 16, www.burgosma.es

◉ Plaza Mayor★ - Catedral★ (sepulcro de Pedro de Osma★, museo : documentos antiguos y códices miniados★)

---

### 🅷🅰🅰🅷   Burgo de Osma    
*Universidad 5 ☒ 42300 – 𝒞 975 34 14 19 – www.castillatermal.com*
**66 hab** ⊑ – **♦**88/121 € **♦♦**102/164 € – 4 suites
**Rest** – Menú 32 € – Carta 29/37 €
Instalado en un impresionante edificio, ya que ocupa lo que fue la Universidad de Santa Catalina, del s. XVI. Amplias zonas nobles, habitaciones detallistas y un hermoso balneario emplazado bajo el patio columnado. El restaurante completa su carta tradicional con un apartado vegetariano y otro para celíacos.

### 🅐🅷🅐   Il Virrey    
*Mayor 2 ☒ 42300 – 𝒞 975 34 13 11 – www.virreypalafox.com*
*– cerrado 21 diciembre-8 enero*
**52 hab** – **♦**50/70 € **♦♦**50/80 €, ⊑ 10 €
**Rest** *Virrey Palafox* – ver selección restaurantes
Se encuentra en la calle principal y destaca por ofrecer detalles de gran elegancia. Encontrará un impresionante hall, una lujosa zona social y habitaciones de buen nivel general, todas con el mobiliario torneado en madera o en forja.

### 🏠   Hospedería El Fielato *sin rest*     🖨 🛜
*av. Juan Carlos I-1 ☒ 42300 – 𝒞 975 36 82 36*
*– www.hospederiaelfielato.es*
**21 hab** ⊑ – **♦**35/55 € **♦♦**45/65 €
Con su nombre rinde un homenaje al carácter histórico del edificio, ya que aquí se pagaban los tributos e impuestos. Ofrece habitaciones de línea clásica y correcto confort.

### ↑   Posada del Canónigo *sin rest*     🛜
*San Pedro de Osma 19 ☒ 42300 – 𝒞 975 36 03 62*
*– www.posadadelcanonigo.es*
**11 hab** ⊑ – **♦**50/70 € **♦♦**60/80 €
Está muy cerca de la Catedral, en un edificio del s. XVII que ha sido rehabilitado con gran acierto. Presenta una cálida zona social con chimenea y habitaciones de buen confort, todas con profusión de madera y muebles de anticuario.

### XX   Virrey Palafox – *Hotel Il Virrey*    
*Universidad 7 ☒ 42300 – 𝒞 975 34 02 22 – www.virreypalafox.com*
*– cerrado 21 diciembre-8 enero, domingo noche y lunes*
**Rest** – Menú 15/35 € – Carta 30/45 € 🕸
Negocio familiar con buen nombre en la zona. Posee varias salas de estilo castellano que destacan por sus atractivas vidrieras de colores. Su completa carta tradicional se enriquece con platos típicos de la zona, como las setas y la caza.

---

# BURGOHONDO – Ávila – 575 K15 – 1 300 h. – alt. 846 m     11 B3

▶ Madrid 156 – Valladolid 183 – Avila 43 – Toledo 124

### 🅗🅰   El Linar del Zaire    
*carret. Avila-Casavieja 42 B ☒ 05113 – 𝒞 920 28 40 91 – www.ellinardelzaire.com*
*– cerrado del 7 al 31 de enero*
**17 hab** ⊑ – **♦**44 € **♦♦**88 €
**Rest** – *(cerrado domingo noche, lunes noche y martes noche salvo verano)*
Menú 10 € – Carta 25/45 €
Instalado en un edificio de granito que en su día sirvió como escuela. Ofrece unos cuidados exteriores y amplias habitaciones de línea rústica-actual, destacando las que tienen terraza privada. El restaurante, dotado de amplios ventanales y vistas a la piscina, enriquece su carta regional con varios menús.

**BURGOS** ℙ – **575** E18/ E19 – **179 906 h.** - **alt. 856 m** 12 C2

▶ Madrid 239 – Bilbao 156 – Santander 154 – Valladolid 125

🛈 pl. Alonso Martínez 7, ✉ 09003, ℰ 947 20 31 25, www.turismocastillayleon.com

🛈 Nuño Rasura 7, ✉ 09003, ℰ 947 28 88 74, www.aytoburgos.es

◎ Catedral★★★ (crucero, coro y Capilla Mayor★★, Girola★, capilla del Condestable★★, capilla de Santa Ana★) A – Museo de Burgos★ (arqueta hispanoárabe★, frontal de Santo Domingo★, sepulcro de Juan de Padilla★) B**M1** – Arco de Santa María★ A**B** – Iglesia de San Nicolás : retablo★ A- Iglesia de San Esteban★ A - Iglesia de San Gil★ A**B** - Museo de la Evolución Humana★ B

◎ Real Monasterio de las Huelgas★★ (Sala Capitular : pendón★) por av. del Monasterio de las Huelgas A – Cartuja de Miraflores★★ B

### 🏨🏨🏨 NH Palacio de la Merced
ℐ🔥 🏢 ♿ hab, 🅰 🛎 hab, 🛜 🕸 🆚

*La Merced 13* ✉ *09002 –* ℰ *947 47 99 00 – www.nh-hotels.com* A**b**

**107 hab** – 🛏🛏65/206 € , ☶ 16 € – 3 suites **Rest** – Menú 28/40 €

Instalado en un antiguo convento de fines del s. XVI que conserva la fachada y el claustro, este último hoy cubierto por un techo acristalado. Ofrece unas habitaciones amplias y luminosas, así como un restaurante de montaje actual orientado al cliente alojado.

### 🏨🏨🏨 Abba Burgos
🛁 🔲 ℐ🔥 🏢 ♿ hab, 🅰 🛎 rest, 🛜 🆚 🅿 🆚

*Fernán González 72* ✉ *09003 –* ℰ *947 00 11 00 – www.abbaburgoshotel.com*

**114 hab** – 🛏65/150 € 🛏🛏65/210 € , ☶ 14 € A**a**

**Rest** – *(cerrado domingo)* Menú 25/30 € – Carta 33/40 €

Magnífico hotel ubicado a escasos metros de la Catedral. Ofrece habitaciones de gran amplitud y equipamiento, muchas de ellas con terraza y algunas con su propio jardín. Restaurante luminoso y moderno donde se fusionan la cocina tradicional y la de autor.

### 🏨🏨🏨 AC Burgos sin rest
🏢 ♿ 🅰 🕸 🛜 🆚 🆚

*paseo de la Audiencia 7* ✉ *09003 –* ℰ *947 25 79 66 – www.hotelacburgos.com*

**70 hab** – 🛏75/145 € 🛏🛏95/180 € , ☶ 12 € – 2 suites A**z**

Sorprende por tener una fachada clásica que contrasta con su interior, de tintes vanguardistas. Moderno patio-distribuidor y habitaciones actuales de completo equipamiento.

### 🏨🏨🏨 Rice
🏢 🅰 🕸 rest, 🛜 🆚 🆚

*av. de los Reyes Católicos 30, por av. de los Reyes Católicos* ✉ *09005 – * ℰ *947 22 23 00 – www.hotelrice.com*

**50 hab** – 🛏48/250 € 🛏🛏50/275 € , ☶ 10 €

**Rest** – *(cerrado domingo)* Menú 16 € – Carta 34/41 €

La profusión de maderas nobles y el confort definen unos espacios de notable elegancia, con un espacio de lectura dotado de chimenea y habitaciones clásicas. En el comedor, precedido por un bar de ambiente inglés, le propondrán una carta de gusto tradicional.

### 🏨🏨🏨 Corona de Castilla
🏢 🅰 🕸 🛜 🆚 🆚

*Madrid 15* ✉ *09002 –* ℰ *947 26 21 42 – www.hotelcoronadecastilla.com*

**87 hab** – 🛏45/130 € 🛏🛏50/180 € , ☶ 10 € **Rest** – Menú 15/20 € B**p**

Muy próximo a la estación de autobuses. Dispone de confortables habitaciones con los suelos en parquet y mobiliario funcional en la mayoría de los casos. Aseos actuales. El restaurante, sencillo y de carácter polivalente, ofrece básicamente un amplísimo menú.

### 🏨 Azofra
🏢 🅰 🛜 🆚

*Don Juan de Austria 22, por* ③ ✉ *09001 –* ℰ *947 46 20 03 – www.hotelazofra.com*

**29 hab** ☶ – 🛏55/60 € 🛏🛏55/65 €

**Rest** *Azofra* – ver selección restaurantes

Ubicado en la zona universitaria. Tiene acogedoras habitaciones con los suelos en tarima y mobiliario clásico, destacando las abuhardilladas y las que disponen de galería.

### 🏨 María Luisa sin rest
🏢 🅰 🛜 🆚

*av. del Cid Campeador 42, por av. del Cid Campeador* ✉ *09005 –* ℰ *947 22 80 00 – www.marialuisahotel.com*

**46 hab** – 🛏47/150 € 🛏🛏50/160 € , ☶ 5 €

Instalaciones de estilo clásico elegante. Su escasa zona noble se compensa con unas habitaciones detallistas y bien equipadas, todas ellas con baños de línea actual.

# BURGOS

Almirante Bonifaz . . . . . . . . . . . . . B 2
Alonso Martínez (Pl. de) . . . . . . . . . . . B 3
Aparicio y Ruiz . . . . . . . . . . . . . . . A 5
Arlanzón (Av. del) . . . . . . . . . . . . . B 6
Cid Campeador (Av. del) . . . . . . . . . B 8
Conde de Guadalhorce (Av.) . . . . . . . . . A 9
Eduardo Martínez del Campo . . . . . . . . A 10
España (Pl.) . . . . . . . . . . . . . . . . B 12
Gen. Santocildes . . . . . . . . . . . . . . B 15
Libertad (Pl. de la) . . . . . . . . . . . . B 16
Mayor (Pl.) . . . . . . . . . . . . . . . . AB 18
Miranda . . . . . . . . . . . . . . . . . . B 20
Monasterio de las Huelgas (Av. del) . . . . . A 21
Nuño Rasura . . . . . . . . . . . . . . . . A 23
Paloma (La) . . . . . . . . . . . . . . . . A 24
Reyes Católicos (Av. de los) . . . . . . . B 26
Rey San Fernando (Pl. del) . . . . . . . . A 27
Santo Domingo de Guzmán (Pl. de) . . . . . B 28
Vitoria . . . . . . . . . . . . . . . . . . . B

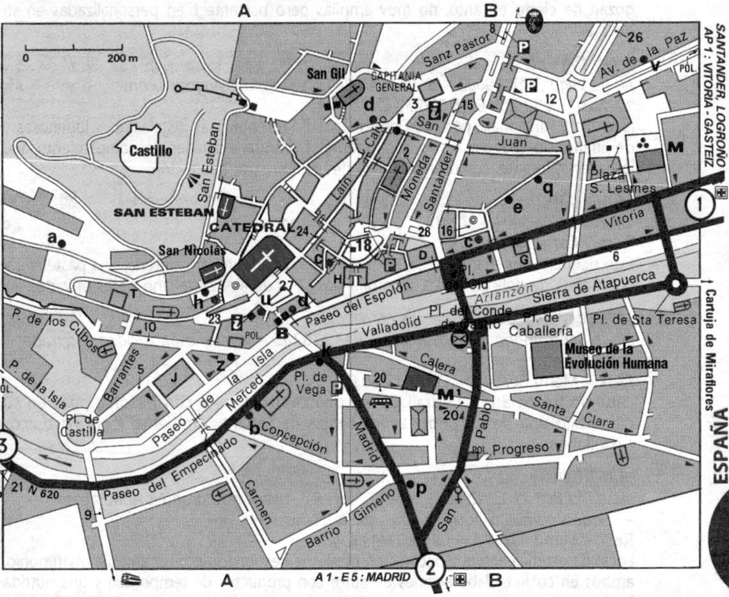


### Mesón del Cid

*pl. Santa María 8 ✉ 09003 – ✆ 947 20 87 15 – www.mesondelcid.es* Ah

**53 hab** – 60/200 € 60/250 €, 14 €

**Rest *Mesón del Cid*** – ver selección restaurantes

¡Frente a la Catedral! Las habitaciones, de sobrio aire castellano, se distribuyen en dos edificios de la misma calle, resultando las del anexo algo más completas y actuales.

### Norte y Londres sin rest

*pl. de Alonso Martínez 10 ✉ 09003 – ✆ 947 26 41 25 – www.hotelnorteylondres.com*

**50 hab** – 40/80 € 45/100 €, 6 € Br

Está considerado como el hotel decano de Burgos, ya que abrió sus puertas en 1904. Tras su cuidada fachada encontrará unas dependencias bien equipadas de estilo clásico.

### Cordón sin rest

*La Puebla 6 ✉ 09004 – ✆ 947 26 50 00 – www.hotelcordon.com* Be

**35 hab** – 40/100 € 45/170 €, 8 €

Toma el nombre de la histórica Casa del Cordón, a escasos metros. Ofrece un moderno hall-recepción y habitaciones clásicas con los suelos en madera, algunas abuhardilladas.

### Puerta de Burgos

*Vitoria 69, por ① ✉ 09006 – ✆ 947 24 10 00 – www.puertadeburgos.es*

**159 hab** – 50/140 € 50/160 €, 8 € – 3 suites

**Rest *El Portón de Burgos*** – *(cerrado domingo noche)* Menú 16 €

Presenta una zona social de línea clásica-actual, varios salones panelables y unas habitaciones que resultan funcionales, con los suelos en tarima y baños de estética actual. El comedor cuenta con un acceso independiente y está distribuido en varios niveles.

ESPAÑA

### La Puebla *sin rest* 🔄 🛇

*La Puebla 20* ✉ *09004 –* 𝒸 *947 20 00 11 – www.hotellapuebla.com*
*– cerrado 20 diciembre-8 enero* **Bq**
**19 hab** – †45/69 € ††60/106 €, ⊑ 6 €
Tiene la recepción en el 1er piso, junto a su zona social, y unas habitaciones que gozan de cierto encanto, no muy amplias pero bastante bien personalizadas en su decoración.

### Vía Gótica *sin rest* 🔄 🔠 🛇 🛇

*pl. de Vega 3* ✉ *09002 –* 𝒸 *947 24 44 44 – www.hotelviagotica.com* **Ak**
**17 hab** – †50/200 € ††60/250 €, ⊑ 7 €
¡Sencillo y funcional... pero con personalidad! Presenta unas instalaciones luminosas y de línea moderna, con vistas a la Catedral. Encontrará detalles de equipamiento que lo hacen diferente, como un Netbook de uso libre por habitación.

### Casa Ojeda 🔠 🛇 🛇

*Vitoria 5* ✉ *09004 –* 𝒸 *947 20 90 52 – www.grupoojeda.es* **Bc**
**Rest** – Carta 32/54 € 🛇
Este negocio centenario posee, en el mismo edificio, un bar-cafetería, una pastelería y una tienda de delicatessen. Encontrará dos salas de aire castellano y tres privados.

### Mesón del Cid *– Hotel Mesón del Cid* 🔠 🛇 🛇

*pl. de Santa María 8* ✉ *09003 –* 𝒸 *947 20 87 15 – www.mesondelcid.es – cerrado domingo noche* **Ah**
**Rest** – Menú 30/50 € – Carta 35/48 €
¡Situado frente a la Catedral! Ocupa una casa del s. XV con historia, pues en su día cobijó una de las primeras imprentas de España. Ambiente y cocina típicos castellanos.

### La Vianda 🔠

*av. de la Paz 11* ✉ *09004 –* 𝒸 *947 24 31 85 – www.restaurantelavianda.com*
*– cerrado domingo noche y lunes salvo festivos* **Bv**
**Rest** – Menú 17/39 € – Carta 31/43 € 🛇
Local de estética actual y decoración moderna gestionado por un amable matrimonio, ambos en cocina. Elaboraciones de autor con productos de temporada y una nutrida bodega.

### Azofra *– Hotel Azofra* 🍴 🔠 🛇 🛇

*Juan de Austria 22, por ③* ✉ *09001 –* 𝒸 *947 46 10 50 – www.hotelazofra.com*
*– cerrado domingo noche*
**Rest** – Menú 33 € – Carta 35/51 €
Posee un bar con dos hornos de leña a la vista, un comedor castellano definido por la profusión de madera y una sala para banquetes. La especialidad es el cordero asado.

### Puerta Real 🍴 🔠 🛇 🛇

*pl. Rey San Fernando 9* ✉ *09003 –* 𝒸 *947 26 52 00 – www.puertareal.es – cerrado domingo noche* **Au**
**Rest** – Menú 30/70 € – Carta 35/52 €
Destaca por su excelente ubicación en la plaza de la Catedral, con un bar de tapas a la entrada y una sala de montaje actual. Cocina actualizada y un menú fiel a la tradición.

### Fábula 🔠 🛇

*La Merced 19* ✉ *09002 –* 𝒸 *947 26 30 92 – www.restaurantefabula.com*
**Rest** – Menú 25/50 € – Carta 32/45 € **Ab**
Restaurante llevado por un amable matrimonio, con él en la sala y ella al frente de los fogones. Recrea dos ambientes de estética moderna y propone una cocina de tinte actual.

### L'Arruzz 🍴 🔠 🛇

*pl. Rey San Fernando* ✉ *09003 –* 𝒸 *947 27 80 00 – cerrado domingo noche y lunes noche salvo verano* **Ad**
**Rest** – Menú 14/24 € – Carta 34/50 €
Se puede acceder por dos calles, aunque la entrada más usada es la que da a la plaza de la Catedral, donde montan la terraza. Encontrará una carta de cocina tradicional y regional... con un buen apartado de arroces tradicionales y caldosos.

℀ **La Favorita** 　　　　　　　　　　　　　　AK ⅜
*Avellanos 8* ⌂ *09003 –* ℰ *947 20 59 49 – www.lafavoritaburgos.com* 　**Bd**
**Rest** – Tapa 2 € – Ración aprox. 12 €
Excelente bar-restaurante de aire rústico, pues aún conserva las paredes originales en ladrillo visto y piedra. Destaca por la calidad de sus pinchos y sus carnes a la brasa.

℀ **La Cabaña Arandina** 　　　　　　　　　　🍽 AK ⅜
*Sombrerería 12* ⌂ *09003 –* ℰ *947 26 19 32* 　　　　　　　　　　**Ac**
**Rest** – Tapa 2 € – Ración aprox. 6 €
Se halla en la zona de tapeo y llama la atención, pues siendo fiel a su nombre ocupa una construcción tipo cabaña. Pinchos, raciones y platos de referencia, como las Bravas.

**en la autovía A 1 por ② :**

🏨 **Landa** 　　　　　　　　　🚗 ⊼ 🏊 🖫 ⌸ AK ⅜ 🛜 🏋 🅿 🚗
*3,5 Km* ⌂ *09001 Burgos –* ℰ *947 25 77 77 – www.landa.as*
**37 hab** – ♦89/179 € ♦♦144/235 €, ⊿ 18 € 　**Rest** – Menú 48 € – Carta 39/55 €
Magnífico hotel que recrea la estética de un castillo. Posee amplias zonas nobles y habitaciones personalizadas, la mitad de ellas con hidromasaje en los baños. Acogedor comedor clásico-regional para el almuerzo y un salón de aire medieval para las cenas.

---

**CABANAS** – A Coruña – **571** B5 – **3 299 h.** – **alt. 79 m** 　　　　　**19** B1
◧ Madrid 600 – Santiago de Compostela 83 – A Coruña 40 – Lugo 105

🍴🍴 **O Muiño de Trigo** 　　　　　　　　　　🍽 AK ⅜ 🅿
*Modias 2 - San Martín do Porto, Oeste : 1 km* ⌂ *15621 –* ℰ *981 43 21 85*
*– www.restaurantemuinodetrigo.com – cerrado 10 días en mayo, del 15 al 30 de noviembre, domingo noche, lunes noche y martes*
**Rest** – Carta 32/46 €
¡Ideal para una velada romántica! En este antiguo molino de agua encontrará unos coquetos espacios de aire rústico y una atractiva terraza. Carta tradicional y selecta bodega.

---

**CABEZÓN DE LA SAL** – Cantabria – **572** C17 – **8 234 h.** – **alt. 128 m** 　**8** B1
◧ Madrid 401 – Burgos 158 – Oviedo 161 – Palencia 191
ℹ pl. Ricardo Botín, ⌂ 39500, ℰ 942 70 03 32, www.cabezondelasal.net

🏠 **El Jardín de Carrejo** sin rest 　　　　　　　🌳 🚗 ⅜ 🛜 🅿
*Sur : 1,5 km* ⌂ *39509 –* ℰ *942 70 15 16 – www.eljardindecarrejo.com*
**12 hab** – ♦55/99 € ♦♦60/120 €, ⊿ 11 €
Casona en piedra rodeada por unos extensos jardines, con riachuelos, árboles catalogados, antiguas piscinas de piscifactorías... Sorprende la modernidad y armonía de su interior, combinando distintas maderas en unos diseños limpios y puros.

🍴 **La Villa** 　　　　　　　　　　　　　🍽 AK ⅜
*pl. de la Bodega* ⌂ *39500 –* ℰ *942 70 17 04 – www.restaurantelavillacabezon.com*
*– cerrado Navidades, del 10 al 30 de septiembre, domingo noche y lunes salvo agosto*
**Rest** – *(solo almuerzo salvo viernes y sábado en invierno)* Menú 16 €
– Carta 25/34 €
Céntrico y de reducidas dimensiones. Dispone de un pequeño bar de apoyo y una sala de estilo funcional, con detalles clásicos y los suelos en tarima. Cocina tradicional.

---

**CABEZÓN DE LIÉBANA** – Cantabria – **572** C16 – **707 h.** – **alt. 779 m** 　**8** A1
◧ Madrid 404 – Santander 111 – Palencia 173

🏠 **Casona Malvasia** sin rest 　　　　　🌳 ≼ 🚗 ⊼ AK ⅜ 🛜 🅿
*Cabariezo, Noroeste : 1 km* ⌂ *39571 –* ℰ *942 73 51 48*
*– www.hotelcasonamalvasia.com – abril-15 diciembre*
**8 hab** – ♦70/86 € ♦♦86/96 €, ⊿ 8 €
Hotel de aire montañés construido sobre una bodega visitable. Ofrece un salón social con chimenea y habitaciones de elegante ambiente rústico personalizadas en su decoración.

**CABEZUELA DEL VALLE** – Cáceres – **576** L12 – **2 443 h.** – alt. 500 m     **18** C1

▶ Madrid 229 – Mérida 187 – Cáceres 119 – Salamanca 116

⌂ **Tauro** sin rest      🅰 🛠 🤶 📶 🚗
Hondón 53-55 ✉ 10610 – 𝒞 *927 47 20 78* – *www.apartamentostauro.es*
**8 hab** – ♦25/30 € ♦♦45/60 €, ☷ 2,50 € – 6 apartamentos
Instalado en un atractivo edificio de aire rústico. Presenta la recepción en el bar de la planta baja y unos apartamentos bien equipados, todos con cocina y salón polivalente.

---

**CABO** – ver a continuación y el nombre propio del cabo

---

**CABO DE GATA** – Almería – **578** V23 – **1 377 h.** – Playa     **2** D2

▶ Madrid 576 – Almería 30

⌂ **Blanca Brisa**      🍴 ♿ hab, 🅰 🛠 🤶 🅿 🚗
Las Joricas 49 ✉ 04150 – 𝒞 *950 37 00 01* – *www.blancabrisa.com* – *cerrado octubre*
**34 hab** ☷ – ♦33/82 € ♦♦52/100 €    **Rest** – Menú 12 € – Carta 20/46 €
Hotelito de organización familiar orientado tanto al cliente vacacional como al de empresa. Ofrece habitaciones funcionales de correcto confort, todas con terraza. En el restaurante encontrará una carta amplia, pero sin complicaciones, de gusto tradicional.

---

**CABO DE PALOS** – Murcia – **577** T27 – **889 h.**     **23** B3

▶ Madrid 465 – Alacant/Alicante 108 – Cartagena 26 – Murcia 75

✗ **La Tana**      ≼ 🤶 ♿ 🅰 🛠
paseo de la Barra 3 ✉ 30370 – 𝒞 *968 56 30 03* – *www.la-tana.com* – *cerrado febrero*
**Rest** – Menú 16/38 € – Carta 30/39 €
Negocio familiar ubicado en la zona del puerto, donde ofrecen unos comedores de correcto montaje y una carta rica en pescados, mariscos, arroces y calderos. Su atractiva terraza destaca por sus buenas vistas al mar.

---

**CABRA** – Córdoba – **578** T16 – **21 136 h.** – alt. 350 m     **2** C2

▶ Madrid 419 – Sevilla 200 – Córdoba 82 – Málaga 112

✗ **San Martín**      🤶 🅰 🛠
pl. España 14 ✉ 14940 – 𝒞 *957 52 51 31* – *cerrado del 15 al 30 de octubre y jueves*
**Rest** – Menú 9/48 € – Carta 18/42 €
Este pequeño mesón cuenta con un bar a la entrada, un pasillo tipo patio y al fondo el comedor, lleno de cuadros, fotos y detalles rústicos. Cocina regional actualizada, con buenos pescados según mercado y derivados del cerdo ibérico.

---

**CABRILS** – Barcelona – **574** H37 – **7 140 h.** – alt. 147 m     **15** B3

▶ Madrid 650 – Barcelona 23 – Mataró 7

🏨 **Mas de Baix** sin rest      🌀 🛋 🅰 🛠 🤶 🅿
passeig Tolrà 1 ✉ 08348 – 𝒞 *937 53 80 84* – *www.hotelmasdebaix.com* – *cerrado del 1 al 20 de enero*
**9 hab** ☷ – ♦80/120 € ♦♦91/160 €
¡Alójese en una preciosa casona señorial del s. XVII! En este céntrico edificio encontrará zonas sociales de aire rústico y unas habitaciones muy cuidadas, todas bien personalizadas y con cierto aire colonial. Entorno con piscina y césped.

✗✗ **Ca L'Estrany**      🤶 ♿ 🅰 🅿
camí Coll de Port 19 ✉ 08348 – 𝒞 *937 50 70 66* – *www.calestrany.com* – *cerrado domingo noche y lunes salvo festivos*
**Rest** – Menú 19/26 € – Carta 32/43 €
Instalado en una masía del s. XV. Presenta una decoración rústica-moderna, con algún detalle vanguardista, así como una terraza exterior y una cocina tradicional actualizada.

---

**CABUEÑES** – Asturias – ver Gijón

**CACABELOS** – León – **575** E9 – 5 506 h.      **11** A1

▶ Madrid 393 – León 116 – Lugo 108 – Ponferrada 14

Ӿ    **La Moncloa de San Lázaro** con hab     🏠 ᴬᴄ 🛁 🛜 🖫 **P**
*Cimadevilla 97* ✉ 24540 – 🕾 *987 54 61 01 – www.moncloadesanlazaro.com*
**8 hab** – 🛉47/50 € 🛉🛉69/75 €, 🖙 7 €
**Rest** – *(cerrado martes en noviembre-marzo salvo festivos)* Menú 25/35 €
– Carta 18/39 €
Se construyó sobre un antiguo hospital de peregrinos, con profusión de piedra y
madera. Tienda con productos del Bierzo, comedores de aire rústico y una carta regional. También ofrece habitaciones que dan continuidad a la estética reinante en la
casa, todas confortables y con mobiliario de anticuario.

**en Canedo** Noreste : 6,5 km

ӾӾ    **Palacio de Canedo** con hab     🍴 🏠 🖾 ᴬᴄ 🛁 🛜 🖫 **P**
🟤    *La Iglesia* ✉ 24546 *Canedo* – 🕾 *987 56 33 66 – www.pradaatope.es*
**14 hab** – 🛉69/79 € 🛉🛉79/89 €, 🖙 7 €
**Rest** – *(cerrado domingo noche)* Menú 29/49 € – Carta 28/35 €
Este hermoso palacio está rodeado de viñedos y es la sede de los Prada a Tope. Disfruta de un cálido bar, una preciosa tienda y dos comedores de ambiente rústico-antiguo. Sus habitaciones resultan sumamente originales, ya que presentan mobiliario
rústico diseñado por el mismo propietario.

---

**CÁCERES** **P** – **576** N10 – 95 668 h. – alt. 439 m      **17** B2

▶ Madrid 307 – Coimbra 292 – Córdoba 325 – Salamanca 217
🅸 pl. Mayor, ✉ 10003, 🕾 927 01 08 34, www.turismoxtremadura.net
🔞 Norba, urb. Ceres Golf, por la carret. de Mérida : 6 km, 🕾 927 23 14 41
◉ El Cáceres Viejo★★★ BYZ: Plaza de Santa María★, Palacio de los Golfines de
Abajo★ **D**
🄶 Virgen de la Montaña ≼★ Este : 3 km BZ – Arroyo de la Luz (Iglesia de la Asunción :
tablas del retablo★) Oeste : 20 km

Plano página siguiente

🏰    **Atrio**     🛁 🖾 ᴬᴄ 🛁 🛜 🖫 🚗
*pl. San Mateo 1* ✉ 10003 – 🕾 *927 24 29 28 – www.restauranteatrio.com*
**14 hab** – 🛉🛉240/300 €, 🖙 30 €     BZ**n**
**Rest** *Atrio* ✿✿ – ver selección restaurantes
Se halla en el espectacular casco antiguo y ocupa un edificio excepcional, no en vano
ha sido rehabilitado por los prestigiosos arquitectos Mansilla y Tuñón. Encontrará
unas estancias y habitaciones de inmaculado diseño, jugando siempre con los espacios, las luces y la interpretación visual de cada cliente.

🏨    **Parador de Cáceres**     🛁 🏠 🖾 ᴬᴄ 🛁 🛜 🖫 🚗
*Ancha 6* ✉ 10003 – 🕾 *927 21 17 59 – www.parador.es*     BZ**b**
**39 hab** – 🛉80/140 € 🛉🛉100/175 €, 🖙 18 €
**Rest** – Menú 30 € – Carta 40/57 €
Este atractivo Parador se encuentra en pleno centro histórico, ocupando el antiguo
Palacio de Torreorgaz. Pese a ser un edificio del s. XIV hoy se presenta totalmente
renovado, conservando reminiscencias del pasado pero ofreciendo también un con-
fort muy actual. El restaurante destaca por su zona ajardinada.

🏨    **NH Palacio de Oquendo**     🛁 🖾 🛁 hab, ᴬᴄ 🛁 🛜 🛁
*pl. de San Juan 11* ✉ 10003 – 🕾 *927 21 58 00 – www.nh-hotels.com*     BYZ**z**
**86 hab** – 🛉55/172 € 🛉🛉70/172 €, 🖙 15 €
**Rest** – Menú 18 €
Casa-palacio del s. XVI vinculada a los Marqueses de Oquendo. Encontrará un bonito
patio y unas habitaciones de estilo moderno, algunas con los techos abuhardillados.
El restaurante, de reducida capacidad, se complementa con un buen bar-tapería y
una terraza.

229

# CÁCERES

---

🏠 **Extremadura**　　　　　🔲 🖥 👤 hab, 🅺 🍴 rest, 📶 🎛 🚗

av. Virgen de Guadalupe 28 ✉ 10001 – 📞 927 62 96 39
– *www.extremadurahotel.com*　　　　　　　　　　　　　　**AZt**
**148 hab** 🍽 – 🛏65/144 € 🛏🛏65/180 € – 3 suites
**Rest *Orellana*** – 📞 927 62 92 46 *(cerrado domingo noche)* Menú 20/47 €
– Carta 31/48 €

A un paseo del centro... ¡pero sin los inconvenientes del mismo! Es un hotel amplio y moderno, con numerosas salas de reuniones, habitaciones bien equipadas y un cómodo parking. El restaurante Orellana, que viste sus paredes con pinturas de conocidos artistas, apuesta por una cocina tradicional actualizada.

### AH Ágora

🏡 🛎 & hab. 🎬 ⚡ 🛜 🐾 🚗

*Parras 25 ⊠ 10004 – ℰ 927 62 63 60 – www.ahhotels.com* BY**r**

**64 hab** 🖵 – ✝✝60/120 € **Rest** – Menú 12/90 € – Carta 18/35 €

Mantiene una línea moderna e integra en su recepción tanto la zona social como la cafetería. Ofrece habitaciones funcionales de estética actual, en la 4ª planta con terraza. El restaurante, que se traslada en verano a la azotea para disfrutar de sus vistas, propone una carta de gusto tradicional.

### Albarragena 🕦

🚗 🏡 🛎 🎬 hab. 🛜 🐾

*Pizarro 10 ⊠ 10003 – ℰ 927 22 06 57 – www.albarragena.com* BZ**a**

**18 hab** 🖵 – ✝54/120 € ✝✝61/140 €

**Rest** – (es necesario reservar) Menú 17/49 € – Carta 29/46 €

Singular casa solariega de carácter nobiliario. Ofrece unas agradables zonas sociales y habitaciones clásicas, destacando especialmente las de la 1ª planta. El restaurante, dotado de elegantes salones, se completa con un bar de tapas y otro de copas en lo que fueron el paso de carruajes y las caballerizas.

### Casa Don Fernando sin rest

🛎 & 🎬 ⚡ 🛜

*pl. Mayor 30 ⊠ 10003 – ℰ 927 21 42 79 – www.casadonfernando.com*

**36 hab** – ✝50/90 € ✝✝60/140 €, 🖵 8 € BY**h**

Destaca por su emplazamiento, pues ocupa un edificio del s. XVI que tiene varias habitaciones con balcón asomadas a la Plaza Mayor. Encontrará un moderno lobby, estancias de línea actual y un bar que deja el antiguo aljibe a la vista.

### Atrio (Toño Pérez) – Hotel Atrio

🏡 & 🎬 ⚡

🕸 🕸 *pl. San Mateo 1 ⊠ 10003 – ℰ 927 24 29 28 – www.restauranteatrio.com*

**Rest** – Menú 99/119 € – Carta 78/115 € 🏵 BZ**n**

Conjuga a la perfección historia y actualidad. Su chef crea una cocina innovadora con maridajes clásicos, logrando magníficas texturas y sabores de extraordinaria pureza. ¡La bodega, visitable al igual que la cocina, es la joya de la casa!

→ Careta ibérica con cigala y caldo de ave. Pichón asado con frutos secos y manzana. Chocolate en texturas.

### Torre de Sande

🚗 🏡 🎬 ⇔

*de los Condes 3 ⊠ 10003 – ℰ 927 21 11 47 – www.torredesande.com – cerrado del 7 al 31 de enero, domingo noche, lunes y martes noche* BZ**n**

**Rest** – Menú 40/55 € – Carta 43/55 €

En esta encantadora casa de piedra del casco histórico encontrará un atractivo espacio para tapear, con vistas a un jardín protegido, así como varias salas decoradas con vestigios arqueológicos. Elaboraciones actuales con toques creativos.

### Madruelo

🎬 ⚡

🕸 *Camberos 2 ⊠ 10003 – ℰ 927 24 36 76 – www.madruelo.com – cerrado 7 días en febrero, 7 días en agosto, domingo noche, lunes noche y martes noche*

**Rest** – Menú 36/51 € – Carta aprox. 35 € BY**y**

¡Procuran mimar a sus clientes! En este acogedor restaurante, ubicado en una casa antigua que sorprende por sus techos abovedados, encontrará una cocina de base tradicional bien actualizada, siempre con productos extremeños y de temporada.

### El Figón de Eustaquio

🎬 ⚡

*pl. de San Juan 12 ⊠ 10003 – ℰ 927 24 43 62 – www.elfigondeeustaquio.com*

**Rest** – Menú 19/50 € – Carta 22/56 € BY**e**

Casa rústica considerada toda una institución en la ciudad. Posee cinco salas que poco a poco han sido renovadas en un estilo clásico, donde le ofrecerán una carta muy amplia de cocina tradicional y algunos platos extremeños.

### Oleum Cáceres 🕦

& 🎬 ⚡

*Gil Cordero 9 ⊠ 10001 – ℰ 927 21 26 67* AZ**a**

**Rest** – Tapa 4 € – Ración aprox. 11 €

Tapas actuales, generosas y bien presentadas. Aunque está fuera del circuito turístico más habitual merece la pena acercarse si quiere probar tapas de cierto nivel; no en vano, ya han ganado varios premios de cocina en miniatura.

CÁCERES

## en la carretera N 521 por ② : 6 km

### Fontecruz Cáceres ⊛ ⌁ 🎧 ♿ hab. 🗚 🛜 📶 ♨ 🅿 🚗
✉ 10005 Cáceres – ☏ 927 62 04 90 – www.fontecruzhoteles.com
**46 hab** – †69/79 € ††79/89 €, � 16 €
**Rest** – *(solo fines de semana)* Menú 25 €
Instalado en la antigua casa-palacio de verano de una importante familia de Cáceres. Ofrece elegantes habitaciones, con detalles de diseño, y un restaurante clásico-actual que combina la carta con varios menús. ¡Buen SPA, aunque solo abre los fines de semana!

## en la carretera N 630

### Barceló Cáceres V Centenario ⊛ ⌂ ⌁ 🎧 ♿ hab. 🗚 🛜 📶 ♨ 🅿
Manuel Pacheco 4, Los Castellanos por ③ : 1,5 km ✉ 10005 Cáceres  🚗
– ☏ 927 23 22 00 – www.barcelo.com
**129 hab** – ††59/152 €, ⊻ 13 € – 9 suites
**Rest** *Florencia* – Menú 15/55 € – Carta 38/45 €
Destaca por su agradable entorno ajardinado y, debido a su emplazamiento, está más enfocado al cliente de empresa. Sus espaciosas habitaciones ofrecen una estética moderna con detalles clásicos. El restaurante, de cuidado montaje, se completa con un privado y en verano da servicio junto a la piscina.

---

## CADAQUÉS – Girona – 574 F39 – 2 935 h. – Playa  14 D3
🚩 Madrid 772 – Barcelona 172 – Girona 74 – Perpignan 91
🚘 Cotxe 2 A, ✉ 17488, ☏ 972 25 83 15, www.visitcadaques.org
🔵 Localidad★★ – Emplazamiento★, iglesia de Santa María (retablo barroco★★)
🟢 Cala de Portlligat★ Norte : 2 km – Casa-Museo Salvador Dalí★★ Norte : 2 km – Parque Natural de Cap de Creus★★★ Norte : 4 km

### Playa Sol sin rest ⊰ 🚗 ⌁ 🎧 ♿ 🗚 🛜 📶 🚗
platja Pianc 3 ✉ 17488 – ☏ 972 25 81 00 – www.playasol.com – cerrado
7 diciembre-6 febrero
**48 hab** ⊻ – †108/154 € ††135/192 €
Pese a ser todo un clásico, pues lleva más de 50 años llevado por la misma familia, hoy se muestra bien renovado y con baños actuales. La mayoría de sus habitaciones disfrutan de vistas al mar, lo que supone un suplemento.

### S'Aguarda sin rest ⌁ 🎧 🗚 🛜 📶 🅿
carret. de Port-Lligat 30 - norte: 1 km ✉ 17488 – ☏ 972 25 80 82
– www.hotelsaguarda.com – cerrado del 11 al 29 de noviembre, del 9 al 26 de diciembre y 2 enero-13 febrero
**28 hab** – †53/86 € ††60/125 €, ⊻ 9 €
En la parte alta de la localidad. Posee una línea funcional, ofreciendo habitaciones de adecuado confort, la mayoría con terraza y buenas vistas. Piscina-solárium en el ático.

### Blaumar Cadaqués sin rest ⊛ ⊰ ⌁ 🗚 🛜 📶 🚗
Massa d'Or 21 ✉ 17488 – ☏ 972 15 90 20 – www.hotelblaumar.com – abril-octubre
**27 hab** ⊻ – †80/120 € ††90/140 €
Negocio familiar de carácter vacacional ubicado en una tranquila zona residencial. Ofrece unas cómodas habitaciones de aire mediterráneo, muchas con vistas a la piscina, y una agradable terraza para desayunar.

### Compartir ⌂ 🛜
Riera Sant Vicenç ✉ 17488 – ☏ 972 25 84 82 – www.compartircadaques.com
– cerrado 7 enero-15 febrero y lunes
**Rest** – *(solo fines de semana 15 febrero-abril)* Carta 34/48 €
Posee un amplio patio-terraza y un agradable interior de ambiente rústico-mediterráneo, con fuerte presencia de la piedra y la madera. Su propuesta culinaria apunta hacia el plato completo, de gran calidad, pero todo ideado para compartir.

**al Sureste** 2 km

   **Sol Ixent**   ⊗ ☞ ⊼ 🛏 ⅙ hab, 🅰 ⅍ 🛜 🅿

*Sant Baldiri 10 (Paratge Els Caials)* ⊠ *17488 Cadaqués* – *℘ 972 25 10 43*
*– www.hotelsolixent.com – cerrado noviembre y 2 enero-15 marzo*
**49 hab** � – †70/188 € ††88/235 €
**Rest** *Gala* – *(cerrado miércoles mediodía y martes salvo abril-octubre)*
Menú 25/35 €

Se encuentra en un extremo del pueblo, en una zona residencial próxima a la Casa-Museo Salvador Dalí. Ofrece unas habitaciones de línea funcional-mediterránea, la mayoría con terraza. El restaurante, dedicado en su decoración a Gala y con una carta de gusto mediterráneo, ocupa una casita junto a la piscina.

---

**CADAVEDO** – Asturias – **572** B10 – **Playa**   5 A1

▶ Madrid 531 – A Coruña 212 – Gijón 74 – Lugo 153

   **Torre de Villademoros**   ⊗ ⩽ ⇶ ⅍ rest, 🛜 🅿

*Villademoros, Oeste : 1,5 km* ⊠ *33788* – *℘ 985 64 52 64*
*– www.torrevillademoros.com – marzo-octubre*
**10 hab** – †63/92 € ††86/128 €, ⊴ 8,50 € – 1 suite
**Rest** – *(solo clientes, solo cena)* Carta 20/36 €

Casona solariega del s. XVIII, con porche y un cuidado jardín, emplazada junto a la torre medieval de la que toma su nombre. Posee amplias habitaciones de estética rústica-actual y un correcto comedor, para desayunos y cenas, orientado al cliente alojado.

---

**CÁDIZ** 🅿 – **578** W11 – **123 948 h.** – **Playa**   1 A2

▶ Madrid 646 – Algeciras 124 – Córdoba 239 – Granada 306

🚢 para Canarias : Cía. Trasmediterránea, Muelle Marqués de Comillas, ℘902 45 46 45
🛈 av. Ramón de Carranza, ⊠ 11006, ℘956 20 31 91, www.andalucia.org
🛈 paseo de Canalejas, ⊠ 11006, ℘956 24 10 01, www.turismo.cadiz.es
**R.A.C.C.** Santa Teresa 17 ℘956 26 46 28

◉ Localidad★★ – Cárcel Real★ CZJ – Iglesia de Santa Cruz★ BCZ - Casa de la Contaduría : Museo Catedralicio★ CZM1 – Catedral★★ BZ – Oratorio de la Santa Cueva★ BY – Plaza de Mina★★ BY – Museo de Cádiz★ BYM2 – Hospital de Mujeres★ BZ – Torre Tavira★ BY - Parque Genovés★AY

Planos páginas siguientes

   **Parador H. Atlántico** ⓝ   ⩽ ☞ ⊼ ⑩ 🛋 ⅙ hab, 🅰 ⅍ 🛜 🅐 🅿 🚗

*av. Duque de Nájera 9* ⊠ *11002* – *℘ 956 22 69 05* – *www.parador.es*   AYx
**124 hab** – †60/140 € ††75/175 €, ⊴ 18 €
**Rest** – Menú 30/50 € – Carta 36/54 €

¡Vanguardismo orientado al océano! Este Parador atesora unas zonas sociales que tienen en el hierro a su gran protagonista, un buen salón de conferencias y modernas habitaciones, todas con terraza y vistas al mar. El restaurante, dotado con una bodega acristalada, propone una carta tradicional actualizada.

   **Argantonio** sin rest   🛋 🅰 ⅍ 🛜

*Argantonio 3* ⊠ *11004* – *℘ 956 21 16 40* – *www.hotelargantonio.com*
**17 hab** ⊴ – †60/85 € ††85/119 €   CYs

Edificio del s. XIX ubicado en una estrecha calle del casco antiguo. Sin duda posee cierto encanto, presentándose con un hall-patio, muchos detalles, suelos hidráulicos y unas habitaciones bastante bien personalizadas en su decoración.

   **Las Cortes de Cádiz** sin rest, con cafetería   🛋 ⅙ 🅰 🛜

*San Francisco 9* ⊠ *11004* – *℘ 956 22 04 89* – *www.hotellascortes.com*
**36 hab** – †58/102 € ††71/135 €, ⊴ 8,50 €   BYc

¡Alójese en la zona más comercial del casco viejo! En este hotel, instalado en un edificio señorial del s. XIX, encontrará un patio cubierto, bellas balaustradas y habitaciones clásicas muy bien equipadas... eso sí, algunas algo justas.

ESPAÑA

# CÁDIZ

| | | |
|---|---|---|
| Ancha | BY | 2 |
| Antonio López | BCY | |
| Apodaca (Alameda de) | BY | |
| Argüelles (Pl.) | CY | |
| Benito Pérez Galdós | AY | |
| Benjumeda | BY | |
| Calderón de la Barca | BY | 3 |
| Calesas | CZ | |
| Campo del Sur | ABZ | |
| Candelaria (Pl.) | BZ | 4 |
| Cardoso | BZ | |
| Carlos III (Paseo) | ABY | |
| Ceballos | ABY | |
| Cervantes | BY | |
| Columela | BYZ | |
| Compañía | BZ | 5 |
| Concepcíon Arenal | CZ | |
| Constitución (Pl. de la) | CZ | |
| Cristóbal Colón | CZ | 6 |
| Diego Arias | AY | |
| Doctor G. Ulla (Av.) | AY | |
| Doctor Marañón | AY | 7 |
| Duque de Najera (Av.) | AYZ | |
| España (Pl. de) | CY | |
| Falla (Pl.) | AY | |
| Fernando el Católico | CY | 8 |
| Fray Félix (Pl.) | BZ | 9 |
| Honduras | CY | |
| Marqués de Comillas (Alameda) | BY | |
| Mentidero (Pl. del) | BY | 10 |
| Mesón Nueva | CZ | 12 |
| Mina (Pl. de) | BY | |
| Montañés | BZ | 13 |
| Moreno de Mora | AYZ | |
| Novena | BY | 15 |
| Nueva | CZ | 16 |
| Pelota | CZ | 17 |
| Piratas (Callejón de los) | BZ | 18 |
| Plocia | CZ | |
| Puerto (Av. del) | CYZ | |
| Ramón de Carranza (Av.) | CZ | 19 |
| Rep. Argentina | CY | |
| Rosario | BY | |
| Sacramento | BY | |
| Sagasta | ABYZ | |
| Santa Maria | CZ | 28 |
| Santo Cristo | BCZ | 29 |
| San Agustin (Pl.) | CY | 20 |
| San Antonio (Pl. ) | BY | 21 |
| San Francisco | BCY | 22 |
| San Francisco (Pl. de) | BY | 23 |
| San José | ABYZ | |
| San Juan | BZ | |
| San Juan de Dios | CZ | 24 |
| San Juan de Dios (Pl.) | CZ | 25 |
| San Martín (Pl.) | CZ | 26 |
| San Roque (Pl.) | CZ | 27 |
| Sopranis | CZ | 30 |
| Topete (Pl. de) | BZ | 31 |
| Vea Murguia | BY | |
| Virgen de la Palma | AZ | |
| Viudas (Pl. de las) | BY | |

ESPAÑA

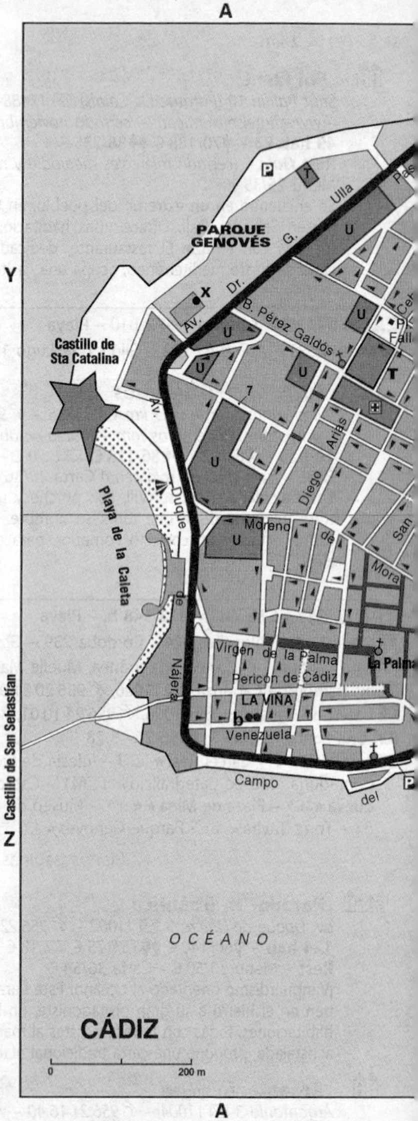


**Cádiz Plaza** sin rest

*glorieta Ingeniero La Cierva 3, por ① ✉ 11010 – ✆ 956 07 91 90*
*– www.hotelcadizplaza.com*

**48 hab** – 🛉60/199 € 🛉🛉69/219 €, ☕ 5 € – 13 apartamentos

De línea actual y a un paso de la playa de La Victoria. Presenta una pequeña cafetería, habitaciones de ambiente clásico-actual con mobiliario funcional, apartamentos con cocina y una suite-apartamento de gran confort.

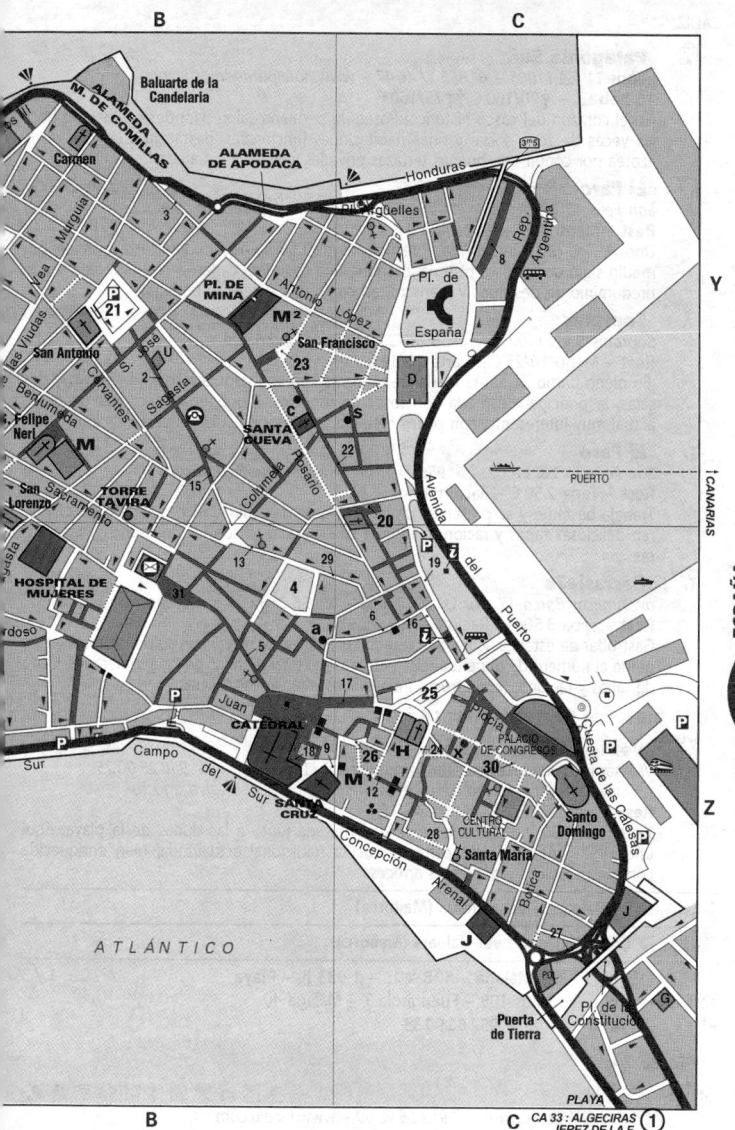

CA 33 : ALGECIRAS
JEREZ DE LA F. ①

**Regio** sin rest

*av. Ana de Viya 11, por* ① ✉ 11009 – ℰ 956 27 93 31 – www.hotelregiocadiz.com
**50 hab** ☲ – †49/122 € ††60/156 €

Ubicado en la avenida más importante de la ciudad, que aquí no está lejos de la playa. Dispone de unas habitaciones reducidas aunque bien equipadas, con mobiliario clásico-actual y baños modernos.

235

### Patagonia Sur ⓝ sin rest 🏨 ⓖ Ⓐⓚ ⚘ 🛜

*Cobos 11 ⊠ 11005 – ℰ 856 17 46 47 – www.hotelpatagoniasur.com*  BZ**a**
**16 hab** ⊡ – †70/160 € ††75/160 €

¡En el corazón del casco histórico! Posee un pequeño salón para desayunar que hace las veces de zona social y unas habitaciones funcionales, destacando las dos de la azotea por contar con buenas terrazas privadas y vistas a la Catedral.

### El Faro 🏛 Ⓐⓚ ⚘ ⇔ 🚗

*San Félix 15 ⊠ 11002 – ℰ 956 21 10 68 – www.elfarodecadiz.com*  AZ**b**
**Rest** – Menú 38 € – Carta 40/60 € 𝄪

Uno de los restaurantes más prestigiosos de Cádiz... no en vano, está avalado por medio siglo de éxitos e historia. Propone una completa carta de cocina regional, con predominio de pescados y mariscos, así como una excelente bodega.

### Sopranis ⓝ 🌭 Ⓐⓚ ⚘
😊
*Sopranis 5 ⊠ 11005 – ℰ 956 28 43 10 – www.sopranis.es*  CZ**x**
**Rest** – Menú 10/25 € – Carta 20/32 €

¡En pleno barrio de Santa María! Se presenta con una pequeña barra de apoyo y dos salas, la principal decorada con fotos de modelos. Proponen una cocina de gusto actual muy interesante, con platos bien elaborados y de cuidada presentación.

### El Faro Ⓐⓚ ⚘ 🚗

*San Félix 15 ⊠ 11002 – ℰ 956 21 10 68 – www.elfarodecadiz.com*  AZ**b**
**Rest** – Tapa 2,50 € – Ración aprox. 12 €

Trabaja bastante y se presenta con un ambiente de estilo clásico-marinero. Le ofrecerán deliciosas tapas y raciones, aunque su especialidad son los pescaditos y las frituras.

### Barrasie7e ⓝ 🌭 Ⓐⓚ ⚘

*av. Amílcar Barca 17, por ① ⊠ 11008 – ℰ 956 26 32 63 – www.barrasie7e.com*
**Rest** – Tapa 3,50 € – Ración aprox. 12 €

Gastrobar de estética actual emplazado en 1ª línea de playa. Con su nombre hacen un guiño al número de dependencias del local y al total de hijos de los propietarios. Carta de tapas y raciones, con arroces individuales y conservas caseras.

## en la playa de Cortadura Sur : 4,5 km

### Ventorrillo del Chato Ⓐⓒ ⚘ ⇔ 🅿

*Vía Augusta Julia (carret. San Fernando) ⊠ 11011 Cádiz – ℰ 956 25 00 25*
*– www.ventorrilloelchato.com – cerrado domingo noche salvo agosto*
**Rest** – Menú 27/32 € – Carta 43/55 €

Venta de 1780 y entrañable rusticidad ubicada junto a las dunas de la playa. Aquí encontrará una completa carta de cocina tradicional actualizada, bien enriquecida con guisos típicos y diferentes arroces.

---

**CAIMARI** – Balears – ver Balears (Mallorca)

---

**CALA D'OR** – Balears – ver Balears (Mallorca)

---

**CALA DE MIJAS** – Málaga – **578** W15 – **1 933 h.** – Playa  1 A3
▶ Madrid 565 – Algeciras 105 – Fuengirola 7 – Málaga 40
🏖 La Cala, Norte : 7 km, ℰ 952 66 90 33

## al Norte 7 km

### La Cala 🏊 ≤ ⌧ 🖾 🎿 🍽 🖬 🛗 Ⓐⓚ ⚘ 🛜 👙 🅿

*⊠ 29649 Mijas Costa – ℰ 952 66 90 00 – www.lacala.com*
**107 hab** ⊡ – †99/179 € ††119/199 € – 5 suites
**Rest** – Menú 25 € – Carta 25/47 €

Edificio de estilo andaluz ubicado entre tres campos de golf, con vistas a las montañas. Colorista hall neorrústico, con viguería en madera, y habitaciones de gran confort. El restaurante, de ambiente rústico, ofrece una carta actual y vistas a la piscina.

---

**CALA MURADA** – Balears – ver Balears (Mallorca)

---

**CALA RATJADA** – Balears – ver Balears (Mallorca)

---

**CALA TARIDA (Playa de)** – Balears – ver Balears (Eivissa) : Sant Josep de Sa Talaia

**CALACEITE** – Teruel – **574** I30 – 1 105 h. - alt. 511 m    **4** C2

▶ Madrid 411 – Zaragoza 140 – Teruel 180 – Tarragona 105

🏠 **Hotel del Sitjar**    ⌖ ▮ 🆎 hab, ⌖ rest, 📶 🛁

*pl. España 15* ✉ *44610* – ☎ *978 85 11 14* – *www.hoteldelsitjar.com*
– *cerrado 5 enero-6 marzo*
**15 hab** ☕ – †55/87 € ††60/92 €
**Rest** – *(verano y fines de semana resto del año) (solo cena salvo festivos y vísperas)*
Menú 25 € – Carta 24/38 €
Lo mejor es su emplazamiento, pues ocupa una hermosa casa solariega del s.
XVIII situada en la misma plaza Mayor. Presenta un interior con mucho encanto, cálido
y confortable, dominado por los detalles decorativos, la piedra y la madera. El restaurante, de carácter polivalente, ofrece una carta tradicional.

🏠 **Cresol** sin rest    ⌖ 🆎 📶

*Santa Bárbara 16* ✉ *44610* – ☎ *609 90 81 90* – *www.hotelcresol.com*
**6 hab** ☕ – †75/110 € ††120/150 €
Conjunto rústico dotado con un buen salón social, un antiguo molino de aceite y
amplias habitaciones, cada una con el nombre de una variedad de aceitunas. ¡Perfecto equilibrio entre la rusticidad estructural y el mobiliario más actual!

---

**CALAFELL** – Tarragona – **574** I34 – 24 672 h. – Playa    **13** B3

▶ Madrid 574 – Barcelona 65 – Tarragona 31

ℹ Sant Pere 29-31 , ✉ 43820, ☎ 977 69 91 41, www.turisme.calafell.cat

### en la playa

🍴🍴 **Masia de la Platja**    🆎

*Vilamar 67* ✉ *43820 Calafell* – ☎ *977 69 13 41* – *www.masiadelaplatja.com*
– *cerrado del 3 al 26 de noviembre, del 7 al 13 de enero, martes noche y miércoles*
**Rest** – Menú 30/60 € – Carta 39/60 €
Atesora una dilatada trayectoria familiar, pues ya cumplió el medio siglo de vida
y está bien llevado por la 3ª generación. Presenta una carta basada en pescados y
mariscos, con un buen apartado de arroces y sugerencias de temporada.

🍴🍴 **Vell Papiol**    🆎 ⌖ ⇌

*Vilamar 30* ✉ *43820 Calafell* – ☎ *977 69 13 49* – *www.vellpapiol.com* – *cerrado*
*22 diciembre-22 enero, lunes salvo agosto, domingo noche y martes noche en*
*invierno*
**Rest** – Menú 28/50 € – Carta 35/65 €
Ubicado en una calle peatonal repleta de comercios. Este negocio familiar propone una cocina de intenso sabor marinero, rica en pescados, mariscos y arroces.
¡Pruebe su Arroz de sepia y "espardenyes" o el típico "Arrossejat" de Calafell!

### en la carretera C-31 Sureste : 2 km

🍴🍴 **La Barca de Ca l'Ardet**    🏠 🆎

*Marinada 1 - urb. Mas Mel* ✉ *43820 Calafell* – ☎ *977 69 15 59*
– *www.labarcadecalardet.com* – *cerrado lunes noche y martes*
**Rest** – Menú 25/69 € – Carta 41/74 €
Se encuentra a las afueras de la localidad, instalado en un chalet azul de una zona
residencial. En sus salas podrá descubrir una carta tradicional, con claras influencias
del mar y un buen apartado de arroces. ¡Amplia variedad de menús!

---

**CALAHORRA** – La Rioja – **573** F24 – 24 897 h. – alt. 350 m    **21** B2

▶ Madrid 320 – Logroño 55 – Soria 94 – Zaragoza 128

ℹ Ángel Oliván 8, ✉ 26500, ☎ 941 10 50 61, www.ayto-calahorra.es

🏨 **Parador de Calahorra**    ▮ ⌖ hab, 🆎 ⌖ 📶 🛁 🅿

*paseo Mercadal* ✉ *26500* – ☎ *941 13 03 58* – *www.parador.es*
**60 hab** – †68/116 € ††85/145 €, ☕ 15 €    **Rest** – Menú 25 €
Presenta una zona social sobria a la par que elegante y unas salas de reuniones bien
equipadas. Sus confortables habitaciones poseen suelos en madera y mobiliario regional. En su comedor podrá degustar las especialidades propias de esta tierra, aunque
también hay menús especiales para celíacos y vegetarianos.

🏠 **Gala** 🛏 ❤ hab. 🕅 ❤ 🤝 🚗
*av. de la Estación 7 ✉ 26500 –* ☎ *941 14 55 15 – www.hostalgala.es*
**14 hab** ☑ – 🛏57 € 🛏🛏72 €
**Rest** – *(cerrado domingo noche)* Menú 14/30 € – Carta aprox. 35 €
Hostal de fachada colorista y confort actual. Sus habitaciones gozan de buen equipamiento y baños con ducha, aunque todas dan a un patio interior. El restaurante, igualmente colorista y actual, presenta una carta tradicional y un correcto menú del día.

✕✕ **Chef Nino** 🕅 ❤ ⇔
*Basconia 2 ✉ 26500 –* ☎ *941 13 31 04 – www.chefnino.com*
*– cerrado 20 diciembre-20 enero, domingo noche y lunes*
**Rest** – Menú 15/30 € – Carta 30/55 €
Este céntrico restaurante de organización familiar está dotado con un elegante comedor clásico y un privado, este último de línea más moderna. Cocina tradicional y de temporada con platos actualizados.

## La CALAHORRA – Granada – *578* U20 – 765 h. – alt. 1 300 m
2 D1
🔼 Madrid 459 – Almería 100 – Granada 72 – Jaén 131
👁 Localidad ★ – Castillo ★★
🔵 Puerto de la Ragua ★★ Sur : 12 km

🏠🏠 **Hospedería del Zenete** 🏊 ⅃🛠 🛏 ❤ hab. 🕅 ❤ 🤝 🖈 🅿 🚗
*carret. de Guadix 14 ✉ 18510 –* ☎ *958 67 71 92 – www.hospederiadelzenete.com*
**34 hab** – 🛏65/70 € 🛏🛏75/82 €, ☑ 6 € – 1 apartamento
**Rest** – Menú 12 € – Carta 22/45 €
Instalado en un edificio de aire rústico que recuerda, con sus recios muros en piedra, al castillo existente en la localidad. Habitaciones personalizadas de buen confort. El restaurante, dotado con varias salas, ofrece una carta fiel al recetario tradicional.

## CALAMOCHA – Teruel – *574* J26 – 4 579 h. – alt. 884 m
3 B2
🔼 Madrid 261 – Soria 157 – Teruel 72 – Zaragoza 110

🏠 **Fidalgo** 🕅 rest. ❤ 🤝 🖈 🅿
*carret. N 234 ✉ 44200 –* ☎ *978 73 02 77 – www.hotelfidalgo.es – cerrado 23 diciembre-2 enero*
**20 hab** – 🛏25/35 € 🛏🛏50/55 €, ☑ 3,50 € **Rest** – Menú 13/40 € – Carta 20/49 €
Hotel de ambiente familiar dotado con un acogedor salón social, una cafetería-tienda y unas sencillas habitaciones de línea funcional-actual. El restaurante, de estilo castellano, se complementa con un gran salón de banquetes al que se accede por el jardín.

## CALATAÑAZOR – Soria – *575* G21 – 66 h. – alt. 1 027 m
12 D2
🔼 Madrid 202 – Burgos 120 – Soria 33

🏠 **Casa del Cura** 🐾 ≤ ❤ 🤝
*Real 25 ✉ 42193 –* ☎ *975 18 36 42 – www.posadarealcasadelcura.com – cerrado del 7 al 31 de enero*
**6 hab** – 🛏55/65 € 🛏🛏75/85 €, ☑ 4,50 €
**Rest** – *(solo fines de semana, puentes y verano)* Menú 27 € – Carta 24/38 €
Tiene la categoría de Posada Real y se encuentra en un pueblo pintoresco, ocupando dos viejas casas que saben conciliar la estética neorrústica con los detalles de diseño. ¡Espléndidas habitaciones! En su precioso restaurante podrá degustar diversos platos tradicionales elaborados con productos de la zona.

🏠 **El Mirador de Almanzor** sin rest 🐾 ≤ ❤
*Puerta vieja 4 ✉ 42193 –* ☎ *975 18 36 42 – www.elmiradordealmanzor.com – cerrado del 7 al 30 de enero*
**10 hab** – 🛏45/50 € 🛏🛏65/72 €, ☑ 4,50 €
El origen árabe de la localidad aún se deja ver en esta casa, pues emana esencias bereberes y nazaríes por doquier... eso sí, bien combinadas con la rusticidad de la piedra y la madera dominantes en todo el edificio. ¡Tiene su encanto!

## CALATAYUD – Zaragoza – *574* H25 – 21 174 h. – alt. 534 m
3 B2
🔼 Madrid 235 – Cuenca 295 – Iruña/Pamplona 205 – Teruel 139
🅸 pl. del Fuerte , ✉ 50300, ☎ 976 88 63 22, www.calatayud.es

ESPAÑA

### Castillo de Ayud
🏨 🛏 ⑧ 🅖 🛗 & hab. 🅐🅒 ⚑ 🛜 🐾 🚗
*av. Diputación 8 ✉ 50300 –* ☎ *976 88 00 88 – www.hotelcastillodeayud.com*
**72 hab** ⊊ – †27/65 € ††35/90 €   **Rest** – Menú 10/35 € – Carta 24/42 €
Se trata de dos hoteles, uno en un edificio moderno con estancias actuales, que es el
Castillo de Ayud, y el otro en una casa conocida como el Chalet de los Sánchez, que
funciona como un anexo y da cabida tanto al resto de habitaciones, estas de línea
clásica, como al restaurante. ¡Pequeño pero completo SPA!

### Hospedería Mesón de la Dolores
🏨 🐾 🅖 🅐🅒 ⚑ 🛜 🚗
*pl. Mesones 4 ✉ 50300 –* ☎ *976 88 90 55 – www.mesonladolores.com*
**34 hab** ⊊ – †49/53 € ††69/81 €
**Rest** – *(cerrado domingo en invierno)* Menú 13/60 € – Carta 30/60 €
Antigua posada decorada con detalles alusivos a la vida de la Dolores, una joven de la
localidad ensalzada en una copla popular. Posee habitaciones de estilo regional distribuidas en torno a un patio cubierto. En su restaurante, de ambiente rústico, encontrará una carta tradicional con varios platos típicos.

### ✗ Posada Arco de San Miguel con hab
🐾 🅖 🅐🅒 ⚑ rest, 🛜
*San Miguel 18 ✉ 50300 –* ☎ *976 88 72 72 – www.arcodesanmiguel.com – cerrado 7
días en junio*
**7 hab** ⊊ – †35/55 € ††50/120 €
**Rest** – *(cerrado domingo noche y lunes mediodía)* Menú 9 € – Carta 25/45 €
Edificio ubicado junto a un pasadizo, con arco, del que toma su nombre. Está llevado
en familia y presenta un interior de línea moderna en varios niveles. Carta tradicional.
Como complemento al negocio también ofrece habitaciones, combinando en ellas
antiguos detalles de aire rústico y elementos modernos.

## en la antigua carretera N II Este : 2 km

### Calatayud
🏨 🐾 🛗 & hab. 🅐🅒 ⚑ rest, 🛜 🐾 🅿 🚗
*salida 237 autovía ✉ 50300 Calatayud –* ☎ *976 88 13 23 – www.hotelcalatayud.com
– cerrado del 23 al 31 de diciembre*
**78 hab** ⊊ – †35/50 € ††45/70 €   **Rest** – Menú 12/30 €
Hotel de correcta organización y ambiente clásico-funcional. Aunque posee algunas
habitaciones de un nivel superior, en general todas disfrutan de un correcto equipamiento, con cabeceros en madera y aseos actuales. Su comedor a la carta se ve complementado por varios salones para la celebración de banquetes.

---

## Las CALDAS – Asturias – 572 C12 – 120 h. – alt. 125 m
5 B1
▶ Madrid 452 – Oviedo 10 – León 132

### G.H. Las Caldas
🐾 🚄 ⚒ 🅽 ⑧ 🛏 🅖 🛗 & 🅐🅒 ⚑ 🛜 🐾 🅿 🚗
*✉ 33174 –* ☎ *985 79 87 87 – www.lascaldas.com*
**78 hab** ⊊ – †130/190 € ††160/220 € – 11 suites
**Rest** – *(solo menú)* Menú 20/55 €
¡Recargue las pilas en un magnífico complejo lúdico-termal! Las excelentes instalaciones del balneario se completan con un SPA y un Centro de medicina deportiva, siempre compartiendo servicios con el hotel Enclave. Bello entorno ajardinado y elegantes
habitaciones de línea clásica, todas equipadas al detalle.

### Enclave
🐾 ⚒ 🅽 ⑧ 🛏 🅖 🛗 & 🅐🅒 ⚑ 🛜 🅿 🚗
*✉ 33174 –* ☎ *985 79 87 87 – www.lascaldas.com*
**77 hab** ⊊ – †80/160 € ††100/175 € – 11 suites
**Rest** – Menú 20/75 € – Carta 28/95 €
La Villa Termal de Las Caldas resulta realmente espectacular, por eso aquí vemos
como se amplía la oferta hotelera con unas confortables habitaciones de estilo clásico-actual. ¡Todos los servicios están compartidos con el G.H. Las Caldas!

---

## CALDAS DE REIS (CALDAS DE REYES) – Pontevedra – 571 E4
19 B2
– 10 008 h. – alt. 22 m – Balneario
▶ Madrid 638 – Santiago de Compostela 47 – Pontevedra 26 – A Coruña 118

↑ **Torre do Río**    🐾 ⪇ 🚗 🛁 📶 **P.**
*Baxe 1, carretera de Moraña - Este : 1.5 km* ✉ *36650 –* ☏ *986 54 05 13*
*– www.torredorio.es*
**12 hab** �);😊 – ⭑85/115 € ⭑⭑110/135 €
**Rest** – *(solo clientes, solo cena)* Menú 25 € – Carta 20/40 €
¡Un espacio donde el tiempo parece haberse detenido! Ocupa un complejo textil del s. XVIII bien rehabilitado y emplazado en un entorno único, no en vano la finca fue declarada de Interés Paisajístico Nacional. Todas sus estancias denotan buen gusto. A los clientes se les ofrece un menú casero previa reserva.

---

**CALDEBARCOS** – A Coruña – **571** D2 – Playa     **19** A2
▶ Madrid 704 – Santiago de Compostela 68 – A Coruña 115 – Pontevedra 100

✗ **Casa Manolo**    🄰🄲 🛎 **P.**
😊 *carret. AC 550* ✉ *15294 –* ☏ *981 76 03 06 – cerrado 15 septiembre-7 octubre y lunes salvo verano y festivos*
**Rest** – Menú 12/30 € – Carta 17/38 € 🐾
Negocio familiar de larga trayectoria. Ofrece un bar y un comedor funcional, donde sirven pescados y mariscos a buen precio. El plato más popular es la caldeirada de pescado.

---

**CALDERS** – Barcelona – **574** G35 – 955 h. – alt. 552 m     **14** C2
▶ Madrid 593 – Barcelona 71 – Manresa 18 – Vic 35

**en la carretera N 141 C** Noreste : 2,5 km

🏨 **Urbisol**    🐾 ⪇ 🚗 🛁 ⊙ ♨ 🄺 🛎 🄼 🛎 📶 ⛴ **P.**
✉ *08275 Calders –* ☏ *938 30 91 53 – www.hotelurbisol.com – cerrado del 7 al 31 de enero*
**12 hab** �);😊 – ⭑90/120 € ⭑⭑120/150 €
**Rest** – *(cerrado domingo noche, lunes noche y martes)* Carta 37/52 €
Masía ubicada en pleno bosque, disfrutando de agradables terrazas, un moderno SPA y un amplio espacio de ambiente chill-out. Las habitaciones, de línea actual y en algunos casos con extensas vistas, cuentan con bañeras de hidromasaje. En su restaurante proponen una cocina tradicional actualizada.

---

**CALDES D'ESTRAC (CALDETES)** – Barcelona – **574** H37 – 2 773 h.   **15** A2
– Playa
▶ Madrid 661 – Barcelona 36 – Girona/Gerona 62

🏨 **Colón**    ⪇ 🏠 🔲 ⊙ 🄺 🛎 👌 hab, 🄼 🛎 📶 ⛴ 🚗
*pl. de les Barques* ✉ *08393 –* ☏ *937 91 04 00 – www.hotel-colon.net*
**78 hab** �);😊 – ⭑97/152 € ⭑⭑128/196 € – 6 suites
**Rest** *Maria Galante* – Menú 25/50 € – Carta 35/44 €
Está en 1ª línea de playa y posee un SPA único en España, pues trabaja tanto con aguas termales como de mar. Habitaciones actuales, la mayoría asomadas al Mediterráneo. En su restaurante, de elegante montaje, encontrará platos tradicionales e internacionales.

---

**CALDES DE MALAVELLA** – Girona – **574** G38 – 7 071 h. – alt. 94 m   **15** A1
– Balneario
▶ Madrid 696 – Barcelona 83 – Girona/Gerona 21
⛳ P.G.A. Golf de Catalunya, por la carret. N II - Noroeste : 4,5 km, ☏ 972 47 25 77

**por la carretera N II** Noroeste : 4 km y desvío a la izquierda 0,5 km

🏨 **Meliá Golf Vichy Catalán** ⓝ   🐾 🚗 🏠 🔲 🄺 🖼 🛎 👌 🄼 🛎 📶 rest, 📶
*carret. N-II, km 701* ✉ *17455 Caldes de Malavella*   ⛴ **P.** 🚗
*–* ☏ *972 18 10 20 – www.meliagolfvichycatalan.com*
**148 hab** �);😊 – ⭑⭑85/140 € – 1 suite   **Rest** – Menú 28/55 € – Carta 36/60 €
Con un diseño moderno e inmerso en uno de los mejores campos de golf del país. Encontrará unas instalaciones luminosas, con la zona social en varios niveles y habitaciones actuales. En su restaurante proponen una cocina tradicional con toques actuales.

ESPAÑA

**CALDES DE MONTBUI** – Barcelona – **574** H36 – **17 271 h.** – alt. 180 m     **15** B2
– Balneario

▶ Madrid 636 – Barcelona 33 – Manresa 57

🖼 pl. Font del Lleó 20, ⊠ 08140, 𝒞 938 65 41 40, www.visiteucaldes.cat

🏨 **Vila de Caldes**     🐕 ⌫ ☰ 🖩 ⚐ 🛜 ☖
*pl. de l'Àngel 5 ⊠ 08140 – 𝒞 938 65 41 00 – www.grupbroquetas.com – cerrado
23 diciembre - 8 enero*
**30 hab** – †90/150 € ††90/214 €, ☕ 10 €     **Rest** – *(cerrado martes)* Menú 16/24 €
Este céntrico hotel cuenta con una atractiva entrada ajardinada, un buen hall-recepción y completas habitaciones de línea clásica-actual. Piscina y solárium en el ático.
El restaurante, de montaje tipo cafetería, trabaja básicamente con dos menús, uno
para los días laborales y otro para los fines de semana.

🏨 **Balneario Broquetas**     🐕 ☰ ⌫ ☰ 🖩 ⊕ 🎴 🖩 ⚐ 🛜 ☖ 🅿
*pl. Font del Lleó 1 ⊠ 08140 – 𝒞 938 65 01 00 – www.grupbroquetas.com*
**81 hab** – †70/120 € ††80/140 €, ☕ 10 € – 5 suites – 8 apartamentos
**Rest** – Menú 15/23 €
Hotel-balneario de finales del s. XIX y ambiente familiar. Ofrece unas cuidadas dependencias y una destacable propuesta termal. El restaurante, que solo trabaja
el menú, enriquece su oferta con un buffet los fines de semana. ¡No se pierda su original colección de búhos, pues atesora más de 6000 piezas!

🍴 **Mirko Carturan Cuiner**     ⌫ 🖩 ⚐
🄫 *av. Pi i Margall 75 ⊠ 08140 – 𝒞 938 65 41 60 – www.mirkocarturan.com
– cerrado 10 días en agosto, sábado mediodía y domingo*
**Rest** – Menú 30/45 € – Carta 34/41 €
Tener la cocina vista nada más entrar o el comedor decorado a base de libros gastronómicos son rasgos singulares derivados de la personalidad de un talentoso chef de
origen piamontés. Cocina tradicional actualizada con toques creativos.

**CALELLA** – Barcelona – **574** H37 – **18 529 h.** – Playa     **15** A2

▶ Madrid 683 – Barcelona 48 – Girona/Gerona 55

🖼 Sant Jaume 231 , ⊠ 08370, 𝒞 937 69 05 59, www.calella.cat

🍴 **El Hogar Gallego**     🖩 ⚐ ⟷ 🅿
*Ànimes 73 ⊠ 08370 – 𝒞 937 66 20 27 – www.elhogargallego.com – cerrado
domingo noche y lunes*
**Rest** – Menú 30/60 € – Carta 44/76 € ⅋
Este negocio familiar tiene un bar con mesas para raciones, un comedor principal de
línea clásica y otros tres salones algo más actuales. Pescados y mariscos de gran calidad.

**CALELLA DE PALAFRUGELL** – Girona – **574** G39 – Playa     **15** B1

▶ Madrid 732 – Barcelona 131 – Girona/Gerona 60

🖼 de les Voltes 4, ⊠ 17210, 𝒞 972 61 44 75, www.visitpalafrugell.cat

◉ Pueblo pesquero★

🏨 **Alga**     🚃 ☰ 🖩 ⅙ hab, 🖩 ⚐ 🛜 ☖ 🅿 🚗
*av. Joan Pericot i Garcia 55 ⊠ 17210 – 𝒞 972 61 70 80 – www.novarahotels.com
– Semana Santa-octubre*
**58 hab** ☕ – †65/148 € ††110/225 € – 2 suites
**Rest** – Menú 20/45 €
¡Un clásico en la ciudad! Atesora un agradable jardín y unas instalaciones bastante
bien renovadas, con habitaciones de línea moderna-funcional. El restaurante, con vistas a la gran piscina, está muy enfocado al cliente alojado y a la media pensión.

🏨 **Sant Roc**     🐕 ⟨ ⌫ 🖩 🖩 ⚐ rest, 🛜 ☖
*pl. Atlàntic 2 (barri Sant Roc) ⊠ 17210 – 𝒞 972 61 42 50 – www.santroc.com
– abril-octubre*
**45 hab** ☕ – †89/142 € ††122/185 €     **Rest** – Menú 18/40 € – Carta 30/42 €
Este hotel familiar sorprende por su ubicación, sobre un acantilado que domina toda
la costa. Ofrece acogedoras habitaciones de aire clásico, todas con balcón o terraza. El
restaurante se reparte en dos salas y disfruta de unas magníficas vistas al mar.

### Garbí
ⓐⓐⓐ   🕭 ⪦ 🚗 🚕 🏊 🕮 🛗 hab. Ⓜ ⅏ Ⓟ

*Baldomer Gili i Roig 20* ⊠ *17210 –* 𝒞 *972 61 40 40 – www.hotelgarbi.com*
*– 15 marzo-octubre*

**52 hab** � **– ♦65/280 € ♦♦95/350 €  Rest** – Menú 21/45 € – Carta 28/45 €
¡En un tranquilo pinar! Disfruta de una amplia zona noble y acogedoras habitaciones,
unas de línea funcional y las que hay en un pabellón contiguo algo más actuales. El
restaurante, de correcto montaje, se complementa con una agradable terraza entre
los pinos.

### Mediterrani sin rest
ⓐⓐ   ⪦ 🛗 Ⓜ ⅏ 🛜 Ⓟ

*Francesc Estrabau 40* ⊠ *17210 –* 𝒞 *972 61 45 00 – www.hotelmediterrani.com*
*– mayo-octubre*

**43 hab** ⊊ **– ♦80/110 € ♦♦85/168 €**
¡De gran luminosidad! Aquí se combinan los detalles antiguos, que revelan la historia
familiar, con los más actuales. Habitaciones modernas, 16 de ellas asomadas al mar.

### Port-Bo sin rest
ⓐ   🏊 🛗 ⅃ Ⓜ Ⓟ

*August Pi i Sunyer 6* ⊠ *17210 –* 𝒞 *972 61 49 62 – www.hotelportbo.net*
*– 4 abril-28 septiembre*

**29 hab** ⊊ **– ♦65/103 € ♦♦88/136 € – 14 apartamentos**
Sencillo hotel de gestión familiar. Posee diferentes espacios sociales, unas habitaciones de corte clásico y amplios apartamentos, todos de notable limpieza y mantenimiento.

### Sa Jambina
Ⅹ   🚕 Ⓜ ⅏ ⬙

*Boffil i Codina 21* ⊠ *17210 –* 𝒞 *972 61 46 13 – cerrado 15 diciembre-15 enero y*
*lunes*

**Rest** – *(solo almuerzo en invierno)* Carta 34/52 €
Ofrece un comedor marinero y una sala para grupos más tradicional, con chimenea.
La carta, muy orientada a las sugerencias, toma como base los pescados y mariscos
de la zona.

---

## CALLDETENES – Barcelona – 574 G36 – 2 441 h. – alt. 489 m     14 C2
🚇 Madrid 673 – Barcelona 72 – Girona/Gerona 64

### Can Jubany (Nandu Jubany)
ⅩⅩⅩⅩ   Ⓜ ⬙ Ⓟ
🌿
*carret. C 25 (salida 187), Este : 1,5 km* ⊠ *08506 –* 𝒞 *938 89 10 23*
*– www.canjubany.com – cerrado del 1 al 17 de enero, del 11 al 26 de agosto,*
*domingo noche, lunes y martes*

**Rest** – Menú 56/98 € – Carta 60/87 € 🕸
Esta hermosa masía posee varias salas de ambiente rústico-actual y una mesa en la
propia cocina, acristalada y asomada al jardín. Sus platos, actuales de base tradicional,
están siempre elaborados con productos autóctonos de gran calidad.
➜ Guisantes a la brasa en su vaina con butifarra, panceta y "calçots". Trufa a la papillote con panceta confitada y puré de patata. Texturas de leche fresca de vaca con
crema de limón, toffe y nube de azúcar.

---

## CALP (CALPE) – Alicante – 577 Q30 – 29 550 h. – Playa     16 B3
🚇 Madrid 464 – València 122 – Alacant / Alicante 64
🛈 av. Ejércitos Españoles 44 , ⊠ 03710, 𝒞 965 83 69 20, www.calpe.es
🛈 pl. del Mosquit, ⊠ 03710, 𝒞 965 83 85 32, www.calpe.es
🄶 Peñón de Ifach★

### G.H. Sol y Mar
ⓐⓐⓐⓐ   ⪦ 🏊 🏖 🛗 🕮 🛗 hab. Ⓜ ⅏ 🛜 🕭

*Benidorm 3* ⊠ *03710 –* 𝒞 *965 87 50 55 – www.granhotelsolymar.com*
**330 hab** ⊊ **– ♦65/210 € ♦♦130/375 € – 9 suites**
**Rest Abiss** – ver selección restaurantes
**Rest** – *(solo buffet)* Menú 30/44 €
En 1ª línea de playa y orientado a un cliente vacacional. Disfruta de amplias zonas
sociales y habitaciones de estética moderna, la mayoría con terraza y más de la
mitad con vistas tanto al mar como al peñón de Ifach. El restaurante del hotel presenta su menú o un buffet dependiendo del nivel de ocupación.

### ⌂⌂⌂ **Villa Marisol**  ☂ ⌇ ⊠ 🖘 ⅙ hab, 🖾 🛜 🖧 ℙ

*urb. Marisol Park 1-A ⊠ 03710 –* 🕽 *965 87 57 00 – www.marisolpark.com*
**17 hab** ⌣ – ♦♦90/160 €   **Rest** – Carta 35/49 €
Algo alejado del centro aunque con cierto encanto, ya que ocupa un edificio tipo chalet dotado con agradables terrazas. Ofrece habitaciones de línea actual y un acogedor
restaurante, donde elaboran una cocina de gusto internacional.

### ХХХ **Abiss** – G.H. Sol y Mar  ⇐ ⅙ 🖾 ⅜

*Benidorm 3 ⊠ 03710 –* 🕽 *965 83 91 43 – www.restauranteabiss.com – cerrado lunes*
**Rest** – *(solo almuerzo salvo viernes, sábado y 15 mayo-15 noviembre)* (reserva
aconsejable) Menú 30/60 € – Carta 40/55 €
Se presenta con una sala actual, luminosa y asomada al mar. Su chef propone una interesante carta de cocina mediterránea, con platos de autor y varios menús degustación.

### Х **El Bodegón**  ☂ 🖾 ⅜

*Delfín 8 ⊠ 03710 –* 🕽 *965 83 01 64 – www.bodegon-calpe.com*
*– cerrado 22 diciembre-23 enero, domingo en invierno y domingo mediodía resto del
año*
**Rest** – Menú 20 € – Carta 32/45 €
Instalaciones bien cuidadas cuyo éxito radica en la sencillez. Encontrará una decoración rústica castellana y una cocina clásica, con platos tradicionales e internacionales.

**por la carretera N 332** Norte : 2,5 km y desvío a la izquierda 1,2 km

### ХХ **Casa del Maco** con hab  ⌇ ☂ ⌇ 🖾 hab, ⅜ rest, 🛜 ℙ

*Pou Roig 15 ⊠ 03720 Benissa –* 🕽 *965 73 28 42 – www.casadelmaco.com – cerrado
27 enero-12 febrero*
**4 hab** – ♦76/90 € ♦♦100/114 €, ⌣ 10 €
**Rest** – *(cerrado lunes mediodía, martes y miércoles mediodía) (solo cena en verano
salvo domingo)* Menú 25/65 € – Carta 55/65 €
Casa de campo del s. XVIII y elegante rusticidad, con las salas distribuidas en dos
niveles y una atractiva terraza. Cocina internacional actualizada con toques de
autor. Como complemento también posee algunas habitaciones de inequívoco
encanto.

**CAMALEÑO** – Cantabria – **572** C15 – **1 029 h.**  8 A1
▶ Madrid 414 – Santander 114 – Oviedo 173 – Palencia 174

### ⌂ **El Jisu**  ⇐ ⌇ 🖾 rest, ⅜ rest, 🛜 ℙ

*carret. de Fuente Dé, Oeste : 0,5 km ⊠ 39587 –* 🕽 *942 73 30 38 – www.eljisu.com
– cerrado enero y febrero*
**9 hab** – ♦40/50 € ♦♦51/60 €, ⌣ 5 €
**Rest** – *(cerrado martes)* Menú 12/16 € – Carta 18/29 €
Este hotel tipo chalet se presenta, gracias a su entorno, como una buena opción para
los amantes de la montaña. Salón social con chimenea y habitaciones de correcto
confort. El restaurante resulta ideal para degustar los platos típicos de la comarca
lebaniega.

**CAMBADOS** – Pontevedra – **571** E3 – **13 898 h.** – Playa  19 A2
▶ Madrid 638 – Pontevedra 34 – Santiago de Compostela 61
🛈 paseo de A Calzada, ⊠ 36630, 🕽 986 52 07 86, www.cambados.es
◉ Plaza de Fefiñanes ★

### ⌂⌂⌂ **Parador de Cambados**  ⌸ ☂ ⌇ ⅗ 🖾 ⅙ hab, 🖾 ⅜ 🛜 🖧 ℙ

*paseo de la Calzada ⊠ 36630 –* 🕽 *986 54 22 50 – www.parador.es*
**57 hab** – ♦60/136 € ♦♦75/170 €, ⌣ 15 € – 1 suite
**Rest** – Menú 27 € – Carta 36/43 €
Elegante pazo del s. XVI ubicado en el centro de la localidad, rodeado de jardines y
cerca de la ría. Amplia zona social y habitaciones con mobiliario neorrústico. El restaurante se presenta con un bello techo en madera y una completa carta de cocina
gallega.

### Casa Rosita
🚗 🔲 📶 ⚙ & hab, 🎱 ❄ 🛜 🏊 🅿

*O Riveiro 8, Oeste : 1 km* ✉ *36630 –* ☎ *986 54 34 77 – www.hrosita.com*
**53 hab –** 🛏 36/45 € 🛏🛏 55/85 €, ☕ 7 €
**Rest** – *(cerrado domingo noche)* Menú 16 € – Carta 22/40 €
¡De carácter familiar y volcado con los banquetes! Presenta unas habitaciones bastante espaciosas, la mayoría de línea clásica-funcional y las renovadas de estética actual, aunque las mejores son las que ofrecen vistas a la ría. Su restaurante propone una cocina gallega especializada en pescados y mariscos.

### Real Ribadomar *sin rest*
📶 🎱 ❄ 🛜

*Real 8* ✉ *36630 –* ☎ *986 52 44 04 – www.hotelrealribadomar.com*
**7 hab** ☕ **–** 🛏 45/50 € 🛏🛏 85/125 €
¡Un hotel íntimo, cuidado y con mucho encanto! Limita su zona social al coqueto hall-recepción, detalle que compensan con unas habitaciones bastante acogedoras, todas con mobiliario de estilo antiguo y algunas con las paredes en piedra.

### Pazo A Capitana *sin rest*
🌳 🚗 & 🎱 ❄ 🛜 🏊 🅿

*Sabugueiro 46* ✉ *36630 –* ☎ *986 52 05 13 – www.pazoacapitana.com – cerrado 15 diciembre-enero*
**11 hab** ☕ **–** 🛏 60/71 € 🛏🛏 71/91 €
Un bellísimo pazo con el encanto de otros tiempos. Conserva los antiguos lagares, las cocinas y un precioso patio, todo en armonía con sus estancias. ¡Aquí elaboran Albariño!

### XX Yayo Daporta
🎱 ❄
❀

*Hospital 7* ✉ *36630 –* ☎ *986 52 60 62 – www.yayodaporta.com – cerrado del 5 al 15 de mayo, del 3 al 20 de noviembre, domingo noche y lunes salvo festivos*
**Rest** – Menú 45/65 € – Carta aprox. 45 €
Está en la 1ª planta de una casona que en el s. XVIII funcionó como Hospital Real. En contraste con sus fachadas presenta un interior actual. Cocina creativa con interesantes combinaciones en una carta a precio fijo, así como varios menús.
→ Verduritas de temporada de la huerta del Salnés, guisantes tiernos y aceite de carbón. Rodaballo salvaje asado con crema ahumada de trigueros, zamburiñas salteadas y setas. Milhojas de cacao con crema y helado de vainilla.

### XX Pandemonium
🎱 ❄

*Albariño 16* ✉ *36630 –* ☎ *986 54 36 38 – www.pandemonium.com.es – cerrado del 15 al 30 de noviembre, domingo noche, lunes y martes noche*
**Rest** – Menú 12/45 € – Carta 35/42 €
Resulta céntrico y está llevado entre dos hermanos, con un bar de tapas a la entrada y un comedor de montaje actual. Reducida carta de tintes creativos y un menú degustación.

### X Posta do Sol
🍴 ❄

*Ribeira de Fefiñans 22* ✉ *36630 –* ☎ *986 54 22 85 – www.postadosol.com*
**Rest** – Menú 14/18 € – Carta 34/52 €
Instalado en un antiguo bar. El comedor posee antigüedades y detalles regionales, como los encajes de Camariñas. Su especialidad son la Empanada de vieiras y los mariscos.

### X Ribadomar
🍴 🎱 ❄ 🅿
😊

*Valle Inclán 17* ✉ *36630 –* ☎ *986 54 36 79 – www.ribadomar.es*
**Rest** – *(solo almuerzo salvo julio-agosto, viernes y sábado)* Menú 25/35 € – Carta 24/43 €
Buen negocio familiar con el dueño al frente de los fogones. Presenta un comedor de montaje clásico y una carta tradicional gallega especializada en pescados y mariscos.

---

**CAMBRE** – A Coruña – **571** C4 – 23 879 h. 19 B1
▶ Madrid 584 – Santiago de Compostela 64 – A Coruña 12 – Lugo 85
◉ Iglesia de Santa María ★

XX **A Estación** (Beatriz Sotelo y Juan M. Crujeiras)
*carret. da Estación 51 ✉ 15660 – ✆ 981 67 69 11 – www.estaciondecambre.com – cerrado domingo noche y lunes salvo vísperas y festivos*
**Rest** – Menú 55 € – Carta 40/55 €
Edificio tipo pabellón ubicado en un antiguo almacén, junto a la estación de tren. Se presenta con una zona ajardinada, una terraza y dos salas de cuidada decoración, ambas luminosas. Cocina de base tradicional con buenas actualizaciones.
➜ Ensalada de bogavante asado, brotes y vinagreta de mandarina. Lubina, fideuá de centollo y pil-pil de ajo tostado. Torrija de brioche, tonka, piña confitada y helado de piña.

---

## CAMBRILS – Tarragona – 574 I33 – 33 535 h. – Playa 13 B3

Madrid 554 – Castelló de la Plana/Castellón de la Plana 165 – Tarragona 18
paseo de las Palmeras 1 , ✉ 43850, ✆ 977 79 23 07, www.cambrils-turismo.com
Localidad★
Parque de Samá★ Norte : 8 km – Castillo-Monasterio de Escornalbou★★ Noroeste : 26 km

Planos páginas siguientes

### en el puerto

**Tryp Port Cambrils** hab,
*Rambla Regueral 11 ✉ 43850 Cambrils – ✆ 977 35 86 00 – www.melia.com*
**156 hab** – †50/200 € ††60/220 €, ☕ 12 € CY**e**
**Rest** – *(solo cena)* Menú 18 €
Orientado tanto al cliente vacacional como al de empresa, ya que cuenta con varias salas de reuniones. Habitaciones de aire moderno y funcional, todas con terraza. Si desea algún plato a la carta vaya al bar, pues en el comedor solo sirven el buffet y un menú.

**Princep** sin rest
*Narcís Monturiol 2 ✉ 43850 Cambrils – ✆ 977 36 11 27 – www.hotelprincep.com – cerrado 8 diciembre-8 enero* CZ**c**
**27 hab** ☕ – †45/110 € ††70/130 €
Céntrico y de línea clásica-actual. Presenta una pequeña zona social y amplias habitaciones de correcto confort, la mayoría con una pequeña terraza. ¡Solicite las estancias de la última planta con vistas al mar, al puerto y al pueblo!

**Can Solé** rest,
*Ramón Llull 19 ✉ 43850 Cambrils – ✆ 977 36 02 36 – www.hotelcansole.com – cerrado 15 enero-15 febrero* BZ**e**
**26 hab** – †39/48 € ††48/69 €, ☕ 4 €
**Rest** – *(cerrado domingo noche y lunes)* Menú 15/25 € – Carta 18/35 €
Asomado a dos céntricas calles, una de ellas peatonal. Ofrece unas cuidadas habitaciones, la mayoría con mobiliario funcional en pino y baños de plato ducha. En su confortable comedor, clásico con detalles náuticos, apuestan por la cocina tradicional marinera.

XXX **Can Bosch** (Joan Bosch)
*Rambla Jaume I-19 ✉ 43850 Cambrils – ✆ 977 36 00 19 – www.canbosch.com – cerrado 22 diciembre-enero, domingo noche y lunes* BZ**d**
**Rest** – Menú 38/68 € – Carta 47/76 €
Céntrico y de sólida trayectoria familiar. Su chef-propietario propone una carta de cocina tradicional bastante completa y variada, con muchos pescados, mariscos y algunos arroces. ¡Interesantes menús, uno de ellos de degustación!
➜ Gamba crujiente con raíz de perifollo y arena de cebollino. Gallo San Pedro con dim sum de pies de cerdo a la salsa de colmenillas. Sopa de fresas y ruibarbo con helado de regaliz.

ESPAÑA

# CAMBRILS

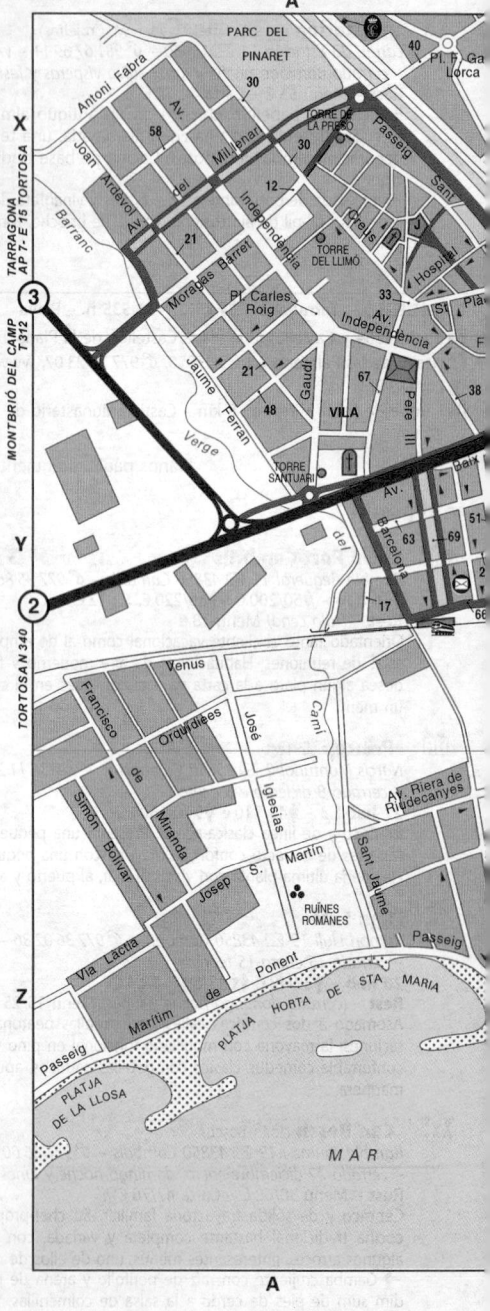

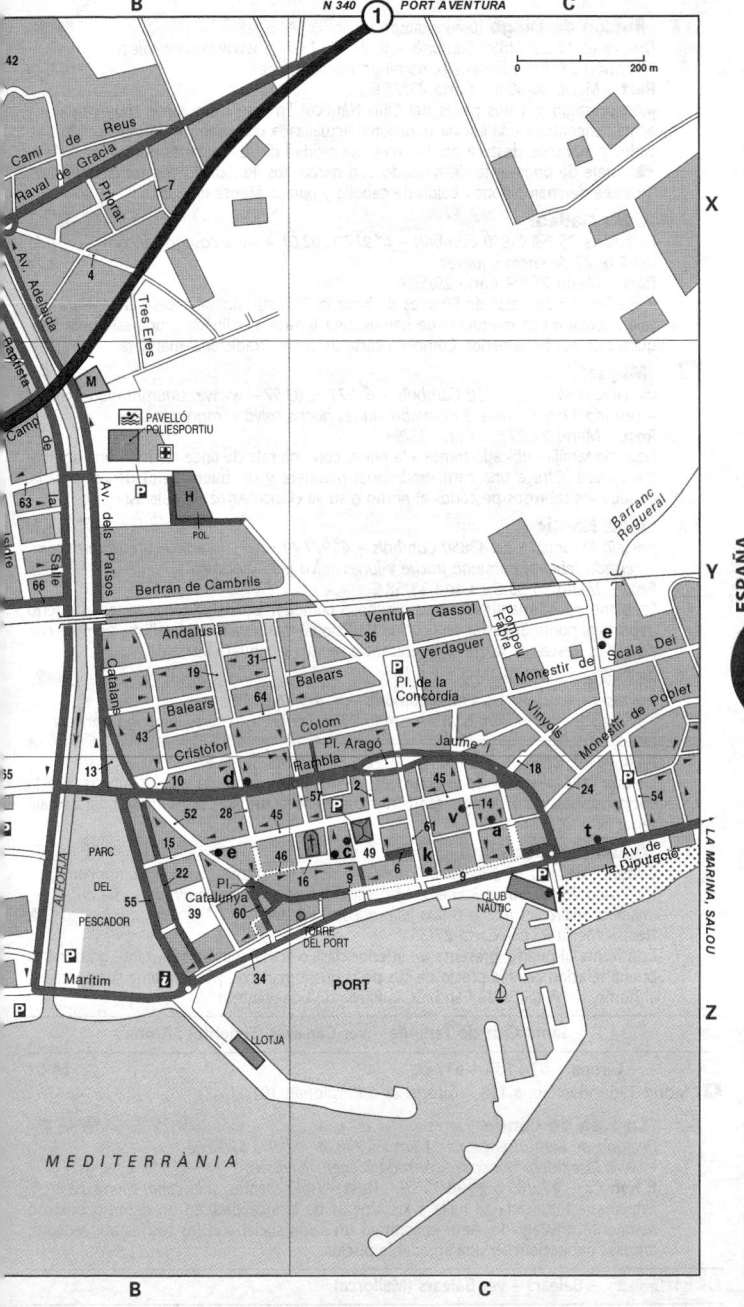

ESPAÑA

### Rincón de Diego (Diego Campos) 🔐 ✗

ध्ये *Drassanes 19 ✉ 43850 Cambrils – ℰ 977 36 13 07 – www.rincondediego.com*
*– cerrado 23 diciembre-enero, domingo noche y lunes* CZ**v**
**Rest** – Menú 36/60 € – Carta 42/76 € ❀

¡Con prestigio y a dos pasos del Club Náutico! En este restaurante, muy cuidado y actual, encontrará una cocina tradicional actualizada que, trabajando mucho con pescados y mariscos, destaca por la excelente calidad de sus materias primas.

→ Potaje de bogavante deshuesado con garbanzos. Rodaballo con tomates divinos, fricassée de champiñones, caldo de cebolla y patata. Menta tiramisú.

### Casa Gallau 🏠 🔐 ⬡

*Pescadors 25 ✉ 43850 Cambrils – ℰ 977 36 02 61 – www.casagallau.com – cerrado del 7 al 23 de enero y jueves* CZ**c**
**Rest** – Menú 25 € – Carta 29/56 €

¡Casa familiar con más de 50 años de historia! Tras su original acceso encontrará una sala decorada con maquetas de barcos, una terraza ajardinada y una sala para banquetes en el piso superior. Completa carta de cocina tradicional-marinera.

### Miquel 🏠 🔐 ✗

*av. Diputació 3 ✉ 43850 Cambrils – ℰ 977 36 03 57 – www.restaurantmiquel.com*
*– cerrado 11 noviembre-3 diciembre, lunes noche salvo verano y martes*
**Rest** – Menú 22/27 € – Carta 35/54 € CZ**t**

Negocio familiar ubicado frente a la playa, con una sala de línea clásica y una agradable terraza. Ofrece una carta tradicional marinera y un buen menú de temporada. ¡Pruebe los sabrosos pescados al horno o su ya clásico Arroz de galeras!

### Club Nàutic ← 🏠 ㅎ 🔐

*passeig Miramar 5 ✉ 43850 Cambrils – ℰ 977 79 50 02 – www.cncbrestaurant.com*
*– cerrado febrero, domingo noche y lunes salvo julio y agosto* CZ**f**
**Rest** – Menú 20/55 € – Carta 33/58 €

En pleno paseo marítimo. En su luminoso comedor acristalado, con vistas al puerto deportivo, podrá degustar una cocina tradicional-marinera muy detallista, siempre con pescados frescos de la zona. ¡Interesantes menús y coqueta terraza!

### Bresca 🔐 ✗

*travessia Àncora 21 ✉ 43850 Cambrils – ℰ 977 36 95 12*
*– www.brescarestaurant.com – cerrado 23 diciembre-17 enero, domingo noche y lunes* CZ**a**
**Rest** – *(solo cena en verano)* Menú 22/52 € – Carta 37/44 €

En una calle peatonal de la zona del puerto. Posee una sala en dos alturas, con la cocina acristalada y detalles tanto rústicos como actuales. Cocina tradicional actualizada.

### Acuamar-Casa Matas ← 🔐 ✗

ⓐ *Consolat del Mar 66 ✉ 43850 Cambrils – ℰ 977 36 00 59 – www.acuamar.com*
*– cerrado 23 diciembre-3 enero, 13 octubre-13 noviembre, domingo noche en invierno, miércoles noche (salvo julio-agosto) y jueves* CZ**k**
**Rest** – Menú 25 € – Carta 27/35 €

Está frente al puerto, presenta un interior clásico-actual y trabaja bastante gracias a la buena relación calidad-precio de sus pescados y mariscos. ¡Tienen fama sus pescados al horno, los Pulpitos de Cambrils, la Paella de bogavante...!

---

**La CAMELLA** – Santa Cruz de Tenerife – ver Canarias (Tenerife) : Arona

**CAMÓS** – Girona – **574** F38 – **677 h.** **14** C3
🖪 Madrid 726 – Barcelona 119 – Girona 21 – Perpignan 101

### 🏠 La Sala de Camós 🖾 🚗 🏊 🔐 ✗ 🛜 ⛷ 🅿

*Rectoria de Sant Vicenç, Sur : 1 km ✉ 17834 – ℰ 972 57 22 82*
*– www.lasaladecamos.com – cerrado 7 enero-7 febrero*
**8 hab** 🖙 – †72/85 € ††98/115 € **Rest** – *(solo clientes, solo cena)* Menú 22 €

Esta masía fortificada se halla a las afueras de la localidad, en un entorno boscoso realmente privilegiado. Aquí encontrará un salón social con los techos abovedados, amplias habitaciones y una agradable piscina.

---

**CAMPANET** – Balears – ver Balears (Mallorca)

**CAMPANILLAS** – Málaga – ver Málaga

## El CAMPELLO – Alicante – 577 Q28 – 27 709 h. – Playa    16 B3

▶ Madrid 434 – Valencia 169 – Alacant / Alicante 13

XX   **Andra-Mari**    🏡 ₺ 🅰🅲 ⁄⁄ ⇆

*av. Xixona 37 ⊠ 03560 – 𝒞 965 63 34 35 – www.restaurante-andramari.com*
*– cerrado 5 días en junio, 19 días en noviembre, domingo noche, lunes noche y*
*martes salvo festivos*
**Rest** – Menú 25/45 € – Carta 33/42 €

Una oferta tradicional de auténtica cocina vasca en la costa mediterránea. Posee una
terraza a la entrada, donde se puede comer o tapear, así como un bar con mesas
altas y varios comedores de línea actual convertibles en privados.

XX   **La Peña**    ≼ 🏡 ₺ 🅰🅲 ⁄⁄

*San Vicente 12 ⊠ 03560 – 𝒞 965 63 10 48 – cerrado domingo noche en verano*
**Rest** – *(solo almuerzo salvo verano)* Menú 18/52 € – Carta 36/50 €

Si desea comer en un ambiente marinero esta es la mejor opción, pues está en 1ª
línea de playa y aquí todo ensalza la cultura del mar. Su carta, especializada en pescados, mariscos y calderos, contempla también un buen apartado de arroces.

## CAMPILLOS – Málaga – 578 U15 – 8 663 h. – alt. 461 m    1 B2

▶ Madrid 530 – Sevilla 164 – Málaga 90

🄲 Antequera★ Este : 32 km - Itinerario al desfiladero de los Gaitanes★★ (vistas
panorámicas★★★) Sudeste : 32 km

XX   **Yerbagüena**    🏡 🅰🅲 ⁄⁄

*carret. de la estación ⊠ 29320 – 𝒞 952 72 23 20 – www.restauranteyerbaguena.com*
*– cerrado lunes*
**Rest** – Menú 35/60 € – Carta 20/45 €

Una opción interesante tanto si está de paso como si ha venido para visitar las famosas lagunas que rodean la localidad. Presenta una zona de bar y una sala rústica-
actual distribuida en dos alturas. Cocina tradicional con toques actuales.

## CAMPO – Huesca – 574 E31 – 330 h. – alt. 691 m    4 C1

▶ Madrid 494 – Zaragoza 183 – Huesca 109 – Andorra la Vella 190

🏠🏠   **Cotiella** sin rest    ⌘ ≼ 🛏 ₺ ⁄⁄ 🛜 🅿 🚗

*San Antonio ⊠ 22450 – 𝒞 974 55 03 03 – www.hotelcotiella.com*
**26 hab** – †32/36 € ††50/64 €, ⊡ 4 €

Toma su nombre de un macizo del Pirineo aragonés próximo a los 3000 m.... ¡la cuna
del rafting regional! Correctas zonas nobles y espaciosas habitaciones, la mitad de
ellas con su propia terraza y en el piso superior abuhardilladas.

## CAMPO DE CRIPTANA – Ciudad Real – 576 N20 – 14 820 h. – alt. 707 m    10 C2

▶ Madrid 151 – Albacete 137 – Aranjuez 101 – Ciudad Real 99

⌂   **La Casa de los Tres Cielos** sin rest    ⛱ 🅰🅲 ⁄⁄ ⊨

*Libertad 11 ⊠ 13610 – 𝒞 926 56 37 90 – www.casalos3cielos.com*
**7 hab** ⊡ – †25/35 € ††55/60 € – 5 apartamentos

Tiene cierto encanto y está construido en varias alturas, con un patio-terraza y la zona
de desayunos ubicada en unas cuevas. Ofrece estancias de ambiente rústico y excelentes vistas, tanto desde la terraza como desde alguna habitación.

X   **Cueva La Martina**    ≼ 🅰🅲 ⁄⁄ ⇆

*Rocinante 13 ⊠ 13610 – 𝒞 926 56 14 76 – www.cuevalamartina.com – cerrado del*
*15 al 31 de octubre y lunes*
**Rest** – Menú 15/35 € – Carta 30/39 €

Una buena combinación de tipismo y gastronomía, pues ocupa una cueva con mirador ubicada sobre una loma, junto a los famosos molinos de viento contra los que
luchó Don Quijote. Su carta combina la cocina manchega con platos más innovadores.

## CAMPOS – Balears – ver Balears (Mallorca)

**CAMPOSO** – Lugo – **571** D7 – 24 h.                                    **20** C2

▶ Madrid 496 – Santiago de Compostela 106 – Lugo 20 – Ourense 97

⌂ **Casa Grande de Camposo**                          ⅏ ⌨ � hab. ⌖ **P**
*Camposo 7* ✉ *27163* – *☏ 982 54 38 00* – *www.camposo.com* – *cerrado 20 diciembre-10 enero*
**9 hab** ⌷ – †50/61 € ††71/106 €   **Rest** – *(solo clientes, solo cena)* Menú 25 €
Se halla en una aldea, instalado en una casa típica que data del s. XVII. Encontrará atractivas zonas sociales y habitaciones de aire rústico, cada una con el nombre de un prado próximo. El comedor, repartido en dos espacios, ofrece auténtica cocina casera.

---

**CAMPRODÓN** – Girona – **574** F37 – 2 466 h. – alt. 950 m         **14** C1

▶ Madrid 699 – Barcelona 127 – Girona/Gerona 80

🛈 pl. de la Vila 1, ✉ 17867, *☏ 972 74 00 10, www.camprodon.cat*

🛈 Camprodón, Bac de San Antoni, *☏ 972 13 01 25*

◉ Localidad★ – Pont Nou★ – Iglesia románica del Monasterio de Sant Pere★

🏨 **Maristany**                                       ⅏ ≤ ⌨ ⅃ 🛗 ⌖ **P**
*av. Maristany 20* ✉ *17867* – *☏ 972 13 00 78* – *www.hotelmaristany.com*
*– cerrado 10 diciembre- 20 febrero*
**10 hab** ⌷ – ††132/150 €
**Rest *Maristany*** – ver selección restaurantes
Instalado en una casa señorial tipo chalet, con una coqueta zona social, confortables habitaciones, las de la planta superior abuhardilladas, y un bello entorno ajardinado.

⌂ **L'Hotelet Del Bac** Ⓝ                              ⅏ ≤ ⌨ ⅍ ⌖ **P**
*Bac de Sant Antoni* ✉ *17867* – *☏ 660 01 30 07* – *www.hoteletdelbac.com* – *cerrado 6 enero-25 febrero*
**9 hab** ⌷ – †102 € ††126 €   **Rest** – *(solo cena)* Menú 25 €
Se encuentra en un paraje aislado, junto a un pequeño campo de golf, con el acceso por un camino de tierra que le dejará a las mismas puertas del edificio. Agradable salón social, habitaciones de línea rústica-actual, cada una con el nombre de un pueblo próximo, y correcto comedor privado.

✕✕ **El Pont 9**                                          🛗 ⓕ ⒜ ⇄
*camí Cerdanya 1* ✉ *17867* – *☏ 972 74 05 21* – *www.restaurantelpont9.com*
*– cerrado 25 junio-10 julio, del 1 al 10 de noviembre, domingo noche, lunes, martes y miércoles noche*
**Rest** – Menú 17/40 € – Carta 25/43 €
Este restaurante familiar, ubicado junto a un precioso puente del s. XII, destaca por su estética actual y sus idílicas vistas al Ter desde el comedor principal. Ofrecen una cocina actual... eso sí, elaborada con el mejor producto local.

✕✕ **Maristany** – Hotel Maristany                        ≤ ⌨ ⅃ ⒜ ⓕ **P**
*av. Maristany 20* ✉ *17867* – *☏ 972 13 00 78* – *www.hotelmaristany.com*
*– cerrado 10 diciembre-20 febrero y miércoles*
**Rest** – *(es necesario reservar)* Menú 25 € – Carta 26/52 €
Soprende por su ubicación, pues este coqueto restaurante ocupa la antigua cochera del hotel, ahora repartida en dos plantas muy agradables. Cocina tradicional actualizada.

---

**CAMUÑO** – Asturias – **572** B11                                     **5** B1

▶ Madrid 492 – Oviedo 50 – León 172

⌂ **Quintana del Caleyo** sin rest                       ⅏ ≤ ⌨ ⓕ ⌖ **P**
*Norte : 1 km* ✉ *33860* – *☏ 985 83 03 47* – *www.quintanadelcaleyo.com* – *cerrado 15 diciembre-febrero*
**10 hab** ⌷ – †64/76 € ††80/95 €
Este conjunto, de los ss. XVII y XVIII, está formado por una casona-palacio asturiana, una panera, un pajar y un antiguo palomar. Amplias habitaciones con vistas al valle.

# Islas CANARIAS

© Camille Moirenc / Hemis.fr

**– 1 630 015 h. –** 125

El archipiélago canario, situado en el Océano Atlántico, al Norte del Trópico de Cáncer, goza de un privilegiado clima durante todo el año. Se extiende sobre una superficie de 7.273 km². Está formado por nueve islas y cuatro islotes agrupados en dos provincias: Las Palmas (Gran Canaria, Fuerteventura y Lanzarote) y Santa Cruz de Tenerife (Tenerife, La Palma, La Gomera y El Hierro). Santa Cruz de Tenerife y Las Palmas de Gran Canaria comparten la capitalidad administrativa de la autonomía. Cada isla tiene su Cabildo Insular, que es en realidad el órgano de gobierno propio. La temporada alta en Canarias va del 1 de noviembre al 30 de abril. No siempre es fácil reservar habitación por cuenta propia pues la mayoria de los hoteles canalizan su clientela a través de las agencias de viaje.

**Transportes marítimos**

🚢 para Canarias ver : Cádiz. En Canarias ver : Las Palmas de Gran Canaria, Puerto del Rosario, Arrecife, Los Cristianos, Santa Cruz de Tenerife, San Sebastián de la Gomera, Valverde, Santa Cruz de la Palma.

**Aeropuerto**

✈ ver : Las Palmas de Gran Canaria, Fuerteventura, Lanzarote, Santa Cruz de Tenerife, La Gomera, El Hierro, La Palma.

## GRAN CANARIA

La costa Norte y Oeste es abrupta y rocosa, mientras que el Sur, más accesible y con immensas playas arenosas, ha alcanzado un gran desarrollo turístico.

**AGÜIMES** – 125 F3 – 29 912 h. – alt. 275 m                    7 B2

▶ Las Palmas de Gran Canaria 33

### en la playa de Arinaga Sureste : 8 km

✗   **Nelson**                                                    ⇐ 🅰🅒 🕸

av. Polizón 47 ⊠ 35118 Arinaga – 𝒞 928 18 08 60 – www.restaurantenelson.com – cerrado del 1 al 15 de septiembre, domingo noche y lunes

**Rest** – Carta 33/47 €

Disfruta de un bar privado y una sala clásica en un nivel superior, esta última dominada por un ventanal con vistas al mar. Aquí destacan los pescados de sus costas, tratados con sencillez y acierto dentro de una cocina local o tradicional.

**ARGUINEGUÍN** – **125** C4 – **2 347 h.** – **Playa**                      **7** B2

▶ Las Palmas de Gran Canaria 63

**en la playa de Patalavaca** Noroeste : 2 km

XXX **La Aquarela**                                        🛋 ✇
*Barranco de la Verga (edificio Aquamarina), carret GC-500 ✉ 35129 Patalavaca*
*– 𝒞 928 73 58 91 – www.restaurantelaaquarela.com – cerrado junio y lunes*
**Rest** – Menú 30/54 € – Carta 47/62 €
Se encuentra en un recinto semiprivado, con un bar, un comedor actual y una coqueta terraza asomada a una piscina. La carta, de destacable corte internacional y creativo durante las cenas, se vuelve algo más sencilla para los almuerzos.

**ARUCAS** – **125** E2 – **36 797 h.**                      **7** B2

▶ Las Palmas de Gran Canaria 17

◉ Montaña de Arucas ≤ ★

ⓖ Cenobio de Valerón★ Noroeste : 11 km

XX **Casa Brito** ⓝ                                     🄰 ✇ 🄿
😊 *pasaje Ter 17 (Visvique), Sur : 1,5 km ✉ 35412 – 𝒞 928 62 23 23*
*– www.casabrito.com – cerrado domingo noche, lunes y martes*
**Rest** – Carta 31/39 €
Casa de ambiente rústico que sorprende por el nivel de su cocina. Aquí apuestan por una carta tradicional especializada en carnes a la brasa, dándole el punto adecuado a carnes de vacuno de Alemania, Uruguay, Galicia, Asturias, Castilla...

**CRUZ DE TEJEDA** – **125** D2 – **2 119 h.**                      **7** B2

▶ Las Palmas de Gran Canaria 50

◉ Cruz de Tejeda★★

ⓖ Artenara (vistas★) Noroeste : 7 km - Pozo de las Nieves★★★ Sureste : 15 km

🏨 **Parador Cruz de Tejeda**        ⌂ ≤ 🄵 🎄 ⅅ hab, 🄰 ✇ 🛜 🛁 🄿
*Cruz de Tejeda ✉ 35328 – 𝒞 928 01 25 00 – www.parador.es*
**43 hab** – †64/120 € ††80/150 €, ⊡ 17 € – 1 suite
**Rest** – Menú 27/35 € – Carta 31/48 €
¡Tranquilidad asegurada y buenas vistas! Este parador se desmarca un poco de la oferta hotelera dominante en la isla en busca de un turismo que ansíe más al relax, por eso cuenta también con un completo SPA. El restaurante, de línea moderna, propone descubrir los mejores platos del recetario regional.

**MASPALOMAS** – **125** E4 – **123 h.** – **Playa**                      **7** B2

▶ Las Palmas de Gran Canaria 50

🛈 av. de España junto al (Centro Comercial Yumbo), ✉ 35100, 𝒞 928 77 15 50, www.grancanaria.com

🏌 Maspalomas, av. de Neckerman, 𝒞 928 76 25 81

🏌 Salobre Golf, urb. Salobre, por 2 : 7 km, 𝒞 928 01 01 03

◉ Playa★

ⓖ Norte : Barranco de Fataga★ • San Bartolomé de Tirajana★ a 23 km por Fataga

**junto al faro**

🏨 **Grand H. Residencia**        ⌂ 🛋 🛆 🌀 🄵 🎄 ⅅ 🄰 🛜 🚗
*av. del Oasis 32 ✉ 35100 Maspalomas – 𝒞 928 72 31 00*
*– www.grand-hotel-residencia.com*
**90 hab** ⊡ – †229/667 € ††330/950 € – 4 suites
**Rest** – (solo cena) Menú 65/85 € – Carta 55/66 €
Complejo hotelero formado por una serie de villas de estilo canario, todas bien distribuidas en torno a una bella terraza con piscina. Distinguido confort y una exquisita decoración. El restaurante, de ambiente elegante y cocina internacional, atesora una entrañable terraza elevada sobre la piscina.

ⓘ **Palm Beach**   🚗 🛜 ⌛ 🅦 🛁 🍽 ♿ hab, 🅰 hab, 🍽 rest, 🛜 ⚓ 🅟
*av. del Oasis* ✉ *35100 Maspalomas* – ℰ *928 72 10 32* – *www.seaside-hotels.com*
**328 hab** ⊔ – ♦156/406 € – ♦♦214/450 €
**Rest** – *(solo cena)* Menú 53/58 € – Carta aprox. 72 €
Hotel vacacional que sorprende por su nutrida oferta de ocio, con buenas instalaciones deportivas y diferentes opciones de relax. Las habitaciones recrean una estética tipo años 70 con muchos detalles de diseño. Su oferta gastronómica se completa, varios días a la semana, con unas barbacoas temáticas.

🍴 **Las Rías**   🛜 🍽
*C.C. Varadero 2a planta - local 173-174* ✉ *35100 Maspalomas* – ℰ *928 14 00 62*
– *www.lasrias-meloneras.com* – *cerrado septiembre*
**Rest** – Menú 16 € – Carta 32/43 €
Se halla en un centro comercial, con una parte abierta parcialmente al mar a modo de terraza. Están especializados en cocina gallega y sorprenden al comensal con un buen expositor de pescado, para que aprecie la bondad de sus productos.

### en la playa del Inglés

🍴🍴 **Rías Bajas**   🅰 🍽
*av. de Tirajana 26 - edificio Playa del Sol* ✉ *35100 Maspalomas* – ℰ *928 76 40 33*
– *www.riasbajas-playadelingles.com*
**Rest** – Carta 36/54 €
Tras muchos años de trabajo se ha convertido, gracias a su profesionalidad y buen hacer, en todo un clásico de la isla. Su nombre evidencia una cocina sumergida en el recetario gallego, siendo la especialidad los pescados y mariscos.

### en la playa de San Agustín

🍴🍴 **Bamira**   🅰 🍽
*Los Pinos 11 (Playa del Águila)* ✉ *35100 San Agustín* – ℰ *928 76 76 66*
– *www.bamira.com* – *cerrado junio-15 septiembre, 7 días en diciembre y miércoles*
**Rest** – *(solo cena)* Menú 78 € – Carta 38/55 €
Ofrece una sala colorista, vestida con cuadros del propietario, así como una cocina de fusión que bebe de la tradición culinaria asiática y centroeuropea. En el piso superior encontrará una terraza, siendo en ella su oferta más sencilla.

### en la urbanización Salobre Golf Oeste : 4 km y desvío a la derecha 3 km

ⓘ **Sheraton Salobre**   🛜 ⚓ 🛜 ⌛ 🅦 🛁 🍽 ♿ 🅰 🍽 rest, 🛜 ⚓ 🚗
*Swing, salida 53 autovía GC1* ✉ *35100 Maspalomas* – ℰ *928 94 30 00*
– *www.sheratonsalobre.com*
**286 hab** ⊔ – ♦110/150 € – ♦♦160/240 € – 27 suites
**Rest** – *(solo cena)* Menú 34/69 €
**Rest** *Perenquén* – *(solo cena)* Carta 44/56 €
Un oasis de lujo, confort y diseño en medio de un paraje desértico. Ofrece habitaciones de gran calidad, con una decoración moderna bien integrada en el entorno y varias piscinas, una de ellas panorámica. Posee diversos restaurantes y bares, destacando el Camaleón por el nivel de su cocina internacional.

**LAS PALMAS DE GRAN CANARIA** 🅟 – 125 G2 – 382 296 h. – Playa   7 B2

▶ Maspalomas 50
✈ de Gran Canaria por ① : 30 km ℰ 902 40 47 04
**Iberia :** aeropuerto ℰ 902 40 05 00
🚢 para Tenerife, La Palma, Fuerteventura, Lanzarote y Cádiz : Cía. Trasmediterránea, pl. Mr. Jolly, ℰ 902 45 46 45 AS
🛈 León y Castillo 17, ✉ 35001, ℰ 928 21 96 00
**R.A.C.E.** Luis Doreste Silva 3 ℰ 928 23 07 88
⛳ Las Palmas, Bandama, por la carret. de Cruz de Tejeda : 14 km, ℰ 928 35 10 50
◉ Vegueta-Triana★ (Casa de Colón★, Museo Canario★) • Playa de las Canteras★ BVX • Paseo Cornisa (panorámica★) AT12

# LAS PALMAS DE GRAN CANARIA

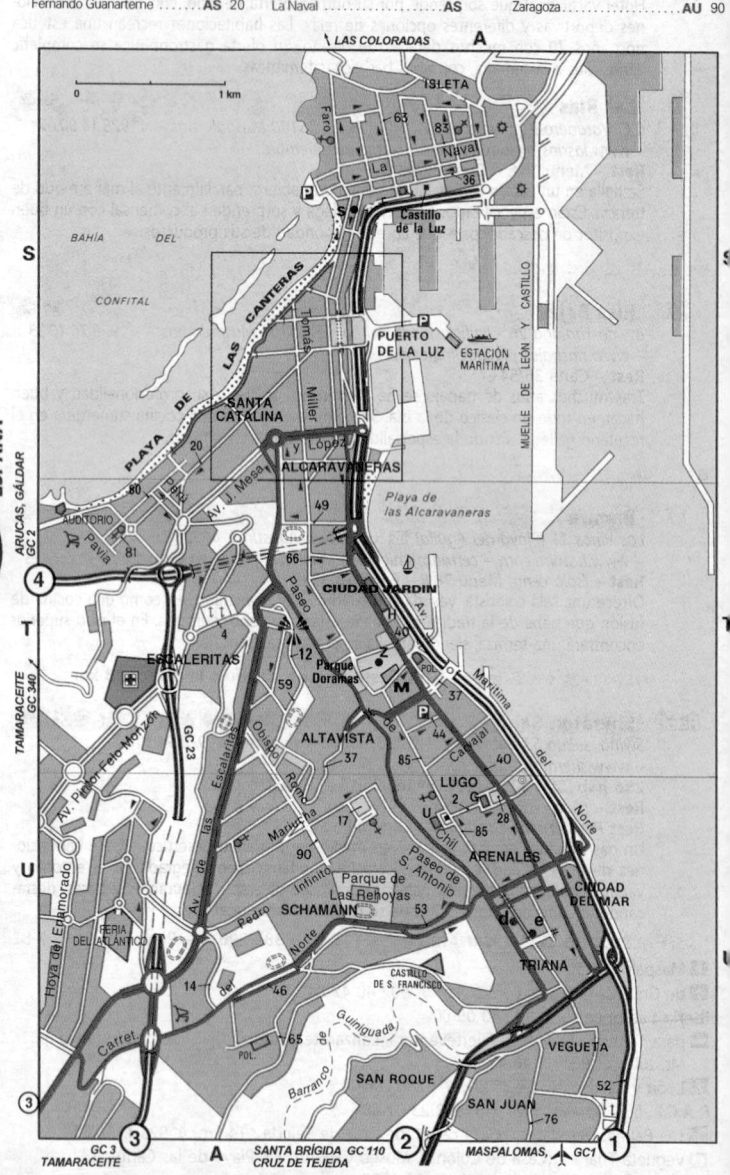

# PUERTO DE LA LUZ

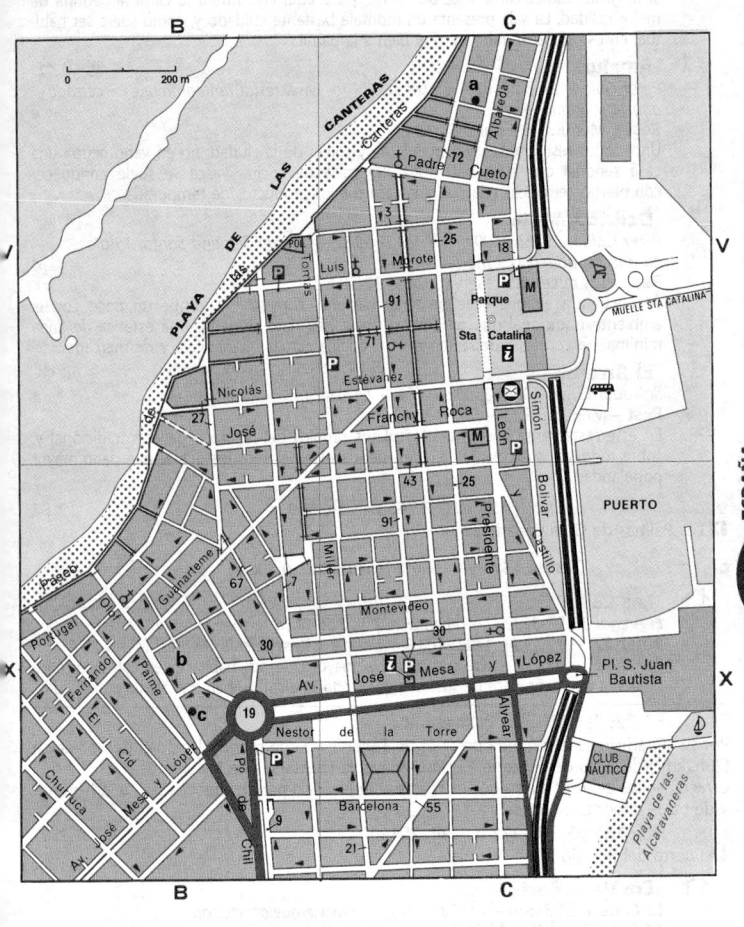

**ESPAÑA**

## 🏠🏠🏠 Santa Catalina
🦴 🍴 ⅄ 🔳 🌀 🜨 🖹 🅈 🤝 🛗 ☕

*León y Castillo 227* ✉ *35005 –* ☎ *928 24 30 40 – www.hotelsantacatalina.com*
**202 hab** ⊑ – ♦82/227 € ♦♦99/244 € – 16 suites   AT**z**
**Rest** *La Terraza* – Menú 30/48 € – Carta 36/52 €

Céntrico edificio de estilo colonial inglés, con detalles árabes y tradicionales canarios. Ofrece excelentes salas de reuniones, unas habitaciones clásicas con cierto encanto y un SPA en un anexo. Su cálido restaurante está repartido entre la terraza, de la que toma su nombre, y un espacio interior clásico.

## 🍴🍴🍴 Ribera del Río Miño
🆎 🌀 ⇔

*Olof Palme 21* ✉ *35010 –* ☎ *928 26 44 31 – www.riberadelriomino.com*
**Rest** – Carta 47/61 €   BX**b**

Si algo está claro es que su propietario puede presumir de la calidad de los productos, pues estos se traen directamente desde Galicia y Huelva. ¡Profesionalidad, cocina gallega de calidad, sugerentes viveros y un montaje de línea moderna!

255

XX **El Churrasco**     AC %
*Olof Palme 33* ⊠ *35010 –* ☏ *928 27 20 77 – www.elchurrascorestaurante.com*
**Rest** – Carta 35/49 €     BX**c**
Si le gusta comer carne está de suerte, pues aquí encontrará la carne argentina de mejor calidad. La sala presenta un montaje bastante cuidado y, como suele ser habitual en estos casos, trabajan muy bien a la parrilla.

XX **Amaiur**     AC % ⇔
*Pérez Galdós 2* ⊠ *35002 –* ☏ *928 37 07 17 – www.restauranteamaiur.es – cerrado agosto y domingo*     AU**e**
**Rest** – Menú 35 € – Carta 34/49 €
Uno de los restaurantes con más fama y solera de la ciudad, no en vano ocupa una casa señorial que data del s. XIX. Su carta de cocina vasca se suele enriquecer con ofertas temáticas relativas a la caza o a los productos de temporada.

X **Deliciosamarta**     ☞ AC
☺ *Pérez Galdós 23* ⊠ *35002 –* ☏ *928 37 08 82 – cerrado Semana Santa, 15 días en agosto, domingo y martes noche*     AU**d**
**Rest** – (es necesario reservar) Carta 32/38 €
Se encuentra en una calle peatonal bastante comercial y rompe un poco con el ambiente tradicional que predomina en la isla, pues presenta una estética de línea minimalista con las paredes en piedra. Cocina actual, imaginativa y de mercado.

X **El Arrosar**     AC %
*Salvador Cuyás 10* ⊠ *35008 –* ☏ *928 27 26 45*     CV**a**
**Rest** – Menú 28/32 € – Carta 31/42 €
En este restaurante encontrará los platos propios del recetario gallego tradicional y, sobre todo, unos excelentes arroces, siendo estos últimos los que le han dado mayor popularidad.

**VEGA DE SAN MATEO** – 125 E2 – 7 765 h. – alt. 950 m     7 B2
▶ Las Palmas de Gran Canaria 23

**en La Lechuza** Oeste : 4 km y desvío a la izquierda 0,5 km

⌂ **Las Calas**     ⟋ ☞ � 🛜 P
*El Arenal 36* ⊠ *35329 La Lechuza –* ☏ *928 66 14 36 – www.hotelrurallascalas.com*
**9 hab** ⊇ – †70/75 € ††80/100 € – 1 suite    **Rest** – (solo clientes) Menú 20 €
Este hotel combina el aire rústico de la mayoría de sus habitaciones con la estética moderna que define dos de sus estancias. Todo se distribuye en torno a un patio-jardín.

# FUERTEVENTURA – Las Palmas
Por su superficie es la segunda después de Tenerife y la de menor densidad de población (28h./km²) después de El Hierro. El clima suave, la constancia de los vientos y las características del mar hacen de sus costas el lugar ideal para la práctica del "windsurfing" y de otros deportes náuticos.

**ANTIGUA** – 125 G3 – 11 172 h. – alt. 254 m     7 C2
▶ Puerto del Rosario 20

⌂ **Era de la Corte** sin rest     ⟋ ⌶ ċ % P
*La Corte 1* ⊠ *35630 –* ☏ *928 87 87 05 – www.eradelacorte.com*
**11 hab** ⊇ – †45 € ††76 €
Casona centenaria estructurada alrededor de dos patios que funcionan como salón social y terraza. Ofrece sencillas habitaciones de estilo rústico con detalles majoreros. ¡Se desmarca con acierto de la dominante oferta macroturística!

**BETANCURIA** – 125 G3 – 805 h. – alt. 395 m     7 C2
▶ Puerto del Rosario 29
💠 Pueblo★

XX **Casa Santa María**     ☞ AC %
*pl. Santa María* ⊠ *35637 –* ☏ *928 87 82 82 – www.casasantamaria.net – cerrado del 2 al 8 de diciembre y mayo*
**Rest** – (solo almuerzo) Menú 22/23 € – Carta 31/41 €
Destaca por su atractiva decoración, ya que muestra detalles típicos en un marco dominado por la madera y los objetos de inspiración árabe. Terraza de exuberante vegetación. Su carta aglutina una buena selección de platos canarios.

ESPAÑA

**CORRALEJO** – 125 I1 – 5 362 h. – Playa                    7 C2

▶ Puerto del Rosario 38

🛈 av. Marítima 16, ✉ 35660, ✆ 928 86 62 35, www.corralejograndesplayas.com

◉ Puerto y Playas★

**Gran Hotel Atlantis Bahía Real**    ＜ 🏡 🔟 🖎 ◉ ᒪᕼ ⬚ ⬚ ⬚ hab, 🄰🄲 ⫫

*av. Grandes Playas* ✉ 35660 – ✆ 928 53 64 44    📶 ⬚ ⬚

*– www.atlantishotels.com*

**226 hab** ⬚ – ♦127/210 € ♦♦175/296 € – 16 suites

**Rest** *La Cúpula* – (solo cena) (es necesario reservar) Menú 70 € – Carta 46/66 €

**Rest** *Yamatori* – (solo cena) (es necesario reservar) Menú 32/42 € – Carta 33/48 €

**Rest** *Las Columnas* – (solo cena) (es necesario reservar) Carta 34/56 €

Magnífico conjunto en cuya arquitectura se conjuga la estética neomudéjar con algunas influencias coloniales. Disfruta de buenas vistas a las islas de Lanzarote y Lobos. Entre sus restaurantes destaca La Cúpula, que ofrece un elegante estilo clásico y una carta cosmopolita.

**LAJARES** – 125 H1 – 800 h.                    7 C2

▶ Puerto del Rosario 32

XX    **El Patio de Lajares** con hab    🔟 🄰🄲 ⫫ hab, 📶 🅿

*La Cerca 9* ✉ 35650 – ✆ 650 13 40 30 – www.patio-lajares.com – cerrado del 8 al 20 mayo, lunes y martes

**6 hab** ⬚ – ♦90 € ♦♦115 €

**Rest** – (cerrado lunes y martes) (es necesario reservar) Menú 39 € – Carta 45/54 € Resulta elegante y está bien llevado por un matrimonio alemán. Su chef-propietario elabora una cocina internacional muy personal, pues trabaja con productos autóctonos bajo influencias culinarias germanas, francesas y españolas. ¡También ofrece agradables habitaciones, todas de línea clásica y con terraza!

**PUERTO DEL ROSARIO** – 125 I3 – 36 285 h. – Playa                    7 C2

▶ Corralejo 38

🛬 de Fuerteventura, Sur : 5 km ✆ 902 40 47 04

🚢 para Lanzarote y Cádiz : Cía Trasmediterránea, León y Castillo 58, ✆ 902 45 46 45

🎴    **JM Puerto Rosario**    ＜ 🏡 🖎 🄰🄲 ⫫ 📶

*av. Ruperto González Negrín 9* ✉ 35600 – ✆ 928 85 94 64

*– www.hoteljmpuertodelrosario.com*

**88 hab** ⬚ – ♦45/61 € ♦♦62/75 €

**Rest** – (cerrado domingo) Menú 8,50 € – Carta 15/25 €

Hotel de línea moderna y amable personal. Las habitaciones resultan confortables, todas con los baños actuales y la mitad con buenas vistas al puerto. Debemos destacar las tres estancias superiores del ático, pues disfrutan de unas amplias terrazas. El comedor centra su oferta en las sugerencias del día.

## LANZAROTE – Las Palmas

Declarada Reserva de la Biosfera. El turismo viene atraído por la peculiaridad de su paisaje: tierras volcánicas salpicadas de oasis de vegetación y cultivos.

**ARRECIFE** – 125 E4 – 56 284 h. – Playa                    7 C1

▶ Costa Teguise 7

🛬 de Lanzarote, Oeste : 6 km ✆ 902 40 47 04

🚢 para Gran Canaria, Tenerife, La Palma y Cádiz : Cía. Trasmediterránea, José Antonio 90, ✆ 902 45 46 45

🛈 parque José Ramírez Cerdá (quiosco de la música), ✉ 35500, ✆ 928 81 31 74, www.turismolanzarote.com

🖸 Fundación César Manrique★ por ① : 7 km • Tiagua (Museo Agrícola El Patio★) por ③ : 13 km • Guatiza (Jardín de Cactus★) por ① : 15 km • La Geria★★ (de Mozaga a Yaiza) por ③ : 17 km • Cueva de los Verdes★★★ Noreste : 27 km por Guatiza • Jameos del Agua★ Noreste : 29 km por Guatiza • Mirador del Río★★ (panorama★★) Noroeste : 33 km por Guatiza

Planos páginas siguientes

# ARRECIFE

ESPAÑA

## Arrecife G.H.

parque Islas Canarias ⊠ 35500 – ℰ 928 80 00 00 – www.arrecifehoteles.com
**160 hab** ⊡ – †118/146 € ††156/200 € – 104 suites                    **B**x
**Rest** *Altamar* – (es necesario reservar) Carta 35/53 €

Altiva torre acristalada a pie de playa. Ofrece una variada zona social, servicios complementarios y habitaciones de completo equipamiento. El restaurante se halla en la azotea, por lo que disfruta de unas excelentes vistas tanto al océano como a la ciudad.

## Lancelot

av. Mancomunidad 9 ⊠ 35500 – ℰ 928 80 50 99 – www.hotellancelot.com
**110 hab** ⊡ – †40/49 € ††50/59 €                                    **B**t
**Rest** – Menú 12 € – Carta 19/36 €

Repartido en dos edificios que destacan por su emplazamiento, en 1ª línea de playa. Confortables habitaciones de estilo clásico y una buena zona deportiva en la última planta. Lo mejor del restaurante-cafetería es su amplio acristalamiento para ver el océano.

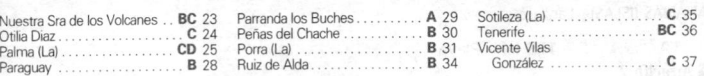

ESPAÑA

---

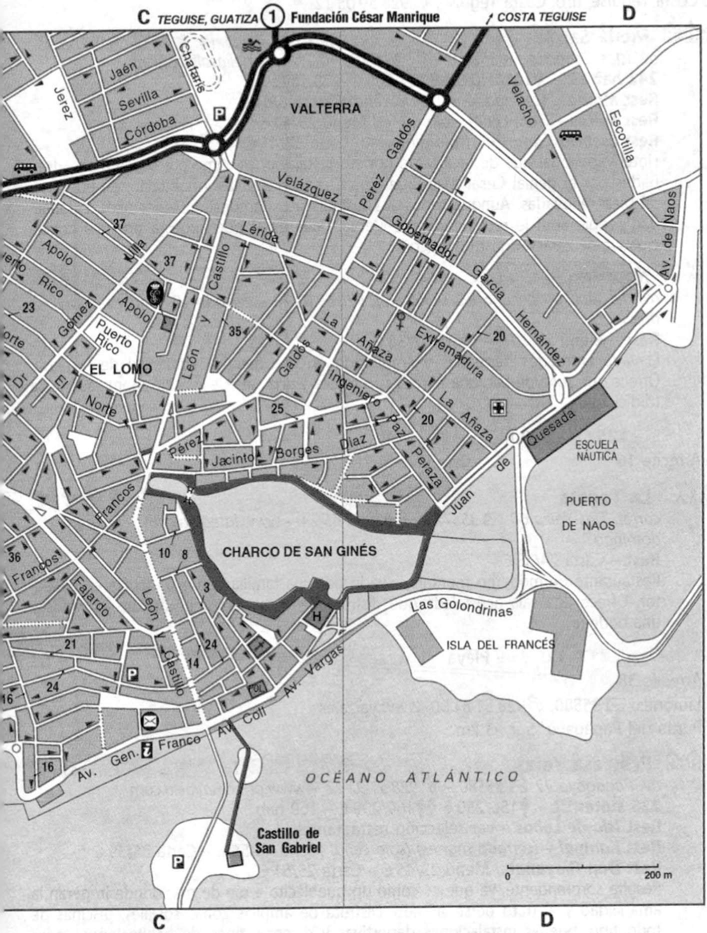

✕ **Lilium**       🆊 ⚒

*José Antonio 103* ✉ *35500 –* ☏ *928 52 49 78 – www.restaurantelilium.com*
*– cerrado Navidades y domingo*

**Ba**

**Rest** – Menú 35 € – Carta 22/45 €

Se accede directamente a la sala, subdividida en dos partes y de estética funcional, con algunas referencias decorativas al mundo del vino. Cocina canaria actualizada.

### en la playa del Cable por ② : 2 km

🏨 **Villa Vik**       ⚄ 🆊 hab, ⚒ 🛜 🅿

*Hermanos Díaz Rijo 3* ✉ *35500 Arrecife –* ☏ *928 81 52 56 – www.vikhotels.com*
**12 hab** ⚏ – †179/195 € – ††208/270 € – 2 suites
**Rest** – Menú 30 € – Carta 27/48 €

Instalado dentro de una urbanización, en una gran casa de atractivos exteriores. Agradable zona social, porche abierto a una bella piscina y habitaciones de confort clásico. El restaurante, también clásico, ofrece unas elaboraciones de tinte internacional.

259

**COSTA TEGUISE** – 125 F4 – **Playa**　　　　　　　　　　　　　　　7 C1

▸ Arrecife 7

🖼 Costa Teguise, urb. Costa Teguise, ✆ 928 59 05 12

**ꞪꞪꞪꞪ Meliá Salinas**　　　　🛇 ← 🚗 🛖 ⅃ 𝄞 ✖ 📶 Ⓐ ✄ 🕻 🚿 🅿
*av. Islas Canarias* ✉ 35509 – ✆ 928 59 00 40 – www.meliasalinas.com
**242 hab** 🛏 – ♦105/240 € – ♦♦125/280 € – 28 suites
**Rest Marea** – *(cerrado lunes) (solo cena)* Carta 48/64 €
**Rest Spices** – *(solo cena) (solo buffet)* Menú 25/40 €
**Rest Esencia Canaria** – *(solo almuerzo)* Carta 32/41 €
Hotel vacacional que destaca tanto por sus instalaciones como por sus jardines, diseñados por el genial César Manrique. Posee preciosas villas y habitaciones, en general bien renovadas. Aunque todos sus restaurantes demuestran tener una personalidad propia aquí le recomendamos Marea, pues es el que apuesta por una cocina creativa de carácter gastronómico.

✗ **Neptuno**　　　　　　　　　　　　　　　　　🛖 Ⓐ ✄
*av. del Jablillo - Local 6* ✉ 35508 – ✆ 928 59 03 78 – *cerrado 10 junio-10 julio y domingo*
**Rest** – Menú 13/20 € – Carta 32/38 €
Llevado entre dos hermanos y emplazado en una avenida comercial de la playa. Ofrece una zona de bar, una terraza con toldos y una sala de sencillo montaje. Cocina tradicional.

**MÁCHER** – 125 C4 – **749 h.**　　　　　　　　　　　　　　　7 C1

▸ Arrecife 16

✗✗✗ **La Tegala**　　　　　　　　　　　　　　← Ⓐ ✄ 🅿
🟢 *carret. Tías-Yaiza 60* ✉ 35572 – ✆ 928 52 45 24 – www.lategala.com – *cerrado domingo*
**Rest** – Carta 24/38 €
Restaurante de moderno montaje llevado por una familia con experiencia en el sector. Ofrece una sala acristalada que disfruta de vistas panorámicas, dos privados y una bodega.

**PLAYA BLANCA** – 125 B5 – **Playa**　　　　　　　　　　　　　7 C2

▸ Arrecife 38

ℹ Limones, ✉ 35580, ✆ 928 51 81 50, www.yaiza.es

⬟ Punta del Papagayo★Sur : 5 km

**ꞪꞪꞪꞪ Princesa Yaiza 🅝**　🛇 ← 🛖 ⅃ 🅃 ☺ 🛝 ✖ 📶 & Ⓐ ✄ 🚿 🛜 🅿
*av. Papagayo 22* ✉ 35580 – ✆ 928 51 92 22 – www.princesayaiza.com
**225 suites** 🛏 – ♦156/250 € – ♦♦169/299 € – 160 hab
**Rest Isla de Lobos** – ver selección restaurantes
**Rest Kampai** – *(cerrado martes) (solo cena)* Menú 48/56 € – Carta 35/59 €
**Rest Don Giovanni** – Menú 25/45 € – Carta 29/51 €
Resulta sorprendente, ya que es como un pueblecito a pie de mar donde imperan la amabilidad y el trato personalizado. Disfruta de amplias zonas sociales, piscinas de todo tipo, buenas instalaciones deportivas y diversos tipos de habitaciones, todas con terraza y una estética colonial. Oferta gastronómica variada y de gran calidad.

✗✗✗ **Isla de Lobos 🅝** – Hotel Princesa Yaiza　　← 🛖 ⅃ ✖ & Ⓐ ✄
*av. Papagayo 22* ✉ 35580 – ✆ 928 51 92 22 – www.princesayaiza.com
**Rest** – *(cerrado 7 días en diciembre, domingo y lunes) (solo cena)* Menú 48 € – Carta 46/78 €
Un restaurante clásico-mediterráneo de notable valor, pues a su cuidado montaje va unida la idea culinaria de recuperar los sabores autóctonos de esta isla. Agradable terraza sobre el paseo marítimo, con vegetación y vistas a la playa.

✗✗ **Aromas Yaiza**　　　　　　　　　　　　　　　　Ⓐ ✄
*Corriquia 5* ✉ 35570 – ✆ 928 34 96 91 – www.restaurantearomasyaiza.com – *cerrado domingo*
**Rest** – Menú 24/34 € – Carta 23/49 €
Tras el porche de la entrada se accede directamente al comedor, bastante luminoso, clásico y con la cocina semivista. Elaboraciones tradicionales presentadas de forma actual.

**PLAYA HONDA** – 125 D4 – 10 081 h. – Playa      7 C2
▶ Arrecife 2

XX    **Aguaviva**      AC
*Mástil 31 ⊠ 35509 – ℰ 928 82 15 05 – www.restauranteaguaviva.com – cerrado 10 días en septiembre, domingo noche y lunes*
**Rest** – Carta 35/54 €
Agradable restaurante instalado en un chalet de una zona residencial. En sus salas, decoradas con numerosos detalles, podrá degustar una cocina actual de base tradicional.

**PUERTO CALERO** – 125 C5 – Playa      7 C2
▶ Arrecife 20

XXX    **Amura**      🍴 AC ⌘ ⇔ P
*paseo Marítimo ⊠ 35771 – ℰ 928 51 31 81 – www.puertocalero.com*
**Rest** – Menú 32 € – Carta 31/44 €
Construcción octogonal en madera blanca que recuerda la estética de los edificios coloniales, con una gran terraza de excelente montaje y un interior de ambiente más actual.

**YAIZA** – 125 B4 – 15 131 h. – alt. 192 m      7 C1
▶ Arrecife 22
◙ La Geria★★ (de Yaiza a Mozaga) Noreste : 17 km • Salinas de Janubio★ Suroeste : 6 km • El Golfo★★ Noroeste : 8 km

🏠    **Finca de las Salinas**      ⚲ ⌇ ☺ ⅃₆ ※ AC hab, ⌘ 🛜 🕸 P
*La Cuesta 17 ⊠ 35570 – ℰ 928 83 03 25 – www.fincasalinas.com*
**17 hab** ⊇ – †35/60 € ††80/120 € – 2 suites
**Rest** *Mariateresa* – (cerrado junio y domingo) Carta 18/39 €
Mansión del s. XVIII dotada con una atractiva fachada, una cálida zona social y un SPA. Sus bellas habitaciones de aire rústico ocupan lo que fueron las caballerizas. El restaurante Mariateresa propone una cocina creativa basada en los productos autóctonos.

## TENERIFE – Santa Cruz de Tenerife

Es la mayor en superficie. Su cadena montañosa está dominada por el cono volcánico del Teide (3.718 m), el punto más alto de España. Los dos centros turísticos más importantes son el Puerto de la Cruz (en el Norte) y la Playa de las Américas (en el Sur).

**ARONA** – 125 D5 – 77 718 h. – alt. 610 m      7 A2
▶ Santa Cruz de Tenerife 72
◙ Mirador de la Centinela★★ Sureste : 11 km

**en La Camella** Sur : 4,5 km

X    **Mesón Las Rejas**      AC ⌘ ⇔
*carret. General del Sur 31 ⊠ 38267 La Camella – ℰ 922 72 08 94 – www.mesonlasrejas.com – cerrado del 1 al 15 de junio y domingo noche*
**Rest** – Menú 12 € – Carta 20/39 €
Llevado directamente por su propietario, con criterio y profesionalidad. En su interior, de estilo rústico-regional, alberga un pequeño bar privado, dos salas y un reservado. Bodega climatizada y cocina de gusto tradicional.

**BUENAVISTA DEL NORTE** – Santa Cruz de Tenerife – 125 B3 – 4 916 h.    7 A1
▶ Santa Cruz de Tenerife 71

🏨    **Vincci Buenavista**      ⚲ ← 🍴 ⌇ ☺ ⅃₆ 🖥 ⚑ ₺ hab, AC hab, ⌘ 🛜 🕸
*carret. La Finca, Oeste : 1,5 km ⊠ 38480 – ℰ 922 06 17 00    P 🚗*
*– www.vinccihoteles.com*
**117 hab** ⊇ – †153/198 € ††332/360 €
**Rest** – (solo almuerzo salvo viernes y sábado) Menú 55 € – Carta 34/59 €
Bello conjunto construido a modo de pueblo, con muchas palmeras, piscinas infinitas, su propio campo de golf y el mar de fondo. Casi todas las habitaciones poseen vestidor. Hay varias alternativas culinarias: buffet por la noche, snack en la terraza al mediodía y restaurante gastronómico los fines de semana.

ESPAÑA

**LAS CAÑADAS DEL TEIDE** – 125 F3 – alt. 2 160 m – Deportes de invierno: ✠ 7     7 B2

▶ Santa Cruz de Tenerife 67

◉ Parque Nacional del Teide★★★

◘ Pico del Teide★★★ Norte : 4 km, teleférico y 45 min. a pie • Boca de Tauce★★ Suroeste : 7 km. Ascenso por La Orotava★

**🏨 Parador de Las Cañadas del Teide**     ⟡ ≤ 🖥 ∱₆ 🈂 ₆ hab, 🅐🅒 hab, 🈂 🅿

✉ 38300 – ☎ 922 38 64 15 – www.parador.es
**37 hab** – ♦64/120 € ♦♦80/150 €, ⛫ 16 €     **Rest** – Menú 27 €
Edificio de aire montañés emplazado en un paraje volcánico de extraordinaria belleza. Presenta unas instalaciones de línea clásica-funcional, con una discreta zona noble de ambiente rústico y habitaciones bien equipadas, todas de línea clásica. El restaurante, muy luminoso, es fiel a la gastronomía regional.

**LOS CRISTIANOS** – 125 D5 – 7 681 h. – Playa     7 A2

▶ Santa Cruz de Tenerife 75

**✗ El Rincón del Arroz**     🅐🅒 🈂
Los Sabandeños (edificio Soledad-Local 1) ✉ 38650 – ☎ 922 77 77 41
– www.rincondelarroz.com – cerrado 15 junio-15 julio, del 10 al 19 de septiembre, domingo noche y lunes
**Rest** – Carta 30/47 €
Casa familiar, apartada del barullo turístico, donde sirven una carta seria y compensada. Posee una terraza acristalada y una salita muy cuidada, con barra de bar y expositor.

**✗ Le Bistrot d'Alain**     🀆 🅐🅒 🈂
Valle Menéndez 16 ✉ 38650 – ☎ 922 75 23 36 – cerrado 30 mayo-27 julio y lunes
**Rest** – (solo cena) Carta 25/38 €
Este pequeño local se presenta a modo de bistrot francés, con una barra de apoyo, la cocina semivista al fondo de la sala y una terraza. Platos franceses y buenas sugerencias.

**GARACHICO** – 125 C3 – 5 090 h.     7 A1

▶ Santa Cruz de Tenerife 61

**🏨 San Roque**     ⟡ 🀆 ⬙ 🅐🅒 🈂 rest, 🀢 �︎
Esteban de Ponte 32 ✉ 38450 – ☎ 922 13 34 35 – www.hotelsanroque.com
**20 hab** ⛫ – ♦130/145 € ♦♦180/210 € – 7 suites
**Rest** – (cerrado 23 mayo-24 julio) Menú 28/45 € – Carta 30/50 €
Casa señorial del s. XVIII distribuida en torno a un patio canario, con balconadas de madera. Sus coquetas estancias combinan los detalles modernos con el confort actual. El restaurante, que tiene un uso polivalente para los tres servicios del día, extiende sus mesas hasta el porche que rodea la piscina.

**GUÍA DE ISORA** – 125 C4 – 20 387 h.     7 A2

▶ Santa Cruz de Tenerife 95

**al Suroeste** 12,5 km

**🏨 Abama**     ⟡ ≤ 🛏 🀆 ⬙ ◉ ∱₆ 🍽 🖼 🈂 ₆ hab, 🅐🅒 🈂 🀢 🚿 🅿 🍴
carret. TF 47 - km 9 ✉ 38687 Guía de Isora – ☎ 922 12 60 00
– www.abamahotelresort.com
**367 hab** – ♦♦170/575 €, ⛫ 19 € – 102 suites
**Rest M.B.** ✿✿
**Rest Kabuki** ✿ – ver selección restaurantes
**Rest El Mirador** – (solo cena) Menú 35/55 € – Carta 54/63 €
En este espectacular complejo encontrará hermosos jardines y terrazas, todo repleto de palmeras, así como un campo de golf y hasta un club de playa. Excelente zona social, magníficas habitaciones y amplia oferta gastronómica, por lo que en sus restaurantes podrá degustar elaboraciones tradicionales, especialidades japonesas y deliciosos platos de autor.

XXXXX **M.B.** – Hotel Abama  ⟨ 🍴 🎐 🍽 🖭 🕏 ⟷ 🅿 🚗

🕸 🕸 *carret. TF 47 - km 9* ⊠ *38687 Guía de Isora* – 𝒞 *922 12 60 00*
– *www.abamahotelresort.com*

**Rest** – *(cerrado 15 junio-16 julio, domingo y lunes) (solo cena)* Menú 90/105 €
– Carta 85/99 € 🏵

He aquí un restaurante que sin duda le sorprenderá, tanto por la exquisitez del montaje como por la excelencia del servicio. Su cocina de autor conjuga las mejores materias primas con una exquisita técnica y unas esmeradas presentaciones.
→ Milhojas caramelizado de angula ahumada, foie-gras, cebolleta y manzana verde. Chuleta de cordero asada con patata rota al limón, esferas de queso majorero y jugo de rúcula y hongos. Naranjas acompañadas de una crema de helado de clavo, sopa espumosa de yogur y perlas de aceite de oliva.

XXX **Kabuki** – Hotel Abama  ⟨ 🍴 🍽 🖭 🕏 🅿 🚗

🕸 *carret. TF 47 - km 9* ⊠ *38687 Guía de Isora* – 𝒞 *922 12 60 00*
– *www.abamahotelresort.com*

**Rest** – *(cerrado septiembre y martes) (solo cena)* Menú 90/100 € – Carta 65/90 €

Sushi, sashimi, tempura, la excepcional carne de buey Wagyu... estas son solo algunas de las especialidades que encontrará en este restaurante, fiel al recetario japonés aunque con detalles actuales. Sereno interior de estética minimalista.
→ Usuzukuri de toro con pan y tomate. Omakase sushi. Selección de postres Kabuki.

**GÜIMAR** – *125* G3 – **18 445 h.** – alt. 290 m  7 B2

🄳 Santa Cruz de Tenerife 36

**R.A.C.E.** Niceto Alberto Díaz (edificio Plaza, local 5) 𝒞 922 51 23 70

🏨 **Finca Salamanca**  🐾 🍴 🎐 🖭 rest, 🕏 🅿

*carret. Puertito 2, Sureste : 1,5 km* ⊠ *38500* – 𝒞 *922 51 45 30*
– *www.hotel-fincasalamanca.com*

**16 hab** ⊑ – †55/95 € ††85/160 € – 4 suites

**Rest** – *(solo clientes)* Menú 10/35 € – Carta 20/31 €

Ubicado en una amplia finca dotada con... ¡un jardín botánico! Ofrece una zona social clásica y diferentes tipos de habitaciones repartidas por varios edificios, la mayoría espaciosas, rústicas y con terraza. El restaurante, también rústico y con una sala polivalente, propone una cocina de gusto tradicional.

**LA OROTAVA** – *125* F3 – **41 726 h.** – alt. 390 m  7 B1

🄳 Santa Cruz de Tenerife 36

🄸 Calvario 4, ⊠ 38300, 𝒞 922 32 30 41, www.villadelaorotava.org

**R.A.C.E.** Tomás Zerolo 71, Urbanización Mayorazgo (edificio El Drago) 𝒞 922 32 54 43

🄾 Calle de San Francisco★ • Localidad★★

🄶 Mirador Humboldt★ Noreste : 3 km

🏨 **Victoria**  📺 🕏 �

*Hermano Apolinar 8* ⊠ *38300* – 𝒞 *922 33 16 83* – *www.hotelruralvictoria.com*

**14 hab** ⊑ – †63/82 € ††78/118 €   **Rest** – Menú 11 € – Carta 25/34 €

Antigua casona dotada con una hermosa fachada y un patio típico canario que funciona como zona social. Ofrece habitaciones de correcto confort, la mayoría clásicas. El restaurante se complementa con una zona de tapeo, tipo tasca, donde sirven los desayunos.

XX **Lucas Maes**  🎐 🖭 🕏 🅿

*Barranco de la Arena 53, salida 32 TF 5 y TF 31 km 0,2* ⊠ *38300* – 𝒞 *922 32 11 59*
– *www.restaurantelucasmaes.com* – *cerrado Semana Santa, 24 agosto-7 septiembre, domingo y lunes*

**Rest** – Menú 29/40 € – Carta 31/41 €

Casa a modo de chalet dotada con tres salas de línea actual, una de ellas acristalada y con vistas tanto al jardín como al mar. Cocina semivista y carta actualizada de base tradicional, bien enriquecida con dos menús degustación.

**PLAYA DE LAS AMÉRICAS** – *125* D5 – Playa  7 A2

🄳 Santa Cruz de Tenerife 75

🄸 pl. City Center, ⊠ 38660, 𝒞 922 79 76 68, www.arona.travel

🄲 Sur, urb. Golf del Sur, Sureste : 15 km, 𝒞 922 73 81 70

🄶 Adeje (Barranco del Infierno★, 2 km a pie) Norte : 7 km

ESPAÑA

### G.H. Bahía del Duque &⪕🛗🍴♨️🏊🍽️ hab, 📺 ♿ rest, 📞

*av. de Bruselas (playa del Duque)* ✉ 38660 – ☎ 922 74 69 32 ⛳ 🅿️
– *www.bahia-duque.com*

**300 hab** 🖃 – 🛏️387/804 € 🛏️🛏️420/894 € – 65 suites – 40 apartamentos
**Rest *Las Aguas*** – *(cerrado 15 días en junio, 15 días en septiembre, domingo y lunes) (solo cena)* Menú 60/85 € – Carta 50/70 €
**Rest *La Trattoria*** – *(solo cena)* Menú 35/45 € – Carta 38/49 €
**Rest *Asia Kan*** – *(solo cena)* Menú 40/60 € – Carta 45/56 €
Espectacular complejo dotado con un bello hall y unas cuidadas habitaciones, muchas en edificios independientes tipo villa. Vegetación subtropical en torno a varias piscinas. Dentro de su amplia oferta culinaria destacan tres restaurantes, uno de cocina actual, otro italiano y por último uno oriental de fusión.

### Vincci La Plantación del Sur &⪕🍴♨️🏊📶🍽️ hab, 📺 ♿ 📶

*Roque Nublo 1* ✉ 38660 – ☎ 922 71 77 73 ⛳ 🅿️ 🚗
– *www.vinccihoteles.com*

**165 hab** 🖃 – 🛏️200/600 € 🛏️🛏️300/700 €
**Rest *El Gourmet Canario*** – *(solo cena)* Menú 60 € – Carta 40/75 €
Este hotel vacacional ofrece confortables habitaciones de aire colonial, las más independientes y con jacuzzi denominadas "villas". Completo SPA con centro de belleza. El restaurante, especializado en cocina canaria, se complementa con una agradable terraza.

### Jardín Tropical ⪕🍴♨️🏊📶🍽️ hab, 📺 ♿ ⛳ 🅿️

*Gran Bretaña* ✉ 38660 – ☎ 922 74 60 00 – *www.jardin-tropical.com*
**390 hab** 🖃 – 🛏️150/310 € 🛏️🛏️260/540 € – 5 suites
**Rest *Las Rocas*** – *(cerrado junio y julio)* Menú 35/62 € – Carta 33/62 €
**Rest *El Patio*** – *(cerrado mayo, junio, domingo y lunes)* Menú 57/69 €
– Carta 53/66 €
Sorprende por la atractiva integración de elementos arquitectónicos árabes en una exuberante vegetación formada por 12.000 m² de jardines tropicales. Zona social con detalles de diseño, habitaciones actuales e interesantes restaurantes, como Las Rocas por sus vistas al mar o El Patio por su elevado nivel gastronómico.

Cuestión de standing : no espere el mismo servicio en un 🗙 o en un 🛏️ que en un 🗙🗙🗙🗙🗙 o en un 🏨🏨🏨.

## PUERTO DE LA CRUZ – 125 F2 – 32 665 h. – Playa                    7 B1

🚗 Santa Cruz de Tenerife 36

🛈 Las Lonjas (Casa de la Aduana) , ✉ 38400, ☎ 922 38 60 00, www.todotenerife.es

◉ Pueblo★ • Paseo Marítimo★ (Lago Martiánez★) - Jardín de Aclimatación de La Orotava★★★

◎ Playa Jardín★ • Mirador Humboldt★★★ • La Orotava★★

### Monopol 🏊🍽️📺 rest, ♿ rest,

*Quintana 15* ✉ 38400 – ☎ 922 38 46 11 – *www.monopoltf.com*
**92 hab** 🖃 – 🛏️25/60 € 🛏️🛏️40/120 €   **Rest** – *(solo cena buffet)* Menú 13 €
Casa de estilo canario que centra su actividad en el patio interior, bastante acogedor y con gran profusión de plantas tropicales. Correctas habitaciones de estilo clásico. El restaurante ofrece buffet a la cena y snacks al mediodía.

### 🗙 Régulo 📺 ♿ 🔄

*San Felipe 16* ✉ 38400 – ☎ 922 38 45 06 – *www.restauranteregulo.com*
– *cerrado julio, domingo y lunes mediodía*
**Rest** – Carta 20/50 €
Instalado en una casa canaria del s. XVIII que destaca por su bello patio interior, dotado con una balconada. En sus salas, repartidas en dos plantas y de línea clásica, podrá degustar especialidades isleñas y platos de gusto internacional.

ESPAÑA

**Santa Cruz de Tenerife** P – 125 J2 – 206 965 h.      7 B1

▶ Playa de las Américas 75 – Puerto de la Cruz 36

✈ Tenerife-Norte por ② : 13 km ✆ 902 40 47 04 y Tenerife-Sur por ② : 62 km ✆ 902 40 47 04

**Iberia** : aeropuerto ✆ 902 40 05 00

⛴ para La Palma, Gran Canaria, Lanzarote, Fuerteventura y Cádiz : Cía Trasmediterránea, La Marina 39, ✆ 902 45 46 45

ℹ pl. de España, ✉ 38003, ✆ 922 28 12 87, www.todotenerife.es

**R.A.C.E.** Galcerán 9 (edificio El Drago) ✆ 922 53 20 60

🏌 Tenerife, Campo Golf 1 El Peñón, por el sur : 16 km, ✆ 922 63 66 07

👁 Dique del puerto (vista\*) DX • Parque Municipal García Sanabria\* BCX • Museo de la Naturaleza y el Hombre\* CY • Parque Marítimo César Manrique\* por ② • Auditorio de Tenerife ★ CZ

*Planos páginas siguientes*

🏨🏨🏨    **Atlántida Santa Cruz**      ≤ 🍴 ⛲ & hab, 🗚 🛠 🛜 🖓 🚗
*av. 3 de Mayo* ✉ *38005 –* ✆ *922 29 45 00 – www.hotelatlantida.com*    BZ**e**
**119 hab** – ♦♦59/250 €, ⏛ 16 € – 25 suites
**Rest** – *(cerrado sábado, domingo y festivos)* Menú 19/70 € – Carta 25/55 €
Emplazado junto a un área comercial. Atesora una completa zona de relax en la última planta y unas confortables habitaciones, con los accesos desde ascensores panorámicos. El espacioso comedor, que está apoyado por una cafetería, ofrece una carta tradicional.

🏨🏨    **Taburiente**      🛠 🖪 🗚 🛠 rest, 🛜 🖓 🚗
*Doctor José Naveiras 24-A* ✉ *38001 –* ✆ *922 27 60 58 – www.hoteltaburiente.com*
**170 hab** – ♦48/80 € ♦♦53/90 €, ⏛ 8 € – 3 suites    CX**r**
**Rest Gom** – ✆ *922 27 60 00 (cerrado domingo y lunes)* Menú 15/45 €
– Carta 21/34 €
Tiene una zona social de aire moderno, un patio acristalado y dos tipos de habitaciones, las estándar con mobiliario funcional-actual y las superiores, más amplias y actuales. El restaurante, con un montaje bastante cuidado, propone una cocina de tinte actual.

🍴🍴    **Los Cuatro Postes**      🗚 🛠
*Emilio Calzadilla 5* ✉ *38002 –* ✆ *922 28 73 94 – cerrado 15 días en agosto y domingo*    DY**k**
**Rest** – Carta 43/65 €
Casa de organización familiar emplazada en pleno centro. En su sala, de línea clásica y vestida con muchísimas fotografías, podrá descubrir una completa carta tradicional. ¡Buen vivero de mariscos!

🍴🍴    **Kazan**      🗚 🛠
*Paseo Milicias de Garachico 1, local 4* ✉ *38004 –* ✆ *922 24 55 98*
*– www.restaurantekazan.com*    DY**c**
**Rest** – Menú 30/55 € – Carta 30/49 €
Destaca tanto por su céntrica situación como por su montaje, con las paredes en madera y una barra de sushi al fondo. Carta de cocina japonesa y hasta tres menús degustación.

🍴    **Solana**      🗚 🛠
*Pérez de Rozas 15* ✉ *38004 –* ✆ *922 24 37 80 – www.solanarestaurante.es*
*– cerrado del 4 al 26 de agosto, domingo y lunes*    BY**a**
**Rest** – Menú 35 € – Carta 35/56 € 🍴
Negocio regentado por una pareja profesional, con ella en la sala y él en la cocina. Ofrece un pequeño hall, una sala minimalista con las paredes desnudas y una carta actual.

**El Sauzal** – 125 G2 – 9 037 h. – alt. 450 m      7 B1

▶ Santa Cruz de Tenerife 24

🍴    **La Ermita**      🏡 🗚 🛠 ⟲ P
*carret. La Virgen 16 (urb. Los Ángeles), Oeste : 1 km* ✉ *38360 –* ✆ *922 57 51 74*
*– wwwrestaurantelaermita.com – cerrado domingo noche, martes noche y miércoles*
**Rest** – Menú 20/32 € – Carta 22/38 €
Esta casa de organización familiar disfruta de un porche con algunas mesas, un buen bar a la entrada y una sala de corte clásico. Amplia carta tradicional y clientela estable.

**ESPAÑA**

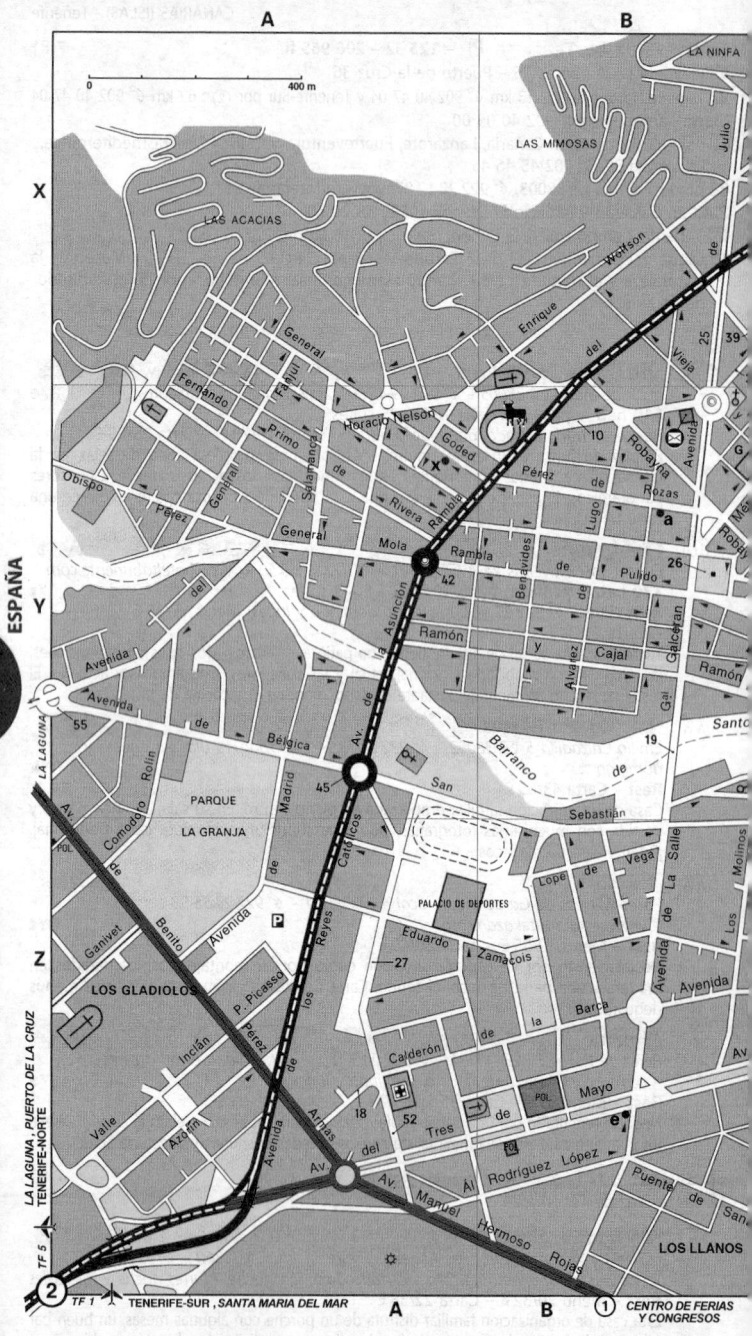

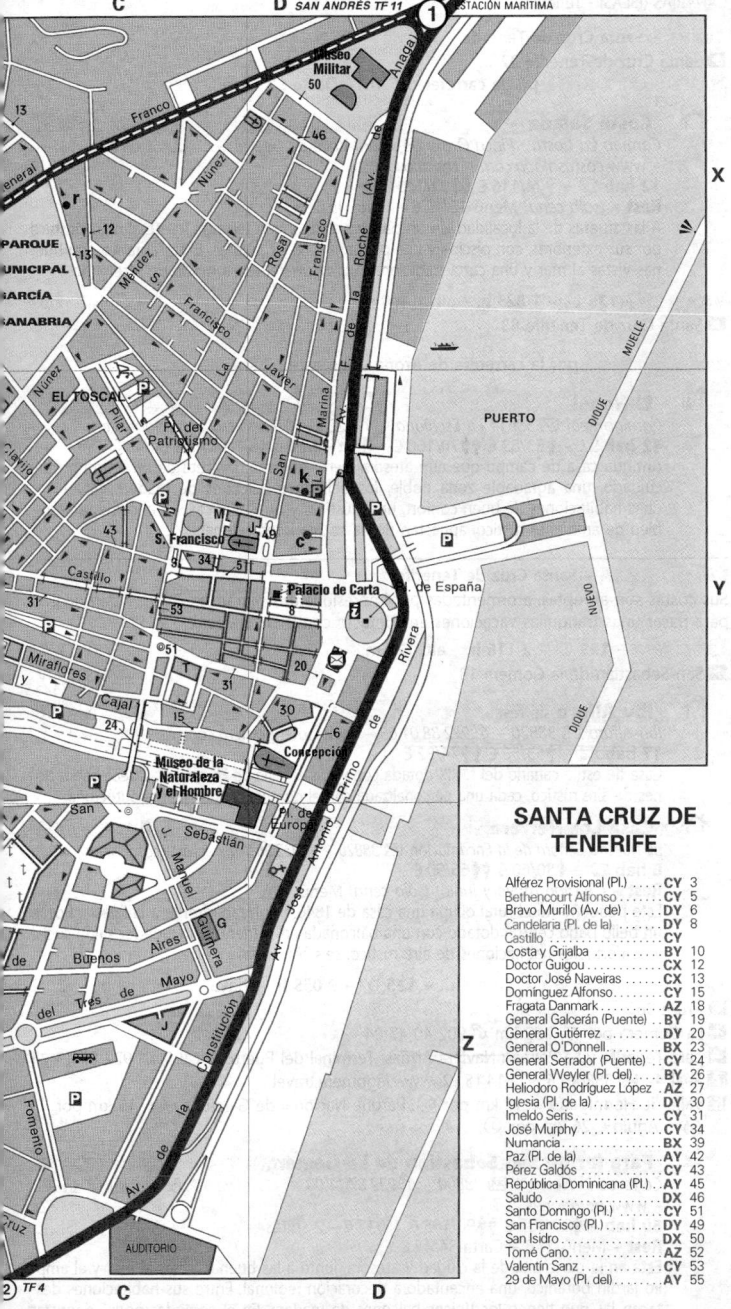

ESPAÑA

## SANTA CRUZ DE TENERIFE

**TEJINA** – Santa Cruz de Tenerife – **125** H2 – **676 h.**　　　　　　　7 B1

▶ Santa Cruz de Tenerife 22

**en Valle de Guerra** por la carretera TF 161 - Oeste : 2,4 km

⌂　**Costa Salada**　　　　　　　　　　　　　⅁ ≼ 🍴 ⌁ 🏊 **P**
*Camino La Costa - Finca Oasis* ✉ *38270 Valle de Guerra* – ℰ *922 69 00 00*
*– www.costasalada.com – cerrado agosto*
**12 hab** ⊇ – ✝74/116 € ✝✝92/120 €
**Rest** – *(solo cena)* Menú 15/42 € – Carta 17/29 €
A las afueras de la localidad, en un paraje aislado y con terrazas frente al mar. Destaca por sus exteriores, con piscina y una pequeña cala de piedras. El restaurante, con buenas vistas al mar y una carta tradicional, utiliza una cueva a modo de reservado.

**VILAFLOR** – **125** E4 – **1 825 h.** – alt. 1 400 m　　　　　　　7 B2

▶ Santa Cruz de Tenerife 83

**en La Escalona** por la carretera de Arona - Suroeste : 7 km

🏨　**El Nogal**　　　　　　　⅁ ≼ ⌁ 🖥 ▥ 🔊 🍴 rest, 🕭 **P**
*Camino Real* ✉ *38614 La Escalona* – ℰ *922 72 60 50* – *www.hotelnogal.com*
**42 hab** ⊇ – ✝53/83 € ✝✝70/160 €　**Rest** – Menú 18 € – Carta 30/48 €
Antigua casa de campo que aún atesora cierto encanto. Disfruta de un entorno muy cuidado, una agradable zona noble, los bellísimos balcones de madera canarios y unas habitaciones de buen confort, unas rústicas y otras clásicas. En el comedor, también de ambiente rústico, apuestan por la cocina internacional.

## LA GOMERA – Santa Cruz de Tenerife

Sus costas son abruptas, atormentadas por impresionantes barrancos. Es un lugar ideal para pasar unas tranquilas vacaciones en contacto con la naturaleza.

**HERMIGUA** – **125** C1 – **2 116 h.** – alt. 170 m　　　　　　　7 A2

▶ San Sebastián de la Gomera 18

⌂　**Ibo Alfaro** sin rest　　　　　　　　　　　　　⅁ ≼ 🔊
*Ibo Alfaro* ✉ *38820* – ℰ *922 88 01 68* – *www.hotel-gomera.com*
**17 hab** ⊇ – ✝53/58 € ✝✝74/82 €
Casa de estilo canario del s. XIX dotada con vistas al valle de Hermigua. Ofrece habitaciones de aire rústico, cada una personalizada con el nombre de una planta autóctona.

⌂　**Casa Los Herrera** ⓝ　　　　　　⌁ 🖥 ᵫ hab, 🔊 🛜
*pl. Nuestra Señora de la Encarnación* ✉ *38820* – ℰ *922 88 07 07* – *www.casalosherrera.com*
**8 hab** ⊇ – ✝50/60 € ✝✝66/90 €
**Rest** – *(cerrado mayo y junio) (solo cena)* Menú 18 €
Este pequeño hotel rural ocupa una casa de 1846 emplazada frente a la iglesia. Posee un bello patio central dotado con una balconada en madera, un acogedor salón social y confortables habitaciones de aire rústico, seis con terraza.

**SAN SEBASTIÁN DE LA GOMERA** – **125** D2 – **9 055 h.** – Playa　　7 A2

▶ Arure 36

🛬 La Gomera por ② : 32 km ℰ 902 40 47 04

⛴ para Tenerife y La Palma : Naviera Armas, Terminal del Puerto, local 5, ℰ 922 87 13 24

🛈 Real 4 , ✉ 38800, ℰ 922 14 15 12, www.lagomera.travel

◉ Valle de Hermigua★★ 17 km por ①. Parque Nacional de Garajonay★★ 15 km por ② • Agulo★ 26 km por ①

🏨　**Parador de San Sebastián de La Gomera**　　⅁ ≼ 🍴 ⌁ 🖥
*Cerro de la Horca 1* ✉ *38800* – ℰ *922 87 11 00*　　ᵫ hab, ▥ 🔊 🕭 **P**
*– www.parador.es*　　　　　　　　　　　　　　　　　Zc
**60 hab** – ✝72/132 € ✝✝90/165 €, ⊇ 17 € – 2 suites
**Rest** – Menú 27 € – Carta 34/42 €
Está en la parte alta de la ciudad y atesora, junto a las buenas vistas al mar y el amplio jardín botánico, una encantadora decoración regional. Entre sus habitaciones destacan las que tienen los típicos balcones de madera. En el comedor podrá degustar las especialidades gastronómicas propias de esta tierra.

# SAN SEBASTIÁN DE LA GOMERA

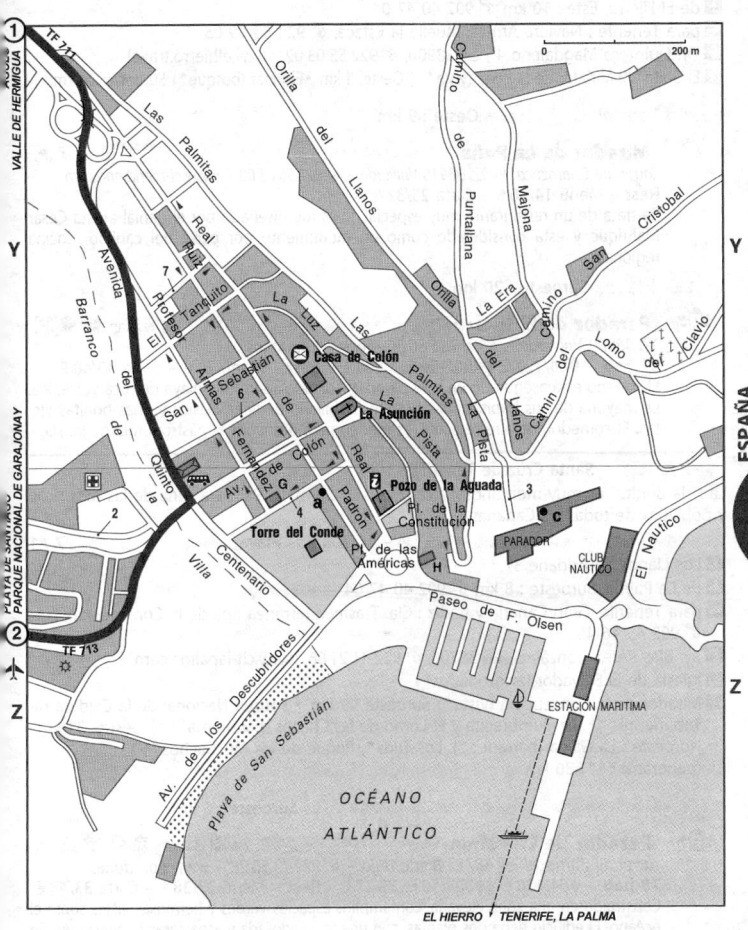

Américas (Pl. de las) . . . . . . . . . Z
Cañada del Herrero . . . . . . . . . . Z 2
Colón (Av. de) . . . . . . . . . . . . ZY
Constitución (Pl. de la) . . . . . . . . Z
Descubridores (Av. de los) . . . . Z
Era (la) . . . . . . . . . . . . . . . . . . Y
Fred Olsen (Pas. de) . . . . . . . . . Z
Horca (la) . . . . . . . . . . . . . . . . Z 3
Lomo del Clavio (Camino del) . . . . . . . . . . . . . Y
Luz (La) . . . . . . . . . . . . . . . . . . Y
Majona . . . . . . . . . . . . . . . . . . Y
Medio (El) . . . . . . . . . . . . . . . . Y
Náutico (El) . . . . . . . . . . . . . . . Z
Orilla del Llanos . . . . . . . . . . . Y
Palmitas (Las) . . . . . . . . . . . . . Y
Pista (La) . . . . . . . . . . . . . . . . Y
Profesor Armas Fernández . . YZ
Puntallana (Camino de) . . . . . . . Y
Quinto Centenario (Av. del) . . . . . . . . . . . . . YZ
República de Chile . . . . . . . . . Z 4
República de Cuba . . . . . . . . . Y 6
República de Venezuela . . . . . . Y 7
Ruiz de Padrón . . . . . . . . . . . . YZ
San Cristóbal (Camino) . . . . . . . Y
San Sebastián . . . . . . . . . . . . . Y
Tanquito (El) . . . . . . . . . . . . . . Y

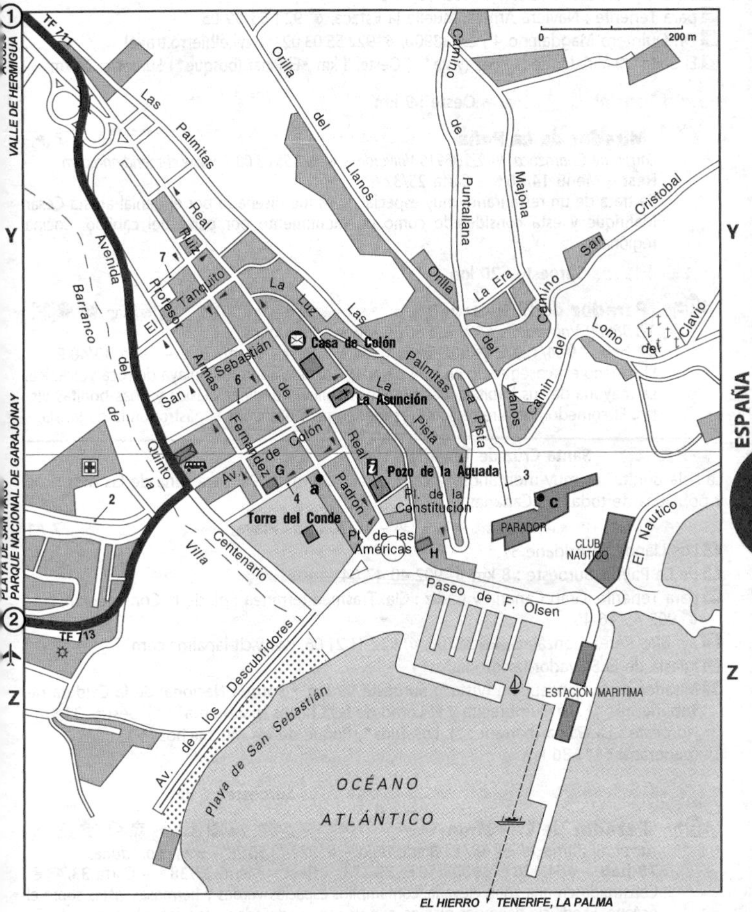


**Torre del Conde Garajonay**

*Ruiz de Padrón 19* ✉ *38800 – ✆ 922 87 00 00 – www.hoteltorredelconde.com*
**68 hab** – 50/71 € 68/82 € Za
**Rest** – *(cerrado domingo)* Menú 14/20 € – Carta 20/40 €
Este céntrico hotel toma su nombre de una torre antigua que se ve desde distintas estancias. Ofrece habitaciones de línea clásica-funcional y una terraza-azotea con hamacas. En su sencillo comedor encontrará una carta de carácter tradicional.

## EL HIERRO – Santa Cruz de Tenerife

Es la más pequeña de las Canarias. Está poco poblada y sus principales fuentes económicas son el ganado y la agricultura; de sus viñas se obtiene un delicioso vino blanco. Su litoral rocoso es idóneo para la pesca submarina.

**VALVERDE** – 125 D2-E2 – 5 075 h. – alt. 600 m       7 A2

▶ Sabinosa 43

✈ de El Hierro, Este : 10 km ✆ 902 40 47 04

⛴ para Tenerife : Naviera Armas, Muelle la Estaca, ✆ 922 55 09 05

🛈 Dr. Quintero Magdaleno 4 , ✉ 38900, ✆ 922 55 03 02, www.elhierro.travel

◉ El Golfo★★: Mirador de la Peña (vista★★) Oeste: 8 km •El Pinar (bosque★) Suroeste: 20 km

### en el Mirador de la Peña Oeste : 9 km

XX   **Mirador de La Peña**     ⪕ ⚘ 🅿
*carret. de Guarazoca 40* ✉ *38916 Valverde* – ✆ *922 55 03 00* – *www.el-meridiano.com*
**Rest** – Menú 14/36 € – Carta 25/37 €
Se trata de un restaurante muy especial, pues fue diseñado por el genial artista César Manrique y está considerado como un monumento por parte del cabildo. Cocina regional.

### en Las Playas Suroeste : 20 km

🏨   **Parador de El Hierro**     ⚕ 🛖 ☷ ⅃₆ & hab, 🅺 ⚘ 🅿
✉ *38900 Valverde* – ✆ *922 55 80 36* – *www.parador.es*
**47 hab** – †64/120 € ††80/150 €, ☲ 17 €   **Rest** – Menú 25 € – Carta 30/40 €
El sosiego está asegurado en este parador, colgado sobre una playa de roca volcánica. La mayoría de sus habitaciones poseen mobiliario de línea clásica y unas bonitas vistas. El comedor, de aire regional, es idóneo para descubrir la gastronomía de la isla.

## LA PALMA – Santa Cruz de Tenerife

La "Isla Bonita" es muy montañosa: alcanza los 2.426 m. La Palma es una de las más ricas y pobladas de todas las Canarias.

**SANTA CRUZ DE LA PALMA** – 125 D4 – 16 705 h. – Playa       7 A1

▶ Los Llanos de Aridane 37

✈ de La Palma, Suroeste : 8 km ✆ 902 40 47 04

⛴ para Tenerife, Gran Canaria y Cádiz : Cía. Trasmediterránea : pl. de la Constitución, ✆ 902 45 46 45

🛈 av. Blas Pérez González , ✉ 38700, ✆ 922 41 21 06, www.cit-lapalma.com

◉ Iglesia de El Salvador (artesonados★)

◉ Mirador de la Concepción (vista★) Suroeste : 9 km • Parque Nacional de la Caldera de Taburiente★★★: La Cumbrecita y El Lomo de las Chozas (panorama★★★) Oeste : 33 km · Noroeste : La Galga (barranco★), Los Tilos★, Roque de los Muchachos★★★ (panorama★★★) 36 km

### en la carretera de San Antonio a Breña Alta Suroeste : 6 km

🏨   **Parador de La Palma**     ⚕ ⪕ 🛖 ☷ 🔆|🕽 & hab, 🅺 ⚘ 🛜 🔏 🅿
*carret. El Zumacal* ✉ *38712 Breña Baja* – ✆ *922 43 58 28* – *www.parador.es*
**78 hab** – †64/120 € ††80/150 €, ☲ 17 €   **Rest** – Menú 27/38 € – Carta 33/43 €
Construido en una zona elevada, con amplios espacios verdes y hermosas vistas sobre el océano. El edificio tiene dos plantas, con una torre adosada y espaciosas habitaciones. En sus comedores podrá conocer los platos más representativos de la cocina palmera.

## CANDÁS – Asturias – 572 B12 – Playa       5 B1

▶ Madrid 480 – Avilés 17 – Gijón 14 – Oviedo 35

🛈 Braulio Busto 2 , ✉ 33430, ✆ 985 88 48 88, www.ayto-carreno.es

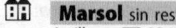

🔲🄱   **Marsol** sin rest     ⪕ 🕽 & 🅺 ⚘ 🛜 🔏 🚗
*Astilleros* ✉ *33430* – ✆ *985 87 01 00* – *www.celuisma.com*
**85 hab** – †45/100 € ††49/130 €, ☲ 9 €
Se encuentra frente al puerto, en una torre de 10 pisos que destaca por las magníficas vistas que ofrece desde las últimas plantas. Sus luminosas habitaciones resultan funcionales... eso sí, con equipamiento completo y mobiliario actual.

**CANDELARIO** – Salamanca – **575** K12 – **1 005 h.** – **alt. 1 126 m**  11 A3

▶ Madrid 217 – Ávila 108 – Béjar 5 – Plasencia 61

◉ Pueblo típico ★

⌂ **Casa de la Sal**  ◈ ◈ ◈

*Fuente de Perales 1* ✉ *37710 –* ☎ *923 41 30 51 – www.casadelasal.com*

**8 hab** ☐ – ♦58/68 € ♦♦68/78 €  **Rest** – *(solo clientes, solo cena)* Menú 15/25 €

Ocupa una fábrica de embutidos del s. XVIII ubicada en el centro del pueblo y presenta unas habitaciones de cuidado ambiente rústico-actual, todas con profusión de madera y bellas pinturas que ensalzan el mundo del caballo. El restaurante, de buen montaje, centra su oferta en una cocina de gusto tradicional.

⌂ **Artesa**  ◈ ◈ 🅰🅲 rest. ◈ ◈

*Mayor 57* ✉ *37710 –* ☎ *923 41 31 11 – www.artesa.es*

**9 hab** ☐ – ♦40 € ♦♦68 €  **Rest** – *(cerrado miércoles)* Menú 14 € – Carta 27/45 €

Centro de turismo rural dotado con una tienda de artesanía en la recepción. Posee cálidas habitaciones de aire rústico y dos talleres, cerámico y textil, donde imparten diversos cursos. El comedor, repartido en dos salas, sirve también para albergar exposiciones temporales de fotografía o pintura.

---

**CANDELEDA** – Ávila – **575** L14 – **5 233 h.** – **alt. 428 m**  11 B3

▶ Madrid 186 – Valladolid 240 – Ávila 103 – Salamanca 205

**en El Raso** Oeste : 10 km

⌂ **La Sayuela**  ◈ ◈ ◈ ◈ ◈ & hab. 🅰🅲 ◈ ◈ 🅿

*camino de Las Sayuelas, Norte : 1 km* ✉ *05480 Candeleda –* ☎ *629 28 06 89*

*– www.lasayuela.com*

**5 hab** – ♦65/80 € ♦♦75/90 €, ☐ 4 € – 2 apartamentos  **Rest** – Menú 25 €

Se encuentra en un paraje conocido por sus higueras y atesora magníficas vistas, tanto al valle del Tiétar como a la sierra de Gredos. Coqueto salón social con chimenea y habitaciones personalizadas, todas con los cabeceros de las camas en forja. Mesa corrida para el desayuno y la comida... ¡previa reserva!

⌂ **Posada Rincón de Alardos** sin rest  ◈ ◈ ◈ ◈ ◈ 🅿

*por la carret. de Madrigal de la Vera : 1,5 km y desvío a la derecha 1,5 km (Finca Las Planas)* ✉ *05480 Candeleda –* ☎ *920 37 70 75 – www.rincondealardos.es*

**5 hab** ☐ – ♦♦85/95 €

Hotelito rural emplazado en pleno campo, en lo que otrora fue un secadero de pimientos y tabaco. Posee dos salones de estética regional y habitaciones rústicas de buen confort, en general coquetas y con mobiliario antiguo restaurado.

⌂ **Chozos de Tejea**  ◈ ◈ ◈ ◈ 🅰🅲 ◈ ◈ 🅿

*por la carret. de Madrigal de la Vera : 1,2 km (Finca La Cercona)*

✉ *05480 Candeleda –* ☎ *920 37 73 06 – www.chozosdetejea.com*

**6 hab** ☐ – ♦50/60 € ♦♦65/75 €  **Rest** – *(solo cena)* Menú 12 €

Casa de ambiente rústico-regional ubicada en una gran finca. Presenta un salón-comedor de carácter polivalente con chimenea, donde sirven los desayunos y las cenas, así como unas habitaciones de suficiente confort, todas con el mobiliario en madera y forja.

---

**CÁNDUAS** – A Coruña – **571** C3  19 A1

▶ Madrid 651 – Santiago de Compostela 66 – A Coruña 65

✕✕ **Mar de Ardora**  ◈ ◈ ◈

😊 *As Revoltas - carret. AC 430, Este : 2 km* ✉ *15116 –* ☎ *981 75 43 11*

*– www.mardeardora.com – cerrado del 7 al 30 de enero, domingo noche en verano y lunes*

**Rest** – Menú 20 € – Carta 26/45 €

Se encuentra en una casita de piedra, con un bar privado de aire rústico, un precioso saloncito de sobremesa en un altillo y un comedor clásico-modernista en dos ambientes.

---

**CANEDO** – León – ver Cacabelos

**ESPAÑA**

**CANET DE MAR** – Barcelona – **574** H37 – 14 183 h.      **15** A2

▶ Madrid 661 – Barcelona 47 – Girona 60

---

X    **La Font**         🏠 🅰🅲 ℅

ⓐ   *Rafael Masó 1-3* ⊠ *08360* – ℰ *937 94 36 73* – *www.restaurantlafont.es* – *cerrado 7 días en febrero, 15 días en septiembre y martes*
**Rest** – *(solo almuerzo salvo viernes y sábado)* Menú 19/40 € – Carta 30/37 €
Moderno, muy luminoso, llevado entre hermanos y emplazado en la parta alta de la localidad. Proponen una cocina actual y de mercado con especialidades como los Canelones de buey de mar con crema de gambas o su sabroso Cochinillo confitado.

---

**CANGAS** – Pontevedra – **571** F3 – 26 087 h.      **19** A3

▶ Madrid 613 – Santiago de Compostela 98 – Pontevedra 40 – Viana do Castelo 108

---

XX    **Trébula**         🏠 🅰🅲 ℅

*paseo Marítimo de Rodeira 6* ⊠ *36940* – ℰ *986 30 31 56*
– *www.restaurantetrebula.com* – *cerrado noviembre, domingo noche y lunes*
**Rest** – Menú 11/40 € – Carta 25/44 €
Está en el paseo marítimo y consta de dos partes, por un lado la vinoteca y por otro el comedor, este último acristalado y con buenas vistas a la ría desde algunas mesas. ¡Su carta de cocina actual se enriquece con dos menús degustación!

---

**CANGAS DE ONÍS** – Asturias – **572** B14 – 6 787 h. – alt. 63 m      **5** C2

▶ Madrid 419 – Oviedo 74 – Palencia 193 – Santander 147

🖪 av. de Covadonga 1, ⊠ 33550, ℰ 985 84 80 05, www.cangasdeonis.com

🖪 Desfiladero de los Beyos★★★ Sur : 18 km

---

🏨    **Imperion** sin rest         🖪 🅰🅲 ℅ 🛜 🚗

*Puente Romano* ⊠ *33550* – ℰ *985 84 94 59* – *www.hotelimperion.es*
– *16 abril-2 noviembre*
**18 hab** 🖵 – ✝30/90 € ✝✝55/100 €
A la entrada de la localidad, destacando por su buenos niveles de limpieza y mantenimiento. Presenta una correcta zona social y habitaciones de línea clásica, con los suelos en tarima e hidromasaje en todos sus baños.

---

🏨    **Puente Romano** sin rest         🖪 ℅ 🛜 🚗

*Puente Romano* ⊠ *33550* – ℰ *985 84 93 39* – *www.hotelimperion.com*
– *5 abril-2 noviembre*
**27 hab** – ✝29/75 € ✝✝40/80 €, 🖵 4,50 €
Instalado en una villa señorial del s. XIX cuyas dependencias evocan el ambiente de antaño. Ofrece unas habitaciones de cuidado confort y línea clásica, las del último piso abuhardilladas.

---

🏠    **Nochendi**         ℅ 🛜

*Constantino González 4* ⊠ *33550* – ℰ *985 84 95 13* – *www.hotelnochendi.com*
– *cerrado 23 diciembre-6 enero*
**11 hab** – ✝50/75 € ✝✝60/100 €, 🖵 6,50 €
**Rest** *El Molín de la Pedrera* – ver selección restaurantes
¡Una opción muy recomendable en su categoría! La zona social resulta reducida, ya que el hotel ocupa una única planta en un edificio de viviendas. Habitaciones luminosas, funcionales y en cierto modo juveniles, con los suelos en tarima.

---

X    **El Molín de la Pedrera** – Hotel Nochendi         🅰🅲 ℅

*Río Güeña 2* ⊠ *33550* – ℰ *985 84 91 09* – *www.elmolin.com* – *cerrado 23 diciembre-6 enero, martes noche y miércoles salvo agosto*
**Rest** – Menú 22 € – Carta 25/36 €
Ofrece una barra de espera y dos salas, la pequeña de aire rústico y la más amplia definida por su moderno montaje, con un gran expositor de botellas y lámparas de diseño. Su carta tradicional se complementa con algunas sugerencias.

ESPAÑA

## en la carretera de Arriondas

🏰🏰🏰 **Parador de Cangas de Onís**    🐾 ⇦ 🖺 ⅚ hab. 🗚 🕉 🛜 ⅍ 🅿

*Villanueva, Noroeste : 3 km* ✉ *33550 Cangas de Onís –* 🕾 *985 84 94 02*
*– www.parador.es*
**64 hab** – ♦60/136 € ♦♦75/170 €, ☲ 18 €    **Rest** – Menú 27 € – Carta 36/57 €
Parador de carácter histórico integrado en el antiguo monasterio de San Pedro de
Villanueva, junto al río Sella. Ofrece un bello patio central, ubicado en lo que fue el
claustro, y unas confortables habitaciones. El restaurante, que ensalza la cocina regional, también presta atención a diabéticos y celíacos.

---

## CANIDO – Pontevedra – **571** F3 – Playa        **19** A3
▶ Madrid 612 – Ourense 108 – Vigo 10

XX **Durán**        🍽 🗚

*playa de Canido 129* ✉ *36390 –* 🕾 *986 49 08 37 – www.restauranteduran.com*
*– cerrado 10 diciembre-15 enero, del 15 al 24 de septiembre, domingo noche y lunes*
**Rest** – Carta 35/55 €
Buen restaurante de organización familiar. Ofrece dos salas de estilo clásico-actual,
una pequeña terraza y una cocina tradicional especializada en pescados y mariscos.

---

## CANTAVIEJA – Teruel – **574** K28 – 745 h. – alt. 1 200 m      **4** C3
▶ Madrid 392 – Teruel 91

🏠 **Balfagón**       ⇦ 🖺 ⅚ 🗚 🕉 🛜 🅿 🚗

*av. del Maestrazgo 20* ✉ *44140 –* 🕾 *964 18 50 76 – www.hotelbalfagon.com*
*– cerrado 20 diciembre - 10 enero*
**46 hab** – ♦56/67 € ♦♦79/89 €, ☲ 10 € – 3 apartamentos
**Rest** *Balfagón* 🊔 – ver selección restaurantes
Le sorprenderá por sus detalles y por el nivel de sus instalaciones, totalmente reformadas. Estamos en la capital del Maestrazgo y esto se traduce en múltiples opciones
de ocio, tanto para conocer la localidad como la comarca turolense.

XX **Balfagón** – Hotel Balfagón       ⇦ 🗚 🕉 🅿 🚗

🊔 *av. del Maestrazgo 20* ✉ *44140 –* 🕾 *964 18 50 76 – www.hotelbalfagon.com*
*– cerrado 20 diciembre - 10 enero*
**Rest** – *(cerrado domingo noche salvo verano y festivos)* Menú 14/38 €
– Carta 28/35 €
¡Uno de los restaurante más populares del Maestrazgo! Ofrece una cocina tradicional
con detalles actuales, sin embargo también procura dinamizar la carta con sugerencias de temporada, platos para vegetarianos y alguna jornada gastronómica.

---

## CANTERAS – Murcia – ver Cartagena

---

## CANTONIGRÒS – Barcelona – **574** F37       **14** C2
▶ Madrid 641 – Barcelona 94 – Figueres 84 – Manresa 72
◧ Rupit ★★ Este : 9 km

XX **Ca l'Ignasi**        ✧

*Major 4* ✉ *08569 –* 🕾 *938 52 51 24 – www.calignasi.com – cerrado lunes y martes*
**Rest** – *(solo almuerzo salvo viernes y sábado)* Menú 48 € – Carta 34/45 €
Posee tres comedores de aire rústico catalán y una sala, también rústica pero más
informal y con acceso independiente, en la que se ofrece una carta sencilla y especí-
fica para las veladas. Cocina catalana fiel a los productos de proximidad.

---

## CANYELLES PETITES (Playa de) – Girona – ver Roses

---

## Las CAÑADAS DEL TEIDE – Santa Cruz de Tenerife – ver Canarias (Tenerife)

**ESPAÑA**

**CAÑETE** – Cuenca – **576** L25 – **933 h.** – alt. 1 105 m                                    **10** D2

▶ Madrid 237 – Toledo 252 – Cuenca 72

※   **La Muralla** con hab                                                    🏠 🎀 rest, ⚗ 🛜 🚗
(☺)  *carret. Valdemeca 20* ⊠ *16300 –* ℰ *969 34 62 99 – www.hostallamuralla.com*
     *– cerrado 24 junio-10 julio y del 16 al 24 de septiembre*
     **9 hab** 🖵 – ♥25/45 € ♥♥45/65 € – 9 apartamentos
     **Rest** – *(cerrado martes salvo verano)* Menú 15/25 € – Carta 29/34 €
     Se encuentra frente a una muralla antigua y cuenta con un cálido comedor de
     ambiente rústico. Carta tradicional, varios menús y elaboraciones de setas durante la
     temporada. El negocio se complementa con unas sencillas habitaciones y coquetos
     apartamentos emplazados en un anexo, la mayoría con chimenea.

**Los CAÑOS DE MECA** – Cádiz – **578** X11 – **284 h.** – Playa                          **1** A3

▶ Madrid 697 – Sevilla 174 – Cádiz 68 – Gibraltar 107

※※  **La Breña** con hab                                        🦐 ≤ 🏠 🎀 ⚗ rest, 🛜 🅿
     *av. Trafalgar 4* ⊠ *11159 –* ℰ *956 43 73 68 – www.hotelbrena.com – marzo-octubre*
     **7 hab** – ♥45/95 € ♥♥50/105 €, 🖵 6 €
     **Rest** – *(cerrado miércoles salvo agosto)* Menú 19/35 € – Carta 25/47 €
     Un negocio de sorprendente evolución, pues combina el tener un buen restaurante
     con el hecho de ofrecer unas agradables habitaciones de estilo rústico-actual. Propo-
     nen una carta de tinte actual, con elaboraciones creativas y gran presencia de pesca-
     dos. Si hace bueno no lo dude y... ¡coma en su coqueto porche!

**en Zahora** Noroeste : 5 km

🏠  **Arohaz** 🆕                                                            🏠 🍴 🎀 🛜 🅿
     *Carril del Pozo 25* ⊠ *11160 Barbate –* ℰ *956 43 70 05 – www.hotelarohaz.com*
     *– abril-octubre*
     **6 hab** – ♥35/105 € ♥♥45/105 €, 🖵 4 €     **Rest** – Carta 18/25 €
     Hotel de agradables instalaciones dotado con dos entradas, una por su recepción y la
     otra por el gastrobar. Las habitaciones, actuales y con tonos claros, disfrutan en gene-
     ral de unos baños modernos. Encontrará una oferta gastronómica de tinte creativo.

**Es CAPDELLÀ** – Balears – ver Balears (Mallorca)

**CAPDEPERA** – Balears – ver Balears (Mallorca)

**A CAPELA** – A Coruña – **571** B5 – **1 376 h.**                                           **20** C1

▶ Madrid 582 – Santiago de Compostela 90 – A Coruña 48 – Lugo 87

🏠🏠  **Fraga do Eume**                                              🔲 🛗 📶 🎀 🛜 🔧 🅿
     *Estoxa 4, Oeste : 1 km* ⊠ *15613 A Capela –* ℰ *981 49 24 06*
     *– www.hotelfragadoeume.com – cerrado 23 diciembre-6 enero*
     **26 hab** 🖵 – ♥75/85 € ♥♥115/130 €
     **Rest Casa Peizás** – ver selección restaurantes
     Familiar, confortable, con el entorno ajardinado y unas cuidadas habitaciones de línea
     clásica-elegante. Destaca por su emplazamiento junto al Parque Natural de las Fragas
     do Eume, uno de los últimos bosques atlánticos de Europa.

※※  **Casa Peizás** – Hotel Fraga do Eume                                      📶 ⚗ 🅿
     *Estoxa 4, Oeste : 1 km* ⊠ *15613 A Capela –* ℰ *981 49 24 06*
     *– www.hotelfragadoeume.com – cerrado 24 diciembre-5 enero*
     **Rest** – Menú 15/25 € – Carta 20/43 €
     Está en un edificio independiente del Hotel Fraga do Eume, sin embargo fue la piedra
     angular de todo el complejo. Ofrece un buen comedor a la carta, numerosos salones
     para banquetes y una cocina tradicional especializada en mariscos.

**CAPELLADES** – Barcelona – **574** H35 – **5 439 h.** – alt. 317 m

▶ Madrid 574 – Barcelona 75 – Lleida/Lérida 105 – Manresa 39

XX **Tall de Conill** con hab                                            📶 🅰🅲 rest, 🛜
*pl. Àngel Guimerà 11* ✉ 08786 – ☎ 938 01 01 30 – www.talldeconill.com – *cerrado del 3 al 17 de febrero y del 1 al 15 de agosto*
**13 hab** ⌿ – ♦48/55 € ♦♦75/85 €
**Rest** – *(cerrado domingo noche y lunes)* Menú 25 € – Carta 46/58 €
¡Céntrico, centenario y de carácter familiar! Ofrece dos salas bien personalizadas, dos privados y un patio lleno de plantas que destaca por tener un espectacular tejo cobijando algunas mesas. Su carta tradicional se enriquece con un apartado de sugerencias y el negocio se completa con varias habitaciones.

---

**CAPILEIRA** – Granada – **578** V19 – **528 h.** – alt. 1 561 m
**2 D1**

▶ Madrid 505 – Granada 80 – Motril 51

◪ Sur : Barranco de Poqueira★★ - Pampaneira★★

🏠 **Finca Los Llanos**                              🌿 ⬅ ⟲ 🅰🅲 rest, 🛱
*carret. de Sierra Nevada* ✉ 18413 – ☎ 958 76 30 71 – www.hotelfincalosllanos.com
**45 hab** ⌿ – ♦45/55 € ♦♦66/77 €   **Rest** – Menú 10/20 € – Carta 19/29 €
Hotel repartido entre varios edificios con nombres de escritores. Posee una zona social de aire rústico, habitaciones algo sobrias y una piscina con vistas a las montañas. En su comedor encontrará un mueble buffet, una carta tradicional y platos locales.

---

**CAPMANY** – Girona – **574** E38 – **633 h.** – alt. 107 m
**14 D3**

▶ Madrid 756 – Barcelona 156 – Girona 58 – Perpignan 48

XX **La Llar del Pagès**                                              🅰🅲 🛱
*Alt 11* ✉ 17750 – ☎ 972 54 91 70 – www.lallardelpages.com
*– cerrado 22 diciembre-1 enero, domingo noche, lunes, martes y festivos noche*
**Rest** – *(reserva aconsejable)* Menú 30 € – Carta 26/38 €
Ubicado en unas antiguas bodegas y con una carta de tinte actual. Presenta dos salas abovedadas donde se combinan el ambiente rústico y el mobiliario actual. ¡El local es algo pequeño, por lo que no es mala idea reservar!

---

**CARABIAS** – Guadalajara – **575** – **576** I21 – **20 h.** – alt. 1 016 m
**10 C1**

▶ Madrid 142 – Toledo 212 – Guadalajara 86 – Soria 96

🏠 **Cardamomo**                              🌿 🅰🅲 rest, 🛱 rest, 🛜 🅿
*Real 2* ✉ 19266 – ☎ 949 80 53 97 – www.cardamomosiguenza.com – *cerrado del 17 al 27 de diciembre*
**13 hab** – ♦♦89/140 €, ⌿ 12 €   **Rest** – *(es necesario reservar)* Carta 27/38 €
Destaca por el carácter personal de su decoración, donde juegan tanto con los colores como con los muebles de diseño. Agradable sala de estar y habitaciones de buen confort. En su coqueto restaurante encontrará una reducida pero sugerente carta tradicional.

---

**CARDONA** – Barcelona – **574** G35 – **5 064 h.** – alt. 750 m
**13 B2**

▶ Madrid 596 – Barcelona 99 – Lleida/Lérida 127 – Manresa 32

ℹ av. Rastrillo , ✉ 08261, ☎ 938 69 27 98, www.cardonaturisme.cat

◉ Localidad★ - Colegiata★★ (cripta★) – Castillo★ - Montaña de la Sal★

🏚 **Parador de Cardona**                    🌿 ⬅ 🛗 ⚗ ⟲ hab, 🅰🅲 ⚗ 🛜 🎢 🅿
*Castell de Cardona* ✉ 08261 – ☎ 938 69 12 75 – www.parador.es – *cerrado 7 enero-14 febrero*
**54 hab** – ♦72/140 € ♦♦90/175 €, ⌿ 18 €   **Rest** – Menú 27 €
Parador-Museo instalado en una gran fortaleza medieval que domina el horizonte sobre un promontorio. Realizan interesantes rutas turísticas dentro del edificio y ofrecen sobrias habitaciones, destacando las que poseen camas con dosel. En su comedor podrá descubrir una cocina atenta al recetario regional.

275

**Bremon** sin rest 🔳 🏧 ⚙ 📞 🚗

*Cambres 15* ✉ 08261 – ☎ *938 68 49 02* – *www.hotelbremon.com*
**18 hab** 🛏 – ♦71/92 € ♦♦92/114 €

Singular edificio del s. XIX que en su día funcionó como colegio de monjas. Posee un acogedor salón social, con chimenea y terraza panorámica, así como unas coquetas habitaciones. ¡Su cafetería ofrece un menú durante los fines de semana!

**en La Coromina** Este : 4 km

**La Premsa** 🍃 🏡 ⚙ 🅿

*de l'Església 53* ✉ 08261 Cardona – ☎ *938 69 17 83* – *www.lapremsahotelrural.com*
– *cerrado del 1 al 15 de agosto*
**9 hab** 🛏 – ♦85/125 € ♦♦95/125 €
**Rest** – *(cerrado lunes salvo festivos) (solo almuerzo salvo viernes y sábado)*
Menú 13/25 €

¡Singular y de trato muy familiar! Ocupa una antigua prensa de aceite que aún cobija entre sus recios muros de piedra los aperos, silos y utensilios propios de aquella actividad. Posee espaciosas habitaciones, todas personalizadas, y un restaurante especializado tanto en platos regionales como a la brasa.

---

**CARIÑENA** – Zaragoza – **574** H26 – 3 572 h. – alt. 591 m 3 B2
◨ Madrid 285 – Zaragoza 48 – Teruel 136

**La Rebotica** 🏧

*San José 3* ✉ 50400 – ☎ *976 62 05 56* – *www.restaurantelarebotica.es*
– *cerrado del 21 al 27 de abril, 29 julio-12 agosto y lunes*
**Rest** – *(solo almuerzo salvo sábado)* Menú 14/33 € – Carta 27/40 €

Sencillo restaurante de ambiente rústico emplazado en lo que un día fue la casa del farmacéutico. Su cocina regional ensalza el recetario autóctono y los productos aragoneses.

---

**CARMONA** – Sevilla – **578** T13 – 28 814 h. – alt. 248 m 1 B2
◨ Madrid 500 – Córdoba 109 – Sevilla 46
🛈 Alcázar de la Puerta de Sevilla, ✉ 41410, ☎ 954 19 09 55, www.turismo.carmona.org
◉ Localidad★★ – Casco antiguo★ – Puerta de Sevilla★ AZ – Iglesia de San Felipe★ BZ
– Iglesia de San Pedro★ AZ – Santa María la Mayor★ BY – Convento de las
Descalzas★ BY – Necrópolis romana★ por ③ AZ

**Parador de Carmona** 🍃 ≤ 🚗 ⽴ ⚙ & hab, 🏧 ⚙ 🛜 🛁 🅿

*Alcázar* ✉ 41410 – ☎ *954 14 10 10* – *www.parador.es* BYx
**63 hab** – ♦80/152 € ♦♦100/190 €, 🛏 18 €
**Rest** – Menú 27 € – Carta 38/49 €

Ocupa el antiguo alcázar de Pedro I, por lo que disfruta de unas vistas que no dejan nunca de sorprender. Tiene el aparcamiento en el patio de armas y unas habitaciones muy bien actualizadas, tanto en los aseos como en la iluminación y la decoración. En su comedor podrá descubrir los sabores regionales.

**El Rincón de las Descalzas** sin rest 🍃 🔳 & 🏧 🛜

*Descalzas 1* ✉ 41410 – ☎ *954 19 11 72*
– *www.elrincondelasdescalzas.com* BYa
**13 hab** 🛏 – ♦54/65 € ♦♦68/98 €

Instalado en una casona del s. XIX. Posee pequeños patios y múltiples rincones, pero lo más notable son sus habitaciones, todas diferentes y con mobiliario de época.

**Posada San Fernando** sin rest & 🏧 🛜

*pl. San Fernando 6* ✉ 41410 – ☎ *954 14 14 08*
– *www.posadasanfernando.com* ABYb
**18 hab** – ♦45/55 € ♦♦55/75 €, 🛏 5 €

Resulta céntrico y presenta sus estancias repartidas entre tres edificios, dos de ellos del s. XIV. Habitaciones muy bien personalizadas, las de la parte nueva más actuales.

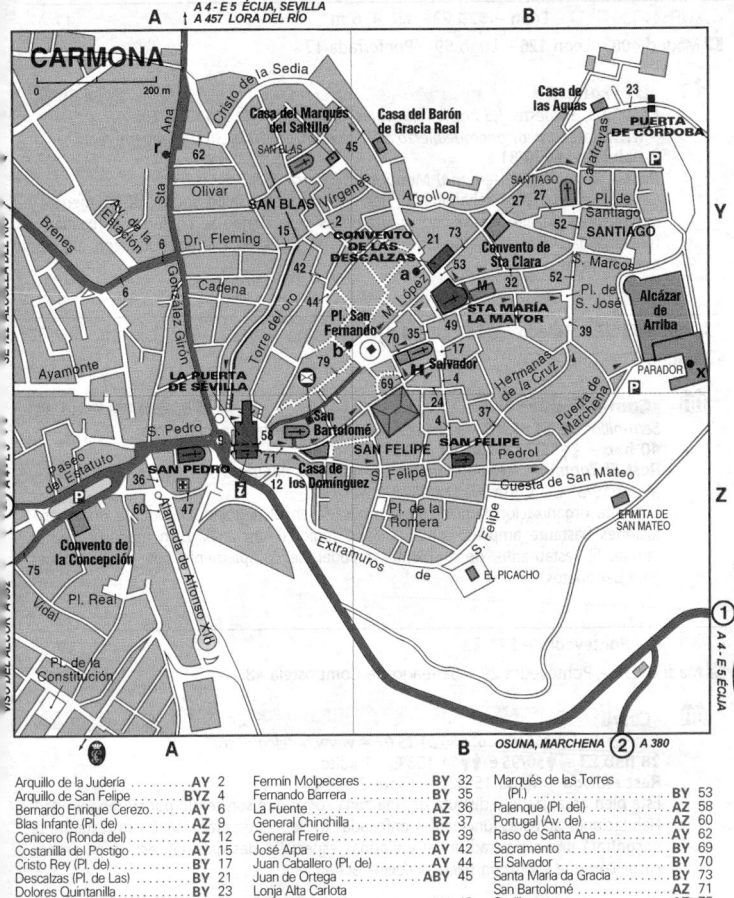

A 4 - E 5 ÉCIJA, SEVILLA
A 457 LORA DEL RÍO

# CARMONA

0      200 m

OSUNA, MARCHENA ② A 380

ESPAÑA

## La Almazara de Carmona
🛆 🔏

*Santa Ana 33* ⊠ *41410 – ℰ 954 19 00 76 – www.cateringalfardos.com*
**Rest** – Menú 25/28 € – Carta 25/35 €                                AYr
Está ubicado en una antigua almazara de aceite, con un concurrido bar de tapas y un comedor de estilo clásico-actual. Carta tradicional con un apartado de platos más modernos.

---

**CARNOTA** – A Coruña – **571** D2 – **4 605 h.**                          19 A2

▶ Madrid 690 – Santiago de Compostela 76 – A Coruña 104 – Pontevedra 131

## O Prouso sin rest
🛜 🄿

*pl. San Gregorio 18* ⊠ *15293 – ℰ 981 85 70 83 – www.oprousocarnota.com*
**12 hab** ⊡ – †50/70 € ††60/90 €
Tras su cuidada fachada encontrará un correcto hall, un bar público con las paredes en piedra y espaciosas habitaciones, todas con mobiliario de calidad en madera maciza.

277

**CARRACEDELO** – León – **575** E9 – alt. 476 m · · · · · · · · · · · · · · · · · **11** A1

▶ Madrid 408 – León 126 – Lugo 99 – Ponferrada 12

⛫ **La Tronera** · · · · · · · · · · · · · · · · · · · 🦮 🗚 ℅ 🤶
*El Caño 1, Suroeste. 1,5 km (Villadepalos)* ✉ 24565 – ℰ 616 18 26 19
*– www.hotelrurallatroneradelbierzo.es – cerrado del 10 al 30 de septiembre*
**9 hab** ☒ – ♯♯70/81 €
**Rest** – *(solo fines de semana)* Menú 40 € – Carta 25/45 €
Casa de pueblo bien rehabilitada. Tiene un pequeño salón social con chimenea y
habitaciones de aire rústico, no muy amplias pero donde se conjugan actualidad y
funcionalidad. El restaurante ofrece una carta tradicional enriquecida con algunos
arroces melosos.

---

**CARRANQUE** – Toledo – **576** L18 – **4 473** h. · · · · · · · · · · · · · **9** B2

▶ Madrid 47 – Toledo 50

🏨 **Comendador** · · · · · · · · 🛖 🌐 ᚠ₄ 🖹 ₠ 🗚 ℅ 🤶 ᚼ₄ 🄿
*Serranillos 32* ✉ 45216 – ℰ 925 52 95 66 – *www.hotelcomendador.es*
**40 hab** – ♯♯55/77 €, ☒ 10 € – 4 suites
**Rest** *El Zaguán* – *(cerrado lunes y martes) (solo almuerzo salvo viernes y sábado)*
Menú 19/35 € – Carta 37/52 €
Con una organización familiar muy implicada en el negocio. Encontrará unas habitaciones bastante amplias, con mobiliario regional-funcional, y un moderno centro
termal. El restaurante, de ambiente regional, se complementa con varios salones
para banquetes.

---

**CARRIL** – Pontevedra – **571** E3 · · · · · · · · · · · · · · · · · · · **19** A2

▶ Madrid 636 – Pontevedra 29 – Santiago de Compostela 48

🏨 **Carril** · · · · · · · · · · · 🡸 🛖 ⅃ 🖹 ₠ 🗚 ℅ 🤶 ᚼ₄ 🚗
*Lucena 18* ✉ 36610 – ℰ 986 51 15 07 – *www.hotelcarril.com*
**28 hab** ☒ – ♯50/95 € ♯♯54/138 € – 1 suite
**Rest** *Plácido* – Menú 15/32 € – Carta 20/40 €
Está bien organizado y disfruta de una zona social que sorprende por su modernidad.
Habitaciones actuales-funcionales enfocadas a clientes de empresa. En su restaurante
encontrará una carta tradicional y algunas especialidades gallegas, eso sí, en ambos
casos con una evolución hacia la cocina actual.

🏨 **Playa Compostela** sin rest · · · · · · · · · · · · ⅃ 🖹 ℅ 🤶 🄿
*av. Rosalía de Castro 138* ✉ 36610 – ℰ 986 50 40 10 – *cerrado del 1 al 15 de enero*
**22 hab** – ♯42/55 € ♯♯50/77 €, ☒ 4 €
Hotel familiar instalado en un edificio de atractiva fachada en piedra. Posee una
acogedora zona social y habitaciones clásicas, en la 2ª planta más amplias y con
balcón.

⛫ **A Esmorga -Posada del Mar** sin rest · · · · · · · · · · 🗚 ℅ 🤶
*Lucena 16* ✉ 36610 – ℰ 986 51 01 41 – *www.aesmorga.es*
**7 hab** ☒ – ♯50/70 € ♯♯60/80 €
Está instalado en un edificio centenario que perteneció a la iglesia, sin embargo hoy se
ve reformado con mucho gusto. Ofrece un bar-tapería en la planta baja y habitaciones personalizadas-actuales en los pisos superiores.

✗ **Casa Bóveda** · · · · · · · · · · · · · · · · · · · 🛖 🗚 ℅ ♻
*La Marina 2* ✉ 36610 – ℰ 986 51 12 04 – *www.restaurantecasaboveda.com*
*– cerrado 22 diciembre-22 enero, domingo noche y lunes noche*
**Rest** – Menú 30/65 € – Carta 40/55 €
Pequeño restaurante ubicado en la zona del puerto, con un comedor clásico y tres
privados. Ofrece una cocina especializada en pescados, mariscos, arroces y guisos
marineros. ¡Pruebe su Rape con verduras o el popular Guiso de escacho!

# CARRIÓN DE LOS CONDES – Palencia – 575 E16 – 2 231 h.   11 B1
– alt. 830 m

▶ Madrid 282 – Burgos 82 – Palencia 39

◉ Monasterio de San Zoilo (claustro★) - Iglesia de Santiago (portada★)

◸ Villalcazar de Sirga (iglesia de Santa María La Blanca : portada sur★) Sureste : 7 km

---

🏠🏠 **Real Monasterio San Zoilo**   ⌂ 🏢 AC 𝒮 ⌂ 🛁 Ｐ
*Obispo Souto* ⊠ 34120 – 𝒞 979 88 00 50 – www.sanzoilo.com
*– cerrado del 9 al 25 de diciembre y 6 enero-9 febrero*
**49 hab** – †50/64 € ††70/93 €, ☲ 9 € – 5 suites
**Rest** *Las Vigas* – Menú 22 € – Carta 31/45 €
Este precioso hotel ocupa las estancias del antiguo monasterio benedictino. Alto nivel de confort y elegancia, con espacios comunes sobrios y habitaciones cuidadas al detalle. Comedor rústico dotado con una robusta viguería.

---

# CARTAGENA – Murcia – 577 T27 – 216 655 h. – alt. 3 m   23 B3

▶ Madrid 444 – Alacant/Alicante 110 – Almería 240 – Murcia 49

🛈 pl. del Ayuntamiento, ⊠ 30202, 𝒞 968 12 89 55, www.cartagenaturismo.es

◉ ARQUA - Museo Nacional de Arqueología Subacuática★★ - Museo del Teatro Romano★ - Teatro Romano★

Plano página siguiente

---

🏠 **Alfonso XIII** sin rest   ⌂ 🅰 AC 𝒮 ⌂ 🛁 🚗
*paseo de Alfonso XIII-40* ⊠ 30203 – 𝒞 968 52 00 00
*– www.hotelalfonsoxiii.com*   B**e**
**120 hab** – ††59/120 €, ☲ 9 € – 4 suites
¡Orientado a una clientela de negocios! Conjunto clásico-actual que destaca por su buen emplazamiento, su cómodo garaje y sus confortables habitaciones, todas con bañera de hidromasaje.

---

🏠 **Carlos III** sin rest   ⌂ 🅰 AC 𝒮 ⌂ 🛁 🚗
*Carlos III-49* ⊠ 30203 – 𝒞 968 52 00 32 – www.carlosiiihotel.com   B**x**
**96 hab** – †50/90 € ††50/100 €, ☲ 9 €
Comparte espacios con el hotel Alfonso XIII, como la sala de desayunos, los salones de trabajo... sin embargo, este propone una estética más juvenil, informal y funcional.

---

✕✕ **El Barrio de San Roque**   🚗 🅰 AC 𝒮 ⟷
*Jabonerías 30* ⊠ 30201 – 𝒞 968 50 06 00 – www.elbarriodesanroque.es
*– cerrado domingo salvo mayo y diciembre*   A**c**
**Rest** – Menú 20/30 € – Carta 32/41 €
Ocupa un antiguo almacén que ha cuidado mucho su decoración original y hoy se presenta con un montaje clásico-actual. Dentro de su carta tradicional merecen ser destacados los pescados de la zona, los arroces y sus sabrosos guisos del día.

---

✕ **La Marquesita**   🚗 AC
*pl. de Alcolea 6* ⊠ 30201 – 𝒞 968 50 77 47 – www.lamarquesita.net
*– cerrado domingo en julio-agosto, domingo noche y lunes resto del año*
**Rest** – Menú 20/40 € – Carta 30/42 €   A**f**
Ubicado en una plaza bastante céntrica, junto a la zona de tiendas, con una agradable terraza, una barra de espera y una sala clásica. La propietaria no puede ser más amable al descubrir las posibilidades de su cocina, de tinte tradicional.

---

**en Los Dolores** Norte : 3,5 km

✕ **La Cerdanya**   AC 𝒮 ⟷
⊕ *Subida al Plan 5, por* ② ⊠ 30310 *Los Dolores* – 𝒞 968 31 15 78
*– www.elmundodelacerdanya.es.tl – cerrado del 15 al 30 de agosto y lunes*
**Rest** – *(solo almuerzo)* (reserva aconsejable) Carta 30/35 €
Una casa que destaca por la manera de elaborar sus guisos... muy lentamente, a la antigua, logrando una cocina tradicional y catalana con el máximo sabor. En su comedor, de ambiente rústico, verá aperos y ornamentos típicos de la Cerdanya.

# CARTAGENA

ESPAÑA

## en el parque empresarial Cabezo Beaza Noreste : 3,5 km

### 🏨 Posadas de España 🛴🔄🕭🗚🛇🛜🎿🅿🚗

*av. de Luxemburgo, por ① ⊠ 30353 Cartagena – ℰ 968 32 43 24
– www.posadasdeespana.com*
**97 hab** – †∤50/90 €, ⊑ 8 € – 1 suite   **Rest** – Menú 11 € – Carta 24/35 €
Resulta ideal para comerciales y clientela de ocio, pues tiene unas instalaciones funcionales, un pequeño SPA y varios centros comerciales relativamente próximos. El comedor, luminoso a la par que sencillo, está unido a la cafetería.

## en Canteras Oeste : 4 km

### ✗ Sacromonte 🛋🕭🗚🛇🛜↔

*Monte San Juan 1, por N 332 Mazarrón ⊠ 30394 Canteras – ℰ 968 53 53 28
– www.restaurantesacromonte.com – cerrado lunes salvo festivos*
**Rest** – Menú 12/30 € – Carta 30/42 €
Casa familiar dotada con un mesón de tapas y raciones, dos salas rústicas y un comedor más clásico para la carta, este con dos privados. Su carta tradicional se ve refrendada por un excelente expositor de mariscos, pescados y carnes rojas.

---

**CÁRTAMA** – Málaga – **578** V15 – **23 664 h.** – alt. 161 m **1** B3
🚘 Madrid 551 – Sevilla 226 – Málaga 21 – Gibraltar 144

## en Gibralgalia Noroeste : 17 km

### ⌂ Posada los Cántaros 🛇↔🛁🗚🛇 rest, 🛜🅿

*Don Ramón ⊠ 29580 Gibralgalia – ℰ 952 42 35 63 – www.posadaloscantaros.com*
**6 hab** ⊑ – †79/89 € ††79/119 €   **Rest** – (solo clientes) Menú 23/31 €
Destaca tanto por sus vistas a la sierra de Gibralgalia como por sus curiosos detalles decorativos. Cálida zona social con chimenea y cuidadas habitaciones de aire rústico. El restaurante, que ofrece una carta internacional, se refuerza con una amplia terraza.

## CARTAYA - Huelva - **578** U8 - **19 185 h.** - **alt. 20 m** 1 A2

Madrid 648 - Faro 89 - Huelva 27 - Sevilla 116

Golf Nuevo Portil, urb. Nuevo Portil, Sureste : 13 km, ☎ 959 52 87 99

Marismas del río Piedras y Flecha de El Rompido★ 8,5 km al Sur

### Plaza Chica sin rest

*de la Plaza 29 ✉ 21450 - ☎ 959 39 03 30 - www.hotelplazachica.net*

**11 hab** - †45/65 € ††65/85 €, ☕ 6 €

Esta casa destaca por su decoración, con un bello patio repleto de plantas, todas sus habitaciones personalizadas, atractivos muebles restaurados y muchos detalles curiosos.

### Consolación

*carret. Huelva-Ayamonte ✉ 21450 - ☎ 959 39 02 98 - www.restauranteconsolacion.es - cerrado del 21 al 30 de septiembre, domingo y lunes noche*

**Rest** - Menú 28 € - Carta 20/38 €

Negocio familiar de 3ª generación. Goza de cierta fama gracias a la calidad y el sabor de sus langostinos, pescados a "trasmallo" y con un incomparable punto de cocción. ¡Aquí, está claro, la especialidad son los pescados y mariscos!

**por la carretera de El Rompido**

### Fuerte el Rompido

hab, rest,

*urb. Marina El Rompido, Sur : 8 km ✉ 21459 El Rompido - ☎ 959 39 99 29 - www.fuertehoteles.com - marzo-noviembre*

**297 hab** ☕ - †41/152 € ††51/190 € - 1 suite **Rest** - Menú 23 €

Macrohotel ubicado en una urbanización privada. Ofrecen una completa oferta tanto de ocio como deportiva. Habitaciones amplias y luminosas, algunas de ellas familiares. Propone una variada oferta culinaria.

ESPAÑA

## CASALARREINA - La Rioja - **573** E21 - **1 355 h.** - **alt. 499 m** 21 A2

Madrid 319 - Bilbao 100 - Burgos 88 - Logroño 48

### Hospedería Señorío de Casalarreina sin rest

*pl. Santo Domingo de Guzmán 6 ✉ 26230 - ☎ 941 32 47 30 - www.alojamientosconencantodelarioja.com*

**15 hab** ☕ - †85/119 € ††90/139 €

Estupendo hotel instalado en un ala del monasterio de la Piedad. Sus dependencias están decoradas con mucho gusto, cuidando los detalles y utilizando mobiliario antiguo restaurado. ¡La mayoría de los baños poseen bañera de hidromasaje!

### La Vieja Bodega

*av. de La Rioja 17 ✉ 26230 - ☎ 941 32 42 54 - www.viejabodega.com - cerrado 10 enero-10 febrero*

**Rest** - *(solo almuerzo salvo viernes y sábado)* Menú 27/45 € - Carta 28/41 €

No toma el nombre que tiene de forma banal, pues realmente ocupa una vieja bodega del s. XVII. La bondad de sus productos y una interesante carta de vinos lo han convertido en todo un clásico. Cocina tradicional de cuidadas presentaciones.

## CASAR DE CÁCERES - Cáceres - **576** N10 - **4 796 h.** - **alt. 365 m** 17 B2

Madrid 316 - Cáceres 14 - Plasencia 75 - Salamanca 202

### La Encarnación sin rest

*Camino de la Encarnación ✉ 10190 - ☎ 630 07 10 70 - www.casaruralencarnacion.com*

**5 hab** - †60/80 € ††65/89 €, ☕ 10 €

Cortijo extremeño ubicado en pleno campo, pero cerca de la ciudad. Sus cálidas habitaciones, una con chimenea, ocupan lo que fueron las vaquerías. ¡Conserva una antigua plaza de toros cuadrada que ahora se utiliza como zona verde multiusos!

## CASAREJOS – Soria – 575 G20 – 203 h. – alt. 1 261 m 12 C2

Madrid 201 – Burgos 97 – Logroño 162 – Soria 59

**Cabaña Real de Carreteros** rest, rest,

*Las Angustias 45 ✉ 42148 – ✆ 975 37 20 62 – www.posadacarreteros.com – cerrado 15 diciembre - enero*

**15 hab** – †45 € ††50/80 €, ☕ 6 €

**Rest** – *(solo clientes, solo cena)* Menú 15 € – Carta 23/29 €

Casona de carreteros que remonta sus orígenes al s. XVIII. Disfruta de unas confortables habitaciones, algunas abuhardilladas, con los techos en madera y mobiliario de aire antiguo. En su restaurante, de ambiente rústico, encontrará una cocina tradicional casera elaborada con productos de la zona.

## CASARES – Málaga – 578 W14 – 5 610 h. – alt. 435 m 1 A3

Madrid 641 – Sevilla 227 – Málaga 115 – Gibraltar 46

Localidad★

**al Sureste** en la carretera MA 8300

**Finca Cortesin** hab,

*11 km ✉ 29690 Casares – ✆ 952 93 78 00 – www.fincacortesin.com – cerrado 8 enero-6 febrero*

**34 hab** ☕ – ††450/575 € – 33 suites

**Rest** ***El Jardín*** – Carta 55/89 €

**Rest** ***Kabuki Raw*** – *(cerrado domingo y lunes) (solo cena)* Menú 95/126 € – Carta aprox. 100 €

Magnífico hotel tipo hacienda emplazado en una gran finca. Presenta materiales de 1ª calidad, detalles de lujo y excelentes habitaciones, todas de línea clásica. Atractiva oferta gastronómica, pues mientras en el restaurante Kabuki Raw proponen cocina japonesa en El Jardín apuestan por los sabores mediterráneos.

## CASCANTE – Navarra – 573 F24 – 3 990 h. 24 A3

Madrid 307 – Logroño 104 – Iruña/Pamplona 94 – Soria 81

XX **Mesón Ibarra**

*Vicente Tutor 3 ✉ 31520 – ✆ 948 85 04 77 – www.restauranteibarra.com*

**Rest** – *(solo almuerzo salvo fines de semana)* Menú 16/32 € – Carta 24/46 €

Combina los motivos regionales de su fachada con un cuidado interior de estética moderna, este último dominado por los tonos blancos. Carta tradicional y verduras de la zona.

## CASTEJÓN DE SOS – Huesca – 574 E31 – 767 h. – alt. 904 m 4 D1

Madrid 524 – Huesca 134 – Lleida/Lérida 134

**Plaza** sin rest

*pl. del Pilar 2 ✉ 22466 – ✆ 974 55 30 50 – www.hotelplazapirineos.com – cerrado del 10 al 20 de mayo y del 10 al 20 de noviembre*

**16 hab** ☕ – †38/54 € ††50/60 € – 2 apartamentos

Coqueto hotel donde se cuidan mucho los detalles. Sus acogedoras habitaciones ofrecen una decoración personalizada y entre ellas destacan las del anexo, algo más amplias.

**Diamó** sin rest

*Camino de Aransán ✉ 22466 – ✆ 974 55 39 90 – www.hoteldiamo.com – cerrado del 4 al 24 de noviembre*

**14 hab** ☕ – †51/59 € ††71/81 €

¡Antigua borda construida en madera y piedra! Ofrece un buen salón social con chimenea, un patio interior con porche y unas habitaciones de ambiente rústico-actual, las del piso superior abuhardilladas y todas con bañeras de hidromasaje.

## Es CASTELL – Balears – ver Balears (Menorca)

## CASTELL DE CASTELLS – Alicante – 577 P29 – 478 h. – alt. 630 m      16 B3

▶ Madrid 434 – Alacant/Alicante 78 – Benidorm 35 – València 129

⌂ **Casa Pilar**                                              ⚲ 🏧 ⁇ 🛜 P

*San José 2 ⊠ 03793 – ℰ 965 51 81 57 – www.casapilar.com*
**6 hab** ⌂ – †42/45 € ††60/70 €      **Rest** – *(solo clientes, solo cena)* Menú 20 €
Antigua casa de labranza dotada de cálidas habitaciones, todas bien personalizadas y
con mobiliario restaurado. Agradable salón social tipo biblioteca y comedor privado,
este último emplazado en lo que un día fueron los establos.

## El CASTELL DE GUADALEST – Alicante – 577 P29 – 238 h. – alt. 995 m      16 B3

▶ Madrid 441 – Alcoi 36 – Alacant/Alicante 65 – València 145

🄸 av. Alicante, ⊠ 03517, ℰ 965 88 52 98, www.guadalest.es

◉ Localidad ★★ - Situación ★

Ⓧ **Nou Salat**                                              ⩽ 🏧 ⁇ ⇔ P

😊   *carret. de Callosa d'En Sarrià, Sureste 0,5 km ⊠ 03517 – ℰ 965 88 50 19 – cerrado
20 días en enero-febrero, 10 días en junio-julio y miércoles*
**Rest** – *(solo almuerzo salvo fines de semana)* Menú 17/35 € – Carta 28/39 €
Ubicado a la entrada de la ciudad, en una casa con dependencias de línea clásica-funcional. De sus fogones surge una cocina tradicional-mediterránea con elaboraciones
caseras. ¡Las salas acristaladas tienen buenas vistas a las montañas!

## CASTELLADRAL – Barcelona – 574 G35 – 51 h.      14 C2

▶ Madrid 594 – Barcelona 94 – Sant Julià de Lòria 121 – Escaldes 129

🄲 Cardona ★ (Castillo ★ y Colegiata de Sant Vicenç ★★) Noroeste : 20 km

### por la carretera de Súria Suroeste : 4 km

⌂ **Masia La Garriga**                           ⚲ ⩽ ⊐ 🖃 🏧 hab, ⁇ 🛜 🛁 P

*carret. de Súria a Castelladrall ⊠ 08671 Castelladrall – ℰ 938 68 22 50
– www.masialagarriga.com*
**8 hab** ⌂ – †132/165 € ††165/198 €
**Rest** – *(solo clientes, solo cena)* Menú 30/40 €
Esta majestuosa masía, construida en piedra y con vistas a la montaña de Montserrat,
arropa tras sus recios muros unos valores que ensalzan el sosiego, la tradición y el
reencuentro con la naturaleza. Disfruta de cálidas zonas sociales, habitaciones de
excelente confort y un buen comedor en el antiguo pajar.

## CASTELLAR DEL VALLÈS – Barcelona – 574 H36 – 23 363 h.      15 B2

▶ Madrid 625 – Barcelona 32 – Sabadell 8

### por la carretera de Terrassa Suroeste : 5 km

ⓧⓧⓧ **Can Font**                                           🚗 🏧 ⁇ ⇔ P

*urb. Can Font ⊠ 08211 Castellar del Vallés – ℰ 937 14 53 77 – www.boda-font.es
– cerrado del 1 al 8 de enero, 21 días en agosto y martes*
**Rest** – *(solo almuerzo salvo viernes y sábado)* Menú 38/50 € – Carta 46/64 €
Este impecable restaurante presenta una sala de estilo rústico catalán, un privado y
tres salones de banquetes, ya que estos últimos constituyen el punto fuerte del negocio. Cocina de mercado con platos tradicionales e internacionales.

## CASTELLBISBAL – Barcelona – 574 H35 – 12 407 h. – alt. 132 m      15 A3

▶ Madrid 605 – Barcelona 30 – Manresa 40 – Tarragona 84

### en la carretera de Martorell a Terrassa C 243c Oeste : 9 km

ⓧⓧ **Ca l'Esteve**                                          🍴 ⁇ 🏧 ⁇ ⇔ P

*⊠ 08755 – ℰ 937 75 56 90 – www.restaurantcalesteve.com – cerrado del 16 al 24
de agosto, domingo noche, lunes y martes noche*
**Rest** – Menú 20 € – Carta 34/50 €
Negocio familiar de 4ª generación instalado en una gran casa de piedra, próxima a
los viñedos de la finca. Su carta, clásica catalana, se enriquece con sugerencias diarias.

## CASTELLCIUTAT – Lleida – ver La Seu d'Urgell

ESPAÑA

▶ Madrid 615 – Barcelona 29 – Tarragona 72
**ℹ** Pintor Serrasanta 4, ⊠ 08860, 𝒞 936 35 27 27, www.castelldefelsturismo.com
**R.A.C.C.** av. Constitució 210 𝒞 934 63 10 17

## en el barrio de la playa

**🏠 Bel Air** sin rest    ⟨ ☐ 🏨 ᴴ 🏧 🛜 🚗 **P**
*passeig Marítim 169 ⊠ 08860 Castelldefels –* 𝒞 *936 65 16 00*
*– www.grup-soteras.com*
**44 hab** ☐ – ♦♦99/290 €
Hotel de estética moderna que destaca por su magnífica situación a pie de playa.
Completísimas habitaciones, la mayoría con vistas frontales al mar y todas con
terraza.

**🏠 Mediterráneo**    🏢 ☐ ᴵⁿ 🏨 🏧 ℀ rest, 🛜 🚗 🚙
*passeig Marítim 294 ⊠ 08860 Castelldefels –* 𝒞 *936 65 21 00*
*– www.hmediterraneo.com*
**67 hab** – ♦85/180 € ♦♦95/215 €, ☐ 13 €   **Rest** – Menú 19/33 € – Carta 33/46 €
Está repartido entre dos edificios que se unen por la terraza-piscina, resultando algo
superiores y más actuales las habitaciones del anexo, al que denominan Plaza.
Pequeña zona de relax, con sauna y jacuzzi. El restaurante ofrece una completa carta
con platos tradicionales, internacionales y arroces.

**🏠 Ciudad de Castelldefels**    🏢 ☐ 🏨 🏧 ℀ rest, 🛜 🚗 🚙
*passeig de la Marina 212 ⊠ 08860 Castelldefels –* 𝒞 *936 65 19 00*
*– www.grup-soteras.com*
**103 hab** – ♦53/143 € ♦♦57/153 €, ☐ 13 €   **Rest** – Menú 25 € – Carta 33/47 €
Atesora unas instalaciones de línea actual-funcional con amplias zonas sociales,
terraza en la mayor parte de las habitaciones y una cuidada piscina. En su luminoso
comedor proponen una carta que combina la cocina internacional con la tradicional.

**🏠 Luna**    🏢 ☐ 🏨 ᴴ hab, 🏧 ℀ rest, 🛜 🚗 **P**
*passeig de la Marina 155 ⊠ 08860 Castelldefels –* 𝒞 *936 65 21 50*
*– www.hotelluna.es*
**29 hab** – ♦65/100 € ♦♦75/140 €, ☐ 11 € – 3 suites
**Rest** – *(15 junio-septiembre)* Menú 15 €
Está algo alejado de la playa, detalle que compensan con agradables exteriores y una
gran terraza bajo los pinos. Correctas habitaciones, con mobiliario funcional y terraza.
El restaurante, luminoso y de cuidado montaje, elabora una carta de tinte tradicional.

**✕✕ La Canasta**    🏢 🏧 ℀ ⇔
*passeig Marítim 197 ⊠ 08860 Castelldefels –* 𝒞 *936 65 68 57*
*– www.restaurantelacanasta.com*
**Rest** – Menú 30/49 € – Carta 45/64 €
Goza de cierta reputación y atesora una larga trayectoria. En sus salas, de elegante
estilo clásico-marinero, podrá descubrir una cocina especializada en arroces, fideos,
pescados y mariscos. ¡No se pierda sus carros de quesos y tartas!

---

**CASTELLÓ D'EMPÚRIES** – Girona – **574** F39 – **11 794 h.** – alt. 17 m
14 D3
▶ Madrid 749 – Barcelona 148 – Girona 50 – Perpignan 67
**ℹ** pl. Jaume I-1, ⊠ 17486, 𝒞 972 15 62 33, www.castelloempuriabrava.com
**◉** Localidad ★ – Iglesia de Santa María ★ (retablo ★★, portada ★★, museo ★)

**🏠 De La Moneda** sin rest    ☐ 🏨 🏧 🛜 🚙
*pl. de la Moneda 8 ⊠ 17486 –* 𝒞 *972 15 86 02 – www.hoteldelamoneda.com*
*– cerrado 8 diciembre-febrero*
**11 hab** ☐ – ♦88/121 € ♦♦99/143 €
Mansión del s. XVII emplazada en el centro de la localidad. Presenta unas habitaciones coloristas, amplias y de confort actual, las de la 1ª planta con los techos originales
abovedados. ¡Tienen buenos detalles!

ESPAÑA

## Canet

🛋 ⌁ 🖳 ⌂ 🅰🅒 🤍 ♿ P

*pl. Joc de la Pilota 2* ✉ *17486 –* 📞 *972 25 03 40 – www.hotelcanet.com – cerrado 7 noviembre-7 diciembre*

**29 hab** 🛏 – ✝40/60 € ✝✝70/90 €

**Rest** – *(cerrado lunes)* Menú 12/22 € – Carta 14/32 €

Dirigido con entusiasmo por la 3ª generación familiar. Posee una elegante cafetería, una agradable terraza-solárium y cuidadas habitaciones, la mayoría bien renovadas. El restaurante, cubierto por amplias bóvedas, apuesta por la cocina tradicional catalana.

## XX Emporium

🅰🅒 ℅ P

*Santa Clara 31* ✉ *17486 –* 📞 *972 25 05 93 – www.emporiumhotel.com – cerrado del 1 al 9 de enero, del 20 al 30 de octubre, domingo noche y lunes salvo verano*

**Rest** – Menú 19/65 € – Carta 50/62 € ⌘

Llevado con entrega entre un matrimonio y sus hijos. En la sala, de línea funcional-actual, presentan una carta tradicional actualizada, con toques creativos, y varios menús.

### en la carretera de Roses Este : 4,5 km

## XX La Llar (Joan Viñas)

🅰🅒 ℅ ⇔ P

✉ *17480 Roses –* 📞 *972 25 53 68 – www.restaurantlallar.com – cerrado del 1 al 15 de febrero, del 16 al 30 de noviembre, miércoles noche salvo verano y jueves*

**Rest** – Menú 46/80 € – Carta 42/71 €

Restaurante de ambiente clásico instalado en una antigua masía. En su comedor, con vigas de madera en el techo y una pared en ladrillo visto, podrá degustar una cocina clásica-internacional muy bien elaborada. ¡Buen carro de repostería!

➔ Tartar de lubina y salmón fresco. Solomillo de ternera del país. Carro de pastelería y frutas frescas.

# CASTELLÓ DE LA PLANA (CASTELLÓN DE LA PLANA) P

16 B1

– Castellón – **577** M29 – 180 204 h. – alt. 28 m

▶ Madrid 426 – Tarragona 183 – Teruel 148 – Tortosa 122

🅹 pl. María Agustina 5, 📞 964 35 86 88, www.castello.cat

🅶 Mediterráneo, urb. La Coma, Norte : 3,5 km por la carret. de Barcelona, 📞 964 32 12 27

🅶 Costa de Azahar, Noreste : 6 km, 📞 964 28 09 79

*Plano página siguiente*

## Castellón Center Ⓝ

🖍 🖳 🅰🅒 ℅ 🤍 ♿ 🛏

*Ronda Mijares 86* ✉ *12002 –* 📞 *964 34 27 77 – www.hotelcastelloncenter.com*

**76 hab** – ✝✝50/250 €, 🛏 11 € **Rest** – Menú 18 € – Carta 22/37 € A**v**

Su orientación al cliente de negocios, la oferta de salones y la amplitud de los espacios, tanto comunes como privados, son las señas de identidad de un hotel muy céntrico y con la comodidad garantizada. En su restaurante, de línea funcional, proponen una reducida carta tradicional y un correcto menú.

## Luz Castellón

🖍 🖳 🅰🅒 ℅ 🤍 ♿ 🛏

*Pintor Oliet 3, por* ③ ✉ *12006 –* 📞 *964 20 10 10 – www.hotelluz.com*

**144 hab** – ✝✝50/250 €, 🛏 11 € **Rest** – Menú 20/45 € – Carta 20/40 €

Aunque destaca por su diseño interior, de aire minimalista, también posee una gran zona social, varias salas de reuniones y unas habitaciones bastante amplias. En su restaurante, de línea moderna, encontrará una interesante carta actual con platos de autor.

## Jaime I

🖳 🅰🅒 ℅ rest. 🤍 ♿ 🛏

*Ronda Mijares 67* ✉ *12002 –* 📞 *964 25 03 00 – www.hoteljaimei.com* A**b**

**89 hab** – ✝✝45/180 €, 🛏 8 € **Rest** – Menú 12 € – Carta 20/32 €

Formado por dos edificios y con una buena clientela de comerciales. En este hotel encontrará unas instalaciones de línea funcional-actual, con un enorme salón para realizar eventos y habitaciones de adecuado confort. El restaurante, volcado con la cocina italiana, tiene en los risottos su gran especialidad.

# CASTELLÓ DE LA PLANA/CASTELLÓN DE LA PLANA

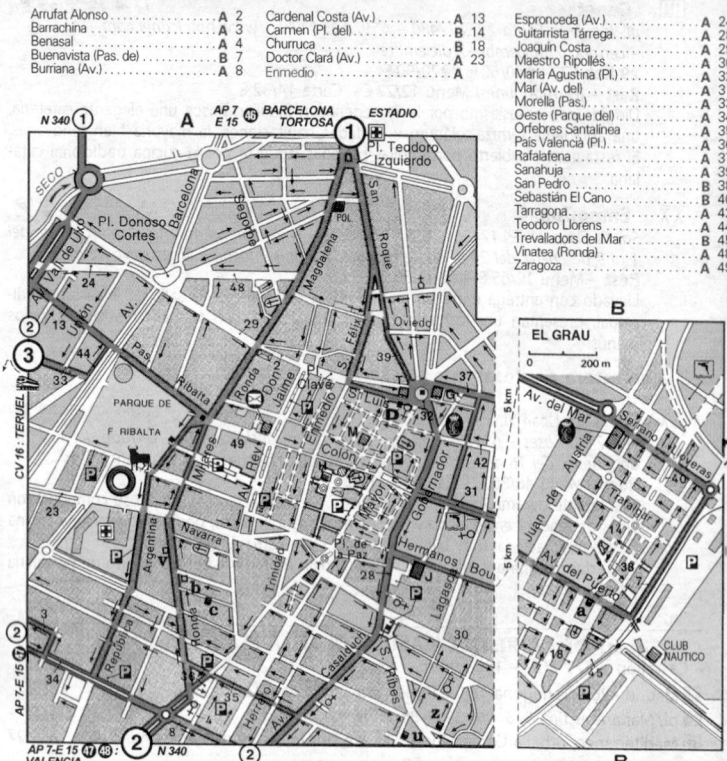

## Pairal

AC ♺ ♻

*Dr. Fleming 24 ✉ 12005 – ℰ 964 23 34 04 – www.restaurantepairal.com – cerrado Semana Santa, 7 días en agosto, domingo y lunes noche*

**Az**

**Rest** – Menú 30/45 € – Carta 33/40 €

Casa dotada con un buen comedor en dos niveles, con las paredes en ladrillo visto, y dos privados. En su carta, tradicional actualizada y de temporada, encontraremos un buen apartado de arroces y la opción de un menú degustación.

## Arropes

AC ♻

*Benárabe 5 ✉ 12005 – ℰ 964 23 76 58 – cerrado agosto, domingo noche y lunes*

**Rest** – Menú 25/35 € – Carta 20/43 €

**Au**

Se presenta con un hall-barra de espera, donde veremos una pequeña vitrina con el producto fresco, y una única sala de línea clásica-actual. Completa carta tradicional-mediterránea especializada en pescados, mariscos y, sobre todo, arroces.

## La Llenega ⓝ

🕭 AC ♻

*Conde Noroña 27 ✉ 12002 – ℰ 964 05 68 26 – www.lallenega.com – cerrado agosto, domingo, lunes noche y martes noche*

**Rest** – Menú 15/35 € – Carta 27/42 €

**Ac**

Local de línea moderna que debe su nombre a un tipo de seta. Aquí encontrará una cocina tradicional actualizada, dos menús, uno del día y otro de degustación, así como algún plato morellano, pues el joven chef es natural de esta localidad.

**en el puerto (Grau)** Este : 5 km

✗ **Tasca del Puerto**                                                                          Ⓐ 🚫 ⟷
*av. del Puerto 13* ✉ *12100 El Grau –* 𝒞 *964 28 44 81 – www.tascadelpuerto.com*
*– cerrado domingo noche y lunes salvo festivos*                                          B**a**
**Rest** – Menú 30/54 € – Carta 30/60 €
Está distribuido en dos casas y tras su remozada fachada presenta varias salas de
reducida capacidad, todas con detalles típicos y buen montaje en su categoría. Carta
tradicional y menús basados en arroces, pescado fresco y mariscos.

**CASTELLOTE** – Teruel – **574** J29 – 794 h. – alt. 774 m                                    4 C3
▶ Madrid 417 – Zaragoza 144 – Teruel 146
– Castelló de la Plana/Castellón de la Plana 154

🏠 **Castellote**                                                         🌙 ℤ 🛏 ⅙ Ⓐ 🚫 🛜
*paseo de la Mina 13* ✉ *44560 –* 𝒞 *978 88 75 96 – www.hostalcastellote.com*
**42 hab** – †36/41 € ††53/63 €, ☲ 5 €
**Rest** *Castellote* ⊕ – ver selección restaurantes
Una buena opción si está visitando la histórica Comarca del Maestrazgo. Es sencillo
pero disfruta de unas habitaciones bastante bien equipadas, destacando las que
poseen terraza con vistas a la piscina. ¡Original colección de botijos!

✗ **Castellote** – Hotel Castellote                                              ℤ Ⓐ 🚫
⊕ *paseo de la Mina 13* ✉ *44560 –* 𝒞 *978 88 75 96 – www.hostalcastellote.com*
**Rest** *– (cerrado domingo noche)* Menú 15/24 € – Carta 19/26 €
Ensalza los sabores tradicionales, cuida las presentaciones y disfruta de un comedor
diáfano a la par que funcional, decorado con curiosísimos botijos. ¡Pruebe su Dulce
de galletas con nata, un plato que lleva más de 40 años en la carta!

**CASTELLVELL** – Tarragona – ver Reus

**CASTELO DE ANDRADE** – A Coruña – ver Pontedeume

**CASTILLO DE GORRAIZ (Urbanización)** – Navarra – ver Iruña/Pamplona

**CASTILLO DE TAJARJA** – Granada – **578** U18 – 402 h. – alt. 830 m                        2 C2
▶ Madrid 441 – Sevilla 236 – Granada 35 – Málaga 110

✗ **El Olivo de Miguel y Celia**                                                        Ⓐ 🚫
⊕ *Constitución 12* ✉ *18329 –* 𝒞 *958 55 74 93 – cerrado del 22 al 26 de diciembre, del
8 al 15 de enero y lunes*
**Rest** *– (solo almuerzo) (es necesario reservar)* Carta 22/28 €
Este curioso restaurante se presenta con un comedor clásico y una pequeña terraza
acristalada. La carta, clásica-afrancesada, es manuscrita y se cambia todas las semanas.

**CASTILLÓN** – Lugo – **571** E7 – 109 h.                                                   20 C2
▶ Madrid 515 – Santiago de Compostela 110 – Lugo 84 – Ourense 38

↑ **Rectoral de Castillón**                                         🌙 🚗 🏡 ⅙ hab, 🚫 🛜 🅿
*Santiago de Castillón 37* ✉ *27438 –* 𝒞 *982 45 54 15 – www.rectoraldecastillon.com*
*– cerrado del 7 al 30 de enero*
**8 hab** ☲ – †45/50 € ††65/90 €
**Rest** *– (cerrado lunes y martes) (es necesario reservar para cenar)* Menú 19 €
– Carta 20/28 €
Buen turismo rural ubicado en una casa rectoral de grandes dimensiones, rodeada
por jardines y bosques. Espaciosas habitaciones con los suelos en madera. El restaurante disfruta de dos acogedoras salas, donde ofrecen una carta tradicional a precios
asequibles.

## CASTRILLO DE LOS POLVAZARES – León – 575 E11 – alt. 907 m    11 A1

▶ Madrid 339 – León 48 – Ponferrada 61 – Zamora 132

🔒 **Cuca la Vaina**    ॐ 🏠 🛜
*Jardín* ⊠ 24718 – 𝒞 987 69 10 78 – www.cucalavaina.com – *cerrado del 2 al 20 enero*
**7 hab** ⌂ – †40/45 € ††55/65 €
**Rest** – *(cena solo con reserva)* Menú 14/25 € – Carta 19/29 €
Este hotelito de trato familiar se presenta con una decoración rústica-regional y unas acogedoras habitaciones, todas comunicadas entre sí por una galería. El comedor, rústico-actual y con una agradable terraza acristalada, ofrece una carta regional encabezada por el Cocido Maragato y una correcta bodega.

✗ **Casa Coscolo** con hab    ॐ 🅰️🅒 rest, 🛜
*El Rincón 1* ⊠ 24718 – 𝒞 987 69 19 84 – www.casacoscolo.com – *cerrado Navidades, 10 días en febrero y 10 días en junio*
**8 hab** – †40 € ††50/60 €, ⌂ 4 €
**Rest** – *(cerrado lunes) (solo almuerzo salvo verano, viernes y sábado)* Menú 16 € – Carta 21/33 €
Antigua casa de piedra construida en el centro de este pintoresco pueblo. Ofrece un acogedor comedor rústico y una cocina maragata con el Cocido como gran protagonista. Como complemento al negocio también dispone de unas cálidas habitaciones, personalizadas aunque con los techos y los suelos en madera.

## CASTRILLO DEL VAL – Burgos – 575 F19 – 805 h. – alt. 939 m    12 C2

▶ Madrid 243 – Burgos 11 – Logroño 114 – Vitoria-Gasteiz 116

**en la carretera N 120** Noreste : 3 km

🔒 **Camino de Santiago**    🛗 🅰️🅒 🛜 🔥 🅿️ 🚗
*urb. Los Tomillares* ⊠ 09193 Castrillo del Val – 𝒞 947 42 12 93
– www.hotelcaminodesantiago.com
**40 hab** – †35/200 € ††40/250 €, ⌂ 7 €    **Rest** – Menú 12/20 €
Se presenta con una sencilla organización familiar y cierto eclecticismo decorativo. Habitaciones amplias y detallistas, con los suelos en parquet y un esmerado equipamiento. El restaurante basa la mayor parte de su trabajo en la elaboración de un menú diario.

## CASTRO CALDELAS – Ourense – 571 E7 – 1 486 h. – alt. 720 m    20 C3

▶ Madrid 504 – Lugo 88 – Ourense 48 – Santiago de Compostela 160

🏠 **Pousada Vicente Risco**    ॐ 🛜
*Grande 4* ⊠ 32760 – 𝒞 988 20 33 60 – www.pousadavicenterisco.com
**8 hab** ⌂ – †38 € ††48 €    **Rest** – *(solo menú)* Menú 12/25 €
La que antaño fue morada del ilustre escritor gallego es hoy una acogedora casa rural en piedra. Presenta unas habitaciones bastante detallistas, dos asomadas al castillo, así como una cafetería con chimenea al nivel de la calle y un comedor en el piso superior, donde le ofrecerán un menú tradicional.

🏠 **Casa de Caldelas** ⓝ sin rest    🛜
*pl. do Prado 5* ⊠ 32760 – 𝒞 988 20 31 97 – www.hotelcasadecaldelas.com
**8 hab** – †30/40 € ††40/55 €
Resulta curioso, pues ocupa un edificio en piedra que sorprende al cobijar una gran tienda delicatessen en la planta baja. Ofrece habitaciones de línea funcional-actual, dos abuhardilladas y todas con modernos platos-ducha en los aseos.

## CASTRO URDIALES – Cantabria – 572 B20 – 32 522 h. – Playa    8 C1

▶ Madrid 430 – Bilbao 36 – Santander 73
ℹ av. de la Constitución (parque Amestoy), ⊠ 39700, 𝒞 942 87 15 12, www.turismodecantabria.com

### El Manco

*Lorenzo Maza* ✉ *39700 – ✆ 942 86 00 16 – www.el-manco.com – cerrado domingo y lunes salvo festivos o vísperas*

**Rest** – *(solo almuerzo en invierno salvo fines de semana)* Menú 13/32 € – Carta 34/52 €

Disfruta de una terraza tipo carpa rodeando el local, un pequeño bar y una confortable sala de línea moderna. Su carta de cocina tradicional actualizada se complementa siempre con unos menús y una serie de sugerencias.

## en la playa

### Las Rocas

rest,

*Flaviobriga 1* ✉ *39700 Castro Urdiales – ✆ 942 86 04 00 – www.lasrocashotel.com*

**63 hab** – †56/105 € ††66/132 €, ☕ 11 €

**Rest** – *(cerrado Navidades)* Menú 20/28 € – Carta 25/43 €

Cuida mucho los detalles y es una buena opción tanto para trabajar como para pasar las vacaciones. Presenta una moderna zona social y habitaciones de completo equipamiento, en general espaciosas y al menos la mitad con vistas a la playa. Su restaurante ofrece una carta variada basada en menús y sugerencias.

## CASTROPOL – Asturias – **572** B8 – **3 713 h.** – **Playa** 5 A1

Madrid 589 – A Coruña 173 – Lugo 88 – Oviedo 154

### Peña-Mar

*carret. N 640* ✉ *33760 – ✆ 985 63 51 49 – www.complejopenamar.com – Semana Santa y junio-septiembre*

**24 hab** – †33/61 € ††44/72 €, ☕ 10 €

**Rest** ***Peña-Mar*** – ver selección restaurantes

Hotel de sencilla organización ubicado al borde de la carretera. Ofrece una reducida zona social y habitaciones funcionales, con mobiliario de línea clásica en madera.

### Peña-Mar – Hotel Peña-Mar

*carret. N 640* ✉ *33760 – ✆ 985 63 50 06 – www.complejopenamar.com – cerrado 15 enero-febrero y miércoles salvo Semana Santa y verano*

**Rest** – Menú 20 € – Carta 37/57 €

Tiene un bar rústico, con llamativos relojes en la pared, y una sala a la carta de gran capacidad donde sirven platos gallegos y asturianos. Trabaja mucho los banquetes.

### El Risón de Peña Mar

*El Muelle* ✉ *33760 – ✆ 985 63 50 65 – www.complejopenamar.com – cerrado 7 enero-8 marzo y lunes salvo Semana Santa y verano*

**Rest** – Menú 20 € – Carta 37/57 €

Restaurante de aire regional dotado con vigas en madera vista y detalles marineros. Destaca por sus terrazas, con vistas sobre el río Eo, y disfruta de una barbacoa exterior.

## CASTROVERDE DE CAMPOS – Zamora – **575** G14 – **376 h.** – **alt. 707 m** 11 B2

Madrid 255 – Valladolid 102 – Zamora 93 – Palencia 89

Medina de Rioseco (Iglesia de Santa María : capilla de los Benavente★) Sureste : 28 km

### Senda los Frailes sin rest

*Las Bodegas* ✉ *49110 – ✆ 980 66 46 53 – www.restaurantelera.com*

**10 hab** ☕ – †49 € ††74 €

Ocupa un edificio rústico-regional que, siendo de nueva construcción, transmite la tranquilidad y el encanto propios de un turismo rural. Posee unas instalaciones actuales, con detalles neorrústicos, y un curioso anexo en forma de palomar.

### El Labrador - Lera

*Doctor Corral 27* ✉ *49110 – ✆ 980 66 46 53 – www.restaurantelera.com – cerrado 15 días en septiembre y martes*

**Rest** – Menú 15/70 € – Carta 34/48 €

Perdiz estofada con berza, Pichones de Tierra de Campos, Escabeche de codorniz... Aquí se ensalzan los valores de la cocina tradicional-regional y, gracias a sus Jornadas Gastronómicas de Caza, han logrado cierto prestigio a nivel nacional.

ESPAÑA

---

**CAZALLA DE LA SIERRA** – Sevilla – **578** S12 – 5 083 h. – alt. 590 m        1 B2
▶ Madrid 491 – Sevilla 88 – Córdoba 159 – Badajoz 204

🏠 **Posada del Moro**                                    ⚓ 🚗 🍸 AC 🕸 P
   *paseo del Moro 46* ✉ *41370* – 𝒞 *954 88 48 58* – *www.laposadadelmoro.com*
   **31 hab** ☑ – †45/65 € ††65/85 €
   **Rest** *Posada del Moro*☺ – ver selección restaurantes
   ¡En pleno Parque Natural de la Sierra Norte de Sevilla! Disfruta de un ambiente acogedor, un cuidadísimo entorno ajardinado y unas habitaciones de línea actual bastante
   bien equipadas, algunas con acceso al jardín a través del ventanal.

🍴 **Agustina**                                           AC 🕸
☺  *pl. del Concejo* ✉ *41370* – 𝒞 *954 88 32 55* – *www.agustinarestaurante.com*
   – *cerrado del 11 al 18 de agosto y martes salvo festivos*
   **Rest** – Carta 24/35 €
   El bar de tapas funciona como zona de iniciación para descubrir los platos servidos en
   el piso superior. Cocina agradable y actual, con pequeñas dosis de imaginación.

🍴 **Posada del Moro** – Hotel Posada del Moro          🚗 🍂 🍸 AC 🕸 ⇔ P
☺  *paseo del Moro 46* ✉ *41370* – 𝒞 *954 88 48 58* – *www.laposadadelmoro.com*
   **Rest** – *(cerrado lunes)* Menú 15/30 € – Carta 19/35 €
   Un restaurante que sintetiza la esencia del hotel homónimo. En su comedor, de línea
   clásica, podrá degustar una cocina casera, deliciosos platos de cuchara y suculentos
   asados, todos elaborados con productos locales de gran calidad.

---

**CAZORLA** – Jaén – **578** S20/ S21 – 7 984 h. – alt. 790 m        2 D2
▶ Madrid 374 – Sevilla 333 – Jaén 106 – Granada 191
🇮 pl. de Santa María, ✉ 23470, 𝒞 953 71 01 02
👁 Localidad★ – Emplazamiento★
🄶 La Iruela : carretera★ de los Miradores ≤★ - Noreste : 3 km – Parque Natural de la
   Sierra de Cazorla, Segura y Las Villas★★★ (Hornos ≤★). Cueva del Agua★ Sur : 38 km
   – Tíscar★ Sur : 39 km

🏠 **Guadalquivir** sin rest                            📶 AC 🕸 🛜 🚗
   *Nueva 6* ✉ *23470* – 𝒞 *953 72 02 68* – *www.hguadalquivir.com*
   **12 hab** ☑ – †40/42 € ††53/57 €
   Este hotelito familiar posee un pequeño salón social, donde sirven los desayunos, y
   habitaciones de impecable limpieza, todas con mobiliario en pino de línea provenzal.

🍴 **Mesón Leandro**                                     🍂 🕸
   *La Hoz 3* ✉ *23470* – 𝒞 *953 72 06 32* – *www.mesonleandro.com* – *cerrado del 15 al
   30 de junio y miércoles*
   **Rest** – Menú 22/45 € – Carta 25/41 €
   Ocupa una casa de pueblo y está llevado por un matrimonio, con él en la sala y ella al
   frente de los fogones. Coqueta terraza, sala rústica-actual y platos de tinte regional.

**en la Sierra de Cazorla**

🏨 **Parador de Cazorla**                       ⚓ ≤ 🚗 🍸 📶 AC rest, 🕸 🛜 P
   *Lugar Sacejo, Este : 26 km - alt. 1 400* ✉ *23470 Cazorla* – 𝒞 *953 72 70 75*
   – *www.parador.es* – *marzo - 16 noviembre*
   **34 hab** – †52/120 € ††65/150 €, ☑ 16 €     **Rest** – Menú 27/34 € – Carta aprox. 39 €
   A su magnífica ubicación, en plena sierra de Cazorla, se le unen unas confortables instalaciones de aire regional, unos amplios exteriores ajardinados y una piscina dotada
   de excelentes vistas. En su restaurante podrá descubrir la cocina típica de la zona.

---

**CEDEIRA** – A Coruña – **571** B5 – 7 254 h. – Playa        20 C1
▶ Madrid 620 – Santiago de Compostela 134 – A Coruña 93 – Lugo 125

🏠 **Herbeira** sin rest                                ≤ 🍸 📶 🕭 AC 🛜 P
   *Cordobelas - carret. de Ferrol, Sur : 1 km* ✉ *15350* – 𝒞 *981 49 21 67*
   – *www.hotelherbeira.com* – *cerrado 22 diciembre-12 enero*
   **16 hab** – †50/90 € ††60/120 €, ☑ 8 €
   Hotel de organización familiar que destaca por sus magníficas vistas a la ría de Cedeira.
   Ofrece espacios sociales de estética actual y habitaciones de buen confort general.

**CELEIRO** – Lugo – ver Viveiro

**CENERA** – Asturias – ver Mieres

**CENES DE LA VEGA** – Granada – **578** U19 – **7 900 h.** – **alt. 741 m** 2 D1

Madrid 439 – Granada 8

XXX **Ruta del Veleta**

*carret. de Sierra Nevada 136 ✉ 18190 – ✆ 958 48 61 34 – www.rutadelveleta.com – cerrado domingo noche*

**Rest** – Menú 60/100 € – Carta 50/72 €

Llevado con gran profesionalidad. Su interesante carta, la decoración típica y la ubicación en un lujoso edificio le otorgan el reconocimiento unánime. Bodega visitable.

**CERCS** – Barcelona – **574** F35 **14** C1

Madrid 636 – Barcelona 116 – Lleida/Lérida 162 – Girona 129

**en el cruce de las carreteras C 16 y C 26** Sur : 4 km

XX **Estany Clar** (Josep Xandri)

*carret. C 16, km 99,4 ✉ 08600 Berga – ✆ 938 22 08 79 – www.estanyclar.com – cerrado lunes*

**Rest** – *(cena solo con reserva)* Menú 42/85 € – Carta 55/68 €

En esta masía del s. XIV encontrará un agradable comedor, con los techos abovedados en piedra, así como un coqueto privado con chimenea. Carta de autor y menú degustación. En una masía cercana también ofrecen habitaciones y apartamentos.

→ Vieira en su coral, lecho de alcachofa, textura de aceite y crema de apionabo. Solomillo de ternera roast-beef tratado como un Cordon Rouge. Crema, bizcocho, pistacho y pasión.

ESPAÑA

**CERDANYOLA DEL VALLÈS** – Barcelona – **574** H36 – **57 892 h.** **15** B3

Madrid 606 – Barcelona 15 – Mataró 39

XX **Tast & Gust**

*Sant Martì 92 ✉ 08290 – ✆ 935 91 00 00 – www.tastandgust.com – cerrado Semana Santa, del 4 al 26 de agosto, domingo noche y lunes*

**Rest** – Carta 30/47 €

Este coqueto negocio combina su estética actual con una carta tradicional e internacional especializada en "Steak Tartar", ya que lo preparan hasta de seis maneras distintas.

**CERECEDA** – Asturias – **572** B14 **5** C1

Madrid 505 – Avilés 79 – Gijón 63 – Oviedo 57

**Palacio de Rubianes** hab, rest,

*Oeste : 2 km ✉ 33583 – ✆ 985 70 76 12 – www.palacioderubianes.com – cerrado enero-15 marzo y noviembre*

**23 hab** – †79/111 € ††88/147 €

**Rest** – *(verano y fines de semana resto del año)* Menú 18/25 € – Carta 35/64 €

Se construyó sobre una casa-palacio del s. XVII y en un entorno natural privilegiado. Salón social de línea actual, con chimenea, y habitaciones de serena decoración. El restaurante, que destaca por su montaje, elabora una cocina tradicional actualizada.

**La Casa Nueva** sin rest

✉ 33583 – ✆ 985 70 75 57 – www.lacasanuevaasturias.com

**6 hab** – ††55/70 €, 5 €

Esta antigua casa de labranza posee una agradable zona social, con chimenea, y correctas habitaciones vestidas con mobiliario de época. Bellas vistas a la sierra del Sueve.

**CERVELLÓ** – Barcelona – 574 H35 – 8 660 h. – alt. 122 m                15 A3

▶ Madrid 608 – Barcelona 25 – Manresa 62 – Tarragona 82

## al Noroeste 4,5 km

🏨 **Can Rafel**      ❄ ⩽ ⌁ 🔲 💱 ㋪ 🅰🅲 🛜 ⅋ 🆎 🅿
*urb. Can Rafel* ✉ *08758 Cervelló* – ℰ *936 50 10 05* – *www.canrafel.net* – *cerrado del 7 al 24 de enero*
**23 hab** – ♦70 € ♦♦90 €, ⮉ 12 € – 1 suite
**Rest Can Rafel** – ver selección restaurantes
Está en una zona elevada, junto a un campo de golf con pequeños hoyos tipo Pitch & Putt. Zona social variada y habitaciones de línea clásica-regional, algunas con terraza. Si desea relajarse puede ser una buena opción, pues también ofrece un pequeño espacio con jacuzzi, sauna, sala de masajes...

✕✕ **Can Rafel** – Hotel Can Rafel      ⩽ ㋪ ⌁ 🅰🅲 ⅋ ⟳ 🅿
*urb. Can Rafel* ✉ *08758 Cervelló* – ℰ *936 50 10 05* – *www.canrafel.net* – *cerrado del 7 al 24 de enero*
**Rest** – *(cerrado domingo noche y martes)* Menú 15/58 € – Carta 36/47 €
Se presenta con dos salas y dos privados, destacando la principal por su luminosidad, sus vistas al campo de golf y su chimenea. Interesantes elaboraciones de tinte actual y agradable terraza panorámica.

**CERVERA DE PISUERGA** – Palencia – 575 D16 – 2 572 h. – alt. 900 m     12 C1

▶ Madrid 348 – Burgos 118 – Palencia 122 – Santander 129

## en la carretera de Resoba Noroeste : 2,5 km

🏨 **Parador de Cervera de Pisuerga**      ❄ ⩽ ㋪ 💱 ⅋ 🛜 🆎 🅿 🚗
✉ *34840 Cervera de Pisuerga* – ℰ *979 87 00 75* – *www.parador.es*
– *marzo-noviembre*
**80 hab** – ♦56/108 € ♦♦70/135 €, ⮉ 16 €   **Rest** – Menú 27/35 € – Carta 35/47 €
En un magnífico entorno, con vistas a las montañas y al pantano de Ruesga. Posee varios salones sociales y espaciosas habitaciones de ambiente rústico, todas con terraza. Su amplio comedor tiene un carácter polivalente, pues atiende los tres servicios del día.

**CERVO** – Lugo – 571 A7 – 4 483 h. – alt. 69 m                          20 C1

▶ Madrid 611 – A Coruña 162 – Lugo 105

🏠 **Casa do Mudo**      ❄ �c 🅰 hab, ⅋ hab, 🛜 🅿
*Senra 25, Sur : 2 km* ✉ *27891* – ℰ *982 55 76 89* – *www.casadomudo.com*
– *cerrado 27 septiembre-8 octubre*
**6 hab** – ♦55/69 € ♦♦66/82 €, ⮉ 7 €   **Rest** – *(solo clientes, solo cena)* Menú 18 €
Turismo rural instalado en una casa de labranza. Ofrece un jardín con hórreo, un porche y cálidas habitaciones, todas con mobiliario de aire antiguo y las paredes en piedra. El comedor, que ocupa la antigua cocina de la casa, está reservado al cliente alojado.

**CEUTA** – 742 – 734 F15 – 84 018 h. – Playa                             1 B3

🚢 para Algeciras : Cía. Trasmediterránea, Muelle Cañonero Dato, ℰ 902 45 46 45 Z

🛈 Edrissis (Baluarte de los Mallorquines), ✉ 51001, ℰ 856 20 05 60,
www.destinoceuta.com

◉ Monte Hacho★ : Ermita de San Antonio ⩽★★

🏨 **Parador H. La Muralla**      ⩽ 🚗 ㋪ ⌁ 💱 🅰🅲 ⅋ 🛜 🆎 🅿
*pl. Virgen de África 15* ✉ *51001* – ℰ *956 51 49 40* – *www.parador.es*     **Yh**
**106 hab** – ♦56/100 € ♦♦70/125 €, ⮉ 15 € – 1 suite
**Rest** – Menú 25/30 € – Carta 35/35 €
Este atractivo parador está instalado en lo que fueron las Murallas Reales de Ceuta, con un hall clásico y unas habitaciones algo sobrias pero de buen confort. Presenta dos comedores en los que podrá descubrir su cocina tradicional y algún plato típico ceutí.

292

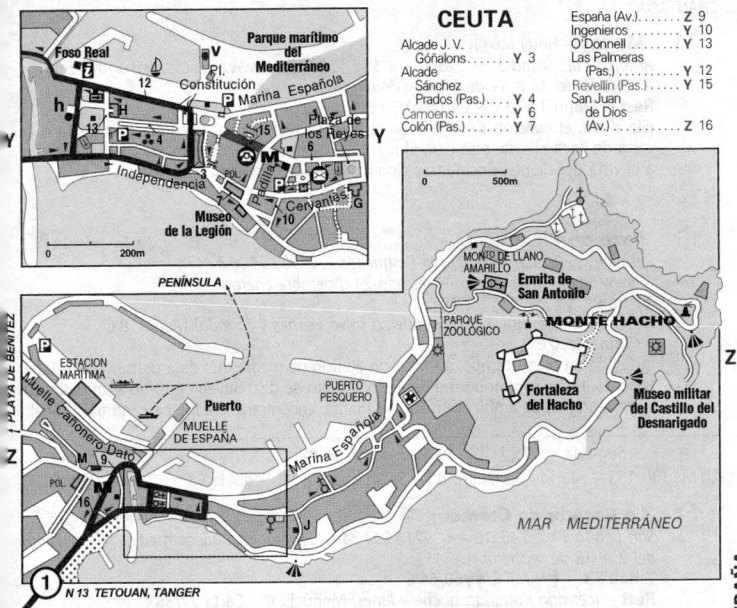

Alcade J. V.
  Góñalons . . . . . . . **Y** 3
Alcade
  Sánchez
  Prados (Pas.) . . . . **Y** 4
Camoens . . . . . . . . . **Y** 6
Colón (Pas.) . . . . . . . **Y** 7

España (Av.) . . . . . . **Z** 9
Ingenieros . . . . . . . . **Y** 10
O'Donnell . . . . . . . **Y** 13
Las Palmeras
  (Pas.) . . . . . . . . . . **Y** 12
Revellín (Pas.) . . . . . **Y** 15
San Juan
  de Dios
  (Av.) . . . . . . . . . . . **Z** 16

**ESPAÑA**

## El Refectorio 🍴 🈂️ 🅰️🇨 🏧 ⬄
*Poblado Marinero - local 37 ⊠ 51001 – 𝒞 956 51 38 84 – www.elrefectorio.es
– cerrado del 10 al 31 de enero, domingo noche y lunes noche*    **Yv**
**Rest** – Carta 23/51 €
Bien situado en la antigua lonja. Posee una agradable terraza con vistas al puerto, un bar, un pequeño privado y un comedor rústico que destaca por su bodega acristalada.

---

**CEUTÍ** – Murcia – **577** R26 – **10 881 h.**    **23** B2
▶ Madrid 385 – Murcia 26 – Alacant / Alicante 91 – Albacete 134
🄶 Murcia★★ Sureste : 25 km

## El Albero ⓝ 🍴 🅰️🇨
*Mallorca 10 ⊠ 30562 – 𝒞 868 92 34 00 – www.restauranteelalbero.es – cerrado del 16 al 31 de agosto y lunes*
**Rest** – Menú 35/45 € – Carta 24/35 €
Sorprendente, pues su cocina tradicional actualizada se completa con un apartado de elaboraciones japonesas en formato de tapas. Salas independientes para la carta y el menú.

---

**CHANTADA** – Lugo – **571** E6 – **8 783 h.** – **alt. 483 m**    **20** C2
▶ Madrid 534 – Lugo 55 – Ourense 42 – Santiago de Compostela 90
🄶 Oseira : Monasterio de Santa María la Real★ (sala capitular★) Suroeste : 15 km

## Mogay 🏨 📶 🛜 🍴
*Antonio Lorenzana 3 ⊠ 27500 – 𝒞 982 44 08 47 – www.restaurantemogay.com
– cerrado del 15 al 31 de enero*
**29 hab** ⊠ – †40/50 € ††50/60 € – 3 suites
**Rest** *Mogay* – ver selección restaurantes
Céntrico, de línea actual y llevado en familia. Las habitaciones, funcionales y con el mobiliario bastante variado, ofrecen un correcto confort. Su cafetería, de ambiente tranquilo, hace las veces de zona social y recepción.

## ✗✗ Mogay – Hotel Mogay     🆈 ✗

*Antonio Lorenzana 3 ⊠ 27500 – 𝒞 982 44 08 47 – www.restaurantemogay.com*
*– cerrado del 15 a 31 de enero y domingo*
**Rest** – Menú 15/35 € – Carta 20/39 €
¡Sin duda, el corazón de esta casa está en su restaurante! Encontrará una sala a la carta de línea clásica, otra para el menú y una cocina totalmente acristalada, siempre a la vista del cliente. Cocina tradicional con toques actuales.

### al Noreste 4 km

## 🏠 Pazo do Piñeiro     🕭 ⋖ 🛋 ✗ rest, 🖴 🅿

*Pesqueiras - Soilán 1 ⊠ 27516 Pesqueiras – 𝒞 982 44 06 42*
*– www.pazodopineiro.com – cerrado 24 diciembre-enero*
**11 hab** – †♦55/75 €, � 5 €
**Rest** – *(cerrado lunes) (solo almuerzo salvo viernes y sábado)* Menú 18 €
– Carta 16/30 €
Instalado en pleno campo, en un recio edificio de piedra que data del s. XV. Las habitaciones, todas con mobiliario de estilo antiguo, se distribuyen en torno a un patio. En su restaurante, de ambiente rústico elegante, encontrará una buena carta tradicional.

---

## CHAÑE – Segovia – 575 H16 – 946 h. – alt. 767 m     11 B2
▶ Madrid 153 – Aranda de Duero 85 – Salamanca 161 – Segovia 58

## 🏠 La Posada de Carmen     🕭 🆈 hab, ✗ 🛜

*San Benito 11 ⊠ 40216 – 𝒞 921 15 51 34 – www.laposadadecarmen.com – cerrado*
*del 2 al 18 de septiembre*
**7 hab** ⊠ – †35/45 € ††60/66 €
**Rest** – *(cerrado domingo noche y lunes)* Menú 12 € – Carta 27/38 €
Emplazada junto a la iglesia y restaurada por la propia familia. Esta casa rural posee una atractiva decoración rústica, con nobles vigas de madera y algunas paredes en piedra vista. Habitaciones de adecuado confort y completa carta tradicional, con especialidades como el Arroz con bogavante.

---

## CHAPELA – Pontevedra – ver Redondela

---

## CHÍA – Huesca – 574 E31 – 97 h.     4 D1
▶ Madrid 521 – Zaragoza 205 – Huesca 130 – Andorra la Vella 179
🜲 Valle de Benasque★ Norte : 17 km - Congosto de Ventamillo★★ Sur : 7 km

## ✗ Chongastán     🆈 ✗ 🅿
☺

*Fondevila 8 ⊠ 22465 – 𝒞 974 55 32 00 – www.chongastan.com – cerrado 15 días*
*en mayo, 15 días en septiembre y lunes salvo festivos*
**Rest** – *(solo almuerzo salvo verano, viernes y sábado)* Carta 15/35 €
Un negocio familiar que abarca el funcionamiento del restaurante y la cría natural de ganado vacuno. Aquí la especialidad son los guisos caseros y, sobre todo, sus sabrosas carnes a la brasa, provenientes tanto de la caza como de sus reses.

---

## CHICLANA DE LA FRONTERA – Cádiz – 578 W11 – 81 113 h. – alt. 17 m    1 A3
– Playa
▶ Madrid 646 – Algeciras 102 – Arcos de la Frontera 60 – Cádiz 24
🛈 La Plaza 3, ⊠ 11130, 𝒞 956 53 59 69, www.turismochiclana.com
🛈 urbanización Novo Sancti Petri (playa de la Barrosa), ⊠ 11139, 𝒞 956 49 72 34,
www.turismochiclana.com
⛳ Novo Sancti Petri, urb. Novo Sancti Petri, Suroeste : 10 km, 𝒞 956 49 40 05
🜲 Playa de la Barrosa★★ Suroeste : 7 km

## 🏠 Alborán sin rest, con cafetería     🛄 🆈 🛜 🖴 🚗

*pl. de Andalucía 1 ⊠ 11130 – 𝒞 956 40 39 06 – www.hotelesalboran.com – cerrado*
*15 diciembre-8 febrero*
**70 hab** ⊠ – †51/100 € ††51/120 €
Céntrico y funcional. En este hotel encontrará unas habitaciones confortables decoradas en distintas tonos según la planta, todas con los cabeceros de las camas en forja.

▶ Madrid 166 – Toledo 181 – Cuenca 11 – Guadalajara 127

⛫ **Midama** sin rest     🎐 ᠔ 🛜

*Real 1C- carret. N 320 ⊠ 16190 –* ☎ *969 27 31 61 – www.hotelmidama.com*
*– cerrado 20 diciembre-10 enero*
**30 hab** ⌨ – ⋔30/50 € ⋔⋔35/65 €
Un hotel de línea actual que sorprende tras su modesta fachada. Las habitaciones se distribuyen en tres plantas, todas con mobiliario funcional-actual y baños muy coloristas.

▶ Madrid 47 – Toledo 69 – Cuenca 131
🛈 pl. Mayor 6, ⊠ 28370, ☎ 918 93 53 23, www.ciudad-chinchon.com
◉ Plaza Mayor ★

🏛️ **Parador de Chinchón**     🗖 🐎 🛋 🎐 ᠔ hab, 🅐🅒 ℅ 🛜 🖧 ᠗

*Los Huertos 1 ⊠ 28370 –* ☎ *918 94 08 36 – www.parador.es*
**38 hab** – ⋔64/140 € ⋔⋔80/175 €, ⌨ 18 €     **Rest** – Menú 27 € – Carta 39/47 €
Instalado en un convento del s. XVII que aún conservan el sosiego propio de su origen. Disfruta de un bello jardín y cuidadas habitaciones, todas de línea actual. El restaurante es famoso por ofrecer un único plato en temporada, el "Cocido completo de Taba".

🏠 **La Casa del Convento**     ◉ 🎐 🅐🅒 ℅ 🛜 🖧

*Zurita 7 ⊠ 28370 –* ☎ *918 94 09 36 – www.spalacasadelconvento.com – cerrado del 15 al 31 de agosto*
**5 hab** ⌨ – ⋔120/150 € ⋔⋔135/170 €     **Rest** – Menú 22/34 € – Carta 27/43 €
¡Un hotel rural de gran nivel! Ocupa una casa del s. XVIII, completamente rehabilitada, en la que han sabido combinar detalles rústicos y actuales. También cuenta con un SPA y un restaurante, donde ofrecen platos tradicionales y regionales.

🏠 **Condesa de Chinchón** sin rest     🎐 🅐🅒 ℅ 🛜 🖧 ᠗

*Los Huertos 26 ⊠ 28370 –* ☎ *918 93 54 00 – www.condesadechinchon.com*
**35 hab** – ⋔39/50 € ⋔⋔50/176 €, ⌨ 10 €
Disfruta de una cuidada fachada, un agradable patio y unas elegantes habitaciones de línea clásica, todas con bañera de hidromasaje y en la última planta abuhardilladas.

⛫ **La Casa Rural** sin rest     🅐🅒 ℅ 🛜

*Sociedad de Cosecheros 5 ⊠ 28370 –* ☎ *918 94 11 77 – www.hotel-lacasarural.com*
**14 hab** – ⋔30/40 € ⋔⋔40/60 €, ⌨ 6 € – 8 apartamentos
Reduce su zona social a un patio interior y presenta unas habitaciones de línea funcional. En un edificio independiente también hay apartamentos, más amplios y confortables.

🏠 **La Graja** sin rest     🅐🅒 ℅ 🛜

*Paje 7 ⊠ 28370 –* ☎ *687 31 78 66 – www.lagraja.com*
**8 hab** ⌨ – ⋔36/50 € ⋔⋔60/80 €
Casa rural a la que se accede atravesando un portalón. Dispone de un patio porticado bastante agradable, una pequeña sala de estar y acogedoras habitaciones de ambiente rústico, todas personalizadas.

🏠 **Casa de la Marquesa** sin rest     🅐🅒 ℅ 🛜

*Morata 9 ⊠ 28370 –* ☎ *918 94 11 71 – www.casadelamarquesa.com*
**5 hab** – ⋔55/80 € ⋔⋔55/105 €, ⌨ 8 €
¡Próxima a la plaza Mayor! Lo más llamativo de esta casa son las obras pictóricas y de arte que constituyen su decoración. Amplio patio interior y habitaciones de línea actual, muy confortables para su categoría.

🍴🍴 **Café de la Iberia**     🗖 🅐🅒 ℅ ⟳

*pl. Mayor 17 ⊠ 28370 –* ☎ *918 94 08 47 – www.cafedelaiberia.com*
**Rest** – Menú 18 € – Carta 25/42 €
En un antiguo café que data de 1879. Disfruta de tres cuidados comedores, uno en un patio, y una preciosa terraza-balcón que se asoma directamente a la plaza Mayor. Aquí la especialidad son los asados.

**ESPAÑA**

## XX La Casa del Pregonero 🎪 🎨 🎵 ⟳

*pl. Mayor 4 ⊠ 28370 – 𝒞 918 94 06 96 – www.lacasadelpregonero.com – cerrado martes*

**Rest** – Menú 23 € – Carta 25/49 €

Instalado en la casa del antiguo pregonero. Ofrece un bar, un patio rústico-actual que sirve de comedor y dos salas de aire moderno en el piso superior. Cocina tradicional.

## por la carretera de Titulcia Oeste : 3 km

## 🏠 Nuevo Chinchón 🐾 🎪 🏊 🎨 🎵 🤏 🚗 P

*urb. Nuevo Chinchón ⊠ 28370 Chinchón – 𝒞 918 94 05 44*
*– www.hotelnuevochinchon.com*

**17 hab** ⊇ – †74 € ††83 €   **Rest** – Menú 25 € – Carta 23/35 €

Este tranquilo hotel disfruta de unos cuidados exteriores, con piscina y jacuzzi, así como de suficientes zonas nobles y correctas habitaciones, algunas de ellas con terraza. El restaurante se presenta con un comedor tipo patio y varios salones para banquetes.

---

**CHINORLET** – Alicante – ver XINORLET

---

**CHIVA** – Valencia – **577** N27 – **15 185 h.** – alt. 240 m      **16** A2

▶ Madrid 326 – València 32

## XX La Orza de Ángel 🔘 🎪 ዿ 🎨 🎵 ⟳

*av. Dr. Corachán ⊠ 46370 – 𝒞 962 52 21 94 – www.laorza.com*

**Rest** – Carta 29/53 €

Restaurante de ambiente familiar dotado con un comedor principal y tres privados. Su amplia carta tradicional le debe todo al horno de leña moruno, sus especialidades a la brasa y las sugerencias del día, estas con productos de temporada.

---

**CHURRIANA** – Málaga – **578** V16      **1** B2

▶ Madrid 541 – Sevilla 229 – Málaga 15

## XX La Cónsula – (Restaurante escuela) 🎨 🎵 P

*Finca La Cónsula, carret. de Coín ⊠ 29140 – 𝒞 952 62 24 24 – www.laconsula.com*
*– cerrado Navidades, Semana Santa, agosto, sábado, domingo y festivos*

**Rest** – (solo almuerzo) Menú 39/50 € – Carta 43/58 €

Muy bien llevado entre los profesores y alumnos de una escuela de hostelería. Encontrará un salón amplio, luminoso y de cuidado montaje, así como una carta de línea actual.

---

**CINCTORRES** – Castellón – **577** K29 – **484 h.**      **16** B1

▶ Madrid 504 – Valencia 169 – Castelló de la Plana / Castellón de la Plana 100
– Teruel 124

◎ Morella : Emplazamiento★- Basílica de Santa María La Mayor★- Castillo ≤★ Noreste : 15 km

## 🏠 El Faixero 🎐 ዿ 🎨 rest, 🎵 🤏 🚶

*carret. Iglesuela 7 ⊠ 12318 – 𝒞 964 18 10 75 – www.elfaixero.net – cerrado del 22 al 26 de diciembre*

**25 hab** ⊇ – †35/45 € ††60/85 €   **Rest** – Menú 12/20 € – Carta 15/39 €

Con su nombre rememora la historia del pueblo, pues aquí se dedicaban a la fabricación de fajas. Reparte sus habitaciones entre dos edificios: en el principal de aire rústico y en el nuevo, justo enfrente, más actuales. Su comedor propone una cocina regional.

---

**CINES** – A Coruña – ver Oza dos Ríos

## CISTIERNA - León - 575 D14 - 3 652 h. - alt. 935 m 11 B1

Madrid 380 - Valladolid 164 - León 62 - Oviedo 135

### Río Esla

rest, rest,

*Esteban Corral 5 ✉ 24800 - ✆ 987 70 10 25 - www.hotelrioesla.com*

**19 hab** - 35/45 € 40/65 € - 1 suite **Rest** - Menú 10/20 € - Carta 18/35 €

Ubicado en una calle próxima al centro de la localidad. Presenta un luminoso salón social con chimenea y acogedoras habitaciones, todas diferentes en su decoración. ¡Ofrecen algunos servicios propios de un SPA! En su restaurante, de sencillo montaje, encontrará una buena carta tradicional y un menú del día.

## CIUDAD REAL P - 576 P18 - 74 921 h. - alt. 635 m 9 B3

Madrid 204 - Albacete 212 - Badajoz 324 - Córdoba 196

Alarcos 21 bajo, ✉ 13001, ✆ 926 20 00 37, www.ciudadrealturismo.com

Plano página siguiente

### Guadiana

*Guadiana 36 ✉ 13002 - ✆ 926 22 33 13 - www.hotelguadiana.es* Z**h**

**102 hab** - 50/135 € 50/150 €, 5 € - 6 suites

**Rest *El Rincón de Cervantes*** - ver selección restaurantes

Atesora cierta elegancia, distinguiéndose tanto por su marcada línea clásica como por la calidad de los materiales utilizados. Encontrará amplias salas de trabajo y habitaciones de completo equipamiento, con los suelos en parquet.

### Santa Cecilia

hab,

*Tinte 3 ✉ 13001 - ✆ 926 22 85 45 - www.santacecilia.com* Z**a**

**70 hab** - 50/120 € 60/150 €, 6,50 €

**Rest** - *(cerrado domingo noche)* Menú 16/50 € - Carta 28/43 €

Combina sus cuidadas zonas nobles con unas habitaciones de línea actual-funcional, destacando las cinco superiores por ser más espaciosas. El restaurante completa su carta de tinte tradicional con un menú del día muy bien confeccionado.

### Miami Park

*Ronda de Ciruela 34 ✉ 13004 - ✆ 926 22 20 43 - cerrado del 1 al 15 de agosto y domingo noche* Z**d**

**Rest** - Carta 33/46 €

Resulta agradable y se ha actualizado con acierto. Presenta un gran comedor, decorado en tonos blancos y grises, así como varios espacios abiertos que ejercen como privados. Cocina tradicional actualizada de buen nivel.

### San Huberto

*Montiel ✉ 13004 - ✆ 926 92 35 35 - www.asadorsanhuberto.es* Z**b**

**Rest** - Menú 18/65 € - Carta 27/47 €

Ubicado junto al Parque del Pilar, donde ofrecen una buena terraza de verano, dos salas acristaladas y un pequeño privado. Completa carta tradicional especializada en asados. ¡Suelen participar en las jornadas de la cocina Alfonsí!

### El Rincón de Cervantes - Hotel Guadiana

*Guadiana 36 ✉ 13002 - ✆ 926 22 33 13 - www.hotelguadiana.es* Z**h**

**Rest** - *(cerrado domingo noche)* Menú 15/50 € - Carta 28/43 €

Disfruta de un acceso independiente respecto al hotel Guadiana y destaca por su elegancia, con atractivas paredes en estuco rojo y una notable profusión de maderas en la decoración. Cocina actualizada, con buenas carnes y platos de caza.

### Mesón Octavio N

*Severo Ochoa 6 ✉ 13005 - ✆ 926 25 60 50 - www.mesonoctavio.com - cerrado del 15 al 28 de agosto y domingo* Y**a**

**Rest** - Menú 12/60 € - Carta 22/40 €

Bien llevado entre hermanos y con un ambiente rústico-actual. Aquí apuestan claramente por la caza mayor y el venado, con lo que intentan recuperar los intensos sabores de los montes de Toledo. Carta de vinos regional presentada en iPad.

ESPAÑA

# CIUDAD REAL

ESPAÑA

## Miami Gastro ❶

*av Rey Santo 3* ⊠ *13001 –* ✆ *926 92 19 43 – www.miamigastro.es*     **Ze**

**Rest** – Tapa 4 € – Ración aprox. 10 €

Posee un bar de tapas en la planta calle y una sala en el piso superior, todo de línea actual. Proponen una carta muy variada de tapas, apetitosas raciones y algunos menús, intentando siempre ser fieles a una cocina tradicional actualizada.

**en la carretera de Porzuna** Y Noroeste : 10 km

 **Pago del Vicario**   ⚓ ≪ ☒ 🈵 🍴 hab. 🆚 🕸 🛜 🔐 **P**
*carret. CM 412, km 16* ✉ *13196 Ciudad Real –* 𝒞 *926 66 60 27*
*– www.pagodelvicario.com*
**24 hab** ⌷ – ♦50/60 € ♦♦70/86 €
**Rest** *– (cerrado del 15 al 30 de agosto) (solo almuerzo salvo viernes y sábado)*
Menú 28/50 € – Carta 26/45 €
Gran complejo enológico-turístico ubicado en una bodega que elabora vinos de calidad. Ofrece confortables habitaciones de diseño minimalista, destacando especialmente las del piso superior. El restaurante, que ofrece una carta tradicional, se encuentra en una nave anexa con vistas a una sala de barricas.

---

**CIUDAD RODRIGO** – Salamanca – **575** K10 – **13 646 h.** – alt. 650 m   11 A3
▶ Madrid 294 – Cáceres 160 – Castelo Branco 164 – Plasencia 131
🛈 pl. de Amayuelas 5, ✉ 37500, 𝒞 923 46 05 61, www.turismocastillayleon.com
◎ Catedral★★ (altar★, sillería★, Portada de la Virgen★, claustro★) – Palacio de los
Castro★ – Plaza Mayor★ – Murallas★

 **Parador de Ciudad Rodrigo**   ⚓ 🚗 ⚙ 🆚 🕸 rest. 🛜 🔐 **P**
*pl. del Castillo* ✉ *37500 –* 𝒞 *923 46 01 50 – www.parador.es*
**35 hab** – ♦72/136 € ♦♦90/170 €, ⌷ 15 €
**Rest** – Menú 27 € – Carta 31/44 €
Castillo feudal del s. XIV construido en un marco excepcional, sobre la vega del río
Águeda. Disfruta de una correcta zona social vestida con detalles medievales, cuidadas habitaciones de aire castellano y un jardín con vistas. En su comedor encontrará especialidades regionales y locales, como el Farinato.

 **Molino Del Águeda** 🆕 sin rest   ⚓ ≪ 🈵 ⚙ 🆚 🕸 🛜 **P**
*bajada de Santa Cruz 37, Suroeste: 1,5 km* ✉ *37500 –* 𝒞 *923 46 00 72*
*– www.hotelmolinodelagueda.com*
**16 hab** ⌷ – ♦35/60 € ♦♦45/80 €
Molino de harina del s. XVIII emplazado a orillas del Águeda. Posee una cafetería con el suelo acristalado, lo que permite ver la antigua maquinaria, y habitaciones bien personalizadas de línea clásica, algunas con vistas frontales al río.

---

**CIUTADELLA DE MENORCA** – Balears – ver Balears (Menorca)

---

**CIZUR MENOR** – Navarra – ver Iruña/Pamplona

---

**COCENTAINA** – Alicante – **577** P28 – **11 591 h.** – alt. 445 m   16 A3
▶ Madrid 397 – Alacant/Alicante 63 – València 104

🏠 **Nou Hostalet** sin rest y sin ⌷   🈵 🆚 🛜
*av. Xàtiva 4* ✉ *03820 –* 𝒞 *902 82 08 60 – www.nouhostalet.com*
**26 hab** – ♦30/38 € ♦♦44/73 €
Hotel de organización familiar y aspecto general bastante cuidado, con habitaciones funcionales de línea actual. Pequeña recepción y cafetería con acceso independiente.

✗✗ **El Laurel**   🏠 🆚 🕸 ⟷
*Juan María Carbonell 3* ✉ *03820 –* 𝒞 *965 59 17 38 – www.ellaurelrestaurante.com*
*– cerrado del 8 al 15 de enero, del 15 al 31 de agosto y lunes*
**Rest** *– (solo almuerzo salvo viernes y sábado)* Menú 23/25 € – Carta 28/35 €
Posee una terraza y salones de elegante rusticidad, pues ocupa una casa centenaria dominada por la piedra y la madera. Su carta tradicional contempla algunos platos actualizados... sin embargo, su gran especialidad son los arroces.

**ESPAÑA**

## por la carretera N 340 (km 803) Norte : 1,5 km y desvío a la izquierda 0,5 km

### L'Escaleta (Kiko Moya) 🛱 🔥 🖾 🎖 ↔ 🅿

*Pujada Estació del Nord 205* ✉ *03820 Cocentaina –* 🕾 *965 59 21 00*
*– www.lescaleta.com – cerrado miércoles noche salvo julio-agosto, jueves noche en invierno, domingo noche, lunes y martes noche*
**Rest** – Menú 45/90 € – Carta 52/67 € ✿

Instalado en un atractivo chalet, donde encontraremos una bella terraza exterior, una sala principal clásica-elegante y dos privados. Aquí ofrecen una cocina actualizada de base regional que cuida muchísimo los detalles y una gran bodega.

➔ Tocinillo de cielo lacado por un jugo naranja de especias dulces. Supremas de rape curado bañado por una infusión de arroz venere. El espíritu de un brioche: leche, huevo, levadura, limón y mantequilla pomada.

## COLERA – Girona – 574 E39 – 574 h. – alt. 10 m – Playa                14 D3
🔼 Madrid 768 – Barcelona 167 – Girona 69 – Perpignan 60
🄸 Labrun 34, ✉ 17496, 🕾 972 38 90 50, www.colera.cat
🄶 carretera de Portbou★★

### en la carretera de Llançà Sur : 3 km

### Garbet ≤ 🛱

✉ *17496 Colera –* 🕾 *972 38 90 02 – www.restaurantgarbet.es – mayo-septiembre*
**Rest** – Carta 50/75 €

Negocio familiar que destaca por su situación en una cala protegida. Ofrece un reducido comedor y dos agradables terrazas con vistas al mar. Excelentes pescados y mariscos.

## COLES – Ourense – ver Ourense

## Es COLL D'EN RABASSA – Balears – ver Balears (Mallorca) : Palma

## COLLADO HERMOSO – Segovia – 575 I18 – 157 h. – alt. 1 222 m          12 C3
🔼 Madrid 113 – Valladolid 204 – Segovia 21

### Posada Fuenteplateada sin rest 🐾 🚗 🔥 🎖 📶 �️

*camino de las Rozas* ✉ *40170 –* 🕾 *921 40 30 87 – www.fuenteplateada.net*
**11 hab** ☷ – 🛉60/80 € 🛉🛉100/117 €

Este turismo rural, decorado por su dueña con mimo, ofrece un salón social con biblioteca y unas magníficas habitaciones, todas amplias, con chimenea e hidromasaje.

## COLLADO MEDIANO – Madrid – 576 – 575 J17 – 6 697 h. – alt. 1 030 m     22 A2
🔼 Madrid 47 – Segovia 54 – Ávila 77

### Martín 🛱 🖾 🎖

*Real 84* ✉ *28450 –* 🕾 *918 59 85 07 – www.restaurante-martin.com – cerrado del 1 al 15 de septiembre y lunes salvo festivos*
**Rest** – Menú 12 € – Carta 29/42 €

Negocio de organización familiar y línea clásica. Ofrece un bar público con algunas mesas y un comedor a un lado, algo pequeño pero acogedor. Cocina tradicional.

## COLLOTO – Asturias – ver Oviedo

## COLMENAR DEL ARROYO – Madrid – 576 – 575 K17 – 1 565 h.             22 A2
– alt. 690 m
🔼 Madrid 58 – Ávila 82 – Toledo 116 – Segovia 82

### El Mesón de Doña Filo 🖾 🎖

*San Juan 3* ✉ *28213 –* 🕾 *918 65 14 71 – cerrado del 1 al 7 de junio, 20 días en agosto, lunes y martes*
**Rest** – Menú 55/60 €

Casa céntrica, rústica y de ambiente familiar, con las paredes en piedra y una cuidada decoración. Su carta está basada en dos menús degustación y un apartado de sugerencias.

✗ **Chicote's** 🛱 🎬 ✍

*General Franco 1* ✉ *28213 –* ✆ *918 65 12 26 – www.restaurantechicotes.com*
*– cerrado del 15 al 30 de septiembre y lunes*
**Rest** *– (solo almuerzo salvo viernes y sábado de octubre-junio)* Menú 18/32 €
*– Carta 32/54 €*
Negocio de organización familiar a cargo de dos hermanos. Posee un bar a la entrada, donde sirven el menú del día, y un cálido comedor a la carta de ambiente rústico-regional.

---

**COLOMBRES** – Asturias – 572 B16 – 1 904 h. – alt. 110 m                     5 C2

▶ Madrid 445 – Oviedo 124 – Santander 73

### en Villanueva de Colombres Sur : 2,5 km

🏠 **Quinta de Villanueva** sin rest 🐾 ≤ 🚗 🛗 🛜 🅿

✉ *33590 Colombres –* ✆ *985 41 28 04 – www.quintadevillanueva.com*
*– 15 marzo-15 septiembre*
**19 hab** – †48/81 € ††70/105 €, � 9 €
Casa de indianos centenaria que destaca tanto por su fachada como por sus exteriores. Coqueta zona social y habitaciones de aire colonial, siete con galería. ¡La número 39 disfruta de una terraza con maravillosas vistas a las montañas!

---

**Sa COMA** – Balears – ver Balears (Mallorca)

---

**La COMA I La PEDRA** – Lleida – 574 F34 – 274 h. – alt. 1 004 m            13 B1

▶ Madrid 610 – Berga 37 – Font Romeu-Odeilo Vía 102 – Lleida/Lérida 151

🏠 **Fonts del Cardener** 🐾 ≤ 🚗 🍴 ✗ ✍ 🛜 🅿 🍸

*carret. de Tuixén, Norte : 1 km* ✉ *25284 –* ✆ *973 49 23 77*
*– www.hotelfontsdelcardener.com – cerrado del 7 al 24 de enero, 19 mayo-19 junio*
*y 3 noviembre-3 diciembre*
**13 hab** – †50/60 € ††65/75 €, ⊒ 7 € – 4 apartamentos
**Rest** *Fonts del Cardener* – ver selección restaurantes
Establecimiento familiar emplazado en un pueblecito de montaña. Posee hogareñas habitaciones y apartamentos: las primeras personalizadas con el nombre de montañas e iglesias de la zona y los segundos dotados de cálidos salones con chimenea.

✗ **Fonts del Cardener** – Hotel Fonts del Cardener  ≤ 🍴 ✗ 🎬 ✍ 🅿 🍸

*carret. de Tuixén, Norte : 1 km* ✉ *25284 –* ✆ *973 49 23 77*
*– www.hotelfontsdelcardener.com – cerrado del 7 al 24 de enero,*
*19 mayo-19 junio y 3 noviembre-3 diciembre*
**Rest** *– (cerrado miércoles y jueves salvo Navidades, Semana Santa, verano y festivos)*
Menú 12/19 € – Carta 23/49 €
Un restaurante de línea clásica en el que encontrará una cocina catalana muy completa, pues se enriquece con guisos y platos a la brasa. ¡Pruebe alguna especialidad local!

### por la carretera de Tuixén Norte : 5 km

🏠 **Cal Joan del Batlle** 🐾 ≤ 🚗 ✍ rest, 🛜 🅿

✉ *25284 La Coma I La Pedra –* ✆ *608 13 01 84 – www.caljoandelbatlle.cat*
**6 hab** ⊒ – †89 € ††100 €
**Rest** *– (es necesario reservar)* Carta 25/47 €
Preciosa masía del s. XIX rodeada de frutales. Ofrece un buen salón social con chimenea y coquetas habitaciones de aire rústico repartidas por distintas dependencias del edificio... incluidas las antiguas cuadras. Su restaurante, con las paredes en piedra, propone una cocina tradicional actualizada.

ESPAÑA

## COMBARRO – Pontevedra – 571 E3 – Playa

▶ Madrid 610 – Pontevedra 6 – Santiago de Compostela 63 – Vigo 29
◉ Pueblo pesquero★ - Hórreos★

### Stella Maris sin rest                    ≤ 🛗 ⅗ 🛜 🅿

carret. de La Toja - av. de Chancelas 7 ⊠ 36993 – 𝒸 986 77 03 66
– www.hotel-stellamaris.com – Semana Santa-octubre
**35 hab** ☲ – †30/70 € ††48/85 €
Este establecimiento destaca tanto por el emplazamiento, prácticamente colgado sobre el mar, como por las vistas que ofrece a la ría de Pontevedra desde algunas habitaciones. ¡Todo su mobiliario castellano se ha lacado en color blanco!

---

## COMILLAS – Cantabria – 572 B17 – 2 439 h. – Playa

▶ Madrid 412 – Burgos 169 – Oviedo 152 – Santander 43
🄸 Joaquín de Piélago 1, ⊠ 39520, 𝒸 942 72 25 91, www.comillas.es
◉ Pueblo pintoresco★

### Comillas                    🛋 ৬ hab, 🄺 ⅗ 🛜 🅿

paseo de Solatorre 1 ⊠ 39520 – 𝒸 942 72 23 00 – www.hcomillas.com
– 15 marzo-2 noviembre
**30 hab** – †56/105 € ††71/132 €, ☲ 8 €    **Rest** – (solo cena) Menú 15 €
¡Apartado del bullicioso centro pero también próximo a él! Presenta unas instalaciones actuales, con detalles regionales, y un amplio entorno ajardinado. Habitaciones funcionales y acogedor restaurante enfocado al cliente alojado.

### en Trasvía Oeste : 2 km

### Dunas de Oyambre sin rest                    🕭 ≤ 🚗 🛜 🅿

barrio La Cotera ⊠ 39528 Trasvía – 𝒸 942 72 24 00 – www.dunasdeoyambre.com
– 15 marzo-16 octubre
**21 hab** ☲ – †42/66 € ††55/99 €
Casona de piedra construida en un alto. En líneas generales posee unas habitaciones sencillas, aunque algunas de ellas y el mirador gozan de relajantes vistas al valle. Amplio entorno con césped.

### por la carretera de Ruiseñada Sur : 2,5 km y desvío a la derecha 1 km

### Torre del Milano sin rest                    🕭 ≤ 🖥 🛗 🛜 🍴 🅿

⊠ 39529 Ruiseñada – 𝒸 942 72 22 44 – www.torredelmilano.com
**14 hab** ☲ – †60/90 € ††75/120 €
Está aislado en pleno monte, en un entorno ideal para relajarse y desconectar. Aunque las habitaciones están personalizadas, y todas tienen distintos estilos, en general resultan muy coloridas y desprenden cierto aroma rústico-actual.

### en El Tejo Suroeste : 3,5 km

### Los Trastolillos sin rest                    🕭 🚗 🛜 🅿

barrio Ceceño 46 ⊠ 39528 El Tejo – 𝒸 942 72 22 12 – www.lostrastolillos.com
**10 hab** ☲ – †55/75 € ††70/98 €
Casa rural, de corte actual, rodeada por un pequeño jardín con frutales. Su zona social consta de varias salitas y disfruta de unas habitaciones bastante luminosas, todas personalizadas y las de confort superior con vistas al mar.

### en Rioturbio Suroeste : 5 km

### Posada Rural Rioturbio                    🕭 🄺 rest, 🛜 🅿

Rioturbio 13 ⊠ 39528 Rioturbio – 𝒸 942 72 04 11 – www.posadarioturbio.com
**7 hab** ☲ – †53/69 € ††72/88 €    **Rest** – (solo clientes) Carta aprox. 29 €
¡Ideal para familias con niños! Esta casa de aire montañés se encuentra en una pequeña aldea, rodeada de campos y con vistas al monte Corona. Ofrece habitaciones de aire rústico, destacando las dos abuhardilladas, dobles y con chimenea.

ESPAÑA

# CONIL DE LA FRONTERA – Cádiz – **578** X11 – **21 927 h.** – Playa

▶ Madrid 657 – Algeciras 87 – Cádiz 40 – Sevilla 149

🛈 Carretera 1, ✉ 11140, ☎ 956 44 05 01, www.turismo.conil.org

### Casa Alborada ⑩ sin rest y sin ☲
AC ⅗ 🛜
*G. Gabino Aranda 5* ✉ *11140 – ☎ 956 44 39 11 – www.alboradaconil.com*
**11 hab** – ♦40/70 € ♦♦50/90 €
Bien situado, pues ocupa una antigua casa restaurada de una calle peatonal. Sorprende con dos bonitos patios, uno lleno de plantas, y unas cuidadas habitaciones de ambiente rústico-actual. ¡Suba a su azotea, pues tiene buenas vistas al mar!

## al Noroeste

### Diufain sin rest
⅗ 🚗 ⅃ AC ⅗ 🛜 **P**
*av. Fuente del Gallo, 1 km* ✉ *11140 Conil de la Frontera – ☎ 956 44 25 51*
*– www.hoteldiufain.com – marzo-octubre*
**30 hab** – ♦40/60 € ♦♦55/93 €, ☲ 4 € – 16 apartamentos
Establecimiento familiar, tipo cortijo, distribuido en tres edificios, el principal con las estancias alrededor de un patio y los otros dos pensados para apartamentos. Sus sencillas habitaciones poseen mobiliario provenzal en pino.

# CONSUEGRA – Toledo – **576** N19 – **10 923 h.** – alt. 704 m

▶ Madrid 132 – Toledo 65 – Ciudad Real 90

### La Vida de Antes sin rest
⅗ ᴋ 🛜 🛄 🚗
*Colón 2* ✉ *45700 – ☎ 925 48 06 09 – www.lavidadeantes.com*
*– cerrado del 8 al 23 de enero y del 6 al 17 de julio*
**9 hab** – ♦48/55 € ♦♦60/75 €, ☲ 4 €
Casa manchega del s. XIX recuperada con gran acierto. Ofrece un atractivo patio central, con lucernario, y habitaciones personalizadas en su decoración, algunas tipo dúplex.

# CORBERA DE LLOBREGAT – Barcelona – **574** H35 – **14 231 h.**
– alt. 342 m

▶ Madrid 592 – Barcelona 27 – Girona/Gerona 116 – Tarragona 87

XX **Casa Nostra**
🍴 AC ⅗ ⟷
*Federic Soler Pitarra* ✉ *08757 – ☎ 936 50 06 52 – www.restaurantcasanostra.com*
*– cerrado martes noche y miércoles noche en invierno, domingo noche y lunes*
**Rest** – Menú 12/36 € – Carta 36/54 €
Ofrece una sala clásica, un privado y una zona de terraza, con piscina, que utilizan para el servicio al aire libre. Cocina actual, platos de temporada y una cuidada bodega.

# CORÇÀ – Girona – **574** G39 – **1 279 h.** – alt. 43 m

▶ Madrid 733 – Barcelona 126 – Girona 29 – Perpignan 108

## en la carretera C 66 Sureste : 2 km

XX **Bo.Tic** (Albert Sastregener)
🍴 AC ⅗ **P**
❀ ✉ *17121 Corçà – ☎ 972 63 08 69 – www.bo-tic.com – cerrado 20 enero*
*- 19 marzo, domingo noche y martes salvo verano, y lunes*
**Rest** – Menú 44/82 € – Carta 66/78 €
Destaca tanto por su cocina como por su emplazamiento, pues ocupa un antiguo molino de harina. Patio-terraza de estética surrealista, luminosa sala de aire neorrústico e interesante carta de autor, con menús degustación y de temporada.
➜ Bogavante, agua de tomate y queso feta. Pichón, endivias y framhuesas. Chocolate, cacahuete, vainilla, Baileys y cacao.

# CÓRDOBA

Planos de la ciudad en páginas siguientes **1** B2

© Tommaso Di Girolamo / Tips / Photononstop

ESPAÑA

P – **Córdoba – 328 841 h. – alt. 124 m** – 578 S15

Madrid 407 – Badajoz 278 – Granada 166 – Málaga 175

**Oficina de Turismo**

Torrijos 10, ✉ 14003, ✆957 35 51 79, www.andalucia.org
pl. de las Tendillas, ✉ 14002, ✆902 20 17 74, www.turismodecordoba.org

**Golf**

Córdoba, Norte : 9 km por av. del Brillante, ✆957 35 02 08

VER

Mezquita-Catedral*** BZ • Judería** AZ • Palacio de Viana** BY • Museo Arqueológico Provincial** BZ • Alcázar de los Reyes Cristianos* AZ • Iglesias Fernandinas* (Santa Marina de Aguas Santas BY, San Miguel BY, San Lorenzo V, San Pablo BY) • Torre de la Calahorra (maqueta★) BZ • Museo Julio Romero de Torres* BZ**M**[7] • Plaza de los Capuchinos* BY • Palacio de la Diputación★ ABY.
**Alrededores** : Medina Azahara★★ Oeste : 6 km X • Las Ermitas (vista★★) 13 km V.

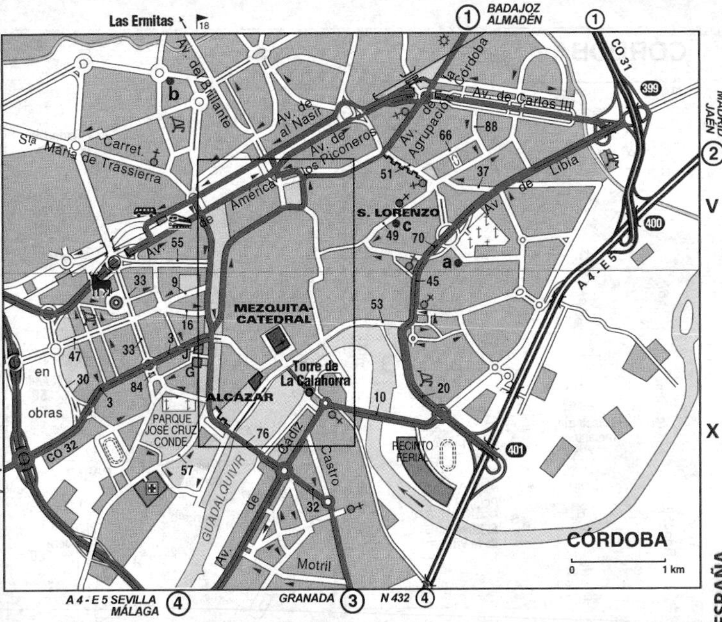

Las Ermitas \ 🔲 18

① BADAJOZ / ALMADÉN ①

CÓRDOBA

0          1 km

A 4 - E 5 SEVILLA ④ MÁLAGA    GRANADA ③    N 432 ④

ESPAÑA

---

**Palacio del Bailío**    🕭 🍴 🏊 🕭 ⚷ hab, ⁏⁂ ⚙ rest, 🤝 🏤 🚗
*Ramírez de las Casas Deza 10-12 ⊠ 14001 – ℰ 957 49 89 93 – www.hospes.com*
**53 hab** – ♦♦170/455 €, � 24 €    BY**g**
**Rest** – Menú 25/55 € – Carta 43/57 €

Instalado en un palacio del casco viejo, donde se combinan a la perfección la belleza arquitectónica de los ss. XVI-XVII con la decoración minimalista más moderna. El restaurante, de cocina actual, se monta parcialmente en un patio con el suelo acristalado, lo que permite ver los restos arqueológicos romanos.

**Las Casas de la Judería**    🕭 🏊 🕭 ⚷ hab, ⁏⁂ ⚷ 🕭 🏤 🚗
*Tomás Conde 10 ⊠ 14004 – ℰ 957 20 20 95 – www.casasypalacios.com*
**62 hab** – ♦130/250 € ♦♦160/320 €, ⊠welcome 19 € – 2 suites    AZ**b**
**Rest** *Las Caballerizas de los Marqueses* – Carta 38/56 €

Ocupa varias casas rehabilitadas del s. XVI, así que encontrará bellos patios, valiosos restos arquitectónicos, confortables habitaciones y un auténtico laberinto de pasillos. El restaurante, de buen montaje, ofrece una cocina fiel al recetario tradicional.

**NH Amistad Córdoba** sin rest    🕭 🎝 🕭 ⁏⁂ 🤝 🏤 🚗
*pl. de Maimónides 3 ⊠ 14004 – ℰ 957 42 03 35 – www.nh-hotels.com*
**108 hab** – ♦♦50/309 €, ⊠welcome 15 €    AZ**v**

Conjunto histórico ubicado junto a la muralla árabe. Disfruta de amplias zonas comunes, un bonito patio mudéjar y habitaciones bastante modernas, estas últimas repartidas entre dos edificios y con buenos detalles. ¡Atractivo solárium!

305

# CÓRDOBA

0 · · · 200 m

Av. de · las Ollerías

p

Pl. de Colón

PALACIO DE LA DIPUTACIÓN

JARDINES DE LA MERCED

Av. de la Libertad

Av. de América

Santa Marina de Aguas Santas

Mayor de Sta. Marina

PALACIO DE VIANA

h

Av. del Gran Capitán

Av. de Cervantes

Av. de los Mozárabes

Argentina

República

Avenida de la Victoria

ESPAÑA

Mausoleo romano

Ronda

Pas. del Gran Capitán

Cruz Conde

PL. DE LOS CAPUCHINOS

22

g

31

S. Andrés 68

Sta Isabel

Rincón

P. del

Alfaros

San

b

SAN MIGUEL

c

s

Concepción

Edje de S. Felipe

Ribera

Alfonso XIII

Pl. de las Tendillas

Templo Romano

17

H

S. PABLO

n

T

21

S. Nicolás de la Villa

s

Pl. S. Juan

Jesús y María

Claudio Marcelo

25

Pl. de la Corredera

80

t

a

Paseo de la Victoria

Lope de Hoces

S. de Feria

Valladares

Barroso

Sta Victoria

7

MUSEO ARQUEOLÓGICO PROVINCIAL

San Fernando

S. Francisco

M M

Pl. del Potro

41

Puerta de Almodóvar

Roano

JUDERÍA

15

k a n

13

Pl. J. Páez

Pl. J. Rey

Heredia

Calleja de las Flores

Lucano

Pas. de la Ribera

Sinagoga

t

39

Romero

u

e

s

r

23

a t

MEZQUITA-CATEDRAL

Cañuelo

Dr. Fleming

d

38

w

19

Isasa

19

GUADALQUIVIR

Puente de Miraflores

V 46

M

b

Palacio de Congresos

c

81

43

Z

Baños califales

M

Z

P

Puerta del Puente

Campo Santo de los Mártires

5

Ronda

Puente Romano

ALCÁZAR

Torre de la Calahorra

S. BASILIO

S. Basilio

Av. del Conde de Vallellano

Av. del Alcázar

MOLINOS ÁRABES

Confederación

Santo Cristo

Plaza Sta Teresa

Av. del Obregidor

Av. de la

Av. de Cádiz

306

### 🏠 Córdoba Center
🕹 🖪 🛉 ৬ hab, 🕰 ✆ 🛜 👪 ☕

*av. de la Libertad 4* ⊠ *14006 –* ✆ *957 75 80 00 – www.hotelescenter.com* AY**p**

**207 hab** – 🛉46/350 € , ☲ 10 € – 12 suites

**Rest** *Al-Zagal* – Carta 28/38 €

Hotel de línea moderna que sorprende por su fachada, pues por la noche esta cambia constantemente de color. Ofrece amplias zonas sociales y habitaciones bien equipadas. El restaurante, clásico-actual, presenta una bodega acristalada y una carta tradicional. ¡Amplia terraza-solárium y piscina panorámica!

### 🏠 Maciá Alfaros
🕹 🖪 🗐 ৬ hab, 🕰 ✆ 🛜 👪 ☕

*Alfaros 18* ⊠ *14001 –* ✆ *957 49 19 20 – www.maciahoteles.com* BY**s**

**143 hab** – 🛉60/168 € 🛉🛉60/219 € , ☲ 10 €    **Rest** – Menú 23 € – Carta 20/38 €

Moderno hotel con arquitectura y diseño de raíces árabes. Posee una espaciosa zona social y habitaciones bien actualizadas, tanto en mobiliario como en decoración. La carta del restaurante es muy sencilla... de hecho, muchas veces ofrecen el servicio en la cafetería.

### 🏠 Balcón de Córdoba 🅝
🕸 🛱 🗐 ৬ 🕰 ✆ rest, 🛜

*Encarnación 8* ⊠ *14002 Córdoba –* ✆ *957 49 84 78 – www.balcondecordoba.com*

**8 hab** ☲ – 🛉🛉120/215 € – 2 suites    BZ**a**

**Rest** – (solo clientes) Menú 25/37 € – Carta 29/50 €

Ocupa una casa típica cordobesa que formó parte de la iglesia de la Encarnación, por lo que conserva algunos objetos relacionados y restos arqueológicos. Atesora tres patios y se presenta con unas habitaciones de sobria modernidad, todas distintas. ¡Suba a su azotea, pues ofrece unas inmejorables vistas!

### 🏠 La Hospedería de El Churrasco
🕸 ৬ 🕰 🛜 ☕

*Romero 38* ⊠ *14003 –* ✆ *957 29 48 08 – www.elchurrasco.com – cerrado agosto*

**9 hab** ☲ – 🛉75/156 € 🛉🛉100/178 €    AZ**a**

**Rest** *El Churrasco* – ver selección restaurantes

Se encuentra en plena judería y está formada por tres casas, bien unidas entre sí a través de sus hermosos patios. Las habitaciones gozan de un equipamiento moderno, con los suelos en madera, mobiliario antiguo y baños detallistas.

### 🏠 Selu sin rest
🗐 ৬ 🕰 🛜 ☕

*Eduardo Dato 7* ⊠ *14003 –* ✆ *957 47 65 00 – www.hotelselu.com* AY**s**

**104 hab** – 🛉40/176 € , ☲ 11 €

Céntrico, clásico y de organización profesional, bien situado junto a la zona comercial de la ciudad. Encontrará las zonas nobles a ambos lados de la recepción y unas habitaciones bastante cuidadas, todas de línea funcional.

### 🏠 Casa de los Azulejos sin rest
🕸 ৬ 🕰 ✆ 🛜

*Fernando Colón 5* ⊠ *14002 –* ✆ *957 47 00 00 – www.casadelosazulejos.com*

**9 hab** ☲ – 🛉45/75 € 🛉🛉55/97 €    BY**a**

Atesora un encanto indudable, pues combina el estilo tradicional andaluz con los detalles coloniales. Posee bellos suelos hidráulicos, baños coloristas, un hermoso patio lleno de plantas... y habitaciones con aspectos originales de la casa.

### 🏠 Mezquita sin rest
🗐 🕰 ✆ 🛜

*pl. Santa Catalina 1* ⊠ *14003 –* ✆ *957 47 55 85 – www.hotelmezquita.com*

**31 hab** – 🛉35/65 € 🛉🛉55/125 € , ☲ 6 €    BZ**w**

Aunque parezca un reclamo turístico posee un nombre totalmente apropiado, pues esta antigua casa señorial se encuentra frente a la Mezquita-Catedral. Recepción comunicada con un patio interior y habitaciones amplias con baños actuales.

### 🏠 Los Omeyas sin rest
🗐 🕰 ✆ 🛜 ☕

*Encarnación 17* ⊠ *14003 –* ✆ *957 49 22 67 – www.hotel-losomeyas.com*

**39 hab** – 🛉40/60 € 🛉🛉57/100 € , ☲ 4,50 €    BZ**t**

Modesto pero muy bien situado, junto a la Mezquita-Catedral. Posee un bello patio andaluz, con columnas y suelos en mármol, así como amplias habitaciones de línea funcional.

### 🏠 Lola sin rest
🕰 ✆ 🛜

*Romero 3* ⊠ *14002 –* ✆ *957 20 03 05 – www.hotelconencantolola.com*

**8 hab** ☲ – 🛉71/104 € 🛉🛉80/129 €    AZ**d**

En plena judería y con una atractiva decoración regional. Posee un patio central, donde sirven los desayunos, y unas acogedoras habitaciones, todas con sugerentes nombre de mujer y la decoración personalizada. Coqueta terraza en la azotea.

ESPAÑA

ESPAÑA

### XXX El Caballo Rojo ⚘ 🖫 ⚘ ⟷

*Cardenal Herrero 28 ⊠ 14003 – ℰ 957 47 53 75 – www.elcaballorojo.com*
**Rest** – Menú 35/55 € – Carta 42/51 €　　　　　　　　　　　　　AZ**r**

Este emblemático restaurante cordobés cuenta con una gran cafetería, varios comedores de ambiente clásico y una coqueta terraza con vistas en el 2º piso. Cocina
regional con especialidades andaluzas, mozárabes y sefardíes.

### XXX Los Berengueles ⚘ ⅙ 🖫 ⚘ ⟷

*Conde de Torres Cabrera 7 ⊠ 14001 – ℰ 957 47 28 28 – www.losberengueles.com*
*– cerrado agosto, domingo noche y lunes noche*　　　　　　　　　BY**b**
**Rest** – Menú 35/50 € – Carta 30/52 €

Instalado en la antigua casa de la Marquesa de Valdeloro, un edificio de raíces andaluzas que conserva su patio, los zócalos de azulejos y una belleza atemporal. Cocina
tradicional rica en pescados, muchos procedentes del puerto de Motril.

### XXX El Blasón 🖫 ⚘

*José Zorrilla 11 ⊠ 14008 – ℰ 957 48 06 25 – www.elcaballorojo.com*　AY**n**
**Rest** – Menú 35/55 € – Carta 40/50 €

En una zona histórica y comercial. Presenta un bar, con un patio cubierto al
fondo para tapear, y comedores de cuidada decoración en la 1ª planta. Carta de
cocina tradicional.

### XXX Almudaina 🖫 ⟷

*pl. Campo Santo de los Mártires 1 ⊠ 14004 – ℰ 957 47 43 42*
*– www.restaurantealmudaina.com – cerrado domingo noche*　　　AZ**c**
**Rest** – Menú 25/60 € – Carta 35/63 €

Acogedor restaurante situado frente al alcázar, en una casa-palacio con historia. Su
señorial interior se realza con detalles regionales y un agradable patio, este cubierto
por una cúpula-vidriera. Carta tradicional con toques actuales.

### XX Choco (Kisko García) ⅙ 🖫 ⚘

🕸

*Compositor Serrano Lucena 14 ⊠ 14010 – ℰ 957 26 48 63*
*– www.restaurantechoco.es – cerrado agosto, domingo noche y lunes*　V**a**
**Rest** – Menú 45/58 € – Carta 39/45 €

¡Un placer gastronómico! La ubicación no es la más atractiva... sin embargo, presenta
un buen interior de estética contemporánea. Su chef ejecuta, con brillantez y técnica,
una cocina actual basada en la calidad de los productos autóctonos.
→ Sardina marinada en bota de vinagre de Montilla, regaña casera y salmorejo
asado. Lechón crujiente, crema de ajo y naranja. Milhojas de cítricos con helado de
cilantro.

### XX El Churrasco – Hotel La Hospedería de El Churrasco 🖫 ⚘ ⟷

*Romero 16 ⊠ 14003 – ℰ 957 29 08 19 – www.elchurrasco.com – cerrado agosto*
**Rest** – Menú 32 € – Carta 36/51 € 🏵　　　　　　　　　　　AZ**n**

Antiguas casas judías dotadas con un bar, múltiples salas repletas de obras de arte y
dos acogedores patios. También tienen una bodega-museo en un anexo, junto a
varios privados. Sus especialidades son el Salmorejo, el Churrasco y el Rabo.

### XX El Envero 🖻 🖫 ⚘ ⟷

🕸

*Teruel 21 ⊠ 14011 – ℰ 957 20 31 74 – www.elenvero.com – cerrado domingo noche*
*y lunes*　　　　　　　　　　　　　　　　　　　　　　　　V**b**
**Rest** – Menú 20/40 € – Carta 30/40 €

¡Su nombre hace referencia a la época de coloración de las uvas! Este moderno restaurante se presenta con un bar ideado para comidas informales, un comedor y un privado. Cocina actual y de temporada, con productos ecológicos y de almadraba.

### XX El Buey y el Fuego 🖫 ⚘ ⟷

*Benito Pérez Galdós 1 ⊠ 14001 – ℰ 957 49 10 12 – www.asadoresdecordoba.net*
*– cerrado domingo*　　　　　　　　　　　　　　　　　　AY**h**
**Rest** – Menú 35 € – Carta 30/46 €

Aquí se trabaja con productos de gran calidad. En su interior, de estilo clásico-regional
y repartido por varios rincones, le ofrecerán una carta de gusto tradicional especializada en asados y carnes a la brasa.

## XX Casa Rubio

🛋 AC 🍴

*Puerta Almodóvar 5 ⊠ 14003 – ℰ 957 42 08 53 – www.restaurantecasarubio.com*
**Rest** – Menú 14/45 € – Carta 35/55 €  AZ**t**

Posee un bar de tapas, dos confortables comedores de estilo clásico-actual y una agradable terraza en la azotea, esta última dotada de vistas a las murallas. Cocina tradicional con especialidades, como el Rabo o las Berenjenas con miel.

## X Taberna Casa Pepe de la Judería

🛋 AC 🍴 ✿

*Romero 1 ⊠ 14003 – ℰ 957 20 07 44 – www.casapepejuderia.com*  AZ**s**
**Rest** – Menú 25/50 € – Carta 35/42 €

Se encuentra en plena judería, instalado en una antigua casa dotada con un típico patio andaluz, un bar de tapas y varios privados en la 1ª planta. Destaca la atractiva terraza de su azotea, con vistas a la Catedral. Cocina tradicional.

## X La Cuchara de San Lorenzo

🛋 AC

*Arroyo de San Lorenzo 2 ⊠ 14002 – ℰ 957 47 78 50 – cerrado agosto, domingo noche y lunes salvo festivos*  V**c**
**Rest** – Carta 30/40 €

Llevado entre dos hermanos y de sorprendente simplicidad. Aquí apuestan por una cocina actual de base tradicional, no exenta de platos típicos y con especialidades dignas de mención, como las Manitas de cerdo o el Parmentier de boletus.

## Y Taberna San Miguel-Casa El Pisto

AC 🍴

*pl. San Miguel 1 ⊠ 14002 – ℰ 957 47 83 28 – www.casaelpisto.com – cerrado agosto, domingo y lunes noche*  BY**c**
**Rest** – Tapa 2,10 € – Ración aprox. 12 €

Una taberna centenaria y de enorme tipismo, pues atesora una cuidada decoración regional. Posee una pequeña barra y varias salitas, donde podrá tomar sus exquisitos pinchos y raciones (Pisto, Carrillada, Manitas de cerdo, Rabo de toro...).

## Y Mesón Juan Peña

AC 🍴

*av. Doctor Fleming 1 ⊠ 14004 – ℰ 957 20 07 02 – cerrado 16 julio-agosto y domingo*  AZ**f**
**Rest** – Tapa 3 € – Ración aprox. 12 €

Curioso bar de tapas decorado con aperos, antiguas cajas fuertes y motivos taurinos. Ofrece una cocina andaluza muy variada, con guisos y platos vinculados a los túnidos.

## Y Casa Rubio

🛋 AC 🍴

*Puerta Almodóvar 5 ⊠ 14003 – ℰ 957 42 08 53 – www.restaurantecasarubio.com*
**Rest** – Tapa 2,50 € – Ración aprox. 10 €  AZ**t**

Bar de tapas emplazado junto a la imponente Puerta de Almodóvar, en una casa antigua dotada con una barra a la entrada, una sala de aire rústico y un bellísimo patio sefardí.

## Y Taberna Casa Pepe de la Judería

AC

*Romero 1 ⊠ 14003 – ℰ 957 20 07 44 – www.casapepejuderia.com*  AZ**s**
**Rest** – Tapa 2,90 € – Ración aprox. 13 €

Un clásico en la zona turística, pues sirve como lugar de encuentro habitual para la degustación de tapas y raciones de calidad. ¡Puede tomar raciones tanto en la barra como en las mesas del restaurante!

## Y Taberna Salinas

AC 🍴

*Tundidores 3 ⊠ 14002 – ℰ 957 48 01 35 – www.tabernasalinas.com – cerrado agosto y domingo*  BY**t**
**Rest** – Ración aprox. 6,60 €

Esta taberna, llena de tipismo, distribuye sus salitas en torno a un patio cordobés. Aquí no hay tapas, solo raciones propias de la cocina regional como el Potaje de garbanzos con manitas, el Pisto o las Naranjas con cebolletas y bacalao.

## Y El Nº 10

🛋 AC 🍴

*Romero 10 ⊠ 14002 – ℰ 957 42 14 83 – www.cabezasromero.com*  AZ**e**
**Rest** – Tapa 2,50 € – Ración aprox. 13 €

Se halla en plena judería y... ¡está dedicada al vino con la D.O. Montilla-Moriles! Sus tapas y raciones son un buen método para descubrir la cocina tradicional y regional.

## por la av. del Brillante V

### 🏨🏨🏨 Parador de Córdoba    🕭 🗄 🍴 🛏 hab. 🔲 📶 🅿️

*av. de la Arruzafa 37, Norte : 3,5 km ⊠ 14012 Córdoba – 𝒞 957 27 59 00*
*– www.parador.es*
**88 hab** – †52/132 € ††65/165 €, ⊇ 16 € – 6 suites    **Rest** – Menú 27 €
Edificio de sobria arquitectura construido sobre el antiguo palacete de recreo de Abderramán I, con magníficos exteriores ajardinados y unas dependencias de gran confort. El restaurante, estrechamente ligado al recetario regional, se complementa con una terraza-bar que sorprende por sus excelentes vistas.

---

**CORESES** – Zamora – 575 H13 – 1 142 h. – alt. 646 m    11 B2
🔼 Madrid 247 – Salamanca 78 – Valladolid 88 – Zamora 15

### 🏠🏠🏠 Convento I    🕭 🛁 🛏 📶 🅿️

*carret. de la Estación, Sur : 1,5 km ⊠ 49530 – 𝒞 980 50 04 22 – www.hotelconvento.es*
**61 hab** ⊇ – †69/95 € ††103/122 € – 9 suites
**Rest** – Menú 12/45 € – Carta 23/43 €
¡Deslumbrante y con un hermoso SPA! De un paseo por el arte recorriendo las zonas nobles y disfrute con su decoración, pues el estilo cambia según las dependencias. Su acogedor comedor se completa con una cafetería y varios salones para banquetes, siendo el Cordero asado en horno de leña el gran protagonista.

---

**CORIA DEL RÍO** – Sevilla – 578 U11 – 29 921 h.    1 B2
🔼 Madrid 539 – Sevilla 16 – Huelva 91 – Cádiz 134

### ✕✕ Sevruga    🍴 🔲 📶 ↻

*av. de Andalucía 5 ⊠ 41100 – 𝒞 954 77 66 95 – www.sevruga.es – cerrado 7 días en agosto, domingo noche y lunes salvo verano*
**Rest** – Carta 26/37 €
Restaurante de moderna fachada e interior actual que destaca tanto por la agradable terraza a orillas del Guadalquivir como por su atractiva terraza-bar en la azotea. Cocina tradicional con toques actuales y agradables presentaciones.

---

**La COROMINA** – Barcelona – ver Cardona

---

**CORRALEJO** – Las Palmas – ver Canarias (Fuerteventura)

---

**CORTADURA (Playa de)** – Cádiz – ver Cádiz

---

**CORTEGANA** – Huelva – 578 S9 – 4 914 h. – alt. 690 m    1 A1
🔼 Madrid 500 – Sevilla 116 – Huelva 110 – Beja 103
🝙 Aracena★ (Gruta de las Maravillas★★★)

### 🏠🏠 Sierra Luz 🆕    🕭 🗄 🛏 hab. 🔲 hab. 📶 🅿️

*Jesús Nazareno ⊠ 21230 – 𝒞 959 62 31 00 – www.sierraluz.com*
**12 hab** – †40/50 € ††60/80 €, ⊇ 5 € – 3 apartamentos
**Rest** – Menú 8/15 € – Carta 17/32 €
Se halla en la zona alta del pueblo, junto a una ermita, sorprendiendo por ser completamente accesible a las personas con movilidad reducida. Pequeño jardín con plantas aromáticas, habitaciones de línea funcional-actual y restaurante-mesón de ambiente rústico.

---

**A CORUÑA** 🅿️ – 571 B4 – 246 146 h. – Playa    19 B1
🔼 Madrid 603 – Bilbao 622 – Porto 305 – Santiago de Compostela 73
✈ de A Coruña por ② : 10 km 𝒞 902 40 47 04
**Iberia :** aeropuerto 𝒞 902 40 05 00
� Dársena de la Marina, ⊠ 15001, 𝒞 981 22 18 22, www.turgalicia.es
**R.A.C.E.** Rosalía de Castro 12 𝒞 981 20 34 17
🝙 A Coruña, por la carret. de Lugo : 7 km, 𝒞 981 28 52 00
◎ Avenida de la Marina★ ABY – Domus-Casa del Hombre★ V - Torre de Hércules ≶ ★ V
🝙 Cambre (Iglesia de Santa María★) 11 km por ②

# A CORUÑA

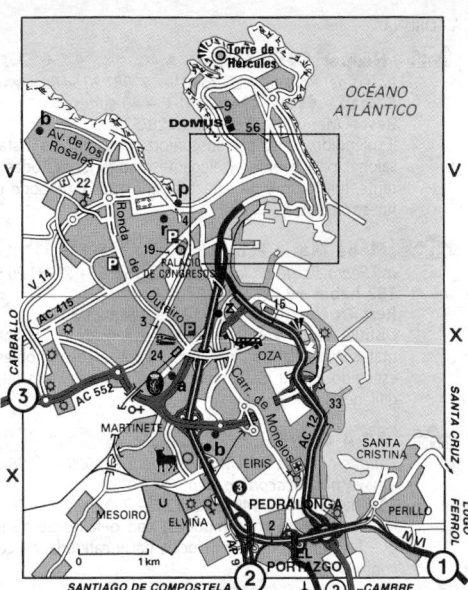

ESPAÑA

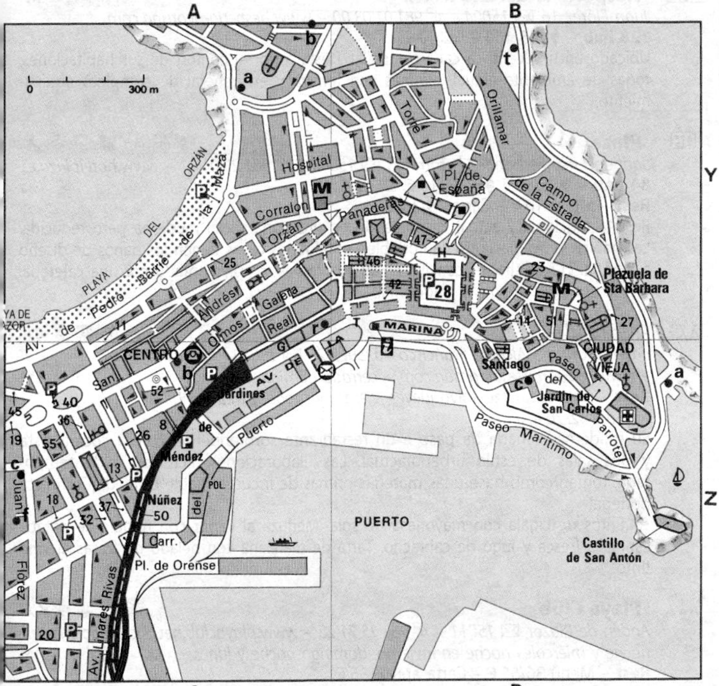

ESPAÑA

### Hesperia Finisterre
*paseo del Parrote 2* ✉ *15001* – ℰ *981 20 54 00* – *www.hesperia-finisterre.com*
**52 hab** – ††99/349 €, ☲ 18 € – 40 suites                                   BZc
**Rest** – Menú 35/50 € – Carta 28/52 €

¡Espléndido, tanto por su confort como por sus vistas! Ofrece un amplio hall, varios salones para eventos y elegantes habitaciones, todas de línea clásica-actual. El restaurante, luminoso y de carácter panorámico, propone una cocina actualizada acorde a nuestros días.

### Meliá María Pita
*av. Pedro Barrié de la Maza 1* ✉ *15003* – ℰ *981 20 50 00* – *www.melia.com*
**183 hab** – ††70/157 €, ☲ 14 €                                              AYa
**Rest** *Trueiro* – Menú 20/30 € – Carta 23/36 €

Disfruta de un emplazamiento privilegiado en 1ª línea de playa, con vistas tanto al mar como a la ciudad. Ofrece amplias zonas nobles y habitaciones con mobiliario escogido. En su restaurante encontrará una carta internacional con bastantes platos gallegos.

### AC A Coruña sin rest, con cafetería
*Enrique Mariñas 34 - Matogrande* ✉ *15009* – ℰ *981 17 54 90*
*– www.hotelacacoruna.com*                                                    Xb
**114 hab** – ††50/140 €, ☲ 12 € – 2 suites

Instalaciones de línea moderna con detalles de diseño. Posee un salón polivalente, que funciona como zona social, bar y cafetería, así como unas habitaciones de buen confort.

### Hesperia A Coruña sin rest
*Juan Flórez 16* ✉ *15004* – ℰ *981 01 03 00* – *www.hesperia-acoruna.com*
**128 hab** – ††55/160 €, ☲ 13 €                                              AZc

Ubicado en una céntrica calle comercial. Destaca por el confort de sus habitaciones, todas de ambiente actual, algunas con terraza y en general de completo equipamiento.

### Plaza
*Santiago Rey Fernández Latorre 45* ✉ *15006* – ℰ *981 29 01 11* – *www.hotelplaza.es*
**84 hab** – †35/80 €, ††42/110 €, ☲ 12 €                                      Xz
**Rest** – Menú 10 € – Carta 19/33 €

Resulta funcional y actual, disponiendo de una zona social moderna pero reducida. Las habitaciones, bastante confortables, en algunos casos tienen los baños de diseño a la vista. El restaurante, sencillo en su montaje y complementado por una cafetería, ofrece una carta de gusto tradicional.

### XXX Alborada
⟨⟩ *paseo Marítimo Alcalde Francisco Vázquez 25* ✉ *15002* – ℰ *981 92 92 01*
*– www.restaurantesalborada.com* – *cerrado domingo*                          BYt
**Rest** – *(solo almuerzo salvo jueves, viernes y sábado)* Menú 55/75 €
– Carta 42/70 € ⿻

Su moderna fachada da paso a un restaurante sorprendente, con la cocina vista y dos salas de estilo urbano-actual. Las elaboraciones, actuales y de temporada, toman como base unas materias primas de incuestionable calidad. ¡Completa bodega!
→ Fritos de cigala con mayonesa de soja. Merluza al vapor con ñoquis de patata, espinaca fresca y jugo de cabracho. Tarta de manzana con helado de fresas al vino tinto.

### XXX Playa Club
⟨⟩ *Andén de Riazor* ✉ *15011* – ℰ *981 25 71 28* – *www.playaclub.net* – *cerrado martes noche y miércoles noche en invierno, domingo noche y lunes*                    Vp
**Rest** – Menú 36/55 € – Carta aprox. 35 €

Destaca tanto por su emplazamiento en la playa de Riazor como por sus vistas, realmente excepcionales. En su interior, actualizado, luminoso y con detalles que aluden al Deportivo de la Coruña, le ofrecerán una carta media de tinte actual.

XXX **Árbore da Veira** ❶ (Luis Veira)                                     Ⓐ ⌘ ⇔
❀ *San Andrés 109 ⌧ 15003 – ℰ 981 07 89 14 – www.arboredaveira.com – cerrado del*
*3 al 16 de marzo y del 18 al 31 de agosto*                                    AZ**b**
**Rest** – *(solo almuerzo salvo verano, viernes, sábado y festivos) (solo menú)*
Menú 46/59 €
La fachada, realmente discreta, esconde un restaurante de marcado aire moderno,
con una zona de sofás, solo cuatro mesas y un reservado. Basan su oferta en dos
menús degustación, ambos dominados por los productos del mar y de temporada.
→ La cereza que cayó del árbol. Gamba gallega con jugo de sus cabezas. Milhoja
casero con crema de vainilla de Tahití.

XX **Mirador de San Pedro**                                    ≼ Ⓐ ⌘ ⇔ Ⓟ
*Monte de San Pedro ⌧ 15011 – ℰ 981 10 08 23 – www.miradordesanpedro.es*
**Rest** – *(solo almuerzo salvo viernes, sábado y vísperas de festivos)*           V**b**
Menú 34 € – Carta 34/55 €
Tiene una ubicación difícil de mejorar, ya que se encuentra en lo alto del monte de
San Pedro, con impresionantes vistas tanto al océano como a la ciudad. Cocina actual.
¡Los viernes y sábados ofrecen "Cenas Románticas" para parejas!

XX **Domus**                                                  ≼ Ⓐ ⌘ ⇔
*Ángel Rebollo (Domus-Casa del Hombre) ⌧ 15002 – ℰ 981 20 11 36*
*– www.casapardo-domus.com – cerrado domingo noche, martes noche y lunes*
**Rest** – Menú 20/38 € – Carta 28/40 €                                          V**a**
Combina su moderna decoración con una pared en roca natural y disfruta de unas
magníficas vistas a las playas de A Coruña. Cocina tradicional con buen producto y
detalles de autor. ¡Pruebe su Lubina con crema de nécoras, no se arrepentirá!

XX **Augamar**                                            ≼ ⌖ & Ⓐ ⌘ ⇔ 🚗
*paseo Marítimo Alcalde Francisco Vázquez ⌧ 15001 – ℰ 981 20 47 42*
*– www.augamar.com – cerrado lunes*                                           BZ**a**
**Rest** – *(solo almuerzo salvo jueves, viernes y sábado)* Menú 35/60 € – Carta 34/50 €
En las instalaciones de Marina Coruña, un edificio de diseño actual que sorprende por
su estructura y sus fantásticas vistas a los pantalanes del puerto. Cocina tradicional
sabrosa, bien elaborada y con buenos puntos de cocción.

XX **A la Brasa**                                                   Ⓐ ⌘ ⇔
*Juan Florez 38 ⌧ 15004 – ℰ 981 27 07 27 – www.gasthof.es – cerrado*
*24 diciembre-2 enero*                                                       AZ**f**
**Rest** – Menú 23 € – Carta 30/50 €
¡En pleno centro! Tiene una barra de apoyo a la entrada, con expositor y vivero, así
como dos salas de correcto montaje donde ofrecen una completa carta de cocina tradicional.

XX **Coral**                                                       Ⓐ ⌘
*callejón de la Estacada 9 (av. de la Marina) ⌧ 15001 – ℰ 981 20 05 69*
*– www.restaurantemarisqueriacoral.com – cerrado domingo salvo agosto*
**Rest** – Carta 24/67 €                                                     AY**r**
Negocio de larga trayectoria familiar. Posee una única sala de estilo clásico que contrasta con la rusticidad de sus paredes en piedra. Carta tradicional con muchos mariscos.

XX **Asador Coruña**                                               Ⓐ ⌘
*Alcalde José Crespo López Mora 4 ⌧ 15008 – ℰ 981 24 01 57*
*– www.asadorcoruna.com – cerrado domingo noche*                                X**a**
**Rest** – Carta 30/50 €
Una casa en la que se respeta muchísimo el producto. Presenta una sala de corte clá-
sico-tradicional con profusión de madera, detalles en piedra y la cocina a la vista.
¡Excelentes carnes gallegas en parrilla de leña... y buenos pescados!

XX **Artabria**                                                    Ⓐ ⌘
*Fernando Macías 28 ⌧ 15004 – ℰ 981 26 96 46 – www.restauranteartabria.com*
*– cerrado 15 días en junio*                                                 V**r**
**Rest** – Menú 15/31 € – Carta 27/40 €
Próximo a la playa de Riazor. Posee un bar privado y una sala actual vestida con cua-
dros de autores gallegos. Cocina tradicional con algunas licencias actuales.

ESPAÑA

※ **El de Alberto** ⑩     🎨 ⅏
☺ *Ángel Rebollo 18* ✉ *15002 –* 𝒞 *981 90 74 11 – cerrado domingo noche y lunes salvo vísperas de festivos*     **AYb**
**Rest** – Menú 25 € – Carta 20/34 €
¡Un local con personalidad! Posee una pequeña barra y un comedor de estilo rústico-actual, decorado con cuadros coloristas y objetos antiguos. Platos tradicionales y gallegos.

ℙ/ **Comarea**     🔊 🎨 ⅏
*Carlos Martínez Barbeito y Morás 4* ✉ *15009 –* 𝒞 *981 13 26 58 – www.comarea.es – cerrado domingo*     **Xb**
**Rest** – Ración aprox. 15 €
Bar de tapas-vinoteca de estética actual emplazado en un barrio residencial. Entre sus raciones destacan algunos mariscos, el pulpo y los ibéricos. Excelente carta de vinos.

---

**COSGAYA** – Cantabria – **572** C15 – 86 h. – alt. 530 m     **8** A1
▶ Madrid 413 – Palencia 187 – Santander 129

🏠 **Del Oso**     🌿 ⤧ ※ 🛏 ⅏ 🛰 ℙ
✉ *39582 –* 𝒞 *942 73 30 18 – www.hoteldeloso.com – cerrado enero-15 febrero*
**49 hab** � – †59/68 € ††71/85 €
**Rest** *Del Oso* – ver selección restaurantes
Bello hotel de línea tradicional constituido por dos edificios en piedra. Ofrece acogedores espacios sociales y habitaciones de ambiente rústico, algo más amplias en el anexo.

🏠 **La Casona de Cosgaya**     ⅏ 🛰 ℙ
*barrio Areños* ✉ *39582 –* 𝒞 *942 73 30 77 – www.casonadecosgaya.com – cerrado del 10 al 26 de diciembre*
**13 hab** ⊷ – †54/71 € ††94/110 €
**Rest** *El Urogallo* – ver selección restaurantes
Instalado en una casona rehabilitada del s. XVI que presenta sus fachadas en piedra. Posee un salón con chimenea, cálidas habitaciones de aire rústico-actual y un pequeño SPA.

※※ **Del Oso** – Hotel Del Oso     ⤧ ※ ⅏ ℙ
✉ *39582 –* 𝒞 *942 73 30 18 – www.hoteldeloso.com – cerrado enero-15 febrero*
**Rest** – Menú 20 € – Carta 32/44 €
El restaurante, de marcado ambiente rústico, es muy conocido en la zona gracias tanto a la contundencia de sus platos como al sabor de su popular cocido lebaniego.

※※ **El Urogallo** – Hotel La Casona de Cosgaya     🎨 ⅏ ℙ
*barrio Areños* ✉ *39582 –* 𝒞 *942 73 30 77 – www.casonadecosgaya.com – cerrado del 10 al 26 de diciembre y martes*
**Rest** – Menú 15/41 € – Carta 33/45 €
Una de las opciones gastronómicas más interesantes en Los Picos de Europa. El comedor, decorado con diversos trofeos de caza, se complementa con una galería acristalada. Carta tradicional con claro protagonismo de los platos cinegéticos.

---

**COSLADA** – Madrid – **576** – **575** L20 – 91 832 h. – alt. 621 m     **22** B2
▶ Madrid 17 – Guadalajara 43

※※ **La Ciaboga**     🎨 ⅏
*av. del Plantío 5* ✉ *28821 –* 𝒞 *916 73 59 18 – www.laciaboga.com – cerrado sábado noche y domingo*
**Rest** – Menú 30/38 € – Carta 25/52 €
Está llevado por la familia propietaria con gran dedicación y profesionalidad. Ofrece un pequeño bar, una sala de ambiente clásico y una cocina fiel al recetario tradicional.

---

**COSTA** – ver a continuación y el nombre propio de la costa

---

**COSTA TEGUISE** – Las Palmas – ver Canarias (Lanzarote)

# COVADONGA – Asturias – 572 C14 – alt. 260 m 5 C2

▶ Madrid 429 – Oviedo 84 – Palencia 203 – Santander 157

◉ Emplazamiento ★★ – Museo (corona★)

◪ Mirador de la Reina ≼★★ Sureste : 8 km – Lagos de Enol y de la Ercina★ Sureste : 12,5 km

---

### 🏨 G.H. Pelayo ॐ ≼ 🅑 ᘒ hab, 🄺 ⅋ rest, ⅄ 🅿

*Real Sitio de Covadonga* ✉ 33589 – *℘ 985 84 60 61 – www.granhotelpelayo.com*
*– cerrado 3 enero-abril*
**52 hab** – ♦55/105 € ♦♦70/140 €, ⌷ 8 € **Rest** – Menú 13/20 € – Carta 21/51 €
Junto a la basílica de Covadonga, con un hall-recepción de aire clásico, varios saloncitos sociales y confortables habitaciones definidas por la calidad del mobiliario. El restaurante está acristalado y disfruta de hermosas vistas a Los Picos de Europa.

---

### ✗ El Huerto del Ermitaño de Covadonga 🏮 ⅋

*Real Sitio de Covadonga 25* ✉ 33589 – *℘ 985 84 61 12*
*– www.elhuertodelermitanodecovadonga.com – cerrado del 7 al 20 de enero y jueves salvo verano*
**Rest** – *(solo almuerzo salvo julio-septiembre)* Menú 12/18 € – Carta 27/36 €
Ocupa una antigua casa restaurada junto al santuario. Cuenta con una terracita junto al río, un bar, una salita y el comedor principal en un piso inferior, todo con profusión de piedra y madera. ¡Sabores asturianos y raciones copiosas!

## en la carretera AS 262

### ⌂ Casa Asprón sin rest 📶

*Noroeste : 0,5 km* ✉ 33589 – *℘ 985 84 60 92 – www.casaspron.com*
**7 hab** ⌷ – ♦45/60 € ♦♦55/80 €
Casa de turismo rural rodeada por una zona de césped. Posee un salón social con chimenea y unas habitaciones de línea funcional, en general algo pequeñas aunque algunas son tipo dúplex.

Los precios junto al símbolo ♦ corresponden al precio más bajo en temporada baja, después el precio más alto en temporada alta, para una habitación individual. El mismo principio con el simbolo ♦♦, esta vez para una habitación doble.

---

# COVARRUBIAS – Burgos – 575 F19 – 626 h. – alt. 840 m 12 C2

▶ Madrid 228 – Burgos 39 – Palencia 94 – Soria 117

🄵 Monseñor Vargas , ✉ 09346, *℘ 947 40 64 61, www.ecovarrubias.com*

◉ Localidad★ - Colegiata★ - Museo-Tesoro★

◪ Abadía de Santo Domingo de Silos★★ (claustro★★★) Sudeste : 18 km - Quintanilla de las Viñas : Iglesia★ Noreste : 24 km

### ⌂ Doña Sancha sin rest ॐ ≼ ⅋ 📶 🅿

*av. Victor Barbadillo 31* ✉ 09346 – *℘ 947 40 64 00 – www.hoteldonasancha.com*
**14 hab** – ♦35/50 € ♦♦48/60 €, ⌷ 4 €
Este hotelito disfruta de una agradable zona de césped con pérgola, un salón social con chimenea y coloristas habitaciones de aire rústico, todas con balcón y las del piso superior abuhardilladas. ¡Ofrecen bicicletas y organizan rutas!

### ✗✗ De Galo 🄺

*Monseñor Vargas 10* ✉ 09346 – *℘ 947 40 63 93 – www.degalo.com – cerrado Navidades, febrero y miércoles*
**Rest** – *(solo almuerzo salvo fines de semana en agosto)* Menú 14/21 € – Carta 26/35 €
Restaurante de estilo rústico instalado en una antigua posada. Presenta una bella cocina serrana en el hall y un buen comedor en lo que fueron las cuadras. ¡Su especialidad son las legumbres, las carnes a la brasa y el Cordero asado!

---

**COVAS** – Lugo – ver Viveiro

ESPAÑA

**COVELO** – Pontevedra – **571** F4 – **2 931 h.** – alt. 490 m

19 B3

▶ Madrid 555 – Ourense 62 – Pontevedra 47 – Vigo 49

**en Fofe** Noreste : 8 km

介 **Rectoral de Fofe**     ⑤ ⪬ 🛁 🗻 🎇 rest, 🛜 **P**

*Aldea de Arriba 7* ⊠ *36873 Fofe – ℰ 986 66 87 50*
*– www.turismoruralrectoraldefofe.com*
**9 hab** ⊑ – †45/53 € ††59/79 €    **Rest** – (es necesario reservar) Menú 15/25 €
Singular turismo rural aislado en plena naturaleza, con una decoración rústica y vistas
al valle. Agradable piscina, coqueta terraza-porche y habitaciones de correcto confort.
En su comedor podrá degustar un menú casero y algunos platos elaborados por
encargo.

---

**CRETAS** – Teruel – **574** J30 – **598 h.**

4 C2

▶ Madrid 471 – Zaragoza 151 – Teruel 198 – Tarragona 117

🏠 **Villa de Cretas**     ⑤ 🛗 🗚 🎇 🛜 🚗

*pl. de España 1* ⊠ *44623 – ℰ 978 85 05 42 – www.hotelvilladecretas.com*
*– cerrado 2 enero-15 marzo*
**12 hab** ⊑ – †65/88 € ††69/99 €    **Rest** – Menú 15/30 € – Carta 28/39 €
Esta casa señorial ha tenido diversas funciones públicas antes de convertirse en hotel
con encanto. Posee habitaciones no muy amplias pero bastante mimadas en su decoración. El restaurante, de excelente montaje, elabora una cocina tradicional actualizada.

---

**Los CRISTIANOS** – Santa Cruz de Tenerife – **ver Canarias (Tenerife)**

**CRUZ DE TEJEDA** – Las Palmas – **ver Canarias (Gran Canaria)**

---

**CUACOS DE YUSTE** – Cáceres – **576** L12 – **894 h.** – alt. 520 m

18 C1

▶ Madrid 223 – Ávila 153 – Cáceres 130 – Plasencia 45

🏠 **Moregón**     🗚 🎇 🛜

*av. de la Constitución 77* ⊠ *10430 – ℰ 927 17 21 81 – www.moregon.com*
**16 hab** – †42/47 € ††55/61 €, ⊑ 3 €    **Rest** – Menú 9/25 € – Carta 15/45 €
Pequeño negocio familiar emplazado muy cerca del monasterio de Yuste. Habitaciones de gran funcionalidad, todas con buenos niveles de mantenimiento y mobiliario
provenzal. El restaurante, que basa su trabajo en el menú, ofrece una cocina de carácter regional.

**en la carretera de Valfrío** Sur : 4,5 km

介 **La Casona de Valfrío**     ⑤ 🚙 🗻 🗻 🎇 rest, **P**

*carret. de Valfrío* ⊠ *10430 Cuacos de Yuste – ℰ 927 19 42 22*
*– www.lacasonadevalfrio.com – cerrado 17 diciembre-enero*
**6 hab** ⊑ – †82/92 € ††90/100 €    **Rest** – (solo clientes) Menú 24 €
Casa rústica levantada en un paraje de bellos exteriores, con la piscina rodeada de
césped. Decoración rústica detallista y habitaciones abuhardilladas en el piso superior.

---

**CUBAS** – Cantabria – **572** B18

8 B1

▶ Madrid 478 – Santander 27 – Bilbao 86

介 **Posada Río Cubas** sin rest     ⑤ ⪬ 🎇 🛜

*Horna 12, Sureste : 1,5 km* ⊠ *39793 – ℰ 942 50 82 41 – www.posadariocubas.com*
*– abril-15 octubre*
**14 hab** – †44/61 € ††55/77 €, ⊑ 5 €
Casa rural inmersa en un océano de prados verdes. Destaca por su tranquilidad, ofreciendo un salón social con chimenea y coquetas habitaciones, algunas abuhardilladas.

---

**CUDILLERO** – Asturias – **572** B11 – **5 691 h.**

5 B1

▶ Madrid 505 – Oviedo 57

🚹 Puerto del Oeste, ⊠ 33150, ℰ 985 59 13 77

◉ Muelle : ⪬★

🅖 Ermita del Espíritu Santo (⪬★) Este : 7 km – Cabo Vidio★★ (⪬★★) Noroeste : 14 km

🔲 **Casona de la Paca** sin rest　　　　　　🖧 🚗 🕮 🖧 🕊 🛜 **P**
*El Pito, Sureste : 1 km* ✉ 33150 – ℰ 985 59 13 03 – www.casonadelapaca.com
*– cerrado 8 diciembre-14 febrero*
**19 hab** – ♦81/107 € ♦♦101/126 €, ⌑ 10 € – 10 apartamentos
Instalado en una casona de indianos cuyas dependencias mantienen el ambiente de
antaño. Destaca por su elegante sala acristalada y sus habitaciones, algunas con miradores.

🏠 **Casa Prendes** sin rest　　　　　　　　🕮 🕊
*San José 4* ✉ 33150 – ℰ 985 59 15 00 – www.hotelcasaprendes.com
**9 hab** – ♦40/89 € ♦♦56/89 €, ⌑ 6 €
Sus habitaciones pueden resultar pequeñas, sin embargo, tienen una cálida decoración de aire rústico, con las paredes en piedra, mobiliario clásico y los suelos en
tarima.

XX **El Pescador** con hab　　　　　　　　🖧 ≼ 🕮 🕊 🛜 **P**
*El Pito-Tolombreo de Arriba, Sureste : 1,5 km* ✉ 33150 – ℰ 985 59 09 37
*– www.hotelrestauranteelpescador.com – cerrado 19 diciembre-5 enero*
**8 hab** ⌑ – ♦62/78 € ♦♦78/98 €
**Rest** – *(cerrado lunes noche)* Menú 18/50 € – Carta 23/51 €
Ocupa una casa tipo chalet y es muy conocido en la zona por la excelente calidad de
sus pescados. Sus salas resultan muy luminosas y presenta un ambiente rústico-elegante. Las habitaciones se encuentran en el piso superior y quedan definidas tanto
por su amplitud como por su cuidado mobiliario clásico.

## al Oeste 5 km

XX **Mariño** con hab　　　　　　　　　🖧 ≼ 🕊 🛜 **P**
*Concha de Arteo* ✉ 33150 Concha de Arteo – ℰ 985 59 11 88
*– www.concha-arteo.com – cerrado del 7 al 21 de enero y del 4 al 18 de noviembre*
**12 hab** ⌑ – ♦25/30 € ♦♦45/55 €
**Rest** – *(cerrado domingo noche y lunes) (solo almuerzo salvo Navidades, Semana
Santa, 26 junio-15 septiembre, fines de semana y festivos)* Menú 12/25 €
*– Carta 33/49 €*
Situado en la ladera de un monte, por lo que brinda espléndidas vistas a la playa.
Tiene un bar-sidrería y una gran sala acristalada, donde podrá degustar su carta mari-
nera. Desde sus habitaciones verá un paisaje conocido como El Balcón de la Concha
de Arteo.

ESPAÑA

---

**CUÉLLAR** – Segovia – 575 I16 – 9 726 h. – alt. 857 m　　　　　　**12** C2
📍 Madrid 147 – Aranda de Duero 67 – Salamanca 138 – Segovia 60

X **San Francisco** con hab　　　　　　🕮 🅰️ 🕊 rest, 🛜
*av. Camilo José Cela 2* ✉ 40200 – ℰ 921 14 20 67 – www.hmsanfrancisco.com
**25 hab** – ♦31/46 € ♦♦46/71 €, ⌑ 3 €
**Rest** – *(cerrado domingo noche)* Menú 17 € – Carta 20/46 €
Instalado en una antigua casa de piedra. En sus salones, de línea clásica-actual, proponen especialidades regionales o de temporada, como el guiso de Rabo de toro o sus
sabrosas Setas. Por si desea alojarse también tienen habitaciones, la mayoría de estilo castellano. ¡Pruebe su vino de elaboración propia!

## en la carretera CL 601 Sur : 3,5 km

XX **Florida** con hab　　　　　　　　🚗 🅰️ 🕊 🛜 **P**
*km 57 (vía de servicio)* ✉ 40200 – ℰ 921 14 02 75 – www.restaurantehotelflorida.es
*– cerrado Navidades y 15 días en noviembre*
**10 hab** – ♦44/55 € ♦♦55/65 €, ⌑ 5 €
**Rest** – *(cerrado domingo noche y lunes)* Menú 22/45 € – Carta 25/51 €
Un establecimiento que, además del restaurante, posee un elegante salón de banquetes con acceso independiente. Cocina tradicional con ciertas dosis de actualidad y
renombradas especialidades, como sus Chuletas de lechazo encebolladas. Completan
su oferta con unas confortables habitaciones de línea clásica.

**CUENCA** 🅿 – **576** L23 – **57 032 h.** – **alt. 923 m** **10** C2

Madrid 164 – Albacete 145 – Toledo 185 – València 209

pl. Mayor 2, ✉ 16001, ✆ 969 24 10 51, www.cuenca.es

Villar de Olalla, por la carret. de Ciudad Real : 10,5 km, ✆ 969 26 71 98

Emplazamiento★★ – Ciudad Antigua★★ Y : Catedral★ (portada de la sala capitular★ Rejas★, Museo Diocesano★ : díptico bizantino★ **M1)** – Casas Colgadas★ ≤★ : Museo de Arte Abstracto Español★★ - Espacio Torner★★ Y – Fundación Antonio Pérez★ Y - Plaza de las Angustias★ Y – Puente de San Pablo ≤★ Y

Hoz del Huécar : ≤★ Y – Las Torcas★ 20 km por ① – Ciudad Encantada★ Noroeste : 25 km Y

### Parador de Cuenca

*subida a San Pablo ✉ 16001 – ✆ 969 23 23 20 – www.parador.es* **Yf**

**62 hab** – †68/140 € ††85/175 €, ☕ 18 € – 1 suite

**Rest** – Menú 27 € – Carta 31/45 €

Ocupa un singular convento del s. XVI, ubicado junto a la hoz del Huécar y con espectaculares vistas a las Casas Colgadas. Hermoso claustro acristalado y habitaciones de confort actual, todas con buen mobiliario castellano. El comedor destaca por tener un precioso techo artesonado y un gran mural de azulejos.

### Torremangana sin rest

*San Ignacio de Loyola 9 ✉ 16002 – ✆ 969 24 08 33 – www.hoteltorremangana.com* **Yu**

**118 hab** – ††60/97 €, ☕ 12 € – 2 suites

Junto al gran parque de Los Moralejos, más conocido como el "carrero". Ofrece una variada zona social y habitaciones bien equipadas de línea clásica-actual, en las tres primeras plantas con los suelos en tarima y en las últimas en moqueta.



### Convento del Giraldo

*San Pedro 12 ✉ 16001 – ✆ 969 23 27 00 – www.hotelconventodelgiraldo.com* **Ya**

**34 hab** – †108/123 € ††134/154 €, ☕ 11 €

**Rest** – Menú 20/26 € – Carta 33/40 €

Un hotel con cierto encanto, pues está instalado en un antiguo convento del casco histórico. En líneas generales presenta unas instalaciones bastante actuales, con correctas zonas sociales y habitaciones de buen confort.

### Leonor de Aquitania

rest,

*San Pedro 60 ✉ 16001 – ✆ 969 23 10 00 – www.hotelleonordeaquitania.com*

**46 hab** – †92/103 € ††118/139 €, ☕ 11 € **Yz**

**Rest** – *(cerrado enero, domingo noche y lunes)* Menú 24/36 € – Carta 23/45 €

Casa-palacio del s. XVIII dotada de acogedoras instalaciones. Destacan las habitaciones orientadas a la hoz del Huécar, las que tienen los techos en madera y la llamada "La Hebrea Hermosa", pues atesora una terraza con excepcionales vistas.

### Posada de San José

rest,

*Julián Romero 4 ✉ 16001 – ✆ 969 21 13 00 – www.posadasanjose.com* **Ye**

**22 hab** – †56/64 € ††76/103 €, ☕ 9 €

**Rest** – *(cerrado 13 enero-12 febrero) (solo cena salvo fines de semana y festivos)* Carta 20/36 €

Hotel con encanto ubicado en un edificio del s. XVII. Ofrece hermosos rincones, un pequeño jardín y aposentos de época, la mayoría con terraza o balcones asomados al Huécar. El restaurante, coqueto y con una carta de tinte casero, monta una terraza de carácter panorámico sobre el jardín.

### Cánovas sin rest y sin ☕

*Fray Luis de León 38-1º ✉ 16001 – ✆ 969 21 39 73 – www.hostalcanovas.com* **Yh**

**17 hab** – †25/50 € ††45/65 €

Céntrico hostal emplazado en una zona de ambiente comercial. Presenta unas cuidadas habitaciones de línea clásica, todas con los suelos en madera, destacando por su confort y mejor mobiliario las dos del piso superior que poseen terraza.

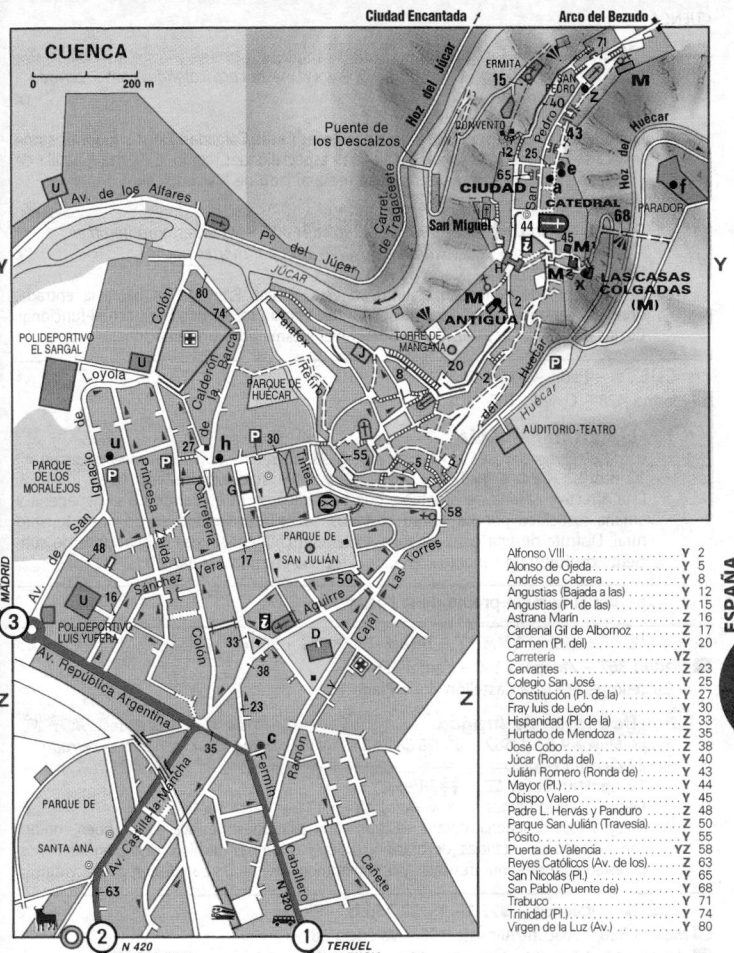

**CUENCA**

0  200 m

Ciudad Encantada

Arco del Bezudo

**ESPAÑA**

---

### XXX  Ars Natura  ⟨ 😊 ふ 🔥 M ✗ P⟩

❀

*Río Gritos 5, por ① ⊠ 16004 – 𝒞 969 21 95 12 – www.restaurantearsnatura.com – cerrado del 1 al 15 de julio, domingo noche, lunes y martes noche*
**Rest** – Menú 30/65 € – Carta 45/56 €

Instalado en el Centro Ars Natura, un museo de diseño vanguardista que, al estar en una zona elevada, disfruta de sorprendentes vistas sobre la ciudad. El restaurante, de estética minimalista, propone una cocina creativa de gran nivel.
→ Sopa de ajo morado de Pedroñeras. Pichón asado en dos servicios, trufa, foie, setas y patata. Quesadilla manchega, frutos rojos y mango.

### XX  Figón del Huécar  ⟨🏠 M ✗ ↔⟩

*Julián Romero 6 ⊠ 16001 – 𝒞 969 24 00 62 – www.figondelhuecar.es – cerrado domingo noche y lunes*                                    **Ye**
**Rest** – Menú 26/36 € – Carta 35/49 €

En una casa antigua, con vistas al Huécar, que perteneció al cantante José Luis Perales. Posee varios comedores, una bodega visitable y una maravillosa terraza panorámica. Carta tradicional bien complementada por un menú degustación.

319

XX **Meson Casas Colgadas** ⪡ ⃞ 🍴 ⟷

*Canónigos* ⊠ 16001 – ℰ 969 22 35 09 – www.mesoncasascolgadas.com – *cerrado lunes noche y martes* Yx

**Rest** – Menú 27/38 € – Carta 35/45 €

Emblemático, pues está dentro de las famosas Casas Colgadas. De sus fogones surge una carta con platos regionales y algunas especialidades, como la jugosa Paletilla de cordero lechal. ¡Anticípese y reserve su mesa al lado de los ventanales!

X **Raff** ⅄ ⃞

⊛ *Federico García Lorca 3* ⊠ 16004 – ℰ 969 69 08 55 – www.restauranteraff.es – *cerrado 23 julio-6 agosto, domingo, lunes noche y martes noche* Zc

**Rest** – Menú 18/30 € – Carta 33/40 €

Un concepto gastronómico distinto en esta ciudad. Presenta un bar a la entrada, donde sirven raciones y vinos por copas, así como una sala de línea actual-funcional. Cocina tradicional actualizada de buen nivel y esmeradas presentaciones.

---

**La CUETA** – León – 575 C11 **11** A1

▶ Madrid 428 – Oviedo 105

⌂ **El Rincón de Babia** ⌇ ⅏ 🛜 P.

*barrio de Quejo, Sur : 2,5 km* ⊠ 24141 – ℰ 987 48 82 92 – www.elrincondebabia.com

**12 hab** � – ♦48 € ♦♦57 € **Rest** – (solo cena) (solo menú) Menú 16 €

Esta atractiva casona de montaña, que se dedicó en otros tiempos a la ganadería y emana rusticidad por los cuatro costados, se ha reconvertido en un buen turismo rural. Disfruta de una correcta zona social con chimenea, unas habitaciones de suficiente confort y un coqueto comedor. ¡Precioso entorno natural!

**CUEVA** – ver el nombre propio de la cueva

---

**Las CUEVAS DE CAÑART** – Teruel – 578 J28 – 90 h. **4** C3

▶ Madrid 367 – Zaragoza 160 – Teruel 136

– Castelló de la Plana/Castellón de la Plana 159

🏠 **Don Iñigo de Aragón** ⌇ 🍴 🧖 🛎 🅱 hab, ⃞ rest, ⅏ 🛜 P.

*pl. Mayor 9* ⊠ 44562 – ℰ 978 88 74 86 – www.doninigodearagon.com – *cerrado 22 diciembre-enero*

**19 apartamentos** ⊜ – ♦♦78/95 €

**Rest** – (cerrado lunes salvo verano) Menú 17 € – Carta 18/48 €

Antigua casona señorial dotada de amplias instalaciones. Destaca por su buen confort, con variedad de estancias, decoración rústica y columnas de hidromasaje en los baños. El restaurante presenta tres salas y un buen montaje, con las paredes en piedra vista.

---

**CULLERA** – Valencia – 577 O29 – 22 736 h. – Playa **16** B2

▶ Madrid 388 – Alacant/Alicante 136 – València 38

🅸 del Mar 93, ⊠ 46400, ℰ 961 72 09 74, www.culleraturismo.com

🅸 pl. Constitución ⊠ 46400, ℰ 961 73 15 86

XX **Eliana Albiach** 🍴 ⃞ ⅏

*Peset Alexandre 2* ⊠ 46400 – ℰ 961 73 22 29 – www.elianaalbiach.com – *cerrado 7 enero-13 febrero y lunes salvo festivos*

**Rest** – Menú 20/60 € – Carta 30/38 €

Este pequeño restaurante presenta una estética actual y se encuentra a unos 20 metros de la playa. Carta de cocina creativa con un gran apartado de arroces tradicionales.

---

**CURIEL DE DUERO** – Valladolid – 575 H17 – 130 h. **12** C2

▶ Madrid 190 – Valladolid 62 – Segovia 94 – Palencia 77

🏰 **Castillo de Curiel** ⊛ ⌇ ⪡ 🛁 🛎 ⃞ hab, ⅏ 🛜 🆔 🅿

*Castillo de Curiel, Norte : 1 km* ⊠ 47316 – ℰ 983 88 04 01 – www.castillodecuriel.com

**23 hab** ⊜ – ♦82/92 € ♦♦104/114 € – 1 suite **Rest** – Menú 25 € – Carta 35/41 €

¡En lo alto de un cerro y con magníficas vistas! Este hotel se ha construido, al estilo medieval, sobre los cimientos de un castillo derruido del s. VII. Sorprende por la terraza de las almenas y sus elegantes habitaciones de línea clásica, todas personalizadas. El restaurante elabora una cocina tradicional.

**DAIMIEL** – Ciudad Real – **576** 019 – 18 698 h. – alt. 625 m　　　　　　　**9** B2

▶ Madrid 173 – Toledo 121 – Ciudad Real 34

XX　**El Bodegón**　　　　　　　　　　　　　　　　　よ AC 外 ⇔

*Luchana 20 ⊠ 13250 – ℰ 926 85 26 52 – www.mesonbodegon.com – cerrado domingo noche, lunes noche y martes noche*

**Rest** – Menú 50 € – Carta 43/63 € 絽

Esta antigua bodega le sorprenderá tanto por sus salas, que combinan lo rústico y lo moderno, como por las curiosas mesitas metidas en tinajas. Cocina actual de base regional.

---

**DAIMÚS** – Valencia – **577** P29 – 3 130 h. – alt. 6 m – Playa　　　　　**16** B2

▶ Madrid 414 – València 73 – Alacant/Alicante 110

**en la playa** Noreste : 1,5 km

XX　**Casa Manolo**　　　　　　　　　　　　　　≪ 斎 AC ⇔

*paseo Marítimo 5 ⊠ 46710 Daimús – ℰ 962 81 85 68 – www.restaurantemanolo.com*

**Rest** – (solo almuerzo salvo viernes, sábado, Semana Santa y verano) Menú 36/70 € – Carta 30/57 € 絽

Casa en auge que destaca por su magnífico emplazamiento sobre la playa. Disfruta de unas cuidadas instalaciones, una cocina tradicional actualizada y una estupenda bodega.

---

**DARNIUS** – Girona – **574** E38 – 532 h. – alt. 193 m　　　　　　　　**14** C3

▶ Madrid 759 – Girona/Gerona 56

**en la antigua carretera de Darnius a Maçanet de Cabrenys** Suroeste : 5,5 km

🔒　**La Central**　　　　　　　　⊗ ≪ 斎 🔲 ⌨ AC 外 🛜 🅿

*⊠ 17720 Maçanet de Cabrenys – ℰ 972 53 50 53 – www.hotelspalacentral.com – cerrado 6 enero-6 febrero*

**21 hab** 🖵 – †60/80 € ††80/120 €　**Rest** – Menú 15/25 €

Edificio de aire modernista ubicado en un paraje verde y aislado, junto al río, en lo que fue una antigua central hidroeléctrica. Ofrece habitaciones muy variadas, todas confortables. En su coqueto restaurante encontrará menús tipo carta a precio cerrado. ¡Ofertan rutas a caballo, senderismo, piragüismo...!

---

**DAROCA DE RIOJA** – La Rioja – **573** E22 – 59 h. – alt. 726 m　　　**21** A2

▶ Madrid 346 – Burgos 108 – Logroño 20 – Vitoria-Gasteiz 90

XX　**Venta Moncalvillo** (Ignacio Echapresto)　　　　　　　AC 外 ⇔ 🅿

🕸　*carret. de Medrano 6 ⊠ 26373 – ℰ 941 44 48 32 – www.ventamoncalvillo.com – cerrado 23 diciembre-14 enero y domingo*

**Rest** – (solo almuerzo salvo viernes y sábado) Menú 55/68 € – Carta 40/54 € 絽

Esta sorprendente casa familiar se presenta con un bar, un elegante comedor de aire rústico y varios privados. Cocina tradicional actualizada que destaca tanto por sus esmeradas presentaciones como por el gran nivel de sus materias primas.

➜ Manitas de lechón con foie, setas y trufa. Pichón en tres cocciones con pera, piñones y Pedro Ximénez. Torrija caramelizada con helado de leche merengada.

---

**DEBA** – Guipúzcoa – **573** C22 – 5 439 h. – Playa　　　　　　　　**25** B2

▶ Madrid 459 – Bilbao 66 – Donostia-San Sebastián 41

◉ Iglesia de Santa María la Real (portada gótica★)

◎ Carretera en cornisa★ de Deba a Lekeitio ≪ ★

XX　**Urgain**　　　　　　　　　　　　　　　　　　　　　AC

*Hondartza 5 ⊠ 20820 – ℰ 943 19 11 01 – www.urgain.net – cerrado martes noche salvo verano*

**Rest** – Menú 18/45 € – Carta 43/76 €

Resulta original, ya que combina su montaje actual con algunos detalles de inspiración rupestre en alusión a las cuevas de la zona. Carta de temporada con productos del mar.

321

**DEHESA DE CAMPOAMOR** – Alicante – **577** S27 – **4 068 h.** – **Playa**    16 A3

▶ Madrid 458 – Alacant/Alicante 60 – Cartagena 46 – Murcia 63

🔝 Real Club de Golf Campoamor, Norte : 6,5 km, 𝒞 965 32 13 66

XX    **Casa Alfonso** (Alfonso Egea)    🎍 ⅃ 🔠 ﹪

🕸    *Garcilaso de la Vega 70 A ⊠ 03189 – 𝒞 965 32 13 65 – www.casaalfonso.es
– 20 marzo-15 octubre*

**Rest** – *(cerrado lunes y martes salvo julio-agosto)* Menú 65/85 € – Carta 48/59 €
Hermosa villa dotada con una terraza-jardín, una sala clásica-elegante y, durante el
verano, un espacio que funciona como gastrobar. Carta de cocina tradicional con
detalles actuales y la opción de dos menús degustación.
→ Crustáceos al ajillo, mini coliflores. Lomo de rape asado con mayonesa de soja y
ensalada de algas. Fartón, horchata de chufa, helado y aire de café.

---

**DEIÀ** – Balears – ver Balears (Mallorca)

---

**DELTEBRE** – Tarragona – **574** J32 – **12 316 h.** – alt. 26 m    13 A3

▶ Madrid 541 – Amposta 15 – Castelló de la Plana/Castellón de la Plana 130
– Tarragona 77

◉ Parque Natural del Delta del Ebro★★

**en La Cava**

🏨    **Rull**    ⅃ 𝄢 🛏 ᕼ hab. 🔠 ﹪ 🛜 ♨ 🅿

*av. Esportiva 155 ⊠ 43580 Deltebre – 𝒞 977 48 77 28 – www.hotelrull.com*
**47 hab** ⊿ – ♦53/66 € ♦♦85/109 €

**Rest** – *(cerrado domingo noche)* Menú 13/35 € – Carta 26/45 €
Este hotelito se presenta con varios salones de trabajo y unas habitaciones espaciosas, en general de línea funcional-actual. En su cafetería-restaurante sirven un buen
menú diario y una carta regional que toma como base los productos del Delta del
Ebro.

🏨    **Delta H.**    ﹪ 𝄢 ⅃ 🛏 hab. 🔠 ﹪ 🛜 ♨ 🅿

*av. del Canal ⊠ 43580 Deltebre – 𝒞 977 48 00 46 – www.deltahotel.es*
**24 hab** ⊿ – ♦30/60 € ♦♦50/100 €    **Rest** – Menú 15/30 € – Carta 25/48 €
Construcción horizontal rodeada de amplios espacios ajardinados. Ofrece habitaciones
bien equipadas, todas con una estética que rememora las típicas barracas de la zona.
Dispone de dos comedores, uno de ellos dotado con magníficas vistas sobre los arro-
zales.

X    **Can Casanova**    🔠 ﹪ 🅿

*av. del Canal ⊠ 43580 Deltebre – 𝒞 977 48 11 94 – www.restaurantecancasanova.es
– cerrado 24 diciembre-4 enero*

**Rest** – *(solo almuerzo)* Menú 12/27 € – Carta 20/31 €
Sencillo restaurante de organización familiar emplazado junto a la carretera. Ofrece
una carta regional especializada en productos del Delta, sobre todo arroces y mariscos.

---

**DÉNIA** – Alicante – **577** P30 – **44 455 h.** – **Playa**    16 B2

▶ Madrid 447 – Alacant/Alicante 92 – València 99

🚢 para Baleares : Balearia, Estación Marítima Principal, 𝒞902 16 01 80

🛈 Dr. Manuel Lattur 1 E, ⊠ 03700, 𝒞 966 42 23 67, www.denia.net

🏨    **La Posada del Mar** sin rest    ⩽ 𝄢 🛏 🔠 ﹪ 🛜 ⌂

*pl. de les Drassanes 2 ⊠ 03700 – 𝒞 966 43 29 66 – www.laposadadelmar.com*
**25 hab** ⊿ – ♦110/165 € ♦♦130/180 €
Resulta emblemático, remonta sus orígenes al s. XIII y destaca por su emplazamiento,
frente al puerto deportivo. ¡La mayoría de las habitaciones atesoran vistas a los vele-
ros!

🏨    **El Raset**    ⩽ 🎍 🛏 🔠 ﹪ 🛜 ⌂

*Bellavista 1 ⊠ 03700 – 𝒞 965 78 65 64 – www.hotelelraset.com*
**20 hab** ⊿ – ♦72/116 € ♦♦88/141 €
**Rest** *Ticino* – Menú 12/13 € – Carta 20/34 €
Instalado en lo que fue la escuela de los hijos de la cofradía de pescadores, con
unas magníficas vistas al puerto deportivo. Presenta un interior actual-funcional y un
buen restaurante italiano, especializado en hacer pizzas al horno de leña y pastas frescas.

ESPAÑA

### 🔡 Costa Blanca 📧 🎬 ✽ rest, 🛜 🔾

*Pintor Llorens 3 ⊠ 03700 – ℰ 965 78 03 36 – www.hotelcostablanca.com*
**50 hab** ⯑ – †44/54 € ††62/94 € **Rest** – *(solo cena)* Menú 12 €
Este hotel, céntrico y de fachada clásica, se presenta con una correcta recepción, una cafetería y distintas habitaciones de línea funcional, las denominadas "Class" con mejor mobiliario y mayor amplitud. El restaurante basa su trabajo en el menú del día.

### ✗✗ El Raset 🎬 📧 ✽

*Bellavista 7 ⊠ 03700 – ℰ 965 78 50 40 – www.grupoelraset.com*
**Rest** – Menú 23/29 € – Carta 41/47 €
Este acogedor restaurante disfruta de una terraza cubierta y dos salas, ambas con una decoración actual. Cocina tradicional actualizada. ¡No se pierda sus pescados a la sal!

### ✗✗ Peix & Brases ← 🎬 🔾 📧 ✽

*pl. de Benidorm 16 ⊠ 03700 – ℰ 965 78 50 83 – www.peixibrases.es – cerrado lunes salvo agosto*
**Rest** – Menú 30/45 € – Carta 50/63 € 🏵
Presenta dos ambientes, el gastrobar en la planta baja y el gastronómico en el primer piso... con atractiva terraza en la azotea. Cocina mediterránea actualizada y de fusión.

### ✗ La Barqueta 🎬 📧 ✽

*Bellavista 10 ⊠ 03700 – ℰ 966 42 16 26 – www.grupoelraset.com*
**Rest** – Menú 12/18 € – Carta 33/38 €
Compuesto por dos terrazas y dos salas, desde la 2ª planta con vistas panorámicas al puerto. Ofrece una decoración rústica y una cocina tradicional especializada en arroces.

### 🍴 Es Tapa Ti 🅝 🎬 📧

*pl. de les Drassanes 2 ⊠ 03700 – ℰ 965 78 36 45 – www.estapati.net*
**Rest** – Tapa 2 € – Ración aprox. 12 €
Posee una terraza y un interior de línea actual, con una sugerente barra y varias mesas. Encontrará tapas clásicas y de autor, así como dos menús. ¡Descubra su Pan de cristal!

## en la carretera de Las Marinas

### 🏨 Los Ángeles 🐾 ← 🎬 ⯑ 🛁 ✽ 📧 🔾 ✽ 🛜 🔾 🅿

*Noroeste : 5 km ⊠ 03700 Dénia – ℰ 965 78 04 58 – www.hotellosangelesdenia.com – cerrado 2 noviembre-20 febrero*
**80 hab** ⯑ – †86/148 € ††110/275 € **Rest** – Menú 25/40 € – Carta 35/45 €
El mayor encanto radica en su emplazamiento... no en vano, tiene la playa a los pies y la mitad de las habitaciones asomadas al mar. Atesora un restaurante-galería, con vistas al Mediterráneo y una carta tradicional que destaca por su apartado de arroces.

### ✗✗✗ Quique Dacosta 📧 ✽

😋😋😋 *Rascassa 1 (urb. El Poblet), Noroeste : 3 km ⊠ 03700 Dénia – ℰ 965 78 41 79 – www.quiquedacosta.es – marzo-noviembre*
**Rest** – *(cerrado lunes y martes)* Menú 135/165 € 🏵
Villa mediterránea dotada con un pabellón acristalado. Su chef propone dos menús degustación en constante evolución, con técnicas sofisticadas y un gran derroche imaginativo.
→ Gambas rojas de Dénia. Arroz sénia cenizas. Campo de cítricos.

## en la carretera de Les Rotes Sureste : 4 km

### 🏨 Les Rotes 🐾 ← 🎬 ⯑ 🛁 📧 🔾 📧 ✽ rest, 🛜 🔾 🅿

*carret. del Barranc del Monyo 85 ⊠ 03700 Dénia – ℰ 965 78 03 23 – www.hotellesrotes.com*
**33 hab** ⯑ – †66/122 € ††101/168 € **Rest** – Menú 20/35 € – Carta 35/50 €
Tiene su encanto, pues se haya en una zona residencial próxima a una cala. Presenta una variada zona social y habitaciones de buen confort, 12 más amplias y con vistas al mar. Su restaurante trabaja sobre una carta regional, con un buen apartado de arroces.

---

**DESFILADERO** – ver el nombre propio del desfiladero

**DESIERTO DE LAS PALMAS** – Castellón – ver Benicàssim

ESPAÑA

**DÍLAR** – Granada – **578** U19 – **1 821 h.** 2 C1
▶ Madrid 436 – Sevilla 274 – Granada 16

🏨 **Zerbinetta** 🕭 ⬛ 🕭 🖵 🕭 ⬛ hab, 🎞 ⬛ rest, 📶 🅿
*Pago de La Laguna 3* ⊠ *18152* – ℰ *958 59 52 02* – *www.hotelzerbinetta.com*
**27 hab** 🖵 – ✝39/55 € ✝✝49/66 € **Rest** – Menú 13/35 € – Carta 21/41 €
Integrado en el paisaje y emplazado en la parte alta del pueblo, junto a la ermita de
Dílar. Ofrece habitaciones de línea rústica actual, la mayoría con excelentes vistas. En
su restaurante, de carácter panorámico, encontrará una sencilla carta tradicional.

**Los DOLORES** – Murcia – ver Cartagena

**DONAMARIA** – Navarra – **573** C24 – **436 h.** – alt. 175 m 24 A1
▶ Madrid 481 – Biarritz 61 – Iruña/Pamplona 57 – Donostia-San Sebastián 57

🍴 **Donamaria'ko Benta** con hab 🕭 🕭 rest, 📶 🅿
*barrio de la Venta 4, Oeste : 1 km* ⊠ *31750* – ℰ *948 45 07 08*
*– www.donamariako.com – cerrado 15 diciembre-4 enero*
**5 hab** – ✝50/60 € ✝✝70/80 €, 🖵 7 €
**Rest** – *(cerrado domingo noche y lunes) (solo menú)* Menú 18/25 €
El restaurante centra la actividad de este negocio familiar, instalado en una venta del
s. XIX de entrañable rusticidad. Su oferta gastronómica se basa en dos menús de tinte
tradicional. Las habitaciones, también de ambiente rústico, se hallan en un anexo.

**DONOSTIA-SAN SEBASTIÁN** 🅿 – Guipúzcoa – **573** C24 – **186 409 h.** 25 B2
▶ Madrid 453 – Bayonne 54 – Bilbao 102 – Iruña/Pamplona 79
🛬 de San Sebastián, Fuenterrabía, por la carret. de Irún : 20 km ℰ 902 40 47 04
**Iberia :** aeropuerto ℰ 902 40 05 00.
🛈 Boulebard Zumardia 8, ⊠ 20003, ℰ 943 48 11 66, www.sansebastianturismo.com
**R.A.C.V.N.** paseo de los Fueros 4 ℰ 943 43 08 00
🏌 Real Golf Club de San Sebastián, Jaizkíbel por N I : 14 km, ℰ 943 61 68 45
🏌 R.N.C.G. Basozabal, camino de Goyaz Txiki 41, por Oriamendi pasealekua - Sur : 7 km
(BX), ℰ 943 47 27 36
👁 Emplazamiento y bahía de la Concha★★★ ABV – Aquarium-Palacio del Mar★ AV
– Monte Igueldo ⩽★★★ AV – Monte Urgull ⩽★★ DY – Playa de la Concha★★ DZ -
Playa de Ondarreta★★ AV - Parque de Aiete★★ BX
🄶 Alrededor : Monte Ulía ⩽★ Noreste : 7 km por N I CV

Planos páginas siguientes

**Centro**

🏨 **María Cristina** ⩽ 🛁 🕭 ⬛ 🎞 ⬛ rest, 📶 🕭
*República Argentina 4* ⊠ *20004* – ℰ *943 43 76 00* – *www.luxurycollection.com*
**136 hab** – ✝250/580 € ✝✝295/680 €, 🖵 27 € – 28 suites EY**h**
**Rest** *Tsé Yang* – Menú 32 € – Carta 40/70 €
El indiscutible buque insignia de la hostelería donostiarra. Este precioso edificio de
principios del s. XX ofrece un interior sumamente elegante y excepcionales habitaciones. En el restaurante Tsé Yang encontrará una propuesta gastronómica oriental de
ricos matices y exquisita elaboración.

🏨 **De Londres y de Inglaterra** ⩽ 🕭 🕭 hab, 🎞 ⬛ 📶 🕭 🕭
*Zubieta 2* ⊠ *20007* – ℰ *943 44 07 70* – *www.hlondres.com* DZ**z**
**167 hab** – ✝84/204 € ✝✝109/229 €, 🖵 18 € – 7 suites
**Rest** *La Brasserie Mari Galant* – Menú 23/38 € – Carta 35/70 €
Emblemático y de hermoso clasicismo. Si su cálido salón social nos brinda serenas vistas
a la playa, las habitaciones nos sumergen en un entorno de gran confort y elegancia.
En la luminosa sala de su restaurante podrá degustar una cocina de base tradicional.

🏨 **Niza** ⩽ 🕭 ⬛ 📶 🕭
*Zubieta 56* ⊠ *20007* – ℰ *943 42 66 63* – *www.hotelniza.com* DZ**b**
**40 hab** – ✝55/69 € ✝✝89/157 €, 🖵 11 €
**Rest** *Narru* – ver selección restaurantes
Recomendable por su magnífico emplazamiento y por su entrañable decoración. Las habi-
taciones son alegres y confortables, aunque hay que destacar las 18 con vistas al mar.

# DONOSTIA-SAN SEBASTIÁN

---

🏠 **Alemana** sin rest                                      📶 📺 ⬚ 📶

*San Martín 53-1° ✉ 20007 – ☎ 943 46 25 44 – www.hostalalemana.com*
**21 hab** – 🛉55/100 € 🛉🛉65/120 €, ⬚ 7 €                    **DZd**

Tras su atractiva fachada clásica encontrará un negocio familiar de buen confort general, con la recepción en la 1ª planta y habitaciones actuales de impecable mantenimiento.

---

🍴🍴 **Juanito Kojua**                                            📺 📶

*Portu 14 ✉ 20003 – ☎ 943 42 01 80 – www.juanitokojua.com – cerrado Navidades,
10 días en junio, domingo noche y lunes*                    **DYm**
**Rest** – Menú 32/54 € – Carta 31/57 €

Negocio familiar ubicado en una calle peatonal del casco antiguo. Posee un hall y varias salas de carácter costumbrista, con detalles regionales y marineros. Cocina vasca.

325

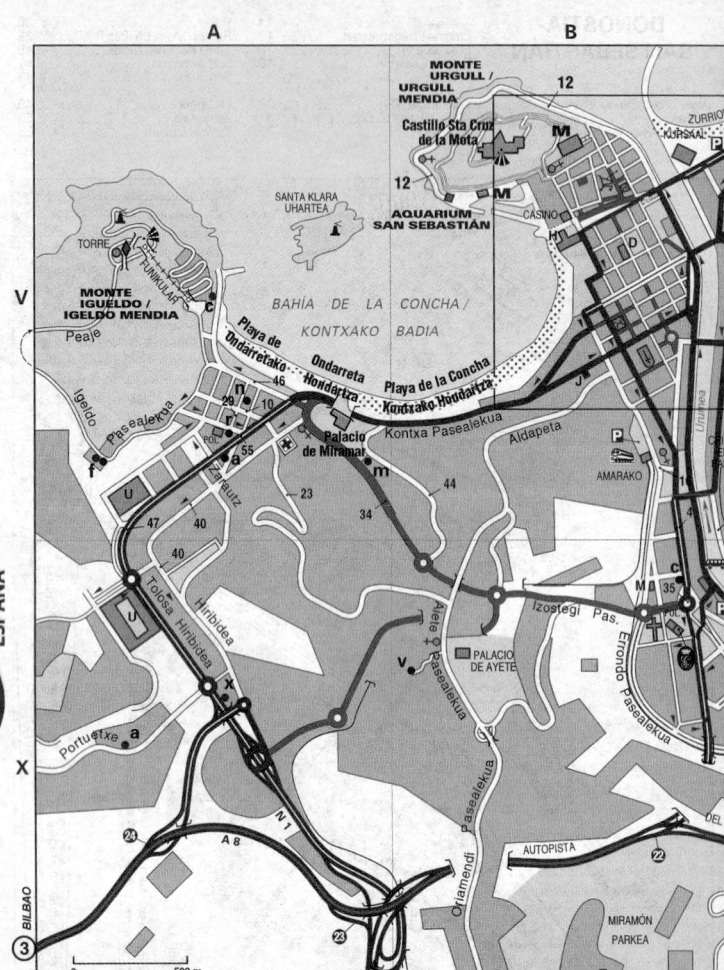

N I: TOLOSA, PAMPLONA
MADRID
② Museo Chillida-Leku

## ✗✗ **Kokotxa** (Daniel López)
AC ⅀

Campanario 11 ⊠ 20003 – 🖀 943 42 19 04

– www.restaurantekokotxa.com – cerrado del 10 al 26 de febrero,
del 2 al 9 de junio, del 12 al 29 de octubre, martes noche de diciembre-abril,
domingo noche y lunes

DYa

**Rest** – Menú 27/78 € – Carta 58/71 €

Este acogedor restaurante, ubicado en pleno casco viejo, se presenta con un pequeño hall y una única sala de línea actual. De sus fogones surgen una cocina tradicional actualizada y dos deliciosos menús, uno diario y otro de degustación.

→ Moluscos, lemongrass, hinojo y aire de mar. Pichón de Bresse con cogollos de Tudela impregnados en vainilla y tierra comestible. Mi-cuit de chocolate con crema helada de plátano, frutos rojos y grué de cacao garrapiñado.

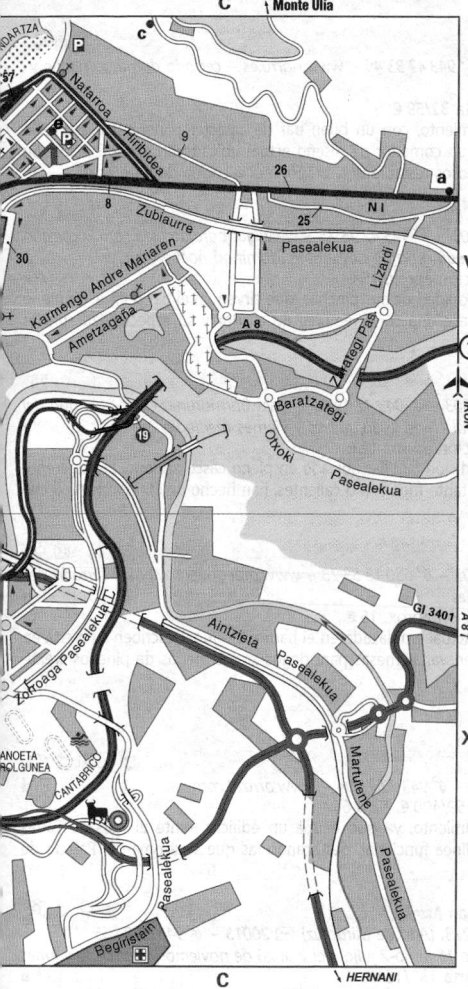

C ↑ Monte Ulía

ESPAÑA

---

※ **La Muralla**　　　　　　　　　　　　　　　ＡＣ ⌀

*Embeltrán 3* ✉ *20003* – ☎ *943 43 35 08* – *www.restaurantelamuralla.com*
– *cerrado domingo noche salvo verano*　　　　　　　　　　　　DY**t**
**Rest** – Menú 24/39 € – Carta 26/37 €

Está en pleno casco antiguo y tiene a su propietaria volcada en el negocio. Encontrará una única sala de línea actual, una carta de cocina tradicional actualizada y dos menús.

---

※ **Bodegón Alejandro**　　　　　　　　　　　　　ＡＣ ⇔

*Fermín Calbetón 4* ✉ *20003* – ☎ *943 42 71 58* – *www.bodegonalejandro.com*
– *cerrado 22 enero-4 febrero, domingo noche, lunes y martes noche*　　DY**u**
**Rest** – Menú 16/39 € – Carta 31/54 €

¿Busca un lugar que ensalce los valores vascos y recupere el recetario tradicional? Pues no indague más. Aquí, en pleno casco viejo, encontrará calidad, gran dedicación y una carta vasca con menú degustación.

**Narru** – Hotel Niza

*Zubieta 56 ✉ 20007 – ✆ 943 42 33 49 – www.narru.es – cerrado domingo noche y lunes* DZ**b**

**Rest** – Menú 26 € – Carta 32/59 €

Lo mejor es su emplazamiento, con un buen bar de carácter panorámico asomado al paseo de la Concha y un comedor de diseño actual ubicado en el semisótano. Su chef, formado en prestigiosos restaurantes, propone una cocina de tinte actual.

**Ganbara**

*San Jerónimo 21 ✉ 20003 – ✆ 943 42 25 75 – www.ganbarajatetxea.com – cerrado 2ª quincena de junio, 2ª quincena de noviembre, domingo noche y lunes*

**Rest** – Tapa 2,20 € – Ración aprox. 15 € DY**x**

Muy popular gracias a la calidad de sus pinchos, que sirven en el bar o en el pequeño comedor del sótano. Ofrece una carta regional de asador y su especialidad son las setas.

**Martínez**

*Abutzuaren 31-13 ✉ 20003 – ✆ 943 42 49 65 – www.barmartinez.com – cerrado del 1 al 15 de febrero, del 1 al 15 de junio, jueves y viernes mediodía* DY**y**

**Rest** – Tapa 2,50 € – Ración aprox. 12 €

Negocio de arraigada tradición familiar ubicado en pleno casco antiguo. La sugerente variedad de sus pinchos, tanto fríos como calientes, han hecho de él un auténtico clásico.

**A Fuego Negro**

*31 de Agosto-31 ✉ 20003 – ✆ 650 13 53 73 – www.afuegonegro.com – cerrado del 17 febrero-2 marzo y lunes* DY**g**

**Rest** – Tapa 3,50 € – Ración aprox. 15 €

Bar de tapas de estética actual emplazado en el barrio antiguo. Describen su oferta en una gran pizarra y ofrecen varias mesas para degustar sus menús de pinchos creativos.

ESPAÑA

## al Este

**Arrizul** sin rest

*Peña y Goñi 1 ✉ 20002 – ✆ 943 32 28 04 – www.arrizul.com* EY**d**

**12 hab** – †59/300 € ††59/400 €, ☕ 9 €

Lo mejor es su emplazamiento, ya que ocupa un edificio frente al Kursaal. Todas las habitaciones son de línea funcional, destacando las que se asoman al Palacio de Congresos.

**Arzak** (Elena y Juan Mari Arzak)

*av. Alcalde José Elosegi 273, (Alto de Miracruz) ✉ 20015 – ✆ 943 27 84 65 – www.arzak.es – cerrado 15 junio-2 julio, del 2 al 26 de noviembre, domingo y lunes*

**Rest** – Menú 190 € – Carta 131/151 € CV**a**

Instalado en una casona centenaria que sorprende con un pequeño bar de espera y dos salas de estética moderna. Aquí encontrará una excelente cocina de autor elaborada entre padre e hija, un taller de investigación y una completísima bodega.

➜ Txangurro con olas de anises. Merluza pitonisa verde. Bayas de aronia con crema de queso.

**Mirador de Ulía** (Rubén Trincado)

*paseo de Ulía 193 ✉ 20013 – ✆ 943 27 27 07 – www.miradordeulia.es – cerrado 18 diciembre-5 enero, domingo noche, lunes y martes* CV**c**

**Rest** – Menú 80 € – Carta 50/70 €

Destaca por su privilegiado emplazamiento en uno de los montes que rodean la ciudad, con fantásticas vistas a la bahía. Su cocina, actual con tintes creativos, refleja el maridaje perfecto entre la técnica y las materias primas de calidad.

➜ Guisantes lágrima sobre cama de patata, yema de huevo campero y crujientes ibéricos. Cigala asada con trufa y frutos secos sobre tuétano de ternera servida en el mismo hueso. Piel de leche quemada con helado de avellanas y mousse de mascarpone.

**ESPAÑA**

Ψ/ **Bergara**
*General Arteche 8 (Gros)* ⊠ 20001 – 🕿 943 27 50 26 – www.pinchosbergara.com
**Rest** – Tapa 3 € – Ración aprox. 12 € CV**e**
Varios premios de alta cocina en miniatura garantizan la calidad de sus elaboraciones.
Su excelente barra de tapas y pinchos se complementa con una serie de mesas tipo
asador.

## al Sur

🏨 **Palacio de Aiete**
*Goiko Galtzara-Berri 27* ⊠ 20009 – 🕿 943 21 00 71 – www.hotelpalaciodeaiete.com
**75 hab** – ♦50/215 € ♦♦50/275 €, ⊇ 14 € BX**v**
**Rest** *BeraBera* – 🕿 943 22 42 60 – Menú 20/28 € – Carta 29/55 €
Ubicado en una tranquila zona residencial. Tiene la cafetería integrada en el hall,
varias salas de reuniones y unas habitaciones de línea funcional, la mitad con terraza.
En su restaurante encontrará una carta de cocina tradicional y dos menús degus-
tación.

🏨 **Astoria7**
*Sagrada Familia 1* ⊠ 20010 – 🕿 943 44 50 00 – www.astoria7hotel.com
**102 hab** – ♦81/151 € ♦♦85/213 €, ⊇ 16 € BX**c**
**Rest** – *(solo almuerzo salvo jueves, viernes y sábado)* Menú 15/35 €
Ocupa un antiguo cine, por eso este es el tema central de su decoración. Cada habi-
tación está dedicada a un actor o director que ha pasado por el festival de cine de
Donostia. El comedor, de línea funcional, también recurre al 7º arte para su ambien-
tación.

ΧΧ **Miramón Arbelaitz** (José María Arbelaitz)
😊 *Mikeletegi 53 (Miramón Parkea)* ⊠ 20009 – 🕿 943 30 82 20 – www.arbelaitz.com
– cerrado 22 diciembre-9 enero, 5 días en Semana Santa y 25 julio-8 agosto
**Rest** – *(solo almuerzo salvo viernes y sábado)* Menú 33/110 € BX**z**
– Carta 55/78 €
En pleno parque tecnológico, con un pequeño bar y una única sala de ambiente fun-
cional-actual distribuida en diferentes alturas. Su chef-propietario elabora varios
menús y una atractiva carta de cocina actual con bases tradicionales.
→ Gambas blancas de Huelva a la plancha, puré de patata violeta, ajo y guindilla.
Risotto de berberechos con crema de changurro. Compota emulsionada de meloco-
tón y helado de yogur.

## al Oeste

🏨 **Barceló Costa Vasca**
*Pío Baroja 15* ⊠ 20008 – 🕿 943 31 79 50 – www.barcelo.com AV**m**
**196 hab** – ♦♦70/400 €, ⊇ 18 € – 7 suites **Rest** – Menú 18 € – Carta 28/49 €
Disfruta de una espaciosa zona social de ambiente moderno, con el bar integrado en
la misma, un completo SPA y unas habitaciones bien renovadas de línea actual-funcional, todas exteriores y con terraza. En el restaurante, de gran capacidad y carácter
polivalente, se cocina a la vista del cliente.

🏨 **San Sebastián**
*Zumalakarregi 20* ⊠ 20008 – 🕿 943 31 66 60 – www.hotelsansebastian.net
**90 hab** – ♦75/180 € ♦♦75/225 €, ⊇ 17 € – 3 suites AV**r**
**Rest** – Menú 18 € – Carta 21/37 €
Hotel de línea clásica-actual emplazado a unos 200 m de la playa de Ondarreta. Disfruta de una completa zona social y habitaciones bien equipadas, con mobiliario de
calidad. Su elegante y amplia cafetería cuenta con un pequeño comedor integrado
en la misma.

🏨 **La Galería** sin rest
*Kristina Infantaren 1* ⊠ 20008 – 🕿 943 21 60 77 – www.hotellagaleria.com
**23 hab** – ♦67/113 € ♦♦112/138 €, ⊇ 7 € AV**n**
Marco acogedor en un edificio de finales del s. XIX equipado con mobiliario de época.
Sus habitaciones, elegantes y confortables, homenajean a reconocidos artistas.

**Codina** sin rest 🈁 ⅗ 🅰🅲 🛜
*Zumalakerregi 21 ✉ 20008 – ℰ 943 21 22 00 – www.hotelcodina.es*  AV**a**
**65 hab** – †66/140 € ††75/175 €, ⌑ 13 €
Presenta un aspecto moderno y actual, por lo que es una buena opción cerca de la playa. Correcta zona social, con cafetería pública, y habitaciones de completo equipamiento.

**Avenida** sin rest ⇐ ⅂ 🖩 🈁 🛜 🅐 🅿
*Igeldo pasealekua 55 ✉ 20008 – ℰ 943 21 20 22 – www.hotelavenida.net*
*– 8 marzo-7 diciembre*  AV**f**
**52 hab** – †76/169 € ††81/180 €, ⌑ 13 €
Disfruta de una situación dominante, con vistas a la ciudad. De larga trayectoria y eficiente organización, va renovando sus instalaciones poco a poco. Correcto equipamiento.

**XXXX Akelaře** (Pedro Subijana) ⇐ 🅰🅲 ⅋ ⇆ 🅿
✿✿✿ *paseo del Padre Orcolaga 56, (barrio de Igueldo), 7,5 km por Igeldo pasealekua*
✉ 20008 – ℰ 943 31 12 09 – www.akelarre.net – cerrado febrero, del 14 al 29 de octubre, martes salvo julio-diciembre, domingo noche y lunes salvo festivos o vísperas
**Rest** – Menú 155 € – Carta 110/160 € ⅘
Atesora hermosas vistas al mar y un espléndido servicio de mesa. Su chef idea una propuesta gastronómica excepcional, de corte creativo pero sin negar las raíces tradicionales, siempre con los sabores bien marcados y las texturas definidas.
→ Infusión de caldo verde, cigala y rape ahumado. Trinchado de buey, pastel de rabo, patatas y pimientos. Lámina de tocino de cielo de naranja con hojas de frutas.

**XX Rekondo** 🍽 🅰🅲 ⅋ ⇆ 🅿
*paseo de Igueldo 57 ✉ 20008 – ℰ 943 21 29 07 – www.rekondo.com*
*– cerrado 14 días en junio, 25 días en noviembre, martes noche (salvo julio-agosto) y miércoles*  AV**f**
**Rest** – Carta 48/66 € ⅘
Caserío situado en la subida al monte Igueldo, con una sala clásica-funcional, dos privados y una bodega realmente excepcional. Cocina vasca, buenos productos y parrilla.

**XX Xarma** 🅰🅲 ⅋
*av. de Tolosa 123 ✉ 20018 – ℰ 943 31 71 62 – www.xarmajatetxea.com – cerrado domingo noche, lunes y martes noche*  AX**x**
**Rest** – Menú 45/65 € – Carta 50/63 €
Llevado por el matrimonio propietario, que como cocineros se ocupan de los fogones. Ofrece dos salas actuales, al igual que su cocina, con sabores y texturas bien combinados.

**XX Branka** 🅰🅲 ⅋
*paseo Eduardo Chillida 13 ✉ 20008 – ℰ 943 31 70 96 – www.branka-tenis.com*
*– cerrado Navidades y domingo*  AV**c**
**Rest** – Menú 36 € – Carta 45/72 €
Tiene un emplazamiento privilegiado, en la playa de Ondarreta y junto al Peine de los Vientos. Cocina actual y de temporada, con detalles de asador y pescados a la parrilla.

**XX Agorregi** 🅰🅲 ⅋
✿ *Portuetxe bidea 14 ✉ 20008 – ℰ 943 22 43 28 – www.agorregi.com – cerrado Navidades, 20 agosto-4 septiembre y domingo*  AX**a**
**Rest** – (solo almuerzo salvo jueves, viernes y sábado) Menú 21/42 € – Carta 30/44 €
Encontrará una pequeña barra a la entrada, con algunas mesas para los menús, y al fondo el comedor, este de línea actual. Cocina vasca con detalles actuales y precios moderados. ¡Pruebe su Arroz negro de chipirón o el Pichón a la sartén!

---

**ÉCIJA** – Sevilla – **578** T14 – **40 683 h.** – alt. 101 m  1 B2
▶ Madrid 458 – Antequera 86 – Cádiz 188 – Córdoba 51
🛈 Elvira 1 A, ✉ 41400, ℰ 955 90 29 33, www.turismoecija.com
◉ Localidad ★ – Iglesia de Santiago ★ (retablo ★) – Iglesia de San Juan (torre ★) – Palacios de Benamejí, Peñaflor y Valdehermoso (fachadas ★) - Ayuntamiento (mosaicos romanos ★)

ESPAÑA

### 🏠 Infanta Leonor  🖅 🛎 ㅑ hab, 🄰🄲 ℀ 🛜 ♨ 🚗

*av de los Emigrantes 43* ⊠ *41400 –* ℰ *954 83 03 03 – www.hotelinfantaleonor.com*
**29 hab** – 🛏55/87 € 🛏🛏65/87 €, ☕ 7 €
**Rest** – Menú 25/35 € – Carta 20/48 €
Hotel de diseño actual y carácter urbano que sorprende en una ciudad como Écija.
Entre sus estancias destacan las suites temáticas: Marrakech, New York, Balinesa, Versalles... Su restaurante, que está abierto al jardín, ofrece una carta de tinte tradicional.

### 🏠 Platería  🛎 ㅑ hab, 🄰🄲 ℀ rest, 🛜 ♨

*Platería 4* ⊠ *41400 –* ℰ *955 90 27 54 – www.hotelplateria.com*
**18 hab** – 🛏40/60 € 🛏🛏60/90 €, ☕ 3 €
**Rest** – Menú 8/20 € – Carta 15/25 €
Este céntrico hotel ofrece tranquilas habitaciones de línea clásica, con correctos baños
y mobiliario lacado en tonos blancos. La zona noble ocupa un luminoso patio
cubierto. En el restaurante encontrará una carta tradicional y un económico menú
del día.

---

**EIBAR** – Guipúzcoa – **573** C22 – 27 507 h. – alt. 120 m    25 B2
▶ Madrid 439 – Bilbao 46 – Iruña/Pamplona 117 – Donostia-San Sebastián 55

### 🍴🍴 Chalcha  ㅑ 🄰🄲 ⇔

*Isasi 7* ⊠ *20600 –* ℰ *943 20 11 26 – www.restaurantechalcha.com – cerrado Semana*
*Santa, 21 días en agosto, domingo noche y lunes*
**Rest** – Menú 17/55 € – Carta 35/54 €
Restaurante de cocina vasca llevado directamente por su propietario, al frente de los
fogones. Encontraremos un local clásico-regional, con un servicio de mesa acorde a su
categoría y una cocina tradicional que delata toques actuales.

---

**EIVISSA** – Balears – ver Balears

---

**El EJIDO** – Almería – **578** V21 – 83 104 h. – alt. 140 m    2 D2
▶ Madrid 586 – Almería 32 – Granada 157 – Málaga 189
**R.A.C.E.** carret. Almerimar, Centro Comercial El Copo, local 34 ℰ 950 48 94 25
🗺 Almerimar, Sur : 10 km, ℰ 950 60 79 36

### 🍴🍴🍴 La Costa (José Álvarez)  🄰🄲 ℀ ⇔
🏵
*Bulevar 48* ⊠ *04700 –* ℰ *950 48 17 77 – www.restaurantelacosta.com – cerrado*
*domingo y martes noche*
**Rest** – Menú 45/65 € – Carta 40/54 € ❀
Presenta varios privados, sugerentes expositores y un comedor clásico-actual dominado por una atractiva bodega acristalada. Cocina de tinte tradicional basada en la
excelente calidad de sus productos, especialmente los pescados y mariscos.
➔ Gambón rojo de Garrucha con mayonesa de su cabeza y sal de especias. Pichón
con arroz meloso de sus menudillos y chocolate. Sopa de cítricos con helado de licor
de menta y frutos rojos.

**en Almerimar** Sur : 10 km

### 🏨 Golf Almerimar 🆕  🖅 ⊕ 🛋 🛎 ㅑ hab, 🄰🄲 hab, 📞 ♨ 🅿 🚗

*av. Arquitecto Julián Laguna* ⊠ *04711 Almerimar –* ℰ *950 49 70 50*
*– www.hotelgolfalmerimar.com*
**107 hab** ☕ – 🛏85/300 € 🛏🛏95/450 € – 5 suites
**Rest** – Menú 18/35 €
Un hotel de equipamiento moderno y altas calidades que aspira tanto al público de
empresa como al vacacional. Ofrece unas habitaciones de gran confort, numerosos
servicios complementarios y una correcta oferta gastronómica. ¡Bus propio hasta la
playa!

---

**ELCHE** – Alicante – ver Elx

ESPAÑA

## ELCIEGO – Álava – **573** E22 – **1 037 h. – alt. 450 m** **25** A3

Madrid 356 – Vitoria-Gasteiz 77 – Logroño 31 – Iruña/Pamplona 115

### Marqués de Riscal

hab, rest,

*Torrea 1 - Bodegas Marqués de Riscal ✉ 01340 – ✆ 945 18 08 88 – www.hotel-marquesderiscal.com*

**43 hab** – 275/875 €

**Rest *Marqués de Riscal*** – ver selección restaurantes

**Rest *Bistró 1860*** – Menú 50/85 € – Carta 42/80 €

Forma parte del impresionante edificio creado por Frank O. Gehry para albergar las bodegas de las que toma su nombre, con habitaciones de lujoso diseño y un moderno SPA en un edificio anexo. También posee dos restaurantes, uno de carácter gastronómico y otro de gusto tradicional llamado Bistró 1860.

### Marqués de Riscal – Hotel Marqués de Riscal

*Torrea 1 - Bodegas Marqués de Riscal ✉ 01340 – ✆ 945 18 08 88 – www.hotel-marquesderiscal.com – cerrado del 5 al 31 de enero, domingo y lunes*

**Rest** – Menú 75/85 € – Carta 50/63 €

Presenta un acceso independiente y una sala de excelente montaje, amplia a la par que singular. Su cocina creativa de bases tradicionales se ve reflejada en una selecta carta y dos menús degustación, uno innovador y otro más tradicional.

➜ Cigala, a modo de ensalada de vegetales, sobre una base de almendras. Láminas de bacalao con un ligero gusto de parrilla. Tosta templada con queso de Cameros manzana y helado de miel.

## ELDA – Alicante – **577** Q27 – **54 536 h. – alt. 395 m** **16** A3

Madrid 381 – Albacete 134 – Alacant/Alicante 37 – Murcia 80

Nueva 14, ✉ 03600, ✆ 966 98 03 00

ESPAÑA

### AC Elda

*pl. de la Ficia ✉ 03600 – ✆ 966 98 12 21 – www.ac-hotels.com*

**90 hab** – 60/115 €, 10 € **Rest** – *(cerrado domingo noche)* Carta 33/42 €

Combina perfectamente la actualidad y la funcionalidad, presentándose con una zona social de estética moderna y unas confortables habitaciones, todas al estilo de la cadena. El restaurante, actual y con mucha luz natural, ofrece una carta de corte tradicional.

### Fayago

*Colón 19 ✉ 03600 – ✆ 965 38 10 13 – www.fayago.es – cerrado 21 días en agosto y lunes*

**Rest** – *(solo almuerzo salvo jueves, viernes y sábado.)* Carta 28/41 €

Céntrico restaurante familiar de estética actual. Posee un vivero de marisco a la entrada y un comedor bastante diáfano. Carta de producto especializada en arroces y mariscos.

## ELIZONDO – Navarra – **573** C25 – **alt. 196 m** **24** B1

Madrid 497 – Iruña/Pamplona 51 – Vitoria-Gasteiz 144 – Logroño 146

### Santxotena

*Pedro Axular ✉ 31700 – ✆ 948 58 02 97 – www.santxotena.es – cerrado Navidades, del 1 al 15 de septiembre y lunes*

**Rest** – *(solo almuerzo salvo sábado y verano)* Menú 13/19 € – Carta 24/44 €

El esmerado servicio de mesa, la amable atención y el cálido ambiente familiar son valores en alza en este restaurante, donde encontrará una carta atenta al recetario tradicional y algún que otro plato típico del Valle del Baztán.

## ELOSU – Álava – **573** D21 – **100 h.** **25** A2

Madrid 369 – Vitoria-Gasteiz 22 – Logroño 111 – Bilbao 57

### Haritz Ondo

hab, rest, rest,

*Elosu 20 ✉ 01170 – ✆ 945 45 52 70 – www.hotelharitzondo.es*

**14 hab** – 49/58 € 60/121 €

**Rest** – *(cerrado 20 diciembre-enero y lunes)* Menú 27/42 € – Carta aprox. 48 €

Ocupa un caserío completamente restaurado y de ambiente acogedor, con la decoración rústica. Sus habitaciones poseen mobiliario antiguo y baños actuales. El restaurante, que disfruta de excelentes vistas al parque, ofrece una carta de gusto tradicional.

## ELX (ELCHE) - Alicante - 577 R27 - 230 587 h. - alt. 90 m 16 A3

Madrid 406 - Alacant/Alicante 24 - Murcia 57

pl. del Parc 3, ✉ 03202, ✆ 966 65 81 96, www.visitelche.com

**R.A.C.E.** Doctor Caro 13 ✆ 965 43 40 96

El Palmeral★★ YZ - Huerto del Cura★★★ Z - Museo Arqueológico y de Historia de Elche (MAHE)★★ Y - Parque Municipal★ Y - Basílica de Santa María (portada★) Y

Plano página siguiente

### Huerto del Cura

*Porta de la Morera 14 ✉ 03203 – ✆ 966 61 00 11*
*– www.huertodelcura.com* **Zc**

**70 hab** – ††80/190 €, ☕ 12 € – 12 suites

**Rest *Els Capellans*** – Carta 38/55 €

Se presenta con una zona social de estilo urbano, un bar bastante moderno y las habitaciones, tipo bungalows y de confort actual, distribuidas por el palmeral. El restaurante, de cuidado montaje y con una carta actual, se ve apoyado por una agradable terraza.

### Jardín Milenio

*Prolongación de Curtidores ✉ 03203 – ✆ 966 61 20 33*
*– www.hotelmilenio.com* **Zb**

**71 hab** – ††52/130 €, ☕ 10 € – 1 suite

**Rest *La Taula del Milenio*** – *(cerrado 7 enero-7 febrero)* Menú 12,50 € – Carta 39/55 €

Su ubicación, en el magnífico palmeral, le brindará ese sosiego que su trabajo precisa. Ofrece habitaciones espaciosas y confortables, en general de línea funcional. El restaurante, ubicado en un pabellón independiente, propone una carta tradicional con arroces, pescados, carnes a la brasa y varios menús.

### Asador Ilicitano

*Maestro Giner 9 ✉ 03201 – ✆ 965 43 58 64 – www.asadorilicitano.com*
*– cerrado del 15 al 31 de agosto y domingo noche* **Xt**

**Rest** – Menú 25/30 € – Carta 32/43 €

Negocio de ambiente rústico y buen montaje, con una pequeña barra a la entrada y la sala repartida en dos espacios. Proponen tres menús y una carta de gusto tradicional, donde encontrará varios asados, pescados y arroces.

### Mesón El Granaíno

*Josep María Buch 40 ✉ 03201 – ✆ 966 66 40 80 – www.mesongranaino.com*
*– cerrado 14 días en agosto y domingo* **Ye**

**Rest** – Menú 40/47 € – Carta 32/45 €

Este restaurante familiar disfruta de un concurrido bar público, que sorprende por su excelente barra, así como dos comedores de ambiente regional y dos salas más, tipo bodega rústica, en el sótano. Cocina tradicional con toques actuales.

### Mesón El Granaíno

*Josep María Buch 40 ✉ 03201 – ✆ 966 66 40 80 – www.mesongranaino.com*
*– cerrado del 16 al 31 de agosto y domingo* **Ye**

**Rest** – Tapa 3 € – Ración aprox. 12,50 €

Frituras, mariscos, tapas de cuchara, montaditos, canapés, platos con huevos de corral, entradas frías y calientes... Una gran opción si desea tomar tapas o raciones, pues siempre trabajan con productos de calidad procedentes de la zona.

**en la carretera N 340 por ①: 5 km**

### La Masía de Chencho

*partida de Jubalcoy 1-9 ✉ 03295 Elx – ✆ 965 45 97 47*
*– www.lamasiadechencho.com – cerrado domingo noche*

**Rest** – Carta 35/53 €

Negocio familiar instalado en una centenaria casona de campo, donde ofrecen varias salas de elegante línea rústica y numerosos privados. Aquí encontrará una cocina tradicional actualizada y algunos clásicos, como su exitoso Steak Tartar.

# ELX / ELCHE

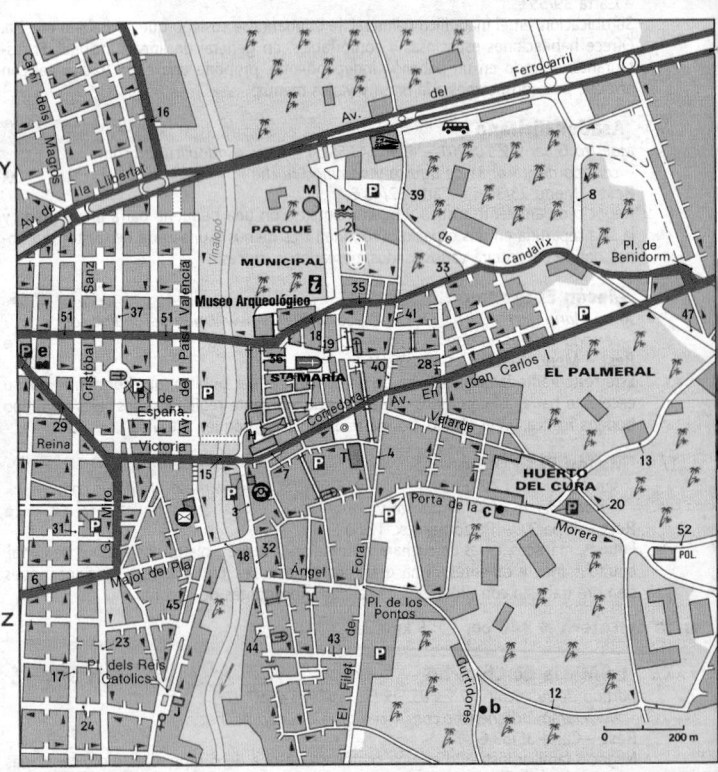

## por la carretera de El Altet (X) Sureste : 4,5 km y desvío a la derecha 1 km

XXX **La Finca** (Susi Díaz)　　　　　　　　　　　　　　🏠 & 🔟 🍸 ♻ **P**

🏵️ *partida de Perleta 1-7* ✉ *03295 Elx* – ℰ *965 45 60 07* – *www.lafinca.es* – *cerrado del 7 al 23 de enero, 7 días en octubre, domingo y lunes en verano, domingo noche, lunes y martes noche resto del año*
**Rest** – Menú 59/70 € – Carta 56/67 € ⊛
Bonita casa de campo rodeada por una terraza ajardinada. Posee un moderno hall y un comedor rústico, con elementos actuales, donde prestan atención a todos los detalles. Atractiva carta de base regional con toques actuales y creativos.
→ Carpaccio de atún rojo sobre virutas de foie y galleta de pan crujiente. Lomos de salmonete a la brasa con guisantes salteados con cebollita. Degustación de chocolates en diferentes texturas.

---

## EMPURIABRAVA – Girona – 574 F39 – 2 877 h. – Playa　　　　14 D3

▶ Madrid 752 – Figueres 15 – Girona/Gerona 52

ℹ Pompeu Fabra, ✉ 17487, ℰ 972 45 08 02, www.castelloempuriabrava.com

 **Port Salins**　　　　　　　　　🏊 ≤ ⌸ 🛁 & 🔟 🛜 **P** 🏊

*av. Fages de Climent 10-15* ✉ *17487* – ℰ *902 45 47 00* – *www.hotelportsalins.com*
**42 hab** – ♥70/160 € ♥♥96/220 €, � 17 €
**Rest** *Noray* – ver selección restaurantes
Le sorprenderá por su magnífica ubicación, junto a uno de los canales del puerto deportivo. Zona social con ascensor panorámico, curioso espacio de relax y habitaciones funcionales de atrevido diseño, la mayoría con terraza.

XX **Noray** – Hotel Port Salins　　　　　　≤ 🏠 ⌸ 🔟 🍸 **P** 🏊

*av. Fages de Climent 10-15* ✉ *17487* – ℰ *902 45 47 00* – *www.hotelportsalins.com* – *cerrado domingo noche y lunes*
**Rest** – Menú 21/49 € – Carta 32/64 €
Si por algo destaca sobre manera es por su singular emplazamiento, con una agradable terraza junto al canal principal y un interior muy cuidado de montaje clásico-actual. Cocina creativa de raíces mediterráneas y completísima bodega.

---

## ENTRENA – La Rioja – 573 E22 – 1 523 h.　　　　21 A2

▶ Madrid 366 – Logroño 14 – Vitoria-Gasteiz 86 – Pamplona 97

 **Finca de los Arandinos**　　　🏊 ≤ 🛁 🔟 🍸 rest. 🛜 🕭 **P**

*carret. LR 137 - km 4,6* ✉ *26375* – ℰ *941 44 61 26* – *www.fincadelosarandinos.com*
**14 hab** ⊆ – ♥79/150 € ♥♥125/220 €
**Rest** – *(cerrado domingo noche y lunes)* Menú 32/53 €
¡Enoturismo en estado puro! Este moderno hotel-bodega le sorprenderá, pues se encuentra rodeado de viñedos y muestra numerosos detalles de diseño... de hecho, muchas de sus habitaciones las ha vestido el polifacético creador David Delfín. En el restaurante ofrecen una carta regional y un menú degustación.

---

## ERRATZU – Navarra – 573 C25　　　　24 B1

▶ Madrid 457 – Donostia-San Sebastián 72 – Iruña/Pamplona 58

## en la carretera de Pamplona Oeste : 1,5 km

↑ **Casa Kordoa** sin rest　　　　　　　　　　🏊 **P** 🍴

✉ *31714 Erratzu* – ℰ *948 45 32 22* – *www.kordoa.com*
**6 hab** – ♥♥43/45 €, ⊆ 4,50 €
Atractivo caserío del s. XVIII llevado por sus propietarios. Posee un coqueto salón social y correctas habitaciones, con mobiliario clásico, vigas vistas y baños completos.

**ERRENTERIA (RENTERÍA)** – Guipúzcoa – **573** C24 – **39 324 h.** – alt. 11 m   25 B2

▶ Madrid 463 – Vitoria-Gasteiz 115 – Donostia-San Sebastián 10 – Iruña/Pamplona 90

## en el cruce de la carretera de Astigarraga a Oiartzun
Sur : 4 km y desvío 1,5 km

XXXX   **Mugaritz** (Andoni Luis Aduriz)   🏧 ✛ **P**
ಜಿ ಜಿ   *Aldura Aldea 20-Otzazulueta Baserria* ✉ *20100 Errenteria* – 𝒞 *943 52 24 55*
   *– www.mugaritz.com – cerrado 15 diciembre-9 abril, domingo noche, lunes y martes mediodía*
   **Rest** – *(solo menú)* Menú 180 €
   En un antiguo caserío, con un comedor neorrústico y un espacio para la sobremesa en un anexo. Su chef elabora una cocina muy personal, ya que recupera los sabores originales a través de técnicas vanguardistas y modernas presentaciones.
   → Hebras de buey de mar trabadas con mucílago vegetal, macadamias y pimienta rosa. Merluza con almidón de agua de chufas y concentrado de almejas. Requesón de Idiazabal y pimentón ahumado.

---

**ERRIBERRI (OLITE)** – Navarra – **573** E25 – **3 832 h.** – alt. 380 m   24 A2

▶ Madrid 370 – Iruña/Pamplona 43 – Soria 140 – Zaragoza 140

🅸 pl. de los Teobaldos, ✉ 31390, 𝒞 948 74 17 03, www.turismo.navarra.es

👁 Castillo de los Reyes de Navarra★ – Iglesia de Santa María la Real (fachada★ y retablo mayor★★) - Museo del Vino★

🏠   **Parador de Olite**   ⊗ 🕪 ⛁ hab, 🏧 ✛ 🛜 ⚙
   *pl. de los Teobaldos 2* ✉ *31390* – 𝒞 *948 74 00 00*
   **43 hab** – †64/132 € ††80/165 €, ⊇ 18 €   **Rest** – Menú 27/33 € – Carta 34/47 €
   Instalado parcialmente en un ala del antiguo castillo de los reyes de Navarra. Ofrece elegantes dependencias donde conviven en armonía el pasado histórico y el confort actual. En su comedor podrá descubrir los platos más representativos del recetario regional.

🏠   **El Juglar** sin rest   🕭 🕪 🏧 ✛ 🛜 🚗
   *Rúa Romana 39* ✉ *31390* – 𝒞 *948 74 18 55* – www.hoteleljuglar.com
   **9 hab** – †62/90 € ††80/105 €, ⊇ 10 €
   Se encuentra fuera del casco antiguo pero muy cerca del centro, en una villa con cierto tipismo y las paredes en piedra. Hall-recepción con chimenea y habitaciones bien personalizadas en su decoración, todas amplias y confortables.

🏠   **Merindad de Olite** sin rest   🏧 ✛ 🛜
   *Rúa de la Judería 11* ✉ *31390* – 𝒞 *948 74 07 35* – www.hotelmerindaddeolite.com
   **10 hab** – †50/58 € ††60/78 €, ⊇ 8 €
   Este hotel familiar está construido sobre los restos de una antigua muralla romana y decorado con una cálida rusticidad. Sus habitaciones presentan mobiliario muy variado.

XX   **Casa Zanito** con hab   🕪 🏧 ✛ 🛜
   *Rúa Mayor 10* ✉ *31390* – 𝒞 *948 74 00 02* – www.casazanito.com
   *– cerrado 23 diciembre-23 enero*
   **16 hab** – †40/50 € ††50/60 €, ⊇ 6 €
   **Rest** – *(cerrado martes en septiembre-junio, domingo noche en julio-agosto y lunes)*
   Menú 23/60 € – Carta 25/56 €
   Casa de esmerado montaje instalada en el casco antiguo de Olite. En su comedor, de ambiente clásico-elegante, podrá degustar una carta de claras raíces locales. Las habitaciones, dotadas con mobiliario de calidad, son un buen complemento para el restaurante.

---

**L'ESCALA** – Girona – **574** F39 – **10 508 h.** – Playa   14 D3

▶ Madrid 748 – Barcelona 135 – Girona/Gerona 39

🅸 pl. de Les Escoles 1 , ✉ 17130, 𝒞 972 77 06 03, www.visitlescala.com

🅶 Empúries★★ (ruinas griegas y romanas) Norte : 2 km

🏨 **Empúries** 🅽   🦮 🍽 🔲 ⊕ 🔊 🛎 ₺ rest, 🏧 hab, 🍴 rest, 📶 ₴ 🅿

*platja del Portixol* ✉ 17130 – ☎ 972 77 22 07 – www.hostalempuries.com
**55 hab** – ♦125/197 € ♦♦165/260 €, ☵ 18 €
**Rest Villa Teresita** – ☎ 972 77 59 32 *(cerrado martes y miércoles)* Menú 28/52 €
– Carta 35/65 €

¡Junto a las ruinas de Empúries! Un magnífico ejemplo de arquitectura sostenible, pues parte del moderno hotel se asienta sobre un antiguo hostal ubicado frente a la playa. Escoja las habitaciones del edificio nuevo, mucho más amplias. Cocina mediterránea.

XX **El Roser 2**   ≤ 🍽 🏧 🍴 🚗

*passeig Lluís Albert 1* ✉ 17130 – ☎ 972 77 11 02 – www.elroser2.com – *cerrado domingo noche y miércoles*
**Rest** – Menú 25/88 € – Carta 49/70 € ❦

Bien llevado entre hermanos y con una sala que le sorprenderá por sus vistas al mar. Completa carta internacional en la que destacan un menú de degustación y otro de mariscos.

XX **Els Pescadors**   ≤ 🏧 🍴 ⇦ 🅿

*Port d'en Perris 5* ✉ 17130 – ☎ 972 77 07 28 – www.pescadors.com – *cerrado noviembre, domingo noche y jueves salvo julio-agosto*
**Rest** – Menú 19/31 € – Carta 25/64 €

En el casco antiguo y con vistas al mar. Su barra de apoyo da paso a dos salas de buen montaje, ambas clásicas y abovedadas. Carta amplia basada en los productos de la zona.

XX **Miryam** con hab   🍽 🏧 rest, 🍴 📶 🅿

*Ronda del Pedró 4* ✉ 17130 – ☎ 972 77 02 87 – www.restauratmiryam.com
**12 hab** – ♦♦70/80 €, ☵ 10 €
**Rest** – *(cerrado domingo noche salvo julio-agosto)* Menú 18/44 €
– Carta 63/72 €

Casa familiar que tiene en el restaurante su actividad principal. Posee un vivero, un bar, dos salas de aire rústico y una atractiva terraza interior. Carta basada en pescados y mariscos de la zona. Como complemento, también ofrece unas correctas habitaciones.

X **La Gruta** 🅽   🏧

☺ *Enric Serra 15* ✉ 17130 – ☎ 972 77 62 11 – www.restaurantlagruta.com – *cerrado 14 días en Navidades, 23 junio-8 julio, domingo y lunes de 24 diciembre-Semana Santa y domingo resto del año*
**Rest** – Menú 15/27 € – Carta 30/45 €

Resulta céntrico y presenta un ambiente neorrústico, con los techos abovedados en piedra y grandes arcos. Cocina francesa actualizada y de autor... ¡a precios de Bib Gourmand!

---

**La ESCALONA** – Santa Cruz de Tenerife – ver Canarias (Tenerife) : Vilaflor

---

**ESCUNHAU** – Lleida – ver Vielha

---

**ESKORIATZA** – Guipúzcoa – **573** C22 – 4 054 h.   25 B2
▶ Madrid 387 – Vitoria-Gasteiz 30 – Donostia-San Sebastián 76 – Logroño 123

🏨 **Azkoaga Enea**   🍽 ₺ 🏧 🍴 📶

*Gastañadui 4* ✉ 20540 – ☎ 943 71 45 66 – www.hotelazkoagaenea.com
**14 hab** ☵ – ♦56/81 € ♦♦70/99 €   **Rest** – Carta 20/38 €

Ocupa una casa típica considerada como elemento de valor arquitectónico. Aquí encontrará habitaciones actuales personalizadas en su decoración, todas con los suelos en tarima. El comedor, íntimo y también actual, se asoma a un pequeño patio trasero con césped.

ESPAÑA

**ESPASANTE** – A Coruña – **571** A6        **20** C1

▶ Madrid 615 – A Coruña 107 – Lugo 104 – Viveiro 28

🏠 **Viento del Norte**        📧 ⚒ 🛜

*puerto, Norte : 1 km* ⊠ *15339* – 𝒞 *981 40 81 82* – *www.vientodelnorte.com*
*– cerrado del 1 al 20 de enero*
**12 hab** – ♦45/60 € ♦♦60/85 €, ⊊ 7 € – 1 suite
**Rest** – *(cerrado lunes)* Carta 30/45 €
Aparentemente es un hotel más de la zona del puerto, sin embargo goza de cierto
encanto y demuestra que cuidan mucho cada detalle. ¡Lo mejor son las habitaciones! En
su coqueto restaurante la cocina italiana convive con algún plato tradicional gallego.

🍴 **Planeta**        ⪝ ⚒ **P**

*puerto, Norte : 1 km* ⊠ *15339* – 𝒞 *981 40 83 66* – *www.restauranteplaneta.es*
*– cerrado 15 días en febrero-marzo y lunes noche*
**Rest** – Menú 15 € – Carta 25/45 €
Un negocio que tiene buen nombre gracias a la calidad de sus pescados y mariscos.
Ofrece un comedor clásico-funcional, destacando las cinco mesas con vistas a la playa.

---

**ESPINAVESSA** – Girona – **574** F38        **14** C3

▶ Madrid 732 – Barcelona 133 – Girona 35

🍴🍴 **La Rectoría**        🆎 ⚒

*La Font 15* ⊠ *17747* – 𝒞 *972 55 37 66* – *www.restaurantlarectoria.com* – *cerrado 15*
*días en noviembre y lunes*
**Rest** – *(solo almuerzo en invierno salvo fin de semana)* Menú 15/55 €
*– Carta 37/67 €*
Sorprende en este pueblecito, pues combina las partes originales de la casa, como las
bóvedas de ladrillo, con otras de diseño moderno. Cocina de mercado bien actualizada.

---

**ESPINOSA DE LOS MONTEROS** – Burgos – **575** C19 – **2 007 h.**        **12** C1

▶ Madrid 365 – Valladolid 235 – Burgos 118 – Santander 109

🏠 **Posada Real Torre Berrueza**        ⚒ 📶

*Nuño de Rasura 5* ⊠ *09560* – 𝒞 *947 14 38 22* – *www.torreberrueza.es*
**8 hab** – ♦55 € ♦♦75 €, ⊊ 10 €    **Rest** – *(reserva aconsejable)* Carta 32/42 €
Instalada en una torre rehabilitada del s. XII. Aquí encontrará un salón social con chimenea y habitaciones de ambiente moderno, todas muy coloristas y de buen confort. El restaurante se encuentra en un edificio anexo de nueva construcción. Cocina regional.

**en Quintana de los Prados** *Sureste : 3,5 km*

🏠 **El Cajigal** *sin rest*        ⚒ 🛜 **P**

*El Cajigal 69* ⊠ *09569 Quintana de los Prados* – 𝒞 *947 12 01 35*
*– www.elcajigal.com*
**5 hab** – ♦40 € ♦♦50/55 €, ⊊ 5 €
Es un establecimiento modesto, sin embargo la tranquilidad está asegurada. Posee una
zona social con chimenea y sencillas habitaciones, todas con antiguo mobiliario familiar.

---

**L'ESPLUGA DE FRANCOLÍ** – Tarragona – **574** H33 – **3 913 h.**        **13** B2
**– alt. 414 m**

▶ Madrid 521 – Barcelona 123 – Lleida/Lérida 63 – Tarragona 39

🗺 pl. Mil.lenari 1, ⊠ 43440, 𝒞 977 87 12 20, www.esplugaturisme.cat

🏠 **L'Ocell Francolí**        🎐 🆎 rest, ⚒ 🛜

*passeig Cañellas 2-3* ⊠ *43440* – 𝒞 *977 87 12 16* – *www.ocellfrancoli.com*
**12 hab** ⊊ – ♦40/45 € ♦♦65/70 €
**Rest** – *(cerrado domingo noche)* Menú 18/37 € – Carta 20/35 €
Hotel rural emplazado en el centro de la localidad. Sus dependencias, sencillas pero
acogedoras, combinan el mobiliario provenzal con el de forja. En el restaurante podrá
degustar los platos más representativos del recetario tradicional catalán.

---

**ESPLUGUES DE LLOBREGAT** – Barcelona – *ver* Barcelona : Alrededores

ESPAÑA

**ESPONELLÀ** – Girona – **574** F38 – **446 h.** – **alt. 142 m**                    14 C3
▶ Madrid 727 – Barcelona 127 – Girona 27 – Perpignan 81

✗    **Can Roca**                                           🌳 ⅚ 🗚 🕉 ⟳ **P**
*av. Carlos de Fortuny 1* ✉ *17832* – ✆ *972 59 70 12 – www.restaurantcanroca.cat*
*– cerrado 1ª quincena de marzo, 2ª quincena de septiembre y martes*
**Rest** – *(solo almuerzo en invierno salvo fines de semana)* Menú 15/40 € – Carta 16/46 €
Negocio centenario y de carácter familiar, no en vano ya da trabajo a la 5ª generación. Platos locales y deliciosos guisos, estos elaborados aún en la antigua cocina de leña.

**L'ESPUNYOLA** – Barcelona – **574** F35 – **255 h.**                    14 C2
▶ Madrid 628 – Barcelona 116 – Sant Julià de Lòria 96 – Escaldes 104

🏠    **Cal Majoral**                           🌀 ⋖ 🚗 🌳 🗚 rest, 🕉 🛜 **P**
*carret. de Solsona, km 134 - Oeste : 2,5 km* ✉ *08619* – ✆ *938 23 05 82*
*– www.calmajoral.com – cerrado del 11 al 28 de febrero y del 24 al 30 de junio*
**9 hab** ⌑ – 📞35/45 € 📞📞70/90 €
**Rest** – *(cerrado lunes) (solo almuerzo salvo fines de semana)* Menú 12/22 €
*– Carta 32/41 €*
Instalado en una masía algo aislada y rodeada por una extensa zona de césped. Presenta una acogedora zona social con chimenea y unas habitaciones de impecable
mantenimiento, todas personalizadas. El restaurante, que ofrece una cocina de tinte
regional, complementa su sala con una terraza bajo los árboles.

**ESQUEDAS** – Huesca – **574** F28 – **74 h.** – **alt. 509 m**                    4 C1
▶ Madrid 404 – Huesca 14 – Iruña/Pamplona 150

✗✗✗    **Venta del Sotón**                                  🗚 🕉 ⟳ **P**
*carret. A 132- km 14* ✉ *22810* – ✆ *974 27 02 41 – www.ventadelsoton.com*
*– cerrado 7 enero-7 febrero, domingo noche, lunes y martes noche*
**Rest** – Menú 31/50 € – Carta 43/70 €
Casona de larga trayectoria a modo de venta aragonesa. Posee un buen bar de
espera, con una chimenea circular, comedores de aire rústico-elegante y varias salas
para banquetes. Carta tradicional con detalles actuales y diferentes menús.

**L'ESTARTIT** – Girona – **574** F39 – **1 994 h.** – **Playa**                    15 B1
▶ Madrid 745 – Figueres 39 – Girona/Gerona 35
🛈 passeig Marítim , ✉ 17258, ✆ 972 75 19 10, www.visitestartit.com
🅖 Islas Medes ★★ (en barco)

🏠    **Bell.Aire**                                         🌳 🛎 🕉 🛜
*Església 39* ✉ *17258* – ✆ *972 75 13 02 – www.hotelbellaire.com – Semana*
*Santa-octubre*
**70 hab** ⌑ – 📞34/48 € 📞📞58/86 €    **Rest** – Menú 11/15 € – Carta 16/25 €
Hotel de atención familiar profesional y línea clásica. Posee un amplio hall y habitaciones funcionales, con los baños limpios aunque algo anticuados. En su restaurante
encontrará una carta de tinte casero y un correcto menú.

🏠    **Cal Tet**                                           🌳 🗚 🕉
*Santa Anna 38* ✉ *17258* – ✆ *972 75 11 79 – www.caltet.com – cerrado 20 diciembre-enero*
**11 hab** ⌑ – 📞44/66 € 📞📞55/99 €    **Rest** – Carta 24/83 €
Se encuentra en una calle bastante céntrica y tiene la recepción en la barra de una
marisquería, donde tuvo origen al negocio. Habitaciones de estilo funcional-actual. El
restaurante, de ambiente rústico, ofrece una carta típica de pescados y mariscos.

**ESTEIRO** – A Coruña – **571** D3 – **Playa**                    19 A2
▶ Madrid 648 – Santiago de Compostela 49 – A Coruña 96 – Pontevedra 80

🏠    **Punta Uia**                                         ⋖ 🚗 🛎 🕉 🛜 **P**
*carret. AC 550, Sureste : 1,5 km* ✉ *15240* – ✆ *981 85 50 05*
*– www.hotelpuntauia.com – cerrado 22 diciembre-15 enero*
**10 hab** ⌑ – 📞61/92 € 📞📞80/107 €
**Rest** *A Lareira* – *(cerrado lunes)* Menú 20/30 € – Carta 31/51 €
Este hotel goza de gran encanto, ya que disfruta de bellos hórreos e idílicas vistas a
la ría. Entre sus habitaciones, todas detallistas, destacan las tres con terraza. En su
restaurante, bastante coqueto, podrá degustar una carta tradicional bien elaborada.

### Muiño ⌧ ✗

*Ribeira de Mayo - carret. AC 550* ⌧ *15240 –* ℰ *981 76 38 85*
*– www.restaurantemuino.com – cerrado del 10 al 30 de noviembre y lunes salvo verano*
**Rest** – Menú 9/35 € – Carta 29/37 €
Restaurante de sencillo montaje en estilo clásico funcional, con buen vivero de mariscos, una sala para el menú y otra a la carta. Su plato estrella es el bogavante con arroz.

---

## ESTELLA – Navarra – ver Lizarra

---

## ESTEPONA – Málaga – 578 W14 – 67 101 h. – Playa                 1 A3

▶ Madrid 640 – Algeciras 51 – Málaga 85
🛈 pl. de las Flores, ⌧ 29680, ℰ 952 80 20 02, www.estepona.es
🅱 El Paraíso, Noreste : 13 km por N 340, ℰ 952 88 38 46
◉ Localidad★ – Casco antiguo★

### El Palangre ≤ 🛋 ⌧ ✗

*Colón 20* ⌧ *29680 –* ℰ *952 80 58 57 – cerrado miércoles*
**Rest** – Menú 25/40 € – Carta 30/45 €
Está en una zona alta de la ciudad, por lo que ofrece vistas parciales al mar. Agradable terraza, decoración marinera y una cocina especializada en pescados y mariscos.

### por la autovía de Málaga

### La Alcaría de Ramos 🛋 ⅖ ⌧ ✗

*urb. El Paraíso, Noreste : 11,5 km y desvío 1,5 km* ⌧ *29688 Cancelada*
*–* ℰ *952 88 61 78 – www.laalcariaderamos.es – cerrado domingo*
**Rest** – (solo cena) Carta 35/45 €
El negocio, llevado con amabilidad entre dos hermanos, se presenta con un agradable comedor principal, donde esperan al comensal con la chimenea encendida. Carta tradicional.

### en la carretera de Cádiz N 340 Suroeste : 5 km

### La Menorah 🛋 ⌧ ✗

*urb. Arena Beach, km 151,2* ⌧ *29680 Estepona –* ℰ *952 79 27 34*
*– cerrado 9 enero-febrero y lunes*
**Rest** – Carta 25/40 €
¡Una casa a la que da gusto ir! En su acogedora sala le propondrán, con simpatía y amabilidad, una cocina tradicional rica en sugerencias diarias y pescados de la zona.

---

## ESTERRI D'ÀNEU – Lleida – 574 E33 – 900 h. – alt. 957 m         13 B1

▶ Madrid 658 – Lleida/Lérida 204 – Barcelona 262
🛈 Major 40 bis, ⌧ 25580, ℰ 973 62 63 45
◉ Vall d'Àneu★★
🄶 Iglesia de Sant Joan d'Isil★ Noroeste : 9 km

### La Creu sin rest ▮ ⅖ ✗ 📶

*Major 3* ⌧ *25580 –* ℰ *973 62 64 37 – www.pensiolacreu.com*
**21 hab** ☲ – †26/29 € ††48/52 €
Tomando como base esta pensión familiar tendrá muchas opciones de ocio-aventura en plena naturaleza. Correcta zona social y habitaciones funcionales, la mayoría adaptadas para minusválidos. ¡Pida las que dan al río, pues son las mejores!

### Els Puis con hab ≤ ⌧ rest, ✗ 📶

*av. Dr. Morelló 13* ⌧ *25580 –* ℰ *973 62 61 60 – www.hotelelspuis.com – cerrado mayo y 2ª quincena de octubre*
**6 hab** – †30/40 € ††37/50 €, ☲ 6 €
**Rest** – (cerrado domingo noche y lunes salvo verano) Carta 20/35 €
Resulta acogedor y está llevado por un amable matrimonio, con él en la sala y ella al frente de los fogones. En su comedor, de línea clásica, podrá degustar una cocina de mercado que se enriquece con diversos platos típicos de la zona. Las habitaciones, confortables en su sencillez, complementan el negocio.

**ETXALAR** – Navarra – **573** C25 – 818 h. – alt. 100 m       **24** B1

▶ Madrid 494 – Biarritz 48 – Iruña/Pamplona 65 – Donostia-San Sebastián 40

## en la carretera N 121 A Oeste : 4 km

**Venta de Etxalar**       🛏 🖥 🕍 🥂 🤶 🅿 🚗

✉ 31760 Etxalar – ☏ 948 63 50 00 – www.etxalar.com – cerrado 23 diciembre-15 enero
**37 hab** � – †46/58 € ††72/82 €
**Rest** – *(solo almuerzo salvo viernes y sábado)* Menú 10/22 € – Carta 27/57 €
Cercano a la carretera y con un buen parking exterior. Ofrece un salón social y habitaciones de correcto confort, todas de línea clásica y con el mobiliario macizo en roble. El restaurante, de ambiente rústico, propone una cocina de gusto tradicional.

---

**EZCARAY** – La Rioja – **573** F20 – 2 054 h. – alt. 813 m – Deportes de       **21** A2
invierno en Valdezcaray : ❄9

▶ Madrid 316 – Burgos 73 – Logroño 61 – Vitoria-Gasteiz 80
🅸 Sagastía 1 , ✉ 26280, ☏ 941 35 46 79, www.ezcaray.org

**Echaurren**       🖥 🕍 🤶 🚗

*Padre José García 19* ✉ 26280 – ☏ 941 35 40 47 – www.echaurren.com – cerrado
del 15 al 25 de diciembre
**25 hab** – †60/67 € ††75/140 €, ⊒ 8 €
**Rest** *El Portal* ❀❀ **Rest** *Echaurren* – ver selección restaurantes
Un hotel de larga tradición familiar y gran prestigio en la región. Se presenta con una zona social renovada, una moderna cafetería y dos tipos de habitaciones, unas fieles a la estética clásica y otras, más amplias, de línea actual.

**Palacio Azcárate** sin rest       🖥 🕍 🤶 🛁 🚗

*Padre José García 17* ✉ 26280 – ☏ 941 42 72 82 – www.palacioazcarate.com
– cerrado 2 semanas en noviembre y 1 semana en enero
**23 hab** ⊒ – †60/100 € ††75/128 € – 1 suite
Está formado por dos edificios de aire señorial. Sus habitaciones resultan muy confortables, con mobiliario de calidad y los suelos en tarima. Agradable terraza-jardín.

**El Portal** (Francis Paniego) – Hotel Echaurren       🕍 🤶 🚗
❀❀   *Padre José García 19* ✉ 26280 – ☏ 941 35 40 47 – www.echaurren.com – cerrado
15 diciembre-febrero, 23 junio-3 julio, martes salvo julio-octubre, domingo noche y lunes
**Rest** – Menú 60/85 € – Carta aprox. 70 € ❀
En los bajos del hotel familiar, con un interior minimalista y muchos detalles de diseño. Su cocina fusiona, con gran maestría, lo tradicional y lo creativo. Ofrece varios menús degustación, pudiendo extraer de ellos los platos a la carta.
➜ Arroz cremoso con oreja en adobo y jugo aireado. Merluza asada sobre pil-pil de patata con un leve toque de vainilla. Tosta templada con queso de Cameros, manzana y helado de miel.

**Casa Masip** con hab       🍴 🤶 🤶

*Academia Militar de Zaragoza 6* ✉ 26280 – ☏ 941 35 43 27 – www.casamasip.com
– cerrado del 15 al 30 de noviembre
**12 hab** ⊒ – †50/60 € ††70/90 €
**Rest** – *(cerrado martes)* (solo almuerzo salvo viernes, sábado, Semana Santa y
verano) Menú 18/27 € – Carta 25/53 €
Instalado en una céntrica casa solariega con las paredes en piedra. En su comedor, rústico-actual y con la viguería de madera vista, podrá degustar una cocina tradicional especializada en verduras de temporada y platos de caza. Por si desea alojarse, disponen de un buen salón social y cuidadas habitaciones.

**Echaurren** – Hotel Echaurren       🕍 🤶 🚗

*Padre José García 19* ✉ 26280 – ☏ 941 35 40 47 – www.echaurren.com – cerrado
del 15 al 25 de diciembre
**Rest** – *(cerrado domingo noche salvo julio-agosto)* Menú 20/45 € – Carta 36/65 € ❀
Este restaurante, que fue la piedra angular del negocio, se presenta como el templo que guarda la memoria gastronómica de toda una vida dedicada a los fogones. Su chef propone una cocina tradicional bien elaborada y que cuida los detalles.

ESPAÑA

**en Zaldierna** Sur : 5 km

⌂ **Río Zambullón** sin rest      🕭 🕸 🤶

*del Molino* ✉ 26289 Zaldierna – ℰ *941 35 41 70* – *www.riozambullon.com*
**6 hab** 🖙 – 🛉50/60 € 🛉🛉60/80 €

Casa típica construida en piedra. Tiene un salón con chimenea y las habitaciones distribuidas en dos plantas, todas con una acogedora decoración rústica. ¡Ideal para descansar, ir a buscar setas en otoño o disfrutar de la nieve en invierno!

---

**FALSET** – Tarragona – **574** I32 – **2 894 h.** – alt. 364 m      **13** A3

▶ Madrid 518 – Lleida/Lérida 96 – Tarragona 43 – Tortosa 66

🗓 pl. de la Quartera 1, ✉ 43730, ℰ 977 83 10 23, www.turismepriorat.org

👁 Localidad ★

🛏 **Sport**      🖃 AC 🕸 rest,

*Miquel Barceló 6* ✉ 43730 – ℰ *977 83 00 78* – *www.hotelpriorat-hostalsport.com*
**28 hab** 🖙 – 🛉89 € 🛉🛉98 €    **Rest** – Menú 25/40 € – Carta 25/45 €

Hostal de ambiente neorrústico y larga tradición familiar dotado con un acogedor
salón social y confortables habitaciones, en general espaciosas. El comedor enriquece
su oferta culinaria con una carta de vinos que destaca por su selección de Prioratos.

XX **El Celler de L'Aspic**      AC 🕸 ⇔

😊 *Miquel Barceló 31* ✉ 43730 – ℰ *977 83 12 46* – *www.cellerdelaspic.com* – *cerrado
Navidades, 15 días en julio y miércoles*
**Rest** – *(solo almuerzo salvo jueves, viernes y sábado)* Menú 30/45 € – Carta 29/35 € ❀

Restaurante de línea moderna centrado en el mundo del vino, con numerosas vitrinas y
expositores como parte de su decoración. Cocina tradicional actualizada a buen precio.

---

**FANALS (Playa de)** – Girona – ver Lloret de Mar

---

**La FELGUERA** – Asturias – **572** C13      **5** B2

▶ Madrid 448 – Gijón 40 – Mieres 14 – Oviedo 21

🛏🛏 **LangrehOtel**      🖈🖃 � AC 🕸 🤶 🛋 🚐

*Manuel Suárez García 6* ✉ 33930 – ℰ *985 67 56 75* – *www.langrehotel.es*
**44 hab** – 🛉56/65 € 🛉🛉60/71 €, 🖙 10 € – 9 suites
**Rest** – *(cerrado domingo noche)* Menú 25/34 € – Carta 25/49 €

Merece la pena por sus completas instalaciones, con una coqueta zona social y habitaciones de línea actual. El restaurante, también actual y bastante luminoso, propone
una carta tradicional con arroces, platos de cuchara y un par de menús.

---

**FENE** – A Coruña – **571** B5 – **13 780 h.** – alt. 30 m      **19** B1

▶ Madrid 609 – A Coruña 58 – Ferrol 6 – Santiago de Compostela 86

**por la carretera N 651** Sur : 3 km y desvío a San Marcos 1 km

X **Muiño do Vento**      AC 🕸 P

😊 *Cadavás 4-Barrio de Magalofes* ✉ 15509 Magalofes – ℰ *981 34 09 21* – *cerrado del
22 diciembre-2 enero, del 1 al 24 de septiembre, domingo noche y lunes*
**Rest** – Carta 27/40 € ❀

Casa familiar de larga trayectoria. Posee un bar típico, dos salas de correcto montaje y
una gran bodega en el sótano, donde abarcan casi todas las Denominaciones de Origen. Su cocina gallega se enriquece con varias jornadas gastronómicas.

---

**FERMOSELLE** – Zamora – **575** I10 – **1 450 h.**      **11** A2

▶ Madrid 321 – Valladolid 168 – Zamora 65 – Bragança 124

🛏 **Posada de Doña Urraca**      🖃 ⅅ hab, AC 🕸 rest, 🤶 P

*Requejo 272* ✉ 49220 – ℰ *980 61 34 73* – *www.posadadedonaurraca.com*
**19 hab** 🖙 – 🛉33/40 € 🛉🛉66/80 €    **Rest** – Menú 20 € – Carta 16/31 €

¡Una buena opción para alojarse si está visitando Los Arribes! Ocupa un atractivo edificio en piedra que, en su día, sirvió como cuartel de la Guardia Civil. Encontrará unas
acogedoras habitaciones, todas personalizadas, así como un comedor clásico-actual,
donde combinan el servicio a la carta con el menú.

**FERRERIES** – ver Balears (Menorca)

**FERROL** – A Coruña – **571** B5 – **71 997 h.** – Playa          **19** B1

▶ Madrid 608 – A Coruña 61 – Gijón 321 – Oviedo 306
**ℹ** Magdalena 12, ✉ 15401, ✆ 981 31 11 79, www.turgalicia.es
**ℹ** Muelle de Curuxeiras, ✉ 15402, ✆ 619 17 74 02, www.ferrol.es

Planos páginas siguientes

🏨 **Parador de Ferrol** sin rest, con cafetería          📶 ♿ 🅰️ 🛜 🏋️
*pl. Contralmirante Azarola Gresillón* ✉ *15401* – ✆ *981 35 67 20*
*– www.parador.es*          AZ**a**
**36 hab** – ♦56/136 € ♦♦70/170 €, � 15 €
Esta mansión señorial combina su emplazamiento en el casco antiguo con unas buenas vistas, tanto al puerto como al mar. Ofrece unas confortables habitaciones de gusto clásico, destacando las asomadas al mar y las cuatro que tienen galería.

🏨 **El Suizo** sin rest          📶 🅰️ 🛜 🚗
*Dolores 67* ✉ *15402* – ✆ *981 30 04 00* – *www.hotelsuizo.es*          BZ**b**
**34 hab** – ♦44/50 € ♦♦50/57 €, ⊆ 7 €
En una céntrica calle peatonal, ocultando tras su bella fachada un interior de elegante funcionalidad. Las habitaciones, todas exteriores y algunas abuhardilladas, se presentan con los suelos en madera y unos buenos baños en mármol.

🍴🍴 **O Parrulo**          🌳 ♿ 🅰️ 🍽️ ⇄ 🅿️
*av. de Catabois 401, por* ① ✉ *15405* – ✆ *981 31 86 53*
*– www.restauranteoparrulo.com* – *cerrado domingo y miércoles noche*
**Rest** – Carta 35/46 €
Este negocio familiar debe su nombre al apodo cariñoso de su propietario, pato en gallego, por eso muestran también una curiosa colección de figuras dedicadas a este animal. Ofrecen cocina gallega y una especialidad, el Chuletón de ternera.

🍴🍴 **Medulio**          ♿ 🅰️ 🍽️ ⇄ 🅿️
*lugar del Bosque 73 - Serantes, por estrada de Xoane* ✉ *15405* – ✆ *981 33 00 89*
*– www.restaurantemedulio.com* – *cerrado 2ª quincena de julio, domingo noche y lunes*
**Rest** – Carta 28/57 €
Instalado en una tranquila casa a las afueras de Ferrol. Presenta un comedor principal bastante actual, con algunos muros en piedra, y una sala en el piso superior convertible en dos privados. Carta tradicional rica en pescados de la zona.

 Los turismos rurales ⭐ no nos ofrecen los mismos servicios que un hotel. Se distinguen frecuentemente por su acogida y su decoración, que reflejan a menudo la personalidad de sus propietarios. Aquellos clasificados en rojo ⭐ son los más agradables.

**por estrada do Raposeiro** (BY) **Noroeste : 4 km**

🍴🍴 **A Gabeira**          🌳 🅰️ ⇄ 🅿️
*Balón 172* ✉ *15593 Ferrol* – ✆ *981 31 68 81* – *www.nove.biz*
*– cerrado 14 octubre-7 noviembre, domingo noche, lunes y martes noche*
**Rest** – Menú 40/60 € – Carta 38/60 €
Negocio de tradición familiar que toma su nombre de una isla cercana. Ofrece un privado y dos salas, donde podrá descubrir una cocina de gusto tradicional con interesantes toques creativos. ¡Buen apartado de mariscos y clásicos de la casa!

**ESPAÑA**

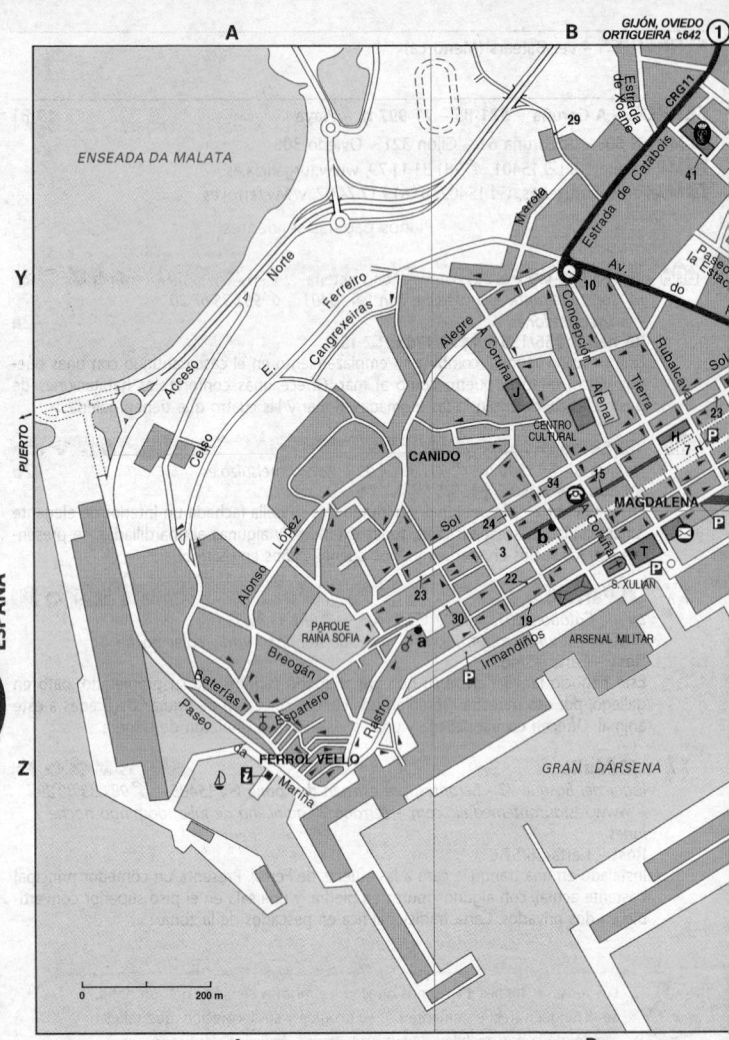

**FIGUERES** – Girona – **574** F38 – 45 262 h. – alt. 30 m

**14** D3

▶ Madrid 744 – Girona/Gerona 42 – Perpignan 58

🛈 pl. del Sol, ✉ 17600, 𝒞 972 50 31 55, www.figueres.cat

**R.A.C.C.** Sant Antoni 97 𝒞 972 67 33 95

🏙 Torremirona, Navata, por la carret. de Olot : 9,5 km, 𝒞 972 55 37 37

👁 Localidad★ – Teatre-Museu Dalí★★ BY – Torre Galatea★ BY – Museo de Juguetes (Museu del Joguet★) BZ – Castillo de Sant Ferran★ AY - Museu de la Tècnica de l'Empordà★ CY

🗺 Vilabertran★ (Monasterio de Santa María★) Noreste : 5 km

Planos páginas siguientes

344

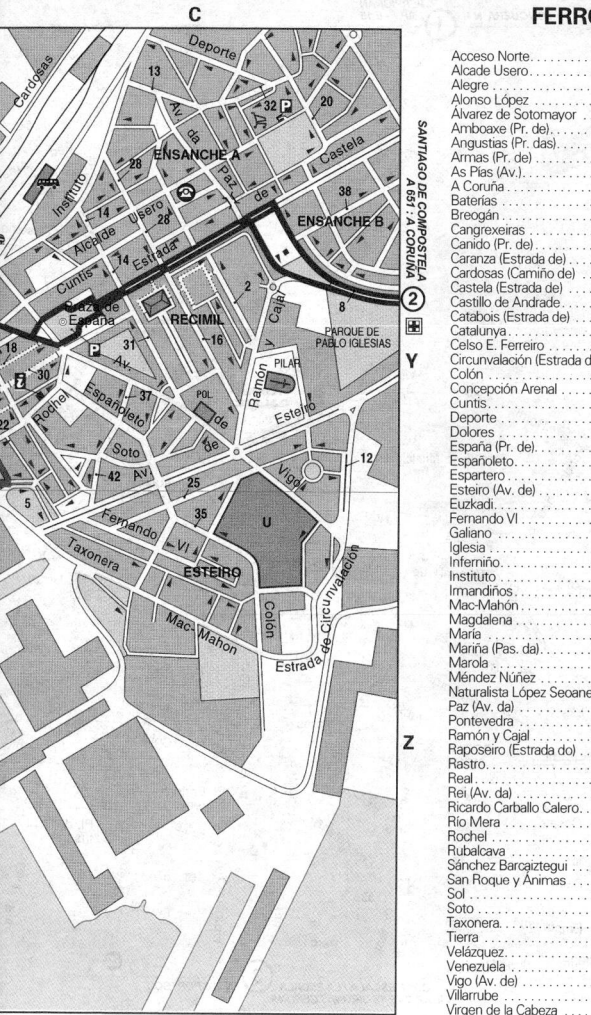

# FERROL

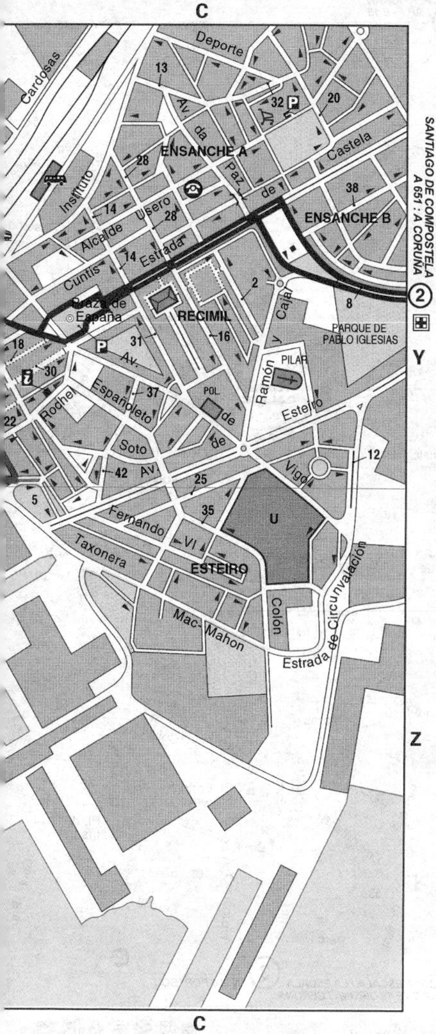


| | | |
|---|---|---|
| Acceso Norte | AY | |
| Alcade Usero | CY | |
| Alegre | ABY | |
| Alonso López | AYZ | |
| Álvarez de Sotomayor | CY | 2 |
| Amboaxe (Pr. de) | BZ | 3 |
| Angustias (Pr. das) | CZ | 5 |
| Armas (Pr. de) | BY | 7 |
| As Pías (Av.) | CY | 8 |
| A Coruña | BYZ | |
| Baterías | AZ | |
| Breogán | AZ | |
| Cangrexeiras | AY | |
| Canido (Pr. de) | BY | 10 |
| Caranza (Estrada de) | CY | 12 |
| Cardosas (Camiño de) | CY | |
| Castela (Estrada de) | CY | |
| Castillo de Andrade | CY | 13 |
| Catabois (Estrada de) | BY | |
| Catalunya | CY | 14 |
| Celso E. Ferreiro | AY | |
| Circunvalación (Estrada de) | CZ | |
| Colón | CZ | |
| Concepción Arenal | BY | |
| Cuntis | CY | |
| Deporte | CY | |
| Dolores | BYZ | 15 |
| España (Pr. de) | CY | |
| Españoleto | CY | |
| Espartero | AZ | |
| Esteiro (Av. de) | CYZ | |
| Euzkadi | CY | 16 |
| Fernando VI | CZ | |
| Galiano | BCY | 18 |
| Iglesia | BCYZ | 19 |
| Inferniño | CY | 20 |
| Instituto | CY | |
| Irmandiños | BZ | |
| Mac-Mahón | CZ | |
| Magdalena | BCYZ | 22 |
| María | ABYZ | 23 |
| Mariña (Pas. da) | AZ | |
| Marola | BY | |
| Méndez Núñez | BZ | 24 |
| Naturalista López Seoane | CYZ | 25 |
| Paz (Av. da) | CY | |
| Pontevedra | CY | 28 |
| Ramón y Cajal | CY | |
| Raposeiro (Estrada do) | BY | 29 |
| Rastro | AZ | |
| Real | BCYZ | 30 |
| Rei (Av. da) | BCY | |
| Ricardo Carballo Calero | CY | 31 |
| Río Mera | CY | 32 |
| Rochel | CY | |
| Rubalcava | BY | |
| Sánchez Barcaiztegui | BY | 34 |
| San Roque y Ánimas | CZ | 35 |
| Sol | BYZ | |
| Soto | CY | |
| Taxonera | CZ | |
| Tierra | BY | |
| Velázquez | CY | 37 |
| Venezuela | CY | 38 |
| Vigo (Av. de) | CYZ | |
| Villarrube | BY | 40 |
| Virgen de la Cabeza | BY | 41 |
| Zurbarán | CY | 42 |

ESPAÑA

## Duràn

hab,

*Lasauca 5 ✉ 17600 – ✆ 972 50 12 50 – www.hotelduran.com* BZ**c**

**65 hab** – 54/104 € 69/119 €, 11 €

**Rest** – Menú 24/47 € – Carta 36/58 €

Atesora cierto prestigio y una indudable solera... no en vano, ya es centenario y, por encima, está muy cerca del famoso Teatre-Museu Dalí. Ofrece unas habitaciones totalmente actualizadas y un restaurante de línea clásica, destacando aquí un privado al que llaman "Ca la Teta", lleno de recuerdos de famosos.

🛏️ **Pirineos**　　　　　　　　　　　　　　　🖥️ 🗚 🌀 🛜 👤 🅿️

*Salvador Dalí 68* ✉ *17600 –* 🕽 *972 50 03 12 – www.hotelpirineospelegri.com*
**56 hab** – 🛏️60/72 € 🛏️🛏️72/90 €, ⊑ 10 €　　　　　　　　　　　　　BZ**e**
**Rest El Pelegrí** – *(cerrado domingo noche y lunes) (solo menú)* Menú 10/27 €
Ideal para el viajero de paso, tanto por su céntrica situación como por poseer aparcamiento y garaje propios. Las zonas sociales y las habitaciones se presentan renovadas,
mantienen algún mueble antiguo como complemento decorativo. El restaurante, de
aire rústico, propone una cocina tradicional actualizada.

🛏️ **Ronda**　　　　　　　　　　🏡 🖥️ 🕭 🗚 🌀 rest, 🛜 👤 🅿️ 🚗

*av. Salvador Dalí 17, por* ③ ✉ *17600 –* 🕽 *972 50 39 11 – www.hotelronda.com*
**64 hab** – 🛏️51/72 € 🛏️🛏️67/87 €, ⊑ 7 €　　**Rest** – Menú 17/35 € – Carta 20/49 €
Un hotel que se va renovando poco a poco. Presenta una correcta zona social y habitaciones de adecuado confort, todas con mobiliario funcional-actual. En su restaurante encontrará varios tipos de menús (dietéticos, celiacos, vegetarianos, vega-
nos...) así como una carta tradicional especializada en bacalaos.

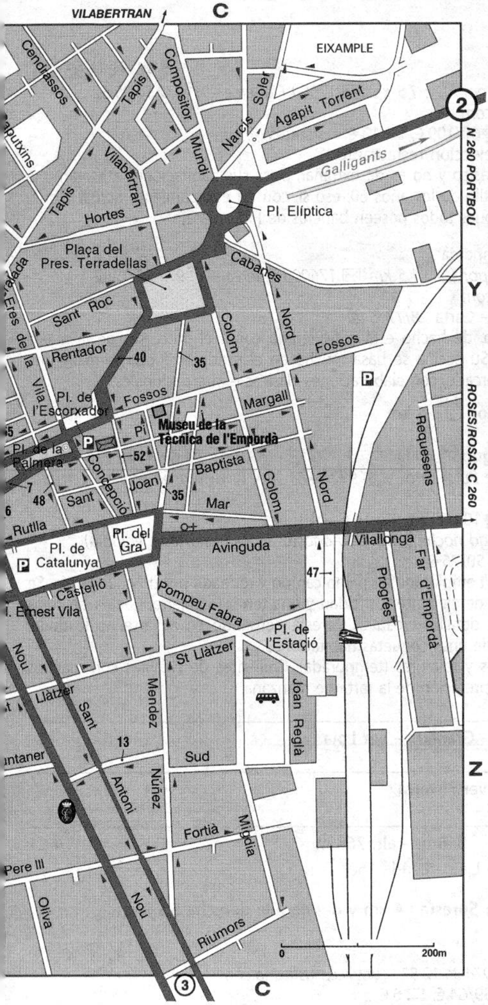


# FIGUERES

| | | |
|---|---|---|
| Barceloneta | BY | 3 |
| Besalú | BY | 4 |
| Blanc | CZ | 6 |
| Caamaño | BCZ | 7 |
| Camil la Lloret (Pl.) | BY | 8 |
| Canigó | BY | 9 |
| Cap de Creus | BY | 10 |
| Clerch i Nicolau | CZ | 13 |
| Compositor Juncà | AZ | 14 |
| Dalmau de Creixell | AZ | 15 |
| Enginyers | BYZ | 16 |
| Eres d'en Sans | BY | 18 |
| Forn Baix | BY | 19 |
| Forn Nou | BZ | 20 |
| Gala i S. Dalí (Pl.) | BY | 21 |
| Germanes Massanet | BY | 23 |
| Joan Maragall | BY | 26 |
| Jòncols | BY | 27 |
| Jonquera | BY | 29 |
| Josep de Masdevall | AZ | 30 |
| Llers | BY | 33 |
| Maria Àngels Vayreda | BY | 34 |
| Monjos (Calçada dels) | CYZ | 35 |
| Monturiol | BZ | 37 |
| Patates (Pl. de les) | BY | 38 |
| Pella i Forgas | CY | 40 |
| Pep Ventura | BZ | 41 |
| Pius XII (Pl.) | BY | 43 |
| Poeta Marquina | AZ | 44 |
| Rosa | BZ | 46 |
| Rubaudonadeu | CZ | 47 |
| Sant Cristòfol | CZ | 48 |
| Sant Domènec | BY | 49 |
| Sant Esteve | BZ | 51 |
| Sant Francesc Paula | CY | 52 |
| Sant Pere de Roda | BY | 54 |
| Sant Rafael | BCY | 55 |
| Sant Vicenç | BZ | 57 |
| Sibil.la de Fortià (Pl.) | AZ | 59 |
| Sol d'Isern | CY | 61 |
| Sol (Pl. del) | AZ | 60 |
| Triangular (Pl.) | BZ | 63 |
| Vicenç Dauner | BZ | 65 |

ESPAÑA

**Rambla** sin rest

*Rambla 33 ✉ 17600 – ✆ 972 67 60 20 – www.hotelrambla.net* BZ**x**

**24 hab** – 45/77 € 50/91 €, 8 €

Una opción muy básica... sin embargo, resulta céntrico y tiene una cuidada fachada. Sorprende con varios ordenadores a modo de cibercafé en la recepción y ofrece habitaciones bastante funcionales, con mobiliario sencillo pero actual.

**Antaviana**

*Llers 5-7 ✉ 17600 – ✆ 972 51 03 77 – www.restaurantantaviana.cat – cerrado del 15 al 30 de noviembre* BY**a**

**Rest** – Menú 28/40 € – Carta 32/53 €

Un local que tras su remodelación estética ha ganado muchos adeptos. Se presenta con un bar en la planta baja y el comedor en el piso superior, de sencillo montaje pero con buenos detalles. Cocina actual con toques de innovación.

## en la antigua carretera N II

### 🏠 Empordà      🖬 🎧 👪 🅿 🚗

*av. Salvador Dalí 170, por ① : 1,5 km* ✉ *17600 Figueres –* ✆ *972 50 05 62*
*– www.hotelemporda.com*
**39 hab** – 🛏50/94 € 🛏🛏60/109 €, ☲ 13 € – 3 suites
**Rest El Motel** – ver selección restaurantes
Está considerado un clásico y no es de extrañar, pues sus habitaciones atesoran una
estética moderna al estilo de los años 60; eso sí, con un equipamiento actual y buenos baños de diseño, pues todos poseen bañeras de hidromasaje.

### XXX El Motel – Hotel Empordà      🎧 🖬 👫 🅿 🚗

*av. Salvador Dalí 170, por ① : 1,5 km* ✉ *17600 Figueres –* ✆ *972 50 05 62*
*– www.hotelemporda.com*
**Rest** – Menú 36/59 € – Carta 28/77 € 🏮
Goza de gran prestigio, de hecho está considerado como el precursor de la nueva
gastronomía catalana. Su cocina se basa mucho en el producto local, normalmente
de temporada y de mercado, con elaboraciones clásicas e internacionales.

## en la carretera de Olot por ④ : 5 km

### XXX Mas Pau (Xavier Sagristà) con hab    🌭 🚗 🎧 ⅃ 🖬 🖬 hab, 🎧 🅿

🕸 ✉ *17742 Avinyonet de Puigventós –* ✆ *972 54 61 54 – www.maspau.com – cerrado*
*6 enero-18 marzo*
**16 hab** – 🛏81/89 € 🛏🛏102/117 €, ☲ 14 € – 4 suites
**Rest** – *(cerrado domingo noche salvo julio-agosto, lunes y martes mediodía)*
Menú 72/91 € – Carta 50/76 €
Preciosa masía del s. XVI emplazada en pleno campo y rodeada por un bello jardín. Se
presenta con tres salas de elegante rusticidad y una terraza cubierta. Cocina de corte
clásico actualizada con detalles creativos. Si está pensando en alojarse no lo dude,
pues también disfruta de unas coquetas habitaciones.
➜ Espárragos con ceps y foie-gras (temporada). Crujientes de cigalitas con manitas
de cerdo. Nuestra interpretación de la tarta de manzana.

---

**FINCA LA BOBADILLA** – Granada – ver Loja

---

**FINISTERRE** – A Coruña – ver Fisterra

---

**FISCAL** – Huesca – **574** E29 – 346 h. – alt. 768 m     **4** C1
▶ Madrid 534 – Huesca 144 – Lleida/Lérida 160

## por la carretera de Ainsa Sureste : 4 km y desvío a la derecha 5,5 km

### ⌂ Casa Arana      🌭 ⪕ 👫 🎧 🅿

✉ *22371 Albella –* ✆ *974 34 12 87 – www.casasarana.com*
**8 hab** – 🛏59/62 € 🛏🛏59/64 €, ☲ 6 €
**Rest** – *(solo clientes, solo cena)* Menú 13/25 €
¡En una extensa finca con cultivos propios! Curiosa casona construida en piedra y
dotada de llamativos balcones en color añil. Presenta un pequeño comedor privado
y unas habitaciones de buen confort, todas con mobiliario rústico.

---

**FISTERRA (FINISTERRE)** – A Coruña – **571** D2 – 4 990 h. – Playa     **19** A2
▶ Madrid 733 – A Coruña 115 – Santiago de Compostela 131
🎬 Cabo★ ⪕★ Sur : 3,5 km, carretera★ a Corcubión (pueblo★) Noreste : 13 km

### 🏠 Playa Langosteira sin rest, con cafetería     🖬 ⪕ 👫 🎧 🚗

*Lugar de Escaselas - AC 445* ✉ *15155 –* ✆ *981 70 68 30*
*– www.hotelplayalangosteira.com*
**28 hab** ☲ – 🛏35/65 € 🛏🛏50/80 €
Se encuentra junto a la carretera de acceso a la localidad. Sus habitaciones, actuales,
funcionales y con los suelos en tarima, están distribuidas en tres plantas.

ESPAÑA

✗ **O'Centolo** 🏠 🆔 ⇔
*Bajada del Puerto* ⊠ *15155 –* ☎ *981 74 04 52 – www.centolo.com – cerrado
23 diciembre-15 febrero*
**Rest** – Menú 12/35 € – Carta 25/50 €
Establecimiento de organización familiar ubicado en la zona del puerto. Posee un
bar de línea actual, un comedor en el piso superior y un privado. Carta tradicional
marinera.

✗ **O Fragón** 🏠 🆔 �
*pl. da Cerca 8* ⊠ *15155 –* ☎ *981 74 04 29 – cerrado 15 días en noviembre y 15 días
en febrero*
**Rest** – Menú 29 € – Carta 27/52 €
Con el mar y el castillo de San Carlos como telón de fondo. Presenta un comedor de
aire actual vestido con detalles rústicos y marineros. Carta de cocina gallega actualizada.

**FOFE** – Pontevedra – ver Covelo

**FONTANARS DELS ALFORINS** – Valencia – **577** P27 – **1 020 h.** 16 A2
– alt. 628 m
▶ Madrid 359 – València 108 – Alacant/Alicante 91 – Albacete 108

✗✗ **Julio** & 🆔 �
🌼 *Conde Salvatierra 9* ⊠ *46635 –* ☎ *962 22 22 38 – www.juliorestaurant.es – cerrado
10 diciembre-3 enero, 7 días en abril, lunes y martes*
**Rest** – *(solo almuerzo salvo viernes y sábado)* Menú 45 € – Carta 35/42 € 🍽
Negocio familiar respetuoso con sus orígenes. Presenta una coqueta cafetería orientada al menú del día y un comedor a la carta de estética actual. Cocina tradicional
de tintes creativos, elaborada con buenos productos y técnicas actuales.
→ "Arròs en penques". Bacalao asado sobre parmentier de patata ratte. Dulce de
almendra con helado de café.

**FONTIBRE** – Cantabria – **572** C17 – **82 h.** 8 B2
▶ Madrid 352 – Burgos 116 – Bilbao 169 – Vitoria-Gasteiz 178

🏠 **Posada Rural Fontibre ❶** sin rest ⊗ � 📶
*El Molino 23* ⊠ *39212 –* ☎ *942 77 96 55 – www.posadafontibre.com*
**6 hab** – ♦45/59 € ♦♦56/84 €, ⊡ 6 €
Casona de labranza del s. XIX vestida con multitud de detalles. Su atractiva fachada en
piedra da paso a un coqueto salón con chimenea y unas cálidas habitaciones,
todas rústicas, confortables, de vivos colores y con mobiliario restaurado.

✗✗ **Fuentebro** �
*San Félix* ⊠ *39212 –* ☎ *942 77 97 72 – www.restaurantefuentebro.com*
**Rest** – *(solo almuerzo salvo viernes, sábado, festivos y julio-agosto)* Menú 12/25 €
– Carta 28/39 €
Ofrece un bar, un saloncito con chimenea y un comedor rústico-elegante en el piso
superior, este último con los techos en madera y una galería acristalada. Carta tradi-
cional.

**FORMENTERA** – Illes Balears – ver Balears

**El FORMIGAL** – Huesca – ver Sallent de Gállego

**FORNALUTX** – Balears – ver Balears (Mallorca)

**FORNELLS** – Balears – ver Balears (Menorca)

**La FOSCA** – Girona – ver Palamós

ESPAÑA

**FRAGA** – Huesca – **574** H31 – **14 655 h.** – **alt. 118 m** 4 C2

▶ Madrid 438 – Zaragoza 122 – Huesca 134 – Tarragona 119

XX **+Billauba** 🄰🄲 🕉

*av. de Aragón 41 ⊠ 22520 – ℰ 974 47 41 67 – www.billauba.com – cerrado del 1 al 7 de enero, del 15 al 31 de agosto y domingo*
**Rest** – *(solo almuerzo salvo viernes y sábado)* Menú 24/40 € – Carta 36/49 €
¡Un buen restaurante de gestión familiar! Posee una pequeña tienda de vinos a la entrada y un único comedor clásico-actual, totalmente acristalado y con un altillo para comidas más privadas. Cocina tradicional actualizada y completa bodega.

**La FRESNEDA** – Teruel – **574** J30 – **486 h.** – **alt. 585 m** 4 C2

▶ Madrid 413 – Teruel 181 – Alcañiz 27 – Lleida/Lérida 128

🏠 **El Convent** 🕉 🚗 🌊 🕭 hab, 🄰🄲 🕉 🄰 🄿

*El Convento 1 ⊠ 44596 – ℰ 978 85 48 50 – www.hotelelconvent.com – cerrado del 22 al 25 de diciembre y 6 enero-6 febrero*
**20 hab** – ♦60/100 € ♦♦90/135 €, ⊠ 10 €
**Rest** – *(cerrado domingo noche y lunes)* (es necesario reservar) Menú 30/55 €
– Carta 31/48 €
Este hotelito rural tiene muchísimo encanto y, sobre todo, destaca por sus exteriores, con un agradable jardín. Ofrece dos tipos de habitaciones, todas muy detallistas, las del edificio principal de estética rústica y las del anexo con una línea más actual. El restaurante se asoma a un coqueto patio central.

X **Matarraña** 🄰🄲 🕉

*pl. Nueva 5 ⊠ 44596 – ℰ 978 85 45 03 – cerrado 7 días en septiembre y martes salvo festivos*
**Rest** – Menú 18 € – Carta 17/38 €
Céntrica casa de piedra dotada con varias salas, todas de ambiente rústico y algunas con chimenea. Ofrecen una carta tradicional bien elaborada, aunque como la mayoría de sus clientes son de paso esta no suele variar mucho durante el año.

**FRIGILIANA** – Málaga – **578** V18 – **3 360 h.** – **alt. 311 m** 2 C2

▶ Madrid 555 – Granada 111 – Málaga 58

◉ Localidad★ – Barrio Morisco-mudéjar★★

**por la carretera de Torrox** Noroeste : 2,5 km

🏠 **La Posada Morisca** 🕉 ⟨ 🌊 🄰🄲 🕉 rest, 🄿

*Loma de la Cruz ⊠ 29788 Frigiliana – ℰ 952 53 41 51 – www.laposadamorisca.com – cerrado 14 diciembre-10 enero*
**12 hab** – ♦40/70 € ♦♦55/93 €, ⊠ 6 €
**Rest** – *(cerrado lunes)* (solo clientes, solo cena) Carta 19/36 €
Tranquilo y con buenas vistas, ya que está colgado en la ladera de una montaña. Las habitaciones disfrutan de una decoración rústica, con algunos detalles actuales y terraza. En su restaurante podrá degustar una cocina propia del recetario tradicional.

**en la carretera de Nerja** Sur : 4 km

🏠 **Almazara** 🕉 ⟨ 🚗 🌊 🖵 🕭 🄰🄲 🕉 rest, 🄰 🄿

*Los Tablazos 197 ⊠ 29788 Frigiliana – ℰ 952 53 42 00*
*– www.hotelruralalmazara.com*
**22 hab** ⊠ – ♦45/75 € ♦♦55/89 € **Rest** – *(marzo-octubre)* Menú 15 €
Hotel de estilo rural montañés, con profusión de madera y ladrillo en su decoración. Dispone de una acogedora zona social y habitaciones de buen confort, todas con terraza. El restaurante, de ambiente rústico, ofrece excelentes vistas desde su terraza-mirador.

**FRÓMISTA** – Palencia – **575** F16 – **846 h.** – **alt. 780 m** 12 C2

▶ Madrid 257 – Burgos 78 – Palencia 31 – Santander 170

🛈 Francesa 41, ⊠ 34440, ℰ 979 81 01 28, www.fromista.com

◉ Iglesia de San Martín★★

ESPAÑA

### Doña Mayor
🏠 🖥 🕭 hab, 🞮 🛜

*Francesa 31* ✉ 34440 – 𝄐 979 81 05 88 – www.hoteldonamayor.com
*– marzo-octubre*
**12 hab** – ♦33/49 € ♦♦45/59 €, ⌒ 9 €
**Rest** *La Esclusa* – *(único menú sorpresa)* Menú 13/24 €
Conjunto de cuidadas instalaciones donde cada vez se piensa más en los peregrinos. Aquí encontrará unas habitaciones de estética actual, con detalles de diseño y en algunos casos terraza. El restaurante, dotado de un acceso independiente, propone una cocina tradicional con un menú fijo a precio cerrado.

### San Martín *sin rest, con cafetería*
🕭 🛜

*pl. San Martín 7* ✉ 34440 – 𝄐 979 81 00 00 – www.hotelsanmartin.es – *cerrado enero*
**19 hab** – ♦38/40 € ♦♦50/60 €, ⌒ 5 €
Hotel bien ubicado frente a la iglesia románica que le da nombre. Ofrece dos tipos de habitaciones: las de línea moderna de la planta baja, adaptadas para minusválidos y con salida a una galería acristalada, y el resto, más clásicas, en el piso superior. ¡En su cafetería encontrará una sencilla carta!

### Hostería de los Palmeros
🏠 🞮 🍽

*pl. San Telmo 4* ✉ 34440 – 𝄐 979 81 00 67 – www.hosteriadelospalmeros.com
*– cerrado 7 enero- 7 febrero y martes salvo Navidades, Semana Santa, verano y festivos*
**Rest** – Menú 25/45 € – Carta 37/51 € 🏵
¡En un edificio que funcionó como hospital de peregrinos! Posee un hermoso bar, un salón con chimenea para tomar el café y un comedor a la carta en el piso superior. Cocina tradicional basada en el producto, tanto del mar como del mercado.

---

## FUENGIROLA – Málaga – 578 W16 – 75 953 h. – Playa
1 B3

▶ Madrid 575 – Algeciras 104 – Málaga 31

🖈 paseo Jesús Santos Rein 6, ✉ 29640, 𝄐 952 46 74 57, www.visitafuengirola.com

Plano página siguiente

### IPV Palace
≤ 🚗 ⛱ 🌐 🗗 🞮 🖥 🕭 hab, 🞮 hab, 🍽 🛜 🛠 🅿 🚙

*Playa del Egido 3, por ②* ✉ 29640 – 𝄐 952 92 20 00 – www.hotelesipv.com
**285 hab** ⌒ – ♦60/180 € ♦♦75/220 € – 6 suites
**Rest** *La Alacena* – *(cerrado lunes) (solo cena en verano)* Carta 30/49 €
Consta de tres edificios, con la fachada y todas las habitaciones mirando al mar. Gran hall con patio central, amplios salones y habitaciones de línea clásica-funcional. Su restaurante presenta una carta de tinte tradicional, con un buen apartado de arroces.

### Girol
🞮 ⇄

*av. de las Salinas 10, por ①* ✉ 29640 – 𝄐 952 66 02 68 – www.restaurantegirol.com
*– cerrado domingo y lunes mediodía*
**Rest** – Menú 32/48 € – Carta 32/51 €
Casa familiar de estetica moderna, con los padres pendientes de la sala y los hijos a los fogones. Ofrece un buen servicio de mesa y una cocina actual con detalles de autor.

### Monopol
🞮 🍽

*Palangreros 7* ✉ 29640 – 𝄐 952 47 44 48 – *cerrado domingo*     AZ**r**
**Rest** – *(solo cena salvo 15 septiembre-15 junio)* Menú 17/27 € – Carta 23/40 €
Este negocio familiar, a cargo del matrimonio propietario, presenta un interior que combina la estética clásica con el ambiente centroeuropeo. Cocina de gusto internacional.

### Old Swiss House
🞮 🍽

*Marina Nacional 28* ✉ 29640 – 𝄐 952 47 26 06 – www.oldswisshouse.com – *cerrado martes*     AZ**n**
**Rest** – Menú 19/42 € – Carta 24/56 €
Su fachada recuerda la estética de las casitas suizas e intentan reflejar también ese ambiente en el interior. Carta internacional con platos centroeuropeos y helvéticos.

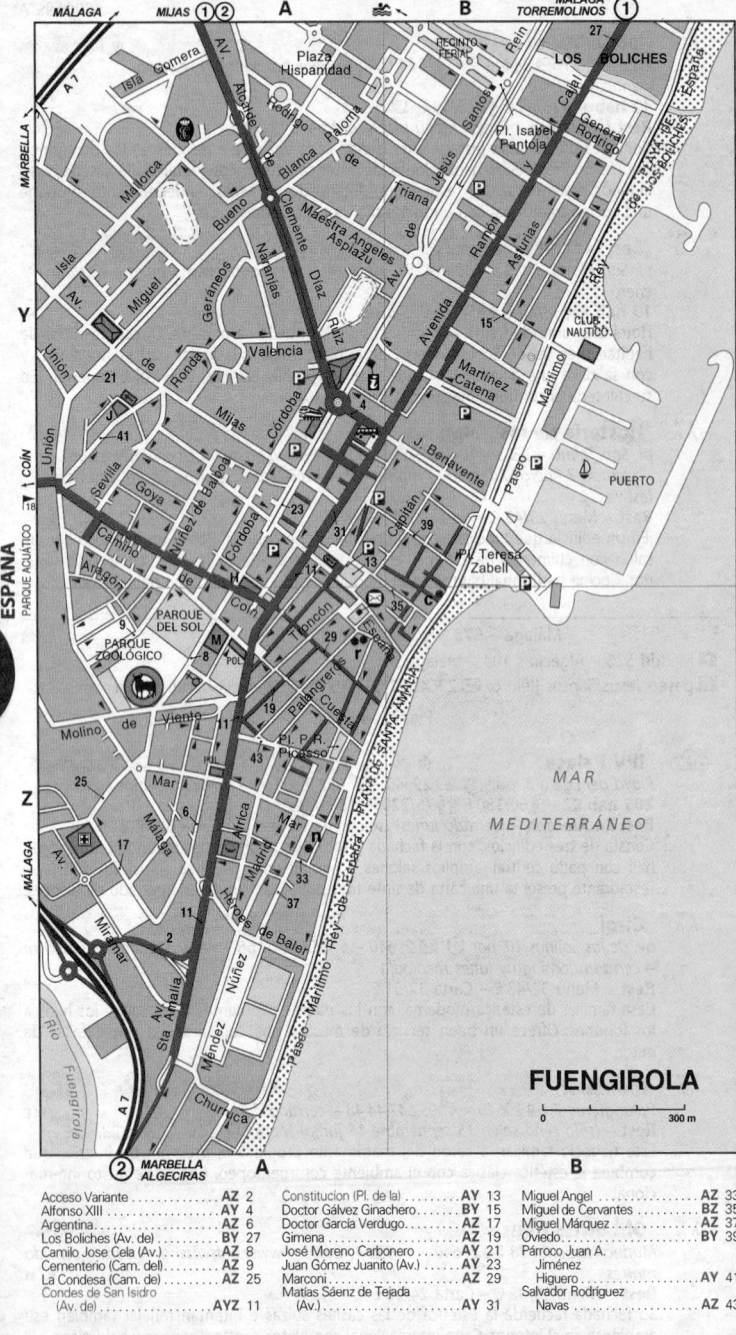

# FUENGIROLA

0          300 m

352

XX **Charolais** 🛏 🎴 ❄
*Larga 14-16* ✉ *29640 –* ☏ *952 47 54 41 – www.bodegacharolais.com* AZ**r**
**Rest** – Menú 30/40 € – Carta 26/33 € 🎴
Encontrará dos puertas, una para el bar y la otra para el restaurante. Posee una agradable terraza y dos salas, siendo la principal de aire rústico y la otra de carácter polivalente. ¡Aquí la gran especialidad son las Chuletitas de lechal!

9/ **Charolais** 🎴 ❄
*Larga 14-16* ✉ *29640 –* ☏ *952 47 54 41 – www.bodegacharolais.com* AZ**r**
**Rest** – Tapa 2 € – Ración aprox. 6 € 🎴
Anexo al restaurante homónimo pero con un acceso independiente. Este bar se presenta con una estética actual que juega con los colores y los espacios, pues ofrece mesas y taburetes a distintas alturas. Tapas creativas y vinos por copas.

---

**FUENMAYOR** – La Rioja – **573** E22 – 3 195 h. – alt. 433 m   21 A2
▶ Madrid 346 – Logroño 13 – Vitoria-Gasteiz 77

XX **Asador Alameda** 🎴 ❄
*pl. Félix Azpilicueta 1* ✉ *26360 –* ☏ *941 45 00 44 – www.restaurantealameda.com
– cerrado agosto, Navidades, domingo noche y lunes*
**Rest** – Menú 45/80 € – Carta 35/60 € 🎴
Esta casa familiar dispone de dos salas, una en la planta baja, con una gran parrilla vista, y otra más clásica en el piso superior. Cocina tradicional y excelente producto.

XX **Chuchi** 🎴 ❄
*carret. de Vitoria 2* ✉ *26360 –* ☏ *941 45 04 22 – www.mesonchuchi.com – cerrado miércoles noche*
**Rest** – Menú 24/70 € – Carta 30/52 € 🎴
Posee un bar público y dos salas de elegante ambiente rústico, dejando la zona de asados y brasas a la vista del cliente. Gran vinoteca-tienda con todos los vinos a la venta.

---

**FUENTE DÉ** – Cantabria – **572** C15 – alt. 1 070 m – 🎿 1   8 A1
▶ Madrid 424 – Palencia 198 – Potes 25 – Santander 140
◉ Paraje ★★
🅖 Mirador del Cable ✳★★ estación superior del teleférico

🏠 **Parador de Fuente Dé** 🐎 ≤ 🖢 ₤ hab, 🎴 ❄ 🛜 🅰 🅿 🚗
*alt. 1 070* ✉ *39588 Espinama –* ☏ *942 73 66 51 – www.parador.es
– marzo-noviembre*
**77 hab** – ♥52/108 € ♥♥65/135 €, ⚌ 15 €   **Rest** – Menú 27/32 € – Carta 36/48 €
Gran edificio en piedra recorrido por una amplia cristalera. Por su ubicación, al pie de los Picos de Europa, resulta el alojamiento idóneo para los amantes de la montaña. Posee dos comedores, uno para clientes y otro para grupos, ambos de estilo rústico.

---

**FUENTERRABÍA** – Guipúzcoa – ver Hondarribia

---

**FUENTES DE NAVA** – Palencia – **575** F15 – 731 h.   11 B2
▶ Madrid 288 – Valladolid 78 – Palencia 31

X **La Taberna de la Nava** 🛏 🎴 ❄
*pl. Calvo Sotelo 5* ✉ *34337 –* ☏ *979 84 20 50 – www.latabernadelanava.com
– cerrado del 16 al 30 de septiembre y lunes*
**Rest** – (solo almuerzo salvo viernes y sábado) Carta aprox. 37 €
Restaurante de aire rústico llevado por un matrimonio, con ella en la sala y él al frente de los fogones. Ofrecen una cocina tradicional de sabor casero muy basada en los platos del día, recomendaciones que hacen verbalmente.

ESPAÑA

**FUENTESPALDA** – Teruel – **574** J30 – **317 h.** – **alt. 712 m**                                    **4** C3
▶ Madrid 446 – Alcañiz 26 – Lleida/Lérida 116 – Teruel 182

**por la carretera de Valderrobres** Noreste : 6,3 km y desvío a la izquierda 5,3 km

🏠🏠 **La Torre del Visco**          ⌖ ⪯ 🏠 🅰 rest, 🏃 rest, 🛜 🅰 🅿 🚗
        ✉ 44587 Fuentespalda – ☎ 978 76 90 15 – www.torredelvisco.com – cerrado del 7
        al 23 de enero
        **13 hab** 🖙 – ♦151/181 € ♦♦161/211 € – 4 suites
        **Rest** – (solo cena salvo fines de semana) (es necesario reservar) Menú 50/65 €
        Masía del s. XV ubicada en pleno campo, en una finca repleta de olivos para la elabo-
        ración de aceite ecológico. Aparte de unas impecables estancias, su oferta se enri-
        quece con rutas de senderismo, cursos de cocina, catas... En su restaurante le propon-
        drán tanto platos del día (mini-carta) como de temporada.

**FUERTEVENTURA** – Las Palmas – ver Canarias

**GALAPAGAR** – Madrid – **576** – **575** K17 – **32 930 h.** – **alt. 881 m**                **22** A2
▶ Madrid 37 – Ávila 79 – Segovia 66 – Toledo 105

🍴🍴 **Garnacha**                              🏠 🅰 🏃 ⟳ 🅿
        carret. Las Rozas-El Escorial 12, km 16 ✉ 28260 – ☎ 918 58 33 24
        – www.restaurantegarnacha.com – cerrado noviembre, domingo noche y lunes
        **Rest** – Menú 36 € – Carta 39/54 €
        Se presenta con un comedor algo reducido pero de buen montaje, decorado en pie-
        dra vista y con vigas de madera, así como un reservado y una coqueta bodega.
        Cocina tradicional.

**GALAROZA** – Huelva – **578** S9 – **1 587 h.** – **alt. 556 m**                                    **1** A1
▶ Madrid 485 – Aracena 15 – Huelva 113 – Serpa 89

🏠 **Galaroza Sierra**                          ⟰ 🅰 🏃 hab, 🛜 🅿
        carret. N 433, Oeste : 0,5 km ✉ 21291 – ☎ 959 12 32 37 – www.hotelgalaroza.com
        **29 hab** 🖙 – ♦40/55 € ♦♦55/66 € – 7 apartamentos
        **Rest** – Menú 14/28 € – Carta 20/31 €
        Ubicado en plena sierra de Aracena. Sus habitaciones, equipadas con mobiliario de
        inspiración rústica, ofrecen un cuidado confort. Posee algunos apartamentos tipo
        dúplex.

**GALDAKAO (GALDÁCANO)** – Vizcaya – **573** C21 – **29 130 h.** – **alt. 60 m**       **25** A3
▶ Madrid 403 – Bilbao 11 – Donostia/San Sebastián 91 – Vitoria-Gasteiz 68

🍴🍴🍴 **Andra Mari**                          ⪯ 🏠 🅰 🏃 ⟳
  ✿    barrio Elexalde 22 ✉ 48960 – ☎ 944 56 00 05 – www.andra-mari.com – cerrado
        19 marzo-23 abril, del 4 al 29 de agosto y martes
        **Rest** – (solo almuerzo salvo fines de semana) Menú 38/59 € – Carta 51/67 € 🍷
        Caserío vasco ubicado en lo alto del pueblo. Posee una zona de espera con bar, varias
        salas de ambiente rústico-regional y un bello espacio en el sótano dedicado tanto al
        vino como a la sidra. Cocina vasca tradicional con toques actuales.
        → Cigala confitada con cebolla y arroz. Taco de bacalao sobre patata y ali oli de
        pimentón. Frio-caliente de helado de nueces, intxaursaltza y chocolate.

**GALDO** – Lugo – ver Viveiro

**GALIZANO** – Cantabria – **572** B18 – **666 h.**                                                    **8** C1
▶ Madrid 408 – Santander 30 – Bilbao 88

🏠 **Casona Las Cinco Calderas**              ⌖ 🚗 🏃 rest, 🛜 🅿
        barrio Linderrío 13, Este : 1.5 km ✉ 39160 – ☎ 942 50 50 89
        – www.lascincocalderas.com
        **12 hab** 🖙 – ♦70/100 € ♦♦82/110 €
        **Rest** – (solo clientes, solo cena) Menú 10/25 €
        Esta casona rural disfruta de un agradable jardín, un porche, un salón-biblioteca y
        unas habitaciones de línea actual, con profusión de maderas claras y algún que otro
        mueble restaurado. En la misma finca podrá disfrutar de varias actividades hípicas,
        como clases de equitación o excursiones a caballo.

ESPAÑA

**GALLEGOS** – Segovia – **575** I18 – **94 h.**                                  **12** C3
▶ Madrid 124 – Valladolid 217 – Segovia 34

⌂   **La Posada de Gallegos**   🕭 ⪡ 🛋 🛏 🕻 🕭 hab, 🕭 🛋 🕭 🕭
    *camino de Matabuena* ✉ 40162 – 𝒞 921 50 90 70 – www.laposadadegallegos.com
    – *cerrado 7 días en febrero*
    **8 hab** ☕ – 🕴55/65 € 🕴🕴77/88 € – 1 suite
    **Rest** – *(cerrado domingo noche)* (es necesario reservar) Menú 17/35 €
    – Carta 21/38 €
    Excelente turismo rural ubicado a unos 200 m. del pueblo, en un edificio de piedra.
    Posee un salón social con chimenea y coquetas habitaciones, cuatro con terraza. Su
    atractivo restaurante se complementa, en el sótano, con un espacio a modo de asa-
    dor vasco.

⌂   **La Data**   🕭 🛋 🕭
    *Lámpara 29* ✉ 40162 – 𝒞 921 50 90 87 – www.ladata.es – *cerrado enero-marzo*
    **11 hab** ☕ – 🕴🕴60/80 €   **Rest** – *(solo clientes)* Menú 15/25 €
    Ocupa un edificio de nueva construcción y aire regional, donde encontrará un salón
    rústico-actual y cuidadas habitaciones, la mayoría abuhardilladas y cada una con el
    nombre de un prado cercano. El comedor, con chimenea, ofrece un correcto menú-
    carta regional.

---

**GANDÍA** – Valencia – **577** P29 – **79 010 h.** – Playa                        **16** B2
▶ Madrid 416 – Albacete 170 – Alacant/Alicante 109 – València 68
🛈 Marqués de Campo 18, ✉ 46701, 𝒞 962 87 77 88, www.gandia.org
🛈 passeig Marítim Neptú 45, ✉ 46701, 𝒞 962 84 24 07, www.gandia.org

### en el puerto (Grau) Noreste : 3 km

🕽   **L'Ham**   🄰🄲 🛋
    *Germans Benlliure 22* ✉ 46730 Grau de Gandía – 𝒞 962 84 60 06 – www.lham.es
    – *cerrado lunes salvo festivos*
    **Rest** – *(solo almuerzo)* Menú 35/60 € – Carta 22/55 €
    Está en una calle poco transitada de la zona del puerto, sin embargo goza de gran
    aceptación por su cocina, basada en arroces y mariscos. ¡En su azotea se pueden
    tomar copas!

### en la zona de la playa Noreste : 4 km

🏨   **Albatros** sin rest   🛋 🕭 🄰🄲 🛋 🕭
    *Clot de la Mota 11* ✉ 46730 Grau de Gandía – 𝒞 962 84 56 00
    – www.hotel-albatros.com – *cerrado diciembre y enero*
    **46 hab** ☕ – 🕴36/90 € 🕴🕴52/140 €
    Presenta una línea funcional y está muy enfocado al hombre de negocios. Aquí
    encontrará unas estancias sencillas pero bien equipadas, algunas con terraza. ¡Solicite
    las habitaciones de las plantas superiores, pues tienen mejores vistas!

🕽   **Kayuko**   🄰🄲 🛋 🕭
    *Formentera 16* ✉ 46730 Grau de Gandía – 𝒞 962 84 01 37
    – www.restaurantekayuko.com – *cerrado domingo noche de octubre-junio y lunes*
    **Rest** – Menú 20/70 € – Carta 28/45 €
    La atractiva fachada en acero y cristal da paso a un restaurante con cierto nombre en
    la zona. Buenos pescados, mariscos y platos típicos de la región, como el Arroz
    meloso.

### por la carretera CV 675 Oeste : 6 km y desvío a la izquierda 1 km

⌂   **La Falconera**   🕭 ⪡ 🖼 🕭 🛋 🄰🄲 hab, 🕭 rest, **P**
    *carrer de la Verema 32 (antiguo camí Pinet 32) (Marxuquera)* ✉ 46728
    – 𝒞 962 86 83 15 – www.lafalconera.com
    **4 hab** ☕ – 🕴108/118 € 🕴🕴118/128 €
    **Rest** – *(solo clientes, solo cena)* Carta 32/41 €
    Casa señorial ubicada en el campo y construida en dos fases, la primera de 1870 y la
    segunda, con los torreones, de 1930. Atesora unas espaciosas habitaciones vestidas
    con mobiliario clásico y antiguo, un bonito jardín y una espectacular terraza en la azo-
    tea.

---

**GARACHICO** – Santa Cruz de Tenerife – ver Canarias (Tenerife)

**GARRUCHA** – Almería – **578** U24 – **8 748 h.** – **alt. 24 m** – **Playa**     2 D2
▶ Madrid 536 – Almería 100 – Murcia 140
🚹 paseo del Malecón 42, ✉ 04630, 𝒞 950 13 27 83, www.garrucha.es

🏠 **Tikar**     ⬛ 🕴 ᕻ hab, 🎬 🛏 ⁂ 🛜 **P**
*carret. Garrucha a Vera 17* ✉ *04630 – 𝒞 950 61 71 31 – www.hoteltikar.com*
*– abril-octubre*
**6 hab** ☑ – 🛉59/145 € 🛉🛉69/155 €
**Rest** – *(cerrado domingo y martes mediodía)* Menú 13/25 € – Carta 23/32 €
Este pequeño hotel presenta habitaciones confortables y de línea funcional, todas con
su propio salón y los suelos en parquet. Destacan las dos que tienen vistas al mar. El
restaurante, que se decora con exposiciones temporales de pintura, ofrece carta y
menú.

**GAUTEGIZ-ARTEAGA** – Vizcaya – **573** B22 – **869 h.** – **alt. 40 m**     25 B3
▶ Madrid 431 – Bilbao 52 – Donostia-San Sebastián 94 – Vitoria-Gasteiz 98

🏰 **Castillo de Arteaga**     ⬛ ⩽ 🚗 🕴 ᕻ hab, 🎬 ⁂ 🛜 🏋 **P**
*Gaztelubide 7* ✉ *48314 – 𝒞 946 27 04 40 – www.castillodearteaga.com – cerrado*
*enero*
**13 hab** ☑ – 🛉140/170 € 🛉🛉170/200 €
**Rest** – *(cerrado domingo noche y lunes)* Menú 40/75 € – Carta 40/66 €
Resulta singular, pues remonta sus orígenes al s. XVI y disfruta de excelentes vistas a
la reserva de Urdaibai. Sus habitaciones poseen mobiliario de época y artesonados
originales, destacando las de las torres. El restaurante, con dos salas de elegante clasicismo, ofrece una cocina de tinte tradicional.

**en la carretera de Ibarrangelu**

🏠 **Txopebenta** sin rest     ⁂ 🛜 **P**
*barrio Zendokiz, Noreste : 3 km* ✉ *48314 Gautegiz-Arteaga – 𝒞 946 25 49 23*
**6 hab** – 🛉40 € 🛉🛉49/55 €, ☑ 6 €
Coqueta casa de turismo rural dotada con un pequeño porche. Aquí el ambiente
hogareño se respira tanto en el salón, con chimenea, como en sus sencillas habitaciones.

🏠 **Urresti** sin rest     ⬛ ⁂ 🛜 **P**
*barrio Zendokiz, Noreste : 3,5 km* ✉ *48314 Gautegiz-Arteaga – 𝒞 946 25 18 43*
*– www.urresti.net*
**6 hab** – 🛉45/52 € 🛉🛉56/65 €, ☑ 5 € – 2 apartamentos
¿Le apetece hacer agroturismo? Esta casa está construida a modo de granja, en pleno
campo y rodeada de animales. Posee unas sencillas habitaciones de línea provenzal y
dos apartamentos mucho más amplios, tipo dúplex.

**GAVÀ** – Barcelona – **574** I36 – **46 488 h.** – **Playa**     15 B3
▶ Madrid 608 – Barcelona 21 – Tarragona 77 – Girona 122

**en la zona de la playa** Sur : 5 km

🍴🍴🍴 **Les Marines**     🍽 🎬 ⁂ ⟷ **P**
*Calafell 21* ✉ *08850 Gavà – 𝒞 936 33 35 70 – www.lesmarines.com – cerrado 7*
*días en agosto, lunes salvo verano y domingo noche*
**Rest** – Menú 35/55 € – Carta 36/54 €
Está emplazado en una finca arbolada próxima al mar, con una atractiva terraza y acogedoras salas de ambiente clásico. Cocina tradicional actualizada y sugerencias del
día.

🍴 **Torreón** ⓝ     🍽 ᕻ 🎬 ⁂
*Blanes 3* ✉ *08850 Gavà – 𝒞 936 33 06 35 – www.torreonrestaurant.es*
**Rest** – Menú 40 € – Carta 29/44 €
Cerca del mar, con una buena fachada acristalada y una agradable terraza. En su inte-
rior encontrará una gran barra para tapear y un comedor totalmente acristalado. Su
carta tradicional contempla algunos arroces y muchas medias raciones.

**GER** – Girona – **574** E35 – **481 h.** – alt. 1 434 m 14 C1

▶ Madrid 631 – Barcelona 152 – Girona/Gerona 156

⌂ **Cal Reus** sin rest 🕭 🛜

*Major 4 - Quatre Cantons 6* ✉ *17539 –* 𝒞 *972 89 40 02 – www.calreus.com*
**7 hab** 🖵 – **†**35 € **††**55 €

Una buena opción tanto para familias como para senderistas. Esta sencilla casa de gestión familiar presenta un amplio patio con barbacoa y modestas habitaciones de ambiente rústico, destacando las cuatro con terraza y las abuhardilladas.

**GERNIKA-LUMO (GUERNICA Y LUNO)** – Vizcaya – **573** C21 – **16 812 h.** 25 A3
– alt. 10 m

▶ Madrid 429 – Bilbao 33 – Donostia-San Sebastián 84 – Vitoria-Gasteiz 69

🛈 Artekalea 8, ✉ 48300, 𝒞 946 25 58 92, www.gernika-lumo.net

◉ Norte : Carretera de Bermeo ⩽ ★ – Balcón de Vizcaya ⩽ ★★ Sureste : 18 km

🏨 **Gernika** sin rest 🖭 ⩜ ⅍ 🛜 🏔 🄿 ⊜

*Carlos Gangoiti 17* ✉ *48300 –* 𝒞 *946 25 03 50 – www.hotel-gernika.com*
*– cerrado 21 diciembre-21 enero*
**40 hab** – **†**60 € **††**70/92 €, 🖵 6 €

Hotel de organización familiar dotado con un elegante bar, un salón social y habitaciones de adecuado confort. ¡No es raro encontrar aquí a peregrinos en ruta hacia Santiago!

XX **Zallo Barri** ⩜ 🄰🄲 ⅍ ⇄

*Juan Calzada 79* ✉ *48300 –* 𝒞 *946 25 18 00 – www.zallobarri.com*
**Rest** – *(solo almuerzo salvo viernes y sábado)* Menú 26/50 € – Carta 40/51 €

Moderno local de estilo minimalista dotado con varias salas panelables. Elaboran una cocina tradicional actualizada y hasta cuatro menús diferentes, basándose en estos últimos la mayor parte de su éxito.

**GERONA** – Girona – ver Girona

**GETAFE** – Madrid – **576** – **575** L18 – **171 280 h.** – alt. 623 m 22 B2

▶ Madrid 14 – Aranjuez 38 – Toledo 56

**R.A.C.E.** pl. Juan Carlos I-1 , Sector III 𝒞 916 95 96 72

XX **Casa de Pías** 🄰🄲 ⅍ ⇄

*pl. Escuelas Pías 4* ✉ *28901 –* 𝒞 *916 96 47 57 – www.casadepias.com – cerrado Semana Santa, agosto, domingo noche, lunes noche y martes noche*
**Rest** – Menú 25/36 € – Carta 22/55 €

Este céntrico negocio presenta una estética de gusto contemporáneo, con cuadros actuales y un claro dominio de los tonos blancos. Cocina actual y reservado en la 1ª planta.

**GETARIA (GUETARIA)** – Guipúzcoa – **573** C23 – **2 679 h.** 25 B2

▶ Madrid 487 – Bilbao 77 – Iruña/Pamplona 107 – Donostia-San Sebastián 24

🛈 Parque Aldamar 2, ✉ 20808, 𝒞 943 14 09 57, www.getaria.net

◉ Carretera en cornisa★★ de Guetaria a Zarauz

🏨 **Saiaz Getaria** sin rest ⩽ 🖭 ⩜ 🄰🄲 🛜 🏔

*Roke Deuna 25* ✉ *20808 –* 𝒞 *943 14 01 43 – www.saiazgetaria.com*
*– cerrado 15 diciembre-15 enero*
**17 hab** – **†**75/109 € **††**88/132 €, 🖵 9 €

Casa del s. XV donde aún se conservan algunos muros en piedra. Presenta una coqueta zona social, una luminosa cafetería y correctas habitaciones, la mayoría asomadas al mar.

⌂ **Itxas-Gain** sin rest 🖭 ⩜ ⅍ 🛜

*Roke Deuna 1* ✉ *20808 –* 𝒞 *943 14 10 35 – www.hotelitxasgain.com*
*– cerrado 24 diciembre-enero*
**16 hab** – **†**50/70 € **††**60/125 €, 🖵 6 €

Su nombre significa "Sobre el mar". Ofrece un buen hall, un jardín y habitaciones de adecuado confort, en líneas generales de estilo moderno y en la 3ª planta abuhardilladas.

**ESPAÑA**

## XX Elkano ⬚ ⬚

*Herrerieta 2 ✉ 20808 – ☎ 943 14 06 14 – www.restauranteelkano.com*
*– cerrado 21 abril-9 mayo, del 4 al 22 de noviembre, domingo noche, lunes y martes*
*noche (salvo 15 julio-agosto)*
**Rest** – Menú 80/85 € – Carta 55/75 €

Negocio familiar dotado con un bar de espera y una sala de cuidado montaje, en un
estilo clásico-marinero. Trabajan mucho con la parrilla y ofrecen productos de gran
calidad.

## XX Kaia Kaipe ⬚ ⬚ ⬚ ⬚

*General Arnao 4 ✉ 20808 – ☎ 943 14 05 00 – www.kaia-kaipe.com – cerrado 1ª*
*quincena de marzo, 2ª quincena de octubre, lunes y miércoles noche salvo verano*
**Rest** – Carta 40/68 € ⬚

Esta casa posee un bar privado, un comedor de montaje clásico-marinero y otro, más
sencillo, con acceso a la terraza. Gran bodega, vivero propio y vistas al puerto pesquero.

## X Astillero ⬚ ⬚

*Portua 1 ✉ 20808 – ☎ 943 14 04 12 – cerrado Navidades, enero, 20 días en febrero,*
*domingo noche y martes noche*
**Rest** – Carta 34/50 €

Asador vasco tradicional emplazado en el 2º piso de una antigua casa tipo nave, muy
sencilla, familiar y con vistas a la bahía de Getaria. Ofrece unos excelentes pescados y
mariscos. ¡Pruebe su Rodaballo salvaje a la parrilla!

## en el alto de Meagas Sur : 4,5 km

## X Azkue con hab ⬚ ⬚ ⬚ hab, ⬚ ⬚

*Meaga Auzoa 2 ✉ 20808 Getaria – ☎ 943 83 05 54 – www.hotelazkue.com*
*– cerrado 15 diciembre-15 enero*
**18 hab** – ♦39/50 € ♦♦60/80 €, ⬚ 6 €
**Rest** – *(cerrado martes salvo verano)* Menú 17/28 € – Carta 28/35 €

Esta casa familiar ofrece un bar público, un comedor regional de sencillo montaje y
una agradable terraza arbolada. Precios moderados y elaboraciones de tinte casero.
Como complemento disfruta de unas habitaciones clásicas de adecuado confort.

---

## GIBRALGALIA – Málaga – ver Cártama

---

## GIJÓN – Asturias – 572 B12 – 277 733 h. – Playa                5 B1

▶ Madrid 474 – Bilbao 296 – A Coruña 341 – Oviedo 30

🖪 Rodríguez San Pedro (Espigón Central de Fomento del Puerto Deportivo) , ✉ 33201,
☎ 985 34 17 71, www.gijon.info

🖪 Castiello, Sureste : 5 km, ☎ 985 36 63 13

## ⬚⬚⬚ NH Gijón ⬚ ⬚ ⬚ ⬚ ⬚ ⬚ ⬚ ⬚

*paseo del Doctor Fleming 71 ✉ 33203 – ☎ 985 19 57 55 – www.nh-hotels.com*
**64 hab** – ♦♦70/250 €, ⬚ 15 €                                   CYk
**Rest Avant Garde** – *(cerrado domingo noche y lunes)* Menú 22/44 €
– Carta 36/50 €

Se presenta con una correcta zona social, varios salones panelables y unas habitaciones actuales bien equipadas. Buen solárium panorámico en el ático, con piscina y
terrazas. El restaurante, de montaje informal, combina el bar y el comedor ofreciendo
tapas, raciones y una cocina tradicional actualizada.

## ⬚⬚⬚ Parador de Gijón Molino Viejo ⬚ ⬚ ⬚ ⬚ ⬚ ⬚ ⬚

*parque de Isabel la Católica, por av. del Molinón ✉ 33203 – ☎ 985 01 00 00*
*– www.parador.es*
**40 hab** – ♦60/136 € ♦♦75/170 €, ⬚ 15 €   **Rest** – Menú 27 € – Carta 30/42 €

Tiene su encanto, pues ocupa un antiguo molino ubicado junto a un parque. Sus
luminosas dependencias brindan todas las comodidades dentro de un ambiente distinguido. El restaurante, dotado de vistas y una agradable terraza, difunde la sabrosa
cocina regional.

# GIJÓN

- Alfredo Truán . . . . . . . . . . . AZ 2
- Álvarez Garaya . . . . . . . . . . AY 3
- Asturias . . . . . . . . . . . . . . . AY 4
- Begoña . . . . . . . . . . . . . . . AYZ 5
- Campinos de Begoña (Pl. de los) . . . . . . . . . . AZ 6
- Campo Valdés . . . . . . . . . . AX 7
- Carmen (Pl. del) . . . . . . . . . AY 8
- Claudio Alvargonzález . . . . . AX 9
- Constitución (Av. de la) . . . . . AZ 10
- Corrida . . . . . . . . . . . . . . . AY 12
- Covadonga . . . . . . . . . . . ABYZ 13
- Fernández Vallín . . . . . . . . . AY 17
- García Bernardo (Av.) . . . . . . CY 18
- Instituto . . . . . . . . . . . . . AXY 20
- Instituto (Pl. del) . . . . . . . . AY 21
- José las Clotas . . . . . . . . . . AZ 23
- Jovellanos . . . . . . . . . . . . . AY 24
- Jovellanos (Pl. de) . . . . . . . . AX 25
- Libertad . . . . . . . . . . . . . . AY 26
- Marqués de San Esteban . . AY 27
- Mayor (Pl.) . . . . . . . . . . . . AX 28
- Menéndez Pelayo . . . . . . . BYZ 29
- Menéndez Valdes . . . . . . . . AY 30
- Molinón (Av. del) . . . . . . . . CYZ 32
- Moros . . . . . . . . . . . . . . . . AY 33
- Munuza . . . . . . . . . . . . . . . AY 34
- Muro de San Lorenzo (Pas. de) . . . . . . . . . . . . AZ 35
- Óscar Olavarría . . . . . . . . . . AX 36
- Salle (Av. de la) . . . . . . . . . AX 38
- Santa Doradia . . . . . . . . . . . BZ 41
- Santa Lucía . . . . . . . . . . . . AY 42
- San Bernardo . . . . . . . . . . . AYZ
- San José (Pas. de) . . . . . . . . AZ 40
- Subida al Cerro . . . . . . . . . . AX 43
- Torcuato F. Miranda (Av. de) CZ 44
- Villaviciosa (Carret.) . . . . . . . CZ 45
- 6 de Agosto (Pl. del) . . . . . AYZ 46

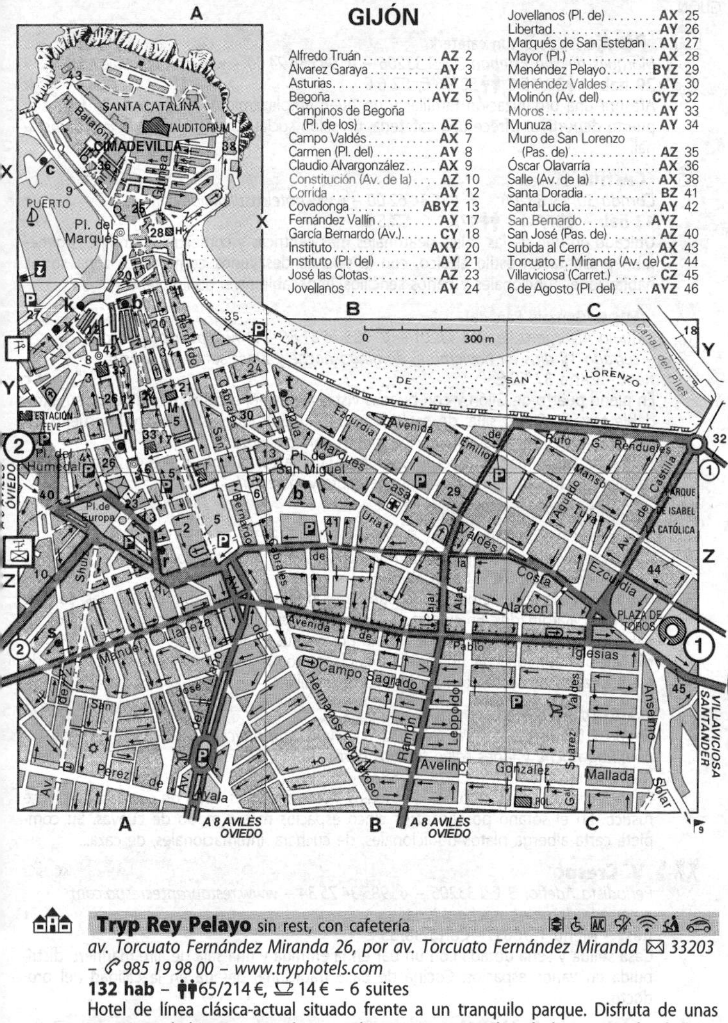


**Tryp Rey Pelayo** sin rest, con cafetería

*av. Torcuato Fernández Miranda 26, por av. Torcuato Fernández Miranda* ✉ *33203 – ✆ 985 19 98 00 – www.tryphotels.com*

**132 hab** – ††65/214 €, ☕ 14 € – 6 suites

Hotel de línea clásica-actual situado frente a un tranquilo parque. Disfruta de unas espaciosas habitaciones, todas completamente equipadas, de buena amplitud y con los suelos en tarima.

**Santa Rosa** sin rest, con cafetería

*Santa Rosa 4* ✉ *33201 – ✆ 985 09 19 19 – www.bluehoteles.es* AY**b**

**35 hab** ☕ – †54/134 € ††59/134 €

¡En una céntrica calle peatonal! Ocupa un edificio antiguo de cuidada fachada tras la que se esconde un interior bastante actual, con estancias modernas, alegres y luminosas. En su cafetería sirven un menú del día y platos combinados.

**Marqués de San Esteban** sin rest

*Marqués de San Esteban 11* ✉ *33206 – ✆ 985 09 09 29 – www.bluehoteles.es*

**27 hab** ☕ – ††45/134 € AY**x**

Sus habitaciones, no muy amplias pero bien equipadas, tienen una estética actual, con los suelos en tarima y en muchos casos balcón. Posee tres estancias abuhardilladas, destacando entre ellas las dos especiales... las mejores del hotel.

**🏨 Pasaje** sin rest, con cafetería  ≤ 🖪 ⅍ 📶
*Marqués de San Esteban 3 ⊠ 33206 – 𝒞 985 34 24 00 – www.hotelpasaje.com*
**29 hab** – †39/65 € ††50/96 €, ⊈ 6 €  AY**k**
Atesora una organización familiar y un buen emplazamiento, pues se halla frente al puerto deportivo. Ofrece una cafetería, un salón social y habitaciones de línea funcional.

**🏠 Castilla** sin rest  🖪 ⅍ 📶
*Corrida 50 ⊠ 33206 – 𝒞 985 34 62 00 – www.hotelcastillagijon.com*  AY**r**
**43 hab** – †36/64 € ††47/81 €, ⊈ 5 €
Ubicado en una de las calles peatonales más céntricas y comerciales. En líneas generales presenta un estilo clásico, con la sala de desayunos como única zona social, habitaciones funcionales y baños sencillos. Impecable nivel de limpieza.

**✗✗ Auga** (Gonzalo Pañeda)  ≤ 🖫 🎟 ⅍ ⟳
🕸 *Claudio Alvargonzález ⊠ 33201 – 𝒞 985 16 81 86 – www.elpuertogijon.com*
*– cerrado 15 días en noviembre, domingo noche y lunes salvo en agosto*
**Rest** – Carta 37/60 €  AX**c**
En pleno puerto de Gijón y con buenas vistas al mismo, especialmente desde su agradable terraza. En su sala, de estética actual aunque con los techos y los suelos en madera, podrá degustar una cocina tradicional actualizada.
→ Vieira, trufa, manzana verde y coliflor. Lubina asada con aceite de lima, setas y cebolla morada. Royal de chocolate, jengibre y maracuyá.

**✗✗ La Salgar** (Esther Manzano)  🍴 🎟 ⅍
🕸 *paseo Dr. Fleming 859, por av. del Molinón ⊠ 33203 – 𝒞 985 33 11 55*
*– www.lasalgar.es – cerrado domingo noche, lunes y martes noche*
**Rest** – Menú 22/55 € – Carta 37/56 €
Restaurante de línea actual emplazado junto al Museo del Pueblo de Asturias, con los exteriores ajardinados. En su atractivo comedor descubrirá una carta de tinte tradicional, con un apartado creativo, así como dos menús degustación.
→ Oricio gratinado con holandesa acidulada, yogur, manzana y anisados. Lomo de merluza asado. Nuestra torrija y helado de vainilla.

**✗✗ Ciudadela**  🎟 ⅍
*Capua 7 ⊠ 33202 – 𝒞 985 34 77 32 – www.restauranteciudadela.com – cerrado domingo noche y lunes salvo festivos o vísperas*  BY**t**
**Rest** – Menú 16/45 € – Carta 31/58 €
Cuenta con un concurrido bar de tapas y dos comedores, todo de cuidado ambiente rústico. En el sótano poseen otros cinco espacios más a modo de cuevas. Su completa carta alberga platos tradicionales, de cuchara, internacionales, de caza...

**✗✗ V. Crespo**  🎟 ⅍
*Periodista Adeflor 3 ⊠ 33205 – 𝒞 985 34 75 34 – www.restaurantecrespo.com*
*– cerrado domingo noche y lunes*  AZ**r**
**Rest** – Menú 15/60 € – Carta 38/55 €
Casa sólida y seria dotada con un bar en la entrada y una sala de aire marinero distribuida en varios espacios. Cocina de base tradicional basada en la calidad del producto.

**✗ Alejandro G. Urrutia**  🎟 ⅍
*pl. San Miguel 10 ⊠ 33202 – 𝒞 984 15 50 50 – www.alejandrogarciaurrutia.com*
*– cerrado del 1 al 15 de febrero, del 1 al 15 de septiembre y lunes*  BZ**b**
**Rest** – *(solo almuerzo salvo jueves, viernes y sábado)* Menú 18/60 € – Carta 43/60 €
¡Un local de carácter informal... eso sí, moderno y con mucho diseño! Posee un barvinoteca y una sala, esta última con un reservado y la cocina abierta a la vista del cliente. Su carta combina la cocina tradicional con otra más creativa.

**✗ El Cencerro**  🎟 ⅍
*Decano Prendes Pando 24 ⊠ 33208 – 𝒞 984 39 15 67 – www.tabernaelcencerro.es*
*– cerrado del 13 al 20 de enero, del 15 al 22 de septiembre, domingo y lunes mediodía*  AZ**s**
**Rest** – Menú 18/50 € – Carta 27/66 €
¡Una grata sorpresa! Propone una cocina de bases tradicionales y elaboraciones actuales, siendo su especialidad el bacalao y la carne de buey. Sus carnes son excelentes: ternera gallega, Frisona holandesa, buey de Kobe, buey de Angus...

## en Somió por ① (CZ)

### ✗✗ La Pondala 🏤 🌫

*av. Dionisio Cifuentes 58, 3 km ⊠ 33203 Gijón – 𝒞 985 36 11 60*
*– www.lapondala.com – cerrado del 3 al 21 de junio y jueves*
**Rest** – Menú 20/40 € – Carta 28/63 €

Una casa con historia, pues abrió sus puertas en 1891 y está llevada por la 4ª generación familiar. Ofrece acogedoras instalaciones de aire rústico y una cocina clásica-tradicional bien elaborada, con platos asturianos e internacionales.

## en Cabueñes por ① (CZ)

### 🏠 Quinta Duro sin rest 🌿 🚗 🕸 🛗 🍴 �& 🅿

*camino de las Quintas 384, 5 km ⊠ 33394 Cabueñes – 𝒞 985 33 04 43*
*– www.hotelquintaduro.com*
**11 hab** – †59/74 €  ††73/104 €, ⊡ 6,50 €

Atractiva casa señorial de finales del s. XIX rodeada por una extensa zona verde, con
jardines y árboles centenarios. ¡Todo se viste con maderas nobles y mobiliario antiguo!

### 🏠 Casona de Cefontes sin rest 🌿 ≼ 🛝 🍴 🕸 🅿

*Camino de la Carbayera 564, 6 km ⊠ 33394 Cabueñes – 𝒞 985 33 81 29*
*– www.casonadecefontes.com*
**13 hab** ⊡ – †55/83 €  ††83/99 €

¡Hotelito familiar con encanto! Ocupa una casa de estética regional rodeada por una
gran zona de césped y prados. Sala de desayunos con chimenea e impecables habitaciones, todas alegres, coloristas y actuales... pero con detalles rústicos.

## en Santurio por ① : 7,5 km (CZ)

### ✗✗ Los Nogales ≼ 🏤 �& 🔠 🕸 🔄 🅿

*Camin de la Matona 118 ⊠ 33394 Santurio – 𝒞 985 33 63 34*
*– www.restaurantelosnogales.es – cerrado 24 diciembre-1 febrero, lunes noche y
martes*
**Rest** – *(solo almuerzo en invierno salvo viernes y sábado)* Menú 45/58 €
– Carta 33/49 €

Le sorprenderá por la calidad de sus materias primas, no en vano se abastecen de su
propia ganadería. Posee una terraza de verano, un buen porche acristalado prece-
diendo al bar-sidrería y varias salas. ¡Pruebe sus deliciosas parrilladas!

---

## GIMENELLS – Lleida – 574 H31 – 1 170 h.   13 A2
**🄳** Madrid 472 – Barcelona 185 – Lleida 26 – Huesca 106

### ✗✗ Malena (Josep María Castaño) 🏤 🔠 🕸 🔄 🅿
❀❀ *Partida Roques Blanques(La Vaqueria) ⊠ 25112 – 𝒞 973 74 85 23*
*– www.malenagastronomia.com – cerrado Navidades, domingo noche y lunes*
**Rest** – *(solo almuerzo salvo viernes y sábado)* Menú 27/40 € – Carta 30/65 €

Instalado en una antigua vaquería, con la cocina a la vista del cliente y un comedor
clásico-actual. El chef, que suele trabajar con productos autóctonos, elabora una
carta de cocina actual y varios menús, uno de ellos de degustación.
→ Alcachofas a la brasa, vieiras a la llama y sopa de perejil. Cochinillo cocido en su
manteca y acabado al horno de leña con peras de Lleida al vino. Yema de regaliz,
golosina de café y sorbete de mandarina.

---

## GINES – Sevilla – 578 T11 – 13 302 h. – alt. 122 m   1 B2
**🄳** Madrid 535 – Sevilla 12 – Huelva 84

### ✗✗ Asador Almansa 🏤 🔠 🕸
*Arnilla 12 (carret. Espartinas) ⊠ 41960 – 𝒞 954 71 34 51*
*– www.restaurantealmansa.com – cerrado agosto y domingo en verano*
**Rest** – *(solo almuerzo en invierno salvo fines de semana)* Carta 33/46 €

Asador de ambiente clásico muy conocido en la zona. Ofrece dos confortables comedores y está especializado tanto en carnes, de Ávila o Galicia, como en lechazo castellano.

ESPAÑA

**GIRONA** (GERONA) 📇 – **574** G38 – **97 198 h.** – alt. 70 m                    15 A1

▶ Madrid 700 – Barcelona 103 – Perpignan 95

🛫 de Girona por ② : 13 km 🎧 902 40 47 04

🅸 rambla de la Llibertat 1, ⊠ 17001, 🎧 972 01 00 01, www.girona.cat/turisme

🅸 Joan Maragall 2, ⊠ 17002, 🎧 872 97 59 75, www.girona.cat

**R.A.C.C.** Barcelona 22 🎧 972 22 36 62

🔟 Girona, Sant Julià de Ramis, Norte : 4 km, 🎧 972 17 16 41

👁 Ciudad antigua (Força Vella)★★ – Catedral★ (nave★★, retablo mayor★, Tesoro★★ : Beatus★★, Tapiz de la Creación★★★, Claustro★) BY – Museu d'Art★★ : Viga de Cruilles★, retablo de Púbol★, retablo de Sant Miquel de Cruilles★★ BY**M1** – Colegiata de Sant Feliu★ : Sarcófagos★ BY**R** – Monasterio de Sant Pere de Galligants★ : Museo Arqueológico (sepulcro de las Estaciones★) BY – Baños Árabes★ BY**S** - Museu del Cinema★ AZ**M** – Murallas★ BZ

🄶 Púbol (Casa-Museu Castell Gala Dalí★★) Este : 16 km por C 255

---

### 🏠 AC Palau de Bellavista          ⌖ ⟨ 🀫 🎛 ♿ hab. 🛗 ☏ 🛰 🅿 🚗

*Pujada Polvorins 1* ⊠ *17004 – 🎧 872 08 06 70 – www.ac-hotels.com*          BZ**b**
**74 hab** – †† 70/120 €, ☕ 12 €
**Rest** – Carta 26/41 €

Se encuentra en una zona residencial, rodeado de árboles y con bonitas vistas a la ciudad desde su amplio hall-terraza. Atesora unas habitaciones bastante actuales, con los suelos en tarima, así como un restaurante de carácter polivalente donde conviven una pequeña carta y un menú.

---

### 🏠 Double Tree by Hilton Girona 🅝          🀫 ⧖ 🎛 ♿ hab. 🛗 🛰

*Joan Pons 1, por Joaquim Vayreda* ⊠ *17004 – 🎧 972 41 46 00*          🛰 🚗
*– www.urhgirona.com*
**110 hab** – †† 66/142 €, ☕ 10 € – 5 suites
**Rest** *Sargantana* – Menú 15/25 € – Carta 22/38 €

Un hotel enfocado al cliente de negocios, no en vano está estratégicamente situado entre la Feria de Girona y la Audiencia Provincial. Ofrece unas habitaciones modernas, luminosas y bien equipadas, así como una pequeña piscina panorámica en la azotea. Restaurante de montaje informal y carácter polivalente.

---

### 🏠 Meliá Girona          🛋 🎛 ♿ hab. 🛗 ☏ 🛰 🚗

*Barcelona 112, por ② ⊠ 17003 – 🎧 972 40 05 00 – www.melia-girona.com*
**108 hab** – †† 85/140 €, ☕ 14 € – 3 suites
**Rest** – *(solo cena)* Menú 16 € – Carta 30/50 €

Resulta moderno y confortable, con una reducida zona social y varias salas de reuniones. Sus habitaciones gozan de un completo equipamiento, con mobiliario clásico de calidad. En el restaurante, también de ambiente clásico, encontrará una carta internacional.

---

### 🏠 Carlemany          🎛 ♿ hab. 🛗 ☏ rest. 🛰 🚗

*pl. Miquel Santaló 1* ⊠ *17002 – 🎧 972 21 12 12 – www.carlemany.es*          AZ**w**
**89 hab** – † 80/250 € †† 80/280 €, ☕ 15 €
**Rest** *El Pati Verd* – *(solo almuerzo)* Menú 28 € – Carta 35/53 €

Céntrico, actual y orientado a la organización de congresos. Posee una elegante zona noble, numerosos salones y amplias habitaciones... sin embargo, lo que más destaca aquí es su oferta gastronómica, con un espacio pensado para comidas informales y un atractivo restaurante circular tipo jardín de invierno.

---

### 🏠 Ciutat de Girona          🎛 ♿ 🛗 🛰

*Nord 2* ⊠ *17001 – 🎧 972 48 30 38 – www.hotel-ciutatdegirona.com*          ABY**b**
**44 hab** – † 80/140 € †† 88/160 €, ☕ 13 €
**Rest** – Menú 11/35 € – Carta 18/35 €

Compensa su escueta zona social con unas espléndidas habitaciones, todas luminosas, bien equipadas y de estética moderna. El restaurante sorprende por su fusión de cocinas de distintas culturas. Si le gusta el deporte baje al sótano, pues allí tienen una sala de spinning y una original piscina.

---

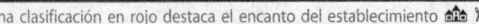

Una clasificación en rojo destaca el encanto del establecimiento 🏠 XxX.

# GIRONA

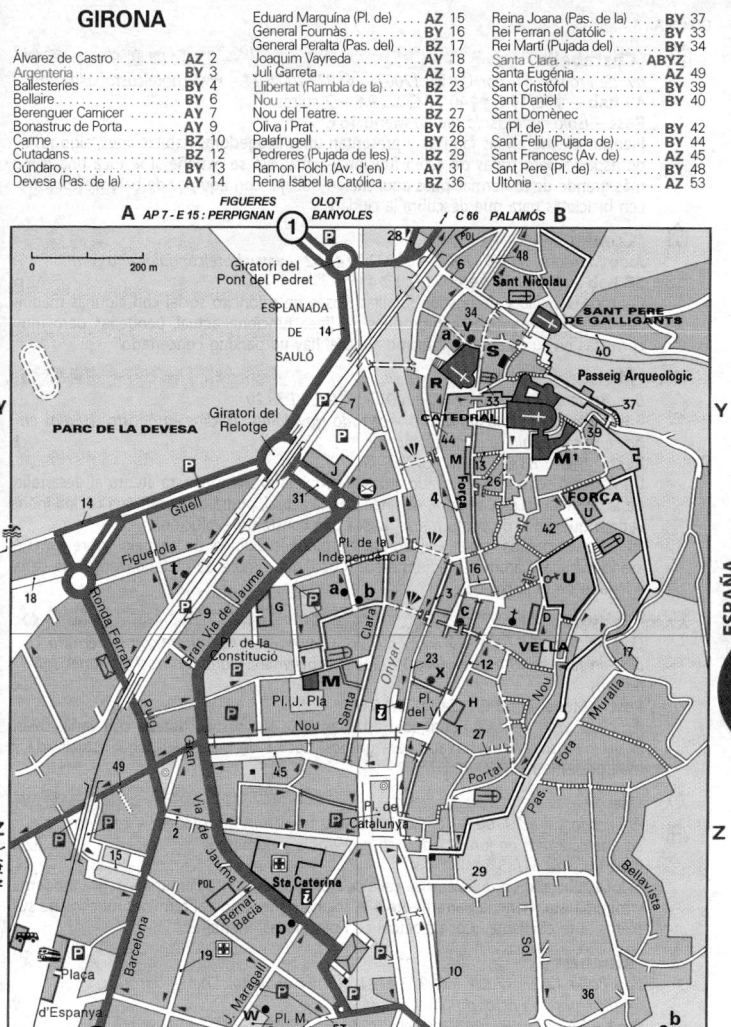

**ESPAÑA**

---

### 🏨 Nord 1901 ⓝ sin rest
🍴 🖩 AC ※ 🎧 🖢

*Nord 7-9* ✉ *17001* – *𝒞 972 41 15 22* – *www.nord1901.com*                          AY**a**
**18 hab** – †90/100 €  ††100/110 €, ⌷ 12 € – 8 apartamentos
Instalado en un edificio familiar que ha sido recuperado. Lo más significativo es su
amplia gama de habitaciones y apartamentos, distinguiéndose tanto por su
tamaño como por sus vistas, a la calle o al encantador patio de la casa.

### 🏨 Llegendes de Girona Catedral sin rest
🖩 ら AC 🎧

*Portal de la Barca 4* ✉ *17004* – *𝒞 972 22 09 05* – *www.llegendeshotel.com*
**15 hab** – ††127/177 €, ⌷ 12 €                                                          BY**a**
Resulta moderno y se halla en pleno casco histórico, con la zona social repartida por
pequeños rincones y unas habitaciones no muy amplias pero de buen confort, las
superiores tipo dúplex. ¡Agradable terracita!

363

ESPAÑA

### 🏨 **Costabella** ⟋ ⟋ 🎇 🗍 🔳 🗞 rest, 🛜 🅿

*av. de Francia 61, por ① ⊠ 17007 –* ☎ *972 20 25 24 – www.hotelcostabella.com*
**45 hab** – ♦38/49 € ♦♦40/75 €, ⟷ 9 € – 2 suites
**Rest** – *(solo cena) (solo menú)* Menú 16 €

Piensan mucho en las familias y presentan unas acogedoras habitaciones, algo justas de espacio pero todas de estilo funcional-actual. No se extrañe si le toca una cama más grande de lo normal, pues aquí suelen trabajar con equipos de baloncesto. ¡Ofrecen bicicletas para que descubra la ciudad!

### 🏠 **Condal** sin rest 🗍 🔳 🗞 🛜

*Joan Maragall 10 ⊠ 17002 –* ☎ *972 20 44 62 – www.hotelcondalgirona.com*
**38 hab** – ♦45/50 € ♦♦58/71 €, ⟷ 4 €          AZ**p**

Céntrico, sencillo y de gestión familiar. Posee un saloncito social con algunas máquinas de vending y unas habitaciones de línea funcional-actual, pequeñas pero muy correctas en su categoría. ¡Próximo al hotel hay un parking concertado!

### ✕✕✕ **Massana** (Pere Massana) 🔳 🗞 ⟷

❀ *Bonastruc de Porta 10-12 ⊠ 17001 –* ☎ *972 21 38 20*
*– www.restaurantmassana.com – cerrado Navidades, 10 días en agosto, 10 días en noviembre, domingo y martes noche*          AY**t**
**Rest** – Menú 83 € – Carta 53/73 € 🍷

Un negocio serio y bien llevado, pues el propietario siempre está atento al desarrollo de la comida. En su comedor, de línea clásica-actual, podrá descubrir una cocina innovadora que, lejos de conformarse, busca una constante evolución.
➜ Boletus, gamba, trufa y vinagreta de piñones. Lubina de anzuelo sobre tomate asado, navaja y aromas mediterráneos. Coco, guacamole de plátano, azúcar de caña y helado de piña colada.

### ✕✕ **Cal Ros** 🏝 🔳 🗞 ⟷

*Cort Reial 9 ⊠ 17004 –* ☎ *972 21 91 76 – www.calros-restaurant.com – cerrado 10 días en febrero,10 días en julio,10 días en noviembre, domingo noche y lunes salvo festivos*          BY**c**
**Rest** – Menú 21/55 € – Carta 30/55 €

¡En el corazón del casco antiguo! Restaurante de aire rústico dotado con varias salas, la del piso superior reservada para grupos. Cocina de base tradicional actualizada y bien presentada.

### ✕✕ **Nu** 🔳 🗞

☺ *Abeuradors 4 ⊠ 17001 –* ☎ *972 22 52 30 – www.nurestaurant.cat – cerrado 7 días en enero, 7 días en junio, 7 días en noviembre y domingo*          BZ**x**
**Rest** – Carta 31/35 €

El local, ubicado en una céntrica calle peatonal, se presenta con una estética moderna y minimalista. Tiene la barra frente a la cocina y sorprende al terminar muchos de sus platos ante el cliente. ¡Cocina actual con pinceladas orientales!

### ✕ **Mimolet** 🔳 🗞

*Pou Rodo 12 ⊠ 17004 –* ☎ *972 20 21 24 – www.mimolet.net – cerrado 24 diciembre-6 enero, domingo y lunes*          BY**v**
**Rest** – Menú 30/40 € – Carta aprox. 30 €

Un local moderno e informal, con el comedor distribuido en varias alturas y un espacio anexo, con nombre propio, diseñado para que funcione como bar de tapas. Su oferta se centra en varios menús. ¡En una plaza próxima montan la terraza!

**al Noroeste** por ① y desvío a la izquierda dirección Sant Gregori y cruce desvío a **Taialà : 2 km**

### ✕✕✕ **El Celler de Can Roca** (Joan y Jordi Roca) 🖢 🔳 🗞 🅿

❀❀❀ *Can Sunyer 48 ⊠ 17007 Girona –* ☎ *972 22 21 57 – www.cellercanroca.com*
*– cerrado Navidades, Semana Santa, agosto, domingo y lunes*
**Rest** – *(es necesario reservar)* Menú 145/175 € – Carta 94/130 € 🍷

Esta casa familiar atesora una sala triangular, de estética moderna, acristalada en torno a un jardín interior y una singular bodega dotada con diferentes espacios sensoriales. Cocina creativa de excelente nivel, interesante y sugerente.
➜ Toda la gamba. Cordero a la brasa con berenjena y regaliz. Helado de masa madre con pulpa de cacao, lichis salteados y macarrones de vinagre balsámico.

**GOMBRÈN** – Girona – **574** F36 – **209 h.** – alt. **919 m**                    14 C1
▶ Madrid 661 – Barcelona 117 – Girona 98 – Encamp 125

&#9819;   XX   **La Fonda Xesc** (Francesc Rovira) con hab          &#9812; &#9855; rest, &#9410; rest, &#8450; &#8473;
*pl. Roser 1 ⊠ 17531 – &#9742; 972 73 04 04 – www.fondaxesc.com – cerrado del 6 al 23*
*de enero y del 21 al 31 de julio*
**14 hab** &#8450; – &#8210;42 € &#8210;&#8210;78 €
**Rest** – *(cerrado lunes) (solo almuerzo salvo viernes, sábado y festivos)* Menú 39/75 €
– Carta 46/65 €
Sorprendente casa familiar emplazada en una aldea de montaña. Posee varios espacios de ambiente acogedor, unos con gruesos arcos en piedra y otros con grandes
ventanales abiertos al campo. Cocina creativa y menús gastronómicos. También ofrecen unas sencillas habitaciones vestidas con mobiliario provenzal.
➔ Crema de apio, carabinero, queso Carrat de Bauma y aceite de vainilla. Conejo
confitado al romero, patata, "espardenya" y cebolla asada. Sopa de fresa, coco, albaricoque y azafrán.

**La GOMERA** – Santa Cruz de Tenerife – ver Canarias

**GORDEXOLA** – Vizcaya – **573** C20 – **1 733 h.**                    25 A3
▶ Madrid 399 – Vitoria-Gasteiz 69 – Bilbao 23 – Santander 113

&#127976;   **Ibaia**          &#9998; &#8806; &#128703; &#9812; &#9855; &#9410; &#8450; &#8473; &#9410; &#128663;
*Sandamendi 41 ⊠ 48192 – &#9742; 946 79 80 82 – www.ibaiahotel.com*
**37 hab** – &#8210;70/130 € &#8210;&#8210;70/150 €, &#8450; 12 € – 1 suite
**Rest** – *(solo almuerzo salvo viernes y sábado)* Menú 39/60 € – Carta aprox. 52 €
Abrigado por los recios muros en piedra de un convento del s. XVII. Presenta unas
acogedoras zonas sociales, un patio cubierto, una capilla hoy desconsagrada y, como
no, unas habitaciones en las que confluyen pasado y presente. En su restaurante
encontrará una carta tradicional con platos actualizados.

**GORGUJA** – Girona – ver Llívia

**El GRADO** – Huesca – **574** F30 – **471 h.** – alt. **467 m**                    4 C1
▶ Madrid 460 – Huesca 70 – Lleida/Lérida 86
&#128506; Torreciudad ◁ ★★ Noreste : 5 km

&#120; **Bodega del Somontano**          &#9410; &#8450; &#8473;
*barrio del Cinca 11 (carret. de Barbastro) ⊠ 22390 – &#9742; 974 30 40 30*
*– www.bodegadelsomontano.com*
**Rest** – *(solo almuerzo salvo verano, viernes y sábado)* Menú 12,50/15,50 €
– Carta 22/30 €
Establecimiento de organización familiar emplazado en unas antiguas cuadras, a la
entrada de la localidad. Posee dos salas de línea clásica-funcional, aunque donde sirven la carta hay una chimenea y resulta más rústica. Cocina tradicional.

**GRADO DEL PICO** – Segovia – **575** I20 – **24 h.**                    12 C2
▶ Madrid 157 – Valladolid 196 – Segovia 113 – Soria 117

&#8593; **La Senda de los Caracoles**          &#9998; &#9855; hab, &#8450; &#8473; &#9410; &#8473;
*Manadero, camino rural : 1,5 km ⊠ 40512 – &#9742; 921 12 51 19*
*– www.lasendadeloscaracoles.com*
**16 hab** &#8450; – &#8210;70/100 € &#8210;&#8210;90/120 €   **Rest** – *(solo clientes)* Menú 20/40 €
Se halla en un entorno aislado y debe su nombre al apodo familiar. Ofrece un acogedor ambiente rústico, un salón con chimenea, una pequeña zona SPA y correctas
habitaciones, en el piso superior abuhardilladas. El restaurante apuesta por la cocina
tradicional.

**GRAN CANARIA** – Las Palmas – ver Canarias

# GRANADA

Planos de la ciudad en páginas siguientes      **2** C1

© John Frumm / Hemis.fr

ℙ – **Granada – 239 017 h. – alt. 682 m** – **578** U19

🖃 Madrid 416 – Málaga 124 – Murcia 278 – Sevilla 250

**🎫 Oficinas de Turismo**

pl. de Mariana Pineda 10, ✉ 18009, ✆ 958 24 71 28, www.turgranada.es
Santa Ana 4, ✉ 18009, ✆ 958 57 52 02, www.andalucia.org

**Aeropuerto**

✈ de Granada por la carret. de Sevilla : 17 km ✆ 902 40 47 04
**Iberia :** aeropuerto ✆ 902 40 05 00

**Golf**

🏌 Granada, av. de los Cosarios (Las Gabias), por la carret. de Motril : 8 km,
✆ 958 58 49 13

**Deportes de Invierno**

Sierra Nevada : ✂20 ✂2 ✂1

**◎ VER**

Emplazamiento★★★ · Alhambra★★★ CDY · Palacios Nazaries★★★ CY · Palacio de
Carlos V★★ (Museo de la Alhambra★, Museo de Bellas Artes : bodegón★★ de
Sánchez Cotán) CY · Alcazaba★ (panorama★★) CY · Generalife★★ DX · Capilla
Real★★ (reja★★★, sepulcros★★★, retablo★, colección obras de arte★★) BY · Catedral★
BY · Cartuja★ (sacristía ★★) S · Iglesia de San Juan de Dios★ AX · Monasterio de
San Jerónimo★ (iglesia★★, retablo★★) AX · Albayzín★★ (vista★★★ desde la terraza de
la iglesia de San Nicolás) CX · Baños árabes (El Bañuelo)★ CX · Museo
Arqueológico (portada plateresca★) CX · Parque de las Ciencias★ T.
**Alrededores** : Sierra Nevada★★ Sureste : 46 km T.

367

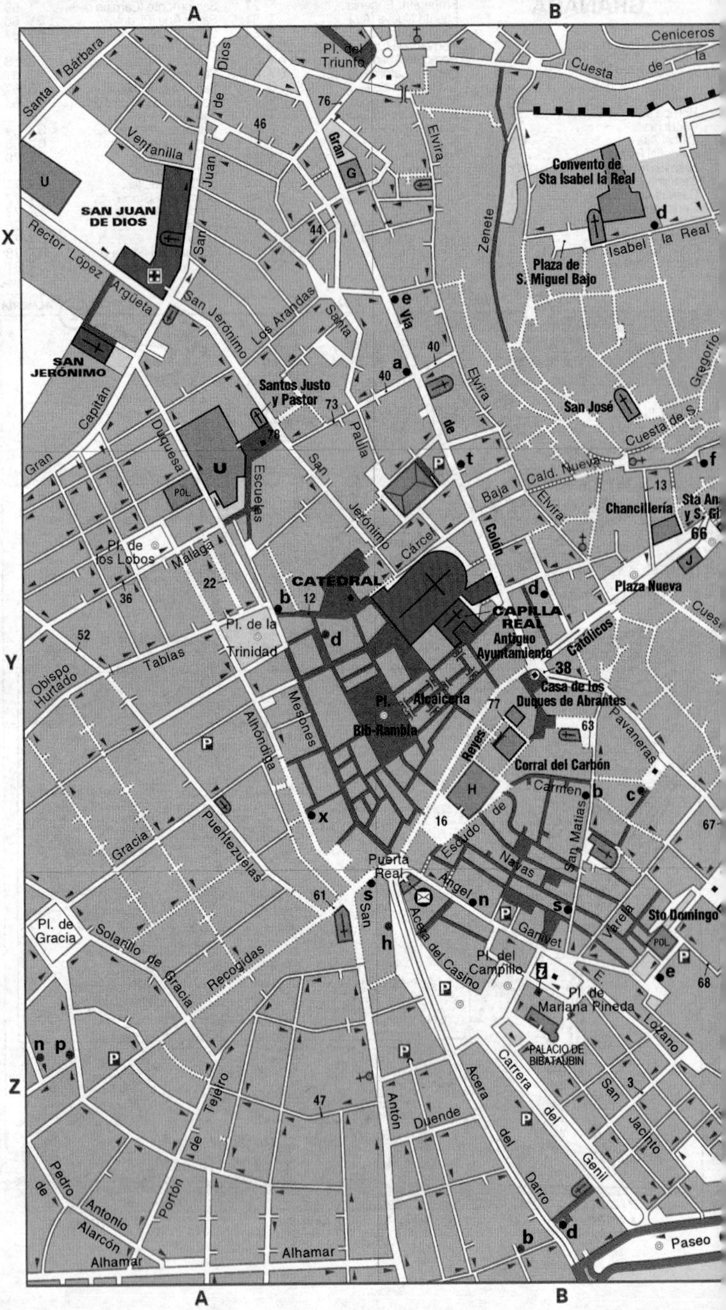
A
B
X
Y
Z
Pl. del Triunfo
Ceniceros
Cuesta de la
Santa Bárbara
San Juan de Dios
Gran Vía
Elvira
Ventanilla
U
G
SAN JUAN DE DIOS
Convento de Sta Isabel la Real
Rector López Argüeta
Zenete
Isabel la Real
Plaza de S. Miguel Bajo
San Jerónimo
Los Arandas
Santa Paula
SAN JERÓNIMO
Capitán
Gran
Santos Justo y Pastor
San José
Cuesta de S.
Gregorio
Duquesa
Escuelas
POL.
Colón
Cald. Nueva
Baja
Chancillería
Sta Ana y S. Gil
Pl. de los Lobos
Málaga
Cárcel
CATEDRAL
Plaza Nueva
CAPILLA REAL
Antiguo Ayuntamiento
Católicos
Cuesta
Pl. de la Trinidad
Tablas
Obispo Hurtado
Casa de los Duques de Abrantes
Mesones
Alhóndiga
Pl. Bib-Rambla
Alcaicería
Reyes
Pavaneras
Corral del Carbón
H
Carmen
San Matías
Escudo de
Navas
Puentezuelas
Gracia
Puerta Real
Angel
Ganivet
Sto Domingo
Varela
Pl. de Gracia
Solarillo de Gracia
Recogidas
San Antón
Acera del Casino
Pl. del Campillo
Pl. de Mariana Pineda
E. Lozano
PALACIO DE BIBATAUBIN
Carrera del Genil
Acera del Darro
San Jacinto
Tejeiro
Portón de
Duende
Pedro Antonio de Alarcón
Alhamar
Paseo
P
a
b
c
d
e
f
h
n
p
s
t
x
3
12
13
16
22
36
38
40
44
46
47
52
61
63
66
67
68
73
76
77
78

ESPAÑA

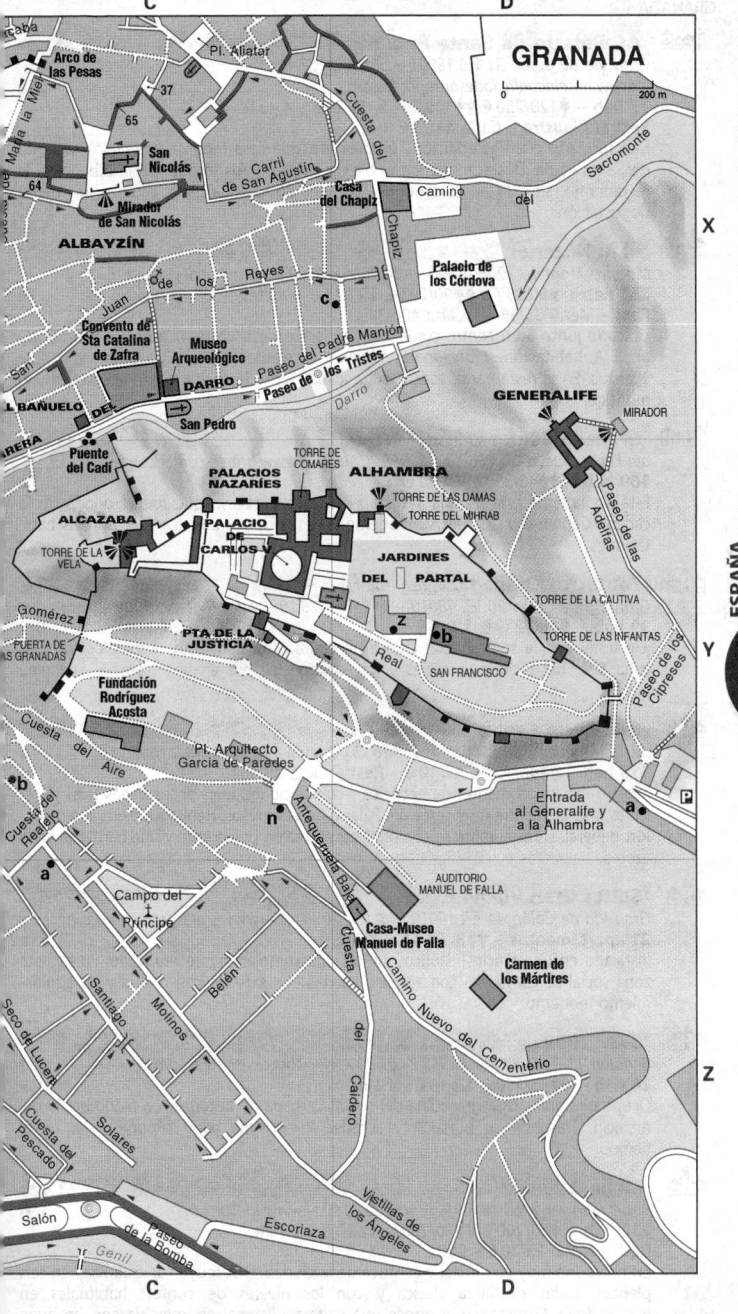

**ESPAÑA**

### AC Palacio de Santa Paula
*Gran Vía de Colón 31* ⊠ *18001* – ℰ *958 80 57 40*
– *www.hotelacpalaciodesantapaula.com*  BXa
**75 hab** – ♦120/250 € ♦♦130/351 €, ☐ 20 € – 4 suites
**Rest** *El Claustro* – Carta 44/75 €
Está formado por tres edificios... un palacete, una casa morisca y el viejo convento de Santa Paula. Destaca su zona noble, ya que engloba lo que fue la biblioteca. El restaurante, situado en las antiguas cocinas, ofrece una carta actual y un menú degustación.

### M.A. Nazaríes
*Maestro Montero 12* ⊠ *18004* – ℰ *958 18 76 00* – *www.hoteles-ma.es*
**253 hab** – ♦90/217 € ♦♦90/293 €, ☐ 22 € – 9 suites  Ta
**Rest** – Menú 35/55 € – Carta 40/63 €
Ubicado junto a un centro comercial con fácil acceso desde la autovía. Disfruta de un SPA, habitaciones funcionales-actuales, excelentes suites y un gran salón para eventos. En el restaurante todo resulta actual, tanto la cocina como la estética y el montaje.

### Granada Center sin rest, con cafetería
*av. Fuentenueva* ⊠ *18002* – ℰ *958 20 50 00* – *www.hotelescenter.com*
**169 hab** – ♦♦46/350 €, ☐ 10 €  Te
Está en la zona universitaria y tiene cierta relevancia, ya que fue el origen de la cadena Center. Destaca por su moderno hall, tipo lobby americano, y por sus habitaciones.

### Fontecruz Granada sin rest, con cafetería
*Gran Vía de Colón 20* ⊠ *18010* – ℰ *958 21 78 10* – *www.fontecruzhoteles.com*
**39 hab** – ♦♦89/239 €, ☐ 16 €  BYt
¡Un hotel que le sorprenderá! Ofrece un curioso hall con restos arqueológicos, una zona SPA, habitaciones actuales y un espacio chill out en la terraza de la última planta.

### Andalucía Center
*av. de América* ⊠ *18006* – ℰ *958 18 15 00* – *www.hotelescenter.com*  Td
**115 hab** – ♦♦46/150 €, ☐ 10 €  **Rest** – Carta 25/48 €
Suele trabajar con clientes de negocios y convenciones, pues posee varias salas panelables y se encuentra muy cerca del Palacio de Congresos. Habitaciones de buen confort general. El restaurante se completa con un salón polivalente y una barbacoa en la azotea.

### Suites Gran Vía 44 sin rest
*Gran Vía de Colón 44* ⊠ *18010* – ℰ *958 20 11 11* – *www.suitesgranvia44.com*
**21 apartamentos** – ♦♦87/350 €, ☐ 10 €  BXe
Instalado en un edificio histórico que ha sido completamente renovado. Su escueta zona social se compensa con amplios apartamentos, todos con cocina y un equipamiento moderno.

### Casa 1800 sin rest
*Benalúa 11* ⊠ *18010* – ℰ *958 21 07 00* – *www.hotelcasa1800.com*
**24 hab** – ♦♦95/190 €, ☐ 10 €  BYf
Ocupa una típica casa granadina del s. XVII, cargada de historia y en pleno barrio del Albaicín. Traspasar su portalón y acceder al bellísimo patio supone viajar en el tiempo.

### Meliá Granada
*Ángel Ganivet 7* ⊠ *18009* – ℰ *958 22 74 00* – *www.melia.com*  BZn
**232 hab** – ♦60/200 € ♦♦70/200 €, ☐ 10 € – 1 suite
**Rest** – Menú 13/70 € – Carta 29/51 €
En una zona muy comercial y céntrica de la ciudad. Distribuye sus estancias en seis plantas, todas de línea clásica y con los niveles de confort habituales en esta cadena. El restaurante ofrece una carta tradicional enriquecida con un buen apartado de arroces.

## NH Victoria
🛗 ৬ hab, 🎬 🛜 🏧

*Puerta Real 3 ✉ 18005 – ✆ 958 53 62 16 – www.nh-hotels.com*  ABZ**s**

**69 hab** – ♦66/295 €, ☲ 16 €

**Rest** – *(cerrado 15 julio-15 septiembre, sábado y domingo)* Menú 18 €
– Carta 35/45 €

Este céntrico hotel combina su fachada clásica con unas instalaciones actuales, muy al estilo de la cadena. Encontrará una correcta zona social y habitaciones bien equipadas. En su comedor, de ambiente funcional, se elabora una cocina tradicional actualizada.

## Gar-Anat sin rest
🛗 ৬ 🎬 🛜

*placeta de los Peregrinos 1 ✉ 18009 – ✆ 958 22 55 28*
*– www.hoteldeperegrinos.com*  BY**b**

**15 hab** – ♦94 € ♦♦153 €, ☲ 9 €

Instalado en un palacete del s. XVII. Posee unas habitaciones personalizadas y un curioso patio, presidido por un árbol metálico en el que los clientes cuelgan sus deseos.

## La Casa de la Trinidad sin rest
🛗 ৬ 🎬

*Capuchinas 2 ✉ 18001 – ✆ 958 53 60 33 – www.casadelatrinidad.com*
**36 hab** – ♦60/120 € ♦♦70/140 €, ☲ 12 €  AY**b**

Destaca por su céntrico emplazamiento, en un edificio cuya fachada se remonta a finales del s. XIX. La mayoría de sus habitaciones se asoman a la popular plaza de La Trinidad.

## Palacio de los Navas sin rest
🛗 ৬ 🎬 🛜

*Navas 1 ✉ 18009 – ✆ 958 21 57 60 – www.palaciodelosnavas.com*  BZ**s**
**19 hab** ☲ – ♦65/132 € ♦♦75/165 €

Instalado en la antigua casa de los Condes de Nava, del s. XVI. Tiene un patio típico que ejerce de zona social y confortables habitaciones, en el último piso abuhardilladas.

## Dauro sin rest
🛗 🎬 🛜 🚗

*acera del Darro 19 ✉ 18005 – ✆ 958 22 21 57 – www.hoteles-dauro.com*
**36 hab** – ♦40/158 € ♦♦50/324 €, ☲ 10 €  BZ**d**

Pequeño hotel ubicado en el centro monumental y dotado con una agradable atmósfera de carácter familiar. Aquí, la mayoría de los baños cuentan con duchas de hidromasaje.

## Casa Morisca sin rest
🛗 ৬ 🎬 🛜 **P**

*cuesta de la Victoria 9 ✉ 18010 – ✆ 958 22 11 00 – www.hotelcasamorisca.com*
**14 hab** – ♦100/127 € ♦♦130/167 €, ☲ 11 €  DX**c**

¡Casa del s. XV que emana el sosiego de otros tiempos! Es todo un capricho, tanto por la belleza de sus habitaciones como por su patio porticado, con ruido de agua y plantas.

## Santa Isabel la Real sin rest
৯ 🛗 🎬 🛜 🚗

*Santa Isabel la Real 17 ✉ 18010 – ✆ 958 29 46 58*
*– www.hotelsantaisabellareal.com*  BX**d**
**11 hab** ☲ – ♦75/175 € ♦♦85/185 €

Casona del s. XVI ubicada en la zona alta del Albayzín, junto al convento del que toma su nombre. Agradable patio andaluz y sobrias habitaciones, una con vistas a La Alhambra.

## Casa del Capitel Nazarí sin rest
🎬 🛜

*Cuesta Aceituneros 6 ✉ 18010 – ✆ 958 21 52 60 – www.hotelcasacapitel.com*
**18 hab** – ♦48/104 € ♦♦59/129 €, ☲ 10 €  BY**l**

Dicen que aquí habita la historia y no es de extrañar, pues las memorias de la casa se remontan al s. XVI. Patio porticado y sobrias habitaciones, en general de aire rústico.

## Anacapri sin rest
🛗 🎬 🛜 🏧

*Joaquín Costa 7 ✉ 18010 – ✆ 958 22 74 77 – www.hotelanacapri.com*
**49 hab** – ♦53/79 € ♦♦53/98 €, ☲ 11 €  BY**d**

Disfruta de un patio cubierto, usado como zona social, y confortables habitaciones, algunas con el techo artesonado, otras de tipo dúplex y la mayoría con mobiliario colonial.

ESPAÑA

ESPAÑA

### ⌂ **Carlos V** sin rest 　　　　　　　🏨 & 📺 ❄ 📶
*pl. de los Campos 4 - 4° ⊠ 18009 – ℰ 958 22 15 87 – www.hotelcarlosvgranada.com*
**33 hab** – ♦29/53 € ♦♦29/85 €, 🖙 7 € 　　　　　　　　　　BZ**e**

Ubicado en el 4° piso de un céntrico edificio de viviendas. Ofrece unas habitaciones muy correctas, tres de ellas con balcón y todas con columna de hidromasaje en los baños.

### ⌂ **Las Nieves** sin rest, con cafetería 　　　　　　🏨 & 📺 ❄ 📶
*Alhóndiga 8 ⊠ 18001 – ℰ 958 26 53 11 – www.hotellasnieves.com* 　　AY**x**
**30 hab** – ♦35/100 € ♦♦40/130 €, 🖙 5 €

Un hotel sencillo pero con gran tradición, emplazado en una céntrica calle peatonal. Presenta unas habitaciones muy cuidadas, con mobiliario funcional y los baños actuales.

### ⌂ **Molinos** 🅝 sin rest 　　　　　　　　　　　📺 ❄ 📶 🛏
*Molinos 12 ⊠ 18009 – ℰ 958 22 73 67 – www.hotelmolinos.es* 　　CYZ**a**
**10 hab** – ♦26/53 € ♦♦26/53 €, 🖙 6 €

¡El hotel más estrecho del mundo! Dadas las peculiares características del edificio no podemos esperar grandes espacios... sin embargo, ofrece un interior muy moderno y actual, con unas habitaciones bastante cuidadas, alegres y coloristas.

### ✗✗ **Alacena de las Monjas** 　　　　　　　　　　📺 ❄
*pl. Padre Suárez 5 ⊠ 18009 – ℰ 958 22 95 19 – www.alacenadelasmonjas.com*
*– cerrado domingo noche y lunes* 　　　　　　　　　　　　BY**c**
**Rest** – Carta 35/56 €

Céntrico y curioso, pues presenta un bar de tapas y un atractivo comedor en el sótano, instalado en un antiguo aljibe con los techos abovedados. Cocina actual y de temporada.

### ✗✗ **Las Tinajas** 　　　　　　　　　　　　　📺 ❄ ✪
*Martínez Campos 17 ⊠ 18002 – ℰ 958 25 43 93 – www.restaurantelastinajas.com*
*– cerrado 16 julio-15 agosto* 　　　　　　　　　　　　　AZ**p**
**Rest** – Menú 27/44 € – Carta 25/57 €

Un negocio de dilatada trayectoria. Su amplia carta se divide en dos partes, una para la cocina regional y otra para la española... aunque también son interesantes sus menús.

### ✗✗ **La Leñera** 　　　　　　　　　　　　　🌿 📺 ❄
*paseo Jardín de la Reina 4 ⊠ 18006 – ℰ 958 81 88 10 – www.asadorlalenera.es*
*– cerrado del 1 al 15 de agosto, domingo en verano y lunes en invierno*
**Rest** – Menú 20 € – Carta 28/75 € 　　　　　　　　　　　T**v**

Este restaurante-asador cuenta con un bar público y dos comedores, ambos de montaje clásico y ambiente rústico. Completa carta tradicional especializada en carnes y arroces.

### ✗✗ **Damasqueros** 　　　　　　　　　　　　📺 ❄ ✪
*Damasqueros 3 ⊠ 18009 – ℰ 958 21 05 50 – www.damasqueros.com – cerrado*
*15 julio-15 agosto, domingo noche y lunes* 　　　　　　　　CY**b**
**Rest** – Menú 40 € – Carta 36/55 €

¡Un restaurante a seguir! La chef-propietaria propone una cocina actual y de temporada, sin embargo en su carta también deja un hueco para los platos de cuchara y los arroces.

### ✗ **Oryza** 　　　　　　　　　　　　　　🌿 📺 ❄
*Nueva de la Virgen 12 ⊠ 18005 – ℰ 958 25 34 79 – www.oryza.com – cerrado 15*
*días en agosto* 　　　　　　　　　　　　　　　　BZ**b**
**Rest** – Menú 20/38 € – Carta 30/52 €

Una coqueta terraza, un bar de tapas... y sin embargo, el corazón de este negocio está en su moderno comedor. Carta actual y de temporada, con un buen apartado de arroces.

### ✗ **Cunini** 　　　　　　　　　　　　　　🌿 📺 ❄
*pl. Pescadería 14 ⊠ 18001 – ℰ 958 26 75 87 – www.marisqueriacunini.es – cerrado*
*domingo noche y lunes* 　　　　　　　　　　　　　AY**d**
**Rest** – Menú 21/70 € – Carta 39/55 €

Uno de los restaurantes más populares de la ciudad, pues en él encontrará platos marineros, sabrosos pescados y mariscos de calidad. Concurrido bar de tapas y comedor actual.

X **Mariquilla**  AC ⌁
*Lope de Vega 2 ✉ 18002 – ☏ 958 52 16 32 – www.restaurantemariquilla.com
– cerrado 8 julio-3 septiembre, domingo noche y lunes salvo festivos* AZ**n**
**Rest** – Menú 17 € – Carta 25/30 €
Restaurante de carácter familiar ubicado en una zona céntrica aunque de difícil aparcamiento. En su sala, de estilo clásico, podrá degustar platos tradicionales y caseros.

Y/ **Casa Enrique** AC ⌁ ⊟
*acera del Darro 8 ✉ 18005 – ☏ 958 25 50 08 – cerrado domingo* BZ**h**
**Rest** – Tapa 2 € – Ración aprox. 12 €
Barriles de Manzanilla, de Olorosos, de Palo Cortado... jamones y lomos colgados del techo... deliciosos salazones... ¡Estamos en una taberna típica con 140 años de historia!

Y/ **Taberna Tendido 1** 🍴 AC ⌁
*av. Doctor Olóriz 25 ✉ 18012 – ☏ 958 27 23 02 – www.tendido1.com* S**n**
**Rest** – Tapa 5 € – Ración aprox. 14 €
Ubicado en un enclave único, bajo las gradas de la plaza de toros, este local se ha convertido en uno de los puntos de encuentro a la hora del tradicional tapeo "granaíno".

## en La Alhambra

🏨 **Alhambra Palace** ≤ ❘▥❘ & hab, AC ⌁ 🛜 🛋
*pl. Arquitecto García de Paredes 1 ✉ 18009 – ☏ 958 22 14 68
– www.h-alhambrapalace.es* CY**n**
**115 hab** – ♦125/217 €, ♦♦141/245 €, ⊇ 16 € – 11 suites
**Rest** – Menú 58/45 € – Carta 40/55 €
Un hotel emblemático y ya centenario, pues fue inaugurado por el rey Alfonso XIII en 1910. Aquí se combinan por doquier los detalles palaciegos con los de influencia árabe e inspiración nazarí. El restaurante, suntuoso y con una terraza cubierta que destaca por sus vistas, propone una cocina de gusto internacional.

🏨 **Parador de Granada** 🛎 🚗 🍴 ❘▥❘ & hab, AC ⌁ 🛜 🛋 P
*Real de la Alhambra ✉ 18009 – ☏ 958 22 14 40 – www.parador.es* DY**b**
**35 hab** – ♦♦195/335 €, ⊇ 20 € – 5 suites **Rest** – Menú 30/50 € – Carta 29/47 €
Alojarse aquí es convivir con la historia, pues ocupa un antiguo convento franciscano construido sobre los restos de un palacio nazarí. ¡Evocadores rincones e idílicas vistas! En su comedor podrá descubrir la cocina andaluza y alguna especialidad nazarí.

🏨 **Guadalupe** ❘▥❘ AC ⌁ rest, 🛜
*paseo de la Sabica ✉ 18009 – ☏ 958 22 34 24 – www.hotelguadalupe.es*
**42 hab** – ♦50/83 € ♦♦59/115 €, ⊇ 11 € DY**a**
**Rest** – Menú 12/25 € – Carta 20/32 €
Junto a La Alhambra, en un entorno de inusitada belleza. Habitaciones amplias y confortables, destacando todas las del 4º piso por contar con bañeras de hidromasaje y balcón. Su sencillo comedor ofrece una modesta carta tradicional, con un apartado de pizzas.

🏠 **América** 🛎 🍴 AC ⌁ hab, ⌁ hab, 🛜
*Real de la Alhambra 53 ✉ 18009 – ☏ 958 22 74 71
– www.hotelamericagranada.com – marzo-noviembre* DY**z**
**16 hab** – ♦60/85 € ♦♦90/145 €, ⊇ 8,50 € **Rest** – *(cerrado sábado)* Carta 28/45 €
¡En la ciudadela de La Alhambra! Tiene un marcado carácter familiar y dos edificios que se unen por un patio-jardín. Entrañable zona social y habitaciones de ambiente rústico. En su comedor se pueden degustar diversos platos "granainos" y de sabor casero.

## por la carretera de Sierra Nevada (T) 4 km

🏨 **Real de la Alhambra** ⊒ ❘▥❘ & hab, AC ⌁ 🛜 🛋 🚗
*Mirador del Genil 2 ✉ 18008 – ☏ 958 21 66 93 – www.maciahoteles.com*
**185 hab** – ♦♦60/185 €, ⊇ 11 € **Rest** – Menú 18 € – Carta 23/68 €
Disfruta de un espacio social bastante moderno, con varias salas de reuniones, unas habitaciones actuales y una zona de aguas que reproduce los bellos azulejos de La Alhambra. El restaurante, de montaje actual-funcional, propone una cocina de base tradicional.

ESPAÑA

**La GRANJA** (SAN ILDEFONSO) – Segovia – **575** J17 – 5 626 h.    **12** C3
– alt. 1 192 m

🚗 Madrid 74 – Segovia 13

ℹ️ pl. de los Dolores 1, ✉ 40100, 𝒞 921 47 39 53,
www.turismorealsitiodesanildefonso.com

👁 Palacio de La Granja de San Ildefonso★★ (Museo de Tapices★★)
– Jardines★★ (surtidores★★) - Real Fábrica de Cristales de La Granja★

🏨 **Parador de La Granja**    🏖 🔲 ⓐ ♨ 🌡 ᗑ hab, 🅰 ⚙ 🎧 🗴 🅿
*Infantes 3* ✉ 40100 – 𝒞 921 01 07 50 – www.parador.es
**102 hab** – ♦76/144 € ♦♦95/180 €, ⚏ 18 € – 25 suites
**Rest** *Puerta de la Reina* – Menú 30 € – Carta 40/55 €
Instalado en la antigua Casa de los Infantes, que data del s. XVIII. Posee un interior de
línea actual, hasta tres patios y espaciosas habitaciones, todas con los baños muy cuidados. En el restaurante, con terraza y entrada propia, encontrará una carta de tinte
actual bien complementada por varios menús.

🏨 **Isabel de Farnesio** 🆕 sin rest    ⓐ 🔲 ᗑ 🅰 ⚙ 🎧 🗴
*Travesía de la Reina 4* ✉ 40100 – 𝒞 921 47 10 78 – www.hotelisabeldefarnesio.com
**26 hab** ⚏ – ♦55/120 € ♦♦65/130 €
Ocupa una antigua cárcel y debe su nombre a la 2ª esposa del rey Felipe V, que fue
enterrada junto al monarca en esta hermosa localidad. Ofrece un salón social con chimenea y biblioteca, así como unas cuidadas habitaciones de línea actual.

🏨 **Roma**    🏖 ⚙ 🎧
*Guardas 2* ✉ 40100 – 𝒞 921 47 07 52 – www.hotelroma.org – cerrado del 20 al 28
de diciembre, del 20 al 30 de junio y del 15 al 30 de noviembre
**16 hab** ⚏ – ♦30/45 € ♦♦50/70 €
**Rest** – (cerrado lunes noche y martes salvo verano) Menú 15/28 € – Carta 24/35 €
Edificio de finales del s. XIX ubicado junto al palacio y sus jardines. Aquí encontrará dos tipos de habitaciones, en una planta rústicas y en la otra un poco más clásicas.

🍴 **Reina XIV**    🅰 ⚙
*Reina 14* ✉ 40100 – 𝒞 921 47 05 48 – www.reina14.com – cerrado
8 enero-8 febrero, 7 días en julio y lunes
**Rest** – (solo almuerzo salvo viernes y sábado) Carta 28/35 €
Fácil de localizar, pues se encuentra junto al parador. Posee una bonita bodega vista y
dos comedores, el principal de ambiente clásico. Su cocina de tinte tradicional se enriquece con platos típicos, como los famosos Judiones de La Granja.

**en la carretera del puerto de Navacerrada**

🏨 **El Jardín de la Hilaria**    ⚙ 🎧
*Valsaín, Sur : 3 km* ✉ 40109 Valsaín – 𝒞 921 47 80 42 – www.eljardindelahilaria.com
**14 hab** ⚏ – ♦50 € ♦♦70 €
**Rest** *Hilaria* – ver selección restaurantes
Atractivo edificio ubicado al borde de la carretera. Posee un acogedor salón social con
chimenea y confortables habitaciones, unas con mobiliario actual y otras de estilo
antiguo. ¡Solicite las abuhardilladas, pues son más amplias!

🍴 **Hilaria** – Hotel El Jardín de la Hilaria    🏖 ⚙
*Valsaín, Sur : 3 km* ✉ 40109 Valsaín – 𝒞 921 47 02 92 – www.eljardindehilaria.com
– cerrado 10 días en junio, 10 días en noviembre y lunes salvo festivos
**Rest** – (solo almuerzo salvo fines de semana y verano) Menú 20/45 €
– Carta 25/38 €
Esta casa se presenta con una terraza acristalada, un bar público y las salas repar-
tidas en dos plantas, ambas de ambiente clásico-regional. Cocina regional y platos
típicos.

**GRANOLLERS** – Barcelona – **574** H36 – 59 954 h. – alt. 148 m    **15** B2
🚗 Madrid 641 – Barcelona 29 – Girona/Gerona 75 – Manresa 70
ℹ️ Anselm Clavé 2 , ✉ 08401, 𝒞 938 60 41 15, www.granollers.cat
**R.A.C.C.** av. Parc 1 𝒞 938 79 26 76

# GRANOLLERS

375

🏠 **Fonda Europa** 🎐 ⅄ 𝔸 ⅍ 🛜
*Agustí Vinyamata 2* ✉ 08402 – ☏ 938 70 03 12 – www.fondaeuropa.eu
**37 hab** – ✦80 € ✦✦85 €, ⬓ 7 € BYf
**Rest** *Fonda Europa* – ver selección restaurantes
Presenta unas habitaciones de gran nivel... eso sí, más por las calidades que por sus lujos. Buen confort, excelentes niveles de mantenimiento y valioso mobiliario de diseño. ¡Algunos detalles decorativos se atribuyen a discípulos de Gaudí!

🏠 **Granollers** 𝟣ₐ 🎐 ⅄ hab, 𝔸 ⅍ hab, 🛜 𝔸 𝐏 ᵃ
*av. Francesc Macià 300* ✉ 08401 – ☏ 938 79 51 00 – www.hotelgranollers.com
**72 hab** ⬓ – ✦35/120 € ✦✦39/150 € AZn
**Rest** – *(cerrado domingo noche y 15 días en agosto)* Menú 12/35 €
Hotel de carácter urbano situado a la salida de la ciudad, en una zona industrial, con amplias salas para reuniones y dependencias de adecuado confort. Dispone de dos restaurantes, uno de corte clásico y el otro enfocado más al buffet.

🏠 **Iris** sin rest 🎐 𝔸 🛜 𝔸 ᵃ
*av. Sant Esteve 92* ✉ 08402 – ☏ 938 79 29 29 – www.hoteliris.com BZk
**54 hab** – ✦50/65 € ✦✦58/65 €, ⬓ 6 €
Próximo a la estación de cercanías. Posee un pequeño hall, con el bar integrado, y habitaciones funcionales de distintos tipos, destacando las renovadas por su mayor confort.

✕✕ **La Taverna d'en Grivé** 𝔸 ⅍ ✿ 𝐏
*Josep Maria Segarra 98 (carret. de Sant Celoni)* ✉ 08400 – ☏ 938 49 57 83 – cerrado
*15 días en agosto, domingo noche, lunes noche y miércoles noche* BYc
**Rest** – Menú 35/65 € – Carta 39/58 € ⅍
Restaurante familiar que sorprende, tras su discreta fachada, por su buen nivel de montaje, con tres salas de acogedora rusticidad. Buena carta de producto y de mercado.

✕✕ **El Trabuc** 🛜 𝔸 𝐏
*carret. de El Masnou, por carret. de El Masnou* ✉ 08401 – ☏ 938 70 86 57
*– www.eltrabuc.com – cerrado del 18 al 24 de agosto y domingo noche*
**Rest** – Menú 35/50 € – Carta 38/51 €
Antigua masía dotada con varias salas de aire rústico y un porche acristalado. Su carta de cocina tradicional catalana trabaja mucho los caracoles, el bacalao y la brasa.

✕✕ **Fonda Europa** – Hotel Fonda Europa 𝔸 ⅍ ✿
*Agustí Vinyamata 2* ✉ 08402 – ☏ 938 70 03 12 – www.fondaeuropa.eu
**Rest** – Carta 26/44 € BYf
¡Goza de gran tradición, pues abrió en 1771! Ofrece un bar público muy conocido por sus desayunos de "cuchillo y tenedor", dos salas de línea clásica-antigua y tres privados. Cocina catalana, platos del día, arroces y un apartado de brasa.

## en Vilanova del Vallès por la carretera de El Masnou (AZ)

🏩 **Augusta Vallès** ← 🏊 🎐 𝔸 ⅍ 🛜 𝔸 𝐏
*Sur : 4,5 km (salida 13 AP-7)* ✉ 08410 Vilanova del Vallès – ☏ 938 45 60 50
*– www.hotelaugustavalles.com*
**99 hab** – ✦✦60/350 €, ⬓ 11 € – 2 suites **Rest** – Menú 17 €
Próximo al circuito de Cataluña. Edificio de planta horizontal y línea moderna que ofrece unas habitaciones algo sobrias pero perfectamente equipadas. El restaurante enriquece su carta tradicional mediante la organización de barbacoas, en los jardines del hotel, durante algunas noches estivales.

✕ **El Bon Caliu** 𝔸 ⅍ ✿
*av. Verge de Nuria 26, Sur : 6 km* ✉ 08410 Vilanova del Vallès – ☏ 938 45 60 68
*– www.elboncaliu.com – cerrado Semana Santa, 15 días en agosto y domingo*
**Rest** – *(solo almuerzo salvo viernes)* Menú 16/24 € – Carta 30/42 €
Su amplio hall, con barra de apoyo, está seguido de una sala de correcto montaje y un reservado. Cocina tradicional elaborada con productos de temporada y una completa bodega.

ESPAÑA

**GRATALLOPS** – Tarragona – **574** I32 – 259 h. – alt. 301 m     **13** A3

▶ Madrid 512 – Barcelona 146 – Tarragona 52

 **Cal Llop**     ♨ 𝕂 ⚭ 🛜

*Dalt 21* ⊠ *43737 – ℰ 977 83 95 02 – www.cal-llop.com – cerrado 10 enero-20 febrero*

**10 hab** ⊑ – ✝85/110 € ✝✝95/135 €

**Rest** – *(solo cena)* Menú 25/35 € – Carta 24/43 €

Se encuentra en la zona alta del pueblo y dispone de habitaciones sobrias pintadas en diferentes tonalidades, con mobiliario funcional y baños de plato ducha muy coloristas. Su comedor está repartido en dos partes, una de ellas a modo de patio de luces.

---

**GRAZALEMA** – Cádiz – **578** V13 – 2 181 h. – alt. 823 m     **1** B2

▶ Madrid 567 – Cádiz 136 – Ronda 27 – Sevilla 135

◎ Localidad ★★

✗ **Cádiz el Chico**     𝕂 ⚭

*pl. de España 8* ⊠ *11610 – ℰ 956 13 20 67 – cerrado lunes*

**Rest** – Menú 12/35 € – Carta 20/32 €

Casa de ambiente familiar dotada con dos salas, ambas de aire rústico y con el techo en madera a dos aguas. Amplia carta de cocina tradicional basada en platos como el cordero, los asados y la carne de monte.

**en la carretera de Ronda** Este : 4,5 km

🏠 **Fuerte Grazalema** ⓝ     ♨ ≼ 🏠 ⌇ 🍴 & 𝕂 ⚭ 🛜 🏋 ℙ

*carret. A-372, km 53* ⊠ *11610 Grazalema – ℰ 956 13 30 00 – www.fuertehoteles.com – cerrado enero*

**75 hab** ⊑ – ✝43/84 € ✝✝54/105 € – 2 suites

**Rest** – *(solo cena) (solo menú)* Menú 18/26 €

Aislado, pues se halla en pleno Parque Natural Sierra de Grazalema. Posee diversos detalles ecológicos y unas cuidadas habitaciones, la mayoría con terraza y hermosas vistas. El comedor alterna el buffet de la temporada alta con el menú de la temporada baja.

---

**GREDOS** – Ávila – **575** K14     **11** B3

▶ Madrid 173 – Valladolid 199 – Ávila 61 – Salamanca 133

◎ Sierra ★★ - Emplazamiento del Parador ★★

◎ Carretera del Puerto del Pico ★ (≼ ★) Sureste : 18 km

🏠 **Parador de Gredos**     ♨ ≼ ⚭ 🍴 & hab, 𝕂 rest, ⚭ 🛜 🏋 ℙ

*carret. Av 941, km 42 (alt. 1 650)* ⊠ *05635 – ℰ 920 34 80 48 – www.parador.es*

**72 hab** – ✝52/112 € ✝✝65/140 €, ⊑ 15 € – 2 suites

**Rest** – Menú 27/33 € – Carta 30/50 €

Edificio de piedra ubicado en un hermoso y aislado entorno natural. Fue el 1er parador de la cadena y es donde se reunieron los políticos que redactaron la Constitución española. En su comedor podrá descubrir los platos típicos de la región, como las famosas Judías del Barco o el Chuletón de ternera de Ávila.

---

**O GROVE** – Pontevedra – **571** E3 – 11 236 h. – Playa     **19** A2

▶ Madrid 635 – Pontevedra 31 – Santiago de Compostela 74

🅕 pl. de O Corgo , ⊠ 36980, ℰ 986 73 14 15, www.turismogrove.com

 **Maruxia** sin rest     🍴 & ⚭ 🛜 🚗

*av. Luis Casais 14* ⊠ *36980 – ℰ 986 73 27 95 – www.hotelmaruxia.com – cerrado 15 diciembre-marzo*

**57 hab** ⊑ – ✝40/70 € ✝✝50/90 € – 2 suites

¡Bien actualizado y llevado en familia! Cuenta con una correcta zona social y habitaciones de buen confort, todas con mobiliario clásico-funcional y algunas con sofácama adicional. Solárium con vistas en la azotea.

XX **D'Berto**

*av. Teniente Domínguez 84* ⊠ *36980 –* ℰ *986 73 34 47 – www.dberto.com*
*– cerrado 10 días en diciembre, 10 días en mayo y martes*
**Rest** – Carta 40/60 € ⁇

¡Los productos de la ría en su máxima expresión! Si es de los que piensa que el tamaño sí importa no dude en comer aquí pues, aparte de unos pescados y mariscos realmente sorprendentes, encontrará un buen servicio e inigualable calidad.

XX **A Solaina**

*Cruceiro 8* ⊠ *36980 –* ℰ *986 73 34 04 – www.marisqueriassolaina.com – cerrado 20 diciembre-25 enero, martes noche y miércoles salvo verano, festivos y vísperas*
**Rest** – Carta 28/54 €

Nécoras, centollos, navajas, bogavantes... esta es una casa especializada en pescados y mariscos, gallegos y de excepcional calidad. Destaca tanto por la amabilidad como por su emplazamiento, en una calle peatonal de la zona del puerto.

XX **Beiramar**

*av. Beiramar 30* ⊠ *36980 –* ℰ *986 73 10 81 – www.restaurantebeiramar.com – cerrado noviembre, domingo noche y lunes salvo festivos*
**Rest** – Carta 40/60 €

Restaurante de larga trayectoria familiar, y reducidas dimensiones, situado frente al puerto. Combina una estética actual con una carta especializada en pescados y mariscos.

X **Solaina**

*av. Beiramar* ⊠ *36980 –* ℰ *986 73 29 69 – www.marisqueriassolaina.com – cerrado 20 diciembre-25 enero, domingo noche y martes salvo verano*
**Rest** – Carta 25/49 €

Este sencillo restaurante-marisquería, que está llevado directamente por sus propietarios, trabaja mucho gracias a la calidad de sus productos. Cuenta con una terraza de verano y en la sala superior disfruta de buenas vistas al puerto.

**en Reboredo** Suroeste : 3 km

⌂ **Mirador Ría de Arosa**

*Reboredo 110* ⊠ *36988 Reboredo –* ℰ *986 73 18 99 – www.miradorriadearosa.es – cerrado enero y febrero*
**32 hab** ⚏ – †30/50 € ††45/85 €
**Rest** – *(marzo-octubre)* Menú 15/24 € – Carta 24/35 €

Disfruta de buenas vistas a la ría, tanto desde las habitaciones como desde su zona social. Encontrará unas habitaciones de línea clásica, la mayoría de ellas con balcón-terraza, así como una cafetería y un sencillo comedor, este último con grandes ventanales panorámicos y una cocina de tinte regional.

XX **Culler de Pau** (Javier Olleros)

ॐ *Reboredo 73* ⊠ *36988 Reboredo –* ℰ *986 73 22 75 – www.cullerdepau.com – cerrado 19 enero-febrero, lunes noche, miércoles noche, jueves noche salvo julio-agosto y martes*
**Rest** – Menú 48/70 € – Carta 44/66 €

¡Ideas y aptitudes! En el comedor, de aire minimalista y con grandes ventanales para disfrutar de las vistas, podrá elegir entre su menú degustación o una carta actual que emana inequívocas raíces gallegas y algunas influencias japonesas.
➜ Erizos y zamburiñas con sabayon de maíz y puerro salteado. Rodaballo con caldo de sus espinas tostadas, patata nueva y guisantes. Cremoso de chocolate con naranja, helado de té verde y leche cruda.

**en la carretera de Pontevedra** Sur : 4 km

⌂ **Abeiras**

*Ensenada de O Bao* ⊠ *36980 O Grove –* ℰ *986 73 51 34 – www.hotelabeiras.com – cerrado 9 diciembre-abril*
**46 hab** ⚏ – ††50/149 €
**Rest** – *(junio-octubre) (solo clientes)* Menú 25/50 € – Carta 25/45 €

Está construido en piedra y disfruta de un entorno muy relajante, pues se encuentra en una finca repleta de pinos y eucaliptos. Ofrece un salón social con chimenea y habitaciones amplias de buen confort. El restaurante, que elabora una cocina de gusto tradicional, se ocupa de los tres servicios del día.

ESPAÑA

**en Balea** Suroeste : 5 km

X **Brasería Sansibar**

*Balea 20 B ✉ 36988 Balea – ✆ 986 73 85 13 – www.braseriasansibar.com – cerrado noviembre-Semana Santa salvo fines de semana, domingo noche y miércoles*
**Rest** – (es necesario reservar) Menú 55 € – Carta 36/91 €
Si lo que busca son carnes a la parrilla esta es una gran opción... además, siempre vienen acompañadas por unos sabrosos entrantes de origen local. Sala alargada de correcto montaje y agradable porche-terraza en la parte trasera.

**en San Vicente do Mar** Suroeste : 8,5 km

**Mar Atlántico** hab,

*✉ 36989 San Vicente del Mar – ✆ 986 73 80 61 – www.hotelspatlantico.com – abril-20 octubre*
**43 hab** – 40/139 € 64/159 € **Rest** – Menú 21 € – Carta 27/40 €
Resulta agradable tanto por su estilo, de cierta elegancia, como por sus cuidados exteriores... de hecho, cuenta con algunos árboles realmente sorprendentes. Completa oferta lúdica con tratamientos corporales, piscina ajardinada y SPA. En su restaurante podrá degustar diversos platos de tinte tradicional.

---

**GUADALAJARA** P – **576** K20 – **84 803 h.** – **alt. 679 m** **10** C1

Madrid 55 – Aranda de Duero 159 – Calatayud 179 – Cuenca 156
glorieta de Aviación Militar Española, ✉ 19001, ✆ 949 88 70 99, www.guadalajara.es
Palacio del Infantado★ AY

Plano página siguiente

**AC Guadalajara**

*av. del Ejército 6 ✉ 19004 – ✆ 949 24 83 70 – www.ac-hotels.com* AY**t**
**101 hab** – 69/108 €, 11 € – 2 suites **Rest** – Menú 17/32 € – Carta 25/39 €
¡Al más puro estilo de la cadena! Edificio de línea moderna dotado con un buen hall-recepción, un salón polivalente y habitaciones actuales de completo equipamiento, las de la 4ª planta con terraza privada. El restaurante, muy luminoso y de montaje actual, ofrece una carta tradicional y un menú del día.

XXX **Amparito Roca**

*Toledo 19 ✉ 19002 – ✆ 949 21 46 39 – www.amparitoroca.com – cerrado Semana Santa* BZ**b**
**Rest** – Carta 44/52 €
Un restaurante llevado con gran profesionalidad. Se halla en un chalet y se presenta con una pequeña terraza, un bar privado y una acogedora sala de línea clásica-actual. Su cocina tradicional actualizada se ve completada con varios menús.

XX **Lino**

*Vizcondesa de Jorbalán 10 ✉ 19001 – ✆ 949 25 38 45 – www.grupolino.com – cerrado 15 días en agosto, lunes noche, martes noche y miércoles noche*
**Rest** – Menú 28/39 € – Carta 33/47 € BY**c**
En el casco antiguo. Ofrece una amplia cafetería, un comedor clásico, con una cava acristalada, y una zona de banquetes transformable en cuatro privados. Su extensa carta tradicional, con detalles actuales, está apoyada por tres menús.

**en Marchamalo** por ② **Noroeste : 4 km**

XX **Las Llaves**

*pl. Mayor 15 ✉ 19180 Marchamalo – ✆ 949 25 04 85 – www.restaurante-lasllaves.com – cerrado Semana Santa, 15 días en agosto y lunes*
**Rest** – Menú 36/45 € – Carta 30/55 €
Palacete del s. XVI dotado con un patio-terraza, dos salas de elegante estilo clásico y un privado. Cocina clásica de buen nivel, con platos tradicionales e internacionales.



ESPAÑA

# GUADALAJARA

# GUADALUPE – Cáceres – 576 N14 – 1 999 h. – alt. 640 m

18 C2

Madrid 245 – Cáceres 124 – Mérida 127

pl. Santa María de Guadalupe, ✉ 10140, ✆ 927 15 41 28,
www.oficinadeturismoguadalupe.blogspot.com

Emplazamiento★ - Pueblo viejo★ - Monasterio★★ : Sacristía★★ (cuadros de
Zurbarán★★) camarín★ – Sala Capitular (antifonarios y libros de horas miniados★)
– Museo de bordados (casullas y frontales de altar★★) - Museo de pinturas y
esculturas★

Carretera★ de Guadalupe a Puerto de San Vicente ≼★

### Parador de Guadalupe

*Marqués de la Romana 12 ⊠ 10140 – ℰ 927 36 70 75 – www.parador.es – cerrado 8 enero-16 febrero*
**41 hab** – †60/120 € ††75/150 €, ☲ 15 €   **Rest** – Menú 27/33 € – Carta 41/58 €
Rodeado de hermosos parajes y levantado sobre lo que fue el Palacio del Marqués de la Romana, del s. XVI. Atesora unas habitaciones de noble ambiente castellano, bellísimos jardines, relajantes patios y agradables terrazas. Cocina de inspiración regional.

---

## GUADARRAMA – Madrid – 576 – 575 J17 – 15 534 h. – alt. 965 m   22 A2
◗ Madrid 50 – Segovia 48 – Ávila 71 – Toledo 125

### La Calleja

*calleja del Potro 6 ⊠ 28440 – ℰ 918 54 85 63 – www.restaurantelacalleja.com – cerrado del 1 al 15 de junio y lunes*
**Rest** – *(solo almuerzo en invierno salvo viernes y sábado)* Carta 22/46 €
Agradable establecimiento familiar dotado con un pequeño bar y un único comedor, rústico y con las paredes en ladrillo visto. ¡Lo más solicitado son sus carnes a la brasa!

---

## GUADIX – Granada – 578 U20 – 18 920 h. – alt. 949 m   2 D1
◗ Madrid 436 – Almería 112 – Granada 57 – Murcia 226
🄸 pl. de la Contitución, ⊠ 18500, ℰ 958 69 95 74
◉ Localidad★ - Catedral★ (fachada★) – Barrio de Santiago★ – Barrio de las Cuevas★
🄶 Carretera★★ de Guadix a Purullena (Oeste : 5 km)

### Abentofail sin rest

*Abentofail ⊠ 18500 – ℰ 958 66 92 81 – www.hotelabentofail.com*
**19 hab** ☲ – †45/57 € ††65/85 €
Se halla en el casco viejo y toma su nombre de un filósofo andalusí oriundo de Guadix. Coqueto patio con reminiscencias mudéjares y habitaciones de línea funcional-actual.

### Comercio

*Mira de Amezcua 3 ⊠ 18500 – ℰ 958 66 05 00 – www.hotelcomercio.com*
**40 hab** – †30/50 € ††50/60 €, ☲ 6 € – 2 suites
**Rest** – Menú 11/40 € – Carta 20/42 €
Este hotel, fundado en 1905, ocupa un bello palacete de ambiente clásico. Correcta zona social, habitaciones amplias con mobiliario de aire antiguo y una azotea-solárium. El restaurante, dotado con dos acogedoras salas, propone una cocina de tinte tradicional.

---

## GUALBA – Barcelona – 574 G37 – 1 359 h. – alt. 177 m   15 A2
◗ Madrid 657 – Girona/Gerona 52 – Barcelona 57

### al Sureste 3 km y desvío a la izquierda 1 km

### Masferrer

*⊠ 08474 Gualba – ℰ 938 48 77 05 – www.hotelmasferrer.com – cerrado 15 diciembre-enero*
**12 hab** ☲ – †89/107 € ††115/125 €
**Rest** – *(solo cena)* (es necesario reservar) Menú 20/45 €
Antigua masía ubicada en plena naturaleza, con la sierra del Montseny al fondo. Sus habitaciones poseen mobiliario antiguo y bañera de hidromasaje en la mayoría de los baños. El restaurante, dotado con grandes ventanales, ofrece una cocina de raíces catalanas.

---

## GUALTA – Girona – 574 F39 – 362 h. – alt. 15 m   15 B1
◗ Madrid 732 – Barcelona 130 – Girona 32 – Perpignan 99
🄳 Empordà Golf Resort, por la carret. de Palafrugell a Torroella de Montgrí - Este : 3,5 km, ℰ 972 76 04 50

### en la carretera C31 Este : 3,5 km

### Double Tree by Hilton Empordà

*carret. Torroella de Montgrí a Palafrugell*
*⊠ 17257 Gualta – ℰ 972 78 20 30 – www.doubletree3.hilton.com*
**87 hab** – †85/175 € ††95/185 €   **Rest** – Menú 30/49 €
Hotel de líneas puras y sencillas ubicado dentro del complejo de golf, por lo que está rodeado por el césped. Presenta unas instalaciones diáfanas y modernas habitaciones, todas muy luminosas y en tonos blancos. El restaurante, funcional y de carácter polivalente, ofrece una carta tradicional actualizada.

**A GUARDA** (La GUARDIA) – Pontevedra – **571** G3 – 10 453 h. – alt. 40 m    **19** A3
– Playa

🛣 Madrid 628 – Ourense 129 – Pontevedra 72 – Porto 148

🛈 Praza do Reló 1 , ⊠ 36780, 𝒞 986 61 45 46, www.aguarda.es

🄶 Monte de Santa Tecla★ (≤★★) Sur : 3 km

### 🏨 Marouco sin rest    ⛲ ⟡ 🛜 🅿 🚗
Marouco 6, al Noreste : 1,7 km ⊠ 36780 – 𝒞 986 60 91 38
– www.aparthotelmarouco.com
**16 hab** – ♥♥36/58 €, ☲ 4 € – 13 apartamentos – ♥♥70/100 €
Está a las afueras de la localidad y ocupa dos edificios de nueva construcción, el más
moderno con la mayoría de los apartamentos. Sorprendentemente posee un prado
con establos, donde tienen caballos a disposición de los clientes.

### 🏨 Convento de San Benito sin rest    🄰🄲 ⟡ 🛜 🚗
pl. de San Benito ⊠ 36780 – 𝒞 986 61 11 66 – www.hotelsanbenito.com – cerrado
enero
**30 hab** – ♥52/58 € ♥♥57/75 €, ☲ 8 €
Hotel con encanto instalado en un edificio histórico. Todas sus habitaciones poseen
mobiliario de época, sin embargo las superiores también disfrutan de bellas paredes
en piedra. ¡Exhibe una valiosa colección de azulejos hispano-árabes!

### 🍴 Trasmallo    🛋 🄰🄲 ⟡
Porto 59 ⊠ 36780 – 𝒞 986 61 04 73 – www.restaurantetrasmallo.es – cerrado del 13
al 29 de octubre y miércoles en invierno
**Rest** – (solo almuerzo en invierno salvo viernes y sábado) Menú 12/22 €
– Carta 24/35 €
Aunque en este negocio también encontraremos arroces y carnes, los grandes prota-
gonistas de la casa son los pescados y mariscos, de hecho cuentan con un gran vivero
de langostas y bogavantes. Interior rústico y amable organización familiar.

### 🍴 Marusia    🛋 🄰🄲 ⟡
Porto 29 ⊠ 36780 – 𝒞 986 61 38 09 – cerrado 22 diciembre-22 enero, domingo
noche y martes salvo verano
**Rest** – Carta 20/30 €
Establecimiento familiar especializado en bogavantes y otros productos de la ría. Dispone de un bar público, donde está su vivero de marisco, un comedor de carácter
funcional, con la cocina semivista, y una agradable terraza de verano.

**GUARDAMAR DE LA SAFOR** – Valencia – **577** P29 – 497 h. – alt. 11 m    **16** B2
🛣 Madrid 422 – Gandía 6 – València 70

### 🍴 Arnadí    🛋 🄰🄲 ⟡
Molí 14 ⊠ 46711 – 𝒞 962 81 90 57 – www.restaurantearnadi.com
– cerrado noviembre, noches de domingo a jueves en invierno y lunes salvo verano
**Rest** – (solo cena en verano) Menú 18 € – Carta 24/43 €
En el centro del pueblo, donde se presenta con dos coquetas salas, algo recargadas, y
una terraza que sorprende por su vegetación. ¡Sugerente carta de inspiración francesa!

**GUARDAMAR DEL SEGURA** – Alicante – **577** R28 – 17 138 h. – Playa    **16** A3
🛣 Madrid 442 – Alacant/Alicante 36 – Cartagena 74 – Murcia 52

🛈 pl. de la Constitución 7 , ⊠ 03140, 𝒞 965 72 44 88, www.guardamarturisme.com

### 🏨 Meridional    ≤ 🕴 🄰🄲 ⟡ 🛜 🅰 🅿
av. de la Libertad 64 ⊠ 03140 – 𝒞 965 72 83 40 – www.hotelmeridional.es
**52 hab** ☲ – ♥59/101 € ♥♥71/125 €
**Rest El Jardín** – ver selección restaurantes
A escasos metros de la playa. Este hotel, en general de ambiente funcional y con los
espacios un poco justos, le sorprenderá con unas habitaciones muy alegres y coloristas, en la mayoría de los casos dotadas de terraza y vistas al mar.

### 🍴 El Jardín – Hotel Meridional    🛋 ⟡ 🄰🄲 ⟡ 🅿
av. de la Libertad 64 ⊠ 03140 – 𝒞 965 72 83 40 – www.hotelmeridional.es
**Rest** – Menú 15/42 € – Carta 33/42 €
En este agradable restaurante encontrará una coqueta sala de línea actual... sin
embargo, lo que más llama la atención es su magnífica terraza con zona Chill out.
Cocina tradicional actualizada, con toques creativos y sabrosísimos arroces.

**La GUARDIA** – Pontevedra – ver A Guarda

**GUERNICA Y LUNO** – Vizcaya – ver Gernika-Lumo

**GUETARIA** – Guipúzcoa – ver Getaria

**GUÍA DE ISORA** – Santa Cruz de Tenerife – ver Canarias (Tenerife)

**GUIJUELO** – Salamanca – 575 K12 – 6 001 h. – alt. 1 010 m       11 B3
▶ Madrid 206 – Ávila 99 – Plasencia 83 – Salamanca 49
🚩 pl. Mayor 21, ✉ 37770, ✆ 923 58 04 72, www.guijuelo.es

🏨 **Entredos** sin rest       ♨ 🖥 🅰🅲 🛜 🅿 🚗
Encina 26 ✉ 37770 – ✆ 923 15 81 97 – www.hotelentredos.com
**20 hab** 🖵 – †50/66 € ††66/83 €
Ubicado a las afueras de la ciudad, junto a la línea de tren abandonada. Resulta coqueto y acogedor, con una estética actual y un evidente gusto por los detalles. Clientela habitual de empresarios y comerciales.

🍴 **El Pernil Ibérico**       🅰🅲 🍽
Chinarral 62 ✉ 37770 – ✆ 923 58 14 02
**Rest** – Carta 25/40 €
¡Un buen sitio para degustar las chacinas de esta tierra! Posee un bar público, un rincón dedicado a la venta de productos ibéricos, con mesas para tapear, y un comedor rústico en el sótano. Carta tradicional rica en carnes y embutidos.

**GÜÍMAR** – Santa Cruz de Tenerife – ver Canarias (Tenerife)

**HARO** – La Rioja – 573 E21 – 11 806 h. – alt. 479 m       21 A2
▶ Madrid 330 – Burgos 87 – Logroño 49 – Vitoria-Gasteiz 43
🚩 pl. Monseñor Florentino Rodríguez, ✉ 26200, ✆ 941 30 33 66, www.haroturismo.org
◎ Museo del Vino de La Rioja★
◎ Museo de la Cultura del Vino-Dinastía Vivanco en Briones★ Sureste : 5 km - Balcón de La Rioja ※★★ Este : 26 km

🏨🏨 **Los Agustinos**       🖥 🅰🅲 🍽 🛜 🎿 🚗
San Agustín 2 ✉ 26200 – ✆ 941 31 13 08 – www.hotellosagustinos.com
**62 hab** – †68/104 € ††84/136 €, 🖵 15 € – 2 suites
**Rest Las Duelas** – (cerrado del 1 al 28 de enero y domingo salvo 14 abril-8 noviembre) Menú 28/50 € – Carta 25/35 €
Se halla en un antiguo convento del s. XIV, dotado hoy con habitaciones clásicas y un majestuoso claustro cubierto que hace de zona polivalente. El restaurante ofrece tres salas, dos de ellas en los pasillos del claustro, y una cocina tradicional actualizada.

🏨 **Arrope** ⓝ       🏡 🖥 ♿ 🅰🅲 🍽 hab, 🛜 🎿
Virgen de la Vega 31 ✉ 26200 – ✆ 941 30 40 25 – www.hotelarrope.com
**20 hab** – †40/60 € ††50/88 €, 🖵 6 €   **Rest** – Menú 18/65 € – Carta 25/36 €
En un edificio protegido del s. XIX, lo que le limita para hacer reformas pero le confiere un encanto especial. Bonita fachada en piedra con miradores, rincón-biblioteca y habitaciones de línea actual. El restaurante completa su pequeña carta con sugerencias.

**HECHO** – Huesca – 574 D27 – 937 h. – alt. 833 m       3 B1
▶ Madrid 497 – Huesca 102 – Jaca 49 – Iruña/Pamplona 122
◎ Localidad★

🍴 **Canteré**       🏡 🅰🅲 🍽
Aire 1 ✉ 22720 – ✆ 974 37 52 14 – www.cantere.es – cerrado 1ª quincena de mayo y miércoles
**Rest** – Menú 19 € – Carta 26/35 €
Ocupa una hermosa casa "chesa" definida por la piedra, la madera y por una antigua viña que crece abrazada a su fachada. Su carta tradicional se enriquece con jugosas jornadas gastronómicas, unas micológicas y otras dedicadas a la matanza.

**ESPAÑA**

## en la carretera de Selva de Oza Norte : 7 km

 **Usón**     ⚒ ⪚ 🌣 🛜 **P**

✉ 22720 Hecho – ☏ 974 37 53 58 – www.hoteluson.com – *Semana Santa-octubre*
**8 hab** ⊡ – ♦40/50 € ♦♦50/58 € – 4 apartamentos
**Rest** – *(solo clientes, solo menú)* Menú 15 €
Se halla en plena naturaleza y debe su nombre a un tipo de seta conocido, más comúnmente, como seta de primavera o de San Jorge. Se autoabastecen de energía, poseen un huerto ecológico y ofrecen habitaciones funcionales de correcto confort, todas de aire rústico. Comedor exclusivo para el cliente alojado.

**HELLÍN** – Albacete – **576** Q24 – 31 262 h. – alt. 566 m     **10** D3
◨ Madrid 306 – Albacete 59 – Murcia 84 – València 186

**Emilio**     📶 🔟 🌣 rest, 🛜 📶 **P** 🚗

*carret. de Jaén 23* ✉ 02400 – ☏ 967 30 15 80 – www.hremilio.com
**31 hab** ⊡ – ♦♦66/88 €   **Rest** – Menú 10 € – Carta 25/35 €
Hotel dotado con dos entradas y dos fachadas totalmente diferentes: la antigua sin atractivo y la nueva de aspecto clásico-actual, esta con 31 habitaciones de buen confort y equipamiento. El restaurante, que ofrece una carta de tinte tradicional, destaca tanto por sus precios como por su magnífica bodega.

**HERMIGUA** – Santa Cruz de Tenerife – ver Canarias (La Gomera)

**HERNANI** – Guipúzcoa – **573** C24 – 19 284 h.     **25** B2
◨ Madrid 452 – Biarritz 56 – Bilbao 103 – Donostia-San Sebastián 8

## en la carretera de Goizueta Sureste : 5 km

XX **Fagollaga**     🏠 🔟 🌣 ⟷ **P**

*Ereñozu Auzoa 68-69* ✉ 20120 Hernani – ☏ 943 55 00 31 – www.fagollaga.com
– *cerrado 7 días en Navidades, 15 días en Semana Santa, domingo noche, lunes, martes noche y miércoles noche*
**Rest** – Menú 38/85 € – Carta 40/60 €
Casa de trayectoria familiar fundada en 1903. Ofrece un bar de espera, una sala de montaje actual, un pequeño privado y una cocina que conjuga la tradición con la innovación.

**La HERRADURA** – Granada – **578** V18 – Playa     **2** C2
◨ Madrid 523 – Almería 138 – Granada 90 – Málaga 66
◙ Oeste : Carretera★ de La Herradura a Nerja ⪚★★

**Almijara**     📶 🚿 hab, 🔟 🌣 🛜 📶

*acera del Pilar 6* ✉ 18697 – ☏ 958 61 80 53 – www.hotelalmijara.com – *cerrado 15 diciembre - 13 febrero*
**40 hab** ⊡ – ♦47/80 € ♦♦59/97 €
**Rest** – *(solo cena salvo Semana Santa y verano) (solo buffet)* Menú 10 €
Destaca por su gran nivel de limpieza y mantenimiento, ofreciendo unas habitaciones espaciosas y bien equipadas, todas con balcón o terraza. El restaurante, muy centrado en el menú, se complementa con un bar en la azotea, donde sirven los desayunos en verano.

**Las HERRERÍAS DE VALCARCE** – León – **575** D9     **11** A1
◨ Madrid 433 – León 152 – Lugo 76 – Ponferrada 39

↑ **Paraíso del Bierzo**     ⚒ ⪚ 🏠 🌣 🛜 **P**

✉ 24526 – ☏ 987 68 41 37 – www.paraisodelbierzo.com – *cerrado enero*
**13 hab** – ♦38 € ♦♦49 €, ⊡ 7 €   **Rest** – Menú 12 € – Carta 16/29 €
Antigua casa de arquitectura popular ubicada en pleno Camino de Santiago. Los detalles de época salpican su interior, creando un ambiente rústico realmente entrañable. Tanto en su agradable comedor acristalado como en el que tienen en el interior, con las paredes en piedra, aquí le ofrecerán cocina casera.

**HERREROS** – Soria – **575** G21 – 80 h. – alt. 1 118 m     **12** D2
◨ Madrid 249 – Valladolid 240 – Soria 24 – Logroño 127
◙ Calatañazor★ Suroeste : 23 km

↑ **Casa del Cura** 🐾 ≼ 📠 ℅ hab. 🤶
*Estación ⊠ 42145 – ℰ 975 27 04 64 – www.casadelcuraposadas.com*
*– cerrado 15 diciembre-14 marzo*
**12 hab – ♥♥65 €, 🖵 4 €   Rest –** *(solo clientes, solo cena)* Carta aprox. 25 €
Se encuentra en el centro del pueblo, en una antigua casa de piedra dotada con
amplias zonas nobles. Las habitaciones, abuhardilladas en la planta superior, resultan
coloristas y se visten con mobiliario de diferentes tendencias. En su íntimo comedor
ofrecen cocina tradicional a los clientes alojados.

**HERVÁS** – Cáceres – **576** L12 – 4 190 h. – alt. 685 m                    **18** C1
🔼 Madrid 241 – Mérida 192 – Cáceres 124 – Salamanca 97

🏛 **Hospedería Valle del Ambroz** 🐾 🍸 🎧 ⅙ hab. 🎟 ℅ rest. 🤶 🛁 🅿
*pl. del Hospital ⊠ 10700 – ℰ 927 47 48 28 – www.hospederiasdeextremadura.es*
**26 hab – ♥54/69 €, ♥♥60/105 €, 🖵 9 €   Rest –** Menú 18/37 € – Carta 27/44 €
Instalado en un convento del s. XVII que destaca por su bello claustro. Habitaciones
amplias y equipadas, la mayoría de línea clásica-actual y algunas de estética minimalista. El restaurante, que conserva el techo artesonado, propone una cocina tradicional.

↑ **El Jardín del Convento** sin rest 🐾 📠 ⅙ ℅ 🤶
*pl. del Convento 22 ⊠ 10700 – ℰ 927 48 11 61 – www.eljardindelconvento.com*
**7 hab 🖵 – ♥60/70 € ♥♥65/85 € – 1 apartamento**
Casona solariega de pueblo que sorprende por su tipismo. Ofrece habitaciones detallistas de gran autenticidad, con las paredes en piedra, los techos en madera y cuidado mobiliario antiguo. ¡Coqueta galería acristalada con vistas al jardín!

XX **Nardi** 🎟 🎟
☺ *Braulio Navas 19 ⊠ 10700 – ℰ 927 48 13 23 – www.restaurantenardi.com – cerrado
del 1 al 15 de junio y martes salvo festivos*
**Rest –** Menú 18/35 € – Carta 24/44 €
Está llevado por un amable matrimonio y se encuentra en una calle peatonal, donde
montan una pequeña terraza de verano. Posee un bar privado y una sala distribuida
en dos ambientes. Cocina tradicional con detalles creativos.

XX **El Almirez** 🎟 🎟 ℅
☺ *Collado 19 ⊠ 10700 – ℰ 927 47 34 59 – www.restauranteelalmirez.com – cerrado 8
días en junio, 8 días en septiembre, domingo noche salvo agosto y lunes no festivos*
**Rest –** Menú 20 € – Carta 27/38 €
Disfruta de una acogedora terraza cruzando la calle y un reducido comedor en dos
niveles, con mobiliario clásico y las paredes en tonos burdeos. Carta tradicional y de
temporada, esta última especialmente volcada con las setas en otoño.

**El HIERRO** – Santa Cruz de Tenerife – ver Canarias

**HINOJOSA DE DUERO** – Salamanca – **575** J9 – 720 h. – alt. 601 m       **11** A2
🔼 Madrid 331 – Valladolid 242 – Salamanca 122 – Guarda 90

**en la carretera a Salto Saucelle** Noroeste : 9 km

↑ **Quinta de la Concepción** 🐾 ≼ 🍸 🎟 ℅ 🤶 🛁 🅿
⊠ *37230 Hinojosa de Duero – ℰ 923 51 30 70 – www.quintadelaconcepcion.es*
**10 hab 🖵 – ♥50/70 € ♥♥60/70 € – 1 suite   Rest –** *(solo cena)* Menú 16 €
Ubicado en un paraje con hermosas vistas al Duero. Dispone de una completa zona
social, un apartamento con cocina americana y confortables habitaciones, algunas
con terraza.

**HÍO** – Pontevedra – **571** F3 – 2 885 h.                                 **19** A3
🔼 Madrid 620 – Santiago de Compostela 88 – Pontevedra 29 – Viana do Castelo 111
◎ Crucero ★

ESPAÑA

ESPAÑA

## XX **Doade** con hab 🛜 🎆 🛇 🛜 P

🏵

*bajada playa de Arneles 1 ⊠ 36948 – 𝒞 986 32 83 02 – www.hoteldoade.com*
*– cerrado noviembre*

**8 hab** 🖃 – ♦35/60 € ♦♦55/90 €

**Rest** – *(cerrado lunes noche salvo julio-agosto)* Menú 12 € – Carta 20/40 €

Una casa familiar en la que siempre encontrará pescado fresco, pues tienen un buen contacto en la lonja. Presenta un bar y dos salas de montaje clásico-actual, donde podrá degustar platos marineros y deliciosos pescados al horno. Como complemento también ofrecen habitaciones, todas de línea funcional-actual.

---

**HONDARRIBIA (FUENTERRABÍA) – Guipúzcoa – 573** B24 **– 16 518 h.** 25 B2
**– Playa**

▶ Madrid 512 – Iruña/Pamplona 95 – Donostia-San Sebastián 19

🛬 de San Sebastián 𝒞 902 40 47 04

**Iberia :** aeropuerto 𝒞 902 40 05 00

🅸 pl. Arma 9, ⊠ 20280, 𝒞 943 64 36 77, www.bidasoaturismo.com

🔘 Localidad★★ - Calle Mayor★

🈁 Ermita de San Marcial ( ≤ ★★) Sudeste : 9 km - Cabo Higuer ( ≤ ★) Norte : 4 km
– Trayecto★★ de Hondarribia a Pasai Donibane por el Jaizkíbel : capilla de Nuestra Señora de Guadalupe ≤ ★ – Hostal del Jaizkíbel ≤ ★★, descenso a Pasai Donibane ≤ ★ – Pasai Donibane★

### 🏤 **Parador de Hondarribia** sin rest 🛥 🎆 🛇 🎆 P

*pl. Arma 14 ⊠ 20280 – 𝒞 943 64 55 00 – www.parador.es* AY**a**

**36 hab** – ♦84/168 € ♦♦105/210 €, 🖃 18 €

Fortaleza de origen medieval que destaca por sus magníficas vistas al estuario del Bidasoa. Posee un patio cubierto que une la parte antigua con el anexo y unas habitaciones bien remodeladas, presentando ahora un estilo clásico-actual.

### 🏤 **Jaizkibel** 🛥 🎆 🎆 hab, 🎆 🛇 🛜 🎆 P 🚗

*Baserritar Etorbidea 1, por Jaizkibel Etorbidea ⊠ 20280 – 𝒞 943 64 60 40*
*– www.hoteljaizkibel.com – cerrado 7 días en enero*

**24 hab** – ♦70/158 € ♦♦80/196 €, 🖃 14 €

**Rest** – *(cerrado domingo noche)* Menú 26/60 € – Carta 28/38 €

De construcción moderna, con solárium y exteriores ajardinados. Sus habitaciones gozan de un estilo actual, con sobria decoración de aire minimalista y un buen equipamiento. El restaurante, luminoso y dotado de terraza, centra su oferta en un variado menú.

### 🏤 **Obispo** sin rest 🛥 🎆 🎆 🛇 🛜

*pl. del Obispo 1 ⊠ 20280 – 𝒞 943 64 54 00 – www.hotelobispo.com – cerrado*
*10 diciembre-10 marzo* AZ**c**

**16 hab** 🖃 – ♦78/125 € ♦♦96/168 €

Instalado en un palacio del s. XIV con profusión de madera y piedra. Destaca tanto por su coqueta terraza junto a la muralla como por sus habitaciones, en general de ambiente rústico y con detalles del mobiliario en forja.

### 🏨 **Jauregui** 🎆 🎆 hab, 🎆 🛇 🛜 🎆 🚗

*Zuloaga 5 ⊠ 20280 – 𝒞 943 64 14 00 – www.hoteljauregui.com* AX**e**

**42 hab** – ♦62/110 € ♦♦62/170 €, 🖃 12 € – 11 apartamentos

**Rest** *Enbata* – 𝒞 943 64 10 54 – Menú 17/24 € – Carta 30/59 €

Resulta céntrico, muestra una fachada con cierto tipismo y ofrece habitaciones de aire actual-funcional... así como unos correctos apartamentos, todos menos uno tipo dúplex. El restaurante, que con su nombre hace referencia a un viento de la bahía de Hondarribia, propone una cocina vasca tradicional.

### 🏠 **Palacete** sin rest 🎆 🎆 🛜

*pl. de Gipuzkoa 5 ⊠ 20280 – 𝒞 943 64 08 13 – www.hotelpalacete.net*

**9 hab** – ♦53/80 € ♦♦64/90 €, 🖃 7 € AY**b**

Edificio de aspecto medieval ubicado en una plaza típica del casco antiguo. Posee una correcta terraza y coloristas habitaciones de línea funcional, una de ellas con mirador.

# HONDARRIBIA/
# FUENTERRABÍA

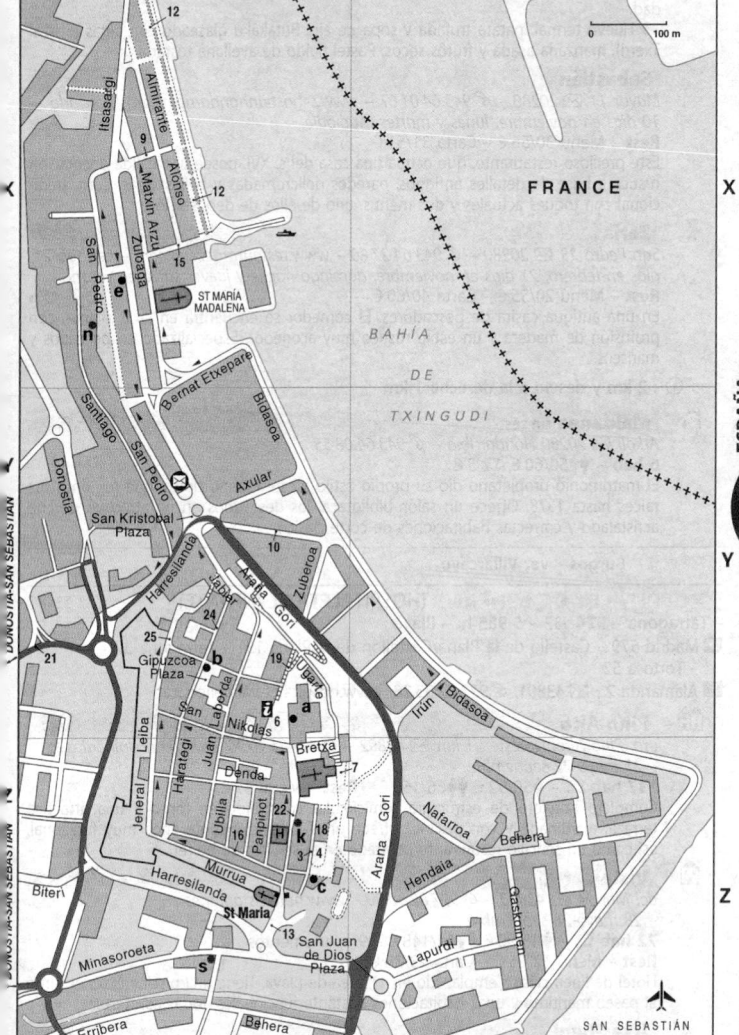

387

HONDARRIBIA

ESPAÑA

XXX **Alameda** (Gorka y Kepa Txapartegi)    🍴 🏧 ✗
✿  Minasoroeta 1 ☒ 20280 – ☏ 943 64 27 89 – www.restaurantealameda.net – cerrado
   Navidades, Semana Santa, del 1 al 7 de julio, domingo noche, lunes y martes noche
   **Rest** – Menú 35/80 € – Carta 40/70 €    AZs
   Negocio familiar de 3ª generación instalado en una casa con solera, junto a una ala-
   meda. Ofrece un interior muy bien renovado, sugerentes menús y una cocina tradicio-
   nal puesta al día en técnicas y presentaciones, siempre con productos de gran cali-
   dad.
   ➜ Huevo termal, patata trufada y sopa de ajo. Butakaku glaseado con algas (Euskal
   Txerri), manzana asada y frutos secos. Pastel fluido de avellana tostada.

XX **Sebastián**    ✿
   Mayor 11 ☒ 20280 – ☏ 943 64 01 67 – www.sebastianhondarribia.com – cerrado
   10 días en noviembre, lunes y martes madiodía    AZk
   **Rest** – Menú 30/56 € – Carta 31/51 €
   Este precioso restaurante, que ocupa una casa del s. XVI, posee una cálida decoración
   rústica a base de detalles antiguos, paredes policromadas y bellas vigas. Carta tradicional con toques actuales y dos menús, uno de ellos de degustación.

X **Zeria**    🍴 ✗
   San Pedro 23 ☒ 20280 – ☏ 943 64 27 80 – www.restaurantezeria.com – cerrado 21
   días en febrero, 21 días en noviembre, domingo noche y jueves salvo en verano
   **Rest** – Menú 20/55 € – Carta 40/60 €    AXn
   En una antigua casita de pescadores. El comedor se encuentra en la 1ª planta, con
   profusión de madera y un estilo rústico muy acogedor. Especializado en pescados y
   mariscos.

**por** ① : 2 km y desvío a la derecha 1 km

↑ **Maidanea** sin rest    🌿 ᦞ ✗ 🛰 🅿 ⇥
   Arkoll ☒ 20280 Hondarribia – ☏ 943 64 08 55
   **6 hab** – ♦♦50/60 €, ☖ 5 €
   El matrimonio propietario dio su propio estilo a este caserío típico, que remonta sus
   raíces hasta 1578. Ofrece un salón-biblioteca, los desayunos en un atractivo porche
   acristalado y correctas habitaciones de corte clásico.

**HORNA** – Burgos – ver Villarcayo

**L'HOSPITALET DE L'INFANT** (HOSPITALET DEL INFANTE)    13 B3
– Tarragona – 574 J32 – 5 985 h. – Playa
◱ Madrid 579 – Castelló de la Plana/Castellón de la Plana 151 – Tarragona 37
– Tortosa 52
ℹ Alamanda 2 , ☒ 43891, ☏ 977 82 33 28, www.hospitalet-valldellors.cat

🏨 **Pino Alto**    🌿 🍴 🍴 ☖ 🔳 🕍 🄴 🏧 ✗ hab, 🛰 ⚒ 🏖
   urb. Pino Alto, Noreste : 1 km ☒ 43892 – ☏ 977 81 10 00 – www.hotelpinoalto.es
   – 21 mayo-22 septiembre
   **137 hab** ☖ – ♦50/92 € ♦♦66/150 €    **Rest** – Menú 17 €
   Complejo hotelero de estructura semicircular construido en torno a una atractiva
   terraza, ajardinada y con piscina. Ofrece unas habitaciones de línea muy funcional,
   así como un sencillo restaurante centrado en el servicio de buffet.

🏨 **Vistamar**    ⇚ ☖ 🄸 🄴 ✗ 🛰 ⚒ 🅿 🏖
   del Mar 24 ☒ 43890 – ☏ 977 82 30 00 – www.hotelvistamar.es
   – 28 mayo-28 septiembre
   **72 hab** ☖ – ♦48/90 € ♦♦64/148 € – 9 apartamentos
   **Rest** – Menú 12/25 € – Carta 23/38 €
   Hotel de línea clásica emplazado en 1ª línea de playa. Tiene una piscina exterior junto
   al paseo marítimo y unas habitaciones bastante funcionales, todas con terraza.

X **Itxas-Begi**    🍴 🄴 ✗
   Puerto Deportivo, local 2 ☒ 43890 – ☏ 977 82 34 09 – cerrado 22 diciembre-enero y
   lunes
   **Rest** – Menú 18/25 € – Carta 27/47 €
   Resulta agradable y destaca por su emplazamiento, ya que está en pleno puerto
   deportivo. Sala de ambiente actual, pequeña terraza acristalada y una cocina tradicional vasca.

## L'HOSPITALET DE LLOBREGAT – Barcelona – ver Barcelona : Alrededores

---

## Els HOSTALETS D'EN BAS – Girona – 574 F37 – 137 h.  14 C2
➤ Madrid 654 – Barcelona 107 – Girona 49 – Encamp 163

⚄    **L'Hostalet**      ⚙ 🅐🅒 ℅ 🅿
Vic 18 ⊠ 17177 – ℰ 972 69 00 06 – cerrado julio y martes
**Rest** – (solo almuerzo salvo viernes y sábado) Menú 13 € – Carta 18/30 €
Establecimiento familiar y de ambiente neorrústico que destaca por los techos abovedados de su comedor principal. Cocina catalana y "volcánica", la típica de la Garrotxa.

---

## L'HOSTALNOU DE BIANYA – Girona – ver La Vall de Bianya

---

## HOYO DE MANZANARES – Madrid – 576 – 575 K18 – 7 812 h.  22 A2
– alt. 1 001 m
➤ Madrid 36 – Segovia 66 – Ávila 89 – Toledo 111

🍴🍴    **El Vagón de Beni**      🏠 🅐🅒 ℅ ⟺ 🅿
San Macario 6 ⊠ 28240 – ℰ 918 56 68 12 – www.elvagondebeni.es – cerrado 15
días en octubre, domingo noche y lunes
**Rest** – Menú 35/55 € – Carta 45/58 €
Evocador conjunto, a modo de pequeña estación, dotado con dos antiguos vagones
de tren restaurados. Ofrece una coqueta terraza sobre el andén y una cocina actual
bien elaborada. ¡También cuentan con un atractivo Club de fumadores!

---

## HOYOS DEL ESPINO – Ávila – 575 K14 – 443 h.  11 B3
➤ Madrid 173 – Valladolid 199 – Ávila 61 – Salamanca 127
☒ Laguna Grande★ (≤ ★) Sur : 12 km

🏠    **El Milano Real**      ⚘ ≤ 🏠 ⚙ 📶 & hab, 🅐🅒 rest, ℅ 🛜 🕍
Toleo 2 ⊠ 05634 – ℰ 920 34 91 08 – www.elmilanoreal.com
**21 hab** – ♦80/107 € ♦♦105/132 €, ☑ 15 €
**Rest** – (cerrado martes mediodía salvo junio-15 octubre) Menú 24 €
– Carta 30/44 € ﾟ
Atesora unas estancias definidas por la profusión de madera y el gusto por los detalles, destacando tanto la biblioteca como las habitaciones abuhardilladas. En el comedor, dotado de atractivas vistas, apuestan por la cocina moderna elaborada con productos locales. ¡No se pierda su observatorio astronómico!

🍴🍴    **Mira de Gredos** con hab      ⚘ ≤ ℅ 🛜 🅿
carret. de El Barco (Av 941) ⊠ 05634 – ℰ 920 34 90 23 – www.lamiradegredos.com
– cerrado del 13 al 27 de enero y 23 septiembre-7 octubre
**15 hab** ☑ – ♦38 € ♦♦53 €
**Rest** – (cerrado lunes salvo julio-agosto y festivos) (solo almuerzo salvo viernes y
sábado) Menú 15/40 € – Carta 25/46 €
Resulta acogedor y disfruta de una gran sala acristalada, desde donde podrá contemplar la hermosa sierra de Gredos. Su chef apuesta por una cocina tradicional, con
detalles actuales, y varios menús (temporada, degustación y tradicional). Agradables
salones sociales y correctas habitaciones como complemento.

---

## HOZNAYO – Cantabria – 572 B18  8 B1
➤ Madrid 399 – Bilbao 86 – Burgos 156 – Santander 22

🏠    **Villa Pasiega**      🔲 ⚙ 🛁 🛗 🅐🅒 ℅ 🛜 🕍 🅿 ⌂
Las Barreras 3, carret. N 634 ⊠ 39716 – ℰ 942 52 59 62
– www.grupolospasiegos.com
**87 hab** – ♦36/45 € ♦♦68/77 €, ☑ 7 € – 27 apartamentos
**Rest** – (solo cena buffet) Menú 15 €
Posee varios tipos de habitaciones, en general de gran amplitud, y unos apartamentos con funcionamiento hotelero que resultan ideales para familias o estancias prolongadas. El restaurante, que centra su oferta en el buffet, se ve apoyado por una cafetería. ¡Completo SPA con tratamientos de belleza y relax!

▶ Madrid 629 – Badajoz 248 – Faro 105 – Mérida 282

🔢 pl. Alcalde Coto Mora 2, ✉ 21001, ✆ 959 65 02 00, www.andalucia.org

🔢 Bellavista, carret. de Aljaraque km 6, ✆ 959 31 90 17

🔘 Localidad★ – Barrio de Reina Victoria★

🇬 Paraje Natural de las Marismas del Odiel★★ 2 km por ③

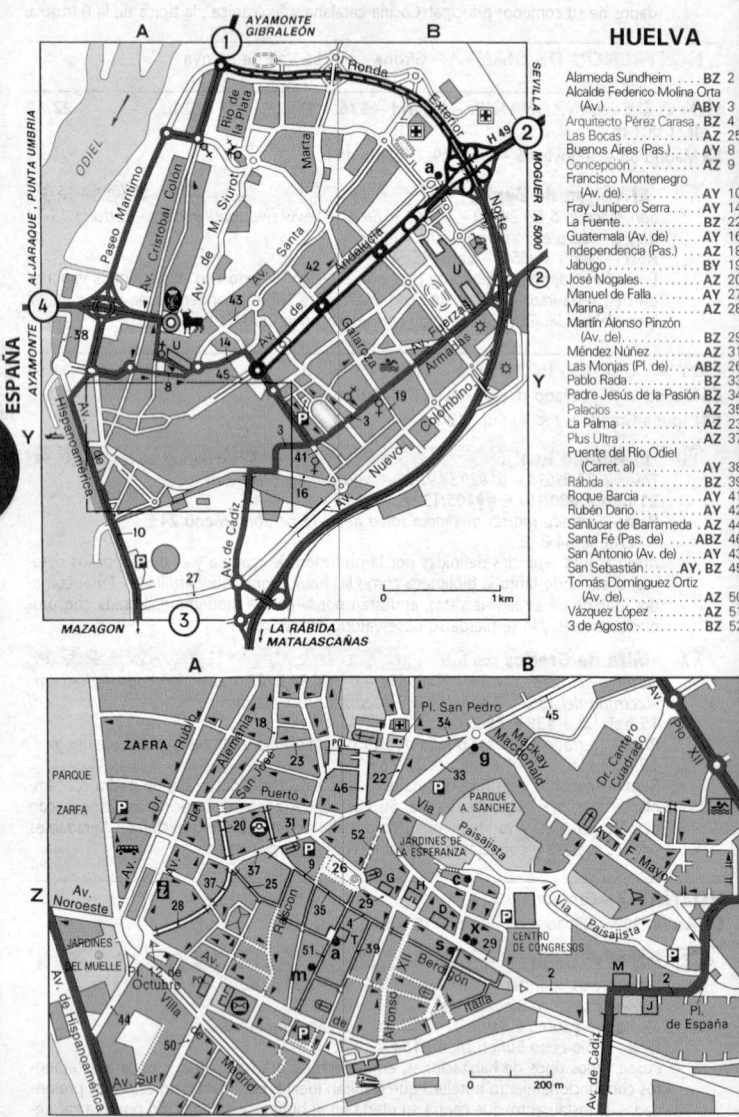

## HUELVA

🏨 **Eurostars Tartessos** sin rest 🔊 ⬛ & 🎬 ⚙ 🔆 🔎
*av. Martín Alonso Pinzón 13* ✉ *21003 –* 𝒞 *959 28 27 11 – www.eurostarshotels.com*
**93 hab** – †46/200 € ††49/200 €, 🍽 8 € – 7 suites    BZ**x**
Tras una gran renovación se presenta con un estilo bastante actual, complementando su reducida zona social con habitaciones de buen confort general, la mitad con balcón.

🏨 **AC Huelva** sin rest, con cafetería por la noche 🔊 ⬛ 🎬 ⚙ 🔆 🔎 🚗
*av. de Andalucía* ✉ *21005 –* 𝒞 *959 54 52 00 – www.hotelachuelva.com*
**65 hab** – †50/90 €, 🍽 10 €    BY**a**
De línea actual y enfocado al cliente de negocios. Presenta unas zonas sociales polivalentes y las habitaciones características de esta cadena, confortables y bien equipadas.

🏨 **Monte Conquero** sin rest, con cafetería por la noche ⬛ & 🎬 ⚙ 🔆 🔎
*Pablo Rada 10* ✉ *21004 –* 𝒞 *959 28 55 00 – www.hotelesmonte.com*    🚗
**162 hab** – †54/144 € ††54/150 €, 🍽 11 €
Aquí lo mejor es el personal, francamente atento. En este hotel encontrará un pequeño hall americano, un ascensor panorámico y habitaciones algo pequeñas pero de buen confort, la gran mayoría renovadas en un estilo actual-funcional.

🍴🍴 **Azabache** 🎬 ⚙
*Vázquez López 22* ✉ *21001 –* 𝒞 *959 25 75 28 – www.restauranteazabache.com*
*– cerrado 15 días en agosto, sábado noche, domingo y festivos*    AZ**m**
**Rest** – Menú 36/42 € – Carta 32/55 €
Este céntrico restaurante se presenta con un concurrido bar a la entrada y un comedor de ambiente clásico. Elaboraciones sencillas pero bastante fieles al recetario regional.

🍴🍴 **Portichuelo** 🎬 ⚙
*Vázquez López 15* ✉ *21003 –* 𝒞 *959 24 57 68 – www.restauranteportichuelo.com*
*– cerrado domingo noche en invierno y domingo resto del año*    AZ**a**
**Rest** – Menú 25/35 € – Carta 23/45 €
Situado en una zona de animadas calles peatonales, junto al Gran Teatro. Dispone de un bar público y un comedor actual dominado por el expositor de vinos del fondo. Cocina de corte regional muy centrada en los pescados y mariscos.

🍴🍴 **Acanthum** 🎬 💠
*San Salvador 17* ✉ *21003 –* 𝒞 *959 24 51 35 – www.acanthum.com – cerrado 20 agosto-6 septiembre, domingo, lunes, martes noche y miércoles noche*
**Rest** – Menú 30/35 € – Carta 26/45 €    BZ**c**
¡En una callecita cercana al centro! Ofrece un bar de tapas y una sala de ambiente contemporáneo. Cocina de tinte actual que van cambiando según la temporada.

🍴 **Taberna El Condado** 🆕 🍸 🎬 ⚙
*Sor Ángela de la Cruz 3* ✉ *21003 –* 𝒞 *959 26 11 23 – cerrado domingo en verano y domingo noche resto del año*    BZ**s**
**Rest** – Tapa 3 € – Ración aprox. 12 €
Un negocio bien renovado, pues tras su reforma se presenta con una agradable interior de estilo rústico-actual. El local es famoso por sus jamones ibéricos, bien complementados con tapas y raciones de salazones o carnes serranas a la brasa.

🍴 **La Mirta** 🆕 – Hotel Eurostars Tartessos 🍸 🎬
*av. Martín Alonso Pinzón 13* ✉ *21003 –* 𝒞 *959 28 36 57 – www.lamirta.com*
**Rest** – *(cerrado domingo noche en invierno y domingo mediodía resto del año)* Tapa 3 € – Ración aprox. 11 €    BZ**x**
Bar de ambiente actual comunicado con el hotel Eurostars Tartessos, aunque también disfruta de un acceso independiente. Sus tapas y raciones de tinte tradicional se complementan, diariamente, con un sugerente plato de cuchara.

---

**HUESCA** 🄿 – **574** F28 – 52 296 h. – alt. 466 m    **4** C1

🛣 Madrid 392 – Lleida/Lérida 123 – Iruña/Pamplona 164 – Zaragoza 76

🛈 pl. López Allué, ✉ 22001, 𝒞 974 29 21 70, www.huescaturismo.com

👁 Localidad★ - Catedral★ (retablo★★) BY**A** – Museo de Huesca★ AY**M1** – Iglesia de San Pedro el Viejo★ (claustro★) BZ**B**

🏰 Castillo de Loarre★★ (❋★★) Noroeste : 36 km por ④

Plano página siguiente

ESPAÑA

# HUESCA

| | | |
|---|---|---|
| Ainsa | AY | 2 |
| Alfonso I Aragón | BY | 3 |
| Castillo de Loarre (Pl.) | AY | 5 |
| Catedral (Pl. de la) | AY | 6 |
| Comercio | AY | 8 |
| Coso Alto | AYZ | |
| Costanilla del Suspiro | AY | 9 |
| Cuatro Reyes | BZ | 12 |
| Fueros de Aragón (Pl. de los) | BYZ | 15 |
| Goya | BZ | 16 |
| Immaculada (Pl. de la) | AZ | 18 |
| Ingeniero Cajal Lasala | AZ | 19 |
| Ingeniero Pano | AZ | 21 |
| López Allue (Pl.) | BZ | 22 |
| Luis Buñuel (Pl.) | AY | 24 |
| Menendez Pidal | AZ | 25 |
| Misericordia (Ronda) | BY | 26 |
| Moya | AZ | 28 |
| Navarra (Pl. de) | AZ | 29 |
| Peligros | BYZ | 31 |
| Pirineos (Av. de los) | AY | 33 |
| Quito Sertorio | AY | 34 |
| Sancho Ramirez | BZ | 38 |
| Santo Cristo de los Milagros (Av. del) | AY | 40 |
| San Bernardo (Pl.) | AY | 36 |
| San Pedro (Pl.) | BZ | 37 |
| Saturnino Lopez Novoa | BZ | 41 |
| Templarios | BY | 43 |
| Unidad Nacional (Pl.) | BY | 44 |
| Universidad (Pl. de la) | AY | 46 |

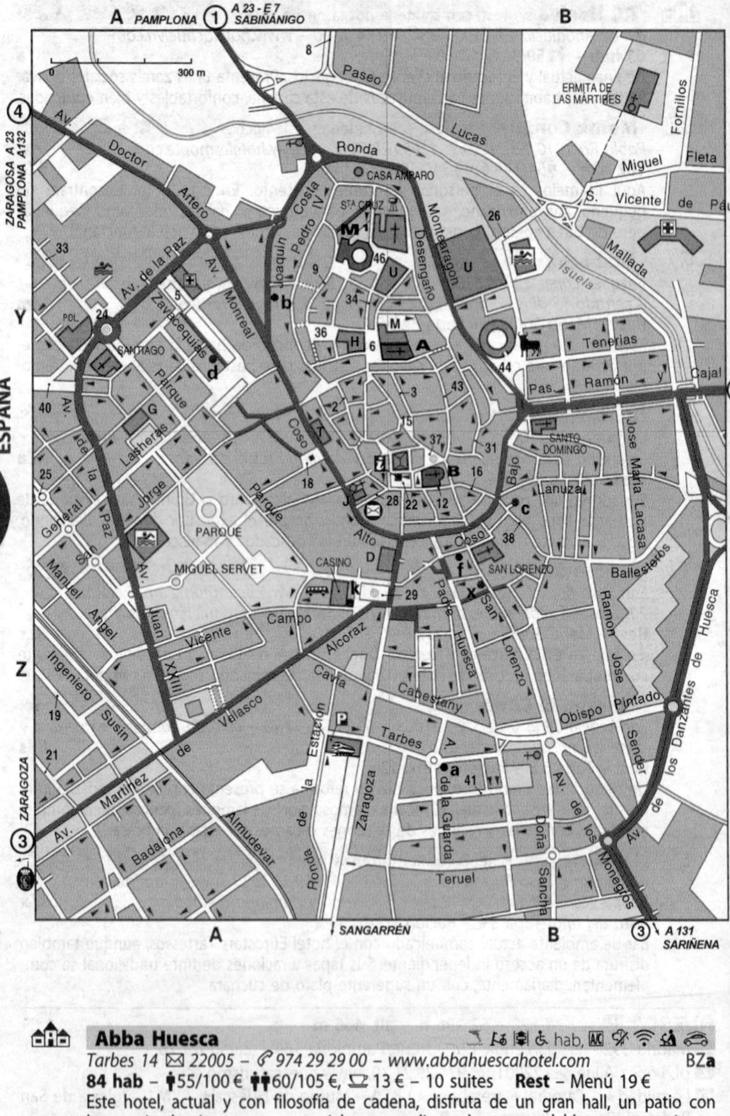


## Abba Huesca

hab,

*Tarbes 14 ✉ 22005 – ✆ 974 29 29 00 – www.abbahuescahotel.com* **BZa**

**84 hab** – 🚹55/100 € 🚹🚹60/105 €, ☕ 13 € – 10 suites **Rest** – Menú 19 €

Este hotel, actual y con filosofía de cadena, disfruta de un gran hall, un patio con lucernario, luminosas zonas sociales y amplios salones panelables para reuniones. Habitaciones espaciosas y bien equipadas. El restaurante sigue la línea de los Abba Mía y ofrece una carta fiel a la gastronomía italiana.

**🏠 La Posada de la Luna** sin rest 📶 🆒 📶 🛜 🅿️

*Joaquín Costa 10* ✉ 22003 – ☎ 974 24 08 57 – www.posadadelaluna.com

**8 hab** – 🛏55/105 € 🛏🛏69/143 €, ☐ 7 € AY**b**

Sorprende por su fachada, con unos curiosos detalles y balcones decorados mediante motivos lunares. Tanto la zona social como las habitaciones tienen en nuestro satélite, los planetas y la armonía de las esferas sus referencias estéticas.

**🏠 San Marcos** sin rest 📶 🆒 🍴 🛜 🅿️

*San Orencio 10* ✉ 22001 – ☎ 974 22 29 31 – www.hostalsanmarcos.es

**27 hab** ☐ – 🛏32/39 € 🛏🛏42/59 € BZ**f**

Pequeño, muy céntrico y próximo a la iglesia de San Lorenzo, la del patrón de la ciudad. Modesta zona social con TV y sencillas habitaciones de línea clásica, todas con mobiliario en pino. ¡Clientela habitual de viajantes!

**🍴🍴🍴 Las Torres** 🆒 🍴

🌸 *María Auxiliadora 3* ✉ 22003 – ☎ 974 22 82 13 – www.lastorres-restaurante.com

– cerrado 15 días en Semana Santa, del 16 al 31 de agosto, domingo y lunes noche

**Rest** – Menú 30/70 € – Carta 50/58 € AY**d**

Casa de ambiente clásico-moderno y excelente montaje que destaca por su original cocina, con las paredes de cristal opaco. Ofrece elaboraciones creativas de bases tradicionales y una buena oferta de menús, siempre con productos de calidad.

→ Huevo batido en nido y fiambre de pollo. Canelón en guiso de encurtidos oscenses. Cerezas con helado de queso de Sieso.

**🍴🍴🍴 Lillas Pastia** (Carmelo Bosque) 🌸 🆒 🍴 ↔️

🌸 *pl. de Navarra 4* ✉ 22002 – ☎ 974 21 16 91 – www.lillaspastia.es – cerrado domingo

noche y lunes AZ**k**

**Rest** – Menú 30/54 € – Carta 40/54 €

Elegante y distinguido, pues ocupa la planta baja del que fuera el casino oscense. En el comedor, modernista y de techos altos, podrá degustar una cocina actual de excelentes materias primas. ¡La trufa toma el protagonismo en varios platos!

→ Usones con salsifí, tuétano y mollejas. Cordero con curry, terrina de nabo y tupinambo. Helado de queso con fresas y su macarrón.

**🍴🍴 El Origen** 🆒 🍴

*pl. Justicia 4* ✉ 22001 – ☎ 974 22 97 45 – cerrado 7 días en agosto y domingo

noche BZ**c**

**Rest** – Carta 30/40 €

Cuando el río suena, agua lleva... y ese es el caso de este restaurante, que en poco tiempo ha puesto su nombre en boca de todos. Sus dos jóvenes chefs-propietarios apuestan por los platos regionales con detalles y presentaciones actuales.

**🍴 Tatau Bistro 🅝** 🆒

*San Lorenzo 4* ✉ 22002 – ☎ 974 04 20 78 – www.tatau.es – cerrado

22 septiembre-5 octubre, domingo noche y lunes ZB**x**

**Rest** – Tapa 3 € – Ración aprox. 8 €

Un gastrobar llevado con pasión y profesionalidad. Presenta la zona de bar en tonos blancos, la cocina vista y un moderno saloncito. Tapas bien presentadas de corte creativo.

---

**HUÉTOR VEGA** – Granada – **578** U19 – 11 853 h. – alt. 685 m 2 D1

▶ Madrid 436 – Granada 7 – Málaga 133 – Murcia 292

**🏠 Villa Sur** sin rest ↙ ☐ 📶 🆒 🛜 🅿️

*av. Andalucía 57* ✉ 18198 – ☎ 958 30 22 83 – www.hotelvillasur.com

– 15 marzo-2 noviembre

**11 hab** – 🛏48/52 € 🛏🛏54/62 €, ☐ 7 €

Elegancia, calidez y sabor andaluz se funden en esta villa, decorada con exquisito gusto. Sorprenden sus detalles hogareños y el luminoso salón de desayunos asomado al jardín.

---

**HUMANES DE MADRID** – Madrid – **576** – **575** L18 – 18 870 h. 22 A2

– alt. 677 m

▶ Madrid 26 – Aranjuez 41 – Ávila 132 – Segovia 119

ESPAÑA

XXXX **Coque** (Mario Sandoval)                                    AC ✗ **P**

🕸 *Francisco Encinas 8 ⊠ 28970 – 𝒞 916 04 02 02 – www.restaurantecoque.com*
*– cerrado 23 diciembre-1 enero, 30 junio-agosto y lunes*
**Rest** – *(solo almuerzo salvo viernes y sábado) (solo menú)* Menú 90/120 € 🕸
Un magnífico restaurante de estética actual, pues ha sido redecorado por el famoso interiorista García de Vinuesa. Cocina de autor en constante progresión, demostrando su dominio técnico a través de agradables texturas y logrados maridajes.
→ Gastrogenómica de verduras de la Comunidad de Madrid. Cochinillo lacado con su piel crujiente. Migas de chocolate con frambuesa liofilizada y helado de yogur.

**IBI** – Alicante – **577** Q28 – 23 616 h. – alt. 820 m                          16 A3
▶ Madrid 390 – Albacete 138 – Alacant/Alicante 41 – València 123

**por la carretera de Alcoi** Este : 2,5 km y desvío a la izquierda 0,5 km

XX **Serafines**                                                AC ✗ ⟷ **P**
*Parque Natural San Pascual ⊠ 03440 Ibi – 𝒞 966 55 40 91*
*– www.restauranteserafines.com – cerrado Semana Santa, del 8 al 31 de agosto y lunes*
**Rest** – *(solo almuerzo salvo fines de semana)* Carta 32/39 €
Aislado en plena naturaleza. Este negocio recrea un marco de cálida rusticidad aderezado con toques clásicos, a modo de refugio de montaña. Cocina de bases regionales y tradicionales especializada en arroces. ¡Ofrecen medias raciones!

**IBIZA** – Balears – ver Balears (Eivissa)

**IGUALADA** – Barcelona – **574** H34 – 39 198 h. – alt. 315 m                 15 A3
▶ Madrid 555 – Barcelona 73 – Lleida/Lérida 95 – Tarragona 120

X **Les Olles**                                                 AC ✗ ⟷
*pl. Sant Miquel 3 ⊠ 08700 – 𝒞 938 03 27 44 – www.restaurantlesolles.cat*
**Rest** – *(solo almuerzo salvo jueves, viernes y sábado)* Menú 17/48 € – Carta 32/44 € 🕸
En pleno centro, ocupando parcialmente un trocito de la antigua muralla de la ciudad. Encontrará un buen menú del día y una cocina tradicional actualizada que cuida las presentaciones.

**ILLESCAS** – Toledo – **576** L18 – 24 581 h. – alt. 588 m                     9 B2
▶ Madrid 37 – Aranjuez 31 – Ávila 144 – Toledo 34

XXX **El Bohío** (Pepe Rodríguez)                               AC ✗ ⟷
🕸 *av. Castilla-La Mancha 81 ⊠ 45200 – 𝒞 925 51 11 26 – www.elbohio.net – cerrado agosto, domingo noche, lunes noche y martes noche*
**Rest** – Menú 37/95 € – Carta 65/80 €
Atesora una larga trayectoria familiar y disfruta de dos salas, una neorrústica y la otra, en el piso superior, de estética actual. Elaboran una cocina muy apegada a la tierra pero también con buenas dosis de creatividad. ¡Excelente bodega!
→ Ropa vieja con el caldo del cocido. Bacalao frito con el jugo de su adobo. Flan de caramelo.

**Ses ILLETES** – Balears – ver Balears (Mallorca)

**IMÓN** – Guadalajara – **576** I21 – 30 h. – alt. 955 m                        10 C1
▶ Madrid 149 – Aranda de Duero 117 – Guadalajara 92 – Soria 85

⌂ **La Botica**                                                 ♨ ⌁ ✗
*Cervantes 40 ⊠ 19269 – 𝒞 949 39 74 15 – www.laboticahotelrural.com*
**6 hab** � – †80/120 € ††120/160 €   **Rest** – Menú 15/35 € – Carta 23/37 €
La antigua botica del pueblo ha sido transformada en una casa rural con encanto. Ofrece bellas habitaciones, personalizadas en su decoración, y una agradable terraza-porche. En su comedor encontrará una reducida carta de gusto tradicional.

↑ **Salinas de Imón** 🅝 sin rest 　　　　　　　🏊 🖙 🛜 🕼 🅿
*Real 49* ⊠ *19269* – ℰ *949 39 73 11* – *www.salinasdeimon.com*
**13 hab** – †¶95/135 €, ⊒ 9 €
Preciosa casa señorial del s. XVII que un día perteneció al administrador de las históricas salinas romanas. Presenta una coqueta zona social, un patio-jardín y habitaciones
no exentas de encanto, todas personalizadas con muebles de época.

---

**INCA** – Balears – ver Balears (Mallorca)

---

**IRÚN** – Guipúzcoa – **573** C24 – 61 102 h. – alt. 20 m 　　　　　　25 B2
▶ Madrid 509 – Bayonne 34 – Iruña/Pamplona 90 – Donostia-San Sebastián 16
🄳 Luis Mariano 3, ⊠ 20302, ℰ 943 02 07 32, www.bidasoaturismo.com
🄶 Ermita de San Marcial ✳★★ Este : 3 km

XX **Iñigo Lavado** 　　　　　　　　　　　　≼ 🝗 🍽 🚗
*av. Iparralde 43 - Ficoba* ⊠ *20302* – ℰ *943 63 96 39* – *www.inigolavado.com*
*– cerrado del 1 al 15 de enero, del 1 al 15 de agosto, lunes y martes*
**Rest** – *(solo almuerzo salvo viernes y sábado)* Menú 40/60 € – Carta aprox. 55 €
Construcción moderna, tipo cubo, ubicada a la entrada del recinto ferial. La creatividad del chef y de su equipo se ve acompañada por un entorno luminoso y de cuidado montaje.

**junto a la autopista A 8 (salida 2)** Noroeste : 4,5 km

🏨 **Atalaia** 　　　　　　　　　　　　🖭 🕼 🍽 🛜 🅿
*Aritz Ondo 69 (Centro Comercial Txingudi)* ⊠ *20305 Irún* – ℰ *943 62 94 33*
*– www.hotelatalaia.com – cerrado Navidades*
**29 hab** – †62/75 € ††84/121 €, ⊒ 9 €
**Rest** *Atalaia* – ver selección restaurantes
Llevado por un matrimonio que está totalmente volcado en el negocio. Ofrece habitaciones de línea funcional-actual, todas con los suelos en tarima y algunas tipo
dúplex.

XX **Atalaia** – Hotel Atalaia 　　　　　　　　🍴 🝗 🍽 🔄 🅿
*Aritz Ondo 69 (Centro Comercial Txingudi)* ⊠ *20305 Irún* – ℰ *943 62 94 33*
*– www.hotelatalaia.com – cerrado Navidades*
**Rest** – *(solo almuerzo salvo viernes y sábado)* Menú 15 € – Carta 35/68 €
Disfruta de una agradable terraza con porche, un correcto privado y un comedor de
estética actual, donde podrá degustar una carta vasca tradicional y un buen menú
degustación.

---

**IRUÑA (PAMPLONA)** 🅿 – Navarra – **573** D25 – 197 604 h. – alt. 415 m 　24 A2
▶ Madrid 449 – Vitoria-Gasteiz 96 – Logroño 87 – Donostia-San Sebastián 82
🛬 de Iruña/Pamplona por ③ : 7 km ℰ 902 40 47 04
**Iberia :** aeropuerto ℰ 902 40 05 00
🄳 av. Roncesvalles 4, ⊠ 31002, ℰ 848 42 04 20, www.turismo.navarra.es
**R.A.C.V.N.** av. Sancho "El Fuerte" 29 ℰ 948 26 65 62
🄸🄸 Club de Golf Castillo de Gorraiz, urb. Gorraiz (Valle de Egües), por la carret. de
　Valcarlos: 7 km, ℰ 948 33 70 73
🄸🄸 Club de Campo Señorío de Zuasti, por la carret. de Vitoria-Gasteiz : 15 km, salida
　autopista A 15 (área de servicio de Zuasti), ℰ 948 30 29 00
🄸🄸 Ulzama, por la carret. de Valcarlos : 21 km, ℰ 948 30 51 62
◻ Catedral★★ (sepulcro★★, claustro★★) BY – Museo de Navarra★ (mosaicos★,
capiteles★, pinturas murales★, arqueta hispano-árabe★) AY**M** – Ayuntamiento
(fachada★) AY**H** – Iglesia de San Saturnino★ AY

Planos páginas siguientes

ESPAÑA

# IRUÑA/PAMPLONA



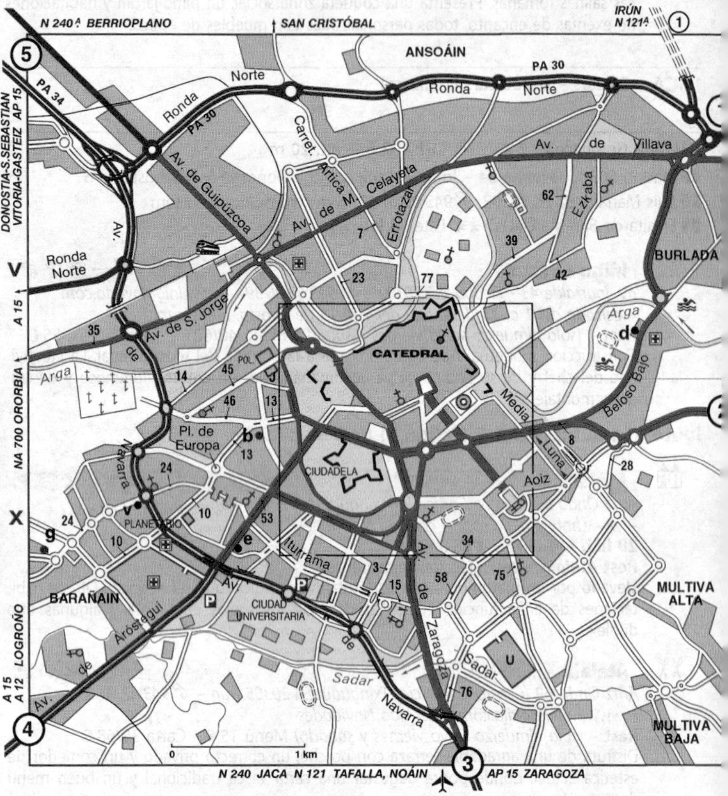


## Muga de Beloso

hab, rest,

*Beloso Bajo 11 ✉ 31006 – ✆ 948 29 33 80 – www.almapamplona.com*

**59 hab** – 🛉119/189 € 🛉🛉179/249 € – 1 suite **Vd**

**Rest** – Carta 31/52 €

Edificio de diseño moderno situado en la ribera del río, junto a un club deportivo. Aquí encontrará garaje gratuito y espaciosas habitaciones, todas minimalistas, algo parcas en mobiliario y con estores eléctricos. El restaurante, que propone una cocina tradicional actualizada, destaca por sus verduras.

## Tres Reyes

hab,

*Jardines de la Taconera ✉ 31001 – ✆ 948 22 66 00 – www.hotel3reyes.com*

**152 hab** – 🛉🛉73/407 €, 14 € – 8 suites **AYx**

**Rest** – Menú 23,50 € – Carta 49/60 €

¡Un hotel que apuesta claramente por la sostenibilidad energética! Presenta una zona social clásica, un piano-bar, numerosas salas de reuniones y unas habitaciones de buen confort, siendo unas más actuales que otras. En su restaurante, también clásico, encontrará una cocina de gusto internacional.

# IRUÑA/PAMPLONA

| | | |
|---|---|---|
| Amaya | BYZ | 4 |
| Ansoleaga | AY | 5 |
| Bayona (Av. de) | AY | 13 |
| Carlos III (Av. de) | BYZ | |
| Castillo de Maya | BZ | 16 |
| Chapitela | BY | 17 |
| Conde Oliveto (Av. del) | AZ | 19 |
| Cortes de Navarra | BY | 20 |
| Cruz (Pl. de la) | BZ | 22 |
| Esquiroz | AZ | 25 |
| Estafeta | BY | 26 |
| García Castañón | ABY | 30 |
| Juan de Labrit | BY | 33 |
| Leyre | BYZ | 36 |
| Mayor | AY | 40 |
| Mercaderes | BY | 43 |
| Navarrería | BY | 48 |
| Navas de Tolosa | AY | 50 |
| Paulino Caballero | BZ | 51 |
| Príncipe de Viana (Pl. del) | BZ | 54 |
| Reina (Cuesta de la) | AY | 56 |
| Roncesvalles (Av. de) | BY | 59 |
| Sancho el Mayor | ABZ | 60 |
| Sangüesa | BZ | 69 |
| Santo Domingo | AY | 70 |
| San Fermín | BZ | 63 |
| San Francisco (Pl. de) | AY | 65 |
| San Ignacio (Av. de) | BYZ | 66 |
| Sarasate (Paseo de) | AY | 72 |
| Taconera (Recta de) | AY | 73 |
| Vínculo (Pl. del) | AYZ | 78 |
| Zapatería | AY | 89 |

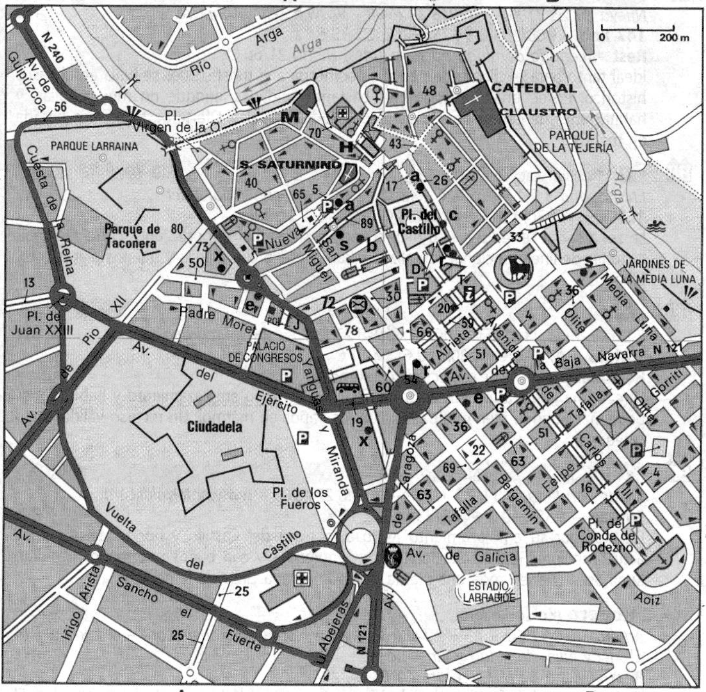


## G.H. La Perla

*pl. del Castillo 1* ✉ *31001 – ✆ 948 22 30 00 – www.granhotellaperla.com*

**43 hab** – 🛉130/275 € 🛉🛉135/275 €, ☕ 15 € – 1 suite BY**a**

**Rest** ***La Cocina de Alex Múgica*** –Estafeta 24, ✆ 948 51 01 25 *(cerrado domingo noche y lunes)* Menú 14/45 € – Carta 30/60 €

Todo un clásico que se presenta bien reformado, con un interior actual y las habitaciones dedicadas a los personajes ilustres que aquí se han alojado. El restaurante propone una cocina de raíces tradicionales puesta al día tanto en la técnica como en las presentaciones.

## Palacio Guendulain

*Zapatería 53* ✉ *31001 – ✆ 948 22 55 22 – www.palacioguendulain.com*

**25 hab** ☕ – 🛉🛉139/170 € – 2 suites AY**s**

**Rest** – *(cerrado del 14 al 21 de abril, del 4 al 25 de agosto y lunes) (solo almuerzo salvo viernes y sábado)* Menú 35/68 € – Carta 44/62 €

Le sorprenderá, pues decora su zona social con carruajes y objetos históricos. Bar inglés, biblioteca, salones de aire regio y confortables habitaciones, la mayoría clásicas. Su elegante restaurante propone una cocina elaborada y de tinte actual.

## Blanca de Navarra

*av. Pío XII-43 ✉ 31008 – ✆ 948 17 10 10 – www.hotelblancadenavarra.com*
**100 hab** – 🚹70/108 € 🚹🚹70/131 €, ☕ 13 € – 2 suites Xe
**Rest** – *(cerrado agosto)* Menú 25/70 € – Carta 29/47 €
El cuidado puesto en cada detalle es una de las características que mejor definen sus instalaciones. Algo parco en zonas comunes pero con habitaciones bien equipadas. En el restaurante, de ambiente clásico, ofrecen una correcta carta tradicional.

## Maisonnave Ⓝ

rest,

*Nueva 20 ✉ 31001 – ✆ 948 22 26 00 – www.hotelmaisonnave.es* AYa
**147 hab** – 🚹68/105 € 🚹🚹75/130 €, ☕ 13 €
**Rest** – *(cerrado domingo noche y lunes)* Menú 21/60 €
Ideal tanto para el cliente de negocios como para el turista, pues se halla en el casco histórico. Posee unas zonas nobles bastante cuidadas, aunque no muy amplias, y habitaciones de completo equipamiento, todas actuales. Oferta gastronómica basada en menús.

## Albret sin rest, con cafetería

*Ermitagaña 3 ✉ 31008 – ✆ 948 17 22 33 – www.hotelalbret.net* Xv
**107 hab** – 🚹70/130 € 🚹🚹70/165 €, ☕ 13 € – 2 suites
La zona social se reduce a su hall-recepción, sin embargo posee unas correctas habitaciones de línea funcional actualizada. Bar-cafetería con menús y buenos platos combinados.

## Europa

*Espoz y Mina 11-1º ✉ 31002 – ✆ 948 22 18 00 – www.hreuropa.com* BYr
**25 hab** – 🚹74/95 € 🚹🚹80/110 €, ☕ 11 €
**Rest *Europa*** ✿ – ver selección restaurantes
Ofrece una correcta organización familiar, un céntrico emplazamiento y habitaciones pequeñas aunque bien equipadas, con los baños en mármol. Un recurso válido en su categoría.

## Yoldi sin rest, con cafetería

*av. de San Ignacio 11 ✉ 31002 – ✆ 948 22 48 00 – www.hotelyoldi.com*
**50 hab** – 🚹55/240 € 🚹🚹65/330 €, ☕ 10 € BZr
Destaca por su emplazamiento junto a la plaza del Castillo y por tener una línea actual-funcional. Las habitaciones, bien equipadas y con baños reformados, resultan luminosas. ¡Tienen toda una planta pensada para la clientela femenina!

## Rodero (Koldo Rodero)

✿

*Arrieta 3 ✉ 31002 – ✆ 948 22 80 35 – www.restauranterodero.com – cerrado del 14 al 21 de julio, domingo y lunes noche* BYs
**Rest** – Menú 60/69 € – Carta 40/63 €
Casa de tradición familiar dotada con un comedor clásico-actual y dos privados. El chef elabora platos actuales con productos regionales de temporada, siempre combinando sabores y logrando buenas texturas. ¡Descubra sus menús degustación!
→ Ostra templada y picante con parmentier de borraja. Lomo de bacalao a la brasa de sarmientos con liliáceas, riesling y queso Roncal. Panacota de albahaca con polvo helado de lichis y su sopa.

## Enekorri

*Tudela 14 ✉ 31003 – ✆ 948 23 07 98 – www.enekorri.com – cerrado Semana Santa, 2ª quincena de agosto y domingo* AZx
**Rest** – Menú 50 € – Carta 35/62 €
Restaurante de larga trayectoria. Presenta un hall de espera dominado por su bodega acristalada, una buena sala y dos privados. Cocina de base tradicional con toques actuales.

## Alhambra

*Francisco Bergamín 7 ✉ 31003 – ✆ 948 24 50 07 – www.restaurantealhambra.es – cerrado Semana Santa y domingo* BZe
**Rest** – Menú 45/56 € – Carta 50/70 €
Es un clásico renovado, por eso ahora se presenta con mejores detalles, una brigada profesional, una iluminación intimista y mayor privacidad entre las mesas. Cocina tradicional elaborada y lo que llaman la "carta del chef", a precio fijo.

ESPAÑA

### Europa (Pilar Idoate) – Hotel Europa 🏵

*Espoz y Mina 11-1° ✉ 31002 – 𝒞 948 22 18 00 – www.hreuropa.com – cerrado domingo*  BY**r**
**Rest** – Menú 45/60 € – Carta 43/68 €
Muy bien llevado entre varios hermanos. Ofrece dos salas de línea clásica-actual, algunos privados y una nutrida carta de cocina actual elaborada con productos regionales. ¡Cuentan con otra carta a precio cerrado denominada "Del Chef"!
→ Espárragos frescos templados (temporada). Costillar de cordero asado y sus lechezuelas salteadas con cebolla caramelizada. Buñuelos de chocolate y almendra con helado de naranja y teja crujiente.

### La Nuez 🍴🏵

*Taconera 4 ✉ 31001 – 𝒞 948 22 81 30 – www.restaurantelanuez.com – cerrado 7 días en agosto, domingo y lunes*  AY**e**
**Rest** – Menú 28 € – Carta 29/47 €
Presenta un portalón de madera a la entrada y una sala de línea clásica-actual. Su chef propone una cocina de carácter clásico-internacional con ligeras influencias francesas. ¡No se marche sin probar su famosa Tarta Tatin de manzana!

### La Casona 🏵

*Pueblo Viejo (Barañain) ✉ 31010 – 𝒞 948 18 67 13 – www.lacasonarestaurante.net*
**Rest** – Menú 18/48 € – Carta 22/42 €  X**g**
Casona tipo asador, con una sidrería a un lado y un comedor con parrilla a la vista al otro. Posee salones para banquetes y en su carta destacan los pescados a la brasa.

### Bodegón Sarria 🏵

*Estafeta 50-52 ✉ 31001 – 𝒞 948 22 77 13 – www.bodegonsarria.com*  BY**c**
**Rest** – Tapa 2 € – Ración aprox. 10 €
Se presenta con unos sugerentes jamones colgados de las vigas y curiosos vinilos en las paredes, estos últimos con los "encierros" como motivo principal. Pinchos tradicionales, fríos y calientes, buenas raciones y embutidos ibéricos.

### Letyana 🍴🏵

*Travesía de Bayona 2 ✉ 31011 – 𝒞 948 25 50 45 – cerrado del 15 al 31 de julio y domingo en verano*  X**b**
**Rest** – Tapa 3 € – Ración aprox. 12 €
Bar de tapas decorado con numerosos premios y diplomas. Presenta una barra repleta de pinchos y un pequeño comedor en la entreplanta, donde ofrecen sus menús degustación.

### Baserri 🏵

*San Nicolás 32 ✉ 31001 – 𝒞 948 22 20 21 – www.restaurantebaserri.com*
**Rest** – Tapa 2,50 € – Ración aprox. 7,50 €  AY**b**
Es muy popular y desde hace años se muestra volcado con la "cocina en miniatura". Posee un sencillo comedor al fondo para degustar un menú a base de tapas y pinchos creativos.

## en la urbanización Castillo de Gorraiz por ② : 4 Km

### Castillo de Gorraiz 🏵

*av. Egüés 78 ✉ 31620 Gorraiz – 𝒞 948 33 77 22 – www.cghotel.es*
**47 hab** ⊡ – †76/228 € ††76/286 € – 1 suite
**Rest** *Palacio Castillo de Gorraiz* – ver selección restaurantes
Está ubicado en un edificio actual y destaca tanto por la calidad de sus materiales como por tener un acceso directo al campo de golf. Ofrecen habitaciones de distintos tipos según la amplitud, todas bien equipadas y de gran tranquilidad.

### Palacio Castillo de Gorraiz – Hotel Castillo de Gorraiz 🏵

*av. Egüés 78 ✉ 31620 Gorraiz – 𝒞 948 33 73 30 – www.cgrestaurante.es – cerrado Navidades, Semana Santa, domingo noche, lunes y martes noche*
**Rest** – Menú 25/80 € – Carta 35/65 €
Se trata de un atractivo palacio del s. XVI, dotado con un comedor clásico-actual y gran variedad de salones para banquetes. Cocina tradicional actualizada y completa bodega.

ESPAÑA

**en Cizur Menor** por ④ : 5 km

✗ **Martintxo**          AC ⅏ ⇄
*Irunbidea 1 ⊠ 31190 Cizur Menor – ℰ 948 18 00 20 – www.martintxo.com – cerrado domingo noche*
**Rest** – Carta 30/56 €
Este negocio familiar cuenta con dos entradas bien diferenciadas, una a la sidrería y la otra para el asador, este último con varias salas de aire clásico. Carta tradicional de asador y sidrería, con verduras de su propia huerta.

---

**ISLA** – ver a continuación y el nombre propio de la isla

---

**ISLA** – Cantabria – **572** B19 – Playa        8 C1
▶ Madrid 426 – Bilbao 81 – Santander 40

**en la playa de Quejo** Este : 3 km

🏨 **Estrella del Norte**      ⅉ ⅃₅ ⎮❄⎮ AC ⅏ 令 ⅍ ⟲
*av. Juan Hormaechea ⊠ 39195 Isla – ℰ 942 65 99 70
– www.hotelestrelladelnorte.com – cerrado 9 enero-9 febrero*
**47 hab** ⅏ – †50/90 € ††70/145 €    **Rest** – Menú 18/45 € – Carta 24/42 €
Posee ascensores panorámicos y un atractivo diseño exterior que combina la piedra y el vidrio. Las habitaciones disfrutan del confort más actual, con aseos completos. En su restaurante, panelable y con vistas a la piscina, encontrará una carta tradicional.

---

**ISLA CRISTINA** – Huelva – **578** U8 – 21 958 h. – Playa     1 A2
▶ Madrid 672 – Beja 138 – Faro 69 – Huelva 56
🛈 Islantilla, urb. Islantilla, Este : 6,5 km, ℰ 959 48 60 39

🏠 **Paraíso Playa**      ⅌ ⅃ ⅀ hab, AC ⅏ hab, 令 ℙ ⟲
*av. de la Playa ⊠ 21410 – ℰ 959 33 02 35 – www.hotelparaisoplaya.com – cerrado 15 diciembre-15 enero*
**39 hab** ⅏ – †35/75 € ††55/120 € – 6 apartamentos
**Rest** – (junio-septiembre) Menú 13 €
De carácter playero y atenta organización familiar. Poco a poco se está actualizando, por eso presenta unas habitaciones de estilo clásico y otras con mobiliario castellano. ¡En un edificio cercano también posee apartamentos!

✗ **Casa Cacherón**
☺
*Emiliano Cabot 47 ⊠ 21410 – ℰ 959 33 26 82 – cerrado 20 días en octubre y lunes*
**Rest** – (solo almuerzo salvo viernes, sábado y verano) Menú 10 € – Carta 23/35 €
Un restaurante sin grandes lujos pero donde se come francamente bien. El chef ha retomado el negocio familiar para ofrecer la cocina tradicional andaluza... eso sí, bien actualizada.

---

**IZNÁJAR** – Córdoba – 4 712 h. – alt. 345 m       2 C2
▶ Madrid 426 – Sevilla 212 – Córdoba 104 – Málaga 89

**en El Adelantado** Suroeste : 7 km

🏠 **Cortijo La Haza**      ⅌ ⪪ ⅃ ⅏ 令 ℙ
*Adelantado 119 ⊠ 14978 Iznájar – ℰ 957 33 40 51 – www.cortijolahaza.com*
**5 hab** ⅏ – †65 € ††85 €    **Rest** – (solo clientes, solo cena) Menú 25 €
Este antiguo cortijo se encuentra en plena naturaleza y disfruta de un ambiente rústico bastante acogedor, con una zona ajardinada, un patio y cálidas habitaciones. Su restaurante propone una cocina internacional y un menú degustación que cambian a diario.

**JÁBAGA** – Cuenca – **576** L23 – **581 h.** – alt. 971 m                    **10** C2

▶ Madrid 155 – Albacete 168 – Cuenca 13 – Toledo 174

**en la carretera N 400** Sur : 3,5 km

⭡ **La Casita de Cabrejas**                    ⌂ 🍴 🍽 🏧 ℅ 🛜 🅿

*vía de servicio* ✉ *16194 Jábaga* – ℰ *969 27 10 08* – *www.lacasitadecabrejas.com*
**13 hab** ⊑ – †65/76 € ††81/93 €
**Rest** – *(cerrado domingo)* Menú 22/35 € – Carta 25/38 €
Destaca tanto por su elegante rusticidad como por sus exteriores, pues se halla en
una finca arbolada. Ofrece un salón social con chimenea, habitaciones con mobiliario
de estilo antiguo y un restaurante muy coqueto, este último con una sala luminosa y
actual.

---

**JACA** – Huesca – **574** E28 – **13 248 h.** – alt. 820 m                    **4** C1

▶ Madrid 481 – Huesca 91 – Iruña/Pamplona 111

🛈 pl. San Pedro 11-13, ✉ 22700, ℰ 974 36 00 98, www.jaca.es

🖥 Club de Golf Jaca, urb. Lomas de Badaguas, Este : 12 km, ℰ 974 35 07 70

◉ Catedral★ (capiteles historiados★) - Museo de Arte Sacro (frescos★) Y

🅖 Museo Ángel Orensanz de Artes Populares de Serrablo★ (Sabiñánigo) Este : 15 km
  - Monasterio de San Juan de la Peña★★ : paraje★★ – Claustro★★ (capiteles★★)
  Suroeste : 21 km por ③

Plano página siguiente

🏨 **Conde Aznar**                    🏶 ⚿

*paseo de la Constitución 3* ✉ *22700* – ℰ *974 36 10 50* – *www.condeaznar.com*
**34 hab** – †40/70 € ††55/110 €, ⊑ 18 €                    Z**c**
**Rest** *La Cocina Aragonesa* – ver selección restaurantes
¡Un hotel con historia! Se encuentra en pleno centro, ocupando un bello edificio que,
desde los años 50, ha pasado por varias ampliaciones... siempre intentando adecuar el
confort actual a su ya algo anticuada estética personal.

🏠 **A Boira** *sin rest*                    🏶 🏧 ℅ 🛜

*Valle de Ansó 3* ✉ *22700* – ℰ *974 36 38 48* – *www.hotelaboira.com*                    Y**m**
**30 hab** – †35/40 € ††45/65 €, ⊑ 7 €
Está junto al Palacio de Congresos y sorprende por su gestión, con hasta cinco miem-
bros de la misma familia. Posee habitaciones de correcto confort, destacando las
abuhardilladas de la última planta y las que tienen los baños actualizados.

🍴🍴 **La Cocina Aragonesa** – Hotel Conde Aznar                    🏧 ℅ ⇔

*Cervantes 5* ✉ *22700* – ℰ *974 36 10 50* – *www.condeaznar.com* – *cerrado 20 días*
*en noviembre, 10 días en junio, domingo noche y lunes*                    Z**n**
**Rest** – Menú 14/30 € – Carta 30/55 €
Viste su comedor con detalles regionales y una gran chimenea en piedra. Encontrará
una carta de tinte tradicional con detalles actuales y dos menús, uno tipo degustación.
¡Buen apartado de arroces y terraza durante la época estival!

🍴🍴 **El Portón**                    🏧 ℅

*pl. Marqués de Lacadena 1* ✉ *22700* – ℰ *974 35 58 54* – *cerrado del 1 al 15 de*
*junio, del 1 al 15 de noviembre y miércoles*                    Z**s**
**Rest** – Menú 14/39 € – Carta 29/58 €
Establecimiento de línea clásica y seria organización familiar. Ofrece comedores de
cuidado montaje, la cocina semivista y una gastronomía actualizada de base tradicional.

🍴 **Lilium**                    🍽

*av. Primer Viernes de Mayo 8* ✉ *22700* – ℰ *974 35 53 56* – *cerrado domingo noche,*
*lunes noche y martes noche salvo festivos y vísperas*                    Y**x**
**Rest** – Menú 11/40 € – Carta 20/55 €
Suelen presentarse al concurso local de tapas... de hecho, lo ha ganado en varias edi-
ciones. Carta tradicional y hasta cuatro menús: diario, especial, aragonés y degustación.

ESPAÑA

**ESPAÑA**

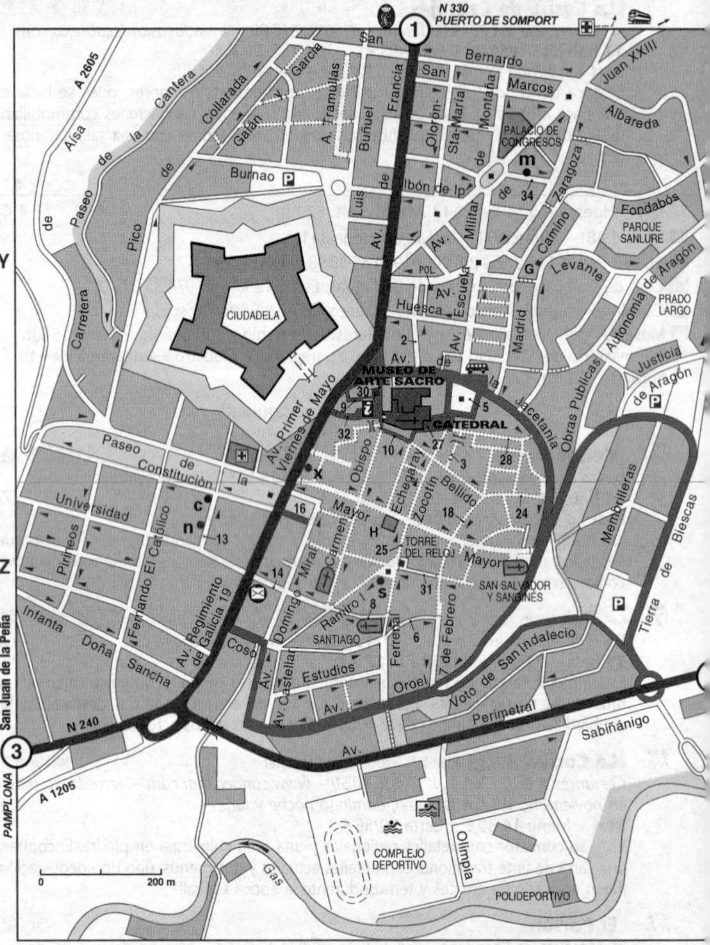

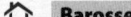

**en Barós** Sur : 3 km

⌂ **Barosse**     ⅏ ⅏ 🛜

*Estiras 4* ⊠ *22712 Barós –* ☏ *974 36 05 82 – www.barosse.com*
**5 hab** 🖙 – ♦90/100 € ♦♦130/140 €

**Rest** – *(solo clientes, solo cena)* Menú 25 € – Carta 24/39 €

Piedra, madera, forja... y el toque rústico apropiado, son elementos fundamentales para crear una casa rural con encanto. Disfruta de unas habitaciones personalizadas, hermosas y claramente eclécticas, cada una con el nombre de un lugar mágico del pueblo. Existe un menú exclusivo para el cliente alojado.

## en la urb. Lomas de Bedaguás Este : 12 km

🏨🏨 **Barceló Jaca** 〰 ⌁ 🔳 🔳 ⌖ ⌖ hab, 🆔 ⌖ 🛜 ⌖ ⌖

*Le Paul 2 ⊠ 22714 Badaguas – 𝒞 974 35 82 00 – www.barcelojaca.com*
*– cerrado mayo y 13 octubre-4 diciembre*
**65 hab** – ♥♥40/200 €, ⏛ 10 € – 9 suites    **Rest** – Menú 12/25 €
Se encuentra dentro de una urbanización y tiene la estética propia de un edificio
montañés, con amplias zonas sociales, habitaciones de confort actual y una agradable
terraza dotada de vistas, tanto al campo de golf como al valle. El restaurante, polivalente, se complementa con una cafetería y una terraza.

---

## JAÉN ℙ – 578 S18 – 116 731 h. – alt. 574 m    2 C2

🔼 Madrid 336 – Almería 232 – Córdoba 107 – Granada 94

🛈 Maestra 8, ⊠ 23002, 𝒞 953 19 04 55, www.turjaen.org

🔘 Localidad★ – Catedral★★ (sillería★★ y Vírgen de la Antigua★) BZ – Capilla de San
Andrés★ BY – Iglesia de San Ildefonso★ CZ – Baños árabes★★ BY

🔲 Castillo de Santa Catalina★ (vista panorámica★★) AZ

Planos páginas siguientes

🏨🏨 **Parador de Jaén** 〰 ⌕ ⌗ 🔳 🆔 ⌖ ⌗ ℙ

*Oeste : 4,5 km ⊠ 23001 – 𝒞 953 23 00 00 – www.parador.es*    AZ**h**
**45 hab** – ♥76/136 € ♥♥95/170 €, ⏛ 15 €    **Rest** – Menú 27 €
Instalado junto al castillo-fortaleza de Jaén, del s. XIII, con el que comparte algunos
muros. Recrea un ambiente medieval y destaca por sus magníficas vistas sobre la ciudad. El restaurante presenta altas bóvedas en piedra y una carta de carácter regional.

🏨🏨 **Infanta Cristina** ⌕ 🔳 ⌗ ⌖ hab, 🆔 ⌖ 🛜 ⌖ ⌖

*av. de Madrid ⊠ 23009 – 𝒞 953 26 30 40 – www.hotelinfantacristina.com*
**73 hab** – ♥60/106 € ♥♥60/122 €, ⏛ 11 €    CX**z**
**Rest** *Az-zait* – (cerrado domingo) Menú 25 € – Carta 30/40 €
Hotel de elegante línea clásica ubicado a la entrada de la ciudad. Las habitaciones, de
equipamiento actual, se disponen en torno a un hall central que culmina en una
bóveda acristalada. El restaurante, que sorprende por su exquisita decoración, propone
una cocina fiel a las raíces españolas.

🍴🍴🍴 **Casa Antonio** 🏠 ⌖ 🆔 ⌖ ⌖

*Fermín Palma 3 ⊠ 23008 – 𝒞 953 27 02 62 – www.casantonio.es – cerrado agosto,*
*domingo noche y lunes*    BY**k**
**Rest** – Menú 45 € – Carta 33/55 €
Se presenta con una terraza, un pequeño bar de espera y la sala distribuida en tres
espacios, todo de línea actual y cuidadísimo montaje. Su interesante carta de cocina
actual se suele ver enriquecida con diferentes jornadas gastronómicas.

🍴🍴 **Yuma's** 🆔 ⌖

*av. de Andalucía 74 ⊠ 23006 – 𝒞 953 22 82 73 – cerrado del 5 al 20 de agosto y*
*domingo*    AX**a**
**Rest** – Menú 25 € – Carta 36/50 €
Uno de esos sitios de los que se suele salir contento, pues combina sus impecables
instalaciones con una carta tradicional sencilla pero honesta. Pruebe su Ensalada de
perdiz, el Revuelto de bacalao con aguacate o las Cocochas en Caldo.

🍴🍴 **Horno de Salvador** 🏠 ⌖ 🆔 ⌖ ℙ

*carret. al Castillo, Oeste : 3,5 km ⊠ 23001 – 𝒞 953 23 05 28*
*– www.hornodesalvador.com – cerrado 15 días en julio, domingo noche y lunes*
**Rest** – Menú 30/45 € – Carta 28/45 €
Casa solariega emplazada en un paraje relativamente solitario. Cuenta con una agradable terraza arbolada y una sala de línea clásica-elegante, donde podrá descubrir
una cocina tradicional rica en asados, carnes rojas y caza en temporada.

🍴 **Casa Vicente** ⌖ 🆔 ⌖

*Cristo Rey 3 ⊠ 23002 – 𝒞 953 23 22 22 – cerrado agosto, domingo noche y lunes*
*noche*    BY**a**
**Rest** – Carta 35/53 €
Posee un bar de tapas a la entrada, así como una sala de ambiente taurino decorada
con multitud de cuadros, fotografías y algunas cabezas de toro. Cocina de sabor
regional.

**ESPAÑA**

## JAÉN

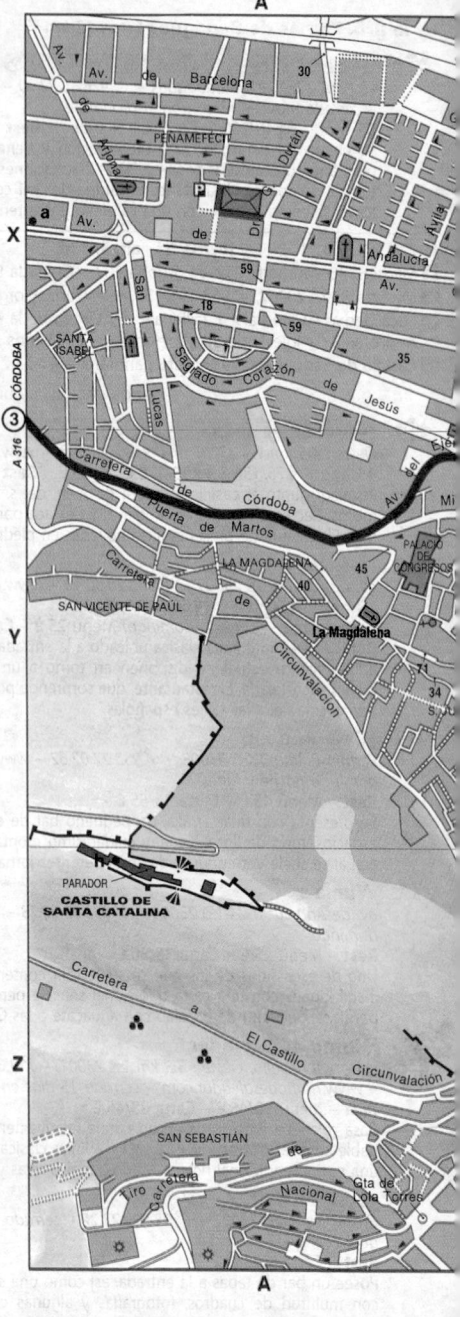

Paseo de España
26
Z
STA MARÍA DEL VALLE
Pl. de la Concordia
41
Madrid
de
Carret.
de
Valle
del
5
X
24
Av.
de
Sta
María
5
Av.
Muñoz
31
de
Ruiz
Jiménez
Madrid
Luna
de
la
P
Grandes
de
Eje
LA VICTORIA
73
La
ESPAÑA
Ronda
Español
8
a
k
SAN ROQUE
49
Arquitecto
la
51
ÚBEDA A 316
M
Baeza
Prieto
56
14
② A 44-E 902 GRANADA
Y
58
J G
P
Pl. de las Batallas
Parque de La Victoria
BAÑOS ÁRABES
M
Bergés
Estación
62
Av.
S. ANDRÉS
16
EGIDO DE BELÉN
Granada
61
Juan
Molina
17
Pl. de los Jardinillos
48
Pl. de Belén
PARQUE
FELIPE ARCHE
38
20
Av.
de
S. BARTOLOMÉ
22
65
74
54
P
63
S. Bartolomé
21
Pl. de la Constitución
9
P
ARCO DE S. LORENZO
Colón
3
SAGRARIO
Alameda de
Calvo Sotelo
36
D
S. ILDEFONSO
39
67
12
47
72
CAMPO HÍPICA
Pl. de Santa María
MERCED
CATEDRAL
Z
44
53
H
43
27  25
Diego
Fuente  de  Dos
Ronda
Sur
nda  de  los  Huertos

0          300 m

B                    C

405

X **Mesón Río Chico**                                        AC ⅍ ⟷
*Nueva 12 ⊠ 23001 – 𝒞 953 24 08 02 – www.mesonriochico.com – cerrado del 15 al
30 de agosto, domingo noche y lunes*                                  BY**e**
**Rest** – Menú 12/40 € – Carta 25/38 €
¡Todo un clásico de la ciudad! Dispone de una taberna de línea actual, donde sirven el
menú del día, tapas y raciones, así como un comedor de estilo clásico y varios privados de superior montaje. Cocina tradicional bien elaborada.

---

## JARAÍZ DE LA VERA – Cáceres – 576 L12 – 6 727 h.                    18 C1
▶ Madrid 227 – Mérida 172 – Cáceres 115 – Salamanca 164

🏢 **Villa Xarahiz**                              🛗 ⅗ AC ⅍ 🛜 ⅍ P 🚗
*carret. EX 203, Norte : 0,5 km ⊠ 10400 – 𝒞 927 66 51 50 – www.villaxarahiz.com*
**24 hab** ⊆ – ♦40/45 € ♦♦50/70 € – 1 suite
**Rest** *La Finca* – ver selección restaurantes
Hotel rural de sencillo confort y organización familiar. Ofrece unas habitaciones de
sobrio estilo regional, en general con baños funcionales y algunas con vistas al valle.

XX **La Finca** – Hotel Villa de Xarahiz              ≤ 🍴 ⅗ AC ⅍ ⟷ P 🚗
*carret. EX 203, Norte : 0,5 km ⊠ 10400 – 𝒞 927 66 51 50 – www.villaxarahiz.com
– cerrado domingo noche y lunes salvo agosto y festivos*
**Rest** – Menú 12 € – Carta 25/43 €
El restaurante, que goza de gran aceptación y está precedido por una cafetería, propone una cocina de tinte regional. Agradable terraza, buenas vistas y precios ajustados.

---

## JARANDILLA DE LA VERA – Cáceres – 576 L12 – 3 070 h. – alt. 660 m   18 C1
▶ Madrid 222 – Mérida 187 – Cáceres 145 – Salamanca 180
🄶 Monasterio de Yuste★ Suroeste : 12 km

🏨 **Parador de Jarandilla de La Vera**        ⅍ 🍴 🍴 ⅃ 🛗 ⅗ hab. AC ⅍
*av. García Prieto 1 ⊠ 10450 – 𝒞 927 56 01 17 – www.parador.es*          🛜 ⅍ P
**52 hab** – ♦60/136 € ♦♦75/170 €, ⊆ 15 €    **Rest** – Menú 27/33 € – Carta 32/53 €
¡Sirvió como residencia al mismísimo emperador Carlos V! Este en castillo feudal del s.
XV, que aún conserva sus murallas, el patio interior y el entorno ajardinado, encontrará unas habitaciones algo sobrias pero de buen confort. La oferta gastronómica
refleja un marcado carácter local y regional.

🏨 **Ruta Imperial**                          ⅍ ≤ 🍴 ⅃ AC ⅍ 🛜 ⅍ P
*Machoteral ⊠ 10450 – 𝒞 927 56 13 30 – www.hotelruralrutaimperial.com – cerrado
10 enero-15 febrero*
**17 hab** ⊆ – ♦50/80 € ♦♦60/97 €
**Rest** *Huerta del Rozo* – ver selección restaurantes
Estamos ante un hotel que se ha construido siguiendo la estética tradicional de la
zona, por lo que sus amplias habitaciones, algunas con terrazas y vistas a la sierra de
Gredos, disfrutan de un ambiente rústico bastante acogedor.

🏠 **Don Juan de Austria** sin rest              🔲 ⊕ 🛗 ⅗ AC ⅍ 🛜
*av. Soledad Vega Ortiz 101 ⊠ 10450 – 𝒞 927 56 02 06
– www.donjuandeaustria.com*
**26 hab** ⊆ – ♦60/70 € ♦♦70/80 €
Negocio de organización familiar complementado por un SPA, este último muy reducido pero cuidado y moderno. Las habitaciones, de línea funcional y en proceso de
renovación, alternan el mobiliario en madera y forja.

XX **Huerta del Rozo** – Hotel Ruta Imperial      ≤ 🍴 🍴 ⅃ ⅗ AC ⅍ P
*Machoteral ⊠ 10450 – 𝒞 927 56 13 30 – www.hotelruralrutaimperial.com – cerrado
10 enero-15 febrero*
**Rest** – (cerrado lunes) (solo almuerzo en enero-abril) Menú 25/35 € – Carta 25/45 €
Destaca tanto por su montaje, superior a la media en la zona, como por sus agradables vistas a la sierra desde el comedor y la terraza. Cocina tradicional sabrosa, elaborada y muy bien presentada. ¡Pruebe su excelente Cochinillo confitado!

▶ Madrid 411 – Jaca 68 – Iruña/Pamplona 51

X **El Mesón** con hab ॐ 𝕂 rest, 🛇 🤶

*Explanada* ✉ 31411 – ☎ *948 88 40 35* – *www.hotelmeson.com* – *cerrado 15 diciembre-15 febrero*

**8 hab** – ♥45/50 € ♥♥50/60 €, 🖵 7 €    **Rest** – Menú 17/40 € – Carta 20/37 €

Este sencillo negocio familiar ofrece un bar, un comedor clásico salpicado con detalles actuales y una agradable terraza. Cocina tradicional y Pichón casero como especialidad. También posee unas correctas habitaciones de línea funcional-actual en la 1ª planta.

---

▶ Madrid 620 – Sevilla 95 – Cádiz 35 – Gibraltar 113

🛬 de Jerez, por la A 4 ① : 11 km ☎ *902 40 47 04*

**Iberia :** aeropuerto ☎ *902 40 05 00*

🛈 pl. del Arenal (edif. Los Arcos), ✉ 11403, ☎ *956 33 88 74*, www.turismojerez.com

🏌 Montecastillo Barceló, por la carret. de Ronda : 11,3 km, ☎ *956 15 12 13*

◉ Localidad★★ - Plaza de Ponce de León : ventana plateresca★★ AY**C6** – Iglesia de San Juan de los Caballeros★ AY – Plaza de la Asunción BZ**13** (Cabildo★★ ABZ**C2**) – Palacio del Marqués de Bertemati★ AZ**R** – Catedral★★ AZ – Alcázar★ AZ – Iglesia de San Miguel★★ BZ – Casa Domecq (portada★) BY**C4** – Palacio del Tiempo★★ AY - Fundación Real Escuela Andaluza de Arte Ecuestre★ (espectáculo★★) BY.

◔ La Cartuja★ Sur : 6 km por calle Cartuja BZ – Yeguada de La Cartuja★ Sudeste : 6,5 km por calle Cartuja BZ.

Plano página siguiente

🏨 **Jerez** 🚗 🏛 🏊 🗓 ⊛ 🖢 ✕ 🛎 ♿ hab, 𝕂 🛇 🤶 🛁 🅿

*av. Alcalde Álvaro Domecq 35, por ① ✉ 11405 – ☎ 956 30 06 00* – *www.jerezhotel.com*

**117 hab** – ♥♥62/321 €, 🖵 16 € – 9 suites    **Rest** – Menú 25 € – Carta 30/57 €

De atractivos exteriores y espaciosas zonas nobles, puntos que avalan su innegable calidad. Atesora varias salas de reuniones y confortables habitaciones, todas de completo equipamiento. El restaurante apuesta por un interesante equilibrio entre la cocina de raíces tradicionales y la de gusto internacional.

🏨 **Villa Jerez** ॐ 🚗 🏛 🗓 🖢 🛎 ♿ hab, 𝕂 🛇 🤶 🛁 🅿 🚗

*av. de la Cruz Roja 7, por ① ✉ 11407 – ☎ 956 15 31 00 – www.villajerez.com*

**18 hab** 🖵 – ♥90/351 € ♥♥111/401 €    **Rest** – Menú 15 € – Carta 25/40 €

Elegante casa señorial rodeada de jardines y decorada con detalles de sumo gusto. Pone a su disposición una acogedora zona noble y habitaciones de excelente equipamiento. Su restaurante ofrece carta internacional y una agradable terraza junto a la piscina.

🏨 **Sherry Park H.** ॐ 🚗 🗓 🖢 🛎 𝕂 🛇 🤶 🛁 🅿

*av. Alcalde Álvaro Domecq 11 bis ✉ 11405 – ☎ 956 31 76 14 – www.hipotels.com*

**174 hab** – ♥♥50/300 €, 🖵 10 €    BY**a**

**Rest** *El Ábaco* – Menú 20/45 € – Carta 25/43 €

En pleno centro urbano, rodeado por un frondoso jardín y con una amplia gama de servicios. Está distribuido por bloques y ofrece unas habitaciones de línea clásica-actual, la mayoría de ellas con terraza. El restaurante, de montaje clásico, propone una carta de gusto tradicional con toques actuales.

🏨 **Palacio Garvey** 🏛 🛎 ♿ hab, 𝕂 🛇 🤶 🅿

*Tornería 24 ✉ 11403 – ☎ 956 32 67 00 – www.hotelpalaciogarvey.com*

**16 hab** 🖵 – ♥60/82 € ♥♥65/87 €    BY**t**

**Rest** *La Condesa* – Menú 14/35 € – Carta 20/32 €

Este magnífico palacete del s. XIX esconde tras su fachada un bello patio y espaciosas habitaciones definidas por el diseño y el confort. El restaurante, de línea moderna, se complementa con un gran salón de banquetes ubicado en la antigua bodega.

ESPAÑA

# JEREZ DE LA FRONTERA

**Los Jándalos Jerez** sin rest, con cafetería 🌐 🏢 🕭 🗚🗚 🛠 🛜 🛜 🛠 🚭
*Nuño de Cañas 1* ✉ 11402 – 𝒞 *956 32 72 30 – www.jandalos.com* **BYb**
**59 hab** – †50/100 € ††60/120 €, ☲ 10 €
Céntrico hotel situado en unas antiguas bodegas. Dispone de una reducida zona
social y acogedoras habitaciones de ambiente clásico-actual, las más llamativas de
tipo dúplex. ¡En su cafetería podrá tomar un correcto menú!

**Casa Grande** sin rest 🏢 🕭 🗚🗚 🛠 🛜
*pl. de las Angustias 3* ✉ 11402 – 𝒞 *956 34 50 70 – www.hotelcasagrande.eu*
**15 hab** ☲ – †65/225 € ††75/260 € **BZc**
Hermosa casa señorial, de principios del s. XX, vertebrada en torno a un agradable
patio central. Ofrece una atractiva zona social con biblioteca, un buen solárium y
habitaciones de línea clásica-elegante, muchas con mobiliario de época.

### 🏠 Chancillería 🛜 📶 ⚟ 🅰️ 🛇 📞

*Chancillería 21 ⊠ 11403 – 𝒸 956 30 10 38 – www.hotelchancilleria.com*
**14 hab** 🖙 – †50/60 € ††60/80 €                                                        **AYa**
**Rest** *Sabores* – *(cerrado lunes mediodía) (solo cena en agosto)* Menú 18/40 €
– Carta 25/40 €

Instalado en dos casas del s. XVIII unidas por un patio. Sus sobrias habitaciones poseen mobiliario funcional y baños actuales. Azotea con vistas al casco antiguo. El restaurante, que tiene personalidad propia, ofrece una carta actual con raíces andaluzas.

### ✗ La Carboná 🅰️ ⇔

*San Francisco de Paula 2 ⊠ 11401 – 𝒸 956 34 74 75 – www.lacarbona.com*
😊 *– cerrado julio y martes*                                                                **BZd**
**Rest** – Menú 25/32 € – Carta 27/35 €

Instalado en una antigua nave-bodega del centro de Jerez. Cocina tradicional andaluza elaborada con productos de gran calidad, siempre apostando por una mínima intervención. ¡Su especialidad son las carnes de Cantabria al carbón!

### ✗ El Cachirulo 🆕 🛜 🅰️ 🛇

😊 *av. Juan Carlos I 7-8, por ② ⊠ 11405 – 𝒸 956 15 99 17*
*– www.restauranteelcachirulo.es*
**Rest** – Carta 20/31 €

Presenta una terraza acristalada, donde solo ofrecen una carta de tapas actual, así como un interior clásico-actual en el que ponen al día el recetario jerezano tanto en técnicas como en presentaciones. ¡Pruebe su Ensaladilla de gambas!

### 🍷/ Reinodeleón 🆕 🛜 🅰️

*Latorre 8 ⊠ 11403 – 𝒸 956 32 29 15 – www.reinodeleongastrobar.com – cerrado del*
*8 al 26 de enero*                                                                            **BZe**
**Rest** – Tapa 5 € – Ración aprox. 13 €

En este atractivo gastrobar podrá degustar tanto tapas creativas como tostas variadas, siempre de cuidada presentación; no obstante, también ofrecen platos tradicionales, como las carnes a la piedra que se preparan directamente en la mesa.

### 🍷/ Albalá 🆕 🛜 🅰️ 🛇 ⇔

*pl. Monti 10 ⊠ 11403 – 𝒸 956 34 64 88 – restaurantealbala.com*                       **AZa**
**Rest** – Tapa 3 € – Ración aprox. 9 € – Menú 22 €

Resulta céntrico y disfruta de unas espaciosas instalaciones, con una gran barra, una sala actual y varios espacios independientes vestidos con mesas a diferentes alturas. Tapas y raciones actuales, todas elaboradas con buena técnica.

### 🍷/ Juanito 🛜 🅰️

*Pescadería Vieja 8-10 ⊠ 11402 – 𝒸 956 33 48 38 – www.bar-juanito.com – cerrado*
*domingo en julio-agosto y domingo noche resto del año*                                **BZs**
**Rest** – Tapa 2 € – Ración aprox. 10 €

De ambiente regional y en pleno casco viejo. En conjunto posee una estética informal, sorprendiendo con la curiosa terraza de acceso cubierta por toldos y un agradable patio interior. ¡No se puede ir sin probar sus famosísimas Alcachofas!

---

**JERTE** – Cáceres – **576** L12 – 1 329 h. – alt. 613 m                                **18** C1
🗺 Madrid 220 – Ávila 110 – Cáceres 125 – Plasencia 40

### 🏠 El Cerezal de los Sotos 🐾 🚗 🛜 ⚟ 🛇 🛜 🅿️

*camino de las Vegas, Sureste : 1 km ⊠ 10612 – 𝒸 927 47 04 29*
*– www.elcerezaldelossotos.net – cerrado diciembre, enero y febrero*
**6 hab** 🖙 – †70 € ††87 €     **Rest** – *(solo clientes, solo cena)* Carta 18/32 €

Esta casa serrana disfruta de un salón-comedor privado, con chimenea, y habitaciones detallistas, todas abuhardilladas, con la viguería vista y las camas en madera o forja.

### ✗ Valle del Jerte la Sotorriza 🅰️ 🛇

😊 *Gargantilla 16 ⊠ 10612 – 𝒸 927 47 00 52 – www.donbellota.com – cerrado del 1 al*
*11 de julio y lunes salvo festivos*
**Rest** – Menú 12/40 € – Carta 19/41 € 🍶

Casa de gestión familiar dotada con dos salas de aire rústico y una estupenda bodega, no en vano ofrecen casi 500 referencias. Basan el éxito de su cocina regional en dos pilares: la honestidad y la calidad de las materias primas.

ESPAÑA

## JESÚS POBRE – Alicante – 577 P30 16 B2

▶ Madrid 449 – Valencia 108 – Alacant/Alicante 84

🏌 La Sella, carret. de La Xara, Noroeste : 2,5 km, ✆ 966 45 42 52

**en la carretera de La Xara** Noroeste : 2,5 km

🏨 **Dénia Marriott La Sella** 🌣 ≼ 🖬 🧘 ⊕ 🏋 🏠 🛗 👗 hab, 🔃 🕽 rest,
*Alquería de Ferrando* ⊠ 03749 Jesus Pobre – ✆ 966 45 40 54 📶 🧖 🅿
– www.lasellagolfresort.com – 3 marzo-23 noviembre
**178 hab** ⊊ – ♦90/240 € ♦♦100/250 € – 8 suites **Rest** – Carta 35/51 €
En el sosegado entorno del Parque Natural de Montgó, con agradables terrazas y
junto a un campo de golf. Su alto nivel de confort se refuerza con diversos servicios
complementarios, como su completo SPA. En el restaurante, de ambiente rústico-
actual y carácter polivalente, elaboran una cocina internacional.

## JIMÉNEZ DE JAMUZ – León – 575 F12 – 980 h. – alt. 770 m 11 A1

▶ Madrid 309 – Valladolid 155 – León 76 – Zamora 112

◀ Astorga (Catedral★ y Palacio Episcopal★) Noroeste : 28 km

🍴 **El Capricho** 🅽 🌫 🕽 ⇔ 🅿
*Paraje de la Vega* – ✆ 987 66 42 24 – www.bodegaelcapricho.com – cerrado del 6 al
23 de enero, lunes noche y miércoles noche salvo verano
**Rest** – Menú 25/75 € – Carta 40/65 € 𝄢
¡Un paraíso para los amantes de la auténtica carne de buey! Atesora ganadería propia
y está instalado en una antigua cueva-bodega. Cocina tradicional y carnes a la parrilla.

## JOANETES – Girona – 574 F37 – 299 h. 14 C1

▶ Madrid 660 – Barcelona 111 – Figueres 53 – Girona/Gerona 47

🏨 **Vall de Bas** 🌣 ≼ 🧘 🛗 👗 hab, 🔃 🕽 rest, 🕽 🧖 🚗
*Can Trona, Noreste : 1,5 km* ⊠ 17176 – ✆ 972 69 01 01 – www.hotelvalldebas.com
**36 hab** ⊊ – ♦80/114 € ♦♦100/134 €
**Rest** *Puigsacalm* – (cerrado domingo noche) Menú 13 € – Carta 19/47 €
Está repartido entre dos edificios anexos, una antigua masía catalana y una nueva
construcción acristalada. Destaca por su decoración, con muchas obras de arte, mobiliario antiguo rescatado de otras masías y detalles de diseño. El restaurante, en un
pabellón independiente, ofrece una cocina tradicional.

🏠 **Mas Les Comelles** 🌣 ≼ 🧘 🔃 🧖 📶 🅿
*Sur : 1,5 km* ⊠ 17176 – ✆ 628 61 77 59 – www.maslescomelles.com
**5 hab** ⊊ – ♦75/125 € ♦♦125/175 €
**Rest** – (solo clientes, solo cena) Menú 35/85 €
Excelente masía del s. XIV emplazada en la ladera de una montaña, con vistas al valle
y la piscina integrada en el paisaje. Salón social con chimenea y habitaciones de línea
moderna que contrastan con la rusticidad de toda la casa. El restaurante, exclusivo
para clientes, presenta un buen menú degustación.

🏠 **El Ferrés** 🌣 🔃 hab, 🧖 📶 🅿
*Mas El Ferrés, Sur : 1 km* ⊠ 17176 – ✆ 972 69 00 29 – www.elferres.com
**7 hab** ⊊ – ♦30 € ♦♦60 € **Rest** – (solo clientes, solo cena) Menú 18 €
Tranquila casa de aire rústico y nueva construcción, rodeada de extensos campos con
ganado. Posee correctas habitaciones dotadas con mobiliario provenzal y baños
actuales.

## JUNCO – Asturias – ver Ribadesella

## KEXAA (QUEJANA) – Álava – 573 C20 25 A2

▶ Madrid 377 – Bilbao 32 – Burgos 148 – Vitoria-Gasteiz 50

🏨 **Los Arcos de Quejana** 🌣 ≼ 🛗 👗 🧖 📶 🚗 🅿
*carret. Beotegi* ⊠ 01478 – ✆ 945 39 93 20 – www.arcosdequejana.com – cerrado
23 diciembre-5 enero
**16 hab** ⊊ – ♦73/87 € ♦♦79/102 €
**Rest** *Los Arcos de Quejana* – ver selección restaurantes
Antiguo palacio medieval enclavado en pleno Valle de Ayala. Posee un anexo de
nueva construcción donde se albergan las habitaciones, cuidadas aunque de escasa
amplitud.

410

XX **Los Arcos de Quejana** – Hotel Los Arcos de Quejana  ≤ ⁂ P
*carret. Beotegi* ⊠ *01478 –* ℰ *945 39 93 20 – www.arcosdequejana.com – cerrado 23 diciembre-5 enero*
**Rest** – *(cerrado domingo noche) (solo almuerzo salvo fines de semana)*
Menú 15/35 € – Carta aprox. 45 €
¡Se accede por el bar del hotel, en la 1ª planta! Ofrece una moderna bodega visitable, varias salas panelables y un salón para banquetes abuhardillado en el último piso, este con el acceso por un ascensor panorámico. Cocina tradicional.

---

**LABUERDA** – Huesca – **574** E30 – 156 h. – alt. 569 m    **4** C1
▶ Madrid 496 – Huesca 109 – Jaca 95 – Lleida/Lérida 128

**en la carretera A 138** Sur : 2 km

⌂ **Peña Montañesa**  ≤ ⤢ 𝔸𝔺 ⁂ rest, ⇴ 🔥 P
⊠ *22360 Labuerda –* ℰ *974 51 00 51 – www.hotelpenamontanesa.com – cerrado enero y febrero*
**49 hab** ⭤ – ♦50/65 € ♦♦70/100 €  **Rest** – Menú 17 € – Carta 18/41 €
Se encuentra junto a la carretera, tiene un marcado carácter vacacional y está orientado al cliente familiar. Posee habitaciones espaciosas y de buen confort, muchas tipo apartamento y casi todas con terraza. El restaurante, que ofrece dos salas de aire rústico y buenas vistas, propone una carta tradicional.

---

**LAGUARDIA** – Álava – **573** E22 – 1 548 h. – alt. 635 m    **25** A2
▶ Madrid 348 – Logroño 17 – Vitoria-Gasteiz 66
🄸 Mayor 52, ⊠ 01300, ℰ 945 60 08 45, www.laguardia-alava.com
◉ Pueblo★★ – Iglesia de Santa María de los Reyes★ (portada★★★)

🏠 **Villa de Laguardia**  ⤢ ● 🄵🄰 🄸 🔥 hab, 𝔸𝔺 ⁂ ⇴ 🔥 P 🚗
*paseo de San Raimundo 15* ⊠ *01300 –* ℰ *945 60 05 60*
*– www.hotelvilladelaguardia.com*
**78 hab** – ♦73/126 € ♦♦73/146 €, ⭤ 14 € – 5 suites
**Rest** – Menú 28/40 € – Carta 27/63 €
Hotel vinculado a un centro temático del vino, constituyendo esta una de sus mejores ofertas. Ofrece habitaciones decoradas con gran mimo y calidez, así como un moderno SPA. El restaurante, dotado con una sala y dos privados, propone una carta tradicional.

🏠 **Hospedería de los Parajes**  📶 🔥 hab, 𝔸𝔺 ⁂ rest, ⇴
*Mayor 46-48* ⊠ *01300 –* ℰ *945 62 11 30 – www.hospederiadelosparajes.com*
**18 hab** – ♦100/120 € ♦♦120/160 €  **Rest** – Menú 25/55 € – Carta 28/55 €
Está instalado en dos antiguas casas de piedra y destaca tanto por el equipamiento como por su originalidad... pero sobre todo por como cuidan cada detalle. Habitaciones personalizadas, bodega y tienda delicatessen. El restaurante acompaña su cocina tradicional actualizada con un impecable servicio de mesa.

⌂ **Castillo El Collado**  𝔸𝔺 ⁂ rest, ⇴
*paseo El Collado 1* ⊠ *01300 –* ℰ *945 62 12 00 – www.hotelcollado.com*
*– cerrado 20 enero-12 de febrero*
**12 hab** – ♦105/115 € ♦♦115/125 €, ⭤ 11 €
**Rest** – Menú 25/45 € – Carta 31/42 €
Elegancia y distinción en una casa señorial adosada a las antiguas murallas. Cuenta con unas coquetas habitaciones, en diferentes estilos, equipadas con mobiliario de época. El restaurante ofrece tres confortables salones y una carta de sabor tradicional.

⌂ **Antigua Bodega de Don Cosme Palacio**  ⤵ 𝔸𝔺 ⁂ ⇴ P
*carret. de Elciego* ⊠ *01300 –* ℰ *945 62 11 95 – www.cosmepalacio.com – cerrado 22 diciembre-22 enero*
**12 hab** – ♦74/78 € ♦♦84/90 €, ⭤ 9 €
**Rest** – *(cerrado domingo noche y lunes)* Menú 25/50 €
Antigua bodega en piedra que ha sido rehabilitada. Presenta una curiosa zona social, con vistas a las cubas de fermentación, y amplias habitaciones de estilo rústico-actual. El restaurante, también rústico y de gran capacidad, ofrece una cocina tradicional.

ESPAÑA

↑ **Aitetxe** sin rest y sin ⬚     ✗ 🛜
*pl. San Juan 2 ⊠ 01300 – 𝒞 620 53 76 50 – www.aitetxe.com*
**6 hab** – 🛏40/60 € 🛏🛏60 €
¡Una opción económica dentro del casco histórico! Esta antigua casa de piedra se presenta con una sencilla pero amable organización familiar, una reducida zona social y habitaciones de máxima funcionalidad, tres abuhardilladas.

✗ **Marixa** con hab     ≼ 🆊 ✗ rest, 🛜
*Sancho Abarca 8 ⊠ 01300 – 𝒞 945 60 01 65 – www.hotelmarixa.com*
**10 hab** – 🛏42/65 € 🛏🛏42/85 €, ⬚ 9 €
**Rest** – *(cerrado domingo noche en invierno)* Menú 17/40 € – Carta aprox. 45 €
¡Bien llevado entre hermanos! Posee tres salas, dos de aire regional y otra a modo de terraza acristalada, esta última con hermosas vistas a la sierra y al valle. Como complemento al negocio también ofrece habitaciones, todas con su propia terraza. Sus fogones se muestran fieles al recetario tradicional.

## LAJARES – Las Palmas – ver Canarias (Fuerteventura)

## LALÍN – Pontevedra – **571** E5 – **20 409 h.** – alt. 552 m     **19** B2
▸ Madrid 551 – Santiago de Compostela 53 – Pontevedra 108 – Viana do Castelo 193

✗✗ **Cabanas**     🆊 ⟷
*Pintor Laxeiro 3 ⊠ 36500 – 𝒞 986 78 23 17 – www.restaurantecabanas.com
– cerrado domingo noche*
**Rest** – Menú 20/35 € – Carta 35/50 € ⅊
De sus fogones surge una cocina tradicional actualizada que se ve enriquecida con diversos platos de temporada y de caza. ¡No dude en probar el famoso cocido gallego de Lalín!

## LANDROVE – Lugo – ver VIVEIRO

## LANJARÓN – Granada – **578** V19 – **3 826 h.** – alt. 720 m – Balneario     **2** D1
▸ Madrid 475 – Almería 157 – Granada 51 – Málaga 140
🇮 av. de Madrid, ⊠ 18420, 𝒞 958 77 04 62
🅖 Las Alpujarras★★

🅗 **Alcadima**     ⅏ ≼ 🈺 ⅃ 🆗 🖻 ⅃ hab, 🆊 ✗ 🛜 🌢 🚘
*Francisco Tárrega 3 ⊠ 18420 – 𝒞 958 77 08 09 – www.alcadima.com – cerrado enero*
**40 hab** – 🛏50/66 € 🛏🛏66/86 €, ⬚ 8,50 €     **Rest** – Menú 15/30 € – Carta 21/37 €
Está formado por varios edificios ubicados en la parte baja de la localidad y cuenta con unas habitaciones de estilo rústico, la mayoría de ellas con vistas a la sierra. En su coqueto comedor podrá degustar deliciosos platos regionales y locales.

## LANUZA – Huesca – ver Sallent de Gállego

## LANZAROTE – Las Palmas – ver Canarias

## LAREDO – Cantabria – **572** .19 – **12 094 h.** – alt. 5 m – Playa     **8** C1
▸ Madrid 427 – Bilbao 58 – Burgos 184 – Santander 48
🇮 Alameda de Miramar, ⊠ 39770, 𝒞 942 61 10 96, www.turismodecantabria.es

✗✗ **Plaza**     🈺 🆊 ✗
*Comandante Villar 7 ⊠ 39770 – 𝒞 942 61 19 42 – www.elrestauranteplaza.com
– cerrado domingo noche salvo julio-agosto*
**Rest** – Menú 30/65 € – Carta 31/49 €
Bien situado en el centro de la localidad, bajo unos soportales en los que montan la terraza. Posee un pequeño bar público y una sala de montaje clásico, con los techos altos y un servicio de mesa bastante cuidado. Carta tradicional.

## en el barrio de la playa

🏠 **El Ancla** ⬡ 🚗 📶 rest, 🍴 rest, 🛜 🈴
*González Gallego 10 ⊠ 39770 Laredo –* 𝒞 *942 60 55 00 – www.hotelelancla.com*
**32 hab** ⬓ – **†**55/89 € **††**69/149 €
**Rest** – *(cerrado noviembre y lunes)* Menú 14/22 €
Ofrece un bonito jardín con césped a la entrada y confortables habitaciones, aunque dentro de estas recomendamos las que ya han renovado su decoración. En el discreto comedor podrá degustar una cocina atenta al recetario tradicional.

---

**LARRABETZU** – Vizcaya – **573** C21 – 1 974 h. – alt. 100 m     **25** A3
▶ Madrid 402 – Vitoria-Gasteiz 71 – Bilbao 19 – Donostia-San Sebastián 90

## junto a la autovía N 637 (salida 25) Oeste : 2,8 km

🍴🍴🍴🍴 **Azurmendi** (Eneko Atxa Azurmendi)    ⬡ 🈶 📶 🍴 ⬩ **P**
❀❀❀ *Legina Auzoa ⊠ 48195 Larrabetzu –* 𝒞 *944 55 88 66 – www.azurmendi.biz – cerrado 23 diciembre-23 enero y lunes*
**Rest** – *(solo almuerzo salvo viernes y sábado) (solo menú)* Menú 135/160 € 🍴
En pleno campo, instalado en una original construcción acristalada que sorprende tanto por el montaje como por sus vistas. Su chef elabora una cocina innovadora y personal que conjuga la calidad con una incuestionable maestría técnica.
→ Cenizas de foie. Salmonete al ajillo perfumado a la brasa con ravioli de sus interiores y caldo de espinas. Flan al huevo.

🍴🍴 **Prêt à Porter**    ⬡ 🈶 📶 🍴 **P**
❀ *Legina Auzoa ⊠ 48195 Larrabetzu –* 𝒞 *944 55 88 66 – www.azurmendi.biz – cerrado 23 diciembre-23 enero y lunes*
**Rest** – *(solo almuerzo salvo viernes y sábado) (solo menú)* Menú 35 €
Ocupa parcialmente una bodega de txacolí, ya que se encuentra en el antiguo Azurmendi. Aquí encontrará una sala de estética moderna-informal y una cocina actual de bases tradicionales, proponiendo únicamente un menú que cambian a diario.

---

**LASARTE-ORIA** – Guipúzcoa – **573** C23 – 17 922 h. – alt. 42 m     **25** B2
▶ Madrid 491 – Bilbao 98 – Donostia-San Sebastián 8 – Tolosa 22

🍴🍴🍴🍴 **Martín Berasategui**    ⬡ 🈴 📶 🍴 **P**
❀❀❀ *Loidi 4 ⊠ 20160 –* 𝒞 *943 36 64 71 – www.martinberasategui.com – cerrado 15 diciembre-16 enero, del 21 al 29 de abril, domingo noche, lunes y martes*
**Rest** – Menú 185 € – Carta 111/124 € 🍴
En una villa regional-actual. Disfruta de un elegante hall y un comedor acristalado de excelente montaje, con relajantes vistas al campo y dos chimeneas. Maestría, talento y creatividad definen a la perfección sus delicadas elaboraciones.
→ Ajo negro salteado con ceviche de remolacha, granizado de rábano y crema raifort. Salmonete con cristales de escamas comestibles, brotes de soja, sémola de trigo y sepia. Niebla de café y cacao sobre plátano con sorbete y granizado de whisky.

---

**LASTRES** – Asturias – **572** B14 – 1 396 h. – alt. 21 m – Playa     **5** C1
▶ Madrid 497 – Gijón 46 – Oviedo 62

🏠 **Eutimio**    🍴 🛜
*San Antonio ⊠ 33330 –* 𝒞 *985 85 00 12 – www.casaeutimio.com*
**10 hab** – **†**40/60 € **††**53/80 €, ⬓ 10 €
**Rest** *Eutimio* – ver selección restaurantes
Céntrico hotelito de organización familiar instalado en una casona de piedra. En general ofrece unas habitaciones de ambiente neorrústico muy acogedoras... así como una de estética actual. ¡Salón social con terraza y vistas al mar!

🍴 **Eutimio** – Hotel Eutimio    ⬡ 🍴
*San Antonio ⊠ 33330 –* 𝒞 *985 85 00 12 – www.casaeutimio.com – cerrado 7 días en febrero, domingo noche y lunes*
**Rest** – *(solo almuerzo salvo fines de semana)* Menú 30 € – Carta 24/58 €
Casa de aire regional con cierto prestigio en la zona. En su mesa encontrará una cocina tradicional especializada en pescados, pero también una selecta carta de vinos a buen precio ¡Pregunte por sus mariscos y por los pescados del día!

ESPAÑA

## LÁUJAR DE ANDARAX – Almería – 578 V21 – 1 735 h. – alt. 921 m     2 D2
▶ Madrid 497 – Almería 70 – Granada 115 – Málaga 191

⌂ **Almirez**     ⏱ ≪ 🅰 ⚅ rest, 📶 🅿
*carret. de Berja, Oeste : 1 km* ✉ 04470 – 𝒞 950 51 35 14 – www.hotelalmirez.es
**16 hab** – ♦36/40 € ♦♦47/51 €, ⚌ 6 € – 1 suite
**Rest** – Menú 25/48 € – Carta 20/38 €
Situado en un paraje solitario de la alpujarra almeriense, donde podrá disfrutar de un
entorno diáfano y natural. Habitaciones sencillas y funcionales, todas con terraza.
Cuenta con un comedor principal de aire rústico y una sala algo más impersonal
para grupos.

## LAVACOLLA – A Coruña – 571 D4     19 B2
▶ Madrid 628 – A Coruña 77 – Lugo 97 – Santiago de Compostela 11
🛬 de Santiago de Compostela 𝒞 902 40 47 04
**Iberia** : aeropuerto 𝒞 902 40 05 00

⌂⌂ **Ruta Jacobea**     🚗 🏢 🅰 📶 🍽 🅿 🐾
*Lavacolla 41* ✉ 15820 – 𝒞 981 88 82 11 – www.rutajacobea.net
**20 hab** – ♦♦59/82 €, ⚌ 8,50 €
**Rest** *Ruta Jacobea* – ver selección restaurantes
Una opción a tener en cuenta si desea alojarse en la última etapa del Camino de San-
tiago. Ofrece habitaciones de línea actual-funcional, las de la 2ª planta abuhardilladas.

✕✕ **Ruta Jacobea** – Hotel Ruta Jacobea     ⚅ 🅰 ⚅ ♻ 🅿
*Lavacolla 41* ✉ 15820 – 𝒞 981 88 82 11 – www.rutajacobea.net
**Rest** – Menú 15 € – Carta 30/45 €
Presenta una cafetería bien renovada, dos salas de estilo clásico-actual y dos privados,
así como una gran carpa para banquetes. Carta tradicional e interesante menú del
día.

## LAXE – A Coruña – 571 C2 – 3 313 h. – Playa     19 A1
▶ Madrid 665 – Santiago de Compostela 66 – A Coruña 69

⌂⌂ **Playa de Laxe** sin rest     ≪ 🏢 ⚅ 🅰 ⚅ 📶 🐾
*av. Cesáreo Pondal 27* ✉ 15117 – 𝒞 981 73 90 00 – www.playadelaxe.com
*– cerrado noviembre - marzo*
**28 hab** – ♦38/76 € ♦♦49/87 €, ⚌ 6 € – 2 suites
Buen hotelito de línea clásica-actual situado a un paso de la playa. Posee un saloncito
social, una cafetería moderna y habitaciones bien equipadas, con mobiliario funcional.

✕✕ **Zurich**     🅰 ⚅
*Isidro Parga Pondal 8* ✉ 15117 – 𝒞 981 72 80 81 – www.marisqueriazurich.es
*– cerrado lunes salvo agosto*
**Rest** – Carta 23/57 €
Restaurante-marisquería muy conocido en la zona por la gran calidad de sus productos. Disfruta de un pequeño bar y un comedor, ambos decorados en un estilo
moderno y actual.

## La LECHUZA – Las Palmas – ver Canarias (Gran Canaria) : Vega de San Mateo

## LEGASA – Navarra – 573 C25     24 A1
▶ Madrid 497 – Iruña/Pamplona 49 – Vitoria-Gasteiz 140 – Donostia-San Sebastián 55

✕✕ **Arotxa**     🅰 ⚅ 🅿
*Santa Catalina 34* ✉ 31792 – 𝒞 948 45 61 00 – www.arotxa.com – *cerrado del 7
al 24 de enero y martes*
**Rest** – *(solo almuerzo salvo viernes y sábado)* Carta 27/47 €
En su comedor, diáfano, de cuidado montaje y con vigas de madera a la vista, encontrará una carta tradicional rica en detalles, con muy buenas carnes y sugerencias diarias. ¡Pruebe su excepcional Chuletón de res vieja a la parrilla!

## LEINTZ-GATZAGA (SALINAS DE LENIZ) – Guipúzcoa – 573 D22     25 A2
– 256 h.
▶ Madrid 377 – Bilbao 68 – Donostia-San Sebastián 83 – Vitoria-Gasteiz 22

**en el puerto de Arlabán** por la carretera GI 627 - Suroeste : 3 km

XX **Gure Ametsa**                                                    AC P

⊠ 20530 Leintz Gatzaga – ℰ 943 71 49 52 – cerrado
23 diciembre-3 enero, 5 agosto-3 septiembre y lunes
**Rest** – (solo almuerzo en invierno salvo viernes y sábado) Carta 26/35 €
Casa familiar de larga trayectoria dotada con un bar, un comedor de aire regional, caldeado por una chimenea, y un salón para banquetes. Amplia carta regional y sugerencias.

---

**LEIRO** – Ourense – **571** E5 – **1 763 h.** – alt. 99 m                          19 B3
▶ Madrid 531 – Ourense 37 – Pontevedra 72 – Santiago de Compostela 93

🏠🏠🏠 **Mosteiro de San Clodio**                          🐾 ⌱ 🎇 AC 🎇 🛜 🔏 P

San Clodio, Este : 1 km ⊠ 32420 – ℰ 988 48 56 01
– www.monasteriodesanclodio.com – cerrado enero y febrero
**25 hab** – ♦80/95 € ♦♦100/130 €, ⊑ 8 €
**Rest** – (cerrado domingo noche y lunes) Carta 28/38 €
La calidez de la piedra y la sobriedad propia del románico se funden en este monasterio cisterciense del s. XII. Recréese en unas instalaciones que destacan por su confort y equipamiento, con amplias habitaciones de línea clásica. En el comedor, de
correcto montaje, ofrecen una carta de gusto tradicional.

---

**LEKEITIO** – Vizcaya – **573** B22 – **7 419 h.** – alt. 10 m                       25 B2
▶ Madrid 452 – Bilbao 56 – Donostia-San Sebastián 61 – Vitoria-Gasteiz 82
🅸 pl. de la Independencia, ⊠ 48280, ℰ 946 84 40 17, www.faro-lekeitio.com
🔲 Barrio de Pescadores★
🔳 Carretera en cornisa de Lekeitio a Deba ⩳★

🏠 **Zubieta** sin rest                                          🐾 🎇 ⌕ 🛜 🔏 P

Portal de Atea ⊠ 48280 – ℰ 946 84 30 30 – www.hotelzubieta.com
– 15 febrero-octubre
**13 hab** – ♦67/90 € ♦♦79/108 €, ⊑ 10 € – 10 suites
Su fachada rústica esconde una pequeña recepción, bien apoyada por una cafetería y
un salón social con chimenea. En general ofrece habitaciones de buen confort... algunas con cama de dosel y otras, en la última planta, abuhardilladas.

---

**LEKUNBERRI** – Navarra – **573** C24 – **1 463 h.**                              24 A2
▶ Madrid 441 – Pamplona 35 – Vitoria-Gasteiz 88 – Logroño 120

XX **Epeleta**                                                       AC 🎇 P

Aralar ⊠ 31870 – ℰ 948 50 43 57 – www.asadorepeleta.com – cerrado Navidades,
2ª quincena de junio y lunes
**Rest** – (solo almuerzo salvo sábado) Menú 45 € – Carta 39/56 €
Uno de esos sitios que gusta recomendar, pues resulta muy acogedor y emana
honestidad. Ocupa un atractivo caserío dotado con un bar y un comedor, ambos de
cuidado ambiente rústico. Buenas carnes y pescados a la brasa.

---

**LEÓN** ℗ – **575** E13 – **131 680 h.** – alt. 822 m                              11 B1
▶ Madrid 327 – Burgos 192 – A Coruña 325 – Salamanca 197
🅸 pl. de Regla 2, ⊠ 24003, ℰ 987 23 70 82, www.turismocastillayleon.com
🔲 Plaza Mayor★★ B - Catedral★★★ B – Colegiata de San Isidoro★ B (Panteón
Real★★★y Tesoro★★★) – Antiguo Convento de San Marcos★★ A - Museo Provincial
de León★★ B - Plaza de San Martín★ B - Casa Botines★ B - Palacio de los
Guzmanes★ B
🔳 San Miguel de la Escalada★ a 28 km por ② – Cuevas de Valporquero★★ Norte :
47 km B

Plano página siguiente

415

ESPAÑA

# LEÓN



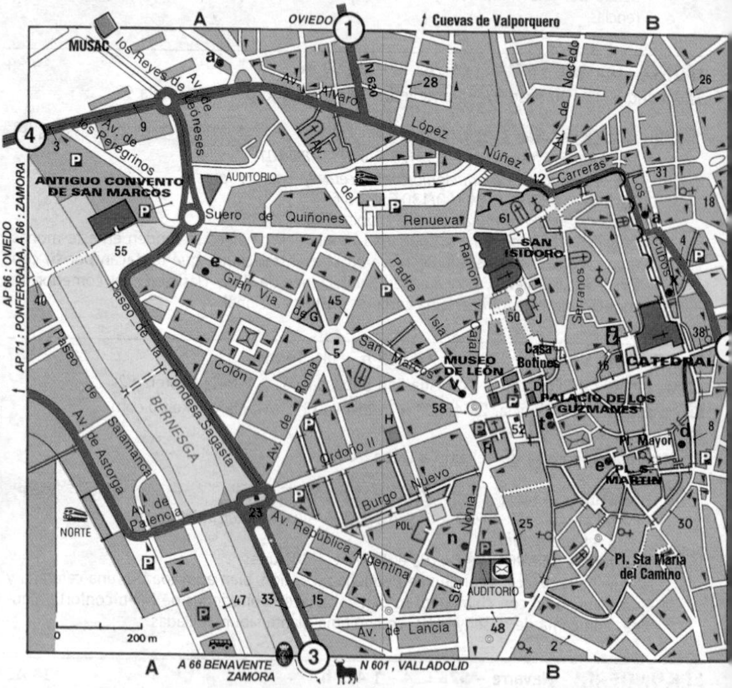


ESPAÑA

## NH Plaza Mayor sin rest, con cafetería

*pl. Mayor 15* ✉ *24003 – ✆ 987 34 43 57 – www.nh-hotels.com* **Bd**

**51 hab** – †56/172 € ††65/182 €, ☐ 15 €

Ocupa un antiguo edificio, con la fachada en piedra, que destaca por su sabia combinación de modernidad y confort. Ofrece habitaciones de equipamiento completo, siendo las más interesantes las que se orientan a la plaza y tienen balcón.

## Alfonso V

*Padre Isla 1* ✉ *24002 – ✆ 987 22 09 00 – www.hotelalfonsov.com* **Bv**

**58 hab** – †60/116 € ††60/172 €, ☐ 16 € – 4 suites

**Rest** – *(cerrado domingo)* Carta 40/60 €

Clasicismo y vanguardia encuentran el equilibrio en unas instalaciones de moderno confort, con el hall abierto hasta el techo en un impresionante efecto óptico. El restaurante propone una cocina tradicional actualizada y mantiene vivo el interés de sus clientes organizando diversas jornadas gastronómicas.

## Quindós sin rest

*Gran Vía de San Marcos 38* ✉ *24002 – ✆ 987 23 62 00 – www.hotelquindos.com* **Ae**

**96 hab** – †42/60 € ††50/120 €, ☐ 6 €

¡Singular! Este hotel está decorado con algunas obras de arte y numerosas piezas de diseño, en general muy coloristas pero que empiezan a acusar el casi siempre injusto paso del tiempo. Correcto confort general con habitaciones funcionales.

### La Posada Regia
🏨      🛗 ⅙ 🅰🅒 📶 🏛   B**t**

*Regidores 11* ✉ *24003 –* ℰ *987 21 31 73 – www.regialeon.com*
**36 hab** ⌂ – **†**50/75 € **††**50/200 €
**Rest** *Bodega Regia* – ver selección restaurantes

Instalado en un edificio del s. XIV que aún conserva el encanto de antaño y un cuidado anexo, aunque este último resulta algo más funcional y menos acogedor. Ofrece habitaciones rústicas, con vigas de madera a la vista y mobiliario antiguo.

### Q!H Centro León *sin rest*
🏠      🛗 ⅙ 🅰🅒 ⅗ 📶   B**x**

*av. Los Cubos 6* ✉ *24007 –* ℰ *987 87 55 80 – www.qhhoteles.com*
**22 hab** – **†**50/90 € **††**50/150 €, ⌂ 6 €

¡Tiene cierto encanto! Su casi inexistente zona social se compensa con un buen bar-cervecería. En este hotel encontrará unas habitaciones reducidas pero actuales, todas con vistas a la Catedral, y algunos servicios propios de un SPA.

### Fernando I
🏠      🛗 🅰🅒 ⅗ 📶

*av. de los Cubos 32* ✉ *24007 –* ℰ *987 22 06 01 – www.hospederiafernandoi.com*
**27 hab** – **†**40/60 € **††**50/100 €, ⌂ 6 €    B**a**
**Rest** – Menú 13/55 € – Carta 23/36 €

Acogedor, cercano a la Catedral y emplazado frente a la muralla. Todas las habitaciones resultan algo reducidas, sin embargo recomendamos los interiores, pues las orientadas a la muralla son un poco ruidosas. El restaurante, que destaca por su montaje, ofrece una completa carta tradicional y varios menús.

### Cocinandos (Yolanda León y Juanjo Pérez)
❌❌      🅰🅒 ⅗
✿

*Las Campanillas 1* ✉ *24008 –* ℰ *987 07 13 78 – www.cocinandos.com – cerrado 15 días en febrero, 20 días en agosto, domingo y lunes*   A**a**
**Rest** – *(solo menú)* Menú 40 €

¡En una de las zonas más nuevas de León! Ofrece un interior de línea actual-minimalista, con la cocina vista, así como una carta de tintes creativos basada en un único menú degustación, aunque suelen variar los platos una vez a la semana.
➜ Hongos, patatas, ibérico y yema. Bacalao confitado con un risotto de guisantes frescos y su pil-pil. Piña, chocolate y coco.

### Bodega Regia – Hotel La Posada Regia
❌❌      🅰🅒 ⅗ ⇔

*Regidores 9* ✉ *24003 –* ℰ *987 21 31 73 – www.regialeon.com – cerrado del 15 al 31 de enero, del 1 al 15 de septiembre y domingo*   B**t**
**Rest** – Menú 18/120 € – Carta 32/47 €

Este entrañable restaurante de aire rústico-castellano cuenta con varias salas, destacando las dos que conservan restos de la muralla romana en sus paredes. Carta tradicional con platos locales que no varían con el paso de los años.

### Adonías
❌❌      🅰🅒 ⅗ ⇔

*Santa Nonia 16* ✉ *24003 –* ℰ *987 20 67 68 – www.restauranteadonias.com – cerrado domingo y festivos noche*   B**n**
**Rest** – Menú 20/45 € – Carta 23/44 €

¡Un gran exponente de la cocina tradicional leonesa! En sus comedores, de aire regional, podrá degustar una completa carta con platos como el Entremés especial Adonías, el popular Lechado o sus sabrosos Codillos asados con crema de hongos.

### La Gitana
❌      🅰🅒 ⅗

*travesía Carnicería 5* ✉ *24003 –* ℰ *987 21 51 71 – www.restaurantelagitana.net – cerrado del 15 al 31 de octubre, miércoles noche y jueves*   B**e**
**Rest** – Carta 26/46 €

Está llevado en familia y se ha convertido en todo un clásico del Barrio Húmedo, con un bar en la planta baja y un comedor de aire rústico en el piso superior. Buen producto.

---

## LÉRIDA – Lleida – ver Lleida

---

## LERMA – Burgos – 575 F18 – 2 886 h. – alt. 844 m     12 C2

▶ Madrid 206 – Burgos 37 – Palencia 72
🇮 Audiencia 6 , ✉ 09340, ℰ 947 17 70 02, www.citlerma.com
🏌 Lerma, autovía A I (urb. La Andaya), Sur : 8 km, ℰ 947 17 12 14
◉ Plaza Mayor★

ESPAÑA

### Parador de Lerma
pl. Mayor 1 ⊠ 09340 – ℰ 947 17 71 10 – www.parador.es
**70 hab** – ♦72/148 € ♦♦90/185 €, ☑ 18 € **Rest** – Menú 27/40 € – Carta 37/58 €
Hermoso palacio del s. XVII ubicado en la Plaza Mayor. Atesora un espectacular patio central, cubierto por un lucernario, y habitaciones de completo equipamiento, todas amplias y de gran clasicismo. En el restaurante ensalzan la cocina local y regional.

### Alisa
antigua carret. N I - salida 203 autovía ⊠ 09340 – ℰ 947 17 02 50
– www.hotelalisa.com
**49 hab** – ♦49/55 € ♦♦66/85 €, ☑ 6 € **Rest** – Menú 16 € – Carta 27/39 €
Con la fachada en ladrillo visto y una amplia cafetería. Las habitaciones, bastante luminosas y espaciosas, ofrecen sencillo mobiliario y unos baños de línea actual-funcional. El restaurante propone una carta de cocina tradicional y varias sugerencias diarias.

### La Hacienda de mi Señor sin rest
El Barco 6 ⊠ 09340 – ℰ 947 17 70 52 – www.lahaciendademisenor.com
**15 hab** ☑ – ♦40 € ♦♦60 €
Este céntrico hotel ocupa una antigua construcción del s. XVII. Dispone de una amplia zona social con las paredes en piedra, habitaciones muy coloristas y una terraza-patio.

### El Zaguán sin rest
Barquillo 6 ⊠ 09340 – ℰ 617 76 25 47 – www.elzaguanlerma.com
**10 hab** – ♦45/50 € ♦♦66 €, ☑ 5 €
Casa solariega del s. XVII dotada con varias salas de cálida rusticidad, un patio regional y un salón muy moderno. Sus habitaciones también presentan un contraste de estilos.

### Casa Brigante
pl. Mayor 5 ⊠ 09340 – ℰ 947 17 05 94 – www.casabrigante.com – cerrado 15 días en marzo y 15 días en noviembre
**Rest** – (solo almuerzo) Carta 32/43 €
Está instalado en una casa centenaria dotada de soportales. Ofrece un atractivo comedor rústico, con un horno de leña a la vista, dos salas en el piso superior y un privado.

## LES – Lleida – 574 D32 – alt. 630 m
**13** A1
Madrid 635 – Lleida/Lérida 180 – Barcelona 336
av. Sant Jaume 39, ⊠ 25540, ℰ 973 64 73 03

### Talabart
Baños 1 ⊠ 25540 – ℰ 973 64 80 11 – www.hoteltalabart.com – cerrado noviembre
**24 hab** – ♦30/35 € ♦♦50/60 €, ☑ 6 €
**Rest** – (cerrado lunes salvo verano y festivos) Menú 13/21 € – Carta 24/36 €
¡Ocupa un edificio típico, céntrico y próximo a la frontera francesa! Este modesto establecimiento familiar, regentado ya por la 4ª generación, ofrece unas habitaciones bastante funcionales, sin embargo recomendamos las renovadas pues son mucho más modernas. El restaurante trabaja muy bien con sus menús.

## LESAKA – Navarra – 573 C24 – 2 807 h. – alt. 77 m
**24** A1
Madrid 482 – Biarritz 41 – Iruña/Pamplona 71 – Donostia-San Sebastián 37

### Kasino
pl. Vieja 23 ⊠ 31770 – ℰ 948 63 71 52 – www.kasinolesaka.com – cerrado lunes noche salvo festivos
**Rest** – Menú 12 € – Carta 20/35 €
Restaurante llevado en familia, en una antigua y céntrica casa de piedra. Posee un bar rústico y una sala donde ofrecen una cocina casera de buen nivel a precios asequibles.

## LEVANTE (Playa de) – Valencia – ver Valencia

## LEYRE (Monasterio de) – Navarra – 573 E26 – alt. 750 m
**24** B2
Madrid 419 – Jaca 68 – Iruña/Pamplona 51
Monasterio★ (iglesia★★ : cripta★★, interior★, portada oeste★)
Hoz de Lumbier★, Oeste : 14 km, Hoz de Arbayún★ (mirador : ≤★★) Norte : 31 km

**Hospedería de Leyre** ⬧ ⬧ **AC** rest, ⚥ 🛜 **P**
✉ 31410 – ☎ 948 88 41 00 – www.hotelhospederiadeleyre.com
– *marzo-10 diciembre*
**32 hab** – †36/41 € ††65/77 €, ☲ 6,50 €     **Rest** – Menú 16/40 €
Situación privilegiada junto al monasterio de Leyre. Posee habitaciones de aspecto actual y buen confort en su categoría, todas asomadas al patio de piedra de la entrada. El comedor, de aire rústico, basa su trabajo en un menú del día y algunas sugerencias.

---

**LEZA** – Álava – **573** E22 – 218 h.     **25** A2
🟧 Madrid 364 – Vitoria-Gasteiz 41 – Logroño 26 – Iruña/Pamplona 116
🟩 Laguardia★★ – Iglesia de Santa María de los Reyes★ (portada★★★) Sureste : 7,5 km

**El Encuentro** sin rest     ⚥ 🛜 ⇥
*Herriko Plaza 3* ✉ 01309 – ☎ 660 58 37 36 – www.agroturismoelencuentro.com
**5 hab** ☲ – ††50 €
Hermosa casa del s. XVI con las fachadas en piedra. Posee un agradable salón social, donde se sirven los desayunos, así como unas habitaciones detallistas de aire rústico-actual, dos de ellas abuhardilladas. ¡Reléjese frente a su chimenea!

---

**LEZAMA** – Vizcaya – **573** C21 – 2 287 h. – alt. 352 m     **25** A3
🟧 Madrid 394 – Bilbao 14 – Donostia-San Sebastián 91 – Vitoria-Gasteiz 71

**Matsa** sin rest     ⬧ 🚹 ⚥ 🛜 **P**
*Aretxalde 153* ✉ 48196 – ☎ 944 55 60 86 – www.ruralmatsa.com – *cerrado 22 diciembre-10 enero*
**12 hab** – †60 € ††67/80 €, ☲ 6,50 €
Casa rústica situada a las afueras de la localidad, en un entorno bastante tranquilo. Ofrece un salón social con chimenea y habitaciones funcionales, algunas abuhardilladas.

---

**LEZAMA** – Álava – **573** C21 – alt. 350 m     **25** A2
🟧 Madrid 369 – Bilbao 36 – Burgos 136 – Vitoria-Gasteiz 42

**Iruaritz**     ⬧ ⚥ 🛜 **P**
*barrio San Prudencio 29* ✉ 01450 – ☎ 945 89 26 76 – www.grupolezama.es
**5 hab** – †50/60 € ††62/69 €, ☲ 6 €     **Rest** – *(solo clientes, solo menú)* Menú 18 €
Un marco ideal para el descanso, pues se trata de un caserío vasco del s. XV dotado con dependencias de gran confort, todas distintas y con mobiliario antiguo restaurado.

---

**LIENDO** – Cantabria – **572** B19 – 995 h.     **8** C1
🟧 Madrid 446 – Santander 51 – Vitoria-Gasteiz 117 – Bilbao 55

**Posada La Torre de la Quintana** sin rest     ⬧ ⚥ 🛜
*barrio de Hazas, casa 26* ✉ 39776 – ☎ 942 67 74 39 – www.intergrouphoteles.com
– *cerrado 7 enero-7 febrero*
**11 hab** – ††60/80 €, ☲ 7 €
Ocupa un antiguo edificio cuya torre, del s. XV, está considerada patrimonio artístico. Correctas habitaciones de aire rústico, las del piso superior abuhardilladas.

---

**LIÉRGANES** – Cantabria – **572** B18 – 2 441 h. – alt. 110 m – Balneario     **8** B1
🟧 Madrid 389 – Santander 24 – Bilbao 93 – Burgos 151

**El Arral** sin rest     ⬧ � ⚥ 🛜
*Convento 10* ✉ 39722 – ☎ 942 52 84 75 – www.casonaelarral.com
– *12 marzo-12 diciembre*
**10 hab** – †56/73 € ††70/92 €, ☲ 7 €
Casona en piedra construida junto al río Miera, con diversas zonas comunes y un jardín. Ofrece habitaciones amplias y coloristas, así como su propia ermita abierta al culto.

419

ESPAÑA

**LIGÜÉRZANA** – Palencia – **575** D16 – 81 h. – alt. 970 m      **12** C1
▶ Madrid 340 – Burgos 101 – Palencia 117 – Santander 119

↑    **Casa Mediavilla**        🐾 🕅 🛏
✉ 34839 – ☎ 979 87 76 36 – www.casamediavilla.com – cerrado enero
**6 hab** – ♦30 € ♦♦40 €, ⌚4 €   **Rest** – (solo clientes, solo menú) Menú 12 €
Antigua casa de labranza de entrañable rusticidad. Disfruta de un acogedor salón
social, unas correctas habitaciones con mobiliario actual y un pequeño comedor.

---

**LIMPIAS** – Cantabria – **572** B19 – 1 897 h. – alt. 29 m      **8** C1
▶ Madrid 378 – Santander 48 – Vitoria-Gasteiz 125 – Bilbao 66

🏨    **Parador de Limpias**    🐾 🚗 🌊 🏊 📺 🕽 🗄 🌫 hab, 🗚 🕅 🛜 🛁 🅿 🚗
Fuente del Amor ✉ 39820 – ☎ 942 62 89 00 – www.parador.es – marzo-octubre
**65 hab** – ♦60/136 € ♦♦75/170 €, ⌚16 €   **Rest** – Menú 27 € – Carta 39/48 €
Se alza en la finca del Palacio de Eguilior, arbolada y de gran extensión. Consta de dos
construcciones, un recio palacio del s. XX y un anexo más actual, con habitaciones
modernas y confortables. El restaurante ofrece una carta tradicional. En su jardín
encontrará un sendero bien marcado para el paseo.

---

**LINARES** – Jaén – **578** R19 – 60 950 h. – alt. 418 m      **2** C2
▶ Madrid 297 – Ciudad Real 154 – Córdoba 122 – Jaén 51
◉ Localidad★ – Museo Arqueológico★

🏨    **Santiago**         🌊 🏊 📺 🗚 🕅 🛜 🛁 🚗
Santiago 3 ✉ 23700 – ☎ 953 69 30 40 – www.hotel-santiago.es
**66 hab** – ♦50/78 € ♦♦50/97 €, ⌚9 €
**Rest** – (cerrado domingo noche) (solo almuerzo) Menú 15 € – Carta aprox. 30 €
Ubicado junto a la plaza del Ayuntamiento. Ofrece unas instalaciones de línea clásica-
elegante, con amplias habitaciones, la zona social anexa a la cafetería y una pequeña
piscina asomada a la ciudad en la azotea. En su restaurante, de ambiente clásico,
encontrará una cocina tradicional actualizada.

XX    **Los Sentidos**        🗄 🗚 🕅 ⇆
⊕   Doctor 13 ✉ 23700 – ☎ 953 65 10 72 – www.restaurantelossentidos.com
– cerrado 10 días en agosto, domingo noche y lunes
**Rest** – Menú 20/37 € – Carta 25/37 €
Tras su atractiva fachada en piedra presenta una pequeña recepción y cuatro salas de
estética actual, una de ellas asomada a un pequeño patio interior. Cocina creativa y
de autor con muchas opciones de tapas, raciones y medias raciones.

X    **Canela en Rama**        🗚
⊕   República Argentina 12 ✉ 23700 – ☎ 953 60 25 32 – www.canelaenramalinares.com
– cerrado del 22 al 31 de julio
**Rest** – Menú 33 € – Carta 30/39 €
Llevado por una pareja, normalmente con ella pendiente de la sala y él atento a los
fogones. Presenta una taberna de línea actual, un coqueto comedor y una cocina de
corte actual que combina, de un modo informal, los platos con el picoteo.

---

**LINARES DE LA SIERRA** – Huelva – **578** S10 – 286 h. – alt. 497 m      **1** A2
▶ Madrid 499 – Sevilla 98 – Huelva 111 – Barrancos 63

X    **Arrieros**        🍴 🗚 🕅
⊕   Arrieros 2 ✉ 21207 – ☎ 959 46 37 17 – www.arrieros.net – cerrado del 1 al 6 de
enero, 20 junio-20 julio y lunes salvo festivos
**Rest** – (solo almuerzo salvo agosto) Menú 30 € – Carta 25/35 €
Instalado en una casa típica de un pueblo con las calles empedradas. En su
coqueto interior, de ambiente rústico, ofrecen una cocina serrana fiel a los productos autóctonos.

**LINYOLA** – Lleida – **574** G32 – **2 661 h.** – alt. 220 m                                    13 B2

▶ Madrid 503 – Barcelona 144 – Lleida 35 – Sant Julià de Lòria 133

🏠 **Cal Rotés**                                          ⚶ 🔲 ⅏ ₺ hab. 🎴 ⅍ 🛜

*Isabel II-19* ☒ 25240 – ℰ 973 71 45 67 – www.calrotes.com – cerrado lunes, martes y miércoles

**4 hab** – ♦60/80 € ♦♦85/105 €, � 10 €    **Rest** – Menú 15/21 €

Encantador hotelito instalado en una casa solariega catalana del s. XVIII, con una acogedora zona social y habitaciones bien personalizadas mediante mobiliario antiguo restaurado. En el coqueto restaurante apuestan por la cocina tradicional actualizada.

✗ **Amoca**                                                              🎴 ⅍

*Llibertat 32* ☒ 25240 – ℰ 973 57 51 10 – www.amocarestaurant.com – cerrado 18 agosto-8 septiembre y lunes

**Rest** – Menú 16 € – Carta 25/45 €

Este restaurante de gestión familiar presenta un interior de línea actual, con la cocina a la vista desde la sala. Su chef-propietario ofrece una carta de gusto tradicional, normalmente elaborada con productos autóctonos.

---

**LIZARRA (ESTELLA)** – Navarra – **573** D23 – **14 138 h.** – alt. 430 m        24 A2

▶ Madrid 380 – Logroño 48 – Iruña/Pamplona 45 – Vitoria-Gasteiz 70

🛈 San Nicolás 4, ☒ 31200, ℰ 948 55 63 01

◉ Palacio de los Reyes de Navarra★ – Iglesia San Pedro de la Rúa : (portada★, capiteles★★) – Iglesia de San Miguel : (fachada★, altorrelieves★★)

◙ Monasterio de Irache★ (iglesia★) Suroeste : 3 km – Monasterio de Iranzu (garganta★) Norte : 10 km. carretera del Puerto de Lizarraga★★ (mirador★), carretera del Puerto de Urbasa★★

🏠🏠 **Tximista**                                          🔳 ₺ hab. 🎴 ⅍ 🛜 🕸 🅿

*Zaldu 15* ☒ 31200 – ℰ 948 55 58 70 – www.hoteltximista.com – cerrado 24 diciembre-7 enero

**29 hab** – ♦70/90 € ♦♦80/120 €, ⊻ 11 €

**Rest** – (cerrado domingo y lunes mediodía) Menú 17/27 €

Instalado en una fabrica harinera del s. XIX que hay junto al río. Ofrece cuidadas habitaciones de línea actual, algunas emplazadas en unos antiguos silos de planta octogonal. En su comedor le ofrecerán una cocina tradicional con detalles actuales.

✗✗ **Richard**                                                          🎴 ⅍

*av. de Yerri 10* ☒ 31200 – ℰ 948 55 13 16 – www.barrestauranterichard.com – cerrado del 1 al 15 de septiembre y lunes

**Rest** – Menú 12/25 € – Carta 38/61 €

Disfruta de una amable organización familiar y está comunicado con el bar público anexo. Aquí ofrecen una cocina de sabor regional especializada en verduras de temporada.

---

**LLAFRANC** – Girona – **574** G39 – **304 h.** – Playa                            15 B1

▶ Madrid 732 – Barcelona 131 – Girona/Gerona 60

🏠 **Llevant**                                          🕾 🎑 🎴 ⅍ rest. 🛜 🅿

*Francesc de Blanes 5* ☒ 17211 – ℰ 972 30 03 66 – www.hotel-llevant.com

**26 hab** ⊻ – ♦78/155 € ♦♦105/222 €

**Rest** – (cerrado domingo noche y lunes en invierno) Menú 20/45 € – Carta 25/41 €

Negocio de larga trayectoria familiar situado junto al mar. Posee unas correctas habitaciones, algunas abuhardilladas, destacando las que se asoman directamente al Mediterráneo. El restaurante, dotado con dos terrazas, ofrece una carta tradicional e internacional bastante completa, así como un buen menú.

🏠 **Terramar**                                          ⋜ 🕾 ⅙ 🎑 🎴 ⅍ 🛜 🕸 🅿

*passeig de Cipsela 1* ☒ 17211 – ℰ 972 30 02 00 – www.hterramar.com – Semana Santa-octubre

**53 hab** – ♦56/183 € ♦♦70/183 €, ⊻ 13 €    **Rest** – Menú 20/24 € – Carta 25/42 €

¡En 1ª línea de playa! Encontrará una recepción con algunos detalles marineros, un correcto solárium y habitaciones actuales, más de la mitad con su propia terraza. El restaurante, también actual y con una terraza acristalada, destaca tanto por su carta mediterránea como por sus vistas al mar.

### 🏨 Llafranch
≤ 🛏 🗄 🅰🅲 ⚙ hab, 🛜

*passeig de Cipsela 16 ⊠ 17211 – ☎ 972 30 02 08 – www.hllafranch.com*
*– cerrado noviembre-26 diciembre*

**32 hab** 🖵 – 🛏65/146 € 🛏🛏87/180 €   **Rest** – Menú 18/65 € – Carta 35/53 €

Bien ubicado frente a la playa... ¡en pleno paseo marítimo! Ofrece unas habitaciones de línea clásica-actual, destacando las nueve con vistas frontales al mar y las cuatro de la azotea, más actuales y confortables. El restaurante, que se reparte entre dos terrazas, elabora una cocina mediterránea tradicional.

### 🏠 Casamar
🦐 ≤ 🛏 🅲 🛜

*Nero 3 ⊠ 17211 – ☎ 972 30 01 04 – www.hotelcasamar.net – abril-diciembre*

**20 hab** 🖵 – 🛏55/110 € 🛏🛏85/135 €

**Rest** *Casamar* ✿ – ver selección restaurantes

Resulta agradable y destaca por sus vistas, pues se encuentra en la parte alta del pueblo... en un extremo de la bahía. Se presenta totalmente renovado, con balcones y vistas al mar desde la mayor parte de sus habitaciones.

### ✕✕ Casamar (Quim Casellas) – Hotel Casamar
≤ 🛏 🅰🅲 ⚙

✿ *Nero 3 ⊠ 17211 – ☎ 972 30 01 04 – www.hotelcasamar.net – abril-diciembre*

**Rest** – (cerrado domingo noche salvo julio-agosto y lunes) Menú 23/65 €
– Carta 40/60 € 🍷

Negocio de organización familiar dotado con dos salas, ambas de línea clásica-actual, y una acogedora terraza que se asoma parcialmente al mar. Su chef propone una cocina bastante elaborada, con platos actuales y un buen menú degustación.

→ Ensalada de muslito de codorniz lacado con espuma de maíz y espaguetis vegetales. Ternera asada a fuego lento y cortada al momento con cebollitas a la Ratafia. Tatin de manzana.

## junto al Far de Sant Sebastià Este : 2 km

### ✕✕ El Far de Sant Sebastià 🆕 con hab
🦐 ≤ 🛏 🅰🅲 ⚙ 🛜 🅿

*Montanya del Far de Sant Sebastià ⊠ 17211 Llafranc – ☎ 972 30 16 39*
*– www.elfar.net – cerrado 7 enero-7 febrero, lunes noche y martes salvo en verano*

**9 hab** 🖵 – 🛏125/240 € 🛏🛏160/280 €   **Rest** – Menú 20/34 € – Carta 30/59 €

Bien situado junto a un faro, por lo que ofrece buenas vistas al mar tanto desde el comedor como desde la terraza. Interesantes menús temáticos, pescados de la lonja, arroces de Pals... y como complemento, unas coquetas habitaciones de ambiente marinero.

---

**LLAGOSTERA** – Girona – 574 G38 – 8 157 h. – alt. 60 m     **15** A1

▶ Madrid 699 – Barcelona 86 – Girona/Gerona 23

## en la carretera de Sant Feliu de Guíxols

### ✕✕✕ Els Tinars (Marc Gascons)
🛏 🅰🅲 ⇔ 🅿

✿ *Este : 5 km ⊠ 17240 – ☎ 972 83 06 26 – www.elstinars.com*
*– cerrado 13 enero-13 febrero, domingo noche y lunes salvo agosto*

**Rest** – Menú 36/93 € – Carta 48/65 € 🍷

Casa de larga tradición familiar. Su completa carta combina los platos clásicos de la cocina tradicional con otros más creativos. ¡Excelente bodega e interesantes menús!

→ Pequeño arroz seco de sepia, sepionets, guisantes y cebolla tierna. Lomo de rodaballo a la brasa, alcachofas, espárragos y cebolla tierna. Chocolate frío, caliente y crujiente, haba tonka y café.

### ✕ Ca la María
🛏 ⇔ 🅿

*Este : 4,5 km ⊠ 17240 – ☎ 972 83 13 34 – www.restaurantcalamaria.cat – cerrado 23 diciembre-10 enero y martes*

**Rest** – Menú 40/50 € – Carta 32/51 €

Esta atractiva masía del s. XVII cuenta con dos salas de aire rústico y un acogedor privado en lo que fue la cocina. Carta tradicional actualizada de tendencia catalana.

**LLANARS** – Girona – **574** F37 – 534 h. – alt. 1 080 m    14 C1

▶ Madrid 701 – Barcelona 129 – Girona/Gerona 82

🏠🏠🏠 **Grèvol**    ⚓ ✑ ✎ 🔲 ⊙ 🔳 ♿ 🖩 ❀ 🔇 ⟙ 🅿 🚗
*av. Les Saletes 7* ✉ 17869 – 𝒞 972 74 10 13 – www.hotelgrevol.com
*– cerrado del 5 al 21 de mayo y del 2 al 19 de noviembre*
**36 hab** ⊡ – ✝80/180 € ✝✝100/200 €
**Rest** *Grèvol* – ver selección restaurantes
Atractivo chalet de montaña definido por su profusión de maderas. Ofrece un gran
espacio social con chimenea y cálidas habitaciones, la mayoría con balcón, mobiliario
rústico y unos nombres que ensalzan las montañas o flores de la zona.

❌❌ **Grèvol** – Hotel Grèvol    ⟨ ✑ 🖩 ❀ ⟷ 🅿 🚗
*av. Les Saletes 7* ✉ 17869 – 𝒞 972 74 10 13 – www.hotelgrevol.com – *cerrado
29 abril-15 mayo y del 4 al 21 de noviembre*
**Rest** – Menú 25/49 € – Carta 34/49 €
Amplio, luminoso y con un gran ventanal que... ¡enmarca las montañas! Le sorprenderá tanto por su montaje, con muchísima madera, como por su cocina, tradicional
actualizada y con la opción de varios menús.

**LLANÇÀ** – Girona – **574** E39 – 5 105 h. – Playa    14 D3

▶ Madrid 762 – Barcelona 161 – Girona 63 – Perpignan 78

ℹ Camprodón 16-18 , ✉ 17490, 𝒞 972 38 08 55, www.visitllanca.cat

🏠 **Carbonell**    🔳 🖩 ❀ 🔇 🅿
*Major 19* ✉ 17490 – 𝒞 972 38 02 09 – www.hotelcarbonell.es
**35 hab** – ✝45/60 € ✝✝60/75 €, ⊡ 6 € **Rest** – (solo en verano) Menú 15/25 €
Establecimiento familiar en constante renovación. Ofrece habitaciones sencillas, unas
con mobiliario clásico y otras de estilo más actual. Cafetería y zona social conjuntas.
El amplio restaurante centra su trabajo en la elaboración de dos correctos menús.

**en el puerto** Noreste : 1,5 km

🏠 **La Goleta** sin rest    🔳 🖩 ❀ 🅿
*Pintor Terruella 22* ✉ 17490 Llançà – 𝒞 972 38 01 25 – www.hotellagoleta.com
*– cerrado 15 enero-10 febrero*
**28 hab** ⊡ – ✝55/75 € ✝✝65/95 €
Hotel vacacional emplazado en la parte alta del puerto. Presenta dos tipos de habitaciones, unas con mobiliario antiguo decapado en tonos blancos y otras con una
línea marinara más funcional.

❌❌❌ **Miramar** (Paco Pérez) con hab    ⟨ 🖩 rest, ❀ rest, 🔇
✿✿ *passeig Marítim 7* ✉ 17490 Llançà – 𝒞 972 38 01 32 – www.restaurantmiramar.com
*– cerrado enero y febrero*
**10 hab** ⊡ – ✝60/100 € ✝✝80/100 €
**Rest** – (cerrado domingo noche y lunes) Menú 143 € – Carta 73/93 € 🍷
¡En pleno paseo marítimo! Tras una importante redecoración presenta una atractiva sala
interior en tonos oscuros, con la cocina semivista, y un espacio acristalado a modo de
terraza. El chef armoniza, con talento y técnica, tradición marinera e innovación.
→ Tartar de ostras y caviar. Arroz meloso de sepia y bogavante. Lácteos con stracia-
tella de coco y chocolate.

❌❌ **Els Pescadors**    ⟨ 🍴 🖩 ❀ ⟷
*Castellà 41* ✉ 17490 Llançà – 𝒞 972 38 01 25 – www.restaurantelspescadors.com
**Rest** – Menú 25/75 € – Carta 43/62 €
En la zona del puerto, donde posee un buen comedor actual-marinero, una terraza y
un privado. Carta de pescados y mariscos con platos clásicos, como los calamares o el
suquet.

❌❌ **El Vaixell**    🖩 ❀
🍷 *Castellar 62* ✉ 17490 Llançà – 𝒞 972 38 02 95 – www.elvaixell.com
*– cerrado 23 diciembre-7 enero y lunes salvo agosto y festivos*
**Rest** – (solo almuerzo salvo Semana Santa, verano, viernes y sábado) Menú 16/32 €
– Carta 30/37 €
Comedor diáfano, luminoso y de vivos colores. Aquí ofrecen una cocina tradicional
ampurdanesa de base marinera, rica en arroces y con la opción de varios menús a
buen precio.

ESPAÑA

✗ **La Brasa** 🏠 �AC 🛇

*pl. Catalunya 6 ⊠ 17490 Llançà – ℰ 972 38 02 02 – www.restaurantlabrasa.com*
*– cerrado 15 diciembre-15 febrero, lunes noche y martes*

**Rest** – *(solo almuerzo salvo viernes y sabado en invierno)* Menú 19 € – Carta 21/52 €
¡Está considerado todo un clásico en la localidad! Cuentan con un único comedor de estilo rústico-regional y una pequeña terraza, ofreciendo una carta tradicional con varios platos a la brasa, en general más pescados que carnes.

---

**LLANES** – Asturias – 572 B15 – 13 893 h. – Playa 5 C1

▶ Madrid 453 – Gijón 103 – Oviedo 113 – Santander 96

ℹ posada Herrera (Casa de Cultura), edificio La Torre, ⊠ 33500, ℰ 985 40 01 64, www.llanes.com

⛳ La Cuesta, Sureste : 3 km, ℰ 985 40 33 19

🏠🏠🏠 **La Hacienda de Don Juan** 🛗 �AC rest, 🛇 🤶 🛗 P

*La Concepcion 5 ⊠ 33500 – ℰ 985 40 35 58 – www.haciendadedonjuan.com*
*– abril-octubre*

**32 hab** – †44/111 € ††75/140 €, � 11 € – 4 suites

**Rest** – Menú 22/35 € – Carta 27/54 €
Este moderno edificio disfruta de acogedoras zonas nobles, que incluyen una pequeña biblioteca, un SPA y confortables habitaciones, unas abuhardilladas y otras con terraza. El restaurante, tipo invernadero, llama la atención por su sala semicircular.

🏠 **La Posada del Rey** sin rest 🛗 🤶

*Mayor 11 ⊠ 33500 – ℰ 985 40 13 32 – www.laposadadelrey.es*

**6 hab** – †35/45 € ††55/103 €, ⊻ 5 €
Instalado en una antigua casa de piedra del casco histórico. Sus habitaciones, algo pequeñas, tienen una decoración rústica-actual y están abuhardilladas en la última planta.

**en Pancar** Suroeste : 1,5 km

✗ **El Retiro** 🛇

*⊠ 33500 Pancar – ℰ 985 40 02 40 – www.restaurantebarelretiro.com*
*– cerrado 10 enero-1 febrero, 2ª quincena de noviembre, domingo noche y lunes salvo julio y agosto*

**Rest** – *(solo almuerzo salvo viernes y sábado en invierno)* Menú 50 € – Carta 30/53 €
Ocupa lo que fue un bar-tienda familiar. Tras su modesta fachada se esconde un restaurante de cuidado montaje, con un bar y una sala interior parcialmente excavada en la roca. Cocina de base tradicional y corte actual-creativo.

**en La Arquera** Sur : 2 km

🏠🏠🏠 **Finca La Mansión** sin rest 🚗 🛋 🛗 �AC 🛇 🤶 P

*⊠ 33500 Llanes – ℰ 985 40 23 25 – www.fincalamansion.net – Semana Santa-septiembre*

**24 hab** – †52/149 € ††65/149 €, ⊻ 6 €
Tras su fachada clásica encontrará un agradable patio-salón social, que destaca por su gran chimenea, y habitaciones muy espaciosas vestidas con mobiliario clásico-colonial.

🏠🏠 **La Arquera** sin rest ≤ 🚗 🛗 🛗 🤶 P

*⊠ 33500 Llanes – ℰ 985 40 24 24 – www.hotelarquera.com*

**13 hab** – †44/104 € ††60/130 €, ⊻ 9 € – 9 apartamentos
Casona típica en la que aún conservan un antiguo hórreo. Las habitaciones, de línea clásica-regional, se complementan con nueve apartamentos más actuales ubicados en un anexo.

**en La Pereda** Sur : 4 km

🏠🏠 **La Posada de Babel** 🐾 🚗 🛇 rest, 🤶 P

*⊠ 33509 La Pereda – ℰ 985 40 25 25 – www.laposadadebabel.com*
*– cerrado 8 diciembre-15 abril*

**12 hab** – †64/94 € ††87/122 €, ⊻ 11 €

**Rest** – *(solo clientes, solo cena)* Menú 20 € – Carta 24/35 €
Está distribuido en varios edificios y disfruta de una extensa zona de césped con árboles. Sus habitaciones resultan bastante acogedoras y disfrutan de una estética actual.

### El Habana
🛠 🚗 ⌛ 🛜 **P**

✉ 33509 La Pereda – ℰ 985 40 25 26 – www.elhabanallanes.net – *abril-septiembre*
**12 hab** – †77/121 € ††87/131 €, ⌷ 10 €
**Rest** – *(solo clientes, solo cena)* Carta 21/38 €

Establecimiento familiar dotado con cálidos espacios y amplias habitaciones, todas con mobiliario de aire clásico-antiguo. También atesora un amplísimo jardín con recorrido botánico y un comedor, este último acristalado y de carácter polivalente.

### Arpa de Hierba sin rest
🛠 ⟨ 🛜 **P**

✉ 33509 La Pereda – ℰ 985 40 34 56 – www.arpadehierba.com
– *cerrado 13 diciembre-12 febrero*
**8 hab** ⌷ – †62/103 € ††82/122 €

Hotel de amable organización familiar. Presenta una decoración de elegante clasicismo, un salón social con chimenea e impecables habitaciones personalizadas en su mobiliario.

**al Oeste** 6,5 km

### Arredondo
🛠 ⟨ 🚗 🏵 🍽 rest, 🛜 **P**

carret. Celorio - Porrua ✉ 33595 Celorio – ℰ 985 92 56 27
– www.hotelrural-arredondo.com – *cerrado enero*
**16 hab** – †55/70 € ††63/95 €, ⌷ 6 €
**Rest** – *(solo cena)* Menú 17 € – Carta 18/36 €

Caserío del s. XVIII emplazado en una finca con bosques, prado y ganado propio. Buena zona social de aire rústico y cálidas habitaciones, algunas con chimenea e hidromasaje.

**en Barro** Oeste : 6,5 km

### Miracielos sin rest
🛠 🛗 🏵 🛜 **P** 🚗

playa de Miracielos ✉ 33595 Barro – ℰ 985 40 25 85 – www.hotelmiracielos.com
– *cerrado 15 diciembre-febrero*
**21 hab** ⌷ – †40/95 € ††55/125 €

Hotel de línea actual situado cerca de la playa. Dispone de una pequeña galería acristalada como zona social y habitaciones de correcto confort, todas sencillas y funcionales.

**en Niembro** Oeste : 8 km

### San Pelayo
🏵 🆎 🏵 **P**

✉ 33595 Niembro – ℰ 985 40 73 76 – www.restaurantesanpelayo.com
– *cerrado 15 enero-15 febrero y lunes salvo verano*
**Rest** – *(solo almuerzo salvo viernes, sábado y verano)* Menú 20/30 € – Carta 33/41 €

Restaurante de montaje actual decorado con originales detalles marineros. Posee dos comedores bien dispuestos, complementados por una espaciosa terraza tipo porche.

---

**Los LLAOS** – Cantabria – ver San Vicente de la Barquera

---

**LLAVORSÍ** – Lleida – 574 E33 – 366 h. – alt. 811 m    **13** B1
▶ Madrid 600 – Barcelona 243 – Lleida 139 – Andorra la Vella 87

### Riberies
🚗 ⌛ 🧖 🛗 🔣 hab, 🆎 🏵 🛜 **P** 🚗

camí de Riberies ✉ 25595 – ℰ 973 62 20 51 – www.riberies.com – *cerrado noviembre*
**34 hab** ⌷ – †70/97 € ††116/150 €    **Rest** – Menú 16/35 € – Carta 28/42 €

Este atractivo hotel disfruta de una confortable zona social y unas coquetas habitaciones, las 10 más antiguas de línea rústica y el resto de estilo clásico-actual... con todo el piso superior abuhardillado. El restaurante, que posee ventanales asomados a la piscina, propone una cocina de tinte actual.

**ESPAÑA**

**LLEIDA (LÉRIDA)** P - **574** H31 - **139 834 h. - alt. 151 m** **13** A2

Madrid 470 – Barcelona 169 – Huesca 123 – Iruña/Pamplona 314

Major 31 bis , ✉ 25007, ✆ 902 25 00 50, www.turismedelleida.com

**R.A.C.C.** av. del Segre 6 ✆ 973 24 12 45

Raimat, por la carret. de Huesca : 9 km, ✆ 973 73 75 39

La Seu Vella★★★ : Situación★, Iglesia★★ (capiteles★), claustro★★ (capiteles★ campanario★★) Y – Iglesia de Sant Martí★ Y – Iglesia de Sant Llorenç★ Z – Museu de Lleida Diocesà i Comarcal★★ Z

## NH Pirineos

hab,

*Gran Passeig de Ronda 63 ✉ 25006 – ✆ 973 27 31 99 – www.nh-hotels.com*

**91 hab** – ††45/229 €, ☕ 14 € – 1 suite **Yc**

**Rest** – *(cerrado fines de semana y festivos)* Menú 20 € – Carta 30/42 €

¡Emplazado junto a un centro comercial y de ocio! Presenta unas instalaciones que destacan tanto por el confort como por su cuidado equipamiento. La notable capacidad de sus salones tiene su premio, pues les permite trabajar mucho con empresas. El restaurante centra su oferta en un correcto menú.

## Real

hab, rest,

*av. de Blondel 22 ✉ 25002 – ✆ 973 23 94 05 – www.hotelreallleida.com*

**58 hab** – †46/179 € ††46/204 €, ☕ 9 € **Zd**

**Rest** – *(cerrado domingo y festivos) (solo cena)* Menú 15/40 € – Carta 20/37 €

Su magnífica ubicación, los precios asequibles y la renovación integral lo convierten en una gran opción. Presenta habitaciones amplias y actuales, todas bien equipadas. En el restaurante, que posee un acceso independiente, encontrará una carta tradicional con un menú diario y otro de degustación.

## Ramón Berenguer IV sin rest

*pl. Berenguer IV 2 ✉ 25007 – ✆ 973 23 73 45 – www.hotelramonberenguerlleida.com*

**52 hab** – †35/45 € ††35/55 €, ☕ 7 € **Yn**

Disfruta de un aire bastante actual dentro de su funcionalidad. Las habitaciones resultan confortables, con plato ducha en la mayoría de sus baños. ¡Gestión familiar y clientela variada, tanto de trabajo como de turistas!

ESPAÑA

## Grevol

*Alcalde Pujol 19, por av. de Doctor Fleming ✉ 25006 – ✆ 973 28 98 95 – www.grevol.es – cerrado del 1 al 7 de enero, 15 días en agosto, domingo noche, lunes y martes noche*

**Rest** – Carta 50/65 €

Bien llevado por un matrimonio, con ella en la sala y él al frente de los fogones. Posee un hall y un comedor de línea clásica-actual. Su reducida carta tradicional se enriquece con algunas sugerencias, tanto de temporada como de mercado.

## Ferreruela

*Bobalà 8 ✉ 25004 – ✆ 973 22 11 59 – www.ferreruela.com – cerrado del 27 enero-4 febrero, 11 agosto-4 septiembre, lunes y martes* **Yb**

**Rest** – Carta 29/44 €

Instalado en un antiguo almacén de frutas. En su interior, de línea rústica-actual, podrá descubrir la cocina tradicional de esta tierra, basada en la simplicidad de usar solo productos autóctonos y de temporada. ¡Trabajan bien a la brasa!

## Xalet Suís

*av. Alcalde Rovira Roure 9 ✉ 25006 – ✆ 973 23 55 67* **Yx**

**Rest** – Carta 30/45 €

Este negocio familiar posee un coqueto exterior, a modo de casita suiza, y un pequeño comedor de marcada rusticidad. Carta tradicional basada en la bondad del producto, con un apartado de Fondues, algunos Tartares y sugerencias de palabra.

## El Celler del Roser

*Cavallers 24 ✉ 25002 – ✆ 973 23 90 70 – www.cellerdelroser.com – cerrado domingo noche y lunes noche* **Zr**

**Rest** – Menú 12/37 € – Carta 27/40 €

¡Los mejores bacalaos de la ciudad! Este restaurante del casco viejo posee dos salas de sencillo montaje, una de ellas en el sótano ocupando lo que fue la bodega. Elaboraciones de sabor tradicional e interesantes menús.

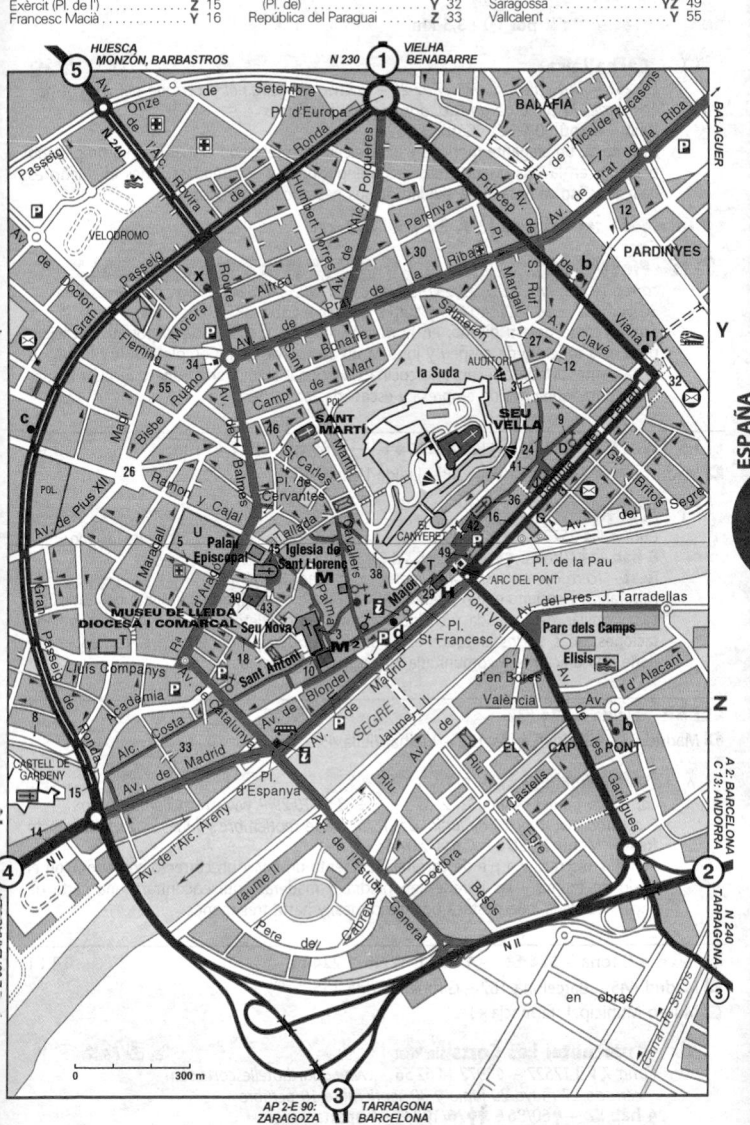

X **Mini**  ⓐ ⅍
*Vilaller* ✉ 25001 – ℰ 973 20 40 30  **Zb**
**Rest** – Carta 34/59 €
Callos, Pies de cerdo, Caracoles... En este restaurante se apuesta claramente por la cocina tradicional, cuidando mucho la calidad del producto. ¡Extensa oferta de destilados!

**en la carretera N II por** ④ : 3,5 km

XX **Carballeira**  ⓐ ⅍ ⟷ P
✉ 25194 Butsenit – ℰ 973 27 27 28 – www.carballeira.net – *cerrado del 7 al 14 de enero, del 12 al 20 de agosto, domingo noche, lunes*
**Rest** – Menú 50/95 € – Carta 37/69 €
Disfruta de un elegante montaje y una selecta clientela, con el matrimonio propietario presente en la sala. Escuche las recomendaciones y sorpréndase, pues el dueño es gallego y eso se nota en la calidad de sus pescados y mariscos.

**en la vía de servicio de la A 22 por** ⑤: 7 km

🏨 **Finca Prats**  🔲 ⓦ ⅙ 🕯 ⅙ hab, ⓐ ⅍ 🛜 ⅍ P ⟷
*carret. N-240, km 102,5* ✉ 25198 Lleida – ℰ 902 44 56 66 – www.fincaprats.com
**36 hab** 🖸 – †130/140 € – 4 suites   **Rest** – Carta 38/56 €
Admira tanto por su diseño, en hormigón, madera y cristal, como por su ubicación, pues está rodeado de césped y junto a un campo de golf. Completo SPA y luminoso restaurante, donde ofrecen una cocina tradicional actualizada. ¡Una dirección interesante para reuniones de empresa y escapadas antiestrés!

---

**LLES DE CERDANYA** – Lleida – **574** E35 – 269 h. – alt. 1 471 m   **13** B1
▶ Madrid 624 – Andorra la Vella 48 – Lleida/Lérida 165

🏠 **Cal Rei**  ⅍ ⪅ ⅍ rest,
*Cadí 4* ✉ 25726 – ℰ 659 06 39 15 – www.calrei.cat – *cerrado 25 junio-13 julio*
**8 hab** 🖸 – †40/60 € ††60/80 €, 🖸 8 €
**Rest** – *(cerrado martes) (solo clientes, solo cena)* Menú 16 €
Naturaleza y sosiego en un pueblo de montaña bien asomado a la sierra del Cadí. Esta casa familiar, de marcada rusticidad, atesora un coqueto salón social y cálidas habitaciones, unas en los antiguos establos y otras de tipo dúplex. En el comedor, que tiene una única mesa comunitaria, ofrecen cocina casera.

---

**LLESP** – Lleida – **574** E32   **13** A1
▶ Madrid 537 – Lleida/Lérida 130 – Vielha/Viella 45

X **Villa María**  🏠 ⅍ P
*carret. de Caldes de Boí* ✉ 25526 – ℰ 973 69 10 29 – www.restvillamaria.com
– *cerrado del 10 al 20 de junio, del 15 al 23 de septiembre y lunes salvo julio-agosto*
**Rest** – Menú 18/36 € – Carta 21/44 €
Sencillo, discreto y a pie de carretera. Presenta un bar y un correcto comedor, con el suelo en tarima y las paredes en piedra o madera. Aquí encontrará una carta de cocina catalana, que destaca por sus carnes, y hasta tres menús.

---

**LLÍVIA** – Girona – **574** E35 – 1 689 h. – alt. 1 224 m   **14** C1
▶ Madrid 645 – Barcelona 162 – Girona/Gerona 155
◉ Museo Municipal (farmacia★)

🏠 **Aparthotel Les Corts** sin rest  ⅍ 🔲 ⅙ 🕯 🛜 P
*Cana 7* ✉ 17527 – ℰ 972 14 62 56 – www.aparthotellescorts.com
– *cerrado 27 mayo-20 junio y 30 septiembre-10 octubre*
**4 hab** 🖸 – †60/86 € ††76/108 € – 4 apartamentos
Instalado en un atractivo edificio de piedra que remonta sus orígenes al s. XVIII. Ofrece apartamentos tipo dúplex, algunos de ellos con balcón, y unas sencillas habitaciones... eso sí, todas con cocina. ¡Interesante si viaja en familia!

### Fonda Mercé ⓝ 🛗 📶
*Estavar 29* ✉ *17527* – ☎ *972 89 70 01* – *www.fondamerce.com*
**9 hab** ⬚ – ✝40/50 € ✝✝75/92 € **Rest** – Menú 18 €
Casa típica emplazada en el centro de la localidad. La fachada empedrada y los bellos balcones dan paso a un edificio muy bien reformado, con profusión de madera, detalles en piedra y unas cuidadas habitaciones, dos tipo dúplex y tres abuhardilladas. En el comedor encontrará platos de tinte tradicional.

### XX Can Ventura 🍴 ⇔
*pl. Major 1* ✉ *17527* – ☎ *972 89 61 78* – *www.canventura.com* – *cerrado lunes salvo festivos*
**Rest** – Menú 20/52 € – Carta 20/48 €
En un edificio con encanto que data de 1791. Presenta un interior de aire rústico cuidado hasta el más mínimo detalle, con dos hermosas salas y las paredes en piedra. Su chef apuesta por la cocina regional elaborada con productos "Km 0".

### X Trumfes ⓝ 🍴
*av. Catalunya 68* ✉ *17527* – ☎ *972 14 60 31* – *www.restaurantrumfes.com* – *cerrado 20 mayo-10 junio, 23 septiembre-3 octubre y miércoles*
**Rest** – *(solo almuerzo salvo jueves, viernes y sábado)* Menú 14/25 € – Carta 30/45 €
Un negocio sencillo pero bien situado, en la principal avenida de la localidad. Ofrecen una cocina de mercado forjada sobre firmes valores: los productos de temporada, los detalles actuales y un especial cuidado en las presentaciones.

## en Gorguja Noreste : 2 km

### X La Formatgeria de Llívia ⬅ 🍴 ⇔ 🅿
*Pla de Ro* ✉ *17527 Llívia* – ☎ *972 14 62 79* – *www.laformatgeria.com*
– *cerrado 23 junio-15 julio, martes y miércoles salvo agosto, Navidades y festivos*
**Rest** – Carta 31/42 €
Un homenaje a la tradición quesera y láctea, de ahí su nombre. Ofrecen una cocina de tinte actual, rica en carnes y con especialidades, como la popular raclette o alguna de sus fondues (de setas, de oveja, de camembert o tradicional suiza).

---

## LLODIO – Álava – **573** C21 – 18 498 h. – alt. 130 m   25 A3
▶ Madrid 385 – Bilbao 20 – Burgos 142 – Vitoria-Gasteiz 49

## junto al acceso 3 de la autopista AP 68 Este : 3 km

### XX Palacio de Anuncibai 🍴 🅿
*barrio Anuncibai* ✉ *01400 Llodio* – ☎ *946 72 61 88* – *www.palacioanuncibai.com*
– *cerrado Semana Santa y del 10 al 30 de agosto*
**Rest** – *(solo almuerzo salvo sábado)* Menú 31/50 € – Carta 32/50 €
Instalado en un edificio de piedra a las afueras de Llodio. Presenta un bar, dos terrazas acristaladas, varios comedores clásicos y un salón abuhardillado que reservan para los banquetes. Cocina tradicional actualizada y bien presentada.

---

## LLORET DE MAR – Girona – **574** G38 – 40 837 h. – Playa   15 A2
▶ Madrid 695 – Barcelona 67 – Girona/Gerona 43
🅸 passeig Camprodón i Arrieta 1 , ✉ 17310, ☎ 972 36 47 35, www.lloretdemar.org
🅸 av. De les Alegries 3, ✉ 17310, ☎ 972 36 47 35, www.lloretdemar.org

### 🏨 G.H. Guitart Monterrey  🍴 rest, 📶
*av. Vila de Tossa 27* ✉ *17310* – ☎ *972 34 60 54* – *www.guitarthotels.com* – *cerrado febrero*
**200 hab** – ✝120/189 € ✝✝150/246 €, ⬚ 16 €
**Rest Freu** – ver selección restaurantes
**Rest** – Menú 32 € – Carta 36/55 €
Le sorprenderá por sus exteriores, con un jardín subtropical y una atractiva piscina. Ofrece amplias zonas nobles de línea clásica-actual y múltiples servicios... de hecho, aquí encontrará un centro de negocios y hasta un casino. Sugerente oferta gastronómica.

ESPAÑA

### Marsol 🅝

*passeig Mossèn J. Verdaguer 7* ✉ *17310* – ℰ *972 36 57 54* – *www.marsolhotel.com*
**114 hab** ☲ – ♦**55/130** € ♦♦**70/170** €
**Rest** – Menú 15 € – Carta 25/45 €

¡Frente al mar! Presenta una correcta zona social, una pequeña sala de reuniones, habitaciones funcionales y un solárium-piscina acristalado en la azotea, con el techo móvil. El restaurante completa su carta con un menú tipo buffet.

### Freu – Hotel G.H. Guitart Monterrey

*av. Vila de Tossa 27* ✉ *17310* – ℰ *972 36 93 26* – *www.freurestaurant.com* – *cerrado febrero*
**Rest** – *(cerrado domingo noche salvo agosto y lunes)* Menú 30/90 € – Carta 40/62 €

¡Interesante opción gastronómica! Sus modernas instalaciones se presentan con una sala acristalada y una idílica terraza, ambas orientadas al jardín. Cocina actual-creativa.

### Mas Romeu 🅝

*urb. Mas Romeu, Oeste : 1,5 km* ✉ *17310* – ℰ *972 36 79 63* – *www.masromeu.com* – *cerrado 15 días en enero, 15 días en octubre y miércoles*
**Rest** – Menú 16/38 € – Carta 33/48 €

Algo alejado del centro pero con una agradable terraza arbolada. Este restaurante familiar propone varios menús y una completa carta tradicional, diferenciando entre carnes a la brasa, pescados, mariscos, guisos y especialidades de la casa.

### Can Bolet

*Sant Mateu 6* ✉ *17310* – ℰ *972 37 12 37* – *www.canbolet.com* – *cerrado enero-15 febrero y lunes salvo 15 junio-15 septiembre*
**Rest** – *(solo almuerzo salvo sábado, domingo y verano)* Menú 12/35 € – Carta 33/55 €

Posee una barra adaptada para dar los menús en la planta baja y un comedor funcional en el piso superior, este con las mesas algo apretadas. Amplia carta de cocina tradicional, dando el protagonismo a los mariscos, pescados y arroces.

## en la playa de Fanals Oeste : 2 km

### Rigat Park

*av. América 1* ✉ *17310 Lloret de Mar* – ℰ *972 36 52 00* – *www.rigat.com* – *marzo-octubre*
**78 hab** ☲ – ♦**220/390** € ♦♦**230/390** € – 21 suites
**Rest** – Menú 45/55 € – Carta 58/70 €

Hotel con detalles rústicos y coloniales emplazado en un parque arbolado frente al mar. Las habitaciones, de estilo clásico-elegante, cuentan con mobiliario restaurado original. El restaurante a la carta, que se distribuye en torno a una terraza de verano, siempre amplia su oferta durante la temporada alta.

## en la urbanización Playa Canyelles Este : 3 km

### El Trull

✉ *17310 Lloret de Mar* – ℰ *972 36 49 28* – *www.eltrull.com*
**Rest** – Menú 19/43 € – Carta 42/65 €

Presenta una sala de ambiente rústico, una terraza sobre la piscina y varios salones para banquetes. Su amplia carta tradicional, en la que priman los pescados y mariscos, se enriquece con diversos menús. ¡Pruebe sus Erizos de mar trufados!

## en la playa de Santa Cristina Oeste : 3 km

### Santa Marta

✉ *17310 Lloret de Mar* – ℰ *972 36 49 04* – *www.hotelsantamarta.net* – *cerrado 2 noviembre-13 febrero*
**76 hab** – ♦**134/225** € ♦♦**195/320** €, ☲ 18 € – 2 suites
**Rest** – Menú 50/59 € – Carta 44/66 €

Resulta encantador y atesora un emplazamiento único, pues se encuentra en un frondoso pinar asomado a la playa. Presenta idílicas terrazas escalonadas y confortables habitaciones, las redecoradas en un estilo clásico-actual. El restaurante, dotado con una chimenea y vistas al mar, tiene un uso polivalente.

---

**LLORET DE VISTALEGRE** – Balears – ver Balears (Mallorca)

**LLOSETA** – Balears – ver Balears (Mallorca)

**LLUBÍ** – Balears – ver Balears (Mallorca)

**LLUCMAJOR** – Balears – ver Balears (Mallorca)

**LOARRE** – Huesca – **574** F28 – **361 h.** – **alt. 773 m**                                                **4** C1

▶ Madrid 415 – Huesca 36 – Iruña/Pamplona 144

◎ Castillo★★ (※★★)

XX    **Hospedería de Loarre** con hab                                    ⊟ AC ※ rest. 🛜
*pl. Mayor 7* ⊠ *22809* – 𝒞 *974 38 27 06* – *www.hospederiadeloarre.com* – *cerrado del 9 al 26 de diciembre y 25 junio-5 julio*
**12 hab** � – †56/80 € ††70/85 €
**Rest** – *(cerrado martes salvo verano)* Menú 20 € – Carta 26/38 €
¡A unos 4 km del famoso castillo! Ocupa la antigua casa-escuela del maestro, presentándose hoy con la cafetería en la planta baja y un sobrio comedor en el piso superior. Su carta tradicional contempla algún plato más actualizado. También ofrece correctas habitaciones, todas de línea clásica-actual.

**LODOSA** – Navarra – **573** E23 – **4 939 h.** – **alt. 320 m**                                        **24** A2

▶ Madrid 334 – Logroño 34 – Iruña/Pamplona 81 – Zaragoza 152

X    **Marzo** con hab                                                        ⊟ AC rest. ※ 🛜
*Ancha 24* ⊠ *31580* – 𝒞 *948 69 30 52* – *www.hrmarzo.com* – *cerrado 24 diciembre-5 enero y del 15 al 31 de agosto*
**12 hab** – †22/25 € ††39/44 €, ⊟4 €
**Rest** – *(cerrado domingo noche)* Menú 12/30 € – Carta 23/36 €
El restaurante centra la actividad de este negocio familiar, dotado con un bar privado a la entrada y un comedor clásico en la 1ª planta. Cocina fiel al recetario regional. Como complemento también dispone de habitaciones, sencillas pero correctas.

**LOGROÑO** P  – La Rioja – **573** E22 – **153 402 h.** – **alt. 384 m**                        **21** A2

▶ Madrid 331 – Burgos 144 – Iruña/Pamplona 92 – Vitoria-Gasteiz 93

🈹 Príncipe de Vergara 1 (paseo del Espolón), ⊠ 26001, 𝒞 902 27 72 00, www.lariojaturismo.com

🈹 Portales 50 (Edif. Escuelas Daniel Trevijano), ⊠ 26001, 𝒞 941 29 12 60, www.lariojaturismo.com

◎ Valle de Iregua★ a 50 km por ③

Plano página siguiente

🏠    **G.H. AC La Rioja**                                    ☐ 🛠 ⊟ & hab. AC ※ 🛜 🏊 🚗
*Madre de Dios 21* ⊠ *26004* – 𝒞 *941 27 23 50* – *www.hotelaclarioja.com*
**76 hab** – ††65/120 €, ⊟ 12 €                                                                    **B**a
**Rest** – *(cerrado domingo noche)* *(solo cena)* Menú 16/50 €
Construido en una zona de gran expansión. Posee espaciosas zonas nobles y cuidadas habitaciones, todas con el confort habitual de los AC, suelos en tarima y baños actuales. En el restaurante, de montaje informal, encontrará una reducida carta tradicional.

🏠    **Carlton Rioja**                                            ⊟ & hab. AC ※ rest. 🛜 🏊 🚗
*Gran Vía del Rey Juan Carlos I-5* ⊠ *26002* – 𝒞 *941 24 21 00*
*– www.hotelcarltonrioja.es*                                                                        **A**c
**115 hab** – †60/130 € ††60/162 €, ⊟ 10 € – 1 suite
**Rest** – *(solo menú)* Menú 19 €
Lo encontrará en una de las mejores zonas de la ciudad, con un reducido hall-recepción, un buen salón social en la 1ª planta y completas habitaciones de línea funcional. En el comedor, de montaje clásico, proponen un menú de cocina tradicional que suelen ir cambiando una vez a la semana.

🏠    **Gran Vía** sin rest                                        ⊟ & hab. ※ 🛜 🏊 🚗
*Gran Vía del Rey Juan Carlos I-71 bis* ⊠ *26005* – 𝒞 *941 28 78 50*
*– www.hotelhusagranvia.com*                                                                        **A**z
**91 hab** – †55/176 € ††61/182 €, ⊟ 15 €
Ofrece un pequeño bar junto a la recepción, varias salas de reuniones panelables y unas habitaciones de estilo clásico bastante bien equipadas, con los baños en mármol.

ESPAÑA

431

# LOGROÑO

Alférez Provisional (Pl. del) .... **A** 2
Autonomía de la Rioja (Av. de la) .... **B** 3
Bretón de los Herreros .... **A** 4
Capitán Gaona .... **B** 5
Carmen (Muro del) .... **B** 6
Cervantes (Muro de) .... **B** 7
Daniel Trevijano .... **A** 9
Doce Ligero de Artillería (Av. del) .... **B** 12
Duquesa de la Victoria .... **B** 13
España (Av. de) .... **B** 14
Fausto Elhuyar .... **A** 15
Francisco de la Mata (Muro) .... **B** 16
Ingenieros Pino y Amorena .... **B** 19
Juan XXIII (Av. de) .... **B** 22
Marqués de Murrieta .... **A** 23
Marqués de San Nicolás .... **AB** 25
Mercado (Pl. del) .... **B** 26
Miguel Villanueva .... **AB** 27
Navarra (Av. de) .... **B** 28
Navarra (Carret. de) .... **B** 29
Once de Junio .... **A** 30
Pío XII (Av. de) .... **B** 31
Portales .... **B** 32
Portugal (Av. de) .... **A** 33
Rioja (Av. de la) .... **A** 34
Rodríguez Paterna .... **B** 35
Sagasta .... **A** 36
Teniente Coronel Santos Ascarza .... **B** 40
Tricio .... **B** 41
Viana (Av. de) .... **B** 42

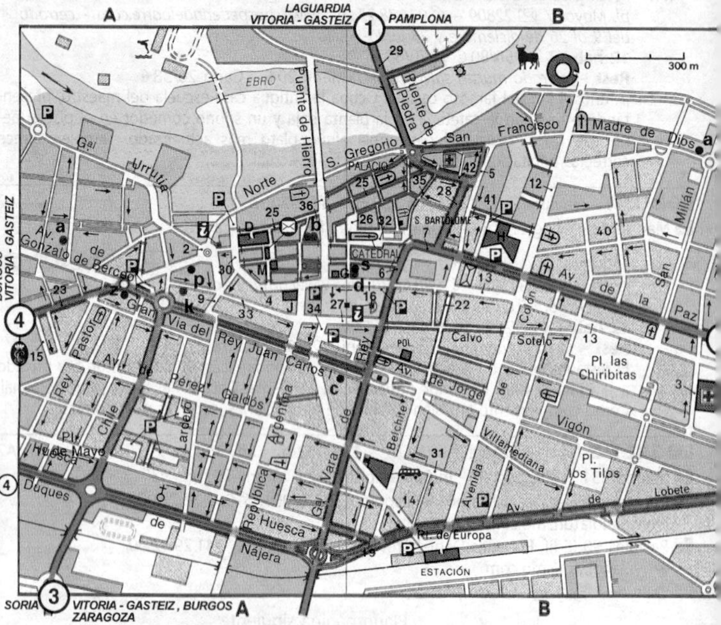


**Marqués de Vallejo** sin rest

*Marqués de Vallejo 8 ✉ 26001 – ✆ 941 24 83 33 – www.hotelmarquesdevallejo.com*

**50 hab** – †65/115 € ††65/220 €, ☕ 8 € — **Bs**

Resulta singular, pues ocupa tres casas del casco viejo, la principal con una llamativa fachada. Bello hall-patio cubierto, gran salón social y habitaciones de línea actual.

**Murrieta** — hab, rest,

*Marqués de Murrieta 1 ✉ 26005 – ✆ 941 22 41 50 – www.hotelmurrieta.es*

**104 hab** – †50/110 € ††50/130 €, ☕ 6 € — **Ap**

**Rest** – *(cerrado Navidades) (solo menú)* Menú 10 €

Disfruta de una correcta zona social y confortables habitaciones repartidas en ocho plantas, todas actuales, con los suelos en tarima y mobiliario funcional. El comedor combina el servicio de buffet del desayuno con la elaboración de un menú del día, normalmente de tinte tradicional.

**La Galería**

*Saturnino Ulargui 5 ✉ 26001 – ✆ 941 20 73 66 – www.restaurantelagaleria.com – cerrado Semana Santa, 7 días en junio y domingo* — **Ak**

**Rest** – Menú 25/46 € – Carta 28/45 €

Presenta una sala-bodega para catas y un moderno comedor, este con un buen montaje y la cocina a la vista. Carta de cocina actual, con toques creativos y bases tradicionales.

✗✗ **Portales 24**　　　　　　　　　　　　　　　　　　　　　　　　AC ⟷
*Portales 24 ⊠ 26001 – ℰ 941 22 33 27 – cerrado agosto, domingo noche y lunes*
**Rest** – Menú 30 € – Carta 36/45 €　　　　　　　　　　　　　　　A**b**
¡En pleno casco antiguo! Tanto en la sala, de línea moderna, como en su privado, encontrará una cocina tradicional actualizada que valora, por encima de todo, la calidad de las materias primas. Su carta se completa con un menú degustación.

✗✗ **La Cocina de Ramón** Ⓝ　　　　　　　　　　　　　　　　　　AC �♦
☺ *Portales 30 ⊠ 26001 – ℰ 941 28 98 08 – www.lacocinaderamon.es – cerrado del 20 al 31 de enero, del 11 al 25 de agosto, domingo noche y lunes*　　　　　A**b**
**Rest** – Menú 29/35 € – Carta 32/38 €
De línea actual-funcional y bien situado en el casco antiguo. Su chef propone una cocina tradicional actualizada que destaca por la gran calidad de los productos de mercado.

✗ **Mesón Egües**　　　　　　　　　　　　　　　　　　　　　AC ✦ ⟷
*La Campa 3 ⊠ 26005 – ℰ 941 22 86 03 – www.mesonegues.com – cerrado Navidades, Semana Santa y domingo*　　　　　　　　　　　　A**a**
**Rest** – Menú 40/55 € – Carta 30/52 €
Ofrece un bar, un comedor de aire rústico y dos privados, uno de ellos dedicado a la cata de vinos. Cocina tradicional con protagonismo de la parrilla y el chuletón de buey.

𝒴/ **Tondeluna**　　　　　　　　　　　　　　　　　　　　　　AC ✦
*Muro de la Mata 9 ⊠ 26001 – ℰ 941 23 64 25 – www.tondeluna.com – cerrado domingo noche y lunes noche*　　　　　　　　　　　　　　　B**d**
**Rest** – Tapa 4,25 € – Ración aprox. 12,50 €
Está en la zona del famoso "Espolón" y sorprende por su original diseño interior, con enormes mesas para que todos sus clientes tapeen sentados. Raciones y medias raciones de cocina tradicional actualizada, algunas elaboradas ante usted.

**LOIU** – Vizcaya – **573** C21 – **2 205 h.**　　　　　　　　　　　　25 A3
▶ Madrid 399 – Bilbao 7 – Bermeo 29 – Vitoria-Gasteiz 76

🏠 **Loiu**　　　　　　　　　　　　　　📶 AC rest, ✦ 🤖 🐾 P
*Lastetxe 24 ⊠ 48180 – ℰ 944 53 50 38 – www.hotel-loiu.com*
**24 hab** 🍽 – †**†**60/75 €
**Rest** – *(cerrado agosto, sábado, domingo y festivos)* Menú 20/40 € – Carta aprox. 35 €
Se encuentra en una zona residencial, donde ofrece unas instalaciones bastante actuales. Las habitaciones se presentan con mobiliario clásico-actual y los suelos en moqueta. El restaurante, que se encuentra en el sótano, elabora platos de sabor tradicional.

**LOJA** – Granada – **578** U17 – **21 496 h.** – **alt. 475 m**　　　　　2 C2
▶ Madrid 484 – Antequera 43 – Granada 55 – Málaga 71

**en la carretera A 328** Noroeste : 2 km

🏠 **Llano Piña**　　　　　　　　　🌳 🌲 📶 & hab, AC ✦ 🤖 🐾 P
⊠ *18312 Loja – ℰ 958 32 74 80 – www.llanopina.com*
**12 hab** 🍽 – †35/49 € †**†**55/89 €　　**Rest** – Menú 12/40 € – Carta 20/34 €
Hotel rural ubicado a las afueras del pueblo, en una finca. Presenta un interior rústico-actual, con cálidas habitaciones que combinan el mobiliario en madera y forja. El comedor se completa con dos reservados, un salón de banquetes y una terraza-barbacoa.

**en la Finca La Bobadilla** por la autovía A 92 - Oeste : 18 km y desvío 3 km

🏰🏰 **La Bobadilla**　　　　🌿 ≤ 🚗 🌳 🌲 🌊 ⊕ 🅛🅢 ✗ 📶 AC ✦ rest, 🤖 🐾 P
*por salida a Villanueva de Tapia ⊠ 18300 Loja – ℰ 958 32 18 61*
*– www.barcelolabobadilla.com – marzo-octubre*
**60 hab** 🍽 – †167/349 € †**†**198/381 € – **10 suites**
**Rest** – Carta 38/54 €
**Rest** *La Finca* – Carta 46/72 €
Precioso cortijo emplazado en una gran finca repleta de olivos. Su lujoso interior se ve enriquecido con unas habitaciones personalizadas en su decoración y un completo SPA. El restaurante La Finca le sorprenderá, tanto por su interior rústico-elegante como por su cuidada carta internacional-mediterránea.

**ESPAÑA**

**LORCA** – Murcia – **577** S24 – 92 865 h. – alt. 331 m 　　　　23 A2

▶ Madrid 460 – Almería 157 – Cartagena 83 – Granada 221

🄸 Puerta de San Ginés (Convento de la Merced), ✉ 30800, 𝒞 968 44 19 14

🏛️ **Parador Castillo de Lorca** 　　　🛦 ⪻ 🛁 🖥 📶 🛏️ ♿ 🄰🄲 🛎️ 🛜 ♨️ 🅿️

*Castillo de Lorca* ✉ *30800* – 𝒞 *968 40 60 47* – *www.parador.es*
**67 hab** – ♦56/136 € ♦♦70/170 €, ☕ 18 € – 9 suites
**Rest** – Menú 27/45 € – Carta 35/48 €
Edificio de nueva planta construido en el histórico recinto del Castillo de Lorca. Presenta un moderno interior, un SPA y espaciosas habitaciones de línea actual. El restaurante, que ofrece la carta típica de los Paradores, se completa con una terraza que destaca por sus maravillosas vistas sobre la ciudad.

🏛️ **Jardines de Lorca** 　　　🛏️ 📶 🛁 ⪻ 🛏️ 🄰🄲 🛎️ 🛜 ♨️ 🅿️ 🚘

*Alameda Rafael Méndez 34* ✉ *30800* – 𝒞 *968 47 05 99* – *www.hotelesdemurcia.com*
**45 hab** – ♦54/95 € ♦♦54/116 €, ☕ 8 € 　**Rest** – Menú 12/30 € – Carta 34/39 €
Disfruta de varias salas de reuniones y confortables habitaciones, las de la última planta abuhardilladas y con terraza. En un edificio anexo destaca su completo SPA. El comedor, de línea funcional, oferta una carta de tinte tradicional e internacional. ¡Aquí se celebran numerosos eventos y banquetes!

### en la carretera de Granada Suroeste : 4 km

✕✕ **Paredes** 🆕 　　　🛎️ ⪻ 🄰🄲 🛎️ ↻

*carret. N-340a, km 588* ✉ *30817 Torrecilla* – 𝒞 *626 27 77 25*
– *www.restauranteparedes.com* – *cerrado del 1al 15 de agosto y lunes*
**Rest** – (solo almuerzo salvo viernes y sábado) Carta 35/50 €
En esta coqueta casa familiar proponen una cocina de gusto tradicional que destaca por sus cuidadas presentaciones. Posee un bar privado que ejerce como zona de espera, una sala actual-funcional y un reservado. Buena clientela de negocios.

---

**LUARCA** – Asturias – **572** B10 – 13 058 h. – Playa 　　　5 A1

▶ Madrid 536 – A Coruña 226 – Gijón 97 – Oviedo 101

🄸 pl. Alfonso X "el Sabio"(Palacio Marqués de Gamoneda), ✉ 33700, 𝒞 985 64 00 83, www.valdes.es

👁️ Emplazamiento ( ⪻ ★)

🄶 Suroeste, Valle de Navia : recorrido de Navia a Grandas de Salime (paisaje ★★ Embalse de Arbón, entorno ★★ Vivedro, confluencia ★★ de los ríos Navia y Frío)

🄷🄷 **Villa de Luarca** sin rest 　　　🛏️ 📶 🛜

*Álvaro de Albornoz 6* ✉ *33700* – 𝒞 *985 47 07 03* – *www.hotelvilladeluarca.com*
**14 hab** – ♦46/90 € ♦♦50/96 €, ☕ 6 €
Céntrico hotel con encanto ubicado en una casa señorial. Sus habitaciones gozan de buen confort, con techos altos, suelos originales en madera y mobiliario de aire colonial.

🄷🄷 **Báltico** sin rest 　　　🛏️ 📶 🛜

*Párroco Camino 36* ✉ *33700* – 𝒞 *985 64 09 91* – *www.hotelbaltico.com*
**27 hab** – ♦55/70 € ♦♦65/75 €, ☕ 4 €
Hotel de organización familiar que comparte servicios con su cercano homónimo. Ofrece habitaciones bastante actuales, todas con los suelos en tarima y algunas abuhardilladas.

🄷 **La Colmena** sin rest y sin ☕ 　　　🛏️ 📶 🛜

*Uría 2* ✉ *33700* – 𝒞 *985 64 02 78* – *www.lacolmena.com*
**15 hab** – ♦35/45 € ♦♦50/65 €
Céntrico, acogedor y de amable organización familiar. Las habitaciones disfrutan de un cuidado equipamiento, con los suelos en madera y duchas de hidromasaje en los baños.

### en Almuña Sur : 2,5 km

🄷 **Casa Manoli** sin rest 　　　🛦 ⪻ 🚗 🛜 🅿️

*carret. de Paredes y desvío a la izquierda 1 km* ✉ *33700 Luarca* – 𝒞 *985 47 07 03*
– *www.hotelluarcarural.com*
**13 hab** – ♦30/60 € ♦♦36/65 €, ☕ 6 €
Tranquilo hotelito tipo chalet rodeado de amplios jardines y zonas verdes. Posee un acogedor salón social y habitaciones de ambiente clásico, todas con los baños actuales.

ESPAÑA

**LUCENA** – Córdoba – **578** T16 – **42 592 h.** – alt. 485 m

▶ Madrid 471 – Antequera 57 – Córdoba 73 – Granada 150

🖼 Castillo del Moral, ✉ 14900, ☏ 957 51 32 82, www.turlucena.com

### 🏠 **Santo Domingo** 🔵      🖼 ᴄ hab, 🅐🅒 ॐ 🤝 🏛 🚗
*Juan Jiménez Cuenca 16* ✉ *14900* – ☏ *957 51 11 00*
*– www.hotelansantodomingo.com*
**30 hab** – ♦50/80 € ♦♦55/107 €, ☲ 6 €     **Rest** – Menú 12/15 € – Carta 20/35 €
Antigua casa-convento que ha sabido conservar muchos de sus elementos constructivos originales. Posee unas cuidadas habitaciones de estilo clásico y un patio-claustro cubierto que ejerce como zona social. El restaurante, también clásico y con los techos abovedados, propone una cocina de tinte tradicional.

## en la carretera N 331 Suroeste : 2,5 km

### 🏠 **Los Bronces**      🏊 🖼 ᴄ 🅐🅒 ॐ 🤝 🏛 🅿
✉ *14900 Lucena* – ☏ *957 51 62 80* – www.hotellosbronces.com
**40 hab** – ♦44/55 € ♦♦55/66 €, ☲ 6 €
**Rest** *Asador Los Bronces* – ver selección restaurantes
Ubicado en un polígono industrial y llevado en familia. Encontrará un gran hall, una escalera de caracol en mármol y correctas habitaciones, todas amplias y de línea clásica aunque algo impersonales. ¡Trabaja mucho con comerciales!

### ✕✕ **Asador Los Bronces** – Hotel Los Bronces      🌿 🅐🅒 ॐ ↻ 🅿
✉ *14900 Lucena* – ☏ *957 51 63 25* – www.hotellosbronces.com
**Rest** – *(cerrado domingo en verano y domingo noche resto del año)* Menú 12/38 €
– Carta 30/39 €
Se presenta con un buen bar a la entrada, un privado y un comedor en el piso superior, este último de marcado ambiente clásico-castellano... con vidrieras y maderas nobles. Su especialidad son los asados y las carnes rojas a la parrilla.

---

**LUCES** – Asturias – **572** B14 – **265 h.**

▶ Madrid 495 – Oviedo 58

### 🏯 **Palacio de Luces**      🌿 ← 🚗 🏊 🛁 🖼 ᴄ hab, 🅐🅒 ॐ 🤝 🏛 🅿
*carret. AS-257* ✉ *33328* – ☏ *985 85 00 80* – www.palaciodeluces.com
**40 hab** ☲ – ♦152/335 € ♦♦160/350 € – 4 suites
**Rest** – *(solo fines de semana salvo Semana Santa, mayo-octubre y festivos)*
Menú 30/80 € – Carta 43/71 €
Se encuentra en un palacio del s. XVI que ha sido renovado y al que se le han añadido varios anexos modernos. Completa zona noble y habitaciones actuales muy bien equipadas.

---

**LUGO** 🅿 – **571** C7 – **98 457 h.** – alt. 485 m

▶ Madrid 506 – A Coruña 97 – Ourense 96 – Oviedo 255

🖼 Miño 12, ✉ 27001, ☏ 982 23 13 61, www.turgalicia.es

◉ Murallas★★ – Catedral★ (portada Norte : Cristo en Majestad★) Z**A**

Plano página siguiente

### 🏠 **Orbán e Sangro** sin rest      🖼 🅐🅒 🤝 🅿
*Travesía do Miño 6* ✉ *27001* – ☏ *982 24 02 17* – www.pazodeorban.es – *cerrado del 24 al 27 de diciembre*     Z**d**
**12 hab** – ♦55/77 € ♦♦66/88 €, ☲ 11 €
Coqueto hotel instalado en una casa señorial del s. XVIII. Las habitaciones combinan su valioso mobiliario antiguo con unos bellos baños de diseño, destacando las abuhardilladas y las que se asoman a las murallas. ¡Atractivo bar de época!

### ✕✕ **Mesón de Alberto**      🅐🅒 ॐ ↻
*Cruz 4* ✉ *27001* – ☏ *982 22 83 10* – www.mesondealberto.com – *cerrado domingo y martes noche*     Z**c**
**Rest** – Menú 15/28 € – Carta 35/54 €
Se halla en una calle peatonal del casco antiguo, con una tapería en la planta baja, un buen comedor en el primer piso y dos privados. Amplia carta de cocina tradicional gallega, con un apartado de mariscos y un menú degustación.

ESPAÑA

## LUGO

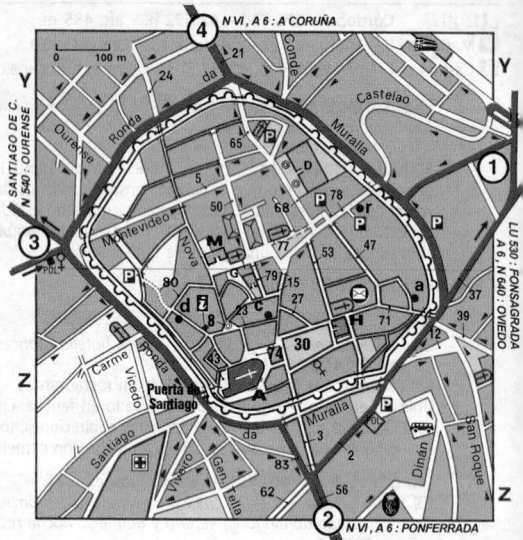

**ESPAÑA**

### XX  España  🈸 🅺 ⅏ 🏠
*Teatro 10* ☒ *27002* – 𝒞 *982 24 27 17* – *www.restespana.com* – *cerrado domingo noche y lunes*                                                              **Y**r

**Rest** – Menú 43 € – Carta 35/46 €

Negocio llevado entre hermanos. Posee una gran cafetería, dos salas de línea actual y un privado. Su carta tradicional actualizada se completa con un apartado de setas y caza.

### XX  Paprica 🆕  🈸 🅱 🅺 ⅏
*Noreas 10* ☒ *27001* – 𝒞 *982 25 58 24* – *www.paprica.es* – *Cerrado domingo noche y lunes en invierno,domingo y lunes noche en verano*                     **Z**a

**Rest** – Menú 21/39 € – Carta 39/55 €

Una propuesta gastronómica diferente en esta ciudad. Posee un pequeño bar de línea moderna, un único comedor que sirve como sala de exposiciones a los artistas locales y una terraza-patio en la parte de atrás. Cocina actual y de temporada.

## en la carretera N 640 por ① :

### 🏠🏠  Jorge I  🈸 🅱 hab, 🅺 ⅏ 🛜 🔊 🅿
*La Campiña, 3 km* ☒ *27192 Muxa* – 𝒞 *982 30 32 55* – *www.hoteljorge1.com*
**32 hab** – ♦49/100 € ♦♦49/200 €, ☲ 8 €

**Rest** – (cerrado domingo) (solo almuerzo salvo viernes y sábado) (solo menú) Menú 14/31 €

Se encuentra en una zona industrial... sin embargo, resulta atractivo por su fachada parcialmente acristalada. Habitaciones amplias, actuales y bien equipadas. El restaurante, que basa su oferta en un menú-carta y suele trabajar con banquetes, está especializado en la elaboración de carnes a la brasa.

## en la carretera N 540 por ③ : 4,5 km

### 🏠🏠  Santiago  🍽 🖥 🛗 🈸 🅺 ⅏ rest, 🛜 🔊 🅿
*urb. Belavista* ☒ *27297 Lugo* – 𝒞 *982 01 01 01* – *www.hotelsantiago-sl.es* – *cerrado Navidades*
**67 hab** – ♦♦45/350 €, ☲ 10 €

**Rest** – (cerrado domingo mediodía) Menú 12 € – Carta 25/37 €

Tras su moderna fachada acristalada encontrará una reducida zona social, una correcta cafetería y varias salas de reuniones. Habitaciones funcionales de adecuado confort. En sus comedores ofrecen un menú económico y una reducida carta de tinte tradicional.

**LUINTRA** – Ourense – **571** E6 – **2 336 h.**                     **20** C3

▶ Madrid 517 – Santiago de Compostela 123 – Ourense 28 – Viana do Castelo 175

◪ Gargantas del río Sil★★ (Paraje★ junto al Monasterio de Santo Estevo de Ribas de Sil)
Este : 5 km

**al Este** 5 km

 **Parador de Santo Estevo**                     🐾 ⚘ 📧 ⚕ 🅿 🅰 🛜 ♨ 🅿 🚗
*Monasterio de Santo Estevo de Ribas de Sil ⊠ 32162 Luíntra – ℰ 988 01 01 10*
*– www.parador.es – cerrado diciembre-febrero*
**77 hab** – ♦68/148 € ♦♦85/185 €, ⊊ 18 €   **Rest** – Menú 27/33 € – Carta 33/39 €
Instalado en un monasterio benedictino de incomparable belleza, en pleno bosque
y con los cañones del río Sil al fondo. Posee tres preciosos claustros y habitaciones
de confort actual, las superiores más amplias y con mejores vistas. El restaurante,
con los techos abovedados, ocupa las antiguas caballerizas.

**por la carretera de Monforte** Noroeste : 8 km

⌂ **O Remanso dos Patos ⓝ**                     🐾 🛏 🛜
*Penalba 16 ⊠ 32160 Luíntra – ℰ 988 77 70 23 – www.oremansodospatos.es*
**8 hab** ⊊ – ♦30/75 € ♦♦40/80 €   **Rest** – Menú 19 € – Carta 21/45 €
Toma el nombre del apodo familiar y se halla en una pequeña aldea, ocupando una
casa que en su origen funcionó como botica. Tiene un coqueto patio y habitaciones
personalizadas de buen confort, la mayoría empapeladas y algunas con terraza. En el
comedor, dominado por la piedra, proponen cocina internacional.

**MAÇANET DE CABRENYS** – Girona – **574** E38 – **739 h.** – alt. 370 m       **14** C3

▶ Madrid 769 – Figueres 28 – Girona/Gerona 67

 **Els Caçadors**                     🐾 ≤ 🚲 ⚒ 🛏 📧 ⚕ 🛜 🅿
*urb. Casanova ⊠ 17720 – ℰ 972 54 41 36 – www.hotelelscassadors.com*
**18 hab** ⊊ – ♦45/54 € ♦♦80/90 € – 2 suites
**Rest** *Els Caçadors* – ver selección restaurantes
Este edificio de estilo montañés disfruta de un gran salón social, con chimenea, y confortables habitaciones, todas con sencillo mobiliario castellano y baños actuales.
¡Atractivo entorno ajardinado, con frondosa vegetación y piscina!

✕✕ **Els Caçadors** – Hotel Els Caçadors                     ≤ 🚲 ⚒ 📧 ⚕ ↩ 🅿
*urb. Casanova ⊠ 17720 – ℰ 972 54 41 36 – www.hotelelscassadors.com – cerrado*
*miércoles en octubre-Semana Santa*
**Rest** – Menú 20 € – Carta 28/42 €
Ocupa las antiguas caballerizas de la casa, que aún conservan los pilares originales,
los techos abovedados y las paredes en piedra... eso sí, con un cuidado servicio de
mesa. Cocina casera-regional especializada en guisos y platos de caza.

**MACHER** – Las Palmas – ver Canarias (Lanzarote)

**MADREMANYA** – Girona – **574** G38 – **266 h.** – alt. 177 m       **15** B1

▶ Madrid 718 – Barcelona 117 – Girona/Gerona 21 – Perpignan 103

🔳 **La Plaça**                     🐾 ⚒ 🛏 📧 🛜 🅿
*Sant Esteve 17 ⊠ 17462 – ℰ 972 49 04 87 – www.laplacamadremanya.com*
*– cerrado 12 enero-12 febrero*
**11 hab** – ♦91/114 € ♦♦114 €, ⊊ 15 € – 4 suites
**Rest** *La Plaça* – ver selección restaurantes
Se halla en antigua masía y atesora un encanto indudable. Aquí encontrará unas
atractivas habitaciones tipo suite, la mayoría con chimenea, algunas con terraza y
todas con una grata combinación de elementos rústicos y modernos.

✕✕ **La Plaça** – Hotel La Plaça                     🛏 ⚒ 📧 ⚕ 🅿
*Sant Esteve 17 ⊠ 17462 – ℰ 972 49 04 87 – www.laplacamadremanya.com*
*– cerrado 15 enero-15 febrero*
**Rest** – (cerrado lunes, martes y miércoles en invierno) (solo cena en verano salvo
*fines de semana*) Carta 40/62 €
En el restaurante, dividido en dos salas y con los techos abovedados, apuestan por una
cocina tradicional actualizada que siempre procura dar protagonismo a los productos
provenientes de su huerta y de caza en temporada. ¡Agradable terraza!

ESPAÑA

# MADRID

Planos de la ciudad en páginas siguientes **22** B2

© Maurizio Borgese / Hemis.fr

**– 3 233 527 h. – alt. 646 m –** 576 K19

▶ Barcelona 617 – Bilbao 395 – A Coruña 603 – Lisboa 625

### 🛈 Oficinas de Turismo

Duque de Medinaceli 2, ✉ 28014, ☎ 902 10 00 07, www.madrid.org/turismo
pl. Mayor 27, ✉ 28012, ☎ 915 88 16 36, www.esmadrid.com
aeropuerto de Madrid-Barajas (Terminales T2 y T4), ✉ 28042, ☎ 902 10 00 07,
www.madrid.org/turismo

**Principales bancos** :

Invierno (abiertos de lunes a viernes de 8.30 a 14 h. y sábados de 8.30 a 14 h. salvo
festivos).

Verano (abiertos de lunes a viernes de 8.30 a 14 h. salvo festivos).

En las zonas turísticas suele haber oficinas de cambio no oficiales

**Taxi** : cartel visible indicando LIBRE durante el día y luz verde por la noche.
Compañías de radio-taxi.

**Metro y Autobuses** : Una completa red de metro y autobuses enlaza las diferentes
zonas de Madrid.

Para el aeropuerto, además del metro, existe una línea exprés de autobuses que
conecta Atocha (Cibeles en horario nocturno) con Barajas las 24 horas del día (cada
15 minutos durante el día y cada 35 durante la noche). Desde el intercambiador de
la Av. de América, también es posible desplazarse al aeropuerto, tomando el autobús
de la línea 200.

**Aeropuerto y Compañías Aéreas** :

✈ Aeropuerto de Madrid-Barajas por ② : 12 km, ☎ 902 40 47 04

**Iberia**, aeropuerto T4 (salidas), ☎ 902 40 05 00

**Tren** :

Chamartín, ☎ 902 32 03 20 HR

Atocha, ☎ 902 32 03 20 GYZ

**Alquiler de coches** :

Avis, ☎ 902 18 08 54 – Europcar, ☎ 902 50 30 10 – Hertz, ☎ 902 40 24 05 – National
Atesa, ☎ 902 10 01 01.

## Golf

- ⬡ Club de Campo Villa de Madrid, carret. Castilla, km 2.5, ☏ 915 50 20 10
- ⬡ La Moraleja, por la carret. de Burgos : 11 km, ☏ 916 50 07 00
- ⬡ Club Barberán & Collar, por la carret. de Toledo : 10 km, ☏ 916 48 95 27
- ⬡ Las Lomas, Lomas-Bosque, por la carret. de Talavera de la Reina : 18 km, ☏ 916 16 75 00
- ⬡ Club Jarama R.A.C.E., por la carret. de Burgos : 28 km, ☏ 916 57 00 11
- ⬡ Nuevo Club de Madrid, Las Matas, por la carret. de Segovia : 26 km, ☏ 916 30 08 20
- ⬡ Somosaguas, Oeste : 10 km por Casa de Campo, ☏ 913 52 16 47
- ⬡ Club Olivar de la Hinojosa, por M-40, ☏ 917 21 18 89
- ⬡ La Dehesa, Villanueva de la Cañada, por la carret. de Segovia y desvío a El Escorial : 28 km, ☏ 918 15 70 22
- ⬡ Real Sociedad Hípica Española, Club de Campo, por la carret. de Burgos : 28 km, ☏ 916 57 10 18

## Automóvil Club

**R.A.C.E.** (Real Automóvil Club de España)
Eloy Gonzalo 32 ☏ 915 94 73 00
**Grandes almacenes** : calles Preciados, Carmen, Goya, Serrano, Arapiles, Princesa, Raimundo Fernández Villaverde.
**Centros comerciales** : El Jardín de Serrano, ABC, La Galería del Prado, La Vaguada.
**Comercios de lujo** : calles Serrano, Velázquez, Goya, Ortega y Gasset.
**Antigüedades** : calle del Prado, barrio de Las Cortes, barrio Salamanca, calle Ribera de Curtidores (El Rastro).

◉ VER

**Panorámicas de Madrid :** Faro de la Moncloa (mirador**) **3** DU.
**Museos :** Museo del Prado*** **8** NY • Museo Thyssen Bornemisza*** **8** MY**M⁶** • Palacio Real** **7** KXY (Salón del trono*, Real Armería**) • Museo de Carruajes Reales*5 DX**M¹** • Museo Arqueológico Nacional** (Dama de Elche***) **8** NV • Museo Lázaro Galdiano** (colección de esmaltes y marfiles***) **4** GU**M⁴** • Casón del Buen Retiro* **8** NY • Museo Nacional Centro de Arte Reina Sofía* (El Guernica***) **8** MZ • Museo de América* (Tesoro de los Quimbayas*, Códice Trocortesiano***) **3** DU • Real Academia de Bellas Artes de San Fernando* **7** LX**M²** • Museo Cerralbo* **7** KV • Museo Sorolla* **3** FU**M⁵** • Museo de la Ciudad (maquetas*) **4** HT**M⁷** • Museo Naval (modelos*, mapa de Juan de la Cosa**) **8** NXY **M³** • Museo Nacional de Artes Decorativas* **8** NX**M⁸** • Museo Municipal (portada**, maqueta de Madrid*) **7** LV**M¹⁰** • Museo Nacional de Ciencia y Tecnología (ballestilla**) **5** FZ**M⁹**.
**Iglesias y Monasterios :** Monasterio de las Descalzas Reales** **7** KLX • Iglesia de San Francisco el Grande (sillería plateresca*, sillería de la sacristía*) **7** KZ • Real Monasterio de la Encarnación* **7** KX • Iglesia de San Antonio de la Florida* (frescos**) **5** DV • Iglesia de San Miguel* **7** KY.
**Barrios Históricos :** El Viejo Madrid* KYZ.
**Lugares Pintorescos :** Plaza Mayor** **7** KY • Parque del Buen Retiro** **6** HY • Zoo-Aquarium** **1** AM • Plaza de la Villa* **7** KY • Jardines de las Vistillas (vista *) **7** KYZ • Campo del Moro* **5** DX • Ciudad Universitaria* **3** DT • Casa de Campo* **1** AL • Plaza de Cibeles* **8** MNX • Paseo del Prado* **8** MNXYZ • Puerta de Alcalá* **8** NX • Plaza Monumental de las Ventas* **6** JUV • Parque del Oeste* **5** DV.
**Parques Temáticos :** Faunia* **2** CM. Warner Bros Park* por ④ : 30 km.

# Lista alfabética de los hoteles
## Lista alfabética dos hotéis
## Index of hotels

MADRID

# Lista alfabética de los restaurantes
## Lista alfabética dos restaurantes
### Index of restaurants

### Establecimientos con estrellas
### Estabelecimentos com estrelas
### Starred restaurants

| ❁❁❁2014 | | página |
|---|---|---|
| Diverxo **N** | XxX | 474 |

| ❁❁2014 | | página |
|---|---|---|
| El Club Allard | XxxX | 470 |
| Ramón Freixa Madrid | XxxX | 465 |
| Santceloni | XxxX | 471 |
| Sergi Arola | XxX | 471 |
| La Terraza del Casino | XxxX | 460 |

| ❁2014 | | página |
|---|---|---|
| Kabuki | XX | 475 |
| Kabuki Wellington | XxX | 465 |
| Zalacaín | XxXxX | 474 |

## Bib Gourmand

→ Buenas comidas a precios moderados
→ Refeições cuidadas a preços moderados
→ Good food at moderate prices

| ⓑ | | página |
|---|---|---|
| Bolívar | X | 461 |
| Quintana 30 | XX | 470 |
| Las Tortillas de Gabino | X | 472 |

# Restaurantes especializados
Restaurantes especializados
## Restaurants by cuisine

# Restaurantes abiertos sábado y domingo
## Restaurantes abertos sábado e domingo
## Restaurants open on saturday and sunday

**1**

EL PARDO — A — B — 8

M 40

FUENCARRAL-EL PARDO

Oria — Fuencarral
Ramón y Cajal

CENTRE NACIONAL DE LA
FEDERACIÓN ESPAÑOLA
DE GOLF

Lacoma — Herrera Oria
Herrera

Av. de la
Illustración — Illustración
M 30 — 165
Begoña

Av. del Card.

113

M 605

7 — NAVACERRADA

HIPÓDROMO DE
LA ZARZUELA

M 40

Av. de

Delgado — Av. de Asturias — M. Inurria
CHAMARTÍN — CHAMART

120 — TETUÁN — Mella
Sinésio — Francos Rodríguez — Castellana
S. Bernabéu

151

7 — SEGOVIA A 6
EL ESCORIAL

Av. del — Huidobro
Carret — A 6 — 48

ARAVACA — 9
8

Bravo — Paseo de la — Serrano — Príncipe de Vergara

9-18

CIUDAD
UNIVERSITARIA

de Hierro
Pardo

200 — 195

216
M — El Faro — Cea — J. Abascal
Bermúdez — 204

CHAMBERÍ — SALAMAN
Princesa A. Aguilera — Serrano — Goya

L — SEGOVIA A 6

M 503 — M 40
de Castilla

M 500

MONCLOA-ARAVACA

Parque
del
Oeste

CASA — DE — CAMPO

Pas. M. de Monistrol — 244
M 30 — 190

Sagasta

CENTRO — P
Gran Vía

PALACIO
REAL — A

EL RETIRO

9 — M 40

PARQUE
ZOOLÓGICO — Lago
ROCKÓDROMO

Parque de
Atracciones

Av. de Portugal — 18

PLAZA
MAYOR — Segovia — H

MUSEO
DEL PRADO

Atocha

CIUDAD DE
LA IMAGEN — M 40

Casa de
Campo — Bailén
Alto de
Extremadura

235 — 22

118 — 198

Lucero

Sepúlveda

229 — ATOCHA — 66

46

6 — A 5
TALAVERA
DE LA REINA

Colonia
Jardín
Empalme — Campamento — LATINA
Laguna

142 — 2
ARGANZUELA

Vista
Alegre — Antonio — López — M 30
PLANETAR

Paseo de — Avenida de

Valmojado — Carpetana
Aluche — Oporto — 110
Av. de Oporto

19

13

Eugenia — Carabanchel
de Montijo — 110
Oñañel

229 — Usera

Av. de Córdoba

M 30

Av. de la
Aviación — CARABANCHEL — Abrantes
Pan Bendito
M 401 — USERA
Pl. Elíptica

12

Joaquín — Turina
los — Poblados

M — VILLAVERDE
M 401 — M 40 — M 12

6 — M 40 — 23 — 27 — M 45 — 25 — 24 — 23 — 21

6 — A — 5 — TOLEDO — 5 — B — 4 — ARANJUEZ — 4

A 42

R 5

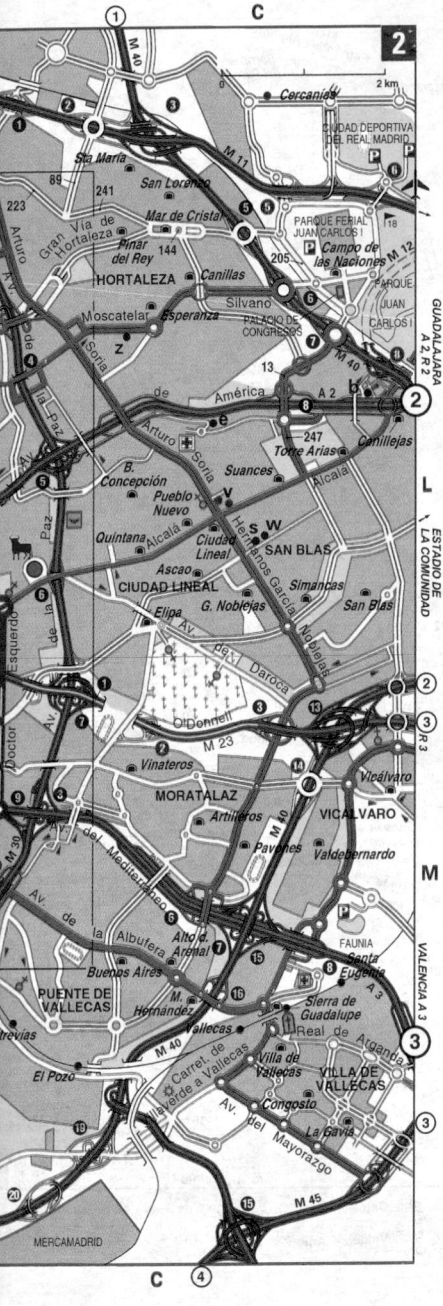

# MADRID

**MADRID**

449

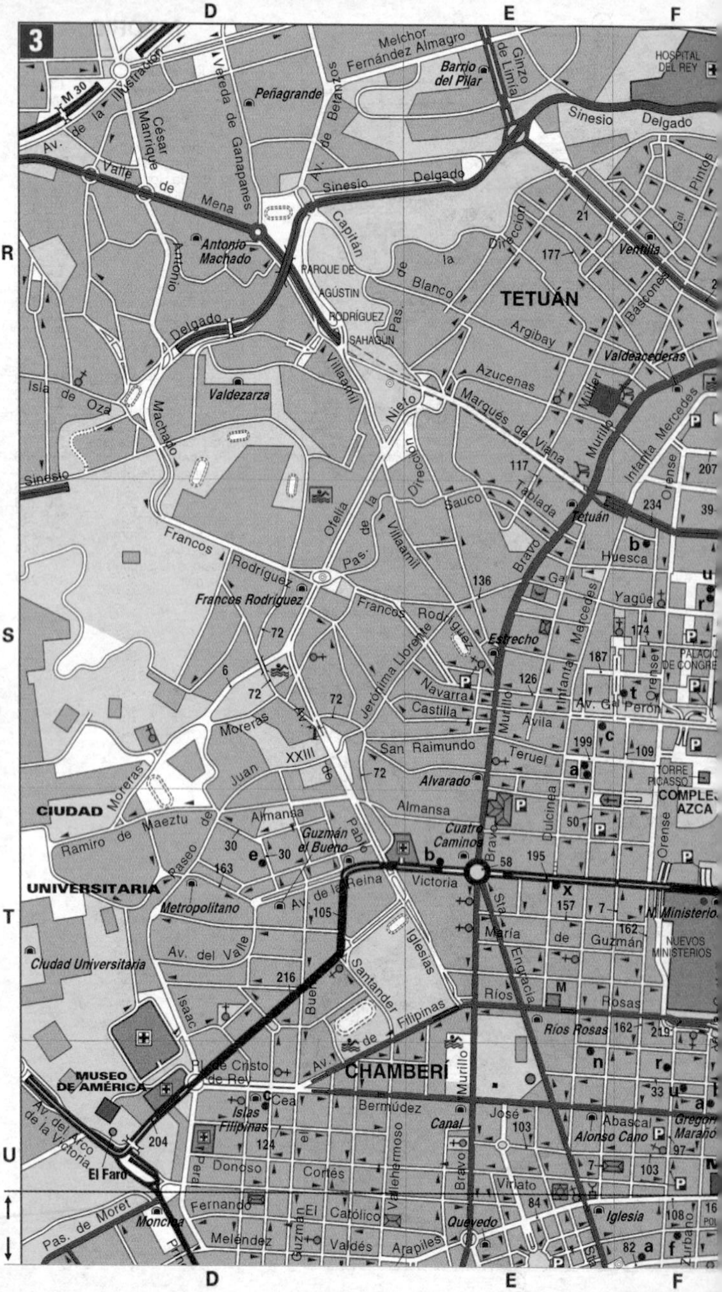

3
D
E
F
R
S
T
U
HOSPITAL DEL REY
M 30
Av. de la Ilustración
Vereda de Ganapanes
Peñagrande
Melchor Fernández Almagro
Barrio del Pilar
Ginzo de Limia
Sinesio Delgado
Av. de Betanzos
César Manrique
Av. Valle de Mena
Antonio Machado
Capitán
PARQUE DE AGÚSTIN RODRÍGUEZ SAHAGÚN
Pas. de Blanco
Dirección
TETUÁN
Argibay
Ventilla
Bascones
Valdeacederas
Azucenas
Marqués de Viana
Villaamil
Nieto
Valdezarza
Isla de Oza
Machado
Müller
Murillo
Infanta Mercedes
Orense
Tablada
Tetuán
Sauco
Ofelia
Pas. de la Villaamil
Francos Rodríguez
Bravo
Huesca
Yagüe
Gal
Estrecho
Jerónima Llorente
Navarra
Castilla
Ávila
Av. Gal Perón
PALACIO DE CONGRESOS
Moreras
Av. Juan XXIII
San Raimundo
Teruel
Alvarado
Dulcinea
TORRE PICASSO
COMPLEJO AZCA
CIUDAD UNIVERSITARIA
Ramiro de Maeztu
Paseo
Almansa
Guzmán el Bueno
Pablo
Cuatro Caminos
Metropolitano
Av. de la Reina Victoria
Sta. María de Guzmán
Nuevos Ministerios
Ciudad Universitaria
Av. del Valle
Santander
Iglesias
Isaac
Ríos Rosas
Engracia
Av. de Filipinas
CHAMBERÍ
MUSEO DE AMÉRICA
Pl. de Cristo Rey
Cea Bermúdez
Islas Filipinas
José Abascal
Alonso Cano
Gregorio Marañón
Canal
Av. del Arco de la Victoria
El Faro
Donoso Cortés
Vallehermoso
Viriato
Fernando El Católico
Iglesia
Zurbano
Pas. de Moret
Moncloa
Meléndez Valdés
Arapiles
Quevedo
Princesa
Peral
Guzmán
El Bueno
21
177
117
207
234
39
136
72
6
174
187
126
199
109
50
195
58
163
30
105
157
7
162
216
219
33
204
124
103
97
84
108
82

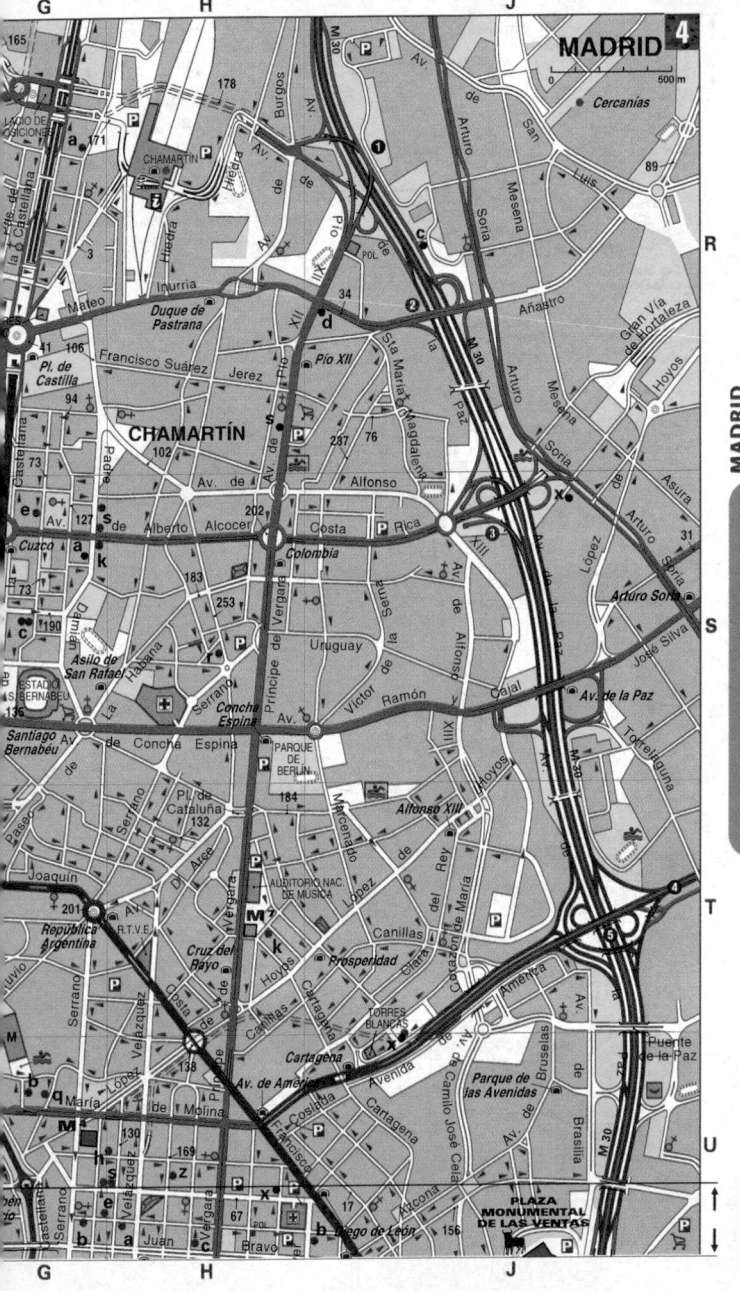

MADRID

451

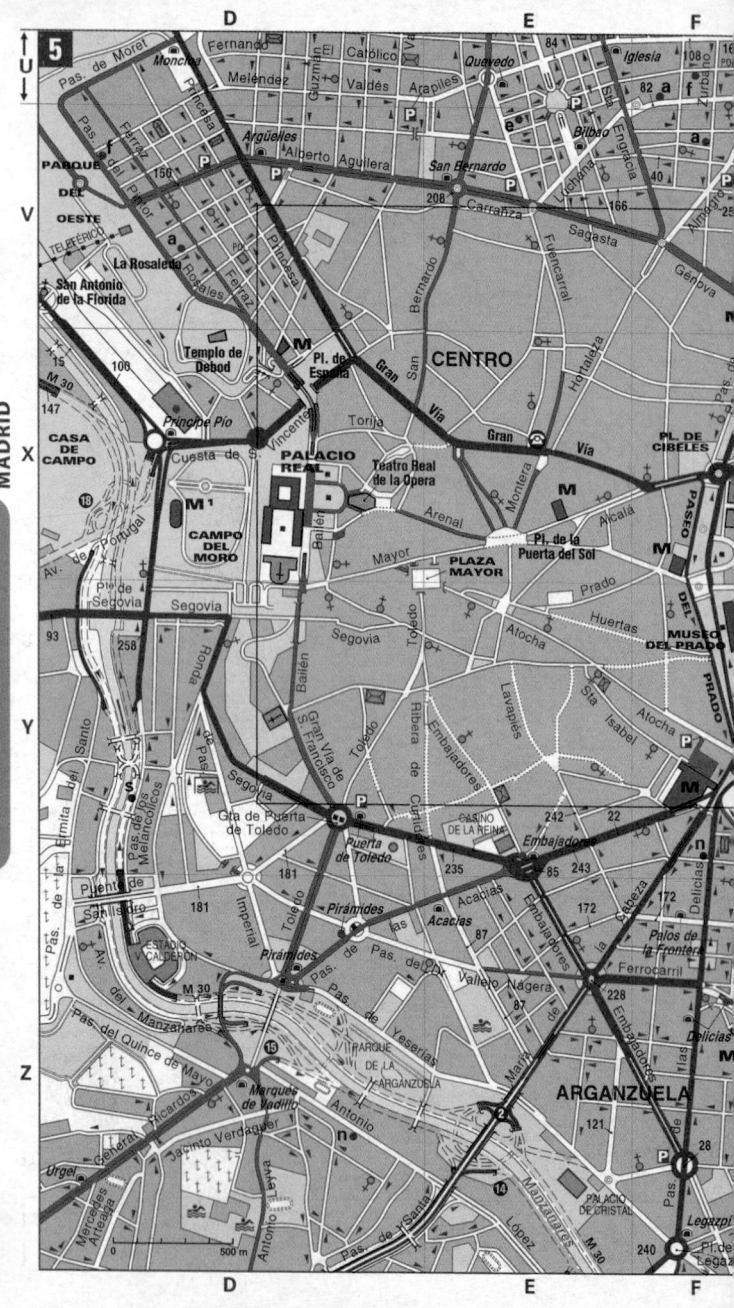

G   H   J

MADRID

## SALAMANCA

PLAZA MONUMENTAL DE LAS VENTAS

Diego de León
Juan Bravo
N. de Balboa
Velázquez
Serrano
Castellana
José Ortega y Gasset
Lista
N. de Balboa
Príncipe de Vergara
Ayala
Ayala
Conde
Hermosilla
Hermosilla
Serrano
Goya
Velázquez
Goya
Goya
Alcalá
Av. de los Toreros
Pl. de Manuel Becerra
Manuel Becerra
El Carmen
Alcalá
Ventas
Alcalá

Parque de la Quinta Fuente del Berro

PALACIO DE LOS DEPORTES

Jorge Juan
Juan
O'Donnell
Jorge Juan
O'Donnell
Baranda
TORRE ESPAÑA
R.T.V.E.
O'Donnell

PUERTA ALCALÁ

Retiro
Ibiza
Ibiza
Alcalde
Sainz de Baranda

Estanque
Alfonso XII
EL PARTERRE
Menéndez
Alfonso XII
Doctor
Juan Esplandiú
PARQUE DE ROMA

PARQUE DEL BUEN RETIRO
Palacio de Cristal
LA CHOPERA

RETIRO
de Nazaret
Doctor
Astros
Estrella
Pl. Corregidor Alonso de Aguilar

OBSERVATORIO ASTRONOMICO
Pelayo
Av.
Pl. de Mariano de Cavia
Conde de Casal
Pl. Conde de Casal
Mediterráneo

Atocha Renfe
PANTEÓN
Avenida Cavanilles
del
Menéndez Pelayo
Comercio
Av. Menéndez
Valderribas
la Ciudad
Doctor
Valderribas
Pacífico
Camino de Valderribas
Bosch
de
Barcelona

ATOCHA

Alvaro Bustamante

PARQUE DE LAS DELICIAS

Méndez Álvaro
Méndez Álvaro
Pedro
Pº de Vallecas
Nueva Numancia
de la
Arroyo del Olivar
Portazgo

nzuela netario
PLANETARIO
CINE IMAX
M 30
Alvaro
de la Paz
Monte
Igueldo
Monte Perdido

G   H   J

453

# ÍNDICE DE CALLES DE MADRID

**MADRID**

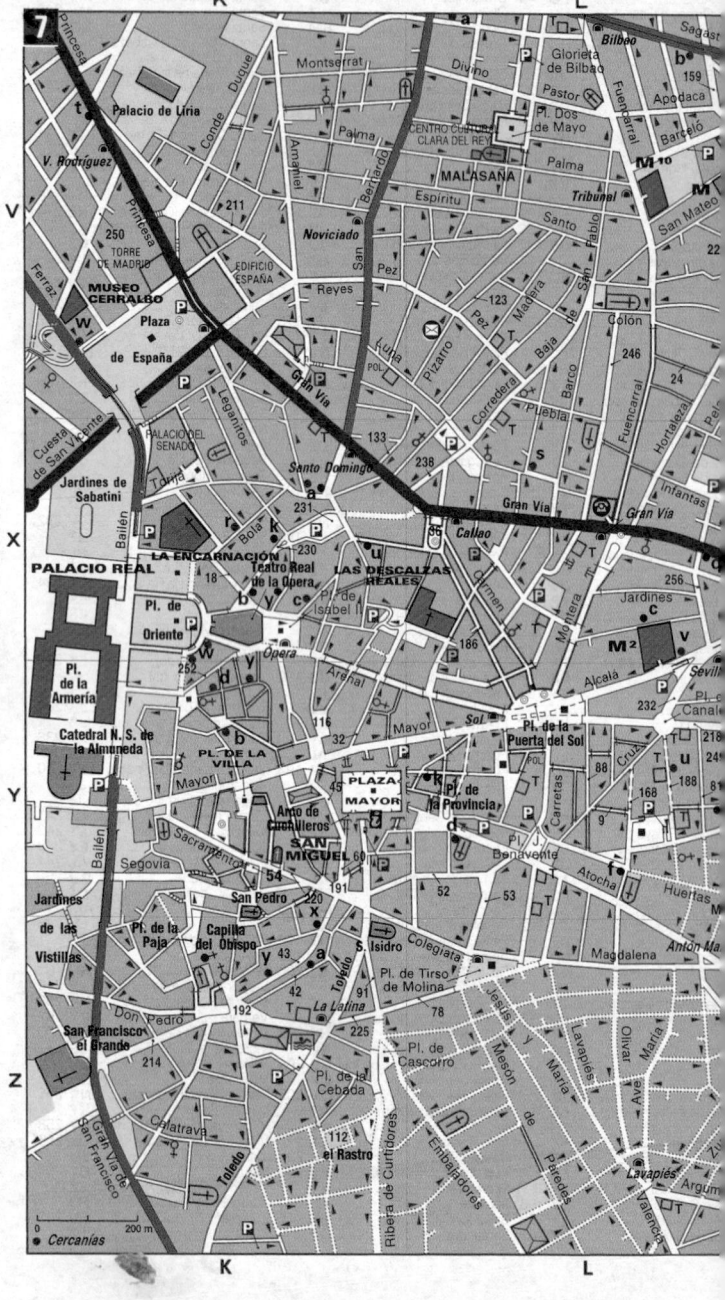

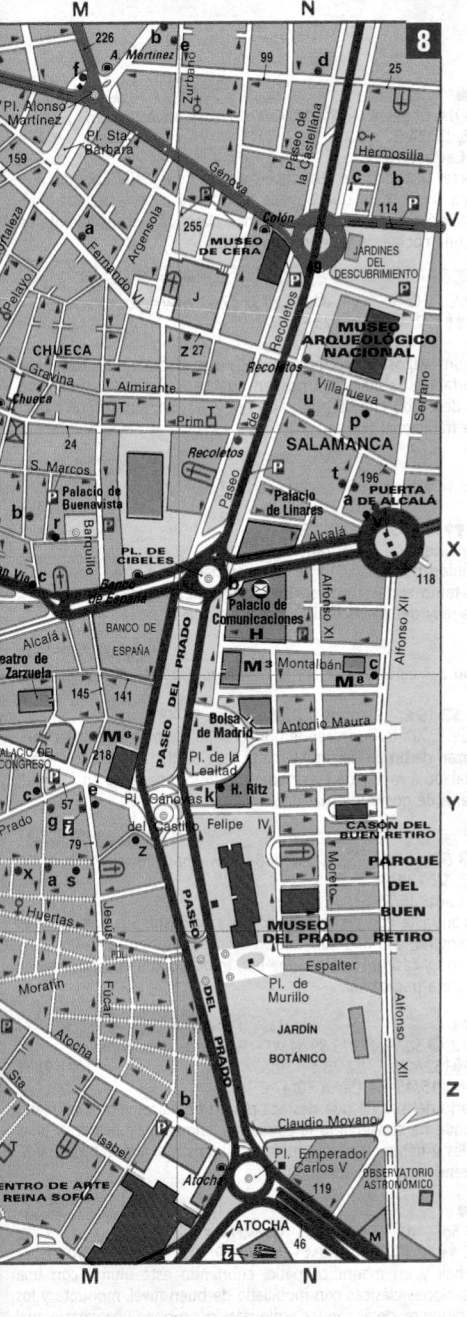

# MADRID

MADRID

### The Westin Palace
*pl. de las Cortes 7 ✉ 28014 Ⓜ Sevilla – ✆ 913 60 80 00 – www.westin.com*
**467 hab** – ††218/825 €, ☕ 34 € **8MYe**
**Rest** – Menú 38/77 € – Carta 42/82 €
Elegante edificio de carácter histórico, un auténtico símbolo de la Belle Époque. Presenta una admirable zona social, bajo una bóveda acristalada de estética Art Nouveau, y magníficas habitaciones, todas de exquisita línea clásica. En el restaurante La Rotonda podrá degustar una cocina de tinte internacional.

### Villa Real
*pl. de las Cortes 10 ✉ 28014 Ⓜ Sevilla – ✆ 914 20 37 67 – www.derbyhotels.com*
**115 hab** – †122/410 € ††122/460 €, ☕ 23 € **8MYc**
**Rest** – Carta 40/50 €
Sorprende, pues atesora una valiosa colección de arte griego y romano en todas sus dependencias. Las confortables habitaciones poseen atractivos detalles y mobiliario en caoba. El restaurante, decorado con litografías de Andy Warhol, muestra un carácter informal y una cocina tradicional con tintes actuales.

### Urban
*Carrera de San Jerónimo 34 ✉ 28014 Ⓜ Sevilla – ✆ 917 87 77 70 – www.derbyhotels.com* **7-8LMYz**
**102 hab** – †150/480 € ††150/535 €, ☕ 23 €
**Rest *Europa Decó*** – ver selección restaurantes
Hotel de vanguardia definido por la calidad de sus materiales, con atractivos juegos de luces y obras de arte tanto en las zonas sociales como en las salas de reuniones. Ofrece unas habitaciones muy detallistas de línea clásica-actual.

### Tryp Ambassador
*cuesta de Santo Domingo 5-7 ✉ 28013 Ⓜ Santo Domingo – ✆ 915 41 67 00 – www.melia.com* **7KXk**
**183 hab** – ††79/254 €, ☕ 19 € – 3 suites **Rest** – Carta 25/48 €
Instalado en un palacio del s. XIX que sorprende por su bello patio cubierto. Sus confortables habitaciones gozan de un mobiliario elegante y de calidad. El exótico restaurante, con el techo acristalado a modo de invernadero y un loro parlante en libertad, propone una pequeña carta de gusto internacional.

### De las Letras
*Gran Vía 11 ✉ 28013 Ⓜ Gran Vía – ✆ 915 23 79 80 – www.hoteldelasletras.com*
**109 hab** – ††120/300 €, ☕ 17 € **7LXq**
**Rest** – Menú 18/70 € – Carta 45/55 €
Edificio restaurado que contrasta con un interior actual y colorista. Sus habitaciones ofrecen un diseño neoyorquino, con una iluminación intimista y poemas en las paredes. El restaurante, moderno y casi unido al lounge-bar, trabaja con una carta y varios menús propios de una cocina tradicional.

### NH Palacio de Tepa
*San Sebastián 2 ✉ 28012 Ⓜ Sol – ✆ 913 89 64 90 – www.nh-hotels.com*
**85 hab** – †142/418 € ††152/428 €, ☕ 28 € **7LYf**
**Rest *Estado Puro*** – Menú 15/45 € – Carta 30/47 €
Ocupa un edificio nobiliario del s. XVIII que destaca por su emplazamiento, en pleno Barrio de las Letras. Aunque ha conservado la estructura original hoy presenta unas zonas nobles muy actuales y habitaciones de estética minimalista, algunas abuhardilladas. ¡El gastrobar sorprende por su decoración!

### María Elena Palace
*Aduana 19 ✉ 28013 Ⓜ Sol – ✆ 913 60 49 30 – www.chh.es* **7LXc**
**87 hab** ☕ – †90/150 € ††100/175 € **Rest** – Menú 19/50 € – Carta 35/50 €
Disfruta de un diáfano hall y un magnífico patio, cubriendo este último con una bóveda acristalada. Habitaciones clásicas con mobiliario de buen nivel, moqueta y los baños en mármol. Su restaurante, de acogedor estilo clásico, propone una carta actual y un menú diario.

**NH Paseo del Prado** sin rest, con cafetería    🎢 🛗 ⅙ 🅰 🛇 🤶 🎧
*pl. Cánovas del Castillo 4* ✉ *28014* Ⓜ *Banco de España –* ☎ *913 30 24 00*
*– www.nh-hotels.com*    **8MYz**
**114 hab –** 🛏️93/330 €, 🍽 25 €
¡En el Triángulo del Arte! Ofrece habitaciones de línea clásica-actual y una buena cafetería, donde sirven tapas y raciones de bases tradicionales con elaboraciones creativas.

**Ópera**    🛗 ⅙ hab, 🅰 hab, 🛇 🤶 🎧
*cuesta de Santo Domingo 2* ✉ *28013* Ⓜ *Ópera –* ☎ *915 41 28 00*
*– www.hotelopera.com*    **7KXb**
**79 hab –** 🛏️75/125 € 🛏️85/140 €, 🍽 15 €
**Rest** *El Café de La Ópera –* ☎ *915 42 63 82 –* Menú 50/70 € – Carta 30/51 €
Posee un bar de ambiente clásico que hace de zona social, una sala de desayunos polivalente y otra más para reuniones. Habitaciones modernas y actuales. El restaurante tiene la particularidad de que ameniza sus veladas con Ópera o Zarzuela en directo.

**Lusso Infantas**    🛗 ⅙ 🅰 🤶 🎧
*Infantas 29* ✉ *28004* Ⓜ *Chueca –* ☎ *915 21 28 28 – www.hotelinfantas.com*
**40 hab –** 🛏️66/242 €, 🍽 14 €    **8MXr**
**Rest** *Ex Libris –* ver selección restaurantes
Se encuentra en un antiguo edificio que ha sido completamente remodelado, con una decoración bastante actual. Tanto las habitaciones como los baños están bien equipados.

**Husa Paseo del Arte**    🎢 🛗 ⅙ hab, 🅰 🛇 🤶 🎧 🚗
*Atocha 123* ✉ *28012* Ⓜ *Atocha –* ☎ *912 98 48 00*
*– www.hotelhusapaseodelarte.com*    **8MNZb**
**259 hab –** 🛏️97/305 €, 🍽 20 €
**Rest –** *(cerrado agosto y fines de semana)* Menú 22 €
Como su nombre indica, está muy bien situado para visitar los museos más prestigiosos de Madrid. Posee espacios luminosos y diáfanos, con habitaciones funcionales de calidad. El restaurante, instalado en un patio interior que tiene el techo acristalado, propone una cocina de gusto tradicional.

**Preciados**    🎠 🛗 ⅙ hab, 🅰 🛇 🤶 🎧 🚗
*Preciados 37* ✉ *28013* Ⓜ *Callao –* ☎ *914 54 44 00 – www.preciadoshotel.com*
**95 hab –** 🛏️88/143 € 🛏️105/226 €, 🍽 17 €    **7KXu**
**Rest –** Menú 17/85 € – Carta 19/49 €
El sobrio clasicismo de su arquitectura, que data del s. XIX, contrasta con el moderno y completo equipamiento de las distintas habitaciones. Zona social algo escasa pero acogedora. En el restaurante, que está definido por su carácter polivalente, combinan su carta tradicional con varios menús.

**Ada Palace**    🎠 🛗 ⅙ hab, 🅰 🎢 🤶
*Marqués de Valdeiglesias 1* ✉ *28004* Ⓜ *Banco de España –* ☎ *917 01 19 19*
*– www.chh.es*    **8MXc**
**76 hab –** 🛏️65/350 € 🛏️80/500 €, 🍽 15 €    **Rest –** Menú 25 € – Carta 41/55 €
Ocupa un edificio histórico, lo que le reporta ventajas y algún inconveniente, como el reducido tamaño de su recepción. Habitaciones clásicas de buen confort. El restaurante se encuentra en la sexta planta, junto a la cafetería y sus privilegiadas terracitas.

**Mercure Madrid Santo Domingo**    🔲 🛗 🅰 🤶 🎧 🚗
*San Bernardo 1* ✉ *28013* Ⓜ *Santo Domingo –* ☎ *915 47 98 00*
*– www.hotelsantodomingo.es*    **7KXa**
**200 hab –** 🛏️95/173 € 🛏️139/241 €, 🍽 16 €
**Rest** *Sandó –* ver selección restaurantes
Cobija el jardín vertical más grande del mundo, con más de 200 especies vegetales y... ¡hasta una cascada! Actualmente se presenta con una amplia cafetería, una sorprendente coctelería en unas cuevas del s. XVI y varias salas de reuniones. Habitaciones algo pequeñas pero actuales, todas personalizadas.

**Suite Prado** sin rest
*Manuel Fernández y González 10 ✉ 28014 Ⓜ Antón Martín – ✆ 914 20 23 18 – www.suiteprado.com* 7LYa
**9 hab** – †78/139 € ††93/216 €, ☕ 9 € – 9 suites
Atesora un ambiente familiar. Tras su fachada, de línea clásica-actual, encontraremos un hotel que compensa sus reducidas zonas sociales con unas habitaciones bastante amplias, todas con mobiliario actual y la mitad con salón independiente.

**Meninas** sin rest
*Campomanes 7 ✉ 28013 Ⓜ Ópera – ✆ 915 41 28 05 – www.hotelmeninas.com*
**37 hab** – †79/149 € ††99/179 €, ☕ 15 € 7KXy
Está instalado en un edificio de viviendas y destaca por su trato, de carácter familiar y personalizado. Acogedora zona social con biblioteca y habitaciones de corte actual.

**Plaza Mayor** sin rest
*Atocha 2 ✉ 28012 Ⓜ Sol – ✆ 913 60 06 06 – www.h-plazamayor.com*
**34 hab** – †40/80 € ††50/100 €, ☕ 8 € 7LYd
¡A un paso de la Plaza Mayor! Este pequeño hotel, de aspecto actual, se presenta con unas habitaciones algo reducidas pero alegres y funcionales, todas con los suelos en tarima. Posee una cafetería en la planta baja, unida a la zona social.

**Gonzalo** sin rest y sin ☕
*Cervantes 34-3ª planta ✉ 28014 Ⓜ Antón Martín – ✆ 914 29 27 14 – www.hostalgonzalo.com* 8MYs
**11 hab** – †50 € ††60 €
Este hostal, típicamente familiar, está ubicado en una casa de vecinos del barrio de Las Letras. Sus espaciosas habitaciones cuentan con un mobiliario básico y funcional.

**Posada del Dragón** hab,
*Cava Baja 14 ✉ 28005 Ⓜ La Latina – ✆ 911 19 14 24 – www.posadadeldragon.com*
**27 hab** – †79/223 € ††89/243 €, ☕ 12 € **Rest** – Carta 30/42 € 7KZx
Esta es una de las fondas más antiguas de la villa, sin embargo, ahora se presenta como un hotel vanguardista que solo conserva del pasado su estructura y la corrala del s. XIX. El restaurante, que funciona a modo de show-cooking, ocupa el espacio que un día habitó la jabonería La Antoñita, de ahí su nombre.

**La Terraza del Casino** (Paco Roncero)
*Alcalá 15-3° ✉ 28014 Ⓜ Sevilla – ✆ 915 32 12 75 – www.casinodemadrid.es – cerrado agosto, domingo, lunes y festivos* 7LXv
**Rest** – Menú 69/135 € – Carta 70/100 €
Marco palaciego del s. XIX que hoy se reivindica a través de una estética actual. Su chef propone una carta creativa que cautiva desde los entrantes a los postres, alcanzando siempre unos perfectos puntos de cocción. ¡Magnífica terraza!
➜ Gamba roja de Dénia con guisantes en texturas. Lenguado a la meunière. Aromas de Madrid.

**Paradis Madrid**
*Marqués de Cubas 14 ✉ 28014 Ⓜ Banco de España – ✆ 914 29 73 03 – www.restauranteparadismadrid.es – cerrado domingo noche* 8MYv
**Rest** – Menú 35/50 € – Carta 36/51 €
Modernas instalaciones ubicadas junto al Palacio del Congreso, con acceso a través de un hall-tienda de delicatessen. Aquí apuestan por una cocina tradicional-mediterránea, pudiéndola descubrir tanto en el comedor como en su zona de tapeo.

**Café de Oriente**
*pl. de Oriente 2 ✉ 28013 Ⓜ Ópera – ✆ 915 41 39 74 – www.grupolezama.es*
**Rest** – Menú 49/80 € – Carta 39/65 € 7KXYw
Resulta emblemático y propone varios ambientes frente al Palacio Real, como el de una lujosa cafetería y el de la bodega-comedor, con reservados de gran nivel. Su amplia carta tradicional se enriquece con especialidades vascas y gallegas.

**La Manduca de Azagra**
*Sagasta 14 ✉ 28004 Ⓜ Alonso Martínez – ✆ 915 91 01 12 – www.lamanducadeazagra.com – cerrado agosto, domingo y festivos*
**Rest** – Carta 35/55 € 7LVb
A su privilegiada ubicación se suma un amplio local de estilo minimalista, donde se cuidan muchísimo tanto el diseño como la iluminación. Sencilla cocina de tinte tradicional basada en la calidad de las materias primas.

XX **Lieu**     AC %

*Amnistía 10 ⊠ 28013 Ⓜ Ópera – ℰ 915 41 74 81 – www.lieu.es – cerrado*
*Navidades, 22 agosto-14 septiembre, domingo noche y lunes*    **7KYd**
**Rest** – Menú 35/60 € – Carta 44/57 €
Está junto al Teatro Real y sorprende al viandante, pues desde la calle es visible su
cocina. Ofrece una barra-mesa a la entrada, una sala bien montada y una carta actual,
con delicadas presentaciones y buena técnica en todos sus platos.

XX **Sandó** – Hotel Mercure Madrid Santo Domingo     AC %

*Isabel la Católica 2 ⊠ 28013 Ⓜ Santo Domingo – ℰ 915 47 99 11*
*– www.restaurantesando.es – cerrado agosto, domingo noche y lunes*
**Rest** – Menú 49 € – Carta 39/57 €    **7KXa**
Presenta un cuidado interior de línea clásica, con buenos detalles actuales y de
diseño. Sus fogones están asesorados por Juan Mari Arzak, por eso aquí encontraremos una adaptación de la cocina elaborada por este prestigioso chef.

XX **Esteban**     AC ⇔

*Cava Baja 36 ⊠ 28005 Ⓜ La Latina – ℰ 913 65 90 91 – www.rte-esteban.com*
*– cerrado 20 julio-10 agosto, domingo noche, lunes noche y martes noche*
**Rest** – Carta 40/55 €    **7KZy**
En la calle de tapeo más popular de la ciudad. Sus acogedoras instalaciones presentan una decoración de aire clásico-castellano, con fotos de personajes famosos y algunos detalles de sabor castizo. Carta basada en la cocina tradicional.

XX **El Barril de las Letras** Ⓝ     ⅖ AC %

*Cervantes 28 ⊠ 28014 Ⓜ Antón Martín – ℰ 911 86 36 32*
*– www.barrildelasletras.com*    **8MYa**
**Rest** – Menú 40/100 € – Carta 40/70 €
¡Un restaurante de contrastes! Ocupa una antigua casa de piedra que se presenta hoy
con el interior totalmente actualizado... eso sí, manteniendo alguna pared en ladrillo
visto. Carta tradicional con un buen apartado de pescados y mariscos.

XX **Ex Libris** – Hotel Lusso Infantas     AC %

*Infantas 29 ⊠ 28004 Ⓜ Chueca – ℰ 915 21 28 28*
*– www.restauranteexlibris.com*    **8MXr**
**Rest** – Menú 12/30 € – Carta 30/47 €
Este restaurante se presenta con un estilo actual bastante cuidado y una original
decoración a base de "Ex Libris". Proponen una cocina actual bien elaborada y diversos menús.

XX **Europa Decó** – Hotel Urban     AC % 🚗

*Carrera de San Jerónimo 34 ⊠ 28014 Ⓜ Sevilla – ℰ 917 87 77 80*
*– www.derbyhotels.com – cerrado agosto, domingo, lunes y festivos*    **7-8LMYz**
**Rest** – Carta 33/58 € 🍸
Un local que va de boca en boca, tanto por su diseño innovador como por el excelente servicio de mesa. Su chef propone una cocina mediterránea, de mercado y de
"globalización", basada normalmente en el uso de productos exóticos.

X **La Esquina del Real**     AC

*Amnistía 4 ⊠ 28013 Ⓜ Ópera – ℰ 915 59 43 09 – www.laesquinadelreal.es*
*– cerrado agosto, sábado mediodía y domingo*    **7KYy**
**Rest** – Menú 42 € – Carta 41/58 €
Agradable e íntimo establecimiento de estilo rústico, con las paredes en piedra y ladrillo. Ofrecen buen trato y una carta atractiva, con platos de tendencia francesa.

X **Bolívar**     AC %

*Manuela Malasaña 28 ⊠ 28004 Ⓜ San Bernardo – ℰ 914 45 12 74*
*– www.restaurantebolivar.com – cerrado agosto y domingo*    **7LVa**
**Rest** – Menú 35 € – Carta 28/45 €
Pequeño restaurante de organización familiar ubicado en el barrio de Malasaña,
donde se presenta con una única sala dividida en dos espacios, ambos de corte
moderno. Excelente trato personal y cocina tradicional a precios moderados.

### X  Zerain                                                                    AC ⇔

*Quevedo 3* ✉ *28014* Ⓜ *Antón Martín* – ☎ *914 29 79 09*
*– www.restaurante-vasco-zerain-sidreria.es – cerrado domingo noche*          **8MYx**
**Rest** – Menú 23/68 € – Carta 30/54 €

Atesora la estética de una auténtica sidrería vasca, por lo que encontrará grandes
toneles. Ambiente rústico y simpática decoración, con fotografías de pueblos y rincones típicos. Carta tipo asador y buen menú sidrería... ¡con chuletón!

### X  Entre Suspiro y Suspiro Ⓝ                                                 AC

*Caños del Peral 3* ✉ *28013* Ⓜ *Ópera* – ☎ *915 42 06 44*
*– www.entresuspiroysuspiro.com – cerrado 7 días en agosto y domingo*
**Rest** – Carta 36/50 €                                                        **7KXc**

Un buen sitio para descubrir la cocina mejicana. Tras su discreta fachada encontraremos un restaurante alegre y colorista, con una barra de apoyo a la entrada y las salas
repartidas en dos plantas. ¡Impresionante colección de tequilas!

### X  Krachai                                                                   AC ⅀

*Fernando VI-11* ✉ *28004* Ⓜ *Alonso Martínez* – ☎ *918 33 65 56 – www.krachai.es*
*– cerrado agosto y domingo noche*                                              **8MVa**
**Rest** – Menú 13/30 € – Carta 21/53 €

Repartido en dos salas, ambas con una iluminación bastante cuidada y de montaje
actual. La carta, de cocina tailandesa, distribuye los platos según su técnica de elaboración.

### X  La Gastroteca de Santiago                                                 AC ⅀

*pl. Santiago 1* ✉ *28013* Ⓜ *Ópera* – ☎ *915 48 07 07*
*– www.lagastrotecadesantiago.es – cerrado Semana Santa, del 15 al 31 de agosto,*
*domingo noche y lunes mediodía*                                                **7KYb**
**Rest** – Menú 21/61 € – Carta 30/50 €

Sus dos grandes cristaleras dan paso a un restaurante reducido pero acogedor, con la
cocina semivista y un montaje moderno. Carta tradicional con platos actualizados.

### X  La Tasquita de Enfrente                                                   AC

*Ballesta 6* ✉ *28004* Ⓜ *Gran Vía* – ☎ *915 32 54 49 – www.latasquitadeenfrente.com*
*– cerrado 15 días en agosto y domingo*                                         **7LXs**
**Rest** – (es necesario reservar) Menú 49/65 € – Carta 45/65 €

Este pequeño negocio de organización familiar se caracteriza por haber sabido fideli-
zar a su clientela. Su chef propone una buena cocina tradicional y de mercado, tratada con sencillez, cariño e inteligencia.

### X  La Bola                                                                   AC ⅀ ⇌

*Bola 5* ✉ *28013* Ⓜ *Santo Domingo* – ☎ *915 47 69 30 – www.labola.es*
*– cerrado domingo noche*                                                       **7KXr**
**Rest** – Menú 27/42 € – Carta 32/47 €

Una casa familiar que mantiene el sabor castizo del viejo Madrid. Presenta un interior
de carácter tradicional, con gran tipismo y fotografías antiguas. La indiscutible estrella
de su mesa es el Cocido madrileño, aunque ofrecen algo más.

### ⅄/  Le Cabrera                                                              AC ⅀

*Bárbara de Braganza 2* ✉ *28004* Ⓜ *Colón* – ☎ *915 77 59 55 – www.lecabrera.com*
*– cerrado domingo*                                                             **8NVz**
**Rest** – Ración aprox. 14 €

El negocio, original y con mucho diseño, se divide en dos zonas, una con acceso al
chef que prepara los platos tras la barra y la otra, en el sótano, pensada más para
copas.

### ⅄/  La Botillería del Café de Oriente                                       ⌂ AC ⅀ ⇔

*pl. de Oriente 4* ✉ *28013* Ⓜ *Ópera* – ☎ *915 48 46 20 – www.grupolezama.es*
**Rest** – Tapa 5 € – Ración aprox. 11 €                                        **7KXw**

Emplazado frente al Palacio Real, una zona de gran ambiente gastronómico y nocturno. Tiene la decoración clásica de un café vienés, con gran variedad de canapés y
la posibilidad de tomar buenos vinos por copa.

## ¶⟋ La Camarilla ⬜ⷮ

*Cava Baja 21* ⊠ *28005* Ⓜ *Latina –* ☏ *913 54 02 07*
*– www.lacamarillarestaurante.com – cerrado 21 días en julio y miércoles mediodía*
**Rest** *– Tapa 2 € – Ración aprox. 9 €* **7KZa**
¡Un buen lugar si desea comer a base de tapas! Presenta una gran barra para tapear y a continuación el comedor, este último de montaje moderno e informal.

## ¶⟋ Bocaito ⬜ⷮ⬯

*Libertad 6* ⊠ *28004* Ⓜ *Chueca –* ☏ *915 32 12 19 – www.bocaito.com – cerrado agosto, sábado mediodía y domingo* **8MXb**
**Rest** *– Tapa 3 € – Ración aprox. 10 €*
Se reparte entre dos locales comunicados entre sí y ofrece cuatro salas, todas de aire rústico-castellano aunque con detalles taurinos en su decoración. Cocina tradicional.

## ¶⟋ Prada a Tope ⬜ⷮ

*Príncipe 11* ⊠ *28012* Ⓜ *Sevilla –* ☏ *914 29 59 21 – www.pradaatope.es – cerrado agosto* **7LYu**
**Rest** *– Tapa 5 € – Ración aprox. 10 €*
Fiel a las directrices estéticas de la cadena. Presenta una barra y varias mesas desnudas, decorando la sala con mucha madera, fotos antiguas y productos típicos de El Bierzo.

## Retiro, Salamanca

### 🏨🏨🏨🏨 Ritz 🎴 Ⳏ 🛎 ৬ hab, ⬜ ⷮ 🛜 🏋

*pl. de la Lealtad 5* ⊠ *28014* Ⓜ *Banco de España –* ☏ *917 01 67 67*
*– www.ritzmadrid.com* **8NYk**
**137 hab** *–* 👫*295/615 €,* ⵣ *35 € – 30 suites*
**Rest Goya** *– Menú 62/100 € – Carta 77/90 €* 🎖
Hotel de prestigio internacional ubicado en un palacete de principios del s. XX. Disfruta de unos bellísimos espacios comunes y ofrece habitaciones de suntuosa decoración. En el restaurante Goya, que demuestra carácter y personalidad propia, encontrará una cocina de concepción clásica con muy buen producto.

### 🏨🏨🏨🏨 Villa Magna 🎴 Ⳏ 🛎 ৬ hab, ⬜ ⷮ rest, 🛜 🏋 🚗

*paseo de la Castellana 22* ⊠ *28046* Ⓜ *Rubén Darío –* ☏ *915 87 12 34*
*– www.hotelvillamagna.es* **6GVy**
**120 hab** *–* 👫*310/660 €,* ⵣ *39 € – 30 suites*
**Rest Villa Magna** *– (cerrado agosto) Menú 55 € – Carta 55/105 €*
**Rest Tsé Yang** *–* ☏ *914 31 18 18 – Menú 38/70 € – Carta 50/75 €*
En este magnífico hotel hallará una zona social de elegante línea clásica y varios tipos de habitaciones, destacando las suites de la última planta por su terraza. La oferta gastronómica del restaurante Villa Magna se completa con la propuesta del Tsé Yang, que apuestan por el recetario cantonés y oriental.

### 🏨🏨🏨 Wellington 🏊 🎴 🛎 ⬜ ⷮ 🛜 🏋 🚗

*Velázquez 8* ⊠ *28001* Ⓜ *Retiro –* ☏ *915 75 44 00 – www.hotel-wellington.com*
**236 hab** *–* 👫*130/325 €,* ⵣ *25 € – 19 suites* **6HXt**
**Rest Kabuki Wellington** 🎖 **Rest Goizeko Wellington** *– ver selección restaurantes*
Lujo y tradición se alían en un hotel realmente emblemático... no en vano, es aquí donde muchos toreros se alojan durante la Feria de San Isidro. Presenta unas instalaciones de línea clásica-elegante, con un concurrido bar de ambiente inglés y habitaciones de completo equipamiento.

### 🏨🏨🏨 Gran Meliá Fénix 🎴 🛎 ৬ hab, ⬜ ⷮ 🛜 🏋 🚗

*Hermosilla 2* ⊠ *28001* Ⓜ *Serrano –* ☏ *914 31 67 00 – www.granmeliafenix.com*
**209 hab** *–* 👫*170/510 €,* ⵣ *30 € – 12 suites* **8NVc**
**Rest** *– Menú 35 € – Carta 40/77 €*
¡Atesora señorío y distinción! Aquí encontrará amplias zonas nobles, como su llamativo hall bajo cúpula, y unas habitaciones de línea clásica-elegante equipadas a gran nivel. El restaurante, bien montado y con una cocina de tinte mediterráneo, se ve apoyado por un encantador bar-cocktelería llamado Dry.

MADRID

### 🏠🏠🏠 **AC Palacio del Retiro**    🦵 🕮 ᰀ 🕭 🛇 🤶 🚅

*Alfonso XII-14* ⊠ *28014* Ⓜ *Retiro –* ℰ *915 23 74 60*
*– www.hotelacpalaciodelretiro.com*    **8NXYc**
**50 hab –** 🧍215/290 € 🧍🧍230/305 €, ⚌ 29 €   **Rest –** Menú 36 € – Carta 38/49 €
Instalado en un bello edificio protegido de principios del s. XX. La recepción, en el histórico paso de carruajes, se ve acompañada por una elegante zona social y excelentes habitaciones, algunas con vistas al Retiro. El restaurante, enfocado claramente al cliente alojado, ofrece una carta tradicional-actual.

### 🏠🏠🏠 **Adler**    🕮 🕭 🛇 🤶 🚅

*Velázquez 33* ⊠ *28001* Ⓜ *Velázquez –* ℰ *914 26 32 20*
*– www.hoteladler.es*    **6HVx**
**42 hab –** 🧍🧍180/360 €, ⚌ 27 € – 2 suites
**Rest *niMú* –** Menú 33/55 € – Carta 30/45 €
Resulta exclusivo y selecto, recreando su elegante interior con materiales de gran calidad. Debemos destacar sus confortables habitaciones, todas con un equipamiento al más alto nivel. Pequeño bar de ambiente inglés y restaurante con carácter propio.

### 🏠🏠🏠 **Único Madrid**    🦵 🕮 ᰀ 🕮 🛇 🤶 🚅 🚗

*Claudio Coello 67* ⊠ *28001* Ⓜ *Serrano –* ℰ *917 81 01 73*
*– www.unicohotelmadrid.com*    **6GVs**
**43 hab –** 🧍🧍190/365 €, ⚌ 26 € – 1 suite
**Rest *Ramón Freixa Madrid* 🕸 🕸 –** ver selección restaurantes
Tras su atractiva fachada clásica encontrará un hall de diseño, una elegante zona social con varias salitas y confortables habitaciones, todas con elementos clásicos y vanguardistas. ¡Servicio de coches con chofer para visitar la ciudad!

### 🏠🏠🏠 **Hospes Madrid**    🎋 🕭 🦵 🕮 🕮 🕮 🛇 rest, 🤶 🚅

*pl. de la Independencia 3* ⊠ *28001* Ⓜ *Retiro –* ℰ *914 32 29 11*
*– www.hospes.com*    **8NXv**
**40 hab –** 🧍🧍170/610 €, ⚌ 25 € – 1 suite   **Rest –** Menú 22 € – Carta 35/45 €
Ocupa un edificio que data de 1883, con la recepción en el paso de carruajes, dos salas de reuniones y unas modernas habitaciones, muchas asomadas a la Puerta de Alcalá. El restaurante, de montaje individual y carácter informal, basa su oferta en una carta de raciones y tapas, con un menú del día.

### 🏠🏠 **El Madroño** Ⓦ sin rest y sin    🕭 🕮 🛇 🤶 🚅 🚗

*General Díaz Porlier 101* ⊠ *28006* Ⓜ *Diego de León –* ℰ *915 62 52 92*
*– www.madrono-hotel.com*    **4HUx**
**66 hab –** 🧍🧍49/350 €
Se halla junto al Hospital Universitario de la Princesa y puede ser interesante para familias o largas estancias, pues muchas de sus habitaciones, en líneas generales amplias y modernas, poseen una pequeña cocina. Patio interior ajardinado.

### 🏠🏠 **Claridge**    🕭 🦵 🕮 🛇 rest, 🤶 🚅 🚗

*pl. Conde de Casal 6* ⊠ *28005* Ⓜ *Conde de Casal –* ℰ *915 51 94 00*
*– www.hotelclaridge.com*    **6JYa**
**112 hab –** 🧍50/150 € 🧍🧍250/350 €, ⚌ 14 € – 2 suites
**Rest –** Menú 13 € – Carta 26/44 €
¡Enfocado a una clientela de empresa! Tras una reforma integral presenta unas instalaciones modernas que denotan reminiscencias clásicas, tanto americanas como británicas, en su decoración. Habitaciones amplias y elegantes. El restaurante, dotado con un privado, propone una carta de gusto internacional.

### 🏠🏠 **Jardín de Recoletos**    🎋 🕭 🕮 🛇 🤶 🚅

*Gil de Santivañes 6* ⊠ *28001* Ⓜ *Serrano –* ℰ *917 81 16 40*
*– www.recoletos-hotel.com*    **8NVp**
**43 hab –** 🧍🧍99/260 €, ⚌ 17 €   **Rest –** Menú 27 € – Carta 35/61 €
Atractiva fachada con balcones abalaustrados. Dispone de un elegante hall-recepción con una vidriera en el techo, amplias habitaciones tipo estudio, con cocina américana, y un agradable patio-terraza. Su pequeño comedor de estilo clásico ofrece una carta de tinte tradicional y un menú ejecutivo.

**Vincci Soma**
*Goya 79 ✉ 28001 Ⓜ Goya – ✆ 914 35 75 45 – www.vinccihoteles.com*
**177 hab** – 58/840 € 75/935 €, ☕ 16 € **6HVc**
**Rest** – *(cerrado agosto)* Menú 25 € – Carta 33/55 €
Céntrico y de instalaciones actuales. Disfruta de un bello salón-biblioteca y habitaciones de completo equipamiento, destacando las que poseen terraza. El restaurante, de carácter informal y con gran aceptación, combina el buffet de desayunos con un servicio a la carta dominado por las raciones y el picoteo.

**Serrano Royal** Ⓝ sin rest
*Marqués de Villamejor 8 ✉ 28006 Ⓜ Rubén Darío – ✆ 915 76 96 26*
*– www.aa-hoteles.com/* **6GVa**
**34 hab** – 56/213 € 71/356 €, ☕ 15 € – 5 suites
En una zona céntrica y comercial. Este hotel se está renovando poco a poco... sin embargo, a día de hoy todas las habitaciones se presentan muy bien actualizadas, con los suelos en tarima sintética y un buen confort general.

**Ramón Freixa Madrid** – Hotel Único Madrid
*Claudio Coello 67 ✉ 28001 Ⓜ Serrano – ✆ 917 81 82 62*
*– www.ramonfreixamadrid.com – cerrado Semana Santa, agosto, domingo y lunes*
**Rest** – Menú 75/115 € – Carta 75/120 € **6GVs**
De estética moderna, con pocas mesas y precedido por una agradable terraza de verano. De sus fogones surge una cocina de autor que sorprende por sus elaboraciones, coherentes, muy bien presentadas y con productos de excelente calidad.
➜ El estudio del tomate 2014. Liebre a la royal. Momento dulce por tres.

**Pedro Larumbe**
*paseo de la Castellana 38 ✉ 28006 Ⓜ Rubén Darío – ✆ 915 75 11 12*
*– www.larumbe.com – cerrado 15 días en agosto, domingo y festivos* **6GVr**
**Rest** – Menú 60/70 € – Carta 42/62 €
Un restaurante que, tras el cambio de local, ha mejorado en todos los sentidos. Posee un hall de espera y una gran sala de línea clásica-actual, con mobiliario de calidad y un excelente servicio de mesa. Cocina actual de base tradicional.

**Palacio Cibeles**
*pl. de Cibeles 1-6º ✉ 28014 Ⓜ Banco de España – ✆ 915 23 14 54*
*– www.grupoadolfo.com* **8NXb**
**Rest** – Menú 50 € – Carta 60/75 €
Disfruta de un maravilloso emplazamiento, pues ocupa la 6ª planta del emblemático edificio del Ayuntamiento. Ofrece una sala de línea moderna, dos coquetas terrazas para comidas y copas, así como una cocina elaborada de gusto tradicional.

**Sanxenxo**
*José Ortega y Gasset 40 ✉ 28006 Ⓜ Núñez de Balboa – ✆ 915 77 82 72*
*– www.sanxenxo.com.es – cerrado Semana Santa, 15 días en agosto y domingo noche*
**Rest** – Carta 40/68 € **6HVe**
¡Todo un clásico! Presenta unas magníficas instalaciones dominadas por la presencia de materias nobles, como el granito o la madera, y amplias salas repartidas en dos plantas. Cocina tradicional gallega, con pescados y mariscos de calidad.

**Kabuki Wellington** (Ricardo Sanz) – Hotel Wellington
*Velázquez 6 ✉ 28001 Ⓜ Retiro – ✆ 915 77 78 77 – www.restaurantekabuki.com*
*– cerrado Semana Santa, del 1 al 21 de agosto, sábado mediodía, domingo y festivos* **6HXa**
**Rest** – Menú 93 € – Carta 60/90 €
¡El más emblemático del grupo! Presenta una gran sala de línea actual en dos alturas, con una barra de sushi y detalles de diseño. Su cocina japonesa, elaborada con productos de la mejor calidad, se completa con una exclusiva carta de sake.
➜ Sashimi. Nigiris de trilogía. Chocolate con churros.

**A & G** Ⓝ
*Ayala 27 ✉ 28001 Ⓜ Goya – ✆ 917 02 62 62 – www.aygmadrid.com – cerrado domingo* **6HVb**
**Rest** – Carta 45/65 €
Un restaurante de estética urbana. Ofrecen una cocina peruana con toques Nikkey y varios platos de referencia, como el Ají de gallina, el Cebiche del amor, el Beso de moza...

MADRID

MADRID

### XXX Goizeko Wellington – Hotel Wellington

AC ⇔

*Villanueva 34 ⊠ 28001 ⓂRetiro – ☏ 915 77 01 38 – www.goizekogaztelupe.com*
*– cerrado sábado mediodía en julio-agosto y domingo* **6HXt**
**Rest** – Menú 60 € – Carta 50/69 € ⌘

Disfruta de un comedor clásico-moderno y dos privados, todo de exquisito montaje. Su carta, que fusiona la cocina tradicional, la internacional y la creativa, se ha visto también enriquecida con varios platos de origen nipón.

### XX La Paloma

AC ⅌

*Jorge Juan 39 ⊠ 28001 ⓂPríncipe de Vergara – ☏ 915 76 86 92*
*– www.lapalomarestaurante.com – cerrado Semana Santa, agosto, domingo y*
*festivos* **6HXg**
**Rest** – Menú 45/60 € – Carta 46/62 €

Una casa de ambiente íntimo y organización profesional. En su amplia carta conviven platos clásicos y tradicionales, así como un apartado de sugerencias y menús. Son emblemáticos sus Erizos de mar, el Carpaccio de foie, el Pichón relleno...

### XX O'Grelo

AC ⅌ ⇔

*Menorca 39 ⊠ 28009 ⓂIbiza – ☏ 914 09 72 04 – www.restauranteogrelo.com*
*– cerrado domingo noche* **6JXy**
**Rest** – Carta 39/65 €

Conozca las excelencias de la cocina gallega tradicional, con gran variedad de pescados y mariscos. Se han ido renovando y actualmente ofrecen un aspecto moderno, con un gastrobar que les funciona bastante bien, una sala y tres privados.

### XX Maldonado 14

AC ⅌

*Maldonado 14 ⊠ 28006 ⓂNúñez de Balboa – ☏ 914 35 50 45*
*– www.maldonado14.com – cerrado Semana Santa, del 10 al 28 de agosto,*
*domingo y festivos noche* **6HUa**
**Rest** – Menú 35/52 € – Carta 32/48 €

Presenta una única sala repartida en dos niveles, ambos con una decoración clásica y los suelos en madera. Proponen una carta tradicional de temporada y producto, así como sabrosos postres caseros. ¡No se pierda su famosa Tarta de Manzana!

### XX La Torcaz

AC ⅌ ⇔

*Lagasca 81 ⊠ 28006 ⓂNúñez de Balboa – ☏ 915 75 41 30 – www.latorcaz.com*
*– cerrado del 12 al 18 de agosto y domingo noche* **6GHVt**
**Rest** – Menú 45/55 € – Carta 34/55 €

Un restaurante de cocina clásica que siempre aporta garantías. Distribuye su sala en tres ambientes, con una decoración clásica-actual, un excelente servicio de mesa y una completa bodega. ¡Toda su carta se puede tomar en medias raciones!

### XX Punto MX ⓝ

AC ⅌

*General Pardiñas 40 ⊠ 28001 ⓂGoya – ☏ 914 02 22 26 – www.puntomx.es*
*– cerrado Semana Santa, agosto, sábado mediodía y domingo* **6HVz**
**Rest** – (es necesario reservar) Carta 42/60 €

Un mexicano que se aleja de tipismos, pues presenta una estética moderna y su gastronomía adaptada a nuestro paladar local. ¡Las tortillas de maíz se elaboran ante el cliente!

### XX 99 sushi bar

AC ⅌ ⇔

*Hermosilla 4 ⊠ 28001 ⓂSerrano – ☏ 914 31 27 15 – www.99sushibar.com*
*– cerrado del 1 al 23 de agosto, sábado mediodía, domingo y festivos*
**Rest** – Menú 75 € – Carta 44/79 € **8NVb**

Un buen sitio para descubrir los sabores y texturas de la cocina nipona. Posee una pequeña barra en la que elaboran Sushi a la vista del cliente, una atractiva bodega acristalada y una sala de corte moderno con el típico montaje japonés.

### XX MEATing

AC ⅌

*Villalar 4 (previsto traslado a Valenzuela 7) ⊠ 28005 ⓂRetiro – ☏ 914 31 69 97*
*– www.restaurantemeating.com – cerrado Semana Santa, 21 días en agosto,*
*domingo y lunes noche* **8NXa**
**Rest** – Carta 33/50 €

Restaurante de estética actual que toma la calidad de las materias primas como filosofía básica de su trabajo. Cocina tradicional especializada en carnes rojas de vaca gallega y deliciosas verduras, estas últimas del País Vasco y Navarra.

## XX Ramses 🔟      🏠 🆎 ❄ ⟷

*pl. de La Independencia  4 ⊠ 28001 Ⓜ Retiro – ℰ 914 35 16 66*
*– www.ramseslife.com – cerrado sábado mediodía, domingo y lunes noche*
**Rest** – Menú 45 € – Carta 60/75 €        **8NXv**

Un establecimiento de carácter polivalente y puro diseño, pues sus diferentes espacios, tanto gastronómicos como para copas y eventos, han sido decorados por el
famoso interiorista Philippe Stark. Cocina de gran nivel en concepto y técnica.

## XX Virú 🔟      🆎 ❄ ⟷

*Claudio Coello 116 ⊠ 28006 Ⓜ Núñez de Balboa – ℰ 915 61 77 71*
*– www.restauranteviru.com – cerrado agosto, domingo y lunes*      **4GHUh**
**Rest** – Menú 38/70 € – Carta 48/54 €

Agradable, actual, espacioso y bien montado. Su joven chef propone una cocina
peruana elaborada y de múltiples influencias, con platos tan representativos como el
Pez mantequilla en costra de especias o el Tiradito Asia-Perú.

## XX Álbora      🏠 🆎

*Jorge Juan 33 ⊠ 28001 Ⓜ Velázquez – ℰ 917 81 61 97*
*– www.restaurantealbora.com – cerrado del 5 al 19 de agosto y domingo*
**Rest** – Menú 48 € – Carta 40/53 €        **6HXz**

Conceptualmente próximo a la idea de gastrobar... eso sí, en un marco moderno y
con detalles de diseño. Si hay algo que define bien su oferta gastronómica esto son
las verduras, la cocina de temporada y el jamón ibérico de distintas añadas.

## XX Oter Epicure      🆎 ❄ ⟷

*Claudio Coello 71 ⊠ 28001 Ⓜ Serrano – ℰ 914 31 67 70 – www.grupo-oter.com*
*– cerrado domingo noche*      **6GVn**
**Rest** – Carta 35/50 €

Posee un bar y una sala alargada tipo bistrot, con detalles coloniales. Su amplia
carta tradicional se ve enriquecida con buenas sugerencias y especialidades, como
las Alcachofas en temporada o el Steak tartar que elaboran ante el cliente.

## XX Shikku Izakaya      🆎 ❄

*Lagasca 5 ⊠ 28001 Ⓜ Retiro – ℰ 914 31 93 08 – www.shikku.es – cerrado agosto,*
*domingo y festivos*      **4GXa**
**Rest** – Menú 50 € – Carta 50/65 €

Un restaurante nipón en el que se apuesta claramente por el diseño y la estética del
local, de hecho juegan mucho con la combinación de colores. Cocina japonesa bien
elaborada, con los típicos Tartar, Nigiris, rollitos de Sushi, Sashimis...

## XX Dassa Bassa      🆎

*Villalar 7 ⊠ 28001 Ⓜ Retiro – ℰ 915 76 73 97 – www.dassabassa.com – cerrado*
*Semana Santa, agosto, domingo y lunes*      **8NXt**
**Rest** – Menú 65/80 € – Carta 51/62 €

¡Ocupa lo que era una antigua carbonera! Presenta un buen hall-bar de entrada,
donde podrá tomarse unas tapas, y cuatro salas rústicas decoradas con algún que
otro detalle moderno. Cocina actual en la que se cuidan los sabores.

## XX Esbardos 🔟      🏠 ♿ 🆎 ❄

*Maldonado 4 ⊠ 28006 Ⓜ Núñez de Balboa – ℰ 914 35 08 68*
*– www.restauranteesbardos.com – cerrado agosto y domingo noche*      **6GUb**
**Rest** – Menú 45 € – Carta 31/53 €

Toma su nombre de un vocablo "astur" que significa osezno, algo apropiado si tenemos en cuenta que sus propietarios tienen otro restaurante llamado El Oso. Cocina
asturiana basada en la excelencia del producto y en los guisos tradicionales.

## XX El Gran Barril      🏠 ♿ 🆎 ❄ ⟷

*Goya 107 ⊠ 28009 Ⓜ Goya – ℰ 914 31 22 10 – www.elgranbarril.com*
**Rest** – Carta 40/60 € 🍷      **6JVy**

Negocio de confortables instalaciones con la fachada acristalada. Presenta un bar
público y varias salas de línea moderna, la de mayor capacidad junto al vivero en el
nivel inferior. Ofrecen arroces, pescados y mariscos de gran calidad.

## ✕✕ Gerardo     🅰🅲 ⅏ ⇔

*D. Ramón de la Cruz 86 ⊠ 28006 Ⓜ Manuel Becerra – ℰ 914 01 89 46*
*– www.restaurantegerardo.com*     **6JVs**
**Rest** – Menú 40 € – Carta 30/48 €
Posee una especie de gastrobar con la parrilla vista, un privado y un comedor clásico
que destaca por sus vistas a un patio ajardinado. Su carta tradicional se enriquece con
unas buenas carnes a la brasa, pulpo y verduras en temporada.

## ✕✕ Cañadío     🈴 🅰🅲 ⅏ ⇔

*Conde Peñalver 86 ⊠ 28005 Ⓜ Diego de León – ℰ 912 81 91 92*
*– www.restaurantecanadio.com – cerrado domingo noche*     **6HJUb**
**Rest** – Menú 25/50 € – Carta 36/53 €
Si conoce Santander le sonará, pues su nombre nos traslada a una de sus plazas más
famosas y a la casa madre de este negocio. Ofrece una barra-cafetería pensada para
tapear, dos salas de línea actual y una cocina tradicional bien elaborada.

## ✕✕ El Chiscón de Castelló     🅰🅲

*Castelló 3 ⊠ 28001 Ⓜ Príncipe de Vergara – ℰ 915 75 56 62 – www.elchiscon.com*
*– cerrado agosto, domingo y lunes noche*     **6HXe**
**Rest** – Menú 25 € – Carta 30/48 €
Su fachada típica da paso un interior que parece una casa particular, sobre todo en
las salas de la 1ª planta. Proponen una cocina tradicional, con dos menús y platos ya
emblemáticos, como sus Callos a la madrileña o el Rosbif con trufas.

## ✕✕ La Hoja     🅰🅲 ⅏ ⇔

*Doctor Castelo 48 ⊠ 28009 Ⓜ O'Donnell – ℰ 914 09 25 22 – www.lahoja.es*
*– cerrado domingo noche*     **6JXy**
**Rest** – Carta 36/57 €
¡Un referente de la cocina asturiana en Madrid! Ofrece dos salones de recargada
decoración y otro dedicado a la caza, este último polivalente. Guisos, fabes, verdinas,
platos de caza, pollos de su propia granja... todo sabroso y abundante.

## ✕ Surtopía Ⓝ     🅰🅲 ⅏

*Núñez de Balboa 106 ⊠ 28006 Ⓜ Núñez de Balboa – ℰ 915 63 03 64*
*– www.surtopia.es – cerrado Semana Santa, del 11 al 31 de agosto, domingo noche*
*y lunes*     **4HUz**
**Rest** – Menú 40/75 € – Carta 32/42 €
Local de línea moderna muy bien llevado por el propietario, que se muestra pendiente de todo. Proponen una cocina tradicional andaluza de marcadas influencias
gaditanas.

## ✕ El Almirez     🅰🅲 ⅏

*Maldonado 5 ⊠ 28006 Ⓜ Núñez de Balboa – ℰ 914 11 54 69*
*– www.restauranteelalmirez.es – cerrado Semana Santa, del 12 al 25 de agosto y*
*domingo noche*     **4GHUe**
**Rest** – Menú 45 € – Carta 33/47 €
Establecimiento clásico en dos niveles. Ofrece dos comedores, un bar a modo de
taberna y una cocina tradicional vasco-navarra que trabaja mucho con productos de
mercado.

## ✕ La Pulpería de Mila Ⓝ     🅰🅲 ⅏ ⇔

*Lagasca 11 ⊠ 28001 Ⓜ Retiro – ℰ 915 76 00 85 – www.lapulperiademila.com*
*– cerrado domingo noche*     **6GXc**
**Rest** – Carta 35/45 €
Taberna de ambiente marinero dotada con una sala en dos niveles y dos privados. Ofrece una cocina tradicional-gallega que tiene en el Pulpo su gran especialidad, aunque la Tortilla de patatas y las Croquetas de centollo tampoco desmerecen.

## ✕ Pelotari     🅰🅲 ⅏ ⇔

*Recoletos 3 ⊠ 28001 Ⓜ Colón – ℰ 915 78 24 97 – www.pelotari-asador.com*
*– cerrado domingo*     **8NVu**
**Rest** – Menú 40/68 € – Carta 40/62 €
Clásico asador vasco llevado por sus propietarios, uno en sala y el otro en cocina.
Posee cuatro comedores de estilo clásico regional, dos de ellos convertibles en pri-
vados.

### Cinco Jotas
*Puigcerdá ✉ 28001 Ⓜ Serrano – ✆ 915 75 41 25 – www.restaurantecincojotas.com*
**Rest** – Menú 16 € – Carta 30/40 € **6GXv**
Reconocido por la gran calidad en su oferta de productos ibéricos. Posee una espléndida terraza y varias salas de acogedor ambiente rústico-actual, algunas abuhardilladas.

### La Castela
*Doctor Castelo 22 ✉ 28009 Ⓜ Ibiza – ✆ 915 74 00 15 – www.lacastela.com – cerrado Semana Santa, 15 días en agosto y domingo noche* **6HXr**
**Rest** – Carta 32/44 €
Da continuidad a las históricas tabernas madrileñas, con un concurrido bar para el tapeo a la entrada. En su sencilla sala de ambiente clásico podrá degustar una cocina de tinte tradicional.

### Juan Bravo 25
*Juan Bravo 25 ✉ 28006 Ⓜ Núñez de Balboa – ✆ 914 11 60 25 – www.juanbravo25.com – cerrado 15 días en agosto y domingo* **6HUc**
**Rest** – Tapa 3,90 € – Ración aprox. 12 €
Disfruta de una agradable terraza en el centro de la calle, una barra central repleta de pinchos y tapas al estilo vasco, así como un comedor de línea clásica con detalles decorativos que rememoran el Art Nouveau. Amplia carta tradicional.

MADRID

### Tasca La Farmacia
*Diego de León 9 ✉ 28006 Ⓜ Núñez de Balboa – ✆ 915 64 86 52 – www.asadordearanda.com – cerrado 28 julio-18 agosto y domingo* **4GHUs**
**Rest** – Tapa 3,50 € – Ración aprox. 15 €
Atesora una estética tradicional, destacando por su bellísima barra azulejada con motivos nobiliarios. ¡No deje de probar las raciones y tostas de Zancarrón ni su Bacalao!

### El Barril de Goya
*Goya 86 ✉ 28009 Ⓜ Goya – ✆ 915 78 39 98 – www.elbarrildegoya.com – cerrado domingo noche* **6JVXr**
**Rest** – Tapa 10 € – Ración aprox. 18 €
Marisquería con la barra muy bien acondicionada, donde exponen una extensa gama de productos de impecable aspecto. Al fondo disponen de un comedor con una correcta carta.

### Taberna de la Daniela
*General Pardiñas 21 ✉ 28001 Ⓜ Goya – ✆ 915 75 23 29 – www.tabernaladaniela.com* **6HVs**
**Rest** – Tapa 4 € – Ración aprox. 9 €
Taberna típica del barrio de Salamanca, con la fachada azulejada y varios comedores para degustar sus tapas y raciones. ¡Son famosos por su Cocido madrileño en tres vuelcos!

## Arganzuela, Carabanchel, Villaverde

### AC Atocha Ⓝ sin rest
*Delicias 42 ✉ 28045 Ⓜ Atocha – ✆ 915 06 22 21 – www.ac-hotels.com*
**161 hab** – ††90/300 €, ☕ 16 € **6GYZc**
Emplazado junto a a la estación de Atocha. Posee una moderna zona social en línea con todos los AC, unas habitaciones tremendamente actuales y un par de patios, destacando uno de ellos en el que hay olivos. ¡Clientela habitual de empresa!

### AC Carlton Madrid sin rest
*paseo de las Delicias 26 ✉ 28045 Ⓜ Atocha – ✆ 915 39 71 00 – www.hotelcarltonmadrid.com* **5FZn**
**122 hab** – ††75/200 €, ☕ 15 €
Obtiene el favor de una clientela turística y resulta bastante moderno pese a su dilatada trayectoria. Cuenta con un hall-bar, donde ofrecen platos tipo snack, y unas habitaciones bien actualizadas, todas con mobiliario funcional-actual.

**NH Ribera del Manzanares**
*paseo Virgen del Puerto 57 ✉ 28005 Ⓜ Príncipe Pío – ✆ 913 64 32 48 – www.nh-hotels.com* **5DYs**
**224 hab** – ††57/232 €, ☕ 14 € **Rest** – Menú 17/50 € – Carta 25/45 €
En pleno Madrid Río y próximo al Vicente Calderón. Su moderna estética exterior en cristal negro da paso a un interior luminoso y actual, con numerosas salas de reuniones y habitaciones funcionales de completo equipamiento... la mitad asomadas al Manzanares. El sencillo restaurante basa su oferta en un menú.

**Aynaelda**
*Los Yébenes 38 ✉ 28047 – ✆ 917 10 10 51 – www.aynaelda.com – cerrado domingo noche* **1AMb**
**Rest** – Menú 10/21 € – Carta 28/45 €
Disfruta de una amplia terraza, un bar y dos salas de adecuado montaje, una por planta. Aquí encontrará una carta tradicional especializada en arroces, no en vano entre secos, melosos y caldosos proponen hasta 30 variedades. ¡Buenos menús!

**Los Cigarrales**
*Antonio López 52 ✉ 28019 Ⓜ Marqués de Vadillo – ✆ 914 69 74 52 – www.restauranteloscigarrales.com – cerrado domingo noche* **5DZn**
**Rest** – Menú 18/35 € – Carta 29/45 €
Restaurante de ambiente castellano dotado con un bar de tapas, un comedor principal y otro más amplio para banquetes. Proponen una carta bastante variada, con guisos del día y arroces, sin embargo lo que mejor les funciona son los menús.

## Moncloa

**Meliá Madrid Princesa**
*Princesa 27 ✉ 28008 Ⓜ Ventura Rodríguez – ✆ 915 41 82 00 – www.meliamadridprincesa.com* **7KVt**
**274 hab** – ††139/299 €, ☕ 26 €
**Rest *Uno*** – Menú 20/65 € – Carta 30/50 €
Emblemático y actualizado. Presenta una buena zona social, donde combinan el mobiliario actual con antigüedades de distintas épocas y estilos, así como unas habitaciones bien equipadas de ambiente contemporáneo. El restaurante, que elabora una carta actual, se complementa con un espacio lounge para tapear.

**El Club Allard** (Diego Guerrero)
*Ferraz 2 ✉ 28008 Ⓜ Plaza España – ✆ 915 59 09 39 – www.elcluballard.com – cerrado agosto, domingo, lunes noche y festivos* **7KVw**
**Rest** – *(solo menú)* Menú 86/145 €
Está en un edificio modernista protegido, por lo que no posee ninguna indicación exterior. Presenta una elegante estética clásica-actual y una cocina creativa de excelente nivel técnico, con fusiones acertadas y originales presentaciones.
→ Trufa de caza con foie y setas. Cordero tandoori. Old Fashion.

**Caoba**
*paseo Pintor Rosales 76 ✉ 28008 Ⓜ Moncloa – ✆ 915 50 31 06 – www.caobarestaurant.com – cerrado agosto, domingo y lunes mediodía*
**Rest** – Menú 48/75 € – Carta 45/55 € **5DVf**
Un restaurante que busca la excelencia tanto a nivel gastronómico como decorativo, pues presenta un interior de estética actual con detalles de diseño. Su cocina de autor, que bebe de fuentes italianas, se traduce en tres menús degustación.

**Quintana 30**
*Quintana 30 ✉ 28008 Ⓜ Argüelles – ✆ 915 42 65 20 – www.restaurantequintana30.com – cerrado Semana Santa, del 15 al 31 de agosto y domingo noche* **5DVa**
**Rest** – Menú 35 € – Carta 30/40 €
Restaurante de ambiente moderno-actual dotado con una sala escalonada y un pequeño privado acristalado. Su completa carta de cocina tradicional vasco-navarra, rica en bacalaos y platos de cuchara, se enriquece con dos menús de temporada.

MADRID

XX **Sal Gorda**

*Beatriz de Bobadilla 9 ✉ 28040 Ⓜ Guzmán El Bueno – ✆ 915 53 95 06 – www.restaurantesalgorda.es – cerrado Semana Santa, agosto, domingo y lunes noche* **3**DT**e**

**Rest** – Menú 35/45 € – Carta 30/44 €

Casa de reducidas dimensiones dotada con una única sala de línea clásica-actual. El Lomo de buey a la "Sal Gorda" es la especialidad de la casa, de ahí su nombre, aunque este plato solo forma parte de una completa carta tradicional.

**Chamberí**

**InterContinental Madrid** hab,

*paseo de la Castellana 49 ✉ 28046 Ⓜ Gregorio Marañón – ✆ 917 00 73 00 – www.madrid.intercontinental.com* **4**GU**v**

**302 hab** – ††155/550 €, ☕ 32 € **Rest** – Menú 38/60 € – Carta 60/75 €

Goza de un elegante hall clásico, con cúpula y profusión de mármoles, así como de un agradable patio-terraza interior y unas habitaciones que destacan por su gran confort. En el restaurante, anexo al hall-bar, apuestan por una cuidada carta internacional y un completísimo brunch los domingos.

**Hesperia Madrid** hab, rest,

*paseo de la Castellana 57 ✉ 28046 Ⓜ Gregorio Marañón – ✆ 912 10 88 00 – www.hesperia-madrid.com* **3**FU**b**

**171 hab** – ††180/280 €, ☕ 30 €

**Rest *Santceloni*** ✿✿ – ver selección restaurantes

**Rest** – *(cerrado agosto, sábado mediodía, domingo y festivos) (solo almuerzo)* Menú 30/55 € – Carta 40/64 €

Disfruta de un buen emplazamiento en una céntrica zona de negocios. Su pequeño hall se compensa con una gran variedad de salones. Habitaciones de elegante estilo clásico. El restaurante, que completa sus instalaciones con una barra de sushi, ofrece una carta de tinte mediterráneo y un buen menú.

**Innside Madrid Génova** Ⓝ sin rest

*pl. Alonso Martínez 3 ✉ 28004 Ⓜ Alonso Martinez – ✆ 912 06 21 60 – www.innside.com* **8**MV**f**

**66 hab** ☕ – ††110/180 €

Instalado en un bello edificio modernista que data de 1919. Su interior conjuga algunos detalles decorativos propios de un inmueble señorial, como las molduras, con una estética actual, funcional y desenfadada. ¡Agradable terraza-azotea!

XXXX ✿✿ **Santceloni** – Hotel Hesperia Madrid

*paseo de la Castellana 57 ✉ 28046 Ⓜ Gregorio Marañón – ✆ 912 10 88 40 – www.restaurantesantceloni.com – cerrado Semana Santa, agosto, sábado mediodía, domingo y festivos* **3**FU**b**

**Rest** – Menú 150/180 € – Carta 120/150 €

Toda una experiencia culinaria. Este elegante restaurante presenta una sala de línea clásica-actual, distribuida en dos niveles y de excelente montaje. Propone una cocina tradicional actualizada, bien elaborada y con detalles creativos.

➜ Ravioli de ricota ahumada con caviar. Cabracho con rollito de verdura, papada de cerdo y jugo de pimiento rojo. Sopa de chocolate y fruta de la pasión, avellanas, aceitunas y curry.

XXX ✿✿ **Sergi Arola**

*Zurbano 31 ✉ 28010 Ⓜ Rubén Darío – ✆ 913 10 21 69 – www.sergiarola.es – cerrado del 8 al 12 de enero, Semana Santa, 15 días en agosto, domingo y lunes*

**Rest** – Menú 105/135 € – Carta 90/120 € **5**FV**a**

Sorprende, pues cuenta con un cocktail-bar, una sala de estética moderna y un singular privado al pie de los fogones. Su cocina de autor destaca por el dominio técnico, la delicadeza de las elaboraciones y la perfección de sus maridajes.

➜ Mascarpone con finas hierbas y mousse de ave trufada. Lomo de ternera ahumado al romero y ragú de morillas. Queso Comté con papas canarias guisadas a la crema con vino blanco.

### XXX El Mentidero de la Villa 🏠 AC ℅ ⇔

*Almagro 20 ⊠ 28010 Ⓜ Alonso Martínez – 𝒞 913 08 12 85*
*– www.mentiderodelavilla.es – cerrado sábado mediodía y domingo* **8MVb**
**Rest** – Menú 25/60 € – Carta 31/46 €

Tras su atractiva fachada clásica se esconde un restaurante de elegante línea actual, con un buen comedor principal y varios privados. Aquí elaboran una cocina tradicional actualizada que siempre toma como base los mejores productos.

### XX Nikkei 225 AC ℅

*paseo de la Castellana 15, (entrada por Fernando el Santo) ⊠ 28046 Ⓜ Colón*
*– 𝒞 913 19 03 90 – www.nikkei225.es – cerrado del 4 al 31 de agosto, domingo y*
*festivo* **8NVd**
**Rest** – Menú 45/70 € – Carta 50/75 €

Francamente interesante, pues en un entorno de elegante diseño le permitirá descubrir los sabores de la cocina nikkei, la elaborada en Perú por los descendientes de los japoneses que allí emigraron y que se fusionó con la del país andino.

### XX Lúa AC ℅

*Eduardo Dato 5 ⊠ 28003 Ⓜ Rubén Darío – 𝒞 913 95 28 53*
*– www.restaurantelua.com* **3FUe**
**Rest** – Menú 52/78 € – Carta 38/63 €

El cambio de local viene asociado a varias mejoras, por eso ahora tiene dos buenas salas de línea actual. Su fuerte son los menús, degustación y maridaje, acompañados al mediodía por una pequeña carta. Cocina actual con toques creativos.

### XX El Barril de Argüelles AC ℅

*Andrés Mellado 69 ⊠ 28015 Ⓜ Islas Filipinas – 𝒞 915 44 36 15*
*– www.grupo-oter.com* **3DUc**
**Rest** – Carta 40/50 €

Presenta un bar-marisquería, con unos sugerentes expositores, y a continuación el comedor, clásico-actual pero con detalles marineros. Su especialidad son los mariscos y el pulpo, aunque también ofrecen arroces y sabrosos guisos caseros.

### XX Conlaya Ⓝ AC ℅ ⇔

*Zurbano 13 ⊠ 28010 Ⓜ Alonso Martínez – 𝒞 913 19 31 16 – www.conlaya.es*
*– cerrado agosto, domingo y lunes noche* **8MVe**
**Rest** – Carta 30/50 €

¡Un trocito de Cantabria en el corazón de Madrid! Ofrece un cuidado interior de ambiente clásico y una cocina regional que solo trabaja con pescado fresco de mercado.

### XX Gala AC ℅ ⇔

*Espronceda 14 ⊠ 28003 Ⓜ Alonso Cano – 𝒞 914 42 22 44*
*– www.restaurantegala.com – cerrado 21 días en agosto y domingo* **3EUn**
**Rest** – Menú 20/45 € – Carta 30/45 €

Restaurante de larga trayectoria dotado con un comedor de línea actual. Cocina tradicional y de mercado con detalles actuales, bien apoyada por menús y jornadas gastronómicas.

### X Las Tortillas de Gabino AC ℅
🕸

*Rafael Calvo 20 ⊠ 28010 Ⓜ Rubén Darío – 𝒞 913 19 75 05*
*– www.lastortillasdegabino.com – cerrado 15 días en agosto, domingo y festivos*
**Rest** – Carta 25/35 € **3FUf**

¡Suele llenarse a diario! Dispone de un recibidor, dos salas actuales decoradas con paneles de madera y un privado. Su carta, de gusto tradicional, se completa con un apartado de tortillas que va evolucionando a lo largo del año.

### X Miyama AC ℅

*paseo de la Castellana 45 ⊠ 28013 Ⓜ Gregorio Marañón – 𝒞 913 91 00 26*
*– www.restaurantemiyama.com – cerrado del 3 al 31 de agosto, domingo y festivos*
**Rest** – Menú 23/45 € – Carta 32/55 € **4GUc**

Restaurante nipón con un gran nivel de aceptación, también entre los clientes japoneses. En su única sala conviven la amplia barra de sushi, en la que se puede comer, y unas mesas de sencillo montaje. Cocina tradicional japonesa de calidad.

## Mesón del Cid

*Fernández de la Hoz 57 ✉ 28003 Ⓜ Gregorio Marañón – ✆ 914 42 07 55 – www.mesondelcid.es – cerrado agosto, domingo y festivos noche* **3FUr**

**Rest** – Menú 29/40 € – Carta 28/50 €

La casa madre de este restaurante se encuentra en Burgos. Ofrece un amplio bar de tapas y varios comedores de carácter castellano. Su carta, fiel al recetario tradicional, se enriquece con un completo menú de temporada.

## Villa de Foz

*Gonzálo de Córdoba 10 ✉ 28010 Ⓜ Bilbao – ✆ 914 46 89 93 – www.villadefoz.com – cerrado agosto* **5EVe**

**Rest** – Menú 29/55 € – Carta 30/49 €

Disfruta de dos correctos comedores, ambos de línea clásica-actual. Su carta de cocina tradicional gallega se ve enriquecida con un apartado de raciones y postres caseros.

## Lakasa Ⓝ

*Raimundo Fernández Villaverde 26 ✉ 28003 – ✆ 915 33 87 15 – www.lakasa.es – cerrado Semana Santa, 15 días en agosto, domingo noche y lunes* **3ETx**

**Rest** – Menú 40/50 € – Carta 28/40 €

Un restaurante desenfadado y actual. Cocina de mercado honesta y sabrosa, con un apartado de pizzas caseras y la posibilidad de tomar todos los platos en medias raciones.

## Don Sancho

*Bretón de los Herreros 58 ✉ 28003 Ⓜ Gregorio Marañón – ✆ 914 41 37 94 – cerrado agosto, domingo, lunes noche y festivos* **3FUu**

**Rest** – Menú 19 € – Carta 30/40 €

Bien organizado y con el chef-propietario, que ya es mayor, al frente del negocio. Ofrecen una sala de sencillo ambiente clásico en dos niveles y proponen una carta tradicional, con los Lomos de bacalao a la parrilla como gran especialidad.

## Poncelet Cheese Bar Ⓝ

*José Abascal 61 ✉ 28003 Ⓜ Gregorio Marañon – ✆ 913 99 25 50 – www.ponceletcheesebar.es* **3FTa**

**Rest** – Tapa 4 € – Ración aprox. 18 €

Un espacio de diseño innovador en el que todo gira en torno al mundo del queso, no en vano muestra unos atractivos expositores, una barra para la degustación y una biblioteca especializada en este producto. Cocina actual y vinos por copas.

## El Barril de Argüelles

*Andrés Mellado 69 ✉ 28015 Ⓜ Islas Filipinas – ✆ 915 44 36 15 – www.grupo-oter.com* **3DUc**

**Rest** – Tapa 6 € – Ración aprox. 20 €

¡Una buena marisquería! Disfruta de un elegante montaje y una barra muy popular, tanto por sus magníficos mariscos como por su pulpo o sus deliciosos pescaditos fritos a la andaluza.

# Chamartín, Tetuán

## Puerta América

*av. de América 41 ✉ 28002 Ⓜ Cartagena – ✆ 917 44 54 00 – www.hotelpuertamerica.com* **4JUx**

**301 hab** – ††120/200 €, ☕ 25 € – 14 suites

**Rest** ***Lágrimas Negras*** – ver selección restaurantes

Resulta colorista y está marcado por el diseño, ya que en cada una de sus plantas se refleja la creatividad de un prestigioso artista. Las habitaciones son muy originales. Su moderno restaurante tiene cierto aire neoyorquino, con zona de bar y techos altos.

## Sheraton Madrid Mirasierra

*Alfredo Marquerie 43 ✉ 28034 Ⓜ Herrera Oria – ✆ 917 27 79 00 – www.sheratonmadridmirasierra.com* **1BLa**

**180 hab** – ††115/400 €, ☕ 28 € **Rest** – Menú 33 € – Carta 40/55 €

Disfruta de una espaciosa recepción ubicada bajo una cúpula abierta, habitaciones muy bien equipadas, tipo apartamento, y una gran terraza de verano con distintos ambientes. Su restaurante ofrece una cocina tradicional con toques actuales e internacionales.

MADRID

**NH Eurobuilding** 🎖 🕭 🎬 🖨 hab, 🎛 🕏 rest, 🛜 🖧 🚗

*Padre Damián 23* ✉ *28036* Ⓜ *Cuzco* – ✆ *913 53 73 00* – *www.nh-hotels.com*
**436 hab** – ♦♦88/324 €, ☟ 23 € – 4 suites **4GSa**
**Rest** – Menú 22/52 € – Carta 34/49 €

Da continuidad a la filosofía de confort de la cadena, ofreciendo unas dependencias amplias y bien equipadas. Cuenta con numerosas salas de reuniones y múltiples espacios sociales, por lo que es un hotel muy enfocado a los negocios. Los fogones de su restaurante se muestran fieles al recetario tradicional.

**Jardín Metropolitano** 🕭 🎬 🖨 hab, 🎛 🕏 🛜 🖧 🚗

*av. Reina Victoria 12* ✉ *28003* Ⓜ *Cuatro Caminos* – ✆ *911 83 18 10*
– *www.metropolitano-hotel.com* **3ETb**
**96 hab** – ♦♦44/350 €, ☟ 15 € – 6 suites
**Rest** – (cerrado agosto) Menú 20 € – Carta 25/46 €

Ofrece una atractiva distribución en torno a un jardín-patio con grandes palmeras, así como unas habitaciones clásicas bien equipadas, destacando especialmente las suites de la última planta. Su restaurante, de cocina tradicional, posee una sala clásica y un atractivo comedor tipo jardín de invierno.

**Don Pío** sin rest, con cafetería 🕭 🖨 🎛 🛜 🖧 🅿

*av. Pío XII-25* ✉ *28016* Ⓜ *Pío XII* – ✆ *913 53 07 80* – *www.hoteldonpio.com*
**41 hab** ☟ – ♦78/128 € ♦♦85/145 € **4HRs**

Un hotel de amable organización familiar. Posee un elegante patio-hall central, con claraboya de estilo clásico-moderno, y habitaciones clásicas de buen confort, en líneas generales de notables dimensiones.

**La Posada de El Chaflán** 🕭 🖨 🖧 🎛 🕏 hab, 🛜

*av. Pío XII-34* ✉ *28016* Ⓜ *Pío XII* – ✆ *913 45 04 50* – *www.laposadadeelchaflan.com*
**47 hab** – ♦♦44/230 €, ☟ 7 € **4JRd**
**Rest** *El Chaflán* – Menú 15/30 € – Carta 35/50 €

De línea funcional y con una idea urbana renovada, pues deja diferentes materiales de construcción a la vista inspirándose en artistas internacionales. El restaurante propone una cocina actual y de producto que procura dar posibilidades a todos los bolsillos.

XXXXX **Zalacaín** 🎛 🕏 🖧

❀ *Álvarez de Baena 4* ✉ *28006* Ⓜ *Gregorio Marañón* – ✆ *915 61 48 40*
– *www.restaurantezalacain.com* – *cerrado Semana Santa, agosto, sábado mediodía, domingo y festivos* **4GUb**
**Rest** – Menú 90/99 € – Carta 58/100 € 🏶

Una de las casas más prestigiosas y elegantes de España, con un buen hall, un bar privado y comedores de refinado ambiente clásico. Fiel a sí misma mantiene firme, y a gran nivel, el estandarte de la cocina clásica. Excelente organización.
➔ Tierra de morcilla con verduras, yema de huevo trufado y crema de parmesano. Manita de cerdo rellena de setas y cordero a la mostaza. Soufflé de café.

XXXX **El Bodegón** 🎛 🕏 🖧

*Pinar 15* ✉ *28006* Ⓜ *Gregorio Marañón* – ✆ *915 62 88 44* – *www.el-bodegon.es*
– *cerrado agosto, sábado mediodía y domingo salvo festivos* **4GUq**
**Rest** – Menú 60 € – Carta 60/80 €

Elegante, de línea clásica y con un cuidadísimo servicio de mesa. Presenta un bar de espera privado y el comedor repartido en varios niveles. Carta clásica-tradicional.

XXX **Diverxo** (David Muñoz) 🎛

❀❀❀ *Pensamiento 28* ✉ *28020* Ⓜ *Cuzco* – ✆ *915 70 07 66* – *www.diverxo.com* – *cerrado 7 días en abril, 21 días en agosto, domingo y lunes* **3FSb**
**Rest** – (es necesario reservar) (solo menú) Menú 95/140 €

Una cocina muy particular que rompe con los conceptos establecidos. Aquí le propondrán varios menús degustación, donde se refleja una cocina de fusión sumamente creativa, con tendencias asiáticas y algunos platos terminados ante el cliente.
➔ Sopa acidulada de coco verde y moluscos. Salmonete frito-glaseado, untuoso de vino rojo chino. Ponzu de pomelo, chocolate blanco, miso y mostaza.

### Combarro
🏠 🗚 ℅ ⇔

*Reina Mercedes 12 ⊠ 28020 Ⓜ Nuevos Ministerios – ℰ 915 54 77 84*

*– www.combarro.com – cerrado Semana Santa, 15 días en agosto y domingo noche*
**Rest** – Carta 38/61 €                                                    **3ESa**
Excelente cocina gallega que toma como base la calidad del producto, visible en sus viveros. Presenta un pequeño bar de tapas y varias salas, todas de elegante clasicismo.

### Aldaba
🕭 🗚 ℅ ⇔

*av. de Alberto Alcocer 5 ⊠ 28036 Ⓜ Cuzco – ℰ 913 59 73 86*

*– www.aldaba-restaurante.com – cerrado Semana Santa, agosto, sábado mediodía, domingo y festivos*                                                    **4GSe**
**Rest** – Carta 39/79 € ⅋
Posee un bar de apoyo y tras él un agradable comedor clásico-moderno, con paneles que permiten modular la sala para crear privados a medida. Cocina clásica vasco-navarra.

### Lágrimas Negras – Hotel Puerta América
🏠 🗚 ℅ ⇔ 🚗

*av. de América 41 ⊠ 28002 Ⓜ Cartagena – ℰ 917 44 54 05*

*– www.hotelpuertamerica.com*                                              **4JUx**
**Rest** – *(cerrado 25 julio-22 agosto y domingo)* Menú 36/45 € – Carta 34/53 € ⅋
Restaurante de estética actual, techos altos y grandes ventanales emplazado en un hotel de diseño. Ofrece un acceso directo a la terraza y una cocina actual de muy buen nivel.

### Viavélez
🗚 ℅

*av. General Perón 10 ⊠ 28020 Ⓜ Santiago Bernabeu – ℰ 915 79 95 39*

*– www.restauranteviavelez.com – cerrado agosto, domingo y lunes noche*
**Rest** – Menú 18/60 € – Carta 38/63 €                                     **3ESc**
Esta taberna-restaurante disfruta de un selecto bar de tapas a la entrada y un moderno e íntimo comedor en el sótano. Su cocina creativa toma como base el recetario asturiano.

### Un Lugar
🏠 🗚 ℅

*Mauricio Legendre 33 ⊠ 28046 Ⓜ Chamartín – ℰ 913 14 77 27*

*– www.unlugarmadrid.com – cerrado 15 días en agosto y domingo*          **4GRa**
**Rest** – Menú 35/50 € – Carta 31/76 €
Instalado en un edificio independiente, tipo pabellón, de cuidado diseño y estética actual. Su carta tradicional, con especialidades riojanas, se enriquece con varios menús. Pruebe su Rodaballo salvaje a la parrilla o el Chuletón de buey.

### El Telégrafo
🏠 🗚 ℅ ⇔

*Padre Damián 44 ⊠ 28036 Ⓜ Cuzco – ℰ 913 59 70 83*

*– www.eltelegrafomarisqueria.com*                                        **4GSs**
**Rest** – Carta 36/53 €
Este local recrea en su decoración el interior de un barco, con las salas repartidas en varios espacios y niveles. Aquí encontrará mariscos al peso, pescados de buen tamaño y distintos tipos de arroces, tanto con carnes como marineros.

### Carta Marina
🏠 🗚 ℅

*Padre Damián 40 ⊠ 28036 Ⓜ Cuzco – ℰ 914 58 68 26*

*– www.restaurantecartamarina.com – cerrado Semana Santa, agosto y domingo noche*                                                                **4GSk**
**Rest** – Menú 42/120 € – Carta 40/65 €
¡Un auténtico clásico! Presenta unas agradables terrazas de verano e invierno, un bar privado y cuidados comedores, todo con profusión de madera. Carta de producto fiel a la tradición gallega, por lo que es rica en pescados y mariscos.

### Kabuki
🏠 ♿ 🗚 ℅

⁂

*av. Presidente Carmona 2 ⊠ 28020 Ⓜ Santiago Bernabeu – ℰ 914 17 64 15*

*– www.restaurantekabuki.com – cerrado Semana Santa, del 12 al 31 de agosto, sábado mediodía, domingo y festivos*                                      **3FSt**
**Rest** – Menú 90 € – Carta 51/80 €
Íntimo restaurante japonés de estética minimalista. Cuenta con una moderna terraza y una barra-cocina donde se elabora, entre otros platos, una amplia oferta de "nigiri-sushi". ¡Suele llenarse a diario, por eso es conveniente reservar!
➔ Nigiri de toro. Cocochas de merluza con salsa de miso. Torrija, gelatina y cremoso de yuzu.

XX **Materia Prima** 🆕        🈳 AC 🚭

*Doctor Fleming 7* ✉ *28036* Ⓜ *Santiago Bernabeu –* ☎ *913 44 01 77*
*– www.materia-prima.es*        **4GSc**
**Rest** – Carta 23/47 €

Una propuesta bastante original, pues aquí presentan el producto como en un mercado para que el cliente compre, siempre a coste de lonja, lo que seguidamente le van a cocinar a un precio fijo. ¡Descubra sus magníficos pescados de bajura!

XX **Goizeko Kabi**        🈳 AC 🚭

*Comandante Zorita 37* ✉ *28020* Ⓜ *Alvarado –* ☎ *915 33 01 85*
*– www.goizekogaztelupe.es – cerrado domingo noche*        **3ESa**
**Rest** – Menú 38/65 € – Carta 38/61 €

Un buen reflejo de la hostelería madrileña más tradicional... sin embargo, ahora se presenta con una imagen renovada y actual. Cocina vasca, tapas y platos para compartir.

XX **La Tahona**        🈳 AC 🚭 ⇔

*Capitán Haya 21 (lateral)* ✉ *28020* Ⓜ *Cuzco –* ☎ *915 55 04 41*
*– www.asadordearanda.com – cerrado agosto y domingo noche*        **3FSu**
**Rest** – Menú 35/50 €

Pertenece a la cadena de El Asador de Aranda y ofrece salas de aire castellanomedieval, con el horno de leña como gran protagonista a la entrada. ¡El lechazo es la estrella!

X **IO** 🆕        🈳 ⴷ AC 🚭

*Manuel de Falla 5* ✉ *28036 –* ☎ *913 44 06 16 – www.restauranteio.com – cerrado 7 días en enero, 21 días en agosto, domingo noche y lunes*        **4GSc**
**Rest** – Carta 30/40 €

¡Local de ambiente cosmopolita! Ofrecen una cocina actual de base tradicional, con el añadido de toques asiáticos en algunos platos y la posibilidad de tomar medias raciones.

X **Al-Fanus**        AC

*Pechuán 6* ✉ *28002* Ⓜ *Cruz del Rayo –* ☎ *915 62 77 18 – restaurantealfanus.es*
*– cerrado domingo noche*        **4HTk**
**Rest** – Menú 21/33 € – Carta 27/43 €

¿Conoce la gastronomía siria? Aquí podrá descubrir los mejores platos de esta cocina, rica en matices y siempre fiel a sus raíces mediterráneas. Ambiente y decoración árabe.

🍴/ **Tasca La Farmacia**        AC 🚭

*Capitán Haya 19* ✉ *28020* Ⓜ *Cuzco –* ☎ *915 55 81 46 – www.asadordearanda.com*
*– cerrado 11 agosto-3 septiembre y domingo*        **3FSr**
**Rest** – Tapa 4 € – Ración aprox. 12 €

Precioso local decorado con azulejos, arcos en piedra, ladrillo visto, celosías en forja, una hermosa vidriera... Tapas tradicionales y una gran especialidad, el bacalao.

🍴/ **Imanol**        AC 🚭

*Víctor Andrés Belaúnde 3* ✉ *28016* Ⓜ *Colombia –* ☎ *914 57 77 57*
*– www.asadorimanol.com – cerrado domingo noche*        **4HSr**
**Rest** – Tapa 2,30 € – Ración aprox. 10 €

Presenta una extensa barra, donde encontrará pinchos de inspiración vasca y unas tapas que parecen medias raciones, así como un pequeño comedor, ofreciendo en este una carta vasco-navarra. Suele estar siempre lleno... ¡por algo será!

🍴/ **Cinco Jotas**        🈳 AC 🚭

*Padre Damián 42* ✉ *28036* Ⓜ *Cuzco –* ☎ *913 50 31 73*
*– www.mesoncincojotas.com*        **4GSs**
**Rest** – Tapa 4 € – Ración aprox. 15 €

Pertenece a una cadena especializada en jamón y embutidos, siempre ibéricos y de calidad. En sus salas, ambas bien montadas, podrá disfrutar tanto de sus tapas y raciones como de sus vinos, estos últimos vinculados a las bodegas Osborne.

## Ciudad Lineal, Hortaleza, Campo de las Naciones, San Blas

 **Quinta de los Cedros** 　　🛏 🖥 🅰🅒 ⚡ rest, 📶 🛁 🚗
*Allendesalazar 4* ⊠ *28043* Ⓜ *Arturo Soria* – 𝒞 *915 15 22 00*
*– www.hotelquintadeloscedros.com*                                      **4JSx**
**32 hab** – ♦80/190 € ♦♦90/220 €, � 15 €
**Rest** *Los Cedros* – *(cerrado agosto)* Menú 39/74 € – Carta 43/57 €
Moderna construcción a modo de villa toscana rodeada de césped. Posee unas acogedoras habitaciones, unas con terraza y otras tipo bungalow. El restaurante, de gran
nivel y con terraza de verano, propone una cocina clásica-actualizada donde impera el
producto.

 **Puerta Madrid** 　　🎵 🖥 🅰🅒 ⚡ 📶 🛁 🚗
*Juan Rizi 5* ⊠ *28027* – 𝒞 *917 43 83 00* – *www.hotelpuertamadrid.com*
**194 hab** – ♦♦50/365 €, ⊻ 19 €                                      **2CLe**
**Rest** – *(cerrado agosto, sábado, domingo y festivos)* Menú 19 €
Su fachada acristalada da paso a una espaciosa zona social, con columnas y paredes
en hormigón visto, así como a unas modernas habitaciones. El restaurante, que se
presenta con un horno de leña, centra su oferta en una carta a precio fijo. ¡Transfer
diario al aeropuerto desde diferentes puntos de la ciudad!

 **Barceló Torre Arias** 　　🎵 🖥 ♿ hab, 🅰🅒 ⚡ 📶 🛁 🚗
*Julián Camarillo 19* ⊠ *28037* Ⓜ *Ciudad Lineal* – 𝒞 *913 87 94 00*
*– www.barcelotorrearias.com*                                         **2CLw**
**108 hab** – ♦♦59/480 €, ⊻ 14 €
**Rest** – *(cerrado agosto, sábado, domingo y festivos)* Menú 12 € – Carta 29/50 €
Moderno, luminoso y funcional. Presenta habitaciones bien equipadas y un interior
con muchos detalles de diseño, algo que da buena réplica tras su llamativa fachada
acristalada. El restaurante, discreto y sencillo, está muy enfocado a la clientela de oficina de la zona.

 **Nuevo Madrid** 　　🎵 🖥 ♿ 🅰🅒 ⚡ 📶 🛁 🚗
*Bausá 27* ⊠ *28033* Ⓜ *Pinar de Chamartín* – 𝒞 *912 98 26 00*
*– www.hotelnuevomadrid.com*                                          **4JRc**
**225 hab** – ♦♦59/279 €, ⊻ 17 €
**Rest** – *(cerrado 16 julio-agosto y domingo)* Menú 17/21 € – Carta 50/70 €
Al lado de la M-30. Tras su fachada acristalada encontrará un hotel de línea actual
dotado con un luminoso lobby, ascensores panorámicos, un centro de convenciones
y confortables habitaciones, todas actuales y bien equipadas. El restaurante refleja un
carácter polivalente, pues también sirve los desayunos.

🏠 **Globales Acis y Galatea** sin rest 　　🌿 🅰🅒 ⚡ 📶 🅿
*Galatea 6* ⊠ *28042* Ⓜ *Canillejas* – 𝒞 *917 43 49 01* – *www.hotelesglobales.com*
**25 hab** ⊻ – ♦59/103 € ♦♦69/129 €                                   **2CLb**
Atesora cierto encanto, se encuentra en una zona residencial y presenta unas habitaciones de línea clásica-actual, destacando las tres con terraza. ¡Al cliente alojado le
ofrecen un servicio de cenas, con una pequeña carta tipo menú!

🏠 **Zenit Conde de Orgaz** 　　🖥 ♿ hab, 🅰🅒 ⚡ 📶 🛁 🚗
*Moscatelar 24* ⊠ *28043* Ⓜ *Esperanza* – 𝒞 *917 48 97 60* – *www.zenithoteles.com*
**89 hab** – ♦44/579 € ♦♦44/599 €, ⊻ 11 €                             **2CLz**
**Rest** – Menú 17/45 € – Carta 27/48 €
En una zona residencial tranquila y bien comunicada con el aeropuerto. Presenta una
correcta zona social y confortables habitaciones, casi todas modernas, funcionales y
con algún detalle de rusticidad. El restaurante, que tiene una oferta más informal por
las noches, se complementa con una buena cafetería.

 **Julia** sin rest 　　🖥 ♿ 🅰🅒 ⚡ 📶 🚗
*Julián Camarillo 9* ⊠ *28037* Ⓜ *Torre Arias* – 𝒞 *914 40 12 17* – *www.hoteljulia.com*
**47 hab** – ♦40/60 € ♦♦50/77 €, ⊻ 7 €                                **2CLs**
Ubicado junto a los juzgados y con unos niveles de limpieza realmente destacables.
Posee una correcta recepción, un salón polivalente y dos ascensores panorámicos
para ir a las habitaciones, todas sencillas, clásicas y con baños actuales.

XX **Jota Cinco**       AC � ⇔ ⌂

*Alcalá 423* ✉ *28027* Ⓜ *Ciudad Lineal* – ✆ *917 42 93 85* – *www.grupojotacinco.com*
– *cerrado Semana Santa y domingo noche*        **2CLv**
**Rest** – Menú 28 € – Carta 33/44 € ⌘

Encontrará un bar público en el que sirven raciones de gran nivel gastronómico y
unas confortables salas de ambiente clásico-regional. Su carta, de base tradicional, se
enriquece con un buen apartado de sugerencias y recetas de bacalao.

X **La Lanzada**       AC ⅝ ⇔

*Arturo Soria 2* ✉ *28027* Ⓜ *Ciudad Lineal* – ✆ *917 42 85 64*
– *www.grupojotacinco.com* – *cerrado domingo noche*        **2CLv**
**Rest** – Menú 16/25 € – Carta 25/35 €

Establecimiento de ambientación clásica-marinera dominado por la presencia de
maderas y tonalidades azules. Presentan una carta de cocina tradicional gallega bastante simple... eso sí, con raciones abundantes y correctas materias primas.

## Alrededores

### por la salida ①

XX **El Oso**       🏠 AC ⇔ P

*av. de Burgos 214 (vía de servicio La Moraleja)* ✉ *28050* – ✆ *917 66 60 60*
– *www.restauranteeloso.com* – *cerrado domingo noche*
**Rest** – Menú 45 € – Carta 36/69 €

Casita de dos plantas dotada con varias salas de estética actual, todas amplias, luminosas y con algún detalle "astur". Cocina asturiana centrada en el producto de la
huerta.

### en la zona del aeropuerto Madrid-Barajas, por la salida ②

🏠🏠 **Meliá Barajas**      🚗 🏠 🏊 📶 ⅙ hab, AC ⅝ rest, 🛜 ⚙ P

*av. de Logroño 305, A 2 y desvío a Barajas pueblo : 15 km* ✉ *28042* Ⓜ *Barajas*
– ✆ *917 47 77 00* – *www.melia-barajas.com*
**221 hab** ⌂ – ♦88/235 € ♦♦99/235 € – 8 suites
**Rest** – Menú 26/35 € – Carta 35/52 €

Ofrece unas instalaciones confortables y de línea clásica, con habitaciones de completo equipamiento y gran variedad de salones rodeando la zona del jardín-piscina.
En su comedor encontrará una carta internacional con alguna que otra influencia
asiática.

---

**MAGAZ** – **Palencia** – **575** G16 – **1 097 h.** – **alt. 728 m**      **12** C2
▶ Madrid 237 – Burgos 79 – León 137 – Palencia 9

🏠🏠 **Europa Centro**      🌳 ⋜ ⅙ 📶 ⅙ hab, AC ⅝ rest, 🛜 ⚙ P ⌂

*urb. Castillo de Magaz, (carret. de Palencia), Oeste : 1 km* ✉ *34220* – ✆ *979 78 40 00*
– *www.hotelessuco.com*
**121 hab** – ♦40/80 € ♦♦42/100 €, ⌂ 9 € – 1 suite
**Rest** – *(solo almuerzo en invierno)* Menú 20/40 € – Carta 35 €

Gran hotel dotado con amplias zonas nobles y múltiples salones para convenciones.
Elegante hall-recepción, área de servicio dinámica y habitaciones de adecuado confort. En su restaurante, clásico y de buen montaje, encontrará una interesante carta
tradicional.

---

**MAJADAHONDA** – **Madrid** – **576** – **575** K18 – **70 198 h.** – **alt. 743 m**      **22** A2
▶ Madrid 19 – Segovia 77 – Toledo 92 – Ávila 100
**R.A.C.E.** av. España 31 ✆ 916 39 41 59
🟦 Las Rejas, Isaac Albéniz, Suroeste : 4,5 km, ✆ 916 34 79 30

XX **Jiménez**       🏠 AC

*av. de la Estación (antiguo apeadero)* ✉ *28220* – ✆ *913 72 81 33*
– *www.restaurantejimenez.es* – *cerrado Semana Santa, 21 días en agosto y noches
de domingo a miércoles*
**Rest** – Menú 23/40 € – Carta 32/58 €

Ocupa el edificio de un antiguo apeadero, reformado y embellecido con una decoración clásica no exenta de cierta elegancia. Agradable terraza y cocina tradicional
actualizada.

## ✕✕ El Viejo Fogón

*San Andrés 14 ⊠ 28220 – ℰ 916 39 39 34 – www.elviejofogon.es*
**Rest** – Menú 20/40 € – Carta 32/42 €
Se presenta con un comedor rústico y una sala a modo de privado en el piso inferior.
Su carta tradicional actualizada también da la posibilidad de tomar... ¡medias raciones!

---

**MÁLAGA** Ⓟ – **578** V16 – **567 433 h.** – Playa                    **2** C2
▶ Madrid 538 – Córdoba 175 – Sevilla 217 – València 651
🛫 de Málaga por la carret. de Algeciras : 9 km ℰ 902 40 47 04
**Iberia :** aeropuerto ℰ 902 40 05 00
▬ para Melilla : Cia. Trasmediterránea, Estación Marítima, Local E-1 CZ ℰ 902 45 46 45
🛈 pasaje de Chinitas 4, ⊠ 29015, ℰ 951 30 89 11, www.turismodeandalucia.com
🛈 pl. de la Marina 11, ⊠ 29001, ℰ 951 92 60 20, www.malagaturismo.com
**R.A.C.E.** av. Simón Bolivar, Centro Comercial La Rosaleda ℰ 952 64 04 14
📯 Real Club de Campo de Málaga, por la carret. de Algeciras : 9 km, ℰ 952 37 66 77
📯 El Candado, por la carret de Almería : 5 km, ℰ 952 29 93 40
👁 Gibralfaro : ≼★★ FY – Alcazaba★ (vistas★) FY – Catedral★ DY – Iglesia de El Sagrario
(portada★, retablo manierista★★) DY **F** – Santuario de la Virgen de la Victoria★ por
calle Victoria EY – Museo Picasso★★ EY **M³**.
👁 Finca de la Concepción★ 7 km por ③

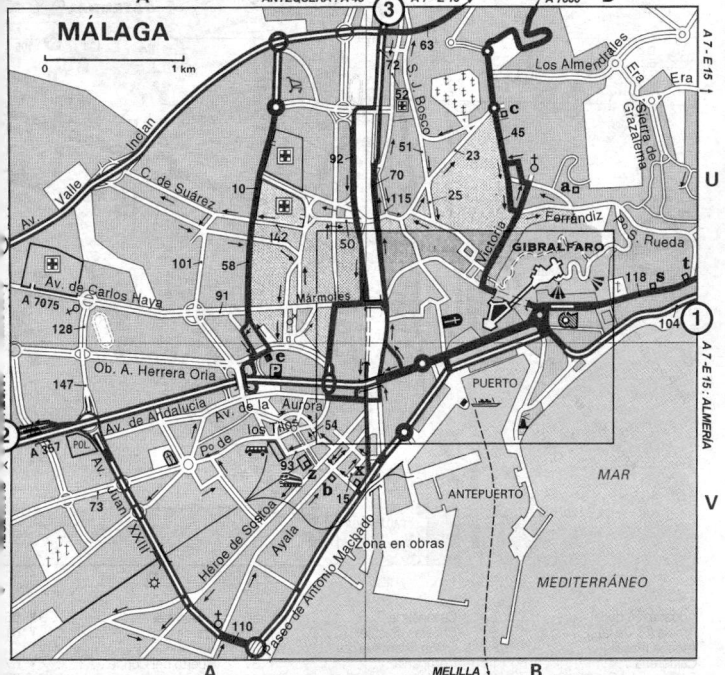

Blas de Lezo............**AU** 10
Canales.................**ABV** 15
Capuchinos (Alameda de)..**BU** 23
Capuchinos (Carrera de)..**BU** 25
Cristo de la Epidemia....**BU** 45
Dr. Gálvez Ginachero (Av.)..**AV** 50
Eduardo Domínguez Ávila..**BU** 51
Emilio Díaz.............**BU** 52
Eslava.................**AV** 54

Eugenio Gross..........**AU** 58
Guerrero Strachan.......**BU** 63
Huerto de los Claveles...**BU** 70
Jorge Silvela (Av. de)...**BU** 72
Jose Ortega y Gasset (Av.)..**AV** 73
Martínez Maldonado......**BU** 91
Martiricos (Pas. de)....**BU** 92
Mendivil...............**AV** 93
Morales Villarrubia.....**AU** 101

Pablo Ruiz Picasso
(Pas.).................**BU** 104
Princesa...............**AV** 110
Salamanca..............**BU** 115
Sancha Rosa de Lima
(Av. de)...............**AU** 128
Sancha (Pas. de)........**BU** 118
Velarde................**AU** 142
Virgen de la Cabeza.....**AV** 147

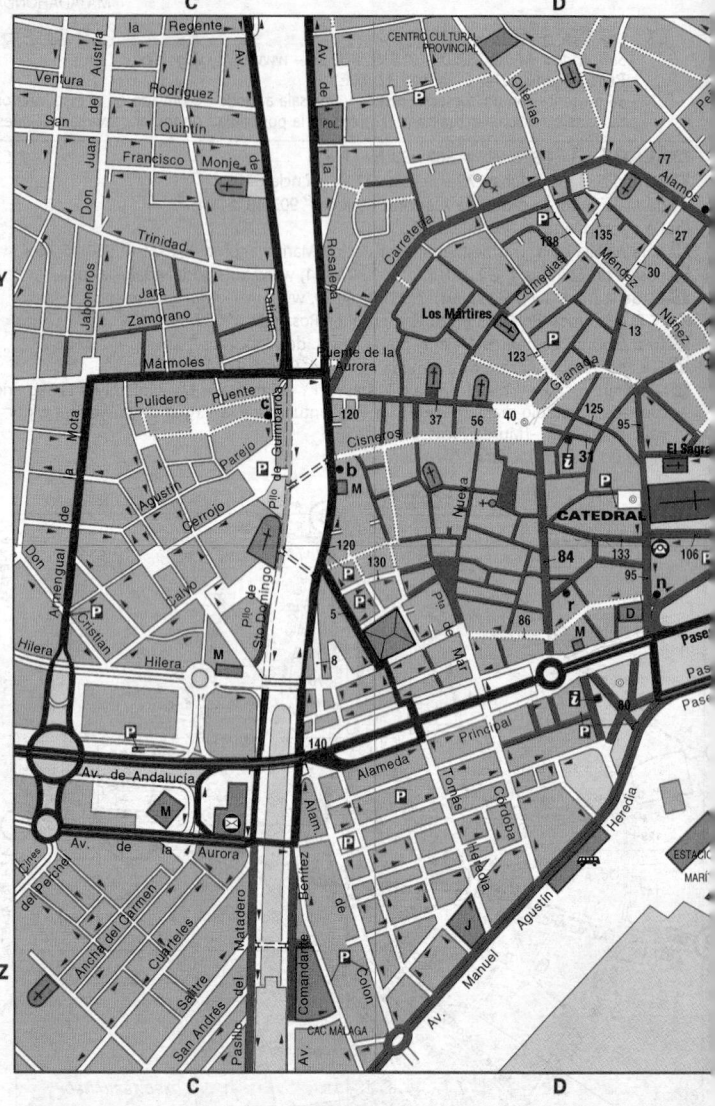

ESPAÑA

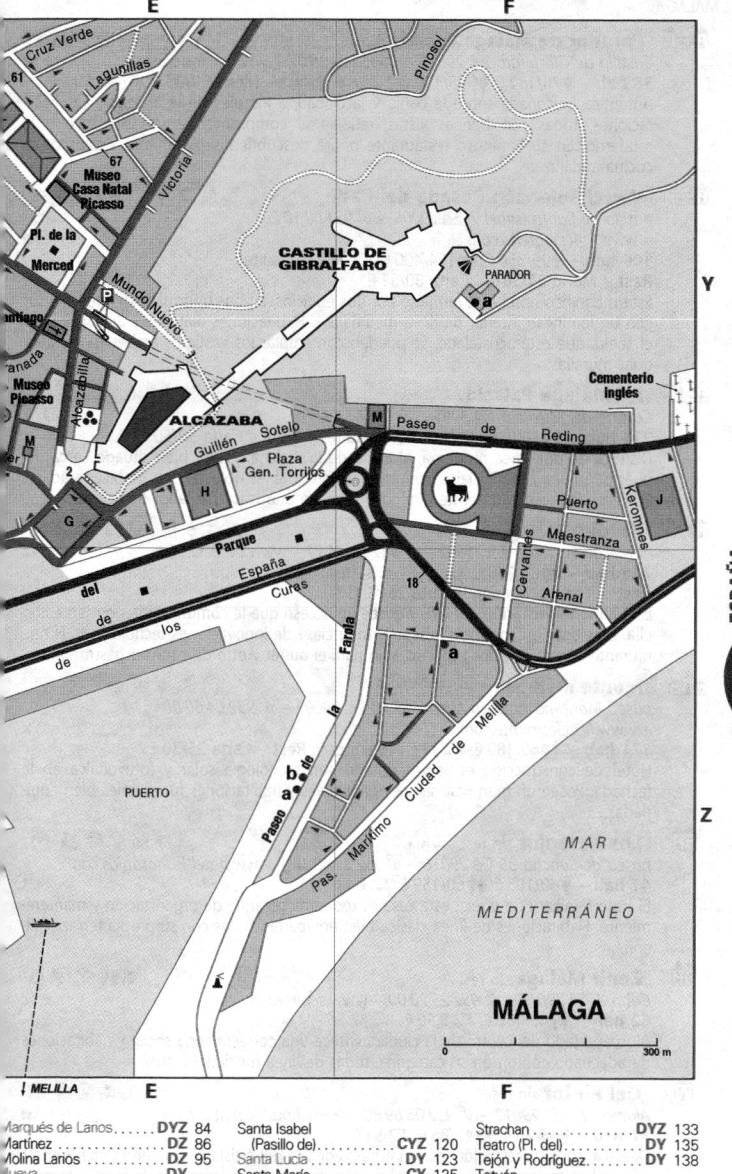

**MÁLAGA**

MELILLA

481

**Parador de Málaga Gibralfaro** ⬥ ≼ 🏠 ⌚ 📶 & hab, 🆔 🍸 🎿 🅿️
*Castillo de Gibralfaro* ⊠ 29016 – 🞉 952 22 19 02 – *www.parador.es* **FYa**
**38 hab** – ♦76/152 € ♦♦95/190 €, � 18 € **Rest** – Menú 27/33 €
Auténtica balconada sobre la bahía y la ciudad, a los pies de la alcazaba. Las habitaciones, todas con buenas vistas, reflejan el compromiso entre lo clásico y lo moderno. En su luminoso restaurante podrá descubrir los platos más típicos de la cocina andaluza.

**Vincci Selección Posada del Patio** ⌚ 🛗 📶 & hab, 🆔 🍸 📶 🎿
*pasillo de Santa Isabel 7* ⊠ 29005 – 🞉 951 00 10 20 🚗
– *www.vinccihoteles.com* **CYb**
**106 hab** – ♦99/350 € ♦♦104/400 €, � 17 € – 4 suites
**Rest** – Menú 25/50 € – Carta 30/51 €
Este magnífico hotel está formado por dos edificios, ambos reformados y presentados con un luminoso interior de línea minimalista. Habitaciones diáfanas y actuales. ¡Bajo el suelo, que está acristalado, se pueden contemplar los vestigios árabes de las antiguas murallas!

**AC Málaga Palacio** ⌚ 🛗 📶 & hab, 🆔 🍸 📶 🎿
*Cortina del Muelle 1* ⊠ 29015 – 🞉 952 21 51 85 **DZn**
**214 hab** – ♦♦100/200 €, � 16 € – 3 suites **Rest** – Carta 30/50 €
Disfruta de una línea moderna, al estilo de la cadena, y está bien situado cerca del puerto. Amplia zona social y habitaciones confortables dotadas con mobiliario actual. Su comedor resulta bastante luminoso y ofrece una carta de sabor tradicional.

**Barceló Málaga** 🛗 📶 & hab, 🆔 🍸 📶 🎿 🅿️
*Héroe de Sostoa 2* ⊠ 29002 – 🞉 952 04 74 94 – *www.barcelo.com* **AVz**
**216 hab** – ♦♦81/240 €, � 16 € – 5 suites
**Rest** – *(cerrado domingo)* Carta 25/40 €
Está junto a la estación del AVE y posee un acceso que le comunica interiormente con ella. Excelente organización, diseño y toda clase de innovaciones tecnológicas. El restaurante cuenta con dos espacios, uno para el buffet y otro de carácter gastronómico.

**Monte Málaga** 🖵 🛗 🆔 🍸 📶 🎿 🚗
*paseo Marítimo Antonio Machado 10* ⊠ 29002 – 🞉 952 04 60 00
– *www.hotelesmonte.com* **AVx**
**171 hab** – ♦♦69/189 €, � 12 € – 8 suites **Rest** – Carta 25/30 €
Hotel de construcción ecológica dotado con tecnología solar y fotovoltaica en la fachada. Posee un gran hall, salones panelables y habitaciones funcionales bien equipadas.

**Los Naranjos** sin rest 🛗 🆔 🍸 📶 🎿 🚗
*paseo de Sancha 35* ⊠ 29016 – 🞉 952 22 43 16 – *www.hotel-losnaranjos.com*
**41 hab** – ♦60/105 € ♦♦60/159 €, � 8 € **BUt**
El trato familiar que ofrece esta casa es toda una garantía de organización y mantenimiento. Habitaciones de línea clásica bien equipadas, todas con su propia terraza-balcón.

**Zenit Málaga** sin rest 🛗 🆔 🍸 📶 🎿
*Cuba 3* ⊠ 29013 – 🞉 952 25 20 00 – *www.zenithoteles.com* **BUc**
**62 hab** – ♦♦45/150 €, � 8,50 €
Algo apartado del centro de la ciudad. Ofrece una correcta zona social y habitaciones de adecuado confort en su categoría, todas de línea funcional-actual.

**Del Pintor** sin rest 🛗 🆔 🍸 📶
*Álamos 27* ⊠ 29012 – 🞉 952 06 09 80 – *www.hoteldelpintor.com* **DYb**
**17 hab** – ♦45/75 € ♦♦49/85 €, � 5 €
Destaca por su decoración, con pinturas digitales del artista malagueño Pepe Bornoy. Ofrece habitaciones de línea actual dominadas por los colores rojo, blanco y negro.

**Monte Victoria** sin rest ⬥ 🛗 🆔 🍸
*Conde de Ureña 58* ⊠ 29012 – 🞉 952 65 65 25 – *www.hotelmontevictoria.es*
– *cerrado Navidades* **BUa**
**8 hab** – ♦55/75 € ♦♦80/110 €, � 10 €
Ubicado en una hermosa casa tipo villa. Posee una zona social con mobiliario antiguo, confortables habitaciones y una coqueta terraza-patio, donde suelen servir los desayunos.

⌂ **California** sin rest 🖎 🎔 🗔 ⚭ 🛜
*paseo de Sancha 17 ✉ 29016 – 𝒞 952 21 51 65 – www.hotelcalifornianet.com*
**24 hab** – 🛉55/104 € 🛉🛉70/120 €, ☷ 10 €                                    BU**s**
Ocupa una antigua villa actualizada en sus instalaciones, con pequeños salones de
aire antiguo y unas acogedoras habitaciones de línea clásica. Buen solárium en el
ático.

⌂ **Don Paco** sin rest 🖎 🗔 ⚭ 🛜 🚗
*Salitre 53 ✉ 29002 – 𝒞 952 31 90 08 – www.hotel-donpaco.com*                AV**b**
**31 hab** – 🛉45/175 € 🛉🛉50/200 €, ☷ 3 €
Hotel de organización familiar llevado entre dos hermanos. Recrea un ambiente clásico bastante hogareño, con correctos espacios sociales y habitaciones de buen confort.

⌂ **Ibis Málaga Centro** sin rest 🖎 ⅙ 🗔 🛜 🚗
*Cerrojo 1 ✉ 29007 – 𝒞 952 07 07 41 – www.ibishotel.com*                     CY**c**
**189 hab** – 🛉🛉49/65 €, ☷ 8 €
En conjunto resulta muy funcional, sin embargo es una buena opción en su categoría por su céntrico emplazamiento. Habitaciones de correcto confort y bar-cafetería.

XXX **José Carlos García** 🍴 🗔 ⚭
☸ *pl. de la Capilla, Muelle Uno ✉ 29001 – 𝒞 952 00 35 88 – www.restaurantejcg.com*
*– cerrado domingo y lunes*                                                    EZ**a**
**Rest** – *(solo cena en julio y agosto)* Menú 54/90 € – Carta 60/88 €
En una zona comercial frente al Muelle Uno, donde están los amarres de los yates.
Muestra unas instalaciones de diseño totalmente acristaladas, con la cocina abierta y
dos salas, una de carácter polivalente. Cocina de autor fina y ligera.
➔ Quisquillas, daikon y caldo tostado. Merluza y remolacha en blanco. Zanahoria y
almendra helada.

XX **Café de París** 🔟 🗔 ⚭
☺ *Vélez Málaga 8 ✉ 29001 – 𝒞 952 22 50 43 – cerrado del 15 al 31 de julio, domingo
y lunes*                                                                       FZ**a**
**Rest** – Menú 14 € – Carta 30/35 €
Sorprende por su gran nivel de montaje, presentándose con una pequeña barra de
espera a la entrada y dos salas de elegante línea clásica. Cocina tradicional bien elaborada.

XX **Marisquería Godoy** 🔟 🍴 🗔
*Muelle Uno, Puerto de Málaga ✉ 29015 Málaga – 𝒞 952 29 03 12*
*– www.marisqueriagodoy.com*                                                   EZ**b**
**Rest** – Menú 40 € – Carta 40/55 €
Se halla en el mismo puerto deportivo, donde se presenta con una gran terraza y un
comedor actual. Carta tradicional especializada en los pescados y mariscos de la
zona.

XX **María** 🗔 ⚭
*av. Pintor Joaquín Sorolla 45, por paseo de Sancha ✉ 29016 – 𝒞 952 60 11 95*
*– www.restaurantemaria.es – cerrado domingo noche*
**Rest** – Carta 32/55 €
Presenta una barra de espera y una sala de cuidado montaje, con profusión de
madera, varios arcos y diversos espacios en ladrillo visto. Cocina tradicional y sabrosos
guisos.

X **Figón de Juan** 🗔 ⚭ ⟷
☺ *pasaje Esperanto 1 ✉ 29007 – 𝒞 952 28 75 47 – www.restaurantefigondejuan.com*
*– cerrado agosto, domingo y festivos noche*                                   AV**e**
**Rest** – Carta 25/39 €
¡Bien llevado en familia! La fachada clásica da paso a un restaurante de ambiente
rústico-regional. Apuestan por una cocina tradicional bien elaborada y de producto.

Y/ **El Trillo** 🍴 🗔 ⚭
*Don Juan Díaz 4 ✉ 29015 – 𝒞 952 60 39 20 – www.grupotrillo.es*               DZ**r**
**Rest** – Tapa 3 € – Ración aprox. 10 €
Destaca por su situación, ofreciendo una buena terraza exterior en la zona más
comercial de Málaga. Completa carta de tapas y raciones, tanto tradicionales como
regionales.

ESPAÑA

**en El Palo** por ① : 6 km

X **El Cobertizo**

*av. Pío Baroja 25 (urb. Echeverría)* ⊠ *29017 Málaga* – ℰ *952 29 59 39* – *cerrado octubre y miércoles salvo festivos*

**Rest** – Menú 12/25 € – Carta 22/34 €

Casa de organización familiar y aire rústico con cierto tipismo. Tiene el bar a un lado y el comedor al otro, ofreciendo una carta tradicional y diversas sugerencias diarias.

**en Campanillas** por ② : 12,2 km y desvío a la derecha 1,7 km

🛏️ **Posadas de España Málaga**

*Graham Bell 4* ⊠ *29590 Málaga* – ℰ *951 23 30 00* – *www.posadasdeespana.com*

**92 hab** – ♦♦30/185 €, ☑ 8 €

**Rest** – *(cerrado sábado mediodía y domingo mediodía)* Menú 10/13 €
– Carta 20/36 €

Situado en el parque tecnológico, donde se alza con una concepción muy funcional y habitaciones de correcto confort, la mitad con camas de matrimonio. El comedor, que basa casi todo su trabajo en el menú del día, propone una cocina de tinte tradicional.

---

**MALLEZA** – Asturias – *572* B11 – 397 h.      5 B1

▶ Madrid 498 – Oviedo 58 – León 180

XX **Al Son del Indiano**

   *pl. Conde de Casares 1* ⊠ *33866* – ℰ *985 83 58 44* – *www.alsondelindiano.com*
– *cerrado martes salvo agosto*

**Rest** – *(solo almuerzo salvo viernes, sábado y verano)* Menú 15/46 € – Carta 32/49 €

Se trata de una antigua fonda restaurada junto a la iglesia de la localidad. Dispone de un atractivo bar con chimenea y tres cálidos comedores de acogedor estilo rústico. Cocina actual de tintes creativos y bases tradicionales.

---

**MALLORCA** – Illes Balears – ver Balears

---

**MALPICA DE BERGANTIÑOS** – A Coruña – *571* C3 – 5 998 h. – Playa    19 B1

▶ Madrid 651 – Carballo 18 – A Coruña 58 – Santiago de Compostela 63

🏠 **Fonte do Fraile** sin rest

*playa de Canido 9* ⊠ *15113* – ℰ *981 72 07 32* – *www.hotelfontedofraile.com*
– *cerrado enero y febrero*

**22 hab** – ♦48/75 € ♦♦60/94 €, ☑ 6 €

Se encuentra en el casco urbano, aunque solo a 100 m. de la playa. Buen hall, salón clásico con vistas al césped, cafetería, jacuzzi y unas habitaciones montadas a capricho.

**en Barizo** Oeste : 7 km

XX **As Garzas** (Fernando Agrasar) con hab

   *Porto Barizo 40, (carret. DP 4306 - km 2,7)* ⊠ *15113 Malpica de Bergantiños*
– ℰ *981 72 17 65* – *www.asgarzas.com* – *cerrado del 4 al 24 de noviembre y lunes*

**4 hab** ☑ – ♦73/78 € ♦♦73/83 €

**Rest** – *(solo almuerzo salvo viernes, sábado, verano y festivos)* Menú 55 €
– Carta 38/81 €

Casa tipo chalet aislada en plena costa y ubicada frente al mar. Posee una sala acristalada de línea actual, destacando tanto por el montaje como por sus vistas. Cocina gallega actualizada y bien elaborada, con unos productos de excepcional calidad. También ofrece habitaciones, todas de estética moderna.

➜ Nuestra versión del salpicón de bogavante. Merluza de Celeiro con guisantes de Betanzos y aire de ibérico. Crema de requesón y manzana asada con miel de azahar.

---

**MANACOR** – Balears – ver Balears (Mallorca)

## La MANGA DEL MAR MENOR – Murcia – **577** T27 – **1 173 h.** – Playa

▶ Madrid 469 – Murcia 72 – Alacant / Alicante 133

**en Playa Honda** Sur : 5 km

XX ⑨ **Malvasía ⊕** 🗚 ⵢ ⵛ
*edificio Julieta - bajo 6* ✉ *30385 Playa Honda* – ☏ *968 14 50 73*
– *www.restaurantemalvasia.com* – *cerrado del 20 al 30 de enero, domingo noche y lunes*
**Rest** – Carta 30/40 €
La moderna fachada da paso a un restaurante de estética actual, con diversos detalles de diseño y una temática decorativa que toma el mundo del vino como leitmotiv. Su cocina actual-creativa se ve apoyada por una excelente bodega.

## La MANJOYA – Asturias – ver Oviedo

## MANLLEU – Barcelona – **574** F36 – **20 416 h.** – alt. 461 m

▶ Madrid 649 – Barcelona 78 – Girona/Gerona 104 – Vic 9

🏠 **Torres** 🛌 🗚 🛜 🚗
*passeig de Sant Joan 40* ✉ *08560* – ☏ *938 50 61 88* – *www.hoteltorres.com*
– *cerrado 23 diciembre-6 enero*
**17 hab** – ♦36/60 € ♦♦51/72 €, ⵣ 6,50 €
**Rest** *Torres Petit* – ver selección restaurantes
**Rest** *La Fonda 1910* – Menú 12/18 € – Carta 26/38 €
¡Sencillo, centenario y de carácter familiar! Presenta una reducida zona social y unas habitaciones funcionales, con mobiliario estándar y baños completos. En el restaurante La Fonda 1910, decorado con fotos antiguas, encontrará una modesta carta de sabor tradicional y dos menús, todo a precios moderados.

XX **Torres Petit** – Hotel Torres 🗚 ⵢ ⵛ 🚗
*passeig de Sant Joan 38* ✉ *08560* – ☏ *938 50 61 88* – *www.torrespetit.com*
– *cerrado 23 diciembre-6 enero, Semana Santa, del 18 al 30 de agosto, domingo, martes noche y miércoles noche*
**Rest** – Menú 18/50 € – Carta 36/51 €
Restaurante de línea clásica-actual donde ofrecen una carta tradicional actualizada, con algún plato internacional y dos menús. Sus comedores, de cuidado montaje, se reparten entre dos salas y un privado polivalente en el piso superior.

## MANRESA – Barcelona – **574** G35 – **76 570 h.** – alt. 205 m

▶ Madrid 591 – Barcelona 59 – Lleida/Lérida 122 – Perpignan 239
🅸 Via Sant Ignasi 40 , ✉ 08240, ☏ 938 78 40 90, www.manresaturisme.cat
◉ Localidad ★ – Basílica de Santa María★★ – Santa Cova★★ – Pont Vell★

XX **Aligué** 🗚 ⵛ 🅿
*barriada El Guix 10 (carret. de Vic)* ✉ *08243* – ☏ *938 73 25 62*
– *www.restaurantaligue.es*
**Rest** – *(solo almuerzo salvo viernes y sábado)* Menú 38/60 € – Carta 36/54 € 🦐
Posee un bar a la entrada con mesas para el menú, dos comedores y dos privados. Cocina tradicional de temporada con detalles de autor, trabajando mucho la trufa y las setas.

XX **La Cuina** 🗚 ⵢ
*Alfons XII-18* ✉ *08241* – ☏ *938 72 89 69* – *www.restaurantlacuina.com* – *cerrado del 4 al 17 de agosto, domingo noche y jueves*
**Rest** – Menú 25/32 € – Carta 35/53 €
Disfruta de un pequeño vivero y tres comedores, uno más amplio y de inferior montaje dedicado al menú. Carta tradicional que destaca por su apartado de pescados y mariscos.

## MANZANARES – Ciudad Real – 576 O19 – 19 237 h. – alt. 645 m 9 B3

Madrid 173 – Alcázar de San Juan 63 – Ciudad Real 52 – Jaén 159

### Parador de Manzanares

*autovía A 4 ✉ 13200 – ☎ 926 61 04 00 – www.parador.es*

**50 hab** – 56/108 € 70/135 €, 15 € **Rest** – Menú 27/33 € – Carta 26/50 €

Presenta un estilo rústico-funcional, con amplios exteriores, cocheras individuales y una zona ajardinada. Sus habitaciones tienen mobiliario clásico-regional. El restaurante cuenta con dos salas, la principal de forma circular y asomada a un jardín.

### Antigua Casa de la Bodega sin rest

*Clérigos Camarenas 58 ✉ 13200 – ☎ 926 61 17 07 – www.antiguacasadelabodega.com*

**6 hab** – 55 € 80 €

Este hotelito rural formó parte de la histórica bodega Larios, que remonta sus orígenes al s. XIX. Ofrece una cálida zona social y habitaciones muy detallistas, todas con buenos niveles de mantenimiento y mobiliario de época.

## MANZANARES EL REAL – Madrid – 576 – 575 J18 – 7 949 h. – alt. 908 m 22 B2

Madrid 55 – Segovia 53 – Ávila 91

Castillo★ (galería gótica★ y tapices★)

Sierra de la Pedriza★ Norte : 5 km - Puerto de Navacerrada★ Noroeste : 24 km

### La Taberna de Antioquía

*pl. del Pueblo 7 ✉ 28410 – ☎ 918 53 00 90 – www.latabernadeantioquia.es – cerrado 7 días en enero, 7 días en abril, 25 julio-7 agosto, lunes, martes y miércoles*

**Rest** – Menú 20/35 € – Carta 30/53 €

Se encuentra en el centro del pueblo y ofrece dos comedores de estilo clásico-actual. Su carta de cocina tradicional actualizada se completa con dos menús, uno tipo degustación y el otro, con bastante éxito, a base de tapas.

ESPAÑA

## MAÓ – Balears – ver Balears (Menorca)

## MARBELLA – Málaga – 578 W15 – 140 473 h. – Playa 1 A3

Madrid 602 – Algeciras 77 – Cádiz 201 – Málaga 59

glorieta de la Fontanilla, ✉ 29602, ☎ 952 77 14 42, www.marbellaexclusive.com

pl. de los Naranjos 1, ✉ 29601, ☎ 952 76 11 97, www.marbellaexclusive.com

Río Real, por la carret. de Malaga : 5 km, ☎ 952 76 57 33

Los Naranjos, por la carret. de Cádiz : 7 km, ☎ 952 81 24 28

Aloha, urb. Aloha, por la carret. de Cádiz : 8 km, ☎ 952 90 70 85

Las Brisas, Nueva Andalucía, por la carret. de Cádiz : 11 km, ☎ 952 81 30 21

Localidad★★ – Casco antiguo★ – Plaza de los Naranjos★ – Museo del grabado Español Contemporáneo★

Planos páginas siguientes

### Marbella Club

*Boulevard Príncipe Alfonso von Hohenlohe ✉ 29602 – ☎ 952 82 22 11 – www.marbellaclub.com* Dq

**84 hab** – 250/480 € 300/530 €, 35 € – 51 suites

**Rest** – Menú 55 € – Carta 60/90 €

Emblemático, pues sabiendo actualizarse rezuma elegancia clásica. Disfruta de un inmenso jardín, un piano-bar, amplias estancias y excelentes habitaciones, todas con terraza. El restaurante-grill, con la parrilla en el centro, ofrece una carta internacional.

### Puente Romano

hab, rest,

*Boulevard Príncipe Alfonso von Hohenlohe ✉ 29602 – ☎ 952 82 09 00 – www.puenteromano.com* Cr

**204 hab** – 230/600 € 260/630 € – 81 suites

**Rest *Sea Grill*** – Carta 60/100 €

Elegante conjunto de aire andaluz dotado con un jardín subtropical y habitaciones tipo bungalow, todas de gran confort. Amplia oferta gastronómica, pues aunque destaca su restaurante de cocina internacional también tienen un japonés, un italiano y un marroquí.

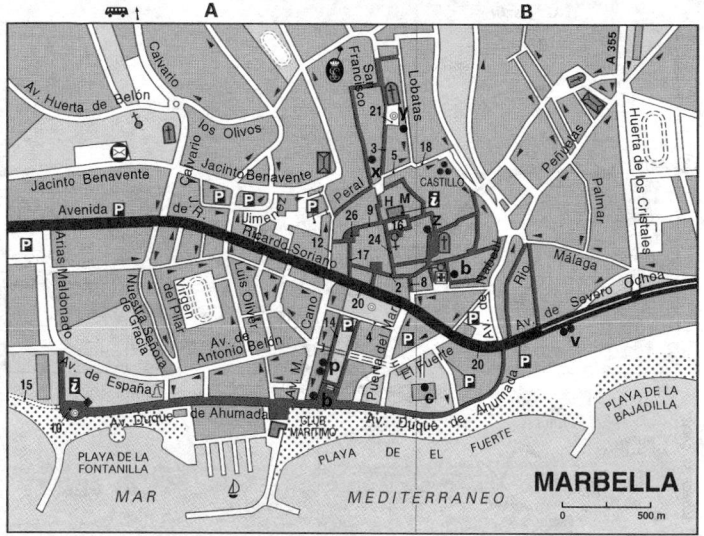

**MARBELLA**

MAR MEDITERRANEO

PLAYA DE LA FONTANILLA

PLAYA DE EL FUERTE

PLAYA DE LA BAJADILLA

0    500 m

**ESPAÑA**

**Gran Meliá Don Pepe**   ⬡ ≤ 🚗 🛁 ⚟ 🏊 ⚟ ☆ 📶 👤 ⚟ hab, 🄰🄲 ☆ rest, 📶 ⚟ 🄿
José Meliá ✉ 29602 – ☏ 952 77 03 00 – www.melia.com   Dd
**194 hab** ⚟ – ♦250/500 € ♦♦280/530 € – 12 suites
**Rest** *Calima* ✿✿ – ver selección restaurantes
**Rest** *T Bone Grill* – Carta 50/70 €
Un oasis de serenidad y belleza junto al mar, pues está rodeado por un jardín subtropical. Sus excelentes estancias le sorprenderán por el confort y la profusión en los detalles. En el restaurante T Bone Grill proponen una cocina tradicional con toques vascos.

**Vincci Selección Estrella del Mar**   ⬡ 🚗 🛁 🏊 �ᵒ 🄵 👤 ⚟ hab, 🄰🄲 ⚟ 📶 🄿 🚗
urb. Estrella del Mar, salida km 190 ✉ 29604   Fk
– ☏ 951 05 39 70 – www.vinccihoteles.com
**137 hab** – ♦100/400 € ♦♦180/560 €, ⚟ 15 €
**Rest** – (solo cena) Menú 45/60 € – Carta 40/65 €
Edificio de línea moderna que emana esencias al mundo árabe y andalusí. Presenta una sugerente piscina junto a la playa, espaciosas habitaciones asomadas al mar, o a la montaña, y hasta dos zonas de restauración, con una buena oferta de tinte internacional.

**Fuerte Marbella** 🄽   ≤ 🚗 🛁 🏊 🌳 🔆 👤 ⚟ ☆ 🄺 📶 ☆ 🄿 🚗
av. El Fuerte ✉ 29602 – ☏ 952 86 15 00 – www.fuertehoteles.com   Bc
**261 hab** – ♦58/257 € ♦♦78/320 €, ⚟ 15 € – 2 suites
**Rest** – Menú 36 €
¡Muy bien situado frente al mar! Disfruta de unos cuidados exteriores ajardinados, amplias zonas sociales y habitaciones clásicas de buen confort. El restaurante, que propone una carta tradicional, se complementa con otro tipo chiringuito sobre la misma playa.

487

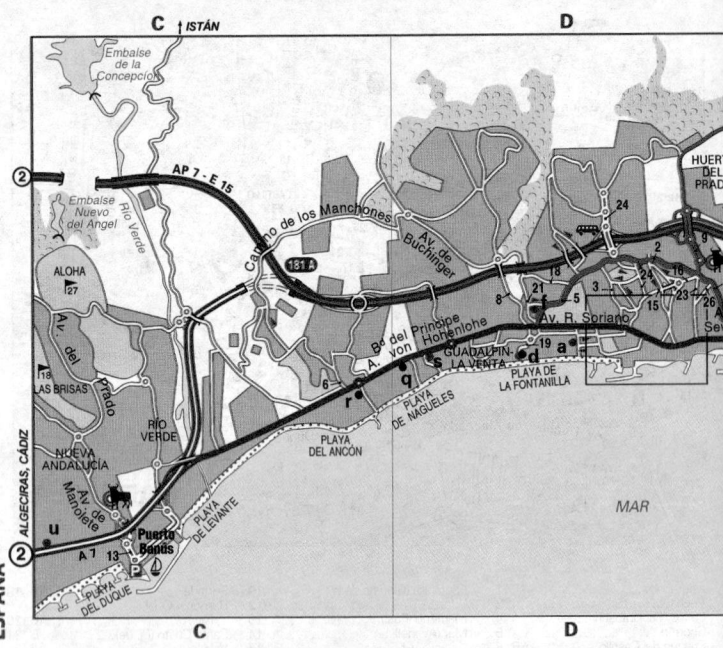

🏨🏨🏨 **Fuerte Miramar** N  ⟨ 🏊 🐕 📶 🛗 ⚒ 💆 🏠

*pl. José Luque Manzano* ✉ 29603 – ☎ 952 76 84 00 – www.fuertehoteles.com
– *marzo-octubre*                                                                    **Bd**
**219 hab** – ♥55/223 € ♥♥69/278 €, ⌂ 15 € – 7 suites
**Rest** – *(solo cena buffet en julio-agosto)* Menú 18/26 €
Algo alejado del centro urbano pero muy bien situado frente a la playa. Ofrece unas
habitaciones de estilo clásico, una gran piscina rodeada de zonas verdes y dos restaurantes, el ubicado a pie de playa con una carta tradicional rica en pescados y mariscos.

🏨 **La Villa Marbella** sin rest  🛗 📶 📶

*Príncipe 10* ✉ 29601 – ☎ 952 76 62 20 – www.lavillamarbella.com
**29 hab** ⌂ – ♥85/169 € ♥♥99/249 €                                                   **Ay**
Ocupa varios edificios del casco viejo, todos con habitaciones de completo equipamiento
y detalles personalizados en su decoración. Destaca la terraza del edificio principal.

🏨 **The Town House** sin rest  🛗 📶 📶

*Alderete 7* ✉ 29600 – ☎ 952 90 17 91 – www.townhouse.nu                              **Bb**
**9 hab** ⌂ – ♥105/140 € ♥♥125/160 €
Pequeño hotel instalado en una casa rehabilitada del casco antiguo. Ofrece un interior
de línea clásica-actual, muy personal, y habitaciones de buen confort. Terraza-solárium.

XXXX **Calima** (Dani García) – Hotel Gran Meliá Don Pepe  ⟨ 🍴 📶 ✂ P

💠💠 *José Meliá* ✉ 29600 – ☎ 952 76 42 52 – www.restaurantecalima.es – *14 marzo-septiembre*
**Rest** – *(cerrado lunes salvo julio-agosto y domingo) (solo cena)*                 **Dd**
Menú 90/150 € – Carta 80/125 € 🍷
Presenta una estética minimalista tanto en la cocina, totalmente a la vista, como en la
sala... amplia, de excelente montaje y con una gran cristalera abierta al mar. La carta y
el menú, ambos de autor, conjugan técnica y originalidad.
→ Ajoblanco de sésamo. Cochinillo con calabaza a la naranja. Gacha de miga.

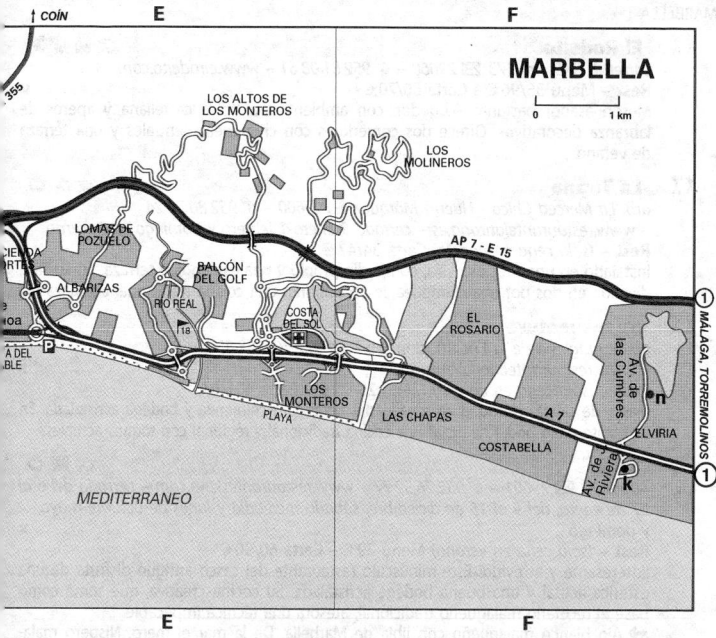

LOS ALTOS DE
LOS MONTEROS

LOS
MOLINEROS

AP 7 - E 15

LOMAS DE
POZUELO

BALCÓN
DEL GOLF

ALBARIZAS

RÍO REAL

COSTA
DEL SOL

EL
ROSARIO

LOS
MONTEROS

PLAYA

LAS CHAPAS

COSTABELLA

ELVIRIA

Av. de
las Cumbres

Av. de
Riviera

MEDITERRANEO

MÁLAGA, TORREMOLINOS

E     F

**ESPAÑA**

### XXX    Villa Tiberio        🌤 AC ⚄ P

*carret. N 340, km 178,5* ⊠ *29600 –* 🕿 *952 77 17 99 – www.villatiberio.com – cerrado del 7 al 31 de enero y domingo salvo julio-agosto*     **Ds**

**Rest** – *(solo cena)* Menú 60 € – Carta 55/80 €

Lujoso restaurante ubicado en una villa que destaca por su terraza ajardinada. En el comedor, de elegante clasicismo, le propondrán una cocina italiana de gran nivel.

### XX    Messina        AC ⚄

*av. Severo Ochoa 12* ⊠ *29603 –* 🕿 *952 86 48 95 – www.restaurantemessina.com – cerrado del 1 al 21 de noviembre y domingo*     **Bv**

**Rest** – *(solo cena)* Carta 44/54 €

Tras las grandes cristaleras de su entrada encontrará un local diáfano y de línea actual. Carta creativa enriquecida con algunos platos malagueños, asiáticos e italianos.

### XX    El Lago        🌤 AC P

ⵣ    *av. Las Cumbres - urb. Elviria Hills, salida Elviria : 10 km y desvío 2 km* ⊠ *29604 –* 🕿 *952 83 23 71 – www.restauranteellago.com – cerrado lunes*     **Fn**

**Rest** – *(solo cena)* Carta 60/80 €

Destaca por su emplazamiento, en un relajante campo de golf y frente a un lago artificial. Su sala, actual y de cuidado montaje, disfruta de una gran cristalera semicircular. Cocina innovadora elaborada con productos ecológicos de calidad.

→ Atún de almadraba con ensalada de verduras y fruta, mermelada de cítricos y maíz tostado. Lomo de salmonete con chipirones, alcachofas y caldo tostado de marisco. Crema de fruta de la pasión con frutos rojos y granizado de lemongrass.

### XX    Santiago        🌤 AC ⚄ ⟳

*av. Duque de Ahumada 5* ⊠ *29602 –* 🕿 *952 77 00 78 – www.restaurantesantiago.com*

**Rest** – Menú 40 € – Carta 40/65 € ⅋     **Ab**

Se encuentra en el paseo marítimo y está considerado todo un clásico de la ciudad, con una terraza de verano, una barra de espera y varios comedores. Pescados y mariscos.

ESPAÑA

XX **El Rodeito** 🛪 🔞 🕸 🅿
*carret. N 340, km 173* ⊠ *29660 –* ☎ *952 81 08 61 – www.elrodeito.com*
**Rest** – Menú 35/96 € – Carta 50/70 € **Cu**
Mesón asador bastante acogedor, con ambientación típica castellana y aperos de labranza decorativos. Ofrece dos comedores con chimeneas centrales y una terraza de verano.

XX **La Tirana** 🗄 🛪 ✿
*urb. La Merced Chica - Huerta Márquez* ⊠ *29600 –* ☎ *952 86 34 24*
*– www.restaurantelatirana.es – cerrado 9 enero-1 febrero y domingo en invierno*
**Rest** – *(solo cena en agosto)* Carta 34/47 € **Df**
Instalado en una preciosa villa, con jardín propio y una espléndida terraza. En su sala, dividida en dos por una chimenea, le propondrán una cocina tradicional actualizada.

XX **Buenaventura** 🛪 🔞
*pl. de la Iglesia de la Encarnación 5* ⊠ *29601 –* ☎ *952 85 80 69*
*– www.restaurantebuenaventura.es* **Bz**
**Rest** – *(solo cena en agosto)* Menú 25/95 € – Carta 40/70 €
Marco de cálida rusticidad en tonalidades ocres, con chimenea y bodega acristalada. En su bonito patio podrá degustar una cocina tradicional y regional con toques actuales.

X **Skina** 🛪 🔞 ✿
❀ *Aduar 12* ⊠ *29601 –* ☎ *952 76 52 77 – www.restauranteskina.com – cerrado del 6 al 27 de enero, del 9 al 15 de diciembre, sábado mediodía y lunes de octubre-mayo y domingo* **Ax**
**Rest** – *(solo cena en verano)* Menú 79 € – Carta 60/90 € 🏠
¡Interesante y atrevido! Este minúsculo restaurante del casco antiguo disfruta de una estética actual y una buena bodega acristalada. Su cocina creativa, que toma como base el recetario malagueño tradicional, atesora una técnica impecable.
→ Ajo blanco malagueño con jibia de Marbella. De la mar el mero. Níspero malagueño con limón y shiso.

X **TA-KUMI** 🛪 🔞
*Gregorio Marañón 4* ⊠ *29602 –* ☎ *952 77 08 39 – www.restaurantetakumi.com*
*– cerrado 10 días en enero y domingo* **Da**
**Rest** – Carta 30/50 €
Llevado por dos matrimonios, uno nipón y el otro español. En su sala, de línea actual-funcional, podrá disfrutar con una cocina japonesa que cuida mucho las presentaciones.

❡/ **La Taberna de Santiago** 🛪 🔞 🕸
*av. del Mar 20* ⊠ *29602 –* ☎ *952 77 00 78 – www.restaurantesantiago.com*
**Rest** – Tapa 2 € – Ración aprox. 6 € **Ap**
Local de tapeo con la fachada repleta de azulejos. Disfruta de una pequeña barra con expositor de productos, varias mesas en mármol y una espaciosa terraza.

❡/ **La Ostrería de Santiago** 🆕 🛪 🔞 🕸
*av. del Mar 20* ⊠ *29602 –* ☎ *952 77 00 78 – www.restaurantesantiago.com*
**Rest** – Tapa 3 € – Ración aprox. 12 € **Ap**
Se presenta con una barra a la entrada, donde muestran un expositor con hasta siete variedades de ostras, y un pequeño comedor orientado a tomar raciones de tinte tradicional.

**MARCHAMALO** – Guadalajara – ver Guadalajara

**MARCILLA** – Navarra – **573** E24 – **2 815 h.** – alt. 290 m **24** A2
🚗 Madrid 345 – Logroño 65 – Iruña/Pamplona 63 – Tudela 38

XX **Villa Marcilla** 🗄 🛪 🔞 ✿ 🅿
*carret. Estación, Noreste : 2 km* ⊠ *31340 –* ☎ *948 71 37 37*
*– www.restaurantevillamarcilla.es – cerrado del 1 al 15 de julio*
**Rest** – *(solo almuerzo salvo fines de semana)* Menú 13/30 € – Carta 30/55 €
Esta antigua casa señorial cuenta con dos comedores a la carta, ambos de elegante ambiente inglés, y una sala mucho más amplia para el menú diario. Su patio-porche hace de terraza. Cocina tradicional bien puesta al día.

**MARÍN** – Pontevedra – **571** E3 – 25 562 h. – alt. 14 m  **19** B2

▶ Madrid 619 – Santiago de Compostela 66 – Pontevedra 8 – Viana do Castelo 110

🏠🏠 **Villa de Marín** sin rest  🕮 🔯 ⚛ 🤖
*Concepción Arenal 37* ⊠ *36900 – ⍾ 986 89 22 22 – www.hotelvillademarin.com*
**25 hab** – ♦35/65 € ♦♦45/95 €, ⚏ 5 €
Céntrico y de línea clásico-funcional. Ofrece unas habitaciones bastante amplias, en general algo sencillas pero muy cuidadas y con mobiliario funcional. ¡Su cafetería está muy orientada al público de la calle!

**MARTORELL** – Barcelona – **574** H35 – 28 070 h. – alt. 56 m  **15** A3

▶ Madrid 598 – Barcelona 33 – Manresa 37 – Lleida/Lérida 141

🏠🏠🏠 **Ciutat Martorell** sin rest  🕮 🔯 ⚛ 🕮 🔯 ⚛ 🤖
*av. Pau Claris* ⊠ *08760 – ⍾ 937 74 51 60 – www.hotel-martorell.com*
**92 hab** – ♦♦58/175 €, ⚏ 12 €
Un hotel de línea actual. Presenta suficientes zonas nobles y confortables habitaciones, con los suelos en tarima y plato ducha en la mayoría de sus baños.

**El MASNOU** – Barcelona – **574** H36 – 22 550 h.  **15** B3

▶ Madrid 628 – Barcelona 14 – Girona/Gerona 87 – Vic 56

🏠 **Torino**  🕮 🔯 ⚛ 🤖
*Pere Grau 21* ⊠ *08320 – ⍾ 935 55 23 13 – www.hoteltorinoelmasnou.com – cerrado 23 diciembre-6 enero*
**13 hab** – ♦50/52 € ♦♦70/72 €, ⚏ 8 €
**Rest** – (*cerrado sábado y domingo noche*) Menú 12 €
Este céntrico hotelito de organización familiar compensa su reducida zona social con unas habitaciones cuidadas y bien equipadas, algo pequeñas pero correctas en su categoría. El comedor, que presenta un sencillo montaje, limita su oferta a un menú del día.

XX **TresMacarrons**  🕮 🔯 ⚛
*av. del Maresme 21* ⊠ *08320 – ⍾ 935 40 92 66 – www.tresmacarrons.com – cerrado 15 días en febrero, 15 días en agosto, domingo noche y lunes*
**Rest** – Menú 24/59 € – Carta 40/65 €
Restaurante de gestión familiar emplazado en una zona nueva de la localidad. En su sala, diáfana, moderna y de cuidado montaje, podrá descubrir tanto su carta de cocina actual como sus menús, uno del día y otros dos de degustación.

**MASPALOMAS** – Las Palmas – ver Canarias (Gran Canaria)

**MATAPOZUELOS** – Valladolid – **575** H15 – 1 038 h.  **11** B2

▶ Madrid 175 – Valladolid 38 – Segovia 109 – Ávila 104

XX **La Botica** (Miguel Ángel de la Cruz)  🕮 🔯 ⚛ ⟳
⁂ *pl. Mayor 2* ⊠ *47230 – ⍾ 983 83 29 42 – www.laboticadematapozuelos.com – cerrado del 1 al 15 de enero*
**Rest** – (*solo almuerzo salvo fines de semana y julio-octubre*) Menú 36/50 € – Carta 29/47 €
Instalado en una antigua casa de labranza que funcionó como farmacia. Presenta unas instalaciones de aire rústico, un privado en lo que fue la botica y una carta que conjuga la cocina tradicional y los asados con otros platos más actuales.
→ Cremoso de patata, confitura de cebolla roja y langostinos. Lomo de cordero con morcilla artesana y toffe salado de achicoria. Piñones y pinares.

**MATARÓ** – Barcelona – **574** H37 – 124 084 h. – Playa  **15** B3

▶ Madrid 661 – Barcelona 28 – Girona/Gerona 72 – Sabadell 47

🏠🏠🏠 **NH Ciutat de Mataró** sin rest  ⊕ 🕮 🔯 ⚛ 🕮 🔯 ⚛ 🤖
*Camí Ral 648* ⊠ *08302 – ⍾ 937 57 55 22 – www.nh-hoteles.com*
**101 hab** – ♦♦40/229 €, ⚏ 13 € – 5 suites – 17 apartamentos
Enfocado claramente al cliente de empresa. Ofrece unas instalaciones de línea actual, habitaciones de buen confort y algunos apartamentos para las estancias de larga duración.

ESPAÑA

XXX **El Nou-Cents**

*El Torrent 21 ✉ 08302 – ☎ 937 99 37 51 – www.elnou-cents.com – cerrado 15 días en agosto y domingo noche*

**Rest** – Menú 38/58 € – Carta 38/49 €

Presenta un buen hall y dos comedores, destacando el más rústico por contar con chimenea y tener una bóveda catalana en ladrillo visto. Ofrecen una cocina actual de bases clásicas, trabajando mucho la trufa, las setas y la caza.

XXX **Sangiovese**

*Sant Josep 31 ✉ 08302 – ☎ 937 41 02 67 – www.sangioveserestaurant.com – cerrado 15 días en agosto, domingo y lunes noche*

**Rest** – Menú 22/55 € – Carta 35/47 €

Disfruta de una estética moderna, con detalles de diseño, dejando tanto la cocina como su completa bodega a la vista. Ofrecen elaboraciones de mercado y de temporada, por eso veremos como sus menús varían con los cambios de estación.

XX **Bocca**

*pl. d'Espanya 18 ✉ 08302 – ☎ 937 41 12 69 – www.boccarestaurant.com – cerrado Semana Santa, 21 días en agosto, domingo noche y lunes*

**Rest** – Menú 15/37 € – Carta 30/46 €

¡Familiar y de larga trayectoria! En su acogedora sala podrá degustar una cocina tradicional actualizada que aglutina numerosos arroces, platos de los de toda la vida y sugerencias derivadas de los productos del día en la lonja de Arenys.

## MAZAGÓN – Huelva – 578 U9 – Playa — 1 A2

Madrid 638 – Huelva 23 – Sevilla 102

pl. Odón Betanzos, ✉ 21130, ☎ 663 87 96 34

ESPAÑA

### por la carretera de Matalascañas

**Parador de Mazagón** hab,

*Sureste : 7 km ✉ 21130 Mazagón – ☎ 959 53 63 00 – www.parador.es*

**62 hab** – †72/152 € ††90/190 €, ☕ 18 € – 1 suite

**Rest** – Menú 27/45 € – Carta 36/48 €

Disfruta de un enclave privilegiado, pues está a la entrada del Parque Nacional de Doñana y a un paso de la playa. Habitaciones clásicas con detalles rústicos, la mayoría con magníficas vistas al mar. En su luminoso restaurante encontrará una completa carta de carácter regional. ¡Perfecto para desconectar!

## MEAÑO – Pontevedra – 571 E3 – 5 453 h. — 19 A2

Madrid 640 – Santiago de Compostela 67 – Pontevedra 28 – Viana do Castelo 131

**Quinta de San Amaro** hab, rest,

*lugar de San Amaro 6 ✉ 36968 – ☎ 986 74 89 38 – www.quintadesanamaro.com*

**14 hab** ☕ – †76/105 € ††90/125 €

**Rest** – *(cerrado lunes noche y martes de 15 octubre-mayo)* Menú 30 € – Carta 25/40 €

Magnífico hotel rural situado en una finca rústica que conserva sus edificios en piedra. Buen salón social y habitaciones de excelente confort, todas con mobiliario colonial. El restaurante, que resulta muy luminoso por estar completamente acristalado, ofrece una buena carta de cocina tradicional.

## MECINA FONDALES – Granada – 578 V20 – alt. 930 m — 2 D1

Madrid 488 – Granada 69 – Almería 139 – Málaga 128

**Mecina Fondales** hab,

*La Fuente 2 ✉ 18416 – ☎ 958 76 62 41 – www.hoteldemecina.com*

**21 hab** ☕ – †55/66 € ††75/88 € **Rest** – Carta 25/37 €

Finca con árboles frutales emplazada en un pueblecito de Las Alpujarras. Posee una coqueta zona social, un patio árabe y habitaciones de aire rústico, casi todas con terraza. El restaurante, también rústico, propone una carta basada en la cocina tradicional.

**MEDINA DE POMAR** – Burgos – **575** D19 – **6 238 h. – alt. 607 m**     **12** C1

▶ Madrid 329 – Bilbao 81 – Burgos 86 – Santander 108

**La Alhama**      🦢 🗐 ᶑ hab, 🄼 rest, ℅ 🛜 🟤 P

*carret. de la Cerca, Noreste : 1 km* ⊠ *09500* – ℰ *947 19 08 46* – www.hralhama.es
*– cerrado 23 diciembre-enero*
**17 hab** ⌲ – ✝43/47 € ✝✝62/66 € – 1 suite
**Rest** – *(cerrado domingo noche y lunes)* Menú 10/35 € – Carta 35/49 €
Bastante tranquilo, pues se halla a las afueras de la localidad. Cuenta con unas reducidas
zonas sociales y habitaciones de buen confort, todas actuales. El restaurante, que propone una cocina tradicional, se complementa con varios salones para banquetes.

---

**MEDINA DE RIOSECO** – Valladolid – **575** G14 – **4 967 h. – alt. 735 m**     **11** B2

▶ Madrid 223 – León 94 – Palencia 50 – Valladolid 41

◉ Iglesia de Santa María (capilla de los Benavente★)

**Los Almirantes**      🌐 🗐 ᶑ 🄼 ℅ 🛜 🟤

*San Juan 36* ⊠ *47800* – ℰ *983 72 05 21* – www.losalmirantes.com
**17 hab** ⌲ – ✝70/80 € ✝✝80/200 €
**Rest** – *(cerrado domingo y lunes)* (es necesario reservar) Menú 15/35 € – Carta 30/40 €
¡Singular y sorprendente! Tras su modesta fachada se esconde un hotel con mayúscu-
las que destaca tanto por sus instalaciones como por sus excepcionales habitaciones,
todas domotizadas y vestidas con detalles de diseño. Proponen dos opciones gastronómicas, una de tinte actual y la otra más orientada al tapeo.

---

**MEDINA DEL CAMPO** – Valladolid – **575** I15 – **21 594 h. – alt. 721 m**     **11** B2

▶ Madrid 154 – Salamanca 81 – Valladolid 43

🖪 pl. Mayor de la Hispanidad 48 , ⊠ 47400, ℰ 983 81 13 57, www.medinadelcampo.es

◉ Castillo de la Mota★

**Villa de Ferias**      🗐 ᶑ hab, 🄼 ℅ 🛜 🟤 P

*av. V Centenario 3* ⊠ *47400* – ℰ *983 80 27 00* – www.villadeferias.com
**37 hab** – ✝47/50 € ✝✝68/70 €, ⌲ 5 €    **Rest** – Menú 16 € – Carta 34/50 €
Se encuentra al borde de la antigua carretera y está muy orientado al cliente de paso.
Presenta una reducida zona noble y habitaciones de ambiente clásico, todas con los
suelos en tarima. Cuenta con una atractiva bodega acristalada y dos comedores de
línea clásica. ¡Pruebe su vino propio, pues es de Rueda!

✗   **Continental**      🄼 ℅

*pl. Mayor de la Hispanidad 15* ⊠ *47400* – ℰ *983 80 10 14* – *cerrado del 15 al 30 de
octubre y martes*
**Rest** – Menú 11/30 € – Carta 19/40 €
En este negocio centenario encontrará un bar de tapas y una sala clásica, decorada
con objetos antiguos como cajas registradoras, radios, máquinas de escribir... Su
carta tradicional, rica en arroces y asados, se completa con varios menús.

---

**MEDINA SIDONIA** – Cádiz – **578** W12 – **11 863 h. – alt. 304 m**     **1** B3

▶ Madrid 620 – Algeciras 73 – Arcos de la Frontera 42 – Cádiz 42

🖪 San Juan★, ⊠ 11170, ℰ 956 41 24 04, www.medinasidonia.com

◉ Localidad★ – Iglesia de Santa María la Mayor★ (retablo★)

✗   **El Castillo** con hab      🗟 ᶑ hab, 🄼 ℅ 🛜 🟤 P

*Ducado de Medina Sidonia 3* ⊠ *11170* – ℰ *956 41 08 23* – www.hotelrestauranteelcastillo.com
**7 hab** ⌲ – ✝25/40 € ✝✝35/55 €
**Rest** – *(cerrado lunes)* Menú 15/30 € – Carta 14/27 €
Está en la parte alta del pueblo y es un buen lugar para descubrir los sabores de esta
tierra. En su carta, de perfil casero, se dan cita varios platos de caza, carnes de la zona,
especialidades de campo y algún que otro pescado. Como complemento al negocio
también ofrece unas sencillas habitaciones.

✗   **El Duque** con hab y sin ⌲      🄼 ℅ 🛜 🟤
ⓐ
*av. del Mar 10* ⊠ *11170* – ℰ *956 41 00 40* – www.hoteleldugue.com
**9 hab** – ✝30/50 € ✝✝50/70 €    **Rest** – *(cerrado lunes)* Carta 20/35 €
Disfruta de un bar, con chimenea y varias mesas para el menú, así como una acogedora sala a la carta rodeada de ventanales. Amplia carta tradicional dominada por las
carnes. También cuenta con unas sencillas habitaciones por si desea alojarse.

## en la carretera de Vejer Sureste : 3 km

### ✗ Venta La Duquesa 🏠 🗚 🗚 🗚 🗚

*carret. A 396* ✉ *11170 Medina Sidonia –* 𝄐 *956 41 08 36 – www.duquesa.com*
*– cerrado del 3 al 19 de marzo, del 10 al 26 de noviembre y martes*
**Rest** – Menú 13/29 € – Carta 20/35 €
Está en pleno campo, ocupando una venta típica que hoy se presenta con un bar de tapas y cuatro salas de línea clásica-regional. Ofrecen una carta tradicional y de temporada que destaca tanto por sus guisos como por sus platos de caza.

---

## MEDINACELI – Soria – 575 I22 – 810 hab. – alt. 1 201 m                              12 D3
▶ Madrid 154 – Soria 76 – Zaragoza 178

### ✗ Bavieca con hab 🗚 🗚 🗚

*Campo de San Nicolás 6* ✉ *42240 –* 𝄐 *975 32 61 06 – www.bavieca.net*
**7 hab** 🖵 – ♦40/55 € ♦♦55/75 €     **Rest** – (cerrado jueves) Menú 35 € – Carta 23/52 €
Casa de piedra dotada con un interior de estilo actual. Su actividad principal es el restaurante, ofreciendo en él una carta compensada de cocina tradicional. Aquí también puede alojarse, ya que cuentan con unas habitaciones confortables, coloristas y de línea actual, algunas abuhardilladas.

## en la antigua carretera N II Sureste : 3,5 km

### 🏠 Nico 🗚 rest, 🗚 🗚 🗚

✉ *42240 Medinaceli –* 𝄐 *975 32 60 11 – www.hotelnicomedinaceli.com*
**21 hab** – ♦35/53 € ♦♦55/63 €, 🖵 7 €     **Rest** – Menú 14/22 € – Carta 18/36 €
Un buen recurso de carretera. Dispone de una espaciosa cafetería en la planta baja y habitaciones de correcta amplitud, con mobiliario clásico y los baños completos. En su restaurante, bastante luminoso, podrá degustar elaboraciones de sabor tradicional.

---

## MELIANA – Valencia – 577 N28 – 10 666 h.                                            16 B2
▶ Madrid 371 – Valencia 13 – Castelló de la Plana / Castellón de la Plana 72

## en el Barrio de Roca Este : 2 km

### ✗ Ca' Pepico 🄽 🏠 🗚 🗚 🗚 🗚

*Mediterrani 1* ✉ *46133 –* 𝄐 *961 49 13 46 – www.capepico.com – cerrado domingo y martes noche*
**Rest** – Carta 15/41 €
Un buen restaurante para descubrir la gastronomía valenciana, pues ocupa una casa rural típica ubicada en plena huerta. En su interior, de ambiente rústico y con mobiliario de época, le ofrecerán una carta regional con dos arroces diarios.

---

## MELIDE – A Coruña – 571 D5 – 7 502 h. – alt. 454 m                                  20 C2
▶ Madrid 556 – A Coruña 72 – Santiago de Compostela 55 – Lugo 54

## en la carretera N 547 Sureste : 6 km

### ⌂ Casa de los Somoza 🗚 🗚 🗚

*Coto* ✉ *15808 Melide –* 𝄐 *981 50 73 72 – cerrado 23 diciembre-enero*
**10 hab** – ♦42 € ♦♦50 €, 🖵 5,30 €     **Rest** – Menú 15 €
¡En pleno Camino de Santiago! Esta casona disfruta de un cuidado jardín y sencillas habitaciones, con algunas paredes en piedra, techos en madera y mobiliario de aire antiguo. El comedor, de cálido ambiente rústico, se encuentra junto a un viejo horno de pan.

---

## MELILLA – 742 6/11 – 80 802 h. – Playa                                               2 C3
🛧 de Melilla, carret. de Yasinen por av. de la Duquesa Victoria 4 km AY 𝄐 902 40 47 04
**Iberia :** aeropuerto 𝄐902 40 05 00
🚢 para Almería : Cía. Trasmediterránea, General Marina 1, 𝄐 902 45 46 45
🛈 pl. de las Culturas, ✉ 52001, 𝄐952 97 61 90, www.melillaturismo.com
◎ Ciudad antigua★ : Terraza Museo Municipal ✳★ BZM

### 🏛 Parador de Melilla 🗚 🗚 🗚 🗚 🗚 hab, 🗚 🗚 hab, 🗚 🗚 🗚

*av. Cándido Lobera 16* ✉ *52001 –* 𝄐 *952 68 49 40 – www.parador.es*          AY**a**
**40 hab** – ♦56/100 € ♦♦70/125 €, 🖵 15 €     **Rest** – Menú 18/25 € – Carta 20/30 €
Destaca por su emplazamiento sobre un promontorio y junto a un recinto fortificado, disfrutando de las mejores vistas sobre la ciudad. Ofrece unas correctas habitaciones, la gran mayoría con mobiliario de inspiración colonial y su propia terraza. Atractivo comedor circular de carácter panorámico.

ESPAÑA

# MELILLA

Actor Tallavi . . . . . . . . . . . . . . . . . . . AZ
Aljibes (Pl. de) . . . . . . . . . . . . . . . . . BZ 2
Alvaro de Bazán . . . . . . . . . . . . . . . . AZ
Armas (Pl. de) . . . . . . . . . . . . . . . . . BZ
Avanzadilla (Pl. de la) . . . . . . . . . . . BZ
Castillejos . . . . . . . . . . . . . . . . . . . . AY 3
Ciudad de Málaga . . . . . . . . . . . . . . AZ
Comandante Benitez (Pl.) . . . . . . . AY 4
Concepción . . . . . . . . . . . . . . . . . . . BZ 6
Democracia (Av. de la) . . . . . . . . . . AY
Duquesa Victoria (Av.) . . . . . . . . . . AY 7
España (Pl. de) . . . . . . . . . . . . . . . . AY
Florentina (Túnel de) . . . . . . . . . . . . BZ
Francisco Mir Berlanga (Pas. Marítimo) . . . . . . . . . . . . AZ
Juan Carlos I (Av. del Rey) . . . . . . . AY 10
Luis de Sotomayor . . . . . . . . . . . . . AY
Macias (Av. del Gen.) . . . . . . . BY, BZ
Marina Española (Av. de) . . . . . . . AYZ
Marina (Gen.) . . . . . . . . . . . . . . . . . AY
Marina (Puerta de la) . . . . . . . . . . . BZ
Marítimo (Pas.) . . . . . . . . . . . . . . . . AZ
Marqués de Montémar . . . . . . . . . AZ 13
Menéndez y Pelayo (Pl.) . . . . . . . . AY 15
Miguel Acosta . . . . . . . . . . . . . . . . . BZ 16
Músico Granados . . . . . . . . . . . . . . AZ
O'Donnell (Gen.) . . . . . . . . . . . . . . . AY
Pablo Vallescá . . . . . . . . . . . . . . . . . AY 18
Parada (Pl. de la) . . . . . . . . . . . . . . BZ
Pintos (Gen.) . . . . . . . . . . . . . . . . . . AZ
Polavieja (Gen.) . . . . . . . . . . . . . . . . AZ
Prim (Gen.) . . . . . . . . . . . . . . . . . . . AY
Querol . . . . . . . . . . . . . . . . . . . . . . . AYZ
Rafael Ginel (Pas. Marítimo) . . . . . AZ
Reyes Católicos (Av.) . . . . . . . . . . . AY
Santiago (Puerta de) . . . . . . . . . . . . BZ
San Miguel . . . . . . . . . . . . . . . . . . . . BZ 19

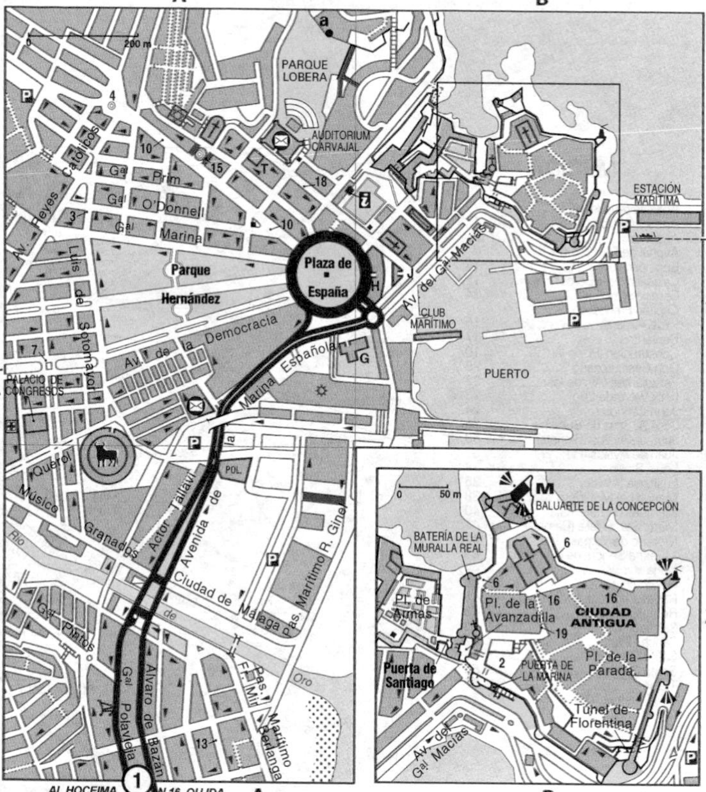


ESPAÑA

**MENORCA** – Illes Balears – ver Balears

**MERANGES** – Girona – **574** E35 – **91 h.** – **alt. 1 540 m** **14** C1

Madrid 640 – Barcelona 162 – Girona/Gerona 166

X **Can Borrell** con hab

*Retorn 3* ✉ *17539 – ☎ 972 88 00 33 – www.canborrell.com – cerrado 7 días en noviembre y del 10 al 26 de diciembre*

**9 hab** – 80/93 € 100/107 €

**Rest** – *(cerrado domingo noche, lunes, martes, miércoles y jueves de enero-abril salvo en Semana Santa)* Carta 30/52 €

En un pueblo de montaña con muchísimo encanto. Restaurante de aire rústico donde podrá saborear una cocina propia del recetario catalán aunque con sugerentes actualizaciones. Como complemento al negocio también ofrece habitaciones, varias con vistas al valle.

▶ Madrid 347 – Badajoz 62 – Cáceres 71 – Ciudad Real 252

🅸 paseo de José Alvárez Sáenz de Buruaga , ✉ 06800, 🖀 924 33 07 22,
www.turismomerida.org

◼ Mérida romana★★ : Museo Nacional de Arte Romano★★ (edificio★), Mosaicos★
BY**M1** – Teatro romano★★ **BZ** – Anfiteatro romano★ **BY** – Puente romano★ **AZ**
– Iglesia de Santa Eulalia★ **BY**

ESPAÑA

## MÉRIDA

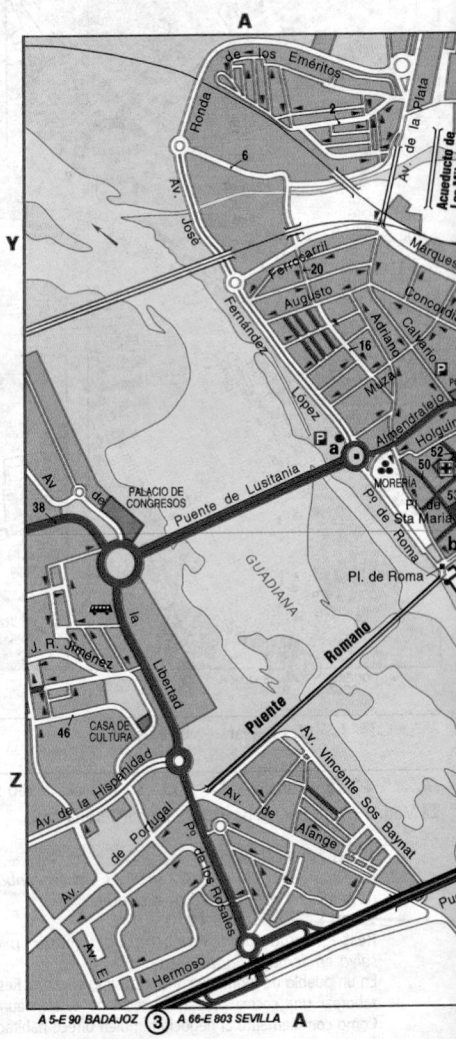

A 5-E 90 BADAJOZ ③ A 66-E 803 SEVILLA **A**

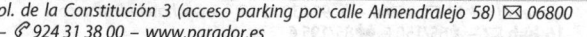

**Parador de Mérida** 🐍 🚗 ⊁ 🛁 🖼 ♿ hab, ⚓ ⚒ 🤶 🖨 🍽

*pl. de la Constitución 3 (acceso parking por calle Almendralejo 58)* ✉ 06800
– ☎ 924 31 38 00 – *www.parador.es*                                              BY**a**
**79 hab** – ♦56/132 € ♦♦70/165 €, ☕ 15 € – 3 suites
**Rest** – Menú 27/33 € – Carta 35/50 €

Ocupa parte de un convento franciscano del s. XVIII, íntimo y acogedor, con habitaciones sobrias y mobiliario castellano. El patio conserva restos arqueológicos originales. En su restaurante podrá degustar una cocina que toma como base el recetario
regional.

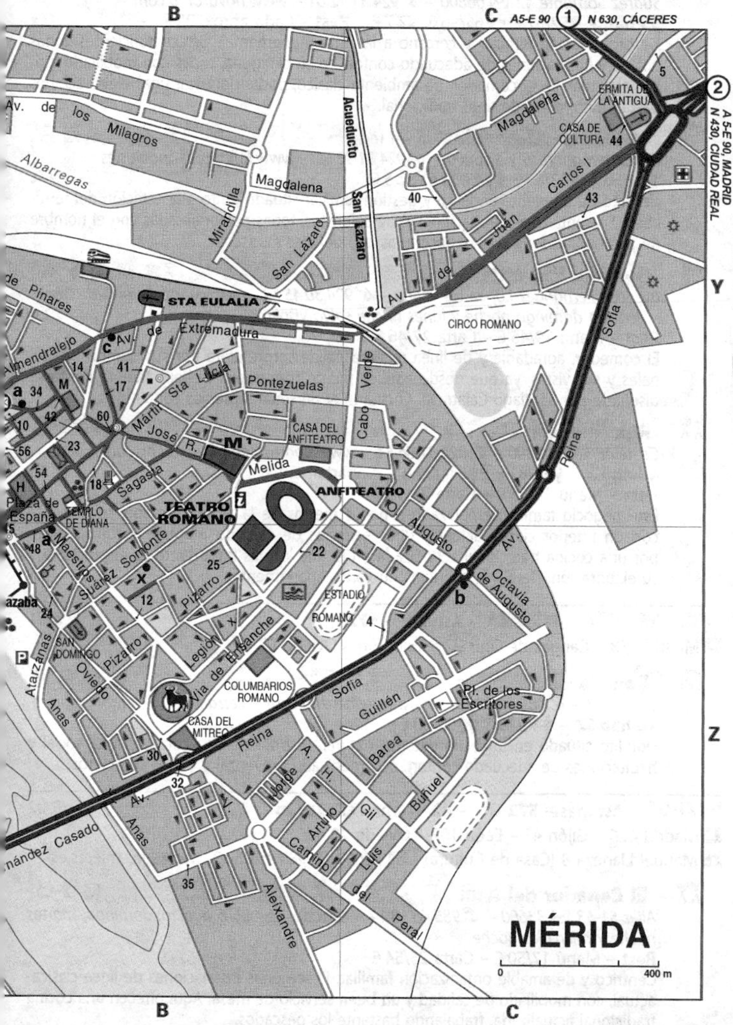

**MÉRIDA**

**ESPAÑA**

### 🏠 Adealba sin rest    🛗 🖼 🤍 🏠
*Romero Leal 18 ⊠ 06800 – 𝒞 924 38 83 08 – www.hoteladealba.com*    **BYZa**
**16 hab** 🖵 – ✝65/150 € ✝✝85/195 €
Instalado en una casa señorial del s. XIX que sorprende tanto por la modernidad como por la domótica y el equipamiento de sus habitaciones. Presenta un patio típico cubierto.

### 🏠 Velada Mérida sin rest, con cafetería    ⇐ ⤢ 🍸 🖼 🤍 🏠 P
*av. Reina Sofía ⊠ 06800 – 𝒞 924 31 51 10 – www.veladahoteles.com*    **CZb**
**99 hab** – ✝✝55/240 €, 🖵 11 €
Hotel de línea actual apto tanto para el turismo como para el negocio, ya que tiene salones de gran capacidad. Disfruta de una buena organización y unas habitaciones de correcta amplitud. ¡Agradable espacio de césped con terraza y piscina!

### 🏨 Nova Roma    🛗 🖼 🍸 hab, 🤍 🏠
*Suárez Somonte 42 ⊠ 06800 – 𝒞 924 31 12 61 – www.novaroma.com*
**55 hab** – ✝52/57 € ✝✝65/96 €, 🖵 7 €    **Rest** – Carta aprox. 25 €    **BZx**
De organización familiar y cercano a la zona monumental. Ofrece suficientes zonas nobles y habitaciones de adecuado confort en su categoría, todas con mobiliario funcional-actual. En el comedor, de ambiente clásico, podrá degustar unas elaboraciones bastante correctas de tinte tradicional.

### 🏠 La Flor de Al-Andalus 🅝 sin rest    🖼 🤍
*av. Extremadura 6 ⊠ 06800 – 𝒞 924 31 33 56 – www.laflordeal-andalus.es*
**18 hab** – ✝33/55 € ✝✝45/73 €, 🖵 5 €    **BYc**
Hotelito de ambiente andalusí y gestión familiar situado junto a la estación del ferro-carril. Presenta unas habitaciones muy coloristas, todas personalizadas con el nombre de alguna flor de la zona y decoradas con detalles moriscos.

### 🍴🍴 Gonzalo Valverde 🅝    🤍 🖼 🍸 🏠
*av. José Fernández López ⊠ 06800 – 𝒞 924 30 45 12 – www.gonzalovalverde.com*
*– cerrado domingo noche y lunes noche salvo vísperas*    **AYa**
**Rest** – Menú 19/45 € – Carta 27/46 €
El comedor, agradable y de línea minimalista, le sorprenderá por sus grandes venta-nales y sus vistas, ya que desde aquí se puede contemplar el bello Puente Lusitania diseñado por Santiago Calatrava. Cocina muy personal a precios contenidos.

### 🍴🍴 Rex Numitor 🅝 con hab    🤍 🛗 rest, 🖼 🍸 🏠
*Castelar 1 ⊠ 06800 – 𝒞 924 31 86 54 – www.apartamentoscapitolina.com*
**4 hab** 🖵 – ✝54/81 € ✝✝63/135 € – 4 apartamentos    **AZb**
**Rest** – Menú 16/35 € – Carta 22/39 €
Este negocio familiar, emplazado a pocos metros de la alcazaba árabe, se presenta con un interior clásico-actual y unos espacios de cuidado montaje. Aquí apuestan por una cocina tradicional actualizada en la que lo más importante es el producto y su elaboración. ¡También cuentan con varios apartamentos!

---

## MESTAS DE ARDISANA – Asturias – 572 B15    5 C1
▶ Madrid 458 – Cangas de Onís 27 – Gijón 96 – Oviedo 83

### 🏠 Benzua sin rest    🐾 🍸 🏠 P
*⊠ 33507 – 𝒞 985 40 62 79 – www.hotelbenzua.com – cerrado 22 diciembre-febrero*
**10 hab** 🖵 – ✝40/75 € ✝✝50/90 €
Hotelito situado en un bello entorno natural. Disfruta de una correcta zona social y habitaciones de adecuado confort, con mobiliario provenzal y baños completos.

---

## MIERES – Asturias – 572 C12 – 42 421 h. – alt. 209 m    5 B2
▶ Madrid 426 – Gijón 48 – León 102 – Oviedo 20
🛈 Manuel Llaneza 8 (Casa de Cultura) , ⊠ 33600, 𝒞 985 45 05 33, www.ayto-mieres.es

### 🍴🍴 El Cenador del Azul    🖼 🍸 🏠
*Aller 51-53 ⊠ 33600 – 𝒞 985 46 18 14 – cerrado 23 julio-6 agosto, domingo, martes noche y miércoles noche*
**Rest** – Menú 17/50 € – Carta 25/54 €
Céntrico y de amable organización familiar. Posee unas instalaciones de línea clásica-actual, con mobiliario de calidad y un buen servicio de mesa. Aquí ofrecen una cocina tradicional actualizada, trabajando bastante los pescados.

**en Cenera** Suroeste : 7 km

**Palacio de Arriba**  ♨ 🎿 ⅃ 🅰 ⅍ 奈 🅿

Lg. Cenera 76 ⊠ 33615 Cenera – ☎ 985 42 78 01 – www.palaciodearriba.es
– cerrado 7 enero-6 febrero
**12 hab** – ♦40/50 € ♦♦50/60 €, ⌂ 5 € – 1 suite
**Rest** – *(cerrado domingo noche y lunes)* Menú 9/17 € – Carta 20/32 €
Hotel de organización familiar y buen confort ubicado en una casona-palacio del s.
XVI, con una correcta zona social y habitaciones de línea actual. El restaurante,
que ocupa un anexo y recrea un agradable ambiente rústico, presenta una completa
carta tradicional y una sidrería, donde también sirven raciones.

**Cenera**  ♨ 🅰 ⅍ hab. 奈 🅿

⊠ 33615 Cenera – ☎ 985 42 63 50 – www.valledecenera.com
– cerrado 20 octubre-20 noviembre
**6 hab** ⌂ – ♦45/55 € ♦♦50/80 €
**Rest** *La Panoya* – *(cerrado miércoles salvo festivos)* Menú 10/23 €
– Carta aprox. 35 €
¡Típica casona asturiana construida en piedra y madera! Posee un pequeño salón
social con chimenea y coquetas habitaciones, cada una con su propio estilo. El restaurante, de ambiente regional y en un anexo, enriquece su carta tradicional con diversas
jornadas gastronómicas (caza, bacalao, bonito, matanza...).

---

**MIJAS** – Málaga – **578** W16 – **82 124 h.** – alt. 475 m    **1** B3

▶ Madrid 585 – Algeciras 115 – Málaga 30
🄸 pl. Virgen de la Peña 2 A, ⊠ 29650, ☎ 952 58 90 34, www.mijas.es
🅵 Mijas, Sur : 5 km, ☎ 952 47 68 43
◉ Pueblo ★ ≤ ★

**El Capricho**  ≤ 🚗 🅰 ⅍

Los Caños 5-1° ⊠ 29650 – ☎ 952 48 51 11 – cerrado 15 noviembre-15 diciembre y
domingo
**Rest** – Carta 25/45 €
Este restaurante familiar disfruta de un coqueto comedor de aire regional y una
terraza, con hermosas vistas sobre el pueblo. Cocina internacional con matices centroeuropeos.

---

**MIRAFLORES DE LA SIERRA** – Madrid – **576** – **575** J18 – **5 979 h.**    **22** B2
– alt. 1 150 m

▶ Madrid 60 – El Escorial 50 – Segovia 76

**La Muñequilla** ⓝ  🚗 📶 🅰 ⅍ 奈 ⅍

Calvo Sotelo 6 ⊠ 28792 – ☎ 918 44 94 65 – www.hotellamunequilla.com
**23 hab** ⌂ – ♦45/55 € ♦♦60/75 €
**Rest** – *(cerrado domingo noche y lunes)* Menú 15/22 € – Carta 28/45 €
¡Muy acogedor! La atractiva fachada en piedra, con bellas balconadas, da paso a un
hotel de carácter familiar reformado con muchísimo gusto. Agradable bar y cálido
comedor con chimenea, donde ofrecen una carta tradicional y un menú diario.

**Mesón Maito**  🚗 🅰 ⅍

Paseo de los Álamos 5 ⊠ 28792 – ☎ 918 44 35 67 – www.mesonmaito.es
**Rest** – Menú 16 € – Carta 28/40 €
Restaurante tipo asador que hoy se presenta con una línea estética un poco más
actual, algo especialmente apreciable en el comedor de la 1ª planta. Carta tradicional.

**Asador La Fuente**  🚗 🅰 ⅍

Mayor 12 ⊠ 28792 – ☎ 918 44 42 16 – www.asadorlafuente.com – cerrado del 15 al
30 de septiembre y lunes
**Rest** – *(solo almuerzo salvo viernes y sábado)* Menú 15 € – Carta 23/45 €
Este asador, ubicado en pleno centro, presenta un interior de ambiente rústico-regional, con un horno de leña a la vista, una terraza acristalada y chimenea en el comedor. ¡Al elaborar sus platos suelen usar productos de su propia huerta!

ESPAÑA

## MOAÑA – Pontevedra – **571** F3 – **19 291 h.** – Playa

▶ Madrid 607 – Pontevedra 28 – Vigo 21

19 A3

### ✗✗ **Prado Viejo** ✿ ℙ

*Ramón Cabanillas 16* ✉ *36950 –* ℰ *986 31 16 34 – www.pradoviejo.com – cerrado del 15 al 30 de febrero, del 12 al 30 de octubre, domingo noche y lunes salvo julio-agosto*

**Rest** – *(solo almuerzo salvo jueves, viernes y sábado)* Menú 11 € – Carta 23/38 €

El restaurante, que está llevado en familia, se presenta con un bar a la entrada y un amplio comedor de estética actual-minimalista. Aquí le propondrán una cocina tradicional y de mercado con detalles actuales.

---

## MOGARRAZ – Salamanca – **575** K11 – **314 h.** – alt. 766 m

▶ Madrid 264 – Valladolid 218 – Salamanca 102 – Almeida 96

11 A3

### ✗✗ **Mirasierra** 🌅 ㎞ ✿ ℙ

*Miguel Ángel Maillo 58* ✉ *37610 –* ℰ *923 41 81 44 – www.restaurantemirasierra.com – cerrado del 7 al 31 de enero, del 24 al 30 de junio, lunes salvo agosto y martes de noviembre-febrero*

**Rest** – *(solo almuerzo salvo sábado)* Menú 20 € – Carta 27/43 €

Ocupa un caserón típico y cuenta con varias salas, destacando la del fondo por sus hermosas vistas. En su carta encontrará deliciosos guisos, varios derivados del cerdo ibérico, setas, carnes a la brasa y una gran selección de quesos.

---

## MOGUER – Huelva – **578** U9 – **20 944 h.** – alt. 50 m

▶ Madrid 618 – Huelva 19 – Sevilla 82

1 A2

◉ Localidad★ – Monasterio de Santa Clara★ – Casa-Museo Zenobia y Juan Ramón★ – calle Andalucía★ – Torre de la Iglesia de Nuestra Señora de la Granada★

### 🏠 **Plaza Escribano** sin rest ㏐ ㎞ ✿ 🛜

*Lora Tamayo 5* ✉ *21800 –* ℰ *959 37 30 63 – www.hotelplazaescribano.com*

**20 hab** – ♦41 € ♦♦56 €, ☲ 5 €

Se encuentra en una de las plazas de la localidad y sorprende al distribuir sus instalaciones entre varios patios. Tras su fachada encalada encontrará una pequeña zona social con chimenea y agradables habitaciones de ambiente clásico.

---

## MOIÀ – Barcelona – **574** G38 – **5 793 h.** – alt. 776 m

▶ Madrid 611 – Barcelona 72 – Manresa 26

14 C2

◎ Monasterio de Santa María de l'Estany★, (claustro★ : capiteles★★) Norte : 8 km

### ✗✗ **Les Voltes de Sant Sebastià** 🌅 ㎞ ✿

*Sant Sebastià 9* ✉ *08180 –* ℰ *938 30 14 40 – www.lesvoltes.com – cerrado del 15 al 28 de febrero, lunes, martes y noches de miércoles, jueves y domingo*

**Rest** – Menú 15/33 € – Carta 30/41 €

Ocupa unas antiguas cuadras con los techos abovedados en piedra. En su comedor le ofrecerán una carta de tinte regional, con detalles actuales y productos de la zona. Agradable patio-terraza y curioso pozo, este transformado hoy en bodega.

---

## MOJÁCAR – Almería – **578** U24 – **8 173 h.** – alt. 175 m – Playa

▶ Madrid 527 – Almería 95 – Murcia 141

2 D2

🛈 pl. del Frontón, ✉ 04638, ℰ 950 61 50 25, www.mojacar.es

🏌 Cortijo Grande (Turre), ℰ 950 46 81 76

🏌 Marina Golf, urb. Marina de la Torre, Noreste : 5,5 km, ℰ 950 13 32 35

◉ Localidad★ – Emplazamiento★

### en la playa

### 🏠 **Parador de Mojácar** ⟨ 🚗 🌅 ⅃ & hab, ㎞ ✿ 🛜 🏋 ℙ

*paseo del Mediterráneo 339, Sureste : 2,5 km* ✉ *04638 Mojácar –* ℰ *950 47 82 50 – www.parador.es*

**98 hab** – ♦52/116 € ♦♦65/145 €, ☲ 16 € **Rest** – Menú 27 € – Carta 33/46 €

Está emplazado en un bellísimo paraje y presenta unas instalaciones de línea moderna, con detalles de diseño tanto en la zona social como en sus confortables habitaciones. En su comedor, de uso polivalente, podrá degustar todos los platos típicos de la zona.

## MOLINOS DE DUERO – Soria – 575 G21 – 180 h. – alt. 1 323 m    12 D2

▶ Madrid 232 – Burgos 110 – Logroño 75 – Soria 38

### 🏠 San Martín    🏧 rest, 🍴 rest, 📶

*pl. San Martín Ximénez 3* ⊠ *42156 –* 𝒞 *975 37 84 42 – www.hsanmartin.com*
**14 hab** 🖙 – †29/42 € ††40/50 €    **Rest** – Menú 10 € – Carta 21/34 €
Antigua escuela cuyo interior ha sido rehabilitado con un criterio actual y funcional,
mientras su exterior ha sabido conservar la piedra. Habitaciones pequeñas pero curiosas. En su sencillo comedor ofrecen una correcta carta tradicional.

### 🏠 Real Posada de la Mesta    🐾 🏡 🍴 rest, 📶 🅿

*pl. Cañerías* ⊠ *42156 –* 𝒞 *975 37 85 31 – www.realposada.com*
**15 hab** 🖙 – †70/98 € ††86/125 €    **Rest** – Menú 20/35 € – Carta 24/37 €
¡Un hotel rural con encanto, estilo e indudable personalidad! Ocupa una antigua
casona en piedra que sorprende por su cálido interior, decorado de forma rústica
con aperos de labranza... de hecho, dos de sus habitaciones cuentan con un pequeño
museo. El restaurante, más moderno, ofrece una cocina tradicional.

## MOLLET DE PERALADA – Girona – 574 E39 – 180 h. – alt. 59 m    14 D3

▶ Madrid 751 – Girona/Gerona 53 – Figueres 15 – Perpignan 59

### 🍴🍴🍴 Reina de Port-Lligat ❶    🏡 🏧 ✛

*Unió 10-12* ⊠ *17752 –* 𝒞 *972 54 51 88 – cerrado 2 enero-2 febrero,*
*domingo noche y lunes*
**Rest** – Menú 36/70 € – Carta 57/82 €
Recupera una antigua casa de pueblo y sorprende desde el mismo acceso, pues
muestra un cuidadísimo interior de ambiente rústico-actual... con detalles de diseño
y algún techo abovedado. Cocina de mercado con interesantes toques de autor.

## MOLLÓ – Girona – 574 E37 – 350 h. – alt. 1 140 m    14 C1

▶ Madrid 683 – Barcelona 138 – Girona 88 – Canillo 150

🅶 Beget★★ (iglesia románica★★ : Majestad de Beget★) Sureste : 18 km

### 🏠 Calitxó    🐾 ≤ 🚲 🁢 🕹 hab, 🍴 📶 🍸 🅿

*passatge El Serrat* ⊠ *17868 –* 𝒞 *972 74 03 86 – www.hotelcalitxo.com – cerrado*
*del 12 al 27 de noviembre*
**26 hab** 🖙 – †56/86 € ††75/122 €    **Rest** – Menú 18/28 € – Carta 27/36 €
Esta casa de aire montañés atesora un interior bastante acogedor, con predominio del
mobiliario rústico, la madera y sugerentes chimeneas en las zonas sociales. El restaurante, sencillo pero luminoso, basa su oferta en un menú-carta de temporada a precio
fijo.

## MONACHIL – Granada – 578 U19 – 7 402 h. – alt. 730 m    2 D1

▶ Madrid 440 – Granada 10 – Málaga 137 – Murcia 296

### 🏠 Los Cerezos    🐾 ≤ 🏡 🛏 🁢 🕹 🏧 🍴 📶 🍸 🅿

*av. de la Libertad, (urb. Los Llanos)* ⊠ *18193 –* 𝒞 *958 30 00 04*
*– www.loscerezos.com – cerrado noviembre*
**19 hab** 🖙 – †40/50 € ††60/80 €    **Rest** – Menú 15/40 € – Carta 20/33 €
Negocio familiar emplazado en una urbanización. Tiene unas habitaciones de adecuado confort, todas con mobiliario en pino, dos abuhardilladas y la mitad con su
propia terraza. En el comedor, panelable y de línea clásica, ofrecen una carta de tinte
tradicional.

### 🏠 Alicia Carolina sin rest    🕹 🏧 🍴 📶 🅿 ⤢

*Granada 1 (cruce Colinas)* ⊠ *18193 –* 𝒞 *958 50 03 93*
*– www.hotelaliciacarolina.blogspot.com*
**10 hab** – †35/45 € ††50/65 €, 🖙 5 €
Pequeño hotel de gestión familiar. Posee un salón social muy hogareño, con chimenea, y unas correctas habitaciones, dos abuhardilladas y todas personalizadas en su
decoración.

501

⌂ **La Almunia del Valle**　　　　　🕭 ≼ 🚗 ⌁ 🄰🄲 ⅏ rest, 🅿
*camino de la Umbría, (casco antiguo), Este : 1,5 km* ⊠ 18193 – 𝒞 958 30 80 10
*– www.laalmuniadelvalle.com – cerrado del 21 al 30 de noviembre y*
*12 diciembre-2 enero*
**11 hab** ⃧ – ♦91/100 € ♦♦110/129 €
**Rest** – *(cerrado domingo noche) (solo clientes, solo cena)* Menú 35 €
Situado en una ladera e integrado en el paisaje. Presenta un atractivo salón-biblioteca
y habitaciones bastante actuales, dos con forma de cubo. El comedor, iluminado por
un lucernario y de ambiente casero, ofrece una cocina de mercado con toques actuales.

🍴 **La Cantina de Diego** 🆕　　　　　　🈑 ⅇ 🄰🄲
🅰 *callejón de Ricarda 1* ⊠ 18193 – 𝒞 958 30 37 58
*– www.restaurantelacantinadediego.es – cerrado del 1 al 7 de febrero, 2ª quincena
de agosto, domingo noche y lunes*
**Rest** – Carta 25/35 €
Ubicado en la zona antigua de Monachil. Posee una agradable terraza y dos salas
de atractivo aire rústico-regional. Cocina tradicional y regional rica en productos
autóctonos.

**MONASTERIO** – ver el nombre propio del monasterio

**MONDÉJAR** – Guadalajara – 575 – 576 L20 – 2 750 h. – alt. 799 m　　　10 C1
▶ Madrid 73 – Toledo 134 – Guadalajara 54 – Cuenca 142

🍴🍴 **Casona de Torres** con hab　　　　　🕭 🄰🄲 ⅏ rest, 🛜 🖫
*Mayor 1* ⊠ 19110 – 𝒞 949 38 77 14 – www.casonadetorres.com
**16 hab** ⃧ – ♦45/60 € ♦♦50/90 €
**Rest** – *(cerrado lunes) (solo almuerzo salvo viernes y sábado)* Menú 22/35 €
– Carta 31/49 €
Un restaurante con cierto encanto, pues parte de su sala se halla en un patio cubierto.
Ofrece una carta tradicional actualizada, vino local con D.O. y correctas habitaciones.

**MONDRAGÓN** – Guipúzcoa – ver Arrasate/Mondragón

**MONELLS** – Girona – 574 G38 – 1 233 h.　　　　　　　　15 B1
▶ Madrid 722 – Girona/Gerona 24 – Barcelona 121 – Perpignan 98

🏨 **Arcs de Monells**　　　　　🕭 🚗 ⅂ ⅇ hab, 🄰🄲 ⅏ rest, 🛜 🖫 🅿
*Vilanova 1* ⊠ 17121 – 𝒞 972 63 03 04 – www.hotelarcsmonells.com
*– cerrado 15 diciembre-15 marzo*
**21 hab** ⃧ – ♦85/125 € ♦♦125/185 €
**Rest** – *(cerrado domingo noche y lunes)* Menú 15/20 €
Instalado parcialmente en una antigua masía, rodeada de césped y a las afueras del
pueblo. Sus espaciosas dependencias combinan la rusticidad de antaño y el diseño
más actual. El restaurante se encuentra en una moderna construcción acristalada de
hormigón.

**por la carretera GIV 6702** Noroeste : 2 km y desvío a la izquierda

⌂ **Mas Dàlia** 🆕　　　　　🕭 ⅂ ⅇ hab, 🄰🄲 hab, ⅏ 🛜 🖫
*Veïnat de Sies* ⊠ 17121 – 𝒞 972 63 06 31 – www.masdalia.com
**7 hab** ⃧ – ♦80/110 € ♦♦90/150 €　**Rest** – *(solo clientes, solo cena)* Menú 20 €
Un turismo rural de nueva construcción, por lo que no renuncia al confort de lo que
sería un buen hotel... eso sí, en plena montaña y con el trato familiar característico de
estos alojamientos. Zona social con chimenea, habitaciones funcionales-actuales y
sencillo restaurante basado en un menú.

▶ Madrid 501 – Lugo 65 – Ourense 49 – Ponferrada 112

🏨 **Parador de Monforte de Lemos**          ⌘ ⇚ ℸ 🎢 🏢 ℆ hab. 🎫 ※ 🛜
*pl. Luis de Góngora y Argote* ⊠ *27400* – ℰ *982 41 84 84*          ⚲ 🅿 ⇗
– *www.parador.es* – *cerrado enero-15 febrero*
**45 hab** – ♥60/136 € ♥♥75/170 €, ☲ 15 € – 5 suites   **Rest** – Menú 25 €
Bello conjunto arquitectónico situado sobre un promontorio, con fantásticas vistas y
el edificio principal instalado en un monasterio benedictino. Hay que destacar la amabilidad del personal y el hermoso claustro neoclásico. Su restaurante es una buena
opción para descubrir la gastronomía típica de la zona.

✕✕ **Manuel Bistró**          ℆ 🎫 ⇔ 🅿
🌀 *Duquesa de Alba 62* ⊠ *27400* – ℰ *982 40 27 47* – *cerrado del 1 al 12 de julio,*
*domingo noche y lunes*
**Rest** – Menú 14/36 € – Carta 21/34 €
Sorprende, pues ofrece un entorno cuidado, elaboraciones de calidad y unos precios
excelentes. Su chef propone una cocina de mercado con toques de vanguardia, pero
también buenos arroces, algunos platos de pastas y dos interesantes menús.

✕✕ **O Grelo**          🎫 ※ ⇔
🌀 *Campo de la Virgen (subida al Castillo)* ⊠ *27400* – ℰ *982 40 47 01*
– *www.resgrelo.com* – *cerrado lunes noche de enero-abril*
**Rest** – Menú 21 € – Carta 20/35 €
Antiguo edificio de piedra dotado con un bar, donde conservan una bodega excavada en la roca, y un confortable comedor. Carta tradicional con abundante caza en
temporada.

▶ Madrid 589 – Barcelona 54 – Girona/Gerona 107 – Lleida/Lérida 132

✕✕ **La Masia del Solà** con hab          ⌘ 🎫 🛜 🅿
*carret. B-124* ⊠ *08275* – ℰ *938 39 90 25* – *www.lamasiadelsola.com* – *cerrado del 8*
*al 15 de enero y 7 días en agosto*
**8 hab** ☲ – ♥90/120 € ♥♥130/230 €
**Rest** – *(cerrado martes) (solo almuerzo salvo viernes y sábado)* Menú 11/50 €
– Carta 30/43 €
Restaurante familiar emplazado en una antigua masía, con tres comedores y dos privados de aspecto rústico-actual. Elaboran una completa carta tradicional actualizada.
También ofrece unas magníficas habitaciones, de diseño pero con las paredes en piedra, así como un patio con césped y una pequeña piscina.

▶ Madrid 465 – Zaragoza 153 – Teruel 191
– Castelló de la Plana / Castellón de la Plana 128

**al Norte** 2,5 km

🏨 **Consolación**          ⌘ ℸ 🎫 🛜 🅿
*carret. N-232, km 96* ⊠ *44652 Monroyo* – ℰ *978 85 67 55* – *www.consolacion.com.es*
**11 hab** ☲ – ♥125/180 € ♥♥145/220 €
**Rest** *Consolación* – ver selección restaurantes
¡Genial concepto arquitectónico en plena naturaleza! Aquí conviven, armónicamente,
una ermita del s. XVI y unas estructuras independientes en forma de cubos, estas últimas con fantásticos miradores, pinceladas de diseño y unas curiosas chimeneas. ¡Idóneo para practicar senderismo, barranquismo o bicicleta!

✕ **Consolación** – Hotel Consolación          ℸ 🎫 ※ 🅿
*carret. N-232, km 96* ⊠ *44652 Monroyo* – ℰ *978 85 67 55* – *www.consolacion.com.es*
**Rest** – *(cerrado lunes y martes)* Menú 36/42 € – Carta 33/46 €
¡En la antigua casa del ermitaño! Propone una cocina actual-creativa que ensalza los
productos autóctonos, mima los detalles y asombra en la zona. Basa su oferta en dos
menús, uno más tradicional y el otro con platos extraídos de la carta.

**ESPAÑA**

**MONTBRIÓ DEL CAMP** – Tarragona – **574** I33 – **2 515 h.** – alt. 132 m     **13** B3

▶ Madrid 554 – Barcelona 125 – Lleida/Lérida 97 – Tarragona 21

  🏠 **St. Jordi** sin rest             🔄 🕸 📶 **P**
      *av. de Sant Jordi 24* ✉ *43340* – *☏ 977 82 67 19* – *www.hotelstjordi.com*
      **29 hab** ☲ – 🛏40/54 € 🛏🛏50/67 € – 6 apartamentos
      Pequeño hotel instalado en una casa antigua, con un saloncito social y unas acoge-
      doras habitaciones de estilo clásico. Ofrecen también seis apartamentos en un
      anexo.

**MONTE** – ver el nombre propio del monte

**MONTEAGUDO DE LAS SALINAS** – Cuenca – **576** M24 – **155 h.**     **10** D2
– alt. 1 007 m

▶ Madrid 248 – Toledo 265 – Cuenca 48

  🏠 **El Romeral**                     ♿ 🕸 📶 **P**
      *Romero 1, Este : 1 km* ✉ *16361* – *☏ 680 95 68 92* – *www.hotelromeral.com*
      **12 hab** – 🛏55/65 € 🛏🛏65/85 €, ☲ 9 €   **Rest** – *(solo menú)* Menú 25/40 €
      Instalaciones actuales y de organización familiar. Ofrece una coqueta zona social y
      correctas habitaciones, donde combinan el mobiliario en madera, metal y forja. En su
      restaurante podrá degustar una cocina de sabor tradicional basada en varios menús.

**MONTEMOLÍN** – Badajoz – **576** R11 – **1 494 h.** – alt. 559 m     **17** B3

▶ Madrid 437 – Badajoz 116 – Córdoba 190 – Mérida 94

  🏠 **El Águila**                     ⤢ 🕸 🍴 📶 **P**
      *Corredera Alta 32* ✉ *06291* – *☏ 924 51 02 64* – *www.casaruralelaguila.es*
      **7 hab** ☲ – 🛏40/65 € 🛏🛏60/75 €   **Rest** – *(solo clientes)* Menú 25/45 €
      Casa de pueblo de carácter señorial y trato muy familiar. Disfruta de varios salones
      sociales, un atractivo patio-terraza y habitaciones de buen confort, todas con nombres
      de campos de la zona. ¡Organizan actividades en plena naturaleza!

**MONTILLA** – Córdoba – **578** T16 – **23 836 h.** – alt. 400 m     **1** B2

▶ Madrid 443 – Córdoba 45 – Jaén 117 – Lucena 28

🔧 Capitán Alonso Vargas 3 , ✉ 14550, ☏ 957 65 23 54, www.montillaturismo.es

  🍴🍴 **Las Camachas**                   🕸 🍴 ⟳ **P**
      *av. Europa 3* ✉ *14550* – *☏ 957 65 00 04* – *www.restaurantelascamachas.com*
      **Rest** – Menú 18/36 € – Carta 20/34 €
      Mesón de arquitectura andaluza dotado con un bar y varias salas de buen montaje.
      Aquí apuestan por los platos típicos de la región elaborados a la antigua usanza,
      como el Paté de perdiz, el Rabo de toro o las verduras en temporada.

**en la carretera N 331** Suroeste : 3 km

  🏠 **Don Gonzalo**          🛋 🔄 🏊 🍴 🔄 🕸 📶 🎿 **P**
      ✉ *14550 Montilla* – *☏ 957 65 06 58* – *www.hoteldongonzalo.com*
      **34 hab** ☲ – 🛏46/55 € 🛏🛏60/75 €
      **Rest** – *(cerrado Semana Santa)* Menú 9/48 € – Carta 17/30 €
      Con su nombre rinde honores al hijo más ilustre de la ciudad, Don Gonzalo Fernán-
      dez de Córdoba, más conocido como El Gran Capitán. Ofrece unas cuidadas habi-
      taciones de línea clásica-funcional y un correcto comedor, donde le ofrecerán una
      carta atenta al recetario regional.

**por la carretera CO 5209** Sureste : 10,5 km y desvío a la derecha 0,5 km

  🏠 **Hacienda La Vereda** 🆕       ⤢ 🛋 🕸 🔄 & hab, 🕸 🍴 🎿 **P**
      *vereda del Cerro Macho* ✉ *14550 Montilla* – *☏ 637 43 04 27*
      *– www.haciendalavereda.com*
      **10 hab** – 🛏40 € 🛏🛏50 €, ☲ 4 €
      **Rest** – *(reserva aconsejable)* Menú 12/35 € – Carta 18/31 €
      Casa señorial andaluza rodeada de olivos y viñedos. Atesora unas habitaciones bien
      personalizadas, unas con terraza y otras con salón, así como unas cuidadas zonas
      sociales y un restaurante que, en pleno campo, sorprende por su montaje. Como un
      atractivo más cuenta con... ¡una bodega y una almazara!

ESPAÑA

**MONTMELÓ** – Barcelona – **574** H36 – 8 830 h. – alt. 72 m                    **15** B3

▶ Madrid 627 – Barcelona 20 – Girona/Gerona 80 – Manresa 54

XX **Can Major**                                                              ▧ ❖

*Major 27 ⊠ 08160 – 𝒞 935 68 02 80 – www.canmajor.com – cerrado Semana Santa, 15 días en agosto y domingo*
**Rest** – *(solo almuerzo salvo viernes y sábado)* Menú 17/25 €
Negocio llevado entre dos hermanas. El comedor, que emana una estética actual, posee detalles modernistas. Propone una cocina tradicional con toques actuales y un buen menú.

---

**MONTORO** – Córdoba – **578** R16 – 9 834 h. – alt. 195 m                    **2** C2

▶ Madrid 364 – Sevilla 191 – Córdoba 47 – Jaén 110

### por la carretera de Villa del Río A-3102
Noreste : 5 km y desvío a la derecha 1 km

⌂ **Molino la Nava**                          ▧ ⌁ & hab, ▧ hab, ❖ rest, � [P]

*camino La Nava 6 ⊠ 14600 Montoro – 𝒞 957 33 60 41 – www.molinonava.com*
**9 hab** � – †60/90 € ††78/104 €
**Rest** – *(solo clientes, solo cena)* Menú 35 € – Carta 20/37 €
Molino de aceite del s. XIX rodeado de olivos. Posee un agradable patio interior, un acogedor salón social y cuidadas habitaciones, personalizadas y con baños actuales. El restaurante, de buen montaje, ocupa la nave donde están los antiguos tanques de aceite.

---

**MONTSENY** – Barcelona – **574** G37 – 303 h. – alt. 522 m                    **14** C2

▶ Madrid 673 – Barcelona 60 – Girona/Gerona 68 – Vic 36

🅵 pl. de la Vila 7, ⊠ 08460, 𝒞 938 47 31 37

XX **Can Barrina** con hab               ▧ ⪇ 🖫 ⌁ & rest, ❖ rest, � ẛ [P]

*carret. de Palautordera, Sur : 1,2 km ⊠ 08469 – 𝒞 938 47 30 65*
*– www.canbarrina.com – cerrado 22 diciembre-10 enero*
**14 hab** ⊲ – †65/70 € ††98/115 €, ⊴ 13 €
**Rest** – *(cerrado domingo noche en invierno)* Menú 20/35 € – Carta 36/45 €
Idílica masía familiar emplazada en pleno Parque Natural del Montseny. Ofrece un bar privado, varios comedores de aire rústico y una terraza acristalada dotada de chimenea. Durante la semana suele trabajar con empresas, ya que dispone de una buena sala de reuniones y habitaciones rústicas de adecuado confort.

### por la carretera de Tona Noroeste : 7 km y desvío a la derecha 1 km

🏨 **Sant Bernat**                          ▧ ⪇ 🖫 ⌁ & hab, ▧ rest, ❖ � ẛ [P]

*⊠ 08469 Montseny – 𝒞 938 47 30 11 – www.hotelhusasantbernat.com*
**31 hab** ⊲ – †82/142 € ††92/152 € – 1 suite
**Rest** – Menú 20/26 € – Carta 25/51 €
En plena montaña, por lo que disfruta de un entorno de gran belleza y unas buenas vistas. Las habitaciones del anexo son más actuales que las del edificio principal, sin embargo estas últimas resultan más acogedoras. El restaurante ofrece dos salas de aire rústico-montañés, una con la parrilla a la vista.

---

**MONZÓN** – Huesca – **574** G30 – 17 263 h. – alt. 368 m                    **4** C2

▶ Madrid 456 – Zaragoza 140 – Huesca 66 – Lleida 51

🅵 Porches del Ayuntamiento, 𝒞 974 41 77 74, www.monzon.es

🅶 Barbastro (Catedral de la Asunción★, Centro de Interpretación del Somontano★ y Cañón del Río Vero★) Norte : 18 km

🏨 **Mas Monzón**                                      🛎 ⫴ ▧ hab, ❖ � ⫝

*Paseo San Juan Bosco 10 ⊠ 22400 – 𝒞 974 40 43 22 – www.hotelmasmonzon.com*
**44 hab** ⊲ – †45/65 € ††60/90 € – 4 suites
**Rest** – Menú 16/25 € – Carta 25/57 €
Disfruta de una fachada moderna y se encuentra en una importante avenida. Al acceder encontrará un interior actual, salpicado con detalles de diseño, y unas habitaciones de línea funcional-actual dominadas por los tonos blancos. El restaurante, luminoso y actual, basa casi todo su trabajo en un menú diario.

**MORA DE RUBIELOS** – Teruel – **574** L27 – **1 649 h.** – **alt. 1 035 m**    **3** B3

▶ Madrid 341 – Castelló de la Plana/Castellón de la Plana 92 – Teruel 40 – València 129

X **El Rinconcico**    AC ⅍

☺ *Santa Lucía 4 ✉ 44400 – ℰ 978 80 60 63 – www.elrinconcico.com – cerrado del 1 al 15 de julio y martes*
**Rest** – *(solo almuerzo en invierno salvo fines de semana)* Menú 15 € – Carta 24/36 €
Este pequeño negocio ofrece un bar de espera en la planta baja y un comedor clásico-funcional en el piso superior. Cocina tradicional sabrosa, honesta y fiel a los productos turolenses. Una de sus especialidades es el Ternasco de Aragón.

**MORAIRA** – Alicante – **577** P30 – **956 h.** – **Playa**    **16** B3

▶ Madrid 463 – València 121 – Alacant/Alicante 82

🛈 av. De Madrid 15 (edif. "Espai la Senieta"), ✉ 03724, ℰ 965 74 51 68, www.teulada-moraira.es

🏨 **La Sort**    ≤ 🏖 ♨ AC ⅍ hab, 📶

*av. de la Paz 24 ✉ 03724 – ℰ 966 49 19 49 – www.lasort.com*
**22 hab** ☖ – †116/146 € ††127/157 €
**Rest** *Sand* – Menú 22 € – Carta 30/40 €
Actual, en 1ª línea de playa y... ¡a pocos metros del castillo de Moraira! Compensa su reducida zona social con unas espaciosas habitaciones, todas bastante bien equipadas. El restaurante, íntimo y también actual, propone una cocina internacional actualizada.

XX **La Sort**    AC ⅍

*av. de Madrid 1 ✉ 03724 – ℰ 966 49 11 61 – www.lasort.com – 15 marzo-octubre*
**Rest** – Menú 38/68 € – Carta 45/60 €
¡Cerca del puerto deportivo! Presenta unas instalaciones actuales y una cocina internacional actualizada. En su carta de vinos encontrará grandes caldos nacionales y foráneos.

**MORALES DE REY** – Zamora – **575** F12 – **669 h.**    **11** B2

▶ Madrid 281 – Valladolid 129 – Zamora 86 – León 81

X **Brigecio**    ठ AC ⅍

☺ *Calvo Sotelo 2 ✉ 49693 – ℰ 980 65 12 65 – www.brigecio.net – cerrado del 8 al 29 de septiembre y lunes*
**Rest** – *(solo almuerzo salvo viernes, sábado y agosto)* Menú 10 € – Carta 23/47 €
Toma su nombre de un histórico castro astur y está a unos 10 km. de Benavente, presentando una única sala de línea actual algo impersonal... eso sí, con un buen servicio de mesa y chimenea. Completa carta de cocina tradicional actualizada.

**MORALZARZAL** – Madrid – **576** J18 – **575** J18 – **12 126 h.** – **alt. 979 m**    **22** A2

▶ Madrid 44 – Ávila 77 – Segovia 57

X **Zalea**    🏖 AC ⅍ ⇔

☺ *España 57 ✉ 28411 – ℰ 918 57 76 46 – www.restaurantezalea.es – cerrado agosto y martes*
**Rest** – *(solo almuerzo salvo viernes y sábado)* Menú 13/36 € – Carta 28/35 €
Acogedor chalet en piedra al que se accede bajando unas escaleras. Cuenta con una barra de espera, una sala rústica-actual, una galería acristalada y una terraza de verano. Cocina tradicional y de mercado con buenas actualizaciones.

**MORATALLA** – Murcia – **577** R24 – **8 290 h.** – **alt. 700 m**    **23** A2

▶ Madrid 390 – Murcia 86 – Albacete 139

XX **El Olivar**    AC ⅍ ⇔

*carretera de Caravaca 50 ✉ 30440 – ℰ 968 72 40 54 – www.firo.es – cerrado lunes*
**Rest** – *(solo almuerzo salvo sábado)* Menú 15/59 € – Carta 38/52 €
Ubicado en la calle principal, con un bar de tapas y un interior rústico que sabe dar cabida a los detalles antiguos y actuales. En su cocina tradicional actualizada se da muchísimo protagonismo al arroz de Calasparra y al aceite de oliva.

**MOREDA DE ALLER** – Asturias – **572** C12     **5** B2

▶ Madrid 436 – Gijón 60 – León 103 – Oviedo 30

XX **Teyka**     🍴

*av. Constitución 35 ⊠ 33670 – ℰ 985 48 10 20 – cerrado lunes*
**Rest** *– (solo almuerzo salvo viernes y sábado)* Menú 14 € – Carta 25/35 €
Encontrará un espacioso bar-cafetería y una sala clásica, esta última con chimenea y
el techo acristalado a modo de lucernario. Cocina tradicional y asturiana de corte
casero, siempre con abundantes raciones y numerosas recomendaciones.

---

**El MORELL** – Tarragona – **574** I33 – **3 514 h.** – alt. 85 m     **13** B3

▶ Madrid 538 – Barcelona 103 – Tarragona 12 – Lleida 92

🏨 **La Grava**     🍴 🛜 P

*Pareteta 6 ⊠ 43760 – ℰ 977 84 25 55 – www.lagrava.com – cerrado Navidades*
**12 hab** ☲ – †64/74 € ††74/84 €
**Rest** *La Grava* – ver selección restaurantes
Un hotel bastante coqueto. En conjunto atesora unas magníficas habitaciones, todas
personalizadas en su estética y con múltiples detalles decorativos.

XXX **La Grava** – Hotel La Grava     🍴 🅰 🍴 ♻ P

*Pareteta 6 ⊠ 43760 – ℰ 977 84 25 55 – www.lagrava.com – cerrado Navidades,
domingo noche y lunes*
**Rest** – Menú 16/44 € – Carta 30/38 €
Elegante casa dotada con un comedor en varios espacios, de ambiente moderno pero
con detalles rústicos. Ofrecen varios menús y dos cartas, una creativa y la otra tradicional.

---

**MORELLA** – Castellón – **577** K29 – **2 739 h.** – alt. 1 004 m     **16** B1

▶ Madrid 405 – València 173 – Castelló de la Plana/Castellón de la Plana 106 – Teruel 134

🛈 pl. de San Miguel, ⊠ 12300, ℰ 964 17 30 32, www.morellaturistica.com

◉ Emplazamiento★ – Basílica de Santa María la Mayor★ – Castillo ≤★

🏨 **Cardenal Ram** ⓝ     🛗 🅰 🍴 🛜

*Cuesta Suñer 1 ⊠ 12300 – ℰ 964 16 00 46 – www.hotelcardenalram.com*
**16 hab** ☲ – †40/50 € ††60/90 €    **Rest** – Menú 12/25 € – Carta 25/38 €
Instalado en una céntrica casa señorial del s. XV, donde un día residió el Cardenal
Ram. Atractiva escalera en piedra y cuidadas habitaciones, todas con una buena combinación de muebles clásicos y actuales. Desde sus fogones apuestan por la cocina
regional.

🏨 **Rey Don Jaime**     🛗 🅰 🍴 rest, 🛜 🛗

*Juan Giner 6 ⊠ 12300 – ℰ 964 16 09 11 – www.reydonjaimemorella.com – cerrado
del 8 al 27 de diciembre*
**44 hab** – †31/46 € ††49/73 €, ☲ 8 €
**Rest** *– (cerrado domingo noche)* Menú 13/25 €
Está en pleno centro del recinto amurallado, instalado en una antigua casa señorial.
Entre sus habitaciones, todas de sencillo mobiliario, escoja las de la 3ª planta, pues
estas destacan por sus vistas. En su restaurante encontrará la cocina de la comarca
de Els Ports y diversas especialidades morellanas.

🏠 **Del Pastor** sin rest     ≤ 🅰 🍴

*San Julián 12 ⊠ 12300 – ℰ 964 16 10 16 – www.hoteldelpastor.com – cerrado
del 23 al 27 de diciembre y del 1 al 15 de julio*
**12 hab** ☲ – †30/56 € ††50/74 €
Atractiva casa en piedra ubicada en el casco antiguo. Ofrece unas habitaciones de
ambiente clásico, destacando las que se asoman a las murallas y las dos abuhardilladas.

XX **Daluan**     🍴 🅰 🍴
😊
*Callejón Cárcel 4 ⊠ 12300 – ℰ 964 16 00 71 – www.daluan.es – cerrado 15 días en
enero y jueves*
**Rest** *– (solo almuerzo salvo viernes, sábado y verano)* Menú 15/39 € – Carta 22/40 €
Un buen restaurante de línea actual. Aquí los platos típicos morellanos conviven con
otros mucho más modernos de base tradicional. ¡Sugerente menú de degustación!

507

XX **Mesón del Pastor** 　　　　　　　　　　　　　　　　AC ⚙
☺ *Cuesta Jovaní 7 ⊠ 12300 – ℰ 964 16 02 49 – www.mesondelpastor.com – cerrado 10 días en julio y miércoles salvo festivos*
**Rest** – *(solo almuerzo salvo viernes, sábado y agosto)* Menú 14/38 € – Carta 25/34 €
¡Una casa en constante evolución! Su carta regional, rica en carnes rojas, se enriquece con dos menús y varias jornadas gastronómicas (setas en noviembre y trufas en febrero).

X **Vinatea** 　　　　　　　　　　　　　　　　　　🍴 ⚙ AC
☺ *Blasco de Alagón 17 ⊠ 12300 – ℰ 964 16 07 44 – www.vinatea.es – cerrado 23 diciembre-febrero y lunes*
**Rest** – Menú 12/25 € – Carta 20/33 €
Disfruta de un entorno muy atractivo, pues se halla en una casa del s. XII que, a su vez, forma parte de una calle porticada. Cocina tradicional morellana con toques actuales.

---

**MORGA** – Vizcaya – **573** C21 – 406 h. – alt. 248 m 　　　　　　　25 A3
▶ Madrid 407 – Vitoria/Gasteiz 83 – Bilbao 29 – Donostia/San Sebastián 95

### en el barrio Andra Mari

🏠 **Katxi** 　　　　　　　　　　　　　　　ॐ ⇔ AC ⚙ 🛜 ◭ P ⌂
*Foruen Bidea 20 ⊠ 48115 Morga – ℰ 946 27 07 40 – www.katxi.com – cerrado del 9 al 31 de enero*
**9 hab** – †65/75 € ††83/93 €, ☑ 10 €
**Rest Katxi** – ver selección restaurantes
Hotel a modo de caserío ubicado en la Reserva Natural de Urdaibai. Resulta muy coqueto, con una acogedora zona social y las habitaciones bien personalizadas en su decoración.

X **Katxi** – Hotel Katxi 　　　　　　　　　　　🍴 AC ⚙ P ⌂
*Foruen Bidea 20 ⊠ 48115 Morga – ℰ 946 25 02 95 – www.katxi.com – cerrado del 9 al 31 de enero, domingo noche y lunes*
**Rest** – Menú 13/28 € – Carta 35/57 €
Esta casa, ya centenaria, posee un bar con chimenea y una sala amplia a la par que luminosa. Carta regional e interesantes sugerencias, siempre con productos de gran calidad.

---

**MOZÁRBEZ** – Salamanca – **575** J13 – 502 h. – alt. 871 m 　　　　11 B3
▶ Madrid 219 – Béjar 64 – Peñaranda de Bracamonte 53 – Salamanca 14

🏠 **Mozárbez** 　　　　　　　　　　　🍴 ⫴ ✕ ▣ AC ⚙ 🛜 ◭ P
*carret. N 630 ⊠ 37796 – ℰ 923 30 82 91 – www.hotelmozarbez.com*
**32 hab** ☑ – †33/58 € ††49/92 € 　**Rest** – Menú 10/30 € – Carta 22/39 €
Este acogedor hotelito de carácter familiar se presenta con unas instalaciones de línea actual, destacando tanto la cafetería como las habitaciones de la 1ª planta por ser más amplias. El restaurante, dotado con varios comedores y un salón de banquetes, ofrece una cocina tradicional y tres menús.

---

**MUGIRO** – Navarra – **573** D24 – 1 015 h. 　　　　　　　　　　24 A2
▶ Madrid 433 – Iruña/Pamplona 34 – Vitoria/Gasteiz 86 – Logroño 124

XX **Venta Muguiro** 　　　　　　　　　　　　　　　AC ⚙ P
☺ *Autovía A 15 - salida 123 ⊠ 31878 – ℰ 948 50 41 02 – www.ventamuguiro.com – cerrado 15 octubre-15 noviembre y miércoles*
**Rest** – *(solo almuerzo salvo viernes, sabado y domingo de noviembre a junio)*
Menú 15 € – Carta 25/42 €
Venta del s. XIX ubicada junto a la autovía. Disfruta de un marco rústico acogedor, con las paredes en piedra y la viguería en madera. Cocina tradicional vasco-navarra.

---

**MÚJICA** – Vizcaya – ver Muxika

---

**MUNDAKA** – Vizcaya – **573** B21 – 1 940 h. – Playa 　　　　　　25 A3
▶ Madrid 436 – Bilbao 37 – Donostia-San Sebastián 105
🛈 Joseba Deuna , ⊠ 48360, ℰ 946 17 72 01, www.mundakaturismo.com

⌂ **El Puerto** sin rest  ⩤ 🛜 🚗
*Portu 1 ⊠ 48360 – ✆ 946 87 67 25 – www.hotelelpuerto.com*
**11 hab** – †40/80 € ††60/95 €, � 10 €
Antigua casa de pescadores emplazada... ¡en pleno puerto! Su atractiva fachada da paso a una cafetería pública, un pequeño salón social y unas confortables habitaciones.

⌂ **Atalaya** sin rest  🛗🛜 P
*Itxaropen 1 ⊠ 48360 – ✆ 946 17 70 00 – www.atalayahotel.es*
**13 hab** – †80/88 € ††100/110 €, ⊠ 10 €
Casa de atractiva fachada ubicada cerca del puerto. Posee una reducida zona social, con cafetería, y habitaciones de estilo antiguo que, en conjunto, resultan muy acogedoras.

**en la carretera de Gernika** Sur : 1,2 km

XX **Portuondo**  ⩤ ⅙ 🄺 🛜 P
*barrio Portuondo ⊠ 48360 Mundaka – ✆ 946 87 60 50*
*– www.restauranteportuondo.com – cerrado 16 diciembre-enero, domingo noche y lunes*
**Rest** – *(solo almuerzo en invierno salvo fin de semana)* Menú 18/78 €
– Carta 36/54 €
Se encuentra en un antiguo caserío, con una espectacular terraza sobre la playa de Laida. Posee una zona para tapeo y dos salas rústicas en el piso superior, una con detalles regionales y la otra más actual. Cocina tradicional y de mercado.

---

**MUNITIBAR (ARBACEGUI)** – Vizcaya – **573** C22 – 438 h. – alt. 198 m    25 B3
▶ Madrid 424 – Bilbao 43 – Donostia-San Sebastián 70 – Vitoria-Gasteiz 62

⌂ **Garro** sin rest  🛇 🚿 🛜 P 🛏
*Gerrikaitz 33 ⊠ 48381 – ✆ 946 16 41 36 – www.nekatur.net*
**6 hab** – †39 € ††48 €, ⊠ 6 €
Caserío ubicado en plena naturaleza, junto a un río y con el entorno ajardinado. Posee una bella terraza-mirador, una zona social con chimenea y habitaciones que combinan el confort actual con los detalles rústicos.

---

**MURCIA** P – **577** S26 – 441 354 h. – alt. 43 m    23 B2
▶ Madrid 404 – Albacete 146 – Alacant/Alicante 81 – Cartagena 49
✈ de Murcia-San Javier por ② : 50 km ✆ 902 40 47 04
🛈 pl. Cardenal Belluga, ⊠ 30004, ✆ 968 35 87 49, www.turismodemurcia.es
◉ Catedral★★ (fachada★★, Capilla de los Vélez★★, Museo : San Jerónimo★, campanario : ⩤★) DY – Museo Salzillo★★ CY - Monasterio Real-Museo de Santa Clara★★ DY - Palacio Episcopal★ DYZ - calle de la Trapería★ DY

Plano página siguiente

🏨 **Nelva**  🌫 🛁 🛗 ⅙ 🄺 🚿 🛜 🛎 🚗
*av. Primero de Mayo 5 ⊠ 30006 – ✆ 968 06 02 00 – www.hotelmurcianelva.com*
**250 hab** – ††55/300 €, ⊠ 14 €    Xv
**Rest** – Menú 18/25 € – Carta 34/50 €
Es un gran hotel y cuenta con dos accesos, siendo uno para la zona de salones y convenciones. Posee habitaciones actuales de completo equipamiento, así como una piscina con terrazas en la parte posterior. El restaurante, que apuesta por una cocina tradicional-mediterránea, sorprende por su estética actual.

🏨 **NH Rincón de Pepe**  🛗 ⅙ 🄺 🚿 🛜 🛎 🚗
*Apóstoles 34 ⊠ 30001 – ✆ 968 21 22 39 – www.nh-hotels.com*    DYr
**144 hab** – ††50/150 €, ⊠ 14 €
**Rest** *Rincón de Pepe* – ver selección restaurantes
Ideal tanto para el cliente de negocios como para el turista, ya que se encuentra en pleno centro, junto a la Catedral. Instalaciones actuales al estilo NH.

# MURCIA

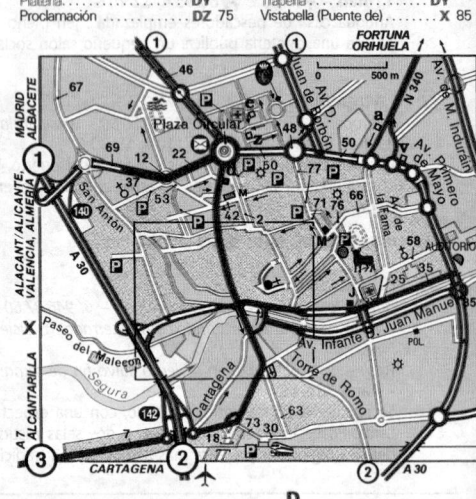

ESPAÑA

510

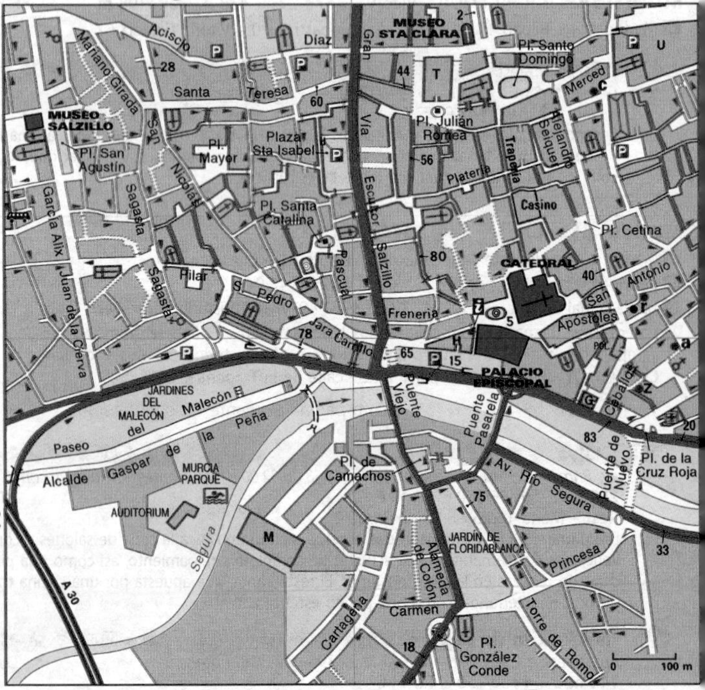

### 🏨 Novotel Murcia      🚗 ⁊ 🗲 📶 ⚹ rest, 📶 🔝 🚗

*av. Arquitecto Miguel Ángel Beloqui 7* ⊠ *30006 –* 🖀 *968 37 47 99*
*– www.novotel.com*      **Xa**
**126 hab** – ♦57/350 €, ♦♦60/350 €, ⊊ 15 €    **Rest** – Menú 15/17 € – Carta 24/36 €
Enfocado a clientes de empresa entre semana y a familias los fines de
semana. Ofrece unas zonas nobles actuales, salas bien dispuestas y habitaciones de
línea funcional-actual, en las plantas superiores con vistas y ocho con terraza. El restaurante combina su menú del día con una pequeña carta tradicional.

### 🏨 El Churra      🗲 🖹 🖑 📶 ⚹ 📶 🔝 🚗

*av. Marqués de los Vélez 12* ⊠ *30008 –* 🖀 *968 23 84 00 – www.elchurra.net*
**120 hab** – ♦♦45/120 €, ⊊ 7 €      **Xz**
**Rest** – *(cerrado domingo noche)* Menú 14/25 € – Carta 32/47 €
Hotel de larga tradición familiar dotado con habitaciones funcionales; las 20 de la
última ampliación resultan más actuales y confortables... además, algunas de ellas
poseen hidromasaje. Completos servicios de restauración, con restaurante, cafetería y
terraza.

### 🏨 Churra-Vistalegre sin rest      🖹 📶 ⚹ 📶 🔝 🚗

*Arquitecto Juan J. Belmonte 4* ⊠ *30007 –* 🖀 *968 20 17 50 – www.elchurra.net*
**57 hab** – ♦♦33/120 €, ⊊ 5 €      **Xe**
Funcional y acogedor, aunque puede resultar algo justo en sus zonas comunes. Posee
habitaciones de correcto confort, con mobiliario tintado y de aire provenzal. Importante clientela comercial.

### 🍴🍴🍴 Rincón de Pepe – Hotel NH Rincón de Pepe      📶 ⚹ ✿

*pl. Apóstoles 34* ⊠ *30001 –* 🖀 *968 21 22 39 – www.restauranterincondepepe.com*
**Rest** – *(cerrado fines de semana en julio-agosto, domingo noche y*    **DYr**
*lunes noche)* Menú 35/50 € – Carta 40/57 €
Presenta dos ambientes, uno informal en la zona de la barra y otro más serio en el
comedor, elegante y actual. Podrá elegir entre su menú degustación o una carta tradicional actualizada, siempre elaborada con productos de mercado.

### 🍴🍴 Alborada      📶 ⚹ ✿

*Andrés Baquero 15* ⊠ *30001 –* 🖀 *968 23 23 23 – www.alboradarestaurante.com*
*– cerrado sábado en julio-agosto, y domingo noche*      **DYc**
**Rest** – Menú 25/50 € – Carta 30/40 €
Un negocio de estética actual del que emana honestidad y dedicación, tanto del
padre como del hijo. Ofrece un pequeño bar de tapas y un comedor con dos privados, donde sirven una cocina tradicional de mercado a precios asequibles.

### 🍴 Morales      🚗 📶 ⚹ ✿

*av. de la Constitución 12* ⊠ *30008 –* 🖀 *968 23 10 26 – www.restaurantemorales.es*
*– cerrado 7 días en agosto, sábado noche y domingo*      **Xd**
**Rest** – Menú 40 € – Carta 38/52 €
Casa de larga trayectoria familiar dotada con un bar de espera, una sala y varios privados. Aunque ofrecen una carta tradicional rica en pescados y mariscos aquí el plato
estrella es la Paletilla de cabrito al horno con patatas al montón.

### 🍴 La Pequeña Taberna      🚗 📶 ⚹ ✿

*pl. San Juan 7* ⊠ *30003 –* 🖀 *968 21 98 40 – www.lapequenataberna.com – cerrado*
*agosto y domingo noche*      **DZz**
**Rest** – Menú 18/30 € – Carta 30/40 €
¡En una calle peatonal! Atesora una llamativa terraza repleta de frutas y verduras, así
como una barra de tapeo y dos salas de línea antigua-regional. Pida su Sinfonía de
verduras a la plancha o la Paletilla de cabrito lechal al horno.

### 🍸/ Pura Cepa      🚗 📶 ⚹

*pl. Cristo del Rescate 8* ⊠ *30003 –* 🖀 *968 21 73 97 – www.puracepamurcia.com*
*– cerrado domingo y lunes mediodía en verano, domingo noche y lunes resto del*
*año*      **DZa**
**Rest** – Tapa 2,50 € – Ración aprox. 9 €
Este céntrico bar-vinoteca, con terraza y un moderno comedor, rompe un poco con la
estética habitual de los locales de tapeo murcianos. Aquí podrá tapear por libre o
tomar algunos de sus variados menús degustación, denominados "Saboreo".

ESPAÑA

## en El Palmar por ② : 8 km

XXX **La Cabaña de la Finca Buenavista** (Pablo González)   🏠 🎰 ❄ P
☺ *urb. Buenavista ⊠ 30120 El Palmar – ℰ 968 88 90 06*
*– www.restaurantelacabana.com – cerrado agosto, sábado, domingo y festivos*
**Rest** – *(solo almuerzo salvo jueves)* Menú 53/65 € – Carta 46/62 € ❀
Sorprendente, pues ocupa una especie de gran cabaña con las cubiertas de brezo. En su sala, de exceloso montaje, proponen una cocina creativa que cuida las presentaciones, dando también protagonismo a los aperitivos y a los "petit four".
→ Sardina ahumada con "espardenyes", aguacate y gazpacho de remolacha. Dentón con crema de hinojo, zanahoria y ensalada de conejo. Bizcochos de haba tonka con tierra de chocolate, tocino de cielo y helado de leche.

---

**MURGIA (MURGUÍA)** – Álava – **573** D21 – **2 439 h.** – alt. 620 m          25 A2
🚗 Madrid 362 – Bilbao 45 – Vitoria-Gasteiz 19
📷 Zuia, zona deportiva de Altube, Noroeste : 5 km, ℰ 945 43 09 22

🏨 **La Casa del Patrón**   ♨ 🛏 🎰 🛜 🚗
*San Martín 2 ⊠ 01130 – ℰ 945 46 25 28 – www.casadelpatron.com*
**14 hab** – †46/52 € ††60/65 €, ⊡ 5 €   **Rest** – Menú 15/20 € – Carta 27/46 €
Hotel de amable organización familiar. La zona social resulta algo reducida, sin embargo esto se ve compensado por unas habitaciones muy correctas, con los suelos en madera. En un pabellón acristalado anexo encontrará el bar, la cafetería y el restaurante, donde ofrecen una correcta cocina tradicional.

## en Sarria Norte : 1,5 km

X **Arlobi**   🏠 🎰 ❄ ⟷ P
*Elizalde 31 ⊠ 01139 Sarria – ℰ 945 43 02 12 – www.restaurantearlobi.com*
**Rest** – *(solo almuerzo salvo viernes, sábado y verano)* Menú 18/38 € – Carta 35/56 €
Caserío vasco dotado con un patio-terraza, un bar público y dos comedores, uno rústico en la planta baja y otro más funcional en el piso superior, este con un privado. Carta tradicional con platos de temporada, como la caza y las setas.

---

**MURILLO EL FRUTO** – Navarra – **573** E25 – **683 h.** – alt. 366 m          24 B2
🚗 Madrid 361 – Iruña/Pamplona 69 – Jaca 115 – Logroño 91

🏠 **Txapi-Txuri**   🏠 🎰 rest, ❄ rest, 🛜 P
*Santa Úrsula 59 ⊠ 31313 – ℰ 948 71 58 08 – www.turismoruralbardenas.com*
*– cerrado enero, febrero y del 1 al 7 de julio*
**5 hab** – †52/60 € ††64/74 €, ⊡ 8 €
**Rest** – *(sólo fines de semana y festivos)* Menú 18/55 € – Carta 21/31 €
Este establecimiento está formado por dos edificios, uno en piedra que hace de hostal rural y el otro, a pocos metros y más actual, a modo de casa de alquiler, completa o por habitaciones. En el sencillo comedor ofrecen dos menús de tinte tradicional, el más económico exclusivo para los clientes alojados.

---

**MUSKIZ** – Vizcaya – **573** C20 – **7 541 h.** – alt. 10 m          25 A3
🚗 Madrid 419 – Bilbao 28 – Santander 82

## por la carretera de Pobeña Norte : 2,5 km

🏨 **Palacio Muñatones**   🛏 ⅙ hab, ❄ 🛜 P
*barrio San Julián ⊠ 48550 Muskiz – ℰ 946 33 88 71*
*– www.hotelpalaciomunatones.com*
**13 hab** – †52/60 € ††75/100 €, ⊡ 4 €   **Rest** – *(solo almuerzo)* Carta aprox. 53 €
Palacete del s. XVIII emplazado en la ruta del Camino de Santiago. Su escasa zona social se compensa con unas habitaciones de línea moderna, en el último piso abuhardilladas. El comedor, tipo asador-parrilla, ocupa una carpa anexa y tiene un montaje funcional.

---

**MUTRIKU** – Guipúzcoa – **573** C22 – **5 101 h.**          25 B2
🚗 Madrid 428 – Vitoria-Gasteiz 70 – Donostia-San Sebastián 47 – Bilbao 69
📷 Sureste : Carretera a Deba en cornisa★ (≼★)

**por la carretera de Deba** Este : 2 km

🛏 **Arbe** sin rest　　　　　　🦢 ← 🏊 🎐 & 🕩 🛜 🅿
*Laranga Auzoa ⊠ 20830 Mutriku – ℰ 943 60 47 49 – www.hotelarbe.com*
**11 hab** – ∲65/75 € ∲∲85/100 €, ⊊ 10 €
Está a las afueras de la localidad, en un edificio de ambiente moderno dotado con unas magníficas vistas a la costa. ¡La mayor parte de su energía es de origen geotér-mico!

---

**MUXIKA (MÚJICA) – Vizcaya – 573** C21 **– 1 468 h. – alt. 40 m**　　　　**25** A3
🚩 Madrid 406 – Bilbao 32 – Donostia-San Sebastián 84 – Vitoria-Gasteiz 56

**en la carretera BI 635**

🏠 **Iberreko Errota** sin rest　　　　　　🛜 🅿 🚭
*barrio Ariatza, Sureste : 4 km ⊠ 48392 Muxika – ℰ 946 25 45 67*
**6 hab** – ∲40/50 € ∲∲50/60 €, ⊊ 5 € – 2 apartamentos
Atractiva casa en piedra que antaño funcionó como molino, por lo que aún conserva en la sala de desayunos algunas piezas de la maquinaria original. Ofrece confortables habitaciones y dos apartamentos, todo de ambiente clásico.

---

**NAVACERRADA – Madrid – 576 – 575** J17 **– 2 793 h. – alt. 1 203 m –**　　**22** A2
**Deportes de invierno en el Puerto de Navacerrada : ⍭7**
🚩 Madrid 52 – Segovia 66 – Ávila 88

🛏 **Hacienda Los Robles**　　🎐 🏊 ⚙ 🏄 🍴 🍽 & hab, 🕩 rest, 🍽 🛜 🕭 🅿
*av. de Madrid 27 ⊠ 28491 – ℰ 918 56 02 00 – www.haciendalosrobles.com*
**34 hab** ⊊ – ∲73 € ∲∲92 €　**Rest** – Menú 27/30 € – Carta 28/38 €
Un hotel rural bastante atractivo, pues tiene parte de la fachada en piedra y unas bellas balconadas de madera. Ofrece una cálida zona social, tres salas de reuniones y unas confortables habitaciones, todas con terraza. El restaurante, centrado en el menú, se completa con una cafetería de estilo inglés.

🏠 **Nava Real**　　　　　　🎐 🍽 🛜 🕭 🅿
*Huertas 1 ⊠ 28491 – ℰ 918 53 10 00 – www.hotelnavareal.com*
**16 hab** – ∲63 € ∲∲70 €, ⊊ 4 €　**Rest** – Carta aprox. 30 €
Este sólido edificio en piedra ofrece unas habitaciones amplias y confortables, todas decoradas con un gusto exquisito. Las estancias del anexo también poseen cierto encanto. El restaurante combina la calidez del ambiente rústico con una carta tradi-cional.

**en la carretera M 601**

🍴 **Las Postas**　　　　　　← 🕩 🍽 🅿
*Suroeste : 1,5 km ⊠ 28491 Navacerrada – ℰ 918 56 02 50 – www.hotelaspostas.com
– cerrado 15 días en septiembre y lunes*
**Rest** – *(solo almuerzo salvo viernes y sábado)* Menú 15/25 € – Carta 20/35 €
Ocupa una casa de postas del s. XIX, un curioso detalle recordado con el carruaje decorativo que tienen a la entrada. En sus salas, una acristalada y otras dos panela-bles, podrá degustar una cocina tradicional especializada en asados.

---

**NAVAFRÍA – Segovia – 575** I18 **– 342 h. – alt. 1 193 m**　　　　**12** C3
🚩 Madrid 103 – Segovia 32 – Aranda de Duero 90 – Valladolid 134

🏠 **Posada Mingaseda**　　　　🦢 🍽 & hab, 🍽 rest, 🛜
*Campillo 12 ⊠ 40161 – ℰ 921 50 69 02 – www.posadamingaseda.com*
**14 hab** ⊊ – ∲75/110 € ∲∲96/116 €
**Rest** – (es necesario reservar) Menú 20 € – Carta 26/50 €
Precioso rural instalado en una casa típica. Ofrece un atractivo patio y confortables habitaciones, todas personalizadas, algunas abuhardilladas y la mayoría con bañera de hidromasaje. En el restaurante, de estilo rústico, apuestan por la cocina tradicional.

ESPAÑA

**NAVALENO** – Soria – **575** G20 – **877 h.** – **alt. 1 200 m**                          **12** D2

▶ Madrid 219 – Burgos 97 – Logroño 108 – Soria 48

X   **La Lobita**                                                                            🔼 ⌖
⊜   *av. La Constitución 54, (carret. N 234)* ✉ *42149 –* ℰ *975 37 40 28 – www.lalobita.es*
    *– cerrado 27 enero-2 febrero, del 23 al 29 de junio, del 15 al 26 de septiembre,*
    *domingo noche y lunes*
    **Rest** – Menú 11 € – Carta 32/44 €
    Este sencillo restaurante cuenta con un bar público, donde sirven el menú, y un
    comedor clásico-actual. Cocina de autor que destaca en la zona, tanto por la calidad
    de los productos como por el esmero demostrado en sus presentaciones.

X   **El Maño**                                                                              🔼 ⌖
⊜   *Calleja del Barrio 5* ✉ *42149 –* ℰ *975 37 41 68 – www.abuelaeugenia.com – cerrado*
    *del 1 al 8 de enero y del 1 al 15 de septiembre*
    **Rest** – *(solo almuerzo salvo julio-agosto, fines de semana y festivos)* Menú 10 €
    – Carta 14/29 €
    Está en el centro del pueblo, en una casa de piedra que, sorprendentemente, presenta
    las paredes del comedor con bloques vistos de hormigón. ¡Un clásico gracias a la
    autenticidad de su cocina casera, enriquecida con caza y setas de la zona!

---

**NAVARRETE** – La Rioja – **573** E22 – **2 881 h.** – **alt. 512 m**                       **21** A2

▶ Madrid 345 – Burgos 106 – Logroño 11 – Vitoria-Gasteiz 84

🏨   **San Camilo** sin rest                                           ⌖ 🚗 🛗 🔼 🛜 ♿ 🅿
    *carret. de Fuenmayor 4* ✉ *26370 –* ℰ *941 44 11 11 – www.sanmillan.com*
    *– cerrado 14 diciembre-20 enero*
    **38 hab** – ♦50/79 € ♦♦55/99 €, 🍽 9 €
    Antiguo seminario rodeado de una amplísima zona ajardinada. Posee varias salas de
    reuniones y habitaciones bien equipadas, todas con columna de hidromasaje en los
    baños.

---

**NAVIA** – Asturias – **572** B9 – **8 982 h.** – **Playa**                                 **5** A1

▶ Madrid 565 – A Coruña 203 – Gijón 118 – Oviedo 122

🖼 *av. de la Darsena,* ✉ *33710,* ℰ *985 47 37 95, www.naviaturismo.com*

🏨   **Palacio Arias** sin rest                                       🛗 ⌖ 🛜 ♿ 🅿 🚗
    *av. de los Emigrantes 11* ✉ *33710 –* ℰ *985 47 36 71 – www.palacioarias.es*
    **16 hab** – ♦60/64 € ♦♦93/105 €, 🍽 8 €
    Elegante palacete obra del insigne arquitecto Luis Menéndez Pidal. Posee algunas
    habitaciones abuhardilladas y varios salones sociales decorados con mobiliario anti-
    guo.

🏠   **Casona Naviega** sin rest                                                   ⌖ 🛜 🅿
    *av. de los Emigrantes 37* ✉ *33710 –* ℰ *985 47 48 80 – www.casonanaviega.com*
    *– cerrado del 20 al 30 de diciembre*
    **14 hab** – ♦40/75 € ♦♦55/75 €, 🍽 7 €
    Casa de indianos de color azul ubicada a la entrada de la localidad. Posee habitacio-
    nes muy luminosas, con los suelos de tarima, mobiliario colonial y un buen equipa-
    miento.

🏠   **Arias** sin rest                                               🛗 ♿ ⌖ 🛜 🅿 🚗
    *av. de los Emigrantes 11* ✉ *33710 –* ℰ *985 47 36 71 – www.palacioarias.es*
    **42 hab** – ♦37/47 € ♦♦50/72 €, 🍽 8 € – 21 apartamentos
    Conjunto funcional situado dentro de la finca del hotel Palacio Arias, con el que com-
    parte la recepción. Sus habitaciones ofrecen mobiliario estándar y baños actuales.

XX   **La Barcarola**
    *Las Armas 15* ✉ *33710 –* ℰ *985 47 45 28 – cerrado del 15 al 31 de enero, lunes*
    *noche y martes salvo agosto*
    **Rest** – Menú 22 € – Carta 19/60 €
    ¡De ambiente rústico y familiar! Se presenta con un bar y un cuidado comedor en la
    1ª planta, este con los gruesos muros en piedra. Cocina asturiana y recomendaciones
    diarias.

**Las NEGRAS** – Almería – **578** V23 – 335 h. – Playa                  2 D2

▶ Madrid 590 – Sevilla 463 – Almería 64

 **Cala Grande**                🚠 🏊 🐾 🛗 👶 🔲 hab. 🔊 ⚙ 🤙 📶 🅿 🚗
*Navegante 1* ✉ *04116 –* ☏ *950 38 82 28 – www.calagrande.es*
**44 hab** ⌷ – 💰70/170 € 💰💰80/175 €
**Rest** – *(solo cena)* Menú 22 € – Carta 27/38 €
Edificio de estilo moderno y líneas puras complementado por tres villas. Ofrece una zona social con cafetería, un SPA y habitaciones bastante actuales, todas con balcón. El restaurante, bastante funcional, elabora una correcta carta tradicional.

---

**NEGREIRA** – A Coruña – **571** D3 – **7 079 h.** – alt. 183 m                  19 B2

▶ Madrid 633 – A Coruña 92 – Santiago de Compostela 20

⛺ **Casa de Bola** sin rest                🐾 🚗 👶 ⚙ 🤙 🅿
*Covas 9, Noroeste : 1 km* ✉ *15830 –* ☏ *981 88 50 04 – www.casadebola.com*
*– 15 marzo-octubre*
**5 hab** ⌷ – 💰50/63 € 💰💰65/79 €
Casa de aldea datada en 1830, construida en piedra y en una finca con un hórreo típico. Salón rústico con chimenea, habitaciones con mobiliario antiguo y aseos actuales.

%% **Casa Barqueiro**                🔊 ⚙
*av. de Santiago 13* ✉ *15830 –* ☏ *981 81 82 34 – cerrado 15 días en noviembre y martes salvo agosto*
**Rest** – Menú 14 € – Carta 22/35 €
Llevado entre hermanos. Presenta un buen bar-vinoteca, la cocina semivista y una sala de cuidado montaje. Cocina gallega en la que destacan las carnes y una completa bodega. Pruebe su Chuletón de buey a la piedra, una de sus especialidades.

**ESPAÑA**

---

**NERJA** – Málaga – **578** V18 – **22 617 h.** – Playa                  2 C2

▶ Madrid 549 – Almería 169 – Granada 107 – Málaga 52

ℹ Carmen 1, ✉ 29780, ☏ 952 52 15 31, www.nerja.es

◉ Localidad★ – Balcón de Europa★

◉ Cueva de Nerja★★ Noreste : 4 km – Carretera★ de Nerja a La Herradura ≤★★

 **Parador de Nerja**                ≤ 🚗 🚠 🏊 ⚙ 👶 🛗 hab. 🔊 ⚙ 🤙 🅿
*Almuñécar 8* ✉ *29780 –* ☏ *952 52 00 50 – www.parador.es*
**96 hab** – 💰68/152 € 💰💰85/190 €, ⌷ 18 € – 2 suites
**Rest** – Menú 27/34 € – Carta 34/51 €
Destaca por su emplazamiento en un acantilado. Posee un jardín, una elegante zona noble y habitaciones funcionales, la mayoría con terraza. Ascensor panorámico hasta la playa. El comedor se complementa con una agradable terraza dotada de vistas al mar.

🏨 **Paraíso del Mar** sin rest                🐾 ≤ 🚗 🏊 🔊 🤙 🚗
*prolongación de Carabeo 22* ✉ *29780 –* ☏ *952 52 16 21*
*– www.hotelparaisodelmar.es – cerrado 12 noviembre-9 febrero*
**12 hab** ⌷ – 💰90/125 € 💰💰101/143 € – 4 suites
Junto al Mirador del Bendito, por lo que tiene espectaculares vistas desde la piscina y las habitaciones, todas clásicas y de diseño personalizado. Acceso privado a la playa.

🏨 **Plaza Cavana**                🏊 🏊 🎰 👶 🔊 ⚙ 🤙 🚗
*pl. Cavana 10* ✉ *29780 –* ☏ *952 52 40 00 – www.hotelplazacavana.com*
**39 hab** ⌷ – 💰35/90 € 💰💰55/135 €
**Rest** – *(cerrado noviembre-24 marzo y martes)* Menú 15/40 € – Carta 21/45 €
Hotel de línea actual y atractivo exterior emplazado en pleno centro, en una calle peatonal. Ofrece habitaciones de buen confort general y una agradable azotea con piscina. El comedor, que tiene acceso directo desde la calle, presenta una carta tradicional.

⌂ **Carabeo** ⪡ 🛋 ⚊ 🛏 hab, ⚙ 🛜

*Hernando de Carabeo 34* ⊠ *29780 –* ✆ *952 52 54 44 – www.hotelcarabeo.com*
*– marzo-octubre*
**7 hab** ⊇ – **†**85/100 € **††**160/205 € – 4 suites
**Rest** *– (cerrado lunes) (solo cena)* Menú 15/25 € – Carta 30/53 €
Disfruta de unas habitaciones detallistas, una agradable zona social con un bar de
estilo inglés y un precioso patio ajardinado, con piscina y vistas al Mediterráneo. Su
restaurante, de estilo clásico y en varias alturas, elabora platos de gusto internacional.

✗✗ **Sollun** 🅰 ⚙

*Almirante Ferrándiz 53* ⊠ *29780 –* ✆ *653 68 94 52 – www.sollunrestaurante.com*
*– cerrado domingo y lunes*
**Rest** *– (solo cena)* Menú 40/50 € – Carta 39/46 €
Pequeño restaurante de línea actual emplazado en una céntrica calle peatonal. El
chef, totalmente volcado en el negocio, elabora una cocina actual con detalles interesantes.

✗✗ **Au Petit Paris** 🌴 🅰 ⚙

*Málaga - Edif. 4 Caminos* ⊠ *29780 –* ✆ *649 83 82 27 – aupetitparisnerja.com*
*– cerrado 20 noviembre-8 enero y domingo*
**Rest** *– (solo cena)* Menú 28 € – Carta 28/54 €
Se presenta con una terraza a la entrada y una sala de cuidado montaje, esta
última decorada con sugerentes fotos en blanco y negro de París. Cocina de inspiración francesa.

---

**NIEMBRO** – Asturias – ver Llanes

**NOJA** – Cantabria – **572** B19 – **2 653 h.** – Playa **8 C1**
🄳 Madrid 422 – Bilbao 79 – Santander 45

✗✗ **Sambal** 🌴 ⚙ ↻

ⓐ *El Arenal (Campo de golf Berceda)* ⊠ *39180 –* ✆ *942 63 15 31*
*– www.restaurantesambal.es – 15 marzo-15 octubre*
**Rest** *– (solo almuerzo salvo viernes, sábado, festivos y verano)* Menú 39 €
*– Carta 32/41 €*
Junto al campo de golf de la ciudad. Presenta un hall, la cocina acristalada y dos salas
de montaje actual, una con vistas al "green" número nueve y la otra a una terraza.
Carta de tinte actual, con algunos platos de cuchara y de temporada.

---

**NOREÑA** – Asturias – **572** B12 – **5 432 h.** – alt. 199 m **5 B1**
🄳 Madrid 452 – Oviedo 21 – León 134

⌂ **Doña Nieves** 🛗 🕍 ⚙ 🛜 🚗

*Pío XII* ⊠ *33180 –* ✆ *985 74 35 50 – www.hotelnieves-asturias.com*
**27 hab** – **†**38/73 € **††**60/95 €, ⊇
**Rest** *– (en el Hotel Cabeza)* Menú 10/35 € – Carta 13/34 €
Funciona como un anexo del hotel Cabeza, ya que centraliza en él muchos de sus servicios... siendo sus instalaciones más confortables y amplias. Las habitaciones están
bien equipadas, con mobiliario clásico y los suelos en tarima.

⌂ **Cabeza** 🕍 🅰 rest, ⚙ 🛜 🚗

*Javier Lauzurica 4* ⊠ *33180 –* ✆ *985 74 02 74 – www.hotelcabeza-asturias.com*
**40 hab** – **†**33/59 € **††**44/75 €, ⊇ 6 € **Rest** – Menú 10/35 € – Carta 13/34 €
Encontrará unas habitaciones de línea clásica-tradicional, con mobiliario de madera
maciza y baños reducidos. Sus clientes pueden acceder al gimnasio del hotel Doña
Nieves. El restaurante centra su oferta en un menú elaborado a base de platos tradicionales.

**por la antigua carretera de Gijón** Norte : 1,5 km

🏨 **Cristina** ⚐ ⪡ 🕍 🅰 ⚙ 🛜 ⚙ 🅿 🚗

*Las Cabañas* ⊠ *33180 Noreña –* ✆ *985 74 47 47 – www.hotelcristina-asturias.com*
**55 hab** – **†**55/88 € **††**70/120 €, ⊇ 6 € **Rest** – Menú 15/90 € – Carta 22/55 €
Está definido por su fachada azul, presentándose con un gran porche y el entorno
ajardinado. Las habitaciones, bastante amplias, cuentan con mobiliario clásico de calidad. Tanto en el restaurante como en la sidrería proponen la misma carta tradicional.

ESPAÑA

## La NUCIA – Alicante – 577 Q29 – 19 135 h. – alt. 85 m    16 B3
▶ Madrid 450 – Alacant/Alicante 56 – Gandía 64

XX **El Xato**    AC ⅍

😊 *av. l'Esglèsia 3 ✉ 03530 – ℰ 965 87 09 31 – www.elxato.com – cerrado noches de martes a jueves en invierno, domingo noche y lunes*
**Rest** – Menú 16/40 € – Carta 31/40 € 🏷
Céntrico, familiar y con una única sala de línea actual. Aquí encontrará cuatro buenos menús y una carta con varios apartados: uno con platos tradicionales, otro más creativo denominado Evolución y, finalmente, uno dedicado a los arroces.

## NUÉVALOS – Zaragoza – 574 I24 – 350 h. – alt. 724 m    3 B2
▶ Madrid 223 – Guadalajara 166 – Tudela 139 – Zaragoza 108
◉ Monasterio de Piedra : Parque y cascadas★★ (Sur : 3 km)

🛏 **Río Piedra**    🍴 🏊 AC rest, 🛜 P 🚗

*travesía Monasterio de Piedra 1 ✉ 50210 – ℰ 976 84 90 07 – www.hotelriopiedra.com – cerrado 7 enero-7 febrero*
**30 hab** 🏷 – †45/60 € ††50/65 €    **Rest** – Menú 15/45 € – Carta 25/46 €
Céntrico hotel de gestión familiar. Posee una pequeña recepción y correctas habitaciones en dos estilos, unas de estética provenzal y las renovadas con mobiliario en forja. Disfruta de dos comedores, uno de ellos con una bodega, y un gran salón de banquetes.

### en el Monasterio de Piedra Sur : 3 km

🏨 **Monasterio de Piedra**    🌿 🚗 🏊 🛗 ⅙ hab, AC rest, ⅍ 🧖 P

✉ 50210 Nuévalos – ℰ 902 19 60 52 – www.monasteriopiedra.com
**62 hab** 🏷 – ††79/139 €    **Rest** – Menú 21 € – Carta 28/37 €
Monasterio cisterciense del s. XII. Presenta elegantes corredores gótico-renacentistas, hermosos patios y habitaciones de sobria decoración, la mayoría con vistas al parque. El restaurante, vestido con cuadros de reyes de Aragón, ofrece una carta tradicional.

## OCAÑA – Toledo – 576 M19 – 11 147 h. – alt. 730 m    9 B2
▶ Madrid 66 – Alcázar de San Juan 90 – Aranjuez 15 – Toledo 52

XX **Palio**    ⅙ AC ⅍

😊 *Mayor 12 ✉ 45300 – ℰ 925 13 00 45 – www.paliorestaurante.es – cerrado 7 días en enero, 7 días en agosto y lunes*
**Rest** – (solo almuerzo salvo jueves, viernes y sábado) Menú 28/55 € – Carta 31/42 €
Muy céntrico, pues se encuentra junto a la plaza Mayor. Se distribuye en tres plantas y sorprende tanto por su exquisito servicio como por sus detalles. Carta tradicional actualizada e interesante menú, este último a un precio insuperable.

X **Casa Carmelo**    AC ⇔

*Santa Catalina 10 ✉ 45300 – ℰ 925 13 07 77 – www.casacarmelo.com – cerrado domingo noche, lunes noche y martes noche*
**Rest** – Menú 20 € – Carta 29/38 €
Descubra los auténticos sabores de esta tierra en una casa del s. XV cuya sala principal, a modo de patio toledano, rebosa luz natural gracias a su techo totalmente acristalado. La galería de la planta superior se utiliza como privados.

## OIARTZUN (OYARZUN) – Guipúzcoa – 573 C24 – 10 018 h. – alt. 81 m    25 B2
▶ Madrid 469 – Vitoria-Gasteiz 122 – Donostia-San Sebastián 21 – Iruña/Pamplona 97
🛈 Aialde 2, ✉ 20180, ℰ 943 49 45 21, www.oarsoaldea-turismo.net

### al Sur

XXX **Zuberoa** (Hilario Arbelaitz)    🍴 AC ⅍ ⇔ P

❀ *pl. Bekosoro 1, (barrio Iturriotz), 2,2 km ✉ 20180 Oiartzun – ℰ 943 49 12 28 – www.zuberoa.com – cerrado 31 diciembre-16 enero, 20 abril-7 mayo, del 12 al 29 de octubre, domingo noche y martes noche salvo junio – octubre, domingo en verano y miércoles*
**Rest** – Menú 125 € – Carta 62/95 € 🏷
En un hermoso caserío vasco del s. XV. Presenta una agradable terraza, dos privados y un comedor de elegante rusticidad. Cocina clásica de raíces vascas y buen nivel, con excelentes puntos de cocción y unas materias primas de gran calidad.
➜ Milhojas de patatas chips y brandada de bacalao. Manitas de cochinillo braseadas y raviolis de remolacha. Raviolis de piña y helado de coco.

ESPAÑA

**por la carretera de Irún** Noreste : 2,5 km y desvío a la izquierda 1,5 km

### Usategieta ⚓ ⋜ 🚗 🖊 ⚂ hab, 🖼 💈 🛜 🅿

*Maldaburu bidea 15 (barrio Gurutze)* ✉ *20180 Oiartzun –* 𝒞 *943 26 05 30*
*– www.usategieta.com*

**12 hab** ⊡ – †60/115 € – ††80/130 €

**Rest** – *(cerrado domingo noche) (solo almuerzo en invierno salvo jueves, viernes y sábado)* Menú 22/65 € – Carta 29/50 €

Caserío de ambiente rústico ubicado en un bello paraje. Posee un luminoso salón social y coquetas habitaciones, la mitad con balcón y las del piso superior abuhardilladas. El comedor, acogedor y con parte de sus paredes en piedra, ofrece una carta tradicional especializada en carnes y pescados a la parrilla.

---

## OJÉN – Málaga – **578** W15 – 3 451 h. – alt. 780 m      1 A3

▶ Madrid 610 – Algeciras 85 – Málaga 64 – Marbella 8

### La Posada del Ángel ⑩ sin rest 🔲 🖼 🛜

*Mesones 21* ✉ *29610 –* 𝒞 *952 88 18 08 – www.laposadadelangel.net*
*– cerrado 16 diciembre-23 enero*

**15 hab** ⊡ – †70/96 € – ††79/120 €

Coqueto, acogedor y llevado con gran amabilidad por un matrimonio holandés. Ofrece varias casas distribuidas en torno a un patio y habitaciones muy bien personalizadas.

**en la Sierra Blanca** Noroeste : 10 km por MA 5300 y carretera particular

### Refugio de Juanar ⚓ 🚗 ⌁ 🍴 🖊 🖼 rest, 💈 🛜 �︎ 🅿

✉ *29610 Ojén –* 𝒞 *952 88 10 00 – www.juanar.com*

**23 hab** ⊡ – †50/62 € – ††70/88 € – 3 suites

**Rest** – Menú 16/26 € – Carta 30/56 €

Hotel de montaña ubicado en una reserva cinegética. Tiene unas cuidadas instalaciones, donde predomina el ladrillo visto, y espaciosas habitaciones con mobiliario provenzal. El comedor, de aire castellano, propone una cocina tradicional rica en carnes de caza.

---

## OLABERRIA – Guipúzcoa – **573** C23 – 941 h. – alt. 332 m      25 B2

▶ Madrid 422 – Bilbao 85 – Donostia-San Sebastián 44 – Iruña/Pamplona 74

### ✗ Zezilionea con hab ⚓ 🎝 🖊 ⚂ hab, 🖼 rest, 🛜

*San Joan Plaza* ✉ *20212 –* 𝒞 *943 88 58 29 – www.hotelzezilionea.com – cerrado 23 diciembre-6 enero y 15 días en agosto*

**9 hab** ⊡ – †45 € – ††60 €

**Rest** – *(cerrado domingo noche y lunes noche)* Menú 11/50 € – Carta 25/50 €

Casa de organización familiar ubicada en el centro de Olaberria. Ofrece un bar con algunas mesas para el menú, un comedor clásico y un coqueto privado, donde le ofrecerán una cocina vasca con especialidades, como los Hongos al horno. También tiene habitaciones, todas funcionales pero con los baños actuales.

---

## OLAVE – Navarra – **573** D25 – 262 h.      24 B2

▶ Madrid 463 – Iruña/Pamplona 12 – Vitoria-Gasteiz 105 – Logroño 104

### Ibaiondo 🚗 🖼 💈 🛜 🅿

*carret. N121 A, km 11* ✉ *31799 –* 𝒞 *948 33 00 61 – www.hotelibaiondo.com*
*– cerrado enero*

**14 hab** – ††66/135 €, ⊡ 9 €    **Rest** – *(solo clientes, solo cena)* Carta 20/31 €

Hotel emplazado en una casa típica, junto al río Ulzama. Presenta un interior alegre y colorista, con dos salones sociales y coquetas habitaciones, dos de ellas con chimenea. El comedor se complementa con una agradable terraza cubierta para los desayunos.

## OLEIROS – A Coruña – **571** B5 – **34 386 h. – alt. 79 m** **19** B1

Madrid 580 – A Coruña 16 – Ferrol 45 – Santiago de Compostela 78

XX **El Refugio**

*pl. de Galicia 11 ✉ 15173 – ✆ 981 61 08 03 – www.restaurante-elrefugio.com – cerrado 20 días en septiembre, domingo noche y lunes salvo agosto y festivos*
**Rest** – Carta 35/55 €
Negocio de gran prestigio y sólida trayectoria profesional. Ofrece una completa carta de cocina tradicional e internacional, con algunos mariscos y una bodega excepcional.

XX **Comei Bebei**

*av. Ramón Núñez Montero 20 ✉ 15173 – ✆ 981 61 17 41 – cerrado lunes*
**Rest** – *(solo almuerzo salvo jueves, viernes y sábado salvo verano)* Menú 26/30 € – Carta 24/40 €
Tiene un bonito bar-vinoteca y dos salas de línea actual. Aquí encontrará una cocina tradicional de temporada y una cuidada carta de vinos, actualizada y a precios razonables.

## OLÍAS DEL REY – Toledo – **576** M18 – **7 010 h.** **9** B2

Madrid 63 – Toledo 13

XX **La Casa del Carmen** (Iván Cerdeño)

*autovía A 42 (salida 61 - vía de servicio) ✉ 45280 – ✆ 925 49 07 59 – www.restaurantelacasadelcarmen.com – cerrado 15 días en agosto y lunes*
**Rest** – *(solo almuerzo salvo viernes y sábado)* Menú 22/52 € – Carta 31/53 €
Sorprende por su buen nivel, presentando una coqueta terraza, dos salas de línea clásica-actual y un reservado. Cocina tradicional puesta al día y presentada con mimo.
→ Chipirón de anzuelo a la parrilla con guisantes de temporada, morcilla, piñones y hierbabuena. Cabrito asado, crema de queso, cebolletas y tomates. Tarta fina de manzana con helado de vainilla.

## OLITE – Navarra – ver Erriberri

## OLIVENZA – Badajoz – **576** P8 – **12 002 h. – alt. 268 m** **17** A3

Madrid 434 – Badajoz 30 – Cáceres 125 – Mérida 90

**Palacio Arteaga** hab,

*Moreno Nieto 5 ✉ 06100 – ✆ 924 49 11 29 – www.palacioarteaga.com*
**25 hab** – 55/132 € **Rest** – Carta 28/42 €
Esta atractiva casa-palacio del s. XIX está dotada con un bello patio señorial y unas habitaciones bastante bien equipadas, la mayoría de ellas con los suelos originales. Su cuidado restaurante se reparte por distintas salas, tanto de la casa como de un anexo, ofreciendo una cocina de base tradicional.

## OLOST – Barcelona – **574** G36 – **1 188 h. – alt. 669 m** **14** C2

Madrid 618 – Barcelona 85 – Girona/Gerona 98 – Manresa 71

XX **Sala** (Antonio Sala) con hab rest, rest,

*pl. Major 17 ✉ 08516 – ✆ 938 88 01 06 – www.fondasala.com – cerrado Navidades y del 1 al 21 de septiembre*
**6 hab** – 40 € 60 €, 8 €
**Rest** – *(cerrado domingo noche, lunes noche y martes)* Menú 45/76 € – Carta 54/68 €
Tras su atractiva fachada en piedra presenta un bar, con mesas para el menú, y un buen comedor a la carta de línea clásica-funcional. Cocina tradicional e internacional, con platos de caza y trufa en temporada. Como complemento ofrece unas sencillas habitaciones, todas con mobiliario antiguo.
→ Tripa de bacalao estofada con garbanzos. Chuletas de corzo al agridulce con chutney de orejones. La naranja con naranja y sorbete de mandarina.

ESPAÑA

▶ Madrid 673 – Barcelona 152 – Girona 54 – Canillo 148

🛈 Hospici 8 , ⊠ 17800, 𝒸 972 26 01 41, www.turismeolot.cat

◎ Localidad★ - Iglesia de Sant Esteve★ (cuadro de El Greco★), Museo Comarcal de la Garrotxa (colección de pinturas y dibujos★★) – Casa Solà-Morales★ (fachada modernista★)

◪ Parque Natural de la Zona Volcánica de la Garrotxa★

---

🏠 **Les Cols Pavellons** sin rest

*Mas Les Cols - Av. Les Cols 2 ⊠ 17800 – 𝒸 699 81 38 17 – www.lescolspavellons.com – cerrado 3 semanas en enero, lunes y martes salvo festivos*

**5 hab** ⊊ – †220/250 € ††297/330 €

¡Una experiencia singular! Consta de cinco cubos acristalados, con cuya construcción se busca la conquista de sensaciones y la integración de cada espacio en el entorno.

---

🏠 **Can Blanc** sin rest

*carret. La Deu, Sur : 2 km ⊠ 17800 – 𝒸 972 27 60 20 – www.canblanc.es*

**12 hab** ⊊ – †55/62 € ††88/100 €

Atesora cierto encanto, pues se ubica en una masía típica rodeada de árboles y frondosos parajes. Salón rústico con chimenea y habitaciones funcionales, todas muy coloristas.

---

🏠 **Borrell** sin rest

*Notari Nonet Escubós 8 ⊠ 17800 – 𝒸 972 27 61 61 – www.hotelborrell.com – cerrado 24 diciembre-1 enero*

**24 hab** – †50/65 € ††65/85 €, ⊊ 10 €

Céntrico, funcional y de eficiente organización familiar. Destaca por el buen mantenimiento de sus instalaciones, con unas habitaciones amplias y correctamente equipadas.

---

🏠 **La Perla y Perla d'Olot**

*carret. La Deu 9 ⊠ 17800 – 𝒸 972 26 23 26 – www.laperlahotels.com*

**36 hab** – †36/61 € ††59/94 €, ⊊ 8 € – 26 apartamentos

**Rest** – *(cerrado del 23 al 31 de diciembre)* Menú 14/25 €

Se trata de dos hoteles unidos interiormente, con todas las habitaciones bien reformadas y varios apartamentos personalizados a través de distintos personajes infantiles de Olot. El restaurante basa su oferta en una carta tradicional a precio fijo, tipo menú.

---

XXX **Les Cols** (Fina Puigdevall)

🍂🍂 *Mas Les Cols - Av. Les Cols 2 ⊠ 17800 – 𝒸 972 26 92 09 – www.lescols.com – cerrado del 1 al 21 de enero y del 4 al 10 de agosto*

**Rest** – *(cerrado domingo noche, lunes y martes noche) (solo menú)* Menú 50/85 € ⅊

¡Una perfecta fusión entre tradición y modernidad! Ocupa una masía catalana que sorprende por su interior de diseño puro y cuenta con un pabellón para eventos que no le dejará indiferente. Cocina creativa de raíces regionales y locales.

➜ Royal de trufa negra de La Garrotxa. Pato de corral criado por nosotros, cerezas y galleta. Paisaje volcánico, algarroba, alforfón y ratafia.

---

X **La Deu**

*carret. La Deu, Sur : 2 km ⊠ 17800 – 𝒸 972 26 10 04 – www.ladeu.es – cerrado domingo noche*

**Rest** – Menú 12/26 € – Carta 14/44 €

¡Casa familiar de carácter centenario! Trabaja mucho con banquetes, pero también ofrece luminosos y coloristas comedores a la carta. Encontrará una cocina de gusto regional-catalán, elaborada con productos locales, así como varios menús.

---

 Tenga en cuenta que algunas especialidades o platos de la casa son previa reserva.

**ONDARA** – Alicante – **577** P30 – **6 657 h.** – **alt. 35 m**    16 B2

▶ Madrid 431 – Alcoi 88 – Alacant/Alicante 84 – Denia 10

XX    **Casa Pepa** (Antonia y Soledad Ballester)    ⛤ 🅰🅲 ⇔ **P**
⣕    *partida Pamis 7-30, Suroeste : 1,5 km* ✉ *03760 –* ✆ *965 76 66 06 – www.casapepa.es*
    *– cerrado domingo noche (salvo julio-agosto), martes noche (salvo abril-septiembre)*
    *y lunes*
    **Rest** – *(solo cena en julio y agosto)* Menú 38/69 € – Carta 52/73 €
    Casa de campo emplazada entre huertas, naranjos y olivos, con una sala de aire
    rústico y otra acristalada más actual. Cocina de base mediterránea muy natural y
    creativa.
    ➡ Ravioli de gamba, germinados e infusión de hierba limón. Arroz meloso de ven-
    tresca, peladillas y careta. Tartar de frutas y sorbete de mojito.

---

**ONTINYENT (ONTENIENTE)** – Valencia – **577** P28 – **37 140 h.** – **alt. 400 m**    16 A2

▶ Madrid 369 – Albacete 122 – Alacant/Alicante 91 – València 84

🅕 pl. de Sant Roc 2, ✉ 46870, ✆ 962 91 60 90, www.turismo.ontinyent.es

XX    **El Tinell de Calabuig**    ⛤ 🅰🅲 🍴
    *Josep Melcior Gomis 23* ✉ *46870 –* ✆ *962 91 50 48 – cerrado 7 días en agosto,*
    *domingo, lunes noche y martes noche*
    **Rest** – Menú 15/50 € – Carta 24/38 €
    Un negocio de ambiente clásico. Ofrecen una carta tradicional actualizada bastante
    amplia, varios menús e interesantes jornadas gastronómicas, tanto vegetarianas
    como de caza.

---

**OÑATI** – Guipúzcoa – **573** C22 – **11 151 h.** – **alt. 231 m**    25 B2

▶ Madrid 401 – Bilbao 62 – Donostia-San Sebastián 74 – Vitoria-Gasteiz 45

🅕 San Juan 14 , ✉ 20560, ✆ 943 78 34 53, www.oinati.eu

🅖 Carretera★ a Arantzazu

### en la carretera de Urrejola Oeste : 2 km

XX    **Etxe-Aundi** con hab    ⛁ 🅰🅲 🍴 📶 **P**
    *Torre Auzo 9* ✉ *20560 Oñati –* ✆ *943 78 19 56 – www.etxeaundi.com*
    *– cerrado Navidades*
    **11 hab** ⌑ – ♦45 € ♦♦54 €
    **Rest** – *(cerrado domingo noche)* Menú 12/30 € – Carta 28/44 €
    Tras sus recios muros en piedra esta casa solariega recrea un ambiente bastante aco-
    gedor, con un bar público, un comedor clásico y dos privados. Cocina de raíces loca-
    les. Como complemento al restaurante también ofrecen habitaciones, todas con
    baños modernos.

---

**OREÑA** – Cantabria – **572** B17 – **2 600 h.**    8 B1

▶ Madrid 388 – Santander 30 – Bilbao 128 – Oviedo 158

↑    **Posada Caborredondo** sin rest    ⛁ 🏤 🍴 📶 **P**
    *barrio Caborredondo 81, Noroeste : 1,5 km* ✉ *39525 –* ✆ *942 71 61 81*
    *– www.posadacaborredondo.com – cerrado 15 diciembre-15 marzo*
    **14 hab** – ♦♦55/80 €, ⌑ 4 €
    Instalado en una casona de piedra que sorprende por su amplio y acogedor porche,
    bien asomado a una zona ajardinada. Ofrece un coqueto salón social con chimenea e
    impecables habitaciones, las seis del piso superior abuhardilladas.

---

**ORFES** – Girona – **574** F38 – **80 h.**    14 CD3

▶ Madrid 731 – Barcelona 131 – Girona 33 – Perpignan 76

🅖 Figueres★ (Teatre-Museu Dalí★★) Norte : 20 km

**por la carretera GI 554** Norte : 2,5 km y desvío a la derecha 1 km

⌂ **Masia La Palma** ⓝ      ◈ 🚗 🏠 ⏉ ⅏ 🛜 **P**
*Veïnat de la Palma* ✉ 17468 Orfes – ✆ 972 19 31 37 – www.masialapalma.com
*– cerrado enero*
**13 hab** ⌑ – ♦72 € ♦♦130 €
**Rest** *Sa Poma* – Menú 20 € – Carta 25/35 €
Masía de 1830 emplazada en plena montaña, en un fantástico entorno natural
donde reina el silencio. Ofrece un salón social con chimenea, varios tipos de habitaciones de confort actual y un restaurante con dos salas, donde se apuesta por la
cocina tradicional.

---

**ÓRGIVA** – Granada – **578** V19 – **5 772 h.** – alt. 450 m      2 D1
▶ Madrid 485 – Almería 121 – Granada 60 – Málaga 121

🏠🏠 **Taray Botánico**      ◈ 🏠 ⏉ 🄰🄲 ⅏ 🛜 **P**
*carret. A 348, Sur : 1,5 km* ✉ 18400 – ✆ 958 78 45 25 – www.hoteltaray.com
**15 hab** – ♦50/65 € ♦♦65/78 €, ⌑ 8 €
**Rest** *– (cerrado del 10 al 31 de enero)* Menú 10/30 € – Carta 20/44 €
La arquitectura típica, la decoración rústica y un bello entorno arbolado se dan cita
en este agradable complejo. Posee unas habitaciones renovadas de buen confort
general. El restaurante, dotado con dos salas de montaje clásico, ofrece una carta
tradicional.

---

**ORÍS** – Barcelona – **574** F36 – **278 h.** – alt. 708 m      14 C2
▶ Madrid 638 – Girona/Gerona 83 – Barcelona 87 – Font-Romeu 104

✕✕ **L'Auró**      🄰🄲 ⅏ **P**
*carret. C 17 - km 76,2, Este : 0,5 km* ✉ 08573 – ✆ 938 59 53 01 – *cerrado del 15 al
30 de agosto y lunes*
**Rest** *– (solo almuerzo salvo viernes y sábado)* Carta 35/50 €
Negocio familiar dotado con un bar, una sencilla sala para el menú y un amplio
comedor a la carta, este último luminoso pero algo impersonal. Cocina tradicional de
temporada y... ¡vinos muy asequibles!

---

**OROPESA** – Toledo – **576** M14 – **2 902 h.** – alt. 420 m      9 A2
▶ Madrid 155 – Ávila 122 – Talavera de la Reina 33
◉ Castillo★

🏠🏠🏠 **Parador de Oropesa**      ◈ 🚗 🏠 ⏉ ⅃ & 🄰🄲 ⅏ 🛜 🎿 **P**
*pl. del Palacio 1* ✉ 45560 – ✆ 925 43 00 00 – www.parador.es
**44 hab** – ♦56/116 € ♦♦70/145 €, ⌑ 16 € – 4 suites
**Rest** – Menú 27/33 € – Carta 32/57 €
Instalado en un castillo-palacio del s. XIV. Encontrará un atractivo patio, amplias zonas
nobles y habitaciones de buen confort, con mobiliario actual que imita al antiguo. El
comedor, con una terraza-mirador y el techo artesonado, presenta una carta regional.

---

**La OROTAVA** – Santa Cruz de Tenerife – ver Canarias (Tenerife)

---

**ORREAGA** (RONCESVALLES) – Navarra – **573** C26 – **24 h.** – alt. 952 m      24 B2
▶ Madrid 495 – Iruña/Pamplona 48 – Logroño 137 – Donostia-San Sebastián 127
🅸 Antiguo Molino , ✉ 31650, ✆ 948 76 03 01, www.turismo.navarra.es
◉ Pueblo★ - Conjunto Monumental : museo★

🏠🏠 **Roncesvalles**      🖭 ⅏ rest. 🛜 **P**
✉ 31650 – ✆ 948 76 01 05 – www.hotelroncesvalles.com – *20 marzo-10 diciembre*
**24 apartamentos** – ♦♦60/70 €, ⌑ 10 € – 16 hab
**Rest** – Menú 18/50 € – Carta 26/44 €
Ocupa la antigua Casa de los Beneficiados, que data de 1725 y está integrada en
un ala de la Real Colegiata de Roncesvalles. Habitaciones y apartamentos de línea
funcional. El comedor, emplazado en un restaurante anexo, centra su oferta en el
menú del día.

ESPAÑA

## ORUÑA – Cantabria – 572 B18

▶ Madrid 426 – Santander 19 – Bilbao 113

XX **Casa Setien** 🔲 ⊗ ✦

*Barrio El Puente 5 ✉ 39477 – 🕾 942 57 52 51 – www.casasetien.com – cerrado lunes noche*

**Rest** – Menú 16/33 € – Carta 32/45 €

Restaurante de amplias instalaciones dotado con un bar-mesón, donde sirven el menú del día, y dos grandes salones, uno rústico y el otro clásico-actual, dando paso este último a una terraza acristalada. Cocina tradicional y de mercado.

---

## OSUNA – Sevilla – 578 U14 – 17 973 h. – alt. 328 m

▶ Madrid 489 – Córdoba 85 – Granada 169 – Málaga 123

🛈 Sevilla 37 (Museo de Osuna), ✉ 41640, 🕾 954 81 57 32, www.turismosuna.es

◉ Localidad★★ - Zona monumental★ - Colegiata★ (lienzos de Ribera★★, Panteón Ducal★★) – Monasterio de la Encarnación★ – Palacios y Casas Señoriales★★ – calle San Pedro★ – Torre de la Iglesia de la Merced★

🏨 **La Casona de Calderón** 🅰 🔲 ⊗ hab. 🛜 🚗

*pl. Cervantes 16 ✉ 41640 – 🕾 954 81 50 37 – www.casonacalderon.es*

**15 hab** ☲ - ♦45/60 € ♦♦75/90 €

**Rest** – *(cerrado domingo noche y lunes)* Menú 18/30 € – Carta 26/38 €

Entre sus muchos detalles, esta preciosa casa del s. XVII cuenta con un acogedor patio, diversas esculturas, una fuente, un pozo y todas las habitaciones personalizadas. Su restaurante está vestido con una curiosa colección de grabados del s. XVIII y ofrece una carta tradicional.

🏨 **Las Casas del Duque** sin rest 🔳🅰 🔲 ⊗ 🛜 🚗

*Granada 49 ✉ 41640 – 🕾 954 81 58 27 – www.lacasadelduque.com*

**16 hab** ☲ - ♦40/55 € ♦♦60/80 €

En una calle tranquila y cercana al centro. Aquí encontrará dos patios cubiertos, que funcionan como zona social, y unas confortables habitaciones de ambiente clásico-actual.

🏠 **El Caballo Blanco** 🔲 ⊗ rest. 🛜 🅿

*Granada 1 ✉ 41640 – 🕾 954 81 01 84 – www.lacasadelduque.com*

**12 hab** - ♦30/35 € ♦♦45/55 €, ☲ 4 €

**Rest** – *(cerrado sábado noche y domingo)* Menú 12 € – Carta 16/27 €

Pequeño hostal emplazado en el casco antiguo de Osuna. Entre sus dependencias destacan el patio andaluz y las habitaciones, algunas instaladas en las antiguas cuadras. El comedor se presenta recorrido por un bello zócalo de azulejos sevillanos.

X **Asador La Trapería** 🏠 🅰

*Doctor Manuel Elkin Patarroyo 36 ✉ 41640 – 🕾 954 81 24 57 – www.asadorlatraperia.es – cerrado del 12 al 19 de mayo y del 5 al 25 de septiembre*

**Rest** – *(solo almuerzo salvo viernes y sábado)* Carta 19/40 €

Negocio de ambiente rústico llevado por una pareja. Encontrará una nutrida carta de tinte tradicional, sin embargo aquí la especialidad son los asados y las carnes a la brasa.

---

## OURENSE 🅿 – 571 E6 – 107 597 h. – alt. 125 m

▶ Madrid 499 – Ferrol 198 – A Coruña 183 – Santiago de Compostela 111

🛈 Caseta do Legoeiro, Ponte Romana, ✉ 32003, 🕾 988 37 20 20, www.turgalicia.es

◉ Catedral★ (Pórtico del Paraíso★★, Cimborrio★) AY**B** – Museo Arqueológico y de Bellas Artes (Camino del Calvario★) AZ**M** – Claustro de San Francisco★ AY

🅖 Ribas de Sil (Parador de Santo Estevo : monasterio y paraje★) 27 km por ②
- Gargantas del Sil★★ 26 km por ②

Plano página siguiente

# OURENSE

| | | |
|---|---|---|
| Alfonso R. Castelao | B | 2 |
| Barreira | AZ | 3 |
| Basilio Álvarez | B | 4 |
| Bedoya | AY | |
| Buenos Aires (Av. de) | B | 5 |
| Cabeza de Manzaneda | AZ | 6 |
| Caldas (Av. de As) | B | 7 |
| Caneiro (Camino) | B | 8 |
| Capitán Eloy | AY | |

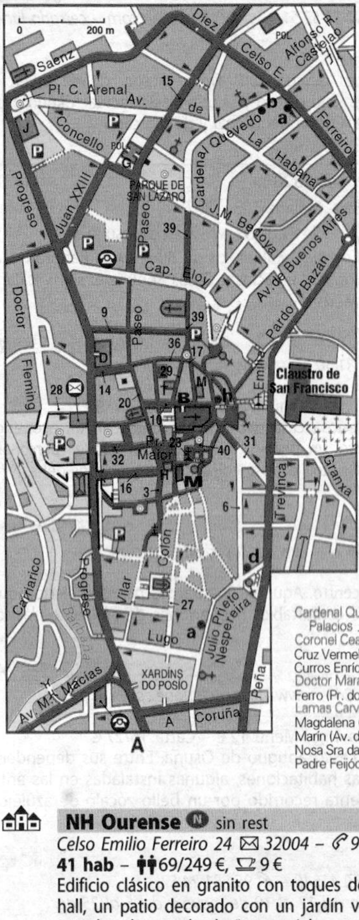


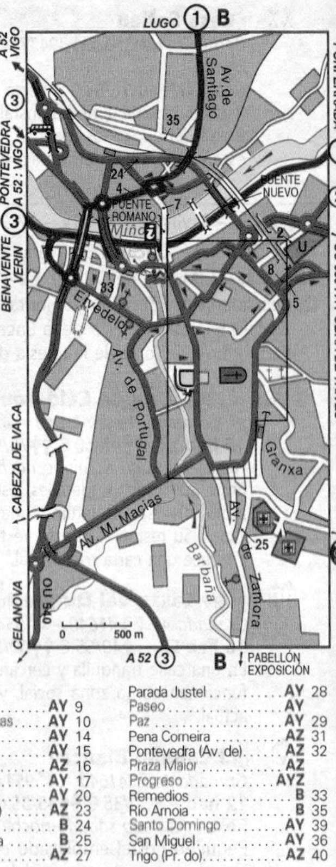

| | | | | | |
|---|---|---|---|---|---|
| Cardenal Quiroga Palacios | AY | 9 | Parada Justel | AY | 28 |
| Coronel Ceano Vivas | AY | 10 | Paseo | AY | |
| Cruz Vermella | AY | 14 | Paz | AY | 29 |
| Curros Enríquez | AY | 15 | Pena Corneira | AZ | 31 |
| Doctor Marañón | AZ | 16 | Pontevedra (Av. de) | AZ | 32 |
| Ferro (Pr. do) | AY | 17 | Praza Maior | AZ | |
| Lamas Carvajal | AY | 20 | Progreso | AYZ | |
| Magdalena (Pr. de) | AZ | 23 | Remedios | B | 33 |
| Marín (Av. de) | B | 24 | Río Arnoia | B | 35 |
| Nosa Sra da Saínza | B | 25 | Santo Domingo | AY | 39 |
| Padre Feijóo | AZ | 27 | San Miguel | AY | 36 |
| | | | Trigo (Pr. do) | AZ | 40 |

ESPAÑA

## NH Ourense sin rest

*Celso Emilio Ferreiro 24 ✉ 32004 – ✆ 988 60 11 11 – www.nh-hotels.com*

**41 hab** – ††69/249 €, ☕ 9 € AY**a**

Edificio clásico en granito con toques de color en la fachada. Presenta un moderno hall, un patio decorado con un jardín vertical artificial y unas habitaciones de línea actual, todas con los baños parcialmente abiertos a los dormitorios.

## Carrís Cardenal Quevedo sin rest

*Cardenal Quevedo 28 ✉ 32004 – ✆ 988 37 55 23 – www.carrishoteles.com*

**39 hab** – ††69/200 €, ☕ 10 € AY**b**

Se halla en el centro de la localidad y constata un marcado carácter urbano. En conjunto, se presenta con un estilo actual-funcional y unas habitaciones bastante bien equipadas.

## A Taberna

*Julio Prieto Nespereira 32 ✉ 32005 – ✆ 988 24 33 32 – www.ataberna.com – cerrado Semana Santa, del 12 al 31 de agosto, domingo en verano, domingo noche y lunes resto del año* AZ**a**

**Rest** – Menú 30 € – Carta 25/45 €

Bien llevado por un amable matrimonio, con ella en la sala y él al frente de los fogones. En sus salas, de aire rústico y buen montaje, le propondrán una carta tradicional que se suele ver enriquecida con sugerencias de palabra.

X **Adega San Cosme (Casa Sindo)** AC ※

*pl. de San Cosme 2 ⊠ 32005 – 𝒞 988 24 88 00 – cerrado del 20 al 30 de enero, del 15 al 31 de agosto y domingo* AZ**d**

**Rest** – Carta 30/40 €

Destaca por su ambiente rústico, con las paredes en piedra y una gran profusión de madera. Ofrecen una cocina basada en productos de la tierra, como la Paletilla de cabrito asada, y de caza en temporada, como la perdiz o el conejo de monte.

Y/ **Porta da Aira** AC

*Fornos 2 ⊠ 32005 – 𝒞 988 25 07 49 – cerrado del 15 al 30 de septiembre, domingo noche y lunes* AY**h**

**Rest** – Tapa 4 € – Ración aprox. 12 €

Bar de tapas muy conocido en la ciudad por sus Huevos rotos, la especialidad de la casa. Posee algunas mesas junto a la barra y ofrece una buena selección de vinos por copas.

**en Coles** por ① : 8 km

⛰ **Casa Grande de Soutullo** sin rest ⌂ ⫶ ※ **P**

*Soutullo de Abaixo ⊠ 32152 Soutullo de Abaixo – 𝒞 988 20 56 11*
*– www.pazodesoutullo.com*

**8 hab** – ♦♦69/89 €, ⯑ 8 €

Instalado en un pazo familiar del s. XVIII. Dispone de un bello patio, una cálida zona social con chimenea y amplias habitaciones que combinan la piedra vista, la madera y el mobiliario de época. ¡Todo se decora con óleos de la propietaria!

---

**OVIEDO** ℙ – Asturias – 572 B12 – 225 973 h. – alt. 236 m 5 B1

▶ Madrid 446 – Bilbao 306 – A Coruña 326 – Gijón 29

🛫 de Asturias por ① : 47 km 𝒞 902 40 47 04

**Iberia :** aeropuerto 𝒞 902 40 05 00

🄸 pl. de la Constitución 4, ⊠ 33009, 𝒞 984 08 60 60, www.oviedo.es

🄸 Marqués de Santa Cruz, ⊠ 33007, 𝒞 985 22 75 86, www.turismoviedo.es

🄸 Cimadevilla 4 , ⊠ 33003, 𝒞 984 49 37 85, www.infoasturias.com

**R.A.C.E.** Foncalada 6 𝒞 985 22 31 06

🄸 Real Club de Golf La Barganiza, 12 km, 𝒞 985 74 24 68

◉ Ciudad Vieja★★ - Catedral★ (retablo mayor★★, Cámara Santa : estatuas-columnas★★, tesoro★★) BY - Museo de Bellas Artes de Asturias★ BZ**M**[1] – Antiguo Hospital del Principado (escudo★) AY**P** - Iglesia de San Julián de los Prados o de Santullano★ BY

🄶 Santuarios del monte Naranco★ (Santa María del Naranco★★, San Miguel de Lillo★ : jambas★★) Noroeste : 4 km por av. de los Monumentos AY. Iglesia de Santa Cristina de Lena★ (panorámica) 34 km por ② – Parque de la Prehistoria de Teverga★★ - Vistas de Peñas Juntas desde Teverga★ - Desfiladero de Teverga★ 43 km por ③

Plano página siguiente

🏨 **Meliá H. De la Reconquista** ⬛ & AC ※ 🛜 ♨ 🏖

*Gil de Jaz 16 ⊠ 33004 – 𝒞 985 24 11 00 – www.melia.com* AY**P**

**131 hab** ⯑ – ♦105/115 € ♦♦121/131 € – 11 suites

**Rest** – Menú 35/55 € – Carta 35/45 €

Suntuoso hotel-monumento instalado en un edificio del s. XVIII que, en su origen, funcionó como hospicio y hospital. Tanto las habitaciones como el salón porticado son joyas de auténtica exquisitez. En su restaurante de carácter polivalente elaboran platos de cocina tradicional e internacional actualizada.

🏨 **Barceló Oviedo Cervantes** ⬛ & AC ※ 🛜 ♨ 🏖

*Cervantes 13 ⊠ 33004 – 𝒞 985 25 50 00 – www.barcelo.com* AZ**k**

**72 hab** – ♦♦80/400 €, ⯑ 12 €

**Rest** *La Galatea* – *(cerrado domingo y lunes)* Menú 16 € – Carta 30/45 €

Realmente sorprendente, ya que integra una antigua casona rehabilitada en una solución arquitectónica final de diseño moderno. Interior espacioso y muy detallista. El restaurante ofrece una sala de aire minimalista y una cocina de carácter temático.

525

ESPAÑA

# OVIEDO

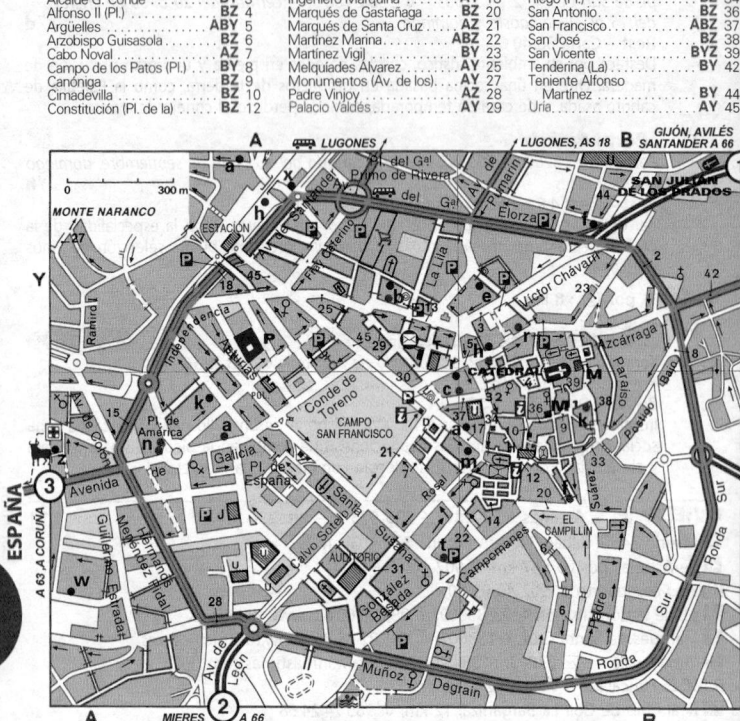

## Ayre H. Oviedo sin rest

*Policarpo Herrero* ⊠ 33006 – 𝒞 985 96 47 77 – www.ayrehoteles.com    AZ**w**
**155 hab** – †60/125 € ††60/150 €, ⊇ 15 € – 12 suites

Tiene una fachada espectacular, no en vano forma parte del Palacio de Exposiciones y Congresos diseñado por el genial arquitecto Santiago Calatrava. Sus modernísimas instalaciones están definidas por la luminosidad, la amplitud y el diseño.

## AC Forum Oviedo

*pl. de los Ferroviarios 1* ⊠ 33003 – 𝒞 985 96 54 88 – www.ac-hotels.com
**155 hab** – †59/150 € ††88/223 €, ⊇ 13 €    AY**h**

**Rest** – *(cerrado sábado y domingo)* Menú 16/50 € – Carta 28/42 €

Moderno edificio instalado en la misma estación del ferrocarril. Cuenta con una amplia zona social, diversas salas de reuniones y habitaciones de completo equipamiento. El restaurante, instalado en la 2ª planta y de línea actual-funcional, destaca por las vistas que ofrece desde su terraza.

## Tryp Oviedo

*Pepe Cosmen 1* ⊠ 33001 – 𝒞 985 11 71 11 – www.melia.com    AY**x**
**116 hab** – ††59/250 €, ⊇ 14 € – 2 suites

**Rest** – *(cerrado Navidades)* Menú 17/47 € – Carta 30/39 €

Bien situado entre las estaciones de autobús y ferrocarril. Cuenta con un buen hall, varias salas de reuniones y habitaciones actuales de gran amplitud, las superiores con su propio aparato de gimnasia. El restaurante ofrece una carta tradicional bastante sencilla y un correcto menú.

**Princesa Munia** ⑩ sin rest  ⬡ 🖾 🗚 ⌀ 🛜 🏊
*Fruela 6 ✉ 33007 – ☎ 984 28 55 80 – www.fruelahoteles.com*  BZ**a**
**23 hab** – †65/150 €  ††72/165 €, ☲ 12 €
Tras su atractiva fachada clásica encontrará un edificio de línea actual... eso sí, con muchos detalles de interiorismo. Ofrece habitaciones bien equipadas y comparte algunos servicios, como la restauración o el SPA, con el hotel Fruela.

**Ciudad de Oviedo** sin rest  🖾 🗚 ⌀ 🛜 🏊 ⌂
*Gascona 21 ✉ 33001 – ☎ 985 22 22 24 – www.hotelciudaddeoviedo.es*
**51 hab** – †50/240 €  ††50/320 €, ☲ 11 €  BY**e**
Un hotel bastante serio, organizado y con un interior de línea clásica. Presenta unas habitaciones de correcta amplitud, en general bien equipadas y con mobiliario de calidad.

**La Gruta**  ≤ 🕉 🖾 🗚 ⌀ 🛜 🏊 🅿
*Fuertes Acevedo 140, (alto de Buenavista), por ③ ✉ 33006 – ☎ 985 23 24 50*
*– www.lagruta.com*
**105 hab** ☲ – ††39/49 €, ☲ 8 €
**Rest** *La Gruta* – ver selección restaurantes
Goza de una reconocida trayectoria en la ciudad. Conjunto de adecuadas instalaciones, con habitaciones funcionales y bien equipadas. Gran disponibilidad para congresos.

**Campoamor** sin rest  🖾 🕉 🖾 🗚 ⌀ 🛜 🏊
*Argüelles 23 ✉ 33003 – ☎ 985 21 07 20 – www.hotelcampoamoroviedo.com*
**37 hab** ☲ – †64/135 €  ††75/150 €  AZ**r**
Frente al Teatro Campoamor, donde se entregan los prestigiosos Premios Príncipe de Asturias. Ofrece unas instalaciones renovadas, con habitaciones de rompedor diseño moderno.

**Nap** sin rest  🖾 🕉 🖾 🗚 ⌀ 🛜 🏊 🅿
*José Ramón Zaragoza 6 ✉ 33013 – ☎ 985 08 08 00 – www.naphotel.es*
**38 hab** ☲ – †35/90 €  ††40/100 € – 2 suites  AZ**z**
Hotel de última generación dominado por las nuevas tecnologías. Ofrece unas habitaciones bien equipadas y de línea actual, destacando sus baños con bañera o columna de hidromasaje.

**Fruela** sin rest, con cafetería  🖾 🖾 🗚 ⌀ 🛜 🏊 ⌂
*Fruela 3 ✉ 33007 – ☎ 985 20 81 20 – www.fruelahoteles.com*  BZ**m**
**28 hab** – †49/120 €  ††49/135 €, ☲ 10 €
Su atractiva fachada, que está restaurada, da paso a un hotel bastante actual, con una concurrida cafetería pública. Habitaciones bien equipadas y con cierto diseño, las cuatro de la 5ª planta abuhardilladas y con los techos en madera.

**Campus** sin rest, con cafetería  🖾 🛜 ⌂
*Fernando Vela 13 ✉ 33001 – ☎ 985 11 16 19 – www.aparthotelcampus.es*
**64 apartamentos** – ††49/150 €, ☲ 8,50 €  BY**f**
¡Estudios y apartamentos con funcionamiento hotelero! En líneas generales poseen una decoración funcional y un adecuado equipamiento, todos con cocina y baños completos. Correcto hall y cafetería como únicas zonas nobles.

**El Magistral** sin rest, con cafetería  🖾 🕉 🖾 🗚 ⌀ 🛜 🏊
*Jovellanos 3 ✉ 33003 – ☎ 985 20 42 42 – www.magistralhoteles.com*  BY**h**
**52 hab** – †44/115 €  ††44/176 €, ☲ 8,50 €
Resulta moderno y está dotado de unas confortables habitaciones, unas de diseño moderno y la mayoría de línea clásica actual. Correcto hall-recepción y pequeña cafetería, con carta tipo snack y menú.

**Carreño** sin rest  🖾 🕉 🖾 🗚 ⌀ 🛜 🏊 ⌂
*Monte Gamonal 4 ✉ 33012 – ☎ 985 11 86 22 – www.hotelcarreno.com*
**42 hab** – †40/55 €  ††50/75 €, ☲ 6 €  AY**a**
Se presenta con unas instalaciones sencillas y funcionales... sin embargo, en conjunto se muestra bastante cuidado. Las habitaciones son muy correctas, con lencería de calidad y notables niveles de mantenimiento.

ESPAÑA

ESPAÑA

### XXX Casa Fermín AC ⅏ ⇔

*San Francisco 8 ⊠ 33003 – 𝒞 985 21 64 52 – www.casafermin.com – cerrado domingo* AZ**c**

**Rest** – Menú 40/62 € – Carta 50/57 € ⅏

Negocio familiar con prestigio en la ciudad. Ofrece una carta de cocina tradicional actualizada y una gran bodega que destaca por su variedad. El comedor, atractivo, amplio y confortable, se complementa con varios privados en el sótano.

### XXX Del Arco AC ⅏ ⇔

*pl. de América ⊠ 33005 – 𝒞 985 25 55 22 – www.delarco.com – cerrado domingo*
**Rest** – Menú 30/60 € – Carta 41/66 € AZ**n**

Posee un cuidado bar de ambiente inglés, un elegante comedor a la carta en la 1ª planta y un personal que, sin duda, debemos destacar, pues son sumamente amables. Su cocina tradicional actualizada se ve complementada por dos buenos menús.

### XX La Corrada del Obispo AC ⅏

*Canóniga 18 ⊠ 33003 – 𝒞 985 22 00 48 – www.lacorradadelobispo.com – cerrado domingo noche y lunes* BZ**k**

**Rest** – Carta 38/50 €

Instalado en una casa del s. XVIII que muestra los muros en piedra vista y una decoración rústica salpicada con detalles modernos. Bar privado y amplias salas en la 1ª planta. Cocina tradicional y completa bodega.

### XX El Asador de Aranda 🏠 AC ⅏ ⇔

*Jovellanos 19 ⊠ 33003 – 𝒞 985 21 32 90 – www.asadordearanda.com – cerrado domingo en julio-agosto y domingo noche resto del año* BY**r**

**Rest** – Menú 30/45 € – Carta 32/63 €

Encontrará una oferta culinaria especializada en asados, con los clásicos corderos, cochinillos y chuletones. Disfruta de un agradable patio a la entrada y una sala de noble estilo castellano.

### XX Casa Conrado AC ⅏

*Argüelles 1 ⊠ 33003 – 𝒞 985 22 39 19 – www.casaconrado.com – cerrado domingo*
**Rest** – Menú 29/35 € – Carta 27/53 € BY**h**

Fabes con almejas, Pote asturiano, Lubina al estilo de Cudillero... una cita obligada para los amantes de la gastronomía asturiana. Presenta unas instalaciones clásicas y una carta variada, algo que sabe agradecer su elegante clientela.

### XX La Gruta – Hotel La Gruta AC ⅏ **P**

*Fuertes Acevedo 140, (alto de Buenavista), por ③ ⊠ 33006 – 𝒞 985 23 24 50 – www.lagruta.com*

**Rest** – Menú 20/54 € – Carta 20/45 €

¡Arraigo y prestigio! Posee un bar de raciones tipo mesón y varias salas de línea clásica. En su completa carta veremos elaboraciones a la parrilla de carbón de encina, carnes, pescados, arroces, mariscos y, por supuesto, platos asturianos.

### XX Ca'Suso AC ⅏

*Marqués de Gastañaga 13 ⊠ 33009 – 𝒞 985 22 82 32 – www.ca-suso.com – cerrado 7 días en febrero, 21 días en agosto, domingo noche, lunes y martes noche*
**Rest** – Menú 15/45 € – Carta 34/48 € BZ**f**

Llevado entre dos hermanos y en pleno casco antiguo. Disfruta de unas instalaciones reducidas pero coquetas, con un estilo neorrústico muy acogedor. Su atractiva carta de cocina tradicional actualizada está compensada con varios menús.

### X Casa Arturo AC ⅏

*pl. de San Miguel 1 ⊠ 33007 – 𝒞 985 22 94 88 – cerrado Semana Santa, domingo en verano y domingo noche resto del año* AZ**t**

**Rest** – Menú 30 € – Carta 40/55 €

Marco neorrústico, tipo asador, con la parrilla vista. La especialidad son las carnes, aunque en su carta también verá platos asturianos, arroces, bacalaos y pescados del día.

X **La Goleta** 🍴 ⚅ ⁜
*Covadonga 32 ⊠ 33002 – ℰ 985 21 38 47 – www.lagoleta.com – cerrado del 15 al
31 de enero, del 1 al 15 de julio, domingo y lunes noche* AY**b**
**Rest** – Menú 30/85 € – Carta 34/73 €
¡La filial marinera de Casa Conrado! Cálido marco cuya característica decoración anun-
cia una cocina basada en productos del mar. Bar en planta baja y comedor en el 1er
piso.

⁜/ **Naguar** 🄽 🍴 ⅇ ⚅ ⁜
*av. de Galicia 14 ⊠ 33005 – ℰ 984 28 50 80 – www.naguar.es* AZ**a**
**Rest** – Tapa 6 € – Ración aprox. 15 € – Menú 9,50/30 €
¡Un gastrobar con notable personalidad! Presenta una gran barra y un moderno
comedor, donde podrá descubrir una carta de tinte actual con opciones económicas
de calidad... como el menú del día, el brunch del domingo o su menú degustación.

⁜/ **Del Arco Taberna** 🍴 ⅇ ⚅ ⁜
*pl. de América 6 ⊠ 33005 – ℰ 985 25 55 22 – www.delarco.com – cerrado domingo
en julio-agosto y domingo noche resto del año* AZ**n**
**Rest** – Tapa 10 € – Ración aprox. 15 €
El complemento perfecto del restaurante Del Arco, con una terraza exterior e instalaciones de línea clásica-actual. Ofrecen tapas y raciones de cocina tradicional actualizada, un buen menú, personal muy atento y un ambiente acogedor.

**en Colloto** Noreste : 4 km

🏠 **Palacio de la Viñona** sin rest 🅿
*Julián Clavería 14, por La Tenderina ⊠ 33010 Colloto – ℰ 985 79 33 99
– www.palaciovinona.com*
**15 hab** – †59/95 € ††59/105 €, � 8 €
Una estancia encantadora entre el campo y la ciudad. Ocupa una casona del s. XVIII
que ha sido reformada con acierto para lograr unos interiores acogedores y alegres.
Organización familiar y elevado nivel de confort.

**en La Manjoya** Sur : 7 km

🏠 **Castillo del Bosque la Zoreda** 🄽 🅿
*La Manjoya, por ② ⊠ 33170 La Manjoya – ℰ 985 96 33 33
– www.castillodelbosquelazoreda.com*
**25 hab** – ††85/430 €, ⊠ 15 €   **Rest** – Carta 30/45 €
Tranquilo palacete, a modo de castillo, rodeado de árboles y bellos jardines. Atesora
unas elegantes habitaciones, destacando las tipo dúplex y la del torreón, así como
un restaurante de línea clásica, donde ofrecen una cocina tradicional con platos
actuales.

**OYARZUN** – Guipúzcoa – ver Oiartzun

**OZA DOS RÍOS** – A Coruña – **571** C5 – **3 227 h.** 19 B1
▶ Madrid 571 – Santiago de Compostela 67 – A Coruña 29 – Lugo 76

**en Cines** Oeste : 3 km

🏠 **Rectoral de Cines** 🅿
*Casasnovas 4 ⊠ 15389 Cines – ℰ 981 77 77 10 – www.larectoraldecines.com*
**12 hab** – †50/65 € ††62/85 €, ⊠ 5 € – 1 suite
**Rest** – *(solo viernes, sábado y domingo mediodía)* Carta 23/38 €
Magnífica casona en piedra rodeada por una zona de césped. Elegante salón social
con chimenea y confortables habitaciones que destacan por sus detallistas baños. Su
atractivo restaurante posee dos salas neorrústicas donde ofrecen una carta muy
correcta.

**PADRÓN** – A Coruña – **571** D4 – **8 882 h.** - alt. 5 m    19 B2

▶ Madrid 634 – A Coruña 94 – Ourense 135 – Pontevedra 37

XX **Chef Rivera** con hab    🖨 AC 🎇 🛜 🚗

*enlace Parque 7 ✉ 15900 – 𝒞 981 81 04 13 – www.chefrivera.com*
**17 hab** – ♦29/44 € ♦♦47/55 €, ☲ 5 €
**Rest** – *(cerrado domingo noche, lunes noche y festivos noche salvo agosto)*
Menú 16/30 € – Carta 25/49 € 🕸
Posee un comedor clásico, un privado y una bodega que destaca por sus Oportos. En la carta, tradicional e internacional, también encontrará diversos mariscos y platos de caza. El negocio se complementa con un salón de banquetes y unas correctas habitaciones.

X **A Casa dos Martínez**    AC 🎇

🕸 *Longa 7 ✉ 15900 – 𝒞 981 81 05 77 – cerrado lunes*
**Rest** – *(solo almuerzo salvo viernes, sábado y verano)* Menú 20 € – Carta 23/31 €
Restaurante de organización familiar ubicado en el casco antiguo, con una sala de línea actual dotada de sencillo mobiliario. Cocina de mercado y menú a un precio moderado.

**PÁGANOS** – Álava – **573** E22 – **63 h.**    25 A2

▶ Madrid 367 – Vitoria-Gasteiz 44 – Logroño 22 – Iruña/Pamplona 105

◪ Laguardia★ – Iglesia de Santa María de los Reyes (portada★★) Sureste : 2,5 km

🏠 **Eguren Ugarte** sin rest    ⤜ ⇐ & AC 🛜 ♨ P

*carret. A 124 km 61 ✉ 01309 – 𝒞 945 60 07 66 – www.egurenugarte.com*
**21 hab** ☲ – ♦87/114 € ♦♦104/134 €
Un torreón sirve de silueta identificativa a este hotel, ubicado en una bodega. Ofrece una zona noble polivalente, buenas vistas a los viñedos y habitaciones de línea moderna.

XX **Héctor Oribe**    AC 🎇

🕸 *Gasteiz 8 ✉ 01309 – 𝒞 945 60 07 15 – www.hectororibe.es – cerrado 20 diciembre-15 enero, del 1 al 15 de julio y lunes*
**Rest** – *(solo almuerzo salvo viernes y sábado)* Menú 19/35 € – Carta 25/38 €
Presenta una barra de apoyo, una sala rústica-funcional y una pequeña bodega vista. Cocina de base tradicional con algún toque creativo y materias primas de su propia huerta.

**Los PALACIOS Y VILLAFRANCA** – Sevilla – **578** U12 – **37 741 h.**    1 B2
– alt. 12 m

▶ Madrid 529 – Cádiz 94 – Huelva 120 – Sevilla 33

🏠 **Manolo Mayo**    🖨 & AC 🎇 🛜 P

*av. de Sevilla 29 ✉ 41720 – 𝒞 955 81 10 86 – www.manolomayo.com*
**45 hab** ☲ – ♦40/50 € ♦♦50/85 €
**Rest Manolo Mayo** 🕸 – ver selección restaurantes
Hotel de línea clásica-funcional dotado con un correcto hall-recepción y unas habitaciones de completo equipamiento, la mayoría amplias. La cafetería, de carácter polivalente, se presenta como la única zona social.

XX **Manolo Mayo** – Hotel Manolo Mayo    🍴 AC 🎇 P

🕸 *av. de Sevilla 29 ✉ 41720 – 𝒞 955 81 10 86 – www.manolomayo.com*
**Rest** – Menú 12/35 € – Carta 19/35 €
Se halla dentro del hotel homónimo y atesora cierto prestigio, no en vano suele llenarse a diario. Ofrece un bar de tapas y un comedor clásico, donde le propondrán una cocina tradicional con algún plato creativo y dos menús degustación.

**PALAFRUGELL** – Girona – **574** G39 – **22 880 h.** - alt. 87 m – Playa    15 B1

▶ Madrid 724 – Barcelona 124 – Girona 44

XX **Pa i Raïm**    🍴 AC

*Torres Jonama 56 ✉ 17200 – 𝒞 972 30 45 72 – www.pairaim.com – cerrado domingo noche y martes noche salvo julio-agosto y lunes*
**Rest** – Menú 21/49 € – Carta 30/55 €
¡En la antigua casa del escritor Josep Pla! Ofrece una sala clásica, otra tipo jardín de invierno y una coqueta terraza presidida por dos tilos centenarios. Su carta de temporada combina los platos tradicionales con otros más actuales.

▶ Madrid 726 – Barcelona 109 – Girona/Gerona 46
ℹ️ passeig del Mar , ✉ 17230, 𝒞 972 60 05 50, www.visitpalamos.cat
**R.A.C.C.** President Macià 30 𝒞 972 31 97 29

---

🏨🏨 **Trias**  ← 🍴 🍽 🏊 🛗 ⚐ 🅰 🛜 🄰 🅿 🚗
*passeig del Mar* ✉ 17230 – 𝒞 972 60 18 00 – www.grupandilana.com
– 15 marzo-15 octubre
**83 hab** ⚌ – 🛏83/170 € 🛏🛏116/205 €  **Rest** – Menú 12/60 € – Carta 20/37 €
Se presenta como un clásico aunque está bien actualizado, con detalles coloniales, marineros y mediterráneos. Habitaciones espaciosas, la mayoría con terraza y vistas al mar. En el comedor, luminoso y con dos salas anexas, encontrará una cocina tradicional.

🏨 **Sant Joan** sin rest  🍽 ⚐ 🛜 🅿 🚗
*av. Llibertat 79* ✉ 17230 – 𝒞 972 31 42 08 – www.hotelsantjoan.com
– junio-octubre y fines de semana de marzo a mayo
**22 hab** ⚌ – 🛏60/88 € 🛏🛏87/116 €
Un hotel familiar que atesora mucho trabajo los fines de semana y en temporada. Sus habitaciones, alegres y actuales, se reparten por una casona, tipo masía, del s. XVIII.

🍴🍴 **La Gamba**  🍴 🛗 🄰 ⇔
*pl. Sant Pere 1* ✉ 17230 – 𝒞 972 31 46 33 – www.lagambapalamos.com – cerrado 15 días en noviembre, 15 días en febrero y miércoles salvo verano
**Rest** – *(solo almuerzo en invierno salvo viernes y sábado)* Menú 34 €
– Carta 30/50 €
Disfruta de dos coquetas terrazas y una sala muy original construida por la compañía "Eiffel", con profusión de hierro y las paredes en ladrillo visto. Extensa carta marinera.

**en La Fosca** Noreste : 2 km

🏨 **Áncora**  🚗 🍴 🏊 ⚐ 🄰 ⚐ rest, 🛜 🅿
*Josep Plà 43* ✉ 17230 Palamós – 𝒞 972 31 48 58 – www.hotelancora.net
**46 hab** ⚌ – 🛏59/85 € 🛏🛏71/110 €  **Rest** – Menú 17/36 € – Carta 30/49 €
El hotel, ubicado en una tranquila zona residencial, destaca por sus cuidados exteriores, con mini golf, jardín y piscina. Instalaciones funcionales y habitaciones luminosas, todas con terraza. El restaurante, de aire neorrústico, ofrece una carta tradicional.

**en la carretera de playa Castell**
**por la carretera de Palafrugell C 31 - Norte : 4,5 km**

🏨🏨 **La Malcontenta**  ⚐ 🚗 🍴 🏊 ⚐ 🛗 & hab, 🄰 ⚐ rest, 🛜 🅿
*Paratge Torre Mirona-Platja Castell 12* ✉ 17230 Palamós – 𝒞 972 31 23 30
– www.lamalcontentahotel.com – 15 marzo-12 octubre
**14 hab** ⚌ – 🛏🛏180/350 € – 4 suites
**Rest** – *(cerrado domingo noche, lunes y martes noche)* Menú 20/60 €
– Carta 27/48 €
Resulta realmente atractivo, pues ocupa una masía del s. XVI emplazada en un paraje protegido. Bello entorno ajardinado y magníficas habitaciones, todas amplias y con mobiliario de calidad. El restaurante, que se halla en un anexo, propone una carta actual.

---

▶ Madrid 733 – Girona/Gerona 39 – Barcelona 133 – Perpignan 102

🍴 **Mas Pou**  🍴 🛗 🄰 ⚐ ⇔ 🅿
😊 *pl. de la Mota 4* ✉ 17256 – 𝒞 972 63 41 25 – www.maspou.com – cerrado
7 enero-7 febrero, domingo noche salvo julio-agosto y lunes
**Rest** – Carta 20/37 €
Instalado en una típica casa de pueblo catalana que hoy se enriquece, en un anexo, con un singular Museo Rural dedicado a la labranza. Reparte los comedores por el edificio a modo de privados y propone una cocina regional rica en guisos.

ESPAÑA

**PALAU-SAVERDERA** – Girona – **574** F39 – **1 481 h.** – alt. 78 m    14 D3

▶ Madrid 763 – Figueres 17 – Girona/Gerona 57

⋔ **Niu de Sol**    ⤷ 🏠 📶 ⅏ rest, 🛜 🚗
*Nou 34* ⊠ *17495* – ℰ *671 60 03 03* – *www.hotelruralpalau.com*
**8 hab** ⊑ – ♦75/153 € ♦♦88/153 €    **Rest** – *(solo cena)* Menú 26 €
Ocupa una casa rehabilitada que presenta por un lado el hotel y por otro el turismo
rural. Correcta zona social, profusión de madera y baños actuales, todos con bañera.
Ambos establecimientos comparten el comedor, muy enfocado al cliente alojado.

⋔ **El Cau de Palau**    ⤷ ⅏ rest, 🛜
*La Costa 19* ⊠ *17495* – ℰ *671 60 03 03* – *www.hotelruralpalau.com*
**5 hab** ⊑ – ♦75/152 € ♦♦88/152 €    **Rest** – *(en el Hotel Niu de Sol)* Menú 26 €
Este turismo rural tiene un buen confort general y posee una decoración definida por
la combinación de los estilos rústico, regional y mediterráneo. Zona social con chimenea.

**PALENCIA** ℗ – **575** F16 – **81 198 h.** – alt. 781 m    11 B2

▶ Madrid 235 – Burgos 88 – León 128 – Santander 203

🛈 Mayor 31, ⊠ 34001, ℰ 979 70 65 23, www.turismocastillayleon.com

◎ Catedral★★ (interior★★ : tríptico★) AY

🄶 Baños de Cerrato (Basílica de San Juan Bautista★) 14 km por ②

🏨 **Castilla Vieja**    🛗 ⅓ hab, 📶 ⅏ rest, 🛜 ᵴᴬ 🚗
*av. Casado del Alisal 26* ⊠ *34001* – ℰ *979 74 90 44* – *www.hotelessuco.com*
**60 hab** – ♦40/120 € ♦♦40/140 €, ⊑ 10 € – 9 suites    BZx
**Rest** – Menú 18/25 €
Céntrico y con todos los servicios propios de su categoría. Posee salones de buena
capacidad, habitaciones amplias y una decoración de línea clásica. El restaurante,
tipo mesón, se complementa con una espaciosa cafetería. ¡Los clientes alojados pueden disfrutar gratis del gimnasio, que no pertenece al hotel!

🏨 **Diana Palace**    🛗 📶 ⅏ 🛜 ᵴᴬ 🚗
*av. de Santander 12* ⊠ *34003* – ℰ *979 01 80 50* – *www.eurostarsdianapalace.com*
**63 hab** – ♦45/200 € ♦♦50/300 €, ⊑ 8 € – 2 suites    BYa
**Rest** – *(cerrado domingo) (solo cena)* Menú 13/20 € – Carta 24/55 €
Este hotel compensa su reducida zona social con unas habitaciones bastante bien
equipadas, amplias y de estética actual, todas con los suelos en tarima y modernos
aseos. El restaurante tiene un uso polivalente, ya que también sirven en él los desayunos.

🏨 **AC Palencia** sin rest, con cafetería por la noche    ⅙ 🛗 📶 🛜 ᵴᴬ 🚗
*av. de Cuba 25, Noreste : 1 km, por Pasarela de Villalobón* ⊠ *34004*
– ℰ *979 16 57 01* – *www.ac-hotels.com*
**63 hab** – ♦55/80 € ♦♦75/110 €, ⊑ 11 € – 2 suites
Posee el sello de la cadena, con suficientes zonas comunes y una atenta organización
acostumbrada a trabajar con clientes de empresa. Amplias habitaciones con los suelos
en parquet, mobiliario escogido y baños actuales.

🏨 **Palacio Congresos** sin rest    🛗 ⅓ 📶 ⅏ 🛜 ᵴᴬ 🚗
*Clara Campoamor 13, por av. de Santander* ⊠ *34003* – ℰ *979 10 07 61*
– *www.hotelpalaciocongresos.com*
**48 hab** – ♦35/100 € ♦♦40/150 €, ⊑ 8 €
Edificio de nueva construcción ubicado en una zona residencial. Disfruta de unas
instalaciones modernas bastante funcionales, con habitaciones luminosas y una cafetería.

✗✗ **Casa Lucio**    📶 ⇔
*Don Sancho 2* ⊠ *34001* – ℰ *979 74 81 90* – *www.restaurantecasalucio.com*
– *cerrado del 1 al 15 de julio y domingo noche*    AZs
**Rest** – Menú 25/36 € – Carta 30/39 €
Se presenta con un bar público a la entrada, donde ofrecen sugerentes pinchos y
tapas, así como dos salas continuas de montaje clásico, ambas con los techos abovedados. Cocina palentina tradicional y clientela de buen nivel.

ESPAÑA

# PALENCIA

## Pepe's

*av. Manuel Rivera 16 ⊠ 34002 – ℰ 979 10 06 50 – www.casapepes.com
– cerrado del 1 al 26 de agosto y lunes*

**Rest** – Menú 20 € – Carta 40/63 €

Posee un concurrido bar a la entrada y un comedor de ambiente castellano distribuido en dos niveles. Carta tradicional bastante completa, con bastantes pescados y mariscos.

BZ**c**

533

XX **Asador La Encina**                                                    AK 彩

*Casañé 2 ⊠ 34002 – 𝒞 979 71 09 36 – www.asadorlaencina.com – cerrado del 4
al 20 de agosto y domingo noche salvo vísperas de festivos*                **BZm**
**Rest** – Menú 18/60 € – Carta 33/45 €
La fama de este negocio le precede y no es para menos, pues aquí encontraremos una
de las mejores tortillas de patata de España. Se presenta con las características propias
de un asador aunque algo más moderno y dotado con salas panelables.

X **Isabel**                                                               AK 彩

⊛ *Valentín Calderón 6 ⊠ 34001 – 𝒞 979 74 99 98 – cerrado domingo noche y lunes*
**Rest** – Menú 12 € – Carta 21/31 €                                       **AYb**
Este negocio familiar, donde atienden con extraordinaria amabilidad, disfruta de un
pequeño bar que usan como zona de espera y un íntimo comedor de línea clásica. Proponen una cocina tradicional bien elaborada y honesta... sin sobresaltos.

---

**PALMA** – Balears – ver Balears (Mallorca)

---

**La PALMA** – Santa Cruz de Tenerife – ver Canarias

---

**La PALMA DE CERVELLÓ** – Barcelona – 574 H35                             15 A3
▶ Madrid 613 – Barcelona 22 – Girona 115 – Tarragona 99

XX **Amarena**                                                         㐂 AK 彩 P

*carretera de Corbera km 1,3 ⊠ 08756 – 𝒞 936 72 09 14
– www.restaurantamarena.com – cerrado 15 días en febrero, 15 días en septiembre,
domingo noche y lunes en verano y noches de martes a jueves resto del año*
**Rest** – Menú 20/55 € – Carta 34/48 €
Negocio familiar dotado de una sala neorrústica y una terraza arbolada, con profusión de plantas. Cocina actual y de temporada, con especialidades como el foie y
el chocolate.

---

**PALMANOVA** – Balears – ver Balears (Mallorca)

---

**El PALMAR (Playa de)** – Cádiz – ver Vejer de la Frontera

---

**El PALMAR** – Murcia – ver Murcia

---

**Las PALMAS DE GRAN CANARIA** – Las Palmas – ver Canarias (Gran Canaria)

---

**El PALO** – Málaga – ver Málaga

---

**PALS** – Girona – 574 G39 – 2 793 h. – alt. 55 m                        15 B1
▶ Madrid 731 – Girona/Gerona 44 – Barcelona 130 – Perpignan 100
🛈 pl. Major 7, ⊠ 17256, 𝒞 972 63 73 80, www.pals.cat
🏌 Golf Platja de Pals, camí del Golf (playa), 𝒞 972 66 77 39
◎ Pueblo medieval★ (El Pedró★)

⌂ **Can Poch** ❶ sin rest                                          ⚓ ⅃ 🏢 彩 🛜 P

*carret. dels Masos de Pals, Noreste : 1 km ⊠ 17256 – 𝒞 972 63 63 98
– www.canpoch.com*
**6 hab** � – ††80/100 €
¡Ideal para familias! Presenta unas instalaciones bastante cuidadas, en el campo pero
no muy lejos de las playas, así como varios tipos de habitaciones a modo de apartamentos.

XX **Vicus** ❶                                                     ⅚ AK 彩 ⟷ P

*Enginyer Algarra 51 ⊠ 17256 – 𝒞 972 63 60 88 – www.vicusrestaurant.com
– cerrado enero - 15 marzo y martes salvo julio-agosto*
**Rest** – (solo almuerzo salvo fines de semana) Menú 18/30 € – Carta 30/53 €
Restaurante de origen familiar que hoy se presenta con un aspecto actual. Ofrece
una cocina creativa, con entrantes a base de pequeñas raciones, arroces y pescados del día.

XX **Sol Blanc**

*carret. de Torroella de Montgrí, Norte : 1,5 km ✉ 17256 – ✆ 972 66 73 65 – www.restaurantsolblanc.com – cerrado noviembre, miércoles salvo julio-agosto y martes*

**Rest** – Carta 28/52 €

¡Masía del s. XIX ubicada en pleno campo! Disfruta de una amplia terraza y dos salas, la principal de estilo rústico con ambientación y "mise en place" actual. Su cocina catalana de mercado evoluciona según los productos de temporada.

**en la playa**

**Sa Punta**

*Este : 6 km ✉ 17256 Pals – ✆ 972 66 73 76 – www.hotelsapunta.com*

**30 hab** – †90/160 € ††100/220 €, ☕ 13 € – 3 suites

**Rest *Sa Punta*** – ver selección restaurantes

Hotel de gestión familiar ubicado en una zona de playa. Presenta unos niveles de mantenimiento realmente impecables, varias salas de carácter polivalente y unos cuidados exteriores, con un agradable porche junto a la piscina de agua de mar.

XXX **Sa Punta** – Hotel Sa Punta

*Este : 6 km ✉ 17256 Pals – ✆ 972 66 73 76 – www.hotelsapunta.com*

**Rest** – Menú 56 € – Carta 48/70 €

¡Un restaurante con solera y prestigio! Recrea un interior de elegante ambiente clásico, con una bodega acristalada, un privado y un comedor bien asomado al jardín. Cocina clásica con pescados frescos de la lonja y buen menú degustación.

## PAMPLONA – Navarra – ver Iruña

## PANCAR – Asturias – ver Llanes

## PANES – Asturias – 572 C16 – alt. 50 m 5 C2

Madrid 427 – Oviedo 128 – Santander 89

Desfiladero de La Hermida★★ Suroeste : 12 km

**en Alevia** Noroeste : 3 km

**Casona d'Alevia** sin rest

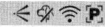

*✉ 33579 Alevia – ✆ 985 41 41 76 – www.casonadalevia.com – cerrado enero*

**9 hab** – †71/80 € ††88/99 €, ☕ 10 €

Bella casona en piedra ubicada en una preciosa aldea de montaña. Ofrece habitaciones muy detallistas, con profusión de madera y mobiliario de época en la mayoría de los casos.

**en la carretera de Cangas de Onís**

X **Casa Julián** con hab

*Oeste : 9 km ✉ 33578 Niserias – ✆ 985 41 57 97 – www.casajulian.com – cerrado 15 diciembre-febrero*

**4 hab** ☕ – †40/50 € ††50/70 € **Rest** – Menú 16 € – Carta 21/36 €

Está llevado en familia y destaca por su emplazamiento, pues se encuentra sobre el río Cares... ¡con excelentes vistas desde algunas mesas! Aquí encontrará una cocina casera con predominio de platos asturianos. En el piso superior ofrecen cuatro habitaciones muy correctas, todas con magníficas terrazas.

**en Alles** por la carretera de Cangas de Onís - Oeste : 10,5 km

**La Tahona de Besnes**

*Besnes ✉ 33578 Alles – ✆ 985 41 56 41 – www.latahonadebesnes.es*

**13 hab** ☕ – †45/60 € ††50/80 € – 5 apartamentos

**Rest** – Menú 12 € – Carta 18/31 €

¡Ideal para aislarse en plena naturaleza! Este atractivo conjunto rural se reparte entre varias edificaciones de piedra, ofreciendo una correcta zona social, unas cuidadísimas habitaciones de aire rústico-moderno y un modesto restaurante de cocina tradicional. Las casas anexas funcionan como apartamentos.

ESPAÑA

**PANTICOSA** – Huesca – 574 D29 – 790 h. – alt. 1 185 m – **Deportes de invierno :** ⤧15 ⤫1 – **Balneario**　　　　4 C1

▶ Madrid 481 – Huesca 86

◉ Balneario de Panticosa★ – Norte : Garganta del Escalar★★

### 🏠 Sabocos　　　　⤧ ≤ 🏦 ⤦ 🛜 🅿

*Fondón 1 ✉ 22661 – ℰ 974 48 74 88 – www.hotelsabocos.es – cerrado mayo y noviembre*

**26 hab** – 💲58/70 € 💲💲79/85 €, ⊊ 10 €

**Rest** – *(solo cena)* Menú 18 €

¡Llevado en familia, decorado con mimo e íntimo por su tamaño! Amplio guardaesquís, acogedor salón social y correctas habitaciones de línea rústica-actual, en la planta superior abuhardilladas. El restaurante, que se viste con abundante madera, solamente trabaja por las noches.

### 🏠 Morlans　　　　🅰 rest. ⤦ 🛜 🅿

*San Miguel 4 ✉ 22661 – ℰ 974 48 70 57 – www.casamorlans.com*

**25 hab** ⊊ – 💲39/42 € 💲💲60/66 €

**Rest** – Menú 15/35 € – Carta 18/55 €

Este hotel, típico de montaña, está definido por la profusión de madera en todas sus dependencias. Reducida área social y habitaciones sencillas pero de buen mantenimiento. El restaurante se muestra reformado y divide la sala en dos partes, una para el menú y otra de superior montaje para la carta.

### ✗✗ La Ripera　　　　🅰 ⤦ ⟷

*El Viero 2 ✉ 22661 – ℰ 974 48 70 95 – www.laripera.com – cerrado 7 días en septiembre, 7 días en octubre-noviembre y lunes*

**Rest** – Menú 20/33 € – Carta 35/50 €

Se encuentra en el centro del pueblo, junto a la iglesia, con un bar público a la entrada, varios comedores de cálido aire montañés y un pequeño privado. Cocina tradicional.

---

**La PARRA** – Badajoz – 576 Q10 – 1 389 h. – alt. 536 m　　　　17 B3

▶ Madrid 395 – Mérida 57 – Badajoz 60 – Barrancos 92

### 🏠 Hospedería Convento de la Parra　　　　⤧ 🏡 ⤲ ⤦ rest. 🛜 🔒 🅿

*Santa María 16 ✉ 06176 – ℰ 924 68 26 92 – www.laparra.net – marzo-octubre*

**21 hab** ⊊ – 💲50/58 € 💲💲80/124 €　　**Rest** – Menú 20/30 € – Carta 27/35 €

¡Emana autenticidad y resulta interesante para quien quiera aislarse del mundo! Las paredes encaladas definen un conjunto que ha sabido cuidar mucho los detalles, instalando sus habitaciones en las sobrias celdas del convento. El restaurante también goza de cierto encanto, con las mesas en madera natural.

---

**PASAI DONIBANE (PASAJES DE SAN JUAN)** – Guipúzcoa – 573 C24　　　　25 B2
– 15 885 h.

▶ Madrid 456 – Vitoria-Gasteiz 109 – Donostia-San Sebastián 5 – Iruña/Pamplona 85

◉ Localidad pintoresca★

◉ Trayecto★★ de Pasajes de San Juan a Fuenterrabía por el Jaizkíbel

### ✗ Casa Cámara　　　　≤ ⤦

*San Juan 79 ✉ 20110 – ℰ 943 52 36 99 – www.casacamara.com – cerrado miércoles noche en invierno, domingo noche y lunes*

**Rest** – Menú 36 € – Carta 40/61 €

Casa centenaria asomada a un pequeño puerto pesquero. El comedor está presidido por un vivero, lleno de agua de mar, al que le afectan las mareas. Platos clásicos marineros.

### ✗ Txulotxo　　　　≤ 🅰 ⤦

⊛　*San Juan 71 ✉ 20110 – ℰ 943 52 39 52 – www.restaurantetxulotxo.com – cerrado 23 enero - febrero, domingo noche y martes noche*

**Rest** – Menú 20 € – Carta 22/35 €

Al borde del mar, en la calle más pintoresca de la localidad. En su comedor principal, clásico-actual y con magníficas vistas, podrá degustar una cocina vasca y marinera. ¡Rodaballo, chipirones, marisco... todo fresco y bien tratado!

## PASAIA (PASAJES DE SAN PEDRO) - Guipúzcoa - 573 C24 - 2 781 h.    25 B2

▷ Madrid 458 - Bayonne 50 - Iruña/Pamplona 84 - Donostia-San Sebastián 6

🚺 Donibane 63, ⊠ 20110, 𝒞 943 34 15 56, www.oarsoaldea-turismo.net

### XX  Izkiña    🎴 🎖 ⇔

*Euskadi Etorbidea 19 - Trintxerpe* ⊠ *20110* – 𝒞 *943 39 90 43*
– *www.restauranteizkina.com – cerrado del 21 al 29 de enero, Semana*
*Santa, 19 agosto-3 septiembre, domingo noche, lunes y miércoles noche*
**Rest** – Carta 32/68 €
Negocio familiar de 3ª generación. Presenta un bar de pinchos a la entrada y dos
salas, la principal de ambiente actual-marinero. Carta especializada en pescados y
mariscos.

El símbolo ❧ le garantiza noches tranquilas. ¿En rojo ❧? Una deliciosa
tranquilidad, solamente el canto de los pájaros al amanecer…

---

## PEDRAZA - Segovia - 575 I18 - 461 h. - alt. 1 073 m    12 C2

▷ Madrid 127 - Valladolid 150 - Segovia 42

🚺 Real 3 , ⊠ 40172, 𝒞 921 50 86 66, www.pedraza.info

👁 Pueblo histórico ★★

### 🏠  Hospedería de Santo Domingo sin rest    ❧ ≤ 🛎 🖕 📶 🎴

*Matadero 3* ⊠ *40172* – 𝒞 *921 50 99 71* – *www.hospederiadesantodomingo.com*
**17 hab** ☑ – †84/155 € ††91/155 €
Una casa que ha conservado su estructura original. Posee una zona social en dos
ambientes y confortables habitaciones, destacando las que tienen terraza y vistas a
la sierra.

### 🏠  La Posada de Don Mariano    ❧ 🎴 🎖 📶

*Mayor 14* ⊠ *40172* – 𝒞 *921 50 98 86* – *www.hoteldonmariano.com*
**18 hab** ☑ – †76/115 € ††90/115 €
**Rest** – *(cerrado del 1 al 15 de enero, del 15 al 30 de junio, domingo noche y lunes)*
Menú 23 € – Carta 25/41 €
Sereno y agradable, tanto por la fachada en piedra como por sus instalaciones. Ofrece
unas coquetas habitaciones, la mayoría con mobiliario antiguo y cada una con el
nombre de un paraje de la zona. En su restaurante apuestan por la cocina tradicional
y local.

### 🏠  Hostería del Arco sin rest    ❧ 🎖 📶

*Cordovilla 1* ⊠ *40172* – 𝒞 *921 50 86 47* – *www.hosteriadelarco.com*
**10 hab** ☑ – †95 € ††115 €
Tiene la fachada en piedra, en línea con la estética medieval dominante. Posee un
interior rústico-actual y habitaciones personalizadas de distinto tamaño, cuatro con
terraza.

### XX  La Olma    🎋 🎖

*pl. del Alamo 1* ⊠ *40172* – 𝒞 *921 50 99 81* – *www.laolma.com*
**Rest** – *(solo almuerzo salvo viernes, sábado y vísperas de festivos)* Menú 38/50 €
– Carta 28/46 €
Antigua casa de piedra dotada con varias salas de aire rústico. Proponen una cocina
tradicional actualizada e interesantes menús: Buscasetas, Tierra de sabores, Sego-
viano…

### X  El Jardín    🎋 🎴 🎖 ⇔

*Calzada 6* ⊠ *40172* – 𝒞 *921 50 98 62* – *cerrado lunes salvo agosto*
**Rest** – *(es necesario reservar para cenar)* Carta 30/40 €
En este restaurante castellano encontraremos un horno de asar y la sala en dos alturas. Ofrece una carta regional y agradables terrazas, todas con buenas vistas a la
muralla.

ESPAÑA

**Las PEDROÑERAS** – Cuenca – **576** N21/ N22 – **7 180 h.** – **alt. 700 m**　　　　**10** C2
▶ Madrid 160 – Albacete 89 – Alcázar de San Juan 58 – Cuenca 111

XXX　　**Las Rejas** (Manuel de La Osa)　　　　　　　　　　　AC ⑤ ✧
ॐ　　*General Borrero 49* ⊠ *16660 –* ℰ *967 16 10 89 – www.lasrejas.es – cerrado del 15 al
30 de junio y lunes salvo festivos*
**Rest** *– (solo almuerzo salvo viernes y sábado)* Menú 65/80 € – Carta 68/84 €
En esta prestigiosa casa encontrará una sala de elegante rusticidad, varios privados y
una taberna gastronómica anexa. Cocina tradicional actualizada con dosis de creatividad.
→ Ajoarriero ahumado con huevas de arenque. Bacalao con judiones, asadillo y azafrán. Cremoso de azafrán con helado de cacao.

**El PEDROSO** – Sevilla – **578** S12 – **2 194 h.** – **alt. 415 m**　　　　**1** B2
▶ Madrid 506 – Sevilla 73 – Córdoba 149 – Badajoz 220

X　　**Los Álamos** con hab　　　　　　　　　　🏠 AC ⑤ rest, P
　　*carret. de Sevilla A 432, Suroeste : 0,5 km* ⊠ *41360 –* ℰ *954 88 96 11
– www.apartamentoslosalamos.com*
**5 apartamentos** – ♥♥36/50 €, ⊊ 2 €　**Rest** – Carta 20/28 €
Negocio familiar situado a las afueras de la localidad. Dispone de un bar y un
pequeño comedor, con chimenea, de línea clásica-regional. Cocina casera a precios
moderados. También ofrece apartamentos en un edificio anexo, algo funcionales
pero confortables.

**PEDROSO DE ACIM** – Cáceres – **576** M10 – **110 h.**　　　　**17** B1
▶ Madrid 278 – Mérida 120 – Cáceres 50

**en la carretera de El Palancar** Sur : 2 km

X　　**El Palancar** ⓝ　　　　　　　　　⪡ 🏠 ⅊ AC ⑤ ✧ P
ⓐ　　*carret. del Palancar* ⊠ *10829 –* ℰ *927 19 20 33 – www.elpalancar.com – cerrado
lunes*
**Rest** *– (solo almuerzo salvo agosto y fines de semana)* Menú 20/30 €
– Carta 29/38 €
Junto al curioso "conventito" de El Palancar. Ocupa una casa tipo chalet de ambiente
rústico y destaca por su terraza-mirador, con impresionantes vistas sobre el Valle del
Alagón. Cocina tradicional actualizada y sabrosas carnes a la brasa.

**PEÑAFIEL** – Valladolid – **575** H17 – **5 628 h.** – **alt. 755 m**　　　　**12** C2
▶ Madrid 184 – Valladolid 58 – Segovia 88 – Palencia 77
🅸 pl. de Coso 31-32, ⊠ 47300, ℰ 983 88 15 26, www.turismopenafiel.com
◉ Localidad ★ - Plaza del Coso ★★ - Castillo ★

🏠🏠🏠🏠　**Convento Las Claras**　　　　　　🔟 🗐 & hab, AC 🛜 🖄 P
　　*pl. de los Comuneros 1* ⊠ *47300 –* ℰ *983 87 81 68
– www.hotelconventolasclaras.com*
**62 hab** ⊊ – ♥109/115 € ♥♥121/139 € – 2 suites
**Rest** *Conde Lucanor – (cerrado lunes)* Menú 20/50 € – Carta 45/60 €
Ocupa un convento del s. XVII que destaca tanto por sus habitaciones, clásicas y
abuhardilladas en la última planta, como por su hermoso claustro, con el techo acristalado y una galería-balconada construida en madera. El restaurante, instalado
en la antigua capilla, ofrece una carta tradicional y dos menús.

🏠🏠🏠　**AF Pesquera** ⓝ　　　　　　🔟 🖾 🗐 & hab, AC hab, ⑤ 🛜 🖄 🚗
　　*de la Estación 1* ⊠ *47300 –* ℰ *983 88 12 12 – www.hotelpesquera.com*
**36 hab** ⊊ – ♥92 € ♥♥143 € – 2 suites
**Rest** *Luna Llena – (solo almuerzo salvo viernes y sábado)* Menú 20/40 €
– Carta 28/42 €
Un hotel de diseño moderno que ha sabido recuperar, con gran acierto, una antigua
fábrica de harinas. Presenta buenos espacios sociales, varios tipos de habitaciones y
una interesante vinoteca en honor al prestigioso bodeguero Alejandro Fernández. Su
restaurante apuesta por una cocina actual y de temporada.

ESPAÑA

**PEÑARANDA DE BRACAMONTE** – Salamanca – **575** J14 – **6 800 h.**  **11** B3
– alt. 730 m

▶ Madrid 164 – Ávila 56 – Salamanca 43

🛈 pl. de España 14, ✉ 37300, 𝒞 923 54 12 00

🏨 **Las Cabañas**  ⬧ 🔲 ⬧ 🛜 ♨ 🅿

*Carmen 14* ✉ *37300* – 𝒞 *923 54 02 03* – *www.lascabanas.es*
**23 hab** – †42/50 € ††53/65 €, ⌷ 5 €
**Rest** *Las Cabañas - El Tostón de Oro* – ver selección restaurantes
Un hotelito céntrico, familiar y de línea actual. Presenta una moderna cafetería a la entrada, un coqueto salón social y habitaciones de buen confort, algunas con hidromasaje.

✕✕ **Las Cabañas - El Tostón de Oro** – Hotel Las Cabañas  ⬧ 🔲 ♨ 🅿

*Carmen 14* ✉ *37300* – 𝒞 *923 54 02 03* – *www.lascabanas.es* – *cerrado lunes*
**Rest** – Menú 17/30 € – Carta 35/45 € ⅌
Casa de larga trayectoria familiar dotada con una sala en un patio interior, bajo una cúpula acristalada. Su carta tradicional tiene en el cochinillo asado su plato estrella.

---

**PEÑARANDA DE DUERO** – Burgos – **575** G19 – **578 h.** – alt. 855 m  **12** C2

▶ Madrid 175 – Burgos 90 – Aranda de Duero 18 – Segovia 137

◉ Localidad ★ - Plaza Mayor ★ - Palacio de Avellaneda ★ (artesonados ★)

✕✕ **La Posada Ducal** con hab  ⅍ ≤ ⬧ 🔲 ♨ 🛜

*pl. Mayor 1* ✉ *09410* – 𝒞 *947 55 23 47* – *www.laposadaducal.com*
**15 hab** ⌷ – †50/60 € ††65/80 €  **Rest** – Menú 26/48 € – Carta 28/45 €
Ocupa una casa señorial y destaca por su emplazamiento, con vistas a una bonita plaza. Encontrará una pequeña cafetería y un comedor de ambiente castellano en la 1ª planta. Como complemento al negocio también ofrece unas correctas habitaciones de aire rústico.

---

**PEÑARRUBIAS DE PIRÓN** – Segovia – **575** I17 – **16 h.**  **12** C2

▶ Madrid 117 – Valladolid 208 – Segovia 23 – Avila 112

🏠 **Del Verde al Amarillo**  ⅍ ≤ 🏕 🔲 ♨ 🛜 🅿

*camino de Pinillos* ✉ *40393* – 𝒞 *921 49 75 02* – *www.delverdealamarillo.com*
– *cerrado del 1 al 15 de agosto*
**11 hab** ⌷ – †75 € ††88 €
**Rest** – *(cerrado domingo noche)* (es necesario reservar) Carta 25/40 €
Antigua granja que, con su nombre, quiere evocar la paleta de colores presente en los campos circundantes. Disfruta de un acogedor salón social con chimenea, correctas habitaciones denominadas como las flores de la zona y una gran terraza con porche. El restaurante propone una reducida carta de sabor casero.

---

**PEÑÍSCOLA** – Castellón – **577** K31 – **8 214 h.** – Playa  **16** B1

▶ Madrid 494 – Castelló de la Plana/Castellón de la Plana 76 – Tarragona 124
– Tortosa 63

🛈 paseo Marítimo , ✉ 12598, 𝒞 964 48 02 08, www.peniscola.es

◉ Localidad ★★ - Ciudad Vieja ★ (castillo y vistas ★)

🏨 **Hostería del Mar** – (Parador Colaborador)  ≤ ⛆ ⬧ 🔲 ♨ rest. 🛜 🅿

*av. Papa Luna 18* ✉ *12598* – 𝒞 *964 48 06 00*  🚗
– *www.hosteriadelmar.net*
**86 hab** ⌷ – †60/119 € ††84/164 €
**Rest** – *(solo fines de semana en invierno)* Menú 20/35 € – Carta 30/50 €
Singular, pues aúna la decoración castellana y un magnífico emplazamiento en 1ª línea de playa. Elegante zona social y cuidadas habitaciones, casi todas con terraza. El restaurante presenta una carta tradicional, con carnes rojas y un buen Rodaballo al horno.

ESPAÑA

### Estrella del Mar sin rest ⬅️🛗🅰🛇🛜
*av. de la Mar 31 B ⊠ 12598 – ℰ 964 48 00 71 – www.hotelestrelladelmar.com*
*– marzo-15 octubre*
**10 hab** ⊊ – **♦**50/130 € **♦♦**78/130 €
Este hotel familiar cuenta con uno de los mejores emplazamientos de Peñíscola, en 1ª línea de playa y cerca del castillo. Ofrece unas habitaciones de línea moderna, destacando las seis dotadas con su propia terraza y vistas al mar.

---

**La PERA** – Girona – **574** F38 – **428 h.** – **alt. 89 m** **15** B1
▶ Madrid 722 – Girona/Gerona 24 – Barcelona 122 – Perpignan 103

## por la carretera C 66 Este : 2 km y desvío a la derecha 0,5 km

### 🏠 Mas Duràn 🐾 🍴 🛇 rest, 🅿
⊠ 17120 La Pera – ℰ 972 48 83 38 – www.masduran.com
**6 hab** ⊊ – **♦**60/65 € **♦♦**75/85 € **Rest** – (solo clientes, solo cena) Menú 20 €
Masía del s. XVII emplazada en pleno campo. Disfruta de unas cuidadas habitaciones, todas personalizadas, así como una atractiva zona social de ambiente familiar, donde se sirven los desayunos y las cenas a los clientes alojados. Exteriores con piscina y zona de juegos para los niños.

---

**PERALADA** – Girona – **574** F39 – **1 888 h.** – **alt. 2 m** **14** D3
▶ Madrid 738 – Girona/Gerona 47 – Perpignan 61
🇮 pl. Peixateria 6, ⊠ 17491, ℰ 972 53 88 40, www.peralada.org
🔁 Peralada, Paraje La Garriga, ℰ 972 53 82 87
◉ Localidad★ – Castillo-palacio de Peralada★ – Convento del Carme★ (Museo del Castillo de Peralada★) – Claustro de Sant Domènec★

### 🏠 Hotel de la Font sin rest 🐾 🛗 🅰 🛜
*baixada de la Font 15-19 ⊠ 17491 – ℰ 972 53 85 07 – www.hoteldelafont.com*
**12 hab** ⊊ – **♦**50/95 € **♦♦**70/125 €
Antigua casa de piedra emplazada en el centro de Peralada. Posee un salón social con chimenea y habitaciones de correcto confort, combinando el mobiliario en pino con el de forja. ¡Agradable patio central, con una fuente y muchas plantas!

### 🍴🍴 Cal Sagristà 🛗 🅰
⊛ Rodona 2 ⊠ 17491 – ℰ 972 53 83 01 – cerrado 21 días en febrero, 21 días en noviembre, lunes noche y martes salvo julio-agosto y festivos
**Rest** – Carta 25/35 €
Resulta acogedor y tiene su encanto, no en vano ocupa la antigua rectoría de un céntrico convento. En el comedor, bien montado y de aire neorrústico, le ofrecerán una cocina tradicional actualizada que cuida mucho las presentaciones.

## al Noreste 1,5 km

### 🏨 Golf Peralada 🐾 ⬅ 🍴 ⊕ 🧖 🍽 🔟 🛗 🚿 hab, 🅰 🛇 rest, 🛜 � 🅿 🚗
*av. Rocaberti ⊠ 17491 Peralada – ℰ 972 53 88 30 – www.hotelperalada.com*
**53 hab** ⊊ – **♦**135/285 € **♦♦**150/300 € – 2 suites
**Rest** – Menú 22/52 € – Carta 30/51 €
Está en un campo de golf y destaca tanto por sus atractivas habitaciones como por sus originales ofertas terapéuticas, vitivinícolas o de relax. En el restaurante, de buen montaje y ambiente regional, completan el servicio a la carta con un menú al mediodía, este último más orientado al cliente no alojado.

---

**PERALES DEL PUERTO** – Cáceres – **576** L9 – **966 h.** – **alt. 441 m** **17** B1
▶ Madrid 306 – Mérida 169 – Cáceres 98 – Castelo Branco 101

### 🏠 Don Julio sin rest 🅰 🛇 🛜 🅿
*av. Sierra de Gata 20 ⊠ 10896 – ℰ 927 51 46 51 – www.casaruraldonjulio.com*
**9 hab** ⊊ – **♦**50 € **♦♦**62 €
Agradable casa familiar transformada en hotel rural. Dispone de un salón social con chimenea y amplias habitaciones, todas con detalles rústicos y baños actuales. A los niños les gusta, pues posee un jardín, huerto, gallinas, pavos...

## PERAMOLA - Lleida - 574 F33 - 369 h. - alt. 566 m — 13 B2

▶ Madrid 567 - Lleida/Lérida 98 - La Seu d'Urgell/Seo de Urgel 47

**al Noreste** 2,5 km

🏨 **Can Boix** — 🐦 ≺ ⛱ 🏊 ✂ ⇅ ♿ hab, ❄ 🚭 rest, 📶 👥 🅿

*Afueras ✉ 25790 Peramola - ✆ 973 47 02 66 - www.canboix.cat*

**41 hab** - 🚹87/122 € 🚹🚹109/152 €, ☕ 13 €

**Rest** - Menú 30/64 € - Carta 42/65 € 🍇

Destaca por su tranquilidad y por la belleza del entorno, al pie de las sierras prepirenaicas. Correctas zonas nobles y habitaciones de buen confort, con los suelos en madera. El restaurante, de línea clásica y con chimenea, ofrece una carta de tinte regional.

## PERATALLADA - Girona - 574 G39 - 411 h. - alt. 43 m — 15 B1

▶ Madrid 734 - Girona/Gerona 40 - Barcelona 134 - Perpignan 102

👁 Localidad★★

⌂ **Ca l'Aliu** sin rest — ❄ 🚭 📶

*Roca 6 ✉ 17113 - ✆ 972 63 40 61 - www.calaliu.com*

**7 hab** ☕ - 🚹51/60 € 🚹🚹61/71 €

Hotel rural dotado de unas acogedoras habitaciones, todas con mobiliario antiguo restaurado y algunas de ellas abuhardilladas. Reducida zona social y pequeño patio-terraza.

✕ **Bonay** — ⛱ ♿ ❄ 🚭 🅿

*pl. les Voltes 13 ✉ 17113 - ✆ 972 63 40 34 - www.bonay.com - cerrado del 9 al 26 de diciembre, domingo noche y lunes*

**Rest** - *(solo almuerzo en invierno salvo viernes y sábado)* Menú 25/38 € - Carta 26/34 €

Llevado con profesionalidad entre dos hermanos. Posee un bar en la planta baja, de donde sale el acceso a una antigua bodega, y un comedor rústico-regional en el piso superior. Carta regional ampurdanesa con apartado de caza en temporada.

## El PERDIGÓN - Zamora - 575 H12 - 792 h. - alt. 720 m — 11 B2

▶ Madrid 243 - Salamanca 74 - Valladolid 88 - Zamora 12

✕ ☺ **Bodega Pámpano** — 🚭 🅿

*Iglesia 31 ✉ 49720 - ✆ 980 57 62 17 - www.bodegapampano.com - cerrado del 1 al 15 de septiembre y lunes salvo festivos y verano*

**Rest** - Menú 20/40 € - Carta 21/42 €

¡Muy curioso, pues ocupa una bodega con más de 300 años de antigüedad! Posee una fachada muy discreta y se accede por una angosta escalera que desciende hasta 12 metros de profundidad. La especialidad de su carta son las carnes a la brasa.

## La PEREDA - Asturias - ver Llanes

## El PERELLÓ - Tarragona - 574 J32 - 3 378 h. - alt. 142 m — 13 A3

▶ Madrid 519 - Castelló de la Plana/Castellón de la Plana 132 - Tarragona 59 - Tortosa 33

⌂ **La Panavera** sin rest — 🐦 ❄ 📶

*pl. del Forn 25 ✉ 43519 - ✆ 977 49 03 18 - www.hostallapanavera.es*

**6 hab** ☕ - 🚹60 € 🚹🚹80 €

Céntrica casa de piedra que en su día funcionó como molino de aceite. Atesora unas habitaciones bien personalizadas, con mobiliario restaurado y hermosos detalles decorativos.

## PETRER - Alicante - 577 Q27 - 34 697 h. - alt. 640 m — 16 A3

▶ Madrid 380 - Albacete 130 - Alacant/Alicante 36 - Murcia 82

✕✕✕ **La Sirena** — ❄ 🚭 ⇔

*av. de Madrid 14 ✉ 03610 - ✆ 965 37 17 18 - www.lasirena.net - cerrado del 10 al 31 de agosto, domingo noche y lunes*

**Rest** - Menú 28/58 € - Carta 35/44 €

Dotado con una sala clásica-actual repartida en tres espacios. La especialidad son los pescados y mariscos... no obstante, encontrará tanto platos clásicos como evolucionados.

**PIEDRA (Monasterio de)** – Zaragoza – ver Nuévalos

**PILES** – Valencia – 577 P29 – **2 877 h.** – Playa    16 B2
▶ Madrid 422 – València 80 – Alacant/Alicante 107

**en la playa** Este : 2 km

  XX  **GloriaMar**        ⇐ & 🎿 ⤢ ⟲
  🍷  av. del Mar 1 ⊠ 46712 – 𝒞 962 83 13 53 – www.gloriamar.es – cerrado 10 días en
      enero, 10 días en noviembre y lunes en invierno
      **Rest** – (solo almuerzo salvo viernes, sábado y verano) Menú 16/35 € – Carta 30/41 €
      Presenta un espacio a la entrada denominado Blanc i Blau, para comidas informales, y
      luego el restaurante, moderno y con vistas al mar. Carta tradicional con toques creativos.

**PINAR DE ANTEQUERA** – Valladolid – ver Valladolid

**PINETA (Valle de)** – Huesca – ver Bielsa

**El PINÓS (PINOSO)** – Alicante – 577 Q26 – **7 908 h.** – alt. 450 m    16 A3
▶ Madrid 382 – València 156 – Alacant / Alicante 61 – Murcia 61

  X  **El Racó de Pere i Pepa** ⓝ        🎇 & 🎿 🌿
  🍷  carret. de Jumilla 26 ⊠ 03650 – 𝒞 965 47 71 75 – www.racodepereipepa.com
      – cerrado 15 días en enero, 15 días en agosto y lunes
      **Rest** – (solo almuerzo salvo viernes y sábado) Menú 30 € – Carta 30/38 €
      Restaurante de ambiente rústico-actual llevado por un amable matrimonio. De sus fogo-
      nes surge una cocina tradicional actualizada y regional, con hasta ocho arroces diferentes.

**PINTO** – Madrid – 576 – 575 L18 – **46 763 h.** – alt. 604 m    22 B2
▶ Madrid 23 – Toledo 66 – Segovia 115

  🏨  **Indiana** sin rest        🔄 & 🎿 🛜
      Castilla 8 ⊠ 28320 – 𝒞 916 92 62 53 – www.hotel-indiana.com
      **42 hab** 🖙 – ♦45/50 € ♦♦50/60 €
      Aquí encontrará unas instalaciones muy renovadas, comunicando interiormente el
      anexo, donde están las habitaciones de mayor amplitud y confort, con el edificio princi-
      pal. ¡En temporada trabaja mucho con familias que van al Parque Warner!

  XX  **El Asador de Pinto**        🎿 🌿
      Castilla 19 ⊠ 28320 – 𝒞 916 91 53 35 – www.asadordepinto.es – cerrado del 15
      al 30 de agosto y domingo noche en julio y agosto
      **Rest** – (solo almuerzo salvo viernes y sábado) Menú 13/25 € – Carta 33/55 €
      Disfruta de una concurrida sidrería vasca, un comedor castellano en el piso superior y
      dos privados. Buen menú sidrería y carta tradicional, con un apartado de sugerencias.

**PLASENCIA** – Cáceres – 576 L11 – **41 002 h.** – alt. 355 m    18 C1
▶ Madrid 257 – Ávila 150 – Cáceres 85 – Ciudad Real 332
🛈 Santa Clara 4, ⊠ 10600, 𝒞 927 42 38 43, www.plasencia.es
◎ Catedral★ (retablo★, sillería★)

  🏰🏰🏰  **Parador de Plasencia**      🌿 🏊 🖼 🔄 & hab, 🎿 🌿 🛜 🏋 🚗
      pl. de San Vicente Ferrer ⊠ 10600 – 𝒞 927 42 58 70 – www.parador.es
      **65 hab** – ♦72/144 € ♦♦90/180 €, 🖙 18 € – 1 suite
      **Rest** – Menú 27/40 € – Carta 31/55 €
      Magnífico, pues ocupa un convento del s. XV que aúna la austeridad dominica con un
      exquisito gusto decorativo. Impresionantes zonas nobles, extraordinarios claustros y
      mobiliario de época. El comedor, instalado en el refectorio, realza el recetario regional.

  🏨🏨  **Palacio Carvajal Girón**      🌿 🔄 & 🎿 🌿 🛜 🅿
      pl. Ansano 1 ⊠ 10600 – 𝒞 927 42 63 26 – www.palaciocarvajalgiron.com
      **28 hab** – ♦72/120 € ♦♦90/150 €, 🖙 15 €    **Rest** – Menú 30/75 € – Carta 30/55 €
      Singular, ya que ha recuperado un hermoso palacio del s. XVI. Tras su nobiliaria fachada
      se esconde un patio interior que funciona como zona social, una recia escalera en piedra
      y habitaciones de excelente nivel. El restaurante propone tanto carta como menú.

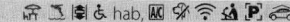

**Rincón de la Magdalena** sin rest
*Rincón de la Magdalena 1 ✉ 10600 – ✆ 659 51 13 07 – www.rincondelamagdalena.com*
**6 apartamentos** – ††62/109 €, ☕ 3 €
Conjunto de apartamentos emplazados en pleno centro histórico. Su organización resulta sencilla, sin embargo todos son amplios y están muy cuidados, con saloncito y cocina.

**en la carretera N 110** Noreste : 4,5 km

**Ciudad del Jerte** hab,
*carret. N 110 ✉ 10600 Plasencia – ✆ 927 41 22 28 – www.hotelciudaddeljerte.com*
**52 hab** – †55/60 € ††132/165 €, ☕ 8 € **Rest** – Menú 13/24 € – Carta 27/44 €
Hotel de moderna construcción ubicado en una finca. Posee unas instalaciones amplias y luminosas, con diáfanos salones panelables y habitaciones de línea clásica-tradicional. El restaurante se complementa con una agradable terraza dotada de vistas al valle.

## PLATJA D'ARO – Girona – 574 G39 – Playa 15 B1

Madrid 715 – Barcelona 102 – Girona/Gerona 39
Mossèn Cinto Verdaguer 4 , ✉ 17250, ✆ 972 81 71 79, www.platjadaro.com
D'Aro, urb. Mas Nou, Noroeste : 4,5 km, ✆ 972 81 67 27

**Cala del Pi**
*av. Cavall Bernat 160, Este : 1,5 km ✉ 17250 – ✆ 972 82 84 29 – www.hotelcaladelpi.com*
**41 hab** ☕ – ††140/360 € – 8 suites **Rest** – Menú 38/115 € – Carta 60/95 €
Complejo de lujo ubicado al borde del mar, junto a una pequeña cala. Ofrece una variada zona social, habitaciones completas, todas con terraza, y un circuito de aguas. El restaurante, dotado con atractivas terrazas, propone una extensa carta de cocina actual.

**NM Suites**
*av. Onze de Setembre 70 ✉ 17250 – ✆ 972 82 57 70 – www.nm-suites.com*
**39 hab** ☕ – †77/134 € ††102/178 €
**Rest** ***Sa Cova*** – *(cerrado en invierno salvo fines de semana)* Menú 18/45 € – Carta 31/43 €
Presenta una línea actual y hasta tres tipos de habitaciones, en el edificio principal a modo de estudio, con cocina, y en el anexo más de diseño, bien dobles o tipo suites. El restaurante, que potencia mucho los vinos del Ampurdán, propone una cocina actual.

## PLATJA DE SANT JOAN (PLAYA DE SAN JUAN) – Alicante – 577 Q28 16 B3 – Playa

Madrid 424 – Alacant/Alicante 7 – Benidorm 33

**Holiday Inn Alicante-Playa de San Juan** hab,
*av. de Cataluña 20 ✉ 03540 – ✆ 965 15 61 85 – www.holidayinnalicante.com*
**126 hab** – ††49/170 €, ☕ 9 € **Rest** – Menú 15/20 €
Actual, bien insonorizado y de confortable funcionalidad. Parece más un hotel de ciudad que de playa, ya que trabaja mucho con empresas y tiene unas habitaciones bien equipadas. En el comedor, algo más sencillo, encontrará un menú y un buen apartado de arroces. ¡Agradable zona verde y cómodo aparcamiento!

**Estella**
*av. Costa Blanca 125 ✉ 03540 – ✆ 965 16 04 07 – cerrado del 20 al 30 de mayo, del 10 al 30 de noviembre, domingo noche y lunes*
**Rest** – Menú 16 € – Carta 25/39 €
Una casa de organización familiar a la antigua usanza, sencilla pero muy cuidada. Presenta un comedor clásico y un privado, ambos con un buen servicio de mesa. Carta tradicional y precios ajustados.

ESPAÑA

## en la carretera de Sant Joan d'Alacant Noroeste : 2 km

### ✗ La Vaquería ⚐ 🆎 🛇

*carret. Benimagrell 52* ⊠ *03560 El Campello –* ℰ *965 94 03 23*
*– www.asadorlavaqueria.com*
**Rest** – Carta 30/45 €
Pintoresco asador de estilo mediterráneo y montaje informal. Disfruta de una agradable terraza y su especialidad son las carnes a la brasa... aunque también trabaja
mucho con pescados y verduras de la zona a la parrilla.

---

**PLAYA** – ver el nombre propio de la playa

**PLAYA BLANCA** – Las Palmas – ver Canarias (Lanzarote)

**PLAYA CANYELLES (Urbanización)** – Girona – ver Lloret de Mar

**PLAYA HONDA** – Las Palmas – ver Canarias (Lanzarote)

**PLAYA HONDA** – Murcia – ver La Manga del Mar Menor

**PLAYA DE ARINAGA** – Las Palmas – ver Canarias (Gran Canaria) : Agüimes

**PLAYA DE LAS AMÉRICAS** – Santa Cruz de Tenerife – ver Canarias (Tenerife)

**PLAYA DE SAN JUAN** – Alicante – ver Platja de Sant Joan

**PLAYA DEL INGLÉS** – Las Palmas – ver Canarias (Gran Canaria) : Maspalomas

**Las PLAYAS** – Santa Cruz de Tenerife – ver Canarias (El Hierro) : Valverde

**POBEÑA** – Vizcaya – **573** B20 – 218 h. – Playa          25 A3
▶ Madrid 405 – Vitoria/Gasteiz 81 – Bilbao 21 – Santander 84

### ✗ Mugarri con hab 🆎 rest, 🛇 🤶 🅿

*pl. de Pobeña 2* ⊠ *48550 –* ℰ *946 70 77 99 – www.apartamentosmugarri.com*
**8 apartamentos** ⊑ – 🛏🛏45/60 €
**Rest** – *(cerrado 23 diciembre-2 enero, Semana Santa, agosto y martes) (solo
almuerzo salvo viernes y sábado)* Menú 13 € – Carta 40/60 €
Este negocio se presenta con un bar de tapas y un comedor distribuido en dos
zonas, una interior y la otra en un porche acristalado. Parrilladas, pescados y mariscos. Como complemento también posee unos sencillos apartamentos, todos con la
cocina equipada.

**La POBLA DE FARNALS** – Valencia – **577** N29 – 7 677 h. – alt. 14 m    16 B2
▶ Madrid 369 – Castelló de la Plana/Castellón de la Plana 58 – València 17

## en la playa Este : 5 km

### 🏨 De la Playa ॐ ≤ ⚐ 🎐 ઙ hab, 🆎 🛇 🤶

*paseo de Colón 1* ⊠ *46137 Playa Pobla de Farnals –* ℰ *961 46 84 64*
*– www.hoteldelaplaya.com*
**12 hab** – 🛏🛏80/200 €, ⊑ 15 €
**Rest** – *(cerrado domingo noche salvo en verano)* Menú 19/39 € – Carta 27/62 €
¡En el paseo marítimo y con la playa a pocos metros! Posee unas habitaciones muy
luminosas y de estética minimalista, todas con vistas al mar. El restaurante, ubicado
en el sótano, presenta una carta de mercado con matices actuales.

### ✗✗ Bergamonte ⚐ 🍽 🆎 🛇 ⇄ 🅿

*av. del Mar 13* ⊠ *46137 Playa Pobla de Farnals –* ℰ *961 46 16 12*
*– www.bergamonte.es – cerrado martes noche y miércoles noche en invierno,
domingo y lunes noche*
**Rest** – Menú 28/33 € – Carta 26/51 €
Disfruta de varios comedores y privados, aunque destaca el principal por su típica
estructura de barraca. Cocina valenciana y tradicional, con un buen apartado de
arroces.

ESPAÑA

**POBLET (Monasterio de)** – Tarragona – **574** H33 – **73 h.** – alt. 490 m     **13** B2

▶ Madrid 528 – Barcelona 122 – Lleida/Lérida 51 – Tarragona 46

🖼 paseo del Abat Conill 6, ✉ 43448, ℰ 977 87 00 89, www.concaturisme.cat

◉ Paraje★ – Monasterio★★★ (capilla de Sant Jordi★★, Plaza Mayor★, Puerta Real★, Palacio del Rey Martín★, claustro★★ : capiteles★, templete★, sala capitular★★; Iglesia★★ : Panteón Real★★, Retablo Mayor★★)

🏨 **Hostatgeria de Poblet** ⓝ     ⬥ 🛏 & hab, 🅼 rest, ⅏ 🛜 ṡà 🅿
pl. Corona d' Aragó 11 ✉ 43448 – ℰ 977 87 12 01 – www.hostatgeriadepoblet.cat
– cerrado 31 diciembre-24 enero
**42 hab** – †40/49 € ††49/69 €, ⊒ 8 €     **Rest** – *(solo menú)* Menú 14/26 €
Ubicado junto al monasterio, en el mismo espacio que otrora ocupó la antigua hospedería para peregrinos. Se presenta con una recepción de gran austeridad, unas habitaciones de estética minimalista y varias salas de reuniones, no en vano aquí trabajan mucho con empresas. Restaurante de carácter polivalente.

🏨 **Masía del Cadet**     ⬥ 🍴 🛏 🅼 ⅏ rest, 🛜 🅿
Les Masies, Este : 1 km ✉ 43449 – ℰ 977 87 08 69 – www.masiadelcadet.com
– cerrado 15 días en noviembre
**12 hab** ⊒ – †50/65 € ††70/95 €
**Rest** – *(cerrado domingo noche y lunes salvo festivos)* Menú 15/21 €
– Carta 30/45 €
Sencilla masía del s. XIV ubicada en un entorno tranquilo y de cuidados exteriores. Cuenta con dos saloncitos sociales, uno de ellos con chimenea, y unas habitaciones clásicas de correcto confort. El restaurante, que recrea un ambiente rústico muy acogedor, combina su carta de cocina catalana con un menú.

**A POBRA DE TRIVES** (La PUEBLA DE TRIVES) – Ourense – **571** E8     **20** C3
– **2 388 h.** – alt. 730 m

▶ Madrid 479 – Bragança 146 – Lugo 115 – Ourense 74

🏠 **Casa Grande de Trives** sin rest     ⅏ 🛜
Marqués de Trives 17 ✉ 32780 – ℰ 988 33 20 66 – www.casagrandetrives.com
**9 hab** – †49/59 € ††59/69 €, ⊒ 6 €
Casa familiar ubicada en el centro del pueblo. Ofrece un patio típico con galerías y unas habitaciones de línea clásica, todas con mobiliario de época. Destaca tanto por su capilla, consagrada a la Virgen del Carmen, como por sus salones.

**al Norte** 2 km

🏠 **Pazo Paradela**     ⬥ 🚗 ⅏ 🛜 🅿
carret. de Barrio - km 2 ✉ 32780 A Pobra de Trives – ℰ 988 33 07 14 – cerrado
22 diciembre-2 enero
**8 hab** – †48 € ††60 €, ⊒ 8 €     **Rest** – *(solo cena) (solo clientes)* Menú 25 €
En una explotación agrícola-ganadera llena de ovejas, frutales y robles. Los primeros documentos sobre esta casa, construida en piedra y con un buen patio central, datan de 1611. Posee habitaciones con mobiliario de época y una cocina de gusto regional. ¡Muchos clientes visitan desde aquí la Ribeira Sacra!

**POBRA DO CARAMIÑAL** (PUEBLA DEL CARAMIÑAL) – A Coruña     **19** A2
– **571** E3 – **9 664 h.** – Playa

▶ Madrid 665 – A Coruña 123 – Pontevedra 68 – Santiago de Compostela 51

🖼 Mirador de la Curota★★ Norte : 10 km

🍴🍴 **Castelo**     ⅏
Díaz de Rábago 2 ✉ 15940 – ℰ 981 83 31 30 – www.restaurantecastelo.es
**Rest** – Menú 12/35 € – Carta 24/45 €
Negocio de ambiente rústico-actual ubicado en la avenida principal, junto al puerto, con vistas a la ría. Cocina tradicional y gallega basada en la excelencia del producto.

**POLA DE SOMIEDO** – Asturias – **572** C11    **5** B2

▶ Madrid 444 – Oviedo 86

🏨 **Castillo del Alba**    🍴 📺 rest, ⚡ 🛜 **P.**
*Flórez Estrada* ✉ *33840* – 𝒞 *985 76 39 96* – *www.hotelcastillodelalba.es* – *cerrado febrero*
**17 hab** ☑ – **†**45/60 € **††**55/80 €
**Rest** – *(cerrado lunes salvo verano)* Menú 10/25 € – Carta 27/47 €
Sin duda resulta singular, pues sus instalaciones combinan una decoración rústica-
regional con el mobiliario de diseño en madera y los detalles de buen gusto. Presenta
unas confortables habitaciones con los baños integrados y un coqueto restaurante de
cocina tradicional, especializado en carnes y arroces.

**POLLENÇA** – Balears – ver Balears (Mallorca)

**PONFERRADA** – León – **575** E10 – 68 549 h. – alt. 543 m    **11** A1

▶ Madrid 385 – Benavente 125 – León 105 – Lugo 121

ℹ Gil y Carrasco 4 (junto al Castillo), ✉ 24400, 𝒞 987 42 42 36, www.ponferrada.org

🅖 Peñalba de Santiago★ Sureste : 21 km – Las Médulas★ Suroeste : 22 km

🏨🏨 **Ponferrada Plaza**    🏋 🍴 📺 ⚡ 🛜 ♨ **P.** 🚗
*av. Escritores 6* ✉ *24404* – 𝒞 *987 40 61 71* – *www.hotelponferradaplaza.es*
**38 hab** – **†**55/100 € **††**55/120 €, ☑ 8,50 € – 2 suites
**Rest** – *(cerrado domingo noche)* Menú 12/60 € – Carta 21/41 €
En una zona residencial. Este hotel cuenta con un gran hall, amplias salas de reuniones y habitaciones de estilo clásico-actual, todas con los suelos en tarima. El restaurante, que tiene un horno de asar a la vista, presenta una carta de gusto tradicional.

🏨 **Aroi Bierzo Plaza**    🛜 🍴 📺 ⚡ 🛜
*pl. del Ayuntamiento 4* ✉ *24400* – 𝒞 *987 40 90 01* – *www.aroihoteles.com*
**34 hab** ☑ – **†**56/185 € **††**62/185 €
**Rest La Violeta** – Menú 25/60 € – Carta 27/57 €
Llama la atención tanto por su emplazamiento, en pleno centro, como por sus atractivas fachadas, pues ocupa tres edificios contiguos. Habitaciones amplias y bien equipadas, las del piso superior abuhardilladas. El restaurante, clásico y de buen montaje,
presenta una carta de tinte tradicional.

🏨 **El Castillo**    🍴 📺 ⚡ 🛜 ♨ 🚗
*av. del Castillo 115* ✉ *24400* – 𝒞 *987 45 62 27* – *www.hotel-elcastillo.com*
**48 hab** – **†**45/60 € **††**48/85 €, ☑ 5 €    **Rest** – *(cerrado domingo)* Menú 10/30 €
¡Próximo al Castillo de los Templarios! Posee una cuidada zona social y confortables habitaciones, las antiguas con mobiliario clásico en madera y las modernas con un estilo más
funcional. El restaurante, bastante diáfano, centra mucho su oferta en el menú.

🏨 **Aroi Ponferrada** sin rest    🍴 ♿ 📺 ⚡ 🛜
*Marcelo Macías 4* ✉ *24400* – 𝒞 *987 40 94 27* – *www.aroihoteles.com*
**39 hab** – **†**55/195 € **††**58/195 €, ☑ 7 €
Instalado en un edificio céntrico muy bien rehabilitado. Las habitaciones resultan algo
pequeñas, detalle que compensan con una decoración moderna y un buen equipamiento. ¡Ideal para el cliente de empresa que simplemente busca el descanso!

🏠 **Los Templarios** sin rest, con cafetería    🍴 ♿ 📺 🛜
*Flórez Osorio 3* ✉ *24400* – 𝒞 *987 41 14 84* – *www.hotellostemplarios.es*
**18 hab** – **†**35/40 € **††**40/50 €, ☑ 2,50 €
Céntrico y de amable organización familiar. Ofrece habitaciones funcionales de
correcto confort, con los suelos en tarima y plato ducha en la mayoría de los baños.

**por la carretera de Cacabelos** Noroeste : 5 km y desvío a la derecha 1 km

🍴 **La Casona**    🛜 📺 ⚡
*Real 72 - Fuentesnuevas* ✉ *24411 Ponferrada* – 𝒞 *987 45 53 58*
– *www.restaurantelacasona.com*
**Rest** – Menú 18/66 € – Carta 30/39 €
Casa rústica restaurada y emplazada a las afueras de Ponferrada. Disfruta de un amplio
vestíbulo, un bar, una sala rústica-actual y un patio-terraza para la temporada estival.

**PONT D'ARRÒS** – Lleida – ver Vielha

# El PONT DE BAR – Lleida – **574** E34 – **184 h.**        **13** B1
▶ Madrid 614 – Puigcerdà 34 – La Seu d'Urgell/Seo de Urgel 23

### en la carretera N 260 Este : 4,5 km

✗    **La Taverna dels Noguers**           🅰🄲 **P**
    ✉ 25723 El Pont de Bar – 𝒞 973 38 40 20 – www.tavernadelsnoguers.com
    – cerrado 6 enero-6 febrero, julio (salvo fines de semana) y jueves
    **Rest** – (solo almuerzo salvo sábado) Carta 27/39 €
    Se encuentra a las afueras del pueblo y disfruta de una gestión familiar. En su sala, con
    los techos en madera y una chimenea, podrá degustar una cocina casera-cata-
    lana siempre sabrosa, con platos de temporada como las setas o la caza.

---

# PONT DE MOLINS – Girona – **574** F38 – **538 h.** – alt. 84 m     **14** D3
▶ Madrid 749 – Figueres 6 – Girona/Gerona 42

🏨    **El Molí**         ◗ 🍴 ☕ ⚒ 🅰🄲 🕉 **P** 🚗
    carret. Les Escaules, Oeste : 2 km ✉ 17706 – 𝒞 972 52 92 71 – www.hotelelmoli.es
    – cerrado 23 diciembre-23 enero
    **15 hab** ☕ – ✝68/120 € ✝✝91/150 €
    **Rest El Molí** – ver selección restaurantes
    Ocupa un singular molino harinero del s. XVIII y se presenta con dos tipos de habi-
    taciones: las del edificio original, más rústicas, con mobiliario isabelino y las del
    anexo, mucho más amplias y modernas, con detalles de diseño y terraza.

✗    **El Molí** – Hotel El Molí        🍴 🏠 ☼ **P** 🚗
    carret. Les Escaules, Oeste : 2 km ✉ 17706 – 𝒞 972 52 92 71 – www.hotelelmoli.es
    – cerrado 23 diciembre-23 enero
    **Rest** – (cerrado martes noche y miércoles) Carta 24/48 €
    Restaurante de ambiente rústico dotado con varias salas, la principal con chime-
    nea. Propone una cocina regional en la que toman el protagonismo las carnes a la
    brasa y algunas especialidades de l'Empordà. ¡En verano disfrute de su terraza!

---

# PONTE CALDELAS – Pontevedra – **571** E4 – **5 739 h.** – alt. 320 m   **19** B2
– Balneario
▶ Madrid 582 – Ourense 88 – Pontevedra 14 – Vigo 41

🏠    **Las Colonias** sin rest        🏢 🕉 📶 ♨ 🚗
    av. de Pontevedra 3 ✉ 36820 – 𝒞 986 76 63 08 – www.hotel-lascolonias.com
    – cerrado 15 enero-15 mayo
    **29 hab** – ✝24/46 € ✝✝36/62 €, ☕ 4,50 €
    Instalado en un antiguo edificio de piedra. Ofrece una concurrida cafetería pública y
    unas habitaciones sencillas, con mobiliario funcional y los suelos en parquet.

---

# PONTE ULLA (PUENTE ULLA) – A Coruña – **571** D4       **19** B2
▶ Madrid 585 – Santiago de Compostela 22 – A Coruña 94 – Pontevedra 58

✗✗   **Villa Verde**          🏠 🅰🄲 🕉 **P**
    Lugar de Figueiredo 10 ✉ 15885 – 𝒞 981 51 26 52 – www.villa-verde.es – cerrado
    22 diciembre-4 enero
    **Rest** – (solo almuerzo salvo jueves, viernes y sábado) Menú 25/35 € – Carta 23/43 €
    Casa de campo del s. XVIII construida en piedra. Presenta dos salas de buen confort,
    una de aire rústico presidida por una "lareira" y la otra, más amplia y luminosa, con un
    montaje clásico-elegante. Cocina tradicional y bodega-lagar.

---

# PONTEAREAS (PUENTEAREAS) – Pontevedra – **571** F4 – **23 409 h.**    **19** B3
– alt. 50 m
▶ Madrid 576 – Ourense 75 – Pontevedra 45 – Vigo 26

### por la carretera de Mondariz Norte : 5,5 km y desvío a la izquierda 100 m

🏠    **Casa das Pías**         ◗ ⚒ 🕉 hab. 📶 **P**
    Cotobade 11 - Pías ✉ 36895 Pías – 𝒞 986 64 55 19 – www.casadaspias.com
    **7 hab** – ✝42/52 € ✝✝53/65 €, ☕ 5,50 €    **Rest** – (solo clientes) Menú 20 €
    Construcción en piedra que aprovechó los recios muros de una antigua casa rural,
    con un atractivo porche, jardín y piscina. Posee un cálido salón social de ambiente
    neorrústico, habitaciones con mobiliario en forja y madera, así como un comedor de
    uso exclusivo para los clientes alojados.

**PONTEDEUME** (PUENTEDEUME) – A Coruña – **571** B5 – 8 324 h. – Playa  19 B1

▶ Madrid 599 – A Coruña 48 – Ferrol 15 – Lugo 95

**en Castelo de Andrade** Sureste : 7 km

⌂ **Casa do Castelo de Andrade** sin rest  ⏃ 🛋 ⚘ 🌊 **P**
☒ 15608 Castelo de Andrade – 𝒞 981 43 38 39 – www.casteloandrade.com
– 11 abril-10 diciembre
**10 hab** – †63/85 €, ⚟ 9 €
Entre sus estancias destacan los dos salones del edificio principal, ambos rústicos y
con "lareira", así como la biblioteca del anexo. Ofrece habitaciones con mobiliario de
aire antiguo, piedra vista, techos en madera, excelente lencería...

**PONTEJOS** – Cantabria – **572** B18  8 B1

▶ Madrid 443 – Santander 12 – Bilbao 99

XXX **La Atalaya**  🕮 🜨 🌊 **P**
av. de Pedrosa 52 ☒ 39618 – 𝒞 942 50 39 06 – www.laatalayarestaurante.com
– cerrado domingo noche y lunes
**Rest** – (solo almuerzo salvo viernes, sábado y verano) Menú 20/36 € – Carta 32/50 €
Este restaurante sorprende tanto por su cuidado montaje como por sus múltiples
menús, sin embargo lo que le hace especial es el hecho de complementar su oferta
gastronómica con actividades y noches temáticas durante los fines de semana.

**PONTEVEDRA** **P** – **571** E4 – 82 684 h.  19 B2

▶ Madrid 599 – Lugo 146 – Ourense 100 – Santiago de Compostela 57
🚹 Marqués de Riestra 30, ☒ 36001, 𝒞 986 85 08 14, www.turgalicia.es
◉ Barrio antiguo★ : Plaza de la Leña★ BY- Museo Provincial (tesoros célticos★) BY**M1**
– Iglesia de Santa María la Mayor★ (fachada oeste★) AY
◪ Mirador de Coto Redondo y vistas panorámicas★★ 14 km por ③

🏢 **Parador de Pontevedra**  🜨 🕮 🎖 ⚘ hab, 🕮 🌊 🛜 ᵴᴬ **P**
Barón 19 ☒ 36002 – 𝒞 986 85 58 00 – www.parador.es  AY**a**
**45 hab** – †64/136 € ††80/170 €, ⚟ 16 € – 2 suites
**Rest** – Menú 25 € – Carta 25/33 €
La tradición del pasado se funde con la arquitectura señorial en este pazo, definido por
su magnífico emplazamiento y la serena belleza de sus muros en piedra. Destaca la
terraza del restaurante, situada frente a un hermoso jardín y en pleno centro histórico.

🏠 **Rúas**  🜨 🕮 🕮 🌊 rest, 🛜
Sarmiento 20 ☒ 36002 – 𝒞 986 84 64 16 – www.hotelruas.net  BY**r**
**22 hab** – †35/44 € ††50/61 €, ⚟ 5 €  **Rest** – Menú 12/30 € – Carta 21/45 €
Se encuentra en pleno casco antiguo y tiene la fachada en piedra. Las habitaciones, algo
sencillas pero bastante cuidadas, presentan un buen confort y los suelos en parquet. El
restaurante se completa con dos agradables terrazas emplazadas bajo soportales.

X **Alameda 10**  🕮 🌊 ⟳
Alameda 10 ☒ 36001 – 𝒞 986 85 74 12 – www.restaurantealameda10.com
– cerrado domingo y martes noche  AZ**a**
**Rest** – Menú 30/50 € – Carta 26/65 €
Restaurante de correcto montaje dotado con un bar a la entrada, un comedor principal clásico-rústico y un privado en la bodega. Ofrecen una carta de tinte tradicional
que destaca por la calidad de sus pescados. ¡Servicio rápido y eficaz!

X **Eirado da Leña** ➊  🜨 🌊
pl. da Leña 3 ☒ 36002 – 𝒞 986 86 02 25 – www.eiradoeventos.com  BY**b**
**Rest** – (solo almuerzo salvo viernes, sábado y verano) (reserva aconsejable)
Menú 20/45 € – Carta 30/45 €
Instalado en una casa típica del casco viejo. Cocina gallega actualizada y con toques de
fusión, siempre en base a unas buenas materias primas y con la opción de varios menús.

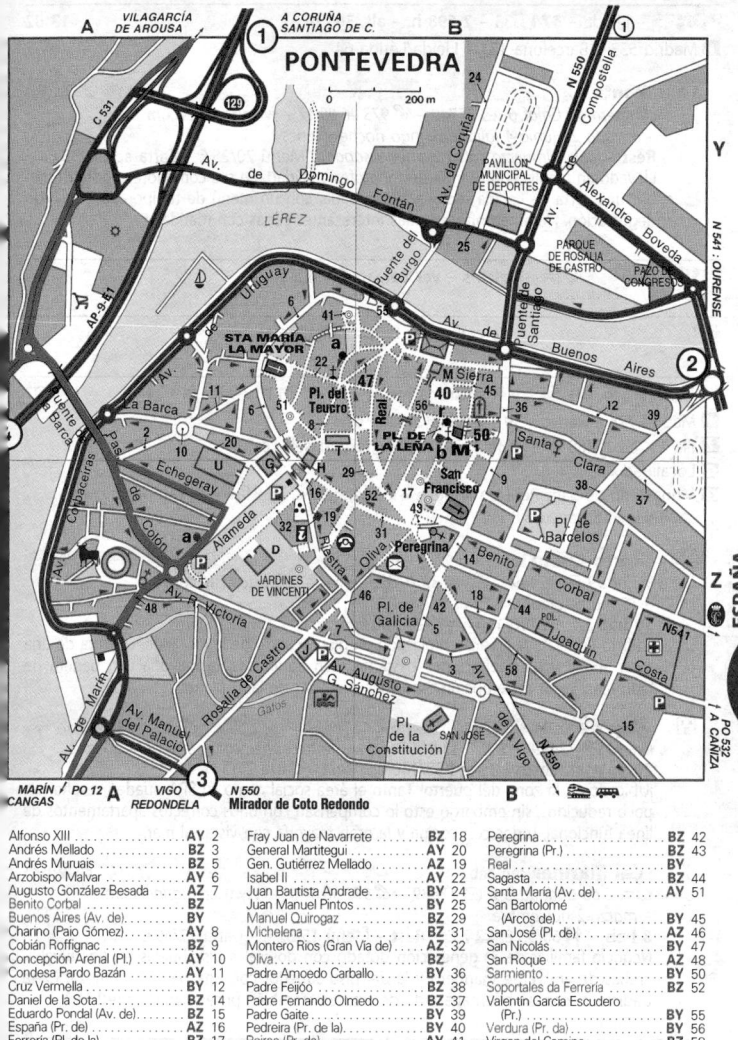

**PONTEVEDRA**

## en San Salvador de Poio por Puente de la Barca (AY)

**Solla** (Pepe Solla)  ≤ 🅰🅲 🛇 🅿

av. Sineiro 7, carret. de La Toja : 2 km ✉ 36005 San Salvador de Poio
– ✆ 986 87 28 84 – www.restaurantesolla.com – cerrado 15 días en Navidades, 7
días en abril, domingo noche, lunes y jueves noche
**Rest** – Menú 59/102 € – Carta 45/66 € 🕸

Antigua casa de campo de estilo regional ubicada junto a la carretera. En su comedor,
moderno, elegante y con la cocina a la vista, podrá degustar unos mariscos de excelente calidad y distintas elaboraciones de carácter creativo.
➜ Crema de ostras, huevas de merluza, mertensia y caviar. Lubina, nabo, berzas y
salsa cítrica. Gustos de los torrefactos.

549

**PONTS** – Lleida – **574** G33 – 2 698 h. – alt. 363 m 13 B2

▶ Madrid 533 – Barcelona 131 – Lleida/Lérida 64

XX **Pons** 🏠 AC 🍴 ⇔ P

⊛ carretera de Calaf 6 ⊠ 25740 – 𝒞 973 46 00 17 – www.lopons.com
– cerrado 25 junio-4 julio, domingo noche y lunes
**Rest** – (solo almuerzo salvo viernes y sábado) Menú 20/25 € – Carta aprox. 35 €
Llevado en familia con gran ilusión y profesionalidad. En sus comedores podrá descubrir una carta de cocina regional actualizada, con un menú de temporada y otro de degustación. ¡También ofrecen unas interesantes cenas con maridaje!

---

**PORT D'ALCÚDIA** – Balears – ver Balears (Mallorca)

---

**PORT D'ANDRATX** – Balears – ver Balears (Mallorca)

---

**El PORT DE LA SELVA** – Girona – **574** E39 – 1 011 h. – Playa 14 D3

▶ Madrid 776 – Banyuls 39 – Girona/Gerona 67

🛈 Illa 13, ⊠ 17489, 𝒞 972 38 71 22, www.elportdelaselva.cat

⊙ Localidad ★

🅖 Monasterio de Sant Pere de Rodes ★★★ (paraje ★★, iglesia ★★★, campanario ★★, capiteles ★) Suroeste : 8 km

🏠 **Porto Cristo** sin rest 🕉 🛗 🛴 AC 🛜

Major 59 ⊠ 17489 – 𝒞 972 38 70 62 – www.hotelportocristo.com
– 15 marzo-octubre
**50 hab** � – †100/150 € ††120/190 €
Edificio de fachada clásica emplazado en pleno centro de la localidad. Disfruta de una zona SPA y unas habitaciones bastante bien equipadas, la mayoría con bañera de hidromasaje. ¡Si tiene opción escoja las estancias de la 3ª planta!

🏠 **Cap de Creus** 🛗 AC hab. 🛜

Illa 10 ⊠ 17489 – 𝒞 972 38 81 07 – www.hotelcapdecreus.com – abril-octubre
**20 apartamentos** � – ††80/160 € **Rest** – Carta 21/36 €
¡Ubicado en la zona del puerto! Tanto el área social como su SPA pueden resultar un poco reducidos, sin embargo esto lo compensan con unos correctos apartamentos de línea funcional, todos con cocina y la gran mayoría con vistas al mar.

X **Cal Mariner** con hab 🏠 🛗 AC 🍴

carret. de Cadaqués 2 ⊠ 17489 – 𝒞 972 38 80 05 – www.calmariner.com
– marzo-2 noviembre
**8 hab** – ††60/93 €, � 7 € **Rest** – Menú 15/32 € – Carta 22/49 €
Negocio familiar de 3ª generación dotado con dos salas distribuidas en dos niveles, ambas de ambiente marinero y la del piso superior con una pequeña terraza. Carta tradicional con un buen apartado de arroces. ¡También posee habitaciones!

---

**PORT DE POLLENÇA** – Balears – ver Balears (Mallorca)

---

**PORT DE SÓLLER** – Balears – ver Balears (Mallorca)

---

**PORTO CRISTO** – Balears – ver Balears (Mallorca)

---

**PORTOCOLOM** – Balears – ver Balears (Mallorca)

---

**PORTONOVO** – Pontevedra – **571** E3 – 2 081 h. – Playa 19 A2

▶ Madrid 626 – Pontevedra 22 – Santiago de Compostela 79 – Vigo 49

🛈 carret. A Lanzada 21 , ⊠ 36970, 𝒞 986 69 11 28, www.sanxenxoturismo.com

ESPAÑA

**Royal Nayef** sin rest  ⊗ ≼ ⅃ 🏊 👌 🅰 🛇 🤶 🚗
*Canelas 4, bajada a la playa, Oeste : 1 km ⊠ 36970 – 𝒞 986 72 13 13*
*– www.royalnayef.com – cerrado 2 noviembre-16 marzo*
**26 hab** ⊑ – ♦50/180 € ♦♦55/190 €
Hotel de línea urbana-actual emplazado en la bajada a la playa de Canelas. Ofrece
habitaciones amplias y de diseño actual, con materiales de calidad, terrazas e hidro-
masaje-sauna en los baños. Piscina con buenas vistas en la azotea.

 **Martín-Esperanza**  ≼ 🏨 🛇 🚗
*av. de Pontevedra 60 ⊠ 36970 – 𝒞 986 72 05 21 – www.hotelmartinesperanza.com*
*– Semana Santa y junio-octubre*
**16 hab** – ♦40/50 € ♦♦50/70 €, ⊑ 6 € – 1 suite
**Rest** – Menú 10 € – Carta 16/35 €
Familiar, muy limpio y en 1ª línea de playa, concretamente sobre una cala. Las habitaciones, que se van actualizando con mobiliario clásico, disfrutan en la mayoría de
los casos de amplias terrazas. La zona social se limita a la cafetería. Su sencillo restaurante propone una cocina de tinte regional.

## en la carretera PO 308

 **Galatea**  ≼ ⅃ 🔲 🌐 🖥 🍽 🏨 👌 hab. 🅰 🛇 🤶 🛁 🅿 🚗
*Paxariñas, Oeste : 1,5 km ⊠ 36970 Portonovo – 𝒞 986 72 70 27*
*– www.hotelgalatea.com – cerrado enero*
**86 hab** ⊑ – ♦49/149 € ♦♦69/178 €  **Rest** – Menú 26 € – Carta 35/53 €
Disfrute de una estética actual, combinando el confort de sus estancias, funcionales
pero bien equipadas, con una buena oferta deportiva y de entretenimiento. En su
SPA podrá desestresarse a través de diversos tratamientos terapéuticos. Amplio restaurante con buffet de desayunos, menú y carta tradicional.

 **Canelas**  ⅃ 🏨 👌 hab. 🅰 🛇 🤶 🅿 🚗
*Lugar Canelas 12, Oeste : 1 km ⊠ 36970 Portonovo – 𝒞 986 72 08 67*
*– www.hotelcanelas.com – Semana Santa, fines de semana de mayo,*
*junio-15 octubre*
**36 hab** – ♦46/86 € ♦♦55/100 €, ⊑ 8,50 €  **Rest** – Menú 22 € – Carta 20/30 €
Remodelado y a las afueras de la localidad, muy próximo a la playa de la que toma
su nombre. Ofrece unas habitaciones de estética actual repartidas en cuatro plantas,
la superior abuhardillada. El comedor, también actual aunque de sencillo montaje, propone una escueta carta tradicional muy basada en su menú.

**ESPAÑA**

---

**POSADA DE LLANERA** – Asturias – **572** B12 – **14 167 h.**  5 B1
▶ Madrid 462 – Oviedo 15 – Leon 140

❌❌ **La Corriquera**  🅰
🌐 *av. de Oviedo 19 ⊠ 33424 – 𝒞 985 77 32 30 – www.lacorriquera.com – cerrado*
*Semana Santa, 21 días en agosto, domingo noche y lunes*
**Rest** – Menú 18/35 € – Carta 23/43 €
Este restaurante, de línea funcional-actual, ofrece un pequeño bar, una moderna
cocina acristalada y un comedor en el que podrá degustar elaboraciones tradicionales
y de mercado. ¡Interesantes menús y platos de cuchara durante todo el año!

---

**POSADA DE VALDEÓN** – León – **575** C15 – **485 h.** – alt. 940 m  11 B1
▶ Madrid 411 – León 123 – Oviedo 140 – Santander 170
🅲 Puerto de Pandetrave★★ Sureste : 9 km – Puerto de Panderruedas★ (Mirador de
Piedrafitas★★) Suroeste : 6 km – Puerto del Pontón★ ≼★★ Suroeste : 12 km

 **Picos de Europa** sin rest  ⊗ ≼ ⅃ 🛇 🤶 🅿
⊠ 24915 – 𝒞 987 74 05 93 – www.picoseuropa.org – abril-noviembre
**8 hab** ⊑ – ♦45/50 € ♦♦55/60 €
Un turismo rural muy agradable. Ofrece unas acogedoras habitaciones de aire rústico,
todas pintadas en vivos colores, con mobiliario antiguo y cuatro de ellas abuhardilladas. ¡Piscina con espectaculares vistas a las montañas!

**POTES** – Cantabria – **572** C16 – **1 474 h.** – **alt. 291 m**                      8 A1

◨ Madrid 399 – Palencia 173 – Santander 115

🖪 Independencia 10, ⊠ 39570, 𝒞 942 73 07 87

◉ Paraje★

🄶 Santo Toribio de Liébana ≼★ Suroeste : 3 km – Desfiladero de La Hermida★★ Norte :
18 km – Puerto de San Glorio★ (Mirador de Llesba ≼★★) Suroeste : 27 km y 30 mn. a pie

X   **El Bodegón**                                                                              ⁄⁄
    *San Roque 4* ⊠ *39570* – *𝒞 942 73 02 47* – *cerrado 22 diciembre-9 enero y miércoles*
    **Rest** – Menú 12/25 € – Carta 26/33 €
    Antigua casa que conserva parte de su estructura original, con la fachada en piedra.
    Combina detalles rústicos y actuales, ofreciendo una buena cocina a precios modera-
    dos.

**POZAL DE GALLINAS** – Valladolid – **575** I15 – **550 h.** – **alt. 737 m**          11 B2

◨ Madrid 160 – Valladolid 60 – Segovia 97 – Ávila 88

**al Sureste** 3,3 km

⌂   **La Posada Real del Pinar**                              ⌑ 🕭 📺 ⁄⁄ 🛜 ⅍ 🄿
    *Pinar de San Rafael* ⊠ *47450 Pozal de Gallinas* – *𝒞 686 48 42 01*
    *– www.laposadadelpinar.com* – *cerrado 15 enero-1 febrero*
    **18 hab** ☲ – ♕♕80/90 €
    **Rest** – *(cerrado martes) (solo clientes, solo cena)* Menú 19 € – Carta 24/37 €
    Una casa de campo antigua, aislada y rodeada de pinares, a la que se accede por una
    carretera de tierra. Disfruta de un acogedor salón social con chimenea, una biblioteca
    en dos alturas y cuidadas habitaciones de estilo clásico, las del piso superior abuhardi-
    lladas. Elegante comedor de uso privado.

**POZUELO DE ALARCÓN** – Madrid – **576** – **575** K18 – **83 844 h.** – **alt. 690 m**   22 B2

◨ Madrid 14 – Segovia 86 – Toledo 94

XX  **Zurito**                                                                         🕭 🄰🄲 ⟷
    *Lope de Vega 2* ⊠ *28223* – *𝒞 913 52 95 43* – *www.zurito.com* – *cerrado Semana
    Santa, agosto y domingo noche*
    **Rest** – Menú 28/50 € – Carta 33/48 €
    Tiene un bar donde sirven pinchos y raciones, un comedor de ambiente tradicional,
    otro minimalista y tres privados. Cocina tradicional con buenas actualizaciones del
    chef.

XX  **El Cielo de Urrechu** ◍                                                      ≼ 🄰🄲 ⁄⁄
    *av. de Europa 26 B (C.C. Zielo, local 217)* ⊠ *28223* – *𝒞 917 09 32 85*
    *– www.elcielourrechu.com*
    **Rest** – Menú 40/65 € – Carta 45/62 € 🕏
    En la 2ª planta del centro comercial Zielo Shopping Pozuelo, donde se presenta con
    un sugerente bar, una zona de copas y dos salas muy actuales, la principal con mag-
    níficas vistas a Madrid. Cocina de gusto tradicional con detalles actuales.

**junto a la autovía M 502** Sureste : 2,5 km

XXX **Urrechu**                                                                     🕭 🄰🄲 ⁄⁄ ⟷
    *Barlovento 1-1° (C.C. Zoco de Pozuelo)* ⊠ *28223 Pozuelo de Alarcón* – *𝒞 917 15 75 59*
    *– www.urrechu.com* – *cerrado Semana Santa, del 1 al 20 de agosto y domingo noche*
    **Rest** – Menú 40/65 € – Carta 45/65 € 🕏
    Posee una gran sidrería en planta baja y una sala rústica-actual en el piso superior,
    con varios privados y terraza. Cocina tradicional actualizada y excelente carta de
    vinos.

**PRATDIP** – Tarragona – **574** I32 – **848 h.**                                        13 B3

◨ Madrid 525 – Barcelona 133 – Tarragona 41
– Castelló de la Plana / Castellón de la Plana 160

**por la carretera T 311** Sureste : 2 km

 **Mas Mariassa** ♨ ← 🛋 🍴 🛁 hab, 🎬 🌿 🤍 **P**
*carret. de Santa Marina km 30* ✉ *43320 Pratdip* – ☏ *977 26 26 01*
*– www.masmariassa.com – abril-octubre y fines de semana resto del año*
**7 hab** 🖙 – **†**80/136 € **††**120/165 €
**Rest** *– (solo clientes, solo menú)* Menú 30 €
Masía bicentenaria emplazada a las afueras del pueblo, entre la costa y el Priorato,
rodeada de bancales repletos de almendros y avellanos. Ofrece una terraza de
estilo chill out, un interior rústico-actual, con habitaciones de sobria decoración, y un
comedor gastronómico orientado al cliente alojado.

---

**PRAVIA** – Asturias – **572** B11 – 9 016 h. – alt. 17 m **5** B1

▶ Madrid 487 – Oviedo 46 – León 169

◨ Cudillero★ Noroeste : 17 km

 **Antiguo Casino** sin rest 🌿 🤍
*pl. Conde Guadalhorce 1* ✉ *33120* – ☏ *984 83 82 81* – *www.antiguocasino.com*
**6 hab** 🖙 – **†**52/99 € **††**68/119 €
Se encuentra en el centro monumental de la villa y ocupa un edificio que, en otra
época, sirvió como casino a la localidad. Compensa su escasa zona social con unas
impecables habitaciones... acogedoras, bien equipadas y de línea actual.

---

**PRENDES** – Asturias – **572** B12 **5** B1

▶ Madrid 484 – Avilés 17 – Gijón 10 – Oviedo 32

XXX **Casa Gerardo** (Marcos Morán) 🕭 🎬 🌿 ⇔ **P**
☖ *carret. AS 19* ✉ *33438* – ☏ *985 88 77 97* – *www.restaurantecasagerardo.com*
*– cerrado lunes*
**Rest** *– (solo almuerzo salvo viernes y sábado)* Menú 40/75 € – Carta 41/73 €
¡Uno de los restaurantes más prestigiosos del Principado! Presenta un buen hall, un
bar-vinoteca actual y acogedoras salas de ambiente neorrústico. Sus elaboraciones
reflejan una perfecta simbiosis entra la tradición y la innovación.
→ El vermut (Martini, aceituna y anchoas). Fabada de Prendes. Té (panacota de té y
helado de mantequilla de limón).

---

**PRIEGO DE CÓRDOBA** – Córdoba – **578** T17 – 23 456 h. – alt. 649 m **2** C2

▶ Madrid 395 – Antequera 85 – Córdoba 103 – Granada 79

◉ Localidad★ – Fuentes del Rey y de la Salud★★ – Parroquia de la Asunción★ : Capilla
del Sagrario★★ (yeserías★★★) – Barrio de la Villa★★ – El Adarve★

XX **Balcón del Adarve** ← 🍽 🕭 🎬 🌿 ⇔
☖ *paseo de Colombia 36* ✉ *14800* – ☏ *957 54 70 75* – *www.balcondeladarve.com*
*– cerrado del 1 al 8 de septiembre y lunes*
**Rest** – Menú 15 € – Carta 20/30 €
Cautiva por su emplazamiento sobre unas antiguas murallas que sirven como balcón,
asomándose a las montañas y a los olivares. En sus comedores, de excelente montaje,
podrá descubrir una cocina tradicional elaborada con producto local.

---

**PRUVIA** – Asturias – **572** B12 **5** B1

▶ Madrid 468 – Avilés 29 – Gijón 13 – Oviedo 15

XX **La Venta del Jamón** 🕭 🌿 ⇔ **P**
*carret. AS 266* ✉ *33192* – ☏ *985 26 28 02* – *www.laventadeljamon.com*
**Rest** *– (solo almuerzo salvo viernes y sábados)* Carta 22/46 €
Este negocio, ya centenario, disfruta de un bar de espera, una sala tipo terraza acristalada, un comedor rústico y un privado. Dentro de su cocina, muy variada y de
tinte tradicional, debemos destacar sus arroces y el Asado de cabrito.

ESPAÑA

**PUÇOL** – Valencia – **577** N29 – **19 421 h.** – **alt. 48 m** 16 B2

▶ Madrid 373 – Castelló de la Plana/Castellón de la Plana 54 – València 23

🔠 **Alba** sin rest ◧ 🔟 ⚒ 🛰 🖴 🚗
*carret. de Barcelona 12* ⊠ *46530* – ✆ *961 42 24 44* – *www.hotelesalba.com*
**42 hab** – †39/89 € ††39/100 €, ☲ 6 €
Hotel dotado de un moderno hall con cafetería y habitaciones de adecuado confort, todas ellas con mobiliario actual-funcional, buen aislamiento y baños reducidos.

---

**PUEBLA DE ALFINDÉN** – Zaragoza – **574** H27 – **5 603 h.** – **alt. 197 m** 3 B2

▶ Madrid 340 – Huesca 83 – Lleida/Lérida 139 – Zaragoza 17

ЖЖ **Galatea** 🔟 ⚒ ✿
🕭 *Barrio Nuevo 6 (carret. N II)* ⊠ *50171* – ✆ *976 10 79 99* – *www.restaurantegalatea.es*
– *cerrado 15 días en agosto y domingo*
**Rest** – *(solo almuerzo salvo sábado)* Menú 28/38 € – Carta 32/51 €
Esta acogedora casa presenta un pequeño privado en la planta de acceso y el comedor principal en el piso superior, este último con un elegante ambiente clásico y algún detalle inglés. Carta de cocina tradicional con toques actuales.

---

**PUEBLA DE SANABRIA** – Zamora – **575** F10 – **1 540 h.** – **alt. 898 m** 11 A2

▶ Madrid 341 – León 126 – Ourense 158 – Valladolid 183

◎ Localidad ★

Ⓖ Carretera a San Martín de Castañeda (vistas ★) Noreste : 20 km

🔠🔠🔠 **Parador de Puebla de Sanabria** ⚒ ≤ 🏠 ☲ 🔋 ⸺ hab, 🔟 ⚒ 🛰 🛴 ℙ
*av. del Lago 18* ⊠ *49300* – ✆ *980 62 00 01* – *www.parador.es*
– *marzo-3 noviembre*
**40 hab** – †52/112 € ††65/140 €, ☲ 15 € – 2 suites
**Rest** – Menú 27/35 € – Carta 29/38 €
Una gran opción si desea visitar la villa o practicar turismo activo en el Lago de Sanabria. Se encuentra en una zona de fácil acceso para el vehículo particular y presenta habitaciones de estética actual, todas muy luminosas. El restaurante, de línea moderna, sorprende por su amplia oferta gastronómica.

🔠 **Posada de las Misas** ⚒ 🍴 ⚒ 🛰
*pl. Mayor 13* ⊠ *49300* – ✆ *980 62 03 58* – *www.posadadelasmisas.com*
**14 hab** ☲ – †75/104 € ††93/125 € – 1 apartamento
**Rest** *Posada de las Misas* 🕭 – ver selección restaurantes
¡Lo mejor es su emplazamiento en el recinto amurallado! Tras sus vetustas paredes en piedra encontrará un edificio totalmente nuevo, bastante colorista y con mobiliario de vanguardia. Biblioteca en el ático, galerías y terraza con vistas.

⛰ **La Cartería** ⚒ 🍴 ⚒ 🛰
*Rua 16* ⊠ *49300* – ✆ *980 62 03 12* – *www.lacarteria.com*
**8 hab** ☲ – †75/125 € ††93/125 €
**Rest** – Menú 15/35 € – Carta 18/34 €
Edificio del s. XVIII que en su día se utilizó para el cobro de diezmos. Combina de una forma equilibrada la rusticidad de sus recias paredes en piedra con los detalles de diseño, logrando siempre un entorno muy acogedor. El comedor, algo pequeño, ocupa lo que fueron las antiguas bodegas.

⛰ **La Pascasia** ⚒ ⚒ 🛰
*Costanilla 11* ⊠ *49300* – ✆ *980 62 02 42* – *www.lapascasia.com*
**7 hab** ☲ – †75/125 € ††93/125 € – 2 apartamentos
**Rest** – *(cerrado lunes salvo agosto)* Menú 15/45 € – Carta 25/34 €
Casa rehabilitada que ahora presenta una estética moderna y un equipamiento actual, guardando pocos recuerdos del pasado. Posee unas habitaciones espaciosas, algunas abuhardilladas y dos con su propia cocinita, así como varios servicios vinculados a otros hoteles. La carta de su restaurante es muy sencilla.

XX **Posada de las Misas** – Hotel Posada de las Misas &#x1F372; &#x2602;

*pl. Mayor 13* ✉ *49300* – &#x260E; *980 62 03 58* – *www.posadadelasmisas.com*
**Rest** – Menú 20/49 € – Carta 25/41 €
Un lugar donde comer bien y barato... ¡a escasos metros del castillo! Presenta una reducida carta tradicional que sin duda le sorprenderá, tanto por la calidad de sus materias primas como por sus cuidadas presentaciones.

---

## La PUEBLA DE VALVERDE – Teruel – 574 L27 – 550 h. – alt. 1 118 m    3 B3

▶ Madrid 325 – Zaragoza 204 – Teruel 28
– Castelló de la Plana / Castellón de la Plana 147

### por la carretera de Camarena de la Sierra Oeste : 2 km

&#x1F3E8; **La Fonda de la Estación** &#x267F; hab, &#x1F374; &#x1F6DC; &#x26A1; **P**

*carret. de la Estación* ✉ *44450* – &#x260E; *978 67 04 67* – *www.lafondadelaestacion.com*
– cerrado 3 noviembre - 3 diciembre, lunes y martes salvo agosto
**11 hab** – †45/65 € ††60/80 €, &#x1F372; 10 €
**Rest** *La Fondica* – *(solo almuerzo)* Menú 15/30 € – Carta 28/42 €
¡Acogedor y con múltiples opciones de ocio al aire libre! Tras su atractiva fachada en piedra encontrará un bello patio central y unas habitaciones bien personalizadas, todas de ambiente rústico. El restaurante, que tiene un gran ventanal asomado al monte, propone una cocina tradicional con toques actuales.

---

## PUEBLA DEL CARAMIÑAL – A Coruña – ver Pobra do Caramiñal

---

## PUENTE ARCE – Cantabria – 572 B18    8 B1

▶ Madrid 406 – Santander 22 – Bilbao 115

XXX **El Nuevo Molino** (José Antonio González) &#x1F372; **AC** &#x1F374; &#x21C4; **P**

&#x273D; *barrio Monseñor 18 - carret. N 611* ✉ *39478* – &#x260E; *942 57 50 55*
– *www.elnuevomolino.es*
**Rest** – Menú 38/58 € – Carta 46/58 € &#x228B;
Antiguo molino de agua decorado con detalles rústicos y grandes vigas de madera. Ofrece un buen hall con chimenea, una salita para la sobremesa en lo que fue la capilla, dos comedores y un hórreo que funciona como reservado. Cocina actual.
→ Rabas de calamar y espuma de "all i oli" de tinta. Alas de pollo de corral, salsa Thai y polvo de maíz. Bombón de castañas, espuma de amarena y cardamomo.

X **El Redoble** **AC** &#x1F374; **P**

*Barrio el Perujo 8 -carret. N 611, Noreste : 1,5 km* ✉ *39478* – &#x260E; *942 57 58 52*
– *www.elredoble.es* – cerrado 20 días en febrero-marzo, 10 días en noviembre, domingo noche y lunes
**Rest** – Menú 18/35 € – Carta 26/38 €
¡Le sorprenderá pese a estar en un cruce de carreteras! Dispone de un bar público y un comedor muy bien montado, con cierta amplitud y un cuidado servicio de mesa. Carta de base tradicional con amplia oferta en arroces.

---

## PUENTE DE VADILLOS – Cuenca – 576 K23 – 246 h.    10 C1

▶ Madrid 234 – Cuenca 70 – Teruel 164

&#x1F3E0; **Caserío de Vadillos** &#x1F6CF; &#x1F374; &#x1F6DC; **P**

*av. San Martín de Porres* ✉ *16892* – &#x260E; *969 31 32 39* – *www.caseriovadillos.com*
**22 hab** &#x1F372; – †45 € ††55 €
**Rest** – Menú 13 € – Carta 24/31 €
¡Importante clientela de senderistas! En este acogedor hotelito, que sorprende por su atractiva fachada de estilo antiguo, encontrará una cafetería de aire regional y habitaciones clásicas, algunas abuhardilladas. El restaurante, decorado con arcos y paredes en ladrillo, ofrece una carta tradicional.

**PUENTE DUERO** – Valladolid – *575* H15 – **1 120 h.** 11 B2

▶ Madrid 208 – Valladolid 18 – Segovia 114 – Palencia 67

X **Dámaso** AC ✵

(☺) Real 14 ✉ 47152 – ✆ 983 40 53 72 – *cerrado del 7 al 21 de agosto, domingo noche y lunes*
**Rest** – Menú 35/45 € – Carta 25/40 €
Este restaurante, de interesante cocina actual, ocupa una casa molinera dotada con dos salas y un pequeño patio. El chef-propietario informa en mesa sobre los platos disponibles, pues procura trabajar siempre con productos de temporada.

**PUENTE GENIL** – Córdoba – *578* T15 – **30 385 h. – alt. 171 m** 1 B2

▶ Madrid 457 – Sevilla 130 – Córdoba 69 – Málaga 101

X **Casa Pedro** ✗ AC

(☺) Poeta García Lorca 5 ✉ 14500 – ✆ 957 60 42 76 – *www.restaurantecasapedro.com*
– *cerrado julio y lunes salvo festivos*
**Rest** – Carta 19/27 €
Este negocio familiar posee un bar-cafetería, donde montan las mesas para el menú, y un amplio comedor a la carta de línea actual-funcional. Su carta, tradicional y de mercado, se enriquece con una variada oferta de pescaditos y mariscos.

**PUENTE SAN MIGUEL** – Cantabria – *572* B17 8 B1

▶ Madrid 376 – Burgos 141 – Santander 26 – Torrelavega 4

X **Hostería Calvo** con hab AC rest, ✵ 🛜

(☺) carret. de Oviedo 182 ✉ 39530 – ✆ 942 82 00 56
**6 hab** – ♦20/30 € ♦♦40/50 €, ☑ 6 € **Rest** – *(cerrado lunes)* Carta 20/35 €
Goza de gran aceptación gracias tanto al trato familiar como a la calidad de sus productos, lo que les ha llevado a tener una clientela habitual. Entre sus especialidades encontraremos el Arroz con almejas o las sabrosas Albóndigas de calamar. Sus habitaciones se pueden considerar válidas como recurso.

**PUENTE ULLA** – A Coruña – ver Ponte Ulla

**PUENTEAREAS** – Pontevedra – ver Ponteareas

**PUENTEDEUME** – A Coruña – ver Pontedeume

**PUERTO** – ver a continuación y el nombre propio del puerto

**PUERTO CALERO** – Las Palmas – ver Canarias (Lanzarote)

**PUERTO DE ALCÚDIA** – Balears – ver Balears (Mallorca) : Port d'Alcúdia

**PUERTO DE ANDRATX** – Balears – ver Balears (Mallorca) : Port d'Andratx

**PUERTO DE LA CRUZ** – Santa Cruz de Tenerife – ver Canarias (Tenerife)

**PUERTO REAL** – Cádiz – *578* W11 – **41 364 h.** 1 A2

▶ Madrid 640 – Sevilla 116 – Cádiz 15 – Gibraltar 110

Ψ/ **La Curiosidad** ⓝ 🏮 AC ✵

Real 208 b ✉ 11510 – ✆ 956 99 22 88 – *www.maurobarreiro.com* – *cerrado del 10 al 25 de noviembre, del 15 al 30 de mayo, domingo noche y miércoles*
**Rest** – Tapa 5 € – Ración aprox. 11 €
Uno de esos gastrobares de nueva generación en los que los chefs con inquietudes despliegan toda su creatividad. En la sala, montada como un restaurante, ofrecen un menú degustación que se renueva cada día y que solo se sirve bajo reserva.

ESPAÑA

**PUERTO DE POLLENSA** - Balears - ver Balears (Mallorca) : Port de Pollença

## El PUERTO DE SANTA MARÍA - Cádiz - 578 W11 - 89 068 h. - Playa 1 A2

Madrid 638 - Cádiz 23 - Jerez de la Frontera 12 - Sevilla 113

pl. Alfonso X "El Sabio", Palacio de Aranibar, ✉ 11500, ✆ 956 48 37 14, www.turismoelpuerto.com

Vista Hermosa, Oeste : 1,5 km, ✆ 956 54 19 68

Localidad★ - Iglesia Mayor Prioral (portada del Sol★) BZ

Planos páginas siguientes

**Los Cántaros** sin rest, con cafetería

*Curva 6 ✉ 11500 - ✆ 956 54 02 40 - www.hotelloscantaros.com* BZe

**39 hab** - ††45/220 €, ☕ 7 €

Toma el nombre de los numerosos cántaros del s. XVII encontrados en su subsuelo. Ofrece unas habitaciones bastante bien equipadas, algunas hasta con bañera de hidromasaje.

**Del Mar** sin rest

*Babor 5 ✉ 11500 - ✆ 956 87 59 11 - www.delmarhotel.eu* AZb

**41 hab** - †40/170 € ††50/180 €, ☕ 8 €

¡Ubicado en una zona residencial! Ofrece una cafetería, una atractiva zona de relax a través del agua y habitaciones de buen confort en su categoría, la mayoría con terraza.

**Pinomar** sin rest

*Jade 7, por av. de la Libertad ✉ 11500 - ✆ 956 05 86 46 - www.hotelpinomar.com*

**37 hab** - †40/70 € ††45/80 €, ☕ 6 €

Tras su hermosa fachada de carácter regional encontrará una recepción, un rincón biblioteca y un patio típico andaluz. Correctas habitaciones y terraza-solárium en la azotea.

**El Faro del Puerto**

*av. de Fuenterrabía ✉ 11500 - ✆ 956 87 09 52 - www.elfarodelpuerto.com - cerrado domingo noche salvo agosto* AZf

**Rest** - Menú 48/65 € - Carta 38/57 €

Atractivo restaurante dotado con varios comedores y privados de línea clásica-elegante, así como una completísima bodega. Cocina de base tradicional con algún toque actual.

**Los Portales**

*Ribera del Marisco 7 ✉ 11500 - ✆ 956 54 18 12 - www.losportales.com*

**Rest** - Menú 30/50 € - Carta 34/45 € CZs

Un gran clásico en la Ribera del Marisco, a orillas del Guadalete. Posee un bar típico y varias salas de línea clásica. Carta especializada en pescados y mariscos de la bahía.

**Aponiente** (Angel León)

*Puerto Escondido 6 ✉ 11500 - ✆ 956 85 18 70 - www.aponiente.com - cerrado 15 noviembre-15 marzo, domingo y lunes* CZx

**Rest** - *(solo menú)* Menú 70/115 €

¡Aquí los productos del mar son los innegables protagonistas! Descubra una cocina creativa que no le dejará indiferente, pues toma como base el recetario regional gaditano... eso sí, puesto al día tanto en técnicas como en presentaciones.

➜ Sardinas asadas en brasas de huesos de aceituna. Arroz marino con plancton puro. Tarta cítrica.

**La Cata Ciega** Ⓝ

*Ribera del Rio 32 ✉ 11500 - ✆ 956 87 36 60 - www.lacataciega.com - cerrado domingo noche y lunes* CZx

**Rest** - Tapa 3 € - Ración aprox. 9 €

Resulta actual y bastante curioso, pues es una mezcla entre un bar de tapas, una tienda delicatessen y una vinoteca. Tapas y raciones de calidad, tanto frías como calientes.

ESPAÑA

# EL PUERTO DE SANTA MARÍA

**en la carretera de Rota AZ :** Oeste : 1,5 km

**Los Jándalos Vistahermosa**      ✆ 🚗 🛋 ⬛ 🅿 🌐 📶 ⚹ 🛗 hab, 🅰🅲
*Amparo Osborne - Vistahermosa* ⬚ *11500 El Puerto de*      ⚹ hab, 📶 ⚹ 🏊 🚗
*Santa María –* 🖉 *956 87 34 11 – www.jandalos.com*
**63 hab –** ♦♦58/240 €, ⊒ 10 € – 45 apartamentos
**Rest –** *(julio-agosto)* Menú 18 €
Sobre todo destaca por el gran confort y la calidad de sus habitaciones, muy superiores a los apartamentos y a los dúplex del anexo. Espléndido entorno ajardinado y SPA. El restaurante, de buen montaje, se complementa con un agradable porche acristalado.

**PUERTO DE SÓLLER** – Balears – ver Balears (Mallorca) : Port de Sóller

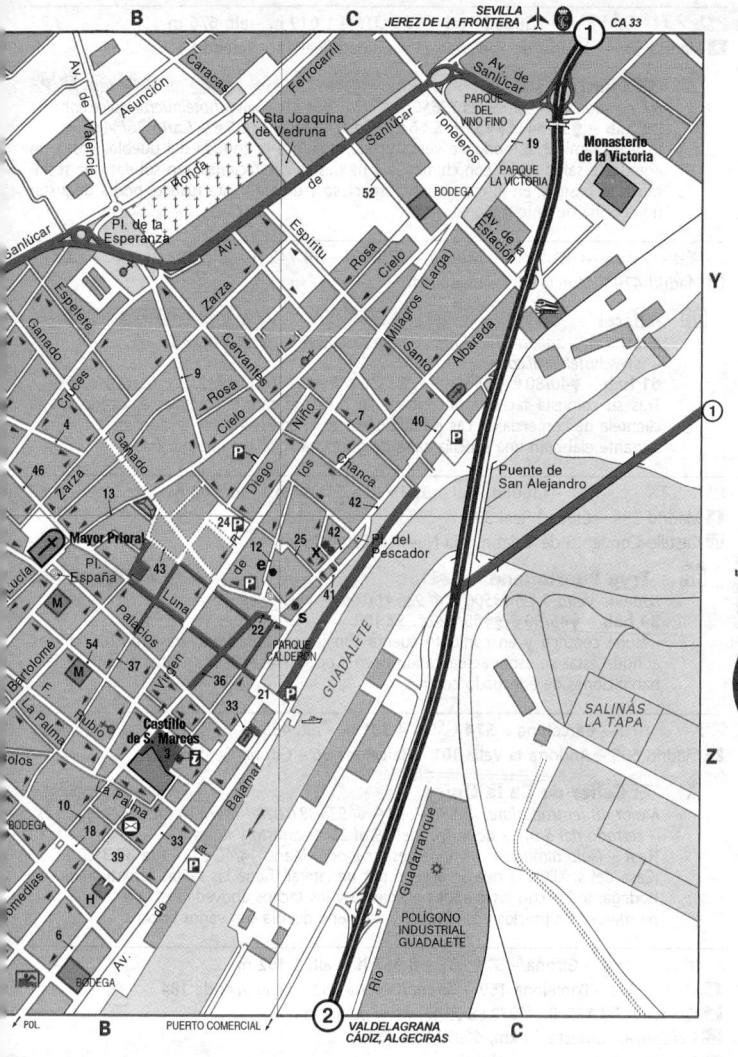

**PUERTO DE VEGA** – Asturias – **572** B10 – **1 849 h.** 5 A1

▶ Madrid 550 – Oviedo 103 – Lugo 158

**Pleamar** sin rest ⩽ ⅏ 奈 **P**
*Párroco Penzol* ⊠ 33790 – ℰ *985 64 88 66 – www.hotelpleamar.com*
*– cerrado 15 diciembre-9 febrero*
**9 hab** – ♁60/78 € ♁♁70/90 €, � 8 €
Este coqueto hotel le sorprenderá por su cuidadísima decoración. Ofrece habitaciones
personalizadas de estilo rústico-actual, todas con detalles marineros y vistas al mar.

**PUERTO DEL ROSARIO** – Las Palmas – ver Canarias (Fuerteventura)

559

**PUERTO LÁPICE** – Ciudad Real – **576** O19 – **1 019 h.** – alt. 676 m    **9** B2

▶ Madrid 135 – Alcázar de San Juan 25 – Ciudad Real 62 – Toledo 85

⬚ **El Puerto**    🅰🅺 ⅍ rest, 📶 **P**
*av. de Juan Carlos I-59* ✉ *13650* – 𝒞 *926 58 30 50* – *www.hotelpuertolapice.com*
**29 hab** – 🛏39/44 € 🛏🛏55 €, ⊑ 6 €    **Rest** – Menú 13/55 € – Carta 26/44 €
Hotelito familiar, a modo de venta típica, situado a la entrada del pueblo. Posee un
agradable salón social con chimenea y modestas habitaciones, tan sobrias que resultan algo básicas. En el restaurante, espacioso y de ambiente rústico, podrá degustar
una cocina de tinte regional.

---

**PUERTO LUMBRERAS** – Murcia – **578** T24 – **14 742 h.** – alt. 333 m    **23** A3

▶ Madrid 479 – Murcia 91 – Almería 140

🏠 **Riscal**    🛗 ⅋ 🅺 ⅍ rest, 📶 🆑 **P** 🚗
*autovía A7 - salida 580, Norte : 2,5 km* ✉ *30890* – 𝒞 *968 40 20 50*
– *www.hotelriscal.com*
**61 hab** – 🛏40/80 € 🛏🛏50/100 €, ⊑ 7 €    **Rest** – Menú 16/40 € – Carta 29/35 €
Tras su colorista fachada encontrará un hotel de carácter familiar enfocado a una
clientela de comerciales. Las instalaciones son modernas pero funcionales. En su restaurante elaboran una sencilla carta de gusto tradicional e internacional.

---

**PUERTOLLANO** – Ciudad Real – **576** P17 – **51 997 h.** – alt. 708 m    **9** B3

▶ Madrid 235 – Ciudad Real 38

🅖 Castillo-Convento de Calatrava la Nueva ★ Este : 35 km

🏠 **Tryp Puertollano** sin rest    🛗 🅺 ⅍ 📶 🆑 🚗
*Lope de Vega 3* ✉ *13500* – 𝒞 *926 41 07 68* – *www.melia.com*
**39 hab** – 🛏45/90 € 🛏🛏55/120 €, ⊑ 10 €
Resulta céntrico y en conjunto cuenta con unas instalaciones bastante funcionales,
aunque estas se están actualizando poco a poco. Presenta una correcta zona social y
habitaciones de adecuado confort.

---

**PUIG-REIG** – Barcelona – **574** G35 – **4 301 h.** – alt. 455 m    **14** C2

▶ Madrid 605 – Andorra la Vella 101 – Barcelona 86 – Girona/Gerona 129

🍴 **El Celler de Ca la Quica**    ⅍ ⇔
*Major 48 (entrada lateral)* ✉ *08692* – 𝒞 *938 38 02 20* – *www.elcellerdecalaquica.es*
– *cerrado del 5 al 12 de mayo, del 18 al 25 de agosto y lunes*
**Rest** – *(solo almuerzo salvo viernes y sábado)* Menú 14/40 € – Carta 30/39 € 🏵
¡Casa del s. XIX a la que se accede por un lateral! Tiene las salitas repartidas por su
bodega, todas con las paredes en piedra y los techos abovedados. Ofrece una carta
de mercado a precios económicos y un menú del día con varios arroces.

---

**PUIGCERDÀ** – Girona – **574** E35 – **8 957 h.** – alt. 1 152 m    **14** C1

▶ Madrid 653 – Barcelona 169 – Girona/Gerona 152 – Lleida/Lérida 184

🆔 Querol 1, ✉ 17520, 𝒞 972 88 05 42, www.puigcerda.cat

📷 Cerdanya, Suroeste : 1 km, 𝒞 972 14 14 08

🅖 Campanario ★

🏠 **Del Lago** sin rest    🌀 🚗 🛁 🖥 ⅍ 📶 **P**
*av. Dr. Piguillem 7* ✉ *17520* – 𝒞 *972 88 10 00* – *www.hotellago.com*
**24 hab** – 🛏90/105 € 🛏🛏106/125 €, ⊑ 11 €
Agradable, de ambiente familiar y próximo al lago del que toma su nombre. Disfruta
de una coqueta zona social, un espacio acristalado para los desayunos y cálidas habitaciones, destacando las que tiene terraza o acceso directo al jardín.

🍴 **Taverna del Call**    📶 🅺
*pl. del Call* ✉ *17520* – 𝒞 *972 14 10 36* – *cerrado lunes*
**Rest** – Menú 13/15 € – Carta 20/31 €
Restaurante rústico-actual que sorprende, pues aparte de la sala interior presenta otra,
más vistosa, a modo de terraza acristalada. Apuestan por una cocina de tinte tradicional rica en carnes, con platos de la zona y la opción de menús.

**en la carretera de Llívia** Noreste : 1 km

🏠 **Del Prado** 🚗 ⊒ ✗ ⓫ ᛭ ℉ 🅿 🚙
*carret. de Llívia 1* ⊠ *17520 Puigcerdà –* 𝒞 *972 88 04 00 – www.hoteldelprado.cat*
**53 hab –** ✝58/74 € ✝✝85/115 €, ⊒ 12 €
**Rest *Del Prado* –** ver selección restaurantes
Bastante cuidado, de atenta organización familiar y bien situado junto a la carretera. Encontrará un atractivo jardín, una zona social de línea clásica y amplias habitaciones, la mayoría actualizadas y en el piso superior abuhardilladas.

✗ **Del Prado** – Hotel Del Prado 🚗 ⊒ ✗ 🆖 ⌘ 🅿 🚙
*carret. de Llívia 1* ⊠ *17520 Puigcerdà –* 𝒞 *972 88 04 00 – www.hoteldelprado.cat*
**Rest –** Menú 19/31 € – Carta 21/45 €
Un clásico de reconocida trayectoria. Su chef propone una extensa carta de cocina tradicional, con sugerentes platos de la comarca, productos de temporada y especialidades pirenaicas propias de la Cerdanya. ¡Interesantes menús!

**PUIGPUNYENT** – Balears – ver Balears (Mallorca)

**Es PUJOLS** – Balears – ver Balears (Formentera)

**PUNTA UMBRÍA** – Huelva – **578** U9 – **14 919 h.** – Playa                    1 A2
▶ Madrid 648 – Huelva 21
🇮 av. Ciudad de Huelva 1, ⊠ 21100, 𝒞 959 49 51 60, www.puntaumbria.es

🏠 **Pato Amarillo** ⊒ 🛗 ᛭ hab, 🆖 hab, ⌘ ℉ 🅿
*Esteros 3 - urb. Everluz* ⊠ *21100 –* 𝒞 *959 31 12 50 – www.hotelespato.com*
**136 hab –** ✝60/110 € ✝✝80/180 € **Rest –** *(solo cena)* Carta 34/55 €
Próximo a la playa. Disfruta de una agradable piscina con jardín, cuidadas zonas sociales y unas habitaciones de línea funcional-actual, la mitad con su propia terraza y vistas frontales al mar. Su restaurante buffet se complementa con otro que solo sirve pescados y carnes a la brasa, este último con terraza.

🏠 **Ayamontino** 🚗 🛗 🆖 ⌘ ℉ 🅿 🚙
*av. de Andalucía 35* ⊠ *21100 –* 𝒞 *959 31 14 50 – www.hotelayamontino.com*
*– cerrado Navidades*
**45 hab** ⊒ – ✝46/91 € ✝✝68/138 € **Rest –** Menú 16/25 € – Carta 20/30 €
Atesora una larga trayectoria y se encuentra en pleno centro de la localidad, siendo estos los mejores avales para un hotel sencillo, familiar y de carácter vacacional. Encontrará un hall de aspecto actual, habitaciones de correcto equipamiento, una espaciosa cafetería y un restaurante bastante funcional.

**QUEJANA** – Álava – ver Kexaa

**QUIJAS** – Cantabria – **572** B17                    8 B1
▶ Madrid 386 – Burgos 147 – Oviedo 172 – Santander 30

⛫ **Posada Andariveles** sin rest 🛗 ⌘ ℉ 🅿
*barrio Vinueva 181 - carret. N 634* ⊠ *39590 –* 𝒞 *942 82 09 24*
*– www.casonaandariveles.com – marzo-septiembre*
**16 apartamentos –** ✝✝49/120 €, ⊒ 5 € – 15 hab
Repartido en tres casas de marcado aire montañés, una con la zona social, otra con la mayoría de las habitaciones, un poco recargadas pero confortables, y la tercera, de nueva construcción, con varios apartamentos de línea actual-funcional.

**QUINTANA DE LOS PRADOS** – Burgos – ver Espinosa de los Monteros

**QUINTANADUEÑAS** – Burgos – **575** E18 – **alt. 850 m**                    12 C1
▶ Madrid 241 – Burgos 6 – Palencia 90 – Valladolid 125

🏠 **La Galería** 🛗 ᛭ hab, 🆖 ⌘ ℉ ⛷ 🅿 🚙
*Gregorio López Bravo 2, Sureste : 1,3 km* ⊠ *09197 –* 𝒞 *947 29 26 06*
*– www.hotelhqlagaleria.com*
**60 hab –** ✝50/66 € ✝✝60/77 €, ⊒ 8 €
**Rest –** *(cerrado domingo noche)* Menú 11/32 € – Carta 38/45 €
Ubicado a las afueras de la ciudad, junto a un polígono industrial. Posee una cafetería, una moderna zona social y espaciosas habitaciones, funcionales pero de línea actual. El restaurante a la carta tiene un acceso independiente respecto a la zona del menú.

ESPAÑA

## QUINTANAR DE LA ORDEN – Toledo – **576** N20 – **13 047 h.**　　10 C2
– alt. 691 m

▶ Madrid 129 – Toledo 117 – Cuenca 120

XX　**Granero** ⓜ　　　　　　　　　　　🍴 ♿ 🆈 🆈
San Fernando 90 ⊠ 45800 – ☎ 925 18 02 38 – www.restaurantegranero.com
– cerrado 16 septiembre-15 octubre y miércoles
**Rest** – Menú 35/75 € – Carta 31/42 €
Un restaurante familiar con historia, pues ya está regentado por la 3ª generación. Presenta un montaje bastante cuidado, actual y no exento de cierta elegancia. Amplia carta de cocina actual, donde juegan acertadamente con los sabores.

## QUINTANILLA DE ONÉSIMO – Valladolid – **575** H16 – **1 137 h.**　　12 C2
– alt. 745 m

▶ Madrid 215 – Aranda de Duero 63 – Valladolid 38

🏠🏠🏠　**Posada Fuente de la Aceña**　　🌢 ♿ hab, 🆈 🆈 rest, 🛜 🕍 🅿
camino del Molino ⊠ 47350 – ☎ 983 68 09 10 – www.fuenteacena.com
**22 hab** ⌑ – †65/75 € ††80/95 €
**Rest** – (cerrado domingo noche y lunes) Menú 20/42 € – Carta 29/43 €
Instalado parcialmente en un antiguo molino a orillas del Duero. Las habitaciones, ubicadas en un anexo, presentan una línea funcional-actual. El restaurante, dotado con dos salas de aire rústico-actual, propone una cocina de tinte actual con platos tradicionales, un menú del día y otro de degustación.

## QUINTANILLA DEL AGUA – Burgos – **575** F19 – **504 h. – alt. 851 m**　　12 C2

▶ Madrid 213 – Burgos 45 – Palencia 88 – Soria 131

🏠　**El Batán del Molino**　　🌢 🚲 🏊 🆈 rest, 🛜 🅿
El Molino, Sur : 1 km ⊠ 09347 – ☎ 947 17 47 15 – www.elbatandelmolino.com
– cerrado enero y febrero
**9 hab** – †50 € ††60 €, ⌑ 6 €　**Rest** – (solo cena) (solo clientes) Menú 17 €
Molino harinero del s. XI emplazado en un paraje de agradables exteriores, con un cuidado jardín, césped y piscina. Su arquitectura tradicional combina el adobe y la piedra de los muros con las vigas de madera a la vista. ¡Menú de cocina casera y tranquilidad garantizada!

## QUINTUELES – Asturias – **572** B13 – **578 h.**　　5 B1

▶ Madrid 475 – Oviedo 41

🏠🏠🏠　**Bal H.**　　🌢 🍴 🎦 🍴 ♿ 🆈 🆈 🛜 🕍 🅿
carret. N-632, Sur : 2 km ⊠ 33314 – ☎ 985 34 19 97 – www.balhotel.com
**44 hab** ⌑ – †79/300 € ††89/400 € – 1 suite
**Rest** *Doble Q* – (cerrado domingo salvo verano) Menú 25/50 € – Carta 37/51 €
Destaca tanto por el confort de las habitaciones como por su zona social, con un piano-bar y una curiosa salita de proyecciones que conserva las antiguas butacas del Teatro Jovellanos. Además, también ofrece algunos servicios de SPA y un restaurante, con una correcta carta de cocina tradicional actualizada.

## RÁBADE – Lugo – **571** C7 – **1 674 h.**　　20 C2

▶ Madrid 530 – A Coruña 79 – Lugo 15 – Ponferrada 133

🏠🏠🏠　**Coto Real**　　🎦 ♿ 🆈 🆈 🛜 🕍 🅿
av. A Coruña 107 ⊠ 27370 – ☎ 982 39 00 12 – www.cotoreal.com
**40 hab** – †43/63 € ††50/93 €, ⌑ 4 €
**Rest** *Asador Coto Real* – ver selección restaurantes
Hotel de línea moderna situado en el centro de la localidad, junto a la antigua carretera nacional. Presenta una correcta zona noble y coquetas habitaciones, no muy espaciosas pero con materiales de calidad. ¡Clientela habitual de trabajo!

XX　**Asador Coto Real** – Hotel Coto Real　　🆈 🆈 🅿
av. A Coruña 107 ⊠ 27370 – ☎ 982 39 00 12 – www.cotoreal.com
**Rest** – Carta 17/44 €
Un restaurante con personalidad y cierto prestigio en la zona. Posee una sala en dos alturas de línea clásica-actual y un gran horno de leña, no en vano los asados y las carnes de vacuno mayor a la parrilla son su especialidad.

## RABANAL DEL CAMINO – León – **575** E11 – alt. 1 150 m   11 A1

▶ Madrid 353 – León 67 – Ponferrada 34 – Zamora 86

🏠 **La Posada de Gaspar**   ☝ 🎿 🛜 **P**
*Real 27 ✉ 24722 – ✆ 987 63 16 29 – www.laposadadegaspar.com – cerrado 20 días en enero-febrero*
**11 hab** – ♦41/54 € ♦♦54/68 €, ⬜ 7 €   **Rest** – Menú 11/18 € – Carta 24/35 €
Esta atractiva casa conserva los ideales de la arquitectura regional, con muchos detalles en piedra y sobrias habitaciones de aire rústico. Está muy orientada al peregrino. En su espacioso restaurante podrá degustar las especialidades propias de esta tierra.

## RACÓ DE SANTA LLUCÍA – Barcelona – ver Vilanova i la Geltrú

## RÁFALES – Teruel – **574** J30 – 159 h. – alt. 627 m   4 C3

▶ Madrid 456 – Zaragoza 143 – Teruel 192
– Castelló de la Plana/Castellón de la Plana 149

🏠 **La Alquería**   ☝ 🆔 🎿 🛜
*pl. Mayor 9 ✉ 44589 – ✆ 978 85 64 05 – www.lalqueria.net*
**6 hab** ⬜ – ♦59/84 € ♦♦69/84 €
**Rest** – *(cerrado domingo noche)* Menú 25 € – Carta 29/47 €
Esta antigua casa restaurada compensa su ausencia de espacios sociales con unas habitaciones de línea actual, casi todas con mobiliario en forja y baños de plato ducha. El restaurante se encuentra en la planta baja del edificio y en él podrá degustar una cocina tradicional actualizada.

## RANDA – Balears – ver Balears (Mallorca)

## RASCAFRÍA – Madrid – **576** – **575** J18 – 1 956 h. – alt. 1 163 m   22 A1

▶ Madrid 78 – Segovia 51

◉ Cartuja de El Paular★ (iglesia : retablo★★)

🏠 **El Valle** sin rest   ≤ 🎿 ⚕ **P**
*av. del Valle 39 ✉ 28740 – ✆ 918 69 12 13 – www.hotelruralelvalle.com*
**30 hab** ⬜ – ♦50 € ♦♦60 €
Un alojamiento de estilo rústico-actual y agradable ambiente familiar. Cuenta con una coqueta zona social y unas habitaciones bien actualizadas, todas con los baños renovados.

🍴 **Los Calizos** con hab   ☝ 🚗 🎿 🛜 **P**
*carret. de Miraflores, Este : 1 km ✉ 28740 – ✆ 918 69 11 12 – www.loscalizos.com*
**12 hab** ⬜ – ♦60 € ♦♦80 €   **Rest** – Carta 29/47 €
Ubicado en pleno campo, con una terraza ajardinada y unas salas de aire rústico. Cocina tradicional actualizada que sorprende tanto por los productos como por su elaboración. También ofrece habitaciones por si quiere disfrutar del Parque Natural de Peñalara.

## El RASO – Ávila – ver Candeleda

## RAXO – Pontevedra – **571** E3 – 1 051 h.   19 A2

▶ Madrid 626 – Santiago de Compostela 77 – Pontevedra 14 – Viana do Castelo 129

### en Serpe Norte : 1,5 km

🍴🍴🍴 **Pepe Vieira** (Xosé T. Cannas)   🆔 🎿 **P**
❀ *camiño da Serpe ✉ 36992 Raxó – ✆ 986 74 13 78 – www.pepevieira.com – cerrado domingo noche y lunes*
**Rest** – *(solo almuerzo salvo fines de semana y verano) (solo menú)* Menú 29/85 €
ஃ
Restaurante de estética moderna y gran confort. En su sala, de esencia minimalista, descubrirá las elaboraciones propias de una cocina creativa muy detallista, siempre con excelentes productos. ¡Dos menús degustación y otro tipo bistró!
➜ Tosta de pan de trigo, mahonesa de wasabi y tartar de lubina . Merluza del pincho con crema ácida de patata y piel de lima. Cuajada de fruta de la pasión y yogur cremoso con pimienta dulce y aceite de arbequina.

## REBOREDO – Pontevedra – ver O Grove

## REDONDELA – Pontevedra – 571 F4 – 30 015 h.                              19 B3

🔼 Madrid 600 – Santiago de Compostela 83 – Pontevedra 24 – Viana do Castelo 104

### ✗  O Xantar de Otelo                                          &. Ⅲ ⅗ ⟷ P.
*av. Estación de Ferrocarril 27 ⊠ 36800 – 𝒞 986 40 15 20 – www.oxantardeotelo.com – cerrado Semana Santa, 15 días en agosto, domingo noche y lunes*
**Rest** – Carta 21/35 €
Este negocio familiar cuenta con sus propios barcos de pesca, por lo que siempre ofrece pescados y mariscos de calidad a precios interesantes. Cocina gallega con especialidades, como la Caldereta de pescados o las Zamburiñas a la plancha.

## en Chapela Oeste : 8,5 km

### ✗✗  Casa Pinales                                              ⇐ 🛖 Ⅲ ⅗ P.
*av. de Redondela 124 ⊠ 36320 – 𝒞 986 45 02 42 – cerrado 15 días en abril, 15 días en septiembre, domingo noche y lunes*
**Rest** – Carta 24/42 €
Ofrece una sala de espera con un vivero y una única sala de línea clásica, esta última dominada por un gran ventanal que se abre a la ría de Vigo y a las bateas. Carta amplia de cocina gallega, con deliciosos arroces, pescados y mariscos.

## REGENCÓS – Girona – 574 G39 – 295 h. – alt. 78 m                        15 B1

🔼 Madrid 721 – Barcelona 128 – Girona/Gerona 42 – Perpignan 115

### 🏠  Del Teatre                                    ⅗ 🛖 ⅃ Ⅲ ⅗ hab. 🛜 P.
*pl. Major ⊠ 17214 – 𝒞 972 30 62 70 – www.hoteldelteatre.com – marzo-octubre*
**11 hab** ⊊ – ✝108/124 € ✝✝135/170 €
**Rest** *La Cuina del Teatre* – (cerrado lunes y martes salvo verano) (solo cena salvo fines de semana y verano) (reserva aconsejable) Carta 30/45 €
La mejor opción para alojarse en este pueblo medieval, pues ocupa una casona en piedra del s. XVIII y ofrece habitaciones de estética rústica-actual. El restaurante, que recupera el antiguo teatro de la localidad, se divide en dos partes: una informal para tapas y la otra, a la carta, asomada al jardín.

## REINOSA – Cantabria – 572 C17 – 10 071 h. – alt. 850 m – Balneario en        8 B2
Fontibre - Deportes de invierno en Alto Campóo, Oeste : 25 Km : 🎿 13 ⅛ 1

🔼 Madrid 355 – Burgos 116 – Palencia 129 – Santander 69

🅸 av. Puente de Carlos III-23, ⊠ 39200, 𝒞 942 75 52 15, www.aytoreinosa.es

🅶 Pico de Tres Mares★★★ (❅★★★) Oeste : 26 km y telesilla

### 🏠  Villa Rosa *sin rest*                                      📧 ⅗ 🛜
*Héroes de la Guardia Civil 4 ⊠ 39200 – 𝒞 942 75 47 47 – www.villarosa.com*
**12 hab** ⊊ – ✝40/50 € ✝✝50/70 €
Hotelito de ambiente clásico instalado en una hermosa villa de principios del s. XX. Ofrece unos cuidados exteriores, un atractivo SPA para uso privado y habitaciones de buen confort.

## RENTERÍA – Guipúzcoa – ver Errenteria

## REQUENA – Valencia – 577 N26 – 21 554 h. – alt. 292 m                   16 A2

🔼 Madrid 279 – Albacete 103 – València 69

🅸 García Montés, ⊠ 46340, 𝒞 962 30 38 51, www.requena.es

### 🏠  La Villa                                          🛖 📧 &. hab. Ⅲ 🛜
*pl. Albornoz 8 ⊠ 46340 – 𝒞 962 30 12 75 – www.hotellavillarestaurante.com*
**18 hab** – ✝36/40 € ✝✝55/60 €, ⊊ 5 €
**Rest** – (cerrado 7 días en junio, 7 días en septiembre y domingo noche)
Menú 15/40 € – Carta 25/48 €
Se halla en la plaza principal del casco histórico y está llevado con amabilidad. Posee una pequeña terraza y cuidadas habitaciones, todas con muebles de época. En el restaurante, de aire rústico-regional, apuestan por una cocina sencilla a precios ajustados.

**REUS** – Tarragona – **574** I33 – 107 211 h. – alt. 134 m    13 B3

▶ Madrid 547 – Barcelona 118 – Castelló de la Plana/Castellón de la Plana 177 – Lleida/Lérida 90

🛫 de Reus - Sureste : 3 km ✆ 902 40 47 04

🛈 pl. Mercadal 3 (Edifici Gaudí Centre), ✉ 43201, ✆ 977 01 06 70, www.reusturisme.cat

🏌 Reus Aigüesverds, carret. de Cambrils km 1,8 (Mas Guardi), ✆ 977 75 27 25

◎ Localidad★ - Edificios Modernistas★ – Palau Bofarull★

◎ Port Aventura★★★ Sur : 10 km

### XX  Gaudir    🛖 AC
*pl. del Mercadal 3 (Edifici Gaudí Centre-4°)* ✉ 43201 – ✆ 977 12 77 02
*– www.gaudirestaurant.com – cerrado del 7 al 31 de enero, domingo noche y lunes noche*
**Rest** – Menú 12/53 € – Carta 40/73 €
Sorprende por su emplazamiento, ya que se encuentra en la 4ª planta del edificio donde está el museo de Gaudí. Sala moderna y confortable rodeada por una agradable terraza.

### en la carretera de Tarragona Sureste : 1 km

### 🏨  Brea's H. ●    🍴 ढ hab, AC 🍸 🛜 🕸 🅿 🚗
✉ 43204 Reus – ✆ 977 30 10 46 – www.breashotel.es
**46 hab** ☲ – †60/95 € ††60/120 € – 4 suites   **Rest** – *(en Masía Crusells)*
Moderno edificio de tres plantas orientado al cliente de negocios. Posee una cafetería acristalada junto a la recepción, donde sirven tanto los desayunos como diversos platos combinados, así como unas espaciosas habitaciones, todas de línea actual-funcional.

### XX  Masía Crusells    AC 🍸 ⇔ 🅿
✉ 43204 Reus – ✆ 977 75 40 60 – www.masiacrusells.com
**Rest** – Menú 18/24 € – Carta 28/55 €
Llevado entre varios hermanos. Presenta una zona de bar y tres salas de ambiente clásico. La carta, tradicional y rica en productos del mar, se ve apoyada por un amplio menú.

### en Castellvell (Baix Camp) Norte : 2 km

### XX  El Pa    AC ⇔
*av. de Reus 24* ✉ 43392 Castellvell – ✆ 977 85 52 12 – www.restaurantelpa.com
*– cerrado Navidades, del 15 al 31 de agosto, domingo noche, lunes noche, martes y festivos*
**Rest** – Carta 30/46 €
Acogedor restaurante de estilo rústico-antiguo donde encontrará platos de tradición catalana... eso sí, no exentos de innovación. Posee una sala más actual a modo de privado.

---

**RIAZA** – Segovia – **575** I19 – 2 489 h. – alt. 1 200 m – Deportes de invierno    12 C2
en La Pinilla, Sur : 9 km : ☃12 ☃1

▶ Madrid 122 – Valladolid 137 – Segovia 75 – Soria 117

### X  La Taurina    AC 🍸
*pl. Mayor 6* ✉ 40500 – ✆ 921 55 01 05 – *cerrado octubre y lunes salvo verano*
**Rest** – *(solo almuerzo en invierno salvo fines de semana)* Menú 24 € – Carta 24/37 €
Instalado en una casa del s. XIX. Encontrará un horno de asar en el patio y dos salas, la principal de aire castellano. Su especialidad son los asados y el Churrasco de vaca.

---

**RIBADEO** – Lugo – **571** B8 – 10 061 h. – alt. 46 m    20 D1

▶ Madrid 591 – A Coruña 158 – Lugo 90 – Oviedo 169

🛈 Dionisio Gamallo Fierros 7 , ✉ 27700, ✆ 982 12 86 89, www.ribadeo.org

◎ Puente ⇐★

ESPAÑA

### Parador de Ribadeo

*Amador Fernández 7* ⊠ *27700 –* ☎ *982 12 88 25 – www.parador.es*
**47 hab** – ♦56/140 € ♦♦70/175 €, ☲ 16 € – 1 suite
**Rest** – Menú 27/37 € – Carta 32/55 €

En un paraje de gran belleza, dominado por la ría y los pueblos asturianos de la otra orilla. La mayoría de sus habitaciones disfrutan de galería-mirador y buenas vistas. En el restaurante, de aire rústico, podrá descubrir deliciosas especialidades gallegas.

### O Cabazo

*Río do Amalló 1* ⊠ *27700 –* ☎ *982 12 85 17 – www.hotelrestauranteocabazo.com*
**38 hab** – ♦37/61 € ♦♦46/76 €, ☲ 6,50 €
**Rest** – *(cerrado domingo noche salvo verano)* Menú 12/30 € – Carta 28/46 €

Tras su ampliación se presenta con una zona social renovada, con una parte acristalada, así como nuevas y confortables habitaciones de ambiente clásico-colonial. El comedor, bastante luminoso y con detalles rústicos, disfruta de unas agradables vistas.

### Casona de Lazúrtegui sin rest

*Julio Lazúrtegui 26* ⊠ *27700 –* ☎ *982 12 00 97 – www.hotelcasona.com*
*– cerrado 15 diciembre - 15 enero*
**29 hab** – ♦41/60 € ♦♦54/81 €, ☲ 6 €

Hotel con encanto instalado en una casa señorial de finales del s. XIX. Ofrece elegantes habitaciones, todas con mobiliario de estilo antiguo y algún detalle en piedra.

### Bouza sin rest, con cafetería

*José Vicente Pérez Martínez 13* ⊠ *27700 –* ☎ *982 13 00 87 – www.hotelbouza.com*
**28 hab** – ♦40/56 € ♦♦52/70 €, ☲ 5 €

Céntrico, de cuidadas instalaciones y con una cafetería pública, siendo esta el epicentro de toda la vida social del hotel. Correctas habitaciones de línea funcional-actual.

### Balastrera

*Carlos III-37* ⊠ *27700 –* ☎ *982 12 00 21 – www.balastrera.es – cerrado*
*20 diciembre-20 enero*
**8 hab** – ♦25/60 € ♦♦50/84 €, ☲ 6 €
**Rest** – *(cerrado lunes)* Menú 10/15 € – Carta 25/32 €

Llamativa casa de principios del s. XX con cuyo nombre se recuerda una antigua locomotora. Espacioso salón social, habitaciones clásicas y una agradable terraza con césped. Su coqueto restaurante a la carta se encuentra en un edificio anexo.

### Rolle sin rest

*Ingeniero Schulz 6* ⊠ *27700 –* ☎ *982 12 06 70 – www.hotelrolle.com*
**10 hab** ☲ – ♦45/90 € ♦♦60/90 €

Hotel con encanto instalado en el centro del pueblo, en una casona de piedra del s. XVIII. Ofrece habitaciones muy confortables y un buen desayuno, con productos de calidad.

### A.G. Porcillán sin rest

*Guimaran 5 (muelle de Porcillán)* ⊠ *27700 –* ☎ *982 12 05 70*
*– www.hotelagporcillan.com – cerrado 15 diciembre-marzo*
**11 hab** – ♦33/44 € ♦♦55/88 €, ☲ 4,50 €

¡Coqueto, muy familiar y cuidado al detalle! Posee varios tipos de habitaciones: seis de línea náutica, dos neorrústicas y tres más actuales; además, dos están abuhardilladas.

### XX San Miguel

*porto deportivo* ⊠ *27700 –* ☎ *982 12 97 17 – www.restaurantesanmiguel.org*
*– cerrado del 7 al 27 de enero, domingo noche y lunes noche salvo julio-agosto*
**Rest** – Menú 22/40 € – Carta 32/57 €

Lo mejor es su emplazamiento en el puerto deportivo, con una preciosa terraza de verano y fantásticas vistas. Cocina tradicional marinera con platos gallegos y asturianos.

## en Vilaframil Oeste : 5 km

### XX La Villa con hab      ⅗ hab, 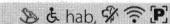 rest, ⅗ 🛜 **P**

*carret. N 634 - km 559 ⊠ 27797 Vilaframil –* ℰ *982 12 30 01*
*– www.hotelrestaurantelavilla.com – cerrado Navidades*
**10 hab** ⌂ – ♦35/45 € ♦♦45/75 €
**Rest** – *(cerrado domingo noche)* Menú 12/35 € – Carta 25/35 €
El restaurante centra la actividad de este negocio familiar, que tiene un pequeño bar
y tres salas de correcto montaje en la 1ª planta, con los suelos y las vigas en madera.
También ofrece unas cuidadas habitaciones, las del piso superior semi-abuhardilladas.

## en Vilela Suroeste : 6 km

### ⋔ Casa Doñano      ⅗ ⅗ hab, ⅗ 🛜 **P**

⊠ *27714 Vilela –* ℰ *982 13 74 29 – www.casadonano.com – cerrado*
*15 diciembre-15 marzo*
**8 hab** ⌂ – ♦96/136 € ♦♦96/150 €     **Rest** – *(solo clientes, solo cena)* Menú 23/35 €
Esta preciosa casa de labranza, que un día perteneció a un indiano, destaca tanto por
su emplazamiento en plena naturaleza como por el ambiente hogareño, con gran
profusión de piedra, pizarra y madera. Atractivos exteriores y luminoso comedor privado.

---

## RIBADESELLA – Asturias – 572 B14 – 6 209 h. – Playa      5 C1

▶ Madrid 485 – Gijón 67 – Oviedo 84 – Santander 128
🅸 paseo Princesa Letizia, ⊠ 33560, ℰ 985 86 00 38, www.ribadesella.es
◉ Cuevas Tito Bustillo★ (pinturas rupestres★)

ESPAÑA

### 🏨 El Jardín de Eugenia sin rest      🕴 ⅗ 🛜 **P** 🚗

*Palacio Valdés 22 ⊠ 33560 –* ℰ *985 86 08 05 – www.eljardindeugenia.com*
**14 hab** ⌂ – ♦60/100 € ♦♦77/130 €
Rompe un poco con la estética de los hoteles de la zona, pues es moderno y tiene
detalles de vanguardia. Ofrece habitaciones de buen confort, en la 2ª planta abuhardilladas.

### ⋔ Arbidel (Jaime Uz)      🛋  ⅗

ⅇ *Oscura 1 ⊠ 33560 –* ℰ *985 86 14 40 – www.arbidel.com – cerrado 15 días en enero,*
*domingo noche y lunes salvo agosto*
**Rest** – Menú 29 € – Carta 33/52 €
¡Muy recomendable! Arbidel abre sus puertas en una callejuela del casco antiguo, con
una pequeña sala neorrústica-actual y una terracita sobre la calle peatonal. Cocina tradicional actualizada, raciones generosas y un buen menú degustación.
➜ Langostino frito con crema de zanahoria y comino. Repollo relleno de ibérico con
crujiente de manitas y setas. Tarta de manzana caliente con helado de canela.

## en la playa

### 🏨 G.H. del Sella      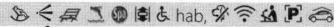 ⅗ hab, ⅗ 🛜 🄰 **P** 🚗

*Ricardo Cangas 17 ⊠ 33560 Ribadesella –* ℰ *985 86 01 50*
*– www.granhoteldelsella.com – abril-octubre*
**77 hab** ⌂ – ♦90/125 € ♦♦122/168 € – 4 suites
**Rest** – Menú 30 € – Carta 35/52 €
Se encuentra en 1ª línea de playa y está instalado parcialmente en el antiguo palacio
de verano de los marqueses de Argüelles, dotado con elegantes dependencias. Completo SPA. El restaurante ofrece una carta tradicional, con varios arroces y platos marineros.

### 🏨 Ribadesella Playa sin rest       ⅗ 🛜 **P**

*Ricardo Cangás 3 ⊠ 33560 Ribadesella –* ℰ *985 86 07 15*
*– www.hotelribadesellaplaya.com – Semana Santa-octubre*
**17 hab** ⌂ – ♦51/90 € ♦♦57/130 €
Instalado en una elegante villa que tiene acceso directo a la playa. Adecuada zona
noble y confortables habitaciones de aire clásico, destacando las que ofrecen vistas
al mar.

### Verdemar sin rest

*Elías Pando 19 ⊠ 33560 Ribadesella – ℰ 985 86 17 17 – www.hotelverdemar.net*
*– cerrado 19 diciembre-19 enero*

**12 hab** 🖃 – 🛏46/84 € 🛏🛏58/129 €

¡Próximo al mar! Tanto la zona social como la cafetería pueden parecer algo pequeñas... sin embargo, sus habitaciones son correctas, con mobiliario funcional y baños actuales.

### El Corberu sin rest

*Ardines - Suroeste : 1,5 km ⊠ 33569 Ribadesella – ℰ 985 86 01 13*
*– www.elcorberu.com – Semana Santa-septiembre*

**8 hab** – 🛏45/65 € 🛏🛏52/75 €, 🖃 6 €

Pequeño turismo rural ubicado en una tranquila ladera, con vistas al valle del Sella y a las montañas. Posee un cálido salón social con chimenea y unas coquetas habitaciones de línea clásica. ¡Parrilla exterior habilitada para los clientes!

### 🍴🍴 La Huertona

*carret. de Junco, Suroeste : 1,5 km ⊠ 33560 Ribadesella – ℰ 985 86 05 53*
*– www.restaurantelahuertona.com – cerrado 15 días en junio, 15 días en octubre y martes salvo julio-agosto*

**Rest** – *(solo almuerzo salvo viernes y sábado de octubre a abril)* Menú 50 €
– Carta 32/68 €

Un negocio con cierto prestigio en la zona. Posee un reducido bar de espera y un cuidado comedor, muy luminoso y con vistas a los alrededores. Aquí encontrará una cocina de gusto tradicional con presentaciones actuales y la opción de menús.

## por la carretera de Collía

### La Biesca sin rest

*Sebreño - Suroeste : 2,5 km ⊠ 33567 Ribadesella – ℰ 985 86 00 00*
*– www.labiesca.com – cerrado octubre*

**11 hab** – 🛏45/55 € 🛏🛏55/80 €, 🖃 7 €

Uno de esos sitios en los que nadie perturbará su descanso, pues se halla rodeado de la siempre verde naturaleza asturiana. Posee un atractivo porche y habitaciones de buen confort, todas con mobiliario rústico-regional en madera y forja.

### El Carmen sin rest

*El Carmen, Suroeste : 4 km ⊠ 33567 El Carmen – ℰ 985 86 12 89*
*– www.hotelelcarmen.com – cerrado 23 diciembre-15 marzo*

**8 hab** – 🛏50/70 € 🛏🛏60/85 €, 🖃 6,50 €

Casa de nueva construcción que reproduce el estilo arquitectónico de la zona. Ofrece unas acogedoras dependencias de aire rústico y cuenta con un agradable entorno ajardinado.

## en la carretera AS 263 Este : 4,5 km

### Camangu sin rest

*⊠ 33568 Camango – ℰ 985 85 76 46 – www.camangu.com – cerrado enero y febrero*

**10 hab** 🖃 – 🛏45/66 € 🛏🛏55/77 €

Hotelito familiar ubicado junto a la carretera, en un bello paraje. Posee un acogedor salón social, donde sirven los desayunos, y unas cálidas habitaciones de línea clásica.

## en Junco

### Paraje del Asturcón

*Suroeste : 4 km ⊠ 33560 Junco – ℰ 985 86 05 88 – www.parajedelasturcon.com*

**10 hab** 🖃 – 🛏40/80 € 🛏🛏60/100 € – 1 suite

**Rest** – *(solo cena)* (es necesario reservar) Menú 15 € – Carta 25/37 €

Resulta tranquilo y disfruta de excelentes vistas. Aquí encontrará un acogedor salón social con chimenea y habitaciones rústicas de notable amplitud, algunas abuhardilladas.

### Mirador del Sella sin rest

*Suroeste : 4,5 km ⊠ 33569 Junco – ℰ 985 86 18 41 – www.miradordelsella.com*
*– 15 marzo-13 octubre*

**13 hab** 🖃 – 🛏59/96 € 🛏🛏75/138 €

Lo mejor es su entorno... no en vano, se encuentra sobre un montículo con soberbias vistas a la desembocadura del río Sella. Alegre salón social con detalles marineros y habitaciones de línea actual, algunas con hidromasaje en los baños.

⌂ **La Calma** sin rest        ॐ ⇐ ⫯ ⣿ 🄿
*El Escayón 8- Suroeste : 3 km* ✉ *33569 Junco –* 𝒞 *985 86 18 04 – www.la-calma.es*
*– cerrado 23 diciembre-enero*
**5 hab** ⌑ – ⫯⫯80/125 €
Pequeño hotel rural llevado por un matrimonio inglés. Ofrece habitaciones de aire
rústico-actual, no muy amplias pero con buenos detalles de acogida y unas vistas
agradables.

---

**RIBES DE FRESER** – Girona – **574** F36 – **1 914 h.** – alt. 920 m – **Balneario**     **14** C1
▶ Madrid 689 – Barcelona 118 – Girona/Gerona 101
🔢 pl. Ajuntament 3, ✉ 17534, 𝒞 972 72 77 28, www.vallderibes.cat
🄶 Vall de Núria ★★ (vistas desde el tren cremallera ★★)

🏛 **Resguard dels Vents**    ॐ ⇐ 🖵 ⧆ 🖪 🕭 hab, 🄺 ⣿ ⣿ 🄰 🄿
*camí de Ventaiola, Norte : 1 km* ✉ *17534 –* 𝒞 *972 72 88 66*
*– www.hotelresguard.com – cerrado 21 días en noviembre*
**16 hab** ⌑ – ⫯122/162 € ⫯⫯152/196 € – 1 suite    **Rest** – *(solo cena)* Menú 25 €
Interesante para disfrutar de la estancia y el entorno en pareja, pues se encuentra aislado en la falda de una montaña. Atesora unas atractivas fachadas en piedra, un luminoso SPA, magníficas vistas al valle y... ¡un poema al viento en cada habitación! El restaurante centra su oferta en un menú tradicional.

🏠 **Els Caçadors**                    🖪 ⣿ ⫯
*Balandrau 24* ✉ *17534 –* 𝒞 *972 72 70 77 – www.hotelsderibes.com – cerrado*
*noviembre*
**34 hab** – ⫯32/53 € ⫯⫯64/106 €, ⌑ 8 €
**Rest** *Els Caçadors* – ver selección restaurantes
Negocio familiar de 4ª generación que ha evolucionado de lo que fue un café y fonda
a lo que es hoy en día. Presenta hasta tres tipos de habitaciones (Oro, Plata y Bronce),
unas orientadas a parejas, otras para los que viajan con niños y las últimas, más económicas, a comerciales y senderistas.

🏠 **Catalunya Park H.**      ॐ ⇐ ⧆ 🝙 🖪 ⣿ ⫯ ⣷
*passeig Mauri 9* ✉ *17534 –* 𝒞 *972 72 71 98 – www.catalunyaparkhotels.com*
*– Semana Santa-octubre*
**55 hab** ⌑ – ⫯47/71 € ⫯⫯71/82 €    **Rest** – *(solo menú)* Menú 14/23 €
¡Destaca por su trato, muy cercano y familiar! Encontrará un amplio jardín con piscina,
una correcta zona social y habitaciones espaciosas a la par que funcionales. El comedor, diáfano y luminoso, elabora un menú tradicional con hasta nueve platos a elegir.

🏠 **Catalunya**                   🖪 ⣿ ⫯
*Sant Quintí 37* ✉ *17534 –* 𝒞 *972 72 70 17 – www.catalunyaparkhotels.com*
**23 hab** ⌑ – ⫯39/70 € ⫯⫯64/70 €    **Rest** – *(solo cena) (solo menú)* Menú 13/19 €
Es sencillo y funcional, sin embargo su gran atractivo está en el exquisito trato familiar
que brindan a sus clientes... por eso algunos les son fieles desde hace 50 años. El
comedor, de estilo clásico algo anticuado, basa su oferta en un correcto menú diario.

✗ **Els Caçadors** – Hotel Els Caçadors             🄰🄲 ⣿
*Balandrau 24* ✉ *17534 –* 𝒞 *972 72 70 77 – www.hotelsderibes.com – cerrado*
*noviembre*
**Rest** – Menú 16 € – Carta 20/47 €
Tiene tradición y viste sus paredes con fotos antiguas, del negocio y la familia. Su carta
de tinte regional atesora algún que otro plato perenne en la historia desde sus tiempos de fonda, como los ya clásicos Calamares fritos de la casa.

---

**RICOTE** – Murcia – **577** R25 – **1 452 h.** – alt. 400 m         **23** B2
▶ Madrid 371 – Archena 10 – Cieza 15 – Cehegín 40

✗✗ **El Sordo**                   🄰🄲 ⣿
⊛ *Alharbona* ✉ *30610 –* 𝒞 *968 69 71 50 – www.elsordo.es – cerrado julio y lunes no festivos*
**Rest** – *(solo almuerzo salvo viernes, sábado y domingo)* Menú 31/35 € – Carta 30/47 € ⨎
¡Le sorprenderá! Este moderno restaurante disfruta de un bar público y unas salas
de línea actual, en general con buenos detalles de diseño. Ofrecen una carta tradicio-
nal extensa y variada, con varios menús y unos exquisitos platos de caza.

**RIÓPAR** – Albacete – **576** Q22 – **1 463 h.** – **alt. 1 139 m**                    10 C3
▶ Madrid 316 – Toledo 265 – Albacete 117 – Murcia 165

🏨 **Ríopar** sin rest, con cafetería                    🕭 ⋈ 🆔 🏿 🧖 ⚫ 🅟
   Choperas 2 ⊠ 02450 – 𝓒 967 43 51 91 – www.hotelriopar.com – cerrado del 20 al
   25 de diciembre
   **30 hab** – †44/77 €, ††55/88 €, ⊇ 4,50 €
   Sólida construcción de montaña. Presenta una correcta zona social, algunos servicios propios de un SPA y cálidas habitaciones, todas con balcón y el mobiliario en
   forja.

---

**RIOTURBIO** – Cantabria – ver **Comillas**

---

**RIPOLL** – Girona – **574** F36 – **10 904 h.** – **alt. 682 m**                    14 C1
▶ Madrid 651 – Barcelona 105 – Girona 84 – Encamp 120
🛈 pl. de l'Abat Oliba, ⊠ 17500, 𝓒 972 70 23 51, www.ripoll.cat
👁 Localidad★ - Antiguo Monasterio de Santa María★ (portada★★★ y claustro★)
🅖 San Juan de las Abadesas★ : puente medieval★, Monasterio★★ (descendimiento de
  la Cruz★★ y claustro★) Noreste : 10 km

✕✕ **Reccapolis**                    🈺 🆔 🏿 ⇔
   carret. Sant Joan 68 (C 151a) ⊠ 17500 – 𝓒 972 70 21 06 – www.reccapolis.com
   – cerrado 15 días en septiembre
   **Rest** – (solo almuerzo salvo viernes y sábado) Menú 21/26 € – Carta 28/48 €
   Presenta tres acogedoras salas, coloristas y de línea clásica-modernista, así como un
   coqueto balcón-terraza con vistas al río. Cocina tradicional actualizada, siempre con
   producto de temporada y la posibilidad de medias raciones.

---

**RIUDARENES** – Girona – **574** G38 – **2 180 h.** – **alt. 84 m**                    15 A1
▶ Madrid 693 – Barcelona 80 – Girona/Gerona 27

✕ **La Brasa** con hab                    📶 & rest, 🆔 🏿 🧖
   Santa Coloma 21 ⊠ 17421 – 𝓒 972 85 60 17 – www.labrasa.com
   **19 hab** ⊇ – †35/40 €, ††68/78 €
   **Rest** – (solo almuerzo) Menú 22 € – Carta 21/34 €
   Negocio familiar dotado con cuatro salas de aire rústico, dos de ellas en una bodega.
   Cocina catalana-casera especializada en platos a la brasa y caracoles, estos últimos
   elaborados hasta de tres formas distintas. ¡También ofertan unas sencillas habitacio-
   nes!

---

**RIUDOMS** – Tarragona – **574** I33 – **6 530 h.**                    13 B3
▶ Madrid 552 – Barcelona 111 – Tarragona 19
🅖 Reus★ Noreste : 7,5 km - Salou★ (Port Aventura★★★) Sureste : 13 km

✕✕ **El Celler de L'Arbocet** 🆕                    🈺 🆔 ⇔
   Masferrer 9 ⊠ 43330 – 𝓒 977 85 00 82 – www.cellerarbocet.com – cerrado del 1 al
   15 de febrero, del 15 al 30 de octubre, domingo noche y lunes
   **Rest** – (solo almuerzo salvo julio-agosto, viernes y sábado) Carta 30/48 €
   Instalado en una casa solariega del s. XVIII que hoy se presenta con un cálido interior
   de ambiente rústico-actual. Cocina actual con producto autóctono y agradable
   terraza.

---

**RIVAS-VACIAMADRID** – Madrid – **576** – **575** L19 – **75 444 h.**                    22 B2
**– alt. 590 m**
▶ Madrid 20 – Toledo 81 – Segovia 118 – Guadalajara 61

✕ **La Rotonda**                    🆔 🏿
   paseo Las Provincias (C.C. Covibar 2) ⊠ 28523 – 𝓒 916 66 93 65 – cerrado domingo
   noche
   **Rest** – Carta 31/50 €
   Emplazado en un centro comercial de Rivas Urbanizaciones. Ofrece una sala de línea
   actual-funcional y una carta tradicional, con sugerencias diarias cantadas en la mesa.

---

**ROBLEDO DE CHAVELA** – Madrid – **576** – **575** K17 – **4 058 h.**                    22 A2
**– alt. 903 m**
▶ Madrid 84 – Ávila 98 – Segovia 75 – Toledo 111

### Rincón de Traspalacio   ✆ 🏡 ⅃ 🛗 ⅃ hab, 🅰️ ⅃ 🛜 ⅃

*Traspalacio 24* ✉ *28294 –* ✆ *918 98 15 30 – www.rincondetraspalacio.com*
**20 hab** ⅏ – **♦**50 € **♦♦**80 €
**Rest** – *(cerrado lunes salvo verano)* Menú 20/30 € – Carta aprox. 30 €
Destaca por su estética rústica-elegante, con un espacio interior ajardinado, una acogedora zona social y habitaciones personalizadas en su decoración. El restaurante ofrece una carta reducida pero cuidada con opción a menús, carnes y platos tradicionales.

---

## El ROCÍO – Huelva – 578 U10                                    1 A2

▶ Madrid 607 – Huelva 67 – Sevilla 78
◉ Parque Nacional de Doñana★★★

### La Malvasía *sin rest*                                    ⅃ 🅰️

*Sanlúcar 38* ✉ *21750 –* ✆ *959 44 38 70 – www.lamalvasiahotel.com*
**16 hab** ⅏ – **♦**60/100 € **♦♦**60/125 €
Tras su atractiva fachada encalada encontrará unas habitaciones acogedoras y bien equipadas, todas personalizadas para combinar mejor los detalles clásicos y rústicos. ¡Organizan paseos a caballo y rutas 4x4 en el Parque Nacional de Doñana!

### Toruño                              ✆ < 🅰️ ⅃ rest, 🛜 ⅃

*pl. del Acebuchal 22* ✉ *21750 –* ✆ *959 44 23 23 – www.toruno.es*
**30 hab** ⅏ – **♦**48/80 € **♦♦**64/118 €
**Rest** *Toruño* – Menú 16/36 € – Carta 26/40 €
Destaca por su privilegiado emplazamiento... no en vano, se encuentra junto a las tranquilas marismas de Doñana. Ofrece unas habitaciones de línea funcional, en general sencillas pero de buen confort. El restaurante, de estilo rústico-andaluz y con vistas, está ubicado en un edificio independiente.

---

## La RODA – Albacete – 576 O23 – 16 420 h. – alt. 716 m          10 C2

▶ Madrid 217 – Toledo 220 – Albacete 39 – Cuenca 126

### Flor de la Mancha                        🛗 🅰️ ⅃ 🛜 ⅃ 🅿️

*Alfredo Atienza 139* ✉ *02630 –* ✆ *967 44 09 00 – www.flordelamancha.com*
**75 hab** – **♦**35/50 € **♦♦**49/65 €, ⅏ 6 €   **Rest** – Menú 14 € – Carta 33/39 €
Hotel de carácter familiar ambientado con numerosos detalles taurinos. Las habitaciones resultan amplias y confortables en su categoría, con mobiliario en madera maciza de buena calidad. En el restaurante, con cierto aire castellano y un privado, proponen una sencilla carta tradicional y un menú del día.

---

## RODA DE ISÁBENA – Huesca – 574 F31 – 36 h. – alt. 751 m          4 D1

▶ Madrid 491 – Huesca 106 – Lleida/Lérida 95

### Hospedería de Roda de Isábena          ✆ < ⅃ ⅃ 🛜 🅿️

*pl. de la Catedral* ✉ *22482 –* ✆ *974 54 45 54 – www.hospederia-rdi.com – cerrado 20 al 30 de diciembre*
**10 hab** – **♦**35/50 € **♦♦**45/65 €, ⅏ 8 €
**Rest** *Hospedería La Catedral* – ver selección restaurantes
¡Frente a la Catedral románica del s. XI! Ocupa un sobrio edificio medieval que ha sido completamente renovado, ofreciendo ahora un pequeño salón social con chimenea y unas habitaciones de confort actual... casi todas con balcón o terraza.

### ✗ Hospedería La Catedral – Hotel Hospedería de Roda de Isábena     ⅃

*pl. Pons Sorolla* ✉ *22482 –* ✆ *974 54 45 45 – cerrado 20 al 30 de diciembre y domingo noche salvo verano*
**Rest** – Menú 16 € – Carta 22/35 €
Se accede por el claustro de la Catedral y ocupa el refectorio cisterciense del templo, de marcada sobriedad y con los techos abovedados en piedra. Carta tradicional especializada en platos de caza y carnes de ternera Parda Alpina.

## RODALQUILAR – Almería – **578** V23 – 155 h. 2 D2

▶ Madrid 587 – Sevilla 456 – Almería 52

**Rodalquilar** 🌊 🏊 🗓 🕭 ⅙ hab. 🎿 ॐ rest. 📶 🖄 P 🚗
*paraje de los Albacetes, Oeste : 0,7 km* ⊠ 04115 – ℰ 950 38 98 38
*– www.hotelrodalquilar.com*
**25 hab** 🖫 – †39/121 € ††51/171 €
**Rest** – Menú 18 € – Carta 23/41 €
Hotel horizontal definido por tener su propia sala de exposiciones y distribuirse en torno a un patio, con una piscina y palmeras. Habitaciones clásicas de correcto confort. Restaurante de adecuado montaje donde se ofrece una reducida carta tradicional.

## ROIS – A Coruña – **571** D4 19 B2

▶ Madrid 638 – A Coruña 98 – Pontevedra 41 – Santiago de Compostela 46

**Casa Ramallo** 🎿 ॐ P
*Castro 5* ⊠ 15911 – ℰ 981 80 41 80 – *cerrado 24 diciembre-2 enero y lunes*
**Rest** – *(solo almuerzo)* Carta 20/36 €
Negocio familiar fundado en 1898. Encontrará una sala clásica con las paredes en piedra y una carta de palabra que destaca tanto por los guisos como por su exquisita lamprea.

## La ROMANA – Alicante – **577** Q27 – 2 509 h. 16 A3

▶ Madrid 406 – Valencia 165 – Alacant / Alicante 45 – Murcia 80

**La Romana** 🌊 🏊 🕭 ⅙ hab. 🎿 ॐ 📶 🖄 P
*Partida Casa Azorín, Sur : 1 km* ⊠ 03669 – ℰ 966 19 26 00 – *www.laromanahotel.es*
**18 hab** 🖫 – †63/84 € ††70/97 €
**Rest** – *(cerrado domingo noche)* Menú 19/45 € – Carta 26/42 €
Casa de campo ubicada a las afueras de la localidad. Presenta una recepción minimalista, un sobrio salón social y unas habitaciones de línea actual, algunas con terraza. El comedor ofrece dos salas de montaje actual y una carta de tinte tradicional.

## ROMANYÀ DE LA SELVA – Girona – **574** G38 – 145 h. 15 B1

▶ Madrid 710 – Barcelona 103 – Girona 32 – Perpignan 125

**Can Roquet** 🗓 🎿
*pl. de l'Esglesia 1* ⊠ 17240 – ℰ 972 83 30 81 – *www.canroquet.com* – *cerrado 15 noviembre-febrero y lunes*
**Rest** – Carta 37/55 €
Se halla en un pueblecito de montaña, instalado en una casa de piedra que hoy se presenta con una decoración vanguardista, moderna, rústica y de contrastes. Cocina creativa.

## RONCESVALLES – Navarra – ver Orreaga

## RONDA – Málaga – **578** V14 – 36 698 h. – alt. 750 m 1 A3

▶ Madrid 556 – Sevilla 128 – Málaga 103 – Cádiz 148

🛈 pl. de España 9 , ⊠ 29400, ℰ 952 16 93 11, www.andalucia.org
🛈 paseo Blas Infante, ⊠ 29400, ℰ 952 16 93 14, www.turismoderonda.es

🎯 Localidad★★ - La Ciudad★★ – Vistas desde el Puente Nuevo★ Y - Jardines de Forestier★ YA – Baños árabes★ ZF – Minarete de San Sebastián★ ZF – Santa María la Mayor★ Z – Palacio de Mondragón★★ : Museo de la Ciudad Z**M4** – Arco de Cristo ⩽★★ Y – Plaza de Toros (Museo Taurino) Y**M6** – Templete de la Virgen de los Dolores★ YV

🎯 Iglesia rupestre de la Virgen de la Cabeza★ y sus vistas★★ 2,7 km por ③ – Cueva de la Pileta★ 20 km por ①. carretera★★ de Ronda a San Pedro de Alcántara por ②

**Parador de Ronda** ⩽ 🍴 🗓 🕭 🎿 ॐ 📶 🚗
*pl. de España* ⊠ 29400 – ℰ 952 87 75 00 – *www.parador.es* Ya
**79 hab** – †84/156 € ††105/195 €, 🖫 18 € **Rest** – Menú 27 €
Destaca por su excepcional emplazamiento, pues se halla al mismo borde del Tajo. Presenta un buen hall-recepción, cubierto por una cúpula moderna, y habitaciones de completo equipamiento, todas con los suelos en tarima. En su comedor, luminoso y de montaje clásico, encontrará una cocina de tinte regional.

# RONDA



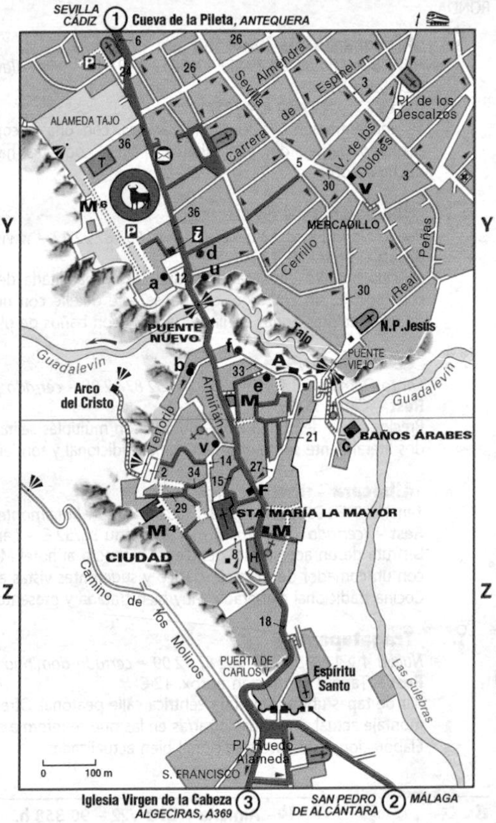


ESPAÑA

## Montelirio

*Tenorio 8 ✉ 29400 – ✆ 952 87 38 55 – www.hotelmontelirio.com* Y**b**

**15 hab** – †90/143 € ††150/182 €, ☕ 11 €

**Rest *Albacara*** – ver selección restaurantes

Casa-palacio del s. XVII dotada de vistas parciales al Tajo de Ronda. Ofrece habitaciones de muy buen confort, todas personalizadas en su decoración, así como un patio y una espectacular terraza-balconada.

## San Gabriel sin rest

*Marqués de Moctezuma 19 ✉ 29400 – ✆ 952 19 03 92 – www.hotelsangabriel.com – cerrado 21 diciembre-9 enero y del 19 al 31 de julio* Z**v**

**22 hab** – †66 € ††88/98 €, ☕ 5 €

Una mansión señorial del s. XVIII que, bien situada en el casco antiguo, aún emana el encanto propio de un pasado nobiliario. Atesora un coqueto patio, confortables habitaciones vestidas con mobiliario de época y un personal muy atento.

## Don Miguel

*pl. de España 4 ✉ 29400 – ✆ 952 87 77 22 – www.donmiguel.es* Y**u**

**30 hab** ☕ – †45/70 € ††75/108 €

**Rest** – Menú 17/55 € – Carta 20/42 €

Hotel de carácter familiar emplazado en una de las paredes del Tajo de Ronda. Ofrece habitaciones de correcto confort, unas con sencillo mobiliario provenzal y otras en forja. El restaurante destaca por sus agradables terrazas escalonadas de naturaleza panorámica.

**Alavera de los Baños** sin rest
*Hoyo San Miguel ✉ 29400 – ✆ 952 87 91 43 – www.alaveradelosbanos.com – cerrado enero* Zc
**9 hab** ☕ – 🚹72/82 € 🚹🚹85/107 €
Se encuentra junto a los baños árabes, con una decoración en colores vivos, un pequeño patio-jardín con alberca y unas coquetas habitaciones, la mayoría con ducha de obra.

**Ronda** sin rest y sin ☕
*Ruedo Doña Elvira 12 ✉ 29400 – ✆ 952 87 22 32 – www.hotelronda.net*
**5 hab** – 🚹53/75 € 🚹🚹70/95 € Ye
Sencillo hotelito emplazado en una casa rehabilitada del casco viejo. Casi no tiene zona social... sin embargo, compensa este detalle con unas habitaciones cuidadas y de vivos colores, todas de línea clásica y con baños de plato ducha.

XX **Casa Santa Pola**
*Santo Domingo 3 ✉ 29400 – ✆ 952 87 92 08 – cerrado jueves* Yf
**Rest** – Carta 35/56 €
Preciosa casa de origen árabe dotada con múltiples salitas y balcones, algunos colgados literalmente sobre el Tajo. Cocina tradicional y rondeña de excelente elaboración.

XX **Albacara** – Hotel Montelirio
*Tenorio 8 ✉ 29400 – ✆ 952 87 38 55 – www.hotelmontelirio.com* Yb
**Rest** – *(cerrado 15 enero-15 marzo)* Menú 35/52 € – Carta 32/42 €
Disfruta de un acceso independiente respecto al hotel Montelirio, donde se presenta con un comedor de montaje clásico y sugerentes vistas al Tajo desde algunas mesas. Cocina tradicional elaborada, muy bien tratada y presentada.

**Tragatapas**
*Nueva 4 ✉ 29400 – ✆ 952 87 72 09 – cerrado domingo noche en invierno*
**Rest** – Tapa 3 € – Ración aprox. 12 € Yd
Bar de tapas ubicado en una céntrica calle peatonal. Ofrece una terraza y una sala de montaje actual, con varias pizarras en las que se informa sobre sus pinchos y raciones. Elaboraciones de base tradicional bien actualizadas.

ESPAÑA

## ROQUETAS DE MAR – Almería – 578 V22 – 90 358 h. 2 D2

Madrid 562 – Sevilla 437 – Almería 23 – Granada 164
av. del Mediterráneo 2, ✉ 04740, ✆ 950 33 32 03

XXX **Alejandro**
*av. Antonio Machado 32 ✉ 04740 – ✆ 950 32 24 08 – www.restaurantealejandro.es – cerrado 2ª quincena de enero, domingo noche, lunes y martes noche*
**Rest** – Menú 27/66 € – Carta 42/55 €
Moderno restaurante situado en la zona del puerto. En su interior, con los fogones a la vista, le propondrán una cocina creativa de sugerentes matices y texturas, destacable por sus presentaciones y elaborada con productos de gran calidad.
➜ Migas de mi abuela, gamba roja y caldo quemado. Calamar en tres maneras, ajo colorado y jugo de escalivada. Chocolate, lima, té matcha y jengibre.

## ROQUETES – Tarragona – ver Tortosa

## ROSES (ROSAS) – Girona – 574 F39 – 19 896 h. – Playa 14 D3

Madrid 763 – Barcelona 153 – Girona 56
av. de Rhode 77 , ✉ 17480, ✆ 972 25 73 31, www.visit.roses.cat
Ciudadela★

### Terraza ⟨≈ 🎇 🗔 🔲 🐾 ᵳ6 �︎ ⚅ 🔲 🧖 rest, 🤙 🏊 🅿 ⟨≈

*av. de Rhode 32* ⊠ *17480 –* 𝒞 *972 25 61 54 – www.hotelterraza.com – cerrado enero-marzo*
**100 hab** ⊊ – ♦86/198 € ♦♦110/250 € – 5 suites
**Rest** – *(solo cena salvo verano)* Menú 45 € – Carta 35/55 €
Se encuentra en pleno paseo marítimo, donde está llevado, de forma impecable, por la 3ª generación de la misma familia. Encontrará una variada zona social, habitaciones de línea clásica-actual y un coqueto SPA con solárium en la 5ª planta. El restaurante tiene mucha luz natural y un correcto montaje.

### Ramblamar ⟨≈ 🎇 🚷 🔲 🤙

*av. de Rhode 153* ⊠ *17480 –* 𝒞 *972 25 63 54 – www.hotelramblamar.com – Semana Santa-15 noviembre*
**52 hab** ⊊ – ♦50/70 € ♦♦70/120 € **Rest** – *(en el Hotel Risech)*
Hotel de línea actual e instalaciones funcionales situado frente a la playa. Todas sus habitaciones ofrecen buen confort y terraza, destacando las 16 con vistas al mar. El servicio de restaurante se da en el hotel Risech, muy próximo y de la misma propiedad.

### Carmen 🆕 sin rest 🚷 🔲 🧖 🤙 ⟨≈

*Trinitat 41* ⊠ *17480 –* 𝒞 *972 98 98 00 – www.hotelcarmen.es – febrero-noviembre*
**24 hab** ⊊ – ♦50/80 € ♦♦90/140 €
Resulta céntrico y ocupa tres antiguas casas unidas entre sí. Aquí ofrecen habitaciones de diferentes tamaños y ambiente casi minimalista, algunas con terraza independiente.

### Risech ⟨≈ 🎇 🚷 🔲 rest, 🤙

*av. de Rhode 185* ⊠ *17480 –* 𝒞 *972 25 62 84 – www.hotelsrisech.com*
**78 hab** ⊊ – ♦45/75 € ♦♦60/110 € **Rest** – Menú 22/29 € – Carta 22/40 €
¡Repartido entre varios edificios ubicados frente al mar! Cuenta con unas dependencias muy funcionales... aunque las más interesantes, por sus vistas, son las que poseen terraza y están en las últimas plantas. El comedor, que trabaja muy bien con menús, está claramente enfocado al cliente exterior.

### Flor de Lis 🔲 🧖

*Cosconilles 47* ⊠ *17480 –* 𝒞 *972 25 43 16 – www.flor-de-lis.com – Semana Santa-10 octubre*
**Rest** – *(cerrado martes salvo julio-septiembre) (solo cena)* Menú 49/61 € – Carta 35/60 €
¡Instalado en una antigua y hermosa casa de piedra! Encontrará dos salas de inspiración rústica, con el techo abovedado y las mesas distribuidas por acogedores rincones. Su carta se muestra fiel a la tradición culinaria francesa.

### Die Insel 🔲

*Pescadors 17* ⊠ *17480 –* 𝒞 *972 25 71 23 – www.dieinsel.info – cerrado 10 enero-10 marzo y martes*
**Rest** – Menú 13/65 € – Carta 29/55 €
Llevado por su chef-propietario, un alemán afincado desde hace años en la localidad. En su carta, tradicional e internacional, encontrará platos tan dispares como el Tartar de ternera sobre torta de patata con caviar o la Lubina a la sal.

## en la urbanización Santa Margarida Oeste : 2 km

### Monterrey ⟨≈ 🗔 🚷 🔲 rest, 🧖 🤙 🅿

*passeig Marítim 72* ⊠ *17480 Roses –* 𝒞 *972 25 76 50 – www.hotelmonterreyroses.com – abril-10 noviembre*
**135 hab** ⊊ – ♦55/94 € ♦♦75/150 € **Rest** – *(solo buffet)* Menú 17 €
En 1ª línea de playa y con acceso directo a la misma. Disfruta de una completa zona social y habitaciones de correcto confort, con baños reducidos y terraza. El comedor, con vistas a la piscina, centra su oferta en el buffet. ¡Servicio gratuito de bicicletas!

### Montecarlo ⟨≈ 🗔 🚷 🖧 hab, 🔲 rest, 🧖 rest, 🤙 🏊

*av. de la Platja 2* ⊠ *17480 Roses –* 𝒞 *972 25 66 73 – www.hotelmontecarlo.net – cerrado 4 noviembre-26 diciembre y 2 enero-14 marzo*
**126 hab** ⊊ – ♦65/86 € ♦♦90/135 € **Rest** – *(solo buffet)* Menú 16 €
Bien situado frente al mar. Posee una zona social bastante actual, una sala de reuniones y correctas habitaciones dotadas de mobiliario clásico, todas con terraza. El comedor, diáfano y de sencillo montaje, centra su actividad en el servicio de buffet.

ESPAÑA

## en la playa de Canyelles Petites Sureste : 2,5 km

**Vistabella** ⑤ ⬙ 🏠 📶 ♨ 🛎 hab, 🅼 ✂ hab, 🛜 🏊 🅿 🚗
*av. Díaz Pacheco 26 ⊠ 17480 Roses – 𝒞 972 25 62 00 – www.hotelvistabella.com*
*– 15 abril-15 octubre*
**19 hab** ☟ – ♦122/290 € ♦♦150/318 € – 13 suites
**Rest** *Els Brancs* ❀ – ver selección restaurantes
**Rest** *Balcó de Mar* – (cerrado miércoles) Carta 34/73 €
Goza de un magnífico emplazamiento frente a una cala, con agradables exteriores.
Acogedoras habitaciones y espléndidas suites, la real de estética surrealista. En el
Balcó de Mar, que destaca por su magnífica terraza con vistas, encontrará una completa carta tradicional y un bar de tapas anexo.

**Els Brancs** – Hotel Vistabella ⬙ 🏠 🅼 ✂ 🅿 🚗
❀ *av. Díaz Pacheco 26 ⊠ 17480 Roses – 𝒞 972 25 60 08 – www.elsbrancs.com*
*– 15 abril-15 octubre*
**Rest** – (cerrado lunes) (solo cena) Menú 65/148 € – Carta 70/97 € ❀
Destaca por su emplazamiento frente al mar, su ambiente elegante y sus magníficas
vistas, sobre todo desde la terraza. Encontrará una carta de carácter creativo, bien
compensada por dos menús, que conjuga a la perfección técnica y producto.
➜ Cebiche de mero de fondo y coquinas, lulo asado a la brasa y leche de tigre.
Pechuga de pintada con "espardenyes", brotes de espárragos, huevo poché y ñoquis
de kuzu. Espagueti al pesto "violación de la expectativa".

## en la playa de La Almadraba Sureste : 3 km

**Almadraba Park H.** ⑤ ⬙ 🏠 📶 🛎 hab, 🅼 ✂ rest, 🛜 🏊 🅿
*av. Díaz Pacheco 70 ⊠ 17480 Roses – 𝒞 972 25 65 50 – www.almadrabapark.com*
*– 16 abril-16 octubre*
**60 hab** ☟ – ♦115/165 € ♦♦145/255 € – 6 suites
**Rest** – Menú 43 € – Carta 32/58 €
Se halla en una pequeña colina, con bellas terrazas ajardinadas sobre la bahía. Confortables habitaciones equipadas con baños modernos. El restaurante, asomado al mar y de
carácter polivalente, apuesta por la cocina clásica con pescados y mariscos de la zona.

---

## ROTA – Cádiz – 578 W10 – 29 094 h. – Playa
1 A2

▶ Madrid 653 – Cádiz 45 – Sevilla 128

🛈 Cuna 2 (Palacio Municipal Castillo de Luna), ⊠ 11520, 𝒞 956 84 63 45,
www.turismorota.com

◉ Villa vieja★ – Iglesia de Nuestra Señora de la O★ – Playa de la Costilla★

**Duque de Nájera** ⬙ 🏊 📶 🛎 hab, 🅼 ✂ 🛜 🏊 🚗
*Gravina 2 ⊠ 11520 – 𝒞 956 84 60 20 – www.hotelduquedenajera.com*
**92 hab** – ♦65/155 € ♦♦65/193 €, ☟12 €
**Rest** *El Embarcadero* – ver selección restaurantes
**Rest** *La Bodega* – (solo cena) (solo buffet) Menú 24 €
Magnífico, de ambiente clásico-actual y emplazado en 1ª línea de playa. Ofrece
espléndidas instalaciones y unas habitaciones bastante luminosas, la mitad de ellas
con terraza y vistas al mar.

**El Embarcadero** – Hotel Duque de Nájera ⬙ 🏊 🅼 ✂ 🚗
*Gravina 2 ⊠ 11520 – 𝒞 956 84 60 20 – www.hotelduquedenajera.com*
**Rest** – Menú 25/40 € – Carta 28/45 €
Disfruta de un acceso independiente y se presenta con una estética de gusto marinero-actual... sin caer en los tipismos. La cercanía al puerto pesquero habla por sí
sola de su carta, bien elaborada y ahora con una línea más tradicional.

## en la carretera de Chipiona Oeste : 2 km

**Playa de la Luz** ⑤ 🚗 🏠 🏊 📶 ♨ 🛎 hab, 🅼 ✂ rest, 🛜 🏊 🅿 🚗
*av. Diputación ⊠ 11520 Rota – 𝒞 956 81 05 00 – www.hotelplayadelaluz.com*
*– mayo-octubre*
**219 hab** – ♦60/137 € ♦♦60/170 €, ☟11 € **Rest** – Menú 22 € – Carta 28/57 €
Complejo hotelero ubicado, literalmente, en 1ª línea de playa, donde se alza con varios
pabellones, cuidados jardines y un aire andaluz que inunda sus dependencias. El restaurante a la carta, dotado de magníficas vistas, apuesta por la cocina tradicional.

🏠 **La Espadaña** 🎇 🕭 🔟 🎇 rest, 🛜 🔊 **P**

*av. Diputación 150, Oeste : 2,5 km* ✉ *11520 Rota –* 𝒸 *956 84 61 03*
*– www.hotelespadana.com*
**40 apartamentos** ⊑ **– ††**74/189 € **Rest** – Menú 30 € – Carta 55/70 €
Conjunto de aire regional emplazado frente a un pinar y cerca de la playa. Distribuye
sus apartamentos en varios edificios, todos con cocina, terraza y unos baños actuales.
En su comedor encontrará una sencilla carta de cocina tradicional y diversas raciones.

---

**Las ROZAS DE MADRID** – Madrid – **576** – **575** K18 – 90 390 h.      **22** A2
**– alt. 718 m**
▶ Madrid 20 – Segovia 75 – Toledo 97 – Ávila 97

### en la autovía A 6

🏨 **G.H. Las Rozas** 🔊 🖼 🕭 hab, 🔟 🎇 🛜 🔊 🖝

*Chile 2, Norte : 6 km - vía de servicio, salida 24* ✉ *28290 Las Rozas de Madrid*
*– 𝒸 916 30 84 10 – www.granhotellasrozas.com*
**90 hab** ⊑ **– †**59/125 €, **††**59/135 €, ⊑ 12 € **Rest** – Menú 15/26 € – Carta 21/35 €
Hotel de estética moderna. Su acogedora zona social se complementa con varias salas
de reunión y unas espaciosas habitaciones, todo con mobiliario funcional-actual de
calidad. El restaurante propone una reducida carta de cocina tradicional actualizada.

---

**RUBIELOS DE MORA** – Teruel – **574** L28 – 755 h. - **alt. 929 m**      **3** B3
▶ Madrid 357 – Castelló de la Plana/Castellón de la Plana 93 – Teruel 56
🅳 pl. Hispano América 1 , 𝒸 44415, 𝒸 978 80 40 01

🏠 **De la Villa** 🔊 🏡 🔟 rest, 🎇 rest,

*pl. del Carmen 2* ✉ *44415 –* 𝒸 *978 80 46 40 – www.delavillahotel.es*
*– cerrado del 1 al 15 de julio*
**14 hab** ⊑ **– †**50/68 € **††**70/80 € **Rest** – *(cerrado lunes)* Menú 12/14 €
Casa palaciega del s. XV que destaca por su atractiva fachada almenada, su precioso
hall en piedra vista y sus habitaciones, en general bien personalizadas dentro de un
estilo rústico-elegante. El restaurante, que recrea una estética rústica-actual y tiene
terraza, propone una cocina de tinte tradicional.

---

**RUENTE** – Cantabria – **572** C17 – 1 041 h.      **8** B1
▶ Madrid 440 – Santander 54 – Palencia 204

🏠 **La Fuentona** *sin rest* 🛜

*Ruente 1* ✉ *39513 –* 𝒸 *942 70 91 65 – www.posadalafuentonaenruente.com*
*– cerrado del 15 al 30 de noviembre*
**9 hab** ⊑ **– †**30/65 € **††**50/80 €
Toma el nombre de un manantial próximo, donde nace un pequeño riachuelo. Ofrece un
buen salón, con mesa para los desayunos, y unas acogedoras habitaciones de línea clásica.

🍴🍴 **Casa Nacho González** 🏡 🔟 🎇
☺
*barrio Monasterio* ✉ *39513 –* 𝒸 *942 70 91 25*
*– www.restaurantecasanachogonzalezenruente.com*
**Rest** – Carta 33/40 €
¡Llevado con ilusión y ganas de mejorar! Encontraremos un gastrobar a la entrada,
con la cocina abierta a un lado, y un luminoso salón de aire rústico en el piso superior. Cocina tradicional y a la brasa basada en la calidad del producto.

---

**SABADELL** – Barcelona – **574** H36 – 207 938 h. - **alt. 188 m**      **15** B3
▶ Madrid 626 – Barcelona 23 – Lleida/Lérida 169 – Mataró 47
**R.A.C.C.** av. Barberà 56 𝒸 937 11 94 72

Planos páginas siguientes

🍴🍴 **Can Feu** 🔟

*Pintor Borrassà 43* ✉ *08205 –* 𝒸 *937 26 27 91 – www.restaurantcanfeu.com*
*– cerrado agosto, sábado noche, domingo y festivos* **AZe**
**Rest** – Menú 15/30 € – Carta 35/48 €
Casa familiar de excelente organización dotada con tres salas, una muy enfocada al menú
diario. Proponen una cocina de mercado y de temporada, siempre con productos selectos.

ESPAÑA

# SABADELL

ESPAÑA

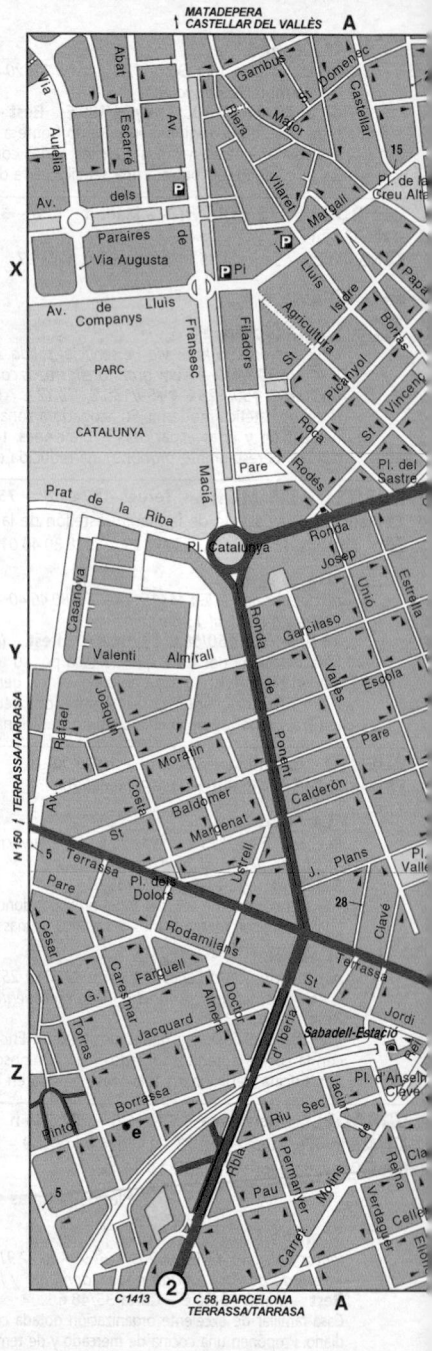

C 155, GRANOLLERS
C 1413, CALDES DE MONTBUI

0        200m

Ripoll

1

X

Y

Z

PARC

TAULÍ

TORRE DE
L'AIGUA

13

Pl. dels
Usatges

Pl. de
Pep Ventura

Pl. del Tauli

Pl. Batlle
Marcet

Pl. Granados

LA PURISSIMA

Pl. del
Mercat

Pl. de
St Jaume

ST FELIU

Pl. de
St Salvador

ST. SALVADOR

SABADELL-CENTRE

Pl. de
Fr Mompou

Pl.
d'Antoni
Llonch

Sàbadell-Rambla

ST ANTONI

Pl.
del Gas

Pl. de
St Joan

ESCOLA TEXTIL
D'ARTS I OFICIS

**SABIÑÁNIGO** – Huesca – **574** E28 – **10 241 h.** – alt. 798 m                    4 C1

▶ Madrid 443 – Huesca 53 – Jaca 18

🛈 boulevard de la Urbanización Gravelinas (Puente Sardas), Pirinarium Galería Comercial,
✉ 22600, 𝒞 690 92 73 36, www.turismodearagon.com

👁 Museo Ángel Orensanz de Artes Populares de Serrablo★

### 🏛 Villa Virginia                    🔲 🏧 🕼 🌫 🎬 ☼ 🎧 🛁 P 🛍

*av. del Ejército 25 (salida Huesca)* ✉ *22600 –* 𝒞 *974 48 44 40*
*– www.hotelvillavirginia.com – cerrado del 13 al 30 de octubre*
**22 hab** 🖵 – ♦69/95 € ♦♦79/118 €
**Rest** *– (cerrado domingo noche y lunes)* Menú 16/25 € – Carta 25/42 €
Ocupa un antiguo edificio en piedra, con amplias zonas nobles y confortables habitaciones de estilo clásico-actual. En un anexo cuentan con una gran piscina cubierta, sauna, baño turco, hamman, sala de tratamientos... El luminoso restaurante complementa su carta de tinte tradicional con dos menús.

**SACEDÓN** – Guadalajara – **575** – **576** K21 – **1 851 h.** – alt. 740 m              10 C1

▶ Madrid 113 – Toledo 183 – Guadalajara 54 – Cuenca 84

### 🏠 La Botería 🅝                    🎬 🎧 ☼ 🎧

*Playa 2* ✉ *19120 –* 𝒞 *949 35 01 86 – www.hrlaboteria.com*
**16 hab** – ♦40 € ♦♦50 €, 🖵 4 €   **Rest** – Menú 12 € – Carta 20/35 €
Un negocio familiar que honra sus raíces, pues su nombre rememora el oficio del abuelo como fabricante de botas de vino. Ofrece habitaciones de línea actual y un sencillo restaurante, de aire rústico, especializado en cocina castellana.

**S'AGARÓ** – Girona – **574** G39 – **Playa**                                  15 B1

▶ Madrid 717 – Barcelona 103 – Girona/Gerona 42

### 🏨 Hostal de La Gavina          ≫ ≤ 🚗 🎬 🏊 🔲 🕼 🌫 🎬 🎧 ☼ rest, 🎧 🛁 P

*pl. de la Rosaleda* ✉ *17248 –* 𝒞 *972 32 11 00 – www.lagavina.com*                🛍
*– Semana Santa-14 octubre*
**60 hab** – ♦♦260/340 €, 🖵 35 € – **14 suites**
**Rest** *Candlelight* *– (solo cena)* Menú 70 € – Carta 53/75 €
Un gran hotel dotado de hermosos exteriores y amplias instalaciones, en general decoradas con antigüedades, donde combinan el confort con la elegancia. Fitness e hidroterapia. El exquisito restaurante Candlelight hace gala de un bellísimo patio señorial.

### 🏨 Barcarola                    🎬 🏊 🎬 🕼 🎧 🎧 P 🛍

*Pau Picasso 1 - 19* ✉ *17220 –* 𝒞 *972 32 69 32 – www.barcarola.com*
**44 hab** 🖵 – ♦68/148 € ♦♦90/165 €
**Rest** *Las Dunas* *– (solo cena salvo marzo-septiembre)* Menú 19/23 €
*– Carta 22/45 €*
Repartido entre dos edificios, uno con la mayor parte de las zonas nobles y el otro con las habitaciones... luminosas, actuales y con terraza. El restaurante, bien complementado por un bar-terraza de tapas junto a la piscina, propone una carta internacional.

### 🏨 Sant Pol                    ≤ 🎬 🎬 🕼 🎧 🎧 P

*platja de Sant Pol 125* ✉ *17248 –* 𝒞 *972 32 10 70 – www.hotelsantpol.com*
*– cerrado noviembre*
**22 hab** 🖵 – ♦70/119 € ♦♦88/148 €
**Rest** *– (cerrado jueves salvo junio-septiembre)* Menú 17/25 € – Carta 23/50 €
¡En 1ª línea de playa! Ofrece unas habitaciones de línea actual, todas con terraza, la mitad asomadas al mar y algunas con jacuzzi. Cuidan mucho su restaurante, donde ofrecen una carta tradicional especializada en arroces y pescados de la lonja de Blanes.

### ✕✕✕ La Taverna del Mar                    ≤ 🎬 🕼 ☼

*platja de Sant Pol* ✉ *17248 –* 𝒞 *972 32 38 00 – www.latavernadelmar.com*
*– cerrado 8 diciembre-febrero, martes y miércoles en noviembre y marzo*
**Rest** – Menú 35/78 € – Carta 55/80 €
Un restaurante definido por su privilegiado emplazamiento en la playa y por su decoración mediterránea de aire marinero. Trabaja con pescados y mariscos de excelente calidad.

**SAGÀS** – Barcelona – **574** F35 – 144 h. – alt. 738 m                14 C2
▶ Madrid 617 – Barcelona 105 – Escaldes-Engordany 112 – Encamp 124

**por la carretera C 154** Sur : 1,5 km y desvío a la derecha 0,5 km

XX  **Els Casals** (Oriol Rovira) con hab            🦞 🗲 🏩 ⅃ 🏩 𝄐 ⌙ 🏨
🕸  *Finca Els Casals ⊠ 08517 Sagàs – 𝒞 938 25 12 00 – www.elscasals.cat – cerrado del 2 al 22 de enero y 29 septiembre-8 octubre*
**10 hab** � – †68/100 € ††130/194 €
**Rest** – *(cerrado domingo noche, lunes y martes)* Menú 60/77 € – Carta 49/73 € 🏵
Masía ubicada en una finca que, a su vez, le abastece de casi todos sus productos. En el comedor, redecorado artesanalmente con la valiosa madera de robles centenarios, le presentarán una extensa carta de cocina actual con hondas raíces locales. También posee unas sobrias habitaciones por si desea alojarse.
→ Guiso de primavera con verduras y setas, acompañado de una papada de cerdo crujiente. Pularda de la casa asada entera con butifarra del perol y puerros jóvenes. Esfera de queso de cabra con ruibarbo confitado.

---

**SAGUNT (SAGUNTO)** – Valencia – **577** M29 – 65 238 h. – alt. 45 m      16 B2
▶ Madrid 350 – Castelló de la Plana/Castellón de la Plana 40 – Teruel 120 – València 28
🄸 pl. Cronista Chabret , ⊠ 46500, 𝒞 962 65 58 59, www.sagunto.es
🄸 av. Mediterráneo 67 , ⊠ 46520, 𝒞 962 69 04 02, www.turismo.sagunto.es
◉ Castillo★ – Acrópolis (vistas panorámicas★)

X  **L'Armeler**                                    🍴 🏩
*Castillo 44 ⊠ 46500 – 𝒞 962 66 43 82 – www.larmeler.com – cerrado martes*
**Rest** – *(solo almuerzo de septiembre a junio salvo jueves, viernes y sábado)* Menú 13/45 € – Carta 26/39 €
Instalado en una casa del casco antiguo. Ofrece un hall con una barra de apoyo a la entrada, varias salas distribuidas en distintas alturas y una carta de tinte tradicional.

**en playa Almardá** Norte : 6 km

🏨  **Els Arenals** 🅽            🍴 ⅃ 🏩 & 🏩 𝄐 hab. 🛜 🛁 🏨
*Felisa Longas 1 - Urb. Gato Montés ⊠ 46500 Sagunt – 𝒞 962 60 80 67 – www.elsarenals.com – 15 marzo-17 octubre*
**49 hab** ⊆ – †50/95 € ††50/126 € – 7 suites   **Rest** – Menú 16/23 €
¡Separado de la playa solo por las dunas! Este hotel, de claro carácter vacacional, presenta unas habitaciones amplias y funcionales, todas con terraza. Aunque el restaurante basa su oferta en un buffet también ofrecen arroces en el chiringuito de la piscina.

**en el puerto** Este : 6 km

🏨  **Vent de Mar** sin rest                        🏩 & 🏩 𝄐 🛜 🚗
*Isla de Córcega 61 ⊠ 46520 Puerto de Sagunto – 𝒞 962 69 80 84 – www.hotelventdemar.com*
**86 hab** ⊆ – †58/69 € ††86/104 €
¡Resulta sencillo pero está muy cuidado! Posee un pequeño salón social y habitaciones de estética actual, la mayor parte de ellas con terraza. Amplio solárium en la azotea.

XX  **Negresca**                                    🍴 & 🏩 𝄐
🕸  *av. Mediterráneo 141 ⊠ 46520 Puerto de Sagunto – 𝒞 962 68 04 04 – www.negresca.net – cerrado domingo noche y lunes*
**Rest** – Menú 13/35 € – Carta 20/40 €
Bien ubicado frente al mar, de línea actual y con grandes ventanales para ver la playa. Ofrecen una cocina tradicional actualizada que destaca por sus arroces y sus bacalaos.

---

**SAHAGÚN** – León – **575** E14 – 2 811 h. – alt. 816 m            11 B1
▶ Madrid 298 – León 66 – Palencia 63 – Valladolid 110

XX  **San Facundo** con hab                         🏩 🏩 𝄐 🛜 🛁 🚗
*av. de la Constitución 99 ⊠ 24320 – 𝒞 987 78 02 76 – www.hostallacodorniz.com*
**37 hab** – †35/40 € ††45/50 €, ⊆ 3 €   **Rest** – Menú 12/40 € – Carta 30/60 €
Restaurante de buen montaje y cuidada decoración. Aquí podrá disfrutar del sabroso lechazo churro, de los puerros de Sahagún o de sus populares jornadas de caza. Como complemento también dispone de habitaciones, funcionales y con los baños un poco pequeños.

# SALAMANCA

Planos de la ciudad en páginas siguientes

© Jon Arnold / Hemis.fr

ESPAÑA

**P** – **Salamanca** – **152 048 h.** – **alt. 800 m** – 575 J12/J13

**D** Madrid 206 – Ávila 98 – Cáceres 217 – Valladolid 115

**Oficinas de Turismo**

pl. Mayor 32, ⊠ 37002, ℰ 923 21 83 42, www.salamanca.es

**Golf**

Villa Mayor, urbanización Vega de Salamanca (Villamayor), por av. de Italia : 7 km, ℰ 923 33 70 11

**VER**

Plaza Mayor*** BY · Patio de Escuelas*** (fachada de la Universidad***) BZ**U** · Escuelas Menores (patio**, cielo de Salamanca*en la antigua biblioteca de la Universidad) BZ**U¹** · Catedral Nueva** (fachada***) BZ · Catedral Vieja*** BZ · Convento de San Esteban* (fachada**, claustro*) BZ · Convento de las Dueñas (claustro**) BZ**F** · Palacio de Fonseca (patio*) BY**D** · Iglesia de la Purísima Concepción (retablo de la Purísima*) BY**P** · Convento de las Úrsulas (sepulcro*) BY**X** · Colegio Fonseca (patio*) AY · Casa de las Conchas* BY.

SALAMANCA

 **Parador de Salamanca** ⬚ AZ**a**
*Teso de la Feria 2 ✉ 37008 – ☎ 923 19 20 82 – www.parador.es*
**103 hab** – †56/136 € ††70/170 €, ⬚ 18 € – 7 suites
**Rest** – Menú 27 € – Carta 35/46 €
Está ubicado sobre un montículo en la ribera del río Tormes, por lo que goza de unas vistas privilegiadas. Conjunto actual dotado con habitaciones de excelente equipamiento. El restaurante, repartido en dos sobrias salas y con grandes ventanales panorámicos, propone una carta de gusto regional y local.

 **G.H. Don Gregorio** sin rest
*San Pablo 80 ✉ 37008 – ☎ 923 21 70 15 – www.hoteldongregorio.com*
**17 hab** – †180/270 € ††200/300 € BZ**t**
Exclusivo, sumamente acogedor y emplazado en el casco antiguo, donde ocupa una casa señorial del s. XVII. Atesora un bello patio porticado a modo de zona social y estancias de gran confort, las denominadas "monumental" con mejores vistas.

 **Palacio de San Esteban** ⑩
*Arroyo de Santo Domingo 3 ✉ 37001 – ☎ 923 26 22 96*
*– www.hotelpalaciodesanesteban.com* BZ**s**
**48 hab** – †80/170 € ††85/200 €, ⬚ 15 € – 3 suites
**Rest** – Menú 28/50 € – Carta 36/55 €
Instalado en el convento de los Dominicos, un soberbio edificio del s. XVI que le sorprenderá tanto por su atractivo salón-biblioteca como por sus habitaciones, todas de línea funcional-actual. El restaurante, que ocupa el antiguo refectorio y posee grandes arcos en piedra, ofrece una cocina de gusto actual.

ESPAÑA

 **Abba Fonseca**
*pl. San Blas 2 ✉ 37007 – ☎ 923 01 10 10 – www.abbafonsecahotel.com*
**83 hab** ⬚ – ††60/195 € – 3 suites AY**x**
**Rest** – Menú 24/45 € – Carta 30/50 €
Un hotel de moderna construcción con la fachada en piedra, por lo que mantiene la estética de todo el centro histórico. Reparte sus espaciosas habitaciones en tres plantas, todas bien equipadas y las que tienen mejores vistas con suplemento. En su comedor, de montaje actual, proponen varios menús temáticos.

 **NH Palacio de Castellanos** sin rest
*San Pablo 58 ✉ 37008 – ☎ 923 26 18 18 – www.nh-hotels.com*
**62 hab** – †59/179 € ††69/189 €, ⬚ 15 € BZ**r**
Céntrico y atractivo, pues ocupa una casa-palacio de principios del s. XVI. Destaca tanto por su elegante fachada como por su precioso patio-claustro, este último con funciones de zona social. Habitaciones amplias y confortables.

 **Eurostars Las Claras** sin rest
*Marquesa de Almarza ✉ 37001 – ☎ 923 12 85 00 – www.eurostarslasclaras.com*
**65 hab** – †49/399 € ††59/499 €, ⬚ 8 € – 7 suites CZ**k**
Se encuentra en una calle tranquila y disfruta de una fachada clásica, como no podía ser de otra manera revestida con la típica piedra de Villamayor. Posee unas dependencias confortables y completas, todas clásicas. Clientela de negocios.

 **Rector** sin rest
*Rector Esperabé 10 ✉ 37008 – ☎ 923 21 84 82 – www.hotelrector.com*
**12 hab** – †140/170 € ††165/187 €, ⬚ 13 € – 1 suite BZ**e**
Su hermosa fachada neoclásica da paso a un interior de indudable encanto. Presenta un acogedor salón social dotado de vidrieras modernistas y elegantes habitaciones, todas con el mobiliario en caoba. ¡Clientela mayoritariamente extranjera!

**NH Puerta de la Catedral** sin rest
*pl. Juan XXIII-5 ✉ 37008 – ☎ 923 28 08 29 – www.nh-hotels.com*
**37 hab** – †69/209 € ††79/219 €, ⬚ 15 € BZ**x**
En pleno centro monumental. Aquí encontrará una zona social que combina la rusticidad de las paredes en piedra con el mobiliario moderno y unas habitaciones de confort actual, las cuatro superiores con terraza y vistas a la catedral vieja.

# SALAMANCA

ESPAÑA

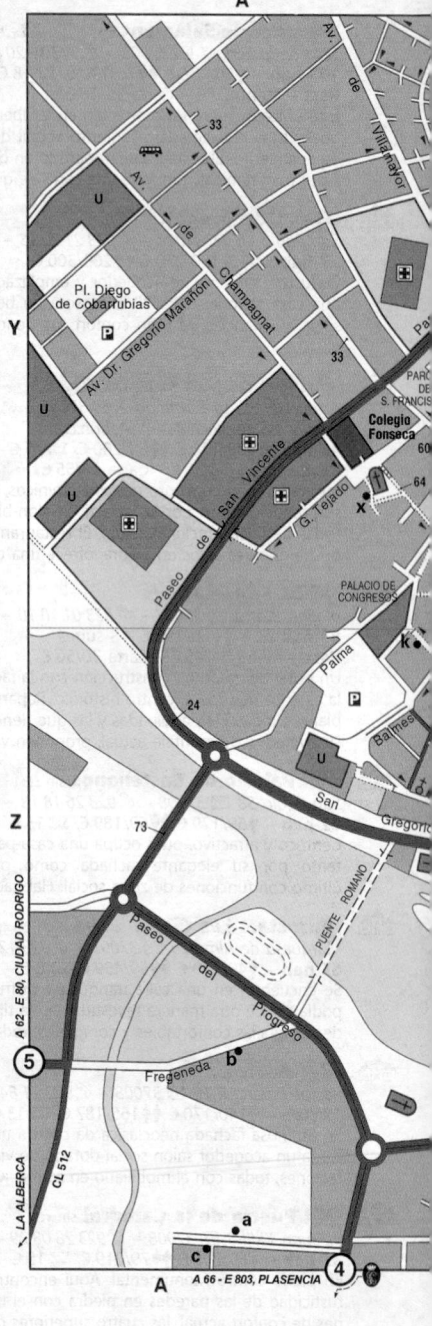

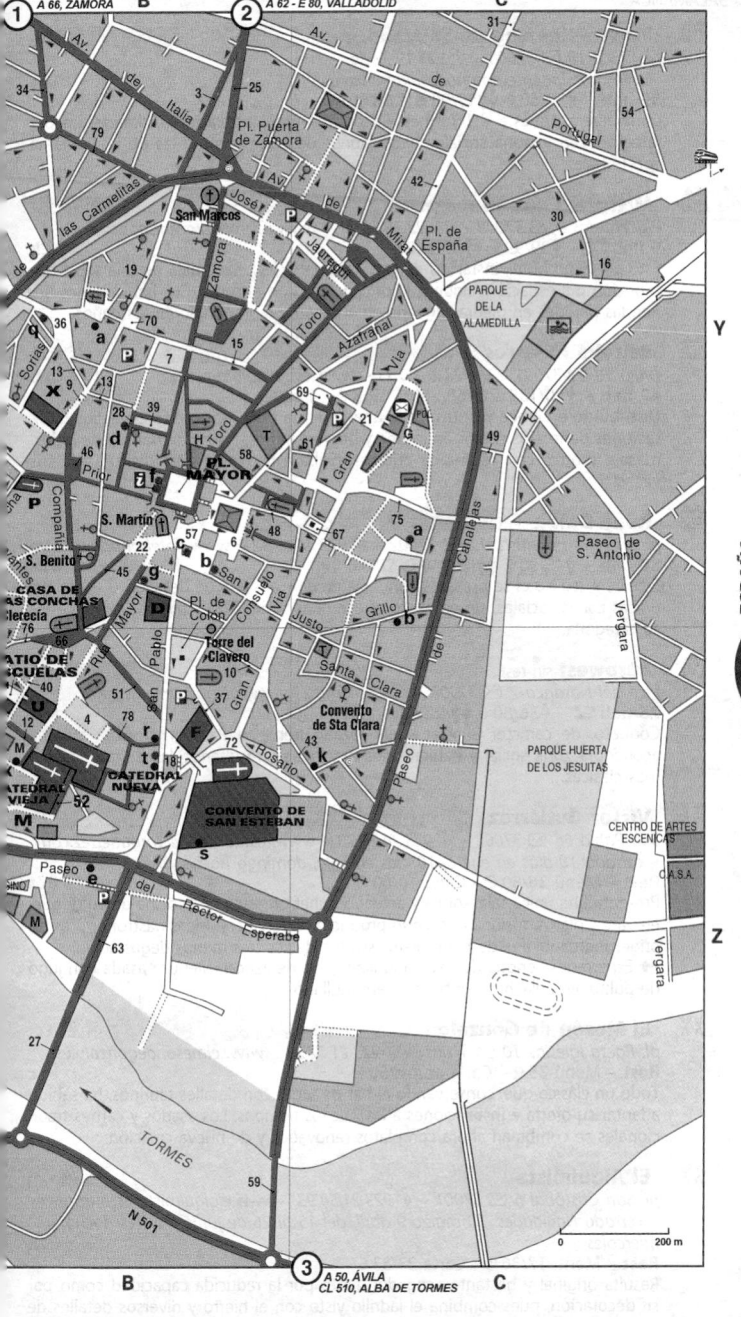

B C

Av. de Italia

3 — 25

34

79

Pl. Puerta de Zamora

31

Av. de Portugal

54

San Marcos

José

19

42

Pl. de España

30

16

Y

las Carmelitas

Sortas

q 36 a —70

13
X 5 —13

28 39

46 d

Prior

i c

PL. MAYOR

S. Martín

Compañía

P

S. Benito

CASA DE LAS CONCHAS
lerecía

76

66

PATIO DE
ESCUELAS

40

U

12 4

M

CATEDRAL
VIEJA

52

M

Zamora

Toro

Azafranal

Vía

15

PARQUE
DE LA
ALAMEDILLA

69

H Toro

T

21

51 58

G

J

49

75

a

22

45 g

57

c

b 6

San

48

67

Paseo de
S. Antonio

Gran

Canalejas

Pl. de
Colón

Mayor

D

Torre del
Clavero

10

51

78 r

37

F

Consuelo

Vía

Justo

Grillo

b

Vergara

Santa Clara

Convento
de Sta Clara

43

k

PARQUE HUERTA
DE LOS JESUITAS

72 — Rosario

t 18

CATEDRAL
NUEVA

CONVENTO DE
SAN ESTEBAN

s

San Pablo

Gran

Paseo

del

CENTRO DE ARTES
ESCENICAS

C.A.S.A.

Z

Paseo e del

P

63

Rector Esperabe

Vergara

27

TORMES

59

N 501

B C

0 200 m

ESPAÑA

ESPAÑA

**Puente Romano de Salamanca** sin rest  🏊 🕽 AC ⚡ 🛜 🚗
*pl. Chica 10 ⊠ 37008 – ℰ 923 19 37 36*
*– www.hotelpuenteromanodesalamanca.com*  AZ**b**
**35 hab** – ♦50/60 € ♦♦55/90 €, ☑ 8,50 €
En la ribera opuesta del Tormes. Encontrará unas instalaciones clásicas, un bar
integrado en la zona social y habitaciones de buen confort, las de la 3ª planta
con terraza.

**Microtel Placentinos** sin rest  🕽 AC ⚡ 🛜
*Placentinos 9 ⊠ 37008 – ℰ 923 28 15 31 – www.microtelplacentinos.com*
**9 hab** ☑ – ♦39/99 € ♦♦43/110 €  AZ**k**
Este pequeño hotel, instalado en una casa del s. XVI, hace gala de una sabia distribución del espacio y algún que otro detalle con encanto. Sus habitaciones tienen las paredes en piedra, viguería en el techo e hidromasaje en los baños.

**Estrella Albatros** sin rest  🕽 ⚹ AC ⚡ 🛜 🚗
*Grillo 18 ⊠ 37001 – ℰ 923 26 60 33 – www.estrellaalbatros.com*  CY**b**
**42 hab** – ♦50/135 € ♦♦60/250 €, ☑ 8 € – 1 suite
Distribuido en cinco plantas, cada una con una decoración diferente. Sus habitaciones tienen los suelos en tarima y buenos baños, unos con bañera de hidromasaje y otros con cabina de chorros. ¡Suba a la azotea para disfrutar de sus
vistas!

**Rona Dalba** sin rest  🕽 AC 🛜
*pl. San Juan Bautista 12 ⊠ 37002 – ℰ 923 26 32 32 – www.hotelronadalba.com*
**88 hab** – ♦45/90 € ♦♦45/110 €, ☑ 7 €  BY**a**
Este céntrico hotel se presenta con la cafetería y el salón de desayunos como sus
únicas zonas sociales, sin embargo ofrece unas habitaciones bien equipadas para
su categoría.

**Eurowest** sin rest  🕽 AC 🛜 🚗
*Pico del Naranco 2 ⊠ 37008 – ℰ 923 19 40 21 – www.hoteleurowest.com*
**25 hab** ☑ – ♦36/80 € ♦♦48/140 €  AZ**c**
Coqueto, de carácter familiar y emplazado frente al Parador. Disfruta de una
acogedora zona social y habitaciones funcionales, resultando las de la 1ª planta
más clásicas.

**Víctor Gutiérrez**  AC ⚡
🕸  *San Pablo 66 ⊠ 37008 – ℰ 923 26 29 73 – www.restaurantevictorgutierrez.com*
*– cerrado 10 días en enero, 10 días en julio, domingo noche y lunes*
**Rest** – Menú 36/80 € – Carta 40/60 €  BZ**t**
Presenta una única sala, sobria y actual. Su chef propone una cocina de autor que,
en varios platos, fusiona el excelso producto regional con ideas gastronómicas de
origen peruano. ¡Puede pedir platos sueltos de sus tres menús degustación!
➔ Espárragos, lengua de pato, anguila y jugo de azúcar. Merluza asada con jugo
de pulpo. Remolacha, frambuesa y amontillado.

**El Mesón de Gonzalo**  🌣 AC ⚡
*pl. Poeta Iglesias 10 ⊠ 37001 – ℰ 923 21 72 22 – www.elmesondegonzalo.es*
**Rest** – Menú 35 € – Carta aprox. 50 €  BY**c**
Todo un clásico que, conservando el bar de tapas con detalles taurinos, ha sabido
adaptar su oferta e instalaciones a los nuevos tiempos. Los asados y carnes tradicionales se combinan ahora con platos renovados y de nueva creación.

**El Alquimista**  ⚹ AC ⚡
*pl. San Cristóbal 6 ⊠ 37001 – ℰ 923 21 54 93 – www.elalquimistarestaurante.es*
*– cerrado Navidades, 30 marzo-9 abril, del 15 al 26 de junio, martes noche y*
*miércoles*  CY**a**
**Rest** – Menú 17/36 € – Carta 23/33 €
Resulta original y bastante acogedor, tanto por la reducida capacidad como por
su decoración, pues combina el ladrillo visto con el hierro y diversos detalles de
diseño. Desde sus fogones proponen una cocina actual con varios menús.

SALAMANCA

## XX Le Sablon

*Espoz y Mina 20 ⊠ 37002 – ℰ 923 26 29 52 – www.restaurantlesablon.com*
*– cerrado julio, lunes noche y martes*                                    BY**d**
**Rest** – Menú 20 € – Carta 25/45 €

Bien llevado por el matrimonio propietario. En su sala, de cuidado montaje y elegante ambiente clásico, ofrecen una carta internacional con muchos platos de caza en temporada.

## XX Don Mauro ⓝ

*pl. Mayor 19 ⊠ 37001 – ℰ 923 28 14 87 – www.restaurantedonmauro.es*
**Rest** – Menú 19/48 € – Carta 37/55 €                                    BY**f**

¡En plena plaza Mayor! Presenta un concurrido bar a la entrada repleto de tostas y embutidos ibéricos, así como dos comedores de estilo clásico, el principal con un pequeño pozo. Carta tradicional rica en asados y carnes rojas de Morucha.

## X Casa Vallejo con hab

*San Juan de la Cruz 3 ⊠ 37001 – ℰ 923 28 04 21*
*– www.hosteriacasavallejo.com – cerrado 20 enero-10 febrero y del 5 al 25 de julio*                                    BY**b**
**13 hab** ⊇ – †30/60 € ††42/90 €
**Rest** – *(cerrado domingo noche y lunes)* Carta 24/50 €

Un negocio con gran tradición en Salamanca, pues fue fundado por los abuelos del propietario como fonda. Disfruta de un buen bar de tapas a la entrada y un comedor rústico en el sótano, donde ofrecen una cocina tradicional variada y actualizada. Como complemento también ofrecen unas coquetas habitaciones.

## X El Majuelo

*pl. de la Fuente 8 ⊠ 37002 – ℰ 923 21 47 11 – cerrado Semana Santa, del 1 al 20 de agosto y domingo*                                    BY**q**
**Rest** – Menú 39 € – Carta 32/43 €

De aire rústico y con un nombre que ensalza los terrenos dedicados al cultivo de la uva. Ofrece una barra, mesas para tapear y un comedor. Tapas hechas al momento, platos tradicionales con toques creativos y jornadas dedicadas a las setas.

## ℉ Tapas 2.0

*Felipe Espino 10 ⊠ 37002 – ℰ 923 21 64 48 – cerrado del 15 al 30 de noviembre, del 1 al 15 de junio, martes noche y miércoles*                                    BY**g**
**Rest** – Tapa 3 € – Ración aprox. 7 €

¡Ideal para degustar tapas hechas al momento! Este sencillo establecimiento destaca por la labor de sus fogones, pues ofrece una cocina detallista, personal, fresca y actual que cuida el producto, con pinchos de temporada y guisos del día.

## en la antigua carretera N 501 por ③ : 2,5 km

### ⌂ Horus Salamanca ⓝ

*av. de los Padres Paules, 3 km ⊠ 37900 Santa Marta de Tormes*
*– ℰ 923 20 11 00 – www.hotelhorus.com*
**86 hab** – ††50/200 €, ⊇ 12 € – 4 suites
**Rest** – Menú 14/19 € – Carta 25/36 €

Resulta fácil de localizar al encontrarse en la salida hacia Madrid, junto al centro comercial El Tormes. Posee numerosos salones, tanto de trabajo como de banquetes, así como unas cuidadas habitaciones de estilo clásico. El restaurante apuesta por la cocina tradicional y ofrece un correcto menú del día.

---

**SALARDÚ** – Lleida – 574 D32 – alt. 1 267 m – **Deportes de invierno en**    13 B1
Baqueira-Beret, Este : 4 km : ≴32 ⫞1 ⫞1

▶ Madrid 626 – Barcelona 327 – Lleida/Lérida 171

◉ Localidad★ – Iglesia de Sant Andreu★ (pinturas góticas★★, Majestad de Salardú★★)

ESPAÑA

### Petit Lacreu  ⇐ 🚗 ⌘ ⊠ 🅸 ⊠ 🕍 hab. 🛜 🅿

*carret. de Baqueira 3* ⊠ *25598* – 𝒞 *973 64 41 42* – *www.hoteleslacreu.com*
– *diciembre-abril y julio-septiembre*
**29 hab** ⊠ – †58/70 € ††90/105 € **Rest** – *(solo clientes en el Hotel Lacreu)*
Disfruta de un salón social con chimenea, una zona para el relax gratuita, con jacuzzi, y unas confortables habitaciones con mobiliario en pino, las de la 3ª planta abuhardilladas. En su cafetería sirven los desayunos... sin embargo, la media pensión la ofrecen en el hotel Lacreu, cruzando la carretera.

### Lacreu ⇐ 🚗 ⌘ 🅸 ⊠ 🆎 rest, 🕍 🛜 🅿

*carret. de Baqueira 2* ⊠ *25598* – 𝒞 *973 64 42 22* – *www.hoteleslacreu.com*
– *diciembre-abril y julio-septiembre*
**49 hab** ⊠ – †44/60 € ††67/90 € **Rest** – *(solo clientes)* Menú 18 €
Uno de los hoteles más conocidos de la zona, pues se fundó en 1926. Posee dos salones de línea clásica, un bar típico con profusión de madera y correctas habitaciones con el mobiliario en pino, aunque recomendamos las traseras que dan al río, a la montaña y al bosque. Sencillo comedor con mueble buffet.

### Deth Païs sin rest 🌙 ⇐ ⊠ 🕍 🛜 🅿

*pl. de la Pica 10* ⊠ *25598* – 𝒞 *973 64 58 36* – *www.hoteldethpais.com*
– *4 diciembre-abril y 3 julio-15 septiembre*
**18 hab** ⊠ – †44/52 € ††58/80 €
¡Céntrico y bien llevado en familia! Presenta una cálida zona social presidida por una chimenea y unas habitaciones de adecuado confort en su categoría, todas con nórdicos en las camas y las de la última planta abuhardilladas.

## en Tredós por la carretera del port de la Bonaigua

### De Tredós ⇐ ⊠ 🕍 ♿ hab. 🕍 🛜 🅿 🚗

*Este : 1,4 km* ⊠ *25598 Salardú* – 𝒞 *973 64 40 14* – *www.hoteldetredos.com*
– *cerrado mayo, junio, octubre y noviembre*
**38 hab** ⊠ – †66/83 € ††88/118 € **Rest** – *(solo cena)* Menú 25 €
¡Punto de encuentro para esquiadores en invierno y senderistas en verano! Este hotel se encuentra a las afueras de la localidad, en un edificio típico de montaña dominado por la piedra, la madera y la pizarra. Ofrece habitaciones clásicas y un restaurante bastante actual que trabaja, sobre todo, con su menú.

## en Bagergue Norte : 2 km

### ✕ Casa Perú 🕍 ⇄

*Sant Antoni 6* ⊠ *25598 Bagergue* – 𝒞 *973 64 54 37* – *www.casaperu.es*
– *cerrado abril-15 de julio, 15 septiembre-noviembre y miércoles en invierno*
**Rest** – *(solo cena en invierno)* Carta 26/36 €
Se encuentra en un pueblecito de montaña situado a unos... ¡1400 metros de altitud! Tras su atractiva fachada en piedra encontrará tres acogedoras salas de aire rústico-regional, todas con mucha madera. Cocina tradicional, guisos caseros y alguna que otra especialidad, como su sabrosa Tortilla de patatas.

---

## SALAS – Asturias – 572 B11 – 5 659 h. – alt. 239 m  5 B1

▶ Madrid 480 – Oviedo 46 – León 157

### Castillo de Valdés Salas 🏡 🕍 🛜

*pl. Campa* ⊠ *33860* – 𝒞 *985 83 01 73* – *www.castillovaldesalas.com* – *cerrado 22 diciembre-12 enero*
**12 hab** – †50/63 € ††63/75 €, ⊠ 8 €
**Rest** – *(cerrado domingo noche)* Menú 11 € – Carta 26/42 €
¡Alójese en una casa-palacio del s. XVI! Dispone de un bonito patio central, un salón social con chimenea y habitaciones de correcto confort, todas con los baños actuales. En su restaurante, muy luminoso y actual, encontrará una carta tradicional y un buen menú del día.

## SALDAÑA – Palencia – 575 E15 – 3 032 h. – alt. 910 m        11 B1

▶ Madrid 344 – Valladolid 137 – Palencia 92 – Santander 197

⌂ **El Marqués** ⇕ ♿ hab, 🚭 📶

*Marqués de la Valdavia 1 ✉ 34100 – ✆ 979 89 00 79*
*– www.hostalelmarques.com*
**10 hab** ☕ – 👤35/40 € 👥50/60 €
**Rest** – *(cerrado del 9 al 27 de enero y lunes)* Menú 12/25 € – Carta 20/37 €
¡Atractivo y acogedor! Aunque la construcción es nueva refleja, gracias a los materiales utilizados, la estética rústica-regional típica de esta tierra, pues han usado ladrillo viejo, madera, piedra de Campaspero... El restaurante sorprende por la calidad de sus productos, tanto en carnes como en pescados.

## SALDUERO – Soria – 575 G21 – 172 h. – alt. 1 096 m        12 D2

▶ Madrid 228 – Burgos 108 – Logroño 85 – Soria 42

⌂ **Las Nieves** 🚭 📶

*Rafael García 20 ✉ 42156 – ✆ 975 37 84 17 – www.hostallasnieves.com*
**16 hab** ☕ – 👤28 € 👥55 € **Rest** – Menú 14/36 € – Carta 19/30 €
Este hotelito combina su modestia con la pulcritud. Presenta una correcta zona social y habitaciones bastante amplias, con los suelos en tarima y mobiliario provenzal. El comedor posee cierto aire rústico, con sus nobles vigas de madera y una carta regional.

## El SALER – Valencia – 577 N29 – 1 122 h.        16 B2

▶ Madrid 366 – València 13 – Castelló de la Plana/Castellón de la Plana 85

**al Sur : 7 km**

⌂⌂⌂⌂ **Parador de El Saler** ♘ ⋖ 🏖 ⛱ 🏊 ⧈ 🚲 ⛳18 ⇕ ♿ hab, ❄ 🚭 📶 👤 🅿

*av. de los Pinares 151 ✉ 46012 – ✆ 961 61 11 86 – www.parador.es*
**63 hab** – 👤76/176 € 👥95/220 €, ☕ 18 € – 2 suites
**Rest** – Menú 30/35 € – Carta 36/47 €
Está en un enclave protegido, junto a la playa y con un magnífico campo de golf. Amplias instalaciones de línea moderna y luminosas habitaciones, todas con terraza. El restaurante, que destaca por sus vistas, ofrece la clásica carta regional de Paradores.

## SALINAS – Asturias – 572 B12 – Playa        5 B1

▶ Madrid 488 – Avilés 5 – Gijón 24 – Oviedo 39

👁 Desde la Peñona ⋖★ de la playa

✕✕✕ ✿ **Real Balneario** (Isaac Loya) ⋖ ❄ 🚭 ⊟

*Juan Sitges 3 ✉ 33400 – ✆ 985 51 86 13 – www.realbalneario.com*
*– cerrado 13 enero-6 febrero, domingo noche y lunes*
**Rest** – Menú 36/100 € – Carta 39/71 € 🍇
¡Frente a la playa! Presenta un buen hall y unas salas de ambiente clásico-marinero, destacando las dos acristaladas, a modo de terrazas cubiertas, por sus magníficas vistas al mar. Cocina tradicional especializada en pescados y mariscos.
➜ Bogavante sobre pasta fresca anaranjada y azafranada. Lomo de virrey a baja temperatura sobre su marmita y rabanitos. Torrija de vainilla sobre helado de fresitas del bosque.

## SALINILLAS DE BURADÓN – Álava – 573 E21        25 A2

▶ Madrid 331 – Bilbao 88 – Vitoria-Gasteiz 39 – Logroño 51

⌂ **Areta Etxea** sin rest ♘ 🚭 📶

*Mayor 17 ✉ 01212 – ✆ 657 73 50 34 – www.areta-etxea.com*
**5 hab** – 👤40 € 👥50 €, ☕ 10 €
Casona del s. XVII ubicada en un pueblecito con casco medieval. Salón social con chimenea, habitaciones dotadas de mobiliario antiguo y una pequeña cocina para los clientes.

**SALLENT** – Barcelona – **574** G35 – 6 875 h. – alt. 275 m     **14** C2

▶ Madrid 593 – Barcelona 75

XX    **Ospi**                                          🕭 🎇 🛠

*Estació 4* ✉ *08650 – 🕾 938 20 64 98 – www.restaurantospi.com*
*– cerrado Semana Santa, del 11 al 25 de agosto y domingo*
**Rest** – *(solo almuerzo salvo fines de semana)* Menú 26/45 € – Carta 34/45 €
Presenta un moderno comedor y una cocina semivista, donde su chef elabora
platos tradicionales con toques actuales. La carta resulta amplia y atre-
vida, pues ofrece casi todos los platos en medias raciones... y algunos con formato de tapas.

---

**SALLENT DE GÁLLEGO** – Huesca – **574** D29 – 1 512 h. – alt. 1 305 m    **4** C1
– Deportes de invierno en El Formigal : 💰21

▶ Madrid 474 – Huesca 89 – Zaragoza 158

🏠    **Bocalé** sin rest                        ⇐ 🔲 🖭 🛠 ⌆ 🅿 🚗

*Puente Gállego 29* ✉ *22640 – 🕾 974 48 85 55 – www.bocale.com*
*– cerrado 15 octubre-noviembre*
**21 hab** – ♦65/80 € ♦♦90/140 €, ⌆ 9 €
Ocupa un edificio típico de montaña y con su nombre hace referencia a una
zona de pastos cercana. Posee una decoración rústica y mobiliario de cierta
calidad, demostrando su gusto por los detalles. ¡Relajante zona de relax en el
sótano!

🏠    **Valle de Izas** sin rest                          🔥 🖭 🛠 ⌆

*Francia 26* ✉ *22640 – 🕾 974 48 85 08 – www.hotelvalledeizas.com*
*– cerrado mayo y noviembre*
**16 hab** – ♦60/90 € ♦♦70/110 €, ⌆ 10 €
Hotel de organización familiar con la fachada en piedra y un interior bastante
actual. Ofrece un buen salón social y confortables habitaciones, destacando
las abuhardilladas y las cuatro que se comunican, estas orientadas más a
familias.

🏠    **Almud** sin rest                                🚲 ⇐ 🛠 ⌆

*Vico 11* ✉ *22640 – 🕾 974 48 83 66 – www.hotelalmud.com*
**11 hab** ⌆ – ♦69/84 € ♦♦90/120 €
Resulta acogedor y con su nombre se hace referencia a una unidad de medida
típica de la región. Sorprende por sus habitaciones, bien personalizadas y con
mobiliario de época.

**en Lanuza** Sureste : 3 km

🏠    **La Casueña**                               🚲 🛠 rest, ⌆

*Troniecho* ✉ *22640 Lanuza – 🕾 974 48 85 38 – www.lacasuena.com*
*– cerrado noviembre*
**10 hab** ⌆ – ♦65/75 € ♦♦80/100 €    **Rest** – *(solo clientes, solo cena)* Menú 22 €
Edificio de estilo montañés que destaca por sus atractivas pinturas de inspiración
medieval, su acogedora zona social y sus detallistas habitaciones, algunas abuhardilladas y cada una de ellas dedicada a un escritor. Su carta de cocina casera se
complementa con varios platos vegetarianos.

**en El Formigal** Noroeste : 4 km

🏠    **Villa de Sallent**           🚲 ⇐ 🔲 🔥 🖭 🕭 hab, 🎇 rest, 🛠 ⌆ 🏋 🚗

✉ *22640 El Formigal – 🕾 974 49 02 23 – www.hotelvilladesallent.com*
*– cerrado mayo, octubre y noviembre*
**82 hab** ⌆ – ♦110/160 € ♦♦146/238 €
**Rest** – *(solo cena)* Menú 26 € – Carta 37/55 €
Instalado en dos edificios anexos, con las fachadas en piedra y unas fantásticas
vistas de alta montaña. Ofrece cuidadas zonas nobles y dos tipos de habitaciones, unas de aire rústico y otras, algo superiores, de línea funcional-actual. Cocina
tradicional.

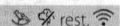

XX **Vidocq**

*Edif. Jacetania Alta ⊠ 22640 El Formigal – ℰ 974 49 04 72 – cerrado*
*27 abril-23 mayo, 15 octubre-15 noviembre y lunes*
**Rest** – *(solo fines de semana en mayo, junio, octubre y noviembre)* (es necesario
reservar) Menú 25/40 € – Carta 31/55 €

Toma su nombre del legendario detective francés que un día encarnó para el
cine Gérard Depardieu. Cuenta con un bar de tapas y un cuidado comedor de
línea actual. Su chef propone una cocina actual con alguna que otra influencia
oriental.

---

**SALOU** – Tarragona – **574** I33 – **26 601 h.** – Playa                    **13** B3

▶ Madrid 556 – Lleida/Lérida 99 – Tarragona 10

🏢 passeig Jaume I-4 (xalet Torremar), ⊠ 43840, ℰ 977 35 01 02, www.visitsalou.cat

◙ Localidad★ – Paseo de Jaume I★

🎪 Port Aventura★★★

Planos páginas siguientes

🏨 **Magnolia**                    🍴 🛋 🅛🅰 🎐 🕭 hab, 🅰🅒 🌂 🛜 🕸 🅿

*Madrid 8 ⊠ 43840 – ℰ 977 35 17 17 – www.magnoliahotelsalou.com*
**72 hab** ☲ – ♦58/206 € ♦♦60/208 €                    BY**x**
**Rest** – *(mayo-octubre) (solo cena)* Menú 15 €

¡Actual y próximo al paseo marítimo! Presenta la recepción integrada en la zona
social y disfruta de unas espaciosas habitaciones, todas con los suelos en tarima y
su propia terraza privada. Restaurante funcional y de sencillo montaje.

🏨 **Planas**                    ≤ 🕭 🎐 hab, 🅰🅒 🌂 🛜

*pl. Bonet 3 ⊠ 43840 – ℰ 977 38 01 08 – www.hotelplanas.com*
*– mayo-15 octubre*                    AY**e**
**99 hab** ☲ – ♦38/70 € ♦♦46/120 €
**Rest** – Menú 15/20 € – Carta 20/36 €

Es todo un clásico y suele trabajar con una clientela habitual. Ofrece una bonita
terraza a la entrada, con árboles y palmeras, así como unas habitaciones algo
antiguas pero de impecable mantenimiento. El comedor, muy centrado en la
media pensión, basa su oferta en un correcto menú del día.

XX **Albatros**                    🍴 🅰🅒 🌂 🚗

*Brussel.les 60 ⊠ 43840 – ℰ 977 38 50 70 – cerrado enero, domingo noche y*
*lunes salvo festivos*                    BZ**f**
**Rest** – Menú 25/45 € – Carta 25/40 €

Cuenta con una sala de buen confort y una agradable terraza. Su carta de tinte
tradicional se ve complementada, a lo largo del año, con alguna que otra jornada
gastronómica.

XX **La Morera de Pablo & Ester**                    🍴 🅰🅒

*Berenguer de Palou 10 ⊠ 43840 – ℰ 977 38 57 63 – cerrado febrero, domingo*
*noche y lunes*                    AY**x**
**Rest** – Menú 30/55 € – Carta 33/51 €

Local en esquina algo alejado del bullicio turístico. Su pequeño comedor, completamente acristalado, se complementa con una atractiva terraza ubicada al
aire libre, bajo la sombra de una morera. Cocina actual y buen menú de mercado.

XX **La Goleta**                    ≤ 🍴 🅰🅒 🚗

*Gavina - playa Capellans ⊠ 43840 – ℰ 977 38 35 66 – www.lagoletasalou.com*
*– cerrado domingo noche salvo verano*                    BZ**k**
**Rest** – Menú 45/60 € – Carta 28/52 €

Sorprende por su ubicación en una pequeña playa, por sus detalles marineros
y por estar rodeado con una terraza acristalada. Ofrece una carta tradicional
con algunos arroces y carnes, aunque lo más abundante son los pescados y
mariscos.

ESPAÑA

## SALOU

Alfonso V el Magnànim . . . . BZ 3
Amposta . . . . . . . . . . . . . . . BZ 4
Andorra (Av. d') . . . . . . . . . . BY
Augusta (Via) . . . . . . . . . . . . AY 6
Aurèlia (Via) . . . . . . . . . . . . AY 7
Barbastre . . . . . . . . . . . . . . . BY
Barcelona . . . . . . . . . . . . . . AY
Battle Pere Molas (Av. del) . . BY
Beranguer de Palou . . . . . . . AY 9
Berlin . . . . . . . . . . . . . . . . . AY
Brussel.les . . . . . . . . . . . . . . BZ
Burguera . . . . . . . . . . . . . . . BY 10
Carles Buigas (Av. de) . . . . . . BZ
Ciutat de Reus . . . . . . . . . . . AY
Costa (Carret. de la) . . . . . . . BZ 12
Ebre . . . . . . . . . . . . . . . . . . AY 13
Església . . . . . . . . . . . . . . . . AY 15
Europa (Pl. d') . . . . . . . . . . . BY
Jaume I el Conqueridor (Pas. de) . . . . . . . . . . . . ABY
Lleida . . . . . . . . . . . . . . . . . BY 16
Lluís Companys . . . . . . . . . . BY 18
Logronyo . . . . . . . . . . . . . . . BY
Madrid . . . . . . . . . . . . . . . . BY 19
Major de Salou . . . . . . . . . . ABY
Mar . . . . . . . . . . . . . . . . . . . AY 21
Milà . . . . . . . . . . . . . . . . . . AY
Miramar (Pas. de) . . . . . . . . . AY 22
Montblanc . . . . . . . . . . . . . . BZ 24
Murillo . . . . . . . . . . . . . . . . BY
Navarra . . . . . . . . . . . . . . . . BY 25
Nord . . . . . . . . . . . . . . . . . . ABY
Pere III el Gran . . . . . . . . . . AY 27
Plaça Catalunya . . . . . . . . . . BY 28
Pompeu Fabra (Av. de) . . . . . BY
Roger de Llúria . . . . . . . . . . BZ 30
Roma (Via) . . . . . . . . . . . . . . AY
Saragossa . . . . . . . . . . . . . . . BY
Serafí Pitarra . . . . . . . . . . . . BZ
Terrer . . . . . . . . . . . . . . . . . BY
València . . . . . . . . . . . . . . . AY 31
Valls . . . . . . . . . . . . . . . . . . BZ
Vendrell . . . . . . . . . . . . . . . BZ

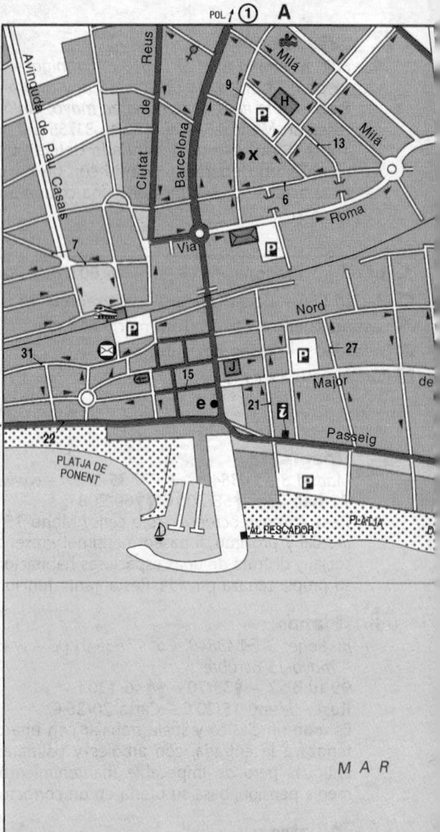


## SAMANIEGO – Álava – 573 E21 – 331 h. – alt. 572 m 25 A2

Madrid 339 – Bilbao 107 – Burgos 108 – Logroño 34

### Palacio de Samaniego

*Constitución 12 ✉ 01307 – ✆ 945 60 91 51 – www.palaciosamaniego.com – cerrado 16 diciembre-16 febrero*

**12 hab** – 55/77 € 66/99 €, 9 €

**Rest** – *(cerrado lunes) (solo almuerzo salvo fines de semana)* Menú 27/60 € – Carta 30/51 €

La sobriedad de los antiguos señoríos aún pervive en esta atractiva casa, cuyo interior abriga unas habitaciones bastante cálidas y con mobiliario rústico. El restaurante, que sabe conciliar el montaje actual con unos tremendos muros en piedra, basa su oferta en un menú del día de tinte tradicional.

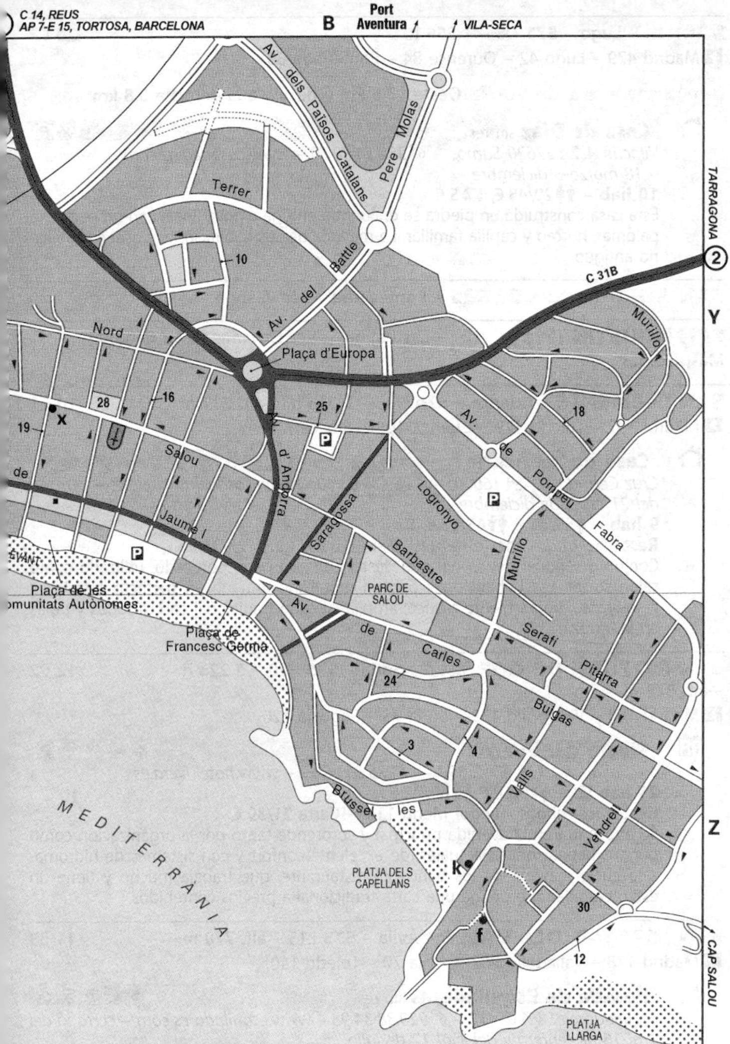
C 14, REUS
AP 7-E 15, TORTOSA, BARCELONA
B
Port Aventura
VILA-SECA
Av. dels Països Catalans
Pere Molas
Terrer
Av. del Battle
TARRAGONA
2
C 31B
Y
Murillo
Nord
Plaça d'Europa
10
28
16
25
18
19
X
Salou
Av. d'Andorra
Av. de Pompeu Fabra
de
Jaume I
Saragossa
Logronyo
Barbastre
Murillo
Plaça de les Comunitats Autònomes
PARC DE SALOU
Av. de Carles
Serafí Pitarra
Plaça de Francesc Gomà
24
Bulgas
3
4
Valls
MEDITERRÀNIA
Brussel·les
Z
Vendrell
PLATJA DELS CAPELLANS
k
f
30
12
CAP SALOU
PLATJA LLARGA
B
ESPAÑA

**SAMIEIRA** – Pontevedra – **571** E3 – **1 063 h.** – **Playa** **19** A2

Madrid 616 – Pontevedra 12 – Santiago de Compostela 69 – Vigo 38

**Villa Covelo**

*Covelo 37 ✉ 36992 – ✆ 986 74 11 21 – www.villacovelo.es – mayo-15 octubre*

**50 hab** – 🚹50/75 € 🚹🚹50/95 €, ☕ 8 €

**Rest** – *(cerrado lunes) (solo cena salvo julio y agosto)* Menú 15/21 € – Carta 20/35 €

Hotel clásico-actual con vistas a la ría de Pontevedra. Posee unas zonas sociales bien equipadas, confortables habitaciones y un atractivo solárium en la azotea. El restaurante combina su pequeña carta con un buen menú, pues centran en este último su trabajo.

**SAMOS** – Lugo – **571** D8 – **1 556 h.**  20 C2
▶ Madrid 479 – Lugo 42 – Ourense 84 – Ponferrada 85

**por la carretera de Sarria** Oeste : 3,5 km y desvío a la derecha 0,8 km

⌂    **Casa de Díaz** sin rest          ❧ ⅀ ⚹ **P**
*Vilachá 4 ✉ 27620 Samos –* 𝒞 *982 54 70 70 – www.casadediaz.com*
*– 18 marzo-8 diciembre*
**10 hab** – ♦♦29/45 €, ⅀ 5 €
Esta casa construida en piedra se encuentra en una amplia finca, con un pequeño palomar, hórreo y capilla familiar. La mayoría de sus habitaciones poseen mobiliario antiguo.

**SAN ADRIÁN DE COBRES** – Pontevedra – ver Vilaboa

**SAN AGUSTÍN (Playa de)** – Las Palmas – ver Canarias (Gran Canaria) : Maspalomas

**SAN CLEMENTE** – Cuenca – **576** N22 – **7 518 h.** – **alt. 709 m**  10 C2
▶ Madrid 197 – Toledo 179 – Cuenca 105 – Albacete 81

⌂    **Casa de los Acacio**         ❧ 🛋 ⅀ 🅰🅒 ⚹ hab, 📶
*Cruz Cerrada 10 ✉ 16600 –* 𝒞 *969 30 03 60 – www.casadelosacacio.es – cerrado del 21 al 27 de diciembre*
**9 hab** – ♦55/67 € ♦♦65/85 €, ⅀ 6 €
**Rest** – *(cerrado lunes o martes)* Menú 10 € – Carta 25/35 €
Conjunto señorial del s. XVII que destaca por su patio porticado, utilizado como salón social. Las habitaciones poseen mobiliario antiguo en perfecto estado. El restaurante, de ambiente rústico, amplía su carta tradicional con raciones y tapas en la terraza.

**SAN ESTEBAN DE GORMAZ** – Soria – **575** H20 – **3 223 h.**  12 C2
**– alt. 879 m**
▶ Madrid 164 – Valladolid 139 – Soria 75 – Segovia 120

🏨    **Rivera del Duero**         📶 🅰🅒 ⚹ 📶 **P**
*av. Valladolid 131 ✉ 42330 –* 𝒞 *975 35 00 59 – www.hotelrivera.es*
**25 hab** ⅀ – ♦46/60 € ♦♦60/72 €
**Rest** – *(cerrado domingo)* Menú 11 € – Carta 21/39 €
Se encuentra en la avenida principal y sorprende tanto por la organización como por sus habitaciones... actuales, de excelente confort y con sistemas de hidromasaje en la mayoría de los baños. El restaurante, que trabaja mucho y tiene un estilo castellano, propone una carta tradicional a precios contenidos.

**SAN ESTEBAN DEL VALLE** – Ávila – **575** L15 – **alt. 778 m**  11 B3
▶ Madrid 178 – Valladolid 207 – Ávila 70 – Toledo 140

⌂    **Posada de Esquiladores** sin rest         📶 ✚ 🅰🅒 📶 🔥
*Esquiladores 1 ✉ 05412 –* 𝒞 *920 38 34 98 – www.esquiladores.com – cerrado del 1 al 16 de febrero y del 1 al 12 de julio*
**12 hab** – ♦55/65 € ♦♦85/95 €, ⅀ 8 €
Casa rural con encanto emplazada en el corazón Gredos. Atesora un bello interior y dos tipos de habitaciones, unas de ambiente rústico y otras actuales. Resulta ideal para los amantes del turismo activo y... ¡posee un pequeño SPA privado!

**SAN FELICES** – Soria – **575** G23 – **63 h.** – **alt. 1 050 m**  12 D2
▶ Madrid 278 – Valladolid 263 – Soria 52 – Logroño 100

⌂    **La Casa de Santos y Anita** sin rest, con cafetería      ❧ ⩽ 📶
*Fuente 9 ✉ 42113 –* 𝒞 *975 18 55 10 – www.lacasadesantosyanita.com*
**9 hab** – ♦30/35 € ♦♦40/50 €, ⅀ 4,50 €
Casona en piedra ubicada en un pueblo de la sierra soriana. Posee un bar en la planta baja y habitaciones en los dos pisos superiores, todas de línea funcional con detalles rústicos.

**SAN FERNANDO** – Cádiz – 578 W11 – 96 772 h. – Playa 1 A3

▶ Madrid 634 – Algeciras 108 – Cádiz 13 – Sevilla 126

🛈 Real 26, ✉ 11110, 𝒞 956 94 42 26, www.turismosanfernando.org

XX **Asador La Isla** 🔲 🌿 ⟷
*Calderón de la Barca 7* ✉ *11100* – 𝒞 *956 88 08 35* – *www.asadorlaisla.com*
*– cerrado domingo noche y lunes*
**Rest** – Menú 30 € – Carta 28/47 €
Al lado del Ayuntamiento. Tras la fachada clásica encontrará un hall con fotos antiguas, un comedor de cuidado montaje y un privado. Su cocina de tinte tradicional pone el acento, claramente, tanto en las carnes como en los bacalaos.

---

**SAN ILDEFONSO** – Segovia – ver La Granja

---

**SAN JUAN DE ALICANTE** – Alicante – ver Sant Joan d'Alacant

---

**SAN JUAN DEL PUERTO** – Huelva – 578 U9 – 8 479 h. – alt. 14 m 1 A2

▶ Madrid 614 – Sevilla 80 – Huelva 12 – Castro Marim 66

🏠 **Real** sin rest y sin ⬜ ᵭ 🔲 🌿 🛜 🚗
*Real 35* ✉ *21610* – 𝒞 *959 70 13 31* – *www.hostal-real.es*
**19 hab** – †28/33 € ††36/45 €
Resulta céntrico y presenta unas instalaciones funcionales... aunque estas están
muy cuidadas. Cuenta con una agradable terraza de estética chill out y unas habitaciones de línea rústica-actual, destacando las cuatro que se asoman al patio.

---

**SAN LORENZO DE EL ESCORIAL** – Madrid – 576 – 575 K17 22 A2
– 18 545 h. – alt. 1 040 m

▶ Madrid 57 – Segovia 56 – Ávila 78 – Toledo 133

🛈 Grimaldi 4 , ✉ 28200, 𝒞 918 90 53 13, www.sanlorenzoturismo.org

🏘 La Herrería, carret. Robledo de Chavela, 𝒞 918 90 51 11

◉ Monasterio★★★ (Palacios★★ : tapices★ - Panteones★★ : Panteón de los
Reyes★★★, Panteón de los Infantes★) – Salas capitulares★ - Basílica★★
- Biblioteca★★ – Nuevos Museos★★ : El Martirio de San Mauricio y la legión
Tebana★ – Casita del Príncipe★ (Techos pompeyanos★)

◙ Silla de Felipe II ⩽★ Sur : 7 km - Valle de los Caídos★ (paraje★★ y
basílica★) Noroeste : 16 km

🏨 **Los Lanceros** 🏡 🛎 🔲 🌿 🛜 ♨ 🚗
*Calvario 47-49* ✉ *28200* – 𝒞 *918 90 80 11* – *www.loslanceros.com*
**36 hab** ⬜ – †98/105 € ††114/120 € **Rest** – Menú 11/25 € – Carta 22/45 €
Hotel de línea clásica-actual orientado al cliente de empresa. Ofrece habitaciones
de completo equipamiento, muchas con un pequeño balcón y todas con hidromasaje en los baños. En su restaurante encontrará una agradable terraza acristalada y una carta actual.

XX **Charolés** 🏡 🔲 🌿 ⟷
*Floridablanca 24* ✉ *28200* – 𝒞 *918 90 59 75*
**Rest** – Menú 39/45 € – Carta 40/60 €
Atesora gran prestigio, tanto por la belleza del local como por su cocina tradicio-
nal de temporada. ¡Pruebe su famosísimo cocido, servido solo los lunes, miércoles
y viernes!

XX **Montia** 🆕 🔲 🌿
🍃 *Calvario 4* ✉ *28200* – 𝒞 *911 33 69 88* – *www.montia.es* – *cerrado 15 días en
enero y 15 días en agosto*
**Rest** – *(solo almuerzo salvo viernes y sábado) (solo menú)* Menú 30/40 €
Un restaurante de estética minimalista que, sin duda, le cautivará. Plantean una
cocina de autor delicada, técnica, fresca, con texturas... basada en los productos
de la zona.

**al Noroeste** 1,8 km

XX **Horizontal** 🛝 ₰ 🔠 🛇 ↔ **P**
*Camino Horizontal* ⊠ *28200 San Lorenzo de El Escorial* – ℰ *918 90 38 11*
*– www.restaurantehorizontal.com – cerrado lunes noche, martes noche y*
*miércoles noche en invierno*
**Rest** – Menú 15/36 € – Carta 26/54 €
Está rodeado de árboles, pues se halla en la ladera del Monte Abantos. Cocina
tradicional con toques actuales, casi siempre con las carnes como las grandes
protagonistas.

**SAN MARTÍN DE TREVEJO** – Cáceres – **576** L9 – **895 h.**      **17** B1
**– alt. 610 m**
▶ Madrid 328 – Mérida 191 – Cáceres 120 – Guarda 133

🏨 **Hospedería Conventual Sierra de Gata** ⓝ     🛝 ⽏ ₰ 🔠
*camino del Convento 39* ⊠ *10892* – ℰ *927 14 40 21*     ₰ rest, ⽥ **P**
*– www.hospederiasdeextremadura.es*
**30 hab** ⊊ – †55/95 € ††70/120 €   **Rest** – Menú 18/37 € – Carta 22/55 €
Ocupa el antiguo convento de San Miguel, del s. XV, que ha sido completamente
reformado bajo una estética actual. Disfruta de un atractivo patio cubierto, lo que
fue el claustro, y unas espaciosas habitaciones, todas confortables y de línea funcional. El restaurante propone una cocina regional actualizada.

⌂ **Casa Antolina** sin rest     ⿻ ₰ 🗐
*La Fuente 1* ⊠ *10892* – ℰ *630 60 53 71 – www.casa-antolina.com*
**8 hab** ⊊ – †65/70 € ††70/85 €
Casa de pueblo que destaca por sus impecables niveles de mantenimiento. Posee
una luminosa galería, a modo de zona social, y confortables habitaciones, algunas
abuhardilladas.

**en la carretera EX 205** Suroeste : 8 km

⌂ **Finca El Cabezo** sin rest     ⿻ 🔠 ₰ 🛜 **P**
⊠ *10892 San Martín de Trevejo* – ℰ *689 40 56 28 – www.elcabezo.com*
**6 hab** ⊊ – †85 € ††101 €
Casa de labranza de gran rusticidad ubicada en pleno campo. Encontrará un acogedor salón social y espaciosas habitaciones de ambiente rústico, algunas con su
propia chimenea.

**SAN MIGUEL** – Balears – ver Balears (Eivissa) : Sant Miquel de Balansat

**SAN MIGUEL DE REINANTE** – Lugo – **571** B8      **20** D1
▶ Madrid 593 – Santiago de Compostela 188 – Lugo 112

⌂ **Casa do Merlo**     ⿻ ₰ hab, ₰ 🛜 **P**
*Sargendez 4, Norte : 1 km* ⊠ *27793* – ℰ *982 13 49 06 – www.casadomerlo.com*
*– cerrado febrero y noviembre*
**10 hab** ⊊ – †55/95 € ††85/110 €
**Rest** – *(cerrado domingo noche)* Menú 25 € – Carta 23/45 €
Este acogedor hotel rural está instalado en una antigua casa señorial, en pleno
campo. Ofrece dos salones sociales con chimenea, una biblioteca y habitaciones
de buen confort. El restaurante, que se encuentra en un edificio anexo, se presenta acristalado y posee vistas al patio central. Cocina de gusto tradicional.

**SAN MIGUEL DE VALERO** – Salamanca – **575** K12 – **379 h.**      **11** A3
▶ Madrid 267 – Valladolid 180 – Salamanca 58 – Ávila 159

XX **Sierra Quil'ama** con hab     ⿻ 🔠 ₰ rest, 🛜 ⽥ **P**
😊 *paraje los Perales* ⊠ *37763* – ℰ *923 42 30 00 – www.hotelsierraquilama.com*
**13 hab** ⊊ – †35/45 € ††58/73 €
**Rest** – *(solo almuerzo salvo fines de semana)* Menú 24/51 €
Presenta varias salas de ambiente rústico y con su nombre rememora la leyenda
del rapto de una princesa árabe por parte del rey Don Rodrigo. Su cocina actual
se refleja en dos menús, el más interesante de tipo degustación. También ofrece
unas cuidadas habitaciones, todas con diferentes nombres de la comarca.

ESPAÑA

## SAN MILLÁN DE LA COGOLLA – La Rioja – **573** E21 – 260 h.    **21** A2
– alt. 728 m

 Madrid 326 – Burgos 96 – Logroño 53 – Soria 114

Monasterio de Suso★ - Monasterio de Yuso (marfiles tallados★★)

### en el Monasterio de Yuso

**Hostería del Monasterio de San Millán**    ⅋ ⪕ 🛗 𝔸ℂ rest, ⅋

✉ 26326 San Millán de la Cogolla – ℰ 941 37 32 77    📶 ⅋
– www.sanmillan.com – cerrado enero y febrero
**22 hab** – †78/135 € ††86/135 €, ⭐ 11 € – 3 suites
**Rest** – (solo cena salvo fines de semana, festivos y agosto.) Menú 15 €
– Carta 22/49 €

Ocupa un ala del monasterio de San Millán de Yuso, declarado Patrimonio de la
Humanidad y considerado la cuna de la lengua castellana. Los aires monacales y
el confort actual conviven al calor de sus recios muros en piedra. En el comedor
podrá degustar su cocina tradicional y las especialidades regionales.

## SAN PANTALEÓN DE ARAS – Cantabria – **572** B19 – 299 h.    **8** C1
– alt. 50 m

 Madrid 464 – Santander 49 – Vitoria-Gasteiz 133 – Bilbao 74

**La Casona de San Pantaleón de Aras**   

barrio Alvear 65 (carret. CA 268) ✉ 39766 – ℰ 942 63 63 20
– www.casonadesanpantaleon.com – cerrado del 1 al 24 de enero
**7 hab** ⭐ – †64/88 € ††80/110 €    **Rest** – (solo cena) Menú 21 €
Esta atractiva casona rural del s. XVII disfruta de un bello y amplio entorno ajardinado, con césped, un riachuelo, terraza relax... Sus acogedoras habitaciones poseen una decoración personalizada, con los suelos en madera y muy buenos detalles. Pequeño SPA de línea moderna y uso privado.

## SAN PEDRO DE ALCÁNTARA – Málaga – **578** W14 – 27 820 h.    **1** A3
– Playa

 Madrid 624 – Algeciras 69 – Málaga 70

🄸 Marqués del Duero 69 , ✉ 29670, ℰ 952 78 52 52, www.marbellaexclusive.com

🄰🅂 Guadalmina, urb. Guadalmina Alta, Oeste : 3 km, ℰ 952 88 33 75

🄰🅇 Aloha, urb. Aloha (Nueva Andalucía), Oeste : 3 km, ℰ 952 90 70 85

🄰🅇 Atalaya Golf, Oeste : 3,5 km, ℰ 952 88 28 12

🄰🅇 La Quinta, urb. La Quinta Golf, Norte : 3,3 km, ℰ 952 76 23 90

Carretera★★ de San Pedro de Alcántara a Ronda (cornisa★★)

XX **Albert & Simon**    🖼 𝔸ℂ ⅋

av. de Salamanca, urb. Nueva Alcántara (Edificio Mirador) ✉ 29670
– ℰ 952 78 37 14 – www.albertysimon.com – cerrado del 15 al 28 de febrero, del
15 al 30 de junio y domingo
**Rest** – (solo cena salvo de octubre-mayo) Menú 29/55 € – Carta 35/54 €
Llevado entre dos hermanos, uno en la sala y el otro al frente de los fogones. En
su confortable comedor de línea clásica le propondrán una cocina tradicional e
internacional.

XX **L'Impronta** 🅝    🖼 𝔸ℂ ⅋

av. Salamanca 14-15 ✉ 29670 – ℰ 952 78 59 43 – www.trattoria-limpronta.com
– cerrado 7 enero-8 febrero y martes
**Rest** – Carta 35/50 €
Emplazado en una zona nueva pero muy próxima al centro urbano. Presenta un
interior clásico-actual y una carta de gusto tradicional e internacional, con un
apartado de pastas.

XX **Casa Fernando**    🖼 ⅋

av. del Mediterráneo ✉ 29670 – ℰ 952 78 46 41 – www.casafernandos.com
– cerrado 10 enero-10 febrero, domingo y lunes mediodía
**Rest** – Carta 33/50 €
Edificio a modo de chalet rodeado por un jardín. Atesora dos salas de aire rústico, un sugerente expositor de pescado, su propio vivero de marisco y una
carta tradicional.

**ESPAÑA**

## por la carretera de Cádiz

### 🏨🏨🏨 Villa Padierna     🕭 ⬛ 🏠 ⧄ 🗹 ⚙ 🔥 🔟 🛗 🄰🄲 ⚒ 🛜 � 🚗

*carret. de Cádiz - km 166, salida Cancelada : 6 Km y desvío 2 Km*
✉ *29679 Marbella* – ℰ *952 88 91 50* – *www.hotelvillapadierna.com*
**76 hab** ⌷ – ♥♥290/490 € – 36 suites
**Rest** – *(cerrado lunes) (solo almuerzo)* Carta 45/60 €
**Rest La Veranda** – *(cerrado domingo) (solo cena)* Menú 58 € – Carta 54/68 €
Excelente hotel construido a modo de villa señorial, con profusión de mármoles, muebles antiguos y obras de arte. Dispone de un patio central, unas magníficas habitaciones y un completísimo SPA, pues se extiende por 2000 m². En el restaurante La Veranda le sorprenderán con una carta actual de tintes creativos.

### ✕✕ Víctor     🏠 🄰🄲 ⚒

*Centro Comercial Guadalmina, Suroeste : 2,2 km* ✉ *29670 San Pedro de Alcántara* – ℰ *952 88 22 80* – *www.restaurante-victor.com* – *cerrado del 15 al 30 de junio, domingo noche y lunes*
**Rest** – Carta 40/60 €
Casa de reducidas dimensiones en estilo clásico, con bar-hall privado en la entrada. Ambiente tranquilo, buen mantenimiento y platos basados en la calidad del producto.

---

## SAN PEDRO DE RUDAGÜERA – Cantabria – 572 B17 – 442 h.    8 B1
– alt. 70 m

▶ Madrid 387 – Santander 36 – Santillana del Mar 23 – Torrelavega 14

### ✕ La Ermita 1826 con hab     🕭 🄰🄲 rest, ⚒ 🛜

✉ *39539* – ℰ *942 71 90 71* – *www.laermita1826.com* – *cerrado del 1 al 14 de octubre y miércoles salvo julio-agosto*
**5 hab** – ♥25/42 € ♥♥38/46 €, ⌷ 4 €
**Rest** – *(solo almuerzo salvo fines de semana y verano)* Menú 12/27 €
– Carta 25/36 €
Acogedora casita de piedra dotada con un bar público, una gran sala que ha renovado su mobiliario hacia un estilo más moderno y un privado en el piso superior. También cuentan con unas sencillas habitaciones, aunque estas tienen un funcionamiento muy secundario en el negocio.

---

## SAN PEDRO DEL PINATAR – Murcia – 577 S27 – 24 285 h. – Playa    23 B2

▶ Madrid 441 – Alacant/Alicante 70 – Cartagena 40 – Murcia 51
🛈 av. de las Salinas 55 (edificio CIT), ✉ 30740, ℰ 968 18 23 01,
www.sanpedroturismo.com

### 🏨🏨 Thalasia     🏠 ⧄ ⚙ 🔥 🛗 🛗 🄰🄲 ⚒ 🛜 � 🚗

*av. del Puerto 327* ✉ *30740* – ℰ *968 18 20 07* – *www.thalasia.com*
**208 hab** ⌷ – ♥77/122 € ♥♥85/135 € – 3 suites
**Rest** – Menú 23/35 € – Carta 31/48 €
Moderno y de amplias instalaciones, destacando especialmente por su gran centro de talasoterapia. Presenta un restaurante gastronómico de excelente montaje, muy bien complementado por el comedor del hotel y por unas habitaciones de estilo actual.

### 🏨 Bahía sin rest     🛗 ⬛ 🄰🄲 ⚒ 🛜 🚗

*Mar Adriático 4* ✉ *30740* – ℰ *968 17 83 86* – *www.aparthotelbahia.com*
**35 apartamentos** – ♥♥37/109 €, ⌷ 4 €
En este aparthotel encontrará un hall polivalente y apartamentos funcionales de línea actual, con cocina y baños modernos, resultando algo mejores los que poseen terraza.

### 🏠 Neptuno     ⬛ 🛗 🄰🄲 ⚒ 🛜 �

*av. Generalísimo 19* ✉ *30740* – ℰ *968 18 19 11* – *www.hotelneptuno.net*
**40 hab** ⌷ – ♥34/80 € ♥♥48/119 €    **Rest** – *(abril-octubre)* Menú 10/24 €
A 1,5 km de Las Salinas y con una emplazamiento privilegiado en 1ª línea de playa. Tanto la zona social como las habitaciones, la mayoría con balcón-terraza, presentan un aspecto sencillo. El luminoso restaurante basa casi todo su trabajo en un correcto menú.

ESPAÑA

## XX Juan Mari 🛱 ⟨ℳ⟩ 🏳

*Emilio Castelar 113 C ⊠ 30740 – 𝒞 968 18 62 98 – www.juanmari.es – cerrado
domingo noche, lunes y martes noche*
**Rest** – Menú 25 € – Carta 28/42 €

Negocio de ambiente familiar dotado con un comedor actual y una terraza.
Ofrece una carta tradicional con platos temporada, varios menús y una buena
selección de arroces.

## X Venezuela 🛱 ⟨ℳ⟩ ⟨⟩

*Campoamor 1 ⊠ 30740 – 𝒞 968 18 15 15 – www.restaurantevenezuela.com
– cerrado 20 octubre-22 noviembre, domingo noche y lunes*
**Rest** – Menú 20/40 € – Carta 33/49 €

¡Todo un clásico en la zona marinera! Su especialidad son los mariscos, pescados
y arroces, aunque en verano amplían el negocio con un cocedero, una freiduría y
una heladería.

**SAN ROQUE** – Cádiz – **578** X13 – **30 516 h.** – alt. 109 m    **1** B3

🚹 Madrid 661 – Sevilla 192 – Cádiz 130 – Gibraltar 16

### en la Estación de San Roque Oeste : 6 km

## X Mesón el Guadarnés 🛱 ⟨ℳ⟩ 🏳

*av. Guadarranque ⊠ 11368 San Roque – 𝒞 956 78 65 04 – cerrado 7 días en
junio y domingo*
**Rest** – Carta 21/39 €

Restaurante rústico y de reducida capacidad, dirigido desde la sala por su propietario. Ofrece una carta tradicional e internacional que tiene su especialidad
en las carnes.

**SAN SALVADOR DE POIO** – Pontevedra – ver Pontevedra

**SAN SEBASTIÁN** – Guipúzcoa – ver Donostia-San Sebastián

**SAN SEBASTIÁN DE LA GOMERA** – Santa Cruz de Tenerife – ver Canarias
(La Gomera)

**SAN SEBASTIÁN DE LOS REYES** – Madrid – **576** – **575** K19    **22** B2
– **81 466 h.** – alt. 678 m

🚹 Madrid 24 – Segovia 101 – Guadalajara 51 – Toledo 95

## XX Izamar 🛱 ⟨ℳ⟩ ⟨⟩ 🄿

*av. Matapiñonera 6 ⊠ 28700 – 𝒞 916 54 38 93 – www.izamar.com – cerrado
domingo noche y lunes*
**Rest** – Menú 35/60 € – Carta 45/76 €

Una casa seria, elegante y de ambiente clásico-marinero, especializada en elaborar productos del mar. Posee su propio vivero de marisco y una tienda para la
venta directa.

### en la carretera de Algete Noreste : 7 km

## X El Molino 🛱 ⟨ℳ⟩ ⟨⟩ 🄿

*⊠ 28700 San Sebastián de los Reyes – 𝒞 916 53 59 83
– www.asadorelmolino.com*
**Rest** – Carta 33/62 €

Este negocio demuestra buen montaje en todos sus comedores, definidos por el
estilo típico castellano. Está especializado en cochinillo asado, cordero y carnes a
la parrilla.

**SAN VICENTE DE LA BARQUERA** – Cantabria – **572** B16 – **4 407 h.**  **8** A1
– Playa

🚹 Madrid 421 – Gijón 131 – Oviedo 141 – Santander 64
🅸 av. Generalísimo 20, ⊠ 39540, 𝒞 942 71 07 97, www.sanvicentedelabarquera.es
◎ Emplazamiento★
🄶 Carretera de Unquera ≼★

**Azul de Galimar** sin rest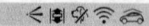

*Camino Alto Santiago 11 ⊠ 39540 – ℰ 942 71 50 20*
*– www.hotelazuldegalimar.es*
**16 hab** – ♥52/80 € ♥♥60/115 €, ⊑ 5 €

Hotel de organización familiar emplazado en la parte alta de la localidad. Ofrece una luminosa zona social, una terraza con porche de madera acristalado y unas habitaciones de línea clásica-actual. ¡Qué sitio más acogedor!

XXX **Annua** (Oscar Calleja) ≤ 🅰🅲 ⌖ ✿

*paseo de la Barquera ⊠ 39540 – ℰ 942 71 50 50 – www.annuagastro.com*
*– cerrado 15 diciembre-febrero, domingo noche y lunes*
**Rest** – *(solo almuerzo salvo jueves, viernes y sábado en invierno) (solo menú)*
Menú 58/72 €

Bien situado a orillas del mar y con dos magníficas terrazas, una tipo chill-out. En el restaurante gastronómico ofrecen dos creativos menús degustación y en su espacio interior, llamado Nácar, una carta más económica a base de raciones.
➔ Desierto de foie con rocas de avellana y armagnac. Rodaballo salvaje con romanesco, almendra, coliflor y rábanos encurtidos. Crepas con cajeta siglo XXI.

XX **Maruja** ⌖

*av. Generalísimo ⊠ 39540 – ℰ 942 71 00 77 – www.restaurantemaruja.es*
*– cerrado del 1 al 15 de marzo, del 15 al 30 de noviembre, martes noche y miércoles.*
**Rest** – Menú 20 € – Carta 33/43 €

Negocio de larga tradición familiar. Está repartido en tres zonas decoradas en un estilo clásico de inspiración inglesa, con las paredes en tela y un buen servicio de mesa.

XX **Las Redes** 🛋 🅰🅲 ⌖ ✿

*av. Generalísimo 24 ⊠ 39540 – ℰ 942 71 25 42 – www.restaurantelasredes.com*
*– cerrado enero-15 febrero, martes noche y miércoles salvo festivos y agosto*
**Rest** – Menú 20/50 € – Carta 35/43 €

Casa familiar que abrió hace años como bar y ha evolucionado poco a poco. Presenta una terraza con barriles, un espacio de vinos-raciones para el picoteo y unos cuidados comedores. Carta tradicional con arroces, mariscos y parrilladas.

X **Boga-Boga** 🛋 🅰🅲 ⌖

*pl. José Antonio 9 ⊠ 39540 – ℰ 942 71 01 50 – abril-septiembre*
**Rest** – *(cerrado lunes noche y martes)* Menú 22 € – Carta 34/44 €

¡Todo un clásico de la localidad! Está especializado en productos del mar y propone una cocina tradicional de sencillas elaboraciones. Tiene platos muy populares, como el Guiso de patatas con bogavante o sus famosas Parrilladas para dos.

**por la carretera N 634** Oeste : 3 km

**Valle de Arco** sin rest ⌖ ≤ 🏢 ⌖ 🛜 P

*Barrio Arco 26 ⊠ 39548 Prellezo – ℰ 942 71 15 65 – www.hotelvalledearco.com*
*– cerrado 12 diciembre-febrero*
**23 hab** ⊑ – ♥44/94 € ♥♥55/108 €

Bella casona construida en piedra y madera. Ofrece una acogedora zona social y habitaciones de aire rústico personalizadas en su decoración, las más atractivas abuhardilladas.

**en Los Llaos** Noreste : 5 km

**Gerra Mayor** sin rest ⌖ ≤ ⌖ 🛜 P

*carret. de la playa de Gerra ⊠ 39547 Los Llaos – ℰ 942 71 14 01*
*– www.hgerramayor.es – marzo-15 diciembre*
**19 hab** – ♥40/60 € ♥♥50/75 €, ⊑ 5 €

Se encuentra en la cima de un monte, abarcando con sus vistas las playas, el mar y los Picos de Europa. Cafetería con terraza acristalada y habitaciones de estilo actual. En verano organizan parrilladas, de forma informal, en su terraza.

---

**SAN VICENTE DE LA SONSIERRA** – La Rioja – 573 E21 – 1 127 h.     21 A2
– alt. 528 m

▶ Madrid 334 – Bilbao 107 – Burgos 103 – Logroño 35

### ⌂ **Villa Sonsierra** sin rest      🐾 🏠 ♿ 🆎 ⚡ 🛜 🅿️

*Zumalacárregui 29 ⊠ 26338 – ☏ 941 33 45 75 – www.villasonsierra.com*
*– cerrado 24 diciembre-2 enero*
**13 hab** � – **†**40/50 € **††**65/75 €
Instalado en una preciosa casa de piedra del casco antiguo. Ofrece una reducida
zona social y magníficas habitaciones, todas actuales y con buen mobiliario en su
categoría.

### ✕✕ **Casa Toni**      🆎 ⚡ ⇔

*Zumalacárregui 27 ⊠ 26338 – ☏ 941 33 40 01 – www.casatoni.es – cerrado*
*lunes*
**Rest** – *(solo almuerzo salvo viernes, sábado, Semana Santa y verano)*
Menú 25 € – Carta 37/52 €
Tras su fachada en piedra se oculta un interior muy moderno. Destaca tanto por
su carta, una perfecta simbiosis entre la cocina tradicional y la creativa, como por
su bodega.

---

## SAN VICENTE DO MAR – Pontevedra – ver O Grove

## SANDINIÉS – Huesca – 574 D29 – 47 h.      4 C1
▷ Madrid 460 – Huesca 79 – Jaca 43

### ✕ **Casa Pelentos** con hab      🐾 ⚡ rest, 🛜

*del Medio 6 ⊠ 22664 – ☏ 974 48 75 00 – www.casapelentos.com – cerrado*
*mayo y noviembre*
**7 hab** � – **†**44/54 € **††**66/84 €    **Rest** – Menú 19/27 € – Carta 26/52 €
Este céntrico restaurante de aire rústico está instalado en un hotel rural que destaca por su fachada en piedra. Aquí encontrará los platos propios de una cocina
casera y las especialidades típicas de la zona... como la Olla tensina. Las habitaciones, algo pequeñas, resultan correctas en su sencillez.

---

## SANGENJO – Pontevedra – ver Sanxenxo

## SANLÚCAR DE BARRAMEDA – Cádiz – 578 V10 – 67 308 h. – Playa    1 A2
▷ Madrid 649 – Sevilla 126 – Cádiz 52 – Huelva 211
🖪 Calzada Duquesa Isabel, ⊠ 11540, ☏ 956 36 61 10, www.sanlucardebarrameda.es
◉ Localidad★ – Iglesia de Nuestra Señora de la O (portada★★) – Covachas★

### 🏠 **Posada de Palacio**      🛋 🆎 hab, 🛜 🔥

*Caballeros 11 (barrio alto) ⊠ 11540 – ☏ 956 36 48 40*
*– www.posadadepalacio.com – cerrado noviembre-febrero*
**32 hab** � – **†**50/90 € **††**65/109 € – 2 suites
**Rest** *El Espejo* – *(cerrado domingo noche y lunes)* Menú 15/25 €
– Carta 20/45 €
Hermosas casas del s. XVIII decoradas con mobiliario de época y piezas de anticuario. Posee tres patios interiores y algunas habitaciones con preciosos suelos
originales. En el restaurante, que cuenta con un gastrobar a la entrada y dos
salas, le propondrán una cocina actualizada de gusto tradicional.

### ✕ **Casa Bigote**      🆎 ⚡
(😊)
*Pórtico de Bajo de Guía 10 ⊠ 11540 – ☏ 956 36 26 96*
*– www.restaurantecasabigote.com – cerrado noviembre y domingo*
**Rest** – Menú 35 € – Carta 22/37 €
Casa familiar acreditada y con historia. Presenta una taberna típica y dos salas
neorrústicas con detalles marineros, la del piso superior asomada a la desembocadura del Guadalquivir. ¡Pruebe sus famosos langostinos y sus guisos marineros!

---

## SANLÚCAR DE GUADIANA – Huelva – 578 T7 – 446 h.    1 A2
▷ Madrid 686 – Sevilla 163 – Huelva 77 – Beja 236

### ⌂ **Casa La Alberca**      ♿ hab, 🆎 ⚡ hab, 🛜

*Danzadores 2 ⊠ 21595 – ☏ 959 38 81 70 – www.casalaalberca.es*
**9 hab** � – **††**60/90 €    **Rest** – *(solo cena con reserva)* Menú 25 €
Atractiva casa de turismo rural decorada en un estilo moderno, con mucho
diseño, destacando sus habitaciones por estar personalizadas y en algunos casos
abuhardilladas.

ESPAÑA

## SANT ANDREU DE LLAVANERES – Barcelona – **574** H37    **15** A2
– 10 541 h. - alt. 114 m

▶ Madrid 666 – Barcelona 35 – Girona/Gerona 67

**en la carretera N II** Sureste : 2,5 km

XX    **Las Palmeras**        🏠 🔟 🕸 ⇔ 🅿 🖾
*Km 652 ⊠ 08392 Sant Andreu de Llavaneres – 𝒞 937 93 00 44*
*– www.restaurantlaspalmeras.com – cerrado del 15 al 30 de enero, domingo
noche y lunes*
**Rest** – Menú 19/40 € – Carta 42/50 €
Atractivo, pues ocupa un gran edificio con torreón. En su comedor, neorrústico-
colonial, podrá descubrir una cocina tradicional actualizada, con un amplio apartado de arroces y algún plato internacional. ¡Buen privado en el torreón!

---

## SANT ANTONI DE CALONGE – Girona – **574** G39 – **Playa**    **15** B1
▶ Madrid 717 – Barcelona 107 – Girona/Gerona 48

🖹 av. Catalunya 26, ⊠ 17252, 𝒞 972 66 17 14, www.calonge-santantoni.com

🏠🏠    **Mas Falet 1682** ⓝ      🕸 🚗 🏠 🔟 ᕃ rest, 🔟 🕸 🛜 🔊 🅿
*Astúries 11 ⊠ 17252 – 𝒞 972 66 27 26 – www.masfalet.com*
**11 hab** 🖙 – ♦♦82/119 € – 1 suite
**Rest** – *(cerrado domingo noche y lunes en invierno)* Menú 25/49 €
– Carta 45/74 €
Se reparte entre una masía, donde encontraremos tanto los espacios sociales como las amplias habitaciones, y un anexo más moderno que da cabida a
los salones de trabajo y al auditorio. Restaurante de buen nivel y bases catalanas,
con detalles de personalidad.

---

## SANT BOI DE LLOBREGAT – Barcelona – **574** H36 – 81 181 h.    **15** B3
– alt. 30 m

▶ Madrid 626 – Barcelona 19 – Tarragona 83

🏠    **El Castell**      🕸 🔟 🕴 ᕃ hab, 🔟 🕸 rest, 🛜 🔊 🅿
*Castell 1 ⊠ 08830 – 𝒞 936 40 07 00 – www.elcastell.com*
**48 hab** – ♦53/95 € ♦♦58/99 €, 🖙 9 €    **Rest** – Menú 15/29 € – Carta 34/49 €
Está en la cima de una colina, rodeado de terrazas con pinos. Ofrece una zona
social totalmente renovada y habitaciones de diferentes estilos: actuales, rústicas
y coloniales. El restaurante cuenta con dos comedores, uno para el menú y el
otro para la carta.

---

## SANT CARLES DE LA RÁPITA – Tarragona – **574** K31 – 15 232 h.    **13** A3
– **Playa**
▶ Madrid 505 – Castelló de la Plana/Castellón de la Plana 91 – Tarragona 90
   – Tortosa 29

🖹 Sant Isidre 128, ⊠ 43540, 𝒞 977 74 46 24, www.turismelarapita.com

🏠🏠    **Miami Mar**      ⩽ 🔟 🎿 🕴 ᕃ 🔟 🛜 🔊 🖾
*Mirador 1 ⊠ 43540 – 𝒞 977 74 58 59 – www.miamicanpons.com*
**30 hab** 🖙 – ♦50/136 € ♦♦72/180 €
**Rest** *Miami Can Pons* – ver selección restaurantes
¡En 1ª línea de playa y con diversos detalles marineros! Presenta un colorista y
luminoso hall-recepción, con salón-bar, así como unas confortables habitaciones
de estilo actual, todas con mobiliario moderno, terraza y vistas al mar.

🏠    **Juanito Platja**      ⩽ 🏠 🔟 🕸 rest, 🛜 🅿
*passeig Marítim 50 ⊠ 43540 – 𝒞 977 74 04 62 – www.juanitoplatja.com*
*– Semana Santa-septiembre*
**35 hab** – ♦44/54 € ♦♦70/80 €, 🖙 8 €    **Rest** – Menú 25 € – Carta 25/45 €
Disfruta de una situación privilegiada, pues tiene un agradable solárium volcado
al Mediterráneo. Correcta zona social y habitaciones de suficiente equipamiento,
todas con los baños renovados, terraza y vistas al mar. El sencillo comedor se
complementa con una agradable terraza a la sombra de unas moreras.

### Llansola
🏠            🍽 🅰 🦾 🛜 🅿 🚗

*Sant Isidre 98 ⊠ 43540 – 𝒞 977 74 04 03 – www.llansola1921.com – cerrado noviembre*

**21 hab** ⬚ – †37/54 € ††54/62 €

**Rest** – *(cerrado domingo noche)* Menú 17/24 € – Carta 25/50 €

Lleva a gala ser el establecimiento hotelero más antiguo de la provincia, pues se fundó en 1921. Ofrece unas cuidadas dependencias, con habitaciones funcionales aunque de correcto equipamiento. En el restaurante podrá degustar una completa carta tradicional-marinera, con varios menús y arroces de la zona.

### Varadero
✕✕           🍽 🅰

*av. Constitució 1 ⊠ 43540 – 𝒞 977 74 10 01 – www.varaderolarapita.com – cerrado diciembre y enero*

**Rest** – Menú 17/40 € – Carta 28/56 €

Frente al club náutico, donde se presenta con una cafetería, un comedor y dos salones para banquetes. Carta clásica basada en productos del mar, con arroces y varios menús.

### Miami Can Pons – Hotel Miami Mar
✕✕       🍽 🦾 🅰 🦾 ⟲ 🚗

*passeig Maritim ⊠ 43540 – 𝒞 977 74 05 51 – www.miamicanpons.com – cerrado del 15 al 31 de enero*

**Rest** – Menú 21/43 € – Carta 21/48 €

Un restaurante de gestión familiar con gran prestigio en la localidad. Posee un comedor de ambiente marinero y un pequeño expositor. Su carta de pescados y mariscos se completa con dos menús, uno gastronómico y otro de degustación.

---

## SANT CELONI – Barcelona – 574 G37 – 17 076 h. – alt. 152 m   15 A2

▶ Madrid 662 – Barcelona 51 – Girona/Gerona 54

◪ Noroeste, Sierra de Montseny : itinerario★ de Sant Celoni a Santa Fé del Montseny

### Suis sin rest
🏠           🎴 🦾 🅰 🦾 🛜

*Major 152 ⊠ 08470 – 𝒞 938 67 00 02 – www.hotelsuis.com*

**34 hab** – †55/80 € ††75/110 €, ⬚ 5 €

Hotel de organización familiar y atractiva fachada instalado en un precioso edificio de 1860. Ofrece dos tipos de habitaciones, unas muy funcionales pero de línea actual y otras, algo más amplias, de estilo clásico y superior confort.

### Aroma
✕            🦾 🅰 🦾

*Sant Joan 33 ⊠ 08470 – 𝒞 938 67 46 38 – www.aromarestaurant.es – cerrado del 1 al 23 de agosto y martes*

**Rest** – *(solo almuerzo salvo viernes y sábado) (solo menú)* Menú 12/23 €

Céntrico, familiar y de línea actual. Escrutando su cocina veremos una clara tendencia hacia los platos catalanes, trabajando solamente con dos económicos menús.

---

## SANT CLIMENT – Balears – ver Balears (Menorca)

---

## SANT CUGAT DEL VALLÈS – Barcelona – 574 H36 – 84 946 h.   15 B3
– alt. 180 m

▶ Madrid 615 – Barcelona 20 – Sabadell 9

🗺 Sant Cugat, Villa 79, 𝒞 936 74 39 08

◉ Monasterio★★ (Iglesia★ : retablo de Todos los Santos★ y claustro★)

### Sant Cugat
🏠🏠       🍽 🎴 🦾 hab, 🅰 🦾 rest, 🛜 🦾 🚗

*César Martinell 2 ⊠ 08172 – 𝒞 935 44 26 70 – www.hotel-santcugat.com – cerrado del 1 al 24 de agosto*

**97 hab** – †82/215 € ††104/237 €, ⬚ 14 €

**Rest Vermell** – Menú 11/35 € – Carta 20/33 €

Moderno edificio de forma lenticular ubicado junto al ayuntamiento. Ofrece unas instalaciones de línea minimalista con mucho diseño, buen confort y mobiliario de calidad. El restaurante, bastante luminoso y colorista, se complementa con una magnífica terraza.

ESPAÑA

## ※※ Heura 🔲 🌣

*Sant Bartomeu 9 ⊠ 08172 – 𝒞 935 87 80 59 – www.heura.eu – cerrado del 11 al 28 de agosto, domingo noche y lunes*

**Rest** – Menú 14/44 € – Carta 35/46 €

Tras la fachada de acceso, cubierta por una hiedra, se esconde un restaurante de línea moderna-minimalista, con un ligero toque Zen y la cocina a la vista. Carta actual e interesantes menús. ¡No lo dude, pruebe sus Erizos de mar gratinados!

## ※ Casablanca 🔲

*Sabadell 47 ⊠ 08172 – 𝒞 936 74 53 07 – www.casablancasantcugat.com – cerrado Semana Santa, 15 días en agosto y domingo*

**Rest** – Menú 16/22 € – Carta 28/36 €

Céntrica casa dotada con un comedor rústico, en ladrillo y madera, dividido en tres espacios. Cocina tradicional e internacional, con especialidades como el Steak Tartar.

---

# SANT ESTEVE DE PALAUTORDERA – Barcelona – 574 G37    15 B2
– 2 555 h. – alt. 231 m

▶ Madrid 655 – Barcelona 56 – Girona/Gerona 63

**por la carretera del Montseny** Noreste : 2 km

## ※ Can Marc con hab    ⑤ ㊧ rest, 🔲 rest, 🌣 rest, 🛜 🅿

*Camino de Can Marc 6 ⊠ 08461 Sant Esteve de Palautordera – 𝒞 938 48 27 13 – www.canmarc.com*

**4 hab** – ♦♦55 €, ☲ 7 €

**Rest** – *(cerrado lunes no festivos) (solo almuerzo salvo viernes, sábado y verano)* Menú 26/40 € – Carta 33/42 €

Ubicado en una masía restaurada. Encontrará un comedor a la carta de ambiente rústico-actual, una sala para menús de aire antiguo y una cocina actual de bases tradicionales. Sus sencillas habitaciones son una buena opción si desea pasar unos días en el campo.

---

# SANT FELIU DE GUÍXOLS – Girona – 574 G39 – 21 961 h. – Playa    15 B1

▶ Madrid 713 – Barcelona 100 – Girona/Gerona 37

🖪 pl. del Monestir, ⊠ 17220, 𝒞 972 82 00 51, www.guixols.cat

◉ Localidad★, Iglesia Monasterio de Sant Feliu (portada★★) – Capilla de Sant Elm (vistas★★)

## 🏨 Curhotel Hipócrates    ⑤ ㊦ 🍴 🛆 🔄 🎦 🖩 ㊧ 🔲 🌣 🛜 🖧 🅿

*carret. de Sant Pol 229 ⊠ 17220 – 𝒞 972 32 06 62 – www.hipocratescurhotel.com – cerrado 15 noviembre-febrero*

**93 hab** ☲ – ♦82/125 € ♦♦126/190 € – 2 suites    **Rest** – Carta 30/49 €

Uno de los hoteles pioneros en cuanto a los tratamientos de salud y belleza, con gran variedad de servicios. Habitaciones clásicas de completo confort. Su comedor se reparte en dos zonas, en una sirven un buffet dietético y en la otra una carta tradicional.

## 🏨 Plaça sin rest    🖩 🔲 🌣 🛜

*pl. Mercat 22 ⊠ 17220 – 𝒞 972 32 51 55 – www.hotelplaza.org*

**19 hab** – ♦54/113 € ♦♦80/113 €, ☲ 5 €

Hotel de gestión familiar e instalaciones funcionales. Ofrece habitaciones clásicas de correcto confort... sin embargo, lo más atractivo es el solárium-jacuzzi de su azotea.

## ※ Cau del Pescador 🔲

*Sant Domènec 11 ⊠ 17220 – 𝒞 972 32 40 52 – www.caudelpescador.com – cerrado del 7 al 24 de enero, lunes noche y martes salvo en verano*

**Rest** – Menú 19/39 € – Carta 35/60 €

Negocio familiar de ambiente rústico con diversos detalles náuticos. Presenta una carta tradicional marinera con arroces, pescados, mariscos y un buen apartado de sugerencias.

**La Cava**   `AC` %

*Joan Maragall 11 ⊠ 17220 – ℰ 972 82 19 93 – cerrado miércoles*
**Rest** – *(solo cena salvo sábado y domingo)* Tapa 2,80 € – Ración aprox. 8 €
Bar de tapas tipo taberna que populariza el concepto del tapeo vasco. Los pinchos de la barra se completan con una pequeña carta, siendo aquí el plato estrella el Chuletón.

---

**SANT FELIU DE PALLEROLS** – Girona – **574** F37 – 1 360 h.   **14** C2
▶ Madrid 680 – Barcelona 130 – Girona 39 – Encamp 164

### en la carret. de Sant Iscle de Colltort Norte : 10 km

**El Ventós**   ⬡ < ⌂ ⅃ `AC` rest, % rest, ⌃ ⅃ `P`
⊠ *17174 Sant Feliu de Pallerols – ℰ 972 10 79 62 – www.elventos.com – cerrado del 7 al 17 de enero*
**10 hab** ⌿ – ♦♦135/340 €
**Rest** – *(cerrado martes salvo festivos)* (es necesario reservar) Menú 38/68 €
– Carta 20/38 €
Disfruta de un entorno verde realmente singular, pues está dentro del Parque Natural de la Zona Volcánica de la Garrotxa. Acogedoras zonas sociales y amplias habitaciones, todo de ambiente rústico-actual. El restaurante apuesta por una cocina tradicional-catalana, con guisos y especialidades a la parrilla.

---

**SANT FERRAN DE SES ROQUES** – Balears – ver Balears (Formentera)

---

**SANT FRUITÓS DE BAGES** – Barcelona – **574** G35 – 8 227 h.   **15** A2
– alt. 246 m
▶ Madrid 581 – Barcelona 66 – Escaldes 137 – Sant Julià de Lòria 129
◉ Monasterio de Sant Benet de Bages★★ (claustro★)

**Can Ladis**   & `AC` ⬦
*carret. de Vic 56 ⊠ 08272 – ℰ 938 76 00 19*
*– www.restaurante-marisqueria-canladis.com – cerrado del 6 al 16 de enero, 18 agosto-4 septiembre y lunes*
**Rest** – *(solo almuerzo salvo viernes y sábado)* Menú 20/60 € – Carta 37/55 €
Se encuentra en la avenida principal, disfruta de una estética moderna y está llevado en familia. Ofrece una cocina tradicional actualizada, especializada en pescados y mariscos, así como varios menús... algunos con las bebidas incluidas.

### en la carretera de Sant Benet Sureste : 3 km

**Món**   ⬡ ⌂ ⅃ ▤ & hab, `AC` % ⌃ ⅃ `P`
*camí de Sant Benet de Bages ⊠ 08272 Sant Fruitós de Bages – ℰ 938 75 94 04*
*– www.monstbenet.com*
**86 hab** ⌿ – ♦♦74/229 € – 1 suite
**Rest** *L'Ó* ⁑ – ver selección restaurantes
**Rest** – Menú 25/30 €
¡Aquí el descanso está garantizado! Hotel de línea moderna ubicado en un tranquilo paraje junto al Monasterio de Sant Benet, que data del s. X. Ofrece amplias zonas nobles y habitaciones de muy buen confort. El restaurante, luminoso y de línea actual, propone una cocina tradicional actualizada.

**L'Ó**  – Hotel Món   & `AC` % `P`
⁑   *camí de Sant Benet de Bages ⊠ 08272 Sant Fruitós de Bages – ℰ 938 75 94 29*
*– www.monstbenet.com – cerrado 23 diciembre-6 enero, 28 julio-agosto, lunes, martes, miércoles, jueves noche y domingo noche*
**Rest** – Menú 60/85 € – Carta 66/76 €
En pleno campo, frente al Monasterio de Sant Benet. Se accede por el hall del hotel y posee una sala de ambiente moderno, con amplios espacios acristalados y una cuidada iluminación. Cocina creativa que ensalza los productos de proximidad.
➜ Papillote de verduras a la parrilla, tripa de bacalao e infusión de ceps. Salmonetes con macarrones de navajas y queso al pesto. Nuestro pan con aceite y chocolate.

ESPAÑA

**SANT GREGORI** – Girona – **574** G38 – 3 343 h. – alt. 112 m          15 A1

▶ Madrid 706 – Girona/Gerona 7 – Barcelona 106 – Perpignan 98

🏠 **Masferran ❿** sin rest          ⤢ 🛋 🍽 🆓 📶 📡 🅿️

camí de la Bruguera ⌗ 17150 – ℰ 972 22 67 92 – www.masferran.com
– cerrado 9 diciembre-8 enero

**12 hab** ⌑ – ♦125/145 € ♦♦150/170 €

Masía del s. XVIII que sorprende por su anexo, pues es un centro de belleza y
medicina natural. Ofrece varios porches-terrazas con vistas, una correcta zona
social y espaciosas habitaciones, todas personalizadas con mobiliario colonial.

🍴🍴 **Maràngels**          🌳 📶 🆓 🅿️

carret. Gl 531, Este : 1 km ⌗ 17150 – ℰ 972 42 91 59 – www.marangels.com
– cerrado domingo noche y lunes

**Rest** – Menú 20/50 € – Carta 35/55 € 🕸

Ocupa una atractiva masía del s. XVII con el entorno ajardinado. En sus salas,
todas acogedoras y de atmósfera rústica-actual, podrá degustar una cocina tradicional actualizada que despunta por sus guisos.

**SANT HILARI SACALM** – Girona – **574** G37 – 5 753 h. – alt. 801 m          15 A1
– Balneario

▶ Madrid 664 – Barcelona 82 – Girona/Gerona 45 – Vic 36

ℹ️ pl. Dr. Robert , ⌗ 17403, ℰ 972 86 96 86, www.santhilari.cat

🏨 **Balneari Font Vella**          ⬚ 🌐 📶 🍽 🛁 hab, 📶 🆓 📡 🅿️

passeig de la Font Vella 57 ⌗ 17403 – ℰ 972 86 83 05
– www.balnearifontvella.cat – cerrado enero-14 febrero

**30 hab** ⌑ – ♦113/172 € ♦♦150/230 €    **Rest** – (solo menú) Menú 29 €

Hotel-balneario levantado sobre un palacete de línea modernista. Posee habitaciones de gran confort, todas con vestidores y maderas nobles. Tratamientos
terapéuticos. El restaurante propone una cocina de producto, con platos tradicionales e internacionales.

🏠 **Ripoll**          📶 🍽 hab, 📶 🆓 🆓

Vic 26 ⌗ 17403 – ℰ 972 86 80 25 – www.hotelripoll.com

**28 hab** ⌑ – ♦40/60 € ♦♦55/90 €

**Rest** – (cerrado enero, martes, miércoles y jueves) Menú 12/20 € – Carta 21/55 €

Hotel familiar renovado prácticamente en su totalidad, ya que ocupa un edificio
centenario. Sus habitaciones resultan actuales, algunas con detalles rústicos y
abuhardilladas. El comedor disfruta de un acceso independiente y está distribuido
en dos niveles.

🏠 **Torras**          📶 📶 rest, 🍽 rest, 🆓

pl. Gravalosa 13 ⌗ 17403 – ℰ 972 86 80 96 – www.hostaltorras.com

**23 hab** – ♦35/40 € ♦♦55/75 €, ⌑ 7 €

**Rest** El Celler d'En Jordi – (cerrado domingo noche y viernes mediodía)
Menú 10/25 € – Carta 28/39 €

Céntrico, familiar, con un cálido salón social y unas habitaciones funcionales que
se han actualizado poco a poco. El restaurante, que propone una cocina regional, organiza diversas jornadas gastronómicas dedicadas a la caza, las castañas
y las setas.

**SANT JOAN D'ALACANT** (SAN JUAN DE ALICANTE) – Alicante          16 B3
– **577** Q28 – 22 740 h. – alt. 50 m

▶ Madrid 429 – València 172 – Alacant / Alicante 9

🍴🍴 **La Quintería**          🍽 📶 🆓 ⟷

Dr. Gadea 17 ⌗ 03550 – ℰ 965 65 22 94 – cerrado domingo noche y miércoles
noche

**Rest** – Menú 30/50 € – Carta 41/53 €

Resulta céntrico y tiene al dueño al frente del negocio. Encontrará varias salas de
montaje clásico-tradicional y una carta bastante amplia, con numerosos platos
gallegos basados en la calidad de las materias primas, pescados y mariscos.

**SANT JOAN DESPÍ** – Barcelona – ver Barcelona : Alrededores

**SANT JORDI** – Balears – ver Balears (Eivissa)

## SANT JOSEP DE SA TALAIA – Balears – ver Balears (Eivissa)

## SANT JULIÀ DE VILATORTA – Barcelona – 574 G36 – 3 024 h.     14 C2
– alt. 595 m
▶ Madrid 643 – Barcelona 72 – Girona/Gerona 85

### 🛆🛆🛆   Masalbereda      ⊗ 🔲 📶 ⅙ rest, 🖭 ⅗ rest, 🛜 🅿
*av. Sant Llorenç 68 ⊠ 08504 – 🕾 938 12 28 52 – www.masalbereda.com*
**20 hab** ⊑ – ♦105/130 € ♦♦138/167 €
**Rest** – *(cerrado domingo noche y miércoles)* Menú 22/44 € – Carta 38/61 €
Hotel con encanto ubicado en una antigua masía. Posee un bello entorno ajardinado, acogedoras instalaciones y unas cálidas habitaciones, con detalles rústicos y modernos. El restaurante, de cocina tradicional actualizada, posee un atractivo balcón acristalado.

### 🛆🛆   Torre Martí      ⊗ 🚗 🔾 ⅙ hab, ⅗ rest, 🛜 🅿
*Ramón Llull 11 ⊠ 08504 – 🕾 938 88 83 72 – www.hoteltorremarti.com – cerrado
enero*
**8 hab** ⊑ – ♦79/120 € ♦♦120/140 €
**Rest** – *(cerrado domingo noche y lunes mediodía) (solo clientes)* Menú 29/48 €
Esta atractiva casa señorial posee un salón-biblioteca y confortables habitaciones, casi todas con muebles antiguos de distintos estilos y algunas con acceso al jardín. En su acogedor restaurante, de línea modernista, se ofrece una cocina actual con dos menús.

### ✕✕   Ca la Manyana con hab      🖭 ⅗ rest, 🛜
*av. Nostra Senyora de Montserrat 38 ⊠ 08504 – 🕾 938 12 24 94
– www.calamanyana.com*
**17 hab** ⊑ – ♦68/76 € ♦♦87/105 €
**Rest** – *(cerrado lunes) (solo almuerzo salvo viernes y sábado)* Menú 18/27 €
– Carta 46/64 €
Instalado en una casona señorial de atractiva fachada. Su principal actividad se centra en el restaurante, donde podrá degustar la más arraigada tradición culinaria catalana. Como complemento al negocio ofrece habitaciones de buen confort general.

## SANT JUST DESVERN – Barcelona – ver Barcelona : Alrededores

## SANT LLORENÇ DE BALAFIA – Balears – ver Balears (Eivissa)

## SANT LLUÍS – Balears – ver Balears (Menorca)

## SANT MARÇAL – Barcelona – 574 G37      14 C2
▶ Madrid 686 – Barcelona 86 – Girona/Gerona 60

### 🛆🛆   Sant Marçal      ⊗ ⋖ 🔾 ⅗ rest, 🛜 🔊 🅿
⊠ 08469 – 🕾 938 47 30 43 – www.hotelhusasantmarcal.com – abril-octubre
**12 hab** ⊑ – ♦93/143 € ♦♦103/153 €    **Rest** – Menú 20/26 € – Carta 29/45 €
Está en plena montaña, instalado en un vetusto monasterio cuyas habitaciones, de acogedora rusticidad, aún cobijan entre sus muros el sosiego de antaño. Atractiva zona social en la antigua sala capitular y coqueto restaurante repartido en dos partes, una con vistas a la sierra. Cocina regional y a la brasa.

## SANT MIQUEL DE BALANSAT – Balears – ver Balears (Eivissa)

## SANT PAU D'ORDAL – Barcelona – 574 H35      15 A3
▶ Madrid 587 – Barcelona 51 – Lleida/Lérida 116 – Tarragona 66

### ✕✕   Cal Saldoni      🖭 ⅗
*Ponent 4 ⊠ 08739 – 🕾 938 99 31 47 – www.calsaldoni.com – cerrado
29 diciembre-6 enero, 21 julio-12 agosto, lunes y martes*
**Rest** – *(solo almuerzo salvo sábado)* Menú 22/42 € – Carta 35/45 € ⅚
Está instalado en una casa de finales del s. XIX y se presenta con dos salas, ambas de estética neorrústica. El chef, autodidacta, propone una carta de autor de gusto actual... eso sí, siempre con unos toques muy personales en los platos.

ESPAÑA

XX **Cal Pere del Maset** 🔘      🕭 ⓘ ⚶ ✧ 🅿
*Ponent 20 ⊠ 08739 – ℰ 938 99 30 28 – www.calperedelmaset.com – cerrado lunes*
**Rest** – *(solo almuerzo salvo viernes y sábado)* Menú 36 € – Carta 35/55 € ❀
En este restaurante, de dilatada trayectoria familiar, encontrará unas instalaciones de línea actual con detalles rústicos y modernistas. En sus salas y privados, algunos panelables, ofrecen una cocina de mercado de sabor tradicional.

X **Cal Xim**      🖵 ⓘ ✧
⊕ *pl. Subirats 5 ⊠ 08739 – ℰ 938 99 30 92 – www.calxim.com
– cerrado 27 agosto-3 septiembre*
**Rest** – *(solo almuerzo salvo viernes y sábado)* Menú 20 € – Carta 29/38 €
Llevado entre dos hermanos. La clave de su éxito radica en la calidad del producto y en los precios moderados. Cocina catalana de temporada, a la brasa y con una buena bodega.

---

**SANT PERE DE RIBES** – Barcelona – **574** I35 – 29 149 h. – alt. 44 m    **15** A3
🄳 Madrid 596 – Barcelona 46 – Sitges 4 – Tarragona 52
🄸 Major 110 (Masia Can Puig) , ⊠ 08810, ℰ 938 96 28 57, www.santperederibes.cat

🏠 **Palou** sin rest      🖵 🏚 ⓘ ✧ 📶
*Palou 15 ⊠ 08810 – ℰ 938 96 05 95 – www.hotelpalou.com*
**10 hab** 🖵 – †88/99 € ††90/110 €
¡Tiene cierto encanto, pues ocupa una casa del s. XIX que aún conserva algunos de sus preciosos suelos originales! Las habitaciones, que están personalizadas, reflejan un bello equilibrio entre el mobiliario moderno y el de estilo antiguo.

XX **Ibai** con hab      🐎 🖵 🏚 ⓖ hab. ⓘ ✧ 📶 🅿
*Canyelles 1 ⊠ 08810 – ℰ 902 52 05 22 – www.ibaiosteria.com – Semana Santa-23 septiembre*
**14 hab** 🖵 – ††120/160 €    **Rest** – Menú 30/60 € – Carta 38/54 €
Antigua casa de campo de ambiente señorial dotada con un luminoso comedor principal, una sala que deja la parrilla a la vista, bodega y terraza. Cocina tradicional y catalana. También cuenta con unas habitaciones en las que se cuidan mucho los detalles.

**en la carretera de Olivella** Noreste : 1,5 km

X **Can Lloses**      ⓘ ✧ 🅿
*Milà, (urb. Can Lloses-Can Marcer) ⊠ 08810 Sant Pere de Ribes – ℰ 938 96 07 46
– www.canlloses.com – cerrado octubre y martes*
**Rest** – Menú 12 € – Carta 20/41 €
Negocio de organización familiar dotado con un bar y tres salas de aire rústico-regional. Cocina catalana de corte casero, lo que aquí llaman "Casolana", con especialidades como L'escudella, los Canelones o las Manitas de cerdo a la brasa.

---

**SANT POL DE MAR** – Barcelona – **574** H37 – 5 073 h. – Playa    **15** A2
🄳 Madrid 679 – Barcelona 46 – Girona/Gerona 53

XXXX **Sant Pau** (Carme Ruscalleda)      ⓘ ✧ 🅿
❀❀❀ *Nou 10 ⊠ 08395 – ℰ 937 60 06 62 – www.ruscalleda.cat – cerrado 21 días en mayo, 21 días en noviembre, domingo, lunes y jueves mediodía*
**Rest** – Menú 149 € – Carta 108/124 € ❀
Ofrece dos salas de elegante montaje, destacando la exterior por sus vistas al jardín y al mar. Presenta unas elaboraciones muy creativas y delicadas pero también de hondas raíces locales, pues la mayoría tienen reminiscencias catalanas.
→ Transparencia de agua de mar, langostinos, vegetales, finas hierbas. Colas de gamba sobre "torrada de mar". Beso de almendras tiernas.

---

**SANT QUIRZE DEL VALLÈS** – Barcelona – **574** H36 – 18 994 h.    **15** B3
– alt. 188 m
🄳 Madrid 611 – Barcelona 22 – Manresa 46 – Mataró 34

**en la carretera de Rubí C 1413a** Suroeste : 5,5 km

X
(😊)
### Can Ferran
🍴 AC 💱 ⇔ **P** 🚫

☒ 08192 Sant Quirze del Vallès – 𝒞 936 99 17 63 – www.masiacanferran.com
– cerrado agosto, sábado noche, domingo y festivos
**Rest** – Carta 25/33 €
Este negocio familiar, de gran éxito y tradición, ocupa una antigua masía rodeada
de árboles. En sus salas, varias con chimenea, podrá descubrir los auténticos
sabores de la cocina catalana. ¡No se aceptan reservas ni tarjetas de crédito!

---

## SANT SADURNÍ D'ANOIA – Barcelona – **574** H35 – **12 482 h.**    **15** A3
– alt. 162 m
▶ Madrid 578 – Barcelona 46 – Lleida/Lérida 120 – Tarragona 68

XX
### Cal Blay Vinticinc
🕭 AC 💱 ⇔

Josep Rovira 27 ☒ 08770 – 𝒞 938 91 00 32 – www.calblay.com – cerrado martes
**Rest** – (solo almuerzo salvo viernes y sábado) Menú 12/39 € – Carta 32/41 €
¡Ocupa un edificio modernista que sirvió como bodega! Encontrará dos salas y
dos privados, todo muy moderno como fruto de combinar elementos rústicos y
de diseño. Cocina catalana de temporada y excelente carta de vinos, todos del
Penedés.

XX
(😊)
### La Cava d'en Sergi
AC 💱

València 17 ☒ 08770 – 𝒞 938 91 16 16 – www.lacavadensergi.com – cerrado
Semana Santa, 21 días en agosto, último domingo de mes y lunes
**Rest** – (solo almuerzo salvo viernes y sábado) Menú 18/44 € – Carta 31/39 €
Negocio llevado por un atento matrimonio. Presenta una carta de cocina tradicio-
nal actualizada, con toques creativos, así como dos menús, uno diario y otro de
degustación.

---

## SANT VICENÇ DE MONTALT – Barcelona – **574** H7 – **5 878 h.**    **15** A2
▶ Madrid 663 – Barcelona 41 – Girona 65

🏨
### Castell de l'Oliver
⟡ ← 🍴 🏊 🎦 AC 💱 🛜 📶 **P**

Norte : 1,5 km ☒ 08394 – 𝒞 937 91 15 29 – www.hotelcastelldeloliver.es
**11 hab** – ♦145/180 € ♦♦160/200 €, ☑ 16 €
**Rest** – (cerrado domingo noche y lunes) (solo almuerzo en invierno salvo fines
de semana) Menú 34 € – Carta 35/47 €
¡Tiene un encanto incuestionable! Esta antigua casa señorial, tipo castillo, está
emplazada en una finca que sorprende por su amplísimo entorno ajardinado. Su
reducida zona noble se ve compensada por unas habitaciones de excelente nivel.
En el restaurante elaboran una cocina tradicional con toques actuales.

🏨
### Montaltmar
← 🍴 🏊 🎦 AC 💱 🛜

av. Montaltmar 1 ☒ 08394 – 𝒞 937 91 10 17 – www.montaltmar.com – cerrado
del 4 al 30 de noviembre, enero y febrero
**9 hab** ☑ – ♦140/150 € ♦♦150/160 €
**Rest** – (cerrado lunes) Menú 15/30 € – Carta 35/54 €
Íntimo, renovado y con un trato totalmente personalizado. Presenta unas habitaciones modernas, luminosas y de excelente confort, todas con vistas al mar. El
restaurante, que propone una cocina tradicional elaborada, ofrece una carta a
precio fijo... aunque en algún plato se indica un suplemento.

---

## SANT VICENT DEL RASPEIG (SAN VICENTE DEL RASPEIG)    **16** A3
– Alicante – **577** Q28 – **55 100 h.** – alt. 110 m
▶ Madrid 418 – València 157 – Alacant / Alicante 8 – Murcia 86

XX
(😊)
### Murri ⓝ
🍴 ᚷ AC 💱

General Prim 5 ☒ 03690 – 𝒞 966 14 83 80 – www.murri.es – cerrado domingo
noche y lunes
**Rest** – Menú 19/42 € – Carta 30/37 €
Restaurante de línea moderna-minimalista emplazado en pleno centro de la
localidad. Su chef propone una carta de cocina actual con toques creativos, no
muy amplia pero bien complementada por tres menús: uno del día y dos de
degustación.

Ⅹ **La Paixareta**                                                    🔠 ⅀ ✧

*Torres Quevedo 10 ⊠ 03690 – 🕾 965 66 58 39 – www.restaurantelapaixareta.es*
*– cerrado del 15 al 31 de agosto, domingo noche, lunes noche y martes noche*
**Rest** – Carta 35/52 €

Una buena opción si solo busca amabilidad, honestidad y productos de calidad.
Posee un pequeño expositor de pescados y mariscos a la entrada, en la misma
sala principal, así como dos privados. ¡Deliciosos guisos y buen apartado de
arroces!

---

**SANTA BAIA** – Ourense – **571** F6 – **67** h. – alt. 431 m                    **20** C3

▶ Madrid 504 – Santiago de Compostela 123 – Ourense 12 – Viana do Castelo 169

ⅩⅩⅩ **Galileo**                                                   🕮 🔠 ⅀ 🅿

*carret. OU 536 ⊠ 32710 – 🕾 988 38 04 25 – www.restaurantegalileo.com*
*– cerrado domingo noche y lunes*
**Rest** – Menú 40/60 € – Carta 31/55 €

Esta casona, ubicada junto a la carretera, sorprende por su interior, pues combina
la piedra vista con espectaculares detalles de diseño. Cocina actual con ciertas
dosis de creatividad y claras influencias, tanto italianas como gallegas.

---

**SANTA COLOMA DE FARNERS** – Girona – **574** G38 – **12 448** h.        **15** A1
– alt. 104 m – Balneario

▶ Madrid 700 – Barcelona 87 – Girona/Gerona 29

🏨 **Balneario Termas Orión**          🌊 🛏 🖫 ⅀ 🎐 & hab. 🕮 ⅀ 🛜 🖴 🅿

*Afueras, Sur : 2 km ⊠ 17430 – 🕾 972 84 00 65 – www.termesorion.cat*
*– cerrado 2 enero-6 marzo*
**67 hab** – †55/100 € ††80/130 €, ⊑ 11 €   **Rest** – Menú 24 €

Hotel-balneario ubicado en un parque a las afueras de la ciudad. Encontrará
varios espacios sociales, confortables habitaciones y un centro lúdico termal en
un anexo cercano. El restaurante cuenta con dos salas de línea clásica y un gran
salón para banquetes.

---

**SANTA COLOMA DE GRAMENET** – Barcelona – ver Barcelona :
Alrededores

---

**SANTA COLOMA DE QUERALT** – Tarragona – **574** H34 – **3 040** h.    **13** B2

▶ Madrid 536 – Barcelona 91 – Lleida/Lérida 85 – Tarragona 59

Ⅹ **Hostal Colomí**                                                        🕮 ⅀

*Raval de Jesús 10 ⊠ 43420 – 🕾 977 88 06 53*
**Rest** – *(solo almuerzo salvo sábado)* Menú 14/35 € – Carta 26/38 €

Este céntrico negocio familiar disfruta de un acogedor comedor, dominado por la
presencia de una parrilla vista, y una sala más en el piso superior. Aquí combinan
la cocina casera de siempre con diversos platos regionales y tradicionales.

---

**SANTA COLOMBA DE SOMOZA** – León – **575** E11 – **505** h.            **11** A1
– alt. 989 m

▶ Madrid 344 – Valladolid 193 – León 64 – Oviedo 166

⌂ **Casa Pepa**                                                         🌊 ⅀ 🛜

*Mayor 2 ⊠ 24722 – 🕾 987 63 10 41 – www.casapepa.com – cerrado*
*20 diciembre-10 enero*
**6 hab** – †60/70 € ††78/84 €, ⊑ 6 €
**Rest** – *(es necesario reservar para cenar)* Menú 15/35 € – Carta 25/42 €

Caserón de arrieros del s. XVIII ubicado en el corazón de La Maragatería. Conserva
la estructura original, con un patio central y unas habitaciones llenas de encanto.
En su acogedor restaurante podrá escoger entre una carta de cocina casera y
varios menús. ¡En conjunto emana un ambiente rústico encantador!

**SANTA COMBA** – A Coruña – 571 C3 – 10 683 h. – alt. 352 m    19 B1

▶ Madrid 653 – A Coruña 67 – Santiago de Compostela 33

XXX    **Retiro da Costiña** (Maria Pastora García)    🔠 🍴 ⇔ **P**

🏵    *av. de Santiago 12 ✉ 15840 – 𝒞 981 88 02 44 – www.retirodacostina.com*
*– cerrado del 1 al 11 de octubre, domingo noche y miércoles*
**Rest** – (reserva aconsejable para cenar) Menú 55/85 € – Carta 45/60 € 🍷
Bella casa de piedra dotada con una sala-bodega, un elegante comedor redecorado
en tonos blancos y un agradable salón para la sobremesa. Su chef propone una
cocina actualizada que destaca por la calidad del producto, comprado diariamente.
➜ Navaja sobre una masa de maíz crujiente con espárragos verdes. Lomo de
Merluza con crema de patata e hilo de pimentón dulce ahumado con guisante
lagrima. Torrija caramelizada con fresones confitados.

---

**SANTA CRISTINA (Playa de)** – Girona – ver Lloret de Mar

---

**SANTA CRISTINA D'ARO** – Girona – 574 G39 – 5 106 h.    15 B1

▶ Madrid 709 – Barcelona 96 – Girona/Gerona 33

🛈 Estació 4 (antigua Estación del Carrilet), ✉ 17246, 𝒞 972 83 52 93,
www.santacristina.net/turisme

⛳ Costa Brava, urb. Golf Costa Brava "La Masía", 𝒞 972 83 71 50

### en la carretera de Platja d'Aro Este : 2 km

🏠    **Mas Torrellas**    ⟊ ⌇ 🍴 🔠 hab, 🍴 rest, 🛜 **P**
✉ 17246 Santa Cristina D'Aro – 𝒞 972 83 75 26 – www.mastorrellas.com
*– mayo-septiembre*
**17 hab** ⌇ – †47/57 € ††67/85 €    **Rest** – Menú 25/42 € – Carta 30/50 €
Esta antigua masía, situada en pleno campo, ofrece una correcta zona noble y
habitaciones funcionales, todas con el mobiliario en pino y cuatro de ellas en el
torreón. El restaurante se reparte en tres salas de aire rústico, la más amplia junto
a la piscina.

### en la carretera de Girona Noroeste : 2 km

XX    **Les Panolles**    � 🔠 ⇔ **P**
✉ 17246 Santa Cristina D'Aro – 𝒞 972 83 70 11 – cerrado martes
**Rest** – (solo almuerzo salvo fines de semana y verano) Menú 20/65 €
– Carta 35/55 €
Masía del s. XVII dotada con un comedor de aire rústico y varios privados, uno en
las antiguas cocinas. Carta tradicional vinculada a los productos de temporada,
como la caza.

### al Noroeste 5 km

🏨    **Mas Tapiolas**    ⟊ ≤ 🚗 ⌇ 🌀 ⅃ᵴ 🍴 🛎 ⅃ hab, 🔠 🍴 🛜 👟 **P**
*Veïnat de Solius ✉ 17246 Solius – 𝒞 972 83 70 17 – www.hotelmastapioles.es*
*– Semana Santa-15 octubre y fines de semana resto del año.*
**38 hab** ⌇ – ††80/260 € – 1 suite    **Rest** – Menú 25/62 € – Carta 45/83 €
Instalado parcialmente en una masía del s. XVII que tiene extensas zonas ajardinadas. Posee dependencias decoradas con sumo gusto, muchas con vistas al apaci-
ble Valle de Solius. El restaurante, acogedor y de línea rústica, ocupa lo que fueron los establos.

---

**SANTA CRUZ** – Murcia – 577 R26    23 B2

▶ Madrid 403 – Murcia 9

XXXX    **La Seda**    🔠 ⇔ **P**
*Vereda del Catalán, Norte : 1 km ✉ 30162 – 𝒞 968 87 08 48*
*– www.palacetelaseda.com – cerrado del 1 al 14 de enero, 15 días en agosto*
*y domingo*
**Rest** – (solo almuerzo) Menú 30/68 € – Carta 42/50 € 🍷
Mobiliario isabelino, arañas de Murano y techos artesonados comparten mesa en
este singular palacete, ubicado en plena huerta murciana. Reciben con un aperi-
tivo en su atractiva bodega, el prólogo perfecto a una gran cocina creativa.

**ESPAÑA**

**SANTA CRUZ DE BEZANA** – Cantabria – **572** B18 – **12 154 h.**  **8 B1**
– alt. 45 m

▶ Madrid 378 – Bilbao 102 – Santander 8 – Torrelavega 18

  ⌂  **Los Sauces** sin rest                       🕭 ☞ ❀ 🛜 **P**
         *Alto de San Mateo 4, Sur : 2 km ✉ 39108 – 𝒞 942 58 03 76 – www.sauces.es*
         **10 hab** ☑ – ♦30/40 € ♦♦40/55 €
         Válido como recurso. Todas sus habitaciones son dobles, exteriores y están forra-
         das en madera. Entorno rodeado de césped, con una caseta acristalada a modo
         de merendero.

**SANTA CRUZ DE LA PALMA** – Santa Cruz de Tenerife – ver Canarias (La
Palma)

**SANTA CRUZ DE LA SERÓS** – Huesca – **574** E27 – **194 h.**  **4 C1**
– alt. 788 m

▶ Madrid 480 – Huesca 85 – Jaca 14 – Iruña/Pamplona 105

◉ Pueblo★ - Iglesia de Santa María★

◙ Monasterio de San Juan de la Peña★★ (paraje★★ y claustro★★ : capiteles★★)
   Sur : 5 km

  ⌂  **El Mirador de Santa Cruz** sin rest        🕭 ☞ ⌁ ❀ 🛜 **P**
         *Ordana 8 ✉ 22792 – 𝒞 974 35 55 93 – www.elmiradordelospirineos.com*
         *– cerrado del 4 al 22 de abril y del 15 al 30 de noviembre*
         **7 hab** – ♦49 € ♦♦89 €, ☑ 6 €
         Emplazado en un pequeño pueblo que destaca por su bella iglesia románica,
         del s. XII. Ofrece un salón social con chimenea y unas confortables habitacio-
         nes, donde se aprecia el gusto por los detalles. ¡Sauna y jacuzzi en la planta
         baja!

**SANTA CRUZ DE TENERIFE** – Santa Cruz de Tenerife – ver Canarias
(Tenerife)

**SANTA EUGÈNIA** – Illes Balears – ver Balears (Mallorca)

**SANTA EULALIA DEL RÍO** – Balears – ver Balears (Eivissa)

**SANTA EULALIA DE OSCOS** – Asturias – **572** C8 – **503 h.**  **5 A1**
– alt. 547 m

▶ Madrid 579 – A Coruña 169 – Lugo 78 – Oviedo 181

  ⌂  **Casa Pedro**                        ☞ 🖨 ❀ 🛜 **P**
         *Teresa de Francisco ✉ 33776 – 𝒞 985 62 60 97 – www.hotelcasapedro.com*
         *– cerrado 20 diciembre-2 enero*
         **8 hab** – ♦32/36 € ♦♦45/50 €, ☑ 6 €
         **Rest** – *(cerrado domingo en invierno)* Menú 12/20 € – Carta 13/32 €
         La atractiva fachada de este hotelito familiar da paso a unas habitaciones de
         estilo rústico-funcional, todas con los aseos actuales. En el restaurante, luminoso
         y de ambiente regional, le ofrecerán una cocina tradicional-casera con platos típi-
         cos de la zona.

  ⌂  **Casona Cantiga del Agüeira** sin rest          🕭 ❀ **P**
         *Pumares, Oeste : 1 km ✉ 33776 – 𝒞 985 62 62 24 – www.cantigadelagueira.com*
         *– cerrado 10 enero-10 febrero*
         **9 hab** ☑ – ♦79/93 € ♦♦89/103 €
         Casona del s. XVII rehabilitada respetando la arquitectura original. Si sabe
         tocar la guitarra o el piano no encontrará un destino mejor, pues su propieta-
         rio es músico profesional y ha pensado en todo para organizar actividades
         musicales.

**SANTA GERTRUDIS DE FRUITERA** – Balears – ver Balears (Eivissa)

**SANTA LUCÍA** – Cádiz – ver Vejer de la Frontera

**SANTA MARGALIDA** – Balears – ver Balears (Mallorca)

## SANTA MARGARIDA (Urbanización) – Girona – ver Roses

## SANTA MARÍA DEL CAMÍ – Balears – ver Balears (Mallorca)

## SANTA MARÍA DE MAVE – Palencia – 575 D17 – 46 h.          12 C1
▶ Madrid 323 – Burgos 79 – Santander 116

   **El Convento de Mave**          ☼ 🚗 ❤️ 🔥 🅿️
✉ 34492 – ☏ 979 12 36 11 – www.elconventodemave.com – *cerrado noviembre y enero-marzo*
**27 hab** – ♦55/150 € ♦♦75/150 €, ⊡ 8 €
**Rest** – *(cerrado domingo noche y lunes)* Menú 25 € – Carta 33/49 €
En un antiguo monasterio benedictino. Posee correctas zonas sociales y dos tipos de habitaciones, unas tradicionales y otras, las más nuevas, de diseño rústico exclusivo. El comedor presenta dos salas revestidas en piedra y una cocina de elaboración actual.

## SANTA POLA – Alicante – 577 R28 – 33 965 h. – Playa          16 A3
▶ Madrid 423 – Alacant/Alicante 19 – Cartagena 91 – Murcia 75
🛈 pl. de la Constitución, ✉ 03130, ☏ 966 69 60 52, www.turismosantapola.es
🛈 pl. Diputación, ✉ 03130, ☏ 966 69 22 76, www.turismosantapola.es

🏠   **Quatre Llunes** sin rest          📶 🖭 ❤️ 📶
*Marqués de Molins 41* ✉ 03130 – ☏ 966 69 60 80 – www.hostalquatrellunes.com
**25 hab** – ♦30/40 € ♦♦40/58 €, ⊡ 4 €
Hostal de línea actual ubicado cerca del puerto deportivo. Ofrece una correcta recepción, un pequeño bar privado que usan para el servicio de los desayunos y habitaciones de buen confort, algo pequeñas pero de adecuado equipamiento.

### en la carretera N 332 Norte : 2,5 km

✕   **El Faro**          🏡 & 🖭 ❤️ ⇔ 🅿️
✉ 03130 Santa Pola – ☏ 965 41 21 36 – www.restaurantefaro.es
**Rest** – Menú 30/60 € – Carta 30/55 €
Restaurante de organización familiar emplazado al borde de la carretera. Presenta un amplio hall, con un buen expositor de productos, así como varias salas de línea clásica. Carta tradicional basada en pescados, mariscos y arroces.

### en la carretera de Elx Noroeste : 3 km

✕✕   **María Picola**          🏡 🖭 ❤️ ⇔ 🅿️
✉ 03130 Santa Pola – ☏ 965 41 35 13 – www.restaurantepicola.com – *cerrado octubre, domingo noche y lunes salvo julio-agosto*
**Rest** – Menú 40/50 € – Carta 31/52 €
Casa tipo villa con buen nombre en la zona. Disfruta de una atractiva zona ajardinada, una amplia terraza y un interior clásico-regional bastante acogedor, con multitud de detalles y hasta una chimenea. Carta rica en mariscos y arroces.

## SANTA SUSANNA – Barcelona – 574 H38 – 3 338 h. – alt. 10 m          15 A2
– Playa
▶ Madrid 670 – Girona/Gerona 50 – Barcelona 56

   **Can Rosich**          ☼ ❤️ hab, 📶 🅿️
*Camí de la Riera, Noroeste : 1,5 Km* ✉ 08398 – ☏ 937 67 84 73
– www.canrosich.com – *cerrado del 22 al 27 de diciembre*
**7 hab** ⊡ – ♦59 € ♦♦83/91 €    **Rest** – *(solo clientes)* Menú 20 €
Masía del s. XVIII rodeada por un tranquilo paraje de montaña. Sus habitaciones, de sencillo montaje, cuentan con mobiliario antiguo original y baños de estilo rústico-actual. El comedor, que está caldeado por una chimenea, solo trabaja con clientes alojados.

ESPAÑA

▶ Madrid 389 – Bilbao 116 – Burgos 154 – León 266

✈ de Santander por ③ : 7 km ✆ 902 40 47 04

**Iberia :** aeropuerto ✆ 902 40 05 00

⛴ para Portsmouth y Plymouth : Brittany Ferries, Puerto de Santander (Estación Marítima), ✆ 902 10 81 47

🛈 Jardines de Pereda, ⊠ 39002, ✆ 942 20 30 00, www.santander.es

🛈 Hernán Cortés 4 (Mercado del Este), ⊠ 39002, ✆ 942 31 07 08, www.turismodecantabria.com

🔟 Pedreña, por la carret. de Laredo : 24 km, ✆ 942 50 00 01

◉ Emplazamiento★★ – Catedral : iglesia del Cristo★ EZ – Museo Regional de Prehistoria y Arqueología★ (bastones de mando★) FZ**M1** – El Sardinero★★ CDY – Paseo de Pereda★ EFZ – Península de la Magdalena★★ DY – Paseo al Cabo Mayor★ CY

Planos páginas siguientes

**ESPAÑA**

🏨 **Bahía**    ◁ 🛗 🕭 hab. 🗚 🛰 🛜 🕏 🚗
av. Alfonso XIII-6 ⊠ 39002 – ✆ 942 20 50 00 – www.hotelbahiasantander.es
**188 hab** – ♦57/175 € ♦♦67/305 €, ☲ 15 € – 21 suites    EZ**h**
**Rest** – Menú 22/33 € – Carta 36/52 €
Hotel de línea clásica dotado con una correcta recepción, dos cafeterías, varias salas de reuniones y confortables habitaciones, todas amplias y con los suelos en moqueta. El comedor tiene un uso polivalente, ya que también ofrece el servicio de desayunos.

🏨 **Coliseum**    🛗 🗚 🛰 🛜 🕏 🚗
pl. de los Remedios 1 ⊠ 39001 – ✆ 942 31 80 81 – www.hoteles-silken.com
**92 hab** – ♦♦60/250 €, ☲ 15 €    EZ**b**
**Rest** – (solo almuerzo) Menú 17/20 €
¡En una zona céntrica y comercial! Podemos decir que está diseñado para el cliente de negocios, con varios salones panelables y habitaciones actuales de completo confort. El restaurante, moderno y de líneas puras, centra su trabajo en una carta a precio cerrado y un menú del día.

🏨 **Vincci Puertochico** sin rest    🛗 🗚 🛰 🛜
Castelar 25 ⊠ 39004 – ✆ 942 22 52 00 – www.vinccihoteles.com    CY**s**
**51 hab** – ♦53/194 € ♦♦66/268 €, ☲ 15 € – 1 suite
Edificio de modernas instalaciones emplazado a orillas de la bahía. La cafetería está integrada en la zona social y presenta unas habitaciones funcionales de estética actual, destacando las que ofrecen vistas a los amarres de Puertochico.

✗✗✗ **El Serbal** (Fernando Sainz)    🗚 🛰 ✩
✿ Andrés del Río 7 ⊠ 39004 – ✆ 942 22 25 15 – www.elserbal.com – cerrado
domingo noche y lunes salvo agosto    FZ**k**
**Rest** – Menú 38/82 € – Carta 45/59 €
Una de las referencias gastronómicas de la ciudad, algo con mayor mérito aún si tenemos en cuenta su ubicación en una zona plagada de restaurantes. Ofrece una cocina tradicional con toques actuales y muestra buenos detalles complementarios.
➝ Tartar de salmón con helado de tomate y mostaza, tallarín de calamar y rocas cítricas. Cochinillo confitado y tostado a la naranja con crema de maracuyá y membrillo. El viñedo con flan de queso y helado de Pedro Ximénez.

✗✗ **Del Puerto**    🗚 🛰 ✩
Hernán Cortés 63 ⊠ 39003 – ✆ 942 21 30 01 – www.bardelpuerto.com – cerrado
domingo noche y lunes salvo verano    FZ**m**
**Rest** – Carta 42/55 €
¡Negocio familiar de 5ª generación y merecido prestigio! Entre sus paredes encontrará obras de reconocidos artistas, tallas de madera, maquetas de barcos... y, por supuesto, unos expositores con pescados y mariscos de excepcional calidad.

XX **La Bombi** ⬛ ✂
*Casimiro Sáinz 15* ✉ *39003 –* ☎ *942 21 30 28 – www.restaurantelabombi.com*
**Rest** – Menú 45 € – Carta 42/64 € FZ**b**
Basa su éxito en la bondad de sus productos, no en vano cuenta con un suge-
rente expositor y su propio vivero. Posee tres salas de gran contraste, pues dos
son rústicas y la otra de línea moderna, esta última con acceso a un patio-terraza.

XX **Olleros** ⬛ ✂
*Enseñanza 6* ✉ *39001 –* ☎ *942 05 57 38 – www.restauranteolleros.com*
*– cerrado del 15 al 31 de enero, del 15 al 31 de agosto, domingo noche y lunes*
**Rest** – Menú 24/50 € – Carta 41/51 € EZ**c**
Su joven chef apuesta claramente por la cocina elaborada, algo que salta a la
vista tanto en el bar-vinoteca de la entrada, donde sirven tapas muy trabajadas,
como en el comedor, donde le presentarán una sugerente carta de tinte actual.

XX **Cañadío** ⬛ ✂ ⟷
*Gómez Oreña 15 (pl. Cañadío)* ✉ *39003 –* ☎ *942 31 41 49*
*– www.restaurantecanadio.com – cerrado domingo* FZ**c**
**Rest** – Menú 55 € – Carta 38/54 €
¡En una plaza emblemática de Santander! Sorprende ver el contraste entre su bar
de tapas, tipo taberna rústica, y la sala interior, esta de estética más actual. Cuentan con un privado acristalado y elaboran una cocina de sabor tradicional.

XX **Puerta 23** ⬛
☺ *Tetuán 23* ✉ *39004 –* ☎ *942 31 05 73 – www.puerta23.com – cerrado del 7 al 17*
*de enero, domingo noche y miércoles noche salvo julio-agosto* FZ**r**
**Rest** – Menú 27/48 € – Carta 29/40 €
Posee una zona de bar presidida por un vivero y una sala de montaje minimalista-
funcional. Su chef-propietario propone una cocina de base tradicional con buenas
materias primas y cuidadas presentaciones. ¡Interesante menú degustación!

XX **Asador Lechazo Aranda** ⌂ ⬛ ✂ ⟷
*Tetuán 15* ✉ *39004 –* ☎ *942 21 48 23 – www.hotelaranda.com – cerrado*
*24 diciembre-3 enero y lunes noche* FZ**t**
**Rest** – Menú 38/45 € – Carta 29/48 €
Sus instalaciones recrean sabiamente la belleza y atmósfera de la más noble
decoración castellana. Ofrece una carta basada en carnes y especialidades como
el cordero asado.

XX **La Mulata** ⬛ ✂
*Andrés del Río 7* ✉ *39004 –* ☎ *942 36 37 85 – www.restaurantelamulata.com*
**Rest** – Menú 30/40 € – Carta 33/51 € FZ**d**
Toma su nombre de un pequeño cangrejo, de color negro, parecido a la
nécora. Aquí encontrará un buen bar público y una sala bastante luminosa de
línea moderna-funcional, donde ofrecen una carta especializada en pescados y
mariscos.

X **Casona del Judío** ⌂ ⬛ ✂ ⟷ **P**
☺ *Repuente 20* ✉ *39012 –* ☎ *942 34 27 26 – www.casonadeljudio.es – cerrado*
*lunes* AY**a**
**Rest** – *(solo almuerzo salvo jueves, viernes, sábado y verano)* Menú 23/28 €
*– Carta 28/43 €*
Instalado parcialmente en una casona indiana del s. XIX. El bello edificio princi-
pal, donde están los privados, cuenta con unos anexos de línea más fresca, lumi-
nosa e informal, con una terraza chill-out. Cocina actual de base tradicional.

X **Mesón Gele** ⬛
*Eduardo Benot 4* ✉ *39003 –* ☎ *942 22 10 21 – www.mesongele.com – cerrado*
*lunes en verano, domingo noche, lunes noche y martes noche resto del año*
**Rest** – Menú 21/35 € – Carta 34/48 € FZ**n**
Resulta céntrico y está llevado con amabilidad. Encontrará un concurrido bar
público y un comedor rústico-regional distribuido en dos niveles. Cocina de tinte
tradicional.

ESPAÑA

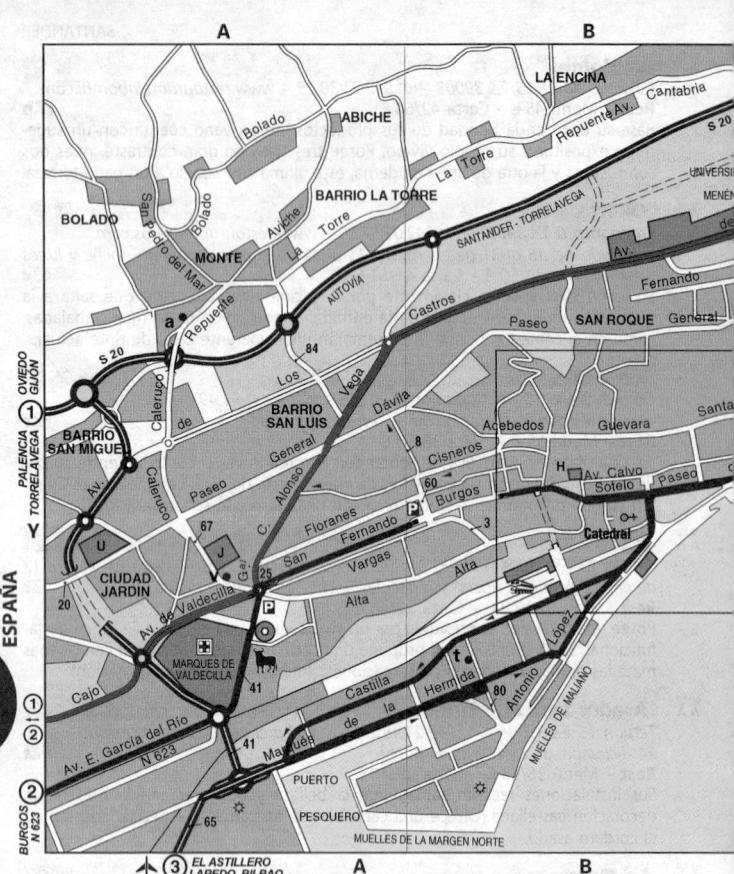

# SANTANDER

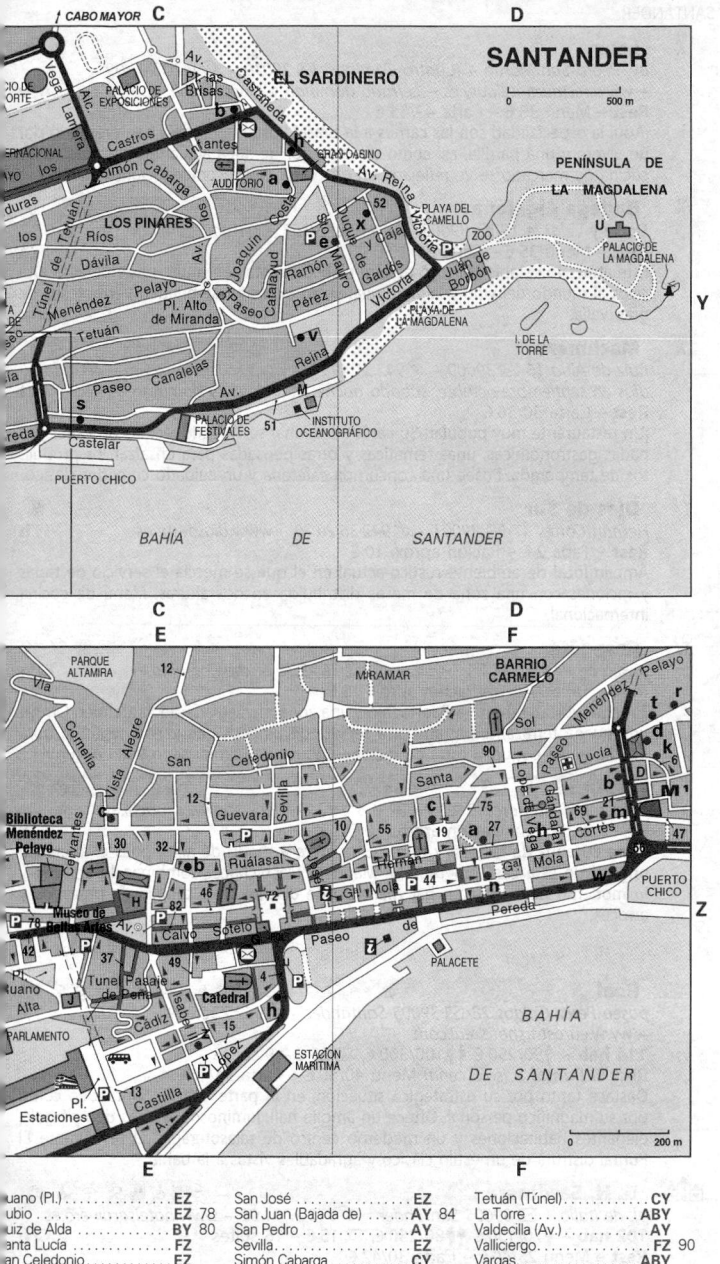

ESPAÑA

ESPAÑA

### ✗ Laury 🔠 ✗

*av. Pedro San Martín 4 (Cuatro Caminos)* ⊠ 39010 – ✆ 942 33 01 09
*– www.restaurantelaury.es – cerrado domingo y lunes noche* AYv
**Rest** – Menú 38 € – Carta 42/55 €

¡Aquí la especialidad son las carnes a la brasa! Posee un amplio bar, presidido por
un vivero y una parrilla, así como un comedor de línea actual en dos niveles. Su
cocina de mercado se ve reflejada en una carta con recomendaciones diarias.

### ✗ Bodega Cigaleña 🔠 ✗ ⇔

*Daoiz y Velarde 19* ⊠ 39003 – ✆ 942 21 30 62 – *cerrado domingo*
**Rest** – Menú 35 € – Carta 30/40 € FZa

Este atractivo establecimiento de aire rústico cuenta con multitud de detalles alusivos al mundo del vino y la vendimia. En su expositor se pueden ver botellas de
gran valía.

### ✗ Machinero 🔠 ✗

*Ruiz de Alda 16* ⊠ 39009 – ✆ 942 31 49 21 – *www.machinero.com – cerrado 15
días en septiembre-octubre, sábado noche en invierno y domingo* BYt
**Rest** – Carta 30/36 €

¡Un restaurante muy popular! Su carta tradicional se ve enriquecida con varias jornadas gastronómicas, unas temáticas y otras pensadas para ensalzar los productos de temporada. Posee una concurrida cafetería y un cuidado comedor clásico.

### ❡ Días de Sur 🔠

*Hernán Cortés 47* ⊠ 39003 – ✆ 942 36 20 70 – *www.diasdesur.es* FZh
**Rest** – Tapa 2 € – Ración aprox. 10 €

Amplio local de ambiente rústico-actual en el que se mezcla el servicio de tapas
y raciones con una zona de mesas distribuida en dos alturas. Menú de cocina
internacional.

### ❡ Casa Lita 🏠 🔠 ✗ ⇌

*paseo de Pereda 37* ⊠ 39004 – ✆ 942 36 48 30 – *www.casalita.es* FZw
**Rest** – Tapa 2,40 € – Ración aprox. 12 €

Taberna ubicada frente a Puertochico, una zona privilegiada de Santander. Ofrece
una buena terraza, una gran barra repleta de pinchos que varían según la hora
del día y una pequeña carta de raciones. ¡Pruebe su famosísimo Pollo al curry!

### ❡ El Machi 🏠 🔠

*Calderón de la Barca 9* ⊠ 39002 – ✆ 942 21 87 22 – *www.elmachi.es*
**Rest** – Tapa 3 € – Ración aprox. 10 € EZz

Tiene 80 años de historia y toma su nombre a modo de alias, pues el apelativo
original de esta casa era Taberna Marinera Machichaco. Combinan lo antiguo y
lo moderno para crear un bar marinero de diseño. Carta amplia de pescados y
arroces.

## en El Sardinero

### 🏨 Real ⚓ 🛋 🏠 🍴 📞 ⅃⚡ 📶 🕯 👤 hab. 🔠 ✗ rest. 🛜 🔉 🅿

*paseo Pérez Galdós 28* ⊠ 39005 Santander – ✆ 942 27 25 50
*– www.eurostarshotelreal.com* CYv
**114 hab** – ✝90/290 € ✝✝100/300 €, ⊑ 25 € – 9 suites
**Rest** *El Puntal* – *(solo cena)* Menú 40/50 € – Carta 34/46 €

Destaca tanto por su estratégica situación, en la parte alta de Santander, como
por su magnífico personal. Ofrece un amplio hall, luminosos salones tipo pérgola,
elegantes habitaciones y un moderno centro de talasoterapia. El restaurante El
Puntal disfruta de un estilo clásico y agradables vistas a la bahía.

### 🏨 G. H. Sardinero Ⓝ ⚓ 👤 🔉 🔠 ✗ 🛜 🔉 🍴

*pl. de Italia 1* ⊠ 39005 Santander – ✆ 942 27 11 00 – *www.hotelsardinero.es*
**102 hab** – ✝70/150 € ✝✝80/250 €, ⊑ 15 € – 16 suites CYh
**Rest** – Menú 25/40 € – Carta 30/42 €

Se halla frente al Gran Casino y supone un gran homenaje a la historia, pues ha
sido totalmente reconstruido a imitación del edificio neoclásico original. La
línea clásica-actual y la elegancia van de la mano tanto en las zonas nobles
como en las habitaciones. El restaurante propone una cocina tradicional.

**Hoyuela** ⑤ 🏢 🅰🅲 🕅 🛜 ⚓
*av. de los Hoteles 7 ⊠ 39005 Santander – ℰ 942 28 26 28*
*– www.hotelhoyuela.es* CYa
**49 hab** – †60/160 € ††60/195 €, � 15 € – 6 suites
**Rest** – Menú 18/27 € – Carta 33/41 €
Este edificio, tipo palacete, presenta un interior de marcado corte clásico. Ofrece
un hermoso lucernario central, una zona social circular y habitaciones de buen
confort, destacando todas por su amplitud. Buen bar de estilo inglés y elegante
comedor, donde su carta tradicional convive con interesantes menús.

**G.H. Victoria** ⑤ 🖼 🏢 🅰🅲 🕅 🛜 ⚓
*María Luisa Pelayo 38 ⊠ 39005 Santander – ℰ 942 29 11 00*
*– www.granhotelvictoria.com* DYx
**67 hab** – †60/178 € ††60/200 €, ⊯ 12 € – 3 suites
**Rest** – Menú 21/30 € – Carta 34/52 €
Singular edificio cuyo diseño, con el tejado en forma de pirámide, lo dota de gran
luminosidad. Posee unas habitaciones actuales y luminosas, todas con terraza. El
restaurante, de línea moderna y adecuado montaje, ofrece una carta tradicional.
¡Cuidados exteriores, con césped y porches acristalados!

**Las Brisas** sin rest ⑤ 🕅 🛜
*La Braña 14 ⊠ 39005 Santander – ℰ 942 27 01 11 – www.hotellasbrisas.net*
**13 hab** – †44/94 € ††54/109 €, ⊯ 8 € CYb
Este acogedor hotelito destaca por su esbelto torreón y sorprende al visitante
tanto por su ambiente, muy familiar, como por su decoración, con un estilo
clásico y elegantes detalles. Las habitaciones resultan algo pequeñas pero
coquetas.

XXX **Deluz** 🕅 🅰🅲 ⇄
*Ramón y Cajal 18 ⊠ 39005 Santander – ℰ 942 29 06 06 – www.deluz.es*
**Rest** – Menú 22/45 € – Carta aprox. 45 € CDYe
¡Singular, atractivo y con el entorno ajardinado! Se encuentra en un chalet de la
zona residencial de El Sardinero, donde disfruta de varios espacios y salones,
todos con mobiliario de diseño y cubertería de plata. Cocina internacional.

**por la salida ③ : 3,5 km**

**NH Santander Parayas** sin rest 🏢 🕅 🛜 🅿 ⚓
*Abilio Gacía Barón 1, Polígono Industrial Nueva Montaña ⊠ 39011 Santander*
*– ℰ 942 35 22 66 – www.nh-hotels.com – cerrado 15 diciembre-27 enero*
**103 hab** – ††44/200 €, ⊯ 11 €
Disfruta de una espaciosa zona noble, con cafetería, y unas habitaciones funcionales dotadas de mobiliario actual y baños de plato ducha. Amplia zona de aparcamiento.

---

**SANTES CREUS (Monasterio de)** – Tarragona – **574** H34 **13** B2
**– alt. 340 m**

▶ Madrid 555 – Barcelona 95 – Lleida/Lérida 83 – Tarragona 32

◉ Monasterio★★★ (Gran claustro★★★ - Sala capitular★★ - Iglesia★★ : rosetón★
- tumbas reales★★, patio del Palacio Real★)

X **Hostal Grau** con hab 🅰🅲 rest, 🕅 🛜
*Pere El Gran 3 ⊠ 43815 – ℰ 977 63 83 11 – www.hostal-grau.com – cerrado*
*15 diciembre-15 enero*
**14 hab** ⊯ – †39/46 € ††59/70 €
**Rest** – (cerrado lunes) (solo almuerzo salvo Semana Santa y verano)
Menú 11/30 € – Carta 22/42 €
Negocio familiar de sencillas instalaciones emplazado a unos 200 m del monasterio. En el comedor, de montaje clásico, podrá degustar una cocina tradicional
catalana con platos caseros, sabrosas carnes a la brasa y, como no, sus famosísi-
mos "calçots". También ofrecen habitaciones, renovadas y funcionales.

ESPAÑA

# SANTIAGO DE COMPOSTELA

Planos de la ciudad en páginas siguientes **19** B2

© Ken Gillham / Robert Harding Picture Library / Age fotostock

ESPAÑA

**A Coruña – 95 671 h. – alt. 264 m – 571** D4

▶ Madrid 613 – A Coruña 72 – Ferrol 103 – Ourense 111

**🛈 Oficinas de Turismo**

rúa do Vilar 63, ✉ 15705, 𝒞 981 55 51 29, www.santiagoturismo.com

**Aeropuerto**

✈ de Santiago de Compostela, Lavacolla por ② : 12 km 𝒞 902 40 47 04
**Iberia :** aeropuerto 𝒞 902 40 05 00

**Golf**

⛳ Santiago, por la carret. de A Coruña : 9 km, 𝒞 981 95 49 11

**◎ VER**

Praza do Obradoiro★★★ V • Catedral★★★ V • Palacio Gelmírez (salón sinodal★) V**A** • Hostal dos Reis Católicos★ (fachada★) V • Barrio antiguo★★ VX • Praza da Quintana★★ (Puerta del Perdón★) V • Monasterio de San Martín Pinario★ (retablo★) V • Colegiata de Santa María del Sar★ (arcos geminados★) Z • Paseo de la Ferradura (vista★) X • Rúa do Franco (vista★) X.
**Alrededores** : Pazo de Oca★ (parque★★) por ③ : 25 km Z.

### ♠♠♠♠ Parador Hostal dos Reis Católicos

pl. do Obradoiro 1 ⊠ 15705 – ☎ 981 58 22 00 – www.parador.es **Va**
**131 hab** – †96/192 € ††120/240 €, ☑ 21 € – 6 suites
**Rest Dos Reis** – Carta 37/50 €
**Rest Enxebre** – Carta aprox. 35 €

¡Impresionante edificio del s. XVI donde conviven fe, arte y tradición! Posee una magnífica zona noble y habitaciones de época distribuidas en torno a cuatro patios. Tanto en el restaurante Dos Reis, de excelente montaje y con enormes arcos de piedra, como en el restaurante Enxebre, algo más sencillo, podrá descubrir los sabores del recetario gallego tradicional.

### ♠♠♠ Oca Puerta del Camino

Miguel Ferro Caaveiro, por ② ⊠ 15707 – ☎ 981 56 94 00
– www.puertadelcamino.com
**152 hab** – ††70/199 €, ☑ 12 € – 8 suites
**Rest Berenguela** – Menú 24/36 € – Carta 32/45 €

Hotel de estética actual ubicado junto al Palacio de Congresos y Exposiciones de Galicia, lo que define un poco a su clientela. Amplia zona social y habitaciones bien equipadas. El restaurante, dotado con varios privados, propone una cocina clásica-actual.

### ♠♠♠ A Quinta da Auga

Paseo da Amaia 23 b, por ⑤ : 1,5 km ⊠ 15706 – ☎ 981 53 46 36
– www.aquintadaauga.com
**51 hab** ☑ – †116/220 € ††145/290 € – 1 suite
**Rest Filigrana** – (cerrado domingo noche y lunes) Menú 23/37 €
– Carta 35/55 €

Ocupa una fábrica de papel del s. XVIII instalada junto a un meandro del río Sar, con unos preciosos jardines, un gran SPA, una bella fachada en piedra y estancias de singular encanto, todas personalizadas. En su coqueto restaurante podrá degustar una interesante cocina tradicional-actualizada.

### ♠♠♠ San Francisco

Campillo San Francisco 3 ⊠ 15705 – ☎ 981 58 16 34
– www.sanfranciscohm.com **Vx**
**82 hab** – †88/154 € ††99/198 €, ☑ 16 € – 2 suites
**Rest De Profundis** – Menú 20 € – Carta 30/45 €

Se trata de un hotel-monumento, pues ocupa un convento del s. XVIII declarado Bien de Interés Cultural por la Unesco. Encontrará una variada zona social con restos arqueológicos, dos bellos claustros y habitaciones muy bien equipadas. Su restaurante se complementa con dos espléndidos salones para banquetes.

### ♠♠♠ Compostela sin rest

Hórreo 1 ⊠ 15701 – ☎ 981 58 57 00 – www.hotelcompostela.es **Xb**
**100 hab** – †80/105 € ††80/135 €, ☑ 13 €

Tras su imponente fachada en piedra, coherente con un edificio histórico, se esconde un hotel completamente remodelado, de estética actual y carácter urbano. Ofrece habitaciones de buen confort, en general dominadas por las líneas rectas.

### ♠♠ Bonaval sin rest

Bonaval 2 ⊠ 15703 – ☎ 981 55 88 83 – www.hotelbonaval.com – cerrado enero
y febrero **Yd**
**18 hab** ☑ – †40/80 € ††50/110 €

Es interesante tanto por su situación como por sus instalaciones, repartidas entre dos antiguas casas de piedra. Las habitaciones más atractivas son las que tienen chimenea.

### ♠♠ Carrís Casa de la Troya sin rest

Troia 5 ⊠ 15704 – ☎ 981 55 58 79 – www.carrishoteles.com **Vf**
**23 hab** ☑ – †77/137 € ††85/145 €

Curioso, pues ocupa parcialmente la legendaria Casa de la Troya, una antigua pensión de estudiantes, hoy museo, que sirvió de escenario a la famosa novela escrita por Alejandro Pérez Lugín. Interior de diseño actual, agradable y acogedor.

ESPAÑA

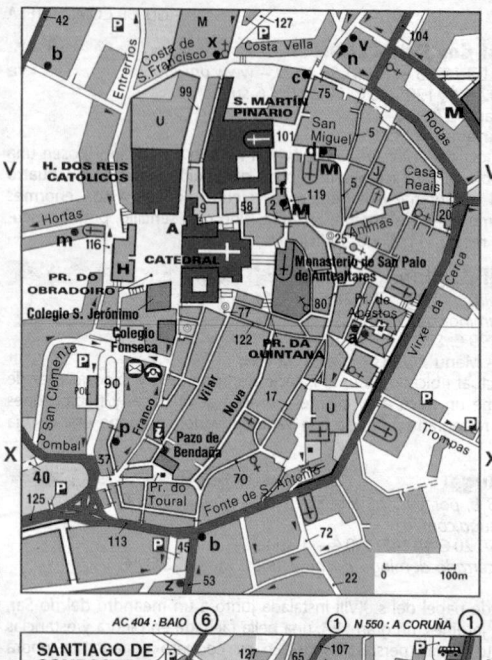

## SANTIAGO DE COMPOSTELA

---

**BA** **Altair** sin rest  |🖥|AC|🍴|📶

*Loureiros 12 ⊠ 15704 – ℰ 981 55 47 12 – www.altairhotel.net – cerrado 25 días en enero*  Vv

**11 hab** – ♦75/96 € ♦♦95/120 €, ⊊ 8,50 €

Esta casa combina, con especial gusto, los elementos de diseño y las paredes en piedra, pues asume los criterios estéticos de la filosofía oriental Wabi-Sabi. Todas las habitaciones resultan confortables, aunque destacan las abuhardilladas.

### San Miguel
🕭 🖼 ᕱ hab, 🗚 ⅔ 🛜 🕍

*pl de San Miguel dos Agros 9 ⊠ 15704 – ℰ 981 55 57 79*
*– www.sanmiguelsantiago.com – cerrado 20 días enero-febrero* **Vd**
**17 hab** – ⭢50/100 € ⭢⭢59/120 €, ⊑ 8,50 €
**Rest** *O Tragaluz* – *(cerrado domingo noche y martes)* Menú 12/45 €
– Carta 22/42 €

Ocupa toda una casa que ha sido restaurada, por lo que aquí encontraremos habitaciones de distintos tamaños, algunas abuhardilladas, y bellos detalles que concilian el pasado con el presente. El restaurante, que ofrece una carta actual, destaca por estar asomado a un agradable jardín de inspiración Feng Sui.

### San Carlos sin rest
🖼 ᕱ 🗚 ⅔ 🛜 🕍

*Hórreo 106 ⊠ 15702 – ℰ 981 56 05 05 – www.hotelsancarlos.net* **Zt**
**30 hab** ⊑ – ⭢50/90 € ⭢⭢55/100 €

Acogedor y de atenta organización familiar. Presenta una reducida zona social y dos tipos de habitaciones, las más antiguas de línea clásica y las nuevas de estética actual.

### Herradura sin rest
🖼 🗚 ⅔ 🛜

*av. Xoán Carlos I-1 ⊠ 15706 – ℰ 981 55 23 40 – www.hotelherradura.es*
**20 hab** – ⭢55/75 € ⭢⭢60/90 €, ⊑ 8 € **Yv**

Atractivo edificio dotado de las típicas galerías gallegas en la fachada. Posee unas habitaciones de buen confort, con los baños algo justos, destacando las abuhardilladas.

### Costa Vella sin rest
≤ 🚗 ⅔ 🛜

*Porta da Pena 17 ⊠ 15704 – ℰ 981 56 95 30 – www.costavella.com*
**14 hab** – ⭢54/60 € ⭢⭢71/82 €, ⊑ 6 € **Vc**

Resulta íntimo y disfruta de una organización familiar muy dedicada. Destaca tanto por su agradable terraza interior, con jardín, como por sus coquetas habitaciones, cuatro de ellas con galería y bellas vistas.

### Moure sin rest
🖼 🗚 ⅔ 🛜

*Loureiros 6 ⊠ 15704 – ℰ 981 58 36 37 – www.mourehotel.com – cerrado*
*diciembre-marzo* **Vn**
**15 hab** ⊑ – ⭢75/85 € ⭢⭢85/110 €

¡Sorprendente! Tras su fachada clásica, recrea un diseño de interiores afín a las vanguardias arquitectónicas, huyendo de los convencionalismos y definiéndose a sí mismo con espacios y objetos de diseño. Destaca la habitación del ático.

### Entrecercas sin rest
🗚 ⅔

*Entrecercas 11 ⊠ 15705 – ℰ 981 57 11 51 – www.hotelentrecercas.es*
**6 hab** ⊑ – ⭢35/60 € ⭢⭢50/98 € **Xp**

En una antigua casa de piedra con varios siglos de historia. Posee un correcto salón social y unas habitaciones que, aunque algo reducidas, resultan bastante coquetas y curiosas por su decoración.

### ※※ Calderón
🚗 🗚 ⇔

*carreira do Conde 8 ⊠ 15706 – ℰ 981 55 43 56 – www.calderoncatering.com*
*– cerrado del 1 al 18 de agosto y domingo* **Yx**
**Rest** – Menú 40/50 € – Carta 43/65 €

Instalado en una casa del s. XVIII con gruesas paredes en piedra. Cuenta con una terraza ajardinada, un bar y cinco privados que ocupan lo que un día fueron las habitaciones, todos con detalles de diseño. Cocina actual que intenta agradar.

### ※※ Pedro Roca
🗚 ⅔

*Domingo García Sabell 1 ⊠ 15705 – ℰ 981 58 57 76 – www.pedroroca.es*
*– cerrado domingo noche salvo vísperas de festivos* **Vb**
**Rest** – Menú 35/50 € – Carta 35/55 €

Local de estética actual dotado con un amplio interior y dos salas, una solo de mesas y la otra con la cocina a la vista. Cocina gallega actualizada y un excelente producto.

**ESPAÑA**

ESPAÑA

## XX Asador Castellano
🗚 ❀ ⬧

*Nova de Abaixo 2 ✉ 15705 – ☏ 981 59 03 57 – www.asadorcastellano.net*
*– cerrado domingo (julio-agosto), domingo noche y lunes noche resto del año*
**Rest** – Menú 15/25 € – Carta 25/39 €    Zx

¡Asador típico! Posee un bar con mesas para tapear y dos salas de noble estilo castellano. La especialidad de la casa son las carnes y los asados en horno de leña, normalmente acompañados por los intensos caldos de la Ribera del Duero.

## XX Fornos
🗚 ❀ ⬧

*Hórreo 24 ✉ 15702 – ☏ 981 56 57 21 – www.restaurantemarisqueriafornos.es*
*– cerrado domingo*    Xz
**Rest** – Menú 20 € – Carta 30/45 €

Ofrece un bar de espera, varios privados y un comedor definido tanto por la profusión de madera como por sus paredes enteladas. Su cocina ensalza la calidad de los productos autóctonos, con pescados, mariscos, carnes gallegas y arroces.

## XX Don Quijote
🗚 ❀ ⬧

*Galeras 20 ✉ 15705 – ☏ 981 58 68 59 – www.quijoterestaurante.com*
**Rest** – Carta 25/45 €    Ye

Este negocio familiar se presenta con un bar público, el comedor principal al fondo, dos salas de banquetes y un privado. Su carta de cocina gallega tiene un apartado de caza.

## X Acio
🗚 ❀
🈁

*Galeras 28 ✉ 15705 – ☏ 981 57 70 03 – www.acio.es – cerrado domingo y lunes*
**Rest** – Menú 12/35 € – Carta 29/40 €    Ye

Restaurante de sencillas instalaciones y ambiente neorrústico llevado, con gran solvencia y dedicación, por un matrimonio. De sus fogones surge una cocina actual de calidad, con un menú degustación y otro del día.

## X DeCarmen ❶
🗚 ❀ ⬧ 🈁

*Arribadas 9, por av. Rosalía de Castro ✉ 15709 – ☏ 981 94 38 58*
*– www.restaurantedecarmen.es – cerrado 10 días en agosto, domingo noche y lunes*
**Rest** – Menú 12/30 € – Carta 30/56 €

Posee una barra para tapear y una única sala de línea actual-funcional. Cocina tradicional española con detalles actuales y especialidades, como el Solomillo de buey al foie.

## X Ghalpón Abastos ❶
🗚 ❀

*Das Ameas 4 ✉ 15704 – ☏ 981 58 23 49 – www.abastosdouspuntocero.es*
*– cerrado 15 días en enero*    Xa
**Rest** – *(solo almuerzo salvo viernes y sábado) (solo menú)* Menú 35 €

Restaurante de ambiente moderno e informal emplazado junto al mercado de abastos. En la sala, que tiene la cocina parcialmente abierta, le propondrán un único menú de mercado.

## ⵏ/ Casa Marcelo
🗚

*Hortas 1 ✉ 15705 – ☏ 981 55 85 80 – www.casamarcelo.net – cerrado domingo noche y lunes*    Vm
**Rest** – Tapa 5 € – Ración aprox. 12 €

Moderno gastrobar que hoy se presenta con la cocina vista y una única mesa para compartir. Su carta de tapas refleja una original fusión entre la cocina japonesa y la gallega.

## ⵏ/ Caney
🗚 ❀ 🚘

*Alfredo Brañas 5 ✉ 15701 – ☏ 981 55 96 03 – www.caney.es – cerrado domingo noche*    Zc
**Rest** – Tapa 2,50 € – Ración aprox. 9 €

Magnífico y a la vez atípico, pues por su aspecto parece más una cafetería. Ofrece una correcta barra para tapear y un elegante comedor al fondo. Mantiene el interés de su clientela con varias jornadas gastronómicas a lo largo del año.

**Y/ Taberna Abastos 2.0**

*Plaza de Abastos - Casetas 13-18* ⊠ *15705 –* ℰ *981 57 61 45*
*– www.abastosdouspuntocero.es – cerrado 15 días en enero, domingo, lunes y*
*festivos*　　　　　　　　　　　　　　　　　　　　　　　　　　　Xa
**Rest** – Tapa 4 € – Ración aprox. 10 €
Resulta sorprendente y singular, pues ocupa seis casetas del mercado y se presenta con una estética actual. Es necesario reservar su única mesa y personalizan
los menús. ¡Producto excepcional y elaboraciones de gran nivel!

**Y/ ArteSana**

*av. de Ferrol 9* ⊠ *15706 –* ℰ *981 53 04 52 – www.artesanagastrobar.es*
*– cerrado domingo*　　　　　　　　　　　　　　　　　　　　　　　Za
**Rest** – Tapa 2 € – Ración aprox. 8 €
Gastrobar de línea actual ubicado en la zona moderna de Santiago. Propone una
carta dividida en cuatro categorías: Mundo raciones, Mundo tostas, Mundo croquetas y Mundo dulce.

**en la antigua carretera N 634 por ② :**

**🏠 Los Abetos**

*San Lázaro - carret. Arines : 3 km* ⊠ *15820 –* ℰ *981 55 70 26*
*– www.hotellosabetos.com*
**78 hab** – †60/250 € ††65/300 €, ⊠ 15 € – 70 suites
**Rest** – Menú 20 € – Carta 25/45 €
¡Excelente recomendación! Ofrece habitaciones de completo equipamiento, varias
zonas sociales y un hermoso jardín. Servicio gratuito de minibús y suites en un
anexo, cada una con su propio parking. El restaurante, que disfruta de buenas vistas, propone una cocina actualizada de base tradicional.

**en la carretera N 550** Noreste : 6 km

**XXX Mar de Esteiro**

*Lugar Ponte Sionlla - Enfesta* ⊠ *15884 Sionlla –* ℰ *981 88 80 57*
*– www.mardeesteiro.com – cerrado 27 enero-14 febrero, domingo noche y lunes*
*salvo agosto*
**Rest** – Carta 25/37 €
Ocupa una bella casona junto a la carretera. Encontrará pescados y mariscos de
gran calidad, pues aquí los primeros son salvajes y los segundos salen de sus propios viveros.

---

**SANTILLANA DEL MAR** – Cantabria – **572** B17 – **4 210 h.** – alt. **82 m**　　8 B1

▶ Madrid 393 – Bilbao 130 – Oviedo 171 – Santander 26

🄴 Jesús Otero 20 , ⊠ 39330, ℰ 942 81 88 12, www.turismodecantabria.com

🄾 Pueblo pintoresco★★ : Colegiata★ (interior : cuatro Apóstoles★, retablo★,
claustro★ : capiteles★★)

🄶 Museo de Altamira★★ (techo★★★) Suroeste : 2 km

*Plano página siguiente*

**🏠 Parador de Gil Blas y Parador de Santillana**

*pl. Mayor* ⊠ *39330 –* ℰ *942 81 80 00 – www.parador.es*
**56 hab** – †76/148 € ††95/185 €, ⊠ 18 €　　　　　　　　　　　　Ad
**Rest** – Menú 27 € – Carta 36/49 €
Dos paradores en uno, pues en Gil Blas centralizan los servicios y el Santillana
hace de anexo. El edificio principal ocupa una magnífica mansión solariega construida en piedra, con un bello zaguán empedrado y habitaciones rústicas de buen
confort. Cocina regional con especialidades, como el Cocido montañés.

**🏠 Casa del Marqués** sin rest

*Cantón 26* ⊠ *39330 –* ℰ *942 81 88 88 – www.hotelcasadelmarques.com*
*– cerrado 8 diciembre-7 marzo*　　　　　　　　　　　　　　　　　Bb
**15 hab** ⊠ – †111/184 € ††133/206 €
Instalado en una casa señorial del s. XIV que atesora muchísimo encanto e historia... no en vano, sirvió de residencia al primer Marqués de Santillana. Sus estancias se decoran con gusto y elegancia, combinando el confort con la tradición.

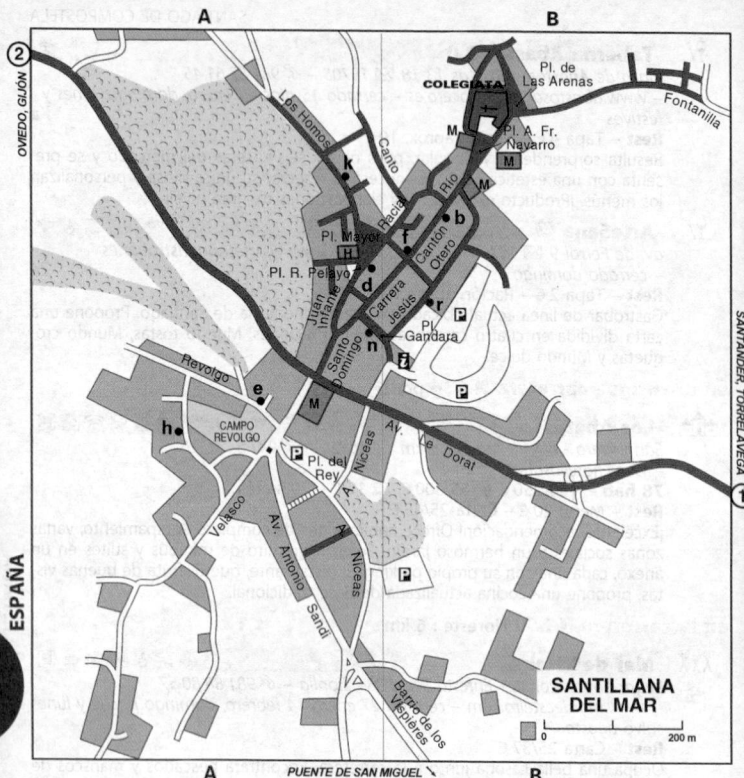

**SANTILLANA DEL MAR**

PUENTE DE SAN MIGUEL

0 — 200 m

🏨 **La Casona de Revolgo** sin rest     📶 🗚 ⚒ 🛜

*Parque de Revolgo 3 ⊠ 39330 – ℰ 942 81 82 77 – www.lacasonaderevolgo.com*
*– Semana Santa-octubre y fines de semana resto del año*        **Ae**

**14 hab** ⚏ – †55/140 € ††65/140 €

Una casona del s. XVII que funcionó, durante un tiempo, como casa de postas.
Posee un porche de entrada, una correcta zona social con chimenea y confortables habitaciones de línea colonial, las más atractivas abuhardilladas.

🏨 **Altamira**        ⚒ 🗚 rest, ⚒ rest, 🛜

*Cantón 1 ⊠ 39330 – ℰ 942 81 80 25 – www.hotelaltamira.com*      **Bf**

**32 hab** ⚏ – †40/80 € ††50/130 €

**Rest** – *(cerrado martes salvo marzo-octubre)* Menú 12/20 € – Carta 22/42 €

Casona señorial del s. XVII dotada con mobiliario castellano, detalles antiguos y
habitaciones que conservan el noble encanto de otros tiempos. La madera
abunda por doquier. Restaurante rústico en dos niveles, donde se crea una
atmósfera que rezuma calidez.

🏨 **Siglo XVIII** sin rest        ⚒ 🌫 ⚒ 🛜 🅿

*Revolgo 38 ⊠ 39330 – ℰ 942 84 02 10 – www.hotelsigloxviii.com – cerrado*
*12 diciembre-febrero*        **Ah**

**16 hab** – †50/75 € ††60/95 €, ⚏ 5 €

Casa tradicional con la fachada en piedra y madera. Ofrece estancias de cálido
confort y habitaciones vestidas con mobiliario castellano, las del último piso
abuhardilladas.

### Casa del Organista sin rest ⌂ 🐾 🖫 📶 P

*Los Hornos 4 ⌂ 39330 – 𝒞 942 84 03 52 – www.casadelorganista.com*
**14 hab** – †40/79 € ††48/96 €, ⌴ 6 €  **Ak**
Casona montañesa del s. XVIII sabiamente combinada en piedra y madera. Ofrece unas acogedoras habitaciones de ambiente rústico, unas con terraza y otras abuhardilladas.

### Los Blasones 🖫 🐾

*pl. de la Gándara 8 ⌂ 39330 – 𝒞 942 81 80 70 – abril-octubre*  **An**
**Rest** – Menú 20/30 € – Carta 32/42 €
Tras su fachada en piedra dispone de dos salas, una funcional para el menú y otra rústica, con la cocina a la vista, para la carta. Platos tradicionales y pescados al horno.

### Gran Duque 🖫 🐾

*Jesús Otero 7 ⌂ 39330 – 𝒞 942 84 03 86 – www.granduque.com – cerrado 25 diciembre-enero, domingo noche y lunes mediodía salvo verano*
**Rest** – Menú 19/60 € – Carta 29/41 €  **Br**
Pequeño restaurante de organización familiar. Encontrará una sala de aire rústico, un vivero de marisco y la cocina a la vista. Amplia carta tradicional y tres tipos de menús.

## por la carretera de Puente de San Miguel Sureste : 2,5 km

### Casona Los Caballeros sin rest ⌂ 🚗 🖫 🐾 📶 🏋 P

*barrio Vispieres ⌂ 39360 Santillana del Mar – 𝒞 942 82 10 74*
*– www.casonaloscaballeros.com – cerrado 15 diciembre-febrero*
**30 hab** – †50/68 € ††58/110 €, ⌴ 9 €
Casona llevada con dedicación y ubicada en una extensa finca. Destaca por la gran amplitud de sus habitaciones, todas coloristas, luminosas y personalizadas en su decoración.

## en Ubiarco Norte : 5 km

### Mar de Santillana sin rest 🚗 🐾 📶 P

*barrio Urdiales ⌂ 39360 Santillana del Mar – 𝒞 942 84 00 80*
*– www.mardesantillana.com – abril-octubre*
**15 hab** – †49/75 € ††55/90 €, ⌴ 7 €
Esta agradable casona disfruta de dos anexos actuales, uno acristalado hacia el jardín y el otro con balcones de madera. En sus habitaciones encontrará mobiliario balinés.

---

# SANTO DOMINGO DE LA CALZADA – La Rioja – 573 E21   21 A2
– 6 671 h. – alt. 639 m

🖸 Madrid 310 – Burgos 67 – Logroño 47 – Vitoria-Gasteiz 65
🖸 Mayor 33, ⌂ 26250, 𝒞 941 34 12 38, www.elcaminoexpress.com
🖸 Catedral★ (Retablo Mayor★★ y Capilla de La Magdalena★) – Parte antigua★

### Parador de Santo Domingo de la Calzada 🏋 🖫 🕭 hab, 🖫 🐾 📶 🏋 P 🍽

*pl. del Santo 3 ⌂ 26250 – 𝒞 941 34 03 00*
*– www.parador.es*
**60 hab** – †64/140 € ††80/175 €, ⌴ 18 € – 2 suites
**Rest** – Menú 27 € – Carta 35/52 €
¡Instalado en un antiguo hospital de peregrinos que se encuentra junto a la Catedral! Posee una agradable zona social dotada de bellos arcos en piedra y confortables habitaciones de estilo clásico. El restaurante, que disfruta de una cálida rusticidad, propone una carta fiel al recetario regional.

### El Corregidor 🖫 🖫 rest, 🐾 rest, 📶 🏋

*Mayor 14 ⌂ 26250 – 𝒞 941 34 21 28 – www.hotelelcorregidor.com – cerrado 20 diciembre-12 febrero*
**32 hab** – †44 € ††66 €, ⌴ 8 €  **Rest** – Menú 14 € – Carta 25/43 €
El edificio, construido por los actuales propietarios, presenta una fachada que continúa la tradición del ladrillo visto. Buena zona social y habitaciones de línea funcional. El restaurante, dotado con mobiliario clásico en tonos suaves, ofrece una cocina de gusto tradicional.

ESPAÑA

XX **Los Caballeros**

*Mayor 58 ✉ 26250 – ✆ 941 34 27 89 – www.restauranteloscaballeros.com – cerrado del 7 al 24 de enero y domingo noche salvo agosto*

**Rest** – Carta 25/47 €

Ocupa una casa de piedra emplazada en una céntrica calle peatonal, con un hall, una barra de apoyo y dos salas, una de aire rústico y la otra algo más actual. Carta regional.

X **La Cancela**

*Mayor 51 ✉ 26250 – ✆ 941 34 32 38 – www.restaurantelacancela.com – cerrado 20 enero-febrero y martes*

**Rest** – Carta 27/44 €

¡Negocio familiar emplazado en una céntrica calle peatonal! En su sala, acogedora y de línea actual, podrá degustar una cocina tradicional que tiene muy en cuenta las materias primas y las virtudes de los productos de temporada.

X **El Rincón de Emilio**

*pl. Bonifacio Gil 7 ✉ 26250 – ✆ 941 34 09 90 – www.rincondeemilio.com – cerrado febrero y lunes noche de junio-octubre*

**Rest** – *(solo almuerzo salvo fines de semana de noviembre a mayo)* Menú 13/25 € – Carta 22/36 €

Esta casa familiar cuenta con un comedor de ambiente rústico, un reservado y una agradable terraza, donde se encuentra la parrilla. Cocina fiel al recetario tradicional.

## SANTO TOMÉ DEL PUERTO – Segovia – 575 I19 – 325 h. – alt. 1 129 m 12 C2

Madrid 104 – Valladolid 154 – Segovia 58 – Soria 138

**Venta Juanilla**

*antigua carret. N I, km 99 ✉ 40590 – ✆ 921 55 73 52 – www.hotelventajuanilla.com*

**36 hab** – †65/85 € ††70/90 €, ☕ 5 € – 4 suites

**Rest** – *(solo almuerzo)* Menú 12 € – Carta 31/45 €

Instalado parcialmente en un convento del s. X. Ofrece una espaciosa recepción con las paredes en piedra y habitaciones de línea clásica, algunas abuhardilladas. Su restaurante, rústico-castellano, presenta un horno de leña en la sala y una carta tradicional.

## SANTOÑA – Cantabria – 572 B19 – 11 451 h. – Playa 8 C1

Madrid 441 – Bilbao 81 – Santander 48

X **La Marisma 2**

*Manzanedo 19 ✉ 39740 – ✆ 942 66 06 06*

**Rest** – *(solo almuerzo salvo viernes y sábado)* 40 € – Carta 35/46 €

Disfruta de un espacioso bar y un comedor de montaje clásico, con las paredes forradas en madera. Elaboraciones sencillas y honestas basadas en diversos productos del mar.

### en la playa de Berria Noroeste : 3 km

**Juan de la Cosa**

*✉ 39740 Santoña – ✆ 942 66 12 38 – www.hoteljuandelacosa.com – Semana Santa-octubre y fines de semana resto del año*

**52 hab** – †50/72 € ††60/132 €, ☕ 13 € – 19 apartamentos

**Rest** – Menú 25/50 € – Carta 28/50 €

Se encuentra en la misma playa y con su nombre rinde un homenaje al insigne navegante de la localidad. Sus modernas instalaciones cuentan con unas cuidadas habitaciones, la mitad asomadas al mar, y equipados apartamentos. El restaurante destaca tanto por sus vistas como por su excelente vivero de marisco.

**Posada Las Garzas** sin rest

*✉ 39740 Santoña – ✆ 942 66 34 84 – www.posadalasgarzas.com – marzo-noviembre*

**11 hab** ☕ – †44/68 € ††56/88 €

Instalado en una casa que guarda la estética constructiva de la zona, con una agradable zona social, un porche acristalado y coquetas habitaciones de ambiente rústico.

ESPAÑA

**SANTORCAZ** – Madrid – **576** – **575** K19 – 816 h. – alt. 878 m     **22** B2

**▶** Madrid 52 – Toledo 126 – Guadalajara 30 – Segovia 145

⌂  **La Casona de Éboli**                              ⌘ ⌂ ⌘ ⌂
*Embudo 6* ⊠ *28818* – *6 918 84 04 72* – *www.casonaeboli.com* – *cerrado Navidades y agosto*
**6 hab** ⌂ – ♥90 € ♥♥105 €
**Rest** – *(solo fines de semana) (solo cena)* Menú 30 €
Esta casa de pueblo ha sido rehabilitada con mucho gusto. Ofrece un cálido salón social con chimenea, un pequeño SPA y habitaciones de aire rústico, algunas con hidromasaje. En su coqueto comedor podrá degustar un correcto menú de sabor casero.

**SANTPEDOR** – Barcelona – **574** G35 – 7 187 h. – alt. 320 m     **14** C2

**▶** Madrid 638 – Barcelona 69 – Manresa 6 – Vic 54

🏠  **Ramón**                     ⌘ ⌘ ⌘ ⌂ ⌘ ⌂ ⌂ ⌂ ⌂
*Camí de Juncadella* ⊠ *08251* – *6 938 32 08 50* – *www.ramonparkhotel.com*
**32 hab** ⌂ – ♥76 € ♥♥92 € – 2 suites
**Rest** *Ramón* – ver selección restaurantes
Hotel clásico-rural dotado con un gran hall, tipo patio, que está presidido por una colección de coches antiguos. Habitaciones amplias, actuales y de completo equipamiento.

✗✗  **Ramón** – Hotel Ramón                 ⌘ ⌂ ⌘ ⌂ ⌂ ⌂
*Camí de Juncadella* ⊠ *08251* – *6 938 32 08 50* – *www.ramonparkhotel.com* – *cerrado domingo noche y festivos noche*
**Rest** – Menú 16/35 € – Carta 36/53 €
Este negocio familiar, con buena trayectoria, decora sus salas y privados a base de molinillos, relojes y pesas. Su carta tradicional se enriquece con un apartado de pescados y sugerencias de temporada. ¡Carpa independiente para banquetes!

**SANTUARIO** – ver el nombre propio del santuario

**SANTULLANO** – Asturias – **572** B12 – 1 952 h. – alt. 167 m     **5** B1

**▶** Madrid 470 – Avilés 20 – Gijón 34 – Oviedo 25

**en Biedes** Este : 3 km

✗  **Casa Edelmiro**                            ⌘ ⌘ ⌂ ⌂
⊠ *33190 Biedes* – *6 985 79 90 11* – *www.casaedelmiro.com* – *cerrado del 4 al 19 de agosto y martes*
**Rest** – *(solo almuerzo salvo sábado y domingo)* Menú 11/80 € – Carta 24/35 €
Estamos ante un negocio centenario y de marcado carácter familiar... de hecho, siempre ha pasado de padres a hijos. Ocupa una gran casona y ofrece varias salas de línea clásica-funcional. Gastronomía casera-tradicional.

**SANTURIO** – Asturias – ver Gijón

**SANTURTZI (SANTURCE)** – Vizcaya – **573** C20 – 47 129 h.     **25** A3

**▶** Madrid 411 – Bilbao 20 – Santander 97

**🛈** Puerto Pesquero 20, ⊠ 48980, *6 944 83 94 94*, www.turismo.santurtzi.org

🏠  **NH Palacio de Oriol**            ⬅ ⌘ ⌂ hab, ⌂ ⌘ ⌂ ⌂ ⌂
*av. Cristóbal Murrieta 27* ⊠ *48980* – *6 944 93 41 00* – *www.nh-hotels.com* – *cerrado 24 diciembre-7 enero*
**88 hab** – ♥♥55/205 €, ⌂ 9 €     **Rest** – Menú 16/50 € – Carta 27 €
Instalado en un antiguo palacio familiar que ha sabido conservar su estructura original. Posee un excelente salón de eventos, agradables zonas sociales, con una bella escalera central en madera, y habitaciones de buen confort. En el comedor, de montaje actual, encontrará una carta de gusto tradicional.

**SANXENXO (SANGENJO)** – Pontevedra – **571** E3 – 17 604 h. – Playa     **19** A2

**▶** Madrid 622 – Ourense 123 – Pontevedra 18 – Santiago de Compostela 75

**🛈** Porto deportivo Juan Carlos I , ⊠ 36960, *6 986 72 02 85*, www.turismodesanxenxo.com

### Augusta
$\otimes \leqslant \widehat{m} \boxtimes \boxtimes \textcircled{\scriptsize{1}} \blacklozenge \textcircled{\scriptsize{0}} \boxdot \textcircled{\scriptsize{L}} \textcircled{\scriptsize{t}} \text{ hab, } \boxtimes \textcircled{\scriptsize{V}} \text{ rest, } \widehat{\cdot} \text{ sh} \textcircled{\scriptsize{m}}$

*Lugar de Padriñán 25* ✉ *36960* – ☎ *986 72 78 78* – *www.augustasparesort.com*
**96 hab** – †54/250 € ††60/290 €, ☐ 14 € – 51 suites – 46 apartamentos
**Rest** – Menú 24/35 € – Carta 26/52 €

Elegante complejo distribuido en dos edificios, ambos con unos magníficos SPA y los exteriores ajardinados. Destaca su piscina y su amplia terraza Caribbean, dotada con unas magníficas vistas a la ría. Encontrará dos restaurantes... uno de gusto tradicional y el otro, más actual, con platos internacionales.

### Carlos I Silgar
$\boxtimes \boxtimes \textcircled{\scriptsize{0}} \blacklozenge \textcircled{\scriptsize{L}} \textcircled{\scriptsize{X}} \textcircled{\scriptsize{1}} \boxtimes \textcircled{\scriptsize{V}} \widehat{\cdot} \text{ sh} \boxed{P} \textcircled{\scriptsize{m}}$

*Vigo 2* ✉ *36960* – ☎ *986 72 70 36* – *www.hotelcarlos.es*
**129 hab** ☐ – †50/143 € ††50/172 € – 1 suite
**Rest** – Menú 19/24 € – Carta 30/50 €

Está cerca de la playa y destaca tanto por su elegante zona noble como por su excelente SPA, ofreciendo en este último numerosos tratamientos terapéuticos. Espaciosas habitaciones de línea actual y varios comedores, combinando en el principal los servicios de carta y menú.

### Sanxenxo
$\leqslant \boxtimes \boxtimes \textcircled{\scriptsize{0}} \blacklozenge \textcircled{\scriptsize{L}} \textcircled{\scriptsize{1}} \textcircled{\scriptsize{t}} \text{ hab, } \boxtimes \textcircled{\scriptsize{V}} \widehat{\cdot} \text{ sh} \textcircled{\scriptsize{m}}$

*av. Playa de Silgar 3* ✉ *36960* – ☎ *986 69 11 11* – *www.hotelsanxenxo.com*
**92 hab** ☐ – †57/172 € ††66/225 € – 5 suites
**Rest** – Menú 27,50 € – Carta 35/50 €

Muy bien ubicado en un extremo de la playa. Posee un piano-bar, un completo SPA marino con centro de talasoterapia y dos tipos de habitaciones, las del anexo más amplias y modernas. El restaurante, de carácter panorámico, propone una carta gallega tradicional.

### Rotilio
$\leqslant \textcircled{\scriptsize{1}} \boxtimes \textcircled{\scriptsize{V}} \widehat{\cdot}$

*av. do Porto 7* ✉ *36960* – ☎ *986 72 02 00* – *www.hotelrotilio.com* – *cerrado 15 diciembre-15 enero*
**39 hab** – †50/75 € ††75/120 €, ☐ 10 €
**Rest** *La Taberna de Rotilio* – ver selección restaurantes

Hotel familiar que sorprende por su atractiva área social, con una terraza solárium y una agradable sala panorámica en el ático. Muchas habitaciones cuentan con terraza, destacando entre ellas las que ofrecen vistas al mar. Disfruta de un buen restaurante y un bar gastronómico en el sótano.

### Justo
$\textcircled{\scriptsize{1}} \boxtimes \textcircled{\scriptsize{V}}$

*paseo praia de Silgar 2* ✉ *36960* – ☎ *986 69 07 50* – *www.hoteljusto.es* – *cerrado 12 diciembre-febrero*
**30 hab** – †35/70 € ††60/102 € **Rest** – *(julio-15 septiembre)* Menú 20 €

¡Bien situado en el paseo de la playa! Sorprende por el trato que dispensan, pues es muy atento y familiar. Encontrará unas habitaciones de línea funcional-actual, destacando las 12 que disponen de terraza-balcón con vistas al mar. El restaurante centra gran parte de su trabajo en el menú del día.

### ✗✗ La Taberna de Rotilio – Hotel Rotilio
$\widehat{m} \boxtimes \textcircled{\scriptsize{V}}$

*av. do Porto 9* ✉ *36960* – ☎ *986 72 02 00* – *www.hotelrotilio.com* – *cerrado 15 octubre-marzo y lunes*
**Rest** – *(solo almuerzo salvo viernes y sábado)* Carta 40/52 €

Se presenta con dos comedores a la carta, uno de montaje clásico y otro más actual. Carta de tinte tradicional con arroces, pescados y mariscos. Su oferta culinaria se complementa con un interesante bar-gastroteca en la planta sótano.

## en la carretera PO 308

### Nanín Playa
$\leqslant \widehat{m} \boxtimes \textcircled{\scriptsize{1}} \textcircled{\scriptsize{t}} \text{ hab, } \boxtimes \text{ rest, } \textcircled{\scriptsize{V}} \widehat{\cdot} \text{ sh} \boxed{P} \textcircled{\scriptsize{m}}$

*playa de Nanín, Este : 1 km* ✉ *36960 Sanxenxo* – ☎ *986 69 15 00* – *www.nanin.com* – *Semana Santa-octubre*
**28 apartamentos** – ††60/116 €, ☐ 10 € – 24 hab **Rest** – Menú 20 €

Este hotel, de línea funcional y perfecto mantenimiento, destaca por su privilegiada situación en una playa, con terrazas y vistas a la ría. Habitaciones, apartamentos y estudios con cocina de buen confort. El restaurante, espacioso pero algo impersonal, ofrece un sencillo menú tradicional.

ESPAÑA

**El SARDINERO** – Cantabria – ver Santander

**SARDÓN DE DUERO** – Valladolid – **575** H16 – **671 h.** – **alt. 723 m**    **11** B2
▶ Madrid 206 – Valladolid 29 – Segovia 89 – Palencia 77

**🏨🏨🏨  Abadía Retuerta LeDomaine**    ⚶ 🚗 ⅙ 🛏 ₺ hab, 🖭 hab, 🛇 🛜
*carret. N 122 - km 332,5, Noreste : 2 km* ⊠ *47340*    ⚶ 🅿
  *– ☏ 983 68 03 68 – www.ledomaine.es – cerrado 20 diciembre-3 marzo*
**21 hab** ⊑ – **††**217/557 € – 2 suites
**Rest** *Refectorio* – ver selección restaurantes
**Rest** *Vinoteca* – Carta 35/90 €
Un hotel realmente único, no en vano recupera un maravilloso monasterio del s. XII rodeado de viñedos. Encontrará amplios jardines, un bello claustro y habitaciones de gran confort, todas con mobiliario clásico de calidad y servicio de mayordomo las 24 horas. ¡Oferta gastronómica ligada a los vinos de la propia bodega!

**🍴🍴🍴🍴  Refectorio** – Hotel Abadía Retuerta LeDomaine    🖭 🛇
*carret. N 122 - km 332,5, Noreste : 2 km* ⊠ *47340* – ☏ *983 68 03 68*
  *– www.ledomaine.es – cerrado 20 diciembre-3 marzo*
**Rest** *– (solo cena) (solo menú)* Menú 65 €
Magnífico, pues aporta contemporaneidad al refectorio donde antaño comieron los monjes. Sus menús degustación desvelan una cocina actual que ensalza los productos regionales.

**SARRIA** – Álava – ver Murgia

**SARRIA** – Lugo – **571** D7 – **13 524 h.** – **alt. 420 m**    **20** C2
▶ Madrid 491 – Lugo 32 – Ourense 81 – Ponferrada 109

**🏨🏨🏨  Carrís Alfonso IX**    ⚶ ⅃ ⅙ 🛏 ₺ rest, 🖭 🛇 rest, 🛜 ⚶ 🅿
*Peregrino 29* ⊠ *27600* – ☏ *982 53 00 05 – www.carrishoteles.com*
**60 hab** – **†**40/85 € **††**45/95 €, ⊑ 10 €    **Rest** – Menú 13 € – Carta 18/37 €
Bien situado en el centro de la localidad, que forma parte del histórico Camino de Santiago. Cuenta con una espaciosa cafetería y habitaciones de carácter funcional-actual, la mayoría con dos camas. Agradable comedor y buena oferta complementaria en salones para banquetes.

**🏠  Roma** 🔟    🛏 🖭 rest, 🛇 🛜
*Calvo Sotelo 2* ⊠ *27600* – ☏ *982 53 22 11*
**18 hab** – **†**39 € **††**50 €, ⊑ 4,50 €    **Rest** – Menú 15/35 € – Carta 25/38 €
Todo un clásico, pues se fundó en 1930 y se encuentra junto a la estación del ferrocarril. Ofrece una cafetería funcional, unos espacios sociales actualizados y habitaciones sencillas de adecuado confort. En el restaurante, de estilo rústico-actual, encontrará una carta tradicional rica en carnes y arroces.

**SARVISÉ** – Huesca – **574** E29 – **89 h.**    **4** C1
▶ Madrid 485 – Huesca 100 – Zaragoza 169

**🍴🍴  Casa Frauca** con hab    🛏 🖭 rest, 🛇 🛜
⊛  *carret. de Ordesa* ⊠ *22374* – ☏ *974 48 63 53 – www.casafrauca.com*
  *– cerrado 6 enero-febrero*
**11 hab** ⊑ – **†**37/45 € **††**40/60 €
**Rest** *– (cerrado domingo noche y lunes salvo verano y festivos)* Menú 22 €
– Carta 31/35 €
Pequeño negocio familiar dotado con tres salas, todas de ambiente rústico. Aquí encontrará una cocina regional-casera. Como complemento también ofrece habitaciones, íntimas, coquetas y con muchos detalles, destacando las abuhardilladas. ¡Uno de los platos más demandados es el Arroz con conejo y caracoles!

**El SAUZAL** – Santa Cruz de Tenerife – ver Canarias (Tenerife)

**SEGORBE** – Castellón – **577** M28 – **9 291 h.** – alt. 358 m      **16** A2

▶ Madrid 404 – Castelló de la Plana/Castellón de la Plana 59 – València 57
– Teruel 87

🛈 pl. Alto Palancia 3, ✉ 12400, 𝒞 964 71 32 54, www.turismo.segorbe.es

◉ Museo (colección de retablos★)

### 🏠 Martín El Humano ⓝ      🛏🖪♿📶🛜🅿♨🚗

Fray Bonifacio Ferrer 7 ✉ 12400 – 𝒞 964 71 36 01
– www.hotelmartinelhumano.es – cerrado del 7 al 31 de enero
**37 hab** – †60/80 € ††70/115 €, ☑ 8 €
**Rest** *María de Luna* – Menú 20/35 € – Carta 22/40 €
Instalado en un edificio del s. XVIII que hoy ensalza con su nombre a uno de los
reyes de Aragón. Posee un claustro-patio cubierto que ejerce de zona social y tres
tipos de habitaciones, todas de línea actual. El restaurante, que organiza jornadas
gastronómicas, propone una cocina tradicional actualizada.

### 🏠 María de Luna      🖪♿🅰♨🛜🚗

av. Comunidad Valenciana 2 ✉ 12400 – 𝒞 964 71 13 13
– www.hotelmariadeluna.es – cerrado del 22 al 27 diciembre
**44 hab** ☑ – †40/49 € ††63/75 €
**Rest** – (cerrado domingo noche y lunes) (solo cena) Carta 12/21 €
Hotel de línea actual que homenajea a una reina consorte del Reino de Aragón. Disfruta de una pequeña zona social y unas habitaciones funcionales, todas
con el mobiliario en pino. El restaurante, bastante económico, ofrece una sencilla
carta propia del recetario italiano.

---

**SEGOVIA** Ⓟ – **575** J17 – **54 844 h.** – alt. 1 005 m      **12** C3

▶ Madrid 98 – Ávila 67 – Burgos 198 – Valladolid 110

🛈 pl. Mayor 10 , ✉ 40001, 𝒞 921 46 03 34, www.turismocastillayleon.com

🛈 Azoguejo 1, ✉ 40001, 𝒞 921 46 67 20, www.turismodesegovia.com

◉ Acueducto romano★★★ BY – Ciudad vieja★★ : Catedral★★ AY – Plaza de Medina
del Campo★ (iglesia de San Martín★) BY – Iglesia de San Millán★ BY- Iglesia de
San Juan de los Caballeros★ BY**M1**- Iglesia de San Esteban★ AX – Alcázar★★ AX-
Capilla de la Vera Cruz★ AX – Monasterio de El Parral★ AX - Plaza Mayor★ ABY

🗘 Palacio de La Granja de San Ildefonso★★ (Museo de Tapices ★★, Jardines★★ :
surtidores★★) Sureste :11 km por ③ – Palacio de Riofrío★ Sur : 11 km por ⑤

### 🏠 Parador de Segovia      🚲≤🚗⅃🔽🖪♨🌊🖪♿ hab, 🅰♨🅿♨🅿

carret. A 601 ✉ 40001 – 𝒞 921 44 37 37 – www.parador.es     🚗
**113 hab** – †60/136 € ††75/170 €, ☑ 18 €      AZ**v**
**Rest** – Menú 27/35 € – Carta 30/50 €
Destaca por su emplazamiento, con impresionantes vistas sobre la ciudad y la sierra de Guadarrama. La línea moderna y actual contrasta con el marco de la antigua urbe. El restaurante posee una atractiva chimenea central y un horno de leña,
no en vano los asados de cordero y cochinillo son su especialidad.

### 🏠 San Antonio El Real      🚲♨🖪♿ hab, 🅰♨🛜🅿♨🚗

San Antonio El Real ✉ 40001 – 𝒞 921 41 34 55 – www.sanantonioelreal.es
**51 hab** ☑ – ††95/395 €    **Rest** – Menú 15/25 € – Carta 35/50 €      AZ**a**
Ocupa un monasterio franciscano del s. XV dotado con agradables zonas sociales,
un bello claustro central y habitaciones de línea moderna, todas con mobiliario
de calidad. El comedor, de techos altos y cuidado montaje, ofrece una cocina tradicional y regional.

### 🏠 Palacio San Facundo sin rest      🖪♿🅰♨🛜🅿♨🚗

pl. San Facundo 4 ✉ 40001 – 𝒞 921 46 30 61
– www.hotelpalaciosanfacundo.com      BY**d**
**33 hab** – †80/180 € ††90/190 €
Casa palaciega del s. XVI rebosante de historia, pues aún conserva algún muro
que da fe del antiguo convento que allí existió. Ofrece un bello patio porticado
y habitaciones de línea actual-funcional, cada una con el nombre de un santo.

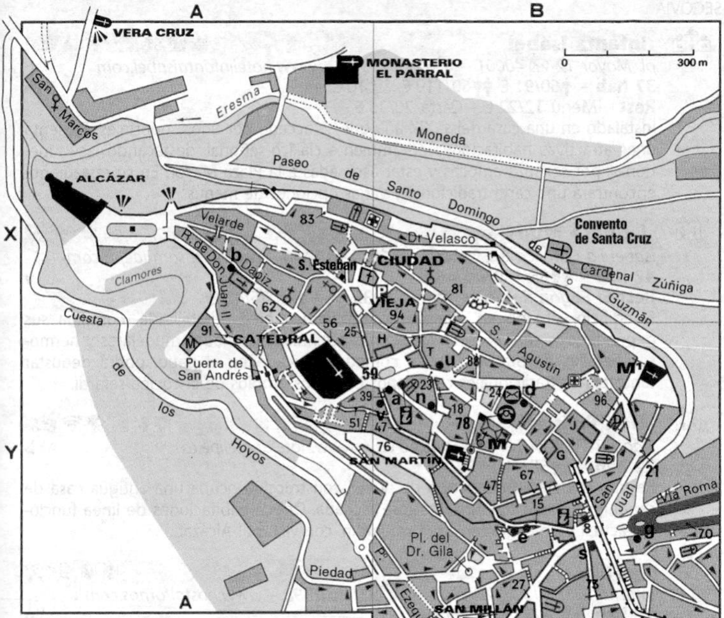


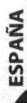

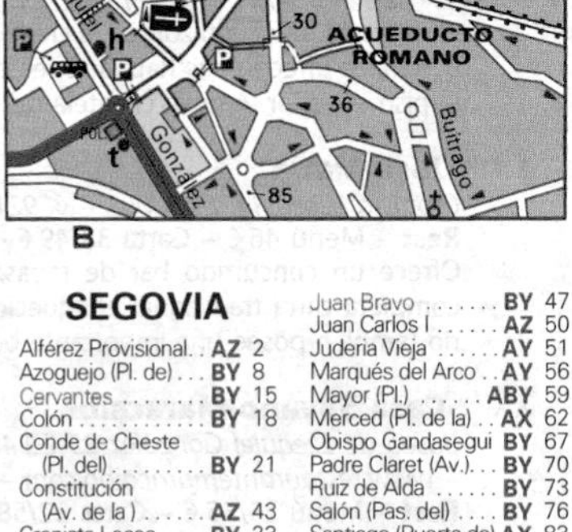

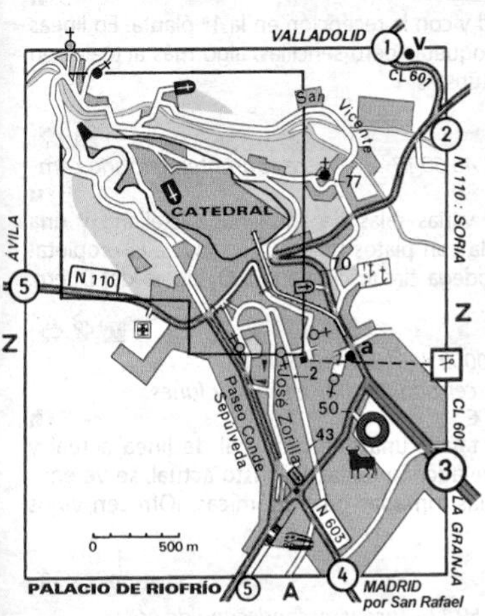


## SEGOVIA

| | | |
|---|---|---|
| Alférez Provisional | AZ | 2 |
| Azoguejo (Pl. de) | BY | 8 |
| Cervantes | BY | 15 |
| Colón | BY | 18 |
| Conde de Cheste (Pl. del) | BY | 21 |
| Constitución (Av. de la ) | AZ | 43 |
| Cronista Lecea | BY | 23 |
| Doctor Laguna | BY | 24 |
| Escuderos | AY | 25 |
| Fernández Ladreda (Av.) | BY | 27 |
| Gobernador F. Jiménez | BY | 30 |
| Independencia | BY | 36 |
| Isabel la Católica | BY | 39 |
| Juan Bravo | BY | 47 |
| Juan Carlos I | AZ | 50 |
| Juderia Vieja | AY | 51 |
| Marqués del Arco | AY | 56 |
| Mayor (Pl.) | ABY | 59 |
| Merced (Pl. de la) | AX | 62 |
| Obispo Gandasegui | BY | 67 |
| Padre Claret (Av.) | BY | 70 |
| Ruiz de Alda | BY | 73 |
| Salón (Pas. del) | BY | 76 |
| Santiago (Puerta de) | AX | 83 |
| Santo Tomás | AZ | 85 |
| San Lorenzo (Pl.) | AZ | 77 |
| San Martín (Pl.) | BY | 78 |
| San Quirze | BX | 81 |
| Serafín | BY | 88 |
| Socorro | AY | 91 |
| Valdeláguila | BX | 94 |
| Zuloaga | BY | 96 |

ESPAÑA

### Eurostars Plaza Acueducto sin rest

*av. Padre Claret 2-4* ✉ *40001 – ✆ 921 41 34 03*
*– www.eurostarshotels.com* BY**g**
**72 hab** – ††45/399 €, ☕ 8 €

Está bien integrado en el entorno del acueducto romano y ofrece habitaciones de completo equipamiento, con mobiliario funcional-actual y los suelos en tarima. ¡Suba a su agradable terraza, pues disfruta de unas magníficas vistas!

ESPAÑA

### ᏣᎵᏣ Infanta Isabel 🏥 🎴 🕱 rest, 🛜 🏤 🚗
*pl. Mayor 12 ⊠ 40001 – 𝒞 921 46 13 00 – www.hotelinfantaisabel.com*
**37 hab** – ♦60/91 € ♦♦60/119 €, ⊡ 10 €                              BY**a**
**Rest** – Menú 12/22 € – Carta 20/35 €
Instalado en una casa del s. XIX a la que se accede por unos soportales. Presenta unas atractivas habitaciones de ambiente clásico-señorial, destacando las "superiores" por ser más amplias y estar asomadas a la Plaza Mayor. En su restaurante encontrará una carta tradicional y varias opciones de menús.

### 🎴 La Casa Mudéjar 🌐 🎴 ⅙ hab, 🎴 🕱 🛜 🏤
*Isabel La Católica 8 ⊠ 40001 – 𝒞 921 46 62 50 – www.lacasamudejar.com*
**42 hab** – ♦♦55/150 €, ⊡ 8 €                                      BY**v**
**Rest** *El Fogón Sefardí* – Menú 20/35 € – Carta 25/45 €
El edificio, situado en pleno casco antiguo y bien rehabilitado, combina sus dependencias con un aljibe romano, excelentes artesonados mudéjares y hermosos detalles decorativos. En su comedor, ubicado en el patio, podrá degustar tanto platos tradicionales castellanos como los propios de la cocina sefardí.

### 🎴 Don Felipe 🅝 sin rest 🏥 ⅙ 🎴 🕱 🛜 🚗
*Daoiz 7 ⊠ 40001 – 𝒞 921 46 60 95 – www.hoteldonfelipe.es*          AX**b**
**22 hab** – ♦♦58/110 €, ⊡ 11 €
Resulta singular, pues siendo de nueva construcción ocupa una antigua casa de canónigos oculta tras una preciosa fachada. Ofrece habitaciones de línea funcional-actual y una agradable terraza-jardín, con vistas al Alcázar.

### 🏠 Fornos sin rest y sin ⊡ 🏥 🎴 🕱 🛜
*Infanta Isabel 13-1° ⊠ 40001 – 𝒞 921 46 01 98 – www.hostalfornos.com*
**17 hab** – ♦34/41 € ♦♦48/55 €                                     BY**n**
Emplazado en el corazón de la ciudad y con la recepción en la 1ª planta. En líneas generales ofrece unas habitaciones coquetas pero sencillas, algo más actuales en el piso superior. Amplia clientela de turistas.

### ✕✕ José María 🎴 ⇔
*Cronista Lecea 11 ⊠ 40001 – 𝒞 921 46 60 17 – www.restaurantejosemaria.com*
**Rest** – Menú 46 € – Carta 38/49 €                                 BY**u**
Ofrece un concurrido bar de tapas, varias salas de ambiente castellano y una completa carta tradicional enriquecida con platos típicos y creativos. El propietario también posee una importante bodega circunscrita a la D.O. Ribera del Duero.

### ✕✕ Casa Silvano-Maracaibo 🎴 🕱 ⇔
*paseo de Ezequiel González 25 ⊠ 40002 – 𝒞 921 46 15 45*
*– www.restaurantemaracaibo.com – cerrado 20 días en julio y lunes*
**Rest** – Menú 25/55 € – Carta 32/58 €                              BY**h**
Se presenta con un amplio bar de tapas, una sala principal de línea actual y otra en el sótano que usan como privado. Su carta, de gusto actual, se ve enriquecida a lo largo del año con varias jornadas gastronómicas. ¡Ofrecen vinos propios!

### ✕✕ Mesón de Cándido 🏡 🎴 🕱 ⇔
*pl. Azoguejo 5 ⊠ 40001 – 𝒞 921 42 59 11 – www.mesondecandido.es*
**Rest** – Carta 31/51 €                                             BY**s**
Una auténtica institución, pues raigambre y tradición se dan cita en una casa del s. XV que, por méritos propios, se ha convertido en un referente de la cocina regional. No se pierda el trinchado del Cochinillo... ¡con el borde del plato!

### ✕✕ Duque 🎴 🕱 ⇔
*Cervantes 12 ⊠ 40001 – 𝒞 921 46 24 87 – www.restauranteduque.es*
**Rest** – Menú 32/39 € – Carta 30/52 €                              BY**e**
Todo un clásico abierto al público desde 1895. Posee un bar y varias salas repartidas en dos plantas, todas decoradas con numerosos premios, recortes de prensa, recuerdos... Carta regional y tres menús: típico, degustación y gastronómico.

X **El Bernardino** 🏤 🅰🅒 🕸 ✥
*Cervantes 2* ⊠ *40001 – ℰ 921 46 24 77 – www.elbernardino.com* BY**e**
**Rest** – Menú 16/28 € – Carta 25/42 €
Llevado con acierto entre dos hermanos. Ofrece espaciosas salas de ambiente castellano y una carta clásica-regional muy bien apoyada por tres menús: el del día, uno típico y otro de degustación. ¡Agradable terraza con vistas sobre Segovia!

𝖄/ **Cuevas de Duque** 🅰🅒 🕸
*Santa Engracia 6* ⊠ *40001 – ℰ 921 46 24 86 – www.restauranteduque.es*
**Rest** – Tapa 2,50 € – Ración aprox. 8 € BY**e**
Comunicado con el restaurante Duque pero dotado de un acceso independiente. Se presenta con una decoración típica, un antiguo horno de asar y una buena carta de tapas y raciones, donde también verá una tabla de tapas variadas y un menú.

**por la carretera de La Granja** por ③ : 3,5 km

🏨🏨 **Cándido** 🏤 ⃝ 🅉 🌐 🖍 🖢 🕭 & hab. 🅰🅒 🕸 ⎘ 🄿 🚗
*av. Gerardo Diego* ⊠ *40006 Segovia – ℰ 921 41 39 72 – www.candidohotel.es*
**108 hab** – ♥♥80/200 €, ⊑ 10 € **Rest** – Menú 28 € – Carta 35/55 €
Edificio de línea clásica dotado con amplias zonas nobles, bellos patios, habitaciones de buen confort y un completo SPA, donde ofertan tratamientos de relax y belleza a la carta. Posee dos restaurantes, uno para invierno y el otro, con terraza, para verano. ¡Gran capacidad para banquetes y convenciones!

**SEGURA DE LA SIERRA** – Jaén – **578** R22 – **1 982 h.** 2 D1
▶ Madrid 332 – Sevilla 386 – Jaén 159 – Albacete 152
◉ Localidad ★ (Panorámicas ★★)

X **Mirador de Peñalta** 🏤 🅰🅒
*San Vicente 29* ⊠ *23379 – ℰ 953 48 20 71 – cerrado lunes*
**Rest** – Menú 10/40 € – Carta 20/30 €
Se encuentra en la calle de acceso a la localidad. Encontrará un gran bar y un comedor, ambos de ambiente rústico y el último decorado con aperos de labranza. Cocina regional.

**SENA DE LUNA** – León – **575** D12 – **412 h.** – **alt. 1 142 m** 11 B1
▶ Madrid 411 – León 65 – Oviedo 64 – Ponferrada 147

🏠 **Días de Luna** 🌀 🚗 🕸 🛜 🕭 🄿
*Magistrado Rodríguez Quirós 24* ⊠ *24145 – ℰ 987 59 77 67*
*– www.diasdeluna.com – Semana Santa-octubre y fines de semana resto del año*
**17 hab** ⊑ – ♥41 € ♥♥59 € **Rest** – *(solo menú)* Menú 15 €
Sólido edificio en piedra, de principios del s. XX, construido como escuela y reconvertido en un acogedor establecimiento rural. Recrea unas instalaciones rústicas, con un coqueto salón dotado de chimenea, confortables habitaciones y un comedor en el que solo sirven un menú de cocina tradicional actualizada.

**SENCELLES** – Balears – ver Balears (Mallorca)

**SENEGÜE** – Huesca – **574** E28 – **81 h.** 4 C1
▶ Madrid 443 – Zaragoza 127 – Huesca 58

XX **Casbas** con hab & hab. 🅰🅒 hab. 🕸 🛜
*carret. N 260* ⊠ *22666 – ℰ 974 48 01 49 – www.casbas.com*
**15 hab** ⊑ – ♥50/55 € ♥♥60/70 € – 1 apartamento
**Rest** – Menú 12/19 € – Carta 29/44 €
Junto a la carretera, en un bello edificio construido en piedra y madera según la estética local. Posee un bar público, un comedor de montaje clásico-actual y un privado. Su completa carta regional se enriquece con algún que otro plato familiar. ¡También ofrecen confortables habitaciones de aire rústico!

**SEO DE URGEL** – Lleida – ver La Seu d'Urgell

635

ESPAÑA

## SEPÚLVEDA – Segovia – 575 I18 – 1 232 h. – alt. 1 014 m 12 C2

▶ Madrid 131 – Valladolid 116 – Segovia 88
◉ Emplazamiento ★

### 🏠 Vado del Duratón 🕮 AC ⚄ 🛜 ♨ P

*San Justo y Pastor 10* ✉ *40300 –* 🖀 *921 54 08 13 – www.vadodelduraton.com*
*– cerrado 6 enero-6 febrero*
**21 hab** � **– ♦40/70 € ♦♦50/85 €**
**Rest** *Fogón del Azogue* *– (cerrado 5 enero-20 marzo, lunes y martes) (solo almuerzo salvo viernes y sabado)* Menú 25/39 € – Carta 30/49 €
Emplazado en una céntrica casona. Presenta una variada zona social y habitaciones de buen confort, todas con los baños actuales. El restaurante, que tiene buenas vistas desde un apartado, ofrece una completa carta especializada en asados y la opción de menús.

### 🏠 Posada de San Millán 🛇 ⚄ P

*Vado 12* ✉ *40300 –* 🖀 *646 84 04 83 – www.posadasanmillan.es*
**8 hab** ⊥ **– ♦70 € ♦♦78 €**
**Rest** *– (solo fines de semana) (es necesario reservar)* Menú 25 €
Edificio románico del s. XI dotado con un patio porticado y muchos muebles restaurados. Sus confortables habitaciones están decoradas con antigüedades y detalles religiosos.

### 🏠 Hospedería de los Templarios *sin rest* ⚄ 🛜

*pl. de España 19-20* ✉ *40300 –* 🖀 *921 54 00 89*
*– www.hospederiadelostemplarios.es*
**8 hab** ⊥ **– ♦50/60 € ♦♦70/78 €**
Instalado en la que fue, durante muchos años, la casa del cura de Sepúlveda. Ofrece un pequeño salón decorado con el retablo de una iglesia y unas correctas habitaciones, todas combinando el mobiliario antiguo restaurado con el actual.

### 🍴 Cristóbal 🕮 ⚄

*Conde de Sepúlveda 9* ✉ *40300 –* 🖀 *921 54 01 00*
*– www.restaurantecristobal.com – cerrado del 1 al 15 de septiembre, del 15 al 30 de diciembre y martes*
**Rest** *– (solo almuerzo salvo viernes,sabado,domingo y agosto)* Menú 30 €
– Carta 25/45 €
Posee un bar de línea regional, un comedor principal de ambiente castellano y una peculiar sala excavada en la piedra, donde también está la bodega. Carta clásica-regional.

## SERINYÀ – Girona – 574 F38 – 1 122 h. 14 C3

▶ Madrid 714 – Barcelona 122 – Girona/Gerona 26 – Perpignan 89

### 🏠 Can Solanas 🚗 ⚄ 🕮 hab, ⚄ 🛜 P

*Sant Sebastià 48* ✉ *17852 –* 🖀 *972 59 31 99 – www.cansolanas.com – cerrado octubre*
**5 hab** ⊥ **– ♦61/65 € ♦♦91/98 €** **Rest** *– (solo clientes)* Menú 21 €
Masía familiar que ha sido rehabilitada respetando, en lo posible, la distribución original. Destaca su gran terraza cubierta y la decoración, algo ecléctica pero muy cuidada. ¡Cerca de aquí hay unas interesantes cuevas prehistóricas!

## SERPE – Pontevedra – ver Raxó

## SERRA DE OUTES – A Coruña – 571 D3 – 7 192 h. – alt. 16 m 19 A2

▶ Madrid 642 – Santiago de Compostela 42 – A Coruña 119 – Pontevedra 78

**por AC 550** Sur : 2 km y desvío a la derecha 1 km

### 🏠 Casa do Zuleiro *sin rest* 🛇 ♿ 🛜 P

*Brion de Arriba 52 - San Xoan de Roo* ✉ *15230 Outes –* 🖀 *981 76 55 31*
*– www.casadozuleiro.com*
**8 hab** ⊥ **– ♦♦58/70 €**
Este conjunto rural, formado por varias casas, resulta realmente encantador. Ofrece una zona social con chimenea y acogedoras habitaciones, con profusión de madera y piedra.

**SETCASES** – Girona – **574** E36 – 187 h. – alt. 1 279 m – **Deportes de invierno en Vallter:** ✝9 ✝2

▶ Madrid 686 – Barcelona 141 – Girona/Gerona 90

ⓍⓍ   **Can Jepet** Ⓝ                                             🔟 ⅏ ⇔ Ⓟ
*Molló 11* ✉ *17869* – ✆ *972 13 61 04* – *www.restaurantcanjepet.com* – *cerrado 15 días en noviembre, 24 junio-7 julio, jueves salvo festivos y verano*
**Rest** – *(solo almuerzo salvo viernes y sábado)* Menú 17/42 € – Carta 20/41 €
Restaurante de ambiente rústico emplazado en un pueblo serrano bastante pintoresco. Toma su nombre del apodo familiar y es un buen sitio para descubrir la cocina catalana de montaña, rica en carnes a la brasa, platos de caza, embutidos...

---

**La SEU D'URGELL** (SEO DE URGEL) – Lleida – **574** E34 – **12 529 h.**    **13** B1
– alt. 700 m

▶ Madrid 602 – Andorra la Vella 20 – Barcelona 200 – Lleida/Lérida 133

🄑 Major 8, ✉ 25700, ✆ 973 35 15 11, www.turismeseu.com

**R.A.C.C.** av. Guillem Graell 22 ✆ 973 35 53 36

◉ Localidad★ - Catedral de Santa María★★ (Claustro★ : Iglesia de Sant Miquel★
- Museo Diocesano★ : Beatus★★, retablo de la Abella de la Conca★)

🏛🏛🏛   **Parador de la Seu d'Urgell**          🔟 🛗 ៛ ⅃ hab, 🔟 ⅏ ≋ ⅃ Ⓟ 🚗
*Sant Domènec 6* ✉ *25700* – ✆ *973 35 20 00* – *www.parador.es* – *cerrado 7 enero-15 febrero*
**78 hab** – †60/136 € ††75/170 €, ⌷ 15 €
**Rest** – *(solo cena en noviembre, diciembre, febrero y marzo)* Menú 27/33 €
– Carta 31/57 €
Remotos orígenes medievales se ciernen sobre sus modernas instalaciones, en general de línea actual. Presenta la zona social en el antiguo claustro y ofrece unas cuidadas habitaciones, todas con mobiliario funcional. Su amplio restaurante combina perfectamente el diseño con la cocina regional catalana.

🏛🏛   **Andria**                                      🔟 🔟 hab, ⅏ ≋ 🚗
*passeig Joan Brudieu 24* ✉ *25700* – ✆ *973 35 03 00* – *www.hotelandria.com*
**16 hab** ⌷ – †56/86 € ††80/98 €
**Rest** – *(cerrado 15 días en febrero, 15 días en noviembre, domingo noche y lunes)* Menú 12/25 € – Carta 26/45 €
Está en pleno centro, instalado en un edificio de inspiración modernista que data de 1875. Posee una hermosa terraza porticada, una zona social vestida con antigüedades y sobrias habitaciones. ¡De sus fogones surgen platos como los Gallos guisados, criados en libertad por la familia propietaria del hotel!

Ⓧ   **Cal Pacho**                                              🔟 ⅏
*La Font 11* ✉ *25700* – ✆ *973 35 27 19* – *cerrado 23 diciembre-7 enero, 23 junio-8 julio y domingo*
**Rest** – *(solo almuerzo salvo junio-septiembre, viernes y sábado en invierno)*
Menú 11/30 € – Carta 20/36 €
Casa familiar de dilatada trayectoria donde combinan lo rústico y lo actual. Ofrecen elaboraciones catalanas-caseras a precios ajustados... aunque lo que más trabajan es su menú. ¡Pruebe los Caracoles a la llauna o el Arroz de montaña!

**en Castellciutat** Suroeste : 1 km

🏛🏛🏛   **El Castell de Ciutat**          ⅏ ≤ 🛏 ⅃ 🔟 ☺ 🛗 🔟 ⅏ ≋ ⅃ Ⓟ
*carret. N 260* ✉ *25700 La Seu d'Urgell* – ✆ *973 35 07 04*
*– www.hotel-castell-ciutat.com – cerrado del 4 al 28 de noviembre*
**37 hab** ⌷ – †135/250 € ††165/325 € – 1 suite
**Rest** *Tapies* – ver selección restaurantes
Ocupa una zona elevada que, al mismo tiempo, se encuentra a los pies del castillo-fortaleza del s. XVI. Elegante zona noble, SPA gratuito para el cliente alojado y habitaciones de muy buen confort, unas abuhardilladas y otras con terraza.

**ESPAÑA**

**14** C1

XXX **Tapies** – Hotel El Castell de Ciutat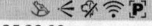
*carret. N 260* ⌧ *25700 La Seu d'Urgell* – ☏ *973 35 07 04*
*– www.hotel-castell-ciutat.com – cerrado del 4 al 28 de noviembre, martes y miércoles salvo mayo-octubre*
**Rest** – Menú 35/85 € – Carta 54/66 € ⌘

Toma su nombre del apellido familiar y destaca tanto por su elegancia como por sus magníficas vistas. Proponen una cocina actual con platos de temporada, dando siempre prioridad a los productos autóctonos. ¡Todos sus quesos son del Pirineo!

**al Noreste** 6 km

⌂ **Cal Serni**   ⌘ ≤ ⌘ ⌃ ℙ
*Calbinyà, (es necesario reservar)* ⌧ *25798 Calbinyà* – ☏ *973 35 28 09*
*– www.calserni.com – cerrado del 2 al 25 de junio*
**6 hab** ⌹ – ♦30 € ♦♦60 €   **Rest** – *(solo clientes)* Menú 13/20 €

Se encuentra en una pequeña aldea de montaña, en una casa del s. XV donde también podrá visitar el Museo del Pagès. Ofrece encantadoras habitaciones de estilo rústico y un coqueto comedor, con chimenea, en el que podrá descubrir la cocina casera elaborada por el propietario. ¡Granja y huerto propio!

# SEVILLA

Planos de la ciudad en páginas siguientes

© George Mollering Nijm / ANP Photo / Age fotostock

$\boxed{P}$ – **Sevilla** – 702 355 h. – alt. 12 m – 578 T11/T12

▶ Madrid 531 – A Coruña 917 – Lisboa 410 – Málaga 211

**🖪 Oficinas de Turismo**

av. de la Constitución 21 B , ✉ 41004, ℰ954 78 75 78, www.andalucia.org
estación de Santa Justa, ✉ 41018, ℰ954 53 76 26
aeropuerto, ✉ 41020, ℰ954 78 20 35, www.andalucia.org

**Aeropuerto**

🛪 de Sevilla-San Pablo por ① : 14 km ℰ902 40 47 04
**Iberia :** aeropuerto ℰ902 40 05 00

**Golf**

🖫 Pineda, av. de Jerez, ℰ954 61 14 00
🖫 Las Minas, SO : 25 km por la carret. de Huelva, ℰ955 75 06 78

**Automóvil Club**

**R.A.C.E.** av. Eduardo Dato 22 ℰ954 63 13 50

**◎ VER**

La Giralda\*\*\* (panorama\*\*\*) BX • Catedral\*\*\* (retablo Capilla Mayor\*\*\*, Capilla
Real\*\*) BX • Real Alcázar\*\*\* BXY (Cuarto del Almirante : retablo de la Virgen de los
Mareantes\*, Palacio de Pedro el Cruel\*\*\* : cúpula del Salón de Embajadores\*\*\*,
Palacio de Carlos V : tapices\*\*, Jardines\* : galería del grutesco\*) • Barrio de Santa
Cruz\*\*\* BCX (Hospital de los Venerables\*) • Museo de Bellas Artes\*\*\* (sala V\*\*\*,
sala X\*\*) AV • Casa de Pilatos\*\* (azulejos\*\*, escalera\*\*, cúpula\*) CX • Parque de
María Luisa\*\* FR (Plaza de España\* FR**114**, Museo Arqueológico\* FR : Tesoro de
Carambolo\*, colección romana\*).
Otras curiosidades : Hospital de la Caridad\* (iglesia\*\*) BY • Convento de Santa
Paula\* (portada\*, iglesia\*) CV • Iglesia del Salvador\*(retablos barrocos\*\*) BX •
Palacio de la Condesa de Lebrija\* BV • Capilla de San José\* BX • Ayuntamiento
(fachada oriental\*) BX**H** • Iglesia de Santa María la Blanca\*(interior\*) CX • Iglesia
de San Luis de los Franceses\* (interior\*\*) FR**R** • Parque temático (Isla Mágica\*) FP.
Alrededores : Itálica\* 9 km por ⑥

6 MÉRIDA E LA ALGABA F

SANTIPONCE
A 66 · E 803
N 630
A 8078
P

SAN JERÓNIMO
A 8006
A 8002
A 8005
a

Encauzamiento
SE 20
PARQUE
DEL ALAMILLO
CAMAS
SE 30
20
21
Puente
de la Corta
18

ISLA
MÁGICA
AUDITORIO
Eucaliptus
225
292 b
92
283
87
229
282
110
198
Carret. de Carmona
PALACIO DE DEPORTES

LA CARTUJA
LA CORTA
La
Cartuja
OMNIMAX
P
X
p
285
5 R
d
45
175
252
195
BARRIO DE
STA CRUZ
GIRALDA
H
72
ALCÁZAR
52
267
177
38
San Bernardo
107
247
85
132
120
82
46
182
167
212

STA. JUSTA
102
k
139
Luis Monto
e 161 b
100
Gran Plaza
270
u
60
125
8

17
Puente del
Patrocinio
d a
57
TRIANA
145
185
59

16
Puente del
Patrocinio
Puente
Reina Sofía
SE 20
Coria
157
b
217
255
265
13
Blas Infante
FERIA
249
295 322
33
136
G 114
PARQUE DE
MARÍA LUISA
Museo
Arqueológico
24
M
c
a

5
HUELVA
A 49 · E 1
R
15

SAN JUAN BAJO
San Juan Bajo
Av. Juan Pablo II
Puente
Rey J. Carlos
Puente
de las Delicias
215

SAN JUAN DE
AZNALFARACHE
A 8057
AERÓDROMO
DE TABLADA
12
Carretera de la Esclusa

GELVES
A 8658

Puente del
V Centenario
9
545
8
A 4

CORIA DEL RÍO E F 4 CÁDIZ 4

PARQUE
DE
MIRAFLORES

GUADALQUIVIR
Navarra
Medina

PINEDA
244

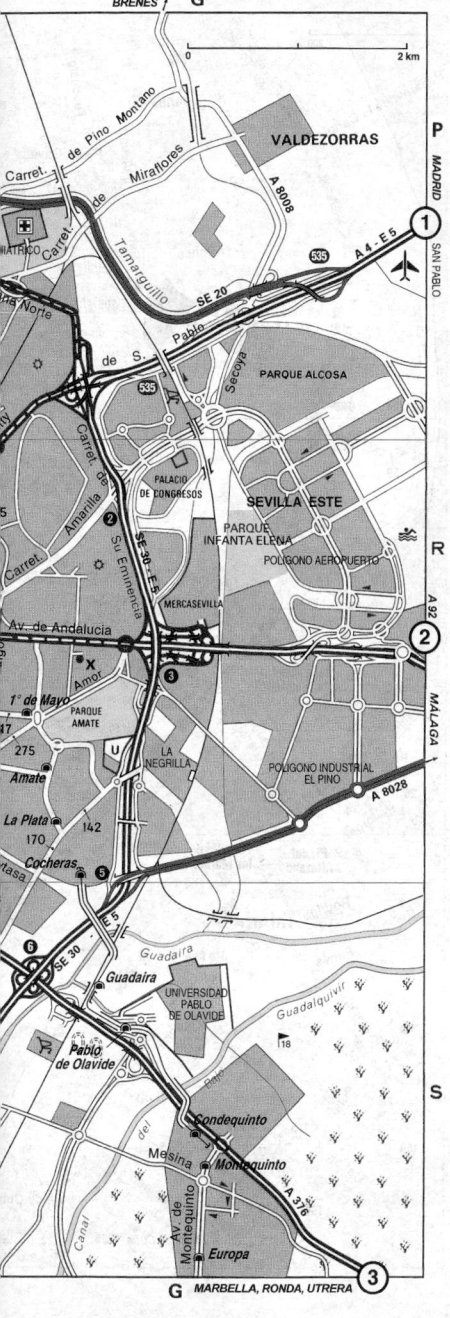

## SEVILLA

**ESPAÑA**

# SEVILLA

ESPAÑA

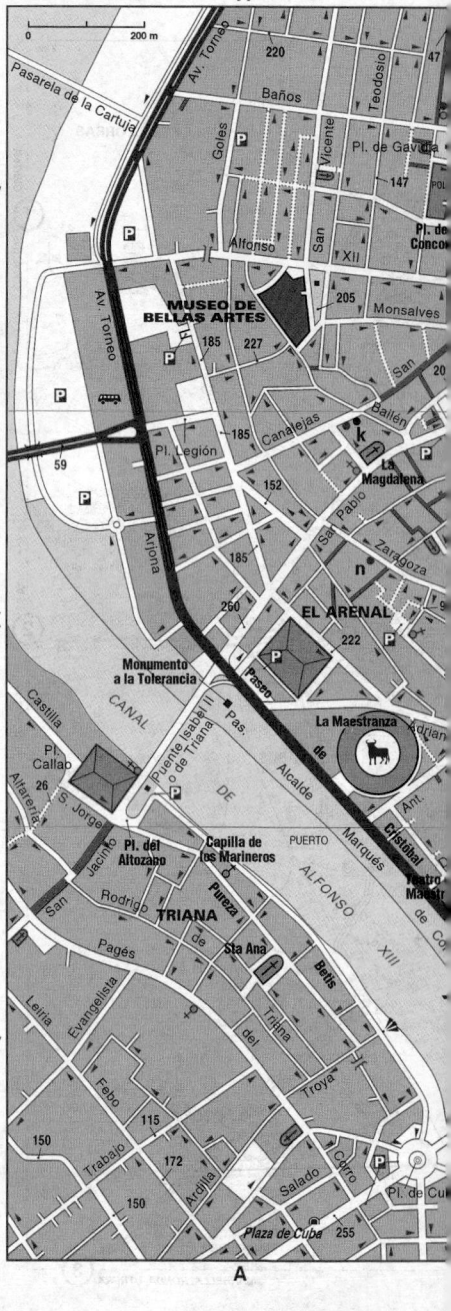

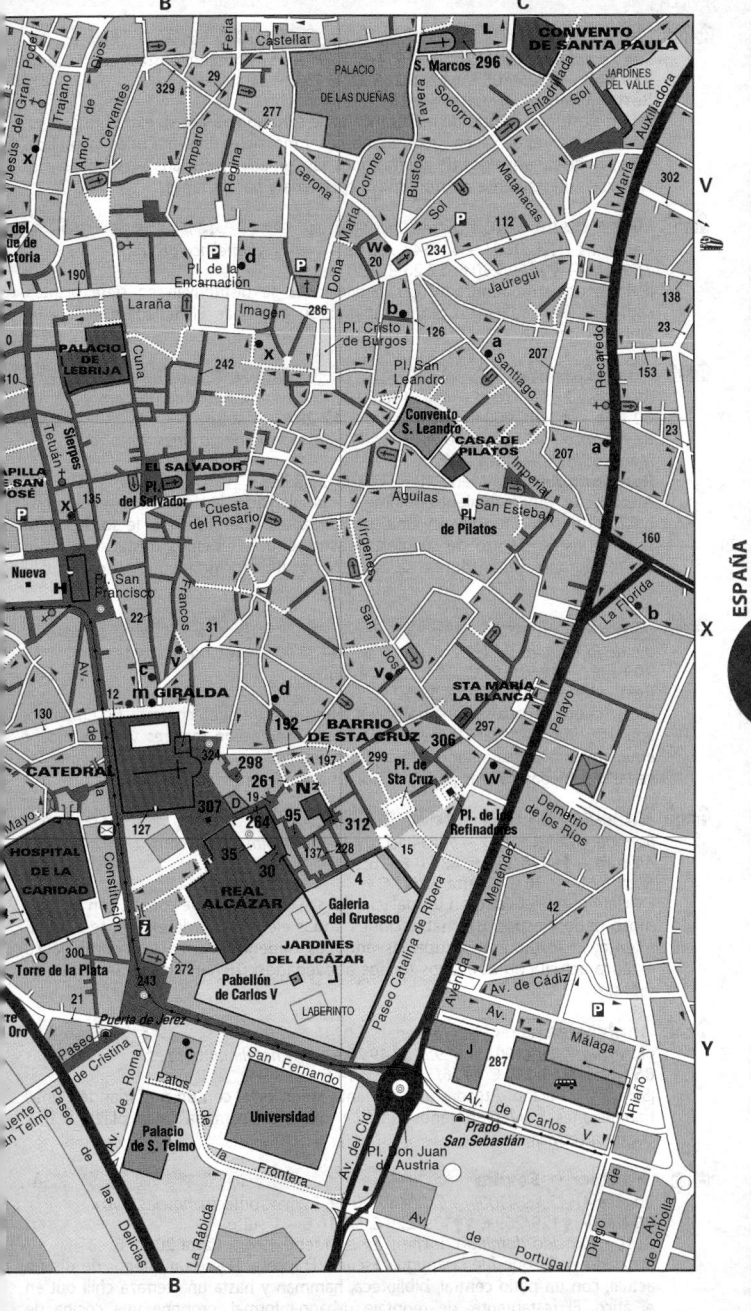

### 🛆🛆🛆 **Alfonso XIII** 　🛏 🛜 ⅃ 🕭 🖻 🕭 ㅎ hab, 🔟 🗱 🤶 🛆 🖪 🛆
*San Fernando 2* ✉ *41004 –* 𝒞 *954 91 70 00 – www.hotel-alfonsoxiii-sevilla.com*
**130 hab** – ♦205/705 € ♦♦265/765 €, ☲ 19 € – 21 suites 　　　　BY**c**
**Rest** – Menú 35 € – Carta 56/82 €
Este majestuoso edificio de estilo andaluz le sorprenderá por su exquisita decoración, pues en él conviven arcos, arabescos y mosaicos. Presenta unas magníficas zonas nobles y tres tipos de habitaciones, las llamadas castellanas, las árabes y las andaluzas. Restaurante gastronómico, coctelería y bar de tapas.

### 🛆🛆🛆 **Gran Meliá Colón** sin rest, con cafetería 　　🕭 🖻 🕭 ㅎ 🔟 🗱 🤶 🛆 🛆
*Canalejas 1* ✉ *41001 –* 𝒞 *954 50 55 99 – www.granmeliacolon.com*
**159 hab** – ♦♦160/250 €, ☲ 26 € – 30 suites 　　　　　　　　AX**k**
¡Reformado y modernizado! Las habitaciones se distribuyen en siete plantas, cada una dedicada a un pintor español. Su gastrobar, El Burladero, refleja un ambiente taurino.

### 🛆🛆🛆 **Eme Catedral** ❶ 　　　　⅃ 🕮 🕭 🖻 🕭 ㅎ hab, 🔟 🗱 🤶 🛆 🛆
*Alemanes 27* ✉ *41004 –* 𝒞 *954 56 00 00 – www.emecatedralhotel.com*
**60 hab** – ♦150/3000 € ♦♦150/3500 €, ☲ 20 € – 1 suite 　　　BX**m**
**Rest Santo** – 𝒞 *954 56 10 20 (cerrado agosto y domingo,lunes y martes)*
Menú 55/65 € – Carta 29/61 €
**Rest Ostia Antica** – Menú 12 € – Carta 23/35 €
Atesora un emplazamiento realmente privilegiado junto a la Giralda, unas habitaciones de gran nivel y una terraza-azotea que, sin duda, le sorprenderá por sus vistas. Dentro de su oferta gastronómica debemos destacar la labor del restaurante Santo, donde se apuesta por una cocina mediterránea actualizada.

### 🛆🛆🛆 **Sevilla Center** 　　🔇 🛜 ⅃ 🕭 🖻 ㅎ hab, 🔟 🗱 🤶 🛆 🛆
*av. de la Buhaira 24* ✉ *41018 –* 𝒞 *954 54 95 00 – www.hotelescenter.com*
**209 hab** – ♦♦60/550 €, ☲ 15 € – 24 suites 　　　　　　　FR**n**
**Rest** – Menú 30 € – Carta 33/50 €
Presenta una espaciosa zona noble y habitaciones de buen confort... sin embargo, aquí hay que destacar las de las platas superiores, con mejores vistas y mayor equipamiento. El restaurante, de carácter panorámico, se ve apoyado durante las cenas veraniegas con las parrilladas que hacen en la terraza-piscina.

### 🛆🛆🛆 **AlmaSevilla Palacio de Villapanés** 　　🕭 🖻 ㅎ hab, 🔟 🗱 rest, 🤶
*Santiago 31* ✉ *41003 –* 𝒞 *954 50 20 63 – www.almasevilla.com* 　　🛆 🛆
**44 hab** – ♦♦173/315 €, ☲ 20 € – 6 suites 　　　　　　　　CV**a**
**Rest** – Menú 36 € – Carta 32/41 €
Parcialmente instalado en un palacio del s. XVIII, por lo que cuenta con un hermoso patio y espaciosas habitaciones, todas elegantes y de excelente equipamiento. El restaurante ocupa las antiguas bodegas, por lo que combina su estética actual con atractivos techos abovedados. ¡Tienen un menú a base de tapas!

### 🛆🛆🛆 **Inglaterra** sin rest, con cafetería 　　　　🖻 ㅎ 🔟 🤶 🛆 🛆
*pl. Nueva 7* ✉ *41001 –* 𝒞 *954 22 49 70 – www.hotelinglaterra.es* 　AX**r**
**86 hab** – ♦63/140 € ♦♦76/173 €, ☲ 14 €
¡Solera y tradición! Atesora una elegante zona social con un pub irlandés, unas habitaciones muy bien renovadas, las mejores asomadas a la plaza, y una coqueta terraza-azotea.

### 🛆🛆🛆 **Fontecruz Sevilla** 　　　🛜 ⅃ 🕭 🖻 ㅎ hab, 🔟 🗱 🤶 🛆
*Abades 41-43* ✉ *41004 –* 𝒞 *954 97 90 09 – www.fontecruzhoteles.com*
**39 hab** – ♦129/269 € ♦♦139/279 €, ☲ 16 € – 1 suite 　　　BX**d**
**Rest** – *(cerrado domingo noche y lunes)* Menú 19 € – Carta 20/38 €
Instalado en lo que fue la antigua Escuela Francesa. Posee un interior de diseño actual, con un patio central, biblioteca, hamman y hasta una terraza chill out en el ático. El restaurante, de montaje urbano-informal, propone una cocina de tinte actual.

### 🏨 **Ribera de Triana**  ⟨ ⅃ ♬ ⌷ 🛎 ⅃ hab, 🎦 ℅ rest, 🛜 🏖 🚗

*pl. Chapina* ✉ 41010 – 𝒞 954 26 80 00 – *www.hotelriberadetriana.com*
**135 hab** – ♦♦59/165 € , ⬚ 14 € – 2 suites      ER**c**
**Rest** – Menú 25/36 € – Carta 32/43 €

Un hotel que destaca por su hall, abierto hasta el techo y con ascensores panorámicos, su amplia terraza y sus habitaciones, la mitad con vistas al Guadalquivir. En el restaurante podrá degustar los platos propios de la cocina clásica italiana.

### 🏨 **AC Sevilla Torneo** sin rest, con cafetería  🛎 ⅃ 🎦 ℅ 🛜 🏖 🚗

*av. Sánchez Pizjuan 32* ✉ 41009 – 𝒞 954 91 59 23
– *www.hotelacsevillatorneo.com*      FP**b**
**81 hab** – ♦♦53/132 € , ⬚ 11 €

Emplazado cerca del puente del Alamillo. Dispone de un moderno hall, con cafetería y comedor para los desayunos, así como un patio con sillones y unas habitaciones actuales.

### 🏨 **Monte Triana** sin rest, con cafetería  🛎 ⅃ 🎦 ℅ 🛜 🏖 🚗

*Clara de Jesús Montero 24* ✉ 41010 – 𝒞 954 34 31 11 – *www.hotelesmonte.com*
**113 hab** – ♦52/154 € ♦♦52/160 € , ⬚ 11 € – 1 suite      ER**a**

Si desea alojarse en el popular barrio de Triana esta es una de las opciones más interesantes. Presenta una amplia zona social de línea clásica y habitaciones de estilo funcional-actual, todas con los cabeceros en madera y tela.

### 🏨 **Hilton Garden Inn Sevilla** 🆕  ⅃ ♬ ⌷ ⅃ hab, 🎦 hab, 🛜 🏖 🚗

*Ingeniería 11* ✉ 41015 – 𝒞 955 05 40 54 – *www.sevilla.hgi.com*      FP**a**
**138 hab** – ♦♦52/170 € , ⬚ 14 € – 2 suites
**Rest** – Menú 14/31 € – Carta 24/34 €

Se halla en una zona nueva de la ciudad, ocupando una de las modernas torres acristaladas de un parque empresarial. Hall de uso polivalente, habitaciones de línea funcional-actual y sencillo comedor, donde ofrecen tanto carta como menú. ¡Tienda 24 horas!

### 🏨 **Casa Sacristía de Santa Ana** sin rest  🛎 ⅃ 🎦 ℅ 🛜

*Alameda de Hércules 22* ✉ 41002 – 𝒞 954 91 57 22 – *www.hotelsacristia.com*
**25 hab** – ♦60/300 € ♦♦60/320 € , ⬚ 10 €      FR**b**

¡En una casa señorial del s. XVIII! De la antigua sacristía solo queda su estructura original y algunas puertas usadas ahora como cabeceros. Posee un hermoso patio típico que funciona como zona social y habitaciones de línea clásica-actual.

### 🏨 **Palace Sevilla** 🆕 sin rest  🛎 ⅃ 🎦 ℅ 🛜 🚗

*pl. de la Encarnación 17* ✉ 41003 – 𝒞 955 31 09 09 – *www.hotelsevillapalace.es*
**34 hab** – ♦80/390 € ♦♦95/450 € , ⬚ 10 €      CV**d**

Destaca por sus espectaculares vistas al Metropol Parasol, una gigantesca estructura de madera en forma de setas unidas entre sí. Ofrece sorprendentes habitaciones de recarga estética isabelina y una azotea-terraza de carácter panorámico.

### 🏨 **Patio de la Alameda** sin rest  🛎 ⅃ 🎦 ℅ 🛜 🚗

*Alameda de Hércules 56* ✉ 41002 – 𝒞 954 90 49 99
– *www.patiodelaalameda.com*      FR**x**
**39 hab** – ♦40/125 € ♦♦50/150 € , ⬚ 8 €

Tras un cambio en la filosofía de la casa ahora se presenta con unas habitaciones bastante amplias, todas de estilo clásico-actual. Aquí lo mejor son sus tres agradables patios, dos abiertos y uno techado que funciona como zona social.

### 🏨 **Ítaca Sevilla** 🆕 sin rest  🛎 ⅃ 🎦 🛜

*Santillana 5-7* ✉ 41004 – 𝒞 954 22 81 56 – *www.itacasevilla.com*      BV**x**
**22 hab** ⬚ – ♦60/300 € ♦♦70/400 €

Ocupa una antigua casa señorial y se encuentra a pocos pasos de la plaza de la Encarnación, donde está la espectacular estructura Metropol Parasol. Ofrece un precioso patio que hace de zona social y habitaciones de línea funcional-actual.

### 🏨 **Venecia** 🆕 sin rest  🛎 🎦 ℅ 🛜 🚗

*Trajano 31* ✉ 41002 – 𝒞 954 38 11 61 – *www.hotelveneciasevilla.es*
**21 hab** – ♦45/75 € ♦♦57/97 € , ⬚ 6 €      BV**x**

Íntimo, urbano y bien reformado para adoptar una estética actual. Ofrece habitaciones de diferentes tamaños, todas con mobiliario actual-funcional y los suelos en granito.

ESPAÑA

### 🏠 **Amadeus Sevilla** 🆕 sin rest · 🖥 🛗 🅰🅲 🛇 🗟

*Farnesio 6 ⊠ 41004 – 𝒞 954 50 14 43 – www.hotelamadeussevilla.com*
**30 hab** – †80/100 € ††95/135 €, ☕ 10 €                                              CX**v**

¡Atribuye a la música clásica las claves de su filosofía! Posee un patio, una sala de té, una terraza-bar en la azotea y elegantes habitaciones, muchas con mobiliario inglés.

### 🏠 **Alcoba del Rey de Sevilla** sin rest · 🖥 🛗 🅰🅲 🛇 🗟

*Bécquer 9 ⊠ 41002 – 𝒞 954 91 58 00 – www.alcobadelrey.com*                    FR**p**
**15 hab** ☕ – †100/232 € ††144/258 €

Una fantástica opción para descubrir la estética andalusí. Ofrece preciosas habitaciones, todas personalizadas, y una original zona social, con un pequeño patio mudéjar, una zona chill-out en la azotea, el sonido del discurrir del agua...

### 🏠 **La Casa del Maestro** sin rest · 🛗 🅰🅲 🗟

*Niño Ricardo 5 ⊠ 41003 – 𝒞 954 50 00 07 – www.lacasadelmaestro.com*
**11 hab** ☕ – †75/190 € ††85/260 €                                                      CV**b**

Ocupa una bonita casa sevillana, donde vivió el famoso guitarrista flamenco Niño Ricardo. Posee un agradable patio, una terraza-solárium en la azotea y coquetas habitaciones, todas personalizadas y con cierto encanto.

### 🏠 **Maestranza** sin rest · 🖥 🅰🅲 🛇 🗟

*Gamazo 12 ⊠ 41001 – 𝒞 954 56 10 70 – www.hotelmaestranza.es*
**18 hab** – †41/55 € ††57/87 €                                                             BX**s**

Establecimiento de organización familiar emplazado cerca del coso taurino, en una típica casa sevillana que ha sido restaurada. Ofrece un bonito patio a la entrada, que hace las veces de zona social, y unas habitaciones de línea funcional.

### 🏠 **Puerta de Sevilla** sin rest · 🖥 🛗 🅰🅲 🛇 🗟

*Puerta de la Carne 2 ⊠ 41004 – 𝒞 954 98 72 70*
*– www.hotelpuertadesevilla.com*                                                          CX**w**
**16 hab** – †45/95 € ††55/120 €, ☕ 8 €

Bien ubicado a la entrada del barrio de Santa Cruz. Tras su elegante fachada se presenta con una zona social clásica y unas cuidadas habitaciones, algo pequeñas pero bastante alegres. ¡Ofrece un agradable solárium con hamacas en la azotea!

### 🟥🟥🟥 **Taberna del Alabardero** con hab · 🖥 🛗 hab, 🅰🅲 🛇 🗟 🚗

*Zaragoza 20 ⊠ 41001 – 𝒞 954 50 27 21 – www.tabernadelalabardero.es*
*– cerrado agosto*                                                                              AX**n**
**7 hab** ☕ – †80/150 € ††110/190 €   **Rest** – Menú 48/58 € – Carta 40/60 €

Esta casa-palacio del s. XIX tiene sus elegantes salas distribuidas en torno a un bucólico patio andaluz, que funciona como salón de té. Su carta contempla dos partes, una tradicional y otra actual-creativa. Si desea alojarse encontrará unas magníficas habitaciones, personalizadas y con mobiliario de época.

### 🟥🟥🟥 **Abantal** (Julio Fernández) · 🅰🅲 🛇

🍃
*Alcalde José de la Bandera 7 ⊠ 41003 – 𝒞 954 54 00 00*
*– www.abantalrestaurante.es – cerrado del 4 al 31 de agosto, domingo y lunes*
**Rest** – Menú 57/72 € – Carta 48/57 €                                                   CX**b**

Encontrará una única sala de ambiente moderno, con las paredes desnudas para que todos nuestros sentidos se centren en los platos. Su cocina creativa, bien concebida y ejecutada, se ve reflejada en dos interesantes menús degustación.

→ Corvina curada en sal con tomate seco, cebolla suave y alcaparras. Romerete de Conil con puré de patatas, crema de camarones tostados y navajas. Poleá ligera con pestiño y helado de canela.

### 🟥🟥 **Salvador Rojo** · 🅰🅲 ⇔

*av. Manuel Siurot 33 ⊠ 41013 – 𝒞 954 22 97 25 – www.salvadorrojo.com*
*– cerrado agosto, domingo y domingo noche resto del año*
**Rest** – *(solo cena en agosto)* Menú 40 € – Carta 30/63 €                      FS**a**

Instalado en un edificio que, por sí mismo, ya es un reclamo. Combinan las formas irregulares y los detalles de diseño con una cocina actual. ¡Buen gastrobar en la 1ª planta!

## XX Tribeca **N** ✧

*Chaves Nogales 3 ⊠ 41018 – 𝒞 954 42 60 00 – www.restaurantetribeca.com – cerrado agosto y domingo* **FRe**

**Rest** – Menú 40/60 € – Carta 40/50 €

Está llevado entre hermanos, presenta detalles de diseño y debe su nombre a un famoso barrio de Nueva York. Carta de tinte actual y buenos pescados, estos como sugerencias.

## XX Az-Zait ▣ ⅍

*pl. San Lorenzo 1 ⊠ 41002 – 𝒞 954 90 64 75 – www.az-zaitrestaurantes.com – cerrado agosto y domingo* **FRd**

**Rest** – Menú 33/50 € – Carta aprox. 35 €

Toma su nombre de un vocablo árabe que significa "jugo de aceituna" (aceite). Encontrará un sugerente servicio de tapas a la entrada y una carta bien equilibrada, entre la cocina internacional y los platos tradicionales de tintes creativos.

## XX Casa Robles 🍴 ▣ ⅍ ✧

*Álvarez Quintero 58 ⊠ 41004 – 𝒞 954 56 32 72 – www.roblesrestaurantes.com*

**Rest** – Carta 30/50 € **BXc**

Esta casa, muy turística, está avalada por el peso de una larga trayectoria, presentándose actualmente con una terraza, un bar de tapas y varias salas de línea clásica-regional. Cocina tradicional con platos regionales bien elaborados.

## XX El Asador de Aranda 🍴 ▣ ⅍ **P**

*Luis Montoto 150 ⊠ 41005 – 𝒞 954 57 81 41 – www.asadoresdearanda.com – cerrado agosto y domingo noche* **FRb**

**Rest** – Menú 25/46 € – Carta 30/50 €

Casa señorial que sorprende por sus bellos exteriores. Las salas, de aire castellano, se definen por la profusión de maderas y vidrieras. ¡Aquí la especialidad es el Lechazo!

## XX Jaylu 🍴 ▣ ⅍

*López de Gomara 19 ⊠ 41010 – 𝒞 954 33 94 76 – www.restaurantejaylu.com – cerrado sábado y domingo en agosto y domingo noche resto del año*

**Rest** – Carta 36/67 € **ERb**

Es muy conocido por la calidad de los pescados y mariscos que sirven, muchos de ellos procedentes de la pesca de bajura realizada, siempre con artes tradicionales, en las costas andaluzas.

## XX Becerrita ▣ ⅍ ✧ 🍷

*Recaredo 9 ⊠ 41003 – 𝒞 954 41 20 57 – www.becerrita.com – cerrado sabado noche y domingo en verano, domingo noche resto del año* **CXa**

**Rest** – Menú 25/45 € – Carta 31/45 €

Este acogedor negocio combina diversos detalles clásicos con otros de aire andaluz. Carta de tapas en el gastrobar, sabrosas especialidades regionales y completa bodega.

## X Eslava **N** con hab 📶 ▣ ⅍ rest, 📶

*Eslava 5 ⊠ 41002 – 𝒞 954 90 65 68 – www.espacioeslava.com* **FRd**

**4 apartamentos** – †† 90/275 €, � 12 €

**Rest** – *(cerrado del 7 al 16 de enero, del 4 al 25 de agosto, domingo noche y lunes)* Carta 30/50 €

Se halla en el famoso barrio de San Lorenzo y, poco a poco, se está convirtiendo en uno de los referentes de la cocina tradicional actualizada en esta ciudad. Ofrece un pequeño comedor de línea actual-funcional, un bar de tapas de acceso independiente y, por si desea alojarse, cuatro excelentes apartamentos.

## X El Espigón ▣ ⅍

*Bogotá 1 ⊠ 41013 – 𝒞 954 23 92 56 – www.elespigon.com* **FRc**

**Rest** – Menú 44/53 € – Carta 30/55 €

Frecuentado por gente de negocios. Ocupa una casa sevillana del barrio residencial del Porvenir, con las paredes cubiertas de madera y detalles marineros. Pescados y mariscos.

ESPAÑA

## ✗ Manolo Vázquez
☒☒ ☒

*Baltasar Gracián 5 ⊠ 41007 – ℰ 954 57 21 46 – www.manolovazques.es*
*– cerrado domingo en julio y agosto*  **FRk**
**Rest** – Menú 25/42 € – Carta 30/58 €

Restaurante de cocina tradicional andaluza en el que los pescados y mariscos, normalmente de las costas de Huelva, se alzan con un especial protagonismo. Decoración algo recargada, carta "cantada" y clientela de negocios.

## ✗ El Rinconcillo
☒☒ ☒ ☒

*Gerona 40 ⊠ 41003 – ℰ 954 22 31 83 – www.elrinconcillo.es – cerrado*
*30 julio-17 agosto*  **CVw**
**Rest** – Menú 28/52 € – Carta 30/43 €

Negocio con encanto llevado entre dos hermanos. Dispone de una atractiva taberna en la planta baja y dos salas rústicas en los pisos superiores. Carta tradicional muy variada, con pescados y asados.

## ❤ Don Juan de Alemanes 🆕
☒ ☒☒ ☒

*Alemanes 7 ⊠ 41004 – ℰ 954 56 32 32 – www.donjuandealemanes.es*
**Rest** – Tapa 4 € – Ración aprox. 11 €  **BXm**

Este amplio y moderno bar de tapas, ubicado junto a la Catedral, se presenta como un espacio ecléctico donde intentan aportar una oferta gastronómica diferente, más fresca y orientada a un público urbanita. Cocina tradicional actualizada.

## ❤ Robles Placentines
☒ ☒☒

*Placentines 2 ⊠ 41004 – ℰ 954 21 31 62 – www.roblesrestaurantes.com*
**Rest** – Tapa 3,50 € – Ración aprox. 9 €  **BXv**

Buen bar tipo mesón, con profusión de maderas y una sala en la 1ª planta, donde todo gira en torno al mundo de la tauromaquia. Ofrece una sugerente carta de tapas y raciones.

## ❤ El Burladero – Hotel Gran Meliá Colón
☒☒ ☒

*Canalejas 1 ⊠ 41001 – ℰ 954 50 78 62 – www.granmeliacolon.com*
**Rest** – Tapa 3,50 € – Ración aprox. 13 €  **AXk**

Gastrobar de estética moderna decorado con fotos de toreros. Posee un buen expositor de vinos y chacinas, una sala con dos privados y unas deliciosas tapas de cocina actual.

## ❤ Casa La Viuda
☒ ☒☒ ☒

*Albareda 2 ⊠ 41001 – ℰ 954 21 54 20 – cerrado domingo en julio y agosto*
**Rest** – Tapa 3 € – Ración aprox. 10 €  **BXx**

Se halla en el corazón peatonal de Sevilla y recrea una cuidada estética tradicional, combinado el hierro con las maderas nobles talladas. Tapas tradicionales y de vanguardia.

## ❤ Dos de Mayo
☒☒ ☒

*pl.de la Gavidia 6 ⊠ 41002 – ℰ 954 90 86 47 – cerrado domingo en julio y*
*agosto*  **AVa**
**Rest** – Tapa 3 € – Ración aprox. 10 €

Este negocio, que está totalmente reformado en un estilo clásico-antiguo, emana historia y tradición, pues el local data de finales del s. XIX. Tapas típicas de la ciudad.

## ❤ Puratasca
☒ ☒☒ ☒

*Numancia 5 ⊠ 41010 – ℰ 954 33 16 21 – cerrado 7 días en enero, 7 días en*
*abril, fines de semana en agosto, domingo y lunes resto del año*  **ERd**
**Rest** – Tapa 5 € – Menú 35 €

Un bar de tapas que ha sabido, por méritos propios, ganarse un nombre en el barrio de Triana. Tiene el aspecto de una tasca tradicional... sin embargo, aquí proponen unos platos actuales y creativos, bastante bien concebidos y copiosos.

Cuestión de standing : no espere el mismo servicio en un ✗ o en un 🏠
que en un ✗✗✗✗✗ o en un 🏠🏠🏠.

## ℽ/ **Bodega Mi Tierra**  🔠

*Tamar 3 (antigua travesía Estornino 6)* ⊠ *41006 – 𝒞 954 07 73 46 – cerrado del 1 al 24 de agosto, lunes noche, martes noche y miércoles noche en invierno, sábado en verano y domingo* **GRx**

**Rest** – Tapa 2,75 € – Ración aprox. 14,50 €

Alejado del centro pero sumamente interesante, pues en un local de típico ambiente andaluz hallaremos una cocina que sorprende por sus notas creativas, apreciables sobre todo en las tapas. ¡Pruebe su Burguer de gambas o el Tataki de atún!

## ℽ/ **Eslava** 🅽 ⌸

*Eslava 3* ⊠ *41002 – 𝒞 954 90 65 68 – www.espacioeslava.com – cerrado del 7 al 17 de enero, del 6 al 26 de agosto, domingo noche y lunes* **FRd**

**Rest** – Tapa 3 € – Ración aprox. 12 €

Reconocido por el público y la crítica, no en vano ha sido galardonado con varios premios en diferentes certámenes gastronómicos. De sus fogones surgen las tapas propias de una cocina tradicional actualizada y algún que otro guiso.

## ℽ/ **El Rinconcillo** 🔠 ⌸

*Gerona 40* ⊠ *41003 – 𝒞 954 22 31 83 – www.elrinconcillo.es – cerrado del 3 al 19 de agosto* **CVw**

**Rest** – Tapa 2 € – Ración aprox. 8 €

Una visita obligada si piensa hacer una ruta de tapas, pues goza de auténtico encanto, solera y tradición. Ocupa dos locales, uno de ellos en una vieja tienda de ultramarinos.

---

**SIERRA BLANCA** – Málaga – ver Ojén

---

**SIERRA DE CAZORLA** – Jaén – ver Cazorla

---

**SIERRA NEVADA** – Granada – **578** U19 – alt. 2 080 m – Deportes de invierno : ⬂20 ⬂2 ⬂1     2 D1

▶ Madrid 461 – Granada 31

## 🏨 **Meliá Sol y Nieve** 🅽 ⩽ 🏧 𝄢 🖪 & ⌸ hab, 🤶 🚗

*pl. Pradollano* ⊠ *18193 – 𝒞 958 48 03 00 – www.melia-sol-y-nieve.com – diciembre-abril*

**258 hab** ⌸ – †75/300 € ††90/420 €

**Rest** – *(solo cena sólo buffet)* Menú 39 €

Destaca tanto por su ubicación, a unos 100 m de los remontes, como por sus modernas instalaciones, con amplias zonas sociales, un espectacular SPA de 2500 m² y dos tipos de habitaciones, las nuevas más modernas y con servicios exclusivos. El restaurante, también moderno, disfruta de abundante luz natural.

## 🏨 **Meliá Sierra Nevada** 🏧 𝄢 🖪 ⌸ 🤶 🚗

*pl. Pradollano* ⊠ *18193 – 𝒞 958 48 04 00 – www.melia-sierra-nevada.com – 30 noviembre-14 abril*

**221 hab** ⌸ – †75/300 € ††90/420 €     **Rest** – Carta 30/46 €

¡En plena estación invernal! Disfruta de un hall clásico, donde hay una academia de esquí, un completo SPA dotado de vistas a las montañas y unas confortables habitaciones de línea clásica. Sencillo restaurante con profusión de madera.

## 🏨 **Kenia Nevada** ⩽ 𝄢 🖪 🔠 rest, ⌸ 🤶 🚗

*Virgen de las Nieves 6* ⊠ *18193 – 𝒞 958 48 09 11 – www.kenianevada.com – 15 mayo-15 noviembre*

**67 hab** – †46/129 € ††75/215 €, ⌸ 19 €     **Rest** – *(solo buffet)* Menú 19 €

Instalado en un precioso edificio de estética alpina. Tanto las zonas sociales como sus habitaciones poseen detalles de ambiente rústico-montañés y, en muchos casos, vistas a las montañas. El comedor, de sencillo montaje pero también rústico, basa su oferta gastronómica en un nutrido servicio de buffet.

ESPAÑA

▶ Madrid 129 – Guadalajara 73 – Soria 96 – Zaragoza 191

🔢 Serrano Sanz 9 , 🖂 19250, 𝒞 949 34 70 07, www.siguenza.es

◉ Catedral★★ (Interior : puerta capilla de la Anunciación★, conjunto escultórico del crucero★★, techo de la sacristía★, cúpula de la capilla de las Reliquias★, púlpitos presbiterio★, crucifijo capilla girola★ - Capilla del Doncel : sepulcro del Doncel★★)

**ⒶⒶⒶ  Parador de Sigüenza**                                    🕭 🛉 🛗 🎥 🤵 🤖 🛜 🏋 🅿
*pl. del Castillo* 🖂 *19250 –* 𝒞 *949 39 01 00 – www.parador.es*
**81 hab** – ╫68/132 € ╫╫85/165 €, ⴷ 16 €
**Rest** – Menú 27/33 € – Carta 32/48 €
Instalado en un castillo medieval cuyas murallas testimonian un pasado colmado de historia. El conjunto atesora un amplio patio de armas, estancias con decoración castellana de época y un hermoso salón-comedor, donde podrá degustar platos regionales y algunas especialidades típicas como las Migas del pastor.

**ⒶⒶ  HC Sigüenza ⓝ** sin rest                                     🕭 🛗 🎥 🤵 🛜 🏋
*av. AlfonsoVI-7* 🖂 *19250 –* 𝒞 *949 39 19 74 – www.hotelhcsiguenza.com*
**24 hab** ⴷ – ╫45/55 € ╫╫70/90 €
Hotel de nueva construcción ubicado junto al parque de La Alameda, en la parte baja de la localidad. Ofrece una correcta zona social y habitaciones actuales, tres de ellas abuhardilladas.

**Ⓐ  La Casona de Lucía** sin rest                                   🕭 🤵 🛜
*bajada de San Jerónimo 12* 🖂 *19250 –* 𝒞 *949 39 01 33*
*– www.lacasonadelucia.com*
**10 hab** – ╫50/65 € ╫╫67/75 €, ⴷ 6 €
Antigua casa de labranza de carácter familiar construida en piedra. Posee un patio interior, un coqueto salón social y habitaciones detallistas, tres abuhardilladas y cada una con el nombre de una de las puertas que dan acceso a la ciudad.

**ⓍⓍ  El Doncel** con hab                                          🎥 🤵 🛜
*paseo de la Alameda 3* 🖂 *19250 –* 𝒞 *949 39 00 01 – www.eldoncel.com*
*– cerrado del 23 al 31 de diciembre y del 15 al 28 de febrero*
**18 hab** – ╫╫53/71 €, ⴷ 8,50 €
**Rest** – *(cerrado domingo noche y lunes)* Menú 50/64 € – Carta 46/53 €
Disfrute de un comedor rústico-moderno, con las paredes en piedra y vigas de madera. Su carta, actual, de bases tradicionales y con tintes de autor, se completa con dos menús. También ofrece unas confortables habitaciones, todas actuales con detalles rústicos.

**Ⓧ  Calle Mayor**                                               🎥 🤵
*Mayor 21* 🖂 *19250 –* 𝒞 *949 39 17 48 – www.restaurantecallemayor.com*
*– cerrado del 20 al 31 de diciembre, domingo noche y lunes salvo verano*
**Rest** – Menú 15/27 € – Carta 25/37 €
Restaurante rústico-actual instalado en una casa que data del s. XVI. Presenta una sala en dos niveles y ofrece una cocina de base tradicional, con toques actuales y la opción de menús. ¡Pruebe sus Manitas de cerdo rellenas de caracoles!

**Ⓧ  Nöla ⓝ**                                                   🎥 🤵
*Mayor 41* 🖂 *19250 –* 𝒞 *949 39 32 46 – www.nolarestaurante.es – Cerrado del 7 al 30 de enero,domingo noche, lunes,martes y miercoles de octubre a marzo, martes y miercoles mediodía resto del año*
**Rest** – *(es necesario reservar)* Menú 25/43 € – Carta 25/31 €
Se halla cerca del castillo-parador y con su nombre homenajea al legendario cocinero-escritor Robert de Nola. Encontrará una pequeña barra, un sencillo comedor de aire rústico-actual y una carta actual muy bien complementada por tres menús.

**en Alcuneza** Noreste : 6 km

**ⒶⒶ  El Molino de Alcuneza ⓝ**                            🕭 🚗 🏊 🤵 rest, 🛜 🏋 🅿
🖂 *19250 Sigüenza –* 𝒞 *949 39 15 01 – www.molinodealcuneza.com*
**17 hab** ⴷ – ╫85/160 € ╫╫140/220 €
**Rest** – *(solo clientes, solo cena)* Menú 30/50 €
Antiquísima casa-molino que aún conserva la maquinaria en perfecto funcionamiento. Posee un salón con parte del suelo acristalado y coquetas habitaciones, las de la casa principal rústicas y las del anexo actuales. En el comedor, reservado a los clientes alojados, proponen tres buenos menús de cocina moderna.

ESPAÑA

## SÍSAMO – A Coruña – 571 C3 – 876 h.

19 B1

▶ Madrid 624 – Santiago de Compostela 112 – A Coruña 39 – Pontevedra 171

↑ **Pazo do Souto**  🐾 🚗 ⌛ ✕ 🍴 rest, 🛜 **P**

*Torre 1 ⊠ 15106 – ℰ 981 75 60 65 – www.pazodosouto.com – cerrado enero y febrero*

**12 hab** – ♦35/55 € ♦♦55/70 €, ⊊ 7 €

**Rest** – *(solo clientes, solo cena)* Menú 18 € – Carta 25/40 €

Pazo del s. XVII que sirvió como residencia al Marqués de Montenegro. Disfruta de un bello entorno, unos cálidos rincones y coquetas habitaciones, la mayoría con mobiliario de época. En el comedor ofrecen una carta con tablas variadas, carnes, verduras...

---

## SITGES – Barcelona – 574 I35 – 29 039 h. – Playa

15 A3

▶ Madrid 597 – Barcelona 45 – Lleida/Lérida 135 – Tarragona 53

🖼 Sinia Morera 1, ⊠ 08870, ℰ 938 94 42 51, www.sitgestur.cat

🏨 Terramar, ℰ 938 94 05 80

◉ Localidad★★ - Casc antic★★ – Museo del Cau Ferrat★★ EZ – Museo Maricel de Mar★ EZ – Casa Llopis★ DY

*Plano página siguiente*

🏨 **Avenida Sofía** ⓝ  🏛 ⌛ 🔲 📶 🛁 🎞 & 📺 ✕ 🛜 🏋 🚗

*av. Sofía 12 ⊠ 08870 – ℰ 938 11 35 00 – www.hotelavenidasofia.com*

**77 hab** ⊊ – ♦♦129/247 € **Rest** – Carta 36/56 €  DZ**c**

Demuestra personalidad, pues aquí el diseño y la elegancia se dan la mano. Se halla en 2ª línea de playa, con una fachada moderna, un buen hall-lobby y unas habitaciones bastante cuidadas. Completo SPA con piscina de flotamiento (agua salada), piscina-terraza chill out en la azotea y un restaurante actual.

🏨 **San Sebastián Playa H.** 🐾 ⟨ 🏛 ⌛ 🎞 & hab, 📺 ✕ 🛜 🏋 🚗

*Port Alegre 53, por Port Alegre ⊠ 08870 – ℰ 938 94 86 76*
*– www.hotelsansebastian.com*

**51 hab** ⊊ – ♦♦99/239 €

**Rest** – *(cerrado diciembre y domingo noche)* Menú 25/40 € – Carta 30/57 €

Destaca tanto por su emplazamiento, en el paseo marítimo, como por sus cuidadas habitaciones, todas con mobiliario de gran calidad y unos preciosos cabeceros pintados a mano. Si desea una cena romántica no descarte su restaurante, pues desde su terraza... ¡podrá disfrutar de unas magníficas puestas de sol!

🏨 **Platjador** 🏛 ⌛ 🎞 📺 ✕ 🛜

*passeig de la Ribera 35 ⊠ 08870 – ℰ 938 94 50 54 – www.hotelsitges.com*
*– cerrado noviembre*  DZ**m**

**59 hab** ⊊ – ♦44/136 € ♦♦59/218 € **Rest** – Menú 14/19 €

Hotel de línea actual-funcional y buen confort general. En la 5ª planta ofrece un salón-bar con gran encanto, pues tiene una atractiva terraza-solárium panorámica. En su restaurante, de correcto montaje, proponen una cocina de tinte tradicional.

✕✕ **El Velero** 📺 ✕ ⟷

*passeig de la Ribera 38 ⊠ 08870 – ℰ 938 94 20 51 – www.restaurantevelero.com*
*– cerrado domingo noche salvo julio-agosto y lunes*  DZ**m**

**Rest** – Menú 23/53 € – Carta 41/55 € ❀

¡Solera, prestigio y una excelente organización familiar! Este negocio cuenta con dos comedores clásicos, un privado y una terraza cubierta que tiene la apariencia de un camarote. Cocina mediterránea de temporada y vinos de gran calidad.

✕✕ **Maricel** 🏛 📺

*passeig de la Ribera 6 ⊠ 08870 – ℰ 938 94 20 54 – www.maricel.es*
*– cerrado del 15 al 30 de noviembre, martes noche y miércoles salvo verano*

**Rest** – Menú 43/75 € – Carta 47/71 €  EZ**r**

Este restaurante familiar posee una atractiva terraza acristalada y dos comedores clásicos. Su carta alterna platos tradicionales, como los arroces, con otros más creativos.

ESPAÑA

## SITGES

ESPAÑA

---

### ✗✗ Fragata

🛋 AC ✗

*passeig de la Ribera 1* ✉ *08870* – ✆ *938 94 10 86*
*– www.restaurantefragata.com*                                    **EZp**
**Rest** – Carta 36/48 €

Un restaurante que ha sabido conjugar su legado familiar con una notable
modernización de las instalaciones. Su completa carta de cocina actual, con
diversos toques creativos, se ve enriquecida con un apartado de arroces más
tradicionales.

---

### ✗ Casa Hidalgo

AC ✧

*Sant Pau 12* ✉ *08870* – ✆ *938 94 38 95* – *www.casahidalgo.es*
*– cerrado 15 diciembre-15 enero, domingo noche y lunes*           **EZc**
**Rest** – Menú 15/40 € – Carta 31/48 €

Este céntrico local ofrece una sala de correcto montaje, un privado en el
sótano y una carta de cocina tradicional que se ve enriquecida tanto con
mariscos, algunos bajo pedido, como con platos gallegos. ¡Trabaja mucho el
menú del día!

☆ **La Nansa** 🕮 ⅏ ⟳
*Carreta 24 ✉ 08870 – 𝒞 938 94 19 27 – www.restaurantlanansa.com*
*– cerrado enero y miércoles* **EZn**
**Rest** – Menú 20/50 € – Carta 37/48 €
¡Llevado en familia y a un paso del paseo marítimo! Disfruta de un marcado ambiente marinero, pues se decora con nansas, redes y aparejos de pesca. Cocina tradicional catalana y marinera, muy honesta, con especialidades típicas de Sitges.

## en el puerto de Aiguadolç Oeste : 1,5 km

🏠🏠🏠 **Meliá Sitges** ⅏ ⟨ 🚗 🏠 🔟 🔲 *Ls* 🛎 ₺ hab. 🕮 �{?} ♨ 🚗
*Joan Salvat Papassect 38 ✉ 08870 Sitges – 𝒞 938 11 08 11*
*– www.melia-sitges.com*
**300 hab** – ♦♦105/395 €, ⊇ 20 € – 7 suites **Rest** – Carta 25/45 €
Enfocado tanto al cliente vacacional como al de negocios y convenciones, ya que posee un gran auditorio. Habitaciones clásicas de completo equipamiento, todas con terraza. El espacioso restaurante se complementa, si es necesario, con una carpa para banquetes.

🏠🏠🏠 **Estela Barcelona** ⟨ 🏠 🔟 🛎 ₺ hab. 🕮 ♨ �{?} ♨ 🚗
*av. Port d'Aiguadolç 8 ✉ 08870 Sitges – 𝒞 938 11 45 45 – www.hotelestela.com*
**64 hab** ⊇ – ♦90/145 € ♦♦105/180 € **Rest** – Menú 25/46 € – Carta 34/47 €
¡De línea actual y frente a una pequeña playa! Este hotel ofrece confortables habitaciones y unas zonas sociales que se caracterizan por tener esculturas y pinturas de arte contemporáneo expuestas durante el año. En su restaurante encontrará una carta tradicional, con un buen apartado de arroces.

☆☆ **La Cucanya** ❶ ⟨ 🏠 ₺ 🕮 ⟳
*passeig de les Drassanes 1-20 ✉ 08870 Sitges – 𝒞 938 94 07 68*
*– www.lacucanyaportsitges.es*
**Rest** – Carta 36/47 € – Carta 36/52 €
Está en la misma marina del puerto deportivo, con buenas vistas a los barcos amarrados. Su carta contempla dos partes, una de tinte regional-marinero y otra más de temporada.

## al Oeste 6 km

🏠🏠🏠 **Dolce Sitges** ⅏ ⟨ 🚗 🔟 🔲 🌐 *Ls* 🛎 ₺ hab. 🕮 ♨ �{?} ♨ 🅿 🚗
*av. Camí de Miralpeix 12, por Juan de la Cierva ✉ 08870 Sitges*
*– 𝒞 938 10 90 00 – www.dolcesitges.com – cerrado 22 diciembre-5 enero*
**260 hab** ⊇ – ♦317/377 € ♦♦404/464 € – 3 suites
**Rest** – Menú 29/59 € – Carta 34/54 €
Hotel de estética actual ubicado junto a un campo de golf. Ofrece modernos espacios sociales, cálidas habitaciones y una zona preparada tanto para reuniones como para conferencias. ¡Amplia y variada oferta gastronómica!

---

**SIURANA** – Tarragona – **574** I32 **13** B3
▶ Madrid 536 – Barcelona 147 – Tarragona 52 – Lleida 87
◉ Emplazamiento ★★★

☆☆ **Els Tallers** con hab ⅏ 🛎 🕮 ♨ �{?}
*Rentadors ✉ 43362 – 𝒞 977 82 11 44 – www.restaurantelstallers.net*
*– cerrado del 7 al 30 de enero*
**6 hab** ⊇ – ♦80/100 € ♦♦98/138 €
**Rest** – *(cerrado lunes y martes) (solo menú)* Menú 24/58 €
Se encuentra en un pintoresco pueblo de montaña, en el mismo edificio del hotel La Siuranella. Sala rústica-actual de buen montaje, cocina actual-creativa y dos menús. El hotel ofrece unas coquetas habitaciones, tres de ellas con vistas panorámicas y balcón.

ESPAÑA

**SOLARES** – Cantabria – **572** B18 – 5 723 h.                    **8** B1

▶ Madrid 425 – Santander 18 – Bilbao 88

✗ **Casa Enrique** con hab                    🅰🅒 rest, 🛱 🤏 🅿

*paseo de la Estación 20* ✉ 39710 – ☎ 942 52 00 73
– *www.restaurantecasaenrique.es* – *cerrado 10 días en octubre*
**16 hab** 🖵 – ✝30/40 € ✝✝50 €
**Rest** – *(cerrado domingo noche)* Menú 30/50 € – Carta 32/48 €
¿Añora la auténtica cocina casera? Aquí podrá disfrutarla, pues son pocas las
casas que aún elaboran sus guisos en una vieja cocina de carbón... el mejor tes-
tigo de la historia en este negocio centenario. Por si desea alojarse también disponen de habitaciones, todas muy sencillas y hogareñas.

---

**SOLIVELLA** – Tarragona – **574** H33 – 660 h.                    **13** B2

▶ Madrid 525 – Lleida/Lérida 66 – Tarragona 51

🄶 Monasterio de Vallbona de les Monges★★ (iglesia★★, claustro★)

✗✗ **Cal Travé**                    🅰🅒 🛱 🅿
🕾 *carret. d'Andorra 56* ✉ 43412 – ☎ 977 89 21 65 – *www.sanstrave.com* – *cerrado
del 1 al 15 de julio, del 1 al 15 de noviembre y miércoles*
**Rest** – *(solo almuerzo salvo jueves en verano, viernes y sábado)*
Carta aprox. 35 €
Atesora el aval de tener a toda la familia volcada en el negocio. Apuestan por una
cocina catalana rica en detalles, con elaboraciones caseras y vinos propios.
¡Pruebe el Bacalao o su Entrecot de Nebraska, las especialidades a la brasa!

---

**SÓLLER** – Balears – ver Balears (Mallorca)

---

**SOLSONA** – Lleida – **574** G34 – 9 201 h. – alt. 664 m                    **13** B2

▶ Madrid 577 – Lleida/Lérida 108 – Manresa 52

🄸 carret. Bassella 1, ✉ 25280, ☎ 973 48 23 10, www.turismosolsona.com

🄾 Localidad★★ – Museo Diocesano y Comarcal★ (pinturas★★ románicas y góticas,
frescos de Sant Quirze de Pedret★★, frescos de Sant Pau de Caserres★, Cena de
Santa Constanza★) – Catedral★ (Virgen del Claustro★)

🏨 **Sant Roc**                    📶 🅰🅒 🛱 🤏 🛗 🅿
*pl. Sant Roc* ✉ 25280 – ☎ 973 48 00 06 – *www.hotelsantroc.com*
**25 hab** – ✝61/82 € ✝✝99/107 €, 🖵 10 €
**Rest** – Menú 15/48 € – Carta 32/47 €
Edificio modernista de principios del s. XX donde se combinan el confort actual y
los detalles de vanguardia. Destacan las habitaciones del tercer piso, amplias y
abuhardilladas. El restaurante, que con su nombre ensalza una canción típica del
carnaval de la ciudad, ofrece una carta de tinte actual.

🏠 **La Freixera** sin rest                    📶 🅰🅒 🛱 🤏
*Sant Llorenç 46 B* ✉ 25280 – ☎ 973 48 42 62 – *www.lafreixera.com*
**5 hab** 🖵 – ✝64/72 € ✝✝88/98 €
Casa artesana del s. XIV con la fachada en piedra. Aquí todas las habitaciones son
diferentes, pues se han personalizado con el nombre de distintos árboles y muestran los suficientes detalles como para tener carácter. ¡Posee encanto!

---

**SOMIÓ** – Asturias – ver Gijón

---

**SOMO** – Cantabria – **572** B18 – 4 045 h.                    **8** B1

▶ Madrid 404 – Santander 25 – Bilbao 94

🏨 **Torres de Somo**                    🏊 🙋 👪 & hab, 🅰🅒 🛱 🤏 🛗 🅿
*Arna 66* ✉ 39140 – ☎ 942 51 00 52 – *www.hoteltorresdesomo.com*
– *11 abril - 13 octubre*
**30 hab** – ✝58/124 € ✝✝78/144 €, 🖵 10 €
**Rest** – Menú 15/35 € – Carta 32/43 €
Hotel de nueva construcción a modo de casa señorial inglesa o pequeño "châ-
teau" francés, pues está flanqueado por dos vistosas torres. Presenta unos relajantes exteriores y unas habitaciones de equipamiento actual, donde se alternan los
estilos clásico y colonial. Un caminito da acceso directo a la playa.

ESPAÑA

**SON SERVERA** – Balears – ver Balears (Mallorca)

**SON VIDA** – Balears – ver Balears (Mallorca) : Palma

**SORIA** 🅿 – 575 G22 – 40 147 h. – alt. 1 050 m  12 D2

▶ Madrid 225 – Burgos 142 – Calatayud 92 – Guadalajara 169

🄘 Medinaceli 2 , ✉ 42003, 𝒞 975 21 20 52, www.turismocastillayleon.com

🄞 Iglesia de Santo Domingo★ (portada★★) A – Catedral de San Pedro (claustro★) B
– San Juan de Duero★★ (claustro★) B

🏨 **Parador de Soria** 🔖 ⪯ 🕴 & hab, 🄰🄲 🕸 🀫 🖾 🅿
*parque del Castillo ✉ 42005 – 𝒞 975 24 08 00 – www.parador.es* Be
**67 hab** – ♦60/140 € ♦♦75/175 €, ☲ 16 €
**Rest** – Menú 27/34 € – Carta 38/49 €
Se encuentra en un parque de la parte alta de Soria y destaca por sus magníficas
vistas, tanto al valle del Duero como a las montañas. Habitaciones amplias de
buen confort y decoración actual, con detalles regionales. En su comedor podrá
descubrir los platos y sabores propios de estas tierras.

🏨 **Leonor Mirón** 🔖 ⪯ 🕴 & hab, 🄰🄲 🕸 🀫 🖾 🅿
*paseo del Mirón ✉ 42005 – 𝒞 975 22 02 50 – www.hotel-leonor.com – cerrado*
*6 enero-8 febrero* Bb
**33 hab** – ♦45/67 € ♦♦65/110 €, ☲ 10 €
**Rest** – Menú 20/27 € – Carta 26/39 €
El nombre de este bello edificio no es gratuito, pues evoca a la mujer que tantos
versos inspiró a Machado. Presenta unas habitaciones de estilo clásico-actual y
buen equipamiento, así como un comedor bastante elegante donde saben combinar su carta de cocina tradicional con unos completos menús del día.

ESPAÑA

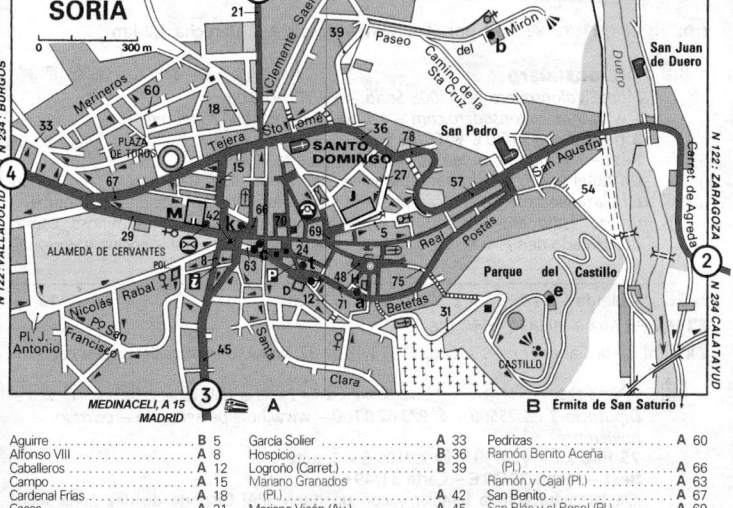

MEDINACELI, A 15 ③ MADRID

🔛 **Leonor Centro**  📶 🛗 ♿ hab, 🅰🅲 hab, ✂ 🤏

*pl. Ramón y Cajal 5* ✉ *42002* – ℰ *975 23 93 03* – *www.hotel-leonor.com*
**24 hab** – ✝55/67 € ✝✝70/110 €, ☲ 10 €  A**c**
**Rest** – Menú 16/27 € – Carta 29/38 €

¡Una buena opción como hotel urbano! Compensa su reducida zona social con unas confortables habitaciones, todas con mobiliario funcional de línea actual. El restaurante presenta una carta tradicional enriquecida con varios tipos de menús.

🏠 **Hostería Solar de Tejada** sin rest y sin ☲  🎔 ✂ 🤏

*Claustrilla 1* ✉ *42002* – ℰ *975 23 00 54* – *www.hosteriasolardetejada.es*
**18 hab** – ✝35/52 € ✝✝50/75 €  A**c**

¡Coqueto y en pleno casco antiguo! Ofrece una decoración personalizada, una organización familiar bastante sencilla y unos precios realmente moderados.

✗✗ **Baluarte**  🅰🅲 ✂

*Caballeros 14* ✉ *42002 Soria* – ℰ *975 21 36 58* – *www.baluarte.info* – *cerrado del 1 al 15 de septiembre, domingo noche y lunes*  B**a**
**Rest** – Menú 35/52 € – Carta 32/46 €

Moderno restaurante instalado en un edificio señorial del centro de Soria. Su joven y talentoso chef-propietario propone una cocina de bases tradicionales y raíces castellanas... eso sí, actualizada y elaborada con productos de calidad.

✗✗ **Fogón del Salvador**  🅰🅲 ✂ ♻

*pl. del Salvador 1* ✉ *42001* – ℰ *975 23 01 94* – *www.fogonsalvador.com*
**Rest** – Menú 22/50 € – Carta 28/37 €  A**k**

Negocio de ambiente castellano refrendado en toda la ciudad por la calidad de sus materias primas. Lo más popular de su completa carta son sus carnes, a la brasa o al horno de leña, destacando tanto el Cochinillo como el Cordero.

✗✗ **Rincón de San Juan**  🎞 🅰🅲 ✂

*Diputación 1* ✉ *42002* – ℰ *975 21 50 36* – *www.rincondesanjuan.com* – *cerrado 16 febrero-2 marzo, del 1 al 6 de julio y domingo*  A**t**
**Rest** – *(solo almuerzo salvo viernes y sábado)* Menú 16/36 € – Carta 27/42 €

¡Céntrico y acogedor! Combina la decoración rústica-actual con un correcto servicio de mesa. De sus fogones surge una cocina tradicional y de temporada bien elaborada, normalmente con productos de la zona.

**por la carretera N 234** por ④ : 8 km y desvío a la derecha 1,2 km

🔛 **Valonsadero**  ⌑ ≤ 🎞 🎔 ♿ hab, 🅰🅲 ✂ 🤏 🅿

*Monte Valonsadero* ✉ *42005 Soria* – ℰ *975 18 00 06*
– *www.hotelvalonsadero.com* – *cerrado 2 noviembre-28 febrero*
**8 hab** ☲ – ✝50/70 € ✝✝60/80 €
**Rest** – *(cerrado domingo noche y lunes)* Carta 27/39 €

Un hotel tipo chalet bastante atractivo, tanto por sus instalaciones como por su emplazamiento en pleno campo. Aquí encontrará unas habitaciones con mobiliario de estilo antiguo que rememoran otros tiempos y un luminoso comedor, dotado de bellas vistas, donde se ensalzan los sabores de la cocina tradicional.

---

**SORT** – Lleida – **574** E33 – **2 322 h.** – alt. 720 m  **13** B1
📌 Madrid 593 – Lleida/Lérida 136
🅸 camí de la Cabanera, ✉ 25560, ℰ 973 62 10 02, www.turisme.pallarssobira.cat

🔛 **Pessets**  ≤ 🎞 🔟 🌐 📶 🎔 ♿ hab, 🅰🅲 rest, ✂ rest, 🤏 🎢 🅿

*Diputacio 3* ✉ *25560* – ℰ *973 62 00 00* – *www.hotelpessets.com* – *cerrado noviembre*
**75 hab** ☲ – ✝74/90 € ✝✝99/109 € – 1 suite
**Rest** – Menú 20/39 € – Carta 31/49 €

¡De larga trayectoria familiar y con un buen SPA! Dispone de una zona social actual-funcional y confortables habitaciones, destacando las de la 4ª planta por estar dedicadas a las distintas estaciones meteorológicas. En el restaurante, bastante cuidado y de uso polivalente, encontrará una carta actualizada.

### XX Fogony (Zaraida Cotonat)     AK %

*av. Generalitat 45 ⊠ 25560 – 𝒞 973 62 12 25 – www.fogony.com – cerrado del 7 al 22 de enero, domingo noche, lunes y martes*

**Rest** – (es necesario reservar) Menú 35 € – Carta 58/78 €

El matrimonio propietario, con él en la sala y ella atenta a los fogones, apuesta claramente por la cocina actual... eso sí, siempre elaborada con productos de la comarca, ecológicos o de proximidad. Cálido comedor de aire rústico-actual.

→ Colmenillas a la crema de foie-gras de pato macerado con armagnac y oporto. Costillar de lechal ecológico. Chocolate "Trinidade" bio, frutos rojos y arena de brownie.

---

## SOS DEL REY CATÓLICO – Zaragoza – **574** E26 – **646 h.** – alt. 652 m    **3** B1

▶ Madrid 423 – Huesca 109 – Iruña/Pamplona 59 – Zaragoza 122

◉ Localidad★★ - Iglesia de San Esteban★ (cripta★ y coro★)

◪ Uncastillo (iglesia de Santa María : portada Sur★, sillería★, claustro★) Sureste : 22 km

### 🏨 Parador de Sos del Rey Católico    ⑊ ⪡ 🖿 ⅍ hab, AK % 🛜 🛁

*Arquitecto Sáinz de Vicuña 1 ⊠ 50680 – 𝒞 948 88 80 11*    **P**
*– www.parador.es – cerrado enero-12 febrero*
**66 hab** – ♥60/116 € ♥♥75/145 €, ⯑ 16 € – 1 suite
**Rest** – Menú 27/33 €

Edificio de estilo regional construido en piedra y emplazado junto a la muralla medieval. Posee habitaciones de completo equipamiento y sobria decoración. En su comedor encontrará la cocina típica de Paradores, de gusto regional, y lo que llaman el menú Medieval. ¡Buen abanico de actividades al aire libre!

### 🏠 Casa del Infanzón sin rest    ⑊ AK % 🛜

*Coliseo 3 ⊠ 50680 – 𝒞 605 94 05 36 – www.casadelinfanzon.com*
**10 hab** – ♥♥45/90 €, ⯑ 6,50 €

Tranquilo hotelito construido en piedra y ubicado en el casco antiguo. Posee una agradable zona social y coquetas habitaciones, todas con buenos detalles en madera y forja.

### ⌂ El Sueño de Virila sin rest    ⑊ % 🛜 🚗

*Coliseo 8 ⊠ 50680 – 𝒞 948 88 86 59 – www.elsuenodevirila.com*
**6 hab** – ♥99 € ♥♥123 €, ⯑ 8 €

Recia casa de origen medieval emplazada en una antigua sinagoga, en pleno barrio judío. Posee un acogedor salón-biblioteca, un patio y habitaciones llenas de encanto, todas con los muros en piedra y dos abuhardilladas.

### XX La Cocina del Principal    AK %

*Fernando El Catolico 13 ⊠ 50680 – 𝒞 948 88 83 48*
*– www.lacocinadelprincipal.com – cerrado del 7 al 26 de enero, domingo noche y lunes*
**Rest** – Menú 25 € – Carta 29/35 €

Sólida construcción en piedra dotada con un buen comedor principal y una sala más íntima en la antigua bodega. Su cocina tradicional siempre enaltece los productos de la zona.

---

## SOTO DE CANGAS – Asturias – **572** B14 – **175 h.** – alt. 84 m    **5** C2

▶ Madrid 439 – Oviedo 73 – Santander 134

### 🏠 La Ablaneda sin rest    🚗 % 🛜 **P**

*El Bosque - carret. de Covadonga, Sur : 1 km ⊠ 33589 – 𝒞 985 94 02 45*
*– www.ablaneda.com – marzo-3 noviembre*
**10 hab** – ♥45/65 € ♥♥50/80 €

¡Chalet con encanto rodeado por un extenso y cuidado jardín! Dispone de un pequeño porche, una luminosa zona social y coquetas habitaciones dentro de su categoría, todas con buena lencería y en el piso superior abuhardilladas.

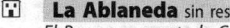

ESPAÑA

**La Balsa** sin rest
*carret. de Covadonga* ⊠ 33589 – 𝒞 985 94 00 56 – *www.labalsa.es*
*– marzo-noviembre*
**14 hab** � – †30/70 € ††40/80 €
Instalado en una casona de piedra de carácter centenario. Ofrece unas habitaciones de buen confort general, todas con profusión de madera y en el piso superior abuhardilladas.

---

# SOTO DE LUIÑA – Asturias – 572 B11     5 B1
▶ Madrid 520 – Avilés 37 – Gijón 60 – Luarca 30

 **Casa Vieja del Sastre**     ⁂ 🛜 **P**
*Barrio los Quintos* ⊠ 33156 – 𝒞 985 59 61 90 – *www.casaviejadelsastre.com*
*– cerrado noviembre*
**14 hab** – †30/47 € ††57/76 €, � 8 €
**Rest** – *(Semana Santa, 15 junio-15 septiembre y fines de semana resto del año)*
Menú 25 € – Carta 26/46 €
Casa de organización plenamente familiar. Posee dos salones sociales polivalentes y unas habitaciones de impecable mantenimiento, las de la parte nueva con mejores baños. Su acogedor restaurante elabora una carta casera, de tipo asturiano, con toques actuales.

## al Noroeste 1,5 km

✗✗ **Cabo Vidio** con hab     🌊 ⁂ 🛜 **P**
*Oviñana* ⊠ 33150 Soto de Luiña – 𝒞 985 59 61 12 – *www.cabovidio.com*
*– abril-septiembre*
**12 hab** � – †30 € ††45/60 €
**Rest** – *(cerrado domingo noche y lunes salvo verano)* Menú 30/30 €
– Carta 25/44 €
Esta casa familiar se presenta con un comedor rústico-actual y vistas al jardín. Ofrece una cocina casera de línea actual y destaca por la calidad de sus materias primas. También cuenta con unas habitaciones de impecable mantenimiento y un agradable solárium.

---

# SOTO DEL REAL – Madrid – 576 – 575 J18 – 8 480 h. – alt. 921 m    22 B2
▶ Madrid 47 – El Escorial 47 – Guadalajara 92 – Segovia 83

✗✗ **La Cabaña**     🖼 ⁂ ⇔ **P**
*pl. Chozas de la Sierra (urb. La Ermita)* ⊠ 28791 – 𝒞 918 47 78 82
*– www.lacabanadesoto.com – cerrado lunes noche en verano y martes*
**Rest** – *(solo almuerzo salvo jueves, viernes y sábado en invierno)* Menú 16/30 €
– Carta 34/63 €
Está instalado en un chalet, con un amplio jardín a la entrada y un porche que usan como terraza de verano. Carta tradicional, buen menú y destacables carnes a la parrilla.

---

# SOTOGRANDE – Cádiz – 578 X14 – Playa     1 B3
▶ Madrid 641 – Sevilla 212 – Cádiz 149 – Gibraltar 29
🛈 Sotogrande, paseo del Parque, 𝒞 956 78 50 12
🖼 Valderrama, urb. Sotogrande, Suroeste : 4 km, 𝒞 956 79 12 00
🖼 Almenara, urb. Sotogrande, Suroeste : 5,5 km, 𝒞 956 58 20 54

✗✗ **Boka**     🖼 🖼 ⁂
*pl. de las Palmeras (puerto deportivo)* ⊠ 11310 – 𝒞 956 79 02 06
*– www.bokarestaurante.es – cerrado 13 enero-6 febrero, domingo y lunes salvo julio-agosto*
**Rest** – *(solo cena)* 56 € – Carta 35/60 €
¡En la marina de Sotogrande, una zona exclusiva, comercial y de acceso restringido! Presenta una sala actual, con la cocina a la vista, así como unas elaboraciones contemporáneas que priman la calidad del producto sobre la experimentación.

ESPAÑA

**SOTOSALBOS** – Segovia – **575** I18 – 136 h. – alt. 1 161 m — **12** C3

▶ Madrid 111 – Valladolid 130 – Segovia 21

XXX **La Finca de Duque** con hab     &. 🏧 ⚘ 🛜 🅿
*carret. N 110, km 172* ⊠ *40170* – 𝒞 *921 40 30 13* – *www.lafincadeduque.es*
**12 hab** ⌂ – 👫75 €
**Rest** – *(cerrado lunes) (solo almuerzo salvo verano, viernes y sabado)*
Menú 22/40 € – Carta 25/38 €
Complejo de magníficas instalaciones ubicado en una finca. El restaurante, que
posee una excelente sala de línea actual, se complementa con un gran salón de
banquetes. Las habitaciones, de línea clásica y buen nivel, se encuentran en un
edificio independiente.

---

**SOVILLA** – Cantabria – **572** C17 — **8** B1

▶ Madrid 402 – Santander 46 – Bilbao 134

XX **El Regajal de la Cruz**     🏠 🏧 ⚘ ⇔ 🅿
*barrio Sovilla 70* ⊠ *39400* – 𝒞 *625 38 90 36* – *www.elregajaldelacruz.com*
– *cerrado 15 días en octubre y martes*
**Rest** – *(solo almuerzo salvo viernes y sabado)* Carta aprox. 42 €
Curioso restaurante instalado en una casona de finales del s. XVII, con un agradable patio-terraza. Posee una singular decoración, pues combina los detalles antiguos con algunas pinturas del propietario. Carta tradicional con sugerencias.

---

**SUANCES** – Cantabria – **572** B17 – 8 451 h. – Playa — **8** B1

▶ Madrid 394 – Bilbao 131 – Oviedo 182 – Santander 28

### en la zona del puerto

 **Playa Ribera** sin rest     🖨 🏧 ⚘ 🛜 🅿
*Comillas 14* ⊠ *39340 Suances* – 𝒞 *942 81 18 98* – *www.hotelplayaribera.com*
**14 hab** ⌂ – 👤54/93 € 👫72/124 €
Hotel de organización familiar y línea vanguardista. Presenta un buen nivel, combinando su mobiliario actual con detalles de diseño. Se desayuna en un pabellón
acristalado.

### en la zona de la playa

🏠 **Cuevas III**     🖨 🏧 rest, ⚘ 🛜 🅿
*Ceballos 53* ⊠ *39340 Suances* – 𝒞 *942 84 43 43*
– *www.turismosantillanadelmar.com* – *cerrado 11 diciembre-febrero*
**62 hab** ⌂ – 👫50/150 €    **Rest** – *(solo cena) (solo buffet)* Menú 25 €
Edificio de arquitectura tradicional donde se combinan la piedra y la madera. Sus
habitaciones, sobrias y la mayoría con los suelos en tarima, reflejan un ambiente
clásico. El restaurante basa su oferta en un sencillo buffet.

### en la zona del faro

 **Apart. El Caserío**     ⚒ ⇆ 🗀 ⚘ 🛜 🍽
*av. Acacio Gutiérrez 157* ⊠ *39340 Suances* – 𝒞 *942 81 05 75* – *www.caserio.com*
**28 hab** – 👤45/65 € 👫50/75 €, ⌂ 6 € – 19 apartamentos
**Rest** – *(comida en el Rest. El Caserío)*
Apartamentos actuales y de equipamiento completo, en su mayoría tipo dúplex
y con terraza privada. Su emplazamiento sobre el mar le confiere una belleza
singular.

X **El Caserío** con hab     ⚒ 🏧 rest, ⚘ 🛜 🅿
*av. Acacio Gutiérrez 159* ⊠ *39340 Suances* – 𝒞 *942 81 05 75* – *www.caserio.com*
**28 hab** – 👤45/65 € 👫50/75 €, ⌂ 6 €
**Rest** – *(solo almuerzo salvo viernes y sábado de octubre a mayo)* Menú 38 €
– Carta 36/44 €
Su especialidad son los banquetes, sin embargo, también disfruta de una gran
cafetería y un luminoso comedor acristalado a modo de galería. Carta tradicional.
Para gestionar sus sencillas habitaciones cuenta con una pequeña recepción independiente.

ESPAÑA

**SUDANELL** – Lleida – **574** H31 – **887 h.** – **alt. 152 m**                              **13** A2
▶ Madrid 453 – Huesca 127 – Lleida/Lérida 11 – Tarragona 105

 ✗      **La Lluna**                                                            〔AC〕 �
 ⊛     *av. Catalunya 11 ⊠ 25173 – ℰ 973 25 81 93 – cerrado Semana Santa, del 15 al*
       *31 de agosto y lunes*
       **Rest** – *(solo almuerzo)* Carta 21/35 €
       Presenta un pequeño bar decorado con fotos antiguas y dos salas de ambiente
       rústico, con los techos en madera. Aquí encontrará una cocina regional con espe-
       cialidades como las carnes a la brasa, las Alcachofas o sus famosos Caracoles.

**TAFALLA** – Navarra – **573** E24 – **11 256 h.** – **alt. 426 m**                        **24** A2
▶ Madrid 365 – Logroño 86 – Iruña/Pamplona 38 – Zaragoza 135
◪ Ujué★★ Este : 19 km

 🏠     **Beratxa**                                                    〔≋〕〔AC〕 ✍ �𝅘 ⟟
       *Escuelas Pías 7 ⊠ 31300 – ℰ 948 70 40 46 – www.hotelberatxa.com*
       **15 hab** – ♦53/60 € ♦♦72/120 €, ⊑ 7 €
       **Rest** – *(cerrado domingo noche)* Menú 15/36 € – Carta 30/55 €
       Este negocio familiar distribuye sus habitaciones en tres plantas, todas con los
       suelos en moqueta, mobiliario clásico-funcional y las paredes de los cabeceros
       en madera. El comedor recrea un ambiente rústico, con la parrilla y el horno de
       leña a la vista.

 ✗✗✗   **Tubal**                                                            〔AC〕 ✍ ⟳
       *pl. Francisco de Navarra 4-1° ⊠ 31300 – ℰ 948 70 08 52*
       *– www.restaurantetubal.com – cerrado del 21 al 31 de enero,*
       *21 agosto-5 septiembre, domingo noche, lunes y martes noche*
       **Rest** – Menú 39/63 € – Carta 35/54 €
       Negocio familiar instalado en una céntrica plaza con soportales. Cuenta con una
       tienda delicatessen, elegantes salas de línea clásica y un bonito patio. Carta tradi-
       cional navarra puesta al día, un menú con bebida y otro tipo degustación.

**TALAVERA DE LA REINA** – Toledo – **576** M15 – **88 755 h.**            **9** A2
**– alt. 371 m**
▶ Madrid 120 – Ávila 121 – Cáceres 187 – Córdoba 435
🅸 Palenque 2 , ⊠ 45600, ℰ 925 82 63 22

 🏠🏠🏠 **Ebora**                                            〔≋〕 ⅋ 〔AC〕 ✍ ⟨ ⟟
       *av. de Madrid 1 ⊠ 45600 – ℰ 925 80 76 00 – www.hotelebora.com*
       **165 hab** – ♦46/75 € ♦♦46/90 €, ⊑ 6 €
       **Rest** *Anticuario* – ver selección restaurantes
       Hotel de línea clásica-actual situado en el centro de la ciudad. Ofrece suficientes
       zonas nobles y unas confortables habitaciones, con mobiliario clásico-funcional.

 ✗✗    **Ruiz de Luna**                                           ⍟ ⅋ 〔AC〕 ✍ ⟳
       *av. de la Constitución 7 ⊠ 45600 – ℰ 925 81 89 95*
       *– www.restauranteruizdeluna.com – cerrado domingo noche y martes*
       **Rest** – Menú 13/40 € – Carta 22/45 €
       Tiene un hall en la planta baja, con un gran mueble-bodega, y las salas en la 1ª
       planta, estas últimas de estética minimalista. Cocina de base tradicional con
       toques actuales.

 ✗✗    **Anticuario** – Hotel Ebora                                    〔AC〕 ✍ ⟳
       *av. de Madrid 1 ⊠ 45600 – ℰ 925 80 76 00 – www.restauranteanticuario.com*
       **Rest** – *(cerrado agosto)* *(solo almuerzo salvo viernes y sábado)* Menú 12/66 €
       – Carta 24/46 €
       Posee un acceso independiente respecto al hotel y una sala clásica, con los suelos
       en moqueta, mobiliario de calidad y un buen servicio de mesa. Cocina tradicional
       elaborada.

 ✆/    **El Esturión**                                                      〔AC〕 ✍
       *Miguel Hernández 7 ⊠ 45600 – ℰ 925 82 45 70 – cerrado 14 días en febrero, del*
       *1 al 15 de agosto, domingo noche y lunes*
       **Rest** – Tapa 5 € – Ración aprox. 17 €
       Negocio ubicado en una zona nueva de la ciudad. Ofrece un bar de tapas de
       ambiente marinero y un cuidado comedor. Su especialidad son las frituras y los
       productos ibéricos.

### ⊔/ **Taberna Mingote**  🛱 ⅙ 🎿 ⅍

*pl. Federico García Lorca 5* ⊠ *45600 –* 𝒞 *925 82 56 33 – cerrado 14 días en enero, del 15 al 31 de julio, martes noche y miércoles*
**Rest** – Tapa 5 € – Ración aprox. 17 €
Esta simpática taberna se presenta con una decoración rústica dominada por los motivos taurinos y los dibujos de Mingote. Su comedor está presidido por un gran mural cerámico.

---

**TAMARITE DE LITERA** – Huesca – **574** G31 – **3 656 h. – alt. 360 m**      4 C2
▶ Madrid 475 – Zaragoza 161 – Huesca 86 – Lleida 40

### ✗ **Carmen**  🎿 ⅍

🙂 *Teruel 3* ⊠ *22550 –* 𝒞 *974 42 05 31 – www.carmenrestaurante.com – cerrado domingo noche y lunes*
**Rest** – *(solo almuerzo salvo viernes y sabado)* Menú 11/25 € – Carta 24/35 €
Interesante, pues su chef demuestra inquietudes y ya atesora reconocimientos. Ofrece una carta de tinte actual, un buen menú los días laborables y lo que llaman "Los viernes al Carmen", unas cenas temáticas y de degustación a base de tapas.

---

**TAMARIU** – Girona – **574** G39 – **Playa**      15 B1
▶ Madrid 728 – Girona/Gerona 50 – Barcelona 133

### 🏨 **Tamariu**  🛱 🕪 🎿 ⅍ rest, 🛜 🛋

*passeig del Mar 2* ⊠ *17212 –* 𝒞 *972 62 00 31 – www.tamariu.com*
*– marzo-octubre*
**17 hab** ⊆ – †78/101 € ††110/159 €    **Rest** – Menú 25/36 € – Carta 40/51 €
Se encuentra en primerísima línea de playa y es la mejor opción para alojarse en este turístico pueblo costero. Ofrece una correcta zona social y habitaciones de estética actual-funcional, la mayoría con balcón. El restaurante, que destaca por sus vistas al mar, elabora una cocina de gusto tradicional.

---

**TAPIA DE CASARIEGO** – Asturias – **572** B9 – **4 002 h. – Playa**      5 A1
▶ Madrid 578 – A Coruña 184 – Lugo 99 – Oviedo 143
🅳 pl. del Mercado 1, ⊠ 33740, 𝒞 985 47 10 99, www.tapiadecasariego.es

### 🏠 **San Antón**  🕪 🎿 🛜

*pl. de San Blas 2* ⊠ *33740 –* 𝒞 *985 62 80 00 – www.hrsananton.com – cerrado Navidades*
**18 hab** – †40/55 € ††55/85 €, ⊆ 5 €
**Rest** – *(cerrado domingo noche)* Menú 12/20 € – Carta 21/44 €
Hotelito llevado directamente por el matrimonio propietario. Posee unas instalaciones muy correctas, con una reducida zona social y habitaciones bastante cuidadas. Su carta de cocina casera se enriquece con varios guisos del día y arroces caldosos por encargo.

### ✗✗ **El Bote**  🎿 ⅍ ⟷

*Marqués de Casariego 30* ⊠ *33740 –* 𝒞 *985 62 82 82 – cerrado febrero*
**Rest** – *(solo almuerzo salvo viernes, sabado y domingo)* Menú 15/50 €
– Carta 30/47 € ⅋⅋
Disfruta de un bar, una acogedora sala con el suelo en parquet y un privado. El negocio se comunica interiormente con una taberna, donde ofrecen una cocina más informal.

---

**TARAMUNDI** – Asturias – **572** B8 – **736 h. – alt. 276 m**      5 A1
▶ Madrid 571 – Lugo 65 – Oviedo 195
🅳 Solleiro 18 , ⊠ 33775, 𝒞 985 64 68 77, www.taramundi.es

### 🏠 **Casa Paulino**  🎿 ⅍ 🛜

*av. Galicia* ⊠ *33775 –* 𝒞 *985 64 67 36 – www.casapaulinotaramundi.com*
*– cerrado Navidades*
**8 hab** – †25 € ††38/51 €, ⊆ 4 €    **Rest** – Menú 10/15 € – Carta aprox. 20 €
Resulta acogedor, con la fachada en piedra y el bar dotado de entrada independiente. Ofrece habitaciones de aire rústico, confortables y en algunos casos abuhardilladas. En el comedor, luminoso y de buen montaje, podrá degustar platos de sabor tradicional.

ESPAÑA

⌂ **Casa Petronila**  ≤ 🏠 📶 ✗ 🛜
*pl. del Campo* ⊠ 33775 – 𝒞 985 64 68 74 – www.casapetronila.com
**19 hab** – 🛏30/47 € 🛏🛏42/60 €, ⊡ 4 €  **Rest** – Menú 10 € – Carta 15/28 €
Este hotel disfruta de una amable organización familiar. Sus espaciosas habitaciones combinan la funcionalidad con un correcto confort, suelos en tarima y unos aseos actuales. Bar público con puerta independiente y un comedor de sencillo montaje.

**TARANCÓN** – Cuenca – **576** L20 – 16 081 h. – alt. 806 m  **10** C2
▶ Madrid 81 – Cuenca 82 – València 267

**en la carretera N 400** Noreste : 5,5 km

✗✗ **Hospedería la Estacada** con hab  ⅗ ≤ 🏊 ⊕ 🛋 🏠 ⏿ 📶 ✗ 🛜 🛁
*autovía A 40 - salida 235* ⊠ 16400 Tarancón – 𝒞 969 32 71 88  **P**
– www.fincalaestacada.com – cerrado Navidades
**25 hab** ⊡ – 🛏🛏85/130 €  **Rest** – Menú 16/30 € – Carta 38/55 €
Se encuentra en la bodega Finca La Estacada, ubicada en pleno campo, con un comedor de estética actual, dos privados y una sala de catas. Cocina tradicional y vinos propios. Como complemento al negocio también ofrece unas confortables habitaciones y un SPA.

**TARAZONA** – Zaragoza – **574** G24 – 11 050 h. – alt. 480 m  **3** B1
▶ Madrid 294 – Iruña/Pamplona 107 – Soria 68 – Zaragoza 88
🄸 pl. de San Francisco 1, ⊠ 50500, 𝒞 976 64 00 74, www.tarazona.es
◉ Catedral (capilla★)
🄶 Monasterio de Veruela★★ (iglesia abacial★★, claustro★ : sala capitular★)

🛏🛏 **Condes de Visconti** sin rest  🏠 📶 ✗ 🛜
*Visconti 15* ⊠ 50500 – 𝒞 976 64 49 08 – www.condesdevisconti.com
**15 hab** – 🛏🛏59/79 €, ⊡ 6 €
Palacete del s. XVI que ha conservado su estructura original. Disfruta de un hermoso patio interior y unas habitaciones detallistas, la mitad con hidromasaje en los baños.

⌂ **Santa Águeda** sin rest  🏠 ⅙ 📶 🛜
*Visconti 26* ⊠ 50500 – 𝒞 976 64 00 54 – www.santaagueda.com
**11 hab** – 🛏31/39 € 🛏🛏50/61 €
Hostal de organización familiar dedicado a la artista turiasonense Raquel Meller. Posee una salita y habitaciones funcionales de suficiente confort, todas personalizadas en su nombre con canciones o películas de la cantante y actriz.

✗ **Saboya 21**  📶 ✗
*Marrodán 34-1º* ⊠ 50500 – 𝒞 976 64 35 15 – www.restaurantesaboya21.com
– cerrado 7 días en septiembre, domingo noche y lunes
**Rest** – (solo almuerzo salvo agosto, viernes y sabado) Menú 17/60 €
– Carta 34/63 €
Se accede a él desde la cafetería que hay en la planta baja. El restuarante en sí cuenta con un pequeño recibidor y una sala, panelable y divisible en dos. ¡Su especialidad son las carnes y algún pescado... todo hecho a la brasa de encina!

**TARIFA** – Cádiz – **578** X13 – 17 962 h. – Playa  **1** B3
▶ Madrid 715 – Algeciras 22 – Cádiz 99
🚢 para Tánger : FRS Iberia, S.L., Estación Marítima, 𝒞 956 68 18 30
🄸 paseo de la Alameda, ⊠ 11380, 𝒞 956 68 09 93, www.aytotarifa.com
◉ Mirador del Estrecho ≤★★ – Playa de los Lances★
🄶 Ruinas romanas de Baelo Claudia★ 15 km al Noroeste

**en la carretera de Cádiz** Noroeste : 6,5 km

🏠 **La Codorniz**  ⛲ 🍴 🎿 📶 % 🛜 🄿

✉ 11380 Tarifa – 𝒞 956 68 47 44 – www.lacodorniz.com
**37 hab** – 🛏54/96 € 🛏🛏67/130 €, ☕ 6 €   **Rest** – Menú 15/50 € – Carta 25/40 €
Conjunto de aire andaluz que recuerda a las tradicionales ventas. Sus habitaciones resultan confortables y destacan las que dan al jardín, a modo de bungalows con porche. El restaurante, de ambiente regional y taurino, propone una completa carta tradicional.

**en la carretera de Málaga** Noreste : 11 km

🏠🄗 **Mesón de Sancho**  🎿 🔥 📶 % rest. 🛜 🄿 🚗

✉ 11380 Tarifa – 𝒞 956 68 49 00 – www.mesondesancho.com
**40 hab** ☕ – 🛏44/103 € 🛏🛏55/113 €   **Rest** – Menú 15 € – Carta 26/45 €
Bien situado para ver el Estrecho de Gibraltar. Ofrece amplias habitaciones a ambos lados de la carretera, pero recomendamos las del edificio principal por ser más actuales. En el restaurante elaboran una completa carta de cocina tradicional.

---

**TARRAGONA** 🄿 – **574** I33 – **133 954 h.** – alt. 49 m – Playa          **13** B3

▶ Madrid 555 – Barcelona 109 – Castelló de la Plana/Castellón de la Plana 184 – Lleida/Lérida 97

🄘 Fortuny 4 , ✉ 43001, 𝒞 977 23 34 15, www.catalunya.com

🄘 Major 39, ✉ 43003, 𝒞 977 25 07 95, www.tarragonaturisme.cat

**R.A.C.C.** Rambla Nova 48 𝒞 977 21 19 62

🄘🄸 Costa Dorada, Este : 8 km, 𝒞 977 65 33 61

◉ Tarragona romana★★ : Passeig Arqueològic★ DZ, Museu Nacional Arqueològic de Tarragona★ DZ**M4** – Recinte Monumental del Pretori i del Circ Romà★ DZ**M1** – Anfiteatro★★ DZ – Ciudad medieval : Catedral★★ (Museo Diocesano★, claustro★★, retablo de Santa Tecla★★★) DZ. Otras curiosidades : – El Serrallo★ AY

🄖 Acueducto de les Ferreres★★ 4 km por ④ – Mausoleo de Centcelles★★ Noroeste : 5 km por ③ – Torre de los Escipiones★ 5 km por ① – Port Aventura★★ 10 km por ② - Villa romana de Els Munts★ : emplazamiento★★, termas★ 12 km por ①. Arco de Barà★ 20 km por ① (Roda de Barà)

Planos páginas siguientes

🏠🄖🄗 **SB Ciutat de Tarragona** 🄝  🔥 📶 ﯁ hab. 📶 % 🛜 🄜 🚗

pl. Imperial Tarraco 5 ✉ 43005 – 𝒞 977 25 09 99
– www.hotelciutatdetarragona.com          AY**a**
**156 hab** – 🛏🛏65/120 €, ☕ 11 € – 12 suites
**Rest** – Menú 17 € – Carta 27/40 €
Bien situado y totalmente actualizado. Disfruta de una cuidada zona social, una azotea bien acondicionada, con zona chill out, y varios tipos de habitaciones, unas de línea clásica-actual orientadas a familias y otras con más diseño. El restaurante, de carácter polivalente, propone una cocina tradicional.

🏠🄖🄗 **AC Tarragona**  🔥 📶 ﯁ hab. 📶 % 🛜 🄜 🚗

av. de Roma 8 ✉ 43005 – 𝒞 977 24 71 05 – www.ac-hotels.com          AY**w**
**115 hab** ☕ – 🛏🛏65/105 €
**Rest** – (cerrado agosto, sábado y domingo) Menú 20 € – Carta 28/48 €
Este hotel, de línea funcional-actual, se presenta con una correcta zona social, un buen solárium con vistas en el ático y modernas habitaciones, todas con grandes cabeceros en madera. El restaurante, activo en los tres servicios del día, basa gran parte de su trabajo en un menú.

🏠🄗 **SB Express Tarragona** sin rest, con cafetería  📶 ﯁ 📶 🛜 🄜 🚗

pl. de les Corts Catalanes 4 ✉ 43005 – 𝒞 977 22 10 50
– www.hotelexpresstarragona.com          AY**b**
**90 hab** – 🛏🛏50/100 €, ☕ 7 €
Edificio de construcción actual ubicado en una zona bien comunicada. Posee modernas y espaciosas habitaciones, pensadas para el trabajo y todas con sofá convertible en cama.

# TARRAGONA

Cuixa (Camí de la) .......... BY 13
Generalitat (Pl. de la) ........ AY 15
Independència (Pssg de la) .. AY 16
Mallorca .................. AY 21
President F. Macià (Avgd.) .. AY 36
President Lluís Companys (Avgd.) ................ AY 37
Rafael de Casanova (Pas. Marítim de) ........ BY 38
Rovira i Virgili ............. BY 44
Trafalgar .................. AY 54

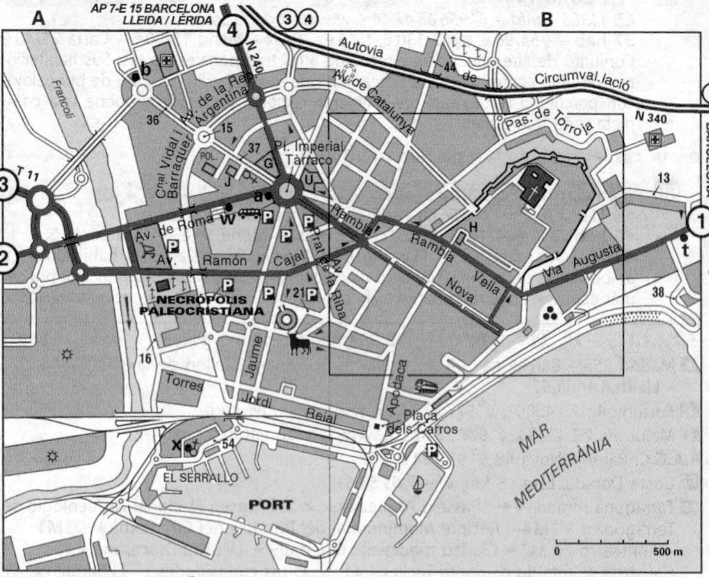


**Astari** sin rest, con cafetería por la noche

*Via Augusta 95 ✉ 43003 – ✆ 977 23 69 00 – www.hotelastari.com*

**80 hab** – ††59/98 €, ☕ 8 € BYt

Claramente enfocado a la actividad empresarial. Posee un amplio hall-recepción acristalado hacia la piscina, habitaciones funcionales con terraza y una luminosa cafetería, donde sirven una pequeña carta.

**Nuria** sin rest, con cafetería

*Via Augusta 145 - 1,5 km, por Vía Augusta ✉ 43007 – ✆ 977 23 50 11 – www.hotelnuria.com – cerrado 20 diciembre-20 enero*

**57 hab** – †49/70 € ††54/80 €, ☕ 8 €

Cercano a la playa de L'Arrabassada. Posee unas instalaciones de línea actual, con detalles de diseño en la zona social y habitaciones funcionales de buen confort. ¡Tienda delicatessen con servicio de menú al mediodía y comida para llevar!

**Plaça de la Font**

*pl. de la Font 26 ✉ 43003 – ✆ 977 24 61 34 – www.hotelpdelafont.com*

**20 hab** – †45/55 € ††55/75 €, ☕ 5 € DZc

**Rest** – *(cerrado diciembre y domingo)* Menú 13 € – Carta 25/30 €

Resulta céntrico, se halla junto a un parking público y presenta unas reducidas pero coquetas instalaciones. Aquí encontrará unas habitaciones de buen confort, las que dan a la plaza con balcón, así como una cafetería-restaurante de línea actual bien apoyada por una terraza.

XX **Aq**

*Les Coques 7 ✉ 43003 – ✆ 977 21 59 54 – www.aq-restaurant.com – cerrado Navidades, domingo y lunes* DZa

**Rest** – Menú 18/50 € – Carta 29/50 €

Se encuentra junto a la catedral, con un montaje moderno y curiosos detalles de diseño. Aquí proponen una cocina actualizada que atesora técnica y se muestra fiel a los productos de mercado, así como varios menús degustación.

# TARRAGONA

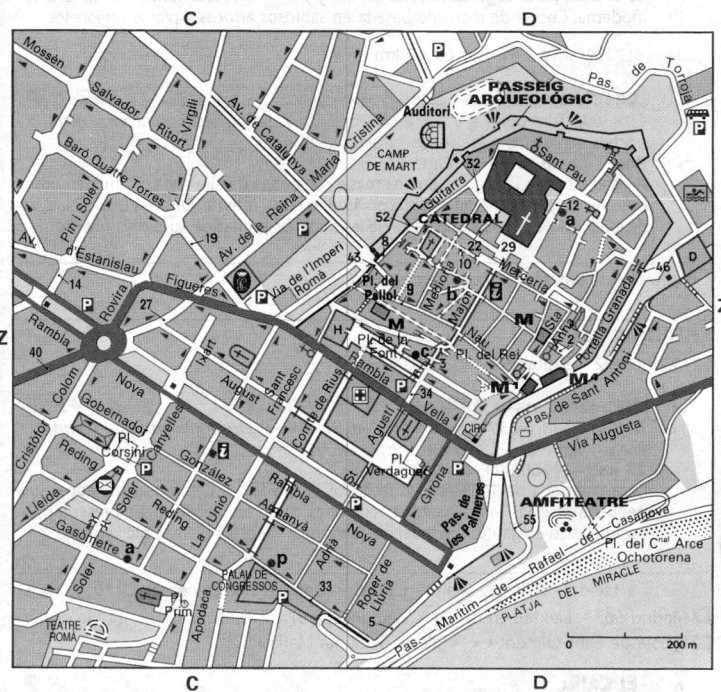

## XX  El Terrat                                    AK ✗

*Pons d'Icart 19 ⊠ 43004 – ℰ 977 24 84 85 – www.elterratrestaurant.com*
*– cerrado 24 enero-7 febrero, 24 agosto-7 septiembre, domingo noche y lunes*
**Rest** – Menú 18/38 € – Carta 31/44 €                              CZ**p**

Dotado con dos salas de línea moderna y un cuidado montaje. Disfruta de gran
aceptación, ya que ofrece una interesante combinación entre la cocina tradicional
y la de autor. ¡Buena terraza de verano con servicio exclusivo de tapas!

## XX  Arcs                                         AK ✗

*Misser Sitges 13 ⊠ 43003 – ℰ 977 21 80 40 – www.restaurantarcs.com*
*– cerrado del 2 al 21 de enero, 10 días en julio, domingo y lunes*     DZ**b**
**Rest** – Menú 19/38 € – Carta 33/44 €

Este restaurante dispone de una barra de apoyo y una sala de ambiente rústico-
actual, con las paredes y arcos originales en piedra. Cocina actualizada de base
tradicional. ¡Pruebe los grandes clásicos de la casa o alguno de sus menús!

## X  Manolo                                        🌇 AK ✗

*Gravina 61 ⊠ 43004 – ℰ 977 22 34 84 – www.restaurantmanolo.net*
*– cerrado domingo noche y lunes*                                    AY**x**
**Rest** – Menú 28/35 € – Carta 25/49 €

Negocio familiar ubicado en El Serrallo, el barrio marítimo de Tarragona. Posee
un sencillo bar en la entrada, con un vivero de marisco, así como un amplio comedor rústico y una terraza. Carta especializada en arroces y productos del mar.

ESPAÑA

✗ **Barquet Tarragona** Ⓝ        AC ⟷
*Gasòmetre 16 ⊠ 43003 – ℰ 977 24 00 23 – www.restaurantbarquet.com*
**Rest** – Menú 29/32 € – Carta 25/40 €      CZa
Atesora una dilatada trayectoria y ha evolucionado de carbonería a envasadora
de sifones, para luego convertirse en bar y por fin en restaurante, hoy de estética
moderna. Cocina de mercado basada en sabrosos arroces y platos regionales.

### en la carretera N 240 por ④ : 2 km

✗✗ **Les Fonts de Can Sala**       🍴 AC ⟷ 🅿
*⊠ 43007 Tarragona – ℰ 977 22 85 75 – www.lesfontsdecansala.com – cerrado
noches de martes a jueves de 15 octubre-15 abril*
**Rest** – Menú 19/30 € – Carta 24/38 €
A las afueras de Tarragona, en una masía centenaria de aire rústico. También posee
dos anexos para banquetes, uno con árboles en su interior. Ofrecen una cocina tradicional catalana que toma parte de las materias primas de su propia huerta.

**TARRASA** – Barcelona – ver **Terrassa**

**TARRIBA** – Cantabria – **572** C17       8 B1
▶ Madrid 402 – Santander 46 – Bilbao 134

🏠 **Palacio García Quijano** sin rest       🛁 🤙 🅿
*Tarriba 13-14 ⊠ 39409 – ℰ 942 81 40 91 – www.garciaquijano.com – cerrado
enero y febrero*
**17 hab** – ♦♦60/99 €, ⊊ 6,50 €
Casa palaciega de 1606 con las fachadas en piedra, el entorno ajardinado y una
pequeña piscina. Tanto las zonas comunes como las habitaciones presentan un
estilo clásico-elegante, disponiendo la mayoría de estas últimas hidromasaje.

**TAÜLL** – Lleida – **574** E32 – alt. 1 630 m – Deportes de invierno : ⩘10    13 B1
▶ Madrid 567 – Lleida/Lérida 150 – Vielha/Viella 57
◉ Iglesia de Sant Climent★★ – Iglesia de Santa María★

✗ **El Calíu**       🍴 🤙
*carret. de Pistas ⊠ 25528 – ℰ 973 69 62 12 – www.elcaliutaull.com – cerrado 15
días en noviembre, 15 días en mayo y martes salvo festivos*
**Rest** – Menú 15 € – Carta 14/33 €
Se encuentra en los bajos de un bloque de apartamentos, saliendo del pueblo
y en dirección a las pistas de esquí. En sus salas, ambas clásicas, encontrará una
carta tradicional, con un buen apartado de especialidades, y un correcto menú.

**TEJINA** – Santa Cruz de Tenerife – ver **Canarias (Tenerife)**

**El TEJO** – Cantabria – ver **Comillas**

**TENERIFE** – Santa Cruz de Tenerife – ver **Canarias**

**TERRADELLES** – Girona – **574** F38 – 85 h.       14 D3
▶ Madrid 710 – Barcelona 118 – Girona/Gerona 19 – Perpignan 76

🏠 **Mas Alba**       🐾 🛥 🏊 ᴋ hab, 🤙 hab, 🤙 🅿
*⊠ 17468 – ℰ 972 56 04 88 – www.masalba.cat – cerrado 7 enero-8 febrero*
**5 hab** ⊊ – ♦45/55 € ♦♦65/80 €   **Rest** – (solo clientes, solo cena) Menú 15 €
Masía familiar que data de 1748. Posee una recepción abovedada, un salón-
comedor con chimenea y bellas habitaciones de aire rústico. Cuenta con su propia quesería en un anexo.

**TERRADES** – Girona – **574** F38 – **311 h.**  14 C3

▶ Madrid 748 – Girona/Gerona 50 – Figueres 14 – Perpignan 60

X **La Fornal dels Ferrers** con hab  🕭 🎇 🔟 🔼 🎜 �📶

*Major 31* ✉ *17731* – ✆ *972 56 90 95* – *www.lafornal.com* – *cerrado 15 enero-7 febrero*
**4 hab** ☐ – †71 € ††101/131 €
**Rest** – *(cerrado domingo noche y lunes)* Menú 20/44 € – Carta 40/60 €
Esta acogedora casa posee dos comedores de buen montaje y aire rústico, uno de ellos decorado con arcos. Cocina fiel al recetario tradicional. Como complemento al negocio ofrece una cálida zona social con chimenea y amplias habitaciones personalizadas en su decoración, cada una dedicada a un oficio.

---

**TERRASSA (TARRASA)** – Barcelona – **574** H36 – **215 678 h.**  15 B3
– **alt. 277 m**

▶ Madrid 599 – Barcelona 34 – Lleida/Lérida 156 – Girona 107

🛈 Raval de Montserrat 14, ✉ 08221, ✆ 937 39 70 19, www.terrassa.cat

**R.A.C.C.** Puig Novell 1 ✆937 85 72 41

◉ Conjunto Monumental de Iglesias de Sant Pere★★ : Sant Miquel★, Santa María★★ (retablo de los Santos Abdón y Senén★★) – Masía Freixa★ – Museo de la Ciencia y la Técnica de Cataluña★

Plano página siguiente

🏨 **Terrassa Park** sin rest, con cafetería  🖢 ⭳ 🔟 🎇 📶 🎿 🚗

*av. Santa Eulàlia 236* ✉ *08223* – ✆ *937 00 44 00* – *www.hotelterrassapark.com*
**74 hab** ☐ – †40/128 € ††40/157 €  BZ**c**
De línea actual, con reducidas zonas nobles y la cafetería integrada, donde ofrecen tanto una pequeña carta como un menú. Sus habitaciones disfrutan de suficiente equipamiento, con mobiliario funcional y los suelos en tarima.

XX **Capritx** (Artur Martínez)  🔟 🎇

❀ *Pare Millán 140, por Pardo Bazán* ✉ *08225* – ✆ *937 35 80 39* – *www.capritx.com*
– *cerrado Navidades, Semana Santa, 15 días en agosto, domingo y lunes*
**Rest** – *(solo menú)* Menú 58 €
El chef-propietario es el nieto del fundador, por eso conoce los orígenes de la casa cuando solo era un bar. En su sala, íntima y moderna, ofrecen una cocina creativa rica en detalles. Basa su trabajo en un menú degustación a base de tapas.
→ Espárrago blanco, pimienta verde y cilantro. Tallarines de calamar al pil-pil. Sopa de apio, anisados y ciruelas.

XX **La Bodeguilla**  ⭳ 🔟 ⭤

*Josep Tapioles 1* ✉ *08226* – ✆ *937 84 14 62* – *www.restaurantlabodeguilla.com*
– *cerrado agosto, domingo noche y lunes*  BY**a**
**Rest** – Menú 25/45 € – Carta 33/46 € 🕃
Sorprende tanto por la cocina como por sus acogedoras instalaciones, con parte de las paredes en piedra y una gran profusión de madera. Su carta tradicional se enriquece con varios menús, destacando uno temático que ofrecen con maridajes.

XX **Sara**  🔟 🎇

❀ *av. Abat Marcet 201* ✉ *08225* – ✆ *937 35 80 25* – *www.sararestaurant.com*
– *cerrado Semana Santa, 3 semanas en agosto, domingo y miércoles noche*
**Rest** – Menú 13/25 € – Carta 31/39 €  AY**d**
Casa llevada con gran amabilidad por el matrimonio propietario. En su sala, dividida en dos espacios de línea clásica, podrá descubrir una cocina tradicional y de mercado que suele destacar por la calidad de sus pescados.

X **El Cel de les Oques** ⓝ  🎇 🔟 🎇

❀ *de la Palla 15* ✉ *08221* – ✆ *937 33 82 07* – *www.elceldelesoques.com* – *cerrado 21 días en agosto, domingo, lunes y martes noche*  AY**x**
**Rest** – Menú 13 € – Carta 32/38 €
En una callecita peatonal del casco histórico. Tras su anodina fachada accederá a un interior de línea actual-funcional, algo justo pero muy cuidado. Su cocina tradicional actualizada toma como base productos ecológicos y de proximidad.

**por la N 150** por ① : 4,5 km y desvío a la izquierda 3 km

### 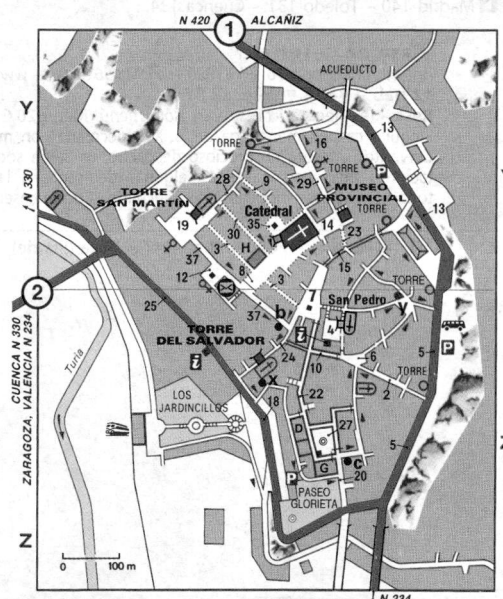 **Double Tree by Hilton La Mola** 🛎 ⇐ 🚗 ☒ ☺ 🖾 🖾 🖧 🖾 🛜 🖧 🄿

*camí dels Plans de Can Bonvilar* ☒ 08227 Terrassa
– 𝒞 937 36 72 67 – www.lamola.es
**186 hab** ☲ – †90/220 € ††100/232 €
**Rest *L'Obac*** – Menú 28 € – Carta 35/55 €

Hotel de diseño innovador repartido entre varios edificios en mitad del campo, por lo que también ofrece múltiples opciones de ocio al aire libre. Posee un completo SPA, unas habitaciones muy bien equipadas y un modernísimo centro de conferencias. Su restaurante gastronómico se complementa con un gastrobar.

---

**TERUEL** 🄿 – **574** K26 – **35 841 h.** – **alt. 916 m**　　　　　**3** B3

▶ Madrid 301 – Albacete 245 – Cuenca 152 – Lleida/Lérida 334

🚺 San Francisco 1 (edificio Carmelitas), ☒ 44001, 𝒞 978 64 14 61, www.teruel.es

🚺 pl. de los Amantes 6, ☒ 44001, 𝒞 978 62 41 05, www.teruel.es

**R.A.C.E.** Miguel de Cervantes 11 𝒞 978 60 34 95

◉ Localidad★★ – Museo Provincial★ Y, Torres mudéjares★ YZ – Catedral (techo artesonado★) Y

#### 🏨 **Plaza Boulevard** sin rest, con cafetería 🖾 🖾 🛠 🛜

*pl. Tremedal 3* ☒ 44001 – 𝒞 978 60 86 55 – www.bacohoteles.com
**18 hab** – †45/160 € ††50/180 €, ☲ 8 €　　　　　**Zc**

Resulta céntrico y ha sido reformado para darle una estética más actual, con la fachada acristalada. Aunque todas las habitaciones poseen detalles de diseño hay que destacar las dos de la última planta, más amplias y abuhardilladas.

#### 🏨 **Torico Plaza** sin rest 🖾 🖧 🖾 🛠 🛜

*Yagüe de Salas 5* ☒ 44001 – 𝒞 978 60 86 55 – www.bacohoteles.com
**31 hab** – †46/160 € ††50/180 €, ☲ 8 €　　　　　**Zb**

¡Próximo a la famosa plaza del Torico, en el corazón de Teruel! Ofrece habitaciones funcionales de correcto confort, destacando algunas de ellas por su orientación y las del último piso por el hecho de poseer una pequeña terraza privada.

ESPAÑA

## TERUEL

## Yain  🐬 💱 ⇔

🐸 *pl. del la Judería 9* ✉ *44001 –* ✆ *978 62 40 76 – www.yain.es – cerrado del 7 al 31 de enero, del 18 al 24 de agosto, domingo noche, lunes y martes noche*
**Rest** – Menú 17/55 € – Carta 30/47 € ⅋                                     Z**y**

Su nombre hace referencia al vino en hebreo, pequeño detalle que nos indica la importancia de la bodega en esta casa. Ofrece un interior de línea actual y una cocina de base tradicional con toques actuales... sencilla, agradable y sabrosa.

### en la carretera N 234 Noroeste : 2 km

## Parador de Teruel  🚁 ⅀ 💱 🍴 🛗 ⬧ hab, 🐬 💱 🛜 🈴 P

✉ *44003 Teruel –* ✆ *978 60 18 00 – www.parador.es*
**54 hab** – †60/112 € ††75/140 €, �  15 € – 6 suites
**Rest** – Menú 27 € – Carta 32/41 €

Palacete de inspiración mudéjar ubicado en un paraje arbolado. Disfruta de unas correctas zonas nobles y amplias habitaciones, todas con mobiliario castellano. Su cocina plantea un viaje por los platos más típicos de la región, como las Magras de jamón con tomate, la Sopa en perolico o las Migas a la pastora.

---

**TITULCIA** – Madrid – **576** – **575** L19 – 1 206 h. – alt. 509 m     **22** B2
▶ Madrid 37 – Aranjuez 21 – Ávila 159

## El Rincón de Luis y H. La Barataria con hab  🐬 💱 🛜

🐸 *Grande 31* ✉ *28359 –* ✆ *918 01 01 75 – www.elrincondeluis.com*
**7 hab** – †30/50 € ††35/60 €, ⊡ 3 €
**Rest** – *(cerrado 2ª quincena de agosto y lunes)* Carta 25/35 €

Esta casa de organización familiar cuenta con un atractivo bar público y dos comedores de ambiente rústico-regional. Su especialidad son los asados en horno de leña. También ofrece habitaciones en un edificio independiente de línea más actual, todas de buen confort y con una pequeña cocina integrada.

---

**El TOBOSO** – Toledo – **576** N21 – 2 140 h. – alt. 692 m     **10** C2
▶ Madrid 140 – Toledo 131 – Cuenca 134

## Casa de la Torre ❿  🐬 💱 hab, 🛜 🈴

*Antonio Machado 16* ✉ *45820 –* ✆ *925 56 80 06 – www.casadelatorre.com*
**12 hab** – †40 € ††59 €, ⊡ 8 €
**Rest** – *(es necesario reservar) (solo menú)* Menú 20 €

Singular casona manchega del s. XVII decorada con muchos detalles alusivos a Cervantes. Atesora un precioso despacho, un salón social con chimenea y habitaciones bien personalizadas, algunas dedicadas a las novelas del escritor y todas con valioso mobiliario de anticuario. ¡Cocina casera previa reserva!

---

**La TOJA (Isla de)** – Pontevedra – ver A Toxa (Illa de)

# TOLEDO

Planos de la ciudad en páginas siguientes

P – **Toledo** – **84 019 h.** – **alt. 529 m** – 576 M17

▶ Madrid 71 – Ávila 137 – Ciudad Real 120 – Talavera de la Reina 78

🛈 **Oficinas de Turismo**

puerta Bisagra , ✉ 45003, ✆ 925 22 08 43, www.turismocastillalamancha.com
pl. del Ayuntamiento 1, ✉ 45071, ✆ 925 25 40 30, www.toledo-turismo.com

**Automóvil Club**

**R.A.C.E.** Colombia 10 ✆ 925 21 16 37

◎ VER

Emplazamiento*** · El Toledo Antiguo*** · Catedral*** BY (Retablo de la Capilla
Mayor**, Sillería del coro***, transparente Girola*, artesonado mudéjar de la sala
capitular*, Sacristía : obras de El Greco*, Tesoro : custodia**) · Iglesia de Santo
Tomé (El Entierro del Conde de Orgaz***) AY · Casa y Museo de El Greco* AY**M¹** ·
Sinagoga del tránsito** (decoración mudéjar) AYZ · Iglesia de Santa María la
Blanca* (capiteles★) AY · Monasterio de San Juan de los Reyes* (iglesia :
decoración escultórica*) AY · Iglesia de San Román (museo de los concilios y de la
cultura visigoda*) BY · Museo de Santa Cruz** (fachada**, colección de pintura de
los s. XVI y XVII*, obras de El Greco*, obras de primitivos*, retablo de la Asunción
de El Greco*, patio plateresco*, escalera de Covarrubias*) CXY.
Otras curiosidades : Hospital de Tavera* (palacio*, Iglesia : El bautismo de Cristo
de El Greco*) BX.

# TOLEDO

ESPAÑA

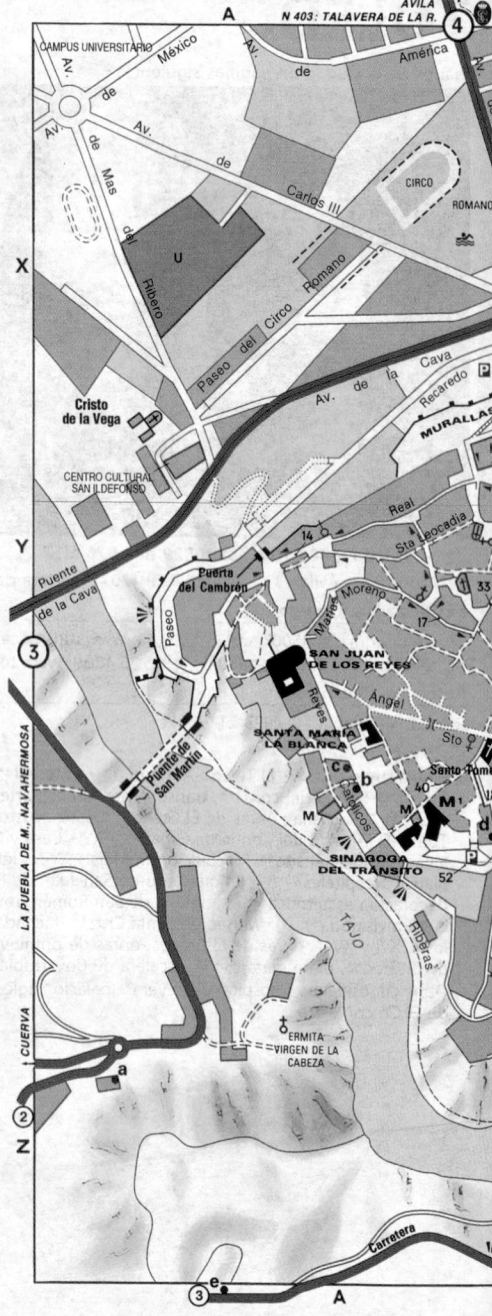

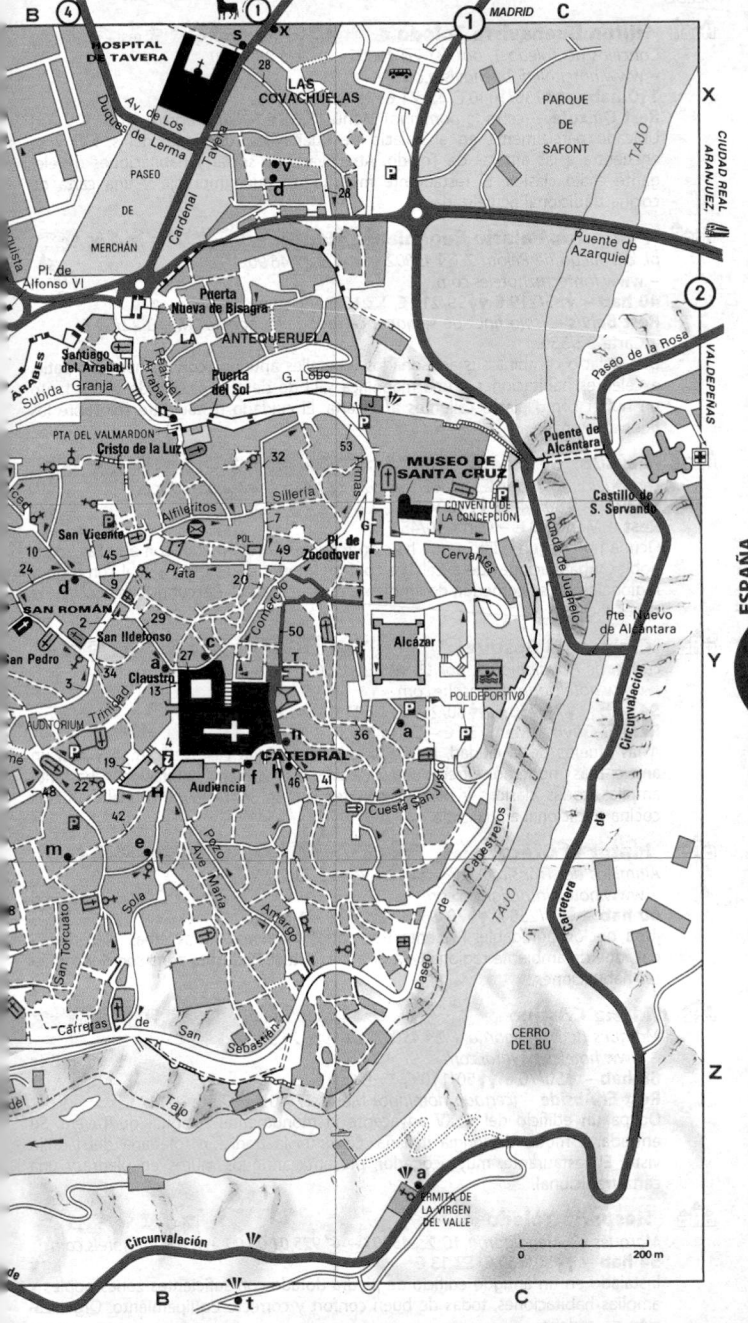

### 🏨🏨🏨 **Hilton Buenavista Toledo** 🎐 ⅃ 🔊 Ⅰ𝟞 🖢 ⅗ 🎖 ⎷ rest, 🛜 🏊 🚗

*Concilios de Toledo 1, por ④ ⊠ 45005 – 𝒞 925 28 98 00*
*– www.hoteltoledobuenavista.com*
**110 hab** – 🛏🛏130/1040 €, � 21 € – 7 suites
**Rest** *Quixote* – *(cerrado domingo)* Menú 18/55 € – Carta aprox. 50 €
Ubicado parcialmente en el palacio de Buenavista, que data del s. XVI y se
encuentra a las afueras de Toledo. Atractiva zona social y habitaciones de elegante estilo clásico. El restaurante muestra un buen montaje y una carta de
cocina tradicional actualizada.

### 🏨🏨🏨 **Fontecruz Palacio Eugenia de Montijo** 🔊 Ⅰ𝟞 🖢 ⅗ 🎖 ⎷ 🛜

*pl. del Juego de Pelota 7 ⊠ 45002 – 𝒞 925 27 46 90*
*– www.fontecruzhoteles.com*                                              🦺
                                                                         BYZ**m**
**40 hab** – 🛏89/219 € 🛏🛏99/219 €, ⊠ 16 € – 1 suite
**Rest** *Belvís* – *(solo fines de semana, cerrado julio, agosto)* Menú 22/59 €
– Carta 32/55 €
Este palacio combina sus artesonados y detalles antiguos con un hermoso patio,
excelentes habitaciones y una magnífica sala de desayunos, donde sirven tanto
un buffet como platos calientes a la carta. El cuidado restaurante solo abre los
fines de semana.

### 🏨🏨🏨 **Parador de Toledo** 🐾 ⅖ 🚗 🎐 ⅃ 🖢 ⅗ 🎖 ⎷ 🛜 🏊 🅿

*cerro del Emperador ⊠ 45002 – 𝒞 925 22 18 50 – www.parador.es*
**79 hab** – 🛏80/144 € 🛏🛏100/180 €, ⊠ 18 € – 3 suites                  BZ**t**
**Rest** – Menú 30 € – Carta 30/45 €
Ocupa un antiguo edificio que ha sido totalmente reformado, con amplias zonas
nobles y habitaciones de excelente confort. Interior de estética actual con toques
regionales. En su comedor, de ambiente regional-actual, descubrirá una cocina de
raíces locales.

### 🏨🏨 **Cigarral El Bosque** 🆕 ⅖ 🚗 🎐 ⅃ 🖢 🎖 ⎷ rest, 🛜 🏊 🅿

*carret. de Navalpino 49, por ③ AY ⊠ 45004 – 𝒞 925 28 56 40*
*– www.hotelcigarralelbosque.com*
**54 hab** – 🛏75/250 € 🛏🛏80/250 €, ⊠ 11 € – 4 suites
**Rest** *El Olivo* – Menú 35 € – Carta 32/54 €
A las afueras de la ciudad, instalado en una antigua casa de campo y con un
anexo más moderno. Ofrece una cafetería con vistas y habitaciones bastante
amplias, todas clásicas y muchas con terraza. En su restaurante elaboran una
cocina tradicional actualizada.

### 🏨🏨 **Pintor El Greco** sin rest 🖢 ⅗ 🎖 🛜 🏊 🚗

*Alamillos del Tránsito 13 ⊠ 45002 – 𝒞 925 28 51 91*
*– www.hotelpintorelgreco.com*                                           AY**d**
**60 hab** – 🛏70/250 € 🛏🛏70/350 €, ⊠ 15 € – 1 suite
¡Una opción agradable! Presenta tres patios interiores y dos áreas bien definidas, una de ambiente regional y la otra más actual. Reducida zona social y coquetas habitaciones.

### 🏨🏨 **María Cristina** 🖢 ⅗ 🎖 ⎷ 🛜 🏊 🚗

*Marqués de Mendigorría 1 ⊠ 45003 – 𝒞 925 21 32 02*
*– www.hotelesmayoral.com*                                               BX**s**
**68 hab** – 🛏50/70 € 🛏🛏50/110 €, ⊠ 8 €
**Rest** *El Ábside* – *(cerrado domingo)* Menú 17/40 € – Carta 22/47 €
Ocupa un edificio del s. XV adyacente al monumental Hospital de Tavera. Su
entrada, a modo de loggia italiana, continúa la tradición toledana del ladrillo
visto. El restaurante, muy acogedor, presenta antiguos muros en piedra y una
carta tradicional.

### 🏨🏨 **Hesperia Toledo** sin rest 🖢 ⅗ 🎖 ⎷ 🛜 🏊 🚗

*Marqués de Mendigorría 10 ⊠ 45003 – 𝒞 925 01 06 00 – www.nh-hotels.com*
**54 hab** – 🛏🛏50/160 €, ⊠ 13 €                                         BX**x**
Instalado en un antiguo edificio de piedra dotado con suficientes zonas nobles y
amplias habitaciones, todas de buen confort y correcto equipamiento. Organización de cadena.

🏨 **San Juan de los Reyes** sin rest, con cafetería  🏨 👫 🅰🅲 ⚡ 📶 🎿 🐾

*Reyes Católicos 5* ⊠ 45002 – 𝒞 925 28 35 35 – www.hotelsanjuandelosreyes.com
**38 hab** 🍽 – ✝75/168 € ✝✝84/177 €  AY**b**

Hotel de línea actual que destaca por su céntrica situación, en un edificio protegido del s. XIX. Ofrece habitaciones actuales, todas con hidromasaje o jacuzzi en
los baños.

🏨 **AC Ciudad de Toledo** sin rest  ≼ 👫 🏨 🅰🅲 ⚡ 📶 🎿 🅿

*carret. de Circunvalación 15* ⊠ 45005 – 𝒞 925 28 51 25 – www.ac-hotels.com
**49 hab** – ✝✝70/240 €, 🍽 13 €  AZ**e**

Está a las afueras de la ciudad, en un antiguo edificio de piedra que ha sido
recuperado con una estética actual. Correctas zonas nobles y habitaciones de
buen confort.

🏨 **Abad Toledo** sin rest  🏨 🅰🅲 ⚡ 📶 🎿

*Real del Arrabal 1* ⊠ 45003 – 𝒞 925 28 35 00 – www.hotelabadtoledo.com
**22 hab** – ✝64/125 € ✝✝64/150 €, 🍽 8,50 € – 3 apartamentos  BX**n**

Ocupa una casa que en otro tiempo funcionó como herrería, conservando aún
muchos de sus elementos originales. Al otro lado de la calle... ¡también ofrecen
tres apartamentos!

🏨 **Duque de Lerma** sin rest  🐾 🏨 🅰🅲 ⚡

*Espino 4* ⊠ 45003 – 𝒞 925 22 25 00 – www.hotelesmartin.com
**18 hab** – ✝40/60 € ✝✝49/89 €, 🍽 7 €  BX**v**

Hotel de organización familiar. Presenta correctas zonas sociales y unas habitaciones de adecuado confort, con los baños reducidos, unos con bañera y otros con
plato ducha.

🏠 **Casa de Cisneros** sin rest  🅰🅲 ⚡ 📶 🎿

*Cardenal Cisneros 12* ⊠ 45002 – 𝒞 925 22 88 28
– www.hostal-casa-de-cisneros.com  BY**f**
**10 hab** – ✝50/70 € ✝✝60/120 €, 🍽 5 €

Casa del s. XVI ubicada frente a la Puerta de los Leones de la Catedral. Posee
habitaciones algo pequeñas pero bien decoradas, con mobiliario rústico y baños
de plato ducha. ¡Su subsuelo conserva vestigios de un palacio musulmán del s. XI!

🏠 **La Posada de Manolo** sin rest  🅰🅲 ⚡

*Sixto Ramón Parro 8* ⊠ 45001 – 𝒞 925 28 22 50 – www.laposadademanolo.com
– cerrado del 15 al 31 de julio  BY**h**
**14 hab** – ✝39/54 € ✝✝61/83 €, 🍽 3 €

En una antigua casa restaurada. Posee una reducida zona social, habitaciones
decoradas en diferentes estilos y un agradable comedor para desayunos con vistas a la Catedral.

🏠 **Santa Isabel** sin rest  🏨 🅰🅲 ⚡ 📶 🐾

*Santa Isabel 24* ⊠ 45002 – 𝒞 925 25 31 20 – www.hotelsantaisabel.net
**41 hab** – ✝35/44 € ✝✝45/65 €, 🍽 5 €  BY**e**

Sencillo hotel de organización familiar distribuido en dos edificios próximos a la
Catedral. El más atractivo, que data del s. XIV, destaca por su precioso patio castellano.

🏠 **Martín** sin rest  🐾 🏨 🅰🅲 ⚡

*Espino 10* ⊠ 45003 – 𝒞 925 22 17 33 – www.hotelmartin.es  BX**d**
**29 hab** – ✝32/50 € ✝✝45/89 €, 🍽 7 €

Sencillo, familiar y de impecable limpieza. Presenta la cafetería integrada en el
amplio hall y unas habitaciones de correcto confort, todas con mobiliario provenzal.

🍴🍴🍴 **Adolfo** con hab  🏨 👫 🅰🅲 ⚡ 📶

*Hombre de Palo 7* ⊠ 45001 – 𝒞 925 22 73 21 – www.grupoadolfo.com
**9 apartamentos** – ✝✝75/90 €, 🍽 15 €  BY**c**
**Rest** – (cerrado del 9 al 15 de enero y domingo noche) Menú 58/71 €
– Carta 54/76 € 🍃

Dispone de un buen hall y dos salas de línea actual, ambas con mobiliario clásico
y hermosos techos artesonados. Carta actualizada de base tradicional. Como complemento al negocio presenta nueve confortables apartamentos en un edificio
anexo, todos con cocina.

ESPAÑA

ⅩⅩ **As de Espadas**       🏠 ❤ AK ⅌ ⟷

*paseo de la Rosa 64, por ② ⊠ 45006 – ℰ 925 21 27 07 – cerrado 2ª quincena de agosto y domingo*

**Rest** – Menú 25/50 € – Carta 25/55 €

Llevado entre hermanos, de aire actual y ubicado frente a la estación del AVE. Combina luz, espacio y confort para ofrecer una carta de base tradicional con buenas carnes.

ⅩⅩ **Locum**       AK ⅌

*Locum 6 ⊠ 45001 – ℰ 925 22 32 35 – www.locum.es – cerrado 2ª quincena de agosto, lunes noche y martes*     BY**n**

**Rest** – Menú 40 € – Carta 37/53 €

Casa del s. XVII emplazada junto a la Catedral. Se presenta con un hall, una barra de apoyo y dos salas, ambas de línea rústica-regional. Cocina actual de base tradicional.

ⅩⅩ **El Palacete**       ❤ AK ⅌ ⟷

*Soledad 2 ⊠ 45001 – ℰ 925 22 53 75 – www.restauranteelpalacete.com – cerrado del 15 al 30 de julio, domingo noche y lunes*     CY**a**

**Rest** – Menú 25/56 € – Carta 26/50 €

Casa hispanomusulmana del s. XI declarada de interés cultural. Presenta un bello patio central, decoración mozárabe y la viguería labrada. Cocina tradicional actualizada.

ⅩⅩ **La Ermita**       < 🏠 AK ⅌

*carret. de Circunvalación ⊠ 45004 – ℰ 925 25 31 93 – www.laermitarestaurante.com*     CZ**a**

**Rest** – Menú 25 € – Carta 33/46 €

Casa de piedra que sorprende por su situación, al borde del Tajo y con soberbias vistas a Toledo. Comedor moderno, grandes ventanales y cocina tradicional con toques actuales.

ⅩⅩ **La Orza**       🏠 AK ⅌

*Descalzos 5 ⊠ 45002 – ℰ 925 22 30 11 – www.restaurantelaorza.com – cerrado domingo noche*     AY**a**

**Rest** – Menú 25/43 € – Carta 26/42 €

Un restaurante íntimo, de aire rústico, con grandes ventanales y en plena judería toledana. Ofrecen una cocina regional y tradicional actualizada, siempre con buenos detalles.

ⅩⅩ **Hierbabuena**       < ❤ AK ⅌

*carret Circunvalación 1 ⊠ 45004 – ℰ 925 22 39 24 – www.restaurantehierbabuena.com – cerrado agosto y domingo noche*     AZ**a**

**Rest** – Menú 22/60 € – Carta 36/52 €

Ubicado en la ladera del río, por lo que atesora buenas vistas al mismo y a los cigarrales del otro lado. Exterior rústico, interior clásico y cocina tradicional elaborada.

ⅩⅩ **Cúrcuma**       🏠 AK ⅌ ⟷

*Tendillas 3 ⊠ 45002 – ℰ 925 25 02 02 – www.restaurante-curcuma.com – cerrado domingo noche y lunes*     BY**d**

**Rest** – Menú 18/40 € – Carta 28/44 €

Disfruta de un vestíbulo, una sala actual con el techo acristalado, un privado y una terraza arbolada en la parte posterior. Cocina tradicional y platos típicos de la zona.

Ⅹ **La Perdiz**       🏠 AK ⅌

*Reyes Católicos 7 ⊠ 45002 – ℰ 925 25 29 19 – www.grupoadolfo.com – cerrado domingo noche*     AY**c**

**Rest** – Menú 14/18 € – Carta 22/43 €

Una opción a tener en cuenta pese a la sencillez del servicio de mesa, pues aquí ofrecen cocina regional de calidad... ahora en formato de tapas y con la opción de menús.

⅌/ **Colección Catedral** ⓝ       ⅌

*Nuncio Viejo 1 ⊠ 45002 – ℰ 925 22 42 44 – www.grupoadolfo.com*

**Rest** – Tapa 6 € – Ración aprox. 15 €     BY**a**

Gastrobar de ambiente informal y urbanita respaldado por el sello de calidad del Grupo Adolfo. Se halla cerca de la Catedral, donde ofrecen tapas y raciones tradicionales.

**TOLOSA** – Guipúzcoa – **573** C23 – 18 574 h. – alt. 77 m  25 B2

▶ Madrid 444 – Iruña/Pamplona 64 – Donostia-San Sebastián 26 – Vitoria-Gasteiz 89

🇮 pl. Santa María 1 , ✉ 20400, 𝒞 943 69 74 13, www.tolosaldea.net

🏠 **Oria** 🛏 & hab, 🅺 rest, 🎇 rest, 🛜 🕍 🚗

*Oria 2* ✉ 20400 – 𝒞 943 65 46 88 – www.hoteloria.com

**45 hab** – ♦66/88 € ♦♦88/130 €, ☕ 10 €

**Rest** *Botarri* – 𝒞 943 65 49 21 *(cerrado domingo)* Menú 18/50 €

– Carta 29/45 €

Sus habitaciones están distribuidas en dos edificios, uno actual y el otro a modo de chalet, con un estilo de principios del s. XX y estancias algo más espaciosas. El amplio restaurante, tipo asador, está decorado con barriles de sidra y detalles neorrústicos.

🍴🍴🍴 **Frontón** 🅺 🎇 ♢

*San Francisco 4-1°* ✉ 20400 – 𝒞 943 65 29 41 – www.restaurantefronton.com

– *cerrado Navidades, domingo noche, lunes y martes noche*

**Rest** – Menú 36/46 € – Carta 35/62 €

Singular edificio de estética racionalista adosado a un frontón. Disfruta de un gran comedor de estilo Art-déco y un acogedor privado-bodega. Carta tradicional variada.

---

**TOLOX** – Málaga – **578** V15 – 2 317 h. – alt. 315 m – Balneario  1 A3

▶ Madrid 600 – Antequera 81 – Málaga 54 – Marbella 46

**al Noroeste** 3,5 km

🏠 **Cerro de Hijar** 🌿 🍽 ⬛ & hab, 🎇 rest, 🛜 🕍 🅿

✉ 29109 Tolox – 𝒞 952 11 21 11 – www.cerrodehijar.com

**18 hab** – ♦40/57 € ♦♦60/84 €, ☕ 8 €

**Rest** – Carta 29/44 €

Hotel de montaña que destaca tanto por su emplazamiento, en plena Sierra de las Nieves, como por su arquitectura a modo de hacienda andaluza, con habitaciones de ambiente colonial y magníficas vistas. El restaurante propone una cocina de tintes creativos.

---

**TOMELLOSO** – Ciudad Real – **576** O20 – 39 093 h. – alt. 662 m  10 C2

▶ Madrid 184 – Toledo 132 – Ciudad Real 92

🏠 **Paloma** 🅽 🛏 🅺 hab, 🎇 🛜 🕍 🅿

*Campo 12* ✉ 13700 – 𝒞 926 51 33 00 – www.hotelpalomatomelloso.es

**44 hab** ☕ – ♦49/55 € ♦♦65/70 €

**Rest** – Menú 10/45 € – Carta 15/50 €

Llevado con entrega y amabilidad entre dos hermanas. En conjunto disfruta de una estética urbana-actual, con unos espacios bastante diáfanos y unas habitaciones de muy buen confort dominadas por las líneas rectas. En el restaurante, también de montaje actual, proponen una cocina de gusto tradicional.

---

**TONA** – Barcelona – **574** G36 – 8 108 h. – alt. 600 m  14 C2

▶ Madrid 627 – Barcelona 56 – Manresa 42

🍴🍴 **Torre Simón** 🏠 🎇 ♢ 🅿

*Doctor Bayés 75* ✉ 08551 – 𝒞 938 87 00 92 – www.torresimon.com

– *cerrado domingo y lunes*

**Rest** – *(solo almuerzo salvo viernes y sábado)* Menú 40 € – Carta 31/48 €

Hermosa villa de veraneo de estilo modernista dotada con dos comedores clásicos, dos privados y una agradable terraza. Cocina de temporada actualizada y sugerencias del día.

**TOPAS** – Salamanca – **575** I13 – 610 h. – alt. 820 m    11 B2

▶ Madrid 222 – Valladolid 120 – Salamanca 26 – Zamora 52

**por la carretera N 630** Oeste : 9,5 km y desvío a la derecha 2,3 km

🏰 **Castillo del Buen Amor**    ⌖ 🚗 ∄ 🔟 hab, 🍽 rest, 🗘 P
✉ 37799 Topas – ☎ 923 35 50 02 – www.buenamor.net
**40 hab** ⌑ – †74/234 € ††87/275 € – 4 suites
**Rest** – (es necesario reservar) Menú 30/44 € – Carta 33/55 €
Castillo-palacio del s. XV construido sobre una fortaleza. Posee una variada zona
noble, un patio gótico-renacentista y espaciosas habitaciones, destacando especialmente las de la torre del homenaje. El restaurante, que ocupa las antiguas
caballerizas abovedadas, propone una carta tradicional y varios menús.

**TORÀ** – Lleida – **574** G34 – 1 333 h. – alt. 448 m    13 B2

◀ Madrid 542 – Barcelona 110 – Lleida/Lérida 83 – Manresa 49

🍴 **Hostal Jaumet** con hab    📶 ∄ 📱 🔟 🍽 🛜 P 🚗
ⓒ carret. C 1412 ✉ 25750 – ☎ 973 47 30 77 – www.hostaljaumet.com –
**17 hab** ⌑ – †50 € ††70 €
**Rest** – (reserva aconsejable) Menú 17/20 € – Carta 24/34 €
Negocio familiar de 4ª generación, ya que abrió sus puertas en 1890. Dispone de
un gran bar y un comedor clásico, donde ofrecen deliciosos guisos y platos "de la
abuela" que ensalzan el recetario catalán. ¡Quien se quiera alojar encontrará unas
habitaciones de ambiente clásico y correcto confort!

**TORAZO** – Asturias – **572** B13 – 280 h.    5 B1

▶ Madrid 505 – Oviedo 52 – León 176

🏰 **Hosteria de Torazo**    ⌖ 📶 ∄ 🎬 📱 🛗 hab, 🔟 🍽 🛜 🗘 P 🚗
pl. de la Sierra 1 ✉ 33310 – ☎ 985 89 80 99 – www.hosteriadetorazo.com
**22 hab** ⌑ – †88/113 € ††115/165 € – 8 suites
**Rest** – Menú 20 € – Carta 25/46 €
Casona reconvertida en hotel, pues cuenta con varios anexos y numerosos servicios. Encontrará unas instalaciones modernas, habitaciones de confort actual y un
completo SPA. En su restaurante podrá degustar una cocina tradicional bastante
contundente.

**TORDESILLAS** – Valladolid – **575** H14 – 9 186 h. – alt. 702 m    11 B2

▶ Madrid 179 – Ávila 109 – León 142 – Salamanca 85

ℹ Casas del Tratado, ✉ 47100, ☎ 983 77 10 67, www.tordesillas.net

◉ Convento de Santa Clara★ (artesonado★★, patio★)

🏰 **Parador de Tordesillas**    ⌖ 🚗 📶 ∄ 🔟 🎬 📱 🛗 hab, 🔟 🍽 🛜 🗘
carret. de Salamanca, Suroeste : 1 km ✉ 47100    P 🚗
– ☎ 983 77 00 51 – www.parador.es
**68 hab** – †56/140 € ††70/175 €, ⌑ 15 €    **Rest** – Menú 27 €
Hermosa casa solariega construida al abrigo de un frondoso pinar. Ofrece una
agradable zona noble, habitaciones de ambiente castellano y un sobrio comedor con el techo artesonado, donde encontrará una carta de marcado gusto
regional. Entre sus especialidades están los asados y el Gallo de corral turresilano.

🍴 **Los Toreros** con hab    🔟 rest, 🍽 🛜 🗘 🚗
av. de Valladolid 26 ✉ 47100 – ☎ 983 77 19 00 – www.hotellostoreros.com
**27 hab** – †33 € ††47 €, ⌑ 4 €    **Rest** – Menú 14/35 € – Carta 25/57 €
Aquí no hallará un espacio de ambiente taurino, pues con su nombre solo hacen
referencia al apodo familiar. El negocio se presenta con un bar, un comedor clásico y algunas habitaciones por si desea alojarse, la mitad renovadas y de
estilo clásico-actual. Su carta tradicional se completa con varios menús.

**en la autovía A 62** Este : 5 km

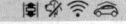

**El Montico**     🚊 🛏 ⌱ ※ ₺ hab, 🅰 ※ rest, 🛦 🅿

*Salida 148* ⊠ *47100 El Montico –* ℰ *983 02 82 00 – www.elmontico.com*
**60 hab –** 🚹🚹50/80 €, 🖙 5 € – 4 suites    **Rest –** Menú 16/35 € – Carta 30/45 €
¡Disfrute del descanso en un paraje de frondosos pinares! Presenta un gran salón-bar con chimenea, confortables habitaciones de línea clásica y un hermoso entorno ajardinado. El comedor destaca tanto por la altura de sus techos como por sus elaboraciones, fieles a los aromas y gustos del recetario castellano.

---

**TORLA** – Huesca – **574** E29 – **320 h. – alt. 1 113 m**     4 C1

▶ Madrid 480 – Huesca 95 – Zaragoza 164

◎ Paisaje★

◎ Parque Nacional de Ordesa y Monte Perdido★★★ Noreste : 8 km

**Abetos** sin rest     ≤ 🚊 🛗 ※ � 🅿 🚗

*carret. de Ordesa* ⊠ *22376 –* ℰ *974 48 64 48 – www.hotelabetos.es – Semana Santa-10 diciembre*
**22 hab –** 🚹45/53 € 🚹🚹55/75 €, 🖙 9 €
Construcción pirenaica pensada para los amantes de la naturaleza. Tiene una cálida zona social con chimenea y acogedoras habitaciones, las de la 1ª planta con balconcillo y las de la 2ª abuhardilladas. ¡Solicite las orientadas al norte!

**Villa Russell** sin rest     🛗 ※ � 🚗

*Arruata 8* ⊠ *22376 –* ℰ *974 48 67 70 – www.hotelvillarussell.com – Semana Santa-5 noviembre*
**17 hab** 🖙 **–** 🚹55/81 € 🚹🚹73/99 €
Se halla en el centro de Torla y sorprende por su imponente fachada en piedra, en total sintonía con la arquitectura adyacente. Ofrece habitaciones amplias y bien equipadas.

**Villa de Torla**     ≤ ⌱ 🛗 🛗 ₺ hab, 🅰 rest, ※ �

*pl. Aragón 1* ⊠ *22376 –* ℰ *974 48 61 56 – www.hotelvilladetorla.com – cerrado 6 enero-15 marzo*
**38 hab –** 🚹40/50 € 🚹🚹50/70 €, 🖙 6 €    **Rest –** *(solo cena)* Menú 15 €
Se encuentra en la plaza principal, tiene una organización familiar y presenta unas habitaciones bien renovadas, en general rústicas pero con detalles personalizados en su decoración. Enriquecen su oferta con dos terrazas-solárium, una agradable piscina y un comedor para las cenas.

**Bujaruelo**     🛗 ※ � 🅿

*carret. de Ordesa* ⊠ *22376 –* ℰ *974 48 61 74 – www.torla.com – cerrado 6 enero-15 abril*
**23 hab –** 🚹40/50 € 🚹🚹50/70 €, 🖙 8 €    **Rest –** *(solo cena)* Menú 16 €
Su atractiva fachada en piedra da paso a un interior muy bien renovado. Posee un salón social dotado de chimenea y habitaciones de diferentes estilos, la mayoría con buenas vistas a las montañas. El restaurante basa su oferta en un menú de gusto tradicional.

XX **El Duende**     🅰 ※

*La Iglesia* ⊠ *22376 –* ℰ *974 48 60 32 – www.restauranteelduende.com – cerrado del 7 al 31 de enero y martes salvo verano*
**Rest –** Menú 17/29 € – Carta 29/43 €
Casa en piedra dotada con un bar de espera en la planta baja y dos salas en los pisos superiores, ambas rústicas y de cuidado montaje. Cocina tradicional de buen nivel, dos menús y platos típicos... como el sabroso Ternasco de la zona.

---

**TORO** – Zamora – **575** H13 – **9 627 h. – alt. 745 m**     11 B2

▶ Madrid 210 – Salamanca 66 – Valladolid 63 – Zamora 33

🅸 pl. Mayor 6 , ⊠ 49800, ℰ 980 69 47 47, www.toroayto.es

◎ Colegiata★ (portada occidental★★★ - Interior : cuadro de la Virgen de la Mosca★)

ESPAÑA

## Juan II
    🍴 🗲 🛗 🅰🅺 ⚘ rest, 🤙 🏃

*paseo del Espolón 1* ✉ *49800 –* ☎ *980 69 03 00 – www.hoteljuanii.com*

**42 hab** – 🛏58/61 € 🛏🛏78/81 €, 🖵 5 €   **Rest** – Menú 11 € – Carta 26/43 €

Está en pleno centro y atesora un encanto muy especial, pues ofrece espectaculares vistas sobre la Vega del Duero... tanto desde la terraza como desde 10 de sus habitaciones, en general con mobiliario castellano. En su acogedor restaurante encontrará una carta fiel a los sabores de la gastronomía regional.

## ✗ La Viuda Rica
    🅰🅺 ⚘

*Rejadorada 7* ✉ *49800 –* ☎ *980 69 15 81 – www.laviudarica.com – cerrado del 7 al 22 de enero, del 1 al 15 de julio, domingo noche y lunes*

**Rest** – Menú 17/42 € – Carta 32/50 €

Presenta unas instalaciones de línea actual-funcional, con la cocina vista para contemplar el horno de leña. Carta tradicional especializada en carnes e interesantes menús.

## por la carretera de Peleagonzalo Suroeste : 11,5 km

## Valbusenda
    🍴 🗲 🌡 🛋 🕿 ⚘ 🛗 🛗 hab, 🅰🅺 🤙 🏃 🄿 🚗

*carret. Toro-Peleagonzalo* ✉ *49800 Toro –* ☎ *980 69 95 73 – www.valbusenda.com*

**35 hab** 🖵 – 🛏132/197 € 🛏🛏149/197 € – 7 suites

**Rest** – Menú 35/65 € – Carta 37/84 €

Orientado al turismo enológico, pues pertenece a una bodega y está en pleno campo. Sus instalaciones, modernas y luminosas, están pensadas para el relax, por eso cuenta también con un SPA. El restaurante, de línea minimalista, ofrece una carta actual y varios menús degustación. ¡Las vistas son casi infinitas!

---

# TORRE DEL MAR – Málaga – 578 V17 – 15 791 h. – Playa    2 C2
◗ Madrid 570 – Almería 190 – Granada 141 – Málaga 31
🛈 Poniente 2, ✉ 29740, ☎ 952 54 11 04, www.turismo.velezmalaga.es

## Mainake
    🏛 🌡 🛋 🛗 🛗 hab, 🅰🅺 ⚘ hab, 🤙 🏃 🚗

*Los Fenicios 1* ✉ *29740 –* ☎ *952 54 72 46 – www.hotelmainake.com*

**40 hab** – 🛏50/125 €, 🖵 10 €   **Rest** – *(solo almuerzo)* Menú 20 €

Se presenta con un nombre de origen fenicio, una zona social de línea clásica y unas confortables habitaciones, todas con elegantes detalles y materiales de notable calidad. El restaurante, también clásico, se complementa con una terraza y una cafetería.

## Miraya sin rest
    🛗 🅰🅺 🤙

*Patrón Veneno 6* ✉ *29740 –* ☎ *952 54 59 69 – www.hotelmiraya.com*

**21 hab** – 🛏35/55 € 🛏🛏45/85 €, 🖵 4 €

Hotel de línea actual y gestión familiar. Todas las habitaciones tienen un sencillo mobiliario provenzal y los baños completos, aunque destacan las que disfrutan de terraza.

---

# TORRE-PACHECO – Murcia – 577 S27 – 33 911 h. – alt. 17 m    23 B2
◗ Madrid 438 – Murcia 41 – Alicante 109

## al Este 3 km y desvío a la izquierda 1 km

## Intercontinental Mar Menor
    🗲 🏛 🌡 🗐 🕿 🛋 ⚘ 🎞 🛗 🛗 🅰🅺

*Ceiba, (urb. Mar Menor Golf)* ✉ *30700 Torre*    ⚘ rest, 🤙 🏃 🄿 🚗

*-Pacheco –* ☎ *968 04 18 40 – www.intercontinentalmarmenor.com*

**57 hab** 🖵 – 🛏134/160 € 🛏🛏145/190 € – 7 suites

**Rest** *Nomad* – *(solo cena)* Carta 30/45 €

**Rest** *Fontana di Pietra* – *(solo cena)* Carta 25/36 €

**Rest** *Mizu* – *(cerrado domingo) (solo cena)* Carta 32/40 €

En una urbanización dotada con... ¡su propio campo de golf! Disfruta de un buen hall, una coqueta zona social y excelentes habitaciones de línea mediterránea, todas con terraza. Debemos destacar su amplio abanico gastronómico, pues ofrecen restaurantes de cocina actual-mediterránea, italiana y hasta japonesa.

**TORRECABALLEROS** – Segovia – **575** J17 – **1 277 h.** – alt. **1 152 m**   **12** C3
▶ Madrid 97 – Segovia 12

🏠🏠 **El Rancho**   ♨ 🔟 🔁 ₆ 🖃 🔟 🛇 🛜 🛋
pl.del Mediodía 1 ✉ 40160 – ℰ 921 40 10 60 – www.fincaelrancho.com
**49 hab** ⚏ – †90/99 € ††90/123 €
**Rest** *El Rancho de la Aldegüela* – ver selección restaurantes
Instalado en un complejo que, allá por el s. XVII, sirvió como rancho agrícola para
el esquileo de ovejas. Posee una elegante zona noble y habitaciones de buen
confort, combinando el estilo tradicional castellano con los detalles africanos y
orientales. ¡Buen funcionamiento para las reuniones de trabajo!

🏠 **Burgos** sin rest   🔟 🔁 🔟 🛇 🛜
carret. N 110 ✉ 40160 – ℰ 921 40 12 18 – www.hostalburgos.com
**25 hab** – †40/43 € ††55/60 €, ⚏ 3 €
Hostal de carácter familiar que sorprende por sus acogedoras habitaciones,
todas con numerosos detalles decorativos pintados a mano y las de la 3ª
planta abuhardilladas. La piscina está cubierta o descubierta según la estación.

XX **La Portada de Mediodía**   🔁 🔟 🛇
San Nicolás de Bari 31 ✉ 40160 – ℰ 921 40 10 11
– www.laportadademediodia.com – cerrado domingo noche y lunes salvo
festivos
**Rest** – Menú 35/50 € – Carta 38/46 €
Ocupa una antigua casa de postas, bien emplazada junto a la iglesia, y que data
de principios del s. XVII. En sus salas, de acogedor ambiente rústico, le propondrán una cocina castellana dominada por los asados y las carnes a la brasa.

XX **El Huerto de San Roque**   🔁 🔟
camino del Molino 1 ✉ 40160 – ℰ 921 40 13 04 – www.elhuertodesanroque.com
– cerrado del 15 al 30 de enero, domingo noche y lunes
**Rest** – (solo almuerzo salvo viernes, sábado, Semana Santa y verano)
Carta 31/63 €
Vistosa casa construida al estilo rústico local. Posee dos salas en la planta baja y
un comedor en el piso superior, este último con chimenea, vigas de madera y
mejores vistas. Cocina regional rica en verduras y asados (por encargo).

XX **El Rancho de la Aldegüela** – Hotel El Rancho   🔁 🛇 🅿
pl. Marqués de Lozoya 3 ✉ 40160 – ℰ 921 40 10 60 – www.fincaelrancho.com
– cerrado domingo noche
**Rest** – (solo almuerzo salvo julio, agosto, viernes y sábado) Menú 40 €
– Carta 29/40 €
Trabaja mucho y atesora un carácter rústico realmente personal, pues ocupa una
antigua finca de esquileo. En sus acogedoras salas podrá degustar una cocina tradicional especializada en asados y carnes a la parrilla.

**TORREJÓN DE ARDOZ** – Madrid – **576** – **575** K19 – **125 331 h.**   **22** B2
– alt. **585 m**
▶ Madrid 24 – Toledo 90 – Segovia 117 – Guadalajara 37

🏠🏠 **Asset**   ₆ 🖨 ₕ hab, 🔟 🛇 🛜 🛋 🚗
av. de la Constitución 32 ✉ 28850 – ℰ 916 77 06 49
– www.posadasdeespana.com
**131 hab** – ††30/150 €, ⚏ 10 € – 1 suite
**Rest** – (cerrado sábado y domingo) (solo almuerzo) Menú 11 € – Carta 20/36 €
Una buena opción para alojarse, ya que posee unas instalaciones de estética
actual y se encuentra en el centro de la ciudad. Ofrece habitaciones de equipamiento completo. El restaurante, de línea moderna, combina su carta tradicional
con varios tipos de menús.

🏠 **Plaza Mayor** sin rest   🖨 🔟 🛇 🛜 🛋 🚗
Cristo 21 ✉ 28850 – ℰ 916 48 78 50 – www.hostal-plazamayor.com
**34 hab** ⚏ – †36/40 € ††45/49 €
Hotel de organización familiar que va actualizando sus instalaciones poco a poco,
recreando tanto en las zonas sociales como en las habitaciones un estilo más
urbano y actual.

681

**TORRELAGUNA** – Madrid – **576** – **575** J19 – 4 860 h. – alt. 744 m      22 B2
▶ Madrid 58 – Guadalajara 47 – Segovia 108

⌂ **La Posada del Camino Real**                                    AC ⅀ hab. 🤶 ⅄
San Francisco 6 ✉ 28180 – 𝒞 918 43 00 03 – www.posadadelcaminoreal.com
**14 hab** ⅀ – †48/50 € ††77/80 €   **Rest** – Menú 10/25 € – Carta 21/37 €
Conjunto castellano dotado con un bello patio porticado. Sus habitaciones, acogedoras y en diferentes colores, poseen mobiliario rústico en hierro forjado y en
madera. Restaurante distribuido en dos salas, destacando la ubicada en una
cueva-bodega del s. XVII.

**TORRELAVEGA** – Cantabria – **572** B17 – 55 297 h. – alt. 23 m      8 B1
▶ Madrid 384 – Bilbao 121 – Oviedo 178 – Santander 24
🛈 Juan José Ruano 9 , ✉ 39300, 𝒞 942 89 29 82, www.camaratorrelavega.com

⌂ **Montedobra**                                              🤶 ⌷ AC ⅀ 🤶
paseo Joaquín Fernández Vallejo 21 ✉ 39300 – 𝒞 942 88 17 37
– www.hotelmontedobra.com – cerrado 22 diciembre-8 enero
**15 hab** ⅀ – †45/53 € ††67/88 €
**Rest** – (cerrado domingo y lunes) (solo menú) Menú 15/20 €
Próximo al centro, de organización familiar y con un diseño urbano-actual. Posee
unas habitaciones de buen nivel, todas actuales, con los suelos en tarima y los
techos abuhardillados en la última planta. El restaurante, de sencillo montaje, centra su oferta en un menú de sabor tradicional.

XX **El Palacio**                                              🤶 AC ⅀ 🤶
paseo Joaquín Fernández Vallejo 192 - Sur 1,5 km ✉ 39316 – 𝒞 942 80 11 61
– www.elpalacio.es – cerrado del 1 al 15 de septiembre, domingo noche y lunes
**Rest** – Menú 15/37 € – Carta 31/44 €
Se presenta con un jardín, una carpa que utilizan como terraza y tres salas de
línea clásica en la 1ª planta, todas personalizadas. Cocina actual de cuidadas presentaciones.

X **Al Natural**                                              🤶 AC ⅀
pl. Pique y Varela 4 ✉ 39300 – 𝒞 942 18 03 85 – www.restaurantealnatural.com
– cerrado domingo y miércoles noche
**Rest** – Menú 18/45 € – Carta 31/37 €
Resulta céntrico y está llevado de una manera informal. Posee un pequeño bar-
vinoteca y un correcto comedor, todo de ambiente actual. Su sencilla carta tradicional se enriquece con alguna que otra jornada gastronómica. ¡Precios ajustados!

**TORRELLANO** – Alicante – **577** R28 – 7 173 h. – alt. 74 m      16 A3
▶ Madrid 418 – València 172 – Alacant / Alicante 13 – Murcia 77

XX **Nuestrabarra ℕ**                                         ⅄ AC ⅀ 🤶
Consueta 6 ✉ 03320 – 𝒞 965 10 79 00 – www.tapasnuestrabarra.com – cerrado
domingo en verano y domingo noche resto del año
**Rest** – Menú 12/35 € – Carta 29/43 €
Próximo a una zona industrial. Tras su atractiva fachada presenta un interior muy
moderno y acogedor. Su carta combina las tapas y raciones con los platos propios de la cocina tradicional, deliciosas carnes a la brasa, arroces, pescados...

**TORRELODONES** – Madrid – **576** – **575** K18 – 22 680 h. – alt. 845 m      22 A2
▶ Madrid 29 – Ávila 85 – Segovia 67 – Toledo 99

XXX **El Trasgu**                                             🤶 AC ⅀ P.
Cudillero 2 ✉ 28250 – 𝒞 918 59 08 40 – www.restauranteeltrasgu.es – cerrado
domingo noche y lunes
**Rest** – Menú 45/65 € – Carta 33/67 €
Instalado en un elegante chalet, con un bar de espera y tres salas de ambiente
clásico-actual. Carta tradicional con un apartado de guisos, arroces y mariscos.
¡No se pierda su magnífica terraza!

## XX La Casita     🛳 AC 🕸

*camino de Valladolid 10 ⊠ 28250 – ℰ 918 59 55 05 – www.lacasitadetorre.com
– cerrado domingo noche*
**Rest** – Menú 29/39 € – Carta 35/56 €

Ocupa una casita de piedra dotada con un pequeño bar de tapas y raciones, un comedor principal a modo de cabaña acristalada y un gran privado. Carta tradicional con toques creativos y buena selección de vinos por copas.

---

## TORREMENGA – Cáceres – 576 L12 – 652 h. – alt. 530 m    18 C1

▶ Madrid 227 – Ávila 161 – Cáceres 118 – Plasencia 33

## ⌂ El Turcal     🕭 🚗 🛳 ⽤ 🕸 🛜 P

*carret. EX 203, Suroeste : 1,5 km ⊠ 10413 – ℰ 616 61 11 16 – www.elturcal.com
– cerrado 9 diciembre-12 febrero y lunes, martes y miércoles en otoño-invierno*
**11 hab** – †66/106 € ††75/106 €, ⊇ 8 €
**Rest** – *(solo clientes, solo cena)* Menú 24 € – Carta 20/32 €

Hotel rural de arquitectura bioclimática, con acogedoras dependencias de línea moderna que combinan diseño y tradición mediante la utilización de piedra, hierro y madera. Cocina de tinte casero orientada al cliente alojado.

---

## TORREMOLINOS – Málaga – 578 W16 – 68 961 h. – Playa    1 B2

▶ Madrid 569 – Algeciras 124 – Málaga 16

**🖪** pl. Blas Infante 1, ⊠ 29620, ℰ 952 37 95 12

**🖪** pl. de las Comunidades Autónomas, ⊠ 29620, ℰ 952 37 19 09,
www.torremolinos.es

Plano página siguiente

ESPAÑA

## 🏨 Isabel sin rest     ← 🛳 🎥 ᠖ AC 🕸 🛜 🚗

*paseo Marítimo 47 ⊠ 29620 – ℰ 952 38 17 44 – www.hotelisabel.net – cerrado
noviembre-febrero*    Yn
**70 hab** ⊇ – †50/90 € ††70/120 €

¡Asomado al mar! En conjunto presenta unas habitaciones de cuidado equipamiento, unas con bañera, otras con cabina-ducha de hidromasaje y algunas dotadas de amplias terrazas.

### al Suroeste barrios de La Carihuela y Montemar

## 🏨 La Luna Blanca     🕭 🛳 🛳 AC 🕸 rest, 🛜 🚗

*pasaje del Cerrillo 2 ⊠ 29620 Torremolinos – ℰ 952 05 37 11
– www.hotellalunablanca.com – cerrado del 10 al 24 de enero*    Zb
**9 hab** ⊇ – †75/90 € ††85/110 €
**Rest** – *(es necesario reservar)* Menú 30/40 € – Carta 25/45 €

Hotel tipo chalet llevado directamente por sus propietarios nipones. Posee un buen salón social y amplias habitaciones, la suite japonesa con tatami en vez de cama. En su restaurante, de línea informal, ofrecen platos internacionales y especialidades de Japón.

## X Figón de Montemar     🎥 AC 🕸

*av. Pez Espada 101 ⊠ 29620 Torremolinos – ℰ 952 37 26 88 – cerrado
10 enero-10 febrero, domingo noche y lunes*    Zv
**Rest** – Carta 25/37 €

Resulta bastante acogedor. Encontrará una única sala de techos altos y línea clásica, así como una terraza acristalada en la parte trasera. Carta amplia de cocina tradicional.

## X Juan     ← AC

🙂 *paseo Marítimo 28 ⊠ 29620 Torremolinos – ℰ 952 38 56 56
– www.restaurantejuan.es – cerrado 27 enero -27 febrero*    Zt
**Rest** – Menú 16/45 € – Carta 25/50 €

Negocio familiar decorado con motivos marineros. Ofrece un bar público y un comedor acristalado con vistas al mar. Carta tradicional con pescados y mariscos de calidad.

# TORREMOLINOS

**en la carretera de Málaga** por ① :

 **Parador de Málaga Golf**  ⟨◁ 🏡 🛋 ⌇ ❄ 🖳 🛗 ❖ hab, 🅰 ❖ 🛜 🛴 🄿⟩
*junto al campo de golf - 5 km* ⊠ *29080 Málaga –* 𝒞 *952 38 12 55*
*– www.parador.es*
**82 hab** – ♦64/152 € ♦♦80/190 €, � 18 € – 6 suites
**Rest** – Menú 27/34 € – Carta 34/52 €
Bello parador integrado en un entorno ideal para la práctica del golf. Disfruta de espacios modernos, terrazas y amplias habitaciones de línea clásica-actual. En su comedor, luminoso y bastante agradable, encontrará una carta tradicional y un buen menú.

---

**TORRENT** – Girona – **574** G39 – 193 h.       **15** B1
▶ Madrid 728 – Barcelona 127 – Girona/Gerona 42

 **Mas de Torrent**  ⟨⅋ ◁ 🚗 🏡 ⌇ 🔲 🐾 🛗 ❖ ❖ hab, 🅰 ❖ 🛜 🛴 🄿⟩
*Afores* ⊠ *17123 –* 𝒞 *972 30 32 92 – www.mastorrent.com – cerrado 5 enero
- 4 abril*
**39 hab** ☑ – ♦240/580 € ♦♦300/725 € – 7 suites
**Rest** – *(cerrado domingo noche y lunes de 16 octubre-5 enero)* Menú 78 €
– Carta 49/74 € ✿
Disfruta de unas dependencias realmente magníficas, decoradas con sumo gusto y distribuidas entre la preciosa masía del s. XVIII y los distintos pabellones anexos. Atesora dos cuidados restaurantes, uno con vistas a la terraza y el otro junto a la piscina.

---

**TORRICO** – Toledo – **575** – **576** M14 – 861 h. – alt. 445 m    **9** A2
▶ Madrid 169 – Toledo 136 – Cáceres 161 – Ávila 151

**en Valdepalacios** Noreste : 6 km

 **Valdepalacios**  ⟨⅋ 🚗 ⌇ 🔲 🛗 🛋 🅰 🛜 🛴 🄿⟩
*carret. Oropesa a Puente del Arzobispo* ⊠ *45572 Torrico –* 𝒞 *925 45 75 34*
*– www.valdepalacios.es*
**27 hab** – ♦♦150/300 €, ☑ 20 €
**Rest** *Tierra* ✿ – ver selección restaurantes
Presenta la fisonomía de una gran hacienda, con amplias zonas ajardinadas y construcciones anexas. Atesora una atmósfera de gusto clásico-elegante, acogedores salones con chimenea y unas habitaciones de excelente equipamiento.

XXX **Tierra** – Hotel Valdepalacios  ⟨🚗 ⌇ 🅰 ❖ 🄿⟩
✿ *carret. Oropesa a Puente del Arzobispo* ⊠ *45572 Torrico –* 𝒞 *925 45 75 34*
*– www.valdepalacios.es*
**Rest** – *(cerrado domingo noche, lunes y martes mediodía)* (es necesario reservar) Menú 75 € – Carta 70/90 €
Su sala, agradable, luminosa y de montaje clásico-elegante, disfruta de grandes cristaleras para ver tanto la piscina como la terraza. Aquí encontrará una cocina actual que sorprende por su nivel gastronómico y sus finas elaboraciones.
→ Huevo de granja, patata, cigala y trufa negra melanosporum. Verduras de temporada, bacalao, lascas de ciervo y dashi del mismo. Chocolate, eucalipto y jengibre.

---

**TORRIJOS** – Toledo – **576** M17 – 13 448 h. – alt. 529 m    **9** B2
▶ Madrid 87 – Ávila 113 – Toledo 29

🏠 **La Salve**  ⟨🚗 🏡 ⌇ 🖳 ❖ hab, 🅰 ❖ rest, 🛜 🛴 🄿⟩
*Pablo Neruda 10* ⊠ *45500 –* 𝒞 *925 77 52 63 – www.hotellasalve.com*
**22 hab** ☑ – ♦57/99 € ♦♦65/115 €
**Rest** – *(cerrado domingo noche)* Menú 14/42 € – Carta 28/43 €
En una finca agrícola que sorprende por sus amplias terrazas. La mayor parte de las habitaciones son actuales, sin embargo también posee dos con mobiliario de época. Su precioso restaurante propone una cocina actual, de toques creativos y raíces tradicionales.

ESPAÑA

### El Mesón
🔲 & 🅰 ⅍ rest, 🛜 🛁

*Puente 19 ⊠ 45500 – 𝒞 925 76 04 00 – www.hotelelmeson.es*
**44 hab** – 🛉37/47 € 🛉🛉59/74 €, � 4 €
**Rest** *La Calesa* – Menú 12/45 € – Carta 21/39 €

Céntrico, familiar, con instalaciones de línea actual y unas habitaciones funcionales. Su restaurante La Calesa presenta una moderna decoración en tonos grises y
una carta tradicional especializada en caza, carnes rojas, frituras y arroces.

---

## TORROELLA DE MONTGRÍ – Girona – 574 F39 – 11 494 h. 15 B1
– alt. 20 m

🅳 Madrid 740 – Barcelona 127 – Girona 30

🇮 Ullà 31 (Museu de la Mediterrània), ⊠ 17257, 𝒞 972 75 51 80,
www.museudelamediterrania.cat

🖪 Empordá, Sur : 1,5 km, 𝒞 972 76 04 50

### Molí del Mig
& 🔲 🔲 & hab, 🅰 ⅍ 🛜 🛁 🅿

*camí del Molí ⊠ 17257 – 𝒞 972 75 53 96 – www.molidelmig.com*
*– 16 marzo-octubre*
**23 hab** � – 🛉93/238 € 🛉🛉105/250 € **Rest** – Menú 29 € – Carta 31/47 €

Un hotel de contrastes, pues está instalado entre los atractivos vestigios de un
molino del s. XV, un anexo de construcción actual y tres cubos exentos de diseño
vanguardista... todo en perfecta armonía con el entorno. En su restaurante, de
montaje funcional, encontrará una cocina actual con toques de autor.

### al Sureste

### Clipper
& 🏛 🔲 🔲 📠 🔲 & 🅰 ⅍ 🛜 🛁 🅿

*urb. Mas Pinell, 8 km ⊠ 17257 Torroella de Montgrí – 𝒞 972 76 29 00*
*– www.clipperhotel.com – cerrado 30 octubre-30 marzo*
**39 hab** � – 🛉69/125 € 🛉🛉86/300 € **Rest** – Menú 20/45 € – Carta 23/43 €

Moderno hotel de carácter vacacional. Posee varias villas y confortables habitaciones distribuidas en torno a la piscina, todas con terraza y una pequeña cocina
integrada. En el restaurante, dotado con dos salas de línea actual, ofrecen una
carta tradicional.

### Picasso
& 🏛 🔲 🅰 ⅍ rest, 🛜 🅿

*carret. de Pals 1 km y desvío a la izquierda 6 km ⊠ 17257 Torroella de Montgrí*
*– 𝒞 972 75 75 72 – www.hotelpicasso.net – cerrado febrero*
**17 hab** � – 🛉44/56 € 🛉🛉66/110 €
**Rest** – *(cerrado lunes, martes y miércoles salvo verano)* Menú 12/18 €
– Carta 16/46 €

Destaca por su emplazamiento, en un paraje tranquilo y próximo a la playa. Aquí
encontrará habitaciones de línea actual con baños de aire rústico. El restaurante,
espacioso y con una terraza acristalada, presenta una carta tradicional.

---

## TÓRTOLES DE ESGUEVA – Burgos – 575 G17 – 509 h. 12 C2

🅳 Madrid 192 – Valladolid 66 – Burgos 92 – Palencia 57

### ↑ Monasterio Tórtoles de Esgueva
& 🔲 & hab, 🛜 🛁 🅿

*Pago de Fuente Sopeña, (es necesario reservar) ⊠ 09312 – 𝒞 947 55 17 28*
*– www.posadamonasterio.es*
**17 hab** – 🛉65/80 € 🛉🛉80/90 €, � 9 €
**Rest** – *(solo clientes, solo menú)* Menú 25/40 €

Conviva con la historia en este monasterio, bien restaurado y con zonas tan singulares como el claustro o la capilla. Presenta agradables espacios sociales y
sobrias habitaciones, todas de equipamiento actual. El restaurante, que recupera
el viejo refectorio, basa su oferta en dos menús de cocina actual.

---

## TORTOSA – Tarragona – 574 J31 – 34 734 h. – alt. 10 m 13 A3

🅳 Madrid 486 – Castelló de la Plana/Castellón de la Plana 123 – Lleida/Lérida 129
– Tarragona 83

🇮 Rambla Felip Pedrell 3, ⊠ 43500, 𝒞 977 44 96 48, www.tortosaturisme.cat

🅾 Localidad★ - Catedral★★ – Palacio Episcopal★ – Reales Colegios de
Tortosa★ (Colegio Sant Lluís★ patio★★)

**Parador de Tortosa**  🐾 ⟨ 🛏 ⌁ 🎿 ♨ ⊠ ﷼ ⓦ 🐾 **P**

*Castell de la Suda* ⊠ 43500 – ☎ 977 44 44 50 – www.parador.es
**72 hab** – †72/116 € †90/145 €, ⊡ 16 € – 3 suites
**Rest** – Menú 27/33 € – Carta 41/53 €
Belleza e historia aúnan sus fuerzas, pues ocupa un castillo del s. X encaramado a una colina y asomado a la vega del Ebro. Sus magníficas dependencias recrean el ambiente de antaño con el confort actual. Cocina de base regional especializada en arroces.

🔲 **Berenguer IV** sin rest  🔲 ⓖ ⓦ ⟨ 🛆

*Historiador Cristófol Despuig 36* ⊠ 43500 – ☎ 977 44 95 80
– www.hotelberenguer.com
**54 hab** – ††59/98 €, ⊡ 8 €
Junto a la estación del ferrocarril y orientado a una clientela comercial. En conjunto ofrece unas instalaciones actuales, con habitaciones funcionales de correcto confort.

## en Roquetes

⦚ **Amaré**  ⓦ ⓧ

*av. Port de Caro 2* ⊠ 43520 Roquetes – ☎ 977 50 03 80 – cerrado del 1 al 27 de agosto, martes noche y miércoles salvo festivos
**Rest** – Menú 13/23 € – Carta 24/38 €
Un negocio de larga trayectoria. Proponen una cocina tradicional y regional catalana muy respetuosa con los sabores de antaño. Trabaja mucho los guisos y ofrece varios menús.

---

**TOSSA DE MAR** – Girona – **574** G38 – 5 952 h. – Playa  **15** B2
◧ Madrid 707 – Barcelona 79 – Girona/Gerona 41
🅙 av. El Pelegrí 25 (edificio La Nau), ⊠ 17320, ☎ 972 34 01 08, www.infotossa.com
◙ Localidad★★- Vila Vella★ BZ – Museo Municipal★ BZ**M**
◙ Recorrido en cornisa★★ de Tossa de Mar a LLoret de Mar 11 km por ②

*Plano página siguiente*

**ESPAÑA**

 **G.H. Reymar**  🐾 ⟨ 🎏 ⌁ 🔲 ♨ 🇼 🎿 ⊠ ⓦ 🐾 rest, ⟨ 🛆 🚙

*platja de Mar Menuda* ⊠ 17320 – ☎ 972 34 03 12 – www.ghreymar.com
– 16 abril-13 octubre  BY**x**
**148 hab** ⊡ – ††184/387 € – 18 suites  **Rest** – Menú 23 €
Puede presumir de una clientela muy fiel y un excelente emplazamiento frente a la playa, con la mitad de las habitaciones volcadas al mar. Su amplio abanico de servicios oferta desde un centro de salud y belleza hasta cursos de buceo. El restaurante, acristalado y funcional, disfruta de espléndidas vistas.

🔲 **Capri**  ⟨ 🎏 ⊠ ⓦ ⟨

*passeig del Mar 17* ⊠ 17320 – ☎ 972 34 03 58 – www.hotelcapritossa.com
– marzo-octubre  BZ**r**
**22 hab** – †45/71 € ††71/109 €  **Rest** – Menú 16/35 € – Carta 29/38 €
En 1ª línea de playa y a los pies del castillo. Su escueta zona social se ve compensada con unas habitaciones de distinta decoración según la planta, unas clásicas y otras más coloristas. El restaurante, que recrea un ambiente clásico y cuenta con una terraza, propone una cocina de tinte tradicional.

🔲 **Sant March** sin rest  🐾 ⌁ ⓦ 🎿 ⟨ **P**

*av. del Pelegrí 2* ⊠ 17320 – ☎ 972 34 00 78 – www.hotelsantmarch.com
– 15 abril-octubre  AZ**u**
**29 hab** ⊡ – †33/55 € ††58/95 €
¡Sencillez, luminosidad y trato familiar! Encontrará unas habitaciones funcionales y luminosas, así como una pequeña piscina central que resulta agradable. Los desayunos se ofrecen en un amplio salón con la cocina vista.

# TOSSA DE MAR

A map of Tossa de Mar.

XXX **La Cuina de Can Simon** (Xavier Lores)  🖭 ⅍

ε₃ *Portal 24 ✉ 17320 – ☏ 972 34 12 69 – www.lacuinadecansimon.com*
*– cerrado 17 noviembre-4 diciembre, del 8 al 30 de enero, domingo noche, lunes*
*y martes salvo verano y festivos* BZ**e**
**Rest** – Menú 68/98 € – Carta 52/75 €
Se encuentra en una calle peatonal, junto a la muralla del castillo, disfrutando
de una organización íntegramente familiar. Posee una barra de espera y una
sala clásica en dos alturas, donde podrá degustar su cocina tradicional actualizada.
→ Vieiras con erizos de mar, guisantes, papada y butifarra negra en un rollito.
Dentón a la sal de hinojo marino, con espinacas y cebollitas escaldadas. L'Illa de
Tossa, arroz con leche.

---

**TOURO** – A Coruña – **571** D5 – **3 979 h.** – alt. 310 m 19 B2
▶ Madrid 589 – Santiago de Compostela 31 – A Coruña 82 – Lugo 86

**al Este** 7 km

⌂ **Pazo de Andeade** ♨ 🚗 ⅍ 🔥 🅿

*Andeade - Lugar de Casa Grande 1 ✉ 15824 Andeade – ☏ 981 51 73 59*
*– www.pazodeandeade.com – cerrado del 15 al 30 de enero*
**9 hab** – ♦45/52 € ♦♦65/65 €, ☲ 8 €
**Rest** – *(cerrado domingo noche, lunes, martes y miércoles)* Menú 14/35 €
Este longevo establecimiento familiar está instalado en un pazo típico, con un
"cruceiro", un hórreo, un palomar... y hasta una capilla privada. Habitaciones de
ambiente rústico y coqueto comedor, donde ofrecen tanto cocina tradicional como de temporada.

---

**A TOXA (Illa de)** (La Toja Isla de) – Pontevedra – **571** E3 19 A2
– Balneario – Playa
▶ Madrid 637 – Pontevedra 33 – Santiago de Compostela 73
🛈 La Toja, ☏ 986 73 01 58
◎ Paraje★★ – Carretera★ de La Toja a Canelas

🏨 **G.H. La Toja** ♨ ≤ 🚗 🏠 ᠌ 🔲 🐶 ⅃₆ ⅍ 🟦 🖭 ⅍ 🛜 🔥 🅿

✉ 36991 – ☏ 986 73 00 25 – www.granhotellatoja.com
**197 hab** ☲ – ♦151/239 € ♦♦204/314 € – 13 suites
**Rest** – Menú 48/60 € – Carta 40/60 €
Emblemático, de gran tradición y situado al borde de la hermosa ría de Arousa,
con idílicas vistas y magníficos exteriores. Elegante zona social, SPA-balneario y
habitaciones de gran confort. En su comedor, de cuidado montaje y con un excelente servicio de mesa, encontrará una cocina clásica bien elaborada.

🏬 **Louxo La Toja** ♨ ≤ 🚗 🏠 ᠌ 🐶 ⅃₆ 🟦 ⅍ hab, 🖭 ⅍ 🛜 🔥 🅿

✉ 36991 – ☏ 986 73 02 00 – www.louxolatoja.com
**113 hab** ☲ – ♦71/146 € ♦♦90/164 € – 3 suites
**Rest** *Rias Gallegas* – Menú 23/28 € – Carta 45/56 €
Sus instalaciones gozan de un emplazamiento privilegiado al borde del mar, con
unas correctas zonas sociales, amplias habitaciones y un centro de talasoterapia.
El restaurante disfruta de excelentes vistas a la ría de Arousa y elabora platos tradicionales.

🏬 **Hesperia Isla de la Toja** ≤ ᠌ 🔲 🐶 ⅃₆ 🟦 🖭 ⅍ 🛜 🔥 ᠌

✉ 36991 – ☏ 986 73 00 50 – www.nh-resorts.com
**104 hab** ☲ – ♦50/132 € ♦♦77/152 €
**Rest** – Menú 20 € – Carta 18/45 €
Destaca tanto por su centro de congresos, con múltiples salones modulares,
como por su completo SPA, con unas instalaciones terapéuticas propias de balneario y una gran piscina central cubierta. Cuidadas habitaciones de línea clásica-actual y correcta oferta gastronómica de tinte tradicional.

ESPAÑA

A TOXA (Illa de)

XX **Los Hornos** ⟨⟨ 🛖 AC 🍴

✉ 36991 – ☎ 986 73 10 32 – abril-octubre

**Rest** – (cerrado domingo noche y lunes salvo verano) Carta 25/45 €

Disfruta de unas magníficas vistas a la ría de Arousa y sorprende tanto por sus salas, muy luminosas, como por su atractiva terraza acristalada. Cocina tradicional gallega bien presentada, con numerosos mariscos y especialidades del día.

---

**TRAMACASTILLA** – Teruel – **574** K25 – 125 h. – alt. 1 260 m      3 B3

▶ Madrid 275 – Teruel 57 – Zaragoza 198

**por la carretera A 1512** Este : 1 km

XX **Hospedería El Batán** (María José Meda) con hab      ⚶ 🍴 🛜 P

🕸 ✉ 44112 Tramascastilla – ☎ 978 70 60 70 – www.elbatan.es

**7 hab** – 🛏47 € 🛏🛏71 €, ☕ 9 €

**Rest** – (cerrado martes) Menú 42/45 € – Carta 39/59 €

¡Un auténtico oasis gastronómico! Restaurante de ambiente rústico-regional emplazado en pleno campo, en una antigua fábrica de lana. Su chef apuesta por una cocina de raíces tradicionales con toques actuales y detalles creativos. También ofrecen confortables habitaciones y un apartamento en una casita anexa.

→ Zamburiñas braseadas en nido gratinado de setas, verduras y hojas con vinagreta de mostaza antigua. Lomo de bacalao de anzuelo, patata revuelta y boletus. Café en texturas.

---

**TRAMACASTILLA DE TENA** – Huesca – **574** D29 – 148 h. – alt. 1 224 m      4 C1

▶ Madrid 472 – Zaragoza 151 – Huesca 81

🏨 **El Privilegio** ⚶ 📶 ⅙ hab, AC 🍴 🛜 🛁 🚗

Zacalera 1 ✉ 22663 – ☎ 974 48 72 06 – www.elprivilegio.com

**20 hab** ☕ – 🛏99/199 € 🛏🛏132/199 € – 7 suites

**Rest** – (solo cena salvo fines de semana) Menú 25/40 € – Carta 30/42 €

¡Una buena opción para escapadas románticas! Tras su atractiva fachada en piedra encontrará un hotel moderno y acogedor, con un pequeño SPA y habitaciones de distintos estilos, algunas abuhardilladas. El restaurante, coqueto a la par que elegante, presenta una carta de cocina regional y actual.

---

**TRASVÍA** – Cantabria – ver Comillas

---

**TRECEÑO** – Cantabria – **572** C17      8 B1

▶ Madrid 402 – Burgos 163 – Oviedo 140 – Santander 47

🏨 **Palacio Guevara** 🍴 🕻 🛁 P

barrio La Plaza 22 ✉ 39592 – ☎ 942 70 33 30 – www.palacioguevara.com

**16 hab** – 🛏50/125 € 🛏🛏60/150 €, ☕ 8 €   **Rest** – Menú 12/25 €

Hermoso palacio montañés construido en 1713. Presenta un luminoso salón social y habitaciones rústicas donde conviven en armonía la piedra, la madera y el confort actual. Su cálido restaurante se complementa con un anexo acristalado para las celebraciones.

🍴 **Prada a Tope** con hab 🍴 🛜 P

barrio El Ansar 1 ✉ 39592 – ☎ 942 70 51 00 – www.pradaatope-treceno.com – cerrado del 21 al 27 de marzo, del 18 al 30 de junio y del 14 al 20 de octubre

**8 hab** ☕ – 🛏50/70 € 🛏🛏58/78 €

**Rest** – (cerrado miércoles) (solo almuerzo salvo fines de semana y verano) Menú 17/27 € – Carta 24/35 €

Está ubicado en una casa de estilo regional y dispone de dos salas, una rústica y la otra montada en una terraza-porche acristalada. Venta de productos propios y sencillas habitaciones de ambiente rústico-actual. ¡Pruebe alguna de sus Ollas ferroviarias de legumbres, famosas por la lentitud de su cocción!

ESPAÑA

**TREGURÀ DE DALT** – Girona – **574** F37 – alt. 1 410 m      14 C1

▶ Madrid 695 – Barcelona 141 – Girona 92 – Canillo 154

### ⌂ Fonda Rigà     ⏃ ← ⌕ 🛜 🛁 P

*final carret. Tregurà* ⊠ *17869 –* ☏ *972 13 60 00 – www.fondariga.com – cerrado 10 días en noviembre y 14 días en junio*

**16 hab** ⊇ – ♦45/54 € ♦♦90 €

**Rest** *Fonda Rigà* – ver selección restaurantes

Negocio familiar emplazado en un pequeño pueblo de montaña, sobre una ladera. Ofrece unas habitaciones de línea actual, algunas abuhardilladas, y una terraza con inmejorables vistas al valle. ¡Desayuno típico con embutido local!

### ✗ Fonda Rigà – Hotel Fonda Rigà     ← ⌕ P

*final carret. Tregurà* ⊠ *17869 –* ☏ *972 13 60 00 – www.fondariga.com – cerrado 10 días en noviembre y 10 días en junio*

**Rest** – Carta 18/36 €

El restaurante, bien llevado entre la madre y el hijo, se presenta con un bar de espera y varias salas, una a modo de porche acristalado. Apuestan por una completa carta tradicional, bien actualizada y a precios contenidos.

---

**TRES CANTOS** – Madrid – **576** – **575** K18 – 41 302 h. – alt. 802 m     22 B2

▶ Madrid 26

### ⛊ Jardín de Tres Cantos     ⧉ 🅰️🅺 ⌕ 🛜 🛁 🚗

*av. de los Encuartes 17* ⊠ *28760 –* ☏ *918 06 49 99 – www.vphoteles.com*

**54 hab** – ♦24/159 € ♦♦29/159 €, ⊇ 7 €    **Rest** – Menú 10/25 €

Este hotel de línea clásica tiene una buena clientela de ejecutivos. La zona social resulta algo justa, sin embargo ofrece un gran nivel de confort en sus habitaciones. El restaurante, separado de la cafetería por unos biombos, presenta una carta tradicional.

> ¡No confunda los cubiertos ✗ y las estrellas ✿! Los cubiertos definen una categoría de confort y de servicio. La estrella consagra únicamente la calidad de la cocina cualquiera que sea el standing del establecimiento.

---

**TRESGRANDAS** – Asturias – **572** B16     5 C2

▶ Madrid 421 – Gijón 101 – Oviedo 111 – Santander 77

### ⌂ Puerta del Oriente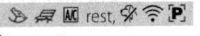

⊠ *33598 –* ☏ *985 41 12 89 – www.puertadeloriente.com*

**8 hab** ⊇ – ♦56/79 € ♦♦70/99 €    **Rest** – *(solo clientes, solo cena)* Menú 17 €

Un hotelito familiar rodeado de verdes prados, por lo que aquí la tranquilidad está garantizada. Dispone de una coqueta zona social, con el comedor integrado para el uso exclusivo de clientes, y unas alegres habitaciones, todas con los baños actuales.

### ⛫ El Molino de Tresgrandas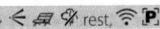

⊠ *33598 –* ☏ *985 41 11 91 – www.molinotresgrandas.com – cerrado enero y febrero*

**8 hab** – ♦65/75 € ♦♦86/95 €, ⊇ 10 €

**Rest** – *(solo clientes, solo cena)* Menú 22 €

Antiguo molino rehabilitado y emplazado junto a un riachuelo, en un bello paraje que se encuentra completamente aislado. Se reparte entre dos edificios, ofreciendo una coqueta zona social, un comedor privado para clientes y unas habitaciones rústicas en las que la piedra y la madera son las protagonistas.

ESPAÑA

**TRUJILLO** – Cáceres – **576** N12 – **9 646 h.** – alt. 564 m

18 C2

▶ Madrid 257 – Mérida 90 – Cáceres 45 – Badajoz 150

🖪 pl. Mayor , ⊠ 10200, 𝒞 927 32 26 77, www.trujillo.es

◉ Pueblo histórico★★ . Plaza Mayor★★ (palacio de los Duques de San Carlos★, palacio del Marqués de la Conquista : balcón de esquina★) – Iglesia de Santa María★ (retablo★)

---

🏨 **Parador de Trujillo** sin rest, con cafetería    � ⌁ 🏢 ⅙ 🎦 🕸 🛜 ⅃ 🅿
*Santa Beatriz de Silva 1 ⊠ 10200 – 𝒞 927 32 13 50*
*– www.parador.es*    🚗

**48 hab** – ♦64/136 € ♦♦80/170 €, ☲ 15 € – 2 suites
Todo un remanso de tranquilidad entre los recios muros del convento de Santa Clara, del s. XVI. Las habitaciones, que contrastan con el edificio por su modernidad, se distribuyen alrededor de un hermoso claustro. El comedor se complementa con una antigua capilla, donde suelen servir los desayunos.

---

🏨 **NH Palacio de Santa Marta** sin rest    ⊗ ⌁ 🏢 ⅙ 🎦 🕸 🛜 ⅃ 🅿
*Ballesteros 6 ⊠ 10200 – 𝒞 927 65 91 90 – www.nh-hotels.com*
**50 hab** – ♦60/170 € ♦♦70/200 €, ☲ 16 €
Ocupa un edificio histórico... sin embargo, salvo detalles, en su interior no se aprecia, pues refleja una estética actual. Habitaciones modernas y de completo equipamiento.

---

🏨 **Victoria**    🛋 🏢 ⅙ hab, 🎦 🕸 🛜 ⅃ 🚗
*pl. del Campillo 22 ⊠ 10200 – 𝒞 927 32 18 19 – www.hotelvictoriatrujillo.es*
*– cerrado 9 diciembre-10 febrero*
**27 hab** – ♦50/80 € ♦♦50/100 €, ☲ 5 €   **Rest** – Menú 16/50 € – Carta 18/43 €
Agradable casa solariega de principios del s. XX. Posee un bonito patio distribuidor, cuidadas zonas sociales y habitaciones funcionales, las del piso superior ligeramente abuhardilladas. En el restaurante, ubicado en un edificio anexo, encontrará una carta de gusto tradicional y un correcto menú.

---

🏠 **Casa de Orellana** sin rest    ⊗ ⌁ 🎦 🕻
*Palomas 5-7 ⊠ 10200 – 𝒞 927 65 92 65 – www.casadeorellana.com*
**5 hab** ☲ – ♦♦120/140 €
Lo mejor es su emplazamiento, pues se encuentra en la hermosa casa natal de D. Francisco de Orellana, el descubridor del Amazonas ¡Todas las habitaciones están personalizadas!

---

🏠 **Posada dos Orillas** Ⓝ sin rest    ⊗ 🎦 🛜
*Cambrones 6 ⊠ 10200 – 𝒞 927 65 90 79 – www.posadadosorillas.com*
**13 hab** – ♦♦50/80 €, ☲ 3 €
Una posada familiar que destaca por su situación, en la zona antigua y a pocos pasos de la monumental Plaza Mayor. Ofrece un agradable patio interior y habitaciones de sencilla rusticidad, todas personalizadas y con mobiliario en forja.

---

🍴 **Corral del Rey** Ⓝ    🛋 🎦 🕸
*Corral del Rey 2 ⊠ 10200 – 𝒞 927 32 17 80 – www.corraldelreytrujillo.com*
*– cerrado domingo en julio-septiembre, miércoles noche y domingo noche resto del año*
**Rest** – Menú 20/60 € – Carta 31/55 €
Restaurante de gestión familiar y acogedor ambiente rústico. Aquí la especialidad son los asados y las carnes rojas elaboradas en parrilla de carbón de encina... sin embargo, también triunfa su propuesta de tapas para el centro de la mesa.

---

**por la carretera EX 208** Sureste : 11 km y desvío a la derecha 1 km

🏠 **Viña Las Torres** sin rest    ⊗ ⟨ 🍴 ⌁ 🕸 🎦 🕸 🛜
*camino de Buenavista ⊠ 10200 Trujillo – 𝒞 927 31 93 50*
*– www.vinalastorres.com*
**8 hab** ☲ – ♦56 € ♦♦68 €
Esta antigua villa vacacional supone una magnífica opción si busca un turismo de naturaleza, especialmente ornitológico. ¡Los propietarios orientan sobre rutas y excursiones!

**TUDELA** – Navarra – **573** F25 – 35 358 h. – alt. 275 m          24 A3

▶ Madrid 316 – Logroño 103 – Iruña/Pamplona 84 – Soria 90

🛈 Juicio 4 , ✉ 31500, ☏ 948 84 80 58

◎ Catedral★★ (claustro★★, portada del Juicio Final★ y capilla de Nuestra Señora de la Esperanza★) - Casa del Almirante★★

### AC Ciudad de Tudela          🔓 🗘 🅰 🛇 🛜 🚿 🅿
*Misericordia* ✉ 31500 – ☏ 948 40 24 40 – www.ac-hotels.com
**41 hab** – ♥♥97/120 €, ☲ 12 €
**Rest** – *(cerrado domingo)* Menú 25/35 € – Carta 37/47 €
Tras la antigua fachada del edificio original se esconde un hotel muy actual.
Buena zona social, patio con palmeras y cuidadas habitaciones, las del piso superior con terraza. El restaurante, de estética actual, elabora una cocina tradicional actualizada.

### Santamaría sin rest, con cafetería          🗘 🕭 🅰 🛜 🚿 🚗
*camino San Marcial 14* ✉ 31500 – ☏ 948 82 12 00 – www.hotelsantamaria.net
**50 hab** – ♥54/80 € ♥♥60/90 €, ☲ 6 €
Un hotel de organización familiar que se ha ido renovando poco a poco. Aquí encontrará unas habitaciones de línea actual-funcional, todas con los suelos en tarima y terraza-balcón. En su cafetería elaboran algún que otro plato combinado.

### Treintaitres          🅰 🚿 🗘
*Pablo Sarasate 7* ✉ 31500 – ☏ 948 82 76 06 – www.restaurante33.com
**Rest** – *(reserva aconsejable)* Menú 22/50 € – Carta 33/53 €
¡Una referencia en la gastronomía vegetal! Aquí descubrirá una cocina de base tradicional, con toques actuales, que tiene en la verdura su producto estrella... de hecho, el menú degustación está realizado únicamente con estas hortalizas.

### Iruña          🅰
*Muro 11* ✉ 31500 – ☏ 948 82 10 00 – www.restauranteiruna.com – *cerrado domingo noche y lunes*
**Rest** – Menú 15/45 € – Carta 30/50 €
Casa de organización familiar dotada con un pequeño bar y un comedor, este último clásico-actual y con partes panelables. Completa carta de cocina regional y tradicional.

### Pichorradicas - Casa Ignacio con hab          🅰 🚿 🛜
*Cortadores 11* ✉ 31500 – ☏ 948 82 10 21 – www.pichorradicas.es
**7 hab** – ♥50/60 € ♥♥60/70 €, ☲ 10 €
**Rest** – *(cerrado domingo noche y lunes salvo festivos)* Carta 28/37 €
Ofrece dos salas de reducida capacidad y buen montaje, ambas de estilo rústico-actual, con vigas de madera y las paredes en piedra o ladrillo visto. Cocina vasco-navarra. Sus habitaciones suponen una buena opción si desea alojarse, pues gozan de una línea bastante actual, buen mobiliario y excelente confort.

**en la carretera N 232** Sureste : 3 km

### Beethoven          🏠 🅰 🚿 🅿
*av. Tudela 30* ✉ 31512 Fontellas – ☏ 948 82 52 60 – www.rtebeethoven.com – *cerrado Navidades, del 15 al 31 de agosto, domingo, lunes noche y martes noche*
**Rest** – Menú 18/38 € – Carta 32/46 €
Demuestra nuevos bríos desde la cocina, pues los grandes clásicos de la casa ahora se ven acompañados por algunos platos más elaborados y actuales. Tras su discreta fachada encontrará un establecimiento de elegante ambiente clásico.

**por la carretera de Ejea de los Caballeros**
**Noreste : 4 km y desvío a la derecha 0,5 km**

### Aire de Bardenas          🛀 🚶 🅰 🚿 rest, 🛜 🚿 🅿
✉ 31500 Tudela – ☏ 948 11 66 66 – www.hotelaire.com.com
**22 hab** – ♥♥182/319 €, ☲ 16 €     **Rest** – Carta 36/54 €
Ha ganado varios premios de arquitectura y resulta original por su inhóspito emplazamiento, junto al desierto de las Bardenas Reales. Habitaciones muy actuales y sobrias. El restaurante, también de diseño moderno, elabora una cocina tradicional actualizada.

ESPAÑA

693

**TUDELA DE DUERO** – Valladolid – 575 H16 – 8 836 h. – alt. 701 m    11 B2

▶ Madrid 188 – Aranda de Duero 77 – Segovia 107 – Valladolid 16

🏠 **Jaramiel** sin rest    ⊐ ㅑ |≣| ⅏ 🛜 **P**
autovía A-11, vía de servicio, km 14 ✉ 47320 – 𝒞 983 52 02 67
– www.jaramiel.com – cerrado 23 diciembre-7 enero
**50 hab** ⊐ – ♦30/37 € ♦♦48/55 €
Se halla junto a la carretera y distribuye sus habitaciones en tres pequeños edificios, todas con un buen confort general, una estética castellana y los aseos
completos.

✗ **Mesón 2,39**    AK ⅏
🐝 Antonio Machado 39 ✉ 47320 – 𝒞 983 52 07 34 – cerrado del 16 al 31
de agosto y lunes
**Rest** – (solo almuerzo salvo viernes y sábado) Carta 25/35 €
Sorprendente restaurante de ambiente castellano escondido tras una fachada en
piedra. Propone una cocina que ensalza los productos de la tierra y las verduras
de temporada.

---

**TUI** – Pontevedra – 571 F4 – 17 230 h. – alt. 44 m    19 B3

▶ Madrid 604 – Ourense 105 – Pontevedra 48 – Porto 124

🅸 Colón, ✉ 36700, 𝒞 986 60 17 89

◉ Emplazamiento★, Catedral★ (portada★)

🏠🏠🏠 **Parador de Tui**    ⤢ ⩤ 🚗 🏠 ⊐ ⅏ |≣| & hab, AK ⅏ 🛜 **P**
av. de Portugal ✉ 36700 – 𝒞 986 60 03 00 – www.parador.es – cerrado
diciembre-febrero
**31 hab** – ♦52/136 € ♦♦65/170 €, ⊐ 15 € – 1 suite
**Rest** – Menú 27 € – Carta 20/34 €
El granito y la madera recrean la ornamentación de este Parador, que reproduce,
en un bello paraje, un típico pazo gallego. Habitaciones neorrústicas de completo
equipamiento. En su elegante comedor encontrará platos propios de la cocina
tradicional gallega.

🏠 **Colón Tuy**    ⩤ ⊐ |≣| & AK ⅏ 🛜 ㅑ ⩪
Colón 11 ✉ 36700 – 𝒞 986 60 02 23 – www.hotelcolontuy.com
**45 hab** ⊐ – ♦60/77 € ♦♦74/96 € – 21 apartamentos
**Rest** Silabario ⅏ – ver selección restaurantes
Familiar y bastante actualizado. Cuenta con una zona social de aire moderno, una
cafetería pública y habitaciones funcionales pero bien equipadas. También ofrece
apartamentos.

✗✗ **Silabario** (Alberto González) – Hotel Colón Tuy    ⩤ AK ⅏ ⩪
⅏ Colón 11 ✉ 36700 – 𝒞 986 60 70 00 – www.restaurantesilabario.com – cerrado
21 diciembre-5 enero, 21 abril-4 mayo, domingo y lunes
**Rest** – Menú 46/71 € – Carta 50/75 €
Sorprende por sus instalaciones, pues presenta un interior actual-minimalista con
grandes ventanales hacia el pueblo, la cocina semivista y algún que otro detalle
de diseño. Su chef propone una cocina actual de marcadas raíces regionales.
→ Centollo de la ría con huevo al punto, cebolla y huevas. Ventresca de salmón
de río marinada en sake, mostaza y requesón. Bica "sticky toffe" crema de azafrán,
leche cruda y sorbete de mango.

---

**TURÉGANO** – Segovia – 575 I17 – 1 098 h. – alt. 935 m    12 C2

▶ Madrid 128 – Valladolid 121 – Segovia 34

✗✗ **El Zaguán** con hab    |≣| AK ⅏ 🛜 ㅑ
pl. de España 16 ✉ 40370 – 𝒞 921 50 11 65 – www.el-zaguan.com
**15 hab** – ♦40/50 € ♦♦48/60 €, ⊐ 6 €    **Rest** – Menú 18 € – Carta 21/40 €
Atractivo conjunto castellano definido por sus recias vigas de madera y la presencia en sala de un horno de asar. Proponen una carta regional especializada en
asados (por encargo) y bacalao, este último preparado al estilo Turégano. También
ofrecen habitaciones, todas de cálida rusticidad.

## TURIENO - Cantabria - 572 C16 - 108 h. 8 A1

Madrid 412 - Santander 110 - Palencia 181

### Posada Laura sin rest

✉ 39586 - ☎ 942 73 08 54 - *www.posadalaura.com - cerrado 10 diciembre- enero*
**12 hab** - †55/85 € ††60/85 €, ☕ 6 €
Disfruta de una pequeña zona ajardinada, un coqueto salón social con chimenea y confortables habitaciones, de ambiente rústico-actual pero personalizadas en su decoración.

## ÚBEDA - Jaén - 578 R19 - 35 784 h. - alt. 757 m 2 C2

Madrid 323 - Albacete 209 - Almería 227 - Granada 141

Baja del Marqués 4 (Palacio del Marqués de Contadero), ✉ 23400, ☎ 953 77 92 04, www.andalucia.org

Localidad★★ - Barrio Antiguo★★ : plaza Vázquez de Molina★★ BZ, Palacio de las Cadenas★ BZ**H**, capilla de El Salvador★★ BZ - Iglesia de Santa María de los Alcázares★ BZ - Iglesia de San Pablo★ BY - Palacio del Conde de Guadiana (torre★) AY**Q**

Plano página siguiente

### Parador de Úbeda

*pl. Vázquez Molina* ✉ *23400 - ☎ 953 75 03 45 - www.parador.es* BZ**c**
**36 hab** - †72/148 € ††90/185 €, ☕ 18 € **Rest** - Menú 27 € - Carta 34/45 €
Palacio del s. XVI dotado con un gran patio de doble galería, una hermosa escalera en piedra y bellos artesonados. Habitaciones de línea rústica-elegante y buen nivel. En su restaurante podrá descubrir la cocina típica regional y unos curiosos menús.

### Palacio de la Rambla sin rest

*pl. del Marqués 1* ✉ *23400 - ☎ 953 75 01 96 - www.palaciodelarambla.com - cerrado enero-marzo y julio-agosto* AY**a**
**8 hab** ☕ - †80/102 € ††100/132 €
Sumérjase en el exquisito pasado de este palacio del s. XVI. Ofrece estancias decoradas con mobiliario de época, un bello patio renacentista y habitaciones de estilo clásico.

### Las Casas del Cónsul (N)

hab, hab, rest,

*pl. del Carmen 1* ✉ *23400 - ☎ 953 79 54 30 - www.lascasasdelconsul.com* BY**a**
**16 hab** ☕ - †50/70 € ††70/100 €
**Rest *El Blanquillo*** - *(cerrado domingo noche y lunes)* Menú 15/60 € - Carta 17/49 €
Casa-palacio bien rehabilitada. Ofrece un patio central que hace de zona social y espaciosas habitaciones, todas personalizadas y algunas con excelentes vistas tanto a la sierra como a los olivares. El restaurante cuenta con una terraza panorámica, un gastrobar y dos salas abovedadas en las antiguas bodegas.

### El Postigo sin rest

*Postigo 5* ✉ *23400 - ☎ 953 75 00 00 - www.hotelelpostigo.com* AZ**c**
**26 hab** - †40/80 € ††45/100 €, ☕ 5 €
Ocupa un edificio de nueva factura y ambiente minimalista, con predominio de los tonos blancos y mucho diseño. Amplio salón social con chimenea y habitaciones de línea actual.

### Álvaro de Torres (N)

hab,

*pl. Álvaro de Torres 2* ✉ *23400 - ☎ 953 75 68 50 - www.hotelat.es - cerrado agosto* AY**b**
**8 hab** - †56/66 € ††70/83 €, ☕ 8 €
**Rest** - *(cerrado lunes) (solo almuerzo)* Menú 22/31 € - Carta 26/36 €
Singular, pues se halla en una casa señorial del casco histórico que ahora se viste con modernidad. Cuenta con varios pozos naturales, una sala en las antiguas bodegas y habitaciones de curiosos contrastes decorativos. En el restaurante proponen dos menús degustación y una carta regional de temporada.

ESPAÑA

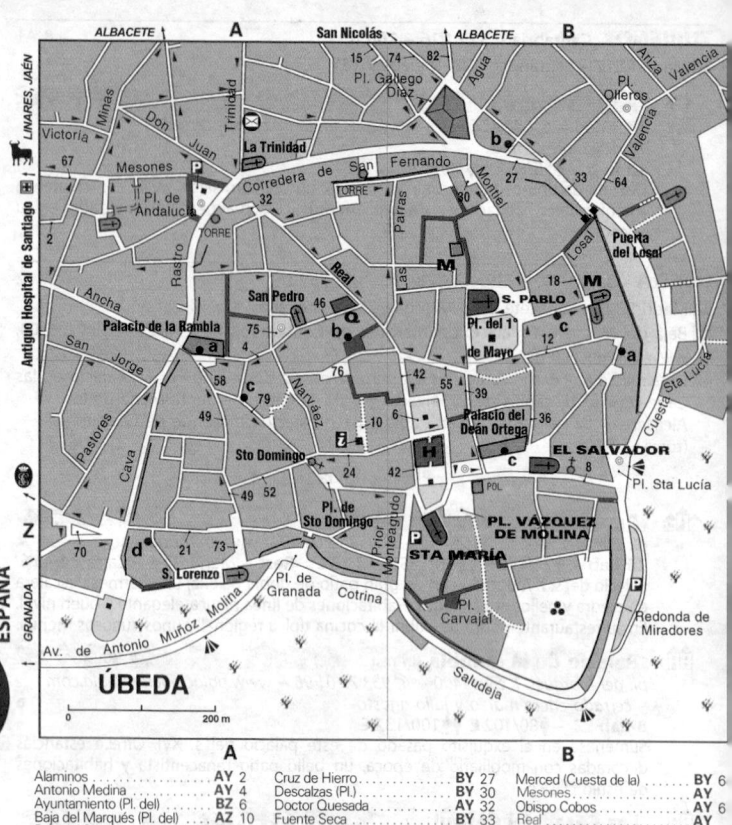

ÚBEDA

## XX Zeitúm 🌣 AC

*San Juan de la Cruz 10 ⊠ 23400 – 𝒞 953 75 58 00 – www.zeitum.com – cerrado julio-agosto salvo fines de semana, domingo noche y lunes salvo festivos*
**Rest** – Menú 25/45 € – Carta 30/50 € BY**c**

Ocupa una casa antigua que ha sido remozada dándole una estética actual, con detalles de diseño y el mundo de la aceituna como eje temático. ¡Cocina moderna a precio ajustado!

## XX Asador de Santiago 🌣 & AC ❄

*av Cristo Rey 4, por Obispo Cobos ⊠ 23400 – 𝒞 953 75 04 63*
*– www.asadordesantiago.com – cerrado del 1 al 7 de agosto y domingo noche*
**Rest** – Menú 23/30 € – Carta 29/58 €

¡Todo un clásico de la ciudad! Posee un animado bar de tapas y dos salas muy cuidadas, una de línea actual-contemporánea y la otra algo más clásica. Cocina tradicional y de producto, con asados en horno de leña y carnes rojas al carbón.

696

## Cantina La Estación
XX 😊

🆎 🕅

*cuesta Rodadera 1 ⊠ 23400 – ℰ 687 77 72 30 – cerrado del 15 al 25 de septiembre, martes noche y miércoles* BY**b**

**Rest** – Menú 35 € – Carta 31/37 € ☒

Le sorprenderá por su ambientación, pues tiene un bar de tapas a modo de estación y una sala que imita el interior de un antiguo vagón de tren. Ofrecen una carta actual, un completo menú degustación y sabrosos guisos del día.

## Amaranto
X 😊

🍴 ᵹ 🆎 🕅

*Hortelanos 6 ⊠ 23400 – ℰ 953 75 21 00 – www.restauranteamaranto.es – cerrado del 9 al 19 de enero, del 23 al 30 de junio y lunes* AZ**d**

**Rest** – *(solo almuerzo salvo viernes, sábado y junio-octubre)* Menú 25/36 € – Carta 30/42 €

Llevado por un matrimonio, con ella pendiente de los clientes y él atento a los fogones. En su sala, sencilla y de línea actual, le ofrecerán una cocina regional actualizada y varios menús. ¡Agradable terraza en un patio interior!

---

**UBIARCO** – Cantabria – ver Santillana del Mar

---

**ULLDECONA** – Tarragona – **574** K31 – 7 372 h. – alt. 134 m    **13** A3

▶ Madrid 510 – Castelló de la Plana/Castellón de la Plana 88 – Tarragona 104 – Tortosa 30

### en la carretera de La Sénia

## Les Moles (Jeroni Castell)
XX ⚬

🆎 🕅 ⇔ 🅿

*Noroeste : 2 km ⊠ 43550 Ulldecona – ℰ 977 57 32 24 – www.lesmoles.com – cerrado noviembre y lunes*

**Rest** – *(solo almuerzo salvo jueves, viernes y sábado)* Menú 16/63 € – Carta 31/57 €

Se halla en una masía y debe su nombre a las piedras de molinos que se hacían en la cantera. En su comedor, de ambiente rústico, ofrecen una cocina actual de tintes creativos.

➜ Ensalada de cigalas de la Rápita con algas y manzana ácida. Raya con "suquet" marinero y ñoquis de patata. Magnum de algarrobas.

## L'Antic Molí
XX

🆎 ⇔ 🅿

*Barri Castell, Noroeste : 10 km ⊠ 43559 El Castell – ℰ 977 57 08 93 – www.anticmoli.com – cerrado del 15 al 30 de noviembre y lunes*

**Rest** – *(solo almuerzo salvo viernes y sábado)* Menú 12/30 € – Carta 23/42 €

Un negocio en el que cuidan, a partes iguales, tanto el restaurante a la carta como el salón para banquetes del anexo. Cocina tradicional actualizada con toques creativos.

---

**UNCASTILLO** – Zaragoza – **574** E26 – 731 h. – alt. 601 m    **3** B1

▶ Madrid 386 – Huesca 88 – Iruña/Pamplona 83 – Zaragoza 107

## Posada La Pastora sin rest
🏠

⅏ 🆎 🕅 ⌗

*Roncesvalles 1 ⊠ 50678 – ℰ 976 67 94 99 – www.lapastora.net – cerrado del 7 al 28 de febrero*

**8 hab** – ✝52 € ✝✝64/80 €, ⊡ 7 € – 2 suites

Caserón de piedra ubicado en el centro de la localidad. Presenta un salón con chimenea, donde sirven los desayunos, y unas sobrias habitaciones, todas ellas personalizadas.

---

**URDA** – Toledo – **576** N18 – 3 056 h. – alt. 763 m    **9** B2

▶ Madrid 145 – Toledo 74 – Ciudad Real 56

## Los Laureles
⍐

⅏ 🍴 🕅 rest, ⌗ 🅿

*camino Tembleque 12 ⊠ 45480 – ℰ 925 47 40 50 – www.casaruralloslaureles.es*

**7 hab** ⊡ – ✝30/40 € ✝✝50/60 €    **Rest** – *(solo clientes)* Menú 15 €

Ofrece un saloncito con chimenea y habitaciones de correcto confort, todas con baños de plato ducha y mobiliario castellano o provenzal. También dispone de un huerto, cuadras y un jacuzzi cubierto en el jardín. Aquí los niños lo pasarán en grande, pues tienen un poni y lo suelen ensillar para que lo monten.

ESPAÑA

## URDAITZ (URDÁNIZ) – Navarra – 573 D25 – 76 h. – alt. 696 m — 24 B2

▶ Madrid 413 – Iruña/Pamplona 18 – Bilbao 176 – Donostia-San Sebastián 96

XX **El Molino de Urdániz** (David Yárnoz) — 🎿 💱 🅿

🏵 carret. N 135, Suroeste : 0,5 km ⊠ 31698 – ℰ 948 30 41 09
– www.elmolinourdaniz.com – cerrado 15 días en febrero y lunes
**Rest** – (solo almuerzo salvo jueves, viernes y sábado) Menú 70 € – Carta 45/60 €
Casa familiar construida en piedra y llevada con acierto. Presenta un bar con chimenea y dos comedores de elegante ambiente rústico en el piso superior. Su chef propone una cocina creativa bastante variada y un completo menú degustación.
→ Crema láctea y cinco hierbas. Carré de cordero lechal, hierbas, avellanas y un deshilachado de ajos dulces. Creme brûlée, helado ácido de albaricoque y palomitas picantes.

## URDAZUBI (URDAX) – Navarra – 573 C25 – 378 h. – alt. 95 m — 24 B1

▶ Madrid 475 – Bayonne 26 – Iruña/Pamplona 80

↑ **Irigoienea** sin rest — 🌳 ⬅ 💱 🛜 🅿

barrio Iribere, Noreste : 0,5 km ⊠ 31711 – ℰ 948 59 92 67 – www.irigoienea.com
– Semana Santa, julio-agosto y de jueves a domingo resto del año
**10 hab** – ♦55/60 € ♦♦76/86 €, ⊊ 8 €
Caserón del s. XVIII donde conviven el encanto de antaño y el confort actual. Entre sus habitaciones, sobrias y con detalles rústicos, destacan las cuatro abuhardilladas.

## URDILDE – A Coruña – 571 D3 – 60 h. — 19 B2

▶ Madrid 617 – Santiago de Compostela 21 – A Coruña 96 – Pontevedra 73

**por la carretera de Negreira** Norte : 0,5 km y desvío a la izquierda 1 km

↑ **Fogar do Selmo** — 🌳 ⏻ 💱 🅿

Casal do Poño ⊠ 15281 Urdilde – ℰ 981 80 52 69 – www.fogardoselmo.com
**10 hab** – ♦33/40 € ♦♦66/77 €, ⊊ 6 €
**Rest** – (cerrado lunes) (es necesario reservar) Menú 30 €
Turismo rural instalado en una antigua casa de labranza. Ofrece una decoración rústica-actual, atractivas paredes en piedra y cálidas habitaciones con mobiliario restaurado. En su coqueto restaurante elaboran una carta de gusto tradicional, aunque normalmente es necesario reservar.

## URRITZOLA-GALAIN – Navarra – 573 D25 – 23 h. — 24 A2

▶ Madrid 469 – Pamplona 23 – Vitoria-Gasteiz 115 – Donostia-San Sebastián 102

🏨 **El Mirador de Ulzama** — ⬅ 🚗 ⏻ 🐕 📶 🍽 ⅙ hab, 🎿 hab, 💱 🛜 🅿

La Asunción 18 ⊠ 31799 – ℰ 948 30 67 40 – www.elmiradordeulzama.com
**27 hab** – ♦125/135 € ♦♦145/155 €, ⊊ 10 €
**Rest** – (solo menú) Menú 17/28 €
¡Senderismo, paseos a caballo, salidas micológicas... o solo desconectar en su SPA! Se encuentra en pleno corazón del Valle de Ulzama y gracias a su moderna construcción disfruta de unas excepcionales vistas. El restaurante basa su oferta en dos menús, uno diario y otro más amplio para el fin de semana.

## URRÚNAGA – Álava – 573 D22 – 81 h. — 25 A2

▶ Madrid 361 – Vitoria-Gasteiz 14 – Logroño 103 – Iruña/Pamplona 101

XX **Urtegi Alde** — 🎿 💱 ⬌ 🅿

Urrúnaga 5 ⊠ 01170 – ℰ 945 46 57 01 – www.urtegialde.com
**Rest** – (solo almuerzo) Menú 18/32 € – Carta 24/45 €
Instalado parcialmente en un antiguo caserío con dos partes bien diferenciadas, una rústica que conserva los viejos pesebres de la cuadra y otra acristalada de estilo moderno. Cocina tradicional especializada en productos a la brasa.

**UTIEL** – Valencia – **577** N26 – **12 429 h.** – alt. 720 m      **16** A2

▶ Madrid 269 – Albacete 117 – València 82

XX    **El Carro** con hab        🗚 🛜
*Héroes del Tollo 21 ⊠ 46300 – 𝒞 962 17 11 31 – www.restauranteelcarro.com*
**2 hab** 🖙 – 🛉50 € 🛉🛉75 €
**Rest** – *(cerrado domingo y miércoles noche)* Menú 25/40 € – Carta 22/43 €
Presenta una barra a la entrada y una luminosa sala de línea actual, esta distribuida en varios niveles. Carta tradicional de temporada con algún que otro plato creativo. Como complemento al negocio también ofrece unas habitaciones de buen nivel.

---

**UTRERA** – Sevilla – **578** U12 – **51 887 h.** – alt. 49 m      **1** B2

▶ Madrid 523 – Sevilla 37 – Cádiz 106 – Huelva 127

🖽    **Veracruz** sin rest        🛗 🛗 🗚 🛇 🛜 🚗
*Corredera 44 ⊠ 41710 – 𝒞 955 86 52 52 – www.hotelveracruz.com*
**18 hab** 🖙 – 🛉51/61 € 🛉🛉78/103 €
Disfruta de un luminoso patio interior y coquetas habitaciones, todas con mobiliario clásico-actual y plato ducha en la mayoría de los baños. Agradable azotea-terraza.

---

**VAL DE SAN LORENZO** – León – **575** E11 – **578 h.**      **11** A1

▶ Madrid 335 – Valladolid 181 – León 58 – Oviedo 160

◪ Astorga (Catedral★ y Palacio Episcopal★) Noreste : 7,5 km

X    **La Lechería** con hab        🗚 rest, 🛇 🛜
*La Lechería 1 ⊠ 24717 – 𝒞 987 63 50 73 – www.la-lecheria.com – cerrado del 7 al 31 de enero*
**9 hab** 🖙 – 🛉55/73 € 🛉🛉73/83 €
**Rest** – *(cerrado domingo noche y lunes)* (es necesario reservar para cenar) Menú 20/35 € – Carta 28/35 €
Muy cerca de Astorga... ¡en plena Maragatería! Ocupa una casona de piedra que funcionó como lechería y, en un cuidado ambiente neorrústico, propone una cocina tradicional actualizada con detalles creativos... aunque aquí el gran plato estrella es el Cocido maragato. También posee unas cálidas habitaciones.

---

**VALDASTILLAS** – Cáceres – **576** L12 – **361 h.** – alt. 638 m      **18** C1

▶ Madrid 242 – Mérida 172 – Cáceres 102 – Salamanca 141

⌂    **Garza Real**        🕭 🗚 hab, 🛇 rest, 🛜
*Piscina 12 ⊠ 10614 – 𝒞 626 98 27 84 – www.garzareal.com*
*– cerrado 15 enero-10 febrero y 15 septiembre-10 octubre*
**6 hab** 🖙 – 🛉🛉60/85 €
**Rest** – (es necesario reservar) Menú 28/45 € – Carta 28/45 €
Casa llevada por una pareja. Dispone de una pequeña salita social y habitaciones personalizadas de estilo rústico, con mobiliario antiguo restaurado y baños de plato ducha. El restaurante sorprende tanto por su cuidado servicio de mesa como por su carta.

---

**VALDEMORO** – Madrid – **576** – **575** L18 – **70 315 h.** – alt. 615 m      **22** B2

▶ Madrid 27 – Aranjuez 21 – Toledo 53

XXX    **Chirón** (Iván Muñoz)        🗚 🛇
✿    *Alarcón 27 ⊠ 28341 – 𝒞 918 95 69 74 – www.restaurantechiron.com – cerrado 15 días en agosto, domingo, lunes y martes noche*
**Rest** – Menú 48/63 € – Carta 38/50 € 🕾
Llevado con profesionalidad entre dos hermanos, que así dan continuidad a la tradición familiar. Resulta elegante, presenta una estética clásica-actual y ofrece una cocina creativa, de marcadas raíces castizas y con recuerdos manchegos.
→ Cocido madrileño, la caña, los garbanzos, la pelota y el caldo infusionado a la hierbabuena. Rabo de toro deshuesado con tuetano de Campo Real, pera y setas. Fresas de Aranjuez con helado de leche merengada.

XX **La Fontanilla** 🛋 🄰🄲 ⌺ ⟳

*Illescas 2 ⊠ 28340 – ℰ 918 09 55 82 – www.restaurantelafontanilla.com*
*– cerrado 7 días en agosto, domingo noche y lunes*
**Rest** – Menú 14/24 € – Carta 27/49 €

Casa de línea clásica dotada con un gastrobar y varias salas, la principal en la 1ª planta. En su amplia carta podrá encontrar platos tradicionales, regionales e innovadores.

---

**VALDEPALACIOS** – Toledo – ver Torrico

---

**VALDEPEÑAS** – Ciudad Real – **576** P19 – **31 212 h.** – **alt. 720 m**     9 B3

🔺 Madrid 203 – Albacete 168 – Alcázar de San Juan 87 – Aranjuez 156
◫ San Carlos del Valle★ (plaza Mayor★) Noreste : 22 km

🔓 **Central** sin rest 🛗 🄰🄲 ⌺ 🛜 🚗

*Capitán Fillol 4 ⊠ 13300 – ℰ 926 31 33 88 – www.hotelcentralval.com*
**26 hab** – ♥39/42 € ♥♥55/59 €, ⊆ 4 €

Encontrará la recepción en la 1ª planta. Este hotel ofrece un excelente nivel de limpieza y espaciosas habitaciones, con mobiliario funcional y aseos actuales completos.

**en la autovía A 4** Norte : 4 km

XX **La Aguzadera** 🛋 🛏 🕭 🄰🄲 ⌺ 🅿

*dirección Córdoba ⊠ 13300 Valdepeñas – ℰ 926 32 32 08*
*– www.laaguzadera.com – cerrado domingo noche, lunes y martes noche*
**Rest** – Menú 25 € – Carta 26/54 €

Negocio de seria organización familiar emplazado junto a la autovía de acceso a Valdepeñas. Se presenta con un bar de tapas a la entrada, una bodega acristalada y dos salas, la interior más rústica y cuidada. Carta de cocina tradicional.

---

**VALDERROBRES** – Teruel – **574** J30 – **2 335 h.** – **alt. 508 m**     4 C3

🔺 Madrid 462 – Zaragoza 148 – Teruel 188 – Tarragona 130
◫ Horta de Sant Joan★★ Noreste : 19 km

🏠 **El Castell** 🛏 🕭 hab, 🄰🄲 ⌺ 🛜

*Codo 13 ⊠ 44580 – ℰ 978 89 04 70 – www.hotel-elcastell.es*
**11 hab** ⊆ – ♥♥73/170 €
**Rest** *El Roble* – (cerrado lunes) (es necesario reservar) Carta 24/38 €

La mejor opción para alojarse en este pueblo medieval. Ofrece un interior de estilo rústico y diversas opciones de ocio en plena naturaleza: ciclismo, senderismo, equitación... hasta un espectacular observatorio de buitres leonados (Mas de Bunyol). En su restaurante encontrará una cocina de gusto tradicional.

---

**VALDESOTO** – Asturias – **572** B13 – **2 110 h.**     5 B1

🔺 Madrid 451 – Oviedo 22 – León 129

🏠 **La Quintana de Valdés** sin rest 🛏 🛏 ⌺ 🛜 🅿

*barrio de Tiroco de Arriba 53, Oeste : 1,8 km ⊠ 33938 – ℰ 985 73 55 77*
*– www.laquintanadevaldes.com – cerrado 15 enero-15 febrero*
**6 hab** ⊆ – ♥54/77 € ♥♥75/97 €

Merece la pena ir a esta hermosa casa rural, pues data del s. XVII y está rodeada de zonas ajardinadas. Ofrece varios saloncitos y cálidas habitaciones de aire rústico. ¡No se pierda, su localización GPS es: 43º 22' 12" N / 5º 40' 20" W!

ESPAÑA

# VALDEVIMBRE – León – 575 E13 – 1 038 h. – alt. 811 m

▶ Madrid 332 – León 25 – Palencia 123 – Ponferrada 104

❌ **Los Poinos**
*canal de Rozas 81* ✉ *24230 –* ☎ *987 30 40 18 – www.lospoinos.com*
*– cerrado del 9 al 26 de enero, lunes noche y martes noche salvo*
*julio-septiembre y miércoles*
**Rest** – Carta 26/40 €
Su nombre rememora los tacos de madera sobre los que se apoyan las cubas.
Dispone de un bar rústico y acogedores comedores, tipo cueva, excavados a
mano en lo que fue una antigua bodega. Cocina tradicional con especialidades
regionales.

# VALÈNCIA

Planos de la ciudad en páginas siguientes

16 B2

© Karl Inhaentones / Look / Photononston / ADAGP Paris 2014

ESPAÑA

ℙ – **Valencia – 797 028 h. – alt. 13 m – 577** N28/N29

▶ Madrid 352 – Albacete 183 – Alacant/Alicante 174 – Barcelona 355

**🏛 Oficinas de Turismo**

Paz 48, ✉ 46003, ☎ 963 98 64 21, www.comunitatvalenciana.com
San Vicente Mártir 171 (Estación Joaquín Sorolla), ✉ 46007, ☎ 963 80 36 23,
www.turisvalencia.es
Poeta Querol, ✉ 46002, ☎ 963 51 49 07

**Transportes marítimos**

⚓ para Baleares : Cia. Trasmediterránea, Muelle de Poniente (Estación
Marítima), ☎ 902 45 46 45 CV.

**Aeropuerto**

✈ de Valencia-Manises por ④ : 11 km ☎ 902 40 47 04
**Iberia :** aeropuerto ☎ 902 40 05 00

**Golf**

🏌 Club de Golf Manises, por la carret. de Madrid : 12 km, ☎ 961 53 40 69
🏌 Club Escorpión, NO : 19 km por carretera de Liria, ☎ 961 60 12 11
🏌 El Saler (Parador de El Saler), por la carret. de El Saler : 15 km, ☎ 961 61 03 84

**Automóvil Club**

**R.A.C.V.** Marqués del Turia 79 ☎ 963 34 55 22

**◎ VER**

La Ciudad Vieja* : Catedral* (El Miguelete*, Capilla del Santo Cáliz*) EX, Palau de
la Generalitat* (artesonadodel Salón dorado★) EX, Lonja* (sala de la
contratación**) DY, Plaza de la Virgen* EX**95** • Ciutat de les Arts i les Ciències**
(L'Oceanogràfic**, Museu de les Ciències Príncipe Felipe**, L'Hemisfèric*,
L'Umbracle*) BV.
Otras curiosidades :
Museo de Cerámica** (Palacio del Marqués de Dos Aguas**) EY**M**[1] • Museo de
Bellas Artes San Pio V* (primitivos valencianos**) FX • Colegio del Patriarca o del
Corpus Christi* (tríptico de la Pasión*) EY**N** • Torres de Serranos* EX • IVAM* DX •
Museo de historia de Valencia (MhV)* AU.

**The Westin València**
*Amadeo de Saboya 16 ✉ 46010 Ⓜ Alameda – ✆ 963 62 59 00 – www.westinvalencia.com* BU**p**
**130 hab** – ††145/650 €, ☕ 25 € – 5 suites
**Rest *Komori*** – ver selección restaurantes
**Rest *Rosmarino*** – Menú 20/30 € – Carta 39/48 €
Instalado en un edificio histórico de bella estética modernista. Disfruta de un maravilloso jardín interior, elegantes zonas sociales y unas habitaciones de excelente equipamiento, destacando la espectacular Suite Real vestida por el diseñador Francis Montesinos. Interesante oferta gastronómica.

**Sorolla Palace**
*av. Cortes Valencianas 58 ✉ 46015 Ⓜ Beniferri – ✆ 961 86 87 00 – www.hotelsorollapalace.com* AU**s**
**250 hab** – †69/440 € ††69/600 €, ☕ 17 € – 22 suites
**Rest** – Menú 15/60 € – Carta 23/46 €
Disfruta de una clientela de negocios gracias a su estética moderna y a la proximidad respecto al Palacio de Congresos. Habitaciones de línea funcional-actual. El restaurante, instalado en una sala modulable de montaje funcional, se completa con tres privados.

**Palau de la Mar**
*Navarro Reverter 14 ✉ 46004 Ⓜ Colón – ✆ 963 16 28 84 – www.hospes.com*
**66 hab** – †150/500 € ††250/700 €, ☕ 22 € – 1 suite FY**c**
**Rest *Ampar*** – *(cerrado domingo)* Menú 20/40 € – Carta 33/46 €
Ocupa parcialmente dos casas señoriales del s. XIX en las que hallaremos tanto la zona social como la mayoría de las habitaciones, todas de líneas puras y completo equipamiento. El restaurante ofrece una cocina mediterránea-creativa con arroces muy variados.

**Palacio Marqués de Caro**
*Almirante 14 ✉ 46003 – ✆ 963 05 90 00 – www.carohotel.com* FX**b**
**26 hab** – †130/280 € ††140/290 €, ☕ 20 € – 1 suite
**Rest *Alma del Temple*** – ✆ 963 15 52 87 *(cerrado domingo noche, lunes y martes noche)* Menú 19/50 € – Carta 23/41 €
Un palacete del s. XIX tremendamente curioso. Conserva restos arqueológicos de gran valor en casi todas las habitaciones, siempre conciliando el estilo urbano más actual con los detalles romanos y árabes. El restaurante combina a la perfección estos vestigios con el montaje moderno y ofrece una carta actual.

**Meliá Plaza**
*pl. del Ayuntamiento 4 ✉ 46002 Ⓜ Xàtiva – ✆ 963 52 06 12 – www.melia.com*
**98 hab** – ††95/130 €, ☕ 19 € EY**d**
**Rest** – Menú 22/35 € – Carta 34/56 €
Céntrica ubicación. Su reducida zona social se compensa con unas habitaciones de línea clásica, bien equipadas para su categoría, y un completo fitness con vistas en el ático. En su restaurante, de corte moderno, encontrará una carta tradicional y un menú.

**Abba Acteón**
*Escultor Vicente Beltrán Grimal 2 ✉ 46023 Ⓜ Ayora – ✆ 963 31 07 07 – www.abbahoteles.com* BUV**a**
**182 hab** – ††55/300 €, ☕ 12 € – 5 suites
**Rest** – *(cerrado domingo noche)* Menú 15/60 € – Carta 19/44 €
Este hotel de cadena se presenta con una buena oferta en salones de trabajo y unas habitaciones de notable amplitud, todas exteriores, luminosas y de estilo funcional. En su restaurante, de sencillo montaje, encontrará una correcta carta tradicional.

**NH Center**
*Ricardo Micó 1 ✉ 46009 Ⓜ Turia – ✆ 963 47 50 00 – www.nh-hotels.com*
**192 hab** – ††55/450 €, ☕ 14 € AU**r**
**Rest** – Menú 20 € – Carta 27/42 €
Ofrece confortables habitaciones y destaca por sus atractivos complementos, como la piscina polivalente con techo móvil, el bar-terraza panorámico de la azotea o su fitness. El comedor, de ambiente acogedor y montaje funcional, presenta una carta tradicional.

# VALÈNCIA

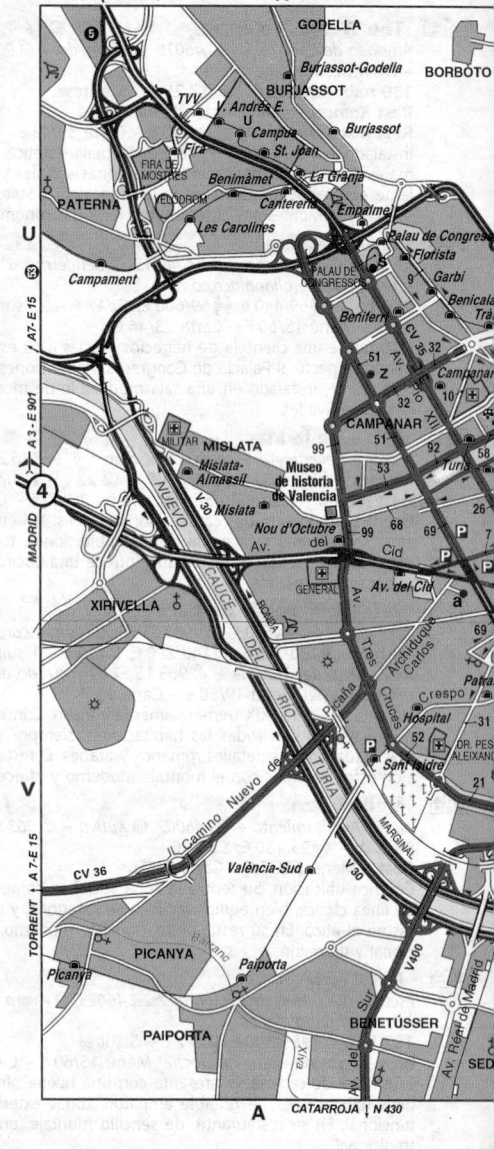

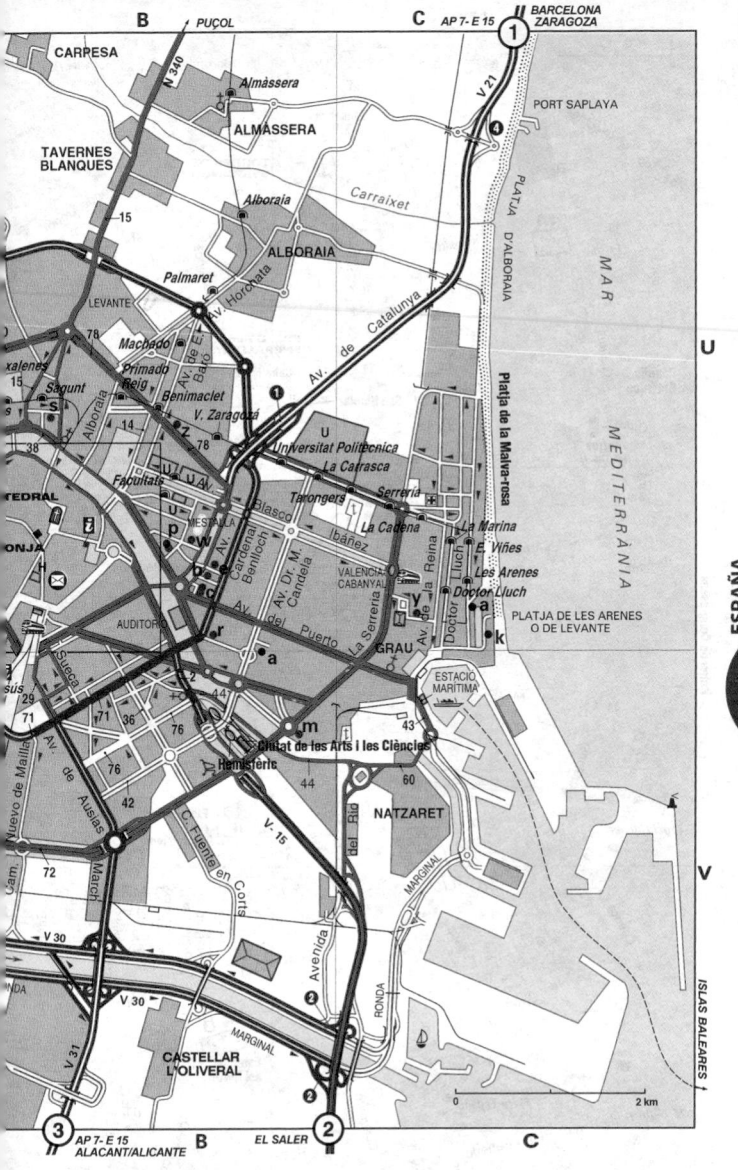

D

E

Castro

Blanquerias

Jardín

Cronista

Pont de Fu

Serranos

Rivelles

Pas. de la Pechina

0        200 m

81

Museo del
s. XIX

66

Pte Serranos

Conde Trenor

Pte T

Na

Tordana

13

TORRES DE
SERRANOS

a

IVAM

Roteros

Pl. de los
Fueros

87

19

M

Ripalda

Serranos

Salvador

Trinita

X

de

Corona

89

Baja

Navellos

Turia

Guillem

Corona

Alta

Trinita

Jardín
Botánico

Quart

PAL. DE LA
GENERALITAT

D

95

24

Caballeros

59

M

4

de

Quart

San Nicolás

EL MIGUELETE

67

65

Torres
de Quart

Murillo

61

8

Pl. del

CATEDRAL

Pl. de la
Reina

Turia

88

Carda

b

Santa Catalina

San Juan de
los Hospitalarios

Lepanto

Santos
Juanes

18

98

Plaza
Redonda

Mar

Carniceros

Mercado
Central

Mercado

Paz

55

N

74

Av.

54

M

Poeta

23

U

9

41

Recaredo

Linterna

Moratín

Salva

49

Maldonado

Barón

64

Mártir

30

d

Querol

Don J

Palau de Congressos

Fernando el Católico

Guillem

de

Hospital

Vicente

a

93

T

Barcas

Don J

7

Gran Vía

M

San

70

H

Plaza del
Ayuntamiento

s

a

Pascual

Ángel Guimerá

Cuenca

Castro

Quevedo

Cárcel

Roger   de   La

Pasaje Ruzafa

a

Gens

Colo

POL

Vía

Jesús

Xàtiva

Av. Marqués
de Sotelo

Z

Xàtiva

Félix

Z

de

Martir

Jerusalén

Estación
del Norte

Xàtiva

P

r

Cirilo

Ruzafa

e

P

Ramón

Vicente

Plaza España

Gral Sanmartín

V

San F. de Borja

Convento

Castellón

Pintor Benedito

San

x

Alicante

Germanías

Gr

Jesús

Cajal

Bailén

Vía

Gran

D

E

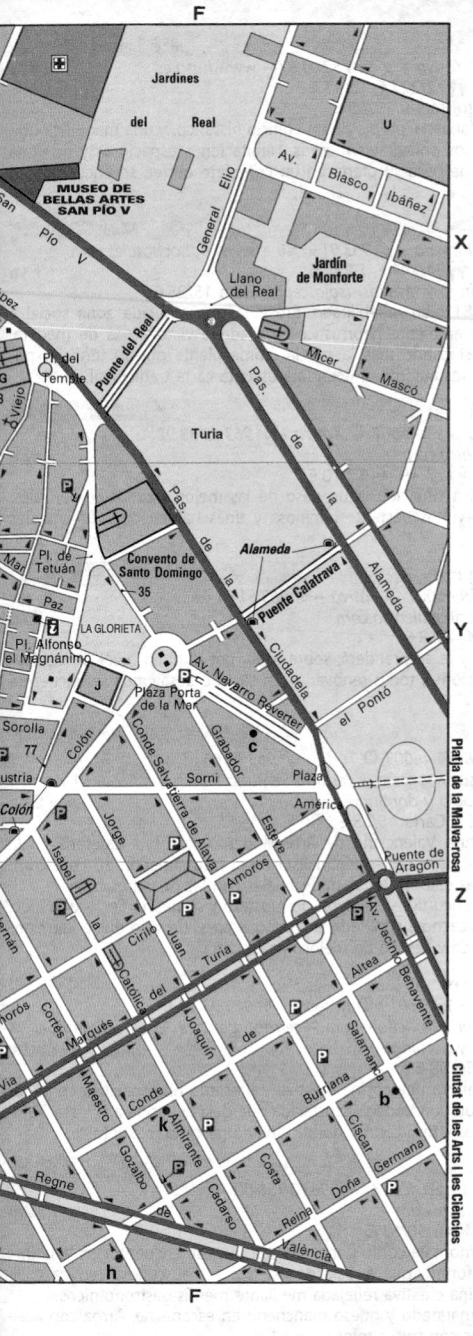

# VALÈNCIA

ESPAÑA

ESPAÑA

### ⛫ Reina Victoria
🏨 ᷟ hab, 🅰🅲 🛇 🛜 🏊
*Barcas 4* ⊠ *46002* Ⓜ *Xàtiva* – ℰ *963 52 04 87* – *www.husa.es*　　EY**s**
**96 hab** – ♦69/216 € ♦♦72/227 €, ⊑ 13 €
**Rest** – *(cerrado agosto)* Menú 19/45 €
Disfruta de una bella fachada, propia de un edificio histórico, y una magnífica ubicación a un paso de los principales museos. Habitaciones espaciosas y de línea clásica. El comedor, que basa su oferta en un completo buffet, se encuentra en la 1ª planta.

### ⛫ Ad-Hoc
🏨 🅰🅲 🛇 rest, 🛜
*Boix 4* ⊠ *46003* Ⓜ *Alameda* – ℰ *963 91 91 40* – *www.adhochoteles.com*
**28 hab** – ♦76/184 € ♦♦84/241 €, ⊑ 14 €　　FX**a**
**Rest** – *(cerrado domingo y festivos) (solo cena)* Carta 15/25 €
En un edificio de 1881 bien rehabilitado. Presenta una reducida zona social y unas habitaciones de ambiente neorrústico con ladrillo visto, vigas de madera, losetas de barro... destacando más las de la última planta por su terracita privada. En el agradable restaurante ofrecen una escueta carta tradicional.

### ⛫ Sorolla Centro sin rest
🏨 🅰🅲 🛇 🛜 🏊
*Convento Santa Clara 5* ⊠ *46002* Ⓜ *Xàtiva* – ℰ *963 52 33 92*
– *www.hotelsorollacentro.com*　　EZ**z**
**58 hab** – ♦66/145 € ♦♦77/197 €, ⊑ 10 €
Destaca por su céntrica situación, a un paso de las mejores zonas comerciales, con una sala de desayunos bastante luminosa y unas habitaciones funcionales pero bien equipadas.

### 🏠 Mediterráneo sin rest
🏨 🅰🅲 🛇 🛜
*Barón de Cárcer 45* ⊠ *46001* Ⓜ *Xàtiva* – ℰ *963 51 01 42*
– *www.hotelmediterraneovalencia.com*　　DY**a**
**34 hab** – ♦♦50/200 €, ⊑ 8 €
Resulta muy céntrico y le sorprenderá, sobre todo, por el buen nivel de equipamiento de sus habitaciones, todas renovadas. La sala de desayunos se encuentra en la 1ª planta.

### 🍴🍴🍴 La Sucursal
ᷟ 🅰🅲 🛇

*Guillém de Castro 118* ⊠ *46003* Ⓜ *Túria* – ℰ *963 74 66 65*
– *www.restaurantelasucursal.com* – *cerrado Semana Santa, del 15 al 31 de agosto, sábado mediodía y domingo*　　DX**a**
**Rest** – Menú 48/70 € – Carta 45/65 € ⅍
Está dentro del Instituto Valenciano de Arte Moderno, con una cafetería en la planta baja y una sala de estética minimalista en el piso superior. Su chef combina a la perfección las elaboraciones tradicionales con las de vanguardia.
➔ Tartar de tomate, encurtidos, sabayon de mostaza y romescu. Secreto ibérico, jugo de sus pieles y alcachofa confitada. Bizcocho express de vino dulce, sarmientos de chocolate blanco y helado de melocotón de viña.

### 🍴🍴🍴 Alejandro del Toro
🏡 ᷟ 🅰🅲 🛇
*Amadeo de Saboya 15* ⊠ *46010* Ⓜ *Aragón* – ℰ *963 93 40 46*
– *www.restaurantealejandrodeltoro.com* – *cerrado del 1 al 15 de septiembre, 24 diciembre-1 enero y domingo*　　BU**w**
**Rest** – 35 € – Carta 50/68 €
El chef-propietario elabora una cocina creativa y presenta un espacioso comedor de aire minimalista, con una bodega acristalada que deja la cocina a la vista. También ofrecen una terraza, tipo bistrot, donde sirven una carta más informal.

### 🍴🍴🍴 Vertical (Jorge de Andrés)
≤ 🅰🅲 🛇

*Luis García Berlanga 19* ⊠ *46013* – ℰ *963 30 38 00*
– *www.restaurantevertical.com*　　BV**m**
**Rest** – *(solo menú)* Menú 50/63 €
Destaca tanto por el montaje como por sus vistas, pues se encuentra en la última planta del hotel Confortel Aqua 4. Sala de estética actual, curiosa terraza chill-out e interesante cocina creativa reflejada mediante menús gastronómicos.
➔ Mojete con atún marinado y queso manchego en escabeche. Arroz con acelgas. Crema de cookies con frutos rojos.

XXX **Komori** ❶ – Hotel The Westin València

*General Gil Dolz* ✉ 46010 – ☎ 963 62 59 00     **BUp**
**Rest** – *(cerrado sábado mediodía, domingo y festivos)* Menú 33/45 €
– Carta 30/55 €

Un restaurante nipón que sigue, en montaje y cocina, los pasos del famoso Kabuki madrileño... eso sí, aquí con una plancha japonesa de carbón vegetal que es única en España.

XXX **Rías Gallegas**

*Cirilo Amorós 4* ✉ 46004 ❶ *Xàtiva* – ☎ 963 52 51 11 – www.riasgallegas.es
– *cerrado domingo y lunes noche*     **EZr**
**Rest** – Menú 35 € – Carta 35/51 €

Casa de organización familiar e impecable montaje. Aquí se ha dado una vuelta a los orígenes, por eso ahora ofrecen una cocina gallega tradicional pero con detalles actuales.

XXX **Riff** (Bernd Knöller)

ॐ  *Conde de Altea 18* ✉ 46005 ❶ *Colón* – ☎ 963 33 53 53
– www.restaurante-riff.com – *cerrado agosto, domingo y lunes*     **FZk**
**Rest** – Menú 46/89 € – Carta 48/71 € 🍴

Cuenta con una estética minimalista muy cuidada y el apoyo de la tienda delicatessen que poseen en el local anexo. Su chef-propietario ofrece una cocina de autor basada en los productos de temporada, siempre de la mejor calidad.
➜ Tartar de setas del bosque con anguila a la brasa. Rape con canela, cilantro seco y chirivía. Escaramujos con especias y sorbete de yogur.

XX **Ricard Camarena**

ॐ  *Doctor Sumsi 4* ✉ 46005 ❶ *Xàtiva* – ☎ 963 35 54 18
– www.ricardcamarena.com – *cerrado del 7 al 13 de enero, del 11 al 24 de agosto, domingo y lunes*     **FZh**
**Rest** – Menú 75/90 € – Carta 61/76 €

Sorprende por su moderna estética interior, muy cuidada, destacando el singular "privado" y la original mesa que preside la sala frente a la cocina vista. Pequeña carta de confección diaria y un menú degustación, todo de excelente técnica.
➜ Judía baby de Alginet, clóchinas y cañaillas. Pescadilla con coliflor frita y jugo de alcaparras. Calabaza asada, yogur y jengibre.

XX **El Poblet** ❶

ॐ  *Correos 8, 1º* ✉ 46002 *València* ❶ *Colón* – ☎ 961 11 11 06
– www.elpobletrestaurante.com – *cerrado domingo y martes noche*
**Rest** – Menú 30/42 € – Carta 36/45 €     **EYa**

Restaurante de línea actual y buen confort que viene a plasmar, en la misma ciudad de València, la creatividad desarrollada en Dénia por el laureado Quique Dacosta. Su amplia carta se completa con dos interesantes menús a buen precio.
➜ Gambas rojas de Dénia hervidas y frías. Pescado de lonja a la plancha con tirabeques, fideos de calabacín y germinados de soja. Chutney de mango.

XX **Civera**

*Mosén Femades 10* ✉ 46002 ❶ *Colón* – ☎ 963 52 97 64
– www.marisqueriascivera.com     **EZa**
**Rest** – Carta 24/55 €

Especializado en pescados, mariscos y arroces. Encontrará un bar con varias mesas, unos sugerentes expositores y una sala de ambiente marinero. Interesante bodega acristalada.

XX **Apicius**

*Eolo 7* ✉ 46021 ❶ *Aragón* – ☎ 963 93 63 01 – www.restaurante-apicius.com
– *cerrado Semana Santa, agosto, sábado mediodía y domingo*     **BUe**
**Rest** – Menú 25/46 € – Carta 32/50 € 🍴

Se presenta con un único salón, amplio y de estética actual, donde ofrecen una moderna cocina de mercado. Su completa bodega hace hincapié en los vinos blancos alemanes.

ESPAÑA

ESPAÑA

## XX Samsha ⓝ     점 AC ⅝
*Periodista Ros Belda 4 ⊠ 46021 Ⓜ Aragón – ℰ 963 89 19 02 – www.samsha.es*
*– cerrado domingo y lunes noche*     BU**b**
**Rest** – *(solo menú)* Menú 22/47 €
No le dejará indiferente, tanto por la estética como por el nivel gastronómico.
Cocina de autor que solo llega al comensal a través de sus menús, algunos de
índole sensorial.

## XX Kaymus     AC ⅝ ⇄
*av. Maestro Rodrigo 44 ⊠ 46015 Ⓜ Beniferri – ℰ 963 48 66 66 – www.kaymus.es*
*– cerrado del 16 al 31 de agosto y lunes noche*     AU**z**
**Rest** – Menú 27/33 € – Carta 32/55 € ⅙
Establecimiento de línea moderna que llama la atención por su cocina, de elaboraciones sencillas aunque siempre con gran fineza y calidad. Posee un privado equipado para reuniones o proyecciones, así como una atractiva bodega acristalada.

## XX 534 ⓝ     점 AC
*Felip María Garín 4 ⊠ 46021 Ⓜ Aragón – ℰ 961 13 84 83*
*– www.534-valencia.com – cerrado domingo*     BU**c**
**Rest** – Menú 22/30 € – Carta 26/51 €
Se halla en una zona residencial, con una barra de espera y una sala clásica-actual
que deja la cocina a la vista. Cocina de mercado bien elaborada y en constante
evolución.

## XX Canyar     AC ⅝ ⇄
*Segorbe 5 ⊠ 46004 Ⓜ Bailén – ℰ 963 41 80 82 – www.canyarrestaurante.com*
*– cerrado agosto y domingo*     EZ**x**
**Rest** – Menú 50/73 € – Carta 15/56 € ⅙
Resulta singular, pues tiene una decoración antigua con detalles modernistas. Ofrece una cuidada bodega y pescados de gran calidad, ya que se traen diariamente desde Dénia.

## XX Kaymus Centro ⓝ     AC ⅝
*Salamanca 26 ⊠ 46005 Valencia Ⓜ colón – ℰ 963 95 99 95 – www.kaymus.es*
**Rest** – Menú 20/30 € – Carta 28/37 €     FZ**b**
El hermano menor del restaurante Kaymus. Se presenta con un montaje de esté-
tica actual bastante cuidado y una cocina tradicional-mediterránea basada en la
calidad del producto. En su carta encontrará buenas opciones para compartir.

## XX Askua ⓝ     점 AC ⅝
*Felip María Garín 4 ⊠ 46021 Ⓜ Aragón – ℰ 963 37 55 36*
*– www.restauranteaskua.com – cerrado 7 días en agosto, domingo y festivos*
**Rest** – Carta 35/60 € ⅙     BU**c**
Un negocio consolidado gracias a la calidad de sus materias primas. En la sala,
moderna y en tonos claros, le propondrán una cocina de producto muy respetuosa con los sabores.

## XX El Gastrónomo     AC ⅝ ⇦
*av. Primado Reig 149 ⊠ 46020 Ⓜ Benimaclet – ℰ 963 69 70 36*
*– www.elgastronomorestaurante.com – cerrado agosto, domingo y lunes noche*
**Rest** – Menú 25/50 € – Carta 20/46 €     BU**z**
Un restaurante a la antigua usanza, de organización profesional, ambiente clásico
y con una nutrida selección gastronómica entre cuyos platos destaca su famoso
Steak Tartare.

## XX Eladio     AC ⅝ ⇄
*Chiva 40 ⊠ 46018 – ℰ 963 84 22 44 – www.restauranteeladio.es – cerrado*
*Semana Santa,15 días en agosto, domingo y lunes noche*     AU**a**
**Rest** – Menú 24/55 € – Carta 22/57 €
Este negocio de organización profesional se presenta con un vivero, un bar pri-
vado, una sala de línea clásica y un reservado. Carta tradicional de arraigadas raí-
ces gallegas.

### ✗ Chust Godoy     AC ❀

*Boix 6 ⊠ 46003 🚇 Colón – 𝒞 963 91 38 15 – www.chustgodoy.com – cerrado Semana Santa, agosto y domingo*     **FXa**

**Rest** – Menú 15/45 € – Carta 33/56 €

Casa seria dirigida por el chef-propietario y su esposa. Dispone de un comedor neorrústico y un buen privado en un altillo. Carta de mercado con un buen apartado de arroces.

### ✗ Mard'avellanes Ⓝ     ঙ AC ❀

*Avellanas 9 ⊠ 46002 – 𝒞 963 92 51 66 – www.mardeavellanas.com – cerrado Semana Santa, del 12 al 19 de agosto, domingo y lunes noche*     **EYe**

**Rest** – Menú 20/27 € – Carta 26/45 €

Gastronomía desenfadada en pleno centro histórico. El restaurante, de línea moderna y con el acceso por una calle peatonal, le sorprenderá por su peculiar distribución. Cocina actual-mediterránea, sana y ligera, con toques de autor.

### ✗ Montes     AC ❀
### 😊

*pl. Obispo Amigó 5 ⊠ 46007 🚇 Pl. Espanya – 𝒞 963 85 50 25 – cerrado Semana Santa, agosto, domingo noche, lunes y martes noche*     **DZv**

**Rest** – Menú 13/25 € – Carta 18/31 €

Un restaurante de corte clásico con muchos adeptos gracias al trato cercano y familiar. Cocina tradicional a precios moderados, con buenos guisos, arroces y platos de cuchara.

### ✗ Mey Mey     AC ❀

*Historiador Diago 19 ⊠ 46007 🚇 Pl. Espanya – 𝒞 963 84 07 47 – www.mey-mey.com – cerrado domingo noche y lunes mediodía*     **DZe**

**Rest** – Menú 13/22 € – Carta 17/29 €

Presenta la estética de un restaurante chino... eso sí, con una atractiva fuente llena de peces de colores. Cocina cantonesa, deliciosos platos al vapor y la opción de menús.

### ✗ Ocho y Medio     🍴 AC ❀ ⇔

*pl. Lope de Vega 5 ⊠ 46001 – 𝒞 963 92 20 22 – www.elochoymedio.com*

**Rest** – Menú 20/45 € – Carta 29/49 €     **EYc**

Lo mejor de esta casa es su ubicación, en una plazoleta llena de encanto. Ofrece una agradable terraza, dos salas y una carta tradicional con varios arroces, secos y melosos.

### 🍴 Casa Montaña     AC ❀

*José Benlliure 69 ⊠ 46011 🚇 Cabañal – 𝒞 963 67 23 14 – www.emilianobodega.com – cerrado domingo noche*     **CUy**

**Rest** – Tapa 2,50 € – Ración aprox. 5 € 🏠

Taberna antigua decorada con detalles típicos y grandes toneles. Posee varias salas a modo de privados, una buena carta de tapas y una bodega con vinos de gran prestigio.

### 🍴 Vuelve Carolina Ⓝ     ঙ AC

*Correos 8 ⊠ 46002 València 🚇 Colón – 𝒞 963 21 86 86 – www.vuelvecarolina.com – cerrado domingo*     **EYa**

**Rest** – Tapa 4 € – Ración aprox. 9 €

Resulta singular, pues tiene las paredes y techos totalmente forrados en madera. Posee una gran sala a la entrada, donde está la barra, así como un comedor de superior montaje al fondo. Carta de tapas creativas con opción a dos menús.

### 🍴 La Sènia Ⓝ     🍴 ঙ ❀

*Sènia 2 ⊠ 46001 – 𝒞 963 15 37 28 – www.tabernalasenia.es – cerrado del 1 al 15 de septiembre*     **EYb**

**Rest** – (solo cena salvo viernes, sábado y domingo) Tapa 7,50 € – Ración aprox. 12 €

En pleno centro de València y con una filosofía culinaria muy clara: sencillez y calidad. El local, de línea rústica y ambiente informal, es una buena opción para saborear tapas de cocina mediterránea-actual hechas al momento.

ESPAÑA

## en la playa de Levante (Les Arenes) (CUV)

 **Las Arenas** ← 🚗 🛋 ⌛ 🔲 🌐 🎮 🛗 🏧 🅰️🅲 ⚡ 🛜 🚗

*Eugenia Viñes 22* ⊠ 46011 Ⓜ *Neptú* – 𝒞 963 12 06 00 – www.h-santos.es
**243 hab** – 👥140/565 €, ⌧ 23 € – 10 suites                    CU**a**
**Rest *Brasserie Sorolla*** – Carta 42/60 €

Lujoso hotel ubicado frente a la playa. Se distribuye en tres edificios, con unas acogedoras zonas nobles, magníficas salas de reuniones y habitaciones muy bien equipadas. En su elegante restaurante Brasserie Sorolla proponen una carta de corte creativo.

 **Neptuno** ← 🚗 🛗 🅵🅶 & hab, 🅰️🅲 ⚡ hab, 🛜 🚗

*paseo de Neptuno 2* ⊠ 46011 Ⓜ *Neptú* – 𝒞 963 56 77 77
– www.hotelneptunovalencia.com                    CU**k**
**49 hab** ⌧ – 👤121/209 € 👥138/275 € – 1 suite
**Rest *Tridente*** – Menú 29/36 € – Carta 34/40 €

Bien situado a pie de playa y con habitaciones de diseño minimalista. En conjunto disfruta de una estética actual, decorando sus estancias con una valiosa colección de cuadros vanguardistas pintados por diferentes artistas valencianos. El restaurante, moderno y colorista, ofrece una cocina tradicional.

---

## VALÈNCIA D'ÀNEU – Lleida – **574** E33 – alt. 1 075 m                    13 B1

▶ Madrid 656 – Lleida/Lérida 201 – Barcelona 264

🔠 **La Morera** 🐾 ← ⌛ 🛗 🅰️🅲 rest, ⚡ 🛜 🅿️

*av.Port de la Bonaigua 11* ⊠ 25587 – 𝒞 973 62 61 24
– www.hotel-lamorera.com – *cerrado 15 octubre-noviembre y del 19 al 25 de diciembre*
**26 hab** ⌧ – 👤52/70 € 👥82/96 €   **Rest** – Menú 17 € – Carta 21/36 €

Presenta una estética típica de montaña y unos exteriores muy cuidados. Agradable zona social con chimenea y habitaciones rústicas de buen confort, destacando las abuhardilladas por ser algo más actuales. El comedor, que disfruta de buenas vistas, ofrece una carta tradicional y especialidades como el Civet.

---

## VALENCIA DE DON JUAN – León – **575** F13 – 5 184 h. – alt. 765 m                    11 B1

▶ Madrid 285 – León 38 – Palencia 98 – Ponferrada 116

🍴 **Casa Alcón** 🚗 🅰️🅲 ⚡
🈺
*pl. Mayor* ⊠ 24200 – 𝒞 987 75 10 96 – www.casaalcon.es – *cerrado 24 diciembre-4 enero, Semana Santa y lunes noche en verano*
**Rest** – *(solo almuerzo salvo verano y viernes y sábado resto del año)* Menú 12 € – Carta 24/43 €

Negocio clásico-regional emplazado junto al ayuntamiento, en un edificio cuyos soportales dan cabida a la terraza. Aquí el menú del día es una gran opción, sin embargo también resulta interesante la carta. ¡Platos castellanos y asturianos!

---

## VALJUNQUERA – Teruel – **574** J30 – 386 h.                    4 C2

▶ Madrid 445 – Zaragoza 134 – Teruel 171 – Tarragona 125

🄶 Alcañiz (Plaza de España★ y Portada de la Colegiata★) Noroeste : 19 km

 **Portal del Matarraña** sin rest 🐾 🛗 🅰️🅲 🛜

*Mayor 2* ⊠ 44595 – 𝒞 978 89 90 52 – www.hotelportaldelmatarraña.com
**8 hab** ⌧ – 👤50/70 € 👥69/89 €

Antigua casa señorial aragonesa que, manteniendo una parte de su estructura original, ahora se presenta con unas instalaciones de aspecto actual-funcional. Ofrecen rutas en bicicleta por la famosa Vía Verde, senderismo y paseos a caballo.

**VALL D'ALBA** – Castellón – **577** L29 – 3 036 h. – alt. 300 m 16 B1

▶ Madrid 447 – València 98 – Castelló de la Plana 30 – Teruel 189

XX **Cal Paradís** (Miguel Barrera) AK 彩 ⇔
☆ av. Vilafranca 30 ⊠ 12194 – ℰ 964 32 01 31 – www.calparadis.es – cerrado
24 diciembre-2 enero y del 1 al 7 de julio
**Rest** – (solo almuerzo salvo jueves en verano, viernes y sábado) Menú 30/58 €
– Carta 33/52 €
¡Magnífico y de carácter familiar! Ofrece un moderno comedor en dos ambientes
y una cocina actual-mediterránea de tintes creativos, destacando tanto por la calidad de los productos utilizados como por su dominio de los puntos de cocción.
→ El mar, la montaña y la huerta en el plato. Lomo de cordero al aroma de las
hierbas de nuestro entorno. Tarta de calabaza con miel de almendras.

**La VALL DE BIANYA** – Girona – **574** F37 – 1 228 h. – alt. 480 m 14 C1

▶ Madrid 678 – Barcelona 131 – Girona/Gerona 58 – Canillo 144

### en L'Hostalnou de Bianya

⌂ **Mas El Guitart** sin rest ⑤ ≤ ⍧ 彩 ⍥ P
Oeste : 1,5 km ⊠ 17813 La Vall de Bianya – ℰ 972 29 21 40
– www.guitartrural.com – cerrado 7 días en junio y 7 días en septiembre
**5 hab** ⍣ – †78/150 € ††180/295 € – 2 apartamentos
En plena montaña y con buenas vistas. Sin duda está muy orientada a las familias, pues posee unas habitaciones bastante amplias con camas supleto-
rias. Correctos apartamentos.

### en la carretera C 26

XXX **Ca l'Enric** (Isabel y Jordi Juncà) AK ⇔ P
☆ Noroeste : 2 km ⊠ 17813 La Vall de Bianya – ℰ 972 29 00 15 – www.calenric.net
– cerrado 31 diciembre-20 enero, del 4 al 20 de julio, domingo noche, lunes,
martes noche y miércoles noche
**Rest** – Menú 60/90 € – Carta 66/84 € ⍩
¡Un espacio de grandes contrastes con el entorno! Atesora una cuidada iluminación, mucho diseño, chimeneas, una moderna bodega visitable y un privado con
vistas a los fogones. Cocina creativa con una especialidad, la becada en temporada.
→ Huerto ecológico hidropónico. Solomillo, 20 días de reposo, con hierbas de La
Vall de Bianya. Coulant de chocolate deshecho a la brasa con helado de fruta del
tiempo.

**VALLADOLID** ℙ – **575** H15 – 311 501 h. – alt. 694 m 11 B2

▶ Madrid 191 – Burgos 125 – León 139 – Salamanca 115

✈ de Valladolid por ⑥ : 13 km ℰ 902 40 47 04

**Iberia :** aeropuerto ℰ902 40 05 00

🛈 Acera de Recoletos (Pabellón de Cristal), ⊠ 47004, ℰ 983 21 93 10,
www.info.valladolid.com

**R.A.C.E.** Santa María 21 ℰ983 39 20 99

◉ Museo Nacional de Escultura★★★ en el colegio de San Gregorio (portada★★★) CX
– Iglesia de San Pablo (fachada★★★) CX. Otras curiosidades : Plaza Mayor★ BY
- Catedral★ (museo Diocesano y Catedralicio★) CY- Palacio Pimentel★ CX - Iglesia
de las Angustias (Virgen de los siete cuchillos★) CYL - Patio Herreriano-Museo de
Arte Contemporáneo Español★ (patio★) BYM - Museo Oriental (colección de Arte
Chino y marfiles★) BZM[1]

Planos páginas siguientes

🏨 **Meliá Recoletos** 🛋 🔌 ₺ hab, AK 彩 ⍥ 🏋 🚗
acera de Recoletos 13 ⊠ 47004 – ℰ 983 21 62 00 – www.melia.com
**80 hab** – †70/160 € ††80/200 €, ⍣ 14 € BZ**b**
**Rest** El Hereje – Menú 17/30 € – Carta 25/45 €
Hace gala de una magnífica situación, con el acceso por una calle peatonal y el
emblemático Campo Grande en frente. Presenta unas elegantes habitaciones de
estilo clásico, abuhardilladas en la última planta, así como un buen restaurante,
donde elaboran una cocina tradicional actualizada y deliciosos arroces.

ESPAÑA

# VALLADOLID

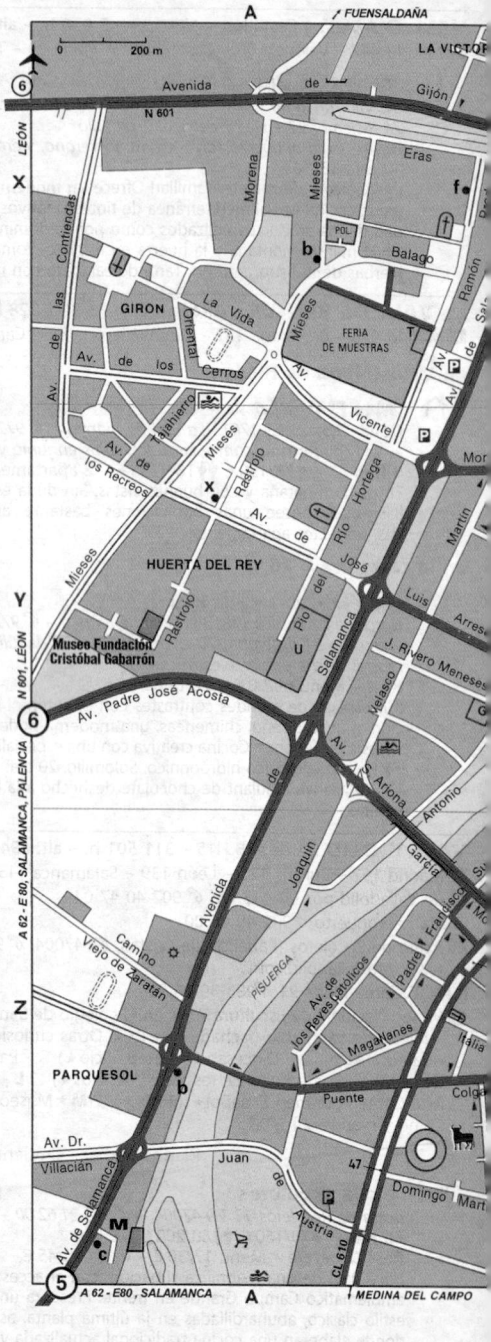

ESPAÑA

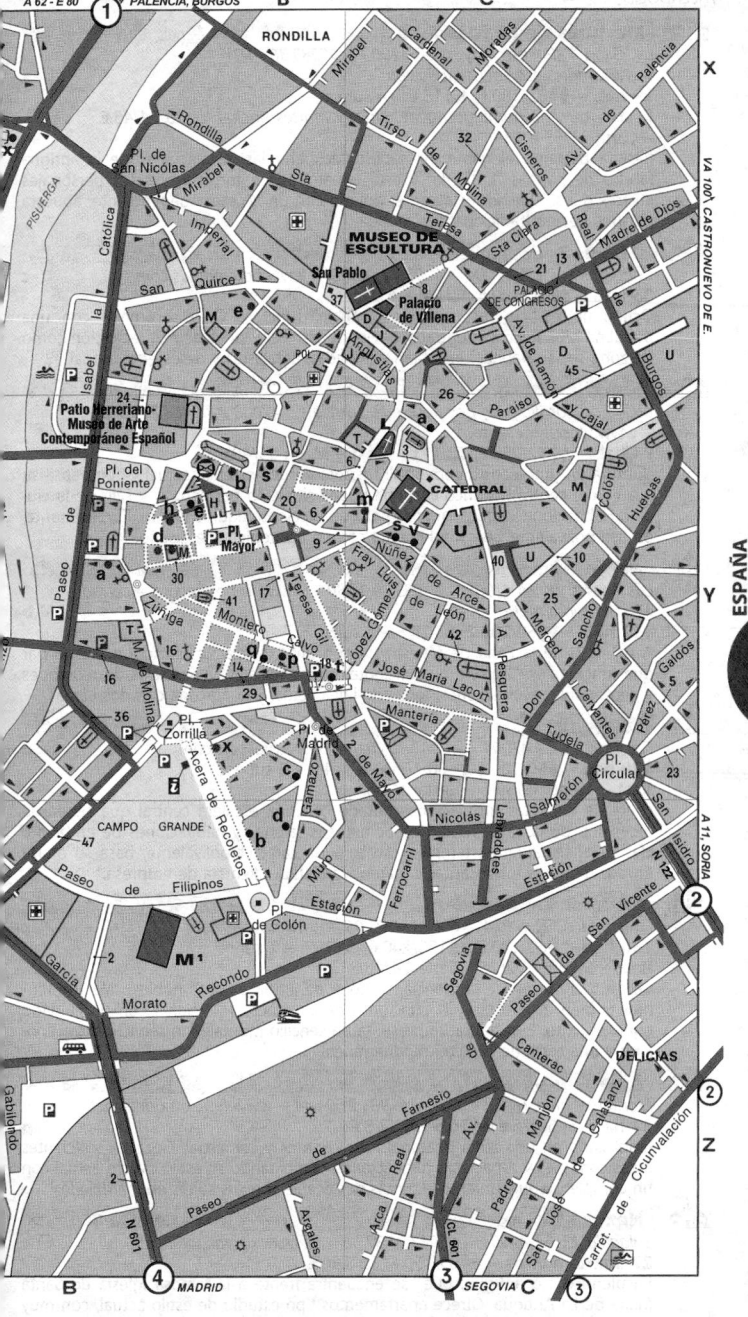

ESPAÑA

ESPAÑA

### Marqués de la Ensenada
*av. Gijón 1 (Puente Mayor)* ⊠ 47009 – 𝒞 983 36 14 91
– *www.marquesdelaensenada.com*  BX**x**
**29 hab** – ♦♦82/180 €, ⊊ 15 € – 4 suites
**Rest** – *(cerrado domingo noche, lunes y martes noche)* Menú 24/45 €
– Carta 31/53 €
Resulta bastante elegante, ha sabido recuperar las instalaciones de la antigua
fábrica de harinas "La Perla" y está tematizado en torno a diversos personajes
ilustres del s. XVIII. El restaurante, dotado con un acceso independiente, apuesta
por una cocina tradicional actualizada.

### Gareus sin rest, con cafetería
*Colmenares 2* ⊠ 47004 – 𝒞 983 21 43 33 – *www.hotelgareus.com*  BY**c**
**35 hab** – ♦♦70/300 €, ⊊ 7 € – 6 suites
Ocupa un edificio restaurado de principios del s. XX y sorprende con una
pequeña biblioteca a la entrada, haciendo las veces tanto de hall-recepción como
de zona social. Habitaciones bien equipadas, detallistas y de estética actual.

### Vincci Frontaura
*paseo de Zorrilla 332, por paseo de Zorrilla* ⊠ 47008 – 𝒞 983 24 75 40
– *www.vinccihoteles.com*
**94 hab** – ♦♦52/250 €, ⊊ 11 €   **Rest** – Menú 15/40 € ∰
¡Junto a un gran centro comercial! Disfruta de una estética actual y compensa su
lejanía del centro histórico con una buena situación para entrar y salir de la ciudad. Habitaciones algo pequeñas pero de excelente equipamiento. El restaurante,
de uso polivalente, se complementa con un bar repleto de diseño.

### NH Bálago sin rest, con cafetería
*Las Mieses 28* ⊠ 47009 – 𝒞 983 36 38 80 – *www.nh-hotels.com* – *cerrado*
*15 julio-septiembre*  AX**b**
**112 hab** – ♦♦50/200 €, ⊊ 15 € – 8 suites
A un paso de la Feria de Muestras y con unas instalaciones modernas a la par
que funcionales. Dispone de suficientes zonas sociales, varias salas de reuniones
y confortables habitaciones, todas de línea actual y la mayoría con dos camas.

### Felipe IV
*Gamazo 16* ⊠ 47004 – 𝒞 983 30 70 00 – *www.hfelipeiv.com*  BZ**d**
**129 hab** – ♦50/100 € ♦♦60/160 €, ⊊ 14 € – 2 suites
**Rest** – Menú 19/30 € – Carta 24/35 €
Hotel de correctas instalaciones dotado con una escalera central que separa la
recepción de la cafetería. Posee numerosos salones y habitaciones de ambiente
clásico. El restaurante, también clásico y de carácter polivalente, basa su oferta
en dos menús e interesantes sugerencias diarias. Clientela de empresa.

### Novotel Valladolid
*Puerto Rico* ⊠ 47014 – 𝒞 983 45 95 95 – *www.novotel.com*  AZ**c**
**138 hab** – ♦60/120 € ♦♦120/240 €, ⊊ 15 € – 2 suites
**Rest** – Menú 19/26 € – Carta 24/46 €
Cercano al Museo de la Ciencia. Dispone de amplias zonas nobles, salas de reuniones bien dispuestas y habitaciones de línea actual-funcional con un cuidado
equipamiento. El restaurante presenta un sencillo montaje, un servicio show cooking y una carta de carácter mediterráneo.

### Amadeus sin rest
*Montero Calvo 18* ⊠ 47001 – 𝒞 983 21 94 44 – *www.hotelamadeus.net*
**31 hab** – ♦60/75 € ♦♦70/95 €, ⊊ 8 €  BY**p**
Emplazado en una zona peatonal muy céntrica y comercial. Goza de suficientes
áreas comunes y espaciosas habitaciones, combinando su estilo clásico-actual con
un completo equipamiento. ¡Lo más destacable son sus suites abuhardilladas!

### Nexus ⓝ sin rest
*Solanilla 13* ⊠ 47003 – 𝒞 983 21 37 56 – *www.nexusvalladolid.es*  CY**a**
**27 apartamentos** – ♦♦65/150 €, ⊊ 8,50 €
En pleno casco antiguo, pues se encuentra frente a la famosa iglesia de Santa
María de La Antigua. Ofrece apartamentos tipo estudio de estilo actual, con muy
buenos materiales, detalles de gran confort y un gran equipamiento en las cocinas.

🏘 **Enara** sin rest, con cafetería ⇅ ♿ AC ⊘ ᯤ 👥 🚗
*Montero Calvo 30 ✉ 47001 – ✆ 983 30 02 11 – www.enarahotel.es*
**55 hab** – 🚹60/180 € 🚹🚹60/250 €, ☕ 8 € BY**t**
Se asoma a la animada plaza España desde la mitad de las habitaciones y sorprende por su concepción, con un salón-recepción tipo lobby y estancias funcionales-actuales. ¡Personalizan todo con enormes fotos murales y artísticas de la ciudad!

🏘 **Imperial** ⇅ AC ⊘ rest, ᯤ
*Peso 4 ✉ 47001 – ✆ 983 33 03 00 – www.hotelimperial.es* BY**e**
**62 hab** – 🚹50/120 € 🚹🚹60/299 €, ☕ 8 € – 1 suite **Rest** – Menú 18/25 €
Casa señorial del s. XVI ubicada en pleno centro, a escasos metros de la plaza Mayor. Posee un precioso salón rodeado de columnas en la zona del bar, así como unas habitaciones de estilo clásico bien actualizadas. El restaurante, dotado con dos salas panelables, basa su oferta culinaria en diferentes menús.

🏘 **Mozart** sin rest, con cafetería ⇅ AC ⊘ ᯤ 👥 🚗
*Menéndez Pelayo 7 ✉ 47001 – ✆ 983 29 77 77 – www.hotelmozart.net*
**42 hab** – 🚹55/81 € 🚹🚹60/120 €, ☕ 8 € BY**q**
Instalado en una histórica casa residencial, de estilo ecléctico, rodeada de calles peatonales. Ofrece una concurrida cafetería, pequeñas salas de reuniones y unas habitaciones de línea moderna-funcional, las del último piso abuhardilladas.

🏘 **Atrio** sin rest ⇅ AC ⊘ ᯤ 👥 🚗
*Núñez de Arce 5 ✉ 47002 – ✆ 983 15 00 50 – www.hotelesvalladolid.com*
**27 hab** – 🚹🚹60/100 €, ☕ 8 € CY**s**
Hotel de fachada clásica ubicado en pleno casco histórico, en una calle peatonal junto a la Catedral. Disfruta de una coqueta zona social y habitaciones bien equipadas, todas de ambiente clásico-funcional y ocho de ellas con mirador.

🏘 **El Nogal** ⇅ AC ⊘ ᯤ
*Conde Ansurez 10 ✉ 47003 – ✆ 983 34 03 33 – www.hotelelnogal.com*
**24 hab** – 🚹49/59 € 🚹🚹49/70 €, ☕ 6 € BY**s**
**Rest** – *(cerrado domingo noche)* Menú 15/28 € – Carta 22/36 €
Íntimo, céntrico y de amable organización familiar. Compensa su reducida zona social con unas confortables habitaciones, todas exteriores y la mayoría con balcón. El restaurante es bastante conocido en la ciudad por su Arroz con bogavante.

🏠 **Catedral** sin rest ⇅ AC ᯤ 👥
*Núñez de Arce 11 ✉ 47002 – ✆ 983 29 88 11 – www.hotelesvalladolid.com*
**39 hab** – 🚹🚹45/100 €, ☕ 7 € CY**v**
¡En un entorno de ambiente universitario! Su bella fachada da paso a un hotel bastante cuidado, con una sala de reuniones, un pequeño bar de aire inglés y confortables habitaciones de ambiente clásico, todas funcionales pero detallistas.

✕✕ **La Parrilla de San Lorenzo** AC ⊘ ⇔
*Pedro Niño 1 ✉ 47001 – ✆ 983 33 50 88 – www.parrilladesanlorenzo.es*
*– cerrado lunes en julio-agosto y domingo noche* BY**a**
**Rest** – Carta 24/40 € 🍇
Ocupa los bajos de un convento de clausura declarado Monumento Nacional y se viste con muchas antigüedades. Posee varios comedores abovedados de aire medieval y una bella bodega visitable. Cocina regional elaborada con productos de la zona.

✕✕ **Trigo** AC
*Los Tintes 8 ✉ 47002 – ✆ 983 11 55 00 – www.restaurantetrigo.com – cerrado 2ª quincena de agosto, domingo y lunes* CY**m**
**Rest** – Menú 25/38 € – Carta 40/52 €
Restaurante de buen montaje y estética minimalista ubicado cerca de la Catedral. Ofrecen una cocina tradicional actualizada que, sobre todo, trabaja mucho con sus dos menús de temporada: uno denominado "Como en casa" y el otro "Festival".

ESPAÑA

## ✕✕ La Viña de Patxi 🌫 🗚🗚 ⌦

*Rastrojo 9 ⊠ 47014 – ℰ 983 34 10 18 – www.lavinadepatxi.com – cerrado domingo noche y lunes noche*                                                         AY**x**

**Rest** – Menú 41 € – Carta 32/53 €

Se halla en una zona residencial, presentándose con una terraza, un bar y un comedor actual. Su cocina tradicional emana claras raíces norteñas, sorprendiendo con unos pescados muy frescos, un buen menú degustación y otro de tinte japonés.

## ✕✕ El Figón de Recoletos 🗚🗚 ⌦ ⌦

*acera de Recoletos 3 ⊠ 47004 – ℰ 983 39 79 51 – www.asadordearanda.com – cerrado 18 julio-12 agosto, domingo noche y lunes*                        BY**x**

**Rest** – Menú 36/66 € – Carta 30/63 €

Disfruta de varias salas, destacando las de la entrada por su decoración nobiliaria, sus vigas de madera y sus bellas vidrieras. Proponen la carta típica de un asador castellano, con el Lechazo y el horno de leña como grandes protagonistas.

## ✕✕ La Perla de Castilla 🗚🗚 ⌦

*av. Ramón Pradera 15 ⊠ 47009 – ℰ 983 37 18 28 – cerrado Semana Santa y domingo*                                                                          AX**f**

**Rest** – Menú 15/40 € – Carta 27/42 €

Negocio familiar próximo a la Feria de Muestras. Posee un coqueto comedor y un bar muy concurrido, no en vano han ganado varios premios regionales de tapas. Cocina tradicional de mercado, con detalles actuales y productos de temporada.

## ✕✕ Don Bacalao 🗚🗚

😊 *pl. Santa Brígida 5 ⊠ 47003 – ℰ 983 34 39 37 – www.restaurantedonbacalao.es – cerrado del 1 al 15 de agosto, domingo noche y lunes*                   BX**e**

**Rest** – Menú 20/35 € – Carta 23/32 €

Todo un clásico pucelano donde le sorprenderán con buenos productos de mercado. Posee un animado bar de tapas y dos salas, donde podrá descubrir su cocina tradicional. El plato estrella es el bacalao, con variedad de salsas y preparaciones.

## ✕ La Goya 🌫 ⌦ 🅟

*av. de Salamanca 55 ⊠ 47014 – ℰ 983 34 00 23 – cerrado agosto, domingo noche y lunes*                                                                     AZ**b**

**Rest** – Carta 23/44 €

Una casa con gran arraigo en la ciudad, no en vano abrió sus puertas en 1902. Posee un comedor de invierno de cálido aire regional y otro de verano bajo las galerías de un patio castellano. Carta casera basada en guisos y platos de caza.

## ✕ Montellén ❶ 🗚🗚 ⌦

*Sandoval 7 ⊠ 47003 – ℰ 983 33 48 50 – www.restaurantemontellen.es*

**Rest** – Menú 19/45 € – Carta 30/50 €                                            BY**b**

Frente al histórico Mercado del Val. El negocio, que toma su nombre de una finca salmantina, se presenta con un bar de tapas y un comedor clásico-actual. Cocina tradicional basada en deliciosas carnes ibéricas, embutidos propios y bacalaos.

## 🍴 Villa Paramesa 🗚🗚 ⌦

*Calixto Fernández de la Torre 5 ⊠ 47001 – ℰ 619 13 77 58 – www.villaparamesa.com – cerrado lunes*                                           BY**d**

**Rest** – Tapa 2,50 € – Ración aprox. 10 €

Está llevado entre varios hermanos y se presenta con un salón de aire rústico-actual. Buena barra con expositor de tapas, raciones y tostas de cocina actual sobre pizarras. Ofrecen un interesante menú de tapas llamado "Saborea Valladolid".

## 🍴 La Tasquita 🗚🗚 ⌦

*Caridad 2 ⊠ 47001 – ℰ 983 35 13 51 – www.la-tasquita.com – cerrado del 16 al 31 de julio y lunes*                                                          BY**d**

**Rest** – Tapa 3 € – Ración aprox. 10 €

Amplio bar de tapas a modo de taberna antigua, con unos expositores actuales y la sala definida por su zócalo de azulejos. Aquí encontrará deliciosas tostas, canapés, montaditos, raciones... así como buenos vinos por copa.

**Ϋ/   Vino Tinto Joven**   � 🅰️ℂ ℀
*Campanas 1 ⊠ 47001 – ℰ 983 37 80 26 – www.vinotintovalladolid.es – cerrado
del 16 al 31 de julio y lunes*                                                                    BY**h**
**Rest** – Tapa 2 € – Ración aprox. 8 €
Se encuentra bajo unos soportales y, siendo algo pequeño, es un buen lugar para
degustar tapas o raciones... eso sí, todo de tendencia muy actual. Cecina con mermelada de tomate, Cigala con calabacín, Tortilla de patata evolucionada...

### en Pinar de Antequera Sur : 6 km

**ΧΧ   Llantén**                                                                             🅰️ℂ ℀
*Encina 11, por paseo Zorrilla ⊠ 47153 Valladolid – ℰ 983 24 42 27
– www.restaurantellanten.com – cerrado 7 enero-febrero, domingo noche y
lunes*
**Rest** – Menú 38/62 € – Carta 29/47 € ⅋
Coqueta villa que destaca por su entorno ajardinado y su emplazamiento, dentro
de una tranquila urbanización. En sus salas, ambas de ambiente rústico y con chimenea, le propondrán una cocina actual de bases tradicionales e internacionales.

### por la salida ⑤ :

**🏨   La Vega**                    ⅏ 🚗 � 🖵 🛦 🖩 ⅋ hab. 🅰️ℂ ℀ 🛜 🛁 🅿️ ⌂
*av. de Salamanca, 6 km ⊠ 47195 Arroyo de la Encomienda – ℰ 983 40 71 00
– www.lavegahotel.com*
**143 hab** – †81 € ††93 €, ⊑ 11 € – 6 suites
**Rest** – Menú 21 € – Carta 45/53 €
Construido en una zona elevada de un área residencial. Posee un atractivo hall-
recepción con ascensores panorámicos, amplias zonas nobles, varios salones de
convenciones y confortables habitaciones de línea clásica. En su restaurante, también clásico, encontrará una carta de tinte tradicional y un buen menú.

**🏨   AC Palacio de Santa Ana**       ⅏ 🚗 🖵 🛦 🖩 ⅋ hab. 🅰️ℂ ℀ ⓒ 🛁 🅿️
*Santa Ana - 4 km ⊠ 47195 Arroyo de la Encomienda
– ℰ 983 40 99 20 – www.ac-hotels.com*                                                       ⌂
**93 hab** – ††70/155 €, ⊑ 14 € – 5 suites
**Rest** – Menú 25/50 € – Carta 36/50 €
En el antiguo monasterio de los Jerónimos, rodeado por una bonita pradera con
mirador frente al río Pisuerga. Disfruta de un magnífico claustro y unas habitaciones funcionales, algunas abuhardilladas. El restaurante, de montaje clásico-actual,
propone una cocina con platos tradicionales y alguno más actual.

---

**VALLDEMOSSA** – Balears – ver Balears (Mallorca)

---

**VALLE** – ver el nombre propio del valle

---

**VALLE DE CABUÉRNIGA** – Cantabria – **572** C17 – 1 066 h.                          8 B1
– alt. 260 m
▶ Madrid 389 – Burgos 154 – Oviedo 163 – Palencia 172

**🏨   Camino Real de Selores**                                       ⅏ ℀ rest. 🛜 🅿️
*Selores, Sur : 1,5 km ⊠ 39511 Selores – ℰ 942 70 61 71
– www.caminorealdeselores.com*
**21 hab** ⊑ – †80/132 € ††90/145 € – 4 suites
**Rest** – (solo fines de semana en invierno) Menú 20/48 € – Carta 31/46 €
Casona del s. XVII en la que se mezclan elementos rústicos originales con otros de
diseño moderno. Las habitaciones, repletas de detalles, ocupan también cuatro
edificios más. El restaurante, de ambiente muy acogedor, recupera lo que un día
fueron las cuadras.

---

**VALLE DE GUERRA** – Santa Cruz de Tenerife – ver Canarias (Tenerife) : Tejina

---

**VALLROMANES** – Barcelona – **574** H36 – 2 480 h. – alt. 153 m               15 B3
▶ Madrid 643 – Barcelona 22 – Tarragona 123
🏙 Vallromanes, Afores, ℰ 935 72 90 64

### Can Galvany ⓝ
🌊 🏡 ⌶ ⊙ 🌡 🕌 🏅 🅺 🛜 🏖

*av. de Can Galvany 11 ⊠ 08188 – 𝒞 935 72 95 91 – www.cangalvany.com*

**43 hab** ⌸ – ♦82/180 € ♦♦90/190 €

**Rest** *Sauló* – Menú 18/65 € – Carta 32/39 €

Un hotel de línea actual construido en armonía con una masía catalana original, donde hoy ofrecen la zona de aguas y relax. El restaurante, moderno, informal y con una carta de tinte creativo, se ve complementado por una terraza chill out junto a la piscina.

### XX Sant Miquel
🅺 ⟲

*pl. de l'Església 12 ⊠ 08188 – 𝒞 935 72 90 29 – www.stmiquel.cat – cerrado del 13 al 20 de enero, del 4 al 18 de agosto y lunes*

**Rest** – *(solo almuerzo salvo jueves en verano, viernes y sábado)* Menú 20/55 € – Carta 36/51 € 🏡

Este negocio familiar, asentado y bastante céntrico, disfruta de dos comedores, uno funcional y el otro tipo jardín de invierno. Enriquece su carta tradicional con unos menús temáticos de temporada. ¡Buena bodega!

### X Can Poal
🏡 🅺
😊

*av. Vilassar de Dalt 1b ⊠ 08188 – 𝒞 935 72 94 34 – www.canpoal.cat – cerrado 16 agosto-9 septiembre y lunes salvo festivos*

**Rest** – *(solo almuerzo salvo viernes y sábado)* Menú 19/40 € – Carta 24/32 €

¡Instalado en una antigua masía rehabilitada! En conjunto presenta un montaje bastante sencillo y un ambiente familiar. Ofrecen una cocina tradicional con algunas actualizaciones... sin embargo, su gran baza está en los platos a la brasa.

### X Mont Bell
🅺 ⍟ ⟲ 🅿

*carret. de Granollers, Oeste : 1 km ⊠ 08188 – 𝒞 935 72 81 00 – www.mont-bell.es – cerrado Semana Santa, del 4 al 25 de agosto y domingo noche*

**Rest** – Menú 21/30 € – Carta 33/45 €

Restaurante familiar dotado con dos comedores clásicos, otro más actual y un salón para banquetes. Ofrecen una extensa carta de cocina catalana y un buen menú. ¡También se puede comer, de forma más informal, en su porche-terraza de verano!

---

## VALLS – Tarragona – 574 |33 – 25 084 h. – alt. 215 m    13 B3

🛣 Madrid 535 – Barcelona 100 – Lleida/Lérida 78 – Tarragona 19

🛈 La Cort 61 , ⊠ 43800, 𝒞 977 61 25 30

◎ Barrio Antiguo★

### Class Valls
🏡 ⌶ 🌡 🕌 🏅 hab, 🅺 ⍟ rest, 🛜 🏖 🅿 🚗

*passeig President Tarradellas - carret. N 240 ⊠ 43800 – 𝒞 977 60 80 90 – www.hotelclassvalls.com*

**83 hab** – ♦52/99 € ♦♦62/117 €, ⌸ 8 €    **Rest** – Menú 16/26 € – Carta 22/45 €

Está orientado al cliente de empresa y presenta unas habitaciones funcionales, con los suelos en tarima. El restaurante combina su carta tradicional, que contempla buenas carnes y platos a baja temperatura, con dos menús: el diario y el de los fines de semana.

### en la carretera N 240 Norte : 8 km

### X Les Espelmes
≤ 🏡 🅺 ⍟ ⟲ 🅿

*⊠ 43813 Fontscaldes – 𝒞 977 60 10 42 – www.lesespelmes.com – cerrado 30 junio-24 julio y miércoles*

**Rest** – *(solo almuerzo salvo jueves, viernes y sábado)* Menú 15 € – Carta 27/40 €

Cuenta con una clientela habitual de negocios y hasta con cinco coquetas salas de estilo clásico-regional, donde podrá descubrir sus elaboraciones catalanas y una selecta bodega. En una zona tipo porche instalan su terraza de temporada.

---

**VALVERDE** – Santa Cruz de Tenerife – ver Canarias (El Hierro)

**VALVERDE DEL FRESNO** – Cáceres – **576** L9 – **2 454 h.** – alt. 498 m    17 B1

▶ Madrid 328 – Mérida 199 – Cáceres 120 – Guarda 132

🏠 **A Velha Fábrica**    ♨ 🛋 🍴 ᕱ hab. 🎦 ᛋ 🅿

*D. Miguel Robledo Carrasco 24* ✉ 10890 – 𝒞 927 51 19 33
– www.avelhafabrica.com
**18 hab** ⬜ – 🛉40/50 € 🛉🛉50/65 €    **Rest** – Menú 18/60 € – Carta 19/38 €
Instalado en una antigua fábrica de mantas. Aquí encontrará unas habitaciones
bastante espaciosas, todas tipo dúplex y de estilo rústico-funcional. El restaurante, de montaje clásico, propone una cocina tradicional con productos regionales y de caza.

**VALVERDE DEL MAJANO** – Segovia – **575** J17 – **1 083 h.**    12 C3
– alt. 923 m

▶ Madrid 94 – Segovia 12 – Ávila 63 – Valladolid 118

**al Noreste** 3,5 km por la carretera de Eresma y desvío 1,5 km

🏠 **Caserío de Lobones**    ♨ 🏡 🛋 🍴 ᛋ 🛋 🅿

✉ 40140 Valverde del Majano – 𝒞 921 12 84 08 – www.lobones.com
**10 hab** – 🛉🛉154/187 €, ⬜ 11 €    **Rest** – *(solo clientes, solo cena)* Carta 29/35 €
Casa de labranza del s. XVII situada en un paraje aislado, junto al río Eresma,
con el entorno ajardinado y un encinar centenario dentro de la finca. Ofrece un
salón social con chimenea, dos coquetos comedores y habitaciones de buen confort, la mayoría con el techo en madera y mobiliario antiguo restaurado.

**VARGAS** – Cantabria – **572** C18 – **815 h.**    8 B1

▶ Madrid 418 – Santander 35 – Bilbao 110

🏠 **Los Lienzos**    🍴 ᛋ 🅿

*barrio El Acebal* ✉ 39679 – 𝒞 942 59 81 80 – www.posadaloslienzos.com
– cerrado 16 diciembre-14 marzo
**8 hab** ⬜ – 🛉🛉84/98 €    **Rest** – Menú 20 €
Ocupa una casa de indianos, con el entorno ajardinado, que data de 1913. Posee
dos salones clásicos, un porche acristalado y coquetas habitaciones de estilo rústico-elegante.

**VECINOS** – Salamanca – **575** J12 – **293 h.**    11 A3

▶ Madrid 240 – Valladolid 151 – Salamanca 29 – Ávila 130

🍴🍴 **Casa Pacheco** ⓝ    🎦 ᛋ ↔

*Jose Antonio 12* ✉ 37450 – 𝒞 923 38 21 69 – www.casapacheco.net – cerrado
septiembre y lunes
**Rest** – *(solo almuerzo salvo viernes y sabado)* Menú 25/40 € – Carta 30/40 €
Esta casa familiar, con muchos años de vida, se muestra profundamente unida
al mundo taurino... no en vano, el comedor principal se ha dedicado al famoso
diestro Julio Robles. Carta tradicional rica en carnes, bacalaos y embutidos ibéricos.

**VEGA DE SAN MATEO** – Las Palmas – ver Canarias (Gran Canaria)

**VEGA DE TIRADOS** – Salamanca – **575** I12 – **200 h.** – alt. 789 m    11 A2

▶ Madrid 235 – Valladolid 141 – Salamanca 25 – Bragança 186

🍴🍴 **Rivas**    🎦 ᛋ

*Serafín Gómez Mateos 19* ✉ 37170 – 𝒞 923 32 04 71
– www.restauranterivas.com – cerrado del 1 al 15 de julio y lunes
**Rest** – *(solo almuerzo salvo viernes y sábado)* Carta 35/50 €
Restaurante de ambiente familiar y línea clásica. Presenta una sala a la entrada, en
lo que fue el bar, y otra mayor al fondo, ambas con profusión de madera. Cocina
regional y completa carta de vinos, esta última ofrecida en una tablet.

**VEGA DE VALDETRONCO** – Valladolid – **575** H14 – **130 h.**    11 B2

▶ Madrid 199 – Valladolid 46 – Zamora 82 – Salamanca 101

🎦 Tordesillas : Convento de Santa Clara★ (artesonado★★ y patio★) Sureste : 16 km

🏠 **La Torre** 　　　　　　　　　　　　🖭 ⅏ 🛜 **P**
*A-6 (salida 196)* ⊠ *47133 –* ☏ *983 78 80 47 – www.latorre-hotel.com*
**28 hab –** 🛏33/40 € 🛏🛏50/61 €, ⌂ 3 €
**Rest** *Los Palomares* – ver selección restaurantes
Una buena opción en ruta. Destaca tanto por su agradable cafetería como por sus
confortables habitaciones, muy cuidadas para ser un hotel de carretera. ¡Solicite
las traseras, pues se asoman a los extensos campos de cereales castellanos!

🍴🍴 **Los Palomares** – Hotel La Torre 　　　　　　🖭 ⅏ **P**
*A-6 (salida 196)* ⊠ *47133 –* ☏ *983 78 80 47 – www.latorre-hotel.com – cerrado
domingo noche*
**Rest** *– (cena solo con reserva)* Menú 35 € – Carta 34/51 €
Sorprende encontrar un restaurante así, con una sala de línea actual y buen montaje, en un área de servicio. Su joven chef propone un buen menú degustación y
una cocina tradicional actualizada que se esmera en las presentaciones.

# VEJER DE LA FRONTERA – Cádiz – **578** X12 – **12 857 h.** – alt. 193 m　1 A3

▶ Madrid 667 – Algeciras 82 – Cádiz 50

🅸 av. los Remedios 2, ⊠ 11150, ☏ 956 45 17 36, www.turismovejer.es

◉ Localidad y vistas★ - Iglesia Parroquial del Divino Salvador (interior★)

🅖 Parque Natural La Breña y Marismas de Barbate★ – Playa de los Caños de
Meca★★

🏠 **La Casa del Califa** 　　　　　　　　　　　🖭 ⅏ 🛜
*pl. de España 16* ⊠ *11150 –* ☏ *956 44 77 30 – www.lacasadelcalifa.com
– cerrado 9 diciembre- enero*
**20 hab** ⌂ **–** 🛏70/78 € 🛏🛏110/130 €
**Rest** *El Jardín del Califa* – ver selección restaurantes
Este singular hotel está repartido en varias casitas contiguas del centro de la ciudad. Sus habitaciones resultan detallistas, con mobiliario de anticuario y baños
coloristas. ¡La distribución es como un laberinto... pero con mucho encanto!

🍴 **El Jardín del Califa** – Hotel La Casa del Califa 　　　🏡 🖭
*pl. de España 16* ⊠ *11150 –* ☏ *956 45 17 06 – www.jardin.lacasadelcalifa.com
– cerrado 9 diciembre- enero*
**Rest** *–* Carta 21/37 €
Ofrece un patio con barbacoa, una sala acristalada y un comedor con el techo
abovedado, este de superior montaje. Su amplia carta deshoja los sabores de la
cocina marroquí y libanesa, aunque también tiene unas sabrosas carnes a la brasa.

🍴 **Trafalgar** 　　　　　　　　　　　　　🏡 🖭 ⅏
*pl. de España 31* ⊠ *11150 –* ☏ *956 44 76 38 – www.restaurantetrafalgar.com
– cerrado enero-20 febrero*
**Rest** *– (cerrado martes salvo julio-septiembre)* Carta 25/32 €
Tras su renovación se presenta con una pequeña terraza, la cocina vista desde el
pasillo de acceso y la sala en el piso superior, esta última de línea actual-minimalista y con una cava de vinos acristalada. Cocina tradicional actualizada.

## en la playa de El Palmar Oeste : 11 km

🍴 **Casa Francisco** con hab 　　　　　< 🏡 🖭 ⅏ hab, 🛜 **P**
*playa de El Palmar (Vejer Costa)* ⊠ *11150 Vejer de la Frontera –* ☏ *956 23 22 49
– www.casafranciscoeldesiempre.com – cerrado 11 diciembre-febrero*
**12 hab** ⌂ **–** 🛏35/90 € 🛏🛏70/120 €
**Rest** *– (cerrado miércoles salvo verano)* Menú 30/40 € – Carta 35/52 €
En 1ª línea de playa. Dispone de un bar de tapas, un comedor rústico y una
terraza acristalada, esta última con vistas al mar. Carta tradicional basada en pescados y arroces. Como complemento posee unas sencillas habitaciones vestidas
con mobiliario provenzal.

ESPAÑA

**en Santa Lucía** Norte : 5 km

XX **Castilleria** Ⓝ

*Pago de santa Lucía ✉ 11150 Vejer de la Frontera – ☎ 956 45 14 97 – www.restaurantecastilleria.com – marzo-octubre*
**Rest** – *(cerrado viernes mediodía salvo mayo-septiembre)* Carta 38/50 €
Tremendamente original, pues la sala es una especie de terraza cubierta que, a su vez, está integrada en la naturaleza. Ofrecen una carta de tinte tradicional con las carnes como indiscutibles protagonistas, todas certificadas y españolas.

**VÉLEZ BLANCO** – **Almería** – **578** S23 – **2 238 h.** – **alt. 1 070 m** **2** D2
▶ Madrid 506 – Almería 148 – Granada 168 – Murcia 122

XX **El Molino**

*Curtidores ✉ 04830 – ☎ 950 41 50 70 – cerrado del 1 al 18 de julio*
**Rest** – *(solo almuerzo salvo viernes, sábado y agosto)* Menú 25/30 € – Carta 23/35 €
Ocupa un antiguo molino y destaca por su emplazamiento, en una calle peatonal del casco antiguo. En sus comedores de aire rústico podrá degustar platos tradicionales y especialidades como el cabrito, las setas, las croquetas de ibérico...

**Las VENTAS CON PEÑA AGUILERA** – **Toledo** – **576** N17 – **1 301 h.** – **alt. 790 m** **9** B2
▶ Madrid 124 – Toledo 54 – Ciudad Real 121

XX **Casa Parrilla**

*av. Toledo 3 ✉ 45127 – ☎ 925 41 82 07 – www.casaparrilla.es – cerrado 7 días en enero, del 1 al 15 de julio, del 1 al 7 de septiembre y miércoles salvo festivos*
**Rest** – *(solo almuerzo salvo jueves, viernes y sábado)* Menú 25/52 € – Carta 32/48 €
Si busca los sabores intensos de la cocina cinegética este restaurante le cautivará, pues su especialidad es la caza y siempre trabaja con productos locales. Casa familiar que sorprende en la zona tanto por el montaje como por su bodega.

**VERA** – **Almería** – **578** U24 – **15 010 h.** – **alt. 102 m** **2** D2
▶ Madrid 512 – Almería 95 – Murcia 126

XX **Terraza Carmona** con hab

*Del Mar 1 ✉ 04620 – ☎ 950 39 07 60 – www.terrazacarmona.com – cerrado del 8 al 22 de enero y lunes*
**38 hab** – †52/60 € ††68/78 €, ☕ 8 €
**Rest** – Menú 22/50 € – Carta 28/46 €
Negocio familiar que goza de buen nombre. Entre sus acogedoras instalaciones destaca el comedor principal, con encanto y solera. Carta regional y platos locales. También posee unas correctas habitaciones, en la 1ª planta con terraza y en la 2ª con balcón.

XX **Juan Moreno**

*carretera de Ronda, Bloque 3 ✉ 04620 – ☎ 950 39 30 51 – www.restaurantejuanmoreno.es*
**Rest** – Menú 20/43 € – Carta 28/44 €
En la zona nueva de Vera y muy próximo a la plaza de toros. Se presenta con una barra de apoyo a la entrada, un comedor de estética actual y tres privados. Su carta tradicional se enriquece con un buen apartado de sugerencias diarias.

**VERA DE BIDASOA** – **Navarra** – **ver Bera**

**VERDICIO** – **Asturias** – **572** B12 **5** B1
▶ Madrid 491 – Oviedo 45 – Avilés 14 – Gijón 26

X **La Fustariega**

*Fiame ✉ 33448 – ☎ 985 87 81 03 – www.restaurantelafustariega.com – cerrado miércoles salvo agosto y festivos*
**Rest** – Menú 9/24 € – Carta 23/34 €
En pleno campo, rodeado de césped y de un gran aparcamiento. Posee un bar-sidrería a la entrada, donde sirven un menú económico, así como dos salas de línea regional con una carta tradicional. ¡Productos de calidad y generosas raciones!



ESPAÑA

**VERÍN** – Ourense – **571** G7 – 14 707 h. – alt. 612 m – Balneario 20 C3

▶ Madrid 430 – Ourense 69 – Vila Real 90

🛈 San Lázaro 26 , ⊠ 32600, ℰ 988 41 16 14, www.verin.es

🖸 Castillo de Monterrey (❋★ - Iglesia : portada★) Oeste : 6 km

### junto al castillo Noroeste : 4 km

🏠🏠🏠 **Parador de Verín** ⟨symbols⟩

*subida al Castillo* ⊠ *32600 Verín –* ℰ *988 41 00 75 – www.parador.es – cerrado 11 noviembre- febrero*

**23 hab** – †52/108 € ††65/135 €, ⊊ 15 € **Rest** – Menú 25 €

Sólida construcción a modo de pazo ubicado junto al castillo medieval de Monterrey. Presenta unas cuidadas zonas nobles y las habitaciones distribuidas en dos plantas, todas con buenas vistas. En su comedor ponen de relieve lo mejor del recetario gallego tradicional.

### en la carretera N 525 Noroeste : 4,5 km

🏠🏠 **Gallego** ⟨symbols⟩

⊠ *32618 Verín –* ℰ *988 41 82 02 – www.hotelgallego.com – cerrado 24 diciembre-2 enero*

**35 hab** ⊊ – †39 € ††60 € **Rest** – Menú 12 € – Carta 15/30 €

En un entorno natural de gran belleza, pues se halla en pleno valle de Monterrei. Este hotel atesora unas correctas habitaciones y un restaurante con buen nombre en la zona, no en vano su carta de cocina gallega evoluciona dos veces al año y atrae a muchísimos comensales en temporada de caza.

**VIANA** – Navarra – **575** E22 – 4 022 h. – alt. 470 m 24 A2

▶ Madrid 341 – Logroño 10 – Iruña/Pamplona 82

✗✗ **Borgia** ⟨symbol⟩

*Serapio Urra* ⊠ *31230 –* ℰ *948 64 57 81*

**Rest** – Carta aprox. 45 €

Disfruta de una fachada en piedra, forja y madera. La sala combina su decoración rústica con algunos detalles de diseño. Cocina de producto, con un toque personal del chef.

**VIBAÑO** – Asturias – **572** B15 – 479 h. – alt. 90 m 5 C1

▶ Madrid 477 – Oviedo 104 – Santander 105

### al Noroeste 3,5 km

🏠 **La Montaña Mágica** ⟨symbols⟩

*El Allende* ⊠ *33508 El Allende –* ℰ *985 92 51 76 – www.lamontanamagica.com*

**16 hab** – †50/65 € ††55/80 €, ⊊ 6 €

**Rest** – *(solo cena)* Menú 15 € – Carta 21/49 €

Está formada por tres edificios en piedra y destaca por sus magníficas vistas, tanto a la sierra del Cura como a los Picos de Europa. Habitaciones amplias y confortables.

**VIC** – Barcelona – **574** G36 – 41 191 h. – alt. 494 m 14 C2

▶ Madrid 637 – Barcelona 66 – Girona/Gerona 79 – Manresa 52

🛈 pl. del Pes, ⊠ 08500, ℰ 938 86 20 91, www.victurisme.cat

🖸 Localidad★★ - Museo episcopal★★★ – Catedral★ (pinturas★★, retablo★★, claustro★) – Plaça Major★

🖸 L'Estany★ : Monasterio de Santa María de L'Estany★ Suroeste : 19 km
– Monasterio de Sant Pere de Casserres★★, emplazamiento y vistas★★ Noreste : 17 km

🏠🏠🏠 **NH Ciutat de Vic** ⟨symbols⟩

*passatge Can Mastrot* ⊠ *08500 –* ℰ *938 89 25 51 – www.nh-hotels.com*

**36 hab** – †65/80 € ††80/95 €, ⊊ 13 €

**Rest** – *(cerrado agosto y domingo noche)* Menú 21 € – Carta 32/41 €

¡Muy enfocado al cliente de empresa y trabajo! Ofrece una reducida zona social y las habitaciones típicas de la cadena, con un correcto equipamiento en su categoría. En su restaurante, amplio y luminoso, encontrará un menú del día y una carta tradicional.

✗ **Boccatti**     AC ✗

*Mossèn Josep Gudiol 21* ☒ *08500 –* ☏ *938 89 56 44 – www.boccatti.es*
*– cerrado del 15 al 30 de abril, del 15 al 31 de agosto, domingo noche, miércoles noche y jueves*

**Rest** – Carta 35/62 €

Ocupa un antiguo bar y está llevado de forma muy familiar por su propietario. Tiene una carta de sabor marinero que sorprende por la variedad y calidad de sus materias primas.

## por la carretera de Roda de Ter 15 km

🏨 **Parador de Vic-Sau**    🅿 ← ⤢ 🛉 🕭 hab. AC ✗ 🛜 🐾 P 🚗

☒ *08500 Vic –* ☏ *938 12 23 23 – www.parador.es*

**38 hab** – †72/132 € ††90/165 €, 🖙 16 €

**Rest** – Menú 27 €

Tiene aires de masía catalana, con una sólida arquitectura en piedra y vistas al pantano de Sau. Espaciosas instalaciones, salas polivalentes y habitaciones bien equipadas. El restaurante, muy luminoso, ofrece una carta regional con especialidades de la zona.

---

**VIELHA (VIELLA)** – Lleida – **574** D32 – 5 454 h. – alt. 971 m –     **13** B1
**Deportes de invierno en Baqueira-Beret :** ✦32 ✦1 ✦1

▶ Madrid 595 – Lleida/Lérida 163 – Barcelona 317

ⓘ Sarriulera 10 , ☒ 25530, ☏ 973 64 01 10, www.visitvaldaran.com

◉ Iglesia Parroquial de Sant Miquèu★ (Cristo de Mijaran★)

◉ Norte : Valle de Arán★★

**ESPAÑA**

725

ESPAÑA

### 🛏️ Eth Solan sin rest
⟨ 🖥️ ⚭ 🛜 🚗

*av. Baile Calbetó Barra 14* ✉ *25530* – ℰ *973 64 02 04*
*– www.hotelethsolanvielha.com – diciembre-abril y julio-12 octubre*
**39 hab** ☟ – †39/50 € ††50/120 €                                        Y**a**

¡Su nombre significa "solana" en aranés! Disfruta de una correcta zona social y confortables habitaciones, en general de línea clásica, abuhardilladas en la última planta y todas con los baños renovados.

### 🛏️ El Ciervo sin rest
🖥️ ⚭ 🛜 🚗

*pl. de Sant Orenç 3* ✉ *25530* – ℰ *973 64 01 65* – *www.hotelelciervo.net*
*– diciembre-abril y 20 julio-15 octubre*                                        Z**f**
**20 hab** ☟ – †38/63 € ††59/85 €

¡Un hotel que cuida mucho los detalles! Presenta unas habitaciones mimadas en su decoración, todas diferentes, con los suelos en madera y en la última planta abuhardilladas.

### 🛏️ Fonfreda sin rest
🖥️ ⚭ 🛜 🚗

*passeig de la Llibertat 18* ✉ *25530* – ℰ *973 64 04 86* – *www.hotelfonfreda.com*
*– cerrado noviembre y mayo-junio*                                        Y**b**
**26 hab** ☟ – †42/69 € ††59/89 €

Toma su nombre de un monte cercano y resulta bastante correcto en su categoría. Encontrará distintos tipos de habitaciones, aunque en general todas poseen mobiliario clásico y suelos en madera. La última planta se presenta abuhardillada.

### 🛏️ Albares sin rest
🛁 🖥️ ♿ ⚭ 🛜 🚗

*passeig de la Libertat 11* ✉ *25530* – ℰ *973 64 00 81* – *www.hotelalbares.com*
*– cerrado 22 junio - 11 julio*                                        Y**d**
**14 hab** ☟ – †35/45 € ††55/70 € – 1 suite

Pequeño hotel de gestión familiar que destaca por su céntrico emplazamiento. Disfruta de un espacio social polivalente, con chimenea, zona de desayunos y barra de bar, así como confortables habitaciones de ambiente rústico-actual.

### 🏠 Iori
🖥️ 🛜 🚗

*Frederic Mistral 1-C* ✉ *25530* – ℰ *973 64 33 04* – *www.iorihotel.com*
*– diciembre-Semana Santa y julio-septiembre*                                        Z**a**
**10 hab** ☟ – †62/82 € ††75/102 €
**Rest** – *(solo cena)* Menú 15 € – Carta 19/37 €

Alzado recientemente según los gustos estéticos tradicionales, ya que reproduce una casa típica construida en piedra y madera. Atractivo espacio común con chimenea, zona de bar con algunas mesas, donde sirven un menú macrobiótico, y habitaciones actuales... cada una con el nombre de un árbol japonés.

### ✕✕ Era Lucana
🍴 🗚 ⚭ ⇄

ⓐ *av. Alcalde Calbetó 10, edificio Portals d'Arán* ✉ *25530* – ℰ *973 64 17 98*
*– www.eralucana.com – cerrado 25 junio-15 julio y lunes no festivos salvo agosto*                                        Y**h**
**Rest** – Menú 15/21 € – Carta aprox. 35 €

Posee un bar, decorado con fotos y galardones gastronómicos, un comedor principal de buen montaje y dos privados, todo con mucha madera. Su carta tradicional actualizada contempla dos menús, uno del día y otro denominado "de montaña".

### ✕✕ Era Coquèla
🗚 ⚭ ⇄

*av. Garona 29* ✉ *25530* – ℰ *973 64 29 15* – *www.era coquela.com* – *cerrado 13 octubre-noviembre, mayo y lunes*                                        Z**b**
**Rest** – Menú 15/21 € – Carta 32/45 €

Negocio de gestión familiar próximo al Palacio de Hielo. Posee un bar, un privado y dos salas de línea clásica. En su carta encontrará interesantes platos de corte moderno... sin embargo, la mayor parte de su trabajo se basa en su menú.

### ✕ Deth Gormán
🗚 ⚭

*Met Día 8* ✉ *25530* – ℰ *973 64 04 45* – *cerrado mayo ,12 octubre-15 noviembre y martes salvo Navidades y agosto*                                        Z**n**
**Rest** – Carta 16/35 €

Muy conocido, pues abrió sus puertas hace más de 25 años. En su comedor podrá degustar los platos más representativos de la gastronomía autóctona, como la Olla aranesa, los Civet de jabalí o los Caracoles de alta montaña.

**All i Oli**  ⚘
*Major 9* ⊠ *25530* – *☏ 973 64 17 57* – *www.allioli. com*  **Z r**
**Rest** – Menú 20 € – Carta 25/48 €
Este céntrico negocio se presenta con una sala rústica de modesto montaje, una barra de apoyo y la parrilla a la vista del cliente. Ofrece una sencilla carta y un buen menú, siendo su especialidad los caracoles y las verduras a la brasa.

## en la carretera N 230 Sur : 2,5 km

 **Parador de Vielha**  ≤ 🍴 🗔 ⊛ 🖪 & hab, 🄰🄲 🛇 📞 🔏 🅿
⊠ *25530 Vielha* – *☏ 973 64 01 00* – *www.parador.es*
**116 hab** – †60/140 € ††75/175 €, ⊇ 18 € – 2 suites  **Rest** – Menú 27 €
Lo mejor es su emplazamiento, pues se encuentra en una zona elevada con impresionantes vistas al valle. Ofrece un buen SPA y habitaciones de línea clásica-funcional, la mitad con balcón. El comedor principal, circular y de carácter panorámico, supone una gran oportunidad para conocer la gastronomía aranesa.

## en Escunhau por la carretera de Salardú - Este : 3 km

 **Casa Estampa**  ⚘ 🗐 & hab, 🛇 🛜 🅿
*Sortaus 9* ⊠ *25539 Escunhau* – *☏ 973 64 00 48* – *www.hotelcasaestampa.com*
**18 hab** ⊇ – †50/104 € ††66/110 €  **Rest** – Menú 18 € – Carta 20/35 €
¡Antigua casa de piedra restaurada! Ofrece un buen salón social, una mini piscina de carácter panorámico y cálidas habitaciones de ambiente montañés, cuatro de ellas tipo dúplex. El restaurante, típico aranés y de aire rústico, se presenta con la viguería vista y chimeneas tanto en la sala como en el bar.

**Es Pletieus**  ≤ 🗐 🛇 🛜 🅿
*carret. C 28* ⊠ *25539 Escunhau* – *☏ 973 64 07 90* – *www.espletieus.com*
– *cerrado mayo y noviembre*
**20 hab** ⊇ – †35/60 € ††50/100 €
**Rest** *Es Pletieus* – ver selección restaurantes
Se encuentra al borde de la C 28 y destaca por su organización familiar. Correcta zona social y habitaciones de adecuado confort, con mobiliario funcional y los baños actuales. Las estancias que no dan a la carretera son más tranquilas.

🍴🍴 **Es Pletieus** – Hotel Es Pletieus  ≤ 🛇 ⇔ 🅿
*carret. C 28* ⊠ *25539 Escunhau* – *☏ 973 64 04 85* – *www.espletieus.com*
– *cerrado mayo y noviembre*
**Rest** – *(cerrado abril, martes mediodía en invierno y martes resto del año)*
Menú 20/30 €
Cálido, acogedor y con atractivos techos altos en madera. Ofrece un comedor de correcto montaje, dos privados y una carta atenta a la cocina tradicional, normalmente elaborada con productos del valle. ¡No se pierda sus jornadas del pato!

🍴 **El Niu**  ⚘
 *Deth Pònt 1* ⊠ *25539 Escunhau* – *☏ 973 64 14 06* – *cerrado 29 junio-20 julio y domingo noche salvo en invierno*
**Rest** – Carta 28/37 €
Llevado por la pareja propietaria, ella en la sala y él al frente de los fogones. El comedor, de línea clásica, con profusión de madera y detalles cinegéticos, se caldea gracias a una chimenea. Cocina tradicional con predominio de carnes.

## en Pont d'Arrós Noroeste : 6 km

**Peña**  ≤ 🗔 🖪 🗐 & hab, 🄰🄲 rest, 🛇 🛜 🔏 🅿 ⇔
*carret. N 230* ⊠ *25537 Pont d'Arrós* – *☏ 973 64 08 86* – *www.hotelpenha.com*
**49 hab** – †48/58 € ††55/90 €  **Rest** – Menú 18/35 €
Junto a la carretera y próximo a la frontera. Se presenta con dos zonas bien diferenciadas, destacando la más nueva por la mejor calidad de sus habitaciones, muchas tipo dúplex o con terraza. También ofrece dos comedores, uno clásico-actual en la parte nueva y otro, más funcional, en la zona antigua.

ESPAÑA

727

Ⓧ **Boixetes de Cal Manel**  🏠 🅰 🎏 **P**
*carret. N 230 ✉ 25537 Pont d'Arrós* – ☎ *973 64 11 68* – *www.calmanel.es*
**Rest** – Menú 17 € – Carta 25/40 €
Casa típica de piedra ubicada a las afueras de la localidad. Presenta una barra de
apoyo y un comedor con dos ambientes, uno clásico y el otro algo más rústico.
Su carta tradicional se enriquece con dos menús y un apartado de sugerencias.

---

**VIGO** – Pontevedra – **571** F3 – 297 355 h. – alt. 31 m            19 A3
🚹 Madrid 588 – A Coruña 156 – Ourense 101 – Pontevedra 27
🛫 de Vigo por N 550 : 9 km BZ ☎ 902 40 47 04
**Iberia :** aeropuerto ☎ 902 40 05 00
🛈 Cánovas del Castillo 22, ✉ 36202, ☎ 986 43 05 77, www.turgalicia.es
🛈 Cánovas del Castillo 3, estación Marítima de Ría, ✉ 36202, ☎ 986 22 47 57,
www.turismodevigo.org
**R.A.C.E.** Oporto 17 ☎ 986 22 70 61
⛳ Real Aero Club de Vigo, por la carret. de Ourense : 11 km, ☎ 986 48 66 45
◉ Emplazamiento★ – El Castro ≤★★ AZ
🄶 Ría de Vigo★★ – Mirador de la Madroa★★ ≤★★ por carret. del aeropuerto : 6 km BZ

🏠🏠🏠 **Zenit Vigo**                    🛗 ᵚ hab. 🅰 🎏 ☍ 🏋
*Gran Vía 1 ✉ 36204 –* ☎ *986 41 72 55 – www.zenithoteles.com*            BZ**m**
**92 hab** – ♦♦69/200 €, ⚟ 9 €
**Rest** – *(cerrado domingo)* Menú 11/35 € – Carta 23/31 €
Ha sido remodelado desde sus cimientos, por lo que ahora se presenta con un
aire nuevo, más urbano y de buen nivel. Posee un coffee hall en la entreplanta y
amplias habitaciones de línea actual, las de la última planta con terrazas. El restaurante, de sencillo montaje, ofrece una escueta carta y varios menús.

🏠🏠🏠 **América** sin rest                 🛗 ᵚ 🅰
*Pablo Morillo 6 ✉ 36201 –* ☎ *986 43 89 22 – www.hotelamerica-vigo.com*
**45 hab** – ♦64/223 € ♦♦64/230 €, ⚟ 11 € – 2 apartamentos        AY**r**
Tras su fachada en piedra encontrará un interior moderno, con habitaciones
amplias y baños originales. La sala para los desayunos, con terraza, brinda bellas
vistas a la ría.

🏠🏠🏠 **Coia**                        🛗 ᵚ 🅰 🎏 ☍ ☍ **P** 🚗
*Sanxenxo 1, por ③ ✉ 36209 –* ☎ *986 20 18 20 – www.hotelcoia.com*
**110 hab** – ♦48/75 € ♦♦55/100 €, ⚟ 10 € – 16 suites
**Rest** – Menú 17/40 € – Carta 21/37 €
Este hotel, bien actualizado y orientado al cliente de empresa, se presenta con
unas habitaciones bastante amplias, luminosas, mobiliario moderno y baños
actuales. El restaurante, que se complementa con una cafetería, ofrece una sencilla carta tradicional.

🏠🏠🏠 **Tryp Los Galeones** 🅽 sin rest, con cafetería   🛗 🅰 🎏 ☍ 🚗
*av. de Madrid 21 ✉ 36204 –* ☎ *986 48 04 05 – www.galeones.com*
**76 hab** – ♦49/79 € ♦♦50/95 €, ⚟ 11 € – 4 suites                BZ**a**
Bastante bien enfocado al cliente de negocios. Ofrece un luminoso gastrobar, varias
salas de reuniones y habitaciones de buen confort, todas con detalles actuales.

🏠🏠 **Inffinit** sin rest                   🛗 🅰 🎏 ☍
*Marqués de Valladares 8 ✉ 36201 –* ☎ *986 44 22 24 – www.inffinit.com*
**30 hab** – ♦55/150 € ♦♦65/250 €, ⚟ 14 € – 4 suites            AY**h**
¡Íntimo, exclusivo y bien situado! Tras su fachada en granito y cristal encontrará
unas instalaciones bastante acogedoras, decoradas en un estilo moderno que
juega con los colores blanco y negro e incorpora múltiples detalles de diseño.

🏠🏠 **Compostela** sin rest                 🛗 🅰 🎏
*García Olloqui 5 ✉ 36201 –* ☎ *986 22 82 27 – www.hcompostela.com*
**30 hab** – ♦37/63 € ♦♦44/81 €, ⚟ 6 €                    AY**e**
Disfruta de una excelente ubicación en la zona centro, cerca del puerto. Lo mejor
son sus habitaciones, con mobiliario funcional, una buena equipación y los suelos
en tarima.

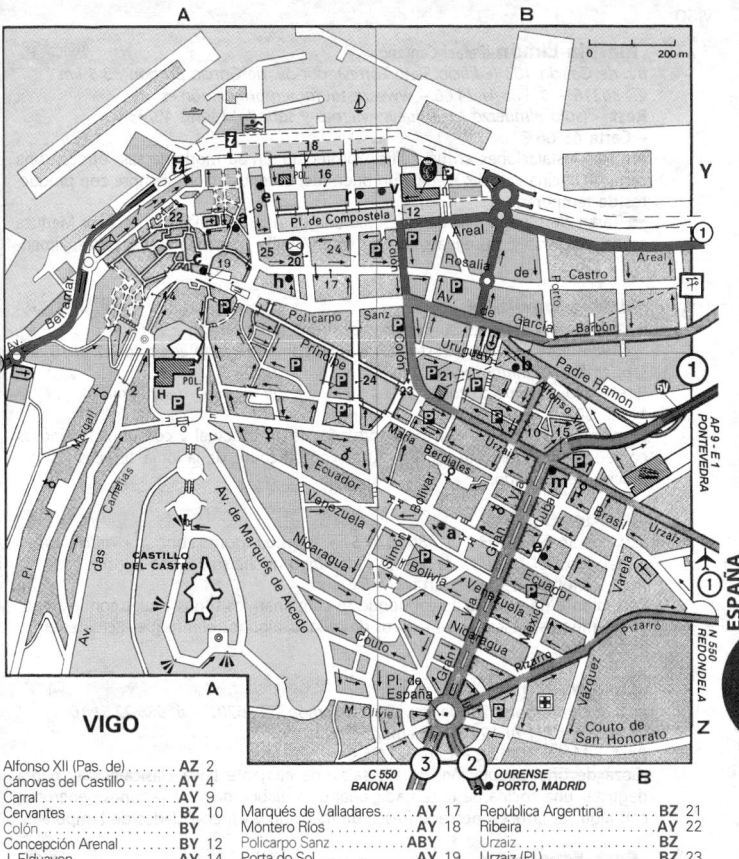

## VIGO

---

### 🔒 **Puerta Gamboa** sin rest      🖢 🗚 📶

*Gamboa 12 ⊠ 36202 – ℰ 986 22 86 74 – www.hotelpuertagamboa.com*
**11 hab** 🖵 – †60/90 € ††65/105 €            AY**a**

Ocupa un edificio del casco antiguo que ha sido rehabilitado, en general con
muchos detalles de buen gusto. Presenta unas habitaciones de línea funcional-
familiar, destacando tanto las que tienen chimenea como las del ático por su
terraza.

---

### 🏠 **Puerta del Sol** sin rest      🖢 ⅏ 📶

*Porta do Sol 14 ⊠ 36202 – ℰ 986 22 23 64 – www.alojamientosvigo.com*
**15 hab** – †40/55 € ††50/70 €, 🖵 4 €            AY**c**

Este hotel ofrece un buen confort general. Posee habitaciones de estilo rústico-
actual bastante coloristas y baños pequeños pero cuidados, con columnas de
hidromasaje.

---

### 🏠 **Junquera** sin rest, con cafetería      🔳 ⚟ 🖢 ⅉ 🗚 ⅏ 📶 ⚙

*Uruguay 19-21 ⊠ 36201 – ℰ 986 43 48 88 – www.hoteljunquera.com*
**25 hab** – †44/66 € ††66/88 €, 🖵 4,50 €          BZ**b**

¡Agradable, simpático y actual! Presenta un luminoso hall, con la cafetería
anexa, así como unas confortables habitaciones distribuidas en dos edificios que
se comunican interiormente, todas con mobiliario funcional en madera oscura.

**ESPAÑA**

### Maruja Limón (Rafael Centeno) 🖼 ⇔ 🅿

av. de Galicia 103 (Edificio Siete Torres), por av. de García Barbón : 3,5 km
✉ 36216 – 𝒞 986 47 34 06 – www.restaurantemarujalimon.es          AYx
**Rest** – (solo almuerzo salvo jueves,viernes y sábado) Menú 40/63 €
– Carta 45/66 €
Amplias instalaciones en un edificio protegido. En su moderna sala ofrecen una
carta de cocina actual-gallega y un buen menú degustación, siempre con productos de temporada.
→ Tartar de ternera gallega, queso curado de Arzúa y hojas de mostaza. Merluza
asada, verduras y muselina suave de lima. Vainilla, manzana asada, pasas, almendra y canela.

### Marina Davila 🅝 🎇 🖼 🌡 ⇔ 🅿

muelle de reparaciones de Bouzas, por av.Beiramar : 3 km ✉ 36208
– 𝒞 986 11 44 46 – www.restaurantedavila.com – cerrado enero, del 1 al 10 de
septiembre, domingo noche y lunes
**Rest** – (solo almuerzo salvo jueves, viernes, sábado y mayo-septiembre)
Menú 30 € – Carta 39/48 €
Emplazado en una curiosa zona portuaria, de línea actual y con unos luminosos
comedores panorámicos. Cocina actual con pescados de la lonja, arroces y suge-
rencias de mercado.

### Bitadorna Vigo 🖼

Ecuador 56 ✉ 36203 – 𝒞 986 13 69 51 – www.bitadorna.com – cerrado 7 días
en febrero, del 15 al 31 de agosto y domingo noche salvo julio-agosto
**Rest** – Menú 18/35 € – Carta 21/45 €          BZa
Restaurante de estética actual donde se combinan los tonos azules con los motivos marineros. Pescados y mariscos de calidad, algunos con toques actuales en su
elaboración.

### Casa Marco 🖼 🌡

av. García Barbón 123, por av. García Barbón ✉ 36201 – 𝒞 986 22 51 10
– cerrado del 1 al 15 de septiembre y domingo
**Rest** – Menú 30/40 € – Carta 27/35 €
¡Goza de gran aceptación! En sus salas, de elegante línea clásica-actual, podrá
degustar una cocina de tinte tradicional bien elaborada y de raciones generosas,
con algunos arroces, pescado fresco de mercado y especialidades de temporada.

### Casa Esperanza 🖼 🌡

Luis Taboada 28 ✉ 36201 – 𝒞 986 22 86 15 – cerrado del 15 al 31 de agosto,
domingo y festivos          BYv
**Rest** – Carta aprox. 39 €
Restaurante de gran tradición familiar. Posee dos salas de reducidas dimensiones,
ambas coloristas y la de la entrada con un buen expositor de productos. Cocina
tradicional.

Cuestión de standing : no espere el mismo servicio en un 🕱 o en un 🏠
que en un 🕱🕱🕱🕱 o en un 🏠🏠🏠🏠.

## en Bembrive por ② : 6 km

### Soriano ≤ 🖼 🌡 ⇔ 🅿

Chans 25 ✉ 36313 Bembrive – 𝒞 986 48 13 73 – www.asadorsoriano.com
– cerrado domingo noche
**Rest** – Carta 20/37 € 🀫
El acceso es algo difícil, aunque está bien señalizado. Ofrece varias salas neorrústicas y una carta tradicional que destaca por sus carnes a la brasa. Excelente
bodega y hermosas vistas. ¡Posee un club del fumador!

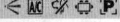

**VILA DE CRUCES** – Pontevedra – **571** D5 – **6 085 h.** – alt. 375 m    **19** B2

▶ Madrid 579 – Santiago de Compostela 51 – Pontevedra 106 – A Coruña 122

## por la carretera de Ponte Ledesma
Oeste : 15 km y desvío a la izquierda 1,5 km

⚐ **Casa dos Cregos**    🍸 🚗 🛜 🅿
*Fondevila (Bascuas)* ✉ 36580 – ☏ 986 58 37 78 – www.casadoscregos.com
– *cerrado noviembre-diciembre*
**7 hab** – †40 € ††50 €, ⌕ 4 €
**Rest** – *(es necesario reservar) (solo clientes)* Menú 19 €
Puede resultar algo difícil de localizar, sin embargo merece la pena acercarse hasta esta agradable casa de labranza, ya que está construida en piedra y rodeada por un jardín, con un estanque y árboles frutales. Ofrece unas habitaciones bastante sobrias y un menú casero exclusivo para los clientes alojados.

---

**La VILA JOIOSA** (VILLAJOYOSA) – Alicante – **577** Q29 – **33 293 h.**   **16** B3
– Playa

▶ Madrid 452 – València 150 – Alacant / Alicante 37

🇮 Colón 40, Chalet Centella, ✉ 03570, ☏ 966 85 13 71, www.lavilaturistica.com

🏠 **Allon Mediterrania** ❶    ← 🍸 🅭 🖽 🛜 🛜 🏃 🚗
*av. del Puerto 4* ✉ 03570 – ☏ 965 89 02 09 – www.hotelallon.es
**99 hab** ⌕ – †59/130 € ††81/198 €   **Rest** – Menú 18/30 €
Hotel de línea actual-funcional emplazado en 1ª línea de playa. Posee una gran terraza asomada al paseo marítimo y habitaciones de buen confort, todas con terraza y la gran mayoría con vistas frontales al mar. El restaurante, de sencillo montaje, combina su correcto menú con el servicio de buffet.

## por la carretera de Alacant Suroeste : 3 km

🏠 **El Montíboli**    🍸 ← 🍸 🍸 🖽 🎛 🖽 🛜 rest. 🛜 🏃 🅿
✉ 03570 La Vila Joiosa – ☏ 965 89 02 50 – www.montiboli.es
**85 hab** ⌕ – †82/153 € ††136/220 €   **Rest** – Menú 38/50 € – Carta 38/53 €
Destaca por su privilegiada situación sobre el mar, pues se halla en un promontorio rocoso con dos pequeñas playas a sus pies. Encontrará espacios bastante elegantes, hermosos jardines, habitaciones bien personalizadas y distintos servicios de restauración, variando estos según la temporada y ocupación.

---

**VILA-REAL** (VILLARREAL) – Castellón – **577** M29 – **51 357 h.**   **16** B1
– alt. 35 m

▶ Madrid 411 – Castelló de la Plana/Castellón de la Plana 10 – València 65
– Teruel 135

🍴🍴 **Espliego**    🅭 🖽 🏃 🍽
*Escultor Fuster 18* ✉ 12540 – ☏ 964 53 03 05 – www.espliegorestaurante.com
– *cerrado del 15 al 31 de agosto, domingo en verano y lunes resto del año*
**Rest** – *(solo almuerzo salvo viernes y sábado)* Menú 24 € – Carta 28/38 €
Este atractivo restaurante disfruta de varios espacios independientes, todos con una línea clásica-actual y detalles rústicos. Su carta, tradicional con toques actuales, se ve enriquecida con varios arroces y un sugerente menú.

🍴 **Miso** ❶
*pl. de la Vila 6* ✉ 12540 – ☏ 964 52 00 45 – www.elmiso.es – *cerrado del 4 al 25 de agosto, domingo y festivos*
**Rest** – *(solo almuerzo salvo viernes y sabado)* Menú 15/30 € – Carta 25/35 €
¡Toma su nombre del apodo familiar! Este sencillo restaurante presenta una barra a la entrada, donde ofrecen desayunos de cuchillo y tenedor, así como un comedor clásico con pocas mesas. Cocina tradicional-mediterránea de sabor casero.

**VILABOA** – Pontevedra – **571** E4 – **6 015 h.** – **alt. 50 m**   **19** B2

▶ Madrid 618 – Pontevedra 9 – Vigo 19

**en San Adrián de Cobres** Suroeste : 7,5 km

🏠 **Rectoral de Cobres** sin rest   ⚙ ⟨ 🛋 ⚒ ⚙ 🛜 🕍 **P**
✉ 36142 San Adrián de Cobres – ℰ 986 67 38 10 – www.rectoral.com
**8 hab** – †60/120 € ††80/160 €, ⟲ 10 €
Instalado en una antigua casa de sacerdotes, bien restaurada, que data de
1729. La propietaria es interiorista y eso se aprecia en cada detalle. Sus cuidadas
habitaciones combinan la piedra, la madera y el mobiliario antiguo por doquier.

✕✕ **Laurel**   ⟨ 🕾 🔟 ⚙
🈺 Puerto deportivo San Adrian de Cobres- Darsena ✉ 36141 San Adrián de Cobres
– ℰ 986 67 25 81 – www.restaurantelaurel.es – cerrado del 7 al 22 de enero,
domingo noche y lunes salvo verano
**Rest** – Menú 18 € – Carta 24/38 €
Construcción sobre el agua en el mismo pantalán del muelle de San Adrián de
Cobres. Su chef, Toñi Vicente, da un paso hacia los orígenes reafirmando las
bases de la buena cocina... el producto y su tratamiento. Carta tradicional y actual.

---

**VILABOA** – Ourense – ver Allariz

---

**VILADECANS** – Barcelona – **574** I36 – **65 188 h.** – **alt. 18 m**   **15** B3

▶ Madrid 603 – Barcelona 22 – Tarragona 78 – Manresa 63

✕✕ **Cal Mingo**   🔟 ⚙
carret. C 245, Noreste : 0,5 km ✉ 08840 – ℰ 936 37 38 47 – www.calmingo.net
– cerrado Semana Santa, agosto, domingo noche, lunes noche y martes noche
**Rest** – Menú 15/46 € – Carta 34/45 €
Ocupa una antigua masía, sin embargo de ella no queda casi nada y hoy se presenta con una estética moderna-funcional. Ofrecen una carta tradicional, con un
buen apartado de arroces, bacalaos, carpaccios, foies... así como un menú de tapas.

---

**VILADECAVALLS** – Barcelona – **574** H35 – **7 411 h.**   **15** A3

▶ Madrid 619 – Barcelona 32 – Girona/Gerona 111 – Lleida/Lérida 132

✕✕ **Ristol Viladecavalls**   🕾 🔟 ⇔ **P**
Antoni Soler Hospital 1 ✉ 08232 – ℰ 937 88 29 98 – www.ristol.com
– cerrado 21 días en agosto, domingo noche, lunes noche y martes
**Rest** – Menú 20/30 € – Carta 34/48 €
La familia Ristol lleva más de un siglo en la restauración, por eso demuestran
gran profesionalidad. Posee amplias instalaciones, destacando la sala principal
por tener la cocina a la vista. Cocina tradicional catalana con toques actuales.

---

**VILAFAMÉS** – Castellón – **577** L29 – **1 935 h.** – **alt. 321 m**   **16** B1

▶ Madrid 441 – Valencia 92 – Castelló de la Plana/Castellón de la Plana 28
– Teruel 150

🛈 pl. Ajuntament 2, ✉ 12192, ℰ 964 32 99 70, www.vilafames.es

🏠 **El Jardín Vertical**   ⚙ 🕾 🔟 ⚙ rest, 🛜
Nou 15 ✉ 12192 – ℰ 964 32 99 38 – www.eljardinvertical.com
**8 hab** ⟲ – †75/115 € ††99/115 €
**Rest** – (cerrado lunes, martes y miércoles) (es necesario reservar) (solo menú)
Menú 18/35 €
Esta hermosa casa del s. XVII debe su nombre a un agradable muro cubierto por
enredaderas. La recepción, en el paso de carruajes, da paso a un cálido salón con
chimenea y acogedoras habitaciones, una tipo dúplex y dos abuhardilladas. En el
restaurante, que ocupa las antiguas cuadras, le propondrán tres menús.

**VILAFLOR** – Santa Cruz de Tenerife – ver (Canarias) Tenerife

---

**VILAFRAMIL** – Lugo – ver Ribadeo

---

**VILAFRANCA DEL PENEDÈS** – Barcelona – **574** H35 – **39 035 h.**     **15** A3
– alt. 218 m

▶ Madrid 572 – Barcelona 54 – Tarragona 54

🇮 Cort 14, ✉ 08720, 🔗 938 18 12 54

👁 Localidad★ – Palacio Real★ (Museo de Vilafranca y Museo del Vino) – Convento
de Sant Francesc★

🏨 **Casa Torner i Güell**     🛗 AC 🛜
*Rambla de Sant Francesc 26 ✉ 08720 – 🔗 938 17 47 55*
*– www.casatorneriguell.com*
**13 hab** – ♦♦100/130 €, ☲ 13 € – 2 suites
**Rest** – *(cerrado domingo noche)* Menú 16/50 € – Carta 37/49 €
Ocupa una casa señorial que data de 1884 y destaca por sus magníficas habitaciones, todas con un interiorismo de diseño, muebles de gran calidad y un
excelente equipamiento. El restaurante, totalmente acristalado, propone una
cocina tradicional actualizada.

🏨 **Pere III El Gran** sin rest     🛗 ⅙ AC 🛜 ᾗ
*pl. Penedès 2 ✉ 08720 – 🔗 938 90 31 00 – www.hotelpedrotercero.com*
**52 hab** ☲ – ♦50/68 € ♦♦55/85 €
Hotel de línea actual dotado con un correcto hall, una cafetería que hace de
zona social y varias salas de reuniones. Las habitaciones resultan confortables y
funcionales.

🍴🍴 **Cal Ton**     AC ⇔
*Casal 8 ✉ 08720 – 🔗 938 90 37 41 – www.restaurantcalton.com – cerrado*
*Semana Santa, del 1 al 21 de agosto, domingo noche, lunes y festivos noche*
**Rest** – Carta 34/46 €
¡Casa con solera y tradición! Posee varias salas, destacando una tipo jardín de
invierno. Cocina catalana actualizada y tradicional, con platos tan singulares como
sus famosos Mini Canelones. Buena bodega que ensalza los vinos del Penedès.

---

**VILAGRASSA** – Lleida – **574** H33 – **497 h.** – alt. 355 m     **13** B2

▶ Madrid 510 – Barcelona 119 – Lleida/Lérida 41 – Tarragona 78

🏨 **Del Carme**     🚗 🍴 🛗 ⅙ hab, AC hab, 🛜 ᾗ 🅿
*antigua carret. N II ✉ 25330 – 🔗 973 31 10 00 – www.hostaldelcarme.com*
**37 hab** – ♦38/48 € ♦♦60 €, ☲ 4,50 €
**Rest** – *(cerrado domingo noche)* Menú 13/26 € – Carta 21/42 €
Hotel de organización familiar ubicado junto a una gasolinera, en la antigua carretera N-II. Presenta una correcta zona social y habitaciones funcionales, todas con
los suelos en tarima. En el restaurante, que destaca por su montaje, le mostrarán
una carta tradicional catalana y varios menús.

---

**VILALBA** – Lugo – **571** C6 – **15 116 h.** – alt. 492 m     **20** C1

▶ Madrid 540 – A Coruña 87 – Lugo 36

🏨 **Parador de Vilalba**     🌿 🛗 ⅙ hab, AC 🛜 ᾗ 🚗
*Valeriano Valdesuso ✉ 27800 – 🔗 982 51 00 11 – www.parador.es*
**48 hab** – ♦52/112 € ♦♦65/140 €, ☲ 15 €
**Rest** – Menú 25/33 € – Carta 20/38 €
El encanto de antaño y las comodidades de hoy se funden en este Parador, instalado parcialmente en un impresionante torreón del s. XV que perteneció a los
señores de Andrade. Ofrece habitaciones de ambiente castellano y una cocina
fiel al recetario regional.

ESPAÑA

**VILAMARXANT** – Valencia – **577** N28 – 9 491 h. – alt. 160 m     **16** A2

▶ Madrid 342 – Valencia 34 – Castellón de la Plana 95

## por la carretera de Pedralba Oeste : 3 km

**🏠🏠🏠** **Mas de Canicattí**     ⚘ ⪕ 🚗 🔥 ⌂ 🐾 🍸 ⚑ 🎵 💈 rest, 🛜 🔱 **P**
*carret. de Pedralba, km 2,9* ⊠ *46191 Vilamarxant –* ✆ *961 65 05 34*
*– www.masdecanicatti.com*
**20 hab** ⌂ – †**†**100/500 € – 7 suites
**Rest** *El Càdec* – Menú 20 €
Repartido entre una antigua masía y un edificio actual, ambos en una atractiva
finca de naranjos. Decoración moderna y habitaciones minimalistas. El restaurante, que se presenta con una buena cocina a la vista del cliente, propone una
carta de tinte actual.

---

**VILANOVA DEL VALLÈS** – Barcelona – ver Granollers

**VILANOVA I LA GELTRÚ** – Barcelona – **574** I35 – 66 591 h. – Playa     **15** A3

▶ Madrid 589 – Barcelona 50 – Lleida/Lérida 132 – Tarragona 46

🛈 passeig del Carme (parc de Ribes Roges) , ⊠ 08800, ✆ 938 15 45 17,
www.vilanovaturisme.cat

◉ Museo romántico-Casa Papiol★ – Museo del Ferrocarril★

## en la zona de la playa

**🏨** **Ceferino**     🚗 🔥 💈 🎵 🐾 🛜 🔱
*passeig Ribes Roges 2* ⊠ *08800 Vilanova i la Geltrú –* ✆ *938 15 17 19*
*– www.hotelceferino.com*
**22 hab** ⌂ – †68/83 € ††83/98 €
**Rest** – *(cerrado enero, domingo noche y lunes)* Menú 25/41 €
Aquí encontrará unas cuidadas instalaciones, atractivas terrazas y una gran zona
social. Posee dos tipos de habitaciones, destacando las más actuales por su excelente confort. El restaurante combina su cocina tradicional actualizada con una
completa bodega.

**🏠** **Ribes Roges** sin rest     💈 🎵 🛜
*Joan d'Àustria 7* ⊠ *08800 Vilanova i la Geltrú –* ✆ *938 15 03 61*
*– www.hotelribesroges.com – cerrado 7 días en abril y 7 días en octubre*
**12 hab** ⌂ – †58/65 € ††83/93 €
Acogedor hotelito dotado con una terraza en la parte posterior. Correcta zona
social y habitaciones coloristas de buena amplitud, todas con un mobiliario completo y actual.

## en Racó de Santa Llúcia Oeste : 2 km

**XX** **La Cucanya**     ⪕ 🚗 🎵 🐾 ⟷ **P**
⊠ *08800 Vilanova i la Geltrú –* ✆ *938 15 19 34 – www.restaurantlacucanya.com*
**Rest** – *(solo almuerzo salvo jueves, viernes, sábado y julio-agosto)* Menú 36/45 €
*– Carta 35/54 €*
Al borde del mar, en un edificio acristalado y rodeado de terrazas. Ofrece una
carta internacional y nacional, pero también la organización de catas y jornadas gastronómicas. ¡Un plato emblemático de esta casa es el Suquet de gambas!

---

**VILCHES** – Jaén – **578** R19 – 4 831 h.     **2** C1

▶ Madrid 281 – Sevilla 287 – Jaén 83 – Ciudad Real 141

## por la carretera de La Carolina a Úbeda
Noreste : 3 km y desvío a la izquierda 7 km

**⌂** **El Añadío**     ⚘ 🚗 🔥 ⭐ hab, 🎵 hab, 🐾 🛜 **P**
*Dehesa El Añadío* ⊠ *23220 –* ✆ *953 06 60 31 – www.elanadio.es*
**8 hab** ⌂ – †65 € ††99 €     **Rest** – *(solo clientes)* Menú 16/25 €
Establecimiento rural emplazado en una gran finca-dehesa, de difícil acceso, dedicada a la cría de toros bravos. Atesora bellas estancias y atractivas habitaciones
de aire rústico. El comedor, de carácter polivalente, basa su oferta en un menú
casero. ¡Podrá descubrir las actividades ganaderas con el mayoral!

## VILELA – Lugo – ver Ribadeo

## VILLABLINO – León – 575 D11 – 10 220 h. – alt. 1 014 m 11 A1

Madrid 430 – Valladolid 240 – León 108 – Oviedo 110

av. Contitución 23, ✉ 24100, ✆ 987 48 08 13, www.aytovillablino.com

### Arándanos

*pl. Sierra Pambley 10 ✉ 24100 – ✆ 987 48 03 96 – www.hostalarandanos.com – cerrado del 15 al 30 de abril y lunes*

**Rest** – Carta 26/31 €

Este restaurante familiar dispone de un bar y dos comedores, ambos con los muros en piedra. Su carta tradicional atesora un apartado de bacalaos y sabrosas especialidades, como los Callos de ternera arándanos o las Manos de cerdo estofadas.

## VILLABUENA DE ÁLAVA – Álava – 573 E21 – 319 h. 25 A2

Madrid 356 – Vitoria-Gasteiz 64 – Logroño 37 – Iruña/Pamplona 121

### Viura

hab,

*Mayor ✉ 01307 – ✆ 945 60 90 00 – www.hotelviura.com – cerrado enero y febrero*

**33 hab** – 121/237 € 121/253 €

**Rest** – *(cerrado domingo noche)* Menú 22/70 € – Carta 35/50 €

Muy moderno, vinculado a la cultura del vino y construido en forma de cubos. Ofrece habitaciones amplias y luminosas, con mucho diseño y los suelos en cemento pulido. El restaurante, diáfano, actual y tremendamente original por cubrir el techo con barricas, ofrece una cocina tradicional actualizada.

ESPAÑA

## VILLACARRIEDO – Cantabria – 572 C18 – 1 752 h. – alt. 211 m 8 B1

Madrid 379 – Santander 33 – Bilbao 116 – Burgos 140

### Palacio de Soñanes

rest,

*barrio Camino 1 ✉ 39640 – ✆ 942 59 06 00 – www.abbapalaciodesonaneshotel.com – mayo-octubre*

**28 hab** – 65/130 € 75/150 €, 10 € – 2 suites

**Rest *Iniro*** – *(solo cena)* Menú 15/25 € – Carta 35/46 €

Este impresionante palacio barroco destaca tanto por su fachada en piedra como por su espectacular escalera. Las habitaciones combinan con sumo gusto el mobiliario antiguo y el moderno. En el restaurante, de ambiente clásico, encontrará una cocina elaborada y actual. ¡Ideal si quiere sorprender a su pareja!

### Las Piscinas

*Parque de la Pesquera 26 ✉ 39649 – ✆ 942 59 02 14 – cerrado noviembre*

**Rest** – Menú 15 € – Carta 26/42 €

Restaurante familiar emplazado en un parque municipal. Disfruta de una agradable terraza, un bar a la entrada y una sala de ambiente rústico distribuida en dos alturas. Discreta carta de tinte tradicional.

## VILLACORTA – Segovia – 575 I19 – alt. 1 092 m 12 C2

Madrid 135 – Valladolid 149 – Segovia 87 – Soria 129

### Molino de la Ferrería

rest,

*camino del Molino, Sur : 1 km ✉ 40512 – ✆ 921 12 55 72 – www.molinodelaferreria.es – cerrado del 5 al 11 de enero y 21 julio-7 agosto*

**12 hab** – 64/79 € 80/95 €

**Rest** – *(solo cena salvo fines de semana y festivos)* (es necesario reservar) Menú 25/36 € – Carta 21/32 €

Molino harinero del s. XIX construido en piedra y ubicado junto al río Vadillo. Tanto el entorno como sus cuidadas habitaciones de aire rústico lo convierten en una opción acertada. En su restaurante ofrecen una cocina tradicional fiel a los platos de cuchara.

**VILLAFRANCA DEL BIERZO** – León – **575** E9 – 3 463 h.　　　11 A1
– alt. 511 m

▶ Madrid 403 – León 130 – Lugo 101 – Ponferrada 21

🖪 av. Bernardo Díaz Ovelar 10 , ✉ 24500, ☎ 987 54 00 28,
www.villafrancadelbierzo.org

🏛 **Parador Villafranca del Bierzo**　　🖫 🗖 🕍 & hab, 🆊 🛠 🤶 🔏 **P**
av. de Calvo Sotelo 28 ✉ 24500 – ☎ 987 54 01 75 – www.parador.es – cerrado
3 noviembre-febrero
**49 hab** – †64/112 € ††80/140 €, ☲ 15 € – 2 suites
**Rest** – Menú 27/35 € – Carta 30/44 €
Tras una profunda reforma hoy se presenta con un aspecto mucho más
moderno y actual, utilizando energías renovables respetuosas con el medio
ambiente. Habitaciones amplias, luminosas y muy bien equipadas. El restaurante resalta las bondades de la cocina regional y sorprende por su nutrida
oferta de menús.

🏠 **Casa Méndez**　　🆊 rest, 🛠
Espíritu Santo 1 ✉ 24500 – ☎ 987 54 00 55 – www.restaurantemendez.com
**12 hab** – †42 € ††49 €, ☲ 5 € **Rest** – Menú 12/30 € – Carta 22/46 €
Este pequeño hostal familiar compensa sus sencillas dependencias con unas habitaciones muy limpias y de correcto confort, dotadas de mobiliario castellano. El
comedor se presenta con mobiliario provenzal, vistas al río y una carta de sabor
tradicional.

🏠 **Las Doñas del Portazgo** sin rest　　🖫 🆊 🤶
Ribadeo 2 (calle del Agua) ✉ 24500 – ☎ 987 54 27 42 – www.elportazgo.es
**17 hab** – †52/65 € ††72/82 €, ☲ 11 €
Casa de organización familiar con mucha personalidad. Presenta unas habitaciones no muy grandes pero sumamente acogedoras, todas con las paredes
en tela. Las estancias de la última planta resultan más atractivas, pues son
abuhardilladas.

🏠 **Plaza Mayor** sin rest　　🖫 & 🆊 🛠 🤶 🚗
pl. Mayor 4 ✉ 24500 – ☎ 987 54 06 20 – www.villafrancaplaza.com
**15 hab** – †59/64 € ††68/73 €, ☲ 8 €
Está en la misma plaza Mayor y ofrece habitaciones de equipamiento actual,
en la última planta abuhardilladas. Posee un amplio garaje, explota el turismo
enológico y acoge, en sus bajos, una de las farmacias más bellas y antiguas de
España.

🏠 **La Puerta del Perdón**　　🆊 hab, 🛠 rest, 🤶
pl. de Prim 4 ✉ 24500 – ☎ 987 54 06 14 – www.lapuertadelperdon.com
– cerrado 15 diciembre-8 enero
**7 hab** ☲ – †35/42 € ††55/65 €
**Rest** – (cerrado lunes, viernes noche y sábado noche) (cena solo con reserva)
Menú 11/35 € – Carta 24/37 €
Instalado en una casa, con 400 años de historia, que se encuentra junto al castillo
monumental. Organiza actividades de enoturismo y tiene habitaciones de aire
rústico, algunas abuhardilladas. El restaurante presenta una carta tradicional que
imita las credenciales y sellados que llevan los peregrinos.

**VILLAGONZALO-PEDERNALES** – Burgos – **575** F18 – 1 676 h.　　12 C2
– alt. 900 m

▶ Madrid 231 – Aranda de Duero 76 – Burgos 8 – Palencia 81

🏨 **Rey Arturo**　　🖫 & hab, 🆊 rest, 🛠 hab, 🤶 🔏 **P** 🚗
autovía A 62 - salida 2 ✉ 09195 – ☎ 947 29 42 51 – www.hotelreyarturo.com
**52 hab** – †38/80 € ††38/100 €, ☲ 6,50 € **Rest** – Menú 12/16 €
Hotel de carretera que sorprende por su buena organización. Ofrece unas habitaciones bastante funcionales, con mobiliario clásico-tradicional y un correcto
equipamiento. El comedor a la carta, acristalado y de aire clásico, se ve apoyado
por una cafetería.

**VILLAJOYOSA** – Alicante – ver La Vila Joiosa

736

**VILLALBA DE LA SIERRA** – Cuenca – **576** L23 – 554 h. – alt. 950 m    **10** C2
▶ Madrid 183 – Cuenca 21
◉ Este : Ventano del Diablo (‹ garganta del Júcar★)

XX    **Mesón Nelia**                                          🏮 🗚 ⅍ **P**
😊    *carret. de Cuenca, km 21 ⊠ 16140 – 🕾 969 28 10 21 – www.mesonnelia.com*
     *– cerrado 10 enero-10 febrero, lunes noche, martes noche y miércoles salvo*
     *julio-agosto*
     **Rest** – Menú 14 € – Carta 26/38 €
     Un restaurante familiar con cierto prestigio en la zona. Presenta un bar de línea
     moderna-funcional, donde también sirven la carta diaria, y un gran salón de ban-
     quetes. Cocina tradicional y regional bien actualizada.

**VILLALCÁZAR DE SIRGA** – Palencia – **575** F16 – 165 h. – alt. 800 m    **11** B2
▶ Madrid 285 – Burgos 81 – Palencia 46

X    **Mesón de Villasirga**                                          🗚 ⅍
     *pl. Mayor ⊠ 34449 – 🕾 979 88 80 22 – www.mesondevillasirga.com – cerrado*
     *Navidades y enero*
     **Rest** – *(solo almuerzo salvo fines de semana)* Menú 18/40 € – Carta aprox. 35 €
     Gran tipismo, sencillez y una decoración de ambiente rústico. Sus especialidades
     son el Lechazo y los famosos Tropezones de morcilla casera. El restaurante vecino
     "Mesón los Templarios", también de ellos, propone la misma carta regional.

**VILLALLANO** – Palencia – **575** D17 – 45 h.                            **12** C1
▶ Madrid 330 – Valladolid 148 – Palencia 103 – Santander 110

X    **Ticiano**                                                     🗚 ⅍
     *Concepción ⊠ 34815 – 🕾 979 12 36 10 – www.ticiano.es*
     *– cerrado 20 enero-10 febrero y lunes no festivos*
     **Rest** – Menú 15/45 € – Carta 30/53 €
     Este restaurante, instalado en lo que fueron unas cuadras, presenta un bar con
     chimenea y un comedor con los techos en madera, a modo de cabaña. Carta tra-
     dicional actualizada.

**VILLAMANRIQUE DE LA CONDESA** – Sevilla – **578** U11 – 4 266 h.    **1** A2
▶ Madrid 569 – Sevilla 46 – Huelva 70 – Cádiz 168

🏠    **Ardea Purpurea**                                  🏮 ⅙ hab, 🗚 ⅍ 🛜 **P**
     *camino Vereda de los Labrados, Este : 1 km ⊠ 41850 – 🕾 955 75 54 79*
     *– www.ardeapurpureaturismo.com*
     **17 hab** 🖙 – ♥♥75/120 € – 3 apartamentos    **Rest** – Carta 20/41 €
     Esta curiosa construcción reproduce, prácticamente a las puertas del parque de
     Doñana, las antiguas casas de los marismeños, con las paredes encaladas y los
     techos de caña. El restaurante, de cuidado montaje, ensalza los sabores gastronó-
     micos tradicionales.

**VILLAMARTÍN** – Cádiz – **578** V13                                      **1** B2
▶ Madrid 555 – Algeciras 131 – Cádiz 87 – Ronda 61

🏠    **La Antigua Estación** sin rest                    ⌇ ‹ 🛌 ⅙ 🗚 ⅍ 🛜 **P**
     *carret de los Higuerones, Norte : 1,5 km ⊠ 11650 – 🕾 617 56 03 51*
     *– www.antiguaestacion.com*
     **24 hab** 🖙 – ♥45/55 € ♥♥60/70 €
     Ocupa una antigua estación de ferrocarril dotada con un aeródromo privado y
     buenas vistas a la localidad. Diáfano salón social con chimenea y habitaciones
     de línea actual.

**VILLAMAYOR** – Asturias – **572** B14                                    **5** C1
▶ Madrid 508 – Avilés 74 – Gijón 70 – Oviedo 52

🏠    **Palacete Real**                                          🗚 ⅍ 🛜 **P**
     *El Caneyu ⊠ 33583 – 🕾 985 70 29 70 – www.palacetereal.es – cerrado enero*
     **9 hab** 🖙 – ♥70/85 € ♥♥85/95 €    **Rest** – *(solo clientes, solo cena)* Menú 22 €
     Bonito palacete de estilo colonial. Ofrece una zona social de aire clásico y unas
     cuidadas habitaciones, variantes en su decoración aunque todas con los suelos
     en tarima.

**por la carretera de Borines** y desvío a Cereceda - Noreste : 5 km

🏨 **Palacio de Cutre**     ⌖ ⟨ 🚗 🛋 🗘 🛜 🖭
*La Goleta ✉ 33583 Villamayor – 𝒞 985 70 80 72 – www.palaciodecutre.com
– cerrado enero-9 abril*
**18 hab** ⌷ – ✝70/130 € ✝✝99/210 €
**Rest** – *(cerrado domingo noche y lunes)* Menú 25/45 € – Carta 28/35 €
Antigua casa señorial emplazada en un pintoresco paraje, con espléndidas vistas
a los valles y montañas. Sus dependencias recrean un marco de entrañable rusticidad. Los exteriores, ajardinados y con terrazas, están presididos por un gigan-
tesco roble. En su elegante restaurante ofrecen una carta de buen nivel.

---

**VILLANUEVA DE ARGAÑO** – Burgos – **575** E18 – **111 h.**     **12** C1
**– alt. 838 m**
▶ Madrid 264 – Burgos 21 – Palencia 78 – Valladolid 115

🍴 **Las Postas de Argaño**     🍽 🗚 🗘 🖭 🛋
😊 *av. Rodríguez de Valcarce ✉ 09132 – 𝒞 947 45 01 56 – www.laspostas.es
– cerrado febrero y domingo noche*
**Rest** – Menú 12 € – Carta 30/42 €
Esta antigua casa de postas se presenta rehabilitada y centra su actividad en dos
sencillos comedores castellanos, ambos con un correcto servicio de mesa. Carta
tradicional.

---

**VILLANUEVA DE COLOMBRES** – Asturias – ver Colombres

**VILLANUEVA DE GÁLLEGO** – Zaragoza – **574** G27 – **4 611 h.**     **3** B2
**– alt. 243 m**
▶ Madrid 333 – Huesca 57 – Lleida/Lérida 156 – Iruña/Pamplona 179

🍴🍴🍴 **Sella-La Val d'Onsella**     🗚 🗘 🖭
*Pilar Lorengar 1 ✉ 50830 – 𝒞 976 18 03 88 – www.sellacomplejohostelero.com
– cerrado Semana Santa,15 días en agosto y lunes*
**Rest** – *(solo almuerzo salvo fines de semana)* Menú 31 € – Carta 40/55 € 🍴
Este complejo hostelero cuenta con unos cuidados comedores de línea clásica y
varios privados. Uno de sus puntos fuertes está en la organización de banquetes.
Su cocina, tradicional actualizada y de mercado, va variando de un mes a otro.

---

**VILLANUEVA DE LA SERENA** – Badajoz – **576** P12 – **26 071 h.**     **18** C2
▶ Madrid 325 – Mérida 58 – Badajoz 118 – Cáceres 124

**en la carretera N 430** Norte : 10 km

🏨🏨 **Cortijo Santa Cruz**     🍽 🗚 🍴 🖬 ఉ hab, 🗚 🗘 hab, 🕾 🖭
*✉ 06700 Villanueva de la Serena – 𝒞 924 83 24 15
– www.hotelcortijosantacruz.es*
**44 hab** – ✝62/77 € ✝✝70/80 €, ⌷ 4 € – **4 suites**
**Rest** *La Encomienda* – *(cerrado domingo noche, lunes, martes noche y
miércoles noche)* Menú 14 € – Carta aprox. 30 €
Instalado en un cortijo algo aislado pero de aspecto moderno. Resulta interesante
tanto por su club deportivo como si es de los que ama el turismo ornitológico. El
restaurante se ve acompañado por una cafetería y un gran salón para banquetes.

---

**VILLANUEVA DE LOS INFANTES** – Ciudad Real – **576** P20     **10** C3
**– 5 727 h. – alt. 650 m**
▶ Madrid 242 – Toledo 192 – Ciudad Real 97 – Jaén 169
🛈 Cervantes 16, ✉ 13320, 𝒞 926 36 13 21, www.infantes.org

🏠 **La Morada de Juan de Vargas** sin rest     🗚 🗘 🛜
*Cervantes 3 ✉ 13320 – 𝒞 926 36 17 69 – www.lamoradadevargas.com*
**6 hab** – ✝45/65 € ✝✝50/65 €, ⌷ 4 €
Casa del s. XVI ubicada junto a la Plaza Mayor. Posee una coqueta zona social, un
patio interior y hermosas habitaciones de aire rústico, la mayoría con mobiliario
de época.

**VILLANUEVA DE TAPIA** – Málaga – **578** U17 – **1 629 h.**  2 C2
▶ Madrid 484 – Sevilla 201 – Málaga 76 – Córdoba 140

**por la carretera A 333** Sur : 3 km

🏠 **La Paloma**  🏡 ⌾ 🅰🅲 ⌀ 🛜 🅿
*km 63 ✉ 29315 Villanueva de Tapia – 𝒞 952 75 04 09*
*– www.hotelrurallapaloma.com – cerrado del 4 al 30 de noviembre*
**8 hab** ⌂ – †40/69 € ††49/69 €  **Rest** *– (cerrado lunes)* Carta 22/35 €
Esta casita, situada al borde de la carretera, es muy frecuentada por senderistas, pues supone un buen punto de partida para aquellos que quieren recorrer la Sierra Norte de Málaga. Correcta zona social y habitaciones de ambiente rústico. Completa carta de cocina internacional con especialidades italianas.

**VILLARCAYO** – Burgos – **575** D19 – **4 791 h. – alt. 615 m**  12 C1
▶ Madrid 321 – Bilbao 81 – Burgos 78 – Santander 100

**en Horna** Sur : 1 km

🏨 **Doña Jimena**  ⌾ ▮ ⌀ 🛜 🅿 ⌂
*Zamora ✉ 09554 Horna – 𝒞 947 13 05 63 – www.hoteljimena.es – Semana Santa-noviembre*
**22 hab** ⌂ – †35/45 € ††50/60 € – 1 suite
**Rest** *Mesón El Cid* – ver selección restaurantes
Presenta dos zonas sociales, por un lado su salón con chimenea y por otro el patio interior, que tiene el techo acristalado. Las habitaciones se visten con mobiliario clásico.

XX **Mesón El Cid** – Hotel Doña Jimena  🅰🅲 ⌀ 🅿
*Zamora ✉ 09554 Horna – 𝒞 947 13 11 71 – www.hoteljimena.es – cerrado 25 octubre-3 diciembre y lunes salvo agosto*
**Rest** – Menú 30 € – Carta 33/45 €
Un restaurante que sabe combinar los detalles rústicos y regionales con el mobiliario clásico. Ofrece un bar, un salón con chimenea, dos comedores y una carta tradicional.

**VILLARICOS** – Almería – **578** U24 – **571 h. – Playa**  2 D2
▶ Madrid 541 – Sevilla 457 – Almería 101 – Murcia 151

X **Playa Azul** con hab y sin ⌂  🅰🅲 ⌀ 🛜
*Baria 87 ✉ 04616 – 𝒞 950 46 70 75 – www.hostalplayaazul.com*
**30 hab** – †25/30 € ††40/70 €
**Rest** *– (cerrado domingo noche salvo verano)* Menú 25/50 € – Carta aprox. 32 €
Negocio familiar situado a unos 50 m. de la playa. Disfruta de una terraza cubierta, dos comedores y un privado. Carta tradicional con numerosos pescados, mariscos y arroces. Como complemento también posee unas sencillas habitaciones de línea funcional.

**VILLARREAL** – Castellón – ver Vila-real

**VILLARROBLEDO** – Albacete – **576** O22 – **26 583 h. – alt. 724 m**  10 C2
▶ Madrid 188 – Toledo 177 – Albacete 85 – Cuenca 126

🏨 **Juan Carlos I** sin rest  ▮ 🅰🅲 ⌀ 🛜 🆒
*pl. Ramón y Cajal 22 ✉ 02600 – 𝒞 967 13 71 71 – www.villahotel2000.com*
**40 hab** – †41 € ††63 €, ⌂ 4,50 €
Ubicado en el centro de la localidad, con una agradable cafetería pública a la entrada y una terraza en el último piso. Habitaciones de estilo clásico bien insonorizadas.

XX **Azafrán** ⓝ  ♿ 🅰🅲 ⌀ ⌽
*av. Reyes Católicos 71 ✉ 02600 – 𝒞 967 14 52 98*
*– www.azafranvillarrobledo.com – cerrado 7 días en septiembre y lunes no festivos*
**Rest** – Menú 13/42 € – Carta 27/40 €
Su chef-propietaria propone una sugerente cocina de corte actual y base regional... eso sí, sin olvidar los quesos manchegos, la caza en temporada y una buena oferta de menús.

## VILLAVERDE DE PONTONES – Cantabria – 572 B18     8 B1

▶ Madrid 387 – Bilbao 86 – Burgos 153 – Santander 14

XXX    **Cenador de Amós** (Jesús Sánchez)      🎨 ✿ ⇔ **P.**

   ⌘    *pl. del Sol* ⊠ 39793 – ✆ 942 50 82 43 – www.cenadordeamos.com – *cerrado
23 diciembre-marzo, domingo noche, lunes y noches de martes y miércoles salvo
Semana Santa y verano*
**Rest** – Menú 38/78 € – Carta 58/70 € 🍴
Casona del s. XVIII que cuida mucho los contrastes entre lo moderno y lo tradicional. Posee varias salas y acogedores privados, todos de excelso montaje. Su oferta
se basa en tres menús: tradición, degustación y gastronómico.
➔ Canelón de manzana, pularda con alcachofa y bombón de foie. Dorada asada,
quinoa, albahaca, tomate y tomillo. Empedrado de chocolate con helado de cardamomo.

## VILLAVICIOSA – Asturias – 572 B13 – 14 989 h. – alt. 4 m     5 B1

▶ Madrid 493 – Gijón 30 – Oviedo 43

🇬 Valdediós★ (Iglesia y Monasterio de San Salvador) Suroeste : 7 km

🏨    **Carlos I** sin rest      ✿ 🛜
*pl. Carlos I-4* ⊠ 33300 – ✆ 985 89 01 21
– www.hotelcarlosprimerovillaviciosa.com – *cerrado enero y febrero*
**16 hab** ⊑ – †30/40 € ††45/65 €
Casona señorial del s. XVIII. Su pequeña zona social se ve compensada por unas
habitaciones de notable amplitud, la mayoría con mobiliario de época y algunas
abuhardilladas.

🏨    **Casa España** sin rest      ✿ 🛜
*pl. Carlos I-3* ⊠ 33300 – ✆ 985 89 20 30 – www.hcasaespana.com
**14 hab** – †30/60 € ††50/70 €, ⊑ 5 €
Ocupa un atractivo edificio de aire indiano, de principios del s. XX. Decorado con
gusto, conserva la escalera de madera original que da acceso a las habitaciones.

🏠    **Avenida Real** sin rest      ✿ 🛜 🚗
*Carmen 10* ⊠ 33300 – ✆ 985 89 20 47 – www.hotelavenidareal.com
**8 hab** – †35/45 € ††55/80 €
¡Un hotelito muy acogedor! Posee un agradable salon social en la 1ª planta y habitaciones reducidas pero detallistas, todas personalizadas con gusto. Organizan
actividades de ocio: Ruta de la Sidra, Ruta del Doctor Mateo, Viaje Romántico...

🏠    **El Conventín** sin rest      🖼 ♿ ✿ 🛜 🚗
*Carmen 14* ⊠ 33300 – ✆ 985 89 33 89 – www.hotelconventin.es
**8 hab** – †30/60 € ††40/70 €, ⊑ 5 €
Dispone de una pequeña zona social y correctas habitaciones, combinando mobiliario en forja y de aire colonial. En temporada baja funciona como anexo del
hotel Casa España.

## VILLAVIEJA DEL LOZOYA – Madrid – 576 – 575 I18 – 273 h.     22 B1
– alt. 1 066 m

▶ Madrid 86 – Guadalajara 92 – Segovia 85

XX    **Hospedería El Arco** con hab      ⇐ 🎨 ✿ rest, 🛜
*El Arco 6* ⊠ 28739 – ✆ 918 68 09 11 – www.hospederiaelarco.com
– *julio-agosto y fines de semana resto del año salvo Navidades*
**4 hab** – ††80/95 €    **Rest** – *(cerrado domingo noche y lunes)* Carta 33/47 €
Esta casa, llevada por un matrimonio de arqueólogos, disfruta de una sala rústica-
actual que está presidida por un arco mudéjar del s. XIII. Cocina tradicional. Las
habitaciones, amplias, cálidas y luminosas, se presentan como un buen recurso
en la zona.

## VILLENA – Alicante – 577 Q27 – 34 894 h. – alt. 503 m     16 A3

▶ Madrid 361 – Albacete 110 – Alacant/Alicante 58 – València 122

◉ Museo Arqueológico (tesoro de Villena★★) - Iglesia de Santiago★ (pilares
helicoidales★) - Castillo la Atalaya★

XX **Salvadora**                                                                    AC ⚡
av. Constitución 102 ⊠ 03400 – 𝒞 965 80 09 50 – www.hotelsalvadora.com
**Rest** – Menú 10/20 € – Carta 32/45 €
Cuenta con un bar, una zona de comidas de carácter informal y dos amplias salas
de aire rústico. Su carta sorprende, ya que en ella se dan cita platos tradicionales,
regionales y actuales. ¡El Arroz a banda es una de sus especialidades!

X **La Teja Azul 🄽**                                                               AC ⚡
Sancho Medina 34 ⊠ 03400 – 𝒞 965 34 82 34 – www.latejaazul.com – cerrado
2ª quincena de julio y martes
**Rest** – (solo almuerzo salvo viernes y sábado) Menú 12/55 € – Carta 32/48 €
Céntrico y de marcado aire rústico. Se halla en una casa muy antigua, con un
buen bar, donde sirven el menú del día, y tres salas. Carta tradicional especializada en arroces.

---

**VILLOLDO** – Palencia – 575 F16 – 398 h. – alt. 790 m                          11 B2
▷ Madrid 291 – Valladolid 81 – Palencia 30 – Burgos 101

XX **Estrella del Bajo Carrión** con hab                    🛬 AC rest, ⚡ rest, 📶 P.
Mayor 32 ⊠ 34131 – 𝒞 979 82 70 05 – www.estrellabajocarrion.com
**10 hab** ⊇ – †80/90 € ††90/130 €
**Rest** – (cerrado lunes salvo agosto) Carta 42/55 € 🕸
Recrea una atmósfera muy acogedora, con un salón de uso polivalente y un luminoso comedor de estética actual. Cocina tradicional con toques actuales y buenas
presentaciones. Las habitaciones tienen un estilo bastante moderno, con detalles
rústicos y de diseño.

---

**VILORIA DE RIOJA** – Burgos – 575 E20 – 49 h.                                  12 C1
▷ Madrid 297 – Valladolid 181 – Burgos 60 – Logroño 61
🄶 Santo Domingo de la Calzada★ : Parte Antigua★ - Catedral★ (Retablo Mayor★★ y
Capilla de la Magdalena★) Este : 14 km

⌂ **Mi Hotelito**                                                                  🌢 ⚡ 📶
pl. Mayor 16 ⊠ 09259 – 𝒞 947 58 52 25 – www.mihotelito.es – reserva
aconsejable, cerrado diciembre-febrero
**7 hab** ⊇ – †65/90 € ††77/98 €    **Rest** – (solo cena) (solo menú) Menú 12/35 €
Ocupa una antigua casa restaurada que destaca por su emplazamiento, en pleno
Camino de Santiago. Reducida zona social con chimenea y habitaciones de buen
confort, todas personalizadas en su mobiliario y algunas abuhardilladas. El comedor, de línea actual, basa su trabajo en un correcto menú del día.

---

**VINARÒS** – Castellón – 577 K31 – 28 615 h. – Playa                            16 B1
▷ Madrid 496 – València 150 – Castelló de la Plana / Castellón de la Plana 79
   – Tarragona 113
🄸 paseo Colón, ⊠ 12500, 𝒞 964 45 33 34, www.turisme.vinaros.es

XX **Faro de Vinaròs**                                                            🛬 AC ⚡
port de Vinaròs ⊠ 12500 – 𝒞 964 45 63 62 – www.elfarovinaros.com – cerrado
del 15 al 30 de noviembre, domingo noche y lunes salvo verano
**Rest** – Menú 18/30 € – Carta 27/42 €
¡En la antigua casa del farero! Posee un comedor de estilo mediterráneo y otro
acristalado con vistas al puerto. Carta actual y menús, como el de arroces o el
de sugerencias.

---

**VINUESA** – Soria – 575 G21 – 975 h. – alt. 1 110 m                            12 D2
▷ Madrid 230 – Burgos 112 – Logroño 81 – Soria 36

⌂ **La Pinariega** sin rest                                                        🌢 ⚡ 📶
Reina Sofía 4 ⊠ 42150 – 𝒞 699 85 34 60 – www.lapinariega.com
**5 hab** ⊇ – ††52 €
Casona del s. XIX con la fachada en piedra. Destaca por el confort de sus habitaciones, con viguería en el techo, mobiliario escogido y el suelo antiguo en madera
muy bien conservado. El jardín posee frutales y un pozo de agua artesano.

ESPAÑA

▶ Madrid 350 – Bilbao 64 – Burgos 111 – Logroño 93

🄘 pl. España 1, ✉ 01001, ℰ 945 16 15 98, www.vitoria-gasteiz.org/turismo

**R.A.C.V.N.** Micaela Portilla 2 ℰ945 14 65 90

◉ Ciudad Vieja★★ - Visita a las obras de restauración de la Catedral de Santa María★★ BY - Plaza del Machete★★ BZ - Bibat : Museo Arqueológico y Museo Fournier de naipes★ BY - Artium★ BY

🄶 Gaceo (iglesia : frescos góticos★★) 21 km por ②

🏨 **G.H. Lakua** ⓘ 𝄜 🛏 & hab, 𝐊 ℀ rest, 🛜 𝔰 🅟

Tarragona 8, por ④ ✉ 01010 – ℰ 945 18 10 00 – www.granhotelakua.com
**115 hab** – ♦65/180 € ♦♦65/250 €, 🖙 15 € – 32 apartamentos
**Rest** – Menú 32/40 € – Carta 35/58 €

Bien comunicado pero algo alejado del centro urbano. Ofrece una gran recepción, con una zona de piano-bar integrada, un pequeño SPA y modernas habitaciones dotadas con lo último en domótica. Tiene un restaurante a la carta y una cafetería que también sirve comidas informales.

### VITORIA-GASTEIZ

### Jardines de Uleta

*Uleta 1 (Armentia), por ③ : 2 km* ⊠ *01007 –* ℰ *945 13 31 31*
– *www.jardinesdeuleta.com*
**102 apartamentos** – ♦♦85/160 €, ☲ 15 €
**Rest *Arimendi*** – ver selección restaurantes
Emplazado en una zona residencial próxima al centro de la ciudad. Encontrará un patio central de uso polivalente y varios tipos de apartamentos, todos modernos y de gran amplitud.

### Ciudad de Vitoria

*Portal de Castilla 8* ⊠ *01008 –* ℰ *945 14 11 00*
– *www.hotelciudaddevitoria.com* **AZc**
**148 hab** – ♦♦61/250 €, ☲ 15 € – 1 suite
**Rest** – *(cerrado domingo)* Menú 18 €
Disfruta de una serena fachada y está muy orientado hacia una clientela de negocios. Su marcada funcionalidad y excelente equipamiento dan paso a un confort moderno y actual. El restaurante, de montaje clásico-actual, destaca por su amplia variedad de menús.

### Boulevard

*Zaramaga 3, por ① ⊠ 01013 –* ℰ *945 18 04 00*
– *www.boulevardvitoriahotel.com*
**54 apartamentos** – ♦♦51/171 €, ☲ 11 €
**Rest** – Menú 12/22 €
Se encuentra junto a un centro comercial y destaca por su innovadora fachada, a modo de malla metálica. Posee habitaciones actuales y bien equipadas, la mayoría con cocina. El restaurante tiene un montaje funcional y se presenta con un acceso independiente.

### AC General Álava sin rest, con cafetería

*av. Gasteiz 79* ⊠ *01009 –* ℰ *945 21 50 00*
– *www.hotelacgeneralalava.com* **AYc**
**107 hab** – ♦55/212 € ♦♦61/291 €, ☲ 14 €
Está en una de las avenidas más importantes de Vitoria, orientado a una clientela de negocios y congresos. Se presenta completamente actualizado, con la cafetería integrada en las zonas sociales y unas habitaciones de estética actual.

### Dato sin rest y sin ☲

*Dato 28* ⊠ *01005 –* ℰ *945 14 72 30 – www.hoteldato.com*
**14 hab** – ♦32/40 € ♦♦46/60 € **BZa**
Muy céntrico, de impecable mantenimiento y suficiente confort. Sorprende por su decoración, sin duda peculiar, ya que en algunos espacios puede resultarnos algo recargada.

### XXX Ikea

*Portal de Castilla 27* ⊠ *01007 –* ℰ *945 14 47 47 – www.restauranteikea.com*
– *cerrado 10 agosto-3 septiembre, domingo noche y lunes* **AZf**
**Rest** – Menú 49/75 € – Carta 42/71 €
Está instalado en una antigua villa, donde muestra un sorprendente interior de estética actual dominado por la madera y el original diseño de Javier Mariscal. De sus fogones surge una cocina creativa con bases tradicionales.

### XXX El Portalón

*Correría 151* ⊠ *01001 –* ℰ *945 14 27 55 – www.restauranteelportalon.com*
– *cerrado domingo noche* **BYu**
**Rest** – Menú 35/61 € – Carta 37/59 €
Ocupa un edificio del s. XV emplazado a la entrada del casco antiguo y sorprende por su interior, totalmente rústico, dominado por el ladrillo y la madera. Cocina tradicional y de temporada. ¡Bodega visitable en las antiguas caballerizas!

ESPAÑA

ESPAÑA

### ☆☆☆ Zaldiarán · · ·

⌘

*av. Gasteiz 21 ✉ 01008 – 𝒞 945 13 48 22 – www.restaurantezaldiaran.com*
*– cerrado Semana Santa, domingo noche, martes y miércoles noche*
**Rest** – Menú 55/70 € – Carta 45/75 €                                      AZ**a**

Presenta unas instalaciones bien diversificadas y de línea actual, con varios salones de reuniones así como una sala clásica-actual para el servicio a la carta. Cocina actualizada de base tradicional, siempre con productos de gran calidad.

→ Láminas de trufa con yema de huevo a baja temperatura, tocino confitado y espuma de patata. Cola de cigala con tarama de mejillón, gazpachuelo y crujiente de pasta kataifi. Crema de limón con granizado de gin tonic y sorbete de lima.

### ☆☆☆ Andere · · ·

*Gorbea 8 ✉ 01008 – 𝒞 945 21 49 30 – www.restauranteandere.com – cerrado*
*15 días en agosto, domingo noche y lunes*                                   AY**s**
**Rest** – Menú 50/60 € – Carta 36/55 €

Céntrico y con muchos años de vida. Dispone de un amplio hall, un comedor clásico, varios salones para banquetes y un bello patio cubierto al estilo de un jardín de invierno. Cocina de bases tradicionales que intenta superarse día a día.

### ☆☆ El Clarete · ·

*Cercas Bajas 18 ✉ 01008 – 𝒞 945 26 38 74 – www.elclareterestaurante.com*
*– cerrado Semana Santa, del 10 al 31 de agosto, domingo, lunes noche, martes*
*noche y miércoles noche*                                                    AY**b**
**Rest** – Menú 20/45 € – Carta aprox. 40 €

Está bien llevado entre dos hermanos y presenta un aspecto actual, con algunas paredes en piedra, los suelos de pizarra, bodega acristalada en una sala y la cocina semivista en la otra. Elaboraciones interesantes, actuales y a buen precio.

### ☆☆ Arkupe · · ·

*Mateo Moraza 13 ✉ 01001 – 𝒞 945 23 00 80 – www.restaurantearkupe.com*
**Rest** – Menú 29/59 € – Carta 27/50 €                                       BZ**z**

Este bello edificio de finales del s. XIX está dotado con dos acogedoras salas, la de la planta baja redecorada en un estilo actual-elegante y la superior algo más rústica. Cocina tradicional especializada en verduras de temporada.

### ☆☆ Gurea · · ·

*pl. de la Constitución 10 ✉ 01012 – 𝒞 945 24 59 33*
*– www.gurearestaurante.com – cerrado del 9 al 31 de agosto*                  AY**x**
**Rest** – *(solo almuerzo salvo jueves, viernes y sábado)* Menú 21/47 €
– Carta 32/44 €

De ambiente moderno y organización familiar. Posee una sala repartida entre varios rincones y un privado con luz natural. Carta tradicional con un buen apartado de sugerencias.

### ☆☆ Arimendi – Hotel Jardines de Uleta · · ·

*Uleta 1 (Armentia), por ③ : 2 km ✉ 01007 – 𝒞 945 13 31 31*
*– www.jardinesdeuleta.com*
**Rest** – Menú 20/60 € – Carta 22/47 €

Presenta un comedor de línea actual y dos privados. Su chef propone una cocina tradicional-actualizada, siempre con materias primas de calidad. Trabajan mucho la parrilla, pero también cuentan con un menú vegetariano y otro para celíacos.

### ☆☆ Araba con hab · · ·

*av. de los Huetos 17, por Beato Tomás de Zumárraga : 2 km ✉ 01010*
*– 𝒞 945 22 26 69 – www.restaurantearaba.com – cerrado del 10 al 30 de agosto*
*y lunes*
**20 hab** – †55/70 € ††60/90 €, 🖙 5 €   **Rest** – Menú 35 € – Carta 28/45 €

Restaurante de atenta organización familiar dotado con un hall a la entrada y una sala de diseño en la que abunda la madera. Ofrecen una carta tradicional, siendo una de sus especialidades el Cordero lechal asado. Como complemento al negocio también dispone de unas modernas y confortables habitaciones.

XX **Kaskagorri ❶**                                                                                    AC

*pl. del Machete 6 ✉ 01001 – ☏ 945 14 92 63 – www.kaskagorri.com*
*– cerrado 10 agosto-4 septiembre, domingo noche y lunes*                           **BZa**
**Rest** – Menú 42/52 € – Carta aprox. 50 €
En el casco antiguo, donde se presenta con un moderno interior que conjuga el
mobiliario actual con las paredes en piedra. Cocina de base tradicional con platos
actualizados.

X **Izaga**                                                                                          AC �

*Beato Tomás de Zumárraga 2 ✉ 01008 – ☏ 945 13 82 00*
*– www.restauranteizaga.com – cerrado Semana Santa, 9 agosto-4 septiembre,*
*domingo noche y lunes*                                                                         **AYr**
**Rest** – Menú 20/44 € – Carta 31/48 €
Llevado en familia con gran profesionalidad. Este negocio de línea moderna
ofrece una barra de apoyo para el tapeo y dos pequeñas salas de correcto montaje. Carta tradicional.

X **El Mesón**                                                                                       AC �

*Ortíz de Zárate 5 ✉ 01005 – ☏ 945 14 27 30 – cerrado 1ª quincena de febrero,*
*1ª quincena de septiembre, lunes noche y martes*                                   **BZd**
**Rest** – Menú 42/45 € – Carta 23/57 €
Se encuentra en el centro de la ciudad y está bien llevado entre dos matrimonios,
con un bar de tapas y raciones a la entrada y la sala, de línea actual, en un altillo.
Cocina tradicional elaborada con productos de temporada.

Y/ **Toloño**                                                                                        AC ✓

*Cuesta San Francisco 3 ✉ 01001 – ☏ 945 23 33 36 – www.tolonobar.com*
*– cerrado del 12 al 22 de agosto, domingo noche y lunes*                      **BZx**
**Rest** – Tapa 1,80 €
Atesora mucha historia... sin embargo, ahora refleja un estilo actual. Tiene las
especialidades escritas en una pizarra y organiza jornadas temáticas según
los productos de temporada. ¡Posee otra barra donde sirven copas después
del tapeo!

Y/ **El Rincón de Luis Mari**                                                                   AC ✓

*Rioja 14 ✉ 01005 – ☏ 945 25 01 27 – cerrado septiembre y martes*
**Rest** – Tapa 2 € – Ración aprox. 8 €                                                  **BZs**
Céntrico establecimiento de carácter familiar. Ofrece una barra repleta de tapas
y jamones ibéricos, así como una sala más tranquila, con mesas, para el servicio
de raciones.

Y/ **Izartza**                                                                                       🍴 AC ⟳

*pl. de España 5 ✉ 01001 – ☏ 945 23 55 33 – cerrado domingo noche y lunes*
*mediodía*                                                                                            **BZc**
**Rest** – Tapa 3,50 € – Ración aprox. 12,50 €
Bar tipo bistrot dedicado tanto a las tapas como a las raciones, todo bastante
elaborado y fiel reflejo de una cocina actual. Su pequeño privado solo se ofrece
bajo reserva.

Y/ **Dólar**                                                                                         🍴 AC ✓

*Florida 26 ✉ 01005 – ☏ 945 23 00 71 – www.bardolar.es*                        **BZt**
**Rest** – Tapa 1,80 € – Ración aprox. 8 €
Este bar, con las paredes en piedra, tiene un estilo bastante actual y dispone
de un salón acristalado hacia un patio-terraza interior. Completa y variada
barra de tapas.

---

Una clasificación en rojo destaca el encanto del establecimiento 🏠 XxX.

---

**VIVEIRO** – Lugo – **571** B7 – **16 108 h.**                                          **20** C1
▶ Madrid 642 – Santiago de Compostela 171 – Lugo 102 – A Coruña 129
ℹ av. Ramón Canosa, ✉ 27850, ☏ 982 56 08 79, www.viveiro.es

**en Celeiro** Norte : 2 km

X  **Boa Vista** con hab 🏠 🍴 ⚹ 🆚 rest, 🛜 🤵 📶 🅿
🕸 carret. LU 862 ✉ 27863 Celeiro – 𝒞 982 56 22 90 – www.boavistahotel.com
**24 hab** ⊑ – 🛏32/45 € 🛏🛏46/80 €
**Rest** – *(cerrado domingo noche salvo julio y agosto)* Menú 9/13 €
– Carta 25/40 €
Negocio familiar dotado con una terraza frente a la carretera, un bar y un comedor de línea actual, donde sirven una cocina tradicional actualizada y dos económicos menús. Habitaciones amplias, confortables y de buen nivel general.

**en Covas** Noreste : 2 km

🏠🏠🏠 **Thalasso Cantábrico** 🆕 ⪡🏠 ⌇ 🌐 🍴 🏠 ⚹ hab, 🆚 hab, 🤵 🛜 🏖
Playa de Sacido ✉ 27850 Viveiro – 𝒞 982 56 02 00 📶 🚗
– www.resortlassirenas.com
**146 hab** – 🛏50/130 € 🛏🛏55/190 €, ⊑ 12 €
**Rest** – Menú 15/25 € – Carta 21/42 €
Este moderno hotel, asomado a la ría de Viveiro, se halla en un complejo turístico
con acceso directo a la playa. Ofrece unas habitaciones de línea funcional,
muchas comunicadas entre sí y la mayoría con terraza, así como un restaurante-
mirador en la azotea y unos completísimos servicios de talasoterapia.

**en Galdo** Suroeste : 3,5 km

🏠  **Pazo da Trave** 🕊 🚗 ⌇ 🤵 rest, 🛜 🏖 📶 🅿
Trave ✉ 27867 Galdo – 𝒞 982 59 83 31 – www.pazodatrave.com – abril-octubre
**18 hab** – 🛏50/80 € 🛏🛏60/100 €, ⊑ 9 € **Rest** – Carta 21/45 €
Resulta encantador, pues tiene más de 500 años de historia y en él se han cuidado todos los detalles. Atractiva fachada en piedra, hórreo, capilla y precioso jardín. El restaurante ocupa un cenador acristalado, tipo cabaña, y ofrece una carta
tradicional.

**en la playa de Area** por la carretera C 642 - Norte : 4 km

🏠🏠🏠 **Ego** 🕊 ⪡ 🖥 🛗 🍴 ⚹ 🆚 🤵 🛜 🅿 🚗
✉ 27850 Viveiro – 𝒞 982 56 09 87 – www.hotelego.es
**45 hab** – 🛏60/100 € 🛏🛏80/150 €, ⊑ 12 €
**Rest Nito** – ver selección restaurantes
Se encuentra en una ladera frente a la ría, por lo que disfruta de unas hermosas
vistas. Encontrará unas instalaciones amplias y cuidadas, con un confort bastante
actual.

XXX  **Nito** – Hotel Ego ⪡ 🏠 🆚 🤵 🅿 🚗
✉ 27850 Viveiro – 𝒞 982 56 09 87 – www.hotelego.es
**Rest** – Menú 35 € – Carta 28/50 €
¡Casa familiar con prestigio en la zona! Posee una espaciosa sala de estilo actual
y una atractiva terraza, esta última concebida como un magnífico balcón a la ría
de Viveiro.

**en Landrove** Sur : 4 km

🏠  **Casa da Torre** sin rest 🚗 🤵 🅿
Toxeiras 47 ✉ 27866 Landrove – 𝒞 982 59 80 26 – www.casadatorre.es
– 11 abril-9 diciembre
**8 hab** ⊑ – 🛏🛏80/100 €
Casona de piedra dotada con una excelente zona social y elegantes habitaciones,
todas con mobiliario antiguo o colonial. En el jardín poseen un hórreo, un
palomar y un molino.

---

**VIVER** – Castellón – **577** M28 – **1 666 h.** - alt. 550 m 16 A1
◻ Madrid 412 – Castelló de la Plana/Castellón de la Plana 90 – Teruel 56
– València 85

✗ **Thalassa** 🄰🄲

*Cazadores 3 ✉ 12460 – 𝒞 964 14 12 58 – www.restaurantethalassa.com
– cerrado febrero y lunes*
**Rest** – *(solo almuerzo salvo verano, viernes y sábado)* Menú 15/40 €
– Carta 27/41 €

Negocio familiar de aire moderno, con las paredes en colores vivos y detalles de
diseño. Su carta tradicional actualizada resulta algo reducida... sin embargo, esta
se ve enriquecida con dos interesantes menús, que es lo que más trabajan.

---

## VÍZNAR – Granada – 578 U19 – 937 h. 2 D1

🄳 Madrid 420 – Sevilla 266 – Granada 23 – Jaén 93

✗✗ **Horno de Víznar** 🄰🄲 🕉 🔄

*av. Andalucía 2 ✉ 18179 – 𝒞 958 54 02 53 – www.hornodeviznar.com – cerrado
julio-agosto y martes*
**Rest** – *(solo almuerzo salvo viernes y sábado)* (es necesario reservar)
Carta 20/41 €

Instalado en una antigua tahona que aún conservan su viejo horno. Ofrece un
comedor rústico y un buen privado, este con el techo abuhardillado. Platos tradicionales y asados.

---

## XÀBIA (JÁVEA) – Alicante – 577 P30 – 32 983 h. – Playa 16 B2

🄳 Madrid 457 – Alacant/Alicante 87 – València 109
🄸 pl. Almirante Bastarreche 11, ✉ 03730, 𝒞 965 79 07 36, www.xabia.org
🄿 por la carret. del Cabo de la Nao-Plá, ✉ 03730, 𝒞 966 46 06 05
🄶 Jávea, carret. de Benitachell : 4,5 km, 𝒞 965 79 25 84
🄶 Cabo de San Antonio★ (≤ ★) Norte : 5 km – Cabo de la Nao★ (≤ ★) Sureste :
10 km

### en la Playa del Arenal

🏚️ **Parador de Jávea** 🛎 ≤ 🚗 🐕 ⛲ 🧖 🏋️ ⛱ 🄰🄲 🕉 🛜 ♨ 🄿 🚙

*av. Mediterráneo 233, 2 km ✉ 03730 Xàbia – 𝒞 965 79 02 00 – www.parador.es*
**70 hab** – ♦64/144 € ♦♦80/180 €, ⬜ 18 €
**Rest** – Menú 27/34 € – Carta 29/46 €

¡Ideal para combinar la playa y el confort! Está actualizado, posee una zona ajardinada y presenta un buen nivel general. Amplias habitaciones, todas con terraza y
la gran mayoría asomadas al mar. En el restaurante exploran con acierto el recetario regional.

✗✗ **Los Remos La Nao** ≤ 🏠 🄲 🄰🄲 🕉

*av. Libertad 21, 3 km ✉ 03730 Xàbia – 𝒞 966 47 07 76
– www.losremoslanao.com – cerrado martes salvo julio-agosto*
**Rest** – Menú 17/25 € – Carta 33/52 €

¡Coma viendo la playa y el mar! Ofrece dos salas, una acristalada y unida a la
gran terraza durante el verano. Cocina tradicional especializada en pescados de
lonja y arroces.

✗ **La Perla de Jávea** 🄽 ≤ 🄲 🄰🄲 🕉

*av. Libertad 21, 3 km ✉ 03730 Xàbia – 𝒞 966 47 07 72 – www.perladejavea.com
– cerrado lunes salvo en verano*
**Rest** – Menú 22/45 € – Carta 30/48 €

¡En pleno paseo marítimo! Este negocio familiar, reformado y con vistas, ofrece
una cocina tradicional especializada en arroces, con hasta 14 variantes, y pescados de lonja.

🍽️/ **Es Tapa Ti** ≤ 🏠 🄰🄲

*av. Libertad, bloque 11, 3 km ✉ 03730 Xàbia – 𝒞 966 47 31 27
– www.estapati.net – cerrado miércoles salvo mayo-octubre*
**Rest** – Tapa 2 € – Ración aprox. 11 €

Tapas clásicas y de autor, ensaladas, pescados, carnes, arroz, hamburguesas... ¡perfecto para una comida informal mirando al mar! Sala actual acristalada y agradable terraza.

## al Suroeste 2,5 km

### ✕✕ **BonAmb** ⊕ (Alberto Ferruz) 🍴 🔞 ❄ P
❀ carret. de Benitachell 100 ⊠ 03730 Xàbia – ℰ 965 08 44 40 – www.bonamb.com
– cerrado 8 enero-febrero, domingo noche y lunes salvo verano
**Rest** – Menú 49/79 € – Carta 43/61 €
¡Le sorprenderá! El precioso entorno ajardinado da paso a un interior muy
moderno, con la sala principal acristalada. Cocina actual con toques creativos y
bases tradicionales.
→ Perlas de Valencia, manzana y limón. Solomillo de vaca nacional, terrina de
patatas y tocineta. Crema batida de naranja, almendras y helado de Grand Mar-
nier.

## Na XAMENA (Urbanización) – Balears – ver Balears (Eivissa) : Sant Miquel de Balansat

## XERTA – Tarragona – 574 J31 – 1 277 h. – alt. 26 m     13 A3
▣ Madrid 553 – Barcelona 196 – Tarragona 100
– Castelló de la Plana/Castellón de la Plana 137

### 🏛 **Villa Retiro** 🍷 ← 🍴 🗓 🔞 ❄ 🛜 🛗 P
Dels Molins 2 ⊠ 43592 – ℰ 977 47 38 10 – www.hotelvillaretiro.com – cerrado
enero
**9 hab** ⊑ – †70/150 € ††110/205 € – 2 suites
**Rest** *Torreo de l'India* ❀ – ver selección restaurantes
Ocupa un encantador palacete indiano y cuenta con un exuberante jardín arbolado a su alrededor. Consta de dos edificios y ofrece habitaciones de gran confort, algunas con los bellísimos suelos hidráulicos originales y mobiliario de época.

### ✕✕✕ **Torreo de l'India** (Francesc López) – Hotel Villa Retiro   ← 🍴 🗓 🛗 🔞
❀ Dels Molins 2 ⊠ 43592 – ℰ 977 47 38 10     ❄ ⟳ P
– www.hotelvillaretiro.com – cerrado Navidades, enero, domingo noche y lunes
**Rest** – Menú 35/90 € – Carta 50/76 €
¡En las antiguas cuadras de lo que hoy es el hotel! Se presenta con un ficus cen-
tenario justo a la entrada, un pozo y un comedor principal rústico-elegante. Cocina
creativa bien elaborada, siempre con productos de la zona del Delta.
→ Crema de patata con trufa, yema de huevo pochado y foie fresco braseado.
Lubina salvaje con tallarines de mango y coco, falso cuscús de coliflor. Juego de
frutas en texturas con crema de vainilla de Tahití y cristal de fruta roja.

## XINORLET (CHINORLET) – Alicante – 577 Q27     16 A3
▣ Madrid 403 – València 162 – Alacant / Alicante 54 – Murcia 68

### ✕✕ **Elías** ⊕   🛗 🔞 ❄ ⟳ P
☺ Rosales 7 ⊠ 03649 – ℰ 966 97 95 17 – cerrado 7 días en enero, 21 días
en julio-agosto y domingo en verano
**Rest** – (solo almuerzo) Carta 24/35 €
Casa de larga trayectoria familiar que, con una estética actual, se mantiene fiel a la
cocina regional de toda la vida. ¡Su plato estrella es el Arroz con conejo y caracoles!

## YAIZA – Las Palmas – ver Canarias (Lanzarote)

## YECLA – Murcia – 577 Q26 – 34 601 h. – alt. 570 m     23 B1
▣ Madrid 359 – Alacant/Alicante 82 – Albacete 108 – Murcia 101

### 🏨 **La Paz** sin rest, con cafetería   🍴 🛗 🔞 🛜
av. de la Paz 180 ⊠ 30510 – ℰ 968 75 13 50 – www.lapaz-hotel.com – cerrado
agosto
**30 hab** – †45 € ††60/68 €, ⊑ 6 €
Emplazado en un polígono industrial a las afueras de la ciudad. Compensa su
escasa zona social con una gran cafetería y habitaciones de línea actual, algunas
con el baño integrado en el dormitorio.

**YEGEN** – Granada – **578** V20 – 419 h. – alt. 1 030 m     **2** D1

▶ Madrid 522 – Almería 99 – Granada 104 – Jaén 194

X    **El Rincón de Yegen** con hab      ⌂ ⪕ ⌶ ⅍ **P** ⇄
ⓐ    *camino de las Eras 2* ⊠ 18460 – ℰ 667 96 40 10 – www.elrincondeyegen.com
– *cerrado 15 enero-15 febrero*
**4 hab** – ♥♥40/45 €, ⌷ 6 € – 2 apartamentos
**Rest** – *(cerrado lunes y martes)* Menú 11/45 € – Carta 20/37 €
Está formado por un conjunto de casitas ubicadas a las afueras del pueblo, con
un bar y dos salas de ambiente regional. Platos tradicionales y especialidades de
la zona. El negocio se completa con habitaciones de sencillo confort y apartamentos tipo dúplex.

---

**YUSO (Monasterio de)** – La Rioja – ver San Millán de la Cogolla

---

**ZAFRA** – Badajoz – **576** Q10 – 16 753 h. – alt. 509 m     **17** B3

▶ Madrid 401 – Badajoz 76 – Mérida 58 – Sevilla 147

🖪 pl. de España 8 b , ⊠ 06300, ℰ 924 55 10 36, www.turismodezafra.blogspot.com

◉ Las Plazas ★

🏠    **Parador de Zafra** sin rest      ⌂ ⌶ 🕴 🗚 ⅍ 🛜 🖄
   *pl. Corazón de María 7* ⊠ 06300 – ℰ 924 55 45 40 – www.parador.es – *cerrado*
*4 noviembre-13 diciembre*
**51 hab** – ♥60/132 € ♥♥75/165 €, ⌷ 15 €
Solera e historia conviven en este monumental castillo del s. XV, que sirvió como
residencia a los Duques de Feria. Sus muros albergan auténticos tesoros, como el
patio renacentista, la capilla o las habitaciones con los techos artesonados.

🏠    **Casa Palacio Conde de la Corte** sin rest      ⌂ ⌶ 🕴 🗚 🛜
   *pl. del Pilar Redondo 2* ⊠ 06300 – ℰ 924 56 33 11
– www.vivedespacio.com/condedelacorte/
**15 hab** ⌷ – ♥88/141 € ♥♥121/176 €
Casa-palacio íntimamente ligada... ¡al mundo del toro bravo y de lidia! Presenta un hermoso patio central, una galería acristalada y elegantes habitaciones de ambiente clásico. Su patio-terraza trasero disfruta de abundante vegetación.

🏨    **Huerta Honda**      🕴 ⅻ 🗚 ⅍ 🛜 🖄 🚗
   *López Asme 32* ⊠ 06300 – ℰ 924 55 41 00 – www.hotelhuertahonda.com
**48 hab** – ♥48/140 € ♥♥50/160 €, ⌷ 4 €
**Rest** *Barbacana* – ver selección restaurantes
Resulta entrañable y atesorando buenos detalles, como las maderas labradas.
Encontrará dos tipos de habitaciones, las superiores de ambiente regional y las
más nuevas de aire minimalista... aunque también hay algunas de inspiración
árabe.

🏨    **Los Balcones de Zafra** sin rest, con cafetería      ⌂ 🕴 🗚 ⅍ 🛜
   *pl. Grande 9* ⊠ 06300 – ℰ 924 55 06 06 – www.hotellosbalconesdezafra.com
**14 hab** ⌷ – ♥65 € ♥♥72 €
Destaca por su emplazamiento, pues ocupa una casa señorial en pleno centro
histórico de Zafra. Posee mobiliario de gran valor y habitaciones de buen
confort, resultando más interesantes las que tienen terraza-mirador con vistas
a la plaza.

XX    **Barbacana** – Hotel Huerta Honda      🍴 ⅻ 🗚 ⅍ 🚗
   *López Asme 30* ⊠ 06300 – ℰ 924 55 41 00 – www.hotelhuertahonda.com
– *cerrado domingo noche y lunes*
**Rest** – Menú 35/50 € – Carta 40/50 €
Recrea un entorno muy acogedor gracias a su elegante decoración, en tonos roji-
zos y con numerosos detalles rústicos originales. Cocina de raíces regionales y
buen servicio de mesa.

ESPAÑA

Ψ/ **Lacasabar**                     🛖 AK 🍴

*av. del Rosario 2* ✉ *06300 –* 𝒞 *924 55 39 72 – jueves noche, viernes, sábado y domingo*

**Rest** *– (cerrado del 16 al 31 de julio y 7 días en octubre)* Tapa 3 €
– Ración aprox. 12 €

¡Singular, diferente y con un encanto indudable! Ocupa una casa del s. XV que hoy se presenta con una estética ecléctica, ofreciendo una zona de tapas, otra de raciones y una más para su pequeña carta. Agradable terraza-azotea panorámica.

---

# ZAHARA DE LOS ATUNES – Cádiz – 578 X12 – 1 591 h. – Playa    1 B3

▶ Madrid 687 – Algeciras 62 – Cádiz 70 – Sevilla 179

X **La Almadraba** con hab                    🛖 AK 🍴

*María Luisa 15* ✉ *11393 –* 𝒞 *956 43 93 32 – www.hotelesalmadraba.es*
*– cerrado noviembre y martes*

**15 hab** 🖵 – ♦30/50 € ♦♦50/85 €    **Rest** – Menú 15 € – Carta 24/38 €

Encontrará varias salas de ambiente rústico-marinero, un coqueto patio y una carta amplia dominada por los pescados frescos de la bahía, especialmente el atún rojo, los mariscos y sus sabrosas carnes de Retinto. También cuenta con habitaciones para alojarse, sencillas pero válidas como recurso.

Ψ/ **Trasteo** Ⓝ                           🛖 AK

*María Luisa 24* ✉ *11393 –* 𝒞 *956 43 94 78 – mayo-septiembre*

**Rest** *– (cerrado miércoles)* Tapa 2 € – Ración aprox. 15 €

Un gastrobar de ambiente simpático e informal, pues se decora con enseres reciclados. Cocina de corte actual bien elaborada, fresca y ligera, basada en platos y medios platos.

## en la carretera de Atlanterra

🏠 **Antonio II**       ← 🛖 ⅃ 🛋 & hab, AK 🍴 🛜 P 🚗

*Sureste : 1 km* ✉ *11393 Zahara de los Atunes –* 𝒞 *956 43 91 41*
*– www.antoniohoteles.com – 10 abril-10 octubre*

**38 hab** 🖵 – ♦58/98 € ♦♦92/185 €    **Rest** *– (en el Rest. Antonio)*

Sorprende tanto por la calidad de los materiales como por su confort. Amplio hall-recepción con cafetería anexa, elegante salón social y habitaciones clásicas de completo equipamiento. ¡Servicio de almuerzo y cena en el restaurante Antonio!

🏨 **Porfirio**       🛖 ⅃ 🛋 & hab, AK 🍴 rest, 🛜 🏊 🚗

*paseo del Pradillo 33, Sureste : 0,5 km* ✉ *11393 Zahara de los Atunes*
*–* 𝒞 *956 44 95 15 – www.hotelporfirio.com – marzo-octubre*

**63 hab** 🖵 – ♦44/140 € ♦♦60/150 € – 3 suites

**Rest** *– (cerrado lunes salvo verano) (solo almuerzo en verano)* Menú 20 €
– Carta 24/44 €

Un hotel que destaca por sus completas habitaciones de línea clásica, todas ubicadas en torno a dos patios interiores y con la cafetería como única zona social. El sencillo restaurante apuesta por una cocina tradicional que ensalce los pescados autóctonos.

🏨 **Antonio**       🚿 ← ⅃ AK 🍴 🛜 P

*Sureste : 1 km* ✉ *11393 Zahara de los Atunes –* 𝒞 *956 43 91 41*
*– www.antoniohoteles.com – cerrado diciembre y enero*

**30 hab** 🖵 – ♦40/83 € ♦♦72/165 €

**Rest** *Antonio* – ver selección restaurantes

Hotelito familiar ubicado en 1ª línea de playa. Pone a su disposición unas dependencias luminosas y acogedoras, todas dominadas por el color blanco y con mobiliario de estilo rústico-actual. Agradable piscina con terraza cubierta.

XX **Antonio** – Hotel Antonio ≼ 🍴 🍽 🔟 🐕 P

*Sureste : 1 km* ✉ *11393 Zahara de los Atunes –* 𝒞 *956 43 95 42*
*– www.antoniohoteles.com – cerrado diciembre y enero*
**Rest** – Menú 22 € – Carta 29/49 €

Encontrará una coqueta terraza, una zona de espera con expositor de productos y dos salas, ambas de línea clásica con detalles marineros. Carta especializada en pescados de la zona, sobre todo atún de almadraba, así como mariscos y arroces.

---

**ZAHORA** – Cádiz – ver Los Caños de Meca

---

**ZALDIERNA** – La Rioja – ver Ezcaray

---

**ZAMORA** P – 575 H12 – 65 362 h. – alt. 650 m                     11 B2

▶ Madrid 246 – Benavente 66 – Ourense 266 – Salamanca 62

🅰 av. Principe de Asturias 1, ✉ 49012, 𝒞 980 53 18 45, www.turismocastillayleon.com
🅰 pl. Arias Gonzalo 6, ✉ 49001, 𝒞 980 53 36 94, www.zamora.es
**R.A.C.E.** av. Requejo 34 𝒞 980 51 59 72

◎ Catedral★★ A – Iglesias románicas★ (La Magdalena, Santa María la nueva, San Juan, Santa María de la Orta, Santo Tomé y Santiago del Burgo) AB - Castillo y sus vistas★ A - Baltasar Lobo Centro de Arte★ A - Palacio de los Momos★ BJ - Museo Etnográfico de Castilla y León★ B

🄶 Arcenillas (Iglesia : Tablas de Fernando Gallego★) Sureste : 7 km - Iglesia visigoda de San Pedro de la Nave★ Noroeste : 19 km por ④

*Plano página siguiente*

 **Parador de Zamora** ⚓ 🍽 🛎 🔟 🐕 🛜 🦽

*pl. de Viriato 5* ✉ *49001 –* 𝒞 *980 51 44 97 – www.parador.es*          B**a**
**52 hab** – ♦68/140 € ♦♦85/175 €, ☲ 16 €
**Rest** – Menú 27 € – Carta 32/45 €

Céntrico palacio del s. XV dotado con un bello patio renacentista y un interior que aún emana recuerdos medievales. Amplia zona noble y habitaciones de correcto equipamiento. Encontrará un buen comedor castellano, donde ofrecen una carta regional, y una amplia terraza de bar que destaca por sus vistas.

 **NH Palacio del Duero** ⚓ 🛎 🦽 🔟 🐕 🛜 🦽 🚗

*pl. de la Horta 1* ✉ *49002 –* 𝒞 *980 50 82 62 – www.nh-hotels.com*
**49 hab** – ♦55/245 € ♦♦60/245 €, ☲ 14 €          B**w**
**Rest** – *(cerrado domingo noche y lunes)* Menú 20/40 € – Carta 39/56 €

Definido por la modernidad y el diseño, con una espaciosa zona social, completo equipamiento y una decoración que mima todos los detalles. El restaurante, ubicado en la antigua alcoholera, da paso a un hermoso salón de banquetes abovedado y pintado al fresco.

 **Horus Zamora** 🛎 🦽 rest, 🔟 🐕 🛜 🦽 🚗

*pl. del Mercado 20* ✉ *49003 –* 𝒞 *980 50 82 82 – www.hotelhorus.com*
**38 hab** – ♦♦55/220 €, ☲ 13 € – 7 suites          B**c**
**Rest** – *(cerrado domingo noche)* Menú 14/20 €

Establecimiento de línea clásica ubicado en un antiguo edificio del casco histórico. Ofrece elegantes zonas sociales y habitaciones de completo equipamiento. El restaurante, que toma su nombre del techo abovedado, ofrece una carta tradicional e internacional... además de un menú bastante económico.

🔒 **Dos Infantas** sin rest 🛎 🔟 🐕 🛜 🦽 🚗

*Cortinas de San Miguel 3* ✉ *49015 –* 𝒞 *980 50 98 98*
*– www.hoteldosinfantas.com*          B**b**
**68 hab** – ♦45/100 € ♦♦50/250 €, ☲ 8 €

Un hotel céntrico y de impecables instalaciones, ya que estas se mantienen en un constante proceso de actualización. Ofrece una correcta zona social y habitaciones de completo equipamiento. ¡Notará que cuidan mucho todos los detalles!

ESPAÑA

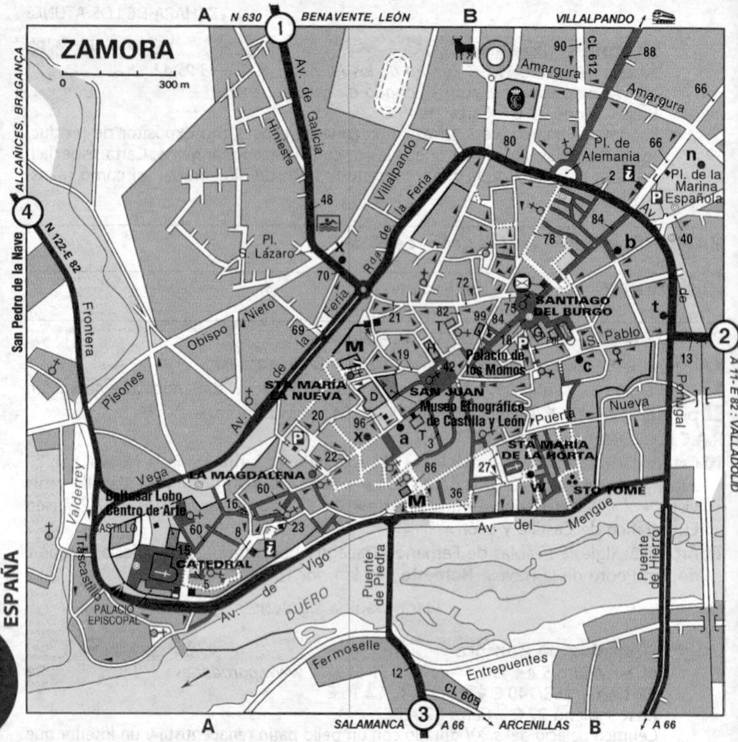
ZAMORA
0
300 m
A
N 630
BENAVENTE, LEÓN
B
VILLALPANDO
1
2
3
4
ALCAÑICES, BRAGANÇA
San Pedro de la Nave
N 122-E 82
A 11-E 82 : VALLADOLID
SALAMANCA
A 66
ARCENILLAS
ESPAÑA
Av. de Galicia
Hiniesta
Villalpando
Rda. de la Feria
Pl. S. Lázaro
Obispo Nieto
Av. de la Feria
Pisones
Frontera
Valderrey
Vega
Trascastillo
CASTILLO
PALACIO EPISCOPAL
CATEDRAL
Baltasar Lobo Centro de Arte
LA MAGDALENA
STA MARÍA LA NUEVA
SAN JUAN
Museo Etnográfico de Castilla y León
Palacio de los Momos
SANTIAGO DEL BURGO
STA MARÍA DE LA HORTA
STO TOMÉ
S. Pablo
Puerta
Nueva
Av. de Portugal
Av. del Mengue
Av. de Vigo
DUERO
Puente de Piedra
Puente de Hierro
Fermoselle
Entrepuentes
CL 605
CL 612
Amargura
Pl. de Alemania
Pl. de la Marina Española
Av.

| | | | | | | | |
|---|---|---|---|---|---|---|---|---|
| Alfonso IX | B 2 | Francos (Rúa de los) | A 22 | Sacramento | B 74 |
| Alfonso XII | B 3 | Fray Diego de Deza (Pl.) | A 23 | Santa Clara | B 84 |
| Antonio del Aguila (Pl.) | A 5 | Horta | B 27 | Santa Lucía (Pl.) | B 86 |
| Arias Gonzalo (Pl. de) | A 8 | Ignacio Gazapo | B 36 | Santiago | B 75 |
| Cabañales | B 12 | Leopoldo Alas Clarín | B 40 | San Torcuato | B 78 |
| Candelaría (Pas.) | B 13 | Mayor (Pl.) | B 42 | San Tortucato (Ronda de) | B 80 |
| Catedral (Pl. de la) | A 15 | Morana (Cuesta de la) | A 48 | San Vicente | B 82 |
| Ciento (Pl. de los) | A 16 | Notarios (Rúa de los) | A 60 | Tres Cruces (Av.) | B 88 |
| Constitución (Pl. de) | B 18 | Príncipe de Asturias (Av.) | B 66 | Víctor Gallego | B 90 |
| Corral Pintado | B 19 | Puebla de Sanabria | A 70 | Viriato (Pl.) | B 96 |
| Damas | A 20 | Puentica (Pl. de la) | A 69 | Zorilla (Pl. de) | B 99 |
| Feria | B 21 | Riego | B 72 | | |

## Doña Urraca sin rest

*pl. La Puebla 8 ✉ 49005 – ✆ 980 16 88 00 – www.hoteldonaurraca.com*
**40 hab** – 🛉40 € 🛉🛉50 €, ☕ 5 € — Ax

Funcional, actual, familiar y dotado con una cafetería pública independiente. Dispone de un luminoso salón social y unas correctas habitaciones... salvo las siete individuales que, sin duda, resultan un poco pequeñas.

## El Rincón de Antonio

*Rúa de los Francos 6 ✉ 49001 – ✆ 980 53 53 70 – www.elrincondeantonio.com – cerrado domingo noche* — Bx

**Rest** – Menú 33/75 € – Carta 44/63 €

Distribuye el espacio en varios rincones, donde se combinan los elementos rústicos con una colorista estética actual. Cocina creativa muy apegada a la tierra, con una buena selección de quesos zamoranos, carta de aceites y una gran bodega.

## ✕✕ Sancho 2 - La Marina     🗛 ✼ ♢

*parque de la Marina Española* ✉ 49012 – ☎ 980 52 60 54
*– www.restaurantesancho2.com*      **Bn**
**Rest** – Menú 12/36 € – Carta 29/50 €

Restaurante de línea clásica-actual emplazado en el centro de un parque, dentro de un pabellón acristalado que posee varias salas muy luminosas y una gran cafetería. Carta completa de cocina tradicional e internacional con toques actuales.

## ✕✕ Casa Mariano     🗛 ✼

*av. Portugal 28* ✉ 49016 – ☎ 980 53 44 87 – *www.restaurantesancho2.com*
*– cerrado 15 días en julio, domingo noche y lunes*      **Bt**
**Rest** – Menú 13/36 € – Carta 28/42 €

Dispone de un bar y varios comedores, entre los que destaca el que muestra una sección de la muralla de la ciudad. Tiene un buen horno de leña y la parrilla a la vista, por eso sus especialidades son las carnes asadas y a la brasa.

---

## ZAMUDIO – Vizcaya – **573** C21 – **3 281 h.** – alt. 40 m     **25** A3

▶ Madrid 396 – Bilbao 10 – Donostia-San Sebastián 103

## al Noreste 2,5 km

### 🏠 Aretxarte     🛏 🖭 ⅙ hab. 🗛 ✼ 🛜 🅿

*Parque Tecnológico - Ibaizabal 200* ✉ 48170 Zamudio – ☎ 944 03 69 00
*– www.aretxarte.com*
**29 hab** 🖵 – ♦64/71 € ♦♦74/84 €
**Rest** – *(cerrado domingo salvo mayo)* Menú 24 € – Carta 26/40 €

¡Se encuentra en el área empresarial de la localidad! Su pequeña recepción está integrada en la zona social y ofrece habitaciones actuales, todas con mobiliario funcional. El restaurante, amplio, moderno y luminoso, trabaja bastante bien con los clientes no alojados y elabora una cocina de tinte tradicional.

## ✕✕ Gaminiz     🗛 🅿

*Parque Tecnológico - Ibaizabal 212* ✉ 48170 Zamudio – ☎ 944 31 70 25
*– www.gaminiz.com – cerrado Navidades, Semana Santa, agosto y domingo*
**Rest** – *(solo almuerzo salvo viernes y sábado)* Menú 19/52 €
*– Carta 39/58 €*

Está instalado en una moderna estructura que imita la forma de un caserío. Aquí ofrecen un concurrido bar público, dos salas de cuidado montaje y una cocina de bases tradicionales con platos actuales.

---

## ZARAGOZA 🅿 – **574** H27 – **679 624 h.** – alt. 200 m     **3** B2

▶ Madrid 312 – Barcelona 307 – Bilbao 305 – Lleida/Lérida 150

🛬 de Zaragoza, por ⑥ : 9 km ☎902 40 47 04

**Iberia :** aeropuerto ☎902 40 05 00

🛈 glorieta Pío XII (Torreón de la Zuda), ✉ 50003, ☎ 902 20 12 00, www.zaragozaturismo.es

🛈 pl. de Nuestra Señora del Pilar, ✉ 50003, ☎ 902 20 12 00, www.zaragozaturismo.es

🛈 av. de Navarra 80, ✉ 50010, ☎902 20 12 00, www.zaragozaturismo.es

**R.A.C.E.** San Juan de la Cruz 2 ☎ 976 35 79 72

🖼 La Peñaza, por la carret. de Madrid : 12 km, ☎976 34 28 00

◉ La Seo★★ (Retablo del Altar Mayor★, Cúpula mudéjar de la parroquieta★, Museo capitular★y Museo de tapices★★) Y – La Lonja★ Y – Basílica de Nuestra Señora del Pilar★ (Retablo del Altar Mayor★ y Museo Pilarista★) Y – Aljafería★★ AU - Museo Ibercaja Camón Aznar★ Y - Museo Pablo Gargallo★ Y

Planos páginas siguientes

# ZARAGOZA

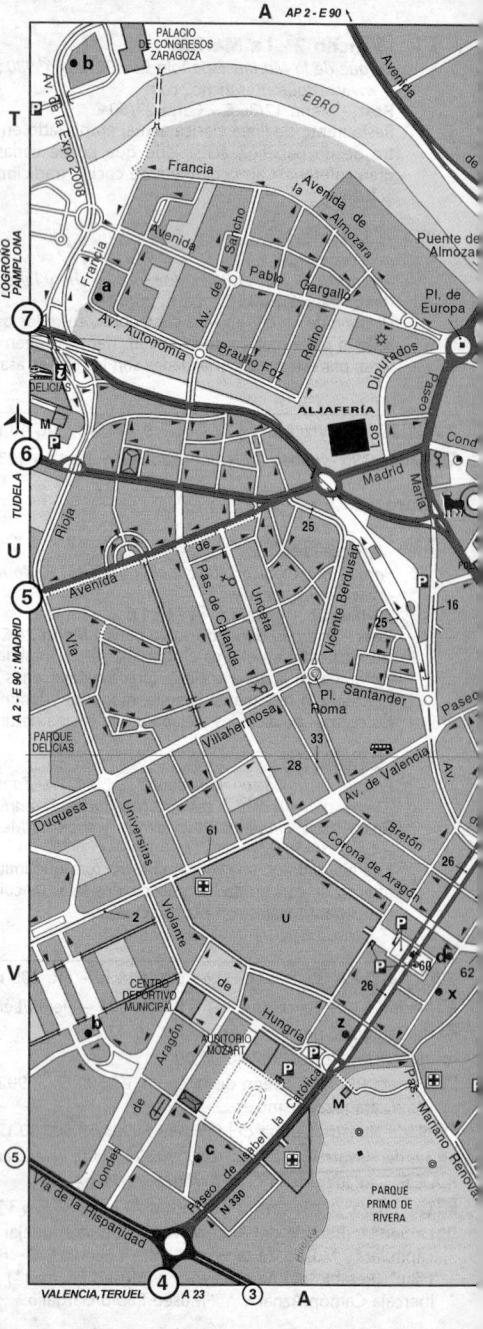

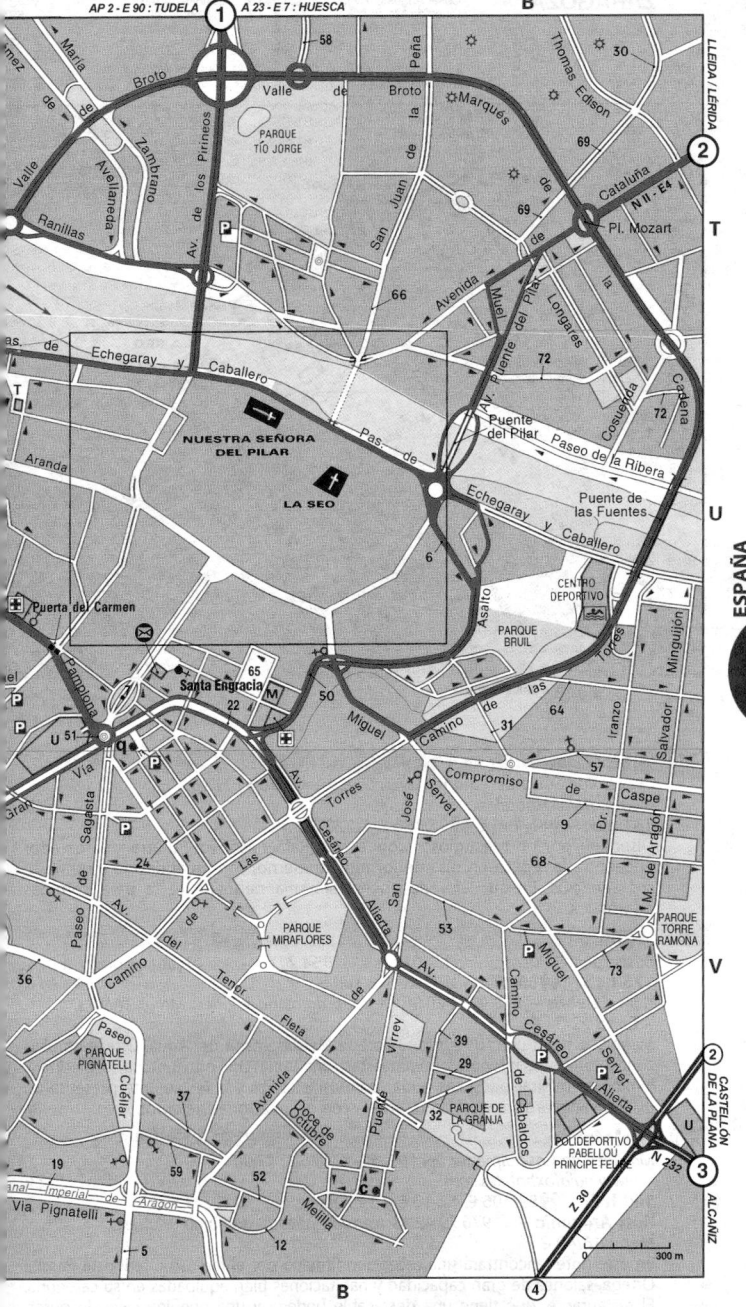

LLEIDA / LÉRIDA

Broto

Valle de Broto

58

Peña

Thomas Edison

30

Marqués

② · T

Valle de Broto

Zambrano

PARQUE
TÍO JORGE

Av. de los Pirineos

San Juan

69

69

de

la

Cataluña
N II - E4
Pl. Mozart

Ranillas

Avellaneda

Muel

P

San Juan

66

Avenida

Longares

72

Av. Puente del Pilar

de

Casupida

72

de

Cadena

T

Echegaray y Caballero

Pas - de

NUESTRA SEÑORA
DEL PILAR

Puente
del Pilar · Paseo de la Ribera

Puente de
las Fuentes

U

Aranda

✝
LA SEO

6

Echegaray y Caballero

CENTRO
DEPORTIVO

✚ Puerta del Carmen

Asalto

PARQUE
BRUIL

Minguijón

ESPAÑA

Pamplona

✉

65

✝

Santa Engracia

22 M

50

Miguel

Camino

31

las

de

64

Iranzo

Salvador

U

P

51

q

P

Av.

Cesáreo

Torres

Servet

José

Compromiso

de

Caspe

57

Gran

Vía

Sagasta

24

Las

de

Alierta

San

68

9

Dr.

I.M. de Aragón

PARQUE
MIRAFLORES

53

Miguel

73

PARQUE
TORRE
RAMONA

V

36

Camino

del

Paseo

Av.

Teniente

Fleta

Virrey

39

29

Av.

Camino

Cesáreo

P

de Caballos

Servet

Alierta

②

CASTELLON
DE LA PLANA

U

③

PARQUE
PIGNATELLI

Cuéllar

37

Avenida

Doce

Puente

de

32

PARQUE DE
LA GRANJA

Octubre

de Caballos

POLIDEPORTIVO
PABELLON
PRINCIPE FELIPE

N 232

ALCAÑIZ

19

59

52

C

Z 30

nal Imperial de Aragón

Vía Pignatelli

5

Melilla

12

0 · 300 m

④

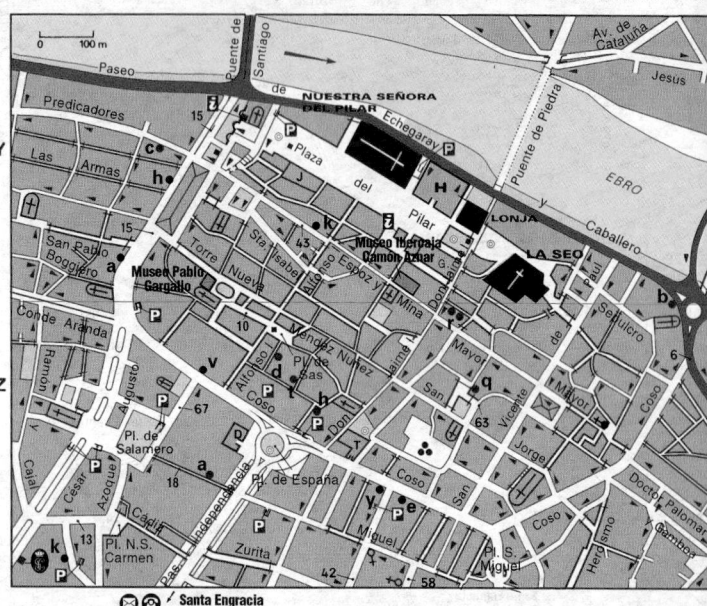

ESPAÑA

**Reina Petronila** sin rest, con cafetería 🔲 🖪 🛋 🖏 🔼 📶 ⏦ 🚗
*av. Alcalde Sáinz de Varanda 2 ⌂ 50009 – ℰ 876 54 11 36
– www.palafoxhoteles.com* AV**b**
**181 hab** – ♦86/196 € ♦♦96/196 €, ⚏ 20 €
Diseñado por un prestigioso arquitecto... ¡Rafael Moneo! Su atractivo exterior encuentra la réplica en un interior muy moderno, con un auditorio y numerosos servicios. En su cafetería encontrará una pequeña carta para comidas informales.

**Hiberus** ⮜ 🖪 🍸 🖈 🖙 🖦 hab, 🕮 🖏 ⏦ 🚗
*paseo de los Puentes 2 ⌂ 50018 – ℰ 876 54 20 08 – www.palafoxhoteles.com*
**176 hab** – ♦♦66/171 €, ⚏ 14 € – 8 suites AT**b**
**Rest Celebris** – ℰ 876 54 20 06 *(cerrado domingo y lunes)* Menú 16/38 €
– Carta 22/31 €
Magnífico hotel ubicado junto al Parque Metropolitano del Agua. Ofrece amplias zonas comunes, interiores minimalistas, una zona chill-out junto a la piscina y luminosas habitaciones, casi todas con vistas al Ebro. El restaurante presenta un diseño vanguardista y una carta-menú con elaboraciones de autor.

**Palafox** 🍸 🖪 🖈 🖦 hab, 🕮 🖏 ⏦ 🚗
*Marqués de Casa Jiménez ⌂ 50004 – ℰ 976 23 77 00
– www.palafoxhoteles.com* Z**k**
**160 hab** – ♦♦89/106 €, ⚏ 10 € – 19 suites
**Rest Aragonia** – ℰ 976 79 42 43 *(cerrado agosto, domingo y lunes)*
Menú 16/49 € 🕸
En este hotel encontrará una recepción firmada por el famoso interiorista Pascua Ortega, salones de gran capacidad y habitaciones bien equipadas en su categoría. El restaurante, que tiene una destacable bodega y una genuina cava de puros, enriquece su carta tradicional con interesantes jornadas gastronómicas.

🏨 **Alfonso** sin rest, con cafetería    ⬛ ⬛ 📶 ⬛ 🅰️ ⬛ 🛜 ⬛

Coso 17 ⬛ 50003 – ☏ 876 54 11 18 – www.palafoxhoteles.com    Zv

**120 hab** – 🛇73/103 € 🛇🛇76/110 €, ⬛ 7 €

¡En pleno centro! Tras su atractiva fachada encontrará un hotel con muchos detalles de diseño, todo obra del reconocido interiorista Pascua Ortega. Ofrece habitaciones confortables, bien equipadas y modernas.

🏨 **Reino de Aragón**    🔁 📶 ⬛ hab, ⬛ 🛜 ⬛ ⬛

Coso 80 ⬛ 50001 – ☏ 976 46 82 00 – www.hotelreinodearagon.com

**112 hab** – 🛇🛇70/250 €, ⬛ 14 € – 5 suites    Zy

**Rest** – Menú 16 € – Carta 47/60 €

Ofrece salones de gran capacidad, una terraza en la 1ª planta que funciona como
zona chill-out y habitaciones de línea actual-funcional, seis con su propia terraza y
todas con los suelos en tarima. El restaurante, distribuido en dos pisos y de montaje clásico, elabora una cocina tradicional actualizada.

🏨 **Zentro** sin rest    📶 ⬛ ⬛ 🛜 ⬛ ⬛

Coso 86 ⬛ 50001 – ☏ 976 70 33 00 – www.hotelzentrozaragoza.com

**93 hab** – 🛇🛇70/250 €, ⬛ 14 €    Ze

Presenta un moderno hall, dotado con ascensores panorámicos y luces indirectas,
así como unas habitaciones enriquecidas con detalles de diseño ¡La zona social
tiene el suelo parcialmente acristalado para ver algunos restos arqueológicos!

🏨 **Tryp Zaragoza** sin rest, con cafetería    🔁 📶 ⬛ ⬛ 🛜 ⬛ ⬛

Francia 4-6 ⬛ 50003 – ☏ 976 28 79 50 – www.tryphotels.com    ATa

**159 hab** – 🛇🛇50/200 €, ⬛ 11 € – 3 suites

Resulta interesante tanto para los turistas como para los clientes de empresa,
pues se encuentra muy cerca de la estación del AVE. Moderna fachada en blanco
y negro, amplio hall de aire informal y habitaciones funcionales de estilo actual.

🏨 **Avenida** sin rest    📶 ⬛ ⬛ 🛜 ⬛

av. César Augusto 55 ⬛ 50003 – ☏ 976 43 93 00
– www.hotelavenida-zaragoza.com    Ya

**85 hab** ⬛ – 🛇37/110 € 🛇🛇40/130 €

Disfruta de una organización familiar muy dedicada, de hecho, constantemente
realizan mejoras. Sus habitaciones presentan mobiliario renovado y un buen equipamiento.

🏨 **Hispania** sin rest    📶 ⬛ ⬛ 🛜 ⬛

av. César Augusto 95 ⬛ 50003 – ☏ 976 28 49 28 – www.hotelhispania.com

**46 hab** ⬛ – 🛇45/90 € 🛇🛇48/95 €    Yh

Conjunto céntrico, y algo laberíntico, que destaca por su distribución entre dos
edificios, frente al mercado municipal y junto a la plaza del Pilar. Ofrece habitaciones de correcto confort... eso sí, funcionales y con sencillo mobiliario.

🍴🍴🍴 **El Chalet**    🏡 ⬛ 🛜 ⬛

Santa Teresa de Jesús 25 ⬛ 50006 – ☏ 976 56 91 04
– www.elchaletrestaurante.es – cerrado Semana Santa, del 10 al 25 de agosto,
domingo y lunes mediodía en verano, domingo noche y lunes resto del año.

**Rest** – Menú 28/45 € – Carta 41/57 €    AVx

Su ubicación en una villa permite la distribución de sus salas y privados en dos
plantas, siempre con una ambientación clásica-moderna y detalles de elegancia.
Cocina de corte actual con platos tradicionales. ¡No se pierda su steak-tartar!

🍴🍴 **La Granada**    ⬛ 🛜 ⬛

San Ignacio de Loyola 14 ⬛ 50008 – ☏ 976 22 39 03
– www.restaurantelagranada.com – cerrado domingo    BUVq

**Rest** – Menú 25/55 € – Carta 40/50 €

Su buen nivel gastronómico se confirma en una carta actual e imaginativa,
donde demuestran el gusto por los productos autóctonos de temporada. En
sus salas, de cuidado montaje, combinan el clasicismo con detalles de diseño
y modernidad.

ESPAÑA

757

## XX La Bastilla      AC ⌾

*Coso 177 ⊠ 50001 – 𝒞 976 29 84 49 – www.labastilla.com – cerrado del 5 al 25 de agosto, domingo noche, lunes y martes noche*      **YZb**

**Rest** – Menú 36 € – Carta 38/54 €

Tiene su encanto, pues ocupa lo que antaño fueron los graneros del convento del Santo Sepulcro y una parte de la antigua muralla. En este atractivo marco de ambiente rústico le propondrán una cocina de base tradicional con toques actuales.

## XX Bal d'Onsera (Josechu Corella)      AC ⌾

*Blasón Aragonés 6 ⊠ 50003 – 𝒞 976 20 39 36 – www.baldonsera.com – cerrado Navidades, 7 días en agosto, 7 días en octubre, domingo y lunes*

**Rest** – Menú 30/68 € – Carta 55/75 €      **Zd**

¡En una céntrica calle peatonal! En su sala, de aire minimalista y con la cocina semivista, encontrará unas elaboraciones de tinte actual, normalmente con sabores armónicos muy auténticos y algún que otro detalle creativo.

→ Ensalada de borrajas, verduras y tartar de langostinos. Huevo poché con bogavante. Manzana reineta del desierto.

## XX Novodabo      ⌂ AC ⌾ ⟷

*Juan II de Aragón 5 ⊠ 50009 – 𝒞 976 56 78 46 – www.novodabo.com – cerrado Semana Santa, 7 días en agosto, domingo, lunes noche y martes noche*

**Rest** – Menú 35/60 € – Carta 30/55 €      **AVc**

Se presenta con una pequeña recepción en la planta baja, un comedor de estética actual en el piso superior y un privado. Carta actual equilibrada e interesante menú degustación. En la parte trasera hay una agradable terraza acristalada.

## XX Goralai      AC ⌾

*Santa Teresa de Jesús 26 ⊠ 50006 – 𝒞 976 55 72 03 – www.goralai.es – cerrado Navidades, 11 agosto-2 septiembre, domingo noche y lunes*      **AVd**

**Rest** – Menú 17/40 € – Carta 38/60 €

Llevado por una pareja. En su sala, colorista, actual y con cuadros de pintores aragoneses, podrá degustar una cocina bien elaborada que va evolucionando según la temporada.

## XX Txalupa      AC ⌾ ⟷

*paseo Fernando el Católico 62 ⊠ 50009 – 𝒞 976 56 61 70 – www.txalupazaragoza.com – cerrado Semana Santa, domingo noche, lunes noche y martes noche*      **AVz**

**Rest** – Menú 22/41 € – Carta 35/45 €

Casa de organización familiar que emana seriedad y buen hacer. Presenta una barra de espera a la entrada, dos comedores y un reservado, todo con una estética clásica-elegante muy cuidada. Cocina de base tradicional con toques actuales.

## XX La Prensa (Marisa Barberán)      AC ⌾

*José Nebra 3 ⊠ 50007 – 𝒞 976 38 16 37 – www.restaurantelaprensa.com – cerrado Semana Santa, 15 días en agosto, domingo y lunes*

**Rest** – Menú 55/80 € – Carta 50/85 € ⊛      **BVc**

Bien llevado en familia, con el propietario en la sala y su esposa al frente de los fogones. Posee un bar-hall de espera y dos salas de estética moderna. Cocina creativa de base tradicional, con buen producto y delicadas presentaciones.

→ Madeja de foie, trufa, plátano y arrope. Carrilleras de agnei ibérico, regaliz y torrezno. Gin tonic.

## X Antonio      ⌂ AC ⌾

*pl. San Pedro Nolasco 5 ⊠ 50001 – 𝒞 976 39 74 74 – cerrado del 16 al 31 de agosto, domingo y lunes mediodía en verano, domingo noche y lunes resto del año*      **Zq**

**Rest** – Menú 30/39 € – Carta 24/34 €

Resulta íntimo, acogedor y detallista. Aquí encontrará una sabrosa cocina de base tradicional... eso sí, con toques actuales. Los platos destacados de su carta son los Arroces, que cambian con la temporada, el Ternasco y el Steak Tartar.

X **La Matilde**      AC ⌘ ⇔

*Predicadores 7 ⊠ 50003 – ℰ 976 43 34 43 – www.lamatilde.com – cerrado*
*Navidades, Semana Santa, domingo y festivos*     **Yc**
**Rest** – Menú 26/80 € – Carta 39/54 € ⊛
Un negocio bien llevado entre hermanos, todos buenos conocedores de la profe-
sión. Sin duda, esta casa emana personalidad, algo que se aprecia tanto en el
montaje como en la decoración. Cocina tradicional no exenta de detalles actuales.

X **Casa Lac**     AC ⌘

*Mártires 12 ⊠ 50003 – ℰ 976 39 61 96 – www.restaurantecasalac.es – cerrado*
*domingo noche*     **Zh**
**Rest** – Menú 19/60 € – Carta 37/50 €
¡Aquí las verduras son las protagonistas! El local, con mucha historia, atesora la
licencia más antigua de España como restaurante (1825). Agradable bar de tapas
y dos salones, destacando el del piso superior por su ambiente decimonónico.

Ⴘ **Los Victorinos**     AC ⌘ ⊟

*José de la Hera 6 ⊠ 50001 – ℰ 976 39 42 13 – cerrado del 15 al 31 de mayo y*
*del 15 al 30 de noviembre*     **Zr**
**Rest** – Tapa 3 € – Ración aprox. 9 €
Disfruta de un sugerente expositor de pinchos en la barra, lo que sin duda
supone su mejor carta de presentación. El placer gastronómico y el calor de la
decoración taurina se combinan a la perfección para recrear un marco acogedor.

Ⴘ **La Despensa**     AC ⌘

*Libertad 3 ⊠ 50003 – ℰ 976 29 76 14 – cerrado domingo*     **Zt**
**Rest** – Tapa 4,50 € – Ración aprox. 13 €
Emplazado en el "Tubo", la zona de tapeo del casco viejo. Dispone de un pequeño
bar repleto de cajas de vino y una sala bastante acogedora en el sótano, donde
ofrecen una escueta carta y un menú. ¡Tapas de cocina tradicional actualizada!

Ⴘ **Los Zarcillos**     AC ⌘

*José de la Hera 2 ⊠ 50001 – ℰ 976 39 49 04 – cerrado del 15 al 30 de junio, del*
*15 al 30 de noviembre y lunes*     **Zr**
**Rest** – Tapa 2,90 € – Ración aprox. 8 €
Este sencillo local, de aspecto cuidado, ofrece tapas y pinchos que sorprenden
por su elaboración. También cuenta con cuatro mesas para saborear sus raciones.

Ⴘ **Continental**     AC ⌘

*Cinco de Marzo 2 ⊠ 50004 – ℰ 976 23 73 31 – cerrado domingo noche en*
*verano*     **Za**
**Rest** – Tapa 2 € – Ración aprox. 10 €
Muy concurrido desde el desayuno hasta el cierre. Posee un buen expositor sobre
la barra y pizarras en las que anuncian tapas, raciones y tablas variadas.

**en la carretera del aeropuerto** por ⑥ : 8 km

XXX **Gayarre**     🚗 🌣 AC ⌘ ⇔ P

*⊠ 50190 Garrapinillos – ℰ 976 34 43 86 – www.restaurantegayarre.com*
*– cerrado Semana Santa, 2ª quincena de agosto, lunes, martes noche, miércoles*
*noche y jueves noche*
**Rest** – Menú 30 € – Carta 31/43 €
Este lujoso chalet cuenta con una bonita bodega visitable, un comedor principal
clásico-actual y dos salones de banquetes, representando estos uno de los puntos
fuertes del negocio. Su carta combina elaboraciones creativas y tradicionales.

---

**ZARAUTZ** – Guipúzcoa – **573** C23 – **22 650 h.** – Playa     **25** B2
▶ Madrid 482 – Bilbao 85 – Iruña/Pamplona 103 – Donostia-San Sebastián 20
🛈 Nafarroa 3 , ⊠ 20800, ℰ 943 83 09 90, www.turismozarautz.com
🚉 Zarautz, Este : 1 km, ℰ 943 83 01 45
⊙ Carretera en cornisa★★ de Zarauz a Guetaria

### 🏨 **Zarauz** 🗣️ AC rest, ⚡ rest, 🌐 🔊 P

*Nafarroa 26 ✉ 20800 – 𝒞 943 83 02 00 – www.hotelzarauz.com – cerrado Navidades*

**75 hab** – †47/87 € ††50/107 €, � 8 €

**Rest** – *(cerrado domingo noche salvo verano)* Menú 13 €

Edificio de fachada clásica emplazado en la avenida central de Zarautz. Ofrece elegantes salones y correctas habitaciones, todas con un clasicismo poco actual pero bien conservado. El restaurante, en la misma línea, disfruta de un acceso independiente.

### 🏨 **Roca Mollarri** sin rest 🔊 ⚡ 🌐

*Zumalakarregi 11 ✉ 20800 – 𝒞 943 89 07 67 – www.hotel-rocamollari.com – cerrado 20 diciembre-15 enero*

**12 hab** – †50/85 € ††60/120 €, ⊈ 9 €

Esta coqueta casa de gestión familiar cuenta con una parte destinada a hotel y otra a vivienda particular. El salón social armoniza con las habitaciones, bastante cálidas.

### ✗ **Gure Txokoa** AC ⚡

*Gipuzkoa 22 ✉ 20800 – 𝒞 943 83 59 59 – www.restauranteguretxokoa.es – cerrado 15 días en febrero, 15 días en noviembre, domingo noche y lunes*

**Rest** – Menú 19/70 € – Carta 44/55 €

Presenta un pequeño bar privado y a continuación la sala, rústica y de cuidado montaje. Cocina vasca con productos de temporada, diversos platos a la parrilla y algo de caza.

---

## ZEANURI – Vizcaya – 573 C21 – 1 312 h. – alt. 230 m 25 A2

▶ Madrid 394 – Bilbao 33 – Donostia-San Sebastián 101 – Vitoria-Gasteiz 43

### en el barrio de Altzusta Sureste : 3,5 km

#### 🏨 **Ellauri** sin rest 🔊 ⚔ 🗣️ ⚱ AC ⚡ 🌐 🔊 P

*Altzusta 38 ✉ 48144 Zeanuri – 𝒞 946 31 78 88 – www.ellaurihotela.com*

**9 hab** – †95/125 € ††125/138 €, ⊈ 10 €

Dotado con una sobria fachada en piedra y un torreón. Su interior contrasta mucho con el exterior, pues tanto las habitaciones como la zona social son de estilo minimalista. ¡Perfecto para disfrutar del campo, pues tiene gran tranquilidad!

### en el barrio de Ipiñaburu Sur : 4 km

#### 🏨 **Etxegana** 🔊 ⚔ 🗣️ ⚱ hab, ⚡ rest, 🌐 🔊 P

*Ipiñaburu 38 ✉ 48144 Zeanuri – 𝒞 946 33 84 48 – www.etxegana.com*

**18 hab** ⊈ – †79/109 € ††109/150 € **Rest** – *(solo menú)* Menú 28/45 €

¡Singular, muy tranquilo y en plena naturaleza! Ofrece habitaciones dominadas por el estilo hindú, con materiales de calidad, numerosas tallas y algún que otro detalle moderno. Pequeño SPA. El restaurante, que disfruta de vistas al valle, ofrece un menú basado en la cocina tradicional.

---

## ZIERBENA – Vizcaya – 573 B20 25 A3

▶ Madrid 410 – Bilbao 24 – Santander 80

🖈 barrio El Puero s/n (edificio Multifundición), ✉ 48508, 𝒞 946 40 49 74, www.zierbena.net

### ✗ **Lazcano** ⚔ ⚡ ⟷ P

*Travesía Virgen del Puerto 21 ✉ 48508 – 𝒞 946 36 50 32 – cerrado Semana Santa, agosto, domingo, lunes noche, martes noche y miércoles noche*

**Rest** – Menú 30 € – Carta 36/63 €

Restaurante de organización familiar y línea clásica-funcional. Dispone de un bar a la entrada y un luminoso comedor en el piso superior, con vistas al puerto. Cocina marinera de correcta elaboración basada en pescados y mariscos.

**La ZUBIA** – Granada – **578** U19 – **18 375 h.** – **alt. 760 m**                    **2** C1
▶ Madrid 438 – Granada 8 – Málaga 135 – Murcia 294

⌂       **La Zubia** sin rest                                    ⊛ ⊐ ⊜ 🆊 ⅏ 🛜
        *Murcia 23* ⊠ *18140 –* ℰ *958 59 03 54 – www.hotellazubia.com*
        **12 hab** ⊇ – ♦44/50 € ♦♦61/77 €
        Pequeño hotel de gestión familiar instalado en el centro de la localidad, en una
        construcción tipo villa. Ofrece correctas habitaciones de línea clásica y un patio
        morisco, donde podrá contemplar y admirar el hermoso arte del empedrado.

**ZUBIRI** – Navarra – **573** D25                                              **24** B2
▶ Madrid 414 – Iruña/Pamplona 20 – Donostia-San Sebastián 97

⌂       **Hostería de Zubiri**                                        ⅏ rest. 🛜
        *av. Roncesvalles 6* ⊠ *31630 –* ℰ *948 30 43 29 – www.hosteriadezubiri.com*
        *– abril-noviembre*
        **10 hab** ⊇ – ♦52/60 € ♦♦64/76 €
        **Rest** – *(solo clientes, solo cena)* Menú 19/28 €
        Típico hotel de montaña que descubre un cálido interior neorrústico, con habi-
        taciones alegres y baños detallistas. Servicio de restaurante con cena solo para
        clientes.

**ZUMARRAGA** – Guipúzcoa – **573** C23 – **10 024 h.** – **alt. 354 m**          **25** B2
▶ Madrid 410 – Bilbao 65 – Donostia-San Sebastián 54 – Vitoria-Gasteiz 55

✗       **Kabia**                                                        🆊
        *Legazpi 5* ⊠ *20700 –* ℰ *943 72 62 74 – www.restaurantekabia.com – cerrado 7*
        *días en agosto y lunes*
        **Rest** – *(solo almuerzo salvo viernes y sábado)* Menú 17/35 € – Carta 33/43 €
        Este restaurante presenta una línea funcional-actual, con dos salas para el menú
        en la planta baja y un reducido comedor a la carta en el piso superior. Cocina
        de buen nivel.

# Andorra

# ANDORRA

El principio de Andorra occupa una superfi cie de 464 m2 y está situado en el corazón de los Pirineos, entre España y Francia. Desde 1993 el Principado es un Estado soberano miembro de la ONU. La lengua oficial es el catalán, pero la mayoría de la población habla también francés y castellano. La moneda de curso legal es el euro. Para acceder al país se requiere pasaporte o carnet de identidad vigentes.

---

## ANDORRA LA VELLA – Andorra – alt. 1 029 m 13 B1

▶ Madrid 625 – Barcelona 199 – Carcassonne 165 – Foix 102

🛈 Dr. Vilanova 13, Edifici Davi - Local C , ☒ AD500, ℰ 00 376 82 02 14, www.andorra.ad

🛈 pl. de la Rotonda, ☒ AD500, ℰ (376) 87 31 03, www.turisme.andorralavella.ad

**A.C.A.** Babot Camp 13 ℰ (376) 80 34 00

🏨🏨🏨 **Andorra Park H.** 🐾 ← 🚗 🚙 ⌧ 🔄 ⊕ 🖐 ✗ 📶 ⛓ hab, 🅰 💱 📶 🏋 🅿 🚘
*Les Canals 24* ☒ *AD500 – ℰ (376) 87 77 77* Bb
*– www.parkhotelandorra.com*
**89 hab** ⌧ – ♦125/225 € – ♦♦125/324 € – 1 suite – 8 apartamentos
**Rest** *És Andorra* – Menú 21/65 € – Carta 33/69 €
¡En la parte alta de la ciudad y rodeado de jardines! Presenta amplias zonas sociales, habitaciones de excelente confort, todas con terraza, y un completo SPA. És Andorra, el restaurante gastronómico, combina sus vistas al jardín con una carta tradicional actualizada y un buen menú degustación.

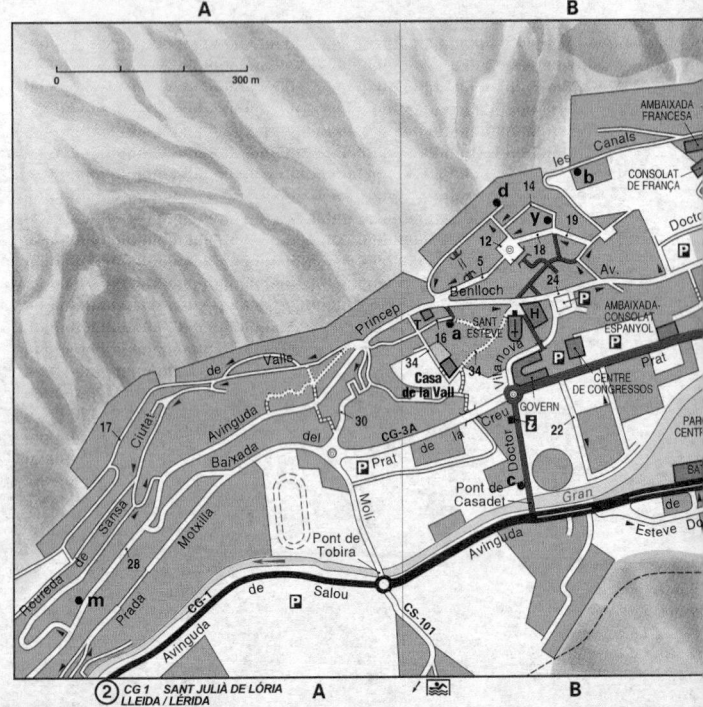

ANDORRA

###  Plaza ⓦ ┡ 🏖 🖲 ⬟ hab. 🄰 ⅀ rest. 🤏 🛁 🚗

*María Pla 19 ⊠ AD500 – ℰ (376) 87 94 44 – www.plazandorra.com*
**45 hab** ⅀ – **♥♥**90/120 € – 45 suites           **Ca**
**Rest** *La Cúpula* – Menú 20/28 € – Carta 25/33 €
Hotel de línea clásica-elegante que destaca tanto por su ubicación, en pleno centro, como por su diáfano lobby, con dos ascensores panorámicos. Completo SPA. Su restaurante elabora una cocina actual y de temporada que juega con el simbolismo de los cuatro elementos primordiales (tierra, agua, fuego y aire).

### Arthotel ┡ 🏖 🖲 ⬟ hab. 🄰 🤏 🛁 🚗

*Prat de la Creu 15-25 ⊠ AD500 – ℰ (376) 76 03 03 – www.arthotel.ad*
**121 hab** ⅀ – **♥**81/198 € – **♥♥**102/244 €         **Cd**
**Rest** *Plató* – Menú 14/20 € – Carta 24/55 €
Una buena combinación de profesionalidad y estética actual. La zona noble se complementa con la cafetería y sorprende por sus habitaciones, algo funcionales pero muy espaciosas. El restaurante Plató, decorado con fotografías de películas, ofrece una carta de cocina tradicional con un buen apartado de arroces.

### President 🔲 🖲 🄰 ⅀ rest. 🤏 🛁 🚗

*av. Santa Coloma 44 ⊠ AD500 – ℰ (376) 87 72 77*
*– www.hotelpresident-andorra.com*         **Am**
**100 hab** ⅀ – **♥**45/127 € **♥♥**59/169 €    **Rest** – Menú 18 € – Carta 27/36 €
¡Algo alejado del centro! En conjunto disfruta de unas habitaciones bastante confortables, resultando más actuales y amplias las junior suites de la 8ª y 9ª planta. Atractiva sala de juegos para niños y piscina cubierta en la azota. El restaurante, de correcto montaje, ofrece una cocina de tinte tradicional.

ANDORRA

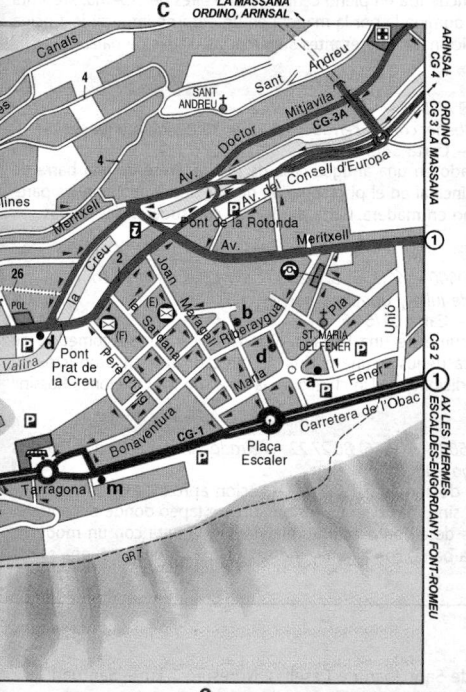

### ANDORRA LA VELLA

**Diplomatic** 🛏 📶 ⅃ 🖪 ♿ hab. Ⓐ 🍴 rest 🛜 🛁 🚗
*av. Tarragona* ⊠ AD500 – ℰ *(376) 80 27 80 – www.diplomatichotel.com*
**83 hab** ⌕ – **†**49/117 € **††**62/167 € – 2 suites                        C**m**
**Rest** – *(solo cena)* Menú 11/19 € – Carta 25/39 €

¡Próximo a la zona comercial y de negocios! Presenta unas habitaciones de línea funcional, adecuadas tanto para el cliente de empresa como para el turista, así como varios espacios pensados para el relax... con recorridos de agua y masajes. Su sencillo comedor sirve una cocina internacional sin pretensiones.

**Florida** sin rest 🛏 ⅃ 🖪 🛜
*Llacuna 15* ⊠ AD500 – ℰ *(376) 82 01 05 – www.hotelflorida.ad*        B**y**
**27 hab** ⌕ – **†**43/90 € **††**56/104 €

El trato familiar es lo que mejor define a este hotel, emplazado en pleno centro histórico y rodeado de tiendas. Compensa su reducida zona social con unas habitaciones confortables dentro de su sencillez. Pequeño gimnasio y sauna.

**La Borda Pairal 1630** ✕✕ Ⓐ ⇔ 🅿
*Doctor Vilanova 7* ⊠ AD500 – ℰ *(376) 86 99 99 – www.labordapairal1630.com*
*– cerrado domingo noche y lunes*                               B**c**
**Rest** – Menú 16 € – Carta 30/58 €

¿Ha comido alguna vez en una típica borda de piedra? Esta dispone de un bar, un comedor rústico, con la bodega acristalada, y una sala más amplia en el piso superior, esta transformable en tres privados. Carta tradicional con sugerencias.

**Taberna Ángel Belmonte** ✕✕ Ⓐ 🍴
*Ciutat de Consuegra 3* ⊠ AD500 – ℰ *(376) 82 24 60*
*– www.tabernaangelbelmonte.com*                               C**b**
**Rest** – Carta 36/50 €

Resulta agradable, se encuentra en pleno centro y tiene aires de taberna. Presenta una bonita decoración dominada por la madera en un entorno impecable. Cocina de mercado, carta tradicional e interesantes sugerencias diarias de palabra.

**Can Benet** ✕✕ Ⓐ
*antic carrer Major 9* ⊠ AD500 – ℰ *(376) 82 89 22*
*– www.restaurant_canbenet.com – cerrado del 15 al 30 de junio y lunes*
**Rest** – Menú 25/40 € – Carta 34/54 €                         B**a**

Negocio familiar instalado en una antigua casa de piedra. Presenta una barra de apoyo y el comedor principal en el piso superior, de aire andorrano, con las paredes en piedra y el techo en madera. Carta tradicional con sugerencias diarias

**Celler d'en Toni** ✕✕ 🍴
*Verge del Pilar 4* ⊠ AD500 – ℰ *(376) 82 12 52 – www.cellerdentoni.com*
*– cerrado del 1 al 15 de julio y domingo noche*                   C**d**
**Rest** – Menú 29/50 € – Carta 31/64 €

Resulta céntrico y presume de una larga tradición familiar. En su comedor, de ambiente rústico, podrá degustar una cocina de mercado rica en productos de temporada y platos tradicionales. ¡Un clásico de la casa son los Canelones Rossini!

**Bodega Poblet** 🍴
*de l' Alzineret 6* ⊠ AD500 – ℰ *(376) 86 27 22 – cerrado 10 días en mayo, 10 días en septiembre, domingo y lunes*                               B**d**
**Rest** – *(reservar el fin de semana)* Tapa 7 € – Ración aprox. 14 €

No es un bar de tapas, sino más bien un restaurante de tapeo donde encontraremos deliciosos pinchos de autor y raciones elaboradas. Cuenta con un moderno interior... por un lado la barra, con algunas mesas, y por otro una pequeña salita.

---

**CANILLO** – alt. 1 531 m                                    13 B1

▶ Andorra la Vella 12

◉ Crucifixión ★ en la iglesia de Sant Joan de Caselles, Noreste : 1 km – Santuari de Meritxell (paraje ★) Suroeste : 3 km

**Ski Plaza**  🔟 ♨ 🍴 🕭 hab, 🔃 ☽ rest, 🛜 🚗
*carret. General* ✉ AD100 – ☎ *(376) 73 94 44 – www.plazandorra.com*
**111 hab** – †75/227 € ††100/302 €, ☲ 19 €  **Rest** – Menú 19 €
Se encuentra a 1.600 m de altitud y está bastante bien equipado, de hecho cuenta con un pequeño circuito de aguas. Posee habitaciones de ambiente montañés y máximo confort, unas con jacuzzi y otras pensadas para familias con niños. El restaurante, de sencillo montaje, basa su actividad en un completo buffet.

---

# ENCAMP – alt. 1 313 m 13 B1
▶ Andorra la Vella 8
🛈 pl. Consell 1, ✉ AD200, ☎ (376) 73 10 00, www.encamp.ad

 **Coray**  ⬅ 🖵 🛋 🔃 rest, ☽ 🚗
*Caballers 38* ✉ AD200 – ☎ *(376) 83 15 13 – www.hotelcoray.com – cerrado noviembre*
**85 hab** ☲ – †29/50 € ††50/72 €  **Rest** – Menú 11 €
Bien situado en la zona alta de la localidad. Posee unas zonas sociales actuales y habitaciones funcionales, muchas de ellas con vistas a los campos del entorno. El amplio comedor basa su actividad en un correcto servicio de buffet.

 **Univers**  🛋 ☽ 🛜 🅿 🚗
*René Baulard 13* ✉ AD200 – ☎ *(376) 73 11 05 – www.hoteluniversandorra.com – cerrado 2 noviembre-3 diciembre*
**31 hab** ☲ – †42/45 € ††64/83 €  **Rest** – Menú 12 € – Carta 18/37 €
Negocio de gestión familiar ubicado a orillas del Valira Oriental. Tanto en los pasillos como en las sencilla habitaciones encontrará fotografías, con paisajes de la zona, realizadas por el propietario. En su correcto comedor combinan el menú del día con una escueta carta de gusto tradicional.

**ANDORRA**

---

# ERTS – ver La Massana

---

# ESCALDES ENGORDANY – alt. 1 105 m 13 B1
▶ Andorra la Vella 2
🛈 pl. Santa Anna, ✉ AD700, ☎ (376) 82 09 63, www.e-e.ad

Plano página siguiente

 **Roc Blanc**  🔟 ⬙ 🍴 🛋 🕭 hab, 🔃 ☽ rest, 🛜 🖝 🚗
*pl. dels Coprínceps 5* ✉ AD700 – ☎ *(376) 87 14 00 – www.rocblanchotels.com*
**154 hab** ☲ – †95/253 € ††126/337 € – 3 suites  Da
**Rest *L'Entrecôte*** – Menú 20/32 € – Carta 27/41 €
Está en el centro de la localidad y se reparte entre tres edificios unidos entre sí. Completa zona social, SPA con agua termal y acogedoras habitaciones, todas con mobiliario clásico-actual. El restaurante L'Entrecôte, de línea funcional, tiene en el entrecot de ternera francesa su producto estrella.

 **Casa Canut**  🛋 🕭 🔃 ☽ 🛜 🚗
*av. Carlemany 107* ✉ AD700 – ☎ *(376) 73 99 00 – www.acasacanut.com*
**33 hab** – ††120/250 €, ☲ 15 €  Ds
**Rest *Casa Canut*** – ver selección restaurantes
Al pasar el umbral de su renovada fachada quedará seducido por el refinamiento de este hotel, muy céntrico y de gestión familiar. Todas las habitaciones, de completo equipamiento, están personalizadas en su decoración... por eso cada una lleva el nombre de un diseñador. ¡Las más lujosas son las Top Class!

 **Espel**  🛋 🕭 hab, 🔃 ☽ 🚗
*pl. Creu Blanca 1* ✉ AD700 – ☎ *(376) 82 08 55 – www.hotelespel.com – cerrado 2 mayo - 2 julio*  Ev
**84 hab** ☲ – †47/60 € ††60/80 €  **Rest** – *(solo menú)* Menú 15 €
Está llevado entre dos hermanas y con su nombre rinde un pequeño homenaje al apellido familiar. Posee unas habitaciones de aspecto funcional y un restaurante de sencillo ambiente clásico, basando toda su oferta en un correcto menú del día.

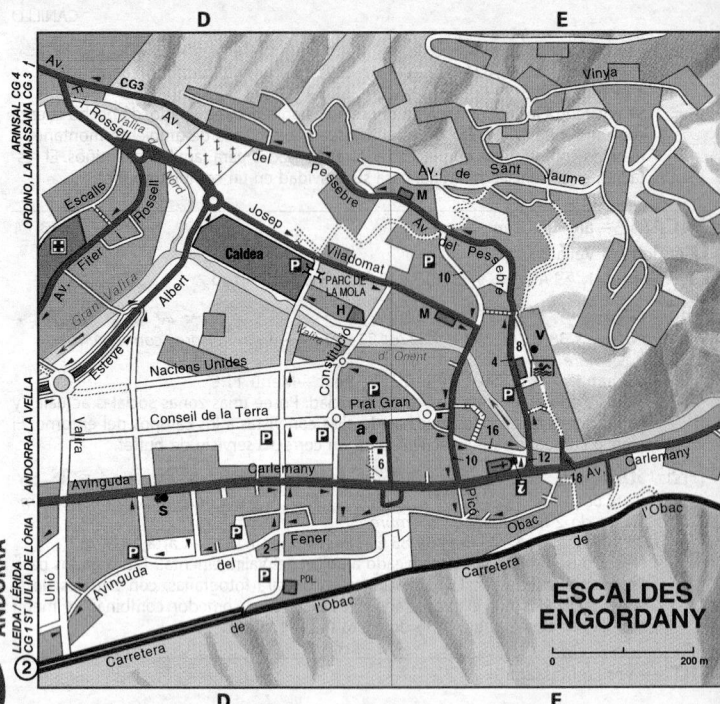

XXX   **Casa Canut** – Hotel Casa Canut                    AC 🍴 ♻ 🚗
av. Carlemany 107 ⊠ AD700 – 𝒞 (376) 73 99 00 – www.acasacanut.com
**Rest** – Menú 28/69 € – Carta 55/80 €                              **D**s
Conjunto clásico elegante repartido en varias salas. Su completísima carta posee
un apartado de pescados y mariscos, otro para guisos y arroces y, finalmente, uno
especial dedicado a los grandes clásicos de Casa Canut. ¡Interesantes menús!

**LLORTS** – Andorra – ver Ordino

**La MASSANA** – alt. 1 241 m                                        **13 B1**
◗ Andorra la Vella 7
ℹ pl. de les Fontetes, ⊠ AD400, 𝒞 (376) 83 56 93, www.lamassana.ad

🏠   **Rutllan**                  ← 🚗 🏊 ☐ 🛗 🀾 hab, AC rest, ♻ rest, 📶 🚗
av. del Ravell 3 ⊠ AD400 – 𝒞 (376) 73 87 38 – www.hotelrutllan.com – cerrado
mayo
**96 hab** ☐ – †63/79 € ††95/157 €   **Rest** – Menú 28 € – Carta 33/50 €
Hotel de organización familiar instalado en un edificio con profusión de
madera. Ofrece unas confortables habitaciones y resulta muy llamativo durante
la época estival, pues cubren sus balcones con llamativos geranios. El restaurante,
de línea clásica, está decorado con numerosos jarrones de cerámica y cobre.

768

###  Abba Xalet Suites H.
♨ ⚒ 🛏 ⌘ rest, 🛜 🄿 🅐

*carret. de Sispony, Sur : 1,8 km* ⊠ AD400 – 𝒞 (376) 73 73 00
*– www.abbaxaletsuiteshotel.com*
**47 hab** � – †64/112 € ††79/139 € – 36 suites
**Rest** – Menú 23 € – Carta 30/44 €
Se distribuye en dos edificios y tiene la particularidad de que mientras uno abre todo el año, con habitaciones clásicas, el otro lo hace en temporada y solo ofrece suites. Dispone de dos restaurantes, uno por hotel, ambos de correcto montaje y uso polivalente, ya que atienden los tres servicios del día.

### ※※ Molí dels Fanals
🄰🄲 ⌘ ⇔ 🄿

*av. las Comes (Sispony), Sur : 1,3 km* ⊠ AD400 – 𝒞 (376) 83 53 80
*– www.molidelsfanals.com – cerrado domingo noche y lunes*
**Rest** – Menú 24/60 € – Carta 31/61 €
Tiene su encanto, pues ocupa una antigua "borda" construida en piedra. Tras el amplio bar de la entrada ofrece un comedor principal de aire rústico y dos salas secundarias. Completa carta de cocina tradicional, con predominio de las carnes.

### ※ Borda Raubert
⌘ 🄿

*carret. de Arinsal, 2 km* ⊠ AD400 – 𝒞 (376) 83 54 20 – www.bordaraubert.com
*– cerrado del 2 al 26 de junio, domingo noche, lunes noche y martes*
**Rest** – Carta 31/46 €
Instalado en una típica "borda" andorrana, un edificio de piedra de marcada rusticidad que sitúa la sala principal en el antiguo pajar y la secundaria en lo que eran las cuadras. Carta regional rica en carnes, embutidos y platos a la brasa.

## en Erts

###  Palomé
♨ 🛋 ⅙ hab, 🄰🄲 hab, ⌘ 🛜 🄿

*carret de Arinsal* ⊠ AD400 – 𝒞 (376) 73 85 00 – www.palomehotel.com
**30 hab** – †72/88 € ††79/116 €, ⊇ 12 € – 5 suites
**Rest** *Émo* – Menú 25 € – Carta 29/44 €
Ocupa un antiguo hotel que no hace mucho fue reformado, ensalzando con su nombre el pico de una montaña cercana. Aquí encontrará unas habitaciones de línea urbana-moderna, todas con cama de matrimonio. En el restaurante sirven cocina tradicional actualizada.

---

## MERITXELL – alt. 1 527 m
13 B1

◪ Andorra la Vella 11

◉ Santuari de Meritxell (paraje★)

###  L'Ermita
ʄ̆ 🛋 ⅙ hab, ⌘ 🛜

*Meritxell* ⊠ AD100 – 𝒞 (376) 75 10 50 – www.hotelermita.com
*– cerrado 11 junio-15 julio y 14 octubre-21 noviembre*
**27 hab** ⊇ – †38/64 € ††64/96 € **Rest** – Menú 15/25 € – Carta 21/38 €
Hotel familiar emplazado en un paraje de montaña, junto al santuario de la Virgen de Meritxell. Presenta una agradable zona social y unas habitaciones clásicas con numerosos detalles renovados. En su restaurante, de aire rústico pero también actualizado, encontrará una carta tradicional y varios menús.

---

## ORDINO – alt. 1 304 m – Deportes de invierno : 1 940/2 625 m. ⚶15
13 B1

◪ Andorra la Vella 9

###  Coma
♨ ≤ 🏛 ⚒ ※ 🛋 ⅙ hab, 🄰🄲 rest, ⌘ rest, 🛜 🄿

*Camp de la Tenada* ⊠ AD300 – 𝒞 (376) 73 61 00 – www.hotelcoma.com
**48 hab** ⊇ – †38/90 € ††110/140 € **Rest** – Menú 20/38 € – Carta 23/46 €
Resulta acogedor y... ¡está llevado por la misma familia desde 1932! Tras su fachada, típica de montaña, presenta unas habitaciones de línea funcional, con bañera de hidromasaje y en muchos casos terraza. En su restaurante, amplio, luminoso y polivalente, podrá descubrir una sabrosa cocina tradicional.

**ANDORRA**

**en Llorts**

## ✗✗ La Neu

*carret. General, Noroeste : 5,5 km* ✉ *AD300 –* ☎ *(376) 85 06 50 – www.laneu.com*
*– cerrado 15 días en mayo, 15 días en septiembre, lunes y martes*
**Rest** – Menú 16/25 € – Carta 20/34 €
Este pequeño restaurante, llevado por una joven pareja, presenta una sala acristalada que destaca tanto por su decoración rústica, con mucha madera, como por sus vistas a las montañas. De sus fogones surge una cocina tradicional catalana.

---

## PAS DE LA CASA – alt. 2 085 m – Deportes de invierno :     14 C1
1 710/2 640 m. ✆62

🛣 Andorra la Vella 29
◉ Emplazamiento★
🄶 Port d'Envalira★★

### por la carretera de Soldeu Suroeste : 10 km

## 🏨 Grau Roig

*Grau Roig* ✉ *AD200 –* ☎ *(376) 75 55 56 – www.hotelgrauroig.com*
*– cerrado 20 abril-20 junio y 12 octubre-27 noviembre*
**42 hab** � – ♦98/262 € ♦♦118/256 € **Rest** – Carta 30/59 €
Con el circo de Pessons como telón de fondo... esta típica construcción de montaña resulta ideal para pasar unos días de esquí o trekking. Posee varios tipos de habitaciones, todas coquetas y bien equipadas, así como una oferta gastronómica suficientemente variada.

---

## SANT JULIÀ DE LÒRIA – alt. 909 m     13 B1
🛣 Andorra la Vella 7

### al Sureste 7 km

## 🏨 Coma Bella

*bosque de La Rabassa - alt. 1 300* ✉ *AD600 –* ☎ *(376) 74 20 30*
*– www.hotelcomabella.com – cerrado del 2 al 27 de noviembre*
**30 hab** ⊒ – ♦39/59 € ♦♦60/100 € **Rest** – Menú 13/35 € – Carta 21/43 €
Conjunto aislado y tranquilo, pues está en pleno bosque de La Rabassa y próximo al parque temático de Naturlandia. Ofrece amplias zonas nobles, habitaciones funcionales y un correcto restaurante que destaca por sus magníficas vistas a las cumbres colindantes.

---

## SOLDEU – alt. 1 826 m – Deportes de invierno : 1 710/2 640 m. ✆62   13 B1
🛣 Andorra la Vella 20

## 🏨 Sport H. Hermitage

*carret. de Soldeu* ✉ *AD100 –* ☎ *(376) 87 06 70 – www.sporthotels.ad*
*– cerrado 15 abril-28 junio*
**114 hab** ⊒ – ♦197/404 € ♦♦197/908 € – 6 suites **Rest** – Carta 44/75 €
¡A 1850 m de altitud y con acceso directo a las pistas de Grandvalira! Presenta un exterior típico montañés y un interior de línea actual, con alguna que otra pincelada zen. Amplísimo SPA con vistas a las montañas, como todas las habitaciones. Sus restaurantes tiene el asesoramiento de reconocidos chefs.

## 🏨 Xalet Montana

*carret. General* ✉ *AD100 –* ☎ *(376) 73 93 33 – www.xaletmontana.net*
*– 20 diciembre-15 abril*
**40 hab** ⊒ – ♦88/120 € ♦♦120/162 € **Rest** – *(solo cena)* Menú 18 €
Hotel de esmerada decoración y carácter funcional-montañés que sorprende por la profusión de madera y las buenas vistas desde las habitaciones, todas con balcón y asomadas a las pistas de esquí. El comedor basa su oferta en un correcto menú.

**ANDORRA**

✗ **Sol i Neu** 🛖

*Dels Vaquers* ✉ *AD100 – 𝒞 (376) 85 13 25 – www.sporthotels.ad – cerrado
15 abril-15 junio y lunes*
**Rest** – Carta 29/54 €

Se encuentra a pie de pistas y está considerado todo un clásico en la zona. En
conjunto tiene cierto aire montañés, con profusión de madera y objetos antiguos relacionados con el mundo del esquí. Cocina tradicional con detalles
actuales.

# Portugal

# A cozinha portuguesa, fiel à tradição

A culinária herdada de tempos ancestrais, as matérias-primas autóctones, uns tempos de cocção ajustados durante anos, a subtil influencia das antigas colonias…, todos estes e muitos mais, são os ingredientes sobre os quais se sustenta a gastronomia lusa. Em companhia do guia MICHELIN poderá descobrir o fundamental da culinária deste país, estreitamente vinculada, tanto às vicissitudes da história como à riqueza dos seus cultivos, as suas costas, o seu gado e, como não, o sempre omnipresente azeite, o "ouro líquido" que aporta os rasgos mediterrâneos a um povo totalmente virado ao Atlântico. Se bem constatamos alguns resplendores da cozinha criativa o certo é que estamos, claramente, perante uma gastronomia tremendamente aferrada aos seus sabores tradicionais, pelo que normalmente propor-lhe-á uma rica ementa em carnes nas aldeias do interior e outra mais habituada ao peixe tanto no litoral como nas ilhas (Arquipélagos dos Açores e da Madeira) …, isso sim, com o sempiterno bacalhau como rei indiscutível de todas as mesas de uma ponta à outra do país. Em Portugal, encontrará uma cozinha simples mas muito honesta, saborosa e abundante, sempre orgulhosa das suas raízes, por reflectir estas, o carácter e a idiossincrasia de todo um povo.

## O seu emblema culinário? O bacalhau

Parece claro que Portugal, do ponto de vista gastronómico, é una terra de mar e montanha, tremendamente respeitosa com os sabores de antanho… porem, aqui devemos ressaltar um produto que brilha com luz própria e é

Jon Arnold/Hemis.fr

realmente representativo de todo o país, o sempre saboroso bacalhau, pois inexoravelmente poderemos saboreá-lo tanto nas aldeias mais escondidas do interior como nas turísticas localidades costeiras.

O bacalhau, que hoje em dia chega às nossas mesas; fresco, congelado ou seco, é um peixe natural das frias águas do Atlântico Norte, o Mar do Norte, o Mar Báltico ou o Mar de Barents, por todo isto pode parecer estranho que Portugal, virado totalmente ao Oceano Atlântico, tenha o seu produto mais representativo num peixe que não é próprio das suas costas. Aqui a explicação é simples, devemos saber que a maior parte da frota pesqueira portuguesa que acudia a essas remotas e frias águas procedia das ilhas lusas, dos Açores e da Madeira. Os pratos de bacalhau mais relevantes são o famoso Bacalhau à Brás (também chamado Bacalhau Dourado), o Bacalhau à Gomes de Sá (típico do norte e elaborado no forno), as Pataniscas de bacalhau (apresentado em forma de filhós e típico da Estremadura), os Pasteis de bacalhau (em forma de croquete), o Bacalhau de Consoada (prato tradicional reservado para a Consoada de Natal), o sempre saboroso Bacalhau com natas, à transmontana, à moda do Minho… e assim até, segundo contam os próprios portugueses, mais de 1000 receitas diferentes!

# ●●● O Porto, um dos grandes vinhos do mundo

O vinho do Porto e o Vinho Verde, uma variedade procedente da região do Minho, são, sem dúvida, os vinhos mais internacionais de todo Portugal. Porém, o primeiro atesoura vários factos claramente diferenciadores: o seu personalíssimo sabor, a sua exclusiva técnica de fabricação e o seu particular etiquetado, o que lhe valeu para traspassar fronteiras até converter-se num desses clássicos que não pode faltar em nenhuma adega particular que se preze. O primeiro que chama a atenção no vinho do Porto, que pertence à região vitivinícola do Alto Douro português, é a existência de numerosos anglicismos na nomenclatura do seu etiquetado (Tawny, Ruby, White, Vintage…), algo que se explica por si mesmo ao conhecer a estreita relação destes vinhos com o mercado inglês. A situação de conflito político da Europa a finais do século XVII, assim como os constantes enfrentamentos com a França, fez que a Grã-Bretanha sofresse escassez de alguns abastecimentos, como o vinho, que procediam dos seus negócios no continente.

Aqui é onde surgem como opção os vinhos do Porto, conhecidos naquela época e com capacidade para fornecer-lhes sem problemas, ao ser o país luso, um fiel aliado dos britânicos. O ponto determinante para o sucesso do Porto radica na técnica da "fortificação do vinho", que aportava maior estabilidade ao vinho e deslumbrou ao público entendido daquela época. A técnica do "Fortificado" baseia-se na adição de brandy ao vinho durante a sua fermentação, o que provoca a interrupção deste processo e confere um teor alcoólico elevado (até 25°). Os vinhos fortificados, como o Porto, atesouram um aroma de maior intensidade e um sabor muito mais doce devido à existência de açúcares que não conseguiram fermentar-se ao interromper a função catalisadora. Em linhas gerais são vinhos que, com independência do seu processo de fabricação, envelhecem extraordinariamente bem na garrafa. Embora poderá encontrá-lo em qualquer parte do mundo, não deixe Portugal sem experimentá-lo!

# La cocina portuguesa, fiel a la tradición

**El recetario heredado** de sus ancestros, las materias primas autóctonas, unos tiempos de cocción ajustados durante años, la sutil influencia de las antiguas colonias… todos estos y muchos más son los ingredientes sobre los que se sustenta la gastronomía lusa. En compañía de La guía MICHELIN podrá descubrir las claves culinarias de este país, estrechamente vinculadas tanto a las vicisitudes de la historia como a la riqueza de sus cultivos, sus costas, su cabaña y, como no, al siempre omnipresente aceite de oliva, el "oro líquido" que aporta los rasgos mediterráneos a un pueblo totalmente volcado al atlántico. Si bien constatamos algunos destellos de cocina creativa los cierto es que estamos, claramente, ante una gastronomía tremendamente aferrada a sus sabores tradicionales, por lo que normalmente le propondrán una carta rica en carnes en los pueblos del interior

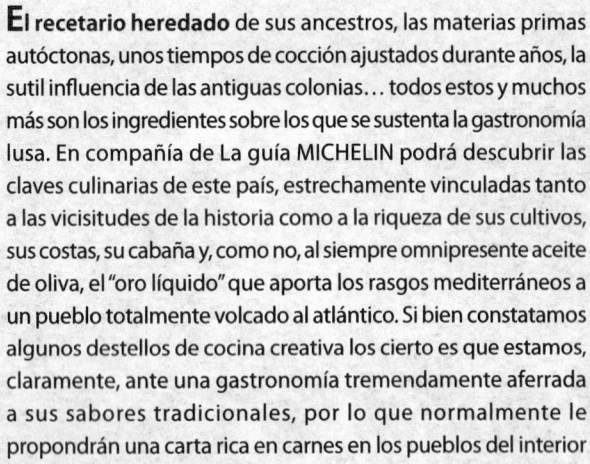

y otra más habituada a los pescados tanto en el litoral como en las islas (Archipiélagos de las Azores y de Madeira)… eso sí, con el sempiterno bacalao como rey indiscutible de todas las mesas a lo largo y ancho del país. En Portugal encontrará una cocina sencilla pero muy honesta, sabrosa y abundante, siempre orgullosa de sus raíces por reflejar estas el carácter y la idiosincrasia de todo un pueblo.

## ● ● ● ¿Su emblema culinario?
### El bacalao

**P**arece claro que Portugal, desde el punto de vista gastronómico, es una tierra de mar y montaña tremendamente respetuosa con los sabores de antaño... sin embargo, aquí debemos destacar un producto que luce con luz propia y realmente es representativo de todo el país, el siempre sabroso bacalao, pues inexorablemente podremos saborearlo tanto en los pueblos más recónditos del interior como en las turísticas localidades costeras.

Radius Images/Photononstop

**E**l **bacalao**, que hoy en día llega hasta nuestras mesas fresco, congelado o en salazón, es un pescado natural de las frías aguas del Atlántico Norte, el Mar del Norte, el Mar Báltico o el Mar de Barents, por eso puede parecer extraño que Portugal, volcado totalmente al Océano Atlántico, tenga su producto más representativo en un pescado que no es propio de sus costas; aquí la explicación es sencilla, pues debemos saber que la mayor parte de la flota pesquera portuguesa que acudía a esas lejanas y frías aguas procedía de las islas lusas, las Azores y Madeira. Los platos de bacalao más relevantes son el famoso Bacalao à Brás (también llamado Bacalao Dorado), el Bacalao à Gomes de Sá (típico del norte y elaborado al horno), las Pataniscas de bacalao (presentado en forma de buñuelo y típico de Estremadura), los Pasteis de bacalao (en forma de croqueta), el Bacalao de Consoada (plato tradicional reservado para la cena de Nochevieja), los siempre sabrosos Bacalaos con nata, à transmontana, à moda do Minho... y así hasta, según cuentan los propios portugueses, ¡más de 1000 recetas diferentes!

Stefano Scata' / Tips/Photononstop

# ● El Oporto,
## uno de los grandes vinos del mudo

**El vino de Oporto** y el Vinho Verde, una variedad procedente de la región de Minho, son sin duda los caldos más internacionales de todo Portugal, sin embargo el primero atesora varios hechos claramente diferenciadores: su personalísimo sabor, su exclusiva técnica de fabricación y su particular etiquetado, lo que le ha valido para traspasar fronteras hasta convertirse en uno de esos clásicos que no puede faltar en ninguna bodega particular que se precie. Lo primero que llama la atención en el vino de Oporto, que pertenece a la región vitivinícola del Alto Douro portugués, es la existencia de numerosos anglicismos en la nomenclatura de su etiquetado (Tawny, Ruby, White, Vintage…), algo que se explica por sí mismo al conocer la estrecha relación de estos vinos con el mercado inglés. La conflictiva situación política de Europa a finales del s. XVII, así como los constantes enfrentamientos con Francia, hizo que Gran Bretaña sufrirá escasez de algunos suministros, como el vino, que procedían de sus negocios en el continente.

**Aquí es donde** surgen como opción los vinos de Oporto, ya conocidos en aquella época y con capacidad para abastecerles sin problemas al ser el país luso un fiel aliado de los británicos. El punto determinante para el éxito del Oporto radica en la técnica de la "fortificación del vino", que aportaba mayor estabilidad al vino y encandiló al público entendido de aquella época. La técnica del "Fortificado" se basa en la adición de brandy al vino durante su fermentación, lo que provoca la interrupción de este proceso y le confiere mayor contenido alcohólico (hasta 25°). Los vinos fortificados, como el Oporto, atesoran un aroma de mayor intensidad y un sabor mucho más dulce debido a la existencia de azúcares que no consiguieron fermentarse al interrumpir la función catalizadora. En líneas generales son vinos que, con independencia de su proceso de fabricación, van a envejecer extraordinariamente bien en botella. Aunque podrá encontrarlo en cualquier parte del mundo ¡no se marche de Portugal sin probarlo!

Michele Falzone/Agency Jon Arnold Images/Age Fotostock

# Portuguese cuisine, faithful to its culinary traditions

Ancestral recipes, native Portuguese ingredients, cooking methods that have evolved over time, and the subtle influence of Portugal's former colonies – these and many other factors combine to create Portuguese cuisine as we know it today. In the company of the MICHELIN guide, unravel the culinary mysteries of a country indelibly marked by the vicissitudes of its history, as well as the richness of its agriculture, its coastline, its livestock and of course, its omnipresent olive oil, the "liquid gold" that adds a distinctly Mediterranean aspect to a people geographically focused towards the Atlantic. Although hints of creative cuisine have recently crept into Portuguese cuisine, what is certain is that the country's gastronomy has firmly clung on to its traditional roots, which sees menus teeming with meat dishes in towns inland and strongly influenced by fish along the coast of mainland Portugal and on its islands (the Azores and Madeira archipelagos), including the eternal cod or bacalao, the undisputed king of the table the length and breadth of the country. In Portugal, you'll discover cuisine that is simple yet honest, tasty and abundant; cuisine that it is proud of its roots and is a true reflection of the character and idiosyncrasies of an entire nation.

# Cod – the country's culinary emblem!

**F**rom a gastronomic point of view, Portugal is a land of the sea and mountains which is hugely respectful of the flavours and tastes of yesteryear. However, it is important to highlight one product whose light continues to shine brightly and which is truly representative of the whole country, namely the delicious cod or bacalhau, a fish that without fail can be enjoyed just as much in Portugal's most isolated inland towns and villages as in its more touristy coastal resorts.

**C**od, which nowadays can be bought fresh, frozen or salted, is a fish native to the cold waters of the North Atlantic, North Sea, the Baltic and the Barents Sea, so it may seem strange that Portugal, a country with a history completely tied to the Atlantic Ocean, has as its most representative product a fish that is not found off its coastline. The explanation is a simple one – the majority of the Portuguese fishing fleet that used to ply its trade in these cold faraway waters came from the Portuguese islands of the Azores and Madeira. The most famous cod dishes are bacalhau à Brás (also known as bacalhau dourado) prepared with potatoes and eggs, bacalhau à Gomes de Sá (a casserole dish baked in the oven and typical of the north), Pataniscas de bacalhau (a cod fritter typical of Estremadura), Pasteis de bacalhau (cod croquettes), bacalhau de Consoada (a dish traditionally eaten on New Year's Eve), the ever-popular and delicious bacalhau com Nata (with cream), and bacalhau à Transmontana, bacalhau à moda do Minho… just a few of the thousand or more different recipes that the Portuguese claim to have for this famous fish!

Stefano Scata/Tips/Photononstop

# Port, one of the world's greatest wines

**P**ort and **Vinho Verde**, from the Minho region, are without doubt the most widely known Portuguese wines internationally, with the former boasting a number of distinct factors which set it apart, such as its exclusive production methods, and unique labelling system, which has enabled port to cross international borders and develop into a classic part of any self-respecting wine cellar. One of the initial aspects that draws attention to Port wine, which is produced in the Alto Douro region of the country, is the existence of numerous English words on bottle labels (such as Tawny, Ruby, White and Vintage), a fact easily explained by the close relationship these wines have with the British market. The political conflicts that existed in Europe at the end of the 17C, as well as the constant confrontations with France, meant that Great Britain suffered shortages in some goods, such as wine, sourced from its trade on the European continent.

**I**t was as a result of this situation that the opportunity to invest in Port presented itself, a wine which was already known at the time and produced in country that, as a loyal ally of the British, was able to supply goods without any problem. The determining factor in the success of Port lay in its "wine fortification" technique, which made the wine more stable and stimulated interest in the wine experts of the period. The "fortification" technique involves the adding of brandy to the wine during its fermentation, which interrupts the process and provides the wine with a higher alcohol content (up to 25°). Fortified wines such as Port boast a more intense aroma and a much sweeter flavour thanks to the existence of sugars that are not fermented due to the interruption of the process. As a general rule, and independent of its production process, port wine ages extraordinarily well in the bottle. And although you can now find port wherever you travel in the world, you can't leave Portugal without trying it!

# Vinhos...

→ Vinos
→ Wines

Viana do Castelo
MINHO
Bragança
TRÁS-OS-MONTES
E ALTO DOURO
Braga ①
Porto
DOURO
LITORAL
②
Aveiro
Viseu
BEIRA
ALTA
④
③
• Guarda
Coimbra
BEIRA LITORAL
BEIRA BAIXA
Leiria
Castelo Branco
ESTREMADURA
Santarém
Portalegre
⑥ ⑤ RIBATEJO
⑦ LISBOA
ALTO ALENTEJO
⑧ ⑬
Setúbal
Évora ⑭
⑮
Beja
BAIXO
ALENTEJO
⑪ ALGARVE
⑩
⑨ ⑫
Faro

MADEIRA
⑯
Funchal

| | |
|---|---|
| ① Vinhos Verdes | ⑨ a ⑫ Lagoa, Lagos, Portimão, Tavira |
| ②, ③ Porto e Douro, Dão | |
| ④ Bairrada | ⑬ a ⑮ Borba, Redondo, Reguengos |
| ⑤ a ⑧ Bucelas, Colares, Carcavelos, Setúbal | ⑯ Madeira |

# ... e especialidades regionais

Portugal possui uma tradição vitivinícola muito antiga. A diversidade das regiões vinícolas tem determinado a necessidade de regulamentar os seus vinhos com Denominações de Origem, indicadas no mapa correspondente.

| Regiões e localização no mapa | Características dos vinhos | Especialidades regionais |
|---|---|---|
| MINHO, DOURO ITORAL, TRÁS-OS-MONTES, ALTO DOURO ❶ e ❷ | **Tintos** encorpados, novos, ácidos<br>**Brancos** aromáticos, suaves, frutados, delicados, encorpados<br>**Portos** (Branco, Tinto, Ruby, Tawny, Vintage) ricos em açúcares | Caldo verde, Lampreia, Salmão, Bacalhau, Presunto, Cozido, Feijoada, Tripas |
| BEIRA ALTA, BEIRA BAIXA, BEIRA LITORAL ❸ e ❹ | **Tintos** aromáticos, suaves, aveludados, equilibrados, encorpados<br>**Brancos** cristalinos, frutados, delicados, aromáticos | Queijo da Serra, Papos de Anjo, Mariscos, Caldeiradas, Ensopado de enguias, Leitão assado, Queijo de Tomar, Aguardentes |
| ESTREMADURA, RIBATEJO ❺ e ❽ | **Tintos** de cor rubí, persistentes, secos, encorpados<br>**Brancos** novos, delicados, aromáticos, frutados, elevada acidez<br>**Moscatel de Setúbal,** rico em álcool, de pouca acidez | Amêijoas à bulhão pato, Mariscos, Caldeiradas, Queijadas de Sintra, Fatias de Tomar |
| ALGARVE ❾ e ⓬ | **Tintos** aveludados, suaves, frutados<br>**Brancos** suaves | Peixes e mariscos na cataplana, Figos, Amêndoas |
| ALENTEJO ⓭ e ⓯ | **Tintos** robustos e elegantes | Migas, Sericaia, Porco à Alentejana, Gaspacho, Açordas, Queijo de Serpa |
| MADEIRA ⓰ | Ricos em álcool, secos, de subtil aroma | Espetadas (carne, peixe), Bolo de mel |

PORTUGAL

# → Vinos y especialidades regionales

Portugal posee una tradición vinícola muy antigua. La diversidad de las regiones vinícolas ha determinado la necesidad de regular sus vinos con Denominaciones de Origen (Denominações de Origem), indicadas en el mapa correspondiente.

| Regiones y localización en el mapa | Características de los vinos | Especialidades regionales |
|---|---|---|
| MINHO, DOURO LITORAL, TRÁS-OS-MONTES, ALTO DOURO ❶ y ❷ | **Tintos** con cuerpo, jóvenes, ácidos **Blancos** aromáticos, suaves, afrutados, delicados, con cuerpo **Oportos** (Blanco, Tinto, Ruby, Tawny, Vintage) ricos en azúcares | Caldo verde (Sopa de berza), Lamprea, Salmón, Bacalao, Jamón, Cocido, Feijoada (Fabada), Callos |
| BEIRA ALTA, BEIRA BAIXA, BEIRA LITORAL ❸ y ❹ | **Tintos** aromáticos, suaves, aterciopelados, equilibrados, con cuerpo **Blancos** cristalinos, afrutados, delicados, aromáticos, | Queso de Serra, Papos de Anjo (Repostería), Mariscos, Calderetas, Guiso de pan y anguilas, Cochinillo asado, Queso de Tomar, Aguardientes |
| ESTREMADURA, RIBATEJO ❺ al ❽ | **Tintos** de color rubí, persistentes, secos, con cuerpo **Blancos** jóvenes, delicados aromáticos, afrutados, elevada acidez **Moscatel de Setúbal**, rico en alcohol, bajo en acidez | Almejas al ajo, Mariscos, Calderetas, Queijadas (Tarta de queso) de Sintra, Torrijas de Tomar |
| ALGARVE ❾ al ❿ | **Tintos** aterciopelados, suaves **Blancos** suaves | Pescados y mariscos «na cataplana», Higos, Almendras |
| ALENTEJO ⓭ al ⓯ | **Tintos** robustos y elegantes | Migas, Sericaia (Repostería), Cerdo a la Alentejana, Gazpacho (Sopa fría de tomate y cebolla), Açordas (Sopa de pan y ajo), Queso de Serpa |
| MADEIRA ⓰ | Ricos en alcohol, secos, de sutil aroma | Brochetas (carne, pescado), Pastel de miel |

PORTUGAL

# → Wines and regional specialities

Portugal has a very old wine producing tradition. The diversity of the wine growing regions made it necessary to regulate those wines by the Appellation d'Origine (Denominações de Origem) indicated on the corresponding map.

| Regions and location on the map | Wine's characteristics | Regional Specialities |
|---|---|---|
| MINHO, DOURO LITORAL, TRÁS-OS-MONTES, ALTO DOURO ❶ and ❷ | **Reds** *full bodied, young, acidic* <br> **Whites** *aromatic, sweet, fruity, delicate, full bodied* <br> **Port** *(White, Red, Ruby, Tawny, Vintage), highly sugared* | *Caldo verde (Cabbage soup), Lamprey, Salmon, Codfish, Ham, Stew, Feijoada (Pork and bean stew), Tripes* |
| BEIRA ALTA, BEIRA BAIXA, BEIRA LITORAL ❸ and ❹ | **Reds** *aromatic, sweet, velvety, well balanced, full bodied* <br> **Whites** *crystal-clear, fruity, delicate, aromatic* | *Serra Cheese, Papos de Anjo (Cake), Seafood, Fishsoup, Ensopado de enguias (Eel stew), Roast pork, Tomar Cheese, Aguardentes (distilled grape skins and pips)* |
| ESTREMADURA, RIBATEJO ❺ to ❽ | *Ruby coloured* **reds,** *big, dry, full bodied* <br> **Young whites** *delicate, aromatic, fruity, acidic* <br> **Moscatel from Setúbal,** *strong in alcohol, slightly acidic* | *Clams with garlic, Seafood, Fish soup, Queijadas (Cheesecake) from Sintra, Fatias (Sweet bread) from Tomar* |
| ALGARVE ❾ to ⓬ | *Velvety* **reds,** *light, fruity* <br> *Sweet* **whites** | *Fish and Seafood « na cataplana », Figs, Almonds* |
| ALENTEJO ⓭ to ⓯ | *Robust elegant* **reds** | *Migas (Fried breadcrumbs), Sericaia (Cake), Alentejana pork style, Gaspacho (Cold tomato and onion soup), Açordas (Bread and garlic soup), Serpa Cheese* |
| MADEIRA ⓰ | *Strong in alcohol, dry with a delicate aroma* | *Kebab (Meat, Fish), Honey cake* |

PORTUGAL

# Distinções 2014

→ Distinciones 2014

→ Awards 2014

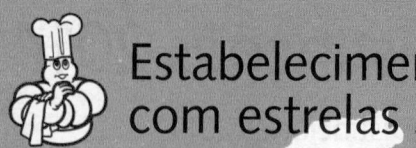

# Estabelecimentos com estrelas 2014

Bragança ○

Porto ○○
Amarante ●
Vila Nova de Gaia

Praia do Guincho ●
Lisboa
Montemor-o-Novo ●

**Praia da Galé**
**Armação de Pêra**
Vilamoura ●
Vale Formoso

Ilha da Madeira
Funchal ●

A cor está de acordo com o estabelecimento de maior número de estrelas da localidade

**Praia da Galé** A localidade possui pelo menos um restaurante 2 estrelas ✳✳

Lisboa A localidade possui pelo menos um restaurante 1 estrela ✳

# Estabelecimentos com estrelas

→ Establecimientos con estrellas
→ Starred establishments

## 🏵🏵 2014

| | |
|---|---|
| **Albufeira / Praia da Galé** | Vila Joya |
| **Armação de Pêra** | Ocean |

## 🏵 2014

**N** → Novo estabelecimento com distinção → Newly awarded distinction
→ Nuevo establecimiento con distinción

| | |
|---|---|
| **Almancil / Vale Formoso** | Henrique Leis |
| **Amarante** | Largo do Paço |
| **Cascais / Praia do Guincho** | Fortaleza do Guincho |
| **Funchal** | Il Gallo d'Oro |
| **Lisboa** | Belcanto |
| **Lisboa** | Eleven **N** |
| **Lisboa** | Feitoria |
| **Montemor-o-Novo** | L'And Vineyards **N** |
| **Quarteira / Vilamoura** | Willie's |
| **Vila Nova de Gaia** | The Yeatman |

# Os Bib Gourmand 2014

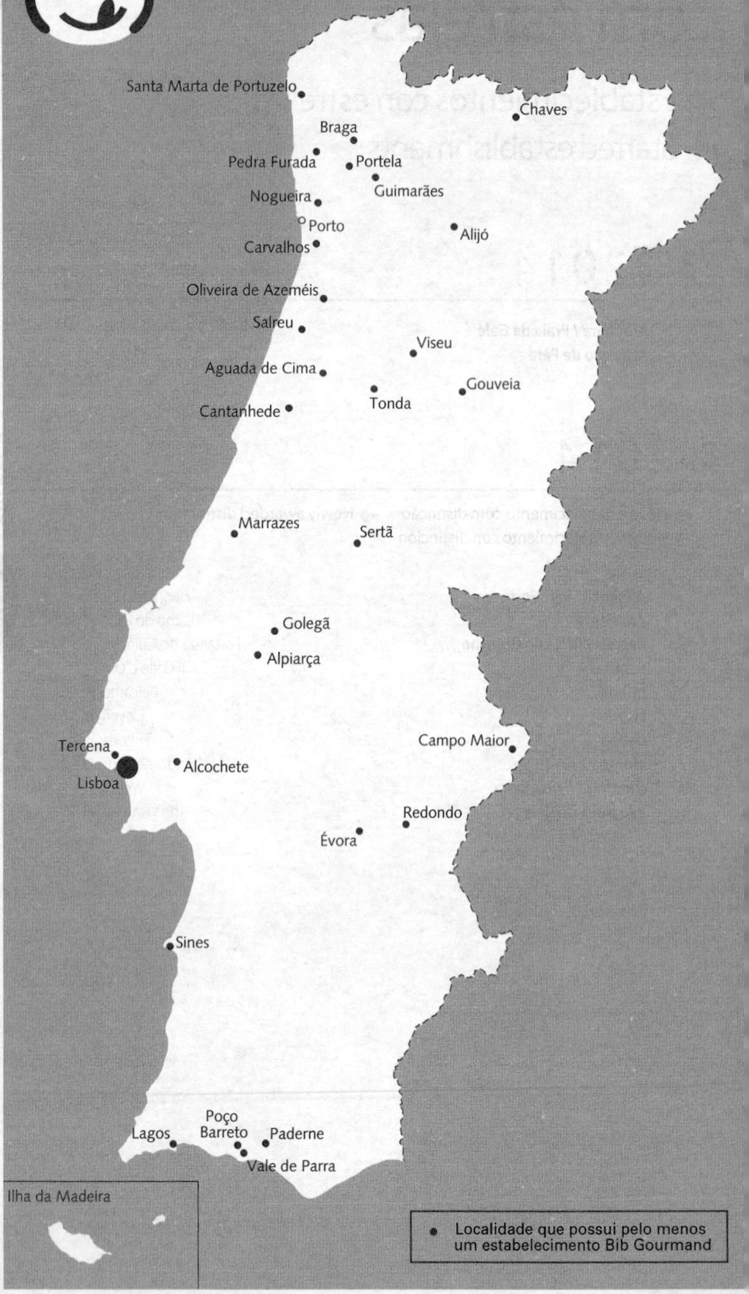

Santa Marta de Portuzelo

Chaves

Braga

Pedra Furada · Portela

Nogueira · Guimarães

Porto

Carvalhos · Alijó

Oliveira de Azeméis

Salreu

Viseu

Aguada de Cima

Gouveia

Cantanhede · Tonda

Marrazes

Sertã

Golegã

Alpiarça

Tercena

Campo Maior

Alcochete

Lisboa

Redondo

Évora

Sines

Poço
Barreto · Paderne

Lagos

Vale de Parra

Ilha da Madeira

· Localidade que possui pelo menos
um estabelecimento Bib Gourmand

# Bib Gourmand

→ Refeições cuidadas a preços moderados
→ Buenas comidas a precios moderados
→ Good food at moderate prices

| | |
|---|---|
| **Águeda / Aguada de Cima** | Adega do Fidalgo |
| **Albufeira / Vale de Parra** | A Casa do Avô |
| **Alcochete** | O Arrastão |
| **Alijó** | Cêpa Torta |
| **Alpiarça** | A Casa da Emília |
| **Braga** | Centurium |
| **Campo Maior** | ApertAzeite |
| **Cantanhede** | Marquês de Marialva |
| **Carvalhos** | Mário Luso |
| **Chaves** | Carvalho |
| **Évora** | BL Lounge |
| **Évora** | Dom Joaquim |
| **Golegã** | O Barrigas |
| **Gouveia** | O Júlio |
| **Guimarães** | Histórico by Papaboa |
| **Guimarães** | Quinta de Castelães |
| **Lagos** | Aquário |
| **Leiria / Marrazes** | Casinha Velha |
| **Lisboa** | D'Avis |
| **Lisboa** | Solar dos Nunes |
| **Maia / Nogueira** | Machado |
| **Oliveira de Azeméis** | Diplomata |
| **Paderne** | Moiras Encantadas |
| **Pedra Furada** | Pedra Furada |
| **Poço Barreto** | O Alambique |
| **Queluz / Tercena** | O Parreirinha **N** |
| **Redondo** | O Barro **N** |
| **Salreu** | Casa Matos |
| **Sertã** | Santo Amaro |
| **Sines** | Trinca Espinhas |
| **Tonda** | 3 Pipos **N** |
| **Viana do Castelo / Santa Marta de Portuzelo** | Camelo |
| **Vila Nova de Famalicão / Portela** | Ferrugem |
| **Viseu** | Muralha da Sé |

**PORTUGAL**

**N** → Novo estabelecimento com distinção    → Newly awarded distinction
→ Nuevo establecimiento con distinción

795

# Alojamentos agradáveis

→ Alojamientos agradables
→ Particularly pleasant accommodations

# Restaurantes agradáveis

→ Restaurantes agradables
→ Particularly pleasant restaurants

## XXXX

| | |
|---|---|
| **Albufeira** | Vila Joya |
| **Armação de Pêra** | Ocean |
| **Cascais / Praia do Guincho** | Fortaleza do Guincho |
| **Vila Nova de Gaia** | The Yeatman |

## XXX

| | |
|---|---|
| **Almancil / Vale Formoso** | Henrique Leis |
| **Almancil** | Pequeno Mundo |
| **Almancil** | Vincent |
| **Amarante** | Largo do Paço |
| **Funchal** | Xôpana |
| **Portimão / Praia da Rocha** | Vista |

## X

| | |
|---|---|
| **Leiria / Marrazes** | Casinha Velha |
| **Maia / Nogueira** | Machado |

# Turismo rural

# Alojamentos com SPA

→ Alojamientos con SPA
→ Accommodations with SPA

| | | | | | |
|---|---|---|---|---|---|
| **Albernoa** | Vila Galé Clube de Campo | 🏨 | **Monchique** | Longevity | 🏨 |
| **Almancil** | Conrad Algarve | 🏨 | **Monfortinho** | Astória | 🏨 |
| **Almancil / Vale do Garrão** | Ria Park H. | 🏨 | **Montargil** | CS Do Lago | 🏨 |
| **Armação de Pêra** | Vila Vita Parc | 🏨 | **Monte Real** | D. Afonso | 🏨 |
| **Batalha** | Villa Batalha | 🏨 | **Olhão** | Real Marina | 🏨 |
| **Braga** | Meliá Braga | 🏨 | **Ovar** | Furadouro H. | 🏨 |
| **Cascais** | Grande Real Villa Itália | 🏨 | **Pampilhosa da Serra** | | |
| **Cascais** | The Oitavos | 🏨 | | O Villa Pampilhosa | 🏨 |
| **Cascais** | Onyria Marinha | 🏨 | **Portimão / Praia da Rocha** | Bela Vista | 🏨 |
| **Cascais** | Senhora da Guia | 🏨 | **Porto** | Porto Palácio | 🏨 |
| **Cascais** | Vivamarinha | 🏨 | **Porto** | Sheraton Porto | 🏨 |
| **Coimbra** | Quinta das Lágrimas | 🏨 | **Quarteira / Vilamoura** | | |
| **Coimbra** | Vila Galé Coimbra | 🏨 | | Hilton Vilamoura As Cascatas | 🏨 |
| **Covilhã** | Tryp Dona María | 🏨 | **Quarteira / Vilamoura** | | |
| **Covilhã** | Turismo da Covilhã | 🏨 | | The Lake Resort | 🏨 |
| **Estoril** | Palácio Estoril | 🏨 | **Quarteira / Vilamoura** | Tivoli Victoria | 🏨 |
| **Évora** | Convento do Espinheiro | 🏨 | **São Pedro de Moel** | Mar e Sol | 🏨 |
| **Évora** | M'AR De AR Aqueduto | 🏨 | **Sesimbra** | Sesimbra | 🏨 |
| **Faro / Estói** | Pousada de Faro - | | **Sintra** | Penha Longa H. | 🏨 |
| | Estoi Palace H. | 🏨 | **Tavira / Quatro Águas** | | |
| **Fátima / Cova da Iria** | Dom Gonçalo | 🏨 | | Vila Galé Albacora | 🏨 |
| **Figueira da Foz** | Sweet Atlantic | 🏨 | **Tróia** | Tróia Design H. | 🏨 |
| **Funchal** | Choupana Hills | 🏨 | **Unhais da Serra** | H2otel | 🏨 |
| **Funchal** | Pestana Promenade | 🏨 | **Viana do Castelo** | Axis Viana | 🏨 |
| **Funchal** | Quintinha de São João | 🏨 | **Viana do Castelo** | Flôr de Sal | 🏨 |
| **Funchal** | The Vine | 🏨 | **Vidago** | Vidago Palace | 🏨 |
| **Golegã** | Lusitano | 🏨 | **Vieira do Minho** | Aquafalls | 🏨 |
| **Granja de Cima** | Solverde | 🏨 | **Vila Baleira** | Porto Santo | 🏨 |
| **Lamego** | Aquapura Douro Valley | 🏨 | **Vila do Conde / Azurara** | Santana | 🏨 |
| **Lamego** | Lamego | 🏨 | **Vila Nova de Gaia** | The Yeatman | 🏨 |
| **Lisboa** | Altis Belém | 🏨 | **Viseu** | Montebelo | 🏨 |
| **Lisboa** | Sheraton Lisboa | 🏨 | | | |

PORTUGAL

# JÁ CONHECE O GUIA MICHELIN,
# DESCUBRA AGORA O GRUPO MICHELIN

# A aventura Michelin

Todo começou com umas bolas de borracha! A pequena empresa de Clermont-Ferrand dedicava-se a produzi-las em 1880, quando André e Edouard Michelin a herdaram. A seguir, os dois irmãos reparam no enorme potencial dos novos meios de transporte. A invenção do pneu desmontável para bicicletas foi o seu primeiro êxito. Mas com o automóvel conseguiram dar a verdadeira medida da sua criatividade. Ao longo do século XX, a Michelin não deixou de inovar, criando uns pneus mais fiáveis e com maiores prestações, tanto para pesados, como para a veículos de competição, tanto no metro como no avião.

Muito cedo, a Michelin começou a oferecer aos seus clientes ferramentas e serviços pensados para facilitar-lhes os seus deslocamentos e fazê-los mais agradáveis... e frequentes. Desde 1900, o guia MICHELIN oferece aos condutores toda a informação prática necessária para a manutenção dos seus veículos ou para encontrar um lugar onde dormir ou comer. Em breve converteu-se numa referência em matéria gastronómica. Paralelamente, o Escritório de Itinerários oferece aos viajantes conselhos e itinerários personalizados.

Em 1910, o primeiro mapa MICHELIN obtêm um êxito fulgurante! Em 1926, o primeiro guia turístico convida a descobrir os mais belos lugares da Bretanha. Muito em breve, todas as regiões da França têm o seu Guia Verde. A coleção tem-se expandido a destinos mais distantes (desde Nova York em 1968... a Islândia em 2012).

Como auge digital do século XXI, os mapas guias e serviços Michelin enfrentam-se a um novo desafio para continuar a acompanhar aos pneus. Hoje como ontem, a missão da Michelin continua a ser a ajuda à mobilidade, ao serviço dos viajantes.

## MICHELIN NA ACTUALIDADE

- 69 centros de produção em 18 países
- 113.400 empregados de todas as culturas, em todos os continentes
- 6.000 pessoas no centro tecnológico Michelin
- Uma presença comercial em mais de 170 países

# Avançar juntos
## onde a mobilidade

Avançar melhor começa por inovar para criar uns pneus que travem em menos distância e que ofereçam uma maior aderência, seja qual for o estado da estrada.

## A PRESSÃO JUSTA

A PRESSÃO BOA

- Segurança
- Longevidade
- Óptimo consumo de combustível

-0,5 bar

- A vida útil dos pneus reduz-se em 20% (- 8.000 km)

-1 bar

- Risco de ruptura do pneu
- Aumento do consumo de combustível
- A distância de travagem em superfície molhada aumenta

# para um mundo
## seja mais segura

Também ajudar aos condutores a preocupar-se pela sua segurança e pelos seus pneus. Para isto, a Michelin organiza em todo o mundo campanhas de controle de pressão, para lembrar a todos de que a correcta pressão dos pneus é um assunto vital.

## O DESGASTE

### COMO SE DETECTA O DESGASTE

A profundidade mínima das esculturas por lei é de 1,6 mm. Os fabricantes incluem nos pneus indicadores de desgaste; são uns desenhos de molde em borracha situados no fundo dos canais principais da banda de rolamento tendo uma altura de 1,6 mm.

O único ponto de contacto entre o veículo e a estrada são os pneus.

**Na seguinte fotografia mostra-se a zona de contacto real**

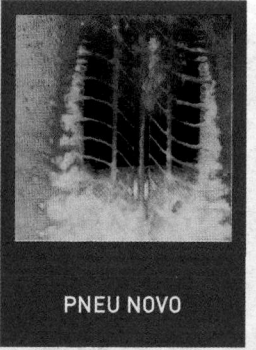

PNEU NOVO

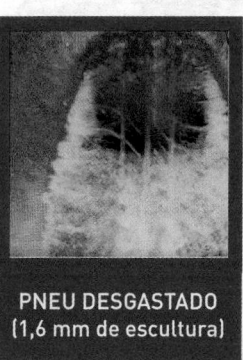

PNEU DESGASTADO
(1,6 mm de escultura)

*Abaixo de este valor, os pneus consideram-se gastos e são perigosos quando a estrada está molhada.*

# Avançar melhor, é desenvolver uma mobilidade sustentável

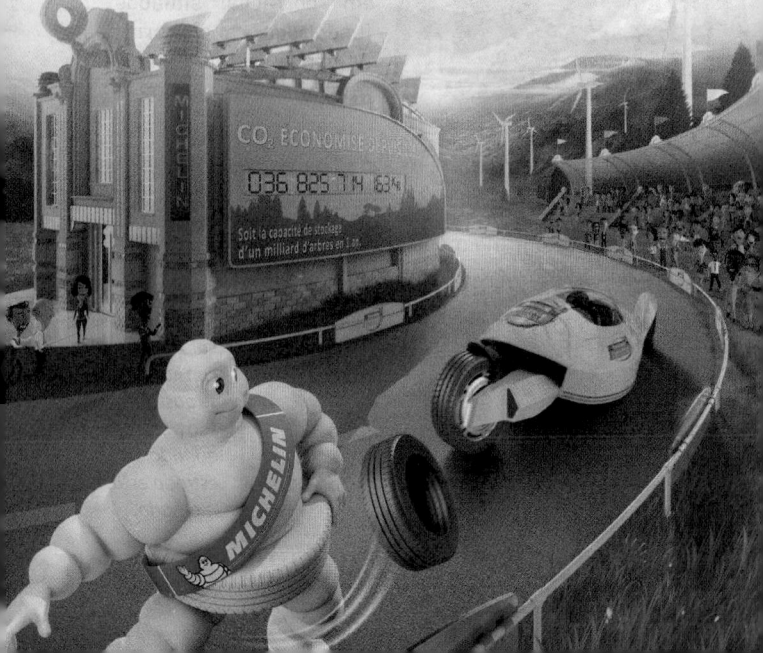

# Chat com o Bibendum

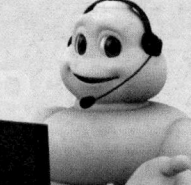

Poderá conversar via chat com o Bibemdum em:
www.michelin.com
Descubra a actualidade dos
produtos e serviços e a história
da Michelin.

Michelin desenvolve pneus para todo o tipo de veículos.
Jogue a identificar o pneu correcto...

Solução : A-6 / B-4 / C-2 / D-1 / E-3 / F-7 / G-5

# O guia MICHELIN
*Uma colecção para desfrutar!*

Belgïe • Belgique • Luxembourg
Deutschland
España & Portugal
France
Great Britain & Ireland
Italia
Nederland • Netherlands
Suisse • Schweiz • Svizzera
Main Cities of Europe

*E também:*

Chicago
Hokkaido
Kyoto • Osaka • Kobe • Nara
Tokyo • Yokohama • Shonan
Hong Kong • Macau
London
New York City
Paris
San Francisco

# Localidades de A a Z

→ **Localidades** de A a Z

→ **Towns** from A to Z

PORTUGAL

## AGUADA DE CIMA – Aveiro – ver Águeda

## ÁGUEDA – Aveiro – 733 – 591 K4 – 11 346 h.                            4 B2
▶ Lisboa 250 – Aveiro 22 – Coimbra 42 – Porto 85

🛈 Praça do Município (Galeria da Câmara Municipal), ✉ 3750-111, ☏ 234 60 14 12, www.turismodocentro.pt

### 🏨 Conde d'Águeda sem rest                            🛏 ⭐ 🅰🅲 🛜 🛜 🚗
*Praça Conde de Águeda ✉ 3750-119 – ☏ 234 61 03 90*
*– www.hotelcondedagueda.com*
**28 qto** ⬛ – ♦50/55 € ♦♦65/75 €
Destaca tanto pelo seu moderno exterior como pela sua central localização, com uma atractiva esplanada-bar no terraço. Confortáveis quartos dotados de mobiliário actual.

### em Aguada de Cima Sudeste : 9,5 km

### 🍴 Adega do Fidalgo                                              🛖 🕸
😊 *Almas da Areosa ✉ 3750-043 Aguada de Cima – ☏ 234 66 95 01 – fechado domingo noite e 2ª feira*
**Rest** – Menu 14 € – Lista 14/38 €
Negócio de carácter familiar com ambiente rústico, dispõe de duas salas de refeição, ambas com tecto de madeira e mobiliário provençal. Bom terraço de verão, um forno a lenha e uma grelha.

## ALANDROAL – Évora – 733 – 593 P7 – 1 873 h.                            2 C2
▶ Lisboa 192 – Badajoz 53 – Évora 56 – Portalegre 86
🛈 Praça da República, ✉ 7250-116, ☏ 268 44 00 45

### 🍴 A Maria                                              🅰🅲 🕸
*Rua João de Deus 12 ✉ 7250-142 – ☏ 268 43 11 43 – fechado 2ª feira noite*
**Rest** – Menu 20/30 € – Lista 30/40 €
Com muito encanto e rasgos típicos, tudo graças ao valor que se dá às coisas simples neste local. A sala é muito original, pois a suas paredes imitam as fachadas das casas rurais verdadeiras alentejanas. Cozinha regional de sabor caseiro.

## ALBERGARIA-A-VELHA – Aveiro – 733 – 591 J4 – 8 528 h.                            4 B1
▶ Lisboa 261 – Aveiro 20 – Coimbra 62 – Viseu 73

### em Alquerubim Sudoeste : 9 km

### 🏠 Casa de Fontes                                  🕸 🚗 🏊 🛁 🕸 qto, 🅿 🕸
✉ *3850-365 Alquerubim – ☏ 234 93 87 01 – www.casadefontes.pt*
**10 qto** ⬛ – ♦60 € ♦♦70 €
**Rest** – *(só jantar com reserva) (só clientes)* Menu 20 €
Esta casa senhorial de 1873 exala antiguidade por todos seus poros. Dispõe de um grande jardim, uma área social variada e quartos simples, com mobiliário provençal.

## ALBERNOA – Beja – 733 – 593 S6 – 758 h.                            1 B3
▶ Lisboa 196 – Évora 104 – Faro 125 – Setúbal 165

### ao Noroeste 7 km

### 🏨 Vila Galé Clube de Campo                    🕸 🏊 🛏 🌀 🛁 🕸 ⭐ qto, 🅰🅲 🕸 🛜 🧖
*Herdade da Figueirinha ✉ 7801-732 Beja – ☏ 284 97 01 00*                    🅿
*– www.vilagale.pt – fechado do 3 ao 31 de janeiro*
**78 qto** ⬛ – ♦68/106 € ♦♦80/125 € – 3 suites    **Rest** – Lista 22/41 €
O hotel, composto por vários edifícios, todos eles dentro de uma grande propriedade, oferece um SPA completo, sua própria adega, várias opções de lazer, e quartos de estilo alentejano. Restaurante rústico com grandes vigas de madeira e uma lareira que preside a sala.

**ALBUFEIRA** – Faro – **733** – **593** U5 – **22 781 h.** – **Praia** **3** B2

Lisboa 257 – Faro 45 – Beja 126 – Lagoa 31

Rua 5 de Outubro, ✉ 8200-109, ☎ 289 58 52 79

Estrada de Santa Eulália (Areias de São João), ✉ 8200-269, ☎ 289 51 59 73

CS Salgados, Oeste : 8,5 km, ☎ 289 58 30 30

Armação de Pêra (passeio de barco★★, grutas marinhas★★) Oeste : 12 km

### Alísios

qto,

*Av. Infante Dom Henrique 83 ✉ 8200-916 – ☎ 289 58 92 84*
*– www.hotelalisios.com*

**115 qto** – 80/130 € 90/200 € **Rest** – Menu 23/40 € – Lista 28/55 €

Hotel funcional cuja localização, ao pé da praia, evidencia uma orientação para férias. Impecável nível de manutenção, tanto nas suas instalações como na sua varanda-solarium.

### Vila Galé Cerro Alagoa

qto,

*Rua do Município ✉ 8200-916 – ☎ 289 58 31 00 – www.vilagale.pt*

**310 qto** – 60/136 € 70/160 € **Rest** – Lista 19/34 €

Um hotel de férias de grande capacidade... mas um pouco afastado da praia. Oferece amplas zonas de convívio, quartos de traçado funcional e uma enorme piscina coberta de ambiente tropical. O restaurante centra quase todo o seu trabalho no buffet.

**em Areias de São João** Este : 2,5 km

### Três Palmeiras

*Av. Infante D. Henrique 51 ✉ 8200-261 Albufeira – ☎ 289 51 54 23*
*– www.restaurantetrespalmeiras.com – fechado janeiro e domingo*

**Rest** – Lista 25/45 €

Casa de organização familiar com prestígio na zona, acima de tudo pela qualidade das suas matérias-primas. Vasta carta de cozinha típica portuguesa com peixe do dia.

**na praia de Santa Eulália** Este : 4 km

### Grande Real Santa Eulália

qto,

*✉ 8200-916 Albufeira – ☎ 289 59 80 00*
*– www.granderealsantaeulalia.realhotelsgroup.com – fechado do 8 ao 25 de dezembro*

**344 qto** – 118/400 € 133/600 € – 28 suites – 155 apartamentos

**Rest** – Lista 28/49 €

Complexo de exteriores atraentes localizado na 1ª linha da praia. Dispõe de quartos completos de ambiente clássico-colonial, bem como alguns apartamentos tipo villa um pouco mais funcionais. Uma excelente oferta em tratamentos de Talassoterapia!

**em Sesmarias** Oeste : 4 km

### O Marinheiro

*Caminho da Praia da Coelha ✉ 8200-385 Albufeira – ☎ 289 59 23 50*
*– www.o-marinheiro.com – fechado dezembro, janeiro e domingo salvo abril-outubro*

**Rest** – *(só jantar)* Lista 20/39 €

Esta casa, tipo villa, dispõe de uma sala principal distribuída em dois níveis e outra parcialmente envidraçada que comunica com a esplanada. Cozinha tradicional com especialidades.

**em Olhos de Água** Este : 6,5 km

### La Cigale

*Praia de Olhos de Água ✉ 8200 Olhos de Água – ☎ 289 50 16 37*
*– www.restaurantelacigale.net – fechado 16 novembro-26 dezembro*

**Rest** – Lista 14/47 €

Apresenta um pequeno balcão privado, bons expositores de produtos e uma luminosa sala de ambiente marinheiro, com o tecto em madeira e excelentes vistas para o mar. Varanda grande.

## na Praia da Galé Oeste : 6,5 km

XXXX **Vila Joya** com qto     ⓢ ≤ ≅ ≋ ⵊ ※ & rest, Ⓜ ⅋ ≋ Ⓟ

&#9752; &#9752; *Estrada da Praia da Galé* ✉ *8201-917 Albufeira –* ☏ *289 59 17 95*
*– www.vilajoya.com – fechado 28 novembro-fevereiro*
**12 qto** ⌑ – ♦♦315/460 € – **9 suites**
**Rest** – *(fechado 3ª feira)* Menu 105/175 € – Lista 110/180 € &#9837;
Um paraíso gastronómico em frente ao mar! Aqui a excelência culinária surge em partes iguais da mão de dois chefs, um dedica-se mais aos pratos clássicos e o outro aos pratos de inovação. Magnífico terraço com varandas e quartos de sonho.
➔ Lavagante com couve-flor e caviar imperial. Filé e cabeça de vitela com sumo de Madeira. Morango, iogurte, hortelã.

## em Vale de Parra Noroeste : 7,5 km

XX **A Casa do Avô**     ≅ Ⓜ ⅋ Ⓟ

&#9752; *Sítio de Vale de Parra* ✉ *8200-427 Albufeira –* ☏ *289 51 32 82*
*– www.restaurante-acasadoavo.com – fechado janeiro e 2ª feira salvo maio-agosto*
**Rest** – *(ementa simples ao almoço)* Menu 10/20 € – Lista 26/56 €
Liderado com grande êxito pelo proprietário. Apresenta um ambiente regional e oferece pratos tradicionais muito abundantes, combinando o atractivo menu-buffet com a carta.

---

## ALCÁCER DO SAL – Setúbal – **733** – **593** Q4 – 8 680 h.     1 B2

▶ Lisboa 97 – Beja 94 – Évora 75 – Setúbal 55
🖪 Largo Pedro Nunes, ✉ 7580-125, ☏ 265 61 00 70

ffnﬁ **Pousada D. Afonso II**     ⓢ ≤ ≅ ⵊ 🖳 & qto, Ⓜ ⅋ ⅍ Ⓟ

*Castelo de Alcácer* ✉ *7580-197 –* ☏ *265 61 30 70 – www.pousadas.pt*
**35 qto** – ♦90/175 € ♦♦100/185 € – **2 suites**    **Rest** – Lista aprox. 42 €
Passado e presente convivem neste castelo-convento, situado numa colina e próximo do rio Sado. Dispõe de zonas de convívio amplas, um pátio no claustro e quartos com traçado clássico sóbrio. O restaurante apresenta uma cozinha tradicional actualizada.

---

## ALCOBAÇA – Leiria – **733** – **592** N3 – 5 751 h. – alt. 42 m     6 A2

▶ Lisboa 110 – Leiria 32 – Santarém 60
🖪 Praça 25 de Abril, ✉ 2460-018, ☏ 262 58 23 77

◎ Mosteiro de Santa Maria★★ : Igreja★★ (túmulo de D. Inês de Castro★★, túmulo de D. Pedro★★), edifícios da abadia★★ (claustro do Silêncio★★)

↑ **Challet Fonte Nova** sem rest     ⓢ ≅ 🖳 Ⓜ ⅋ Ⓟ

*Rua da Fonte Nova 8* ✉ *2460-046 –* ☏ *262 59 83 00 – www.challetfontenova.pt*
*– fechado Natal*
**9 qto** ⌑ – ♦85 € ♦♦120 €
Bela casa senhorial com jardins, uma zona de convívio elegante e quartos de época, divididos por um edifício principal e um anexo mais actual. Ideal para relaxar, também dispõe de massagens e tratamentos de beleza.

---

## ALCOCHETE – Setúbal – **733** – **593** P3 – 12 239 h.     1 A2

▶ Lisboa 59 – Évora 101 – Santarém 81 – Setúbal 29
🖪 Largo da Misericórdia , ✉ 2890-025, ☏ 212 34 86 55

X **O Arrastão**     Ⓜ ⅋ Ⓟ

&#9752; *Praia dos Moinhos* ✉ *2890-166 –* ☏ *212 34 21 51 – www.oarrastao.com*
*– fechado do 6 ao 26 de agosto, domingo noite e 2ª feira*
**Rest** – Lista 25/34 €
Encontra-se ao pé da praia e tem um ambiente de marcada inspiração marítima, com um restaurante de montagem simples e uma sala privada. Peixe de excelente qualidade e frescura.

---

**ALDEIA DA SERRA** – Évora – ver Redondo

**PORTUGAL**

**ALDEIA DAS DEZ** – Coimbra – **733** – **592** L6 – 531 h. – alt. 450 m       4 B2

▶ Lisboa 286 – Coimbra 81 – Guarda 93

🏨 **Quinta da Geia**     ॐ ≤ 🏠 ⅃ ₺ qto, ॐ rest, 🛜 🏄 🅿

Largo do Terreiro do Fundo do Lugar ✉ 3400-214 – ✆ 238 67 00 10
– www.quintadageia.com
**20 qto** ☑ – 👤65/85 € 👥👥75/115 €   **Rest** – Menu 19/35 € – Lista 20/30 €
O encanto dos tempos passados e o conforto actual convivem neste atractivo
conjunto do séc. XVII. Ambiente rústico e boas vistas, tanto ao vale como à serra
da Estrela. O seu refeitório simples complementa-se, no verão, com uma agradável esplanada.

---

**ALFERRAREDE** – Santarém – **733** – **592** N5 – 3 884 h.       6 B2

▶ Lisboa 145 – Abrantes 2 – Santarém 79

🍴 **Cascata**     🆎 🅿

Rua Manuel Lopes Valente Junior 19-A ✉ 2200-260 – ✆ 241 36 10 11
– www.cascata.pt – fechado domingo noite e 2ª feira
**Rest** – Lista 26/33 €
Apresenta uma cafeteria actual no andar inferior, uma sala de refeições clássica no
andar superior e um espaço para os banquetes. Cozinha regional e de corte
caseiro, com especialidades.

---

**ALIJÓ** – Vila Real – **733** – **591** I7 – 2 635 h.       8 B3

▶ Lisboa 411 – Bragança 115 – Vila Real 44 – Viseu 117

🆔 Av. 25 de Abril, ✉ 5070-013, ✆ 259 95 00 95, www.cm-alijo.pt

🍴🍴 **Cêpa Torta**     🏠 🆎 ॐ

⊛ Rua Dr. José Bulas Cruz ✉ 5070-047 – ✆ 259 95 01 77
– www.douro-gourmet.com – fechado domingo noite e 2ª feira
**Rest** – Menu 10/35 € – Lista 18/30 €
Medalhão à Douro Gourmet, saborosa Carne Maronesa, Milhos à Transmontana...
Está claro que este restaurante aposta na cozinha regional, no entanto, com um
ambiente atual e usando sempre productos com denominação ou de origem
controladas.

---

**ALMADA** – Setúbal – **733** – **593** P2 – 16 584 h.       1 A2

▶ Lisboa 12 – Setúbal 42 – Santarém 92

🍴🍴 **Amarra ò Tejo**     ≤ 🆎 ॐ

Alameda do Castelo (Jardim do Castelo) ✉ 2800-034 – ✆ 212 73 06 21
– fechado 3ª feira meio-dia e 2ª feira no verão, domingo noite e 2ª feira
meio-dia resto do ano
**Rest** – Lista 34/45 €
O melhor de tudo são as suas espectaculares vistas da capital! Está localizado no
alto da cidade, junto ao castelo, numa construção com a forma de cubo envidraçado de estilo clássico-actual. Cozinha tradicional com toques actuais e matérias-
-primas de qualidade.

---

**ALMANCIL** – Faro – **733** – **593** U5 – 11 136 h.       3 B2

▶ Lisboa 306 – Faro 13 – Huelva 115 – Lagos 68

🆔 vale Formoso, ✉ 8100-267, ✆ 289 39 26 59

🖼 Ocean Course Vale de Lobo, Sudoeste : 6 km, ✆ 289 35 34 65

🖼 Quinta do Lago Sul, ✆ 289 39 07 00

◉ Igreja de S. Lourenço★★ (azulejos★★)

🍴🍴🍴 **Vincent**     🏠 🆎 ॐ 🅿

Rua do Comércio - Estrada de Quarteira ✉ 8135-906 – ✆ 289 39 90 93
– fechado 15 novembro-15 dezembro, 2ª feira em junho-agosto e domingo
**Rest** – (só jantar) Lista 35/78 €
Casa de campo dotada com uma agradável esplanada ajardinada, um salão-bar
de espera e um refeitório com uma acolhedora decoração clássica-regional.
Ementa reduzida de estilo internacional.

### XXX Pequeno Mundo 🏡 🗚 P

*Pereiras - Caminho de Pereiras, Oeste : 1,5 km ✉ 8135-907 – ☎ 289 39 98 66*
*– www.restaurantepequenomundo.com – fechado dezembro-janeiro e domingo*
**Rest** – *(só jantar)* Lista 36/60 €

Ideal para casais, pois ocupa uma preciosa casa algarvia dotada com românticos
pátios e cálidos refeitórios. Ementa internacional com claras influências francesas.

### XX Couleur France 🏡 ⅋ 🗚 ⅋ ⟷ P

*Vale de Éguas, Noroeste : 1,5 km ✉ 8135-033 – ☎ 289 39 95 15*
*– www.couleur-france.net – fechado sabado mediodia e domingo*
**Rest** – Menu 11/35 € – Lista aprox. 36 €

Negócio de estética moderna com um funcionamento muito particular, oferece
um menu a preço fixo ao almoço e uma carta mais completa à noite. Esplanada
agradável com vistas e cozinha internacional.

### X Fuzios 🏡 ⅋

*Rua do Comércio 286 - Estrada de Quarteira ✉ 8135-127 – ☎ 289 39 90 19*
*– www.fuziosalmancil.com – fechado 25 novembro-26 dezembro e 4ª feira*
**Rest** – *(só jantar)* Lista 28/48 €

Encontra-se à beira da estrada de Quarteira e possui duas salas de jantar de acolhedora decoração clássica-regional. Cozinha internacional com predomínio de
pratos italianos.

## em Vale Formoso Nordeste : 1,5 km

### XXX Henrique Leis 🏡 🗚 ⅋ P
### ✫

*✉ 8100-267 Loulé – ☎ 289 39 34 38 – www.henriqueleis.com – fechado*
*25 novembro- dezembro, 2ª feira salvo julho-agosto e domingo*
**Rest** – *(só jantar)* Menu 55/90 € – Lista 62/98 €

Nesta bela casa encontrará duas salas com ar rústico, decoradas com muito gosto,
e uma atractiva varanda com boas vistas no 1º andar. Cozinha actual com bases
clássicas que cuida muito as suas elaborações, sempre com detalhes criativos.
→ Degustação de foie gras de ganso e de pato. Lombo de Borrego com gel de
xerém. Ganache de dois chocolates com sablé de cacau.

## ao Sul

### 🏨🏨 Conrad Algarve ❶ 🚗🏡🎋🔲⊕ Ⅼ⅋▦🗲⅋ qto, 🗚 ⅋ rest, 🛜
🔏 🛎

*Estrada de Vale do Lobo a Quinta do Lago, 5,5 km*
*✉ 8135-106 Almancil – ☎ 289 35 11 50 – www.conradalgarve.com*
**134 qto** ⊊ – †† 234/654 € – 20 suites
**Rest** – Menu 45 €
**Rest Gusto** – *(fechado do 13 ao 28 de janeiro, 2ª feria e 3ª feira)* Menu 52/65 €
– Lista 50/70 €

Estátuas de mármore, quadros abstractos, serviço de excelência, espaços muito
luminosos…, todo isto e muito mais, num hotel de estilo contemporâneo focado
no cliente mais exigente. Com amplos, luxosos e modernos, quartos com
varanda. Com diversas opções gastronómicas, o destaque é dado ao restaurante
Gusto, de ambiente urbano e cosmopolita.

### XX Casa dos Pinheiros 🏡 🗚 ⅋ P

*Corgo da Zorra - Estrada de Vale do Lobo, 3 km ✉ 8135-107 Almancil*
*– ☎ 289 39 48 32 – www.casadospinheiros.net – fechado*
*25 novembro-27 dezembro e domingo*
**Rest** – *(só jantar)* Lista 25/55 €

Local de linha actual dotado de um óptimo expositor de peixe e mariscos. A sua
especialidade são as Cataplanas, o Arroz de tamboril, o Peixe no sal, os Crepes
da casa…

### XX Alambique 🏡 ⅋ 🗚 P

*Estrada de Vale do Lobo a Quinta do Lago, 4 km ✉ 8135-160 Almancil*
*– ☎ 289 39 45 79 – www.restaurantalambique.pt – fechado do 5 ao 24 de*
*dezembro e domingo*
**Rest** – *(só jantar)* Lista 40/65 €

Um bom restaurante para descobrir a cozinha tradicional portuguesa. Possui duas
salas requintadas de ambiente clássico-regional e uma das suas especialidades é
o Arroz de tamboril.

PORTUGAL

XX **Florian**

*Vale Verde - Rua Van Zaten, 7 km* ✉ *8135-107 Almancil –* 𝒞 *289 39 66 74*
*– www.florianrestaurant.com – fechado 26 novembro-23 janeiro e 5ª feira*
**Rest** *– (só jantar)* Lista 44/67 €

Encontra-se num condomínio próximo a um campo de golfe, com uma agradável esplanada e um refeitório de estética colonial. Cozinha internacional de inspiração francesa!

X **Mr. Freddie's**

*Escanxinas - Estrada de Vale do Lobo, 2 km* ✉ *8135-107 Almancil*
*–* 𝒞 *289 39 36 51 – www.mrfreddies.net – fechado domingo salvo junho-agosto*
**Rest** *– (só jantar)* Menu 33 € – Lista 30/45 €

De ambiente clássico e longo percurso. A sua carta contempla pratos portugueses e internacionais, donde se destacam o Steak Diana elaborado com réchaud na mesma sala.

### na estrada de Quarteira

⌂ **Quinta dos Rochas** sem rest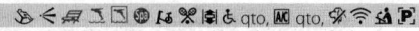

*Fonte Coberta, Sudoeste : 3,5 km* ✉ *8135-019 Almancil –* 𝒞 *289 39 31 65*
*– www.quintadosrochas.pt.vu – abril-outubro*
**10 qto** – ✝45/70 € ✝✝50/85 €, ☲ 5 €

Próximo da estrada, em dois edifícios independentes que se comunicam pela piscina. Dispõe de um salão de convívio e quartos bastante amplos, todo com mobiliário clássico.

### em Vale do Garrão Sul : 6 km

🏨 **Ria Park H.** ❶

✉ *8135-170 Almancil –* 𝒞 *289 35 98 00 – www.riaparkhotels.com – fechado 16 novembro-17 janeiro*
**166 qto** ☲ – ✝95/220 € ✝✝105/230 € – 9 suites
**Rest** – Menu 35 € – Lista 36/63 €

De estilo clássico-elegante e junto da praia. Conta com um jardim cuidado, uma área pública completa e amplos quartos, todos com varanda. No restaurante, com vista para a piscina do terraço, propõem uma ementa tradicional com especialidades locais.

---

**ALMEIDA** – Guarda – **733** – **591** J9 – 1 314 h.                              5 D1

▶ Lisboa 357 – Guarda 49 – Viseu 119 – Bragança 166
◉ Localidade★ – Sistema de fortificações★
🄶 Estrada de Almeida a Pinhel : Paisagem★

🏨 **Fortaleza de Almeida**

*rua da Muralha* ✉ *6350-112 –* 𝒞 *271 57 42 83*
*– www.hotelfortalezadealmeida.com*
**21 qto** ☲ – ✝50/110 € ✝✝60/120 €     **Rest** – Menu 15/26 € – Lista 28/39 €

A sua linha actual contrasta claramente com a tradição arquitectónica desta formosa vila amuralhada. Espaços amplos, mobiliário rústico e equipamento correcto. O restaurante, muito luminoso, propõe uma ementa tradicional com pratos de caça durante a temporada.

---

**ALMEIRIM** – Santarém – **733** – **592** O4 – 12 812 h.                      6 B2

▶ Lisboa 88 – Santarém 7 – Setúbal 116

🏨 **O Novo Príncipe** sem rest

*Timor 1* ✉ *2080-103 –* 𝒞 *243 57 06 00 – www.hotelonovoprincipe.com*
**60 qto** ☲ – ✝34/70 € ✝✝48/140 €

De aspecto actual e com uma zona de convívio devidamente renovada. Entre os seus quartos, devidamente equipados, destacam-se os da última ampliação por serem mais actuais e amplos.

PORTUGAL

**ALPIARÇA** – Santarém – 733 – 592 O4 – **7 702 h.** 6 B2

**▸** Lisboa 93 – Fátima 68 – Santarém 11 – Setúbal 107

X **A Casa da Emília** 𝔸ℂ ℅ ⊯

ⓒ *Rua Manuel Nunes Ferreira 101* ⊠ *2090-115* – ℰ *243 55 63 16* – *fechado do 1*
*ao 21 de novembro, 2ª feira e 3ª feira meio-dia*
**Rest** – Lista 20/28 €
A sala, acolhedor e agradável, compensa o pequeno tamanho. Com um bom serviço de mesa na sua categoria. Pequena carta de sabor caseiro.

---

**ALQUERUBIM** – Aveiro – ver Albergaria-a-Velha

---

**ALTURA** – Faro – 733 – 593 U7 – **2 195 h.** – **Praia** 3 C2

**▸** Lisboa 320 – Faro 56 – Beja 123 – Vila Real de Santo António 9

X **A Chaminé** 🏤 𝔸ℂ ℅

*Av. 24 de Junho, Sul : 1 km* ⊠ *8950-411* – ℰ *281 95 01 00*
– *www.restaurante-chamine.com* – *fechado do 2 ao 16 de novembro e 3ª feira*
**Rest** – Lista 25/45 €
Numa grande avenida... mas também próximo da praia. Tem um bom expositor
de peixe e mariscos, bem como uma carta tradicional marinheira com sugestões
diárias.

---

**ALVARRÕES** – Portalegre – 733 – 592 N7 – **28 h.** 2 C1

**▸** Lisboa 226 – Portalegre 10 – Castelo Branco 79 – Santarém 159

**pela estrada de Portalegre** Sul : 1 km e desvio a esquerda 3 km

⌂ **Quinta do Barrieiro** sem rest 🛁 ← 🚗 🏊 ⅃ 𝔸ℂ ℅ 🛜 🅿 ⊯
*Reveladas* ⊠ *7330-336 Alvarrões* – ℰ *00 35 19 64 05 49 35*
– *www.quintadobarrieiro.com*
**9 qto** – ♦50 € ♦♦70 €, � 8 €
Situado numa quinta grande e isolada, distribui as suas estâncias entre vários edifícios. Decoração agradável rústica e belos detalhes escultóricos da autoria da
proprietária.

---

**ALVITO** – Beja – 733 – 593 R6 – **1 259 h.** 2 C2

**▸** Lisboa 161 – Beja 39 – Grândola 73

**ⓘ** Rua dos Lobos 13, ⊠ 7920-022, ℰ 284 48 08 08, www.cm-alvito.pt

🏨 **Pousada Castelo de Alvito** 🛁 🚗 ⅃ 📶 & qto, 𝔸ℂ ℅ rest, ⚄
*Largo do Castelo* ⊠ *7920-999* – ℰ *284 48 07 00* – *www.pousadas.pt*
**20 qto** – ♦90/145 € ♦♦100/155 €, � 6 €
**Rest** – Menu 23/32 € – Lista 29/49 €
Neste castelo do século XV encontrará um pátio central e quartos de ar medieval,
todos com mobiliário decapado. Oferece amplos espaços, devidamente equipado
e um jardim com piscina. No restaurante, que tem um belíssimo tecto abobadado, são confeccionados pratos de sabor tradicional e alentejano.

🏠 **A Varanda** 𝔸ℂ ℅ 🛜
*Praça da República 9* ⊠ *7920-028* – ℰ *284 48 51 35*
– *www.avaranda-hospedaria.planetaclix.pt*
**9 qto** ⊯ – ♦45 € ♦♦70/90 € **Rest** – Menu 20/30 €
Um pequeno hotel bastante original que oferece quartos de excelente conforto
para a sua categoria, todos eles personalizados e dedicados a vários amigos do
proprietário. O hotel também tem um bom restaurante com cozinha tradicional
e um pub-bar original, em homenagem à Lady Di.

---

**ALVOR** – Faro – 733 – 593 U4 – **6 154 h.** 3 A2

**▸** Lisboa 286 – Faro 74 – Portimão 7 – Lagos 21

**ⓖ** Ferragudo ★ Este : 13 km - Praia da Rocha ★ Este : 16 km - Lagos ★ (Igreja de Santo
António ★) Oeste : 20 km

**na praia** Este : 2 km

Ⓧ **Caniço**      ⟨ 🏠 ⌖
*Aldeamento de Prainha* ✉ *8500-072 Alvor –* ☎ *282 45 85 03*
*– www.canicorestaurante.com – 20 março-outubro*
**Rest** – Menu 20 € – Lista 33/46 €
Impressiona pela vista espectacular sobre o mar! Sala de estilo simples escavada na rocha e ementa de sabor tradicional, com saborosos arrozes, peixes e mariscos ao peso.

---

**AMARANTE** – Porto – **733** – **591** I5 – 16 406 h. – alt. 100 m     8 B2
▶ Lisboa 372 – Porto 64 – Vila Real 49
🄸 largo Conselheiro António Candido, ✉ 4600-011, ☎ 255 42 02 46, www.amarante.pt
◉ Localidade★, Igreja do convento de S. Gonçalo (órgão★) – Igreja de S. Pedro (tecto★)
🄶 Travanca : Igreja (capitéis★) Noroeste : 18 km por N 15, Estrada de Amarante a Vila Real ⟨★ Picão de Marão★★

🏠 **Casa da Calçada**     🛋 🗗 ᝪ 🅰 �{} 🛁 🄿
*Largo do Paço 6* ✉ *4600-017 –* ☎ *255 41 08 30 – www.casadacalcada.com*
*– fechado do 1 ao 19 de janeiro*
**30 qto** 🖙 – 🛉85/386 € 🛉🛉95/397 € – 4 suites
**Rest** *Largo do Paço* 🕸 – ver selecção restaurantes
Belíssimo palácio do século XVI rodeado por jardins. Possui zonas de convívio acolhedoras e quartos de um conforto de excelência, todos com mobiliário clássico de grande qualidade.

ⅩⅩⅩ **Largo do Paço** – Hotel Casa da Calçada     🏠 🛋 🅰 ᝪ ↻ 🄿
🕸 *Largo do Paço 6* ✉ *4600-017 –* ☎ *255 41 08 30 – www.casadacalcada.com*
*– fechado do 1 ao 19 de janeiro*
**Rest** – Menu 35/110 € – Lista 47/78 €
Instalado em um belo palacete, com um interior clássico e elegante, o restaurante oferece uma cozinha moderna bastante imaginativa, com uma boa base tradicional, um cozimento perfeito, produtos de qualidade e um domínio técnico evidente. ➔ Toro de atum dos Açores com molho de ostras e creme de beterraba. Salmonete com molho de ouriço do mar, percebes e cannelloni de carabineiro. Pêssego Melba homenagem a Auguste Escoffier.

**pela estrada IP 4** Sudeste : 17 km

🏠 **Pousada de S. Gonçalo**     ᝲ ⟨ 🏠 🛋 ᝪ qto, 🅰 ᝪ 📞 🄿
*Serra do Marão - alt. 885* ✉ *4604-909 Amarante –* ☎ *255 46 00 30*
*– www.pousadadomarao.com*
**15 qto** 🖙 – 🛉75/110 € 🛉🛉85/140 € – 1 suite
**Rest** – Menu 23/35 € – Lista 24/50 €
Proporciona o prazer de algumas vistas privilegiadas sobre a serra de Marão. Quartos clássicos com detalhes de certo encanto e uma área nobre reduzida mas aconchegante. Refeitório de agradável atmosfera e esplêndida vista panorâmica.

---

**AMARES** – Braga – **733** – **591** H4 – 1 550 h.     8 A2
▶ Lisboa 371 – Braga 15 – Porto 65

**pela estrada de Póvoa de Lanhoso**
**Sudeste : 2,5 km, desvio a direita 0,5 km e desvio a esquerda 0,5 km**

🏠 **Quinta do Burgo** sem rest     ᝲ 🚗 🛋 🕸 ᝪ �{} 🄿 🍽
*Rua dos Burgos 475* ✉ *4720-612 Prozelo AMR –* ☎ *253 99 27 49*
*– www.quintadoburgo.com*
**7 qto** 🖙 – 🛉35/79 € 🛉🛉45/79 € – 5 apartamentos
Está distribuído em várias casas e o conjunto é excelente, com uma extensa área relvada. A sua grande oferta de alojamento inclui apartamentos (T1, T2 e T3) e dois tipos de quartos: uns rústicos e outros mais modernos e atuais.

PORTUGAL

**AMIEIRA** – Évora – **733** – **593** R7 – **362 h.**  2 C2

▶ Lisboa 194 – Évora 61 – Beja 59 – Setúbal 160

**ao Nordeste** 3,5 km

※※ **Amieira Marina**  ⇐ 🏠 🎬 ⅌ **P**
✉ 7220-999 Amieira – 𝒞 266 61 11 73 – www.amieiramarina.com – só aos fins de semana em janeiro-março
**Rest** – (só almoço salvo 6ª feira, sábado, domingo e feriados) Menu 20/31 €
– Lista 25/46 €
Restaurante panorâmico construído sobre as águas do Grande Lago de Alqueva. O restaurante dispõe de duas salas modernas e luminosas com uma bela vista. Cozinha tradicional e regional.

**ANADIA** – Aveiro – **733** – **591** K4 – **5 511 h.**  4 B2

▶ Lisboa 229 – Coimbra 30 – Porto 92

🏨 **Cabecinho** sem rest  🅱 🕭 🎬 ⅌ 🛜 🏄 **P**
Av. Eng. Tavares da Silva ✉ 3780-203 – 𝒞 231 51 09 40
– www.hotel-cabecinho.com
**49 qto** 😑 – †38/65 € ††45/80 € – 2 suites
Entre as suas diferentes zonas sociais destaca a sala-adega da cave, dotada com arcos em tijolo à vista. Os quartos possuem mobiliário funcional e chãos em alcatifa.

**AREIA** – Porto – ver Vila do Conde

**AREIAS DE SÃO JOÃO** – Faro – ver Albufeira

**ARELHO** – Leiria – ver Óbidos

**ARMAÇÃO DE PÊRA** – Faro – **733** – **593** U4 – **4 867 h. – Praia**  3 B2

▶ Lisboa 262 – Faro 51 – Beja 131 – Lagoa 11
🄸 Av. Marginal , ✉ 8365-101, 𝒞 282 31 21 45
◎ passeio de barco★★ : grutas marinhas★★

**ao Oeste**

🏨🏨🏨 **Vila Vita Parc**  🌊 ⇐ 🚗 ⅃ 🏊 ⊕ 🖕 ⅍ 🖿 🕭 🎬 ⅌ 🛜 🏄 **P** 🚗
Alporchinhos, 2 km ✉ 8400-450 Porches – 𝒞 282 31 01 00
– www.vilavitaparc.com
**120 qto** 😑 – ††230/600 € – 60 suites – 5 apartamentos
**Rest Ocean** 🕸🕸 – ver selecção restaurantes
Um hotel que conjuga todo o luxo, a elegância e tranquilidade, encontra-se numa enorme quinta ajardinada e com acesso ao mar. Oferece excelentes zonas de convívio, quartos de traçado clássico-actual, um SPA com serviço Hypoxi e uma oferta gastronómica completa.

🏨🏨🏨 **Vilalara Thalassa Resort**  🌊 ⇐ 🚗 🏠 ⅃ 🖕 ⅍ 🖿 🕭 🎬 ⅌ 🛜 🏄 **P**
Praia das Gaivotas, 2 km ✉ 8400-450 Porches – 𝒞 282 32 00 00  🚗
– www.vilalararesort.com – fechado dezembro-janeiro
**112 qto** 😑 – †170/473 € ††220/494 € – 11 apartamentos
**Rest B & G** – (só jantar no verão) (reserva aconselhada) Menu 42 €
– Lista 43/61 €
Pequeno paraíso dividido em vários edifícios e com acesso à praia. Os quartos, muito amplos e muito bem equipados, estão rodeados por magníficos jardins. O restaurante B & G completa-se com locais tipo grill junto às piscinas.

🏠 **Casa Bela Moura** sem rest  ⅃ 🕭 🎬 ⅌ 🛜 **P**
Estrada de Porches, 2 km ✉ 8400-450 Porches – 𝒞 282 31 34 22
– www.casabelamoura.com – 8 fevereiro-22 novembro
**15 qto** 😑 – †50/112 € ††99/149 €
Excelente, pois ocupa uma Casa de Campo distribuída em dois edifícios. Elegante salão social, quartos de conforto actual, arredores ajardinados com piscina climatizada.

☆☆☆☆ **Ocean** – Hotel Vila Vita Parc ⪦ 🚗 🛱 🔟 🕸 **P** 🚘
⭐⭐ *Alporchinhos, 2 km ✉ 8400-450 Porches – ☎ 282 31 01 00*
*– www.vilavitaparc.com – fechado janeiro, 3ª feira e 4ª feira*
**Rest** – *(só jantar) (só menu)* Menu 95/185 € 🐝
Ocupa uma vila anexa ao hotel, onde encontrará uma sala de ambiente clássico-
-elegante e uma esplanada com vistas ao mar. O seu chef propõe uma cozinha
criativa com elaborações delicadas, sendo original, detalhista e... tecnicamente
perfeita!
➜ Pregado do Atlântico, míscaros, gema de ovo de codorniz, pata negra. Vitela
mirandesa, cogumelos silvestres, alho jovem, limão confitado. Nêspera, requeijão,
poejo e papoila.

---

**ARRAIOLOS** – Évora – **733** – **593** P6 – **3 386 h.** 2 C2
▶ Lisboa 125 – Badajoz 102 – Évora 22 – Portalegre 103

🏠 **Pousada Nossa Senhora da Assunção** 📶 ⨯ 🕸 🎧 🔟 🕸 🔩
*Quinta dos Loios, Norte : 1 km ✉ 7041-909 – ☎ 266 41 93 40* **P**
*– www.pousadas.pt*
**30 qto** – ♦100/165 € ♦♦110/175 €, ⚏ 6 € – 2 suites **Rest** – Lista aprox. 45 €
Instalada parcialmente em um antigo convento, cuja igreja, revestida de azulejos,
data de 1585. Elementos clássicos, detalhes modernos, um claustro e quartos
sóbrios. A luminosa sala de refeição com tecto abobadado está dividida em
dois espaços.

---

**AVEIRO** **P** – Aveiro – **733** – **591** K4 – **54 398 h.** 4 A1
▶ Lisboa 252 – Coimbra 56 – Porto 70 – Vila Real 170
�ℹ Rua João Mendonça 8, ✉ 3800-200, ☎ 234 42 07 60, www.turismodocentro.pt
**A.C.P.** Av. Dr. Lourenço Peixinho 89 D ☎234 42 25 71
◉ Bairro dos canais★ (canal Central, canal de São Roque) Y – Antigo Convento de
Jesus★★ : Igreja★★ (capela-mor★★, coro baixo★, túmulo da princesa Santa
Joana★★), Museu★★ (retrato da princesa Santa Joana★) Z
🅖 Ria de Aveiro★

*Planta página seguinte*

🏠 **Meliá Ria** 🔟 🕫 🎧 🕭 qto, 🔟 🕸 🛜 🔩 🚘
*Cais da Fonte Nova, Lote 5 ✉ 3810-200 – ☎ 234 40 10 00 – www.meliaria.com*
**126 qto** ⚏ – ♦70/116 € ♦♦80/126 € – 2 suites Xc
**Rest** – Menu 20/30 € – Lista 23/36 €
A forma cúbica do edifício, o seu revestimento que chama a atenção e localização
junto à ria, são os seus melhores atributos. Luminosas zonas nobres, confortáveis
quartos e SPA. O restaurante é polivalente e desfruta dum bom serviço de mesa.

🏠 **Moliceiro** sem rest 🎧 🕭 🔟 🕸 🛜 🔩
*Rua Barbosa de Magalhães 15-17 ✉ 3800-154 – ☎ 234 37 74 00*
*– www.hotelmoliceiro.pt* Yr
**48 qto** ⚏ – ♦98/380 € ♦♦110/380 € – 1 suite
Seu nome refere-se a um tipo de embarcação típica da região. Dispõe de uma
recepção elegante, um piano-bar e quartos de estilo clássico-moderno com detalhes elegantes.

🏠 **As Américas** sem rest 🎧 🕭 🔟 🕸 🛜 🔩 🚘
*Rua Eng. Von Hafe 20 ✉ 3800-176 – ☎ 234 34 60 10*
*– www.hotelasamericas.com* Yk
**68 qto** ⚏ – ♦78/90 € ♦♦93/120 € – 2 suites
O Hotel, de estilo clássico-moderno que surpreende pela sua decoração elegante,
oferece uma área social variada e quartos confortáveis, com piso de alcatifa e
casas de banho modernas.

PORTUGAL

## AVEIRO

**PORTUGAL**

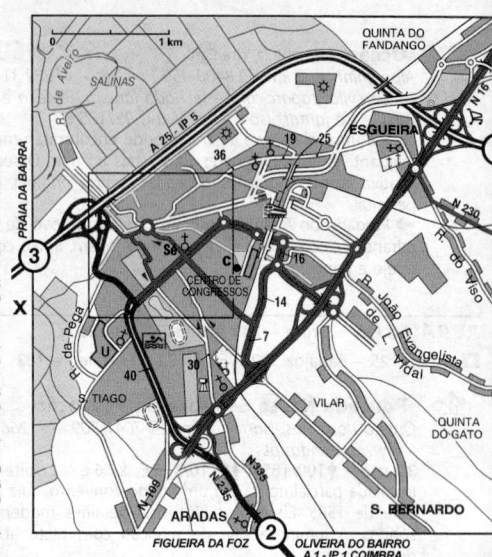

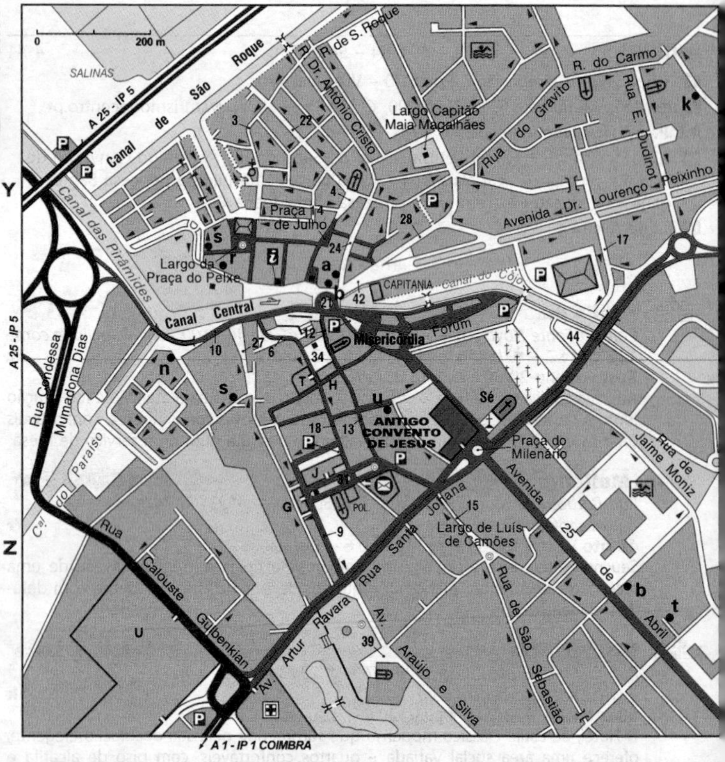

### 🏨 **Imperial** 　　　　　🛗 & qto, 🅐🅒 ⚡ rest, 📶 ♿

*Rua Dr. Nascimento Leitão* ⊠ *3810-108* – ☎ *234 38 01 50*
*– www.hotelimperial.pt* 　　　　　　　　　　　　　**Zu**
**85 qto** � – **†**48/70 € **††**60/90 € – 22 suites
**Rest** – Menu 13 € – Lista aprox. 35 €
Dispõe de uma boa área social, várias salas nos últimos andares e quartos confortáveis de estilo clássico. Aqueles que encontram-se na parte mais moderna são maiores. O restaurante dispõe de uma sala de refeição de estilo actual e funcional, e oferece um menu tradicional.

### 🏨 **Afonso V** sem rest 　　　　　🔖🛗🅐🅒⚡📶♿🅿

*Rua Dr. Manuel das Neves 65* ⊠ *3810-101* – ☎ *234 42 51 91*
*– www.hotelafonsov.pt* 　　　　　　　　　　　　　**Zb**
**76 qto** � – **†**42/53 € **††**62/80 € – 2 suites
Estabelecimento de carácter familiar e estilo clássico, equipado com dois bares, uma grande sala de reunião e quartos confortáveis localizados nas duas alas do edifício.

### 🏨 **Aveiro Palace** sem rest 　　　　　🛗 & 🅐🅒 ⚡ 📶

*Rua Viana do Castelo 4* ⊠ *3800-275* – ☎ *234 42 18 85*
*– www.hotelaveiropalace.com* 　　　　　　　　　**Yb**
**48 qto** ⊠ – **†**49/69 € **††**69/89 € – 5 suites
Está situado no centro turístico de Aveiro e, praticamente com vista para o canal principal. Por trás da sua atraente fachada clássica, encontramos um interior completamente restaurado e atualizado com quartos confortáveis e funcionais.

### 🏨 **Jardim Afonso V** sem rest 　　　🔖🛗 & 🅐🅒 ⚡ 📶 ♿ 🅿

*Praceta D. Afonso V* ⊠ *3810-094* – ☎ *234 42 65 42* – *www.hoteisafonsov.pt*
**48 qto** ⊠ – **†**41/54 € **††**55/75 € 　　　　　　**Zt**
A sua localização, num anexo do hotel Afonso V, evidencia uma propriedade compartida, assim como uma actividade que complementa ao mesmo. Quartos clássicos de bom conforto.

### 🏨 **Aveiro Center** sem rest 　　　　　🔖 & ⚡ 📶

*Rua da Arrochela 6* ⊠ *3810-052* – ☎ *234 38 03 90* – *www.hotelaveirocenter.pt*
**24 qto** ⊠ – **†**40/48 € **††**60/70 € 　　　　　　**Zs**
O hotel foi renovado com sucesso e agora dispõe de um agradável pátio, uma sala de recepção espaçosa e quartos bem decorados, todos com piso laminado.

### 🏨 **José Estevão** sem rest 　　　　　🔖 🅐🅒 ⚡

*Rua José Estevão 23* ⊠ *3800-202* – ☎ *234 38 39 64* – *www.joseestevao.com*
**12 qto** ⊠ – **†**51/56 € **††**61/66 € 　　　　　　**Ya**
Este pequeno hotel de carácter residencial e decorado de forma funcional, dispõe de uma pequena recepção e quartos de estilo clássico, alguns deles com piso de alcatifa e outros com piso de madeira.

### 🏠 **Das Salinas** sem rest 　　　　　🔖 & ⚡ 📶

*Rua da Liberdade 10* ⊠ *3810-126* – ☎ *234 40 41 90* – *www.hoteldassalinas.pt*
**17 qto** ⊠ – **†**40/48 € **††**60/70 € 　　　　　　**YZn**
O hotel, com ambiente familiar, é composto por dois edifícios ligados por um corredor de vidro. Quartos de estilo clássico-actual, alguns com sótão e oito com cozinha.

### ✕ **O Moliceiro** 　　　　　🍴 🅐🅒 ⚡

*Largo do Rossio 6* ⊠ *3800-246* – ☎ *234 42 08 58* – *fechado do 15 ao 30 de junho, do 15 ao 30 de novembro e 5ª feira* 　　　　　　**Ys**
**Rest** – Lista aprox. 25 €
Casa familiar especializada em peixes frescos e na brasa. O restaurante dispõe de uma sala simples com cozinha aberta, uma câmara de vidro para mostrar seus produtos.

**PORTUGAL**

## na Praia da Barra por ③ : 9 km

**🏠** **Farol** sem rest ⬛ ⌘ 🛜

*Largo do Farol ⬓ 3830-753 Gafanha da Nazaré – 𝒞 234 39 06 00*
*– www.residencialfarol.com*
**20 qto** ⬚ – **♦♦**45/110 € – 4 suites
Edifício de ar colonial situado perto do farol e da praia. Possui uma zona social
com lareira e quartos actuais, com mobiliário funcional e as paredes em tons vivos.

## em Costa Nova do Prado por ③ : 9,5 km

**🏠** **Azevedo** sem rest ⬛ & ⌘ 🛜 🚗

*Rua Arrais Ança 16 ⬓ 3830-455 Gafanha da Encarnação – 𝒞 234 39 01 70*
*– www.hotelazevedo.com*
**16 qto** ⬚ – **♦**40/50 € **♦♦**50/60 €
Possui uma fachada original, ao estilo dos celeiros tradicionais desta região, e um
interior acolhedor, com paredes de ladrilho e piso de madeira. Quartos funcionais.

---

**AZURARA** – Porto – ver Vila do Conde

---

**BARCELOS** – Braga – **733** – **591** H4 – 26 281 h. – alt. 39 m          8 A2
◩ Lisboa 366 – Braga 18 – Porto 48
🏛 Largo Dr. José Novais 27, ⬓ 4750-310, 𝒞 253 81 18 82, www.cm-barcelos.pt
◉ Interior★ da Igreja Matriz - Igreja de Nossa Senhora do Terço★ (azulejos★)
- Mercado★

**🏠** **Bagoeira** ⬛ & 🅰 ⌘ 🛜 � 🚗

*Av. Dr. Sidónio Pais 495 ⬓ 4750-333 – 𝒞 253 80 95 00 – www.bagoeira.com*
**54 qto** ⬚ – **♦**45/55 € **♦♦**55/75 €
**Rest** *Bagoeira* – ver selecção restaurantes
Perto do centro e com um design atual e funcional. Disponibiliza quartos confortáveis e bem equipados, todos com casas de banho bem cuidadas embora um
pouco pequenas. Acolhedora sala para pequenos-almoços e um bom lounge-bar
no 4º piso.

**🏠** **Do Terço** sem rest ⬛ & 🅰 ⌘ 🛜 🚗

*Rua de S. Bento 7 - Edif. do Terço ⬓ 4750-267 – 𝒞 253 80 83 80*
*– www.hoteldoterco.com*
**37 qto** ⬚ – **♦**40/50 € **♦♦**45/65 €
Este pequeno hotel, distribuído em três andares, apresenta-se como uma boa
opção de descanso na cidade. Os seus quartos são simples mas muito actuais.

**✕** **Bagoeira** – Hotel Bagoeira & 🅰 ⌘ 🚗

*Av. Dr. Sidónio Pais 495 ⬓ 4750-333 – 𝒞 253 81 12 36 – www.bagoeira.com*
**Rest** – Lista 30/50 € ❀
Este estabelecimento possui anos de história. Oferece uma ementa completa de
cozinha tradicional, com pratos regionais e uma boa seleção de especialidades,
tanto de assados quanto de grelhados. A sua excelente adega é composta exclusivamente de vinhos portugueses!

---

**BARROSELAS** – Viana do Castelo – **733** – **591** H3 – 3 927 h.          8 A2
◩ Lisboa 384 – Viana do Castelo 15 – Braga 44 – Porto 74

**🏠** **Quinta de São Sebastião** sem rest ⬙ ⽥ ✗ & ⌘ 🛜 🅿

*Rua Jorge Faria Torres 2 ⬓ 4905-387 – 𝒞 258 77 05 20*
*– www.quintadesaosebastiao.com*
**11 qto** ⬚ – **♦**60/70 € **♦♦**70/80 € – 1 apartamento
Antiga Casa de Campo localizada dentro da sua própria quinta mas ao mesmo
tempo dentro da localidade. Oferece zonas ajardinadas, esplanadas, espaços sociais e quartos com conforto correcto.

**BATALHA** – Leiria – **733** – **592** N3 – **8 548 h.** – alt. 71 m      6 A2

▶ Lisboa 120 – Coimbra 82 – Leiria 11

🛈 Praça Mouzinho de Albuquerque, ✉ 2440-121, ☎ 244 76 51 80,
www.rt-leiriafatima.pt

◙ Mosteiro★★★ : Claustro Real★★★, igreja★★ (vitrais★, capela do Fundador★), Sala
do Capítulo★★ (abóbada★★★, vitral★), Capelas imperfeitas★★ (portal★★)
– Lavabo dos Monges★, Claustro de D. Afonso V★

🏨🏨🏨    **Villa Batalha**    🌿 ⟨ 🚗 🛁 🌐 ♨ ❄ ⚑ 🔧 qto, 🅰🅲 % 📶 ♨ **P** 🚬
*Rua Dom Duarte I-248* ✉ *2440-415* – ☎ *244 24 04 00* – *www.hotelvillabatalha.pt*
**93 qto** 🖳 – 🛏73/88 € 🛏🛏78/100 € – 18 suites
**Rest** – *(só jantar)* Lista 20/29 €
Destaca-se pelo seu jardim, com zonas relvadas e um campo de Pitch Putt. Área
de convívio muito elegante e quartos actuais totalmente equipados, todos eles
espaçosos. O restaurante, de linha clássica-actual, oferece uma carta tradicional e
internacional.

🏨    **Casa do Outeiro** sem rest    🌿 ⟨ 🛁 ⚑ 🔧 🅰🅲 % 📶 **P**
*Largo Carvalho do Outeiro 4* ✉ *2440-128* – ☎ *244 76 58 06*
– *www.hotelcasadoouteiro.com*
**15 qto** 🖳 – 🛏40/68 € 🛏🛏45/83 €
Esta casa familiar oferece instalações bem cuidadas, sempre em processo de
modernização. Possui quartos alegres e coloridos com um conforto excelente
para sua categoria.

---

**BEJA** Ⓟ – **733** – **593** R6 – **25 148 h.** – alt. 277 m      2 C3

▶ Lisboa 194 – Évora 78 – Faro 186 – Huelva 177

🛈 Largo Dr. Lima Faleiro (Castelo de Beja), ✉ 7800-266, ☎ 284 31 19 13,
www.cm-beja.pt

◙ Convento da Conceição★★ BZ - Castelo (torre de menagem★) BY

Planta página seguinte

🏨🏨🏨    **Pousada de São Francisco**    🚗 🛁 🌐 ❄ ⚑ 🔧 qto, 🅰🅲 % ♨ **P**
*Largo D. Nuno Álvares Pereira* ✉ *7801-901* – ☎ *284 31 35 80* – *www.pousadas.pt*
**34 qto** – 🛏80/140 € 🛏🛏90/150 €, 🖳 6 € – 1 suite      CZ**a**
**Rest** – Menu 25/40 € – Lista 28/48 €
Instalado num convento do século XIII que ainda conserva o seu traçado antigo, o
claustro e a capela. Surpreende encontrar um interior onde a elegância dá lugar a
um conforto moderno e actual. O restaurante, bastante sóbrio mas com belíssimas abóbadas em cruzaria, propõe uma carta marcadamente tradicional.

🏨🏨    **Bejaparque** Ⓝ    🌐 📺 ⚑ 🔧 🅰🅲 % 📶 ♨ **P** 🚬
*Rua Francisco Miguel Duarte 1* ✉ *7800-510* – ☎ *284 31 05 00*
– *www.bejaparquehotel.com*      A**a**
**68 qto** 🖳 – 🛏50/84 € 🛏🛏55/95 € – 3 suites
**Rest** – Menu 15/18 € – Lista 20/34 €
Um hotel muito confortável, embora esteja ligeiramente afastado do centro histórico. Apresenta um moderno hall, diferentes salas de reuniões modulares e quartos de estilo funcional-moderno, todos bem equipados e com varanda. O restaurante, luminoso, diáfano e repleto de cores, convida a uma cozinha de sabor
tradicional.

🏨    **Francis** sem rest    📺 ⚑ 🅰🅲 % ♨ **P**
*Praça Fernando Lopes Graça-Lote 31* ✉ *7800-430* – ☎ *284 31 55 00*
– *www.hotel-francis.com* – *fechado do 17 ao 31 de dezembro*      A**c**
**45 qto** 🖳 – 🛏35/40 € 🛏🛏43/48 €
Perto da estação de trem e de autocarro. Dentre suas instalações deve-se destacar o ginásio totalmente equipado e os quartos, todos eles com mobiliário funcional e varanda.

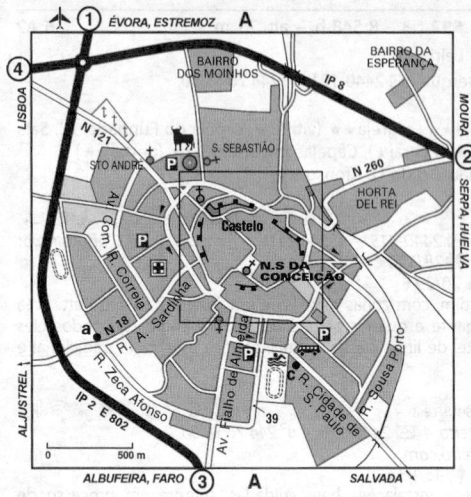

# BEJA

| | |
|---|---|
| Abel Viana (R.) | **BY** 2 |
| Acoutados (R. dos) | **CZ** 3 |
| Almeida Garrett (R.) | **CZ** 5 |
| Antonio Raposo Tavares (R.) | **CY** 7 |
| Biscainha (R. da) | **CZ** 9 |
| Branca (R. da) | **CZ** 10 |
| Conde da Boavista (R.) | **BCZ** 13 |
| Conselheiro Menezes (R.) | **BY** 15 |
| Dinis (R. de) | **BY** 17 |
| Dom Manuel (R.) | **BY** 19 |
| Dr. Antonio J. Almeida (R.) | **BY** 21 |
| Dr. Brito Camacho (R.) | **BZ** 22 |
| Dr. Manuel Arriaga (R.) | **CZ** 24 |
| Frei Manuel do Cenaculo (R.) | **CYZ** 28 |
| Infantaria (R. da) | **CZ** 30 |
| Jacinto Freire de Andrade (R.) | **CZ** 31 |
| Marquês de Pombal (R.) | **CZ** 34 |
| Portas de Aljustrel (R. das) | **A** 39 |
| Portas de Mértola (R. das) | **CZ** 40 |
| Prof. José Sebastião e Silva (R.) | **CZ** 42 |
| Santo Amaro (Largo de) | **BY** 46 |
| Vasco da Gama (Áv.) | **CZ** 49 |

822

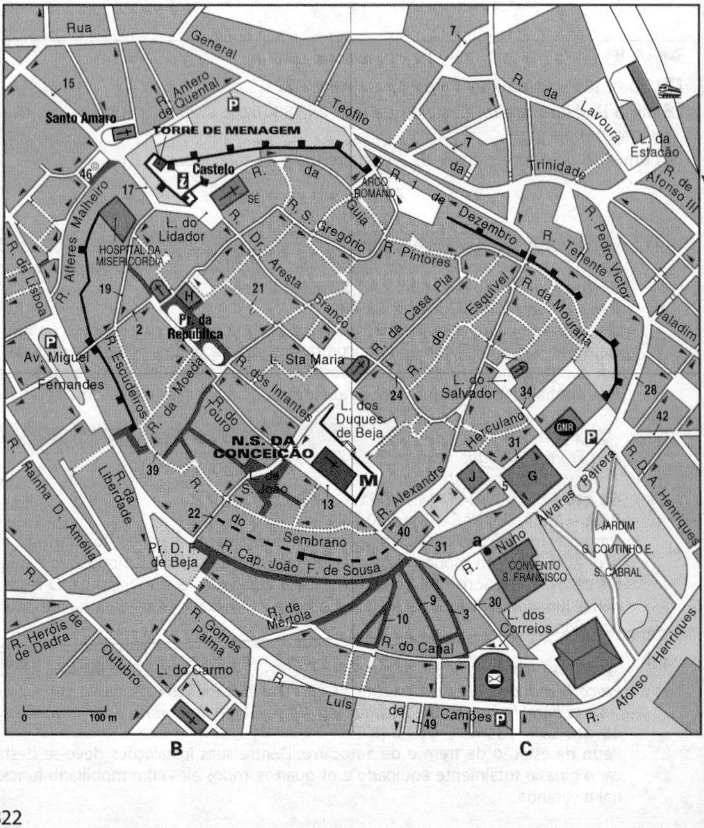

**BELMONTE** – Castelo Branco – 733 – 592 K7 – 3 183 h.      **5 C2**

▶ Lisboa 338 – Castelo Branco 82 – Guarda 20

🖪 Praça de Republica, ✉ 6250-034, 𝒞 275 91 14 88

◙ Castelo (vistas panorâmicas★) – Igreja de São Tiago★- Torre romana de Centum Cellas★ Norte : 4 km

**pela estrada de Caria** Sul : 0,7 km e desvio a direita 1,5 km

🏠🏠    **Pousada Convento de Belmonte**       🗖 ← 🗔 🅰 �, 🛜 🛆 **P**
*Serra da Esperança* ✉ *6250-909 Belmonte –* 𝒞 *275 91 03 00*
*– www.conventodebelmonte.pt*
**23 qto** ⌁ – ♦75/150 € ♦♦75/200 € – 1 suite    **Rest** – Lista 28/40 €
Destaca pelas suas belas vistas à serra da Estrela e à cova da Beira. A zona nobre aproveita as ruínas dum antigo convento e possui quartos de bom conforto. O refeitório que desfruta de uma moderna montagem encontra-se num ambiente aberto à serena majestade da paisagem circundante.

**BELVER** – Portalegre – 733 – 592 N6 – 684 h.      **2 C1**

▶ Lisboa 175 – Castelo Branco 85 – Portalegre 61 – Santarém 107

🏠    **Quinta do Belo-Ver** sem rest       🗖 ← 🗔 🌂 🅰 🛜 **P** 🚭
*Rua Capitão João Pires 2* ✉ *6040-024 Belver Gav –* 𝒞 *241 63 90 40*
*– www.quintadobelover.net*
**7 qto** ⌁ – ♦♦65/75 €
Hotel agradável que oferece uma bela vista desde a área da piscina, e dispõe de uma sala social com lareira e quartos de estilo clássico, três deles com varanda e um com sótão.

**BOM JESUS DO MONTE** – Braga – ver Braga

**BOMBARRAL** – Leiria – 733 – 592 O2 – 5 664 h.      **6 A2**

▶ Lisboa 76 – Leira 84 – Óbidos 12 – Santarém 58

🖪 Praça do Município (Palácio Gorjão) , ✉ 2540-046, 𝒞 262 60 90 53,
www.cm-bombarral.pt

🍴    **Dom José**       🛖 🅰 🌂
*Rua Dr. Alberto Martins dos Santos 4* ✉ *2540-087 –* 𝒞 *262 60 43 84*
*– fechado 19 dezembro-3 janeiro, do 16 ao 30 de junho, domingo noite e 2ª feira*
**Rest** – Lista 21/33 €
Esta casa familiar conta com uma sala de refeições simples e ao mesmo tempo impecável, e uma sala dedicada à exposição-venda de vinhos. A sua carta está limitada a cerca de 10 pratos, apesar de estes variarem quase diariamente e têm um sabor caseiro autêntico.

**BORBA** – Évora – 733 – 593 P7 – 4 537 h.      **2 C2**

▶ Lisboa 180 – Évora 57 – Badajoz 50 – Portalegre 69

🏠    **Casa do Terreiro do Poço** sem rest       🌂 🅰 🛜 🛆 🚭
*Largo dos Combatentes da Grande Guerra 12* ✉ *7150-152 –* 𝒞 *917 25 60 77*
*– www.casadoterreirodopoco.com*
**15 qto** ⌁ – ♦55/75 € ♦♦75/95 €
Casa rural cujas origens remontam ao século XVII. Apresenta uma atraente zona social e quartos sedutores, a maior parte personalizadas com mobiliário de época e belíssimas casas de banho. Oferece cursos de cozinha!

**BOURO** – Braga – 733 – 591 H5      **8 A2**

▶ Lisboa 370 – Braga 35 – Guimarães 43 – Porto 85

🏠🏠    **Pousada de Santa Maria do Bouro**       🗖 🌂 ⮑ 🅰 🌂 🛆 **P**
✉ *4720-633 –* 𝒞 *253 37 19 70 – www.pousadas.pt*
**30 qto** – ♦100/175 € ♦♦110/185 €, ⌁6 € – 2 suites    **Rest** – Lista 28/51 €
Situado num mosteiro beneditino do século XII que conserva a sobriedade estética original com mobiliário de vanguarda. O restaurante, instalado nas cozinhas antigas e dominado pela pedra exposta, oferece uma carta de sabores tradicionais e regionais.

▶ Lisboa 368 – Bragança 223 – Pontevedra 122 – Porto 54

ℹ️ Av. Liberdade 1 , ✉ 4710-305, 𝒞 253 26 25 50, www.cm-braga.pt

**A.C.P.** Rua Dom Diogo de Sousa 35 𝒞 253 21 70 51

◉ Sé Catedral★ Z: estátua da Senhora do Leite★, interior★ (abóbada★, altar flamejante★, caixas de órgãos★) – Tesouro★, capela da Glória★ (túmulo★)

🅖 Santuário de Bom Jesus do Monte★★ (perpectiva★) 6 km por ① – Capela de São Fructuoso de Montélios★ 3,5 km ao Norte pela N 101 -Monte Sameiro★ (⚘★★) 9 km por ①

## BRAGA

PORTUGAL

### 🏨 Meliá Braga  ← 🗜🗗👁📵📶♿📶🛜♨🅿🚗

*av. General Carrilho da Silva Pinto 8, por ② : 2 km* ✉ 4715-380
*– 𝒞 253 14 40 00 – www.meliabraga.com*
**162 qto** ☑ – 🛉109/123 € 🛉🛉129/133 € – 20 suites   **Rest** – Lista 32/42 €
Apresenta uma maravilhosa fachada de vidro, uma parte externa bem cuidada e
um enorme hall de entrada, decorado num estilo moderno com muitos detalhes
design. Os quartos continuam na mesma estética. O restaurante propõe pratos
internacionais e tradicionais de Portugal.

### 🏨 Bracara Augusta  📶♿🗚📶🛜

*Av. Central 134* ✉ 4710-229 – 𝒞 253 20 62 60 – www.bracaraaugusta.com
**17 qto** ☑ – 🛉59/69 € 🛉🛉69/99 € – 2 suites                          Y**e**
**Rest Centurium**⊛ – ver selecção restaurantes
Este acolhedor edifício histórico foi remodelado com materiais de qualidade,
como o piso de Carvalho ou a escadaria central. Disponibiliza quartos bem equipados, com muitos detalhes elegantes, e casas de banho em mármore.

### 🏨 D. Sofia sem rest  📶♿🗚🛜♨

*Largo S. João do Souto 131* ✉ 4700-326 – 𝒞 253 26 31 60
*– www.hoteldonasofia.com*                                       Z**f**
**34 qto** ☑ – 🛉45/50 € 🛉🛉60/65 €
Situa-se na zona monumental, com instalações funcionais e ao mesmo tempo acolhedoras. A maior parte dos quartos são amplos e estão completamente equipados.

### 🏨 Albergaria Senhora-a-Branca sem rest  📶🗚📶🛜🚗

*Largo da Senhora-a-Branca 58* ✉ 4710-443 – 𝒞 253 26 99 38
*– www.albergariasrabranca.pt*                                   Y**c**
**18 qto** ☑ – 🛉35/45 € 🛉🛉45/55 € – 2 suites
Um hotel familiar no qual o cliente é mimado. Apesar de apresentar uma decoração de certa forma antiquada, tem uma localização central e está devidamente
equipado na sua categoria.

### 🍴🍴 Centurium – Hotel Bracara Augusta  🎋♿🗚📶
⊛

*Av. Central 134* ✉ 4710-229 – 𝒞 253 20 62 60 – www.bracaraaugusta.com
*– fechado domingo e feriados*                                   Y**e**
**Rest** – Menu 11 € – Lista 20/50 €
Ocupa um belo edifício do século XIX e destaca-se pelos elementos arquitetóni-
cos da sua sala de jantar principal, com elegantes arcos e colunas de pedra. Cozinha
tradicional e internacional. Se é apreciador de carne, peça a Posta de Vitela Barrosã!

### 🍴 Cruz Sobral  🗚📶

*Campo das Hortas 7-8* ✉ 4700-210 – 𝒞 253 61 66 48
*– www.restaurantecruzsobral.com.pt – fechado do 5 ao 20 de abril, do 21 ao 31
de julho, domingo noite e 2ª feira*                              Z**b**
**Rest** – Menu 18/30 € – Lista 21/38 € ⊛
Varias gerações duma mesma família à frente do negócio. Elabora uma cozinha
de sabor popular em fogão de lenha e à vista da clientela. Destaca a sua ementa
de vinhos.

### 🍴 Cozinha da Sé  🗚📶

*Rua D. Frei Caetano Brandão 95* ✉ 4700-031 – 𝒞 253 27 73 43 – www.cozinhadase.com
*– fechado 2ª quinzena de setembro, 2ª feira e 3ª feira medio-dia*    Z**t**
**Rest** – Menu 30 € – Lista 14/38 €
Um dos restaurantes mais frequentados da cidade, pois tem uma localização
central e um proprietário que sabe como agradar aos seus clientes. Na sala, de
estilo rústico-moderno, poderá degustar uma cozinha tradicional portuguesa
bem elaborada.

## pela estrada do Bom Jesus do Monte por ② : 4 km

### 🍴 O Pórtico  🎋🗚📶

*Arco-Bom Jesus (junto ao elevador)* ✉ 4715-054 Braga – 𝒞 253 67 66 72
*– www.restaurantetorres.pt – fechado 20 dias em julho e 5ª feira*
**Rest** – Lista 21/47 €
O conjunto é um pouco pequeno e modesto, mas possui um estilo rústico e regional que o torna aconchegante. Aquí o peixe é mestre e não a carne. Belo terraço
com linhas atuais. Um dos seus melhores pratos é o Cabrito!

**PORTUGAL**

## no Bom Jesus do Monte por ②

### 🏨🏨🏨 Elevador     ⚶ ≪ 🚗 🖨 Ⓜ ⌘ rest, ♨ 🅿

6 km ⊠ 4715-056 Braga – ℰ 253 60 34 00 – www.hoteisbomjesus.pt
**22 qto** ⌑ – ♦50/120 € ♦♦60/130 €
**Rest** *Panorâmico* – Menu 18/42 € – Lista 21/43 €

Deve o seu nome ao pitoresco elevador do século XIX movido a água! Confortável salão-bar e quartos de estilo clássico português. O restaurante panorâmico com lindas vistas, propõe uma ementa tradicional e internacional, certos dias dedicada à caça ou à lampreia.

### 🏨🏨 Templo sem rest     ⚶ 🖹 🛗 🖨 ⌘ Ⓜ ⌘ ♨ 🅿

6,3 km ⊠ 4715-056 Braga – ℰ 253 60 36 10 – www.hoteisbomjesus.pt
**42 qto** ⌑ – ♦68/85 € ♦♦85/102 €

Conjunto de linha moderna com uma área social correta e quartos funcionais. O melhor é a sua piscina coberta, com solário ao ar livre e magníficas vistas. O serviço de restaurante é disponibilizado no hotel Elevador!

### 🏨🏨 Do Lago sem rest     ⚶ 🛗 🖨 ⌘ Ⓜ ⌘ 🛜 ♨ 🅿

6,5 km ⊠ 4715-056 Braga – ℰ 253 60 30 20 – www.hoteisbomjesus.pt
**53 qto** ⌑ – ♦68/85 € ♦♦85/102 €

Oferece instalações luminosas, de linha atual, área social com um bom patamar de distribuição em cada piso. Escolha os quartos que têm vistas para a Serra do Gerês. Serviço de restaurante no hotel Elevador!

---

## BRAGANÇA 🅿 – 733 – 591 G9 – 23 524 h. – alt. 660 m     9 D2

▶ Lisboa 521 – Ciudad Rodrigo 221 – Guarda 206 – Ourense 189
🛈 Av. Cidade de Zamora, ⊠ 5300-111, ℰ 273 38 12 73, www.cm-braganca.pt
**A.C.P.** Av. Sá Carneiro (edifício Translande, loja 41) ℰ 273 32 50 70
◉ Cidadela medieval★ – Museu do Abade de Baçal★
◔ – Mosteiro de Castro de Avelãs★, Oeste : 5 km

PORTUGAL

### 🏨🏨🏨 Pousada de São Bartolomeu     ⚶ ≪ 🏠 🔲 🖨 ⌘ qto, Ⓜ ⌘ 🛜 ♨ 🅿

Estrada de Turismo, Sudeste : 0,5 km ⊠ 5300-271 – ℰ 273 33 14 93
– www.pousadas.pt
**28 qto** – ♦150/275 € ♦♦160/285 €, ⌑6 €
**Rest** – Menu 20/32 € – Lista 24/44 €

Destaca-se pela sua localização, no cimo de uma ladeira, com vistas maravilhosas tanto para o castelo de Bragança como para a cidade. Salão social com chaminé e quartos de conforto atual. O restaurante, luminoso e panorâmico, combina cozinha típica de Trás os Montes com diversos pratos vegetarianos.

### 🏨 Nordeste Shalom sem rest     🖨 ⌘ Ⓜ ⌘ 🛜 ♨ 🚗

Av. Abade de Baçal 39, Oeste : 1 km ⊠ 5300-068 – ℰ 273 33 16 67
– www.hotel-shalom.com.pt
**30 qto** ⌑ – ♦30/35 € ♦♦40/45 €

Desfruta de uma correcta zona social, de uma luminosa sala de pequenos-almoços no último andar e quartos de conforto adequado, a maioria com varanda. Clientela comercial.

## pela estrada de Cabeça Boa Sul : 2,5 km

### 🏨 Estalagem Turismo     🔲 🖨 ⌘ qto, Ⓜ ⌘ 🛜 ♨ 🅿

Estrada de Turismo ⊠ 5300-852 Bragança – ℰ 273 32 42 04
– www.hotelestalagemturismo.com
**34 qto** ⌑ – ♦30/40 € ♦♦45/60 €     **Rest** – Menu 15 € – Lista 18/30 €

Um dos negócios que foi crescendo, aos poucos, a partir do seu restaurante! Destaca-se pelos seus quartos elegantes de ambiente clássico, todos com mobiliário em castanho maciço. Dispõe de vários salões para organização de banquetes e uma boa sala de jantar, onde poderá descobrir as nuances da sua cozinha tradicional.

**pela estrada N 103-7** Norte : 4.5 km

🍴 **O Javali** · 🗹 AC

*Quinta do Reconco 6* ⊠ *5300-672 Bragança –* ℰ *273 33 38 98*
**Rest** – Menu 15/25 € – Lista 20/30 €
Por trás do bar público da entrada, aquecido por uma lareira, encontrará dois refeitórios de ambiente rústico com profusão de pedra e madeira. Cozinha regional e pratos de caça.

**BUCELAS** – Lisboa – **733** – **592** P2 – 4 663 h. – alt. 100 m · 6 A2

▶ Lisboa 30 – Santarém 62 – Sintra 40

🍴 **Barrete Saloio** · AC 🗢

*Rua Luís de Camões 28* ⊠ *2670-662 –* ℰ *219 69 40 04 – www.barretesaloio.eu*
*– fechado do 5 ao 25 de agosto, 2ª feira noite e 3ª feira*
**Rest** – Lista 22/30 €
Esta casa familiar, com bastantes detalhes rústicos e um ambiente marcadamente regional, já teve várias utilizações diferentes ao longo da sua história. Aposta pela cozinha tradicional, rica em bacalhau e carnes na brasa.

**CABEÇUDO** – Castelo Branco – **733** – **592** M5 – 957 h. · 4 B3

▶ Lisboa 177 – Castelo Branco 76 – Coimbra 77 – Leiria 97

⌂ **Quinta de Santa Teresinha** sem rest · 🗢 🚗 🏊 🛏 AC 📶 🛁 P

*Largo de Igreja* ⊠ *6100-730 –* ℰ *918 79 54 06 – www.santosemarcal.pt*
**6 qto** ⊑ – ♦50/60 € ♦♦60/80 €
Este bonito casarão possui uma agradável zona social, quartos amplos com mobiliário torneado, cuidados exteriores e uma grande tenda para diferentes eventos.

**CALDAS DA RAINHA** – Leiria – **733** – **592** N2 – 27 337 h. – alt. 50 m · 6 A2
– Termas

▶ Lisboa 92 – Leiria 59 – Nazaré 29

🛈 Rua Engenheiro Duarte Pacheco , ⊠ 2500-110, ℰ 262 83 97 00

◎ Parque D. Carlos I★, Igreja de N. S. do Pópulo (tríptico★)

🏨 **Sana Silver Coast** · 🍴 🖢 🖹 AC 🗢 📶 🛁 🗢

*av. D. Manuel Figueira Freire da Câmara* ⊠ *2500-184 –* ℰ *262 00 06 00*
*– www.silvercoast.sanahotels.com*
**87 qto** ⊑ – ♦69/80 € ♦♦79/90 €   **Rest** – Menu 12/25 € – Lista 28/38 €
Ocupa o edifício do antigo hotel Lisbonense, hoje completamente restaurado e com uma fachada atual. Apresenta uma moderna e colorida área social, assim como quartos modernos, alguns do último piso com águas-furtadas. No restaurante, encontrará um menu do dia correto e uma ementa tradicional.

🍴🍴 **Sabores d'Itália** · ⚞ AC 🗢

*Praça 5 de Outubro 40* ⊠ *2500-111 –* ℰ *262 84 56 00 – www.saboresditalia.com*
*– fechado do 13 ao 27 de janeiro e 2ª feira salvo agosto*
**Rest** – Lista 25/48 €
Um negócio que cuida tanto os detalhes como a organização, com duas salas de design moderno e um excelente serviço de mesa. A sua carta de sabores italianos é complementada com alguns pratos de raízes portuguesas.

**CALHEIROS** – Viana do Castelo – **733** – **591** G4 · 8 A1

▶ Lisboa 391 – Viana do Castelo 29 – Braga 43 – Porto 85

⌂ **Paço de Calheiros** sem rest · 🗢 ⚞ 🚗 🏊 🍴 P

⊠ *4990-575 –* ℰ *258 94 71 64 – www.pacodecalheiros.com*
**19 qto** ⊑ – ♦85/90 € ♦♦110/125 € – 6 apartamentos
Mergulhe num passado aristocrático! Este paço senhorial, rodeado de jardins, disponibiliza salões nobres, quartos com ambiente antigo e vários apartamentos tipo duplex... todos com vista para o vale do Lima.

**CALVOS** – Braga – ver Póvoa de Lanhoso

**CÂMARA DE LOBOS** – Ilha da Madeira – ver Madeira (Arquipélago da)

PORTUGAL

## CAMINHA – Viana do Castelo – 733 – 591 G3 – 1 346 h. 8 A1

▶ Lisboa 411 – Porto 93 – Vigo 60

🛈 Rua Ricardo Joaquim de Sousa, ✉ 4910-155, 𝒞 258 92 19 52

◉ Igreja Matriz (tecto★)

### Ⅹ Solar do Pescado 🍴 AC ⅀

*Rua Visconde Sousa Rego 85 ✉ 4910-156 – 𝒞 258 92 27 94*
*– www.solardopescado.com – fechado do 15 ao 30 de maio, do 15 ao 30 de*
*novembro, domingo noite e 2ª feira salvo julho-setembro*
**Rest** – Menu 15 € – Lista 21/34 €
Negócio especializado em peixes e mariscos. Possui um refeitório clássico português com dois arcos em pedra e belos azulejos, assim como uma sala interior com pormenores rústicos.

### Ⅹ Duque de Caminha 🍴 ⅀

*Rua Ricardo Joaquim de Sousa 27 ✉ 4910-155 – 𝒞 258 72 20 46 – fechado 15*
*dias em dezembro, domingo noite e 2ª feira salvo agosto*
**Rest** – Menu 25/35 € – Lista 27/37 €
Em pleno centro histórico, dispõe de uma sala de jantar com ambiente rústico bem marcado, com paredes em pedra e muitas garrafas de vinho decorativas! Ementa tradicional com sugestões, peixes do dia e pratos de caça na temporada.

## CAMPO MAIOR – Portalegre – 733 – 592 O8 – 7 869 h. 2 D1

▶ Lisboa 227 – Portalegre 48 – Évora 100 – Mérida 79

### ⅩⅩ ApertAzeite AC ⅀ P

⊛ *Estrada dos Celeiros ✉ 7370-075 – 𝒞 268 69 90 90 – fechado domingo noite*
**Rest** – Menu 12/29 € – Lista 18/35 €
Instalado num antigo lagar que serviu, durante um tempo, para a elaboração de azeite! Possui um amplo bar, onde se serve o buffet, e um refeitório à la carte decorado com detalhes de inspiração indiana. Cozinha regional alentejana.

## CANAS DE SENHORIM – Viseu – 733 – 591 K6 – 3 509 h. 4 B2

▶ Lisboa 269 – Coimbra 74 – Viseu 25

### 🏨 Urgeiriça 🦮 🚗 ⅀ ⅀ 🎐 ⅃ qto, AC ⅀ 🛜 ⅏ P

*Estrada N 234, Nordeste : 1,5 km ✉ 3525-301 – 𝒞 232 67 12 67*
*– www.hotelurgeirica.pt*
**85 qto** ⅀ – †45/70 € ††60/90 € **Rest** – Menu 15 € – Lista 20/33 €
Elegante hotel que possui uma decoração clássica de estilo inglês, porém, a pouco e pouco está a adaptar o seu mobiliário de época para oferecer um maior conforto. O refeitório está presidido por uma grande lareira e dois quadros da realeza britânica.

## CANIÇADA – Braga – ver Vieira do Minho

## CANIÇO – Ilha da Madeira – ver Madeira (Arquipélago da)

## CANIÇO DE BAIXO – Ilha da Madeira – ver Madeira (Arquipélago da) : Caniço

## CANTANHEDE – Coimbra – 733 – 592 K4 – 7 738 h. 4 A2

▶ Lisboa 222 – Aveiro 42 – Coimbra 23 – Porto 112

◉ Varziela : retábulo★ Nordeste : 4 km.

### 🏨 Marialva Park H. 🛗 ⅃ qto, AC ⅀ qto, ⅏ 🛜 P ⅏

*Av. Comandante Xavier Gomes da Gama 1 ✉ 3060-209 – 𝒞 231 41 02 20*
*– www.marialvaparkhotel.pt*
**64 qto** ⅀ – †42/70 € ††50/90 € – 2 suites
**Rest** – *(fechado domingo noite)* Lista 20/30 €
Hotel de traçado actual-funcional e espaços polivalentes situado numa das saídas da cidade. Dispõe de quartos confortáveis, todos com varanda, e um restaurante luminoso onde se alterna o serviço a la carte com um buffet completo.

## ✗✗ Marquês de Marialva

*Largo do Romal 16* ✉ *3060-129 –* ☎ *231 42 00 10*
*– www.marquesdemarialva.com – fechado domingo noite*
**Rest** – Menu 16 € – Lista 20/35 €
Afamado na zona. Possui várias salas com uma montagem adequada e decoração intimista, uma delas com lareira. Dispõe de ementa, trabalhando sobretudo com diferentes menus.

---

## CARCAVELOS – Lisboa – 733 – 592 P1 – 23 296 h. – Praia          6 B3

▶ Lisboa 20 – Sintra 15

### na praia

## ✗✗✗ A Pastorinha

*Av. Marginal* ✉ *2775-604 Carcavelos –* ☎ *214 57 18 92 – www.apastorinha.com*
*– fechado 15 dias em abril, 15 dias em outubro e 3ª feira*
**Rest** – Menu 35/55 € – Lista 34/47 €
Esta casa, com prestígio na zona, é especializada em peixe e mariscos, destacando-se tanto pela qualidade dos produtos como pelas suas amplas instalações em frente ao mar. Não se esqueça de provar o seu fabuloso Arroz de marisco descascado!

---

## CARREGAL DO SAL – Viseu – 733 – 591 K6 – 5 569 h.          4 B2

▶ Lisboa 257 – Coimbra 63 – Viseu 29

## ✗✗ Quinta de Cabriz

*Antiga Estrada N 234, Sudoeste : 1 km* ✉ *3430-909 –* ☎ *232 96 12 22*
*– www.quintadecabriz.pt*
**Rest** – Menu 24/50 € – Lista 20/30 € ⅛
Enoturismo no seu estado puro, aqui cada passo representa uma experiência sensorial. Os seus fogões produzem uma cozinha que harmoniza os vinhos da casa com a gastronomia das Beiras. Visite a cave, teremos muito gosto em fazer uma visita guiada!

---

## CARVALHOS – Porto – 733 – 591 I4          8 A3

▶ Lisboa 310 – Amarante 72 – Braga 62 – Porto 12

## ✗✗ Mário Luso

*Largo França Borges 308* ✉ *4415-240 –* ☎ *227 84 21 11 – www.marioluso.com*
*– fechado do 16 ao 31 de agosto e domingo noite*
**Rest** – Lista 20/30 €
Não perca este restaurante, pois tem uma localização central, é económico e tem uma boa disposição. Nas suas salas de ambiente rústico, poderá degustar uma cozinha tradicional bem elaborada. Pergunte por o Rabo de Mirandesa estufado no vinho tinto!

---

## CASCAIS – Lisboa – 733 – 592 P1 – 35 409 h. – Praia          6 B3

▶ Lisboa 32 – Setúbal 72 – Sintra 16
🄻 Rua Visconde da Luz 14, ✉ 2750-326, ☎ 214 82 00 85
🄶 Quinta da Marinha, Oeste : 3 km, ☎ 214 86 01 80
🄶 Estrada de Cascais a Praia do Guincho★ - Sudoeste : Boca do
Inferno★ (precipicio★) AY - Cabo da Roca★ - Praia do Guincho★ por③: 9 km

Planta página seguinte

## 🏨 Cascais Miragem

*Av. Marginal 8554* ✉ *2754-536 –* ☎ *210 06 06 00 – www.cascaismirage.com*
**180 qto** ⌑ – ♦140/200 € ♦♦160/250 € – 12 suites          BXa
**Rest** – *(só almoço)* Menu 35 € – Lista 34/48 €
**Rest** *Gourmet* – *(só jantar)* Lista 35/60 €
A luz, o vidro e as vistas definem este grande hotel de traçado actual, bem situado em frente ao oceano, com espaços de convívio amplos e quartos completamente equipados, a maior parte com varanda. O restaurante Gourmet destaca-se pela sua disposição elegante e cozinha actual de bases internacionais.

PORTUGAL

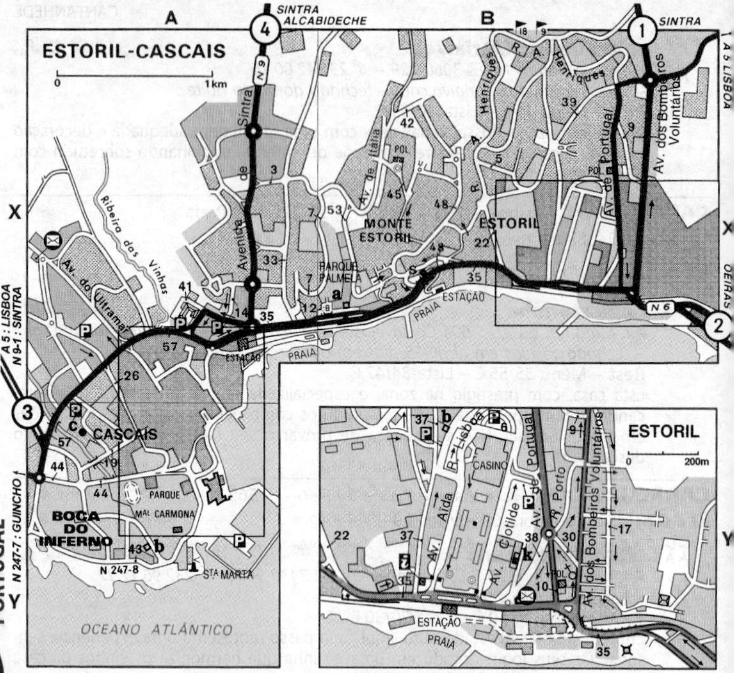
ESTORIL-CASCAIS
0 1 km
SINTRA ALCABIDECHE
SINTRA
A 5 LISBOA
OEIRAS
A 5 : LISBOA N 9-1 : SINTRA
N 247-7 : GUINCHO
PORTUGAL
OCEANO ATLÂNTICO
MONTE ESTORIL
ESTORIL
CASCAIS
BOCA DO INFERNO
PARQUE MAL CARMONA
STA MARTA
ESTAÇÃO
PRAIA
PARQUE PALMELA
Avenida de Sintra
Av. do Ultramar
Ribeira das Vinhas
R. A. Henriques
Av. de Itália
Av. de Portugal
Av. dos Bombeiros Voluntários
N 9
N 6
N 247-8
ESTORIL
0 200m
CASINO
Av. Aida
R. Lisboa
Av. Clotilde
Av. de Portugal
R. Porto
Av. dos Bombeiros Voluntários

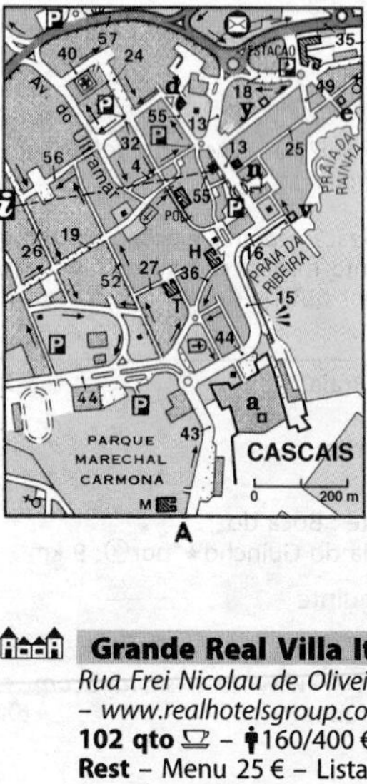
Av. do Ultramar
ESTAÇÃO
PRAIA DA RAINHA
PRAIA DA RIBEIRA
PARQUE MARECHAL CARMONA
CASCAIS
0 200 m

| | | |
|---|---|---|
| Alcaide (R. do) | AX | 3 |
| Alexandre Herculano (R.) | AZ | 4 |
| Algarve (R. do) | BX | 5 |
| Almeida Garrett (Pr.) | BX, BY | 6 |
| Argentina (Av. de) | ABX | 7 |
| Beira Litoral (R. da) | BY, BX | 9 |
| Biarritz (Av.) | BY | 10 |
| Brasil (Av. do) | AX | 12 |
| Combatentes G. Guerra (Alameda) | AZ | 13 |
| Costa Pinto (Av.) | AX | 14 |
| Dom Carlos I (Av.) | AZ | 15 |
| Dom Luis (Pas.) | AZ | 16 |
| Dr.Iracy Doyle (R.) | AZ | 18 |
| Dr. António Martins (R.) | BY | 17 |
| Emídio Navarro (Av.) | AY, AZ | 19 |
| Fausto Figueiredo (Av.) | BY | 22 |
| Francisco de Avilez (R.) | AZ | 24 |
| Frederico Arouca (R.) | AZ | 25 |
| Freitas Reis (R.) | AZ | 26 |
| Gomes Freire (R.) | AZ | 27 |
| Joaquim do Nascimento Gourinho (R.) | BY | 30 |
| Manuel J. Avelar (R.) | AZ | 32 |
| Marechal Carmona (Av.) | AX | 33 |
| Marginal (Av.) | AZ, BZ | 35 |
| Marquês Leal Pancada (R.) | AZ | 36 |
| Melo e Sousa (R.) | BY | 37 |
| Nice (Av. de) | BY | 38 |
| Nuno Álvares Pereira (Av. D.) | BX | 39 |
| Padre José Maria Loureiro (R.) | AZ | 40 |
| Padre Moisés da Silva (R.) | AX | 41 |
| Piemonte (Av.) | BX | 42 |
| Rei Humberto II de Itália (Av.) | AY, AZ | 43 |
| República (Av. da) | AY, AZ | 44 |
| Sabóia (Av.) | BX | 48 |
| Sebastião J. de Carvalho e Melo (R.) | AZ | 49 |
| S. Pedro (Av. de) | BX | 45 |
| Vasco da Gama (Av.) | AZ | 52 |
| Venezuela (Av. da) | BX | 53 |
| Visconde da Luz (R.) | AZ | 55 |
| Vista Alegre (R. da) | AZ | 56 |
| 25 de Abril (Av.) | AY, AZ | 57 |

## Grande Real Villa Itália

*Rua Frei Nicolau de Oliveira 100 ✉ 2750-319 – ✆ 210 96 60 00*
*– www.realhotelsgroup.com* AY**b**

**102 qto** – 160/400 € 170/600 € – 22 suites

**Rest** – Menu 25 € – Lista 34/45 €

Situado em frente ao mar e dividido por três edifícios, sendo um o antigo palácio do rei Humberto II de Itália. Encontrará umas instalações com excelentes equipamentos e um SPA completo com talassoterapia. O restaurante, apoiado por uma esplanada, propõe uma cozinha de carácter internacional.

**Albatroz** ◁ ☰ 🖳 👌 qto, 🎦 ⅍ 🛜 🗄 🅿 🚗
*Rua Frederico Arouca 100 ⊠ 2750-353 – 𝒞 214 84 73 80*
*– www.thealbatrozcollection.com* AZ**e**
**46 qto** ☖ – 🛉115/365 € 🛉🛉125/580 € – 6 suites
**Rest** – Menu 30/65 € – Lista 36/67 €
Complexo composto por dois palacetes e dois anexos de traçado mais actual. Para além da sua localização em pleno centro, sobre um promontório rochoso mas com acesso à praia, conta com quartos muito elegantes. Restaurante panorâmico, bar sedutor e explanada idílica sobre o mar.

**Pousada de Cascais** ⊗ ◁ ☐ 🖍 🖳 👌 qto, 🎦 ⅍ qto, 🛜 🗄
*Av. Dom Carlos I (Fortaleza da Cidadela) ⊠ 2750-310 – 𝒞 214 81 43 00*
*– www.pousadas.pt* AZ**a**
**124 qto** – 🛉135/245 € 🛉🛉150/260 €, ☖8 € – 2 suites **Rest** – Lista 20/35 €
A pousada com maior capacidade de Portugal! Ocupa a antiga fortaleza da cidade; seus múltiplos serviços estão distribuídos entre vários edifícios. Dispõe de quartos amplos, com equipamento moderno, que destacam-se pelas vistas que oferecem sobre o porto desportivo. A oferta culinária é um pouco limitada.

**Albatroz Bayside Villa** sem rest ◁ 🖳 🎦 ⅍
*Rua Fernandes Tomaz 1 ⊠ 2750-342 – 𝒞 214 86 34 10*
*– www.thealbatrozcollection.com – março-novembro* AZ**v**
**11 qto** ☖ – 🛉80/200 € 🛉🛉100/300 €
Edifício senhorial belíssimo situado no centro, em frente à praia. Pese embora o facto de oferecer poucos serviços, conta com quartos muito elegantes e cheios de encanto. Organização simples com pessoal amável.

**Casa Vela**  sem rest 🚗 ☵ 🎦 🛜
*Rua dos Bem Lembrados 17 ⊠ 2750-306 – 𝒞 214 86 89 72*
*– www.casavelahotel.com* AY**c**
**15 qto** ☖ – 🛉🛉135/135 €
Situado numa zona residencial ligeiramente afastado do centro. Está distribuído em duas casas, tendo uma, uma boa sala de estar com lareira. Oferece quartos de estilo moderno, alguns com cozinha. Bonitos jardins e terraços em socalcos!

**Casa da Pérgola** sem rest 🚗 🎦 ⅍ 🛜
*Av. Valbom 13 ⊠ 2750-508 – 𝒞 214 84 00 40 – www.pergolahouse.pt*
*– março-novembro* AZ**y**
**10 qto** ☖ – 🛉65/80 € 🛉🛉105/137 €
Uma maravilha de carácter mediterrânico! Esta casa senhorial centenária é bela por dentro e por fora, pois possui um jardim e um interior que emana o gosto pelos detalhes.

**Visconde da Luz** 🏮 👌 🎦 ⅍ 🅿
*Jardim Visconde da Luz ⊠ 2750-416 – 𝒞 214 84 74 10 – www.viscondedaluz.pt*
*– fechado 3ª feira* AZ**d**
**Rest** – Lista 40/51 €
Encontra-se num parque central e inspira confiança, tanto por ter a cozinha à vista como pelo seu magnífico expositor de peixe e mariscos; para além disso, conta com um bom viveiro de lavagantes e lagostas. Dispõe de duas salas e dois ambientes.

**Luzmar** 🎦 ⅍
*Alameda dos Combatentes da Grande Guerra 104 ⊠ 2750-326 – 𝒞 214 84 57 04*
*– www.luzmar.pt – fechado 2ª feira* AZ**n**
**Rest** – Lista 38/49 €
Restaurante de estilo clássico português que partilha viveiro com o Visconde da Luz, garantindo assim os seus produtos. Ementa tradicional com boa secção de peixes e mariscos.

PORTUGAL

Questão de standing: não espere o mesmo serviço em um 🟈 ou em um 🏠 que em um 🟈🟈🟈🟈 or 🏠🏠🏠.

831

## na estrada do Guincho por Av. 25 de Abril AY

### 🏨 Senhora da Guia ⊕    ≤ 🚗 🏡 ⅃ ⑩ ⅙ ⅗ qto, Ⓚ ⅗ rest, 🛜 ⅍ P

3,5 km ⊠ 2750-642 Cascais – ℰ 214 86 92 39 – www.senhoradaguia.com
**41 qto** ⌚ – ♥♥140/360 € – 1 suite    **Rest** – Lista 33/48 €

Enquadrado por pinheiros e com uma vista espectacular sobre o oceano! Está distribuído em três edifícios, deixando o mais antigo para as áreas públicas. Elegantes espaços de grande conforto. O restaurante, repleto de cores e virado à piscina, oferece uma carta mediterrânea onde convivem os pratos italianos e portugueses.

### ✗✗ Furnas do Guincho    ≤ 🏡 ⅗ Ⓚ ⅗ ♻ P

3,5 km ⊠ 2750-642 Cascais – ℰ 214 86 92 43 – www.furnasdoguincho.pt
**Rest** – Lista 38/54 €

Apresenta grandes varandas e duas salas de linha moderna, ambas envidraçadas e com excelentes vistas ao Atlântico. Ementa tradicional com primazia de peixes e mariscos.

## na Quinta da Marinha por Av. 25 de Abril AY

### 🏨 Onyria Marinha ⊕    ♻ 🚗 🏡 ⅃ ⑩ ⅙ 🎬 ⅗ ⅗ Ⓚ ⅗ 🛜 ⅍ P ♻

Rua do Clube, 4 km e desvio a direita 1 km ⊠ 2750-002 Cascais
– ℰ 214 86 01 50 – www.onyriamarinha.com
**68 qto** ⌚ – ♥150/220 € ♥♥170/240 € – 4 suites
**Rest Story** – Lista 32/45 €

Um hotel muito exclusivo! Inspirado num estilo moderno, está localizado numa das urbanizações mais elitistas de Portugal, junto a um campo de golfe. Ampla área pública e quartos de moderno design, todos espaçosos, luminosos e com varanda. O restaurante dedica-se exclusivamente à gastronomia italiana.

### 🏨 Vivamarinha    ♻ 🚗 🏡 ⅃ ⑩ ⅙ ⅗ ⅗ Ⓚ ⅗ 🛜 ⅍ P ♻

Rua das Palmeiras - Lote 5, 4 km e desvio a direita 2 km ⊠ 2750-005 Cascais
– ℰ 214 82 91 00 – www.vivamarinha.pt
**94 suites** – ♥100/250 € ♥♥110/260 €, ⌚ 15 € – 44 qto    **Rest** – Lista 30/45 €

Está rodeado de pinheiros e compensa a sua reduzida zona social com quartos bastante amplos, todos actuais e com cozinha. Piscina climatizada e SPA. O seu restaurante, também actual e envidraçado orientado à vegetação, propõe uma cozinha internacional.

### 🏨 The Oitavos    ♻ ≤ ⅃ 🔲 ⑩ ⅙ ✗ 🎬 🏡 ⅗ Ⓚ ⅗ rest, 🛜 ⅍ P ♻

Rua de Oitavos, 4,8 km e desvio a direita 0,4 km ⊠ 2750-374 Cascais
– ℰ 214 86 00 20 – www.theoitavos.com – fechado 10 dezembro-20 janeiro
**140 qto** – ♥♥275/375 €, ⌚ 20 € – 2 suites    **Rest** – Lista 35/52 €

Uma boa opção para quem procura tranquilidade num espaço de grande conforto e design, rodeado por um campo de golf. Dispõe de quartos modernos, luminosos e incrivelmente espaçosos, todos com varandas. O restaurante, integrado na zona de convívio, propõe uma carta marcadamente internacional.

### 🏨 Quinta da Marinha    ♻ 🏡 ⅃ 🔲 ⅙ 🎬 🏡 ⅗ Ⓚ ⅗ 🛜 ⅍ ♻

Rua das Palmeiras, 4 km e desvio a direita 2 km ⊠ 2750-005 Cascais
– ℰ 214 86 01 00 – www.quintadamarinha.com
**188 qto** ⌚ – ♥♥120/330 € – 10 suites
**Rest** – (só buffet) Menu 25/38 €
**Rest Rocca** – (só jantar) Lista 33/53 €

Gosta de golfe? Se for o caso não hesite, uma vez que o hotel está próximo de um excelente campo para treinar. Desfruta de uns exteriores deslumbrantes, um traçado clássico-actual e quartos sedutores, todos bem equipados e com esplanadas. No seu restaurante gastronómico pode encontrar uma carta internacional.

## na Praia do Guincho por Av. 25 de Abril AY : 9 km

### 🏨 Fortaleza do Guincho    ♻ ≤ Ⓚ 🛜 ⅍ P

⊠ 2750-642 Cascais – ℰ 214 87 04 91 – www.guinchotel.pt
**27 qto** ⌚ – ♥160/260 € ♥♥220/320 €
**Rest Fortaleza do Guincho** ❀ – ver selecção restaurantes

Antiga fortaleza situada num promontório rochoso sobre o mar. Dispõe de um pátio com pórtico e quartos muito cuidadosos mas pouco espaçosos, sendo que os do primeiro andar são superiores aos do primeiro andar possuem galerias envidraçadas e vistas para a praia.

PORTUGAL

×××× **Fortaleza do Guincho** – Hotel Fortaleza do Guincho     ≤ & 🏧 🛇 P
🕄
✉ 2750-642 Cascais – ☎ 214 87 04 91 – www.guinchotel.pt
**Rest** – Menu 60/80 € – Lista 84/116 € ⅋
Este fantástico restaurante conta com uma elegante salinha prévia, um bar e uma sala envidraçada que sobressai tanto pelo conforto como pela vista espectacular sobre o mar. Cozinha criativa de inspiração internacional e adega de referência.
→ Lavagante azul assado com toranja, pequenos legumes glaceados e sucos de cozedura. Pregado cozido em vapor, bivalves e algas da Ria Formosa, caldo perfumado com tomilho-limão. Macaron de framboesa, mascarpone perfumado de violeta, sorvete de lichia.

×× **Porto de Santa Maria**     ≤ 🍴 🏧 🛇 P
✉ 2750-642 Cascais – ☎ 214 87 94 50 – www.portosantamaria.com
**Rest** – Menu 75/98 € – Lista 44/69 € ⅋
Na 1ª linha da praia e com vistas para o oceano. Apresenta umas instalações de excelente nível, com muita luz natural, esplanada, viveiro e expositor, sempre com peixes e mariscos de grande qualidade. A sua cave contém mais de 1000 referências!

× **Panorama**     ≤ 🍴 🏧 🛇 P
✉ 2750-642 Cascais – ☎ 214 87 00 62 – www.panorama-guincho.com – fechado 3ª feira
**Rest** – Menu 35 € – Lista 36/48 € ⅋
Restaurante especializado em peixe e mariscos, possui um excelente expositor de produtos, no entanto também confecciona risottos, pastas, espetadas... Encontra-se próximo do mar, com instalações luminosas e actuais.

---

**CASTELO BRANCO** P – 733 – 592 M7 – 35 242 h. – alt. 375 m     5 C3
▣ Lisboa 256 – Cáceres 137 – Coimbra 155 – Portalegre 82
🛈 Av. Nuno Álvares 30, ✉ 6000-083, ☎ 272 33 03 39, www.cm-castelobranco.pt
**A.C.P.** Av. General Humberto Delgado16 B ☎ 272 32 53 75
◎ Jardim do Antigo Paço Episcopal★★ - Museu Cargaleiro★

**PORTUGAL**

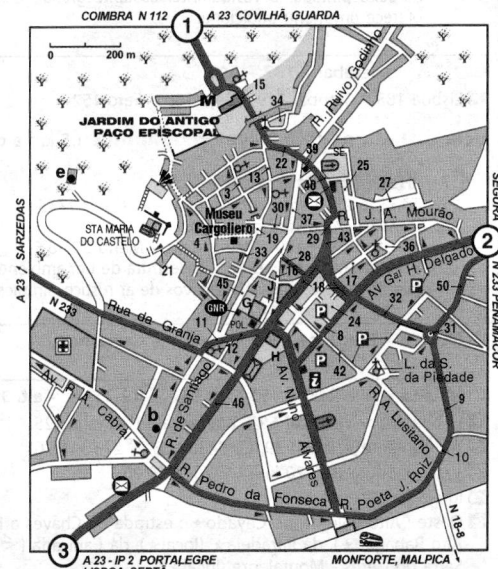

## CASTELO BRANCO

### Tryp Colina do Castelo    ⑤ ⇐ 🔲 🖫 ﷼ 🏠 ﺣ qto. 🔲 ﷼ 🛜 🛁 🅿

*Rua da Piscina* ⊠ *6000-453* – ☏ *272 34 92 80*
– www.trypcolinacastelo.com       🚗
**97 qto** ⊊ – ♦56/81 € ♦♦66/97 € – 6 suites    **e**
**Rest** – Menu 15/20 € – Lista 22/38 €

Hotel moderno e funcional localizado na parte alta da cidade, facto que lhe permite usufruir de umas vistas deslumbrantes. Ideal para a realização de congressos pela diversidade da sua zona nobre. A sala de refeições, luminosa e de carácter panorâmico, combina a sua carta tradicional com o buffet de pequenos-almoços.

### Rainha D. Amélia    🍴 ﺣ qto, 🔲 ﷼ 🛜 🛁 🚗

*Rua de Santiago 15* ⊠ *6000-179* – ☏ *272 34 88 00*
– www.bestwesternrainhadamelia.com    **b**
**64 qto** ⊊ – ♦53/76 € ♦♦62/94 €    **Rest** – Lista 15/21 €

Situada no centro da cidade, próximo da zona comercial, com salas de reuniões bastante equipadas e quartos confortáveis de estilo clássico-funcional, alguns deles com varanda. O restaurante, acolhedor e ao mesmo tempo de detalhes cuidados, propõe uma cozinha com pratos tradicionais e regionais.

---

## CASTELO DE VIDE – Portalegre – 733 – 592 N7 – 865 h. – alt. 575 m    2 C1
– Termas

🡲 Lisboa 213 – Cáceres 126 – Portalegre 22

ℹ Praça D. Pedro V, ⊠ 7320-113, ☏ 245 90 13 61

◉ Localidade★ - Vistas a partir do Castelo★ – Judiaria★ (Fonte da Vila★)

🄶 Capela de Na. Sra. de Penha ≼★ Sul : 5 km – Estrada★ escarpada de Castelo de Vide a Portalegre por Carreiras, Sul : 17 km

### Sol e Serra    ⛲ 🍴 ﺣ qto, 🔲 ﷼ 🛁

*av. da Europa 1* ⊠ *7320-202* – ☏ *245 90 00 00* – www.baratahotels.com
**86 qto** ⊊ – ♦30/50 € ♦♦40/80 €
**Rest** *A Palmeira* – Menu 15 € – Lista 15/25 €

Desfrute da boa área social, do bar com terraço e dos quartos alegres decorados ao estilo alentejano, alguns deles com mobiliário de ferro forjado e outros de madeira pintada. O restaurante, bastante grande e dominado por uma lareira, oferece um menu tradicional.

---

## CERCAL – Setúbal – 733 – 593 S3    1 B3

🡲 Lisboa 183 – Setúbal 149 – Beja 109 – Faro 152

### pela estrada de Vila Nova de Milfontes 1,5 km e desvio a direita 3 km

### Herdade da Matinha    ⑤ 🚗 ⛲ ﷼ rest. 🛜 🅿

⊠ *7555-231 Cercal do Alentejo* – ☏ *933 73 92 45*
– www.herdadedamatinha.com
**20 qto** ⊊ – ♦♦89/149 €    **Rest** – Menu 25/38 €

Situa-se em plena natureza e desfruta de um ambiente muito cuidado. Excelente sala de estar e quartos atractivos de ar rústico, simples mas alegres e coloridos.

---

## CHACIM – Bragança – ver Macedo de Cavaleiros

---

## CHAVES – Vila Real – 733 – 591 G7 – 19 253 h. – alt. 350 m – Termas    9 C2

🡲 Lisboa 460 – Vila Real 69 – Bragança 99 – Braga 125

ℹ Av. Teniente Valadim 39, ⊠ 5400-558, ☏ 276 34 06 61

🄸 Vidago, Sudoeste : 20 km, ☏ 276 99 09 20

◉ Igreja da Misericórdia★

🄶 Oeste : Alto Vale do rio Cávado★ : estrada de Chaves a Braga pelas barragens do Alto Rabagão★), da Paradela★ (local★), da Caniçada (≼★) – e ≼★★ do Vale e Serra do Gerês - Montalegre (local★)

PORTUGAL

### Forte de S. Francisco
*Alto da Pedisqueira* ⊠ *5400-435 –* ☎ *276 33 37 00 – www.fortesaofrancisco.com*
**54 qto** ⬛ – **♦**55/75 € **♦♦**65/85 € – 4 suites
**Rest** *Cozinha do Convento* – Menu 20/30 € – Lista 20/35 €
Gostaria de hospedar-se num Monumento Nacional? Este hotel ocupa parcialmente uma fortaleza que data do século XVII... No entanto, após as recentes reformas, apresenta uma área social moderna e quartos confortáveis. Sala de jantar panorâmica, elegante e de bom gosto.

### A Talha
*Rua Comendador Pereira da Silva 6 - Bairro da Trindade* ⊠ *5400-443*
*–* ☎ *276 34 21 91 – fechado 15 dias en setembro, 15 dias en Páscoa e sábado*
**Rest** – Lista 17/25 €
Azulejos, mobiliário tradicional, um agradável terraço... este restaurante propõe receitas portuguesas clássicas e garante uma clientela fiel. Especialidades nortenhas, saborosos guisados e, em geral, pratos fartos.

### Carvalho
*Alameda do Tabolado* ⊠ *5400-523 –* ☎ *276 32 17 27*
*– www.restaurantecarvalho.pt – fechado Natal, domingo noite e 2ª feira*
**Rest** – Menu 20 € – Lista 13/30 €
Esta casa deve parte do sucesso à total dedicação da sua proprietária, pois está constantemente a introducir melhorias. Dentro da sua ementa, devemos destacar o peixe fresco, pois muda diariamente, e os pratos típicos como a Alheira.

## em Nantes Sudeste : 5 km

### Quinta da Mata
*Estrada de Valpaços* ⊠ *5400-581 Chaves –* ☎ *276 34 00 30*
*– www.quintadamata.net*
**6 qto** ⬛ – **♦**69/80 € **♦♦**80/100 €
**Rest** – (reserva aconselhada) *(só clientes)* Menu 20/45 €
Estabelecimento agradável em pedra onde se conjuga a vida rural com a proximidade da cidade. Possui uma zona de convívio com lareira e quartos cuidados de ambiente rústico, de onde se destaca um deles com uma galeria que existe num anexo. Cozinha caseira e mesa partilhada.

## em Santo Estêvão Nordeste : 8 km

### Quinta de Santa Isabel sem rest
⊠ *5400-750 Chaves –* ☎ *936 45 20 43 – www.quintadesantaisabel.com.pt*
*– fechado outubro-março*
**5 apartamentos** ⬛ – **♦♦**50/90 €
Está formado por várias casas de pedra, tipo apartamento pequeno, que dão a um pátio comum. O antigo lagar é utilizado como zona social e desfruta de quartos com grande encanto.

---

## CINFÃES – Viseu – **733** – **591** I5 – **3 395** h. 4 B1
▶ Lisboa 357 – Braga 93 – Porto 71 – Vila Real 69

## em Porto Antigo Nordeste : 8 km

### Porto Antigo
*Rua do Cais 675* ⊠ *4690-423 Oliveira do Douro –* ☎ *255 56 01 50*
*– www.hotelportoantigo.com – fechado janeiro*
**20 qto** ⬛ – **♦**49/101 € **♦♦**63/110 € **Rest** – Menu 24 € – Lista aprox. 35 €
Hotel de construção moderna junto à barragem de Carrapatelo. Possui instalações muito cuidadas nas quais se reúnem funcionalidade e conforto. No seu refeitório alegre, actual e com vistas do rio, oferecem pratos de elaboração tradicional.

**PORTUGAL**

# COIMBRA

Plantas da cidade nas páginas seguintes

**4** B2

PORTUGAL

© José Antonio Moreno / Age fotostock

**Coimbra – 114 076 h. – alt. 75 m – 733 - 592** L4

▶ Lisboa 200 – Cáceres 292 – Porto 118 – Salamanca 324

### 🔃 Postos de Turismo

Largo da Portagem, ✉ 3000-337, ☎ 239 48 81 20, www.turismodocentro.pt
Praça da Porta Férrea (Edifício da Biblioteca Geral da U.C.), ✉ 3000-143,
☎ 239 83 41 58, www.turismodecoimbra.pt

### Automóvel Club

**A.C.P.** Rua Couraça da Estrela 9 ☎ 239 85 20 20

### 🔘 VER

Sítio\*· Cidade Velha e Universidade\* (Sé Velha\*\*: retábulo\*, Capela do
Sacramento\*) Z · Museu Nacional Machado de Castro\*\* (cavaleiro medieval\*)
YZ**M²** · Universidade Velha\*\*: balcão (vista\*), capela (caixa de órgão\*\*),
biblioteca\*\* Z · Mosteiro de Santa Cruz\*: igreja\* (púlpito\*), claustro do Silêncio\*,
coro (cadeiral\*) Y · Convento de Celas (retábulo\*) V · Convento de Santa Clara a
Nova (túmulo\*) X.

Arredores : Miradouro do Vale do Inferno (vista\*) 4 km por ③ · Ruinas de
Conímbriga\*: Casa de Cantaber\*, casa dos Repuxos\*\* (mosaicos\*\*) 17 km por ③ ·
Penela (panorama\*) desde o castelo 29 km por ②.

---

🏨🏨 **Quinta das Lágrimas**    🐾 ⒥ 🔳 🏨 🅛🏨 🛢 🅼 ⚘ 🛜 🛎 🅿

*Rua António Augusto Gonçalves* ✉ 3040-241 – ☎ 239 80 23 80
*– www.quintadaslagrimas.pt*                                                        X**a**
**47 qto** 🛏 – ♦152/194 € ♦♦169/247 € – 5 suites
**Rest** *Arcadas* – ver selecção restaurantes
Palácio luxuoso do século XVIII rodeado por um jardim botânico. Encontrará quartos de diferentes estilos e um enorme anexo, onde se encontra a zona de congressos. A oferta gastronómica divide-se pelo restaurante ostentoso Arcadas e o
designado Aqua, este último actual e com uma carta internacional simples.

# COIMBRA

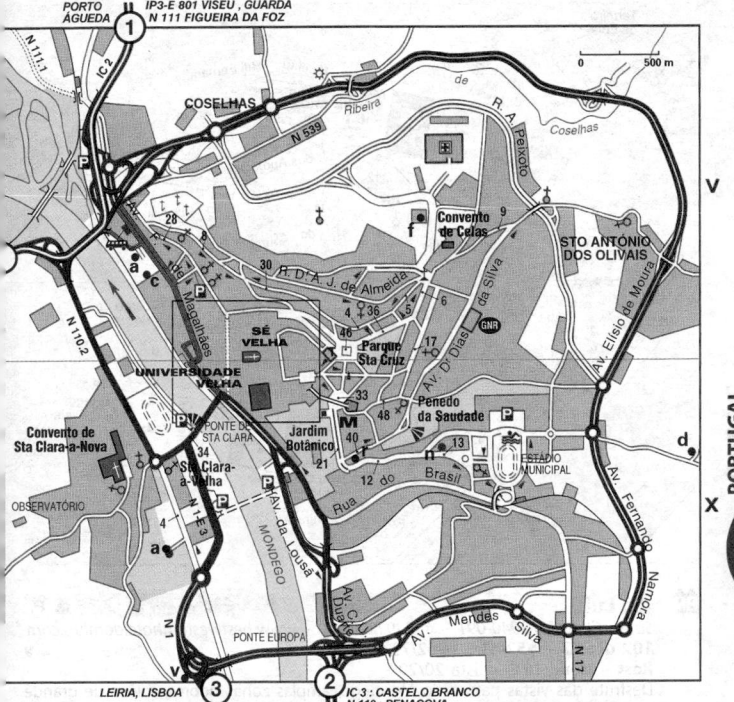

**PORTO ÁGUEDA** ① **IP3-E 801 VISEU , GUARDA N 111 FIGUEIRA DA FOZ**

**LEIRIA, LISBOA** ③ ② **IC 3 : CASTELO BRANCO N 110 : PENACOVA**

PORTUGAL

---

## 🏨 Vila Galé Coimbra 🅝

*Rua Abel Dias Urbano 20* ✉ *3000-001 –* 🌐 *239 24 00 00 – www.vilagale.pt*
**229 qto –** 🛏63/77 € 🛏🛏70/85 €, 🍴 8 €  **Rest** – Lista 19/34 €  **Vc**
Situado numa zona perto do centro histórico! Por trás da sua fachada de estilo moderno encontrará um hotel com espaços cuidados, com amplas zonas nobres, salas de conferências bem acondicionadas e quartos modernos de bom conforto. O restaurante convida a uma carta de sabor internacional com alguns pratos nacionais.

## 🏨 Dona Inês

*Rua Abel Dias Urbano 12* ✉ *3000-001 –* 🌐 *239 85 58 00 – www.donaines.pt*
**122 qto** 🍴 **–** 🛏55/120 € 🛏🛏65/130 € – 2 suites  **Va**
**Rest** – *(fechado domingo e feriados ao meio-dia)* Menu 13/20 € – Lista 25/38 €
Destaca-se pela sua excelente localização para sair e entrar na cidade. Em conjunto resulta interessante, pois conta com quartos bem actualizados tanto em estilo como em conforto. O restaurante, dotado de vistas para a piscina exterior, aposta numa cozinha fiel aos paladares tradicionais.

## 🏨 Tryp Coimbra

*Av. Armando Gonsalves-Lote 20* ✉ *3000-059 –* 🌐 *239 48 08 00 – www.trypcoimbra.com*
**133 qto** 🍴 **–** 🛏65/120 € 🛏🛏75/130 €  **Rest** – Lista 26/41 €  **Vf**
Possui uma zona de convívio com bar integrado, várias salas de reuniões e quartos bastante funcionais, todos com mobiliário clássico e chão em alcatifa ou tarima. O restaurante, luminoso e de traçado clássico, compagina a sua carta tradicional com o serviço de pequenos-almoços tipo buffet.

# COIMBRA

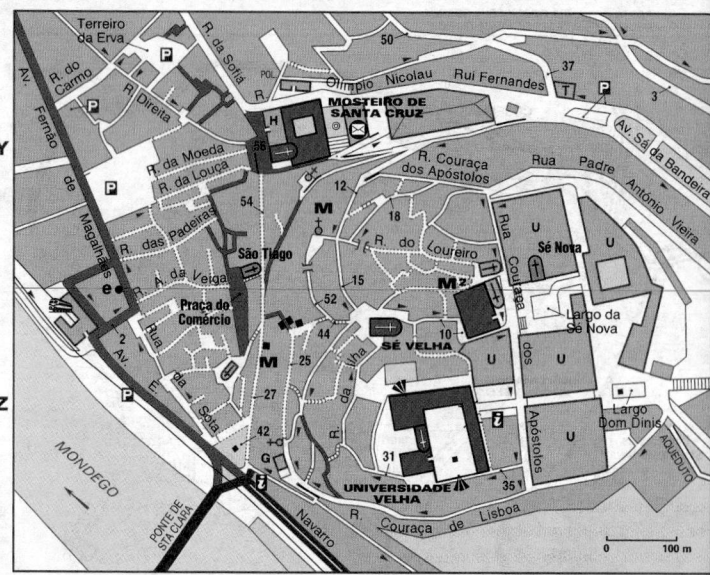

**PORTUGAL**

## 🏨 **D. Luís**                    ≤ 🛎 ৬ qto, 🏧 ⅏ 🛜 🔊 P

Santa Clara ✉ 3040-091 – 𝒞 239 80 21 20 – www.bestwesternhoteldomluis.com
**102 qto** ☕ – †52/61 € ††62/73 € – 2 suites                              X**v**
**Rest** – Menu 16 € – Lista 20/29 €
Desfrute das vistas para o rio Mondego, amplas zonas nobres, salões de grande
capacidade e quartos espaçosos, metade deles com esplanada... no entanto, o
mobiliário, que se renova aos poucos, pode resultar algo simples e funcional.
Também dispõe de um grande restaurante panorâmico.

## 🏨 **Oslo** sem rest                                🛎 🏧 🛜 🚗

Av. Fernão de Magalhães 25 ✉ 3000-175 – 𝒞 239 82 90 71 – www.hoteloslo-coimbra.pt
**36 qto** ☕ – †40/75 € ††50/80 €                                         YZ**e**
Este hotel de organização familiar destaca-se pela sua localização, muito próximo
do centro de Coimbra, perfeito para fazer uma visita a pé. Quartos funcionais
confortáveis e bar-miradouro com vistas no último andar.

## 🏨 **Botânico** sem rest                            🛎 🏧 ⅏ 🛜

Rua Combatentes da Grande Guerra (Ao cimo)-Bairro São José 15 ✉ 3030-207
– 𝒞 239 71 48 24                                                          X**r**
**25 qto** ☕ – †40 € ††55 €
Localizado na parte alta da cidade. Este pequeno hotel conta com uma zona de
convívio de traçado actual e quartos clássicos, todos com o mobiliário e chão em
madeira. Tratamento afável.

## XXXX **Arcadas** – Hotel Quinta das Lágrimas          🍴 🏧 ⅏ P

Rua António Augusto Gonçalves ✉ 3040-241 – 𝒞 239 80 23 80
– www.quintadaslagrimas.pt                                                X**a**
**Rest** – (só jantar) Menu 50/80 € – Lista 51/74 € ❀
Possui duas salas que comunicam entre si que ocupam as cavalariças antigas do palácio, ambas com um estilo clássico-actual sóbrio e envidraçado para permitir ver o jardim. A sua cozinha tradicional actualizada é enriquecida com detalhes internacionais.

XX **Casas do Bragal**  🌲 🖼 ॐ 🅿️
*Rua Damião de Góis - Urbanização de Tamonte* ✉ *3030-088 –* ☎ *918 10 39 88*
*– fechado do 1 ao 15 de agosto, 2ª feira e 3ª feira meio-dia* **Xd**
**Rest** – Menu 25 € – Lista 25/50 €
Localizado numa casa, tipo moradia, situado perto do campo de futebol. Com
uma esplanada, um bom hall de espera e uma sala de decoração clássica. Cozinha tradicional elaborada com doses generosas e preços razoáveis.

X **A Taberna** 🖼 ॐ
*Rua Dos Combatentes da Grande Guerra 86* ✉ *3030-181 –* ☎ *239 71 62 65*
*– www.restauranteataberna.com – fechado do 1 ao 15 de agosto, domingo*
*noite e 2ª feira* **Xn**
**Rest** – Menu 20 € – Lista 23/39 €
Compensa as suas instalações simples com a criação de um espaço bastante acolhedor, dominado pela presença de um forno a lenha. Os seus pratos de cariz tradicional português são complementados com recomendações diárias.

**COLARES** – Lisboa – **733** – **592** P1 – **7 628 h. – alt. 50 m** 6 B3
▶ Lisboa 35 – Sintra 8
ℹ Cabo da Roca-Azóia, ✉ 2705-001, ☎ 219 28 00 81, www.sintraromantica.net
◀ Azenhas do Mar★ (sítio★) Noroeste : 7 km

**na Praia Grande** Noroeste : 3,5 km

🏨 **Arribas** 🌊 ≤ 🌲 🏊 🍴 ♿ 🖼 ॐ 🎿 🅿️
*Av. Alfredo Coelho 28* ✉ *2705-329 Colares –* ☎ *219 28 90 50 – www.hotelarribas.pt*
**59 qto** 🔲 – ♦52/76 € ♦♦56/80 € **Rest** – Menu 20/40 € – Lista 25/40 €
Juntamente com a sua localização privilegiada em frente ao oceano, todos os
seus quartos têm varandas voltadas também para o oceano. Importa destacar
também a enorme piscina de água salgada e o restaurante, de carácter panorâmico e uma carta de sabor tradicional especialmente rica em peixe e mariscos.

**CONDEIXA-A-NOVA** – Coimbra – **733** – **592** L4 – **5 136 h.** 4 A2
▶ Lisboa 192 – Coimbra 15 – Figueira da Foz 34 – Leiria 62

🏨 **Pousada de Santa Cristina** 🌊 ≤ 🌲 🏊 ॐ 🖼 🖼 ॐ 🎿 🅿️
*Rua Francisco Lemos* ✉ *3150-142 –* ☎ *210 40 76 40 – www.pousadas.pt*
**45 qto** – ♦70/110 € ♦♦80/120 €, 🔲 6 € – 3 suites
**Rest** – Menu 18/30 € – Lista 30/48 €
Pousada de impecáveis instalações dotadas com um amplo ambiente de relva e piscina.
Oferece uma reduzida zona social e confortáveis quartos de estilo clássico. O restau-
rante, também de estilo clássico e feito de vidro, goza de uma bela vista para o jardim.

**COSTA NOVA DO PRADO** – Aveiro – ver Aveiro

**COVA DA IRIA** – Santarém – ver Fátima

**COVILHÃ** – Castelo Branco – **733** – **592** L7 – **19 022 h. – alt. 675 m –** 5 C2
**Desportos de inverno na Serra da Estrela :** 🎿3 🎿1
▶ Lisboa 301 – Castelo Branco 62 – Guarda 45
ℹ Av. Frei Heitor Pinto , ✉ 6200-113, ☎ 275 31 95 60, www.turismoserradaestrela.pt
◀ Estrada★ da Covilhã a Seia (≤★), Torre★★ 49 km – Estrada★★ da Covilhã a
Gouveia (vale glaciário de Zêzere★★) (≤★), Poço do Inferno★ : cascata★, (≤★)
por Manteigas : 65 km – Unhais da Serra (sítio★) Sudoeste : 21 km

**ao Sudeste**

🏨 **Tryp Dona María** ≤ 🔲 🌐 🛁 🍴 ♿ qto. 🖼 ॐ 🎿 🅿️ 🍽
*Alameda Pêro da Covilhã, 2,5 km* ✉ *6200-507 Covilhã –* ☎ *275 31 00 00*
*– www.melia.com*
**81 qto** 🔲 – ♦49/90 € ♦♦59/110 € – 6 suites **Rest** – Lista 20/30 €
O hotel, localizado em uma importante porta de entrada para a cidade, dispõe de uma
bela área social e quartos espaçosos com mobiliário clássico-funcional. Centro de fitness
completo. A sala de refeição é polivalente pois também serve-se o pequeno-almoço.

PORTUGAL

### Turismo da Covilhã
*Acesso à Estrada N 18, 3,5 km* ✉ *6201-909 Covilhã* – ☎ *275 33 04 00*
– *www.hotelturismo.com.pt*
**90 qto** ⌑ – ♦51/80 € ♦♦73/105 € – 10 suites
**Rest** *Piornos* – Menu 13 € – Lista aprox. 25 €
Hotel de traçado moderno localizado numa das saídas da Covilhã. Destaca-se pelas suas instalações cuidadas, com uma vasta zona nobre, vários salões para convenções e um centro de fitness, saúde e beleza completo através da água. O restaurante combina o buffet com o serviço a la carte.

### Santa Eufêmia sem rest
*Av. da Universidade, 2 km* ✉ *6200-374 Covilhã* – ☎ *275 31 02 10* – *www.viveaserra.com*
**81 qto** ⌑ – ♦26/50 € ♦♦38/70 €
A sua fachada discreta esconde um hotel simples e funcional, focado principalmente no cliente empresário. Oferece uma zona de convívio reduzida e quartos clássicos, com chão em alcatifa, esplanada e casas de banho actuais.

## na estrada das Penhas da Saúde Noroeste : 5 km

### Dos Carqueijais
✉ *6200-073 Covilhã* – ☎ *275 31 91 20* – *www.turistrela.pt*
**50 qto** ⌑ – ♦65/150 € ♦♦75/170 € **Rest** – Menu 16 € – Lista 20/28 €
Pode ser algo isolado... no entanto, desfruta de excelentes vistas e uma estética moderna que contrasta com o magnífico ambiente natural. Zona social acolhedora e quartos cuidados, todos eles de traços actuais. Na sala de refeições, colorida e de carácter panorâmico, encontrará uma carta de cariz tradicional.

## CRATO – Portalegre – **733** – **592** O7 – **1 674 h.** 2 C1
▶ Lisboa 206 – Badajoz 84 – Estremoz 61 – Portalegre 20
🛈 Mosteiro de Santa Maria de Flor da Rosa, ✉ 7430-999, ☎ 245 99 73 41, www.cm-crato.pt
◉ Mosteiro de Flor da Rosa★ : igreja★ Norte : 2 km

## em Flor da Rosa Norte : 2 km

### Pousada Flor da Rosa
✉ *7430-999 Flor da Rosa* – ☎ *245 99 72 10* – *www.pousadas.pt*
**24 qto** – ♦110/175 € ♦♦120/185 €, ⌑ 6 € **Rest** – Menu 32 € – Lista 26/49 €
Singular porque já foi um castelo, do qual mantém o merlão, um convento, pelo qual se conserva a igreja e, finalmente, um belíssimo Palácio de Duques. Pátio aberto, zona de convívio ampla, quartos actuais e cozinha tradicional muito bem actualizada.

## CURIA – Aveiro – **733** – **591** K4 – **2 704 h.** – **alt. 40 m** – Termas 4 B2
▶ Lisboa 229 – Coimbra 27 – Porto 93
🛈 Largo, ✉ 3780-541, ☎ 231 51 22 48

### Curia Palace H.
✉ *3780-541* – ☎ *231 51 03 00* – *www.almeidahotels.com*
**100 qto** ⌑ – ♦100/250 € ♦♦110/300 € **Rest** – Menu 19 € – Lista 18/40 €
Instalado em um edifício senhorial de 1926. Dispõe de um belo jardim, um SPA e dois tipos de quartos, uns de estilo moderno e outros com mobiliário de época. O restaurante ocupa o que era antes o salão de baile, com tectos altos e balcões.

## EIRA DO SERRADO – Ilha da Madeira – ver Madeira (Arquipélago da)

## ELVAS – Portalegre – **733** – **592** P8 – **17 625 h.** – **alt. 300 m** 2 D2
▶ Lisboa 222 – Portalegre 55
🛈 Praça da República, ✉ 7350-126, ☎ 268 62 22 36, www.cm-elvas.pt
◉ Muralhas★★ – Aqueduto da Amoreira★ – Largo de Santa Clara★ (pelourinho★)
– Igreja de N. S. da Consolação★ (azulejos★)

PORTUGAL

## na estrada N 4 Oeste : 5,5 km

🏨 **Varchotel** 🛎 & qto, 🅰🅒 ⅍ rest, 🅿

*Varche, Oeste : 5,5 km* ⊠ *7350-473 Elvas* – 𝒞 *268 62 16 21 – www.varchotel.com*
**30 qto** ☟ – ♦40/45 € ♦♦55/65 € – 4 suites **Rest** – Lista 25/34 €

A sua atraente fachada, de muros caiados e vãos debruados, dão-lhe as boas-vindas a um interior com um conforto perfeito e com quartos de traça actual. Conta ainda com um bar -loja, uma sala de refeições à la carte de decoração clássica e um amplo salão para banquetes.

## ENTRONCAMENTO – Santarém – 733 – 592 N4 – 20 206 h. 6 B2

▶ Lisboa 127 – Castelo Branco 132 – Leiria 55 – Portalegre 114

🏨 **Dom João H.** sem rest 🛎 & 🅰🅒 ⅍ 🤶 🏛

*Rua Padre Carlos Leonel dos Santos 6* ⊠ *2330-026* – 𝒞 *249 72 90 00*
*– www.domjoaohotel.com.pt*
**31 qto** ☟ – ♦41/75 € ♦♦63/150 €

Central e focado na clientela empresarial da região! O seu reduzido espaço social é compensado pelos seus quartos confortáveis, modernos e com terraço. Luminosa sala de pequenos-almoços no último piso, também com terraço.

## ESTARREJA – Aveiro – 733 – 591 J4 – 7 544 h. 4 A1

▶ Lisboa 272 – Aveiro 22 – Porto 50 – Viseu 85

🏨 **Eurosol Estarreja** 🌭 🏠 ⌧ 🔟 🕼 ⅍ 🛎 & qto, 🅰🅒 ⅍ 🤶 🏛 🅿

*Rua Marquês Rodrigues 36, Nordeste : 1,8 km* ⊠ *3860-404* – 𝒞 *234 84 04 30*
*– www.eurosol.pt*
**67 qto** ☟ – ♦48/80 € ♦♦60/100 € **Rest** – Menu 15/25 € – Lista 17/30 €

O edifício principal abriga os quartos, de estilo actual, as áreas sociais e o SPA. Os apartamentos ocupam vilas independentes. O restaurante que dispõe de grandes janelas, oferece um menu tradicional.

## ESTEFÂNIA – Lisboa – ver Sintra

## ESTÓI – Faro – ver Faro

## ESTORIL – Lisboa – 733 – 592 P1 – 26 397 h. – Praia 6 B3

▶ Lisboa 23 – Sintra 13

🅱 Av. Marginal (Arcadas do Parque), ⊠ 2765-267, 𝒞 214 68 76 30
**A.C.P.** Av. Nice 68 A 𝒞 214 66 53 04
🚗 Estoril, Av. República, 𝒞 214 68 01 76
◉ Estância balnear★Ver planta de Cascais

🏨🏨 **Palácio Estoril** ≼ 🚗 ⌧ 🔟 ⊛ 🕼 🛎 & 🅰🅒 ⅍ 🤶 🏛 🅿 🚗

*Rua Particular* ⊠ *2769-504* – 𝒞 *214 64 80 00 – www.palacioestorilhotel.com*
**129 qto** ☟ – ♦340/370 € ♦♦370/400 € – 32 suites BY**k**
**Rest** *Four Seasons* – ver selecção restaurantes

Um hotel de referência inegável desde 1930. Trata-se com certeza de um estabelecimento à sua altura, combina história, exclusividade, doses generosas de elegância clássica e um conforto de excelência. Para além disso, o relaxante SPA dispõe de tratamentos com águas termais.

🏨 **Alvorada** sem rest 🛎 & 🅰🅒 ⅍ 🤶 🅿

*Rua de Lisboa 3* ⊠ *2765-240* – 𝒞 *214 64 98 60 – www.hotelalvorada.com*
**51 qto** ☟ – ♦45/98 € ♦♦55/120 € BY**b**

Destaca-se pela sua localização por se encontrar próximo do célebre Casino de Estoril. Possui um amplo hall de entrada, um bar elegante que funciona como zona de convívio e quartos com um traçado funcional, quase todos com varanda.

XXX **Four Seasons** – Hotel Palácio Estoril 🅰🅒 ⅍ 🅿 🚗

*Rua Particular* ⊠ *2769-504* – 𝒞 *214 64 80 00 – www.palacioestorilhotel.com*
**Rest** – *(só jantar)* Menu 40/60 € – Lista 46/59 € BY**k**

Concilia perfeitamente a elegância com detalhes rústicos e a estética do estilo inglês, combinando as madeiras nobres com a alcatifa e um serviço de mesa magnífico. Cozinha internacional, portuguesa e grelhados, com dois grelhadores na mesma divisão.

PORTUGAL

XXX **Cimas**  ⩽ 📺 ⅋ 🅟 🍽

*Av. de Sabóia 9 ⊠ 2765-278 – ℰ 214 68 04 13 – www.cimas.com.pt – fechado do 4 ao 17 de agosto e domingo* BX**s**

**Rest** – Menu 25 € – Lista 38/57 €

Casa de grande tradição instalada num edifício de estilo inglês. Provido de um pequeno bar e duas salas de refeições, a sala principal tem janelas de grandes dimensões e vistas para a baía. Carta tradicional e internacional especializada em pratos de caça.

---

**ESTREITO DE CÂMARA DE LOBOS** – Ilha da Madeira – ver Madeira (Arquipélago da)

---

**ESTREMOZ** – Évora – **733** – **593** P7 – **8 662 h.** – alt. 425 m 2 C2

▶ Lisboa 179 – Badajoz 62 – Évora 46

◉ A Vila Velha★ - Sala de Audiência de D. Dinis (colunata gótica★)

◖ Évoramonte : Sítio★, castelo★ (⁂★) Sudoeste : 18 km.

🏚 **Estalagem Páteo dos Solares**  ⅋ ◈ 🏊 ⮀ ⅋ qto, 📺 qto, ⅋ ⅍

*Rua Brito Capelo ⊠ 7100-562 – ℰ 268 33 84 00* 🅟

*– www.pateosolares.com*

**41 qto** � – †150/170 € ††160/180 € – 1 suite

**Rest** *Alzulaich* – Menu 12/35 € – Lista 20/35 €

Esta casa senhorial destaca-se pelo seu jardim junto às muralhas, com varandas e piscina. Dispõe de várias salas de conferência e quartos confortáveis, todos de traçado clássico-actual. O restaurante, aquecido por uma lareira com chaminé, deve o seu nome ao termo árabe que deu origem à palavra "azulejo".

PORTUGAL

# ÉVORA

Plantas da cidade nas páginas seguintes

2 C2

© Bruno Barbier / Hemis.fr

**Évora** – **45 350 h.** – **alt. 301 m** – 733 - 593 Q6

▶ Lisboa 153 – Badajoz 102 – Portalegre 105 – Setúbal 102

**🛈 Posto de Turismo**

Praça de Giraldo 73, ✉ 7000-508, ☎ 266 77 70 71, www.cm-evora.pt

**Automóvel Club**

**A.C.P.** Rua Alcárcova de Baixo 7 ☎ 266 70 75 33

**◎ VER**

Sé★★ (interior, museu, claustro) BY · Museu Regional★ BY**M¹** · Templo romano★ BY · Convento dos Lóios★ BY (Igreja★, Edifícios conventuais★) · Paço dos Duques de Cadaval★ BY**P** · Largo da Porta de Moura (fonte★) BCZ · Igreja de São Francisco (interior★, capela dos Ossos★) BZ · Fortificações★ BY · Antiga Universidade dos Jesuítas (claustro★) CY.

**Arredores** : Convento de São Bento de Castris (claustro★) por N 114-4 : 3 km.

# ÉVORA

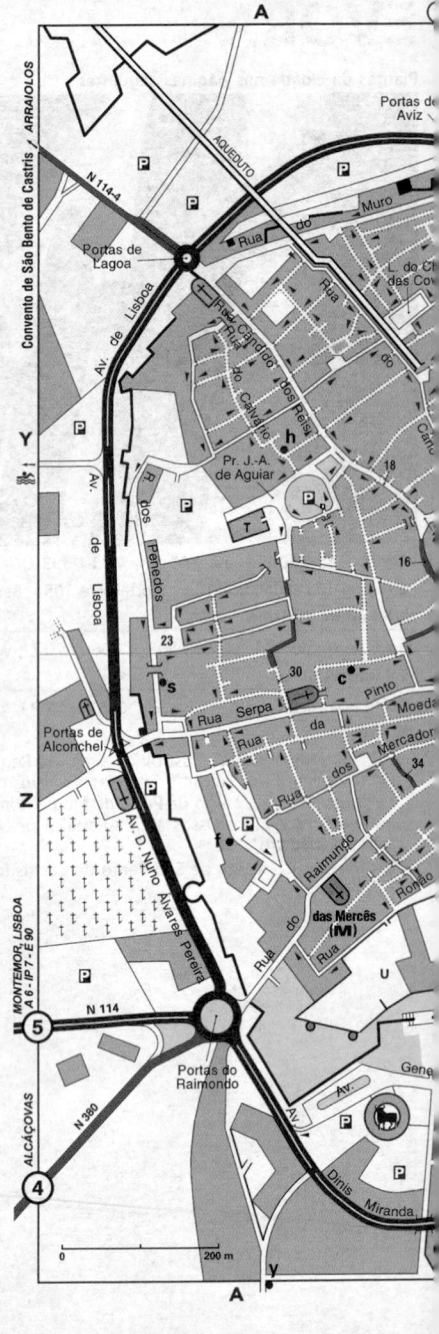

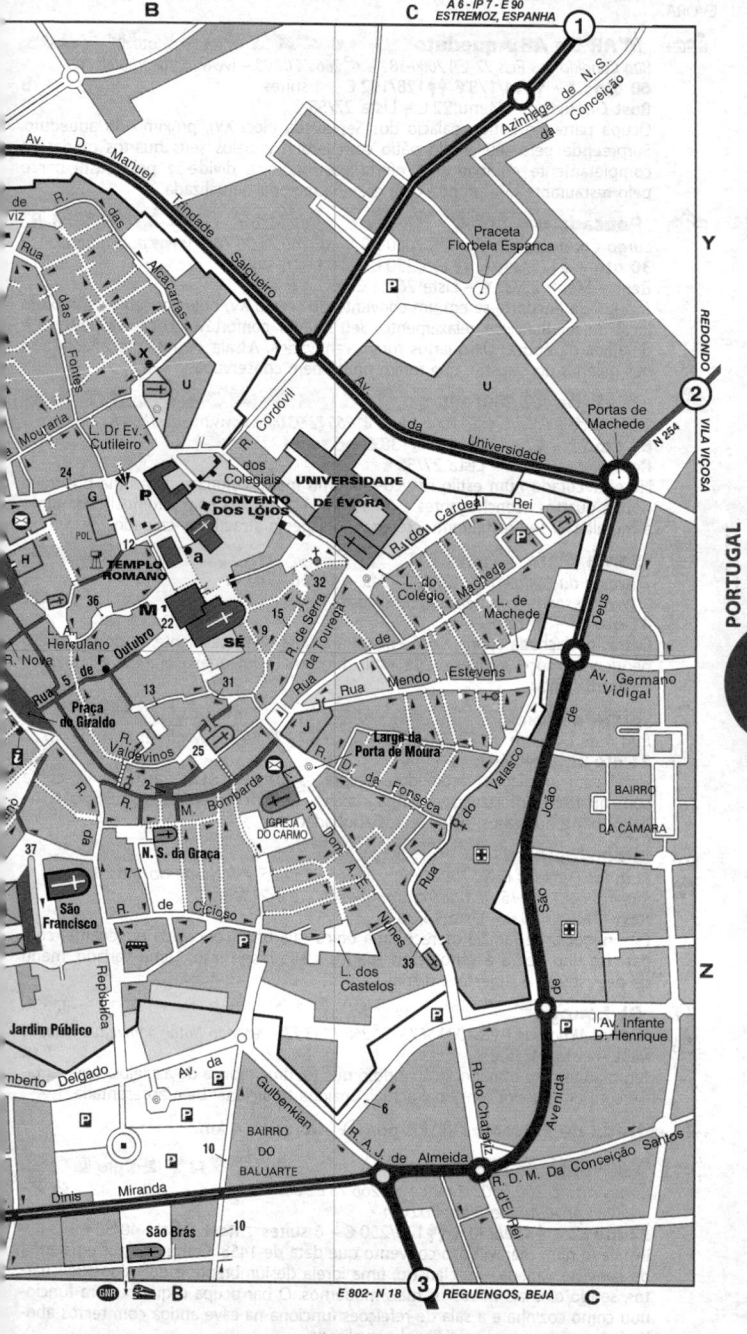

### M'AR De AR Aqueduto 🔊 🏠 ⌃ ⊕ 🖊 📶 ♿ qto, 🎟 🛜 🏖 🚗

*Rua Candido dos Reis 72* ✉ *7000-582* – ☎ *266 74 07 00* – *www.mardearhotels.com*
**60 qto** 🔲 – ♦114/178 € ♦♦128/192 € – 4 suites                    AY**h**
**Rest** *Degust'Ar* – Menu 22 € – Lista 27/55 €

Ocupa parte do antigo palácio dos Sepúlveda (Séc. XV), próximo do aqueduto. Surpreende pelo seu amplo pátio com jardim e pelos seus quartos modernos completamente equipados. A oferta gastronómica divide-se pelo sushi bar e pelo restaurante que propõe uma cozinha regional actualizada.

### Pousada dos Lóios 🐾 ⌃ 🎟 ♥ 🛜 🏖 🅿

*Largo Conde de Vila Flor* ✉ *7000-804* – ☎ *266 73 00 70* – *www.pousadas.pt*
**30 qto** – ♦125/240 € ♦♦135/250 €, 🔲 6 € – 6 suites                    BY**a**
**Rest** – Menu 23/31 € – Lista 26/61 €

A pousada encontra-se em um convento do século XV, hoje concebido como um local de meditação e relaxamento. Seu interior confortável conserva pinturas e detalhes de época. Os quartos foram renovados. A sala de refeição encontra-se nas galerias do claustro, que foram muito bem conservadas.

### M'AR De AR Muralhas 🔊 ⌃ ♥ ♿ qto, 🎟 🛜 🏖 🚗

*Travessa da Palmeira 4* ✉ *7000-546* – ☎ *266 73 93 00* – *www.mardearhotels.com*
**85 qto** 🔲 – ♦78/128 € ♦♦88/138 € – 6 suites                    AZ**f**
**Rest** – Menu 11 € – Lista 27/55 €

Hotel decorado num estilo rústico-moderno muito colorista, com uma boa zona nobre, quartos aconchegantes e uma agradável piscina com jardim situada junto à muralha. O seu restaurante oferece um aspecto atractivo e cuidado.

### Santa Clara sem rest ♥ ♿ 🎟 🛜

*Travessa da Milheira 19* ✉ *7000-545* – ☎ *266 70 41 41*
*– www.bestwesternhotelsantaclara.com*                    AZ**c**
**41 qto** 🔲 – ♦♦68/79 €

Detrás da fachada sóbria, você encontrará uma sala polivalente, onde serve-se o pequeno almoço, e quartos de estilo funcional. Um anexo oferece estadias de conforto similar.

### Riviera sem rest 🎟 ♣ 🛜

*Rua 5 de Outubro 49* ✉ *7000-854* – ☎ *266 73 72 10* – *www.riviera-evora.com*
**21 qto** 🔲 – ♦48/64 € ♦♦63/80 €                    BZ**r**

Hotel com instalações acolhedoras e preços razoáveis. Em traços gerais, conta com quartos confortáveis de linha clássica, todos com chão em madeira e, na maior parte dos casos, belos tectos abobadados.

### Dom Joaquim 🎟 ♣

*Rua dos Penedos 6* ✉ *7000-537* – ☎ *266 73 11 05* – *fechado do 1 ao 15 de janeiro, do 1 ao 15 de agosto, domingo noite e 2ª feira*                    AZ**s**
**Rest** – Menu 20 € – Lista 15/35 €

Este negócio de família oferece uma única sala bem concebida e elegante, com paredes tipo pedra e vários empregados à sua disposição. Menu variado, menu de degustação e sugestões diárias.

### BL Lounge 🎟 ♣

*Rua das Alcaçarias 1* ✉ *7000-587* – ☎ *266 77 13 23* – *fechado Natal, domingo e feriados*                    BY**x**
**Rest** – Lista 21/35 €

Junto ao templo romano, ocupando o que foi uma fábrica de azulejos. Apresenta-se com um interior funcional-actual. Cozinha tradicional bem apresentada.

## pela estrada de Estremoz N 18 por ① - Noreste : 4 km

### Convento do Espinheiro 🐾 🔊 ⌃ ⊕ 🖊 ♥ ♥ ♿ qto, 🎟 ♣ 🛜

*Canaviais* ✉ *7002-502 Évora* – ☎ *266 78 82 00*                    🏖 🅿
*– www.conventodoespinheiro.com*
**92 qto** 🔲 – ♦150/230 € ♦♦170/250 € – 6 suites   **Rest** – Lista 40/55 €

Instalado num maravilhoso convento que data de 1458. Composto por uma zona de convívio variada, um claustro, uma igreja deslumbrante e dois tipos de quartos, sendo os mais novos os mais modernos. O bar ocupa o que outrora funcionou como cozinha e a sala de refeições funciona na cave antiga com tectos abobadados e uma carta tradicional actualizada.

PORTUGAL

▶ Lisboa 278 – Beja 148 – Setúbal 258 – Huelva 105

🛫 de Faro por ① : 7 km ☏ 289 80 08 00

**T.A.P.** ☏ 707 20 57 00

🛈 Rua da Misericórdia 8 , ✉ 8000-269, ☏ 289 80 36 04, www.visitalgarve.pt

**A.C.P.** Av. 5 de Outubro 42 ☏ 289 89 89 50

🏌 Pestana Vila Sol (Vilamoura), 23 km pela estrada de Lagos, ☏ 289 32 03 70

🏌 Oceânico Laguna (Vilamoura), ☏ 289 31 01 80

🏌 Oceânico Pinhal (Vilamoura), ☏ 289 31 03 90

🏌 Oceânico Old Course (Vilamoura), ☏ 289 31 03 41

🏌 Ocean Course Vale de Lobo, 20 km pela estrada de Lagos, ☏ 289 35 34 65

🏌 Quinta do Lago Sul, 16 km pela estrada de Lagos, ☏ 289 39 07 00

◉ Vila-a-dentro★ (Arco da Vila★, Paço Episcopal★) A

Ⓖ Praia de Faro (vistas★) 9 km por ① – Olhão (panorâmica a partir do campanário da igreja★) 8 km por ③

🏨 **Santa María** sem rest                                    📶 ⛓ 🅰🅲 🕸 📶

*Rua de Portugal 17* ✉ *8000-281* – ☏ *289 89 80 80* – *www.jcr-group.com*
**60 qto** 🖵 – ♦50/107 € ♦♦64/130 €                                    A**a**
Situado no centro, surpreende pois para lá da sua fachada clássica encontrará um conforto muito actual. Conta com uma óptima zona de convívio e quartos funcionais, de entre os quais se destacam os cinco do 5º andar pelas suas varandas privadas.

**PORTUGAL**

## FARO

## XX Faz Gostos

*Rua do Castelo 13 ✉ 8000-243 – ✆ 289 87 84 22 – www.fazgostos.com
– fechado maio, sábado meio-dia e domingo*
**Rest** – Menu 13/40 € – Lista 21/43 € 🌸

**Ab**

Casa de organização familiar situada perto da Catedral. Na sua sala, de linha clássica-actual, propõem uma ementa tradicional portuguesa bem complementada com vários menus.

## na Praia de Faro por ① : 9 km

## XX O Costa

*Av. Nascente 7 ✉ 8005-520 Faro – ✆ 289 81 74 42
– www.restauranteocosta.com – fechado
27 outubro-5 novembro, 24 dezembro-15 janeiro, domingo noite no inverno
e 3ª feira*
**Rest** – *(só almoço salvo 6º feira e sabado de outubro-abril)* Lista 36/55 €

Um restaurante familiar que combina as suas maravilhosas vistas para a ria com um interior atraente. Cozinha tradicional especializada em carne de Wagyu, arrozes, cordeiro de leite...

## em Estói por ② : 11 km

## 🏨 Pousada de Faro - Estoi Palace H.

*Rua S. José ✉ 8005-465 Faro – ✆ 289 99 01 50
– www.pousadas.pt*
**60 qto** – ♦110/205 € ♦♦120/215 €, ☲ 6 € – 3 suites
**Rest** – Lista aprox. 42 €

Ocupa um palácio do séc. XVIII que surpreende pela sua atractiva piscina panorâmica. Moderna recepção, salões palacianos, capela e quartos com linha funcional-actual. O restaurante, de montagem simples, apresenta tanto pratos regionais como tradicionais.

---

**FATAUNÇOS** – Viseu – **733** – **591** J5 – **751 h.**  **4** B1

▶ Lisboa 311 – Aveiro 70 – Viseu 25

## ☗ Casa de Fataunços sem rest

*✉ 3670-095 – ✆ 232 77 26 97 – www.casadefatauncos.com – fechado Natal e janeiro*
**10 qto** ☲ – ♦35/50 € ♦♦48/63 € – 1 suite

Mansão do século XVIII que se destaca pelos seus exteriores amplos e aprazíveis. Dispõe de um interior de ambiente clássico-antigo, com uma zona social rica em detalhes decorativos e quartos de conforto adequado, a mais rústica tipo apartamento.

---

**FÁTIMA** – Santarém – **733** – **592** N4 – **11 596 h.** – **alt. 346 m** – **Centro de** **6** B2
**Peregrinação.**

▶ Lisboa 135 – Leiria 26 – Santarém 64

🛈 Av. D. José Alves Correia da Silva (Cova da Iria) , ✉ 2495-402, ✆ 249 53 11 39,
www.rt-leiriafatima.pt

🔲 Parque natural das serras de Aire e de Candeeiros★ : Sudoeste Grutas de Mira de Aire★ o dos Moinhos Velhos

## XX Tia Alice

*Rua do Adro 152 ✉ 2495-557 – ✆ 249 53 17 37 – fechado do 1 ao 20 de julho,
domingo noite e 2ª feira*
**Rest** – Lista 25/43 €

O restaurante encontra-se em plena parte antiga da cidade e dispõe de duas salas de ambiente actual, ambas dominadas por tons de branco e paredes de pedra. Cozinha caseira e tradicional.

PORTUGAL

## na Cova da Iria Noroeste : 2 km

### Dom Gonçalo ⬚ ⊛ ⅙ ⬚ ⬚ 🅰🄲 ⚒ 🛜 ⚒ 🄿 🚗

*Rua Jacinta Marto 100 ⊠ 2495-450 Fátima – ℰ 249 53 93 30*
*– www.hoteldg.com*
**71 qto** ⌧ – **♦**53/75 € **♦♦**75/85 €
**Rest** *O Convite* – ver selecção restaurantes
Localizado próximo ao Santuário e dividido em duas partes, uma antiga e a outra moderna, o hotel oferece portanto dois tipos de quarto. Dispõe de uma área social renovada e um grande SPA.

### Lux Fátima 🄲 ⅙ 🅰🄲 ⚒ 🛜 ⚒ 🚗

*Av. D. José Alves Correia da Silva Lt. 2 ⊠ 2495-402 Fátima – ℰ 249 53 06 90*
*– www.luxhotels.pt*
**67 qto** ⌧ – **♦**51/450 € **♦♦**57/490 € – 1 suite
**Rest** *Palatus* – Lista 25/49 €
O edifício, em forma de "U", reserva sua parte central para o hotel e as alas laterais para os apartamentos privados. Quartos de estilo moderno. O restaurante oferece um menu tradicional, com detalhes modernos.

### Estrela de Fátima 🄲 ⅙ 🅰🄲 ⚒ 🛜 ⚒ 🚗

*Rua Dr. Cónego Manuel Formigão 40 ⊠ 2496-908 Fátima – ℰ 249 53 11 50*
*– www.fatima-hotels.com*
**66 qto** – **♦**37/151 € **♦♦**46/200 €, ⌧ 6 € **Rest** – Menu 14 € – Lista 17/28 €
O hotel foi modernizado aos poucos, e agora dispõe de uma sala de estar moderna, várias salas de reunião, um terraço-pátio e quartos de estilo funcional e moderno. O restaurante, que conta com uma sala simples, oferece receitas tradicionais.

### Cruz Alta sem rest 🄲 ⅙ 🅰🄲 ⚒ 🛜 🄿

*Rua Dr. Cónego Manuel Formigão 10 ⊠ 2496-908 Fátima – ℰ 249 53 14 81*
*– www.fatima-hotels.com – fechado Natal*
**43 qto** – **♦**34/110 € **♦♦**43/143 €, ⌧ 5 €
Estabelecimento de aspecto acolhedor e linha actual. Tem um pequeno salão social junto à recepção e quartos espaçosos, com as casas de banho bem equipadas.

### Santo António 🄲 ⅙ 🅰🄲 rest, ⚒ 🚗

*Rua de São José 10 ⊠ 2495-434 Fátima – ℰ 249 53 36 37*
*– www.hotelsantoantonio.com*
**36 qto** ⌧ – **♦**40/50 € **♦♦**50/60 € **Rest** – Menu 12/30 € – Lista aprox. 28 €
Organizado com seriedade e com bom aspecto geral. Hotelzinho dotado de quartos confortáveis, correctos na sua funcionalidade e discreta zona social. Sala de jantar onde servem pratos variados e económicos, e um menu turístico.

### ✗✗✗ O Convite – Hotel Dom Gonçalo 🅰🄲 ⚒ 🄿

*Rua Jacinto Marto 100 ⊠ 2495-450 Fátima – ℰ 249 53 93 30*
*– www.hoteldg.com*
**Rest** – Lista 22/42 €
O restaurante dispõe de uma entrada própria, um acesso a partir do hall do hotel e uma sala de jantar confortável de estilo actual. Menu tradicional com algumas sugestões diárias.

---

## FELGUEIRAS – Porto – 733 – 591 H5 – 25 634 h. 8 A2

▶ Lisboa 379 – Braga 38 – Porto 65 – Vila Real 57

### Horus sem rest ⅙ 🄲 ⅙ 🅰🄲 ⚒ 🛜 ⚒ 🚗

*Av. Dr. Leonardo Coimbra 153 ⊠ 4614-909 – ℰ 255 31 24 00 – www.horus-ii.pt*
**46 qto** ⌧ – **♦**45/60 € **♦♦**62/75 € – 12 suites – 12 apartamentos
De localização central, apresenta uma estética atual e funcional e dispõe de quartos confortáveis, todos com mobiliário de boa qualidade. Interessante oferta de serviços complementares: ginásio, sauna, banho turco, massagens...

**FERMENTELOS** – Aveiro – **733** – **591** K4 – 3 258 h.     **4** A1

🔼 Lisboa 244 – Aveiro 20 – Coimbra 42

## na margem do lago Nordeste : 1 km

**🏨 Estalagem da Pateira**    ⌂ ⪕ ⌁ ▤ ❄ ⅃ ⌨ qto, 🅰🅲 ⅗ 🛜 🅼 🅿 ⌂
*Rua da Pateira 84 ✉ 3750-439 Fermentelos –* 𝒞 *234 72 12 05*
*– www.pateira.com*
**57 qto** ⌂ – †45/72 € ††65/94 €    **Rest** – Menu 11/14 € – Lista 27/32 €
Situada perto do lago, a estalagem oferece diversas actividades lúdicas, uma área
social variada e dois tipos de quarto, uns de estilo rústico e outros de estilo funcional e moderno. A sala de refeição panorâmica e relaxante combina uma vista
esplêndida com um menu regional.

**FERRAGUDO** – Faro – **733** – **593** U4 – 1 973 h. – Praia     **3** A2

🔼 Lisboa 288 – Faro 65 – Lagos 21 – Portimão 3

## em Vale de Areia Sul : 2 km

**🏨 Casabela H.**    ⌂ ⪕ ⌁ ⅍ ⌨ ⅃ qto, 🅰🅲 ⅗ 🅼 🅿
*Praia Grande ✉ 8400-275 Ferragudo –* 𝒞 *282 49 06 50*
*– www.hotel-casabela.com – fechado dezembro-janeiro*
**66 qto** ⌂ – †140/215 € ††145/237 €    **Rest** – (só jantar) Menu 25 €
O melhor desta casa é a sua localização em plena natureza, com um cuidado
ambiente ajardinado e uma impressivante vista panorâmica Quartos amplos e
funcionais. O restaurante, dividido em duas salas, baseia o seu trabalho numa
ementa diária.

**FIGUEIRA DA FOZ** – Coimbra – **733** – **592** L3 – 30 697 h. – Praia     **4** A2

🔼 Lisboa 181 – Coimbra 44

🛈 Av. 25 de Abril 19, ✉ 3080-501, 𝒞 233 42 26 10, www.figueiraturismo.com
**A.C.P.** Av. Saraiva de Carvalho 140 𝒞 233 42 41 08

**🏨 Sweet Atlantic**    ⪕ 🌐 ⌨ ⅃ qto, 🅰🅲 ⅗ 🛜 🅼
*Av. 25 de Abril 21 ✉ 3080-086 –* 𝒞 *233 40 89 00 – www.sweethotels.pt*
**68 qto** – ††74/86 €, ⌂ 8 €
**Rest** – (fechado domingo salvo julho e agosto) Menu 16/42 € – Lista 24/37 €
Torre de design atraente localizada na 1ª linha da praia. A presença da água e o
design actual dos quartos tornam o espaço bastante relaxante, a maior parte dos
quartos tem uma sala independente e todos eles têm uma pequena cozinha. O
restaurante é formado por duas zonas, uma para o pequeno-almoço e outra devidamente equipada para refeições de carta.

**🏠 Aviz** sem rest    ⅗ 🛜
*Rua Dr. António Lopes Guimarães 16 ✉ 3080-169 –* 𝒞 *233 42 26 35*
**17 qto** ⌂ – †20/50 € ††25/65 €
Hotel de pequenas dimensões de gestão familiar, localizado no centro da cidade.
Os quartos revelam-se bastante adequados na sua categoria, com chão e mobiliá-
rio em madeira. Destacam-se dois deles por partilharem uma varanda comum!

**FIGUEIRÓ DA SERRA** – Guarda – **733** – **591** K7 – 263 h.     **5** C2

🔼 Lisboa 332 – Guarda 40 – Viseu 52 – Castelo Branco 133

**🏠 Quinta do Adamastor** sem rest    ⌂ ⅍ ⅃ ⌨ 🅼 ⅗ 🅿
*Rua do Hospital 215 ✉ 6290-071 –* 𝒞 *271 77 00 10*
*– www.quintadoadamastor.com*
**12 qto** ⌂ – †38/80 € ††50/125 €
Esta antiga casa senhorial, com belas fachadas em granito, abriga por trás das suas
grossas paredes, quartos impecáveis, todos de estilo clássicos e um deles tipo
apartamento. Destaca-se pela dimensão dos seus jardins, com belas fontes e lagos!

**FLOR DA ROSA** – Portalegre – ver Crato

**FOLGOSA** – Viseu – **733** – **591** I6 – 428 h.    5 C1

▶ Lisboa 399 – Viseu 79 – Vila Real 48 – Porto 142

XX **DOC**    ⟨ 🍴 🆎 🕸 P
*Estrada Nacional 222* ⊠ *5110-204* – 𝒞 *254 85 81 23* – *www.ruipaula.com*
**Rest** – Menu 65/70 € – Lista 53/73 € 🕸
Instalado num edifício de traçado actual que se destaca pela sua localização, na margem do rio Douro e com uma esplanada sugestiva sobre o mesmo. O seu chef propõe uma cozinha tradicional com toques criativos e vários menus de degustação. Uma vista magnífica!

**FOZ DO ARELHO** – Leiria – **733** – **592** N2 – 1 339 h.    6 A2

▶ Lisboa 101 – Leiria 62 – Nazaré 27

🏠 **Penedo Furado** sem rest    🕸 📶 P
*Rua dos Camarções 3* ⊠ *2500-481* – 𝒞 *262 97 96 10*
– *www.hotelpenedofurado.com*
**25 qto** ⊆ – 🛏35/65 € 🛏🛏45/80 €
Este pequeno hotel familiar dispõe de uma área social correcta e quartos confortáveis, a maioria deles foram renovados com um estilo funcional e moderno.

**FOZ DO DOURO** – Porto – ver Porto

**FROSSOS** – Aveiro – **733** – **591** K4 – 887 h.    4 A1

▶ Lisboa 265 – Aveiro 19

🏠 **Quinta da Vila Francelina** sem rest    🐾 ⅃ 🕸 📶 P ⊟
⊠ *3850-663* – 𝒞 *917 20 34 71* – *www.quintadavilafrancelina.pt*
**10 qto** ⊆ – 🛏55/75 € 🛏🛏68/85 €
Surpreendente pela sua estética, semelhante a uma casa de indianos, mas com detalhes modernos. Os quartos do edifício principal são de estilo clássico-senhorial e os anexos de estilo moderno.

**FUNCHAL** – Ilha da Madeira – ver Madeira (Arquipélago da)

**FUNDÃO** – Castelo Branco – **733** – **592** L7 – 9 236 h.    5 C2

▶ Lisboa 303 – Castelo Branco 44 – Coimbra 151 – Guarda 63

🇮 Largo da Estação, ⊠ 6230-311, 𝒞 275 77 30 32, www.cm-fundao.pt

**na estrada N 18**

🏨 **O Alambique de Ouro**    ⅃ 📺 🛠 🕸 📶 ⅄ qto, 🆎 🕸 📶 🅰 P 🚗
*Sítio da Gramenesa, Norte : 2,5 Km* ⊠ *6230-463 Fundão* – 𝒞 *275 77 41 45*
– *www.hotelalambique.com*
**153 qto** ⊆ – 🛏36/58 € 🛏🛏73/90 € – 2 suites
**Rest** – *(fechado 22 junho-6 julho)* Lista 20/40 €
Disfruta de um jardim e quartos espaçosos, a maior parte deles, de traçado moderno e alguns, os mais clássicos, com as tradicionais cabeceiras com azulejos. Com uma decoração à base de alambiques e com o grelhador à vista, o restaurante oferece uma cozinha tradicional portuguesa rica em carnes na brasa.

🏨 **Fundão Palace** sem rest    ⅃ 📺 ⅄ 🆎 🅰 P
*Norte : 3 Km* ⊠ *6230-476 Fundão* – 𝒞 *275 77 93 40*
– *www.fundaopalacehotel.com*
**42 qto** ⊆ – 🛏30/45 € 🛏🛏45/75 € – 2 suites
Localizado próximo da estrada, é interessante tanto pelos seus serviços como pelo seu conforto. Ampla zona de convívio com vista para a piscina e quartos com ambiente clássico bem equipados, alguns dos quais com varanda.

**GIBRALTAR** – Lisboa – ver Torres Vedras

**GOLEGÃ** – Santarém – **733** – **592** N4 – 3 845 h.    6 B2

▶ Lisboa 133 – Santarém 64 – Leiria 73 – Portalegre 122

◉ Igreja matriz (pórtico★)

## Lusitano

🚗 🏤 🔲 ⊛ 🛁 🛗 ⚹ qto, 🅰 ⅏ 🛜 🛗 🅿 🚙

*Gil Vicente 4 ✉ 2150-193 – 𝒞 249 97 91 70 – www.hotellusitano.com*
**24 qto** ☲ – **†**75/180 € **††**85/190 € – 1 suite
**Rest** – *(fechado domingo noite e 2ª feira)* Lista 25/36 €

Casa familiar encantadora que fica a dever o seu nome a uma raça de cavalos originária desta região. Conta com uma zona de convívio bastante sedutora, quartos bastante espaçosos, principalmente o anexo, e um restaurante bem iluminado de traçado actual que oferece uma carta tradicional.

## X   O Barrigas

🅰 ⅏

*Largo 5 de Outubro 55 ✉ 2150-124 – 𝒞 249 71 76 31 – www.obarrigas.com
– fechado domingo noite e 2ª feira*
**Rest** – Menu 11/15 € – Lista 22/26 €

Único no género, moderno e bastante popular. Propõem diferentes entrantes e uma carta de segundos bem complementada com pratos sugeridos..., assim como, um buffet no fim-de-semana.

---

**GONDARÉM** – Viana do Castelo – ver Vila Nova de Cerveira

---

**GOUVEIA** – Guarda – **733** – **591** K7 – 3 472 h. – alt. 650 m          5 C2

� Lisboa 310 – Coimbra 111 – Guarda 59

ℹ Jardim da Ribeira, ✉ 6290-518, 𝒞 238 08 39 30, www.cm-gouveia.pt

🌀 Estrada★★ de Gouveia a Covilhã (⩽★, Poço do Inferno★ : cascata★, vale glaciário do Zêzere★★, ⩽★) por Manteigas : 65 km.

## X   O Júlio

⅏ 🍴

*Rua do Loureiro 11-A ✉ 6290-534 – 𝒞 238 08 36 17 – fechado 2ª feira noite e 3ª feira*
**Rest** – Lista 20/30 €

Casa de carácter muito familiar. Com uma sala, de decoração simples e com uma parte das paredes de granito, onde encontrará uma cozinha de sabor regional com especialidades típicas.

---

**GRANJA** – Porto – **733** – **591** I4 – 417 h. – Praia          8 A3

🚗 Lisboa 317 – Amarante 79 – Braga 69 – Porto 18

## Solverde

⩽ 🔲 🔲 ⊛ 🛁 ⅏ 📶 ⚹ qto, 🅰 ⅏ 🛜 🛗 🅿 🚙

*Av. da Liberdade 212 ✉ 4410-154 – 𝒞 227 33 80 30 – www.solverde.pt*
**169 qto** ☲ – **†**99/139 € **††**109/154 € – 5 suites
**Rest** – Menu 26 € – Lista 35/72 €

Tranquilo, ao lado da praia e com vistas para o mar! Conta com zonas nobres amplas, com cafeteria integrada nas mesmas, e quartos muito confortáveis, todos equipados com mobiliário clássico de qualidade. Sala de refeições panorâmica de carácter polivalente.

---

**GUARDA** 🅿 – Guarda – **733** – **591** K8 – 27 226 h. – alt. 1 000 m          5 C2

🚗 Lisboa 361 – Castelo Branco 107 – Ciudad Rodrigo 74 – Coimbra 161

ℹ Praça Luís de Camões, ✉ 6300-725, 𝒞 271 20 55 30

**A.C.P.** Rua Batalha Reis 107 𝒞271 21 34 67

🔘 Sé★ (interior★)

🌀 Castelo Melhor★ (recinto★) 77 km a Nordeste – Sortelha★ (fortaleza★ e vistas panorâmicas★) 45 km a Sul – Vila Nova de Foz Côa (Igreja Matriz : fachada★) 92 km a Norte

## Vanguarda

⩽ 🛗 ⅙ qto, 🅰 ⅏ 🛜 🛗 🚙

*Av. Monsenhor Mendes do Carmo ✉ 6300-586 – 𝒞 271 20 83 90
– www.naturaimbhotels.com*
**76 qto** ☲ – **†**45/56 € **††**61/76 € – 6 suites
**Rest** – Menu 12 € – Lista aprox. 30 €

Situado na parte alta da cidade, num edifício de linha actual. Possui quartos espaçosos e na sua maior parte com varanda. Destaca-se o restaurante panorâmico do 4º andar.

🏠 **Santos** sem rest 🛗 ⚙ ⏿

*Rua Tenente Valadim 14* ✉ *6300-764* – ✆ *271 20 54 00* – *www.hotelsantos.pt*
**24 qto** ⛄ – ♦30/40 € ♦♦40/50 €

Atractiva residência contígua aos muros da antiga muralha, pelo que possui diferentes paredes em pedra. Quartos funcionais, com chãos em madeira e casas de banho reduzidas.

## pela estrada N 16 Nordeste : 4 km

🏨 **Lusitania** 🛗 ⏿ ⑂ ⚙ 🛗 ⛃ qto, 🛗 ⚙ ⏿ ♨ 🅿 🚗

*Urb. Quinta das Covas - Lote 34* ✉ *6300-389 Guarda* – ✆ *271 23 82 85*
– *www.naturaimbhotels.com*
**56 qto** ⛄ – ♦54/67 € ♦♦67/84 € – 7 suites **Rest** – Menu 14 €

Hotel de traçado actual que se destaca pela sua oferta de serviços. Conta com quartos espaçosos e completamente equipados, a par de um ginásio magnífico. O restaurante, devidamente iluminado e de estética actual, utiliza muitos dos produtos cultivados na sua horta ecológica.

---

# GUIMARÃES – Braga – 733 – 591 H5 – 69 462 h. – alt. 175 m    8 A2

◨ Lisboa 364 – Braga 22 – Porto 52 – Viana do Castelo 70

🛈 Praça de S. Tiago , ✉ 4810-300, ✆ 253 42 12 21, www.guimaraesturismo.com

◉ Castelo ★ – Paço dos Duques ★ (tectos ★, tapeçarias ★) – Museu Alberto Sampaio ★ (tríptico ★ e cruz processional ★) – Praça de São Tiago ★ – Igreja de São Francisco (azulejos ★, sepulcro ★ e sacristia ★)

🄶 Penha (vistas panorâmicas ★) Sudeste : 8 km - Trofa ★ Sudeste : 7,5 km

🍴 **Histórico by Papaboa** 🛗 🛗 ⚙ ⟷

*Rua de Valdonas 4* ✉ *4800-476* – ✆ *253 41 21 07* – *www.papaboa.pt*
**Rest** – Menu 8,50 € – Lista 13/25 €

Casa senhorial do século XVII que surpreende tanto pela torre como pelo seu lindo pátio-terraço. Dispõe de vários salões, o principal de estilo rústico-moderno e os outros de estilo palaciano. Cozinha tradicional bem elaborada e com porções generosas.

## na estrada da Penha Este : 2,5 km

🏨 **Pousada de Santa Marinha** 🛗 ⋜ 🚗 ⏿ 🛗 ⛃ 🛗 ⚙ ⏿ ♨ 🅿

✉ *4810-011 Guimarães* – ✆ *253 51 12 49* – *www.pousadas.pt*
**49 qto** – ♦100/175 € ♦♦110/185 €, ⛄6 € – 2 suites **Rest** – Lista 28/47 €

Instalado num imponente mosteiro do século XII! Na sua arquitectura e decoração encontram-se vestígios de outra época... Todavia, o que mais se destaca, são os seus magníficos painéis de azulejos, os seus jardins e a sua piscina panorâmica. O restaurante, que exala um ar monástico, propõe uma cozinha regional e tradicional.

## pela estrada N 101 Noroeste : 4 km

🍴🍴 **Quinta de Castelães** 🛗 🛗 ⚙ ⟷ 🅿

*Lugar de Castelães* ✉ *4805-339 Guimarães* – ✆ *253 55 70 02*
– *www.quintadecastelaes.com* – *fechado domingo noite, 2ª feira e 3ª feira*
**Rest** – Menu 23/50 € – Lista 19/50 €

Instalado numa antiga quinta, que cede o protagonismo à rusticidade e à pedra! A sua completa ementa tradicional vê-se frequentemente enriquecida por interessantes quinzenas gastronómicas.

---

# IDANHA-A-NOVA – Castelo Branco – 733 – 592 M8 – 2 352 h.    5 C3

◨ Lisboa 263 – Castelo Branco 36 – Guarda 105 – Portalegre 132

🏨 **Estrela da Idanha** ⓞ sem rest 🛗 ⋜ ⏿ ⑂ ⚙ 🛗 ⛃ 🛗 ⚙ ♨ 🅿

*Av. Joaquim Morão* ✉ *6061-909* – ✆ *277 20 05 00* – *www.estreladaidanha.pt*
**33 qto** ⛄ – ♦45/78 € ♦♦48/90 €

Um hotel bastante tranquilo e com vista nas zonas circundantes, por estar situado no alto da localidade. Oferece quartos funcionais mas de correcto conforto. Se é caçador interessá-lo-á, por abundar a caça na zona!

## LAGOA – Faro – 733 – 593 U4 – 7 266 h. – Praia

**3 B2**

◻ Lisboa 300 – Faro 54 – Lagos 26

🛈 Largo da Praia do Carvoeiro 2 , ⊠ 8400-517, ℰ 282 35 77 28, www.visitalgarve.pt

◼ Carvoeiro : Algar Seco★★ Sul : 6 km

### na Praia do Carvoeiro

XX **L'Orange** 🍽 AC ❄

*Sítio do Mato Serrão, Sul : 4,5 km* ⊠ *8400-556 Lagoa –* ℰ *282 35 72 97*
*– fechado dezembro, janeiro e domingo*
**Rest** – *(só jantar)* Lista 25/40 €
Casa acolhedora, tipo villa, dotada de uma pequena esplanada e uma sala de jantar com ambiente clássico. Carta com sabores internacionais, pratos portugueses clássicos e clientela habitual.

## LAGOS – Faro – 733 – 593 U3 – 22 094 h. – Praia

**3 A2**

◻ Lisboa 290 – Beja 167 – Faro 82 – Setúbal 239

🛈 Praça Gil Eanes, antigos Paços do Concelho, ⊠ 8600-722, ℰ 282 76 30 31, www.visitalgarve.pt

◪ Onyria Palmares, Meia Praia, ℰ 282 79 05 00

◉ Sítio ≤★ – Igreja de Santo António★ (decoração barroca★)

◼ Ponta da Piedade★★ (sítio★★, grutas marinhas★ e vistas★) - Praia de Dona Ana★ Sul : 3 km

🏨 **Marina Rio** sem rest ≤ ⌓ ⛳ AC ❄ 🛜

*Av. dos Descobrimentos* ⊠ *8600-645 –* ℰ *282 78 08 30 – www.marinario.com*
**36 qto** ⊡ – †60/126 € ††63/129 €
Este cêntrico hotel tem um carácter familiar, oferecendo uma requintada zona nobre e quartos funcionais, todos com varanda e a metade com vistas ao porto desportivo. Possui um solarium com piscina climatizada no último andar!

XX **Dos Artistas** 🅝 🍽 AC ❄

*Rua Cândido dos Reis 68* ⊠ *8600-567 –* ℰ *282 76 06 59*
*– www.lagos-artistas.com – fechado domingo*
**Rest** – Menu 25/78 € – Lista 35/55 €
Apresenta uma agradável esplanada e uma cuidada sala clássica-colonial. Ementa de sabor internacional com pratos chamativos, e possibilidade de diversas combinações e menus.

X **Dom Sebastião** 🍽 AC ❄ ⇔

*Rua 25 de Abril 20* ⊠ *8600-763 –* ℰ *282 78 04 80*
*– www.restaurantedonsebastiao.com – fechado 18 novembro-25 dezembro*
**Rest** – Lista 20/35 € ❧
A estética neo-rústica e as suas esplanadas, uma exterior e a outra num pátio, são os seus pontos fortes. Cozinha tradicional portuguesa, numerosos mariscos e uma adega visitável.

X **Cantinho Algarvio** 🅝 🍽 AC ❄

*Rua Afonso de Almeida 17-21* ⊠ *8600-674 –* ℰ *282 76 12 89*
*– www.ocantinhoalgarvio.com – fechado janeiro, fevereiro e domingo*
**Rest** – Menu 14,50/19 € – Lista 21/33 €
Muito simples mas autêntico, situado numa das ruas mais turísticas de Lagos. Oferecem uma carta tradicional com sugestões, como os peixes grelhados ou os arrozes.

### na Praia do Canavial Sul : 2,5 km

🏨 **Cascade** ⊰ ≤ ⛲ 🍽 ⌓ ▭ 🛗 ❄ 🕍 ⅋ ☙ 🛜 🎿 🅿 ⮑

*Rua do Canavial* ⊠ *8600-282 Lagos –* ℰ *282 77 15 00*
*– www.cascade-resort.com*
**64 qto** ⊡ – †159/329 € ††179/359 € – 23 suites
**Rest Senses** – *(só jantar)* Menu 53 € – Lista 25/66 €
Vasto complexo turístico localizado próximo do mar, com vários edifícios em forma de villas e jardim. Dispõe de quartos bastante confortáveis que se organizam em quatro linhas estéticas: sul-americana, asiática, europeia e africana. Excelente oferta gastronómica.

**pela estrada N 125** Este : 4,6 km e desvio a dereita 300 m

⌂ **Quinta Bonita** ⓝ sem rest ✧ ≼ 🚗 🏊 🄰🄲 🦺 🛜 🄿
*Matos Morenos, Quatro Estradas* ✉ *8600-115 Lagos – ✆ 282 76 21 35*
*– www.boutiquehotelalgarve.com – fechado 10 novembro-13 fevereiro*
**8 qto** ⌂ – 🛏80/185 € 🛏🛏105/210 €
Uma casa de campo que cuida até ao mais mínimo pormenor. Conta com agradáveis espaços com jardim, uma horta e quartos com diferentes estilos, ao longe
avista-se o mar.

**na Praia da Luz** Noroeste : 7 km

🍴 **Aquário** 🄰🄲 🦺🍽
🐸 *Rua 1º de Maio, (Edifício Luztur - Loja ACC)* ✉ *8600-166 Lagos – ✆ 282 78 91 77*
*– fechado 25 dezembro-10 janeiro e domingo*
**Rest** – *(só jantar)* Menu 28 € – Lista 28/44 €
Surpreendente, pois compensa a sua recôndita localização, o seu reduzido tamanho e a sua modesta montagem com uma ementa tradicional que, dentro das
suas possibilidades, quer oferecer algo diferente na zona. Bons produtos e cuida-
dosas apresentações!

---

**LAMEGO** – Viseu – **733** – **591** I6 – 12 214 h. – alt. 500 m                5 C1
▶ Lisboa 369 – Viseu 70 – Vila Real 40
🛈 Av. Visconde Guedes Teixeira, ✉ 5100-074, ✆ 254 61 57 70, www.douro-turismo.pt
◉ Museu de Lamego★ (pinturas sobre madeira★)
🄶 Miradouro da Boa Vista★ Norte : 5 km – São João de Tarouca : Igreja S. Pedro★
Sudeste : 15,5 km

**pela estrada N 2**

🏨 **Lamego** ✧ ≼ 🏊 🍱 🌐 🛁 🦺 🄰🄲 🦺 🛜 🄿 🚗
*Quinta da Vista Alegre, Nordeste : 2 km* ✉ *5100-183 Lamego – ✆ 254 65 61 71*
*– www.hotellamego.pt*
**88 qto** ⌂ – 🛏63/80 € 🛏🛏79/101 € – 5 suites    **Rest** – Lista 26/37 €
Um hotel com um ambiente marcadamente clássico. Conta com uma zona nobre espaçosa e quartos funcionais completamente equipados. A sala de jantar, de estética mais
actual, apresenta uma cozinha de raízes tradicionais e uma vista serena para a montanha.

⌂ **Quinta da Timpeira** ✧ ≼ 🚗 🏊 🦺 🄰🄲 qto, 🦺 🛜 🄿
*Penude, Sudoeste : 3,5 km* ✉ *5100-718 Lamego – ✆ 254 61 28 11*
*– www.quintadatimpeira.com – fechado do 1 ao 15 de janeiro*
**7 qto** ⌂ – 🛏54/56 € 🛏🛏70/75 €    **Rest** – *(só clientes)* Menu 25 €
Casa de Campo instalada entre cerejeiras e vinhas. Oferece uma luminosa zona
social dotada de lareira e quartos actuais, todos com soalho flutuante e mobiliário
provençal. Num edifício anexo encontra-se o restaurante, com uma correcta
ementa de sabor caseiro.

**ao Norte pela N 2 : na margem do rio Douro (estrada N 222)**

🏨🏨 **Aquapura Douro Valley** ⓝ ✧ ≼ 🚗 🏨 🍱 🌐 🛁 🦺 🖥 🄰🄲 qto,
*Quinta do Vale de Abraão, 13 km* ✉ *5100-758 Lamego*                🄰🄲 🦺 🛜 🦺
*– ✆ 254 66 06 60 – www.aquapurahotels.com – fechado janeiro*
**50 qto** ⌂ – 🛏🛏250/700 € – 21 apartamentos
**Rest** *Almapura* – Lista 50/72 €
Um hotel de estilo moderno realçado por impecáveis exteriores, com vinhedos e
vista sobre o Douro. Distribui os seus espaços entre os quartos do edifício principal e umas villas; estas com cozinha e até três quartos. O restaurante convida a
uma cozinha moderna de sabor tradicional e internacional.

🏨 **Douro River H.** ⓝ ≼ 🖥 🦺 🦺 qto, 🄰🄲 qto, 🦺 🛜 🦺 🚗
*Lugar dos Varais, 12,5 km* ✉ *5100-426 Lamego – ✆ 254 32 31 50*
**38 qto** ⌂ – 🛏50/150 € 🛏🛏70/190 €
**Rest** – *(só jantar)* Menu 18/35 € – Lista 21/33 €
De organização familiar e bastante moderno. Embora ofereça quartos muito bem
equipados, destaca-se aqui a vista sobre o rio e o moderno espaço de massagens,
com uma sala com as paredes em xisto escavadas na rocha. O restaurante convida a uma cozinha tradicional modernizada.

PORTUGAL

# LEIRIA

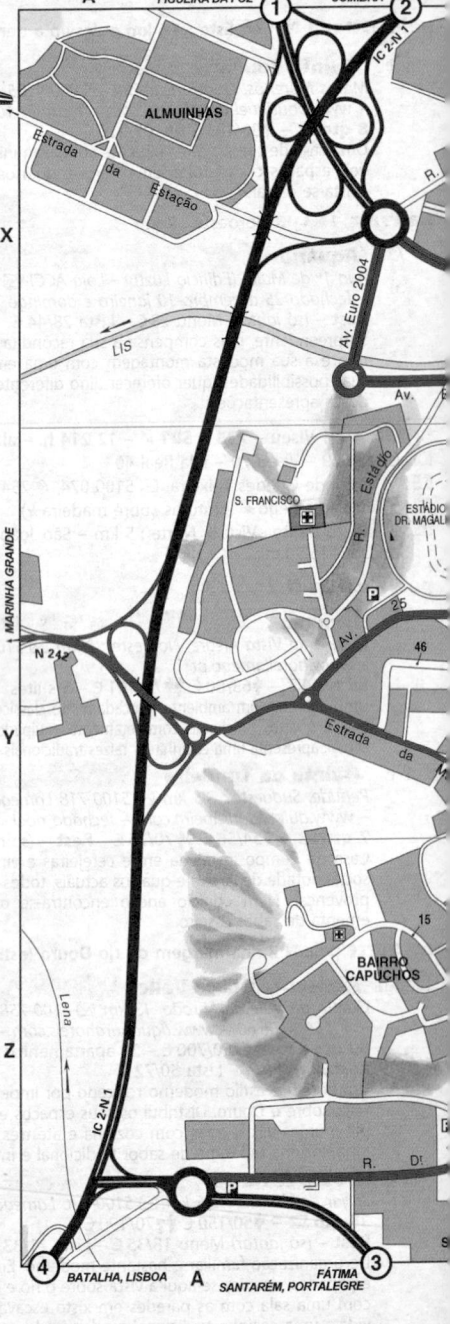

PORTUGAL

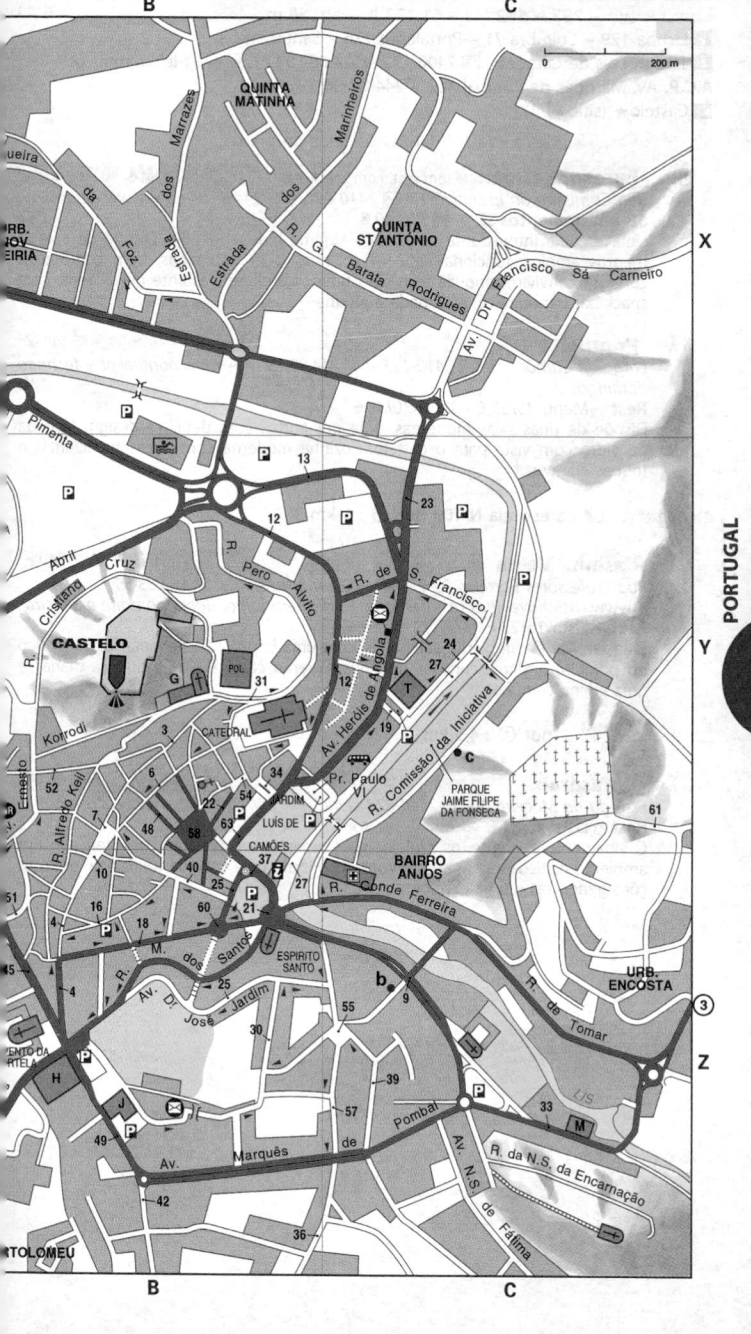

▶ Lisboa 129 – Coimbra 71 – Portalegre 176 – Santarém 83
ℹ Jardim Luís de Camões , ✉ 2400-172, ℰ 244 84 87 71, www.rt-leiriafatima.pt
**A.C.P.** Av. Marquês de Pombal 462 ℰ244 82 36 32
◉ Castelo★ (sítio★) BY

Plantas páginas anteriores

🔼 **Eurosol Residence** sem rest, com snack-bar 🛋 👙🛗🖢🕌🛜🏋🗚
*Rua Comissão da Iniciativa 13 ✉ 2410-098 – ℰ 244 86 04 60 – www.eurosol.pt*
**58 apartamentos** 🖳 – 👫55/140 € CY**c**
Uma escolha interessante se procura alguma independência. Dispõe de apartamentos amplos, funcionais e com cozinhas bem equipadas, bem como uma zona de convívio tranquila e os dois últimos andares bastante destacados, com snack-bar panorâmico, esplanada e piscina.

✕✕ **Pontuel** ⇐ 🕌 🗚
*Largo de Camões 15 ✉ 2410-127 – ℰ 244 82 15 17 – www.pontuel.pt – fechado domingo* CZ**b**
**Rest** – Menu 25/55 € – Lista 30/38 €
Dispõe de duas salas modernas, uma por andar, com detalhes design, fachada de vidro com vista para o castelo. Cozinha moderna com raízes tradicionais e toques criativos.

**em Marrazes** na estrada N 109 por ① : 1 km

✕ **Casinha Velha** 🕌 🗚
*Rua Professores Portelas 23 ✉ 2415-534 Marrazes – ℰ 244 85 53 55
– www.casinhavelha.com – fechado 15 dias em julho, domingo noite e 3ª feira*
**Rest** – Lista 16/27 € 🍴
Casa familiar de ambiente acolhedor, com uma bonita sala de jantar de ar rústico no primeiro andar e curiosos detalhes. Ementa caseira, especialidades diárias e uma adega completa.

**na estrada IC 2** por ④ : 4,5 km

✕✕ **O Casarão** 🕌 🗚 Ⓟ
*Estrada da Maceira 10 ✉ 2400-823 Leiria – ℰ 244 87 10 80 – www.ocasarao.pt*
**Rest** – Lista 25/31 € 🍴
O vigamento aparente, os azulejos e os ornamentos de latão coexistem em um ambiente rústico elegante. Aqui você encontrará uma cozinha tradicional em porções generosas e uma excelente adega.

# LISBOA

Plantas da cidade nas páginas seguintes 6 B3

© Jon Arnold / Hemis.fr

– **547 631 h.** – **alt. 111 m** – 733 - 592 - 593 P2

▶ Madrid 631 – Porto 319 – Elvas 209 – Faro 278

## 🛈 Postos de Turismo

Palácio Foz, Praça dos Restauradores, ✉ 1250-187, ☏ 213 46 33 14, www.askmelisboa.com
Estação Santa Apolónia, ☏ 218 82 16 06, www.askmelisboa.com
**Todos os bancos** : abertos de 2ª a 6ª feira das 8,30 h. às 15 h. Encerram aos sábados, domingos e feriados.
**Taxi** : Dístico com a palavra « Táxi » iluminado sempre que está livre. Companhias de rádio-táxi, ☏ 218 11 90 00
**Metro, carro eléctrico e autocarros** : Rede de metro, eléctricos e autocarros que ligam as diferentes zonas de Lisboa. Para o aeroporto existe uma linha de autocarros -aerobus- com terminal no Cais do Sodré.
**Aeroporto e Companhias Aéreas** :
✈ Aeroporto de Lisboa, N : 8 km, ☏ 218 41 35 00 CDN
**T.A.P.**, Praça Marquês de Pombal 15 ☏ 217 07 20 57 00
**Estações de Comboios** :
Santa Apolónia, ☏ 808 20 82 08 MX
Rossio, ☏ 808 20 82 08 KX
Cais do Sodré, ☏ 808 20 82 08 JZ
Oriente, ☏ 808 20 82 08 DN
**Aluguer de viaturas** :
Avis, ☏ 800 20 10 02 – Europcar, ☏ 219 40 77 90 – Hertz, ☏ 808 20 20 38 – Budget, ☏ 808 25 26 27

## Golf

🏌 Lisbon Sports Club, 20 km pela estrada de Sintra, ☏ 214 31 00 77
🏌 Aroeira, 15 km pela estrada de Setúbal, ☏ 212 97 91 10

## Automóvel Club

**A.C.P.** (Automóvel Club de Portugal)
Rua Rosa Araújo 24 ☏ 213 18 01 00
**Bairros comerciais** : Baixa (Rua Augusta), Chiado (Rua Garrett).
**Antiguidades** : Rua D. Pedro V, Rua da Escola Politécnica, Feira da Ladra (3ª feira e sábado).
**Centro comercial** : Torres Amoreiras, Colombo.
**Desenhadores** : Bairro Alto.

LISBOA

## ◎ VER

**Panorâmicas de Lisboa** : Ponte 25 de Abril* por ② (vista**) • Cristo Rei por ②: (panorama**) • Castelo de São Jorge** (vista ***) 6 LXY • Miradouro de Santa Luzia ★ (vista**) 6 LYL[1] • Elevador de Santa Justa* (vista*) 5 KY • Miradouro de São Pedro de Alcântara* (vista**) 5 JXL[2] •Miradouro do Alto de Santa Catarina* 5 JZA[1] • Miradouro da Senhora do Monte (vista***) 6 LV •Largo das Portas do Sol* 6 LY210 •Igreja e Convento de Nossa Senhora da Graça (vista*) 6 LX.

**Museus** : Museu Nacional de Arte Antiga*** (políptico da Adoração de S. Vicente***, Tentação de Santo Antão***, Biombos japoneses**, Doze Apóstolos*, Anunciação*, Capela*) 3 EUM[16] • Fundação Gulbenkian (Museu Calouste Gulbenkian*** 3 FR, Centro de Arte Moderna*) 3 FRM[2] • Museu da Marinha** (modelos de embarcações***) 1 AQM[7] • Museu Nacional do Azulejo** (Igreja**, sala do capítulo*) 2 DPM[17] • Museu da Água da EPAL* 4 HTM[5] • Museu Nacional do Traje* 1 BNM[21] • Museu Nacional do Teatro* 1 BNM[19] • Museu Militar (tectos*) 6 MY • Museu de Artes Decorativas** (Fundação Ricardo do Espírito Santo Silva) 6 LYM[13] • Museu Arqueológico (Igreja do Carmo*) 5 KYM[4] • Museu de Arte Sacra de São Roque* (ornamentos sacerdotais*) 5 JKXM[11] • Museu Nacional do Chiado* 5 KZM[18] • Museu da Música* 1 BNM[9] • Museu Rafael Bordalo Pinheiro (cerámicas*) 2 CNM[23].

**Igrejas e Mosteiros** : Sé** (túmulos góticos*, grade*, tesouro*) 6 LY • Mosteiro dos Jerónimos*** (Igreja de Santa Maria : abóbada**, claustro***, Museu Nacional de Arqueologia : tesouro*) 1 AQ • Igreja de São Roque* (capela de São João Baptista**) 5 JX • Igreja de São Vicente de Fora (azulejos*) 6 MX • Basílica da Estrela* (jardim*) 3 EUA[2] • Igreja da Conceição Velha (fachada sul*) 6 LZD[1] •Igreja de Santa Engrácia* 6 MX.

**Bairros Históricos** : Belém** (Centro Cultural*) 1 AQ • A Baixa pombalina** 5 JKXYZ • Alfama** 6 LY • Chiado e Bairro Alto* 5 JKY.

**Lugares Pitorescos** : Praça do Comércio (ou Terreiro do Paço**) 5 KZ • Torre de Belém*** 1 AQ • Palacio dos Marqueses de Fronteira** (azulejos**) 3 ER • Rossio* (estação : fachada neo-manuelina*) 5 KX • Rua do Carmo e Rua Garrett* 5 KY • Avenida da Liberdade 5 JV • Parque Eduardo VII*(panorama*) 3 FS • Jardim Zoológico** 3 ER •Aqueduto das Águas Livres* 3 ES • Jardim Botânico* 5 JV • Parque Florestal de Monsanto (vista*) 1 APQ • Campo de Santa Clara* 6 MX •Escadinhas de Santo Estêvão (vista*) 6 MY •Palacio da Ajuda* 1 AQ • Fundação Arpad Szenes-Vieira da Silva* (Amoreiras) 3 EFS • Passeio no Tejo* (panorama**) • Ponte Vasco da Gama** 2 DN •Oceanário de Lisboa** 2 DN • Estação de Oriente* 2 DN • Parque das Nações* 2 DN.

## Lista alfabética dos hotéis
## Lista alfabética de los hoteles
## Index of hotels

⑩ Lista alfabética dos restaurantes
Lista alfabética de los restaurantes
## Index of restaurants

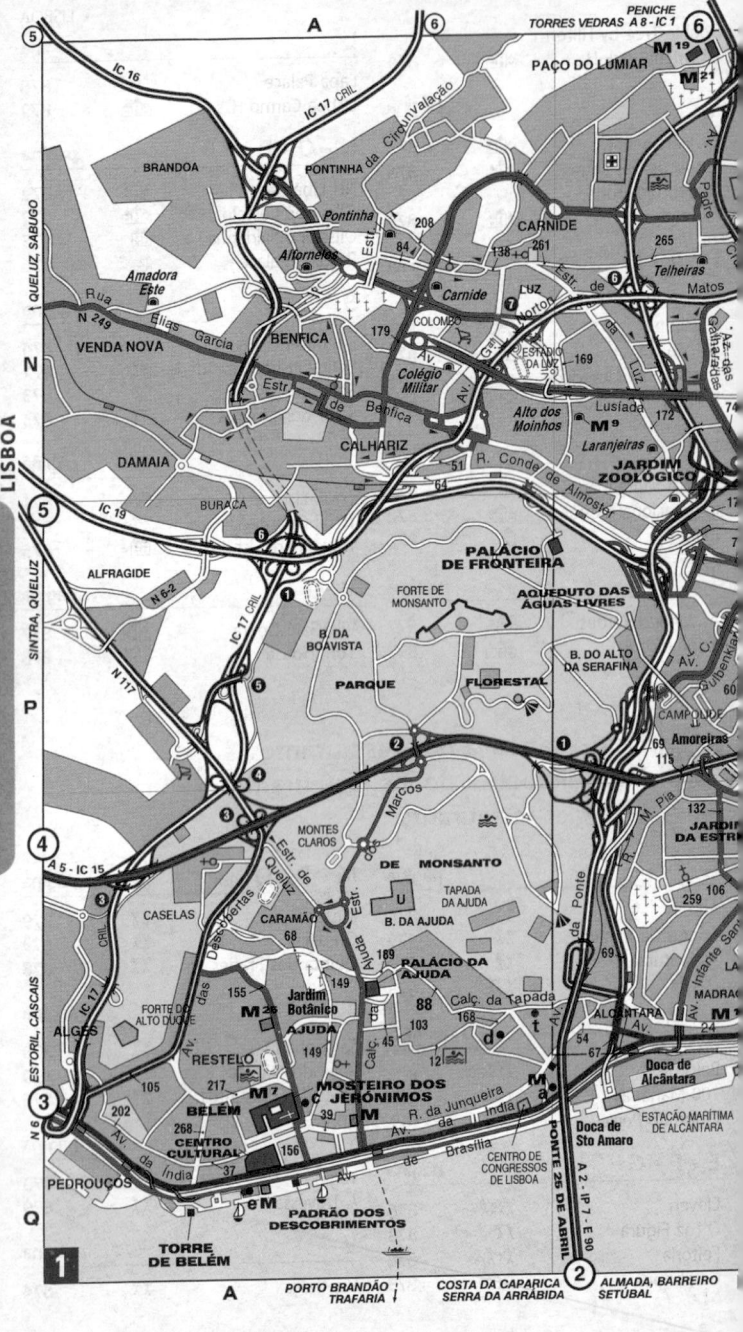

COIMBRA, FÁTIMA
VILA FRANCA DE XIRA A 1 - IP 1 - E 80

A 1,
SACAVÉM

**Ponte
Vasco da Gama**

Torre Vasco
da Gama

LISBOA-PORTELA

Av. Dr. Alfredo
Bensaúde

Pr. José
Queirós

**PARQUE DAS
NAÇÕES**

F.I.L.

Lumiar

Alameda
das Torres

Quinta
das Conchas

OLIVAIS NORTE

Av. Cidade do Porto

Avenida      de      Berlim

**Pavilhão
Atlântico**

LUMIAR

Av.

Mal. Craveiro Lopes

OLIVAIS SUL

Cabo Ruivo

**ORIENTE**

**OCEANÁRIO**

Campo
Grande

215

Mal Gomes   da Costa

Olivais

Infante

M

CIDADE
UNIVERSITÁRIA

ALVALADE

32

235   116

Chelas

BRAÇO
DE PRATA

N

142

Av. do

Av.

Alvalade

E.U. da América

A V.   E. U.

da   América

Dom

Henrique

273

Roma

Bela Vista

116

Entre Campos

Areeiro

AREEIRO

62

POÇO DO BISPO

**MUSEU
GULBENKIAN**

de
ente

Av. A. Costa

114      62

JOÃO XXI

177  R. Ba

C. Pequeno 18

Olaias

CHELAS

Estr. de Chelas

186

216

222

Alameda

MARVILA

M

Relo

Saldanha

ARROIOS

112

66

Arroios

ALTO DO PINA

BEATO

273

Picoas

22

R. Morais

153

271

T   XABREGAS

15

139

196

Anjos

Soares

4

M

**PARQUE
EDUARDO VII**

Almirante

192

B. LORES

87

**MADRE DE DEUS**

171

Av. Gal Roçadas

241

**Pr. Marquês
de Pombal**

Intendente

35

M

AV. DA LIBERDADE

RATO

120

M

Pr. dos
Restauradores

**CASTELO
SÃO JORGE**

M

**JARDIM
BOTÂNICO**

U

Infante

237

**SÃO ROQUE**

**ROSSIO**

**BAIXA  SÉ**

M

**ALFAMA**

SANTA APOLÓNIA

94

Praça Duque
de Terceira
Julho

POL

H

**PR. DO COMÉRCIO**

CAIS DO
SODRÉ

P

Q

CÃO MARÍTIMA
HA DO CONDE
DE ÓBIDOS

T E J O

**LISBOA**

0        1 km

**2**

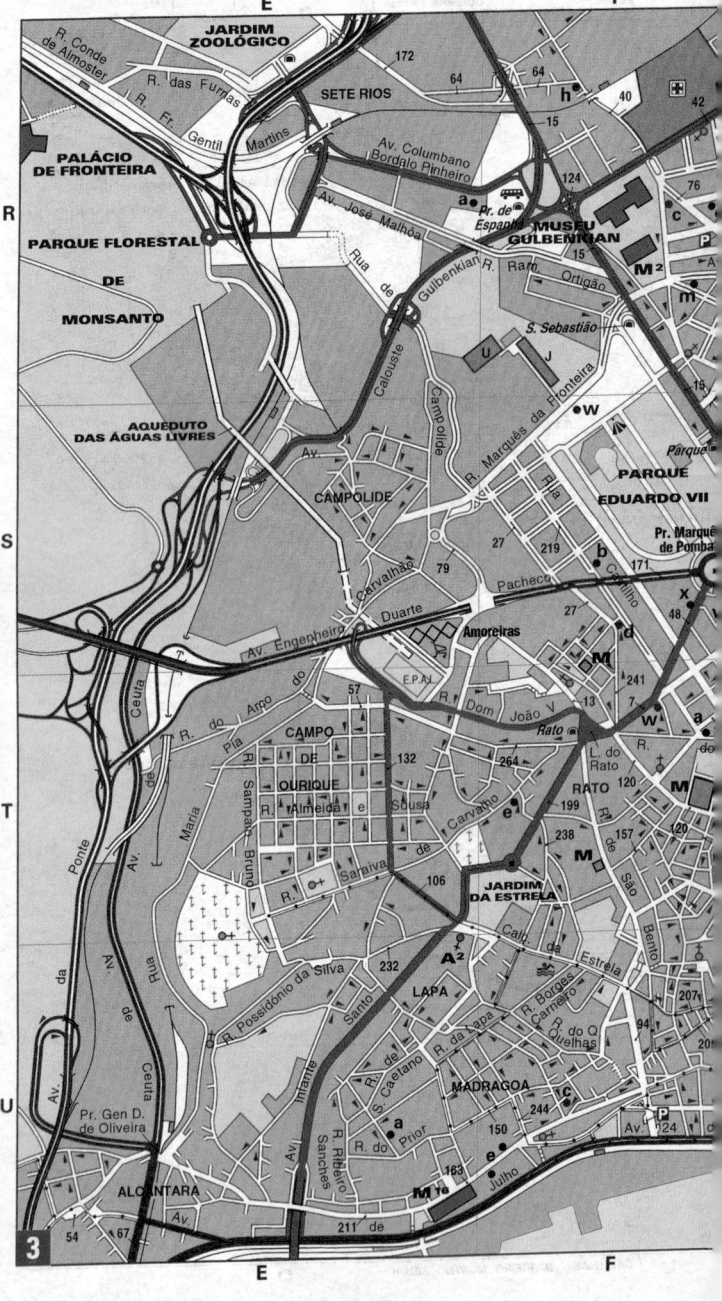

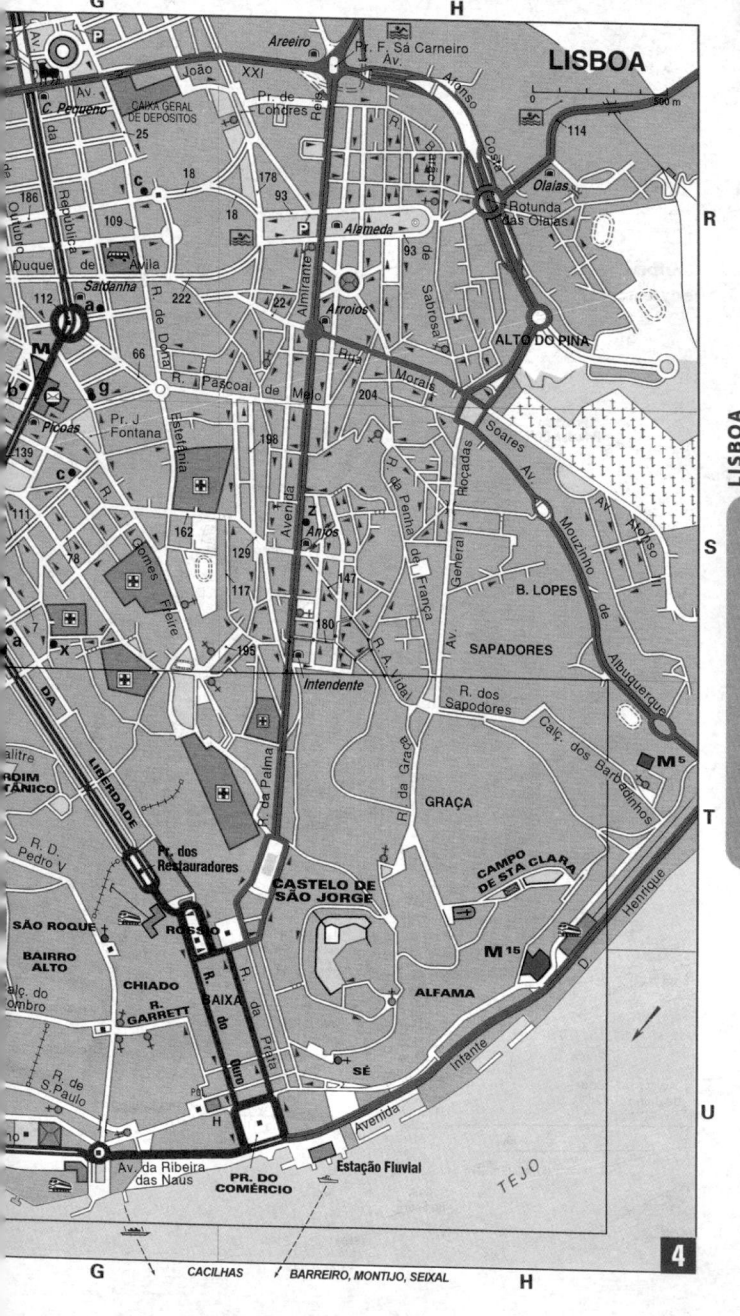

LISBOA

G H

*Areeiro*
Pr. F. Sá Carneiro
Av.
João XXI
Pr. de Londres
C. Pequeno
Av.
CAIXA GERAL
DE DEPÓSITOS
25
Afonso Costa
114
R
186
18
C
178
93
Olaias
Rotunda
das Olaias
109
18
Duque de Ávila
Alameda
93
de Sabrosa
112
Saldanha
R. de Dona
222
Atroios
Rua
Morais
ALTO DO PINA
M
66
204
R. Pascoal de Melo
Penha de
Picoas
Pr. J. Fontana
Teixeira
198
Soares Av.
139
Mouzinho da
Albuquerque
111
162
129
Gomes Freire
Z
Anjos
da
B. LOPES
78
117
147
General
R. da Penha de França
SAPADORES
a
X
180
R. A. Vida
195
R. dos Sapadores
Intendente
Caiç. dos Barbadinhos
M⁵
litre
LIBERDADE
R. da Palma
GRAÇA
R. da Graça
Henrique
RDIM
TÂNICO
R. D.
Pedro V
Pr. dos Restauradores
CASTELO DE SÃO JORGE
CAMPO DE STA CLARA
SÃO ROQUE
BAIRRO ALTO
ROSSIO
M¹⁵
alç. do ombro
CHIADO
BAIXA
R. GARRETT
R. da Prata
ALFAMA
R. de S. Paulo
R. do Ouro
SÉ
Infante
Avenida
TEJO
Av. da Ribeira das Naús
PR. DO COMÉRCIO
Estação Fluvial

4

G CACILHAS BARREIRO, MONTIJO, SEIXAL H

**J** **K**

234

Campo
dos Mártires
da Pátria

R. B.

AV. DA

Salgueiro

**P**

**V** Rua **P** do Salitre

Avenida

**P**

**Z**

**P** **c**

**P**

**P**

Av. de Almirante

R. do Sacd

R. de

R. da

**JARDIM**
**BOTÂNICO**

**P** **T**

**P**

Parque
Mayer

**P**

**r**

R. da Alegria

LIBERDADE

R. do Telhal

José

SÃO JOSÉ

**U**

160

ELEVADOR
DO LAVRA

R. de

Lázaro

Palma

75

R. da Glória

R. da

ELEVADOR
DA GLÓRIA

Praça do
Príncipe Real

R. D. Pedro V

**X**

Rua

**L** **2**

252

**s**

151

Palácio
Foz

**i**

**T**

Restauradores

Pr. dos

**Z**

Restauradores

**a**

**b**

**n**

97

**T**

Calç. da Santana

COLISEU
DOS RECREIOS

ELEVADOR
DO LAVRA

R. das Portas de

S. Antão

**ROSSIO**

240

184

Pr. Dom

Pedro

Pr. da

Figueira

**h**

**SÃO ROQUE**

**M** **11**

Rossio

**BAIRRO**

**ALTO** 194

28

190

91

ELEVADOR
DE STA JUSTA

**k**

**M** **4**

Largo
do Carmo

225

**CHIADO**

Garrett

72 R.

63

258

229

127

82

**BAIXA**

R.

R. do Ouro

R. da

R. Nova do Almada

Augusta

Prata

Calç. do Combro

**ELEVADOR**
**DA BICA**

**SANTA** 228
**CATARINA**

**A** **1**

Pr. Luís
de Camões

**a**

R. da Boavista

R. de São Paulo

R. do Alecrim

**a**

Baixa-Chiado

Ivens

**T**

**G**

21

262

243

**M** **18**

**M**

**k**

R. V.

Cordon

R. do Arsenal

MINISTÉRIO

POL

**H**

MINISTÉRIO

**P**

**PRAÇA DO**

**P.**

**COMÉRCIO**

**Z**

Av. 24
de Julho

Praça
Dom
Luís I

R. do

**P**

Praça Duque
de Terceira

**P**

Av. da Ribeira das Naus

**CAIS**
**DAS COLUNAS**

CAIS
DO SODRÉ

Cais
do Sodré

**5**

CACILHAS

**J** **K**

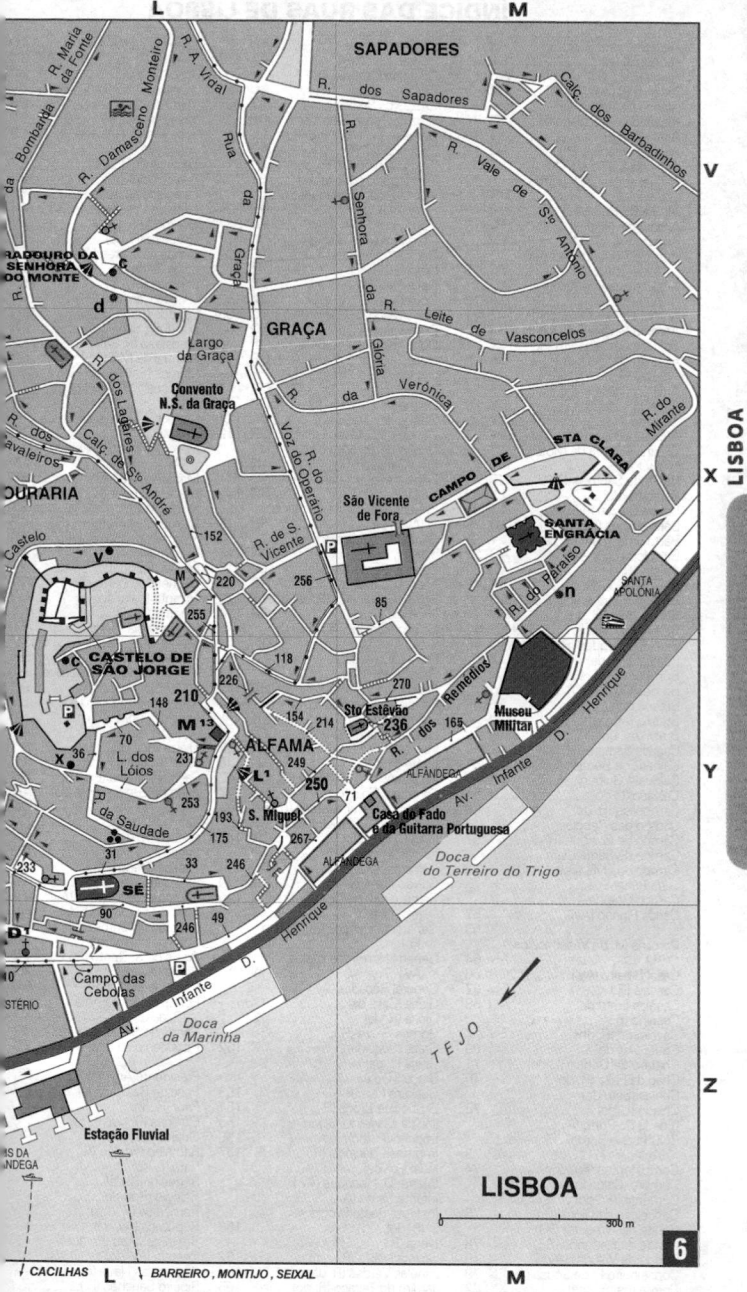

SAPADORES

R. dos Sapadores

Calç. dos Barbadinhos

R. Maria da Fonte

R. A. Vidal

R. Damasceno Monteiro

Rua da Graça

R. Senhora

R. Vale de Sto António

da

GRAÇA

R. da Glória

R. Leite de Vasconcelos

Largo da Graça

Verónica

R. do Mirante

Convento N.S. da Graça

R. da

STA CLARA

CAMPO DE

São Vicente de Fora

SANTA ENGRÁCIA

R. dos Lagares

Calç. de Sto André

R. dos Cavaleiros

MOURARIA

R. do Operário

R. Voz do Operário

R. de S. Vicente

152

R. do Paraíso

SANTA APOLÓNIA

Castelo

v

M

220

256

85

n

255

CASTELO DE SÃO JORGE

118

226

270

Remédios

Museu Militar

Av. Infante D. Henrique

c

148

210

M 13

154 214

Sto Estêvão 236

R. dos

165

70

231

ALFAMA

249

ALFÂNDEGA

X 36

253

L¹

250

71

R. da Saudade

193 175

S. Miguel

267

Casa do Fado e da Guitarra Portuguesa

Doca do Terreiro do Trigo

31

ALFÂNDEGA

233

SÉ

33 246

D

90

246 49

Av. D. Henrique

Campo das Cebolas

AV. Infante

Doca da Marinha

TEJO

Estação Fluvial

LISBOA

300 m

6

# ÍNDICE DAS RUAS DE LISBOA

## Centro

###  Tivoli Lisboa

Av. da Liberdade 185 ⊠ 1269-050 Ⓜ Avenida – ℰ 213 59 10 00 – www.tivolihotels.com
**306 qto** ☲ – **♦**135/330 € **♦♦**135/345 € – 15 suites        **5** JV**d**
**Rest Terraço** – Lista 34/76 €
**Rest Brasserie Flo Lisboa** – Lista 34/75 €
Elegante, renovado, com um espaço de convívio amplo e uma piscina sedutora
rodeada por árvores. Disponibiliza vários tipos de quartos sendo que a maior
parte deles apresenta uma estética clássica-actual. O restaurante Terraço, provido
de umas vistas magníficas pela sua localização na cobertura, apresenta uma cozinha de paladares actuais.

###  Avenida Palace sem rest

Rua 1° de Dezembro 123 ⊠ 1200-359 Ⓜ Restauradores – ℰ 213 21 81 00
– www.hotelavenidapalace.pt
**66 qto** ☲ – **♦**148/350 € **♦♦**181/400 € – 16 suites        **5** KX**z**
Emana prestígio e distinção, não é em vão que data de 1892. Possui uma zona
nobre esplêndida, complementada com belíssimo bar de estilo inglês, e quartos
deslumbrantes ao estilo clássico.

###  Sofitel Lisbon Liberdade

Av. da Liberdade 127 ⊠ 1269-038 Ⓜ Avenida – ℰ 213 22 83 00
– www.sofitel.com/1319        **5** JV**r**
**151 qto** – **♦**120/460 € **♦♦**150/460 €, ☲ 25 € – 12 suites
**Rest Ad Lib** – ver selecção restaurantes
Apresenta uma decoração moderna e múltiplos detalhes de design. Os quartos
estão equipados ao máximo nível, com materiais de primeira qualidade.

###  Altis Avenida

Rua 1° de Dezembro 120 ⊠ 1200-360 – ℰ 210 44 00 00 – www.altishotels.com
**68 qto** ☲ – **♦**130/280 € **♦♦**150/300 € – 2 suites        **5** KX**b**
**Rest Rossio** – Menu 22 € – Lista 29/49 €
Sem dúvida, o melhor deste hotel é a sua localização e os seus quartos, não muito
grandes mas de estilo clássico-actual, alguns com uma pequena varanda e a maioria
com uma bela vista. No 7 ° andar encontra-se um elegante restaurante panorâmico.

###  Bairro Alto H

Praça Luis de Camões 2 ⊠ 1200-243 Ⓜ Baixa-Chiado – ℰ 213 40 82 88
– www.bairroaltohotel.com        **5** JY**a**
**51 qto** ☲ – **♦**420 € **♦♦**440 € – 4 suites     **Rest** – Lista 38/51 €
Belo edifício da zona monumental que foi restaurado. Apresenta uma decoração actual,
com detalhes minimalistas, bem como um terraço com vistas na cobertura do edifício. O
restaurante combina a sua montagem simples com grandes janelas com vistas à praça.

### Heritage Av Liberdade sem rest
*Av. da Liberdade 28* ⊠ *1250-145* Ⓜ *Avenida –* ℰ *213 40 40 40*
*– www.heritage.pt*

**5JXs**

**42 qto – †150/295 € ††163/325 €, 🖵 14 €**

Possui uma fachada clássica e uma zona social de carácter polivalente, já que também se serve neste local o pequeno-almoço. Oferece quartos bem equipados e de estilo actual.

### Internacional Design H. sem rest
*Rua da Betesga 3* ⊠ *1100-090* Ⓜ *Rossio –* ℰ *213 24 09 90*
*– www.idesignhotel.com*

**5KYv**

**55 qto – †100/500 € ††110/550 €, 🖵 15 €**

O hotel possui uma decoração que não deixa ninguém indiferente. Quartos repartidos em quatro andares, cada um com um estilo diferente: urbano, tribo, zen e pop.

### Do Chiado sem rest
*Rua Nova do Almada 114* ⊠ *1200-290* Ⓜ *Baixa-Chiado –* ℰ *213 25 61 00*
*– www.hoteldochiado.pt*

**5KYc**

**39 qto 🖵 – †153/251 € ††173/269 € – 1 suite**

Situado em pleno Chiado! No interior dos seus quartos, que evocam o mundo oriental, importa destacar os quartos do 7º andar pelas suas varandas privadas e vistas sobre a cidade.

### The Beautique H. Figueira Ⓝ
*Praça da Figueira 16* ⊠ *1100-241* Ⓜ *Rossio –* ℰ *210 49 29 40*
*– www.thebeautiquehotels.com*

**5KYh**

**50 qto – †108/135 € ††450 €, 🖵 15 € Rest – Lista 25/45 €**

Ocupa um edifício totalmente recuperado e que hoje se apresenta com elevado design. Os quartos, uns com duche e outros com banheira, seguem um estilo íntimo mas de completo equipamento. O seu restaurante faz uma homenagem pela cozinha tradicional portuguesa.

### Lisboa Carmo H. Ⓝ
*Rua da Oliveira ao Carmo (Largo do Carmo)* ⊠ *1200-307* Ⓜ *Baixa-Chiado*
*–* ℰ *213 26 47 10 – www.lisboacarmohotel.com*

**5KYk**

**45 qto 🖵 – †90/110 € ††100/130 € Rest – Menu 10/17 € – Lista aprox. 25 €**

A escassos metros do elevador de Santa Justa, é o mais turístico de Lisboa. Oferece uns quartos bastante alegres e contemporâneos, a partir do 3º piso com vista sobre a cidade. O restaurante, inspirado na cozinha portuguesa, conta com uma esplanada com encanto.

### Britania sem rest
*Rua Rodrigues Sampaio 17* ⊠ *1150-278* Ⓜ *Avenida –* ℰ *213 15 50 16*
*– www.heritage.pt*

**5JVc**

**33 qto – †130/230 € ††143/255 €, 🖵 14 €**

A sua zona social limita-se ao bar, com um bonito chão em madeira e pinturas que falam das antigas colónias portuguesas. Quartos amplos com certo ar Art-déco.

### NH Liberdade
*Av. da Liberdade 180-B* ⊠ *1250-146* Ⓜ *Avenida –* ℰ *213 51 40 60*
*– www.nh-hotels.com*

**5JVz**

**83 qto – ††79/255 €, 🖵 13 €**

**Rest –** *(só jantar aos fins de semana)* Lista aprox. 42 €

Uma boa opção na zona de negócios! Destaca-se pelo conforto dos seus quartos, de linha actual, e pelo seu terraço, com magníficas vistas da Lisboa antiga. O restaurante, de carácter polivalente, apresenta uma ementa portuguesa com uma secção de massas.

### Olissippo Castelo sem rest
*Rua Costa do Castelo 120* ⊠ *1100-179* Ⓜ *Rossio –* ℰ *218 82 01 90*
*– www.olissippohotels.com*

**6LXv**

**24 qto 🖵 – †140/200 € ††147/220 €**

Hotel de traçado clássico próximo ao castelo de São Jorge. Disponibiliza quartos de grande nível, todos bastante amplos e todos os 12 quartos têm varandas com vistas privilegiadas.

### Solar do Castelo sem rest
*Rua das Cozinhas 2* ✉ *1100-181* – ☎ *218 80 60 50* – www.heritage.pt
**20 qto** – ♦162/310 € ♦♦176/340 €, ⏢ 14 €                        6LYc
Instalado parcialmente num palacete do séc. XVIII. Desfruta de um bonito pátio empedrado, por onde passeiam pavões, um pequeno museu de cerâmica e quartos de linha clássica-actual, os sete do palacete são personalizados e de maior conforto.

### Solar dos Mouros sem rest
*Rua do Milagre de Santo António 6* ✉ *1100-351* – ☎ *218 85 49 40*
*– www.solardosmouros.com*                                          6LYx
**13 qto** – ♦79/240 € ♦♦87/260 €, ⏢ 14 €
Casa típica personalizada na sua decoração, com uma distribuição algo irregular e um moderno interior. Possui quartos coloristas e em vários casos com excelentes vistas.

### Albergaria Senhora do Monte sem rest
*Calçada do Monte 39* ✉ *1170-250* ⓜ *Martim Moniz* – ☎ *218 86 60 02*
*– www.albergariasenhoradomonte.com*                                6LVc
**28 qto** ⏢ – ♦60/95 € ♦♦75/150 €
Está situada no bairro residencial da Graça, junto a um famoso miradouro. Dotada de quartos de traça clássico-funcional e um bar-esplanada com vistas privilegiadas.

### Gat Rossio sem rest
*Rua Jardim do Regedor 27-35* ✉ *1150-193* ⓜ *Restauradores* – ☎ *213 47 83 00*
*– www.gatrooms.com*                                                5KXa
**71 qto** ⏢ – ♦70/90 € ♦♦75/112 €
Um bom recurso na zona centro da cidade! Em conjunto, resulta ser moderno e funcional, pois oferece um agradável pátio interior e quartos de adequado conforto.

### Gambrinus
*Rua das Portas de Santo Antão 25* ✉ *1150-264* ⓜ *Restauradores*
*– ☎ 213 42 14 66 – www.gambrinuslisboa.com*                        5KXn
**Rest** – Lista 60/88 €
Um clássico de Lisboa. Possui um bom bar e um refeitório com lareira onde poderá degustar pratos tradicionais portugueses e internacionais, com um bom apartado de marisco.

### Tágide
*Largo da Academia Nacional de Belas Artes 18-20* ✉ *1200-005* ⓜ *Baixa-Chiado*
*– ☎ 213 40 40 10 – www.restaurantetagide.com – fechado 15 dias em agosto e domingo*                                                          5KZk
**Rest** – Menu 18/42 € – Lista 23/39 €
Num edifício de aspecto senhorial! A sua sala principal desfruta de certo encanto, pois está decorada com belos azulejos portugueses. Cozinha de gosto tradicional com toques actuais.

### Belcanto (José Avillez)
ಟ *Largo de São Carlos 10* ✉ *1200 - 410* ⓜ *Baixa-Chiado* – ☎ *213 42 06 07*
*– www.belcanto.pt – fechado do 1 ao 15 de agosto, domingo, 2ª feira e feriados*
**Rest** – Menu 60/95 € – Lista 75/94 € 🕸                           5KYa
Encontra-se no típico Bairro Alto e por trás da sua discreta fachada, surpreende pelas suas belas salas de estilo clássico-atual, ambas com cozinha à vista. Descubra uma cozinha de base tradicional com pratos muito criativos!
➔ Rebentação. Leitão revisitado. Tangerina.

### O Faz Figura
*Rua do Paraíso 15-B* ✉ *1100-396* – ☎ *218 86 89 81* – www.fazfigura.com
*– fechado 2ª feira meio-dia*                                       6MXn
**Rest** – Lista 28/50 €
Nos arredores da Alfama. Tem uma sala interior de linha actual, outra envidraçada e uma agradável esplanada. Cozinha tradicional com algum detalhe de criatividade.

## XX Via Graça

⬧ 🗚 ⊠

*Rua Damasceno Monteiro 9-B* ⊠ *1170-108 –* 𝒞 *218 87 08 30*
*– www.restauranteviagraca.com – fechado sábado meio-dia e domingo*
*meio-dia*                                                               **6LVd**

**Rest** – Menu 35/40 € – Lista 43/55 €

Uma boa opção para casais, pois uma das suas maiores atracções está nas
suas magníficas vistas panorâmicas. Cozinha tradicional portuguesa e adega
esmerada.

## XX Solar dos Presuntos

🗚 ⊠

*Rua das Portas de Santo Antão 150* ⊠ *1150-269* Ⓜ *Avenida –* 𝒞 *213 42 42 53*
*– www.solardospresuntos.com – fechado agosto, Natal, domingo e feriados*

**Rest** – Lista 42/73 € ⻏                                                **5KXf**

Dirigido pelos seus proprietários, com boa exposição de produtos e um conforto
correcto. Ampla selecção de pratos tradicionais e marisco, assim como uma excelente adega.

## XX Ad Lib – Hotel Sofitel Lisbon Liberdade

🗚 ⊠

*Av. da Liberdade 127* ⊠ *1269-038* Ⓜ *Avenida –* 𝒞 *213 22 83 50*
*– www.restauranteadlib.pt*                                              **5JVr**

**Rest** – Menu 20 € – Lista 41/64 €

Actual com toques coloniais. Oferece dois tipos de ementa, uma ao meio-dia que
combina a cozinha tradicional com o "brasserie" francês, e outra mais elaborada
para os jantares.

## X 100 Maneiras

🗚 ⊠

*Rua do Teixeira 35* ⊠ *1200-459 –* 𝒞 *910 30 75 75*
*– www.restaurante100maneiras.com*                                      **5JXs**

**Rest** – (só jantar) (só menu) Menu 45 €

Pequeno restaurante situado numa ruela do bairro alto. O seu jovem chef propõe um menu de degustação de cozinha criativa, fresca e ligeira, sempre com
bons detalhes.

# Este

## 🏨 Sheraton Lisboa Ⓝ

⬧ ⌁ 🛎 🛋 ♿ qto, 🗚 📶 🍸 ☕

*Rua Latino Coelho 1* ⊠ *1069-025* Ⓜ *Picoas –* 𝒞 *213 12 03 12*
*– www.sheratonlisboa.com*                                              **4GRb**

**358 qto** ⯑ – †135/410 € ††140/430 € – 11 suites

**Rest** *Panorama* – (só jantar) Menu 55/75 € – Lista 44/64 €

Claramente orientado ao cliente de negócios! Reconhecido pela variedade da
oferta em salas de reuniões e quartos confortáveis, muito modernos em
geral; com paredes de vidro nas casas de banho e uma vista privilegiada sobre
Lisboa quanto mais altos os pisos.

## 🏨 Inspira Santa Marta

🛋 ♿ qto, 🗚 🍸 📶 ☕

*Rua Santa Marta 48* ⊠ *1150-297* Ⓜ *Marqués de Pombal –* 𝒞 *210 44 09 00*
*– www.inspirahotels.com*                                               **4GSx**

**89 qto** – ††99/225 €, ⯑ 13 €

**Rest** *Open* – Menu 14 € – Lista 21/44 €

Presume de ser ecologicamente sustentável e distribui as suas dependências
seguindo os princípios orientais do Feng Shui. Design, conforto e comodidade. O
seu restaurante propõe uma cozinha sadia e actual, sempre tomando como base
os produtos orgânicos.

## 🏨 Double Tree by Hilton Fontana Park H.

🛎 ♿ 🗚 🍸 📶 ☕

*Rua Engenheiro Vieira da Silva 2* ⊠ *1050-105* Ⓜ *Picoas*                ☕
*–* 𝒞 *210 41 06 00 – www.DoubleTree.com*                                **4GRSg**

**139 qto** ⯑ – †180/215 € ††200/235 €

**Rest** *Saldanha Mar* – ver selecção restaurantes

Apresenta uma decoração minimalista com detalhes de design, um jardim interior
fiel à filosofia Zen e quartos confortáveis, os do último andar com varanda. O que
é que lhe apetece mais, cozinha portuguesa ou japonesa? Aqui poderá ter as duas!

### Tivoli Oriente
🔲 ⅃₆ 🖪 ₆ qto, 📺 ⅍ 🛜 ⅍ 🚗

*Av. D. João II (Parque das Nações)* ✉ 1990-083 Ⓜ *Oriente* – ℰ 218 91 51 00
– www.tivolihotels.com
**2DNb**

**279 qto** ☲ – ♦95/320 € ♦♦105/330 € – 17 suites
**Rest** – Menu 15/24 € – Lista 17/45 €

Ocupa uma torre de belo design situada na zona da Expo, com um moderno hall e confortáveis quartos, os renovados actuais e o resto de linha clássica-funcional. Junto à recepção há um restaurante simples especializado em carnes na brasa.

### Holiday Inn Lisbon
⅃₆ 🖪 ₆ qto, 📺 ⅍ 🛜 ⅍ 🚗

*Av. António José de Almeida 28-A* ✉ 1000-044 Ⓜ *Saldanha* – ℰ 210 04 40 00
– www.holiday-inn.com
**4GRc**

**169 qto** ☲ – ♦75/180 € ♦♦85/190 € – 9 suites
**Rest** – Menu 17/38 € – Lista 23/44 €

Conjunto de linha actual orientado ao homem de negócios. Possui uma correcta zona social e quartos de adequado equipamento dotados com mobiliário clássico-moderno. No seu restaurante oferecem uma correcta ementa tradicional.

### Olissippo Saldanha Ⓦ sem rest
🖪 ₆ 📺 ⅍ 🛜 ⅍ 🚗

*Av. Praia da Vitória 30* ✉ 1000-248 Ⓜ *Saldanha* – ℰ 210 00 66 90
– www.olissippohoteis.com
**4GRa**

**49 qto** – ♦180/200 € ♦♦200/220 €

Um hotel de carácter urbano que compensa a sua escassez de áreas públicas com quartos muito confortáveis, todos luminosos, modernos e com as cabeceiras personalizadas.

### Dom Carlos Park sem rest
🖪 📺 ⅍ 🛜 ⅍

*Av. Duque de Loulé 121* ✉ 1050-089 Ⓜ *Marquês de Pombal* – ℰ 213 51 25 90
– www.domcarloshoteis.com
**4GSn**

**76 qto** ☲ – ♦64/147 € ♦♦70/196 €

É clássico e elegante, conjugando a sua localização privilegiada com um ambiente tranquilo. Quartos confortáveis de linha clássica, a maioria com mobiliário funcional.

### Travel Park Lisboa sem rest
🖪 ₆ 📺 ⅍ 🛜 ⅍ 🚗

*Av. Almirante Reis 64* ✉ 1150-020 Ⓜ *Anjos* – ℰ 218 10 21 00
– www.hoteltravelpark.com
**4HSz**

**61 qto** ☲ – ♦50/150 € ♦♦60/180 €

Dotado de uma correcta zona social e de um pátio exterior com esplanada. Oferece quartos funcionais com o chão em alcatifa, salvo no 1º andar que são antialérgicas.

### Dom Carlos Liberty sem rest
⅃₆ 🖪 📺 ⅍ 🛜 ⅍

*Rua Alexandre Herculano 13* ✉ 1150-005 Ⓜ *Marquês de Pombal*
– ℰ 213 17 35 70 – www.domcarloshoteis.com
**4GSa**

**59 qto** ☲ – ♦64/147 € ♦♦70/196 €

A um passo da Av. da Liberdade! Dotado de umas instalações bastante modernas, com uma zona social de carácter polivalente e quartos actuais bastante confortáveis.

### Alicante sem rest
🖪 📺 ⅍ 🛜

*Av. Duque de Loulé 20* ✉ 1050-090 – ℰ 213 53 05 14
– www.hotelalicantelisboa.com
**4GSc**

**53 qto** – ♦65/100 € ♦♦100/120 €

Alojamento de carácter familiar e linha funcional. Os seus quartos são adequados dentro da sua categoria, com os chãos em soalho flutuante e casas de banho actuais.

### ✗✗ Saldanha Mar – Hotel Double Tree by Hilton Fontana Park H.
⅍

*Rua Engenheiro Vieira da Silva 2* ✉ 1050-105 Ⓜ *Picoas* – ℰ 210 41 06 00
– www.DoubleTree.com
**4GRSg**

**Rest** – Lista 35/58 €

Restaurante de estética minimalista dominado pelos tons brancos e com a cozinha à vista. Oferece dois tipos de ementas: uma para os almoços, que se concentra no peixe fresco e nas sugestões, e outra mais elaborada para os jantares.

### ✗ D'Avis 🔠

😊 *Rua do Grilo 98 ⊠ 1950-146 – ℰ 218 68 13 54 – www.davis.com.pt – fechado agosto, domingo e feriados* **2DPa**

**Rest** – Menu 18 € – Lista 16/23 €

Um bom lugar para descobrir a cozinha alentejana! O seu pequeno refeitório de ambiente regional está repleto de objectos antigos, típicos do Alentejo e próprios do mundo rural.

## Oeste

### 🏨🏨🏨 Four Seasons H. Ritz Lisbon ⇐ 🏠 🔲 ℔ 🎽 ㅎ qto, 🔠 🎋 rest, 🛜

*Rua Rodrigo da Fonseca 88 ⊠ 1099-039* 🔄 🅿 🚗
Ⓜ *Marquês de Pombal – ℰ 213 81 14 00 – www.fourseasons.com* **3FSb**
**241 qto** – ♥♥355/465 €, ⊊ 38 € – 41 suites
**Rest** *Varanda* – Menu 73 € – Lista 80/95 €

Pensado para que a sua estadia se converta num verdadeiro prazer! A estética actual do edifício contrasta com o seu interior, de linha clássica-elegante. O seu belo restaurante propõe um buffet completo nos almoços e uma ementa de tendência actual durante os jantares.

### 🏨🏨🏨 Pestana Palace ⅋ 🚗 🔲 🔲 ℔ 🎽 ㅎ qto, 🔠 🎋 🔄 🚗

*Rua Jau 54 ⊠ 1300-314 – ℰ 213 61 56 00 – www.pestana.com* **1AQd**
**177 qto** ⊊ – ♥294/337 € ♥♥315/358 € – 17 suites
**Rest** *Valle Flor* – Menu 25/80 € – Lista 59/65 €

Bonito palácio do século XIX decorado no estilo da época, com suntuosos salões e quartos cheios de detalhes.O seu redor parece um jardim botânico! O restaurante, que disponibiliza menus para o almoço e uma ementa tradicional atualizada para o jantar, completa-se por uma pequena sala privada na antiga cozinha.

### 🏨🏨🏨 Lapa Palace ⅋ ⇐ 🚗 🏠 🔲 🔲 ℔ 🎽 ㅎ qto, 🔠 🎋 rest, 🛜 🔄 🅿 🚗

*Rua do Pau de Bandeira 4 ⊠ 1249-021* Ⓜ *Rato – ℰ 213 94 94 94*
*– www.olissippohotels.com* **3EUa**
**102 qto** ⊊ – ♥♥430/990 € – 7 suites **Rest** – Lista 49/67 €

Palácio luxuoso do século XIX situado no alto de uma das sete colinas que dominam Lisboa com vistas para a foz do rio Tejo. O restaurante, elegante e luminoso, propõe uma cozinha tradicional bastante actualizada, ideal para uma estadia inesquecível!

### 🏨🏨🏨 Altis Belém ⇐ 🔲 🌙 ℔ 🎽 ㅎ qto, 🔠 🎋 qto, 🛜 🔄 🅿 🚗

*Doca do Bom Sucesso ⊠ 1400-038 – ℰ 210 40 02 00 – www.altishotels.com*
**45 qto** ⊊ – ♥150/300 € ♥♥170/470 € – 5 suites **1AQe**
**Rest** *Feitoria* 🕸 – ver selecção restaurantes
**Rest** – Lista 38/56 €

Luxo e modernidade! Provido de uma zona chill-out na cobertura, uma cafeteria minimalista e quartos bastante amplos, com decorações temáticas alusivas à época dos descobrimentos portugueses e respectivos intercâmbios culturais. O restaurante, elegante e ao mesmo tempo bastante sóbrio, propõe uma cozinha de cariz actual.

### 🏨🏨 Eurostars Das Letras 🏠 ℔ 🎽 ㅎ qto, 🔠 qto, 🎋 🛜 🔄 🚗

*Rua Castilho 6-12 ⊠ 1250-069 – ℰ 213 57 30 94 – www.eurostarshotels.com*
**107 qto** – ♥♥110/799 €, ⊊ 18 € – 6 suites **Rest** – Lista 45/75 € **3FTb**

O moderno "look" da zona social, que surpreende pelos seus detalhes de design, rivaliza com a estética cuidada dos quartos, são confortáveis e de linha clássica-actual. O restaurante, de carácter polivalente, elabora uma cozinha tradicional.

### 🏨🏨 CS Vintage Lisboa ℔ ㅎ qto, 🔠 🎋 🛜 🔄 🚗

*Rua Rodrigo da Fonseca 2 ⊠ 1250-191* Ⓜ *Rato – ℰ 210 40 54 00*
*– www.cshotelandresorts.com* **3FTa**
**53 qto** ⊊ – ♥343/352 € ♥♥352/480 € – 3 suites **Rest** – Lista 24/50 €

Demonstra que cuidou os detalhes para criar um espaço pessoal e ao mesmo tempo acolhedor. Oferece quartos de estilo clássico-actual, todos equipados com grande nível, e um restaurante de carácter polivalente.

**Da Estrela** 🛋️🎐📺❄️🛜🦽�car

*Rua Saraiva de Carvalho 35* ✉️ *1250-242* Ⓜ *Rato –* 𝒞 *211 90 01 00*
*– www.hoteldaestrela.com* **3FTe**
**19 qto** ⬚ *–* 🛏️**90/184 €** 🛏️🛏️**99/189 €**
**Rest** *– (fechado domingo e 2ª feira) Menu 25/55 € – Lista 30/47 €*
A sua decoração original evoca o espírito da antiga escola que ocupou o edifício, por isso, agora combinam as velhas ardósias, mesas e cabides com móveis de design. O restaurante, de uso polivalente, oferece os três serviços do dia.

 **Vila Galé Ópera** 🛋️📺🎐📟🦽qto📺❄️🛜🦽�car

*Travessa do Conde da Ponte* ✉️ *1300-141 –* 𝒞 *213 60 54 00 – www.vilagale.pt*
**243 qto** ⬚ *–* 🛏️**60/80 €** 🛏️🛏️**67/89 €,** ⬚ **10 € – 16 suites** **1ABQa**
**Rest** *– Menu 16/22 € – Lista 18/37 €*
Situado próximo do centro de congressos, apresenta, tanto no hotel como no restaurante, múltiplas alusões decorativas ao mundo da música. Tem um lobby muito amplo onde semanalmente são realizados concertos de ópera, e quartos cuidados de traçado actual-funcional.

 **Jerónimos 8** sem rest, com snack-bar 🎐🦽📺❄️🛜🦽

*Rua dos Jerónimos 8* ✉️ *1400-211 –* 𝒞 *213 60 09 00 – www.themahotels.pt*
**65 qto** ⬚ *–* 🛏️**160/260 €** 🛏️🛏️**180/280 €** **1AQc**
Está instalado num antigo edifício que foi completamente renovado, justamente ao lado do Mosteiro dos Jerónimos. Bastante confortável e de estética minimalista.

 **Aviz** 🎐🦽qto📺❄️🛜📞🦽�car

*Rua Duque de Palmela 32* ✉️ *1250-098* Ⓜ *Marquês de Pombal –* 𝒞 *210 40 20 00*
*– www.hotelaviz.com* **3FSv**
**70 qto** ⬚ *–* 🛏️**90/190 €** 🛏️🛏️**100/200 € – 14 suites**
**Rest** *Aviz – Menu 20/28 € – Lista 31/57 €*
Este hotel de estilo clássico apresenta um elegante hall e quartos cuidadosamente arranjados, alguns deles dedicados a personalidades históricas que alí se alojaram. A sala de jantar, que possui curiosos detalhes decorativos do antigo Aviz, oferece uma cozinha tradicional baseada em produtos de qualidade.

 **Açores Lisboa** 🎐🦽qto📺❄️🛜🦽�car

*Av. Columbano Bordalo Pinheiro 3* ✉️ *1070-060* Ⓜ *Praça de Espanha*
*–* 𝒞 *217 22 29 20 – www.bensaude.pt* **3ERa**
**123 qto** ⬚ *–* 🛏️🛏️**74/199 € – 5 suites**
**Rest** *– Menu 19/22 € – Lista 18/40 €*
Conjunto actual-funcional dotado com uma amável organização de cadeia. Compensa a sua reduzida zona social com quartos bem equipados e casas de banho completas. O restaurante oferece buffet ao meio-dia e uma ementa tradicional à noite.

 **Evidencia Astoria Creative** 🎐📺❄️🛜

*Rua Braamcamp 10* ✉️ *1250-050* Ⓜ *Marquês de Pombal –* 𝒞 *213 86 13 17*
*– www.evidenciaastoria.com* **3FSx**
**91 qto** ⬚ *–* 🛏️**85/115 €** 🛏️🛏️**95/135 €**
**Rest** *– (fechado fins de semana) (só almoço) Lista 25/60 €*
Surpreende, pois atrás da sua fachada de linha clássica oculta-se um interior moderno e com detalhes de design. Destacam-se os quartos que têm salão e galeria envidraçada. O restaurante, momentaneamente, só serve o pequeno-almoço e um buffet internacional ao meio-dia.

 **As Janelas Verdes** sem rest 🎐🦽📺🛜

*Rua das Janelas Verdes 47* ✉️ *1200-690 –* 𝒞 *213 96 81 43 – www.heritage.pt*
**29 qto** *–* 🛏️**143/280 €** 🛏️🛏️**157/298 €,** ⬚ **14 €** **3FUe**
Situado parcialmente numa casa senhorial do séc. XVIII, com uma bonita sala-biblioteca e boas vistas. O conjunto é cálido e romântico, com um íntimo classicismo.

**York House** 🛏️ 🅰️ℂ 🍴 rest. 📶 🛁

*Rua das Janelas Verdes 32* ✉ *1200-691* Ⓜ *Cais do Sodré* – *𝒞 213 96 24 35*
*– www.yorkhouselisboa.com* **3FUe**
**32 qto** – ♦80/160 €, ♦♦90/200 €, 🍽 15 €
**Rest** – *(fechado 2ª feira e 3ª feira)* Lista 30/47 €

Num convento do séc. XVII. Oferece um interior plenamente actualizado tanto em conforto como em decoração, sabendo combinar o mobiliário de época com outro mais actual. Restaurante de montagem clássica com um friso de azulejos antigos que chama a atenção.

**Itália** sem rest 🖿 🅰️ℂ

*Av. Visconde de Valmor 67* ✉ *1050-239* Ⓜ *Saldanha* – *𝒞 217 97 77 36*
*– www.hotelitalia.pt* **3FRg**
**44 qto** 🍽 – ♦40/200 €, ♦♦45/250 €

Desfruta de um atractivo pátio com algumas mesas, relvado e laranjeiras, algo que surpreende no centro da cidade. Os quartos são actuais, simples e funcionais.

Ⅹ㐅ⅩⅩ **Eleven** (Joachim Koerper) ≤ 🅰️ℂ 🍴 ⇔ 🅿️
🕸 *Rua Marquês de Fronteira* ✉ *1070* Ⓜ *São Sebastião* – *𝒞 213 86 22 11*
*– www.restauranteleven.com* – *fechado domingo* **3FSw**
**Rest** – Menu 69/139 € – Lista 60/90 € 🅱

Instalado num edifício onde prima o design. Na sua sala, moderna, luminosa e com magníficas vistas tanto ao parque como à cidade, poderá degustar de uma cozinha criativa.
→ Lavagante em horta de legumes com pó de azeitona e ovo de codorniz. Robalo com algas caramelizadas, castanha e emulsão de cogumelos de inverno. Um dia de primavera.

㐅㐅㐅 **Feitoria** – Hotel Altis Belém 🛏️ 🅰️ℂ 🍴 🅿️ 🍷
🕸 *Doca do Bom Sucesso* ✉ *1400-038* – *𝒞 210 40 02 07* – *www.altisbelemhotel.com*
*– fechado do 1 ao 17 de janeiro, domingo e 2ª feira* **1AQe**
**Rest** – Menu 70/130 € – Lista 64/85 € 🅱

Apresenta uma sala de linha moderna, em duas alturas, com um bom hall, um bar de espera e uma esplanada. Propõe uma cozinha criativa baseada na qualidade das matérias-primas, com esmeradas apresentações e respeitosa com os sabores.
→ Carabineiro do Algarve. Robalo com bivalves, pepino e água de perceves. Pastel de nata com creme de lima e gelado de canela.

㐅㐅 **Assinatura** 🅰️ℂ 🍴 ⇔

*Rua Vale do Pereiro 19* ✉ *1250-270* Ⓜ *Rato* – *𝒞 213 86 76 96*
*– www.assinatura.com.pt* – *fechado sábado meio-dia, domingo e 2ª feira
meio-dia* **3FTw**
**Rest** – Menu 39/61 € – Lista 34/48 €

Restaurante de ambiente minimalista onde se joga com as cores vermelho e branco. Possui um reservado que chamam "A mesa do Chef". Cozinha tradicional actualizada.

㐅㐅 **Quinta dos Frades** 🅰️ℂ 🍴

*Rua Luís Freitas Branco 5-D* ✉ *1600-488* – *𝒞 217 59 89 80*
*– www.volverbychakall.com* – *fechado sábado meio-dia, domingo e feriados*
**Rest** – Menu 20/50 € – Lista 28/53 € **2CNr**

Negócio de organização séria e profissional. No seu refeitório, de tectos altos e ambiente moderno, poderá degustar pratos próprios do receituário tradicional e internacional.

㐅㐅 **Clube do Peixe** 🅰️ℂ 🍴

*Av. 5 de Outubro 180-A* ✉ *1050-063* Ⓜ *Campo Pequeno* – *𝒞 217 97 34 34*
*– www.clube-do-peixe.com* – *fechado domingo* **4GRd**
**Rest** – Menu 22/40 € – Lista aprox. 39 €

Desfruta de certo êxito na zona. Após o sugestivo expositor de peixes e mariscos que tem na entrada, encontrará uma sala clássico-actual, com alguns detalhes marinheiros.

XX **Adega Tia Matilde**                                    AC ✦ ✿ 🍴

*Rua da Beneficência 77 ⊠ 1600-017 Ⓜ Praça de Espanha – 𝒞 217 97 21 72*
*– www.adegatiamatilde.com – fechado sábado noite e domingo*          **3FRh**
**Rest** – Menu 29/35 € – Lista 25/42 €

Casa de longa tradição familiar com grande sucesso na zona. As suas instalações
são amplas, compensando a sua situação com uma magnífica garagem na cave.
Cozinha tradicional.

XX **A Travessa**                                                🍴 ✦

*Travessa do Convento das Bernardas 12 ⊠ 1200-638 – 𝒞 213 90 20 34*
*– www.atravessa.com – fechado domingo*                              **3FUc**
**Rest** – Lista 31/54 €

Ocupa parte dum convento do séc. XVII. O refeitório possui um bonito tecto em
abóbada, solos rústicos e complementa-se com uma esplanada no claustro.

XX **O Polícia**                                                 AC ✦

*Rua Marquês Sá da Bandeira 112 ⊠ 1050-150 Ⓜ São Sebastião*
*– 𝒞 217 96 35 05 – www.restauranteopolicia.com – fechado domingo e feriados*
**Rest** – Lista 21/49 €                                             **3FRc**

A qualidade dos seus peixes é conhecida em toda a cidade! Apresenta instalações
de linha funcional e expositores que são todo um convite. Aconselha-se reservar.

XX **Mezzaluna**                                            ✦ AC ✦ ✿

*Rua Artilharia Um 16 ⊠ 1250-039 Ⓜ Rato – 𝒞 213 87 99 44*
*– www.mezzalunalisboa.com – fechado Natal, sábado meio-dia e domingo*
**Rest** – Menu 25/60 € – Lista 24/41 €                              **3FSd**

Restaurante de ambiente casual-chic dirigido directamente pelo seu chef-proprietário. Na sua ementa encontrará a cozinha tradicional italiana e algumas variações
ítalo-portuguesas.

X **Solar dos Nunes**                                            AC ✦

*Rua dos Lusíadas 68-72 ⊠ 1300-372 – 𝒞 213 64 73 59 – www.solardosnunes.pt*
*– fechado domingo*                                                  **1AQt**
**Rest** – Menu 20/50 € – Lista 25/50 €

Aconchegante ambiente e dependências de ar típico, com uma adequada montagem e um esplêndido chão empedrado. Completa ementa tradicional portuguesa
e uma boa adega.

---

**LOULÉ** – Faro – 733 – 593 U5 – 24 791 h.                          3 B2
▶ Lisboa 299 – Faro 16
🖪 Av. 25 de Abril 9, ⊠ 8100-506, 𝒞 289 46 39 00, www.visitalgarve.pt

🏨 **Loulé Jardim H.** sem rest                          �🛁 📶 AC 🛜 🏋 🚗

*Largo Manuel de Arriaga ⊠ 8100-665 – 𝒞 289 41 30 94*
*– www.loulejardimhotel.com*
**52 qto** ⊴ – ✝35/60 € ✝✝40/80 €

Destaca-se pelo seu interior, com um salão de convívio acolhedor com lareira e
um pátio repleto de plantas. Em traços gerias, disponibiliza quartos bastante funcionais mas muito confortáveis. Muito procurado pelos comerciais!

---

**LOUSADA** – Porto – 733 – 591 I5 – 9 349 h.                        8 A2
▶ Lisboa 349 – Porto 44 – Braga 47 – Vila Real 60

**na estrada N 207-2** Nordeste : 10 km

🏠 **Casa de Juste**                                     ✦ 🚗 ⛲ ✦ P

*⊠ 4620-786 Lousada – 𝒞 255 82 16 26 – www.casadejuste.com*
*– março-outubro*
**11 qto** ⊴ – ✝89/99 € ✝✝99/119 €   **Rest** – (fechado domingo) Menu 25 €

Casa do século XVII situada numa extensa quinta agrícola dedicada à produção
de vinho. Área social de estilo clássico e quartos decorados com estilos diferentes.
No seu restaurante, de estilo atual, encontrará um menu do dia completo com
pratos caseiros e tradicionais portugueses.

**LUSO** – Aveiro – **733** – **591** K4 – **2 593 h.** - **alt. 200 m** – Termas    4 B2

▶ Lisboa 230 – Aveiro 44 – Coimbra 28 – Viseu 69

**i** Rua Emídio Navarro 136, ✉ 3050-902, ℰ 231 93 91 33, www.turismodocentro.pt

⌂ **Alegre** sem rest    ॐ ⊠ ⅍ 🛜 **P**
*Rua Emídio Navarro 2* ✉ 3050-224 – ℰ 231 93 02 56 – www.alegrehotels.com
**18 qto** � – ♦35/55 € ♦♦45/70 €
Esta bela casa senhorial construída em 1859 dispõe de um pequeno jardim,
tectos altos, piso de madeira, móveis e decoração de estilo clássico português.

**MACEDO DE CAVALEIROS** – Bragança – **733** – **591** H9 – **6 257 h.**    9 C2
– **alt. 580 m**

▶ Lisboa 510 – Bragança 42 – Vila Real 101

**i** Casa Falcão (Câmara Municipal), ✉ 5340-219, ℰ 278 42 61 93,
www.cm-macedocavaleiros.pt

⌂ **Muchacho** sem rest    ⊠ ♿ Ⓜ 🛜 ⅍ **P**
*Rua Pereira Charula 29* ✉ 5340-278 – ℰ 278 42 16 49
– www.hotelmuchacho.com
**29 qto** ⊠ – ♦30/40 € ♦♦45/55 €
Edifício de estilo clássico cujo nome vem do antigo restaurante que deu origem
ao hotel. Os quartos, de estilo atual e funcional, distribuem-se em quatro pisos,
destacando-se o superior por alojar duas suítes júnior.

✕ **O Montanhês**    Ⓜ ⅍ ✿ **P**
*Rua Camilo Castelo Branco 19* ✉ 5340-237 – ℰ 278 42 24 81
– fechado domingo noite e 2ª feira
**Rest** – Menu 8/10 € – Lista 20/35 €
Negócio dotado de dois refeitórios rústicos, um deles com uma grelha à vista,
assim como um privado numa zona ligeiramente sobre elevada. Cozinha regional
especializada em carnes à brasa.

**em Chacim** Sudeste : 12 km

⌂ **Solar de Chacim**    ॐ ⊞ ⊠ ✕ ⅍ 🛜 **P** ⊭
✉ 5340-092 Macedo de Cavaleiros – ℰ 278 46 80 00
**6 qto** ⊠ – ♦50 € ♦♦70 €
**Rest** – (só clientes) Menu 15/20 €
Casa senhorial do final do século XIX com uma bela fachada e exteriores bem cuidados. Dispõe de seis agradáveis quartos, a metade com o seu próprio terraço e
todos com bom mobiliário de época. A sala de jantar que acolhe apenas os hóspedes, é decorada com fotografias da família proprietária.

# Arquipélago da MADEIRA – 733 – 267 938 h.

Arquipélago de origem vulcânico, está situado a 800 km da Costa Africana e a
mais de 900 km ao sudoeste de Lisboa.

O clima suave todo o ano (entre 16ºC e 20ºC) e sua vegetação exuberante fazem
das ilhas um lugar privilegiado para o descanso e o ócio.

O arquipélago da Madeira, com uma superfície de 782 km2 é composto de duas
ilhas (Madeira e Porto Santo) e dois grupos de ilhéus inabitados, as ilhas
Desertas e as ilhas Selvagens.

**Transportes**

✈ ver : Funchal e Vila Baleira

⛴ para Madeira ver : Lisboa. Em Madeira ver : Funchal, Vila Baleira (Porto
Santo)

# MADEIRA

A ilha é constituída por uma cadeia de montanhas com uma altitude superior a 1.200 m., onde culminam alguns picos (Pico Ruivo : 1.862 m.). O litoral é muito escarpado. As praias são raras e geralmente pedregosas.

A capital da ilha é Funchal.

A cultura do vinho da ilha foi introduzida na Madeira a partir do séc. XV. As três principais castas são o Sercial, o Boal e o Malvasía, o mais afamado. Também se produz o Verdelho.

Os bordados (em tela, linho, organdi) são uns dos principais recursos da ilha.

## CANIÇO – 733 B3       7 A2

▶ Funchal 8

🛈 Rua Robert Baden Powel, ✉ 9125-036, ✆ 291 93 29 19

**em Caniço de Baixo** Sul : 2,5 km

### Inn & Art     🖧 🛱 🕉

*Robert Baden Powell 61-62* ✉ *9125-036 Caniço de Baixo –* ✆ *291 93 82 00*
*– www.innart.com*
**19 qto** 🖵 – 🛇57/67 € 🛇🛇92/107 € – 10 suites    **Rest** – Lista 20/29 €
Neste atractivo hotel, situado sobre uma falésia, respira-se uma atmosfera que combina o boémio e o artístico com agradáveis quartos de estilo funcional. O seu restaurante tem a cozinha à vista do cliente e uma espectacular esplanada.

## CÂMARA DE LOBOS – 733 B3       7 A2

▶ Funchal 8

🍴 Vila do Peixe     ≤ 🛱
*Dr. João Abel de Freitas* ✉ *9300-048 –* ✆ *291 09 99 09 – www.viladopeixe.com*
**Rest** – Menu 10/25 € – Lista 18/36 €
Em frente ao mercado municipal e com grandes janelas com vista para o porto. Cozinha marítima especializada em peixes. Aquí o cliente escolhe a peça como no mercado, sendo esta pesada e preparada de imediato. As guarnições são cobradas à parte!

## EIRA DO SERRADO – 733 B2       7 A2

▶ Funchal 14

### Estalagem Eira do Serrado     🖧 ≤ 🛱 🖾 🕉 🅿
*Alt. 1 095* ✉ *9000-421 –* ✆ *291 71 00 60 – www.eiradoserrado.com*
**26 qto** 🖵 – 🛇40/50 € 🛇🛇50/60 €    **Rest** – Menu 25/30 € – Lista 20/40 €
Cenário natural presidido pelas imponentes montanhas de Curral das Freiras. Os quartos, um pouco sóbrios, destacam-se pelos seus terraços e vistas maravilhosas. No restaurante, concorrido durante o dia e tranquilo à noite, encontrará uma ementa tradicional rica em carnes e pratos grelhados.

## ESTREITO DE CÂMARA DE LOBOS – 733 B2-3 – 10 269 h.       7 A2

▶ Funchal 10

### Quinta do Estreito     🖧 ≤ 🛱 🛱 🛋 🔲 📶 🍴 qto, 🅰 qto, 🕉 🕻 🖄 🅿
*Rua José Joaquim da Costa* ✉ *9325-034 –* ✆ *291 91 05 30*    🍽
*– www.charminghotelsmadeira.com*
**48 qto** 🖵 – 🛇155/191 € 🛇🛇165/201 €
**Rest** *Adega da Quinta* – ver selecção restaurantes
**Rest** *Bacchus* – (só jantar) Menu 40/42 € – Lista 45/57 €
Localizada na maior região vinícola da Madeira! Oferece um ambiente ajardinado e confortáveis quartos de estilo clássico, todos com os seus terraços orientados para a cidade e para o mar. O restaurante Bacchus, de elegante ambiente clássico, apresenta uma ementa internacional com alguns pratos vegetarianos.

X **Adega da Quinta** – Hotel Quinta do Estreito ⟨≤ 🏠 🌲 **P**⟩
*Rua José Joaquim da Costa* ⊠ 9325-034 – 𝒞 291 91 05 30
– *www.charminghotelsmadeira.com*
**Rest** – Menu 34/40 € – Lista 20/32 €
Destaca-se tanto pelas suas vistas para a costa como pela sua adega, pois nela
são conservados grandes barris de vinho. Propõe eventos gastronómicos e uma
cozinha típica madeirense com muitos pratos preparados na brasa. Prove as deliciosas Espetadas de carne!

**FUNCHAL** – 733 B3 – 111 892 h.    **7** A2

▶ Porto Moniz 98 – Santana 55

✈ do Funchal por ② : 16 km 𝒞 291 52 07 00

**T.A.P.,** Av. do Mar e das Comunidades Madeirenses 8 - 10 𝒞707 20 57 00

⚓ para Porto Santo : Porto Santo Line, cais sul do Porto de Funchal 𝒞291 21 03 00

🖪 Av. Arriaga 18, ⊠ 9004-519, 𝒞 291 21 19 00, www.visitmadeira.pt

**A.C.P.** Rua Dr. Brito Câmara 9, Centro Comercial Dolce Vita 𝒞291 22 36 59

📷 Santo da Serra, 25 km pela estrada de Quinta de Quinta do Palheiro Ferreiro, 𝒞291 55 01 00

◎ ≤★ de ponta da angra BZ**V**- Sé★ (tecto★) BZ – Museu de Arte Sacra (colecçõ de
quadros★) BY**M2**- Museu Frederico de Freitas★ BY – Quinta das Cruzes★★ AY
– Largo do Corpo Santo★ DZ – Jardim Botânico★ ≤★ V

🄶 Miradouro do Pináculo★★ 4 km por ② Pico dos Barcelos★ (❋★) 3 km por
③ Monte (localidade★★) 5 km por ① – Quinta do Palheiro Ferreiro★★ 5 km por
② – Câmara de Lobos (localidade★, estrada ≤★) passeio pela levada do
Norte★ - Cabo Girão★ 9 km por ③ X – Eira do Serrado ❋★★★ (estrada ≤★★,
≤★) Noroeste : 13 km pela Rua Dr. Pita – Curral das Freiras (localidade★, ≤★)
Noroeste : 17 km pela Rua Dr. Pita.

Plantas páginas seguintes

🏠🏠🏠🏠🏠 **Reid's Palace**    ≤ 🚗 🏊 🏓 🛁 ✖ 🖥 🎬 🛜 🦋 **P**
*Estrada Monumental 139* ⊠ 9000-098 – 𝒞 291 71 71 71 – *www.reidspalace.com*
**150 qto** ⊡ – †210/295 € ††210/425 € – 13 suites    X**z**
**Rest** *Les Faunes* **Rest** *Villa Cipriani* – ver selecção restaurantes
Todo um símbolo cuja história remonta ao ano 1891. Oferece elegantes instalações e exteriores de luxo, com um jardim semi-tropical sobre um promontório
rochoso. Os seus restaurantes desfrutam de maravilhosas vistas!

🏠🏠🏠 **Quinta das Vistas**    🌲 ≤ 🚗 🏠 🏊 🔲 🛁 🛁 🌲 qto, 🎬 🦋 🛜 🦋 **P**
*Caminho de Santo António 52* ⊠ 9000-187 – 𝒞 291 75 00 07
– *www.charminghotelsmadeira.com*    X**h**
**63 qto** ⊡ – †115/290 € ††125/300 € – 8 suites
**Rest** – Menu 35 € – Lista 38/65 €
Possui espectaculares vistas graças à sua situação na parte alta da cidade. Excelentes espaços sociais e quartos equipados com materiais de qualidade. O restaurante possui uma sala envidraçada e uma esplanada panorâmica coberta.

🏠🏠🏠 **The Cliff Bay**    🌲 ≤ 🚗 🏠 🏊 🔲 🛁 🛁 ✖ 🖥 🎬 🦋 🛜 🦋 **P** 🚗
*Estrada Monumental 147* ⊠ 9004-532 – 𝒞 291 70 77 00 – *www.portobay.com*
**194 qto** ⊡ – †170/370 € ††195/395 € – 6 suites    X**c**
**Rest** *Il Gallo d'Oro* ❀ – ver selecção restaurantes
**Rest** *The Rose Garden* – *(só jantar)* Lista 43/54 €
**Rest** *Blue Lagoon* – *(só jantar)* Lista 30/48 €
Desfrute de uma estadia inesquecível neste atraente hotel, com jardins, uma zona
de praia privada para banhos e umas vistas fantásticas para o oceano desde a
maior parte dos seus elegantes quartos. A vasta oferta culinária contempla
opções ligeiras, informais e de carácter gastronómico.

🏠🏠🏠 **Royal Savoy**    ≤ 🏠 🏊 🔲 🛁 ✖ 🖥 🌲 qto, 🎬 🦋 🛜 🦋 **P** 🚗
*Rua Carvalho Araújo* ⊠ 9000-022 – 𝒞 291 21 35 00 – *www.savoyresort.com*
**178 apartamentos** ⊡ – ††500/750 €    AZ**s**
**Rest** – Menu 22/78 € – Lista 41/70 €
Hotel magnífico sitado na 1ª linha do mar, com piscinas e esplanadas em terrenos
conquistados ao mesmo. Oferece espaços de convívio muito variados, com piano-
-bar, e apartamentos espaçosos, todos eles com sala e cozinha. O restaurante é
deslumbrante e tem um carácter polivalente.

882

# FUNCHAL

---

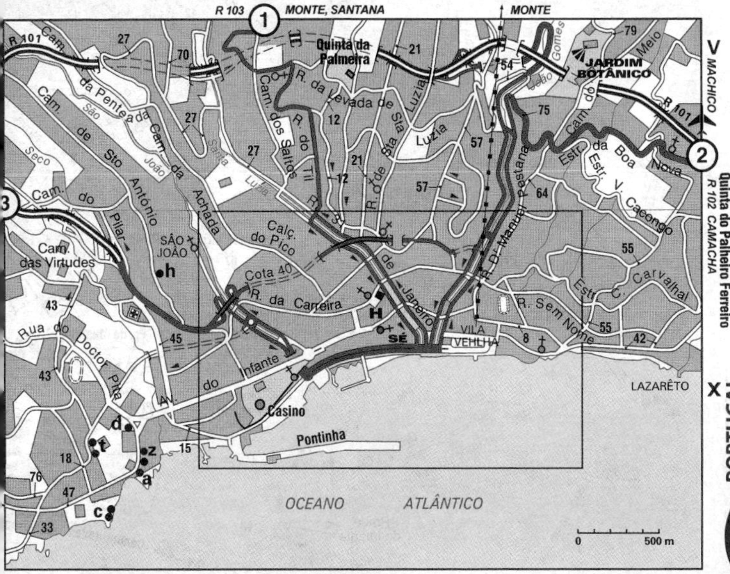

### 🏨 The Vine ⟨◻️⟨⊡◻️🔲☓◻️⊠⊜⊞
*Rua dos Aranhas 27-A, centro comercial Dolce Vita* ⊠ *9000-044*
*– 𝒞 291 00 90 00 – www.hotelthevine.com*                    **ABZk**
**77 qto** ⊇ – ♥♥120/350 € – 2 suites
**Rest *Uva*** – ver selecção restaurantes
É moderno e está na zona mais animada de Funchal, integrado num complexo comercial. Área social de design actual, SPA e quartos minimalistas.

### 🏨 Quinta da Casa Branca ⊗⊠⊐⊞◻️☓◻️⊜⊞
*Rua da Casa Branca 7* ⊠ *9000-088 – 𝒞 291 70 07 70*
*– www.quintacasabranca.pt*                               **Xt**
**41 qto** ⊇ – ♥150/200 € ♥♥210/250 € – 2 suites
**Rest *Casa da Quinta*** – ver selecção restaurantes
Hotel de estética moderna localizado numa antiga quinta do século XIX. Possui um ambiente ajardinado com grande diversidade de árvores e plantas, uma zona nobre correta e quartos confortáveis, a maioria deles com acesso direto para o jardim.

### 🏨 Quinta da Bela Vista ⊗⊠⊐⊞☓◻️⊜◻️☓⊜⊞
*Caminho do Avista Navios 4, por Rua Doctor Pita : 3 km* ⊠ *9000-129*
*– 𝒞 291 70 64 00 – www.belavistamadeira.com*
**89 qto** ⊇ – ♥125/271 € ♥♥149/402 € – 3 suites
**Rest** – Menu 42/45 € – Lista 35/55 €
**Rest *Casa Mãe*** – Lista 33/65 €
Quinta de finais do séc. XIX formada por vários edifícios situados numa extensa área ajardinada. Oferece quartos de elegante classicismo e zonas comuns detalhistas. O atractivo restaurante Casa Mãe encontra-se na antiga casa senhorial.

## FUNCHAL



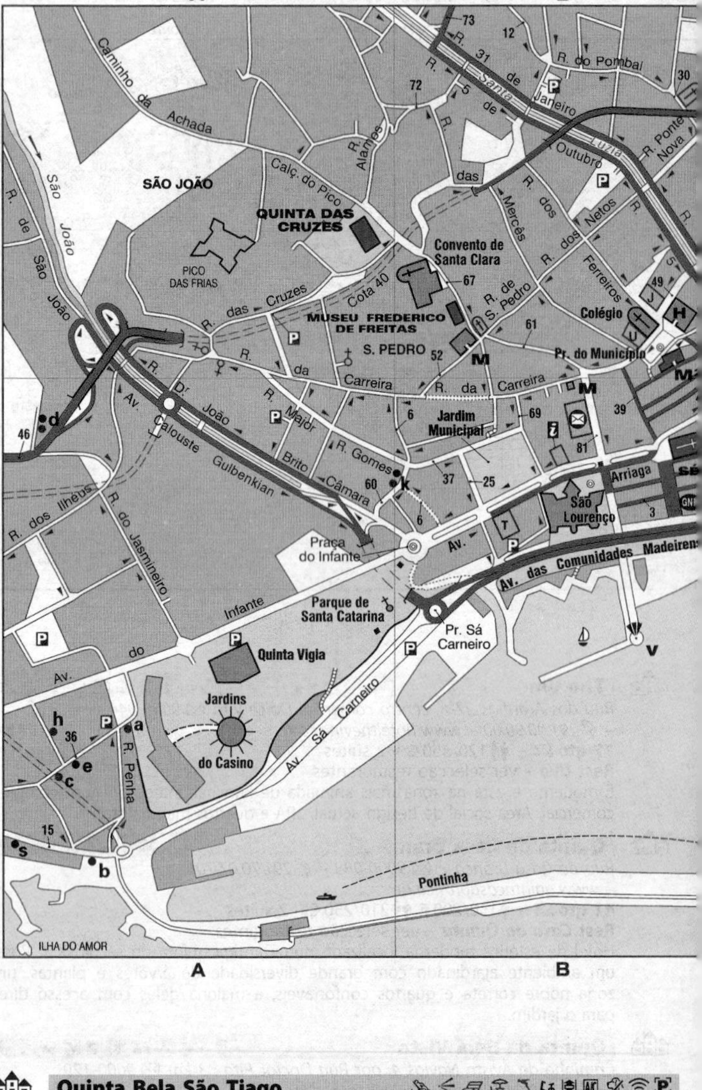

A
B
Y
Z
SÃO JOÃO
QUINTA DAS CRUZES
PICO DAS FRIAS
Convento de Santa Clara
MUSEU FREDERICO DE FREITAS
S. PEDRO
Colégio
Pr. do Município
Jardim Municipal
São Lourenço
Praça do Infante
Parque de Santa Catarina
Pr. Sá Carneiro
Quinta Vigia
Jardins do Casino
Pontinha
ILHA DO AMOR
Caminho da Achada
Calç. do Pico
R. das Cruzes
Cota 40
R. da Carreira
R. Dr João Brito Câmara
Av. Calouste Gulbenkian
R. dos Ilhéus
R. do Jasmineiro
Av. do Infante
Av. Sá Carneiro
Av. das Comunidades Madeiren
R. 31 de Janeiro
R. 5 de Outubro
R. do Pombal
R. Ponte Nova
R. dos Netos
R. dos Ferreiros
R. das Mercês
R. de S. Pedro
R. Major
R. Gomes
Arriaga
R. Penha
R. de São João
São João
Santa Luzia


**Quinta Bela São Tiago**

*Rua Bela São Tiago 70 ✉ 9060-400 – ✆ 291 20 45 00 – www.solpuro.pt*
**56 qto** ☕ – 🚹90/131 € 🚹🚹97/195 € – 8 suites DZ**a**
**Rest** – Menu 50 € – Lista 31/44 €
Ocupa uma casa senhorial do séc. XIX, restaurada e ampliada com dois edifícios, oferecendo um conforto moderno e actual. Vistas atractivas ao mar e à cidade. O refeitório destaca pela sua boa montagem e pelo alto nível gastronómico.

### Quintinha de São João

*Rua da Levada de São João 4* ✉ *9000-191 –* ☎ *291 74 09 20*
*– www.quintinhasaojoao.com*                                                    AZ**d**

**36 qto** ☲ – **♦**95/122 € **♦♦**132/163 € – 6 suites
**Rest *A Morgadinha*** – *(só jantar)* Menu 38 € – Lista 32/48 €
Localizada em uma das quintas históricas da cidade. Combina arquitectura clássica com um interior acolhedor, um SPA moderno e quartos espaçosos. O restaurante, localizado num edifício separado, oferece uma seção de cozinha goesa.

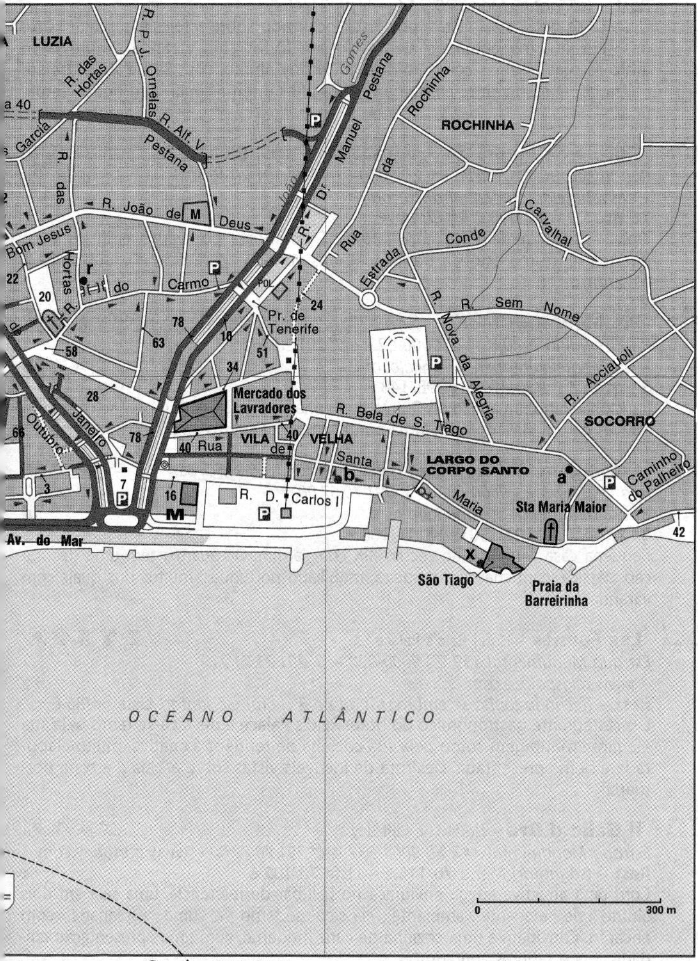

### Pestana Promenade  ⟨ 🕭 ㆍ ◻ ◉ ╚ 🛗 ㅁ ಟ qto,  🆎 ಔ 🛜 🛁 🚗

*Rua Simplicio dos Passos Gouveia 31, pela estrada Monumental - Oeste : 1,5 km*
✉ 9000-001 – ℰ 291 14 14 00 – www.pestana.com
**107 qto** ⌇ – †125/255 € †139/269 € – 5 suites
**Rest** – *(só jantar)* Menu 20/24 € – Lista 31/46 €

Destaca-se pelas suas vistas, pois está localizado sobre a falésia; a maior parte dos seus quartos, actuais e alegres (quase todos com varanda), sobressaem tanto às suas piscinas como ao oceano. Lobby amplo, bom SPA e suites personalizadas. O restaurante combina o seu buffet internacional com outros temáticos.

### Quinta da Penha de França sem rest, com snack-bar  ⌘ 🚗 ◻ 🛗

*Rua Imperatriz D. Amélia 85* ✉ 9000-014 – ℰ 291 20 46 50  **P**
*– www.hotelquintapenhafranca.com*  **AZe**
**76 qto** ⌇ – †71/93 € ††77/148 €

Típica quinta madeirense com jardim. É composta por vários edifícios e os quartos têm uma estética tradicional, uns voltados para o mar e outros para os jardins.

### Penha França Mar sem rest  ⟨ ◻ 🛗 🆎 **P**

*Rua Carvalho Araújo 1* ✉ 9000-022 – ℰ 291 20 46 50
*– www.hotelquintapenhafranca.com*  **AZb**
**33 qto** ⌇ – †73/102 € ††98/148 €

Funciona como um anexo da Quinta da Penha de França, com o qual se comunica através de um elevador e de uma ponte exterior. Quartos amplos e funcionais.

### Estalagem Quinta Perestrello sem rest, com snack-bar  🚗 ◻ 🆎

*Rua Dr. Pita 3* ✉ 9000-089 – ℰ 291 70 67 00  ಔ **P**
*– www.charminghotelsmadeira.com*  **Xd**
**36 qto** ⌇ – †107/150 € ††117/160 €

Pequena casa senhorial do século XIX com jardim. Os quartos têm uma decoração clássica, com chão em madeira, mobiliário português, muitos dos quais com varanda.

### XXXX Les Faunes – Hotel Reid's Palace  ⟨ 🚗 ◻ 🍴 🆎 ಔ **P**

*Estrada Monumental 139* ✉ 9000-098 – ℰ 291 71 71 71
*– www.reidspalace.com*  **Xz**
**Rest** – *(fechado junho-setembro, sábado e 3ª feira) (só jantar)* Lista 64/85 €

É o restaurante gastronómico do hotel Reid's Palace e destaca-se tanto pela sua elegante montagem como pela sua cozinha de tendência criativa, muito elaborada e bem apresentada. Desfruta de incríveis vistas sobre a baía e a zona portuária!

### XXX Il Gallo d'Oro – Hotel The Cliff Bay  🕭 🆎 ಔ **P**

❀
*Estrada Monumental 147* ✉ 9004-532 – ℰ 291 70 77 00 – www.portobay.com
**Rest** – *(só jantar)* Menu 70/115 € – Lista 70/102 € ⌘  **Xc**

Com uma atractiva adega envidraça no hall-bar de referência, uma sala em dois alturas de elegante ambiente clássico-moderno e uma esplanada com encanto. Convidam a uma cozinha de cariz moderno, com uma apresentação cuidadíssima e sabores apurados.

➜ Medalhão de lavagante, salmão gravlax, aneto e creme iodado. Filete wagyu, batatas maxim e variação de cenouras. Banana na brasa, parfait de banana e lima, banana caramelizada e geleia de morango.

### XXX Uva – Hotel The Vine  ⟨ 🆎 ಔ ❖

*Rua dos Aranhas 27-A, centro comercial Dolce Vita* ✉ 9000-044
*– ℰ 291 00 90 00 – www.hotelthevine.com –*  **ABZk**
**Rest** – Menu 38/55 € – Lista 40/75 €

Instalado sobre o terraço do hotel, junto à piscina. Apresenta um interior moderno e luminoso, com uma montagem de grande qualidade, solos de vidro e gosto pelos materiais sintéticos. Ementa de tendência actual com influências mediterrânicas.

XXX **Villa Cipriani** – Hotel Reid's Palace    ≤ 🛋 ⅃ ✗ 🎬 ✗ **P**
*Estrada Monumental 139* ✉ *9000-098 –* ☏ *291 71 71 71 – www.reidspalace.com*
**Rest** – *(só jantar)* Lista 55/78 €                                                     X**a**
Apesar de pertencer ao hotel Reid's Palace, está instalado numa pequena vila
totalmente independente, elegante e ao mesmo tempo informal. Oferece uma
boa cozinha italiana e magníficas vistas às falésias, sobretudo desde a esplanada.

XX **Casa da Quinta** – Hotel Quinta da Casa Branca    🛋 🏠 ⅃ ✗ ✿ **P**
*Rua da Casa Branca 7* ✉ *9000-088 –* ☏ *291 70 07 70*
*– www.quintacasabranca.pt*                                                          X**t**
**Rest** – *(só jantar)* Lista 37/57 €
Ocupa a parte mais antiga da quinta, que data do século XIX. Conta com várias
salas de estilo clássico elegante, algumas privadas, e um terraço realmente maravilhoso situado no jardim. O seu chef propõe uma cozinha elaborada e atual.

XX **Do Forte ◍**                                           🏠 🎬 ✗ ✿
*Rua Portão São Tiago (Forte de São Tiago)* ✉ *9060-250 –* ☏ *291 21 55 80*
*– www.restaurantedoforte.com.pt*                                          DZ**x**
**Rest** – Menu 28 € – Lista 28/40 €
Localizado no interior da fortaleza, junto à muralha. Oferece uma cozinha de
base internacional com toques actuais e... carros antigos de colecção ao dispor
dos clientes!

X **Casa Velha**                                             🏠 🎬 ✗
*Rua Imperatriz D. Amélia 69* ✉ *9000-018 –* ☏ *291 20 56 00*
*– www.casavelharestaurant.com*                                          AZ**a**
**Rest** – Lista 30/59 €
Este edifício elegante de estilo clássico repartido em dois andares, dispõe de um
bar com ambiente inglês e um belo terraço. Serviço agradável e profissional.

X **Dona Amélia**                                                    🎬 ✗
*Rua Imperatriz D. Amélia 83* ✉ *9000-018 –* ☏ *291 22 57 84*
*– www.donaameliarestaurant.com*                                          AZ**c**
**Rest** – Lista 31/59 €
Do mesmo proprietário do restaurante Casa Velha e composto por vários anda-
res. Oferecem uma carta simples de cariz tradicional com recomendações do chef.

X **Mozart ◍**                                                🏠 🎬 ✗
*Rua D. Carlos-I 50* ✉ *9060-051 –* ☏ *291 24 42 39*
*– www.restaurantedoforte.com.pt*                                          DZ**b**
**Rest** – Lista 25/40 €
Restaurante de ambiente clássico localizado na parte velha da cidade. Conta com
duas esplanadas, uma cozinha com base em pratos internacionais com detalhes
actuais e um menu de degustação.

## ao Nordeste da cidade 5,5 km

🏠🏠🏠 **Choupana Hills**        ⌇ ≤ 🛋 ⅃ 🎬 ⊕ 🜂 ✗ 🛜 ⌂ **P**
*Travessa do Largo da Choupana, por Caminho do Meio* ✉ *9060-348 Funchal*
*–* ☏ *291 20 60 20 – www.choupanahills.com*
**58 qto** 🖂 – ♦250/550 € ♦♦350/650 € – 4 suites
**Rest** *Xôpana* – ver selecção restaurantes
O edifício principal está formado por duas grandes cabanas unidas, com um elegante interior de design moderno. Os quartos, distribuídos em bungalows, desfrutam do máximo conforto. Completo SPA com piscina exterior climatizada!

XXX **Xôpana** – Hotel Choupana Hills        ≤ 🛋 ⅃ 🎬 ✗ **P**
*Travessa do Largo da Choupana, por Caminho do Meio* ✉ *9060-348 Funchal*
*–* ☏ *291 20 60 20 – www.choupanahills.com*
**Rest** – Lista 20/50 €
Tem um acesso independente e um carácter polivalente, pois aqui também oferecem o serviço de pequenos-almoços. Ocupa uma grande cabana dotada com
um interior amplo, elegante e de ambiente tropical. Cozinha de tendência actual
com toques exóticos.

PORTUGAL

**pela estrada de Camacha** por ② : 8 km

### 🏠 Casa Velha do Palheiro    🕭 🗟 🖫 ⅃ 🏖 🖸 🛠 rest, 🛜 🅿

*Rua da Estalagem 23 - São Gonçalo* ⊠ *9060-415 Funchal* – 🕾 *291 79 03 50*
– *www.palheiroestate.com*
**34 qto** ⊊ – 🛉149/185 € 🛉🛉204/276 € – 3 suites
**Rest** – Menu 42/80 € – Lista 47/75 €
Destaca-se pela sua localização, rodeado por jardins idílicos e próximo de um campo de golf. É formado por uma casa senhorial antiga e dois anexos, todos de ambiente clássico-inglês. O restaurante aposta na cozinha internacional e é direccionado para os hóspedes.

**PONTA DO SOL** – *733* A2 – **4 577** h.       **7** A2
▶ Funchal 22

### 🏠 Estalagem da Ponta do Sol    🕭 < 🖾 ⅃ 🗔 🕼 🖨 🕹 qto, 🔠

*Quinta da Rochinha* ⊠ *9360-529* – 🕾 *291 97 02 00*        🛠 rest, 🛜 🅿
– *www.pontadosol.com*
**54 qto** ⊊ – 🛉50/90 € 🛉🛉62/142 €    **Rest** – Menu 24 € – Lista 14/46 €
A estalagem surpreende pelo seu design, pois trata-se de um edifício antigo, com anexos modernos, localizado no topo de um rochedo. Decoração funcional e moderna, vista magnífica. O seu restaurante desfruta de uma montagem actual e uma bela panorâmica sobre o oceano.

**PORTO MONIZ** – *733* A2 – **1 668** h.       **7** A2
▶ Funchal 106
🖪 Rua dos Emigrantes, ⊠ 9270-053, 🕾 291 85 30 75, www.portomoniz.pt
◉ Localidade★, escolhos★
🖸 Estrada de Santa ≤★ Sudoeste : 6 km – Seixal (localidade★) Sudeste : 10 km – Estrada escarpada★★ (≤★) de Porto Moniz a São Vicente, Sudeste : 18 km.

### 🏠 Salgueiro    🖾 🖨 🔠 rest, 🛠 🛜

*Lugar do Tenente 34* ⊠ *9270-095* – 🕾 *291 85 00 80*
– *www.residencialsalgueiro.com*
**18 qto** ⊊ – 🛉28/38 € 🛉🛉35/45 € – 1 apartamento    **Rest** – Lista 24/44 €
Um belo local, localizado perto das famosas piscinas naturais da cidade! Disfrute de quartos acolhedores de estilo clássico, destacando-se os que têm vista direta para o mar. Também possui um apartamento situado nas águas furtadas e um restaurante panorâmico com ementa tradicional.

**SANTA CRUZ** – *733* B2 – **4 028** h.       **7** A2
▶ Funchal 14

**na via rápida** Noreste : 1,3 km

### 🏠 Quinta Albatroz    ≤ 🖾 ⅃ 🛠 🖨 🔠 qto, 🛠 🛜 🛁 🅿

*Quinta Dr. Américo Durão, Sítio da Terça* ⊠ *9100-187 Santa Cruz*
– 🕾 *291 52 02 90* – *www.albatrozhotel.com*
**13 qto** ⊊ – 🛉95/134 € 🛉🛉110/149 € – 2 suites    **Rest** – Lista 21/39 €
Aprecia-se por dar um bom serviço ao cliente. Os seus amplos quartos estão decorados num estilo rústico actual, todos com um pequeno terraço e boas vistas. No restaurante, diáfano e de uso polivalente, oferecem uma ementa tradicional.

## PORTO SANTO

A ilha prestasse aos maiores contrastes. É constituída por uma vasta planície onde se erguem alguns picos, sendo o mais elevado o Pico do Facho (517 m.).

Uma imensa praia de areia dourada com mais de 7 km., situada ao longo da Costa Sul, um clima ameno e mais seco do que na Madeira, atraem os turistas para esta ilha pacata.

Os habitantes de Porto Santo vivem da pesca e de algumas culturas. A vinha produz um excelente vinho branco, muito doce.

**VILA BALEIRA** – **733** D1 – **5 483 h.** – **Praia** **7** B2

do Porto Santo : 2 km ✆ 291 98 01 20

**T.A.P.** ✆707 20 57 00

para Funchal : Porto Santo Line, cais sul do Porto de Abrigo ✆291 21 03 00

Av. Henrique Vieira e Castro 5 , ✉ 9400-179, ✆291 98 52 44

Porto Santo, Sítio das Marinhas, ✆291 98 37 78

Largo do Pelourinho★

A Pedreira★ 8 km ao Sudoeste – Pico das Flores ≤★ 9 km ao Sudoeste.

**Torre Praia**

*Rua Goulart Medeiros ✉ 9400-164 – ✆ 291 98 04 50*
*– www.portosantohotels.com*
**66 qto** – 50/159 € 70/200 € – 4 suites
**Rest** – Menu 15/25 € – Lista 25/44 €
O melhor é a sua localização, em frente a uma extensa praia de areia fina. Dispõe de quartos confortáveis e funcionais de estilo atual, os do piso térreo oferecem um pequeño terraço com vista para o jardim. O restaurante, com belas vistas para a praia, propõe uma ementa internacional e regional.

**ao Sudoeste 2 km**

**Porto Santo**

*Campo de Baixo ✉ 9400-015 – ✆ 291 98 01 40 – www.hotelportosanto.com*
**94 qto** – 86/208 € 119/208 € – 5 suites
**Rest** – ✆ 291 98 01 40 – Lista 22/44 €
Foi o primeiro hotel da ilha a ser construído e portanto é muito clássico, dispõe de um SPA, amplos jardins e a praia a poucos passos. Disponibiliza quartos de estilo clássico-antigo, todos com varanda, assim como moradias de construção recente, muito mais atuais. Restaurante com ementa internacional.

**MAIA** – **Porto** – **733** – **591** I4 – **12 406 h.** **8** A2

Lisboa 314 – Braga 44 – Porto 11 – Vila Real 98

**Central Parque** sem rest

*Av. Visconde de Barreiros 83 ✉ 4470-151 – ✆ 229 47 55 63*
*– www.hotelcentralparque.com*
**40 qto** – 54/71 € 59/81 €
Localiza-se numa das avenidas mais importantes da cidade. No seu conjunto, dispõe de zonas de convívio acolhedoras e quartos confortáveis, todos de traçado actual-funcional.

**em Nogueira** Este : 3,5 km

**Albergaria Machado**

*Rua Dr. António José de Almeida 442 ✉ 4475-456 Nogueira Maia*
*– ✆ 229 41 08 39 – www.restaurantemachado.com*
**10 qto** – 40 € 50 €
**Rest** ***Machado*** – ver selecção restaurantes
Hotel de amável organização familiar. A zona social é algo reduzida e possui quartos muito cuidados, com os chãos em parquet e casas de banho modernas em mármore.

**Machado** – Hotel Albergaria Machado

*Rua Dr. António José de Almeida 467 ✉ 4475-456 Nogueira Maia*
*– ✆ 229 41 08 39 – www.restaurantemachado.com – fechado 2ª feira e 3ª feira*
**Rest** – *(só menu)* Menu 20 €
Restaurante rústico de grande tipismo, onde se combinam a madeira, a pedra e o granito. Oferece um bom prato do dia e a sua especialidade é a vitela asada ao estilo de Lafões.

**MALHOU** – Santarém – **733** – **592** N3 – **773** h.      **6** B2

▶ Lisboa 101 – Santarém 27 – Leiria 53 – Coimbra 112

※※    **O Malho**          🅰🅲 🕁 🅿
*Rua Padre Reis* ✉ 2380-537 – 𝒞 249 88 27 81 – *www.restauranteomalho.com*
*– fechado agosto, domingo noite e 2ª feira*
**Rest** – Menu 25/45 € – Lista 25/35 €
Surpreendente villa familiar de estilo ribatejano. Nas suas salas, de estilo clássico mas com detalhes regionais, pode desfrutar de uma cozinha tradicional cuja especialidade é o peixe.

---

**MANTEIGAS** – Guarda – **733** – **591** K7 – **2 864** h. – alt. 775 m –    **5** C2
Desportos de Inverno na Serra da Estrela : ✔3 ✔1 – Termas

▶ Lisboa 355 – Guarda 49

🄸 Rua Dr. Estevez de Carvalho 2 , ✉ 6260-144, 𝒞 275 98 11 29

🄶 Poço do Inferno★ (cascata★) Sul : 9 km – Sul : Vale glaciário do Zêzere★★, ≤★

⚘    **Casa das Obras** sem rest        🛋 🌊 🕁 🛜 🅿
*Rua Teles de Vasconcelos* ✉ 6260-185 – 𝒞 275 98 11 55 – *www.casadasobras.pt*
**6 qto** ☷ – ♦48/80 € ♦♦58/100 €
Casa Senhorial que conserva no seu interior a atmosfera do séc. XVIII, com aconchegantes detalhes e mobiliário de época nos quartos. Pequeno jardim com piscina ao atravessar a rua.

**pela estrada das Caldas** Sul : 2 km e desvio a esquerda 1,5 km

🏠    **Berne**        🌊 ≤ 🏞 🛋 🝢 🅰🅲 🕁 🛜 🅿
*Quinta de Santo António* ✉ 6260-191 Manteigas – 𝒞 275 98 13 51
*– www.hotelberne.com – fechado do 15 ao 30 de setembro*
**17 qto** ☷ – ♦30/65 € ♦♦45/65 €
**Rest** – *(fechado domingo noite e 2ª feira)* Menu 17 € – Lista 15/28 €
Acolhedor hotelzinho dirigido por uma família proprietária. Possui uma boa sala social e cuidados quartos, a maioria dotados de varanda e alguns com excelentes vistas. O seu restaurante oferece uma ementa muito variada, com predomínio de pratos internacionais.

**pela estrada de Gouveia** Norte : 16 km e desvio a esquerda 1,5 km

🏠    **Casa das Penhas Douradas**       🌊 ≤ 🗔 🕭 qto, 🕁 🛜 🅿
✉ 6260-200 Manteigas – 𝒞 275 98 10 45 – *www.casadaspenhasdouradas.pt*
**18 qto** ☷ – ♦85/130 € ♦♦100/145 €
**Rest** – Menu 20/30 € – Lista aprox. 29 €
Casa de estilo montanhês que destaca-se pela sua localização, em plena natureza e suas magníficas vistas para a serra da Estrela. Os seus quartos acolhedores dispõem de grandes janelas e com muito design de interior, forrados a cortiça e bétula. Pequeno SPA e restaurante funcional, baseado num menu.

---

**MARRAZES** – Leiria – ver Leiria

---

**MARVÃO** – Portalegre – **733** – **592** N7 – **486** h. – alt. 865 m      **2** C1

▶ Lisboa 240 – Portalegre 22 – Castelo Branco 106 – Santarém 172

🄸 Rua de Baixo, ✉ 7330-111, 𝒞 245 99 34 56, www.cm-marvao.pt

🄾 Sítio★★ – A Vila (balaustradas★) – Castelo★ (vistas panorâmicas★★) : aljibe★

🏠    **Pousada de Santa Maria**       🌊 ≤ 🛎 🅰🅲 🕁
*Rua 24 de Janeiro 7* ✉ 7330-122 – 𝒞 245 99 32 01 – *www.pousadas.pt*
**28 qto** – ♦80/90 € ♦♦90/100 €, ☷ 6 € – 3 suites    **Rest** – Menu 25 €
Situa-se no centro de uma povoação adorável envolvida por muralhas. Conta com zonas de convívio bastante agradáveis e quartos de ambiente clássico-regional divididos por dois edifícios separados por uma rua pedonal. Restaurante polivalente e panorâmico.

### El Rei D. Manuel
*Largo de Olivença* ✉ 7330-104 – ☎ 245 90 91 50 – www.turismarvao.pt
**15 qto** ☲ – †45/65 € ††49/75 €   **Rest** – Lista 20/28 €
Pequeno hotel de organização familiar situado no coração desta pitoresca localidade. Oferece quartos confortáveis, destacando-se nove deles pelas excelentes vistas. Refeitório atractivo e de ar regional onde encontrará um ambiente cómodo e agradável.

## MATOSINHOS – Porto – ver Porto

## MELGAÇO – Viana do Castelo – 733 – 591 F5 – 1 560 h. – Termas          8 B1
▶ Lisboa 451 – Braga 110 – Ourense 61 – Viana do Castelo 89
🛈 Rua da Loja Nova, ✉ 4960-371, ☎ 251 40 24 40

### ao Noroeste 3 km

### Monte Prado
*Complexo Desportivo e de Lazer* ✉ 4960-320 Prado – ☎ 251 40 01 30
– www.hotelmonteprado.pt
**43 qto** ☲ – †85/98 € ††110/120 € – 7 suites
**Rest** – Menu 13/24 € – Lista 18/30 €
Construído numa encosta junto ao rio, caracteriza-se por estar rodeado dumas cuidadas instalações desportivas. Conjunto moderno, confortável, amplo e de linhas rectas. O restaurante, que é diáfano e luminoso, desfruta duma entrada independente.

### em Peso Oeste : 3,5 km

### Quinta do Reguengo sem rest
✉ 4960-267 Melgaço – ☎ 251 41 01 50 – www.reguengodemelgaco.pt
**12 qto** ☲ – †60/75 € ††60/82 € – 2 suites
Dispõe de uma agradável organização familiar e surpreende por estar rodeado por um vinhedo, com o qual fazem o seu próprio vinho Alvarinho, oferecendo degustações num lagar anexo. Quartos amplos, clássicos e de excelente conforto para a sua categoria.

### Adega do Sossego
✉ 4960-235 Melgaço – ☎ 251 40 43 08 – www.adegasossego.com
– fechado 20 junho-11 julho, do 8 ao 12 de outubro e 4ª feira
**Rest** – Lista aprox. 35 €
Restaurante de organização totalmente familiar. Possui dois pisos, com decoração rústica que combina paredes em pedra e tetos em madeira. Cozinha tradicional portuguesa com boas carnes na brasa, peixes do rio e bacalhau.

## MESÃO FRIO – Vila Real – 733 – 591 I6 – 1 927 h.          8 B3
▶ Lisboa 402 – Vila Real 47 – Porto 84 – Viseu 83

### pela estrada N 108 Este : 2 km e desvio a esquerda 0,8 km

### Casa de Canilhas sem rest
*Lugar de Banduja* ✉ 5040-302 Mesão Frio – ☎ 254 89 11 81
– www.canilhas.com
**7 qto** ☲ – †50/110 € ††60/120 €
Casa familiar dotada de amplas esplanadas e magníficas vistas sobre o rio Douro. Possui uma acolhedora sala social com biblioteca e uns quartos repletos de atractivos pormenores.

## MIRANDELA – Bragança – 733 – 591 H8 – 11 852 h.          9 C2
▶ Lisboa 475 – Bragança 67 – Vila Real 71
🛈 Rua D. Afonso III, ✉ 5370-288, ☎ 800 30 02 78
◉ Museu Municipal Armindo Teixeira Lopes ★

**PORTUGAL**

### ✗✗✗ Flor de Sal

*Parque Dr. José Gama* ✉ *5370-527* – ☎ *278 20 30 63*
– *www.flordesalrestaurante.com* – *fechado domingo noite e 2ª feira de outubro a fevereiro*
**Rest** – Lista 35/55 € ❀

Sem dúvida ficará surpreendido! Possui um atractivo hall com porta-garrafas, uma sala moderna adornada com detalhes de design e um bar com esplanada junto ao rio. Boa adega e cozinha actual.

### ✗✗ D. Maria

*Rua Dr. Jorge Pires 3* ✉ *5370-430* – ☎ *278 24 84 55* – *www.rdmaria.com*
**Rest** – *(só almoço)* Menu 8/10 € – Lista 15/32 €

Encontra-se numa zona tranquila e é gerido diretamente pela proprietária que deu o seu nome ao negócio. Aqui encontrará uma completa ementa tradicional, com mariscos, alguns pratos franceses e sugestões diárias. Adega completa.

### ✗ O Grês

*Av. Nossa Senhora do Amparo* ✉ *5370-210* – ☎ *278 24 82 02*
– *fechado domingo noite*
**Rest** – Lista 15/31 €

Um grande clássico, pois abriu as suas portas há mais de 30 anos. Disponibiliza duas salas de estilo clássico, uma interior e outra exterior, onde poderá degustar uma completa ementa tradicional. As sugestões da casa mudam todos os dias!

## MOIMENTA DA BEIRA – Viseu – 733 – 591 J7 – 2 888 h.    5 C1

▶ Lisboa 338 – Viseu 51 – Guarda 84 – Vila Real 62

**pela estrada N 226** Sudeste : 2,5 km

###  Verdeal

✉ *3620 Moimenta da Beira* – ☎ *254 58 40 61* – *www.hotel-verdeal.com*
**34 qto** ☲ – ✝30/40 € ✝✝45/60 €
**Rest** – *(fechado 2ª feira)* Menu 10/25 € – Lista aprox. 25 €

Localizado nos arredores da cidade, dispõe de boas áreas comuns e quartos atuais e confortáveis, todos espaçosos, decorados com cores variadas, com mobiliário funcional e pavimentos em tarima. Na sua luminosa sala de jantar propõe-se uma ementa de pratos tradicionais portugueses.

## MONÇÃO – Viana do Castelo – 733 – 591 F4 – 2 469 h. – Termas    8 A1

▶ Lisboa 451 – Braga 71 – Viana do Castelo 69 – Vigo 48

🚹 Praça Deu-La-Deu (Cassa do Curro), ✉ 4950-452, ☎ 251 65 27 57

◉ Miradouro ★

###  Convento dos Capuchos

*Qta. do Convento dos Capuchos, (Antiga Estrada de Melgaço)* ✉ *4950-527*
– ☎ *251 64 00 90* – *www.conventodoscapuchos.com*
**24 qto** ☲ – ✝63/90 € ✝✝78/105 €    **Rest** – Menu 18/50 € – Lista 25/40 €

Perfeito para relaxar, pois ocupa parcialmente um convento do século XVIII e tem uma boa área ajardinada, com um tanque cheio de peixes e um bosque de bambus. Disponibiliza quartos de estilo clássico atual e dispõe de um claustro central. O seu restaurante propõe uma cozinha tradicional atualizada.

### ✗ Cabral

*Rua 1º de Dezembro* ✉ *4950-426* – ☎ *251 65 17 75* – *fechado 15 dias em novembro e 6º feira salvo julho e agosto*
**Rest** – Lista aprox. 25 €

A palavra ideal para definir este estabelecimento é sensibilidade, tanto na sua disposição como na sua decoração. O ambiente é agradável e o serviço eficaz. Ementa tradicional especializada em peixes, sempre muito frescos.

## na estrada de Sago Sudeste : 3 km

⌂ **Solar de Serrade** sem rest    🐾 🚗 ⚄ 🛜 🛗 **P**
*Mazedo* ⊠ *4950-280 Mazedo –* ✆ *251 65 40 08 – www.solardeserrade.pt*
**6 qto** ⌷ – ♦50/60 € ♦♦55/65 € – 5 suites
Ocupa uma casa brazonada de estética senhorial e encontra-se numa quinta repleta de vinhas, e são produtores de Alvarinho. Apresenta belos salões com decoração da época, uma capela e elegantes quartos, a maioria com mobiliário antigo.

---

**MONCHIQUE** – Faro – **733** – **593** U4 – **4 817 h. – alt. 458 m – Termas**    3 A1
▶ Lisboa 260 – Faro 86 – Lagos 42
🛈 Largo de S. Sebastião , ⊠ 8550, ✆ 282 91 11 89
◪ Estrada★ de Monchique à Fóia ≤★, Monte Fóia★ ≤★

## na estrada N 266

🏨 **Longevity**    🐾 ≤ 🚗 🛱 ⌿ 🍽 ⊕ 🅻🅰 ♿ 🆎 ⚄ 🛜 🛗 **P** 🚗
*Lugar do Montinho* ⊠ *8550-232 Monchique –* ✆ *282 24 01 10*
*– www.longevitywellnessresort.com*
**135 apartamentos** ⌷ – ♦♦170/413 €
**Rest** – *(só jantar)* Menu 35/75 € – Lista 35/54 €
O lugar perfeito para fugir do stress! Está especializado em tratamentos médico--estéticos, por isso dispõe de um SPA moderno. Ampla área social, bar panorâmico e apartamentos de grande dimensão, todos atuais e com terraço. O restaurante, muito luminoso e atual, oferece vistas idílicas desde o seu terraço.

---

**MONFORTINHO (Termas de)** – Castelo Branco – **733** – **592** L9    5 D3
**– 536 h. – alt. 473 m – Termas**
▶ Lisboa 310 – Castelo Branco 70 – Santarém 229
🛈 Av. Conde da Covilhã, Edifício das Piscinas Municipais, ⊠ 6060-062,
✆ 277 43 42 23, www.turismodocentro.pt

🏨 **Fonte Santa**    🐾 ≤ 🚗 ⌿ 🍽 ⚄ 🅻🅰 ♿ qto, 🆎 ⚄ 📞 **P**
⊠ *6060-072 –* ✆ *277 43 03 00 – www.ohotelsandresorts.com*
**38 qto** ⌷ – ♦50/130 € ♦♦55/140 € – 3 suites
**Rest** – Menu 19/45 € – Lista 25/45 €
Este hotel-balneário foi remodelado num estilo moderno e actual, dando assim serviço às necessidades de um público mais jovem. Possui um frondoso parque privado. No seu luminoso restaurante poderá degustar uma cozinha tradicional actualizada.

🏨 **Astória**    🐾 🚗 ⌿ ⊕ 🅻🅰 🍽 ⚄ ♿ qto, 🆎 ⚄ 🛗 **P**
*Padre Alfredo* ⊠ *6060-072 –* ✆ *277 43 03 00 – www.ohotelsandresorts.com*
**83 qto** ⌷ – ♦40/120 € ♦♦45/130 € – 11 suites
**Rest** – Menu 17/30 € – Lista 20/35 €
Destaca pelo seu completo SPA, que dá serviço tanto a este hotel como ao Fonte Santa. Oferece cuidadas instalações de linha clássica e quartos confortáveis. As grandes janelas e a alegre decoração conformam um refeitório cheio de graça e encanto.

🏠 **Das Termas**    🆎 ⚄ 🛜 **P**
*Padre Alfredo* ⊠ *6060-072 –* ✆ *277 43 03 10 – www.hoteldastermas.com*
*– fechado janeiro*
**20 qto** ⌷ – ♦30/35 € ♦♦40/50 €
**Rest** – Menu 10/15 € – Lista 14/22 €
Gerido com carinho pelo casal proprietário. Possui uma modesta recepção, um salão social-bar com lareira e quartos clássicos de um conforto simples. No restaurante, de linha clássica-regional, trabalha-se numa cozinha de paladar tradicional.

**MONSARAZ** – Évora – **733** – **593** Q7 – **782 h. - alt. 342 m**  2 C2

▶ Lisboa 191 – Badajoz 96 – Évora 59 – Portalegre 144

**ℹ** Rua Direita, ✉ 7200-175, ✆ 266 55 71 36

◙ Localidade★★ – Rua Direita★

⌂ **Estalagem de Monsaraz**  ♨ ⩽ 🖼 ⌱ ⅙ qto, 🅰🅺 ⅗ rest, ↗
*Largo de S. Bartolomeu 5* ✉ *7200-175 –* ✆ *266 55 71 12*
*– www.estalagemdemonsaraz.com*
**19 qto** ⌹ **–** ✝40/79 € ✝✝49/79 €
**Rest** *Sabores de Monsaraz –* ✆ *969 21 78 00 (fechado 2ª feira e 3ª feira meio-dia)* Lista 30/47 €

Conjunto rústico-regional localizado numa povoação encantadora, próximo das muralhas e com uma piscina-jardim onde pode desfrutar de umas vistas deslumbrantes. As suas instalações acolhedoras emanam o aroma do quotidiano. O restaurante, que ocupa uma casa típica em pedra a uns 50 m, serve uma cozinha regional saborosa.

**pela estrada de Telheiro** Norte : 1,5 km e desvío a direita 1,3 km

⌂ **Monte Alerta** sem rest  ♨ ⩽ 🖼 ⌱ 🛁 🅰🅺 ⅗ 🛜 🅿 ↗
✉ *7200-175 apartado 101 Monsaraz –* ✆ *966 76 83 07 – www.montealerta.pt*
*– fechado janeiro*
**10 qto** ⌹ **–** ✝60/85 € ✝✝80/100 €

Casa de campo familiar com instalações magníficas e exteriores bastante atraentes. Dispõe de uma ampla zona de convívio e quartos espaçosos, em traços gerais coloridos, alegres e com mobiliário simples, antigo ou de imitação.

**MONTARGIL** – Portalegre – **733** – **592** O5 – **2 316 h.**  1 B1

▶ Lisboa 130 – Portalegre 87 – Santarém 80 – Évora 75

🏨 **CS Do Lago** ⓝ  ⩽ 🖼 ⌱ 🖥 ⊙ 🛁 ⅙ 🅰🅺 ⅗ ⒲ 🛁 🅿 🚗
*Estrada N 2, Nordeste : 2 km* ✉ *7425-144 –* ✆ *242 24 12 50*
*– www.cshotelsandresorts.com*
**99 qto** ⌹ **–** ✝108/192 € ✝✝124/208 € **– 6 suites**
**Rest** – Menu 25/63 € – Lista 27/46 €

Em frente a um bonito lago natural! Enquadrado por palmeiras e um interior de estilo moderno, com umas correctas áreas publicas, um SPA de 1000 m$^2$ e quartos confortáveis. O restaurante, situado no último piso, oferece uma ementa tradicional.

**MONTE REAL** – Leiria – **733** – **592** M3 – **2 936 h. - alt. 50 m – Termas**  6 A1

▶ Lisboa 147 – Leiria 16 – Santarém 97

**ℹ** Largo Manuel da Silva Pereira (Parque Municipal), ✉ 2425-041, ✆ 244 61 21 67, www.rt-leiriafatima.pt

🏨 **Palace H. Monte Real**  ⌱ 🖥 ⅙ 🅰🅺 ⅗ 🛜 🛁 🅿 🚗
*Rua de Leiria* ✉ *2426-909 –* ✆ *244 61 89 00 – www.termasdemontereal.pt*
**96 qto** ⌹ **–** ✝59/80 € ✝✝64/96 € **– 5 suites**
**Rest** *Paços da Rainha* – Menu 20 € – Lista 30/40 €

Este hotel instalado em um edifício imponente de aparência palaciana com uma fachada maravilhosa e um anexo moderno, oferece quartos muito confortáveis, aqueles que encontram-se na parte nova dispõem de varanda. O restaurante, muito bem concebido, oferece um menu de carácter internacional.

⌂ **D. Afonso**  ⌱ ⊙ 🛁 ⅗ 🖥 ⅙ qto, 🅰🅺 ⅗ 🛜 🛁 🚗
*Rua Dr. Oliveira Salazar 19* ✉ *2425-044 –* ✆ *244 61 12 38*
*– www.hoteldomafonso.com – abril-dezembro*
**75 qto** ⌹ **–** ✝43/60 € ✝✝48/68 € **Rest** – Menu 17 €

Simples e antiquado na sua decoração, detalhes importantes que no entanto se tornam irrelevantes ao ver a piscina coberta de grandes dimensões e a sua sala de fitness. Disponibiliza quartos bem equipados e uma zona completa recreativa. A sala de refeições, de grande capacidade e montagem adequada, baseia a sua oferta num menu diário.

PORTUGAL

**MONTEMOR-O-NOVO** – Évora – **733** – **593** Q5 – 11 001 h.
– alt. 240 m

▶ Lisboa 112 – Badajoz 129 – Évora 30

🛈 Largo Calouste Gulbenkian, ✉ 7050-192, 𝒞 266 89 81 03, www.cm-montemornovo.pt

**pela estrada de Alcácer do Sal** Sudoeste : 3 km e desvio a direita 1 km

↑ **Monte do Chora Cascas** ♨ 🚗 🏠 ⅃ ♨ 🅐🅒 rest, ⅍ 🛜 🅿

✉ 7050-013 Montemor-o-Novo – 𝒞 266 89 96 90 – www.choracascas.pt
**6 qto** ⬚ – ♦93/130 € ♦♦116/165 € **Rest** – Menu 25/75 €
Uma Casa de Campo de autêntico luxo. Desfruta de magníficos quartos, personalizados e decorados com muito bom gosto, assim como de uma elegante sala social com piano e lareira. A acolhedora sala de refeição ocupa o antigo galinheiro, tema de sua decoração.

**pela estrada N 4** Oeste : 4,5 km e desvio a esquerda 1 km

🏨 **L'And Vineyards** ♨ ⅃ 🔲 ♨ 🛏 🅐🅒 ⅍ 🛜 🚿 🅿

Herdade das Valadas ✉ 7050-031 apartado Montemor-o – 𝒞 266 24 24 00
– www.l-and.com – fechado 15 dias em janeiro
**22 suites** ⬚ – ♦♦181/264 €
**Rest** L'And Vineyards ✿ – ver selecção restaurantes
Este estabelecimento aposta no design, na gastronomía e no vinho! Um estadia aqui é uma experiência autêntica, pois possui quartos com vistas para o céu através de tetos corrediços (Sky View) e outros quartos tipo apartamento (Land View), todos equipados e com conforto máximo.

🍴🍴🍴 **L'And Vineyards** – Hotel L'And Vineyards 🅐🅒 ⅍ 🅿
✿ Herdade das Valadas ✉ 7050-031 Montemor-O-Novo – 𝒞 266 24 24 00
– www.l-and.com – fechado 15 dias em janeiro
**Rest** – Menu 70 € – Lista 44/68 €
Restaurante de ambiente mediterrâneo situado numa sala envidraçada com vistas para o lago. O chef sugere uma cozinha de gosto actual com sabores regionais bem definidos, apresentações cuidadas e traços da gastronomia asiática.
→ Tataki de atum em milfolhas. Peito de pato com duo de puré de aipo e beterraba, couve chinesa salteada e lascas de foie-gras. Milfolhas de requeijão e maçã verde com gelado de beterraba.

---

**MORA** – Évora – **733** – **593** P5 – 2 522 h.
▶ Lisboa 117 – Évora 59 – Santarém 75 – Portalegre 114

🍴 **Afonso** 🅐🅒 ⅍
Rua de Pavia 1 ✉ 7490-207 – 𝒞 266 40 31 66 – www.restauranteafonso.pt
– fechado 15 dias em março, 15 dias em setembro e 4ª feira
**Rest** – Lista 22/40 €
Negócio familiar dotado com um bar e uma sala de refeição neo-rústica, esta última com belos arcos em azulejos. A sua carta de cozinha alentejana é complementada com uma excelente aposta de caça. O expositor de sobremesas da entrada é um verdadeiro convite!

---

**MOREIRA DE CÓNEGOS** – Braga – **733** – **591** H4/ H5 – 4 853 h.
▶ Lisboa 362 – Braga 34 – Porto 53 – Viana do Castelo 82

🍴🍴 **S. Gião** 🅐🅒 ⅍ ⇔ 🅿
Rua Comendador Joaquim de Almeida Freitas 56 ✉ 4815-270 – 𝒞 253 56 18 53
– www.sgiao.com – fechado domingo noite e 2ª feira
**Rest** – Lista 29/52 €
Goza de grande prestígio em todo Portugal! Na sua sala, de estilo clássico regional, com grandes janelas com vista para as montanhas, poderá degustar uma cozinha tradicional portuguesa bastante delicada, sempre muito bem apresentada.

---

**NANTES** – Vila Real – ver Chaves

**PORTUGAL** (vertical side text)

## NAZARÉ – Leiria – 733 – 592 N2 – 10 309 h. – Praia 6 A2

🗖 Lisboa 123 – Coimbra 103 – Leiria 32

🇮 Av. da República, ✉ 2450-101, ✆ 262 56 11 94

👁 Localidade★ - O Sítio (vistas★) - Igreja da Misericórdia (miradouro★)

**Praia** sem rest · 🔲 ♪ 🖨 ㄢ 🎍 🛜 🔊 🚗
*Av. Vieira Guimarães 39* ✉ *2450-110 –* ✆ *262 56 92 00 – www.hotelpraia.com*
**80 qto** ☐ – ♦50/140 € ♦♦60/160 € – 8 suites – 4 apartamentos
Localizado perto da praia, o hotel possui uma área social espaçosa, quartos modernos, todos com varanda ou balcão e apartamentos duplex com cozinha.

## NELAS – Viseu – 733 – 591 K6 – 4 702 h. 5 C2

🗖 Lisboa 277 – Coimbra 81 – Viseu 19

🇮 Largo Prof. Dr. José Veiga Simão , ✉ 3520-103, ✆ 232 94 43 48, www.cm-nelas.pt

XX **Bem Haja** 🕮 ⅀
*Rua da Restauração 5* ✉ *3520-069 –* ✆ *232 94 49 03 – www.bemhaja.net*
**Rest** – Menu 20/34 € – Lista 25/34 €
Esta casa de pedra acolhedora encontra-se numa zona relativamente afastada do centro. As suas salas de ambiente neo-rústico combinam as paredes em pedra com os quadros modernos. Cozinha tradicional, regional e queijos de produção própria.

## NOGUEIRA – Porto – ver Maia

## ÓBIDOS – Leiria – 733 – 592 N2 – 3 340 h. – alt. 75 m 6 A2

🗖 Lisboa 92 – Leiria 66 – Santarém 56

🇮 Largo de São Pedro , ✉ 2510-086, ✆ 262 95 92 31, www.obidos.pt

👁 A Cidadela medieval★★ (Rua Direita★, Praça de Santa Maria★, Igreja de Santa Maria : Túmulo★) - Murallas★★ (vista★★)

🏨 **Pousada do Castelo** 🐾 ≼ ㄢ qto, 🕮 ⅀ 🛜
*Paço Real* ✉ *2510-999 –* ✆ *210 40 76 30 – www.pousadas.pt*
**17 qto** ☐ – ♦120/340 € ♦♦130/350 €
**Rest** – Menu 32 € – Lista 30/45 €
Instalada em um antigo castelo que se destaca pela sua localização, adossada à muralha e com exteriores dignos do cinema, a pousada dispõe de quartos correctos e suites dentro das torres. A sala de refeição dispõe de janelas com vista para o pátio de armas e os arredores.

🏨 **Real d'Óbidos** sem rest 🐾 🖫 🖨 ㄢ 🕮 ⅀ 🛜 🔊 🚗
*Rua D. João de Ornelas* ✉ *2510-074 –* ✆ *262 95 50 90*
*– www.hotelrealdobidos.com*
**17 qto** ☐ – ♦85/105 € ♦♦95/120 € – 1 suite
Edifício senhorial localizado ao lado das muralhas, com exteriores agradáveis, uma piscina com vista magnífica e quartos confortáveis de estilo rústico.

🏨 **Casa das Senhoras Rainhas** 🐾 ㄤ 🖨 🕮 ⅀ 🛜
*Rua Padre Nunes Tavares 6* ✉ *2510-070 –* ✆ *262 95 53 60*
*– www.senhorasrainhas-obidos.com*
**10 qto** ☐ – ♦110/120 € ♦♦130/140 €
**Rest** *Cozinha das Rainhas* – *(fechado 3ª feira e 4ª feira meio-dia)*
Menu 35/48 € – Lista 30/40 €
Na parte antiga da cidade. A casa oferece uma boa sala social e quartos clássicos com mobiliário colonial orientados para as muralhas, a maioria deles com varanda. Este elegante restaurante com um terraço ao lado da muralha, oferece uma cozinha com um toque moderno.

↑ **Casa d'Óbidos** sem rest     🐾 🍴 🎾 💈 **P**
*Quinta de S. José, Nordeste : 1,5 km* ✉ *2510-135 –* 𝒞 *262 95 09 24*
*– www.casadobidos.com*
**6 qto** 🖵 – ♦68/75 € ♦♦77/90 € – 4 apartamentos
Quinta extensa e tranquila localizada nas proximidades da vila. O edifício principal disponibiliza quartos com mobiliário de época, reservando os seus apartamentos para o anexo.

### ao Noroeste

↑ **Quinta da Torre** sem rest     🐾 🍴 💈 **P** 📇
*estrada do Bairro, 2 km e desvio particular 0,5 km* ✉ *2510-080 Óbidos*
*–* 𝒞 *917 64 95 96 – www.quintadatorre-obidos.com*
**6 qto** 🖵 – ♦55/65 € ♦♦65/75 € – 1 apartamento
A quinta ocupa uma grande propriedade e possui dois edifícios, o principal com
uma área social aconchegante e quartos de estilo neorrústico, o anexo abriga os
apartamentos.

### em Arelho Noroeste : 5 km

🏠 **Rio do Prado** 🆕    🐾 🍴 🎾 🎿 ⅃ ♿ qto 🕅 qto 💈 ⅏ **P**
*Rua das Poças* ✉ *2510-191 Óbidos –* 𝒞 *262 95 96 23 – www.riodoprado.pt*
**15 qto** 🖵 – ♦♦160/230 €    **Rest** *– (só jantar)* Menu 25 €
Único no género, original, diferente e totalmente comprometido com o meio
ambiente. O vanguardista edifício principal complementa-se com modernos e
luxuosos quartos totalmente mimetizados com a paisagem..., de facto, os telhados
estão cobertos com um manto verde. O restaurante apresenta um menu diário.

**OLHÃO** – Faro – **733** – **593** U6 – **14 914 h.** – Praia      **3** C2
▶ Lisboa 299 – Faro 9 – Beja 142 – Portimão 74

🏨 **Real Marina**    ≼ ⅃ 🖥 ☕ 🎐 🎿 ♿ 🕅 💈 🛜 ⅏ **P** 🚗
*Av. 5 de Outubro* ✉ *8700-307 –* 𝒞 *289 09 13 00 – www.realhotelsgroup.com*
**132 qto** 🖵 – ♦84/400 € ♦♦94/600 € – 12 suites
**Rest** *– (só jantar)* Menu 25 € – Lista 24/45 €
É moderno e situa-se numa avenida de grande proporções próxima da bela Ria
Formosa. Disponibiliza quartos amplos, todos com varanda, e um restaurante de
traça actual, com uma carta tradicional e interessantes cenas temáticas dedicadas
aos Fados ou Bossa Nova.

### ao Noroeste 5 km

🏠 **Quinta dos Poetas**    🐾 🍴 🎾 ⅃ ♿ 🕅 💈 🛜 ⅏ **P**
*Pechão - Sitio da Arretorta* ✉ *8701-905 Olhão –* 𝒞 *289 99 09 90*
*– www.quintadospoetas.com – fechado 6 janeiro-4 fevereiro*
**22 qto** 🖵 – ♦50/70 € ♦♦59/82 €
**Rest** *– (fechado 2ª feira)* Menu 15 € – Lista 25/38 €
Isolada no campo e próxima de um campo de golfe, o que a torna... ideal para o
descanso! Tem um Putting Green e um Pitch de vários buracos. O restaurante,
com vistas para o percurso, oferece uma carta tradicional com toques actuais e
um menu.

**OLHOS DE ÁGUA** – Faro – ver Albufeira

**OLIVEIRA DE AZEMÉIS** – Aveiro – **733** – **591** J4 – **12 204 h.**      **4** B1
▶ Lisboa 275 – Aveiro 38 – Coimbra 76 – Porto 40
🅸 Praça José da Costa, ✉ 3720-217, 𝒞 256 67 44 63

🍴🍴 **Diplomata**      🆎 💈
😊 *Rua Dr. Simões dos Reis 125* ✉ *3720-245 –* 𝒞 *256 68 25 90 – fechado do 15 ao*
*31 de agosto, sábado e domingo noite*
**Rest** – Menu 15 € – Lista 18/35 €
Este restaurante acolhedor dispõe de um bar, duas salas de estilo clássico e uma
maior para grupos, localizada no segundo andar. Menu de pratos regionais.

**PORTUGAL**

## OURÉM – Santarém – 733 – 592 N4 – 12 294 h.    6 B2

▶ Lisboa 135 – Castelo Branco 139 – Leiria 23

🛈 Praça do Pelourinho, ✉ 2490-472, ℰ 249 54 46 54, www.rt-leiriafatima.pt

🏨 **Pousada Conde de Ourém**    🐾 🛋 🛒 🖭 & qto, 🎦 🕸 🏋
*Largo João Manso - zona do castelo* ✉ 2490-481 – ℰ 249 54 09 20
– www.pousadas.pt
**30 qto** – ✝80/115 € ✝✝90/125 €, ⌚ 6 €    **Rest** – Lista 29/46 €
A pousada está localizada na parte antiga da cidade e conta com dois edifícios, o
antigo hospital e a casa senhorial. Os quartos dispõem de mobiliário funcional e
piso de madeira. O restaurante de estilo clássico-actual é completado por um terraço de verão íntimo.

---

## OUTEIRO – Vila Real – 733 – 591 G6    8 B2

▶ Lisboa 431 – Braga 74 – Ourense 85 – Porto 123

🏠 **Vista Bela do Gerês**    🐾 ⪡ 🛒 🖭 🕸 🛜 🅿
*Estrada N 308, Este : 1 km* ✉ 5470-332 – ℰ 276 56 01 20 – www.vistabela.com
**14 qto** ⌚ – ✝✝45/65 € – 4 suites    **Rest** – (fechado 2ª feira) Lista 21/39 €
Pequeno hotel de carácter rústico e familiar que se destaca pelas suas impresionantes vistas, pois encontra-se em pleno Parque Nacional de Peneda-Gerês. A sua
construção em pedra garante uma perfeita integração com as montanhas circundantes. No seu restaurante simples, poderá degustar uma boa cozinha regional.

---

## OVAR – Aveiro – 733 – 591 J4 – 17 855 h. – Praia    4 A1

▶ Lisboa 285 – Aveiro 43 – Porto 45 – Viseu 99

🛈 Rua Elias Garcia, ✉ 3885-213, ℰ 256 57 22 15, www.cm-ovar.pt

🏨 **Aqua H.**    🛋 🖭 & qto, 🎦 🕸 🛜 🏋 🚗
*Rua Aquilino Ribeiro 1* ✉ 3880-151 – ℰ 256 57 51 05 – www.aquahotel.pt
**53 qto** ⌚ – ✝50/85 € ✝✝90/95 € – 4 suites
**Rest** – Menu 18/20 € – Lista 18/30 €
O hotel, com personalidade própria, dispõe de uma agradável área social e quartos modernos, todos com piso de tarima, mobiliário de venguê e cabeceiras de
tecido. O restaurante, anexado à cafeteria, oferece uma cozinha tradicional.

### na Praia de Furadouro Noroeste : 5 km

🏨 **Furadouro H.** 🆕    ⪡ 🛁 🖭 & qto, 🎦 qto, 🕸 🛜 🏋 🚗
*Av. Infante D. Henrique 734* ✉ 3880-355 Ovar – ℰ 256 59 00 90
– www.furadourohotel.com
**27 qto** ⌚ – ✝60/170 € ✝✝70/180 €    **Rest** – Menu 22/40 € – Lista 20/32 €
O melhor, sem dúvida, é a sua localização na 1ª linha da frente de mar. Compensa
a sua reduzida recepção e a escassez de áreas públicas com quartos muito bem
equipados, a maioria luminosos, com varanda e pormenores de design.

### na Estrada N 327 ao Sudoeste

🍴🍴 **Oxalá** 🆕    🎦 🕸 ⇔
*Rua Familia Colares de Pinto, 4 km* ✉ 3880-130 Ovar – ℰ 256 59 13 71
– fechado 2ª feira
**Rest** – Lista 30/45 € 🏵
Um restaurante de referência no qual a amabilidade e o folclore são características identificativas. Cozinha portuguesa, com destaque para os peixes, mariscos,
carnes... e sempre com doses extremamente generosas.

🍴 **Esplanada da Ria**    🎦 🎦
*Praia de Areinho, 6 km* ✉ 3880-223 Ovar – ℰ 256 59 14 93
– www.esplanadadaria.com – fechado 2ª feira
**Rest** – Lista aprox. 25 €
Pequeno restaurante familiar localizado na língua de terra que separa o estuário
do mar. Possui um terraço de verão, uma sala luminosa decorada com motivos
marinhos.

▶ Lisboa 20

※※   **Casa da Dízima ⓝ**                                    🍴 AC ⚡
Rua Costa Pinto 17 ✉ 2770-046 – 𝒞 214 46 29 65 – www.casadadizima.com
– fechado domingo noite
**Rest** – Lista 31/46 € ⅗
Deve o seu nome à história do edifício, que em tempos serviu para cobrar os impostos. Conta com varias salas, as principais de ar rústico-moderno; oferece uma cozinha moderna de cariz tradicional portuguesa e internacional.

※※   **Os Arcos**                                              AC ⚡
Rua Costa Pinto 47 ✉ 2770-046 – 𝒞 214 43 33 74
– www.restauranteosarcos.com
**Rest** – Lista 27/42 €
Provido de uma trajectória longa e duas salas de refeições, ambos dominados pelo tijolo à vista e a madeira mas um deles com vistas para o mar. Especializado em peixe e marisco, também confecciona a Lampreia do rio Minho na época.

▶ Lisboa 245 – Faro 49 – Beja 114 – Albufeira 13

※※   **Moiras Encantadas** com qto               🍴 AC rest, ⚡ 🅿
🍴    Rua Miguel Bombarda 2 ✉ 8200-495 – 𝒞 289 36 87 97
– www.restaurantemoirasencantadas.com – fechado do 20 ao 31 de dezembro
**6 qto** ⬚ – ♦25/30 € ♦♦45/55 €
**Rest** – (fechado domingo) (só jantar) Menu 25/40 € – Lista 23/40 €
Neste restaurante encontrará uma cafetaria pública e um refeitório bastante acolhedor, com as paredes em pedra e uma lareira que aquece o ambiente. Cozinha de sabor regional. Como complemento ao negócio também possui quartos simples.

▶ Lisboa 43 – Setúbal 8
🏛 Castelo de Palmela, ✉ 2950-221, 𝒞 212 33 21 22
◉ Castelo★ (vistas panorâmicas★)

🏰🏰🏰 **Pousada de Palmela**               ⚶ ≼ 🏢 AC ⚡ 📶 🏋 🅿
Castelo de Palmela ✉ 2950-317 – 𝒞 212 35 12 26 – www.pousadas.pt
**28 qto** – ♦100/115 € ♦♦110/125 €, ⬚ 6 €   **Rest** – Lista aprox. 42 €
Excelente pousada situada num convento do séc. XV, junto às muralhas do castelo de Palmela. Tem um grande nível, com agradáveis zonas nobres e elegantes quartos. O restaurante oferece uma montagem muito cuidada e uma interessante ementa tradicional.

▶ Lisboa 239 – Coimbra 82 – Castelo Branco 71 – Viseu 138

🏛🏛 **O Villa Pampilhosa ⓝ**        ⚶ ≼ 🖥 🎣 🏢 ⬚ qto, AC ⚡ qto, 📶 🏋 🅿
Rua Arlindo de Almeida Esteves, Lote 8 E ✉ 3320-242 – 𝒞 235 59 00 10
– www.villapampilhosahotel.com
**52 qto** ⬚ – ♦50/130 € ♦♦60/150 €   **Rest** – Lista 25/30 €
Ideal para oxigenar-se ou fazer montanhismo por estar localizado em plena serra. Destaca-se pela sua vista sobre as montanhas. Em conjunto é moderno, com uma correcta zona nobre e quartos de conforto moderno, a maioria com varanda. No restaurante oferecem uma ementa de cariz internacional.

▶ Lisboa 290 – Guarda 70 – Viseu 34 – Coimbra 87
🏔 Serra da Estrela★

PORTUGAL

**Casa Santa Ana da Beira**
*Rua Luciano Homem Ferreira 11* ⊠ *6270-133 –* ℰ *238 97 61 61*
*– www.csadabeira.com*
**6 qto** ⊇ **– †**50/55 € **††**60/75 €
**Rest** *– (só clientes)* Menu 12 € *–* Lista 19/35 €
Esta casa de lavoura, de carácter senhorial, tem a particularidade de hospedar os
seus proprietários no piso superior, o que lhes permite cuidar dela todo o ano. Os
quartos com mobiliário antigo ocupam o que foram antigamente os armazéns de
grão. Belo ambiente ajardinado com um anexo, onde encontra-se o restaurante.

**PAREDES** – Porto – **733** – **591** I5 8 A3
▶ Lisboa 356 – Porto 47 – Braga 78 – Aveiro 117

 **Paredes** ₤₅ 🖗 👌 qto, 🔟 qto, 🛠 🛜 🖪 🖪 🚗
*Rua Almeida Garrett* ⊠ *4580-038 –* ℰ *255 78 04 90 – www.paredeshotel.com*
**76 apartamentos** ⊇ **– ††**47/55 € **Rest** – Menu 10/25 € – Lista 24/40 €
Uma boa opção numa localidade conhecida pela sua indústria do móvel O que
aqui encontrará são pequenos apartamentos, todos com cozinha equipada e
mobiliário funcional. O restaurante, de linha actual, oferece uma ementa tradicional portuguesa.

**PEDRA FURADA** – Braga – **733** – **591** H4 8 A2
▶ Lisboa 344 – Braga 29 – Porto 40 – Viana do Castelo 36

 **Pedra Furada**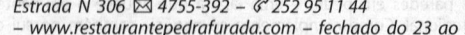
*Estrada N 306* ⊠ *4755-392 –* ℰ *252 95 11 44*
*– www.restaurantepedrafurada.com – fechado do 23 ao 31 de agosto e 2ª feira
noite*
**Rest** – Lista 17/26 €
Está localizado em pleno Caminho de Santiago Português, por isso trabalham
principalmente com peregrinos. Dispõe de um terraço acolhedor, um bom bar
público e uma sala de jantar rústica com chaminé. A sua cozinha caseira é enriquecida com alguns produtos cultivados por eles mesmos!

**PENALVA DO CASTELO** – Viseu – **733** – **591** J6 – **2 045 h.** 5 C1
▶ Lisboa 304 – Viseu 26 – Guarda 71 – Aveiro 109

 **Casa da Ínsua** 🦢 🚗 🗓 🖗 👌 qto, 🔟 🛠 📞 🖪 🖪
*Insua* ⊠ *3550-126 –* ℰ *232 64 22 22 – www.casadainsua.pt*
**24 qto** ⊇ **– †**84/105 € **††**92/115 € **– 6 suites – 5 apartamentos**
**Rest** – Lista 23/42 €
Um hotel maravilhoso que ocupa uma casa senhorial do século XVIII que em tempos pertenceu ao governador de um estado do Brasil. Dispõe de impresionantes
jardins, amplas áreas nobres e quartos confortáveis, todos clássicos no edifício
principal e mais modernos nos anexos.

**PENHAS DA SAÚDE** – Castelo Branco – **733** – **592** L7 – **Desportos de** 5 C2
**inverno na Serra da Estrela :** ⩨3 ⩨1
▶ Lisboa 311 – Castelo Branco 72 – Covilhã 10 – Guarda 55

 **Serra da Estrela** 🦢 ⩻ 🔟 🛠 🛜 🖪 🖪
*Alt. 1 550* ⊠ *6200-073 Covilhã –* ℰ *275 31 03 00 – www.turistrela.pt*
**80 qto** ⊇ **– †**65/150 € **††**75/170 € **Rest** – Menu 16 € – Lista 20/28 €
Hotel de montanha instalado num edifício de planta horizontal, com uma zona
de convívio acolhedora dividida em vários espaços e quartos funcionais com
equipamentos correctos. A sala de refeições, localizada no 1º andar, aposta
numa cozinha de raízes tradicionais.

**PENICHE** – Leiria – **733** – **592** N1 – **14 749 h.** – Praia  6 A2

▶ Lisboa 92 – Leiria 89 – Santarém 79

▬ para a Ilha da Berlenga (15 maio-15 setembro) : Viamar, no porto de Peniche, ℰ 262 78 56 46

**ℹ** Rua Alexandre Herculano, ✉ 2520-273, ℰ 262 78 95 71, www.cm-peniche.pt

◉ O Porto : regresso da pesca★

◉ Cabo Carvoeiro★ – Papoa (vistas panorâmicas★) – Remédios (Nossa Senhora dos Remédios : azulejos★) vistas panorâmicas★. Ilha Berlenga★★ : passeio em barco★★★, passeio a pé★★

🏠 **Pinhalmar**  ⚲ ⪡ ⌶ 🛗 ও qto, 𝔸 ⅏ 🛜 🏛 P
estrada Marginal Sul (Cabo Carvoeiro) ✉ 2520-227 – ℰ 262 78 93 49
– www.pinhalmar.com
**27 qto** ☑ – †35/90 € ††40/120 €  **Rest** – (só clientes) Lista 22/33 €
Encontra-se num local praticamente isolado, muito próximo do farol do Cabo Carvoeiro. Aqui encontrará um bar-salão social de traçado actual com algumas mesas do restaurante, e quartos funcionais, metade deles com varandas e vistas par o oceano. Suba para desfrutar da paisagem a partir da cobertura!

✕✕ **Nau dos Corvos**  ⪡ 🗚 𝔸 ⅏ P
Cabo Carvoeiro (junto ao farol) ✉ 2520-605 – ℰ 262 78 31 68
– www.naudoscorvos.com
**Rest** – Menu 25/90 € – Lista 36/45 €
Destaca-se pela sua excelente localização em cima de um promontório rochoso. Dispõe de um hall com expositor, o seu próprio viveiro de marisco, um bar privado panorâmico e uma sala dotada de grandes janelas para contemplar a imensidão do Atlântico.

**PEREIRA** – Coimbra – **733** – **592** L4 – **3 265 h.**  4 A2

▶ Lisboa 208 – Coimbra 17 – Aveiro 73 – Leiria 77

✕✕✕ **Quinta São Luiz**  🗚 𝔸 ⅏ P
Rua do Pedrão ✉ 3140-337 – ℰ 239 64 20 00 – www.quintasluiz.com – fechado domingo noite, 2ª feira e 3ª feira meio-dia
**Rest** – Menu 20/43 € – Lista 32/41 €
Magnífico restaurante instalado numa quinta do século XVII que serviu como convento e lagar. Encontrará uma estética minimalista e uma cozinha criativa de base internacional.

**PESO** – Viana do Castelo – ver Melgaço

**PESO DA RÉGUA** – Vila Real – **733** – **591** I6 – **5 292 h.**  8 B3

▶ Lisboa 379 – Braga 93 – Porto 102 – Vila Real 25

**ℹ** Rua da Ferreirinha, ✉ 5050-261, ℰ 254 31 28 46, www.visit-douro.com

✕✕ **Douro In**  𝔸 ⅏
Av. João Franco ✉ 5050-264 – ℰ 254 09 80 75 – www.douroin.com
**Rest** – Lista 30/40 €
Apresenta várias salas no 1º andar, todas de linha clássica-actual, e um bar no piso superior, este último dotado com uma magnífica varanda que sobressai ao rio Douro. Cozinha tradicional actualizada com detalhes criativos.

✕✕ **Castas e Pratos**  🗚 𝔸 ⅏
Rúa José Vasques Osório ✉ 5050-280 – ℰ 254 32 32 90
– www.castasepratos.com
**Rest** – Lista 35/55 € 𝄐
Instalado num antigo armazém de madeira, completamente remodelado, que em tempos pertenceu à estação ferroviária. Disponibiliza uma cozinha tradicional muito bem atualizada e uma excelente carta de vinhos apresentada com um iPad.

**PORTUGAL**

✕ **Cacho d'Oiro**   🅰️ 🕸️ 🅿️
*Travessa Rua Branca Martinho* ✉️ *5050-292 –* 📞 *254 32 14 55*
*– www.restaurantecachodoiro.com – fechado do 15 ao 30 de junho*
**Rest** – Lista 20/31 €
Este restaurante, gerenciado por um casal, apresenta um interior de estilo clássico
e encontra-se próximo ao mercado. Elaboram uma cozinha regional portuguesa
de qualidade, com boas carnes e o Cabrito assado no forno é a grande especialidade da casa.

**PINHÃO** – Vila Real – **733** – **591** I7 – **648 h.** – alt. 120 m          8 B3
▶ Lisboa 399 – Vila Real 30 – Viseu 100
◀ Norte : Estrada de Sabrosa★★ ≼★

🏨 **Vintage House**   ≼ 🗻 🏢 🅰️ 🕸️ 🅰️ 🅿️
*Lugar da Ponte* ✉️ *5085-034 –* 📞 *254 73 02 30 – www.cshotelsandresorts.com*
**41 qto** 🍽️ – 🛏️121/178 € 🛏️🛏️137/195 € – 2 suites
**Rest *Rabelo*** – ver seleccão restaurantes
No conjunto, tem um bom nível, com uma decoração atualizada e magníficas vistas sobre o Douro. Possui zonas nobres bem cuidadas e quartos bem redecorados
num estilo clássico-atual.

✕✕✕ **Rabelo** – Hotel Vintage House   ≼ 🗻 🏢 🕸️ 🅰️ 🕸️ 🅿️
*Lugar da Ponte* ✉️ *5085-034 –* 📞 *254 73 02 30 – www.cshotelsandresorts.com*
**Rest** – Menu 30 € – Lista 42/60 €
Agradável, acolhedor e com um terraço de verão! Comer aquí é uma boa opção
se deseja degustar tanto os pratos regionais como os tradicionais lusitanos... isso
sim, com elaborações e apresentações bem atualizadas.

**ao Norte** 5 km

🏠 **Casa do Visconde de Chanceleiros**   ♿ ≼ 🗻 🏢 ✕ 🅰️ qto, 🕸️
*Largo da Fonte. Chanceleiros* ✉️ *5085-201 Pinhão*   🛜 🅿️
*–* 📞 *254 73 01 90 – www.chanceleiros.com*
**10 qto** 🍽️ – 🛏️120/130 € 🛏️🛏️135/150 €   **Rest** – (só clientes) Menu 37 €
Muito agradável e bem cuidado, pois a sua decoração original combina perfeitamente os estilos clássico e regional. As áreas comuns encontram-se no edifício
principal e os quartos nos anexos, com vista para um campo repleto de oliveiras
e vinhas. Surpreende pela sua sauna, já que está dentro de uma grande barrica
de vinho!

🏠 **Casa de Casal de Loivos**   ♿ ≼ 🗻 🕸️ 🛜
✉️ *5085-010 Casal de Loivos –* 📞 *254 73 21 49 – www.casadecasaldeloivos.com*
*– fechado 15 dezembro-15 março*
**6 qto** 🍽️ – 🛏️90/95 € 🛏️🛏️105/110 €   **Rest** – (só jantar) Lista aprox. 28 €
Antiga casa de pedra localizada no alto de uma colina com vistas maravilhosas
para o rio Douro. Dispõe de um salão social com chaminé, quartos corretos e
casas de banho recentemente atualizadas.

**POÇO BARRETO** – Faro – **733** – **593** U4 – **219 h.**          3 B2
▶ Lisboa 253 – Faro 52 – Beja 122 – Lagoa 12

✕✕ **O Alambique**   🗻 🅰️ 🕸️ 🅿️
😊 *Estrada de Silves* ✉️ *8300-042 –* 📞 *282 44 92 83 – www.alambique.de*
*– fechado 3 novembro-14 dezembro, 4ª feira (novembro-fevereiro) e 3ª feira*
**Rest** – (só jantar) Lista 21/33 €
Casa situada ao rés-do-chão, localizada junto a uma estrada, com duas salas de
tectos altos e uma montagem correcta, separadas por dois arcos de
pedra. Ementa internacional com preços razoáveis.

PORTUGAL

## POMBAL - Leiria - 733 - 592 M4 - 17 187 h. 6 B1

Lisboa 153 - Coimbra 43 - Leiria 28

### Cardal H. sem rest

*Largo do Cardal ✉ 3100-440 - ✆ 236 20 02 20 - www.cardalhotel.com*

**37 qto** - 40/45 € 50/60 €

Este hotelzinho no centro histórico conta com uma sala polivalente e quartos bastante bem equipados, todos de estilo moderno e com colunas de hidromassagem nas casas de banho. Tome o pequeno-almoço no terraço de verão situado no 4º piso!

### Sra. de Belém sem rest

*Av. Heróis do Ultramar 185 ✉ 3100-462 - ✆ 236 20 08 00 - www.senhoradebelem.com*

**26 qto** - 35/45 € 50/60 €

Um espaço acolhedor e familiar no qual se aposta por prestar um serviço de qualidade. Os seus quartos, actualizados e alguns com varandas, estão muito bem equipados.

## PONTA DO SOL - Ilha da Madeira - ver Madeira (Arquipélago da)

## PONTE DE LIMA - Viana do Castelo - 733 - 591 G4 - 2 871 h. - alt. 22 m 8 A2

Lisboa 392 - Braga 33 - Porto 85 - Vigo 70

Torre de Cadeia Velha, ✉ 4990-058, ✆ 258 94 23 35, www.portoenorte.pt

Axis Golfe Ponte de Lima, Sul : 3 km, ✆ 258 74 34 15

Ponte★ - Igreja-Museu dos Terceiros (talhas★)

### InLima sem rest

*Rua Agostinho José Taveira, Lote 6 ✉ 4990-072 - ✆ 258 90 00 50 - www.inlimahotel.com*

**30 qto** - 50/70 € 60/125 €

Moderno, funcional e com um design bem característico! Dispõe de uma sala de recepção luminosa com vista para o rio, uma cafetaria polivalente e quartos atuais e confortáveis para a sua categoria, a maioria, espaçosos.

**na Estrada N 203** Nordeste : 5,2 km

### Carmo's Boutique H.

*Gemieira ✉ 4990-645 - ✆ 258 93 87 43 - www.carmosboutiquehotel.com*

**15 qto** - 185/320 €

**Rest** - *(só menu)* Menu 25 €

Construção curiosa em forma de cubos situada nas imediações da cidade. Surpreende com um salão de convívio de carácter polivalente, um pequeno SPA, quartos elegantes, alguns com a sua própria varanda-jardim, e... até um estábulo!

## PORTALEGRE P - 733 - 592 O7 - 18 942 h. - alt. 477 m 2 C1

Lisboa 238 - Badajoz 74 - Cáceres 134 - Mérida 138

Rua Guilherme Gomes Fernandes 22, ✉ 7300-186, ✆ 245 30 74 45, www.cm-portalegre.pt

Pico São Mamede ※★ - Estrada★ escarpada de Portalegre a Castelo de Vide por Carreiras, Norte : 17 km

### Mansão Alto Alentejo sem rest

*Rua 19 de Junho 59 ✉ 7300-155 - ✆ 245 20 22 90 - www.mansaoaltoalentejo.com.pt*

**12 qto** - 30/35 € 40/45 €

Situado em pleno centro histórico da cidade, junto à Catedral. Ficará surpreendido com os quartos chiques, todos de gosto regional alentejano e conforto correcto.

PORTUGAL

**PORTELA** – Braga – ver Vila Nova de Famalicão

**PORTIMÃO** – Faro – 733 – 593 U4 – 45 431 h. – Praia     3 A2
- Lisboa 290 – Faro 62 – Lagos 18
- Av. Tomás Cabreira, ✉ 8500-802, ☎ 282 41 91 32, www.visitalgarve.pt
- Penina, pela estrada de Praia da Rocha : 5 km, ☎ 282 42 02 00
- Vistas da ponte sobre o rio Arade★
- Praia da Rocha★ (miradouro★ e enseadas★★)

**na Praia da Rocha** Sul : 2 km

 **Bela Vista**     ← ⊼ 🕭 🗐 🕭 🕭 🕭 🕭 🕭 🗜
*av. Tomás Cabreira* ✉ *8500-802 Portimão* – ☎ *282 46 02 80*
*– www.hotelbelavista.net – março-outubro*
**38 qto** ⊊ – ♥♥150/240 €
**Rest** *Vista* – ver selecção restaurantes
Ocupa um precioso palacete do início do século XX e destaca-se pela sua magnífica localização no centro da praia, numa zona elevada e com fantásticas vistas
para o mar. Salões íntimos, bar elegante, SPA requintado e quartos bem cuidados...11 no edifício principal e o restante nos anexos.

XXX **Vista** – Hotel Bela Vista     ← 🕭 🕭 🕭 🕭 🗜
*av. Tomás Cabreira* ✉ *8500-802 Portimão* – ☎ *282 46 02 80*
*– www.hotelbelavista.net – março-outubro*
**Rest** – *(só jantar)* Menu 50 € – Lista 61/92 €
Luminoso, atual e de esmerado arranjo! Propõe uma cozinha muito interessante,
com um menu de degustação e pratos atuais com base portuguesa e internacional. O terraço surpreende tanto pela sua elegância como pelas suas maravilhosas vistas.

PORTUGAL

# PORTO

Plantas da cidade nas páginas seguintes

© Philippe Michel / Age fotostock

**PORTUGAL**

**Porto – 237 584 h. – alt. 90 m – 733 - 591 I3**

▶ Lisboa 310 – A Coruña 305 – Madrid 591

**🛈 Postos de Turismo**

Rua Clube dos Fenianos 25 , ✉ 4000-172, ✆ 223 39 34 72, www.visitporto.travel
Rua de D. João de Castro 210, ✉ 4150-417, ✆ 220 99 65 19, www.visitporto.travel
Terreiro da Sé (Casa da Câmara), ✉ 4050-573, ✆ 223 39 34 72, www.visitporto.travel

**Aeroporto**

✈ Francisco Sá Carneiro, 17 km por ① ✆ 22 943 24 00
T.A.P. ✆ 707 205 700

**Golf**

⛳ Miramar, pela estrada de Espinho : 9 km, ✆ 227 62 20 67

**Automóvel Club**

**A.C.P.** Rua Gonçalo Cristovão 2 ✆ 222 07 63 40

◎ VER

Sítio** • Nossa Senhora da Serra do Pilar (vista★) FZ • As Pontes (ponte Maria Pia★ FZ, ponte D. Luis I** EZ) • As Caves do vinho do Porto★ (Vila Nova de Gaia) EZ • O Velho Porto** : Sé (altar★), Claustro (azulejos★) EZ • Casa da Misericórdia (quadro Fons Vitae★) EZ**P** • Palácio da Bolsa (Salão árabe★) EZ • Igreja de São Francisco** (decoração barroca**, árvore de Jessé★) EZ • Cais da Ribeira★ EZ • Torre dos Clérigos★ (panorama★) EY.

**Outras curiosidades** : Fundação Engo António de Almeida (colecção de moedas de ouro★) BU**M¹** • Igreja de Santa Clara★ (talhas douradas★) EZ**R** • Fundação de Serralves★ (Museu Nacional de Arte Moderna) AU

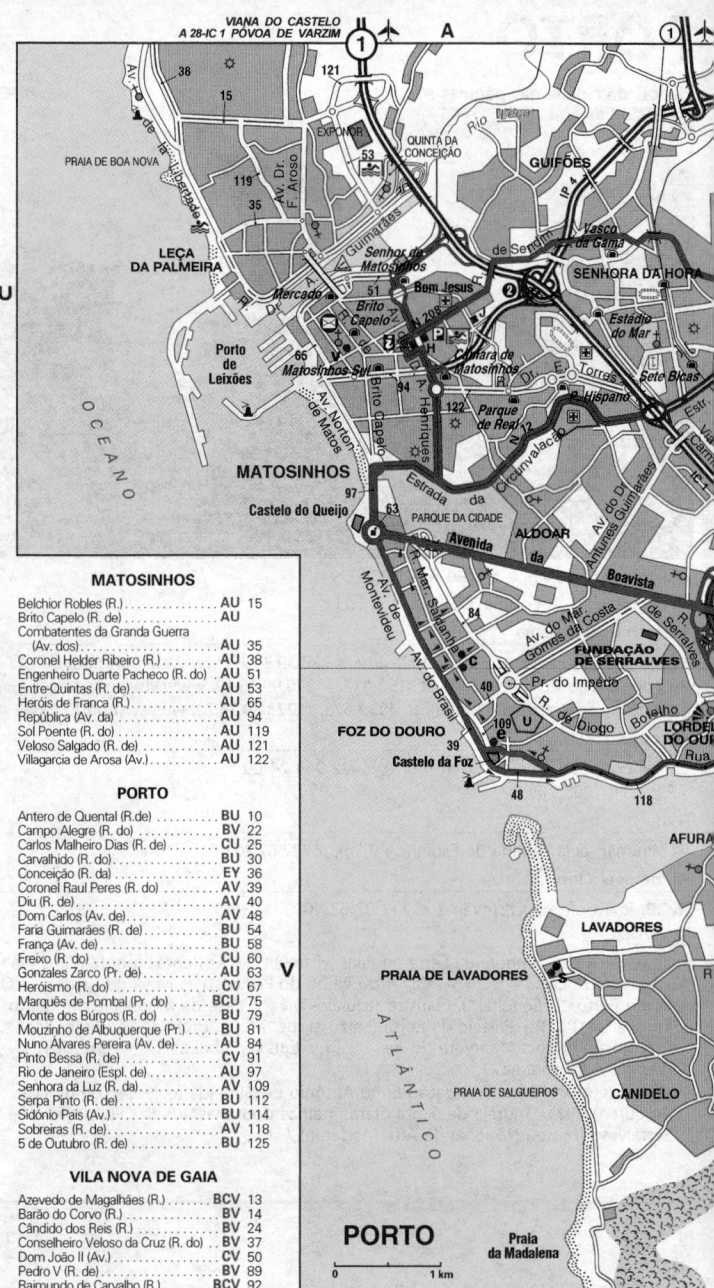

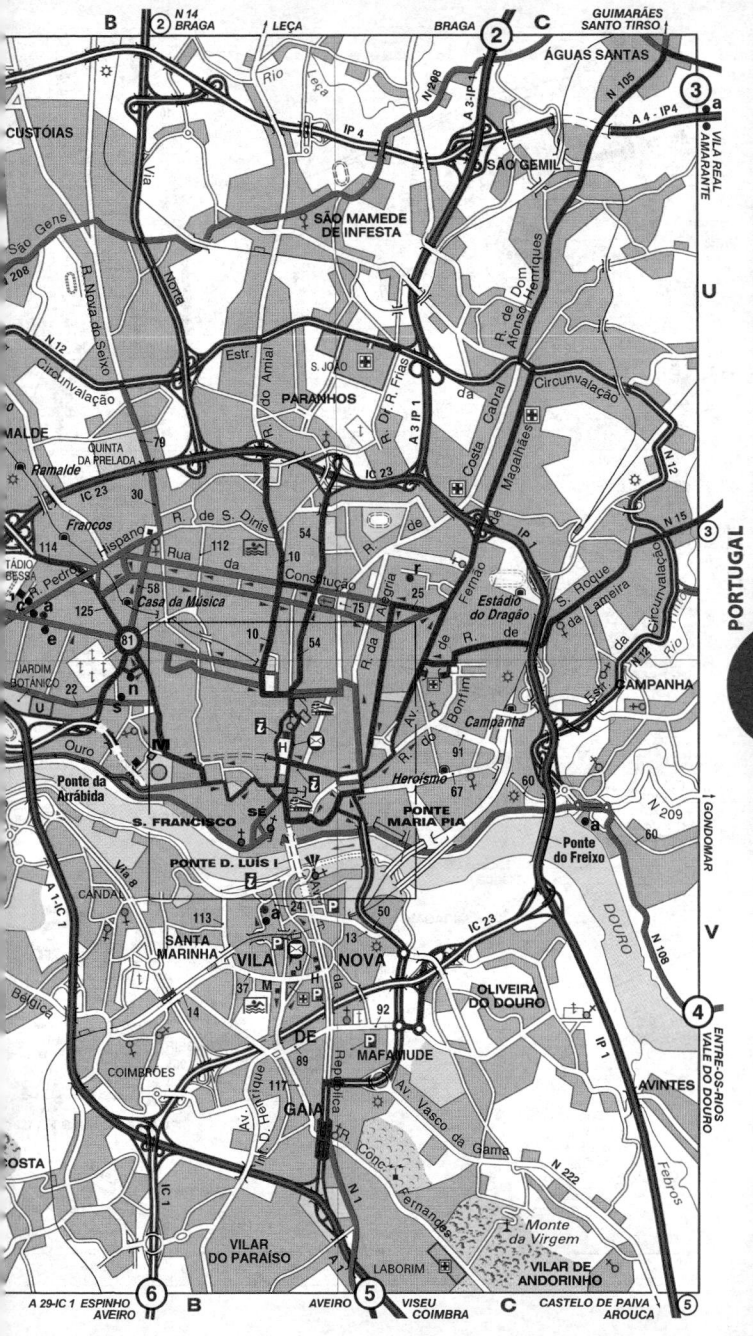

PORTUGAL

R. de Oliveira
C. Michaëlis
R. do Barão
de Forrester
de Monteiro
Camões
54
10
LAPA
Av. da Boavista f
Pr. de P. Nunes
Lapa
87
L. de Lapa
Rua
da
Boavista
70
Cedofeita
99
Pr. da República
f
R. de Álvares Cabral
R. da Lapa
R. de Gonç
Rua
de
Anibal
Cunha
Rua
dos
Bragas
Almada
a
R. de Júlio Dinis
90
Rua da Torrinha
R. de D. Manuel II
78
18
R. do Breyner
de Cedofeita
Pr. do Coronel Pacheco
R. dos Mártires da Liberdade
Pr. da Trindade
66
120
TRINDADE
6
a
Rua de Boa Nova
Rua Miguel Bombarda
do Rosário
Bª de Carlos Alberto
85
R. de J. Falcão
36
Pr. Gen. H. Delgado
H
19
Ru
a
MUSEU SOARES DOS REIS
45
de J. Falcão
49
Pr. de D. João
43
JARDIM DO PALÁCIO DE CRISTAL
PALÁCIO DOS DESPORTOS
Santo António
3
28
61
93
27
b
Pr. da Liberdade
19
X
CONGREGADOS
R. da Restauração
U
72
33
d
120
R. da Monchique
76
J
TORRE DOS CLÉRIGOS
São Be
L. da Alfândega
4
124
R. das Taipas
Pr. das Flores
73
31
46
123
106
R. Nova
MIRAGAIA
ALFÂNDEGA
Misericórdia
Mouzinho da Silveira
Sé
ALFÂNDEGA
16
100
103
Palácio da Bolsa
108
M
R
128
da Alfândega
102
69
b
VELHO PAÇO EPISCOPAL
SÃO FRANCISCO
96
RIBEIRA
CAIS DA RIBEIRA
Z
DOURO
PONTE D. LUÍS I
Cais de Gaia
PORTO CALEM
LEITE
PARQUE DE EXPOSIÇÕES
CAVES
Av. da República
do Rei Ramiro
PORTO FERREIRA
AV.
DIOGO
PORTO RAMOS PINTO
PORTO SANDEMAN
VILA
0        200 m

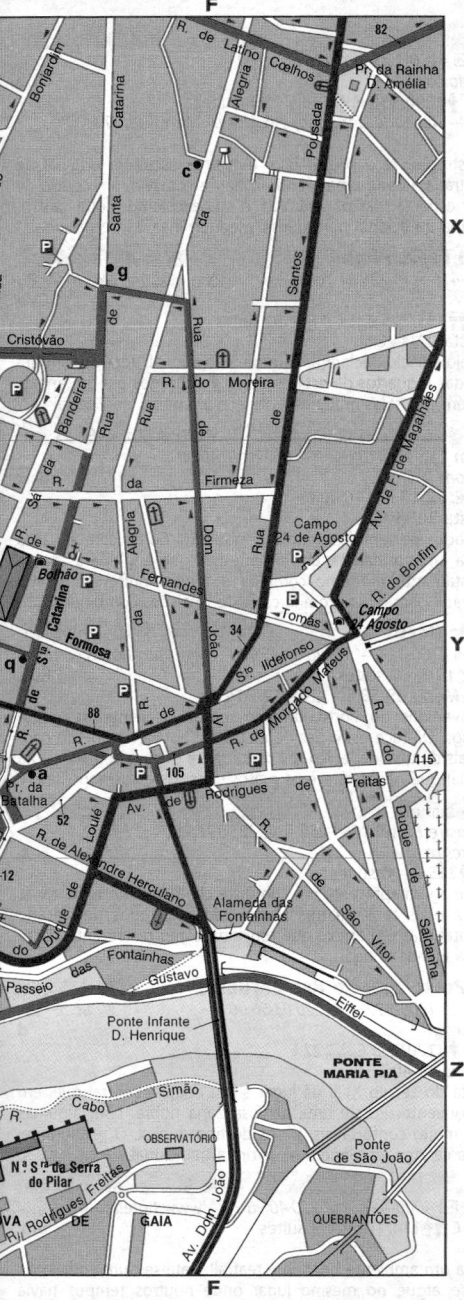

PORTUGAL

**Porto Palácio**
*Av. da Boavista 1269 ✉ 4100-130 – ✆ 226 08 66 00 – www.hotelportopalacio.com* BU**e**
**233 qto** – 🛉270/340 € 🛉🛉290/950 €, ☕ 15 € – 18 suites
**Rest *Salsa & Loureiro*** – *(fechado domingo) (só jantar)* Menu 39/57 € – Lista 40/57 €
Marca pela classe e distinção... e a provar isso, tem uma escultura original de Pedro Cabrita Reis à entrada. Possui uma grande zona de convívio, um centro de congressos e um andar espectacular panorâmico. A sua excelente oferta gastronómica engloba a cozinha tradicional portuguesa, mediterrânea e internacional.

**Pousada do Porto Freixo Palace H.**
*Estrada N-108 ✉ 4300-416 – ✆ 225 31 10 00 – www.pousadas.pt* qto, qto, CV**a**
**77 qto** – 🛉125/235 € 🛉🛉135/225 €, ☕ 8 € – 10 suites
**Rest** – Menu 22 € – Lista 22/44 €
A pousada ocupa um belo palácio declarado Patrimônio Nacional. Você encontrará áreas sociais bem cuidadas e quartos de estilo clássico, localizados em um anexo. O restaurante, dividido em três salas modernas, oferece um menu tradicional.

**Sheraton Porto** qto,
*Rua de Tenente Valadim 146 ✉ 4100-476 – ✆ 220 40 40 00 – www.sheratonporto.com* BU**c**
**250 qto** – 🛉🛉150/280 €, ☕ 15 € – 16 suites
**Rest** – Menu 23 € – Lista 30/49 €
Um grande hotel, em todos os sentidos, amplo e moderno. Conta com espaços surpreendentes pela sua luminosidade e um enorme hall que engloba as zonas de convívio. O seu restaurante moderno combina o serviço buffet com uma cave envidraçada reservada para o serviço a la carte de refeições combinadas.

PORTUGAL

**Tiara Park Atlantic Porto** qto, rest,
*Av. da Boavista 1466 ✉ 4100-114 – ✆ 226 07 25 00 – www.tiara-hotels.com*
**232 qto** – 🛉🛉200 €, ☕ 15 € – 7 suites BU**a**
**Rest *Poivron Rouge*** – Menu 25/38 € – Lista 42/56 €
Numa das principais avenidas do Porto, dirigido tanto ao cliente de negócios como aos congressos. Oferece estâncias de elegância notável e grande conforto, todas com materiais de qualidade. No seu restaurante poderá degustar uma cozinha moderna e actual que não esquece os pratos clássicos e cosmopolitas.

**Infante de Sagres** sem rest
*Praça D. Filipa de Lencastre 62 ✉ 4050-259 – ✆ 223 39 85 00 – www.hotelinfantesagres.pt* EY**b**
**62 qto** ☕ – 🛉194 € 🛉🛉215 € – 8 suites
Foi redecorado, pelo que agora apresenta um contraste chamativo entre as zonas comuns, muito clássicas, e os seus quartos muito cuidados, todos de traçado moderno e actual. O hotel tem um anexo que funciona como restaurante decorado em forma de... uma livraria antiga!

**InterContinental Porto-Palacio das Cardosas** qto,
*Praça da Liberdade 25 ✉ 4000-322 – ✆ 220 03 56 00 – www.intercontinental.com* EY**d**
**105 qto** – 🛉150/220 € 🛉🛉170/295 €, ☕ 22 €
**Rest** – Menu 12/55 € – Lista 40/56 €
A impresionante fachada do século XVIII dá lugar a um edifício central que, em tempos, serviu como convento. Possui uma luxuosa zona nobre, com algumas lojas de joias e quartos muito confortáveis, vários de tipo duplex. O restaurante, funcional e integrado na cafetaria, propõe uma cozinha tradicional.

**Teatro** qto,
*Rua Sá da Bandeira 84 ✉ 4000-427 – ✆ 220 40 96 20 – www.hotelteatro.pt*
**74 qto** ☕ – 🛉104/161 € 🛉🛉114/171 € – 2 suites EY**x**
**Rest** – Lista 32/49 €
Muito original pois recria um ambiente boémio e teatral! Trata-se dum edifício de nova construção que se ergue no mesmo lugar onde noutros tempos havia um teatro. O restaurante, de carácter polivalente, oferece uma cozinha tradicional actualizada.

### Grande H. do Porto  📶 ⅙ qto, 🅰 ⅍ 🛜 ⅍

*Rua de Santa Catarina 197* ✉ *4000-450 –* ☎ *222 07 66 90*
*– www.grandehotelporto.com* FY**q**
**86 qto** ⌑ – ♦55/145 € ♦♦65/155 € – 8 suites
**Rest** – *(só buffet)* Menu 14/30 €

Situado numa rua pedonal muito central e comercial. Apresenta uma zona social de ambiente clássico-antigo e encanto incontestável, bem como quartos renovados de traçado funcional-actual. O restaurante também conserva a estética clássica-antiga da zona nobre, o que o torna atraente e diferente.

### Porto Trindade sem rest  📶 ⅙ 🅰 ⅍ 🛜

*Rua de Camões 129-131* ✉ *4000-144 –* ☎ *222 06 15 20*
*– www.portotrindadehotel.com* EX**a**
**52 qto** ⌑ – ♦80/100 € ♦♦96/120 €

Moderno, situado em pleno centro e bem comunicado já que se encontra em frente a uma estação de metro. Distribui os seus quartos em nove andares, todos eles actuais, porém não muito amplos, também desfruta de uma agradável varanda no terraço.

### Ipanema Porto H. 📶 ⅙ qto, 🅰 ⅍ 🛜 ⅍ 🅿

*Rua Campo Alegre 156* ✉ *4150-169 –* ☎ *226 07 50 59 – www.hfhotels.com*
**150 qto** ⌑ – ♦49/150 € ♦♦55/240 € BV**s**
**Rest** – Menu 10 € – Lista aprox. 20 €

Moderno, actual, alegre... e ao mesmo tempo prático. Fique hospedado neste hotel para recordar a sua estadia no Porto, totalmente renovado em quartos bastante iluminados, todos devidamente equipados. Na sala de jantar, poderá optar por entre o menu de prato do dia e uma pequena carta tradicional.

### Fenix Porto sem rest  📶 ⅙ 🅰 ⅍ 🛜 🖼

*Rua Gonçalo Sampaio 282* ✉ *4150-365 –* ☎ *226 07 18 00 – www.hfhotels.com*
**148 qto** ⌑ – ♦♦62/140 € BV**n**

Central, de fachada correcta e zona de convívio adequada. Disponibiliza dois tipos de quartos, uns de traçado funcional e os outros, distribuídos pelos andares superiores, com uma estética muito mais actual.

### Carrís Porto Ribeira  📶 ⅙ qto, 🅰 ⅍ 🛜 ⅍

*Rua do Infante D. Henrique 1* ✉ *4050-296 –* ☎ *220 96 57 86*
*– www.carrishoteles.com* EZ**b**
**90 qto** ⌑ – ♦75/150 € ♦♦85/300 €
**Rest** *Forno Velho* – Menu 12/35 € – Lista 23/36 €

Encontra-se na parte antiga da cidade e ocupa cinco casas que, depois de serem correctamente remodeladas, foram interligadas por passadiços de aço e vidro. Acolhedora área social de estilo rústico-atual e quartos de estilo moderno. A sua sala de jantar propõe uma cozinha fiel ao receituário tradicional português.

### Tryp Porto Centro sem rest 📶 ⅙ 🅰 ⅍ 🛜 ⅍

*Rua da Alegria 685* ✉ *4000-046 –* ☎ *225 19 48 00 – www.trypportocentro.com*
**62 qto** ⌑ – ♦44/84 € ♦♦49/89 € FX**c**

Hotel de traçado moderno e actual decorado com tonalidades claras. O elemento que mais se destaca dos seus diferentes tipos de quartos é a extensão, apesar de estar muito bem equipado de acordo com a categoria a que pertence. Trabalham muito com grupos.

### Da Bolsa sem rest 📶 ⅙ 🅰 ⅍ 🛜

*Rua Ferreira Borges 101* ✉ *4050-253 –* ☎ *222 02 67 68 – www.hoteldabolsa.com*
**34 qto** ⌑ – ♦40/80 € ♦♦50/100 € EZ**a**

Oferece a familiaridade dos hotéis pequenos, neste caso oculta por trás de uma elegante fachada. Conta com um equipamento bastante funcional e quartos reduzidos mas com um conforto ideal. Bar de tarde cálido e acolhedor!

### B&B Porto Centro 🆕 sem rest  ⅙ 🅰 ⅍ 🛜

*Praça da Batalha 32-34* ✉ *4000-101 –* ☎ *220 40 70 00 – www.bbhotels.pt*
**125 qto** – ♦♦42/49 € FY**a**

Surpreendê-lo-á, por estar localizado no antigo edifício dos cinemas "Águia d'Ouro" e por conservar adequadamente a sua histórica fachada art decó. Oferece um interior de estilo moderno dedicado à sétima arte e quartos de equipamento básico.

🏠 **América** sem rest 🕮 🕸 📶 🚗

*Rua Santa Catarina 1018* ✉ *4000-447 –* 𝒞 *223 39 29 30*
*– www.hotel-america.net* **FXg**
**22 qto** ⌑ – †45/65 € ††55/75 €

Pequeno estabelecimento de organização familiar e localização central. Apresenta um interior de estética moderna, uma zona de convívio de carácter polivalente e quartos funcionais, todos com casas de banho completas.

🏠 **Mira D'Aire** sem rest 🕮 🕸 📶

*Rua Álvares Cabral 197* ✉ *4050-041 –* 𝒞 *222 08 31 13*
*– www.hotelmiradaire.com* **EXf**
**11 qto** ⌑ – †40/50 € ††45/70 €

Casa centenar, simples e familiar, com uma bela escadaria em madeira. Os quartos são reduzidos apesar de confortáveis, uns com mobiliário antigo e outros de traçado funcional.

XX **DOP** 🕮 🕸

*Largo de São Domingos 18 (Palácio das Artes)* ✉ *4050-545 –* 𝒞 *222 01 43 13*
*– www.ruipaula.com – fechado domingo e 2ª feira ao meiodia* **EZf**
**Rest** – Menu 70/80 € – Lista 57/66 € 🏵

Quer comer num bom restaurante? Este oferece duas salas de linha clássica-actual, a cozinha está à vista do cliente, com elaborações actuais de cuidada apresentação.

XX **Lider** 🕮 🕸

*Alameda Eça de Queiroz 126* ✉ *4200-272 –* 𝒞 *225 02 00 89*
*– www.restaurantelider.com – fechado domingo em agosto* **CUr**
**Rest** – Lista 30/44 €

Encontra-se numa zona residencial tranquila e é gerido de forma exemplar pelo seu proprietário, ciente de tudo. A luz natural inunda o interior que se apresenta clássico e funcional. Não se esqueça de provar um prato emblemático, as Tripas à moda do Porto.

XX **Artemisia** 🕮 🕸

*Rua Adolfo Casais Monteiro 135* ✉ *4050-014 –* 𝒞 *226 06 22 86*
*– www.restauranteartemisia.com – fechado domingo meio-dia* **DYa**
**Rest** – *(só jantar em agosto)* Menu 45/71 € – Lista 30/40 €

Central, bastante moderno e orientado para uma clientela jovem de bom nível. Possui um pequeno hall e uma sala de refeições muito funcional, oferece uma cozinha actual enriquecida por vários menus de degustação e combinações sugestivas.

X **Mendi** 🕮 🕸

*Av. da Boavista 1430-loja 1* ✉ *4100-114 –* 𝒞 *226 09 12 00*
*– www.mendirestauranteindiano.com – fechado 21 dias em agosto e domingo*
**Rest** – Menu 22/35 € – Lista 33/45 € **BUa**

Este estabelecimento exótico, de estilo alegre, colorido e juvenil, destaca-se pela completíssima oferta de cozinha indiana, elaborada com orgulho por profissionais autóctones. Não deixe de provar o saboroso Kulfi, o gelado índio por excelência!

X **Toscano** 🕮 🕸

*Rua Dr. Carlos Cal Brandão 22* ✉ *4050-160 –* 𝒞 *226 09 24 30*
*– www.restaurantetoscano.net – fechado domingo* **DXf**
**Rest** – Lista 25/35 €

Dispõe de espaços reduzidos mas bem aproveitados, com uma decoração colorida, alegre e atual. A sua carta, especializada em cozinha italiana conta também com pratos portugueses. Surpreende pela sua apresentação em discos antigos de vinil.

## na Foz do Douro

XX **Foz Velha** 🕮 🕸

*Esplanada do Castelo 141* ✉ *4150-196 Foz do Douro –* 𝒞 *226 15 41 78*
*– www.fozvelha.pt – fechado domingo e 2ª feira meio-dia* **AVe**
**Rest** – Menu 30 € – Lista 29/43 €

Combinam à perfeição as cores vivas e a decoração moderna, com as característi-cas próprias duma antiga casa senhorial. Algumas mesas desfrutam de vistas sobre o mar.

ⵣⵣ **Cafeína** 🅰🅲 🍴

*Rua do Padrão 100* ✉ *4150-557 Foz do Douro –* 𝒞 *226 10 80 59*
*– www.cafeina.pt* AU**c**
**Rest** – Menu 18/38 € – Lista 30/36 €
À sua moderna sala de jantar soma-se uma zona de espera, tipo biblioteca, e um espaço mais pensado para as bebidas à noite. Cozinha tradicional com toques actuais, boas sugestões e um menu bastante interessante. Cave climatizada!

ⵣⵣ **Terra** 🅰🅲 🍴

*Rua do Padrão 103* ✉ *4150-559 Foz do Douro –* 𝒞 *226 17 73 39*
*– www.restauranteterra.com* AU**c**
**Rest** – Menu 18/38 € – Lista 30/35 €
Surpreende pela sua particular fachada que dá passagem para um sushi-bar e uma sala coquete de ambiente neo-rústico, com detalhes de design e predomínio das cores roxas. Carta tradicional cuidada, cozinha japonesa e pratos vegetarianos.

### em Matosinhos

ⵣⵣ **Esplanada Marisqueira Antiga** ♿ 🅰🅲 🍴

*Rua Roberto Ivens 628* ✉ *4450-249 Matosinhos –* 𝒞 *229 38 06 60*
*– www.esplanadamarisqueira.com – fechado 2ª feira* AU**v**
**Rest** – Lista 38/85 €
Uma casa séria, clássica e bem organizada. Possui um pequeno hall, um expositor de produtos bastante sugestivo e duas salas de refeições, o principal tem paredes em granito e uma disposição do espaço elegante. Experimente o peixe e marisco de excelente qualidade.

ⵣⵣ **Os Lusíadas** 🅰🅲 🍴

*Rua Tomás Ribeiro 257* ✉ *4450-297 Matosinhos –* 𝒞 *229 37 82 42*
*– www.oslusiadas.com.pt – fechado domingo* AU**v**
**Rest** – Lista 40/56 €
O seu ambiente moderno é inspirado n'Os Lusíadas, a obra-prima de Camões. Desfrute da sua acolhedora sala onde pode degustar peixe e mariscos de confiança, não é em vão que conta com os seus próprios viveiros. Os louvores dos seus pratos de peixe são sobejamente conhecidos!

**PORTO ANTIGO** – Viseu – ver Cinfães

**PORTO MONIZ** – Ilha da Madeira – ver Madeira (Arquipélago da)

**PORTO SANTO** – Ilha de Porto Santo – ver Madeira (Arquipélago da)

**PÓVOA DE LANHOSO** – Braga – **733** – **591** H5 – 5 052 h.    8 A2
🔁 Lisboa 375 – Braga 19 – Caldelas 24 – Guimarães 21
🈲 Largo Barbosa e Castro, ✉ 4830-513, 𝒞 253 63 97 08, www.mun-planhoso.pt

### em Calvos Nordeste : 3 km

🏨 **Maria da Fonte**

✉ *4830-065 Póvoa de Lanhoso –* 𝒞 *253 63 96 00 – www.mariadafonte.com*
**31 qto** ☕ – ♦40/60 € ♦♦65/80 €    **Rest** – Menu 13/18 € – Lista 13/26 €
Vários edifícios em pedra, típicos da região, formam este conjunto localizado num ambiente rural com bonitos exteriores e áreas sociais aconchegantes. Os quartos são funcionais, no entanto destacam-se os que têm paredes de pedra. O restaurante luminoso oferece uma cozinha tradicional.

**PÓVOA DE VARZIM** – Porto – **733** – **591** H3 – 28 420 h. – Praia    8 A2
🔁 Lisboa 348 – Braga 40 – Porto 31
🈲 Praça Marquês de Pombal, ✉ 4490-442, 𝒞 252 29 81 20, www.cm-pvarzim.pt

## pela estrada N 13

**Torre Mar** sem rest

A Ver-o-Mar, Norte : 2,3 km ⊠ 4490-091 A Ver-o-Mar – ℰ 252 29 86 70
– www.hotel-torre-mar.pt
**31 qto** ⌷ – †40/66 € ††53/76 €
Escolha interessante se pretende hospedar-se próximo da cidade mas afastado do
burburinho urbano. Conta com uma zona de convívio e quartos funcionais com
um conforto adequado.

**Sol Póvoa** sem rest

Rua José Morneiro 100, Norte : 1,8 km ⊠ 4490-100 A Ver-o-Mar
– ℰ 252 29 05 10 – www.solpovoahotel.pt
**30 qto** ⌷ – †45/90 € ††55/100 €
Estabelecimento de organização simples mas amável, com divisões funcionais
embora de adequado conforto. Possui uma agradável zona de relvado na parte
posterior.

**O Marinheiro**

A Ver-o-Mar, Norte : 2 km ⊠ 4490-091 A Ver-o-Mar – ℰ 252 68 21 51
– www.grupojgomes.com
**Rest** – Menu 10 € – Lista aprox. 35 €
Um barco encalhado em terra firme alberga este original restaurante disposto em
dois andares e com um atractivo ambiente marinheiro. A sua especialidade são os
produtos do mar.

**PÓVOA E MEADAS** – Portalegre – 733 – 592 N7 – 606 h.     2 C1
▶ Lisboa 210 – Castelo Branco 60 – Portalegre 25 – Santarém 142

## na estrada da Barragem da Póvoa Sudoeste : 1,5 km

**Quinta da Bela Vista** sem rest

⊠ 7320-014 Póvoa e Meadas – ℰ 245 96 81 25 – www.quintabelavista.net
– fechado do 5 ao 20 de janeiro
**4 qto** ⌷ – †65 € ††80 € – 3 apartamentos
Casa de campo dos anos 30 definida pelo seu mobiliário do séc. XIX. Recria um
ambiente familiar num contexto de época, com uma acolhedora zona social
repleta de lembranças familiares. A quinta dispõe de três anexos com três pequenos apartamentos!

**PRAIA DA BARRA** – Aveiro – ver Aveiro

**PRAIA DA GALÉ** – Faro – ver Albufeira

**PRAIA DA LUZ** – Faro – ver Lagos

**PRAIA DA ROCHA** – Faro – ver Portimão

**PRAIA DE FARO** – Faro – ver Faro

**PRAIA DE FURADOURO** – Aveiro – ver Ovar

**PRAIA DE LAVADORES** – Porto – ver Vila Nova de Gaia

**PRAIA DE SANTA EULÁLIA** – Faro – ver Albufeira

**PRAIA DE SÃO TORPES** – Setúbal – ver Sines

**PRAIA DO CANAVIAL** – Faro – ver Lagos

**PRAIA DO CARVOEIRO** – Faro – ver Lagoa

**PRAIA DO GUINCHO** – Lisboa – ver Cascais

**PRAIA DO MARTINHAL** – Faro – ver Sagres

**PRAIA GRANDE** – Lisboa – ver Colares

## QUARTEIRA - Faro - 733 - 593 U5 - 21 798 h. - Praia 3 B2

Lisboa 308 - Faro 22

Praça do Mar, ✉ 8125-156, ✆ 289 38 92 09

Pestana Vila Sol (Vilamoura), Noroeste : 6 km, ✆ 289 32 03 70

Oceânico Laguna (Vilamoura), Noroeste : 6 km, ✆ 289 31 01 80

Oceânico Pinhal (Vilamoura), Noroeste : 6 km, ✆ 289 31 03 90

Oceânico Old Course (Vilamoura), ✆ 289 31 03 41

### em Vilamoura

**Hilton Vilamoura As Cascatas**

*Rua da Torre D'Agua Lote 4.11.1B ✉ 8125-615 Vilamoura – ✆ 289 30 40 00 – www.hiltonvilamouraresort.com*

**176 qto** – 119/399 €, 17 € **Rest** – Menu 25/49 € – Lista 36/50 €

Encontra-se numa zona residencial e próximo de um campo de golfe, pelo que a maior parte dos seus clientes são adeptos deste desporto. Destaca-se tanto pelo nível dos seus quartos como pelo seu SPA, o maior de Portugal. Uma escolha interessante para levar a família!

**Tivoli Victoria** qto, rest,

*Av. dos Descobrimentos, Victoria Gardens, Noroeste : 7 km ✉ 8125-309 Vilamoura – ✆ 289 31 70 00 – www.tivolihotels.com – fechado dezembro*

**280 qto** – 120/180 € 130/185 € – 17 suites

**Rest** – *(só jantar)* Lista 45/70 €

**Rest *Emo*** – *(só jantar)* Lista 47/65 €

Hotel de grandes dimensões localizado entre vários campos de golfe. Tem um hall amplo com bar integrado, um excelente SPA com funcionários tailandeses e quartos de design actual, todos com varandas. O restaurante Emo, de design moderno e com excelentes vistas da esplanada, propõe uma cozinha actual-mediterrânea.

**The Lake Resort**

*Av. do Cerro da Vila - Praia da Falésia, Oeste : 4,5 km ✉ 8126-910 Vilamoura – ✆ 289 32 07 00 – www.thelakeresort.com – fechado dezembro-janeiro*

**183 qto** – 143/479 € 165/504 € – 9 suites

**Rest** – *(só jantar)* Menu 30 €

Grande construção clássica dotada de quartos amplos, luminosos e modernos. Surpreende pelos seus exteriores, com um pequeno lago, areia artificial na piscina e tem até um caminho privado para a praia. Da sua oferta culinária, destaca-se o restaurante Fusion, de tendência asiática-mediterrânea.

XX **Willie's** (Wilhelm Wurger)

*Rua do Brasil 2, Área do Pinhal Golf Course - Noroeste : 6 km ✉ 8125-479 Quarteira – ✆ 289 38 08 49 – www.willies-restaurante.com – fechado 5 janeiro-10 fevereiro e 4ª feira*

**Rest** – *(só jantar)* Menu 55/120 € – Lista 58/70 €

Localizado numa zona de turismo de férias muito vocacionada ao golfe! Na sua sala, acolhedora, íntima e de linha clássica, poderá degustar uma cozinha internacional com esmeradas apresentações. O chef-proprietário sempre está atento aos detalhes.

→ Feu de bric recheado com foie-gras e maçã em molho de trufa. Peixe galo em espinafre com molho de champagne e mousse de batata. Torre de massa folhada com framboêsas e creme de mascarpone.

## QUATRO ÁGUAS - Faro - ver Tavira

## QUELUZ - Lisboa - 733 - 592 P2 - 26 248 h. - alt. 125 m 6 B3

Lisboa 15 - Sintra 15

Palácio Nacional de Queluz★★ (sala do trono★) - Jardins do Palácio (escada dos Leões★)

### Pousada de D. Maria I
🏨 ⚹ 🔾 🛜 ⚹ P

*Largo do Palácio* ✉ 2745-191 – 𝒞 214 35 61 58 – www.pousadas.pt
**24 qto** – †95/115 € ††105/125 €, ☲ 6 € – 2 suites
**Rest** *Cozinha Velha* – ver selecção restaurantes
Este magnífico palacete, de fachada clássica, faz parte de um interessante conjunto histórico. Tem um interior elegante decorado ao estilo da rainha Maria I e quartos espaçosos, todos com mobiliário de grande qualidade.

### XXX Cozinha Velha – Hotel Pousada de D. Maria I
AC ⚹ P

*Largo do Palácio* ✉ 2745-191 – 𝒞 214 35 61 58 – www.pousadas.pt
**Rest** – Menu 25/45 € – Lista 38/47 €
Situado numa das antigas cozinhas do Palácio Nacional, conserva a estrutura original, dominada por uma enorme lareira central. As suas amplas instalações sugerem uma carta tradicional portuguesa com vários pratos internacionais.

## em Tercena Oeste : 4 km

### X O Parreirinha ®
AC ⚹

*Av. Santo António 41* ✉ 2730-046 Barcarena – 𝒞 214 37 93 11
– www.oparreirinha.com – fechado sábado meio-dia e domingo
**Rest** – Lista 25/33 €
Não se deixe enganar pela fachada simples, pois escondido trás ela encontrará um restaurante bem liderado e com ainda melhor atendimento. Conta com varias salas de ar regional, em destaque a sala do fundo por ter lareira. Cozinha tradicional de doses generosas.

## QUINTA DA MARINHA – Lisboa – ver Cascais

## REDONDELO – Vila Real – 733 – 591 G7 – 527 h.
8 B2

▶ Lisboa 454 – Vila Real 62 – Braga 119 – Bragança 110

### Casas Novas
⚹ 🚗 ☲ 🔾 ⚹ 🍴 ⚹ qto, AC ⚹ 🛜 ⚹ P

*Rua Visconde do Rosário 1, Casas Novas* ✉ 5400-727 – 𝒞 276 30 00 50
– www.hotelruralcasasnovas.com
**27 qto** ☲ – †40/70 € ††45/80 € **Rest** – Menu 11/35 € – Lista 20/39 €
Imponente casa senhorial do século XVIII que ainda conserva entre as suas pedras os pormenores característicos da arquitetura barroca. Reparte os quartos entre o edifício original e um anexo mais moderno, todos eles com amplos terraços com vistas para as montanhas. O seu restaurante elabora uma cozinha tradicional.

## REDONDO – Évora – 733 – 593 Q7 – 5 733 h. – alt. 306 m
2 C2

▶ Lisboa 179 – Badajoz 69 – Estremoz 27 – Évora 34

### X Celeiro do Pinto ®
🔾 AC ⚹

*Av. de Gien - Lote B* ✉ 7170 – 𝒞 266 90 92 91
**Rest** – Lista 15/30 €
Junto ao mercado municipal. Depois de passar a sua fachada caiada, encontrará um espaço com bar e uma sala com tectos muito altos, com mobiliário moderno-funcional e velhas fotografias da cidade revestindo as paredes. Cozinha regional de doses generosas.

### X O Barro
AC ⚹

*Rua D. Arnilda e Eliezer Kamenezky 44* ✉ 7170-062 – 𝒞 266 90 98 99
– www.obarro-restaurante.com – fechado do 11 ao 25 de janeiro, do 11 ao 21 de maio, do 17 ao 24 de agosto, domingo noite e 2ª feira
**Rest** – Lista 15/35 €
Simpático, íntimo e com pormenores. Está dotado com uma pequena sala à entrada e outra mais confortável na mezzanine, de ambiente cálido rústico-regional. Cozinha tradicional portuguesa e alentejana, simples mas de doses generosas.

PORTUGAL

**em Aldeia da Serra**

⌂ **Água d'Alte** sem rest      ♨ 🚗 ⌨ 🅼 ⚶ **P**
✉ 7170-120 Redondo – ℰ 266 98 91 70 – www.aguadalte.com
**8 qto** ☕ – ♦130/140 € ♦♦140/150 €
Conjunto de construção actual, em forma de quinta, de localização puramente campestre. Possui uma sala de convívio rústica e quartos acolhedores, todos de traçado clássico-actual. Salão biblioteca muito agradável, com cozinha aberta e lareira.

---

## REGUENGOS DE MONSARAZ – Évora – 733 – 593 Q7 – 7 261 h.    2 C2
▶ Lisboa 169 – Badajoz 94 – Beja 85 – Évora 39

**ao Sudeste** 6 km

✗✗ **Herdade do Esporão**      🏠 🅼 ⚶ ⇔ **P**
✉ 7200-999 Reguengos de Monsaraz – ℰ 266 50 92 80 – www.esporao.com
**Rest** – (só almoço) Lista 24/39 €
Conjunto de ambiente regional situado próximo de uma cave antiga, numa exploração repleta de vinhedos. A esplanada e a sua agradável sala, ambas com vistas para um lago, convidam a desfrutar de uma cozinha tradicional com toques criativos.

---

## RIO MAIOR – Santarém – 733 – 592 N3 – 12 005 h.    6 A2
▶ Lisboa 77 – Leiria 50 – Santarém 31

🏠 **Paulo VI** sem rest      🛗 🅼 ⚶ 🛜
Av. Paulo VI-66 ✉ 2040-325 – ℰ 243 90 94 70 – www.hotelpaulovi.pt
**25 qto** ☕ – ♦30/35 € ♦♦45/50 €
Central, moderno e com aspecto actual. Está vocacionado a uma clientela de vendedores e gente de negócios graças aos seus preços acessíveis e à facilidade de estacionamento.

---

## SAGRES – Faro – 733 – 593 U3 – 1 909 h. – Praia    3 A2
▶ Lisboa 286 – Faro 113 – Lagos 33
ℹ Rua Av. Comandante Matoso, ✉ 8650-357, ℰ 282 62 48 73, www.visitalgarve.pt
◉ Ponta de Sagres★★★ Sudoeste : 1,5 km – Cabo de São Vicente★★★ (≤★★)

**na Praia do Martinhal** Noreste : 3,5 km

🏨 **Martinhal**      ♨ ≤ ⌨ 🔲 ╠ ⚶ ⅙ 🅼 qto, ⚶ 🛜 **P**
Vila de Sagres ✉ 8650-908 Sagres – ℰ 282 24 02 00 – www.martinhal.com
**37 qto** ☕ – ♦♦163/542 €
**Rest O Terraço** – (só jantar) Lista 39/103 €
Faz parte de um grande complexo rodeado de vilas e pequenos apartamentos, sendo que para o aluguer destes últimos é obrigatório estar um mínimo de dias. Encontrará quartos com um grande nível, todos com mobiliário de design, numerosos serviços e vários restaurantes, estando o gastronómico no edifício principal.

---

## SALREU – Aveiro – 733 – 591 J4    4 A1
▶ Lisboa 267 – Aveiro 20 – Porto 57 – Viseu 79

✗✗ **Casa Matos**      🅼 ⚶
☺ Rua Padre Antonio Almeida 7-A ✉ 3865-282 – ℰ 234 84 13 19 – fechado do 15 ao 30 de junho, domingo e feriados
**Rest** – Lista 16/25 € 🍽
Na entrada do restaurante encontra-se um bar animado com paredes de pedra e uma sala elegante de estilo clássico-rústico sobre dois níveis. Menu amplo de cozinha regional.

---

**SANTA CRUZ** – Ilha da Madeira – ver Madeira (Arquipélago da)

---

**SANTA LUZIA** – Viana do Castelo – ver Viana do Castelo

---

PORTUGAL

**SANTA LUZIA** – Faro – **733** – **593** U7 – 1 455 h.                                    3 C2

▶ Lisboa 305 – Faro 30 – Beja 147 – Vila Real de Santo António 27

✗    **Casa do Polvo Tasquinha ⓝ**                                    🍴 AC ✗
     *Av. Eng. Duarte Pacheco 8 ✉ 8800-545 – 𝒞 281 32 85 27*
     *– www.casadopolvotasquinha.pai.pt – fechado 3ª feira salvo junho-agosto*
     **Rest** – Lista 20/30 €
     Esta aldeia marinheira é conhecida em todo o país como "A Capital do Polvo", um
     dado fundamental para entender o amor gastronómico que aqui, em frente à Ria
     Formosa, sentem pelo popular polvo. Cozinha e ambiente marinheiro.

**SANTA MARIA DA FEIRA** – Aveiro – **733** – **591** J4 – 12 511 h.          4 B1
– alt. 125 m

▶ Lisboa 291 – Aveiro 47 – Coimbra 91 – Porto 31
🔎 Praça da República, ✉ 4524-909, 𝒞 256 37 08 02, www.cm-feira.pt
◉ Castelo★

🏨    **Dos Lóios** sem rest                                    🛗 ⴔ AC 🛜 🚗
     *Rua Dr. Antonio C. Ferreira Soares 2 ✉ 4520-214 – 𝒞 256 37 95 70*
     *– www.hoteldosloios.com*
     **32 qto** ⴲ – ⸙37/50 € ⸙⸙47/60 € – 4 suites
     A pequena área social é compensada por uma boa sala de pequeno-almoço com vista
     para o castelo, quartos espaçosos, todos com mobiliário funcional e casa de
     banho completa.

**na estrada N 1**

🏨    **Feira Pedra Bela** sem rest                          🖥 ⅙% 🛗 ⴔ AC 🛜 🅿 🚗
     *Rua Malaposta 510, Nordeste : 5 km ✉ 4520-506 Santa Maria da Feira*
     *– 𝒞 256 91 03 50 – www.hotelpedrabela.com*
     **62 qto** ⴲ – ⸙34/40 € ⸙⸙41/60 €
     Estabelecimento familiar tratado com amabilidade. Tem uma adequada zona
     social e quartos actuais vestidos com móveis de madeiras nobres, muitos deles
     com varanda.

✗    **Pedra Bela**                                              AC ✗ 🅿
     *Rua Malaposta 496, Nordeste : 5 km ✉ 4520-506 Santa Maria da Feira*
     *– 𝒞 256 91 13 38 – www.hotelpedrabela.com*
     **Rest** – Lista 21/37 €
     O restaurante possui uma decoração funcional e tradicional, mobiliário de
     madeira e um friso de azulejos portugueses que protege as paredes. Menu tradi-
     cional e pratos do dia.

**SANTA MARTA DE PORTUZELO** – Viana do Castelo – ver Viana do Castelo

**SANTAR** – Viseu – **733** – **591** K6 – 1 042 h. – alt. 380 m                    4 B2

▶ Lisboa 287 – Viseu 17 – Aveiro 94 – Guarda 74

✗✗✗    **Paço dos Cunhas de Santar ⓝ**                          🚗 ⴔ AC ✗ ⟷
     *Largo do Paço ✉ 3520-123 – 𝒞 232 94 54 52 – www.pacodesantar.pt*
     **Rest** – Menu 15/65 € – Lista 30/45 €
     Moderno restaurante situado num edifício, onde surpreendê-lo-á pelo granito à
     vista dos seus muros, com uma decoração minimalista muito austera. A sua
     ementa de inspiração criativa completa-se com vários menus e uns vinhos de
     referência.

**SANTARÉM** 🅿 – **733** – **592** O3 – 31 746 h. – alt. 103 m                    6 A2

▶ Lisboa 78 – Évora 115 – Faro 330 – Portalegre 158
🔎 Campo Emílio Infante da Câmara (Casa do Campino), ✉ 2000-014, 𝒞 243 33 03 30,
www.cultur.pt
🔎 Rua Capelo e Ivens 63, ✉ 2005-039, 𝒞 243 30 44 37, www.viversantarem.pt
**A.C.P.** Av. Bernardo Santareno 43, Loja R 𝒞243 30 35 20

◉ Miradouro de São Bento e vistas panorâmicas★ B – Igreja do Seminário★ A –
Igreja de São João de Alporão (Museu Arqueológico★)B – Igreja da Graça★ B -
Igreja da Marvila★ B - Mercado★ A

ⓖ Alpiarça : Casa dos Pátudos★ (tapeçarias★, faianças e porcelanas★) 10 km por ②
918

# SANTARÉM

**PORTUGAL**

---

⌂ **Casa da Alcáçova** sem rest     🦢 ⪡ 🏊 🕮 ⚙ 🐕 P

*Largo da Alcáçova 3* ✉ 2000-110 – 𝒞 243 30 40 30 – *www.alcacova.com*

**8 qto** ☟ – ♦95/145 € ♦♦105/175 €     **Bc**

Esta casa senhorial do século XVII oferece algumas ruínas romanas, uma muralha antiga, uma vista maravilhosa para o rio Tejo, uma sala de estar elegante e quartos de estilo clássico.

---

# SANTIAGO DO CACÉM – Setúbal – **733** – **593** R3 – 7 603 h.    **1** B2
– alt. 225 m

▶ Lisboa 146 – Setúbal 98

🛈 Quinta do Chafariz, ✉ 7540-241, 𝒞 269 82 66 96, www.cm-santiagocacem.pt

◎ Á saída sul da Vila ⪡ ★

---

🏨 **D. Nuno** sem rest     ⪡ 🏊 🕮 ⚙ 🐕 🛜 🐕 P

*Av. D. Nuno Álvares Pereira 90* ✉ 7450-103 – 𝒞 269 82 33 25
– *www.hoteldomnuno.com*

**75 qto** ☟ – ♦50/68 € ♦♦66/90 €

Actualiza-se a pouco e pouco ... porém, dentro da sua simplicidade, continua a ser um recurso interessante nesta localidade. Quartos com mobiliário clássico--funcional.

## SANTIAGO DO ESCOURAL – Évora – 733 – 593 Q5    1 B2

▶ Lisboa 117 – Évora 28 – Setúbal 85 – Beja 86

🍴 **Manuel Azinheirinha**    🎫 ⅍ ⇥
*Rua Dr. Magalhães de Lima 81 ✉ 7050-556 – ℰ 266 85 75 04 – fechado do 7 ao 18 de outubro, 2ª feira noite e 3ª feira*
**Rest** – Lista 18/37 €
Gerido de forma eficaz pelo casal proprietário, presentes na sala e cozinha. Apesar da sua modéstia, destaca-se pelo seu excelente nível gastronómico, com uma pequena carta de especialidades alentejanas e pratos tradicionais portugueses.

## SANTO ANTÓNIO DAS AREIAS – Portalegre – 733 – 592 N8    2 C1
– 1 102 h.

▶ Lisboa 245 – Portalegre 27 – Castelo Branco 112 – Santarém 178
◉ Marvão★★ : Localização★★ (balaustradas★) – Castelo★ (vistas panorâmicas★★) : aljibe★ Sudoeste : 5,5 km

🏨 **O Poejo**    🎠 📶 ⅙ qto, 🎫 ⅍ 🛜
*av. 25 de Abril 20 ✉ 7330-251 – ℰ 245 99 26 40 – www.a-poejo.com*
**13 qto** ⌖ – ✝45/55 € ✝✝65/105 €
**Rest** – *(fechado do 15 ao 31 de janeiro, domingo noite e 2ª feira)* Menu 18/30 €
– Lista 16/30 €
Este pequeno hotel dispõe de um pátio agradável uma área social parecida com uma biblioteca e quartos de estilo actual, geralmente bem equipados, alguns deles com varanda. O restaurante, polivalente e de estilo funcional, ocupa o que era antes um moinho de azeite.

## SANTO ESTÊVÃO – Vila Real – ver Chaves

## SANTO TIRSO – Porto – 733 – 591 H4 – 14 107 h. – alt. 75 m    8 A2

▶ Lisboa 345 – Braga 29 – Porto 28
ℹ Praça 25 Abril , ✉ 4780-373, ℰ 252 83 04 11, www.cm-stirso.pt

 **Cidnay**    ⋟ ⋜ 🎠 🔥 🛁 ⅙ qto, 🎫 ⅍ 🛜 🏋 🅿 🚗
*Rua Dr. João Gonçalves ✉ 4784-909 – ℰ 252 85 93 00 – www.hotel-cidnay.pt*
**67 qto** ⌖ – ✝128 € ✝✝148 € – 1 suite    **Rest** – Lista 24/36 €
Tranquilo e concebido para o seu bem-estar, conjuga perfeitamente tradição e modernidade. Tem uma esplanada muito agradável, quartos devidamente equipados e um restaurante de carácter marcadamente panorâmico onde pode optar por pratos tradicionais ou internacionais.

🏨 **Santo Thyrso** sem rest    🖳 ⅙ 🎫 ⅍ 🛜 🅿 🚗
*Praça Conde São Bento 29 A ✉ 4780-538 – ℰ 252 83 04 20*
*– www.santothyrsohotel.com*
**12 qto** ⌖ – ✝50/83 € ✝✝60/98 €
Um pouco pequeno mas bem situado, em frente a um parque central. Dispõe de uma área social moderna, com cafetaria integrada, e quartos atuais e confortáveis, os denominados "superiores" são um pouco maiores.

## SÃO PEDRO DE MOEL – Leiria – 733 – 592 M2 – 436 h. – Praia    6 A2

▶ Lisboa 135 – Coimbra 79 – Leiria 22

 **Mar e Sol**    ⋜ 🌐 🔥 🛁 ⅙ qto, 🎫 ⅍ 🛜 🏋
*Av. da Liberdade 1 ✉ 2430-501 – ℰ 244 59 00 00 – www.hotelmaresol.com*
**57 qto** ⌖ – ✝50/150 € ✝✝70/250 €    **Rest** – Lista 21/45 €
Passada a sua fachada, moderna e totalmente envidraçada, encontrará uma zona de convívio bastante diáfana e quartos iluminados, todos eles confortáveis e actuais. O restaurante combina a sua carta tradicional com umas vistas magníficas para o oceano Atlântico. Esplanada-solário com bar de verão na cobertura!

**PORTUGAL**

**SERTÃ** – Castelo Branco – **733** – **592** M5 – **6 196 h.**  4 B3

▶ Lisboa 248 – Castelo Branco 72 – Coimbra 86

XX **Pontevelha**  ⟨ AC 🕸
*Alameda da Carvalha* ✉ *6100-730 –* 𝒞 *274 60 01 60 – www.santosemarcal.pt*
*– fechado 2ª feira*
**Rest** – Lista 20/35 €
Sala de jantar espaçosa e panorâmica com vistas para a imensidão do ambiente, com uma atractiva grelha à vista e um grande salão para banquetes. Saborosa cozinha de teor regional.

X **Santo Amaro**  AC 🕸
😊 *Rua Bombeiros Voluntários* ✉ *6100-730 –* 𝒞 *274 60 41 15*
*– www.santosemarcal.pt – fechado 4ª feira*
**Rest** – Lista 22/35 €
Destaca desde o exterior pelas suas amplas vidraças de design moderno, onde está situada a cafetaria. Sala de jantar com uma montagem esmerada e ambiente clássico e um pessoal atento.

---

**SESIMBRA** – Setúbal – **733** – **593** Q2 – **23 894 h.** – **Praia**  1 A2

▶ Lisboa 39 – Setúbal 26

🖈 Largo da Marinha 26, ✉ 2970-657, 𝒞 212 28 85 40, www.visitsesimbra.pt

◎ Porto ★

🖾 Vistas do Castelo ★ Noroeste : 6 km – Cabo Espichel ★ Oeste : 15 km – Serra da Arrábida ★ (Portinho de Arrábida ★, Estrada de Escarpa ★★) Este : 30 km

🏨 **Sesimbra**  ⟨ 🛋 🌊 ⊛ 🏊 🖳 ⑤ ₺ qto, AC 🕸 🛜 🎿 🅿 🚗
*Praça de Califórnia* ✉ *2970-773 –* 𝒞 *212 28 98 00 – www.sesimbrahotelspa.com*
**92 qto** � – ♦55/160 € ♦♦60/180 € – 8 suites
**Rest** – Menu 16/18 € – Lista 26/37 €
Na 1ª linha de praia e com SPA! A sua fisionomia em cascata permite que todos os quartos tenham a sua própria varanda e idílicas vistas ao mar. Apesar de ser um hotel para férias, não se descuida do cliente que está de passagem, pois para todos oferece uns quartos de conforto cuidado. Amplo restaurante de carácter polivalente.

XX **Ribamar**  🖻 AC 🕸
*Av. dos Náufragos 29* ✉ *2970-637 –* 𝒞 *212 23 48 53 – www.ribamar.com.pt*
**Rest** – Menu 23/48 € – Lista 38/44 €
Apresenta um bom nível de conforto, com elegantes instalações com motivos marítimos, cozinha à vista e um agradável terraço envidraçado. Peixe fresco de excelente qualidade.

---

**SESMARIAS** – Faro – ver Albufeira

---

**SETÚBAL** 🅿 – **733** – **593** Q3 – **90 640 h.**  1 B2

▶ Lisboa 45 – Badajoz 196 – Beja 143 – Évora 102

🛳 para Tróia : Atlantic Ferries 𝒞265 23 51 01

🖈 Travessa Frei Gaspar 10 , ✉ 2900-388, 𝒞 265 53 91 20, www.turismolisboavaledotejo.pt

**A.C.P.** Av. Bento Gonçalves 18 A 𝒞265 53 22 92

◎ Castelo de São Felipe ★ (vistas panorâmicas ★) por Rua São Filipe AZ – Igreja de Jesus ★ AY - Museu de Setúbal ★ (quadros ★) AY**M**

🖾 Serra da Arrábida ★ (Estrada de Escarpa ★★) por ② – Quinta da Bacalhoa ★ : jardins (azulejos ★) por ③ : 12 km

Plantas páginas seguintes

**PORTUGAL**

## SETÚBAL

Alexandre Herculano (Av. de). . . . . . . . . . . . . . BY 3
Almirante Reis (P. do). . . . . AZ 4
Almocreves (R. dos) . . . . . BZ 6
Álvaro Castelões (R.) . . . . . BZ 7
António Girão (R.) . . . . . . . . BZ 9
Arronches Junqueiro (R.) . . BZ 12
Augusto Cardoso (R. de) . . BZ 13
Bela Vista (Travessa da) . . . AZ 15
Bocage (Pr. do) . . . . . . . . . . BZ 16
Bocage (R. do) . . . . . . . . . . BZ 18
Ciprestes (Estrada dos) . . . CY 19
Clube Naval (R.) . . . . . . . . . AZ 20
Combatentes da Grande Guerra (Av. dos). . . . . . . . . . AZ 21
Defensores da República (Largo dos). . . . . . . . . . . . CZ 22
Dr António J. Granjo (R.) . . BZ 24
Dr Paula Borba (R.) . . . . . . . BZ 25
Exército (Pr. do). . . . . . . . . . BZ 27
Machado dos Santos (Pr.) . AZ 31
Major Afonso Pala (R. do) . BZ 33
Mariano de Carvalho (Av.) . BY 34
Marquês da Costa (R.) . . . . AZ 36
Marquês de Pombal (Pr.) . . AZ 37
Mirante (R. do) . . . . . . . . . . CY 38
Ocidental do Mercado (R.). AZ 39
Paulino de Oliveira (R. de) . AZ 40
República de Guiné-Bissau (Av.) . . . . . . . . . . . . . . . . . BY 42
Santo António (Largo de) . . BZ 43
Tenente Valadim (R.). . . . . . AZ 44
Trabalhadores do Mar (R. Dos) . . . . . . . . . . . . . . AZ 45
22 de Dezembro (Av.) . . . . BY 46

PORTUGAL

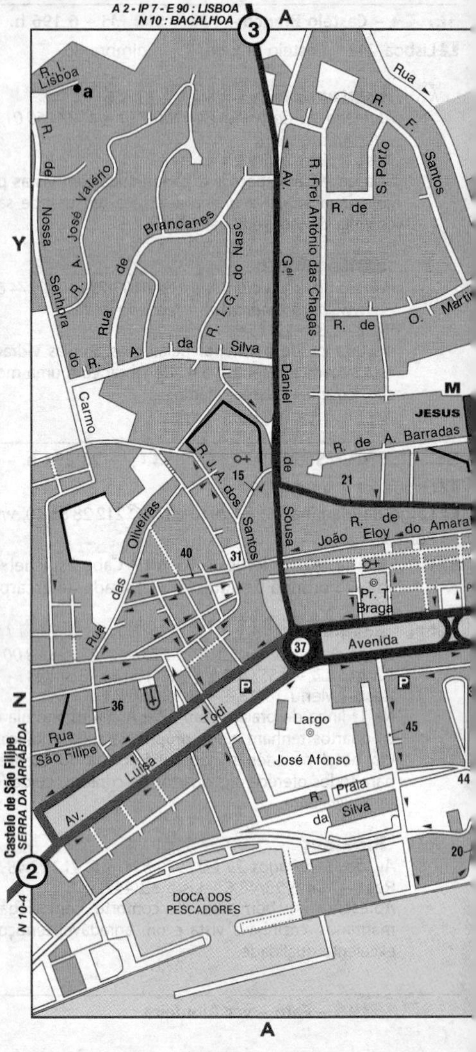


## Do Sado

qto,

*Rua Irene Lisboa 1-3* ✉ *2900-028* – ✆ *265 54 28 00*
– *www.hoteldosado.com* AY**a**

**66 qto** – 60/135 € 70/145 € – 9 suites
**Rest** – *(fechado domingo)* Menu 19/23 € – Lista 30/45 €

Destaca-se pelas suas magníficas vistas, pois ocupa parcialmente um bonito palacete, com um anexo actual, situado na parte alta de Setúbal. Salas polivalentes, amplos quartos e uma esplanada requintada com guarda-sóis tipo "haimas". O restaurante está no terraço, razão pela qual tem um carácter panorâmico.

PORTUGAL

**na estrada N 10 por ①**

**Novotel Setúbal**

*Monte Belo, 2,5 km* ⊠ *2910-509 Setúbal –* ✆ *265 73 93 70*
*– www.novotel.com*

**105 qto** – ♦45/110 € ♦♦50/120 €, ⊇ 9 €

**Rest** – *(só jantar)* Menu 18/20 €

É um hotel funcional e actual, no estilo da cadeia. Oferece quartos amplos com um equipamento correcto, bem como um cuidado jardim e uma magnífica piscina.

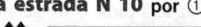

## no Castelo de São Filipe Oeste : 1,5 km

### 🏰 Pousada de São Filipe    ⏚ ⪉ 🏛 Ⓜ 🍴 🛜 Ⓟ

*por Rua São Filipe* ⊠ *2900-300 Setúbal –* 𝒞 *265 55 00 70 – www.pousadas.pt*
**15 qto –** ♦105/175 € ♦♦115/185 €, ⊊ 6 € – 1 suite
**Rest –** Menu 25 € – Lista 26/41 €
Chama a atenção pela sua localização, situada no interior das muralhas de uma antiga fortaleza com vistas sobre Setúbal. Zona de convívio elegante, quartos sóbrios e um excelente restaurante panorâmico, onde pode desfrutar de uma carta tradicional com toques actuais.

---

## SINES – Setúbal – 733 – 593 S3 – 13 200 h. – Praia      1 A3

▶ Lisboa 165 – Beja 97 – Setúbal 117
🛈 Castelo de Sines, ⊠ 7520-152, 𝒞 269 86 00 15, www.sines.pt
◎ Santiago do Cacém ⪉ ★

### 🏨 Dom Vasco    ⏚ 🍴 ⅃5 ♨ Ⅰ qto, Ⓜ 🍴 🛜

*Rua do Parque* ⊠ *7520-202 –* 𝒞 *269 63 09 60 – www.domvasco.com*
**27 qto** ⊊ – ♦100/165 € ♦♦110/195 €    **Rest –** Menu 25 € – Lista 18/40 €
Um recurso perfeito para conhecer a cidade. Oferece quartos personalizados que evocam vários pontos geográficos e personagens vinculadas ao navegador Vasco da Gama. O restaurante, de carácter polivalente, serve uma cozinha tradicional simples.

## na Praia de São Torpes Sudeste : 8,5 km

### 🍴 Trinca Espinhas    ⪉ 🏛 Ⓜ 🍴 Ⓟ

*Praia de São Torpes* ⊠ *7520-089 Sines –* 𝒞 *269 63 63 79 – fechado novembro e*
*5ª feira*
**Rest –** Lista 16/28 €
Ocupa uma casa de madeira sobre a praia com uma decoração de ar marinheiro, uma vidraça aberta ao mar e uma maravilhosa esplanada. Carnes e peixes na brasa!

---

## SINTRA – Lisboa – 733 – 592 P1 – 29 591 h. – alt. 200 m     6 B3

▶ Lisboa 28 – Santarém 100 – Setúbal 73
🛈 Praça da República 23 , ⊠ 2710-616, 𝒞 219 23 69 20, www.sintraromantica.net
🛈 Av. Dr. Miguel Bombarda (Estação da C.P.), ⊠ 2710-590, 𝒞 211 93 25 45, www.sintraromantica.net
◎ Localidade★★★ - Palácio Nacional★★ (azulejos★★, tecto★★) Y – Museu de Arte Moderna★ Y – Museu do Brinquedo★ Z – Quinta da Regaleira★★ (estrada de Colares N 375) Z
◎ Sul : Parque da Pena★★ Z, Cruz Alta★★ Z, Castelo dos Mouros★ (⪉★) Z, Palácio Nacional da Pena e vistas★★ Z – Parque de Monserrate★ Oeste : 3 km – Peninha (vistas★★) Sudoeste : 10 km – Azenhas do Mar★ (sítio★) 16 km por ① – Cabo da Roca★ 16 km por ①

### 🏰 Sintra Boutique H. Ⓝ    📱 ⪉ Ⓜ 🍴 🛜 ⅏

*Rua Visconde de Monserrate 48* ⊠ *2710-591 –* 𝒞 *219 24 41 77*
*– www.sintra-b-hotels.com*      Z**x**
**18 qto** ⊊ – ♦♦110/130 €
**Rest –** *(fechado domingo noite e 2ª feira)* Lista 29/36 €
À primeira vista parece funcional..., no entanto, este é um hotel moderno que surpreende pelo serviço e pelos quartos, todos com equipamento completo e bons lençóis. Aqui o pequeno-almoço, também excelente, faz-se à carta. O restaurante oferece cozinha tradicional e internacional com um toque moderno.

### 🏨 Sintra Bliss House Ⓝ sem rest    📱 ⪉ Ⓜ 🍴 🛜

*Rua Dr. Alfredo da Costa 15* ⊠ *2710-524 –* 𝒞 *219 24 45 41*
*– www.sintra-b-hotels.com*      Y**h**
**17 qto** ⊊ – ♦76/91 € ♦♦81/91 €
Localizado junto à Câmara, numa casa antiga que foi recuperada com pormenores de design e requinte. Sobressai uma esplanada com encanto, na parte de trás, dotada de uma pequena zona ajardinada e reservada para os pequenos-almoços, copos e cafés.

PORTUGAL

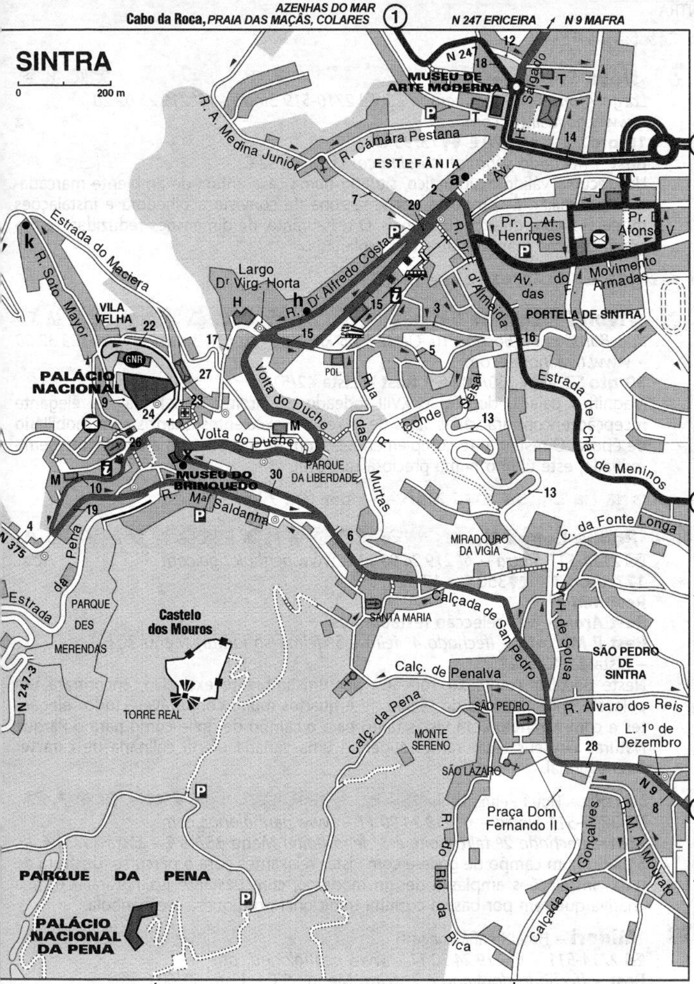
SINTRA
0 200 m
AZENHAS DO MAR
Cabo da Roca, PRAIA DAS MAÇÃS, COLARES
N 247 ERICEIRA
N 9 MAFRA
IC 16 MAFRA, LISBOA
N 249 LISBOA
N 9 ESTORIL, CASCAIS
ESTORIL, CASCAIS
Cruz Alta
CAPELA DE SANTA EUFÉMIA
MUSEU DE ARTE MODERNA
ESTEFÂNIA
R. Câmara Pestana
R. A. Medina Júnior
Estrada do Maciera
R. Soto Mayor
VILA VELHA
PALÁCIO NACIONAL
Largo Dr Virg. Horta
R. Dr Alfredo Costa
R. D. F. d'Almeida
Pr. D. Af. Henriques
Pr. D. Afonso V
Av. das F. Armadas
do Movimento
PORTELA DE SINTRA
Estrada de Chão de Meninos
Volta do Duche
Rua das Murtas
R. Conde Seisal
PARQUE DA LIBERDADE
MUSEU DO BRINQUEDO
R. Mal Saldanha
Estrada da Pena
PARQUE DES MERENDAS
Castelo dos Mouros
TORRE REAL
MIRADOURO DA VIGIA
C. da Fonte Longa
R. Dr. H. de Sousa
Calçada de San Pedro
SANTA MARIA
Calç. de Penalva
SÃO PEDRO DE SINTRA
SÃO PEDRO
R. Álvaro dos Reis
L. 1º de Dezembro
Calç. da Pena
MONTE SERENO
SÃO LÁZARO
Praça Dom Fernando II
R. do Rio da Bica
Calçada J. J. Gonçalves
R. M. A. Mourato
PARQUE DA PENA
PALÁCIO NACIONAL DA PENA
GNR
POL.
N 375
N 247-3
N 9
Y
Z
PORTUGAL

| | | | | | |
|---|---|---|---|---|---|
| lmeida Garrett (Alam.) | Z 4 | C. Pedroso (R.) | Z 10 | Manuel I (L.) | Y 20 |
| ugusto Freire (R.) | Y 5 | Dr D. Combournac (Av.) | Y 14 | Monserrate (R. V. de ) | Z 30 |
| de Albuquerque (Largo) | Y 2 | Dr M. Bombarda (Av.) | Y 15 | M Eugénia F. Navarro (R.) | Z 19 |
| de Albuquerque (R.) | Y 3 | D. Antonío (L.) | Y 12 | Paç (R. do) | Y 22 |
| ernardim Ribeiro (R.) | Z 6 | D. João de Castro (R.) | YZ 13 | Pelourinho (Calç.) | YZ 23 |
| ombatentes da Grande Guerra (Alam.) | Y 7 | Fernando Morais (L.) | Y 16 | Rainha D. Amélia | Y 24 |
| onde Sucena (Av.) | Z 8 | G. Fernandes (R.) | Y 17 | República (Pr. da) | Y 26 |
| onsiglieri Segurado (R.) | Y 9 | H. Salgado (Av.) | Y | Rio do Porto (Calç.) | Y 27 |
| | | J. Alameida (L.) | Y 18 | Tude de Sousa (R.) | Z 28 |

## Casa Miradouro sem rest

*Rua Sotto Mayor 55 ✉ 2710-628 – ✆ 914 29 22 03*
*– www.casa-miradouro.com* Yk

**8 qto** ☕ – 70/125 € 80/135 €

Esta casa senhorial apresenta zona de convívio acolhedora e quartos marcados pelo conforto, a maior parte deles com chuveiro. O seu pequeno jardim tem umas excelentes vistas e uma esplanada onde pode tomar o pequeno almoço.

## na Estefânia

🏠 **Nova Sintra** 🛖 🅺 🕱 🤟

*Largo Afonso de Albuquerque 25* ✉ *2710-519 Sintra –* ☎ *219 23 02 20*
*– www.novasintra.com* **Ya**

**10 qto** ⬜ – **♦**55/70 € **♦♦**75/95 €

**Rest** *– (fechado sábado) (só almoço)* Lista 20/32 €

Um recurso válido e simpático, situado numa casa antiga de ambiente marcadamente familiar. É composto por uma zona de convívio acolhedora e instalações modestas, com quartos funcionais. O restaurante, de dimensões reduzidas, tem o apoio de uma grande e atractiva esplanada.

## na estrada de Colares (Z) pela N 375

🏠 **Tivoli Palácio de Seteais** 🛖 🅺 🕱 🤟

*Rua Barbosa do Bocage 10, Oeste : 1,5 km* ✉ *2710-517 Sintra –* ☎ *219 23 32 00*
*– www.tivolihotels.com*

**30 qto** ⬜ – **♦♦**160/400 € **Rest** – Lista 42/51 €

Magnífico palácio do século XVIII rodeado de jardins. Depois da sua elegante recepção encontrará várias salas de ar régio e excelentes quartos com mobiliário de época. O restaurante complementa-se com uma esplanada e um recinto semi-privado, este último numa preciosa sala oval.

## na estrada da Lagoa Azul-Malveira por ④ : 7 km

🏠 **Penha Longa H.** 🛖 🅺 🕱 🤟 rest, 🤟 🅿

✉ *2714-511 Sintra –* ☎ *219 24 90 11 – www.penhalonga.com* 🚗

**177 qto** ⬜ – **♦♦**350 € – 17 suites

**Rest** *Midori*

**Rest** *Arola* – ver selecção restaurantes

**Rest** *Il Mercato* – *(fechado 4ª feira e 5ª feira) (só jantar)* Menu 30 €
*–* Lista 27/42 € ❀

Neste peculiar complexo, rodeado de um ambiente exclusivo, encontrará um palacete, monumentos do século XV e quartos muito confortáveis, todos elegantes e com varanda. Com vistas tanto para o campo de golfe como para o Parque Natural. Os seus restaurantes sugerem uma variada oferta culinária de carácter internacional.

🍴🍴 **Arola** – Hotel Penha Longa H. 🛖 🅺 🕱 🅿

✉ *2714-511 Sintra –* ☎ *219 24 90 11 – www.penhalonga.com*

**Rest** *– (fechado 2ª feira noite e 3ª feira noite)* Menu 35/45 € – Lista 17/31 € ❀

Situado num campo de golfe e com vistas relaxantes para o percurso. Desfruta de umas instalações amplas e design moderno, com bastante luz natural. Cozinha criativa que tem por base a cozinha tradicional portuguesa e espanhola.

🍴🍴 **Midori** – Hotel Penha Longa H. 🅺 🕱 🅿

✉ *2714-511 –* ☎ *219 24 90 11 – www.penhalonga.com*

**Rest** *– (fechado domingo e 2ª feira)* Menu 59 € – Lista 50/60 € ❀

Uma referência da gastronomia nipónica em Portugal, com uma estética actual e de design. Propõe uma carta japonesa que, trabalhando exclusivamente com o peixe dos Açores, é mais completa nos jantares que nos almoços.

---

**TABUAÇO** – Viseu – **733** – **591** I7 – 1 782 h. **5** C1

▶ Lisboa 416 – Viseu 96 – Vila Real 64 – Guarda 179

## pela estrada N 323 Sul : 6 km e desvio a esquerda 1 km

🏠 **Quinta das Heredias** 🛖 🕱 🅿

*Granjinha* ✉ *5120-203 Tabuaço –* ☎ *254 78 70 04*
*– www.quintadasheredias.com*

**10 qto** ⬜ – **♦**35/45 € **♦♦**60/70 € **Rest** *– (só clientes)* Menu 25/45 €

Singular e isolado em pleno campo, numa quinta antiga rodeada por vinhas, olivais e laranjeiras. Tem quartos simples de estilo clássico-actual, bem como um apartamento dúplex num anexo. Os seus fogões confeccionam uma cozinha caseira baseada em produtos autóctones.

**TAVIRA** – Faro – **733** – **593** U7 – 15 133 h. – Praia      3 C2

▶ Lisboa 314 – Faro 30 – Huelva 72 – Lagos 111

ℹ Praça da República 5, ✉ 8800-316, ☎ 281 32 25 11, www.visitalgarve.pt

◉ Localidade★★

## em Quatro Águas

🏨 **Vila Galé Albacora**    ⊗ 🚗 ⌶ 🗉 ⊛ ⅙ ᕒ 🎬 ⌾ 🤶 ♿ 🄿
Sítio de Quatro Águas, Sul : 4 km ✉ 8800-901 Tavira – ☎ 281 38 08 00
– www.vilagale.pt – março - outubro
**157 qto** ⌷ – †47/90 € ††55/160 € – 5 suítes
**Rest** – Menu 22 € – Lista 25/38 €
Localizado junto à ria, numa aldeia antiga de pescadores. Distribuído por vários edifícios baixos que rodeiam a piscina. Quartos alegres e funcionais, todos com varanda. O restaurante serve um buffet e uma pequena carta tradicional.

---

**TERCENA** – Lisboa – ver Queluz

---

**TOMAR** – Santarém – **733** – **592** N4 – 18 206 h. – alt. 75 m      6 B2

▶ Lisboa 145 – Leiria 45 – Santarém 65

ℹ Av. Dr. Cândido Madureira, ✉ 2300-531, ☎ 249 32 98 23, www.cm-tomar.pt

◉ Convento de Cristo★★ : igreja★ (charola dos Templários★★) edifícios conventuais★ (janela★★★) – Igreja de São João Baptista (portal★)

🏨 **Dos Templários**    ⊗ ← 🚗 ⌶ 🗉 ⅙ 🤶 🖩 ♿ rest, 🎬 🤶 🤶 ♿ 🄿
Largo Cândido dos Reis 1 ✉ 2304-909 – ☎ 249 31 01 00
– www.hoteldostemplarios.pt
**167 qto** ⌷ – †78/112 € ††91/132 € – 10 suítes
**Rest** – Lista 26/42 €
Desfrute de um atraente jardim junto ao rio e um parque frondoso. Possui numerosas salas de reuniões e quartos amplos, quase todos com varanda. O restaurante propõe uma carta tradicional portuguesa com pratos internacionais e italianos.

---

**TONDA** – Viseu – **733** – **591** K5 – 984 h. – alt. 330 m      4 B2

▶ Lisboa 268 – Viseu 30 – Aveiro 90 – Coimbra 65

❌❌ **3 Pipos** ⓝ    🛋 ♿ 🎬 🤶 ⟳
Rua de Santo Amaro 966 ✉ 3460-479 – ☎ 232 81 68 51 – www.3pipos.pt
– fechado domingo noite e 2ª feira
**Rest** – Lista 18/35 € 🕸
Esta casa familiar conta com um bar, uma loja gourmet e cinco salas de ambiente rústico-regional, todas com as paredes de granito e pormenores alusivos ao mundo do vinho. A sua ementa de cozinha caseira completa-se com pratos sugeridos.

---

**TORRÃO** – Setúbal – **733** – **593** R5 – 2 295 h.      1 B2

▶ Lisboa 126 – Beja 51 – Évora 46 – Faro 168

◐ Viana do Alentejo (Igreja : portal★) 25 km a Nordeste

## ao Sudoeste pela estrada N 5 : 13,6 km

🏨 **Vale do Gaio**    ⊗ ← 🚗 🛋 ⌶ 🎬 🤶 🤶 🄿
Junto da Barragem Trigo de Morais ✉ 7595-034 Torrão – ☎ 265 66 96 10
– www.valedogaio.com
**14 qto** ⌷ – ††90/135 €
**Rest** – Menu 34/39 € – Lista 26/40 €
Perfeito para esquecer o ruído e o stress num ambiente natural. Dispõe de quartos de estética funcional-actual dos quais se destacam os do andar superior pelas suas vistas para a albufeira. A sala de refeições, dominada pelos tons brancos, é complementada com uma esplanada.

927

**TORREIRA** – Aveiro – **733** – **591** J3 – **2 745 h.** – Praia    4 A1

▶ Lisboa 290 – Aveiro 42 – Porto 54

🏨 Av. Hintze Ribeiro 30 , ✉ 3870-323, ✆ 234 83 82 50

**na estrada N 327** Sul : 5 km

🏨🏨🏨 **Pousada da Ria**    ⬚ ⪉ 🛋 ⌺ ※ 🅰 ⫚ 🅐 🅿

*Bico do Muranzel* ✉ *3870-301 Torreira* – ✆ *234 86 01 80* – *www.pousadas.pt*
**19 qto** – ✝80/180 € – ✝✝90/190 €, ⌂ 6 € – 1 apartamento
**Rest** – Lista aprox. 42 €

Esta confortável Pousada que, além de instalações muito aconchegantes, tem uma encantadora esplanada sobre as águas calmas da ria de Aveiro. A beleza dos arredores encontra seu eco em uma sala de refeição íntima e calma.

---

**TORRES NOVAS** – Santarém – **733** – **592** N4 – **16 302 h.**    6 B2

▶ Lisboa 118 – Castelo Branco 138 – Leiria 52 – Portalegre 120

🏨 Largo dos Combatentes 4-5, ✉ 2350-437, ✆ 249 81 30 19, www.cm-torresnovas.pt

🏨🏨 **Torres Novas**    🅸 ⫚ 🅰 ⌺ 🛈

*Praça 5 de Outubro 5* ✉ *2350-418* – ✆ *249 81 36 60*
– *www.hoteltorresnovas.com*
**36 qto** ⌂ – ✝39/93 € ✝✝47/142 € – 1 suite
**Rest** – Menu 9/18 € – Lista 24/35 €

Bem situado, no centro, próximo do castelo, com a fachada clássica e quartos de traçado funcional. O restaurante, que conta com um bar e uma esplanada agradável na praça, aposta por uma cozinha de gosto tradicional.

---

**TORRES VEDRAS** – Lisboa – **733** – **592** O2 – **24 630 h.** – **alt. 30 m**    6 A2
– Termas

▶ Lisboa 52 – Santarém 74 – Sintra 62

🏨 Rua 9 de Abril , ✉ 2560-301, ✆ 261 31 04 83

🏨🏨 **Império**    🅸 ⫚ qto, 🅰 ⌺ 🛈 🅐 🚗

*Praça 25 de Abril 17* ✉ *2560-285* – ✆ *261 31 42 32* – *www.hotel-imperio.com*
**47 qto** ⌂ – ✝48/64 € ✝✝58/78 €    **Rest** – Menu 9 € – Lista 21/28 €

Em pleno centro e vocacionado ao cliente de empresa. Quase não tem zona social, o que se compensa com uns quartos de linha moderna, os superiores com varanda. O restaurante, simples e de cozinha tradicional, desfruta de uma enoteca anexa.

**em Gibraltar** na estrada N 9 - Oeste : 5,5 km

🏨 **Pátio da Figueira** sem rest    🛋 🅰 🕻 🅿

✉ *2560-122 Ponte do Rol* – ✆ *261 33 22 64* – *www.patiodafigueira.com*
**19 qto** ⌂ – ✝30/35 € ✝✝45/50 €

Um hotelzinho interessante tanto pelos seus preços como pela sua localização no campo. Oferece um salão social polivalente, com lareira central, e quartos de linha clássica.

---

**TRANCOSO** – Guarda – **733** – **591** J7 – **3 289 h.**    5 C1

▶ Lisboa 351 – Coimbra 145 – Guarda 45 – Viseu 71

🏨 Av. Heroes de São Marcos , ✉ 6420-003, ✆ 271 81 11 47, www.cm-trancoso.pt

🔲 Localidade ★ - Fortificações ★

🏨🏨🏨 **Turismo de Trancoso**    🛋 🅵🅰 🅸 ⫚ qto, 🅰 ⌺ 🛈 🅐 🅿 🚗

*Rua Professora Irene Avillez* ✉ *6420-227* – ✆ *271 82 92 00*
– *www.hotel-trancoso.com*
**49 qto** ⌂ – ✝45/85 € ✝✝55/95 € – 4 suites
**Rest** – Menu 15/45 € – Lista 25/37 €

Hotel de linha moderna dotado de divisões alegres e luminosas. Desfruta dum atractivo hall aberto e quartos de completo equipamento, com os chãos em soalho. O restaurante oferece uma ementa tradicional e alguns pratos internacionais.

PORTUGAL

**TRÓIA** – Setúbal – **733** – **593** Q3 1 A2
▶ Lisboa 138 – Setúbal 104 – Évora 146 – Palmela 100

🏨🏨🏨 **Tróia Design H.** 🏮 ⛱ 🖥 ⊕ 🅿 🕴 🖐 ⚱ qto, 🎴 ❄ 🎏 ♨ 🚗
*Marina de Tróia* ⊠ *7570-789 –* ℰ *265 49 80 00 – www.troiadesignhotel.com
– fechado 24 novembro-27 dezembro*
**126 qto** ☟ – 🛏🛏100/300 € – 79 suites
**Rest** – (só buffet) Menu 28 €
**Rest B&G** – (só jantar) Menu 28 € – Lista 30/49 €
O melhor é a sua localização na Península de Tróia... um Parque Natural com
extensas praias! Encontrará umas instalações modernas e de grande nível, com
um completo SPA, quartos tipo apartamento, e, num anexo, tanto um casino
como um grande centro de conferências. Entre os seus restaurantes destaca-se o
B&G, com a cozinha à vista do cliente.

---

**UNHAIS DA SERRA** – Castelo Branco – **733** – **592** L7 – **1 398 h.** 5 C2
▶ Lisboa 288 – Castelo Branco 66 – Guarda 65 – Viseu 148
◉ Sítio ★

🏨🏨🏨 **H2otel** 🈂 ⪡ ⛱ 🖥 ⊕ 🅿 🕴 ⚱ qto, 🎴 ❄ 🎏 ♨ 🅿 🚗
*av. das Termas* ⊠ *6201-909 –* ℰ *275 97 00 20 – www.h2otel.com.pt*
**84 qto** ☟ – 🛏110/180 € 🛏🛏120/250 € – 6 suites
**Rest** – Menu 20 € – Lista 26/36 €
Tranquilo, isolado e com um design fantástico. Oferece amplos espaços de convívio, quartos de traçado clássico-actual ao mais alto nível e um SPA-balneário bastante completo, muitos dos tratamentos são realizados com águas termais sulfu-
rosas. O seu restaurante oferece os três serviços do dia.

---

**VALE DE AREIA** – Faro – ver Ferragudo

**VALE DE PARRA** – Faro – ver Albufeira

**VALE DO GARRÃO** – Faro – ver Almancil

**VALE FORMOSO** – Faro – ver Almancil

---

**VALENÇA DO MINHO** – Viana do Castelo – **733** – **591** F4 – **3 430 h.** 8 A1
– alt. 72 m
▶ Lisboa 440 – Braga 88 – Porto 122 – Viana do Castelo 52
🆔 Av. de Espanha , ⊠ 4930-677, ℰ 251 82 33 29
◉ Vila Fortificada ★ ( ⪡ ★)
◪ Monte do Faro ★★ (❄ ★★) Este : 7 km e 10 min. a pé

**dentro das Muralhas**

🏨🏨 **Pousada de São Teotónio** 🈂 ⪡ ⚱ qto, 🎴 ❄
*Baluarte do Socorro* ⊠ *4930-619 Valença do Minho –* ℰ *251 80 02 60
– www.pousadas.pt*
**18 qto** – 🛏75/145 € 🛏🛏85/145 €, ☟ 6 € **Rest** – Lista aprox. 40 €
Esta pousada localizada num dos extremos da muralha dispõe de uma vista
panorâmica privilegiada sobre as águas do Minho. Os quartos, totalmente equipados, oferecem um conforto clássico. O restaurante, que ocupa uma sala com
grandes janelas e magníficas vistas, oferece uma cozinha fiel às receitas tradicionais de Portugal.

---

**VIANA DO CASTELO** 🅿 – **733** – **591** G3 – **30 228 h.** – **Praia** 8 A2
▶ Lisboa 388 – Braga 53 – Ourense 154 – Porto 74
🆔 Rua do Hospital Velho , ⊠ 4900-540, ℰ 258 82 26 20, www.portoenorte.pt
**A.C.P.** Rua Martim Velho 4 ℰ 258 09 83 63
◉ O Bairro Antigo ★ B : Praça da República ★ B – Hospital da Misericórdia ★ B- Museu
de Arte e Arqueologia ★ (azulejos ★★ e faianças portuguesas ★) A**M**
◪ Monte de Santa Luzia ★★, Basílica de Santa Luzia (vistas panorâmicas ★★) Norte :
6 km

Planta página seguinte

**PORTUGAL**

929

## VIANA DO CASTELO

Bandeira (R. da) . . . . . . . . . . . . **B**
Cândido dos Reis (R.) . . . . . . . . . . **B** 3
Capitão Gaspar de Castro (R.) . . . . . . **B** 4
Carmo (R. do) . . . . . . . . . . . . **B** 6
Combatentes da Grande Guerra (Av. dos) . . . . **AB** 7
Conde da Carreira (Av. da) . . . . **A** 9
Dom Afonso III (Av.) . . . . . . . **B** 10
Gago Coutinho (R. de) . . . . . . . **B** 12
Humberto Delgado (Av.) . . . . . . **A** 1
João Tomás da Costa (Largo) . . . . . **B** 1
Luís de Camões (Av.) . . . . . . . **B** 1
República (Pr. da) . . . . . . . . **B** 1
Sacadura Cabral (R.) . . . . . . . **B** 1
Santa Luzia (Estrada) . . . . . . . **A** 2
São Pedro (R. de) . . . . . . . . **B** 2

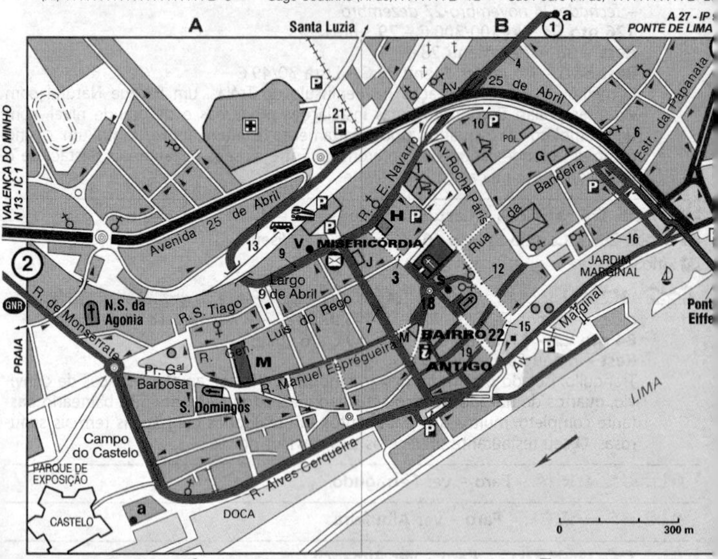


### Axis Viana

qto,

*Av.Capitão Gaspar de Castro ✉ 4900-462 – ✆ 258 80 20 00 – www.axishoteis.com* **Ba**

**87 qto** – 123/129 € 123/154 €

**Rest** – Menu 20 € – Lista 22/30 €

Ocupa um edifício design dotado de uma fachada espetacular, um grande hall, um bar lounge e uma luminosa área social. Quartos amplos, modernos e bem equipados. O restaurante, um pouco frio, combina pratos "à la carte" e serviço de pequeno-almoço. Grande SPA com 2600 m$^2$ de instalações!

### Flôr de Sal

qto,

*Av. de Cabo Verde 100 (Praia Norte), por Rua de Monserrate ✉ 4900-568 – ✆ 258 80 01 00 – www.hotelflordesal.com*

**57 qto** – 115/165 € 135/195 € – 3 suites

**Rest** – Lista 25/41 €

Edifício de estilo moderno aberto ao mar. Desfruta dum espaçoso hall com boas vistas e mobiliário de desing, assim como quartos de completo equipamento e um SPA. Refeitório luminoso e de estética actual.

### Casa Melo Alvim sem rest

*Av. Conde da Carreira 28 ✉ 4900-343 – ✆ 258 80 82 00 – www.meloalvimhouse.com* **Av**

**17 qto** – 94/99 € 105/110 € – 3 suites

Casa senhorial do séc. XVI, onde se apreciam diferentes estilos artísticos fruto das suas sucessivas ampliações. Os seus quartos possuem mobiliário português e casas de banho em mármore.

※ **Tasquinha da Linda** 🛋 🗚 ⅍

*Rua dos Mareantes A-10* ✉ *4900-370 –* ℰ *258 84 79 00*
*– www.tasquinhadalinda.com – fechado 15 dias en janeiro, 15 dias en setembro*
*e domingo salvo maio-agosto* **Aa**
**Rest** – Lista 25/35 €
Os seus proprietários são comerciantes de peixe, por isso aquí, só deram mais um passo no processo comercial. Ocupa um antigo armazém do molhe, possui grandes viveiros e, claro, é especializado em peixes e mariscos.

※ **Os 3 Potes** ⅍

*Beco dos Fornos 7* ✉ *4900-523 –* ℰ *258 82 99 28* **Bs**
**Rest** – Lista 19/30 €
Localizado num lindo recanto histórico! A decoração rústica e regional lhe confere uma tipicidade decididamente acolhedora, com um antigo forno de pão à vista e três arcos em pedra. A sua ementa regional integra muitas carnes e guisados.

## em Santa Marta de Portuzelo por ① : 5,5 km

※※ **Camelo** 🛋 🗚 ⅍ ⇄ 🅿

*Rua de Santa Marta 119 - Estrada N 202* ✉ *4925-104 Viana do Castelo*
*–* ℰ *258 83 90 90 – www.camelorestaurantes.com – fechado 2ª feira*
**Rest** – Lista 20/30 €
Tem prestígio e trabalha muito com banquetes. Por trás do bar da entrada, com um sugestivo expositor de produtos e um viveiro, encontrará vários espaços bem arranjados. A sua vasta ementa regional destaca-se pela escolha de carnes.

## em Santa Luzia Norte : 6 km

🏠 **Pousada do Monte de Santa Luzia** ⊗ ≤ 🚗 🛋 ⅃ 🛠 ※ 📶

✉ *4901-909 Viana do Castelo –* ℰ *258 80 03 70* ⅙ qto, 🗚 ⅍ 🛜 🛁 🅿
*– www.pousadas.pt*
**51 qto** – ✝100/190 € ✝✝110/200 €, ⬚ 6 € **Rest** – Lista aprox. 42 €
Singular edifício de inícios do século XX com localização privilegiada, com maravilhosas vistas para o mar e para o estuário do Lima. O seu interior foi redecorado num estilo clássico mais fresco e luminoso. O restaurante, também de estilo clássico, com terraço de verão, oferece uma ementa tradicional.

---

**VIDAGO** – Vila Real – **733** – **591** H7 – **1 204 h.** – alt. 350 m – Termas 8 B2
▶ Lisboa 446 – Vila Real 54 – Braga 110 – Bragança 115

🏨 **Vidago Palace** ⊗ 🚗 🛋 ⅃ 🛏 ⊕ 🛠 🛗 🖼 🗚 ⅍ 🛜 🛁 🅿

*parque de Vidago* ✉ *5425-307 –* ℰ *276 99 09 00 – www.vidagopalace.com*
**66 qto** ⬚ – ✝147/290 € ✝✝172/309 € – 4 suites
**Rest** – Menu 40/80 € – Lista 44/60 €
Um dos emblemas da hotelaria portuguesa! É magnífico e está instalado num imponente edifício que se destaca tanto pelas suas zonas nobres, com uma esplêndida escada, como pelos seus quartos. Também oferece um SPA, um campo de golfe e dois restaurantes, um deles no antigo salão de baile.

---

**VIEIRA DO MINHO** – Braga – **733** – **591** H5 – **2 239 h.** – alt. 390 m 8 B2
▶ Lisboa 398 – Braga 33 – Viana do Castelo 95 – Vila Real 140

## em Caniçada Noroeste : 7 km

🏠 **Pousada de São Bento** ⊗ ≤ 🚗 🛋 ⅃ ⅙ 🗚 ⅍ 🛜 🛁 🅿

*Estrada N 304* ✉ *4850-047 Caniçada –* ℰ *210 40 76 50 – www.pousadas.pt*
**36 qto** – ✝80/165 € ✝✝90/175 €, ⬚ 6 € **Rest** – Menu 20/35 € – Lista 27/55 €
Situa-se numa bela paragem dotada com magníficas vistas à serra do Gerês e ao rio Cávado. Interior de ar montanhês, com muita madeira e quartos bem equipados. No seu agradável restaurante elabora-se uma cozinha fiel ao receituário tradicional.

PORTUGAL

**pela estrada de Parada de Bouro** Noroeste : 7,5 km e desvio a direita 1 km

### Aquafalls $\quad$ ⌂ ← 🔲 🍴 ® ♨ ✕ 🍷 & 🔲 ℜ 🛜 🚗 P

*Lugar de S. Miguel* ✉ *4850-503 Vieira do Minho –* 𝒞 *253 64 90 00*
*– www.aquafalls.pt*
**12 qto** ⌂ – **•**182/290 € **••**210/324 € – 12 suites
**Rest** – Menu 30 € – Lista 30/60 €
Exclusivo! O edifício principal acolhe tanto a moderna área social como o SPA e o restaurante, com magníficas vistas para o rio Cávado. Os quartos, muito detalhistas, repartem-se pelo jardim em bungalows. O restaurante aposta na cozinha tradicional e dispõe de um terraço panorâmico.

---

**VILA BALEIRA** – Ilha de Porto Santo – ver Madeira (Arquipélago da) : Porto Santo

---

**VILA DO CONDE** – Porto – **733** – **591** H3 – **28 636 h.** – Praia $\qquad$ 8 A2

▶ Lisboa 342 – Braga 40 – Porto 28 – Viana do Castelo 42

🛈 Rua 25 de Abril 103, ✉ 4480-722, 𝒞 252 24 84 73, www.cm-viladoconde.pt

◉ Convento de Santa Clara★ (túmulos★) - Museu da Construção Naval★

**em Azurara** pela estrada N 13 - Sudeste : 1 km

### Santana $\quad$ ⌂ ← 🔲 ® ♨ 🍷 & qto, 🔲 ℜ 🛜 🚗 P

✉ *4480-188 Vila do Conde –* 𝒞 *252 64 04 60 – www.santanahotel.net*
**64 qto** ⌂ – **•**80/95 € **••**105/120 € – 10 suites
**Rest** *Santa Clara* – Menu 20/50 € – Lista aprox. 35 €
Numa localização privilegiada! O seu interior dispõe de uma grande zona nobre e recreativa, com um bom SPA e quartos de estilo clássico bem arranjados. O restaurante, envidraçado e com uma emeta tradicional, dispõe de magníficas vistas para o mosteiro de Santa Clara e para o rio Ave.

**en Areia** pela estrada N 13 - Sudeste : 4 km

### Romando ❶ $\quad$ & 🔲 ℜ ⇄ P

✉ *4480-088 Vila do Conde –* 𝒞 *252 64 10 75 – www.romando.pt – fechado 3ª feira*
**Rest** – Lista 30/43 € ❀
Fica situado num bairro nos arredores da Areia e apresenta-se com uma grande sala de estilo moderno. Cozinha tradicional portuguesa, com boa selecção de arrozes e alguns mariscos.

---

**VILA FRANCA DE XIRA** – Lisboa – **733** – **592** P3 – **18 197 h.** $\qquad$ 6 A2

▶ Lisboa 32 – Évora 111 – Santarém 49

🛈 Praça Afonso de Albuquerque 12, ✉ 2600-093, 𝒞 263 28 56 05, www.cm-vfxira.pt

### O Forno $\quad$ 🔲 ℜ

*Rua Dr. Miguel Bombarda 143* ✉ *2600-195 –* 𝒞 *263 28 21 06*
*– www.restauranteoforno.com – fechado 2ª feira*
**Rest** – Menu 18/25 € – Lista 25/37 €
Oferece duas salas de ambiente regional, sendo que a do andar superior costuma reservar-se para refeições programadas. Aqui a especialidade são as espetadas de peixes e carnes!

---

**VILA NOVA DE CERVEIRA** – Viana do Castelo – **733** – **591** G3 $\qquad$ 8 A1
**– 1 432 h.**

▶ Lisboa 425 – Viana do Castelo 37 – Vigo 46

🛈 Praça do Município, ✉ 4920-284, 𝒞 251 70 80 23, www.cm-vncerveira.pt

PORTUGAL

**em Gondarém** pela estrada N 13 - Sudoeste : 4 km

 **Boega**  🦢�✕♥💨⤴️🅿️

*Quinta do Outeiral ⊠ 4920-061 Gondarém – ✆ 251 70 05 00*
*– www.boegahotel.com*
**29 qto** ⊆ – **†**45/80 € **††**55/90 € – 2 suites
**Rest** – *(fechado domingo noite) (só buffet)* Menu 15/20 € – Lista 45/60 €
Esta casa senhorial, com agradáveis exteriores, distribui os seus quartos em três edifícios, albergando no núcleo principal, os quartos mais clássicos e luxuosos, quase todos com vistas para o Minho. O restaurante, também de estilo clássico, centra a sua oferta num buffet correto.

**na estrada de Valença do Minho** Nordeste : 6 km

 **Minho**  017✕🎐👟🅰️♥🐌💨🅿️

*Vila Mea ⊠ 4920-140 Vila Mea – ✆ 251 70 02 45 – www.hotelminho.com*
**60 qto** ⊆ – **†**50/80 € **††**68/100 €
**Rest** *Braseirão do Minho* – ver selecção restaurantes
Conjunto de estética actual que surpreende exteriormente pelo seu jogo de linhas puras. Oferece um moderno interior, com quartos funcionais e apartamentos tipo duplex.

✕✕ **Braseirão do Minho** – Hotel Minho  017✕🅰️♥🅿️

*Vila Mea ⊠ 4920-140 Vila Mea – ✆ 251 70 02 45 – www.hotelminho.com*
**Rest** – Lista 20/35 €
Separado do hotel e com um funcionamento completamente independente... embora com um bom serviço! Apresenta um estilo tradicional, com amplos exteriores e várias salas, incluindo uma para banquetes. Cozinha de cariz tradicional.

**VILA NOVA DE FAMALICÃO** – Braga – **733** – **591** H4 – 8 478 h.   8 A2
**– alt. 88 m**

🅳 Lisboa 350 – Braga 18 – Porto 33
🅸 Praça D. Maria II, ⊠ 4760-111, ✆ 252 31 25 64, www.vilanovadefamalicao.org

**em Portela** Nordeste : 8,5 km

✕✕ **Ferrugem**  🅰️♥

*estrada N 309 - Rua das Pedrinhas 32 ⊠ 4770-379 Portela VNF – ✆ 252 91 17 00*
*– www.ferrugem.pt – fechado 15 dias em agosto, domingo noite e 2ª feira*
**Rest** – Menu 29/45 € – Lista aprox. 30 €
Interessante e atrativo, pois esconde-se num antigo estábulo! Na sua sala, de excelente arranjo, com altíssimos tetos e ambiente rústico moderno, poderá descobrir uma cozinha atual e criativa. Pequena ementa e dois menus de degustação.

**na estrada N 206** Nordeste : 1,5 km

✕ **Moutados de Baixo**  🅰️♥🅿️

*Av. do Brasil 1701 ⊠ 4764-983 Vila Nova de Famalicão – ✆ 252 32 22 76*
*– www.moutados.com.pt*
**Rest** – Menu 14 € – Lista 13/39 €
Oferece duas salas de aspeto clássico-atual, a principal com cozinha quase integrada e ambas decoradas com quadros muito coloridos. A sua ementa tradicional portuguesa é enriquecida com uma sugestão especial para cada dia da semana.

**VILA NOVA DE GAIA** – Porto – **733** – **591** I4 – 30 147 h.   8 A3

🅳 Lisboa 316 – Porto 3
🅸 Av. Diogo Leite 242, ⊠ 4400-111, ✆ 223 70 37 35, www.gaiaglobal.pt
🅸 Av. Ramos Pinto, Loja 510 , ⊠ 4400-266, ✆ 223 75 62 16, www.gaiaglobal.ptver planta do Porto

PORTUGAL

**The Yeatman** ⟨ icons ⟩

*Rua do Choupelo* ⊠ *4400-088 –* ℰ *220 13 31 00 – www.theyeatman.com*
**70 qto** – †150/245 € ††165/260 €, ⌂ 15 € – 12 suites                    BV**a**
**Rest** *The Yeatman* ✿ – ver selecção restaurantes
Impressionante conjunto escalonado numa zona de caves, em frente à zona histórica da cidade. Possui uns quartos de traçado clássico-actual, todos dotados de
varanda e muitas delas personalizadas com temas alusivos da cultura vitivinícola.

XXXX **The Yeatman** - Hotel The Yeatman ⟨ icons ⟩
✿ *Rua do Choupelo* ⊠ *4400-088 –* ℰ *220 13 31 00 – www.theyeatman.com*
**Rest** – Menu 65/140 € – Lista 71/86 € ⅋⅋                         BV**a**
Apresenta uma estética actual e destaca-se tanto pela sua luminosidade como
pelas suas vistas da cidade do Porto. O seu chef propõe uma cozinha tradicional
actualizada que toma como base os produtos autóctones. Oferece duas ementas:
degustação e executivo!
→ Lavagante azul, carpaccio, lingueirão, toranja e molho de crustáceos. Vitela de
leite, lombinho com toucinho fumado, cevadinha de vegetais e molho de wasabi.
Frutos vermelhos, lasanha doce, mousse, sorvete e merengue.

## na Praia de Lavadores Oeste : 7 km

**Casa Branca** ⟨ icons ⟩

*Rua da Belgica 86* ⊠ *4400-044 Vila Nova de Gaia –* ℰ *227 72 74 00*
*– www.casabranca.com*                                         AV**s**
**53 qto** ⌂ – †90/150 € ††100/188 € – 4 suites
**Rest** *Casa Branca* – ver selecção restaurantes
Uma boa opção se procura tranquilidade, já que encontra-se na bela e serena
Costa Verde. Conta com umas instalações elegantes de estilo clássico, com mobiliário antigo muito cuidado e varanda envidraçada em todos os quartos.

XX **Casa Branca** - Hotel Casa Branca ⟨ icons ⟩
*Av. Beira Mar 751* ⊠ *4400-382 Vila Nova de Gaia –* ℰ *227 72 74 00*
*– www.casabranca.com – fechado 2ª feira e 3ª feira ao meio-dia*      AV**s**
**Rest** – Menu 25 € – Lista 30/45 €
Combina o design e modernidade do presente com os detalhes mais atraentes do passado, tudo isto enriquecido com umas vistas de excelência tanto para o passeio
como para o mar. A sua carta tradicional é completada com numerosas sugestões diárias.

---

**VILA POUCA DA BEIRA** – Coimbra – 733 – 592 L6 – 355 h.           4 B2
▶ Lisboa 271 – Coimbra 67 – Castelo Branco 118 – Viseu 55

**Pousada Convento do Desagravo** ⟨ icons ⟩

⊠ *3400-758 –* ℰ *238 67 00 80 – www.pousadas.pt*                 ⟨ icons ⟩
**22 qto** – †80/140 € ††90/150 €, ⌂ 6 € – 7 suites
**Rest** – Menu 32 € – Lista 28/45 €
Localizada num antigo convento restaurado, com várias zonas nobres, um
pequeno claustro envidraçado e igreja própria. Todos os quartos e casas-de-
-banho são de traçado actual. No restaurante, de traçado clássico, trabalha-se
numa cozinha de paladar tradicional.

---

**VILA PRAIA DE ÂNCORA** – Viana do Castelo – 733 – 591 G3         8 A1
– 4 820 h. – Termas – Praia
▶ Lisboa 403 – Viana do Castelo 15 – Vigo 68
🛈 Av. Dr. Ramos Pereira , ⊠ 4910-547, ℰ 258 91 13 84

**Meira** ⟨ icons ⟩

*Rua 5 de Outubro 56* ⊠ *4910-386 –* ℰ *258 91 11 11 – www.hotelmeira.com*
**50 qto** ⌂ – †60/90 € ††75/115 € – 2 suites
**Rest** – Menu 8/10 € – Lista 20/45 €
Localizado a somente dois quarteirões da costa! Tanto a área social como uma
parte dos quartos, a maioria com terraço, foram recentemente renovados para
os atualizar esteticamente. No restaurante, encontrará uma cozinha tradicional e
um bom menu do dia.

PORTUGAL

▶ Lisboa 400 – Braga 103 – Guarda 156 – Ourense 159

🛈 Av. Carvalho Araújo 94 , ✉ 5000-657, ☎ 259 32 28 19

**A.C.P.** Alameda de Grasse, Centro Comercial Dolce Vita Douro, Loja 01A ☎ 259 37 56 50

◎ Igreja de São Pedro (tecto★)

© Solar de Mateus★★ (fachada★★) Este : 3,5 Km Z – Estrada de Vila Real a Amarante
‹€★ – Estrada de Vila Real a Mondim de Basto (descida escarpada★)

## VILA REAL

| | | | | |
|---|---|---|---|---|
| Alexandre Herculano (R.) | **Y** 2 | Boavista (R.) | **Y** 8 | Irmã Virtudes (R.) | **Z** 20 |

Alexandre Herculano (R.) ..... **Y** 2
Almeida Lucena (Av.) ......... **Y** 3
António de Azevedo (R.) ...... **Y** 4
Aureliano Barriga (Av.) ....... **Y** 5
Avelino Patena (R.) .......... **Y** 6
Bessa Monteiro (R.) ......... **Y** 7

Boavista (R.) ............... **Y** 8
Calvario (Rampa do) ......... **Y** 9
Camilo Castelo Branco (R.) .. **Z** 10
Cândido dos Reis (R.) ....... **Y** 12
Central (R.) ................ **Y**
Direita (R.) ................ **Y**
D. Margarida Chaves (R.) .... **Y** 14
D. Pedro de Meneses (R.) .... **Y** 15
Gonçalo Cristóvão (R.) ...... **Y** 18

Irmã Virtudes (R.) .......... **Z** 20
Isabel Carvalho (R.) ........ **Y** 21
Santo António (R. de) ...... **Y** 25
Sarg Belizário Augusto
(R.) .................... **Y** 26
Serpa Pinto (R.) ........... **Y** 28
S. Domingos (Tr.) .......... **Z** 24
Teixeira de Sousa (R.) ...... **Z** 30
31 de Janeiro (R.) ......... **Y** 31

**935**

### 🏨 Miracorgo ← ⛱ 🖎 🖥 & qto, 🎤 🛜 🏬 P 🖘
*Av. 1° de Maio 76* ⊠ *5000-651 –* ☎ *259 32 50 01 – www.hotelmiracorgo.com*
**144 qto** ⚏ *–* **♦**49 € *–* **♦♦**71 € *– 22 suites* **Rest** *– Lista 24/46 €* **Za**
Desfruta dum amplo hall-recepção, um discreto bar anexo e correctas zonas sociais, todas elas com os chãos em alcatifa. Quartos espaçosos e remodelados. Atractivo restaurante panorâmico onde também se servem pequenos almoços.

## VILA VIÇOSA – Évora – 733 – 593 P7 – 5 023 h. 2 C2
▶ Lisboa 185 – Badajoz 53 – Évora 56 – Portalegre 76
◎ Localidade★ – Terreiro do Paço★ (Paço Ducal★, Museu dos Coches★ : cavalariças reais★) – Porta dos Nós★

### 🏯 Pousada de D. João IV ◈ 🚗 🎤 ⛱ 🖥 & qto, 🎤 🛜 🏬 P
*Terreiro do Paço* ⊠ *7160-251 –* ☎ *268 98 07 42 – www.pousadas.pt*
**39 qto** *–* **♦**75/145 € **♦♦**85/155 €, ⚏ *6 € – 3 suites*
**Rest** *– Menu 32/45 € – Lista 24/41 €*
Situado no antigo convento real de As Chagas de Cristo, que data de princípios do século XVI. O seu interior prevalece a herança histórica com muito confortável, fazendo girar as zonas comuns, no geral de traçado clássico-elegante, em volta do claustro. Sala para pequenos-almoços com o tecto abobadado e sala de refeições luminosa.

### 🏨 Solar dos Mascarenhas sem rest ⛱ & 🏬 🛜 🛜
*Rua Florbela Espanca 125* ⊠ *7160-283 –* ☎ *268 88 60 00*
*– www.solardosmascarenhas.com*
**18 qto** ⚏ *–* **♦**50/95 € **♦♦**60/105 € *– 4 suites*
Instalado parcialmente numa casa nobre do século XVI e no pavilhão moderno anexo, onde actualmente se encontra todos os quartos. Mobiliário funcional-actual que combina perfeitamente os tons brancos e pretos.

## VILAMOURA – Faro – ver Quarteira

## VISEU P – 733 – 591 K6 – 40 236 h. – alt. 483 m 4 B1
▶ Lisboa 292 – Aveiro 96 – Coimbra 92 – Guarda 85
🖪 Casa do Adro, Adro da Sé, ⊠ 3500-195, ☎ 232 42 09 50, www.turismodocentro.pt
**A.C.P.** Rua da Paz 36 ☎ 232 42 24 70
◎ Cidade Velha★ : Adro da Sé★ Museu Grão Vasco★★ M (primitivos★★)
– Sé★ (retábulo★)

### 🏨 Montebelo ← ⛱ 🖎 ⊛ 🛁 🖥 & qto, 🎤 🛜 🔅 P 🖘
*Urb. Quinta do Bosque, por Av. Infante D. Henrique* ⊠ *3510-020*
*–* ☎ *232 42 00 00 – www.montebeloviseu.pt*
**164 qto** ⚏ *–* **♦**76/115 € **♦♦**91/135 € *– 8 suites*
**Rest** *– Lista 23/40 €*
Imponente edifício de construção moderna que o surpreenderá tanto pelas suas instalações como pelos seus espaços amplos. Dispõe de quartos confortáveis de traçado actual, todos com mobiliário de qualidade. No seu restaurante, de carácter panorâmico, são confeccionados pratos tradicionais e internacionais.

### 🏨 Pousada de Viseu ⛱ 🛁 🖥 & qto, 🎤 🕭 🔅 P
*Rua do Hospital* ⊠ *3500-161 –* ☎ *232 45 63 20 – www.pousadas.pt*
**81 qto** *–* **♦**70/90 € **♦♦**80/100 €, ⚏ *6 € – 3 suites* **x**
**Rest** *– Lista aprox. 42 €*
Instalado no antigo hospital de São Teotónio, este lindo edifício de 1842 dispõe de um agradável pátio coberto e quartos de estilo moderno, aqueles que encontram-se no último andar possuem varanda. O restaurante combina estética moderna com menu tradicional.

# VISEU

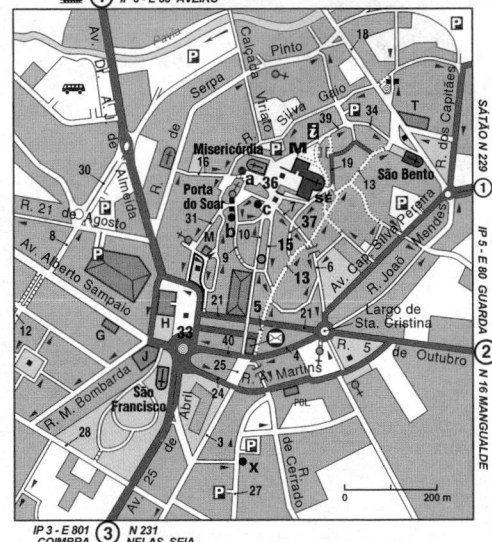

PORTUGAL

**Palácio dos Melos** sem rest     🔄 🚗 🗚 ॐ 🛜 🅿️

*Rua Chão Mestre 4 ✉ 3500-103 – ☎ 232 43 92 90*
*– www.hotelpalaciodosmelos.pt*                      **b**

**27 qto** 🖵 – ♦57/71 € ♦♦67/79 €

Antiga mansão da nobreza situada na zona monumental. Oferece espaços sociais bem restaurados e quartos confortáveis, todos com hidromassagem nas casas de banho. Peça os da parte renovada pois são mais atuais!

**Casa da Sé** 🔟 sem rest             🔄 🗚 ॐ 🛜

*Rua Augusta Cruz 12 ✉ 3500-088 – ☎ 232 46 80 32 – www.casadase.net*
**12 qto** 🖵 – ♦65/89 € ♦♦80/125 €              **c**

Procura um hotel com charme? Pernoite nesta casa nobiliária do séc. XVIII, um edifício que soube manter toda a sua essência tanto na sua cuidada recuperação, assim como num mobiliário de outrora que... pode ser adquirido!

**XX Muralha da Sé**                          🗚 ॐ ↔️

*Adro da Sé 24 ✉ 3500-195 – ☎ 232 43 77 77 – www.muralhadase.pt – fechado*
*do 15 ao 30 de outubro, domingo noite e 2ª feira*      **a**

**Rest** – Lista 19/38 €

Único no género e no coração do centro histórico. Conta com um pequeno hall, uma agradável sala, com as paredes de granito e lareira, assim como duas salinhas mais pequenas que se utilizam como salas privadas. Apresentam uma cozinha regional com caracter e bem apresentada.

**na estrada N 16** por ② : 6,5 km

**XX Quinta da Magarenha**                   🚗 🗚 ॐ ↔️ 🅿️

*Via Caçador - junto a saída 20 da Auto-Estrada A 25 ✉ 3505-577 Viseu*
*– ☎ 232 47 91 06 – www.magarenha.com – fechado 2ª quinzena de janeiro,*
*1ª quinzena de julho, domingo noite e 2ª feira*

**Rest** – Lista 20/35 €

A sua oferta culinária baseia-se na cozinha tradicional portuguesa de rações abundantes. As suas instalações, de traçado clássico, dividem-se por várias salas de refeição, duas com serviço a la carte e as restantes para banquetes.

# → Prefijos telefónicos internacionales

Importante: para las llamadas internacionales, no se debe marcar el cero (0) inicial del prefijo interurbano (exepto para llamar a Italia).

# → Indicativos telefónicos internacionais

Importante: para as chamadas internacionais, o (0) inicial do indicativo interurbano não se deve marcar (exepto nas ligações para Italia).

| desde/da/d'/ dalla/von/from → a/para/en/in nach/to | AND | A | B | CH | CZ | D | DK | E | FIN | F | GB | GR |
|---|---|---|---|---|---|---|---|---|---|---|---|---|
| **AND Andorra** | | 0043 | 0032 | 0041 | 00420 | 0049 | 0045 | 0034 | 00358 | 0033 | 0044 | 0030 |
| **A Austria** | 00376 | | 0032 | 0041 | 00420 | 0049 | 0045 | 0034 | 00358 | 0033 | 0044 | 0030 |
| **B Belgium** | 00376 | 0043 | | 0041 | 00420 | 0049 | 0045 | 0034 | 00358 | 0033 | 0044 | 0030 |
| **CH Swizerland** | 00376 | 0043 | 0032 | | 00420 | 0049 | 0045 | 0034 | 00358 | 0033 | 0044 | 0030 |
| **CZ Czech Republic.** | 00376 | 0043 | 0032 | 0041 | | 0049 | 0045 | 0034 | 00358 | 0033 | 0044 | 0030 |
| **D Germany** | 00376 | 0043 | 0032 | 0041 | 00420 | | 0045 | 0034 | 00358 | 0033 | 0044 | 0030 |
| **DK Denmark** | 00376 | 0043 | 0032 | 0041 | 00420 | 0049 | | 0034 | 00358 | 0033 | 0044 | 0030 |
| **E Spain** | 00376 | 0043 | 0032 | 0041 | 00420 | 0049 | 0045 | | 00358 | 0033 | 0044 | 0030 |
| **FIN Finland** | 00376 | 0043 | 0032 | 0041 | 00420 | 0049 | 0045 | 0034 | | 0033 | 0044 | 0030 |
| **F France** | 00376 | 0043 | 0032 | 0041 | 00420 | 0049 | 0045 | 0034 | 00358 | | 0044 | 0030 |
| **GB United Kingdom** | 00376 | 0043 | 0032 | 0041 | 00420 | 0049 | 0045 | 0034 | 00358 | 0033 | | 0030 |
| **GR Greece** | 00376 | 0043 | 0032 | 0041 | 00420 | 0049 | 0045 | 0034 | 00358 | 0033 | 0044 | |
| **H Hungary** | 00376 | 0043 | 0032 | 0041 | 00420 | 0049 | 0045 | 0034 | 00358 | 0033 | 0044 | 0030 |
| **I Italy** | 00376 | 0043 | 0032 | 0041 | 00420 | 0049 | 0045 | 0034 | 00358 | 0033 | 0044 | 0030 |
| **IRL Ireland** | 00376 | 0043 | 0032 | 0041 | 00420 | 0049 | 0045 | 0034 | 00358 | 0033 | 0044 | 0030 |
| **J Japan** | 001376 | 00143 | 00132 | 00141 | 001420 | 00149 | 00145 | 00134 | 001358 | 00133 | 00144 | 00130 |
| **L Luxembourg** | 00376 | 0043 | 0032 | 0041 | 00420 | 0049 | 0045 | 0034 | 00358 | 0033 | 0044 | 0030 |
| **N Norway** | 00376 | 0043 | 0032 | 0041 | 00420 | 0049 | 0045 | 0034 | 00358 | 0033 | 0044 | 0030 |
| **NL Netherlands** | 00376 | 0043 | 0032 | 0041 | 00420 | 0049 | 0045 | 0034 | 00358 | 0033 | 0044 | 0030 |
| **PL Poland** | 00376 | 0043 | 0032 | 0041 | 00420 | 0049 | 0045 | 0034 | 00358 | 0033 | 0044 | 0030 |
| **P Portugal** | 00376 | 0043 | 0032 | 0041 | 00420 | 0049 | 0045 | 0034 | 00358 | 0033 | 0044 | 0030 |
| **RUS Russia** | | 81043 | 81032 | 81041 | 810420 | 81049 | 81045 | * | 810358 | 81033 | 81044 | * |
| **S Sweden** | 009376 | 00943 | 00932 | 00941 | 009420 | 00949 | 00945 | 00934 | 009358 | 00933 | 00944 | 00930 |
| **USA** | 011376 | 01143 | 01132 | 01141 | 011420 | 01149 | 01145 | 01134 | 01358 | 01133 | 01144 | 01130 |

*No es posible la conexión automática
*Não é possível a ligação automática

# → International Dialling Codes

Note: When making an international call, do not dial the first (0) of the city codes (except for calls to Italy).

| H | I | IRL | J | L | N | NL | PL | P | RUS | S | USA | |
|---|---|---|---|---|---|---|---|---|---|---|---|---|
| 0036 | 0039 | 00353 | 0081 | 00352 | 0047 | 0031 | 0048 | 00351 | 007 | 0046 | 001 | **Andorra AND** |
| 0036 | 0039 | 00353 | 0081 | 00352 | 0047 | 0031 | 0048 | 00351 | 007 | 0046 | 001 | **Austria A** |
| 0036 | 0039 | 00353 | 0081 | 00352 | 0047 | 0031 | 0048 | 00351 | 007 | 0046 | 001 | **Belgium B** |
| 0036 | 0039 | 00353 | 0081 | 00352 | 0047 | 0031 | 0048 | 00351 | 007 | 0046 | 001 | **Swizerland CH** |
| 0036 | 0039 | 00353 | 0081 | 00352 | 0047 | 0031 | 0048 | 00351 | 007 | 0046 | 001 | **Czech CZ Republic** |
| 0036 | 0039 | 00353 | 0081 | 00352 | 0047 | 0031 | 0048 | 00351 | 007 | 0046 | 001 | **Germany D** |
| 0036 | 0039 | 00353 | 0081 | 00352 | 0047 | 0031 | 0048 | 00351 | 007 | 0046 | 001 | **Denmark DK** |
| 0036 | 0039 | 00353 | 0081 | 00352 | 0047 | 0031 | 0048 | 00351 | 007 | 0046 | 001 | **Spain E** |
| 0036 | 0039 | 00353 | 0081 | 00352 | 0047 | 0031 | 0048 | 00351 | 007 | 0046 | 001 | **Finland FIN** |
| 0036 | 0039 | 00353 | 0081 | 00352 | 0047 | 0031 | 0048 | 00351 | 007 | 0046 | 001 | **France F** |
| 0036 | 0039 | 00353 | 0081 | 00352 | 0047 | 0031 | 0048 | 00351 | 007 | 0046 | 001 | **United GB Kingdom** |
| 0036 | 0039 | 00353 | 0081 | 00352 | 0047 | 0031 | 0048 | 00351 | 007 | 0046 | 001 | **Greece GR** |
|  | 0039 | 00353 | 0081 | 00352 | 0047 | 0031 | 0048 | 00351 | 007 | 0046 | 001 | **Hungary H** |
| 0036 |  | 00353 | 0081 | 00352 | 0047 | 0031 | 0048 | 00351 | * | 0046 | 001 | **Italy I** |
| 0036 | 0039 |  | 0081 | 00352 | 0047 | 0031 | 0048 | 00351 | 007 | 0046 | 001 | **Ireland IRL** |
| 00136 | 00139 | 001353 |  | 001352 | 00147 | 00131 | 00148 | 001351 | * | 00146 | 0011 | **Japan J** |
| 0036 | 0039 | 00353 | 0081 |  | 0047 | 0031 | 0048 | 00351 | 007 | 0046 | 001 | **Luxembourg L** |
| 0036 | 0039 | 00353 | 0081 | 00352 |  | 0031 | 0048 | 00351 | 007 | 0046 | 001 | **Norway N** |
| 0036 | 0039 | 00353 | 0081 | 00352 | 0047 |  | 0048 | 00351 | 007 | 0046 | 001 | **Netherlands NL** |
| 0036 | 0039 | 00353 | 0081 | 00352 | 0047 | 0031 |  | 00351 | 007 | 0046 | 001 | **Poland PL** |
| 0036 | 0039 | 00353 | 0081 | 00352 | 0047 | 0031 | 0048 |  | 007 | 0046 | 001 | **Portugal P** |
| 81036 | * | * | * | * | * | 81031 | 81048 | * |  | * | * | **Russia RUS** |
| 00936 | 00939 | 009353 | 0981 | 009352 | 00947 | 00931 | 00948 | 009351 | 0097 |  | 0091 | **Sweden S** |
| 01136 | 01139 | 011353 | 01181 | 011352 | 01147 | 01131 | 01148 | 011351 | * | 01146 | – | **USA** |

*Direct dialling not possible

# → Léxico gastronómico
# → Léxico gastronómico
# → Gastronomical lexicon
# → Lexique gastronomique
# → Lessico gastronomico
# → Gastronomisches Lexikon

| → LEGUMBRES | → LEGUMES | → VEGETABLES |
|---|---|---|
| Aceitunas | Azeitonas | Olives |
| Aguacate | Abacate | Avocado |
| Alcachofas | Alcachofras | Artichokes |
| Berenjena | Beringela | Aubergine |
| Calabacín | Abobrinha | Courgette |
| Calabaza | Cabaça | Pumpkin |
| Cardo | Cardo | Cardoon |
| Coliflor | Couve-flor | Cauliflower |
| Endibias | Escarola | Chicory |
| Escarola | Escarola | Endive |
| Espárragos | Espargos | Asparagus |
| Espinacas | Espinafres | Spinach |
| Garbanzos | Grão de bico | Chickpeas |
| Guisantes | Ervilhas | Peas |
| Habas | Favas | Broad beans |
| Judías | Feijão | Beans |
| Judías verdes | Feijão verde | French beans |
| Judiones | Feijão grande | Butter beans |
| Lechuga | Alface | Lettuce |
| Lentejas | Lentilhas | Lentils |
| Patatas | Batatas | Potatoes |
| Pepino | Pepino | Cucumber |
| Pimientos | Pimentos | Peppers |
| Puerros | Alhos franceses | Leeks |
| Repollo/col | Repolho/Couve | Cabbage |
| Tomates | Tomates | Tomatoes |
| Zanahoria | Cenoura | Carrot |

# → Lexique gastronomique
# → Lessico gastronomico
# → Gastronomisches Lexikon

| → LÉGUMES | → LEGUMI | → GEMÜSE |
|---|---|---|
| Olives | Olive | Oliven |
| Avocat | Avocado | Avocado |
| Artichauts | Carciofi | Artischocken |
| Aubergines | Melanzane | Auberginen |
| Courgettes | Zucchine | Zucchini |
| Courge | Zucca | Kürbis |
| Cardon | Cardo | Kardonen |
| Chou-fleur | Cavolfiore | Blumenkohl |
| Endives | Indivia | Chicoree |
| Scarole | Scarola | Endivien |
| Asperges | Asparagi | Spargel |
| Épinards | Spinaci | Spinat |
| Pois chiches | Ceci | Kichererbsen |
| Petits pois | Piselli | Erbsen |
| Fèves | Fave | Dicke Bohnen |
| Haricots | Fagioli | Bohnen |
| Haricots verts | Fagiolini | Grüne Bohnen |
| Fèves | Fagioli | Saubohnen |
| Laitue | Lattuga | Kopfsalat |
| Lentilles | Lenticchie | Linsen |
| Pommes de terre | Patate | Kartoffeln |
| Concombre | Cetriolo | Gurken |
| Poivrons | Peperoni | Paprika |
| Poireaux | Porri | Lauch |
| Chou | Cavoli | Kohl |
| Tomates | Pomodori | Tomaten |
| Carotte | Carote | Karotten |

| → ARROZ, PASTA Y CHAMPIÑONES | → ARROZ, MASSA E COGUMELOS | → RICE, PASTA AND MUSHROOMS |
| --- | --- | --- |
| Arroz blanco | Arroz branco | White rice |
| Arroz de marisco | Arroz de marisco | Seafood rice |
| Arroz de pollo | Arroz com frango | Chicken rice |
| Arroz de verduras | Arroz com legumes | Vegetable rice |
| Arroz negro | Arroz preto | Black rice |
| Boleto | Seta | Cep mushrooms |
| Canelones | Canelões | Cannelloni |
| Champiñones | Cogumelos | Small mushrooms |
| Colmenillas | Espécie de cogumelo | Morel mushrooms |
| Espaguetis | Espaguetes | Spaghetti |
| Lasaña | Lasanha | Lasagne |
| Níscalos | Míscaros | Mushrooms |
| Seta de cardo | Seta de cardo | Oyster mushrooms |
| Trufa | Trufa | Truffle |

| → MARISCOS | → MARISCO | → SEAFOOD |
| --- | --- | --- |
| Almejas | Amêijoas | Clams |
| Angulas | Eirós | Eels |
| Berberechos | Amêijoas | Cockles |
| Bogavante | Lavagante | Lobster |
| Calamares | Lulas | Squid |
| Camarón | Camarão | Shrimp |
| Cangrejo | Caranguejo | Crab |
| Carabineros | Camarão vermelho | Jumbo prawn |
| Centollo | Santola | Spider crab |
| Chipirones | Lulinhas | Squid |
| Cigalas | Lagostim | Langoustine |
| Gambas | Gambas | Prawns |
| Langosta | Lagosta | Lobster |
| Langostinos | Lagostims | Prawns |
| Mejillones | Mexilhões | Mussels |
| Navajas | Navalhas | Razor clams |
| Nécoras | Caranguejos | Small crabs |
| Ostras | Ostras | Oysters |
| Percebes | Perceves | Barnacles |
| Pulpo | Polvo | Octopus |
| Sepia | Sépia | Cuttlefish |
| Vieiras | Vieiras | Scallops |
| Zamburiñas | Leques | Queen scallops |

| → RIZ, PÂTES ET CHAMPIGNONS | → RISO, PASTA E FUNGHI | → REIS, NUDELN UND PILZE |
| --- | --- | --- |
| Riz blanc | Riso bianco | Weißer Reis |
| Riz aux fruits de mer | Risotto ai frutti di mare | Reis mit Meeresfrüchten |
| Riz au poulet | Risotto al pollo | Reis mit Huhn |
| Riz aux légumes | Risotto alle verdure | Gemüsereis |
| Riz noir | Risotto al nero di seppia | Schwarzer Reis |
| Bolet | Porcini | Pilze |
| Cannelloni | Cannelloni | Cannelloni |
| Champignons de Paris | Champignon | Champignons |
| Morilles | Ovoli | Morcheln |
| Spaghetti | Spaghetti | Spaghetti |
| Lasagne | Lasagne | Lasagne |
| Mousserons | Prugnolo | Reizker |
| Pleurote du Panicot | Cardoncello | Distelpilz |
| Truffe | Tartufo | Trüffel |

| → FRUITS DE MER | → FRUTTI DI MARE | → MEERESFRÜCHTE |
| --- | --- | --- |
| Clovisses | Arselle | Muscheln |
| Anguille | Anguilla | Aal |
| Coques | Vongole | Herzmuscheln |
| Homard | Astice | Hummer |
| Encornets | Calamari | Tintenfisch |
| Petite crevette | Gamberetti | Garnelen |
| Crabe | Granchi | Krabben |
| Grande crevette rouge | Gambero rosso | Cambas |
| Araignée de mer | Gransevola | Teufelskrabbe |
| Calmar | Calamari | Tintenfische |
| Langoustines | Scampi | Kaisergranat |
| Gambas | Gamberi | Garnelen |
| Langouste | Aragosta | Languste |
| Crevette | Gamberone | Langustinen |
| Moules | Cozze | Miesmuscheln |
| Couteaux | Cannolicchio | Scheidenmuscheln |
| Étrilles | Granchi | Kleine Meereskrebse |
| Huîtres | Ostriche | Austern |
| Anatifes | Lepadi | Entenmuscheln |
| Poulpe | Polpo | Kraken |
| Seiche | Seppia | Tintenfisch |
| Coquilles Saint-Jacques | Capesante | Jakobsmuscheln |
| Pétoncles | Capesante | Kammmuscheln |

| → PESCADOS | → PEIXES | → FISH |
|---|---|---|
| Arenques | Arenques | Herring |
| Atún / bonito | Atum / Bonito | Tuna |
| Bacalao | Bacalhau | Cod |
| Besugo | Besugo | Sea bream |
| Boquerones/anchoas | Boqueirão/Anchova | Anchovies |
| Caballa | Sarda | Mackerel |
| Dorada | Dourada | Dorado |
| Gallos | Peixe-galo | John Dory |
| Lenguado | Linguado | Sole |
| Lubina | Robalo | Sea bass |
| Merluza | Pescada | Hake |
| Mero | Mero | Halibut |
| Rape | Tamboril | Monkfish |
| Rodaballo | Rodovalho | Turbot |
| Salmón | Salmão | Salmon |
| Salmonetes | Salmonetes | Red Mullet |
| Sardinas | Sardinhas | Sardines |
| Trucha | Truta | Trout |

| → CARNES | → CARNE | → MEAT |
|---|---|---|
| Buey | Boi | Ox |
| Cabrito | Cabrito | Kid |
| Callos | Tripas | Tripe |
| Cerdo | Porco | Pork |
| Chuletas | Costeletas | Chops |
| Cochinillo | Leitão | Suckling pig |
| Cordero | Cordeiro | Lamb |
| Costillas | Costelas | Ribs |
| Entrecó | Bife | Entrecote |
| Hígado | Fígado | Liver |
| Jamón | Presunto | Ham |
| Lechazo | Cordeiro novo | Milk-fed lamb |
| Lengua | Língua | Tongue |
| Lomo | Lombo | Loin |
| Manitas | Pés | Pig's trotters |
| Mollejas | Moelas | Sweetbreads |
| Morros | Focinhos | Snout |
| Oreja | Orelha | Pig's ear |
| Paletilla | Pá | Shoulder |
| Rabo | Rabo | Tail |
| Riñones | Rins | Kidneys |
| Solomillo | Lombo | Sirloin |
| Ternera | Vitela | Veal |
| Vaca | Vaca | Beef |

| → POISSON | → PESCI | → FISCH |
|---|---|---|
| Harengs | Aringhe | Heringe |
| Thon | Tonno | Thunfisch |
| Morue/Cabillaud | Merluzzo | Kabeljau |
| Pagre | Pagro | Seebrasse |
| Anchois | Alici/acciughe | Anchovy |
| Maquereau | Sgombri | Makrele |
| Dorade | Orata | Dorade |
| Cardine | Rombo giallo | Butt |
| Sole | Sogliola | Seezunge |
| Bar | Branzino | Wolfsbarsch |
| Merlu | Nasello | Seehecht |
| Mérou | Palombo | Heilbutt |
| Lotte | Rana Pescatrice | Seeteufel |
| Turbot | Rombo | Steinbutt |
| Saumon | Salmone | Lachs |
| Rougets | Triglie | Rotbarbe |
| Sardines | Sardine | Sardine |
| Truite | Trota | Forelle |

| → VIANDE | → CARNI | → FLEISCH |
|---|---|---|
| Bœuf | Manzo | Ochse |
| Cabri | Agnellino da latte | Lamm |
| Tripes | Trippa | Kutteln |
| Porc | Maiale | Schwein |
| Côtelettes d'agneau | Costolette | Kotelett |
| Cochon de lait | Maialino da latte arrosto | Spanferkelbraten |
| Agneau | Agnello | Lamm |
| Côtelettes | Costolette | Kotelett |
| Entrecôte | Bistecca | Entrecote |
| Foie | Fegato | Leber |
| Jambon | Prosciutto | Schinken |
| Agneau de lait | Agnello | Lamm |
| Langue | Lingua | Zunge |
| Filet | Lombo | Filet |
| Pieds de porc | Piedino | Schweinefuß |
| Ris de veau | Animelle | Bries |
| Museaux | Musetto | Maul |
| Oreille de porc | Orecchio di maiale | Schweineohr |
| Épaule | Spalla | Schulter |
| Queue | Coda | Schwanz |
| Rognons | Rognoni | Nieren |
| Filet | Filetto | Lendenstück |
| Veau | Vitello | Kalb |
| Bœuf | Bue | Rind |

| → AVES Y CAZA | → AVES E CAÇA | → FOWL AND GAME |
|---|---|---|
| Avestruz | Avestruz | Ostrich |
| Becada | Galinhola | Woodcock |
| Capón | Capão | Capon |
| Ciervo | Cervo | Venison |
| Codorniz | Codorniz | Quail |
| Conejo | Coelho | Rabbit |
| Faisán | Faisão | Pheasant |
| Jabalí | Javali | Wild boar |
| Liebre | Lebre | Hare |
| Oca | Ganso | Goose |
| Paloma | Pomba | Pigeon |
| Pato | Pato | Duck |
| Pavo | Peru | Turkey |
| Perdiz | Perdiz | Partridge |
| Pichón | Pombinho | Squab pigeon |
| Pintada | Galinha da Guiné | Guinea fowl |
| Pollo | Frango | Chicken |
| Pularda | Frango | Chicken |
| Venado | Veado | Deer |

| → CONDIMENTOS | → CONDIMENTOS | → CONDIMENTS |
|---|---|---|
| Aceite de oliva | Azeite da azeitona | Olive oil |
| Ajo | Alho | Garlic |
| Albahaca | Alfavaca | Basil |
| Azafrán | Açafrão | Saffron |
| Canela | Canela | Cinnamon |
| Cebolla | Cebola | Onion |
| Cominos | Cominhos | Cumin |
| Eneldo | Endro | Dill |
| Estragón | Estragão | Tarragon |
| Guindilla | Guindia | Chilli pepper |
| Hierbabuena-menta | Hortelã-pimenta | Mint |
| Laurel | Loureiro | Laurel |
| Mantequilla | Manteiga | Butter |
| Mostaza | Mostarda | Mustard |
| Orégano | Orégão | Oregano |
| Perejil | Salsa | Parsley |
| Pimentón | Pimentão | Paprika |
| Pimienta | Pimenta | Pepper |
| Romero | Alecrim | Rosemary |
| Sal | Sal | Salt |
| Tomillo | Tomilho | Thyme |
| Vinagre | Vinagre | Vinegar |

| → VOLAILLES ET GIBIER | → GALLINACE I CACCIAGIONE | → GEFLÜGEL UND WILDBRET |
|---|---|---|
| Autruche | Struzzo | Strauß |
| Bécasse | Beccaccia | Schnepfe |
| Chapon | Cappone | Kapaun |
| Cerf | Cervo | Reh |
| Caille | Quaglia | Wachtel |
| Lapin | Coniglio | Kaninchen |
| Faisan | Fagiano | Fasan |
| Sanglier | Cinghiale | Wildschwein |
| Lièvre | Lepre | Hase |
| Oie | Oca | Gans |
| Pigeon | Colomba | Taube |
| Canard | Anatra | Ente |
| Dinde | Tacchino | Truthahn |
| Perdrix | Pernice | Rebhuhn |
| Pigeonneau | Piccione | Täubchen |
| Pintade | Faraona | Perlhuhn |
| Poulet | Pollo | Huhn |
| Poularde | Pollo | Poularde |
| Cerf | Cervo | Hirsch |

| → CONDIMENTS | → CONDIMENTI | → ZUTATEN |
|---|---|---|
| Huile d'olive | Olio d'oliva | Olivenöl |
| Ail | Aglio | Knoblauch |
| Basilic | Basilico | Basilikum |
| Safran | Zafferano | Safran |
| Cannelle | Cannella | Zimt |
| Oignon | Cipolla | Zwiebel |
| Cumin | Cumino | Kümmel |
| Aneth | Aneto | Dill |
| Estragon | Dragoncello | Estragon |
| Piment rouge | Peperoncino | Roter Pfeffer |
| Menthe | Menta | Minze |
| Laurier | Alloro | Lorbeer |
| Beurre | Burro | Butter |
| Moutarde | Senape | Senf |
| Marjolaine | Origano | Oregano |
| Persil | Prezzemolo | Petersilie |
| Paprika | Paprica | Paprika |
| Poivre | Pepe | Pfeffer |
| Romarin | Rosmarino | Rosmarin |
| Sel | Sale | Salz |
| Thym | Timo | Thymian |
| Vinaigre | Aceto | Essig |

| → EMBUTIDOS Y CURADOS | → ENCHIDOS E CURADOS | → SAUSAGES AND CURED MEATS |
| --- | --- | --- |
| Butifarra | Linguiça da Catalunha | Catalan sausage |
| Cecina | Chacina | Cured meat |
| Chorizo | Chouriço | Spiced sausage |
| Jamón | Presunto | Ham |
| Lacón | Lacão | Shoulder of pork |
| Morcilla | Morcela | Black pudding |
| Salchicha | Salsicha | Sausage |
| Salchichón | Salsichão | Salami |
| Sobrasada | Paio das Baleares | Majorcan sausage |
| Tocino | Toucinho | Bacon |

| → FRUTAS Y POSTRES | → FRUTAS E SOBREMESAS | → FRUITS AND DESSERTS |
| --- | --- | --- |
| Castañas | Castanhas | Chestnut |
| Chocolate | Chocolate | Chocolate |
| Cuajada | Coalhada | Curd |
| Flan | Pudim | Crème caramel |
| Fresas | Morangos | Strawberries |
| Fruta | Fruta | Fruit |
| Fruta en almíbar | Fruta em calda | Fruit in syrup |
| Helados | Gelados | Ice cream |
| Higos | Figos | Figs |
| Hojaldre | Folhado | Puff pastry |
| Manzanas asadas | Maçãs assadas | Baked apple |
| Melón | Melão | Melon |
| Miel | Mel | Honey |
| Mousse de chocolate | Mousse de chocolate | Chocolate mousse |
| Nata | Nata | Cream |
| Natillas | Doce de ovos | Custard |
| Nueces | Nozes | Walnut |
| Peras | Pêras | Pears |
| Piña | Ananás | Pineapple |
| Plátano | Banana | Banana |
| Queso curado | Queijo curado | Smoked cheese |
| Queso fresco | Queijo fresco | Fromage frais |
| Requesón | Requeijão | Fromage blanc |
| Sandía | Melancia | Watermelon |
| Tartas | Torta | Cakes/tarts |
| Yogur | Iogurte | Yoghurt |
| Zumo de naranja | Sumo de laranja | Orange juice |

Léxico gastronómico · Léxico gastronómico · Gastronomical lexicon

| → CHARCUTERIES | → SALSICCE E CURED | → WÜRSTE |
| --- | --- | --- |
| Saucisse catalane | Salsiccia Catalana | Katalanische Wurst |
| Viande séchée | Scatti | Trockenfleisch |
| Saucisson au piment | Salsicce piccanti | Pfefferwurst |
| Jambon | Prosciutto | Schinken |
| Épaule de porc | Spalla di maiale | Schweineschulter |
| Boudin | Salsiccia | Blutwurst |
| Saucisse | Salsicce | Würstchen |
| Saucisson | Salame | Salami |
| Saucisse de Majorque | Soppressata | Mallorquinische Wurst |
| Lard | Lardo | Speck |

| → FRUITS ET DESSERTS | → FRUTTA E DESSERT | → FRÜCHTE UND DESSERTS |
| --- | --- | --- |
| Châtaignes | Castagne | Kastanien |
| Chocolat | Cioccolato | Schokolade |
| Lait caillé | Cagliata | Dickmilch |
| Crème au caramel | Crème caramel | Pudding |
| Fraises | Fragole | Erdbeeren |
| Fruits | Frutta | Früchte |
| Fruits au sirop | Frutta sciroppata | Obst in Sirup |
| Glaces | Gelato | Eis |
| Figues | Fichi | Feigen |
| Feuilleté | Pasta sfoglia | Gebäck |
| Pomme braisée | Mela al forno | Bratapfel |
| Melon | Melone | Melone |
| Miel | Miele | Honig |
| Mousse au chocolat | Mousse di cioccolato | Schokoladenmousse |
| Crème | Crema | Sahne |
| Crème anglaise | Budino | Cremespeise |
| Noix | Noci | Walnuss |
| Poires | Pere | Birnen |
| Ananas | Ananas | Ananas |
| Banane | Banana | Banane |
| Fromage sec | Formaggio stagionato | Hartkäse |
| Fromage frais | Formaggio fresco | Frischkäse |
| Fromage blanc | Formaggio bianco | Quark |
| Pastèque | Cocomero | Wassermelone |
| Tartes | Torte | Torten |
| Yaourt | Yogurt | Joghurt |
| Jus d'orange | Succo d'arancia | Orangensaft |

# España
# Espanha
# Spain

→ **Localidad que posee como mínimo...**

- ● un hotel o un restaurante
- ❀ una de las mejores mesas del año
- ⊛ un restaurante « Bib Gourmand »
- ⅄ un restaurante agradable
- ⌂ una casa rural agradable
- ⌂ un hotel agradable
- ⊅ un hotel muy tranquilo

→ **Localidade que possui como mínimo...**

- ● um hotel ou um restaurante
- ❀ uma das melhores mesas do ano
- ⊛ um restaurante « Bib Gourmand »
- ⅄ um restaurante agradável
- ⌂ uma casa rural agradável
- ⌂ um hotel agradável
- ⊅ um hotel muito tranquilo

→ **Place with at least...**

- ● a hotel or a restaurant
- ❀ a starred establishment
- ⊛ a restaurant « Bib Gourmand »
- ⅄ a particularly pleasant restaurant
- ⌂ a particularly pleasant guesthouse
- ⌂ a particularly pleasant hotel
- ⊅ a particularly quiet hotel

# → Mapas

Mapas de las localidades citadas, por regiones

# → Mapas

Mapas das localidades citadas, por regiões

### → Map

Regional maps of listed towns

# → Distancias

# → Distâncias

# → Distances

| Barcelona | Lisboa | Madrid | Málaga | Donostia-San Sebastián | | | Barcelona | Lisboa | Madrid | Málaga | Donostia-San Sebastián | |
|---|---|---|---|---|---|---|---|---|---|---|---|---|
| 1537 | 2252 | 1776 | 2314 | 1324 | Amsterdam | | 1432 | 2140 | 1664 | 2202 | 1212 | London |
| 1025 | 2038 | 1561 | 1998 | 1110 | Barcelona | | 1153 | 2114 | 1638 | 2129 | 1187 | Luxembourg |
| 1868 | 2799 | 2323 | 2841 | 1872 | Berlin | | 639 | 1716 | 1240 | 1613 | 788 | Lyon |
| 931 | 2018 | 1531 | 1904 | 1091 | Bern | | 507 | 1675 | 1108 | 1481 | 748 | Marseille |
| 1632 | 2042 | 1566 | 2104 | 1115 | Birmingham | | 978 | 2146 | 1579 | 1953 | 1219 | Milano |
| 636 | 1153 | 688 | 1216 | 237 | Bordeaux | | 1363 | 2450 | 1974 | 2336 | 1523 | München |
| 1842 | 2967 | 2443 | 2816 | 2023 | Bratislava | | 958 | 1484 | 1019 | 1546 | 567 | Nantes |
| 1873 | 3041 | 2474 | 2847 | 2113 | Brindisi | | 1560 | 2727 | 2160 | 2533 | 1799 | Napoli |
| 1338 | 2053 | 1577 | 2115 | 1125 | Bruxelles/Brussel | | 2721 | 3547 | 3071 | 3609 | 2620 | Oslo |
| 1282 | 1827 | 1351 | 1890 | 900 | Cherbourg | | 1561 | 2728 | 2158 | 2534 | 1801 | Palermo |
| 622 | 1524 | 1059 | 1598 | 608 | Clermont-Ferrand | | 1036 | 1751 | 1275 | 1813 | 823 | Paris |
| 1884 | 771 | 1496 | 2034 | 1051 | Dublin | | 1717 | 2720 | 2244 | 2691 | 1776 | Praha |
| 1389 | 2245 | 1769 | 2308 | 1318 | Düsseldorf | | 1362 | 2527 | 1960 | 2333 | 1599 | Roma |
| 1331 | 2314 | 1838 | 2305 | 1387 | Frankfurt am Main | | 2772 | 3598 | 3122 | 3660 | 2671 | Stockholm |
| 774 | 1862 | 1375 | 1748 | 934 | Genève | | 1131 | 2116 | 1640 | 2104 | 1189 | Strasbourg |
| 2066 | 2774 | 2298 | 2836 | 1847 | Glasgow | | 394 | 1264 | 799 | 1326 | 348 | Toulouse |
| 1776 | 2643 | 2167 | 2705 | 1716 | Hamburg | | 2406 | 3338 | 2862 | 3380 | 2410 | Warszawa |
| 2122 | 2948 | 2472 | 3010 | 2021 | København | | 1801 | 2882 | 2402 | 2775 | 1938 | Wien |
| 1253 | 1967 | 1491 | 2029 | 1040 | Lille | | 1597 | 2764 | 2197 | 2571 | 1837 | Zagreb |

Madrid - Birmingham 1566 km

→ **Distancias entre las ciudades principales**
→ **Distâncias entre as cidades principais**
→ **Distances between major towns**

Madrid – Vigo **591 km**

Distance chart between major Spanish, Portuguese and Andorran towns (triangular matrix). City headers along the diagonal, in order:

Alacant, Albacete, Almería, Andorra la Vella, Badajoz, Barcelona, Bilbao, Burgos, Cáceres, Cádiz, Coimbra, Córdoba, A Coruña, Donostia-San Sebastián, Faro, Granada, León, Lisboa, Lleida/Lérida, Logroño, Madrid, Málaga, Murcia, Oviedo, Pamplona, Porto, Salamanca, Santander, Segovia, Sevilla, Toledo, Valencia, Valladolid, Vigo, Vitoria-Gasteiz, Zaragoza.

Distance rows (each row lists the distance from the named town to each preceding town in the list above):

- **Albacete:** 170
- **Almería:** 296 | 359
- **Andorra la Vella:** 641 | 625 | 913
- **Badajoz:** 692 | 526 | 616 | 1009
- **Barcelona:** 525 | 510 | 797 | 198 | 1019
- **Bilbao:** 690 | 641 | 937 | 543 | 692 | 612
- **Burgos:** 651 | 486 | 782 | 595 | 537 | 608 | 160
- **Cáceres:** 678 | 512 | 671 | 906 | 95 | 920 | 603 | 448
- **Cádiz:** 644 | 645 | 455 | 1253 | 329 | 1121 | 983 | 827 | 385
- **Coimbra:** 937 | 771 | 963 | 1125 | 308 | 1139 | 697 | 542 | 303 | 678
- **Córdoba:** 507 | 390 | 318 | 998 | 269 | 862 | 555 | 487 | 416 | 574 | 416
- **A Coruña:** 750 | 992 | 448 | 1236 | 747 | 1090 | 715 | 747 | 215 | 664 | 101 | 986
- **Donostia-San Sebastián:** 802 | 723 | 902 | 420 | 723 | 101 | 215 | 182 | 896 | 454 | 1051 | 752 | 341
- **Faro:** 352 | 351 | 163 | 1021 | 465 | 857 | 813 | 657 | 521 | 297 | 521 | 411 | 657 | 455
- **Granada:** 758 | 592 | 879 | 766 | 495 | 780 | 331 | 176 | 411 | 509 | 785 | 176 | 729 | 853 | 1106
- **León:** 918 | 753 | 800 | 1236 | 226 | 1249 | 866 | 711 | 317 | 515 | 206 | 493 | 386 | 611 | 921 | 278
- **Lisboa:** 495 | 479 | 766 | 150 | 861 | 161 | 452 | 449 | 759 | 1106 | 986 | 456 | 921 | 1182 | 362 | 166 | 1090
- **Lleida/Lérida:** 657 | 559 | 845 | 465 | 667 | 479 | 138 | 135 | 584 | 958 | 672 | 714 | 618 | 307 | 823 | 1026 | 841 | 317
- **Logroño:** 420 | 255 | 545 | 612 | 403 | 623 | 401 | 246 | 301 | 652 | 515 | 395 | 595 | 420 | 166 | 631 | 461 | 855 | 330
- **Madrid:** 480 | 201 | 426 | 984 | 228 | 928 | 773 | 482 | 254 | 731 | 165 | 302 | 983 | 730 | 416 | 134 | 280 | 613 | 723 | 405
- **Málaga:** 85 | 224 | 702 | 671 | 589 | 787 | 632 | 573 | 918 | 254 | 1127 | 165 | 730 | 809 | 983 | 280 | 742 | 988 | 900 | 555 | 400
- **Murcia:** 869 | 827 | 606 | 896 | 472 | 832 | 710 | 600 | 882 | 928 | 815 | 652 | 814 | 964 | 663 | 291 | 964 | 1017 | 827 | 447 | 408 | 848
- **Oviedo:** 665 | 937 | 425 | 1160 | 660 | 1002 | 705 | 472 | 182 | 600 | 105 | 896 | 198 | 459 | 869 | 368 | 41 | 1009 | 406 | 402 | 931 | 848 | 440
- **Pamplona:** 983 | 1104 | 744 | 416 | 352 | 157 | 88 | 171 | 575 | 928 | 661 | 791 | 573 | 93 | 791 | 1034 | 917 | 278 | 157 | 88 | 405 | 931 | 507 | 405
- **Porto:** 637 | 758 | 403 | 1146 | 612 | 711 | 710 | 556 | 300 | 634 | 115 | 784 | 117 | 405 | 749 | 547 | 384 | 998 | 412 | 426 | 724 | 961 | 507 | 363 | 348
- **Salamanca:** 833 | 964 | 623 | 588 | 352 | 588 | 353 | 198 | 254 | 778 | 198 | 470 | 208 | 517 | 470 | 302 | 134 | 727 | 556 | 214 | 88 | 872 | 315 | 196 | 348 | 254
- **Santander:** 515 | 636 | 401 | 474 | 612 | 353 | 300 | 198 | 470 | 727 | 471 | 459 | 383 | 171 | 486 | 511 | 254 | 795 | 327 | 93 | 214 | 670 | 426 | 93 | 517 | 426 | 363
- **Segovia:** 603 | 414 | 246 | 717 | 127 | 705 | 662 | 512 | 143 | 663 | 198 | 916 | 198 | 368 | 920 | 256 | 137 | 916 | 532 | 217 | 88 | 615 | 954 | 217 | 405 | 954 | 137 | 217
- **Sevilla:** 423 | 493 | 209 | 1002 | 263 | 861 | 916 | 827 | 282 | 123 | 682 | 160 | 662 | 913 | 232 | 230 | 889 | 198 | 774 | 531 | 483 | 161 | 812 | 483 | 406 | 812 | 457 | 406 | 459
- **Toledo:** 171 | 187 | 443 | 1139 | 263 | 1002 | 705 | 472 | 198 | 462 | 107 | 371 | 889 | 805 | 356 | 230 | 408 | 589 | 485 | 426 | 318 | 499 | 805 | 483 | 487 | 918 | 499 | 572 | 171 | 371
- **Valencia:** 634 | 755 | 465 | 660 | 588 | 352 | 414 | 473 | 521 | 778 | 634 | 521 | 951 | 588 | 778 | 571 | 856 | 871 | 300 | 335 | 356 | 805 | 137 | 805 | 626 | 918 | 572 | 626 | 371 | 571 | 356
- **Valladolid:** 1014 | 1135 | 715 | 352 | 125 | 414 | 729 | 281 | 198 | 705 | 331 | 600 | 778 | 332 | 600 | 335 | 137 | 705 | 567 | 212 | 117 | 917 | 256 | 119 | 446 | 332 | 254 | 247 | 119 | 613 | 256 | 745 | 180
- **Vigo:** 744 | 892 | 522 | 648 | 561 | 658 | 556 | 600 | 263 | 634 | 115 | 564 | 67 | 457 | 634 | 756 | 457 | 756 | 674 | 387 | 591 | 1017 | 674 | 457 | 628 | 164 | 416 | 282 | 753 | 591 | 674 | 740 | 395 | 591
- **Vitoria-Gasteiz:** 497 | 300 | 648 | 535 | 410 | 535 | 67 | 115 | 564 | 938 | 653 | 742 | 598 | 103 | 653 | 767 | 287 | 598 | 115 | 95 | 882 | 404 | 740 | 35 | 65 | 740 | 287 | 152 | 164 | 882 | 95 | 404 | 309 | 236
- **Zaragoza:** 411 | 769 | 300 | 311 | 305 | 302 | 311 | 150 | 612 | 958 | 701 | 785 | 612 | 178 | 839 | 841 | 942 | 315 | 150 | 315 | 315 | 556 | 588 | 841 | 178 | 942 | 315 | 556 | 403 | 841 | 410 | 843 | 180 | 556 | 315 | 260

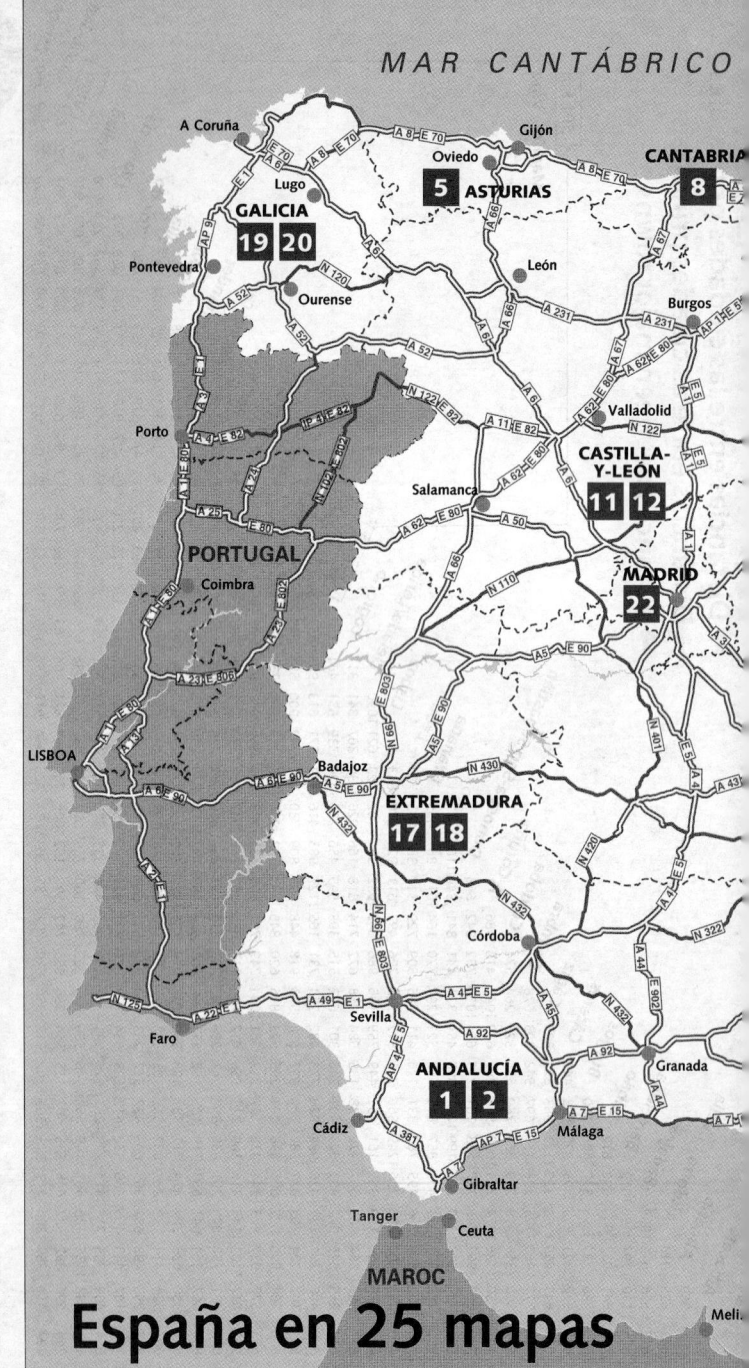

España en 25 mapas

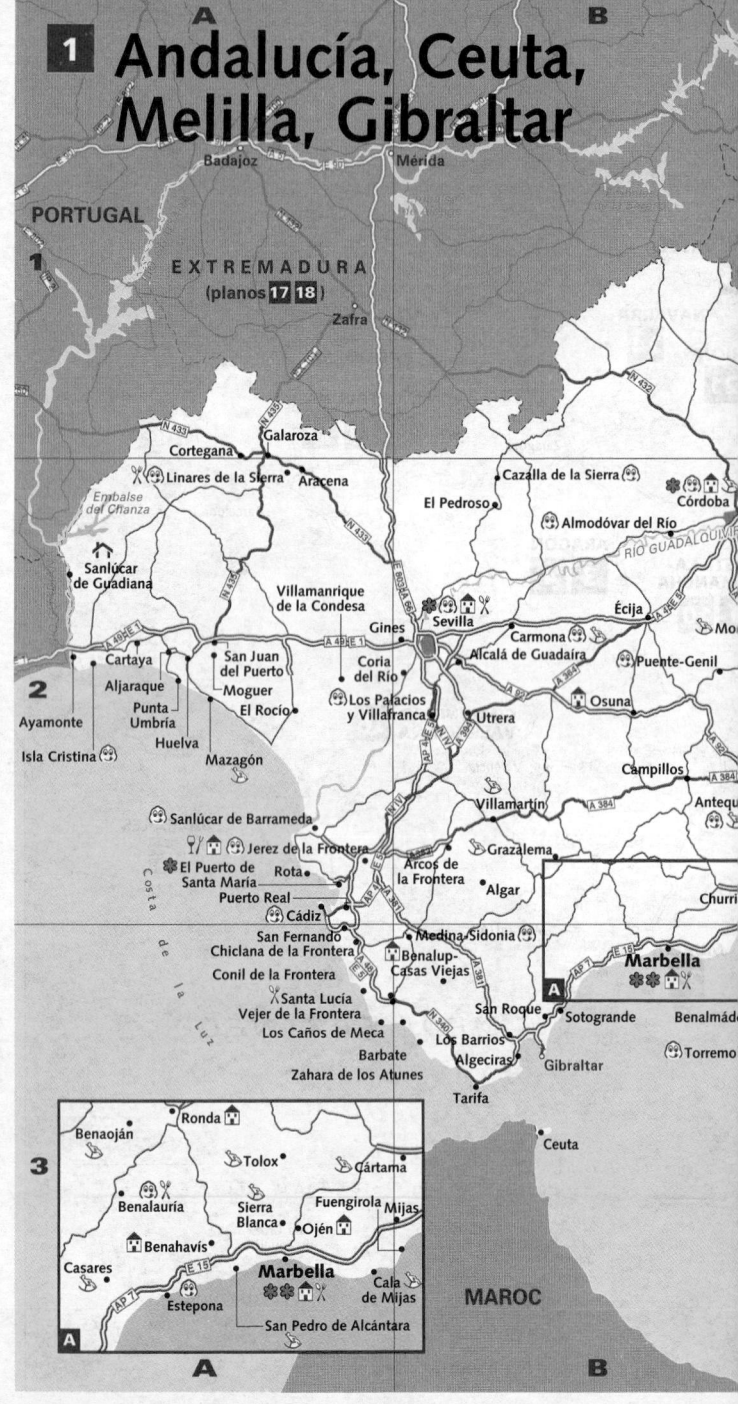

# 1 Andalucía, Ceuta, Melilla, Gibraltar

**PORTUGAL**

Badajoz    Mérida

**1**

**E X T R E M A D U R A**
(planos **17 18**)

Zafra

Cortegana    Galaroza
Linares de la Sierra    Aracena    Cazalla de la Sierra
Embalse del Chanza    El Pedroso    Córdoba
Sanlúcar de Guadiana    Almodóvar del Río
RÍO GUADALQUIVIR
Cartaya    Villamanrique de la Condesa    Gines    Sevilla    Écija    Mo
San Juan del Puerto    Coria del Río    Carmona
**2**    Aljaraque    Moguer    Alcalá de Guadaira    Puente-Genil
Ayamonte    Punta Umbría    El Rocío    Los Palacios y Villafranca    Osuna
Isla Cristina    Huelva    Utrera
Mazagón    Campillos
Villamartín    Antequ
Sanlúcar de Barrameda    Villamartín    A 384
Jerez de la Frontera    Grazalema
El Puerto de Santa María    Rota    Arcos de la Frontera    Churri
Puerto Real    Algar
Cádiz    San Fernando    Medina-Sidonia    **Marbella**
Chiclana de la Frontera    Benalup-    San Roque    Sotogrande    Benalmád
Conil de la Frontera    Casas Viejas
Santa Lucía    Los Barriós    Gibraltar    Torremo
Vejer de la Frontera    Algeciras
Los Caños de Meca    Barbate
Zahara de los Atunes    Tarifa
Costa de la Luz

Ceuta

**3**    Benaoján    Ronda
Tolox    Cártama
Benalauría    Sierra    Fuengirola    Mijas
Benahavís    Blanca    Ojén
Casares    **Marbella**    Cala de Mijas
Estepona    **MAROC**
San Pedro de Alcántara

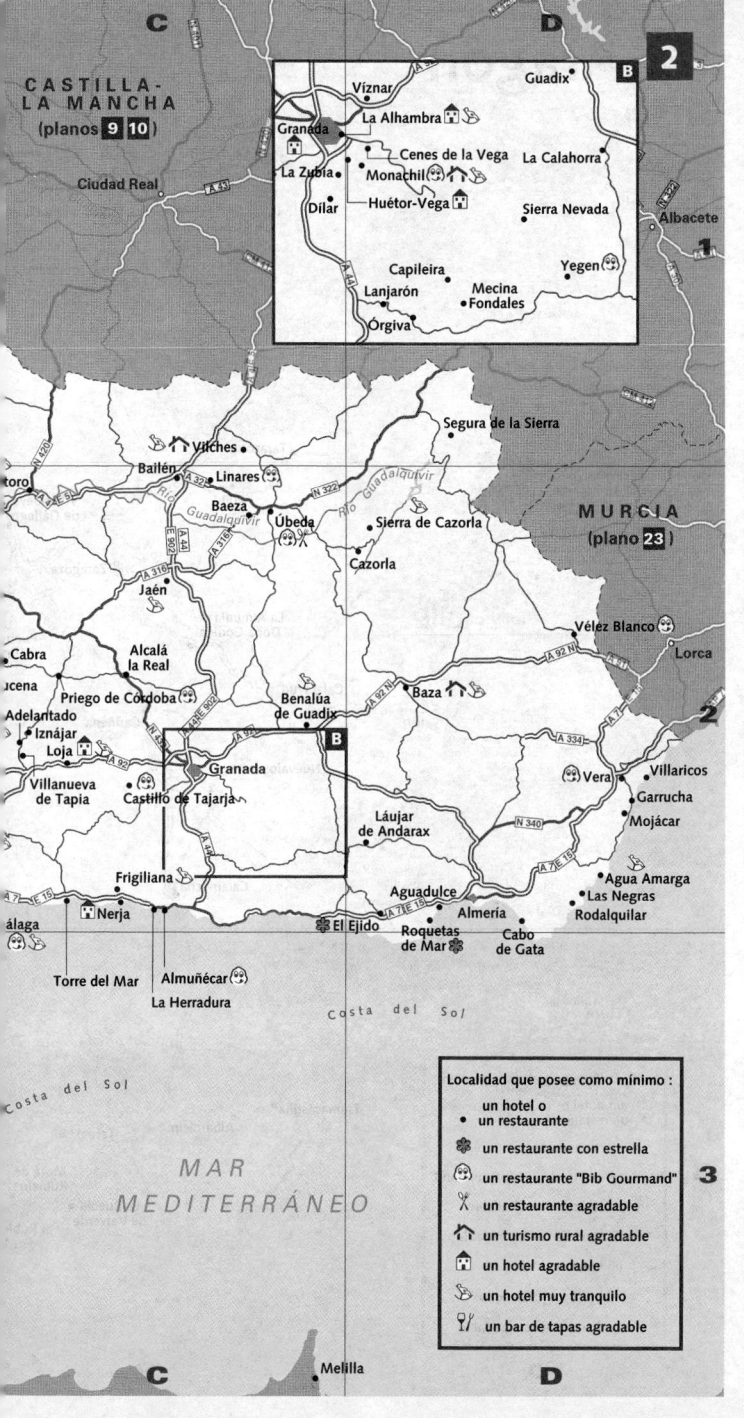

**2**

**C**      **D**

**1**

CASTILLA-
LA MANCHA
(planos 9 10)

Ciudad Real

**B**

Víznar    Guadix

Granada    La Alhambra

Cenes de la Vega    La Calahorra
La Zubia    Monachil

Dílar    Huétor-Vega    Sierra Nevada

Capileira    Mecina    Yegen
Lanjarón    Fondales

Órgiva

Segura de la Sierra

toro    Vilches
Bailén    Linares

Baeza
Úbeda    Sierra de Cazorla

Cazorla

**MURCIA**
(plano 23)

Jaén

Vélez Blanco

Lorca

Cabra    Alcalá
la Real

ucena    Priego de Córdoba    Benalúa
de Guadix    Baza

Adelantado    **B**

Iznájar
Loja

Villanueva    Granada
de Tapia    Castillo de Tajarja

Láujar
de Andarax

Vera    Villaricos
Garrucha
Mojácar

Frigiliana

Aguadulce    Agua Amarga
Las Negras
Rodalquilar

álaga    Nerja    El Ejido    Almería
Roquetas    Cabo
de Mar    de Gata

Torre del Mar    Almuñécar
La Herradura

Costa del Sol

**3**

Costa del Sol

MAR
MEDITERRÁNEO

**Localidad que posee como mínimo :**

•   un hotel o
un restaurante

❀   un restaurante con estrella

☺   un restaurante "Bib Gourmand"

✗   un restaurante agradable

⌂   un turismo rural agradable

🏠   un hotel agradable

🌿   un hotel muy tranquilo

🍽   un bar de tapas agradable

Melilla

**C**      **D**

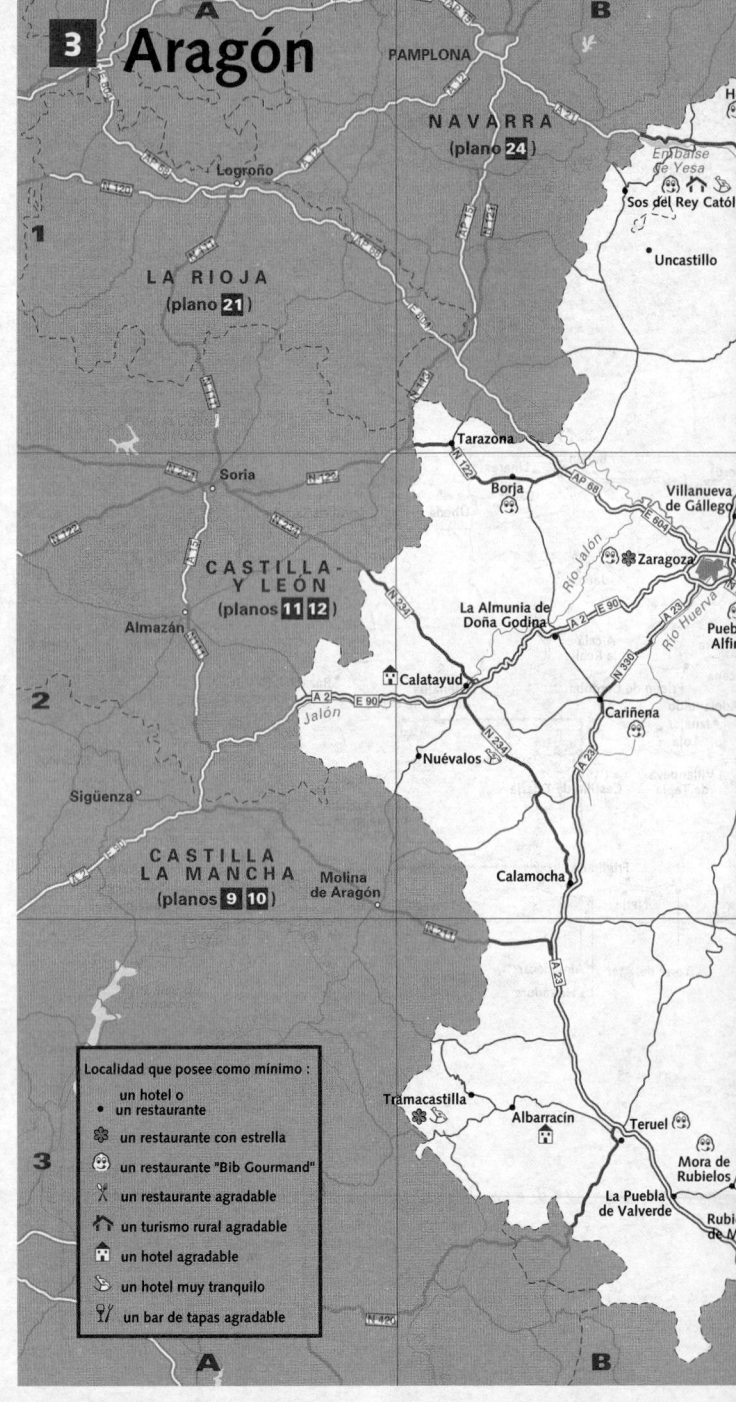

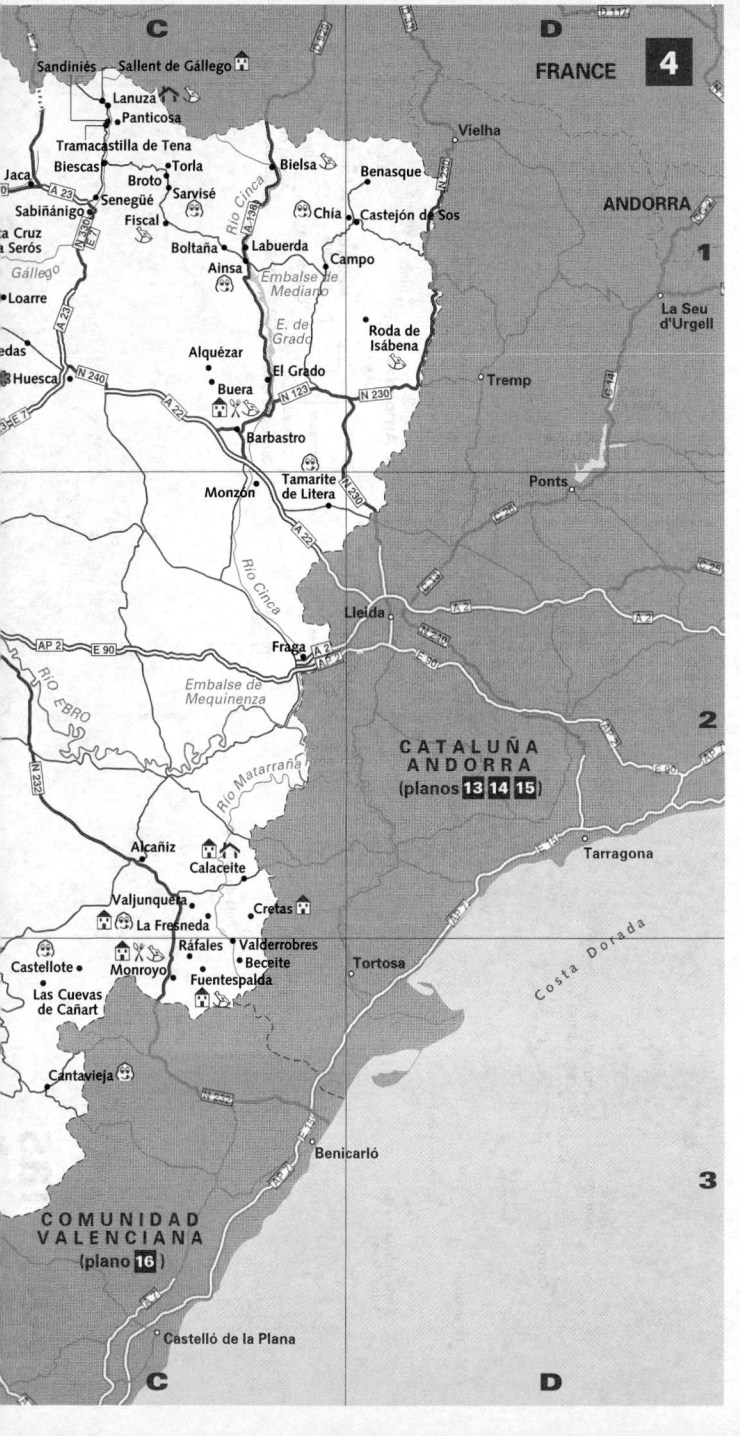

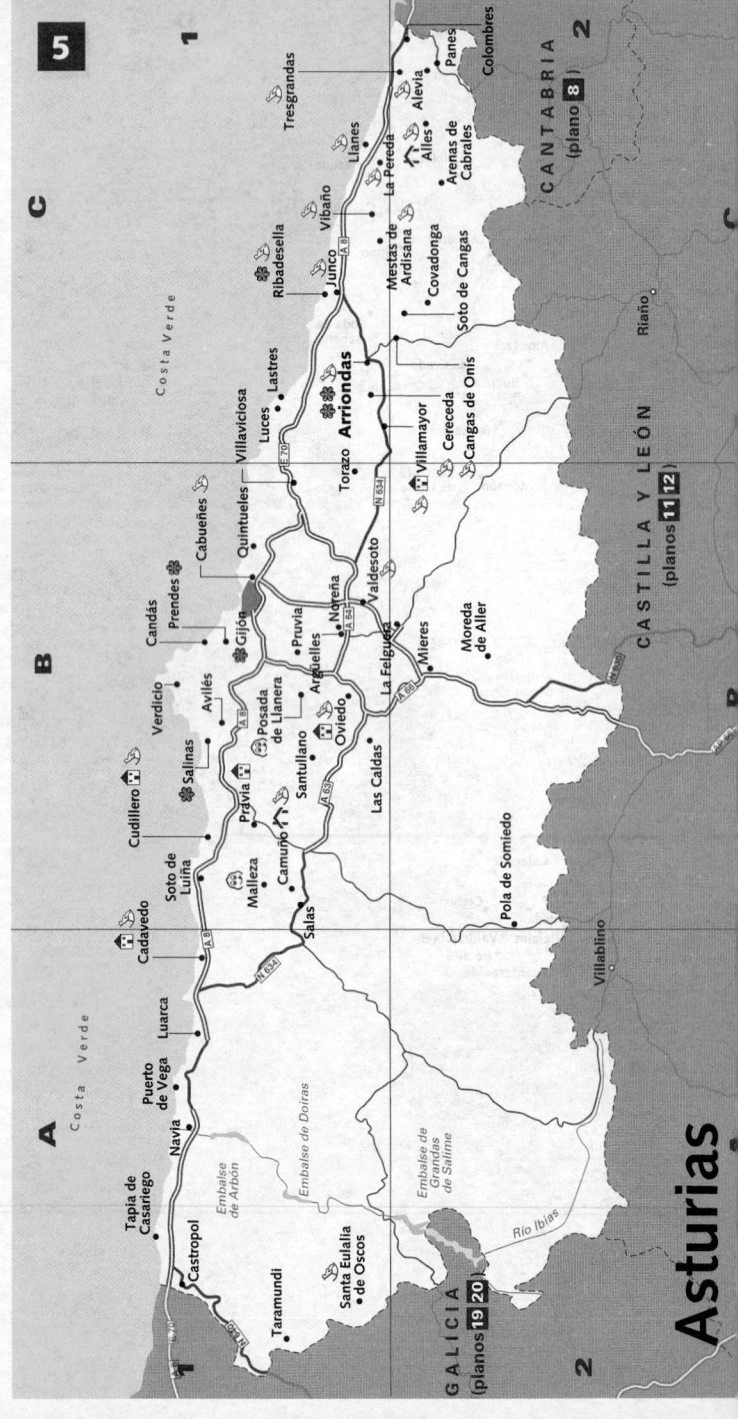

# Asturias

# Baleares

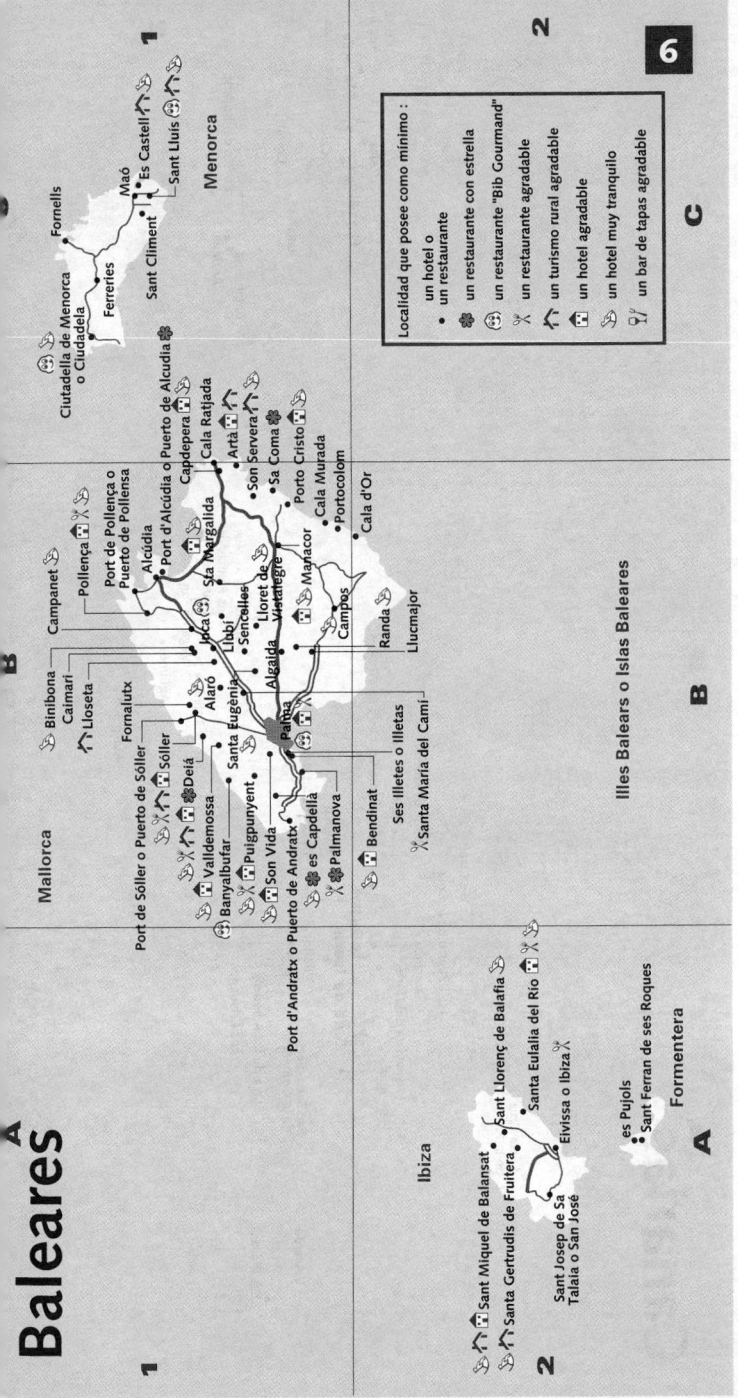

**Mallorca**

Fornells
Ciutadella de Menorca o Ciudadela
Ferreries
Sant Climent
Maó
Es Castell
Sant Lluís
**Menorca**

Campanet
Pollença o Puerto de Pollensa
Port de Pollença o Puerto de Pollensa
Alcúdia
Port d'Alcúdia o Puerto de Alcudia
Sa Pobla
Sa Magallda
Capdepera
Cala Ratjada
Artà
Son Servera
Sa Coma
Porto Cristo
Cala Murada
Portocolom
Cala d'Or

Biniona
Caimari
Lloseta
Port de Sóller o Puerto de Sóller
Sóller
Valldemossa
Deià
Banyalbufar
Puigpunyent
Fornalutx
Santa Eugènia
Alaró
Inca
Llubí
Sencelles
Lloret de Vistalegre
Manacor
Camps
Randa
Llucmajor
Algaida
Son Vida
Port d'Andratx o Puerto de Andratx
es Capdellà
Palmanova
Bendinat
Ses Illetes o Illetas
Santa María del Camí
Palma

**Illes Balears o Islas Baleares**

**Ibiza**

Sant Miquel de Balansat
Santa Gertrudis de Fruitera
Sant Llorenç de Balafia
Santa Eulalia del Río
Eivissa o Ibiza
Sant Josep de Sa Talaia o San José

es Pujols
Sant Ferran de ses Roques
**Formentera**

---

**Localidad que posee como mínimo :**

- un hotel o
- un restaurante
- un restaurante con estrella
- un restaurante "Bib Gourmand"
- un restaurante agradable
- un turismo rural agradable
- un hotel agradable
- un hotel muy tranquilo
- un bar de tapas agradable

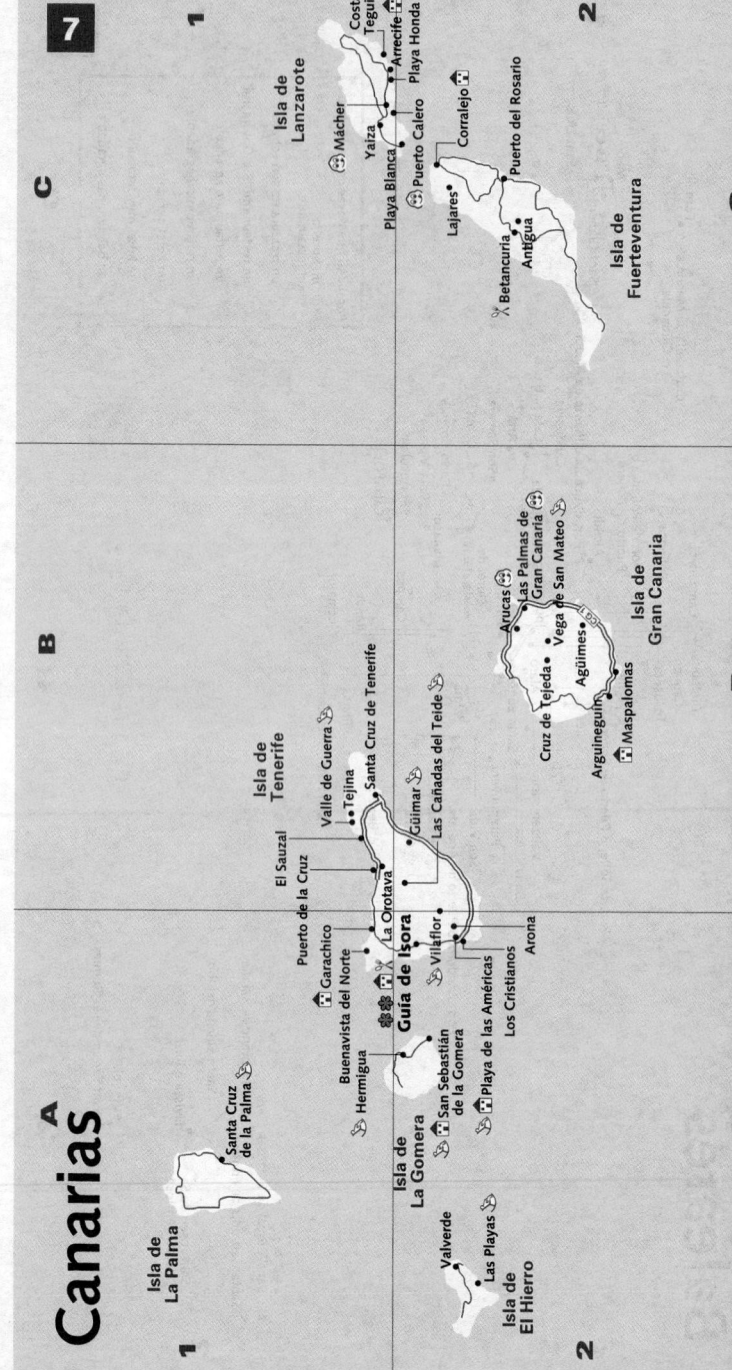

# Canarias

**7**

Isla de La Palma

Santa Cruz de la Palma

Valverde

Las Playas

Isla de El Hierro

Isla de La Gomera

San Sebastián de la Gomera

Hermigua

Playa de las Américas

Los Cristianos

Arona

Buenavista del Norte

Garachico

Puerto de la Cruz

El Sauzal

La Orotava

Guía de Isora

Vilaflor

Güímar

Las Cañadas del Teide

Valle de Guerra

Tejina

Santa Cruz de Tenerife

Isla de Tenerife

Arucas

Las Palmas de Gran Canaria

Vega de San Mateo

Cruz de Tejeda

Agüimes

Arguineguín

Maspalomas

Isla de Gran Canaria

Isla de Lanzarote

Costa Teguise

Arrecife

Playa Honda

Mácher

Yaiza

Puerto Calero

Playa Blanca

Corralejo

Puerto del Rosario

Lajares

Betancuria

Antigua

Isla de Fuerteventura

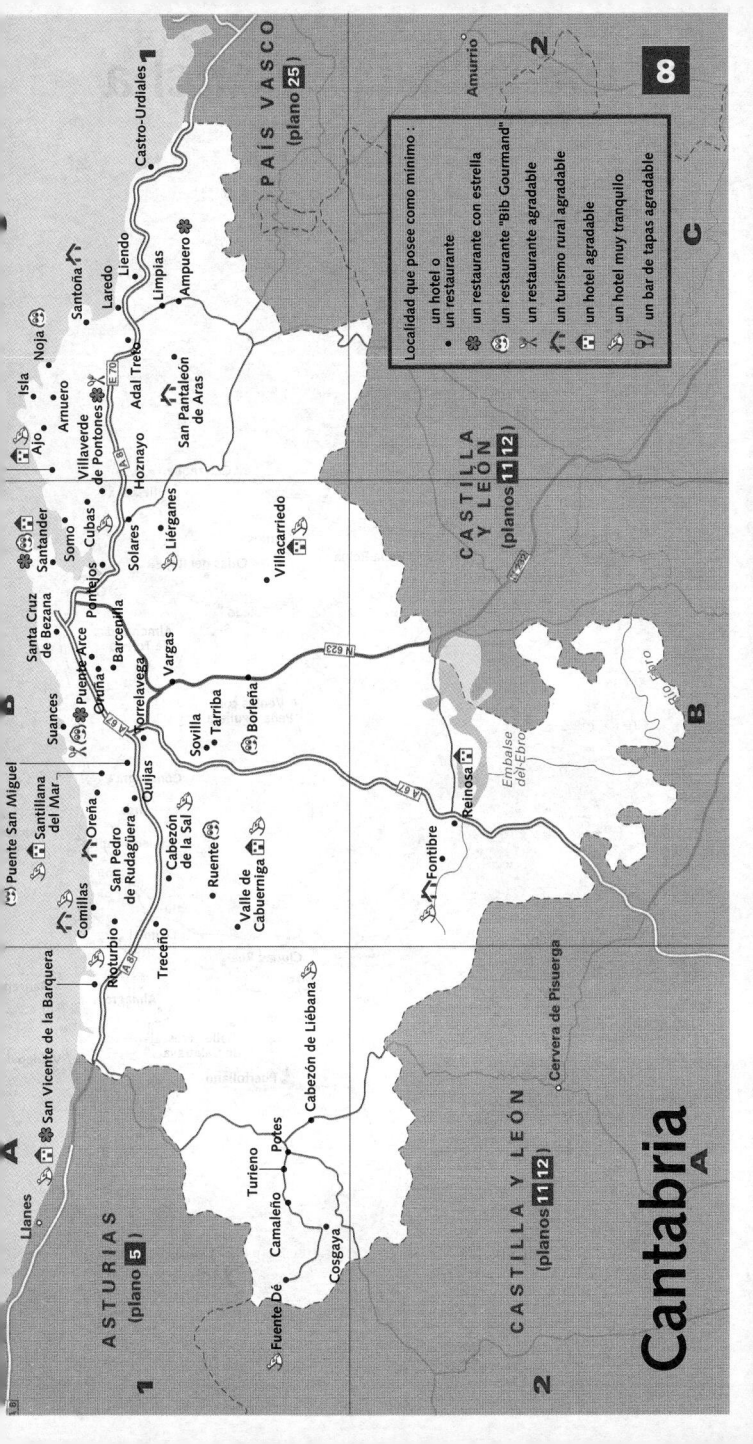

# Cantabria

# 9 Castilla-La Mancha

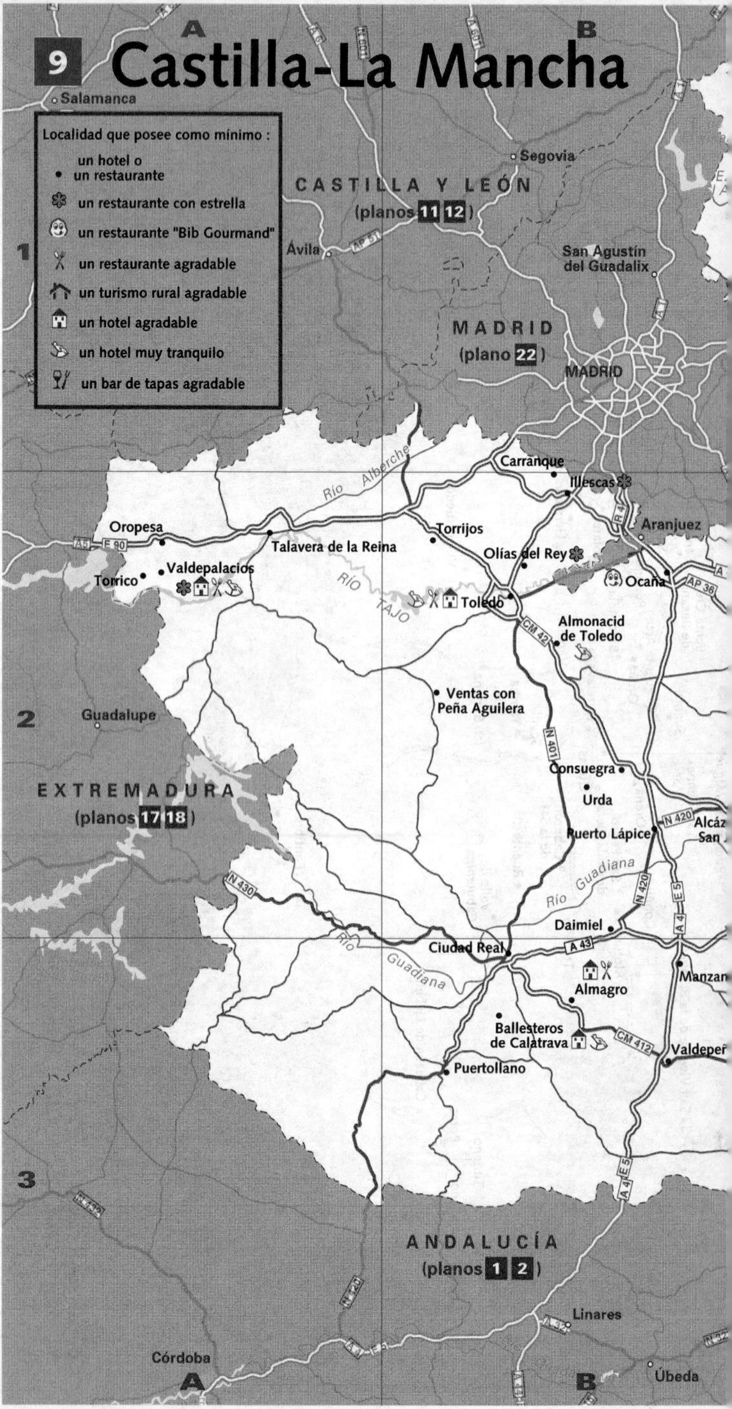
A
B
Localidad que posee como mínimo :
un hotel o
un restaurante
un restaurante con estrella
un restaurante "Bib Gourmand"
un restaurante agradable
un turismo rural agradable
un hotel agradable
un hotel muy tranquilo
un bar de tapas agradable
Salamanca
Segovia
CASTILLA Y LEÓN
(planos 11 12)
Ávila
San Agustín del Guadalix
MADRID
(plano 22)
MADRID
1
Carranque
Illescas
Aranjuez
Río Alberche
Oropesa
Talavera de la Reina
Torrijos
Olías del Rey
Valdepalacios
Torrico
Ocaña
RÍO TAJO
Toledo
Almonacid de Toledo
Ventas con Peña Aguilera
2
Guadalupe
EXTREMADURA
(planos 17 18)
Consuegra
Urda
Puerto Lápice
Río Guadiana
Daimiel
Ciudad Real
Río Guadiana
Almagro
Ballesteros de Calatrava
Puertollano
3
ANDALUCÍA
(planos 1 2)
Linares
Córdoba
Úbeda
A5 E 90
CM 42
N 401
N 420
N 430
A 43
CM 412
A 4 E 5
AP 36
AP 51
R 4

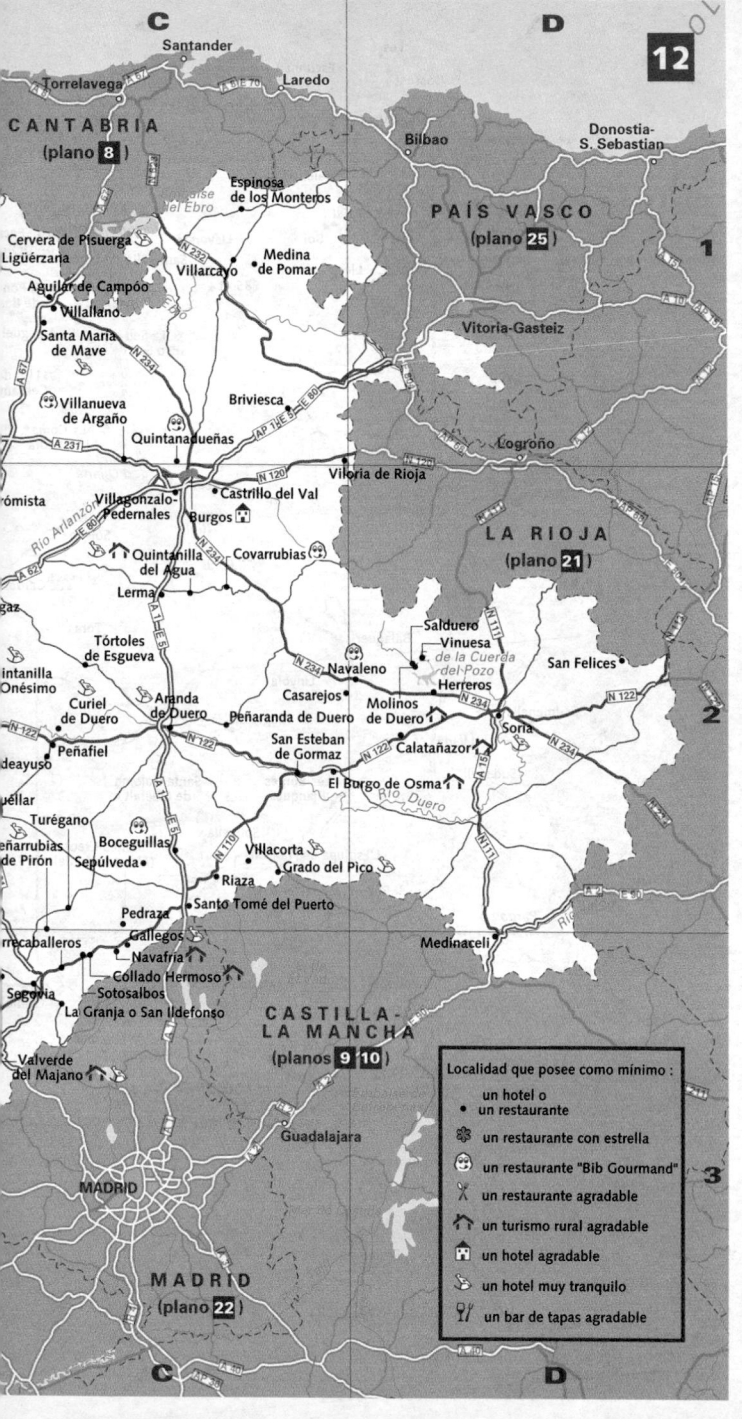

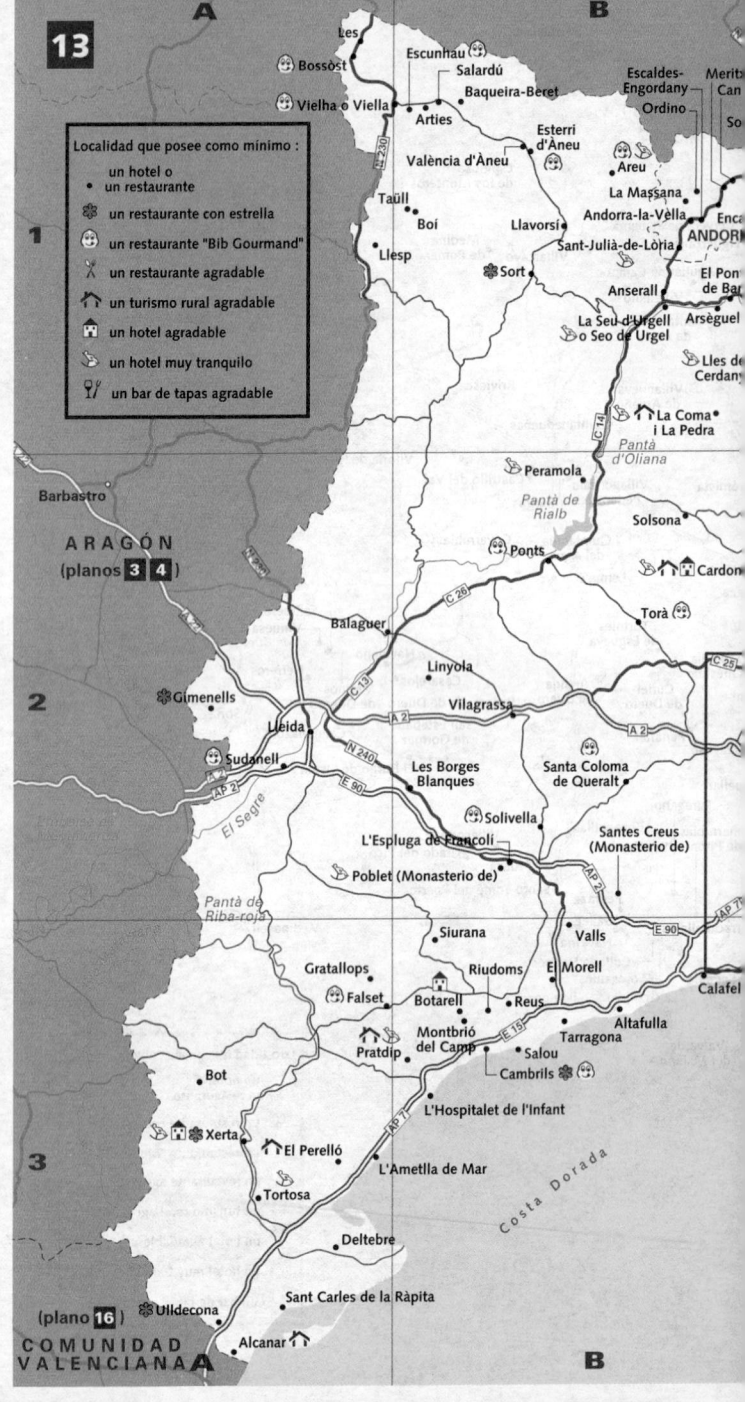

# Cataluña, Andorra

**FRANCE**

Perpignan

-de-la-Casa
ellver de Cerdanya
— Meranges
— Bolvir de Cerdanya
— Puigcerdà
— Llívia
Ger
Age
Alp
Tregurà de Dalt
Setcases
Molló
Llanars
Camprodon
Ribes de Freser
La Vall de Bianya
**Olot**
Bagà
Gombrèn
Ripoll
Joanetes
Sant Feliu de Pallerols
Figueres
**Llançà**
Castelló d'Empúries
Platja de Canyelles Petites
Banyoles
Bellcaire d'Empordà
Els Hostalets d'En Bas
Sagàs
Orís
Cantonigròs
Manlleu
Calldetenes
Anglès
**GIRONA**
Corçà
punyola
Olost
Vic
Sant Julià de Vilatorta
Llafranc
g-reig
Castelladral
Tona
Moià
Arbúcies
Sallent
El Brull
Sant Marçal
Llagostera
tpedor
Calders
Monistrol de Calders
Montseny
Tossa de Mar
nt Fruitós de Bages
**SANT POL DE MAR**
Terrassa o Tarrasa
Santa Coloma de Gramenet
**Barcelona**

**A** 1

**B** 2

**C**

## Bottom inset

Darnius
Maçanet de Cabrenys
Capmany
Colera
Boadella d'Empordà
Mollet de Peralada
**Llançà**
Pont de Molins
El Port de la Selva
Palau-saverdera
Terrades
Peralada
Roses
Cadaqués
Serinyà
Esponellà
Figueres
Platja de Canyelles Petites
Besalú
Espinavessa
Empuriabrava
Orfes
Castelló d'Empúries
Banyoles
L'Escala
Camós
Terradelles

**A** 3

**C**   **D**

A    B

L'Estartit
Gualta
Corçà    Torroella de Montgrí
Peratallada
La Pera    Palau-sator
Sant Gregori    Madremanya    Pals
Monells    Begur
**GIRONA**    Aigua Blava
Anglès    La Bisbal d'Empordà    Regencós    Tamariu
Torrent    Llafranc
Sant Hilari    Palafrugell    Calella de Palafrugell
Sacalm    Caldes de    Romanyà    Palamós
Santa Coloma    Malavella    de la Selva    Sant Antoni de Calonge
de Faners    Llagostera    Platja d'Aro
Arbúcies    Riudarenes    Santa Cristina    S'Agaró
d'Aro    Sant Feliu de Guíxols
Breda
Gualba
Tossa de Mar
Sant Celoni    Lloret de Mar
Blanes
Santa Susanna
Calella
Canet de Mar    **SANT POL DE MAR**
Caldes d'Estrac o Caldetas
Sant Vicenç de Montalt
Sant Andreu de Llavaneres

B

2

C 25
Sant Fruitós
de Bages
Manresa    Sant Esteve de Palautordera
L'Ametlla
del Vallès
Castellar
del Vallès    Caldes de
Montbui    Granollers
Terrassa    Sant Quirze    Mataró
Igualada    o Tarrasa    del Vallès
Sabadell    Argentona
Viladecavalls    Montmeló
Capellades    Vallromanes
Castellbisbal    Cabrils
Sant Cugat
del Vallès    Cerdanyola
Martorell    del Vallès    El Masnou
Santa Coloma    Badalona
Sant Sadurní    de Gramenet
d'Anoia    Corbera de
Llobregat    **Barcelona**
La Palma    Esplugues de Llobregat
Vilafranca    de Cervelló    Cervelló    Sant Just Desvern
del Penedès    Sant Joan Despi
Sant Pau    Sant Boi de Llobregat    L'Hospitalet de Llobregat
d'Ordal
Gavà    Viladecans
Vilanova    Sant Pere    Castelldefels
i la Geltrú    de Ribes
AP 7    C 32
Sitges

3

C

A    B

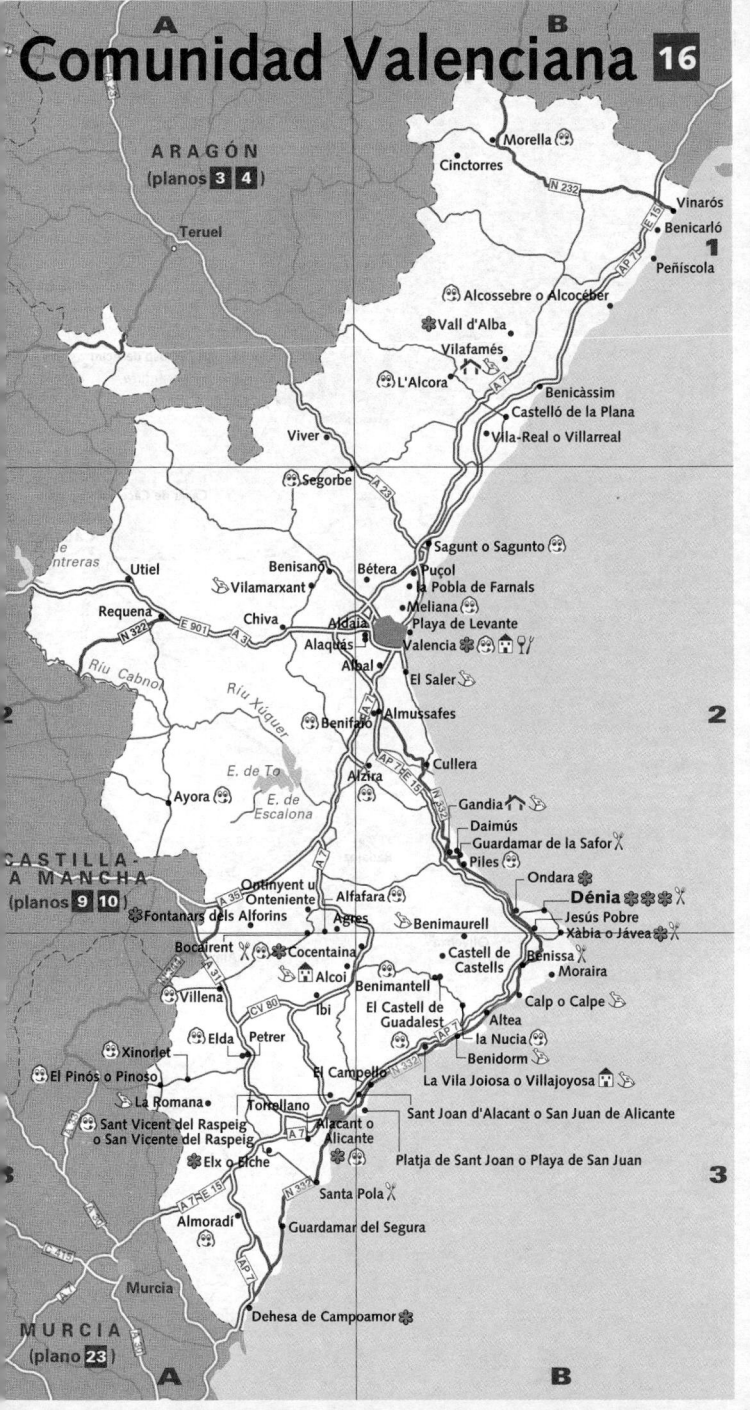

# Comunidad Valenciana 16

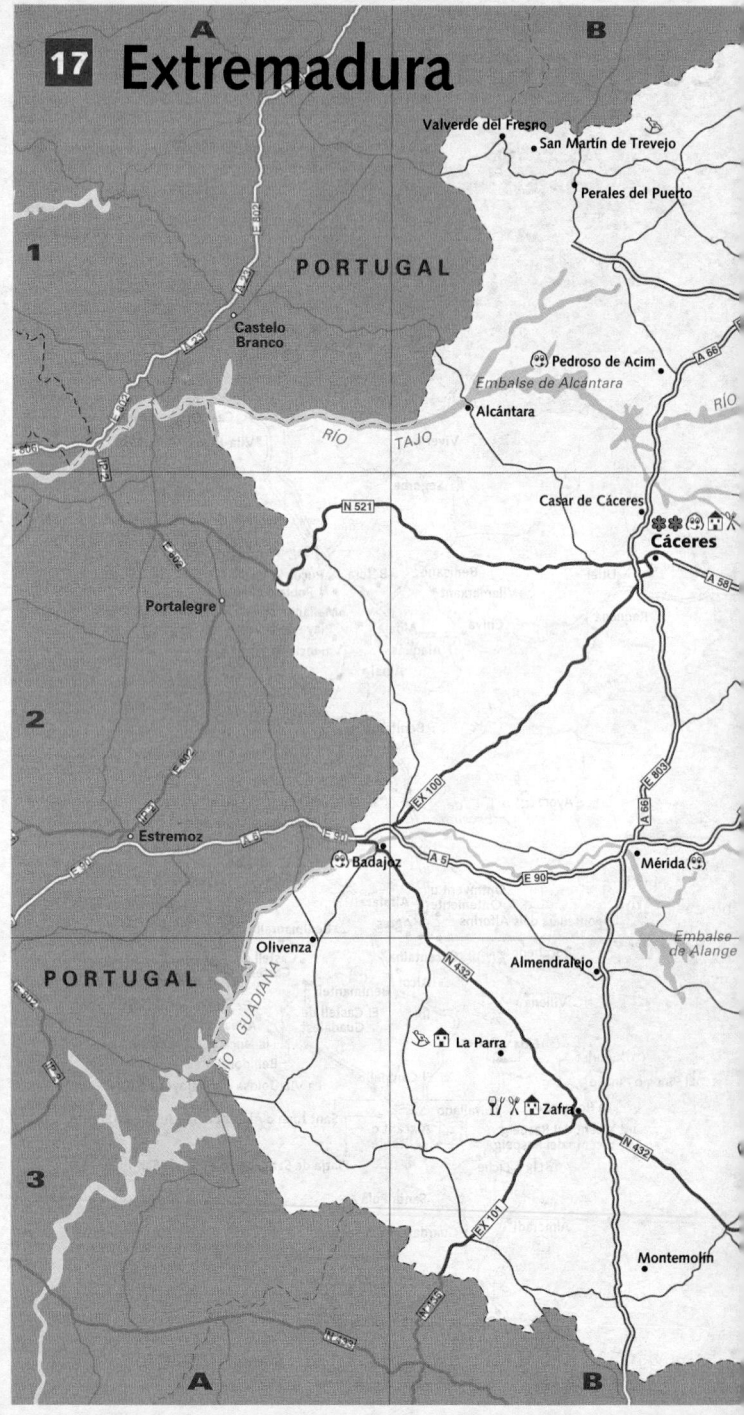

A

B

**Valverde del Fresno**

**San Martín de Trevejo**

**Perales del Puerto**

**1**

P O R T U G A L

Castelo
Branco

**Pedroso de Acim**

*Embalse de Alcántara*

RÍO

A 66

RÍO   TAJO

**Alcántara**

N 521

**Casar de Cáceres**

**Cáceres**

A 58

Portalegre

**2**

EX 100

A 66

E 803

Estremoz

A 5

E 90

N 432

**Mérida**

**Badajoz**

*Embalse
de Alange*

Olivenza

**Almendralejo**

P O R T U G A L

N 432

RÍO GUADIANA

**La Parra**

**Zafra**

N 432

**3**

EX 101

**Montemolín**

A

B

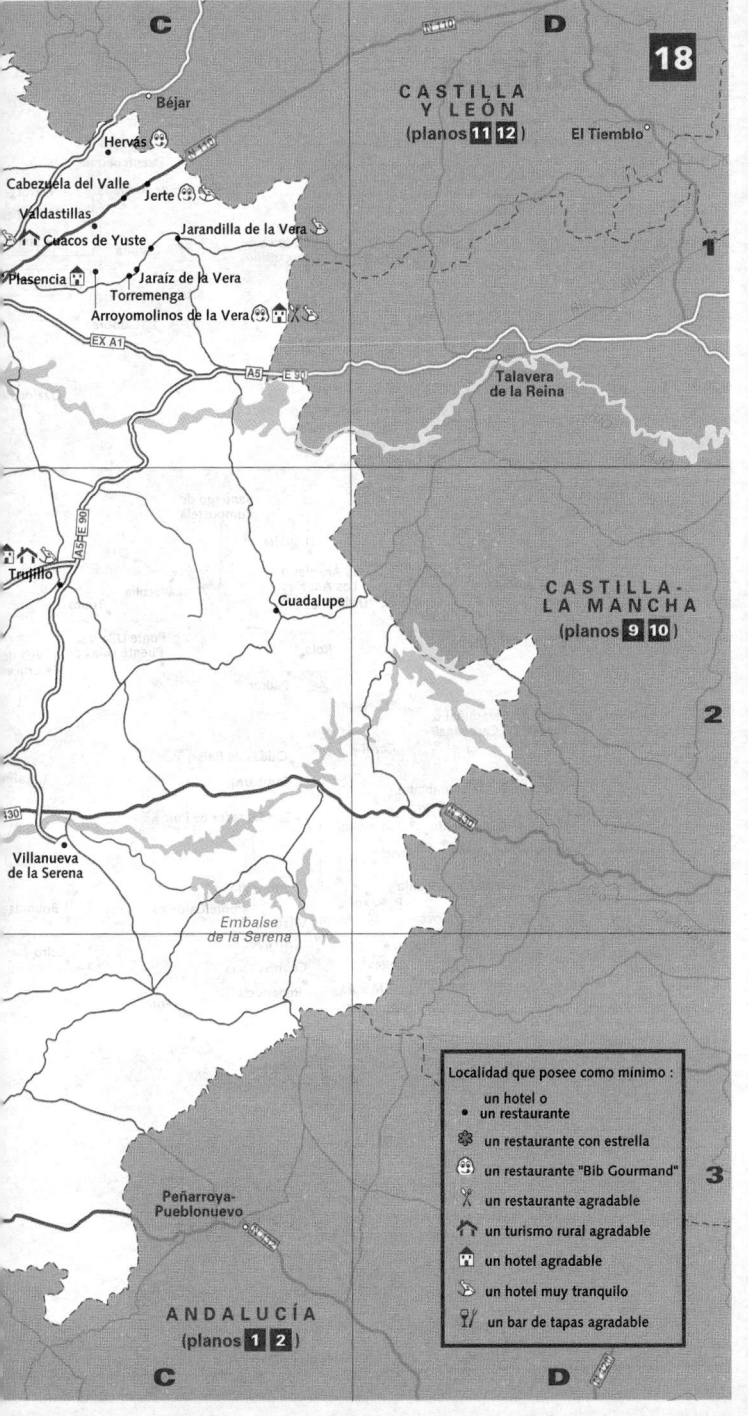

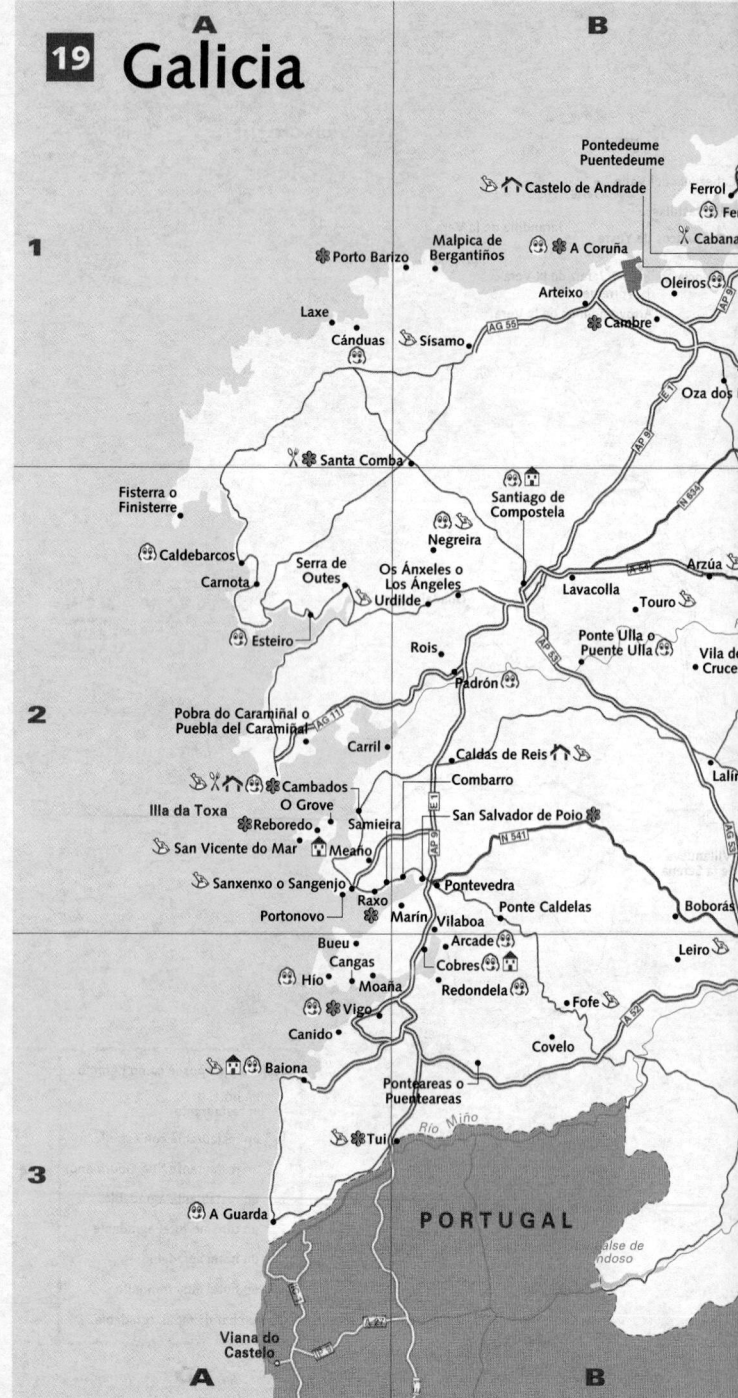

# Galicia

**19**

A    B

1

Pontedeume
Puentedeume
🏰 Castelo de Andrade
Ferrol
Fer
Cabana

Porto Barizo
Malpica de Bergantiños
A Coruña
Arteixo
Oleiros

Laxe
Cánduas
Sísamo
AG 55
Cambre

Oza dos F

Santa Comba

AP 9

Fisterra o Finisterre
Santiago de Compostela

Caldebarcos
Negreira
N 634

Serra de Outes
Os Ánxeles o Los Ángeles
Urdilde
Lavacolla
Arzúa

Carnota
Touro

Esteiro
Rois
Ponte Ulla o Puente Ulla
Vila de Cruces

Padrón
AP 53

2

Pobra do Caramiñal o Puebla del Caramiñal
AG 11
Carril
Caldas de Reis
Combarro
Lalín

Cambados
O Grove
San Salvador de Poio
Illa da Toxa
Samieira

Reboredo
San Vicente do Mar
Meaño
AP 9
N 541
Boborás

Sanxenxo o Sangenjo
Raxo
Pontevedra
Ponte Caldelas
Leiro

Portonovo
Marín
Vilaboa
Arcade

Bueu
Cobres

Cangas
Redondela
Fofe

Hío
Moaña

Vigo
Covelo

Canido

Baiona
Ponteareas o Puenteareas

Tui
Río Miño

3

A Guarda

PORTUGAL

alse de ndoso

Viana do Castelo

A    B

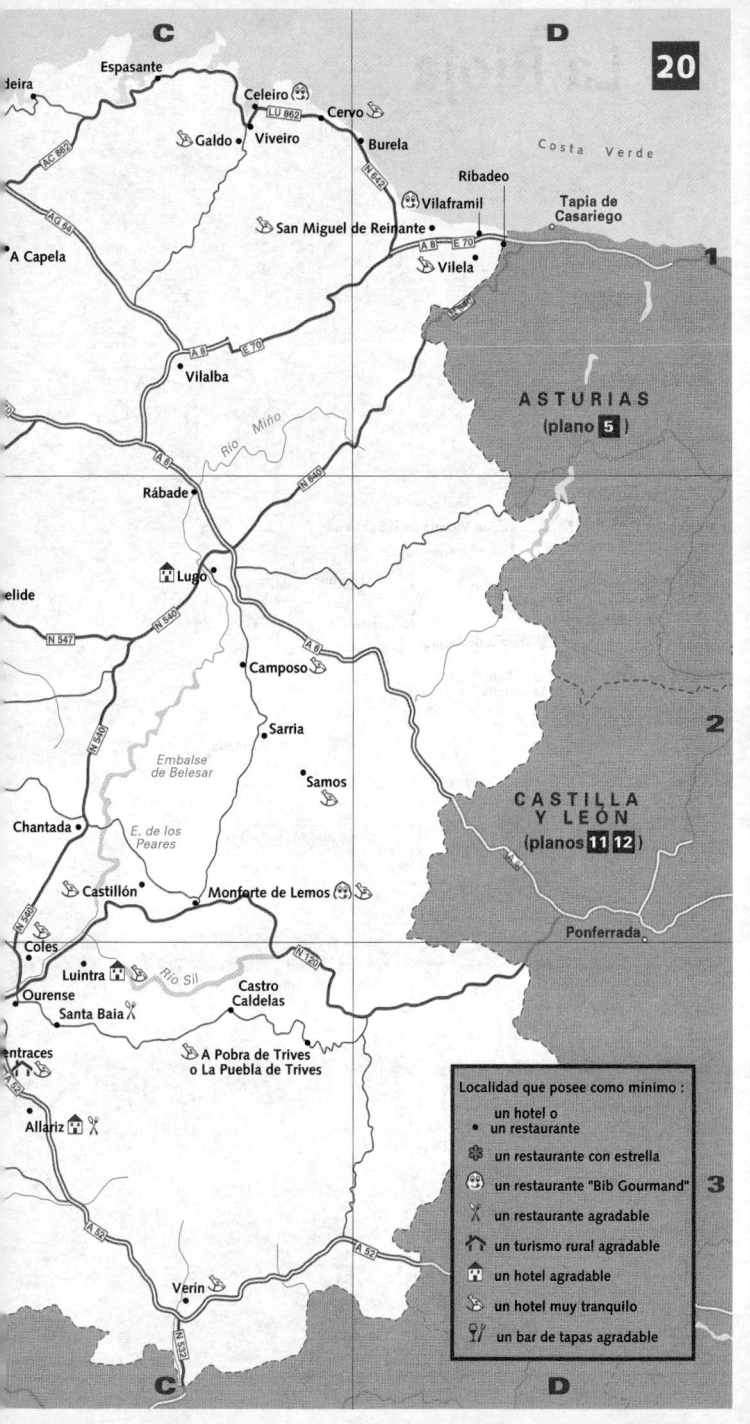

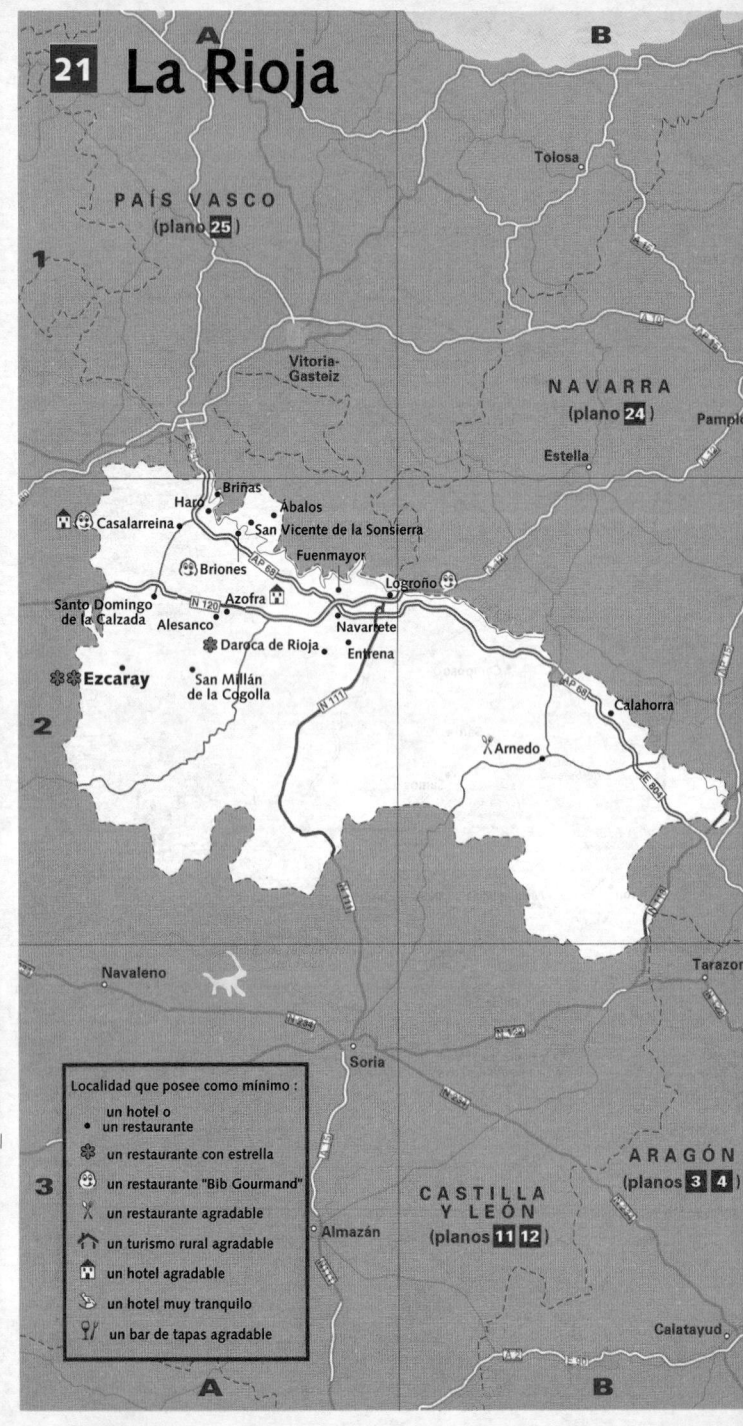

# 21 La Rioja

**B**

Tolosa

**A**

PAÍS VASCO
(plano 25)

**1**

Vitoria-Gasteiz

NAVARRA
(plano 24)

Estella

Pamplona

Briñas

Haro

Ábalos

Casalarreina

San Vicente de la Sonsierra

Briones

Fuenmayor

Logroño

Santo Domingo
de la Calzada

Azofra

N 120

Alesanco

Navarrete

Daroca de Rioja

Entrena

Ezcaray

San Millán
de la Cogolla

Calahorra

**2**

Arnedo

Navaleno

Tarazona

Soria

Localidad que posee como mínimo :

• un hotel o
  un restaurante

❀ un restaurante con estrella

😊 un restaurante "Bib Gourmand"

✕ un restaurante agradable

🏠 un turismo rural agradable

🏡 un hotel agradable

🌿 un hotel muy tranquilo

🍸 un bar de tapas agradable

ARAGÓN
(planos 3 4)

**3**

CASTILLA
Y LEÓN
(planos 11 12)

Almazán

Calatayud

**A**

**B**

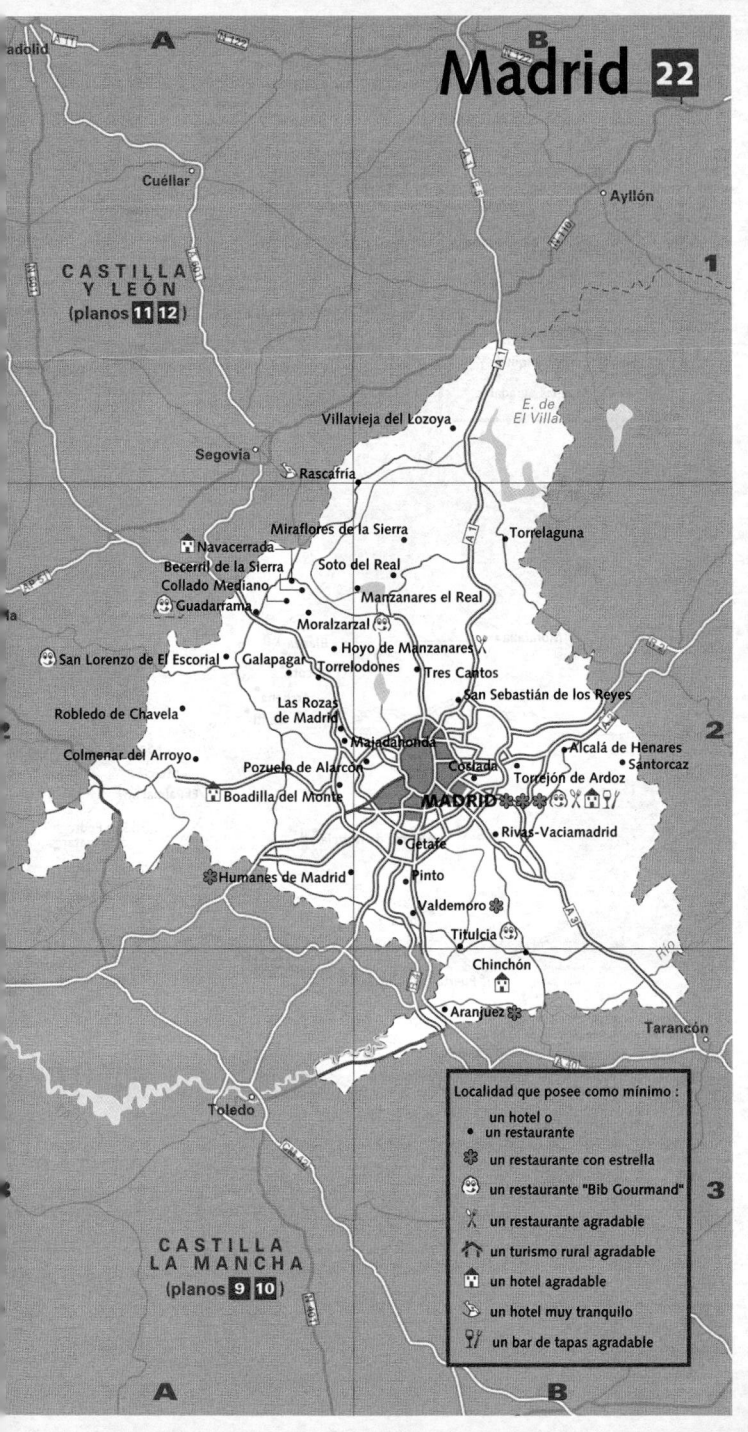

# Madrid 22

**A** · **B**

adolid

Cuéllar

○ Ayllón

**CASTILLA Y LEÓN**
(planos 11 12)

**1**

ma

Villavieja del Lozoya

E. de
El Villa

Segovia ○
○ Rascafría

Miraflores de la Sierra

⛪ Navacerrada
Becerril de la Sierra
Collado Mediano
😊 Guadarrama

Soto del Real

Torrelaguna

Manzanares el Real

Moralzarzal 😊

😊 San Lorenzo de El Escorial · Galapagar
Hoyo de Manzanares
Torrelodones
Tres Cantos

Robledo de Chavela ·
Las Rozas
de Madrid

San Sebastián de los Reyes

**2**

Colmenar del Arroyo ·
Majadahonda

· Alcalá de Henares
· Santorcaz

Pozuelo de Alarcón
Coslada
Torrejón de Ardoz

⛪ Boadilla del Monte
**MADRID** ❀❀❀😊✕🏠🍴

· Rivas-Vaciamadrid

· Getafe

❀ Humanes de Madrid ·
Pinto

Valdemoro ❀

Titulcia 😊

Chinchón 🏠

· Aranjuez ❀

Tarancón

**CASTILLA LA MANCHA**
(planos 9 10)

Toledo

**3**

Localidad que posee como mínimo :
· un hotel o
  un restaurante
❀ un restaurante con estrella
😊 un restaurante "Bib Gourmand"
✕ un restaurante agradable
🏠 un turismo rural agradable
🏠 un hotel agradable
👜 un hotel muy tranquilo
🍴 un bar de tapas agradable

**A** · **B**

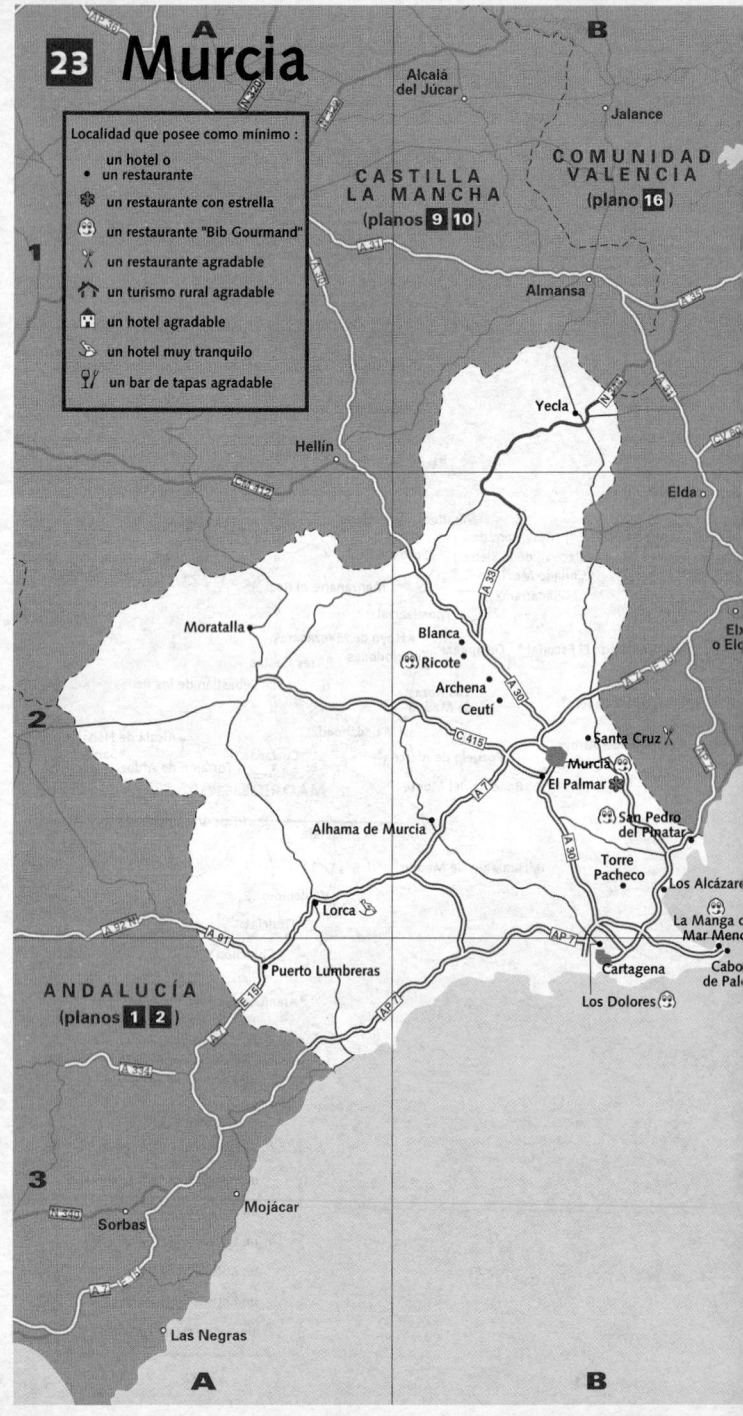

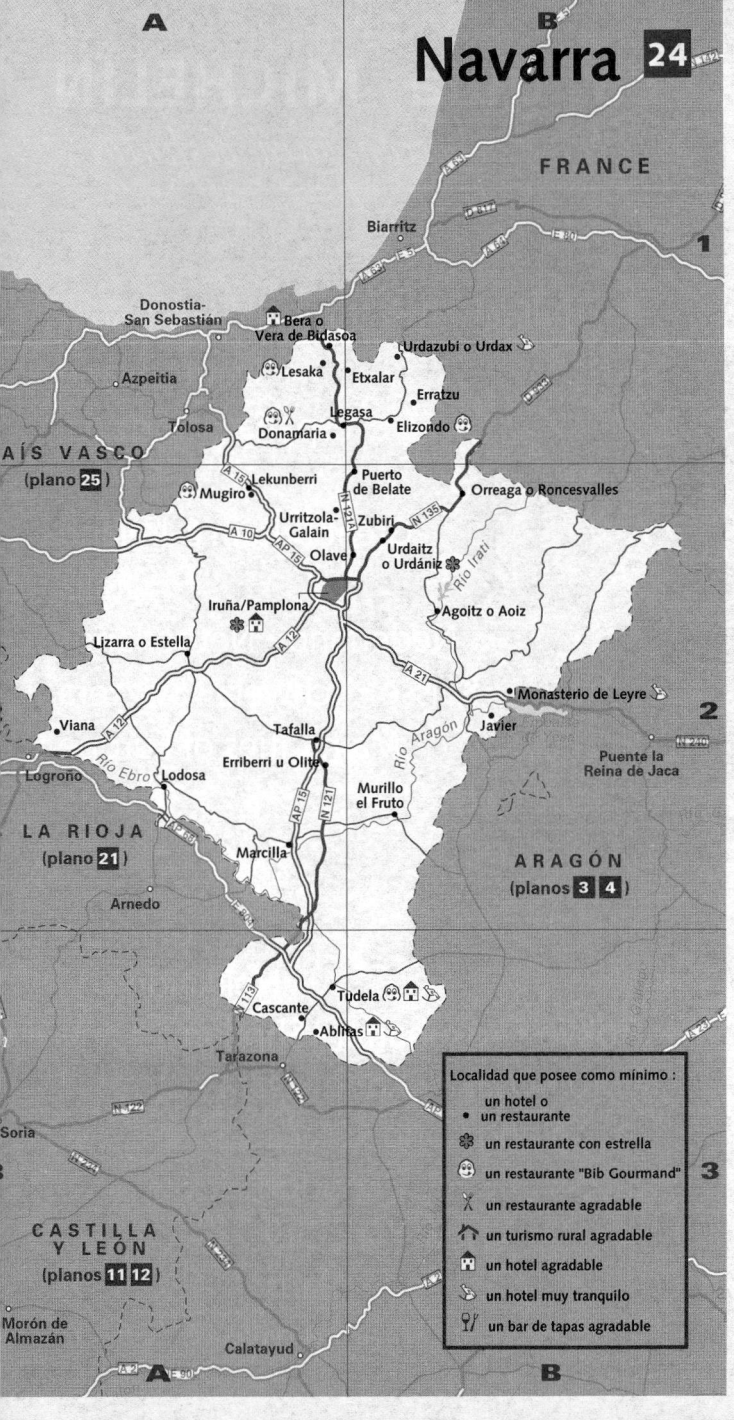

# Navarra 24

# La guía MICHELIN

*¡Una colección para disfrutar!*

Belgïe • Belgique • Luxembourg
Deutschland
España & Portugal
France
Great Britain & Ireland
Italia
Nederland • Netherlands
Suisse • Schweiz • Svizzera
Main Cities of Europe

*Y también:*

Chicago
Hokkaido
Tokyo • Yokohama • Shonan
Kyoto • Osaka • Kobe • Nara
Hong Kong • Macau
London
New York City
Paris
San Francisco

A

B

1

ANTABRIA
(plano 8 )

o Laredo

✖ ❀❀❀ **Errenteria
o Rentería**

😊 Pasai Donibane o
Pasajes de San Juan

Getaria o
Guetaria

Lekeitio

❀ **Bilbao**

Artzentales •

❀❀❀ ✖
**Larrabetzu**
• Boroa ❀

❀ **Galdakao**

Mutriku ●
Deba

Pasaia o Pasajes
de San Pedro

Zarautz

Hondarribia ❀ ✖

Irún •

• Oiartzun

Eibar

Azkoitia

Tolosa

Hernani

**DONOSTIA-
SAN SEBASTIÁN**

Kexaa o Quejana•

🏠 ✖
Zeanuri

❀ Axpe

Arrasate/
Mondragón ❀

Bergara

Bidegoian 🏠 ♒

❀❀❀ 😊🏠 ✖

Amurrio •

Oñati •

Zumarraga

Beasain •

Berastegi 😊

Lezama

∙Elosu

Eskoriatza

Olaberria

**LASARTE** ❀❀❀

Murgia o Murguia •

Urrúnaga

• Arantzazu

Leintz-Gatzaga

😊

Vitoria-Gasteiz
❀

Argómaniz

N A V A R R A
(plano 24 )

Pamplona

ASTILLA
Y LEÓN
(planos 11 12 )

Berantevilla
Salinillas
de Buradón

Leza

Ameyugo

Sámaniego

Páganos 😊

🏠 Eskuernaga/
Villabuena de Álava

Laguardia 🏠

Elciego ❀

♒ 🏠 Gautegiz Arteaga

Mundaka

Pobeña

Zierbena

Santurtzi
o Santurce

Bermeo

Bakio

Muskiz

Loiu

Morga

Zamudio

Muxika

Gernika-Lumo o
Guernica y Luno

✖ 😊❀❀❀
**Larrabetzu**

❀ Bilbao

Lezama

Gordexola ♒

❀ Galdakao

• Boroa

Munitibar o
Arbacegui ♒

Amorebieta-
Etxano

Llodio •

A

B

Localidad que posee como mínimo :

• un hotel o
un restaurante

❀ un restaurante con estrella

😊 un restaurante "Bib Gourmand"

✖ un restaurante agradable

🏠 un turismo rural agradable

🏠 un hotel agradable

♒ un hotel muy tranquilo

🍽 un bar de tapas agradable

3

# Portugal
# Portugal
# Portugal

## → Localidade que possui como mínimo

- • um hotel ou um restaurante
- ✳ uma das melhores mesas do ano
- 🦞 um restaurante « Bib Gourmand »
- ✗ um restaurante agradável
- ⌂ uma casa rural agradável
- 🏠 um hotel agradável
- 🕊 um hotel muito tranquilo

## → Localidad que posee como mínimo

- • un hotel o un restaurante
- ✳ una de las mejores mesas del año
- 🦞 un restaurante « Bib Gourmand »
- ✗ un restaurante agradable
- ⌂ una casa rural agradable
- 🏠 un hotel agradable
- 🕊 un hotel muy tranquilo

## → Place with at least

- • a hotel or a restaurant
- ✳ a starred establishment
- 🦞 a restaurant « Bib Gourmand »
- ✗ a particularly pleasant restaurant
- ⌂ a particularly pleasant guesthouse
- 🏠 a particularly pleasant hotel
- 🕊 a particularly quiet hotel

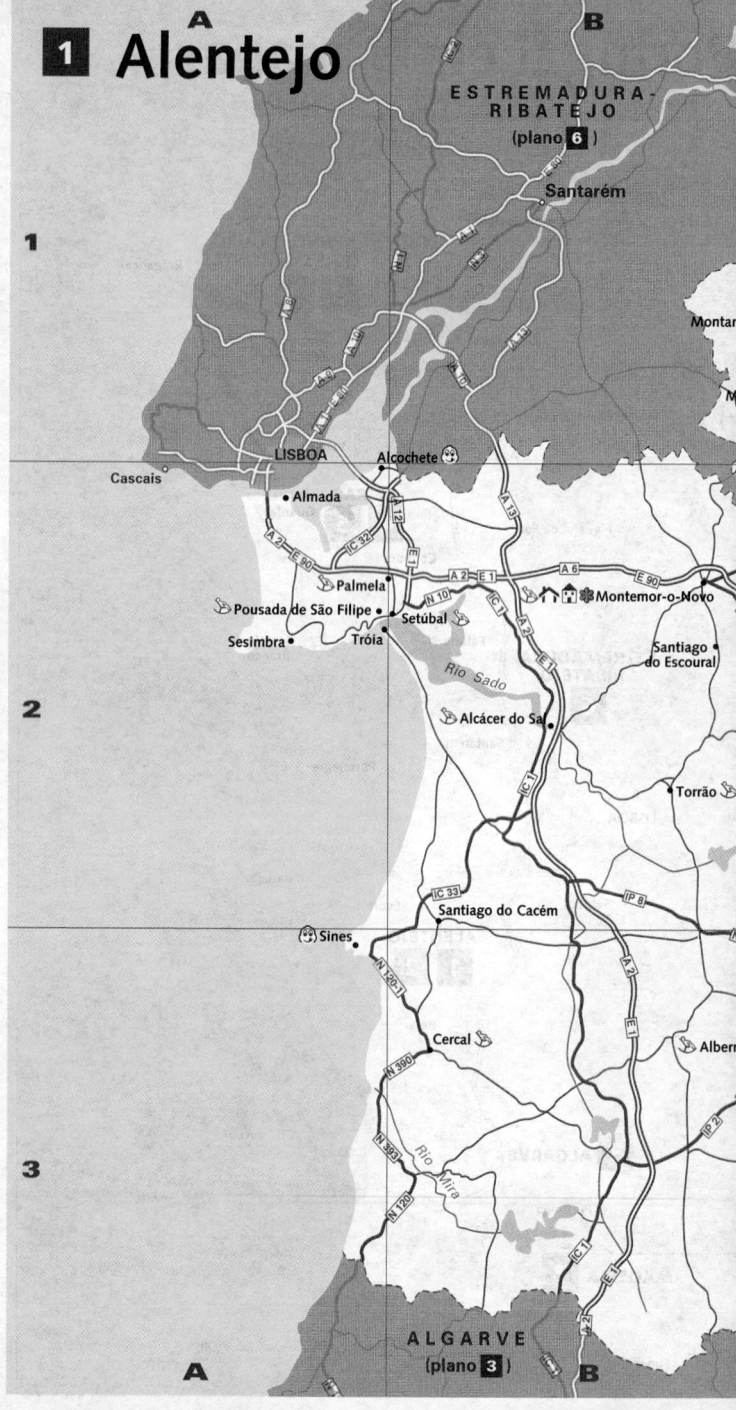

# 1 Alentejo

ESTREMADURA-
RIBATEJO
(plano 6)

Santarém

Montar

M

LISBOA  Alcochete

Cascais

• Almada

Palmela

Pousada de São Filipe

Sesimbra •   Tróia

Setúbal

Montemor-o-Novo

Santiago
do Escoural

Rio Sado

Alcácer do Sal

Torrão

Santiago do Cacém

Sines

Cercal

Alberr

Rio Mira

ALGARVE
(plano 3)

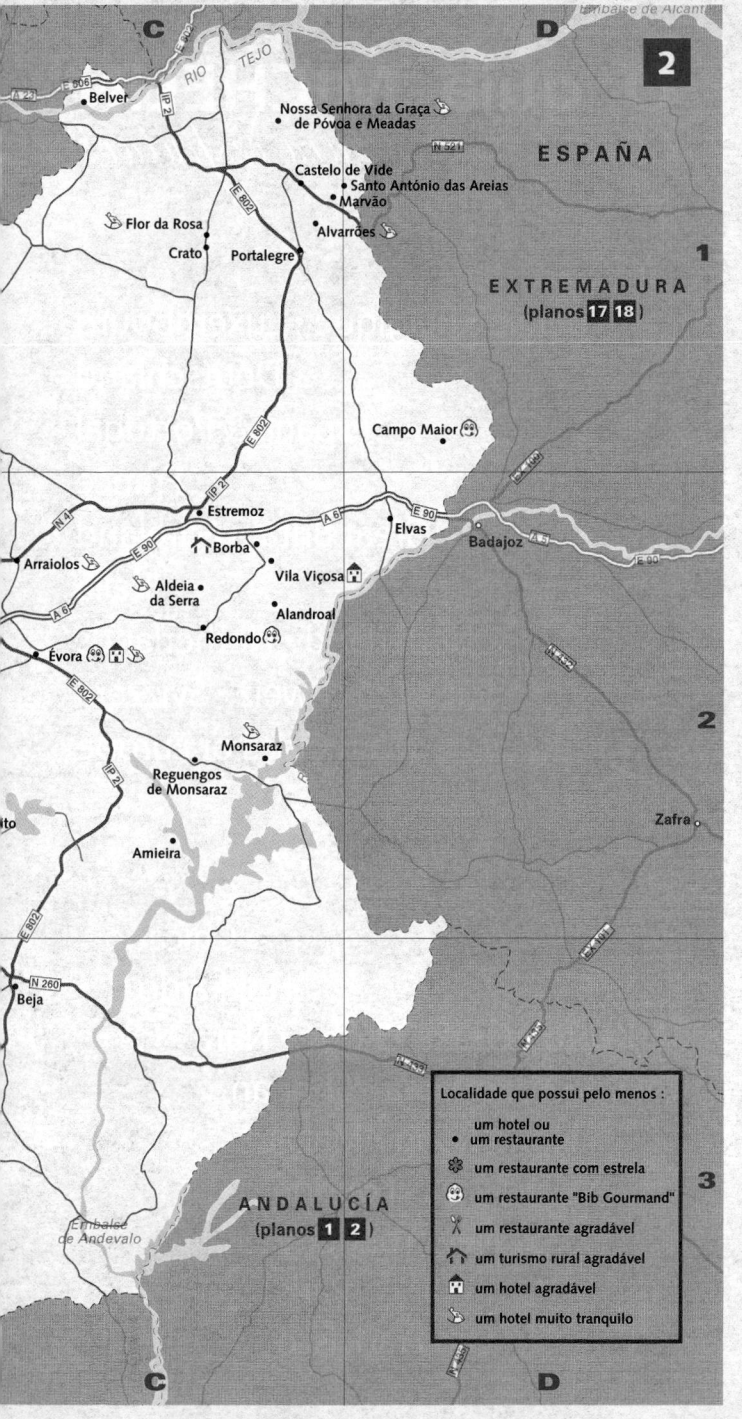

# O guia MICHELIN
*Uma colecção para desfrutar!*

Belgïe • Belgique • Luxembourg
Deutschland
España & Portugal
France
Great Britain & Ireland
Italia
Nederland • Netherlands
Suisse • Schweiz • Svizzera
Main Cities of Europe

*E também:*

Chicago
Hokkaido
Kyoto • Osaka • Kobe • Nara
Tokyo • Yokohama • Shonan
Hong Kong • Macau
London
New York City
Paris
San Francisco

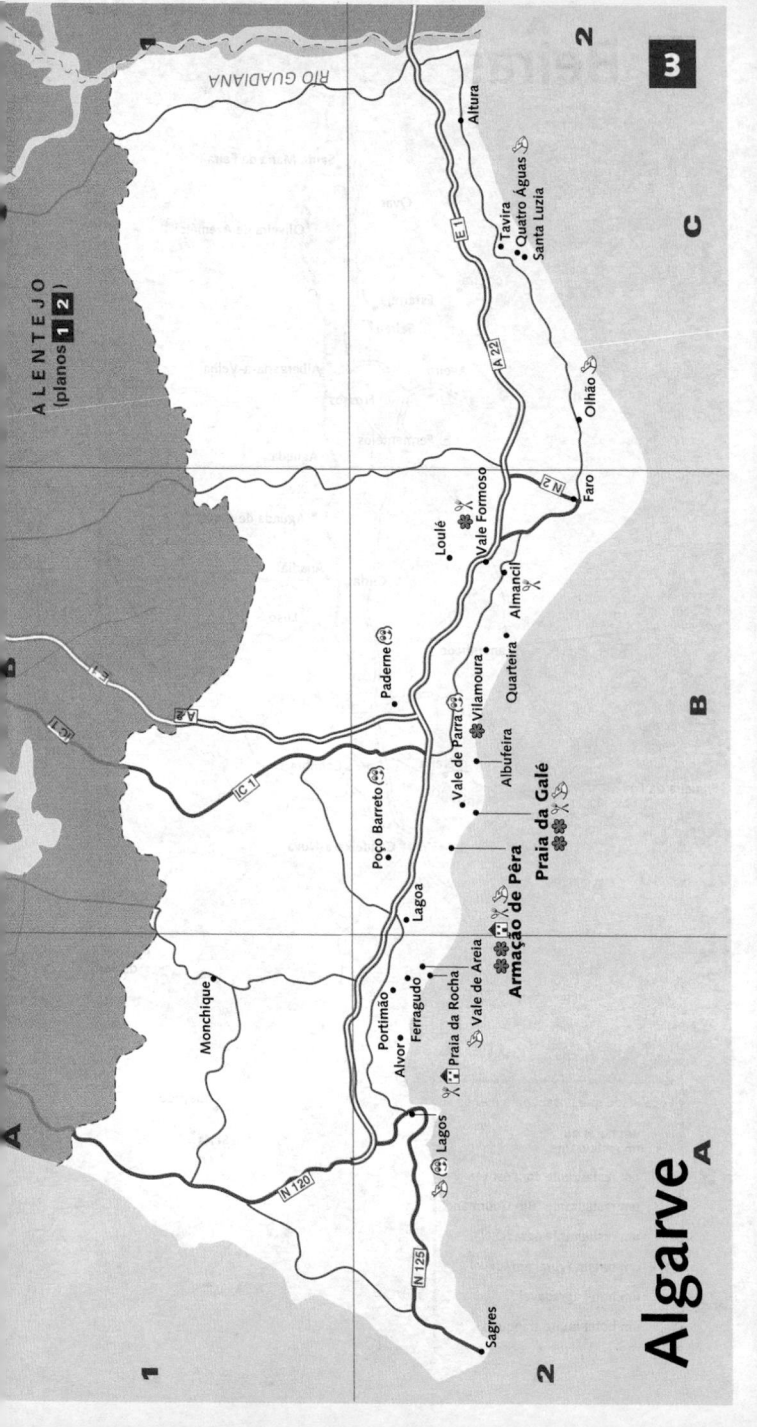

# Algarve

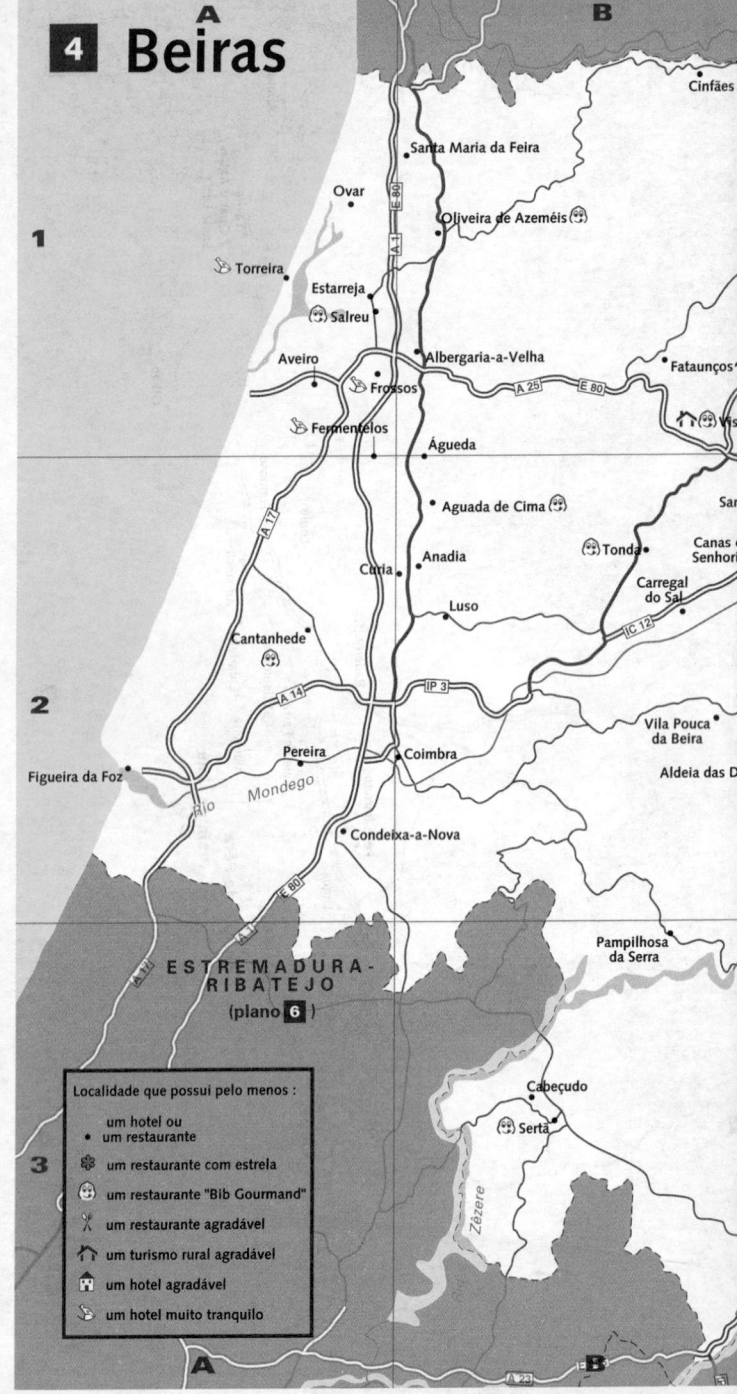

# 4 Beiras

Cinfães

Santa Maria da Feira

Ovar

Oliveira de Azeméis

Torreira

Estarreja
Salreu

Aveiro    Albergaria-a-Velha    Fataunços
Frossos
A 25    E 80
Fermentelos
Águeda

Aguada de Cima

Curia    Anadia    Tonda    Canas de Senhori

Carregal do Sal
Luso
IC 12
Cantanhede

A 14    IP 3

Pereira    Coimbra    Vila Pouca da Beira

Figueira da Foz    Aldeia das D

Rio Mondego

Condeixa-a-Nova

Pampilhosa da Serra

ESTREMADURA-RIBATEJO
(plano 6)

Cabeçudo
Sertã

Zêzere

Localidade que possui pelo menos :

um hotel ou
• um restaurante
❀ um restaurante com estrela
😊 um restaurante "Bib Gourmand"
✕ um restaurante agradável
⋔ um turismo rural agradável
🏠 um hotel agradável
♨ um hotel muito tranquilo

A    B

**C**

**D**

Lamego

Folgosa

Tabuaço

RIO DOURO

Moimenta
da Beira

**1**

E 802

IP 2

Trancoso

Penalva do Castelo

Almeida

C
A
S
T
I
L
L
A
 
Y
 
L
E
Ó
N

(planos **11 12**)

Rio Mondego

Figueiró da Serra

Paranhos
da Beira

Gouveia

Guarda

las

Manteigas

E 802

Belmonte

**2**

Penhas da Saúde

Covilhã

Unhais da Serra

**ESPAÑA**

Fundão

E 802

A 23

**EXTREMADURA**
(planos **17 18**)

Monfortinho

Idanha-
a-Nova

**3**

A 23

Castelo Branco

Embalse de Alcántara

**C**

**D**

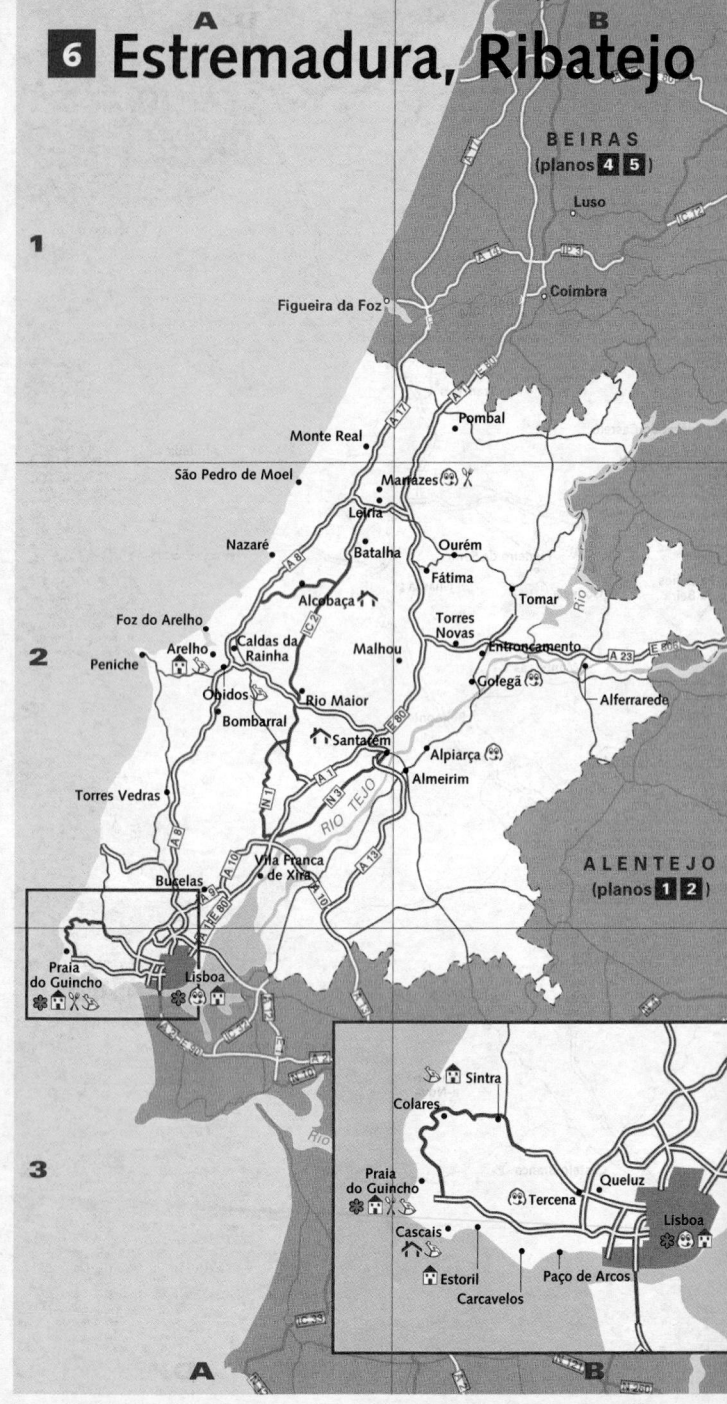

BEIRAS
(planos 4 5)

Luso

Coimbra

Figueira da Foz

Monte Real

Pombal

São Pedro de Moel

Marrazes

Leiria

Nazaré

Batalha

Ourém

Fátima

Tomar

Alcobaça

Foz do Arelho

Arelho

Caldas da Rainha

Torres Novas

Entroncamento

Peniche

Óbidos

Rio Maior

Malhou

Golegã

Alferrarede

Bombarral

Santarém

Torres Vedras

Alpiarça

Almeirim

RIO TEJO

ALENTEJO
(planos 1 2)

Vila Franca de Xira

Bucelas

Praia do Guincho

Lisboa

Sintra

Colares

Praia do Guincho

Tercena

Queluz

Lisboa

Cascais

Estoril

Paço de Arcos

Carcavelos